Hochgestellte Ziffern unterscheiden Wörter mit unterschiedlicher Bedeutung, die gleich geschrieben werden.

[1]alle

1. ganze, gesamte; *(nachdrück*
2. allesamt, ausnahmslos, gesch
nahme, restlos, samt und sond

[2]alle

a) aufgebraucht, ausgegangen, nicht mehr verfügbar, zu Ende. b) abgearbeitet, abgehetzt, abgekämpft, abgespannt, angegriffen.

Angeklagter, Angeklagte

Beklagter, Beklagte, Beschuldigter, Beschuldigte, Verklagter, Verklagte.

Männliche und weibliche Personenbezeichnungen sind mit Komma getrennt.

Synonyme zu festen Wendungen

Folge

zur Folge haben

auslösen, bereiten, bewirken, entfachen, hervorrufen, veranlassen; *(bildungsspr.)*: evozieren, provozieren.

Farbiger, Farbige

Afroamerikaner, Afroamerikanerin, Afrodeutscher, Afrodeutsche.

Hinweise zu Wörtern, deren Gebrauch wohlüberlegt sein sollte, da sie Menschen diskriminieren können

!

Die Bezeichnungen *Farbiger, Farbige* wurden häufig im Zusammenhang mit Rassentheorien und Rassentrennung verwendet und gelten deshalb als problematisch. Sie sollten nur verwendet werden, wenn in bestimmten Kontexten die Hautfarbe relevant ist (wie z. B. in Bevölkerungsstatistiken). In Deutschland lebende Menschen mit dunkler Hautfarbe wählen häufig die Eigenbezeichnung *Afrodeutscher, Afrodeutsche,* die zunehmend in Gebrauch kommt.

Schülerduden

SYNONYME

Weitere Schülerduden zum Thema Sprache

Fremdwörter
Rechtschreibung und Wortkunde
Grammatik

DUDEN

Schülerduden
SYNONYME

Herausgegeben und bearbeitet
von der Dudenredaktion

Dudenverlag
Berlin

Die **Duden-Sprachberatung** beantwortet Ihre Fragen zu Rechtschreibung, Zeichensetzung, Grammatik u. Ä. montags bis freitags zwischen 09:00 und 17:00 Uhr.
Aus Deutschland: **09001 870098** (1,99 € pro Minute aus dem Festnetz)
Aus Österreich: **0900 844144** (1,80 € pro Minute aus dem Festnetz)
Aus der Schweiz: **0900 383360** (3.13 CHF pro Minute aus dem Festnetz)
Die Tarife für Anrufe aus den Mobilfunknetzen können davon abweichen.
Den kostenlosen Newsletter der Duden-Sprachberatung können Sie unter www.duden.de/newsletter abonnieren.

Bibliografische Information der Deutschen Nationalbibliothek
Die Deutsche Nationalbibliothek verzeichnet diese Publikation in der Deutschen Nationalbibliografie; detaillierte bibliografische Daten sind im Internet über http://dnb.dnb.de abrufbar.

Bibliographisches Institut GmbH
Mecklenburgische Straße 53, 14197 Berlin

Redaktionelle Bearbeitung
Carolina Olszycka, Dr. Ilka Pescheck, Julia Renkwitz, Dr. Anja Steinhauer
Unter Mitarbeit von Maria Geipel

Einleitungstext »Wozu braucht man Synonyme?« auf der Grundlage von »Was ist eigentlich ein Synonym?« von Prof. Dr. Andreas Gardt, bearbeitet von Dr. Anja Steinhauer und Maria Geipel

Umschlaggestaltung sauerhöfer design, Neustadt
Typografie Horst Bachmann, Weinheim
Herstellung Ursula Fürst
Satz Sagittarius-A GmbH, Hirschberg
Druck und Bindearbeit L.E.G.O. S.p.A., Vicenza
Printed in Italy

ISBN 978-3-411-77091-5
www.duden.de

PEFC zertifiziert
Dieses Produkt stammt aus nachhaltig bewirtschafteten Wäldern und kontrollierten Quellen
PEFC
PEFC/18-31-280
www.pefc.de

Inhalt

Hinweise zur Benutzung

Die Stichwörter und die Synonyme

Die Stichwörter dieses Synonymwörterbuchs sind alphabetisch angeordnet. Gibt es eine feminine Form bei einer Personen- und Berufsbezeichnung (z. B. *Manager, Managerin*) oder steht die grammatische Angabe *sich* bei reflexiven Verben (z. B. *abmühen, sich*), werden diese nach einem Komma angegeben.

Die Synonymangaben sind nach den jeweiligen Bedeutungen des Stichworts angeordnet. Jede neue Bedeutung beginnt mit einer Nummer. Weitergehende Bedeutungsdifferenzierungen, also Unterbedeutungen, werden mit Buchstaben unterteilt. Gleich geschriebene Wörter (Homografen bzw. Homonyme) werden durch hochgestellte Ziffern unterschieden (z. B. [1]*Messe* – [2]*Messe*). Neben den Stichworteinträgen sind auch viele feste Wendungen mit Synonymen im Nachschlageteil zu finden. Sie sind blau hinterlegt und stehen jeweils bei dem Stichwort, das bedeutungstragend ist, z. B. *sich Gedanken machen* beim Eintrag *Gedanke*. Bei Schreibvarianten wird mit einem Pfeil auf die Hauptschreibung verwiesen (z. B. *Phantasie* ↑ *Fantasie*). Auch wenn ein Stichwort mit gleicher oder sehr ähnlicher Bedeutung in alphabetischer Nähe steht, wird mit einem Pfeil verwiesen (z. B. *ebenso* ↑ *ebenfalls*).

Hat ein Ausgangsstichwort mehr als eine Bedeutung, so werden die Synonyme entsprechend diesen Bedeutungen zugeordnet. Zuerst werden jeweils die normal- bzw. standardsprachlichen Synonyme genannt, danach diejenigen Synonyme, denen eine Sprachgebrauchsangabe vorangestellt ist. Die einzelnen Sprachgebrauchsangaben werden deshalb im Abschnitt »Gebrauchsmarkierungen der Synonyme« auf den nächsten Seiten kurz erläutert.

Beispiele und Gegensatzwörter

Zusätzlich zu den Synonymen stehen bei einigen Stichwörtern auch typische Verwendungen des Wortes. Die Verwendungsbeispiele (**BSP**) können dabei helfen, das Synonym richtig in den Satz einzubetten und sie können als weitere Inspiration bei der Formulierung dienen, das ausgewählte Synonym bereichern oder die Aussage präzisieren.

Bei vielen Adjektiven sind unter den Synonymen außerdem Gegensatzwörter (**GGS**) zu finden. Diese stellen oft in Verbindung mit einem *nicht* oder einer anderen Form der Negation ein weiteres, treffendes Synonym dar (z. B. *bescheiden – [nicht] wählerisch*).

Sehr häufig gebrauchte Wörter

Wörter, die besonders häufig gebraucht werden, sind mit einem Blitz ⚡ neben dem Stichwort gekennzeichnet. Oft sind solche Wörter sehr allgemein und es empfiehlt sich daher besonders, nach einem Synonym zu suchen, das im jeweiligen Kontext aussagekräftiger oder passender als das Stichwort selbst ist.

Gebrauchsmarkierungen der Synonyme

Stilistische Markierungen

gehoben: Wörter, die bei feierlichen Anlässen und gelegentlich in der Literatur verwendet werden (z. B. *vermessen* für *anmaßend*)

bildungssprachlich: Wörter, die eine hohe Allgemeinbildung voraussetzen (z. B. *Koryphäe* für *Experte/Expertin, simultan* für *gleichzeitig*)

dichterisch: Wörter, die nur noch in literarischen Texten vorkommen (z. B. *entrinnen* für *auslaufen*)

umgangssprachlich: Wörter, die im alltäglichen Umgang vorkommen (z. B. *Happen* für *Imbiss, Grips* für *Intellekt*). Sie sind weitverbreitet und akzeptiert, gehören aber nicht zur Standardsprache. Mit Standardsprache meint man die allgemein verbindliche Sprachform, die über lokalen Umgangssprachen oder Gruppensprachen steht.

salopp: Wörter, die eine gewisse Nichtachtung gesellschaftlicher Konventionen ausdrücken (z. B. *Alter* für *Vater*)

Jargon: Wörter, die in bestimmten, etwa durch Milieu oder Beruf geprägten Kreisen verwendet werden (z. B. *spoilern* für *verraten*)

Markierungen, die eine Wertung oder Nuancierung ausdrücken

verhüllend (z. B. *erlöst* für *gestorben*)

emotional (z. B. *die Krankheit besiegen* für *gesunden*)

scherzhaft (z. B. *Stammhalter* für *Sohn*)

abwertend (z. B. *plärren* für *brüllen*)

ironisch (z. B. *durch Abwesenheit glänzen* für *fehlen*)

nachdrücklich (z. B. *Rache nehmen* für *heimzahlen*)

Angaben zur Region

Hierbei handelt es sich um Wörter, die in den jeweiligen Gebieten als normalsprachliche Variante verwendet werden.

österreichisch (z. B. *Abwasch* für *Ausguss*)

schweizerisch (z. B. *Rank* für *Dreh*)

norddeutsch (z. B. *krüsch* für *anspruchsvoll*)

süddeutsch (z. B. *Obacht geben* für *aufmerken*)

Historische Zuordnungen

Synonyme mit historischen Zuordnungen dienen meist einer Charakterisierung bestimmter Epochen oder Persönlichkeiten:

veraltend (z. B. *alsbald* für *sofort*)

veraltet (z. B. *ehebrechen* für *betrügen*)

Da veralteter Wortschatz heute sehr unüblich ist und ungewohnt klingt, sind veraltete Wörter nur aufgeführt, wenn sie als gehoben gekennzeichnet sind.

Fachsprachen und Sondersprachen

Außerdem werden Synonyme aufgeführt, die in bestimmten Bereichen oder in Fach- und Sondersprachen üblich sind: bildende Kunst, Dichtkunst, EDV, Jugendsprache, Literaturwissenschaft, Musik, Philosophie, Politik, Schülersprache, Sport, Sprachwissenschaft, Soziologie, Stilkunde, Wissenschaft.

Im Wörterbuch verwendete Abkürzungen

bes.	besonders
bild. Kunst	bildende Kunst
bildungsspr.	bildungssprachlich
dichter.	dichterisch
Fachspr.	Fachsprache
geh.	gehoben
iron.	ironisch
Jugendspr.	Jugendsprache
Literaturwiss.	Literaturwissenschaft
nordd.	norddeutsch
österr.	österreichisch
Philos.	Philosophie
scherzh.	scherzhaft
Schülerspr.	Schülersprache
schweiz.	schweizerisch
Soziol.	Soziologie
Sprachwiss.	Sprachwissenschaft
südd.	süddeutsch
ugs.	umgangssprachlich
verhüll.	verhüllend
Wissensch.	Wissenschaft

Wozu braucht man Synonyme?

Ein Synonym – was ist das eigentlich?

Die erste spontane und durchaus richtige Antwort lautet: Synonyme sind Wörter mit der **gleichen Bedeutung.** Allerdings drängt sich da die Frage auf, wann man von der »gleichen Bedeutung« zweier Wörter sprechen kann. Gibt es überhaupt Ausdrücke mit der genau gleichen Bedeutung? Üblicherweise geht man davon aus, dass Sprache (geschrieben und gesprochen) sehr effizient ist, sich also nur eines von zwei exakt gleichbedeutenden Wörtern auf Dauer durchsetzen würde. Das legt die Vermutung nahe, dass es immer gewisse Unterschiede zwischen »synonymen« Wörtern gibt. Wo also liegen diese?

Um das Problem zu illustrieren, hilft zunächst ein Blick auf die sogenannten **Wortfelder.** Diese bestehen immer aus größeren Gruppen von Synonymen, indem sie Ausdrücke umfassen, die in ihrer Bedeutung einem bestimmten Überbegriff zugeordnet sind. So umfasst das Wortfeld der ›Fortbewegung auf der Erde mittels der Beine‹ (Überbegriff) die Teilsynonyme *gehen, laufen, rennen, wetzen, schreiten, stolzieren, marschieren, tippeln, tappen, schlurfen* usw. Das Wortfeld ›höchster Teil des Körpers‹ beinhaltet die Teilsynonyme *Kopf, Haupt, Rübe, Birne* usw. Die Elemente solcher Wortfelder sind in unterschiedlichem Maße austauschbar – sie bezeichnen zwar grundsätzlich dasselbe, können (oder sollten) aber nicht in jeder Situation gleichberechtigt eingesetzt werden. Je nach **Kommunikationssituation** und auch Gegenüber wird mal der eine, mal der andere Ausdruck bevorzugt.

Es spielt dabei immer eine Rolle, in welchem Kontext man kommuniziert, wer angesprochen wird und was das Ziel der Kommunikation ist. Man spricht hier auch von **Registern:** Damit sind die verschiedenen sprachlichen Ausdrucksweisen gemeint, derer man sich bedienen kann, um situationsangemessen zu kommunizieren. Dabei sind vor allem stilistische Unterschiede wichtig – denn diese sind ein ganz wesentliches Merkmal, um die verschiedenen Synonyme eines Wortfeldes voneinander zu unterscheiden und passend zu verwenden.

Was ist ein angemessener Stil?

Wir kommunizieren mit unterschiedlichen Menschen in den verschiedensten Situationen jeweils anders. Manchmal ist uns das gar nicht bewusst, meistens jedoch merken wir sehr wohl, dass wir uns anders ausdrücken, je nachdem, ob wir mit Freundinnen und Freunden chatten, uns im Geschäft nach einem neuen Handy erkundigen oder in der Schule einen Aufsatz schreiben. Und meistens wissen wir auch, dass es bestimmte Erwartungen an einen angemessenen Sprachstil gibt. Man nennt das **adressatengerechtes Formulieren.** Ob man sich umgangssprachlich oder bildungssprachlich ausdrücken will, macht einen großen Unterschied für die Wortwahl.

Wer etwa in einer bestimmten Situation einmal die Frage *Wann beginnt das Konzert?,* ein anderes Mal die Frage *Wann fängt das Konzert an?* formuliert, wird in beiden Fällen dasselbe kommunikative Ziel verfolgen, nämlich eine Information über zeitliche Abläufe zu erhalten. Wer jedoch in einer Situation die Frage *Ist das Ihr Hund?,* in einer anderen die Frage *Ist das Ihr Köter?* äußert, fragt im zweiten Fall nicht einfach nach Besitzverhältnissen, sondern **bewertet** den Sachverhalt, auf den er sich bezieht, kritisch und wird sich der unterschiedlichen Wirkungen seiner Äußerungen bewusst sein. Im Hinblick auf die Bedeutung ist das Verhältnis zwischen *anfangen* und *beginnen* sowie zwischen *Hund* und *Köter* offenbar unterschiedlich.

Die verschiedenen Sprachebenen

Die Bezeichnung »gleiche Bedeutung« muss also weiter aufgeschlüsselt werden, um sie zu verstehen; dabei hilft eine Unterscheidung in die verschiedenen Arten von Bedeutung: Neben der rein auf den bezeichneten Gegenstand bezogenen (quasi »objektiven«) Bedeutung, die man **denotative Bedeutung** nennt, gibt es noch die **konnotative Bedeutung.** Während die denotative Bedeutung so etwas wie den begrifflichen Kern eines Ausdrucks ausmacht, ist die konnotative Bedeutung sehr vielfältig, denn sie kann etwa eine Wertung, eine regionale Prägung oder eine stilistische Nuancierung vermitteln. So ist im oben genannten ersten Wortfeld das neutrale Wort *gehen* stilistisch unauffällig oder neutral, während *wetzen* als »umgangssprachlich« gilt und *schreiten* als »gehoben«. Für das zweite Wortfeld kennt man *Kopf* als neutral, *Haupt* dagegen als »gehoben«, *Rübe* als »umgangssprachlich« und *Birne* als »salopp«.

Am Beispiel *Brötchen – Semmel* kann man weitere Merkmale erkennen: Zunächst besitzen beide Wörter in allen Fällen ihrer Verwendung dieselbe denotative Bedeutung: *Brötchen* bezeichnet immer eine *Semmel* und *Semmel* immer ein *Brötchen.* Als regionaler Ausdruck ist *Semmel* aber mit Konnotationen belegt, die seine Verwendbarkeit einschränken (können), auch wenn es sich klar um ein Synonym zu *Brötchen* handelt; so ganz gleichzusetzen sind diese beiden Ausdrücke also offenbar nicht. Der Satz *Ich hätte gerne fünf Brötchen* unterscheidet sich in Bezug auf den bezeichneten Sachverhalt zwar nicht von dem Satz *Ich hätte gerne fünf Semmeln;* allerdings würde die Bitte nach *Semmeln* in einer norddeutschen Bäckerei als unüblich auffallen, während sie in einer bayerischen oder österreichischen Bäckerei der Normalfall wäre. Hinzu können noch Konnotationen der sozialen Schichtung treten. Denn verwendet z. B. in Bayern jemand, der ansonsten Dialekt spricht, das Wort *Brötchen,* wird er sich vielleicht dem Vorwurf ausgesetzt sehen, durch die Verwendung des Hochdeutschen vornehmer wirken zu wollen.

Die Verwendung von Synonymen

Synonyme sollten besser nicht in allen Situationen beliebig eingesetzt oder ausgetauscht werden. In manchen Zusammenhängen können sie sogar gar nicht gegeneinander ausgetauscht werden, denn es gibt zuweilen eine unterschiedliche Verträglichkeit der einzelnen Ausdrücke in verschiedenen Kontexten – etwa aufgrund fester Redewendungen.

Er hat auf dem Markt Früchte gekauft.
Er hat auf dem Markt Obst gekauft.

Das sind die Früchte meiner Arbeit.
Nicht möglich: *Das ist das Obst meiner Arbeit.*

Die letzten beiden Sätze zeigen, dass Synonymie für jede Bedeutung eines Wortes einzeln bestimmt werden muss. *Obst* ist nicht einfach ein Synonym von *Früchte,* vielmehr ist *Obst* nur in einer bestimmten Bedeutung ein Synonym von *Früchte,* das heißt in einer bestimmten Verwendung des Wortes. Daher spricht man auch von Teilsynonymie, um hervorzuheben, dass es exakt gleiche Bedeutungen nur sehr selten gibt. Dennoch lässt sich der Terminus **Synonymie** durchaus auch ohne diesen einschränkenden Zusatz verwenden, nämlich solange deutlich bleibt, dass Synonymie immer ein Abwägen ist, welcher Ausdruck in welcher **Situation am angemessensten** erscheint.

Für jeden Anlass braucht man die »richtige« Sprache. Das gilt nicht nur für alltägliche und private Kommunikationssituationen, sondern auch für das Schreiben und Sprechen im Unterricht. Wenn beispielweise ein innerer Monolog zu einem jugendlichen Protagonisten verfasst werden soll, gelten andere Stilkriterien als bei der Analyse und Interpretation eines Gedichts. Während in der ersten Schreibsituation umgangssprachliche oder jugendsprachliche Ausdrücke angemessen sein können, sollten diese beim zweiten Beispiel vermieden werden. Stattdessen muss auf einen neutralen bzw. bildungssprachlichen Stil, der auch Fachausdrücke enthält, geachtet werden.

Der Suche nach einem Synonym können demnach unterschiedliche Motive zugrunde liegen. Solche Motive können sein:

- die **sachliche Differenzierung,** z. B. in einem Fachtext die genauere Unterscheidung zwischen *schleifen, schärfen, ziehen, glätten*
- die **anschauliche Darstellung** eines komplexen Sachverhaltes, nicht durch die Verwendung einer eher abstrakten Definition, sondern durch die Reihung synonymer Ausdrücke, die den Sachverhalt gewissermaßen entsprechend seiner Bedeutung einkreisen *(Er war ein eigenartiger, kauziger, verschrobener, wunderlicher Zeitgenosse.)*
- die **Präzisierung** einer Aussage *(Sie wurde befragt, regelrecht verhört.)*
- die einer bestimmten **Textart** und Kommunikationsform gemäße Wahl von Ausdrücken *(Ich beantrage die Befreiung/Entbindung/Freistellung von meinen Aufgaben.)*
- die **stilistisch abwechslungsreiche** Gestaltung eines Textes *(Mehrere Geschäfte mussten Konkurs anmelden, kleinere Läden waren davon eher betroffen als größere.)*
- die Wiedergabe eines **sozial konnotierten** Ausdrucks durch einen **standardsprachlichen** *(Die Zahl der Penner/Obdachlosen nimmt zu.)*
- die Wiedergabe eines **regional konnotierten** Ausdrucks durch einen **standardsprachlichen** *(Er klönt gerne / unterhält sich gerne.)*

Synonyme bereichern den sprachlichen Ausdruck. Unterschiedliche kommunikative Absichten, unterschiedliche Textsorten, aber auch Gesprächssituationen verlangen differenzierte Formen der sprachlichen Gestaltung. Die verschiedenen Kommunikationssituationen können mithilfe von Synonymen daher nicht nur **abwechslungsreicher,** sondern vor allem auf den Kommunikationsanlass gerichtet **angemessen** formuliert werden.

Die Entscheidung, welches Wort in welchem Kontext das passende ist, kann einem niemand abnehmen. Mit einer gewissen Auswahl an der Hand kann man jedoch schnell erkennen, welcher Ausdruck im Sinne des **adressatengerechten Formulierens** der passende ist, zum Beispiel für die Erörterung in der Deutscharbeit, den Kommentar in der Schülerzeitung, die Rede beim Abschlussball, das Protokoll der Schülervertretungssitzung, eine Bewerbung um den Praktikumsplatz oder eine Chatnachricht im Freundeskreis. Indem man bewusst nach Synonymen sucht und diese in den eigenen Sprachgebrauch einbaut, wird der eigene Wortschatz erweitert. Das hilft nicht nur beim eigenen Sprechen und Schreiben, sondern auch beim verstehenden Lesen und Zuhören.

A

à
das Stück zu, je, pro, zu.
@
1. at, At-Zeichen, E-Mail-Zeichen.
2. bezüglich, Bezug nehmend, in Bezug auf, zu.
abändern
abwandeln, ändern, anders machen, berichtigen, korrigieren, revidieren, umändern, umarbeiten, umformen, umgestalten, ummodeln, variieren; *(bildungsspr.):* modeln, modifizieren.
abarbeiten, sich
sich abmühen, sich abplagen, sich abquälen, sich placken, sich plagen, sich schinden, sich verbrauchen; *(ugs.):* sich abschinden, sich abschuften, sich abstrampeln, ackern, rackern, schuften; *(salopp):* sich abrackern.
abartig
abnorm, abseitig, anders, anomal, anormal, krankhaft, normwidrig, pervers, regelwidrig, unnatürlich, unnormal, verkehrt.
Abbau
1. Abbruch, Abtragung, Demontage, Demontierung, Zerlegung, Zerstückelung, Zerteilung.
2. Abnahme, Beschneidung, Drosselung, Herabsetzung, Kürzung, Reduzierung, Rückgang, Schwund, Senkung, Verminderung, Verringerung; *(geh.):* Minderung.
3. Förderung, Gewinnung.
abbauen
1. abbrechen, abschrauben, abtragen, auseinanderbauen, auseinandernehmen, beseitigen, demontieren, entfernen, wegnehmen, zerlegen, zerstückeln, zerteilen; *(ugs.):* wegmachen.
2. abschaffen, beseitigen, zurücknehmen.
3. entlassen, reduzieren, streichen, verringern; *(geh.):* mindern; *(verhüll.):* freisetzen.
4. ausbeuten, fördern, gewinnen.
abbekommen
1. bekommen, erben, erhalten, zufallen, zufließen; *(ugs.):* abhaben, abkriegen.
2. hinnehmen müssen; *(ugs.):* abkriegen.
3. entfernen, lösen; *(ugs.):* abkriegen.
abbiegen
1. abdrehen, abgehen, abschwenken, abzweigen, biegen um, den Kurs wechseln, den Weg verlassen, die Richtung ändern, einbiegen, einlenken, einschwenken, schwenken.
2. a) abknicken, umbiegen, umknicken. **b)** abblocken, abwehren, abwenden, ausschalten, unterbinden, vereiteln, verhindern.
abbilden
a) aufnehmen, darstellen, fotografieren, malen, porträtieren, wiedergeben, zeichnen, zeigen; *(bildungsspr.):* reproduzieren; *(ugs.):* knipsen.
b) abformen, nacharbeiten, nachbilden, nachformen, nachgestalten, nachschaffen, nachzeichnen.
Abbildung
Ansicht, Aufnahme, Bild, Darstellung, Foto, Fotografie, Reproduktion, Wiedergabe, Zeichnung; *(bildungsspr.):* Illustration.
abbinden
1. ablegen, abmachen, abnehmen, abstreifen, ausziehen, losbinden, lösen, streifen von.
2. abklemmen, abpressen, abschnüren.
abblasen
abbrechen, absagen, absetzen, ausfallen lassen, canceln, streichen.
abblenden
1. abdunkeln, abschirmen, verdunkeln.
2. abgeschaltet werden, verlöschen.
abblitzen
abgewiesen werden, eine Abfuhr erhalten, einen Korb bekommen, sich einen Korb holen, keine Gegenliebe/Zustimmung finden, keinen Anklang finden, zurückgewiesen werden; *(ugs.):* abgefertigt werden, abgewimmelt werden, auflaufen, nicht ankommen; *(salopp):* abfahren, abserviert werden.
abbrechen
1. a) abknicken, abmachen, abtrennen, losbrechen, wegbrechen. **b)** abbauen, auseinandernehmen, demontieren, zerlegen. **c)** abreißen, abtragen, einreißen, niederreißen, schleifen; *(österr.):* demolieren; *(ugs.):* wegplanieren.
2. aufgeben, aufhören, aussetzen, beenden, beendigen, beschließen, ein Ende setzen, einen Punkt machen, einstellen; *(ugs.):* aufstecken, hinwerfen, stecken; *(salopp):* hinschmeißen.
abbringen
1. abhalten, ausreden, zurückhalten.
2. abbekommen, [ab]lösen können, entfernen können; *(ugs.):* abkriegen.
abbröckeln
1. abblättern, abfallen, abgehen, sich ablösen, abplatzen, sich [los]lösen; *(ugs.):* losgehen.
2. abflauen, nachlassen, zurückgehen.
Abbruch
1. Abbau, Demontage, Demontierung, Zerlegung.
2. Aufgabe, Aufkündigung, Beendigung, Einstellung, Ende, Schluss.
abchecken
durchsehen, einer Prüfung unterwerfen/unter-

A abc B C D E F G H I J K L M N O P Q R S T U V W X Y Z

ziehen, einsehen, erproben, kontrollieren, prüfen, testen, überprüfen.

abdampfen
abfahren, abreisen, davongehen, sich entfernen, wegfahren, weggehen; *(geh.):* sich fortbegeben, seiner Wege gehen, sich wegbegeben; *(ugs.):* abdüsen, abmarschieren, abrauschen, abrücken, abschwirren, abziehen, sich davonmachen, sich fortmachen, Leine ziehen, sich trollen, verschwinden, sich verziehen; *(salopp):* abhauen, abschieben, abtanzen, abzittern, abzwitschern, sich vom Acker machen.

abdanken
abtreten, auf den Thron verzichten, ausscheiden, ein Amt niederlegen, sein Amt zur Verfügung stellen, seine Entlassung einreichen, seinen Rücktritt erklären, zurücktreten; *(geh.):* entsagen; *(veraltend):* den Dienst quittieren.

Abdankung
Amtsabtretung, Amtsaufgabe, Amtsniederlegung, Amtsverzicht, Ausscheiden, Austritt, Demission, Kündigung, Rücktritt.

abdecken
1. abnehmen, abräumen, abtragen, abziehen, entfernen, herunternehmen, hinaustragen, wegnehmen; *(ugs.):* abmachen, abtun, runternehmen, wegmachen.
2. bedecken, überdecken, verdecken, verhängen, verhüllen, zudecken.

abdrehen
1. abschalten, abstellen, ausdrehen, ausschalten, außer Betrieb setzen, zudrehen; *(ugs.):* ausmachen, ausstellen.
2. abkehren, abwenden, in eine andere Richtung wenden, nach der anderen Seite wenden, sich umdrehen, sich umwenden, wegdrehen, wegkehren, wegwenden.

abdrucken
an die Öffentlichkeit bringen, bekannt machen, bringen, edieren, erscheinen lassen, herausbringen, herausgeben, publizieren, veröffentlichen; *(ugs.):* unter die Leute bringen.

abdrücken
1. abbinden, abklemmen, abpressen, abschnüren.
2. abfeuern, abschießen, abziehen, losdrücken; *(ugs.):* losknallen, losschießen.

abebben
abflauen, abklingen, abnehmen, sich abschwächen, absinken, sich beruhigen, einschlafen, erlöschen, geringer werden, sich legen, nachlassen, schwächer werden, sinken, sich vermindern, sich verringern, versanden, weniger werden, zurückgehen; *(geh.):* dahinschwinden, ebben, erlahmen, ersterben, im Rückgang/Schwinden begriffen sein, schwinden.

Abendbrot ↑Abendessen.

Abenddämmerung
Dämmerlicht, Halbdunkel, Zwielicht; *(geh.):* Abendlicht, Dämmerschein, Dämmerstunde; *(dichter.):* Dämmer, Dämmergrau, die blaue Stunde; *(ugs.):* Schummerlicht.

Abendessen
Abendbrot, Abendmahlzeit, Dinner; *(österr.):* Nachtmahl; *(schweiz.):* Znacht; *(geh.):* Abendtafel, Diner, Souper; *(bes. südd. u. schweiz.):* Nachtessen.

abends
am Abend, jeden Abend; *(geh.):* des Abends.

Abenteuer
1. Erlebnis; *(bildungsspr.):* Robinsonade.
2. Experiment, gewagtes Unternehmen, Risiko, Unterfangen, Wagnis; *(bildungsspr.):* Eskapade.

abenteuerlich
1. aufregend, bewegt, ereignisreich, erlebnisreich, voller Abenteuer.
2. gefährlich, gefahrvoll, gewagt, halsbrecherisch, leichtfertig, risikobehaftet, riskant, selbstmörderisch, tollkühn, unbedacht, unbesonnen, unvorsichtig, verantwortungslos, verwegen, waghalsig.
3. bizarr, fantastisch, seltsam, spektakulär, ungewöhnlich.

aber ↗
1. a) andererseits, dabei, dagegen, demgegenüber, doch, hingegen, im Gegensatz dazu, jedoch; *(geh.):* dahingegen; *(veraltend):* hinwieder[um]. **b)** doch, jedoch; *(geh.):* allein.
2. allerdings, dennoch, doch, freilich, gleichwohl, hingegen, immerhin, jedoch, mindestens, nichtsdestoweniger, trotzdem, wenigstens, zumindest jedenfalls, zum Mindesten.

aberkennen
abnehmen, absprechen, abstreiten, entziehen, sperren, verweigern, vorenthalten, wegnehmen.

abfahren
1. abgehen, ablegen, abreisen, aufbrechen, auslaufen, davonfahren, den/die Anker lichten, fortfahren, in See gehen/stechen, losfahren, wegfahren; *(ugs.):* abdampfen.
2. abtransportieren, wegfahren, wegschaffen.
3. sich angesprochen fühlen, angetan sein, begeistert sein, eine Vorliebe haben, sich erwärmen, hingerissen sein, Interesse haben, sich interessieren, interessiert sein, lieben, schwärmen; *(ugs.):* Feuer und Flamme sein, stehen auf, toll finden.

Abfahrt
1. Abreise, Aufbruch, Fahrtbeginn, Start.
2. Abwärtsfahrt, Talfahrt.

Abfall
1. a) Müll; *(österr.):* Mist; *(schweiz.):* Kehricht; *(geh.):* Unrat. **b)** Ausschuss, Rest, Rückstände, Überrest; *(Fachspr.):* Abfallstoff.
2. Abkehr, Absage, Abwendung, Bruch, Loslösung, Lossagung.
3. Abnahme, Nachlassen, Rückgang, Verminderung.

Abfalleimer
Abfallbehälter, Abfallkorb, Abfalltonne, Müllcontainer, Mülleimer, Mülltonne, Papierkorb; *(österr., schweiz.):* Mistkübel.

abfallen
1. a) abbekommen, einbringen, herausspringen, übrig bleiben, zufallen; *(ugs.):* abkriegen. **b)** übrig bleiben, zurückbleiben.
2. abblättern, abbröckeln, abgehen, sich ablösen, abplatzen, [sich] abschuppen, absplittern, abspringen, bröckeln, herunterfallen, sich lösen.
3. sich abkehren, abtrünnig/untreu werden, sich abwenden, brechen mit, sich loslösen, sich lossagen; *(ugs.):* abspringen.
4. sich abdachen, sich abflachen, sich neigen, sich senken; *(ugs.):* nach unten gehen.
5. abnehmen, nachlassen, weniger/schwächer werden, zurückgehen; *(geh.):* erlahmen; *(ugs.):* absacken.

abfällig
abqualifizierend, abschätzig, abwertend, erniedrigend, geringschätzig, herabmindernd, herabsetzend, herabwürdigend, heruntersetzend, missbilligend, respektlos, verächtlich, wegwerfend; *(geh.):* despektierlich, verunglimpfend; *(bildungsspr.):* diffamierend, diskreditierend; *(ugs.):* naserümpfend; *(veraltend):* missfällig; *(bes. Sprachwiss.):* pejorativ.

abfangen
1. abpassen, anhalten, aufhalten; *(ugs.):* abfassen.
2. abfedern, abhalten, abwehren, abwenden, aufhalten, verhindern; *(Sport):* parieren.

abfärben
beeinflussen, Einfluss ausüben/gewinnen/haben/nehmen, einwirken, sich übertragen.

abfassen
anfertigen, aufschreiben, aufsetzen, ausarbeiten, formulieren, niederschreiben, schreiben, verfassen, zu Papier bringen; *(geh.):* niederlegen.

abfinden, sich
a) sich einigen. **b)** akzeptieren, sich anfreunden, sich anpassen, sich aussöhnen, sich begnügen, dulden, sich fügen, sich gewöhnen an, hinnehmen, in den sauren Apfel beißen, keine Ansprüche mehr stellen, sich schicken in, sich zufriedengeben; *(ugs.):* schlucken.

Abfindung
1. Auszahlung, Belohnung, Entschädigung; *(österr.):* Abfertigung.
2. Abfindungssumme, Abgeltung, Abstand, Abstandsgeld, Abstandssumme, Abstandszahlung, Ausgleich, Schadenersatz, Wiedergutmachung; *(österr.):* Abfertigung.

abflauen
abebben, abklingen, abnehmen, sich abschwächen, absinken, an Kraft/Stärke/Wirkung verlieren, sich beruhigen, einschlafen, erkalten, erlöschen, geringer werden, sich legen, nachlassen, schwächer werden, sinken, sich vermindern, sich verringern, versanden, zurückgehen; *(geh.):* dahinschwinden, ebben, erlahmen, ersterben, im Rückgang/Schwinden begriffen sein, schwinden, verebben.

abfließen
a) ablaufen, abrinnen, absickern, abströmen, sich leeren, wegfließen. **b)** außer Landes gehen, ins Ausland transferiert/überwiesen werden.

Abflug
Departure, Flugbeginn, Start, Take-off.

Abfluss
Abguss, Ablauf, Abwasserkanal, Abzugsrinne, Ausfluss, Ausguss, Ausgussrohr, Auslass, Auslauf, Gosse, Kloake, Rinnstein.

Abfolge
Ablauf, Aufeinanderfolge, Chronologie, Folge, Kreislauf, Nacheinander, Ordnung, Reihenfolge, Turnus, Zyklus; *(bildungsspr., Fachspr.):* Sequenz.

abfragen
1. abhören, aufsagen lassen, examinieren, kontrollieren, prüfen, testen, überprüfen.
2. *(EDV):* abrufen.

Abfuhr
ablehnende Antwort, Ablehnung, Absage, abschlägige Antwort, abschlägiger Bescheid, Abweisung, Korb, negativer Bescheid, Nein, Verweigerung, Weigerung, Zurückweisung; *(geh.):* Versagung; *(bildungsspr.):* Negation.

abführen
a) abholen, auf die/zur Wache bringen, dingfest machen, festnehmen, festsetzen, gefangen nehmen, in Arrest bringen/stecken, in Haft/Verwahrung nehmen, in [polizeilichen] Gewahrsam bringen/nehmen, mit auf die Wache nehmen, verhaften, wegbringen, wegführen; *(ugs.):* hinter Schloss und Riegel bringen/setzen; *(verhüll.):* mitnehmen. **b)** ableiten, leiten.

Abgabe
1. Ablieferung, Aushändigung, Überantwortung, Überbringung, Übergabe, Überreichung.
2. Beitrag, Beitragszahlung, Gebühr, Steuer, Taxe, Tribut, Zoll; *(bes. österr.):* Maut.

Abgang
1. a) Abmarsch, Abschied, Aufbruch, Fortgang, Weggang. **b)** Abdankung, Abtritt, Amtsniederlegung, Demission, Entlassung, Fortgang, Kündigung, Rücktritt, Verzicht, Weggang.
2. Lebensende, Tod, Todesfall; *(schweiz.):* Hinscheid, Hinschied, Sterbet; *(geh.):* Ableben, Abschied, Hingang; *(geh. verhüll.):* Ende, Heimgang, Hinscheiden.
3. Abfahrt, Abreise, Aufbruch, Fahrtbeginn.

Abgas
Auspuffgas, Rauchgas.

abgearbeitet ↑abgekämpft.

abgeben
1. a) abliefern, aushändigen, geben, überbringen, übereignen, übergeben, überlassen, überreichen; *(geh.):* überantworten, übertragen, zukommen lassen. **b)** abstellen, deponieren, hinterlegen, in Verwahrung geben, lagern, parken, verwahren [lassen].
2. abtreten, anvertrauen, aushändigen, überlassen, vererben, weitergeben, zukommen lassen.
3. überlassen, verkaufen; *(geh.):* feilbieten.

abgebrannt
arm, mittellos; *(ugs.):* blank, schlecht/knapp bei Kasse; *(ugs. scherzh.):* bankrott, pleite, ruiniert.

abgebrüht
abgestumpft, achtlos, brutal, gefühllos, gleichgültig, gnadenlos, hartgesotten, hartherzig, herzlos, innerlich unbeteiligt, schonungslos, teilnahmslos, unbarmherzig, unbeeindruckt, unempfindlich, ungerührt, verhärtet, verroht; *(geh.):* ruchlos; *(bildungsspr.):* inhuman; *(ugs.):* kaltschnäuzig; *(abwertend):* skrupellos.

abgedroschen
abgegriffen, abgenutzt, abgestanden, alt, altbekannt, bekannt, formelhaft, gewöhnlich, inhaltsleer, inhaltslos, leer, nichtssagend, oberflächlich; *(bildungsspr.):* stereotyp, trivial; *(abwertend):* banal, flach, hohl, phrasenhaft, platt.

abgehackt
abgebrochen, abgerissen, abrupt, nicht zusammenhängend, stammelnd, stockend, stoßweise, stotterig, stotternd, stückweise, unzusammenhängend, zusammenhanglos.

abgehärtet
beständig, geschützt, immun, kräftig, nicht anfällig, robust, stabil, stark, unempfänglich, unempfindlich, widerstandsfähig, zäh; *(geh.):* gefeit, gestählt.

abgehen
1. a) abtreten, sich entfernen, sich verabschieden, verlassen. **b)** ablaufen, abpatrouillieren, abrennen, absuchen, begehen, besichtigen, durchkämmen, entlanggehen, kontrollieren, patrouillieren; *(geh.):* abschreiten; *(ugs.):* abgrasen, abklappern, ablatschen. **c)** ausscheiden, verlassen, weggehen.
2. abbiegen, abzweigen, sich gabeln, sich teilen, sich verzweigen.
3. abblättern, abbröckeln, abfallen, sich ablösen, abplatzen, sich abschälen, abschuppen, absplittern, abspringen, bröckeln, sich lockern, locker werden, sich lösen, loslösen.
4. fehlen, hapern, mangeln, vermissen lassen; *(geh.):* gebrechen.
5. ↑abkehren, sich.
6. ↑ablaufen (3).

abgekämpft
abgearbeitet, abgehetzt, abgespannt, angegriffen, angeschlagen, atemlos, aufgerieben, ausgebrannt, ausgelaugt, außer Atem, entkräftet, entnervt, erschöpft, keuchend, kraftlos, matt, mit den Nerven am Ende, müde, mürbe, ruhebedürftig, schlaff, überanstrengt, überarbeitet, überfordert, überlastet, verbraucht, zermürbt, zerschlagen; *(geh.):* aufgezehrt, ermattet; *(ugs.):* abgejagt, abgeschlafft, alle, am Ende, down, erledigt, erschlagen, erschossen, fertig, fix und fertig, fix und foxi, geschafft, gestresst, groggy, halb tot, hundemüde, k. o., kaputt, mitgenommen, schlapp, [wie] gerädert; *(salopp):* ausgepumpt, tot; *(fam.):* schachmatt; *(emotional verstärkend):* todmüde.

abgeklärt
ausgeglichen, bedacht, bedächtig, beherrscht, besonnen, gefasst, gelassen, gemessen, gereift, geruhsam, gesetzt, gleichmütig, reif, ruhig, seelenruhig, sicher, überlegen, überlegt, umsichtig, vernünftig, weise; *(geh.):* bedachtsam, souverän; *(bildungsspr.):* stoisch; *(salopp):* cool.

abgelaufen
beendet, herum, vergangen, vorbei, vorüber, zu Ende; *(ugs.):* aus.

abgelegen
abseits, einsam, entfernt, entlegen, fern, isoliert, menschenleer, öde, schwer erreichbar, verborgen, verlassen, weltentlegen; *(geh.):* abgeschieden, abseitig; *(ugs.):* gottverlassen, weit[ab] vom Schuss; *(scherzh.):* am Ende der Welt, wo sich Fuchs und Hase Gute Nacht sagen; *(ugs. scherzh.):* jwd.

abgemagert
abgezehrt, ausgehungert, ausgemergelt, dünn, dürr, eingefallen, elend, hager, hohlwangig, mager, nur noch der/ein Schatten seiner selbst, schmächtig, spindeldürr, unterernährt, verfallen; *(geh.):* ausgezehrt, herabgekommen; *(ugs.):* spitz, vom Fleisch gefallen; *(fam.):* klapprig; *(ugs. emotional):* klapperdürr; *(ugs. scherzh.):* bloß/nur noch Haut und Knochen, wie eine Bohnenstange, wie ein Hering, wie ein Strich in der Landschaft; *(bes. nordd.):* spillerig.

abgeneigt sein
dagegen sein, einer Sache ablehnend/negativ gegenüberstehen, etw. nicht mögen, für etw. wenig/nicht viel übrighaben, kein Freund von etw. sein, sich sträuben; *(geh.):* abhold sein; *(ugs.):* sich nichts machen aus.

abgenutzt
1. abgegriffen, abgetragen, abgewetzt, alt, benutzt, klapprig, speckig, vernachlässigt, verschlissen, verwahrlost, zerfetzt, zerfleddert, zerlumpt, zerrissen; *(ugs.):* abgerissen, abgerockt, ausgedient, blank, mitgenommen; *(abwertend):* heruntergekommen, schäbig, verlottert.
2. ↑abgedroschen.

Abgeordneter, Abgeordnete
Delegierter, Delegierte, Deputierter, Deputierte, Funktionär, Funktionärin, Parlamentarier, Parlamentarierin, Parlamentsmitglied, Repräsentant, Repräsentantin, [Volks]vertreter, [Volks]vertreterin; *(österr.):* Mandatar, Mandatarin.

abgerissen
1. ↑abgenutzt (1).
2. abgebrochen, abgehackt, abrupt, nicht zusammenhängend, stammelnd, stockend, stoßweise, stotterig, stotternd, stückweise, unzusammenhängend, zusammenhanglos.

Abgesandter, Abgesandte
Beauftragter, Beauftragte, Bevollmächtigter, Bevollmächtigte, Bote, Botin, Botschafter, Botschafterin, Delegat, Delegatin, Delegierter, Delegierte, Emissär, Emissärin, Kurier, Kurierin, Vertreter, Vertreterin; *(bes. Politik):* Unterhändler, Unterhändlerin.

abgeschieden
1. ↑abgelegen.
2. dahin, erloschen, gestorben, leblos, nicht mehr da, tot; *(geh.):* entseelt, selig, verschieden, verstorben; *(geh. verhüll.):* heimgegangen, hingeschieden; *(geh. veraltet):* verblichen.

abgeschlossen
1. abgesondert, einsam, einsiedlerisch, isoliert, vereinsamt, weltabgeschieden, weltabgewandt, zurückgezogen; *(geh.):* abgeschieden.
2. abgesperrt, geschlossen, gesichert, verriegelt, verschlossen, versperrt, zugeschlossen; *(südd., österr.):* zugesperrt; *(ugs.):* dicht, zu.
3. abgerundet, ausgeführt, beendet, erledigt, fertiggestellt, unter Dach und Fach, vervollständigt, vollendet, zum Abschluss gebracht, zum Abschluss gekommen/gelangt.

abgesehen
ausgenommen, außer, bis auf, mit Ausnahme von, neben, nicht inbegriffen, ohne; *(geh.):* nicht einbegriffen.

abgespannt ↑abgekämpft.

abgetragen
abgenutzt, abgeschabt, abgewetzt, alt, aufgetragen, speckig, verschlissen, zerfetzt, zerlumpt, zerrissen; *(ugs.):* abgerissen, ausgedient, blank, mitgenommen; *(abwertend):* heruntergekommen, schäbig, verlottert.

abgewinnen
angetan sein, begeistert sein, bevorzugen, eine Vorliebe haben, eingenommen sein, sich erwärmen, etwas übrighaben, Freude haben, Gefallen finden/haben, Interesse haben, sich interessieren, interessiert sein, lieben, mögen, schwärmen; *(ugs.):* stehen auf.

abgewöhnen, sich
abgehen, abkommen, ablassen, ablegen, absehen, abstreifen, aufgeben, aufhören, sich befreien, einstellen, sich frei machen, sich trennen, überwinden, sich versagen, verzichten; *(geh.):* Abstand nehmen, sich entledigen; *(ugs.):* loskommen, sich verkneifen.

abgrasen
abgehen, abkämmen, ablaufen, abpatrouillieren, absuchen, durchkämmen, durchsuchen; *(geh.):* abschreiten; *(ugs.):* abklappern, abklopfen, ablatschen, durchstöbern.

abgrenzen
1. abschließen, abstecken, abtrennen, begrenzen, bestimmen, festlegen, festsetzen, fixieren, Grenzen abstecken/ziehen, markieren, umreißen, vereinbaren, ziehen.
2. unterscheiden, voneinander abheben.

Abgrund
1. Klamm, Klause, Kluft, Schlucht, Spalte, Talenge, Tiefe; *(bes. österr., schweiz.):* Schrund; *(schweiz.):* Klus; *(geh.):* Schlund.
2. Gegensatz, Kluft, Kontrast, Trennung, Unterschied, Verschiedenheit; *(bildungsspr.):* Differenz, Diskrepanz, Divergenz.

abhaken
1. abchecken, abzeichnen.

2. als ausgeführt/erledigt betrachten, beenden, beendigen, erledigen, zu Ende bringen/führen.

abhalten

1. entfernt halten; *(ugs.):* weghalten.
2. abblocken, abbringen, abschrecken, abwehren, aufhalten, blockieren, durchkreuzen, sich entgegenstellen, hemmen, hindern, im Keim ersticken, lähmen, lahmlegen, stören, unmöglich machen, unterbinden, vereiteln, verhindern, verhüten, verschrecken, zum Scheitern bringen, zunichtemachen, zurückhalten; *(geh.):* Einhalt gebieten, zu Fall bringen.
3. arrangieren, ausrichten, durchführen, geben, halten, in Szene setzen, inszenieren, organisieren, stattfinden lassen, unternehmen, veranstalten; *(bildungsspr.):* zelebrieren.

abhandeln

ausführen, äußern, bearbeiten, behandeln, beleuchten, berichten, beschreiben, betrachten, darlegen, darstellen, diskutieren, erläutern, erörtern, schildern, zum Gegenstand haben; *(bildungsspr.):* referieren; *(Fachspr.):* exponieren.

Abhandlung

Arbeit, Artikel, Aufsatz, Ausführung, Bearbeitung, Behandlung, Beitrag, Bericht, Beschreibung, Besprechung, Buch, Darlegung, Darstellung, Erläuterung, Erörterung, Erzählung, Essay, Forschungsbericht, Niederschrift, Publikation, Rede, Report, Reportage, Schilderung, Schrift, Studie, Text, Titel, Untersuchung, Veröffentlichung, Vortrag, Werk; *(geh.):* Elaborat; *(bildungsspr.):* Analyse, Referat; *(ugs.):* Story; *(veraltend):* Traité, Traktat; *(Fachspr.):* Exposé.

Abhang

Bergabsturz, Berghang, Böschung, Felssturz, Felswand, Hang, Rand, Steilhang, Talhang; *(schweiz.):* Stutz; *(geh.):* Halde; *(südd., schweiz.):* Rain; *(südd., österr., schweiz.):* Lehne; *(südd., österr.):* Leite.

[1]abhängen

1. ausruhen, entspannen, sich erholen, faulenzen, herumhängen, nichts tun, zur Ruhe kommen; *(ugs.):* auf der faulen Haut liegen, [aus]chillen, runterkommen.
2. a) bedingt sein, beruhen auf, bestimmt sein, gebunden sein. **b)** abhängig/gebunden sein, angewiesen sein, unterstehen, unterstellt sein, untertan sein.

[2]abhängen

1. abnehmen, entfernen, herabhängen, herabnehmen, herunterhängen, herunternehmen.
2. a) abschütteln, sich befreien, sich frei machen, loswerden; *(österr.):* abbeuteln; *(ugs.):* loskriegen, sich vom Hals schaffen. **b)** abschütteln, einen Vorsprung gewinnen/herausholen/herausfahren, entkommen, hinter sich lassen, überholen, vorbeifahren, vorbeilaufen, zurücklassen; *(Sport):* davonziehen.

abhängig

1. a) bedingt, beeinflusst, bestimmt. **b)** angewiesen, gebunden, hörig, süchtig, verfallen.
2. unfrei, unselbstständig, untergeordnet; *(veraltend):* untertan.

Abhängigkeit

1. Hörigkeit, Sucht, Unfreiheit, Unmündigkeit, Unselbstständigkeit; *(bildungsspr.):* Interdependenz; *(Sprachwiss.):* Obliquität.
2. Bedingtheit; *(bildungsspr., Fachspr.):* Determiniertheit, Relativität.

abhärten

beständig machen, ertüchtigen, festigen, gewöhnen, kräftigen, resistent machen, robust machen, stählen, stärken, unempfindlich machen, widerstandsfähig machen; *(geh.):* feien.

abhauen

das Feld räumen, das Weite suchen, den Rückzug antreten, sich entfernen, fortgehen, gehen, verschwinden, weggehen, weichen, sich zurückziehen; *(ugs.):* abschwirren, sich abseilen, sich absetzen, abziehen, sich aus dem Staub machen, sich davonmachen, Leine ziehen, sich [seitwärts] in die Büsche schlagen, sich trollen, sich verdrücken, sich verdünnisieren, sich verziehen; *(salopp):* abschieben, absocken, abtrudeln, die Kurve kratzen, sich verpissen, sich vom Acker machen.

abheben

1. abnehmen, ans Telefon gehen, ein Gespräch annehmen, sich melden; *(ugs.):* rangehen.
2. abnehmen, sich auszahlen lassen, vom Konto Geld entnehmen; *(österr.):* beheben.
3. abgrenzen, hervorstechen lassen, hervortreten lassen; *(bildungsspr.):* kontrastieren.
4. den Bezug zur Realität verlieren, kopflos werden; *(ugs.):* ausflippen, durchdrehen, völlig weg sein; *(salopp):* überschnappen; *(Jugendspr.):* abspacen.

abheben, sich

abstechen, abweichen, sich abzeichnen, einen Kontrast bilden, erkennbar sein, sich herausheben, herausstechen, hervortreten, sich unterscheiden; *(bildungsspr.):* kontrastieren.

abhelfen

ausbalancieren, aus der Welt schaffen, ausgleichen, aussöhnen, beheben, beilegen, bereinigen, berichtigen, beseitigen, ins [rechte] Lot/ins Reine bringen, klären, klarstellen, korrigieren, regeln, richtigstellen, schlichten, verbessern, wiedergutmachen; *(geh.):* begleichen; *(ugs.):* ausbügeln, einrenken, geradebiegen, hinbiegen, in Ordnung bringen, zurechtrücken; *(bes. südd., österr., schweiz.):* richten.

abhetzen, sich
sich beeilen, sich eilen, sich keine Zeit lassen, schnell machen; *(ugs.):* sich abjagen, fix machen, sich ranhalten; *(ugs. emotional):* sich tothetzen.

abholzen
1. absägen, fällen, roden, schlagen, umhauen, umlegen, umschlagen; *(österr.):* schlägern; *(ugs.):* ummachen.
2. ausholzen, entwalden, kahl schlagen, roden; *(nordd.):* buschen.

abhören
1. abfragen, aufsagen lassen, einem Test unterziehen, examinieren, kontrollieren, prüfen, testen, überprüfen; *(ugs.):* auf den Zahn fühlen, unter die Lupe nehmen.
2. abhorchen, behorchen, belauschen, eine Lauschaktion/einen Lauschangriff unternehmen, erhorchen, erlauschen, [heimlich] überwachen, kontrollieren, lauschen; *(geh.):* ablauschen; *(abwertend):* spionieren.

Abitur
Gymnasialabschluss, Reifeprüfung; *(österr., schweiz.):* Matura; *(schweiz.):* Maturität, Maturitätsprüfung; *(Schülerspr.):* Abi.

abkapseln, sich
sich abgrenzen, sich abscheiden, sich abschotten, sich absondern, sich einigeln, sich einkapseln, sich einspinnen, sich fernhalten, für sich bleiben, in Klausur gehen, sich [in sein Schneckenhaus] zurückziehen, sich isolieren, sich vergraben, sich verkriechen, sich [von der Außenwelt] abschließen, sich zurückziehen; *(bes. österr.):* sich einkasteln; *(geh.):* sich entziehen; *(ugs.):* wegtauchen; *(veraltend):* sich separieren.

abkaufen
für bare Münze nehmen, glauben, Glauben schenken; *(ugs.):* abnehmen.

abkehren, sich
abgehen, sich abgrenzen, ablassen, abrücken, absehen, sich abwenden, als erledigt betrachten, aufgeben, brechen, den Kontakt abbrechen/beenden/einstellen, den Rücken kehren/wenden, sich entfernen, fahren lassen, fallen lassen, sich fernhalten, hinter sich lassen, sich lösen, sich loslösen, sich lossagen, mit jmdm./etw. nichts mehr zu tun haben wollen, sich trennen, sich zurückziehen; *(geh.):* Abstand nehmen, sich entziehen; *(bildungsspr.):* sich distanzieren; *(ugs.):* sich abschminken, an den Nagel hängen, aufstecken, hinwerfen.

abklingen
abebben, abflauen, abnehmen, absinken, absterben, auf dem absteigenden Ast sein, fallen, im Rückgang/im Schwinden begriffen sein, nachlassen, sinken, sich vermindern, sich verringern, weniger werden, zurückgehen; *(geh.):* ersterben, schwinden, verebben; *(ugs.):* absacken, [he]runtergehen.

abklopfen
a) ablösen, abschlagen, abstreifen, ausklopfen, befreien, entfernen, lösen, loslösen; *(ugs.):* abmachen. **b)** reinigen, sauber machen, säubern.

Abkommen
Abmachung, Abschluss, Absprache, Aushandlung, Beschluss, Einigung, Einvernehmen, Entschluss, Geschäftsabschluss, Kontrakt, Pakt, Übereinkommen, Übereinkunft, Verabredung, Vereinbarung, Vertrag; *(bildungsspr.):* Arrangement; *(ugs.):* Deal; *(veraltend):* Abrede.

abkömmlich
entbehrlich, nutzlos, überflüssig, überzählig, übrig, unnötig, unnütz, unwichtig.

abkratzen
1. a) ablösen, abreiben, entfernen; *(ugs.):* abknibbeln, abmachen. **b)** reinigen, sauber machen, säubern.
2. sterben, umkommen, ums Leben kommen; *(ugs.):* abtreten; *(salopp):* abfahren, abschnappen, den Löffel abgeben/wegwerfen/wegschmeißen, hopsgehen, ins Gras beißen.

abkriegen
1. abbekommen, bekommen, erben, erhalten, zufallen, zufließen; *(ugs.):* abhaben.
2. beschädigt werden, einen Schaden erleiden, einstecken müssen, hinnehmen müssen.

abkühlen
auskühlen, kälter werden lassen, kalt stellen, kühler werden lassen.

abkühlen, sich
1. auffrischen, kälter werden, kühler werden.
2. abflauen, abnehmen, sich beruhigen, sich entspannen, sich legen, nachlassen, sich normalisieren, ruhig[er] werden; *(geh.):* schwinden; *(ugs.):* runterkommen.

abkürzen
1. abschneiden, eine Abkürzung nehmen/gehen/fahren, einen kürzeren Weg nehmen/gehen/fahren, kürzen, kürzer machen, verkürzen.
2. abbrechen, abschließen, beilegen, einstellen, [vorzeitig] beenden, [vorzeitig] beendigen, [vorzeitig] beschließen, [vorzeitig] enden lassen, [vorzeitig] Schluss machen, [vorzeitig] zu Ende bringen/führen, [vorzeitig] zum Abschluss

A abk B C D E F G H I J K L M N O P Q R S T U V W X Y Z

bringen, zeitlich beschränken; *(geh.):* [vorzeitig] ein Ende bereiten/machen/setzen.

Abkürzung
Buchstabenwort, Kürzel, Verkürzung; *(bildungsspr.):* Abbreviatur; *(Sprachwiss.):* Akronym, Initialwort, Kurzwort.

abladen
1. a) ausladen, auspacken, ausräumen, entladen, entleeren, herunternehmen, leeren; *(ugs.):* leer machen. **b)** absetzen, hinauslassen; *(ugs.):* rauslassen.
2. abschieben, abwälzen, aufbürden, aufladen, laden, übertragen, von sich schieben, wälzen, zuschieben; *(schweiz.):* überbürden; *(geh.):* sich entledigen; *(veraltend):* anlasten.

ablagern
1. absetzen, an Land spülen, anschwemmen, anspülen, ans Ufer spülen, antreiben.
2. abhängen, lagern, reifen; *(südd., österr.):* abliegen.
3. abstellen, aufbewahren, deponieren, einlagern, einstellen, lagern, unterstellen.

Ablauf
1. Abfluss, Ausfluss, Ausguss.
2. Abfolge, Aufeinanderfolge, Chronologie, Entwicklung, Fortgang, Gang, Hergang, Lauf, Nacheinander, Programm, Prozess, Reihenfolge, Verlauf, Vorgang; *(geh.):* Geschehen; *(bildungsspr.):* Mechanismus.

ablaufen
1. a) sich entfernen, fortgehen, weggehen, weglaufen. **b)** loslaufen, losrennen, starten.
2. abfließen, abrinnen, abströmen, abtropfen, auslaufen, versickern, wegfließen.
3. sich abspielen, sich entwickeln, sich ereignen, geschehen, laufen, passieren, stattfinden, verlaufen, vonstattengehen, vor sich gehen; *(geh.):* sich begeben, sich zutragen; *(ugs.):* abgehen, los sein, über die Bühne gehen.
4. aufhören, auslaufen, außer Kraft treten, enden, fällig werden, ungültig werden, verfallen, vergehen, verjähren, verrinnen, verstreichen, zu Ende gehen.
5. abfahren, abgehen, abpatrouillieren, begehen, entlanggehen, entlanglaufen, kontrollieren, patrouillieren; *(geh.):* abschreiten.

Ableben
Lebensende, Tod, Todesfall; *(schweiz.):* Hinscheid, Hinschied, Sterbet; *(geh.):* Abschied, Hingang; *(geh. verhüll.):* Ende, Hinscheiden.

ablegen
1. a) abnehmen, absetzen, abstreifen, ausziehen, entfernen, herunternehmen, streifen, von sich tun; *(geh.):* sich entledigen; *(ugs.):* abtun, runternehmen. **b)** sich abgewöhnen, abstreifen, sich befreien, sich frei machen, sich trennen, überwinden; *(geh.):* sich entledigen; *(ugs.):* loskommen.
2. abstellen, deponieren, hinsetzen, hinstellen, legen, niedersetzen, niederstellen, setzen.
3. ableisten, absolvieren, bestehen, bewältigen, leisten, machen, vollziehen.

ablehnen
1. abschlagen, abweisen, ausschlagen, nicht genehmigen/gewähren/stattgeben, verweigern, von sich weisen, zurückweisen; *(geh.):* versagen, verschmähen; *(ugs.):* was husten.
2. Anstoß nehmen, auszusetzen haben, beanstanden, bemängeln, Kritik üben, kritisieren, missbilligen, monieren, nicht akzeptieren, nicht durchgehen lassen, nicht gelten lassen, nicht gutheißen, nicht hinnehmen, reklamieren, rügen, sich stören, sich stoßen, tadeln, verurteilen, zurückweisen; *(ugs.):* bemäkeln; *(abwertend):* bekritteln.
3. abwehren, abweisen, boykottieren, verneinen, verweigern, von sich weisen, zurückweisen; *(geh.):* meiden; *(bildungsspr.):* negieren.

Ablehnung
1. Abfuhr, ablehnende Antwort, Absage, abschlägige Antwort, Abweisung, Korb, negativer Bescheid, Nein, Verweigerung, Verwerfung, Weigerung, Zurückweisung; *(geh.):* Versagung; *(bildungsspr.):* Negation.
2. ablehnende Haltung, Abneigung, Missbilligung, Verurteilung, Zurückweisung; *(Jargon):* Dislike.
3. Abwehr, Boykott, Boykottierung, Protest, Verweigerung, Widerstand, Widerstreben; *(bildungsspr.):* Renitenz, Resistenz.

ableiten
1. abführen, ablenken, abwenden, in eine andere Richtung leiten/lenken, umleiten, umlenken, wegleiten.
2. den Schluss/die Schlussfolgerung ziehen, entwickeln, folgern, herleiten, schließen, schlussfolgern, zu dem Schluss kommen, zurückführen; *(bes. Philos.):* deduzieren, konkludieren; *(Sprachwiss.):* derivieren.

ableiten, sich
beruhen, entspringen, sich ergeben, folgen, fußen, sich gründen, sich herleiten, herrühren, kommen, seinen Ursprung haben, stammen, sich stützen, zurückgehen, zurückzuführen sein; *(bildungsspr.):* basieren.

ablenken
1. ableiten, abwenden, beugen, brechen, führen, in eine andere Richtung leiten/lenken, lenken, umleiten, umlenken, wegleiten.

2. a) abbringen, abhalten, stören, verwirren, wegführen. **b)** auf andere Gedanken bringen, aufheitern, aufmuntern, zerstreuen.

Ablenkung
1. Richtungsänderung.
2. Abwechslung, Aufmunterung, Erheiterung, Unterhaltung, Veränderung, Vergnügen, Zeitvertreib, Zerstreuung; *(veraltend):* Kurzweil.

ablesen
1. vorlesen, vortragen.
2. bestimmen, feststellen.

abliefern
a) abgeben, aushändigen, bringen, geben, herbeibringen, herbringen, herschaffen, hinbringen, hintragen, liefern, übereignen, übergeben, überlassen, übermitteln, überreichen; *(geh.):* überantworten, zukommen lassen; *(ugs.):* anbringen, anschleifen; *(südd., österr.):* daherbringen. **b)** darbieten, präsentieren, vorführen, zeigen; *(salopp):* abziehen, hinlegen.

ablösen
an jmds. Stelle treten, ersetzen, jmds. Platz übernehmen.

abmachen
1. abklemmen, abknicken, abknöpfen, abkratzen, ablösen, abmontieren, abreißen, abschaben, abschälen, abschlagen, abschneiden, abschrauben, abspalten, abtrennen, abweichen, entfernen, lösen, loslösen, lostrennen, trennen.
2. absprechen, aushandeln, ausmachen, eine Absprache/Übereinkunft/Vereinbarung treffen, sich einigen, festlegen, festmachen, übereintreffen, verabreden, vereinbaren, sich verständigen; *(schweiz.):* verkommen; *(geh.):* übereinkommen; *(bildungsspr.):* fixieren; *(ugs.):* einen Deal einfädeln; *(veraltend):* abreden.

Abmachung
Abkommen, Absprache, Pakt, Übereinkommen, Übereinkunft, Verabredung, Vereinbarung; *(bildungsspr.):* Arrangement; *(ugs.):* Deal; *(veraltend):* Abrede.

abmalen
abzeichnen, kopieren, malen, nachmalen, nachzeichnen, wiedergeben.

abmalen, sich
sich abzeichnen, sichtbar sein/werden, sich widerspiegeln, sich zeigen, zum Ausdruck kommen.

abmelden
a) absagen, ausscheiden, [sich] austragen, austreten, kündigen, verlassen, weggehen, zurücktreten; *(geh.):* sich empfehlen. **b)** abbestellen, kündigen.

abmessen
1. abschätzen, abzählen, ausmessen, bemessen, bestimmen, ermitteln, errechnen, feststellen, klären, messen, schätzen, vermessen, zirkeln; *(bildungsspr.):* quantifizieren; *(Fachspr.):* kalibrieren.
2. abteilen, bemessen, dosieren, messen, rationieren; *(geh.):* zumessen.

abmildern
abdämpfen, abfedern, abschwächen, ausgleichen, beruhigen, dämpfen, deeskalieren, die Spitze [ab]brechen/nehmen, eindämmen, einschränken, entschärfen, entspannen, glätten, herabmindern, lindern, mildern, reduzieren, schmälern, verkleinern, vermindern, verringern, verwässern; *(geh.):* mäßigen.

abmühen, sich
sich abarbeiten, sich abplagen, sich abquälen, sich anstrengen, kämpfen, sich placken, sich plagen, sich quälen, ringen, sich schinden, seine ganze Kraft aufbieten, sich strapazieren, sich verbrauchen; *(meist geh.):* sich mühen; *(ugs.):* sich abschinden, sich abschleppen, sich abschuften, sich abstrampeln, sich abzappeln, ackern, sich ins Zeug legen, rackern, schuften, strampeln; *(salopp):* sich abrackern.

abnehmen
1. abbinden, abhängen, ablegen, abreißen, absetzen, abstreifen, abtrennen, ausziehen, entfernen, fortnehmen, herunternehmen, lösen, von sich tun, wegnehmen; *(geh.):* sich entledigen; *(ugs.):* abmachen, wegmachen.
2. a) aus der Hand nehmen, tragen. **b)** aushelfen, entlasten, helfen, übernehmen, unterstützen.
3. begutachten, beurteilen, durchsehen, inspizieren, kontrollieren, nachprüfen, prüfen, überprüfen, untersuchen; *(bildungsspr.):* evaluieren.
4. für bare Münze nehmen, für wahr halten, glauben; *(ugs.):* abkaufen.
5. a) abmagern, [an] Gewicht verlieren, dünn/dürr/hager/mager/schlank/schmal werden, einfallen, hagern, zusammenfallen; *(ugs.):* vom Fleisch fallen; *(landsch.):* abkommen. **b)** eine Diät machen; *(ugs.):* diäten.
6. abebben, abflauen, abklingen, sich abschwächen, absinken, aufhören, sich legen, nachlassen, sich reduzieren, schlechter werden, schrumpfen, schwächer werden, sinken, sich verkleinern, sich verringern, verschwinden, weniger werden, zurückgehen; *(geh.):* dahinschwinden, erlahmen, sich mäßigen, verebben; *(ugs.):* absacken, heruntergehen, runtergehen, schwächeln.

Abneigung
ablehnende Haltung, Ablehnung, Abscheu, Feindschaft, Feindseligkeit, Hass, Missbilligung, Widerstreben, Widerwille; *(geh.):* Animosität, Degout, Unwille; *(bildungsspr.):* Antipathie, Aversion, Ressentiment; *(Jargon):* Dislike.

abnicken
befürworten, bewilligen, billigen, die Bewilligung geben, entsprechen, genehmigen, gestatten, justifizieren, zustimmen; *(ugs.):* absegnen.

abnutzen, sich
a) sich abgreifen, sich abreiben, sich abscheuern, sich abschleifen, verschleißen, zerschleißen. **b)** seinen Reiz verlieren.

abonnieren
anfordern, anschaffen, bestellen, beziehen, halten, kommen lassen.

abordnen
abstellen, befehlen, beordern, bitten, delegieren, deputieren, entsenden, kommandieren, kommen lassen, schicken, vorladen, zitieren; *(geh.):* bescheiden; *(salopp):* antanzen lassen.

Abordnung
1. Delegation, Entsendung.
2. Delegation, Deputation, Vertretung.

abplagen, sich ↑abmühen, sich.

abprallen
a) abspringen, zurückprallen, zurückschnellen, zurückspringen. **b)** gleichgültig lassen, kaltlassen, nichts ausmachen, unbeeindruckt lassen, unberührt lassen, ungerührt bleiben/sein.

abputzen
abbürsten, abreiben, abscheuern, abwischen, auswischen, entfernen, putzen, reinigen, sauber machen, säubern, waschen, wegputzen, wegwischen, wischen; *(ugs.):* schrubben.

abquälen, sich ↑abmühen, sich.

abräumen
1. abservieren, fortnehmen, herunternehmen, hinaustragen, wegnehmen, wegräumen; *(geh.):* abtragen; *(ugs.):* runternehmen.
2. abdecken, abservieren, frei machen; *(schweiz.):* abtischen; *(ugs.):* leer machen.

abrechnen
1. eine [Schluss]rechnung aufstellen; *(ugs.):* Kassensturz machen.
2. heimzahlen, sich rächen, sich revanchieren, vergelten, zur Rechenschaft ziehen, zur Rede stellen, zur Verantwortung ziehen; *(geh.):* eine [alte] Rechnung begleichen; *(ugs.):* [noch] ein Hühnchen zu rupfen haben, quitt werden.

Abrechnung
1. a) Schlussrechnung. **b)** Liquidation, Quittung, Rechnung.
2. Bestrafung, Gegenangriff, Gegenschlag, Gegenstoß, Heimzahlung, Maßregelung, Rache, Revanche, Strafaktion, Strafe, Strafmaßnahme, Vergeltung, Vergeltungsmaßnahme; *(geh.):* Ahndung; *(bildungsspr.):* Repressalie.

abregen, sich
sich abreagieren, sich beruhigen, sich besänftigen, sich entkrampfen, sich entspannen, sich fassen, ruhig werden, sich von dem Schrecken erholen, zur Ruhe kommen; *(ugs.):* sich einkriegen, runterkommen; *(Jugendspr.):* sich chillen.

abreiben
1. abbürsten, abkratzen, abputzen, abscheuern, abschleifen, abschmirgeln, abwischen, entfernen, wegputzen, wegwischen; *(ugs.):* abschrubben, schrubben.
2. abfrottieren, abtrocknen, frottieren, trocken reiben, trocknen.

abreisen
1. abfahren, abfliegen, aufbrechen, die/eine Reise antreten, fortfahren, reisen, verreisen, wegfahren; *(ugs.):* abdampfen.
2. abfahren, abfliegen, aufbrechen, die Koffer packen, die Rückreise antreten, fortfahren, wegfahren; *(ugs.):* abdampfen, Leine ziehen, sich trollen, verschwinden, sich verziehen; *(veraltend):* sein Bündel schnüren.

abreißen
1. a) abbrechen, ablösen, abrupfen, abtrennen, abzupfen, herunterreißen, lösen, loslösen, losreißen, lostrennen, reißen, trennen; *(ugs.):* abmachen; *(Fachspr.):* abszindieren. **b)** abnehmen, absetzen, abstreifen, herunternehmen; *(ugs.):* abmachen, abtun, runternehmen.
2. a) abfallen, abgehen, sich ablösen, abplatzen, absplittern, abspringen, entzweigehen, sich lösen, sich loslösen, zerreißen; *(ugs.):* losgehen, losspringen. **b)** abbrechen, aufhören, enden, unterbrochen werden.

abriegeln
a) abschließen, schließen, verriegeln, verschließen, zuriegeln, zuschließen; *(ugs.):* zumachen; *(südd., österr.):* zusperren. **b)** blockieren, schließen, sperren, unpassierbar machen, unzugänglich machen, verbauen, versperren.

Abriss
1. Abbau, Abbruch, Abtragung, Demontage, Niederreißung, Schleifung; *(österr.):* Demolierung; *(ugs.):* Wegplanierung.
2. Abstract, Aufriss, Auswahl, Auszug, Kurzfassung, Leitfaden, Querschnitt, Überblick, Übersicht, Zusammenfassung; *(bildungsspr.):* Exzerpt, Kompendium, Resümee; *(veraltend):* Brevier; *(Literaturwiss.):* Epitome.

abrücken
1. sich ein kleines Stück entfernen, fortrücken, wegrücken; *(ugs.):* wegrutschen.
2. abgehen, sich abgrenzen, sich abkehren, ablassen, abschwören, absehen, sich abwenden, als erledigt betrachten, aufgeben, brechen, sich entfernen, fallen lassen, sich fernhalten, hinter sich lassen, sich lösen, sich loslösen, sich lossagen, mit jmdm. nichts mehr zu tun haben wollen, sich trennen, sich zurückziehen; *(geh.):* Abstand nehmen, sich entziehen; *(bildungsspr.):* sich distanzieren; *(ugs.):* sich abschminken, an den Nagel hängen.

abrufen
1. a) holen, rufen, wegholen, weglocken, wegrufen. **b)** abberufen, absetzen, entlassen, entmachten, suspendieren, zurückbeordern, zurückberufen, zurückrufen, zurückziehen.
2. aktivieren, aufrufen, sich geben lassen, in Gang setzen; *(EDV):* anwählen, laden.

abrunden
1. abkanten, abschrägen, arrondieren, runden, rund machen.
2. arrondieren, vereinheitlichen, zusammenlegen.
3. kürzen, reduzieren, runden, rund machen.
4. den letzten Schliff geben, ergänzen, vervollständigen; *(bildungsspr.):* komplettieren, perfektionieren.

abrupt
1. auf einmal, mit einem Mal, ohne jeden Übergang, plötzlich, ruckartig, schlagartig, sprunghaft, übergangslos, über Nacht, überraschend, unerwartet, unverhofft, unvermittelt, unvermutet, unversehens, unvorhergesehen; *(geh.):* jäh, jählings; *(bildungsspr.):* ex abrupto; *(ugs.):* aus heiterem Himmel, Hals über Kopf, Knall auf Fall; mir nichts, dir nichts; mit einem Schlag; *(verstärkend):* urplötzlich.
2. abgebrochen, abgehackt, abgerissen, nicht zusammenhängend, stammelnd, stockend, stoßweise, stotterig, stotternd, stückweise, unzusammenhängend, zusammenhanglos.

abrüsten
1. demobilisieren, entmilitarisieren, entmobilisieren, entwaffnen, Streitkräfte/Truppen abbauen/reduzieren.
2. abbauen, abbrechen, abnehmen, demontieren, wegnehmen.

abrutschen
1. ausrutschen, wegrutschen; *(geh.):* abgleiten, ausgleiten; *(ugs.):* abglitschen.
2. absinken, auf die schiefe Bahn/Ebene geraten/kommen, herabsinken, heruntersinken, tief fallen/sinken, verwahrlosen; *(geh.):* abgleiten, herniedersinken; *(ugs.):* absacken, auf den Hund kommen, herunterkommen, runterkommen, unter die Räder kommen/geraten, vergammeln, versacken; *(abwertend):* in der Gosse landen, verkommen; *(veraltend):* unter den Schlitten kommen.

absacken
1. a) absinken, sacken, sinken, untergehen, untersinken, versinken; *(geh.):* herabsinken, hinabsinken; *(ugs.):* versacken, wegsacken; *(salopp):* absaufen. **b)** an Höhe verlieren.
2. a) abklingen, abnehmen, absinken, fallen, im Rückgang begriffen sein, sinken, zurückgehen; *(ugs.):* heruntergehen, runtergehen. **b)** ↑abrutschen (2).

Absage
a) Abfuhr, ablehnende Antwort, Ablehnung, abschlägige Antwort, abschlägiger Bescheid, Abweisung, Korb, negativer Bescheid, Nein, Verweigerung, Verwerfung, Weigerung, Zurückweisung; *(geh.):* Versagung; *(bildungsspr.):* Negation.
b) ablehnende Haltung, Ablehnung, Abneigung, Missbilligung, Verurteilung, Zurückweisung.

absagen
1. abbrechen, absetzen, aufheben, ausfallen lassen, canceln, nicht stattfinden lassen, rückgängig machen, streichen; *(ugs.):* abblasen.
2. abbestellen, sich abmelden, zurücknehmen, zurücktreten, zurückziehen.

absahnen
sich aneignen, an sich bringen, sich bereichern, sich Gewinn verschaffen, profitieren, sich Vorteile verschaffen; *(ugs.):* abräumen, sich die eigenen Taschen füllen, einheimsen, einkassieren, einsacken, herausschlagen, in die eigene Tasche stecken/wirtschaften, zulangen, zuschlagen.

Absatz
1. Abschnitt, Artikel, Ausschnitt, Kapitel, Paragraf, Partie, Passage, Punkt, Stelle, Stück, Teil, Teilstück, Textabschnitt; *(bildungsspr.):* Passus, Rubrik.
2. Abgabe, Geschäft, Handel, Umsatz, Veräußerung, Verkauf, Vertrieb.

abschaffen
a) abstellen, annullieren, aufheben, auflösen, aufräumen, aus dem Weg räumen, aus der Welt schaffen, auslöschen, ausmerzen, ausräumen, außer Kraft setzen, beheben, beseitigen, entfernen, fortbringen, fortschaffen, für nichtig erklären, für ungültig erklären, Schluss machen, streichen, wegbringen, wegschaffen, zum Verschwinden bringen; *(bildungsspr.):* eliminieren; *(ugs.):* wegmachen; *(salopp):* ausradieren; *(emo-*

tional verstärkend): für null und nichtig erklären. **b)** fortgeben, hergeben, nicht länger behalten, sich trennen, weggeben.

abschalten

1. abdrehen, abstellen, ausdrehen, ausschalten, außer Betrieb setzen, löschen, unterbrechen, zudrehen; *(ugs.):* ausknipsen, ausstellen.

2. abspannen, Abstand gewinnen, ausruhen, entspannen, sich erholen, faulenzen, nichts tun, zur Ruhe kommen; *(ugs.):* alle viere von sich strecken, relaxen.

abschätzig

abfällig, abqualifizierend, absprechend, abwertend, erniedrigend, geringschätzig, herabmindernd, herabsetzend, herabwürdigend, heruntersetzend, missbilligend, verächtlich, wegwerfend; *(geh.):* despektierlich, verunglimpfend; *(bildungsspr.):* diffamierend, diskreditierend; *(ugs.):* niedermachend; *(salopp):* heruntermachend; *(veraltend):* missfällig.

Abscheu

a) Ekel, Widerwille; *(geh.):* Degout. **b)** ablehnende Haltung, Ablehnung, Abneigung, Ekel, Feindschaft, Feindseligkeit, Grauen, Hass, Horror, Missbilligung, Schauder, Widerstreben, Widerwille; *(geh.):* Animosität, Degout, Unwille; *(bildungsspr.):* Antipathie, Aversion, Indignation, Ressentiment.

abscheuern, sich

sich abnutzen, sich abreiben, sich abschleifen, verschleißen.

abscheuerregend ↑abscheulich (a).

abscheulich

a) abscheuerregend, abstoßend, ekelerregend, ekelhaft, eklig, entsetzlich, furchtbar, grässlich, gräulich, hässlich, missgestaltet, schaurig, schrecklich, unappetitlich, unerträglich, widerwärtig, wüst, zuwider; *(geh.):* degoutant; *(bildungsspr.):* infernalisch; *(ugs.):* ätzend, fies; *(abwertend):* schmierig; *(emotional):* scheußlich.
b) bösartig, böse, garstig, gemein, hässlich, niederträchtig, schändlich, schlecht, schlimm, verabscheuenswert; *(geh.):* frevelhaft, ruchlos, übel, verabscheuungswürdig, verwerflich; *(ugs.):* fies; *(abwertend):* infam, schäbig.

GGS edel, gutartig, liebenswürdig.

abschicken

a) absenden, auf den Weg schicken, aufgeben, fortschicken, in den Briefkasten stecken/werfen, schicken, senden, verschicken, versenden, zur Post bringen; *(bildungsspr.):* expedieren; *(ugs.):* losschicken. **b)** absenden, ausschicken, wegschicken; *(geh.):* entsenden; *(ugs.):* losschicken.

abschieben

a) abrücken, beiseiteschieben, entfernen, fortschieben, schieben, wegschieben. **b)** ↑abwälzen (2). **c)** ausweisen, des Landes verweisen, fortweisen, hinausweisen, verbannen, verweisen, weisen; *(ugs.):* hinauswerfen.

Abschied

1. Fortgang, Trennung, Weggang; *(geh.):* Abgesang, Lebewohl, Scheiden.

2. Entlassung, Verabschiedung.

abschießen

1. abdrücken, abfeuern, hinausjagen, hinausschießen, losschießen, schießen.

2. a) erschießen, niederschießen, töten; *(geh.):* erlegen, niederstrecken; *(ugs.):* totschießen, über den Haufen knallen/schießen, zusammenschießen; *(salopp):* abknipsen, herunterholen, niederknallen, umlegen, umnieten, wegknallen, wegpusten. **b)** absetzen, ausmanövrieren, entfernen, stürzen; *(ugs.):* abschieben, ausbooten, feuern, herausschmeißen, herauswerfen, hinausschmeißen, hinauswerfen, in die Wüste schicken, kaltstellen, rausschmeißen, rauswerfen, über die Klinge springen lassen; *(bildungsspr.):* eliminieren, exmittieren; *(salopp):* abservieren.

abschirmen

1. a) absichern, decken, schützen; *(geh.):* beschirmen, schirmen. **b)** abschneiden, absondern, isolieren, trennen.

2. abblenden, abdunkeln, verdecken.

Abschlag

1. a) Ermäßigung, Preisermäßigung, Preisnachlass, Preissenkung, Prozente, Rabatt. **b)** *(Sport):* Bully.

2. Abschlagssumme, Abschlagszahlung, Abzahlung, Abzahlungsrate, Rate, Ratenbetrag, Teilzahlung.

abschlagen

1. abbauen, abbrechen, abreißen, auseinandernehmen, demontieren, niederreißen.

2. ablehnen, abweisen, ausschlagen, eine Abfuhr erteilen, Nein sagen, verweigern, zurückweisen; *(geh.):* versagen; *(ugs.):* abschmettern.

abschlägig

ablehnend, negativ, verneinend, verweigernd.

abschleppen, sich

sich abmühen, sich abplagen, sich abquälen; *(ugs.):* sich abstrampeln; *(salopp):* sich abrackern.

abschließen

1. abriegeln, schließen, verriegeln, verschließen, zuriegeln, zuschließen; *(ugs.):* zumachen; *(südd., österr.):* zusperren.

2. beenden, beendigen, beschließen, einen Schlussstrich ziehen, fertig machen, fertigstellen,

unter Dach und Fach bringen, zu Ende bringen/führen; *(nachdrücklich):* zum Abschluss bringen.
3. aufhören, ausklingen, enden, schließen, zu Ende gehen.
4. abmachen, aushandeln, schließen, vereinbaren; *(geh.):* übereinkommen.

Abschluss
1. Ausgang, Beendigung, Ende, Endpunkt, Erledigung, Schluss[punkt]; *(geh.):* Ausklang; *(bildungsspr.):* Finale; *(veraltend):* Beschluss.
2. Abkommen, Abmachung, Aushandlung, Beschluss, Entschluss, Schlussvereinbarung, Übereinkommen, Übereinkunft, Vereinbarung.

abschmieren
1. einfetten, einölen, ölen, schmieren.
2. abkippen, abstürzen, an Höhe verlieren, herabstürzen, herunterstürzen, hinabstürzen, hinunterstürzen, niedersinken, sacken, sinken; *(ugs.):* absacken, wegsacken.

abschminken, sich
abgehen/abkommen/absehen von, aufgeben, sich aus dem Kopf schlagen, fallen lassen, verwerfen, verzichten; *(geh.):* Abstand nehmen, abstehen von, zu Grabe tragen; *(ugs.):* abschreiben, aufstecken, das Handtuch schmeißen/werfen, passen, sausen lassen, stecken, streichen, sich verabschieden.

abschneiden
1. absägen, abspalten, abtrennen, schneiden; *(ugs.):* abmachen, absäbeln, abschnippeln.
2. abgliedern, abkapseln, abscheiden, abschließen, abschotten, absondern, abtrennen, isolieren, trennen; *(geh.):* sondern; *(bildungsspr.):* segregieren; *(veraltend):* separieren.

Abschnitt
1. Absatz, Ausschnitt, Kapitel, Paragraf, Partie, Passage, Punkt, Stelle, Stück, Teil, Teilbereich, Teilstück; *(bildungsspr.):* Passus.
2. Bereich, Geländeteil, Raum, Region, Sektor, Teil, Teilbereich, Teilstück, Zone.
3. Epoche, Etappe, Stadium, Zeit, Zeitabschnitt, Zeitraum, Zeitspanne, Zeitstrecke; *(bildungsspr.):* Ära, Periode, Phase.

abschrecken
1. abbringen, abhalten, hindern, verschrecken, zurückhalten, zurückschrecken.
2. a) abkühlen, auskühlen. **b)** schrecken.

abschreckend
1. drohend, verschreckend, warnend.
2. abscheulich, hässlich, negativ, unschön.

abschreiben
1. ausschreiben, ausziehen, eine Abschrift machen, herausschreiben, herausziehen, kopieren; *(bildungsspr.):* exzerpieren.
2. ablassen von, aufgeben, sich aus dem Kopf schlagen, begraben, fahren/fallen lassen, sich trennen von, verloren geben, verwerfen, verzichten; *(geh.):* sich einer Sache begeben/entäußern, entsagen, sich etw. versagen, zu Grabe tragen; *(ugs.):* aufstecken, in den Mond/Schornstein/Wind schreiben, stecken, streichen, sich verabschieden von.

Abschrift
Ausfertigung, Doppel, Dublette, Duplikat, Durchschlag, Durchschrift, Kopie, Reinschrift, Zweitausfertigung, Zweitschrift.

abschüssig
abfallend, abstürzend, ansteigend, mit starkem Gefälle, schräg, schroff, steil; *(schweiz.):* gähstotzig; *(geh.):* jäh[lings]; *(bes. schweiz.):* ruppig; *(Fachspr.):* hängig.

abschütteln
1. entfernen, [herunter]schütteln; *(ugs.):* runterschütteln.
2. a) sich befreien/frei machen von, loswerden, überwinden; *(ugs.):* loskriegen, sich vom Hals schaffen; *(salopp):* abhängen. **b)** entkommen, hinter sich lassen; *(Sport):* davonziehen.

abschwächen
abfedern, abmildern, dämpfen, deeskalieren, einschränken, herabmindern, mildern, reduzieren, schmälern, verkleinern, vermindern, verringern, verwässern; *(geh.):* mäßigen.

abschwächen, sich
a) abbröckeln, abebben, abflauen, abklingen, abnehmen, absinken, im Rückgang begriffen sein, sich lockern, sich mildern, nachlassen, sich reduzieren, schrumpfen, schwächer werden, sinken, sich vermindern, sich verringern, sich zurückbilden, zurückgehen; *(geh.):* erlahmen, sich mäßigen, verebben; *(ugs.):* schwächeln.
b) abflauen, nachlassen; *(geh.):* erlahmen.

abschweifen
1. abkommen, abweichen; *(geh.):* abgleiten, abirren; *(veraltend):* abgeraten.
2. den Faden verlieren, sich [ins Uferlose] verlieren, vom Hölzchen aufs Stöckchen kommen, vom Hundertsten ins Tausendste kommen, vom Thema abkommen.

absegnen
befürworten, bewilligen, billigen, die Bewilligung geben, genehmigen, gestatten, justifizieren; *(geh.):* für gut befinden; *(salopp):* abnicken.

absehbar
erkennbar, ermessbar, übersehbar, vorausberechenbar, voraussagbar, voraussehbar, vorauszuberechnen, vorauszusagen, vorauszusehen, vorhersehbar, vorherzusehen.

absehen
1. sich ausrechnen, erkennen, ermessen, erwarten, kommen sehen, prophezeien, rechnen mit, überblicken, überschauen, vorausahnen, vorausberechnen, voraussagen, voraussehen, vorhersagen, vorhersehen; *(ugs.):* sich an den [fünf, zehn] Fingern abzählen; [sich] zusammenreimen.
2. auslassen, ausnehmen, ausschließen, außer Acht/Betracht lassen, aussparen, beiseitelassen, beiseiteschieben, fortlassen, hinwegsehen, nicht berücksichtigen, übergehen, unbeachtet/unberücksichtigt lassen, vernachlässigen; *(geh.):* hinwegblicken; *(bildungsspr.):* abstrahieren, präterieren; *(ugs.):* unter den Tisch fallen lassen, weglassen; *(nordd.):* außen vor lassen.

abseitig
1. abgelegen, abseits, außerhalb, beiseite, draußen, entfernt, entlegen, fern, seitab, weitab; *(geh.):* abgeschieden, fernab; *(ugs.):* weit[ab] vom Schuss, weit weg.
2. absonderlich, abwegig, ausgefallen, entlegen, exotisch, irrig, merkwürdig, sonderbar, ungewöhnlich, unsinnig, wahnwitzig; *(geh.):* aberwitzig; *(ugs.):* blödsinnig, paradox, wahnsinnig.

abseits
außerhalb, entfernt, weitab; *(geh.):* fern, fernab.

absenden
abschicken, auf den Weg schicken, ausschicken, fortschicken, in den Briefkasten stecken/werfen, schicken, senden, verschicken, versenden; *(ugs.):* losschicken.

abservieren
1. a) abräumen, herunternehmen, hinaustragen, wegnehmen; *(geh.):* abtragen; *(ugs.):* runternehmen. **b)** abdecken, abräumen, frei machen; *(schweiz.):* abtischen; *(ugs.):* leer machen.
2. ↑abschießen (2 b).

absetzen
1. ablegen, abnehmen, herunternehmen; *(ugs.):* abtun, runternehmen.
2. abstellen, deponieren, hinsetzen, hinstellen, niedersetzen, niederstellen, setzen.
3. abwählen, entfernen, entlassen, entmachten, stürzen, suspendieren; *(geh.):* entheben, entthronen, seines Amtes entkleiden; *(ugs.):* absägen, abschießen, davonjagen, in die Wüste schicken, kippen, schassen; *(salopp):* abservieren.
4. umsetzen, verkaufen; *(ugs.):* an den Mann bringen, an die Frau bringen, loswerden.

absichern, sich
sich den Rücken freihalten, sich rückversichern, sich schützen, sich sichern; *(geh.):* sich feien.

Absicht
Bestreben, Bestrebung, Gedanke, Intention, Plan, Vorhaben, Vorsatz, Wille, Wollen, Ziel, Zielsetzung, Zielvorstellung, Zweck; *(geh.):* Sinnen und Trachten.

Absicht

mit Absicht
↑absichtlich

ohne Absicht
absichtslos, aus Versehen, irrtümlich, nicht beabsichtigt, ohne es zu wollen, unabsichtlich, unbeabsichtigt, unbewusst, ungeplant, ungewollt, versehentlich.

absichtlich
absichtsvoll, beabsichtigt, bewusst, bezweckt, geflissentlich, geplant, gewollt, intendiert, mit Absicht/Bedacht, mit [vollem] Bewusstsein, mutwillig, vorsätzlich, wissentlich, wohlweislich; *(geh.):* willentlich; *(ugs.):* extra.

absinken
1. heruntersinken, niedersinken, sacken, sinken, untergehen, versinken; *(geh.):* herabsinken, hinabsinken; *(ugs.):* absacken, versacken, wegsacken; *(salopp):* absaufen.
2. a) abklingen, abnehmen, fallen, im Rückgang begriffen sein, sinken, zurückgehen; *(ugs.):* absacken, heruntergehen, runtergehen. **b)** ↑abschwächen, sich (a).

absitzen
1. ableisten; *(ugs.):* abmachen, herumkriegen, rumkriegen, rummachen; *(salopp):* abreißen.
2. abspringen, absteigen, herunterspringen, springen/steigen von.

absolut
1. absolutistisch, allein [herrschend], alleinig, autoritär, diktatorial, unumschränkt; *(bildungsspr.):* autokratisch; *(veraltend):* souverän.
2. ausschließlich, bedingungslos, grenzenlos, ohne Vorbehalt, streng, strikt, unbedingt, uneingeschränkt, unter allen Umständen, völlig, vollkommen, vollständig; *(bildungsspr.):* par force; *(ugs.):* hundertpro, hundertprozentig, partout; *(veraltend):* souverän.
3. ganz [und gar], komplett, rundherum, schlechthin, überhaupt, völlig, vollkommen, vollständig; *(ugs.):* durch und durch, partout, rein, total; *(salopp):* ums Verrecken; *(emotional):* restlos; *(nachdrücklich):* gänzlich; *(veraltend):* schlechterdings.

GGS mit Einschränkung[en], partiell, unter Vorbehalt.

Absolvent, Absolventin
Examenskandidat, Examenskandidatin, Prüf-

ling, Schulabgänger, Schulabgängerin; *(bildungsspr.):* Examinand, Examinandin; *(südd.):* Entlassschüler, Entlassschülerin.

absolvieren
a) beenden, bestreiten, besuchen, durchlaufen, kommen, schaffen, teilnehmen; *(ugs.):* durchmachen, hinter sich bringen. **b)** ableisten, ausführen, bewältigen, durchführen, durchkommen, erledigen, leisten, meistern, schaffen, unter Dach und Fach bringen, verrichten; *(ugs.):* auf die Reihe bringen/kriegen, hinbekommen, hinkriegen, hinter sich bringen, in den Griff kriegen; *(salopp):* abreißen.

absonderlich
bizarr, eigenartig, eigentümlich, extravagant, grotesk, kauzig, merkwürdig, seltsam, sonderbar, sonderlich, ungewöhnlich, verquer, wunderlich; *(bildungsspr.):* exzentrisch, kurios, skurril; *(ugs.):* abgedreht, schrullenhaft, schrullig, ulkig; *(salopp):* irre; *(abwertend):* verschroben; *(veraltend):* eigen.

absondern
1. abgliedern, abscheiden, abschließen, abschneiden, abschotten, abtrennen, isolieren, trennen; *(geh.):* sondern, vereinzeln; *(bildungsspr.):* segregieren; *(veraltend):* separieren.
2. abgeben, ausdünsten, ausscheiden, ausschwitzen, herausfiltern, von sich geben; *(Fachspr.):* abscheiden.

absondern, sich
sich abgrenzen, sich abkapseln, sich abscheiden, sich abschotten, sich einigeln, sich einkapseln, sich fernhalten, für sich bleiben, in Klausur gehen, sich [in sein Schneckenhaus] zurückziehen, sich isolieren, sich vergraben, sich verkapseln, sich verkriechen, sich [von der Außenwelt] abschließen; *(bes. österr.):* sich einkasteln; *(geh.):* sich entziehen; *(ugs.):* wegtauchen.

absorbieren
aufnehmen, aufsaugen, einsaugen; *(ugs.):* schlucken.

abspalten, sich
sich absplittern, abtrünnig werden, sich abwenden, sich lösen, sich loslösen, sich lossagen, sich trennen; *(geh.):* untreu werden.

absperren
1. abriegeln, abschließen, schließen, verriegeln, verschließen, zuriegeln, zuschließen; *(ugs.):* zumachen; *(südd., österr.):* zusperren.
2. abriegeln, blockieren, den Zugang verhindern, sperren, unpassierbar/unzugänglich machen, versperren.

abspielen
[ab]laufen lassen, spielen.

abspielen, sich
ablaufen, abrollen, sich ereignen, erfolgen, geschehen, laufen, passieren, stattfinden, sich tun, verlaufen, Verlauf nehmen, sich vollziehen, vonstattengehen, vorfallen, vorgehen, vor sich gehen; *(geh.):* sich begeben, sich zutragen; *(ugs.):* abgehen, los sein, über die Bühne gehen.

BSP Die Sache nahm einen guten/katastrophalen/verhängnisvollen Verlauf. Ist gestern etwas Besonderes vorgefallen? Dann begab sich etwas Erstaunliches.

Absprache
Abkommen, Abmachung, Pakt, Übereinkommen, Übereinkunft, Verabredung, Vereinbarung; *(bildungsspr.):* Arrangement; *(ugs.):* Deal.

absprechen
1. a) aberkennen, entziehen, fortnehmen, nehmen, wegnehmen. **b)** abstreiten, bestreiten, leugnen, streitig machen.
2. abmachen, ausmachen, eine Absprache treffen, übereintreffen, verabreden, vereinbaren; *(schweiz.):* verkommen; *(geh.):* übereinkommen; *(veraltend):* abreden.

abstammen
entstammen, herkommen, sich herleiten, herstammen, sein, stammen, zurückgehen; *(dichter.):* entknospen.

Abstammung
Abkunft, Geburt, Genealogie, Herkommen, Herkunft; *(geh.):* Geblüt; *(bildungsspr.):* Provenienz.

Abstand
a) Entfernung, Ferne, Raum, Spanne, Strecke, Zwischenraum; *(bildungsspr.):* Distanz.
b) Spanne, Zeitabstand, Zeitspanne, Zwischenraum; *(bildungsspr.):* [Zeit]intervall.

Abstand

mit Abstand
beileibe, bei Weitem, deutlich, [ganz und] gar, um ein Beträchtliches, weit, weitaus, wesentlich; *(bildungsspr.):* signifikant.

Abstand nehmen
ablassen, abrücken, absehen, begraben, es bei/mit etwas bewenden lassen, als erledigt betrachten, sich ersparen, [fahren/fallen] lassen, hinter sich lassen, sich aus dem Kopf schlagen, sich schenken, verzichten; *(geh.):* sich enthalten, entsagen, die Segel streichen, zu Grabe tragen; *(bildungsspr.):* ad acta legen; *(ugs.):* sich abschminken, an den Nagel hängen, aufstecken, hinwerfen, streichen, sich verabschieden, vergessen; *(salopp):* hinschmeißen.

abstauben
sich aneignen, an sich bringen, mitnehmen; *(ugs.):* einheimsen, einkassieren, einsacken, herausschlagen, mitgehen lassen; *(ugs. verhüll.):* besorgen; *(oft abwertend):* einstreichen.

absteigen
1. a) absitzen, abspringen. **b)** abwärtsgehen, abwärtssteigen, herunterklettern, heruntersteigen, hinunterklettern, hinuntersteigen, klettern/steigen von; *(geh.):* herniedersteigen, hinabklettern, hinabsteigen, niedersteigen; *(ugs.):* runterklettern, runtersteigen.
2. einkehren, sich einquartieren, eintreten, logieren, Quartier beziehen, [sich] quartieren, übernachten, übernächtigen; *(österr.):* nächtigen, zukehren; *(geh.):* Quartier nehmen.

abstellen
1. absetzen, deponieren, hinsetzen, hinstellen, niedersetzen, setzen, stellen.
2. einstellen, hinstellen, parken, stellen, unterbringen, unterstellen; *(österr.):* garagieren; *(schweiz.):* parkieren.
3. abdrehen, abschalten, ausdrehen, ausschalten, außer Betrieb setzen, zudrehen; *(ugs.):* ausmachen, ausstellen.

abstempeln
1. mit einem Stempel versehen, siegeln.
2. darstellen, einordnen, einstufen, etikettieren, hinstellen, kennzeichnen, stempeln; *(bildungsspr., Soziol.):* stigmatisieren; *(bildungsspr. abwertend):* denunzieren.

absterben
1. eingehen, verblühen, verdorren, verkümmern, vertrocknen, verwelken; *(ugs.):* kaputtgehen.
2. einschlafen, erfrieren, gefühllos/taub werden.

abstimmen
1. beschließen, eine Abstimmung vornehmen, seine Stimme abgeben, seine Wahl treffen, stimmen, wählen; *(schweiz.):* abmehren, ausmehren; *(bildungsspr.):* votieren.
2. abgleichen, abstellen, angleichen, anpassen, ausrichten, einstellen, richten, synchronisieren, timen; *(geh.):* in Einklang bringen; *(bildungsspr.):* koordinieren.

abstoßen
1. fortstoßen, wegdrücken, wegstoßen.
2. abstreifen, abwerfen, sich schälen, verlieren, von sich tun/werfen, wegstoßen; *(geh.):* sich entledigen; *(ugs.):* abschmeißen, abtun.
3. [an]ekeln, widerstreben, zurückstoßen, zuwider sein; *(geh.):* degoutieren; *(salopp):* bis [zur] Oberkante Unterlippe stehen; *(abwertend):* anwidern.

abstoßend
abscheuerregend, abscheulich, ekelerregend, ekelhaft, eklig, widerwärtig, zuwider; *(geh.):* degoutant; *(ugs.):* fies; *(salopp):* zum Kotzen; *(emotional):* scheußlich; *(abwertend):* schmierig.

abstrahieren
ableiten, entwickeln, verallgemeinern; *(bildungsspr.):* generalisieren; *(bes. Philos.):* induzieren.

abstrakt
1. abgeleitet, abgezogen, abstrahierend, begrifflich, begriffsmäßig, theoretisch, unanschaulich; *(bildungsspr.):* induktiv.
2. lebensfern, realitätsfern, theoretisch, trocken, unlebendig; *(abwertend):* akademisch.

GGS lebensecht, praktisch, wirklichkeitsnah.

3. abstrahierend, gegenstandslos, nicht gegenständlich.

abstreiten
1. ableugnen, als falsch/unwahr/unrichtig/unzutreffend bezeichnen, als falsch/unwahr/unrichtig/unzutreffend hinstellen, bestreiten, dementieren, für falsch/unwahr erklären, für nicht richtig/nicht zutreffend erklären, leugnen, von sich weisen, zurückweisen; *(geh.):* sich verwahren; *(bildungsspr.):* negieren.
2. aberkennen, absprechen, streitig machen.

Abstrich
Abzug, Beschneidung, Beschränkung, Einschränkung, Einsparung, Herabsetzung, Kürzung, Reduzierung, Streichung, Verminderung, Verringerung; *(bildungsspr.):* Reduktion.

abstumpfen
a) abtöten, gefühllos/gleichgültig/stumpf machen, stumpfsinnig/teilnahmslos machen. **b)** gefühllos/gleichgültig/stumpf werden, geistig erlahmen/nachlassen, stumpfsinnig/teilnahmslos werden, verdummen; *(ugs.):* verdusseln; *(ugs. emotional):* verblöden.

Absturz
1. Fall, Sturz.
2. *(EDV):* Programmabsturz, Systemabsturz, Systemzusammenbruch.

abstürzen
1. herabstürzen, herunterfallen, herunterstürzen, hinunterfallen, hinuntersausen, in die Tiefe fallen/sausen/segeln/stürzen, ins Trudeln geraten/kommen; *(geh.):* herabfallen, niederfallen, niederstürzen; *(ugs.):* abschmieren, herunterfliegen, hinunterfliegen, runterfallen, runterfliegen; *(salopp):* heruntersegeln.
2. abgebrochen werden, defekt/funktionsunfähig sein, nicht mehr arbeiten/funktionieren/gehen; *(ugs. scherzh.):* seinen Geist aufgeben.

absurd
abwegig, grotesk, irrwitzig, ohne Sinn und Verstand, sinnlos, unsinnig, unvernünftig, wahnwitzig, widersinnig; *(geh.):* aberwitzig; *(ugs.):* blödsinnig, verrückt; *(salopp):* krank; *(oft emotional):* irrsinnig; *(abwertend):* töricht.

Abteilung
1. Abteil, Ecke, Platz, Raum, Stelle, Winkel; *(bildungsspr.):* Kompartiment.
2. a) Gruppe, Trupp, Truppe, Zug. **b)** Bereich, Fachrichtung, Ressort, Sektion, Sektor, Sparte, Teilbereich.

abtöten
[im Keim] ersticken, nicht aufkommen lassen, nicht zur Entfaltung kommen lassen, niederhalten, unterdrücken, verhindern, vernichten, zerstören; *(geh.):* ertöten; *(ugs.):* nicht hochkommen lassen.

abtragen
1. a) applanieren, beseitigen, ebnen, einebnen, entfernen, nivellieren, planieren. **b)** abbrechen, abreißen, demontieren, einreißen, niederreißen, schleifen; *(österr.):* demolieren; *(ugs.):* wegplanieren.
2. abbrauchen, abnutzen, verbrauchen, verschleißen, zerschleißen; *(ugs.):* abreißen.

abtrennen
1. a) abbrechen, ablösen, abreißen, abzippen, lösen, loslösen, lostrennen, nehmen, trennen; *(ugs.):* abmachen. **b)** abnehmen, entfernen, trennen; *(ugs.):* abmachen, wegmachen.
2. absondern, abteilen, entfernen, isolieren, trennen; *(geh.):* sondern; *(meist geh.):* scheiden; *(veraltend):* separieren.

abtreten
1. sich entfernen, fortgehen, gehen, verlassen, weggehen; *(geh.):* sich fortbegeben, sich wegbegeben.
2. aufhören, ausscheiden, gehen, Schluss machen, sich zurückziehen; *(ugs.):* aussteigen.
3. abgeben, überlassen, zur Benutzung bereitstellen, zur Verfügung stellen.

abtrocknen
a) abfrottieren, abreiben, frottieren, trocken reiben, trocknen. **b)** abtupfen, abwischen, auftrocknen, trocknen, wegwischen.

abtun
1. abbinden, ablegen, abnehmen, absetzen, abstreifen, ausziehen, herunternehmen, von sich tun; *(geh.):* sich entledigen.
2. beiseiteschieben, hinweggehen, keine Bedeutung beimessen, nicht berücksichtigen, übergehen, von sich schieben.

abverlangen
abfordern, Anspruch erheben, sich ausbitten, beanspruchen, eine Forderung erheben/geltend machen/stellen, fordern, haben wollen, verlangen, wollen, zumuten; *(geh.):* ansinnen, heischen; *(bildungsspr.):* postulieren.

abwägen
bedenken, drehen und wenden, durchdenken, sich durch den Kopf gehen lassen, erwägen, sich Gedanken machen, mit sich Rat halten/zurate gehen, nachdenken, überdenken, überlegen, von allen Seiten betrachten; *(geh.):* wägen.

abwälzen
1. fortwälzen, wegwälzen.
2. abladen, abschieben, aufbürden, aufladen, laden, schieben, von sich schieben, wälzen, zuschieben; *(schweiz.):* überbürden; *(geh.):* sich entledigen; *(ugs.):* sich vom Hals schaffen; *(salopp):* aufsacken, unterjubeln; *(veraltend):* anlasten.

abwandeln
1. abändern, ändern, anders machen, umändern, umformen, umgestalten, variieren, verändern; *(bildungsspr., Fachspr.):* modifizieren.
2. *(Sprachwiss.):* beugen, flektieren.

abwandern
1. aufbrechen, sich auf den Weg machen, sich aufmachen, davongehen, davonziehen, sich entfernen, fortgehen, gehen, losgehen, losziehen, weggehen; *(geh.):* sich fortbegeben, sich wegbegeben; *(ugs.):* sich auf die Socken machen.
2. den Wohnsitz verlegen, fortgehen, fortziehen, gehen, übersiedeln, überwechseln, umsiedeln, umziehen, verziehen, wechseln, weggehen, wegziehen, ziehen; *(schweiz.):* dislozieren, zügeln.

Abwandlung
Abänderung, Änderung, Umänderung, Umformung, Umgestaltung, Variation, Veränderung; *(bildungsspr.):* Modifikation; *(bildungsspr., Fachspr.):* Modifizierung.

abwarten
1. abpassen, auf sich zukommen lassen, erwarten, sich gedulden, Geduld haben, geduldig sein, sich in Geduld fassen, warten, zuwarten; *(geh.):* harren.
2. ausharren, warten.

abwärts
ab, bergab, herunter, hinunter, nach unten, nieder, talab[wärts]; *(geh.):* herab, hernieder, hinab; *(ugs.):* runter, unterwärts.

abwärtsgehen
1. bergab gehen, heruntergehen, hinuntergehen, nach unten gehen.
2. abflauen, abgleiten, abnehmen, abrutschen,

sich abschwächen, absinken, bergab gehen, im Abstieg begriffen sein, nachlassen, schlechter/schwächer werden, sich verringern, sich verschlechtern, zurückgehen; *(geh.):* erlahmen, schwinden, verblassen; *(ugs.):* absacken, rückwärtsgehen, schwächeln.

abwechseln, sich
1. [aufeinander] folgen, wechseln.
2. sich ablösen, miteinander wechseln, tauschen; *(bildungsspr.):* alternieren.

abwechselnd
sich ablösend, abwechslungsweise, aufeinanderfolgend, im Wechsel, wechselnd, wechselweise; *(bildungsspr.):* alternierend.

Abwechslung
Ablenkung, Diversifikation, Unterbrechung, Unterhaltung, Veränderung, Wechsel, Zeitvertreib, Zerstreuung.

abwechslungsreich
bewegt, bunt [gemischt], farbig, kurzweilig, nicht eintönig/langweilig, reich an Abwechslung, unterhaltend, unterhaltsam, vielfältig, vielgestaltig, vielseitig, wechselvoll; *(geh.):* mannigfaltig; *(emotional):* kunterbunt.

abwegig
abseitig, absurd, falsch, irrig, irrwitzig, merkwürdig, seltsam, unbegründet, unberechtigt, ungereimt, unrealistisch, unsinnig, verfehlt, verstiegen, wahnwitzig; *(geh.):* aberwitzig; *(ugs.):* blödsinnig, paradox, wahnsinnig.

GGS einleuchtend, evident, naheliegend, plausibel.

Abwehr
a) ablehnende Haltung, Ablehnung, Abneigung, Protest, Widerstand, Widerstreben; *(bildungsspr.):* Renitenz, Resistenz. **b)** Ablehnung, Absage, Abweisung, Zurückweisung. **c)** Defensive, Gegenwehr, Verteidigung, Widerstand.

abwehren
1. abschlagen, abweisen, zurückschlagen, zurückweisen; *(Sport):* parieren.
2. ↑ abwenden (2).
3. ablehnen, abweisen, kontern, protestieren, sich verteidigen, von sich weisen, zurückweisen, sich zur Wehr setzen; *(geh.):* sich erwehren; *(bildungsspr.):* sich distanzieren.
4. abhalten, abweisen, davonjagen, fernhalten, fortjagen, fortscheuchen, forttreiben, nicht herankommen lassen, nicht vorlassen, nicht zulassen, nicht zu sich lassen, scheuchen, treiben, verjagen, verscheuchen, vertreiben, von sich weisen, wegjagen, wegscheuchen, wegtreiben; *(salopp):* sich vom Leib halten.

abweichen
1. a) abdriften, abkommen, den Kurs verlassen, den Weg verlieren, die Richtung verlieren, eine eingeschlagene Richtung verlassen, vom Kurs abkommen, sich von einer eingeschlagenen Richtung entfernen; *(geh.):* abgleiten, abirren, abschweifen. **b)** abkommen, abtrünnig werden, sich abwenden, aufgeben, nicht befolgen, nicht bleiben, nicht einhalten, nicht festhalten, verzichten, weichen; *(geh.):* untreu werden.
2. sich abheben, abstechen, in Gegensatz/Kontrast stehen, sich unterscheiden, variieren, verschieden sein; *(bildungsspr.):* differieren, divergieren, in Opposition stehen, kontrastieren.

abweisen
a) ablehnen, abwehren, ausschlagen, eine Abfuhr erteilen, einen Korb geben, fortschicken, nicht vorlassen, nicht zu sich lassen, von sich weisen, wegschicken, zurückweisen; *(ugs.):* abblitzen lassen, abfertigen, abwimmeln, auflaufen lassen, die kalte Schulter zeigen; *(salopp):* abfahren lassen. **b)** ↑ abwehren (1).

abweisend
ablehnend, barsch, brüsk, eiskalt, frostig, herb, kalt, kühl, kurz angebunden, reserviert, schroff, spröde, unfreundlich, unhöflich, unliebenswürdig, unnahbar, unwirsch, unzugänglich, verschlossen, zurückhaltend; *(bildungsspr.):* distanziert; *(ugs.):* zugeknöpft.

abwenden
1. abdrehen, abkehren, in eine andere Richtung wenden, nach der anderen Seite wenden, wegdrehen, wegkehren, wegwenden, wenden.
2. abblocken, abhalten, abwehren, aufhalten, blockieren, durchkreuzen, fernhalten, im Keim ersticken, unterbinden, vereiteln, verhindern, verhüten, zum Scheitern bringen, zunichtemachen; *(geh.):* zu Fall bringen; *(ugs.):* abbiegen, umbiegen; *(abwertend):* torpedieren.

abwenden, sich
1. sich umdrehen, sich umwenden, sich zurückziehen.
2. sich abgrenzen, sich abkehren, abrücken, aufgeben, brechen, den Kontakt/Verkehr abbrechen/einstellen, den Rücken kehren/wenden, die Brücken hinter sich abbrechen, fallen lassen, sich fernhalten, sich lösen, sich loslösen, sich lossagen, nichts mehr zu tun haben wollen, sich trennen, sich zurückziehen; *(geh.):* Abstand nehmen, sich entziehen; *(bildungsspr.):* sich distanzieren.

abwerben
abspannen, abspenstig machen, abziehen, fortlocken, gewinnen, weglocken; *(ugs.):* kapern,

loseisen, wegschnappen; *(salopp):* ausspannen; *(veraltend):* abwendig machen.

abwerfen

a) [herunter]fallen lassen, herunterwerfen, hinunterwerfen, nach unten werfen; *(geh.):* herabfallen lassen; *(ugs.):* abschmeißen. **b)** ablegen, abschütteln, abstreifen, sich befreien, sich emanzipieren, freikommen, sich frei machen, sich lösen, sich loslösen, sich trennen, überwinden; *(österr.):* abbeuteln; *(geh.):* das Joch abschütteln, die Fesseln abstreifen/abwerfen/sprengen, die Ketten abwerfen/sprengen/zerreißen, sich entledigen; *(ugs.):* abschmeißen, loskommen, sich losmachen, wegkommen.

abwerten

1. den Wert herabsetzen/vermindern, die Kaufkraft herabsetzen/vermindern, eine Abwertung vornehmen, entwerten.

2. abqualifizieren, durch den Schmutz ziehen, erniedrigen, herabmindern, herabsetzen, herabwürdigen, heruntersetzen, in den Schmutz treten/ziehen, in ein schlechtes Licht rücken/setzen/stellen, kleinreden, schlechtmachen, verächtlich machen, verleumden; *(geh.):* verunglimpfen; *(bildungsspr.):* diffamieren, diskreditieren; *(ugs.):* durch den Dreck ziehen, in den Dreck treten/ziehen, madigmachen, niedermachen, runtersetzen; *(salopp):* abschmieren, heruntermachen; *(abwertend):* verteufeln.

abwesend

1. aushäusig, fort, nicht anwesend/da/hier/vorhanden/zugegen/zu Hause, woanders; *(geh.):* anderwärts; *(ugs.):* anderswo, ausgeflogen, sonst wo, weg.

2. gedankenfern, gedankenlos, gedankenverloren, gedankenversunken, geistesabwesend, grübelnd, in Gedanken [verloren/versunken/vertieft], nachdenklich, nicht bei der Sache, traumverloren, unaufmerksam, unkonzentriert, zerstreut; *(geh.):* entrückt, selbstvergessen; *(ugs.):* weg[getreten]; *(ugs. scherzh.):* nicht ganz anwesend.

abwickeln

1. abhaspeln, abrollen, abspulen, herunterwickeln, spulen, wickeln.

2. ausführen, besorgen, durchführen, erledigen, machen, realisieren, regeln, tun, unter Dach und Fach bringen, verrichten, verwirklichen, vollbringen, vollziehen, zustande/zuwege bringen; *(ugs.):* durchziehen, über die Bühne bringen; *(salopp):* schaukeln.

abwickeln, sich

ablaufen, sich abspielen, einen [guten/schlechten] Verlauf nehmen, erfolgen, gehen, laufen, seinen Verlauf nehmen, verlaufen, sich vollziehen, vonstattengehen, vor sich gehen.

abwimmeln

ablehnen, abwehren, abweisen, ausschlagen, eine Abfuhr erteilen, einen Korb geben, fortschicken, nicht vorlassen, nicht zu sich lassen, von sich schieben/weisen, wegschicken, zurückweisen; *(ugs.):* abblitzen lassen, abfertigen, auflaufen lassen, die kalte Schulter zeigen; *(salopp):* abfahren lassen.

Abzeichen

a) Anstecknadel, Button, Kokarde, Nadel, Pin, Plakette. **b)** Erkennungszeichen, Kennzeichen, Merkmal, Symbol, Zeichen; *(bildungsspr.):* Attribut, Charakteristikum, Signum.

abzeichnen

1. abmalen, kopieren, nach einer Vorlage zeichnen, nachmalen, nachzeichnen.

2. als gesehen kennzeichnen, mit seinem Namenszeichen versehen, seinen Namen/seine Unterschrift/sein Zeichen setzen, seine Unterschrift geben, unterschreiben, unterzeichnen; *(schweiz.):* visieren; *(bildungsspr.):* mit der Paraphe versehen, paraphieren, signieren.

abzeichnen, sich

a) sich abheben, abstechen, einen Kontrast bilden, erkennbar sein, hervortreten, Konturen bilden, sich markieren, sichtbar sein, sich zeigen; *(bildungsspr.):* kontrastieren. **b)** sich anbahnen, sich andeuten, sich ankündigen, aufziehen, sich bemerkbar machen, erkennbar werden, heraufkommen, seine Schatten vorauswerfen, sichtbar werden.

abzielen

anlegen, ansteuern, anstreben, anvisieren, anzielen, ausgehen von, aus sein auf, beabsichtigen, bezwecken, den Zweck haben/verfolgen, es abgesehen haben auf, gerichtet sein auf, hinsteuern, hinzielen, planen, streben, wollen, zielen, zum Ziel haben; *(geh.):* erstreben, sinnen, trachten, zu erlangen/zu erreichen suchen; *(bildungsspr.):* intendieren; *(ugs.):* hinauswollen auf.

abzocken

ausnehmen, Geld abnehmen; *(ugs.):* lausen, schröpfen; *(salopp):* über den Tisch ziehen.

Abzug

1. Abdruck, Ablichtung, Fotokopie, Kopie, Vervielfältigung.

2. Abrechnung, Abstrich, Streichung.

3. Abgang, Abmarsch, Aufbruch, Fortgang, Rückmarsch, Rückzug, Truppenabzug, Weggang.

abzüglich

abgerechnet, abgezogen, nach Abzug, nicht eingerechnet, nicht inbegriffen, nicht mit einbegriffen/enthalten, ohne, unter Abzug, vermindert, weniger; *(bildungsspr.):* exklusive.

abzweigen
1. abbiegen, abdrehen, abschwenken, den Kurs/die Richtung ändern, den Weg verlassen, einbiegen, eine andere Richtung einschlagen, einen Schwenk machen, einlenken, einschwenken, sich entfernen, schwenken.
2. entnehmen, fortnehmen, wegnehmen; *(ugs.):* abknapsen, abzwacken.

achten
1. Achtung entgegenbringen/erweisen, anerkennen, den Hut ziehen vor, Ehre erweisen, ehren, hoch achten/schätzen, honorieren, in Ehren halten, Respekt entgegenbringen/erweisen/zollen, respektieren, schätzen; *(geh.):* verehren; *(ugs.):* große Stücke halten auf; *(veraltend):* ästimieren, wertschätzen.
2. a) Aufmerksamkeit schenken, beachten, Beachtung schenken, sich kümmern, Notiz nehmen, zur Kenntnis nehmen. **b)** achtgeben, aufpassen, bedacht sein, beherzigen, ein Auge haben auf, hüten, im Auge behalten, sich kümmern, sehen, wachen; *(geh.):* achthaben; *(südd.):* Obacht geben; *(südd., österr.):* schauen.

ächten
a) bannen, die Acht aussprechen/verhängen, mit der Acht belegen; *(geh.):* verfemen; *(bildungsspr.):* proskribieren. **b)** ablehnen, anprangern, brandmarken, geißeln, missbilligen, nicht akzeptieren/gutheißen, scharf kritisieren, verdammen, verurteilen; *(geh.):* den Stab brechen über, verwerfen; *(veraltend):* verpönen.

achtgeben
aufmerksam sein, aufpassen, sich hüten, sich in Acht nehmen, sich vorsehen, vorsichtig sein, Vorsicht üben, Vorsicht walten lassen, wachsam sein; *(geh.):* achtsam sein, auf der Hut sein; *(südd.):* Obacht geben.

Achtung
1. Anerkennung, Ansehen, Ehrfurcht, Hochachtung, Hochschätzung, hohe Einschätzung/Meinung, Respekt; *(geh.):* Pietät, Wertschätzung; *(bildungsspr.):* Reverenz; *(veraltend):* Ästimation, Schätzung; *(bildungsspr. veraltend):* Distinktion.
2. Vorsicht; *(südd.):* Obacht.

achtungsvoll
ehrfürchtig, respektvoll, voll[er] Achtung, voll[er] Ehrfurcht, voll[er] Respekt; *(geh.):* ehrerbietig, ehrfurchtsvoll, pietätvoll; *(bildungsspr.):* devotional.

Acker
Ackerboden, Ackerland, Boden, Feld, Land, landwirtschaftliche Nutzfläche; *(geh.):* Flur, Scholle.

ackern
sich abarbeiten, sich abmühen, sich abplagen, sich abquälen, sich aufreiben, sich plagen, sich quälen; *(ugs.):* sich abschinden, sich abschuften, sich abstrampeln, sich placken, rackern, sich schinden, schuften; *(salopp):* sich abrackern.

adäquat
angebracht, angemessen, entsprechend, geeignet, gemäß, gemessen, passend, treffend.

Adjektiv
Eigenschaftswort; *(Sprachwiss.):* Artwort, Beiwort, Qualitativ.

adoptieren
1. als eigenes Kind/an Kindes statt annehmen; *(ugs.):* annehmen.
2. übernehmen, sich zu eigen machen.

Adressat, Adressatin
Empfänger, Empfängerin.

Adresse
a) Absender, Anschrift, Aufschrift, Kommunikationsdaten, Kontaktdaten, Wohnanschrift. **b)** Aufenthaltsort, Kontaktinformation, Wohnungsangabe.

Adverb
Umstandswort; *(Sprachwiss.):* Modalwort.

Affäre
Angelegenheit, Begebenheit, Ding, Episode, Ereignis, Fall, Geschichte, Sache, Sensation, Skandal, Vorfall, Vorkommnis, Zwischenfall; *(geh.):* Geschehen, Geschehnis; *(ugs.):* Chose.

Affekt
Angespanntheit, Aufgeregtheit, Aufregung, Aufruhr, Emotion, Erregtheit, Erregung, Hysterie, Rausch, Taumel, Überreizung, Überschwang, Überspanntheit, Wallung; *(geh.):* Aufwallung; *(bildungsspr.):* Exaltiertheit.

affektiert
gekünstelt, geziert, gezwungen, unecht, unnatürlich; *(bildungsspr.):* theatralisch; *(ugs.):* affig; *(abwertend):* gespreizt.

affirmativ
bejahend, bekräftigend, bestätigend, billigend, gutheißend, zustimmend.

Affront
Beleidigung, Kränkung, Verletzung; *(geh.):* Ehrverletzung, Schmähung.

Agent, Agentin
1. [Aus]kundschafter, [Aus]kundschafterin, Geheimagent, Geheimagentin, Späher, Späherin, Spion, Spionin; *(österr.):* Schnoferl; *(bes. österr.):* Aufdecker, Aufdeckerin; *(Jargon):* Maulwurf,

Romeo; *(abwertend):* Lockspitzel, Spitzel, Zuträger, Zuträgerin.
2. a) Handelsvertreter, Handelsvertreterin, Makler, Maklerin, Vermittler, Vermittlerin, Vertreter, Vertreterin. **b)** Manager, Managerin.

Aggression
1. Angriff, Anschlag, Attacke, Einfall, Invasion, Offensive, Sturm, Überfall.
2. a) Auseinandersetzung, Reibereien, Streitigkeit. **b)** Aggressivität, Feindseligkeit, Wut, Zorn.

aggressiv
1. angriffslustig, eroberungslustig, gewalttätig, herausfordernd, hitzig, kampfbereit, kämpferisch, kampfesfreudig, kampfeslustig, kriegslüstern, polemisch, rabiat, streitsüchtig, wild, zanksüchtig; *(schweiz.):* angriffig; *(geh.):* streitbar; *(bildungsspr.):* provokant, provokativ, provokatorisch; *(ugs.):* giftig.
2. a) aufdringlich, auffällig, übergriffig; *(abwertend):* penetrant. **b)** scharf, zersetzend, zerstörend; *(emotional):* ätzend.

agieren
1. handeln, machen, tätig sein, tun, verfahren, vorgehen, wirken; *(bildungsspr.):* operieren.
2. auftreten, darstellen, mimen, spielen, verkörpern; *(ugs.):* schauspielern.

agil
betriebsam, beweglich, energiegeladen, geschäftig, geschickt, gewandt, lebhaft, quecksilbrig, rege, rührig, temperamentvoll, unruhig, vital, wendig; *(geh.):* regsam; *(schweiz.):* vif.

Agronomie
Agrarwissenschaft, Landwirtschaftswissenschaft.

ahnden
bestrafen, maßregeln, mit [einer] Strafe belegen, rächen, strafen, vergelten, zur Rechenschaft ziehen, zur Verantwortung ziehen.

ähneln
ähnlich aussehen, ähnlich sehen, ähnlich sein, anklingen an, aussehen wie, entsprechen, erinnern an, gleichen, gleichkommen, gleichsehen, grenzen an, in jmds. Art schlagen, nahekommen, übereinstimmen; *(geh.):* gemahnen, nacharten, nachgeraten, nachschlagen.

ahnen
annehmen, auf sich zukommen sehen, befürchten, eine Ahnung haben, einen Verdacht haben, erahnen, erwarten, fühlen, fürchten, für [sehr] wahrscheinlich halten, gefasst sein auf, kommen sehen, mutmaßen, rechnen mit, spüren, vermuten, voraussehen, vorhersehen, wittern; *(geh.):* argwöhnen, wähnen; *(ugs.):* [den Braten] riechen, eine Antenne [für etw.] haben, kalkulieren, Lunte riechen, schätzen, schwanen, spekulieren, tippen, sich zusammenreimen; *(salopp):* einen Riecher [für etw.] haben.

ähnlich
1. sich ähnelnd, gleich, gleichartig, sich gleichend, übereinstimmend, verwandt, von gleicher Art, wie aus dem Gesicht geschnitten.
2. entsprechend, vergleichbar; *(bildungsspr.):* analog.

Ahnung
1. Bauchgefühl, Befürchtung, Besorgnis, Gefühl, Gespür, innere Stimme, Instinkt, Intuition, sechster Sinn, Vorahnung, Vorgefühl; *(geh.):* Eingebung; *(bildungsspr.):* Divination; *(ugs. scherzh.):* Animus; *(salopp):* Riecher.
2. Annahme, Vermutung, Vorstellung.

ahnungslos
1. blauäugig, nichts ahnend, unwissend.
2. arglos, einfältig, naiv, nichts Böses ahnend, unbedarft.

GGS bedacht, besonnen, skeptisch, überlegt.

Aids
HIV-Krankheit, Immunschwächekrankheit, Immunschwächesyndrom.

Akademiker, Akademikerin
Forscher, Forscherin, Gelehrter, Gelehrte, Hochschulabsolvent, Hochschulabsolventin, Intellektueller, Intellektuelle, Wissenschaftler, Wissenschaftlerin; *(ugs.):* Studierter, Studierte.

akademisch
a) abstrakt, lebensfern, lebensfremd, realitätsfern, theoretisch, trocken, unlebendig, weltabgewandt, weltfremd, wirklichkeitsfern, wirklichkeitsfremd; *(geh.):* weltfern. **b)** müßig, überflüssig.

akklimatisieren, sich
sich anpassen, sich einfügen, sich eingewöhnen, sich einleben, sich einordnen, sich gewöhnen; *(bildungsspr.):* sich assimilieren.

akkurat
1. gewissenhaft, gründlich, ordentlich, sorgfältig; *(geh.):* sorgsam; *(bildungsspr.):* penibel; *(bildungsspr. veraltend):* skrupulös; *(ugs.):* pingelig; *(abwertend):* pedantisch.
2. exakt, genau, präzise; *(ugs.):* haargenau.

Akkusativ
vierter Fall; *(Sprachwiss.):* Wenfall.

Akt
1. a) Aktion, Handlung, Handlungsweise, Maßnahme, Schritt, Tat, Tun, Vorgang. **b)** Feierlichkeit, Ritual, Zeremonie; *(bildungsspr.):* Zeremoniell.
2. Aufzug.

Akte
Aktenstück, Archivale, Dokument, Dossier, Schriftstück, Unterlagen, Urkunde, Vorgang; *(österr.):* Akt; *(EDV):* Datei.

Akteur, Akteurin
1. Beteiligter, Beteiligte, handelnde Person, Handelnder, Handelnde.
2. Aktrice, Bühnenkünstler, Bühnenkünstlerin, Darsteller, Darstellerin, Komödiant, Komödiantin, Schauspieler, Schauspielerin; *(veraltend):* Mime, Mimin.

Aktion
1. Coup, Feldzug, Kampagne, Maßnahme, Schritt, Unterfangen, Unternehmen, Unternehmung, Versuch, Vorhaben; *(bildungsspr.):* Operation; *(abwertend):* Machenschaft.

BSP Sie waren in dubiose Machenschaften verwickelt. Wir müssen drastische/notwendige/überfällige Maßnahmen ergreifen/durchführen/einleiten.

2. Action, Akt, Aktivität, Handlung, Performance, Tat, Verfahren, Vorgang, Vorgehen; *(ugs.):* Konter; *(Sport):* Spielzug.

aktiv
beflissen, bemüht, betriebsam, eifrig, emsig, energisch, engagiert, fleißig, geschäftig, lebendig, lebhaft, rastlos, rege, rührig, tätig, tatkräftig, temperamentvoll, tüchtig, unermüdlich, unternehmend, unternehmungslustig, voller Tatendrang; *(geh.):* nimmermüde, regsam.

GGS bequem, lethargisch, phlegmatisch, träge.

Aktiv
(Sprachwiss.): Tatform, Tätigkeitsform.

aktivieren
aktiv machen, ankurbeln, anregen, anspornen, anstacheln, antreiben, auffrischen, aufmuntern, aufstacheln, beleben, in Gang bringen/setzen, mobilisieren, reizen, stimulieren; *(geh.):* beflügeln; *(bildungsspr.):* inspirieren; *(ugs.):* aufmöbeln, auf Touren bringen, auf Trab bringen, in Schwung bringen.

Aktivität
1. Anstrengung, Betätigungsdrang, Betriebsamkeit, Bewegungsdrang, Eifer, Einsatz, Emsigkeit, Energie, Fleiß, Geschäftigkeit, Rastlosigkeit, Tatendrang, Unternehmungsgeist, Unternehmungslust, Wirksamkeit; *(geh.):* Regsamkeit; *(bildungsspr.):* Engagement.
2. Handlung, Maßnahme, Tätigkeit.

aktualisieren
anpassen, aufdatieren, auf dem Laufenden halten, auf den aktuellen/neuesten Stand bringen, austauschen, auswechseln, ergänzen, erneuern, ersetzen, fortschreiben, modernisieren, überarbeiten, wechseln; *(schweiz.):* nachführen; *(bildungsspr.):* à jour bringen; *(EDV):* updaten.

aktuell
1. akut, auf dem neuesten Stand, auf der Höhe der Zeit, augenblicklich, derzeit[ig], gegenwärtig, gegenwartsnah, heutig, jetzig, laufend, momentan, spruchreif, zeitgemäß, zeitgenössisch, zeitnah, zurzeit; *(österr., schweiz.):* rezent; *(emotional verstärkend):* brandheiß.
2. angesagt, en vogue, fortschrittlich, [ganz] neu, modern, modisch, neuzeitlich, up to date; *(bildungsspr.):* progressiv; *(ugs.):* in, trendig, trendy; *(Jargon):* hip; *(emotional verstärkend):* brandneu; *(ugs. emotional verstärkend):* topmodisch; *(oft abwertend):* neumodisch.

akustisch
klanglich, lautlich, phonetisch.

akut
1. brennend, dringlich, eilig, [sehr] wichtig, unmittelbar [anstehend], vordringlich.
2. plötzlich [auftretend], schnell und heftig [verlaufend].

Akzent
1. a) Akzentuation, Akzentuierung, Betonung. b) Betonungszeichen.
2. Aussprache, Sprachfärbung, Ton, Tonfall; *(Sprachwiss.):* Lautung, Satzmelodie, Sprachmelodie; *(bes. Sprachwiss.):* Intonation.

akzeptabel
akzeptierbar, annehmbar, ausreichend, befriedigend, brauchbar, einigermaßen, erträglich, geeignet, hinlänglich, hinreichend, leidlich, passabel, salonfähig, zufriedenstellend; *(ugs.):* manierlich.

akzeptieren
anerkennen, annehmen, sich anschließen, begrüßen, beipflichten, beistimmen, bejahen, billigen, dafür sein, dulden, eingehen auf, einräumen, sich einverstanden erklären, einverstanden sein, einwilligen, für richtig halten, geschehen lassen, gestatten, gutheißen, hinnehmen, Ja sagen, konform gehen, mitmachen, nehmen, respektieren, übereinstimmen, sich unterwerfen, zubilligen, sich zufriedengeben, zugeben, zugestehen, zulassen, zustimmen; *(bildungsspr.):* legitimieren, sanktionieren, tolerieren.

albern
a) dümmlich, närrisch, unsinnig; *(ugs.):* blöd, blödsinnig, dumm, kalberig; *(abwertend):* infantil, kindisch, lächerlich, lachhaft, läppisch, simpel, töricht. b) klein, unbedeutend, wertlos.

Albernheit
Alberei, Allotria, dummes Zeug, Dummheit, Fa-

xen, Firlefanz, Kinderei, Narrheit, Unfug, Unsinn; *(geh.):* Narretei, Torheit; *(abwertend):* Quatsch.

alias
anders [genannt], auch [genannt], benannt, eigentlich, genannt, mit anderem Namen, oder, sonst [genannt]; *(bildungsspr.):* vulgo.

Alkohol
a) Ethylalkohol, Spiritus, Weingeist; *(Fachspr.):* Sprit. **b)** alkoholisches/geistiges Getränk, Spirituose; *(ugs.):* Sprit; *(salopp):* Stoff; *(scherzh.):* Zielwasser; *(ugs. scherzh.):* Sorgenbrecher.

Alkoholiker, Alkoholikerin
Alkoholsüchtiger, Alkoholsüchtige, Gewohnheitstrinker, Gewohnheitstrinkerin, Trinker, Trinkerin, Trunksüchtiger, Trunksüchtige; *(Jargon):* Alki; *(ugs. scherzh.):* Schluckspecht; *(abwertend):* Trunkenbold.

All
kosmischer Raum, Makrokosmos, Raum, Universum, Welt, Weltall, Weltraum; *(bildungsspr.):* Kosmos; *(dichter.):* Weltenraum.

[1]alle
1. ganze, gesamte; *(nachdrücklich):* sämtliche.
2. allesamt, ausnahmslos, geschlossen, ohne Ausnahme, restlos, samt und sonders, vollständig.
3. Alt und Jung, [ein] jeder, Freund und Feind, Groß und Klein, jeder Einzelne, jedermann, Jung und Alt; *(ugs.):* alle Mann, allesamt, alle Welt, die ganze Gesellschaft; *(nachdrücklich):* sämtliche Leute.

[2]alle
a) aufgebraucht, ausgegangen, nicht mehr verfügbar, zu Ende. **b)** abgearbeitet, abgehetzt, abgekämpft, abgespannt, angegriffen, angeschlagen, aufgerieben, ausgelaugt, entkräftet, entnervt, erholungsbedürftig, erschöpft, kraftlos, matt, mit den Nerven am Ende/fertig/runter, müde, mürbe, überanstrengt, überarbeitet, verbraucht, zermürbt, zerschlagen; *(geh.):* aufgezehrt, ermattet; *(ugs.):* abgeschlafft, am Ende, down, erledigt, erschlagen, fertig, fix und fertig, fix und foxi, geschafft, groggy, halb tot, hundemüde, hundsmüde, k. o., kaputt, mitgenommen, schlaff, schlapp, urlaubsreif, [wie] gerädert; *(salopp):* ausgepumpt, tot; *(fam.):* schachmatt; *(emotional verstärkend):* todmüde.

Allee
Avenue, Baumallee, Boulevard, Korso, Parkweg, Prachtstraße; *(veraltend):* Chaussee.

Allegorie
Bild, Darstellung, Sinnbild, Verkörperung; *(bildungsspr.):* Inkarnation, Personifikation, Personifizierung.

allegorisch
bildlich, gleichnishaft, sinnbildlich; *(geh.):* sinnbildhaft; *(bildungsspr.):* figurativ, parabolisch.

[1]allein
a) für sich, ohne Begleitung/Gesellschaft, unter sich; *(emotional):* mutterseelenallein; *(oft scherzh.):* im stillen Kämmerlein. **b)** einsam, isoliert, kontaktlos, ohne Kontakte, vereinsamt, verlassen; *(emotional):* mutterseelenallein.
c) aus eigener Kraft, autonom, eigenständig, im Alleingang, ohne fremde Hilfe, ohne Unterstützung, selbstständig, von sich aus; *(ugs.):* in eigener Regie, selbst.

[2]allein
alleinig, ausschließlich, eigens, nur; *(ugs.):* bloß.

alleinstehend
allein, ehelos, ledig, nicht gebunden, ohne feste Bindung, ohne Frau/Partnerin, ohne Mann/Partner, unverheiratet; *(geh.):* unvermählt; *(ugs.):* noch zu haben, ohne Anhang.

allemal
1. immer, jedes Mal, regelmäßig.
2. aber gewiss, auf jeden Fall, bestimmt, durchaus, fraglos, gewiss [doch], in der Tat, in jedem Fall, kein Zweifel, [na] klar, natürlich, ohne Frage, ohnehin, selbstredend, so oder so, sowieso, unzweifelhaft, vollauf; *(ugs.):* dicke, [na] logisch; *(emotional):* zweifellos; *(bes. südd.):* freilich.

allenfalls
äußerstenfalls, bestenfalls, günstigenfalls, günstigstenfalls, höchstenfalls, höchstens, im günstigsten Fall, im Höchstfall; *(bildungsspr.):* im Maximum, maximal; *(ugs.):* längstens.

allerdings
1. aber, dagegen, doch, freilich, hingegen, im Gegensatz dazu, immerhin, ja, jedoch, nur, wohl aber; *(geh.):* allein.
2. aber gewiss, bestimmt, durchaus, fraglos, gewiss [doch], in der Tat, ja, [na] klar, natürlich, ohne Frage, sehr wohl, selbstredend; *(ugs.):* allemal, [na] logisch; *(verstärkend):* jawohl; *(bes. südd.):* freilich.

Allergie
Überempfindlichkeit.

allergisch
abwehrend, empfindlich, gereizt, überempfindlich, unwillig, verärgert; *(geh.):* ungehalten, unmutig, unmutsvoll; *(ugs.):* verschnupft.

allerhand ↑allerlei.

allerlei
dies[es] und jenes, dies und das, eine Menge, einige, manch, mancherlei, mehrere, reichlich, verschieden, verschiedenerlei, viel, vielerlei;

(geh.): ein gerüttelt Maß; *(bildungsspr.):* diverse; *(ugs.):* allerhand, alles Mögliche, mehrerlei, ziemlich; *(veraltend):* allerart, etliche.

alles

1. alle Dinge, das/dies Ganze, Gesamtheit.
2. alle [Leute], alle miteinander, allerseits, Alt und Jung, [ein] jeder, Freund und Feind, Groß und Klein, jeder Einzelne, jedermann, Jung und Alt; *(ugs.):* alle Mann, allesamt, alle Welt, die ganze Gesellschaft; *(abwertend):* Krethi und Plethi; *(nachdrücklich):* sämtliche Leute.

allgemein

1. a) allen gemeinsam, allseitig, gängig, generell, herkömmlich, landläufig, regulär, überall herrschend/vorkommend, üblich, verbreitet. **b)** allerseits, allerwärts, allseits, bei allen, durchgängig, durchweg, in aller Welt, überall; *(geh.):* allerorts; landauf, landab; *(ugs.):* durch die Bank; *(veraltend):* allerorten.
2. alle betreffend, einheitlich, für alle geltend, gemeingültig, generell, unterschiedslos; *(veraltend):* gemein.
3. a) global; *(bildungsspr.):* pauschal, undifferenziert, unspezifisch. **b)** beliebig, nichtssagend, unbestimmt, unklar, unverbindlich, vage, verschwommen, verwaschen; *(bildungsspr.):* diffus, nebulös; *(abwertend):* schwammig.

allgemein

im Allgemeinen
[für] gewöhnlich, gemeinhin, generell, im Großen und Ganzen, im Grunde [genommen], im Prinzip, in der/in aller Regel, mehr oder weniger, meist, meistens, meistenteils, normalerweise, prinzipiell, üblicherweise; *(schweiz.):* durchs Band [weg]; *(österr., schweiz., sonst ugs.):* durchwegs; *(bildungsspr.):* generaliter.

Allgemeinheit

1. Bevölkerung, die Leute/Menschen, Gesamtheit, Gesellschaft, Öffentlichkeit, Volk; *(oft abwertend):* Masse.
2. Beliebigkeit, Undifferenziertheit, Unklarheit, Unverbindlichkeit, Vagheit, Verschwommenheit, Verwaschenheit; *(bildungsspr.):* Pauschalität; *(abwertend):* Schwammigkeit.

Allianz

1. Bund, Bündnis, Konföderation, Pakt, Staatenbund, Staatenbündnis, Union, Zusammenschluss; *(bes. Politik):* Assoziation.
2. Block, Bund, Bündnis, Föderation, Gemeinschaft, Gesellschaft, Interessengemeinschaft, Koalition, Liga, Ring, Union, Verband, Verbindung, Vereinigung, Zusammenschluss.

allmählich

im Lauf der Zeit, in kleinen Schritten, langsam, mit der Zeit, nach und nach, peu à peu, schleichend, Schritt für Schritt, schrittweise, Stück für Stück, stufenweise; *(geh.):* mählich, nachgerade; *(bildungsspr.):* sukzessive; *(ugs.):* groschenweise, sachte; *(nordd.):* bei Kleinem.

Alltag

1. Arbeitstag, Werktag, Wochentag.
2. ewiges/tägliches Einerlei; *(leicht abwertend):* Alltagstrott, Trott.

alltäglich

1. arbeitstäglich, werktäglich.
2. durchschnittlich, gewöhnlich, normal, ordinär, üblich; *(bildungsspr.):* banal, profan, trivial.
3. alle Tage, jeden Tag; tagaus, tagein; täglich.

allzu

hyper-, maßlos, mehr als genug, über-, übermäßig, übertrieben, überzogen, unangemessen, zu; *(oft abwertend):* übergenug.

Alm

Bergweide, Bergwiese, Hochalm, Hochweide; *(schweiz.):* Stafel; *(österr., schweiz.):* Alpweide.

Alphabet

Abc, Abece, Buchstabenfolge, Buchstabenreihe.

als

nachdem, während, wenn, wie, zu der Zeit.

also

1. dementsprechend, demgemäß, demnach, demzufolge, folglich, infolgedessen, mithin, somit; *(österr.):* sohin; *(geh.):* so, sonach; *(bildungsspr.):* ergo.
2. das heißt, das ist/sind, genauer gesagt, nämlich, sprich, und zwar, wie, zum Beispiel; *(geh.):* als da sind, als da wären; *(bildungsspr.):* vulgo.

alt

1. ältlich, angealtert, angejahrt, gealtert, in fortgeschrittenem/hohem/vorgerücktem [Lebens]alter, jahrealt, nicht mehr [ganz] jung; *(schweiz.):* bestanden; *(geh.):* bejahrt, betagt, ergraut, greis; *(verhüll.):* älter, in die Jahre gekommen.
2. a) althergebracht, altüberkommen, erprobt, herkömmlich, konservativ, oldschool, traditionell; *(geh.):* überkommen. **b)** langjährig, vieljährig. **c)** altbekannt, bekannt; *(ugs.):* abgedroschen, vorsintflutlich.
3. a) fern, früher, vergangen; *(veraltend):* verwichen. **b)** antik, klassisch.
4. altbekannt, altgewohnt, bekannt, gewöhnlich, gewohnt, unverändert, vertraut.
5. ehemalig, einstig, einstmalig, früher, vorherig, vorig, vormalig; *(bes. österr.):* gewesen; *(ugs.):* verflossen.

Altenheim
Altenwohnheim, Altersheim, Pflegeeinrichtung, Seniorenheim, Seniorenresidenz, Seniorenwohnheim; *(schweiz.):* Altersasyl; *(scherzh.):* Betagtenheim.

alternativ
1. abweichend, andere, entgegengesetzt, unterschiedlich, verschieden, wahlweise; *(bildungsspr.):* divergent, divergierend.
2. a) abweichend, andere, antibürgerlich; *(bildungsspr.):* nonkonformistisch, unkonventionell, unorthodox; *(Soziol.):* subkulturell. **b)** biologisch-dynamisch, naturgemäß, naturverbunden, ökologisch, umweltbewusst.

Alternative
Alternativlösung, Alternativmöglichkeit, Alternativprogramm, Alternativvorschlag, andere/zweite Möglichkeit, Auswahlmöglichkeit, Gegenangebot, Gegenbeispiel, Gegenentwurf, Gegenlösung, Gegenmaßnahme, Gegenvorschlag, Kontrastprogramm, Wahlmöglichkeit.

altmodisch
altväterisch, aus der Mode [gekommen], gestrig, konservativ, oldschool, prämodern, rückschrittlich, rückständig, überholt, unmodern, unzeitgemäß, veraltet, verzopft; *(geh.):* abgelebt; *(bildungsspr.):* anachronistisch; *(ugs.):* angestaubt, aus der Mottenkiste, aus Omas Klamottenkiste, hinter dem Mond, out, passé, von gestern, vorsintflutlich; *(abwertend):* altbacken, antiquiert, mittelalterlich, reaktionär, zopfig; *(oft abwertend):* verstaubt.

Amateur, Amateurin
Laie, Laiin, Nichtfachmann, Nichtfachfrau; *(bildungsspr.):* Dilettant, Dilettantin; *(ugs.):* Flickschuster, Flickschusterin, Patzer, Patzerin; *(abwertend):* Nichtskönner, Nichtskönnerin, Stümper, Stümperin.

amateurhaft
laienhaft, unfachmännisch, unprofessionell; *(geh.):* unzulänglich; *(abwertend):* dilettantisch, stümperhaft, stümpermäßig.

Ambiente
Atmosphäre, Ausstrahlung, Flair, Fluidum, Milieu, Umgebung, Umwelt; *(schweiz.):* Ambiance; *(geh.):* Aura, Gepräge.

Ambition
Bestrebung, Ehrbegierde, Ehrgeiz, Strebsamkeit; *(geh.):* Ehrbegier; *(bildungsspr.):* Aspiration, Drive.

ambivalent
doppeldeutig, doppelsinnig, gespalten, schillernd, widersprüchlich, zwiespältig; *(bildungsspr.):* paradox, schizophren; *(bes. Fachspr.):* ambigue, mehrdeutig.

Amnestie
Begnadigung, Gnadenerlass, Straferlass, Straffreiheit, Strafnachlass.

Amoklauf
Raserei, Tobsucht, Wutausbruch.

amorph
formlos, gestaltlos, strukturlos, unförmig, ungeformt, ungegliedert, ungestaltet, unstrukturiert.

amputieren
abnehmen, absetzen, abtrennen, entfernen; *(ugs.):* abmachen.

Amt
1. a) Beruf, Charge, Dienst, Posten, Rang, Stelle, Stellung. **b)** Aufgabe, Eigenschaft, Funktion, Mandat, Pflicht, Verpflichtung; *(geh.):* Obliegenheit.
2. Administration, Behörde, Dienststelle, Instanz, Verwaltung; *(schweiz.):* Pflege.

amtieren
ein Amt ausüben/bekleiden/innehaben/versehen, fungieren, regieren, tätig sein, wirken.

amtlich
1. a) administrativ, behördlich, öffentlich, offiziell, verwaltungsmäßig. **b)** amtshalber, dienstlich, förmlich, von Amts wegen.
2. bestätigt, beweiskräftig, bindend, endgültig, feststehend, genehmigt, gewiss, gültig, sicher, urkundlich, verbindlich, verbürgt, wahr; *(bildungsspr.):* definitiv, dokumentarisch.

amüsant
belustigend, burlesk, drollig, erheiternd, fröhlich, gesellig, heiter, humoristisch, humorvoll, komisch, kurzweilig, lustig, närrisch, possenhaft, spaßig, spritzig, unterhaltend, unterhaltsam, vergnüglich, vergnügt, witzig, zum Lachen; *(geh.):* ergötzlich; *(ugs.):* funny, ulkig; *(emotional):* köstlich.

GGS bieder, reizlos, schal, trist.

amüsieren
aufheitern, aufmuntern, belustigen, entzücken, erfreuen, erheitern, genießen, Spaß machen, unterhalten, vergnügen, zerstreuen, zum Lachen bringen; *(geh.):* ergötzen.

amüsieren, sich
sich die Zeit vertreiben, [seinen] Spaß haben, sich unterhalten, sich vergnügen, sich zerstreuen; *(geh.):* sich ergötzen; *(ugs.):* sich beeumeln, sich beölen, einen/was losmachen, sich eins lachen, eumeln, flachsen, sich krümelig lachen; *(veraltend):* sich belustigen.

an
1. aktiviert, angedreht, angelassen, angeschal-

tet, angestellt, angeworfen, angezündet, eingeschaltet, gestartet, in Betrieb genommen/gesetzt, in Bewegung gesetzt, in Gang gebracht/gesetzt; *(ugs.):* angeknipst, angemacht; *(bes. südd., österr.):* aufgedreht.
2. ab, annähernd, bis, bis zu, circa, etwa, in der Nähe von, in etwa, nahe, nahe bei, nahezu, rund, ungefähr, vielleicht, wohl.

[1]analog
1. ähnlich, entsprechend, gleich[artig], identisch, übereinstimmend, vergleichbar; *(bildungsspr.):* kommensurabel, komparabel, kongruent, korrespondierend.
2. kontinuierlich, stufenlos.

[2]analog
entsprechend, gemäß, in Entsprechung zu, nach.

Analogie
Affinität, Ähnlichkeit, Anklang, Entsprechung, Gleichartigkeit, Gleichheit, Parallele, Übereinstimmung, Verwandtschaft.

Analyse
1. Abhandlung, Arbeit, Behandlung, Kritik, Prüfung, Studie, Untersuchung; *(abwertend):* Atomisierung.
2. Aufgliederung, Zergliederung, Zerlegung, Zerteilung.

analysieren
1. abhandeln, auf den Grund gehen, behandeln, durchleuchten, erforschen, ergründen, prüfen, studieren, untersuchen; *(ugs.):* auf Herz und Nieren prüfen, unter die Lupe nehmen; *(abwertend):* atomisieren.
2. aufgliedern, auseinandernehmen, zergliedern, zerlegen, zerteilen; *(EDV):* parsen.

Anarchie
a) Gesetzlosigkeit, Herrschaftslosigkeit.
b) Chaos, Durcheinander, Gesetzlosigkeit, Regellosigkeit, Unordnung.

anarchisch
a) herrschaftsfrei, herrschaftslos. **b)** chaotisch, durcheinander, gesetzlos, regellos, ungeordnet, ungeregelt, wild.

anbahnen
anknüpfen, anspinnen, einleiten, in die Wege leiten, in Gang bringen, vorbereiten; *(ugs.):* einfädeln; *(abwertend):* anzetteln.

anbahnen, sich
sich abzeichnen, sich andeuten, sich ankündigen, sich anspinnen, aufkeimen, aufkommen, sich ausbilden, sich ausprägen, sich bilden, sich entfalten, sich entspinnen, entstehen, sich entwickeln, kommen, sich zeigen, sich zusammenbrauen; *(geh.):* erwachen, sich regen.

anbändeln
den Hof machen, flirten, kennenlernen, kokettieren, schäkern; *(ugs.):* sich anlachen, sich heranmachen; *(salopp):* anmachen, aufreißen; *(scherzh.):* turteln; *(veraltend):* tändeln.

anbauen
1. a) zubauen. **b)** erweitern, vergrößern.
2. anpflanzen, ansäen, bauen, bepflanzen, bestellen, bewirtschaften, einsetzen, kultivieren, säen, setzen.

anbei
als Anlage, angehängt, beigefügt, beigelegt; *(österr., schweiz.):* als Beilage.

anberaumen
ansetzen, auf das Programm setzen, ausschreiben, bekannt geben, bestimmen, einberufen, festlegen, festsetzen, planen, vorsehen.

anbeten
anschwärmen, aufblicken, aufschauen, aufsehen, bewundern, lieben, schwärmen, verehren, vergöttern; *(geh.):* zu Füßen liegen; *(bildungsspr.):* adorieren; *(ugs.):* anhimmeln.

anbieten
1. a) aufdrängen, aufnötigen, bereitstellen, bieten, präsentieren, zur Verfügung stellen; *(geh.):* darbieten; *(bildungsspr.):* offerieren; *(ugs.):* auf dem Silbertablett servieren; *(veraltend):* traktieren. **b)** auftischen, geben, hinhalten, hin[über]reichen, reichen, servieren, überreichen, vorsetzen; *(österr.):* servicieren; *(geh.):* aufwarten, darbieten, darreichen, kredenzen; *(bildungsspr.):* präsentieren.
2. andienen, antragen, auf den Markt bringen/werfen, ausbieten, ausrufen, ausschreien, ein Angebot machen, einen Handel vorschlagen, handeln, hausieren, in den Handel bringen, inserieren, präsentieren, verkaufen, versteigern; *(geh.):* feilbieten; *(ugs.):* unter den Hammer bringen, verhökern.

anbieten, sich
1. sich aufdrängen, sich bereit erklären, sich bereithalten, sich empfehlen, sich zur Verfügung stellen; *(geh.):* sich anerbieten, sich erbieten; *(abwertend):* sich anbiedern.
2. geeignet sein, gut passen.

anbinden
anbringen, anknüpfen, anleinen, anschließen, anschnüren, anseilen, befestigen, binden, fesseln, festbinden, festmachen, montieren, stängeln, zusammenbinden; *(ugs.):* anmachen.

Anblick
Ansicht, Augenweide, Ausblick, Aussicht, Bild, Blick, Eindruck, Erscheinung, Panorama, Perspektive, Spektakel, Szene, Vorgang; *(geh.):*

Angesicht, Schauspiel; *(scherzh.):* Augenschmaus.

anblicken
ansehen, anstarren, anstrahlen, beobachten, besehen, besichtigen, betrachten, fixieren, mustern; *(ugs.):* angucken, anlinsen; *(abwertend):* angaffen, anstieren.

anbrechen
anfangen, anlaufen, ausbrechen, beginnen, dämmern, einbrechen, einsetzen, eintreten, kommen, starten; *(schweiz.):* heranbrechen; *(geh.):* anheben, heraufsteigen, hereinbrechen; *(ugs.):* angehen, grauen.

anbrennen
1. anfachen, anzünden, entzünden, Feuer legen, in Brand setzen/stecken.
2. sich entzünden, Feuer fangen; *(ugs.):* angehen.

anbringen
1. anmontieren, anschlagen, anschließen, ansetzen, aufbringen, auftragen, befestigen, festmachen, installieren, vorlegen; *(bildungsspr.):* applizieren; *(ugs.):* anmachen.
2. anführen, ansprechen, aufbringen, äußern, bemerken, erwähnen, erzählen, fallen lassen, mitteilen, sagen, vorbringen, vortragen, zur Sprache bringen; *(geh.):* ins Feld führen; *(ugs.):* aufs Tapet bringen.

BSP Der Verfasser führt weitere Argumente an. Die Politikerin äußerte die Ansicht/Meinung, dass … Sie wollte das endlich zur Sprache bringen.

Anbruch
Anfang, Auftakt, Ausbruch, Beginn, Einbruch, Eintritt, Start[schuss]; *(geh.):* Anbeginn.

anbrüllen
anfahren, anfauchen, anherrschen, anwettern, ausschimpfen, beschimpfen, schimpfen, tadeln, zurechtweisen; *(ugs.):* abbürsten, abkanzeln, anbellen, andonnern, angiften, ankläffen, anknurren, anpfeifen, anpflaumen, anranzen, anraunzen, eins auf den Deckel geben, rüffeln, [zurecht]stauchen, zur Minna machen, zur Schnecke machen, zusammenstauchen; *(salopp):* den Marsch blasen, heruntermachen, herunterputzen; *(abwertend):* anschreien.

Andacht
1. Betstunde, Bibelstunde, Gebet, Gottesdienst.
2. Anspannung, Aufmerksamkeit, Konzentration, Sammlung, Versenkung; *(geh.):* Inbrunst, Versunkenheit.

andächtig
angespannt, angestrengt, aufmerksam, ergriffen, feierlich, gesammelt, gespannt, innig, konzentriert; *(geh.):* andachtsvoll, versunken.

andauern
anhalten, Bestand haben, Dauer haben, dauern, durchgehen, erhalten bleiben, fortbestehen, fortdauern, fortgehen, sich fortsetzen, sich hin[aus]ziehen, sich [in die Länge] ziehen, von Bestand/Dauer sein, weiter bestehen; *(geh.):* fortwähren, währen.

andauernd
anhaltend, beharrlich, beständig, fortgesetzt, fortwährend, gleichbleibend, immer, immerwährend, immer wieder, in einem fort, konstant, laufend, pausenlos, permanent, ständig, stetig, stets, unaufhörlich, unausgesetzt, unentwegt, ununterbrochen; *(geh.):* stet; *(bildungsspr., Fachspr.):* kontinuierlich; *(ugs.):* alle paar Minuten, am laufenden Band, ewig, immerzu, in einer Tour; *(emotional):* dauernd, unablässig; *(Sprachwiss.):* durativ.

GGS sprunghaft, unstet, veränderlich.

Andenken
1. Erinnerung, Gedächtnis, Gedenken; *(geh.):* Angedenken.
2. Erbstück, Familienstück, Souvenir.

andere
1. a) zweite. **b)** folgende, nächste, neu, sonstig, übrig, vorübergehende, weitere, zusätzlich.
2. andersartig, ungleich, unterschiedlich, verschieden[artig]; *(bildungsspr.):* different.

andererseits
aber, allein, allerdings, andernteils, auf der anderen Seite, dabei, dagegen, demgegenüber, doch, freilich, hingegen, jedoch, mindestens, wenigstens, wieder[um], zum andern, zumindest; *(schweiz.):* handkehrum; *(geh.):* dahingegen; *(veraltend):* hinwieder[um].

ändern
a) abändern, abwandeln, anders machen, aus den Angeln heben, formen, gewinnen, kaschieren, korrigieren, reformieren, revidieren, revolutionieren, überarbeiten, umändern, umarbeiten, umbilden, umformen, umfunktionieren, umgestalten, ummünzen, umschreiben, umsetzen, umstellen, umstürzen, umwälzen, umwandeln, variieren, verändern, verwandeln; *(bildungsspr.):* metamorphosieren, modifizieren; *(ugs.):* umkrempeln; *(Fachspr.):* denaturieren; *(bildungsspr., Fachspr.):* transformieren; *(EDV):* editieren. **b)** austauschen, erneuern, ersetzen, renovieren, tauschen, wechseln.

ändern, sich
anders werden, sich entwickeln, im Fluss sein,

umschlagen, umspringen, sich umstellen, sich verändern, sich verwandeln, sich verziehen, wechseln; *(geh.):* einen Wandel erfahren, sich im Wandel befinden, im Wandel begriffen sein, sich wandeln; *(bildungsspr.):* fluktuieren.

BSP Plötzlich ist seine gute Laune / die Stimmung [ins Gegenteil] umgeschlagen. Bei uns hat sich kaum etwas verändert. Die Motivation im Team hat einen Wandel erfahren.

andernfalls
im anderen Fall, sonst, wenn nicht; *(österr., schweiz.):* ansonst; *(ugs.):* anders, ansonsten.

anders ⚡
a) abweichend, grundverschieden, ungleich, unterschiedlich, verschieden[artig]; *(bildungsspr.):* divergent, heterogen. **b)** fremd, neu, sonstig, unbekannt, ungewöhnlich, ungewohnt.

anders machen
abändern, abwandeln, reformieren, umgestalten, variieren, verändern; *(bildungsspr.):* modifizieren, modulieren.

BSP Er hat den Referatsentwurf auf meinen Vorschlag hin noch mal abgeändert. Die Stadt will den Schulhof zu einem naturnahen Gelände umgestalten.

Änderung
1. Abänderung, Abwandlung, Korrektur, Revision, Strategieschwenk, Strategiewechsel, Überarbeitung, Umänderung, Umarbeitung, Umbildung, Umformung, Umgestaltung, Variation, Veränderung; *(bildungsspr.):* Modifikation.
2. Abkehr, Erneuerung, Neuerung, Umkehr, Wandel, Wechsel, Wende, Wendung.

andeuten
a) anspielen, durchblicken lassen, durch die Blume sagen, einen Fingerzeig/Wink geben, zu verstehen geben; *(österr., schweiz.):* antönen; *(geh.):* bedeuten; *(bildungsspr.):* signalisieren. **b)** ahnen lassen, ankündigen. **c)** anklingen lassen, anreißen, anschneiden, ansprechen, berühren, einflechten, einfließen lassen, erwähnen, hindeuten, skizzieren, streifen, umreißen; *(bildungsspr.):* konturieren; *(ugs.):* antippen.

BSP In diesem Kapitel streift der Autor das Thema nur kurz. Nachdem ich den Inhalt des Gedichts in groben Zügen umrissen habe … Anfangs werden die Figuren grob konturiert.

andeuten, sich
sich abzeichnen, sich anbahnen, anklingen, sich ankündigen, drohen, seine Schatten vorauswerfen, sich zeigen.

Andeutung
1. Anspielung, Fingerzeig, Hinweis, Wink, Zeichen; *(bildungsspr.):* Innuendo; *(ugs.):* Tipp; *(scherzh.):* Wink mit dem Zaunpfahl.
2. Anflug, Anzeichen, Hauch, Schimmer, Spur.

Andrang
Ansturm, Run, Sturm, Zulauf, Zustrom.

andrehen
1. anlassen, anschalten, anstellen, einschalten, in Betrieb/Gang setzen, starten; *(ugs.):* anknipsen, anmachen; *(ugs. scherzh.):* anwerfen; *(südd., österr.):* aufdrehen.
2. anbringen, befestigen, festdrehen, festmachen.
3. aufreden, aufschwatzen, überreden, verkaufen; *(ugs.):* beschwatzen, breitschlagen; *(salopp):* herumkriegen.

androhen
ankündigen, bedrohen, drohen, verwarnen; *(iron.):* anbieten.

aneignen, sich
1. an sich nehmen/reißen, Besitz ergreifen, sich einverleiben, erbeuten, greifen, in Besitz nehmen/bringen, nehmen, plündern, sich vergreifen, wegnehmen; *(geh.):* sich bemächtigen; *(bildungsspr.):* annektieren; *(ugs.):* absahnen, an sich bringen, einkassieren, einsacken, einstreichen, in die eigene Tasche stecken, kassieren, schnappen; *(salopp):* abstauben, kaschen, um die Ecke bringen; *(fam.):* mopsen.
2. anempfinden, sich antrainieren, sich beibringen, sich einarbeiten, sich eindenken, sich einprägen, einstudieren, einüben, sich einverleiben, sich erarbeiten, erlernen, erwerben, lernen, sich üben, sich zu eigen machen.

aneinandergeraten
sich anlegen, kämpfen, plänkeln, sich schlagen, Streit anfangen/bekommen, sich streiten, sich zanken, zusammengeraten, zusammenstoßen; *(geh.):* rechten; *(ugs.):* anbändeln, sich in den Haaren liegen, sich in die Haare/Wolle kriegen, Krach kriegen; *(salopp):* zusammenknallen.

anekeln
Abscheu/Ekel erregen, abstoßen, anwidern, verabscheuen, widerstreben, zuwider sein; *(geh.):* degoutieren; *(abwertend):* widerlich sein.

anerkannt
1. angesehen, ausgewiesen, berühmt, bewundert, eingeführt, erprobt, geachtet, geehrt, geschätzt, namhaft, prominent, respektiert, schätzenswert, unbestritten, verdient, verehrt, von Geltung/Rang/Ruf; *(bildungsspr.):* renommiert.

GGS namenlos, ohne Ansehen, unbekannt, verpönt.

2. geltend, gültig, herrschend, maßgebend, maßgeblich; *(bildungsspr.):* legitim.

anerkennen

1. a) akzeptieren, annehmen, befürworten, beipflichten, beistimmen, bejahen, berücksichtigen, billigen, eingestehen, einräumen, einsehen, einverstanden sein, einwilligen, gelten lassen, gutheißen, richtig finden, verstehen, zubilligen, zugeben, zugestehen, zustimmen; *(bildungsspr.):* agnoszieren, konzedieren, sanktionieren. b) achten, anrechnen, auszeichnen, belobigen, belohnen, bestaunen, bewundern, ehren, hervorheben, honorieren, loben, respektieren, schätzen, würdigen; *(geh.):* Respekt/Tribut zollen; *(veraltend):* wertschätzen.
2. beglaubigen, bekräftigen, bestätigen, erlauben, für gültig/rechtmäßig erklären, genehmigen, gestatten, justifizieren, zusprechen; *(bildungsspr.):* agnoszieren, legitimieren.

Anerkennung

1. Achtung, Ansehen, Auszeichnung, Beifall, Belobigung, Belohnung, Bewunderung, Ehre, Glanz und Gloria, Hervorhebung, Hochachtung, Honorierung, Lob, Respekt, Würdigung; *(geh.):* Anerkenntnis, Ehrerbietung, Wertschätzung; *(veraltend):* Ästimation.
2. Beglaubigung, Bekräftigung, Bestätigung, Erlaubnis, Genehmigung, Justifikation; *(bildungsspr.):* Legitimation; *(ugs.):* Absegnung.

anfahren

1. abfahren, anrollen, sich in Bewegung setzen, losfahren, starten, zu fahren beginnen.
2. anlaufen, ansteuern, die Richtung einschlagen, Kurs/Richtung nehmen, zufahren, zuhalten, sich zum Ziel nehmen, zusteuern.
3. [an]prallen, fahren, rammen, stoßen, streifen; *(ugs.):* bumsen, knallen.

Anfahrt

a) Ankunft, Anreise, Einfahrt. b) Anfahrtsstrecke, Anfahrtsweg, Anfahrtszeit, Anreise, Hinfahrt, Hinweg.

Anfall

Anwandlung, Ausbruch, Entladung; *(geh.):* Aufwallung, Regung; *(ugs.):* Koller, Rappel.

anfallen

1. angehen, angreifen, attackieren, herfallen, sich stürzen, überfallen; *(ugs.):* sich hermachen.
2. befallen, erfassen, überkommen.
3. entstehen, sich ergeben.

anfällig

empfänglich, empfindlich, krankheitsanfällig, nicht stark, nicht widerstandsfähig, schwach, schwächlich, zart; *(bildungsspr.):* neuralgisch.

Anfang

a) Ausbruch, Beginn, Entstehung, Geburt, Keim, Ursprung; *(geh.):* Anbeginn, Anbruch. b) Ansatzpunkt, Auftakt, Ausgangspunkt, Beginn, Eröffnung, erster Schritt, Start. c) Anfangsstadium, Anfangsteil, Ansatz, Beginn, erster Teil, erstes Stadium, Frühphase.

anfangen ↗

1. a) angehen, anpacken, aufnehmen, beginnen, darangehen, den Anfang machen, den ersten Schritt tun, die Initiative ergreifen, einleiten, eröffnen, gehen, gründen, herangehen, in Angriff nehmen, in die Wege leiten, in Gang bringen, ins Leben rufen, sich machen an, schreiten, starten; *(geh.):* anheben, sich begeben; *(ugs.):* sich daranmachen, sich daransetzen, den Riemen auf die Orgel werfen/schmeißen, sich hermachen, ins Rollen bringen, loslegen.

BSP Sie will das Referat jetzt endlich angehen. Im Anschluss eröffnen wir die Diskussion. Er ist mutig an diese schwierige Aufgabe herangegangen. Die Gruppe macht sich an die Arbeit.

b) ansetzen, beginnen; *(ugs.):* loslegen.
2. anlaufen, beginnen, einsetzen, in Gang kommen, starten; *(geh.):* anbrechen, anheben, seinen Anfang nehmen; *(ugs.):* angehen, losgehen.

BSP Sie begann ihren Vortrag mit einer Übersicht. Die Bläser setzten [im/mit dem fünften Takt] ein.

Anfänger, Anfängerin

Debütant, Debütantin, Greenhorn, Neuling, Newcomer, Novize, Novizin, Unerfahrener, Unerfahrene; *(ugs.):* Grünling; *(ugs. scherzh.):* Kiekindiewelt; *(oft abwertend):* Grünschnabel.

anfänglich

als Erstes, am Anfang, anfangs, eingangs, erst, in der ersten Zeit, ursprünglich, zu Anfang/Beginn, zuerst, zunächst; *(schweiz.):* vorerst; *(bildungsspr.):* initial, primär; *(emotional verstärkend):* zuallererst; *(veraltend):* im Anfang.

anfassen

1. a) anrühren, antasten, befühlen, berühren, betasten, erfassen, ergreifen, fassen, greifen, in die Hand nehmen, packen; *(geh.):* rühren; *(ugs.):* antatschen, befingern, begrapschen, betatschen. b) an die Hand/bei der Hand nehmen.
2. anpacken, assistieren, behilflich sein, Hand anlegen, helfen, Hilfe leisten, mithelfen, unter die Arme greifen, unterstützen, zulangen, zupacken, zur Hand gehen, zur Seite springen; *(geh.):* beispringen; *(bildungsspr.):* sekundieren.

anfechten
angehen, angreifen, attackieren, beanstanden, bemängeln, bestreiten, Einspruch erheben, infrage stellen, kritisieren, missbilligen, monieren, nicht anerkennen.

anfeinden
anarbeiten gegen, angehen, angreifen, ankämpfen, attackieren, bekämpfen, bekriegen, entgegentreten, feindselig begegnen, Front machen, kämpfen, Krieg führen, vorgehen gegen; *(geh.):* befehden, zu Felde ziehen; *(ugs.):* unter Beschuss nehmen.

anfertigen
bereiten, entstehen lassen, erzeugen, fertigen, herstellen, hervorbringen, machen, schaffen, verfertigen; *(geh.):* erschaffen; *(veraltend):* fabrizieren.

anfeuern
1. anbrennen, anfachen, anheizen, anschüren, anzünden, einheizen, zum Brennen bringen; *(ugs.):* anmachen.
2. anregen, Ansporn/Antrieb geben, anspornen, anstacheln, aufstacheln, ermutigen; *(geh.):* befeuern, beflügeln; *(ugs.):* anheizen, einheizen; *(südd., österr.):* aneifern.

anflehen
beschwören, bestürmen, flehen, flehentlich/inständig bitten; *(abwertend):* anwinseln.

Anflug
1. a) Flug, Flugstrecke, Flugweg, Hinflug. **b)** Ansteuerung, Kurs, Landeanflug, Richtung.
2. Andeutung, Anklang, Ansatz, Anzeichen, Idee, Nuance, Schimmer, Schuss, Spur, Stich; *(geh.):* Hauch, Regung; *(ugs.):* Touch.

anfordern
bestellen, bitten, eine Bestellung aufgeben, fordern, haben wollen, kommen lassen, verlangen; *(geh.):* erbitten.

Anforderung
1. Bestellung.
2. Anspruch, Beanspruchung, Forderung, Inanspruchnahme, Leistungsanforderung, Qualitätsanforderung.

Anfrage
Befragung, Bitte um Auskunft, Erkundigung, Frage; *(veraltend):* Nachfrage.

anfragen
befragen, eine Auskunft erbitten, eine Frage richten/stellen, sich erkundigen, Erkundigungen einziehen, fragen, nachfragen, um Auskunft bitten, sich umhören, sich wenden an, wissen wollen; *(ugs.):* anklopfen, antippen.

anfreunden, sich
1. sich befreunden, eine Freundschaft beginnen, sich näher kennenlernen, sich näherkommen, sich verbrüdern.
2. sich befreunden, eine positive Einstellung bekommen, Gefallen finden, sich gewöhnen, sich vertraut machen; *(ugs.):* warm werden mit.

anfügen
angliedern, anhängen, anreihen, anschließen, ansetzen, beifügen, dazugeben, dazusetzen, ergänzen, fügen, geben, hinzufügen, hinzusetzen, nachtragen, setzen, zufügen; *(geh.):* beigeben, hinzugeben; *(ugs.):* dazutun.

anführen
1. a) an der Spitze gehen, führen, vorangehen; *(ugs.):* vorgehen. **b)** an der Spitze liegen/stehen, an erster/oberster Stelle stehen, den ersten Platz belegen/einnehmen, die Führung haben, die Spitze halten, dominieren, Erste/Erster sein, führen, führend sein, Spitzenreiter sein, überlegen sein; *(Sport):* in Führung liegen. **c)** befehlen, dirigieren, führen, kommandieren, leiten, lenken; *(geh.):* gebieten, vorstehen.
2. a) angeben, aufführen, aufzählen, äußern, erwähnen, nennen, sagen, vorbringen; *(geh.):* ins Feld/Treffen führen; *(Fachspr.):* enumerieren.

BSP Für diese Interpretation werden mehrere Textstellen als Belege angeben: ... Kannst Du dafür Beispiele nennen? Ich möchte mehrere Argumente [für/gegen diese Meinung] vorbringen. Folgende Einwände werden [gegen/für diese Meinung] ins Feld geführt.

b) wörtlich wiedergeben, zitieren; *(veraltend):* anziehen.

BSP Ich möchte eine weitere Stelle aus dem Dialog zitieren.

Anführer, Anführerin
Bandenführer, Bandenführerin, Boss, Chef, Chefin, Führer, Führerin, Kopf, Leiter, Leiterin, Wortführer, Wortführerin; *(geh.):* Haupt, Oberhaupt; *(ugs.):* Bestimmer, Bestimmerin, Gangchef, Gangchefin, Hauptmacher, Hauptmacherin, Hauptmatador, Hauptmatadorin, King; *(salopp):* Macker; *(abwertend):* Alphatier, Leithammel, Rädelsführer, Rädelsführerin.

Angabe
Auskunft, Aussage, Information, Mitteilung, Nennung.

angeben
1. a) anführen, Angaben machen, aufführen, Auskunft geben, informieren, in Kenntnis setzen, mitteilen, nennen, sagen, wissen lassen.
b) anordnen, bestimmen, festlegen, festsetzen, setzen, vorgeben.

2. sich dick machen, sich herausstreichen, sich in den Vordergrund drängen/rücken/schieben/spielen, sich in die Brust werfen, prahlen, prunken, sich rühmen, viel Aufhebens von sich machen; *(ugs.):* den Mund aufreißen/voll nehmen, einen großen Mund haben, eine Schau machen, große Reden schwingen, sich großmachen, protzen, [viel] Wind machen; *(salopp):* die Schnauze aufreißen, eine große Schnauze haben; *(abwertend):* sich aufblähen, sich brüsten, großtun, Schaum schlagen.

Angeberei ↑Angabe.

angeberisch
aufschneiderisch, prahlerisch, prahlsüchtig, vollmundig; *(ugs.):* protzig; *(salopp):* großschnäuzig; *(abwertend):* großsprecherisch, großspurig, großtuerisch; *(nordd.):* bramsig.

angeblich
nicht verbürgt, scheinbar, vermeintlich, vorgeblich, wie behauptet/gesagt wird, wohl; *(geh.):* mutmaßlich.

Angebot
1. a) Kaufangebot; *(österr.):* Anbot, Offert. **b)** Anerbieten, Vorschlag.
2. angebotene Ware, Auswahl, Kollektion, Sortiment, Warenangebot, Warenauswahl, Zusammenstellung; *(bildungsspr.):* Angebotsspektrum.

angebracht
am Platz, angemessen, empfehlenswert, entsprechend, erforderlich, gebührend, geeignet, geraten, nötig, passend, ratsam, recht, richtig, sinnvoll, vernünftig, von Nutzen, zweckmäßig; *(geh.):* angezeigt, geboten, geziemend, schicklich; *(bildungsspr.):* adäquat, opportun; *(südd.):* geschickt; *(veraltend):* gebührlich, tunlich.

GGS deplatziert, fehl am Platz, unerwünscht.

angegriffen ↑angeschlagen (1).

angehen
1. anfangen, anlaufen, beginnen, einsetzen, in Gang kommen, starten; *(geh.):* anbrechen, anheben, seinen Anfang nehmen; *(ugs.):* losgehen.
2. anbrennen, sich entzünden, zu brennen/zu leuchten beginnen.
3. anfallen, angreifen, attackieren, den Kampf beginnen, herfallen, sich in feindlicher Absicht nähern, sich stürzen, überfallen, vorgehen gegen; *(ugs.):* sich hermachen.
4. anfangen, anpacken, beginnen, herangehen, in Angriff nehmen, sich machen an, zu bewältigen suchen; *(geh.):* sich begeben; *(ugs.):* sich d[a]ranmachen.
5. ankämpfen, anlaufen, bekämpfen, dagegenwirken, entgegenarbeiten, entgegentreten, entgegenwirken, Front machen, kämpfen, Maßnahmen ergreifen, [Schritte] unternehmen, vorgehen gegen, sich wehren, sich widersetzen, Widerstand entgegensetzen/leisten; *(geh.):* befehden, begegnen, zu Felde ziehen.
6. berühren, betreffen, sich beziehen, sich erstrecken, gelten, in Beziehung/Zusammenhang stehen, jmds. Sache sein, von Bedeutung/Belang sein, zusammenhängen, zu schaffen/zu tun haben; *(bildungsspr.):* tangieren.
7. anbelangen, anbetreffen, anlangen, betreffen, sich beziehen, Bezug haben; *(veraltend):* belangen.

angehören
angegliedert/angehörig/eingegliedert sein, gehören, gerechnet werden, Glied/Teil sein, integriert sein, rechnen, zählen, zugeordnet sein, zugerechnet werden; *(geh.):* zugehören.

[1]Angehörige
Anhang, Blutsverwandte, Familienangehörige, Familienmitglieder, Verwandte, Verwandtschaft; *(geh.):* Anverwandte.

Angehöriger, [2]Angehörige
Anhänger, Anhängerin, Beteiligter, Beteiligte, Mitarbeiter, Mitarbeiterin, Mitglied, Mitwirkender, Mitwirkende.

Angeklagter, Angeklagte
Beklagter, Beklagte, Beschuldigter, Beschuldigte, Verklagter, Verklagte.

Angelegenheit
Begebenheit, Ding, Fall, Frage, Problem, Punkt, Sache, Sachverhalt, Thema, Themenbereich, Vorfall, Vorgang, Vorkommnis; *(ugs.):* Chose, Geschichte, Kiste; *(bildungsspr.):* Kasus.

angeln
1. a) Fische fangen, fischen; *(ugs. scherzh.):* den Wurm/die Würmer baden. **b)** bekommen, einfangen, fangen; *(geh.):* anbinden; *(ugs.):* anbändeln, sich ankratzen, sich anlachen, kriegen; *(salopp):* anbaggern, anmachen, aufreißen.
2. zu ergreifen/zu fassen suchen.

angemessen
am Platz, angebracht, entsprechend, gebührend, gebührendermaßen, gebührenderweise, geeignet, gehörig, gemäß, gemessen, passend, recht, richtig bemessen, schuldig, verhältnismäßig, wie es sich gehört, zukommend, zustehend; *(geh.):* angezeigt, geboten, geziemend, schicklich; *(bildungsspr.):* adäquat; *(ugs.):* ordentlich; *(veraltend):* gebührlich.

angenehm
ansprechend, behaglich, erfreulich, freudig, freundlich, froh, gefällig, gemütlich, günstig,

A ang B C D E F G H I J K L M N O P Q R S T U V W X Y Z

gut, lieb, liebenswert, liebenswürdig, nett, positiv, schön, sympathisch, vorteilhaft, willkommen, wohlig, wohltuend, zusagend; *(schweiz.):* gefreut; *(geh.):* erquicklich.

angeregt
animiert, aufgezogen, fesselnd, interessant, lebendig, lebhaft, munter, packend, rege, spannend; *(geh.):* beflügelnd; *(ugs.):* aufgedreht.

angesagt
beliebt, en vogue, gängig, gang und gäbe, gefragt, [Hoch]konjunktur habend, in Mode, modern, modisch, verbreitet; *(geh.):* begehrt; *(ugs.):* in, trendig, trendy; *(Jargon):* hip.

angeschlagen
1. abgekämpft, abgespannt, angegriffen, angekränkelt, ausgelaugt, entkräftet, erschöpft, kraftlos, matt, mitgenommen, müde, nicht mehr leistungsfähig, schwach, zerschlagen; *(geh.):* ermattet; *(ugs.):* abgeschlafft, alle, am Ende, angeknackst, down, erledigt, erschlagen, [fix und] fertig, gerädert, geschafft, groggy, hin, k. o., kaputt, knülle, matschig, schlaff, schlapp; *(fam.):* schachmatt.
2. beschädigt, gestört, lädiert; *(ugs.):* angeknackst, ramponiert.

angesehen
anerkannt, Ansehen genießend, bekannt, ehrwürdig, einen guten Namen habend, einen guten Ruf genießend/habend, geachtet, geehrt, geschätzt, gut beleumdet/beleumundet, hochgeachtet, hochgeschätzt, hoch im Kurs stehend, namhaft; *(geh.):* achtbar; *(bildungsspr.):* renommiert, respektabel.

angesichts
1. beim/im Anblick, im Angesicht.
2. im Angesicht, im Hinblick auf, in Anbetracht, mit Rücksicht auf, unter Berücksichtigung, wegen; *(veraltend):* in Ansehung.

angespannt
a) ↑angestrengt. **b)** beängstigend, bedenklich, bedrohlich, besorgniserregend, ernst, explosiv, gefährlich, gefahrvoll, heikel, kritisch, problematisch, schwierig; *(bildungsspr.):* prekär.

angestrengt
angespannt, aufmerksam, gespannt, intensiv, konzentriert, mit ganzer/voller Kraft.

angetrunken
alkoholisiert, angeheitert, benebelt, leicht betrunken; *(ugs.):* angedudelt, angesäuselt, angeschickert, besäuselt, beschickert, beschwipst; *(salopp):* angeduselt; *(ugs. scherzh.):* feuchtfröhlich; *(nordd.):* benusselt, betütert.

angewiesen sein
abhängen, abhängig/gebunden sein, unterstehen, unterstellt/unterworfen sein; *(österr.):* anstehen; *(veraltend):* untertan sein.

angewöhnen
sich aneignen, anerziehen, annehmen, beibringen, erziehen, gewöhnen, lehren, lernen, sich zu eigen machen, zur Gewohnheit machen; *(ugs.):* sich zulegen.

Angewohnheit
Eigenart, Eigenheit, Eigentümlichkeit, Gewohnheit, Marotte, Schrulle, Unart; *(geh.):* Gepflogenheit; *(ugs.):* Tick; *(abwertend):* Unsitte.

angleichen
abstimmen, annähern, anpassen, aufeinander einstellen, gleichmachen, harmonisieren, in Übereinstimmung bringen, passend machen, richten, vereinheitlichen; *(geh.):* in Einklang bringen; *(bildungsspr.):* koordinieren.

angreifen
1. a) anfallen, angehen, anrennen, anstürmen, attackieren, bestürmen, das Feuer/die Feindseligkeiten eröffnen, den Kampf beginnen, eine Offensive einleiten/starten, herfallen, offensiv werden, sich stürzen, überfallen, sich werfen, zum Angriff/zur Offensive übergehen; *(ugs.):* sich hermachen. **b)** anfechten, ankämpfen, ans Leder gehen, attackieren, bekämpfen, entgegentreten, Front machen, hart/scharf ins Gericht gehen mit, kämpfen, Kritik üben, kritisieren, vorgehen gegen, zu widerlegen suchen; *(geh.):* zu Felde ziehen; *(ugs.):* grobes/schweres Geschütz auffahren.

BSP Sie ist dem Vorurteil entgegentreten. Er hat scharfe Kritik an dem Stück geübt. Ich kritisiere, dass …

2. ↑anfassen (1 a).
3. ↑anfangen (1 a).
4. anstrengen, aufreiben, beanspruchen, beeinträchtigen, belasten, entkräften, erschöpfen, kraftlos/schwach machen, reduzieren, schaden, schädigen, schwächen, strapazieren, zehren, zusetzen; *(ugs.):* auffressen, schlauchen.

Angriff
1. Anschlag, Ansturm, Attacke, Eröffnung des Kampfes, Offensive, Sturm, Überfall.
2. Anfeindung, Attacke, Ausfall, Feindseligkeit, Feldzug, Kritik, Vorwurf.

angriffslustig
aggressiv, eroberungslustig, herausfordernd, kampfesfreudig, kampflustig, streitlustig; *(schweiz.):* angriffig; *(geh.):* streitbar; *(bildungsspr.):* provokant, provokativ, provokatorisch; *(ugs.):* auf Krawall gebürstet.

Angst
Angstgefühl, Ängstlichkeit, Angstzustand, Ban-

gigkeit, Beklemmung, Furcht, Furchtsamkeit, Panik; *(geh.):* Bangnis, Herzensangst, Todesfurcht; *(salopp):* Bammel, Schiss.

Angst haben ↑ängstigen, sich.

ängstigen

Angst einflößen/einjagen, Angst [und Bange] machen, in Angst [und Schrecken] versetzen, verängstigen; *(veraltend):* beängstigen.

ängstigen, sich

Angst haben, besorgt/bekümmert sein, sich fürchten, [sich] grauen, in Angst sein, schaudern, zittern; *(geh.):* bangen; *(ugs.):* bibbern, Blut und Wasser schwitzen, Fracksausen/Gummibeine haben, Manschetten/Muffe haben; *(salopp):* Bammel haben, die Hose [gestrichen] voll haben, Schiss haben; *(ugs. emotional):* tausend Ängste ausstehen; *(veraltend):* sich abängstigen.

BSP Er war besorgt, es könnte etwas passieren. Es schauderte sie, wenn sie an den letzten Abend zurückdachte.

ängstlich

1. a) furchtsam, hasenfüßig, hasenherzig; *(bildungsspr.):* apprehensiv, timide. **b)** angsterfüllt, angstverzerrt, angstvoll, bange, bänglich, besorglich, besorgt, scheu, schüchtern, verängstigt, zaghaft, zähneklappernd; *(nordd.):* benaut.
2. akkurat, gewissenhaft, [peinlich] genau, reinlich, sorgfältig; *(geh.):* achtsam, sorgsam; *(bildungsspr.):* akribisch, penibel; *(ugs.):* pingelig; *(veraltend):* sorglich.

angucken

1. anblicken, ansehen, anstarren, blicken, sehen; *(ugs.):* gucken; *(salopp):* anglotzen; *(abwertend):* angaffen, anstieren; *(nordd.):* kucken.
2. beäugen, besehen, besichtigen, betrachten, inspizieren, mustern; *(geh.):* in Augenschein nehmen; *(ugs.):* begucken, gucken, unter die Lupe nehmen; *(salopp):* beglotzen; *(abwertend):* begaffen; *(nordd.):* ankieken, bekieken, bekucken, kucken; *(bes. südd., österr., schweiz.):* schauen.
3. ansehen, sehen; *(schweiz.):* visionieren; *(ugs.):* gucken, sich reinziehen; *(nordd.):* kucken; *(südd., österr.):* schauen.

anhaben

1. angezogen haben, bekleidet/gekleidet sein, tragen; *(geh.):* angelegt haben, angetan sein.
2. einen Bärendienst erweisen/leisten, einen schlechten Dienst erweisen, schaden, Schaden zufügen, schädigen, treffen; *(geh.):* Abtrag tun, übelwollen; *(bildungsspr.):* diskreditieren.

anhalten

1. a) abstoppen, aufhalten, bremsen, stoppen, zum Halten/Stehen/Stillstand bringen, zurückhalten. **b)** abbremsen, abstoppen, halten, haltmachen, stehen bleiben, stoppen, zum Stehen kommen.
2. anleiten, anweisen, bringen, erziehen, lehren; *(geh.):* auf den rechten/richtigen Weg bringen.
3. andauern, Bestand/Dauer haben, dauern, durchgehen, fortbestehen, fortdauern, fortgehen, sich halten, halten, von Dauer sein, weiter bestehen; *(geh.):* währen; *(ugs.):* vorhalten.

anhaltend

andauernd, beständig, dauernd, endlos, fortdauernd, fortgesetzt, fortwährend, nicht enden wollend, pausenlos, permanent, ständig, stetig, unaufhörlich, ungebrochen, ununterbrochen; *(geh.):* stet; *(ugs.):* chronisch, ewig, in einer Tour; *(bildungsspr., Fachspr.):* kontinuierlich; *(Sprachwiss.):* durativ.

Anhaltspunkt

Anhalt, Anzeichen, Fingerzeig, heiße Spur, Hinweis, Orientierungshilfe, Zeichen; *(bildungsspr.):* Indiz; *(Fachspr.):* Indikator.

anhand

durch, mit, mithilfe, mit Unterstützung, unter Zuhilfenahme.

Anhang

1. Beischrift, Ergänzung, Nachtrag, Zusatz; *(geh.):* Nachlese; *(bildungsspr.):* Additament[um], Annex; *(ugs.):* Nachklapp; *(EDV):* Attachment; *(Fachspr.):* Appendix; *(Literaturwiss.):* Paralipomenon.
2. a) Anhängerschaft, Bekanntenkreis, Fangemeinde, Fanklub, Freundeskreis, Gefolgschaft, Gefolgsleute, Gemeinde, Klientel. **b)** Angehörige, Familie, Familienangehörige, Familienanhang, Familienclan, Familienkreis, Familienmitglieder, Verwandtschaft; *(oft iron.):* Clan; *(Soziol.):* Großfamilie.

[1]anhängen

1. anhaften, behaftet/eigen sein, nachhängen, verbunden/verknüpft sein, zuteilwerden; *(geh.):* innewohnen; *(bildungsspr.):* immanieren.
2. aufgehen in, sich ganz widmen, sich hingeben, leben, sich stürzen, sich verlieren, sich verschreiben, versinken.

[2]anhängen

1. anbringen, ankuppeln, anmontieren, anschließen, montieren, verbinden.
2. abwälzen, in die Schuhe schieben, unterschieben, zuschreiben; *(schweiz.):* überbürden; *(geh.):* aufbürden; *(ugs.):* ans Bein hängen/binden, aufbinden; *(salopp):* aufsacken, aufs Auge drücken; *(veraltend):* anlasten.

Anhänger, Anhängerin
Eiferer, Eiferin, Fan, Follower, Followerin, Getreuer, Getreue, Mitstreiter, Mitstreiterin, Schüler, Schülerin, Sympathisant, Sympathisantin, Verehrer, Verehrerin, Verfechter, Verfechterin, Vertreter, Vertreterin; *(geh.):* Jünger, Jüngerin; *(Jargon):* Sympi; *(oft abwertend):* Nachläufer, Nachläuferin, Parteigänger, Parteigängerin.

anhänglich
ergeben; *(bildungsspr.):* loyal; *(geh.):* getreu, getreulich; *(ugs.):* treu, wie eine Klette.

anhäufen
ansammeln, aufhäufen, aufspeichern, horten, sammeln, zusammenballen, zusammentragen; *(schweiz.):* äufnen; *(bildungsspr.):* agglomerieren; *(bildungsspr., Fachspr.):* aggregieren, [ak]kumulieren.

anhäufen, sich
sich ansammeln, sich anstauen, anwachsen, auflaufen, sich stapeln, sich summieren, sich zusammenballen, zusammenkommen; *(bildungsspr.):* sich agglomerieren; *(bildungsspr., Fachspr.):* sich akkumulieren, sich kumulieren; *(ugs.):* sich zusammenläppern.

anheizen
1. anfeuern, anschüren, einheizen, feuern, heizen.
2. a) ankurbeln, aufheizen, erhöhen, forcieren, heben, schüren, steigern, verstärken. **b)** *(ugs.):* auf Touren bringen, Dampf machen, einheizen; *(abwertend):* aufputschen.

anheuern
anwerben, einstellen, engagieren, in Dienst nehmen/stellen, in Kontrakt/unter Vertrag nehmen, schanghaien, verpflichten, werben.

Anhieb

auf Anhieb
auf dem schnellsten Weg, auf der Stelle, augenblicklich, eilends, flugs, geradewegs; gesagt, getan; im Nu, postwendend, prompt, schleunigst, schnellstens, sofort, sofortig, unmittelbar, unverzüglich; *(geh.):* schleunig; *(ugs.):* brühwarm, Knall auf Fall, wie aus der Pistole geschossen; *(ugs. scherzh.):* stante pede; *(veraltend):* alsbald.

anhören
1. a) an jmds. Lippen hängen, folgen, Gehör schenken, hören, lauschen, zuhören; *(geh.):* sein Ohr leihen; *(ugs.):* die Ohren aufmachen/aufsperren/auftun, ganz Ohr sein; *(ugs. scherzh.):* die Ohren auf Empfang stellen. **b)** abhören, hören, zuhören.
2. anmerken, heraushören, spüren, verspüren; *(ugs.):* raushören.

animieren
anregen, anreizen, anstacheln, anstiften, ermuntern, gut zureden, hinreißen, mitreißen, motivieren, nötigen, reizen, stimulieren, veranlassen; *(geh.):* beflügeln; *(bildungsspr.):* innervieren; *(ugs.):* anspitzen; *(salopp):* anmachen.

ankämpfen
anarbeiten, angehen, bekämpfen, bekriegen, dagegenwirken, entgegenarbeiten, entgegentreten, entgegenwirken, Front machen, gegenlenken, gegensteuern, kämpfen, Maßnahmen ergreifen, Sturm laufen, unternehmen, vorgehen gegen; *(geh.):* befehden, begegnen, zu Felde ziehen.

Ankauf
Akquisition, Anschaffung, Erstehung, Erwerb, Erwerbung, Kauf; *(ugs.):* Akquise.

ankaufen
akquirieren, anschaffen, erstehen, kaufen, [käuflich] erwerben; *(ugs.):* sich zulegen.

Anklage
1. a) Beschuldigung, Bezichtigung; *(geh.):* Anschuldigung. **b)** Staatsanwaltschaft.
2. Anschuldigung, Anwurf, Beschuldigung, Bezichtigung, Klage, Vorwurf.

anklagen
1. Anklage erheben, anlasten, auf die Anklagebank bringen, beschuldigen, bezichtigen, vorwerfen, zur Last legen; *(geh.):* anschuldigen, zeihen.
2. anprangern, beschuldigen, bezichtigen, klagen, vorwerfen; *(geh.):* anschuldigen, zeihen.

Anklang
1. Affinität, Ähnlichkeit, Parallelität, Zug; *(bildungsspr.):* Analogie, Reminiszenz.
2. Anerkennung, Beifall, Gefallen, Gegenliebe, Widerhall, Zustimmung; *(geh.):* Zuspruch; *(bildungsspr.):* Resonanz.

ankleben
1. anbringen, anleimen, befestigen, festkleben, kleben, leimen; *(ugs.):* anpappen, kleistern, pappen; *(salopp):* anklatschen, ankleistern.
2. anhaften, festkleben, sich festsetzen, festsitzen, haften, sich hängen, kleben bleiben.

anklingen
a) ähneln, entsprechen, erinnern, Erinnerungen wecken, grenzen, nahekommen, übereinstimmen; *(geh.):* gemahnen, mahnen; *(bildungsspr.):* Reminiszenzen enthalten. **b)** durchklingen, durchschimmern, herausklingen, hindurchschimmern, mitklingen, mitschwingen, schimmern, spürbar werden.

anknüpfen
1. anbinden, anknoten, anschnüren, binden, festbinden, knoten, schnüren.
2. anschließen, aufgreifen, sich beziehen, schließen an, wieder aufnehmen/aufrollen, zurückkommen auf; *(geh.):* zurückkehren; *(bildungsspr.):* rekurrieren; *(Jargon):* nachschieben.

ankommen
1. anlangen, sich einfinden, sich einstellen, eintreffen, erscheinen, kommen, landen; *(österr.):* einlangen; *(ugs.):* anzwitschern, eintrudeln; *(salopp):* antanzen, aufkreuzen.
2. angehen, angelaufen/angerannt kommen, behelligen, herantreten, sich wenden an; *(ugs.):* anklopfen, auf der Matte stehen, kommen mit; *(salopp):* anhauen.
3. Anklang/Beifall/Gegenliebe/Widerhall/Zustimmung finden, ansprechen, behagen, entzücken, gefallen, Gefallen finden, wirken; *(geh.):* Zuspruch finden; *(ugs.):* jmds. Fall/nach jmds. Nase sein, ziehen.

ankreiden
anlasten, übel nehmen/vermerken, verübeln, vorwerfen, zum Vorwurf machen, zur Last legen; *(geh.):* verargen, verdenken; *(ugs.):* krummnehmen; *(salopp):* aufs Butterbrot schmieren/streichen.

ankreuzen
anstreichen, hervorheben, kennzeichnen, markieren; *(schweiz.):* ankreuzeln.

ankündigen
anmelden, annoncieren, ansagen, anzeigen, avisieren, bekannt geben, verkünden, wissen lassen; *(geh.):* kundgeben, verkündigen.

ankündigen, sich
sich abzeichnen, ahnen lassen, sich andeuten, aufkommen, erkennen lassen, heraufkommen, sich zeigen.

Ankündigung
Anmeldung, Annoncierung, Ansage, Avisierung, Bekanntgabe, Verkündung; *(geh.):* Kundgabe, Verkündigung.

Ankunft
Anfahrt, Anreise, Eintritt, Erscheinen, Landung.

ankurbeln
aktivieren, aktiv machen, antreiben, beleben, erhöhen, forcieren, fördern, heben, in die Wege leiten, in Gang bringen/setzen, mobilisieren, schüren, steigern, stimulieren, verstärken; *(geh.):* beflügeln; *(ugs.):* anheizen, anleiern, auf Touren bringen, auf Trab bringen.

Anlage
1. Aufbau, Bau, Einrichtung, Errichtung, Etablierung, Installation, Installierung, Schaffung.
2. Garten, Gartenanlage, grüne Lunge, Grünfläche, Park, Parkanlage.
3. Apparatur, Einrichtung, Installation, System, Vorrichtung.

anlangen
1. ↑ankommen (1).
2. anfassen, anrühren, antasten, berühren, betasten; *(geh.):* rühren; *(ugs.):* begrapschen.
3. anbelangen, angehen, betreffen.

Anlass
1. Anstoß, Ausgangspunkt, Beweggrund, Grund, Quelle, Triebfeder, Ursache, Veranlassung, Wurzel; *(bildungsspr.):* Motiv.
2. Angelegenheit, Begebenheit, Ereignis, Fall, Gelegenheit; *(geh.):* Geschehen, Geschehnis.

anlassen
1. anschalten, anstellen, anwerfen, einschalten, in Gang setzen, starten; *(ugs.):* anmachen; *(salopp):* anschmeißen.
2. [be]lassen, nicht abschalten/abstellen/ausschalten; *(ugs.):* nicht ausmachen/ausstellen.

anlässlich
aus Anlass, bei, wegen, zu; *(schweiz.):* zuhanden; *(geh.):* angelegentlich.

anlasten
a) ↑ankreiden. **b)** abladen, abschieben, abwälzen, aufbürden, aufladen, laden, schieben, übertragen, wälzen, zuschieben; *(schweiz.):* überbürden; *(salopp):* aufsacken.

anlegen
1. anhalten, dranlegen, legen.
2. anvisieren, aufs Korn nehmen, halten, visieren, zielen.
3. aufbauen, bilden, einrichten, erzeugen, installieren, schaffen; *(geh.):* erschaffen.
4. festlegen, investieren.
5. abzielen, anvisieren, ausgehen, aus sein auf, es abgesehen haben auf, hinsteuern, hinzielen, intendieren, zielen, zum Ziel haben; *(geh.):* sinnen, trachten.

anlegen, sich
aneinandergeraten, Streit anfangen/suchen; *(bes. schweiz.):* einen Span ausgraben; *(geh.):* anbinden; *(ugs.):* anbändeln, sich in die Haare fahren/geraten/kriegen, sich in die Wolle kriegen; *(scherzh.):* das Kriegsbeil ausgraben.

anlehnen, sich
1. sich anschmiegen, sich lehnen, sich schmiegen, sich stützen.
2. sich anschließen, sich berufen, sich beziehen, Bezug nehmen, folgen, sich halten, sich stützen; *(bildungsspr.):* sich orientieren, rekurrieren.

anleimen
1. ankleben, kleben, leimen, verleimen, zusam-

menleimen; *(ugs.)*: anpappen, kleistern, pappen; *(salopp)*: ankleistern.
2. betrügen, übervorteilen; *(österr.)*: betakeln; *(ugs.)*: beschummeln, mogeln, Schmu machen, über den Löffel balbieren/barbieren, übers Ohr hauen, verladen, verschaukeln; *(salopp)*: anschmieren, anschummeln, bescheißen; *(ugs. scherzh.)*: bemogeln.

anleiten
a) an die Hand nehmen, anweisen, führen, instruieren, leiten, lenken, unterrichten; *(geh.)*: unterweisen. **b)** anhalten, anweisen, bringen, erziehen, lehren; *(geh.)*: auf den rechten/richtigen Weg bringen.

Anleitung
1. Anweisung, Instruktion, Richtlinie; *(österr., schweiz.)*: Wegleitung; *(geh.)*: Unterweisung, Weisung; *(bildungsspr.)*: Direktive.
2. Anweisung, Arbeitsanleitung, Bedienungsanleitung, Bedienungsvorschrift, Gebrauchsanleitung, Gebrauchsanweisung, Rezept.

anlernen
anleiten, beibringen, einarbeiten, einschulen, einweisen, lehren.

anliegen
1. sich anpassen, anschließen, sich anschmiegen; *(ugs.)*: wie angegossen passen/sitzen.
2. anstehen, auf Erledigung warten, fällig sein, zur Diskussion/zu Termin stehen; *(ugs.)*: angesagt sein.

Anliegen
Bitte, Herzensangelegenheit, Herzenssache, Wunsch; *(geh.)*: Begehren; *(Jargon)*: Message.

anliegend
1. angrenzend, benachbart, daneben, dicht, in nächster Nähe, nächstgelegen, nebenan, Tür an Tür, Wand an Wand, zunächst.
2. beigefügt, beigelegt; *(österr.)*: beigeschlossen; *(österr., schweiz.)*: als Beilage, in der Beilage.

Anlieger, Anliegerin
Anwohner, Anwohnerin, Grundstücksnachbar, Grundstücksnachbarin, Nachbar, Nachbarin; *(schweiz.)*: Anstößer, Anstößerin; *(bes. südd., österr.)*: Anrainer, Anrainerin.

anlocken
anziehen, gewinnen wollen, heranlocken, umgarnen, umstricken, wetteifern, zu gewinnen suchen, zu sich locken; *(ugs.)*: anreißen, bezirzen, ködern; *(Jargon)*: kobern.

anlügen
belügen, beschwindeln, die Unwahrheit sagen, lügen, Lügen auftischen, nicht bei der Wahrheit bleiben, vorgaukeln, vorlügen; *(ugs.)*: anflunkern, ankohlen, anschwindeln, flunkern, schwindeln, vorflunkern, vorkohlen, vormachen, vorschwindeln; *(fam.)*: kohlen.

anmachen
1. a) andrehen, anschalten, anstellen, anwerfen, einschalten; *(südd., österr.)*: aufdrehen; *(ugs.)*: anknipsen. **b)** anblasen, anbrennen, anfachen, anfeuern, anstreichen, anzünden, zum Brennen bringen; *(geh.)*: entfachen, entzünden.
2. a) flirten, kennenlernen, schäkern; *(ugs.)*: anbändeln, sich angeln, sich anlachen, sich heranmachen; *(salopp)*: anbaggern, angraben, aufreißen; *(oft scherzh.)*: zarte Bande knüpfen. **b)** bedrängen, behelligen, beleidigen, beschimpfen, einstürmen, herfallen über, zusetzen; *(österr.)*: beflegeln; *(ugs.)*: anflegeln.

anmalen
anstreichen, anzeichnen, bemalen, bestreichen, färben, mit Farbe versehen, streichen, tünchen, übertünchen; *(ugs.)*: anpinseln.

anmaßen, sich
Anspruch erheben, sich ausbedingen, sich die Freiheit nehmen, die Kühnheit/Frechheit/Dreistigkeit besitzen, sich erlauben, geltend machen, in Anspruch nehmen, sich nicht scheuen, nicht zurückschrecken, sich unterstehen, wagen, zur Bedingung machen; *(geh.)*: sich erdreisten, sich erfrechen, sich erkühnen, sich vermessen; *(geh. abwertend)*: sich nicht entblöden; *(ugs.)*: sich herausnehmen.

anmaßend
herablassend, herausfordernd, hochmütig, überheblich, unbescheiden; *(geh.)*: vermessen; *(bildungsspr.)*: hybrid, insolent; *(abwertend)*: arrogant, blasiert, eingebildet, großspurig, selbstgefällig, selbstherrlich, snobistisch; *(geh. abwertend)*: dünkelhaft, hoffärtig.

Anmaßung
Hochmut, Überheblichkeit, Unverschämtheit; *(geh.)*: Vermessenheit; *(bildungsspr.)*: Hybris, Insolenz, Prätention; *(abwertend)*: Arroganz; *(geh. abwertend)*: Dünkel, Dünkelhaftigkeit.

anmelden
1. einschreiben, eintragen, immatrikulieren, registrieren/vormerken lassen.
2. anbringen, anzeigen, bekunden, darlegen, geltend machen, mitteilen, verlautbaren, vorbringen, wissen lassen; *(geh.)*: kundtun, unterbreiten, verkünden.

anmerken
1. ansehen, beobachten, erkennen, feststellen, heraushören, registrieren, spüren, verspüren, wahrnehmen; *(ugs.)*: raushören; *(ugs. scherzh.)*: an der Nasenspitze ansehen.
2. äußern, bemerken, darlegen, einflechten, ein-

fließen lassen, erklären, erwähnen, feststellen, kommentieren, mitteilen, sagen, vorbringen, zum Ausdruck/zur Sprache bringen.

BSP Die Begründung werde ich später genauer darlegen. Dieser Film wurde schon sehr unterschiedlich kommentiert.

Anmerkung
Äußerung, Bemerkung, Ergänzung, Erklärung, Erläuterung, Fußnote, Glosse, Kommentar, Notiz, Randbemerkung, Vermerk, Zusatz, Zwischenbemerkung; *(veraltend):* Notat.

Anmut
Anziehungskraft, Attraktivität, Ausstrahlung, Grazie, Harmonie, Lieblichkeit, Reiz, Schönheit, Zartheit, Zauber; *(geh.):* Liebreiz; *(bildungsspr.):* Amönität, Charis.

anmuten
anzusehen sein, aussehen, den Anschein haben/erwecken, den Eindruck machen/erwecken, einem vorkommen wie, erscheinen, wirken; *(südd., österr.):* ausschauen.

anmutig
anziehend, apart, attraktiv, berauschend, bestrickend, bezaubernd, charmant, entzückend, hinreißend, lieb, liebenswert, lieblich, nett, reizend, voller Anmut, von zarter Schönheit, wunderschön, zauberhaft; *(geh.):* berückend, betörend, zauberisch; *(ugs.):* umwerfend; *(emotional):* süß; *(emotional verstärkend):* bildschön.

annähern
adaptieren, [aneinander] anpassen, angleichen, [aufeinander] abstimmen, [aufeinander] einstellen, passend machen.

annähern, sich
herankommen, herannahen, näher kommen, sich nähern, zukommen.

annähernd
beinahe, bis, bis zu, ca., circa, etwa, fast, gegen, halbwegs, in etwa, nahezu, rund, überschlägig, um, um ... herum, ungefähr, vielleicht, wohl; *(österr.):* beiläufig; *(bildungsspr.):* approximativ, präterpropter; *(ugs.):* an [die], einigermaßen, Pi mal Daumen, schätzungsweise, über den Daumen gepeilt, ziemlich.

Annahme
1. Akzeptanz, Anerkennung, Befürwortung, Bejahung, Billigung, Einverständnis, Einwilligung, Gutheißung, Zulassung, Zustimmung.
2. Annahmestelle, Empfang.
3. Ahnung, Ansicht, Auffassung, Behauptung, Meinung, Spekulation, Unterstellung, Verdacht, Vermutung, Voraussetzung, Vorstellung; *(geh.):* Mutmaßung; *(bildungsspr.):* Suppositum, These.

annehmen
1. a) akzeptieren, an sich nehmen, empfangen, entgegennehmen, erhalten, in Empfang nehmen. **b)** akzeptieren, beachten, befolgen, beherzigen, berücksichtigen, einhalten, ernst nehmen, Folge leisten, sich halten an, sich richten nach, sich stellen, verinnerlichen, sich zu Herzen nehmen. **c)** aufnehmen, übernehmen.
2. sich aneignen, sich angewöhnen, entwickeln, herausbilden, hervorbringen, übernehmen, sich zu eigen machen, zur Gewohnheit machen; *(ugs.):* sich zulegen.
3. ahnen, befürchten, denken, erahnen, erwarten, fühlen, für möglich/wahrscheinlich halten, gefasst sein auf, glauben, meinen, mutmaßen, rechnen mit, spüren, vermuten; *(geh.):* wähnen; *(ugs.):* kalkulieren, schätzen, schwanen, spekulieren, tippen.

Annehmlichkeit
Behaglichkeit, Bequemlichkeit, Gemütlichkeit, Komfort, Vorteil, Vorzug; *(oft leicht abwertend):* Komfortzone.

annektieren
sich aneignen, angliedern, anschließen, sich bemächtigen, besetzen, Besitz ergreifen, eingliedern, einverleiben, erobern, in Besitz nehmen, inkorporieren, [sich] nehmen, vereinen, verschmelzen; *(schweiz.):* behändigen; *(geh.):* habhaft werden; *(ugs.):* kapern; *(salopp):* kaschen, sich unter den Nagel reißen.

Annonce
Anzeige, Bekanntmachung, Inserat, Mitteilung, Zeitungsanzeige.

annullieren
abschaffen, aufheben, auflösen, auslöschen, ausmerzen, ausräumen, außer Kraft setzen, beseitigen, für nichtig/ungültig erklären, rückgängig machen, streichen, zurücknehmen, zurücktreten, zurückziehen; *(geh.):* tilgen; *(bildungsspr.):* eliminieren; *(emotional verstärkend):* für null und nichtig erklären.

anöden
einschläfern, ermüden, langweilen; *(ugs.):* öden.

anomal ↑anormal.

anonym
a) anonymisch, nicht namentlich genannt, ohne Absender/Namen/Namensnennung, unbekannt, ungenannt; *(bildungsspr.):* inkognito.
b) amtlich, förmlich, kalt, offiziell, steif, steril, unpersönlich.

anordnen
1. arrangieren, aufbauen, aufstellen, einteilen, gestalten, gliedern, gruppieren, ordnen, reihen, staffeln, strukturieren, untergliedern, zusam-

menstellen; *(bildungsspr.):* komponieren; *(bes. EDV):* serialisieren.
2. anweisen, auferlegen, aufgeben, auftragen, beauftragen, befehlen, Befehl geben/erteilen, bestimmen, erlassen, festlegen, heißen, sagen, veranlassen, verfügen, verordnen, verschreiben, vorschreiben; *(geh.):* gebieten; *(bildungsspr.):* diktieren; *(abwertend):* administrieren; *(südd., österr.):* anschaffen, schaffen.

Anordnung
1. Anlage, Aufbau, Aufstellung, Einteilung, Form, Formation, Gefüge, Gestaltung, Gliederung, Gruppierung, Ordnung, Struktur; *(bildungsspr.):* Arrangement, Komposition; *(bes. EDV):* Serialisierung.
2. Anweisung, Auftrag, Befehl, Bestimmung, Dekret, Diktat, Erlass, Gebot, Instruktion, Maßregel, Order, Verfügung, Verordnung, Vorschrift; *(geh.):* Geheiß; *(bildungsspr.):* Direktive.

anormal
abnorm, anomal, krankhaft, normwidrig, regelwidrig, ungewöhnlich, unnatürlich, unnormal; *(bildungsspr.):* pathologisch; *(abwertend):* widernatürlich.

anpassen
abstimmen, adaptieren, aktualisieren, angleichen, annähern, aufeinander einstellen, dynamisieren, gleichmachen, harmonisieren, in Übereinstimmung bringen, passend machen, vereinheitlichen; *(geh.):* in Einklang bringen; *(bildungsspr.):* assimilieren, koordinieren; *(bildungsspr., oft abwertend):* uniformieren.

anpassen, sich
sich anfreunden, sich angleichen, sich einfügen, sich eingewöhnen, sich eingliedern, sich einordnen, sich einstellen, sich ergeben, sich fügen, sich gewöhnen, mit dem Strom schwimmen, sich richten nach, sich unterordnen, sich unterwerfen; *(bildungsspr.):* sich akklimatisieren, sich assimilieren, sich integrieren; *(abwertend):* seine Fahne nach dem Wind hängen.

BSP Nach anfänglichem Widerstand fügte er sich. Manchen fällt es leicht, sich an eine neue Umgebung zu assimilieren.

anpassungsfähig
biegsam, einfügsam, elastisch, flexibel, geschmeidig, nachgiebig, schmiegsam, weich.

anpeilen
a) ansteuern, anvisieren, aufs Korn nehmen, zielen. **b)** ins Auge fassen, zusteuern auf; *(geh.):* erstreben, zu erreichen suchen.

Anpfiff
1. Pfiff, [Spiel]beginn, Startzeichen.
2. Belehrung, Denkzettel, Lehre, Maßregelung, Rüge, Tadel, Verweis, Zurechtweisung; *(geh.):* Schelte; *(bildungsspr.):* Lektion; *(ugs.):* Abkanzelung, Abreibung, Rüffel, Standpauke, Strafpredigt; *(salopp):* Anschiss.

anpöbeln
aufdringlich sein/werden, ausfallend/ausfällig werden, bedrängen, behelligen, belästigen, beleidigen, beschimpfen, frech werden, herfallen, zusetzen; *(österr.):* beflegeln, insultieren; *(ugs.):* anflegeln, anöden, anrempeln; *(salopp):* anmachen; *(nordd.):* belämmern.

anprangern
an den Pranger stellen, anzeigen, bloßstellen, brandmarken, der Kritik aussetzen, geißeln.

anrechnen
1. a) berechnen, in Rechnung stellen, veranschlagen. **b)** berücksichtigen, bewerten, einbeziehen.
2. anerkennen, honorieren, in Betracht ziehen, loben, respektieren, würdigen, zugutehalten.

Anrecht
Anspruch, Anwartschaft, Berechtigung, Recht.

anreden
1. ansprechen, das Wort richten, ein Gespräch anknüpfen/beginnen; *(bildungsspr.):* apostrophieren; *(ugs.):* anquasseln, anquatschen, anschwatzen; *(salopp):* anhauen.
2. ansprechen, betiteln; *(veraltend):* titulieren.

anregen
1. a) animieren, anreizen, anspornen, anstacheln, ermuntern, ermutigen, motivieren, veranlassen zu; *(geh.):* beflügeln; *(bildungsspr.):* innervieren, inspirieren, instigieren. **b)** anstoßen, den Anstoß/Impuls geben, in die Wege leiten, in Gang bringen, veranlassen, vorschlagen; *(bildungsspr.):* initiieren.
2. aktivieren, aufmuntern, beleben, erfrischen, stimulieren; *(bildungsspr.):* erquicken, vitalisieren; *(ugs.):* anheizen, aufmöbeln, aufpulvern, in Schwung/Stimmung bringen; *(salopp):* anmachen; *(abwertend):* aufputschen; *(Jugendspr.):* anfetzen.

Anregung
1. Anreiz, Ansporn, Anstoß, Antrieb, Denkanstoß, Einfall, Empfehlung, Ermunterung, Gedanke, Hinweis, Idee, Impuls, Vorschlag; *(bildungsspr.):* Inspiration; *(ugs.):* Tipp.
2. Aktivierung, Animation, Belebung, Stimulierung; *(bildungsspr.):* Vitalisierung.

anreichern
1. ansammeln, aufspeichern, konzentrieren.
2. anfüllen, auffüllen, bereichern, gehaltvoller/reicher machen, verbessern.

anreisen
ankommen, eintreffen, fahren, kommen; *(ugs.):* anrücken.
anreißen
andeuten, anschneiden, ansprechen, berühren, erwähnen; *(ugs.):* antippen.
Anreiz
Anlass, Anregung, Ansporn, Anstoß, Antrieb, Anziehungskraft, Attraktivität, Beweggrund, Motivation, Reiz, Verlockung, Zugkraft; *(bildungsspr.):* Stimulanz, Stimulus.
anrichten
anstiften, auslösen, heraufbeschwören, herbeiführen, verursachen; *(ugs.):* anstellen, ausfressen; *(ugs. scherzh.):* verbrechen.
anrollen
a) anfahren, sich in Bewegung setzen, losfahren. **b)** anfangen, beginnen, einsetzen; *(ugs.):* in Schwung kommen.
anrüchig
a) bedenklich, berüchtigt, dubios, dunkel, fragwürdig, in üblem Geruch stehend, übel beleumdet, undurchsichtig, verdächtig, verrufen, verschrien, von zweifelhaftem Ruf, zweifelhaft, zwielichtig; *(bildungsspr.):* obskur, ominös, suspekt; *(bildungsspr. abwertend):* notorisch. **b)** anstößig, derb, doppeldeutig, obszön, ruchlos, schamlos, schmutzig, unanständig.
Anruf
Rückruf, Telefonanruf, Telefonat, Telefongespräch, telefonische Verbindung.
anrufen
1. anflehen, beten, bitten, rufen nach; *(geh.):* verlangen nach.
2. telefonieren; *(ugs.):* antelefonieren, durchrufen; *(salopp):* sich ans Telefon/an die Strippe hängen; *(südd., österr., schweiz.):* anläuten.
anrühren
1. anfassen, anfühlen, antasten, berühren, betasten; *(geh.):* rühren an; *(ugs.):* antatschen, befingern, befummeln, begrabbeln, begrapschen, bekrabbeln, betatschen.
2. berühren, ergreifen, erschüttern, nahegehen, nicht gleichgültig lassen, zu Herzen gehen; *(bildungsspr.):* tangieren.
Ansage
Ankündigung, Bekanntgeben, Bescheid, Durchsage, Meldung, Mitteilung, Nachricht, Verkündigung.
ansagen
ankündigen, ausrufen, bekannt geben, mitteilen, nennen; *(geh.):* verkünden, verkündigen.
ansammeln
anhäufen, aufbewahren, aufhäufen, aufheben, aufspeichern, häufen, horten, sammeln, speichern, zusammentragen; *(schweiz.):* äufnen; *(bildungsspr.):* agglomerieren, aggregieren; *(bildungsspr., Fachspr.):* akkumulieren, kumulieren; *(ugs.):* hamstern.
ansammeln, sich
a) herbeieilen, sich versammeln, zusammenkommen, zusammenströmen. **b)** sich ablagern, sich absetzen, sich anhäufen, sich [an]stauen, anwachsen, auflaufen, sich aufspeichern, sich einlagern, sich festsetzen, sich summieren, zusammenkommen; *(bildungsspr., Fachspr.):* sich akkumulieren, sich kumulieren; *(ugs.):* sich zusammenläppern.
Ansammlung
1. Ablagerung, Anhäufung, Aufspeicherung, Ballung, Einlagerung, Fülle, Speicherung, Vorrat, Zusammenballung; *(bildungsspr.):* Agglomeration, Aggregation, Akkumulation.
2. Auflauf, Aufmarsch, Gedränge, Getümmel, Gewimmel, Gewühl, Menge, Schar; *(häufig abwertend):* Horde, Zusammenrottung.
ansässig
beheimatet, eingeboren, einheimisch, heimisch, niedergelassen, ortsansässig, sesshaft, wohnhaft, zu Hause; *(geh., dichter.):* behaust.
Ansatz
1. Anbeginn, Andeutung, Anfang, Anflug, Anzeichen, Beginn, Entstehung, Keim, Spur.
2. Ausgangspunkt, Grundgedanke.
3. Veranschlagung, Voranschlag.
anschaffen
akquirieren, ankaufen, sich beschaffen, sich erlauben, erstehen, kaufen, [käuflich] erwerben; *(ugs.):* sich leisten, sich zulegen.
Anschaffung
Akquise, Akquisition, Ankauf, Einkauf, Erstehung, Erwerb, Erwerbung, Kauf.
anschalten
andrehen, anlassen, anstellen, anwerfen, einschalten, in Betrieb/in Bewegung/in Gang setzen; *(südd., österr.):* aufdrehen; *(ugs.):* anknipsen, anmachen; *(salopp):* anschmeißen.
anschauen ↑ansehen (1, 2).
anschaulich
ausdrucksvoll, bildhaft, bildlich, demonstrativ, deutlich, einprägsam, farbig, lebendig, plastisch, sinnfällig, sprechend, veranschaulichend, verständlich; *(bildungsspr.):* eidetisch, ikonisch, illustrativ.

GGS diffus, nichtssagend, unübersichtlich.

Anschauung
Ansicht, Auffassung, Begriff, Betrachtungs-

weise, Blickwinkel, Denkart, Denkweise, Einstellung, Erachten, Gesinnung, Haltung, Meinung, Position, Sicht[weise], Standpunkt, Überzeugung, Urteil, Vorstellung; *(geh.):* Befinden, Dafürhalten, Warte.

Anschein
Aussehen, Bild, Eindruck, Erscheinungsbild, Schein; *(geh.):* Augenschein.

anscheinend
dem/allem Anschein nach, dem/allem Vernehmen nach, es ist denkbar/möglich, es kann sein, es sieht so aus, möglicherweise, offenbar, offensichtlich, vermutlich, wahrscheinlich, wie behauptet/gesagt/vorgegeben wird, wie es aussieht/scheint, wie man hört, wohl; *(geh.):* augenscheinlich, mutmaßlich.

Anschlag
1. Aushang, Bekanntmachung, Information, Meldung, Mitteilung, Nachricht, Notiz, Plakat, Veröffentlichung.
2. Angriff, Attacke, Attentat, Dolchstoß, Überfall, Übergriff.

anschließen
1. anbringen, anhängen, anmontieren, montieren, schließen, verbinden; *(ugs.):* anmachen.
2. anfügen, anhängen, folgen lassen, hinzufügen, hinzutun, schließen, zufügen; *(geh.):* hinzusetzen.

anschließen, sich
a) beitreten, sich beteiligen, dabei sein, eintreten, sich hinzugesellen, Mitglied werden, mitmachen, teilnehmen, sich zugesellen; *(bildungsspr.):* partizipieren; *(ugs.):* sich einklinken, einsteigen, mitmischen, mit von der Partie sein, mitziehen. b) beipflichten, beistimmen, einiggehen, konform gehen, recht geben, übereinstimmen, zustimmen; *(bildungsspr.):* sekundieren; *(veraltend):* einstimmen.

anschließend
danach, dann, darauf, hierauf, hiernach, hinterher, im Anschluss [daran], im Nachhinein, in der Folge, nachfolgend, nachher, später; *(veraltend):* alsdann.

Anschluss
1. Leitung, [telefonische] Verbindung.
2. Annäherung, Bekanntschaften, Berührung, Berührungspunkt, Beziehung, Fühlung[nahme], Kommunikation, Kontakt, Umgang, Verbindung, Verhältnis, Verkehr.
3. Aneignung, Angliederung, Aufnahme, Besitzergreifung, Besitznahme, Eingliederung, Einnahme, Einverleibung, Eroberung, Übernahme, Vereinigung; *(bildungsspr.):* Annektierung, Annexion, Appropriation.

anschmieren
1. anstreichen, bestreichen, streichen; *(ugs.):* anmalen, anpinseln; *(abwertend):* beschmieren.
2. aufs Glatteis führen, beschwindeln, betrügen, bluffen, ein falsches Spiel treiben, hintergehen, hinters Licht führen, mit falschen/gezinkten Karten spielen, prellen, täuschen, übervorteilen; *(österr.):* betakeln; *(ugs.):* anleimen, beschummeln, einseifen, hereinlegen, hochnehmen, leimen, linken, mogeln, reinlegen, Schmu machen, über den Tisch ziehen, übers Ohr hauen, verladen, verschaukeln; *(salopp):* anschummeln, aufs Kreuz legen, bescheißen, verarschen; *(ugs. scherzh.):* bemogeln.

anschnauzen ↑anschreien.

anschneiden
anbringen, andeuten, anreißen, ansprechen, antippen, aufwerfen, berühren, erwähnen, nennen, streifen, vorbringen, zu sprechen kommen auf; *(ugs.):* anfangen, aufs Tapet bringen.

anschreiben
1. aufschreiben, schreiben.
2. auf Borg geben, Kredit geben, Schulden notieren.
3. herantreten, schreiben, sich [schriftlich] wenden an; *(bildungsspr.):* kontaktieren.

anschreien
anfahren, anfauchen, anherrschen, anwettern, ausschimpfen, beschimpfen, tadeln, zurechtweisen; *(ugs.):* abbürsten, abkanzeln, anbellen, anbrüllen, andonnern, angiften, ankläffen, anknurren, anpfeifen, anplaumen, anranzen, anraunzen, die Leviten lesen, ein Donnerwetter loslassen, rüffeln, stauchen, zurechtstauchen, zur Schnecke machen, zusammenstauchen; *(salopp):* den Marsch blasen, heruntermachen, herunterputzen.

Anschrift
Adresse, Aufenthaltsort, Aufschrift, Wohnanschrift, Wohnungsangabe.

anschuldigen
anklagen, ankreiden, belasten, beschuldigen, bezichtigen, die Schuld geben, in die Schuhe schieben, unterschieben, unterstellen, verantwortlich machen, vorhalten, vorwerfen, zur Last legen; *(geh.):* zeihen; *(bildungsspr. abwertend):* denunzieren.

anschwärzen
abqualifizieren, durch den Schmutz ziehen, erniedrigen, herabmindern, herabsetzen, herabwürdigen, heruntersetzen, in den Schmutz treten/ziehen, kleinreden, schlechtmachen, verächtlich machen, verleumden; *(ugs.):* durch den Dreck ziehen, in den Dreck treten/ziehen, ma-

digmachen, niedermachen, runtersetzen; *(salopp):* abschmieren, heruntermachen; *(abwertend):* verteufeln; *(bildungsspr. abwertend):* denunzieren, diffamieren.

anschwellen

1. a) aufquellen, aufschwellen, sich entzünden, schwellen, verquellen. b) aufschwellen, lauter werden.
2. sich ansammeln, sich anstauen, ansteigen, anwachsen, auflaufen, sich ausdehnen, sich ausweiten, sich steigern, sich summieren, sich vergrößern, wachsen, zunehmen; *(geh.):* schwellen.

anschwindeln

anlügen, belügen, beschwindeln, die Unwahrheit sagen, lügen, Lügen auftischen, nicht bei der Wahrheit bleiben, vorgaukeln, vorlügen; *(ugs.):* anflunkern, anführen, ankohlen, flunkern, jmdm. einen Bären aufbinden, schwindeln, vorflunkern, vorkohlen, vormachen, vorschwindeln.

ansehen

1. anblicken, anstarren, beäugen, beobachten, besehen, betrachten, blicken, den Blick heften/richten, den Blick nicht abwenden können, fixieren, mit Blicken/mit den Augen verfolgen, mit Blicken durchbohren, mustern, nicht aus den Augen lassen, sehen; *(ugs.):* angucken, anlinsen, begucken, gucken; *(salopp):* anglotzen; *(abwertend):* angaffen, anstieren, begaffen, gaffen; *(nordd.):* kucken.
2. beäugen, besichtigen, besuchen, betrachten, einen Blick werfen auf, inspizieren, mustern, sehen; *(geh.):* in Augenschein nehmen; *(ugs.):* angucken, begucken, unter die Lupe nehmen; *(salopp):* anglotzen, beglotzen; *(ugs. scherzh.):* beäugeln.
3. ablesen [können], anmerken, bemerken, beobachten, erkennen, erraten, feststellen, registrieren, spüren, wahrnehmen; *(ugs. scherzh.):* an der Nasenspitze ansehen.

Ansehen

Achtung, Anerkennung, Autorität, Bedeutung, Ehre, Ehrfurcht, Geltung, [guter] Ruf, Hochachtung, Hochschätzung, hohe Einschätzung/Meinung, Image, Respekt, Standing, Würde; *(geh.):* Leumund, Wertschätzung; *(bildungsspr.):* Nimbus, Prestige, Profil, Renommee, Reputation, Reverenz; *(veraltend):* Ästimation, Schätzung; *(bildungsspr. veraltend):* Distinktion.

ansehnlich

außergewöhnlich, außerordentlich, beachtenswert, beachtlich, bedeutend, bedeutsam, beeindruckend, bemerkenswert, beträchtlich, eindrucksvoll, enorm, erheblich, erstaunlich, extrem, gehörig, gewaltig, groß, immens, imposant, mächtig, nennenswert, stattlich, üppig, wesentlich; *(geh.):* ausnehmend, erklecklich; *(bildungsspr.):* respektabel; *(ugs.):* anständig, deftig, hübsch, ordentlich, schön; *(ugs. emotional):* kolossal; *(veraltend):* respektierlich.

an sich

allein; *(bildungsspr.):* per se.

Ansicht

1. Annahme, Anschauung, Auffassung, Behauptung, Betrachtungsweise, Blickwinkel, Einstellung, Haltung, Meinung, Position, Sicht[weise], Standpunkt, Überzeugung, Vorstellung; *(geh.):* Befinden, Dafürhalten, Mutmaßung; *(bildungsspr.):* Orientierung, These.
2. Abbildung, Anblick, Aufnahme, Bild, Darstellung, Foto, Fotografie, Reproduktion, Wiedergabe, Zeichnung; *(bildungsspr.):* Illustration.
3. Front, Seite, Teil.

ansiedeln, sich

ansässig/heimisch/sesshaft werden, sich etablieren, sich niederlassen, siedeln; *(meist scherzh.):* die/seine Zelte aufschlagen.

ansonsten

a) außerdem, daneben, darüber hinaus, im Übrigen, sonst, überdies. b) ander[e]nfalls, im anderen Falle, sonst; *(österr., schweiz.):* ansonst; *(ugs.):* anders.

Anspannung

Anstrengung, Beanspruchung, Belastung, Intension, Konzentration, Mühe, Strapaze, Stress; *(geh.):* Beschwernis, Mühsal; *(ugs.):* Plackerei; *(abwertend):* Schinderei.

anspielen

1. abgeben, spielen.
2. angeben, anschlagen, eine Angabe machen.
3. andeuten, anklingen/durchblicken lassen, Bezug nehmen, durch die Blume sagen, eine Anspielung/Andeutung machen, mit dem Zaunpfahl winken, [versteckt] hinweisen, zu verstehen geben; *(bildungsspr.):* alludieren.

BSP Ich nehme Bezug auf den Text ... Mit ihrer Absage hat sie zu verstehen gegeben, dass sie das Angebot ablehnt.

Anspielung

Andeutung, Anzüglichkeit, Bemerkung, Fingerzeig, Spitze, [versteckter] Hinweis, Wink; *(bildungsspr.):* Allusion, Innuendo; *(scherzh.):* Wink mit dem Zaunpfahl.

Ansporn

Anlass, Anregung, Anreiz, Anstoß, Antrieb, Beweggrund, Grund, Impuls, Motivation, Motor, Reiz, treibende Kraft, Triebfeder, Ursache, Veranlassung, Verlockung; *(bildungsspr.):* Agens, Movens, Stimulanz, Stimulus.

anspornen
aktivieren, anfeuern, animieren, anregen, Ansporn/Antrieb geben, anstacheln, antreiben, aufstacheln, ermutigen, inspirieren, motivieren, stimulieren, veranlassen; *(geh.):* befeuern, beflügeln; *(ugs.):* Dampf machen; *(südd., österr.):* aneifern; *(bildungsspr. veraltend):* encouragieren.

Ansprache
1. Grußwort, Rede, Speech, Vortrag.
2. Anrede, Betitelung, Titel, Titulierung.

ansprechen
1. anreden, das Wort richten; *(ugs.):* anquasseln, anquatschen, anschwatzen; *(salopp):* anbaggern, angraben, anhauen, anmachen.

BSP Die Schulleitung richtete auch einige Worte an die Eltern.

2. sich richten/sich wenden an; *(schweiz.):* gelangen; *(bildungsspr.):* appellieren.

BSP Er hat sich Hilfe suchend an den Vertrauenslehrer gewandt. Sie appellierte an ihr Volk, die Aufstände zu beenden.

3. anreißen, anschneiden, aufwerfen, behandeln, das Gespräch/die Rede bringen auf, erwähnen, nennen, vorbringen, zur Sprache bringen, zu sprechen kommen.

BSP Es wurde die Frage aufgeworfen, ob ... Er brachte das Gespräch schnell auf das Thema Klassenfahrt.

4. Anklang finden, anschlagen, behagen, Beifall finden, bestechen, Eindruck hinterlassen/machen, einnehmen, einschlagen, entzücken, Erfolg haben, gefallen, Gefallen/Gegenliebe finden, imponieren, liegen, wirken, zusagen, Zustimmung finden; *(geh.):* munden, Zuspruch finden; *(ugs.):* ankommen, ziehen.

ansprechend
angenehm, anziehend, apart, appetitlich, ästhetisch, attraktiv, freundlich, gefällig, nett, reizvoll, sympathisch; *(ugs.):* proper; *(veraltend):* adrett, schmuck.

anspringen
1. a) anfallen, sich stürzen. **b)** hochspringen.
2. anlaufen, in Gang kommen; *(ugs.):* auf Touren kommen.

Anspruch
1. Anforderung, Anwartschaft, Forderung; *(bildungsspr.):* Prätention.

BSP Es werden harte/strenge Anforderungen gestellt. Wir werden die Forderung anerkennen / geltend machen / einklagen.

2. Anrecht, Anwartschaft, Berechtigung, Recht, Rechtsanspruch, Vorrecht.

anspruchslos
bedürfnislos, bescheiden, genügsam, immer zufrieden, maßvoll, unaufdringlich, uneitel, zurückhaltend; *(bildungsspr.):* unprätentiös.

anspruchsvoll
a) kritisch, niveauvoll, unbescheiden, verwöhnt; *(bildungsspr.):* delikat; *(nordd.):* krüsch; *(veraltend):* lecker. **b)** knifflig, niveauvoll, qualitätvoll; *(geh.):* ambitioniert; *(bildungsspr.):* exklusiv, prätentiös.

anstacheln
anfeuern, animieren, anspornen, anstiften, antreiben, aufpeitschen, aufstacheln, einen Ansporn geben, stimulieren; *(geh.):* befeuern; *(ugs.):* anheizen, anspitzen, auf Touren/Trab bringen, Dampf machen; *(salopp):* anmachen; *(abwertend):* aufputschen; *(südd., österr.):* aneifern; *(bildungsspr. veraltend):* encouragieren.

Anstand
1. Anstandsgefühl, gutes/schickliches Benehmen, gute Sitte; *(geh.):* Geschmack, Schicklichkeit; *(bildungsspr. veraltend):* Dekorum.
2. Ärger, Schwierigkeit, Unannehmlichkeit; *(geh.):* Missvergnügen, Ungemach; *(ugs.):* Brass, Knatsch, Schererei, Stank, Stress, Trouble, Ungelegenheit, Verdruss.

anständig
1. a) artig, einwandfrei, fair, gentlemanlike, gesittet, kavaliersmäßig, manierlich, ritterlich, seriös, solide, tadellos, tugendhaft, untadelig; *(geh.):* schicklich; *(bildungsspr.):* chevaleresk.

GGS aufsässig, trotzig, widerspenstig.

b) aufrecht, aufrichtig, ehrenhaft, grundanständig, gut, hochanständig, integer, ordentlich, redlich, unbescholten; *(schweiz.):* recht; *(geh.):* ehrbar, ehrenwert, honett, lauter; *(ugs.):* fein; *(veraltend):* brav, ehrlich, honorig, rechtlich, rechtschaffen, wacker.
2. ansehnlich, beachtlich, beträchtlich, erheblich, gehörig, richtig, stattlich; *(geh.):* erklecklich; *(bildungsspr.):* respektabel; *(ugs.):* hübsch, ordentlich, schön, ziemlich; *(südd., österr., schweiz.):* gescheit; *(veraltend):* rechtschaffen.

anstandshalber
aus Anstand, höflichkeitshalber.

anstandslos
bereitwillig, einfach, kurzerhand, mit Leichtigkeit, ohne Weiteres, ohne Zögern, ohne zu über-

legen/zögern, unbesehen, widerspruchslos; *(österr.):* ohneweiters.

anstatt
als Ersatz, anstelle, dafür, ersatzweise, für, im Austausch, statt, stellvertretend, [und] nicht.

anstecken
1. anheften, festheften, heften, stecken.
2. anbrennen, anfachen, anzünden, zum Brennen bringen; *(geh.):* entfachen, entzünden; *(ugs.):* anmachen.
3. übertragen, weitergeben.

anstecken, sich
erkranken, sich etw. zuziehen, sich infizieren, krank werden; *(ugs.):* sich etw. holen.

ansteckend
infektiös, übertragbar, virulent.

anstehen
1. sich anstellen, in der Warteschlange stehen, Schlange stehen.
2. a) auf Erledigung warten, fällig sein, zur Diskussion/zu Termin stehen; *(ugs.):* anliegen.
b) angesetzt/festgesetzt sein, bevorstehen, vor der Tür stehen; *(ugs.):* angesagt sein, ins Haus stehen.

ansteigen
anschwellen, anwachsen, anziehen, sich erhöhen, hinaufschnellen, hochgehen, in die Höhe gehen, steigen, sich steigern, sich vergrößern, wachsen, zunehmen; *(bildungsspr.):* expandieren; *(ugs.):* hinaufgehen, hochklettern.

anstelle
als Ersatz, anstatt, dafür, ersatzweise, für, im Austausch, statt, stellvertretend, [und] nicht.

anstellen
1. andrehen, anlassen, anschalten, anwerfen, einschalten, in Betrieb/in Bewegung/in Gang setzen, starten; *(ugs.):* anmachen; *(salopp):* anschmeißen; *(südd., österr.):* aufdrehen.
2. Arbeit geben, beschäftigen, einstellen, engagieren, holen, unter Vertrag nehmen, verpflichten; *(österr.):* aufnehmen; *(ugs.):* anheuern.
3. anrichten, machen, tun, versuchen, verursachen; *(ugs.):* ausfressen, bauen, ein Ding drehen, veranstalten; *(ugs. scherzh.):* verbrechen.

Anstellung
a) Beschäftigung, Einstellung, Verpflichtung; *(ugs.):* Anheuerung. b) Arbeit, Arbeitsplatz, Arbeitsstelle, Arbeitsverhältnis, Beschäftigung, Broterwerb, Engagement, Festanstellung, Posten, Stelle, Stellung; *(ugs.):* Job.

Anstieg
1. Ansteigen, Steigung.
2. Erhöhung, Steigerung, Vergrößerung, Wachstum, Zunahme; *(bildungsspr.):* Expansion.
3. a) Aufstieg; *(geh.):* Emporstieg. b) Aufgang, Aufstieg.

Anstoß
Anlass, Anregung, Auslöser, Impuls, Veranlassung; *(bildungsspr.):* Agens, Impetus.

anstoßen
1. a) antippen, stoßen, tippen; *(ugs.):* anstupsen, schubsen, stupsen; *(südd., österr., schweiz.):* schupfen. b) anregen, bewegen, den Anstoß/Impuls geben, Impulse geben, in die Wege leiten, in Gang bringen, veranlassen; *(bildungsspr.):* initiieren.
2. anecken, anprallen, anschlagen; *(ugs.):* anrempeln, anrennen, bumsen, donnern, knallen, krachen, rempeln; *(salopp):* anknallen.
3. feiern, trinken; *(geh.):* begehen; *(ugs.):* begießen.

anstößig
anrüchig, anstoßerregend, anzüglich, doppeldeutig, frivol, gewagt, nicht salonfähig, pikant, schockierend, shocking, unanständig, zweideutig; *(schweiz.):* stoßend; *(bildungsspr.):* lasziv, obszön; *(scherzh.):* nicht stubenrein; *(abwertend):* schlüpfrig; *(veraltend):* schockant.

anstreben
abzielen, anvisieren, anzielen, ausgehen, aus sein auf, beabsichtigen, erpicht sein, es abgesehen haben auf, hinsteuern, hinzielen, intendieren, streben, versessen sein, zielen, zu erlangen/erreichen/verwirklichen suchen, zum Ziel haben; *(geh.):* eifern, erstreben, sinnen, trachten; *(ugs.):* hinauswollen auf.

anstreichen
1. bemalen, bestreichen, mit Farbe versehen, streichen; *(ugs.):* anmalen, anpinseln.
2. ankreuzen, anmerken, hervorheben, markieren; *(schweiz.):* ankreuzeln.

anstrengen
1. anspannen, aufbieten, aufbringen, aufwenden, einsetzen, Gebrauch machen, in Anspruch nehmen, mobilisieren; *(ugs.):* mobilmachen.
2. angreifen, aufreiben, beanspruchen, belasten, erschöpfen, in Anspruch nehmen, mitnehmen, strapazieren, viel abverlangen, zehren, zusetzen; *(ugs.):* auf die Knochen gehen, auffressen, schaffen, schlauchen, stressen.

anstrengen, sich
sich abkämpfen, sich abmühen, alle Kräfte anspannen, sich bemühen, sich bestreben, sich einsetzen, sich ins Geschirr legen, kämpfen, sich Mühe geben, nichts unversucht lassen, seine ganze Kraft aufbieten, sich strapazieren; *(österr.):* antauchen; *(geh.):* sich angelegen sein lassen, sich befleißigen; *(meist geh.):* sich mühen;

(ugs.): sich abstrampeln, sich abzappeln, sich auf die Hinterbeine setzen/stellen, sich dahinterklemmen, sich dahinterknien/dahintersetzen, sich ins Zeug legen, rackern, strampeln.

BSP Sie ließ nichts unversucht, um doch noch in die Mannschaft aufgenommen zu werden. Sie musste ihre ganze Kraft aufbieten, um den Schreibtisch zu verrücken. Er befleißigt sich bei Diskussionen immer großer Höflichkeit. Er mühte sich sehr, es allen recht zu machen.

anstrengend
aufreibend, beschwerlich, dornenreich, dornenvoll, ermattend, ermüdend, hart, mühevoll, mühsam, mühselig, sauer, schwer, strapaziös; *(ugs.):* nervig, stressig; *(scherzh.):* schweißtreibend; *(bes. südd. u. schweiz.):* streng.

Anstrengung
1. Bemühung, Bestrebung, Eifer, Einsatz, Emsigkeit, Energie, Kraftanstrengung, Kraftaufwand; *(schweiz.):* Bemühtheit; *(geh.):* Bemühen, Beschwernis; *(bildungsspr.):* Engagement.
2. Arbeit, Beanspruchung, Belastung, Beschwerde, Beschwerlichkeit, Mühe, Strapaze; *(geh.):* Mühsal; *(veraltend):* Beschwer.

Ansturm
a) Angriff, Attacke, Sturmlauf; *(Sport):* Offensive, Powerplay, Sturm. **b)** Andrang, Run, Sturm, Zulauf, Zustrom.

Anteil
1. a) Beitrag, Kontingent, Partie, Portion, Quantum, Quote, Ration, Stück, Teil, Teilstück; *(schweiz.):* Betreffnis, Treffnis. **b)** Beteiligung, Geschäftsanteil, Kapitalbeteiligung.
2. Andacht, Anteilnahme, Interesse, Sammlung, Teilhabe, Teilnahme.

Anteilnahme
1. Beteiligung, Einsatz, Mitwirkung, Teilnahme; *(bildungsspr.):* Engagement.
2. Anteil, Aufmerksamkeit, Interesse, Interessenbekundung, Interessiertheit, Mitgefühl, Teilhabe, Teilnahme.

Anteil nehmen
1. bedauern, mitempfinden, mitfühlen, mitleiden; *(geh.):* sich barmherzig zeigen.
2. sich beteiligen, teilnehmen; *(bildungsspr.):* partizipieren.

antik
1. alt, griechisch-römisch, klassisch.
2. alt, altertümlich, aus alter Zeit stammend; *(geh.):* altehrwürdig.

antippen
anrühren, antasten, antupfen, berühren, erwähnen, streifen.

antiquarisch
alt, aus zweiter Hand, gebraucht, nicht mehr neu, secondhand.

Antisemitismus
Judenfeindlichkeit, Judenhass.

Antrag
1. a) Anfrage, Anliegen, Ansuchen, Bettelbrief, Bitte, Bittgesuch, Bittschreiben, Bittschrift, Eingabe, Forderung, Gesuch, Petition; *(geh.):* Ersuchen. **b)** Formular, Vordruck.
2. Empfehlung, Entwurf, Vorlage, Vorschlag.

antragen
anbieten, andienen, ein Angebot machen/unterbreiten, vorschlagen; *(bildungsspr.):* offerieren.

antreffen
begegnen, entdecken, erreichen, finden, sehen, stoßen auf, treffen auf, vorfinden.

antreiben
1. anfeuern, animieren, anregen, anspornen, anstacheln, anstiften, aufpeitschen, aufstacheln, bewegen/bringen zu, drängen, einen Ansporn geben, stimulieren, veranlassen; *(geh.):* befeuern; *(ugs.):* anheizen, anspitzen, auf Touren/Trab bringen, Dampf machen; *(abwertend):* aufputschen; *(südd., österr.):* aneifern.
2. betreiben, bewegen, in Bewegung bringen/halten/setzen.

antreten
a) sich aufstellen, Aufstellung nehmen, sich platzieren, sich postieren. **b)** den Kampf aufnehmen, sich [zum Wettkampf] stellen.

Antrieb
Anlass, Anregung, Anreiz, Ansporn, Anstoß, Beweggrund, Grund, Impuls, Motiv, Motivation, Motor, Stachel, treibende Kraft, Triebfeder, Triebkraft, Ursache, Veranlassung, Zugkraft; *(bildungsspr.):* Agens, Movens, Stimulanz, Stimulus.

Antritt
Arbeitsbeginn, Aufnahme, Beginn, Übernahme.

antun
1. a) entgegenbringen, erweisen, zukommen lassen; *(geh.):* zuteilwerden lassen; *(geh. od. iron.):* angedeihen lassen. **b)** beibringen, schaden, schädigen, zufügen, [zuleide] tun.
2. anziehen, bezaubern, gefallen.

Antwort
Auskunft, Beantwortung, Entgegnung, Erwiderung, Gegenbemerkung, Reaktion, Rückäußerung; *(geh.):* Gegenrede.

antworten ≠
Antwort/Auskunft/Bescheid geben, beantworten, begegnen, dagegenhalten, eingehen auf,

einwenden, entgegnen, erwidern, kontern, reagieren, versetzen, zurückgeben.

BSP Dem muss gezielt/entschieden begegnet werden. Dagegen ließe sich viel/manches einwenden. »Das wissen Sie selbst am besten!«, konterte er.

anvertrauen
1. abgeben, aushändigen, in die Hände legen, in jmds. Obhut/Verantwortung geben, übergeben, überlassen, überreichen, übertragen, unter jmds. Schutz stellen; *(geh.):* anbefehlen, anheimgeben, empfehlen, überantworten.
2. enthüllen, erzählen, gestehen, mitteilen, offenlegen, sagen, unterrichten, verraten, wissen lassen; *(geh.):* kundtun, offenbaren, preisgeben.

anvertrauen, sich
sich aussprechen, einweihen, sich erleichtern, sich jmdm. überlassen, jmdn. ins Vertrauen ziehen, sich mitteilen, sich öffnen, sein Herz ausschütten/erleichtern; *(geh.):* sich offenbaren.

anwachsen
1. anwurzeln, einwurzeln, festwachsen, Wurzeln schlagen.
2. sich anhäufen, anlaufen, anschwellen, ansteigen, auflaufen, sich steigern, sich summieren, sich vergrößern, sich vermehren, sich verstärken, sich vervielfachen, wachsen, zunehmen.

Anwandlung
Anfall, Einfall, Grille, Laune, Stimmung; *(geh.):* Caprice.

anweisen
1. anordnen, auferlegen, aufgeben, auftragen, beauftragen, befehlen, betrauen, einen Befehl geben/erteilen, heißen, verpflichten; *(geh.):* gebieten; *(bildungsspr.):* diktieren; *(südd., österr.):* [an]schaffen.
2. anleiten, anlernen, ausbilden, einarbeiten, einführen, instruieren, lehren, leiten, unterrichten; *(geh.):* unterweisen.

Anweisung
1. Anleitung, Einarbeitung, Einführung, Einweisung, Instruktion; *(geh.):* Unterweisung.
2. Auftrag, Befehl, Bestimmung, Dekret, Diktat, Erlass, Gebot, Instruktion, Maßregel, Order, Verfügung, Verordnung, Vorschrift; *(geh.):* Geheiß; *(bildungsspr.):* Direktive.

anwendbar
brauchbar, einsetzbar, geeignet, nutzbar, passend, praktikabel, tauglich, verwendbar, verwendungsfähig, verwertbar, zweckdienlich; *(ugs.):* patent; *(bildungsspr.):* applikabel.

anwenden
arbeiten mit, benutzen, brauchen, sich dienstbar/zunutze machen, einsetzen, gebrauchen, Gebrauch machen, in Gebrauch nehmen, in Verwendung haben, nutzen, verwenden, zum Einsatz bringen; *(geh.):* sich bedienen.

anwerben
einstellen, engagieren, für etw. gewinnen, in Dienst nehmen/stellen, in Kontrakt/unter Vertrag nehmen, verpflichten, werben.

Anwesen
Besitztum, Besitzung, Gehöft, Grundbesitz, Grundstück, Gut, Hof, Land, Ländereien, Landgut, Landsitz; *(schweiz.):* Heimwesen.

anwesend
an Ort und Stelle, da, dabei, gegenwärtig, hier, zugegen; *(bildungsspr.):* präsent.

Anwesenheit
1. Aufenthalt, Beisein, Dabeisein, Dasein, Gegenwart, Teilnahme; *(geh.):* Zugegensein; *(bildungsspr.):* Präsenz.
2. Vorhandensein, Vorkommen.

anwidern
Abscheu/Ekel erregen, abstoßen, anekeln, ein Gräuel sein, widerstreben, zurückstoßen, zuwider sein; *(geh.):* degoutieren; *(ugs.):* anstinken.

Anwohner, Anwohnerin
Anlieger, Anliegerin, [Grundstücks]nachbar, [Grundstücks]nachbarin; *(schweiz.):* Anstößer, Anstößerin.

Anzahl
Gesamtzahl, Menge, Quantum, Summe, Zahl; *(bildungsspr.):* Quantität.

Anzeichen
a) Anhaltspunkt, Ankündigung, Bote, Vorbedeutung, Vorbote, Vorzeichen; *(bildungsspr.):* Auspizium, Omen. b) Abzeichnung, Andeutung, Äußerung, Erscheinung, Merkmal, Zeichen; *(bildungsspr.):* Symptom.

Anzeige
1. Bürgerhinweis, Meldung; *(bildungsspr. abwertend):* Denunziation.
2. Angebot, Annonce, Bekanntgabe, Bekanntmachung, Inserat, Insertion, Werbung.

anzeigen
1. angeben, melden, Meldung machen, [Straf]anzeige erstatten, zur Anzeige kommen lassen, zur Polizei gehen; *(schweiz.):* verzeigen; *(bildungsspr. abwertend):* denunzieren.
2. ankündigen, anmelden, annoncieren, bekannt geben, inserieren, mitteilen.
3. angeben, melden, zeigen.

anzetteln
anstiften, auslösen, bewirken, herbeiführen, hervorrufen, in die Wege leiten, in Gang bringen, veranlassen, verursachen, vorbereiten;

(geh.): ins Werk setzen; *(ugs.):* einfädeln, ins Rollen bringen; *(oft abwertend):* inszenieren.

anziehen

1. a) an sich ziehen, anwinkeln, heranziehen. **b)** anlocken, attraktiv sein, begeistern, faszinieren, fesseln, für sich einnehmen, gefangen nehmen, heranlocken, in seinen Bann ziehen, locken, reizen; *(ugs.):* ködern.

2. a) anspannen, straffen, straffer spannen/ziehen, strammen. **b)** fest anschrauben, festdrehen, festschrauben, festziehen, zudrehen.

3. a) ankleiden, bekleiden, in die Kleider/Sachen schlüpfen, in die Kleider fahren, Kleidung anlegen; *(geh.):* antun; *(ugs.):* in die Kleider steigen. **b)** anlegen, hineinschlüpfen, überstreifen, überwerfen, überziehen, umhängen.

4. beschleunigen, das Tempo steigern, in Fahrt kommen.

anziehend

angenehm, ansprechend, attraktiv, begehrenswert, bezaubernd, charmant, einnehmend, faszinierend, fesselnd, gewinnend, hübsch, reizend, reizvoll, sympathisch, verführerisch; *(geh.):* verlockend; *(ugs.):* sexy.

Anziehungskraft

Gravitation, magnetische Kraft, Schwerkraft, Zugkraft.

anzweifeln

bezweifeln, infrage stellen, in Zweifel ziehen; mit einem [dicken, großen] Fragezeichen versehen; nicht glauben können, skeptisch/unsicher sein, Zweifel äußern, zweifeln.

apart

a) ansprechend, ästhetisch, elegant, gefällig, geschmackvoll, gewählt, mit Geschmack, reizend, reizvoll, schick, schön, smart, stilvoll; *(geh.):* auserlesen, erlesen; *(veraltend):* pikant.
b) ausgefallen, außergewöhnlich, nicht alltäglich, originell, pikant, ungewöhnlich, ungewohnt; *(bildungsspr.):* unkonventionell.

Apathie

Abstumpfung, Gleichgültigkeit, Interesselosigkeit, Stumpfheit, Stumpfsinn[igkeit], Teilnahmslosigkeit, Unbeteiligtheit, Unempfindlichkeit, Ungerührtheit, Uninteressiertheit; *(bildungsspr.):* Desinteresse, Lethargie.

apathisch

abgestumpft, gleichgültig, interesselos, ohne Interesse/Teilnahme, stumpf[sinnig], teilnahmslos, unbeteiligt, unbewegt, unempfindlich, ungerührt, uninteressiert; *(bildungsspr.):* desinteressiert, indifferent, lethargisch.

Apparat

1. Anlage, Apparatur, Einrichtung, Gerät[schaften], Instrument, Maschine, Maschinerie, Vorrichtung.

2. Bürokratie, Gebilde, Gefüge, Komplex, Organisation, System, Verwaltung.

3. großes Exemplar; *(ugs.):* Brummer, Prachtexemplar; *(ugs. scherzh.):* Apparillo.

Appell

1. a) Anmahnung, Erinnerung, Mahnung; *(geh.):* Mahnruf. **b)** Aufforderung, Aufruf, Ruf; *(EDV):* Reminder.

2. Antreten, Aufstellung.

appellieren

a) anhalten, anraten, auffordern, aufrufen, beschwören, ermahnen, ins Gewissen reden, mahnen, sich wenden an, zu bewegen suchen, zureden; *(geh.):* anempfehlen; *(ugs.):* predigen. **b)** ansprechen, herausfordern, wachrufen, wecken.

Appetit

Bedürfnis, Esslust, Fresslust, Gier, Heißhunger; *(geh.):* Gelüste, Verlangen; *(ugs.):* Hunger, Kohldampf; *(bes. südd., österr.):* Gusto.

appetitlich

anregend, ansprechend, appetitanregend, aromatisch, einladend, fein, lecker, wohlschmeckend, zum Essen reizend; *(geh.):* deliziös, mundend, verlockend; *(bildungsspr.):* delikat; *(ugs.):* schnuckelig; *(emotional):* köstlich.

applaudieren

Beifall bekunden/klatschen/spenden/zollen, beklatschen, klatschen; *(österr.):* akklamieren; *(geh.):* mit Beifall bedenken; *(bildungsspr.):* mit Applaus überschütten, Ovationen bereiten.

Applaus

Beifall, Beifallklatschen, Beifallsäußerung, Beifallsbezeugung, Beifallskundgebung, Händeklatschen, Jubel, Klatschen; *(bildungsspr.):* Ovation; *(abwertend):* Beifallsgeschrei, Geklatsche.

apropos

beiläufig bemerkt/gesagt, eigentlich, nebenbei bemerkt/gesagt, übrigens; *(bildungsspr.):* notabene, parenthetisch.

Ära

Epoche, Zeit, Zeitalter, Zeitraum; *(bildungsspr.):* Äon, Periode, Phase, Säkulum.

Arbeit

1. a) Beschäftigung, Betätigung, Hantierung, Tätigkeit, Tun, Verrichtung. **b)** Anstrengung, Beanspruchung, Belastung, Beschwerde, Beschwerlichkeit, Mühe, Mühseligkeit, Plage, Qual, Strapaze; *(geh.):* Mühsal; *(bildungsspr.):* Parforceleistung; *(ugs.):* Plackerei, Schlauch; *(abwertend):* Schinderei; *(veraltend):* Beschwer. **c)** Anstellung, Arbeitsplatz, Arbeitsstelle, Arbeitsverhältnis, Beruf, Berufsausübung, Berufs-

tätigkeit, Beschäftigung, Broterwerb, Erwerbstätigkeit, Posten, Stelle, Stellung; *(ugs.):* Job.
2. a) Erzeugnis, Opus, Produkt, Werk; *(geh.):* Schöpfung; *(bildungsspr.):* Œuvre, Artefakt.
b) Klassenarbeit, Klausur[arbeit]; *(österr.):* Schularbeit.

arbeiten
1. a) Arbeit leisten/verrichten, sich betätigen, hantieren, tätig sein, werken, wirken. **b)** beruflich tätig sein, beschäftigt sein, einen Beruf ausüben, einer Beschäftigung nachgehen, erwerbstätig sein, tätig sein als; *(ugs.):* arbeiten gehen, jobben, roboten; *(salopp):* malochen. **c)** sich auseinandersetzen, sich befassen, sich beschäftigen, studieren, sich vertiefen, sich widmen, sich zuwenden; *(ugs.):* zugange sein.
2. alle Kräfte anspannen/mobilisieren/aufbieten/aufwenden, alles daransetzen, sich anstrengen, Anstrengungen unternehmen, sich bemühen, sich einsetzen, sich engagieren, hinarbeiten, hinwirken, kämpfen, sich Mühe geben, nichts unversucht lassen, sich rühren; *(geh.):* sich befleißigen, sich verwenden; *(meist geh.):* sich mühen; *(ugs.):* alle Hebel in Bewegung setzen, sich ins Zeug legen, sich klemmen, sich starkmachen.
3. angeschaltet/angestellt/eingeschaltet sein, funktionieren, gehen, in Betrieb/Gang sein, in Bewegung/Funktion/Tätigkeit sein, laufen; *(ugs.):* an sein, tun.
4. anfertigen, fertigen, herstellen, machen, verfertigen; *(veraltend):* fabrizieren.

Arbeiter, Arbeiterin
Arbeitnehmer, Arbeitnehmerin, Arbeitskraft, Beschäftigter, Beschäftigte, Lohnabhängiger, Lohnabhängige, Lohnarbeiter, Lohnarbeiterin, Lohnempfänger, Lohnempfängerin, Werktätiger, Werktätige; *(salopp):* Malocher, Malocherin.

Arbeitgeber, Arbeitgeberin
Chef, Chefin, Dienstherr, Dienstherrin, Unternehmer, Unternehmerin, Vorgesetzter, Vorgesetzte; *(bes. österr.):* Dienstgeber, Dienstgeberin; *(schweiz.):* Patron, Patronne; *(ugs.):* Boss, Bossin, Brotgeber, Brotgeberin; *(salopp):* Alter, Alte; *(ugs. scherzh.):* Brötchengeber, Brötchengeberin.

Arbeitnehmer, Arbeitnehmerin
Angestellter, Angestellte, Beschäftigter, Beschäftigte, Gehaltsempfänger, Gehaltsempfängerin, Lohnabhängiger, Lohnabhängige, Lohnempfänger, Lohnempfängerin.

arbeitslos
beschäftigungslos, brotlos, erwerbslos, ohne Anstellung/Arbeit, ohne Beschäftigung/Stellung, stellenlos, stellungslos, unbeschäftigt; *(ugs.):* auf der Straße.

Arbeitsplatz
1. Arbeitsstätte, Platz, Schreibtisch.
2. Anstellung, Arbeit, Arbeitsstelle, Arbeitsverhältnis, Beschäftigung, Position, Posten, Stelle, Stellung, Tätigkeit; *(ugs.):* Job.

Areal
Bereich, Bezirk, Distrikt, Fläche, Gebiet, Gegend, Gelände, Komplex, Land, Landschaft, Landstrich, Raum, Region, Teil, Terrain, Territorium, Umkreis, Winkel, Zone; *(geh.):* Gefilde.

arg
1. böse, garstig, hässlich, misslich, schlecht, schlimm, unangenehm, unerfreulich, ungut, unliebsam, widrig; *(schweiz.):* ungefreut; *(geh.):* übel; *(ugs.):* blöd; *(emotional):* fürchterlich.
2. ↑sehr.

Ärger
1. Aufgebrachtheit, Empörung, Erbitterung, Gereiztheit, Missstimmung, schlechte Laune, Unzufriedenheit, Verärgerung, Verdrossenheit, Verdruss, Verstimmung, Wut, Zorn; *(geh.):* Groll, Missvergnügen, Säuernis, Ungehaltenheit, Unmut, Unwille; *(ugs.):* Rage.
2. Ärgernis, Schwierigkeit, Unannehmlichkeit, Ungelegenheit, Verdruss, Widrigkeit; *(geh.):* Missvergnügen, Ungemach; *(ugs.):* Brass, Knatsch, Krach, Schererei, Schlamassel, Stank, Stress, Tanz, Trouble; *(südd., österr.):* Anstand.

ärgerlich
1. aufgebracht, empört, entrüstet, erbost, gereizt, grimmig, missmutig, schlecht gelaunt, übellaunig, verärgert, verdrießlich, verdrossen, wütend, zornig; *(geh.):* erzürnt, missgelaunt, missgestimmt, misslaunig, ungehalten; *(bildungsspr.):* indigniert; *(ugs.):* böse, fuchsig, fuchtig, gnatzig, grätig, sauer; *(nordd.):* fünsch.
2. fatal, hässlich, lästig, leidig, misslich, skandalös, unangenehm, unerfreulich, ungut, unliebsam, unschön; *(schweiz.):* bemühend, ungefreut; *(geh.):* unerquicklich; *(bildungsspr.):* prekär; *(ugs.):* blöd, dumm; *(salopp):* beknackt.

ärgern
Ärger bereiten/erregen, aufbringen, aufregen, belästigen, brüskieren, empören, entrüsten, erbosen, foppen, hänseln, in Rage/Wut versetzen, kränken, necken, plagen, provozieren, quälen, rasend machen, reizen, schikanieren, verärgern, wütend machen; *(schweiz.):* föppeln; *(geh.):* erzürnen, peinigen, Unmut erregen, verdrießen; *(ugs.):* auf den Wecker fallen, auf die Nerven gehen, auf die Palme bringen, aufziehen, [bis] zur Weißglut bringen/reizen/treiben, fuchsen, hochbringen, hochnehmen, in Fahrt bringen, triezen, verschnupfen; *(Jargon):* mobben.

ärgern, sich
ärgerlich sein/werden, sich aufregen, böse sein/werden, brüskieren, sich empören, sich entrüsten, sich erbosen, sich erregen, wütend sein/werden, zornig sein/werden; *(geh.):* ergrimmen, sich erzürnen, grollen; *(ugs.):* in Fahrt sein, sich krankärgern, sauer sein/werden, wurmen; *(salopp):* geladen sein, stinken, zu viel kriegen; *(ugs. emotional):* sich totärgern.

Ärgernis
1. Eklat, Schande, Skandal, Zumutung; *(geh.):* Ehrverletzung.
2. ↑Ärger (2).

Argument
Argumentation, Begründung, Beleg, Beweis, [Beweis]grund, Entgegnung, Erklärung, Rechtfertigung.

BSP Dafür kann ich schlüssige/stichhaltige/schlagende Beweise anführen/beibringen. Dafür haben/finden wir im ersten Absatz eine eingehende/knappe/plausible Erklärung.

argumentieren
Argumente vorbringen, begründen, belegen, den Beweis führen, motivieren, rechtfertigen; *(bildungsspr.):* fundieren, legitimieren.

Argwohn
Bedenken, Misstrauen, [schlimme] Vermutung, Skepsis, Verdacht, Zweifel.

argwöhnen
Bedenken haben/hegen, befürchten, fürchten, vermuten; *(geh.):* Bedenken tragen, die Befürchtung hegen, Verdacht hegen.

argwöhnisch
bedenklich, besorgt, misstrauisch, skeptisch, voller Bedenken, zweifelnd.

arm
1. bankrott, bedürftig, existenzgefährdet, finanzschwach, minderbegütert, minderbemittelt, mittellos, unbemittelt, unvermögend, vermögenslos, wirtschaftlich schwach; *(geh.):* habelos; *(ugs.):* abgebrannt, blank, knapp/schlecht bei Kasse; *(ugs. scherzh.):* pleite.

GGS gut situiert, vermögend, wohlhabend.

2. bedauerlich, bedauernswert, bedauernswürdig, beklagenswert, bemitleidenswert, mitleiderregend, unglücklich, unglückselig; *(geh.):* erbarmungswürdig.

Armee
a) Heer, Streitkräfte, Truppe[n]; *(veraltend):* Militär, Streitmacht, Wehr. b) Abteilung, Regiment, Truppe, Zug.

Armer, Arme
Bedürftiger, Bedürftige, Besitzloser, Besitzlose, Mittelloser, Mittellose; *(abwertend):* Habenichts.

ärmlich ↑arm.

armselig
ärmlich, bedauernswert, dürftig, erbärmlich, jämmerlich, kümmerlich, lächerlich; *(emotional):* miserabel; *(oft abwertend):* kläglich.

Armut
a) Ärmlichkeit, Bedürftigkeit, Besitzlosigkeit, Elend, Geldmangel, Geldnot, Mittellosigkeit, Not, Unvermögendheit; *(ugs.):* Dalles. b) Armseligkeit, Dürftigkeit, Kargheit, Knappheit, Kümmerlichkeit, Mangel, Spärlichkeit.

Arrangement
1. Anordnung, Formation, Gebilde, Gefüge; *(bildungsspr.):* Komposition.
2. Abkommen, Abmachung, Absprache, Einigung, Pakt, Übereinkommen, Übereinkunft, Verabredung, Vereinbarung; *(ugs.):* Deal.

arrangieren
a) abhalten, abwickeln, ausführen, ausgestalten, ausrichten, bewältigen, durchführen, erledigen, geben, gestalten, inszenieren, organisieren, stattfinden lassen, unter Dach und Fach bringen, unternehmen, veranstalten, verwirklichen, zustande bringen, zuwege bringen; *(bildungsspr.):* realisieren; *(ugs.):* aufziehen, deichseln, durchziehen, managen, schmeißen. b) anordnen, aufbauen, aufstellen, einteilen, gestalten, gliedern, gruppieren, ordnen, reihen, staffeln, strukturieren, untergliedern, zusammenstellen; *(bildungsspr.):* komponieren. c) bearbeiten, umarbeiten, umschreiben.

arrangieren, sich
abmachen, sich absprechen, sich abstimmen, ausmachen, sich besprechen, eine Einigung erzielen, eine Übereinkunft/Vereinbarung treffen, verabreden, sich verständigen; *(schweiz.):* verkommen; *(geh.):* übereinkommen.

Arrest
Gefangenschaft, Gefängnis[strafe], Gewahrsam, Haft[strafe]; *(ugs.):* Kahn, Knast.

arrogant
anmaßend, herablassend, herausfordernd, hochmütig, überheblich, unbescheiden; *(geh.):* vermessen; *(bildungsspr.):* hybrid, insolent; *(abwertend):* blasiert, eingebildet, großspurig, selbstgefällig, selbstherrlich, snobistisch; *(geh. abwertend):* dünkelhaft, hoffärtig.

GGS bescheiden, genügsam, maßvoll, zurückhaltend.

Arroganz
Anmaßung, Einbildung, Geltungsbedürfnis, Hochmut, Selbstgefälligkeit, Überheblichkeit, Unverschämtheit; *(geh.):* Vermessenheit; *(bildungsspr.):* Hybris, Insolenz, Prätention; *(abwertend):* Blasiertheit, Eingebildetheit, Großspurigkeit, Snobismus; *(geh. abwertend):* Dünkel, Dünkelhaftigkeit.

Art ≠
1. Charakter, Couleur, Eigenart, Eigenheit, Eigenschaft, Eigentümlichkeit, Gemütsart, Natur, Persönlichkeit, Temperament, Wesen, Wesensart; *(geh.):* Gepräge, Wesenheit; *(bildungsspr.):* Mentalität, Naturell.
2. Art und Weise, Manier, Methode, Verfahrensweise, Verhalten, Verhaltensweise, Vorgehensweise, Weise.
3. Couleur, Kategorie, Klasse, Schlag, Sorte, Spezies.

artig
brav, folgsam, fügsam, gefügig, gehorsam, gesittet, lieb, manierlich; *(ugs.):* kirre, zahm; *(veraltend):* gefügsam, sittsam.

Artikel
1. Abhandlung, Arbeit, Aufsatz, Beitrag, Bericht, Essay, Publikation, Schrift, [schriftliche] Darstellung, Text, Untersuchung, Veröffentlichung; *(veraltend):* Traktat.
2. Erzeugnis, Fabrikat, Gegenstand, Gut, Handelsartikel, Handelsware, Produkt, Ware.
3. *(Sprachwiss.):* Begleiter, Determiner, Geschlechtswort.

artikulieren
1. aussprechen, mit den Lippen formen, sagen, sprechen; *(Sprachwiss.):* lauten.
2. ausdrücken, äußern, aussprechen, in Worte fassen/kleiden, zum Ausdruck bringen; *(geh.):* Ausdruck geben/verleihen, bekunden; *(bildungsspr.):* verbalisieren.

artikulieren, sich
a) sich ausdrücken, sprechen. b) sich ausprägen, sich widerspiegeln, sich zeigen, zum Ausdruck kommen; *(geh.):* sich bekunden, sich kundtun; *(bildungsspr.):* sich dokumentieren.

Arzt, Ärztin
Heilkundiger, Heilkundige, Mediziner, Medizinerin; *(ugs.):* Doktor; *(scherzh.):* Medikus; *(abwertend):* Quacksalber, Quacksalberin.

asozial
1. *(Soziol.):* randständig.
2. böse, kriminell, verbrecherisch; *(geh.):* frevelhaft, verwerflich.
3. *(abwertend):* primitiv, proletenhaft, ungehobelt.

Aspekt
Betrachtungsweise, Blickpunkt, Blickwinkel, Faktor, Gesichtspunkt, Hinsicht, Moment, Seite, Sichtweise, Standpunkt; *(bildungsspr.):* Perspektive.

Ass
Bester, Beste, Erster, Erste, Experte, Expertin, Fachmann, Fachfrau, Kapazität, Kenner, Kennerin, Meister, Meisterin, Star; *(bildungsspr.):* Koryphäe; *(ugs.):* Bringer, Bringerin, Kanone, Rakete; *(emotional verstärkend):* Spitzenkönner, Spitzenkönnerin; *(salopp):* Checker, Checkerin; *(Sport):* Champion, Crack.

assimilieren
angleichen, anpassen, einfügen, eingliedern, einordnen, gleichmachen, in Übereinstimmung bringen; *(geh.):* in Einklang bringen; *(bildungsspr.):* adaptieren, integrieren.

assistieren
behilflich sein, dienen, helfen, Hilfe leisten, mithelfen, unter die Arme greifen, unterstützen, zuarbeiten, zu Hilfe kommen, zur Hand gehen; *(bildungsspr.):* sekundieren.

ästhetisch
apart, feinsinnig, formvollendet, geschmackvoll, kunstvoll, schön, stilvoll.

astrein
einwandfrei, lupenrein, sauber, unbedenklich; *(ugs.):* hasenrein, koscher.

Asyl
1. Obdachlosenasyl, Obdachlosenheim, Obdachlosenunterkunft.
2. Schlupfloch, Schutzort, Schutzzone, Unterschlupf, Zufluchtsort, Zufluchtsstätte; *(geh.):* Freistatt, Freistätte; *(bildungsspr.):* Refugium; *(oft abwertend):* Schlupfwinkel.

Atelier
a) Studio, Werkstatt; *(geh.):* Arbeitsstätte, Werkstätte. b) Filmatelier, Filmstudio, Studio.

Atem
1. Atemholen, Atemzug, Atmung, Luftholen; *(ugs.):* Schnapper.
2. Atemluft, Luft; *(geh.):* Hauch; *(bildungsspr.):* Spiritus; *(dichter.):* Odem; *(salopp):* Puste.

atemberaubend
erregend, faszinierend, fesselnd, hinreißend, prickelnd, spannend; *(geh.):* berückend, betörend; *(ugs.):* umwerfend.

atemlos
1. abgehetzt, außer Atem, keuchend, röchelnd, schnaufend; *(ugs.):* japsend; *(salopp):* aus der/außer Puste, ausgepumpt.
2. fieberhaft, rasch, scharf; *(ugs.):* rasant.

atmen
1. ächzen, Atem holen, einsaugen, einziehen, fauchen, gähnen, hecheln, keuchen, Luft holen, pusten, röcheln, schnarchen, schnauben, schnaufen; *(geh.):* Atem/Luft schöpfen; *(ugs.):* japsen, [nach] Luft schnappen.
2. ausströmen, erfüllt sein.

Atmosphäre
1. a) Dunst, Luft[hülle], Luftschicht. **b)** Gashülle.
2. Ambiente, Milieu, Sphäre, Umgebung, Umwelt; *(ugs.):* Umgegend.

Atomenergie
Atomkraft, Kernenergie, Kernkraft.

Atomkraftwerk ↑Atomreaktor.

Atomreaktor
AKW, Atomkraftwerk, Atommeiler, Kernkraftwerk, Kernreaktor, KKW.

Attacke
a) Angriff, Anschlag, Ansturm, Einfall, Eingriff, Einmarsch, Feindseligkeiten, Invasion, Offensive, Reiterangriff, Sturm[angriff], Überfall, Übergriff, Überrumpelung, Vorstoß. **b)** Anfeindung, Ausfall, Beleidigung, Feindseligkeit, Kritik, Tadel, Vorwurf.

attackieren
a) anfallen, angehen, angreifen, anspringen, anstürmen, bekämpfen, bestürmen, eine Offensive einleiten/starten, entgegentreten, herfallen, offensiv werden, sich stürzen auf, überfallen; *(geh.):* zu Felde ziehen; *(ugs.):* sich hermachen. **b)** anklagen, anprangern, bedrängen, beschuldigen, fertigmachen, Front machen, hart/scharf ins Gericht gehen, kritisieren, rügen, schimpfen, sich stürzen auf, tadeln; *(geh.):* schelten; *(ugs.):* anmeckern, heruntermachen, herziehen, in den Senkel stellen, rüffeln, sich vornehmen, wettern, zur Schnecke machen, zusammenstauchen.

Attentat
Anschlag, Dolchstoß, Gewaltstreich, Mordanschlag, Überfall.

Attest
1. a) Krankmeldung. **b)** Beglaubigung, Beleg, Bescheinigung, Bestätigung, Beurkundung, Nachweis, Quittung, Schein, Testat.
2. Diplom, Gutachten, Zertifikat, Zeugnis.

Attraktion
1. Anziehung, Anziehungskraft, Zugkraft.
2. Bestseller, Blickfang, Blockbuster, Glanzlicht, Glanznummer, Glanzpunkt, Glanzstück, Höhepunkt, Publikumsmagnet, Reißer, Schlager, Sehenswürdigkeit, Sensation, Stern, [Super]star, Verkaufsschlager, Zugnummer, Zugpferd, Zugstück; *(ugs.):* Clou, Highlight, Hit, Kassenmagnet, Kassenschlager, Knüller, Paradepferd, Prachtexemplar, Renner, Verkaufshit.

attraktiv
1. abwechslungsreich, aussichtsreich, begehrenswert, begehrt, Erfolg versprechend, erstrebenswert, faszinierend, fesselnd, gefragt, interessant, unwiderstehlich, zugkräftig; *(geh.):* verlockend.
2. anmutig, ansprechend, anziehend, aufregend, aufreizend, bezaubernd, charmant, einnehmend, erotisch, fesselnd, gewinnend, gut aussehend/gewachsen, hübsch, liebenswert, reizend, reizvoll, schön, sympathisch, verführerisch; *(geh.):* berückend, betörend; *(ugs.):* flott, gut gebaut, schnuckelig, sexy, toll; *(emotional verstärkend):* bildhübsch, wunderschön.

Attrappe
Dummy, Fassade, Kulisse, Nachbildung, Potemkinsche Dörfer, Schaupackung, Staffage, Tarnung; *(geh. abwertend):* Blendwerk.

Attribut
1. Abzeichen, Besonderheit, Charakterzug, Eigenart, Eigenschaft, Eigentümlichkeit, Kennzeichen, Spezifikum, [Wesens]merkmal, Wesenszug; *(bildungsspr.):* Charakteristikum.
2. *(Sprachwiss.):* Attributivum, Beifügung, Epitheton, nähere Bestimmung.

ätzen
angreifen, fressen, verätzen; *(Fachspr.):* korrodieren.

ätzend
abscheulich, ärgerlich, entsetzlich, furchtbar, katastrophal, schlimm, unangenehm, unerfreulich, unfair; *(geh.):* übel; *(ugs.):* blöd, fies, gemein, grässlich, gräulich, verheerend; *(salopp):* uncool, zum Kotzen; *(emotional):* scheußlich; *(ugs. emotional):* fürchterlich; *(scherzh.):* fürchterbar; *(abwertend):* infam, widerlich.

auch ↗
1. desgleichen, ebenfalls, ebenso, genauso, geradeso, gleichermaßen, gleicherweise, gleichfalls; *(ugs.):* dito.
2. außerdem, daneben, dann, darüber hinaus, dazu, des Weiteren, ferner, im Übrigen, obendrein, überdies, weiterhin, zusätzlich; *(österr.):* weiters; *(schweiz.):* im Weiteren, nebstdem; *(geh.):* zudem.
3. selbst, sogar.

Audienz
[feierlicher/offizieller] Empfang, Festempfang, Galaempfang.

aufarbeiten
1. in Ordnung/ins Reine bringen, nacharbeiten, nachholen.
2. arbeiten, sich auseinandersetzen, sich befas-

sen, sich beschäftigen, sich Gedanken machen, geistig verarbeiten, sich klar werden, sich vertiefen, sich widmen, sich zuwenden.
3. auffrischen, aufpolstern, erneuern, grunderneuern, grundüberholen, überholen; *(bildungsspr.):* regenerieren; *(ugs.):* aufmöbeln; *(bildungsspr., Fachspr.):* repristinieren.

aufatmen
1. durchatmen, einatmen.
2. befreit/erleichtert sein, Erleichterung empfinden, jmdm. fällt eine Zentnerlast vom Herzen/von der Seele, jmdm. fällt ein Stein vom Herzen, tief durchatmen können; *(ugs.):* drei Kreuze machen, erlöst/heilfroh sein.

Aufbau
1. a) Anlage, Bau, Einrichtung, Errichtung, Etablierung, Installation, Installierung, Schaffung; *(geh.):* Erschaffung. **b)** Aufbauarbeit, Aufbauprozess, Neuaufbau, Wiederaufbau, Wiederaufbauarbeit, Wiedererrichtung.
2. Anordnung, Architektonik, Architektur, Bau, Bauweise, Gefüge, Gliederung, Organisation, Strickmuster, Struktur; *(bildungsspr.):* Grammatik, Komposition, Konstruktion, Textur.

aufbauen
1. a) aufrichten, aufschlagen, aufstellen, bauen, erbauen, errichten, zusammenbauen, zusammensetzen; *(geh.):* aufführen, zusammenfügen; *(Jargon):* hochziehen. **b)** wieder errichten/herrichten, wiederherstellen. **c)** aufstellen, bereitstellen, deponieren, hinstellen, postieren, setzen, stellen; *(bildungsspr.):* arrangieren.
2. auf die Beine stellen, bilden, errichten, formen, gestalten, hervorbringen, ins Leben rufen, installieren, organisieren, schaffen; *(geh.):* erschaffen; *(bildungsspr.):* konstituieren.
3. aufheitern, aufmuntern, aufrichten, den Rücken stärken, Mut zusprechen, trösten, Trost spenden; *(ugs.):* aufmöbeln; *(veraltend):* erheitern.
4. beruhen, fußen, sich gründen, herrühren, sich stützen, sich verdanken, wurzeln, zurückgehen; *(schweiz.):* sich abstützen; *(bildungsspr.):* basieren.

aufbauen, sich
1. a) sich anbahnen, sich andeuten, aufkommen, auflodern, sich ausbilden, sich bilden, sich entfalten, sich entspinnen, entstehen, sich entwickeln, erwachsen, sich formen, sich heranbilden, sich herausbilden, sich zusammenbrauen. **b)** sich aufhäufen, sich auftürmen, sich türmen.
2. sich aufstellen, sich hinstellen, sich postieren, sich stellen; *(ugs.):* sich aufpflanzen, sich hinbauen, sich pflanzen.

aufbäumen, sich ↑aufbegehren.

aufbegehren
sich aufbäumen, sich auflehnen, die Stirn bieten, sich empören, entgegentreten, entgegenwirken, opponieren, sich sträuben, Sturm laufen, sich wehren, sich widersetzen, Widerspruch erheben, sich zur Wehr setzen; *(geh.):* sich bäumen, frondieren, trotzen, wider/gegen den Stachel löcken; *(bildungsspr.):* rebellieren, revoltieren; *(ugs.):* auf die Barrikaden gehen/steigen, sich auf die Hinterbeine setzen/stellen, aufmucken, sich querlegen, sich querstellen.

aufbereiten
1. klären, reinigen, säubern, vorbereiten; *(geh.):* läutern; *(Fachspr.):* waschen.
2. behandeln, fertig machen, herrichten, traktieren, vorbereiten, zubereiten; *(geh.):* rüsten; *(ugs.):* beackern, zurechtmachen; *(bes. südd., österr., schweiz.):* richten.
3. auswerten.

aufbessern
anheben, anreichern, auffrischen, aufhelfen, aufstocken, aufwerten, bereichern, bessern, erhöhen, heben, steigern, verbessern, verfeinern, verstärken; *(ugs.):* aufmöbeln, aufpeppen, aufpolieren; *(Jargon):* pimpen; *(Fachspr.):* veredeln.

aufbewahren
aufheben, bewahren, hinterlegen, in Gewahrsam/Verwahrung nehmen, speichern, verwahren, zurücklegen; *(ugs.):* bunkern.

aufbieten
1. aufbringen, aufwenden, daransetzen, einsetzen, Gebrauch machen, in Anspruch nehmen, mobilisieren, verwenden, zusammennehmen; *(geh.):* daranwenden, dareinsetzen; *(ugs.):* hineinstecken, mobilmachen.
2. einsetzen, heranziehen, hinzuziehen, holen, mobilisieren, rufen, zum Einsatz bringen.

aufbinden
1. aufknoten, aufschnüren, entknoten, loslösen, öffnen; *(geh.):* auflösen, entwirren; *(ugs.):* aufdröseln, aufmachen.
2. anlügen, belügen, beschwindeln, lügen; *(ugs.):* anflunkern, ankohlen, anschwindeln, flunkern, schwindeln, vorflunkern, vorkohlen, vorlügen, vormachen, vorschwindeln, weismachen; *(fam.):* kohlen.

aufblähen, sich
sich aufbauschen, sich aufplustern, auftreiben, sich ausbeulen, sich bauschen, sich blähen, sich plustern, sich wölben.

aufblasen, sich ↑aufblähen, sich.

aufblicken
1. aufsehen, einen Blick hinaufwerfen, hinauf-

sehen, hochblicken; *(geh.):* emporblicken, emporsehen; *(ugs.):* aufgucken, hochgucken, hochschauen, hochsehen.
2. anbeten, anschwärmen, aufsehen, bewundern, hochblicken, schwärmen, verehren, vergöttern; *(geh.):* aufschauen, zu Füßen liegen; *(bildungsspr.):* adorieren; *(ugs.):* anhimmeln, Feuer und Flamme sein; *(geh. veraltend):* huldigen.

aufblühen
1. ↑aufbrechen.
2. aufkeimen, sich beleben, blühen, boomen, einen Aufschwung erleben, sich entfalten, florieren, gedeihen, sich [gut/prächtig] entwickeln, gut gehen; *(geh.):* erblühen; *(ugs.):* brummen, laufen.

aufbrauchen
durchbringen, erschöpfen, verbrauchen, verprassen, verschwenden, vertun, verwirtschaften; *(geh.):* aufzehren; *(ugs.):* auf den Kopf hauen, kleinmachen, verjubeln, verläppern, verpulvern; *(salopp):* verbraten; *(abwertend):* verschleudern; *(veraltend):* verzehren.

aufbrausen
1. a) aufschäumen, aufsprudeln, aufwallen, schäumend aufsteigen/hochsteigen, zu wallen beginnen. **b)** anfangen, aufkommen, ausbrechen, beginnen, einsetzen, losbrechen; *(geh.):* anheben; *(ugs.):* losgehen.
2. ärgerlich/böse werden, auffahren, aufschäumen, aus der Fassung geraten, außer sich geraten, sich erhitzen, sich erregen, explodieren, losfahren, platzen, rasen, toben, sich vergessen, wild werden, wüten, wütend/zornig werden; *(geh.):* ergrimmen, sich erzürnen, schäumen; *(bildungsspr.):* sich echauffieren; *(ugs.):* an die Decke/in die Luft gehen, auf Touren kommen, aus der Haut fahren, ausflippen, ausrasten, hochgehen, in Fahrt kommen, in Rage geraten, kochen, Zustände bekommen/kriegen; *(südd., österr.):* aufdrehen.

aufbrechen
1. aufhauen, aufschlagen, aufsprengen, einsprengen, gewaltsam öffnen, sprengen; *(geh.):* erbrechen; *(ugs.):* aufknacken.
2. aufgehen, aufplatzen, aufreißen, aufspringen, auseinanderbrechen, platzen, sich platzend öffnen, rissig werden, zerbersten; *(geh.):* aufbersten, bersten; *(ugs.):* aufkrachen.
3. sich auf den Weg machen, sich aufmachen, ausziehen, davongehen, sich entfernen, fortgehen, gehen, sich in Bewegung setzen, sich in Marsch setzen, losgehen, losmarschieren, losziehen, verlassen, weggehen; *(geh.):* sich fortbegeben, sich wegbegeben.

aufbringen
1. a) beibringen, beschaffen, besorgen, erbringen, erschwingen, flüssigmachen, heranschaffen, herbeischaffen, verschaffen, zusammenbringen; *(ugs.):* auftreiben, organisieren, zusammenkratzen. **b)** aufbieten, aufwenden, daransetzen, einsetzen, mobilisieren, verfügbar machen, verwenden, zusammennehmen; *(geh.):* dareinsetzen; *(ugs.):* hineinstecken.
2. ärgern, aufregen, empören, entrüsten, erbosen, erregen, provozieren, rasend/wütend/zornig machen, reizen, verärgern, verstimmen; *(geh.):* ergrimmen, erzürnen; *(ugs.):* auf die Palme bringen, hochbringen, in Rage versetzen, zur Weißglut bringen/reizen/treiben.

Aufbruch
Abgang, Abmarsch, Fortgang, Fortgehen, Weggang.

aufbrummen
1. ↑aufbürden.
2. ↑auffahren (1).

aufbürden
abschieben, abverlangen, abwälzen, auflasten, auflegen, aufpacken, belasten, schieben, wälzen; *(schweiz.):* überbinden, überbürden; *(geh.):* auferlegen; *(ugs.):* aufbrummen, aufbuckeln, aufhalsen, aufladen, verdonnern.

aufdecken
1. abnehmen, beiseiteschieben, fortnehmen, fortschieben, herunternehmen, wegnehmen, wegschieben, zurückschlagen.
2. auflegen, ausbreiten, decken, legen; *(geh.):* breiten.
3. an den Tag/ans Licht bringen, auf die Spur kommen, aufhellen, aufklären, aufspüren, ausfindig/bewusst machen, bloßlegen, demaskieren, entdecken, entlarven, enttarnen, finden, freilegen, herausfinden, kommen, zutage bringen/fördern; *(geh.):* aufzeigen, den Schleier lüften, enthüllen, entschleiern, offenbaren; *(bildungsspr.):* dekuvrieren; *(ugs.):* aufstechen, klarlegen; *(Jargon):* outen.

auf diese Weise
derart[ig], folgendermaßen, so; *(geh.):* dergestalt.

aufdrängen
aufnötigen, aufreden, aufschwatzen, aufzwingen, hartnäckig anbieten; *(bildungsspr.):* aufoktroyieren, oktroyieren; *(ugs.):* andrehen, aufdrängeln; *(salopp):* aufs Auge drücken.

aufdrängen, sich
1. aufdringlich/lästig/penetrant sein, sich aufdringlich anbieten, sich hängen an, lästig fallen, sich nicht abweisen lassen; *(ugs.):* sich an den

Hals werfen, sich aufdrängeln; *(salopp):* sich anschmeißen.
2. sich aufzwingen, sich einstellen, eintreten, entstehen, sich ergeben, folgen, sich herausschälen, zwingend bewusst werden.

aufdringlich
1. sich aufdrängend, lästig [fallend], nicht zurückhaltend, plumpvertraulich, übergriffig, zudringlich; *(bildungsspr.):* indiskret; *(abwertend):* penetrant.
2. aggressiv, auffallend, auffällig, aufreizend, grell, hervorstechend, schreiend, stark, unangenehm.

aufeinander
1. eines auf das andere/auf dem andern, nacheinander, nach und nach, übereinander.
2. auf sich, einer auf den anderen, gegenseitig, wechselseitig; *(veraltend):* wechselweise.

Aufenthalt
1. Anwesenheit; *(geh.):* Verbleib; *(bildungsspr.):* Präsenz.
2. Fahrtunterbrechung, Halt, Pause, Station, Stopp, Unterbrechung.

auferlegen ↑aufbürden.

aufessen
konsumieren, leer essen, schaffen, verschlingen, verzehren; *(geh.):* aufzehren, verspeisen; *(ugs.):* verdrücken, verkonsumieren, verputzen, verspachteln, wegessen, wegputzen; *(salopp):* verkasematuckeln; *(fam.):* verschmausen, verschnabulieren; *(ugs. emotional):* ratzekahl leer essen; *(ugs. scherzh.):* auffuttern, vertilgen; *(bes. nordd.):* aufbekommen.

auffahren
1. aufprallen, karambolieren, kollidieren, prallen, rammen, zusammenfahren, zusammenprallen, zusammenstoßen; *(ugs.):* zusammenkrachen; *(salopp):* aufknallen.
2. auf den Tisch bringen, auftischen, auftragen, reichen, servieren, vorsetzen; *(geh.):* auftafeln; *(ugs.):* anfahren.
3. aufschnellen, aufschrecken, aufzucken, hochfahren, hochschnellen, hochschrecken, in die Höhe fahren/schnellen, zusammenzucken; *(geh.):* emporfahren.

auffallen
Aufsehen erregen/verursachen, beachtet/bemerkt werden, Beachtung finden, die Aufmerksamkeit/die Blicke auf sich lenken/ziehen, Eindruck/Furore machen, herausragen, hervorragen, hervorstechen, hervortreten, in Erscheinung treten, ins Auge/in die Augen fallen, ins Auge/in die Augen springen, Schlagzeilen machen, von sich reden machen.

auffällig
auffallend, augenfällig, ausgeprägt, extrem, grell, ins Auge/in die Augen springend, krass, nicht zu übersehen, schreiend, unübersehbar; *(ugs.):* knallig; *(abwertend):* reißerisch.

auffangen
1. aufschnappen, ergreifen, fangen, fassen, greifen, packen, schnappen; *(ugs.):* erwischen, kriegen; *(veraltend):* haschen.
2. abdämpfen, abfedern, abmildern, abschwächen, ausgleichen, dämpfen, die Spitze nehmen, eindämmen, entschärfen, mildern, verringern; *(geh.):* dämmen.

auffassen
1. ansehen, auslegen, begreifen, betrachten, beurteilen, bewerten, deuten, einschätzen, empfinden, finden, halten, nehmen, sehen, verstehen, werten; *(geh.):* befinden, erachten; *(bildungsspr.):* interpretieren.
2. aufnehmen, sich bewusst werden, durchschauen, erfassen, erkennen, innewerden, klar werden, realisieren, verstehen, zu Bewusstsein kommen; *(geh.):* fassen; *(ugs.):* blicken, durchblicken, kapieren; *(salopp):* checken, durchsteigen, packen, raffen, schnallen, ticken.

Auffassung
1. Annahme, Anschauung, Ansicht, Betrachtungsweise, Blickwinkel, Einstellung, Gedanken, Haltung, Meinung, Position, Sicht[weise], Standpunkt, Überzeugung, Urteil, Vorstellung; *(geh.):* Befinden, Dafürhalten, Warte; *(bildungsspr.):* Perspektive.
2. ↑Auffassungsgabe.

Auffassungsgabe
Auffassung, Auffassungskraft, Auffassungsvermögen, Aufnahmefähigkeit, Begriffsvermögen, Denkvermögen, Fassungsgabe, Fassungskraft, Fassungsvermögen, Intelligenz, Verstand; *(ugs.):* Grips, Köpfchen.

auffinden
antreffen, aufspüren, aufstöbern, ausfindig machen, entdecken, finden, stoßen, treffen, vorfinden; *(ugs.):* auflesen; *(salopp):* aufgabeln.

aufflackern ↑aufflammen.

aufflammen
anfangen, aufbrennen, aufflackern, aufkeimen, aufkommen, aufleuchten, auflodern, auftreten, ausbrechen, sich ausbreiten, beginnen, einsetzen, um sich greifen, wach werden, zum Ausbruch/Vorschein kommen; *(geh.):* aufglimmen, aufschimmern, aufzucken, emporflackern, emporflammen, emporlodern, entbrennen.

auffliegen
aufgedeckt werden, ein Ende nehmen, entdeckt

werden, fehlschlagen, keinen Erfolg haben, Misserfolg haben, missglücken, misslingen, scheitern; *(ugs.):* hochgehen, platzen.

auffordern

a) anhalten, ans Herz legen, aufrufen, ermahnen, fordern, mahnen, nahelegen, verlangen; *(geh.):* ersuchen, heißen; *(bildungsspr.):* appellieren. **b)** angehen, bitten, einladen.

Aufforderung

a) Appell, Aufruf, Bitte, Erinnerung, Ermahnung, Mahnung, Ruf; *(geh.):* Ersuchen, Verlangen; *(EDV):* Reminder. **b)** Einladung.

auffrischen

a) aufarbeiten, ausbessern, erneuern, frisch machen, herrichten, instand setzen, renovieren, überholen, wiederherstellen; *(bildungsspr.):* restaurieren; *(ugs.):* aufmöbeln. **b)** aktivieren, aufbessern, aufleben lassen, ins Bewusstsein bringen, verbessern, wachrufen, wecken, wiederholen, zurückrufen; *(geh.):* aufrühren; *(ugs.):* aufmöbeln, aufpolieren.

aufführen

1. auf den Spielplan setzen, auf die Bühne bringen, geben, herausbringen, in Szene setzen, spielen, vorführen, zeigen; *(geh.):* darbieten; *(ugs.):* bringen, über die Bretter gehen lassen.

2. anführen, angeben, auflisten, aufzählen, erwähnen, nennen, vorbringen; *(geh.):* ins Feld/ins Treffen führen; *(Fachspr.):* enumerieren.

aufführen, sich

auftreten, sich benehmen, sich betragen, sich gebärden, sich geben, handeln, sich verhalten, sich zeigen; *(bildungsspr.):* sich gerieren; *(ugs.):* sich anstellen.

Aufgabe

1. a) Amt, Anforderung, Auftrag, Bestimmung, Forderung, Funktion, Geschäft, Pflicht, Rolle, Schuldigkeit, Verpflichtung; *(österr.):* Agenden; *(geh.):* Obliegenheit, Weisung; *(bildungsspr.):* Destination. **b)** Angelegenheit, Frage, Herausforderung, Problem, Rätsel, Schwierigkeit. **c)** Hausarbeit, Hausaufgabe, Schularbeit, Schulaufgabe.

2. Abbruch, Beendigung, Einstellung, Ende.

aufgeben

1. abgeben, abliefern, fortbringen, wegbringen, zur Bahn/Post bringen.

2. als Aufgabe stellen, als Hausaufgabe geben, anordnen, anweisen, auferlegen, auftragen, beauftragen, befehlen, Befehl erteilen/geben, bestimmen, verfügen; *(österr.):* anschaffen; *(bildungsspr.):* diktieren; *(ugs.):* aufbrummen.

3. a) abbrechen, abgehen von, sich abgewöhnen, sich abkehren, ablassen von, abrücken, abschwören, absehen, abstellen, sich abwenden, aufhören mit, beenden, beendigen, begraben, einstellen, hinter sich lassen, Schluss machen, verwerfen, verzichten; *(geh.):* Abstand nehmen, sich entäußern, entsagen, zu Grabe tragen; *(ugs.):* an den Nagel hängen, aufstecken, hinwerfen, knicken, stecken, streichen, sich verabschieden; *(salopp):* hinschmeißen. **b)** abgeschlossen haben mit, abschreiben, fallen lassen, nicht mehr rechnen mit, verloren geben. **c)** sich beugen, die Waffen strecken, sich ergeben, kapitulieren, nicht weitermachen, niederlegen, resignieren, sich stellen; *(geh.):* die Segel streichen; *(ugs.):* aussteigen, das Handtuch werfen, den Kram hinschmeißen, die Flinte ins Korn werfen, passen.

aufgebracht

ärgerlich, empört, entrüstet, erbost, erregt, geharnischt, gereizt, grimmig, rabiat, übellaunig, unwillig, verärgert, verdrießlich, verdrossen, wild, wütend, wutschäumend, wutschnaubend, zornig; *(geh.):* erzürnt, ungehalten; *(bildungsspr.):* indigniert; *(ugs.):* auf hundertachtzig, böse, fuchsig, fuchtig, grätig, in Fahrt, in Rage, sauer; *(emotional verstärkend):* fuchsteufelswild; *(nordd.):* fünsch.

aufgedreht

angeregt, animiert, aufgezogen, ausgelassen, fröhlich, in Stimmung, lebhaft, lustig, munter, übermütig, vergnügt; *(ugs.):* aufgekratzt, [mops]fidel; *(ugs. emotional):* quietschfidel; *(ugs. scherzh.):* feuchtfröhlich.

aufgehen

1. aufsteigen, auftauchen, sich erheben, erscheinen, hervorkommen.

2. a) aufschnappen, aufspringen, sich öffnen; *(ugs.):* aufkrachen. **b)** aufblühen, aufbrechen, aufplatzen, sich auseinanderfalten, sich entfalten, erblühen, sich öffnen, zur Blüte kommen; *(geh.):* sich aufblättern, aufspringen, sich auftun, sich erschließen.

3. aufkeimen, sich entwickeln, hervorkommen, keimen, sichtbar werden, sprießen, zu wachsen beginnen; *(geh.):* emporwachsen.

4. auftreiben, gären, hochgehen, treiben.

5. sich einsetzen, Erfüllung finden, sich hingeben, leben für, sich verlieren in, sich verschreiben, sich widmen.

aufgeklärt

1. frei denkend, liberal, vorurteilsfrei, vorurteilslos.

2. eingeweiht, informiert, unterrichtet, wissend.

aufgekratzt ↑aufgedreht.

aufgelöst

1. aufgeregt, aufgewühlt, außer Fassung, außer

sich, bewegt, durcheinander, erregt, fassungslos, handlungsunfähig, konfus, kopflos, verwirrt; *(ugs.):* durch den Wind.
2. beendet, vergangen, vorbei.

aufgeregt
aufgelöst, aufgewühlt, erhitzt, erregt, fahrig, fieberhaft, fiebrig, hektisch, Herzklopfen habend, kopflos, Lampenfieber habend, nervenschwach, nervös, ruhelos, unruhig; *(geh.):* unstet; *(bildungsspr.):* echauffiert; *(ugs.):* zappelig.

aufgeschlossen
ansprechbar, aufnahmebereit, empfänglich, interessiert, offen, verständig, wach, zugänglich.

aufgeweckt
alert, begabt, clever, einfallsreich, findig, geistig rege, gescheit, geschickt, geweckt, gewitzt, hellwach, intelligent, klug, munter, pfiffig, schlau, wach; *(ugs.):* ausgeschlafen, gewieft, nicht auf den Kopf gefallen; *(nordd.):* plietsch.

aufgreifen
anknüpfen, anschließen an, aufnehmen, sich beziehen, Bezug nehmen, eingehen auf, wieder aufnehmen/aufrollen, zurückkommen auf; *(bildungsspr.):* rekurrieren.

BSP Er knüpfte an die Worte des Vorredners an. Sie nahm Bezug auf den Beginn ihres Referats. Unsere Thesen rekurrieren auf eine bereits bekannte Theorie.

aufhalsen
abschieben auf, abverlangen, abwälzen auf, auflasten, auflegen, aufpacken, aufzwingen, belasten mit, schieben/wälzen auf, zumuten, zuschieben; *(schweiz.):* überbinden, überbürden; *(geh.):* aufbürden, auferlegen; *(ugs.):* aufbrummen, aufbuckeln, aufdrücken, aufladen, verdonnern.

aufhalten
a) abblocken, abfangen, abwehren, abwenden, auffangen, blockieren, bremsen, eindämmen, hemmen, stoppen, unterbinden, vereiteln, verhindern, verhüten, zum Scheitern/Stehen/Stillstand bringen, zunichtemachen; *(schweiz.):* versäumen; *(geh.):* Einhalt gebieten/tun, zu Fall bringen; *(ugs.):* abbiegen, umbiegen. **b)** abhalten von, beeinträchtigen, behindern, belästigen, festhalten, hindern, stören, unterbrechen.

aufhalten, sich
1. sich auseinandersetzen, sich befassen, sich beschäftigen, eingehen auf, sich einlassen, sich Gedanken machen, sich kümmern, nachdenken, seine Aufmerksamkeit richten auf, sich widmen, sich zuwenden; *(schweiz.):* eintreten.
2. sich befinden, bleiben, leben, sein, sitzen, verweilen, wohnen; *(geh.):* weilen.

aufhängen
anbringen, an die Decke/Wand hängen, anhängen, aufziehen, befestigen, festmachen; *(ugs.):* hinhängen.

Aufhänger
Anlass, Aufmacher, Einstieg.

aufheben
1. auflesen, aufnehmen, aufraffen, aufsuchen, einsammeln, hochnehmen; *(bes. südd., österr.):* aufklauben, zusammenklauben.
2. bewahren, hinterlegen, in Verwahrung nehmen, speichern, verwahren, zurücklegen; *(ugs.):* bunkern.
3. abschaffen, annullieren, auflösen, außer Kraft setzen, beseitigen, einstellen, für nichtig erklären, für ungültig erklären, rückgängig machen, streichen, zurücknehmen, zurückziehen; *(bildungsspr.):* liquidieren; *(emotional verstärkend):* für null und nichtig erklären.

aufheitern
ablenken, auf andere Gedanken bringen, aufbauen, aufrichten, froher/heiterer stimmen, jmds. Gemüt aufhellen, trösten, Trost spenden, zerstreuen, zum Lachen bringen; *(geh.):* erbauen; *(ugs.):* aufmöbeln; *(nachdrücklich):* wieder aufrichten; *(veraltend):* erheitern.

aufhetzen
agitieren, aufbringen, aufreizen, aufrühren, aufwiegeln, fanatisieren, verhetzen; *(österr.):* hussen; *(ugs.):* scharfmachen; *(abwertend):* aufputschen, hetzen; *(veraltend):* wiegeln; *(bildungsspr. veraltend):* insurgieren.

aufholen
a) aufarbeiten, ausgleichen, einbringen, einholen, gutmachen, nachholen; *(ugs.):* wettmachen. **b)** das Gleichgewicht herstellen, den Abstand vermindern/verringern; *(ugs.):* Boden gutmachen.

aufhorchen
aufmerken, aufmerksam/hellhörig werden, die Ohren spitzen, stutzen, stutzig werden.

aufhören
a) abbrechen, ausklingen, auslaufen, aussetzen, ein Ende haben/nehmen, enden, sich legen, nicht weitergehen, schließen, vergehen, zu Ende gehen, zum Erliegen kommen; *(geh.):* sich neigen.

BSP Bald wird die Sache endlich ein Ende nehmen.

b) abbrechen, abgewöhnen, abschließen, aufgeben, aufkündigen, beenden, einstellen, nicht fortfahren, schließen, Schluss machen; *(geh.):* ein Ende bereiten/setzen; *(ugs.):* aufstecken.

auf jeden Fall
absolut, auf alle Fälle, gewiss, selbstredend, sicher, unbedingt, unweigerlich; *(bildungsspr.):* par force; *(emotional):* zweifelsohne.

aufklären
1. an den Tag/ans Licht bringen, aufhellen, auskundschaften, bloßlegen, enträtseln, entschlüsseln, ermitteln, feststellen, herausfinden, klären, Klarheit bringen in, recherchieren, zutage bringen/fördern; *(geh.):* auflichten, enthüllen, entschleiern, entwirren; *(ugs.):* dahinterkommen, herausbekommen, herauskriegen.
2. belehren, die Augen öffnen, informieren, unterrichten; *(geh.):* au fait setzen; *(ugs.):* den Star stechen, ein Licht aufstecken; *(nachdrücklich):* in Kenntnis/ins Bild setzen.

aufklären, sich
sich aufheitern, aufklaren, sich entwölken, sich erhellen, freundlicher/heiter/heller werden, klar/schön/sonnig werden.

Aufklärung
1. Aufdeckung, Aufhellung, Bloßlegung, Ermittlung, Klärung, Lösung; *(bes. schweiz.):* Abklärung.
2. Aufschluss, Auskunft, Bescheid, Darlegung, Einblick, Erklärung, Information, Klarheit, Klärung, Unterrichtung.
3. Spionage.

aufkleben
anbringen, ankleben, aufleimen, befestigen, festmachen; *(österr.):* aufkaschieren; *(ugs.):* anmachen, aufkleistern.

Aufkleber
Aufklebezettel, [Klebe]etikett, Sticker; *(österr.):* Pickerl; *(schweiz.):* Kleber.

aufkommen
1. a) sich abzeichnen, sich anbahnen, sich andeuten, anfangen, sich ankündigen, aufblühen, aufkeimen, auftauchen, sich ausbilden, sich ausprägen, beginnen, sich bilden, entstehen, sich entwickeln, sich erheben, erscheinen, sich formen, sich heranbilden, heraufziehen, sich herausbilden, sich herauskristallisieren, im Anzug sein, werden, sich zeigen, zum Vorschein kommen, sich zusammenbrauen; *(geh.):* anheben, erwachen, sich regen. b) en vogue sein, [Hoch]konjunktur haben, im Schwange sein, in Mode kommen, Mode werden, Verbreitung finden; *(ugs.):* angesagt sein; *(Jargon):* hip sein.
2. aufbringen, bestreiten, bezahlen, die Kosten tragen, finanzieren, übernehmen, unterhalten, zahlen; *(ugs.):* blechen.

aufkreuzen
ankommen, anlangen, sich blicken lassen, sich einfinden, sich einstellen, eintreffen, erscheinen, kommen, landen; *(ugs.):* anrücken, anzwitschern, auf der Bildfläche erscheinen, aus der Versenkung auftauchen, eintrudeln, hereinschneien; *(salopp):* antanzen.

Auflage
1. Abdruck, Ausgabe, Druck, Edition, Fassung, Herausgabe, Publikation, Veröffentlichung.
2. Bedingung, Verpflichtung.

auflauern
abfangen, abpassen, abwarten, aufhalten, beobachten, lauern, warten; *(ugs.):* auf der Lauer liegen/sein/sitzen/stehen, sich auf die Lauer legen.

Auflauf
Anhäufung, Ansammlung, Aufmarsch, Gedränge, Getümmel, Gewimmel, Gewühl, Menge, Schar, Trubel; *(häufig abwertend):* Horde, Zusammenrottung; *(südd.):* Gewurl.

auflaufen
a) auffahren, auf Grund laufen/geraten, sich festfahren, stoßen, stranden. b) abgewiesen werden, die kalte Schulter gezeigt bekommen, eine Abfuhr erhalten, einen Korb bekommen, sich einen Korb holen, keine Gegenliebe/Zustimmung finden, keinen Anklang finden, zurückgewiesen werden; *(ugs.):* abblitzen, abgefertigt werden, abgewimmelt werden, nicht ankommen; *(salopp):* abfahren, abserviert werden.

aufleben
aufblühen, aufkommen, sich entwickeln, sich erholen, florieren, gedeihen, gesunden, gesund werden, in Gang kommen, munter werden, neue Lebenskraft bekommen/schöpfen, von Neuem beginnen, wieder aufkommen, wieder zu sich kommen; *(geh.):* aufstehen, genesen, zu neuem Leben erwachen; *(bildungsspr.):* sich regenerieren; *(ugs.):* sich aufrappeln, in Schwung kommen, sich mausern, Schwung in etwas bringen; *(ugs. scherzh.):* auferstehen.

auflegen
1. auflehnen, aufstemmen, aufstützen.
2. abdrucken, drucken, edieren, herausbringen, herausgeben, in den Buchhandel bringen, publizieren, verlegen, veröffentlichen.

auflehnen, sich
einen Aufstand machen, sich empören, [heftigen] Widerstand leisten, meutern, opponieren, sich wehren, sich widersetzen; *(geh.):* aufbegehren; *(bildungsspr.):* rebellieren, revoltieren; *(ugs.):* auf die Barrikaden gehen/steigen.

auflesen
1. aufgreifen, aufheben, aufnehmen, aufraffen, aufsammeln, einsammeln, hochnehmen, zusammenraffen.

2. auffinden, aufspüren, aufstöbern, entdecken, stoßen auf; *(ugs.):* auftreiben; *(salopp):* auffischen, aufgabeln.

auflockern

1. auflösen, locker machen, lösen.

2. entkrampfen, entschärfen, entspannen, locker machen, lösen, zwangloser gestalten/machen.

auflösen

1. zerfallen/zergehen lassen, zerfressen, zersetzen, zerstören.

2. abbrechen, abschaffen, abstellen, annullieren, aufgeben, aufheben, aufhören, aufräumen, auslöschen, ausmerzen, ausräumen, beenden, beendigen, beheben, beseitigen, einen Schlussstrich ziehen, einstellen, für nichtig/ungültig erklären, kündigen, nicht weiterführen, schließen, Schluss machen, stilllegen, streichen, über Bord werfen, zum Verschwinden bringen; *(geh.):* aufkünden, aufkündigen, aufsagen, die Segel streichen, ein Ende bereiten/machen/setzen; *(bildungsspr.):* dissoziieren, eliminieren; *(ugs.):* aussteigen, das Handtuch werfen, den Kram hinschmeißen, die Flinte ins Korn werfen, wegmachen; *(salopp):* ausradieren; *(emotional verstärkend):* für null und nichtig erklären.

3. aufdecken, aufklären, enträtseln, entschlüsseln, entziffern, erraten, knacken, lösen; *(ugs.):* dahinterkommen, herausbekommen.

auflösen, sich

1. a) aufsplittern, [in seine Bestandteile] zerfallen, zerbröckeln, zerbröseln, zerfallen, zergehen, zerrinnen, sich zersetzen, sich zerteilen; *(bes. Fachspr.):* sich verflüssigen. **b)** übergehen, verrauchen, sich verwandeln.

2. aufgeben, auseinanderbrechen, auseinanderfallen, auseinandergehen, enden, in die Brüche gehen, nicht länger bestehen, verfallen, sich verlaufen, verschwinden, sich verteilen, zerbrechen, zerfallen, sich zerstreuen; *(geh.):* ersterben, schwinden, seinen Niedergang erleben; *(bildungsspr.):* sich dissoziieren.

aufmachen

1. aufbrechen, aufknoten, aufknüpfen, aufschieben, aufschließen, aufschnüren, aufsperren, aufstoßen, auftrennen, aufziehen, auseinandertrennen, entknoten, öffnen; *(ugs.):* aufdröseln, auseinanderfitzen.

2. eröffnen, gründen, ins Leben rufen, starten.

aufmachen, sich

abwandern, aufbrechen, sich auf den Weg machen, ausziehen, davongehen, davonziehen, sich entfernen, fortgehen, losgehen, losmarschieren, losziehen, weggehen; *(geh.):* sich fortbegeben, sich wegbegeben.

Aufmachung

Aufputz, [äußeres] Erscheinungsbild, Ausstattung, Dekor, Design, Gestaltung, Gewand, Outfit, Staffage; *(ugs.):* Aufmache; *(abwertend):* Aufzug; *(Jargon):* Styling.

aufmerken

1. achten, achtgeben, Aufmerksamkeit schenken, aufpassen, sein Augenmerk richten; *(südd.):* Obacht geben; *(veraltend):* merken.

2. aufhorchen, aufmerksam werden, aufschauen, beachten, Beachtung schenken, die Augen aufmachen/offen haben, hellhörig/stutzig werden, stutzen.

aufmerksam

1. andächtig, bei der Sache, ganz Ohr, gesammelt, konzentriert, mit offenen Augen, mit wachen Sinnen, wachsam; *(geh.):* achtsam.

GGS abgelenkt, entrückt, fahrig, selbstvergessen.

---

2. gentlemanlike, gesittet, höflich, kavaliersmäßig, manierlich, ritterlich, zuvorkommend; *(bildungsspr.):* chevaleresk; *(veraltend):* dienstbereit, galant.

Aufmerksamkeit

1. Andacht, Anspannung, Augenmerk, Geistesgegenwart, Interesse, Konzentration, Sammlung, Wachsamkeit; *(geh.):* Achtsamkeit.

2. Entgegenkommen, Freundlichkeit, Gefälligkeit, Höflichkeit, Liebenswürdigkeit, Ritterlichkeit, Wohlwollen, Zuvorkommenheit; *(bildungsspr. veraltend):* Galanterie.

3. Gabe, kleines [Gast]geschenk, Präsent; *(österr.):* Mitgebringe; *(fam.):* Mitbringsel.

Aufmerksamkeit erregen

auffallen, Beachtung finden, hervorstechen, ins Auge/in die Augen fallen; *(bildungsspr.):* frappieren.

BSP Der Roman fand viel Beachtung. Ihr Kommentar zum Klimawandel frappierte.

---

aufmuntern

auf andere Gedanken bringen, aufbauen, aufheitern, aufrichten, den Rücken stärken, heiter stimmen, Mut zusprechen, trösten, Trost spenden; *(ugs.):* aufmöbeln; *(nachdrücklich):* wieder aufrichten; *(veraltend):* erheitern.

Aufnahme

1. Beherbergung, Logis, Unterkunft, Unterschlupf; *(ugs.):* Unterbringung.

2. Eintragung, Erfassung, Listung, Registrierung, Verzeichnung, Zulassung.

3. Aufzeichnung, Darstellung, Niederschrift, Protokollierung, Skizzierung, Übertragung.

4. Ansicht, Bild, Darstellung, Foto, Fotografie, Reproduktion, Schnappschuss, Selfie, Wiedergabe.

aufnehmen

1. Aufnahme gewähren, beherbergen, empfangen, Gastfreundschaft gewähren, unterbringen, Unterkunft anbieten; *(veraltend):* logieren.

2. a) beitreten lassen, die Mitgliedschaft gewähren, einschreiben, eintragen, eintreten lassen, erfassen, registrieren. **b)** einfügen, eingliedern, miteinbeziehen, mit hineinnehmen; *(bildungsspr.):* integrieren.

3. erfassen, ins Bewusstsein dringen lassen, lernen, mitbekommen.

4. aufsaugen, einsaugen, einziehen.

5. aufschreiben, aufzeichnen, notieren, protokollieren, [schriftlich] festhalten.

6. a) ablichten, ein Foto schießen, fotografieren; *(ugs.):* knipsen. **b)** [ab]drehen, [ver]filmen; *(ugs.):* kurbeln.

aufnötigen

aufdrängen, aufreden, aufschwatzen, aufzwingen, überreden; *(bildungsspr.):* [auf]oktroyieren; *(ugs.):* andrehen, aufdrängeln, bequatschen, beschwatzen, breitschlagen, herumbekommen; *(salopp):* einwickeln, [he]rumkriegen.

aufopfern, sich

sich abarbeiten, sich einsetzen, sich ergeben, sich hingeben, sich opfern; *(geh.):* sein Herzblut hingeben; *(ugs.):* das letzte/sein letztes Hemd hergeben.

aufpassen

a) achten, achtgeben, Aufmerksamkeit schenken, aufmerksam sein, beachten, Beachtung schenken, bei der Sache sein, die Augen offen haben/halten, sein Augenmerk richten; *(geh.):* aufmerken; *(ugs.):* seine fünf Sinne zusammennehmen/zusammenhalten; *(südd.):* Obacht geben; *(veraltend):* merken.

BSP Man muss verteufelt achtgeben, um nicht zu fallen. Er hat die simpelsten Vorsichtsmaßnahmen im Netz nicht beachtet.

b) Aufsicht führen, beaufsichtigen, bewachen, die Aufsicht haben, ein Auge haben auf, hüten, im Auge behalten, kontrollieren, sich kümmern, nicht aus den Augen lassen, sehen, [über]wachen; *(schweiz.):* gaumen; *(geh.):* achthaben; *(südd., österr.):* schauen.

BSP Wer wird die Klassenarbeit beaufsichtigen? Wir müssen die Einhaltung der Verhaltensregeln gemeinsam überwachen.

aufplustern

anschwellen, aufbauschen, aufblähen, eine [Haupt- und] Staatsaktion machen, übertreiben; *(bildungsspr.):* outrieren; *(ugs.):* Theater vormachen, viel Wind machen.

aufplustern, sich

sich herausstreichen, sich in den Vordergrund drängen/rücken/schieben/spielen, sich in Szene setzen, sich plustern, sich spreizen, viel Aufhebens von sich machen; *(ugs.):* sich aufpumpen, die große/eine Schau abziehen, [viel] Qualm/Wind machen; *(abwertend):* sich aufblähen, [sich] großtun.

Aufprall

Anprall, Aufschlag, Kollision, Prall, Schlag, Zusammenstoß; *(ugs.):* Karambolage, Plumps.

aufprallen

anprallen, aufklatschen, aufschlagen, auftreffen, prallen, schlagen; *(ugs.):* bumsen, plumpsen; *(salopp):* aufknallen, aufkrachen.

Aufpreis

Aufgeld, Aufschlag, Bedienzuschlag, Mehrbetrag, Mehrpreis, Plus, Plusbetrag, Preisaufschlag, Preiszuschlag, Zuschlag; *(südd., österr., schweiz.):* Aufzahlung.

aufpumpen

aufblasen, mit Gas/Luft füllen; *(ugs.):* aufpusten.

aufquellen

anschwellen, aufschwellen, schwellen, verquellen.

aufraffen, sich

sich aufschwingen, sich bequemen, sich durchkämpfen, sich durchringen, sich ermuntern, seinem Herzen einen Stoß geben, über seinen Schatten springen, sich überwinden, sich zwingen; *(geh.):* sich ermannen; *(ugs.):* sich aufrappeln, sich berappeln, sich [innerlich] einen Ruck geben, sich zusammenraffen; *(oft iron.):* sich herbeilassen.

aufrappeln, sich

sich aufraffen, sich erholen, gesund werden, [wieder] auf die Beine kommen; *(geh.):* aufkommen, genesen, gesunden; *(ugs.):* sich berappeln, sich herausmachen, sich hochrappeln.

aufräumen

1. a) Ordnung machen/schaffen; *(ugs.):* ausmisten, in Ordnung/Schuss bringen. **b)** an seinen Platz legen/stellen, forträumen, wegräumen.

2. abschaffen, abstellen, auflösen, aus dem Weg räumen, aus der Welt schaffen, auslöschen, ausmerzen, ausräumen, außer Kraft setzen, beheben, beseitigen, entfernen, Schluss machen, Tabula rasa machen, zum Verschwinden bringen;

(*geh.*): ein Ende setzen; (*bildungsspr.*): eliminieren; (*salopp*): ausradieren.

aufrecht

1. aufgerichtet, gerade, kerzengerade, senkrecht.
2. anständig, charakterfest, charakterstark, charaktervoll, ehrenhaft, grundanständig, hochanständig, integer, redlich, reputabel; (*schweiz.*): recht; (*geh.*): ehrbar, ehrenwert, honett, lauter; (*veraltend*): brav, honorig, rechtlich, rechtschaffen, wacker.

aufrechterhalten

behalten, beibehalten, bestehen lassen, bewahren, durchhalten, erhalten, festhalten, halten, konservieren, nicht abreißen lassen, unterhalten, wachhalten; (*schweiz.*): gaumen; (*geh.*): nähren, wahren.

aufregen

aufreizen, aufwühlen, beunruhigen, empören, enervieren, entnerven, erregen, in Aufregung/Erregung/Unruhe versetzen, zu schaffen machen; (*bildungsspr.*): echauffieren.

aufregen, sich

1. aus der Fassung geraten, außer sich geraten, sich bemachen, die Beherrschung/Fassung verlieren, sich erhitzen, in Erregung geraten; (*bildungsspr.*): sich echauffieren, sich exaltieren; (*ugs.*): abdrehen, Zustände bekommen/kriegen; (*salopp*): die Krise kriegen.
2. sich abfällig äußern, sich ärgern, sich empören, sich entrüsten, sich erbittern, sich erbosen, sich ereifern, sich erhitzen, sich erregen; (*bildungsspr.*): sich echauffieren, sich exaltieren.

aufregend

abenteuerlich, bewegt, dramatisch, ereignisreich, erlebnisreich, erregend, spannend, spannungsgeladen, spannungsreich, spannungsvoll.

Aufregung

a) Aufgeregtheit, Aufsehen, Dramatik, Erregtheit, Erregung, Hochspannung, Spannung, Unruhe, Wirbel; (*ugs.*): Klimbim. b) Auflösung, Chaos, Durcheinander, Gewirr, Konfusion, Tohuwabohu, Unordnung, Verwirrung, Wirrwarr; (*geh.*): Wirrnis, Wirrsal; (*ugs.*): Kladderadatsch, Kuddelmuddel.

aufreiben

anstrengen, entkräften, erschöpfen, kraftlos/schwach machen, mitnehmen, ruinieren, strapazieren, zehren, zermürben, zerquälen; (*geh.*): aufzehren, verzehren; (*ugs.*): auffressen, erledigen, fertigmachen, kaputtmachen, schaffen, schlauchen, stressen; (*salopp*): abkochen.

aufreiben, sich

sich abarbeiten, sich abmühen, sich abplagen, sich abquälen, sich ausgeben, hart/schwer arbeiten, sich plagen, sich quälen, sich verausgaben, sich verbrauchen, sich zerquälen; (*geh.*): sich aufzehren; (*ugs.*): sich abärgern, sich abschinden, sich abschuften, sich abstrampeln, ackern, sich placken, rackern, sich schinden, schuften; (*salopp*): sich abrackern.

aufrichten

1. aufrecken, aufsetzen, gerade richten, hochrichten, in die Höhe richten.
2. aufbauen, aufschichten, aufstellen, bauen, erbauen, errichten, postieren, richten; (*geh.*): aufführen.
3. aufbauen, aufheitern, aufmuntern, den Rücken stärken, Mut zusprechen, trösten, Trost spenden; (*ugs.*): aufmöbeln; (*nachdrücklich*): wieder aufrichten; (*veraltend*): erheitern.

aufrichten, sich

Mut fassen/schöpfen, sich Mut zusprechen; (*geh.*): sich ermannen; (*ugs.*): sich aufrappeln, sich berappeln, sich [innerlich] einen Ruck geben, sich zusammenraffen.

aufrichtig

echt, ehrlich, einlinig, ernst [gemeint], ernsthaft, geradlinig, geradsinnig, herzlich, unverstellt, von [ganzem] Herzen, von Herzen kommend; (*geh.*): aus tiefstem Herzen, lauter, wahr.

GGS heuchlerisch, intrigant, scheinheilig, verstellt.

aufrollen

a) aufspulen, aufwickeln, aufwinden, einrollen, wickeln, zusammenrollen. b) aufstreifen, hochkrempeln, hochrollen, hochstreifen, hochstülpen, krempeln.

aufrücken

1. sich anschließen, Anschluss gewinnen, aufschließen, durchgehen, sich hinzugesellen, nachrücken, vorrücken, sich zugesellen; (*ugs.*): durchtreten; (*Sport*): auflaufen.
2. aufsteigen, einrücken; (*bildungsspr.*): arrivieren; (*ugs.*): die Treppe hinauffallen/rauffallen/hochfallen; (*veraltend*): avancieren.

Aufruf

1. Aufforderung, Mitteilung, Ruf; (*bildungsspr.*): Appell.
2. Aktivierung, Start; (*EDV*): Abfrage.

aufrufen

1. anhalten zu, auffordern, rufen, sich wenden an, zu bewegen suchen; (*bildungsspr.*): appellieren; (*ugs.*): predigen.
2. aktivieren, in Gang setzen, starten; (*EDV*): abfragen, abrufen, anwählen, laden.

Aufruhr

1. Auflehnung, Aufstand, Empörung, Erhe-

bung, Krawall, Rebellion, Revolte, Tumult, Unruhen; *(schweiz.):* Unrast; *(bildungsspr.):* Insurrektion; *(ugs.):* Rabatz, Rambazamba, Randale.
2. Aufgeregtheit, Aufregung, Ekstase, Erregtheit, Erregung, Hysterie, Taumel, Wallung; *(geh.):* Aufwallung, Glut.

aufrühren
1. auslösen, entfesseln, erregen, erwecken; *(geh.):* entfachen; *(bildungsspr.):* evozieren.
2. aufpeitschen, aufregen, aufwühlen, erregen, erschüttern, in Erregung versetzen, rühren; *(bildungsspr.):* echauffieren, enthusiasmieren.

aufrührerisch
aufsässig, aufständisch, empörerisch, rebellisch, widersetzlich; *(schweiz.):* auflüpfisch; *(bildungsspr.):* subversiv; *(oft abwertend):* umstürzlerisch.

aufrüsten
a) bewaffnen, hochrüsten, mobilisieren, mobilmachen, rüsten. **b)** nachrüsten, verstärken.

aufsagen
1. abhaspeln, darbieten, deklamieren, hersagen, rezitieren, sprechen, vortragen, zum Besten geben; *(geh.):* zu Gehör bringen; *(ugs.):* abschnurren, bringen, herunterrasseln; *(salopp):* herunterbeten, herunterleiern.
2. aufkündigen, beenden, beendigen, einen Schlussstrich ziehen, einstellen, für beendet erklären, kündigen, lösen, Schluss machen, zurücktreten; *(geh.):* aufkünden.

aufsammeln
aufheben, auflesen, aufnehmen, aufraffen, aufsuchen, hochnehmen, zusammenraffen; *(bes. südd., österr.):* aufklauben, zusammenklauben.

aufsässig
bockig, trotzig, widerspenstig; *(bildungsspr.):* renitent.

Aufsatz
1. a) Klassenaufsatz, Schulaufsatz. **b)** Abhandlung, Arbeit, Artikel, Ausführung, Beitrag, Essay, Schrift, Text, Werk; *(österr.):* Feuilleton; *(veraltend):* Traité, Traktat.
2. Aufbau, aufgesetzter Teil.

aufsaugen
aufnehmen, einsaugen, hineinsaugen, saugen.

aufscheuchen
aufjagen, aufschrecken, aufstöbern, aufstören, auftreiben, hochjagen, hochscheuchen.

aufschieben
anstehen lassen, hinausschieben, hinausziehen, hinauszögern, hinziehen, verlegen, verschieben, vertagen, verzögern, vor sich herschieben, zurückstellen; *(ugs.):* auf die lange Bank schieben, auf Eis legen, brach legen.

Aufschlag
1. Anprall, Aufprall, Prall, Schlag; *(ugs.):* Plumps.
2. Aufgeld, Aufpreis, Bedienzuschlag, Mehrbetrag, Mehrpreis, Plus, Plusbetrag, Preisaufschlag, Preiszuschlag, Zuschlag; *(südd., österr., schweiz.):* Aufzahlung.

aufschlagen
1. anprallen, aufklatschen, aufprallen, auftreffen, prallen, schlagen; *(ugs.):* bumsen, plumpsen; *(salopp):* aufknallen, aufkrachen.
2. abschürfen, sich aufreiben, aufreißen, aufschürfen, aufstoßen, schrammen, schürfen, verletzen; *(ugs.):* abschrammen.
3. aufbrechen, aufhacken, aufhauen, aufknacken, aufsprengen, [gewaltsam] öffnen, sprengen; *(geh.):* erbrechen.
4. aufbauen, aufrichten, aufstellen, errichten, zusammenbauen.

aufschließen
1. aufmachen, öffnen, zugänglich machen.
2. sich anschließen, auffahren, aufrücken, den Abstand verringern, einholen, nachrücken.

Aufschluss
Aufdeckung, Aufhellung, Aufklärung, Auskunft, Bescheid, Einblick, Information, Klarheit, Klärung.

aufschlüsseln
aufgliedern, aufteilen, durchgliedern, einordnen, einteilen, fächern, gliedern, klassifizieren, ordnen, staffeln, untergliedern, Unterpunkte anlegen, unterteilen, zerlegen; *(bildungsspr.):* differenzieren; *(Sprachwiss.):* dekomponieren.

aufschlussreich
anschaulich, bedeutsam, bedeutungsvoll, demonstrativ, deutlich, informativ, interessant, lehrreich, wichtig, wissenswert; *(bildungsspr.):* relevant.

aufschnappen
1. aufgehen, aufspringen, sich öffnen; *(geh.):* sich auftun.
2. auffangen, erfahren, erhaschen, hören, mitbekommen, zu Ohren kommen; *(ugs.):* mitkriegen.

aufschneiden
1. öffnen; *(ugs.):* aufmachen.
2. durchschneiden, in Scheiben/Stücke schneiden, vorschneiden, zerlegen, zerschneiden, zerteilen; *(ugs.):* zerschnippeln.
3. sich in den Vordergrund drängen/rücken/schieben/spielen, sich in die Brust werfen, prahlen, sich rühmen, übertreiben, viel Aufhebens von sich machen; *(ugs.):* angeben, protzen, [viel] Wind machen; *(abwertend):* sich brüsten, großtun; *(ugs. abwertend):* sich aufblasen [wie ein Frosch], sich aufplustern, dick auftragen,

große Töne schwingen/spucken, tönen; *(ugs., oft abwertend):* sich wichtigmachen, wichtigtun.

Aufschneider, Aufschneiderin
Münchhausen, Prahler, Prahlerin; *(ugs.):* Angeber, Angeberin, Prahlhans, Protz; *(salopp):* Großschnauze; *(abwertend):* Großsprecher, Großsprecherin, Großtuer, Großtuerin, Maulheld, Maulheldin, Schaumschläger, Schaumschlägerin; *(bildungsspr. abwertend):* Renommist, Renommistin; *(ugs. scherzh.):* Gernegroß.

aufschrecken
alarmieren, ängstigen, aufregen, aufrütteln, aufstören, aus den Gedanken/aus dem Schlaf reißen, beunruhigen, herausreißen, in Schrecken/Sorge/Unruhe versetzen, wachrütteln; *(geh.):* schrecken; *(ugs.):* aufscheuchen.

aufschreiben
a) aufzeichnen, niederschreiben, schriftlich festhalten/formulieren, zu Papier bringen; *(geh.):* niederlegen; *(bildungsspr.):* fixieren. **b)** auflisten, aufnehmen, sich eine Notiz machen, eintragen, notieren, vermerken.

Aufschub
Aufhaltung, Fristverlängerung, Galgenfrist, Gnadenfrist, Stundung, Verlängerung, Verschiebung, Verschleppung, Vertagung, Verzögerung, Verzug; *(bildungsspr.):* Prokrastination, Retardation; *(Fachspr.):* Moratorium.

aufschwingen, sich
sich aufraffen, sich bequemen, sich durchkämpfen, sich durchringen, sich ermuntern, es über sich bringen, seinem Herzen einen Stoß geben, über seinen Schatten springen, sich überwinden, sich zwingen; *(geh.):* sich ermannen; *(ugs.):* sich aufrappeln, sich berappeln, sich [innerlich] einen Ruck geben, sich zusammenraffen; *(oft iron.):* sich herbeilassen.

Aufschwung
Aufstieg, Aufwärtsentwicklung, Boom, Rush, Wirtschaftsaufschwung; *(geh.):* Blüte; *(bildungsspr.):* Prosperität.

Aufsehen
Aufheben, Aufregung, Beachtung, Eklat, Furore, Lärm, Sensation, Skandal, Überraschung, Verwunderung, Wirbel.

Aufseher, Aufseherin
Aufsicht, Aufsichtführender, Aufsichtführende, Aufsichtspersonal, Bewacher, Bewacherin, Kontrolleur, Kontrolleurin, Wachdienst, Wache, Wachhabender, Wachhabende, Wächter, Wächterin, Wärter, Wärterin; *(geh.):* Hüter, Hüterin; *(bildungsspr.):* Argus; *(scherzh.):* Zerberus; *(abwertend):* Aufpasser, Aufpasserin.

auf sein
1. a) geöffnet sein, nicht geschlossen/verschlossen sein, offen sein, offen stehen, unverschlossen sein; *(ugs.):* aufstehen. **b)** geöffnet haben/sein, offen haben/sein; *(ugs.):* aufgemacht haben, aufhaben.
2. aufgestanden sein, aufgewacht sein, ausgeschlafen haben, hellwach sein, nicht schlafen, wach sein; *(geh.):* erwacht sein, wachen.

aufsetzen
1. aufstülpen, setzen, stülpen, überstülpen; *(geh.):* anlegen, antun.
2. abfassen, anfertigen, aufnehmen, aufschreiben, aufzeichnen, ausarbeiten, ein Konzept machen, entwerfen, erarbeiten, formulieren, ins Unreine schreiben, konzipieren, niederschreiben, schreiben, skizzieren, texten, verfassen, zu Papier bringen, zusammenstellen.

Aufsicht
1. Beaufsichtigung, Beobachtung, Beschattung, Bewachung, Kontrolle, Observation, Überwachung, Zensur; *(geh.):* Obhut.
2. ↑ Aufseher, Aufseherin.
3. *(Fachspr.):* Draufsicht.

aufspalten
auseinandernehmen, durchhacken, durchspalten, spalten, teilen, trennen, zerlegen, zerteilen.

aufspalten, sich
sich aufsplittern, sich spalten, sich teilen, sich trennen.

aufspannen
a) ausbreiten, auseinanderfalten, entfalten, öffnen; *(ugs.):* aufmachen. **b)** anbringen, aufziehen, befestigen, festmachen, spannen, ziehen.

aufsperren
a) weit öffnen; *(ugs.):* aufreißen, weit aufmachen. **b)** aufschließen, öffnen, zugänglich machen; *(ugs.):* aufmachen.

aufsplittern
auflösen, aufspalten, spalten, teilen, trennen; *(bildungsspr.):* fraktionieren.

aufspringen
1. auffahren, aufschnellen, aufspritzen, sich erheben, hochfahren, hochschnellen, hochspringen, in die Höhe schnellen/springen; *(geh.):* emporschnellen, emporspringen.
2. aufgehen, aufplatzen, aufschnappen, sich öffnen; *(geh.):* aufbersten, sich auftun.
3. aufplatzen, platzen, rau/rissig werden, Risse bekommen.

aufspüren
auf die Spur kommen, auffinden, aufstöbern, ausfindig machen, entdecken, ermitteln, finden, fündig werden, herausbekommen, herausfin-

den, in Erfahrung bringen, recherchieren, stoßen auf, treffen auf; *(österr.):* stellig machen; *(bildungsspr.):* eruieren; *(ugs.):* auftreiben, auftun, herausbringen, herauskriegen, rausbekommen, rausfinden; *(Fachspr.):* detektieren.

aufstacheln
1. aufwiegeln, in Aufruhr/Erregung versetzen.
2. aktivieren, anfeuern, animieren, Ansporn/Antrieb geben, anspornen, anstacheln, antreiben, aufmuntern, mobilisieren, motivieren; *(geh.):* befeuern; *(ugs.):* auf Touren/Trab bringen, Dampf machen; *(südd., österr.):* aneifern; *(bildungsspr. veraltend):* encouragieren.

Aufstand
Auflehnung, Aufruhr, Empörung, Erhebung, Krawall, Meuterei, Putsch, Rebellion, Revolte, Revolution, Unruhen, Volksaufstand, Volkserhebung; *(schweiz.):* Unrast; *(bildungsspr.):* Insurrektion.

aufständisch
sich auflehnend, aufrührerisch, meuternd, rebellisch, revolutionär; *(geh.):* aufbegehrend; *(bildungsspr.):* rebellierend, revoltierend.

aufstapeln
aufeinanderlegen, aufeinanderschichten, aufeinandersetzen, aufeinanderstapeln, aufeinanderstellen, aufhäufen, aufschichten, auftürmen, stapeln, türmen, übereinanderlegen, übereinanderschichten, übereinandersetzen, übereinanderstapeln, übereinanderstellen; *(schweiz.):* aufbeigen; *(südd., schweiz.):* beigen.

aufstauen, sich
sich ansammeln, sich anstauen, sich aufspeichern, zusammenkommen; *(bildungsspr.):* sich agglomerieren.

aufstehen
a) aufkommen, sich aufraffen, sich erheben; *(geh.):* sich heben; *(ugs.):* sich aufrappeln, hochkommen, sich hochrappeln. b) auf die Beine/Füße springen, das Bett verlassen; *(ugs.):* aus den Federn kommen/kriechen, herausmüssen, hochkommen, hochmüssen, rausmüssen.

aufsteigen
1. aufsitzen, besteigen, sich hinaufschwingen, sich hochschwingen, sich schwingen, steigen.
2. besteigen, emporsteigen, erklettern, ersteigen, heraufsteigen, hinaufgehen, hinaufklettern, hinaufsteigen, hochsteigen, klettern, steigen; *(geh.):* emporklettern, erklimmen, klimmen; *(ugs.):* hochklettern, hochkraxeln.
3. aufdampfen, aufwallen, aufwärtssteigen, heraufsteigen, hochsteigen; *(geh.):* aufwölken.
4. aufrücken, den Aufstieg schaffen, emporsteigen, es zu etwas bringen, etwas werden, Karriere machen, vorwärtskommen; *(geh.):* emporkommen; *(bildungsspr.):* arrivieren; *(ugs.):* die Treppe hinauffallen/rauffallen/hochfallen, hochkommen; *(veraltend):* avancieren.

aufstellen, sich
1. antreten, sich aufreihen, Aufstellung nehmen, sich formieren, sich gruppieren, sich hinstellen, sich ordnen, sich platzieren, sich postieren, sich stellen; *(ugs.):* sich aufbauen, sich aufpflanzen, sich hinbauen; *(südd., österr., schweiz.):* hinstehen.
2. sich aufrichten, sich aufsträuben, sich stellen.

Aufstellung
1. a) Anordnung, Aufreihung, Gruppierung, Ordnung, Platzierung, Postierung, Stationierung. b) Aufführung, Benennung, Empfehlung, Kandidatur, Nennung, Nomination, Nominierung; *(schweiz.):* Portierung. c) Abfassung, Anfertigung, Aufzeichnung, Ausarbeitung, Erarbeitung, Formulierung, Zusammenstellung.
2. Index, Katalog, Liste, Register, Zusammenstellung.
3. Formation, Mannschaft; *(Sport):* Besetzung, Mannschaftsaufstellung, Mannschaftsformation.

Aufstieg
1. Anstieg, Besteigung, Erkletterung, Ersteigung; *(geh.):* Emporstieg, Erklimmung.
2. a) Aufschwung, Aufwärtsentwicklung, Aufwärtstrend, Boom, Rush, Wirtschaftsaufschwung; *(geh.):* Blüte; *(bildungsspr.):* Prosperität. b) Beförderung, Fortkommen, Karriere, Vorwärtskommen; *(geh.):* Emporstieg.

aufstöbern
1. aufjagen, aufscheuchen, aufschrecken, aufspüren, hochjagen, hochscheuchen.
2. ↑aufspüren.

aufstocken
1. erhöhen, erweitern, vergrößern.
2. anheben, aufbessern, aufhelfen, steigern, vergrößern, vermehren; *(schweiz.):* äufnen; *(geh.):* mehren; *(bildungsspr.):* augmentieren.

aufstoßen
1. auftreten, öffnen; *(ugs.):* aufmachen.
2. a) aufschlagen, aufschrammen, aufschürfen, schrammen, schürfen, verletzen; *(ugs.):* abschrammen. b) ↑auftreffen.

aufsuchen
besichtigen, besuchen, sich blicken lassen, einen Besuch abstatten/machen, sich hinbegeben, hingehen, [hin]kommen, wiedersehen, zu Besuch kommen; *(geh.):* sich bemühen, frequentieren; *(bildungsspr.):* konsultieren; *(ugs.):* auf die

Bude rücken, auf einen Sprung vorbeigehen/vorbeikommen, das Haus/die Bude einrennen, hereinschauen, hereinschneien, hereinsehen, pilgern, vorbeigehen, vorbeikommen, vorbeischauen, vorbeisehen; *(scherzh.):* überfallen; *(bildungsspr. veraltend):* Visite machen; *(geh. veraltet):* aufwarten.

Auftakt
Anfang, Ausgangspunkt, Beginn, Einleitung, Eröffnung, erster Schritt, Ouvertüre, Start; *(geh.):* Aufklang; *(ugs.):* Intro, Startschuss; *(Sport):* Aufgalopp.

auftauchen
1. aufsteigen, hervortauchen; *(geh.):* emportauchen; *(ugs.):* hochkommen.
2. a) sich erheben, erkennbar werden, in Erscheinung treten, sichtbar werden; *(geh.):* aufwachsen. **b)** ↑auftreten (2).

auftauen
1. abschmelzen, abtauen, aufschmelzen, schmelzen, tauen, wegschmelzen, wegtauen.
2. aufblühen, aufleben, aus sich herausgehen, munter werden, sich öffnen, seine/alle Scheu ablegen/fallen lassen/vergessen/verlieren, seine Befangenheit ablegen/verlieren.

aufteilen
1. aufspalten, spalten, teilen, zerlegen, zerstückeln, zerteilen; *(bildungsspr.):* fraktionieren; *(bildungsspr., Fachspr.):* segmentieren; *(EDV):* partitionieren.
2. einteilen, platzieren, unterbringen, verteilen, zuteilen, zuweisen; *(bildungsspr.):* fraktionieren.

auftischen
1. auftragen; *(geh.):* auftafeln.
2. berichten, erzählen, mitteilen, vorbringen, vortragen; *(ugs.):* aufbinden, weismachen.

Auftrag
1. Amt, Anordnung, Anweisung, Aufgabe, Befehl, Gebot, Instruktion, Kommando, Order, Verfügung, Verordnung; *(geh.):* Geheiß, Obliegenheit; *(bildungsspr.):* Direktive.
2. Anforderung, Bestellung, Lieferauftrag.
3. Amt, Aufgabe, Bestimmung, Ehrenverpflichtung, Pflicht, Verpflichtung; *(geh.):* Obliegenheit, Sendung; *(bildungsspr.):* Destination, Engagement, Mission.

auftragen
1. aufbringen, aufstreichen, beschmieren, bestreichen, schmieren, streichen, verteilen; *(bildungsspr.):* applizieren; *(ugs.):* aufschmieren, bepinseln, kleistern, pinseln.
2. als Aufgabe stellen, anordnen, anweisen, aufgeben, auflegen, beauftragen, befehlen, bestimmen, betrauen, einen Auftrag geben, veranlassen, verfügen, verordnen, verpflichten; *(geh.):* auferlegen, heißen.

auftreffen
aufkommen, aufprallen, aufschlagen, aufsetzen, aufstoßen, prallen auf, schlagen auf, treffen auf; *(salopp):* aufknallen, aufkrachen.

auftreiben
1. aufjagen, aufschrecken, aufstöbern, hochjagen, hochscheuchen; *(ugs.):* aufscheuchen.
2. [auf]blähen, aufschwellen, in die Höhe treiben; *(geh.):* schwellen.
3. ↑aufspüren.

auftreten
1. a) sich aufführen, sich benehmen, sich betragen, sich gebärden, sich geben, handeln, sich verhalten, sich zeigen; *(bildungsspr.):* figurieren, sich gerieren; *(ugs.):* sich anstellen. **b)** darstellen, erscheinen, geben, mimen, spielen, verkörpern, vorführen, wiedergeben; *(geh.):* darbieten; *(bildungsspr.):* agieren; *(ugs.):* abgeben.
2. auftauchen, sich einfinden, sich einstellen, eintreffen, erscheinen, zum Vorschein kommen, zutage treten/kommen; *(ugs.):* anzwitschern, auf der Bildfläche erscheinen, eintrudeln, hereinschneien; *(salopp):* antanzen, aufkreuzen.

Auftreten
a) Benehmen, Betragen, Gebaren, Gehaben, Habitus, Haltung, Verhalten; *(geh.):* Aufführung, Gebarung; *(bildungsspr.):* Allüre, Figurierung.
b) Darstellung, Spiel, Verkörperung, Vorführung; *(geh.):* Darbietung.

Auftrieb
Ansporn, Anstoß, Antrieb, Aufwind, Energie, Impuls, Kraft, Schwung; *(geh.):* Aufschwung; *(bildungsspr.):* Drive, Elan, Stimulanz, Stimulus.

Auftritt
Akt, Auftreten, [Live]act, Nummer, Vorführung; *(geh.):* Darbietung; *(Jargon):* Gig.

auftrumpfen
einen Trumpf ausspielen, seine Überlegenheit ausspielen/zeigen; *(ugs.):* jmdn. in die Tasche stecken.

auftun
1. öffnen, zugänglich machen; *(ugs.):* aufmachen, aufsperren.
2. ↑aufspüren.

auftürmen, sich
sich aufhäufen, sich stapeln, sich türmen, zu einem Berg/Haufen anwachsen.

aufwachen
die Augen aufmachen/aufschlagen, munter/wach werden, zu sich kommen; *(geh.):* erwachen.

aufwachsen
sich entfalten, groß werden, heranwachsen, seine Kindheit verbringen.

Aufwand
a) Anstrengung, Aufbietung, Aufopferung, Einsatz, Hingabe, Kraftanstrengung, Verausgabung; *(bildungsspr.):* Engagement; *(salopp):* Act.
b) Aufwendungen, Ausgaben, Auslagen, Kosten; *(ugs.):* Unkosten; *(schweiz.):* Umtrieb.

aufwändig ↑aufwendig.

aufwärmen
1. erhitzen, erwärmen, warm/heiß machen.
2. aufleben lassen, ausgraben, erinnern, hervorholen, in Erinnerung rufen, ins Gedächtnis zurückrufen, wieder aufgreifen/aufrollen, wieder zur Sprache bringen; *(geh.):* aufrühren, dem Vergessen entreißen; *(ugs.):* aufs Tapet bringen, auskramen, hervorkramen.

aufwärmen, sich
sich erwärmen, sich warmlaufen, sich warm machen.

aufwärts
bergan, bergauf, bergwärts, hinauf, in die Höhe, nach oben, talauf, talaufwärts; *(geh.):* empor.

aufwärtsgehen
1. aufsteigen, besteigen, emporsteigen, erklettern, ersteigen, heraufsteigen, hinaufgehen, hinaufklettern, hinaufsteigen, hochsteigen, klettern, steigen; *(geh.):* emporklettern, erklimmen, klimmen; *(ugs.):* hochklettern, hochkraxeln, raufgehen, raufklettern.
2. bergauf gehen, sich bessern, besser werden, nach oben gehen, sich steigern, sich verbessern.

aufwecken
aufrütteln, aus dem Bett holen, aus dem Schlaf reißen/rütteln, wach küssen, wach machen, wach rütteln, wecken; *(geh.):* erwecken.

aufweisen
a) aufzeigen, hinweisen; *(bildungsspr.):* dokumentieren. **b)** sich auszeichnen, bergen, besitzen, gekennzeichnet sein, in sich tragen, verfügen, vorzuweisen haben, zeigen.

aufwenden
aufbieten, aufbringen, benötigen, bezahlen, daransetzen, einsetzen, investieren, mobilisieren, verfügbar machen, verwenden, zur Verfügung stellen; *(ugs.):* hineinstecken, lockermachen, mobilmachen.

aufwendig
1. kostspielig, teuer, unbezahlbar.
2. luxuriös, pompös, prächtig, prunkvoll, üppig; *(ugs.):* protzig.

aufwerfen
1. aufeinanderlegen, aufeinanderschichten, aufhäufen, aufschaufeln, aufschichten, aufschütten, auftürmen, stapeln, türmen, übereinanderlegen, übereinanderschichten.
2. anbringen, anreißen, anschneiden, ansprechen, berühren, das Gespräch/die Rede bringen auf, erwähnen, zur Diskussion stellen, zur Sprache bringen, zu sprechen kommen auf.

aufwerten
anheben, anreichern, aufbessern, aufstocken, bereichern, erhöhen, heben, steigern, verbessern, verstärken; *(ugs.):* aufmöbeln, aufpolieren; *(Fachspr.):* veredeln, vergüten.

aufwickeln
1. aufrollen, aufspulen, aufwinden, einrollen, spulen, wickeln, zusammenrollen.
2. auseinanderwickeln, auspacken, auswickeln, öffnen; *(geh.):* enthüllen.

aufwiegen
auffangen, aufheben, ausgleichen, Ausgleich schaffen, Ersatz bieten, gutmachen, wettmachen; *(bildungsspr., Fachspr.):* kompensieren; *(ugs.):* herausreißen; *(Sport):* egalisieren.

aufwühlen
aufregen, aus dem Gleichgewicht bringen, beeindrucken, befremden, berühren, beunruhigen, bewegen, ergreifen, erregen, erschüttern, mitnehmen, nahegehen, rühren, treffen, zu Herzen gehen; *(geh.):* betreffen; *(bildungsspr.):* echauffieren, tangieren.

aufzählen
anführen, angeben, aufführen, auflisten, äußern, erwähnen, nennen, sagen, vorbringen; *(geh.):* ins Feld/Treffen führen.

aufzeichnen
a) aufnehmen, aufschreiben, Buch führen, dokumentieren, einschreiben, eintragen, erfassen, kodifizieren, niederschreiben, notieren, protokollieren, registrieren, [schriftlich] festhalten, verzeichnen, zu Papier bringen; *(geh.):* niederlegen; *(bildungsspr.):* fixieren. **b)** auf Tonband/Schallplatte/Video aufnehmen, eine Aufnahme machen.

Aufzeichnung
a) Abfassung, Anfertigung, Ausarbeitung, Darstellung, Erarbeitung, Formulierung, Manuskript, Niederschrift, Notiz, Protokollierung, Skizzierung, Übertragung, Vermerk, Zusammenstellung. **b)** Aufnahme.

aufzeigen
aufweisen, darlegen, den Nachweis erbringen/führen/liefern, hinweisen, nachweisen, zeigen, zutage bringen/fördern; *(bildungsspr.):* dokumentieren.

Aufzug
1. Fahrstuhl, Lift, Paternoster.
2. Aufmachung, Erscheinung, Gewand, Kleidung, Outfit; *(ugs.):* Aufmache, Kluft; *(salopp):* Klamotten; *(fam.):* Sachen; *(Jargon):* Styling; *(bildungsspr. abwertend):* Habit.
3. Akt, Szene.

aufzwingen
aufdrängen, aufnötigen, aufreden, aufschwatzen, vorschreiben; *(geh.):* aufbürden, auferlegen; *(bildungsspr.):* aufoktroyieren, diktieren, oktroyieren; *(ugs.):* andrehen, aufdrängeln, aufhalsen, schieben auf, zuschieben.

Auge
1. a) *(ugs.):* Gucker; *(Fachspr.):* Sehorgan, Sehwerkzeug. **b)** Gefühl, Gespür, Scharfblick, Scharfsicht, Spürsinn.
2. Keim, Knospenansatz.

Augenblick
Atemzug, Minute, Moment, Nu, Sekunde, Weilchen, Weile; *(geh.):* Momentum.

augenblicklich
1. auf Anhieb, auf dem schnellsten Weg, auf der Stelle, eilends, flugs, geradewegs; gesagt, getan; im Nu, postwendend, prompt, schleunigst, schnellstens, sofort, sofortig, unmittelbar, unverzüglich; *(geh.):* schleunig; *(ugs.):* brühwarm, Knall auf Fall, wie aus der Pistole geschossen; *(ugs. scherzh.):* stante pede; *(veraltend):* alsbald.
2. aktuell, derzeit, derzeitig, gegenwärtig, heute, im Augenblick/Moment, jetzig, laufend, momentan, nun, zur Stunde, zurzeit.

aus
a) abgetan, beendet, der Vergangenheit angehören, fertig, gewesen, Schluss, um, vergangen, vorbei, vorüber, zu Ende; *(geh.):* verflossen; *(ugs.):* durch, Ende, passé; *(veraltend):* verwichen. **b)** abgeschaltet, abgestellt, ausgeschaltet, deaktiviert, erloschen.

ausarten
ausufern, sich auswachsen/ausweiten zu, auswuchern, überhandnehmen, zu weit gehen; *(bes. schweiz.):* überborden.

ausbaden
aufkommen, bereinigen, bezahlen, büßen, die Folgen/Konsequenzen tragen, die Verantwortung übernehmen, einstehen, geradestehen, haften, herhalten, wiedergutmachen, zur Verantwortung gezogen werden; *(ugs.):* auf seine [eigene] Kappe nehmen, den Buckel/Kopf hinhalten, die Kastanien aus dem Feuer holen, die Suppe auslöffeln, die Zeche [be]zahlen, in Ordnung bringen; *(salopp):* ausbügeln.

ausbessern
a) aufarbeiten, erneuern, instand setzen, nachbessern, reparieren, stopfen, überholen, wiederherstellen, zurechtflicken; *(schweiz.):* instand stellen; *(bildungsspr.):* restaurieren; *(ugs.):* aufmöbeln, [aus]flicken; *(bes. südd., österr., schweiz.):* richten. **b)** beheben, beseitigen.

Ausbeute
Einkünfte, Einnahmen, Erlös, Ernte, Ertrag, Frucht, Geschäft, Gewinn, Nutzen, Plus, Vorteil; *(oft abwertend):* Profit.

ausbeuten
ausplündern, auspressen, ausrauben, aussaugen, berauben, bestehlen, missbrauchen; *(ugs.):* ausziehen, das Mark aus den Knochen saugen, rupfen, schröpfen; *(salopp):* hoppnehmen, melken; *(ugs. scherzh.):* erleichtern, zur Ader lassen.

ausbezahlen
a) ausschütten, auszahlen, bezahlen, erstatten, zahlen; *(ugs.):* blechen, lockermachen. **b)** entlohnen, honorieren; *(schweiz.):* entlöhnen. **c)** abfinden, entschädigen.

ausbilden
1. anleiten, anlernen, anweisen, beibringen, belehren, bilden, coachen, drillen, einbläuen, einführen, einhämmern, einweisen, entwickeln, erklären, erziehen, exerzieren, fortbilden, heranbilden, heranziehen, instruieren, qualifizieren, schulen, umschulen, unterrichten, weiterbilden, weiterentwickeln, zeigen; *(geh.):* unterweisen; *(ugs.):* eintrichtern, vormachen.
2. ansetzen, ausprägen, bekommen, entfalten, erwerben, herausbilden, hervorbringen.

Ausbildung
1. Abrichtung, Anleitung, Belehrung, Bildung, Bildungsgang, Bildungsweg, Dressur, Drill, Einführung, Einweisung, Entwicklung, Erziehung, Formung, Instruktion, Lehre, Lehrgang, Lehrjahre, Lehrzeit, Praktikum, Qualifizierung, Schule, Schulung, Schulzeit, Studium, Training, Unterricht, Werdegang.
2. Ausformung, Ausprägung, Bildung, Entfaltung, Entstehung, Entwicklung, Herausbildung, Reifung, Wachstum.

ausbleiben
a) ausfallen, ausstehen, entfallen, fortfallen, nicht eintreten/geschehen/stattfinden, wegfallen; *(ugs.):* auf der Strecke bleiben, ins Wasser fallen; *(salopp):* flachfallen. **b)** abwesend sein, fehlen, nicht erscheinen/kommen; *(geh.):* fernbleiben; *(ugs.):* schwänzen, wegbleiben; *(iron.):* durch Abwesenheit glänzen.

Ausblick
a) Anblick, Ansicht, Aussicht, Bild, Blick, Durchblick, Fernblick, Fernsicht, Panorama[blick], Rundblick, Sicht, Überblick, Weitblick. **b)** Vorausschau, Voraussicht, Vorschau; *(bildungsspr.):* Perspektive.

ausbooten
absetzen, aus dem/einem Amt entfernen, ausschalten, beiseiteschieben, entfernen, entlassen, entmachten, entthronen, fortloben, in den Hintergrund drängen, kündigen, stürzen, suspendieren, verdrängen, wegloben, zur Seite schieben; *(ugs.):* abhalftern, absägen, abschieben, abschießen, abservieren, den Stuhl vor die Tür setzen, feuern, schassen, über die Klinge springen lassen; *(salopp):* abhängen; *(verhüll.):* ablösen.

ausbrechen
1. entfernen, herausbrechen, [sich] lösen.
2. das Weite suchen, davonlaufen, die Flucht ergreifen, entfliehen, entkommen, entlaufen, entspringen, entweichen, fliehen, flüchten, fortlaufen, weglaufen; *(geh.):* entrinnen; *(ugs.):* abhauen, sich absetzen, sich aus dem Staub machen, ausreißen, sich davonmachen, durchbrennen, entwischen, Reißaus nehmen, stiften gehen, türmen, sich verdrücken, verduften, sich verziehen; *(ugs. scherzh.):* ausbüxen.
3. anfangen, anlaufen, beginnen, einbrechen, einsetzen, entstehen, kommen, losbrechen, starten, um sich greifen; *(geh.):* anbrechen, anheben; *(ugs.):* angehen, sich anlassen, in Gang/ins Rollen kommen.
4. eruptieren.

ausbreiten
1. a) aufspannen, auseinanderbreiten, auseinanderfalten, auseinanderlegen, auseinanderrollen, ausrollen, entfalten; *(geh.):* entrollen.
b) aufdecken, auflegen, aufschlagen, auslegen, hinlegen, nebeneinanderlegen, streuen, verstreuen, verteilen, zeigen, zerstreuen.
2. darlegen, darstellen, entfalten, erklären, erzählen, mitteilen, schildern, vortragen.

ausbreiten, sich
1. a) an Boden gewinnen, ausweiten, erweitern, sich fortpflanzen, Raum gewinnen, überströmen, verbreitern, sich vergrößern, sich vermehren, wuchern, zerfließen, zunehmen; *(bildungsspr.):* expandieren. **b)** sich ausdehnen, sich erstrecken, sich verbreiten.
2. ausholen, sich auslassen, sich ergehen, sich verbreiten; *(abwertend):* schwatzen.

ausbrüten
1. aussitzen, bebrüten, brüten, glucken; *(Fachspr.):* erbrüten.
2. sich ausdenken, ausklügeln, brüten, erdenken, ergrübeln; *(geh.):* aussinnen, ersinnen; *(ugs.):* aushecken, ausknobeln, austüfteln.

ausbügeln
aus der Welt schaffen, ausgleichen, beilegen, bereinigen, berichtigen, ins [rechte] Lot bringen, ins Reine bringen, klären, korrigieren, regeln, schlichten, verbessern, wiedergutmachen; *(ugs.):* einrenken, geradebiegen, hinbiegen, in Ordnung bringen.

ausbürgern
abschieben, aussiedeln, ausweisen, denaturalisieren, umsiedeln, verbannen, vertreiben; *(bildungsspr.):* exilieren.

Ausdauer
Beharrlichkeit, Beharrungsvermögen, Beständigkeit, Durchhaltevermögen, Durchstehvermögen, Geduld, Hartnäckigkeit, Kondition, Unbeirrbarkeit, Unermüdlichkeit, Verbissenheit, Zähigkeit; *(geh.):* Langmut; *(bildungsspr.):* Perseveranz; *(ugs. scherzh.):* Sitzfleisch.

ausdauernd
beharrlich, beständig, geduldig, hartnäckig, unablässig, unaufhörlich, unbeirrbar, unbeirrt, unentwegt, unermüdlich, unerschütterlich, ununterbrochen, unverdrossen, verbissen, zäh; *(geh.):* langmütig.

ausdehnen
1. aufstocken, ausbreiten, austreten, ausweiten, dehnen, erhöhen, erweitern, globalisieren, strecken, verbreitern, vergrößern, verlängern, weiten, weitern; *(bildungsspr.):* extensivieren.
2. hinausziehen, hinauszögern, hinschleppen, hinziehen, in die Länge ziehen, verlängern, verzögern; *(bes. österr.):* prolongieren.

ausdehnen, sich
1. anschwellen, anwachsen, aufquellen, sich ausbreiten, ausladen, sich ausweiten, breiter werden, sich breitmachen, sich dehnen, durchziehen, sich erhöhen, sich erstrecken, gehen, größer werden, hinaufziehen, hineinwachsen, hinüberziehen, sich mehren, quellen, reichen, schwellen, steigen, sich strecken, übergreifen, überhandnehmen, um sich greifen, sich verbreiten, sich verbreitern, sich vergrößern, sich vermehren, wachsen, sich weiten, zunehmen; *(geh.):* sich breiten, sich spannen; *(bildungsspr.):* expandieren.
2. andauern, anhalten, dauern, sich hinausziehen, sich hinauszögern, sich hinschleppen, sich hinziehen, sich in die Länge ziehen, sich verlängern, sich verzögern, sich ziehen.

ausdenken, sich
ausgrübeln, ausklügeln, sich ausmalen, brüten

über, entwerfen, erdenken, erfinden, ergrübeln, erklügeln, [sich] erträumen, sich etwas einfallen lassen, fantasieren, planen, sich überlegen, verfallen, sich vorstellen, sich zurechtlegen; *(geh.)*: aussinnen, erdichten, ersinnen; *(ugs.)*: ausbrüten, aushecken, ausklamüsern, ausknobeln, austüfteln; *(abwertend)*: konstruieren.

Ausdruck

1. Begriff, Benennung, Bezeichnung, Formel, Terminus, Vokabel, Wendung, Wort; *(bildungsspr.)*: Expression; *(Sprachwiss.)*: Term.

2. a) Ausdrucksweise, Redestil, Redeweise, Schreibart, Schreibstil, Schreibweise, Sprache, Sprechweise, Stil; *(bildungsspr.)*: Diktion. **b)** Ausdruckskraft, Aussagekraft, künstlerische Gestaltung.

3. Äußerung, Kennzeichen, Merkmal, Spiegelbild, Spiegelung, Zeichen.

4. Gesicht, Gesichtsausdruck, Gesichtszüge, Miene, Mimik, Züge; *(salopp)*: Visage.

ausdrücken

1. auspressen, ausquetschen, [heraus]drücken, [heraus]pressen; *(ugs.)*: herausquetschen.

2. äußern, aussprechen, mitteilen, zum Ausdruck bringen, zur Kenntnis geben; *(geh.)*: bekunden, kundtun.

BSP Der Autor gibt sein Missfallen offen zur Kenntnis. Sie bekundeten durch Beifall ihre Zustimmung.

3. deutlich werden lassen, erkennen/merken lassen, verraten, widerspiegeln, zeigen, zum Ausdruck bringen; *(geh.)*: dartun.

BSP Die Autorin lässt das deutlich werden, indem ... Seine Miene ließ tiefe Bestürzung erkennen. Die Hauptfigur möchte hier ihre wahren Gefühle nicht verraten.

ausdrücken, sich

1. sich äußern, formulieren, in Worte fassen/kleiden, reden, sprechen, zum Ausdruck bringen; *(bildungsspr.)*: artikulieren, verbalisieren.

BSP Sie hat ihre Bewerbung wirklich gut formuliert. Er konnte seine Gedanken einfach nicht in Worte fassen. Die Autorin schafft es, die Gefühle des Protagonisten überzeugend zu verbalisieren.

2. sich abzeichnen, deutlich/offenbar/sichtbar werden, in Erscheinung treten, sich zeigen, zum Ausdruck kommen; *(geh.)*: sich kundtun; *(bildungsspr.)*: sich manifestieren.

ausdrücklich

besonders, bestimmt, betont, deutlich, eigens, eindeutig, eindringlich, entschieden, extra, in aller Deutlichkeit, kategorisch, klar, mit Nachdruck, nachdrücklich, unmissverständlich, unzweideutig; *(bildungsspr.)*: emphatisch, explizite; *(bildungsspr., Fachspr.)*: explizit.

auseinander

a) vereinzelt, voneinander entfernt/getrennt, zerstreut. **b)** fort, in verschiedene/entgegengesetzte Richtungen, voneinander weg.

auseinandergehen

1. fortgehen, sich lösen, sich losreißen, sich trennen, verlassen, weggehen; *(geh.)*: den Rücken kehren/wenden, sich fortbegeben, scheiden, sich wegbegeben.

2. auseinanderlaufen, auseinanderstreben, sich gabeln, sich scheiden, sich spalten, sich teilen, sich verzweigen.

3. sich abheben, abweichen, auseinanderstreben, in Gegensatz/Kontrast stehen, nicht übereinstimmen, sich teilen, sich unterscheiden, variieren, verschieden sein, sich widersprechen; *(bildungsspr.)*: differieren, divergieren, in Opposition stehen, kontrastieren.

auseinandersetzen

auseinanderlegen, ausführen, begreiflich/deutlich/verständlich machen, darlegen, entwickeln, erklären, erläutern, erörtern, verdeutlichen; *(bildungsspr.)*: explizieren; *(ugs.)*: klarlegen, klarmachen; *(salopp)*: verkasematuckeln.

auseinandersetzen, sich

a) arbeiten an, aufarbeiten, sich befassen, sich beschäftigen, durchdenken, sich einlassen, sich Gedanken machen, herantreten, nachdenken, studieren, überdenken, umgehen, sich vertiefen, sich widmen, sich zuwenden; *(ugs.)*: sich herumschlagen; *(Jargon)*: durchdeklinieren. **b)** besprechen, debattieren, diskutieren, durchdiskutieren, durchsprechen, erörtern, klären, reden, sprechen.

Auseinandersetzung

1. Aufarbeitung, Behandlung, Beschäftigung, Besprechung, Vertiefung.

2. a) Debatte, Diskussion, Erörterung, Gespräch, Polemik, Streit[gespräch]; *(bildungsspr.)*: Diskurs, Disput. **b)** Differenz, Dissonanz, Geplänkel, Kollision, Reibereien, Reibung, Schlagabtausch, Streit, Streitigkeit, Unstimmigkeit, Wortgefecht, Wortstreit, Wortwechsel, Zusammenprall, Zusammenstoß; *(geh.)*: Hader; *(bildungsspr.)*: Kontroverse; *(ugs.)*: Krach, Putz, Zoff; *(abwertend)*: Gezänk, Gezanke, Streiterei; *(verhüll.)*: Meinungsverschiedenheit. **c)** Fehde, Feindseligkeit, Gefecht, Kampf[handlung], Streit, Zusammenstoß.

ausfahren
1. a) abfahren, auslaufen, den Hafen verlassen, fortfahren, hinausfahren, in See stechen, wegfahren. **b)** fahren, herausfahren, verlassen.
2. eine Ausfahrt/Spazierfahrt/Tour machen, spazieren fahren; *(ugs.):* herumfahren, herumkutschieren; *(salopp):* eine Biege fahren.
3. anliefern, ausliefern, bringen, fahren, hinbringen, hinfahren, hinschaffen, liefern, schaffen, transportieren, verteilen, zuliefern; *(geh.):* überbringen; *(ugs.):* ankarren.

Ausfall
1. Fortfall, Wegfall; *(Sprachwiss.):* Synkope.
2. a) Aderlass, Defizit, Einbuße, Fehlbetrag, Fortfall, Lücke, Minus, Verlust. **b)** Abwesenheit, Fehlzeit.

ausfallen
1. ausgehen, herausfallen, sich lösen, nicht mehr [an]haften; *(geh.):* schwinden.
2. a) abgesagt/abgesetzt/gecancelt werden, nicht durchgeführt werden, nicht eintreten/geschehen/stattfinden, unterbleiben; *(ugs.):* abgeblasen/gekippt werden, ins Wasser fallen, unter den Tisch fallen; *(salopp):* flachfallen. **b)** fehlen, nicht anwesend/verfügbar sein, nicht zu Diensten/zur Verfügung stehen. **c)** abbrechen, aufhören, aussetzen, nicht mehr funktionieren/gehen, stehen bleiben, stillstehen, versagen; *(ugs.):* Mucken haben, streiken.
3. beschaffen/geartet sein, ein Ergebnis zeigen, gelingen, geraten, zum Ergebnis haben.

ausfallend
ausfällig, beleidigend, dreist, frech, gemein, kränkend, ungehörig, unhöflich, unverfroren, unverschämt, verletzend; *(geh.):* ungebührlich; *(bildungsspr.):* impertinent, insolent; *(abwertend):* grob, rüde, schmutzig, unerhört, ungehobelt; *(bildungsspr. abwertend):* vulgär.

ausfertigen
a) ausschreiben, ausstellen, schreiben. **b)** anfertigen, anlegen, ausarbeiten, entwerfen, erarbeiten, verfassen. **c)** abzeichnen, eine Unterschrift leisten, seinen Namen/seine Unterschrift unter etw. setzen, seine Unterschrift geben, unterschreiben, unterzeichnen; *(bildungsspr.):* paraphieren, signieren; *(ugs. scherzh.):* seinen Friedrich Wilhelm unter etw. setzen.

ausfindig machen
auffinden, aufspüren, aufstöbern, auskundschaften, ausmachen, entdecken, erkunden, ermitteln, feststellen, herausbekommen, herausfinden, in Erfahrung bringen, nachverfolgen; *(österr.):* stellig machen; *(bes. österr., schweiz.):* eruieren; *(ugs.):* auftreiben, auftun, herausbringen, herauskriegen; *(salopp):* ausbaldowern.

ausfliegen
a) ausschwärmen, davonfliegen, fortfliegen, hinausfliegen, wegfliegen; *(dichter.):* dahinfliegen.
b) aus dem Haus gehen, ausgehen, das Haus verlassen, fortgehen, weggehen.

ausflippen
a) außer sich geraten/sein, berserkern, die Beherrschung/die Fassung/die Kontrolle/die Nerven/die Selbstbeherrschung verlieren, explodieren, kopflos werden, nicht mehr Herr seiner Sinne sein, rasen, schnauben, toben, sich vergessen, wild werden, wüten; *(geh.):* schäumen; *(ugs.):* an die Decke gehen, aus der Haut fahren, ausrasten, austicken, den wilden Mann spielen, durchdrehen, hochgehen, in die Luft gehen.
b) angetan sein, außer sich geraten/sein, sich begeistern, begeistert sein, Begeisterung empfinden, Feuer fangen, hingerissen sein, in Begeisterung/in freudige Erregung geraten; *(ugs.):* abfahren, Feuer und Flamme sein, weg sein.

Ausflucht
Alibi, Ausrede, Entschuldigung, Scheingrund, Vorwand; *(ugs.):* Flause; *(veraltend):* Vorgeben.

Ausflug
Abstecher, Ausfahrt, Ausflugsfahrt, Fahrt [ins Blaue/Grüne], Roadtrip, Spazierfahrt, Streifzug, Tour, Vergnügungsfahrt, Wanderung; *(ugs.):* Rutsch [ins Grüne], Spritztour, Trip.

ausfragen
ausforschen, aushorchen, auspressen, ausspionieren, befragen, examinieren, fragen, Fragen stellen, nachfragen, zu erfahren suchen; *(bildungsspr.):* investigieren; *(ugs.):* auf den Zahn fühlen, ausholen, ausquetschen [wie eine Zitrone], bohren, interviewen, löchern, nachbohren; *(salopp):* [auf] links drehen, ein Loch/Löcher in den Bauch fragen.

Ausfuhr
Außenhandel, Export.

ausführen
1. a) ins Freie führen, spazieren fahren/führen; *(ugs.):* Gassi führen/gehen. **b)** ausgehen, einladen.
2. abwickeln, bewältigen, durchführen, erfüllen, erledigen, [in die Tat] umsetzen, machen, meistern, realisieren, schaffen, tun, unter Dach und Fach bringen, verrichten, verwirklichen, vollbringen, zustande/zuwege bringen; *(schweiz.):* bodigen; *(geh.):* ins Werk setzen; *(ugs.):* auf die Reihe bringen/kriegen, deichseln, durchziehen, managen, schmeißen, über die Bühne bringen; *(salopp):* schaukeln.

3. ausarbeiten, ausfeilen, durcharbeiten, formulieren, niederschreiben, verfassen.
4. abhandeln, ausmalen, äußern, behandeln, berichten, beschreiben, betrachten, charakterisieren, darlegen, darstellen, erklären, erläutern, erörtern, erzählen, formulieren, in Worte fassen/kleiden, schildern, umschreiben, veranschaulichen, wiedergeben, zeigen, zum Ausdruck bringen; *(bildungsspr.):* referieren.

ausführlich
bis ins Einzelne, breit, des Langen [und Breiten], eingehend, erschöpfend, gründlich, in allen Einzelheiten, in aller Ausführlichkeit, langatmig, lang und breit, weitläufig, weitschweifend, weitschweifig, wortreich; *(schweiz.):* einlässlich, langfädig; *(bildungsspr.):* bis ins Detail, detailliert, in extenso, minutiös, verbos.

GGS auf das Wesentliche beschränkt, bündig, knapp, komprimiert.

Ausführung
a) Abwicklung, Durchführung, Erfüllung, Organisation, Verwirklichung; *(bildungsspr.):* Realisierung. b) Vollziehung, Vollzug.

Ausführungen
Äußerungen, Behandlung, Beitrag, Bericht, Beschreibung, Besprechung, Betrachtung, Darlegung, Darstellung, Erklärung, Erläuterung, Erörterung, Schilderung, Überlegungen; *(bildungsspr.):* Analyse; *(ugs.):* Story.

ausfüllen
1. beanspruchen, einnehmen.
2. einsetzen, eintragen, vollschreiben.
3. auslasten, befriedigen, erfüllen, zufriedenstellen.

Ausgabe
1. Aushändigung, Austeilung, Verabreichung, Verteilung.
2. Schalter, Stelle.
3. Aufwand, Aufwendung, Auslage, Kosten, Spesen; *(ugs.):* Unkosten.
4. Ausführung, Form, Modell, Version.

Ausgangspunkt
a) Anfang, Ansatzpunkt, Auftakt, Ausgang, Beginn, Start. b) Anlass, Ansatz, Arbeitsgrundlage, Basis, Fundament, Grundgedanke, Grundlage, Ursprung, Voraussetzung, Wurzel; *(bildungsspr., Fachspr.):* Substrat.

ausgeben
1. abgeben, aushändigen, austeilen, geben, verteilen.
2. abführen, aufwenden, [be]zahlen, geben; *(ugs.):* abdrücken, blechen, hinblättern, hinlegen, löhnen; *(salopp):* ablatzen, berappen.
3. behaupten, [sich] bezeichnen, [sich] hinstellen, vorgeben, vortäuschen.

ausgefallen
abenteuerlich, absonderlich, auffallend, außergewöhnlich, außerordentlich, beachtlich, bemerkenswert, besondere, bizarr, eigenwillig, einzigartig, exotisch, extravagant, fantastisch, grotesk, merkwürdig, närrisch, nicht alltäglich, originell, seltsam, sonderbar, speziell, spleenig, überspannt, ungeheuer, ungewöhnlich, ungewohnt, unüblich, wunderlich; *(bildungsspr.):* phantasmagorisch, skurril, unkonventionell; *(ugs.):* fancy, schrullenhaft, schrullig, verrückt; *(salopp):* irre; *(emotional):* unvergleichlich.

GGS alltäglich, banal, durchschnittlich, schlicht, trivial.

ausgeglichen
a) abgeklärt, bedacht, bedächtig, beherrscht, besonnen, gefasst, gelassen, gemessen, gereift, geruhsam, gesetzt, glücklich, harmonisch, in sich ruhend, maßvoll, reif, ruhig, sicher, überlegen, überlegt, umsichtig, zufrieden; *(geh.):* bedachtsam, souverän; *(bildungsspr.):* stoisch; *(salopp):* cool. b) ausgewogen, beständig, gleichbleibend, gleichmäßig, harmonisch, konstant, schwankungsfrei.

ausgehen
1. a) das Haus/die Wohnung verlassen, fortgehen, weggehen. b) sich amüsieren, essen gehen, [seinen] Spaß haben, tanzen gehen, sich vergnügen; *(ugs.):* auf die Piste gehen, bummeln.
2. beruhen auf, entspringen, herrühren, kommen von, seinen Ausgang nehmen, seinen Ursprung haben, stammen, vorgebracht/vorgeschlagen werden, zurückgehen auf.
3. annehmen, befürchten, denken, erwarten, glauben, meinen, rechnen, unterstellen, vermuten, voraussetzen, zugrunde legen; *(bildungsspr.):* präsupponieren, supponieren.
4. auslaufen, aus sein, sich erschöpfen, zu Ende gehen; *(geh.):* versiegen, zur Neige gehen.

ausgeklügelt
clever, kunstvoll, raffiniert, scharfsinnig, wohldurchdacht; *(ugs.):* ausgetüftelt.

ausgelassen
angeheitert, angeregt, animiert, aufgezogen, fröhlich, in Stimmung, lebhaft, lustig, munter, übermütig, vergnügt; *(ugs.):* aufgedreht, aufgekratzt, außer Rand und Band, [mops]fidel.

ausgemacht
1. beschlossen, besiegelt, bestimmt, endgültig, feststehend, genehmigt, gewiss, gültig, sicher,

verbindlich, verbürgt, vereinbart, wahr; *(bildungsspr.):* definitiv, dokumentarisch.
2. a) augenfällig, ausgesprochen, deutlich, eindeutig, erwiesen, klar, offenkundig, offensichtlich, sehr groß, sichtbar, sichtlich; *(bildungsspr.):* evident, manifest. **b)** ↑sehr.

ausgenommen
abgesehen von, ausschließlich, außer, bis auf, mit Ausnahme von, nicht inbegriffen, nur … nicht, ohne; *(schweiz.):* bis an; *(geh.):* nicht einbegriffen; *(bildungsspr.):* exklusive.

ausgeprägt
auffallend, auffällig, augenfällig, ausgesprochen, beeindruckend, deutlich, einprägsam, eklatant, extrem, ins Auge/in die Augen fallend, krass, markant, nicht zu übersehen, unübersehbar; *(bildungsspr.):* evident.

ausgerechnet
gerade.

ausgereift
1. ausgebildet, gereift, reif, voll entwickelt.
2. abgerundet, ausgearbeitet, ausgefeilt, ausgegoren, ausgewogen, durchdacht, fertig, [wohl]überlegt.

ausgeschlossen
a) aussichtslos, hoffnungslos, undenkbar, undurchführbar, unmöglich; *(bildungsspr. abwertend):* indiskutabel. **b)** auf [gar] keinen Fall, keinesfalls, keineswegs, nein, nicht im Entferntesten/Geringsten, nicht um alles in der Welt, nie, niemals, nie und nimmer, um keinen Preis, unter keinen Umständen, unter keiner Bedingung.

ausgesprochen
a) auffallend, auffällig, augenfällig, ausgeprägt, beeindruckend, deutlich, einprägsam, eklatant, extrem, ins Auge/in die Augen fallend/springend, krass, markant, nicht zu übersehen, offenkundig, offensichtlich, sehr groß, unübersehbar; *(bildungsspr.):* evident. **b)** ↑sehr.

ausgestorben
einsam, entvölkert, leer, menschenleer, menschenlos, nicht bevölkert, öde, tot, unbelebt, verlassen, verödet, verwaist.

ausgesucht
ausgewählt, ausgezeichnet, edel, erstklassig, exquisit, fein, hervorragend, hochwertig, kostbar, qualitätvoll, sehr gut, überragend, unübertrefflich, von besonderer Güte/bester Qualität, vortrefflich, vorzüglich; *(geh.):* [aus]erlesen; *(bildungsspr.):* delikat, exklusiv, exzellent, superb; *(ugs.):* [aller]erste Sahne; *(veraltend):* trefflich.

ausgewogen
a) abgestimmt, abgewogen, ausgeglichen, ebenmäßig, gleichgewichtig, gleichmäßig, harmonisch, im Gleichgewicht/Gleichmaß; *(bildungsspr.):* proportional, wohltemperiert. **b)** abgerundet, ausgearbeitet, ausgefeilt, ausgegoren, ausgereift, durchdacht, reif, [wohl]überlegt; *(bildungsspr.):* salomonisch, sokratisch.

ausgezeichnet
brillant, einmalig, erstklassig, fabelhaft, genial, grandios, großartig, sehr lobenswert, sehr schön, vortrefflich, vorzüglich; *(bildungsspr.):* exzellent; *(ugs.):* [echt] spitze, [echt] super, einsame Spitze, [ganz] famos, [ganz] fantastisch, [ganz] toll, glänzend, groovy, klassisch, tadellos; *(salopp):* affengeil, [echt] cool; *(emotional):* wunderbar; *(ugs. emotional verstärkend):* supertoll; *(oft scherzh.):* göttlich; *(Jugendspr.):* [echt] krass, fett.

ausgiebig
ausgedehnt, in großer Menge/Zahl, in Hülle und Fülle, in reichem Maße, lang, massenweise, mehr als genug/genügend, nicht zu knapp, reichlich, überreichlich, umfangreich, umfassend, üppig, viel; *(geh.):* ein gerüttelt Maß; *(ugs.):* in rauen Mengen, massig, wie Sand am Meer; *(emotional):* sattsam; *(oft emotional):* massenhaft; *(oft abwertend):* zur Genüge.

ausgießen
1. auskippen, ausleeren, ausschütten, fortgießen, gießen, kippen, schütten, weggießen, wegkippen, wegschütten.
2. ausschütten, austeilen, gießen, schütten, verteilen.

Ausgleich
a) Beilegung, Bereinigung, Einigung, Glättung, Kompromiss, Schlichtung, Übereinkommen, Übereinkunft, Vereinbarung, Vermittlung, Versöhnung; *(bildungsspr.):* Nivellierung. **b)** Entschädigung, Ersatz, Gegenleistung, Gegenwert, Wiedergutmachung; *(bildungsspr.):* Äquivalent; *(scherzh.):* Trostpflaster.

ausgleichen
1. aufheben, beseitigen, eben/glatt machen, [ein]ebnen, glätten, nivellieren, planieren.
2. abhelfen, aufheben, aufwiegen, ein Gegengewicht bilden, ersetzen, wiedergutmachen; *(bildungsspr.):* neutralisieren; *(bildungsspr., Fachspr.):* kompensieren; *(ugs.):* wettmachen.

ausgleichen, sich
1. sich aufheben, sich ausbalancieren, sich einpendeln, ins Gleichgewicht kommen.
2. sich abschwächen, aufhören, sich beruhigen, sich geben, sich glätten, sich legen, sich mildern, nachlassen, sich nivellieren.

ausgraben
a) ausschaufeln, bloß legen, freilegen, freischau-

feln, zutage fördern. **b)** ans Licht ziehen, beleben, hervorholen, reaktivieren, wieder aufleben lassen, wieder ins Gedächtnis rufen, wieder mit Leben erfüllen, wieder zum Leben erwecken; *(ugs.):* auskramen, hervorkramen.

Ausguss
Abflussbecken, Abwaschbecken, Ausgussbecken, Spülbecken; *(österr.):* Abwasch, Abwäsche; *(schweiz.):* Schüttstein, Spültrog.

aushalten
1. ausstehen, bewältigen, durchhalten, durchstehen, einstecken, erdulden, sich ergeben, erleiden, ertragen, fertigwerden mit, sich fügen, hinnehmen, leiden, sich schicken, tragen, über sich ergehen lassen, überstehen, verdauen, verkraften, verschmerzen; *(geh.):* dulden, verwinden; *(ugs.):* schlucken, vertragen.
2. sich behaupten, sich halten, sich hervorragend/trefflich/wacker schlagen, jmdm./einer Sache gewachsen sein, nicht ausweichen, standhalten, widerstehen; *(geh.):* trotzen.

aushandeln
abmachen, absprechen, ausmachen, einig werden, ein Übereinkommen treffen, erhandeln, festlegen, festmachen, übereintreffen, verabreden, vereinbaren, sich verständigen; *(schweiz.):* verkommen; *(geh.):* übereinkommen; *(bildungsspr.):* fixieren; *(ugs.):* einen Deal einfädeln; *(veraltend):* abreden.

aushändigen
abgeben, abliefern, ausgeben, einhändigen, geben, herausgeben, in die Hand geben, liefern, übergeben, überlassen, überreichen, zukommen lassen; *(geh.):* sich entäußern, überantworten, überbringen; *(ugs.):* [he]rausrücken.

Aushang
Anschlag, Bekanntmachung, Information, Meldung, Mitteilung, Nachricht, Notiz, Veröffentlichung; *(südd., österr., schweiz.):* Kundmachung.

aushängen
1. anbringen, anschlagen, aufhängen, [öffentlich] bekannt geben/machen, plakatieren, veröffentlichen.
2. ↑ausheben (3).

ausharren
abwarten, aushalten, bleiben, durchhalten, Geduld bewahren/haben, sich gedulden, nicht aufgeben, warten, zuwarten; *(geh.):* verharren, verweilen; *(ugs.):* nicht schlappmachen.

ausheben
1. ausbaggern, ausgraben, ausschachten, ausschaufeln, ausstechen, auswerfen, baggern, graben, schachten; *(Fachspr.):* exkavieren.
2. ausräumen, leeren; *(ugs.):* leer machen.
3. aus den Angeln heben, aushängen, herausheben.

aushecken ↑ausklügeln.

aushelfen
a) auf Borg geben, ausleihen, borgen, geben, leihen, zur Verfügung stellen; *(ugs.):* auf Pump geben, herleihen; *(salopp):* pumpen. **b)** behilflich sein, beistehen, einspringen, entlasten, Hand anlegen, helfen, Hilfe leisten, in die Bresche springen, unter die Arme greifen, unterstützen, vertreten, Vertretung machen, zur Hand gehen, zur Seite stehen; *(österr.):* servicieren; *(geh.):* beispringen; *(ugs. scherzh.):* handlangern.

aushöhlen
aufweichen, beeinträchtigen, durchlöchern, erschüttern, schmälern, schwächen, untergraben, unterhöhlen, zersetzen; *(geh.):* ins Wanken bringen; *(bildungsspr.):* unterminieren.

ausholen
1. ausgreifen, ausladen.
2. umständlich erzählen, zurückgreifen.

aushorchen
ausforschen, ausfragen, auspressen, ausspionieren, befragen; *(bildungsspr.):* investigieren; *(ugs.):* auf den Zahn fühlen, ausholen, ausquetschen [wie eine Zitrone], bohren, die Würmer aus der Nase ziehen, interviewen, löchern, nachbohren; *(salopp):* [auf] links drehen, ein Loch/Löcher in den Bauch fragen.

auskennen, sich
beherrschen, beschlagen/bewandert/erfahren sein, Einblick haben, gut Bescheid wissen, im Bilde/informiert/kundig sein, kennen, Kenntnis haben, sattelfest/unterrichtet sein, überblicken, umzugehen wissen, verstehen, vertraut sein, wissen, zu Hause sein; *(geh.):* mächtig sein; *(ugs.):* den Durchblick haben, durchblicken; *(veraltend):* firm sein.

auskippen ↑ausgießen (1).

ausklammern
ausgliedern, ausgrenzen, ausnehmen, ausschließen, außer Acht/Betracht lassen, aussparen, beiseitelassen, fortlassen, hinwegsehen, nicht behandeln/berücksichtigen, nicht in Betracht ziehen, nicht mit einbeziehen, sich schenken/sparen, überblättern, übergehen, überspringen, unberücksichtigt/unerwähnt lassen, verzichten, wegfallen lassen; *(ugs.):* unter den Tisch fallen lassen, weglassen.

Ausklang
Abschluss, Ausgang, Beendigung, Ende, Schluss; *(geh.):* Abgesang, Neige, Schlussakkord; *(bildungsspr.):* Finale; *(veraltend):* Beschluss.

ausklingen
1. abflauen, abklingen, absterben, aufhören, aushallen, austönen, kaum noch zu hören sein, leiser/schwächer/still werden, verhallen, verklingen, verstummen; *(geh.):* ersterben, verebben; *(dichter.):* verwehen.
2. aufhören, ausgehen, ein Ende haben/nehmen, enden, zu Ende gehen, zum Abschluss gelangen/kommen; *(veraltend):* endigen.

ausklinken, sich
sich abgrenzen, sich abkapseln, sich abscheiden, sich abschotten, sich absondern, sich einigeln, sich einkapseln, sich fernhalten, für sich bleiben, in Klausur gehen, sich [in sein Schneckenhaus] zurückziehen, sich isolieren, sich vergraben, sich verkapseln, sich verkriechen; *(bes. österr.):* sich einkasteln; *(geh.):* sich entziehen; *(ugs.):* wegtauchen.

ausklügeln
sich ausdenken, ausgrübeln, brüten über, entwerfen, erdenken, ergrübeln, erklügeln, sich etwas einfallen lassen, kommen auf, planen, sich überlegen, verfallen auf, sich vorstellen, sich zurechtlegen; *(geh.):* aussinnen, ersinnen; *(ugs.):* ausbrüten, aushecken, ausklamüsern, ausknobeln, austüfteln; *(abwertend):* konstruieren.

auskommen
1. ausreichen, genügen, sein Auskommen haben, über die Runden kommen, zurechtkommen; *(österr.):* das/sein Auslangen finden; *(ugs.):* hinkommen, hinreichen mit, langen.
2. gut stehen mit, harmonieren, sich vertragen, zurechtkommen; *(ugs.):* klarkommen.

auskosten
ausschöpfen, genießen, Genuss haben, sich sonnen in; *(geh.):* durchkosten.

auskundschaften
auffinden, aufspüren, aufstöbern, ausfindig machen, ausmachen, ausspähen, entdecken, erforschen, erkunden, ermitteln, finden, herausbekommen, herausfinden, in Erfahrung bringen, nachforschen, orten, recherchieren, vorfühlen; *(österr.):* stellig machen; *(bildungsspr.):* sondieren; *(ugs.):* die Lage spannen, herausbringen, herauskriegen; *(salopp):* ausbaldowern; *(abwertend):* ausspionieren, spionieren; *(bes. österr., schweiz.):* eruieren.

Auskunft
1. Angabe, Antwort, Aufklärung, Aufschluss, Bescheid, Hinweis, Information, Mitteilung, Nachricht, Unterrichtung; *(ugs.):* Info.
2. Information, Informationsstand, Informationsstelle; *(ugs.):* Infopunkt, Touristinfo.

auskurieren
ausheilen, nicht verschleppen, vollständig heilen/kurieren, wieder gesund werden lassen, wiederherstellen; *(ugs.):* gesund machen, wieder auf die Beine bringen, wieder hinkriegen.

auslachen
sich amüsieren/lustig machen über, lachen/spotten über, verhöhnen, verlachen, verspotten; *(bildungsspr.):* sich mokieren; *(ugs.):* aufziehen, jmdm. eine lange Nase drehen/machen.

ausladen
1. auspacken, ausräumen, entladen, [ent]leeren; *(ugs.):* leer machen.
2. weit ausgreifen/ausholen.

ausladend
herausragend, herausstehend, vorgewölbt, vorstehend.

Auslagen
Aufwand, Aufwendung, Ausgaben, Kosten, Spesen, Unkosten.

Ausländer, Ausländerin
ausländischer Mitbürger, ausländische Mitbürgerin, Einwanderer, Einwanderin, Fremder, Fremde, Immigrant, Immigrantin, Zuwanderer, Zuwanderin.

ausländerfeindlich
fremdenfeindlich, rassistisch; *(bildungsspr.):* xenophob.

ausländisch
aus dem Ausland kommend, migrantisch.

auslassen
1. a) absehen von, ausklammern, ausnehmen, ausschließen, außer Acht lassen, aussparen, beiseitelassen, fortlassen, nicht berücksichtigen, nicht in Betracht ziehen, sich schenken, sich sparen, übergehen, überschlagen, überspringen, unbeachtet lassen, vernachlässigen, verzichten, wegfallen lassen, weglassen; *(ugs.):* herauslassen, unter den Tisch fallen lassen. **b)** sich entgehen lassen, ungenutzt lassen, verpassen, versäumen; *(ugs.):* bleiben/sein lassen, sich durch die Lappen gehen lassen.
2. abreagieren, austoben, fühlen/spüren lassen; *(ugs.):* Dampf ablassen, sich Luft machen.

auslasten
1. ausnutzen, ausschöpfen, nutzen, verwerten, voll beanspruchen/in Anspruch nehmen.
2. ausfüllen, befriedigen, erfüllen, mit Arbeit eindecken, voll beanspruchen/in Anspruch nehmen, zufriedenstellen.

auslaufen
1. a) aussickern, ausströmen, austreten, entweichen, fließen aus, herausfließen, herausrinnen, herausströmen; *(geh.):* entfließen, entquellen,

entströmen; *(dichter.):* entrinnen; *(bes. südd., österr.):* ausrinnen. **b)** ausfließen, sich leeren, leer fließen/laufen, leer werden.
2. abfahren, abgehen, ablegen, abreisen, den/die Anker lichten, den Hafen verlassen, in See gehen/stechen, losfahren.
3. aufhören, enden, nicht weiterführen/weitergehen, zu Ende sein.
4. ablaufen, verfallen, vergehen, zu Ende gehen; *(geh.):* sich dem Ende zuneigen.

auslaugen
aufreiben, ausmergeln, auszehren, entkräften, erschöpfen, Kraft kosten, kraftlos/schwach machen, mitnehmen, ruinieren, strapazieren, zusetzen.

ausleeren ↑ausgießen 1.

auslegen
1. ausstellen, [zur Ansicht] ausbreiten/hinlegen.
2. borgen, leihen, vorläufig bezahlen/erstatten/zahlen, vorstrecken; *(ugs.):* vorschießen.
3. auffassen, ausdeuten, begreifen, definieren, deuteln, deuten, erklären, erläutern, herauslesen, interpretieren, kommentieren, verstehen.

BSP Er hat meine Bemerkung falsch aufgefasst. Sie hatte seine Zurückhaltung fälschlich als Arroganz interpretiert.

ausleihen
aushelfen, auslegen, borgen, leihen, überlassen, verborgen, verleihen; *(geh.):* beispringen, erborgen; *(ugs.):* herleihen; *(salopp):* pumpen.

ausleihen, sich
sich borgen, entleihen, [sich] leihen; *(ugs.):* anpumpen um; *(salopp):* sich pumpen.

Auslese
1. Ausmusterung, Ausscheidung, Aussonderung, Aussortierung, Aussuchen, Auswahl, Wahl; *(bildungsspr.):* Selektion.
2. Auswahl, das Beste [vom Besten], die Besten, Elite.

auslesen
1. ausmustern, ausscheiden, aussondern, aussortieren, entfernen, heraussuchen, verlesen; *(ugs.):* aussieben, herausfischen, rausfischen.
2. aussuchen, auswählen, bestimmen, eine Auswahl treffen, sich entscheiden für; *(bildungsspr.):* selektieren; *(ugs.):* raussuchen.

ausliefern
1. ans Messer liefern, aussetzen, überantworten, übergeben; *(geh.):* preisgeben.
2. anliefern, beliefern, bringen, liefern, übergeben, zuliefern, zustellen; *(geh.):* überbringen.

auslöschen
a) ausblasen, auspusten, ersticken, löschen; *(ugs.):* ausmachen. **b)** ausdrehen, ausschalten; *(ugs.):* ausknipsen, ausmachen.

auslosen
das Los entscheiden lassen, durch Los bestimmen/ermitteln, losen, verlosen.

auslösen
1. anschalten, betätigen, in Betrieb/Funktion/Gang setzen, starten, verursachen.
2. bewirken, entfesseln, entstehen lassen, erregen, erwecken, heraufbeschwören, herbeiführen, hervorrufen, nach sich ziehen, schaffen, sorgen für, triggern, verschulden, zur Folge haben; *(geh.):* anfachen, entfachen; *(bildungsspr.):* effizieren, evozieren, provozieren.

BSP Damit bewirkte er bei ihr nur das Gegenteil. Seine Bemerkung rief allgemeines Gelächter / große Heiterkeit / Zustimmung hervor. Das Erscheinen des Instagram-Stars hat für Schlagzeilen gesorgt.

ausmachen
1. a) abdrehen, abschalten, abstellen, ausdrehen, ausschalten, außer Betrieb setzen, unterbrechen, zudrehen; *(ugs.):* ausknipsen, ausstellen. **b)** ausdrücken, auslöschen, ersticken, löschen, zum Erlöschen bringen.
2. abmachen, absprechen, sich abstimmen, aushandeln, festlegen, festmachen, übereintreffen, verabreden, vereinbaren, sich verständigen; *(schweiz.):* verkommen; *(geh.):* übereinkommen; *(bildungsspr.):* fixieren; *(veraltend):* abreden.
3. auffinden, aufspüren, aufstöbern, ausfindig machen, auskundschaften, bestimmen, entdecken, erkennen, erkunden, feststellen, finden, orten; *(österr.):* stellig machen; *(bildungsspr., Fachspr.):* lokalisieren; *(ugs.):* auftun; *(salopp):* ausbaldowern; *(veraltend):* auswittern.

ausmalen
1. bemalen, kolorieren; *(ugs.):* anpinseln.
2. [anschaulich] darstellen, [anschaulich] erläutern, [anschaulich] erzählen, [anschaulich] schildern, ausführen, ausgestalten, ausschmücken, ausspinnen, veranschaulichen.

ausmalen, sich
sich ausdenken, sich einbilden, sich ein Bild machen, fantasieren, sich vergegenwärtigen, sich vor Augen führen/halten, sich vorstellen; *(bildungsspr.):* imaginieren.

Ausmaß
1. Abmessung, Ausdehnung, Dosierung, Größe, Maß.
2. Format, Grad, Größenordnung, Intensität, Kaliber, Maß, Reichweite, Stärke, Umfang.

ausmerzen
1. aus der Welt schaffen, ausräumen, ausrotten, beseitigen, ermorden, hinmetzeln, massakrieren, morden, niedermetzeln, töten, vernichten, vertilgen, zerstören, zugrunde richten; *(geh.):* auslöschen; *(bildungsspr.):* eliminieren, liquidieren; *(ugs.):* erledigen, fertigmachen; *(salopp):* ausradieren, killen.
2. annullieren, auflösen, aus dem Weg räumen, aus der Welt schaffen, auslöschen, ausräumen, beheben, beseitigen, entfernen; *(geh.):* tilgen; *(ugs.):* wegmachen.

ausmisten
a) aufräumen, forträumen, Ordnung machen/schaffen, reinigen, wegräumen; *(ugs.):* in Ordnung bringen. **b)** ↑ausrangieren.

ausnahmslos
ausschließlich, durchgängig, durchweg, generell, grundsätzlich, nur, ohne Ausnahme, ohne Unterschied, prinzipiell, sämtlich; *(schweiz.):* durchs Band [weg]; *(ugs.):* alle, allesamt, durch die Bank; *(nachdrücklich):* gänzlich.

ausnehmen
1. Geld abnehmen; *(ugs.):* lausen, schröpfen; *(salopp):* abzocken; *(ugs. scherzh.):* erleichtern.
2. absehen, auslassen, ausschließen, außer Acht lassen, außer Betracht lassen, aussparen, beiseitelassen, beiseiteschieben, darüber hinwegsehen, eine Ausnahme machen, fortlassen, nicht mitzählen, [sein] lassen, übergehen, unberücksichtigt lassen, vernachlässigen; *(geh.):* hinwegblicken; *(ugs.):* unter den Tisch fallen lassen, weglassen; *(nordd.):* außen vor lassen.

ausnehmend
a) auffallend, außergewöhnlich, außerordentlich, beachtenswert, beachtlich, beeindruckend, bemerkenswert, eindrucksvoll, erstaunlich, imposant, sehr groß. **b)** ↑sehr.

ausnutzen
1. ausschöpfen, sich bedienen, die Chance ergreifen, die Gelegenheit wahrnehmen, Gebrauch machen, Gewinn schlagen/ziehen, profitieren, seinen Nutzen/Vorteil ziehen, zugreifen, sich zunutze machen; *(Jargon):* abschöpfen.
2. aussaugen, missbrauchen, verbraten; *(ugs.):* ausziehen, rupfen, schröpfen; *(abwertend):* ausbeuten; *(ugs. scherzh.):* zur Ader lassen; *(salopp):* hoppnehmen, melken; auspressen.

auspacken
1. auseinanderwickeln, auswickeln, öffnen; *(geh.):* enthüllen; *(EDV):* entpacken.
2. a) aussagen, berichten, beschreiben, darlegen, darstellen, erläutern, erzählen, mit der Sprache herausrücken, mitteilen, sagen, schildern, verbreiten, verkünden, veröffentlichen; *(geh.):* offenbaren. **b)** ↑ausplaudern.

ausplaudern
bekannt geben, das Geheimnis lüften, die Karten aufdecken, herumerzählen, in Umlauf bringen, nicht dichthalten, nicht hinter dem Berg halten, verbreiten, verkünden, verraten, weitererzählen, weitergeben, weitersagen, weitertragen, weiterverbreiten, zutragen; *(österr.):* [aus]plauschen; *(geh.):* enthüllen, preisgeben; *(ugs.):* auf die Nase binden, auspacken, austrompeten, seinem Herzen Luft machen, sich verplappern, sich verquatschen; *(Jargon):* spoilern; *(ugs. scherzh.):* aus dem Nähkästchen/Nähkörbchen plaudern; *(salopp):* singen; *(abwertend):* [aus]schwatzen.

ausposaunen ↑ausplaudern.

ausprägen, sich
sich abzeichnen, sich ausdrücken, sich äußern, in Erscheinung treten, offenbar werden, sich zeigen, zum Ausdruck/Vorschein kommen, zutage treten; *(bildungsspr.):* sich manifestieren.

auspressen
1. ausdrücken, ausquetschen, die Feuchtigkeit herauspressen, entsaften.
2. ↑ausnutzen (2).

ausprobieren
auf die Probe stellen, die Probe aufs Exempel machen, einen Versuchsballon steigen lassen/starten, einen Versuch starten, einer Prüfung unterziehen, erproben, Probe fahren/sitzen/laufen, probieren, testen, überprüfen, untersuchen, versuchen; *(ugs.):* herumdoktern, hineinschnuppern, reinschnuppern, tüfteln, zirkeln.

ausradieren
1. a) abradieren, ausixen, auskratzen, auslöschen, ausmerzen, beheben, beseitigen, entfernen, wegradieren; *(geh.):* tilgen; *(bildungsspr.):* eliminieren; *(ugs.):* wegmachen. **b)** aufräumen, ausblenden, aus der Welt schaffen, auslöschen, ausmerzen, ausräumen, beseitigen, entfernen, unterdrücken, vernichten, zum Verschwinden bringen; *(bildungsspr.):* eliminieren.
2. ↑ausmerzen (1).

ausrangieren
ablegen, ausmustern, ausräumen, aussortieren, beseitigen, entfernen, wegtun, wegwerfen; *(ugs.):* ausmisten, zum alten Eisen werfen.

ausrasten
außer sich geraten/sein, die Beherrschung/die Fassung/die Kontrolle verlieren, kopflos werden, rasen, toben, sich vergessen, wild werden, wüten; *(ugs.):* an die Decke gehen, aus der Haut

fahren, ausflippen, austicken, durchdrehen, hochgehen, in die Luft gehen.

ausräumen

1. abladen, ausladen, auspacken, entladen, entleeren, herausnehmen, herunternehmen, leeren; *(ugs.)*: leer machen.
2. abschaffen, abstellen, aufheben, auflösen, auslöschen, ausmerzen, beseitigen, entfernen, für nichtig erklären, für ungültig erklären, Schluss machen mit; *(bildungsspr.)*: eliminieren; *(salopp)*: ausradieren.

ausrechnen

abschätzen, bemessen, berechnen, Berechnungen anstellen, durchrechnen, einen Überschlag machen, ermitteln, errechnen, herausbekommen, lösen, rechnen, taxieren, überschlagen.

ausrechnen, sich

abschätzen, absehen, ausgehen von, sich denken, erkennen, ermessen, erwarten, kommen sehen, prophezeien, rechnen mit, überschauen, vorausahnen, voraussagen, voraussehen, vorhersagen, vorhersehen; *(ugs.)*: sich an den [fünf, zehn] Fingern abzählen; [sich] zusammenreimen; *(Fachspr.)*: prognostizieren.

Ausrede

Alibi, Ausflucht, Deckmantel, Entschuldigung, [fadenscheinige] Begründung, Flausen, Notlüge, Rechtfertigung, Vorwand; *(ugs.)*: Märchen; *(veraltend)*: Vorgeben.

ausreden

1. aussprechen, zu Ende reden/sprechen.
2. abbringen von, abmahnen, abraten, abreden, umstimmen, verleiden, warnen, zu Bedenken geben, zurückhalten; *(geh.)*: widerraten.

ausreichen

1. ausreichend vorhanden sein, genügen, hinreichen; *(österr.)*: sich ausgehen; *(ugs.)*: langen.
2. auskommen mit, genug haben; *(ugs.)*: hinkommen; *(oft abwertend)*: zur Genüge haben.

ausreißen

1. ausraufen, ausrupfen, auszupfen, entfernen, herausreißen, herausrupfen, rupfen, zupfen.
2. ausbrechen, das Weite suchen, davonlaufen, die Flucht ergreifen, entfliehen, entlaufen, fliehen, flüchten, fortlaufen, weglaufen; *(ugs.)*: sich absetzen, auskneifen, sich davonmachen, sich dünnmachen, durchbrennen, entwischen, Reißaus nehmen, türmen, sich verdrücken, verduften, sich verziehen; *(ugs. scherzh.)*: ausbüxen; *(salopp)*: abhauen, die Kurve kratzen.

ausrichten

1. benachrichtigen, Bescheid geben/sagen, bestellen, informieren, mitteilen, sagen, überbringen, übermitteln, weitergeben, weitersagen.
2. bewirken, durchsetzen, Erfolg haben, erreichen, erringen, erwirken, erzielen, fertigbringen; *(geh.)*: vermögen, vollbringen; *(ugs.)*: herausholen, hinbekommen, hinkriegen.
3. abhalten, arrangieren, durchführen, geben, gestalten, halten, inszenieren, machen, organisieren, stattfinden lassen, veranstalten; *(bildungsspr.)*: realisieren; *(ugs.)*: durchziehen.

ausrichten, sich

sich aufstellen, sich einrichten, sich einstellen, sich formieren, sich gruppieren, sich platzieren, sich postieren.

ausrollen

aufrollen, aufspannen, ausbreiten, auseinanderbreiten, auseinanderfalten, auseinanderlegen, auseinanderrollen, auswalzen, entfalten, ziehen; *(geh.)*: entrollen.

ausrotten ↑ausmerzen (1).

Ausruf

1. Aufschrei, Äußerung, Ruf, Schrei.
2. Ankündigung, Ausrufung, Verkündung, Verlautbarung; *(geh.)*: Kundgabe; *(bildungsspr.)*: Proklamation; *(veraltend)*: Kundgebung.

ausrufen

1. aufschreien, äußern, aussprechen, herausschreien, rufen, schreien.
2. angeben, ankündigen, ansagen, ausschreien, bekannt geben/machen, informieren, kundtun, melden, mitteilen, verlautbaren [lassen], verlauten, vermelden; *(geh.)*: kundgeben.

ausruhen, sich

Atem holen, [sich] ausschlafen, aussetzen, ausspannen, eine Pause einlegen/machen, sich entspannen, sich erholen, faulenzen, Ferien machen, sich lagern, pausieren, rasten, ruhen, schlafen, verschnaufen; *(ugs.)*: sich aalen, abschalten, sich langlegen, relaxen, runterschalten; *(nordd.)*: verpusten; *(südd., österr.)*: [sich] ausrasten.

Ausrüstung

Apparatur, Arbeitsgerät, Armatur, Ausstaffierung, Ausstattung, Aussteuer, Bestückung, Bewaffnung, Einkleidung, Equipment, Gerät, Gerätschaft[en], Handwerkszeug, Material, Outfit, Rüstzeug, Staffierung, Technik, Toolset, Werkzeug; *(Fachspr.)*: Instrumentarium.

Ausrutscher

1. Fehler, Fehlgriff, Irrtum, Missgeschick, Missgriff, Panne, Ungeschicklichkeit, Versehen; *(bildungsspr.)*: Fauxpas, Lapsus; *(ugs.)*: Schnitzer.
2. Fehlschlag, Misserfolg, Niederlage; *(ugs.)*: Flop, Reinfall, Schlappe; *(salopp)*: Pleite.

Aussage

1. Anschauung, Ansicht, Auffassung, Behaup-

tung, Feststellung, Meinung, Stellungnahme, Urteil, Vorstellung.
2. Angabe, Ausführung[en], Auskunft, Auslassung[en], Äußerung, Ausspruch, Bemerkung, Bericht, Darlegung, Darstellung, Erklärung, Information, Mitteilung, Nennung, Schilderung; *(ugs.):* Info; *(veraltend):* Zeugnis.
3. Bedeutung, Botschaft, Charakter, Gehalt, Idee, Inhalt, Kerngedanke, Sinn, Tenor; *(bildungsspr.):* Essenz; *(Jargon):* Message.

aussagen
1. artikulieren, ausdrücken, ausführen, äußern, behaupten, bekannt geben, bekennen, bekunden, eröffnen, feststellen, informieren, melden, mitteilen, sagen, unterrichten, zum Ausdruck bringen; *(geh.):* kundgeben, kundtun, offenbaren, verkünden, verkündigen; *(bildungsspr.):* dokumentieren; *(ugs.):* Farbe bekennen, mit der Sprache herausrücken.
2. angeben, berichten, Bericht erstatten, bezeugen, darlegen, das Schweigen brechen, eine Aussage machen, eingestehen, einräumen, erklären, schildern, vortragen, zeugen, Zeugnis ablegen, zugeben, zu Protokoll geben, zur Aussage bringen; *(geh.):* dartun; *(bildungsspr.):* referieren; *(ugs.):* auspacken.
3. ausdrücken, bedeuten, besagen, zum Ausdruck bringen.

BSP Dieser Abschnitt besagt, dass ... Hiermit wird seine Bedeutung für diese Epoche besonders gut zum Ausdruck gebracht.

ausschalten
1. abdrehen, abschalten, abstellen, ausdrehen, außer Betrieb setzen, unterbrechen; *(geh.):* [aus]löschen; *(ugs.):* ausknipsen, ausmachen, ausstellen; *(EDV):* toggeln.
2. abblocken, abwenden, beseitigen, entfernen, entmachten, im Keim ersticken, kündigen, mattsetzen, neutralisieren, töten, trennen, umbringen, unterbinden, vereiteln, verhindern, verhüten, verstoßen, verweisen; *(geh.):* entthronen, sondern; *(meist geh.):* scheiden; *(bildungsspr.):* eliminieren, liquidieren, paralysieren; *(ugs.):* abbiegen, absägen, abschießen, ausbooten, ausbremsen, austricksen, kaltstellen, verschaukeln; *(salopp):* abhängen, aus dem Weg räumen; *(veraltend):* separieren; *(verhüll.):* unschädlich machen.

ausschauen
1. ↑Ausschau halten.
2. anmuten, aussehen, den Anschein erwecken/haben, den Eindruck erwecken/machen, [er]scheinen, vorkommen, wirken.

Ausschau halten
1. ausschauen, aussehen, ausspähen, beobachten, entgegensehen, erwarten, spähen, umherblicken; *(ugs.):* ausgucken, sich den Hals verrenken, sich die Augen aus dem Kopf sehen/schauen, luchsen; *(nordd.):* kieken.
2. auf der Suche sein, sehen, suchen, sich umsehen; *(südd., österr., schweiz.):* schauen.

ausscheiden
1. abbrechen, abdanken, abgehen, sich abmelden, abtreten, aufgeben, aufhören, austreten, beend[ig]en, einstellen, gehen, kündigen, niederlegen, pensioniert werden, verlassen, weggehen, zurücktreten; *(ugs.):* abspringen, aussteigen; *(salopp):* hinschmeißen; *(südd., österr.):* ausstehen; *(veraltend):* [den Dienst] quittieren.
2. ausschließen, außer Betracht bleiben/lassen, entfallen, fortfallen, nicht in Betracht kommen, nicht infrage kommen, nicht zur Diskussion stehen, wegfallen.
3. abgeben, absondern, abstoßen, entleeren, von sich geben; *(Fachspr.):* abscheiden.

Ausscheidung
1. Aufgabe, Auslese, Ausmusterung, Ausschaltung, Ausschluss, Aussonderung, Aussortierung, Entfernung, Wegfall; *(bildungsspr.):* Elimination; *(ugs.):* Ausrangierung.
2. Abscheidung, Absonderung, Abstoßung, Entleerung; *(bildungsspr.):* Exkrement[e].
3. *(Sport):* Ausscheidungsrunde, Ausscheidungswettkampf, K.-o.-Runde, Play-off, Qualifikation.

ausschlachten
ausbeuten, ausnutzen, ausschöpfen, auswerten, sich bedienen, benutzen, gebrauchen, missbrauchen, seinen Nutzen/Vorteil ziehen, verwerten, sich zunutze machen.

Ausschlag

den Ausschlag geben
↑ausschlaggebend

ausschlagen
ablehnen, abwehren, abweisen, abwinken, missbilligen, verwehren, verweigern, zurückweisen; *(geh.):* versagen, verschmähen.

ausschlaggebend
beherrschend, bestimmend, dominierend, eigentlich, entscheidend, erheblich, folgenreich, gewichtig, grundlegend, ins Gewicht fallend, maßgebend, maßgeblich, tonangebend, überwiegend, vorherrschend, wesentlich, wichtig, zählend, zentral; *(bildungsspr.):* relevant.

ausschließen
1. aussperren, den Zutritt verwehren/verweigern.
2. a) fernhalten, isolieren, nicht teilhaben/teilnehmen lassen; *(ugs.):* nicht mitmachen lassen; *(Sport):* disqualifizieren, sperren. **b)** ausgliedern, ausklammern, ausnehmen, nicht [mit] einbeziehen.
ausschließen, sich
1. sich abkapseln, sich absondern, sich abspalten, sich fernhalten, für sich bleiben, sich isolieren, sich lossagen, nicht mitmachen/mitwirken/teilnehmen; *(geh.):* sich entziehen.
2. entgegenstehen, im Gegensatz/Widerspruch stehen, nicht harmonieren, sich widersprechen, widerstreiten; *(ugs.):* sich beißen.
[1]**ausschließlich**
alleinig, ausnahmslos, besonders, exklusiv, hauptsächlich, uneingeschränkt, vornehmlich.
[2]**ausschließlich**
besonders, eigens, einzig [und allein], hauptsächlich, in erster Linie, insbesondere, lediglich, nicht mehr als, nichts [anderes] als, nur, rein, speziell, vor allem, weiter nichts als, zuerst; *(geh.):* allein; *(veraltend):* zuvörderst.
[3]**ausschließlich**
abgesehen von, ausgenommen, außer, bis auf, gesondert, nicht berücksichtigt/eingeschlossen/enthalten/inbegriffen/mitgerechnet, ohne, separat, ungerechnet; *(geh.):* nicht einbegriffen.
Ausschluss
Absonderung, Ausschließung, Ausstoßung, Boykott, Entfernung, Isolation, Isolierung, Kündigung; *(bildungsspr.):* Eliminierung, Relegation; *(veraltend):* Separation; *(bildungsspr., Fachspr.):* Elimination; *(Sport):* Disqualifikation, Feldverweis, Platzverweis, Sperre.
ausschmücken
1. ausgestalten, ausmalen, ausstaffieren, dekorieren, drapieren, garnieren, schmücken, stuckieren, verzieren; *(geh.):* [aus]zieren.
2. ausgestalten, ausmalen, ausspinnen, ergänzen, erweitern, fabulieren.
Ausschnitt
1. Abschnitt, Auszug, Bruchstück, Einzelheit, Fetzen, Partie, Passage, Schatten, Stelle, Stück, Teil[stück], Textstelle; *(bildungsspr.):* Detail; *(bildungsspr., Fachspr.):* Segment.
2. a) Öffnung. **b)** Dekolleté.
ausschöpfen
ausbeuten, ausnutzen, auswerten, verwerten, sich zunutze machen; *(geh.):* auskosten; *(ugs.):* ausschlachten; *(Jargon):* durchdeklinieren.
ausschreiben
1. ausfüllen, ausstellen.
2. anbieten, ankündigen, ansagen, ansetzen, ausloben, aussetzen, bekannt geben/machen, bieten, zusagen, zusichern; *(geh.):* antragen.
Ausschreitung
1. Aufruhr, Gewalttätigkeit, Krawall, Pogrom, Tumult, Übergriff, Unruhen; *(ugs.):* Randale.
2. Auswüchse, Maßlosigkeit, Übersteigerung, Unmäßigkeit; *(bildungsspr.):* Exzess.
Ausschuss
1. Beirat, Expertenstab, Gremium, Jury, Komitee, Kommission, Kreis, Rat, Zirkel.
2. *(ugs.):* Schund; *(abwertend):* Schofel.
ausschütten
1. ausleeren, entleeren, leeren; *(ugs.):* leer machen.
2. abführen, aus[be]zahlen, ausgeben, auswerfen, bezahlen, verteilen, zahlen.
ausschwärmen
1. ausfliegen, davonfliegen, fortfliegen, hinausfliegen, schwärmen, wegfliegen; *(dichter.):* dahinfliegen; *(ugs.):* rausfliegen.
2. sich ausbreiten, auseinandergehen, auseinanderlaufen, sich verteilen, sich zerstreuen.
ausschweifend
genusssüchtig, hemmungslos, lasterhaft, maßlos, ohne jedes Maß, orgiastisch, sittenlos, übertrieben, unbeherrscht, unersättlich, ungezügelt, unmäßig, unsolide, unzüchtig, wild, zügellos; *(bildungsspr.):* dekadent, exzessiv, undiszipliniert; *(abwertend):* wüst.
Ausschweifung
Auswüchse, Maßlosigkeit, Orgie, Übertreibung, Unmäßigkeit, Zügellosigkeit; *(geh.):* Ausschreitung; *(bildungsspr.):* Exzess.
aussehen
ähneln, anmuten, anzusehen sein, den Anschein haben/erwecken, den Eindruck machen/erwecken, erscheinen, scheinen, vorkommen, wirken; *(südd., österr.):* ausschauen.

BSP Das Gespräch erweckt den Eindruck, als ob alles in Ordnung sei. Diese These kommt mir eigenartig/logisch/wichtig vor.

Aussehen ↑Äußeres.
aus sein
1. a) beendet/fertig sein, Schluss sein, um/vorbei/vorüber sein, zu Ende sein; *(ugs.):* durch/passé sein. **b)** abgedreht/abgeschaltet/abgestellt sein, ausgeschaltet/deaktiviert/erloschen sein.
2. abzielen, anlegen, ansteuern, anstreben, anvisieren, anzielen, beabsichtigen, bezwecken, den Zweck haben/verfolgen, es abgesehen haben

auf, gerichtet sein auf, streben, versessen sein, zielen, zum Ziel haben; *(geh.):* trachten, zu erlangen/zu erreichen suchen; *(bildungsspr.):* intendieren; *(ugs.):* hinauswollen auf.

außen
an/auf der Außenseite, an/auf der Oberfläche, außerhalb, äußerlich, auswärts, draußen; *(bildungsspr., Fachspr.):* extern.

Außenseiter, Außenseiterin
Einzelgänger, Einzelgängerin, Kauz, Sonderling; *(bildungsspr.):* Individualist, Individualistin, Nonkonformist, Nonkonformistin, Outcast, Outsider, Outsiderin, Paria; *(ugs.):* Ausgeflippter, Ausgeflippte; *(oft abwertend):* Eigenbrötler, Eigenbrötlerin.

Außenstände
[Geld]forderungen, Schulden.

außer
abgesehen von, ausgenommen, bis auf, mit Ausnahme von, neben, nicht eingeschlossen/enthalten/inbegriffen, nicht mitgerechnet, nur ... nicht, ohne; *(schweiz.):* bis an; *(geh.):* nicht einbegriffen; *(bildungsspr.):* exklusive.

außerdem ↗
ansonsten, auch, daneben, dann, darüber hinaus, dazu, des Weiteren, ferner, im Übrigen, obendrein, sonst, überdies, weiterhin, zusätzlich; *(österr.):* weiters; *(schweiz.):* im Weiteren, nebstdem; *(geh.):* zudem; *(ugs.):* on top.

Äußeres
Anblick, Aussehen, [äußere] Erscheinung, Erscheinungsbild, Gesicht, Gesichtsausdruck, Habitus.

BSP Er hat ein blühendes/gesundes/jugendliches/harmloses Aussehen. Für diese Position wird ein gepflegtes Erscheinungsbild erwartet.

---

außergewöhnlich
a) abenteuerlich, absonderlich, auffallend, aufsehenerregend, aus dem Rahmen fallend, ausgefallen, außerordentlich, besonders, bizarr, eigenwillig, einmalig, einzigartig, exotisch, extravagant, extrem, grotesk, markant, merkwürdig, nicht alltäglich, originell, phänomenal, seltsam, sensationell, sonderbar, spektakulär, speziell, ungeheuer, ungewöhnlich, ungewohnt, unüblich, verblüffend, wunderlich; *(geh.):* staunenswert; *(bildungsspr.):* exzeptionell, skurril, unkonventionell; *(ugs.):* schrullig, verrückt; *(salopp):* irre; *(emotional):* unvergleichlich; *(emotional verstärkend):* sondergleichen; *(bildungsspr. veraltend):* extraordinär. **b)** ansehnlich, beachtlich, bedeutend, bemerkenswert, beträchtlich, enorm, erheblich, erstaunlich, gehörig, gewaltig, grandios, großartig, hervorstechend, immens, imposant, mächtig, nennenswert, nicht unbeträchtlich, stattlich, überdurchschnittlich, überragend, überwältigend, ungeheuer, ungemein, unsagbar, wesentlich; *(geh.):* ausnehmend; *(bildungsspr.):* epochal, exzellent, formidabel, respektabel; *(österr., sonst bildungsspr.):* eminent; *(ugs.):* anständig, irrsinnig, kapital, klasse, mega, ordentlich, schön, super, toll, unglaublich; *(oft emotional):* riesig; *(ugs. emotional):* kolossal, sagenhaft. **c)** ↑sehr.

außerhalb
abseits, entfernt, jenseits, weitab; *(geh.):* fern, fernab.

äußern
anbringen, anmelden, anmerken, ausdrücken, ausführen, aussagen, aussprechen, behaupten, bekannt geben, bekennen, bekunden, darlegen, erklären, eröffnen, feststellen, formulieren, geltend machen, informieren, in Worte fassen/kleiden, melden, mit der Sprache herausrücken, mitteilen, sagen, unterrichten, verlautbaren, verlauten [lassen], vorbringen, wissen lassen, zum Ausdruck/zur Sprache bringen; *(geh.):* offenbaren, unterbreiten, verkünden, verkündigen; *(bildungsspr.):* artikulieren, dokumentieren, verbalisieren; *(ugs.):* Farbe bekennen.

BSP Sie wollte ihm ihre Gefühle nicht offenbaren. Er artikulierte seine Sorgen eindringlich.

äußern, sich
1. sich auslassen, reden über, seine Meinung abgeben/sagen/zum Ausdruck bringen; *(abwertend):* sich ausbreiten über.
2. sich abzeichnen, sich artikulieren, sich ausdrücken, sich ausprägen, deutlich/offenbar/sichtbar werden, in Erscheinung treten, sich zeigen, zum Ausdruck/Vorschein kommen, zutage treten; *(geh.):* sich bekunden; *(bildungsspr.):* sich dokumentieren, sich manifestieren.

außerordentlich
a) ↑außergewöhnlich (a). **b)** ↑außergewöhnlich (b).

äußerst ↑sehr.

Äußerung
1. Angabe, Anmerkung, Ausführung[en], Auskunft, Aussage, Ausspruch, Bemerkung, Bericht, Darlegung, Darstellung, Erklärung, Feststellung, Stellungnahme, Worte; *(ugs.):* Info; *(oft abwertend):* Kommentar; *(veraltend):* Zeugnis; *(Fachspr.):* Enunziation.
2. Anzeichen, Ausdruck, Kennzeichen, Merkmal, Spiegelbild, Spiegelung, Zeichen; *(bildungsspr.):* Symptom.

aussetzen
1. ausliefern, übergeben, überlassen; *(geh.):* preisgeben, überantworten.
2. abbrechen, Atem holen, aufhören, [sich] ausruhen, ausspannen, eine Pause einlegen/machen, sich [ein wenig] Ruhe gönnen, sich entspannen, sich erholen, innehalten, pausieren, ruhen [lassen], unterbrechen; *(geh.):* Atem schöpfen; *(ugs.):* abschalten, relaxen; *(nordd.):* verpusten; *(südd., österr.):* [sich] ausrasten.

Aussicht
1. Anblick, Ansicht, Ausblick, Bild, Blick, Durchblick, Fernblick, Fernsicht, Panorama[blick], Rundblick, Sicht, Weitblick.
2. Chance, Erfolgsaussicht, Hoffnung, Möglichkeit, Zukunft; *(bildungsspr.):* Perspektive.

aussichtslos
ausweglos, chancenlos, hoffnungslos, ohne Ausweg, ohne [jede] Chance, unlösbar, verfahren, verzweifelt; *(bildungsspr.):* desperat.

aussiedeln
1. ausquartieren, räumen, umsiedeln, verlegen; *(ugs.):* auf die Straße setzen/werfen, vor die Tür setzen; *(bes. österr.):* delogieren.
2. auswandern, ausziehen, das Land/seine Heimat verlassen, emigrieren, fortgehen, fortziehen, umsiedeln, umziehen, weggehen; *(meist scherzh.):* seine Zelte abbrechen.

aussöhnen, sich
einen Streit beenden/beilegen/begraben, sich einigen, Frieden schließen, sich versöhnen, sich vertragen; *(scherzh.):* das Kriegsbeil begraben; *(ugs. scherzh.):* die Friedenspfeife rauchen.

aussondern ↑aussortieren (1).

aussortieren
1. ausgliedern, auslesen, ausmustern, ausscheiden, ausschließen, aussondern, aussuchen, auswählen, entfernen, verlesen; *(bildungsspr.):* eliminieren, selektieren; *(ugs.):* aussieben.
2. aussuchen, auswählen, herausfiltern, herausgreifen, heraussuchen, [heraus]wählen; *(geh.):* auserkiesen, auserlesen, ausersehen, auserwählen, auslesen, erkiesen, erwählen, küren; *(bildungsspr.):* selektieren; *(bildungsspr., Fachspr.):* selegieren; *(ugs.):* aussieben, herausfischen.

ausspannen
1. aufspannen, ausbreiten, auseinanderbreiten, entfalten, spannen; *(geh.):* entrollen.
2. abjagen, ablisten, ablocken, abnehmen, abringen, abspenstig machen, abwerben, gewinnen, weglocken, wegnehmen; *(ugs.):* kapern, loseisen, wegschnappen.
3. abspannen, Abstand gewinnen, [sich] ausruhen, eine Pause einlegen/machen, sich entspannen, sich erholen, faulenzen, Ferien/Urlaub machen, nichts tun, pausieren, rasten, ruhen, zur Ruhe kommen; *(bildungsspr.):* sich regenerieren; *(ugs.):* abschalten, relaxen.

aussperren
ausschließen, den Zutritt verwehren/verweigern.

ausspionieren
a) ausfindig machen, ausforschen, auskundschaften, ausspähen, erkunden, nachforschen; *(salopp):* ausbaldowern; *(abwertend):* spionieren. **b)** ausforschen, ausfragen, aushorchen, befragen, belauschen, beobachten, beschatten, bespitzeln, nicht aus den Augen lassen, stalken, überwachen, zu erfahren suchen; *(geh.):* nachspüren; *(bildungsspr.):* investigieren; *(ugs.):* auf den Zahn fühlen, ausholen, ausquetschen [wie eine Zitrone], bohren, interviewen, löchern, nachschnüffeln, unter die Lupe nehmen.

Aussprache
1. Akzent, Artikulation, Artikulierung, Redeweise, Sprachfärbung, Sprechweise, Ton, Tonfall; *(Sprachwiss.):* Lautbildung, Lautung, Sprachmelodie; *(bes. Sprachwiss.):* Intonation.
2. Besprechung, Debatte, Diskussion, Erörterung, Fragerunde, Gedankenaustausch, [klärendes] Gespräch, Meinungsaustausch, Unterhaltung, Unterredung; *(geh.):* Zwiesprache; *(bildungsspr.):* Dialog.

aussprechen
1. artikulieren, mit den Lippen formen, sagen, sprechen; *(Sprachwiss.):* lauten; *(bes. Sprachwiss.):* intonieren.
2. ausreden, zu Ende reden/sprechen.
3. anbringen, anmelden, anmerken, ausdrücken, äußern, deutlich machen, erklären, eröffnen, formulieren, in Worte fassen/kleiden, mit der Sprache herausrücken, mitteilen, sagen, verlautbaren, verlauten [lassen], vorbringen, wissen lassen, zum Ausdruck bringen, zur Kenntnis geben; *(geh.):* Ausdruck geben/verleihen, bekunden, kundgeben, kundtun, offenbaren, unterbreiten, verkünden, verkündigen; *(bildungsspr.):* artikulieren, verbalisieren.

aussprechen, sich
1. befürworten, begrüßen, billigen, dafür sein, sich einsetzen, Fürsprache einlegen, Stellung nehmen für, unterstützen.
2. sich anvertrauen, sich erleichtern, ins Vertrauen ziehen, sich mitteilen, sich öffnen, sein Herz ausschütten/erleichtern, sich von der Seele reden; *(salopp):* sich ausquatschen.

Ausspruch
Äußerung, Bonmot, [geflügeltes] Wort, Lebens-

weisheit, Satz, Spruch, Zitat; *(bildungsspr.):* Aperçu, Aphorismus, Apophthegma, Diktum, Sentenz; *(nordd.):* Schnack.

ausspülen
1. abwaschen, ausbrühen, ausschwenken, auswaschen, nachspülen, reinigen.
2. abtragen, ausfressen, aushöhlen, ausschwemmen, auswaschen, fortspülen, spülen, unterhöhlen, unterspülen, wegspülen.

Ausstand
1. Arbeitseinstellung, Arbeitskampf, Arbeitsniederlegung, Streik.
2. Abschiedsfeier, Abschiedstrunk; *(ugs.):* Abschiedsfete.

ausstatten
aufmachen, ausrüsten, ausstaffieren, bestücken, spicken, staffieren, versehen, versorgen; *(geh.):* begaben; *(Fachspr.):* instrumentieren.

Ausstattung
a) Ausrüstung, Ausstaffierung, Bestückung, Staffierung, Versorgung; *(Fachspr.):* Instrumentierung. b) Ausgestaltung, Ausschmückung, Ausstaffierung, Dekoration, Dekorierung, Einrichtung, Möblierung, Staffierung.

ausstechen
1. abstechen, abtrennen, heraustrennen, stechen.
2. ausknocken, ausmanövrieren, ausschalten, beiseitedrängen, beiseiteschieben, beiseitestoßen, den Rang ablaufen, hinter sich lassen, in den Schatten stellen, mattsetzen, schlagen, triumphieren, übertreffen, übertrumpfen, verdrängen; *(ugs.):* ausbooten, ausbremsen, einstecken; *(salopp):* abhängen.

ausstehen
1. ausbleiben, fällig sein, fehlen, offenstehen; *(südd., österr.):* ausständig sein.
2. aushalten, ertragen, hinnehmen.

aussteigen
a) abbrechen, sich abkehren, absagen, abschwören, absetzen, sich abwenden, aufgeben, aufhören, beenden, beendigen, begraben, einen Schlussstrich ziehen, einstellen, ruhen/sterben lassen, Schluss machen; *(geh.):* Abstand nehmen, die Segel streichen; *(ugs.):* abblasen, abspringen, aufstecken, das Handtuch werfen, den Kram hinschmeißen, die Notbremse ziehen, hinwerfen, stecken, sich verabschieden; *(salopp):* hinschmeißen. b) alle Brücken hinter sich abbrechen, alles hinter sich lassen, sich aus den Fesseln befreien, sich außerhalb der gesellschaftlichen Norm stellen, sich zurückziehen; *(ugs.):* sich abseilen, sich absetzen, abspringen.

ausstellen
1. ausbreiten, auslegen, hinlegen, hinstellen, präsentieren, zeigen, zur Schau stellen.
2. abdrehen, abschalten, abstellen, ausdrehen, ausschalten; *(ugs.):* ausknipsen, ausmachen.

Ausstellung
Exposition, Kleinmesse, Messe, Salon, Schau, Veranstaltung.

aussterben
erlöschen, untergehen, verschwinden, zugrunde gehen; *(geh.):* schwinden.

ausstrahlen
1. abgeben, ablassen, abstrahlen, ausdünsten, aussenden, ausströmen, spenden, strahlen, verbreiten, verstrahlen, von sich geben.
2. ausleuchten, beleuchten, erleuchten, illuminieren.
3. aussenden, senden, spielen, strahlen, übertragen, verbreiten, wiedergeben; *(ugs.):* bringen.

Ausstrahlung
1. Aussendung, Übertragung, Verbreitung.
2. Anziehungskraft, Atmosphäre, Ausstrahlungskraft, Charisma, Faszination, Fluidum, Sexyness, Strahlung, Wirkung, Zauber; *(geh.):* Aura, Strahlkraft; *(bildungsspr.):* Air, Appeal, Emanation, Profil; *(Jargon):* Präsenz.

ausstrecken
ausbreiten, ausrecken, dehnen, hervorstrecken, langmachen, recken, strecken, vorrecken, wegstrecken; *(ugs.):* alle viere von sich strecken.

ausstrecken, sich
sich hinlegen, sich hinstrecken; *(geh.):* sich niederlegen, sich niederstrecken; *(ugs.):* sich langlegen, sich langmachen; *(salopp):* sich hinhauen.

ausstreuen
1. hinstreuen, stäuben, streuen, umherstreuen, verbreiten, verstreuen.
2. herumerzählen, hinterbringen, in Umlauf bringen, verbreiten, verkünden, weitererzählen, weitergeben, weitersagen, weiterverbreiten; *(ugs.):* rumerzählen, weitertragen.

aussuchen ↑auswählen.

austauschbar
auswechselbar, ersetzbar, konvertibel, vertauschbar; *(bildungsspr.):* substituierbar; *(Fachspr.):* kommutabel, kommutativ, permutabel.

GGS beispiellos, einzigartig, singulär, unersetzbar.

---

austauschen
auswechseln, einen Austausch/einen Wechsel vornehmen, ersetzen, tauschen, vertauschen,

wechseln; *(bildungsspr., Fachspr.):* substituieren; *(Sport):* durchwechseln.

austeilen
abgeben, ausgeben, aushändigen, geben, spenden, vergeben, verteilen, zuteilen, zuweisen; *(bildungsspr.):* distribuieren.

austragen
1. bringen, verteilen; *(schweiz.):* vertragen; *(geh.):* überbringen.
2. ausfechten, auskämpfen, ausmachen, durchfechten, durchführen, durchkämpfen, spielen.
3. [aus]löschen, [aus]streichen, entfernen.

austreten
1. auslöschen, ersticken, löschen, zertreten; *(ugs.):* ausmachen, austrampeln.
2. auf die Toilette gehen, die Toilette aufsuchen, zur Toilette gehen; *(verhüll.):* sich erleichtern.
3. ausscheiden, gehen, verlassen, weggehen; *(ugs.):* abspringen, aussteigen, sein Parteibuch zurückgeben.
4. ausbrechen, ausfließen, auslaufen, ausschlagen, ausschwitzen, aussickern, ausströmen, entweichen, herausfließen, herauslaufen, herausrinnen, heraussickern, herausströmen; *(geh.):* entfließen, entströmen; *(dichter.):* entrinnen; *(bes. südd., österr.):* ausrinnen.

austricksen
ausmanövrieren, ausschalten, ausspielen, überlisten, übertölpeln, übervorteilen; *(ugs.):* ausbremsen, verladen, verschaukeln.

austrocknen
1. a) ausdörren, dörren, trocken machen, trocknen, versengen. **b)** entsumpfen, entwässern, trockenlegen.
2. ausdorren, ausdörren, dörren, dürr/trocken werden, eindorren, eintrocknen, verbrennen, verdorren, vertrocknen; *(geh.):* dorren.

austüfteln
ausarbeiten, sich ausdenken, ausgrübeln, ausklügeln, sich einfallen lassen, erdenken, ergrübeln, erklügeln, ertüfteln; *(geh.):* aussinnen, ersinnen; *(ugs.):* ausbrüten, aushecken, ausklamüsern, ausknobeln, herausklamüsern.

ausüben
1. amtieren, ausführen, sich beschäftigen, sich betätigen, betreiben, erledigen, nachgehen, praktizieren, tätig sein, verrichten, versehen; *(bes. schweiz.):* amten; *(geh.):* bekleiden, üben.
2. anwenden, gebrauchen, Gebrauch machen, handhaben, innehaben; *(geh.):* bekleiden.
3. ausführen, vollführen, vollziehen, wirken lassen; *(geh.):* üben.

ausufern
1. überborden, über die Ufer treten, überfluten, überströmen, übertreten.
2. sich ausweiten, eskalieren, ins Uferlose gehen/steigen/wachsen, überhandnehmen, zu weit gehen; *(bes. schweiz.):* überborden; *(oft abwertend):* ausarten, entarten.

Ausverkauf
Saisonausverkauf, Schlussverkauf, Totalausverkauf; *(bes. österr.):* Abverkauf.

aus Versehen ↑Versehen.

Auswahl
1. Auslese, Aussiebung, Wahl; *(schweiz.):* Triage; *(geh.):* [Aus]erwählung, Kürung; *(bildungsspr.):* Selektierung, Selektion.
2. Auslese, Best-of, Kollektion, Palette, Querschnitt, Sammlung, Zusammenstellung.
3. Güterangebot, Kollektion, Produktlinie, Querschnitt, Sortierung, Sortiment, Warenangebot, Warensortiment, Zusammenstellung.

auswählen
auskämmen, aussuchen, eine Auswahl/Wahl treffen, herausfiltern, herausgreifen, heraussuchen, herauswählen, wählen; *(geh.):* auserkiesen, auserlesen, ausersehen, auserwählen, auslesen, erwählen, küren; *(bildungsspr.):* selektieren; *(bildungsspr., Fachspr.):* selegieren; *(ugs.):* aussieben, raussuchen; *(geh. veraltet):* erlesen.

auswandern
außer Landes gehen, aussiedeln, ausziehen, das Land/seine Heimat verlassen, davongehen, emigrieren, fortgehen, ins Ausland/ins Exil gehen, weggehen; *(bildungsspr.):* exilieren.

auswärtig
ausländisch, exotisch, fremd[ländisch], migrantisch, nicht aus der Gegend, nicht von hier, ortsfremd, von außerhalb, von auswärts; *(geh.):* aus der Fremde.

auswärts
anderswo, außen, außerhalb, außer Haus, auswärtig, draußen, extern, woanders; *(geh.):* in der Fremde.

auswaschen
abtragen, ausfressen, aushöhlen, ausschwemmen, ausspülen, fortspülen, unterspülen, wegspülen.

auswechseln
austauschen, einen Austausch/Wechsel vornehmen, erneuen, erneuern, ersetzen, tauschen, wechseln; *(bildungsspr.):* substituieren.

Ausweg
Hintertür, Lösung, Notanker, Notlüge, Patentlösung, Patentrezept, Rat, Weg; *(geh.):* Hoffnungs-

funken, Hoffnungsschimmer, Hoffnungsstrahl; *(ugs.):* Dreh, Masche.

ausweglos
aussichtslos, chancenlos, hoffnungslos, ohne Ausweg, ohne [jede] Chance, unlösbar, verfahren, verzweifelt; *(bildungsspr.):* desperat.

ausweichen
1. aus der Bahn/aus dem Weg gehen, beiseitegehen, herumgehen, Platz machen, umfahren, umgehen, zur Seite gehen/treten, zurückfahren, zurückweichen; *(ugs.):* umkurven.
2. Ausflüchte machen, entgehen, sich nicht festlegen, offenlassen, scheuen, umgehen, vermeiden, sich winden, zögern, zurückweichen; *(geh.):* sich entziehen, fliehen, meiden; *(ugs.):* sich drücken, sich herumdrücken.

ausweichend
andeutungsweise, hinhaltend, indirekt, schleppend, unartikuliert, unbestimmt, ungenau, unklar, vage, verschwommen, zögernd; *(bildungsspr.):* inartikuliert, unpräzise.

Ausweis
Ausweispapiere, Identitätsnachweis, Papiere, Pass, Personalausweis, Personaldokumente, Personalien, Reisepass; *(österr.):* Identitätsausweis; *(schweiz.):* Schriften; *(ugs.):* Perso.

ausweisen
1. abschieben, ausbürgern, aussiedeln, deportieren, umsiedeln, verbannen, verstoßen, vertreiben; *(verhüll.):* säubern.
2. bestätigen, beweisen, den Nachweis erbringen/führen/liefern, sich empfehlen, sich erweisen, sich herausstellen, nachweisen, unter Beweis stellen, sich zeigen.
3. angeben, bescheinigen, bezeichnen, deklarieren, erklären, kennzeichnen.

ausweisen, sich
sich legitimieren, seine Identität nachweisen, seinen Ausweis/seine Papiere[vor]zeigen.

ausweiten
ausbauen, ausdehnen, entwickeln, erhöhen, erweitern, eskalieren, steigern, vergrößern, verschärfen, verstärken.

ausweiten, sich
anschwellen, ansteigen, anwachsen, sich ausbreiten, sich ausdehnen, sich durchsetzen, einreißen, sich erhöhen, sich erweitern, eskalieren, grassieren, größer werden, Kreise ziehen, sich steigern, überhandnehmen, um sich greifen, sich verbreiten, sich vergrößern, sich vermehren, sich verschärfen, sich verstärken, sich vervielfachen, zunehmen; *(bildungsspr.):* expandieren.

auswendig
aus dem Gedächtnis/Kopf, frei, ohne Vorlage.

auswerten
aufbereiten, ausbeuten, ausmünzen, ausnutzen, ausschöpfen, benutzen, durcharbeiten, erschließen, erschöpfen, Gebrauch machen von, heranziehen, nutzen, Nutzen/Vorteil ziehen, pädagogisieren, profitieren, ummünzen, verarbeiten, verwenden, verwerten.

auswirken, sich
Auswirkungen haben, einen Effekt/eine Wirkung haben, sich ergeben, Folgen haben/nach sich ziehen, sich geltend machen, Konsequenzen haben, sich legen, mitspielen, nützen, prägen, schlagen, wirksam sein, zehren, zurückfallen, zusetzen; *(ugs.):* ausmachen.

BSP Das Internat hat ihn geprägt. Die Maßnahmen gegen Mobbing waren sehr wirksam.

Auswirkung
Bilanz, Effekt, Ergebnis, Fazit, Folge, Konsequenz, Weiterung, Wirkung; *(geh.):* Ausfluss, Unbilden; *(bildungsspr.):* Resultat, Resümee.

Auswirkungen haben ↑auswirken, sich.

auswischen
a) abreiben, beseitigen, entfernen, wegwischen.
b) abwaschen, abwischen, auswaschen, putzen, rein/sauber machen, reinigen, säubern.

Auswuchs
Fehlbildung, Geschwulst, Gewächs, Wucherung; *(geh. abwertend):* Ausgeburt.

Auswüchse
Ausschweifung, Fehlentwicklung, Maßlosigkeit, Missstand, Übersteigerung, Übertreibung, Unmäßigkeit, Zügellosigkeit; *(geh.):* Unmaß; *(bildungsspr.):* Exzess.

auszahlen
1. ausbezahlen, aushändigen, auskehren, ausschütten, auswerfen, besolden, bezahlen, einlösen, erstatten, löhnen; *(schweiz.):* ausrichten; *(ugs.):* blechen, hinlegen, lockermachen.
2. a) entlohnen, honorieren, vergüten; *(schweiz.):* entlöhnen. **b)** abfinden, entschädigen.

auszahlen, sich
sich amortisieren, sich bezahlt machen, einträglich sein, etwas einbringen, sich lohnen, rentabel/rentierlich sein, sich rentieren; *(bildungsspr.):* lukrativ sein; *(ugs.):* rumkommen.

auszeichnen
1. etikettieren.
2. anerkennen, belobigen, belohnen, bevorzugt behandeln, dekorieren, ehren, feiern, loben, Lob spenden/zollen, medaillieren, prämieren, rühmen, verleihen, würdigen; *(schweiz.):* belöhnen; *(geh.):* preisen; *(dichter.):* lobpreisen.
3. herausheben, herausstellen, kennzeichnen.

auszeichnen, sich
sich abheben, auffallen, glänzen, herausragen, hervorragen, sich hervortun, kennzeichnen.

Auszeichnung
1. Anerkennung, Belobigung, Belohnung, Dekorierung, Ehrung, Laudatio, Lob[rede], Prämierung, Verleihung, Vorschusslorbeeren, Würdigung; *(schweiz.)*: Belöhnung; *(geh.)*: Preisung; *(dichter.)*: Lobpreis, Lobpreisung.
2. Abzeichen, Dekoration, Medaille, Orden, Pokal, Prämie, Preis, Trophäe, Urkunde.

ausziehen
1. ausraufen, ausreißen, ausrupfen, auszupfen, entfernen, herausreißen, jäten, raufen, rupfen.
2. a) abbinden, ablegen, abnehmen, absetzen, abstreifen; *(ugs.)*: abtun. b) entblößen, enthüllen; *(geh.)*: auskleiden, entkleiden.
3. aussiedeln, den Wohnsitz aufgeben/wechseln, die Wohnung räumen/verlassen, fortziehen, übersiedeln, umsiedeln, umziehen, verziehen, weggehen, wegziehen; *(geh.)*: scheiden; *(meist scherzh.)*: seine Zelte abbrechen.

ausziehen, sich
ablegen, sich die Kleider vom Leib reißen, sich frei machen; *(geh.)*: sich auskleiden, sich entblößen, sich entkleiden; *(ugs.)*: sich erleichtern; *(ugs. scherzh.)*: alle/die Hüllen fallen lassen, sich entblättern.

Auszubildender, Auszubildende
Anlernling, Lehrling, Volontär, Volontärin; *(ugs.)*: Azubi; *(ugs. scherzh.)*: Azubiene; *(südd., österr., schweiz.)*: Lehrbub; *(veraltend)*: Lehrjunge, Lehrmädchen.

Auszug
1. a) Abwanderung, Aussiedlung, Auswanderung, Emigration, Umsiedlung, Weggang, Wegzug; *(bildungsspr.)*: Exodus. b) Übersiedlung, Umsiedlung, Umzug, Wohnungswechsel.
2. Absatz, Abschnitt, Ausschnitt, Digest, Partie, Passage, Stelle, Stück, Teil, Text[stelle], Textteil, Zitat; *(bildungsspr.)*: Exzerpt.

authentisch
beglaubigt, belegt, dokumentiert, echt, gesichert, glaubwürdig, sicher, ungeschönt, unverfälscht, verbürgt, verlässlich, wahr, zuverlässig.

Autobiografie
Biografie, Erinnerungen, Lebensbericht, Lebensbeschreibung, Lebenserinnerungen, Lebensgeschichte; *(bildungsspr.)*: Memoiren, Vita.

Autogramm
Namenszeichen, Namenszug, Unterschrift; *(bildungsspr.)*: Paraphe, Signatur, Signum.

automatisch
a) automatisiert, gedankenlos, gewohnheitsmäßig, instinktiv, mechanisch, schematisch, stereotyp, unbeabsichtigt, unbewusst, unwillkürlich, zwangsläufig, zwangsweise; *(abwertend)*: nach Schema F. b) anlasslos, selbstgesteuert, selbsttätig, spontan, unaufgefordert, von selbst, von sich aus; *(ugs.)*: von allein.

autonom
eigenstaatlich, eigenständig, eigenverantwortlich, emanzipiert, frei, selbstbestimmt, selbstständig, souverän, unabhängig, ungebunden, weisungsfrei; *(bildungsspr.)*: autark.

Autonomie
Eigenstaatlichkeit, Eigenständigkeit, Eigenverantwortlichkeit, Emanzipation, Freiheit, Selbstständigkeit, Selbstverwaltung, Souveränität, Unabhängigkeit, Ungebundenheit; *(bildungsspr.)*: Autarkie, Independenz.

Autor, Autorin
Dichter, Dichterin, Dramatiker, Dramatikerin, Epiker, Epikerin, Erzähler, Erzählerin, Literat, Literatin, Lyriker, Lyrikerin, Schriftsteller, Schriftstellerin, Verfasser, Verfasserin; *(bildungsspr.)*: Prosaist, Prosaistin; *(oft abwertend)*: Schreiber, Schreiberin.

autoritär
1. antidemokratisch, befehlerisch, diktatorisch, herrisch, herrschsüchtig, imperatorisch, intolerant, willkürlich; *(geh.)*: gebieterisch; *(bildungsspr.)*: autokratisch, repressiv; *(abwertend)*: despotisch, selbstherrlich, tyrannisch.
2. patriarchalisch, streng.

Autorität
1. Achtung, Anerkennung, Ansehen, Einfluss, Führungskraft, Führungsqualität, Geltung, Gewicht, Kompetenz, Macht, Respekt; *(geh.)*: Wertschätzung; *(bildungsspr.)*: Nimbus, Prestige, Prominenz, Reputation.
2. Experte, Expertin, Fachgröße, Fachmann, Fachfrau, Kapazität, Kenner, Kennerin, Könner, Könnerin, Kundiger, Kundige, Meister [seines Fachs], Meisterin [ihres Fachs], Respektsperson, Sachkundiger, Sachkundige, Sachverständiger, Sachverständige, Spezialist, Spezialistin; *(bildungsspr.)*: Koryphäe.

Aversion
Abneigung, Abscheu, Ekel, Feindschaft, Feindseligkeit, Hass, Widerstreben, Widerwille; *(geh.)*: Gräuel; *(bildungsspr.)*: Antipathie, Ressentiment.

Azubi ↑ Auszubildender, Auszubildende.

B

Baby
a) Neugeborenes, Säugling; *(schweiz.):* Bébé; *(geh., oft scherzh.):* kleiner/neuer Erdenbürger, kleine/neue Erdenbürgerin; *(fam.):* Wurm.
b) Kind; *(fam.):* Nachwuchs.

baden
a) ein Bad nehmen, in der Wanne liegen/sitzen, in die Wanne steigen. **b)** planschen, schwimmen.

baff
erstaunt, sprachlos, überrascht, verblüfft, verdutzt, verwundert; *(ugs.):* perplex, platt, von den Socken; *(salopp):* geplättet.

Bagatelle
Belanglosigkeit, Geringfügigkeit, Kleinigkeit, Lappalie, Nebensächlichkeit, Unwichtigkeit; *(geh.):* Nichtigkeit; *(bildungsspr.):* Quisquilien; *(ugs.):* Kinkerlitzchen, kleine Fische, Läpperei, Pappenstiel; *(abwertend):* Lächerlichkeit.

bagatellisieren
als Bagatelle behandeln/hinstellen, als geringfügig/unbedeutend hinstellen, verharmlosen, verniedlichen; *(ugs.):* herunterspielen, runterspielen; *(oft abwertend):* abwiegeln.

bahnbrechend
avantgardistisch, epochemachend, fortschrittlich, revolutionär, richtungsweisend, umwälzend, wegweisend, zukunftsweisend; *(bildungsspr.):* epochal, progressiv.

Balance
Gleichgewicht; *(bildungsspr.):* Äquilibrium.

balancieren
im Gleichgewicht halten, in der Balance halten.

bald ↗
1. a) binnen Kurzem, demnächst, gleich, in absehbarer Zeit, in Kürze, in Kurzem, in kurzer Zeit, in naher/nächster Zukunft, innerhalb/nach kurzer Zeit, nächstens, sogleich; *(veraltend):* alsbald. **b)** leicht, rasch, schnell, zügig.
2. annähernd, beinahe, fast, nahezu.

Ball
Tanz, Tanzabend, Tanzfest, Tanzveranstaltung, Tanzvergnügen; *(ugs.):* Schwof, Tanzerei.

Ballast
1. Gewicht, Last.
2. Belastung, Last; *(geh.):* Bürde, Joch.

ballern
1. böllern, Feuer geben, feuern, schießen; *(ugs.):* herumschießen, knallen, pulvern, rumballern.
2. schleudern, werfen; *(ugs.):* donnern, feuern, knallen, pfeffern, schmeißen.

Balsam
1. Creme, Paste, Salbe.
2. Linderung, Wohltat; *(geh.):* Erquickung, Labsal.

banal
a) abgegriffen, abgestanden, durchschnittlich, einfallslos, geistlos, ideenlos, inhaltslos, nichtssagend, oberflächlich, schal, unbedeutend; *(bildungsspr.):* prosaisch; *(ugs.):* abgedroschen; *(abwertend):* flach, hohl, leer, phrasenhaft, platt, seicht. **b)** alltäglich, durchschnittlich, gewöhnlich, normal, ordinär, üblich; *(bildungsspr.):* profan, trivial.

GGS besonders, exzentrisch, originell, skurril.

Banause, Banausin
(abwertend): Barbar, Barbarin, Kulturbarbar, Kulturbarbarin, Kunstbarbar, Kunstbarbarin, Primitivling, Prolet, Proletin, Spießbürger, Spießbürgerin; *(bildungsspr. abwertend):* Ignorant, Ignorantin, Philister, Philisterin.

¹Band
1. Gurt, Streifen.
2. Kassette, Magnetband, Tonband, Tonbandkassette; *(veraltend):* Tape.

²Band
Buch; *(ugs.):* Schinken, Schmöker.

³Band
Ensemble, Gruppe, Kapelle, Musikgruppe, Orchester, Partyband.

Bandage
Binde, Verband, Wickel; *(österr.):* Fasche.

bandagieren
einen Verband anlegen/machen, verbinden, wickeln; *(österr.):* einfaschen, faschen.

¹Bande
1. Gang, Gangsterbande, Gaunerbande, Racket, Verbrecherbande; *(abwertend):* Mob.
2. Clique, Gruppe, Runde, Schar; *(ugs.):* Haufen, Korona, Verein; *(ugs. scherzh.):* Rasselbande; *(abwertend):* Bagage, Rotte.

²Bande
Begrenzung, Einfassung, Rand, Umrandung.

bändigen
bezähmen, gefügig machen, im Zaum halten, zähmen, zahm machen, Zügel anlegen, zügeln; *(bildungsspr.):* domestizieren.

bändigen, sich
sich beherrschen, sich unter Kontrolle halten, sich zurückhalten, sich zusammennehmen; *(ugs.):* sich zusammenreißen.

Bandit, Banditin
Dieb, Diebin, Krimineller, Kriminelle, Verbre-

cher, Verbrecherin; *(bildungsspr.):* Desperado; *(abwertend):* Gangster, Gangsterin, Halunke, Halunkin, Lump, Schuft, Schuftin, Schurke, Schurkin, Wegelagerer, Wegelagerin; *(veraltend):* Räuber, Räuberin.

bange
angsterfüllt, ängstlich, angstvoll, bänglich, beklommen, besorgt, verängstigt, verschreckt, voll Angst/Furcht/Sorge; *(geh.):* verzagt.

bangen
Angst haben, sich ängstigen, fürchten, in Sorge sein, sich sorgen, sich Sorgen machen, zittern.

bankrott
a) ruiniert, zahlungsunfähig; *(schweiz.):* konkursit; *(ugs.):* pleite. **b)** arm, existenzgefährdet, mittellos; *(ugs.):* abgebrannt, blank; *(ugs. scherzh.):* pleite.

bannen
a) fesseln, festhalten, halten; *(geh.):* festbannen.
b) behexen, beschwören, verhexen.

Banner
Fahne, Flagge.

bar
1. cash; *(geh.):* in klingender Münze.
2. blank, blass, klar erkennbar, offenkundig, rein, sichtlich; *(ugs.):* pur.
3. bloß, frei von, nackt, ohne, unbedeckt.

Bar
a) Nachtbar, Nachtlokal, Nightclub. **b)** Café.

barbarisch
1. brutal, erbarmungslos, gewalttätig, gnadenlos, grausam, mörderisch, rabiat, roh, unmenschlich, verroht.
2. kulturlos, wild; *(abwertend):* unkultiviert, unzivilisiert, wüst.

barmherzig
[grund]gütig, milde, mitfühlend, nachsichtig; *(geh.):* mildtätig; *(bildungsspr.):* human.

GGS erbarmungslos, gefühllos, rigoros, unerbittlich.

Barriere
Abriegelung, Abschrankung, Absperrung, Barrikade, Blockierung, Hindernis, Hürde, Sperre.

bärtig
unrasiert; *(geh.):* bebartet.

basieren
aufbauen, beruhen, fußen, geschuldet sein, sich gründen, sich stützen, sich verdanken.

Basis
Arbeitsgrundlage, Ausgangspunkt, Fundament, Grundkonsens, Grundlage, Operationsbasis, Plattform, Unterbau; *(bildungsspr.):* Fond; *(bildungsspr., Fachspr.):* Substrat.

Bassin
Becken, Wasserbecken, Wasserbehälter.

basta
Schluss!, [und] fertig!; *(bildungsspr. veraltend):* [damit] Punktum!

basteln
anfertigen, arbeiten, bauen, bereiten, bilden, erschaffen, fertigen, formen, gestalten, herstellen, hervorbringen, machen, modellieren, produzieren, schaffen, verfertigen, zusammenbasteln.

Bau
1. Errichtung, Fabrikation, Herstellung, Produktion.
2. a) Anlage, Anordnung, Aufbau, Form, Gefüge, Gliederung, Konstruktion, Organisation, Struktur. **b)** äußere Erscheinung, Figur, Gestalt, Körperbau, Körperform, Statur, Wuchs.
3. Bauplatz, Baustelle.
4. Anlage, Bauwerk, Gebäude.

Bauch
a) Unterleib; *(geh.):* Leib. **b)** Bäuchlein; *(salopp):* Ranzen; *(scherzh.):* Embonpoint. **c)** Ausbuchtung, Rundung, Wölbung.

bauen
1. a) aufbauen, aufrichten, erbauen, errichten; *(geh.):* aufführen. **b)** anlegen, entstehen lassen, [er]schaffen.
2. anfertigen, fertigen, herstellen, produzieren, verfertigen.
3. hoffen, rechnen, sich verlassen, vertrauen, zählen.

baumeln
hängen, pendeln, schaukeln, schlenkern, schlottern, schwingen.

bauschen, sich
sich aufbauschen, sich aufblähen, sich aufplustern, sich wölben.

beabsichtigen
bezwecken, denken, die Absicht haben/hegen, entschlossen sein, gedenken, gewillt sein, hinauswollen, hinzielen, im Auge haben, im Schilde führen, im Sinn haben, sich in den Kopf setzen, ins Auge fassen, intendieren, sich mit dem Gedanken tragen, planen, trachten, vorhaben, sich vornehmen, wollen; *(geh.):* sinnen.

beachten
1. achten, achtgeben, bedenken, befolgen, beherzigen, berücksichtigen, einbeziehen, einhalten, erfüllen, sich halten an, hören, respektieren, sich richten nach; *(geh.):* nachkommen.
2. achten, achtgeben, Aufmerksamkeit schenken, aufpassen, Beachtung schenken, bemerken, Notiz nehmen, sein Augenmerk richten, zur Kenntnis nehmen; *(südd.):* Obacht geben.

beachtlich
a) Achtung gebietend, ansehnlich, auffallend, auffällig, bedeutend, bedeutsam, beeindruckend, beträchtlich, bewundernswert, enorm, erheblich, erwähnenswert, gehörig, gewichtig, groß, großartig, imponierend, imposant, nennenswert, stattlich, üppig, wesentlich, wichtig; *(geh.):* staunenswert; *(bildungsspr.):* respektabel, signifikant; *(ugs.):* anständig, ordentlich; *(emotional):* gewaltig. **b)** ↑sehr.

Beachtung
1. Befolgung, Beherzigung, Berücksichtigung, Einhaltung, Erfüllung.
2. Achtung, Anerkennung, Anteilnahme, Aufmerksamkeit, Aufsehen, Berücksichtigung, Ehrfurcht, Interesse, Respekt, Rücksicht.

beängstigend
angsteinflößend, angsterregend, bedenklich, bedrohlich, beklemmend, beunruhigend, furchteinflößend, furchterregend, nicht geheuer.

beanspruchen
1. Anspruch erheben, bestehen, fordern, haben wollen, in Anspruch nehmen, verlangen.
2. a) absorbieren, Anforderungen stellen, belasten, strapazieren, viel abverlangen. **b)** benötigen, brauchen, einnehmen, wegnehmen.

beanstanden
Anstoß nehmen, bemängeln, etwas auszusetzen haben, Kritik üben, kritisieren, missbilligen, monieren, nicht akzeptieren, nicht durchgehen lassen, nicht hinnehmen, reklamieren, rügen, sich stören, sich stoßen an, tadeln, zurückweisen; *(ugs.):* bemäkeln.

beantragen
a) anfordern, bestellen, bitten, einen Antrag einreichen/stellen, ein Gesuch einreichen/stellen, erbitten, fordern, verlangen; *(geh.):* einkommen, ersuchen. **b)** bitten, fordern, verlangen.

beantworten
1. antworten, Antwort geben, sich äußern, eingehen, entgegnen, erwidern, zurückschreiben.
2. antworten, erwidern, kontern, Kontra geben, reagieren, unternehmen.

bearbeiten
1. sich befassen, befasst sein, sich beschäftigen, beschäftigt sein, erledigen.
2. a) neu gestalten, redigieren, überarbeiten, umgestalten, verändern. **b)** sich beschäftigen, [er]forschen, studieren, untersuchen; *(ugs.):* beackern.

beaufsichtigen
achten, achtgeben, aufpassen, Aufsicht führen, betreuen, bewachen, die Aufsicht haben, hüten, im Auge behalten, sich kümmern, nicht aus den Augen lassen, sehen, überwachen; *(ugs.):* gucken; *(südd., österr.):* schauen.

beauftragen
anhalten, anweisen, auffordern, befassen, befehlen, betrauen, einen Auftrag erteilen/geben, ermächtigen, heißen, lassen, veranlassen, verfügen, verpflichten.

bebauen
1. zubauen; *(schweiz.):* überbauen; *(abwertend):* verbauen.
2. beackern, bepflanzen, bestellen, nutzen.

beben
erschüttert werden, erzittern, vibrieren, zittern.

bedacht
besonnen, mit Bedacht, mit Besonnenheit, mit Umsicht, mit Vorsicht, überlegt, umsichtig, vernünftig, vorsichtig.

bedächtig
1. gemächlich, gemessen, geruhsam, in aller Ruhe, langsam, ruhig, seelenruhig.

GGS geschäftig, hastig, hektisch, überstürzt.

2. aufmerksam, behutsam, besonnen, mit Besonnenheit, mit Umsicht, mit Vorsicht, sorgfältig, überlegt, umsichtig, vorsichtig, wohlüberlegt.

bedanken, sich
Dank abstatten/aussprechen/sagen, danken.

Bedarf
Bedürfnis, Interesse, Nachfrage; *(geh.):* Notdurft, Verlangen.

bedauerlich
bedauernswert, beklagenswert, betrüblich, schade, traurig, unerfreulich, unglücklich, zu bedauern; *(geh.):* unselig; *(ugs.):* dumm, ein Jammer, jammerschade.

bedauerlicherweise
leider, traurigerweise, unerfreulicherweise, unglücklicherweise, zu allem Unglück, zu jmds. Bedauern, zu jmds. Leidwesen; *(geh.):* unseligerweise; *(ugs.):* dummerweise, leider Gottes.

bedauern
1. Anteil nehmen, bemitleiden, mitempfinden, mitfühlen, Mitgefühl haben, Mitleid empfinden/haben, Verständnis zeigen.
2. leidtun, schade finden.

bedecken
1. abdecken, decken, überdecken, verbergen, verdecken, verhüllen, zudecken.
2. sich ausbreiten, sich ausdehnen.
3. absichern, aufkommen, ausgleichen.

bedeckt
1. bewölkt, bezogen, dunkel, grau, trübe, verhangen, wolkenverhangen, wolkig.
2. belegt, heiser, rau.

bedenken

1. a) durchdenken, sich durch den Kopf gehen lassen, erwägen, nachdenken, überdenken, überlegen; *(geh.):* nachsinnen; *(bildungsspr.):* reflektieren; *(ugs.):* sich einen Kopf machen. **b)** beachten, berücksichtigen, denken, einbeziehen, in Betracht ziehen.

BSP Beachten wir auch die Argumente der anderen Seite. Wir müssen alle Umstände in die Planung einbeziehen.

2. beschenken, gewähren; *(geh.):* zuteilwerden lassen.

Bedenken

1. Abwägung, Erwägung, Überlegung; *(bildungsspr.):* Reflexion.

2. Einwand, Skepsis, Skrupel, Vorbehalt, Zweifel.

bedenkenlos

a) gewissenlos, hemmungslos, ohne Hemmungen/Skrupel, schamlos; *(abwertend):* rücksichtslos, skrupellos. **b)** anstandslos, bereitwillig, ohne Bedenken, ohne Weiteres, ohne zu zögern, selbstverständlich, unbedenklich.

bedenklich

1. besorgt, misstrauisch, skeptisch, voller Bedenken, zweifelnd; *(geh.):* argwöhnisch.

2. a) anrüchig, fragwürdig, nicht einwandfrei, verdächtig, zweifelhaft; *(geh.):* dubios; *(bildungsspr.):* obskur, ominös, suspekt; *(ugs.):* nicht ganz astrein/hasenrein. **b)** beängstigend, bedrohlich, besorgniserregend, beunruhigend.

bedeuten

1. a) ausdrücken, aussagen, besagen, die Bedeutung haben, heißen, meinen, sagen.

BSP Dieser Abschnitt besagt, dass ... Die Fabel hat aber auch eine tiefere Bedeutung.

b) mit sich bringen, nach sich ziehen, zur Folge haben.

BSP Das hatte Konsequenzen für die Protagonistin zur Folge.

c) darstellen, sein; *(bildungsspr.):* repräsentieren.

BSP Dieser Sieg stellt den Höhepunkt in seiner Laufbahn dar. Das Handy repräsentiert einen Wert von mehreren Hundert Euro.

2. bedeutend sein, Bedeutung haben, gelten, Gewicht haben, von Bedeutung/Belang sein, von Wichtigkeit sein, wert sein, wesentlich sein, wichtig sein, zählen.

3. andeuten, durchblicken lassen, zu verstehen geben; *(bildungsspr.):* signalisieren.

bedeutend

1. beachtlich, bedeutsam, bedeutungsvoll, belangvoll, bemerkenswert, gewichtig, von Belang, von [großem] Gewicht, von [großer] Bedeutung, wesentlich, wichtig, zentral; *(bildungsspr.):* essenziell, relevant, signifikant.

2. anerkannt, angesehen, bekannt, berühmt, namhaft, prominent, von großem Ansehen; *(bildungsspr.):* renommiert.

3. ansehnlich, beachtlich, beträchtlich, erheblich, groß, stattlich; *(ugs.):* anständig, schön.

Bedeutung

1. Gehalt, Hintersinn, Inhalt, Sinn[gehalt], Tenor.

2. a) Bedeutsamkeit, Belang, Gewicht, Gewichtigkeit, Rang, Stellenwert, Tragweite, Wert, Wichtigkeit; *(bildungsspr.):* Relevanz, Signifikanz. **b)** Achtung, Ansehen, Geltung; *(geh.):* Wertschätzung; *(bildungsspr.):* Prestige.

Bedeutung haben

einen Namen haben, gelten, wesentlich sein, wichtig sein, wiegen, zählen.

BSP Unsere Schule hat einen Namen als MINT-Schule. Das Gesetz gilt für alle.

bedeutungslos

belanglos, nebensächlich, nicht der Rede wert, nicht erwähnenswert/nennenswert/wichtig, ohne Bedeutung/Belang, unbedeutend, unerheblich, unmaßgeblich, unwesentlich, unwichtig; *(geh.):* nichtig; *(bildungsspr.):* irrelevant, ohne Relevanz, trivial.

bedienen

1. a) auftischen, bewirten, servieren, vorsetzen; *(geh.):* auftragen, aufwarten, vorlegen; *(salopp):* auffahren. **b)** ausrüsten, ausstatten, versehen, versorgen.

2. betätigen, führen, handhaben, steuern.

bedienen, sich

1. [sich] nehmen, sich versorgen, zugreifen; *(ugs.):* zulangen, zuschlagen.

2. anwenden, benutzen, brauchen, einsetzen, gebrauchen, Gebrauch machen, nutzen, verwenden.

Bedienung

1. Betätigung, Führung, Handhabung, Steuerung.

2. Kellner, Kellnerin, Ober, Servicekraft.

bedingen

a) auslösen, bewirken, erzeugen, heraufbeschwören, herbeiführen, hervorrufen, in Gang setzen, nach sich ziehen, verursachen, zur Folge haben; *(geh.):* zeitigen; *(bildungsspr.):* provozieren; *(ugs.):* ins Rollen bringen. **b)** brauchen, erfordern, verlangen, voraussetzen; *(geh.):* bedürfen.

bedingt
auf Sparflamme, begrenzt, beschränkt, eingeschränkt, im Sparmodus, mit Einschränkung[en], mit Vorbehalt, nicht uneingeschränkt, unter Vorbehalt, vorbehaltlich; *(schweiz.):* vorbehältlich.

Bedingung
a) Forderung. b) Grundlage, Kondition, Voraussetzung, Vorbedingung, Vorbehalt; *(bildungsspr.):* Prämisse.

Bedingungen
Gegebenheiten, [Lebens]umstände, Sachlage, Situation, Verhältnisse.

bedingungslos
absolut, auf jeden Fall, ganz und gar, um jeden Preis, unbedingt, uneingeschränkt, unter allen Umständen, völlig.

bedrängen
1. behelligen, bestürmen, drängen, einstürmen, im Nacken sitzen, in die Enge treiben, nötigen, unter Druck setzen, zu nahe treten, zusetzen; *(geh.):* dringen; *(ugs.):* beknien, bohren, drängeln, einheizen, keine Ruhe geben, löchern, nicht in Ruhe lassen, zu Leibe rücken; *(salopp):* auf die Pelle rücken; *(abwertend):* drangsalieren.
2. ↑bedrücken.

Bedrängnis
Ausweglosigkeit, Dilemma, Kalamität, Krise, Misslichkeit, Not[lage], Sackgasse, Schwierigkeiten, Verlegenheit, Zwangslage; *(bildungsspr.):* Malaise, Misere; *(ugs.):* Bredouille, Klemme, Patsche, Schlamassel, Zwickmühle.

bedrohen
1. androhen, drohen.
2. eine Gefahr bilden, gefährden, gefährlich werden, in Gefahr bringen.

bedrohlich
beängstigend, beunruhigend, ernst, gefährlich, gefahrvoll, kritisch; *(geh.):* Furcht gebietend; *(ugs.):* brenzlig.

GGS harmlos, unbedenklich, unverfänglich.

bedrücken
bedrängen, beklemmen, bekümmern, belasten, beschweren, betrüben, beunruhigen, deprimieren, Kummer bereiten/machen, lasten, plagen, quälen, Sorgen bereiten/machen, traurig machen, zu schaffen machen, zusetzen; *(geh.):* auf der Seele liegen, drücken, peinigen; *(ugs.):* [schwer] im Magen liegen.

bedürfen
benötigen, brauchen, haben müssen, nicht auskommen ohne, nicht entbehren/missen können, nötig haben.

Bedürfnis
Drang, Wunsch; *(geh.):* Begehren, Verlangen.

bedürftig
arm, Mangel leidend, mittellos, unbemittelt; *(geh.):* Not leidend.

beeilen, sich
sich abhetzen, sich eilen, sich keine Zeit lassen, schnell machen; *(ugs.):* sich abjagen, fix machen, sich ranhalten.

beeindrucken
Aufsehen erregen, Beachtung finden, bestechen, Bewunderung hervorrufen, Eindruck machen, faszinieren, imponieren, wirken, Wirkung haben.

beeinflussen
abfärben, bestimmen, bewegen, dirigieren, Eindruck hinterlassen, Einfluss ausüben/haben/nehmen, einreden, einwirken, formen, ideologisieren, lenken, prägen, steuern, tangieren, überzeugen, verderben, Wirkung ausüben/erzielen, zureden; *(bildungsspr.):* manipulieren, suggerieren.

beeinträchtigen
a) antasten, behindern, belasten, beschweren, blenden, erschweren, hemmen, hindern, in Mitleidenschaft ziehen, negative Wirkung ausüben, stören, überlasten. b) Abbruch tun, abträglich sein, beschädigen, schaden, schädigen, schänden, schmälern, trüben, verschlechtern; *(geh.):* [im Wert] mindern.

beenden
abbrechen, abkürzen, absagen, abschließen, absolvieren, aufgeben, aufheben, aufhören, aufkündigen, aus der Welt schaffen, beendigen, beilegen, beschließen, einen Schlussstrich ziehen, einstellen, enden [lassen], erledigen, fertig machen, fertigstellen, kündigen, niederschlagen, schließen, vollenden, zu Ende bringen/führen, zum Abschluss bringen; *(geh.):* ein Ende bereiten/machen/setzen; *(ugs.):* aufstecken; *(EDV):* sich ausloggen, herunterfahren; *(Sport):* abläuten, abpfeifen.

beerdigen
begraben; *(geh.):* beisetzen, bestatten, das letzte Geleit geben, der Erde übergeben, die letzte Ehre erweisen, zu Grabe tragen; *(geh. verhüll.):* zur letzten Ruhe geleiten, zur Ruhe begleiten/betten; *(ugs.):* unter die Erde bringen.

Beerdigung
(geh.): Begräbnis, Begräbnisfeier, Beisetzung, Bestattung, Bestattungsfeier, Grablegung, Leichenbegängnis, Leichenbegräbnis, Leichenbestattung, Leichenfeier; *(geh. veraltet):* Begängnis, Funeralien; *(südd., österr.):* Leich.

befähigen
erlauben, ermöglichen, fähig machen, in die Lage versetzen, instand setzen, möglich machen.

Befähigung
Begabung, Berufung, Eignung, Fähigkeit, Gabe, Kompetenz, Qualifikation, Tauglichkeit.

befallen
anfallen, erfassen, ergreifen, heimsuchen, überfallen, überkommen, sich übertragen; *(geh.):* anwandeln, beschleichen.

befangen
einseitig, parteiisch, parteilich, voreingenommen.

Befangenheit
Einseitigkeit, Subjektivität, den/einen Tunnelblick habend, Voreingenommenheit; *(bildungsspr.):* Präokkupation.

befassen, sich
arbeiten, aufgreifen, sich aufhalten, aufnehmen, sich auseinandersetzen, sich einlassen, sich einmischen, sich kümmern, nähertreten, treiben, sich widmen, zu tun haben, sich zuwenden; *(ugs.):* zugange sein.

BSP Die Hauptfigur nimmt diesen Gedanken immer wieder auf. Ich habe mich ausführlich mit dieser Frage auseinandergesetzt. Heute widme ich mich einem besonderen Thema.

Befehl
1. Anordnung, Anweisung, Auftrag, Bestimmung, Dekret, Diktat, Erlass, Gebot, Instruktion, Order, Verfügung, Verordnung, Vorschrift; *(geh.):* Geheiß; *(bildungsspr.):* Direktive.
2. Befehlsgewalt, Kommando, Leitung.

befehlen
1. anordnen, anweisen, auferlegen, aufgeben, auftragen, beauftragen, Befehl geben/erteilen, bestimmen, erlassen, veranlassen, verfügen, verordnen, vorschreiben; *(geh.):* gebieten; *(bildungsspr.):* diktieren; *(abwertend):* administrieren; *(südd., österr.):* anschaffen, schaffen.

BSP Für die Tat wurde ihr eine Geldbuße auferlegt. Sie verfügten die Schließung des Lokals.

2. die Befehlsgewalt haben, gebieten, kommandieren.

befestigen
1. anbringen, festmachen, montieren; *(schweiz.):* verstäten; *(bildungsspr.):* applizieren; *(ugs.):* anmachen, festpinnen; *(salopp):* anknallen, hinmachen.
2. beständig machen, festigen, Festigkeit geben, stärken; *(bildungsspr.):* konsolidieren.

befeuchten
anfeuchten, anlecken, begießen, belecken, berieseln, besprengen, bespritzen, besprühen, beträufeln, feucht machen; *(geh.):* benetzen.

befinden
1. a) erachten, halten. **b)** äußern, aussprechen.
2. bestimmen, beurteilen, urteilen.

Befinden
1. Ergehen, Gesundheit, Gesundheitszustand, Verfassung.
2. Ansicht, Auffassung, Dafürhalten, Meinung, Urteil.

befinden, sich
a) sich aufhalten, bleiben, leben, sein, wohnen; *(geh.):* verweilen; *(ugs.):* stecken. **b)** leben, liegen, sitzen, stehen; *(ugs.):* stecken. **c)** sich fühlen, sich vorkommen, zumute sein.

beflissen
bemüht, bestrebt, betriebsam, bienenfleißig, diensteifrig, dienstfertig, eifrig, emsig, geschäftig; *(geh.):* eilfertig; *(bildungsspr. abwertend):* subaltern; *(oft abwertend):* übereifrig, übermotiviert; *(veraltend):* arbeitsam.

GGS arbeitsscheu, teilnahmslos, untätig.

befolgen
beachten, berücksichtigen, einhalten, erfüllen, sich halten an, sich richten; *(geh.):* nachkommen.

befördern
1. bringen, fahren, schaffen, spedieren, transportieren, überführen.
2. höhergruppieren, höherstufen.
3. begünstigen, erhöhen, fördern, heben, steigern, unterstützen, verstärken; *(ugs.):* anheizen.

befragen
a) eine Befragung durchführen/erheben, sich erkundigen, fragen, Fragen stellen, sich informieren; *(ugs.):* ausquetschen, interviewen. **b)** zurate ziehen; *(bildungsspr.):* konsultieren.

befreien
1. erlösen, freikämpfen, herausholen, retten; *(geh.):* erretten; *(ugs.):* herausboxen, heraushauen, herauspauken.
2. beurlauben, entbinden, freistellen, suspendieren, zurückstellen; *(geh.):* entheben.

befreien, sich
abschütteln, besiegen, bezwingen, einer Sache Herr werden, sich emanzipieren, sich frei machen, sich herauswinden, überwinden; *(geh.):* die Ketten abwerfen/sprengen/zerreißen, sich entledigen, sich entwinden; *(ugs.):* loskommen.

befriedigen
a) abdecken, decken, entsprechen, erfüllen, ge-

nügen, sättigen, stillen, zufriedenstellen; *(geh.)*: Genüge tun, nachkommen; *(bildungsspr.)*: saturieren. **b)** ausfüllen, auslasten, erfüllen.

befriedigend
überzeugend, zufriedenstellend; *(ugs.)*: anständig, ordentlich.

befruchten
1. besamen, bestäuben.
2. anregen, Impulse geben, stimulieren; *(bildungsspr.)*: inspirieren.

Befruchtung
Besamung, Bestäubung, Eibefruchtung.

Befugnis
Amtsbefugnis, Berechtigung, Ermächtigung, Macht[befugnis], Recht, Vollmacht; *(bildungsspr.)*: Autorisation, Autorisierung.

befugt
berechtigt, bevollmächtigt, ermächtigt, zuständig; *(bildungsspr.)*: autorisiert.

Befund
Bilanz, Ergebnis, Untersuchungsbefund, Untersuchungsergebnis; *(bildungsspr.)*: Resultat; *(Wissensch.)*: Studiendaten.

befürchten
Bedenken haben/hegen, die Befürchtung/Besorgnis haben, fürchten; *(geh.)*: argwöhnen, Bedenken tragen, die Befürchtung hegen.

befürworten
begrüßen, billigen, dafür sein, sich einsetzen, Fürsprache einlegen, unterstützen; *(Jargon)*: liken.

begabt
befähigt, begnadet, berufen, genial, hochbegabt, talentiert.

Begabung
Fähigkeit[en], Talent; *(bildungsspr.)*: Potenzial; *(ugs.)*: Ader, Zeug.

begeben, sich
1. gehen, sich hinbegeben, sich hinbewegen; *(geh.)*: sich bemühen, sich hinbemühen.
2. ablaufen, sich abspielen, sich ereignen, erfolgen, geschehen, passieren, sich tun, sich vollziehen, vonstattengehen, vorfallen, vorgehen, vor sich gehen; *(geh.)*: sich zutragen.

Begebenheit
Episode, Ereignis, Erlebnis, Vorfall, Vorgang, Vorkommnis, Zwischenfall; *(geh.)*: Geschehen, Geschehnis; *(bildungsspr.)*: Phänomen.

begegnen
1. a) treffen, über den Weg laufen, zusammentreffen; *(ugs.)*: in die Arme laufen. **b)** antreffen, stoßen, treffen, vorfinden.
2. geschehen, passieren, zustoßen; *(geh.)*: betreffen, widerfahren; *(ugs.)*: unterkommen.

Begegnung
1. Treffen, Zusammenkunft, Zusammentreffen.
2. Konkurrenz, Match, Partie, Spiel, Wettbewerb, Wettkampf; *(bildungsspr.)*: Meeting; *(Sport)*: Kampf, Treffen.

begehen
1. belaufen, beschreiten, betreten; *(ugs.)*: betrampeln.
2. ausführen, durchführen, tun, verüben.

begehren
a) anstreben, erpicht sein, erstreben, sich erträumen, haben wollen, sich sehnen, versessen sein, sich verzehren, wollen, wünschen; *(geh.)*: ersehnen, gieren, hungern, lechzen, schmachten, verlangen; *(dichter.)*: dürsten; *(ugs.)*: scharf sein; *(oft abwertend)*: geil sein. **b)** sich ausbitten, beanspruchen, bestehen, bitten, fordern, pochen, verlangen, wollen, wünschen.

begehrenswert
anziehend, attraktiv, einnehmend, erstrebenswert, gewinnend, interessant, liebenswert, wünschenswert.

begehrt
attraktiv, beliebt, gefragt, geschätzt, gesucht, populär, umschwärmt, viel verlangt.

begeistern
anregen, anstacheln, aufpeitschen, aufputschen, bezaubern, entzücken, erfreuen, fesseln, gefangen nehmen, gewinnen, hinreißen, mit Begeisterung erfüllen, mitreißen, motivieren; *(geh.)*: bannen, beflügeln, beglücken, berauschen, trunken machen; *(bildungsspr.)*: enthusiasmieren; *(ugs.)*: anmachen, flashen.

begeistern, sich
angetan sein, begeistert sein, eine Vorliebe haben, sich erwärmen, etwas übrighaben, Freude haben, hingerissen sein, Interesse haben, sich interessieren, interessiert sein, lieben, schwärmen; *(bildungsspr.)*: sich enthusiasmieren; *(ugs.)*: abfahren, stehen auf, toll finden.

Begeisterung
Eifer, Ekstase, Elan, Entzücken, Feuer, Freude, freudige Erregung, Gefühlsüberschwang, Hochstimmung, Leidenschaft, Leidenschaftlichkeit, Lust, Passion, Schwärmerei, Schwung, Tatendrang, Tatkraft, Taumel, Überschwang, Verzücktheit, Verzückung; *(geh.)*: Glut, Inbrunst; *(bildungsspr.)*: Enthusiasmus.

Begierde
Begehren, Gier, Leidenschaft, Lüsternheit, Passion, Sehnsucht, Sinnlichkeit, Trieb[haftigkeit]; *(geh.)*: Begehrlichkeit, Begier, Fleischeslust, Gelüste, Hunger, Lust, Verlangen, Wollust; *(oft abwertend)*: Geilheit.

begierig
erpicht, gierig, interessiert, versessen; *(geh.):* begehrlich, durstig, hungrig, lüstern, wollüstig; *(ugs.):* heiß, scharf, wild; *(oft abwertend):* geil.

Beginn
Anbruch, Anfang, Antritt, Auftakt, Ausbruch, Einbruch, Eingang, Einsetzen, Eintritt, Eröffnung, erster Schritt, Start, Ursprung; *(geh.):* Anbeginn; *(Sprachwiss.):* Anlaut.

BSP Es war ein vielversprechender/gelungener Auftakt der Projektwoche. ... ein neuer/guter/schwerer Anfang. Er muss den ersten Schritt zur Versöhnung tun.

beginnen
1. a) anfangen, anstimmen, aufnehmen, darangehen, den ersten Schritt tun, einen Anfang machen, einsteigen, eröffnen, in Angriff nehmen, in Gang setzen, starten; *(geh.):* anheben, begeben; *(ugs.):* sich daranmachen, sich heranmachen, ins Rollen bringen, loslegen. **b)** anfangen, anfassen, angehen, angreifen, anpacken, anstellen, herangehen, unternehmen.
2. anfangen, anlaufen, ansetzen, ausbrechen, einbrechen, einsetzen, hereinbrechen, in Gang kommen, starten; *(geh.):* anbrechen, anheben, einfallen, sich erheben, heraufsteigen; *(ugs.):* angehen, sich anlassen, losbrechen, losgehen; *(Sprachwiss.):* anlauten.

beglaubigen
bescheinigen, bestätigen, bezeugen; *(bildungsspr.):* authentifizieren, verifizieren.

begleiten
1. sich anschließen, bringen, fahren, flankieren, folgen, führen, gehen, Gesellschaft leisten, hergehen, herlaufen, kommen, mitfahren, mitgehen, mitkommen, nachfolgen, schleusen, sich zugesellen; *(geh.):* das Geleit geben, geleiten.
2. untermalen, unterstützen.

beglückwünschen
Glückwünsche aussprechen/übermitteln, Glück wünschen, gratulieren; *(geh.):* Glückwünsche darbringen.

begnadet
befähigt, begabt, berufen, genial, genialisch, hochbegabt, musisch, talentiert; *(emotional):* gottbegnadet.

begnadigen
amnestieren, die Strafe erlassen.

begnügen, sich
vorliebnehmen, sich zufriedengeben, zufrieden sein; *(geh.):* sich bescheiden; *(veraltend):* fürliebnehmen.

begraben
1. beerdigen; *(geh.):* beisetzen, bestatten, das letzte Geleit geben, der Erde übergeben, die letzte Ehre erweisen, zu Grabe tragen; *(ugs.):* unter die Erde bringen, verbuddeln; *(geh. verhüll.):* zur letzten Ruhe betten, zur letzten Ruhe geleiten; *(oft abwertend):* einscharren, verscharren; *(veraltend):* in die Grube legen.
2. sich abwenden, als erledigt betrachten, aufgeben, beenden, einstellen, fahren/fallen lassen, hinter sich lassen, verzichten; *(geh.):* Abstand nehmen; *(bildungsspr.):* ad acta legen.

Begräbnis
Beerdigung, Begräbnisfeier, Bestattungsfeier, Leichenfeier, Totenfeier, Trauerfeier; *(schweiz.):* Gräbt; *(geh.):* Beisetzung, Bestattung, Grablegung, Leichenbegängnis; *(südd., österr.):* Leich; *(geh. veraltet):* Begängnis, Funeralien.

begreifen
a) sich auf etw. einen Vers machen können, auffassen, durchschauen, einsehen, erfassen, erkennen, fassen, folgen können, klug werden, mitbekommen, nachempfinden, nachvollziehen, realisieren, schlau werden, verstehen; *(geh.):* innewerden; *(ugs.):* auf den [richtigen] Trichter kommen, blicken, durchblicken, durchgucken, intus kriegen, kapieren, mitkommen, mitkriegen, schalten, wegkriegen; *(salopp):* checken, durchsteigen, packen, raffen, schnallen, ticken. **b)** nachempfinden, nachvollziehen, Verständnis haben; *(ugs.):* mitkommen. **c)** ansehen, auffassen, betrachten, halten, sehen, verstehen; *(bildungsspr.):* interpretieren.

begreiflich
eingängig, einleuchtend, einsichtig, erklärlich, ersichtlich, fassbar, klar, nachvollziehbar, nachzuvollziehen, plausibel, verständlich, verstehbar, zu verstehen; *(bildungsspr.):* evident.

begrenzen
1. abgrenzen, abschließen, die Grenze bilden, eingrenzen, einschließen, umschließen.
2. beschneiden, beschränken, drosseln, eindämmen, einengen, eingrenzen, kürzen, reduzieren, vermindern, verringern; *(bes. schweiz.):* plafonieren; *(bes. Fachspr.):* limitieren.

begrenzt
bedingt, beschränkt, eingeschränkt, eng, überschaubar; *(Fachspr.):* endlich; *(bes. Fachspr.):* limitiert.

Begriff ⌿
1. Ausdruck, Benennung, Bezeichnung, Terminus, Vokabel, Wort.
2. Anschauung, Auffassung, Bild, Gedanke, Vorstellung.

begriffsstutzig sein
[eine] Ladehemmung haben; *(österr.):* begriffsstützig sein; *(bildungsspr.):* mente captus sein; *(ugs.):* auf der Leitung sitzen/stehen, Fehlzündung haben, schwer von Kapee sein; *(salopp):* auf dem Schlauch stehen.

begründen
1. einrichten, errichten, etablieren, gründen, ins Leben rufen, stiften; *(bildungsspr.):* instituieren, konstituieren; *(ugs.):* aus der Taufe heben.
2. Argumente vorbringen, argumentieren, belegen, motivieren, rechtfertigen; *(bildungsspr.):* fundieren, legitimieren, substanziieren.

BSP Dagegen kann man folgende Argumente vorbringen: ... Das kann man auch am Text belegen. Ich werde meine These mit Beispielen fundieren.

Begründung
1. Einrichtung, Errichtung, Etablierung, Gründung, Stiftung; *(bildungsspr.):* Instituierung, Konstituierung.
2. Argumentation, Legitimation, Rechtfertigung; *(bildungsspr.):* Fundierung, Legitimierung, Substanziierung.

BSP Man erkannte in ihrer Rede eine scharfsinnige/schlagende/schwerwiegende/starke/stichhaltige/unhaltbare Argumentation.

begrüßen
1. empfangen, willkommen heißen; *(geh.):* bewillkommnen, ein Willkommen entbieten; *(bildungsspr.):* Reverenz erweisen; *(ugs.):* in Empfang nehmen.
2. befürworten, beipflichten, bejahen, billigen, gutheißen, zustimmen; *(Jargon):* liken.

begutachten
a) abnehmen, beurteilen, expertisieren, jurieren; *(bildungsspr.):* evaluieren. **b)** beäugen, beleuchten, besehen, betrachten, inspizieren, mustern; *(geh.):* in Augenschein nehmen; *(bildungsspr.):* taxieren; *(ugs.):* begucken, unter die Lupe nehmen; *(ugs. scherzh.):* beäugeln.

behäbig
gemächlich, schwerfällig, träge; *(bildungsspr.):* phlegmatisch; *(ugs.):* pomadig.

behaglich
a) anheimelnd, bequem, gemütlich, heimelig, lauschig, traulich, wohlig. **b)** genießerisch.

behalten
1. beibehalten, belassen, dabehalten, festhalten, zurückhalten.
2. aufrechterhalten, behaupten, bewahren, erhalten, halten, nicht verlieren; *(schweiz.):* gaumen; *(geh.):* wahren.
3. sich ins Gedächtnis schreiben, sich merken; *(ugs.):* sich hinter die Ohren schreiben.

Behälter
Behältnis, Container, Gefäß; *(südd., österr.):* Kalter.

behandeln
1. handhaben, umgehen, verfahren; *(geh.):* begegnen; *(ugs.):* abfertigen, anpacken.
2. abhandeln, ausführen, sich befassen, sich beschäftigen, darlegen, darstellen, zum Gegenstand haben; *(bildungsspr.):* analysieren.

BSP Das kann man an zahlreichen Beispielen ausführen. Die Argumente wurden klar/überzeugend dargestellt. Der Roman hat die Französische Revolution zum Gegenstand.

3. medizinieren; *(ugs.):* doktern, herumdoktern, verarzten; *(abwertend):* quacksalbern.

Behandlung
1. Handhabung, Umgang, Verfahren; *(ugs.):* Abfertigung.
2. Bearbeitung.
3. a) Heilbehandlung, Therapie; *(ugs.):* Gewaltkur, Pferdekur, Rosskur. **b)** Betreuung, Verarztung.
4. Abhandlung, Ausführung, Bearbeitung, Darstellung.

beharren
beibehalten, bestehen, bleiben, dabei bleiben, festhalten, nicht ablassen/nachgeben, pochen, standhaft bleiben, standhalten, sich versteifen; *(bildungsspr.):* insistieren, persistieren; *(ugs.):* nicht lockerlassen; *(veraltend):* trotzen.

beharrlich
ausdauernd, hartnäckig, standhaft, unbeirrt, unentwegt, unermüdlich, verbissen, zäh.

behaupten
1. als sicher ausgeben, beharren, bestehen, beteuern, eine Behauptung aufstellen, versichern; *(bildungsspr.):* postulieren.

BSP Ich stelle daher die Behauptung auf, dass ... Die These wird nur postuliert, nicht nachgewiesen.

2. behalten, beibehalten, bewahren, erhalten, verteidigen.

behaupten, sich
a) bestehen, sich bewähren, sich durch die Welt schlagen, sich durchkämpfen, durchkommen, sich durchschlagen, fest im Sattel sitzen, sich halten, sich hervorragend/trefflich/wacker schlagen, jmdm./einer Sache gewachsen sein,

standhalten, überleben, überstehen; *(österr.):* übertauchen; *(geh.):* trotzen. **b)** bestehen, die Oberhand bekommen/erhalten/gewinnen, sich durchsetzen, sich oben halten, siegen.

Behauptung
1. a) Aussage, Beteuerung, Feststellung, kategorisches Urteil, Parole, Satz; *(bildungsspr.):* These. **b)** [Lehr]satz; *(bildungsspr.):* Theorem.
2. Durchsetzung, Erhaltung.

Behausung
Bleibe, Klause, Logis, Quartier, Unterkommen, Unterkunft, Wohnung; *(geh.):* Wohnstätte; *(ugs.):* Dach über dem Kopf, Unterbringung; *(bildungsspr., oft scherzh.):* Domizil.

beheben
abhelfen, aufheben, aus dem Weg räumen, aus der Welt schaffen, ausräumen, beseitigen; *(geh.):* tilgen; *(ugs.):* in Ordnung bringen.

behelfen, sich
a) sich begnügen, sich helfen. **b)** auskommen, fertigwerden, zurechtkommen; *(ugs.):* klarkommen.

behelfsmäßig
als Notbehelf, als Übergangslösung, behelfsweise, einstweilig, notdürftig, provisorisch, schlecht und recht, vorläufig, vorübergehend; *(bildungsspr., Fachspr.):* subsidiär.

behelligen
bedrängen, belästigen, lästig fallen/sein, plagen, zur Last fallen, zusetzen; *(ugs.):* ankommen, auf den Geist gehen, auf den Wecker fallen/gehen, auf die Nerven fallen/gehen, den [letzten] Nerv rauben, nicht in Ruhe lassen; *(nordd.):* belämmern; *(bildungsspr. veraltend):* inkommodieren, molestieren.

beherbergen
Asyl geben/gewähren, Aufnahme bieten/gewähren, aufnehmen, einquartieren, Quartier geben, übernachten lassen, unterbringen, Unterkunft bieten/gewähren, wohnen lassen, zu Besuch haben, zu Gast haben; *(schweiz.):* gasten; *(veraltend):* einlogieren.

beherrschen
1. die Herrschaft ausüben, dominieren, führen, herrschen, knebeln, kontrollieren, leiten, lenken, Macht ausüben, regieren, unterdrücken, verwalten, walten; *(geh.):* gebieten; *(abwertend):* tyrannisieren; *(geh. abwertend):* knechten.
2. gelernt haben, kennen, können, meistern, verstehen; *(ugs.):* draufhaben.
3. bestimmen, dominieren, kennzeichnen.

beherrschen, sich
sich bändigen, sich bezähmen, sich bezwingen, die Nerven behalten, sich im Zaum halten, sich in der Gewalt haben, kaltes Blut bewahren, nicht die Nerven verlieren, Ruhe bewahren, sich unter Kontrolle halten, sich zügeln, sich zurückhalten, sich zusammennehmen; *(geh.):* sich bemeistern, sich in Schranken halten; *(ugs.):* sich am Riemen reißen, nicht ausklinken, nicht ausrasten, sich zusammenreißen.

Beherrschung
1. Führung, Herrschaftsausübung, Knebelung, Kontrolle, Leitung, Lenkung, Machtausübung, Regierung, Unterdrückung, Verwaltung; *(bildungsspr.):* Domination; *(abwertend):* Tyrannisierung; *(geh. abwertend):* Knechtung.
2. Bändigung, Besonnenheit, Bezähmung, Bezwingung, Disziplin, Fassung, Mäßigung, Meisterung, Ruhe, Selbstbeherrschung, Selbstdisziplin, Zügelung, Zurückhaltung; *(bildungsspr.):* Contenance.

beherzigen
annehmen, beachten, befolgen, berücksichtigen, einhalten, ernst nehmen, Folge leisten, sich richten, sich zu Herzen nehmen.

beherzt
couragiert, entschlossen, fest, forsch, furchtlos, heldenhaft, heldenmütig, kühn, mutig, resolut, tapfer, unerschrocken, unverzagt, verwegen, zupackend; *(geh.):* mannhaft; *(bildungsspr.):* heroisch; *(veraltend):* herzhaft, wacker.

behindern
aufhalten, beeinträchtigen, die Hände binden, ein Handicap sein, entgegenarbeiten, erschweren, hemmen, hinderlich sein, hindern, Hindernisse in den Weg legen, im Weg sein/stehen, in den Arm fallen, komplizieren, Schwierigkeiten machen, Steine in den Weg legen, stören, unterdrücken, verkomplizieren, verzögern; *(bildungsspr.):* obstruieren; *(ugs.):* [einen] Knüppel zwischen die Beine werfen, in die Quere kommen, querschießen, reingrätschen.

behindert
gehandicapt, geistig behindert, körperlich behindert, psychisch behindert.

Behinderung
1. Beeinträchtigung, Erschwerung, Hemmung, Hinderung, Komplizierung, Störung, Unterdrückung, Verkomplizierung, Verzögerung; *(bildungsspr.):* Obstruktion.
2. Barriere, Erschwernis, Fesseln, Handicap, Hemmnis, Hindernis, Hürde, Schwierigkeit, Stolperstein, Widerstand; *(ugs.):* Klotz am Bein.

Behörde
a) Administration, Amt, Dienststelle, Instanz, Institution, Stelle, Verwaltung, [Verwaltungs]organ. **b)** Amt, Amtsgebäude, Amtsraum,

Amtssitz, Amtszimmer, Büro, Dienstraum, Dienstzimmer; *(österr.):* Amtskanzlei.

behüten
absichern, bewahren, schützen, sichern.

behutsam
fürsorglich, liebevoll, mild, pfleglich, rücksichtsvoll, sachte, sanft, schonend, sorgfältig, umsichtig, vorsichtig, zart; *(geh.):* achtsam, bedachtsam, sorgsam; *(bildungsspr.):* delikat.

beibehalten
aufrechterhalten, behalten, behaupten, bestehen lassen, bewahren, bleiben, erhalten, festhalten, halten, nicht aufgeben.

beibringen
1. angewöhnen, anhalten, anleiten, einarbeiten, einweisen, erklären, erläutern, instruieren, lehren, nahebringen, unterrichten, unterweisen, vermitteln, vertraut machen, zeigen; *(ugs.):* eintrichtern.
2. benachrichtigen, informieren, mitteilen, übermitteln, unterrichten; *(bildungsspr.):* kommunizieren.

Beichte
a) Bekenntnis, Sündenbekenntnis; *(südd.):* Beicht. **b)** Bekenntnis, Eingeständnis, Geständnis, Schuldbekenntnis.

beichten
a) beichten gehen, [die] Beichte ablegen, seine Schuld/seine Sünden bekennen, zur Beichte gehen. **b)** anvertrauen, bekennen, ein Bekenntnis ablegen, ein Geständnis ablegen/machen, eingestehen, einräumen, gestehen, zugeben; *(geh.):* offenbaren; *(ugs.):* auspacken.

beieinander
beisammen, eine bei der anderen, einer beim anderen, eins beim anderen, nebeneinander, vereint, zusammen.

Beifall
Anklang, Bejahung, Echo, Resonanz, Zuspruch, Zustimmung.

beifügen
a) beigeben, beilegen, dazulegen, mitschicken; *(österr.):* beischließen. **b)** anfügen, dazusagen, ergänzen, hinzufügen.

Beihilfe
1. Förderung, Hilfe, Hilfsgelder, Spende, Unterstützung, Unterstützungsbeihilfe, Zuschuss, Zuwendung.
2. Assistenz, Beistand, Hilfeleistung, Hilfestellung, Hilfsdienst, Mithilfe, Unterstützung.

beikommen
bewältigen, in den Griff bekommen, meistern, schaffen, zurechtkommen; *(ugs.):* deichseln, hinbekommen, hindeichseln, hindrehen, hinkriegen, in den Griff kriegen, klarkommen, managen, packen, zurande kommen.

Beilage
1. Beifügung, Ergänzung, Hinzufügung, Zugabe, Zusatz; *(geh.):* Beigabe.
2. Anlage.

beiläufig
am Rande, en passant, nebenbei, nebenbei bemerkt/gesagt, nebenher, obenhin; *(bildungsspr.):* inzidenter, parenthetisch.

beilegen
1. beifügen, dazulegen, hinzufügen, mitschicken; *(österr.):* beischließen; *(geh.):* beigeben; *(ugs.):* dazutun.
2. aus der Welt schaffen, bereinigen, in Ordnung/ins Lot/ins Reine bringen, schlichten; *(ugs.):* einrenken, geradebiegen, hinbiegen, zurechtbiegen; *(salopp):* ausbügeln.

Beileid
Anteilnahme, Kondolenz, Mitgefühl.

Beileid aussprechen
Anteilnahme versichern, Beileid bezeigen, kondolieren.

beiliegend
beigefügt, beigelegt; *(österr.):* beigeschlossen; *(österr., schweiz.):* als Beilage, in der Beilage.

beinahe
annähernd, fast, nahezu, schier, um Haaresbreite; *(geh.):* um ein Kleines; *(ugs.):* bald, praktisch, so gut wie, um ein Haar, ums Haar.

beinhalten
bedeuten, einbeziehen, einschließen, enthalten; *(geh.):* einbegreifen; *(bildungsspr.):* implizieren, involvieren; *(veraltend):* in sich begreifen.

BSP Wir müssen alle Umstände in die Planung einbeziehen. Diese Aufgabenstellung impliziert viel Arbeit.

beipflichten
sich anschließen, beistimmen, einiggehen, konform gehen, recht geben, übereinstimmen, zustimmen; *(bildungsspr.):* sekundieren; *(Jargon):* liken; *(veraltend):* einstimmen.

beisammen
beieinander, vereint, zusammen.

beisetzen
beerdigen, begraben; *(geh.):* bestatten, zu Grabe tragen; *(ugs.):* unter die Erde bringen; *(geh. verhüll.):* zur letzten Ruhe begleiten/betten.

Beisetzung
Beerdigung, Begräbnis; *(geh.):* Bestattung, Leichenbegängnis; *(südd., österr.):* Leich.

Beispiel
a) *(bildungsspr. veraltend):* Exempel. **b)** Muster,

Symbolbild, Symbolfoto, Vorbild; *(bildungsspr.):* Modell, Paradigma.

Beispiel

zum Beispiel
beispielshalber, beispielsweise, wie etwa. *(bildungsspr.):* exempli causa.

beispielhaft
a) mustergültig, musterhaft, nachahmenswert, vorbildhaft, vorbildlich. **b)** *(bildungsspr.):* exemplarisch.

beispiellos
einmalig, einzig, einzigartig, ohne Beispiel, ohnegleichen; *(geh.):* unvergleichlich; *(emotional verstärkend):* sondergleichen.

beispielsweise
beispielshalber, wie etwa, wie zum Beispiel, z. B., zum Beispiel; *(bildungsspr.):* exempli causa; *(veraltend):* zum Exempel.

beispringen
a) behilflich sein, helfen, Hilfe leisten, zu Hilfe eilen/kommen. **b)** aushelfen, einspringen.

beißen
1. kauen.
2. schnappen.
3. ätzen, brennen.

Beistand
Assistenz, Dienst, Hilfe[stellung], Unterstützung; *(veraltend):* Beihilfe.

beistehen
helfen, unter die Arme greifen, unterstützen, zur Seite stehen; *(schweiz.):* verbeiständen; *(geh.):* Beistand leisten; *(bildungsspr.):* sekundieren.

beisteuern
beischießen, beitragen, sich beteiligen, dazugeben, dazulegen, dazutun, einen Beitrag leisten, hinzufügen, mitmachen, zusetzen; *(ugs.):* zubuttern, zuschießen, zuschustern, zusteuern.

Beitrag
1. Anteil.
2. a) Abhandlung, Arbeit, Artikel, Aufsatz; *(EDV):* Post, Posting. **b)** Fernsehsendung, Radiosendung, Rundfunksendung, Sendung.

beitragen ↑beisteuern.

beitreten
sich anschließen, eintreten, Mitglied werden, sich zugesellen.

Beitritt
Beitreten, Eintritt, Erwerb der Mitgliedschaft.

beiwohnen
anwesend sein, dabei sein, mitbekommen, miterleben, teilnehmen; *(geh.):* zugegen sein.

beizeiten
früh[zeitig], pünktlich, [recht]zeitig, zur rechten Zeit; *(österr., schweiz.):* zeitgerecht.

bejahen
akzeptieren, anerkennen, annehmen, begrüßen, beipflichten, beistimmen, billigen, einverstanden sein, einwilligen, für gut befinden, gutheißen, Ja sagen, richtig finden, zustimmen; *(geh.):* affirmieren; *(bildungsspr.):* goutieren.

bekämpfen
a) ankämpfen, bekriegen, kämpfen, Krieg führen; *(geh.):* befehden, befeinden, zu Felde ziehen.
b) anarbeiten, angehen, Maßnahmen ergreifen, unternehmen, vorgehen.

bekannt ↗
a) geläufig, weitverbreitet; *(bildungsspr.):* publik. **b)** anerkannt, angesehen, bedeutend, berühmt, groß, namhaft, prominent; *(bildungsspr.):* renommiert.

Bekannter, Bekannte
Freund, Freundin, Geliebter, Geliebte, Liebespartner, Liebespartnerin, Liebhaber, Liebhaberin, Lover, Loverin, Verhältnis; *(ugs.):* Flamme, Romeo; *(salopp):* Macker, Scheich; *(abwertend):* Liebchen; *(veraltend):* Schatz.

bekannt geben
an die Öffentlichkeit bringen, bekannt machen, mitteilen, publizieren, verlautbaren, verlauten, veröffentlichen; *(geh.):* kundgeben, verkünden, verkündigen; *(bildungsspr.):* publik machen.

bekehren
a) missionieren. **b)** überreden, überzeugen, umstimmen; *(ugs.):* beschwatzen, breitschlagen, herumbekommen; *(salopp):* rumkriegen.

bekennen
beichten, ein Bekenntnis ablegen, eingestehen, einräumen, gestehen, zugeben; *(geh.):* offenbaren.

bekennen, sich
a) einstehen, eintreten, Flagge zeigen, Ja sagen, stehen; *(geh.):* sich offenbaren. **b)** sich erklären; *(Jargon):* sich outen.

Bekenntnis
1. Beichte, [Ein]geständnis; *(geh.):* Herzensergießung, Konfession, Offenbarung.
2. Glaube, Konfession, Religion.

beklagen
a) betrauern, beweinen. **b)** bedauern, jammern, klagen; *(oft abwertend):* bejammern.

beklagen, sich
beanstanden, bemängeln, Beschwerde führen, sich beschweren, etwas auszusetzen haben, Klage führen, klagen, Kritik üben; *(österr.):* beanständen; *(ugs.):* bemäkeln,

[he]rummäkeln, herumnörgeln; *(abwertend):* mäkeln, nörgeln.

beklagenswert
bedauerlich, bedauernswert, bejammernswert, bemitleidenswert, elend, erbärmlich, jämmerlich, kläglich, lamentabel, traurig; *(geh.):* bedauernswürdig; *(veraltend):* deplorabel.

bekleckern
beflecken, beklecksen; *(ugs.):* verkleckern.

bekleiden
einnehmen, innehaben, verwalten.

beklemmend
angsterregend, bedrückend, deprimierend, furchterregend.

bekloppt
nicht bei Sinnen; *(ugs.):* närrisch, nicht ganz/recht bei Trost, nicht ganz/recht gescheit, von allen guten Geistern verlassen; *(salopp):* behämmert, bescheuert, gaga, verrückt; *(südd., österr.):* deppert; *(bes. Jugendspr.):* crazy.

beknien
anflehen, beschwören, bestürmen; *(ugs.):* auf der Seele knien.

bekommen ⚡
1. a) erhalten, erteilt/gewährt werden, hinnehmen müssen, zugestanden werden; *(geh.):* bedacht werden, zuteilwerden; *(ugs.):* kriegen.

BSP Sie erhält bei dem neuen Job mehr Geld. Der Film ist mit guten Kritiken bedacht worden.

b) erhalten, übermittelt werden.
2. erleiden, sich zuziehen; *(ugs.):* sich einhandeln.
3. a) erhalten, erlangen, erreichen, gewinnen, sich verschaffen. **b)** entstehen lassen, hervorbringen.

BSP Der Strauch hat viele Früchte hervorgebracht.

bekömmlich
leicht [verdaulich], verträglich.

beköstigen
bewirten, verköstigen, verpflegen, zu essen geben; *(ugs.):* durchfüttern.

bekräftigen
a) bestätigen, Nachdruck verleihen; *(geh.):* affirmieren, versichern. **b)** bestärken, erhärten, festigen, stärken, stützen, untermauern, unterstützen.

bekriegen
bekämpfen, Krieg führen; *(geh.):* befehden.

bekümmern
bedrücken, betrüben, beunruhigen, Kummer bereiten/machen, mit Kummer/Sorge erfüllen, plagen, quälen, Sorge bereiten/machen, zu schaffen machen.

bekümmert
bedrückt, betrübt, gedrückt, sorgenvoll, traurig; *(schweiz.):* mauserig; *(ugs.):* bedröppelt.

belächeln
sich amüsieren, bespötteln, lächeln, sich lustig machen.

beladen
a) aufpacken, befrachten, bepacken, beschweren, laden, vollladen, vollpacken. **b)** aufladen, auflasten, aufpacken; *(geh.):* aufbürden; *(salopp):* aufsacken.

Belag
1. Beschlag, Haut, Schicht, Überzug.
2. Auflage, Beschichtung, Schicht.

belagern
a) einschließen, umstellen, umzingeln. **b)** bedrängen, mit Beschlag belegen, umdrängen, umgeben, umringen, umstehen, umstellen.

Belang
Bedeutsamkeit, Bedeutung, Gewicht, Tragweite, Wert, Wichtigkeit; *(bildungsspr.):* Relevanz.

Belange
Angelegenheiten, Dinge, Interessen.

belangen
a) verantwortlich machen, zur Rechenschaft/Verantwortung ziehen. **b)** anbelangen, angehen, anlangen, betreffen.

belanglos
bedeutungslos, nebensächlich, nicht erwähnenswert, ohne Belang, unbedeutend, unerheblich, uninteressant, unwesentlich, unwichtig; *(bildungsspr.):* irrelevant, marginal, trivial.

GGS ausschlaggebend, essenziell, signifikant, wesentlich.

belassen
a) behalten, es bewenden lassen, ruhen lassen.
b) abtreten, geben, überlassen.

belastbar
1. beanspruchbar, belastungsfähig, leistungsfähig, strapazierbar, stressresistent, tragfähig.
2. belegbar, tragfähig, überprüfbar, zuverlässig.

belasten
1. aufladen, auflasten, aufpacken, befrachten, beladen, bepacken, beschweren, lasten, schwer machen; *(geh.):* aufbürden; *(salopp):* aufsacken.
2. bedrängen, bedrücken, beschweren, deprimieren, niederdrücken, zu schaffen machen.

belästigen
a) behelligen, lästig fallen/werden, stören, Umstände bereiten/machen, zur Last fallen; *(geh.):*

anliegen; *(ugs.):* auf die Nerven fallen/gehen; *(salopp):* anmachen; *(nordd.):* belämmern; *(bildungsspr. veraltend):* inkommodieren, molestieren. **b)** aufdringlich werden, bedrängen, zudringlich werden; *(salopp):* anmachen.

Belästigung
a) Behelligung, Störung; *(salopp):* Anmache.
b) Annäherungsversuche, Aufdringlichkeit, Zudringlichkeit; *(salopp):* Anmache.

Belastung
1. Beladung, Beschwerung.
2. a) Bedrängung, Strapazierung. **b)** Kreuz, Last, Strapaze; *(geh.):* Bürde, Joch.

belaufen, sich
ausmachen, betragen, sich beziffern, ergeben, liegen; *(ugs.):* machen.

belauschen
behorchen, hinhorchen, horchen, mithören, nachlauschen; *(ugs.):* die Ohren spitzen.

beleben
1. anregen, aufmuntern, stimulieren; *(geh.):* beflügeln; *(bildungsspr.):* vitalisieren; *(ugs.):* in Schwung bringen; *(abwertend):* aufputschen.
2. mit Leben erfüllen, zum Leben erwecken.
3. bevölkern, füllen.

beleben, sich
1. aufleuchten, in Gang kommen, lebhaft werden, Schwung bekommen, sich steigern, zunehmen; *(ugs.):* in Schwung kommen.
2. lebendig werden; *(geh.):* sich regen.
3. sich bevölkern, sich füllen.

belebt
1. betriebsam, bevölkert, geschäftig, lebhaft, rege, verkehrsreich; *(ugs.):* quirlig.
2. lebendig, munter; *(geh.):* beseelt.

Beleg
a) Ausgabebeleg, Bescheinigung, Beweis[stück], Quittung. **b)** Bestätigung, Dokument, Nachweis, Quelle; *(geh.):* Zeugnis. **c)** Fundgegenstand, Fundstück.

belegen
1. aufbringen, auftragen, bedecken.
2. besetzen, bestellen, buchen, frei halten, reservieren, sichern, vorbestellen.
3. auferlegen, auflegen, aufzwingen; *(geh.):* bedenken; *(ugs.):* aufbrummen.
4. absichern, beweisen, den Nachweis erbringen/führen/liefern, dokumentieren, erhärten, nachweisen, stützen, unterfüttern, untermauern; *(bildungsspr.):* substanziieren.

Belegschaft
Angestellte, Arbeitnehmerinnen und Arbeitnehmer, Bedienstete, Belegschaftsmitglieder, Beschäftigtengruppe, Beschäftigte, Betrieb, Betriebsangehörige, Fabrik, Firma, Mitarbeiterinnen und Mitarbeiter, Personal, Unternehmen.

belehren
a) dozieren, lehren, unterweisen; *(ugs.):* predigen; *(abwertend):* schulmeistern; *(oft abwertend):* moralisieren. **b)** aufklären, bekannt machen, die Augen öffnen, informieren; *(nachdrücklich):* in Kenntnis/ins Bild setzen.

beleidigen
auf die Zehen treten, ausfallend werden, beschimpfen, kränken, verletzen; *(österr.):* insultieren; *(geh.):* schmähen; *(ugs.):* anrempeln, auf den Schlips treten, vor den Kopf stoßen; *(bildungsspr. veraltend):* affrontieren.

beleuchten
1. ausleuchten, erhellen, erleuchten, illuminieren.
2. aufarbeiten, bespiegeln, betrachten, durchleuchten, untersuchen.

beliebig
a) allgemein, irgendein, irgendwelche, unbestimmt.

GGS definit, determiniert, feststehend.

---
b) nach Belieben/Gutdünken, wahllos, willkürlich; *(bildungsspr.):* ad libitum, arbiträr.

beliebt
a) gern gesehen, geschätzt, populär, umschwärmt; *(geh.):* wohlgelitten. **b)** gängig, gebräuchlich, landläufig, üblich, [weit]verbreitet.

beliefern
anliefern, bringen, liefern, versorgen, zuliefern, zustellen; *(schweiz.):* zudienen.

bellen
a) anbellen, anschlagen; *(ugs.):* ankläffen, belfern; *(abwertend):* kläffen. **b)** brüllen; *(ugs.):* anbellen, ankläffen, belfern, kläffen; *(abwertend):* keifen.

Belletristik
[schöne/schöngeistige] Literatur, Unterhaltungsliteratur.

belletristisch
literarisch, schöngeistig, unterhaltend.

belohnen
danken, sich erkenntlich zeigen, honorieren, lohnen, vergelten, wiedervergelten; *(schweiz.):* belöhnen; *(veraltend):* heimzahlen.

belügen
anlügen, beschwindeln, lügen, Lügen auftischen, vorlügen; *(ugs.):* anflunkern, ankohlen, anschwindeln, einen Bären aufbinden, flunkern, schwindeln, vorkohlen, vorschwindeln.

belustigen
amüsieren, aufheitern, erheitern, Heiterkeit er-

regen, vergnügen, zum Lachen bringen; *(geh.):* ergötzen; *(ugs.):* bespaßen.

bemächtigen, sich
a) sich aneignen, Besitz ergreifen, einverleiben, habhaft werden, in Besitz nehmen, [sich] nehmen, sich zu eigen machen; *(schweiz.):* behändigen; *(ugs.):* einkassieren, einsacken, kapern; *(salopp):* kaschen, sich unter den Nagel reißen. **b)** erfassen, ergreifen, packen, überfallen; *(geh.):* anwandeln, befallen, beschleichen.

bemängeln
auszusetzen haben, beanstanden, ins Visier nehmen, kritisieren, monieren, rügen; *(ugs.):* herumkritisieren, kein gutes Haar lassen; *(abwertend):* beckmessern, bekritteln, kritteln.

bemerkbar
erkennbar, ersichtlich, fühlbar, merklich, sichtbar, sichtlich, spürbar, wahrnehmbar.

bemerken ≁
1. entdecken, erkennen, feststellen, mitbekommen, Notiz nehmen, registrieren, spüren, wahrnehmen, zur Kenntnis nehmen; *(geh.):* erspüren, gewahren, gewahr werden; *(bildungsspr.):* konstatieren; *(ugs.):* den Braten/Lunte riechen, spitzkriegen, von etw. Wind bekommen.
2. ausdrücken, äußern, einfließen lassen, einwerfen, erwähnen, feststellen, formulieren, sagen, von sich geben, zum Ausdruck bringen; *(geh.):* kundtun.

bemerkenswert
a) ansehnlich, außergewöhnlich, außerordentlich, beachtlich, bedeutend, beträchtlich, erstaunlich, imposant, stattlich, ungemein; *(geh.):* ausnehmend. **b)** auffallend, außergewöhnlich, außerordentlich, beachtenswert, beachtlich, beeindruckend, eindrucksvoll, erstaunlich, großartig, imponierend, imposant; *(bildungsspr. veraltend):* notabel. **c)** ↑sehr.

Bemerkung
Anmerkung, Äußerung, Feststellung, Randbemerkung; *(oft abwertend):* Kommentar.

bemühen
beanspruchen, bitten, einschalten, einsetzen, heranziehen, hinzuziehen, in Anspruch nehmen, zuziehen; *(bes. südd., österr., schweiz.):* beiziehen; *(ugs.):* einspannen.

bemühen, sich
sich abmühen, sich anstrengen, Anstrengungen machen, sich bestreben, sich einsetzen, sich ins Geschirr legen, kämpfen, sich Mühe geben, nichts unversucht lassen, ringen, streben, suchen; *(geh.):* Anstrengungen unternehmen, sich befleißigen; *(meist geh.):* sich mühen; *(ugs.):* dahinter sein, hinterher sein, sich ins Zeug legen.

BSP Er hat sich am Aktionstag tatkräftig eingesetzt. Lass uns dazu gemeinsame Anstrengungen unternehmen.

benachrichtigen
Bescheid geben/sagen, informieren, instruieren, Nachricht geben, unterrichten, verständigen, wissen lassen; *(schweiz.):* avisieren.

benachteiligen
in [den] Nachteil setzen, übergehen, übervorteilen, ungerecht behandeln, zurücksetzen; *(bildungsspr.):* diskriminieren.

Benachteiligung
Übervorteilung; *(bildungsspr.):* Diskrimination, Diskriminierung; *(salopp):* Abzocke.

Benehmen
Auftreten, Betragen, Gebaren, Gehaben, Habitus, Haltung, Manieren, Umgangsformen, Verhalten; *(geh.):* Aufführung, Gebarung.

benehmen, sich
sich aufführen, auftreten, sich betragen, sich gebärden, sich geben, handeln, sich verhalten, sich zeigen; *(ugs.):* sich anstellen.

beneiden
missgönnen, neiden, neidisch sein, nicht gönnen, vor Neid erblassen.

benennen
1. betiteln, bezeichnen, einen Namen geben, labeln, mit einem Namen versehen, nennen, rufen; *(geh.):* schimpfen; *(veraltend):* heißen.
2. anführen, angeben, aufführen, empfehlen, nennen, nominieren, vorschlagen.

benommen
benebelt, betäubt, getrübt, schwindlig, taumelig, umnebelt; *(ugs.):* dösig, duselig, im Tran, schwummerig; *(nordd.):* düselig.

benoten
beurteilen, bewerten, eine Note/Zensur geben, zensieren; *(österr., schweiz.):* zensurieren.

benötigen
Bedarf haben, brauchen, haben müssen, nicht entbehren können, nötig haben; *(geh.):* bedürfen.

benutzen
anwenden, brauchen, gebrauchen, Gebrauch machen, in/im Gebrauch haben, in Benutzung sein, in Beschlag nehmen, nehmen, nutzen, verwenden; *(geh.):* sich bedienen.

BSP Eine Technik muss man richtig anwenden. In London machte sie von ihren Englischkenntnissen Gebrauch.

Benutzer, Benutzerin
Anwender, Anwenderin, Nutzer, Nutzerin, User, Userin, Verwender, Verwenderin.
Benutzername
Pseudonym; *(EDV):* Nickname.
beobachten
1. achten auf, beschatten, bespitzeln, im Auge behalten, kontrollieren, nicht aus den Augen lassen, observieren, überwachen; *(ugs.):* ausspähen; *(bes. EDV):* tracken.
2. bemerken, entdecken, erblicken, erkennen, feststellen, registrieren, sehen, wahrnehmen; *(geh.):* gewahren, gewahr werden.
Beobachtung
1. a) Belauerung, Betrachtung. **b)** Beschattung, Bespitzelung, Observation, Observierung, Überwachung; *(ugs.):* Ausspähung.
2. Beachtung, Befolgung, Einhaltung, Respektierung.
bequem
1. angenehm, gemütlich, komfortabel.
2. einfach, gut, leicht, mit Leichtigkeit, mühelos, ohne Mühe, ohne Schwierigkeiten, spielend, unkompliziert, unproblematisch; *(bes. österr.):* kommod; *(ugs.):* mit links.
3. behäbig, gemächlich, langsam.
bequemen, sich
sich aufraffen, sich durchringen, sich entschließen; *(iron.):* sich herablassen.
Bequemlichkeit
1. Annehmlichkeit, Behaglichkeit, Gemütlichkeit, Komfort, Vorzug; *(bildungsspr. veraltend):* Konvenienz; *(oft leicht abwertend):* Komfortzone.
2. Faulheit, Gleichgültigkeit, Interesselosigkeit, Passivität, Teilnahmslosigkeit, Trägheit; *(geh.):* Müßiggang, Müßigkeit; *(bildungsspr.):* Apathie, Lethargie, Phlegma.
beraten
einen Rat geben, mit Rat beistehen, raten, Ratschläge erteilen/geben.
beraten, sich
sich auseinandersetzen, beratschlagen, [sich] bereden, [sich] besprechen, debattieren, diskutieren, durchsprechen, konferieren, reden, verhandeln, sich zusammensetzen; *(geh.):* Rat halten, sich unterreden; *(bildungsspr.):* disputieren; *(ugs.):* beschwatzen, durchkauen.
Berater, Beraterin
Fachmann, Fachfrau, Helfer, Helferin, Mentor, Mentorin, Ratgeber, Ratgeberin, Tutor, Tutorin; *(Fachspr.):* Konsultant, Konsultantin.
berauben
bringen um, entreißen, entziehen, fortnehmen, wegnehmen.
berechnen
1. ausrechnen, bemessen, ermitteln, errechnen, rechnen, taxieren, überschlagen, vorausberechnen.
2. anrechnen, berücksichtigen, in Rechnung stellen.
3. ansetzen, einkalkulieren, kalkulieren, veranschlagen, vorsehen; *(ugs.):* rechnen.
berechnend
auf den eigenen Vorteil bedacht, egoistisch, eigennützig, gewinnsüchtig, selbstsüchtig; *(geh.):* ichsüchtig.
Berechnung
1. Ausrechnung, Bemessung, Rechnung, Überschlag, Vorausberechnung.
2. a) Egoismus, Eigennutz, Eigennützigkeit, Ichsucht, Selbstsucht. **b)** Kalkulation, Planung, Rechnung, Schätzung, Überlegung, Voraussicht; *(bildungsspr.):* Kalkül.
berechtigen
a) befugen, bevollmächtigen, das Recht erteilen, das Recht geben, die Befugnis erteilen, die Befugnis geben, ermächtigen; *(bildungsspr.):* autorisieren, legitimieren. **b)** [begründeten] Anlass geben, veranlassen.
berechtigt
begreiflich, begründet, nachvollziehbar, verständlich, vertretbar; *(bildungsspr.):* legitim.
Berechtigung
a) Anrecht, Anspruch, Befugnis, Erlaubnis, Ermächtigung, Genehmigung, Recht, Vollmacht, Zustimmung; *(bildungsspr.):* Autorisation, Autorisierung, Legitimation. **b)** Billigkeit, Legalität, Rechtmäßigkeit; *(bildungsspr.):* Legitimität.
bereden, sich ↑beraten, sich.
Bereich
a) Areal, Bezirk, Breiten, Distrikt, Fläche, Gebiet, Gegend, Gelände, Komplex, Land, Landschaft, Landstrich, Raum, Region, Teil, Terrain, Territorium, Umkreis, Winkel, Zone; *(geh.):* Gefilde. **b)** Abteilung, Branche, Disziplin, Domäne, Fach, Fachgebiet, Fachrichtung, Feld, Gebiet, Komplex, Kreis, Metier, Reich, Ressort, Revier, Richtung, Sachgebiet, Sektion, Sektor, Sparte, Sphäre, Wissensgebiet, Zweig.
bereichern, sich
sich aneignen, an sich bringen, profitieren, sich Vorteile verschaffen; *(ugs.):* absahnen, einheimsen, einkassieren, einsacken, in die eigene Tasche stecken/wirtschaften, zulangen, zuschlagen; *(abwertend):* [an sich] raffen, zusammenraffen; *(oft abwertend):* einstreichen.
bereinigen
abhelfen, aus der Welt schaffen, ausgleichen,

beilegen, berichtigen, beseitigen, in Ordnung/ins Lot/ins rechte Gleis bringen, klären, klarstellen, korrigieren, regeln, richtigstellen, schlichten, verbessern, wiedergutmachen; *(ugs.)*: ausbügeln, einrenken, geradebiegen, glattbügeln, hinbiegen, zurechtbiegen, zurechtrücken; *(bes. südd., österr., schweiz.)*: richten.

bereit
1. bei der Hand, fertig, gerichtet, gerüstet, in Bereitschaft, parat, so weit, verfügbar, vorbereitet; *(bildungsspr.)*: disponibel; *(ugs. scherzh.)*: gestiefelt und gespornt.
2. entschlossen, geneigt, gesonnen, gewillt, willig; *(geh.)*: erbötig, willens.

GGS abwartend, entschlusslos, unschlüssig, zögerlich.

bereiten
1. anfertigen, anrichten, bereit machen, fertig machen, herrichten, herstellen, zurechtmachen; *(bes. südd., österr., schweiz.)*: richten.
2. antun, beibringen, zufügen; *(geh.)*: zuteilwerden lassen.

bereits
lange, längst, schon.

bereitstellen
anbieten, auftischen, bieten, geben, hinstellen, spenden, überlassen, vorbereiten, vorsetzen, zur Verfügung stellen; *(geh.)*: aufwarten, darbieten; *(bildungsspr.)*: präsentieren.

bereitwillig
anstandslos, entgegenkommend, gern, kulant, kurzerhand, ohne Bedenken, ohne Weiteres, ohne Zögern, ohne zu zögern, unbesehen.

bereuen
sich an die Brust schlagen, bedauern, Gewissensbisse haben, in sich gehen, leidtun, Reue empfinden, sich Vorwürfe machen; *(geh.)*: reuen; *(meist scherzh.)*: sich Asche aufs Haupt streuen.

Berg
1. Anhöhe, Bergkegel, Bergrücken, Erhebung, Gipfel, Höhe, Hügel; *(südd., österr., schweiz.)*: Bühel, Bühl; *(ugs.)*: Buckel.
2. Anhäufung, Ansammlung, Flut, Fülle, große Zahl, Lawine, Masse, Menge, Reihe, Stapel, Stoß, Vielzahl; *(ugs.)*: Haufen, Ladung, Schwung; *(emotional verstärkend)*: Unmenge, Unzahl; *(abwertend)*: Wust.

Berge
Gebirge, Gebirgsstock, Massiv.

bergen
1. befreien, erlösen, helfen, herausholen, in Sicherheit bringen, retten, Rettung bringen; *(geh.)*: der Gefahr entreißen, erretten.
2. beinhalten, bestehen, einschließen, enthalten, in sich tragen, umfassen, umgreifen, umschließen, zum Inhalt haben; *(geh.)*: einbegreifen, innewohnen; *(veraltend)*: in sich begreifen.

bergig
alpin, gebirgig, hügelig, wellig; *(ugs.)*: buckelig.

Bericht
Aussage, Bekanntgabe, Bekanntmachung, Berichterstattung, Beschreibung, Darlegung, Darstellung, Dokumentation, Erläuterung, Erzählung, Exposé, Information, Meldung, Mitteilung, Nachricht, Referat, Report, Schilderung, Veröffentlichung, Vortrag; *(geh.)*: Botschaft, Verkündigung; *(ugs.)*: Info, Story.

berichten
abhandeln, aussagen, bekannt geben, bekannt machen, Bericht erstatten, beschreiben, briefen, darlegen, darstellen, erläutern, erzählen, informieren, melden, mitteilen, Mitteilung machen, referieren, sagen, schildern, schreiben, unterrichten, verkünden, verkündigen, verlautbaren, vorbringen, vortragen, wiedergeben, zutragen; *(bildungsspr.)*: kommunizieren; *(veraltend)*: rapportieren.

BSP Die Autorin schildert hier sehr anschaulich, wie ... Im ersten Teil werde ich die Handlung der Kurzgeschichte knapp wiedergeben.

berichtigen
abändern, ändern, bereinigen, dementieren, eines Besseren belehren, klären, klarstellen, korrigieren, revidieren, richtigstellen, umändern, verbessern; *(schweiz.)*: korrektionieren.

bersten
1. aufbrechen, aufplatzen, aufreißen, aufspringen, auseinanderbrechen, auseinanderplatzen, entzweigehen, explodieren, platzen, reißen, springen, zerbersten, zerbrechen, zerkrachen, zerplatzen, zerspringen; *(geh.)*: aufbersten; *(ugs.)*: hochgehen, in Stücke gehen, krachen.
2. beherrscht sein, besessen sein, erfüllt sein, platzen.

berüchtigt
anrüchig, bedenklich, fragwürdig, undurchsichtig, verdächtig, verrufen, zwielichtig; *(geh.)*: dubios; *(bildungsspr.)*: obskur, ominös, suspekt; *(bildungsspr. abwertend)*: notorisch; *(ugs. abwertend)*: halbseiden; *(oft iron.)*: berühmt-berüchtigt.

berücksichtigen
achten, anerkennen, beachten, bedenken, sich befassen, denken, einberechnen, einbeziehen, einkalkulieren, einschließen, ernst nehmen, erwägen, heranziehen, in Betracht ziehen, in Er-

wägung ziehen, in Rechnung setzen/stellen/ziehen, mitberücksichtigen, Tribut zollen, vorbedenken; *(geh.)*: Genüge leisten, Genüge tun.

BSP Bei der Entscheidung wurde das Für und Wider erwogen. Für die Interpretation habe ich das andere Gedicht zum Vergleich herangezogen.

Beruf
1. Amt, Anstellung, Arbeit, Arbeitsfeld, Arbeitsgebiet, Beschäftigung, Broterwerb, Dienst, Erwerbstätigkeit, Metier, Position, Posten, Stelle, Stellung, Tätigkeit; *(ugs.)*: Job.
2. Berufung, Bestimmung.

[1]berufen
1. a) anstellen, anwerben, beschäftigen, bestellen, betrauen, einsetzen, einstellen, engagieren, ernennen, heranziehen, holen, nominieren, rufen, verpflichten; *(bildungsspr.)*: designieren; *(ugs.)*: anheuern. **b)** beordern, bestellen, einberufen, rufen, schicken, versammeln, vorladen, zitieren, zusammenrufen; *(bildungsspr.)*: vozieren; *(ugs.)*: zusammentrommeln.
2. beschreien.

[1]berufen, sich
anführen, ausgehen, sich beziehen, Bezug nehmen, geltend machen, hinweisen, sich stützen, verweisen, zitieren; *(bildungsspr.)*: rekurrieren.

[2]berufen
auserwählt, befähigt, begabt, fähig, geeignet, geschaffen, geschickt, kompetent, talentiert, tauglich, vorbestimmt; *(bildungsspr.)*: prädestiniert, qualifiziert.

berufstätig
arbeitend, beschäftigt, erwerbstätig, tätig, werktätig.

Berufung
1. a) Angebot, Bestellung, Ernennung, Ruf, Wahl; *(bildungsspr.)*: Designation, Vokation. **b)** Einberufung, Versammlung.
2. Aufgabe, Auftrag, Befähigung, Begabung, Bestimmung; *(bildungsspr.)*: Mission.
3. Beziehung, Bezug, Hinweis, Verweis.

beruhen
entspringen, fußen, sich gründen, herrühren, kommen, seine Ursache/seinen Grund/seinen Ursprung haben, stammen, sich stützen, sich verdanken, wurzeln, zurückgehen, zurückzuführen sein; *(schweiz.)*: sich abstützen; *(bildungsspr.)*: basieren, resultieren.

beruhigen
a) bändigen, begütigen, besänftigen, beschwichtigen, dämpfen, entkrampfen, Öl auf die Wogen gießen, trösten, zur Ruhe bringen; *(geh.)*: die Wogen glätten; *(oft abwertend)*: abwiegeln; *(nordd.)*: begöschen. **b)** ruhigstellen.

beruhigen, sich
sich abreagieren, sich besänftigen, sich entkrampfen, sich entspannen, sich fassen, sich legen, sich normalisieren, ruhig werden, zur Ruhe kommen; *(ugs.)*: sich abregen, sich einkriegen, runterkommen.

berühmt
anerkannt, angesehen, bedeutend, bekannt, geachtet, gefeiert, groß, in aller Munde, legendär, namhaft, populär, prominent, von Weltrang, von Weltruf, von Weltruhm, weltbekannt, weltberühmt; *(bildungsspr.)*: illuster, renommiert.

berühren
1. anfassen, antasten, befühlen, betasten.
2. anbringen, anreißen, anschneiden, ansprechen, aufwerfen, erwähnen, nennen, streifen, vorbringen, zur Sprache bringen, zu sprechen kommen; *(ugs.)*: aufs Tapet bringen.
3. aufwühlen, bewegen, ergreifen, erschüttern, mitnehmen, nahegehen, treffen, zu Herzen gehen, zusetzen; *(geh.)*: anrühren, betreffen; *(bildungsspr.)*: tangieren.

besagen
ausdrücken, aussagen, bedeuten, den Sinn haben, die Bedeutung haben, heißen, meinen, sagen, zum Inhalt haben.

besagt
bekannt, bereits erwähnt/genannt, betreffend, betroffen, bewusst, erwähnt, fraglich, genannt, in Rede stehend, oben erwähnt, oben genannt; *(veraltend)*: vorbezeichnet.

besänftigen
bändigen, begütigen, beruhigen, beschwichtigen, dämpfen, Öl auf die Wogen gießen, trösten, zur Ruhe bringen; *(geh.)*: die Wogen glätten; *(oft abwertend)*: abwiegeln.

Besatzung
1. Crew, Mannschaft, Personal.
2. Besatzungsmacht, Okkupationsmacht.

besaufen, sich
sich betrinken, sich bezechen; *(geh.)*: sich berauschen; *(ugs.)*: sich beduseln, sich besäuseln, sich beschickern, die Nase zu tief ins Glas stecken, sich einen andröseln/andudeln/ankümmeln/ansäuseln, sich einen antrinken; *(salopp)*: sich abschädeln, sich einen ansaufen, sich vollaufen lassen, sich zuschütten; *(ugs. scherzh.)*: ein Glas/etliche/eins/einen über den Durst trinken; *(nordd.)*: sich betütern.

beschädigen
anschlagen, demolieren, in Mitleidenschaft ziehen, lädieren, ruinieren, schaden, Schaden an-

richten/verursachen, schadhaft machen, schädigen, verunstalten, verwüsten, zerbrechen, zerkratzen, zerstören, zurichten; *(ugs.):* kaputt machen, ramponieren, verschandeln.

beschädigt
brüchig, defekt, entzwei, lädiert, löchrig, schadhaft; *(ugs.):* aus dem Leim gegangen, hin, kapores, kaputt, mitgenommen; *(salopp):* im Eimer.

Beschädigung
1. Demolierung, Zerstörung; *(ugs.):* Verschandelung.
2. Defekt, Schaden; *(ugs.):* Verschandelung.

beschaffen
beibringen, besorgen, heranschaffen, herbeiholen, herbeischaffen, rekrutieren, verhelfen, vermitteln, verschaffen, versorgen, zukommen lassen, zusammenbringen, zuschieben; *(ugs.):* anschleppen, auftreiben, organisieren, zusammenkratzen, zuschanzen, zuschustern.

beschäftigen
1. absorbieren, aufsaugen, belasten, bewegen, erfüllen, ergreifen, gefangen nehmen, in Anspruch nehmen, nachgehen, nicht aus dem Kopf gehen/wollen, nicht aus dem Sinn gehen, packen, zu denken geben, zu schaffen machen; *(ugs.):* im Kopf herumgehen.
2. anstellen, Arbeit geben, einsetzen, einstellen, engagieren, verpflichten, zu tun geben; *(österr.):* aufnehmen; *(ugs.):* anheuern.

beschäftigen, sich
1. arbeiten, sich befassen, sich bemühen, beschäftigt sein, sich betätigen, betreiben, sich hinwenden, sich konzentrieren, sich kümmern, studieren, treiben, umgehen, sich vertiefen, sich widmen, zu tun haben, sich zuwenden; *(ugs.):* sich hineinknien, zugange sein.
2. aufgreifen, sich aufhalten, sich auseinandersetzen, sich befassen, behandeln, sich einlassen, sich Gedanken machen, nachdenken, sich überlegen; *(ugs. scherzh.):* schwanger gehen.

BSP Ich möchte den Gedanken / das Thema aufgreifen. Die Autorinnen setzen sich intensiv mit ... auseinander. Sie befassen sich mit der Frage / dem Problem / der Angelegenheit. Ich behandle dieses Thema im Referat.

Beschäftigung
1. a) Arbeit, Aufgabe, Betätigung, Hobby, Tätigkeit, Verrichtung, Zeitvertreib. **b)** Amt, Anstellung, Arbeit, Arbeitsplatz, Arbeitsverhältnis, Beruf, Broterwerb, Engagement, Erwerbstätigkeit, Gewerbe, Metier, Position, Posten, Stelle, Stellung, Tätigkeit; *(ugs.):* Job.
2. Auseinandersetzung, Behandlung, Besprechung, Diskussion, Erörterung, Konfrontation, Vertiefung.

beschatten
belauern, beobachten, bespitzeln, bewachen, decken, observieren, überwachen, verfolgen.

Bescheid
a) Auskunft, Benachrichtigung, Information, Meldung, Mitteilung, Nachricht; *(ugs.):* Info.
b) Antwort, Entscheid, Entscheidung, Nachricht, Stellungnahme; *(EDV):* Alert.

bescheiden
1. anspruchslos, bedürfnislos, genügsam, immer zufrieden, maßvoll, unaufdringlich, zurückhaltend; *(bildungsspr.):* unprätentiös.

GGS aufschneiderisch, prahlerisch, verwöhnt, wählerisch.

---

2. a) ärmlich, armselig, beschränkt, einfach, elend, eng, frugal, gering, jämmerlich, karg, kärglich, klein, knapp, kümmerlich, mäßig, primitiv, puritanisch, schlicht, schmal, spärlich, spartanisch; *(abwertend):* dürftig. **b)** gering, mangelhaft, ungenügend, unzureichend.

bescheinigen
attestieren, beglaubigen, bestätigen, beurkunden, bezeugen, zertifizieren; *(bildungsspr.):* testieren; *(ugs.):* schriftlich geben.

Bescheinigung
Attest, Attestierung, Beglaubigung, Bestätigung, Beurkundung, Urkunde.

beschenken
bescheren, ein Geschenk/ein Präsent machen, Geschenke/Präsente machen, schenken; *(österr.):* beteilen; *(geh.):* bedenken, beglücken.

bescheuert
ärgerlich, unerfreulich; *(ugs.):* blöd, doof, dumm; *(salopp):* behämmert, bekloppt.

beschimpfen
(österr.): beflegeln; *(geh.):* schmähen, verunglimpfen; *(schweiz. ugs.):* wüst sagen; *(Jargon):* dissen; *(abwertend):* begeifern; *(ugs. abwertend):* anpöbeln.

beschlagnahmen
1. einziehen, pfänden, sichern, sicherstellen, wegnehmen; *(ugs.):* kassieren.
2. für sich beanspruchen, in Beschlag nehmen, mit Beschlag belegen; *(geh.):* absorbieren.

beschleichen
befallen, erfassen, erfüllen, ergreifen, heimsuchen, überfallen, überkommen, übermannen, überwältigen; *(geh.):* ankommen, anwandeln, sich bemächtigen.

beschleunigen
antreiben, schneller machen, schneller werden

lassen, vorantreiben, vorwärtstreiben; *(ugs.):* auf Touren bringen, Beine machen, Dampf/Druck/Feuer dahinter machen; *(Fachspr.):* akzelerieren.

beschließen
1. abstimmen, eine Entscheidung treffen, einen Beschluss/einen Entschluss/einen Vorsatz fassen, sich entscheiden, sich entschließen, verabschieden, zu einem Entschluss gelangen/kommen, zu einer Entscheidung gelangen/kommen; *(schweiz.):* rätig werden.
2. abschließen, aufhören lassen, ausklingen lassen, beenden, beendigen, enden lassen, endigen lassen, fertigstellen, vollenden, zu Ende bringen/führen, zum Abschluss bringen.

Beschluss
1. Entscheidung, Entschließung, Entschluss, Resolution; *(geh.):* Ratschluss.
2. Abschluss, Ausgang, Ausklang, Ende, Schluss; *(bildungsspr.):* Finale.

beschmieren
1. anschmieren, beflecken, beschmutzen, einschmieren, einschmutzen, schmutzig machen, verschmieren, verschmutzen, verunreinigen, vollschmieren; *(ugs.):* dreckig machen, eindrecken, vollmachen; *(salopp):* einsauen, versauen, versiffen.
2. bekritzeln, bemalen, verunzieren, vollkritzeln; *(nordd.):* beklieren.

beschmutzen
anschmutzen, beflecken, einschmutzen, schmutzig machen, verschmutzen, verunreinigen; *(ugs.):* dreckig machen, eindrecken; *(salopp):* einsauen, versauen, versiffen.

beschneiden
begrenzen, einengen, eingrenzen, einschränken, herabsetzen, kürzen, reduzieren, schmälern, verkleinern, vermindern, verringern.

beschönigen
bagatellisieren, schönen, schönfärben, schönreden, verbrämen, verharmlosen; *(geh.):* bemänteln; *(ugs.):* frisieren, runterspielen.

beschränken
Abstriche machen, begrenzen, beschneiden, drosseln, eindämmen, einengen, eingrenzen, einschränken, herabsetzen, kürzen, limitieren, reduzieren, schmälern, streichen, verkleinern, vermindern, verringern; *(geh.):* korsettieren, mindern; *(bildungsspr.):* restringieren.

beschränken, sich
a) sich begnügen, vorliebnehmen, sich zufriedengeben, zufrieden sein; *(geh.):* sich bescheiden. **b)** sich nur erstrecken, nur gültig sein.

beschränkt
a) begriffsstutzig, dumm, dümmlich, einfältig, stumpfsinnig, unbedarft, unbeweglich, unverständig; *(ugs.):* blöd, dämlich, doof, dusselig; *(abwertend):* borniert, simpel, töricht; *(bildungsspr. abwertend):* stupide. **b)** kleinlich; *(bildungsspr.):* philiströs; *(abwertend):* engstirnig, kleingeistig, pedantisch, spießbürgerlich.

beschreiben ↗
1. bekritzeln, beschriften, schreiben, vollschreiben; *(abwertend):* beschmieren, vollschmieren.
2. ausdrücken, ausführen, ausmalen, charakterisieren, darlegen, darstellen, definieren, erklären, erläutern, erzählen, formulieren, in Worte fassen/kleiden, kennzeichnen, schildern, umschreiben, veranschaulichen, wiedergeben, zum Ausdruck bringen; *(bildungsspr.):* artikulieren.

BSP Seine Gedanken sind in Worte gekleidet / in eine gute sprachliche Form gekleidet. Diese Ideen kennzeichnen das neunzehnte Jahrhundert.

Beschreibung
Ausdruck, Ausführung, Ausmalung, Charakterisierung, Darlegung, Darstellung, Definition, Erklärung, Erläuterung, Erzählung, Formulierung, Kennzeichnung, Schilderung, Umschreibung, Veranschaulichung, Wiedergabe; *(bildungsspr.):* Artikulation.

BSP Er schloss seine Ausführungen mit den Worten ... Es folgt eine grafische/schematische/wissenschaftliche Darstellung. Diese Erklärung ist/klingt recht unwahrscheinlich. Es liegen verschiedene Schilderungen des Ereignisses vor.

---

beschuldigen
ankreiden, anschuldigen, belasten, bezichtigen, die Schuld geben, unterstellen, vorwerfen.

Beschuss
Beschießung, Feuer, Kanonade; *(emotional):* Kugelhagel, Kugelregen.

beschützen
abschirmen, absichern, aufpassen, behüten, bewachen, bewahren, decken, in Schutz nehmen, Schutz gewähren, sichern, verteidigen; *(geh.):* beschirmen; *(bildungsspr.):* protegieren.

Beschwerde
Beanstandung, Berufung, Einspruch, Klage, Protest, Reklamation.

Beschwerden
Leiden, Problem, Schmerz, Schmerzen; *(geh.):* Gebrechen, Siechtum; *(ugs.):* Wehwehchen; *(ugs. scherzh.):* Zipperlein.

beschweren
belasten, bepacken.

beschweren, sich
Anstoß nehmen, beanstanden, sich beklagen, bemängeln, Beschwerde einlegen/führen, Einspruch erheben, etwas auszusetzen haben, klagen, Kritik üben, kritisieren, monieren, reklamieren; *(österr.):* beanständen; *(ugs.):* bekritteln, bemäkeln, herummäkeln, herummotzen, herumnörgeln, motzen, rummäkeln, rummotzen; *(abwertend):* mäkeln, nörgeln.

beschwichtigen
begütigen, beruhigen, besänftigen, Öl auf die Wogen gießen; *(geh.):* die Wogen glätten; *(oft abwertend):* abwiegeln; *(nordd.):* begöschen.

beschwingt
dynamisch, fröhlich, gut gelaunt, heiter, lebhaft, leichtfüßig, schwungvoll, temperamentvoll; *(geh.):* beflügelt; *(ugs.):* aufgekratzt.

beschwören
1. auf seinen Eid nehmen, beeiden, schwören; *(geh.):* beeidigen.
2. anbetteln, anflehen, bedrängen, dringend auffordern/bitten, inständig bitten; *(bildungsspr.):* dringend appellieren; *(ugs.):* beknien.

beseitigen
abschaffen, abstellen, annullieren, aufheben, auflösen, aufräumen, aus dem Weg räumen, auslöschen, ausmerzen, ausräumen, außer Kraft setzen, beheben, entfernen, fortbringen, fortschaffen, für nichtig erklären, für ungültig erklären, Schluss machen mit, wegbringen, wegschaffen; *(bildungsspr.):* eliminieren; *(ugs.):* wegmachen; *(salopp):* ausradieren.

besetzen
1. belegen, frei halten, reservieren, vergeben.
2. einmarschieren, einnehmen, erobern, in Besitz nehmen, okkupieren; *(geh.):* sich bemächtigen.

besetzt
belegt, nicht [mehr] frei, reserviert, vergeben, voll; *(österr.):* komplett.

besichtigen
ansehen, beäugen, besuchen, betrachten, einen Blick werfen, inspizieren, mustern, sehen, visitieren; *(geh.):* in Augenschein nehmen; *(ugs.):* angucken; *(salopp):* anglotzen; *(ugs. scherzh.):* beäugeln; *(abwertend):* angaffen, begaffen.

besiedeln
1. bevölkern, bewohnen, kolonisieren, sich niederlassen, Siedlungen errichten, urbar machen.
2. bewachsen, bewohnen, heimisch sein, leben, vorkommen, wachsen.

besiegen
1. bezwingen, den Sieg davontragen/erlangen/erringen, sich durchsetzen, eine Niederlage beibringen/bereiten/zufügen, gewinnen, niederkämpfen, schlagen, siegen, triumphieren, überrennen, überrollen, überwältigen, überwinden, unterwerfen; *(schweiz.):* bodigen; *(geh.):* auf/in die Knie zwingen, niederzwingen, obsiegen; *(ugs.):* einpacken, erledigen, fertigmachen, wegputzen; *(salopp):* in die Pfanne hauen; *(Sport):* auf die Plätze verweisen, deklassieren, distanzieren.
2. Herr werden, überwinden; *(ugs.):* fertigwerden, in den Griff bekommen/kriegen.

besinnen, sich
1. sich bedenken, denken, sich Gedanken machen, grübeln, nachdenken, sich sammeln, sinnieren, überlegen; *(geh.):* mit sich zurate gehen, nachsinnen, sinnen; *(bildungsspr.):* reflektieren.
2. a) behalten haben, sich entsinnen, sich erinnern, in Erinnerung haben, sich ins Gedächtnis rufen/zurückrufen, nicht vergessen haben, noch wissen, sich zurückbesinnen, sich zurückerinnern; *(geh.):* eingedenk sein, gedenken. **b)** bedenken, denken; *(geh.):* innewerden.

besinnlich
beschaulich, erbaulich, gedankenvoll, nachdenklich, philosophisch, tiefsinnig, versonnen, versunken; *(geh.):* innerlich, in sich gekehrt; *(bildungsspr.):* kontemplativ.

Besinnung
1. Bewusstsein, klarer Verstand.
2. Denken, Erwägung, Nachdenken, Überlegung, Versenkung; *(geh.):* Nachsinnen, Sinnen; *(bildungsspr.):* Kontemplation, Reflexion.

besinnungslos
benommen, betäubt, bewusstlos, ohne Besinnung, ohne Bewusstsein, ohnmächtig; *(ugs.):* nicht bei sich, nicht da, weg.

Besitz
1. Besitzstand, Besitztum, Eigentum, Güter, Habseligkeiten, Haus und Hof, Reichtümer, Schätze, Vermögen, Vermögenswerte; *(geh.):* Eigen, Geld und Gut, Habe, Hab und Gut.
2. Anwesen, Besitztum, Besitzung, Grundbesitz, Gut, Land, Landbesitz, Ländereien.

besitzen
a) haben, in Besitz/in Händen haben, verfügen; *(geh.):* gebieten, sein Eigen nennen. **b)** aufweisen, sich auszeichnen, gekennzeichnet sein, haben, verfügen, vorzuweisen haben.

Besitzer, Besitzerin
Eigentümer, Eigentümerin, Halter, Halterin, Herr, Herrin, Inhaber, Inhaberin.

besoffen
alkoholisiert, benebelt, betrunken, unter Alkohol [stehend], volltrunken; *(geh.):* berauscht, trunken; *(ugs.):* abgefüllt, beduselt, besäuselt,

blau, granatenvoll, sturzbetrunken, voll wie eine [Strand]haubitze, zu; *(ugs. emotional verstärkend):* knallvoll, stockbetrunken; *(ugs. scherzh.):* veilchenblau; *(salopp):* dicht, randvoll, sternhagelvoll, voll.

Besonderheit
besondere/charakteristische Eigenschaft, besonderer/charakteristischer Zug, besonderes/charakteristisches Merkmal, Charakteristikum, Eigenart, Eigenheit, Eigentümlichkeit, Kennzeichen, Spezialität; *(bildungsspr.):* Spezifik.

besonders ≁
a) hauptsächlich, im Besonderen, in der Hauptsache, in erster Linie, insbesondere, namentlich, speziell, vor allem, vor allen Dingen, vornehmlich, vorwiegend, vorzugsweise, zuerst, zumal, zuvorderst; *(schweiz.):* im Speziellen, vorab; *(veraltend):* zuvörderst. **b)** ausdrücklich, eigens, extra, mit Nachdruck, nachdrücklich. **c)** ↑sehr.

besonders

im Besonderen
[ganz] besonders, hauptsächlich, in der Hauptsache, in erster Linie, insbesondere, namentlich, speziell, vor allem, vor allen Dingen, vornehmlich, vorwiegend, vorzugsweise, zuerst, zumal, zuvorderst; *(schweiz.):* im Speziellen, vorab; *(veraltend):* zuvörderst.

besonnen
bedacht, diszipliniert, gefasst, gelassen, in aller Ruhe, mit Umsicht, mit Vorsicht, ruhig, überlegt, umsichtig, vernünftig, vorsichtig.

besorgen
1. beschaffen, kaufen, verschaffen, zusammenbringen; *(ugs.):* auftreiben, organisieren, zusammenkratzen.
2. ausführen, durchführen, erledigen, verrichten; *(geh.):* ins Werk setzen.

Besorgnis
Befürchtung, Sorge, Unruhe.

Besorgung
1. Erledigung, Gang.
2. Akquisition, Anschaffung, Einkauf, Erwerbung, Kauf; *(ugs.):* Akquise.

bespitzeln
abhören, ausspionieren, beobachten, beschatten, im Auge behalten, nachspionieren, observieren, überwachen.

besprechen
1. absprechen, behandeln, beraten, beratschlagen, bereden, debattieren, diskutieren, durchgehen, durchnehmen, durchsprechen, erörtern, konferieren, konsultieren, Meinungen austauschen, reden, Rücksprache nehmen/halten, verhandeln; *(geh.):* handeln; *(ugs.):* durchkauen.
2. begutachten, beurteilen, eine Besprechung/Kritik/Rezension schreiben, [kritisch] würdigen, kritisieren, rezensieren, urteilen.

besprechen, sich
sich an einen Tisch setzen, sich auseinandersetzen mit, sich beraten, beratschlagen, sich bereden, debattieren, diskutieren, konferieren, verhandeln; *(geh.):* Rat halten, sich unterreden.

Besprechung
1. Behandlung, Beratung, Diskussion, Erörterung, Konferenz, Konsultation, Meeting, Sitzung, Verhandlung.
2. Begutachtung, Beurteilung, Einschätzung, Kritik, [kritische] Würdigung, Rezension.

bessern
aufbessern, besser machen, verbessern.

bessern, sich
aufwärtsgehen, bergauf gehen, besser werden, sich läutern, sich steigern, sich verbessern.

Besserung
1. Erholung, Fortschritt, Heilung, Kräftigung, Sprung, Verbesserung; *(geh.):* Genesung.
2. Berichtigung, Läuterung, Verbesserung.

Bestand
1. Beständigkeit, Bestehen, Dauer, Dauerhaftigkeit, Fortbestand, Fortbestehen, Fortdauer.
2. Fundus, Grundstock, Inventar, Lager, Status, Substanz, Vorhandenes, Vorrat; *(geh.):* Fonds, Schatz; *(bildungsspr.):* Ressource.

beständig
a) andauernd, anhaltend, dauernd, konstant, pausenlos, permanent, ständig, stetig, unaufhörlich, ununterbrochen; *(bildungsspr., Fachspr.):* kontinuierlich. **b)** fest, gleichbleibend, immerwährend, konstant, unverändert. **c)** dauerhaft, fest, haltbar, hart, robust, stabil, treu, unempfindlich, widerstandsfähig; *(geh.):* getreulich; *(bildungsspr.):* konsistent.

GGS brüchig, instabil, morsch, spröde.

Beständigkeit
Ausdauer, Bestand, Dauer, Dauerhaftigkeit, Fortbestand, Fortdauer, Haltbarkeit, Härte, Robustheit, Stabilität, Stetigkeit, Treue, Unerschütterlichkeit, Widerstandsfähigkeit; *(bildungsspr.):* Konsistenz, Konstanz, Kontinuität.

Bestandteil
Abschnitt, Ausschnitt, Auszug, Baustein, Detail, Einzelheit, Element, Glied, Ingredienz, Komponente, Stamm, Teil, Zubehör, Zutat.

bestärken
1. aufmuntern, bekräftigen, ermuntern, ermuti-

gen, fördern, helfen, stärken, stützen, unterstützen, zuraten, zureden.
2. befestigen, bestätigen, erhärten, festigen, fördern, stabilisieren, verstärken, vertiefen.

bestätigen
anerkennen, attestieren, beglaubigen, bejahen, bekräftigen, bescheinigen, beweisen, bezeugen, einschlagen, erhärten, für richtig/zutreffend erklären, genehmigen, gutheißen, recht geben, testieren, verbürgen, versichern, zugeben; *(schweiz.):* erwahren; *(bildungsspr.):* verifizieren.

bestätigen, sich
sich als richtig erweisen, sich als zutreffend herausstellen, sich bewahrheiten, zutreffen.

bestatten
beerdigen, begraben, beisetzen, einäschern; *(geh. verhüll.):* zur letzten Ruhe betten/geleiten.

Bestattung
Beerdigung, Begräbnis, Beisetzung, Einäscherung; *(geh.):* Grablegung; *(ugs.):* Verbrennung.

bestaunen
anerkennen, anstaunen, aufblicken, bewundern, verehren.

bestechen
erkaufen, korrumpieren; *(ugs.):* die Hände schmieren/versilbern, kaufen, spicken; *(salopp):* abschmieren.

bestechlich
käuflich, korrupt.

bestehen
1. a) sich befinden, da sein, datieren, existieren, firmieren, geben, herrschen, leben, vorhanden sein, vorkommen, vorliegen; *(veraltend):* obwalten, vorwalten. **b)** andauern, anhalten, aufrechterhalten, beibehalten, Bestand haben, Dauer haben, dauern, sich erhalten, fortbestehen, fortdauern, sich halten, halten, von Dauer sein, vorhalten, weiter bestehen.
2. einschließen, enthalten, gebildet sein, gemacht sein, hergestellt sein, sich rekrutieren, umfassen, zerfallen in, zusammengesetzt sein.
3. ablegen, absolvieren, bewältigen, erfolgreich abschließen; *(ugs.):* durchkommen.
4. beharren, dabei bleiben, dringen auf, erzwingen, festhalten, nicht abgehen, nicht nachlassen, sich versteifen; *(geh.):* sich kaprizieren, pochen auf; *(bildungsspr.):* insistieren.

bestehlen
ausnehmen, ausplündern, ausrauben, berauben; *(ugs. scherzh.):* erleichtern; *(salopp):* beklauen, filzen.

besteigen
a) bezwingen, erklettern, ersteigen; *(geh.):* erklimmen, erobern; *(ugs.):* hochkraxeln. **b)** hinaufgehen, hinaufsteigen, hochklettern, hochsteigen, klettern.

bestellen
1. a) abonnieren, anfordern, anschaffen, beziehen, eine Bestellung aufgeben, verlangen. **b)** buchen, reservieren lassen, vorbestellen.
2. a) ausrichten, mitteilen, sagen, überbringen, übermitteln. **b)** weiterbefördern, zustellen.

bestens
a) aufs Beste, ausgezeichnet, großartig, hervorragend, prächtig, unübertrefflich, vortrefflich, vorzüglich; *(bildungsspr.):* exzellent; *(ugs.):* [echt] spitze, eins a, fantastisch, klasse, mega, prima, riesig, stark, super, toll; *(veraltend):* trefflich; *(Jugendspr.):* fett. **b)** herzlichst, vielmals.

Bestie
Raubtier, wildes Tier.

bestimmen
1. angeben, anordnen, ansetzen, anweisen, aufstellen, auswerfen, befehlen, das Regiment führen, dekretieren, die Zügel [fest] in der Hand haben, einberufen, erlassen, festlegen, festsetzen, herrschen, regeln, setzen, timen, umschreiben, verfügen, verhängen, verlegen, verordnen, vorgeben, vorschreiben, vorsehen, vorzeichnen; *(bildungsspr.):* diktieren, statuieren.
2. benennen, berufen, einsetzen, ernennen, nominieren, stationieren, vorsehen, widmen; *(geh.):* ausersehen, auserwählen, zudenken, zueignen; *(bildungsspr.):* dedizieren, designieren.
3. abmessen, abschätzen, ausmessen, bemessen, definieren, ermitteln, errechnen, feststellen, klären, konkretisieren, messen, schätzen, unterscheiden, verlosen, vermessen; *(bildungsspr.):* quantifizieren; *(bildungsspr., Fachspr.):* lokalisieren; *(Fachspr.):* kalibrieren.

bestimmend
ausschlaggebend, beherrschend, dominant, dominierend, entscheidend, führend, maßgebend, maßgeblich, tonangebend, überlegen, zentral; *(bildungsspr.):* determinativ, direktiv, konstitutiv; *(oft abwertend):* patriarchalisch.

[1]**bestimmt**
1. a) feststehend, gewiss, speziell. **b)** deutlich, eindeutig, exakt, genau, klar, konkret, unmissverständlich, unzweideutig; *(bildungsspr.):* prägnant, präzise. **c)** definit, festgelegt, vorgeschrieben; *(bildungsspr., Fachspr.):* determiniert; *(Sprachwiss.):* finit.
2. ausdrücklich, bündig, eindringlich, energisch, entschieden, fest, kategorisch, nachdrücklich, streng, strikt; *(bildungsspr.):* apodiktisch, definitiv, dezidiert, dezisiv.

[2]bestimmt
auf alle Fälle, auf jeden Fall, gewiss, in jedem Fall, ohne Frage, ohne Zweifel, sicher, unbedingt, unter allen Umständen, unweigerlich, zweifelsfrei, zweifelsohne; *(ugs.):* garantiert.

Bestimmtheit
1. Deutlichkeit, Entschiedenheit, Entschlossenheit, Festigkeit, Klarheit, Nachdruck.
2. Gewissheit, Sicherheit.
3. Abhängigkeit, Festgelegtsein; *(bildungsspr., Fachspr.):* Determiniertheit.

Bestimmung
1. Anordnung, Anweisung, Befehl, Dekret, Erlass, Festlegung, Festsetzung, Order, Regelung, Richtlinie, Verfügung, Vorschrift, Weisung; *(bildungsspr.):* Direktive; *(oft leicht abwertend):* Paragrafenwerk.
2. a) Verwendungszweck, Zweck. **b)** Aufgabe, Berufung, Endzweck, Fügung, Lebenssinn, Los, Schicksal, Sendung, Sinn, Verhängnis, Vorsehung, Ziel; *(geh.):* Destination, Geschick.

bestrafen
abstrafen, einen Denkzettel erteilen/geben/verpassen, eine Strafe auferlegen, maßregeln, strafen, sühnen; *(geh.):* ahnden; *(bildungsspr.):* mit Sanktionen belegen, pönalisieren, sanktionieren; *(ugs.):* eine Strafe aufbrummen.

Bestrafung
Abstrafung, Maßregelung, Strafe; *(geh.):* Ahndung, Sühne; *(bildungsspr.):* Degradation, Pönalisierung, Sanktionierung.

bestrebt sein
sich anstrengen, sich bemühen, streben, vorhaben, wollen; *(geh.):* trachten.

Bestrebung
Absicht, Anliegen, Anstrengung, Bemühung, Beweggrund, Bewegung, Intention, Interesse, Plan, Vorsatz, Wille, Wunsch, Ziel, Zielvorstellung; *(geh.):* Regung; *(bildungsspr.):* Aspiration.

bestreiten
1. aberkennen, ableugnen, abstreiten, anfechten, angreifen, dementieren, leugnen, negieren, nicht wahrhaben wollen, streitig machen, verneinen, von sich weisen, widersprechen, zurückweisen; *(geh.):* sich verwahren.
2. a) aufbringen, aufkommen, auskommen, bezahlen, finanzieren, übernehmen, zahlen; *(ugs.):* blechen. **b)** durchführen, gestalten, mitgestalten.

Bestseller
Erfolgsroman, Kassenerfolg, Kassenschlager, Publikumserfolg, Schlager, Verkaufsschlager; *(ugs.):* Hit, Knüller; *(Jargon):* Renner.

bestürmen
1. anfallen, angreifen, einstürmen, überfallen.
2. bedrängen, behelligen, belästigen, beschwören, dränge[l]n, einstürmen, herfallen über, quälen, überfallen, zusetzen; *(ugs.):* bohren, keine Ruhe geben, nerven, piesacken, stressen.

bestürzt
aus der Fassung, außer sich, betroffen, entgeistert, entsetzt, erschreckt/erschrocken, erschüttert, fassungslos, schockiert, verstört; *(bildungsspr.):* konsterniert; *(ugs.):* perplex.

Besuch
1. a) Gesellschaft, Kommen, Zusammenkunft, Zusammensein; *(geh.):* Aufwartung; *(ugs.):* Stippvisite; *(ugs. scherzh.):* Überfall. **b)** Gastaufenthalt, Gastspiel. **c)** *(bildungsspr.):* Hospitation; *(veraltend):* Visitation.
2. Gast, Gäste.

besuchen
a) aufsuchen, bereisen, sich blicken lassen, einen Besuch abstatten/machen, zu Besuch kommen/sein; *(geh., oft iron.):* beehren; *(ugs.):* auf einen Sprung vorbeigehen/vorbeikommen, vorbeischauen. **b)** absolvieren, durchlaufen, durchmachen; *(ugs.):* hinter sich bringen.

Besucher, Besucherin
Absolvent, Absolventin.

betätigen
bedienen, führen, handhaben, in Gang setzen, steuern.

betätigen, sich
aktiv werden, arbeiten, ausüben, basteln, sich beschäftigen, sich beteiligen, einsteigen, sich engagieren, handeln, spielen, Sport treiben, tätig sein, tun, sich versuchen, werkeln, wirtschaften; *(ugs. scherzh.):* wirken.

betäuben
1. einschläfern, gefühllos machen, in Narkose versetzen, schmerzunempfindlich machen.
2. beruhigen, dämpfen, den Verstand trüben.

beteiligen
einbeziehen, mitbeteiligen, teilhaben/teilnehmen lassen; *(bildungsspr.):* integrieren.

beteiligen, sich
sich anschließen, mitmachen, mitwirken, [tätigen] Anteil nehmen, teilhaben, teilnehmen; *(bildungsspr.):* partizipieren; *(ugs.):* mitmischen, mit von der Partie sein, mitziehen.

beten
sich an Gott wenden, ein Gebet sprechen, Gott anrufen, sein Gebet verrichten.

beteuern
Brief und Siegel geben, die/seine Hand ins Feuer legen, die Hand darauf geben, die Versicherung geben, geloben, [hoch und heilig] versichern; *(emotional):* tausend Eide schwören.

betonen
1. den Ton legen auf, markieren; *(Sprachwiss.):* akzentuieren, den Akzent legen auf, intonieren. **2.** akzentuieren, bekräftigen, geltend machen, herauskehren, herausstellen, herausstreichen, hervorheben, markieren, unterstreichen; *(geh.):* hervorkehren; *(bildungsspr.):* pointieren.

BSP Der Autor akzentuiert seine Überlegungen im Folgenden ... Um ihre Forderungen zu unterstreichen, gingen sie auf die Straße.

betont
angestrengt, ausdrücklich, bemüht, bewusst, demonstrativ, deutlich, gewollt, nachdrücklich, zur Schau getragen; *(bildungsspr.):* ostentativ, pointiert.

Betonung
1. Ton; *(Sprachwiss.):* Akzent, Akzentuierung, Intonation.
2. Akzent, Akzentuierung, Herausstellung, Hervorhebung, Nachdruck, Unterstreichung; *(bildungsspr.):* Pointierung; *(bildungsspr., Fachspr.):* Exponierung.

betrachten
1. anschauen, anstarren, beäugen, beleuchten, beobachten, Beobachtungen machen, den Blick heften, einen Blick gönnen/schenken/zuwerfen, einen Blick werfen, fixieren, inspizieren, mit Blicken/mit den Augen verfolgen, mustern; *(geh.):* in Augenschein nehmen; *(ugs.):* angucken, begucken; *(salopp):* anglotzen; *(nordd.):* bekucken.
2. ansehen als, auffassen, beurteilen, charakterisieren, denken über, einschätzen, erachten, halten für, sehen in, verstehen als.

BSP Wie könnte man diese Situation am besten charakterisieren? Der Roman ist als Kritik an der Gesellschaft zu verstehen.

3. auf den Grund gehen/kommen, begutachten, beleuchten, beobachten, durchleuchten, erforschen, ergründen, Nachforschungen/Recherchen anstellen, studieren, untersuchen, zu erkennen suchen; *(bildungsspr.):* analysieren, eruieren, sondieren; *(Fachspr.):* explorieren.

BSP Ich möchte die Ursachen genauer ergründen. Er suchte die Zusammenhänge/Unterschiede zu erkennen.

beträchtlich
ansehnlich, beachtenswert, beachtlich, bedeutend, bedeutsam, erheblich, erstaunlich, extrem, gehörig, gewaltig, groß, immens, imposant, mächtig, nennenswert, stattlich, üppig, wesentlich; *(geh.):* ausnehmend, erklecklich; *(bildungsspr.):* respektabel; *(ugs.):* anständig, ordentlich; *(ugs. emotional):* kolossal; *(veraltend):* respektierlich.

Betrachtung
1. Anschauung, Beobachtung.
2. innere Sammlung, Nachdenken, Theorie, Überlegung, Untersuchung, Versenkung; *(bildungsspr.):* Reflexion.

Betrachtungsweise
Anschauung, Anschauungsweise, Blickwinkel, Gesichtspunkt, Meinung, Sehweise, Sicht, Standpunkt; *(bildungsspr.):* Aspekt, Perspektive.

Betrag
Endsumme, Geldsumme, Posten, Preis, Quantum, Summe; *(bildungsspr.):* Obolus.

betragen
angegeben werden mit, ausmachen, sich belaufen, sich beziffern, ergeben, zählen.

Betragen
Auftreten, Benehmen, Gebaren, Gehaben, Habitus, Haltung, Manieren, Sozialverhalten, Umgangsformen, Verhalten; *(geh.):* Aufführung; *(bildungsspr.):* Allüren; *(ugs.):* Benimm.

betragen, sich
sich aufführen, auftreten, sich benehmen, sich gebärden, sich geben, handeln, sich präsentieren, sich verhalten, sich zeigen; *(ugs.):* sich anstellen.

betrauen
anvertrauen, auferlegen, beauftragen, berufen, ermächtigen, übertragen, verpflichten.

betreffen
1. anbelangen, angehen, anlangen, berühren, sich beziehen, Bezug haben, sich drehen um, sich erstrecken auf, gelten, sich handeln um, handeln von, tangieren, zusammenhängen, zu tun haben.
2. geschehen, passieren, zustoßen, zuteilwerden; *(geh.):* widerfahren.
3. aus der Fassung bringen, bestürzen, erschrecken, erschüttern, mitnehmen, nahegehen, [tief] treffen, verstören, zusetzen.

betreiben
1. antreiben, beschleunigen, forcieren, in Bewegung bringen, in Gang bringen/setzen, vorantreiben; *(ugs.):* auf Touren/in Schwung bringen.
2. arbeiten, ausführen, ausüben, sich befassen, bekleiden, sich beschäftigen, leisten, nachgehen, praktizieren, tätig sein, verrichten.
3. die Leitung innehaben, führen, leiten, lenken, steuern, unterhalten, vorstehen.

[1]betreten
a) eintreten, hereinkommen, hereintreten, hineingehen, hineintreten; *(ugs.):* hereinspazieren. **b)** begehen, seinen Fuß setzen.

[2]**betreten**
beklommen, bekümmert, betroffen, gedrückt, in Verlegenheit gebracht, kleinlaut, peinlich/unangenehm berührt, verlegen, verschämt; *(salopp):* bedeppert; *(nordd.):* benaut.

betreuen
a) sich annehmen, bemuttern, coachen, sich kümmern, pflegen, sorgen, umsorgen, versorgen; *(schweiz.):* schauen; *(geh.):* umhegen; *(ugs. scherzh.):* unter seine Fittiche nehmen; *(veraltend):* warten. **b)** bearbeiten, sich befassen, sich beschäftigen, verwalten; *(ugs.):* managen.

Betreuung
1. Bemutterung, Pflege, Sorge, Versorgung; *(veraltend):* Wartung.
2. Betreuer, Betreuerin, Coach, Coachin, Pfleger, Pflegerin.

Betrieb
1. Einrichtung, Firma, Geschäft, Gewerbebetrieb, Industriebetrieb, Institution, Unternehmen, Werk; *(geh.):* Etablissement.
2. Betriebsamkeit, Geschäftigkeit, Hektik, Leben, Treiben, Trubel, Wirbel; *(ugs.):* Hochbetrieb, Hochdruck, Remmidemmi, Rummel.

betriebsam
aktiv, geschäftig, hektisch, lebhaft, rührig, tätig, unermüdlich; *(geh.):* regsam; *(ugs.):* busy.

betrinken, sich
(geh.): sich berauschen; *(ugs.):* sich beduseln, sich besaufen, sich beschickern, die Nase zu tief ins Glas stecken, sich einen antrinken, [ein Glas] zu viel trinken; *(salopp):* saufen, sich volllaufen lassen, sich zuschütten; *(ugs. scherzh.):* ein Glas/etliche/eins/einen über den Durst trinken; *(nordd.):* sich betütern.

betroffen
beklommen, bekümmert, berührt, bestürzt, betreten, fassungslos, getroffen, innerlich bewegt; *(bildungsspr.):* konsterniert; *(ugs.):* perplex.

betrüben
bedrücken, bekümmern, deprimieren, Kummer bereiten/machen, mit Kummer erfüllen, schwer ums Herz werden, Sorgen bereiten/machen, traurig machen/stimmen; *(geh.):* grämen.

betrüblich
bedauerlich, schade, traurig; *(schweiz.):* himmeltraurig; *(ugs.):* jammerschade.

Betrug
Bauernfängerei, Betrügerei, Gaunerei, Prellerei, Täuschung, Übervorteilung, Unregelmäßigkeiten; *(geh.):* Trug; *(ugs.):* Mauschelei, Schmu, Schummel, Verladung, Verschaukelung; *(salopp):* Abzocke; *(abwertend):* Schwindelei.

betrügen
gaunern, hintergehen, irreführen, täuschen, übervorteilen; *(österr.):* betakeln; *(ugs.):* anleimen, beschummeln, mauscheln, mogeln, Schmu machen, über den Löffel balbieren/barbieren, übers Ohr hauen, verladen, verschaukeln; *(salopp):* anschmieren, anschummeln, aufs Kreuz legen, bescheißen; *(ugs. scherzh.):* bemogeln.

Betrüger, Betrügerin
(abwertend): Bauernfänger, Bauernfängerin, Gauner, Gaunerin, Schwindler, Schwindlerin; *(veraltend):* Defraudant, Defraudantin.

betrunken ↑besoffen.

betteln
anflehen, beschwören, bitten, erbetteln; *(geh.):* erflehen, flehen; *(bes. nordd.):* prachern.

Bettler, Bettlerin
(bes. nordd.): Pracher, Pracherin.

betucht
begütert, bemittelt, finanzkräftig, finanzstark, gut situiert, reich, vermögend, wohlhabend; *(österr.):* situiert; *(schweiz.):* hablich; *(geh.):* wohlsituiert; *(bildungsspr.):* potent; *(ugs.):* gut betucht, zahlungskräftig; *(salopp):* bezastert.

beugen
1. anbeugen, anwinkeln, biegen, krümmen, neigen, vorbeugen, winkeln; *(geh.):* niederbeugen.
2. bezwingen, brechen, fertigwerden, meistern, niederkämpfen, überwinden, unterwerfen; *(geh.):* gebieten, sich untertan machen; *(ugs.):* das Rückgrat brechen, erledigen, fertigmachen.
3. *(Sprachwiss.):* flektieren.

beugen, sich
sich anpassen, sich dreinschicken, sich ergeben, sich fügen, kapitulieren, klein beigeben, nachgeben, resignieren, sich schicken, sich unterordnen, sich unterwerfen.

Beule
1. Anschwellung, Schwellung; *(ugs.):* Horn.
2. Einbeulung, Einbuchtung; *(ugs.):* Eindellung.

beunruhigen
alarmieren, aufregen, aufschrecken, besorgt machen/stimmen, in Unruhe versetzen, Kummer bereiten, mit Sorge erfüllen, Sorge bereiten/machen, unruhig machen/stimmen.

beunruhigen, sich
in Unruhe sein, sich sorgen, sich Sorgen machen, unruhig sein.

beurlauben
a) freigeben, Urlaub geben/gewähren. **b)** freistellen, seiner Pflichten entheben, suspendieren; *(bildungsspr.):* dispensieren.

beurteilen
abschätzen, begutachten, bewerten, einschät-

zen, eintaxieren, ein Urteil abgeben/fällen, jurieren, messen, urteilen, werten; *(geh.):* erachten, richten; *(bildungsspr.):* evaluieren, taxieren.

Beute
Diebesbeute, Diebesgut, Fang, Raub; *(Jargon):* heiße Ware.

bevölkern
1. a) besiedeln, bewohnen, kolonisieren. **b)** beleben, erfüllen, füllen.
2. ansässig werden, ansiedeln, besiedeln, sich niederlassen.

Bevölkerung
Allgemeinheit, Bewohnerschaft, Bürgerschaft, Einwohnerschaft, Gesamtbevölkerung, Öffentlichkeit, Volk; *(oft abwertend):* Masse.

bevollmächtigen
befugen, berechtigen, ermächtigen, Vollmacht erteilen; *(bildungsspr.):* autorisieren, legitimieren.

Bevollmächtigter, Bevollmächtigte
Delegat, Delegatin, Sachwalter, Sachwalterin, Vertreter, Vertreterin; *(österr.):* Mandatar, Mandatarin.

bevor
bis, ehe.

bevormunden
vorschreiben; *(abwertend):* gängeln.

bevorstehen
drohen, herankommen, herannahen, heraufkommen, im Anzug/Verzug sein, in der Luft liegen, nahen, sich nähern, vor der Tür stehen, vorstehen, zukommen; *(österr.):* heranstehen.

bevorzugen
a) den Vorrang/Vorzug geben, vorziehen; *(bildungsspr.):* präferieren, priorisieren. **b)** begünstigen, bevorrechtigen, vorziehen; *(bildungsspr.):* favorisieren; *(oft abwertend):* hätscheln.

bewachen
[auf] Wache stehen, beaufsichtigen, behüten, im Auge behalten, Posten stehen, überwachen, wachen; *(geh.):* beschirmen.

bewahren
1. behüten, beschützen, retten, schützen.
2. aufbewahren, aufheben, in Verwahrung nehmen, verwahren.
3. aufrechterhalten, behalten, beibehalten, erhalten, frisch halten, halten, konservieren.

bewähren, sich
sich als brauchbar/geeignet erweisen, sich behaupten, bestehen, Erwartungen erfüllen, seinen Mann stehen/stellen.

Bewährungsprobe
Elchtest, Feuerprobe, Feuertaufe.

bewältigen
fertigwerden, in den Griff bekommen, lösen, meistern, schaffen, zurechtkommen, zustande/zuwege bringen; *(schweiz.):* bodigen; *(ugs.):* auf die Reihe bringen/kriegen, deichseln, herumkommen, hinbekommen, hinkriegen, in den Griff kriegen, klarkommen, packen, zurande kommen; *(salopp):* schaukeln.

bewandert
alterfahren, beschlagen, erfahren, firm, kundig, sachkundig, sattelfest; *(bildungsspr.):* versiert.

[1]bewegen
1. anregen, anstoßen, Impulse geben, in die Wege leiten, in Gang bringen; *(ugs.):* [den Stein] ins Rollen bringen; *(bildungsspr.):* initiieren.
2. aufwühlen, berühren, ergreifen, erregen, erschüttern, nahegehen, rühren, zu Herzen gehen; *(geh.):* anrühren.

[1]bewegen, sich
a) sich regen, sich rühren, seine Lage verändern. **b)** gehen, marschieren, ziehen; *(geh.):* sich fortbegeben, sich wegbegeben.

[2]bewegen
anregen, anstiften, bringen, drängen, ermuntern, veranlassen; *(bildungsspr.):* innervieren.

Beweggrund
Anlass, Auslöser, Grund, Triebfeder, Ursache, Veranlassung; *(bildungsspr.):* Motiv, Movens.

beweglich
biegsam, dehnbar, elastisch, flexibel, geschmeidig.

Bewegung
1. Schwingung; *(geh.):* Regung.
2. Bund, Bündnis, Bürgerinitiative, Front, Gruppe, Initiative, Interessengemeinschaft, Interessengruppe, Liga, Organisation, Union, Vereinigung, Zusammenschluss.

Beweis
1. Ausweis, Beleg, Beweisstück, Dokument, Dokumentation, Nachweis; *(veraltend):* Erweis.
2. Ausdruck, Bekundung, Demonstration, Dokument, Dokumentation, Zeichen; *(geh.):* Pfand, Zeugnis; *(bildungsspr.):* Manifestation.

beweisen
1. ausweisen, belegen, den Beweis/Nachweis erbringen, erweisen, nachweisen; *(bildungsspr.):* dokumentieren.

BSP Ich kann meine Argumente mit folgender Textstelle belegen ... Die Theorie wurde schlüssig / streng wissenschaftlich / unwiderleglich nachgewiesen. Die Geschichte der Stadt ist nicht lückenlos dokumentiert.

---

2. an den Tag legen, ausdrücken, bekunden, demonstrieren, erkennen lassen, zeigen; *(geh.):*

Zeugnis ablegen; *(bildungsspr.):* dokumentieren, manifestieren; *(veraltend):* bewähren.

bewerben
annoncieren, inserieren, Reklame machen, werben, Werbung machen.

bewerben, sich
sich anbieten, sich bemühen, kandidieren, konkurrieren, sich zur Verfügung stellen.

Bewerber, Bewerberin
Anwärter, Anwärterin, Aspirant, Aspirantin, Kandidat, Kandidatin; *(veraltend):* Reflektant, Reflektantin.

Bewerbung
1. Bemühung, Kandidatur, Stellenbewerbung.
2. Bewerbungsschreiben, Bewerbungsunterlagen, Stellenbewerbung, Stellengesuch.
3. Werbung.

bewerkstelligen
arrangieren, ausführen, beikommen, bewältigen, durchführen, erledigen, erreichen, fertigwerden, leisten, lösen, meistern, schaffen, verwirklichen, zustande/zuwege bringen; *(schweiz.):* bodigen; *(geh.):* vollbringen; *(ugs.):* auf die Reihe bringen/kriegen, deichseln, hinbekommen, hinkriegen, in den Griff kriegen, managen, packen.

bewerten
begutachten, beurteilen, eine Wertung vornehmen, einschätzen, eintaxieren, jurieren, messen, Noten geben, ranken, urteilen, werten, zensieren; *(bildungsspr.):* evaluieren, taxieren.

Bewertung
1. Begutachtung, Beurteilung, Einschätzung, Eintaxierung, Jurierung, Notengebung, Ranking, Wertung, Zensierung, Zensur; *(bildungsspr.):* Evaluation, Evaluierung, Taxierung.
2. Beurteilung, Gesamtwertung, Gutachten, Punktwertung, Ranking.

bewilligen
die Bewilligung geben, entsprechen, genehmigen, gewähren, zubilligen, zugestehen; *(schweiz.):* zusprechen; *(ugs.):* absegnen.

bewirken
auslösen, bedingen, entstehen lassen, erzeugen, herbeiführen, hervorbringen, hervorrufen, nach sich ziehen, schaffen, stiften, veranlassen, verursachen, zur Folge haben, zustande bringen; *(geh.):* zeitigen; *(bildungsspr.):* provozieren.

BSP Das Eingreifen des Protagonisten führt eine Wende herbei. Entgegengesetzte politische Interessen können einen Konflikt zur Folge haben.

Bewohner, Bewohnerin
Bürger, Bürgerin, Einwohner, Einwohnerin, Siedler, Siedlerin.

Bewölkung
Gewölk, Wolken, Wolkenbank, Wolkendecke, Wolkenmasse, Wolkenschleier.

bewundern
anschwärmen, aufblicken, aufsehen, bestaunen, Bewunderung entgegenbringen, vergöttern, voller Bewunderung sein; *(geh.):* verehren.

Bewunderung
Achtung, Anbetung, Anerkennung, Hochachtung, Hochschätzung, Staunen; *(geh.):* Verehrung, Wertschätzung.

bewusst
absichtlich, ausdrücklich, betont, geflissentlich, gewollt, in dem/im Bewusstsein, vorsätzlich, willkürlich, wissentlich, wohlweislich; *(geh.):* mit Bedacht, willentlich; *(ugs.):* extra.

bewusstlos
besinnungslos, ohne Besinnung, ohne Bewusstsein, ohnmächtig; *(ugs.):* weggetreten.

Bewusstsein
1. Erkenntnis, Gewissheit, Überzeugung, Vollgefühl, Wissen.
2. Besinnung, geistige Verfassung, klarer Verstand, Sinne.

bezahlen
1. a) vergüten; *(ugs.):* klarmachen, spendieren, zahlen. **b)** auszahlen, besolden, entlohnen, honorieren, löhnen; *(schweiz.):* entlöhnen, salarieren; *(ugs.):* zahlen; *(veraltend):* ablohnen.
2. abführen, ausbezahlen, ausgleichen, auszahlen, erstatten, finanzieren, zahlen; *(geh.):* begleichen.

Bezahlung
a) Vergütung; *(schweiz.):* Entlöhnung; *(ugs.):* Zahlung. **b)** Auszahlung, Besoldung, Entlohnung, Honorierung, Löhnung; *(bes. schweiz.):* Entlöhnung; *(veraltend):* Ablohnung.

bezähmen
bändigen, beherrschen, im Griff haben, im Zaum halten, in der Gewalt/unter Kontrolle haben, Zügel anlegen, zügeln, zurückhalten; *(geh.):* zähmen.

bezaubernd
charmant, entzückend, faszinierend, hinreißend, reizend, zauberhaft; *(geh.):* betörend.

bezeichnen
1. [be]nennen, Benennung sein; *(bildungsspr.):* apostrophieren; *(ugs. scherzh.):* benamsen.

BSP Er nannte ihn einen dreisten Lügner. Die lateinische Benennung dieser Pflanze ist …

A **B** bez C D E F G H I J K L M N O P Q R S T U V W X Y Z

2. ausgeben, charakterisieren, hinstellen, titulieren; *(geh.):* heißen, schimpfen.

BSP Der Schriftsteller hat die Personen in seinem Roman gut/genau/unzureichend charakterisiert. Sie stellte die Aussage als falsch hin.

Bezeichnung
1. Charakterisierung, Kennzeichnung, Markierung.
2. Ausdruck, Begriff, Benennung, Name, Terminus, Vokabel, Wort.

bezeugen
als Zeuge/Zeugin aussagen, bestätigen, versichern; *(veraltend):* Zeugnis ablegen.

bezichtigen
anklagen, beschuldigen, zur Last legen; *(geh.):* anschuldigen, zeihen.

beziehen
1. bespannen, überziehen.
2. bekommen, erhalten, geliefert/geschickt/zugestellt bekommen; *(ugs.):* kriegen.

beziehen, sich
abheben, sich berufen, sich stützen, verweisen, zurückkommen; *(bildungsspr.):* rekurrieren.

BSP Ich stütze mich hier auf folgende Textstellen. Er verwies auf seine vorherigen Ausführungen.

Beziehung
1. Fühlung, Kontakt, Umgang, Verbindung, Verhältnis, Verkehr; *(bildungsspr.):* Konnex.
2. Bezug, Verbindung, Verhältnis, Zusammenhang; *(bildungsspr.):* Konnex; *(Fachspr.):* Nexus; *(bildungsspr., Fachspr.):* Relation.

Beziehungen
Connections, Kontakte, Verbindungen; *(ugs. scherzh.):* Vitamin B.

beziehungsweise
1. besser gesagt, das heißt, genauer gesagt, oder [vielmehr], richtiger gesagt, vielmehr; *(bildungsspr.):* respektive.
2. andernfalls, im anderen Fall; *(bildungsspr.):* respektive.

beziffern
ansetzen, schätzen, überschlagen, veranschlagen; *(ugs.):* taxieren.

beziffern, sich
angegeben werden mit, ausmachen, sich belaufen, betragen.

Bezirk
a) Bereich, Beritt, Distrikt, Gebiet, Gegend, Raum, Region, Territorium, Umkreis, Zone; *(österr.):* Sprengel. **b)** Feld, Gebiet, Sachbereich, Sachgebiet, Sinnbereich, Sphäre; *(geh.):* Region.

Bezug
1. Bespannung.
2. ↑Beziehung (2).

Bezüge
Einkommen, Einkünfte, Gehalt, Verdienst; *(österr.):* Bezug.

bezüglich
betreffend, hinsichtlich, im/in Hinblick auf, in Bezug auf, in Hinsicht auf, in puncto, über, was ... anbelangt/angeht/anlangt/betrifft, wegen.

Bezug nehmen ↑beziehen, sich.

bezwecken
abzielen, anstreben, beabsichtigen, den Zweck haben/verfolgen, hinzielen, zielen, zum Ziel haben; *(geh.):* zu erreichen suchen; *(bildungsspr.):* intendieren; *(ugs.):* hinauswollen.

BSP Sie strebte mit dem harten Training die Teilnahme an Olympia an. Die Aktionen hatten einen Umsturz zum Ziel.

bezweifeln
anzweifeln, infrage stellen, in Zweifel ziehen, nicht glauben können, skeptisch sein, zweifeln.

bezwingen
bewältigen, meistern, schaffen, überwinden; *(ugs.):* fertigwerden mit.

Bibel
Buch der Bücher, [Heilige] Schrift, Wort Gottes.

Bibliografie
Bücherverzeichnis, Literaturangaben, Schriftenverzeichnis.

Bibliothek
Bücherbestand, Bücherei, Büchersammlung.

bieder
fantasielos, hausbacken, langweilig, reizlos, spießig, unoriginell; *(abwertend):* fade.

biegen
1. a) beugen, krümmen, krumm machen, neigen. **b)** *(Sprachwiss.):* beugen, flektieren.
2. abbiegen, abzweigen, einbiegen, eine Biegung machen, einen Bogen machen.

biegen, sich
sich beugen, sich krümmen.

biegsam
beweglich, biegbar, dehnbar, elastisch, federnd, flexibel, gelenkig, geschmeidig, nachgiebig.

Biegung
1. Bogen, Kehre, Krümmung, Kurve, Schleife, Serpentine, Windung; *(schweiz.):* Rank.
2. *(Sprachwiss.):* Beugung, Flexion.

bieten
1. anbieten, bereitstellen, in Aussicht/zur Verfügung stellen; *(geh.):* antragen.

2. geben, hinhalten, hinreichen; *(geh.):* darbieten, darreichen.
3. aufwarten, vorführen, zeigen; *(geh.):* darbieten; *(ugs.):* bringen; *(salopp):* hinlegen; *(bildungsspr., oft abwertend):* exhibieren.

bieten, sich
1. sich anbieten, sich ergeben, sich eröffnen; *(geh.):* sich auftun, sich erschließen.
2. erkennbar/sichtbar werden, sich zeigen; *(geh.):* sich darbieten.

Bild
1. a) Darstellung, Gemälde, Zeichnung. **b)** Aufnahme, Foto, Fotografie; *(veraltend):* Lichtbild. **c)** Abbild, Spiegelbild, Spiegelung.
2. Eindruck, Vorstellung.

BSP Es entsteht/verstärkt/vertieft sich der Eindruck, dass ... Man hat deutliche/feste/konkrete/ungenaue/unterschiedliche Vorstellungen von etwas.

---

3. bildlicher Ausdruck, Vergleich; *(Stilkunde):* Metapher.

BSP Der Vergleich des Protagonisten mit einem Baum veranschaulicht dessen Standhaftigkeit. Feuer ist eine Metapher für Zorn.

---

bilden
1. a) formen, hervorbringen, machen. **b)** formen, gestalten, modellieren.
2. gründen, hervorbringen, ins Leben rufen, schaffen, stiften; *(bildungsspr.):* konstituieren; *(ugs.):* aus der Taufe heben.
3. entstehen lassen, hervorbringen.
4. ausmachen, darstellen, sein.

BSP Die Mieteinnahmen machen den Hauptanteil seines Einkommens aus. Währungs-, Konjunktur- und Beschäftigungspolitik stellen eine Einheit dar.

---

5. ausbilden, entfalten, entwickeln, erziehen; *(nachdrücklich):* zur Entfaltung bringen.

bilden, sich
aufkommen, entstehen, sich entwickeln, erwachsen, sich formen, sich herausbilden, sich herauskristallisieren, hervorgehen, hervorkommen, werden.

bildlich
1. im Bild, mithilfe von Bildern.
2. anschaulich, bildhaft, gleichnishaft, sinnbildlich, übertragen; *(geh.):* sinnbildhaft; *(bildungsspr.):* parabolisch; *(Sprachwiss.):* figurativ, figürlich; *(Stilkunde):* metaphorisch; *(bild. Kunst, Dichtkunst):* allegorisch.

Bildschirm
(ugs.): Mattscheibe; *(EDV):* Screen.

Bildung
1. a) Ausbildung, Erziehung, Schulung; *(geh.):* Unterweisung. **b)** Allgemeinwissen, Gelehrtheit, Kenntnis[se], Wissen.
2. Formung, Gründung, Konstituierung, Schaffung.
3. Entstehung, Entwicklung, Herausbildung.

billig
1. erschwinglich, fast umsonst, günstig, herabgesetzt, nicht teuer, preisgünstig, preiswert, unter Preis; *(ugs.):* für ein Butterbrot, geschenkt, spottbillig; *(veraltend):* wohlfeil.

GGS hochpreisig, kostspielig, überteuert, unbezahlbar.

---

2. abgegriffen, abgeschmackt, banal, einfallslos, geistlos, inhaltsleer, nichtssagend, ohne Gehalt, schal, vordergründig; *(bildungsspr.):* substanzlos, trivial; *(ugs.):* abgedroschen; *(abwertend):* flach, hohl, leer, platt, seicht.
3. angebracht, angemessen, berechtigt, gebührend, gerecht, gerechtfertigt, in Ordnung, rechtmäßig, recht und billig; *(bildungsspr.):* adäquat.

billigen
akzeptieren, anerkennen, befürworten, begrüßen, beipflichten, bejahen, bekräftigen, bestätigen, dafür sein, die Erlaubnis geben, dulden, [einen Vorschlag] annehmen, einiggehen, einverstanden sein, einwilligen, erlauben, für angebracht/gut/richtig halten, gelten lassen, genehmigen, geschehen lassen, gestatten, respektieren, richtig finden, sanktionieren, sein Amen dazu geben, seine Zustimmung geben, zubilligen, zulassen, zustimmen; *(bildungsspr.):* legitimieren, tolerieren.

Billigung
Anerkennung, Bejahung, Bekräftigung, Bestätigung, Einverständnis, Einwilligung, Erlaubnis, Genehmigung, Gewährung, Gutheißen, Zuspruch, Zustimmung; *(bildungsspr.):* Plazet.

binden
1. aufbinden, flechten, zusammenbinden, [zusammen]schnüren; *(geh.):* winden.
2. abhängig machen, beim Wort nehmen, festlegen, verpflichten; *(ugs.):* festnageln.
3. knüpfen, legen, schlingen, umbinden; *(geh.):* winden.

binden, sich
sich abhängig machen, sich festlegen, sich in Abhängigkeit begeben, sich verpflichten; *(ugs.):* sich festnageln.

A B bin C D E F G H I J K L M N O P Q R S T U V W X Y Z

bindend
endgültig, fest, feststehend, geltend, gültig, unabänderlich, unumstößlich, unwiderruflich, verbindlich, verpflichtend; *(bildungsspr.):* definitiv, obligatorisch; *(veraltend):* obligat.

Bindung
Beziehung, [innere] Verbundenheit, Liaison, Verbindung, Verhältnis, Zusammenhalt; *(bildungsspr.):* Konnex; *(geh.):* Band.

binnen
im Laufe von, im Verlauf von, in, in der Zeit von, innerhalb, während; *(schweiz.):* innert.

Biografie
Laufbahn, Leben, Lebensgeschichte, Lebenslauf, Werdegang; *(bildungsspr.):* Vita; *(dichter.):* Lebensreise.

biologisch
1. naturkundlich, organisch.
2. naturgemäß, naturgesetzlich, natürlich.
3. naturbelassen, naturrein, ökologisch, umweltfreundlich, umweltverträglich.

bis auf
a) einschließlich. **b)** ausgenommen, außer, mit Ausnahme [von], nur ... nicht. **c)** *(schweiz.):* bis an.

bisher
bis heute, bis jetzt, bis zu diesem Zeitpunkt, bis zum heutigen Tag, bis zur Stunde; *(schweiz.):* bis anhin.

bisschen

ein bisschen
eine Idee, eine Kleinigkeit, eine Spur, eine Winzigkeit, ein [klein] wenig, etwas, geringfügig, minimal, nicht viel; *(ugs.):* ein Tick.

Bitte
Anliegen, Aufforderung, Flehen, Nachsuchen, Wunsch; *(geh.):* Ersuchen, Verlangen.

bitten
1. anbetteln, anrufen, beschwören, betteln; *(geh.):* sich ausbitten, [sich] erbitten, ersuchen; *(ugs.):* angehen; *(salopp):* anhauen.
2. auffordern, einladen, herbitten, hereinbitten; *(geh.):* bemühen; *(bildungsspr.):* invitieren.

bitter
1. gallebitter, gallig, herb, ohne Süße, streng.
2. betrüblich, herb, schlimm, schmerzlich, schwer, traurig, unangenehm.
3. bissig, gallig, gehässig, höhnisch, spöttisch, verbittert, voll Bitterkeit, zynisch; *(bildungsspr.):* maliziös, sarkastisch; *(ugs.):* giftig.
4. a) groß, schlimm, schwer, stark. **b)** ↑sehr.

bizarr
abenteuerlich, absonderlich, ausgefallen, eigenwillig, extravagant, fantastisch, grotesk, merkwürdig, seltsam, sonderbar, ungewöhnlich, wunderlich; *(bildungsspr.):* phantasmagorisch.

blamabel
beschämend, peinlich, peinsam; *(schweiz.):* bemühend; *(ugs.):* genierlich; *(oft abwertend):* kläglich.

Blamage
Beschämung, Bloßstellung, Kompromittierung, Peinlichkeit, Schande; *(geh.):* Schimpf.

blamieren
beschämen, bloßstellen, kompromittieren, lächerlich machen, zum Gespött machen; *(bildungsspr.):* desavouieren; *(ugs.):* vorführen.

BSP Sie stellten den Verräter in aller Öffentlichkeit bloß. Wie konntest du ihn so zum Gespött machen?

blank
1. a) glänzend, glatt, glatt poliert, poliert, spiegelblank, spiegelnd; *(ugs. emotional verstärkend):* blitzblank. **b)** abgescheuert, abgewetzt, blank gerieben, glänzend, speckig.
2. bloß, entblößt, frei, nackt, unbedeckt, unbekleidet.
3. bankrott, zahlungsunfähig; *(ugs.):* abgebrannt; *(ugs. scherzh.):* pleite.

Blank
Abstand, Leerschritt, Zwischenraum.

blasen
1. a) atmen, hauchen, prusten; *(ugs.):* pusten. **b)** fortblasen; *(ugs.):* wegblasen, wegpusten.
2. auffrischen, brausen, fegen, rauschen, sausen, streichen, stürmen, tosen, wehen, winden.

blass
1. a) blassgesichtig, blässlich, bleich, blutleer, fahl, farblos, kalkig; *(geh.):* abgeblasst, erblasst, erbleicht; *(ugs.):* bleichgesichtig, käsig, milchgesichtig. **b)** abgetönt, dezent, gedeckt, hell, matt, verblasst, verhalten, verschossen, verwaschen, wässrig, zart; *(bildungsspr.):* morbid; *(veraltend):* flau. **c)** gedämpft, mild, schwach.
2. abgestanden, blutarm, blutleer, fahl, farblos, langweilig, nichtssagend, schal, unspektakulär; *(abwertend):* anämisch, fade, flach.

Blatt
1. a) Bogen, Stück Papier, Zettel. **b)** Bogen, Buchseite, [Heft]seite.
2. Zeitschrift, Zeitung; *(bildungsspr.):* Organ.

blättern
1. durchblättern, herumblättern, umblättern, umdrehen, umwenden; *(ugs.):* wälzen.

2. abblättern, abfallen, sich ablösen, sich lösen. 3. geben, hingeben; *(ugs.):* hinblättern.

blauäugig
arglos, naiv, treuherzig, weltfremd.

blaumachen
der Arbeit fernbleiben; *(ugs.):* schwänzen, seine Grippe nehmen; *(ugs. scherzh.):* krankfeiern.

Bleibe
Logis, Quartier, Unterkunft, Urlaubsdomizil, Wohnung; *(österr.):* Unterstand.

bleiben
1. a) verharren; *(geh.):* verbleiben, verweilen. b) übrig/vorhanden sein, übrig bleiben; *(geh.):* verbleiben.
2. beharren, beibehalten, festhalten, nicht aufgeben.

bleibend
beständig, dauerhaft, dauernd, immerwährend, konstant, unvergänglich, zurückbleibend; *(bildungsspr.):* remanent.

bleich
blass, blutleer, fahl, grau, kalkig, kreideweiß; *(ugs.):* käseweiß, käsig; *(emotional):* kalkweiß; *(emotional verstärkend):* kreidebleich.

[1]bleichen
aufhellen, heller machen.

[2]bleichen
abbleichen, ausbleichen, blass/bleich werden, farblos/heller werden, verblassen, verbleichen, verschießen; *(südd., österr.):* abschießen, ausschießen; *(geh.):* abblassen, ausblassen.

bleiern
1. a) aus Blei. b) bleifarben, bleifarbig.
2. bleischwer, drückend, schwer [lastend], [schwer] wie Blei.

Bleistift
Grafitstift, Kopierstift, Stift; *(ugs.):* Blei.

blenden
1. a) behexen, bestricken, bezaubern, faszinieren, fesseln, hinreißen, verzaubern; *(geh.):* berücken, betören. b) bluffen, täuschen.
2. blind machen.

blendend
ausgezeichnet, bestens, herrlich, hervorragend, prächtig, vortrefflich, vorzüglich; *(ugs.):* fantastisch, glänzend, großartig.

Blick
1. Auge, Augen.
2. Augenausdruck, Miene; *(geh.):* Aufblick.
3. Ausblick, [Aus]sicht, Panorama, Rundblick.
4. Urteil, Urteilskraft, Urteilsvermögen.

blicken
a) sehen; *(ugs.):* gucken; *(nordd.):* kieken, kucken; *(bes. südd., österr., schweiz.):* schauen. b) dreinblicken, dreinschauen, dreinsehen; *(bes. südd., österr., schweiz.):* schauen. c) begreifen, erfassen, realisieren, verstehen; *(geh.):* fassen; *(ugs.):* kapieren; *(salopp):* checken, raffen.

Blickfeld
Gesichtsfeld, Gesichtskreis, Horizont, Sichtfeld.

Blickpunkt
Brennpunkt, Fokus, Mittelpunkt, Zentrum.

Blickwinkel
Betrachtungsweise, Blickpunkt, Blickrichtung, Gesichtspunkt, Hinsicht, Sicht, Standpunkt; *(bildungsspr.):* Aspekt, Perspektive.

blind
1. erblindet, ohne Augenlicht, ohne Sehkraft.
2. blindlings, kritiklos, ohne Nachdenken/Überlegung, unbesonnen, unüberlegt.
3. angelaufen, beschlagen, glanzlos, matt, ohne Glanz, stumpf, trübe, undurchsichtig.

blitzen
1. aufleuchten, blinken, funkeln, glänzen, glitzern, leuchten, strahlen.
2. deutlich/erkennbar werden, hervortreten, sichtbar werden, sich verraten, sich widerspiegeln, sich zeigen, zum Ausdruck kommen.

Block
1. Brocken, Klotz.
2. Gebäudeblock, Häuserblock, Wohnblock.
3. Formation, Gruppierung, Lager.

Blockade
1. Abriegelung, Abschnürung, Absperrung, Sperre.
2. Schaffenskrise, Widerstand.

blockieren
1. abriegeln, abschnüren, absperren, sperren.
2. unpassierbar/unzugänglich machen, versperren.
3. aufhalten, hemmen, ins Stocken bringen, verhindern.

blöd
1. albern, dümmlich, geistlos, unsinnig; *(ugs.):* blödsinnig, dumm; *(abwertend):* lächerlich, töricht; *(bildungsspr. abwertend):* stupide.
2. ärgerlich, fatal, misslich, unangenehm, unerfreulich; *(schweiz.):* bemühend, ungefreut; *(geh.):* unerquicklich; *(ugs.):* doof, dumm; *(salopp):* beknackt, bescheuert, beschissen.

Blödsinn
Nonsens, Unfug, Unsinn; *(ugs.):* Kokolores, Larifari; *(salopp):* Bockmist, Koks.

blödsinnig ↑blöd (1).

[1]bloß
1. entblößt, frei, nackt, unbedeckt.
2. blank, nichts anderes als, rein, schlicht; *(geh.):* bar; *(ugs.):* pur.

²bloß
ausschließlich, einzig [und allein], lediglich, nur; *(geh.):* allein.

bloßstellen
blamieren, kompromittieren, lächerlich/unmöglich machen, zum Gespött machen; *(bildungsspr.):* desavouieren; *(ugs.):* vorführen.

Bluff
Irreführung, Täuschung, Täuschungsmanöver, Trick; *(bildungsspr.):* Finte.

bluffen
irreführen; so tun, als ob; [vor]täuschen; *(geh.):* äffen, narren; *(bildungsspr.):* fingieren; *(ugs.):* markieren, nur so tun; *(salopp):* schnallen.

BSP Er hat ihm solche Gefühle nur vorgetäuscht. Der Einbruch war fingiert.

blühen
1. boomen, einen Aufschwung erleben, florieren, gedeihen, sich gut/prächtig entwickeln, gut gehen; *(ugs.):* brummen, in Schwung sein.
2. bevorstehen, drohen, zu erwarten haben; *(geh.):* widerfahren; *(dichter.):* dräuen.

Blume
1. Blumenstock, Pflanze, Topfblume, Topfpflanze, Zimmerblume, Zimmerpflanze.
2. Bouquet, Bukett, Duft.

Blüte
1. Aufschwung, Blütezeit, Boom, Glanzzeit; *(geh.):* Hochzeit.
2. Falschgeld.

Blutung
Monatsblutung, Periode, Regel[blutung]; *(ugs. verhüll.):* [kritische] Tage.

bockig
störrisch, trotzig, trotzköpfig, verbockt, widerborstig, widersetzlich, widerspenstig; *(bildungsspr.):* renitent; *(ugs.):* bockbeinig, dickköpfig.

Boden
1. Acker[land], Erde, Erdreich, Land; *(geh.):* Scholle.
2. Erdboden, Erde, Fußboden, Grund.
3. Gebiet, Territorium.

bodenlos
a) sehr tief; *(emotional):* abgrundtief. b) haarsträubend, himmelschreiend, unbeschreiblich, unfassbar, unglaublich.

bodenständig
alteingesessen, autochthon, eingesessen, einheimisch, heimatverbunden.

Bogen
1. Biegung, Krümmung, Kurve, Schleife, Wendung, Windung.
2. Blatt, Stück Papier.
3. Druckbogen.

bohren
ausfragen; *(ugs.):* auf den Zahn fühlen, ausquetschen, herumbohren, löchern, nachbohren.

Bollwerk
1. Bastei, Bastion, Befestigung, Befestigungsanlage, Befestigungsbau, Befestigungswerk, Festung, Festungsbau, Fort, Verteidigungsanlage.
2. Hafenkai, Kai, Landeplatz, Landungsplatz.

bolzen
schießen; *(ugs.):* kicken.

bombardieren
1. beschießen, schießen, unter Feuer nehmen.
2. Bomben [ab]werfen, mit Bomben belegen.
3. bedrängen, bestürmen, einstürmen, herfallen, überfallen, überhäufen, überschütten.

Bonus
a) Ermäßigung, Gutschrift, Preisnachlass, Rabatt, Vergütung; *(ugs.):* Prozente.
b) Plus[punkt], Vorsprung, Vorteil.

Boom
a) Aufschwung, Rush, Wirtschaftsaufschwung; *(geh.):* Blüte; *(bildungsspr.):* Prosperität. b) Interesse, Run.

Boot
Barke, Kahn, kleines Schiff, Wasserfahrzeug; *(österr.):* Zille; *(südd.):* Nauen.

Bord
Brett, Konsole, Regalbrett, Wandbrett; *(südd., österr.):* Brettl; *(schweiz.):* Tablar.

borgen
1. aushelfen, auslegen, ausleihen, geben, [ver]leihen, vorlegen, zur Verfügung stellen; *(ugs.):* herleihen; *(salopp):* pumpen.
2. ausleihen, entleihen, leihen; *(geh.):* erborgen; *(ugs.):* anpumpen; *(salopp):* abpumpen, pumpen.

Borke
1. Baumrinde, Rinde.
2. Kruste, Schmutzschicht; *(ugs.):* Knies.

borniert
eigensinnig, unbelehrbar, unnachgiebig; *(bildungsspr.):* philiströs; *(abwertend):* engstirnig, kleingeistig, starrsinnig, verstockt.

¹Börse
Geldbeutel, Portemonnaie; *(geh.):* Geldbörse; *(ugs.):* Beutel.

²Börse
Aktienmarkt, Geldmarkt, Markt.

borstig
a) behaart, haarig, stachelig, struppig. b) kratzend, kratzig, rau, ruppig, stoppelig, zottig.
c) barsch, brüsk, grob; *(abwertend):* rüde.

bösartig
1. böse, boshaft, gemein, hässlich, heimtückisch, hinterhältig, hinterlistig, niederträchtig, teuflisch; *(bildungsspr.):* luziferisch, perfide; *(ugs.):* eklig, giftig; *(abwertend):* infam.
2. gefährlich, lebensbedrohend, lebensbedrohlich.

böse
1. a) bösartig, garstig, gemein, hässlich, niederträchtig, schändlich, schlecht; *(geh.):* frevelhaft, verwerflich.

GGS edel, ehrenwert, gutherzig, redlich.

b) garstig, hässlich, misslich, schlecht, schlimm, unangenehm, widrig; *(schweiz.):* ungefreut; *(geh.):* übel; *(ugs.):* blöd; *(emotional):* fürchterlich.
2. ärgerlich, erbost, grimmig, verärgert, wütend, zornig; *(geh.):* erzürnt, ungehalten; *(bildungsspr.):* indigniert; *(ugs.):* fuchsig, fuchtig, sauer; *(nordd.):* fünsch.

Boss, Bossin
Abteilungsleiter, Abteilungsleiterin, Chef, Chefin, Direktor, Direktorin, Führer, Führerin, Konzernchef, Konzernchefin, Kopf, Leiter, Leiterin, Vorgesetzter, Vorgesetzte, Vorsteher, Vorsteherin; *(geh.):* Lenker, Lenkerin, Oberhaupt.

Bote, Botin
Kurier, Kurierin, Überbringer, Überbringerin.

Botschaft
1. Benachrichtigung, Bestellung, Mitteilung, Nachricht, Verkündigung.
2. Auslandsvertretung, diplomatische Vertretung, Gesandtschaft; *(bildungsspr.):* Mission.

Bourgeoisie
[Groß]bürgertum, Mittelstand; *(Soziol.):* Mittelschicht.

Box
Behälter, Karton, Packung, [Papp]schachtel.

boxen
a) mit den Fäusten kämpfen, mit der Faust schlagen, stoßen. **b)** fausten, wegboxen, wegfausten.

Boykott
1. Abriegelung, Abschnürung, Absperrung, Ächtung, Boykottierung, Sperre, Verrufserklärung, Wirtschaftsboykott, Wirtschaftsembargo; *(geh.):* Verfemung.
2. a) Ablehnung, Blockierung, Boykottierung, Streik, Verweigerung, Weigerung. **b)** Ablehnung, Nichtachtung, Nichtbeachtung.

boykottieren
a) abriegeln, abschnüren, absperren, ächten, mit Boykott belegen, sperren; *(geh.):* verfemen. **b)** ablehnen, blockieren, mauern, verhindern, verweigern. **c)** ablehnen, abweisen, verweigern, zurückweisen; *(geh.):* meiden.

Branche
a) Bereich, Geschäftszweig, Sektor, Sparte, Teilbereich, Teilgebiet, Wirtschaftszweig. **b)** Bereich, Fach, Fachbereich, Fachgebiet, Metier, Ressort, Sachbereich, Sachgebiet, Sektion, Sektor, Sparte, Tätigkeitsbereich, Tätigkeitsfeld, Tätigkeitsgebiet, Teilbereich, Teilgebiet.

Brand
1. [Schaden]feuer; *(geh.):* Feuersbrunst.
2. Durst; *(ugs. emotional verstärkend):* Mordsdurst.

brandmarken
ächten, an den Pranger stellen, anprangern, geißeln, verdammen; *(bildungsspr., Soziol.):* stigmatisieren.

braten
1. bräteln; *(ugs.):* brutzeln.
2. [sich] bräunen, ein Sonnenbad nehmen, in der Sonne liegen, sich sonnen, sonnenbaden; *(ugs.):* sich die Sonne auf den Pelz brennen lassen; *(scherzh.):* sich rösten.

Brauch
Brauchtum, Einrichtung, [feste] Gewohnheit, Herkommen, Ritual, Ritus, Sitte, Tradition, Überlieferung, Usus; *(geh.):* Gepflogenheit.

brauchbar
anwendbar, einsetzbar, geeignet, nutzbar, praktikabel, tauglich, verwendbar, verwendungsfähig, verwertbar; *(ugs.):* patent.

GGS abkömmlich, redundant, überflüssig, unzweckmäßig.

brauchen ≁
1. a) Bedarf haben, benötigen, nicht auskommen ohne, nötig haben; *(geh.):* bedürfen.

BSP Er benötigte Nachhilfe. Es hat meiner ganzen Überredungskunst bedurft, um ...

b) aufbieten, aufbringen, aufwenden, benötigen.
2. ausnutzen, benutzen, gebrauchen, Gebrauch machen, in Anspruch nehmen, nutzen, verwenden.

brauchen

nicht brauchen
es besteht keine Notwendigkeit/kein Zwang, kein Muss sein, nicht erforderlich sein, nicht müssen, nicht nötig sein, nicht notwendig sein; *(geh.):* nicht gehalten sein.

Brause
1. Brauselimonade, Tonic, Zitronenlimonade; *(ugs.):* Limo; *(fam.):* Kindersekt.
2. Brausekopf, Dusche, Duschkopf.
3. Aufsatz, Gießkannenbrause.

brausen
1. fegen, rasen, rauschen, sausen, stürmen, tosen.
2. abbrausen, abduschen, duschen, unter die Dusche gehen.
3. dahinjagen, dahinstürmen, fegen, rauschen, sausen, stürmen; *(ugs.):* brettern, rasen.

brav
1. artig, folgsam, fügsam, gefügig, gehorsam, gesittet, lammfromm, lieb, manierlich; *(geh.):* wohlerzogen; *(veraltend):* gefügsam.
2. a) aufrecht, ordentlich, redlich, reputabel, tüchtig; *(schweiz.):* währschaft; *(geh.):* honett, lauter; *(veraltend):* bieder, rechtlich, rechtschaffen, wacker. **b)** betusam, bieder, einfallslos, fantasielos, harmlos, hausbacken, langweilig, reizlos, unoriginell; *(abwertend):* betulich, fade.

bravo
gut [so], hervorragend, meine Anerkennung/Hochachtung, [mein] Kompliment, prächtig, recht so, Respekt; *(bildungsspr.):* à la bonne heure, Applaus; *(ugs.):* [echt] klasse, [echt] spitze, einsame Spitze, [große] Klasse.

Bravour
1. Beherztheit, Draufgängertum, Forschheit, Schneidigkeit, Tapferkeit, Unerschrockenheit; *(ugs.):* Courage, Schneid.
2. Brillanz, Fulminanz, Können, Könnerschaft, Kunstfertigkeit, Meisterhaftigkeit, Meisterschaft; *(bildungsspr.):* Virtuosität.

brechen
1. aufbrechen, aufreißen, ausbrechen, auseinanderbrechen, auseinanderfallen, auseinanderreißen, durchbrechen, entzweibrechen, entzweigehen, entzweireißen, zerbersten, zerbrechen, zerfallen, zerspringen; *(geh.):* aufbersten, bersten; *(ugs.):* aus dem Leim gehen.
2. abbrechen, aufgeben, aufhören, [auf]lösen, kündigen; *(geh.):* aufkünd[ig]en, aufsagen.
3. sich hinwegsetzen, sich vergehen, verletzen, verstoßen, zuwiderhandeln; *(schweiz.):* ritzen.
4. [sich] erbrechen, sich übergeben; *(geh.):* speien; *(ugs.):* kotzen; *(salopp):* kübeln, reihern; *(scherzh.):* [dem] Neptun opfern; *(ugs. scherzh.):* die Fische füttern; *(südd., österr.):* speiben.

breit
1. ausgedehnt, ausladend, gedrungen, umfangreich, weit, weitläufig, weiträumig.
2. a) ausführlich, bis ins Einzelne, des Langen [und Breiten], eingehend, in aller Ausführlichkeit, langatmig, lang und breit, weitläufig, weitschweifend, weitschweifig, wortreich; *(schweiz.):* langfädig; *(bildungsspr.):* bis ins Detail, in extenso, verbos; *(ugs.):* langstielig. **b)** breit gefächert, reich, reichhaltig, umfangreich, umfassend, üppig, vielfältig, vielseitig.

Breiten
Gegend, Landschaft, Landstrich, Region, Zone; *(geh.):* Gefilde.

breitmachen, sich
a) in Beschlag nehmen, mit Beschlag belegen; *(ugs.):* sich ausbreiten; *(ugs. scherzh.):* sich dickmachen. **b)** [an] Boden gewinnen, sich ausbreiten, grassieren, um sich greifen, sich verbreiten, vordringen, wachsen, sich weiterfressen, wuchern; *(veraltend):* Platz greifen. **c)** sich etablieren, sich installieren; *(schweiz.):* sich einhausen; *(ugs.):* sich häuslich niederlassen.

breitschlagen
bekehren, erweichen, gewinnen, überreden, umstimmen; *(ugs.):* bequatschen, beschwatzen, herumbekommen, rumbekommen; *(salopp):* einwickeln; *(bes. südd.):* beschwätzen.

Bremse
Bremsvorrichtung, Hemmvorrichtung.

bremsen
1. a) abbremsen, das Tempo drosseln/verringern, die Geschwindigkeit drosseln/herabsetzen/verringern; *(ugs.):* auf die Bremse steigen/treten, in die Eisen gehen/steigen/treten. **b)** abdrosseln, hemmen, verlangsamen.
2. begrenzen, beschränken, drosseln, eindämmen, hinausschieben, hinausziehen, hinauszögern, verlangsamen, verzögern, zügeln, zurückhalten; *(geh.):* dämmen, Einhalt gebieten.

brennen
1. a) flackern, glimmen, glühen, hochschlagen, in Brand geraten, in [hellen] Flammen stehen, lodern, schwelen; *(geh.):* emporflammen, emporlodern, emporschlagen, lohen. **b)** entflammbar/entzündbar/entzündlich sein, flackern, glimmen, glühen, in Brand geraten, lodern, schwelen; *(geh.):* lohen; *(geh. veraltet):* flammen.
2. abbrennen, verbrennen.
3. an[geschaltet] sein, eingeschaltet sein, leuchten; *(ugs.):* angeknipst/angemacht sein.
4. ätzen, beißen, kratzen, stechen, ziepen.

Brennpunkt
Angelpunkt, Blickpunkt, Dreh- und Angelpunkt, Kern, Mittelpunkt, Schwerpunkt, zentraler Punkt, Zentrum; *(bildungsspr.):* Fokus.

brenzlig
beängstigend, bedenklich, bedrohlich, besorg-

niserregend, beunruhigend, ernst, gefährlich, gefahrvoll, heikel, kritisch, lebensgefährlich, unsicher; *(ugs.)*: heiß, mulmig.

Brett
Bohle, Diele, Holzbohle, Holzbrett, Holzdiele, Holzleiste, Latte, Leiste, Planke.

Brief
Mitteilung, Nachricht, Post, Schreiben, Schriftstück, Zeilen, Zuschrift; *(geh.)*: Botschaft.

Brieftasche
Geldbeutel, Portemonnaie; *(geh. veraltet)*: Portefeuille.

brillant
ausgezeichnet, bestechend, blendend, fantastisch, genial, glänzend, glanzvoll, grandios, großartig, herausragend, hervorragend, meisterhaft, vortrefflich, vorzüglich; *(bildungsspr.)*: exzellent; *(ugs.)*: bombig, famos, mega, super.

brillieren
auffallen, sich auszeichnen, beeindrucken, bestechen, Bewunderung hervorrufen, Eindruck machen, glänzen, herausragen, sich hervortun, imponieren, in Hochform/in Topform sein.

bringen ↯
1. a) abliefern, anliefern, befördern, bewegen, einliefern, hinbringen, hinleiten, hinschaffen, hinschicken, hinschleppen, hinsenden, hintragen, lenken, liefern, schaffen, schicken, senden, spedieren, tragen, transportieren. **b)** beibringen, besorgen, heranbringen, heranschaffen, heranschleppen, herantragen, herschaffen, hertragen, liefern, übergeben, übermitteln, zuschicken, zusenden, zutragen; *(ugs.)*: anbringen, anschleifen; *(südd., österr.)*: daherbringen.
2. begleiten, führen, gehen mit, geleiten, heimbegleiten, heimbringen, hinführen, leiten, lotsen, mitgehen, mitnehmen, nach Hause bringen; *(geh.)*: das Geleit geben.
3. erreichen, erwirken, erzielen, schaffen; *(ugs.)*: herausholen.
4. abhandeln, äußern, darlegen, darstellen, vorbringen, vortragen.

BSP Die Autorin handelt das Thema im ersten Kapitel ausführlich ab.

5. bereiten, einbringen, eintragen, führen zu, hervorrufen, nach sich ziehen, produzieren, verschaffen, verursachen, zur Folge haben.
6. fertigbringen, können, schaffen, zustande bringen; *(ugs.)*: hinbekommen, hinkriegen.

brisant
1. äußerst explosiv, explodierbar, feuergefährlich, hochexplosiv.
2. akut, brennend, drängend, heikel, konfliktgeladen, konfliktträchtig, kritisch; *(ugs.)*: heiß.

Brise
[leichter] Wind, Lüftchen, Lufthauch, Luftstrom, Luftströmung, Luftzug.

bröckeln
a) bröseln, krümeln. **b)** abbröckeln.

brodeln
gären, kriseln, rumoren.

Broschüre
Broschur, Druckschrift, Heft, Informationsschrift, Prospekt, Werbeschrift.

brotlos
a) arbeitslos, beschäftigungslos, erwerbslos, nicht erwerbstätig, ohne Anstellung, ohne Arbeit, ohne Beschäftigung, ohne [Geld]erwerb, stellenlos, stellungslos, unbeschäftigt. **b)** nicht einträglich, nichts einbringend.

brüchig
1. alt, altersschwach, baufällig, bröckelig, lädiert, morsch, mürbe, schadhaft, verfallen.
2. rau, spröde.

brüderlich
einig, einträchtig, freundschaftlich, kameradschaftlich, partnerschaftlich, schwesterlich.

brühwarm
a) aktuell, akut, neu. **b)** auf der Stelle, gleich, prompt, sofort, unverzüglich.

brüllen
a) aufbrüllen, aufschreien, blöken, schreien, sehr laut rufen, sehr laut sprechen; *(ugs.)*: donnern. **b)** kreischen, lärmen; *(abwertend)*: johlen. **c)** schreien; *(abwertend)*: plärren.

brummen
1. dröhnen, summen, surren.
2. knurren, murren; *(ugs.)*: gnatzen, grunzen; *(südd.)*: granteln.
3. blühen, boomen, florieren, gut gehen; *(ugs.)*: laufen.

Brummer
1. Lastkraftwagen, Lastwagen, Lastzug, Lkw, Sattelzug; *(ugs.)*: Laster.
2. a) Dicker, Klotz; *(ugs. scherzh.)*: Koloss. **b)** Prachtexemplar.

brummig
ärgerlich, bärbeißig, gereizt, griesgrämig, missgelaunt, missgestimmt, misslaunig, missmutig, missvergnügt, mürrisch, schlecht gelaunt, übellaunig, unwirsch; *(ugs., meist abwertend)*: muffelig, muffig, sauertöpfisch; *(südd., österr. ugs.)*: grantig.

brüsk
bärbeißig, barsch, brummig, derb, kurz angebunden, kurz und knapp, rau, rüde, schroff, un-

freundlich, unhöflich; *(abwertend):* grob, ruppig, ungehobelt, ungeschliffen.

brüskieren
beleidigen, bis ins Mark treffen, bloßstellen, einen Stich versetzen, im Innersten treffen, kompromittieren, kränken, schlechtmachen, schmähen, schroff behandeln, verletzen, verunglimpfen; *(ugs.):* auf den Schlips treten, auf die Zehen treten, vor den Kopf stoßen, wehtun.

brüsten, sich
sich herausstreichen, sich in den Vordergrund spielen/rücken/drängen/schieben, sich in die Brust werfen, prahlen, prunken, sich rühmen; *(geh.):* sich blähen; *(bildungsspr.):* renommieren; *(ugs.):* angeben, auf die Pauke hauen, den Mund voll nehmen, eine Schau abziehen, große Reden schwingen, protzen, [viel] Wind machen; *(abwertend):* großtun, Schaum schlagen.

Brüstung
Balustrade, Geländer.

brutal
1. aggressiv, barbarisch, bestialisch, drastisch, entmenscht, erbarmungslos, gefühllos, gewaltsam, gewalttätig, gnadenlos, grausam, hart, hemmungslos, herzlos, mitleidlos, rabiat, radikal, rigoros, schonungslos, unbarmherzig, unerbittlich, unmenschlich, verroht; *(geh.):* ruchlos; *(bildungsspr.):* inhuman, krude; *(ugs.):* direkt, kaltschnäuzig, ohne Rücksicht auf Verluste; *(abwertend):* kaltblütig, kannibalisch, roh, rücksichtslos, rüde, skrupellos, viehisch, wüst; *(oft abwertend):* tierisch.
2. a) *(ugs.):* famos, heiß, klasse, mega, scharf, stark, super, toll; *(salopp):* cool; *(Jugendspr.):* fett. **b)** ↑ sehr.

Brutalität
Aggressivität, Bestialität, Erbarmungslosigkeit, Gefühllosigkeit, Gewaltsamkeit, Gewalttätigkeit, Grausamkeit, Härte, Herzlosigkeit, Rabiatheit, Rigorosität, Rücksichtslosigkeit, Schonungslosigkeit, Unbarmherzigkeit, Unerbittlichkeit, Ungerührtheit, Unmenschlichkeit, Verrohung; *(geh.):* Herzensverhärtung, Ruchlosigkeit; *(bildungsspr.):* Inhumanität, Krud[el]ität; *(ugs.):* Kaltschnäuzigkeit; *(abwertend):* Kaltblütigkeit, Rohheit.

brüten
1. [auf den Eiern] sitzen, ausbrüten, bebrüten, glucken, horsten, nisten.
2. [sich] bedenken, sich besinnen, denken, durchdenken, sich durch den Kopf gehen lassen, sich Gedanken machen, grübeln, mit sich zurate gehen, philosophieren, rätseln, sinnen, sinnieren, überlegen, Überlegungen anstellen, sich versenken, sich vertiefen, von allen Seiten betrachten; *(schweiz.):* werweißen; *(geh.):* nachsinnen; *(bildungsspr.):* meditieren, reflektieren; *(ugs.):* sich das Hirn zermartern, sich den Kopf zerbrechen, sich einen Kopf machen, herumrätseln, knobeln.

Buch
a) Band, Druck-Erzeugnis, Druckwerk, Einzelband, Foliant, Hardcover, Printmedium, Reader, Sammelband, Titel; *(ugs.):* Schmöker, Wälzer.
b) Abhandlung, Arbeit, Niederschrift, Publikation, Schrift, Studie, Text, Titel, Untersuchung, Veröffentlichung, Werk.

buchen
1. aufnehmen, aufschreiben, aufzeichnen, Buch führen, dokumentieren, einschreiben, eintragen, erfassen, festhalten, kodifizieren, niederschreiben, notieren, registrieren, verzeichnen.
2. reservieren [lassen], vorbestellen.

Büchse
a) Behälter, Behältnis, Blechdose, Box, Dose.
b) Konserve, Konservendose. **c)** Sammelkasse, Spendendose, Spendenkasse.

Buchstabe
Schriftzeichen.

buchstabengetreu
buchstäblich, im Wortlaut, Wort für Wort, wortgetreu, wörtlich, wortwörtlich; *(bildungsspr.):* verbaliter, verbotenus.

buchstäblich
direkt, förmlich, geradezu, im wahrsten Sinne [des Wortes], in der Tat, praktisch, regelrecht, rein, richtig, so gut wie, tatsächlich, wirklich; *(geh.):* nachgerade.

buddeln
1. ausgraben, graben, scharren, schaufeln, wühlen; *(nordd., md.):* schippen.
2. ausgraben, ernten.

Bude
1. Kiosk, Marktstand, Stand, Trinkhalle.
2. Baracke, Haus.
3. Laden, Lokal; *(ugs.):* Klitsche.

Budget
Etat, Finanzen, Finanzplan, Finanzvolumen, Haushalt, Kostenaufstellung, Kostenplan, Veranschlagung; *(schweiz.):* Voranschlag.

büffeln
lernen; *(ugs.):* bimsen, exerzieren, ochsen, pauken; *(Schülerspr.):* asten.

Bühne
1. a) Podium, Spielfläche. **b)** Schauspielhaus, Theater; *(geh.):* die Bretter, die die Welt bedeuten; *(veraltend):* Schaubühne.

2. Arena, Kampfplatz, Schauplatz, Szene, Szenerie.

bummeln

1. a) einen Spaziergang machen, flanieren, schlendern, spazieren [gehen], wandern; *(geh.):* promenieren; *(ugs.):* ein paar Schritte gehen, trödeln, zotteln, zuckeln. b) von Lokal zu Lokal ziehen; *(ugs.):* auf die Piste gehen, eine Kneipentour machen; *(ugs. scherzh.):* die Gegend unsicher machen.
2. langsam arbeiten, sich Zeit lassen; *(geh.):* säumen.

bumsen

1. donnern, dröhnen, knallen, krachen, lärmen, poltern, rumpeln; *(ugs.):* rumoren.
2. aufprallen, aufschlagen, auftreffen, klatschen, prallen, schlagen, schmettern, stoßen; *(ugs.):* ballern; *(salopp):* aufknallen.
3. beischlafen, Geschlechtsverkehr ausüben/haben, koitieren, lieben, nehmen, Sex haben; *(ugs.):* ins Bett gehen/steigen, Liebe machen, mit jmdm. pennen; *(salopp):* aufs Kreuz legen, besteigen, eine Nummer machen/schieben, es jmdm. besorgen, es machen, flachlegen, haben, poppen, vernaschen, vögeln; *(verhüll.):* sich hingeben, intime Beziehungen haben, intim sein/werden, mit jmdm. schlafen, verkehren, Verkehr haben; *(ugs. verhüll.):* es treiben.

Bund

a) ↑Bündnis. b) Bundesstaat, Föderation, Staat. c) Bundeswehr.

Bündel

a) Pack, Päckchen, Packen, Paket, Stapel, Stoß. b) Ballen, Bund, Busch, Büschel.

bündeln

1. binden, ein Bündel machen, einen Strauß machen, zusammenbinden, zusammenschnüren; *(südd., schweiz.):* büscheln.
2. konzentrieren, sammeln, zusammennehmen, zusammenziehen.

bündig

1. a) bestimmt, gedrängt, genau, knapp, kurz; *(bildungsspr.):* lapidar, präzise. b) begreiflich, einleuchtend, einsichtig, logisch, plausibel, schlagend, schlüssig, stichhaltig, triftig, überzeugend, zwingend; *(bildungsspr.):* stringent.
2. eben, flach; *(bes. Fachspr.):* plan.

Bündnis

Allianz, Block, Bund, Gemeinschaft, Koalition, Konföderation, Liaison, Liga, Pakt, Union, Verbindung, Vereinigung, Zusammenschluss.

bunt

1. farbenfreudig, farbenfroh, farbenprächtig, farbenreich, farbig, grell, grellbunt, in Farbe, koloriert, mehrfarbig, poppig, scheckig, schrill, vielfarbig; *(ugs.):* knallig; *(emotional):* kunterbunt; *(ugs. emotional verstärkend):* knallbunt.
2. abwechslungsreich, gemischt, reichhaltig, verschiedenartig, vielfältig, vielgestaltig, vielseitig; *(geh.):* mannigfaltig; *(emotional):* kunterbunt; *(Fachspr.):* polymorph.
3. chaotisch, ungeordnet, unkoordiniert, unordentlich, unüberschaubar, unübersichtlich, wild, wirr, wüst, zusammengewürfelt.

Bürde

a) Belastung, Druck, Gewicht, Last, Masse.
b) Anstrengung, Ballast, Belastung, Druck, Elend, Kreuz, Kummer, Last, Leid, Mühe, Problem, Qual, Schmerz, Sorge; *(geh.):* Beschwernis, Joch, Mühsal, Pein; *(bildungsspr.):* Krux.

Bürge

a) Garant, Gewährsmann, Gewährsperson.
b) Garantie, Gewähr, Sicherheit.

bürgen

a) Brief und Siegel geben, die Garantie übernehmen, einstehen, eintreten, Garantie leisten, garantieren, Gewähr leisten, haften, sich verbürgen. b) die Garantie bieten, einstehen, garantieren, Gewähr bieten, gewährleisten, stehen für.

Bürger, Bürgerin

1. a) Einwohner, Einwohnerin, Staatsangehöriger, Staatsangehörige, Staatsbürger, Staatsbürgerin. b) Bewohner, Bewohnerin, Einheimischer, Einheimische, Einwohner, Einwohnerin. c) Zivilist, Zivilistin, Zivilperson.
2. Mittelständler, Mittelständlerin, Patrizier, Patrizierin; *(bildungsspr. abwertend):* Bourgeois.

bürgerlich

1. staatsbürgerlich, zivil.
2. a) angepasst, etabliert, gutbürgerlich, konservativ, mittelständisch, solide. b) engherzig; *(bildungsspr.):* philiströs; *(abwertend):* borniert, engstirnig, kleinbürgerlich, kleingeistig, kleinlich, spießbürgerlich, spießerhaft.

Bürgin

Garantin, Gewährsfrau, Gewährsperson.

bürsten

1. abbürsten, ausbürsten; *(ugs.):* abschrubben.
2. durchbürsten, durchkämmen, frisieren, glätten, kämmen.

Buße

1. Reue; *(geh.):* Sühne.
2. Geldbuße, Strafe.

büßen

a) abbüßen, sühnen; *(veraltend):* Buße tun.
b) abbüßen, bezahlen, einstehen, geradestehen, herhalten, Strafe ableisten/auf sich nehmen; *(geh.):* entgelten; *(ugs.):* ausbaden.

C

Café
Bistro, Kaffeestube, Konditorei; *(bes. österr.):* Kaffeehaus.

Cafeteria
Deli, Imbissstube, SB-Restaurant, Selbstbedienungsrestaurant; *(Jargon):* Cafete.

campen
ein [Zelt]lager aufschlagen, kampieren, lagern, zelten; *(österr., schweiz.):* campieren.

Champion
Bester, Beste, Erster, Erste, Favorit, Favoritin, Gewinner, Gewinnerin, Matador, Matadorin, Rekordhalter, Rekordhalterin, Sieger, Siegerin, Spitzenreiter, Spitzenreiterin; *(ugs.):* Ass, Kanone; *(Sport):* Crack, Meister, Meisterin, Tabellenführer, Tabellenführerin.

Chance
1. [günstige] Gelegenheit, günstiger Augenblick/Moment, Möglichkeit, Weg; *(bildungsspr.):* Kairos.
2. Aussicht [auf Erfolg], Erfolgsaussicht, Glück, Glücksfall; *(bildungsspr.):* Perspektive.

Chaos
Anarchie, Durcheinander, Gewirr, Konfusion, Planlosigkeit, Tohuwabohu, Tumult, Unordnung, Verwirrung, Wirrwarr; *(geh.):* Wirrnis, Wirrsal; *(bildungsspr.):* Desorganisation, Hexensabbat; *(ugs.):* Kladderadatsch, Kuddelmuddel, Salat; *(abwertend):* Lotterwirtschaft.

chaotisch
a) anarchisch, durcheinander, konfus, planlos, regellos, ungeordnet, ungeregelt, unübersichtlich, verworren, wirr, wüst; *(bildungsspr.):* desorganisiert; *(ugs.):* drunter und drüber, wie Kraut und Rüben; *(abwertend):* kraus.

GGS durchdacht, methodisch, strukturiert, systematisch.

---

b) fahrig, konfus, unordentlich, verwirrt, zerfahren; *(ugs.):* verpeilt.

Charakter
1. a) Art, Gemütsart, Natur, Persönlichkeit, Temperament, Wesen, Wesensart; *(geh.):* Wesenheit; *(bildungsspr.):* Individualität, Naturell.
b) Format, Niveau, Rückgrat; *(bildungsspr.):* Profil.
2. Mensch, Persönlichkeit, Typ.
3. Besonderheit, Eigenart, Eigenheit, Eigenschaft, Eigentümlichkeit, Kennzeichen, Manier, Merkmal, Spezifikum; *(geh.):* Duktus, Gepräge; *(bildungsspr.):* Charakteristikum.

charakterisieren
1. ausdrücken, ausführen, ausmalen, beschreiben, bezeichnen, darlegen, darstellen, definieren, erklären, erläutern, erzählen, formulieren, hinstellen, in Worte fassen/kleiden, kennzeichnen, schildern, skizzieren, umschreiben, veranschaulichen, wiedergeben; *(bildungsspr.):* artikulieren, illustrieren; *(bildungsspr., Fachspr.):* typisieren.
2. ausmachen, auszeichnen, charakteristisch/eigentümlich sein, kennzeichnen, kennzeichnend/spezifisch sein, symptomatisch sein, typisch sein.

charakteristisch
bezeichnend, eigen, eigentümlich, kennzeichnend, spezifisch, typisch, unverkennbar, unverwechselbar; *(bildungsspr.):* signifikant, symptomatisch.

charmant
anmutig, anziehend, apart, attraktiv, berauschend, bestrickend, bezaubernd, einnehmend, entzückend, freundlich, gewinnend, hinreißend, lieb, liebenswert, nett, reizend, sympathisch, zauberhaft; *(geh.):* berückend, betörend.

Charme
Anmut, Anziehungskraft, Attraktivität, Ausstrahlung, das gewisse Etwas, Flair, Fluidum, Grazie, Reiz, Schönheit, Sex-Appeal, Zauber; *(geh.):* Liebreiz; *(bildungsspr.):* Air, Appeal.

Chaussee
Allee, Boulevard, Landstraße, Straße.

Chauvi
Sexist; *(ugs.):* Macho; *(abwertend):* Chauvinist, Pascha.

checken
1. behindern, stoßen, wegdrängen, wegstoßen.
2. begutachten, beurteilen, durchsehen, inspizieren, kontrollieren, nachprüfen, prüfen, revidieren, überprüfen, untersuchen.
3. auffassen, begreifen, durchschauen, erfassen, erkennen, mitbekommen, realisieren, verstehen; *(ugs.):* auf den [richtigen] Trichter kommen, durchgucken, kapieren, mitkommen, mitkriegen, schalten, wegkriegen; *(salopp):* durchsteigen, packen, raffen, schnallen.

Chef, Chefin
1. Abteilungsleiter, Abteilungsleiterin, Arbeitgeber, Arbeitgeberin, Direktor, Direktorin, [Geschäfts]führer, [Geschäfts]führerin, Kopf, Leiter, Leiterin, Manager, Managerin, Meister, Meisterin, Unternehmensspitze, Vorgesetzter, Vorgesetzte, Vorsitzender, Vorsitzende, Vorsteher, Vorsteherin; *(ugs.):* Boss, Bossin.
2. Kopf, Leiter, Leiterin; *(geh.):* Haupt, Ober-

haupt; *(ugs.):* Boss, Bossin, King; *(salopp):* Alter, Alte, Macker; *(oft abwertend):* Anführer, Anführerin.

chic
apart, elegant, fein, geschmackvoll, hochelegant, modisch, schick, stilvoll; *(ugs.):* angesagt, in, trendig, trendy; *(Jargon):* hip.

chiffrieren
codieren, in Geheimschrift abfassen, verschlüsseln; *(Fachspr.):* encodieren.

cholerisch
aufbrausend, explosiv, hitzig, hitzköpfig, hysterisch, jähzornig, reizbar, unbeherrscht.

chronisch
a) hartnäckig, lange dauernd, langwierig, schleichend, zäh. **b)** andauernd, beständig, dauernd, endlos, fortdauernd, fortgesetzt, fortwährend, nicht enden wollend, pausenlos, permanent, ständig, stetig, unaufhörlich, ununterbrochen; *(geh.):* stet; *(bildungsspr., Fachspr.):* kontinuierlich; *(ugs.):* ewig, in einer Tour.

circa
annähernd, beinahe, bis, bis zu, ca., etwa, fast, gegen, geschätzt, in etwa, nahe, nahe bei, nahezu, rund, um, um … herum, ungefähr, vielleicht, wohl; *(österr.):* beiläufig; *(bildungsspr.):* approximativ; *(ugs.):* an [die], Pi mal Daumen, schätzungsweise, über den Daumen gepeilt.

City
Downtown, Geschäftsviertel, Geschäftszentrum, Innenstadt, Stadt, Stadtkern, Stadtmitte, Stadtzentrum, Zentrum.

Clan
Angehörige, Anhang, Anhängerschaft, Bekanntenkreis, Familie, Familienclan, Familienkreis, Familienmitglieder, Verwandtschaft; *(abwertend):* Bagage; *(Soziol.):* Großfamilie.

clever
abgefeimt, alert, aufgeweckt, bauernschlau, begabt, diplomatisch, einfallsreich, findig, gescheit, geschickt, gewandt, gewitzt, intelligent, klug, listig, pfiffig, raffiniert, scharfsinnig, schlau, smart, trickreich, verschmitzt, wach, wendig; *(österr.):* gefinkelt; *(geh.):* fintenreich; *(ugs.):* auf Draht, auf Zack, ausgefuchst, ausgepicht, gefuchst, gerieben, gerissen, gewieft, mit allen Wassern gewaschen, nicht auf den Kopf gefallen, schlitzohrig, tricky.

GGS beschränkt, dümmlich, einfältig, stumpfsinnig.

Clique
a) Gang, Gruppe, Klub, Schar; *(ugs.):* Haufen, Korona, Verein; *(ugs. scherzh.):* Rasselbande; *(abwertend):* Bagage, Klüngel, Rotte. **b)** Bekanntenkreis, Bekannte, Freundeskreis, Kreis, Runde, Zirkel; *(oft iron.):* Clan.

Clou
der springende Punkt, Hauptsache, Kern[punkt]; *(geh.):* Herzpunkt; *(bildungsspr.):* Punctum saliens, Quintessenz; *(ugs.):* A und O, Witz.

Coach, Coachin
1. Betreuer, Betreuerin, Sportlehrer, Sportlehrerin; *(Sport):* Trainer, Trainerin.
2. Karriereberater, Karriereberaterin, Karrierecoach, Karrierecoachin.

coachen
beraten, betreuen, trainieren; *(ugs. scherzh.):* unter seine Fittiche nehmen.

Code
Chiffre[schrift], Geheimschrift, Geheimzeichen, Schlüssel.

codieren
chiffrieren, verschlüsseln; *(Fachspr.):* encodieren.

Computer
Datenverarbeitungsanlage, EDV-Anlage, PC, Personal Computer, Rechenanlage, Workstation; *(ugs.):* Compi; *(EDV):* Rechner.

cool
1. abgeklärt, abweisend, ausgeglichen, beherrscht, besonnen, distanziert, gefasst, gelassen, gesetzt, gleichmütig, kalt[blütig], kühl, lässig, ruhig, seelenruhig, sicher, überlegen, vernünftig; *(geh.):* souverän; *(bildungsspr.):* stoisch.
2. ausgezeichnet, brillant, einmalig, erstklassig, fabelhaft, genial, grandios, großartig, hervorragend, sehr gut, sehr schön, vortrefflich, vorzüglich; *(ugs.):* astrein, [echt] spitze, [echt] super, einsame Spitze, [ganz] famos, [ganz] fantastisch, glänzend, klassisch, lässig, pfundig, stark, tadellos; *(salopp):* affengeil, eine Wucht; *(emotional):* wunderbar; *(ugs. emotional verstärkend):* supertoll; *(oft scherzh.):* göttlich; *(Jugendspr.):* fett; *(bes. Jugendspr.):* [echt] krass.

Copyright
Urheberrecht.

Couch
Liege, Liegesofa, Récamiere, Sofa; *(veraltend):* Chaiselongue, Diwan.

Coup
Aktion, Feldzug, Husarenstück, Kampagne, Maßnahme, Meisterstück, Schlag, Schritt, Unterfangen, Unternehmen, Unternehmung, Versuch, Vorhaben; *(bildungsspr.):* Operation.

Courage
Beherztheit, Bravour, Draufgängertum, Ent-

schlossenheit, Forschheit, Furchtlosigkeit, Kühnheit, Mut, Tapferkeit, Unerschrockenheit, Unverzagtheit; *(ugs.):* Mumm, Schneid.

couragiert
beherzt, draufgängerisch, entschlossen, forsch, furchtlos, heldenhaft, kühn, mutig, resolut, schneidig, tapfer, unerschrocken, unverzagt, verwegen, wagemutig, zupackend; *(bildungsspr.):* heroisch; *(veraltend):* herzhaft, wacker.

GGS bange, feige, verzagt, zaghaft.

Crew
1. Besatzung, Mannschaft, Personal.
2. Gruppe, Team, Truppe; *(ugs.):* Mannschaft.

Crux ↑Krux.

D

da
1. a) an dieser Stelle, dort, ebendort; *(geh.):* dortzulande; *(veraltend):* dortselbst. **b)** an diesem Ort, an dieser Stelle, hier. **c)** am Platz, an Ort und Stelle, anwesend, daheim, erreichbar, gegenwärtig, greifbar, hier, zu erreichen, zugegen, zu Hause, zur Hand/Stelle; *(bildungsspr.):* präsent. **d)** verfügbar, vorhanden.
2. dann, in diesem Augenblick, zu diesem Zeitpunkt.
3. a) unter diesen Umständen, unter dieser Bedingung. **b)** diesbezüglich, in dieser Hinsicht, unter diesem Aspekt, was das betrifft.

dabei
1. daneben, darin, darunter.
2. anwesend, beteiligt, gegenwärtig, vorhanden; *(geh.):* zugegen; *(bildungsspr.):* präsent.
3. gleichzeitig, hierbei, im Verlauf von, in der Zwischenzeit, inzwischen, mittlerweile, nebenbei, unterdessen, währenddessen, zwischendurch; *(geh.):* derweil, einstweilen.
4. aber, freilich, gleichwohl, jedoch, obgleich, obwohl, trotzdem; ungeachtet [der Tatsache, dass ...]; wenn ... auch, wenngleich, wennzwar; *(geh.):* allein, obschon.

dabei bleiben
[auf seinem Standpunkt] beharren, beharrlich sein, bei seiner Meinung bleiben, beständig sein, bestehen auf, sich durch nichts erweichen/umstimmen lassen, einer Sache treu bleiben, festhalten an, hart bleiben, sich nicht abbringen/beirren lassen, nicht ablassen von, nicht aufgeben, sich nicht erweichen lassen, nicht nachgeben, standhaft bleiben, standhalten, unerbittlich sein, sich versteifen; *(ugs.):* nicht lockerlassen.

dadurch
1. aufgrund dieser Sache, damit, davon, durch dieses Mittel, hierdurch, hiermit.
2. auf diese Weise, aufgrund dessen, aus diesem Grund, daher, dank dieses Umstands, darum, demgemäß, demzufolge, deshalb, deswegen, durch diesen Umstand, ebendaher, ebendarum, ebendeshalb, ebendeswegen, folglich, infolgedessen, mithin, so, somit.

dafür
1. für diesen Zweck, für dieses Ziel, hierfür, hierzu, zu diesem Zweck; *(bildungsspr.):* ad hoc.
2. da, diesbezüglich, hinsichtlich dieser Sache, im Hinblick darauf, in diesem Punkt, was das betrifft.
3. zum Vorteil/zugunsten dieser Sache.
4. als Ausgleich/Ersatz, als Gegenleistung/Entschädigung, anstatt, anstelle, dagegen, ersatzweise, im Austausch, im Gegenzug, stattdessen, stellvertretend.

dafür sein
akzeptieren, befürworten, begrüßen, beipflichten, beistimmen, bejahen, billigen, einverstanden sein, einwilligen, gutheißen, mitmachen, übereinstimmen, unterstützen, zugeben, zulassen, zustimmen; *(ugs.):* absegnen, unterschreiben.

BSP Er pflichtete ihrem Vorschlag in allen Punkten bei. Sie unterstützt unsere Bestrebungen voll und ganz.

dagegen
1. demgegenüber, im Gegensatz/Vergleich dazu.
2. als Ausgleich/Ersatz/Gegenwert, anstatt, anstelle, dafür, ersatzweise, im Austausch/Gegenzug, stattdessen, stellvertretend.
3. aber, allerdings, andererseits, dabei, demgegenüber, doch, freilich, hingegen, im Gegensatz dazu, jedoch; *(geh.):* dahingegen.

daheim
a) am häuslichen/heimischen Herd, im Kreis/Schoß der Familie, im trauten Heim, in den eigenen vier Wänden, zu Hause. **b)** im eigenen Land, in der Heimat.

daher
1. a) aus dieser Richtung, von dort, [von] dorther. **b)** herbei, hierher, hierhin.
2. auf diese Weise, aufgrund dessen, aus diesem Grund, dadurch, dank dieses Umstands, darum, dementsprechend, demgemäß, demnach, dem-

zufolge, deshalb, deswegen, durch diesen Umstand, ebendaher, ebendarum, ebendeshalb, ebendeswegen, folglich, infolgedessen, mithin, so, somit; *(bildungsspr.):* ergo.

daherreden
dahinreden, einherreden, hinreden; *(ugs.):* leeres Stroh/Phrasen dreschen.

dahinterkommen
an den Tag/ans Licht bringen, aufdecken, aufklären, auflösen, durchschauen, enträtseln, entschlüsseln, erfahren, ergründen, erkennen, herausfinden, klären, knacken, verstehen; *(ugs.):* herausbekommen, herauskriegen.

dahinterstehen
akzeptieren, sich anschließen, befürworten, begrüßen, beipflichten, beistimmen, bejahen, billigen, dafür sein, den Rücken stärken/steifen, sich einsetzen, eintreten für, sich einverstanden erklären, einwilligen, gutheißen, helfen, Ja sagen, konform gehen, mitmachen, richtig finden, Rückhalt geben, übereinstimmen, unterstützen, zugeben, zulassen, zur Seite stehen, zustimmen; *(ugs.):* unterschreiben.

damals
anno dazumal, derzeit, ehemals, einmal, früher, in früheren Zeiten, in jenen Tagen, in jener Zeit, seinerzeit, vormals, zu jener Zeit; *(geh.):* ehedem, einst; *(dichter.):* vor langen Zeiten, vorzeiten; *(ugs. scherzh.):* anno dunnemals, anno Tobak; *(veraltend):* vordem.

[1]damit
a) aufgrund dieser Sache, durch dieses Mittel, hierdurch, hiermit, mit/mittels/mithilfe dieser Sache. **b)** also, aus diesem Grund, dadurch, daher, daraufhin, darum, dementsprechend, demgemäß, deshalb, deswegen, folglich, infolgedessen, mithin, sodass, somit; *(bildungsspr.):* ergo.

[2]damit
dass, sodass, um ... zu; zu dem Zweck, dass.

dämlich
begriffsstutzig, dumm, dümmlich, einfältig, stumpfsinnig, unverständig; *(ugs.):* blöd, doof, dusselig; *(abwertend):* beschränkt, hohlköpfig, simpel, töricht; *(südd., österr.):* deppert.

Damm
Abdämmung, Aufschüttung, Deich, Eindämmung, Erddamm, Erdwall, [Hafen]mole, Schutzdamm, Schutzwall, Wall, Wellenbrecher.

dämmen
1. abhalten, abschirmen, abwehren, abweisen, abwenden, aufhalten, bändigen, bekämpfen, fernhalten, im Zaum halten, nicht durchlassen, nicht herankommen lassen, nicht vorlassen, nicht zulassen, nicht zu sich lassen, schützen; *(geh.):* mäßigen; *(ugs.):* sich vom Hals halten.
2. abdämpfen, abfedern, abmildern, abschirmen, abschwächen, auffangen, aufschlucken, dämpfen, herabmindern, herabsetzen, isolieren, mildern, reduzieren, verringern.

dämmern
1. a) Abend/Morgen werden, dämmrig/hell/dunkel werden, Nacht/Tag werden, sich verfinstern; *(schweiz.):* eindämmern; *(geh.):* dunkeln, grauen, tagen. **b)** anbrechen, anfangen, beginnen; *(geh.):* grauen.
2. allmählich begreifen/verstehen, bewusst/klar werden, erkennen, merken; *(ugs.):* allmählich kapieren.

Dämmerung
a) Morgengrauen, Tagesanbruch; *(geh.):* Dämmerstunde; *(dichter.):* die blaue Stunde. **b)** Halbdunkel, Zwielicht; *(geh.):* Abendlicht, Dämmerschein, Frühlicht, Morgenlicht; *(dichter.):* Dämmer, Dämmergrau; *(ugs.):* Schummerlicht.

Dampf
1. Dunst, Hauch, Nebel, Schwaden; *(geh.):* Brodem; *(nordd.):* Schwalk, Wrasen.
2. Energie, Kraft, Schwung, Wucht.

dämpfen
1. abdämpfen, abfedern, abmildern, abschirmen, abschwächen, auffangen, aufschlucken, herabmindern, herabsetzen, mildern, reduzieren, verringern; *(geh.):* mäßigen, mindern.
2. bändigen, begütigen, beruhigen, besänftigen, beschwichtigen; *(bildungsspr.):* kalmieren.

Dämpfer
Maßregelung, Schlag, Zurechtweisung; *(geh.):* Schelte; *(ugs.):* Anpfiff, eins auf den Deckel.

danach
1. a) anschließend, darauf[hin], endlich, hierauf, hiernach, hinterher, im Anschluss daran, in der Folge, nachfolgend, nachher, nachträglich, schließlich, später; *(veraltend):* alsdann, nächstdem. **b)** dahinter, hinterher, nachfolgend; *(ugs.):* hintendran.
2. also, dementsprechend, demnach, demzufolge, dieser Sache gemäß, entsprechend, folglich, hiernach, mithin, somit; *(geh.):* sonach; *(bildungsspr.):* ergo.

daneben
1. an der Seite, an die Seite, angrenzend, benachbart, nebenan, seitlich, seitwärts.
2. demgegenüber, im Vergleich dazu, verglichen damit.
3. ansonsten, auch [noch], dann, darüber hinaus, dazu, des Weiteren, ferner, gleichzeitig, im Übrigen, nebenbei, nebenher, obendrein, sonst,

überdies, weiterhin, zusätzlich; *(österr.):* weiters; *(schweiz.):* im Weiteren, nebstdem; *(geh.):* zudem.

danebenbenehmen, sich
aus der Rolle fallen, entgleisen; *(bildungsspr.):* einen Fauxpas begehen; *(ugs.):* sich vorbeibenehmen, sich wie die Axt im Walde benehmen.

danebengehen
1. das Ziel verfehlen, nicht einschlagen/treffen; *(geh.):* fehlgehen.
2. danebengeraten, fehlschlagen, missglücken, misslingen, missraten, scheitern; *(ugs.):* danebengelingen, ins Auge gehen, schiefgehen, schlecht abgehen/ablaufen/ausgehen; *(salopp):* in die Hose gehen; *(scherzh.):* verunglücken.

danebenliegen
im Irrtum sein, sich irren, sich täuschen, sich verrechnen, sich verschätzen; *(geh.):* fehlgehen, sich im Irrtum befinden, irregehen; *(ugs.):* auf dem Holzweg sein, danebenhauen, danebenschätzen, schiefliegen, sich vertun.

dank
angesichts, begründet, durch, hinsichtlich, im Hinblick auf, in Anbetracht, infolge, veranlasst durch, wegen.

Dank
Anerkennung, Dankbarkeit, Dankeswort, Dankgefühl, Danksagung, Erkenntlichkeit; *(schweiz.):* Verdankung; *(geh.):* Verbundenheit.

dankbar
1. dankerfüllt; *(geh.):* [zu Dank] verpflichtet.
2. befriedigend, einträglich, erfüllend, ergiebig, ertragreich, gewinnbringend, lohnend, rentabel.
3. haltbar, robust, strapazierfähig, unempfindlich.
4. anspruchslos, bedürfnislos, genügsam.

danke
aufrichtigen/besten Dank, danke schön/sehr, danke vielmals, hab/habt Dank, haben Sie Dank, herzlichen Dank, ich bedanke mich, ich bin Ihnen sehr verbunden, ich danke [auch] schön, ich danke Ihnen, innigsten/wärmsten Dank, man dankt, meinen/schönen/tausend Dank, vielen Dank; *(schweiz.):* merci.

danken
1. a) sich bedanken, Dank abstatten/ausdrücken, Dank aussprechen/bezeugen, sich dankbar erweisen, dankbar sein, Dank sagen, seine Dankbarkeit zeigen/zum Ausdruck bringen; *(geh.):* Dank bekunden/bezeigen, [zu Dank] verpflichtet sein. **b)** anerkennen, sich erkenntlich zeigen, honorieren, jmdm. lohnen, sich revanchieren, vergelten; *(schweiz.):* verdanken.
2. Dank schulden, schulden, verdanken, zu danken haben, zuzuschreiben haben.

dankenswert
anerkennenswert, Anerkennung/Dank verdienend, freundlich, hoch anzurechnen, lobenswert, löblich, nett, rühmlich, verdienstvoll.

dann ↗
1. anschließend, danach, darauf[hin], endlich, hierauf, hiernach, hinterher, im Anschluss daran, in der Folge, nachfolgend, nachher, nachträglich, schließlich, später; *(veraltend):* alsdann.
2. in dem/diesem Fall, so, somit, unter dem Umstand, unter der Voraussetzung.
3. ansonsten, auch, darüber hinaus, dazu, des Weiteren, ferner, gleichzeitig, im Übrigen, nebenbei, nebenher, obendrein, sonst, überdies, weiterhin, zusätzlich; *(österr.):* weiters; *(schweiz.):* im Weiteren, nebstdem; *(geh.):* zudem.
4. da, dahin, in dem Moment, zu dem Zeitpunkt.

darangehen
anfangen, angehen, anpacken, ans Werk gehen, beginnen, in Angriff nehmen, in die Wege leiten, starten; *(ugs.):* sich d[a]ranmachen, sich d[a]ransetzen, sich darübermachen, loslegen.

darben
hungern, Entbehrungen/Not/Hunger leiden.

darbieten
1. a) auf den Spielplan setzen, auf die Bühne bringen, aufführen, in Szene setzen, spielen, vorführen, zeigen; *(ugs.):* bringen. **b)** aufsagen, hersagen, performen, rezitieren, sprechen, vorlesen, vorsingen, vortragen, zum Besten geben.
2. ↑darreichen.

darbieten, sich
a) sich darstellen, erkennbar/sichtbar werden, erscheinen, sich präsentieren, sich zeigen. **b)** sich anbieten, sich aufdrängen, sich bieten, deutlich/offenbar werden, sich ergeben, sich eröffnen, sich erschließen; *(geh.):* sich auftun.

darlegen
abhandeln, ausbreiten, auseinandersetzen, ausführen, behandeln, beleuchten, berichten, beschreiben, besprechen, betrachten, charakterisieren, darstellen, demonstrieren, deutlich machen, entfalten, entwickeln, erklären, erläutern, erörtern, schildern, skizzieren, thematisieren, veranschaulichen, verdeutlichen, vorbringen, vortragen, zum Gegenstand haben;

(geh.): entrollen; *(bildungsspr.):* referieren; *(ugs.):* klarmachen; *(Fachspr.):* exponieren.

BSP Der Text behandelt folgendes Thema ... Ich möchte das Problem von verschiedenen Seiten beleuchten. Die Autorin entfaltet ihre Gedanken sehr anschaulich. Die Verfasserin entwickelt im Text eine Theorie.

Darlehen
Anleihe, Hypothek, Kredit.

darreichen
anbieten, auftischen, bereitstellen, geben, hinhalten, hinreichen, servieren, überreichen, vorsetzen; *(geh.):* aufwarten mit, darbieten, kredenzen, reichen; *(bildungsspr.):* offerieren.

darstellen
1. abbilden, nachbilden, vorstellen, wiedergeben, zeigen, zur Darstellung bringen.
2. auftreten auf, erscheinen als, gestalten, mimen, sein, spielen, verkörpern, vorstellen, wiedergeben; *(geh.):* darbieten.
3. ausdrücken, ausmalen, behandeln, beschreiben, charakterisieren, darlegen, schildern, veranschaulichen, wiedergeben.

BSP Ich werde nun meinen Standpunkt ausführlicher darlegen. Die Erlebnisse der Figur werden lebendig wiedergegeben.

4. bedeuten, bilden, gleichzusetzen sein mit, sein.

BSP Sein Auftritt bildete den Höhepunkt des Abends. Die zusätzliche Arbeit ist mit einer großen Belastung für sie gleichzusetzen.

darstellen, sich
a) sich erweisen, sich geben als, sich gestalten, sich herausstellen, sich präsentieren, sich zeigen. **b)** sich in den Vordergrund drängen/rücken/schieben/spielen; *(ugs.):* sich produzieren.

Darstellung
1. Abbildung, Ausdruck, Beschreibung, Veranschaulichung; *(bildungsspr.):* Präsentation.
2. Auftreten, Darbietung, Gestaltung, Spiel, Verkörperung, Vorstellung, Wiedergabe.

darum
1. *(ugs.):* außenrum, drum.
2. also, aufgrund dessen, aus diesem Grund, dadurch, daher, danach, daraufhin, demnach, demzufolge, deshalb, deswegen, folglich, infolgedessen, insofern, mithin, so[mit], zu diesem Zweck; *(geh.):* sonach.

Dasein
1. Bestehen, Existieren, Sein, Vorhandensein, Vorkommen.
2. Biografie, Existenz, Leben, Lebenslauf, Welt; *(bildungsspr.):* Vita.
3. Anwesenheit, Gegenwart, Gegenwärtigkeit; *(bildungsspr.):* Präsenz.

da sein
1. auf der Welt sein, bestehen, ein Dasein/Leben führen, existieren, geben, leben, sein, vorausgehen, vorhanden sein, vorkommen.
2. an Ort und Stelle sein, anwesend sein, auftauchen, auftreten, bereit sein, dabei sein, gegenwärtig sein, verfügbar sein, vorhanden sein, zur Stelle sein, zur Verfügung stehen; *(bildungsspr.):* präsent sein.

Date
Begegnung, Termin, Treffen, Verabredung, Zusammentreffen; *(bildungsspr.):* Meeting.

Datei
Dokument; *(EDV):* Attachment, Audiostream, File.

Daten
Angaben, Einzelheiten, Fakten, Größen, Maße, Messwerte, Tatsachen, Werte, Zahlen; *(bildungsspr.):* Details; *(EDV):* Big Data.

Dativ
dritter Fall; *(Sprachwiss.):* Wemfall.

Dauer
1. Frist, Kürze, Länge, Spanne, Weile, Zeit[abschnitt], Zeitraum, Zeitspanne; *(ugs.):* Ewigkeit.
2. Andauer, Bestand, Beständigkeit, Dauerhaftigkeit, Fortbestand, Fortbestehen, Fortdauer, Fortgang, Stetigkeit, Verlauf, Zeitdauer.

dauerhaft
1. andauernd, anhaltend, auf Dauer, beharrlich, [bis] in alle Ewigkeit, bleibend, durchgehend, eingefroren, endlos, ewig, fortlaufend, fortwährend, für alle Zeit[en], für immer, gleichbleibend, immerfort, immerzu, invariabel, jederzeit, jedes Mal, konstant, laufend, lebenslang, pausenlos, permanent, ständig, stetig, Tag und Nacht, treu, überdauernd, unablässig, unaufhörlich, unauflösbar, unentwegt, unermüdlich, ununterbrochen, unveränderlich, unvergänglich, unverrückbar, von Bestand/Dauer, zeitlebens; *(österr.):* durchgehends; *(bildungsspr., Fachspr.):* invariant, kontinuierlich; *(ugs.):* am laufenden Band, in einer Tour, rund um die Uhr; *(salopp):* am laufenden Meter; *(emotional):* ohne Unterlass.
2. beständig, farbecht, fest, haltbar, konserviert, krisenfest, krisensicher, langlebig, robust, sicher, solide, stabil, strapazierfähig, unverwüstlich, unzerstörbar, wetterbeständig, wetterfest, widerstandsfähig; *(bildungsspr.):* durabel, konsistent.

dauern
1. andauern, anhalten, sich ausdehnen, bestehen bleiben, sich dehnen, durchgehen, sich erstrecken, sich fortsetzen, gehen, sich hinziehen, kein Ende nehmen, laufen, sich verzögern, weitergehen, sich ziehen; *(geh.):* fortwähren, währen.
2. anhalten, Bestand haben, bestehen bleiben, bleiben, fortbestehen, halten, von Bestand/Dauer sein, weiter bestehen.

dauernd
1. andauernd, anhaltend, beharrlich, beständig, bleibend, dauerhaft, durchgehend, endlos, fest, fortdauernd, fortlaufend, für alle Zeit[en], gleichbleibend, immer, immerzu, in einem fort; jahraus, jahrein; jederzeit, konstant, laufend, lebenslang, nach wie vor, ohne Ende, pausenlos, permanent, ständig, stetig, stets; tagaus, tagein; Tag und Nacht, überdauernd, unablässig, unaufhörlich, unausgesetzt, unentwegt, ununterbrochen, unveränderlich, von Bestand/Dauer, zeitlebens; *(geh.):* unwandelbar; *(bildungsspr., Fachspr.):* kontinuierlich; *(ugs.):* am laufenden Band, chronisch, ewig, in einer Tour, rund um die Uhr; *(salopp):* am laufenden Meter; *(emotional):* ohne Unterlass.
2. allemal, fortgesetzt, häufig, immer wieder, jedes Mal, regelmäßig, wiederkehrend; *(bildungsspr.):* periodisch; *(ugs.):* am laufenden Band.

davonkommen
am Leben bleiben, entgehen, entkommen, gesunden, sich retten, überleben, überstehen, verschont bleiben, sich [wieder] erholen; *(geh.):* sich entziehen; *(ugs.):* aus der/einer Nummer heil/unbeschadet [he]rauskommen, durchkommen, entwischen, herumkommen, wegkommen.

davonlaufen
1. a) das Weite suchen, davoneilen, davonrasen, davonrennen, davonstürmen, davonstürzen, fortlaufen, verschwinden, weglaufen, wegrennen; *(geh.):* entschwinden; *(ugs.):* abrauschen, absausen, abwetzen, sich aus dem Staub machen, ausrücken, davonbrausen, davonspringen, losstürzen, stiften gehen, verduften, von der Bildfläche verschwinden; *(ugs. scherzh.):* ausbüxen; *(salopp):* abhauen, die/eine Fliege machen. **b)** abhängen, hinter sich lassen. **c)** verlassen.
2. ausbrechen, die Flucht ergreifen, durchgehen, entfliehen, entkommen, entlaufen, fliehen, flüchten, fortlaufen, scheuen, weglaufen; *(geh.):* entrinnen, sich entziehen; *(ugs.):* auskneifen, ausreißen, durchbrennen, entwischen, Reißaus nehmen; *(salopp):* türmen.

davonmachen, sich
ausbrechen, ausreißen, das Weite suchen, davonlaufen, sich davonschleichen, die Flucht ergreifen, sich entfernen, entfliehen, entkommen, fliehen, flüchten, sich fortbegeben, fortgehen, fortlaufen, sich fortstehlen, gehen, verschwinden, weggehen, weglaufen, sich wegschleichen, sich wegstehlen, weichen; *(geh.):* sich davonstehlen, den Rücken kehren/wenden, entschwinden, sich entziehen, untertauchen, sich wegbegeben; *(ugs.):* sich absetzen, sich aus dem Staub machen, auskneifen, ausrücken, sich drücken, sich dünnmachen, durchbrennen, entwischen, sich fortmachen, Leine ziehen, Reißaus nehmen, stiften gehen, sich trollen, sich verdrücken, verduften, sich verdünnisieren, sich verkrümeln, sich verziehen, von der Bildfläche verschwinden; *(ugs. scherzh.):* ausbüxen, sich verflüchtigen; *(salopp):* abhauen, die/eine Fliege machen, die Flatter machen, türmen, sich vom Acker machen.

dazugehören
angehören, beteiligt sein, dabei sein, hinzugehören, mitarbeiten, mitmachen, mitspielen, mitwirken, teilhaben, teilnehmen; *(geh.):* zugehören; *(bildungsspr.):* partizipieren; *(ugs.):* mitmischen, mit von der Partie sein.

dazwischenfahren
1. das Wort abschneiden, dazwischenrufen, hineinreden, ins Wort fallen, nicht ausreden/aussprechen lassen, stören, unterbrechen; *(ugs.):* dazwischenfunken, dreinfahren, über den Mund fahren.
2. dazwischentreten, durchgreifen, eingreifen, ein Machtwort sprechen, sich einmengen, sich einmischen, sich einschalten, einschreiten, klären, Ordnung schaffen, schlichten, vermitteln; *(bildungsspr.):* intervenieren; *(ugs.):* dreinreden, in Ordnung bringen; *(abwertend):* hineinreden.

Deal
1. Abmachung, Absprache, Vereinbarung.
2. Geschäft, Handel.

Debakel
Desaster, Fehlschlag, Fiasko, GAU, Katastrophe, Misserfolg, Niederlage, Schlag, Unglück, Verhängnis; *(geh.):* Unheil, Verderben; *(bildungsspr.):* Armageddon, Waterloo; *(ugs.):* Flop, Reinfall, Schlappe; *(salopp):* Einbruch, Pleite; *(ugs. emotional verstärkend):* Super-GAU.

Debatte
a) Auseinandersetzung, Diskussion, Meinungsstreit, Polemik, Rededuell, Streitgespräch, Wortgefecht, Wortwechsel; *(bildungsspr.):* Diskurs, Disput, Kontroverse; *(verhüll.):* Meinungsver-

schiedenheit. **b)** Aussprache, Besprechung, Erörterung, Kolloquium, Meinungsaustausch.

debattieren
abhandeln, ausdiskutieren, sich auseinandersetzen, bereden, besprechen, [durch]diskutieren, durchsprechen, erörtern, [sich] streiten, verhandeln; *(bildungsspr.):* disputieren.

dechiffrieren
aufdecken, auflösen, aufschlüsseln, das Geheimnis lüften, decodieren, durchschauen, enträtseln, entschlüsseln, entziffern, erschließen, herausfinden; *(geh.):* entschleiern; *(bildungsspr.):* eruieren; *(ugs.):* dahinterkommen.

decken
1. a) abdecken, bedecken, breiten, legen, stülpen, überdecken, verdecken, verhüllen, zudecken. **b)** aufdecken, auflegen, herrichten, umdecken.
2. abschirmen, behüten, beistehen, beschützen, bewahren, helfen, in Sicherheit bringen, schützen, sichern, unterstützen, verbergen, verteidigen; *(geh.):* beschirmen, schirmen.

decken, sich
sich ähneln, aufeinander abgestimmt sein, eins sein, sich entsprechen, sich gleichen, harmonieren, identisch sein, übereinstimmen, zusammenfallen, zusammenpassen; *(geh.):* im/in Einklang stehen; *(bildungsspr.):* kongruieren, korrespondieren.

defekt
angebrochen, angeschlagen, beschädigt, fehlerhaft, lädiert, nicht in Ordnung, nicht mehr funktionierend, schadhaft, zerbrochen, zerrissen; *(ugs.):* kapores, kaputt.

Defekt
Beschädigung, Fehler, Lädierung, Macke, Mangel, Schaden, wunder Punkt; *(geh.):* Makel.

definieren
a) auseinandersetzen, darlegen, deuten, deutlich machen, eine Begriffsbestimmung geben, entwickeln, erklären, konkretisieren; *(ugs.):* klarmachen. **b)** angeben, beschreiben, bestimmen, festlegen, festsetzen, vorgeben; *(bildungsspr.):* fixieren; *(bildungsspr., Fachspr.):* determinieren.

Definition
a) [Begriffs]bestimmung, Darlegung, Deutung, Erklärung, Erläuterung, Konkretisierung, Worterklärung. **b)** Selbstdefinition, Selbsteinschätzung, Selbstinterpretation, Selbstverständnis, Vorstellung von sich selbst.

definitiv
abschließend, bindend, endgültig, fest[stehend], für immer, ganz sicher, unabänderlich, unumstößlich, unwiderruflich, verbindlich, verpflichtend; *(österr.):* fix; *(bildungsspr.):* obligatorisch.

Defizit
1. Ausfall, Einbuße, Fehlbetrag, Minus[betrag], Verlust; *(bes. schweiz.):* Minderertrag; *(salopp):* Miese.
2. Mangel, Manko, zu geringes Maß, Zuwenig.

deftig
1. derb, gehaltreich, gehaltvoll, handfest, herzhaft, kalorienreich, kräftig, nährend, nahrhaft, rustikal, sättigend.
2. beträchtlich, enorm, erheblich, gewaltig, groß, hoch, immens, ins Gewicht fallend, nicht unbeträchtlich, stark, stattlich, unangenehm; *(bildungsspr.):* exorbitant; *(ugs.):* anständig, gepfeffert; *(ugs. emotional):* kolossal.

dehnbar
1. ausdehnbar, biegbar, biegsam, sich dehnen lassend, dehnfähig, elastisch, flexibel.
2. dehnfähig, doppeldeutig, mehrere Auslegungen zulassend, nicht klar umrissen, unbestimmt, undeutlich, ungenau, unklar, vieldeutig, zweideutig; *(abwertend):* schwammig.

dehnen
a) ausdehnen, ausweiten, breiter machen, in die Breite ziehen, in die Länge ziehen, länger machen, lang ziehen, strecken. **b)** ausrecken, ausstrecken, langmachen, recken, strecken; *(Sport):* stretchen.

dehnen, sich
a) sich ausdehnen, sich ausweiten, breiter werden, länger werden. **b)** dauern, sich hinschleppen, sich hinziehen, sich [in die Länge] ziehen; *(geh.):* währen. **c)** sich ausbreiten, sich ausdehnen, sich erstrecken, sich hinziehen, sich strecken; *(geh.):* sich spannen.

Deich
Abdämmung, Damm, Eindämmung, Erddamm, Erdwall, Schutzdamm, Schutzwall.

deichseln
bewältigen, einer Sache Herr werden, fertigwerden, hindeichseln, in den Griff bekommen, meistern, schaffen, zurechtkommen, zustande/zuwege bringen; *(schweiz.):* bodigen; *(ugs.):* auf die Reihe bringen/kriegen, hinbekommen, hinbiegen, hinkriegen, in den Griff kriegen, klarkommen, managen, packen, schmeißen, zurande kommen.

dekadent
abgelebt, angekränkelt, degeneriert, verfallen; *(geh.):* im Verfall/Niedergang begriffen; *(bildungsspr.):* morbid; *(oft abwertend):* entartet, heruntergekommen.

deklamieren
aufsagen, hersagen, lesen, rezitieren, verlesen, vorlesen, vortragen, zum Besten geben; *(geh.):* zu Gehör bringen.

Dekoration
1. Ausschmückung, Ausstaffierung, Dekorierung, Gestaltung, Schmückung, Verzierung.
2. Gestaltung, Schmuck, Verzierung, Zierde.
3. Dekor, Schmuck.

dekorativ
effektvoll, schmückend, wirkungsvoll, zierend.

Delegation
1. a) Abordnung, Beorderung; *(geh.):* Entsendung. **b)** Abordnung, Deputation, Gesandtschaft, Vertretung.
2. Abgabe, Delegierung, Übertragung, Weitergabe.

delegieren
1. abordnen, abstellen, beordern, deputieren, in eine Delegation wählen, kommandieren, schicken; *(geh.):* entsenden.
2. abgeben, betrauen, übergeben, übertragen, weitergeben.

Delegierter, Delegierte
Abgesandter, Abgesandte, Beauftragter, Beauftragte, Bevollmächtigter, Bevollmächtigte, Delegat, Delegatin, Emissär, Emissärin, Vertreter, Vertreterin; *(bes. Politik):* Unterhändler, Unterhändlerin.

delikat
1. exquisit, fein, lecker, schmackhaft, vorzüglich, wohlschmeckend; *(geh.):* deliziös, mundend; *(emotional):* köstlich.
2. ausgezeichnet, exquisit, fein, vorzüglich; *(geh.):* [aus]erlesen; *(bildungsspr.):* exzellent.
3. behutsam, einfühlsam, mit Feingefühl/Zartgefühl, rücksichtsvoll, sachte, sanft, schonungsvoll, taktvoll, vorsichtig, zart[fühlend], zurückhaltend; *(geh.):* bedachtsam, sorgsam.

Delikt
Rechtsbruch, strafbare/ungesetzliche Handlung, Straftat, Unrecht, Verbrechen, Verfehlung, Vergehen, Verstoß, Zuwiderhandlung; *(emotional):* Untat; *(geh.):* Fehltritt.

dementieren
abstreiten, als unwahr/unzutreffend bezeichnen, berichtigen, bestreiten, korrigieren, revidieren, richtigstellen, rückgängig machen, von sich weisen, widerrufen, zurücknehmen, zurückweisen; *(geh.):* sich verwahren; *(bildungsspr.):* sich distanzieren, negieren, revozieren.

dementsprechend ↑demnach.

demnach
also, aus diesem Grund, daher, danach, darauf, daraufhin, darum, dementsprechend, demgemäß, demzufolge, deshalb, deswegen, entsprechend, folglich, hiernach, infolgedessen, insofern, insoweit, mithin, somit; *(geh.):* sonach; *(bildungsspr.):* ergo.

demnächst
bald, binnen Kurzem, dieser Tage, in absehbarer/nächster Zeit, in Kürze, in [naher] Zukunft, künftig, nächstens, über kurz oder lang, zukünftig; *(veraltend):* alsbald.

Demonstration
1. Aufmarsch, Korso, Kundgebung, Massenkundgebung, Protestkundgebung, Protestmarsch, Protestzug; *(bes. schweiz.):* Großaufmarsch; *(Jargon):* Demo.
2. Ausdruck, Äußerung, Beteuerung, Beweis, Bezeugung, Manifestation, Zeichen; *(geh.):* Bekundung, Bezeigung.
3. Ausführung[en], Beweisführung, Darlegung, Darstellung, Erklärung, Erläuterung, Konkretisierung, Veranschaulichung, Verdeutlichung, Vorführung, Vorstellung; *(geh.):* Verbildlichung; *(bildungsspr.):* Illustration, Präsentation.

demonstrativ
1. absichtlich, auffallend, auffällig, ausdrücklich, ausdrucksvoll, beabsichtigt, betont, bewusst, eindringlich, geflissentlich, herausfordernd, mit Absicht, nachdrücklich, unmissverständlich, vorsätzlich, wirkungsvoll, wissentlich, wohlweislich; *(geh.):* willentlich; *(bildungsspr.):* emphatisch, prononciert, provokativ, provozierend; *(bildungsspr., Fachspr.):* explizit.
2. anschaulich, aufschlussreich, bildlich, deutlich, einprägsam, konkret, lebendig, plastisch, sprechend, veranschaulichend, verdeutlichend, verständlich, wirklichkeitsnah; *(bildungsspr.):* illustrativ.
3. *(Sprachwiss.):* hinweisend.

demonstrieren
1. aufmarschieren, Protest erheben, protestieren, sich stemmen; *(ugs.):* auf die Barrikaden gehen/steigen, auf die Straße gehen.
2. bekunden, kundtun, zeigen.
3. ausbreiten, beweisen, darlegen, deutlich machen, entwickeln, erklären, erläutern, veranschaulichen, verdeutlichen, vor Augen führen, vorführen, vormachen, zeigen; *(geh.):* aufzeigen, entfalten; *(bildungsspr.):* illustrieren.

demontieren
a) abbauen, abbrechen, auflösen, auseinanderbauen, auseinandernehmen, zerlegen. **b)** abmontieren, abnehmen, lösen, loslösen; *(ugs.):* abmachen. **c)** zerstören.

Demut
Ergebenheit, Hingabe, Opferbereitschaft; *(geh.):* Ergebung; *(bildungsspr.):* Devotion.

demütig
demutsvoll, ergeben, kniefällig, unterwürfig, voller Demut; *(geh.):* flehentlich.

GGS herablassend, stolz, vermessen, [hoch]erhobenen Hauptes.

demütigen
beleidigen, durch den Schmutz ziehen, entehren, entwürdigen, erniedrigen, herabsetzen, herabwürdigen, in ein schlechtes Licht rücken/setzen, in Misskredit bringen, in Verruf bringen, kränken, verächtlich machen, verletzen; *(geh.):* den Nacken beugen, schmähen, verunglimpfen; *(bildungsspr.):* desavouieren, diffamieren, diskreditieren, diskriminieren; *(ugs.):* heruntermachen, herziehen über, schlechtmachen.

demzufolge ↑demnach.

denkbar
1. ausdenkbar, erdenkbar, erdenklich, erreichbar, in Betracht/infrage kommend, möglich, vielleicht, vorstellbar; *(bildungsspr.):* potenziell.
2. ↑sehr.

denken ⚡
1. bedenken, sich besinnen, den Verstand gebrauchen, sich durch den Kopf gehen lassen, sich fragen, sich Gedanken machen, grübeln, klügeln, nachdenken, philosophieren, rätseln, seinen Geist/Kopf anstrengen, sinnieren, überlegen, Überlegungen anstellen; *(schweiz.):* hirnen; *(geh.):* sinnen; *(bildungsspr.):* reflektieren; *(ugs.):* brüten über, sich das Hirn zermartern, sich den Kopf zerbrechen, sich einen Kopf machen, knobeln, tüfteln.
2. eingestellt sein, gesinnt sein.
3. ahnen, annehmen, sich ausrechnen, der Ansicht/Meinung sein, finden, glauben, meinen, vermuten; *(geh.):* dafürhalten, wähnen; *(ugs.):* sich zusammenreimen.

BSP Also kann man mit Recht annehmen, dass ... Ich bin der gleichen Ansicht wie die Autorin.

4. beurteilen, bewerten, einschätzen, halten von, urteilen, werten.
5. achten, aufpassen, beachten, bedacht sein, bedenken, sich bemühen, berücksichtigen, sich kümmern, sorgen, Vorsorge treffen.
6. beabsichtigen, erwägen, gedenken, im Sinn haben, in Betracht/Erwägung ziehen, ins Auge fassen, vorhaben, sich vornehmen, wollen.

Denkmal
1. Ehrenmal, Gedenkstein, Mahnmal, Monument; *(bildungsspr.):* Memorial; *(geh.):* [Erinnerungs]mal.
2. Arbeit, Kunstwerk, Werk; *(geh.):* Schöpfung.

Denkschrift
Eingabe, Exposé, Gesuch, Kommuniqué, Schrift; *(bildungsspr.):* Adresse, Memorandum.

Denkweise
Anschauung, Denkart, Einstellung, Gedankengang, Gedankenrichtung, Geist, Geisteshaltung, Gesinnung, Ideologie, Sinnesart, Weltanschauung, Weltbild; *(bildungsspr.):* Mentalität; *(salopp):* Denke.

denkwürdig
außergewöhnlich, bedeutend, bedeutsam, bedeutungsvoll, groß, unvergessen, unvergesslich, wichtig; *(bildungsspr.):* memorabel.

dennoch
aber, allerdings, dessen ungeachtet, doch, gleichwohl, jedenfalls, jedoch, nichtsdestoweniger, trotz alledem/allem, trotzdem.

deplatziert
abträglich, anstößig, ärgerlich, dumm, fatal, fehl am Platz, geschmacklos, leidig, nachteilig, peinlich, schädlich, störend, taktlos, unangebracht, unangemessen, undiplomatisch, unerfreulich, unerwünscht, ungeeignet, ungünstig, unklug, unliebsam, unpassend, unwillkommen, verfehlt; *(geh.):* ungebührlich, ungeziemend, unschicklich; *(bildungsspr.):* inadäquat; *(abwertend):* unqualifiziert.

deponieren
a) ablegen, abstellen, einstellen, hinlegen, hinterlegen, in Verwahrung geben, platzieren, postieren, unterstellen. **b)** ablagern, aufbewahren, einlagern, einspeichern, endlagern, lagern, magazinieren, speichern, unterbringen, verwahren.

deportieren
abschieben, aussiedeln, ausweisen, in die Verbannung schicken, verbannen, verschleppen, zwangsverschicken; *(bildungsspr.):* exilieren.

Depot
1. Aufbewahrungsort, Lagerhaus, Lagerraum, Magazin, Vorratshaus, Vorratsraum.
2. Vorrat; *(bildungsspr.):* Ressource.
3. Straßenbahndepot; *(Fachspr.):* Betriebshof.

Depression
1. Bedrücktheit, Bedrückung, Bekümmertheit, Gedrücktheit, Melancholie, Niedergeschlagenheit, Schwermut, Schwermütigkeit, seelisches Tief, Trübsinn; *(geh.):* Betrübnis, Trübsal.
2. Verfall; *(geh.):* Niedergang.

depressiv
1. bedrückt, bekümmert, deprimiert, düster, finster, gedrückt, melancholisch, niedergeschlagen, schwermütig, [tief] betrübt, trübsinnig, verzweifelt, zum Heulen zumute; *(schweiz.):* mauserig; *(ugs.):* depri, down, wie ein Häufchen Elend/Unglück; *(emotional verstärkend):* todunglücklich.
2. abflauend, sich abschwächend, schwächer werdend; *(geh.):* im Niedergang begriffen.

deprimieren
bedrücken, bekümmern, betrüben, entmutigen, frustrieren, mutlos machen/stimmen, niederschmettern, traurig machen/stimmen; *(geh.):* niederdrücken, verdrießen; *(bildungsspr.):* demoralisieren; *(ugs.):* frusten.

derartig
1. derart, dermaßen, in dem/in solchem Maße, in der/in solcher Art, in der/in solcher Weise, so, solchermaßen; *(geh.):* dergestalt.
2. dergleichen, derlei, dieserart, so [geartet], solch, solcherart, solcherlei.

derb
1. a) fest, grob, hart, robust, rustikal, stabil, stark, strapazierfähig, widerstandsfähig; *(österr.):* strapazfähig. **b)** brutal, fest, hart, heftig, kräftig, rabiat, rau, roh, ruppig; *(bildungsspr.):* brachial, violent; *(abwertend):* grob.
2. deftig, drall, drastisch, nicht salonfähig, rustikal, unfein; *(schweiz.):* urchig; *(bildungsspr.):* krude; *(ugs.):* gepfeffert; *(salopp):* gesalzen; *(abwertend):* bäurisch, grob, plump, ungeschliffen; *(bildungsspr. abwertend):* vulgär.

Desaster
Fehlschlag, Fiasko, GAU, Katastrophe, Misserfolg, Niederlage, Schlag, Unglück, Verhängnis; *(geh.):* Unheil, Verderben; *(bildungsspr.):* Armageddon, Debakel, Waterloo; *(ugs.):* Flop, Reinfall, Schlappe; *(salopp):* Einbruch, Pleite; *(ugs. emotional verstärkend):* Super-GAU.

Deserteur, Deserteurin
Überläufer, Überläuferin.

desertieren
die Truppe verlassen, seinen Posten verlassen, übergehen, überlaufen, überwechseln, sich von der Truppe entfernen.

deshalb
also, aufgrund dessen, aus diesem Grund, daher, darum, dementsprechend, demnach, demzufolge, deswegen, ebendaher, ebendarum, ebendeshalb, folglich, infolgedessen, mithin, so[mit]; *(bildungsspr.):* ergo; *(ugs.):* [eben]drum.

Design
a) Aufmachung, Dekor, Formgebung, Formgestaltung, Gestaltgebung, Gestaltung; *(Jargon):* Styling. **b)** Entwurf, Entwurfszeichnung, Form, Muster, Plan.

desinfizieren
entkeimen, entseuchen, keimfrei/steril machen, sterilisieren.

Desinteresse
Gleichgültigkeit, Interesselosigkeit, Teilnahmslosigkeit, Unbeteiligtheit, Uninteressiertheit; *(bildungsspr.):* Apathie, Indifferenz, Lethargie.

Despot, Despotin
1. Gewaltherrscher, Gewaltherrscherin, Tyrann, Tyrannin, unumschränkter Herrscher, unumschränkte Herrscherin; *(abwertend):* Diktator, Diktatorin.
2. *(abwertend):* Diktator, Diktatorin, Tyrann, Tyrannin, Unterdrücker, Unterdrückerin.

Detail
Ausschnitt, Auszug, Baustein, Bestandteil, Einzelangabe, Einzelheit, Element, Feinheit, Formalie, Glied, Komponente, Nuance, Teil[stück]; *(bildungsspr., Fachspr.):* Item, Segment.

detailliert
ausführlich, eingehend, ganz genau, haarklein, in allen Einzelheiten, in aller Ausführlichkeit, in epischer Breite; *(bildungsspr.):* bis ins [kleinste] Detail, differenziert, en détail, in allen Details, ins Detail gehend; *(ugs.):* haargenau.

GGS grob, schemenhaft, unpräzise, vage.

deuten
1. hindeuten, hinweisen, zeigen; *(meist geh.):* weisen.
2. ahnen/erkennen lassen, anzeigen, bedeuten, dafürsprechen, hindeuten, signalisieren; *(geh.):* künden; *(bildungsspr.):* indizieren, Indiz sein.
3. ansehen, auffassen, ausdeuten, auslegen, begreifen, betrachten, beurteilen, bewerten, einschätzen, empfinden, erklären, finden, halten, nehmen, sehen, verstehen, werten; *(geh.):* befinden, erachten; *(bildungsspr.):* interpretieren.

BSP Ich sehe das als einen Beleg dafür an. Wenn ich diese Strophe richtig auslege, ... Man kann den Text unter verschiedenen Aspekten betrachten. Das ist in dem Sinne / so zu verstehen, dass ... Sie erachtete die Auflagen als Zumutung.

deutlich
a) anschaulich, artikuliert, augenfällig, bestimmt, eindeutig, ersichtlich, exakt, fassbar, genau, glasklar, greifbar, [gut] erkennbar/wahrnehmbar, handfest, klar, konkret, lebhaft, offensichtlich, sichtbar, sichtlich, sprechend, un-

missverständlich, unzweideutig, verständlich; *(bildungsspr.):* manifest, prägnant, präzise. **b)** bedeutend, bemerkenswert, beträchtlich, drastisch, ein gutes Stück, enorm, erheblich, gehörig, gewaltig, immens, mächtig, sehr, sichtlich, um einiges/vieles, viel, weit, weitaus, wesentlich; *(bildungsspr.):* signifikant; *(ugs.):* anständig, ordentlich; *(ugs. emotional):* kolossal. **c)** ausdrücklich, besonders, bestimmt, betont, drastisch, eigens, eindeutig, eindringlich, entschieden, extra, in aller Deutlichkeit, kategorisch, klar, nachdrücklich, unmissverständlich, unzweideutig; *(bildungsspr.):* emphatisch, explizite; *(bildungsspr., Fachspr.):* explizit.

deutlich machen
auseinandersetzen, ausführen, behandeln, beleuchten, berichten, darlegen, darstellen, demonstrieren, entfalten, erklären, erläutern, erörtern, hervorheben, hinweisen, schildern, signalisieren, skizzieren, thematisieren, veranschaulichen, verdeutlichen, vergegenwärtigen, vor Augen führen/halten, vortragen; *(bildungsspr.):* referieren; *(ugs.):* klarmachen.

BSP Die Argumente wurden klar/überzeugend dargestellt. Die Probleme werden erst spät thematisiert. Man muss sich die damalige Situation einmal vergegenwärtigen. Der Text führt uns die fatalen Folgen des Klimawandels vor Augen.

Devise
Leitsatz, Leitspruch, Losung, Motto, Schlagwort, Slogan, Wahlspruch.

Devisen
ausländische Währung/Zahlungsmittel, Sorten.

dezent
a) diskret, feinfühlig, rücksichtsvoll, taktvoll, verschwiegen. **b)** abgetönt, blass, fahl, gedämpft, gedeckt, leise, matt, mild, nicht aufdringlich, schlicht, schwach, unaufdringlich, unauffällig, verhalten, zart, zurückhaltend.

GGS grell, imposant, schrill.

dezimieren, sich
abbröckeln, abebben, sich abschwächen, sich auflösen, bergab gehen, fallen, herabsinken, kleiner werden, sich reduzieren, schrumpfen, schwächer werden, sinken, sich verkleinern, sich verringern, verschwinden, weniger werden, sich zurückbilden, zurückgehen; *(geh.):* im Abstieg/Rückgang begriffen sein, schwinden, verblassen, verebben; *(ugs.):* auf dem absteigenden Ast sein, heruntergehen, rückwärtsgehen, runtergehen.

Diagnose
Befund, Bestimmung, Beurteilung, Krankheitsbefund, Untersuchungsergebnis.

diagonal
quer [verlaufend], schräg.

Dialekt
Mundart; *(Sprachwiss.):* Regiolekt, Regionalsprache.

Dialog
a) Aussprache, Besprechung, Debatte, Diskussion, Erörterung, Gedankenaustausch, Gespräch, Unterhaltung, Unterredung, Wechselrede, Wortwechsel; *(geh.):* Zwiegespräch; *(bildungsspr.):* Konversation. **b)** Beratung, Besprechung, Verhandlung; *(bes. Politik):* Konsultation.

dicht
1. a) dicht gedrängt, eng beieinander/nebeneinander, kompakt, üppig, voll, [voll] ausgefüllt. **b)** fest [abschließend], luftdicht, undurchlässig, wasserdicht. **c)** geschlossen, verriegelt, verschlossen, versperrt, zugeschlossen; *(ugs.):* zu; *(südd., österr.):* zugesperrt.
2. angrenzend, anliegend, benachbart, direkt, eng, haarscharf, in nächster/unmittelbarer Nähe, [sehr] nah, Tür an Tür, unmittelbar, Wand an Wand; *(ugs.):* um die Ecke.

dichten
Gedichte schreiben/verfassen, reimen, schreiben, verfassen, Verse machen/schmieden.

Dichter, Dichterin
Autor, Autorin, Dramatiker, Dramatikerin, Epiker, Epikerin, Erzähler, Erzählerin, Literat, Literatin, Lyriker, Lyrikerin, Schriftsteller, Schriftstellerin, Verfasser, Verfasserin.

dichtmachen
a) aufgeben, auflösen, schließen, stilllegen; *(ugs.):* zumachen. **b)** aufgeben, den Betrieb einstellen, schließen; *(ugs.):* zumachen.

Dichtung
1. Drama, Epos, Gedicht, [sprachliches] Kunstwerk, Werk; *(Literaturwiss.):* Erzählung.
2. Dichtkunst, Epik, Literatur, Lyrik, Schrifttum; *(bildungsspr.):* Poesie.

dick
1. ausladend, bauchig, behäbig, beleibt, breit, dickbäuchig, dicklich, drall, füllig, gedrungen, gewaltig, groß, korpulent, mächtig, massig, mollig, plump, prall, rund, rundlich, stämmig, stramm, umfangreich, unförmig, untersetzt, üppig, voll, wuchtig; *(schweiz.):* fest; *(geh.):* fettleibig, wohlbeleibt; *(ugs.):* kompakt, mopsig, pummelig; *(emotional):* fett; *(scherzh.):* gewich-

tig, kugelig, kugelrund, voluminös; *(ugs. scherzh.)*: gut gepolstert.

GGS ausgezehrt, dürr, hager, knochig.

2. fest, stabil, stark, üppig.
3. angeschwollen, aufgebläht, aufgeblasen, aufgedunsen, aufgeschwemmt, aufgeschwollen, aufgetrieben, geschwollen, krankhaft angeschwollen, schwulstig, verquollen.

dickflüssig
angedickt, breiartig, breiig, dick, dicklich, gallertartig, geronnen, klumpig, sämig, schleimig, schwerflüssig, teigig, zäh, zähflüssig.

Dickkopf
Trotzkopf; *(ugs.)*: Dickschädel, Hartschädel, Rappelkopf, Sturkopf; *(ugs. scherzh.)*: Kratzbürste; *(abwertend)*: Quadratschädel, Rechthaber, Rechthaberin, sturer Bock.

dickköpfig
aufsässig, bockig, eigensinnig, rebellisch, störrisch, trotzig, trotzköpfig, unnachgiebig, widerborstig, widerspenstig; *(bildungsspr.)*: obstinat, renitent; *(ugs.)*: dickschädelig, hartschädelig, kratzbürstig; *(abwertend)*: rechthaberisch, starrköpfig, starrsinnig.

didaktisch
a) erzieherisch, methodisch, pädagogisch, unterrichtskundlich. **b)** belehrend, lehrhaft, pädagogisch wertvoll.

Dieb, Diebin
Bandit, Banditin, Einbrecher, Einbrecherin, Krimineller, Kriminelle, Straßenräuber, Straßenräuberin; *(oft scherzh.)*: Langfinger; *(veraltend)*: Räuber, Räuberin.

Diebstahl
Einverleibung, Entwendung, Erbeutung, Hinterziehung, Plünderung, Raub; *(bildungsspr.)*: Plagiat.

Diele
Entree, Gang, [Haus]flur, Korridor, Vorraum; *(österr.)*: Vorzimmer; *(südd., österr., schweiz.)*: Hausgang.

dienen
1. a) angestellt sein, arbeiten, Dienst machen/tun, tätig sein; *(veraltend)*: in Dienst[en] sein/stehen. **b)** den Militärdienst/Wehrdienst [ab]leisten.
2. dienlich/förderlich sein, helfen, nützen, nützlich/vorteilhaft sein, sich positiv auswirken, von Vorteil sein, zugutekommen, zustattenkommen; *(geh.)*: hilfreich sein.
3. benutzt werden, dafür gedacht sein, dazu da sein, den Zweck erfüllen/haben, die Funktion haben, gebraucht/verwendet werden.

Diener
a) Boy, Page. **b)** Verbeugung; *(geh.)*: Verneigung; *(ugs. scherzh.)*: Beugemann, Bückling, Kratzfuß.

Dienerin
(ugs.): Mädchen für alles; *(veraltend)*: Magd.

dienlich
aufbauend, förderlich, fruchtbar, geeignet, günstig, gut, lohnend, nützlich, sinnvoll, vorteilhaft, wirksam, zuträglich, zweckmäßig; *(geh.)*: hilfreich; *(bildungsspr.)*: konstruktiv.

Dienst
a) Aufgabe, Funktion, Geschäft, Pflicht, Tätigkeit, Verpflichtung; *(geh.)*: Obliegenheit. **b)** Amt, Anstellung, Arbeit, Arbeitsverhältnis, Beruf, Beschäftigung, Posten, Rang, Stelle, Stellung; *(ugs.)*: Job.

dienstlich
a) administrativ, amtlich, behördlich, öffentlich, offiziell, verwaltungsmäßig. **b)** amtlich, amtshalber, formell, förmlich, offiziell, steif, unpersönlich, von Amts wegen.

diesbezüglich
darauf/hierauf Bezug nehmend, darüber, davon, dazu, hierzu, in Bezug darauf/hierauf, in der Richtung, in dieser Angelegenheit/Beziehung/Sache, mit Bezug darauf/hierauf, was das angeht, zu diesem Punkt; *(schweiz.)*: diesfällig.

diesig
dampfig, dunstig, grau, in Dunst gehüllt, milchig, neblig, nicht klar, trübe, verhangen.

diffamieren
abfällig reden, abwerten, durch den Schmutz treten/ziehen, herabsetzen, herabwürdigen, in ein schlechtes Licht rücken/setzen/stellen, in Misskredit/Verruf bringen, in üblen Ruf bringen, schlechtmachen, schlecht reden über, Übles nachreden, verleumden; *(geh.)*: schmähen, verunglimpfen; *(bildungsspr.)*: diskreditieren; *(ugs.)*: durch den Dreck ziehen; *(salopp)*: heruntermachen.

Differenz
1. a) Abweichung, Unterschied; *(bildungsspr.)*: Diskrepanz; *(Jargon)*: Schere. **b)** Defizit, Fehlbetrag, Fehlsumme, Minus[betrag].
2. Auseinandersetzung, Meinungsverschiedenheit, Reibung, Spannung, Streit, Streitigkeiten, Unstimmigkeit, Verstimmung; *(bildungsspr.)*: Dissens, Dissonanz, Divergenz.

differenziert
abgestuft, aufgefächert, genau, in sich gegliedert/gestuft, nicht pauschal, nuanciert; *(bildungsspr.)*: detailliert, subtil.

diffus
konturlos, nebelhaft, nicht eindeutig, nicht

scharf umrissen, unbestimmt, undeutlich, ungenau, unklar, vage, verschwommen; *(geh.):* schattenhaft, schemenhaft; *(bildungsspr.):* nebulös, unpräzise; *(abwertend):* schwammig.

Diktat
Anordnung, Anweisung, Befehl, Bestimmung, Dekret, Erlass, Gebot, Instruktion, Maßregel, Order, Verfügung, Verordnung, Vorschrift, Wille; *(geh.):* Geheiß; *(bildungsspr.):* Direktive.

Diktator, Diktatorin
Alleinherrscher, Alleinherrscherin, Despot, Despotin, Schreckensherrscher, Schreckensherrscherin, Tyrann, Tyrannin, Unterdrücker, Unterdrückerin.

diktatorisch
absolut, absolutistisch, allein herrschend, autoritär, diktatorial, gebieterisch, herrisch, unumschränkt, willkürlich; *(bildungsspr.):* autokratisch; *(abwertend):* despotisch, tyrannisch.

Diktatur
1. a) Despotie, Despotismus, Gewaltherrschaft, Schreckensherrschaft, totalitäres Regime, Totalitarismus, Tyrannei, Willkürherrschaft. **b)** totalitärer Staat, totalitäres System; *(iron.):* Demokratur.
2. Alleinherrschaft, Eigenmächtigkeit, Herrschsucht, Willkür; *(bildungsspr.):* Autoritarismus, Tyrannei.

diktieren
1. lesen, sprechen, vorlesen, vorsprechen.
2. anordnen, ansagen, anweisen, auferlegen, aufzwingen, befehlen, Befehl geben/erteilen, bestimmen, erlassen, festlegen, sagen, verfügen, verordnen, vorgeben, vorschreiben; *(geh.):* gebieten; *(bildungsspr.):* aufoktroyieren, oktroyieren.

Dilemma
Kalamität, Misslichkeit, Not[lage], Unlösbarkeit, Verlegenheit, Zwangslage; *(geh.):* Bedrängnis, Seelennot; *(bildungsspr.):* Misere; *(ugs.):* Bredouille, Klemme, Patsche, Zwickmühle.

Dilettant, Dilettantin
a) Amateur, Amateurin, Laie, Laiin, Nichtfachmann, Nichtfachfrau. **b)** *(ugs.):* Flickschuster, Flickschusterin, Patzer, Patzerin; *(abwertend):* Anfänger, Anfängerin, Ignorant, Ignorantin, Nichtskönner, Nichtskönnerin, Stümper, Stümperin.

dilettantisch
a) amateurhaft, laienhaft, nicht fachgemäß, nicht fachgerecht, unprofessionell.

GGS gekonnt, kompetent, qualifiziert, sachkundig.

b) mangelhaft, notdürftig, oberflächlich, schlecht, ungenügend, unzulänglich, unzureichend; *(abwertend):* stümperhaft, stümpermäßig; *(bildungsspr. abwertend):* dilettantenhaft.

Dimension
1. Abmessung, Ausdehnung, Maß.
2. Ausbreitung, Ausdehnung, Ausmaß, Ausweitung, Erstreckung, Form, Grad, Größe, Größenordnung, Maß, Reichweite, Umfang.

Ding ↗
1. Gegenstand, Objekt, Sache; *(ugs.):* Dings[bums], Dingsda, Teil.
2. a) Begebenheit, Ereignis, Sache, Vorfall, Vorgang, Vorkommnis, Zwischenfall; *(geh.):* Geschehen, Geschehnis.

BSP Da ergab sich eine merkwürdige/seltsame/heitere Begebenheit. Ein Ereignis tritt ein / kündigt sich an. Der Vorfall ereignete sich auf dem Sportplatz.

b) Affäre, Angelegenheit, Frage, Sache, Thema, Themenbereich; *(ugs.):* Chose, Kiste.

Diplom
Bescheinigung, Urkunde, Zertifikat, Zeugnis.

Diplomatie
Gewandtheit, Klugheit, Taktik, Verhandlungsgeschick, Verhandlungskunst.

diplomatisch
clever, findig, gewandt, klug, taktisch geschickt, wohldurchdacht, wohlüberlegt.

[1]direkt
1. durchgehend, geradewegs, ohne Umweg/Unterbrechung/Zwischenstation, stracks, unmittelbar; *(ugs.):* schnurstracks.
2. auf Anhieb, auf der Stelle, flugs, gleich, ohne Aufenthalt, postwendend, prompt, schnellstens, sofort, sogleich, stracks, unmittelbar, unverzüglich; *(ugs.):* schnurstracks.
3. aufrichtig, eindeutig, freiheraus, geradewegs, offen, ohne Umschweife/Zögern, rundheraus, unmissverständlich, unumwunden; *(ugs.):* geradeheraus, glattweg; *(emotional):* rundweg.

[2]direkt
ausgesprochen, buchstäblich, förmlich, ganz und gar, geradezu, im wahrsten Sinne [des Wortes], regelrecht, richtig[gehend], wahrhaft.

Direktion
1. Direktorat, Führung, Leitung, Lenkung, Management, Regie, Regiment, Vorsitz.
2. Direktorium, Führungsstab, Geschäftsleitung, Präsidium, Spitze, Verwaltung, Vorstand.

Direktor, Direktorin
1. Rektor, Rektorin, Schulleiter, Schulleiterin; *(Schülerspr.):* Direx, Rex.

2. [Konzern]chef, [Konzern]chefin, Leiter, Leiterin; *(ugs.):* Boss, Bossin.

Direktübertragung
Livestream.

dirigieren
1. den Takt angeben/schlagen, musikalisch leiten/führen, taktieren; *(scherzh.):* den Taktstock schwingen.
2. an der Spitze stehen, die Leitung haben, führen, leiten, lenken, steuern.

Diskrepanz
Abweichung, Gegensatz, Kluft, Kontrast, Missverhältnis, Trennung, Uneinheitlichkeit, Unstimmigkeit, Unterschied, Unterschiedlichkeit, Verschiedenartigkeit, Widersprüchlichkeit, Zwiespalt; *(bildungsspr.):* Differenz, Divergenz, Heterogenität, Inkonsequenz; *(Jargon):* Schere.

diskret
1. a) auf leisen Sohlen, geheim, heimlich, im Verborgenen, traulich, unbemerkt, verborgen, verschwiegen, versteckt, vertraulich; *(ugs.):* heimlich, still und leise; verschwiegen wie ein Grab; *(bildungsspr. veraltend):* konfidenziell, privatissime. **b)** dezent, feinfühlig, rücksichtsvoll, taktvoll, unaufdringlich, verhalten, zart[fühlend], zurückhaltend; *(geh.):* pietätvoll.
2. abgegrenzt, abgrenzbar, klar unterschieden; *(bildungsspr.):* distinkt, distinktiv.

Diskretion
a) Geheimhaltung, Heimlichkeit, Schweigen, Stillschweigen, Verschwiegenheit, Vertraulichkeit. **b)** Feingefühl, Fingerspitzengefühl, Rücksichtnahme, Takt[gefühl], Verhaltenheit, Zurückhaltung; *(bildungsspr.):* Dezenz. **c)** Unaufdringlichkeit, Unauffälligkeit, Zartheit.

diskriminieren
1. benachteiligen, übergehen, übervorteilen, ungerecht behandeln, zurücksetzen.
2. auseinanderhalten, gegeneinander abgrenzen, sondern, trennen, unterscheiden, voneinander abheben; *(bildungsspr.):* differenzieren; *(ugs.):* auseinanderkennen.

Diskussion
Auseinandersetzung, Aussprache, Debatte, Erörterung, Fragerunde, Gedankenaustausch, Gespräch, Kontroverse, Meinungsaustausch, Meinungsstreit, Streitgespräch, Wortgefecht, Wortwechsel; *(bildungsspr.):* Dialog, Diskurs, Disput; *(verhüll.):* Meinungsverschiedenheit.

diskutieren
1. a) sich aussprechen, sich austauschen, debattieren; *(bildungsspr.):* disputieren. **b)** sich auseinandersetzen, debattieren, streiten; *(bildungsspr.):* disputieren.
2. [sich] bereden, [sich] besprechen, debattieren, durchsprechen, reden, sprechen, sich unterhalten, verhandeln; *(bildungsspr.):* disputieren.

Disposition
1. Bestimmung, Gebrauch, Verfügung, Verfügungsrecht, Verwendung.
2. Anordnung, Aufgliederung, Aufteilung, Einteilung, Gliederung, Plan.
3. Anlage, Hang, Natur, Neigung, Tendenz, Veranlagung; *(bildungsspr.):* Naturell; *(ugs.):* Ader.

disqualifizieren
aus dem Spiel/Wettbewerb verbannen, ausschließen; *(Sport):* sperren.

disqualifizieren, sich
sich als ungeeignet/untauglich erweisen, sich selbst in Misskredit bringen; *(emotional):* sich als unwürdig erweisen.

Dissonanz
1. Missklang, Misston.
2. Differenz, Meinungsverschiedenheit.

Distanz
1. Entfernung, Ferne, Raum, räumlicher Abstand, Spanne, Zwischenraum.
2. a) Abstand, Rangunterschied. **b)** Reserve, Reserviertheit, Unnahbarkeit, Unzugänglichkeit, Zurückhaltung; *(bildungsspr.):* Detachement, Distanzhaltung, Distanziertheit.

distanzieren, sich
sich abgrenzen, sich abkehren, abrücken, Abstand wahren, sich abwenden, sich zurückziehen; *(bildungsspr.):* auf Distanz gehen.

distanziert
kühl, reserviert, unnahbar, unzugänglich, verschlossen, zurückhaltend; *(bildungsspr.):* auf Distanz achtend/bedacht; *(ugs.):* zugeknöpft.

Disziplin
1. a) Ordnung; *(veraltend):* Zucht. **b)** Beherrschtheit, Beherrschung, Kontrolle, Selbstbeherrschung, Selbstdisziplin, Selbstkontrolle.
2. Bereich, Fachgebiet, Fachrichtung, Gebiet, Wissenschaftsgebiet, Wissenschaftszweig.
3. Sport, Sportart, Sportdisziplin.

diszipliniert
beherrscht, geordnet, gesittet, gezügelt, kontrolliert, unter Kontrolle gebracht/gehalten.

divergieren
sich abheben, abweichen, auseinandergehen, in Gegensatz/Kontrast stehen, nicht übereinstimmen, sich unterscheiden, variieren; *(geh.):* auseinanderstreben; *(bildungsspr.):* differieren, in Opposition stehen, kontrastieren.

diverse
allerlei, eine Menge, einige, ein paar, manch, mancherlei, mehrere, reichlich, verschieden,

verschiedenerlei, viel, vielerlei; *(geh.):* ein gerüttelt Maß; *(ugs.):* allerhand, alles Mögliche, mehrerlei, ziemlich; *(veraltend):* allerart, etliche.

dividieren
teilen.

dogmatisch
eigensinnig, hartnäckig, starr, störrisch, unbelehrbar, unbeugsam, unbeweglich, uneinsichtig, unerbittlich, unnachgiebig; *(bildungsspr.):* apodiktisch, obstinat, rigide; *(abwertend):* borniert, engstirnig, starrköpfig, starrsinnig; *(bildungsspr. abwertend):* doktrinär, orthodox.

Dokument
1. Akte, amtliches Schriftstück, Papier, Urkunde.
2. Ausdruck, Ausweis, Beleg, Beweis[stück], Dokumentation, Nachweis; *(geh.):* Zeugnis.
3. Text, Textdatei.

dokumentarisch
amtlich, behördlich, bestätigt, beweiskräftig, bindend, nachgewiesen, urkundlich, verbindlich, verbürgt.

Dokumentation
1. Bestandsaufnahme.
2. Ausdruck, Ausweis, Beleg, Beweis, Demonstration, Dokument, Nachweis; *(geh.):* Bekundung, Zeugnis; *(bildungsspr.):* Manifestation.

dokumentieren
1. aufzeigen, demonstrieren, erkennen lassen, zeigen, zum Ausdruck bringen; *(geh.):* bekunden, kundtun; *(bildungsspr.):* manifestieren.
2. a) ausweisen, belegen, beurkunden, beweisen, den Nachweis erbringen/führen/liefern, erfassen, festhalten, nachweisen; *(bildungsspr.):* fixieren. **b)** beschreiben, darstellen, wiedergeben.

dolmetschen
als Dolmetscher tätig sein, mündlich übersetzen/übertragen.

Dom
Bischofskirche, Hauptkirche, Kathedrale, Münster, Stiftskirche.

Domäne
1. Dominialbesitz, staatlicher Landbesitz, Staatsgut.
2. Fach[gebiet], [Herrschafts]gebiet, Revier, Spezialgebiet, Spezialität.

dominant
a) beherrschend, bestimmend, dominierend; *(bildungsspr.):* prädominant, prädominierend.
b) bestimmend, dominierend, führend, meinungsbildend, tonangebend, überlegen.

dominieren
a) die Vorherrschaft besitzen, herausragen, hervortreten, überwiegen, vorherrschen. **b)** beherrschen, den Ton angeben, die Herrschaft ausüben, die Oberhand haben, kontrollieren.

donnern
1. dröhnen, grollen, krachen, lärmen, poltern, tosen; *(ugs.):* rumoren, rumpeln.
2. hämmern, klopfen, pochen, prasseln, schlagen, trommeln; *(ugs.):* ballern, bumsen, hauen.
3. bellen, gewittern, poltern, schimpfen; *(ugs.):* wettern.

Donnerwetter
heftige Vorwürfe, Kritik, Rüge, Standpauke, Tadel, Zurechtweisung; *(ugs.):* Anpfiff, Schimpfe; *(salopp):* Anschiss, Ranzer.

doof
1. begriffsstutzig, dumm, dümmlich, naiv, unbedarft; *(ugs.):* blöd, dämlich, dusslig; *(salopp):* [geistig] unterbelichtet, strunzdumm; *(abwertend):* albern, beschränkt, hohl[köpfig], schwachköpfig; *(bildungsspr. abwertend):* bildungsresistent; *(südd., österr.):* deppert.
2. a) einfallslos, einförmig, geistlos, langweilig, uninteressant, unsinnig; *(ugs.):* blöd, dumm; *(bildungsspr. abwertend):* stupide. **b)** ärgerlich, fatal, misslich, unangenehm, unerfreulich; *(schweiz.):* bemühend, ungefreut; *(ugs.):* blöd, blödsinnig, dumm; *(salopp):* behämmert, bekloppt, beschissen; *(abwertend):* lächerlich, töricht.

doppeldeutig
1. doppelbödig, doppelsinnig, dunkel, hintergründig, mehrdeutig, missverständlich, nicht eindeutig, rätselhaft, unklar, zweideutig; *(bes. Fachspr.):* ambigue.
2. anstößig, anzüglich, unanständig, zweideutig; *(abwertend):* schlüpfrig.

Dorf
Flecken, Gemeinde, Örtlichkeit, Ort[schaft], Siedlung, Weiler.

Dose
1. Behälter, Büchse, Schachtel.
2. Konserve, [Konserven]büchse.

dösen
1. dämmern, im Halbschlaf liegen, ruhen; *(geh.):* schlummern; *(ugs.):* duseln; *(fam.):* ein Nickerchen machen.
2. abwesend/gedankenlos sein, in Gedanken versunken sein, seinen Gedanken nachhängen, unaufmerksam sein, vor sich hin träumen, weit weg sein; *(ugs.):* mit offenen Augen schlafen.

dosieren
abmessen, abwiegen, bemessen, einteilen; *(geh.):* zumessen.

Dosis
Bruchteil, Dose, Maß, Menge, Portion, Quan-

tum; *(bildungsspr.):* Quantität; *(Fachspr.):* Gabe.

dozieren
1. lehren, lesen, unterrichten, Unterricht erteilen/geben/halten, unterweisen, Vorlesungen halten, Wissen vermitteln.
2. belehren, in lehrhaftem Ton reden; *(ugs.):* predigen; *(abwertend):* schulmeistern.

Drache
Ungeheuer.

drahtig
athletisch, durchtrainiert, sehnig.

Drahtzieher, Drahtzieherin
Auftraggeber, Auftraggeberin, graue Eminenz, Hintermann, Hinterfrau, Schlüsselfigur.

Drama
1. Bühnendichtung, Bühnenstück, dramatisches Werk, Schauspiel, Theaterstück.
2. Elend, GAU, Katastrophe, Schicksalsschlag, Tragödie, Trauerspiel, Unglück, Unheil.

dramatisch
1. atemberaubend, aufregend, aufwühlend, bewegt, erregend, fesselnd, mitreißend, nervenaufreibend, packend, spannend.
2. drastisch, durchgreifend, durchschlagend, einschneidend, entschieden, entschlossen, hart, massiv, rigoros, spürbar, stark, streng, strikt, tiefgreifend; *(bildungsspr.):* gravierend.

dramatisieren
aufbauschen, aufblasen, hochspielen, übertreiben, überziehen, viel Aufhebens machen; *(ugs.):* aus einer Mücke einen Elefanten machen.

dranbleiben
a) fortführen, fortsetzen, nicht ablassen, nicht aufgeben, weiterführen, weitermachen. **b)** am Apparat/Telefon bleiben, nicht auflegen.

Drang
Antrieb, Bedürfnis, Sehnsucht, Trieb, Wunsch; *(geh.):* Begehren, Gelüst, Verlangen.

drängeln ↑drängen, sich (1).

drängeln, sich ↑drängen, sich (2).

drängen
1. drücken, keilen, pressen, quetschen, [sich] schieben, stoßen, zwängen; *(ugs.):* drängeln.
2. a) antreiben, bedrängen, bringen, nicht aufhören, treiben, veranlassen, zu bewegen suchen, zusetzen; *(ugs.):* in den Ohren liegen, nicht in Ruhe lassen, quengeln. **b)** auffordern, bestehen, dringen, eine Forderung erheben/stellen, fordern, mahnen, pochen, verlangen; *(bildungsspr.):* insistieren, postulieren.
3. Eile erfordern, eilen, eilig/dringend/dringlich sein, rasches Handeln fordern, unaufschiebbar sein; *(ugs.):* auf/unter den Nägeln brennen.

drängen, sich
1. sich drücken, sich schieben, sich zusammendrängen.
2. sich durchdrängen, sich durchzwängen, sich hindurchdrängen, sich keilen, sich quetschen, sich zwängen; *(ugs.):* sich durchdrängeln.

drangsalieren
böse mitspielen, das Leben schwer/zur Hölle machen, grausam sein, malträtieren, plagen, quälen, Qualen/Schmerzen bereiten, schinden, traktieren, übel mitspielen, zusetzen; *(ugs.):* nicht in Ruhe lassen, piesacken, triezen; *(abwertend):* terrorisieren.

drankommen
abgefertigt/behandelt/berücksichtigt werden, der/die Nächste sein; *(ugs.):* an die Reihe kommen, drangenommen werden.

drastisch
a) anschaulich, bildhaft, deutlich, direkt, einprägsam, klar, lebendig, plastisch, sprechend, unmissverständlich, veranschaulichend, verständlich; *(bildungsspr.):* ikonisch, illustrativ.
b) bestimmt, dramatisch, durchgreifend, durchschlagend, einschneidend, energisch, entschieden, entschlossen, massiv, nachdrücklich, rigoros, spürbar, stark, streng, strikt, tiefgreifend, wirksam; *(bildungsspr.):* gravierend.

Dreck
1. Schmutz; *(geh.):* Unrat.
2. Ausschuss, minderwertige/schlechte Ware; *(ugs.):* Klimbim, Krimskrams, Schund.

dreckig
1. a) beschmutzt, nicht sauber, schmutzig, ungewaschen, unsauber, verschmutzt, voller Schmutz; *(geh.):* verunreinigt; *(ugs.):* mit Dreck und Speck, siffig. **b)** ungepflegt, unhygienisch, unreinlich, unsauber; *(abwertend):* schmierig.
2. dreist, frech, gemein, lose, respektlos, schamlos, ungehörig, unverfroren, unverschämt, vorlaut; *(bildungsspr.):* impertinent.

Dreh
1. Einfall, Kniff, Kunstgriff, List, Schachzug, Trick; *(schweiz.):* Rank; *(bildungsspr.):* Finesse, Manipulation, Strategem; *(ugs.):* Masche; *(abwertend):* Manöver.
2. Ausweg, Behelf, Ergebnis, Lösung.

drehen
a) herumdrehen, im Kreis bewegen, umdrehen, wenden. **b)** umkehren, umspringen, umwenden, wenden; *(ugs.):* kehrtmachen. **c)** eine Drehbewegung ausführen, kurbeln; *(ugs.):* leiern.

drehen, sich
1. sich im Kreis bewegen, kreisen, rollen, rotieren, umlaufen, wirbeln, zirkulieren.

2. anbelangen, behandeln, sich beziehen, die Rede sein, gehen um, handeln, kreisen, zum Gegenstand/Thema haben, zu tun haben mit.

BSP Der Roman behandelt den Aufstieg Napoleons. Der Artikel bezieht sich auf die jüngsten Vorfälle.

dreist
dummdreist, frech, gemein, kühn, lose, mit eiserner Stirn, ohne Scheu, respektlos, schamlos, ungehörig, ungeniert, unverfroren, unverschämt; *(bildungsspr.):* impertinent; *(ugs.):* faustdick; *(salopp):* frech wie Oskar, rotzfrech.

dressieren
abrichten, drillen, erziehen, schulen, trainieren.

dringen
1. sich durcharbeiten, durchdringen, eindringen, sich einen Weg bahnen, gelangen, hineingelangen, sich vorarbeiten, vordringen.
2. bedrängen, behelligen, eindringen, einzuwirken versuchen, zu bewegen suchen; *(ugs.):* bearbeiten, keine Ruhe geben.
3. beharren, bestehen, bleiben, dabei bleiben, festhalten, fordern, nicht abgehen/ablassen, pochen, verlangen, sich versteifen; *(bildungsspr.):* insistieren; *(ugs.):* nicht lockerlassen.

dringend
a) akut, brennend, drängend, eilig, eilige Erledigung verlangend, keinen Aufschub duldend, sofort, unaufschiebbar, vordringlich; *(bildungsspr. veraltend):* urgent. **b)** ausdrücklich, bestimmt, deutlich, dringlich, eindeutig, eindringlich, energisch, entschieden, ernst[haft], klar, mit Nachdruck, nachdrücklich, unmissverständlich, zwingend; *(bildungsspr.):* dezidiert, emphatisch.

dringlich ↑dringend (b).

Droge
a) Arzneimittel, Heilmittel, Medikament, Medizin, Mittel; *(österr.):* Heilbehelf; *(bildungsspr.):* Pharmazeutikum. **b)** Betäubungsmittel, Rauschmittel; *(salopp):* Stoff; *(Jargon):* Dope.

drohen
1. a) bedrohen, Drohungen ausstoßen, einzuschüchtern versuchen; *(dichter.):* dräuen. **b)** androhen, ankündigen; *(dichter.):* dräuen; *(abwertend):* mit dem Säbel rasseln.
2. Gefahr laufen, in Gefahr sein.

dröhnen
1. donnern, erdröhnen, hallen, schallen, tönen; *(ugs.):* bumsen, wummern.
2. plaudern, reden, schwatzen, sprechen, sich unterhalten; *(salopp):* quatschen; *(fam.):* einen Schwatz/ein Schwätzchen halten; *(nordd.):* klönen, schnacken; *(bes. südd.):* schwätzen.

Drohung
drohende Äußerung/Geste, Drohwort, Mahnung, Verwarnung, Warnung.

drollig
a) belustigend, erheiternd, komisch, lustig, spaßhaft, spaßig, witzig, zum Lachen [reizend]; *(ugs.):* funny, ulkig; *(ugs. emotional):* zum Totlachen. **b)** allerliebst, entzückend, herzig, lieb, niedlich, possierlich, reizend; *(ugs.):* goldig, putzig; *(emotional):* süß.

drosseln
a) abbremsen, in der Leistung herabsetzen, kleiner stellen, niedriger einstellen, zurückdrehen, zurückstellen. **b)** aufhalten, blockieren, die Zufuhr verringern, im Zustrom hemmen. **c)** begrenzen, bremsen, eindämmen, einschränken, herabsetzen, kürzen, reduzieren, senken, vermindern, verringern, zurücknehmen; *(geh.):* mäßigen, mindern; *(bildungsspr.):* dezimieren; *(ugs.):* herunterschrauben, zurückschrauben.

Druck
1. Gewicht, Kraft, Last, Wucht.
2. Bedrohung, Muss, Nötigung, Terror, [Zug]zwang; *(bildungsspr.):* Pression.

drucken
edieren, erscheinen lassen, herausbringen, herausgeben, publizieren, veröffentlichen.

drücken
1. a) einen Druck ausüben; *(schweiz.):* stoßen. **b)** in die Arme nehmen/schließen, umarmen. **c)** ausdrücken, auspressen, ausquetschen, herausdrücken, herauspressen, pressen; *(ugs.):* herausquetschen.
2. ein Druckgefühl hervorrufen/verursachen, schmerzen, Schmerzen bereiten/verursachen; *(ugs.):* wehtun.
3. bedrücken, bekümmern, belasten, beschweren, betrüben, beunruhigen, deprimieren, Kummer bereiten/machen, lasten, quälen, schwer ums Herz werden, Sorgen bereiten/machen, traurig machen, zu schaffen machen, zusetzen; *(geh.):* auf der Seele liegen; *(ugs.):* [schwer] im Magen liegen.

drücken, sich
aus dem Weg gehen, ausweichen, sich entziehen, flüchten, nicht ausführen/erfüllen/erledigen, nicht mitmachen/teilnehmen, sich nicht stellen, scheuen, vermeiden; *(geh.):* fliehen, meiden, nicht nachkommen.

drückend
1. feuchtwarm, gewittrig, schwül, stickig, tropisch.
2. bleiern, kaum zu bewegen/heben/tragen,

massig, schwer [lastend], [schwer] wie Blei, viel Gewicht habend, wie ein Klotz, wuchtig.

Dschungel
Busch, Dickicht, Urwald, Wildnis.

dubios
anrüchig, bedenklich, berüchtigt, fragwürdig, undurchsichtig, ungeklärt, unglaubhaft, unheimlich, verdächtig, verrufen, verschrien, von zweifelhaftem Ruf, zweifelhaft, zwielichtig; *(bildungsspr.):* obskur, ominös, suspekt.

Dublette
Abschrift, Doppel, Duplikat, Duplum, Durchschlag, Durchschrift, Kopie, Zweitausfertigung.

ducken, sich
1. sich bücken, den Kopf einziehen, den Oberkörper beugen, einen krummen Rücken machen, in Deckung gehen, sich kauern, sich klein/krumm machen, sich [nach unten] beugen, sich neigen, sich niederbeugen.
2. sich beugen, sich demütigen, sich ergeben, sich erniedrigen, sich fügen, sich herabwürdigen, nach Canossa gehen, sich unterordnen, sich unterwerfen; *(ugs.):* zu Kreuze kriechen.

Duft
Aroma, Blume, Bouquet, Bukett, Dunst, Geruch; *(geh.):* Parfüm, Wohlgeruch.

duften
angenehm/gut riechen, Duft verbreiten; *(geh.):* Wohlgeruch ausströmen.

dulden
1. akzeptieren, annehmen, billigen, durchgehen lassen, einräumen, sich einverstanden erklären, einverstanden sein, einwilligen, gestatten, gewähren lassen, hinnehmen, zugestehen, zulassen; *(bildungsspr.):* konzedieren, tolerieren; *(ugs.):* absegnen, sich gefallen lassen.
2. ausgesetzt sein, aushalten, bewältigen, durchhalten, durchstehen, einstecken, sich ergeben, erleiden, ertragen, fertigwerden mit, sich fügen, hinnehmen, in Kauf nehmen, leiden, sich schicken, tragen, über sich ergehen lassen, überstehen, verdauen, verkraften, verschmerzen.

duldsam
einsichtig, geduldig, großmütig, milde, nachsichtig, tolerant, verständnisvoll, voller Geduld.

dumm
1. a) arglos, gedankenlos, naiv, unbedarft, unklug. **b)** albern, dümmlich, närrisch, unsinnig; *(ugs.):* blöd, blödsinnig; *(abwertend):* infantil, kindisch, lächerlich, lachhaft, simpel, töricht.
2. abträglich, ärgerlich, fatal, misslich, peinlich, unangenehm, unerfreulich, ungünstig, unklug, unpassend; *(ugs.):* blöd, doof; *(salopp):* beknackt, bescheuert.

dummerweise
ärgerlicherweise, bedauerlicherweise, fatalerweise, leider, unerfreulicherweise, unglücklicherweise, zu allem Unglück, zu jmds. Bedauern, zu jmds. Leidwesen; *(ugs.):* blöderweise, leider Gottes.

Dummheit
1. Begriffsstutzigkeit, Blödheit, Dämlichkeit, Einfältigkeit, Stumpfsinnigkeit, Unbedarftheit, Unbeweglichkeit, Unverständigkeit; *(ugs.):* Doofheit, Dusseligkeit; *(bildungsspr. abwertend):* Bildungsresistenz, Stupidität.
2. Alberei, Albernheit, Blödsinn, dummes Zeug, Nonsens, Unfug, Unsinn; *(geh.):* Torheit; *(ugs.):* Kokolores; *(abwertend):* Quatsch.

Dummkopf
Blödling; *(ugs.):* Ödel, Dussel; *(salopp):* Esel, Knallkopf, Mondkalb, Schote; *(fam.):* Dummchen, Dummerchen; *(abwertend):* Flachkopf, Hohlkopf, Knallcharge, Tölpel; *(veraltend):* Narr.

dumpf
1. abgetönt, dezent, dunkel, fahl, gedämpft, gedeckt, leise, matt, mild, nicht aufdringlich, schwach, unaufdringlich, unauffällig, verhalten, zart, zurückhaltend.
2. dumpfig, feucht, leicht faul, modrig, muffig, stockig.
3. abgestumpft, behäbig, bequem, energielos, gemächlich, inaktiv, langsam, müßig, passiv, schwerfällig, schwunglos, stumpf[sinnig], teilnahmslos, temperamentlos, träge, untätig; *(bildungsspr.):* lethargisch, phlegmatisch; *(emotional):* faul; *(bildungsspr. abwertend):* stupide.

dunkel
1. a) dämmrig, düster, finster, halbdunkel, schattig, schwach beleuchtet, schwarz, trostlos, trübe; *(bildungsspr.):* trist; *(dichter.):* nächtig; *(ugs.):* schummrig, zappenduster; *(emotional):* schwarz wie die Nacht; *(ugs. emotional verstärkend):* stockfinster. **b)** abscheulich, bedauerlich, bedauernswert, beklagenswert, betrüblich, böse, düster, elend, erbärmlich, erschütternd, hässlich, hoffnungslos, jammervoll, kläglich, leiderfüllt, misslich, mitleiderregend, negativ, qualvoll, schlecht, schlimm, tragisch, traurig, trostlos, unangenehm, unerfreulich, unglücklich, ungut, unliebsam, unschön, verhängnisvoll, widrig; *(geh.):* leidvoll, übel, unselig; *(bildungsspr.):* desolat, trist; *(emotional):* fürchterlich.
2. andeutungsweise, konturlos, nicht klar umrissen, unbestimmt, undeutlich, undurchsichtig, ungenau, unklar, vage, verschwommen,

zart; *(geh.):* schattenhaft, schemenhaft; *(bildungsspr.):* diffus, nebulös, unpräzise.

dünn

1. abgemagert, abgezehrt, ausgehungert, ausgemergelt, dürr, eingefallen, hager, knochig, mager, nur noch der/ein Schatten seiner selbst, schmächtig, schmal, spindeldürr, spitz, unterernährt, verfallen; *(geh.):* ausgezehrt, rank [und schlank], schütter; *(ugs.):* vom Fleisch gefallen; *(ugs. emotional):* klapperdürr; *(ugs. scherzh.):* bloß/nur noch Haut und Knochen, wie ein Strich in der Landschaft; *(Fachspr.):* schlankwüchsig.

2. a) fein, leicht, luftdurchlässig, luftig, sachte, sanft, schwach, sommerlich, zart. **b)** ärmlich, gering, karg, kärglich, knapp, kümmerlich, licht, mäßig, schmal, schwach, spärlich, spartanisch; *(geh.):* schütter; *(abwertend):* dürftig.

Dunst

Diesigkeit, Hauch, Nebel[schwaden], Schleier, Schwaden, Smog, Trübung; *(geh.):* Brodem.

dünsten

dämpfen, garen, gar werden lassen, [im Dampf] garen, mit Dampf kochen.

dunstig

a) dampfig, diesig, grau, in Dunst gehüllt, milchig, neblig, nicht klar, trübe, verhangen.
b) qualmig, rauchig, verräuchert.

Duplikat

Abschrift, Doppel, Dublette, Duplum, Durchschlag, Durchschrift, Kopie, Zweitausfertigung, Zweitschrift.

durch

bei jmdm. unten durch sein

für jmdn. gestorben sein, jmds. Gunst verscherzt haben, komplett ignoriert werden; *(ugs.):* bei jmdm. ausgespielt haben, Luft für jmdn. sein.

durcharbeiten

1. ohne Pause/Unterbrechung arbeiten, pausenlos/rund um die Uhr arbeiten.

2. aufbereiten, auf den Grund gehen, sich auseinandersetzen mit, ausschöpfen, auswerten, bearbeiten, durchforschen, durchforsten, durchlesen, durchleuchten, gründlich lesen, studieren, untersuchen, sich vertiefen, sich zuwenden; *(bildungsspr.):* analysieren; *(ugs.):* durchackern, sich herumschlagen, sich hineinknien; *(Jargon):* durchdeklinieren.

3. ausarbeiten, ausfeilen, ausformen, ausformulieren, ausführen, bearbeiten, niederschreiben, verfassen; *(Fachspr.):* redigieren.

durcharbeiten, sich

sich durchdrängen, sich durchkämpfen, sich durchquetschen, sich einen Weg bahnen, sich hindurcharbeiten, sich Platz verschaffen, sich vorarbeiten, sich vorkämpfen.

durchaus

absolut, auf jeden Fall, bedingungslos, fraglos, ganz [und gar], in jedem Fall, ohne Vorbehalt, sehr wohl, selbstredend, so oder so, um jeden Preis, unbedingt, uneingeschränkt, unter allen Umständen, vollkommen, vollständig; *(ugs.):* durch und durch, hundertpro[zentig], partout, total.

durchblicken

auf die Schliche kommen, sich auskennen, begreifen, durchschauen, erfassen, erkennen, folgen können, hinter die Schliche kommen, mitbekommen, nachvollziehen, realisieren, verstehen; *(ugs.):* blicken, den Durchblick haben, durchgucken, intus kriegen, kapieren, mitkriegen, schalten; *(salopp):* checken, durchsteigen, raffen, schnallen.

durchboxen

durchbringen, durchsetzen, Erfolg haben, erlangen, erreichen, erwirken, fertigbringen, schaffen, zum Durchbruch bringen/verhelfen, zustande/zuwege bringen; *(geh.):* vollbringen; *(ugs.):* auf die Reihe bringen/kriegen, durchdrücken, durchkriegen, hinbekommen, hinkriegen, managen; *(salopp):* schaukeln.

durchbringen

1. durchkämpfen, durchsetzen, Erfolg haben, erreichen, erwirken, zum Durchbruch bringen/verhelfen, zustande/zuwege bringen; *(geh.):* betätigen, ertrotzen; *(ugs.):* durchbekommen, durchboxen, durchkriegen.

2. a) aushalten, den Lebensunterhalt bestreiten/bezahlen, ernähren, freihalten, unterhalten, versorgen; *(ugs.):* durchfüttern. **b)** am Leben erhalten, auskurieren, kurieren, retten, vollständig heilen/kurieren, wieder gesund werden lassen, wiederherstellen; *(ugs.):* in die Reihe/über den Berg/wieder auf den Damm bringen, wieder auf die Beine bringen, wieder hinkriegen.

Durchbruch

a) Durchgang, Durchlass, Durchstich, Durchstoß, Einschnitt, Loch, Öffnung; *(veraltend):* Bresche, Enge. **b)** Anerkennung, Aufstieg, Durchstoß, Erfolg, Glück, Pionierleistung, Pioniertat, Sieg, Siegeszug, Triumph.

durchdacht

abgerundet, ausgearbeitet, ausgefeilt, ausgereift, ausgewogen, bedacht, begründet, clever, fertig, folgerichtig, fundiert, gesichert, hieb- und stichfest, klug, konsequent, mit Bedacht, rund, sinnvoll, taktisch, unanfechtbar, unwiderlegbar, vernünftig, [wohl]bedacht, [wohl]überlegt; *(bildungsspr.):* substanziiert; *(ugs.):* ausgetüftelt.

durchdenken
abwägen, sich auseinandersetzen mit, bedenken, sich durch den Kopf gehen lassen, erwägen, sich Gedanken machen, grübeln, in Betracht ziehen, mit sich zurate gehen, nachdenken, philosophieren, überlegen, sich vertiefen, von allen Seiten betrachten; *(geh.):* wägen; *(bildungsspr.):* reflektieren, ventilieren; *(ugs.):* sich das Hirn zermartern, sich den Kopf zerbrechen, sich einen Kopf machen.

durchdrehen
außer sich geraten/sein, den Verstand verlieren, die Beherrschung/die Fassung/die Kontrolle verlieren, die Nerven/die Selbstbeherrschung verlieren, explodieren, nicht mehr Herr seiner Sinne sein, rasen, toben, sich vergessen, wüten; *(ugs.):* an die Decke/in die Luft gehen, aus der Haut fahren, ausflippen, ausrasten; *(salopp):* überschnappen.

durchdringen
1. durchfahren, durchgehen, durchströmen, durchziehen, durchzucken; *(geh.):* durchbeben; *(dichter.):* durchglühen.
2. ankommen, aufkommen, sich behaupten, bestehen, das/sein Ziel erreichen, die Oberhand gewinnen/bekommen/erhalten, durchkommen, sich durchsetzen, sich Geltung verschaffen.

durchdringend
ätzend, beißend, brennend, dröhnend, grell, intensiv, markerschütternd, penetrant, scharf, schrill, stechend, streng, unerträglich.

durcheinander
1. anarchisch, chaotisch, konfus, planlos, regellos, unaufgeräumt, ungeordnet, unüberschaubar, unübersichtlich, verworren, wirr; *(bildungsspr.):* desorganisiert; *(ugs.):* drunter und drüber.
2. aufgelöst, aufgeregt, aufgewühlt, außer Fassung, außer sich, bewegt, desorientiert, erregt, fahrig, fassungslos, konfus, kopflos, unkonzentriert, verwirrt, zerstreut; *(ugs.):* durch den Wind.

Durcheinander
1. Anarchie, Chaos, Gewirr, Konfusion, Planlosigkeit, Tohuwabohu, Tumult, Unordnung, Verwirrung, Wirrwarr; *(bildungsspr.):* Desorganisation.
2. Ansammlung, Aufruhr, Gedränge, Gemenge, Getriebe, Getümmel, Gewirr, Gewühl, Hexenkessel, Trubel, Wirbel, Wirrwarr; *(ugs.):* Betrieb.

durcheinanderbringen
a) aus dem Konzept/aus der Fassung bringen, beirren, desorientieren, irremachen, irritieren, verstören, verunsichern, verwirren. **b)** durcheinanderwerfen, vermengen, vertauschen, verwechseln; *(salopp):* verpeilen.

Durchfahrt
1. a) Passage, Überquerung. **b)** Durchquerung, Durchreise.
2. Ausfahrt, Durchgang, Durchlass, Einfahrt, Passage, Tor[einfahrt].

durchfallen
1. hindurchfallen; *(ugs.):* durchplumpsen.
2. a) erfolglos sein, keine Beachtung/Zustimmung finden, keinen Erfolg haben, missfallen, sich nicht bewähren, Schiffbruch erleiden; *(ugs.):* nicht ankommen, nicht ziehen. **b)** nicht bestehen, scheitern, versagen; *(ugs.):* durchfliegen, durchrauschen, fallen; *(salopp):* durchrasseln; *(Schülerspr.):* durchsegeln.

durchführbar
ausführbar, machbar, möglich, praktikabel, realisierbar, zu machen.

GGS illusorisch, impraktikabel, utopisch.

durchführen
1. begleiten, führen, gehen mit, geleiten, leiten, lotsen, mitgehen, mitnehmen.
2. a) abwickeln, ausführen, bewältigen, erfüllen, erledigen, [in die Tat] umsetzen, machen, meistern, realisieren, schaffen, tun, unter Dach und Fach bringen, verwirklichen, vollbringen, zustande/zuwege bringen; *(ugs.):* auf die Reihe bringen/kriegen, durchziehen, managen, schmeißen, über die Bühne bringen. **b)** abhalten, arrangieren, ausrichten, geben, gestalten, halten, ins Werk/in Szene setzen, inszenieren, machen, organisieren, stattfinden lassen, veranstalten; *(bildungsspr.):* realisieren; *(ugs.):* aufziehen, durchziehen.

Durchgang
1. Ausgang, Durchfahrt, Durchlass, Durchschlupf, Eingang, Laufgang, Passage, Sperre, Tor[einfahrt], Torweg; *(nordd.):* Twete.
2. Partie; *(Sport):* Durchlauf, Lauf, Runde.

durchgehen
1. a) durchlaufen, durchqueren, durchziehen, kreuzen, passieren; *(geh.):* durchkreuzen, durchschreiten. **b)** durchpassen, passen.
2. behandeln, beraten, beratschlagen, bereden, besprechen, debattieren, diskutieren, durcharbeiten, durchchecken, durchnehmen, durch-

sehen, durchsprechen, einsehen, erörtern, [gründlich] lesen, inspizieren, studieren, untersuchen, sich vertiefen; *(ugs.)*: durchackern.
3. angenommen werden, bewilligt werden.
4. davonjagen, davonlaufen, davonrasen, davonrennen, davonsausen, davonschießen, davonstürmen, davonstürzen, scheuen, scheu werden; *(geh.)*: davonstieben.

durchgehend
andauernd, anhaltend, beharrlich, beständig, [bis] in alle Ewigkeit, bleibend, dauerhaft, endlos, fest, fortdauernd, fortlaufend, fortwährend, für alle Zeit[en], gleichbleibend, immer, immerfort, immerwährend; jahraus, jahrein; jederzeit, konstant, laufend, lebenslang, nach wie vor, ohne Ende/Pause/Unterbrechung, pausenlos, permanent, ständig, stets; tagaus, tagein; Tag und Nacht, überdauernd, unablässig, unaufhörlich, unentwegt, ununterbrochen, unveränderlich, unverrückbar, von Bestand/Dauer, zeitlebens; *(geh.)*: unwandelbar; *(bildungsspr., Fachspr.)*: kontinuierlich; *(ugs.)*: am laufenden Band, chronisch, ewig, in einer Tour, rund um die Uhr.

durchgehen lassen
akzeptieren, annehmen, billigen, dulden, einräumen, sich einverstanden erklären, einwilligen, gelten lassen, geschehen lassen, gestatten, gewähren lassen, hinnehmen, zugeben, zugestehen, zulassen; *(bildungsspr.)*: konzedieren, tolerieren; *(ugs.)*: absegnen, sich gefallen lassen.

durchgreifen
bereinigen, dazwischenfahren, eingreifen, ein Machtwort sprechen, sich einmengen, sich einmischen, einschreiten, für Ordnung/Ruhe sorgen, klären, mit der Faust auf den Tisch hauen/schlagen, Ordnung schaffen, vermitteln; *(bildungsspr.)*: intervenieren; *(ugs.)*: dreinreden, kurzen Prozess machen.

durchgreifend
bestimmt, dramatisch, durchschlagend, einschneidend, energisch, entschieden, entschlossen, hart, massiv, nachdrücklich, nachhaltig, rigoros, spürbar, stark, streng, strikt, tiefgreifend, wirksam; *(bildungsspr.)*: gravierend.

durchhalten
a) abwarten, aushalten, ausharren, beharren, bleiben, Geduld bewahren/haben, sich gedulden, nicht aufgeben, warten, zuwarten; *(geh.)*: verharren, verweilen; *(ugs.)*: nicht schlappmachen. **b)** ausgesetzt sein, aushalten, bewältigen, durchstehen, einstecken, erdulden, ertragen, fertigwerden, hinnehmen, in Kauf nehmen, tragen, über sich ergehen lassen, überstehen, verkraften, verschmerzen; *(geh.)*: dulden; *(ugs.)*: durchmachen, mitmachen.

durchhängen
abgespannt/erschöpft sein, erlahmen, ermüden, erschlaffen, matt/kraftlos sein, müde sein; *(geh.)*: ermatten; *(ugs.)*: die nötige Bettschwere haben, k. o. sein, schlapp sein.

durchkämmen
abfahren, abgehen, ablaufen, abstreichen, abstreifen, absuchen, durchstreifen, durchsuchen, kontrollieren, patrouillieren; *(geh.)*: abschreiten, durchstreichen; *(ugs.)*: abgrasen, abklappern, abklopfen, durchstöbern.

durchkommen
1. sich durchdrängen, sich durchquetschen, sich einen Weg bahnen, sich vorarbeiten, sich vorkämpfen; *(ugs.)*: sich durchdrängeln.
2. durchfahren, durchqueren, vorbeikommen.
3. auskommen, sein Auskommen haben, über die Runden kommen, zurechtkommen; *(ugs.)*: hinkommen, langen.
4. a) am Leben bleiben, davonkommen, entgehen, entkommen, gesunden, Glück haben, sich retten, überleben, überstehen, verschont bleiben, sich [wieder] erholen; *(geh.)*: entrinnen; *(ugs.)*: wegkommen. **b)** bestehen, bewältigen, [erfolgreich] ablegen/abschließen/absolvieren, weiterkommen; *(ugs.)*: hinter sich bringen.

durchkreuzen
abblocken, abhalten, abwehren, abwenden, aufhalten, behindern, blockieren, fernhalten, im Keim ersticken, unterbinden, vereiteln, verhindern, verhüten, zum Scheitern bringen, zunichtemachen; *(geh.)*: zu Fall bringen; *(ugs.)*: abbiegen, umbiegen; *(abwertend)*: torpedieren.

durchlassen
1. den Eintritt/die Einfahrt gestatten, durchfahren/durchgehen lassen, einlassen, passieren lassen, vorbeifahren/vorbeigehen lassen.
2. durchlässig sein, eindringen lassen, undicht sein.
3. billigen, dulden, durchgehen lassen, gelten lassen, gestatten, gewähren lassen, hinnehmen, nachsehen, zugestehen, zulassen; *(bildungsspr.)*: tolerieren; *(ugs.)*: sich gefallen lassen.

durchlässig
leck, löchrig, porös, schadhaft, undicht.

durchlaufen
1. durchdringen, durchgehen, durchströmen; *(geh.)*: durchfluten, durchpulsen.
2. absolvieren, beenden, bestreiten, bewältigen, kommen, meistern, schaffen, teilnehmen; *(ugs.)*: durchmachen, hinter sich bringen.

durchlesen
durcharbeiten, durchgehen, durchsehen, [gründlich] lesen, studieren, untersuchen, sich vertiefen; *(ugs.):* durchackern.

durchleuchten
1. röntgen.
2. aufarbeiten, auf den Grund gehen, sich auseinandersetzen, ausschöpfen, auswerten, bearbeiten, beleuchten, betrachten, durchforsten, durchlesen, erforschen, ergründen, [gründlich] prüfen, untersuchen, sich vertiefen; *(bildungsspr.):* analysieren; *(ugs.):* auf Herz und Nieren prüfen, unter die Lupe nehmen; *(Fachspr.):* screenen.

durchmachen
1. absolvieren, beenden, bestreiten, besuchen, bewältigen, durchlaufen, kommen, meistern, schaffen, teilnehmen.
2. am eigenen Leib erfahren, aushalten, ausstehen, durchhalten, durchstehen, einstecken, erdulden, erleiden, ertragen, fertigwerden, hinnehmen, in Kauf nehmen, über sich ergehen lassen, überstehen, verkraften, verschmerzen; *(ugs.):* sich durchbeißen, hinter sich bringen, mitmachen.

durchnehmen
sich auseinandersetzen, sich befassen, behandeln, sich beschäftigen, besprechen, diskutieren, durcharbeiten, durchgehen, durchsprechen, erörtern, lernen, studieren, untersuchen, sich vertiefen, sich zuwenden; *(ugs.):* durchkauen, durchpauken, sich herumschlagen, sich hineinknien; *(Jargon):* durchdeklinieren.

BSP Damit haben wir uns lange auseinandergesetzt. Ich habe mich gründlich/intensiv mit dieser Frage befasst. Wir haben diese Frage ausführlich diskutiert. Der Artikel untersucht den Klimawandel. Ich werde mich nun einem anderen Aspekt zuwenden.

---

durchqueren
durchgehen, durchlaufen, durchziehen, kreuzen, passieren; *(geh.):* durchkreuzen, durchschreiten.

durchringen, sich
sich aufraffen, sich aufschwingen, sich bequemen, sich durchkämpfen, über seinen Schatten springen, sich überwinden; *(ugs.):* sich aufrappeln, sich berappeln, sich [innerlich] einen Ruck geben.

Durchsage
Ansage, Auskunft, Benachrichtigung, Information.

durchschauen
a) erfassen, erkennen, wahrnehmen; *(geh.):* erspüren, gewahren; *(ugs.):* dahinterkommen.
b) begreifen, erfassen, erkennen, fassen, nachvollziehen, realisieren, verstehen; *(ugs.):* blicken, durchblicken, durchgucken, kapieren; *(salopp):* checken, durchsteigen, raffen.

Durchschlag
Abschrift, Doppel, Duplikat, Duplum, Durchschrift, Kopie, Zweitausfertigung, Zweitschrift.

durchschlagen, sich
a) sich durchhauen, sich durchkämpfen, durchkommen. **b)** sich behaupten, bestehen, sich bewähren, sich durchkämpfen, durchkommen; *(ugs.):* sich durchbeißen, sich durchboxen.

durchschlagend
durchgreifend, einschneidend, energisch, entscheidend, massiv, nachdrücklich, nachhaltig, schwerwiegend, tiefgreifend; *(bildungsspr.):* gravierend.

durchschleusen
lenken, lotsen, schleusen; *(ugs.):* durchlotsen, ins Schlepptau nehmen.

durchschneiden
a) durchtrennen, halbieren, hälften, teilen, zerschneiden; *(salopp):* durchsäbeln. **b)** durchfurchen, durchziehen; *(geh.):* furchen.

Durchschnitt
1. Mittelwert, mittlerer Wert; *(ugs.):* Schnitt.
2. mittleres Maß, Norm, Regel; *(oft abwertend):* Mittelmaß.
3. [Quer]schnitt.
4. Durchschnittswert.

durchschnittlich
1. mittlere; *(ugs.):* im Schnitt.
2. alltäglich, gewöhnlich, normal, ordinär; *(bildungsspr.):* banal, medioker, profan, trivial; *(ugs.):* mittel[gut].

GGS aus dem Rahmen fallend, hervorstechend, originell, speziell.

---

durchsehen
1. durchblicken, hindurchsehen; *(ugs.):* durchgucken.
2. a) durchchecken, durchforsten, durchgehen, Einblick/Einsicht nehmen, einsehen, inspizieren, revidieren, sichten, studieren. **b)** durchblättern, durchfliegen, überfliegen.
3. begreifen, durchschauen, erfassen, erkennen, folgen können, mitbekommen, realisieren, verstehen; *(ugs.):* blicken, durchblicken, kapieren, mitkommen, mitkriegen, schalten, wegkriegen; *(salopp):* checken, durchsteigen, packen, raffen.

durchsetzen
durchbringen, durchkämpfen, erreichen, erringen, erwirken, erzwingen; *(schweiz.):* durchstieren; *(geh.):* betätigen, ertrotzen; *(ugs.):* durchboxen, durchdrücken, durchpauken.

durchsetzen, sich
a) sich behaupten, beikommen, bestehen, die Oberhand bekommen/erhalten/gewinnen, durchdringen, sich Geltung verschaffen, seine Ellbogen gebrauchen. **b)** sich ausbreiten, sich ausdehnen, sich ausweiten, sich Bahn brechen, übergreifen, um sich greifen.

Durchsicht
Durchsehen, Inspektion, Kontrolle, Prüfung, Überprüfung.

durchsichtig
a) durchscheinend, gläsern, [glas]klar, kristallklar, limpid, transparent; *(geh.):* quellklar; *(bildungsspr., Fachspr.):* transluzent, transluzid.
b) begreiflich, durchschaubar, einsichtig, erkennbar, ersichtlich, fassbar, klar, plausibel, verständlich, verstehbar.

durchsickern
1. durchdringen, durchlaufen, durchlecken, durchrinnen, durchtropfen, sickern.
2. bekannt werden, durchdringen, sich herumsprechen, in die Öffentlichkeit dringen, verlauten; *(geh.):* verlautbaren; *(bildungsspr.):* publik werden; *(ugs.):* herauskommen.

durchsprechen
bereden, besprechen, durchdiskutieren, durchgehen; *(geh.):* sich unterreden; *(ugs.):* bekakeln, bequatschen, durchkauen.

durchstehen
aushalten, ausstehen, durchhalten, hinwegkommen, standhalten, über sich ergehen lassen, überstehen; *(ugs.):* sich durchbeißen, durchmachen, hinter sich bringen, mitmachen.

durchstreichen
ausstreichen, durchkreuzen, fortstreichen, herausstreichen, streichen; *(geh.):* tilgen; *(bildungsspr.):* elidieren; *(ugs.):* durchixen.

durchsuchen
absuchen, abtasten, durchforschen, durchkämmen, durchmustern, filzen, revidieren, untersuchen, visitieren; *(österr.):* perlustrieren; *(ugs.):* durchkramen, durchstöbern, herumsuchen.

Durchsuchung
Durchforschung, Durchmusterung, Razzia, Revision, Suchung, Untersuchung, Visitation; *(österr.):* Perlustration, Perlustrierung.

durchtrieben
abgefeimt, bauernschlau, clever, raffiniert; *(ugs.):* ausgefuchst, ausgepicht, gefuchst, gerieben, gerissen, gewieft, schlitzohrig.

durchwachsen
annehmbar, durchschnittlich, einigermaßen, halbwegs, leidlich, nicht besonders, passabel; *(bildungsspr.):* akzeptabel; *(ugs.):* mittel[gut], nicht berauschend, so lala, soso.

durchweg
ausnahmslos, ausschließlich, durchgängig, generell, grundsätzlich, konstant, ohne Ausnahme, prinzipiell, sämtlich; *(ugs.):* alle, allesamt; *(südd., österr., schweiz.):* durchwegs.

[1]durchziehen
abwickeln, ausführen, besorgen, bewältigen, durchführen, erledigen, machen, tun, unter Dach und Fach bringen, verrichten, verwirklichen, vollziehen, zu Ende führen, zustande/zuwege bringen; *(bildungsspr.):* realisieren; *(ugs.):* über die Bühne bringen; *(salopp):* schaukeln.

[2]durchziehen
durchsetzen, durchweben, hindurchgehen.

Durchzug
1. Durchmarsch, Durchquerung, Durchwanderung; *(geh.):* Durchkreuzung.
2. Luftzug, Zug[luft], Zugwind.

dürfen
a) das Einverständnis haben, die Einwilligung/Erlaubnis/Zustimmung haben, erlaubt/gestattet sein. **b)** befugt/berechtigt sein, das Recht haben, die Befugnis/Berechtigung haben. **c)** Veranlassung haben.

dürftig
ärmlich, bescheiden, erbärmlich, jämmerlich, karg, knapp, lächerlich, mager, mäßig, spärlich, ungenügend, unzureichend; *(geh.):* schmal, unzulänglich; *(bildungsspr.):* insuffizient; *(abwertend):* kümmerlich, lausig; *(oft abwertend):* kläglich.

dürr
1. a) verdorrt, vertrocknet. **b)** ausgedorrt, ausgedörrt, ausgetrocknet, eingetrocknet, trocken, unfruchtbar, verdorrt, vertrocknet, wüstenhaft.
2. abgemagert, gertenschlank, hager, mager, schlank wie eine Tanne, sehr dünn/schlank/schmal, spindeldürr; *(ugs.):* bloß/nur noch Haut und Knochen, ein Strich [in der Landschaft], knochendürr, vom Fleisch gefallen; *(ugs. scherzh.):* eine [richtige] Bohnenstange.

Dürre
Dürreperiode, Trockenheit; *(schweiz.):* Tröckne; *(nordd.):* Söhre.

Durst
Bedürfnis, Begierde, Drang, Gier, Lust, Sehnsucht, Wunsch; *(geh.):* Begehr, Begehren, Begehrlichkeit, Begier, Gelüste, Hunger, Sehnen, Verlangen.

dursten
fiebern, sich sehnen, wollen, wünschen; *(geh.):* begehren, gelüsten, gieren, hungern, lechzen, schmachten, verlangen, sich verzehren; *(dichter.):* dürsten.

Dusel
a) Glück; *(bildungsspr.):* Fortune; *(ugs.):* [Affen]schwein; *(salopp):* Massel. **b)** Benebelung, Benommenheit, Betäubung, Schwindel[gefühl], Taumel, Umnebelung.

dusslig
dumm, dümmlich, einfältig; *(ugs.):* blöd, doof; *(salopp):* behämmert, bekloppt, beknackt, bescheuert; *(abwertend):* beschränkt, töricht.

düster
a) dämmrig, dunkel, finster, lichtarm, schwach/spärlich beleuchtet, trübe; *(bildungsspr.):* sinister, trist; *(ugs.):* schummrig. **b)** bedrohlich, finster, geisterhaft, gespenstisch, spukhaft, unheimlich; *(geh.):* unheildrohend, unheilvoll; *(bildungsspr.):* sinister. **c)** bedrückend, betrüblich, deprimierend, dunkel, entmutigend, finster, freudlos, hoffnungslos, negativ, schlimm, traurig, trostlos, unerfreulich; *(bildungsspr.):* desolat, trist.

dutzendweise
1. im Dutzend, zu zwölf Stück, zu zwölft.
2. in großer Menge/Zahl, in Hülle und Fülle, in reichem Maße, massenweise, mehr als genug/genügend; *(geh.):* mannigfach, zuhauf; *(ugs.):* en masse, haufenweise, in rauen Mengen, massig, reihenweise, schockweise, serienweise; *(oft abwertend):* zur Genüge.

duzen
Brüderschaft/Duzfreundschaft geschlossen haben, Brüderschaft getrunken haben, Du sagen, mit Du anreden, per Du sein.

Dynamik
a) Antrieb, Energie, Kraft, Tatkraft, Triebfeder, Triebkraft; *(bildungsspr.):* Dynamismus. **b)** Aktivität, Energie, Feuer, Lebendigkeit, Lebhaftigkeit, Pep, Schwung, Vitalität; *(bildungsspr.):* Drive, Elan; *(ugs.):* Schmiss; *(Jargon):* Power.

dynamisch
agil, aktiv, beschwingt, energiegeladen, energisch, feurig, kraftvoll, lebhaft, rege, rührig, schwungvoll, tatkräftig, temperamentvoll, vital, voller Dynamik; *(schweiz.):* zugriffig; *(geh.):* regsam.

E

¹eben
1. flach, horizontal, platt, waagerecht.
2. ebenmäßig, geebnet, glatt, gleichmäßig; *(bes. Fachspr.):* plan.
3. ebenerdig, im Erdgeschoss/Parterre, parterre, zu ebener Erde.

²eben
1. a) augenblicklich, derzeit, derzeitig, gerade [jetzt], im Augenblick/Moment, in diesem Augenblick/Moment, jetzt, momentan, soeben. **b)** gerade vorhin, vor wenigen Minuten. **c)** en passant, für kurze Zeit, kurz, rasch einmal, schnell.
2. gerade noch, mit Müh und Not; *(ugs.):* auf den letzten Drücker.

ebenbürtig
auf gleicher Stufe, einander gewachsen, genauso gut, gleich, gleichberechtigt, gleich gut, gleichrangig, gleichwertig, ranggleich, wesensgleich.

Ebene
1. Flachland, Niederung, Plateau, Tiefland.
2. Niveau, Plattform, Stufe; *(bildungsspr.):* Level.

ebenfalls
auch, desgleichen, ebenso, genauso, geradeso, gleichermaßen, gleicherweise, gleichfalls, in gleichem Maße, in gleicher Weise, so auch; *(geh.):* nicht minder; *(ugs.):* dito.

ebenmäßig
abgestimmt, ausgeglichen, ausgewogen, gleichmäßig, harmonisch, im Gleichgewicht/Gleichmaß, im richtigen Verhältnis, proportioniert, regelmäßig, symmetrisch, wohlgeformt; *(geh.):* wohlproportioniert; *(bildungsspr.):* proportional.

ebenso ↑ebenfalls.

Echo
1. Gegenhall, Hall, Nachhall, Rückhall, Widerhall, Widerklang, Widerschall.
2. Akzeptanz, Anerkennung, Anklang, Beifall, Gefallen, Resonanz, Zuspruch, Zustimmung.

echt ✗
1. a) natürlich, nicht imitiert, nicht künstlich, nicht nachgemacht, original, rein, richtig, unverfälscht, ursprünglich, urwüchsig, wahr, waschecht; *(bildungsspr.):* authentisch, genuin. **b)** beglaubigt, belegt, gesichert, glaubwürdig, nicht gefälscht, nicht nachgemacht, original, sicher, verbürgt, verlässlich, wahr, zuverlässig; *(bildungsspr.):* authentisch, zertifiziert.
2. regelrecht, richtig, tatsächlich, typisch, unverkennbar, wahrhaftig, waschecht, wirklich.

Ecke
1. a) Kante, Knick, Kreuzung, Rand, Schnittpunkt, Winkel. **b)** Stück, Stückchen, Zipfel; *(bes. nordd.):* Kanten.
2. Nische, Winkel.
3. Bereich, Breiten, Gebiet, Gegend, Landschaft, Landstrich, Raum, Region, Teil, Winkel, Zone; *(geh.):* Gefilde.

eckig
kantig, quadratisch, spitz.

edel
1. adlig, aristokratisch, edelmännisch, feudal, von Adel.
2. a) achtenswert, anerkennenswert, aufrecht, ehrenhaft, ehrenwert, grundanständig, lobenswert, redlich, ritterlich, rühmenswert, rühmlich, unbestechlich; *(geh.):* achtbar, ehrbar; *(bildungsspr.):* respektabel; *(veraltend):* rechtschaffen. **b)** aufopfernd, aufopferungsvoll, aus reiner Menschenliebe, selbstlos, uneigennützig, von edler/vornehmer Gesinnung; *(geh.):* edelmütig, großherzig, nobel.
3. ausgesucht, ausgewählt, ausgezeichnet, de luxe, erstklassig, exquisit, fein, gepflegt, hervorragend, kostbar, qualitätvoll, rar, sehr gut, teuer, überragend, unübertrefflich, von besonderer Güte, von bester Qualität, vortrefflich, vorzüglich, wertvoll; *(geh.):* [aus]erlesen; *(bildungsspr.):* delikat, exklusiv, exzellent, superb; *(veraltend):* trefflich.

Effekt
1. Auswirkung, Ergebnis, Fazit, Folge, Konsequenz, Wirksamkeit, Wirkung; *(geh.):* Ausfluss; *(bildungsspr.):* Resultat, Resümee.
2. Bühnenwirkung, Bühnenzauber, Kniff, Kunstgriff, Pointe, Trick; *(bildungsspr.):* Finesse; *(ugs.):* Masche.

effektiv
1. dienlich, erfolgreich, Erfolg versprechend, förderlich, fruchtbar, geeignet, günstig, gut, lohnend, nachhaltig, nutzbringend, nützlich, ökonomisch, sinnvoll, von Nutzen, vorteilhaft, wirksam, wirkungsvoll, zuträglich, zweckmäßig; *(geh.):* ersprießlich, hilfreich; *(bildungsspr.):* konstruktiv; *(bildungsspr., Fachspr.):* effizient.
2. bestimmt, de facto, den Tatsachen entsprechend/gemäß, echt, faktisch, in der Tat, in Wirklichkeit, praktisch, sicher, tatsächlich, unbestreitbar, wahrhaftig, wirklich; *(bildungsspr.):* definitiv.

effektvoll
ansehnlich, beeindruckend, bezaubernd, dekorativ, eindrucksvoll, glanzvoll, imponierend, imposant, schmückend, wirkungsvoll; *(ugs.):* abgefahren, stark, wunderbar.

egal
1. ebenso, einförmig, einheitlich, entsprechend, genauso, gleich[artig], gleich beschaffen, identisch, konform, nicht unterscheidbar, ohne Unterschied, sehr ähnlich, übereinstimmend, unterschiedslos, vergleichbar; *(bildungsspr.):* analog, homogen, normiert, uniform.
2. einerlei, gleich[gültig], gleichviel, unerheblich, wie auch immer, wie dem auch sei; *(bildungsspr.):* indifferent; *(ugs.):* Jacke wie Hose, piepe, piepegal, schnuppe, wumpe, wurscht.

Egoismus
Eigenliebe, Eigennutz, Eigensucht, Ichbezogenheit, Narzissmus, Selbstbesessenheit, Selbstbezogenheit, Selbstliebe, Selbstsucht, Selbstverliebtheit; *(geh.):* Ichsucht; *(bildungsspr.):* Egotismus, Egozentrik.

egoistisch
egoman, eigennützig, ichbezogen, [nur] auf sich/den eigenen Vorteil bedacht, selbstbezogen, selbstsüchtig; *(geh.):* ichsüchtig; *(bildungsspr.):* egozentrisch; *(abwertend):* rücksichtslos.

GGS altruistisch, edelmütig, nobel, selbstlos.

Ehe
Bund fürs Leben, Ehebündnis, eheliche Verbindung, Eheschließung, Ehestand, Heirat, Verheiratung; *(geh.):* Ehebund, Lebensbund, Vermählung; *(dichter.):* Eheband.

Ehefrau
Ehepartnerin, Frau; *(geh.):* Ehegattin, Gattin, Gemahlin; *(scherzh.):* Angetraute; *(ugs. scherzh.):* bessere/schönere Hälfte, Ehehälfte.

ehemals
anno dazumal, damals, derzeit, einmal, früher, in/zu jener Zeit, in früheren Zeiten, in jenen Tagen, seinerzeit, vormals, vor Urzeiten; *(geh.):* ehedem, einst.

Ehemann
Ehepartner, Mann; *(geh.):* Ehegatte, Gatte, Gemahl; *(salopp):* Alter; *(scherzh.):* Angetrauter; *(ugs. scherzh.):* bessere Hälfte, Göttergatte.

Ehepaar
Eheleute, Mann und Frau, Verheiratete, [verheiratetes] Paar; *(geh.):* Vermählte.

eher
1. früher, zeitiger, zu einem früheren Zeitpunkt.
2. a) besser, im Gegenteil, lieber, mehr, möglichst, nach Möglichkeit, sinnvollerweise, tunlichst, vielmehr. **b)** leichter, wahrscheinlicher.

Ehre
1. a) Achtung, Anerkennung, Ansehen, Autori-

tät, Bedeutung, Ehrfurcht, Geltung, [guter] Ruf, Hochachtung, Hochschätzung, hohe Einschätzung/Meinung, Image, Leumund, Respekt, Würde; *(geh.):* Wertschätzung; *(bildungsspr.):* Nimbus, Prestige, Profil, Renommee, Reputation; *(veraltend):* Schätzung. **b)** Achtung, Anerkennung, Ansehen, Auszeichnung, Beifall, Belobigung, Belohnung, Bewunderung, Ehrung, Hochachtung, Honorierung, Lob, Respekt, Ruhm, Würdigung; *(geh.):* Ehrerbietung, Wertschätzung; *(bildungsspr.):* Ovation; *(veraltend):* Ästimation.
2. Anstand, Ehrgefühl, Selbstachtung, Stolz, Wertgefühl, Würde.

ehren
a) achten, Achtung entgegenbringen/erweisen, anerkennen, auszeichnen, belobigen, bewundern, dekorieren, den Hut ziehen, Ehre erweisen, feiern, hoch achten/schätzen, honorieren, loben, Lob spenden/zollen, respektieren, schätzen, würdigen; *(geh.):* preisen, verehren; *(ugs.):* große Stücke halten auf; *(veraltend):* wertschätzen. **b)** Ehre machen, eine Ehre sein; *(geh.):* zur Ehre gereichen.

ehrenamtlich
freiwillig, für einen Gotteslohn, ohne Bezahlung/Entgelt, umsonst, unentgeltlich.

Ehrenwort
Beteuerung, Schwur, Versicherung, Versprechen, Wort, Zusicherung; *(geh.):* Gelöbnis.

ehrerbietig
achtungsvoll, ehrfürchtig, respektvoll, voll[er] Achtung, voll[er] Ehrfurcht, voll[er] Respekt; *(geh.):* ehrfurchtsvoll, ergeben; *(bildungsspr.):* devotional; *(abwertend):* devot, unterwürfig.

Ehrfurcht
Achtung, Anerkennung, Hochachtung, hohe Einschätzung/Meinung, Respekt; *(geh.):* Pietät, Scheu, Verehrung, Wertschätzung; *(veraltend):* Furcht, Schätzung; *(bildungsspr. veraltend):* Distinktion.

Ehrgeiz
Bestrebung, Ehrsucht, Eifer, Fleiß, Geltungsdrang, Streben, Strebsamkeit; *(geh.):* Ehrbegier[de], Ruhmbegier[de]; *(bildungsspr.):* Ambition, Aspiration.

ehrgeizig
ehrsüchtig, eifrig, fleißig, geltungsbegierig, ruhmsüchtig, strebsam; *(geh.):* ambitioniert, ehrbegierig, ruhmbegierig; *(abwertend):* geltungssüchtig.

ehrlich
1. aufrecht, aufrichtig, fair, geradlinig, glaubwürdig, grundehrlich, offen[herzig], ohne Verstellung, redlich, reell, unverhohlen, vertrauenswürdig, wahrheitsliebend, zuverlässig; *(geh.):* lauter, wahrhaftig; *(bildungsspr.):* loyal.

GGS betrügerisch, perfide, verlogen.

2. anständig, aufrichtig, ehrenhaft, grundanständig, gut, integer, ordentlich, redlich, ritterlich, sauber, seriös, solide; *(geh.):* ehrbar, ehrenwert, lauter; *(ugs.):* fein; *(veraltend):* brav, honorig, rechtlich, rechtschaffen, wacker.

Ehrlichkeit
1. Aufrichtigkeit, Fairness, Freimut, Geradheit, Geradlinigkeit, Lauterkeit, Offenheit, Unverblümtheit, Wahrhaftigkeit, Wahrheitsliebe.
2. Anständigkeit, Aufrichtigkeit, Rechtschaffenheit, Redlichkeit.

Ehrung
Anerkennung, Auszeichnung, Belobigung, Belohnung, Dekorierung, Laudatio, Lob, Lobrede, Prämierung, Preis, Verleihung, Würdigung; *(geh.):* Preisung; *(bildungsspr.):* Ovation; *(dichter.):* Lobpreis, Lobpreisung.

ehrwürdig
1. erhaben, [verehrungs]würdig; *(geh.):* altehrwürdig, erlaucht; *(veraltend):* honorig.
2. *(veraltend):* hochwürdig.

Eid
Schwur; *(geh.):* Gelöbnis, Gelübde.

Eifer
Aktivität, Anstrengung, Beflissenheit, Bemühung, Bestrebung, Ehrgeiz, Eifrigkeit, Einsatz, Emsigkeit, Energie, Fleiß, Geschäftigkeit, Kraftaufwand, Mühe, Rastlosigkeit, Streben, Tatendrang, Unermüdlichkeit, Unternehmungslust; *(geh.):* Bemühen, Trachten; *(bildungsspr.):* Engagement.

eifern
1. sich bekennen, eine Lanze brechen, eintreten, sich engagieren, sich ereifern, in Eifer geraten, sich [öffentlich] aussprechen, Partei ergreifen, Stellung beziehen/nehmen, unterstützen, verfechten, verteidigen, vertreten; *(bildungsspr.):* plädieren; *(ugs.):* sich starkmachen.
2. abzielen, anstreben, anvisieren, anzielen, aus sein, beabsichtigen, brennen, erpicht sein, hinsteuern, intendieren, ringen, streben, versessen sein, zielen, zu erlangen/zu erreichen suchen, zum Ziel haben, zu verwirklichen suchen; *(geh.):* erstreben, sinnen; *(ugs.):* hinauswollen.

Eifersucht
Eifersüchtelei, Misstrauen, Neid, Zweifel; *(geh.):* Argwohn; *(salopp):* Futterneid.

eifersüchtig
missgünstig, misstrauisch, neiderfüllt, neidisch, neidvoll, voller Neid; *(geh.):* argwöhnisch.

eifrig
aktiv, beflissen, bemüht, bestrebt, betriebsam, bienenfleißig, ehrgeizig, emsig, energisch, engagiert, fleißig, geschäftig, lebendig, rastlos, rege, strebsam, tätig, tatkräftig, temperamentvoll, tüchtig, übereifrig, unermüdlich, unternehmungslustig, voller Tatendrang; *(geh.):* ambitioniert, nimmermüde, regsam; *(bildungsspr.):* enthusiastisch.

eigen
1. abgesondert, besonders, jmdm. selbst gehörend, persönlich, selbstständig, zugehörig; *(ugs.):* extra.
2. bezeichnend, charakteristisch, eigentümlich, kennzeichnend, spezifisch, typisch, unverkennbar, unverwechselbar; *(bildungsspr.):* signifikant, symptomatisch.
3. ↑eigenartig.

Eigenart
Art, Besonderheit, Charakter[zug], Eigenheit, Eigenschaft, Eigentümlichkeit, Kennzeichen, Merkmal, Natur, Spezialität, Wesen, Wesenszug; *(bildungsspr.):* Attribut, Charakteristikum, Spezifikum, Typizität.

eigenartig
absonderlich, befremdend, bizarr, eigenbrötlerisch, eigentümlich, extravagant, komisch, merkwürdig, seltsam, sonderbar, sonderlich, ungewöhnlich, verquer, wunderlich; *(geh.):* befremdlich; *(bildungsspr.):* exzentrisch, kurios, skurril; *(ugs.):* abgedreht, schrullig, überdreht, ulkig, verrückt; *(abwertend):* verschroben; *(veraltend):* eigen.

Eigenbrötler, Eigenbrötlerin
Außenseiter, Außenseiterin, Einzelgänger, Einzelgängerin, Kauz, Sonderling; *(bildungsspr.):* Individualist, Individualistin, Nonkonformist, Nonkonformistin, Outcast, Outsider, Outsiderin; *(Jargon):* Aussteiger, Aussteigerin.

eigenhändig
höchstpersönlich, persönlich, selbst; *(bildungsspr.):* in persona; *(ugs.):* selber.

eigenmächtig
auf eigene Faust/Verantwortung, aus eigener Machtvollkommenheit, eigenständig, eigenverantwortlich, in Eigeninitiative/Eigenverantwortlichkeit, nach eigenem Ermessen/Gutdünken, ohne Auftrag/Mandat/Vollmacht, selbstständig, selbstverantwortlich.

eigennützig
auf den eigenen Vorteil bedacht, egoistisch, ichbezogen, selbstsüchtig; *(geh.):* ichsüchtig, selbstisch.

eigens
ausdrücklich, einzig [und allein], exklusiv, extra, speziell; *(bildungsspr.):* explizite, expressis verbis; *(ugs.):* bloß; *(bildungsspr., Fachspr.):* explizit.

Eigenschaft
Art [und Weise], Beschaffenheit, Besonderheit, Eigenart, Eigenheit, Kennzeichen, Merkmal, Natur, Spezifikum, Wesen, Wesensart, Wesensmerkmal; *(bildungsspr.):* Charakteristikum, Qualität.

Eigensinn
Eigensinnigkeit, Eigenwilligkeit, Einsichtslosigkeit, Störrischkeit, Trotz, Unbelehrbarkeit, Uneinsichtigkeit, Unnachgiebigkeit; *(bildungsspr.):* Obstination; *(ugs.):* Dickköpfigkeit; *(abwertend):* Borniertheit, Halsstarrigkeit, Starrköpfigkeit, Verstocktheit.

eigensinnig
eigenwillig, einsichtslos, störrisch, trotzig, trotzköpfig, unbelehrbar, uneinsichtig, unnachgiebig; *(bildungsspr.):* obstinat; *(ugs.):* dickköpfig; *(abwertend):* borniert, halsstarrig, starrköpfig, verstockt.

eigenständig
eigenmächtig, eigenverantwortlich, emanzipiert, selbstbestimmt, selbstständig, selbstverantwortlich, unabhängig, ungebunden; *(bildungsspr.):* autark, autonom, originär.

eigentlich ≁
a) faktisch, in natura, in Wirklichkeit, ja, tatsächlich, ursprünglich, von Haus aus, wirklich; *(bildungsspr.):* in facto, realiter. **b)** am Ende, an und für sich, genau genommen, grundsätzlich, im Grunde [genommen], im Prinzip, letztlich; *(ugs.):* praktisch.

Eigentum
Besitz[tum], Gut, Habseligkeit, Haus und Hof, Reichtum, Schatz, Vermögen; *(geh.):* Eigen, Geld und Gut, Habe, Hab und Gut.

Eigentümer, Eigentümerin
Besitzer, Besitzerin, Eigner, Eignerin, Herr, Herrin, Inhaber, Inhaberin.

eigentümlich
1. bezeichnend, charakteristisch, eigen, kennzeichnend, spezifisch, typisch, unverkennbar, unverwechselbar, wesenseigen, wesensgemäß; *(bildungsspr.):* signifikant, symptomatisch.
2. absonderlich, befremdend, eigenartig, merkwürdig, seltsam, sonderbar, ungewöhnlich, verquer, wunderlich; *(geh.):* befremdlich; *(bildungsspr.):* exzentrisch, kurios, skurril; *(ugs.):* abge-

dreht, schrullig; *(abwertend):* verschroben; *(veraltend):* eigen.

eigenwillig

1. abenteuerlich, aus dem Rahmen fallend, ausgefallen, außergewöhnlich, besonders, bizarr, exotisch, extravagant, nicht alltäglich, originell, speziell, ungewöhnlich, ungewohnt; *(bildungsspr.):* skurril, unkonventionell, unorthodox; *(emotional):* unvergleichlich.

2. ↑eigensinnig.

eignen, sich

geeignet sein, infrage kommen, nütze sein, sich schicken, seinen Dienst/seine Dienste tun, seinen Zweck erfüllen, taugen; *(ugs.):* das Zeug haben.

Eile

Beschleunigung, Hast, Hastigkeit, Hektik, Hetze, Hetzerei, Hetzjagd; *(ugs.):* Affentempo, Eiltempo, Hochdruck, Rasanz.

eilen

1. dahinjagen, dahinstürmen, fegen, hetzen, jagen, preschen, rennen, sausen, schießen, stürmen, wieseln; *(geh.):* fliegen, hasten; *(ugs.):* düsen, flitzen, hinsausen, pesen, rasen, sprinten.

2. drängen, Eile erfordern, eilig/dringend/dringlich sein, keinen Aufschub dulden, rasches Handeln fordern, unaufschiebbar sein; *(ugs.):* auf/unter den Nägeln brennen.

eilen, sich

sich abhetzen, sich beeilen, hetzen, keine Zeit verlieren, schnell machen, sich überstürzen; *(ugs.):* sich abjagen, dalli/fix machen, losmachen, sich ranhalten, voranmachen.

eilig

1. hastig, in Eile, rasch, schnell, überstürzt; *(geh.):* schleunig; *(ugs.):* fix, Hals über Kopf, im/in einem Husch, im Nu, zwischen Tür und Angel; *(oft emotional):* in/mit Windeseile.

2. akut, brennend, drängend, dringend, unaufschiebbar, vordringlich; *(emotional verstärkend):* brandeilig; *(veraltend):* express.

einarbeiten

1. anleiten, anlernen, einschulen, einweisen, lehren, vertraut machen, zeigen; *(geh.):* unterweisen.

2. einbauen, einfügen, einlassen, einmontieren, einpassen, einsetzen, hineinarbeiten, hineinfügen; *(bildungsspr.):* integrieren.

Einband

Buchdeckel, Bucheinband.

einbauen

1. a) einarbeiten, einfügen, einlassen, einmontieren, einpassen, einsetzen, einziehen, hineinbauen, hineinfügen; *(bildungsspr.):* integrieren.

b) einarbeiten, einfügen, einmontieren, einrichten, einsetzen, hineinbauen, hinzufügen, installieren, zufügen; *(bildungsspr.):* integrieren; *(EDV):* implementieren.

2. einfügen, einschalten, einschieben, einsetzen, hineinarbeiten; *(ugs.):* einflicken.

einbehalten

abnehmen, an sich nehmen, aufbewahren, aufheben, behalten, dabehalten, einsparen, in Verwahrung nehmen, verwahren, zurückbehalten, zurückhalten; *(geh.):* bewahren.

einberufen

1. ansetzen, festsetzen, zusammenrufen; *(ugs.):* zusammentrommeln.

2. einziehen; *(ugs.):* ziehen; *(geh. veraltet):* zu den Fahnen rufen.

einbeziehen

a) aufnehmen, beachten, bedenken, einberechnen, einbinden, einkalkulieren, einplanen, einschließen, erfassen, heranziehen, in Betracht ziehen, in Erwägung ziehen, in Rechnung setzen/stellen/ziehen, ins Kalkül ziehen, mitberücksichtigen, mitrechnen; *(geh.):* einbegreifen.

b) dazurechnen, dazuschlagen, dazuzählen, einschließen, hinzurechnen, mitrechnen, mitzählen; *(geh.):* einbegreifen, hinzuzählen.

einbiegen

1. einlenken, einschwenken; *(Fachspr.):* eindrehen.

2. abbiegen, die Richtung ändern.

einbilden, sich

1. annehmen, sich ausdenken, sich ausmalen, sich einreden, fantasieren, nehmen, sich vorgaukeln, sich vormachen, sich vorstellen; *(bildungsspr.):* imaginieren.

2. sich beglückwünschen, den Kopf/die Nase hoch tragen, sich rühmen, sich schmeicheln; *(geh.):* sich zugutehalten, sich zugutetun.

Einbildung

1. Fantasie, Illusion, Vorstellung, Vorstellungskraft, Wahn; *(bildungsspr.):* Imagination.

2. Anmaßung, Hochmut, Überheblichkeit; *(geh.):* Selbstüberhebung, Vermessenheit; *(bildungsspr.):* Hybris; *(abwertend):* Arroganz, Blasiertheit, Dünkel, Eingebildetheit, Großspurigkeit, Selbstgefälligkeit.

einbläuen

beibringen, einhämmern, einprägen, einprügeln, einschärfen, klarmachen, lehren, unterrichten; *(geh.):* unterweisen; *(ugs.):* einbüffeln, einimpfen, eintrichtern; *(salopp):* beibiegen.

einblenden

einbauen, einfügen, einschalten, einschieben, einspielen, hinzufügen, zeigen, zufügen.

Einblick
1. Einsicht.
2. Aufklärung, Aufschluss, Bild, Eindruck, Einsicht, Kenntnis, Überblick, Vorstellung.

einbrechen
1. eindringen, einen Einbruch begehen/verüben, einfallen, sich einschleichen, einsteigen.
2. a) einfallen, einstürzen, zusammenbrechen, zusammenfallen, zusammenstürzen; *(ugs.)*: einkrachen, zusammenkrachen. **b)** durchbrechen, fallen, stürzen.
3. abnehmen, nachlassen, sinken, sich vermindern, sich verringern, zurückgehen.

Einbrecher, Einbrecherin
Dieb, Diebin, Eindringling, Fassadenkletterer, Fassadenkletterin, Plünderer, Plünderin, Räuber, Räuberin.

einbringen
1. einfahren, ernten, hineinbringen, hineinschaffen.
2. anregen, einreichen, präsentieren, unterbreiten, vorbringen, vorlegen, vorschlagen, zur Sprache bringen.
3. beisteuern, beitragen, einsetzen, mitbringen.
4. sich bezahlt machen, einspielen, einträglich/lohnend/rentabel sein, gewinnbringend/profitbringend sein, hereinholen, sich lohnen, sich rentieren; *(bildungsspr.)*: lukrativ sein; *(ugs.)*: abwerfen, sich auszahlen, sich rechnen.

einbrocken
hineinziehen, verschulden, verursachen, verwickeln; *(ugs.)*: einrühren.

Einbruch
1. Diebstahl, Raub; *(Jargon)*: Bruch.
2. Anbruch, Beginn, Eintritt.
3. Einsturz, Zusammenbruch, Zusammensturz.
4. Rückgang.

einbürgern, sich
sich ausbreiten, sich breitmachen, sich durchsetzen, sich einfahren, einreißen, sich einschleifen, sich etablieren, gang und gäbe sein, heimisch/üblich werden, um sich greifen, zur Gewohnheit/Selbstverständlichkeit werden.

Einbuße
Abnahme, Aderlass, Ausfall, Beeinträchtigung, Defizit, Mangel, Minus, Nachteil, Schaden, Schädigung, Verlust, Verringerung.

einbüßen
sich bringen um, kommen um, Nachteile/Verluste hinnehmen, Schaden erleiden, verlieren, sich verscherzen, zusetzen; *(schweiz.)*: verunschicken; *(geh.)*: sich begeben, verwirken; *(ugs.)*: draufzahlen, Federn/Haare lassen.

eindämmen
1. aufhalten, stauen, zurückhalten.
2. abschwächen, begrenzen, beschränken, bremsen, dämpfen, Einhalt gebieten/tun, hindern, mäßigen, mildern, schmälern, unterdrücken, unter Kontrolle bringen, verkleinern, vermindern, verringern.

eindecken
1. überhäufen, überschütten, zudecken.
2. abdecken, bedecken, belegen, decken, zudecken.
3. aufdecken, [den Tisch] decken.

eindecken, sich
anhäufen, anschaffen, einen Vorrat anlegen, erwerben, häufen, horten, kaufen, sich versorgen; *(ugs.)*: bunkern, hamstern, sich zulegen.

eindeutig
augenfällig, augenscheinlich, bestimmt, deutlich, direkt, einfach, einwandfrei, entschieden, exakt, genau, greifbar, handfest, in/mit aller Deutlichkeit, klar, nicht zu bezweifeln, nicht zu leugnen, offenbar, offenkundig, offensichtlich, ohne Umschweife/Zögern/Zweifel, unleugbar, unmissverständlich, unstreitig, unumwunden, unverblümt, unverhohlen, unverkennbar, unverwechselbar, unzweideutig, unzweifelhaft, zweifellos, zweifelsohne; *(bildungsspr.)*: evident, flagrant, luzid, manifest, präzise, prononciert; *(ugs.)*: auf der Hand liegend, geradeheraus, klipp und klar, rein, sonnenklar; *(Fachspr.)*: eineindeutig.

GGS ambig, ambivalent, mehrdeutig, nebulös, verwirrend.

---

eindringen
1. sich eindrängen, sich eingraben, einmarschieren, einrücken, sich einschleichen, einsteigen, einziehen, hereinkommen, sich Zutritt verschaffen; *(Fachspr.)*: infiltrieren.
2. angreifen, einbrechen, einen Einbruch begehen/verüben, einfallen, sich einschmuggeln, überfallen.
3. sich auseinandersetzen, sich befassen, sich beschäftigen, erforschen, ergründen, erkunden, forschen, studieren, untersuchen, sich versenken, sich vertiefen.

eindringlich
ausdrücklich, beschwörend, bestimmt, demonstrativ, dringend, energisch, entschieden, ernstlich, in aller Deutlichkeit, innig, inständig, intensiv, kategorisch, mit aller Deutlichkeit, mit Bestimmtheit/Nachdruck, nachdrücklich, unmissverständlich; *(bildungsspr.)*: dezidiert, emphatisch; *(bildungsspr., Fachspr.)*: explizit.

Eindruck

1. Anschauung, Anschein, Bild, Empfindung, Erinnerung, Gefühl, Illusion, Schein, Vorstellung, Wahrnehmung; *(geh.):* Empfinden.

BSP Für mein Empfinden … Der Bericht hat mir eine [ungefähre] Vorstellung gegeben, wie die Lage ist.

2. Delle, Druckstelle, Einprägung, Vertiefung.

eindrucksvoll

auffallend, ausgezeichnet, außergewöhnlich, außerordentlich, beachtenswert, beachtlich, beeindruckend, bemerkenswert, bewundernswert, effektvoll, enorm, erstaunlich, gewaltig, großartig, hervorragend, imponierend, imposant, nachhaltig, stattlich, ungewöhnlich, unvergesslich, wirkungsvoll; *(bildungsspr.):* repräsentativ, respektabel; *(ugs.):* unglaublich.

einen

einigen, sammeln, verbinden, vereinen, vereinigen, verschmelzen, versöhnen, zusammenfassen, zusammenführen, zusammenschließen; *(bildungsspr.):* aggregieren, integrieren.

einengen

beeinträchtigen, beengen, begrenzen, behindern, beschränken, die Luft [zum Atmen] nehmen, einschnüren, einschränken, engen, hemmen.

einerlei

bedeutungslos, belanglos, gleichgültig, gleichviel, ohne Bedeutung/Belang, unbedeutend, unerheblich, unwesentlich, unwichtig; *(geh.):* nichtig; *(bildungsspr.):* irrelevant; *(ugs.):* egal, eins, gehupft wie gesprungen, gleich.

[1]einfach

1. einmal, nicht doppelt, nicht mehrfach.

2. bequem, eingängig, leicht [verständlich], mit Leichtigkeit, mühelos, ohne Anstrengung/Mühe, ohne Schwierigkeit[en], primitiv, problemlos, simpel, unangestrengt, unkompliziert, unproblematisch; *(ugs.):* kein Ding; *(ugs. scherzh.):* idiotensicher; *(fam.):* kinderleicht.

GGS aufreibend, beschwerlich, strapaziös, zermürbend.

3. anspruchslos, armselig, bescheiden, dürftig, einfältig, elementar, farblos, genügsam, gewöhnlich, harmlos, karg, klein, kümmerlich, kunstlos, naturgemäß, natürlich, naturverbunden, puritanisch, schlicht, schmucklos, spartanisch, unauffällig, unbedarft, ungekünstelt, unkompliziert, unscheinbar, urwüchsig, zurückhaltend; *(bildungsspr.):* unprätentiös; *(oft abwertend):* naiv, primitiv, simpel, ungebildet.

[2]einfach

eben, ganz und gar, geradezu, kurzerhand, nun einmal, ohne Umstände, ohne Weiteres, schlechthin, schlicht, überhaupt, völlig; *(geh.):* nachgerade; *(bes. südd., österr., schweiz.):* halt.

einfädeln

1. durchführen, durchstecken, durchziehen, einführen, einziehen, fädeln.

2. anbahnen, anfangen, anknüpfen, arrangieren, beginnen, bewirken, einleiten, fertigbringen, in die Wege leiten, organisieren, vorbereiten, zustande/zuwege bringen; *(ugs.):* fertigkriegen, hinbringen, hinkriegen; *(oft abwertend):* inszenieren.

einfahren

1. anfahren, ankommen, sich einfädeln, sich einordnen, sich einreihen, einrollen, eintreffen.

2. erwirtschaften, erzielen.

einfahren, sich

alltäglich/üblich werden, sich durchsetzen, sich einschleifen, sich einspielen, zur Gewohnheit/Routine werden.

Einfahrt

1. Ankunft.

2. Auffahrt, Portal, Tor, Zufahrt.

Einfall

1. Anwandlung, Erleuchtung, Gedanke, Grille, Idee, Intuition, Kapriole, Laune, Spleenigkeit; *(geh.):* Caprice, Eingebung; *(bildungsspr.):* Inspiration; *(ugs. scherzh.):* Gedankenblitz.

2. Anfang, Beginn, Einbruch, Eintritt.

3. Invasion, Überfall.

einfallen

1. aufblitzen, auf einen Gedanken/eine Idee kommen, durch den Kopf schießen, durch den Sinn fahren/gehen, eine Idee haben, sich entsinnen, sich erinnern, in den Sinn kommen.

2. einbrechen, einsinken, einstürzen, zusammenbrechen, zusammenfallen, zusammensinken, zusammenstürzen; *(ugs.):* einkrachen.

3. einsetzen, einstimmen, mitsingen.

4. einbrechen, eindringen, einmarschieren, einrücken, einziehen, überfallen; *(bildungsspr.):* invadieren.

einfallsreich

erfinderisch, fantasiebegabt, fantasievoll, findig, gedankenreich, geistreich, geistsprühend, genial, ideenreich, originell, produktiv, schlagfertig, schöpferisch, witzig; *(bildungsspr.):* genialisch, kreativ; *(bes. Fachspr.):* innovativ.

Einfalt

1. Aufrichtigkeit, Ehrlichkeit, Einfachheit, Redlichkeit, Reinheit; *(veraltend):* Biederkeit, Rechtschaffenheit.

2. Arglosigkeit, Blauäugigkeit, Einfältigkeit, Gutgläubigkeit, Leichtgläubigkeit, Narrheit, Treuherzigkeit, Unbedarftheit; *(abwertend):* Beschränktheit; *(oft abwertend):* Naivität.

einfältig

1. arglos, bieder, blauäugig, gutgläubig, gutmütig, naiv, nicht raffiniert/schlau, treuherzig, unbedarft; *(geh.):* ohne Argwohn.

2. begriffsstutzig, dumm, dümmlich, nicht scharfsinnig, nicht von rascher Auffassungsgabe; *(ugs.):* blöd, dämlich, doof; *(oft abwertend):* naiv; *(bildungsspr. abwertend):* stupide; *(südd., österr., schweiz.):* deppert.

einfinden, sich

1. ankommen, antreten, sich einstellen, eintreffen, erscheinen, herkommen, hinkommen, kommen; *(österr.):* einlangen; *(ugs.):* anrücken, eintrudeln; *(salopp):* antanzen.

2. eindringen, hineinfinden, hineinkommen, sich vertraut machen, vertraut werden.

einflechten

1. einbetten, einbeziehen, einbinden, einfügen, eingliedern, einordnen; *(bildungsspr.):* integrieren.

2. ↑einfließen lassen.

einfließen lassen

anbringen, andeuten, ansprechen, beiläufig bemerken/erwähnen/nennen, berühren, dazwischenwerfen, einen Einwurf machen, einflechten, einstreuen, einwerfen, fallen lassen, kurz sprechen, nebenbei sagen, streifen.

einflößen

1. eingeben, einträufeln, eintröpfeln, flößen, geben, verabreichen, zuführen; *(ugs.):* einfiltrieren, eintrichtern; *(Fachspr.):* infiltrieren.

2. auslösen, bewirken, einjagen, entstehen lassen, erregen, erwecken, heraufbeschwören, hervorrufen, verursachen, wachrufen, wecken; *(geh.):* entfachen; *(Fachspr.):* induzieren.

Einfluss

a) Beeinflussung, [Ein]wirkung. **b)** Achtung, Ansehen, Autorität, Bedeutung, Geltung, Gewicht, großer/guter Ruf, Macht, Machtstellung; *(bildungsspr.):* Prestige, Renommee.

einflussreich

gewaltig, mächtig, maßgebend, meinungsbildend, tonangebend, von großer Wirkung, wichtig, wirkungsreich; *(bildungsspr.):* potent.

einförmig

abwechslungslos, einerlei, eintönig, ereignislos, ermüdend, erschöpfend, gleichförmig, grau, keine Abwechslung bietend, langweilig, monoton, öde, ohne Abwechslung/Spannung, reizlos, spannungslos, trostlos, uninteressant, wenig Abwechslung bietend; *(bildungsspr.):* trist, uniform; *(abwertend):* fade.

einfrieren

1. einfrosten, eingefrieren, tiefgefrieren, tiefkühlen; *(Fachspr.):* frosten.

2. auf dem augenblicklichen Stand belassen, nicht fortsetzen, nicht weiterführen/weiterverfolgen, ruhen lassen; *(ugs.):* auf Eis legen.

einfügen

dazwischenschieben, einarbeiten, einbauen, einbetten, einbinden, eingliedern, einordnen, einreihen, einschalten, einschieben, einsetzen, einstreuen, ergänzen, fügen, hineinarbeiten, hineinbauen, hinzufügen, schalten, setzen; *(bildungsspr.):* integrieren.

einfügen, sich

sich angleichen, sich anpassen, sich eingliedern, sich einordnen, sich fügen, sich richten nach, sich unterordnen; *(bildungsspr.):* sich assimilieren, sich integrieren.

einfühlen, sich

sich einleben, sich hineindenken, sich hineinversetzen, sich in jmds. Lage/Situation versetzen, nachempfinden, nachvollziehen [können].

einfühlsam

Anteil nehmend, einfühlend, empfindsam, feinfühlend, feinfühlig, fühlsam, rücksichtsvoll, taktvoll, teilnehmend, zart[fühlend].

Einfühlungsvermögen

Anteilnahme, Einfühlungsgabe, Feeling, Feingefühl, Fingerspitzengefühl, Rücksicht, Takt[gefühl], Teilnahme, Verständnis, Zartgefühl.

einführen

1. hineinschieben, hineinstecken, schieben, stecken; *(ugs.):* [hinein]tun, reintun.

2. aus dem Ausland beziehen/kaufen, importieren.

3. bekannt machen, in Gebrauch nehmen, in Umlauf setzen, verbreiten; *(bildungsspr.):* inaugurieren.

4. anleiten, anlernen, anweisen, einarbeiten, einweisen; *(geh.):* unterweisen.

Eingabe

1. Antrag, Bittgesuch, Bittschreiben, Gesuch, schriftliche Beschwerde/Bitte; *(veraltend):* Bittschrift.

2. a) *(EDV):* Einspeicherung, Einspeisung.
b) *(EDV):* Input.

Eingang

1. Eingangspforte, Eingangsportal, Eingangstor, Eingangstür, Einlass, Hauseingang, Öffnung, Pforte, Portal, Tor, Tür, Zugang.

2. Einlass, Eintritt, Zugang, Zutritt.

eingängig
behältlich, einfach, einprägsam, gefällig, leicht begreifbar/durchschaubar, leicht fassbar/fasslich, leicht verständlich, leicht zu behalten/zu merken, nicht schwer, unkompliziert.

eingeben
1. eintippen, füttern, hineingeben; *(Jargon):* einloggen; *(bes. Fachspr.):* tasten; *(EDV):* editieren, einfüttern, einlernen, einspeichern, einspeisen.

GGS anspruchslos, genügsam, unaufdringlich, uneitel.

---

2. beantragen, einen Antrag/ein Gesuch stellen, einreichen, vorlegen; *(geh.):* einkommen, unterbreiten.
3. aufkommen lassen, einreden, entstehen lassen, glauben machen, veranlassen; *(bildungsspr.):* suggerieren; *(ugs.):* einen Floh ins Ohr setzen, einfiltrieren; *(oft abwertend):* einflüstern.

eingebildet
1. anmaßend, hochmütig, stolz, überheblich, von sich überzeugt; *(bildungsspr.):* hybrid; *(abwertend):* arrogant, eitel, großspurig, selbstgefällig, versnobt, von sich eingenommen.
2. angenommen, ausgedacht, erdacht, erdichtet, [frei] erfunden, gedacht, im Geist, in der Vorstellung, in Gedanken, nicht wirklich, theoretisch, virtuell, vorgestellt; *(bildungsspr.):* fiktiv, imaginiert, irreal, nicht real.

Eingebung
Anwandlung, Einfall, Erleuchtung, Gedanke, Grille, Idee, Intuition; *(geh.):* Caprice; *(bildungsspr.):* Inspiration; *(ugs.):* Dreh, Geistesblitz.

eingefleischt
1. ausgemacht, ausgesprochen, hoffnungslos, überzeugt, unbekehrbar, uneingeschränkt, unverbesserlich, vollkommen.
2. ausgeprägt, eingewurzelt, unveränderbar, unveränderlich.

eingehen
1. betreten, eintreten, gehen, hineingehen, [hinein]treten.
2. ankommen, eintreffen, kommen, übermittelt werden; *(ugs.):* eintrudeln.
3. einlaufen, enger werden, kleiner/kürzer werden, schrumpfen, sich zusammenziehen; *(ugs.):* zusammenlaufen.
4. a) sterben, verenden; *(salopp):* krepieren.
b) absterben, verdorren, verkümmern, vertrocknen, verwelken, welken, welk werden; *(geh.):* dorren; *(ugs.):* kaputtgehen.
5. anknüpfen, annehmen, antworten, aufgreifen, aufnehmen, sich auseinandersetzen, beantworten, sich beziehen, billigen, erläutern, fortsetzen, reagieren, Stellung nehmen, weiterführen, zurückkommen, zustimmen, sich zuwenden.

BSP Die Hauptfigur nimmt diesen Gedanken immer wieder auf. Ich beziehe mich auf seinen ersten Auftritt in der Szene. Sie wendet sich einem anderen Aspekt des Themas zu.

---

6. abmachen, abschließen, auf sich nehmen, sich binden, sich einlassen, festmachen, schließen, vereinbaren.

eingehend
ausführlich, breit, erschöpfend, ganz genau, gewissenhaft, gründlich, haarklein, in allen Einzelheiten, in aller Ausführlichkeit, in epischer Breite, ins Einzelne gehend, intensiv, lang und breit, reiflich, sehr genau, sorgfältig; *(bildungsspr.):* bis ins kleinste Detail, detailliert, differenziert, minutiös; *(ugs.):* haargenau.

eingeschnappt
beleidigt, gekränkt, getroffen, verletzt, verstimmt; *(bildungsspr.):* pikiert; *(ugs.):* auf den Schlips getreten, sauer, verschnupft.

Eingeständnis
Beichte, Bekenntnis, Geständnis, Schuldbekenntnis, Schuldgeständnis, Sündenbekenntnis; *(geh.):* Konfession, Offenbarung.

eingestehen
beichten, bekennen, ein Bekenntnis/Geständnis ablegen, ein Geständnis machen, einräumen, geständig sein, gestehen, offen aussprechen, zugeben, zugestehen; *(geh.):* offenbaren.

eingewöhnen, sich
sich anfreunden, sich anpassen, sich befreunden, sich einfügen, sich einleben, sich einordnen, Fuß fassen, sich gewöhnen, heimisch werden, sich hineinfinden, vertraut werden; *(bildungsspr.):* sich akklimatisieren.

eingliedern
angleichen, anpassen, aufnehmen, einbeziehen, einfügen, eingruppieren, einordnen, in Übereinstimmung bringen; *(bildungsspr.):* integrieren.

eingraben
einpflanzen, einscharren, einsenken, einwühlen, untergraben, vergraben, verscharren, versenken; *(ugs.):* einbuddeln, verbuddeln.

eingreifen
andere Saiten aufziehen, dazwischenfahren, durchgreifen, Einfluss nehmen, ein Machtwort sprechen, sich einmischen, sich einschalten, einschreiten, klären, mit der Faust auf den Tisch hauen/schlagen, Ordnung schaffen, schlichten, unterbrechen, vermitteln; *(bildungsspr.):* intervenieren; *(ugs.):* dazwischenfunken, dreinreden,

einhaken, hineinfunken, in Ordnung bringen, kurzen Prozess machen.

Eingriff

1. Bedrängung, Beeinflussung, Beschneidung, Einmischung, Einschnitt, Einwirkung, Vermittlung; *(bildungsspr.):* Intervention.
2. Einschnitt, Operation, Schnitt; *(Fachspr.):* Vivisektion.

einhalten

a) beachten, befolgen, beherzigen, berücksichtigen, sich beugen, entsprechen, erfüllen, ernst nehmen, sich halten an, respektieren, sich richten nach, verinnerlichen; *(geh.):* einlösen, nachkommen. **b)** beharren, beibehalten, belassen, festhalten, nicht abweichen, nicht revidieren.

einhandeln, sich

a) auf sich ziehen, bekommen, einstecken/hinnehmen müssen, erleiden, ernten, in Kauf nehmen müssen, sich zuziehen; *(ugs.):* sich einfangen, kriegen. **b)** sich anstecken, bekommen, davontragen, wegbekommen, sich zuziehen; *(ugs.):* sich einfangen, sich holen.

einheimisch

a) [alt]ansässig, alteingesessen, beheimatet, bodenständig, eingeboren, eingebürgert, eingesessen, [fest] verwachsen, [fest] verwurzelt, heimatverbunden, heimisch, niedergelassen, ortsansässig, sesshaft, wohnhaft, zu Hause; *(Fachspr.):* autochthon, entopisch, indigen.
b) heimisch, hiesig, inländisch, lokal, von hier.

Einheit

1. Einheitlichkeit, Ganzes, Ganzheit, Gefüge, Gemeinsamkeit, Gesamtheit, Geschlossenheit, Unteilbarkeit, Verbindung, Verbundenheit, Vollständigkeit, Zusammengehörigkeit; *(bildungsspr.):* Totalität, Unität.
2. Größe, Maßeinheit.
3. Division, Formation, Gruppe, Haufen, Heer[es]zug, Hundertschaft, Kolonne, Kommando, Mannschaft, Pulk, Schar, Schwarm, Team, Truppe, Truppenteil, Zug; *(bildungsspr.):* Armada.

einheitlich

a) ausnahmslos, durchgängig, durchweg, einhellig, einig, einstimmig, einträchtig, einvernehmlich, gemeinsam, [in sich] geschlossen, konform, übereinstimmend, unisono, wie aus einem Mund; *(geh.):* geeint, vereint; *(ugs.):* alle, allesamt, durch die Bank. **b)** ebenso, egal, einförmig, entsprechend, genauso, gleich[artig], gleich beschaffen, identisch, konform, nicht unterscheidbar, ohne Unterschied, sehr ähnlich, übereinstimmend, vergleichbar, [wie] aus einem Guss; *(bildungsspr.):* analog, homogen, normiert, uniform.

einhellig ↑einheitlich (a).

einholen

1. a) erreichen; *(geh.):* ereilen. **b)** aufarbeiten, aufholen, ausgleichen, einbringen, erreichen, nacharbeiten, wettmachen; *(ugs.):* hereinholen.
2. bitten, einfordern, fragen, sich geben lassen; *(geh.):* begehren, erbitten, ersuchen.

einig

1. a) ↑einheitlich (a). **b)** einer Meinung, einverstanden, gleich gesinnt, gleich gestimmt, handelseinig, handelseins.
2. einheitlich, einstimmig, einträchtig, einvernehmlich, gemeinsam, gemeinschaftlich, [in sich] geschlossen, konform, übereinstimmend, verbunden, vereinigt, zusammengehörig, zusammenhaltend, zusammenstehend; *(geh.):* geeint, vereint; *(bildungsspr.):* solidarisch.

einige

1. allerlei, der ein[e] oder andere, der eine und/oder [der] andere, die eine oder der andere, dieser und/oder jener, dies[es] und jenes, dies und das, diverse, ein bisschen, eine Anzahl, eine Handvoll, eine Reihe, ein[er] oder/und der andere, ein paar, ein wenig, einzeln, etwas, manch, mancherlei, mehrere, nicht allzu viel, verschieden, verschiedenerlei, wenig; *(ugs.):* allerhand, mehrerlei, ziemlich; *(veraltend):* allerart, etliche.
2. beachtlich, besonders, beträchtlich, enorm, erheblich, gehörig, nicht wenig, [ziemlich] groß, [ziemlich] viel; *(ugs.):* anständig, ordentlich; *(emotional):* gewaltig.

einigen, sich

a) abmachen, absprechen, aushandeln, eine Abmachung/Absprache treffen, einen [gemeinsamen] Nenner finden, eine Übereinkunft/Vereinbarung treffen, einig werden, ein Übereinkommen treffen, erhandeln, festlegen, festmachen, handelseinig/handelseins werden, übereintreffen, verabreden, vereinbaren, sich verständigen, zu einer Einigung/Übereinstimmung kommen; *(schweiz.):* verkommen; *(geh.):* übereinkommen; *(bildungsspr.):* eine gemeinsame Basis finden/schaffen, Konsens schaffen, zu einem Konsens kommen; *(ugs.):* einen Deal einfädeln, zurande kommen. **b)** sich arrangieren, sich aussöhnen, einen Kompromiss/Vergleich schließen, einen Streit beenden/beilegen/begraben, Frieden schließen/stiften, sich [gegenseitig] auf halbem Weg entgegenkommen, sich versöhnen, sich vertragen.

einigermaßen

annehmbar, ausreichend, befriedigend, brauch-

A B C D **E** ein F G H I J K L M N O P Q R S T U V W X Y Z

bar, durchschnittlich, erträglich, ganz gut, geeignet, halbwegs, hinlänglich, hinreichend, leidlich, nicht besonders, passabel, tauglich, tragbar, vertretbar, ziemlich, zufriedenstellend; *(bildungsspr.):* akzeptabel, medioker; *(ugs.):* mittel[gut], nicht berauschend/berühmt, so lala, soso; *(ugs. scherzh.):* durchwachsen, mittelprächtig.

einimpfen
1. einspritzen.
2. beibringen, einbläuen, einhämmern, einlernen, einprägen, einschärfen, eintrommeln; *(ugs.):* eintrainieren, eintrichtern, eintrimmen; *(salopp):* beibiegen.

Einkauf
Abnahme, Akquisition, Ankauf, Anschaffung, Aufkauf, Besorgung, Bezug, Erledigung, Erstehung, Erwerb[ung], Geschäft, Kauf; *(ugs.):* Akquise; *(scherzh.):* Errungenschaft.

einkaufen
1. abnehmen, akquirieren, ankaufen, anschaffen, besorgen, Besorgungen machen, sich eindecken, Einkäufe machen, erhandeln, erledigen, erstehen, kaufen, [käuflich] erwerben, sich versorgen; *(ugs.):* shoppen, sich zulegen.
2. anstellen, anwerben, einstellen, engagieren, holen, [vertraglich] verpflichten; *(ugs.):* anheuern.

einkehren
sich einfinden, sich einstellen, eintreten, erkennbar werden, heraufkommen, sichtbar werden, sich zeigen.

Einklang
Einigkeit, Einstimmigkeit, Eintracht, Einvernehmen, Einverständnis, Frieden, Gleichgesinntheit, Gleichklang, Harmonie, Übereinstimmung, Verbundenheit; *(bildungsspr.):* Konsens.

Einkommen
Auskommen, Besoldung, Bezahlung, Bezüge, Einkünfte, Einnahmen, Entgelt, Entlohnung, Erträge, Finanzen, Gage, Gehalt, Honorar, Lohn, Verdienst, Vergütung; *(ugs.):* Zahlung.

einkreisen
1. einranden, einrändern, einringeln, markieren, umranden, umzirkeln; *(ugs.):* einkringeln.
2. belagern, einschließen, einzingeln, umgeben, umringen, umschließen, umstellen, umzingeln; *(bildungsspr. veraltend):* zernieren.

Einkünfte
Apanage, Bezüge, Einkommen, Einnahmen, Erträge, Gehalt, Honorar, Lohn, Verdienst; *(österr.):* Bezug; *(bildungsspr.):* Revenue.

[1]einladen
aufladen, beladen, laden, verladen.

[2]einladen
a) zu Gast bitten/laden, zu sich bitten. b) bezahlen für, freihalten; *(ugs.):* einen ausgeben, spendieren. c) anhalten, auffordern, bitten, veranlassen.

einladend
anregend, ansprechend, auffordernd, reizvoll, verführerisch, verleitend; *(geh.):* verlockend.

einlassen, sich
1. Kontakt aufnehmen, sich treffen, Umgang haben/pflegen, umgehen, verkehren mit, zusammenkommen; *(salopp):* rummachen.
2. a) eingehen auf, mitmachen, teilnehmen, sich überreden lassen; *(ugs.):* sich breitschlagen/beschwatzen lassen, einsteigen, mitziehen. b) sich befassen, sich beschäftigen, sich zuwenden.

einleben, sich
sich einfügen, sich eingewöhnen, sich einstellen auf, heimisch werden, hineinwachsen, Wurzeln schlagen; *(bildungsspr.):* sich akklimatisieren; *(ugs.):* warm werden mit.

einleiten
1. anbahnen, anknüpfen, aufnehmen, in die Wege leiten, in Gang bringen, vorbereiten; *(bildungsspr.):* initiieren; *(ugs.):* einfädeln; *(abwertend):* anzetteln.
2. anfangen, beginnen, einführen, eröffnen.

Einleitung
1. Anfang, Beginn, Einführung, Eröffnung.
2. einführende/einleitende/vorangestellte Worte, Einführung, Geleit[wort], Prolog, Vorbemerkung, Vorrede, Vorspann, Vorwort.

einlenken
sich anpassen, sich beugen, entgegenkommen, sich erweichen lassen, sich fügen, nachgeben, sich überreden lassen, sich unterordnen, versöhnlicher werden, Zugeständnisse machen, zurückstecken; *(ugs.):* weich werden.

einleuchtend
begreiflich, eindeutig, einsichtig, fasslich, glaubhaft, klar, logisch zwingend, nachvollziehbar, naheliegend, plausibel, schlagend, schlüssig, sinnfällig, triftig, überzeugend, unwiderlegbar, verständlich; *(bildungsspr.):* evident, stringent.

einliefern
a) einquartieren, einweisen, ins Krankenhaus bringen, zur Behandlung übergeben. b) abgeben, abliefern, aufgeben, einreichen, hinbringen, hinschaffen.

einlösen
einhalten, entsprechen, erfüllen, sich halten an, in die Tat umsetzen; *(geh.):* nachkommen.

einmal
1. a) ein einziges/letztes Mal, nicht mehrmals/zweimal. **b)** als Erstes, erstens, zum einen.
2. a) eines [schönen] Tages, [früher oder] später, in absehbarer Zeit, irgendeinmal, irgendwann, über kurz oder lang; *(geh.):* dereinst. **b)** einst, früher, vor längerer/langer Zeit, vormals; *(dichter.):* vorzeiten.

einmal

auf einmal
abrupt, in einem Augenblick, innerhalb kürzester Zeit, mit einem Mal, ohne jeden Übergang, plötzlich, schlagartig, übergangslos, überraschend, unvermittelt, unversehens; *(schweiz.):* brüsk; *(geh.):* jäh[lings]; *(bildungsspr.):* ex abrupto; *(ugs.):* aus heiterem Himmel, Knall auf Fall, mit einem Schlag.

noch einmal
abermalig, abermals, aufs Neue, ein weiteres Mal, erneut, neuerlich, nochmals, von Neuem, wiederholt, wieder[um]; *(ugs.):* noch mal.

einmalig
1. einzig, sich nicht wiederholend, nicht wiederkehrend, unersetzlich, unwiederbringlich.
2. außergewöhnlich, beispiellos, einzig[artig], erstklassig, ohne Beispiel, ohnegleichen; *(ugs.):* einsame Spitze; *(emotional):* unvergleichlich.

einmarschieren
a) einziehen, Einzug halten, hineinmarschieren. **b)** besetzen, eindringen, einfallen, einnehmen, erobern, in Besitz nehmen, okkupieren, überrennen; *(geh.):* sich bemächtigen.

einmischen, sich
dazwischenfahren, dazwischenreden, eingreifen, sich einmengen, sich einschalten, hineinreden; *(bildungsspr.):* intervenieren; *(ugs.):* dazwischenfunken, dreinreden, sich hängen in, seine Nase in etw. [hinein]stecken.

Einnahme
1. Ausbeute, Einkünfte, Erlös, Ertrag, Gewinn, Honorar, Profit; *(ugs. scherzh.):* Geldregen.
2. Aneignung, Bemächtigung, Besetzung, Einmarsch, Eroberung, Unterwerfung; *(bildungsspr.):* Annexion, Okkupation.

einnehmen
1. [bezahlt] bekommen, Einnahmen haben, Gewinn erzielen, in Empfang nehmen, kassieren, verdienen; *(veraltend):* erlösen.
2. essen, trinken, verzehren, zu sich nehmen; *(scherzh.):* sich einverleiben.
3. belegen, besetzen, sich niederlassen, sich setzen.
4. ausfüllen, beanspruchen, benötigen, beschäftigen, brauchen, in Anspruch nehmen.

einnehmend
ansprechend, anziehend, bestrickend, bezaubernd, charmant, freundlich, gefällig, gewinnend, liebenswert, reizend, sympathisch.

einnicken
einschlafen, in Schlaf sinken, vom Schlaf übermannt werden; *(geh.):* einschlummern.

einnisten, sich
1. sich ansiedeln, sich festsetzen, haften bleiben, sich niederlassen.
2. sich einmieten, sich einquartieren, einrichten, sich niederlassen, wohnen; *(ugs.):* sich breitmachen; *(ugs. scherzh.):* sich dickmachen.

Einöde
Abgeschiedenheit, einsame Gegend, Einsamkeit, Öde, Ödland, Wildnis, Wüste; *(österr.):* Einöd; *(geh.):* Ödnis, Wüstenei.

einordnen
a) ablegen unter, an seinen Platz stellen, einfügen, eingliedern, einrangieren, einräumen, einreihen, einsortieren, einstellen, hineinstellen, zuordnen. **b)** beurteilen, bewerten, einrangieren, einschätzen, einsortieren, eintaxieren; *(bildungsspr.):* kategorisieren, rubrizieren.

einordnen, sich
sich anpassen, sich einfügen, sich eingliedern, sich einpassen, sich unterordnen; *(bildungsspr.):* sich assimilieren, sich integrieren.

einpacken
1. a) einrollen, einschlagen, einwickeln, in Papier hüllen/rollen/schlagen/wickeln, verpacken. **b)** unterbringen, verpacken, verstauen, wegpacken, zusammenpacken.
2. einhüllen, gut zudecken, warm anziehen; *(fam.):* einmoppeln, einmummeln.

einpendeln, sich
sich ausbalancieren, ausgleichen, sich einpegeln, ins Gleichgewicht/Lot kommen, sich stabilisieren, stabil werden.

einplanen
beachten, bedenken, berücksichtigen, einberechnen, einkalkulieren, in Betracht/Erwägung ziehen, mitberücksichtigen, mitrechnen, Rechnung tragen, vorbedenken, vorsehen.

einprägen, sich
a) [auswendig] lernen, einstudieren, sich ins Gedächtnis schreiben, sich merken, sich zu eigen machen; *(ugs.):* sich hinter die Ohren schreiben. **b)** behalten, haften/hängen bleiben, im Gedächtnis bleiben, sich merken, nicht vergessen.

einprägsam
anschaulich, ausdrucksvoll, ausgeprägt, bild-

haft, bildlich, demonstrativ, deutlich, eindringlich, einfach/leicht zu merken, eingängig, farbig, klar, lebendig, markant, plastisch, sinnfällig, sprechend; *(bildungsspr.):* eidetisch.

einräumen
bekennen, eingestehen, einsehen, gestatten, gestehen, gewähren, zubilligen, zugeben, zugestehen; *(schweiz.):* zusprechen; *(geh.):* zuteilwerden lassen; *(bildungsspr.):* konzedieren.

einreichen
abgeben, abliefern, aushändigen, einbringen, übergeben, vorlegen; *(bildungsspr.):* präsentieren.

einreihen
einfügen, eingliedern, eingruppieren, einordnen, einrangieren, einsortieren, einstufen, klassieren, klassifizieren, zuordnen, zurechnen; *(bildungsspr.):* kategorisieren, rubrizieren.

einreihen, sich
sich anschließen, sich dazugesellen, sich hinzugesellen, sich in eine Reihe stellen; *(geh.):* sich [an]reihen; *(ugs.):* sich einklinken.

einreißen
1. abbrechen, abreißen, abtragen, einbrechen, niederlegen, niederreißen, schleifen; *(österr.):* demolieren; *(ugs.):* wegplanieren.
2. a) anreißen, [an]ritzen. **b)** brüchig werden, Risse bekommen.
3. sich ausbreiten, sich ausweiten, sich durchsetzen, sich etablieren, gang und gäbe sein, heimisch werden, Kreise ziehen, überhandnehmen, üblich werden, um sich greifen, zur Gewohnheit/Selbstverständlichkeit werden.

einrenken
bereinigen, in Ordnung/ins [rechte] Gleis/ins [rechte] Lot bringen, regeln, reparieren, richtigstellen; *(geh.):* ins Gleiche bringen; *(ugs.):* geradebiegen, hinbiegen, in die Reihe bringen, klarkriegen, klar Schiff machen, Reinschiff machen, zurechtbiegen, zurechtrücken.

einrichten
1. ausrüsten, ausstaffieren, ausstatten, möblieren; *(Jargon):* stylen.
2. arrangieren, ermöglichen, möglich machen, organisieren, zustande bringen, zuwege bringen; *(ugs.):* deichseln, managen; *(salopp):* schaukeln; *(bes. südd., österr., schweiz.):* richten.
3. aufbauen, auf die Beine stellen, begründen, eröffnen, errichten, etablieren, gründen, ins Leben rufen, installieren, organisieren, schaffen; *(bildungsspr.):* instituieren, konstituieren.

einrichten, sich
1. sich anpassen, sich einfügen, sich ergeben; *(bildungsspr.):* sich akklimatisieren, sich assimilieren, sich integrieren.
2. sich ausrichten, einplanen, sich einstellen, sich gefasst machen, sich vorbereiten; *(geh.):* sich rüsten, sich wappnen; *(bildungsspr.):* sich präparieren.

Einrichtung
1. a) Aufbau, Begründung, Eröffnung, Errichtung, Etablierung, Gründung, Installierung, Organisierung, Schaffung; *(bildungsspr.):* Konstituierung; *(EDV):* Set-up. **b)** Installation, Umarbeitung, Umbildung, Umformung, Umgestaltung, Ummodelung, Umwandlung; *(österr.):* Adaptierung; *(ugs.):* Umkrempelung; *(bildungsspr., Fachspr.):* Transformation.
2. a) Ausstattung, Inneneinrichtung, Inventar, Mobiliar, Möblierung, Wohnungseinrichtung; *(bildungsspr.):* Interieur. **b)** Anlage, Apparatur, Gerätschaften, Installation, Maschinerie, System, Vorrichtung.
3. Institution.

einsam
1. allein, einsiedlerisch, für sich, kontaktlos, ohne Kontakte, vereinsamt, zurückgezogen; *(emotional):* mutterseelenallein.
2. abgelegen, abgeschnitten, abgesondert, abseits, einsiedlerisch, entfernt, entlegen, fern, schwer erreichbar, verborgen, verlassen, weitab; *(geh.):* abgeschieden; *(ugs.):* gottverlassen, weit[ab] vom Schuss; *(scherzh.):* am Ende der Welt; *(ugs. scherzh.):* jwd; *(südd., österr.):* einschichtig.

Einsamkeit
Alleinsein, Einsamkeitsgefühl, Eremitendasein, Kontaktarmut, Kontaktlosigkeit, Menschenscheu, Vereinsamung, Verlassenheit, Zurückgezogenheit; *(geh.):* Alleinsamkeit.

einsammeln
1. auflesen, aufsammeln, einernten, zusammensammeln; *(bes. südd., österr.):* aufklauben.
2. einziehen, sammeln; *(ugs.):* [ein]kassieren; *(südd., österr.):* absammeln.

Einsatz
1. a) Einlage, Mise, Poule, Spielgeld, Wetteinsatz. **b)** Kaution, Pfand; *(österr.):* Versatzstück.
2. a) Anwendung, Aufbietung, Aufwand, Aufwendung, Gebrauch, Verwendung; *(geh.):* Darangabe. **b)** Aktivität, Anstrengung, Anteilnahme, Aufopferung, Bemühung, Eifer, Eifrigkeit, Emsigkeit, Energie, Hingabe, Mitwirkung, Tatendrang, Tatkraft, Teilnahme, Unternehmungslust; *(geh.):* Bemühen, Darangabe, Regsamkeit; *(bildungsspr.):* Engagement.

einschalten
1. andrehen, anlassen, anschalten, anstellen; *(ugs.):* anknipsen, anmachen; *(ugs. scherzh.):* anwerfen; *(salopp):* anschmeißen; *(südd., österr.):* aufdrehen; *(EDV):* toggeln.
2. a) dazwischenschieben, einbauen, einflechten, einfügen, einlegen, einmontieren, einschieben, einstreuen, schalten. **b)** heranziehen, [hin]zuziehen, holen; *(ugs.):* einspannen, mit ins Boot holen/nehmen; *(bes. südd., österr., schweiz.):* beiziehen.

einschalten, sich
1. anlaufen, einsetzen, in Gang kommen, starten; *(geh.):* anheben; *(ugs.):* angehen, losgehen.
2. dazwischenfahren, eingreifen, sich einmengen, sich [hin]einmischen; *(bildungsspr.):* intervenieren; *(ugs.):* dazwischenfunken, dreinfahren, einhaken, sich einklinken, hineinfunken.

einschärfen
ans Herz legen, einbläuen, einhämmern; *(ugs.):* einimpfen, eintrichtern, eintrimmen, eintrommeln.

einschätzen
abschätzen, ansehen, begutachten, betrachten, beurteilen, bewerten, eintaxieren, ein Urteil fällen, finden, halten, urteilen, veranschlagen, werten; *(geh.):* anschlagen, befinden, erachten, richten; *(bildungsspr.):* taxieren.

BSP Man kann das von zwei Seiten betrachten. Man soll nicht nach dem ersten Eindruck urteilen.

Einschätzung
Abschätzung, Begutachtung, Beurteilung, Bewertung, Eintaxierung, Gutdünken, Meinungsbild, Urteil, Veranschlagung, Wertung; *(geh.):* Befinden; *(bildungsspr.):* Taxierung.

einschlafen
1. hinüberdämmern, vom Schlaf übermannt werden; *(geh.):* eindämmern, einschlummern, entdämmern, entschlafen, in Schlaf fallen/sinken; *(ugs.):* eindösen, einnicken, wegsacken.
2. aufhören, ausklingen, auslaufen, ein Ende haben/nehmen, enden, erkalten, erlöschen, sich legen, versanden, zum Erliegen/Stillstand kommen; *(geh.):* dahinschwinden, ebben, ersterben, verebben, versiegen.

einschläfern
a) in Schlaf versetzen, zum Schlafen bringen; *(ugs.):* einlullen. **b)** betäuben, in Narkose versetzen.

einschlagen
1. einhämmern, einhauen, einrammen, eintreiben, hineinschlagen, hineintreiben; *(ugs.):* reinschlagen.
2. demolieren, eindreschen, einhauen, entzweischlagen, zerschlagen, zerschmettern, zerstören, zertrümmern; *(ugs.):* kaputt schlagen.
3. bearbeiten, einhauen, einprügeln, [los]schlagen, Schläge versetzen; *(ugs.):* eindreschen, eintrommeln; *(salopp):* dreinhauen.
4. äußerst erfolgreich sein, Eindruck hinterlassen/machen, ein Volltreffer sein, großen Anklang/Beifall finden, großen Erfolg haben, großes Gefallen finden, sehr gefallen; *(geh.):* großen Zuspruch finden; *(ugs.):* ein großer Hit sein; *(salopp):* hinhauen.

einschlägig
betreffend, dazugehörend, dazugehörig, diesbezüglich, entsprechend, fraglich, infrage kommend, zugehörig, zutreffend.

einschleusen
1. [her]einschmuggeln, hineinbringen, [hinein]schmuggeln; *(ugs.):* reinschmuggeln.
2. einspritzen; *(ugs.):* injizieren.

einschließen
1. a) einriegeln, einsperren, schließen; *(emotional):* sperren; *(geh. veraltet):* kerkern. **b)** schließen, verschließen, wegschließen.
2. begrenzen, eingrenzen, einrahmen, umfassen, umgeben, umgrenzen, umziehen.
3. beinhalten, einbeziehen, enthalten, umfassen, umschließen; *(geh.):* einbegreifen, einbeschließen; *(veraltend):* in sich begreifen; *(bildungsspr., Fachspr.):* inkludieren.

einschließlich
einbezogen, eingeschlossen, inbegriffen, inklusive, mitgerechnet; *(geh.):* einbegriffen.

einschmeicheln, sich
sich beliebt machen, schöntun; *(bildungsspr.):* antichambrieren; *(ugs.):* sich ankratzen, sich lieb Kind machen; *(abwertend):* sich anbiedern.

einschmuggeln
a) einschleusen, hereinschmuggeln, hineinbringen, hineinschmuggeln; *(ugs.):* reinschmuggeln.
b) eindringen, sich einschleichen, sich einschleusen, sich hineinschleichen, sich hineinschmuggeln; *(ugs.):* sich reinschmuggeln.

einschneidend
deutlich spürbar, dramatisch, drastisch, durchgreifend, durchschlagend, einprägsam, empfindlich, entscheidend, ernst zu nehmend, folgenschwer, hart, intensiv, massiv, merklich, nachdrücklich, nachhaltig, richtungsweisend, rigoros, schwerwiegend, spürbar, stark, tiefgreifend, unvergesslich, wegweisend, weitreichend, wirksam; *(bildungsspr.):* gravierend.

Einschnitt
1. Einkerbung, Kerbe, Scharte, Spalt.
2. a) Bruch, Pause, Unterbrechung, Zäsur.
b) Meilenstein, Wendepunkt.

einschränken
Abstriche machen, begrenzen, beschneiden, beschränken, die Grenze bilden/ziehen, drosseln, eindämmen, eingrenzen, herabmindern, herabsetzen, kürzen, reduzieren, schmälern, streichen, verkleinern, verkürzen, vermindern, verringern, zurücknehmen; *(geh.):* mäßigen, mindern; *(bildungsspr., Fachspr.):* dezimieren, restringieren; *(bes. Fachspr.):* limitieren.

einschränken, sich
sich begnügen, sich beschränken, haushalten, keine Ansprüche stellen, kürzertreten, sparen, vorliebnehmen, sich zufriedengeben, zufrieden sein, sich zurückhalten; *(geh.):* sich bescheiden; *(bildungsspr.):* downshiften.

einschreiben
anmelden, aufnehmen, aufschreiben, buchen, Buch führen, dokumentieren, eintragen, erfassen, festhalten, immatrikulieren, kodifizieren, niederschreiben, notieren, registrieren, verbuchen, verzeichnen; *(bildungsspr.):* fixieren.

einschreiten
andere Saiten aufziehen, angehen gegen, dazwischenfahren, durchgreifen, Einfluss nehmen, eingreifen, ein Machtwort sprechen, sich einmengen, sich einmischen, sich einschalten, einwirken, entgegenwirken, klären, mit der Faust auf den Tisch hauen/schlagen, Ordnung schaffen, schlichten, strengere Saiten aufziehen, unternehmen, vermitteln, vorgehen gegen; *(bildungsspr.):* intervenieren; *(ugs.):* dazwischenfunken, dreinreden, hineinfunken, in Ordnung bringen, kurzen Prozess machen.

Einschub
a) Einfügung, Einschiebsel, Einschiebung, Ergänzung, Nachtrag, Zusatz; *(Sprachwiss.):* Parenthese. **b)** Einbau[teil], Einsatz.

einschüchtern
Angst einflößen/einjagen, ängstigen, Angst [und Bange] machen, bedrohen, dominieren, entmutigen, erschrecken, in Angst [und Schrecken] versetzen, knebeln, mürbemachen, terrorisieren, unterdrücken, verängstigen, verschüchtern, zermürben, zusetzen; *(schweiz.):* vergelstern; *(geh.):* niederdrücken, schrecken; *(ugs.):* heruntermachen, unter der Fuchtel haben; *(abwertend):* drangsalieren, tyrannisieren.

einsehen
1. durchchecken, durchforsten, durchgehen, durchsehen, Einblick/Einsicht nehmen, [gründlich] lesen, prüfen, sichten, studieren, untersuchen, sich vertiefen.
2. a) begreifen, sich bewusst werden, durchschauen, erfassen, erkennen, fassen, feststellen, folgen können, merken, mitbekommen, nachvollziehen, realisieren, verstehen; *(geh.):* innewerden; *(ugs.):* blicken, intus kriegen, kapieren; *(salopp):* checken, raffen. **b)** akzeptieren, anerkennen, beipflichten, beistimmen, bejahen, billigen, eingestehen, einräumen, einverstanden sein, einwilligen, für richtig halten, gelten lassen, gutheißen, richtig finden, tolerieren, verstehen, zubilligen, zugeben, zugestehen, zustimmen; *(schweiz.):* zusprechen; *(geh.):* zuteilwerden lassen.

einseitig
1. auf eine Seite beschränkt, [nur] auf einer Seite.
2. unerwidert; *(bes. Politik):* unilateral.
3. a) befangen, einäugig, parteiisch, parteilich, unsachlich, voreingenommen; *(bildungsspr.):* subjektiv; *(abwertend):* engstirnig, tendenziös.
b) eindimensional, einfallslos, eingleisig, eintönig, fantasielos, geradlinig, gleichförmig, monoton.

einsetzen
1. dazwischenschieben, einarbeiten, einbauen, einbinden, einflechten, einfügen, eingliedern, einmontieren, einordnen, einreihen, einschieben, ergänzen, hineinarbeiten, hineinbauen, hinzufügen; *(bildungsspr.):* integrieren.
2. a) beauftragen, bestellen, einschalten, engagieren, ernennen, heranziehen, hinzuziehen, holen, verpflichten; *(ugs.):* einspannen, mit ins Boot holen/nehmen. **b)** anwenden, aufbieten, aufbringen, beanspruchen, benutzen, Gebrauch machen, heranziehen, in Anspruch nehmen, mobilisieren, nutzen, verwenden, verwerten, zum Einsatz bringen; *(geh.):* sich bedienen.
3. aufs Spiel setzen, riskieren.
4. anfangen, anlaufen, aufflammen, aufkeimen, aufkommen, auftreten, ausbrechen, sich ausbreiten, beginnen, einbrechen, sich einschalten, in Gang kommen, losbrechen, starten, um sich greifen, zum Ausbruch/Vorschein kommen; *(ugs.):* angehen, losgehen.

einsetzen, sich
a) sich abkämpfen, sich abmühen, alle Kräfte anspannen, sich anstrengen, Anstrengungen machen, sich bemühen, sich bestreben, sich ins Geschirr legen, kämpfen für, sich Mühe geben, nichts unversucht lassen, seine ganze Kraft aufbieten, sich strapazieren; *(österr.):* antauchen;

(schweiz.): sich wehren; *(geh.):* Anstrengungen unternehmen, sich befleißigen; *(ugs.):* sich abstrampeln, sich dahinterklemmen, sich dahinterknien/dahintersetzen, sich ins Zeug legen, rackern, sich reinknien. **b)** befürworten, dafür sein, eine Lanze brechen, eintreten, sich engagieren, unterstützen, verfechten, verteidigen; *(geh.):* Fürsprache einlegen, sich verwenden; *(bildungsspr.):* plädieren; *(ugs.):* sich starkmachen.

Einsicht

1. Einblick.

2. a) Aufschluss, Bewusstsein, Eindruck, Erfahrung, Erkenntnis, Gewissheit, Klarblick, Überblick, Überzeugung, Vorstellung, Wissen. **b)** Besinnung, Vernunft, Verständnis.

einsichtig

1. duldsam, geduldig, großmütig, milde, nachsichtig, tolerant, vernünftig, verständig, verständnisvoll, voller Geduld.

2. begreiflich, einleuchtend, erklärlich, ersichtlich, fassbar, klar, logisch, nachvollziehbar, nachzuvollziehen, plausibel, schlagend, schlüssig, verständlich, verstehbar, zu begreifen, zu verstehen; *(bildungsspr.):* stringent.

einsilbig

kurz angebunden, mürrisch, nicht gesprächig, reserviert, schweigsam, still, stumm, unwirsch, verschlossen, wortkarg, zurückhaltend; *(ugs.):* mundfaul, zugeknöpft; *(salopp):* maulfaul.

GGS aufgeschlossen, kommunikationsfreudig, mitteilsam, redselig.

einspannen

arbeiten lassen, beanspruchen, bemühen, bitten, einschalten, einsetzen, heranziehen, hinzuziehen, in Anspruch nehmen, zuziehen.

einsparen

einbehalten, ersparen, zurückbehalten, zurückhalten; *(geh.):* bewahren; *(ugs.):* den Daumen halten/haben auf, schinden.

einsperren

festsetzen, inhaftieren, ins Gefängnis bringen, internieren; *(ugs.):* hinter Schloss und Riegel bringen/setzen; *(ugs. scherzh.):* hinter schwedische Gardinen bringen; *(salopp):* einbuchten.

einspringen

1. aushelfen, behilflich sein, beistehen, entlasten, Hand anlegen, helfen, Hilfe leisten, in die Bresche springen, unter die Arme greifen, unterstützen, vertreten, zur Hand gehen, zur Seite stehen; *(geh.):* Beistand leisten.

2. einhaken, einklinken, einschnappen, zuschnappen.

Einspruch

Aber, Beanstandung, Bedenken, Beschwerde, Einwand, Einwendung, Protest, Reklamation, Verwahrung, Vorbehalt, Widerrede, Widerspruch; *(bildungsspr.):* Veto.

einst

a) damals, ehemals, einmal, früher, in/zu jener Zeit, in früheren Zeiten, in jenen Tagen, seinerzeit, vor längerer/langer Zeit, vormals; *(geh.):* dereinst, ehedem; *(dichter.):* vorzeiten; *(bildungsspr. scherzh.):* seit/zu Olims Zeiten. **b)** eines Tages, in ferner Zukunft, irgendwann [einmal], künftig, später [einmal]; *(geh.):* dereinst.

einstecken

1. anschließen, befestigen, einstöpseln, festmachen, feststecken, hineinstecken.

2. einpacken, in die Tasche stecken, mitnehmen, mit sich nehmen.

3. ausgesetzt sein, aushalten, ausstehen, durchhalten, durchmachen, durchstehen, erdulden, sich ergeben, erleiden, ertragen, fertigwerden mit, sich fügen, hinnehmen, in Kauf nehmen, leiden, sich schicken, tragen, über sich ergehen lassen, überstehen, verdauen, verkraften, verschmerzen; *(geh.):* dulden, verwinden; *(ugs.):* hinter sich bringen, mitmachen, schlucken.

einstehen

a) Brief und Siegel geben, bürgen, sich einsetzen, eintreten, garantieren, geradestehen, gewährleisten, haften, stehen zu, unterstützen, verantworten, sich verbürgen, verteidigen; *(bildungsspr.):* plädieren; *(ugs.):* die/seine Hand ins Feuer legen, sich starkmachen. **b)** aufkommen, bereinigen, bezahlen, büßen, die Folgen/Konsequenzen tragen, die Verantwortung übernehmen, geradestehen, haften, herhalten, wiedergutmachen, zur Verantwortung gezogen werden; *(ugs.):* den Buckel/Kopf hinhalten, die Suppe auslöffeln, in Ordnung bringen; *(salopp):* ausbügeln.

einsteigen

1. an Bord gehen, besteigen, betreten, boarden, eintreten, hineinsteigen, zusteigen.

2. einbrechen, eindringen, einen Einbruch begehen/verüben, einfallen, sich einschleichen.

3. a) sich anschließen, beitreten, sich beteiligen, sich einkaufen, eintreten, Mitglied/Teilhaber[in] werden. **b)** anfangen, antreten, beginnen, sich einlassen, mitmachen.

einstellen

1. an seinen Platz stellen, einfügen, eingliedern, einordnen, einrangieren, einräumen, einreihen, einsortieren, hineinlegen, hineinstellen.

2. anstellen, anwerben, Arbeit geben, berufen,

beschäftigen, bestellen, betrauen, einsetzen, engagieren, in Dienst nehmen/stellen, unter Vertrag nehmen, verpflichten.
3. abstimmen, angleichen, anpassen, ausrichten, einrichten, einstimmen, passend machen, regeln, regulieren; *(EDV):* konfigurieren.
4. abbrechen, abgehen/ablassen von, aufgeben, aufheben, aufhören, auflösen, aussetzen, beenden, beendigen, beschließen, nicht fortfahren/fortsetzen, schließen, Schluss machen, stilllegen, verzichten; *(geh.):* aufkündigen, ein Ende bereiten/machen/setzen; *(bildungsspr.):* sistieren; *(ugs.):* abblasen, aufstecken, dichtmachen, hinwerfen, stecken, zumachen.

einstellen, sich
1. a) ankommen, anlangen, antreten, sich einfinden, eintreffen, erscheinen, kommen; *(österr.):* einlangen; *(ugs.):* anrücken, anzwitschern, eintrudeln; *(salopp):* antanzen, aufkreuzen.
b) ablaufen, sich abspielen, sich als richtig herausstellen, sich als wahr erweisen, aufkommen, auftreten, sich bestätigen, sich bewahrheiten, einsetzen, eintreffen, eintreten, entstehen, sich ereignen, erfolgen, sich erfüllen, geschehen, kommen, passieren, stattfinden, sich vollziehen, vonstattengehen, vorkommen, wahr werden, Wirklichkeit werden, zum Vorschein kommen, zutage kommen/treten; *(geh.):* sich begeben.
2. einplanen, sich einrichten, sich einstimmen, sich gefasst machen, sich vorbereiten; *(geh.):* sich rüsten, sich wappnen; *(bildungsspr.):* sich präparieren.

Einstellung
1. Abbruch, Abkehr, Abschaffung, Aufgabe, Aufhebung, Auflösung, Auslöschung, Außerkraftsetzung, Aussetzung, Ausstieg, Beendigung, Beseitigung, Ende, Entsagung, Loslösung, Lossagung, Lösung, Rücknahme, Schließung, Stilllegung, Streichung, Verwerfung, Verzicht.
2. Anstellung, Berufung, Beschäftigung, Einsetzung, Engagement, Verpflichtung; *(ugs.):* Anheuerung.
3. Annahme, Anschauung, Ansicht, Auffassung, Betrachtungsweise, Blickwinkel, Denkweise, Geisteshaltung, Gesinnung, Haltung, Ideologie, Meinung, Position, Sicht[weise], Standpunkt, Überzeugung, Verhältnis, Vorstellung; *(geh.):* Dafürhalten, Warte; *(bildungsspr.):* Mentalität, Orientierung; *(salopp):* Denke.
4. Szene.

Einstieg
1. a) Zugang, Zutritt. **b)** Eingang, Einlass, Luke, Öffnung, Tür.
2. Anfang, Auftakt, Beginn, Start.

einstimmig
einer Meinung, einheitlich, einhellig, einig, einmütig, einträchtig, einvernehmlich, gemeinsam, gemeinschaftlich, geschlossen, im Einvernehmen, konform, ohne Gegenstimme, übereinstimmend, unisono, vereint.

einstreichen
1. sich aneignen, einnehmen, einsammeln, einziehen, gewinnen, nehmen, vereinnahmen; *(ugs.):* einkassieren, einsacken, kassieren.
2. abbauen, einsparen, kürzen, reduzieren; *(ugs.):* herunterschrauben, zusammenstreichen.

einstudieren
sich aneignen, anlesen, auswendig lernen, einprägen, einüben, erarbeiten, erlernen, lernen, proben, sich zu eigen machen; *(ugs.):* büffeln, pauken; *(bildungsspr. veraltend):* memorieren.

einstürzen
1. einbrechen, einfallen, zusammenbrechen, zusammenfallen, zusammensinken, zusammenstürzen; *(geh.):* niederbrechen; *(ugs.):* einkrachen, zusammenkrachen.
2. hereinbrechen, überfallen.
3. einblasen, zum Einsturz bringen; *(geh.):* niederbrechen.

eintauschen
einhandeln, einwechseln, umtauschen, umwechseln, wechseln.

einteilen
1. aufgliedern, aufschlüsseln, aufteilen, eingliedern, eingruppieren, einordnen, einstufen, fächern, gliedern, gruppieren, klassifizieren, ordnen, sortieren, staffeln, strukturieren, teilen, untergliedern, unterteilen, zuordnen; *(bildungsspr.):* differenzieren, kategorisieren; *(bildungsspr., Fachspr.):* segmentieren, typisieren.
2. abmessen, bemessen, berechnen, disponieren, dosieren, einplanen, haushalten, maßhalten, planen, portionieren, rationieren, sparen, wirtschaften.
3. zuteilen, zuweisen; *(geh.):* zumessen.

eintönig
abwechslungslos, einförmig, geisttötend, gleichförmig, grau, langweilig, monoton, öde, reizlos, stumpfsinnig, trocken, trostlos, uninteressant; *(bildungsspr.):* trist; *(abwertend):* fade; *(bildungsspr. abwertend):* stupide, uniform.

Eintönigkeit
Einerlei, Einförmigkeit, Gleichförmigkeit, Langeweile, Langweiligkeit, Monotonie, Öde, Reizlosigkeit, Stumpfsinn, Stumpfsinnigkeit, Trostlosigkeit; *(abwertend):* Fadheit; *(bildungsspr. abwertend):* Stupidität, Uniformität.

Eintracht
Brüderlichkeit, Einhelligkeit, Einigkeit, Einmütigkeit, Einstimmigkeit, Einvernehmen, Einverständnis, Frieden, Geschlossenheit, Gleichgesinntheit, Gleichklang, Harmonie, Konkordia, Übereinstimmung, Verbundenheit; *(geh.):* Einklang; *(bildungsspr.):* Konsens, Solidarität.

eintragen
1. [sich] anmelden, aufschreiben, buchen, [sich] einschreiben, erfassen, festhalten, [sich] immatrikulieren, niederschreiben, notieren, registrieren, schreiben, umschreiben, verbuchen, verzeichnen, vormerken; *(österr.):* inskribieren.
2. abwerfen, sich auszahlen, sich bezahlt machen, [ein]bringen, einträglich sein, erbringen, erreichen, erzielen, Gewinn/Profit bringen, sich lohnen, sich rentieren; *(ugs.):* herausspringen.

einträglich
einbringlich, ergiebig, ertragreich, gewinnbringend, günstig, lohnend, profitabel, rentabel, rentierlich, segensreich, vorteilhaft; *(bildungsspr.):* lukrativ; *(ugs.):* dankbar, fett.

eintreffen
sich bestätigen, sich bewahrheiten, eintreten, sich erfüllen, geschehen, in Erfüllung gehen, passieren, sich verwirklichen, wahr werden, Wirklichkeit werden; *(bildungsspr.):* sich realisieren.

eintreiben
einfordern, einklagen, einmahnen, einsammeln, einziehen, erheben; *(ugs.):* kassieren; *(südd., österr.):* einheben.

eintreten
1. betreten, hereinkommen, hereintreten, hineingehen, hineintreten.
2. demolieren, eindrücken, zerschmettern, zerstören, zertrümmern; *(ugs.):* kaputt machen.
3. sich anschließen, antreten, beitreten, sich beteiligen, sich einkaufen, Mitglied/Teilhaber[in] werden; *(ugs.):* einsteigen.
4. ablaufen, sich abspielen, sich als richtig herausstellen, sich als wahr erweisen, auftreten, sich bestätigen, sich bewahrheiten, sich einstellen, eintreffen, sich ereignen, erfolgen, sich erfüllen, geben, geschehen, kommen, passieren, stattfinden, sich vollziehen, vonstattengehen, vorfallen, vor sich gehen, wahr werden, Wirklichkeit werden, zustande kommen, zustoßen; *(geh.):* sich begeben, sich zutragen.
5. sich aussprechen, sich bekennen, sich bemühen, bürgen, den Rücken stärken/steifen, die Stange halten, durchfechten, eifern, eine Lanze brechen/einlegen, sich einsetzen, einstehen, sich engagieren, sich ereifern, sich erklären, garantieren, geradestehen, gewährleisten, haften, halten zu, kämpfen, Partei ergreifen/nehmen, stehen zu, Stellung beziehen/nehmen, unterstützen, verantworten, sich verbürgen, verfechten, verteidigen, vertreten, sich vor jmdn./etw. stellen; *(geh.):* dienen, sich verwenden; *(bildungsspr.):* plädieren, protegieren; *(ugs.):* die Hand ins Feuer legen, sich starkmachen; *(veraltend):* in die Bresche springen/treten.

Eintritt
1. Anfang, Antritt, Auftakt, Beginn, Einbruch, Einstieg, Eröffnung, Start; *(geh.):* Anbruch.
2. Eintrittsgebühr, Eintrittsgeld, Eintrittspreis; *(bes. österr.):* Entree.

einüben
1. a) sich aneignen, sich antrainieren, auswendig lernen, sich beibringen, sich einprägen, einstudieren, sich eintrainieren, sich erarbeiten, erlernen, lernen, proben, probieren, üben, wiederholen; *(bildungsspr.):* präparieren, repetieren; *(bildungsspr. veraltend):* memorieren; *(ugs.):* pauken, trainieren; *(fam.):* sich auf den Hosenboden setzen. **b)** antrainieren, beibringen, drillen, einbläuen, einexerzieren, einhämmern, einprägen, eintrainieren, lehren, schulen, trainieren, vermitteln; *(geh.):* unterweisen.
2. sich eingewöhnen, sich vertraut machen, vertraut werden, sich zu eigen machen.

einverleiben
sich aneignen, angliedern, an sich nehmen, Besitz ergreifen, einfügen, eingliedern, einreihen, erbeuten, erobern, fusionieren, hineinnehmen, hinzufügen, in Besitz nehmen, vereinigen, verschmelzen, wegnehmen, zuschlagen; *(geh.):* sich bemächtigen; *(bildungsspr.):* annektieren; *(ugs.):* absahnen, abstauben, kassieren, mitgehen lassen; *(salopp):* sich unter den Nagel reißen.

einverleiben, sich
aufessen, aufnehmen, aufsaugen, einnehmen, essen, schlucken, trinken, verschlingen, sich zuführen; *(geh.):* nehmen, verspeisen, verzehren, zu sich nehmen; *(ugs.):* verdrücken, verputzen; *(ugs. scherzh.):* vertilgen.

einvernehmlich
einer Meinung, einhellig, einig, einmütig, einstimmig, einträchtig, gemeinsam, geschlossen, gleich gesinnt, gütlich, harmonisch, im Einvernehmen, im Gleichklang, in gegenseitigem Einverständnis, in Übereinstimmung, konform, mit einer Stimme, ohne Gegenstimme, übereinstimmend, unisono; *(geh.):* geeint, im Einklang, vereint; *(bildungsspr.):* im Konsens.

einverstanden
abgemacht, akzeptiert, gut, in Ordnung; *(ugs.):* all right, o. k., okay, roger.

einverstanden sein ↑einwilligen.

Einverständnis
a) ↑Einwilligung. **b)** Einigkeit, Einvernehmen, Übereinstimmung; *(bildungsspr.):* Konsens.

Einwanderer, Einwanderin
Immigrant, Immigrantin, Migrant, Migrantin, Zuwanderer, Zuwanderin.

einwandern
immigrieren, zuwandern, zuziehen.

einwandfrei
1. fehlerfrei, fehlerlos, in Ordnung, korrekt, nicht zu beanstanden, ohne Fehler/Mängel, richtig, unbedenklich; *(emotional):* tadellos.
2. deutlich, eindeutig, exakt, fraglos, ganz bestimmt, genau, gewiss, klar, ohne Frage/Zweifel, präzise, sicher, unmissverständlich, unstreitig, unstrittig, unumstritten, unzweifelhaft, zweifellos; *(emotional):* zweifelsohne.

einweihen
1. a) der Öffentlichkeit übergeben, enthüllen, eröffnen, seiner Bestimmung übergeben, taufen. **b)** in Betrieb/Gebrauch nehmen, zum ersten Mal benutzen/tragen.
2. anvertrauen, aufklären, informieren, unterrichten, vertraut machen; *(bes. schweiz.):* orientieren; *(bildungsspr.):* initiieren; *(nachdrücklich):* in Kenntnis setzen, ins Bild setzen.

einweisen
1. bringen lassen, einliefern, einquartieren, unterbringen; *(Fachspr.):* internieren.
2. anleiten, anlernen, anweisen, ausbilden, beibringen, einarbeiten, einführen, instruieren, lehren, nahebringen, schulen, unterrichten, vermitteln, vertraut machen, vorbereiten, zeigen; *(geh.):* unterweisen.
3. dirigieren, hinführen, leiten, lenken, lotsen, manövrieren, zeigen.

einwenden
beanstanden, sich beklagen, sich beschweren, bezweifeln, dagegenhalten, dagegensetzen, einen Einwand erheben/vorbringen, einwerfen, entgegenhalten, entgegnen, erwidern, klagen, kontern, kritisieren, protestieren, reklamieren, vorhalten, widersprechen, zu bedenken geben.

BSP Er protestierte gegen die unfaire Behandlung. Ich gebe aber zu bedenken, dass …

---

einwerfen
1. [hinein]fallen lassen; *(ugs.):* einstecken, füttern, reinschmeißen.
2. demolieren, zerstören, zertrümmern; *(ugs.):* einschmeißen, kaputt machen.
3. anbringen, anführen, anmerken, sich äußern, bemerken, dazwischenrufen, dazwischenwerfen, einen Einwurf machen, sich einschalten, einwenden, sagen, vorbringen.

einwickeln
1. a) einpacken, einrollen, einschlagen, schlagen, verpacken, zusammenpacken; *(österr.):* einfaschen. **b)** bedecken, hüllen.
2. blenden, erweichen, irreführen, täuschen, überlisten, überreden, übervorteilen, umstimmen; *(ugs.):* andrehen, bearbeiten, bequatschen, beschwatzen, breitschlagen, über den Tisch ziehen, überfahren, um den Finger wickeln, verschaukeln, weismachen.

einwilligen
akzeptieren, anerkennen, annehmen, sich anschließen, befürworten, begrüßen, beipflichten, beistimmen, bejahen, bewilligen, billigen, darauf eingehen, einiggehen, sich einverstanden erklären, erlauben, für angebracht/richtig halten, gelten lassen, genehmigen, gestatten, gewähren, gutheißen, Ja [und Amen] sagen, konform gehen, mitmachen, recht geben, respektieren, übereinstimmen, zubilligen, sich zufriedengeben, zugeben, zugestehen, zulassen, zustimmen; *(bildungsspr.):* legitimieren, sanktionieren; *(ugs.):* seinen Segen geben, unterschreiben.

Einwilligung
Akzeptanz, Anerkennung, Bejahung, Bewilligung, Billigung, Einverständnis, Erlaubnis, Freibrief, Genehmigung, Gewährung, Zubilligung, Zusage, Zustimmung; *(bildungsspr.):* Sanktionierung; *(ugs.):* Okay, Segen; *(veraltend):* Konsens.

einwirken
abfärben, bedrängen, beeinflussen, bewegen, drängen, eindringen, Einfluss ausüben/haben/nehmen, einreden, formen, nötigen, packen, prägen, reizen, traktieren, sich übertragen, Wirkung ausüben/erzielen, zureden, zusetzen; *(bildungsspr.):* manipulieren, suggerieren.

Einwohner, Einwohnerin
Ansässiger, Ansässige, Bewohner, Bewohnerin, Bürger, Bürgerin, Eingebürgerter, Eingebürgerte, Einheimischer, Einheimische, Mitbürger, Mitbürgerin, Staatsangehöriger, Staatsangehörige, Staatsbürger, Staatsbürgerin.

Einwurf
1. Öffnung, Schlitz.
2. Anmerkung, Äußerung, Bemerkung, Einwand, Einwendung, Entgegnung, Zwischenbemerkung, Zwischenfrage, Zwischenruf.

einzahlen
eine Zahlung leisten, übertragen, überweisen, zahlen; *(schweiz.):* einbezahlen.

Einzelfall
Ausnahme, Ausnahmeerscheinung, Ausnahmefall, Einzelerscheinung, Extremfall, Sonderfall; *(österr.):* Ausnahmsfall.

Einzelgänger, Einzelgängerin
Außenseiter, Außenseiterin, Einsiedler, Einsiedlerin, Einsiedlernatur, Eremit, Sonderling; *(bildungsspr.):* Individualist, Individualistin, Outsider, Outsiderin, Solitär; *(oft abwertend):* Eigenbrötler, Eigenbrötlerin.

Einzelheit
Baustein, Bestandteil, Einzelding, Einzelkomponente, Einzelteil, Feinheit, Komponente, Nuance, Teilstück; *(bildungsspr.):* Detail; *(Fachspr.):* Item.

einzeln
abgesondert, abgetrennt, extra, für sich [allein], gesondert, getrennt, isoliert, nicht mit anderen zusammen, separat.

einzig
ausnahmslos, ausschließlich, einzig und allein, lediglich, nichts anderes/niemand anders als, nur; *(geh.):* allein; *(ugs.):* bloß.

einzigartig
außergewöhnlich, beispiellos, einmalig, einzig, ohne Beispiel, ohnegleichen, phänomenal, unbeschreiblich, ungewöhnlich, unnachahmlich, unverwechselbar; *(geh.):* ausnehmend; *(bildungsspr.):* exklusiv, exzeptionell, singulär.

eisern
1. aus Eisen bestehend/hergestellt, stählern; *(dichter.):* ehern.
2. a) beharrlich, beständig, [felsen]fest, gleichbleibend, hartnäckig, konsequent, nicht nachgebend, standhaft, stark, unbeirrt, unbeugsam, unerschütterlich, unumstößlich, willensstark, zäh; *(geh.):* ehern, stählern, unwandelbar, wie ein Fels. **b)** energisch, entschieden, entschlossen, erbarmungslos, gnadenlos, hart, kompromisslos, rabiat, rigoros, scharf, schonungslos, streng, strikt, unbarmherzig, unerbittlich, unnachgiebig; *(abwertend):* rücksichtslos.

eisig
1. eiskalt, frostig, frostklirrend, harsch, schneidend/sehr kalt, wie Eis; *(geh.):* frostkalt; *(ugs.):* hundekalt; *(emotional verstärkend):* bitterkalt.
2. ablehnend, abweisend, distanziert, eiskalt, frostig, kühl, unfreundlich, unnahbar, unzugänglich.

eiskalt
1. ↑eisig (1).
2. abgestumpft, abweisend, brutal, eisig, erbarmungslos, gefühllos, gefühlsarm, gefühlskalt, gleichgültig, hartherzig, herzlos, kaltherzig, kühl, robotisch, unbarmherzig, unemotional, ungerührt; *(geh.):* seelenlos; *(abwertend):* kaltblütig, roh, skrupellos.

eitel
kokett, putzsüchtig; *(bildungsspr.):* dandyhaft; *(abwertend):* eingebildet, geckenhaft, gefallsüchtig, selbstgefällig.

Eitelkeit
1. Einbildung, Koketterie; *(bildungsspr.):* Dandytum; *(abwertend):* Geckenhaftigkeit, Gefallsucht, Selbstgefälligkeit.
2. Bedeutungslosigkeit, Belanglosigkeit, Inhaltslosigkeit, Nutzlosigkeit, Unwichtigkeit, Vergeblichkeit, Wertlosigkeit, Zwecklosigkeit; *(bildungsspr.):* Inanität, Substanzlosigkeit.

Ekel
Abneigung, Abscheu, Widerwille; *(geh.):* Degout; *(bildungsspr.):* Antipathie.

ekelhaft
1. Abscheu/Widerwillen hervorrufend, abscheulich, abstoßend, ekelerregend, eklig, entsetzlich, furchtbar, gemein, niederträchtig, schrecklich, unangenehm, unappetitlich, unausstehlich, unerträglich, widerwärtig; *(geh.):* degoutant, ruchlos, übel; *(ugs.):* ätzend, fies, grässlich; *(salopp):* zum Kotzen; *(emotional):* scheußlich; *(abwertend):* schäbig, widerlich.
2. ↑sehr.

ekeln
1. Abscheu/Ekel erregen, abstoßen, anekeln, mit Abscheu/Ekel/Widerwillen erfüllen, zurückstoßen, zuwider sein; *(geh.):* degoutieren; *(ugs.):* anstinken; *(abwertend):* anwidern.
2. hinaustreiben, vertreiben; *(ugs.):* hinausekeln, rausekeln, wegekeln.

ekeln, sich
Abscheu/Ekel empfinden, sich schütteln, widerstehen, zuwider sein; *(ugs.):* jmdm. dreht sich der Magen um.

Eklat
Aufsehen, aufsehenerregender Vorfall, Knall, Sensation, Skandal; *(ugs.):* Kladderadatsch.

eklig ↑ekelhaft.

Elan
Begeisterung, Dynamik, Energie, Feuer, Pep, Schwung, Spannkraft, Tatendrang; *(bildungsspr.):* Drive, Impetus; *(Jargon):* Power.

elastisch
1. beweglich, biegbar, biegsam, dehnbar, Elastizität aufweisend, flexibel, geschmeidig, nachgiebig, weich.

2. a) federnd, gelenkig, geschmeidig. b) anpassungsfähig, beweglich, wendig; *(geh.)*: schmiegsam; *(bildungsspr.)*: flexibel.

elegant

a) apart, chic, fein, geschmackvoll, gut angezogen/zurechtgemacht, herausgeputzt, mondän, schick, sehr schön, smart, stilvoll, vornehm; *(ugs.)*: in Schale, piekfein.

GGS billig, kitschig, stillos, trashig.

b) diplomatisch, geschickt, gewandt, weltgewandt, weltmännisch; *(geh.)*: weltläufig; *(bildungsspr.)*: routiniert. c) ausgesucht, ausgewählt, exquisit, fein, gepflegt, geschliffen, kultiviert, sehr gut; *(geh.)*: [aus]erlesen; *(bildungsspr.)*: delikat, exzellent.

Eleganz

a) Apartheit, Chic, Feinheit, Schönheit, Stil, Vornehmheit; *(bildungsspr.)*: Noblesse. b) Geschmeidigkeit, Gewandtheit, Harmonie; *(schweiz.)*: Souplesse. c) Ausgesuchtheit, Erlesenheit, Gepflegtheit, Geschliffenheit, Kultiviertheit; *(geh.)*: Auserlesenheit.

Element

1. a) Baustein, Bestandteil, Glied, Grundbestandteil, Komponente, Teil. b) charakteristisches/typisches Merkmal, Wesensmerkmal, Wesenszug, Zug; *(bildungsspr.)*: Charakteristikum. c) Faktor, Kraft.

2. Bauelement, Bauteil, Einzelelement, Einzelteil, Teilstück.

elementar

1. a) ausschlaggebend, bedeutend, bestimmend, entscheidend, fundamental, grundlegend, grundsätzlich, maßgebend, maßgeblich, prinzipiell, von entscheidender Bedeutung, wesentlich, wichtig. b) bekannt, einfach, geläufig, primitiv, simpel, unkompliziert.

2. elementarisch, naturhaft, naturverbunden, primitiv, stürmisch, ungebändigt, unverfälscht, ursprünglich, urtümlich, urwüchsig; *(geh.)*: erdhaft, erdverbunden, ungestüm.

elend

1. a) arm, ärmlich, armselig, bedauernswert, bedürftig, beklagenswert, bettelarm, dürftig, erbärmlich, herzzerreißend, hilfsbedürftig, jämmerlich, kläglich, kümmerlich, mittellos, spärlich, unbemittelt, verarmt, verelendet, von Kummer/Sorge erfüllt; *(geh.)*: elendiglich, Not leidend. b) abgespannt, ausgehungert, erbärmlich, erschöpft, geschwächt, krank, kränklich, matt, scheußlich, schlecht, schwach, schwächlich, unwohl, zerschlagen; *(geh.)*: ermattet, hinfällig; *(ugs.)*: erledigt, fertig, groggy, k. o., kaputt, platt, wie ein Häufchen/Haufen Elend; *(emotional)*: miserabel.

2. abscheulich, charakterlos, ehrlos, gemein, hässlich, hinterhältig, niederträchtig, niedrig, schandbar, schändlich, scheußlich, schlecht, schmutzig, schnöde, übel, unwürdig, verabscheuenswert, verächtlich, verdammenswert, verwerflich; *(geh.)*: ruchlos, schmählich, verworfen; *(bildungsspr.)*: perfide; *(abwertend)*: erbärmlich, schäbig; *(geh. veraltet)*: arg.

Elend

1. Hoffnungslosigkeit, Jammer, Kreuz, Kummer, Last, Leid, Qual, Quälerei, Schmerz, Seelenschmerz, Trostlosigkeit, Unglück, Verderben, Verzweiflung; *(geh.)*: Drangsal, Düsterheit, Gram, Pein, Trübsal; *(bildungsspr.)*: Misere.

2. Ärmlichkeit, Armseligkeit, Armut, Bedürftigkeit, Entbehrung, Geldnot, Kargheit, Mittellosigkeit, Not, Notstand, Verelendung; *(bildungsspr.)*: Misere.

Elendsviertel

Armenviertel, Slum.

Elite

Auslese, Auswahl, die Besten, die oberen Zehntausend, Eliteschicht, Establishment, Führungsschicht, Geldadel, hohe/vornehme Gesellschaft, Jetset, Kader, Oberschicht, Schickeria.

Eltern

Elternpaar, Erziehungsberechtigte, Vater und Mutter; *(ugs. scherzh.)*: Ellis; *(salopp)*: die Alten.

Emanzipation

a) Ablösung, Abnabelung, Befreiung, Emanzipierung, Loslösung, Verselbstständigung.

b) Chancengleichheit, Frauenemanzipation, Gleichberechtigung, Gleichheit, Gleichrangigkeit, Gleichstellung, Gleichwertigkeit, Selbstbestimmung, Unabhängigkeit.

emanzipieren, sich

sich ablösen, sich auf eigene Füße stellen, autonom werden, sich befreien, sich frei machen, sich lösen, sich loslösen, sich selbstständig machen, selbstständig werden, sich unabhängig machen; *(geh.)*: die Fesseln abstreifen/abwerfen/sprengen, die Ketten abwerfen/sprengen/zerreißen, sich entledigen; *(ugs.)*: loskommen, sich losmachen; *(emotional)*: sich abnabeln.

emanzipiert

autonom, befreit, eigenständig, eigenverantwortlich, frei, mündig, sein eigener Herr, selbstbestimmt, selbstständig, souverän, unabhängig, ungebunden; *(bildungsspr.)*: autark.

Emigrant, Emigrantin

Asylant, Asylantin, Ausgewiesener, Ausgewiesene, Auswanderer, Auswanderin, Deportierter,

Deportierte, Flüchtling, [Heimat]vertriebener, [Heimat]vertriebene, Übersiedler, Übersiedlerin, Umsiedler, Umsiedlerin.

emigrieren

außer Landes gehen, auswandern, das Land verlassen, fortgehen, fortziehen, ins Ausland/ins Exil gehen, seine Heimat verlassen, übersiedeln, umsiedeln, weggehen.

emotional

affektiv, emotionell, expressiv, gefühlsbestimmt, gefühlsbetont, gefühlsmäßig, gefühlvoll; *(bildungsspr.):* irrational.

GGS nüchtern, rational, sachlich, trocken.

Empfang

1. Ankunft, Annahme, Entgegennahme, Erhalt, Übernahme.
2. a) Ankunft, Aufnahme, Begrüßung, Willkomm, Willkommen. **b)** Audienz, Feier, Feierlichkeit, Fest, Festlichkeit, Gesellschaft, Party.
3. Anmeldebüro, Anmelderaum, Anmeldung, Empfangsbüro, Empfangsraum, Rezeption.

empfangen

1. annehmen, bekommen, entgegennehmen, erhalten, in Empfang nehmen, übernehmen, verabreicht bekommen, zugeteilt bekommen.
2. aufnehmen, begrüßen, bewillkommnen, einlassen, entgegentreten, vorlassen, willkommen heißen; *(geh.):* einholen.
3. schwanger werden; *(verhüll.):* in andere Umstände kommen.

empfänglich

ansprechbar, aufgeschlossen, aufgeweckt, aufnahmebereit, aufnahmefähig, beeinflussbar, feinfühlig, geneigt, gestimmt, geweckt, interessiert, offen, sensibel, zugänglich, zu haben.

empfehlen

1. animieren, anpreisen, anraten, anregen, ans Herz legen, befürworten, nahelegen, nennen, raten, rühmen, vorschlagen, weiterempfehlen, werben, zuraten, zureden; *(ugs.):* predigen.
2. anvertrauen, in jmds. Obhut/Verantwortung geben, übergeben, überlassen, überreichen, übertragen, unter jmds. Schutz stellen; *(geh.):* anbefehlen, anheimgeben, überantworten.

empfehlen, sich

a) sich aufdrängen, sich beweisen, sich ergeben, sich erweisen, sich herausstellen, in Betracht kommen, naheliegen, unter Beweis stellen, sich zeigen. **b)** sich anbieten, sich bereit erklären, sich bereithalten, sich zur Verfügung stellen; *(abwertend):* sich anbiedern. **c)** anzuraten sein, empfehlenswert/geraten sein, gut passen, ratsam erscheinen/sein, zweckmäßig sein.

empfinden

a) bemerken, erfahren, erkennen, erleiden, fühlen, haben, merken, [ver]spüren, wahrnehmen; *(geh.):* gewahren, gewahr werden. **b)** ansehen, auffassen, aufnehmen, auslegen, begreifen, betrachten, beurteilen, bewerten, deuten, einschätzen, erfahren, erkennen, erleben, finden, halten für, nehmen, sehen, verstehen, werten, zu Bewusstsein kommen; *(geh.):* befinden, erachten; *(bildungsspr.):* interpretieren.

empfindlich

1. a) dünnhäutig, empfindsam, fein [besaitet], feinfühlend, feinfühlig, feinnervig, feinsinnig, hochempfindlich, [hoch]sensibel, [leicht] verletzbar/verwundbar, verletzlich, weich, zart[besaitet], zartfühlend; *(bildungsspr.):* sensitiv; *(abwertend):* verweichlicht, wehleidig, weichlich, zimperlich; *(südd., österr., schweiz.):* heikel.

GGS abgeklärt, ausgeglichen, indifferent, stoisch.

b) cholerisch, kitzelig, kompliziert, leicht zu kränken, nachtragend, nervös, problematisch, reizbar, reizempfindlich, schwierig; *(bildungsspr.):* diffizil; *(südd., österr., schweiz.):* heikel; *(ugs.):* leicht auf die Palme zu bringen.
2. allergisch, anfällig, empfänglich, gebrechlich, krankheitsanfällig, nicht immun, nicht widerstandsfähig, ohne Abwehrkräfte, schwach, schwächlich, zerbrechlich, zierlich; *(bildungsspr.):* disponiert, morbid, neuralgisch.

empfindsam

a) einfühlsam, fein [besaitet], feinfühlend, feinfühlig, feinnervig, feinsinnig, hochempfindlich, [hoch]sensibel, rücksichtsvoll, taktvoll, zartfühlend; *(bildungsspr.):* sensitiv. **b)** beseelt, gefühlig, gefühlsbestimmt, gefühlsbetont, gefühlsselig, gefühlstief, gefühlvoll, gemüthaft, gemütvoll, romantisch, schwärmerisch, verinnerlicht; *(oft abwertend):* rührselig, sentimental.

Empfindung

a) Eindruck, Feeling, [Körper]gefühl, Reizempfindung, Sinneseindruck, [Sinnes]wahrnehmung; *(geh.):* Empfinden. **b)** Eindruck, Empfinden, Erleben, Feeling, Gefühl, Gefühlseindruck, Gefühlsregung, Gemüt, Gemütsbewegung, Gemütsregung, Gespür, Impression, Instinkt, [seelische] Regung, Sinn, Stimmung, Verständnis, Verstehen, Wärme.

empirisch

auf Erfahrung beruhend, durch [systematische] Beobachtung, erfahrungsgemäß, [experimentell] beobachtet/ermittelt, [wissenschaftlich] erprobt.

empören, sich
1. sich ärgern, sich aufregen, aus der Fassung geraten, außer sich geraten, sich entrüsten, sich erbittern, sich erbosen, sich ereifern, sich erhitzen, sich erregen, in Erregung geraten, wütend werden, zornig werden; *(geh.):* [sich] erzürnen, vor Empörung/Entrüstung schnauben; *(bildungsspr.):* sich echauffieren; *(ugs.):* einen Aufstand machen, in Rage geraten, Zustände bekommen/kriegen; *(salopp):* die Krise kriegen.
2. sich aufbäumen, sich auflehnen, die Stirn bieten, sich entgegenstellen, entgegentreten, entgegenwirken, sich erheben, Front machen, meutern, opponieren, Protest einlegen, protestieren, sein Missfallen zum Ausdruck bringen, sich sperren, sich stemmen, sich sträuben, Sturm laufen, sich wehren, sich widersetzen, Widerspruch erheben, sich zur Wehr setzen; *(geh.):* aufbegehren, trotzen; *(bildungsspr.):* rebellieren, revoltieren; *(ugs.):* auf die Barrikaden gehen/steigen, aufmucken, sich querstellen.

empörend
beispiellos, haarsträubend, himmelschreiend, schockierend, shocking, skandalös, unerträglich, unfassbar, unglaublich; *(ugs.):* allerhand, bodenlos, der Gipfel; *(abwertend):* hanebüchen, unerhört, ungeheuer[lich].

empört
ärgerlich, aufgebracht, entrüstet, erbittert, erbost, erregt, geharnischt, grimmig, rabiat, verärgert, wütend, wutschäumend, wutschnaubend, zornig; *(geh.):* erzürnt, ungehalten; *(bildungsspr.):* indigniert; *(ugs.):* auf hundertachtzig, böse, in Rage, sauer; *(emotional verstärkend):* fuchsteufelswild.

Empörung
1. Ärger, Aufgebrachtheit, Entrüstung, Erbitterung, Erregung, Verärgerung, Wut, Zorn; *(geh.):* Groll, Ungehaltenheit; *(ugs.):* Rage.
2. Auflehnung, Aufruhr, Aufstand, Erhebung, Krawall, Meuterei, Protest, Rebellion, Revolte, Tumult, Unruhen; *(ugs.):* Randale.

emsig
aktiv, beflissen, betriebsam, bienenfleißig, diensteifrig, dienstfertig, eifrig, fleißig, geschäftig, rastlos, rege, rührig, schaffensfreudig, tätig, tüchtig, unermüdlich; *(geh.):* regsam.

Ende
1. a) Abschluss, Ausgang, Beendigung, Schluss[punkt], Schlussstrich; *(geh.):* Ausklang, Neige; *(bildungsspr.):* Finale.

BSP Es kam zu einem endgültigen/befriedigenden/schnellen Abschluss.

b) Tod; *(schweiz.):* Hinschied; *(geh.):* Ableben, Abschied, Hingang; *(geh. verhüll.):* Abberufung, Heimgang, Hinscheiden.
2. Abschnitt, Entfernung, Etappe, Strecke, [Teil]stück, Weglänge, Wegstrecke; *(ugs.):* Ecke.

Ende

letzten Endes
am Ende, am Schluss, endlich, glücklich, im Endeffekt, letztendlich, letztlich, nach längerer Zeit, schließlich, zuletzt, zum Schluss · *(bes. schweiz.):* schlussendlich.

zu Ende gehen
↑enden (1 b)

enden
1. a) abbrechen, aufhören, auslaufen, nicht weiterführen/weitergehen. **b)** abbrechen, abschließen, aufhören, ausgehen, ausklingen, aussetzen, ein Ende haben/nehmen, schließen, zu Ende gehen; *(geh.):* zur Neige gehen.

BSP Sie wird ihre Studie bald abschließen. Sie ließen den Abend im Klub ausklingen.

2. abschließen, aufhören, beenden, beendigen, schließen, Schluss machen, zum Abschluss gelangen, zum Ende kommen.

endgültig
abschließend, ausgemacht, beschlossen, besiegelt, bindend, ein für alle Mal, fest[stehend], für immer, ganz sicher, unabänderlich, unumstößlich, unwiderruflich, verbindlich, verpflichtend; *(bildungsspr.):* definitiv; *(österr.):* fix.

endlich
am Ende, letzten Endes, nach längerem Warten, nach längerer Zeit, schließlich, zu guter Letzt, zuletzt, zum Schluss.

endlos
a) [bis] in alle Ewigkeit, fortlaufend, grenzenlos, ohne Ende, uferlos, unabsehbar, unaufhörlich, unbeschränkt, unendlich, weit; *(geh.):* unermesslich. **b)** anhaltend, beständig, dauernd, ewig, fortdauernd, fortwährend, immerwährend, in einem fort, nicht enden wollend, permanent, uferlos, unaufhörlich, unerschöpflich, ununterbrochen; *(geh.):* stet.

Endspiel
Endrunde, Schlusskampf; *(Sport):* Finale.

Energie
1. Aktivität, Arbeitslust, Dynamik, Eifer, Einsatz, Feuer, Initiative, Kraft, Kraftanstrengung, Kraftaufwand, Lebendigkeit, Lebenskraft, Pep, Reserven, Schaffenskraft, Schwung, Spannkraft,

Tatendrang, Tatkraft, Temperament, Unternehmungslust, Vitalität, Willenskraft; *(geh.):* Regsamkeit; *(bildungsspr.):* Drive, Elan, Engagement, Vehemenz; *(Jargon):* Power.
2. Bestimmtheit, Eindringlichkeit, Entschiedenheit, Entschlossenheit, Festigkeit, Nachdruck.

energisch
a) entschieden, entschlossen, fest, resolut, tatkräftig, temperamentvoll, unbeirrt, willensstark, zielbewusst, zielsicher, zielstrebig, zupackend; *(bildungsspr.):* vehement.

GGS lustlos, träge, zaghaft, zögerlich.

b) bestimmt, eindringlich, entschlossen, hart, massiv, mit Bestimmtheit/Nachdruck, nachdrücklich, rigoros, scharf, streng, strikt, unnachgiebig; *(bildungsspr.):* dezidiert, emphatisch.

eng
1. a) beengt, begrenzt, eingeengt, schmal. **b)** fest anliegend, hauteng, knalleng, knapp [sitzend], körpernah, stramm; *(schweiz.):* satt.
2. alt, freundschaftlich, gut, herzlich, innig, intensiv, intim, langjährig, nah, vertraut.

engagieren
anstellen, Arbeit geben, beschäftigen, einschalten, einsetzen, einstellen, in Dienst nehmen/stellen, mit einer Arbeit betrauen, unter Vertrag nehmen, verpflichten, vertraglich binden.

engagieren, sich
aktiv sein für, sich betätigen, sich binden, sich einsetzen, eintreten für, sich ins Geschirr legen, kämpfen für, Partei ergreifen, seine ganze Kraft aufbieten; *(ugs.):* sich ins Zeug legen, sich reinhängen, sich reinknien, sich starkmachen.

Enge
1. Beengtheit, Beschränktheit, Eingeengtheit, Platzmangel, Raummangel, Raumnot.
2. Gedränge, Gedrängtheit, Gewühl.
3. Durchbruch, Engpass, Hohlweg, Klamm; *(schweiz.):* Engnis.

engstirnig
beschränkt, eindimensional, einseitig, kurzsichtig, schmalspurig, starr, unbeweglich, verblendet, voreingenommen; *(bildungsspr.):* philiströs; *(abwertend):* borniert, kleinbürgerlich, kleingeistig, spießbürgerlich.

enorm
a) ansehnlich, auffallend, auffällig, außergewöhnlich [groß], außerordentlich, beachtenswert, beachtlich, bedeutend, bedeutsam, beeindruckend, bemerkenswert, beträchtlich, erheblich, erstaunlich, fabelhaft, gehörig, gewaltig, gewichtig, grandios, großartig, hervorstechend, immens, imposant, kolossal, mächtig, monumental, nennenswert, nicht unbeträchtlich, phänomenal, [sehr] groß, sensationell, spektakulär, stattlich, überwältigend, ungeheuer, ungemein, ungewöhnlich, unsagbar, unwahrscheinlich, üppig, verblüffend, wesentlich; *(österr., sonst bildungsspr.):* eminent, exzeptionell; *(bildungsspr.):* epochal, exzellent, signifikant; *(ugs.):* anständig, kapital, klasse, mega, ordentlich, schön, super, toll, unglaublich; *(salopp):* irre. **b)** ↑sehr.

entbehren
1. a) vermissen; *(geh.):* missen. **b)** auskommen ohne, Mangel leiden, verzichten.
2. abgehen, ermangeln, fehlen, hapern, mangeln, nicht haben, ohne etw. sein, vermissen lassen; *(geh.):* gebrechen.

entbehrlich
abkömmlich, nicht notwendig, nutzlos, überflüssig, überzählig, übrig, unnötig, unwichtig, verzichtbar.

Entbehrung
Einschränkung, Knappheit, Mangel, Not, Verzicht.

entbinden
1. befreien, freistellen, suspendieren, zurückstellen; *(geh.):* entheben.
2. ein Baby bekommen, ein Kind bekommen, ein Kind zur Welt bringen, gebären, Mutter werden; *(ugs.):* ein Kind kriegen.

entdecken
a) auf die Spur kommen, auffinden, aufspüren, aufstöbern, ausfindig machen, auskundschaften, ausmachen, erkunden, ermitteln, finden, herausbekommen, herausfinden, in Erfahrung bringen, stoßen auf; *(österr.):* stellig machen; *(bildungsspr.):* eruieren; *(ugs.):* auftun, herauskriegen, rausbekommen, rausfinden. **b)** erblicken, erkennen, feststellen, registrieren, sehen, sichten, spüren, stoßen auf, wahrnehmen; *(geh.):* erspähen, erspüren, gewahren, gewahr werden; *(bildungsspr.):* konstatieren.

Entdecker, Entdeckerin
Schöpferin, Begründer, Begründerin, Erfinder, Erfinderin, Schöpfer, Urheber, Urheberin.

enteignen
entprivatisieren, in Staatseigentum überführen, nationalisieren, verstaatlichen.

entfachen
anfangen, anzetteln, auslösen, bewirken, entfesseln, entstehen lassen, erregen, heraufbeschwören, herbeiführen, hervorrufen, nach sich ziehen, schaffen, schüren, sorgen für, verursachen, zur Folge haben; *(geh.):* anfachen.

entfahren
entschlüpfen; *(ugs.)*: herausfahren, [he]rausrutschen.

entfallen
1. nicht darauf kommen, nicht [im Kopf] behalten, nicht [mehr] einfallen, nicht mehr wissen, vergessen; *(ugs.)*: verschusseln, verschwitzen.
2. ausfallen, sich erübrigen, fortfallen, wegfallen; *(schweiz.)*: dahinfallen; *(ugs.)*: flachfallen, ins Wasser fallen.

entfalten
1. auffächern, auffalten, aufrollen, ausbreiten, auseinanderfalten, ausfalten, öffnen; *(geh.)*: entbreiten, entrollen.
2. an den Tag legen, ausgestalten, entwickeln, gestalten, Gestalt geben/verleihen, herausbilden, verwirklichen, zeigen, zur Geltung bringen, zutage bringen/fördern; *(geh.)*: offenbaren.
3. abhandeln, auseinanderlegen, auseinandersetzen, beleuchten, darlegen, darstellen, erklären, erläutern; *(bildungsspr.)*: evolvieren.

entfalten, sich
1. sich auffächern, sich auffalten, aufgehen, sich auseinanderfalten, sich ausfalten, sich öffnen; *(geh.)*: sich entbreiten, sich entrollen.
2. aufblühen, sich ausdifferenzieren, sich ausgestalten, sich ausleben, entstehen, sich eröffnen, erwachsen, [feste] Formen annehmen, gedeihen, Gestalt annehmen/gewinnen, sich gestalten, heranreifen, heranwachsen, sich herausbilden, sich [selbst] verwirklichen, sich [voll] entwickeln, wachsen, sich zeigen, zum Vorschein/zur Geltung kommen, zutage kommen/treten; *(geh.)*: erblühen, erwachen, sich offenbaren, reifen; *(ugs.)*: sich herausmachen, sich mausern.

entfernen
abbekommen, ablösen, abmontieren, abnehmen, absetzen, abtransportieren, abtrennen, abziehen, aufräumen, aus dem Weg räumen/schaffen, aus der Welt schaffen, ausräumen, ausscheiden, ausschließen, aussondern, befreien, beheben, beiseiteräumen, beiseiteschaffen, beseitigen, entnehmen, entrümpeln, entziehen, fortbringen, forträumen, fortschaffen, herausbekommen, herausholen, herauslösen, herausnehmen, herausoperieren, herausschneiden, herausziehen, löschen, loswerden, streichen, verlagern, sich vom Leibe schaffen, wegnehmen, wegräumen, wegschaffen, wegtun, zum Verschwinden bringen; *(geh.)*: tilgen; *(bildungsspr.)*: eliminieren; *(ugs.)*: abmachen, loskriegen, wegmachen; *(salopp)*: ausradieren.

entfernen, sich
abdriften, abgehen, sich abkehren, abkommen, abschweifen, sich absetzen, sich absondern, abtreten, abwandern, abweichen, abzweigen, aufbrechen, sich auf den Weg machen, sich aufmachen, aus dem Blick verlieren, aus den Augen gehen, auseinandergehen, auseinanderstreben, ausscheiden, außer Reichweite geraten, davongehen, davonstiefeln, sich distanzieren, entfliehen, fliehen, fortgehen, fortkommen, fortlaufen, sich fortstehlen, fortstreben, gehen, sich hinausstehlen, losgehen, verlassen, sich wegbewegen, weggehen, weglaufen, wegrennen, wegsteuern, wegstreben, weichen, zurücklassen, sich zurückziehen; *(geh.)*: sich fortbegeben, sich hinwegbegeben, schwinden, seines Weges/seiner Wege gehen, sich wegbegeben; *(ugs.)*: abdampfen, abziehen, sich aus dem Staub machen, ausreißen, sich davonmachen, sich dünnmachen, sich fortpacken, sich fortscheren, sich packen, stiften gehen, sich verdrücken, verduften, sich verdünnisieren, sich verkrümeln, von der Bildfläche verschwinden, sich wegmachen, sich wegscheren; *(ugs. scherzh.)*: ausbüxen; *(salopp)*: abzittern, abzotteln, abzwitschern, die Fliege machen, die Kurve kratzen, sich verpissen.

entfernt
1. a) abgelegen, abseits, äußerst, dezentral, draußen, entlegen, fern, fort, tele-, weit, weitab; *(geh.)*: abgeschieden, fernab, siriusfern; *(ugs.)*: [weit] weg; *(ugs. scherzh.)*: jwd. **b)** von hier/dort; *(ugs.)*: weg.
2. dritten/vierten/fünften Grades, weitläufig; *(ugs.)*: über/um ein paar Ecken verwandt.
3. gering, leise, schwach, undeutlich, ungefähr, vage, [von] fern.

Entfernung
1. Abstand, Breite, Ferne, Höhe, Kluft, Länge, Luftlinie, Raum, Reichweite, Spanne, Strecke, Wegstrecke, Weite, Zwischenraum; *(bildungsspr.)*: Distanz.
2. a) Abschaffung, Abtransport, Abtrennung, Behebung, Beseitigung, Entsorgung, Streichung, Tilgung; *(bildungsspr.)*: Eliminierung. **b)** Fortgang, Weggang; *(geh.)*: Schwinden.

entfesseln
aufrühren, auslösen, bedingen, bewirken, entflammen, entstehen lassen, erregen, erwecken, erzeugen, heraufbeschwören, herbeiführen, hervorbringen, hervorrufen, losbinden, lostreten, nach sich ziehen, säen, schaffen, schüren, sorgen für, veranlassen, verschulden, verursachen, wecken, zum Ausbruch bringen, zur Folge haben; *(geh.)*: anfachen, entfachen; *(bildungsspr.)*: effizieren, evozieren, provozieren; *(ugs.)*: ins Rollen bringen.

entführen
a) fortbringen, Geiseln nehmen, [gewaltsam] fortschaffen, hijacken, in seine Gewalt bringen, kidnappen, Menschenraub begehen, verschleppen; *(geh.)*: seiner Freiheit berauben. **b)** [sich] ausleihen, fortbringen, fortnehmen, [sich] leihen, mitnehmen, stehlen, wegbringen, wegnehmen; *(geh.)*: berauben, entwenden; *(ugs.)*: schnappen, wegschleppen, wegschnappen.

Entführer, Entführerin
Erpresser, Erpresserin, Geiselnehmer, Geiselnehmerin, Hijacker, Hijackerin, Kidnapper, Kidnapperin, Luftpirat, Luftpiratin, Menschenräuber, Menschenräuberin.

entgegen
gegen, im Gegensatz/Widerspruch zu, kontra, trotz; *(geh.)*: ungeachtet, wider.

entgegenbringen
begegnen mit, erweisen; *(geh.)*: bekunden, darbringen, erzeigen, zollen, zuteilwerden lassen.

entgegengesetzt
1. a) drüben, gegenüberliegend. **b)** umgekehrt, verkehrt.
2. entgegen[stehend], gegensätzlich, gegenteilig, unvereinbar, unverträglich, völlig unterschiedlich/verschieden, widersprechend, widersprüchlich, widerstreitend, zuwider; *(bildungsspr.)*: antagonistisch, antithetisch, konträr, polar; *(bes. Philos.)*: kontradiktorisch.

entgegenhalten
1. entgegenstrecken, hinhalten, hinstrecken, reichen.
2. dagegenhalten, dagegenreden, dagegensetzen, einwenden, entgegnen, erwidern, klagen, kontern, kritisieren, protestieren, vorhalten, widersprechen, zu bedenken geben; *(ugs.)*: Kontra geben.

entgegenkommen
1. entgegengehen, zugehen, zukommen.
2. a) Avancen machen, eine [goldene] Brücke bauen, einen Gefallen erweisen/tun, eingehen auf, gefällig sein, [goldene] Brücken bauen, helfen, Kompromissbereitschaft zeigen, kompromissbereit sein, Konzessionen machen, mit sich reden lassen, nachgeben, verhandlungsbereit sein, Zugeständnisse machen. **b)** entsprechen, gerecht werden, liegen.

entgegensehen
1. abwarten, erhoffen, ersehnen, erwarten, herbeiwünschen, hoffen, rechnen mit, warten; *(geh.)*: harren; *(ugs.)*: spekulieren.
2. ausblicken, ausschauen, aussehen, entgegenblicken.

entgegenstellen, sich
sich dagegenstellen, den Weg versperren, entgegentreten, sich in den Weg stellen.

entgegentreten
1. ↑entgegenstellen, sich.
2. angehen, ankämpfen, sich aufbäumen, aufhalten, sich auflehnen, bekämpfen, blockieren, sich dagegenstellen, sich dagegenstemmen, den Weg versperren, die Stirn bieten, sich empören, sich entgegenstellen, entgegenwirken, sich erheben, Front machen, hindern, sich in den Weg stellen, meutern, sich nicht gefallen lassen, opponieren, Protest erheben, protestieren, sich sperren, sich stemmen, sich sträuben, Sturm laufen, sich wehren, sich widersetzen, Widerspruch erheben, widerstehen, sich zur Wehr setzen; *(geh.)*: aufbegehren, sich bäumen, trotzen; *(bildungsspr.)*: rebellieren, revoltieren; *(ugs.)*: auf die Barrikaden gehen/steigen, aufmucken, Paroli bieten, sich querstellen.

entgegnen
antworten, beantworten, dagegenhalten, dagegensetzen, einen Einwand erheben/vorbringen, einwenden, einwerfen, entgegenhalten, erwidern, kontern, versetzen, widersprechen, zu bedenken geben, [zur] Antwort geben, zurückgeben, zurückschreiben; *(ugs.)*: Kontra geben.

entgehen
1. a) ausweichen, davonkommen, durch die Maschen schlüpfen, entkommen, sich retten [können], vermeiden, verschont bleiben; *(geh.)*: entrinnen, sich entziehen; *(ugs.)*: vorbeischrammen, wegkommen. **b)** auslassen, nicht nutzen, verfehlen, verpassen, versäumen; *(ugs.)*: durch die Lappen gehen, nicht [mehr] kriegen, verschlafen, verschwitzen; *(salopp)*: verpennen.
2. nicht bemerken, überhören, übersehen.

Entgelt
Besoldung, Bezahlung, Bezüge, Dotierung, Einkommen, Einkünfte, Entlohnung, Fixum, Gage, Gehalt, Honorar, Lohn, Tarif, Verdienst, Vergütung; *(schweiz.)*: Entlöhnung; *(abwertend)*: Almosen; *(veraltend)*: Sold.

entgleisen
1. aus dem Gleis/den Schienen springen.
2. a) aus der Rolle fallen, sich im Ausdruck/Ton vergreifen, sich schlecht/taktlos/ungehörig benehmen; *(bildungsspr.)*: einen Fauxpas begehen; *(ugs.)*: sich danebenbenehmen, sich vorbeibenehmen, sich wie die/eine Axt im Walde benehmen. **b)** aus dem Konzept kommen.

[1]enthalten
bestehen aus, einbeziehen, einschließen, fassen, haben, in sich bergen/haben/tragen, umfassen,

A B C D E ent F G H I J K L M N O P Q R S T U V W X Y Z

umgreifen, umschließen, umspannen, zeigen, zum Inhalt haben, sich zusammensetzen; *(geh.):* innewohnen; *(bildungsspr.):* immanieren, implizieren, involvieren.

²enthalten

eingeschlossen, einschließlich, inbegriffen, inklusive, mitgerechnet, mitgezählt; *(geh.):* einbegriffen; *(bildungsspr.):* immanent, implizite.

enthaltsam

abstinent, anspruchslos, bedürfnislos, bescheiden, einfach, eingeschränkt, genügsam, keusch, mäßig, maßvoll, schlicht, sparsam, spartanisch, zurückhaltend; *(geh.):* entsagend.

Enthaltsamkeit

Abstinenz, Anspruchslosigkeit, Askese, Bedürfnislosigkeit, Bescheidenheit, Beschränkung, Einfachheit, Einschränkung, Enthaltung, Genügsamkeit, Keuschheit, Mäßigkeit, Schlichtheit, Sparsamkeit, Verzicht, Zurückhaltung; *(geh.):* Entsagung.

enthaupten

den Kopf abschlagen, guillotinieren, hinrichten, köpfen; *(ugs.):* [um] einen Kopf kleiner/kürzer machen; *(salopp):* die Rübe abhacken.

entheben

1. befreien, frei machen, freisprechen, freistellen, lossprechen, zurückstellen; *(geh.):* entledigen; *(veraltend):* überheben.
2. abberufen, ablösen, absetzen, beurlauben, entbinden, entfernen, entlassen, entpflichten, kündigen, suspendieren, verabschieden; *(geh.):* entthronen; *(bildungsspr.):* dispensieren.

enthüllen

a) an den Tag bringen/ziehen, aufdecken, aufzeigen, bekannt machen, bloßlegen, [offen] auf den Tisch legen, offenbaren, offenkundig machen, preisgeben, sichtbar machen, verraten, zu erkennen geben; *(Jargon):* spoilern. **b)** ans Licht bringen, aufdecken, aufklären, bloßstellen, demaskieren, entlarven, enttarnen, herausbekommen, zutage bringen/fördern.

enthüllen, sich

a) ans Licht kommen, bekannt/deutlich/erkennbar werden, in Erscheinung treten, offenbar/offenkundig werden, sich offenbaren, sichtbar werden, sich zeigen, zum Vorschein kommen, zutage kommen/treten; *(geh.):* sich auftun. **b)** sich demaskieren, sich entlarven, sich enttarnen, sich erweisen, sich herausstellen, sein wahres Gesicht zeigen, sich verraten.

Enthusiasmus

Begeisterung, Dynamik, Energie, Fanatismus, Feuer, freudige Erregung, Hochstimmung, Leidenschaft, Leidenschaftlichkeit, Passion, Schwung, Tatkraft, Temperament, Überschwang; *(bildungsspr.):* Drive, Elan.

enthusiastisch

begeistert, energisch, fanatisch, feurig, flammend, glutvoll, heftig, hingerissen, lebhaft, leidenschaftlich, mitgerissen, passioniert, schwärmerisch, stürmisch, tatkräftig, temperamentvoll, überschwänglich, wild; *(geh.):* glühend, hochgestimmt; *(bildungsspr.):* elanvoll, enthusiasmiert, euphorisch, frenetisch.

entkommen

abschütteln, ausbrechen, das Weite gewinnen, davonkommen, durchschlüpfen, durchs Netz gehen, entfliehen, entgehen, freikommen; *(geh.):* entrinnen, sich entziehen; *(ugs.):* davonlaufen, durch die Lappen gehen, entwischen.

entkräften

1. abzehren, aufreiben, auslaugen, ausmergeln, erschöpfen, kraftlos/schwach machen, schwächen, zermürben, zerrütten; *(geh.):* aufzehren; *(ugs.):* fertigmachen, kaputtmachen.
2. gegenstandslos/hinfällig machen, widerlegen; *(bildungsspr.):* falsifizieren.

entladen

abladen, ausladen, ausräumen, entleeren, herausnehmen, herunternehmen, leeren, leer räumen; *(ugs.):* leer machen.

entladen, sich

a) aufkommen, ausbrechen, einsetzen, zum Ausbruch kommen; *(geh.):* anheben, sich erheben, hereinbrechen; *(ugs.):* losgehen. **b)** sich ergießen, herausbrechen, hereinbrechen, zum Ausbruch kommen; *(veraltend):* Platz greifen.

entlarven

an den Tag/ans Licht bringen, aufdecken, auf die Schliche kommen, auf die Spur kommen, aufklären, bloßlegen, demaskieren, die Maske vom Gesicht reißen, enttarnen, herausfinden, hinter jmds. Schliche kommen, zutage bringen/fördern; *(geh.):* den Schleier lüften, enthüllen, entschleiern, offenbaren.

entlassen

1. fortlassen, freigeben, freilassen, hinauslassen, [weg]gehen lassen; *(ugs.):* [he]rauslassen.
2. abbauen, entfernen, fortschicken, kündigen, suspendieren, wegrationalisieren; *(ugs.):* abschaffen, abstoßen, an die [frische] Luft befördern/setzen, auf die Straße setzen/werfen, davonjagen, den Laufpass geben, den Stuhl vor die Tür setzen, feuern, herausschmeißen, herauswerfen, hinausschmeißen, hinauswerfen, in die Wüste schicken, kippen, rausfeuern, rausschmeißen, rauswerfen, schassen, über die

Klinge springen lassen, vor die Tür setzen; *(verhüll.):* freisetzen, freistellen, sich trennen.

Entlassung

1. Freigabe, Freilassung.
2. Abbau, Entfernung, Kündigung, Suspendierung; *(ugs.):* Hinauswurf, Rausschmiss, Rauswurf; *(salopp):* Abservierung; *(verhüll.):* Freisetzung, Freistellung, Trennung; *(veraltend):* Ablohnung.

entlasten

a) Arbeit/Last abnehmen, die Beanspruchung/Belastung vermindern/verringern, die Last auf sich nehmen, erleichtern, helfen, unterstützen.
b) befreien, erleichtern.

entledigen, sich

ablegen, abschütteln, abstreifen, sich befreien, sich frei machen, lösen, von sich tun; *(ugs.):* abtun, loskommen.

entlegen

abgelegen, abseits, außerhalb, einsam, entfernt, fern, seitab, verborgen, weitab, weltentlegen, zurückgezogen; *(geh.):* abgeschieden, abseitig, fernab; *(ugs.):* gottverlassen, weit[ab] vom Schuss, weit weg; *(scherzh.):* am Ende der Welt, wo sich Fuchs und Hase Gute Nacht sagen; *(ugs. scherzh.):* jwd; *(südd., österr.):* einschichtig.

entlohnen

a) auszahlen, besolden, bezahlen, honorieren, löhnen; *(schweiz.):* entlöhnen, salarieren; *(ugs.):* zahlen. **b)** bezahlen, honorieren; *(ugs.):* klarmachen, spendieren, zahlen.

entmachten

absetzen, ausmanövrieren, ausschalten, beiseiteschieben, entthronen, in den Hintergrund drängen, [schach]matt setzen, stürzen, vom Thron stoßen; *(geh.):* seiner Macht berauben; *(ugs.):* abhalftern, aufs Abstellgleis schieben, ausbooten, ausbremsen, kaltstellen.

entmutigen

den Mut nehmen, deprimieren, die Hoffnung nehmen, frustrieren, mürbemachen, mutlos machen, niederschmettern, zermürben; *(geh.):* niederdrücken; *(bildungsspr.):* demoralisieren; *(ugs.):* fertigmachen, frusten, kleinkriegen.

entmutigend

bedrückend, deprimierend, frustrierend, hoffnungslos, niederschmetternd, trostlos, zermürbend; *(geh.):* niederdrückend.

entnehmen

1. fortnehmen, herausnehmen, herausziehen, wegnehmen; *(ugs.):* herausangeln, herausfischen, rausnehmen.
2. ableiten, ersehen, folgern, herauslesen, herleiten, schließen, Schlüsse ziehen.

entpuppen, sich

sich ausweisen, sich darstellen, sich enthüllen, sich entlarven, sich erweisen, sich gestalten, sich herausschälen, sich herausstellen, sich zeigen; *(geh.):* sich erzeigen; *(ugs.):* sich anlassen.

enträtseln

aufdecken, aufklären, auflösen, dechiffrieren, entdecken, entschlüsseln, entziffern, herausbekommen, herausfinden, lösen; *(geh.):* auflichten, enthüllen, entschleiern, entwirren; *(bildungsspr.):* eruieren; *(ugs.):* dahinterkommen, [he]rauskriegen, rausfinden.

entreißen

1. aus den Händen reißen, fortreißen, wegreißen; *(geh.):* entwinden; *(dichter.):* entraffen.
2. a) fortreißen, losreißen, wegreißen; *(ugs.):* herausreißen. **b)** aufrütteln, aufstören, fortreißen, herausreißen; *(ugs.):* aufscheuchen, rausreißen.

entrinnen

1. ausreißen, davonkommen, entfliehen, entgehen, entkommen, entlaufen, entschlüpfen, fliehen, flüchten; *(geh.):* enteilen, entschwinden, sich entziehen; *(ugs.):* entwischen.
2. auslaufen, aussickern, ausströmen, austreten, entweichen, herausfließen, herausrinnen, heraussickern, herausströmen; *(geh.):* entfließen; *(bes. südd., österr.):* ausrinnen.
3. dahineilen, dahingleiten, hingehen, vergehen, verrauchen, vorbeigehen, vorübergehen; *(geh.):* dahingehen, entschwinden, schwinden, verfließen, verrinnen, verstreichen.

entrüsten

ärgern, aufbringen, aufregen, empören, erbittern, erbosen, in Empörung/Wut/Zorn versetzen, in Harnisch/Wallung/Wut bringen, rasend/wütend/zornig machen, verärgern; *(geh.):* erzürnen; *(ugs.):* auf die Palme bringen, in Rage versetzen, zur Weißglut bringen/treiben.

entrüsten, sich

sich aufhalten, sich aufregen, außer sich geraten, sich empören, sich erbittern, sich erbosen, sich nicht mehr kennen; *(geh.):* ergrimmen, sich erzürnen, schäumen, vor Empörung/Entrüstung/Wut/Zorn schnauben; *(ugs.):* kochen.

entschädigen

a) abfinden, Wiedergutmachung zahlen. **b)** ersetzen, erstatten, vergüten, wiedergutmachen; *(bildungsspr., Fachspr.):* kompensieren.

Entschädigung

a) Abfindung, Ausgleich, Erstattung, Vergütung. **b)** Abfindungssumme, Abstandssumme, Ausgleich, Ersatz, Gegenleistung, Gegenwert, Vergütung, Wiedergutmachung, Wiedergutma-

E
ent

chungszahlung; *(geh.):* Genugtuung; *(bildungsspr.):* Äquivalent; *(ugs.):* Abstand.

entschärfen
abdämpfen, abmildern, abschwächen, dämpfen, deeskalieren, die Schärfe nehmen, die Spitze [ab]brechen/nehmen, entgiften, entkrampfen, entspannen, lindern, mildern.

entscheiden
1. a) eine Entscheidung treffen, klären, urteilen; *(salopp):* auskochen; *(Sport):* erkennen. **b)** beschließen, bestimmen, festlegen, festsetzen, verfügen; *(geh.):* gebieten; *(bildungsspr.):* dezidieren; *(veraltend):* walten.
2. bestimmen, den Ausschlag geben.

entscheiden, sich
a) aussuchen, auswählen, eine [Aus]wahl/Entscheidung treffen, sich entschließen, nehmen, optieren, sich schlüssig werden, vorziehen, wählen, zu einem Entschluss gelangen/kommen; *(geh.):* auserkiesen, auserwählen, auslesen; *(bildungsspr.):* votieren. **b)** sich erweisen, sich herausschälen, sich herausstellen, sich klären, sich zeigen; *(geh.):* sich erzeigen.

entscheidend
ausschlaggebend, beherrschend, bestimmend, den Ausschlag gebend, dominant, dominierend, durchschlagend, einschneidend, folgenreich, fundamental, gewichtig, maßgebend, maßgeblich, wesentlich, zentral; *(geh.):* schicksalsträchtig; *(bildungsspr.):* gravierend, relevant.

Entscheidung
1. Entscheid.
2. Alternative, Auswahl, Entscheid, Entschließung, Option, Wahl.
3. Beschluss, Entscheid, Entschluss, Urteil; *(bildungsspr.):* Votum.

entschieden
a) ausdrücklich, bestimmt, energisch, entschlossen, erklärt, kategorisch, keinen Widerspruch duldend, nachdrücklich, rigoros, streng, strikt; *(bildungsspr.):* apodiktisch, dezidiert.
b) betont, deutlich, drastisch, eindeutig, in aller Deutlichkeit, kategorisch, klar, [klar] ersichtlich, unbestreitbar, unbezweifelbar, unmissverständlich, unwiderlegbar, unwiderleglich, unzweifelhaft, zweifelsfrei; *(bildungsspr.):* explizite, prononciert; *(ugs.):* auf der Hand liegend, klipp und klar, sonnenklar; *(emotional):* zweifellos; *(bildungsspr., Fachspr.):* explizit.

entschließen, sich
beschließen, sich durchringen, eine Entscheidung treffen, einen Beschluss/Entschluss fassen, sich entscheiden, zu einer Entscheidung gelangen/kommen; *(schweiz.):* rätig werden.

entschlossen
beherzt, bestimmt, couragiert, energisch, entschieden, forsch, konsequent, resolut, schneidig, unbeirrbar, unbeirrt, zielbewusst, zielsicher, zielstrebig, zupackend.

Entschluss
Beschluss, Entscheid, Entscheidung, Entschließung, Vorsatz.

entschlüsseln
a) dechiffrieren, decodieren, dekryptieren, entziffern; *(salopp):* knacken. **b)** an den Tag/ans Licht bringen, aufdecken, aufklären, auflösen, enträtseln, herausbekommen, herausfinden, knacken, lösen; *(geh.):* auflichten, enthüllen, entschleiern, entwirren; *(bildungsspr.):* eruieren; *(ugs.):* dahinterkommen, [he]rauskriegen.

entschuldigen
1. abmelden, absagen, abschreiben, eine Entschuldigung schreiben.
2. nachsehen, nicht nachtragen, rechtfertigen, verzeihen; *(geh.):* vergeben.

entschuldigen, sich
Abbitte leisten/tun, abbitten, um Entschuldigung/Verzeihung bitten; *(geh.):* um Vergebung bitten.

Entschuldigung
1. a) Alibi, Ausflucht, Ausrede, Rechtfertigung, Vorwand. **b)** Absage, Entschuldigungsbrief, Entschuldigungsschreiben, Entschuldigungszettel.
2. Abbitte, Nachsicht, Verständnis, Verzeihung; *(geh.):* Vergebung; *(veraltend):* Pardon.

entsenden
abordnen, ausschicken, aussenden, beordern, delegieren, deputieren, hinbeordern, hinschicken, kommandieren, schicken, senden.

entsetzen
aus der Fassung bringen, bestürzen, erschrecken, erschüttern, fassungslos machen, in Angst und Schrecken versetzen, schockieren; *(bildungsspr.):* konsternieren; *(ugs.):* schocken.

Entsetzen
Bestürzung, Erschrockenheit, Fassungslosigkeit, Grauen, Graus[en], Horror, Panik, Schock, Schreck[en]; *(geh.):* Schauder.

entsetzen, sich
aus der/außer Fassung geraten, erschrecken, fassungslos sein, in Angst und Schrecken fallen, schaudern; *(geh.):* erschaudern, erschauern; *(ugs.):* eine Gänsehaut bekommen/kriegen, einen Anfall bekommen/kriegen, wie vom Schlag getroffen/gerührt sein.

entsetzlich
1. abscheuerregend, abscheulich, entsetzen-

erregend, furchtbar, grauenerregend, grauenhaft, grauenvoll, gräulich, grausig, haarsträubend, katastrophal, schauerlich, schaurig, scheußlich, schrecklich, verheerend; *(emotional):* fürchterlich, grässlich; *(ugs.):* ätzend.
2. a) enorm, gewaltig, gigantisch, groß, immens, stark, ungeheuer; *(bildungsspr.):* exorbitant; *(ugs.):* furchtbar, grässlich, mächtig, schrecklich, unglaublich; *(salopp):* irre; *(emotional):* horrend, unsagbar; *(oft emotional):* riesig; *(ugs. emotional):* fürchterlich, kolossal, sagenhaft. **b)** ↑ sehr.

entsetzt
aus der Fassung, außer sich, bestürzt, entgeistert, erschreckt/erschrocken, erschüttert, fassungslos, schockiert; *(geh.):* entsetzensvoll, schreckensvoll; *(bildungsspr.):* konsterniert; *(ugs.):* erschlagen, erschrocken, verdattert.

entsinnen, sich
sich besinnen, denken, sich erinnern, in Erinnerung haben, sich ins Gedächtnis [zurück]rufen, sich zurückbesinnen, sich zurückerinnern.

entsorgen
abtransportieren, beseitigen, entfernen, fortbringen, fortschaffen, wegbringen, wegschaffen, wegtransportieren; *(bildungsspr.):* eliminieren; *(ugs.):* wegmachen.

entspannen
1. abspannen, auflockern, entkrampfen, locker machen, lockern, lösen.
2. abmildern, abschwächen, auflockern, deeskalieren, die Schärfe nehmen, die Spitze abbrechen/nehmen, entgiften, entkrampfen, entschärfen, glätten, lindern, lösen, mildern.

entspannen, sich
1. a) sich auflockern, sich entkrampfen, sich glätten, sich lockern, sich lösen. **b)** [sich] ausruhen, ausspannen, sich erholen, ruhig werden, zur Ruhe kommen; *(geh.):* Atem schöpfen, Kraft schöpfen; *(bildungsspr.):* [sich] regenerieren; *(ugs.):* abhängen, abschalten, abschlaffen, [aus]chillen, die Seele baumeln lassen, relaxen.
2. sich beruhigen, sich entkrampfen, sich entschärfen, sich normalisieren, ruhig/ruhiger werden; *(ugs.):* sich abregen; *(Jugendspr.):* sich chillen.

entspannt
gelassen, gelöst, lässig, leger, zwanglos; *(ugs.):* easy, locker, relaxed; *(salopp):* cool.

entsprechen
1. befriedigen, entgegenkommen, erfüllen, gerecht werden, gleichkommen, liegen, nahekommen, passen, übereinstimmen, zufriedenstellen, zusagen; *(veraltend):* genugtun.
2. befolgen, befriedigen, berücksichtigen, sich beugen, einhalten, erfüllen, genügen, gewähren, sich richten, stillen; *(geh.):* einlösen, Genüge tun, nachkommen, willfahren.

entsprechend
a) angebracht, angemessen, angepasst, dementsprechend, demgemäß, erforderlich, gebührend, gehörig, gemäß, nach Gebühr, passend, sachgemäß, zweckmäßig; *(geh.):* geboten; *(bildungsspr.):* adäquat. **b)** betreffend, dazugehörend, dazugehörig, diesbezüglich, einschlägig, fraglich, infrage kommend, zugehörig.

entspringen
1. aus dem Boden kommen, seinen Ursprung/seine Quelle haben.
2. sich ableiten, ausgehen von, entstammen, sich herleiten, herrühren, kommen von, seinen Ausgang nehmen, seine Ursache/seinen Grund/seinen Ursprung haben, stammen, wurzeln, zurückgehen auf, zurückzuführen sein; *(bildungsspr.):* resultieren.
3. ↑ entweichen.

entstehen
a) sich anbahnen, aufkeimen, aufkommen, sich ausbilden, ausbrechen, sich bilden, sich entwickeln, erwachsen, sich formen, sich heranbilden, sich herausbilden, sich herauskristallisieren, hervorkommen, kommen, werden, zum Vorschein kommen. **b)** anfallen, sich bilden, sich einstellen, eintreten, sich entwickeln, sich ergeben, erwachsen, folgen, sich herausbilden; *(bildungsspr.):* resultieren.

Entstehung
Anbahnung, Anfang, Aufkommen, Ausbildung, Ausbruch, Beginn, Bildung, Entwicklung, Geburt, Heranbildung, Herausbildung; *(bildungsspr., Fachspr.):* Genese.

entstellen
defigurieren, deformieren, entstalten, verstümmeln, verunstalten, verunzieren.

enttäuschen
die Erwartungen/Hoffnungen nicht erfüllen, eine Enttäuschung sein, ernüchtern, sich nicht bewähren; *(bildungsspr.):* desillusionieren; *(ugs.):* den Zahn ziehen, ein Schlag ins Kontor sein, frusten, wie eine kalte Dusche wirken.

enttäuscht
desillusioniert, ernüchtert; *(geh.):* aller Illusionen beraubt, der Illusion[en] beraubt; *(ugs.):* gefrustet; *(salopp):* wie ein begossener Pudel.

Enttäuschung
Ernüchterung; *(bildungsspr.):* Desillusion, Desillusionierung; *(ugs.):* Dämpfer, Frust, kalte Dusche, Katzenjammer, Schlag ins Kontor.

entweichen
ausfließen, auslaufen, aussickern, ausströmen, austreten, herausfließen, herauslaufen, herausrinnen, heraussickern, herausströmen; *(geh.):* entfließen, entströmen; *(dichter.):* entrinnen.

entwenden
abnehmen, [an sich] nehmen, rauben, stehlen; *(schweiz.):* feken; *(ugs.):* an sich bringen; *(fam.):* mopsen, stibitzen; *(ugs. scherzh.):* erleichtern; *(ugs. verhüll.):* in die Kasse greifen.

entwerfen
a) designen, hinwerfen, konstruieren, konzipieren, skizzieren; *(geh.):* aufs Papier werfen; *(bildungsspr.):* konzeptualisieren, projektieren; *(Jargon):* stylen; *(Fachspr.):* dessinieren.
b) abfassen, aufsetzen, aufstellen, aufzeichnen, ausarbeiten, entwickeln, erarbeiten, formulieren, hinwerfen, konzipieren, schaffen, skizzieren, verfassen, zu Papier bringen, zusammenstellen; *(geh.):* erschaffen; *(bildungsspr.):* kreieren.

entwerten
1. abstempeln, lochen; *(österr.):* markieren; *(ugs.):* knipsen.
2. abqualifizieren, abwerten, degradieren, devalvieren, herabmindern, herabsetzen, heruntersetzen, inflationieren, schwächen; *(ugs.):* runtersetzen; *(Soziol.):* deklassieren.

entwickeln
1. ausbauen, [aus]bilden, entfalten, fortentwickeln, heben, heranbilden, herausbilden, weiterbilden, weiterentwickeln.
2. ausarbeiten, bauen, erarbeiten, erfinden, hervorbringen, konstruieren, planen, schaffen; *(geh.):* erschaffen; *(bildungsspr.):* kreieren.

entwickeln, sich
1. sich ausbilden, sich bilden, sich entfalten, sich entspinnen, entstehen, sich ergeben, erwachsen, sich herausbilden.

BSP Über diese Frage entstand ein Streit in der Partei. Aus der jahrelangen geschäftlichen Partnerschaft hat sich ein Vertrauensverhältnis herausgebildet.

---

2. ablaufen, sich abspielen, anlaufen, sich erweisen, sich formen, gedeihen, sich herausbilden, sich herauskristallisieren, sich herausstellen, verlaufen, vonstattengehen, vor sich gehen; *(ugs.):* abgehen, über die Bühne gehen.

BSP Es hat sich als Fehler erwiesen, dass ... Im Laufe des Gesprächs kristallisierten sich zwei verschiedene Meinungen heraus. Ihre Angaben stellten sich als falsch heraus.

Entwicklung
1. Ausbau, Entfaltung, Fortentwicklung, Heranbildung, Weiterentwicklung.
2. a) Aufkommen, [Aus]bildung, Ausbruch, Entfaltung, Entstehung, Geburt, Heranbildung, Herausbildung; *(bildungsspr., Fachspr.):* Genese. **b)** Erarbeitung, Erfindung, Konstruktion, Kreation, Planung, Schaffung; *(geh.):* Erschaffung, Schöpfung; *(bildungsspr.):* Kreierung.
3. Ausbreitung, Ausführung, Darlegung, Darstellung, Erklärung, Erläuterung, Erörterung, Skizzierung, Verdeutlichung.

Entwicklungsland
Dritte-Welt-Land, Drittweltland, Schwellenland.

Entwurf
Exposé, Konstruktion, Konzept, Modell, Muster, Plan, Rohfassung, Skizze, Studie, Übersicht.

entziehen
a) fortnehmen, nicht länger geben/gewähren, nicht mehr geben, versagen, verweigern, vorenthalten, wegnehmen; *(ugs.):* abzwacken. **b)** abnehmen, aus der Hand nehmen, bringen um, entreißen, nicht länger [über]lassen, wegnehmen; *(ugs.):* kassieren. **c)** abschirmen, bewahren vor, fernhalten von, schützen.

entziehen, sich
a) abschütteln, sich befreien, entgleiten, sich lösen; *(geh.):* sich entwinden; *(ugs.):* sich losmachen. **b)** sich abkapseln, sich absondern, sich fernhalten, sich isolieren, sich verbergen, sich zurückziehen. **c)** aus dem Weg gehen, ausweichen, flüchten, nicht ausführen/erfüllen/erledigen, sich nicht stellen, scheuen, vermeiden, zu entgehen/umgehen suchen; *(geh.):* fliehen, meiden, nicht nachkommen. **d)** davonkommen, entgehen, entkommen, entschlüpfen; *(geh.):* entfliehen; *(ugs.):* entwischen.

entziffern
a) buchstabieren, erkennen, lesen. **b)** dechiffrieren, decodieren, dekryptieren, entschlüsseln.

entzücken
begeistern, bezaubern, erfreuen, Freude bereiten, hinreißen, in Begeisterung versetzen, in seinen Bann ziehen, mit Begeisterung erfüllen, mitreißen, Spaß/Vergnügen bereiten; *(geh.):* bannen, beflügeln, beglücken, berauschen.

entzückend
bezaubernd, charmant, herzig, hinreißend, liebenswert, niedlich, reizend, reizvoll, wunderhübsch, zauberhaft; *(geh.):* berückend, betörend; *(ugs.):* goldig, putzig, zum Anbeißen.

entzünden
entfachen, entfesseln, entstehen lassen, heraufbeschwören; *(geh.):* anfachen.

entzünden, sich
1. a) entstehen, sich entwickeln, erwachsen, hervorgerufen werden; *(geh.):* aufbrechen.
b) sich erhitzen, sich erregen, in Erregung geraten; *(bildungsspr.):* sich echauffieren.
2. anschwellen, sich röten.

entzwei
auseinander[gefallen], defekt, geteilt, in einzelne Stücke/Teile, zerbrochen; *(ugs.):* hinüber, kaputt; *(salopp):* im Eimer.

entzweigehen
auseinanderbrechen, auseinanderfallen, in die Brüche gehen, in Stücke gehen, zerbrechen, zerschellen, zerspringen; *(geh.):* bersten; *(ugs.):* kaputtgehen, krachen.

Episode
1. belanglose Begebenheit, Belanglosigkeit, flüchtiges Ereignis, Intermezzo, nebensächliches Ereignis, unbedeutende Begebenheit, Zwischenspiel.
2. Nebenhandlung, Zwischenstück.
3. Folge, Teil.

Epoche
Abschnitt, Ära, Periode, Phase, Zeit, Zeitabschnitt, Zeitalter, Zeitraum.

erachten
auffassen, begreifen, betrachten, beurteilen, bewerten, einschätzen, empfinden, finden, halten, sehen, verstehen, werten; *(geh.):* befinden; *(bildungsspr.):* interpretieren.

erarbeiten
1. aufbauen, erlangen, erreichen, erringen, erwerben, erwirken, erzielen, leisten, schaffen, vollbringen, zustande bringen.
2. aneignen, sich antrainieren, sich beibringen, einstudieren, einüben, erlernen, erwerben, sich zu eigen machen; *(ugs.):* sich anlernen.
3. ausarbeiten, entwerfen, formulieren, konzipieren, skizzieren, verfassen, zusammenstellen.

Erbarmen
Anteilnahme, Gnade, Menschlichkeit, Mitempfinden, Mitgefühl, Mitleid, Teilnahme.

erbarmen, sich
Anteil nehmen, mitfühlen, Mitgefühl zeigen, mitleiden, Mitleid haben, Teilnahme zeigen; *(geh.):* sich barmherzig zeigen.

erbärmlich
a) arm[selig], bedauernswert, beklagenswert, bemitleidenswert, dürftig, elend, erbarmenswert, herzzerreißend, jämmerlich, kläglich, kümmerlich, mitgenommen, mitleiderregend, traurig; *(emotional):* miserabel. **b)** abscheulich, gemein, hässlich, niederträchtig, schändlich, verabscheuenswert, verabscheuungswürdig, verachtenswert; *(geh.):* übel, verwerflich; *(abwertend):* jämmerlich, schäbig.

Erbe
1. Erbschaft, Erbteil, Hinterlassenschaft, Nachlass; *(schweiz.):* Vergabung.
2. Hinterlassenschaft, Tradition, Überlieferung, Vermächtnis.

erben
als Erbe erhalten, durch Erbschaft erlangen, eine Erbschaft antreten/machen, mitbekommen, vererbt bekommen.

erbeuten
an sich reißen, erkämpfen, erobern, erringen, rauben, wegnehmen; *(ugs.):* ergattern.

erbitten
anfragen, angehen um, beantragen, bitten, einholen, sich wenden an, wünschen; *(geh.):* sich ausbitten, ersuchen, nachsuchen.

erbittert
hartnäckig, mit äußerstem Einsatz, scharf, sehr heftig.

erblicken
1. ausmachen, bemerken, entdecken, erkennen, registrieren, sehen, sichten, wahrnehmen; *(geh.):* ansichtig werden, erspähen, gewahren.
2. ansehen als, auffassen, betrachten als, erachten, halten für, sehen in, vermuten, verstehen als, zu erkennen glauben.

erblühen
a) aufblühen, aufbrechen, aufgehen, aufplatzen, sich auseinanderfalten, sich entfalten, sich öffnen; *(geh.):* sich aufblättern, aufspringen, sich auftun, sich erschließen. **b)** sich entfalten, sich entwickeln, florieren, gedeihen, heranreifen, heranwachsen, reifen, wachsen, werden.

erbrechen
ausbrechen, sich übergeben; *(geh.):* ausspeien, speien; *(ugs.):* ausspucken, brechen, kotzen, wieder von sich geben; *(salopp):* kübeln, reihern; *(südd., österr.):* speiben.

erbringen
a) [ein]bringen, eintragen, ergeben, führen zu, hergeben, hervorbringen, liefern; *(geh.):* zeitigen; *(ugs.):* abwerfen. **b)** aufbieten, aufbringen, aufwenden, beibringen, beschaffen, besorgen, erschwingen, flüssigmachen, heranschaffen, herbeischaffen, verschaffen, zusammenbringen; *(ugs.):* auftreiben, organisieren.

Erde
1. Erdboden, Erdreich.
2. Boden, Fußboden, Grund, Scholle.

3. Diesseits, Welt; *(geh.):* Erdkreis; *(dichter.):* Mutter Erde.
4. der Blaue Planet, Erdkugel; *(geh.):* Globus.

Erdöl
flüssiges/schwarzes Gold, Mineralöl, Öl.

erdreisten, sich
sich anmaßen, die Stirn haben, sich erlauben, riskieren, sich unterstehen, wagen; *(geh.):* sich erfrechen, sich erkühnen, sich unterfangen, sich vermessen; *(ugs.):* den Nerv haben, die Courage haben, sich herausnehmen.

erdulden
sich abfinden, auf sich nehmen, aushalten, ausstehen, bewältigen, sich bieten lassen, durchstehen, sich ergeben in, erleiden, ertragen, fertigwerden, sich fügen in, hinnehmen, leiden, sich schicken in, tragen, über sich ergehen lassen, überstehen, überwinden, verarbeiten, verkraften, verschmerzen, vertragen; *(ugs.):* durchmachen, einstecken, sich gefallen lassen, mitmachen, schlucken, verdauen.

ereignen, sich
ablaufen, abrollen, sich abspielen, dazwischenkommen, sich einstellen, eintreten, erfolgen, sich ergeben, fallen, geschehen, kommen, passieren, sein, spielen, stattfinden, sich tun, verlaufen, sich vollziehen, vonstattengehen, vorausgehen, vorfallen, vorgehen, vorkommen, vor sich gehen, zugehen, zustande kommen, zustoßen; *(geh.):* sich begeben, sich zutragen.

BSP Was geht hier vor sich? Die Geschichte hat sich wirklich [so] zugetragen.

Ereignis
Affäre, Anlass, Aufhänger, Ding, Einschnitt, Episode, Erlebnis, Fall, Gelegenheit, Intermezzo, Markstein, Prozess, Sache, Sensation, Veranstaltung, Vorfall, Vorgang, Vorkommnis, Zeichen, Zwischenfall, Zwischenspiel; *(geh.):* Begebenheit, Geschehen; *(Jargon):* Event.

BSP Heute Abend ist ein besonderer/festlicher/willkommener Anlass. Da ergab sich eine merkwürdige/seltsame/heitere Begebenheit. Dem Film liegt eine wahre Begebenheit zugrunde.

ereilen
einholen, erfassen, [schnell/überraschend] bekommen, [schnell/überraschend] erreichen, treffen.

Erektion
Anschwellung, Aufrichtung, Versteifung; *(ugs.):* Ständer, Steifer.

[1]erfahren
1. bemerken, ermitteln, herausfinden, hören, in Erfahrung bringen, Kenntnis bekommen/erhalten, merken, recherchieren, wahrnehmen, zu Ohren kommen; *(geh.):* vernehmen; *(ugs.):* aufschnappen, herausbekommen, herausbringen, Wind bekommen/kriegen.
2. durchleben, durchleiden, erdulden, Erfahrungen machen/sammeln, erleben, erleiden, ertragen, kennenlernen, mitmachen, zu spüren bekommen.

[2]erfahren
abgeklärt, befähigt, beschlagen, bewährt, bewandert, erprobt, fachmännisch, fähig, fit, geschickt, geübt, gewandt, gut, kenntnisreich, klug, kompetent, kundig, professionell, sachkundig, sachverständig, sattelfest, sicher, sturmerprobt, weise, zuverlässig; *(bildungsspr.):* qualifiziert, routiniert, versiert.

Erfahrung
1. Beschlagenheit, Bildung, Fähigkeiten, Fertigkeiten, Geschick, Geübtheit, Gewandtheit, Kenntnis, Klugheit, Know-how, Menschenkenntnis, Praxis, Routine, Sicherheit, Überblick, Übung, Vertrautheit, Weisheit, Weitblick, Wissen.
2. Denkzettel, Einsicht, Erkenntnis, Erleben, Erlebnis, Lehre, Moral.

erfassen
1. a) dingfest machen, ergreifen, festhalten, nehmen, packen. b) fortreißen, mitnehmen, mitreißen, mit sich nehmen/reißen, übergreifen, wegreißen; *(ugs.):* sich breitmachen.
2. auffassen, aufnehmen, ausmachen, ausmessen, begreifen, bemerken, beobachten, sich bewusst machen, durchdringen, durchschauen, einsehen, entdecken, erahnen, erkennen, ermessen, folgen können, hören, klarsehen, klar werden, lesen, merken, mitbekommen, nachvollziehen, realisieren, registrieren, sehen, sichten, spüren, überblicken, überfliegen, überschauen, übersehen, verspüren, verstehen, wahrnehmen, zur Kenntnis nehmen; *(geh.):* erblicken, erspüren, fassen, schauen; *(ugs.):* blicken, durchblicken, kapieren, mitkriegen, schalten, wegkriegen; *(salopp):* checken, raffen.
3. aufführen, aufnehmen, aufschreiben, aufzeichnen, buchen, dokumentieren, einschreiben, eintragen, melden, niederschreiben, notieren, registrieren, [schriftlich] festhalten, verdaten, verkarten, verzeichnen.

erfinden
1. ausgrübeln, ausklügeln, eine Erfindung machen, sich einfallen lassen, entdecken, entwerfen, entwickeln, erdenken, ergrübeln, erklügeln, herausfinden, hervorbringen, kommen auf, pla-

nen, schaffen, sich überlegen; *(bildungsspr.):* kreieren; *(ugs.):* ausknobeln, austüfteln.
2. sich aus den Fingern saugen, sich ausdenken, sich ausmalen, erlügen, [sich] erträumen, fabeln, fantasieren, sich vorstellen, sich zurechtlegen; *(geh.):* aussinnen, erdichten, ersinnen.

erfinderisch
einfallsreich, erfindungsreich, fantasiebegabt, fantasievoll, genial, ideenreich, innovationsfreudig, originell, produktiv, schöpferisch; *(bildungsspr.):* kreativ; *(bes. Fachspr.):* innovativ.

Erfindung
1. Entdeckung, Entwicklung, Neuerung, Neuheit; *(bildungsspr.):* Innovation, Kreation.
2. Ammenmärchen, Einbildung, Fabel, Fantasie, Legende, Luftschloss, Lüge, Lügengebäude, Lügengeschichte, Lügenmärchen, Märchen, Münchhaus[en]iade, Seemannsgarn, Theorie, Unwahrheit, Utopie, Vorstellung; *(geh.):* Erdichtung, Fiktion, Lügengespinst, Wahn.

Erfolg
1. Anerkennung, Attraktion, Durchbruch, Errungenschaft, Fortschritt, Gedeihen, Gelingen, Gewinn, Glück, [großer] Wurf, Heil, Karriere, Platz an der Sonne, Schlager, Sieg, Treffer, Triumph, Verkaufsschlager, Volltreffer, Wohl, Zulauf, Zuspruch, Zustimmung, Zustrom; *(geh.):* Fortuna; *(bildungsspr.):* Fortune; *(ugs.):* Dauerbrenner, Hammer, Hit, Knüller; *(Jargon):* Renner.
2. Auswirkung, Bilanz, Effekt, Ergebnis, Fazit, Folge, Konsequenz, Wirkung; *(bildungsspr.):* Resultat.

Erfolg

Erfolg haben
bewältigen, erfolgreich sein, erlangen, erreichen, erringen, erwirken, erzielen, fertigbringen, [in die Tat] umsetzen, schaffen, zum Durchbruch bringen/verhelfen, zustande/zuwege bringen; *(ugs.):* auf die Reihe bringen/kriegen, hinbekommen, hinkriegen, managen.

erfolgen
ablaufen, abrollen, sich abspielen, sich einstellen, eintreten, sich ereignen, geschehen, im Gange sein, passieren, sein, stattfinden, sich tun, verlaufen, sich vollziehen, vonstattengehen, vorfallen, vorgehen, vorkommen, vor sich gehen, zugehen; *(geh.):* sich begeben, sich zutragen; *(ugs.):* über die Bühne gehen.

erfolglos
ergebnislos, fruchtlos, für nichts und wieder nichts, im Sand verlaufen, missglückt, misslungen, negativ, nutzlos, ohne Erfolg, resultatlos, sieglos, umsonst, unnütz, unverrichteter Dinge/Sache, unwirksam, verfehlt, vergebens, vergeblich, wirkungslos, zwecklos.

erfolgreich
a) erfolgsverwöhnt, ergebnisreich, glücklich, sieggewohnt, siegreich; *(bildungsspr.):* arriviert.
b) ein voller Erfolg, gelungen, mit Erfolg, positiv, produktiv, von Erfolg gekrönt; *(geh.):* erfolggekrönt; *(bes. österr.):* zielführend.

erforderlich
geboten, nötig, notwendig, unabdingbar, unabkömmlich, unausweichlich, unentbehrlich, unerlässlich, unumgänglich, unvermeidlich, unverzichtbar, vonnöten, wesentlich, wichtig, zwingend; *(bildungsspr.):* obligatorisch.

erfordern
beanspruchen, bedingen, benötigen, brauchen, erzwingen, in Anspruch nehmen, kosten, nötig haben, notwendig machen, verlangen, voraussetzen; *(geh.):* bedürfen, erheischen, gebieten.

erforschen
auf den Grund gehen, auf der Spur sein/bleiben, ausforschen, auskundschaften, ausspionieren, austesten, durchforschen, eindringen, ergründen, erkunden, nachforschen, nachgehen, prüfen, recherchieren, studieren, untersuchen; *(schweiz.):* forschen; *(geh.):* nachspüren; *(bildungsspr.):* analysieren, eruieren, sondieren.

erfreuen
amüsieren, aufheitern, begeistern, belustigen, entzücken, erheitern, Freude bereiten/machen/spenden, freudig/fröhlich stimmen, freuen, froh/glücklich machen, gefallen, Spaß machen, überraschen, unterhalten, Vergnügen bereiten, zum Lachen bringen; *(geh.):* beglücken, beseligen, erbauen, ergötzen.

erfreuen, sich
1. sich amüsieren, sich begeistern, Freude haben, sich freuen, froh/heiter sein, Gefallen finden, Spaß haben, sich unterhalten, sich vergnügen, vergnügt sein; *(geh.):* sich entzücken, sich erbauen, guter Dinge sein.
2. besitzen, genießen, haben, im Besitz sein, verfügen.

erfreulich
angenehm, begrüßenswert, entzückend, freudig, freundlich, froh, glücklich, günstig, gut, herrlich, nett, paradiesisch, positiv, rosig, schön, vorteilhaft, willkommen, wohlig, wohltuend, wünschenswert; *(geh.):* erquicklich; *(ugs.):* fein.

erfüllen
1. ausfüllen, auslasten, befallen, befriedigen, beherrschen, beschäftigen, bewegen, durchdrin-

gen, durchströmen, erfassen, ergreifen, gefangen nehmen, in Anspruch nehmen, nicht aus dem Kopf gehen/wollen, nicht aus dem Sinn gehen, überkommen; *(geh.):* sich bemächtigen, beschleichen, beseelen, durchfluten, durchwogen; *(ugs.):* im Kopf herumgehen.
2. abdecken, befriedigen, decken, einhalten, entsprechen, erledigen, ernst nehmen, sich fügen, genügen, [sich] halten, [in die Tat] umsetzen, stillen, verwirklichen, wahr machen, zufriedenstellen; *(geh.):* einlösen, Genüge tun, nachkommen; *(bildungsspr.):* saturieren.

erfüllen, sich
sich als richtig herausstellen, sich als wahr erweisen, sich bestätigen, sich bewahrheiten, sich einstellen, eintreffen, eintreten, sich ereignen, erfolgen, geschehen, in Erfüllung gehen, passieren, stattfinden, sich verwirklichen, wahr werden, Wirklichkeit werden, zustande kommen; *(geh.):* sich begeben, sich zutragen; *(bildungsspr.):* sich realisieren; *(ugs.):* über die Bühne gehen.

ergänzen
abrunden, aktualisieren, anfügen, anhängen, anreihen, anschließen, auffüllen, ausbauen, ausweiten, beifügen, bereichern, dazugeben, dazusagen, den letzten Schliff geben, eine Lücke schließen, erweitern, fortschreiben, hinzufügen, nachtragen, vervollkommnen, vervollständigen, vollenden, vollständig machen; *(geh.):* beigeben, hinzugeben; *(bildungsspr.):* komplettieren; *(ugs.):* dazutun; *(EDV):* updaten.

Ergänzung
1. Bereicherung, Erweiterung, Hinzufügung, Vervollkommnung, Vervollständigung; *(bildungsspr.):* Komplettierung.
2. Anhang, Anmerkung, Einfügung, Einschub, Erklärung, Klammerzusatz, Nachsatz, Nachtrag, Zusatz; *(geh.):* Nachlese; *(ugs.):* Nachklapp; *(Fachspr.):* Appendix; *(Literaturwiss.):* Paralipomenon; *(Sprachwiss.):* Apposition.

[1]ergeben
ausmachen, sich belaufen, bringen, einbringen, eintragen, erbringen, führen zu, hergeben, hervorbringen, liefern, zur Folge haben; *(schweiz.):* abgeben; *(geh.):* zeitigen; *(ugs.):* abwerfen.

[1]ergeben, sich
1. sich anbieten, sich aufdrängen, sich bieten, deutlich werden, sich einstellen, eintreten, entstehen, sich entwickeln, sich eröffnen, sich erschließen, erwachsen, folgen, sich herausbilden, sich herausschälen, hervorgehen, offenbar werden, sich zeigen; *(geh.):* sich auftun, sich darbieten; *(bildungsspr.):* resultieren.
2. a) sich abfinden, sich anpassen, sich beugen, sich dreinschicken, erdulden, sich fügen, gehorchen, hinnehmen, in Kauf nehmen, kapitulieren, klein beigeben, nachgeben, resignieren, sich schicken, tragen, über sich ergehen lassen, sich unterordnen, sich unterwerfen; *(schweiz.):* zurückkrebsen; *(geh.):* den Nacken beugen, dulden; *(ugs.):* schlucken. **b)** aufgeben, die Waffen niederlegen/strecken, kapitulieren, keinen Widerstand [mehr] leisten, sich stellen; *(geh.):* die Segel streichen; *(ugs.):* das Handtuch werfen.

[2]ergeben
a) anhänglich, fügsam, gefügig, hingebungsvoll, treu; *(geh.):* getreu, getreulich; *(bildungsspr.):* loyal. **b)** demütig, demutsvoll, fußfällig, kniefällig; *(geh.):* ehrerbietig, ehrfurchtsvoll; *(abwertend):* devot, untertänig, unterwürfig.

Ergebnis ↗
Ausbeute, Ausgang, Auswirkung, Befund, Bilanz, Effekt, Endergebnis, Endstand, Ertrag, Fazit, Folge, Frucht, Gewinn, Konsequenz, Schlussfolgerung, Summe, Wirkung; *(geh.):* Ausfluss; *(bildungsspr.):* Quintessenz, Resultat, Resümee; *(Wissensch.):* Studiendaten.

BSP Das war ein glücklicher, unerwarteter Ausgang des Projekts. Mit der Demo wollten wir einen großen Effekt erzielen/auslösen. Als Fazit der Geschichte kann der folgende Satz gelten. Das Resümee seiner Ausführungen war, dass ... Die logische/zwingende/überzeugende Schlussfolgerung ist daher ...

ergiebig
dankbar, einbringlich, einträglich, ertragreich, gewinnbringend, günstig, lohnend, produktiv, profitabel, rentabel, rentierlich, segensreich, vorteilhaft; *(bildungsspr.):* lukrativ; *(ugs.):* fett.

ergreifen
1. aufgreifen, erhaschen, erwischen, fangen, fassen, festnehmen, gefangen nehmen, greifen, in Gewahrsam/Verwahrung bringen, in seine Gewalt bekommen; *(geh.):* habhaft werden; *(ugs.):* abfassen, am/beim Wickel kriegen, am/beim Wickel packen, kassieren, kriegen, schnappen; *(veraltend):* haschen.
2. aufregen, aufwühlen, aus dem Gleichgewicht bringen, beeindrucken, befremden, berühren, beunruhigen, bewegen, erregen, erschüttern, mitnehmen, nahegehen, rühren, treffen, zu Herzen gehen; *(geh.):* anrühren, betreffen; *(bildungsspr.):* echauffieren, tangieren.

ergründen
auf den Grund gehen, auf der Spur sein/bleiben, ausforschen, austesten, durchforschen, eindrin-

gen, erforschen, erkunden, nachforschen, nachgehen, prüfen, recherchieren, studieren, untersuchen; *(schweiz.):* forschen; *(geh.):* nachspüren; *(bildungsspr.):* analysieren, eruieren, sondieren; *(Fachspr.):* explorieren.

erhaben
1. herausragend, hervorstehend, plastisch.
2. Achtung gebietend, ehrwürdig, erhebend, feierlich, göttergleich, majestätisch, würdevoll, würdig; *(geh.):* erlaucht, hoheitsvoll, olympisch, weihevoll; *(bildungsspr.):* gravitätisch.
3. überlegen, unberührt, ungerührt; *(geh.):* gefeit, souverän.

erhalten
1. a) bekommen, empfangen, entgegennehmen, erteilt/gewährt werden, in Empfang nehmen, übermittelt werden, zugestanden werden; *(ugs.):* kriegen. **b)** abbekommen, bekommen, erarbeiten, erlangen, erreichen, erwerben, erwirken, erzielen, gewinnen, sich verschaffen; *(geh.):* davontragen; *(ugs.):* [ab]kriegen, erwischen.
2. aufrechterhalten, behalten, behaupten, beibehalten, bewahren, halten, konservieren; *(schweiz.):* gaumen; *(geh.):* wahren.

erhältlich
käuflich, lieferbar, verfügbar, verkäuflich, vorhanden, vorrätig, zu bekommen, zu kaufen.

erhärten
1. absichern, bekräftigen, belegen, bestärken, festigen, fundieren, sichern, stabilisieren, stärken, stützen, untermauern, unterstützen, vertiefen; *(bildungsspr.):* konsolidieren, zementieren; *(veraltend):* verbriefen.
2. a) erstarren, fest werden, härten, hart werden, sich verhärten. **b)** härten, verhärten.

erhärten, sich
sich als richtig erweisen, sich als zutreffend herausstellen, bekräftigt werden, sich bestätigen, sich bewahrheiten, untermauert werden.

erheben
1. a) anheben, emporstrecken, [hoch]heben, in die Höhe heben; *(geh.):* emporrecken. **b)** aufheitern, aufrichten, erfreuen, erheitern, stärken; *(geh.):* erbauen.
2. einfordern, einkassieren, einmahnen, eintreiben, einziehen, fordern, kassieren, verlangen; *(ugs.):* abkassieren, einstreichen, zur Kasse bitten; *(südd., österr.):* einheben.

erheben, sich
1. a) aufkommen, sich aufraffen, aufschnellen, aufstehen, sich hochraffen; *(ugs.):* sich aufrappeln, hochkommen, sich hochrappeln. **b)** abheben, aufflattern, sich aufschwingen, aufsteigen, davonfliegen, emporsteigen, hochfliegen, sich hochschrauben, hochsteigen, losfliegen, wegfliegen; *(geh.):* aufwölken, emporfliegen.
2. sich aufbäumen, sich auflehnen, einen Aufstand machen, sich empören, meutern, opponieren, sich wehren, sich widersetzen, sich zur Wehr setzen; *(geh.):* aufbegehren, sich bäumen, trotzen; *(bildungsspr.):* rebellieren, revoltieren; *(ugs.):* auf die Barrikaden gehen/steigen.

erheblich
ansehnlich, außerordentlich, beachtenswert, beachtlich, bedeutend, bedeutsam, beeindruckend, bemerkenswert, deutlich, eindrucksvoll, enorm, extrem, gehörig, gewaltig, groß, immens, imposant, ins Gewicht fallend, mächtig, nennenswert, nicht unbeträchtlich, stattlich, üppig, wesentlich; *(geh.):* ausnehmend, erklecklich; *(bildungsspr.):* exorbitant, respektabel, signifikant; *(österr., sonst bildungsspr.):* eminent; *(ugs.):* anständig, deftig, gepfeffert, hübsch, ordentlich, schön; *(salopp):* gesalzen; *(oft emotional):* riesig; *(ugs. emotional):* kolossal; *(nordd.):* bannig; *(veraltend):* respektierlich.

Erhebung
1. Anhöhe, Berg[gipfel], Bergrücken, Gipfel, Höcker, Höhe, Hügel; *(ugs.):* Buckel.
2. Eintreibung, Einziehung, Forderung.
3. Auflehnung, Aufruhr, Aufstand, Empörung, Krawall, Meuterei, Putsch, Rebellion, Revolte, Revolution, Unruhen, Volksaufstand; *(schweiz.):* Unrast; *(bildungsspr.):* Insurrektion.
4. Demoskopie, Enquete, Ermittlung, Meinungsumfrage, Nachforschung, Recherche, Überprüfung, Umfrage, Untersuchung, Volksbefragung; *(bildungsspr.):* Sondierung; *(Soziol.):* Befragung, Interview.

erheitern
ablenken, amüsieren, aufheitern, begeistern, belustigen, entzücken, erfreuen, Freude bereiten/machen/spenden, freuen, froh/fröhlich stimmen, froh/glücklich machen, gefallen, Heiterkeit erregen, heiter stimmen, Spaß machen, überraschen, unterhalten, Vergnügen bereiten, zum Lachen bringen; *(geh.):* beglücken; *(bildungsspr.):* delektieren; *(salopp):* bespaßen.

erhitzen
aufregen, aufreizen, aufwühlen, beunruhigen, bewegen, empören, in Aufregung/Erregung versetzen, nahegehen, zu schaffen machen; *(bildungsspr.):* echauffieren.

erhoffen
bauen auf, erträumen, hoffen/setzen/spekulieren auf, träumen, sich versprechen von, sich vorstellen, wollen, [sich] wünschen, zählen auf; *(geh.):* die Hoffnung hegen, ersehnen.

erhöhen
1. anheben, aufstocken, ausbauen, ausdehnen, erweitern, eskalieren, heraufsetzen, hochschrauben, intensivieren, steigern, vergrößern, vermehren, verschärfen, verstärken; *(geh.):* beflügeln; *(ugs.):* anheizen, Dampf machen.
2. adeln, auszeichnen, befördern, einen höheren Rang geben/verleihen, erheben.

erhöhen, sich
anschwellen, ansteigen, anwachsen, anziehen, hinaufschnellen, hochgehen, in die Höhe gehen, stärker werden, steigen, sich steigern, sich vergrößern, wachsen, zunehmen; *(bildungsspr.):* expandieren; *(ugs.):* hinaufgehen, hochklettern, raufgehen.

erholen, sich
1. sich aufraffen, gesund werden, [wieder] auf die Beine kommen; *(geh.):* aufkommen, genesen, gesunden; *(ugs.):* sich berappeln, sich herausmachen, sich hochrappeln.
2. [sich] ausruhen, ausspannen, [sich] entspannen, neue Kräfte sammeln; *(bildungsspr.):* [sich] regenerieren; *(geh.):* Atem/Kraft schöpfen; *(ugs.):* abhängen, abschalten, abschlaffen, [aus]chillen, die Seele baumeln lassen, relaxen; *(südd., österr.):* [sich] ausrasten; *(Jargon):* wellnessen.

erholsam
angenehm, beschaulich, besinnlich, der Erholung dienend, entspannend, friedlich, gemütlich, geruhsam, idyllisch.

Erholung
Atempause, Ausspannung, Besserung, Entspannung, Heilung, Kräftigung, Ruhe, Stärkung; *(geh.):* Genesung, Gesundung; *(bildungsspr.):* Regeneration.

erinnern
a) aktivieren, auffrischen, aufleben lassen, in Erinnerung bringen, ins Bewusstsein bringen/rufen, sich ins Gedächtnis rufen, mahnen, wachrufen, wecken, wiederholen, zurückrufen; *(geh.):* aufrühren, gemahnen; *(ugs.):* aufmöbeln, aufpolieren. **b)** ähneln, ähnlich [aus]sehen, ähnlich sein, anklingen an, entsprechen, gleichen, gleichkommen, in jmds. Art schlagen, nahekommen; *(geh.):* [ge]mahnen, nachschlagen.

erinnern, sich
behalten haben, beherzigen, sich besinnen, einfallen, sich entsinnen, erinnerlich sein, gegenwärtig sein, im Gedächtnis haben, im [Hinter]kopf haben, in den Sinn kommen, in Erinnerung haben, sich ins Gedächtnis rufen/zurückrufen, sich merken, noch kennen/wissen, sich zurückbesinnen, zurückdenken, sich zurückerinnern, zurücksehen, sich zurückversetzen; *(geh.):* eingedenk sein, gedenken, gegenwärtig haben; *(bildungsspr.):* präsent haben.

Erinnerung
1. Erinnerungsvermögen, Gedächtnis[kraft], Gedächtnisleistung, Merkfähigkeit.
2. Blick in die Vergangenheit, Rückblick, Rückschau; *(bildungsspr.):* Reminiszenz, Retrospektive.
3. Andenken, Gedächtnis, Gedenken; *(geh.):* Angedenken.
4. Appell, Aufforderung, Aufruf, Bitte, Mahnung; *(geh.):* Mahnruf; *(EDV):* Reminder.

erkälten, sich
eine Erkältung bekommen, sich eine Erkältung zuziehen, einen Schnupfen/Husten bekommen, sich einen Schnupfen/Husten zuziehen.

Erkältung
Atemwegserkrankung, Husten, Schnupfen.

erkämpfen
a) erarbeiten, erfechten, erlangen, erreichen, erringen, erwerben, erwirken, erzielen, gewinnen; *(geh.):* erstreiten, ertrotzen; *(ugs.):* durchboxen, durchdrücken, durchkriegen, ergattern, herausholen, herausschlagen. **b)** abgewinnen, sich aneignen, erbeuten, erfechten, erobern, erringen, erstürmen, gewinnen, [in Besitz] nehmen; *(geh.):* sich bemächtigen; *(ugs.):* ergattern.

erkennbar
a) auffallend, auffällig, augenfällig, ausgeprägt, deutlich, erwiesen, ins Auge/in die Augen fallend/springend, kenntlich, markant, nicht zu übersehen, offenkundig, offensichtlich, sichtbar, unübersehbar, unverkennbar; *(geh.):* augenscheinlich; *(bildungsspr.):* evident, flagrant, manifest; *(abwertend):* aufgelegt. **b)** absehbar, ermessbar, übersehbar, vorausberechenbar, voraussagbar, voraussehbar, vorauszuberechnen, vorauszusagen, vorauszusehen, vorhersagbar, vorhersehbar, vorherzusehen.

erkennen ↗
1. bemerken, entdecken, erblicken, erfassen, feststellen, merken, registrieren, sichten, spüren, stoßen auf, wahrnehmen, zur Kenntnis nehmen; *(österr.):* ausnehmen; *(geh.):* gewahren, gewahr werden; *(bildungsspr.):* konstatieren.
2. an den Tag/ans Licht bringen, aufgehen, begreifen, sich bewusst werden, bloßlegen, durchschauen, eingestehen, einräumen, enträtseln, entschlüsseln, ermitteln, feststellen, gelten lassen, herausfinden, klären, Klarheit bringen/gewinnen, mitbekommen, realisieren, richtig einschätzen, verstehen, zubilligen, zu der Erkenntnis gelangen/kommen, zugeben, zugestehen;

(geh.): enthüllen; *(bildungsspr.)*: konzedieren; *(ugs.)*: auf den [richtigen] Trichter kommen, blicken, dahinterkommen, dämmern, durchblicken, herausbekommen, herauskriegen, kapieren, mitkriegen, schalten; *(salopp)*: checken, durchsteigen, raffen, schnallen.

BSP Sie durchschaute den Plan sofort. Ich kam/gelangte zur Erkenntnis, dass …

Erkenntnis

a) Aha-Erlebnis, Aufschluss, Bewusstsein, Einblick, Eindruck, Einsicht, Erfahrung, Erleuchtung, Gewissheit, Klarblick, Klarsicht, Überblick, Überzeugung, Vorstellung, Wissen; *(geh.)*: Eingebung. **b)** Grundprinzip, Grundsatz, Lehrsatz, Leitsatz, Wahrheit; *(bildungsspr.)*: Maxime, Theorem.

erklären

1. a) aufzeigen, auseinanderlegen, auseinandersetzen, ausführen, begreiflich/deutlich machen, darlegen, definieren, entwickeln, erläutern, erörtern, konkretisieren, veranschaulichen, verdeutlichen, verständlich machen, zeigen; *(bildungsspr.)*: exemplifizieren, explizieren; *(ugs.)*: klarlegen, klarmachen, verdeutschen, verklickern; *(salopp)*: verkasematuckeln.

BSP Anfangs setzt der Protagonist seine Absichten nicht auseinander. Ich möchte meine Überlegungen nun konkretisieren.

b) auslegen, begründen, belegen, deuten, kommentieren, motivieren, rechtfertigen; *(bildungsspr.)*: fundieren, interpretieren, legitimieren, substanziieren.

BSP Die Autorin begründet ihren Standpunkt ausführlich. Die Aktivisten motivierten ihre Handlung mit unwiderlegbaren Argumenten.

2. anbringen, anmelden, ausdrücken, äußern, aussprechen, bekannt geben, bekennen, bekunden, darlegen, eröffnen, formulieren, in Worte fassen/kleiden, melden, mit der Sprache herausrücken, mitteilen, sagen, verlautbaren, verlauten [lassen], vorbringen, wissen lassen, zum Ausdruck/zur Sprache bringen; *(geh.)*: kundtun, offenbaren, verkünden, verkündigen; *(bildungsspr.)*: artikulieren, dokumentieren.

BSP Sie meldete Zweifel an seiner Idee an. Die Chefin eröffnete ihren Mitarbeitenden die neue Strategie.

erklären, sich

a) sich aussprechen, sich bekennen, die Stange halten, eine Lanze brechen/einlegen, sich einsetzen, einstehen, eintreten, Flagge zeigen, halten zu, stehen zu, Stellung beziehen/nehmen, zustimmen; *(ugs.)*: Farbe bekennen, sich starkmachen. **b)** sich bekennen, sich enthüllen; *(geh.)*: sich offenbaren; *(Jargon)*: sich outen.

erklärlich

augenfällig, begreiflich, eingängig, einleuchtend, einsichtig, ersichtlich, fassbar, fasslich, klar, nachvollziehbar, nachzuvollziehen, plausibel, verständlich, verstehbar, zu begreifen, zu verstehen; *(bildungsspr.)*: evident.

Erklärung ⌿

1. Anmerkung, Ausdeutung, Ausführung, Auslegung, Ausmalung, Begründung, Darlegung, Definition, Deutung, Erläuterung, Klammerzusatz, Kommentar, Konkretisierung, Lesart, Sinndeutung, Textverständnis, Veranschaulichung, Verdeutlichung; *(geh.)*: Verbildlichung; *(bildungsspr.)*: Exemplifikation, Illustration, Interpretation, Substanziierung; *(ugs.)*: Klarlegung; *(bildungsspr., Fachspr.)*: Exegese.

BSP Wir konnten keine/eine plausible Begründung für … vorbringen. Folgende Darlegungen müssen beachtet werden. Der Text lässt mehrere Deutungen zu. Diese Interpretation des Liedes entspricht dem Geist der Romantik.

2. Äußerung, Bulletin, Deklaration, Manifest, Manifestation, Mitteilung, Nachricht, Statement, Stellungnahme, Verkündung, Verlautbarung; *(schweiz.)*: Vernehmlassung; *(geh.)*: Kundgabe, Verkündigung; *(ugs.)*: Info.

erkunden

auffinden, aufspüren, aufstöbern, ausfindig machen, auskundschaften, ausmachen, ausspähen, entdecken, erforschen, ermitteln, finden, herausbekommen, herausfinden, in Erfahrung bringen, nachforschen, orten, recherchieren, vorfühlen; *(österr.)*: stellig machen; *(bildungsspr.)*: sondieren; *(ugs.)*: die Lage spannen, herausbringen, herauskriegen; *(salopp)*: ausbaldowern; *(abwertend)*: ausspionieren.

erkundigen, sich

anfragen, ausfragen, befragen, eine Auskunft erbitten, eine Frage richten/stellen, Erkundigungen/Informationen einholen, fragen, sich informieren, nachfragen, um Auskunft bitten, sich umhören, sich wenden an, wissen wollen, zurate ziehen; *(bes. schweiz.)*: sich orientieren; *(bildungsspr.)*: konsultieren; *(ugs.)*: anklopfen, antippen, ausquetschen, interviewen, sich schlaumachen, sich umtun.

erlahmen

a) ermüden, erschlaffen, kraftlos/matt/müde

werden; *(geh.):* ermatten; *(ugs.):* abschlaffen, die nötige Bettschwere haben, durchhängen, k. o. sein, schlappmachen, schlapp werden, schwächeln. **b)** abebben, abflauen, abklingen, abnehmen, sich abschwächen, absinken, an Kraft/Stärke verlieren, aufhören, einschlafen, enden, erkalten, erlöschen, geringer werden, sich legen, nachlassen, schwächer werden, versanden, weniger werden, zu Ende gehen, zum Erliegen/zum Stillstand kommen, zurückgehen; *(geh.):* dahinschwinden, ersterben, im Schwinden begriffen sein, schwinden, verebben, versiegen.

erlangen

sich aneignen, bekommen, erarbeiten, erhalten, erreichen, erringen, erwerben, erwirken, erzielen, gelangen, gewinnen, sich verschaffen; *(geh.):* davontragen; *(ugs.):* einheimsen, ergattern, erwischen, kriegen.

Erlass

1. Anordnung, Anweisung, Befehl, Bekanntmachung, Beschluss, Bestimmung, Bulle, Dekret, Diktat, Festsetzung, Instruktion, Order, Verfügung, Verordnung, Vorschrift; *(geh.):* Geheiß, Obliegenheit; *(bildungsspr.):* Direktive; *(oft leicht abwertend):* Paragrafenwerk.

2. Befreiung, Entbindung, Enthebung, Freistellung, Loslösung, Nachlass, Suspendierung, Suspension; *(bildungsspr.):* Dispensation.

erlassen

1. [amtlich] bekannt machen, anordnen, anweisen, bestimmen, festlegen, heißen, sagen, veranlassen, verfügen, verkünden, verordnen, vorschreiben; *(geh.):* auferlegen, gebieten; *(bildungsspr.):* diktieren; *(abwertend):* administrieren; *(südd., österr.):* anschaffen, schaffen.

2. ablassen, einen Preisnachlass gewähren, Rabatt/Skonto gewähren; *(ugs.):* Prozente geben.

erlauben

1. a) akzeptieren, befürworten, begrüßen, beipflichten, beistimmen, bejahen, bewilligen, billigen, dafür sein, darauf eingehen, die Erlaubnis geben/erteilen, dulden, durchgehen lassen, sich einverstanden erklären, einverstanden sein, einwilligen, für angebracht/richtig halten, gelten lassen, genehmigen, gestatten, gewähren [lassen], gutheißen, sein Einverständnis/seine Einwilligung geben, seine Zustimmung geben, zubilligen, zugestehen, zulassen, zustimmen; *(bildungsspr.):* legitimieren, tolerieren; *(ugs.):* absegnen, sich gefallen lassen, seinen Segen geben, unterschreiben; *(salopp):* abnicken. **b)** befugen, berechtigen, bevollmächtigen, ermächtigen, Vollmacht erteilen; *(bildungsspr.):* autorisieren, legitimieren.

2. befähigen, die Gelegenheit bieten, die Möglichkeit geben, ermöglichen, fähig machen, gestatten, in die Lage versetzen, instand setzen, möglich machen, zulassen.

erlauben, sich

a) sich anmaßen, Anspruch erheben, sich ausbedingen, die Dreistigkeit/Frechheit/Kühnheit besitzen, geltend machen, in Anspruch nehmen, nicht zurückschrecken, sich unterstehen, wagen; *(geh.):* sich erdreisten, sich erfrechen, sich erkühnen, sich vermessen, sich versteigen; *(geh. abwertend):* sich nicht entblöden; *(ugs.):* sich herausnehmen; *(veraltend):* sich erkecken. **b)** sich die Freiheit nehmen; *(geh.):* sich gestatten; *(ugs.):* sich herausnehmen.

Erlaubnis

a) Akzeptanz, Anerkennung, Bejahung, Bewilligung, Billigung, Einverständnis, Einwilligung, Freibrief, Genehmigung, Gewährung, Gutheißen, Zubilligung, Zusage, Zustimmung; *(bildungsspr.):* Plazet, Sanktion, Sanktionierung; *(ugs.):* Absegnung, Okay, Segen; *(veraltend):* Konsens. **b)** Befugnis, Berechtigung, Ermächtigung, Genehmigung, Recht, Zustimmung; *(bildungsspr.):* Autorisierung, Legitimation.

erläutern

[an einem Beispiel] verdeutlichen, aufzeigen, ausbreiten, auseinandersetzen, ausführen, begreiflich machen, beleuchten, berichten, beschreiben, besprechen, charakterisieren, darlegen, darstellen, demonstrieren, deutlich machen, entfalten, entwickeln, erklären, erörtern, konkretisieren, schildern, skizzieren, veranschaulichen, verständlich machen, vorbringen, vortragen, zeigen; *(geh.):* entrollen; *(bildungsspr.):* exemplifizieren, explizieren, referieren; *(ugs.):* klarlegen, klarmachen, verdeutschen; *(Fachspr.):* exponieren.

erleben

a) aushalten, ausstehen, durchhalten, durchleben, durchstehen, einstecken, erdulden, erfahren, erleiden, ertragen, fertigwerden mit, geschehen, hinnehmen, über sich ergehen lassen, überstehen, zustoßen, zuteilwerden; *(geh.):* widerfahren; *(ugs.):* hinter sich bringen, mitmachen, schlucken. **b)** auf sich wirken lassen, genießen.

Erlebnis

Abenteuer, Affäre, Ding, Einschnitt, Episode, Erfahrung, Fall, Markstein, Sache, Sensation, Veranstaltung, Vorfall, Vorgang, Vorkommnis, Zwischenfall, Zwischenspiel; *(geh.):* Begebenheit, Geschehen, Geschehnis, Schauspiel; *(ugs.):*

Geschichte, Nervenkitzel; *(bildungsspr.):* Eskapade; *(Jargon):* Event.

BSP Die Romanheldin erlebt/besteht ein Abenteuer. Sie erzählte von einer einmaligen/unvergesslichen/seltsamen Begebenheit.

erledigen

a) abarbeiten, abwickeln, aufarbeiten, ausführen, besorgen, bewältigen, durchführen, erfüllen, [in die Tat] umsetzen, sich klären, meistern, tun, verrichten, verwirklichen, vollführen, vollziehen; *(schweiz.):* bodigen; *(geh.):* ins Werk setzen, vollbringen; *(bildungsspr.):* realisieren; *(ugs.):* auf die Reihe bringen/kriegen, durchziehen, managen; *(salopp):* schaukeln. **b)** *(ugs.):* abfrühstücken, abhaken, abschließen, absolvieren, als ausgeführt/erledigt betrachten, beenden, beendigen, beschließen, einen Schlussstrich ziehen, fertig machen, fertigstellen, Schluss machen, unter Dach und Fach bringen, vollenden, zu Ende bringen/führen; *(geh.):* ein Ende bereiten/machen/setzen; *(nachdrücklich):* zum Abschluss bringen.

erledigt

1. abgearbeitet, abgehetzt, abgekämpft, angeschlagen, atemlos, aufgerieben, ausgelaugt, außer Atem, entnervt, erschöpft, kraftlos, matt, mit den Nerven fertig/am Ende, müde, überanstrengt, überarbeitet, überfordert, überlastet, verbraucht, zermürbt, zerschlagen; *(ugs.):* abgejagt, abgeschlafft, alle, am Ende, down, erschlagen, erschossen, fertig, fix und fertig, fix und foxi, geschafft, gestresst, groggy, halb tot, hundemüde, k. o., kaputt, mit den Nerven runter, mitgenommen, schlapp, [wie] gerädert; *(salopp):* ausgepumpt, tot.

2. gebrochen, gescheitert, gestorben, marode, ruiniert, verloren, vernichtet, zerrüttet; *(geh.):* verfemt, verpönt; *(ugs.):* am Ende, fertig, unten durch; *(salopp):* geliefert.

erleichtern

1. bequemer/einfacher machen, entlasten, erträglicher/leichter machen, vereinfachen.

2. abnehmen, befreien, bessern, entlasten.

erleichtert

a) befreit, beruhigt, entlastet, entspannt, erlöst, gelassen, gelöst; *(ugs.):* locker, relaxed; *(salopp):* cool. **b)** froh, glücklich, heiter, munter, unbeschwert, wohlgemut; *(ugs.):* heilfroh.

erleiden

a) ausgesetzt sein, aushalten, durchhalten, durchstehen, einstecken, erdulden, sich ergeben, ertragen, sich fügen, hinnehmen, sich schicken, standhalten, über sich ergehen lassen, überstehen, verkraften, verschmerzen; *(geh.):* dulden, verwinden; *(ugs.):* durchmachen, mitmachen, schlucken, vertragen. **b)** durchleben, einstecken müssen, erfahren, erleben, zugefügt bekommen, zustoßen, zuteilwerden, sich zuziehen; *(geh.):* widerfahren; *(ugs.):* sich einhandeln, schlucken müssen.

erlernen

sich aneignen, anlesen, sich antrainieren, auswendig lernen, sich beibringen, sich einprägen, einstudieren, eintrainieren, einüben, sich einverleiben, erarbeiten, erwerben, lernen, präparieren, proben, üben, sich zu eigen machen; *(bildungsspr.):* repetieren; *(bildungsspr. veraltend):* memorieren; *(ugs.):* sich anlernen, büffeln, eintrichtern, pauken, trainieren; *(fam.):* sich auf den Hosenboden setzen.

erlesen

ausgesucht, ausgewählt, ausgezeichnet, de luxe, edel, elegant, erstklassig, exquisit, fein, hervorragend, hochwertig, kostbar, qualitätvoll, sehr gut, stilvoll, überragend, unübertrefflich, von besonderer Güte, von bester Qualität, vortrefflich, vorzüglich; *(geh.):* auserlesen; *(bildungsspr.):* delikat, exklusiv, exzellent, superb; *(ugs.):* [aller]erste Sahne; *(veraltend):* trefflich.

erleuchten

1. anleuchten, anscheinen, anstrahlen, aufhellen, ausleuchten, beleuchten, bescheinen, bestrahlen, erhellen, hell machen, scheinen; *(bildungsspr.):* illuminieren.

2. a) ans Licht befördern, aufklären, erhellen, Klarheit bringen in, mit [geistiger] Klarheit erfüllen; *(geh.):* enthüllen, entschleiern; *(bildungsspr.):* illuminieren. **b)** ein Strahlen verleihen, erhöhen; *(bildungsspr.):* romantisieren.

Erlös

Ausbeute, Einnahmen, Ertrag, Gewinn, Nettoertrag, Nettogewinn, Plus, Reingewinn, Verkaufserlös; *(oft abwertend):* Profit.

erlösen

1. befreien, freikämpfen, herausholen, retten, Rettung bringen; *(geh.):* entreißen, erretten; *(ugs.):* herausboxen, heraushauen, herauspauken, raushauen, rausholen.

2. bekommen, einnehmen, erhalten, erzielen, nehmen; *(ugs.):* an sich bringen, [ein]kassieren.

ermächtigen

befugen, berechtigen, bevollmächtigen, die Befugnis erteilen/geben, Vollmacht erteilen; *(bildungsspr.):* autorisieren, legitimieren.

ermahnen

anhalten, anmahnen, ans Herz legen, ins Gewissen reden, mahnen, zur Ordnung rufen; *(geh.):*

anempfehlen; *(bildungsspr.):* appellieren; *(ugs.):* predigen; *(veraltend):* vermahnen.

Ermäßigung

a) Herabsetzung, Reduzierung, Senkung, Verbilligung, Verringerung; *(bildungsspr.):* Reduktion. **b)** Preisnachlass, Rabatt; *(ugs.):* Prozente.

ermatten ↑ermüden.

ermessen

abschätzen, absehen, sich ausrechnen, begreifen, durchschauen, einschätzen, erfassen, erkennen, realisieren, registrieren, sehen, überblicken, überschauen, übersehen.

ermitteln

a) an den Tag/ans Licht bringen, auf die Spur kommen, ausfindig machen, ausmachen, ausmitteln, entdecken, herausbekommen, herausfinden, in Erfahrung bringen, recherchieren, zutage bringen/fördern; *(österr.):* stellig machen; *(bildungsspr.):* eruieren; *(ugs.):* rausbekommen, rausfinden, rauskriegen. **b)** ausrechnen, berechnen, bestimmen, errechnen, feststellen. **c)** ein Ermittlungsverfahren durchführen, Ermittlungen anstellen, nachforschen, Nachforschungen anstellen, recherchieren, untersuchen, Untersuchungen anstellen.

ermöglichen

arrangieren, die Gelegenheit bieten, die Möglichkeit geben, einrichten, in die Lage versetzen, möglich machen, zustande/zuwege bringen; *(ugs.):* deichseln, managen; *(salopp):* schaukeln; *(bes. südd., österr., schweiz.):* richten.

ermorden

aus dem Weg räumen, aus der Welt schaffen, beiseiteschaffen, massakrieren, morden, töten, umbringen, ums Leben bringen; *(geh.):* auslöschen; *(bildungsspr.):* eliminieren, liquidieren; *(ugs.):* um die Ecke bringen; *(salopp):* abmurksen, alle machen, ins Jenseits befördern, kaltmachen, killen, umlegen; *(verhüll.):* beseitigen; *(meist ugs. scherzh.):* den Garaus machen.

ermüden

anstrengen, auslaugen, ausmergeln, entkräften, erschlaffen, erschöpfen, kraftlos/matt machen, mitnehmen, schwächen, strapazieren, zermürben; *(geh.):* abmüden, auszehren, ermatten; *(ugs.):* abschlaffen, erledigen, fertigmachen, kaputtmachen, schaffen, schlaff/schlapp machen, schlauchen; *(salopp):* abkochen.

ermuntern

animieren, anregen, bekräftigen, bestärken, ermutigen, [gut] zureden, motivieren, Mut machen, zuraten; *(bildungsspr.):* innervieren.

ermutigen

bekräftigen, bestärken, den Rücken stärken, ermuntern, [gut] zureden, Mut machen/zusprechen, unterstützen, zuraten; *(geh.):* befeuern; *(bildungsspr. veraltend):* encouragieren.

ernähren

durchbringen, erhalten, großziehen, versorgen; *(geh.):* nähren; *(ugs.):* durchfüttern.

ernähren, sich

1. essen, zu sich nehmen; *(geh.):* eine Mahlzeit einnehmen, sich nähren.

2. existieren, leben.

ernennen

berufen, bestellen, bestimmen, einsetzen, rufen, verpflichten; *(bildungsspr.):* designieren.

erneuerbar

recycelbar, recycelfähig, regenerativ, regenerierbar, wiederherstellbar, wiederverwertbar.

erneuern

1. a) austauschen, auswechseln, erneuen, ersetzen, tauschen, wechseln; *(bildungsspr., Fachspr.):* permutieren, substituieren. **b)** aufarbeiten, auffrischen, herrichten, instand setzen, renovieren, überholen, wiederherstellen; *(schweiz.):* revidieren; *(bes. österr.):* revitalisieren; *(bildungsspr.):* restaurieren; *(ugs.):* aufmöbeln.

2. aktivieren, auffrischen, aufleben lassen, erneuen, erwecken, in Gang bringen, mit Leben erfüllen, [neu/wieder] beleben, neue Anstöße/Impulse geben, wiederherstellen, zum Leben erwecken; *(bildungsspr.):* regenerieren.

erneut

abermalig, abermals, aufs Neue, ein weiteres Mal, neuerlich, noch einmal, nochmalig, nochmals, von Neuem, wiederholt, wiederum.

ernst

1. bitterernst, ernsthaft, feierlich, herb, seriös; *(emotional verstärkend):* todernst.

2. bedeutsam, bedeutungsvoll, dringlich, eindringlich, entschieden, ernsthaft, ernstlich, gewichtig, wichtig.

3. aufrichtig, echt, ehrlich, seriös; *(geh.):* lauter.

4. bedenklich, bedrohlich, besorgniserregend, beunruhigend, gefährlich, kritisch; *(bildungsspr.):* gravierend.

Ernst

1. a) Ernsthaftigkeit, Feierlichkeit; *(geh.):* Seriosität, Weihe. **b)** aufrichtige/ehrliche Meinung, ernster Wille.

2. a) Realität, Wirklichkeit. **b)** Bedrohlichkeit, Gefährlichkeit.

ernstlich

1. ausdrücklich, deutlich, dringend, dringlich, eindringlich, eingehend, energisch, entschieden, ernst, ernsthaft, in aller Deutlichkeit, in-

ständig, intensiv, mit aller Deutlichkeit, mit Nachdruck, nachdrücklich, ultimativ, unmissverständlich; *(bildungsspr.):* dezidiert, emphatisch; *(bildungsspr., Fachspr.):* explizit.
2. allen Ernstes, aufrichtig, echt, ehrlich, einlinig, ernst [gemeint], ernsthaft, im Ernst, seriös, von [ganzem] Herzen, von Herzen kommend; *(geh.):* aus tiefstem Herzen, lauter, wahr.
3. bedrohlich, bösartig, böse, ernst, ernsthaft, gefährlich; *(bildungsspr.):* gravierend.

ernten
bekommen, einstecken, erhalten, erleiden, finden; *(geh.):* bedacht werden, zuteilwerden; *(ugs.):* sich einfangen, sich einhandeln, kriegen.

erobern
1. besetzen, Besitz ergreifen, einnehmen, erstürmen, in Besitz nehmen, okkupieren; *(bildungsspr.):* annektieren; *(ugs.):* kapern.
2. bekommen, erfechten, erkämpfen, erlangen, erringen, gewinnen, kommen, sich verschaffen; *(ugs.):* ergattern, kriegen.

eröffnen
1. in Betrieb nehmen, starten, zugänglich machen; *(ugs.):* aufmachen, aus der Taufe heben.
2. aufbrechen, einrichten, freilegen, öffnen; *(ugs.):* aufmachen.
3. anfangen, beginnen, einleiten, in Gang bringen/setzen, starten.
4. anvertrauen, bekannt geben, darlegen, einweihen, enthüllen, gestehen, informieren, mit der Sprache herausrücken, mitteilen, unterrichten, wissen lassen; *(geh.):* offenbaren, unterbreiten, verkünden; *(ugs.):* Farbe bekennen; *(nachdrücklich):* in Kenntnis/ins Bild setzen.

erörtern
abhandeln, behandeln, beleuchten, bereden, besprechen, betrachten, debattieren, diskutieren, durchgehen, durchsprechen, verhandeln; *(abwertend):* sich ausbreiten.

Erörterung
Behandlung, Besprechung, Betrachtung, Debatte, Diskussion, Gespräch, Untersuchung, Verhandlung; *(bildungsspr.):* Diskurs.

erotisch
a) anziehend, attraktiv, aufregend, aufreizend, bezaubernd, charmant, erotisierend, fesselnd, genussfreudig, körperlich, mit Sex-Appeal, reizvoll, sinnenhaft, sinnlich, verführerisch; *(geh.):* berückend, betörend, faunisch, wollüstig; *(bildungsspr.):* lasziv; *(ugs.):* antörnend, sexy. **b)** geschlechtlich, sexuell; *(geh.):* fleischlich.

erpressen
bedrängen, bedrohen, Druck ausüben, fordern, Gewalt antun, knebeln, nötigen, unter Druck setzen, zusetzen, zwingen; *(ugs.):* die Pistole auf die Brust setzen; *(abwertend):* drangsalieren.

erproben
abchecken, auf die Probe stellen, ausprobieren, die Probe aufs Exempel machen, durchsehen, einem Test unterziehen, einen Versuch starten, einer Prüfung unterwerfen/unterziehen, einsehen, Probe fahren/sitzen/laufen, probieren, prüfen, testen, überprüfen, untersuchen, versuchen; *(ugs.):* auf den Zahn fühlen, auf Herz und Nieren prüfen, herumdoktern, herumprobieren, tüfteln, unter die Lupe nehmen.

erraten
an den Tag/ans Licht bringen, aufdecken, aufklären, auflösen, ausfindig machen, durchschauen, enträtseln, entschlüsseln, erkennen, herausfinden, klären, knacken, raten, verstehen; *(geh.):* auflichten, enthüllen, entschleiern, entwirren; *(bildungsspr.):* eruieren; *(ugs.):* dahinterkommen, herausbekommen, [he]rauskriegen, rausfinden.

errechnen
abschätzen, ausrechnen, bemessen, berechnen, Berechnungen anstellen, durchrechnen, einen Überschlag machen, ermitteln, herausbekommen, lösen, rechnen, taxieren, überschlagen.

erregen
1. aufregen, aufreizen, aufwühlen, beunruhigen, empören, enervieren, entnerven, in Aufregung/Erregung/Unruhe versetzen, nervös machen, zu schaffen machen; *(bildungsspr.):* echauffieren; *(ugs.):* an die Nieren gehen.
2. auslösen, bedingen, bewirken, entfesseln, entflammen, entstehen lassen, ergreifen, erwecken, erzeugen, heraufbeschwören, herbeiführen, hervorbringen, hervorrufen, mit sich bringen, nach sich ziehen, säen, schaffen, schüren, sorgen für, veranlassen, verschulden, verursachen, wachrufen, zum Ausbruch bringen, zur Folge haben; *(geh.):* anfachen, aufrühren, entfachen, zeitigen; *(bildungsspr.):* provozieren; *(ugs.):* anheizen, ins Rollen bringen; *(abwertend):* aufputschen; *(Fachspr.):* induzieren.

Erreger
Krankheitserreger, Krankheitskeim, Virus; *(ugs.):* Bazille.

Erregung
a) Ärger, Aufgebrachtheit, Aufregung, Empörung, Entrüstung, Erbitterung, Verärgerung, Wut, Zorn; *(geh.):* Erzürnung, Furor, Unwille; *(ugs.):* Rage; *(salopp):* Stinkwut. **b)** Angespanntheit, Anspannung, Aufgeregtheit, Aufregung, Erregtheit, Nervosität, Rastlosigkeit, Ruhelosigkeit, Überreizung, Überschwang, Unruhe; *(geh.):*

Unstetigkeit; *(ugs.):* Zappeligkeit. **c)** Affekt, Aufgeregtheit, Begeisterung, Ekstase, Erregtheit, Feuer, Fieber, Hochstimmung, Leidenschaft, Lust, Passion, Rausch, Taumel, Überschwang, Überspanntheit, Verzückung, Wallung; *(geh.):* Aufwallung, Glut; *(bildungsspr., Fachspr.):* Emotion.

erreichbar

1. dicht, in nächster Nähe, nächstgelegen, nahe, nahebei, nebenan, nicht weit, zugänglich; *(ugs.):* nur ein Katzensprung, um die Ecke.
2. am Platz, an Ort und Stelle, anwesend, da, gegenwärtig, greifbar, zu erreichen, zugegen, zur Stelle, zu sprechen; *(bildungsspr.):* präsent.
3. ausführbar, durchführbar, machbar, möglich, nicht ausgeschlossen, realisierbar, umsetzbar, zu machen, zu verwirklichen.

erreichen

1. gelangen, herankommen, heranreichen, sich nähern; *(ugs.):* rankommen, ranreichen.
2. ankommen, sich einfinden, einmarschieren, einrücken, sich einschleichen, einsteigen, eintreffen, einziehen, hereinkommen, [hinein]gelangen, hinkommen, sich Zutritt verschaffen.
3. ausrichten, bewältigen, bewirken, durchsetzen, Erfolg haben, erkämpfen, erlangen, erringen, erwirken, erzielen, fertigbringen, schaffen, verwirklichen, zum Durchbruch verhelfen/bringen, zustande/zuwege bringen; *(schweiz.):* bodigen; *(geh.):* ertrotzen, vermögen, vollbringen, zu Ende führen, zustande bringen, zuwege bringen; *(bildungsspr.):* realisieren; *(ugs.):* auf die Reihe bringen/kriegen, deichseln, durchbekommen, herausschlagen, hinbekommen, hinkriegen, managen, packen, schmeißen; *(salopp):* schaukeln; *(südd., österr.):* aufstecken.

errichten

1. aufbauen, aufrichten, aufschlagen, aufstellen, erbauen, hinstellen, zusammenbauen, zusammensetzen; *(geh.):* aufführen, zusammenfügen; *(Jargon):* hochziehen.
2. anlegen, aufbauen, auf die Beine stellen, begründen, bilden, das Fundament legen, einrichten, eröffnen, etablieren, formen, gestalten, gründen, hervorbringen, ins Leben rufen, installieren, organisieren, schaffen, stiften; *(geh.):* erschaffen; *(bildungsspr.):* institutionalisieren, konstituieren; *(ugs.):* aus der Taufe heben.

erringen

erarbeiten, erfechten, erkämpfen, erlangen, erreichen, erwirken, erzielen, erzwingen, fertigbringen, gewinnen; *(geh.):* erstreiten, ertrotzen; *(ugs.):* ergattern, herausholen, herausschlagen.

Ersatz

a) Ersatzmittel, [Not]behelf; *(bildungsspr.):* Äquivalent, Substitut, Surrogat. **b)** Abfindung, Abgeltung, Ausgleich, Entschädigung, Entsprechung, Erstattung, Gegenleistung, Gegenwert, Wiedergutmachung; *(geh.):* Genugtuung; *(bildungsspr.):* Äquivalent; *(ugs.):* Abstand; *(scherzh.):* Trostpflaster. **c)** *(Sport):* Reserve.

erschaffen

begründen, einrichten, entstehen lassen, entwerfen, entwickeln, erarbeiten, erdenken, eröffnen, erzeugen, gründen, hervorbringen, ins Leben rufen, konstruieren, konzipieren, schaffen, skizzieren, stiften; *(ugs.):* in die Welt setzen; *(geh.):* niederlegen; *(bildungsspr.):* kreieren.

erscheinen

1. sich abzeichnen, aufsteigen, auftauchen, auftreten, sich erheben, erkennbar werden, hervorkommen, in Erscheinung treten, sich präsentieren, sichtbar/wahrnehmbar werden, sich zeigen, zum Ausdruck/Vorschein kommen, zutage treten; *(geh.):* sich bekunden, sich darbieten; *(bildungsspr.):* sich dokumentieren, sich manifestieren.
2. aufgelegt/ediert/gedruckt werden, gedruckt vorliegen, herausgebracht werden, herausgegeben/publiziert werden, in den Buchhandel kommen, verlegt/veröffentlicht werden.
3. anmuten, aussehen, daherkommen, sich darstellen, den Anschein erwecken/haben, den Eindruck erwecken/machen, sich erweisen, sich gebärden, sich geben, sich herausstellen, sich präsentieren, scheinen, vorkommen, wirken, sich zeigen; *(geh.):* sich darbieten.

BSP Diese These mutet höchst merkwürdig an. Es wird sich im Laufe meines Vortrags herausstellen, ob sie damit recht hat.

Erscheinung

1. Abzeichnung, Andeutung, Anzeichen, Äußerung, Begebenheit, Besonderheit, Eigenheit, Ereignis, Kennzeichen, Merkmal, Vorfall, Vorgang, Vorkommnis; *(geh.):* Geschehen, Geschehnis; *(bildungsspr.):* Phänomen, Symptom.
2. Anblick, Aussehen, Äußeres, Erscheinungsbild, Figur, Gesicht, Gesichtsausdruck, Gestalt, Haltung, Körperbau, Körperform, Statur.

¹erschlagen

den Schädel einschlagen, ermorden, totschlagen; *(salopp):* abmurksen, kaltmachen; *(verhüll.):* beseitigen.

²erschlagen

1. aus der Fassung, außer sich, bestürzt, entgeistert, entsetzt, erschreckt/erschrocken, erschüt-

tert, fassungslos, schockiert; *(bildungsspr.):* konsterniert; *(ugs.):* verdattert.
2. ↑erschöpft (2).

erschließen
1. a) besiedeln, bevölkern, kultivieren, nutzbar machen, urbanisieren, urbar machen, zugänglich machen; *(schweiz.):* urbarisieren. **b)** auftun, heranziehen, sich zunutze machen.
2. ableiten, entwickeln, ermitteln, folgern, herausbekommen, herausfinden, herleiten, schließen, schlussfolgern; *(bildungsspr.):* eruieren; *(ugs.):* [he]rauskriegen.

erschöpfend
a) ausführlich, breit, des Langen [und Breiten], eingehend, gründlich, in allen Einzelheiten, in aller Ausführlichkeit, langatmig, lang und breit, weitläufig, weitschweifig, wortreich; *(schweiz.):* einlässlich, langfädig; *(bildungsspr.):* bis ins Detail, detailliert, in extenso, minutiös; *(ugs.):* langstielig. **b)** anstrengend, auslaugend, beschwerlich, ermattend, ermüdend, hart, kräftezehrend, mühevoll, mühsam, mühselig, sauer, schwer, strapaziös, zermürbend; *(ugs.):* schlauchend, stressig; *(bes. südd. u. schweiz.):* streng; *(scherzh.):* schweißtreibend.

erschöpft
1. aufgebraucht, ausgegangen, leer, nicht mehr verfügbar, versandet, zu Ende; *(geh.):* aufgezehrt, versiegt; *(ugs.):* alle.
2. abgearbeitet, abgekämpft, abgespannt, atemlos, ausgebrannt, ausgelaugt, außer Atem, entkräftet, kraftlos, matt, müde, ruhebedürftig, zermürbt, zerschlagen; *(geh.):* aufgezehrt; *(ugs.):* abgeschlafft, alle, am Ende, down, erledigt, [fix und] fertig, geschafft, k. o., kaputt, mitgenommen, schlaff, schlapp, [wie] gerädert; *(salopp):* ausgepumpt; *(fam.):* schachmatt; *(emotional verstärkend):* todmüde.

[1]erschrecken
Angst bekommen, einen Schreck bekommen, erzittern, in Panik geraten, zusammenfahren, zusammenzucken; *(geh.):* erschaudern; *(ugs.):* einen Schreck kriegen.

[2]erschrecken
Angst einflößen/einjagen, ängstigen, einen Schreck einjagen, einschüchtern, Furcht einflößen/einjagen, in Angst und Schrecken versetzen, in Panik versetzen, schockieren; *(geh.):* schrecken; *(ugs.):* schocken; *(veraltend):* beängstigen.

erschüttern
1. durchrütteln, erzittern/vibrieren lassen; *(geh.):* erbeben lassen.
2. aufrütteln, aufwühlen, aus der Fassung bringen, berühren, bewegen, bis ins Mark treffen, einen Schock versetzen/geben, ergreifen, erregen, erschrecken, im Innersten bewegen, nahegehen, nicht gleichgültig lassen, niederschmettern, rühren, schockieren, treffen, zu Herzen gehen; *(geh.):* anrühren, betreffen, durchtoben, niederwerfen; *(bildungsspr.):* konsternieren; *(dichter.):* durchschütteln; *(ugs.):* an die Nieren/unter die Haut gehen, schocken, umwerfen; *(salopp):* hinhauen, umhauen.

Erschütterung
1. a) Beben, Stoß, Vibration, Zittern, Zucken. **b)** [Erd]beben, Erdstoß.
2. Bestürzung, Betroffenheit, Bewegtheit, Bewegung, Ergriffenheit, Erregung, Erschrockenheit, Fassungslosigkeit, Schock, Schreck[en]; *(bildungsspr.):* Konsternation.

erschweren
aufhalten, beeinträchtigen, beengen, behindern, belasten, belästigen, beschränken, blockieren, boykottieren, die Hände binden, ein Handicap sein, entgegenarbeiten, sich entgegenstellen, hemmen, hinderlich sein, hindern, Hindernisse in den Weg legen, im Weg sein/stehen, komplizieren, lähmen, lahmlegen, mühevoll/schwierig machen, negative Wirkung ausüben, Steine in den Weg legen, stören, unterdrücken, verkomplizieren, verzögern; *(bildungsspr.):* obstruieren; *(ugs.):* einen Klotz ans Bein binden, [einen] Knüppel zwischen die Beine werfen, in die Quere kommen.

erschwerend
beeinträchtigend, behindernd, belastend, hemmend, hinderlich, lästig, Nachteile bringend, nachteilig, negativ, schädlich, schlecht, schlimm, störend, unbequem, ungelegen, ungünstig, unvorteilhaft, widrig, zeitraubend.

erschwinglich
bezahlbar, erschwingbar, nicht teuer, [preis]günstig, preiswert; *(ugs.):* [fast/halb] geschenkt, spottbillig; *(veraltend):* wohlfeil.

GGS aufwendig, kostspielig, überteuert.

ersetzen
1. a) austauschen, auswechseln, einen Austausch/Wechsel vornehmen, erneuen, erneuern, [ver]tauschen, wechseln; *(bildungsspr.):* substituieren; *(bildungsspr., Fachspr.):* permutieren. **b)** [als Ersatz] einspringen, vertreten.
2. ausgleichen, bezahlen, entschädigen, Ersatz leisten, erstatten, wiedergutmachen, zurückzahlen; *(geh.):* begleichen; *(ugs.):* wettmachen.

ersichtlich
augenfällig, bemerkbar, erkennbar, fassbar,

fühlbar, klar, merklich, nachvollziehbar, offenkundig, offensichtlich, plausibel, sichtbar, sichtlich, spürbar, unübersehbar, verständlich, wahrnehmbar; *(geh.):* augenscheinlich; *(bildungsspr.):* evident, flagrant, manifest.

GGS delphisch, diffus, fraglich, ungewiss.

ersparen
1. ansparen, auf die Seite legen, beiseitelegen, sparen, zurücklegen; *(schweiz.):* erhausen; *(ugs.):* auf die hohe Kante legen.
2. abhalten, abwehren, abwenden, behüten, beschützen, bewahren, fernhalten, nicht behelligen, nicht herankommen lassen, nicht zulassen, schenken, verschonen.

ersparen, sich
absehen, aus dem Weg gehen, ausklammern, auslassen, aussparen, ausweichen, beiseitelassen, beiseiteschieben, flüchten, lassen, nicht [mit]machen, sich nicht stellen, nicht teilnehmen, sich schenken, scheuen, umgehen, unterlassen, vermeiden, zu entgehen/zu umgehen suchen; *(geh.):* Abstand nehmen, [ent]fliehen, sich entziehen, meiden, nicht nachkommen; *(ugs.):* bleiben lassen, sein lassen, unter den Tisch fallen lassen, sich verkneifen.

Ersparnis
1. Bankguthaben, Erspartes, Notgroschen, Notpfennig, Polster, Rücklage, Sparaufkommen, Sparbetrag, Spareinlage, Spargeld, Sparguthaben, Sparsumme; *(schweiz.):* Sparbatzen; *(ugs.):* eiserne/stille Reserve, Spargroschen.
2. Einsparung.

erst
1. a) als Erstes, an erster Stelle, zuerst, zunächst. **b)** am Anfang, anfangs, eingangs, in der ersten Zeit, ursprünglich, zu Anfang/Beginn, zuerst, zunächst; *(schweiz.):* vorerst; *(bildungsspr.):* initial, primär; *(emotional verstärkend):* zuallererst; *(veraltend):* im Anfang.
2. a) nicht eher/früher als. **b)** [bislang] nur, gerade [einmal], nicht mehr als.

erstatten
abgelten, bezahlen, entschädigen, ersetzen, [rück]vergüten, wettmachen, wiedergutmachen, zurückzahlen; *(geh.):* begleichen.

erstaunen
1. in Staunen/Verwunderung versetzen, irritieren, sprachlos machen, überraschen, verblüffen, verdutzen, [ver]wundern; *(ugs.):* jmdm. die Schuhe ausziehen; *(salopp):* umhauen.
2. in Staunen/Verwunderung geraten, verblüfft/verdutzt sein, sich [ver]wundern; *(ugs.):* große Augen machen; *(salopp):* baff sein.

erstaunlich
1. absonderlich, befremdend, bizarr, eigentümlich, eigenwillig, exotisch, merkwürdig, seltsam, sonderbar, ungewöhnlich, verblüffend, wunderlich; *(geh.):* befremdlich; *(bildungsspr.):* kurios, skurril; *(ugs.):* ulkig, verrückt.
2. a) ansehnlich, beachtlich, beträchtlich, enorm, erheblich, gehörig, gewaltig, immens, stattlich, ungeheuer, ungemein, üppig; *(ugs.):* unglaublich; *(oft emotional):* riesig. **b)** ↑sehr.

erstaunt
entgeistert, fassungslos, sprachlos, überrascht, verblüfft, verdutzt, verwundert; *(ugs.):* perplex, platt, von den Socken; *(salopp):* baff, geplättet.

erste

fürs Erste
bis auf Weiteres, erst einmal, kurzzeitig, momentan, nicht endgültig, nicht von Dauer, provisorisch, vorerst, vorläufig, vorübergehend, zeitweilig, zunächst [einmal]; *(geh.):* einstweilen; *(bildungsspr.):* ad interim, Interims-, temporär; *(ugs.):* erst mal, zunächst mal.

erstellen
1. aufbauen, aufrichten, erbauen, errichten; *(geh.):* aufführen; *(ugs.):* hinstellen; *(Jargon):* hochziehen.
2. anfertigen, ausarbeiten, formulieren, schreiben, verfassen, verfertigen.

ersticken
1. sterben, umkommen, untergehen, zugrunde gehen.
2. a) abwürgen, die Kehle abschnüren/zudrücken, erdrosseln, erwürgen, strangulieren. **b)** abwehren, beseitigen, bezwingen, nicht aufkommen lassen, nicht zulassen, niederhalten, niederschlagen, unmöglich machen, unterdrücken, zurückhalten; *(ugs.):* nicht hochkommen lassen.

erstklassig
ausgesucht, ausgewählt, ausgezeichnet, de luxe, exquisit, fein, hervorragend, hochwertig, kostbar, qualitätvoll, sehr gut, überragend, unübertrefflich, vortrefflich, vorzüglich; *(geh.):* [aus]erlesen; *(bildungsspr.):* delikat, exklusiv, exzellent, superb; *(ugs.):* [aller]erste Sahne, extrafein, hochkarätig; *(veraltend):* trefflich.

erstmals
das erste Mal, erstmalig, zum ersten Mal.

erstreben
abzielen auf, anvisieren, anzielen, ausgehen, aus sein auf, beabsichtigen, sich bemühen um, es abgesehen haben auf, haben wollen, hinsteuern, hinzielen, intendieren, streben nach, vorhaben,

zielen, zu erlangen/erreichen/verwirklichen suchen, zum Ziel haben; *(geh.):* anstreben, eifern, sinnen, trachten; *(ugs.):* hinauswollen auf.

erstrebenswert
begehrenswert, wünschenswert.

erstrecken, sich
a) sich ausbreiten, sich ausdehnen, durchziehen, sich entlangziehen, gehen bis, sich hinziehen, reichen, verlaufen; *(geh.):* sich spannen. **b)** andauern, anhalten, sich ausdehnen, dauern, gehen, sich hinziehen. **c)** betreffen, einbeziehen, einschließen, umfassen.

ersuchen
anhalten, anrufen, auffordern, bitten; *(geh.):* [sich] erbitten.

Ersuchen
Anliegen, Ansuchen, Antrag, Aufforderung, Bitte, [Bitt]gesuch, Wunsch.

erteilen
geben, zukommen lassen; *(geh.):* zuteilwerden lassen.

Ertrag
1. Ausbeute, Ernte[ergebnis], Gewinn, Nutzen.
2. Einnahme, Erlös, finanzieller Nutzen, Gewinn, Plus, Verdienst; *(oft abwertend):* Profit.

ertragen
auf sich nehmen, aushalten, bewältigen, durchhalten, durchstehen, erdulden, sich ergeben, erleiden, fertigwerden mit, hinnehmen, sich schicken, standhalten, tragen, über sich ergehen lassen, überstehen, verkraften, verschmerzen; *(geh.):* dulden, verwinden; *(ugs.):* durchmachen, mitmachen, schlucken, vertragen, wegatmen.

erträglich
annehmbar, auskömmlich, ausreichend, befriedigend, brauchbar, durchschnittlich, einigermaßen, hinlänglich, hinreichend, leidlich, passabel, tauglich, zufriedenstellend; *(bildungsspr.):* akzeptabel, medioker; *(ugs.):* mittel[gut]; *(ugs. scherzh.):* durchwachsen, manierlich.

ertragreich
dankbar, einbringlich, einträglich, erfolgreich, ergiebig, fett, fruchtbar, gewinnbringend, günstig, lohnend, nutzbringend, nützlich, produktiv, profitabel, rentabel, rentierlich, wirtschaftsstark; *(geh.):* ersprießlich; *(bildungsspr.):* lukrativ; *(oft abwertend):* Profit bringend.

erträumen
a) begehren, erhoffen, erwarten, [herbei]wünschen, wollen; *(geh.):* ersehnen. **b)** ausdenken, sich ausmalen, entwerfen, erdenken, erfinden, sich etwas einfallen lassen, fantasieren, sich überlegen, sich vorstellen, sich zurechtlegen; *(geh.):* erdichten, ersinnen; *(bildungsspr.):* imaginieren; *(abwertend):* konstruieren.

ertrinken
im Wasser umkommen, untergehen; *(geh.):* in den Fluten umkommen; *(geh. verhüll.):* auf See bleiben; *(salopp):* absaufen, ersaufen.

erübrigen, sich
ausfallen, entfallen, hinfällig werden, nicht mehr nötig sein, überflüssig sein, wegfallen.

eruieren
an den Tag/ans Licht bringen, aufdecken, aufklären, ermitteln, feststellen, finden, herausbekommen, herausfinden, in Erfahrung bringen, klären; *(ugs.):* auftun, dahinterkommen, [he]rauskriegen; *(Fachspr.):* detektieren.

erwachen
a) aufwachen, die Augen aufmachen/aufschlagen/öffnen, munter/wach werden, zu sich kommen. **b)** aufflammen, aufkeimen, aufkommen, aufleben, auflodern, aufsteigen, auftauchen, aufwachen, sich ausbilden, sich entfalten, entstehen, sich entwickeln, sich formen, heraufkommen, sich herausbilden, hochsteigen, wach werden, zutage treten/kommen; *(geh.):* sich entspinnen, sich regen; *(ugs.):* hochkommen.

[1]erwachsen
sich ausbilden, sich bilden, sich entfalten, entstehen, sich entwickeln, sich ergeben, sich formen, sich herausbilden, hervorgehen aus.

[2]erwachsen
ausgewachsen, groß, mündig, reif, selbstständig, vernünftig, voll entwickelt, volljährig.

erwägen
abwägen, bedenken, durchdenken, sich durch den Kopf gehen lassen, in Betracht/Erwägung ziehen, mit dem Gedanken spielen, mit sich Rat halten/zurate gehen, nachdenken über, überdenken, überlegen, überschlafen; *(geh.):* wägen.

erwähnen
anbringen, andeuten, anführen, anklingen lassen, anmerken, anreißen, anschneiden, ansprechen, beiläufig nennen, berühren, einflechten, einfließen lassen, kurz sprechen von, streifen, vorbringen, zur Sprache bringen; *(geh.):* ins Feld/Treffen führen; *(ugs.):* aufs Tapet bringen.

BSP Gut, dass du dieses Thema anschneidest. Im Laufe des Referats werden wir auch die Schwierigkeiten ansprechen. Sie hat diese Frage, dieses Problem [in ihrem Vortrag] nur gestreift.

---

erwärmen
begeistern, einnehmen, gewinnen, mit Begeisterung erfüllen, mitreißen, motivieren; *(geh.)*: entflammen; *(bildungsspr.)*: enthusiasmieren.

erwärmen, sich
angetan sein, sich begeistern für, begeistert sein, eine Vorliebe haben, eingenommen sein, etwas übrighaben, Gefallen finden an, schwärmen, sympathisch finden; *(ugs.)*: stehen auf.

erwarten
1. entgegensehen, herbeisehnen, herbeiwünschen, warten auf.
2. a) absehen, auf sich zukommen sehen, ausgehen von, sich ausrechnen, sich denken, für wahrscheinlich halten, kommen sehen, prophezeien, rechnen mit, vermuten, vorausahnen, voraussagen, voraussehen, vorhersagen, vorhersehen; *(ugs.)*: sich an den [fünf, zehn] Fingern abzählen; [sich] zusammenreimen; *(Fachspr.)*: prognostizieren.

BSP Man sollte mit dem Schlimmsten rechnen. Ich wage deshalb zu prognostizieren, dass…

b) bauen auf, sich erhoffen, hoffen/setzen/spekulieren auf, sich versprechen von, vertrauen auf, sich vorstellen, sich wünschen, zählen auf; *(geh.)*: die Hoffnung hegen.

BSP Ich erhoffe mir davon große Vorteile. Ich hatte mir von dem Buch mehr versprochen.

Erwartung
Annahme, Aussicht, Glaube, Hoffnung, Optimismus, Vermutung, Vertrauen, Zukunftsglaube, Zuversicht[lichkeit].

erweisen
1. bestätigen, sich bewahrheiten, beweisen, nachweisen, rechtfertigen, verraten, zeigen; *(schweiz.)*: weisen; *(geh.)*: erzeigen.

BSP Das zeigt dieses Beispiel besonders gut.

2. antun, entgegenbringen, gewähren, leisten, zukommen lassen; *(geh.)*: bekunden, bezeigen, erzeigen, zuteilwerden lassen; *(geh. od. iron.)*: angedeihen lassen.

erweisen, sich
sich als wahr/richtig/zutreffend herausstellen, sich ausweisen, sich bestätigen, sich bewahrheiten, sich entpuppen, sich herausschälen, sich verraten, sich zeigen; *(geh.)*: sich erzeigen.

erweitern
anbauen, aufstocken, ausbauen, ausdehnen, ausgestalten, ausweiten, bereichern, ergänzen, hinzufügen, hinzutun, verbreitern, vergrößern, vermehren, verstärken, weitern.

Erwerb
1. Arbeit, Berufstätigkeit, Beschäftigung, Erwerbstätigkeit, Gelderwerb, Job, Tätigkeit.
2. Aneignung, Lernen.
3. Ankauf, Anschaffung, Aufkauf, Besorgung, Bezug, Einkauf, Erstehung, Erwerbung, Kauf, Neuanschaffung, Neuerwerb, Neuerwerbung; *(ugs. scherzh.)*: Errungenschaft.

erwerben
1. a) sich aneignen, bekommen, beschaffen, einnehmen, erarbeiten, erhalten, erjagen, erlangen, erreichen, erringen, erwirken, erzielen, gelangen zu, gewinnen, in Besitz bringen, verdienen, sich verschaffen; *(ugs.)*: absahnen, an sich bringen, einheimsen, einkassieren, ergattern, erwischen, herausschlagen, kommen zu, kriegen; *(veraltend)*: erlösen. **b)** sich angewöhnen, erarbeiten, erlernen, lernen, studieren, sich zu eigen machen; *(ugs.)*: sich anlernen.
2. abhandeln, abkaufen, abnehmen, abtauschen, akquirieren, ankaufen, anschaffen, aufkaufen, besorgen, einhandeln, einkaufen, erhandeln, erstehen, ersteigern, hamstern, kaufen, lösen, steigern, sich versorgen, zugreifen; *(ugs.)*: sich leisten, mitnehmen, sich zulegen.

erwerbsfähig
arbeitsfähig, dienstfähig.

erwerbslos
arbeitslos, beschäftigungslos, brotlos, ohne Anstellung/Arbeit, ohne Beschäftigung/Stellung, unbeschäftigt; *(ugs.)*: auf der Straße.

erwidern
1. antworten, beantworten, dagegenhalten, dagegensetzen, einwenden, einwerfen, entgegenhalten, entgegnen, kontern, versetzen, [zur] Antwort geben, zurückgeben, zurückschreiben.
2. heimzahlen, reagieren; *(geh.)*: begegnen.

Erwiderung
Antwort, Beantwortung, Einwand, Einwurf, Entgegnung, Gegenbemerkung, Reaktion; *(geh.)*: Gegenrede; *(ugs.)*: Konter.

erwünscht
angebracht, angenehm, begehrt, beliebt, erfreulich, erstrebenswert, gefragt, gelegen, gern gesehen, geschätzt, gesucht, gewollt, gewünscht, lieb, passend, recht, richtig, willkommen, wünschenswert; *(schweiz.)*: gefreut; *(geh.)*: genehm.

erzählen
a) sich ausbreiten, ausholen, sich auslassen, ausmalen, ausplaudern, beschreiben, darlegen, darstellen, fabeln, fabulieren, nachzeichnen, plaudern, schildern, schwadronieren, sprechen, sich verbreiten, vorschwärmen, vortragen, zum Besten geben; *(geh.)*: entfalten; *(salopp)*: sich aus-

quatschen, quatschen; *(abwertend):* ausschwatzen, herumtragen, schwatzen; *(nordd.):* klönen; *(bes. südd.):* schwätzen.

BSP Die Erlebnisse werden im Buch [anschaulich] beschrieben. Wir sollen die Handlung des Stückes nachzeichnen. Sie schilderte den Vorgang / ihre Erlebnisse mit bewegten Worten.

b) ausführen, berichten, Bericht erstatten, erklären, informieren, melden, reden, referieren, skizzieren, sprechen, unterrichten, vortragen, wiedergeben; *(geh.):* unterbreiten. **c)** anvertrauen, hinterbringen, mitteilen, nennen, sagen, verraten, zutragen; *(geh.):* preisgeben.

Erzähler, Erzählerin

1. Autor, Autorin, Dichter, Dichterin, Epiker, Epikerin, Literat, Literatin, Prosaschriftsteller, Prosaschriftstellerin; *(bildungsspr.):* Fabulant, Fabulantin, Prosaist, Prosaistin; *(abwertend):* Schreiberling; *(oft abwertend):* Schreiber, Schreiberin; *(veraltend):* Prosaiker, Prosaikerin.
2. *(Literaturwiss.):* Narrator, Narratorin.

Erzählung

1. Ausführung[en], Bericht, Beschreibung, Darbietung, Darlegung, Darstellung, Mitteilung, Schilderung.
2. Geschichte, Legende; *(ugs.):* Story.

erzeugen

1. anrichten, auslösen, bedingen, bewirken, erregen, erwecken, herbeiführen, hervorbringen, hervorrufen, nach sich ziehen, schaffen, verursachen, wachrufen, wecken, zur Folge haben, zustande bringen; *(geh.):* zeitigen; *(bildungsspr.):* effizieren, provozieren; *(ugs.):* ins Rollen bringen; *(Fachspr.):* induzieren.
2. anfertigen, auswerfen, bilden, entwickeln, fertigen, herstellen, hervorbringen, liefern, machen, produzieren, schaffen, verfertigen; *(geh.):* erschaffen; *(bildungsspr.):* generieren.

Erzeugnis

Arbeit, Artikel, Fabrikat, Handelsgut, Produkt, Produktion, Realisat, Werk; *(geh.):* Schöpfung; *(abwertend):* Machwerk; *(Fachspr.):* Ware.

erziehen

a) angewöhnen, anhalten zu, aufziehen, bilden, formen, großziehen, prägen; *(abwertend):* dressieren. **b)** anleiten, ausbilden, befähigen, beibringen, belehren, drillen, lehren, schulen, unterrichten; *(geh.):* unterweisen.

Erziehung

1. Ausbildung, Belehrung, Bildung, Drill, Formung, Schulung, Unterricht, Unterweisung; *(abwertend):* Dressur; *(veraltend):* Zucht.
2. Anstand, Benehmen, Betragen, Kinderstube, Manieren, Schliff, Sitten, Umgangsformen; *(ugs.):* Benimm.

erzielen

ausrichten, bewältigen, bewirken, durchfechten, durchkämpfen, durchsetzen, erkämpfen, erlangen, erreichen, erringen, erwirken, erwirtschaften, fertigbekommen, fertigbringen, leisten, schaffen, verdienen, verwirklichen, zustande/zuwege bringen; *(geh.):* ertrotzen, vermögen, vollbringen; *(bildungsspr.):* realisieren; *(ugs.):* deichseln, durchbekommen, durchboxen, durchdrücken, durchpauken, einfahren, fertigkriegen, herausholen, herausschlagen, hinbekommen, hinkriegen, packen; *(südd., österr.):* aufstecken.

eskalieren

1. erhöhen, intensivieren, radikalisieren, schüren, steigern, vermehren, verschärfen, verstärken, zuspitzen; *(ugs.):* anheizen.
2. anschwellen, ansteigen, anwachsen, sich ausweiten, sich erhöhen, größer/heftiger werden, sich radikalisieren, schärfer/stärker werden, sich steigern, sich vergrößern, sich vermehren, sich verschärfen, sich verschlechtern, sich verschlimmern, sich verstärken, zunehmen, sich zuspitzen; *(geh.):* sich auswachsen.

essbar

bekömmlich, genießbar, ungiftig, verträglich, verzehrbar.

GGS giftig, schädlich, toxisch, verdorben.

essen

sich bedienen, den Hunger stillen, sich ernähren, genießen, sich gütlich tun, herfallen, knabbern, konsumieren, löffeln, naschen, prassen, schlemmen, schlingen, seinen Hunger stillen, sich stärken, zugreifen, zu sich nehmen, zu Tisch sein/sitzen; *(geh.):* beim Mahl sitzen, [ein]nehmen, sich laben, speisen, tafeln, verspeisen, zusprechen; *(geh. od. Fachspr.):* verzehren; *(ugs.):* futtern, verdrücken, verputzen, sich vollstopfen, zulangen; *(salopp):* sich [den Bauch/Wanst] vollschlagen, mampfen, [ordentlich] reinhauen, sich vollfressen; *(fam.):* schnabulieren, spachteln; *(scherzh.):* sich einverleiben; *(ugs. scherzh.):* vertilgen; *(Fachspr.):* Nahrung aufnehmen/zuführen.

Essen

1. Abendbrot, Dinner, Frühstück, Gericht, Imbiss, Mahlzeit, Menü, Nachspeise, Nachtisch, Snack, Speise; *(geh.):* [Schlemmer]mahl; *(salopp):* Futter.
2. Beköstigung, Bewirtung, Ernährung, Kost, Mundvorrat, Nahrung, Nahrungsmittel, Provi-

ant, Stärkung, Verköstigung, Verpflegung; *(geh.):* Speis und Trank, Wegzehrung.

Essenz

1. a) Aussage, Bedeutung, das Wesentlich[st]e, das Wichtig[st]e, der springende Punkt, Dreh- und Angelpunkt, Extrakt, Gehalt, Hauptsache, Idee, Inhalt, Kern, Kerngedanke, Kernpunkt, Kernstück, Sinn, Tenor, Wesen, Zentrum; *(bildungsspr.):* Quintessenz, Substanz; *(ugs.):* das A und [das] O. **b)** Wesen; *(geh.):* Wesenheit.
2. Aroma, Auszug, Elixier, Extrakt, Tinktur.

etabliert

althergebracht, fest gefügt, gewohnt, hergebracht, herkömmlich, oldschool, traditionell, überliefert, üblich; *(geh.):* fest gegründet.

Etage

Geschoss, Obergeschoss, Oberstock, Stock[werk].

Etappe

a) [Strecken]abschnitt, Teilabschnitt, Teilstrecke, Teilstück. **b)** Abschnitt, Epoche, Stadium, Zeitabschnitt, Zeitraum, Zeitspanne, Zeitstrecke; *(bildungsspr.):* Periode, Phase.

Etat

a) Finanzplan, Staatshaushalt, Staatshaushaltsplan; *(schweiz.):* Voranschlag. **b)** Finanzen, Finanzvolumen, Haushaltsbudget.

Etikett

Aufklebeetikett, Aufkleber, Aufklebezettel, Plakette, Schildchen, Sticker; *(österr.):* Pickerl.

etwa

1. circa, gegen, geschätzt, in etwa, rund, um, um ... herum, ungefähr, vielleicht, wohl; *(österr.):* beiläufig; *(bildungsspr.):* approximativ, präterpropter; *(ugs.):* an [die], Pi mal Daumen, schätzungsweise, über den Daumen gepeilt.
2. beispielshalber, beispielsweise, zum Beispiel; *(veraltend):* zum Exempel.

etwas

1. Ding, irgendetwas, Sache; *(ugs.):* Ding[en]skirchen, [irgend]was.
2. ein bisschen, eine Idee, eine Kleinigkeit/Nuance, eine Spur, einige, ein [klein] wenig, geringfügig, nicht viel; *(veraltend):* etliche.

euphorisch

außer sich, ekstatisch, entzückt, überschwänglich, verzückt; *(geh.):* hochgestimmt, trunken; *(bildungsspr.):* enthusiasmiert, enthusiastisch.

GGS distanziert, nüchtern, reserviert, zurückhaltend.

---

evakuieren

a) ausquartieren, aussiedeln, fortbringen, fortschaffen, in Sicherheit bringen, umsiedeln, verlegen, wegbringen. **b)** aufgeben, frei machen, leeren, räumen; *(ugs.):* leer machen.

eventuell

allenfalls, etwa, gegebenenfalls, möglicherweise, unter Umständen, vielleicht, womöglich; *(nordd.):* am Ende.

ewig

1. endlos, grenzenlos, ohne Ende, unendlich, unvergänglich, zeitlos; *(geh.):* unermesslich; *(bildungsspr.):* äonenlang, in perpetuum.
2. andauernd, anhaltend, beständig, dauernd, durchgehend, endlos, fortgesetzt, fortlaufend, fortwährend, immerwährend, immer wieder, in einem fort, laufend, nicht enden wollend, ohne Ende/Unterbrechung, permanent, ständig, stetig, unablässig, unaufhörlich, unentwegt, ununterbrochen; *(geh.):* stet; *(bildungsspr., Fachspr.):* kontinuierlich; *(ugs.):* immerzu, in einer Tour, pausenlos; *(emotional):* ohne Unterlass.

exakt

akkurat, [auf den Punkt] genau, deutlich, eindeutig, gestochen, haargenau, haarklein, haarscharf, millimetergenau, peinlich, punktgenau, streng, strikt, unzweideutig, zentimetergenau; *(bildungsspr.):* akribisch, minutiös, penibel, präzise; *(ugs.):* auf ein Haar/aufs Haar, messerscharf; *(Fachspr.):* eineindeutig.

Exaktheit

Akkuratesse, Deutlichkeit, Eindeutigkeit, Genauigkeit, Strenge, Striktheit, Unzweideutigkeit; *(bildungsspr.):* Akribie, Penibilität, Präzision; *(Fachspr.):* Eineindeutigkeit.

Examen

Abgangsprüfung, Abschlussexamen, Abschlussprüfung, Prüfung, Schlussprüfung.

Exempel

[Einzel]beispiel, Einzelfall, Fallbeispiel, Muster, Musterbeispiel, Paradebeispiel, Schulbeispiel, Standardbeispiel, Vorbild; *(bildungsspr.):* Modell, Paradigma.

Exemplar

Ausfertigung, Ding, Einzelexemplar, Einzelstück, Individuum, Musterexemplar, Stück.

exerzieren

a) einexerzieren, eintrainieren, [ein]üben, wiederholen; *(bildungsspr.):* repetieren; *(ugs.):* trainieren. **b)** anwenden, ausüben, betreiben, einsetzen, praktizieren, verwenden, zum Einsatz bringen; *(ugs.):* durchexerzieren.

Exil

Ausland, Emigration, Exilheimat, Exilzeit, Fremde, Verbannung, Verbannungsort, Zuflucht, Zufluchtsort.

Existenz
1. a) Bestehen, Existieren, Sein, Vorhandensein, Vorkommen; *(geh.):* Dasein. **b)** Leben; *(geh.):* Daseinsform, [menschliches] Dasein.
2. Existenzgrundlage, Grundvoraussetzung, Lebensgrundlage, [Lebens]unterhalt, materielle Grundlage; *(geh.):* Daseinsgrundlage.

existieren
1. auf der Welt sein, bestehen, da sein, geben, herrschen, [vorhanden] sein, vorkommen, wirklich sein; *(geh.):* walten; *(bildungsspr.):* real sein; *(veraltend):* obwalten, vorwalten.
2. dahinleben, ein Dasein/Leben führen, sich halten, leben; *(geh.):* sein Dasein fristen; *(oft abwertend):* [dahin]vegetieren.

exklusiv
1. anspruchsvoll, ausgesucht, ausgewählt, ausgezeichnet, de luxe, erstklassig, exquisit, fein, hervorragend, mondän, qualitätvoll, von besonderer Güte, von bester Qualität, vortrefflich, vorzüglich; *(geh.):* [aus]erlesen, edel; *(bildungsspr.):* exzellent, superb; *(ugs.):* [aller]erste Sahne; *(veraltend):* trefflich.
2. alleinig, ausschließlich, eigens, einzig [und allein], extra, speziell; *(bildungsspr.):* singulär.

Exkursion
Ausflug, Expedition, Forschungsreise, Gruppenausflug, Lehrausflug, Lehrfahrt, Studienfahrt; *(österr.):* Kundfahrt.

exotisch
ausgefallen, nicht alltäglich, ungewöhnlich.

Expedition
1. Entdeckungsfahrt, Entdeckungsreise, Forschungsfahrt, Forschungsreise.
2. Beförderung, Expedierung, Transport, Überführung.

Experiment
1. Test, Untersuchung, Versuch.
2. gewagtes/unsicheres Unternehmen, Probe, Risiko, Unterfangen, Versuch, Wagnis.

Experte, Expertin
Autorität, Fachgröße, Fachmann, Fachfrau, Kapazität, Kenner, Kennerin, Könner, Könnerin, Mann vom Fach, Frau vom Fach, Meister, Meisterin, Profi, Sachkenner, Sachkennerin, Spezialist, Spezialistin; *(bildungsspr.):* Koryphäe; *(ugs.):* Ass, Kanone.

explodieren
1. auseinandergetrieben werden, detonieren, krepieren, losgehen, platzen, zerbersten, zerplatzen; *(geh.):* bersten; *(ugs.):* hochgehen, in die Luft fliegen.
2. aufbrausen, auffahren, aufschäumen, aus der Fassung geraten, außer sich geraten, die Beherrschung/Fassung verlieren, einen Gefühlsausbruch haben, hochfahren, platzen, rasen, sich vergessen, wild werden; *(geh.):* schäumen; *(ugs.):* an die Decke gehen, aus der Haut fahren, ausflippen, ausrasten, hochgehen, in die Luft gehen, kochen; *(südd., österr.):* aufdrehen.

Explosion
Ausbruch, Detonation, Entladung.

explosiv
1. a) explodierbar, explosibel, feuergefährlich, hochexplosiv, leicht explodierend. **b)** gefährlich, heikel, konfliktgeladen, konfliktträchtig, kritisch, spannungsgeladen; *(bildungsspr.):* brisant; *(ugs.):* heiß. **c)** aufbrausend, auffahrend, aufschäumend, cholerisch, entzündlich, erregbar, hitzig, hitzköpfig, jähzornig, unbeherrscht, ungezügelt; *(ugs.):* hochgehend.
2. dynamisch, heftig, lebendig, lebhaft, schwungvoll, temperamentvoll.

Export
Ausfuhr, Außenhandel.

exportieren
ausführen, ins Ausland verkaufen.

exquisit
ausgesucht, ausgewählt, ausgezeichnet, de luxe, elegant, erstklassig, fein, hervorragend, hochwertig, überragend, unübertrefflich, von besonderer Güte, vortrefflich, vorzüglich; *(geh.):* [aus]erlesen, edel; *(bildungsspr.):* delikat, exzellent, superb; *(ugs.):* [aller]erste Sahne; *(veraltend):* trefflich.

extra
1. besonders, für sich, gesondert, getrennt, separat.
2. außerdem, besonders, darüber hinaus, dazu, mehr, über das Übliche hinaus, überdies, zusätzlich.
3. ausdrücklich, ausschließlich, besonders, eigens, einzig [und allein], gerade, nur, speziell, vor allem; *(geh.):* allein; *(ugs.):* bloß.
4. absichtlich, beabsichtigt, bewusst, geflissentlich, gewollt, mit Absicht, mutwillig, vorsätzlich, willentlich; *(bildungsspr.):* ostentativ.

Extrakt
1. Auszug, Digest, Essenz, Mazerat, Tinktur; *(Fachspr.):* Destillat.
2. Auszug, Hauptinhalt, Kern[stück], Wesen, Zusammenfassung; *(bildungsspr.):* Essenz, Quintessenz, Substanz.

extravagant
a) auffallend, aufsehenerregend, aus dem Rahmen fallend, ausgefallen, außergewöhnlich; *(bildungsspr.):* exzeptionell, unkonventionell;

(bildungsspr. veraltend): extraordinär. **b)** ↑exzentrisch.

extrem

1. absolut, äußerst, bis an die äußerste Grenze gehend, höchste, nicht mehr steigerbar/überbietbar, stärkste; *(bildungsspr.):* maximal.

2. ↑exzentrisch.

3. ↑sehr.

Extremist, Extremistin

Extremer, Extreme, Fundamentalist, Fundamentalistin, Radikaler, Radikale, Radikalist, Radikalistin.

extremistisch

extrem, radikal; *(häufig abwertend):* radikalistisch.

exzellent

ausgezeichnet, bestens, brillant, erstklassig, exquisit, fabelhaft, genial, grandios, herrlich, hervorragend, sehr gut/schön, überragend, überwältigend, unübertrefflich, vortrefflich, vorzüglich; *(bildungsspr.):* superb; *(ugs.):* [echt/ganz] prima; [echt] klasse, große Klasse; [echt] spitze, [echt] super, einsame Spitze, [ganz] fantastisch, [ganz] toll, glänzend, groovy, großartig, klassisch, pfundig, tadellos.

exzentrisch

auffällig, aus dem Rahmen fallend, ausgefallen, extravagant, extrem, spleenig, überspannt, übersteigert, übertrieben, überzogen, ungewöhnlich, verstiegen, vom Üblichen abweichend; *(bildungsspr.):* exaltiert, unkonventionell; *(ugs.):* flippig, überkandidelt, verrückt.

GGS dezent, gedeckt, schlicht, schmucklos, traditionell.

F

Fabel

1. Tierdichtung, Tierfabel; *(Literaturwiss.):* Apolog, Lehrdichtung.

2. Erfindung, erfundene Geschichte, Fantasiegeschichte, fantastische/fiktive Geschichte, Legende, Lüge, Lügengeschichte, [Lügen]märchen, Münchhaus[en]iade; *(geh.):* Erdichtung, Lügengespinst; *(oft abwertend):* Fabelei.

3. Geschehen, Handlung, Inhalt, roter Faden, Story; *(Literaturwiss.):* Plot.

fabelhaft

1. außergewöhnlich, außerordentlich, beachtenswert, beachtlich, bedeutend, bedeutsam, beeindruckend, bemerkenswert, bewundernswert, brillant, erstklassig, genial, grandios, großartig, hervorragend, hervorstechend, imposant, monumental, phänomenal, sehr gut, sensationell, spektakulär, überwältigend, ungeheuer, unsagbar, verblüffend, vortrefflich, vorzüglich; *(österr., sonst bildungsspr.):* eminent, exzeptionell; *(bildungsspr.):* epochal, exzellent, signifikant; *(ugs.):* [echt] klasse, große Klasse; [echt] spitze, [echt] super, einsame Spitze, [ganz] fantastisch, glänzend, überragend, unglaublich; *(salopp):* affengeil, [echt] cool, irre; *(oft emotional):* riesig, unvergleichlich, wunderbar; *(ugs. emotional):* kolossal, sagenhaft; *(bildungsspr. veraltend):* extraordinär; *(Jugendspr.):* fett; *(bes. Jugendspr.):* [echt] krass.

2. ↑sehr.

Fabrik

1. Betrieb, Fabrikbetrieb, Firma, Geschäft, Gewerbebetrieb, Industriebetrieb, Produktionsbetrieb, Unternehmen.

2. [Fabrik]anlage, Fabrikationsstätte, Fabrikgelände, Industrieanwesen, Industriewerk, Produktionsstätte, Werk, Werksgelände.

Fabrikat

1. Arbeit, Artikel, Erzeugnis, Gegenstand, Gut, Handelsartikel, Handelsgut, Handelsware, Modell, Produkt, Produktion, Ware.

2. Handelsmarke, Hersteller, Label, Marke, Schutzmarke, Typ.

fabrizieren

a) improvisieren, zustande bringen; *(ugs.):* austüfteln, fummeln, hinpfuschen, zurechtbasteln, zusammenhauen, zusammenzimmern. **b)** anrichten, verursachen; *(ugs.):* anstellen, ausfressen, bauen, veranstalten; *(ugs. scherzh.):* verbrechen; *(abwertend):* anzetteln; *(oft abwertend):* inszenieren; *(nordd.):* aufstellen.

Fach

1. Ablage, Kasten, Korb, Schublade.

2. a) Arbeitsgebiet, Bereich, Beruf, Berufszweig, Branche, Disziplin, Domäne, Fachbereich, Fachgebiet, Fachrichtung, Feld, Gebiet, Metier, Ressort, Sachbereich, Sachgebiet, Sektion, Sektor, Sparte, Spezialgebiet, Tätigkeitsfeld, Teilbereich, Terrain, Wissensgebiet, Zweig; *(geh.):* Arbeitsfeld. **b)** Lehrfach, Schulfach, Unterrichtsfach; *(österr.):* Gegenstand.

fachmännisch

fachgerecht, fachkundig, fachmäßig, gekonnt, geübt, gewandt, gut, kenntnisreich, kompetent, kundig, kunstgerecht, meisterhaft, professionell, richtig, sachgemäß, sachgerecht, sachkundig, sachverständig, werkgerecht; *(bildungsspr.):* qualifiziert, routiniert, versiert.

fade
abwechslungslos, blass, einförmig, einschläfernd, eintönig, ermüdend, farblos, gehaltlos, geisttötend, gleichförmig, grau, ideenlos, langweilig, monoton, nichtssagend, öde, ohne [jeden] Reiz, reizlos, schal, stumpfsinnig, trocken, trostlos, uninteressant; *(bildungsspr.):* trist; *(bildungsspr. abwertend):* stupide, uniform.

Faden
1. Bindfaden, Fädchen, Fiber, Fussel, Garn, Schnur, Zwirn; *(nordd.):* Fluse.
2. a) Gedanke, Gedankengang, Handlung, Konzept, Leitgedanke. **b)** Fortgang, Verlauf, Zusammenhang.

fadenscheinig
billig, dünn, durchschaubar, durchsichtig, faul, fragwürdig, kläglich, mager, matt, schwach, spärlich, unglaubhaft, unglaubwürdig, vordergründig, wackelig; *(abwertend):* dürftig, plump.

fähig
1. befähigt, begabt, begnadet, berufen, beschlagen, bewährt, bewandert, erfahren, gewandt, gut, kenntnisreich, klug, kompetent, kundig, professionell, sachkundig, sachverständig, sattelfest, sicher, talentiert, tüchtig, zuverlässig; *(bildungsspr.):* qualifiziert, routiniert, versiert; *(ugs.):* patent; *(veraltend):* firm.
2. bereit, imstande, in der Lage.

Fähigkeit
1. Anlage, Auffassungsgabe, Befähigung, Begabung, Berufung, Eignung, Fertigkeit, [Geistes]gabe, Geschick, Intelligenz, Klugheit, Kompetenz, Können, Macht, Möglichkeiten, Neigung, Qualifikation, Stärke, Talent, Veranlagung, Voraussetzung, Wissen; *(geh.):* Vermögen; *(bildungsspr.):* Ingenium; *(ugs.):* Ader, Zeug.
2. Bereitschaft, Motivation, Wille.

fahl
aschfahl, blass, blass[gesichtig], blässlich, bleich, blutleer, farblos, grau, kalkig, weiß [wie die Wand]; *(geh.):* abgeblasst, erblasst, erbleicht, wächsern; *(ugs.):* bleichgesichtig, käseweiß, käsig, milchgesichtig; *(emotional verstärkend):* kalkweiß, kreideblass, kreidebleich.

Fahne
1. Banner, Flagge, Stander, Wimpel.
2. Druckfahne, Korrekturabzug, Korrekturbogen.

Fahrbahn
Bahn, Fahrspur, Fahrstraße, Fahrstreifen, Fahrweg, Spur, Straße; *(veraltend):* Chaussee.

fahren ↗
1. brausen, donnern, fegen, gleiten, gondeln, jagen, knattern, kriechen, preschen, rasseln, rauschen, rollen, sausen, schießen, schleichen, tuckern; *(ugs.):* brettern, dampfen, düsen, fetzen, flitzen, heizen, juckeln, kariolen, kurven, kutschieren, pesen, rasen, schnecken, spritzen; *(salopp):* gurken, kutschen; *(Jargon):* cruisen.
2. a) eine Reise machen, gondeln, reisen, verreisen. **b)** abfahren, abreisen, aufbrechen, fortfahren, losfahren, starten, wegfahren; *(ugs.):* abdüsen, abrauschen.
3. a) sich [fort]bewegen, vorankommen. **b)** bedienen, lenken, manövrieren, steuern; *(veraltend):* chauffieren.
4. befördern, bringen, chauffieren, führen, schaffen, spedieren, transportieren, überführen, verfrachten; *(ugs.):* karren, kutschieren.

fahren

mit etw. gut fahren
beikommen, fertigwerden mit, in den Griff bekommen, managen, meistern, zu Potte kommen, sich zurechtfinden, zurechtkommen, zuwege kommen; *(schweiz.):* bodigen; *(ugs.):* auf die Reihe bringen/kriegen, deichseln, hinbekommen, hinkriegen, in den Griff kriegen, klarkommen, zurande kommen.

Fahrer, Fahrerin
Chauffeur, Chauffeurin, Kraftfahrer, Kraftfahrerin, Lenker, Lenkerin; *(bes. schweiz.):* Automobilist, Automobilistin; *(bes. südd., österr., schweiz.):* Wagenlenker, Wagenlenkerin; *(ugs. scherzh.):* Mobilist, Mobilistin.

Fahrkarte
Fahrausweis, Fahrschein, Karte, Ticket.

fahrlässig
achtlos, gedankenlos, geradehin, gewagt, leichtfertig, leichthändig, leichtsinnig, pflichtvergessen, sorglos, unachtsam, unaufmerksam, unbedacht, unbesonnen, unüberlegt, unverantwortlich; *(veraltend):* mutwillig.

Fahrrad
Bike, Rad; *(schweiz.):* Velo; *(scherzh.):* Hirsch; *(ugs. scherzh.):* [Draht]esel, [Stahl]ross.

Fahrstuhl
Aufzug, Lift, Paternoster.

Fahrt
1. Geschwindigkeit, Schnelligkeit, Tempo; *(ugs.):* Karacho, Zahn; *(Sport):* Speed.
2. Abstecher, Ausfahrt, Ausflug, Exkursion, Expedition, Reise, Roadtrip, Tour; *(ugs.):* Trip.

Fährte
Abdruck, Eindruck, Spur.

Fahrzeug
Auto, Fortbewegungsmittel, Transportmittel, Verkehrsmittel, Wagen; *(ugs.):* Klapperkiste; *(ugs. scherzh.):* fahrbarer Untersatz; *(salopp):* Kiste; *(abwertend):* Karre; *(oft abwertend):* Vehikel.

Faible
besonderes Interesse, Hang, Liebhaberei, Neigung, Passion, Schwäche, Sympathie, Vorliebe; *(bildungsspr.):* Präferenz.

fair
anständig, ehrenhaft, ehrlich, einwandfrei, gerecht, in Ordnung, kameradschaftlich, kollegial, korrekt, legitim, ordentlich, redlich, regelgemäß, regelkonform, regelrecht, regulär, ritterlich, sauber, sportlich, untadelig; *(geh.):* lauter, schicklich; *(bildungsspr.):* solidarisch; *(ugs.):* koscher; *(veraltend):* gebührlich, rechtschaffen.

GGS charakterlos, regelwidrig, ruchlos, unfein, verwerflich.

Fairness
Anstand, Anständigkeit, Aufrichtigkeit, Ehrenhaftigkeit, Ehrlichkeit, Fair Play, Gerechtigkeit, Kameradschaftlichkeit, Kollegialität, Korrektheit, Rechtlichkeit, Redlichkeit, Ritterlichkeit, Sportgeist, sportliche Gesinnung; *(geh.):* Schicklichkeit; *(veraltend):* Rechtschaffenheit.

faktisch
de facto, in der Tat, in Wirklichkeit, nach Lage der Dinge, tatsächlich, wirklich; *(bildungsspr.):* realiter; *(ugs.):* in echt.

Faktor
Aspekt, Bestandteil, Element, Gesichtspunkt, Größe, Kraft, Moment, Umstand.

BSP In dem Artikel werden die sozialen/wirtschaftlichen/finanziellen Aspekte des Themas herausgearbeitet/betont. Unter diesem Gesichtspunkt [betrachtet,] / von diesem Gesichtspunkt aus betrachtet, ist …

fakultativ
freigestellt, freiwillig, nicht obligatorisch, nicht verbindlich, nicht zwingend, unaufgefordert, wahlweise; *(geh.):* dem eigenen Belieben/Ermessen anheimgestellt; *(Fachspr.):* optional.

Fall
1. a) Abrutschen, Absturz, Ausgleiten; *(ugs.):* Ausrutscher. **b)** Abstieg, Untergang, Verfall, Zusammenbruch; *(geh.):* Niedergang.
2. Angelegenheit, Erscheinung, Frage, Phänomen, Problem, Sache, Sachverhalt; *(geh.):* Begebenheit; *(ugs.):* Geschichte.
3. Rechtsangelegenheit, Rechtsfrage, [Rechts]sache, Streitfall.
4. *(Sprachwiss.):* Kasus.

Fall

auf keinen Fall
absolut nicht, ausgeschlossen, beileibe nicht, durchaus nicht, gewiss nicht, in keiner Weise, keinesfalls, keineswegs, nicht im Entferntesten, nicht im Geringsten, undenkbar, unter keinen Umständen; *(nachdrücklich):* ganz und gar nicht; *(veraltend):* mitnichten.

auf jeden Fall
absolut; koste es, was es wolle; mit aller Gewalt, ohne jeden Zweifel, so oder so, sowieso, um jeden Preis, unbedingt, unter allen Umständen; *(bildungsspr.):* par force; *(ugs.):* auf Biegen und Brechen, auf Teufel komm raus, partout.

Falle
a) Fallgrube, Fangeisen, Fanggerät, Leimrute, Netz, Schlinge, Wolfsangel; *(schweiz.):* Klinke.
b) Hinterhalt, List, Trick.

fallen ↗
1. a) abstürzen, herabfallen, stürzen, umfallen, umkippen, umstürzen; *(geh.):* niederstürzen; *(ugs.):* fliegen, plumpsen; *(fam.):* purzeln.
b) ausrutschen, das Gleichgewicht/den Halt verlieren, hinfallen, hinstürzen; *(geh.):* ausgleiten, zu Fall kommen; *(ugs.):* [hin]fliegen, hinknallen, hinplumpsen, hinsausen, hinsegeln.
2. abebben, abflauen, abnehmen, sich abschwächen, geringer/niedriger werden, nachgeben, nachlassen, sinken, sich verringern, zurückgehen; *(geh.):* schwinden.

fällen
1. abholzen, absägen, schlagen, umhauen, umlegen, umschlagen, zum Fallen bringen; *(österr.):* schlägern; *(ugs.):* ummachen.
2. aussprechen, treffen, verkünden.
3. auskristallisieren, herauskristallisieren.

fallen lassen
1. herunterwerfen, loslassen; *(ugs.):* herunterschmeißen.
2. sich abkehren, sich abwenden von, den Rücken kehren/wenden, sich lossagen, nichts mehr zu tun haben wollen mit, nicht weiter unterstützen; *(bildungsspr.):* sich distanzieren.

3. anbringen, andeuten, ansprechen, äußern, beiläufig bemerken/erwähnen/nennen, dazwischenwerfen, einflechten, einfließen lassen, einstreuen, einwerfen, nebenbei nennen/sagen.

fällig
a) zahlbar, zu leisten/zahlen; *(geh.):* zu begleichen, zu entrichten. **b)** erforderlich, geboten, nötig, notwendig, unerlässlich, unumgänglich, unvermeidlich, vonnöten.

falls
für den Fall, dass; gesetzt den Fall, dass; im Fall, dass; sofern; unter der Voraussetzung, dass; vorausgesetzt, dass; wenn; *(veraltend):* wofern.

falsch
1. a) imitiert, künstlich, nachgebildet, unecht.

GGS authentisch, echt, genuin, original.

b) gefälscht, vorgetäuscht; *(bildungsspr.):* manipuliert; *(ugs.):* gefakt, nachgemacht.
2. a) ausgedacht, erfunden, erlogen, fehlgeleitet, irrig, irrtümlich, unkorrekt, unrichtig, unwahr, unzutreffend, verfehlt, verkehrt; *(ugs.):* schief; *(salopp):* erstunken und erlogen. **b)** fehlerhaft, inkorrekt, nicht richtig, regelwidrig, unkorrekt, unrichtig, verkehrt.
3. heuchlerisch, hinterhältig, unaufrichtig, unehrlich; *(geh.):* arglistig; *(bildungsspr.):* intrigant; *(ugs.):* hintenrum, link; *(abwertend):* doppelzüngig, lügnerisch, scheinheilig, verlogen.

fälschen
manipulieren, nachmachen; *(bildungsspr.):* falsifizieren; *(ugs.):* faken.

fälschlich
irrig, irrigerweise, irrtümlich, irrtümlicherweise, unkorrekterweise, unrichtig, unzutreffend, verkehrt, versehentlich.

Fälschung
Kopie, Nachahmung, Nachbildung; *(bildungsspr.):* Falsifikat; *(ugs.):* Fake.

Falte
Bruch, Falz, Kante, Knick, Kniff, Knitter.

falten
einen Knick machen, in Falten legen, knicken, kniffen, umbiegen, umknicken, zusammenlegen; *(bildungsspr.):* pliieren.

faltig
1. knittrig, nicht glatt, zerknittert; *(ugs.):* knautschig, versessen, zerknautscht.
2. durchfurcht, faltenreich, furchig, gegerbt, nicht glatt, runzelig, verknittert, verrunzelt, von Falten durchzogen, zerfurcht, zerklüftet, zerknittert; *(ugs.):* hutzelig, schrumpelig.

familiär
1. persönlich, privat.
2. aufgelockert, frei, freundschaftlich, gelöst, leger, locker, natürlich, offen, persönlich, unförmlich, ungekünstelt, ungeniert, ungezwungen, unverkrampft, zwanglos; *(bildungsspr.):* informell.

Familie
a) Angehörige, Anhang, Verwandtschaft; *(abwertend):* Bagage; *(oft iron.):* Clan. **b)** Geschlecht, Haus, Stamm; *(bildungsspr.):* Dynastie.

Familienname
Nachname, Personenname, Zuname.

Fan
Aficionado, Aficionada, Anhänger, Anhängerin, Freak, Freund, Freundin, Getreuer, Getreue, Hooligan, Verehrer, Verehrerin.

Fanatiker, Fanatikerin
Eiferer, Eiferin, Hitzkopf; *(bildungsspr.):* Zelot, Zelotin.

fanatisch
blindgläubig, blindwütig, glühend, hitzig, leidenschaftlich, unbekehrbar, unbelehrbar, verbissen, [wie] besessen; *(bildungsspr.):* zelotisch.

fangen
1. a) angeln, einfangen, erhaschen, erjagen, fischen. **b)** auffangen, aufgreifen, beim Schopf fassen/packen, dingfest machen, ergreifen, erwischen, fassen, festnehmen, gefangen nehmen, greifen, in Arrest/Gewahrsam/Haft nehmen, in seine Gewalt bringen, stellen; *(geh.):* habhaft werden; *(ugs.):* hinter Gitter/Schloss und Riegel bringen, kassieren, kriegen, schnappen.
2. ergreifen, fassen, greifen, packen, schnappen; *(ugs.):* erwischen, kriegen; *(veraltend):* haschen.

fangen, sich
sich besänftigen, die Fassung wiedergewinnen, sich fassen, ruhig werden, sein inneres Gleichgewicht/seine Haltung wiederfinden, sich [von dem Schrecken/von der Aufregung] erholen, sich wieder beruhigen; *(ugs.):* sich abregen, sich einkriegen, runterkommen.

Fantasie
1. a) Anschauungskraft, Anschauungsvermögen, Einbildungskraft, Einbildungsvermögen, Vorstellungsgabe, Vorstellungskraft, Vorstellungsvermögen; *(bildungsspr.):* Imagination. **b)** Einfallsreichtum, Erfindergeist, Erfindungsgabe, Erfindungsreichtum, Findigkeit, Gedankenreichtum, Ideenreichtum; *(geh.):*

Schöpfertum; *(bildungsspr.):* Kreativität, Originalität.
2. Dichtung, Einbildung, Gedankenreise, Illusion, Irrealität, Kartenhaus, Kopfgeburt, Kopfkino, Luftschloss, Phantom, Traumbild, Trugbild, Unwirklichkeit, Utopie, Vision, Vorstellung, Wahn, Wunschtraum; *(bildungsspr.):* Fiktion, Imagination; *(abwertend):* Hirngespinst.

fantasieren
1. a) sich ausdenken, erfinden, fabeln, fabulieren, Unsinn reden; *(geh.):* aussinnen, erdichten, ersinnen. **b)** sich ausmalen, erträumen, sich vorstellen; *(bildungsspr.):* imaginieren.
2. wirr reden; *(bildungsspr.):* delirieren.

fantasievoll
einfallsreich, erfinderisch, erfindungsreich, fantasiebegabt, fantasiereich, findig, gedankenreich, geistreich, geistsprühend, ideenreich, originell, schöpferisch; *(bildungsspr.):* kreativ.

fantastisch
1. a) abenteuerlich, absonderlich, ausgefallen, bizarr, eigenwillig, grotesk, irreal, merkwürdig, schrullig, seltsam, sonderbar, wunderlich; *(ugs.):* schrullenhaft; *(salopp):* irre. **b)** fabelhaft, märchenhaft, unheimlich, unwirklich, wunderbar; *(bildungsspr.):* phantasmagorisch.
2. ausgezeichnet, grandios, großartig, hervorragend, hocherfreulich, phänomenal, prächtig, sehr gut, superb, wunderbar; *(bildungsspr.):* exzellent; *(ugs.):* bombig, einsame Spitze, famos, klasse, mega, prima, riesig, stark, super, toll.

Farbe
1. Anstrich, Bemalung, Farbton, Färbung, Kolorierung, Kolorit, Nuance, Schattierung, Tönung.
2. Färbemittel, Farbstoff.

färben
anmalen, bemalen, bunt/farbig machen, die Farbe ändern, Farbe verleihen, kolorieren, mit Farbe versehen.

farbig
1. bunt, farbenfreudig, farbenfroh, farbenprächtig, farbenreich, [grell]bunt, in Farbe, koloriert, mehrfarbig, vielfarbig; *(österr.):* färbig; *(ugs.):* knallig, poppig; *(emotional):* kunterbunt.
2. a) abwechslungsreich, anschaulich, ausdrucksvoll, bildhaft, bildlich, fesselnd, interessant, lebendig, lebhaft, plastisch, spannend. **b)** bewegt, bunt [gemischt], kurzweilig, reich an Abwechslung, unterhaltend, unterhaltsam, vielfältig, vielgestaltig, vielseitig; *(geh.):* mannigfaltig; *(emotional):* kunterbunt.

Farbiger, Farbige
Afroamerikaner, Afroamerikanerin, Afrodeutscher, Afrodeutsche.

! Die Bezeichnungen *Farbiger, Farbige* wurden häufig im Zusammenhang mit Rassentheorien und Rassentrennung verwendet und gelten deshalb als problematisch. Sie sollten nur verwendet werden, wenn in bestimmten Kontexten die Hautfarbe relevant ist (wie z. B. in Bevölkerungsstatistiken). In Deutschland lebende Menschen mit dunkler Hautfarbe wählen häufig die Eigenbezeichnung *Afrodeutscher, Afrodeutsche,* die zunehmend in Gebrauch kommt.

farblos
1. durchsichtig, naturfarben, ohne Farbe, unbemalt, ungefärbt.
2. abgestanden, ausdruckslos, blass, blässlich, blutarm, blutleer, einförmig, fahl, grau, langweilig, matt, monoton, nichtssagend, reizlos, schal, unauffällig, unscheinbar, unspektakulär; *(abwertend):* anämisch, fade, flach.

Fasching ↑Fastnacht.

Faser
Fädchen, Faden, Fussel; *(nordd.):* Fluse.

Fass
Bottich, Tonne; *(österr.):* Gebinde.

fassen
1. anpacken, erfassen, ergreifen, festhalten, greifen, in die Hand nehmen, packen; *(ugs.):* schnappen.
2. anfassen, anrühren, antasten, berühren; *(ugs.):* antatschen, begrapschen, betatschen.
3. aufgreifen, dingfest machen, ergreifen, fangen, festnehmen, gefangen nehmen, greifen, in Arrest/Gewahrsam/Haft nehmen, inhaftieren, in seine Gewalt bekommen, verhaften; *(geh.):* habhaft werden; *(ugs.):* erwischen, hinter Gitter/Schloss und Riegel bringen, kriegen, schnappen; *(Jargon):* hochnehmen.
4. aufnehmen können, [hinein]gehen, [hinein]passen, Platz haben, Raum bieten.

fassen, sich
sich besänftigen, die Fassung wiedergewinnen, sich fangen, ruhig werden, sein inneres Gleichgewicht/seine Haltung wiederfinden, sich wieder beruhigen, zur Ruhe kommen; *(ugs.):* sich abregen, sich einkriegen, runterkommen.

Fassung
1. Einfassung, Einrahmung, Rahmen, Rand, Umfassung, Umrahmung, Umrandung.
2. a) Formulierung, sprachliche Form/Ausformung/Gestaltung, Text, Wortlaut. **b)** Auflage,

Ausführung, Ausgabe, Bearbeitung, Darstellung, Form, Gestaltung, Gestaltungsform, Textfassung, Version.
3. Beherrschtheit, Beherrschung, Gefasstheit, Gleichgewicht, Gleichmut, Haltung, Selbstbeherrschung, Selbstdisziplin, Selbstkontrolle; *(geh.):* Selbstzucht; *(bildungsspr.):* Contenance.

Fassung

aus der Fassung geraten
sich aufregen, außer sich geraten, sich empören, sich entrüsten, sich erbittern, sich erbosen, sich ereifern, sich erhitzen, sich erregen, in Erregung geraten, wütend werden, zornig werden; *(geh.):* ergrimmen, [sich] erzürnen, vor Empörung/Entrüstung schnauben; *(bildungsspr.):* sich echauffieren; *(ugs.):* einen Aufstand machen, einen Tanz aufführen, in Fahrt kommen, in Rage geraten, Zustände bekommen/kriegen; *(salopp):* die Krise kriegen.

fassungslos
außer sich, bestürzt, entgeistert, entsetzt, erschrocken, erschüttert, sprachlos, verblüfft, verstört, verwirrt, wie versteinert, zur Salzsäule erstarrt; *(bildungsspr.):* konsterniert; *(ugs.):* perplex, platt, verdattert, wie begossen, wie erschlagen, wie vom Schlag getroffen/gerührt, wie vor den Kopf geschlagen.

fast
annähernd, beinahe, es hätte nicht viel gefehlt, nahezu, schier, um Haaresbreite; *(geh.):* um ein Kleines; *(ugs.):* bald, praktisch, so gut wie, um ein Haar, ums Haar, ziemlich.

fasten
abhungern, Diät halten, eine Abmagerungskur/Diät/Fastenkur/Schlankheitskur machen, hungern, nichts essen; *(salopp):* abspecken.

Fastnacht
die närrische Zeit, die tollen Tage, Fastnachtszeit, Karneval, Karnevalszeit; *(ugs. scherzh.):* die fünfte Jahreszeit; *(südd., schweiz.):* Fasnacht.

Faszination
Anziehungskraft, Attraktivität, bezaubernde Ausstrahlung, Charme, fesselnde Wirkung, Reiz, Verzauberung, Zauber, Zugkraft; *(bildungsspr.):* Appeal, Attraktion.

fatal
desaströs, folgenschwer, katastrophal, katastrophisch, schlimme/unangenehme Folgen nach sich ziehend, verderblich, verhängnisvoll; *(geh.):* Unheil bringend, unheilvoll.

fauchen
anfauchen, sich erregt/gereizt äußern, in gereiztem Ton sagen, schimpfen, schnauben.

faul
1. anrüchig, bedenklich, fragwürdig, nicht einwandfrei/in Ordnung, verdächtig, zweifelhaft; *(geh.):* dubios; *(bildungsspr.):* obskur, ominös, suspekt; *(ugs.):* nicht ganz astrein/hasenrein.
2. arbeitsscheu, faulenzerisch, inaktiv, nicht gern tätig, nichts arbeitend/tuend, passiv, träge, untätig; *(geh.):* müßig, müßiggängerisch; *(bildungsspr.):* phlegmatisch; *(abwertend):* bequem.

GGS ambitioniert, eifrig, emsig, tüchtig.

faulenzen
arbeitsscheu sein, sich dem Nichtstun hingeben, die Hände in den Schoß legen, faul sein, nichts arbeiten/tun, untätig sein; *(geh.):* müßiggehen, müßig sein; *(ugs.):* auf der faulen Haut liegen, Daumen/Däumchen drehen, die Zeit totschlagen, sich einen faulen Tag machen, herumfaulenzen, rumhängen; *(Jugendspr.):* chillen.

Faulheit
Arbeitsscheu, Bequemlichkeit, Passivität, Trägheit, Untätigkeit; *(geh.):* Müßiggang; *(bildungsspr.):* Phlegma; *(abwertend):* Faulenzerei.

Fauxpas
Entgleisung, Indiskretion, Taktlosigkeit, Ungeschicklichkeit; *(bildungsspr.):* Lapsus; *(ugs.):* Ausrutscher; *(ugs. scherzh.):* Fettnäpfchen.

Fazit
1. Endsumme, Ergebnis; *(bildungsspr.):* Resultat.
2. Bilanz, [End]ergebnis, Folgerung, Schluss[folgerung], Summe; *(bildungsspr.):* Quintessenz, Resultat, Resümee; *(bes. Philos.):* Konklusion.

fegen
1. reinigen, sauber machen, säubern, von Staub/Schmutz befreien; *(schweiz.):* wischen; *(nordd.):* ulen; *(bes. nordd.):* abfegen, fortfegen, wegfegen; *(bes. südd.):* [ab]kehren, wegkehren.
2. brausen, dahinstürmen, eilen, jagen, laufen, preschen, rennen, sausen, stürmen; *(geh.):* fliegen, hasten, stieben; *(ugs.):* düsen, flitzen, pesen, rasen, sprinten, spurten, wetzen, zischen.

fehlen ↯
1. a) nicht bestehen, nicht existieren/vorhanden sein. **b)** abwesend/ausgeblieben/fort sein, ausfallen, fortbleiben, nicht anwesend/da/dabei sein, nicht erscheinen/kommen/teilnehmen, vermisst werden; *(geh.):* fernbleiben, nicht beiwohnen, nicht zugegen sein; *(ugs.):* wegbleiben; *(iron.):* durch Abwesenheit glänzen. **c)** abgegan-

gen sein, nicht mehr da sein, verloren gegangen sein, verschwunden sein.
2. hapern, nicht ausreichen/genug haben, nicht in genügendem Ausmaß vorhanden sein, zu knapp sein; *(geh.):* ermangeln, gebrechen.

Fehler
1. a) Inkorrektheit, Unrichtigkeit; *(ugs.):* dicker Hund, Hammer, Klops, Patzer, Schnitzer.
b) Fehlgriff, Irrtum, Missgeschick, Missgriff, Panne, Versehen; *(bildungsspr.):* Fauxpas, Lapsus; *(ugs.):* Ausrutscher, Schnitzer.
2. Beschädigung, Defekt, Fabrikationsfehler, Lädierung, Macke, Schaden; *(geh.):* Makel.

fehlerfrei ↑fehlerlos.

fehlerhaft
1. falsch, inkorrekt, lückenhaft, mangelhaft, unkorrekt, unrichtig, unzutreffend.
2. angeschlagen, beschädigt, defekt, lädiert, nicht einwandfrei/in Ordnung, schadhaft; *(ugs.):* mitgenommen, ramponiert.

fehlerlos
a) einwandfrei, fehlerfrei, frei von Fehlern, intakt, makellos, ohne Fehler; *(geh.):* ohne Fehl [und Tadel]; *(emotional):* tadellos. **b)** fehlerfrei, korrekt, ohne Fehler, richtig, zutreffend.

Fehlschlag
Bauchlandung, Blamage, Bruchlandung, Desaster, Enttäuschung, Fiasko, GAU, Katastrophe, Misserfolg, Misslingen, Schiffbruch, Schlag [ins Wasser], Schlappe; *(bildungsspr.):* Armageddon, Debakel, Waterloo; *(ugs.):* Durchfall, Flop, kalte Dusche, Reinfall; *(salopp):* Pleite.

fehlschlagen
danebengeraten, missglücken, misslingen, missraten, scheitern; *(schweiz.):* fehlen; *(ugs.):* danebengehen, danebengelingen, floppen, ins Auge gehen, schiefgehen; *(salopp):* in die Hose gehen; *(scherzh.):* verunglücken.

Feier
a) [feierliche/festliche] Veranstaltung, Feierlichkeit, Feierstunde, Fest[abend], Festakt, Festlichkeit, Festveranstaltung, Gala[abend], Gesellschaftsabend, Zeremonie; *(schweiz.):* Anlass, Festanlass; *(bildungsspr.):* Zeremoniell. **b)** Einladung, Fest, geselliges Beisammensein, Gesellschaft, Party; *(ugs.):* Budenzauber, Fete.

Feierabend
Betriebsschluss, Büroschluss, Dienstschluss.

feierlich
a) andächtig, ehrwürdig, ergriffen, erhaben, erhebend, feiertäglich, festlich, gemessen, hochoffiziell, majestätisch, seriös, würdevoll, würdig; *(geh.):* andachtsvoll, hoheitsvoll, weihevoll; *(abwertend):* salbungsvoll; *(oft abwertend):* pastoral, pathetisch. **b)** ausdrücklich, [bitter]ernst, eindringlich, ernsthaft, inständig, nachdrücklich, seriös; *(bildungsspr.):* dezidiert, emphatisch; *(bildungsspr., Fachspr.):* explizit.

feiern
a) festlich begehen; *(bildungsspr.):* zelebrieren.
b) anerkennen, auszeichnen, Beifall spenden, bejubeln, beklatschen, ehren, glorifizieren, umjubeln, würdigen, zujubeln; *(geh.):* Beifall zollen, [hoch]preisen; *(bildungsspr.):* zelebrieren; *(ugs.):* abfeiern; *(dichter.):* lobpreisen.

feige
1. ängstlich, furchtsam, hasenfüßig, hasenherzig, mutlos, überängstlich, zaghaft.
2. böse, ehrlos, gemein, hässlich, heimtückisch, hinterhältig, hinterlistig, niederträchtig, tückisch; *(geh.):* schmählich; *(bildungsspr.):* perfide; *(abwertend):* elend, erbärmlich, hundsgemein, infam, schäbig; *(geh. abwertend):* schnöde.

Feigling
Hasenherz; *(ugs.):* Angsthase, Angsthäsin; *(salopp):* Angstmeier; *(ugs. abwertend):* Jammerlappen, Waschlappen; *(ugs., spött. abwertend):* Hasenfuß; *(veraltend abwertend):* Memme.

feilen
bearbeiten, den letzten Schliff geben, korrigieren, überarbeiten, verbessern, vervollkommnen; *(bildungsspr.):* perfektionieren.

feilschen
abhandeln, markten; *(ugs.):* herunterhandeln; *(abwertend):* schachern.

fein
1. a) dünn, durchscheinend, durchsichtig, filigran, hauchzart, leicht, wie aus/von Porzellan, zart; *(geh.):* fragil, zerbrechlich. **b)** klein, pulverig. **c)** dezent, dünn, gedämpft, leise, matt, schwach, undeutlich, verhalten, zart.
2. einfühlsam, empfindlich, empfindsam, fein besaitet, feinfühlend, feinfühlig, feinnervig, feinsinnig, [hoch]sensibel, weich, zart[besaitet], zartfühlend; *(bildungsspr.):* sensitiv, subtil.
3. ausgesucht, de luxe, exquisit, hochwertig, kostbar, mondän, qualitätvoll, von besonderer Güte, von bester Qualität, vorzüglich; *(geh.):* [aus]erlesen; *(bildungsspr.):* delikat, exklusiv, exzellent, superb; *(ugs.):* [aller]erste Sahne.
4. elegant, gepflegt, geschmackvoll, gesittet, kultiviert, smart, stilvoll, vornehm, zivilisiert; *(bildungsspr.):* distinguiert; *(ugs.):* piekfein; *(bildungsspr. veraltend):* soigniert.

Feind, Feindin
Antagonist, Antagonistin, Gegenspieler, Gegen-

spielerin, Gegner, Gegnerin, Widersacher, Widersacherin; *(bildungsspr.)*: Kontrahent, Kontrahentin.

feindlich

a) ablehnend, feindschaftlich, feindselig, gegnerisch, hasserfüllt, unversöhnlich; *(bildungsspr.)*: hostil. **b)** verfeindet, zerstritten.

Feindschaft

1. Feindlichkeit, Feindseligkeit, Hass, Zank; *(geh.)*: Animosität, Groll, Zerwürfnis, Zwietracht; *(bildungsspr.)*: Antipathie, Ranküne.
2. Frontstellung, Gegnerschaft, Unfriede.

feindselig

aggressiv, finster, grimmig, hasserfüllt, hassvoll; *(geh.)*: animos; *(ugs.)*: böse; *(abwertend)*: gehässig.

feinfühlig

dezent, einfühlsam, empfindlich, empfindsam, fein, fein besaitet, feinfühlend, feinnervig, feinsinnig, [hoch]sensibel, rücksichtsvoll, taktvoll, zartfühlend, zurückhaltend; *(bildungsspr.)*: diskret, sensitiv, subtil; *(veraltend)*: zartsinnig.

Feinkost

Delikatessen, Delikatess[en]waren, Gourmandisen, Köstlichkeiten, kulinarische Genüsse, Leckerbissen, Leckereien, Spezialitäten; *(schweiz.)*: Comestibles; *(geh.)*: Gaumenfreuden, Gaumenkitzel, Gaumenreize; *(bildungsspr.)*: lukullische Genüsse.

Feinschmecker, Feinschmeckerin

Genießer, Genießerin, Gourmet, Kenner, Kennerin, Schlemmer, Schlemmerin; *(ugs.)*: Leckermaul; *(bildungsspr. scherzh.)*: Lukullus.

Feld

1. Areal, Fläche, Gebiet, Gelände, Land, Landschaft; *(geh.)*: Flur, Gefilde.
2. Acker[boden], Ackerland, Gebiet, [Grund und] Boden, [Stück] Land; *(geh.)*: Scholle.
3. Bereich, Bezirk, Fach[bereich], Fachgebiet, Gebiet, Metier, Sachbereich, Sachgebiet, Sektor, Sparte, Sphäre, Tätigkeitsbereich, Zweig.

Feldzug

1. Angriff, Ansturm, Attacke, Heerzug, Offensive, Vorstoß.
2. Aktion, Attacke, Kampagne, Kreuzzug, Offensive, Unterfangen, Unternehmen, Unternehmung; *(bildungsspr.)*: Operation.

Fell

a) Behaarung, Haar[decke], Pelz; *(geh.)*: Haarkleid. **b)** Balg, Haut, Tierhaut.

Fels

Felsen, Felsgestein, [totes] Gestein; *(schweiz.)*: Fluh; *(geh.)*: Gefels; *(dichter.)*: Geklüft[e].

feminin

1. a) frauenhaft, fraulich, weiblich. **b)** verweiblicht; *(abwertend)*: weibisch.
2. *(Sprachwiss.)*: weiblich.

Ferien

Ferienzeit, freie Tage, Reisezeit, Urlaub, Urlaubszeit; *(österr.)*: Ferialzeit.

fern

1. abgelegen, abseits, entlegen, fernliegend, in der Ferne, in großer Entfernung; *(geh.)*: abgeschieden, abseitig, fernab; *(ugs.)*: weit[ab] vom Schuss, weit weg; *(ugs. scherzh.)*: jwd.
2. a) alt, aus/in früheren Zeiten, damalig, der Vergangenheit angehörig, ehemalig, einstig, einstmalig, früher, lange vergangen, seinerzeitig, vormalig, weit zurückliegend; *(bes. österr.)*: gewesen; *(ugs.)*: verflossen; *(veraltend)*: derzeitig. **b)** in weiter Zukunft, lange hin, weit [weg].

fernbleiben

abwesend sein, ausbleiben, fehlen, sich fernhalten, fern sein, fort sein, nicht dabei sein, nicht erscheinen, nicht kommen, nicht teilnehmen; *(ugs.)*: blaumachen, nicht mit von der Partie sein, schwänzen, wegbleiben; *(iron.)*: durch Abwesenheit glänzen.

ferner

ansonsten, auch, außerdem, daneben, dann, darüber hinaus, dazu, des Weiteren, ebenfalls, ebenso, fernerhin, im Übrigen, obendrein, sonst, überdies, und, weiter[hin], zusätzlich; *(österr.)*: weiters; *(schweiz.)*: im Weiteren, nebstdem; *(geh.)*: zudem.

fernhalten

abhalten, abschirmen, abwehren, abweisen, aufhalten, ausgliedern, ausklammern, ausnehmen, ausschließen, den Zugang versperren/verweigern, entfernt halten, isolieren, nicht herankommen lassen, nicht in die Nähe lassen, von sich weisen, zurückhalten; *(geh.)*: Einhalt gebieten; *(ugs.)*: vom Hals schaffen, weghalten.

fernhalten, sich

sich abgrenzen, sich abkapseln, sich abschotten, sich absondern, aus dem Weg gehen, sich ausschließen, sich entfernen, sich entziehen, fortbleiben, für sich bleiben, sich isolieren, sich zurückziehen; *(geh.)*: Abstand nehmen, fernbleiben, fliehen, meiden; *(bildungsspr.)*: auf Distanz gehen, sich distanzieren; *(ugs.)*: sich drücken, einen [großen] Bogen machen, sich vom Hals halten, wegbleiben; *(salopp)*: sich vom Leib halten; *(veraltend)*: sich separieren.

fertig

1. a) abgeschlossen, ausgeführt, beendet, erledigt, geschafft, getan, unter Dach und Fach, ver-

vollständigt, vollendet, zu Ende, zum Abschluss gebracht/gekommen/gelangt; *(ugs.)*: aus, durch, fix und fertig. **b)** ausgebildet, ausgereift, ausgewachsen, erwachsen, gereift, groß, reif, voll entwickelt, vollkommen.
2. [abfahr]bereit, abmarschbereit, gerichtet, parat, reisefertig, so weit, startbereit, startklar, vorbereitet; *(geh.)*: gerüstet; *(bildungsspr.)*: disponibel; *(ugs. scherzh.)*: gestiefelt und gespornt.
3. abgearbeitet, abgehetzt, abgekämpft, angeschlagen, atemlos, aufgerieben, ausgelaugt, außer Atem, entnervt, erschöpft, kraftlos, matt, müde, überanstrengt, überarbeitet, verbraucht, zermürbt, zerschlagen; *(ugs.)*: abgejagt, abgeschlafft, alle, am Ende, down, erledigt, erschlagen, geschafft, gestresst, groggy, halb tot, hundemüde, k. o., kaputt, mitgenommen, schlapp, [wie] gerädert; *(salopp)*: ausgepumpt, tot; *(emotional verstärkend)*: todmüde.

fertigbringen
arrangieren, auf die Beine stellen, ausrichten, bewältigen, bewirken, durchführen, erlangen, erreichen, erringen, erwirken, erzielen, fertigbekommen, in die Tat umsetzen, in die Wege leiten, können, leisten, meistern, schaffen, tun, verwirklichen, wahr machen, zustande/zuwege bringen; *(schweiz.)*: bodigen; *(geh.)*: ertrotzen, ins Werk setzen, vermögen, vollbringen; *(bildungsspr.)*: realisieren; *(ugs.)*: auf die Reihe bringen/kriegen, deichseln, durchziehen, fertigkriegen, hinbekommen, hinkriegen, ins Rollen bringen, managen, packen; *(salopp)*: schaukeln; *(südd., österr.)*: aufstecken.

fertigen
anfertigen, entstehen lassen, erzeugen, herstellen, hervorbringen, machen, schaffen, verfertigen; *(geh.)*: erschaffen; *(veraltend)*: fabrizieren.

Fertigkeit
a) Erfahrung, Fähigkeit[en], Fingerspitzengefühl, Geübtheit, Gewandtheit, Kenntnis[se], Know-how, Kompetenz, Methode, Praxis, Qualifikation, Routine, Rüstzeug, Technik, Übung, Vertrautheit, Wissen. **b)** Anlage, Auffassungsgabe, Befähigung, Begabung, Eignung, Geschick, Intelligenz, Können, Kraft, Kunst[fertigkeit], Macht, Neigung, Stärke, Talent, Veranlagung, Voraussetzung; *(geh.)*: Vermögen; *(bildungsspr.)*: Ingenium; *(ugs.)*: Ader, Zeug.

fertigmachen
1. auseinandernehmen, besiegen, bezwingen, den Sieg davontragen/erlangen/erringen, erledigen, niederkämpfen, ruinieren, überwältigen, überwinden; *(schweiz.)*: bodigen; *(geh.)*: auf/in die Knie zwingen; *(ugs.)*: ans Messer liefern, wegputzen; *(salopp)*: in die Pfanne hauen.
2. entkräften, entmutigen, ermüden, erschöpfen, strapazieren, zermürben; *(ugs.)*: kaputtmachen, kleinkriegen, schaffen, stressen.

fertig machen
a) anrichten, aufbereiten, behandeln, reparieren, vorbereiten, zubereiten, zurechtmachen; *(bildungsspr.)*: präparieren, rüsten; *(bes. südd., österr., schweiz.)*: richten. **b)** abschließen, abwickeln, beenden, erfüllen, erledigen, fertigstellen, verrichten, verwirklichen, vollenden, vollziehen; *(ugs.)*: durchziehen; *(salopp)*: schaukeln.

fertigstellen ↑fertig machen (a).

fesseln
1. anketten, festbinden; *(veraltend)*: knebeln.
2. anziehen, begeistern, bestechen, bestricken, bezaubern, entzücken, faszinieren, für sich einnehmen, gefangen nehmen, in seinen Bann ziehen/schlagen, mitreißen, reizen, umgarnen, verführen, verzaubern; *(geh.)*: beflügeln, berauschen, betören, verlocken; *(bildungsspr.)*: enthusiasmieren; *(ugs.)*: bezirzen, den Kopf verdrehen; *(salopp)*: anmachen, einwickeln.

fesselnd
abenteuerlich, aufregend, bewegend, dramatisch, ereignisreich, erlebnisreich, faszinierend, interessant, lebendig, mitreißend, packend, spannend, spannungsgeladen, spannungsvoll.

fest
1. eisern, erstarrt, hart [wie Stahl], kompakt, stählern, starr, steif, steinern, wie versteinert.
2. abgehärtet, beständig, bruchsicher, geschützt, haltbar, kräftig, langlebig, massiv, nicht anfällig, robust, solide, stabil, stark, strapazierfähig, unempfindlich, unerschütterlich, unzerstörbar, widerstandsfähig, zäh; *(geh.)*: gefeit, gestählt; *(bildungsspr.)*: durabel.
3. angezogen, festgeschraubt, festgezogen, gestrafft, straff.
4. bestimmt, energisch, entschieden, entschlossen, hart, mit Bestimmtheit, mit Entschlossenheit, resolut, rigoros, streng, strikt, unbeirrt, willensstark, zielbewusst, zielsicher, zielstrebig; *(bildungsspr.)*: vehement.
5. a) aufrecht, beharrlich, beständig, eisern, felsenfest, hartnäckig, kompromisslos, konsequent, rigoros, standhaft, unbeirrbar, unbeugsam, unerschütterlich, unnachgiebig, unumstößlich, unverrückbar, unzerstörbar; *(geh.)*: ehern, stählern, unwandelbar; *(ugs.)*: steif und fest. **b)** abgemacht, abgeschlossen, ausgemacht, beschlossen, bindend, ein für alle Mal, endgültig, festgelegt, für immer, ganz genau, ganz si-

cher, gültig, unumstößlich, unwiderruflich, verbindlich, vereinbart, verpflichtend; *(österr.):* fix; *(bildungsspr.):* definitiv, obligatorisch.

Fest

Einladung, Empfang, Feier[lichkeit], [festliche] Veranstaltung, Festlichkeit, geselliges Beisammensein, Gesellschaft, Party, Vergnügung; *(schweiz.):* [Fest]anlass; *(ugs.):* Budenzauber, Fete; *(salopp):* Sause; *(Jargon):* Event.

festbeißen, sich

hartnäckig festhalten, [krampfhaft] festgelegt sein auf, nicht abgehen/ablassen/aufgeben, nicht mehr loskommen von, sich verrennen, sich versteifen; *(ugs.):* sich verbohren.

festbinden

anbinden, anbringen, anknüpfen, anschließen, befestigen, fesseln, festmachen, montieren, zuschnüren; *(ugs.):* anmachen.

festfahren

festhängen, festlaufen, festliegen, festsitzen, ins Stocken geraten, nicht weiterkommen, stecken bleiben; *(bildungsspr.):* stagnieren.

festgefahren

bewegungslos, erlahmt, erstarrt, hart, in einer Sackgasse, ins Stocken geraten, starr, unbeweglich, unflexibel, verhärtet; *(schweiz.):* verharzt, verhockt; *(bildungsspr.):* stagniert.

festhalten

1. anfassen, erfassen, [er]greifen, nehmen, nicht loslassen, packen.
2. a) aufführen, aufzeichnen, buchen, dokumentieren, einschreiben, eintragen, erfassen, melden, niederschreiben, notieren, registrieren; *(bildungsspr.):* fixieren. **b)** bemerken, bewusst machen, erkennen, feststellen, hervorheben, merken, registrieren, sich vergegenwärtigen, vor Augen führen/halten, zur Kenntnis nehmen; *(österr.):* ausnehmen; *(geh.):* gewahren, gewahr werden; *(bildungsspr.):* konstatieren.
3. aufrechterhalten, [auf seinem Standpunkt] beharren, beharrlich sein, beibehalten, beständig sein, bestehen auf, bleiben bei, dabei bleiben, dringen auf, festbleiben, hart bleiben, sich nicht abbringen/beirren/erweichen lassen, standhaft bleiben, standhalten, stehen zu, treu bleiben, unbeirrt fortfahren/fortführen, unerbittlich sein, sich versteifen, widerstehen; *(geh.):* ausharren, sich kaprizieren, pochen auf; *(bildungsspr.):* insistieren, persistieren; *(ugs.):* dranbleiben, nicht lockerlassen; *(veraltend):* trotzen; *(bildungsspr. veraltend):* perseverieren.

festigen

bekräftigen, bestärken, erhärten, fester machen, fundieren, härter machen, kräftigen, robuster machen, sichern, stabiler machen, stabilisieren, stählen, stärken, stützen, untermauern, unterstützen, verankern, vertiefen, widerstandsfähiger machen; *(geh.):* erstarken; *(bildungsspr.):* konsolidieren, zementieren.

festlegen

1. abmachen, abstimmen, aufsetzen, aufstellen, befehlen, beschließen, bestimmen, betonieren, dekretieren, einberufen, entscheiden, erlassen, festsetzen, regeln, setzen, verankern, verfügen, verhängen, verordnen, vorgeben, vorschreiben, vorsehen, vorzeichnen; *(bildungsspr.):* diktieren, fixieren, statuieren, zementieren; *(bildungsspr., Fachspr.):* determinieren.
2. beim Wort nehmen, binden, nötigen, verpflichten; *(ugs.):* festnageln.

festlegen, sich

sich binden, sich einlassen, sich entscheiden, fest versprechen, sein Wort geben, verbindlich zusagen, sich verpflichten; *(ugs.):* sich festnageln; *(Jargon):* sich committen.

festlich

andächtig, ansehnlich, beeindruckend, ehrwürdig, eindrucksvoll, erhaben, feierlich, glanzvoll, majestätisch, prachtvoll, stimmungsvoll, würdevoll; *(geh.):* andachtsvoll, hoheitsvoll, weihevoll; *(bildungsspr.):* gravitätisch, solenn, zeremoniös; *(ugs.):* wunderbar; *(abwertend):* salbungsvoll; *(oft abwertend):* pathetisch.

festliegen

1. festgefahren/festgelaufen sein, festhängen, festsitzen, feststecken, nicht weiterkommen.
2. außer Zweifel stehen, beschlossen/bestimmt sein, endgültig/entschieden/festgelegt sein, feststehen, sicher sein, unabänderlich/unumstößlich/verbindlich sein; *(österr.):* fix sein; *(bildungsspr.):* definitiv sein.

festmachen

1. a) ↑festbinden. **b)** ableiten, aufbauen, herleiten, zurückführen.
2. abmachen, absprechen, aushandeln, ausmachen, sich einigen, festlegen, übereintreffen, verabreden, vereinbaren, sich verständigen; *(schweiz.):* verkommen; *(geh.):* übereinkommen; *(bildungsspr.):* fixieren.

festnageln

1. anbringen, anschlagen, befestigen.
2. beim Wort nehmen, binden, festlegen, nötigen, verpflichten.

festnehmen

abführen, aufgreifen, dingfest machen, ergreifen, erwischen, fangen, fassen, gefangen nehmen, greifen, in Arrest/Gewahrsam/Haft nehmen, inhaftieren, in seine Gewalt bekommen, verhaften; *(geh.):* habhaft werden; *(ugs.):* kassieren, kriegen, schnappen; *(Jargon):* hochnehmen; *(veraltend):* arretieren.

Festplatte
(EDV): Harddisk.

festsetzen ↑festlegen (1).

festsetzen, sich
a) sich ablagern, sich absetzen, anhaften, ankleben, sich ansammeln, festkleben, festsitzen, haften/hängen bleiben, kleben bleiben. **b)** sich ansiedeln, sich niederlassen, Wurzeln schlagen; *(ugs.):* sich breitmachen; *(meist scherzh.):* die/seine Zelte aufschlagen.

feststehen
a) beschlossen/entschieden/endgültig sein, bestimmt/festgelegt/geregelt sein, festliegen; *(österr.):* fix sein; *(bildungsspr.):* definitiv sein. **b)** außer Zweifel stehen, sicher/gewiss sein, verbindlich sein.

feststehend
a) bestimmt, fest, festgelegt, fix, geregelt, gleichbleibend, invariabel, konstant, unveränderlich; *(bildungsspr.):* stereotyp. **b)** amtlich, ausgemacht, beschlossen, besiegelt, bindend, endgültig, fest, geltend, gewiss, gültig, sicher, unwiderruflich, verbindlich, verbürgt, vereinbart, verpflichtend, wahr; *(bildungsspr.):* definitiv, obligatorisch; *(veraltend):* obligat.

feststellen
a) bemerken, diagnostizieren, entdecken, erblicken, erfassen, erkennen, merken, registrieren, sehen, sichten, spüren, stoßen auf, wahrnehmen, zur Kenntnis nehmen; *(österr.):* ausnehmen; *(geh.):* gewahren, gewahr werden; *(bildungsspr.):* konstatieren.

BSP Von Teamgeist war dort nicht viel zu spüren. Sie nahm diese Anordnung nicht zur Kenntnis.

b) anmerken, [ausdrücklich] erwähnen, äußern, aussprechen, behaupten, bemerken, betonen, bewusst machen, darlegen, deutlich machen, erklären, festhalten, hervorheben, hinweisen, unterstreichen, vor Augen führen/halten, vorbringen; *(bildungsspr.):* konstatieren.

fett
a) fetthaltig, fettig, fettreich, fetttriefend, gehaltvoll. **b)** fettig, ölig, schmierig, speckig, überfettet. **c)** aufgeschwollen, ausladend, bauchig, behäbig, beleibt, breit, dick, dickbäuchig, dickleibig, dicklich, drall, fleischig, füllig, gedrungen, gewaltig, groß, gut genährt, korpulent, mächtig, massig, mollig, plump, prall, rund, rundlich, stämmig, stramm, umfangreich, unförmig, vierschrötig, voll, wuchtig; *(schweiz.):* fest; *(geh.):* fettleibig, wohlbeleibt; *(ugs.):* bullig, gemästet, kompakt, mopsig, pummelig, schmerbäuchig, schwabbelig; *(verhüll.):* vollschlank; *(scherzh.):* gewichtig, kugelig, kugelrund, voluminös; *(ugs. scherzh.):* gut gepolstert.

fettarm
fettfrei, kalorienarm, leicht, light, mager.

fetten
eincremen, einfetten, einölen, einreiben, einsalben, mit Fett einreiben, ölen, schmieren; *(ugs.):* einschmieren.

fettig
a) fett, fetthaltig, fettreich, fetttriefend. **b)** ölig, schmierig, speckig, überfettet.

feucht
1. dumpf, dumpfig, klamm, modrig, muffig, nass, stockig.
2. niederschlagsreich, regnerisch.

Feuchtigkeit
Nässe; *(geh. od. Fachspr.):* Feuchte.

feudal
adlig, adliger Abstammung, aristokratisch, edelmännisch, von Adel, von [hohem] Rang/Stand; *(geh.):* von hoher Abkunft/Geburt; *(meist iron.):* blaublütig; *(veraltend):* hoch[wohl]geboren, junkerhaft, junkerlich.

Feuer
1. Brand, Flammen; *(geh.):* Feuermeer, Feuersbrunst; *(emotional):* Flammenmeer.
2. Begeisterung, Dynamik, Eifer, Einsatz, Energie, Kraft, Lebendigkeit, Lebhaftigkeit, Leidenschaft, Leidenschaftlichkeit, Tatendrang, Tatkraft, Temperament, Überschwang, Unternehmungslust, Vitalität; *(geh.):* Glut, Regsamkeit, Tatendurst, Verve; *(bildungsspr.):* Drive, Elan, Enthusiasmus; *(Jargon):* Power.

feuern
1. anfeuern, anheizen, anschüren, einheizen, heizen.
2. schleudern, werfen; *(ugs.):* ballern, donnern, knallen, pfeffern, schmeißen; *(salopp):* hauen.
3. entlassen, fortschicken, kündigen; *(ugs.):* herausschmeißen, herauswerfen, hinausschmeißen, hinauswerfen, rausschmeißen, rauswerfen, schassen; *(verhüll.):* freisetzen, freistellen, sich trennen; *(veraltend):* ablohnen.

feurig
1. begeistert, dynamisch, energisch, fanatisch, flammend, heißblütig, impulsiv, lebendig, lebhaft, leidenschaftlich, passioniert, rassig, schwungvoll, stürmisch, temperamentvoll, überschwänglich, vital, wild; *(geh.):* glühend,

hochgestimmt; *(bildungsspr.):* elanvoll, enthusiasmiert, enthusiastisch, euphorisch, frenetisch.
2. a) feuerrot, glutrot, grellrot; *(geh.):* feuerfarben. **b)** funkelnd, leuchtend.

Fiasko
Bauchlandung, Blamage, Bruchlandung, Desaster, Enttäuschung, Fehlschlag, GAU, Katastrophe, Misserfolg, Misslingen, Schiffbruch, Schlappe; *(bildungsspr.):* Armageddon, Debakel; *(ugs.):* Flop, kalte Dusche, Reinfall; *(salopp):* Pleite; *(Fachspr.):* Worst Case.

ficken
beischlafen, Geschlechtsverkehr ausüben/haben, koitieren, Sex haben; *(ugs.):* beschlafen, ins Bett gehen/steigen, Liebe machen; *(ugs. verhüll.):* es treiben; *(salopp):* bumsen, eine Nummer machen/schieben, es jmdm. besorgen, es machen, flachlegen, poppen, vernaschen, vögeln.

Fieber
Affekt, Aufgeregtheit, Begeisterung, Ekstase, Erregtheit, Erregung, Feuer, Hochstimmung, Leidenschaft, Lust, Passion, Rausch, Taumel, Überschwang, Verzückung, Wallung; *(geh.):* Aufwallung, Glut; *(bildungsspr.):* Enthusiasmus; *(bildungsspr., Fachspr.):* Emotion.

fieberhaft
1. fiebrig.
2. angespannt, angestrengt, aufgelöst, aufgeregt, aufgewühlt, eifrig, erhitzt, erregt, fahrig, fiebrig, hastig, hektisch, nervös, rastlos, ruhelos, ungeduldig, unruhig, ununterbrochen; *(geh.):* unstet; *(ugs.):* kribbelig, zappelig.

fiebern
1. Fieber/Temperatur haben, fiebrig sein.
2. a) angespannt sein, aufgeregt sein, Herzklopfen haben, Lampenfieber haben, nervös sein, unruhig sein, zittern; *(ugs.):* kribbelig/zappelig sein. **b)** begierig sein, erhoffen, erpicht sein, erträumen, herbeisehnen, herbeiwünschen, sich sehnen, sehnlichst wünschen, versessen sein, sich verzehren, wollen; *(geh.):* begehren, die Hoffnung hegen, erstreben, gieren, hungern, trachten, verlangen; *(dichter.):* dürsten.

fies
1. Abscheu hervorrufend, ekelerregend, entsetzlich, furchtbar, katastrophal, schrecklich, unangenehm, unappetitlich, unausstehlich, unerträglich; *(geh.):* degoutant; *(bildungsspr.):* infernalisch; *(ugs.):* gräulich, verheerend.
2. abscheulich, abstoßend, bösartig, ekelhaft, eklig, garstig, gemein, hässlich, niederträchtig, schändlich, schlecht, schlimm, unausstehlich, unfair, unsympathisch, verabscheuenswert, widerwärtig; *(geh.):* frevelhaft, ruchlos, übel, verwerflich; *(ugs.):* ätzend, blöd, grässlich; *(abwertend):* infam, schäbig, schmierig, widerlich.

Figur
1. äußere Erscheinung, Bau, Gestalt, Körperbau, Körperform, Statur, Wuchs.
2. Plastik, Skulptur, Standbild, Statue; *(geh.):* Bildwerk.
3. [literarische] Gestalt, Person, Rolle.
4. Stilelement; *(Sprachwiss.):* Stilfigur; *(Sprachwiss., Musik, bild. Kunst):* Stilmittel.

Fiktion
Dichtung, Einbildung, Erfindung, Fantasie[gebilde], Illusion, Irrealität, Kartenhaus, Kopfgeburt, Luftschloss, Phantom, Traumbild, Trugbild, Unwirklichkeit, Utopie, Vision, Vorstellung, Wahn, Wunschtraum; *(geh.):* Erdichtung; *(bildungsspr.):* Imagination, Schimäre.

fiktiv
angenommen, ausgedacht, erdacht, [frei] erfunden, gedacht, nicht real/wirklich, vorgestellt; *(bildungsspr.):* hypothetisch, imaginär.

GGS belegt, existent, tatsächlich, wahr.

Filiale
Agentur, Außenstelle, Geschäftsstelle, Kommandite, Nebenstelle, Niederlassung, Standbein, Vertretung, Zweigniederlassung, Zweigstelle; *(österr.):* Expositur; *(schweiz.):* Ablage.

filmen
abdrehen, auf die Leinwand bannen, aufnehmen, aufzeichnen, drehen; *(ugs.):* kurbeln.

Filter
Sieb; *(Fachspr.):* Nutsche.

filtern
durchseihen, durchsieben, seihen, sieben; *(Fachspr.):* nutschen; *(bes. Fachspr.):* filtrieren.

filzen
durchsehen, durchsuchen, durchwühlen, inspizieren, kontrollieren, untersuchen; *(ugs.):* flöhen; *(abwertend):* durchschnüffeln.

Finale
1. Schlussakt, Schlussszene.
2. Abschluss, Ausgang, Beendigung, Beschluss, Ende, Schluss[punkt]; *(geh.):* Ausklang.
3. Finish.

Finanzen
1. Finanzwesen, Geldwesen.
2. Einkünfte, Etat, Gelder, Geldmittel, Kapital, Vermögen.
3. Barschaft, Geld, Gelder, Geldmittel, Kapital, Mittel, Reichtum, Vermögen, Zahlungsmittel; *(ugs.):* Asche, Heu, Moneten; *(salopp):* Kohle, Kröten, Mäuse, Moos, Pulver, Schotter, Zaster.

finanziell
geldlich, materiell, wirtschaftlich; *(bildungsspr.):* pekuniär.

finanzieren
1. abzahlen, aufbringen, aufkommen, bestreiten, bezahlen, die Kosten tragen/übernehmen, sponsern, zahlen; *(geh.):* begleichen.
2. a) auf Kredit/auf Raten kaufen; *(ugs.):* auf Pump kaufen. **b)** einen Kredit aufnehmen.

finden ↗
1. antreffen, auffinden, aufspüren, aufstöbern, ausfindig machen, ausmachen, entdecken, erblicken, erkennen, orten, sehen, sichten, stoßen/treffen auf, vorfinden; *(geh.):* erspähen, gewahren; *(ugs.):* auflesen, aufsammeln, auftun; *(salopp):* auffischen, aufgabeln.
2. antreffen, vorfinden.
3. beurteilen, bewerten, denken, der Ansicht/Auffassung/Meinung sein, einschätzen, empfinden, glauben, halten für, meinen; *(geh.):* erachten.

BSP Das beurteilt der Autor in meinen Augen falsch. Ich halte das nicht für richtig. Das kann man als sinnvoll erachten.

finden, sich
1. gefunden werden, [wieder] auftauchen, sich zeigen, zum Vorschein kommen.
2. ein Paar werden, zusammenfinden, zusammenkommen.

findig
abgefeimt, aufgeweckt, bauernschlau, beweglich, clever, einfallsreich, erfinderisch, fantasievoll, gescheit, geschickt, gewandt, gewitzt, hellwach, ideenreich, intelligent, klug, listig, originell, pfiffig, praktisch, raffiniert, scharfsinnig, schlau, smart, trickreich, verschmitzt, wendig; *(bildungsspr.):* kreativ; *(ugs.):* ausgefuchst, gerissen, gewieft; *(abwertend):* durchtrieben.

fingerfertig
anstellig, behände, beweglich, flink, geschickt, gewandt, handfertig, kunstfertig, wendig.

Fingerspitzengefühl
Einfühlungsgabe, Einfühlungskraft, Einfühlungsvermögen, Feeling, Feingefühl, Gespür, Takt[gefühl], Verständnis, Zartgefühl; *(bildungsspr.):* Sensibilität; *(ugs.):* Antenne.

finster
1. dunkel, düster, lichtlos, ohne Licht, [raben]schwarz; *(ugs.):* zappenduster; *(ugs. emotional):* pechschwarz; *(ugs. emotional verstärkend):* stockdunkel, stockduster.
2. bedrohlich, beklemmend, gespenstisch, gruselig, schauerlich, schaurig, unheimlich.
3. anrüchig, berüchtigt, fragwürdig, nicht geheuer, rätselhaft, undurchsichtig, verdächtig, zweifelhaft, zwielichtig; *(geh.):* dubios; *(bildungsspr.):* obskur, ominös, sinister, suspekt.

Finsternis
Dunkelheit, Düsterkeit, Finsterkeit, Lichtlosigkeit, Nacht, Schwärze; *(geh.):* Dunkel, Düsternis.

Finte
Ablenkungsmanöver, Bluff, Irreführung, List, Lüge, Schwindel, Täuschung, Trick, Vorwand, Winkelzug; *(ugs.):* Dreh, Kniff, Masche.

Firlefanz
1. Talmi; *(ugs.):* Klimbim, Krimskrams, Plunder; *(abwertend):* Flitter, Hokuspokus; *(veraltend):* Tand.
2. Alberei, Albernheit, dummes Gerede/Zeug, Dummheit, Faxen, Flausen, Hokuspokus, Kinderei, Nonsens, Unfug, Unsinn; *(ugs.):* Fez, Flachs, kalter Kaffee, Kokolores, Larifari, Mätzchen; *(oft emotional):* Irrsinn.

firm
a) auf der Höhe, beschlagen, bewandert, erfahren, fachmännisch, fit, geschickt, geübt, gewandt, kenntnisreich, kundig, qualifiziert, routiniert, sachkundig, sattelfest; *(bildungsspr.):* versiert. **b)** fest, sicher, unbeirrbar.

Firma
Betrieb, Fabrik, Geschäft, Konzern, Unternehmen, Werk.

fischen
angeln, auf Fischfang gehen, die Angel/Netze auswerfen, Fische fangen.

fit
a) bei guter Gesundheit, durchtrainiert, energiegeladen, frisch, gesund [und munter], in Form, in guter [körperlicher] Verfassung, kräftig, kraftvoll, leistungsfähig, munter, trainiert; *(geh.):* rüstig; *(ugs.):* gut drauf. **b)** befähigt, erfahren, fähig, geeignet; *(bildungsspr.):* qualifiziert, versiert.

fix
1. a) festgelegt, fest[stehend], gleichbleibend, invariabel, konstant, unveränderlich. **b)** dauernd, permanent, ständig.
2. auf dem schnellsten Weg, blitzartig, eilig, flugs, hastig, im Handumdrehen, im Nu, in kürzester Zeit, kometenhaft, pfeilschnell, Schlag auf Schlag, schnell, schnellstens, sofort, umgehend, unverzüglich, zügig; *(ugs.):* auf die Schnelle, in null Komma nichts, mit einem Affenzahn/Affentempo, mit Karacho, rasant; ruck, zuck; wie der Blitz/Teufel/Wind, wie im Flug.

fixieren
1. aufschreiben, aufs Papier bringen, aufzeich-

nen, festhalten, niederlegen, niederschreiben, notieren, protokollieren, registrieren, skizzieren, vermerken, zu Papier bringen.
2. anbringen, befestigen, festmachen, montieren; *(ugs.):* anmachen.

flach
1. klein, niedrig.
2. nicht tief, seicht, untief.
3. abgeschmackt, alltäglich, banal, geistlos, gewöhnlich, hohl, inhaltsleer, inhaltslos, leer, nichtssagend, niveaulos, oberflächlich, ohne Substanz/Tiefgang, schal, unbedeutend, unwesentlich, unwichtig, vordergründig; *(bildungsspr.):* substanzlos, trivial; *(ugs.):* abgedroschen, seicht; *(abwertend):* phrasenhaft.

Fläche
1. Areal, Bereich, Bezirk, Distrikt, Feld, Gebiet, Gegend, Gelände, Land, Plateau, Raum, Region, Revier, Sektor, Terrain, Territorium, Umkreis, Zone; *(geh.):* Flur, Gefilde.
2. Außenseite, Flanke, Oberfläche, Seite.

flachfallen
abgesagt/abgesetzt werden, ausfallen, sich erübrigen, fortfallen, gecancelt werden, gegenstandslos/hinfällig werden, nicht durchgeführt werden, unterbleiben, wegfallen; *(schweiz.):* dahinfallen; *(ugs.):* abgeblasen/gekippt werden, ins Wasser fallen, unter den Tisch fallen.

Flair
Atmosphäre, Ausstrahlung, Duft, Fluidum, Hauch, persönliche Note, Stimmung; *(bildungsspr.):* Air.

Flamme
1. Feuerflamme, Feuersäule; *(geh.):* Feuerzunge, Lohe.
2. Freundin, Geliebter, Geliebte, Herzdame, Verhältnis; *(geh.):* Verehrte; *(dichter.):* Lieb; *(salopp):* Puppe; *(scherzh.):* Auserwählte; *(meist scherzh.):* Angebetete; *(abwertend):* Liebchen; *(veraltend):* Herzallerliebste, Schatz.

Flanke
Flügel, Seite, Seitenfläche, Seitenteil.

flankieren
begleiten, umgeben, umrahmen, umstehen, zu beiden Seiten stehen/gehen; *(geh.):* das Geleit geben, geleiten, [um]säumen.

flatterhaft
flatterig, launenhaft, oberflächlich, schwankend, sprunghaft, unberechenbar, unbeständig, unzuverlässig; *(geh.):* unstet, wandelbar; *(abwertend):* luftig; *(geh. abwertend):* wankelmütig.

flattern
1. fliegen, gleiten, schweben, segeln.
2. a) bewegt werden, fliegen, wedeln, wehen.
b) schlottern, zittern; *(geh.):* beben, fliegen.

flau
matt, schlecht, schwach, schwindelig, unpässlich, unwohl; *(ugs.):* blümerant, mies, schlaff, schlapp; *(salopp):* mau.

flauschig
daunenweich, flaumweich, flockig, locker, weich, wollig; *(österr.):* flaumig.

Flaute
1. Windstille.
2. Leistungsschwäche, lustlose Stimmung, Lustlosigkeit, Tief.

Fleck
Flecken, Klecks, Schmutzfleck[en], Spritzer; *(ugs.):* Dreckfleck[en], Kleckser.

fleckig
a) befleckt, beschmutzt, schmutzig, unsauber, verfleckt, verschmutzt, voller Flecke; *(geh.):* verunreinigt; *(ugs.):* dreckig; *(salopp):* versaut.
b) [bunt] gefleckt/gescheckt/gesprenkelt, mit Flecken bedeckt/versehen, scheckig.

flehen
anflehen, beschwören, betteln, demütig/eindringlich bitten, erbetteln, inständig/kniefällig bitten; *(geh.):* erflehen; *(abwertend):* winseln.

Fleischer, Fleischerin
(österr.): Fleischhauer, Fleischhauerin; *(nordd.):* Schlachter, Schlachterin.

Fleiß
Arbeitseifer, Arbeitsfreude, Beflissenheit, Bienenfleiß, Eifer, Eifrigkeit, Emsigkeit, Strebsamkeit; *(veraltend):* Arbeitsamkeit.

fleißig
ausdauernd, beflissen, beharrlich, bemüht, bienenfleißig, eifrig, emsig, rastlos, tüchtig, unermüdlich; *(veraltend):* arbeitsam.

GGS arbeitsscheu, müßig, phlegmatisch, untätig.

flektieren
(Sprachwiss.): beugen, deklinieren, konjugieren.

flennen
sich die Augen ausweinen/aus dem Kopf weinen, feuchte Augen bekommen, sich in Tränen auflösen, in Tränen schwimmen/zerfließen, Tränen vergießen, weinen [dass es einen Stein erweichen könnte], wimmern; *(geh.):* blutige Tränen weinen, sich der Tränen nicht erwehren können; *(ugs.):* heulen [wie ein Schlosshund], quengeln; *(salopp):* Rotz und Wasser heulen.

flexibel
1. beweglich, biegbar, biegsam, dehnbar, elas-

tisch, federnd, gelenkig, geschmeidig, nachgiebig, schmiegsam, weich.
2. anpassungsfähig, beweglich, offen, wendig; *(bildungsspr.):* undogmatisch; *(oft abwertend):* geschmeidig.
3. veränderbar, veränderlich; *(Sprachwiss.):* beugbar, beugungsfähig, deklinabel, deklinierbar, flektierbar, flexionsfähig.

flicken
a) stopfen, zurechtflicken, zustopfen; *(ugs.):* ausflicken. **b)** ausbessern, in Ordnung bringen, instand setzen, reparieren, wiederherrichten, wiederherstellen; *(schweiz.):* instand stellen; *(ugs.):* in Schuss bringen, wieder ganz machen; *(bes. südd., österr., schweiz.):* richten.

fliegen
1. flattern, gleiten, schweben, schwirren, segeln.
2. brausen, dahinstürmen, eilen, fegen, jagen, laufen, preschen, rennen, sausen, stürmen; *(geh.):* hasten, stieben; *(ugs.):* düsen, flitzen, pesen, rasen, sprinten, spurten, wetzen.

fliehen
1. ↑flüchten.
2. aus dem Weg gehen, ausweichen, sich fernhalten, scheuen, umgehen, zu vermeiden suchen; *(geh.):* sich entziehen, meiden.

fließen
a) ausfließen, dahinfließen, herausfließen, herausquellen, heraussprudeln, herausströmen, heraustropfen, laufen, plätschern, quellen, rieseln, rinnen, sprudeln, strömen, tropfen; *(geh.):* fluten. **b)** reibungslos laufen/vonstattengehen/vorangehen; *(ugs.):* flutschen, schnurren.

fließend
1. einwandfrei, fehlerlos, flüssig, geläufig, in einem Zug, mühelos, nicht abgehackt/holprig, ohne ins Stocken zu geraten, ohne Stocken/Unterbrechung, ohne zu stocken, perfekt, zügig.
2. gleitend, ineinander übergehend, nicht genau definierbar/lokalisierbar, nicht klar markiert, offen, ohne feste Abgrenzung, ohne Übergang, unbestimmt, verschwommen.

flimmern
blinken, funkeln, glitzern, unruhig/zittrig leuchten; *(geh.):* flirren; *(dichter.):* gleißen.

flink
alert, behände, rasch, schnell, wieselflink, zügig; *(ugs.):* fix, flott.

Flinte
Büchse, Drilling, Gewehr, Jagdflinte, Jagdgewehr, Schrotflinte, Schusswaffe; *(ugs.):* Schießeisen; *(salopp):* Knarre, Schießprügel.

Flirt
Schäkerei; *(salopp):* Anmache; *(oft abwertend):* Geschäker, Getändel; *(veraltend):* Tändelei.

flirten
den Hof machen, liebäugeln, schäkern; *(geh.):* Avancen machen; *(ugs.):* [schöne] Augen machen; *(ugs. scherzh.):* balzen; *(veraltend):* tändeln.

flitzen
brausen, dahinjagen, dahinstürmen, eilen, fegen, hetzen, jagen, laufen, preschen, rennen, sausen, schießen, stürmen; *(geh.):* fliegen, hasten, stieben; *(ugs.):* düsen, hinsausen, pesen, rasen, sprinten, spritzen, spurten, wetzen, zischen; *(südd., schweiz.):* springen.

Floskel
Allgemeinplatz, leere Worte, Plattheit, Redensarten; *(geh.):* Plattitüde; *(bildungsspr.):* Truismus; *(abwertend):* Gemeinplatz, Phrase, Wortgeklingel; *(oft abwertend):* Schlagwort.

flott
1. a) flink, rapide, rasch, schnell, zügig; *(schweiz.):* speditiv; *(ugs.):* fix, flottweg, rasant. **b)** beschwingt, dynamisch, flockig, lebhaft, mitreißend, munter, schneidig, schwungvoll, spritzig, temperamentvoll, voller Schwung; *(ugs.):* fetzig, knackig, schmissig, zackig.
2. anziehend, attraktiv, chic, hübsch, kess, schick, smart; *(ugs.):* appetitlich, kernig, knackig, knusprig, schnuckelig, trendig, trendy, zackig; *(veraltend):* adrett, schmuck.

Fluch
1. Verfluchung, Verwünschung.
2. Schicksal, Untergang, Verhängnis; *(bildungsspr.):* Armageddon, Unheil, Unsegen, Verderben.

fluchen
1. schimpfen, verfluchen, verwünschen; *(geh.):* schelten; *(ugs.):* wettern.
2. verfluchen; *(veraltend):* vermaledeien.

Flucht
Ausbruch, Ausflucht, Entkommen.

flüchten
ausbrechen, das Weite suchen, davonlaufen, davonrennen, die Flucht ergreifen, entfliehen, entlaufen, entspringen, entweichen, fliehen, fortlaufen, sein Heil in der Flucht suchen, weglaufen, wegrennen; *(ugs.):* sich abseilen, sich absetzen, sich aus dem Staub machen, auskneifen, ausreißen, sich davonmachen, sich dünnmachen, durchbrennen, Reißaus nehmen, stiften gehen, sich verdrücken, verduften, sich verdünnisieren, sich verkrümeln; *(salopp):* abhauen, absocken, auskratzen, die Flatter/Fliege machen, die Kurve kratzen, türmen; *(ugs. scherzh.):* ausbüxen.

flüchtig
1. auf der Flucht, geflüchtet.
2. a) dezent, leicht, leise, schwach, verhalten, zart. **b)** obenhin, oberflächlich, unbestimmt, undeutlich, ungenau, vage, verschwommen; *(geh.):* schattenhaft, schemenhaft; *(bildungsspr.):* diffus, nebulös, rudimentär, unpräzise; *(abwertend):* schwammig. **c)** fehlerhaft, lückenhaft, mangelhaft, nachlässig; *(oft abwertend):* lax; *(nordd.):* flusig.
3. begrenzt, episodenhaft, momentan, vergänglich, vorübergehend, zeitweilig; *(bildungsspr.):* ephemer, temporär; *(Fachspr.):* endlich.

Flüchtling
Asylbewerber, Asylbewerberin, Auswanderer, Auswanderin, Emigrant, Emigrantin, Geflüchteter, Geflüchtete, [Heimat]vertriebener, [Heimat]vertriebene.

Flügel
1. *(geh.):* [Vogel]schwinge; *(dichter.):* Fittich.
2. Gruppierung, Parteiung.
3. Flanke, Seite, Seitenflügel, Seitenteil, Seitentrakt, seitlicher Teil.

flügge
1. ausgewachsen, fertig, herangewachsen, voll entwickelt.
2. den Kinderschuhen entwachsen, erwachsen, groß, kein Kind mehr, mündig, selbstständig.

[1]Flur
a) Diele, Gang, Korridor. **b)** Hausflur, Treppenflur; *(südd., österr., schweiz.):* Hausgang.

[2]Flur
a) Areal, Feld, Fläche, Gebiet, Gelände, Land, Landschaft; *(geh.):* Gefilde. **b)** Flurstück, Parzelle; *(bes. südd.):* Gewann.

Fluss
1. fließendes Gewässer, Fließgewässer, Schifffahrtsweg, Strom, Wasserlauf, Wasserstraße.
2. Ablauf, [Fort]gang, Lauf, Strom, Verlauf.

flüssig
1. breiig, dünnflüssig, fließend.
2. fließend, geläufig, ohne Stocken/Unterbrechung, zügig; *(ugs.):* flott.
3. verfügbar, zahlungsfähig; *(bildungsspr.):* disponibel; *(ugs.):* bei Kasse.

flüstern
a) mit gedämpfter/leiser Stimme sprechen, wispern; *(geh.):* raunen; *(oft abwertend):* tuscheln.
b) hinhauchen, murmeln, wispern, zuflüstern; *(geh.):* zuraunen.

Flut
1. ansteigendes/auflaufendes Wasser.
2. Wassermassen, [Wasser]ströme; *(geh.):* Wasser; *(oft emotional):* Wasserflut.
3. Berg, Fülle, große Zahl, Lawine, Masse, Menge, Reihe, Stapel, Stoß, Turm, Vielzahl; *(geh.):* Kaskade; *(ugs.):* Haufen, Kanonade, Ladung, Schwung; *(emotional verstärkend):* Unmenge.

flutschen
funktionieren; *(ugs.):* funken, klappen, laufen, schnurren, vorwärtsgehen, wie am Schnürchen/wie geschmiert gehen; *(nordd.):* fluschen.

Folge
1. Auswirkung, Bilanz, [End]effekt, [End]ergebnis, Endstand, Fazit, Frucht, Konsequenz, [Schluss]folgerung, Wirkung; *(geh.):* Ausfluss; *(bildungsspr.):* Resultat, Resümee.
2. Abfolge, Ablauf, Aufeinanderfolge, Chronologie, Nacheinander, Reihenfolge, Reihung, Turnus, Verlauf, Zyklus; *(bildungsspr., Fachspr.):* Sequenz.

> **Folge**
>
> **zur Folge haben**
> auslösen, bereiten, bewirken, entfachen, hervorrufen, veranlassen; *(bildungsspr.):* evozieren, provozieren.

folgen
1. a) sich [an jmds. Fersen] heften/hängen, hinterhergehen, hinterherkommen, hinterherlaufen, nachgehen, nachkommen. **b)** Aufmerksamkeit schenken, [aufmerksam] zuhören, horchen, mitdenken, nachvollziehen, verfolgen. **c)** sich anschließen, sich [mit]beteiligen, mithalten, mitmachen, sich zugesellen; *(ugs.):* sich einklinken, einsteigen, mitmischen, mitziehen.
2. a) annehmen, befolgen, beherzigen, berücksichtigen, sich beugen, einhalten, entsprechen, erfüllen, sich fügen, sich halten an, respektieren, sich richten nach; *(geh.):* nachkommen. **b)** gehorchen, gehorsam sein, parieren.
3. sich ableiten, deutlich werden, sich ergeben, erhellen, sich herausbilden, sich herausschälen, sich herleiten, offenbar werden, sich zeigen; *(geh.):* sich darbieten, hervorgehen; *(bildungsspr.):* resultieren; *(ugs.):* herauskommen.

folgendermaßen
derart, derartig, folgendergestalt, folgenderweise, in der Art [und Weise], in der Weise, so, solcherart, solchergestalt, solchermaßen, solcherweise, wie folgt; *(geh.):* dergestalt.

folgern
ableiten, den Schluss ziehen, die [Schluss]folgerung ziehen, herleiten, schließen, schlussfolgern, zu dem Schluss kommen; *(bes. Philos.):* deduzieren, konkludieren.

Folgerung
Ableitung, Fazit, Gedankenschluss, Herleitung, Rückschluss, Schluss[folgerung]; *(bildungsspr.):* Resümee; *(bes. Philos.):* Konklusion.

folglich
also, aus diesem Grund, dadurch, daher, darum, dementsprechend, demgemäß, demnach, demzufolge, deshalb, deswegen, hiernach, infolgedessen, mithin, so[mit]; *(österr.):* sohin; *(geh.):* so, sonach; *(bildungsspr.):* ergo.

folgsam
artig, brav, fügsam, gefügig, gehorsam, lieb; *(ugs.):* kirre, zahm; *(veraltend):* gefügsam.

GGS aufsässig, rebellisch, renitent, widerstrebend.

Folter
1. Misshandlung, Quälen; *(geh.):* Marter, Marterung, Peinigung.
2. Leid, Martyrium, Pein, Qual, Tortur; *(geh.):* Drangsal, Marter.

foltern
misshandeln, quälen, schinden; *(geh.):* martern; *(geh. veraltend):* peinigen.

Fonds
1. Geldbestand, Geldmittel, Geldvorrat, Reserve, Rücklage, Topf, Vermögensreserve.
2. Bestand, Fundus, Grundstock, Substanz.

forcieren
a) ankurbeln, beschleunigen, [die Geschwindigkeit/das Tempo] steigern, intensivieren, verstärken, vorantreiben. **b)** durchsetzen, erreichen, erwirken, erzwingen; *(ugs.):* durchdrücken.

förderlich
aufbauend, dienlich, effektiv, fruchtbar, günstig, gut, heilsam, lohnend, nutzbringend, nützlich, produktiv, sinnvoll, vorteilhaft, wirksam, zuträglich, zweckmäßig; *(geh.):* ersprießlich, gedeihlich, hilfreich; *(bildungsspr.):* konstruktiv.

fordern
1. abverlangen, Anspruch erheben, sich ausbedingen, sich ausbitten, beanspruchen, beantragen, beharren auf, bestehen auf, dringen auf, einfordern, einklagen, Forderungen stellen, für notwendig/unabdingbar erklären, geltend machen, verlangen, wünschen, zur Bedingung machen; *(geh.):* heischen, pochen auf; *(bildungsspr.):* insistieren, postulieren, reklamieren.
2. anstrengen, herausfordern.

fördern
1. a) aufbauen, begönnern, begünstigen, sich einsetzen, eintreten, helfen, sponsern, unterstützen, vorwärtsbringen, weiterbringen; *(geh.):* Förderung angedeihen lassen, sich verwenden für; *(bildungsspr.):* lancieren, protegieren; *(Jargon):* powern. **b)** anregen, befördern, begünstigen, steigern, unterstützen, zur Entfaltung bringen.
2. ausbeuten, gewinnen.

Forderung
a) Anspruch, Verlangen, Wunsch; *(bildungsspr.):* Postulat. **b)** finanzieller Anspruch, Liquidation, Rechnung.

Förderung
1. Aufbau, Beistand, Fürsprache, Gönnerschaft, Hilfe, Protektion, Unterstützung.
2. Ausbeutung, Gewinnung.

Form
1. a) Bauform, Bauweise, Design, Format, Formung, Gestalt, Kontur, Machart, Schnitt, Styling, Umriss, Zuschnitt; *(veraltend):* Fasson. **b)** Abwandlung, Art, Ausprägung, Erscheinungsweise, Schattierung, Spielart, Variation; *(bildungsspr.):* Variante.
2. Fitness, Kondition, Leistungsfähigkeit, Verfassung.

formal
äußerlich, bürokratisch, der Form halber/nach, der Form wegen, formell, pro forma.

Formalität
a) Bestimmung, Ordnung, Regel, Vorschrift.
b) Äußerlichkeit, Formalie, Förmlichkeit, Formsache.

Format
1. Ausmaß, Form, Größenverhältnis, Maß, Umfang.
2. Bedeutung, Charakter, Geltung, Größe, Klasse, Können, Niveau, Persönlichkeit, Qualität; *(bildungsspr.):* Profil.

Formel
Floskel, Redensart, [Rede]wendung; *(geh.):* Plattitüde; *(abwertend):* Gemeinplatz, Phrase; *(oft abwertend):* Schlagwort.

formelhaft
erstarrt, inhaltslos, nichtssagend, ständig, stereotyp; *(abwertend):* phrasenhaft.

formell
1. ↑förmlich (1, 2).
2. ↑formal.

formen
1. [durch]bilden, Form geben, Form verleihen, gestalten, herausarbeiten, kneten, machen, modellieren.
2. beeinflussen, Einfluss nehmen, einwirken, erziehen, prägen; *(bildungsspr.):* modeln.

förmlich
1. amtlich, formell, offiziell, vorschriftsgemäß.

2. formell, geschäftlich, gezwungen, höflich, in aller Form, konventionell, steif, unpersönlich. **3.** buchstäblich, direkt, geradezu, praktisch, regelrecht, richtiggehend, wahrhaft.

formlos
1. breiig, gestaltlos, strukturlos, umrisslos, unförmig, ungeformt, ungegliedert, ungestaltet, unstrukturiert; *(geh.):* ungestalt.
2. frei formuliert, ohne vorgegebene Form; *(bildungsspr.):* informell.
3. lässig, leger, locker, salopp, ungezwungen, zwanglos; *(bildungsspr.):* nonchalant.

Formular
Antrag, Formblatt, Fragebogen, Vordruck; *(österr.):* Drucksorte.

BSP Sie stellten einen formlosen/offiziellen/schriftlichen Antrag.

formulieren
1. abfassen, [sich] ausdrücken, äußern, in Worte fassen/kleiden, mitteilen, reden, sagen, schreiben, verfassen, von sich geben, zum Ausdruck bringen; *(geh.):* kundtun; *(bildungsspr.):* artikulieren, verbalisieren.
2. entwerfen, erarbeiten, festlegen, konzipieren; *(geh.):* niederlegen.

forsch
beherzt, bestimmt, couragiert, draufgängerisch, dynamisch, energisch, entschlossen, resolut, schneidig, schnell, schwungvoll, stürmisch, verwegen, zielbewusst, zügig, zupackend; *(ugs.):* rasant, zackig.

forschen
auf den Grund gehen, auf der Suche sein, ausforschen, auskundschaften, sich befassen, sich beschäftigen, erforschen, erkunden, ermitteln, Ermittlungen anstellen, fahnden, her sein hinter, sich intensiv auseinandersetzen, nachgehen, recherchieren, [unter]suchen; *(geh.):* nachspüren; *(bildungsspr.):* eruieren.

fort
a) abgefahren, abwesend, aufgebrochen, aus[gegangen], aushäusig, außer Haus, auswärts, gegangen, nicht anwesend, nicht zugegen/zu Hause, unterwegs, verreist; *(geh.):* anderwärts, entschwunden; *(ugs.):* anderswo, auf [der] Achse, sonst wo, über alle Berge, weg; *(bes. südd., österr., schweiz.):* nicht daheim. **b)** dahin, nicht zu finden, verloren, verschwunden; *(salopp):* futsch.

fortbewegen
beiseiteschieben, entfernen, von der Stelle bewegen/bringen/entfernen/rücken, wegbewegen, wegschieben; *(ugs.):* wegrutschen.

fortbewegen, sich
fahren, gehen, laufen, vorankommen, sich vorwärtsbewegen.

fortbilden, sich
geschult werden, sich qualifizieren, sich spezialisieren, sich weiterbilden, sich weiterentwickeln.

Fortbildung
Kurs[us], Lehrgang, Seminar, Weiterbildung, Weiterbildungskurs.

fortfahren
1. abfahren, abreisen, aufbrechen, sich auf die Reise begeben/machen, auf Reisen gehen, die Reise antreten/beginnen, verreisen, wegfahren; *(ugs.):* abbrausen, abdampfen, abdüsen, abrauschen, ausfliegen, davonbrausen.
2. ↑fortführen.

fortführen
fortfahren, fortsetzen, fortspinnen, weitermachen, weiterspinnen, weitertreiben, weiterverfolgen, wieder aufnehmen/beginnen; *(südd., schweiz.):* weiterfahren.

fortgesetzt
alle fünf Minuten, andauernd, anhaltend, beharrlich, beständig, dauernd, fortlaufend, fortwährend, immer[fort], immerwährend, immer wieder, in einem fort, konstant, laufend, ohne Ende/Unterbrechung, pausenlos, permanent, ständig, stetig, stets, unablässig, unaufhörlich, unausgesetzt, unentwegt, ununterbrochen, wiederholt; *(geh.):* stet; *(bildungsspr., Fachspr.):* kontinuierlich; *(ugs.):* ewig, immerzu, in einer Tour; *(emotional):* ohne Unterlass.

fortlassen
absehen von, ausklammern, auslassen, ausnehmen, ausschließen, außer Acht lassen, aussparen, beiseitelassen, nicht in Betracht ziehen, nicht verwenden, sich schenken, sich sparen, übergehen, vernachlässigen, verzichten, wegfallen lassen, weglassen; *(ugs.):* unter den Tisch fallen lassen.

fortpflanzen, sich
1. Nachkommen hervorbringen, sich vermehren.
2. an Boden gewinnen, sich ausbreiten, um sich greifen, sich verbreiten, sich weiterverbreiten; *(veraltend):* Platz greifen.

fortschreiten
sich fortentwickeln, Fortschritte machen, sich fortsetzen, gedeihen, vorangehen, vorankommen, vorrücken, vorwärtskommen, sich weiterentwickeln, weitergehen, weiterkommen; *(geh.):* voranschreiten; *(ugs.):* vorwärtsgehen.

A B C D E F for G H I J K L M N O P Q R S T U V W X Y Z

Fortschritt
Aufwärtsbewegung, Aufwärtsentwicklung, Fortentwicklung, Fortgang, Höherentwicklung, Weiterentwicklung; *(bildungsspr.):* Progress.

fortschrittlich
avantgardistisch, entwickelt, mit der Zeit gehend, modern, progressistisch, zeitgemäß, zukunftsgerichtet, zukunftsorientiert, zukunftsweisend; *(bildungsspr.):* progressiv; *(bes. Fachspr.):* innovativ.

GGS konservativ, reaktionär, regressiv, rückständig.

F
for

fortsetzen
dabeibleiben, fortfahren, fortführen, fortspinnen, weiterführen, weiterspinnen, weitertreiben, weiterverfolgen, weiterwirtschaften, wieder aufnehmen/beginnen; *(ugs.):* am Ball bleiben, weitermachen; *(südd., schweiz.):* weiterfahren.

fortwährend ↑fortgesetzt.

fotografieren
a) Aufnahmen/Bilder/Fotos machen, Fotos schießen; *(ugs.):* knipsen. b) aufnehmen; *(geh.):* auf den Film bannen; *(ugs.):* ablichten, knipsen.

Fracht
1. Frachtgut, Frachtsendung, Ladung, Lieferung, Sendung, Transport, Versandgut.
2. Frachtgeld, Frachtkosten, Frachtspesen.

Frage
1. Anfrage, Erkundigung; *(veraltend):* Nachfrage.
2. Angelegenheit, Aufgabe, Fall, Fragestellung, Problem, Problematik, Punkt, Sache, Thema.

Frage

außer Frage
außer Zweifel, eindeutig, gesichert, gewiss, hieb- und stichfest, klar ersichtlich, nicht von der Hand zu weisen, offenkundig, offensichtlich, unanfechtbar, unbestreitbar, unbestritten, unbezweifelbar, unleugbar, unwiderlegbar, zweifelsfrei; *(bildungsspr.):* evident; *(ugs.):* auf der Hand liegend, klar wie Kloßbrühe, sonnenklar.

ohne Frage
[aber] ja, bestimmt, ganz gewiss, in jedem Fall, mit Sicherheit, natürlich, ohne Zweifel, sicher, sicherlich; *(ugs.):* allemal, klar; *(emotional):* zweifellos, zweifelsohne; *(ugs. emotional verstärkend):* todsicher; *(bes. südd.):* freilich.

fragen ↗
1. anfragen, eine Frage richten/stellen, Fragen aufwerfen/stellen/vorbringen, sich mit einer Frage wenden an, nachfragen.

BSP Es wurde die Frage aufgeworfen, ob …

2. Auskunft haben wollen, sich erkundigen, Erkundigungen/Informationen einholen, um Aufschluss/Auskunft bitten, wissen wollen.
3. anrufen, bitten, nachfragen, sich wenden an; *(geh.):* erbitten, ersuchen, nachsuchen; *(ugs.):* anklopfen, antippen.

fragen, sich
sich befassen, sich beschäftigen, sich Gedanken machen, gespannt/neugierig sein, nachdenken, sich überlegen; *(ugs.):* sich den Kopf zerbrechen, sich einen Kopf machen.

fraglich
1. nicht entschieden/geklärt, offen, unbestimmt, unentschieden, ungeklärt, ungewiss, unsicher, zweifelhaft.
2. betreffend, genannt, infrage kommend, vorerwähnt, zur Diskussion/Debatte stehend.

Fragment
Bruchstück, einzelnes Stück, Rest, Überrest, unvollendetes Werk; *(bildungsspr.):* Torso.

fragwürdig
anrüchig, bedenklich, fraglich, nicht einwandfrei, verdächtig, zweifelhaft, zwielichtig; *(geh.):* dubios; *(bildungsspr.):* obskur, ominös, suspekt.

Fraktion
Block, Gruppe, Lager, Partei, Sektion.

frankieren
freimachen, mit Briefmarken versehen, Porto bezahlen.

Fraß
a) Fressen, Futter, Tiernahrung. b) schlechtes Essen.

Frau
1. Dame, Lady, weibliche Person, weibliches Wesen; *(ugs.):* Sie; *(scherzh.):* Evastochter, Weiblein, Weiblichkeit; *(ugs. scherzh.):* Eva; *(veraltend):* Weib.
2. Ehefrau, [Ehe]partnerin; *(geh.):* [Ehe]gattin, Gemahlin; *(scherzh.):* Angetraute; *(ugs. scherzh.):* bessere/schönere Hälfte, Ehehälfte.
3. Dame des Hauses, gnädige Frau, Hausherrin.

Freak
1. Alternativer, Alternative, Außenseiter, Außenseiterin, Kauz, Sonderling; *(bildungsspr.):* Nonkonformist, Nonkonformistin, Outcast, Outsider, Outsiderin; *(ugs.):* Ausgeflippter, Ausgeflippte; *(Jargon):* Alternativler, Alternativlerin, Aussteiger, Aussteigerin, Drop-out.

2. Anhänger, Anhängerin, Fan, Freund, Freundin, Liebhaber, Liebhaberin, Verehrer, Verehrerin; *(geh.):* Jünger, Jüngerin.

frech

a) ausfallend, ausfällig, beleidigend, dreist, gemein, lose; *(bildungsspr.):* impertinent, insolent; *(ugs.):* gottlos; *(emotional):* unverschämt; *(abwertend):* schmutzig; *(bes. nordd.):* kiebig.

GGS freundlich, lieb, manierlich, wohlerzogen, zuvorkommend.

b) keck, kess, kühn, respektlos; *(salopp):* rotzig.

Frechheit

Dreistigkeit; *(bildungsspr.):* Impertinenz, Insolenz; *(emotional):* Unverschämtheit.

frei ↗

1. a) autonom, eigenständig, sein eigener Herr, unabhängig, ungebunden; *(bildungsspr.):* autark. **b)** aufgelockert, gelöst, leger, locker, offen, ohne Hemmung[en], schrankenlos, unbefangen, ungehemmt, ungeniert, ungezwungen, unverkrampft, zwanglos; *(bildungsspr.):* informell.

2. a) grenzenlos, offen, unbegrenzt, unbeschränkt, uneingeschränkt, ungehindert, unverwehrt; *(geh.):* ungeschmälert. **b)** auf freiem Fuß, in Freiheit, ungehindert.

3. blank, bloß, entblößt, nackt, unbedeckt, unbekleidet; *(geh.):* enthüllt, entkleidet.

4. verfügbar, zur Verfügung stehend; *(bildungsspr.):* disponibel.

5. gebührenfrei, geschenkt, gratis, kostenlos, umsonst, unentgeltlich, zum Nulltarif.

freigeben

1. herausgeben, überlassen, zur Verfügung stellen; *(ugs.):* [he]rausrücken.

2. entsperren, öffnen, übergeben, überlassen, zugänglich machen.

3. beurlauben, Urlaub geben/gewähren.

freihalten

bezahlen, eine Runde ausgeben, einladen; *(ugs.):* einen ausgeben, spendieren.

frei halten

1. aussparen, frei/offen lassen, offen halten, Platz lassen.

2. belegen, besetzen, reservieren, sichern, vormerken; *(ugs.):* blocken.

Freiheit

1. Eigenständigkeit, Eigenverantwortlichkeit, Freiheitlichkeit, Freizügigkeit, Liberalität, Libertät, Unabhängigkeit, Ungebundenheit; *(bildungsspr.):* Autarkie, Autonomie, Independenz.

2. Bewegungsfreiheit, Freisein.

3. Anrecht, Berechtigung, Recht, Rechtsanspruch, Vorrecht; *(bildungsspr.):* Privileg.

freiheitlich

antiautoritär, demokratisch, herrschaftsfrei, liberal; *(bildungsspr.):* repressionsfrei.

Freiheitsstrafe

Gefängnis[strafe], Haft, Strafe; *(ugs.):* Knast.

freilassen

auf freien Fuß setzen, die Freiheit schenken, fortlassen, freigeben, herausgeben, hinauslassen, losgeben, loslassen, [weg]gehen lassen; *(schweiz.):* springen lassen; *(ugs.):* herauslassen, laufen lassen; *(südd., österr.):* auslassen.

freilich

1. aber, allerdings, dagegen, dennoch, doch, gleichwohl, hingegen, ja, jedoch.

2. aber gewiss, auf jeden Fall, bestimmt, gewiss [doch], in jedem Fall, ja, [na] klar, natürlich, sehr wohl, selbstredend, selbstverständlich, sicher, unbedingt; *(ugs.):* allemal, garantiert, [na] logisch; *(emotional):* zweifellos, zweifelsohne; *(verstärkend):* jawohl.

freimütig

direkt, frank und frei, freiheraus, geradeaus, offen[herzig], ohne Umschweife, rundheraus, unumwunden, unverblümt, unverhohlen; *(ugs.):* geradeheraus; *(emotional):* rundweg.

freistehen

in jmds. Ermessen gestellt sein, offenstehen, überlassen sein/bleiben, unbenommen sein/bleiben, unverwehrt sein/bleiben.

freistellen

1. die Entscheidung/Wahl [über]lassen, entscheiden lassen, freie Hand lassen, in jmds. Ermessen stellen, überlassen; *(geh.):* anheimstellen.

2. befreien, beurlauben, entbinden, suspendieren, zurückstellen; *(bildungsspr.):* dispensieren.

3. entlassen, fortschicken, kündigen; *(ugs.):* feuern, hinausschmeißen, hinauswerfen, rausschmeißen, rauswerfen, vor die Tür setzen; *(verhüll.):* freisetzen, sich trennen.

freiwillig

aus eigenem Antrieb, aus freien Stücken; *(bildungsspr.):* sua sponte.

GGS gezwungenermaßen, nolens volens, notgedrungen, zwangsweise.

Freizeit

1. Feierabend, freie Zeit, Mußestunden.

2. Fahrt, Gesellschaft, Veranstaltung, Wochenendfahrt, Zeltfreizeit; *(schweiz.):* Anlass.

freizügig

1. freigebig, gebefreudig, großzügig, leger, nachlässig, weitherzig; *(schweiz.):* large; *(bildungsspr.):* generös; *(ugs.):* nobel, spendabel, spendier-

freudig; *(oft abwertend):* lax; *(veraltend):* honorig; *(bildungsspr. veraltend):* splendid.
2. frivol, gewagt, offenherzig, pikant, unanständig; *(ugs. verhüll.):* tolerant.

fremd
1. auswärtig, exotisch, fremdländisch, nicht aus der Gegend, nicht von hier, ortsfremd, von außerhalb, von auswärts; *(geh.):* aus der Fremde.
2. a) fernstehend, unbekannt, unvertraut; *(emotional):* wildfremd. **b)** andere, andersartig, anders[geartet], exotisch, neu, unbekannt, ungewöhnlich, ungewohnt.

Fremde
Ausland, Übersee, [weite] Welt; *(geh.):* Ferne.

Fremder, Fremde
a) Exotin, Auswärtiger, Auswärtige, Besucher, Besucherin, Exot, Gast, Ortsfremder, Ortsfremde. **b)** fremde/unbekannte Person, fremder/unbekannter Mann, fremde/unbekannte Frau, [irgend]jemand, Unbekannter, Unbekannte; *(emotional):* Wildfremder, Wildfremde.

fremdgehen
betrügen, die Ehe brechen, Ehebruch begehen, einen Seitensprung machen, untreu sein; *(geh. veraltet):* ehebrechen.

Frequenz
1. Besucherzahl, Häufigkeit, Zulauf, Zustrom; *(geh.):* Zuspruch.
2. Schwingungen.

fressen
a) verschlingen, weiden. **b)** herfallen, Nahrung aufnehmen/zu sich nehmen, [ver]schlingen; *(ugs.):* futtern, mampfen, verdrücken.

Freude
1. Begeisterung, Behagen, Belustigung, Fröhlichkeit, Frohsinn, Gefallen, Glück, Glückseligkeit, Heiterkeit, Hochgefühl, Lust, Seligkeit, Triumph, Vergnügen, Vergnügtheit, Wohlgefallen; *(geh.):* Beglückung, Entzücken, Entzückung, Ergötzen, Ergötzung, Frohmut, Herzensfreude, Wonne[gefühl]; *(bildungsspr.):* Amüsement; *(ugs.):* Gaudi.

BSP Die Worte sollten stürmische/helle Begeisterung hervorrufen/auslösen/entfachen. Daran kann ich Vergnügen finden/haben.

2. Genuss, Glückseligkeit, Hochgenuss, Spaß, Vergnügen, Vergnüglichkeit, Vergnügung.

freudig
a) aufgeräumt, ausgelassen, beschwingt, erfreut, freudestrahlend, froh [gestimmt], fröhlich, glücklich, glückselig, gut gelaunt, heiter, lustig, munter, optimistisch, überglücklich, unbekümmert, unbeschwert, vergnüglich, vergnügt, voll Freude; *(geh.):* hochgestimmt, wohlgemut; *(ugs.):* aufgedreht, aufgekratzt, fidel, heilfroh. **b)** angenehm, begrüßenswert, entzückend, erfreulich, günstig, gut, herrlich, nett, paradiesisch, positiv, rosig, schön, vorteilhaft, willkommen, wohlig, wohltuend, wünschenswert; *(geh.):* beglückend, erquicklich, freudenreich, freudvoll; *(ugs.):* fein.

freuen
entzücken, erfreuen, Freude bereiten/machen, freudig/froh stimmen, fröhlich/glücklich machen; *(geh.):* beglücken, erbauen, ergötzen.

freuen, sich
sich erfreuen, Freude haben, fröhlich/glücklich sein, genießen, jauchzen, jubeln, strahlen, triumphieren, voller Freude sein; *(geh.):* sich entzücken, sich erbauen, erbaut sein, sich ergötzen, frohlocken, jubilieren, sich weiden; *(ugs.):* [ganz/rein] aus dem Häuschen sein.

Freund
1. Getreuer, Kamerad, Vertrauter; *(geh.):* Gefährte; *(geh., oft scherzh.):* Intimus; *(ugs.):* Intimfreund, Kumpan, Kumpel; *(veraltend):* Genosse, Gespiele, Herzensfreund; *(bildungsspr. veraltend):* Konfident; *(Jargon):* Homie.
2. Boyfriend, Geliebter, Herz[blatt], Lebensgefährte, Liebhaber, Liebling, Lover, Partner, Verhältnis; *(geh.):* Erwählter; *(salopp):* Macker, Scheich; *(scherzh.):* Auserwählter; *(veraltend):* Schatz.
3. Aficionado, Anhänger, Fan, Liebhaber.

Freundin
1. Getreue, Kameradin, Vertraute; *(geh.):* Gefährtin; *(geh., oft scherzh.):* Intima; *(ugs.):* Intimfreundin, Kumpanin, Kumpel; *(ugs. scherzh.):* Kumpelin, Kumpeline; *(veraltend):* Genossin, Gespielin, Herzensfreundin.
2. Frau, Geliebte, Girlfriend, Herz[blatt], Lebensgefährtin, Liebling, Loverin, Partnerin, Verhältnis; *(geh.):* Erwählte; *(ugs.):* Flamme, Kleine; *(scherzh.):* Auserwählte; *(ugs. scherzh.):* Eroberung; *(abwertend):* Mätresse; *(veraltend):* Mädchen, Schatz; *(Jargon):* Braut.
3. Aficionada, Anhängerin, Fan, Liebhaberin.

freundlich
a) aufmerksam, einnehmend, entgegenkommend, gefällig, gemütlich, gut [gelaunt], gutherzig, gütig, gutmütig, heiter, herzensgut, herzlich, höflich, jovial, leutselig, lieb, liebenswert, liebenswürdig, milde, nett, sanft[mütig], warm, warmherzig, zuvorkommend; *(österr.):* fesch; *(geh.):* gewogen; *(bildungsspr.):* konziliant. **b)** angenehm, anheimelnd, ansprechend, behaglich,

gastlich, gemütlich, günstig, heimelig, intim, traulich, wohlig, wohnlich. **c)** freundschaftlich, gut gemeint, positiv, wohlwollend; *(geh.):* wohlmeinend.

GGS heimtückisch, heuchlerisch, hinterlistig, intrigant, mephistophelisch.

Freundlichkeit
1. a) Entgegenkommen, Gefälligkeit, Güte, Gutherzigkeit, Gutmütigkeit, Herzensgüte, Herzlichkeit, Höflichkeit, Innigkeit, Liebenswürdigkeit, Milde, Nettigkeit, Wohlwollen, Zuvorkommenheit. **b)** Behaglichkeit, Gemütlichkeit, Helligkeit, Wärme.
2. Aufmerksamkeit, Dienst, Entgegenkommen, Gefallen, Gefälligkeit, Gunst, Gunstbeweis, Herzlichkeit, Liebesdienst, Nettigkeit, Zuwendung; *(geh.):* Gunstbezeigung.

Freundschaft
Beziehung, Bund, Eintracht, Gemeinschaft, Harmonie, Kameradschaft, Verbindung, Verbundenheit, Vertrautheit, Zuneigung, Zusammengehörigkeit.

freundschaftlich
befreundet, brüderlich, familiär, freundlich, harmonisch, kameradschaftlich, schwesterlich, vertraulich, vertraut; *(bildungsspr.):* amikal.

Frieden
1. Friedenszeit, Friedenszustand, Waffenstillstand.
2. a) Einigkeit, Einmütigkeit, Eintracht, Einvernehmen, Harmonie, Übereinstimmung; *(geh.):* Einklang. **b)** Ruhe, Stille.

friedfertig
einträchtig, friedlich, friedliebend, friedsam, friedselig, gutmütig, harmoniebedürftig, im Guten, ohne Streit, pazifistisch, schiedlich, umgänglich, versöhnlich, verträglich, zahm.

friedlich
1. gewaltfrei, gewaltlos.

GGS brachial, brutal, handgreiflich, tätlich.

2. a) ↑friedfertig. **b)** beschaulich, geruhsam, idyllisch, leise, ruhig, sanft, still.

frieren
1. frösteln, schaudern, schauern, [vor Kälte] schlottern/zittern; *(ugs.):* Gänsehaut bekommen, [vor Kälte] bibbern.
2. erstarren, festfrieren, gefrieren, hart werden, überfrieren, vereisen, zu Eis werden, zufrieren.

frisch
1. a) ofenwarm, von heute. **b)** gegenwärtig, jung; *(geh.):* unverblasst; *(bildungsspr.):* präsent.
2. a) rein, sauber. **b)** neu, unbenutzt, unberührt, ungebraucht, ungenutzt, ungetragen, unverbraucht; *(geh.):* jungfräulich.
3. alert, erholt, fit, gesund, in Form, kräftig, lebhaft, leistungsfähig, munter, rüstig; *(schweiz.):* vif; *(ugs.):* auf der Höhe, gut drauf; *(ugs. emotional verstärkend):* quietschlebendig.
4. eisig, frostig, kalt, kühl.

frisieren
1. [aus]kämmen, bürsten; *(geh.):* Toilette machen; *(ugs.):* die Haare machen.
2. beschönigen, schönen, schönfärben, verbrämen; *(geh.):* bemänteln; *(ugs.):* umfrisieren.

Frist
a) Dauer, Spanne, Zeitraum, Zeitspanne; *(bildungsspr.):* Intervall. **b)** Aufschub, Verschiebung. **c)** Deadline, Stichtag, Termin, Zeitpunkt.

Frisur
[Haar]schnitt; *(bes. Jugendspr.):* Frise.

froh
1. a) ↑fröhlich (1 a). **b)** beruhigt, erleichtert, zufrieden; *(ugs.):* heilfroh.
2. erfreulich, freudig; *(geh.):* beglückend, freudvoll.

fröhlich
1. a) ausgelassen, beschwingt, erfreut, freudestrahlend, freudig, froh, glücklich, gut aufgelegt, guter Laune, gut gelaunt, heiter, humorvoll, launig, [lebens]lustig, munter, sonnig, spaßig, übermütig, vergnügt, voll[er] Freude; *(geh.):* beglückt, frohen Mutes, frohgemut, frohmütig, guter Dinge, hochgemut, wohlgemut; *(ugs.):* aufgedreht, aufgekratzt, fidel, gut drauf; *(emotional):* selig. **b)** leichtlebig, locker, sorglos, unbekümmert, unbeschwert, unbesorgt.
2. spaßig, vergnüglich.

fromm
glaubensstark, gläubig, gottergeben, gottesfürchtig, religiös, strenggläubig; *(geh.):* gottgefällig; *(abwertend):* kirchenfromm; *(veraltend):* gottselig, heilig.

Frömmigkeit
Glaube, Glaubensstärke, Gläubigkeit, Gottergebenheit, Gottesfurcht, Religiosität, Strenggläubigkeit; *(geh.):* Gottgefälligkeit; *(veraltend):* Frommheit, Gottseligkeit, Heiligkeit.

frönen
aufgehen in, sich ergeben, sich ganz widmen, sich hingeben, nachgehen, sich überlassen, sich verschreiben; *(geh.):* anhängen, schwelgen.

Front
1. Fassade, Stirnseite, Vorderansicht, Vorderseite.
2. a) Gefechtslinie, Kampflinie, vorderste Linie. **b)** Kriegsschauplatz, Schlachtfeld.

frontal
an der Stirnseite/Vorderseite, frontseitig, von vorn.

frösteln
durchfrösteln, grausen, gruseln, kalt den Rücken herunterlaufen, kalt sein, [leicht] frieren, schaudern, schauern, unheimlich zumute sein; *(geh.):* erschaudern, erschauern; *(ugs.):* eine Gänsehaut bekommen/kriegen.

frostig
1. eisig [kalt], eiskalt, frisch, fröstelig, frostklirrend, harsch, kalt, kühl, winterlich; *(ugs.):* hundekalt; *(emotional verstärkend):* bitterkalt, lausekalt; *(ugs. emotional verstärkend):* saukalt.
2. ablehnend, abweisend, distanziert, herb, kühl, lieblos, reserviert, spröde, unfreundlich, unterkühlt, zurückhaltend.

frottieren
a) abfrottieren, abreiben, abtrocknen, trocken reiben, trocknen. **b)** massieren, reiben; *(ugs.):* schrubben.

frotzeln
a) ärgern, bewitzeln, foppen, hänseln, sich lustig machen über, necken, seinen Scherz/Spott treiben mit, veralbern, verspotten, verulken, zum Besten haben/halten; *(österr.):* tratzen; *(ugs.):* auf den Arm nehmen, auf die Schippe laden/nehmen, aufziehen; *(südd.):* trätzen.
b) schäkern, scherzen, Spaß/Späße machen, spaßen, spötteln, ulken, witzeln; *(ugs.):* flachsen, uzen.

fruchtbar
1. a) einbringlich, einträglich, ergiebig, ertragnisreich, ertragreich, fett, fruchtbringend, profitabel, rentabel, rentierlich; *(ugs.):* dankbar.
b) fortpflanzungsfähig, geschlechtsreif, vermehrungsfähig, zeugungsfähig; *(geh.):* mannbar; *(bildungsspr.):* potent.
2. dienlich, effektiv, erfolgreich, förderlich, gut, hilfreich, lohnend, nutzbringend, nützlich, produktiv, schöpferisch, von Nutzen, wirksam; *(geh.):* ersprießlich, gedeihlich; *(bildungsspr.):* konstruktiv; *(bildungsspr., Fachspr.):* effizient.

fruchten
bewirken, dienlich sein, einschlagen, Erfolg haben, förderlich sein, greifen, gut sein zu, helfen, nützen, Nutzen bringen, nützlich sein, sich positiv auswirken, wirken, Wirkung zeigen; *(geh.):* hilfreich sein, Wirkung zeitigen, zum Nutzen gereichen; *(ugs.):* bringen, ziehen.

¹früh
1. a) bald, baldig, beizeiten, frühzeitig, rechtzeitig, zeitig. **b)** frühzeitig, verfrüht, vorzeitig.
2. in jungen Jahren, jung.

²früh
am Morgen, beim ersten Hahnenschrei, bei Sonnenaufgang/Tagesanbruch, frühmorgens, in aller Frühe, morgens; *(ugs.):* in aller Herrgottsfrühe.

¹früher
1. alt, damalig, ehemalig, einstig, einstmalig, seinerzeitig, vergangen, vorangegangen, vorausgehend, vorherig, vorig, vormalig, zurückliegend; *(bes. österr.):* gewesen; *(ugs.):* verflossen; *(ugs. scherzh.):* seligen Angedenkens.
2. eher, zeitiger, zu einem früheren Zeitpunkt.

²früher ≠
damals, ehemals, einmal, einst, in fernen/vergangenen Tagen, in früheren Zeiten, vor längerer/langer Zeit, vormals; *(österr.):* anno/im Jahre Schnee; *(geh.):* ehedem; *(dichter.):* vorzeiten; *(oft scherzh.):* in grauer Vorzeit; *(veraltend):* vordem.

frühestens
ehestens, nicht eher/früher als, nicht vor.

Frühling
1. Frühjahr, Frühjahrszeit, Frühlingszeit; *(dichter.):* Lenz.
2. Blüte[zeit], Jugend.

frühreif
altklug, naseweis, unkindlich, vorlaut, vorwitzig; *(veraltend):* frühfertig, frühklug.

Frustration
Ärger, Entmutigung, Enttäuschung, Ernüchterung, Missmut, Unlust, Unzufriedenheit, Verärgerung, Verbitterung, Verdrossenheit; *(bildungsspr.):* Desillusion, Desillusionierung; *(ugs.):* Dämpfer, Frust, kalte Dusche.

frustrieren
den Mut nehmen/rauben, deprimieren, entmutigen, enttäuschen, ernüchtern, mürbemachen, mutlos machen/stimmen, niederschmettern, verbittern; *(bildungsspr.):* demoralisieren, desillusionieren; *(ugs.):* fertigmachen, frusten.

fuchteln
fuhrwerken, gestikulieren, hantieren; *(ugs.):* herumfuchteln, herumhantieren.

fügen
1. bauen, fertigen, montieren, verbinden, verknüpfen, zusammenbauen, zusammensetzen.
2. anfügen, einarbeiten, einbetten, einbinden, einflechten, einfügen, eingliedern, einpassen, einsetzen; *(bildungsspr.):* integrieren.

fügen, sich
1. sich einfügen, sich eingliedern, sich einordnen, sich einpassen, passen; *(bildungsspr.):* sich integrieren.

2. sich beugen, sich ducken, einlenken, gehorchen, in die Knie gehen, kapitulieren, klein beigeben, kleinlaut werden, nachgeben, parieren, sich richten nach, seinen Widerstand aufgeben, sich unterordnen, zurückstecken; *(schweiz.):* sich unterziehen, zurückkrebsen; *(geh.):* die Segel streichen; *(ugs.):* kuschen, spuren.
3. eintreten, sich ereignen, sich ergeben, geschehen, passieren; *(geh.):* sich begeben, sich zutragen; *(veraltend):* sich schicken.

Fügung
1. Bestimmung, höhere Gewalt, Schicksal, Schicksalsfügung, Vorsehung; *(geh.):* Schickung; *(bildungsspr.):* Fatum, Tyche.
2. Wortgruppe; *(Sprachwiss.):* Idiom, Kollokation, Phraseologismus, Wortfügung.

fühlen
1. a) bemerken, empfinden, erfahren, erleben, erleiden, haben, merken, spüren, verspüren; *(geh.):* gewahren, gewahr werden. **b)** befühlen, ertasten, feststellen, tasten.
2. ahnen, erahnen, vorausahnen, vorhersehen, wittern; *(ugs.):* schwanen.

fühlen, sich
a) sich begreifen, sich empfinden, sich finden, sich halten, sich sehen, sich vorkommen. **b)** in Form sein, zumute sein, zurecht sein; *(geh.):* sich befinden; *(ugs.):* beieinander sein, drauf sein, zumut sein.

führen ↗
1. bringen, den Weg weisen/zeigen, fahren, gehen mit, hinführen, leiten, lotsen, manövrieren, schleppen, schleusen, vorangehen; *(geh.):* das Geleit geben, geleiten; *(meist geh.):* den Weg/die Richtung weisen.
2. anleiten, anweisen, coachen, dirigieren, erziehen, leiten, lenken, mit gutem Beispiel vorangehen; *(geh.):* auf den rechten/richtigen Weg bringen, unterweisen.
3. an der Spitze stehen, den Vorsitz [inne]haben, der Kopf sein, die Führung [inne]haben, die Leitung [inne]haben, die Zügel in der Hand haben/halten, dirigieren, leiten, präsidieren, regieren, verwalten, vorsitzen; *(geh.):* gebieten, vorstehen; *(ugs.):* das Kommando haben.
4. an der Spitze liegen/stehen, anführen, an oberster Stelle stehen, den ersten Platz belegen, die Spitze halten, dominieren, einen Vorsprung haben, Spitzenreiter sein, voraus sein, vorn liegen; *(Sport):* in Führung liegen.
5. hinauslaufen, mit sich bringen, zur Folge haben; *(bildungsspr.):* resultieren; *(ugs.):* herauskommen.

BSP Es wird darauf hinauslaufen, dass ... Dieses positive Ergebnis resultiert aus dem gesteigerten Einsatz aller.

führend
beherrschend, beste, bestimmend, dominant, dominierend, maßgebend, maßgeblich, richtungsweisend, tonangebend, überlegen, wegweisend; *(bildungsspr.):* prädominant, prädominierend; *(bildungsspr. veraltend):* prävalent.

Führung
1. a) Anführung, Aufsicht, Führerschaft, Herrschaft, Leitung, Lenkung, Oberaufsicht, Oberleitung, Regentschaft, Regie, Regiment, Vorherrschaft, Vormachtstellung, Vorsitz; *(bildungsspr.):* Ägide, Domination. **b)** Chefetage, Direktion, Direktorium, Führungsspitze, Führungsstab, Lenkungskreis, Management, Präsidium, Regierung, Spitze, Stab, Vorstand.
2. Besichtigung, Rundfahrt, Rundgang, Touristenführung.
3. a) Abstand, Vorsprung. **b)** führende Rolle, Führungsposition, Spitzenposition, Vormachtstellung, Vorrangstellung, Vorreiterrolle.

Fülle
a) Anhäufung, Ansammlung, Berg, Flut, große Zahl, Lawine, Masse, Menge, Reihe, Stapel, Stoß, Turm, Vielzahl; *(geh.):* Kaskade, Meer; *(ugs.):* Haufen, Kanonade, Ladung, Schwung; *(emotional verstärkend):* Unmenge, Unzahl. **b)** Breite, Buntheit, Farbigkeit, Mannigfaltigkeit, Reichtum, Schatz, Skala, Überangebot, Überfluss, Überfülle, Überreichtum, Üppigkeit, Variationsbreite, Vielfalt, Vielfältigkeit; *(geh.):* Sinfonie; *(bildungsspr.):* Spektrum.

füllen
1. a) auffüllen, ausfüllen, befüllen, betanken, vollgießen, vollschenken, vollschütten; *(ugs.):* vollmachen. **b)** sich ausbreiten, bevölkern, durchdringen, durchfluten, durchströmen, erfüllen, strömen; *(geh.):* durchwogen.
2. abfüllen, einfüllen, eingießen, einschenken, einschütten, gießen, hineingießen, schütten; *(geh.):* schenken; *(ugs.):* einkippen, tun.

füllig
1. beleibt, breit, dick, dickfleischig, dickleibig, dicklich, drall, fleischig, gewaltig, korpulent, kräftig, massig, mollig, rund, rundlich, untersetzt, üppig; *(schweiz.):* fest; *(geh.):* wohlbeleibt; *(ugs.):* kompakt, mopsig, pummelig, schwabbelig; *(verhüll.):* vollschlank; *(scherzh.):* kugelig,

kugelrund, voluminös; *(ugs. scherzh.):* gut gepolstert.
2. dicht, kräftig, prächtig, satt, üppig, voll, voluminös, weich.

fummeln
a) fingern, hantieren, nesteln, sich zu schaffen machen; *(ugs.):* bosseln, herumbasteln, herumbosseln, herumfingern, herumfummeln, herumkramen, herummurksen, herumnesteln, [herum]pusseln, knibbeln; *(nordd.):* grabbeln; *(salopp):* rummachen; *(landsch.):* herumpriemen, klabastern, knoddeln. **b)** anfassen, berühren, streicheln; *(ugs.):* befingern, begrapschen, herumfingern, herumfummeln; *(ugs. abwertend):* tatschen; *(salopp):* rummachen.

Fund
1. Aufdeckung, Ausgrabung, Bloßlegung, Entdeckung, Enthüllung, Freilegung.
2. Ausbeute, Ausgrabung, Fundgegenstand, Fundstück; *(bildungsspr.):* Trouvaille.

Fundament
1. Basisstein, Fuß, Grundmauer, Grundstein, Sockel, Unterbau; *(schweiz.):* Fundation; *(bildungsspr.):* Postament.
2. Ansatz, Ausgangspunkt, Grundgedanke, Grundlage, Grundstock, Plattform, Unterbau, Unterlage; *(bildungsspr.):* Basis, Fond.

fundiert
a) allgemein anerkannt, begründet, berechtigt, durchdacht, gesichert, glaubwürdig, hieb- und stichfest, sicher, unanfechtbar, untermauert, unwiderlegbar, verbürgt; *(bildungsspr.):* legitim, substanziiert. **b)** gut, solide, zuverlässig.

funkeln
aufblitzen, aufleuchten, blinken, blitzen, flimmern, glänzen, glitzern, leuchten, schimmern, strahlen; *(geh.):* flirren; *(dichter.):* gleißen.

Funktion
a) Anforderung, Arbeit, Aufgabe, Auftrag, Bestimmung, Pflicht, Rolle, Tätigkeit, Verpflichtung, Zweck; *(geh.):* Obliegenheit; *(bildungsspr.):* Destination, Mission. **b)** Amt, Beruf, Geschäft, Position, Posten, Stelle, Stellung; *(ugs.):* Job.

funktionieren
angeschaltet/angestellt sein, arbeiten, eingeschaltet sein, gehen, in Betrieb sein, in Bewegung sein, in Gang sein, in Ordnung sein, intakt sein, laufen, ordnungsgemäß/reibungslos ablaufen; *(ugs.):* an sein, flutschen, klappen, okay/o. k. sein, rundlaufen, tun.

Furcht
1. Angst, Ängstlichkeit, Angstzustand, Bangigkeit, Beklemmung, Beklommenheit, Furchtsamkeit, Herzklopfen, Panik; *(geh.):* Bangnis, Herzensangst; *(ugs.):* Fracksausen, Manschetten, Muffensausen; *(salopp):* Bammel, Schiss.
2. ↑Ehrfurcht.

furchtbar
1. abscheuerregend, abscheulich, ekelhaft, eklig, entsetzenerregend, entsetzlich, grauenerregend, grauenhaft, grauenvoll, gräulich, grausig, haarsträubend, schrecklich, unerträglich, verheerend, widerwärtig; *(geh.):* schaudererregend; *(ugs.):* ätzend, fies; *(salopp):* zum Kotzen; *(emotional):* fürchterlich, grässlich, scheußlich.
2. ↑sehr.

fürchten
1. ahnen, befürchten, die Befürchtung/Besorgnis haben, kommen sehen, rechnen mit, vermuten; *(geh.):* argwöhnen, die Befürchtung hegen.
2. Angst haben, sich ängstigen, Bedenken haben/hegen, besorgt sein, in Sorge sein, sich sorgen, zittern; *(geh.):* bangen; *(ugs.):* bibbern.

fürchten, sich
Angst haben, sich ängstigen, Furcht empfinden, [sich] grauen, sich grausen, sich gruseln, in Angst sein, zittern; *(geh.):* bangen; *(ugs.):* bibbern, Blut und Wasser schwitzen, Fracksausen/Gummibeine haben, sich graulen, Manschetten/Muffe/Muffensausen haben; *(salopp):* Bammel haben, Schiss haben; *(ugs. emotional):* tausend Ängste ausstehen.

fürchterlich ↑furchtbar.

furchtsam
angsterfüllt, ängstlich, angstvoll, bange, bänglich, beklommen, besorgt, hasenfüßig, hasenherzig, scheu, schreckhaft, schüchtern, überängstlich, verängstigt, verschreckt, voll Angst, voll Furcht, zähneklappernd; *(geh.):* verzagt, zag; *(bildungsspr.):* timide; *(abwertend):* feige.

GGS beherzt, forsch, heroisch, tapfer, wagemutig.

---

furios
a) aggressiv, erbittert, fanatisch, heftig, heiß, hitzig, leidenschaftlich, rasend, scharf, stürmisch, temperamentvoll, ungezügelt, wild; *(bildungsspr.):* vehement. **b)** ausgezeichnet, brillant, grandios, großartig, hervorragend, hinreißend, imposant, mitreißend, überwältigend, umwerfend; *(ugs.):* fantastisch.

Furore
Aufheben, Aufregung, Aufsehen, Beachtung,

Eklat, Lärm, Sensation, Skandal, Überraschung, Verwunderung, Wirbel.

Fürsorge
1. Bemutterung, Betreuung, Fürsorglichkeit, Hilfe, Pflege, Sorge, Versorgung; *(geh.):* Obhut.
2. Sozialhilfe, Wohlfahrtspflege.

fürsorglich
besorgt, hingebungsvoll, liebevoll, mütterlich, rücksichtsvoll, väterlich; *(geh.):* achtsam, zärtlich; *(veraltend):* betulich, sorglich.

Fürsprache
Beistand, Empfehlung, Förderung, Gönnerschaft, Hilfe, Protektion, Unterstützung.

fürstlich
1. adlig, adliger Abstammung, aristokratisch, edelmännisch, feudal, gräflich, herzoglich, kaiserlich, königlich, von Adel; *(geh.):* durchlauchtig, von hoher Abkunft/Geburt; *(meist iron.):* blaublütig; *(veraltend):* hoch[wohl]geboren.
2. aufwendig, edel, elegant, exklusiv, exquisit, fein, festlich, gepflegt, geschmackvoll, glanzvoll, königlich, luxuriös, mondän, pompös, prächtig, prachtvoll, prunkvoll, vornehm; *(bildungsspr.):* opulent; *(ugs.):* feudal, piekfein.

Fusion
[Unternehmens]zusammenschluss, Vereinigung, Verschmelzung, Zusammenlegung.

fusionieren
[sich] vereinigen, verschmelzen, zusammengehen, [sich] zusammenschließen, sich zusammentun; *(geh.):* [sich] vereinen.

fusseln
fasern, haaren; *(nordd.):* flusen.

fußen
sich ableiten, aufbauen, beruhen, entspringen, sich gründen, herrühren, stammen, sich stützen, sich verdanken, wurzeln, zurückgehen, zurückzuführen sein; *(schweiz.):* sich abstützen; *(bildungsspr.):* basieren, resultieren.

futtern
essen, herfallen, löffeln, schlemmen, seinen Hunger stillen, [ver]schlingen, zugreifen, zu sich nehmen; *(ugs.):* mampfen, verdrücken, verputzen, sich vollstopfen, zulangen; *(salopp):* sich [den Bauch/Wanst] vollschlagen, [ordentlich] reinhauen, sich vollfressen; *(fam.):* schnabulieren, spachteln; *(scherzh.):* sich einverleiben; *(ugs. scherzh.):* vertilgen.

füttern
1. Futter geben, verpflegen, zu fressen geben.
2. eingeben, einprogrammieren, eintippen; *(Jargon):* einloggen; *(EDV):* einfüttern, einspeichern, einspeisen.

G

Gabe
1. Geschenk; *(bildungsspr.):* Präsent; *(fam.):* Mitbringsel.
2. Anlage, Befähigung, Begabung, Berufung, Eignung, Fähigkeit, Genialität, Klugheit, Kompetenz, Neigung, Stärke, Talent, Veranlagung; *(bildungsspr.):* Ingenium; *(ugs.):* Ader.

gabeln, sich
abgehen, abzweigen, auseinandergehen, auseinanderlaufen, auseinanderstreben, sich in zwei Arme teilen, sich scheiden, sich spalten, sich teilen, sich trennen, sich verzweigen.

gaffen
anstarren, anstaunen, beäugen, bestaunen, den Blick heften/richten, den Blick nicht abwenden können, fixieren, mustern, nicht aus den Augen lassen, starren, stieren; *(ugs.):* spannen; *(salopp):* anglotzen, beglotzen; *(ugs. scherzh.):* beäugeln, Stielaugen machen; *(abwertend):* angaffen, anstieren, begaffen.

Gag
geistreiche Idee, Grille, komische Situation, lustige Idee, Slapstick, Spaß, Witz, witziger Einfall; *(geh.):* Caprice; *(bildungsspr.):* Inspiration; *(ugs.):* Dreh, Geistesblitz, Joke; *(ugs. scherzh.):* Gedankenblitz; *(Jargon):* Highlight.

Gage
Bezahlung, Bezüge, Einkommen, Einkünfte, Einnahmen, Entgelt, Entlohnung, Gehalt, Honorar, Lohn, Verdienst, Vergütung; *(österr.):* Bezug; *(schweiz.):* Entlöhnung; *(ugs.):* Zahlung; *(veraltend):* Ablohnung.

galant
aufmerksam, charmant, gefällig, gentlemanlike, gewandt, höflich, kavaliersmäßig, kultiviert, liebenswürdig, manierlich, ritterlich, vornehm, zuvorkommend; *(bildungsspr.):* chevaleresk.

Galerie
1. a) Ausstellung, Kunstsammlung, Museum, Salon, Sammlung; *(bildungsspr.):* Pinakothek.
b) Kunsthandlung.
2. Balkon, Empore, Rang.

gammeln
1. faulen, faul werden, in Fäulnis/Gärung/Verwesung übergehen, modern, schlecht/ungenießbar werden, verderben, verfaulen, vermodern, verrotten, verwesen; *(ugs.):* gammelig werden, vergammeln; *(nordd.):* rotten.
2. dahindämmern, dahinkümmern, dahinleben, faul sein, hindämmern, in den Tag hinein leben,

vor sich hin leben; *(ugs.):* rumgammeln; *(oft abwertend):* [dahin]vegetieren.

¹Gang
1. Bewegung, Bewegungsablauf, Fortbewegungsart, Gangart, Schritt, Tritt, Trott.
2. a) Marsch, Runde, Spaziergang, Streifzug, Tour; *(ugs.):* Bummel, Trip; *(veraltend):* Promenade. **b)** Besorgung, Dienstgang, Dienstgeschäft, Erledigung, Kauf, Verrichtung.
3. Abfolge, Ablauf, Aufeinanderfolge, Chronologie, Entwicklung, Hergang, Lauf, Nacheinander, Programm, Prozess, Reihenfolge, Verlauf, Vorgang; *(geh.):* Geschehen; *(bildungsspr.):* Mechanismus; *(leicht abwertend):* Trott.
4. Menü; *(geh.):* Speisenfolge.

²Gang
a) Bande, Gangsterbande, Gaunerbande, Racket, Verbrecherbande; *(abwertend):* Mob.
b) Clique, Gruppe, Runde, Schar; *(ugs.):* Haufen.

gängig
1. [allgemein] gebräuchlich/üblich, alltäglich, an der Tagesordnung, bewährt, eingebürgert, eingefahren, eingeführt, gangbar, gang und gäbe, herkömmlich, landläufig, normal, regulär, traditionell, usuell, vertraut, [weit]verbreitet.
2. beliebt, gefragt, gern gekauft, [gut] verkäuflich, [stark] nachgefragt, viel gekauft, [viel] verlangt; *(geh.):* begehrt.

ganz ⚡
1. a) absolut, alle, ausnahmslos, ausschließlich, bis aufs Letzte, durchgängig, durchweg, ganz und gar, gesamt, grundlegend, im Ganzen, in jeder Beziehung/Hinsicht, insgesamt, in vollem Maße/Umfang, lückenlos, ohne Ausnahme, rundherum, sämtlich, total, über und über, unbedingt, uneingeschränkt, voll, vollauf, vollends, völlig, vollkommen, vollständig, von Kopf bis Fuß, von oben bis unten; *(schweiz.):* durchs Band weg, vollumfänglich; *(bes. schweiz.):* gesamthaft; *(bildungsspr.):* in extenso, in toto, totaliter; *(ugs.):* allesamt, bis zum/über den Hals, durch die Bank, durch und durch, hundertpro[zentig], mit Haut und Haar[en]; *(emotional):* restlos; *(nachdrücklich):* gänzlich; *(südd., österr., schweiz.):* durchwegs. **b)** abgeschlossen, als Ganzes, komplett, ungeteilt, voll[ständig].
2. a) ausreichend, befriedigend, halbwegs, hinlänglich, hinreichend, leidlich, ziemlich.
b) ↑sehr.
3. gesund, heil, intakt, unberührt, unbeschädigt, unversehrt, wohlbehalten.

¹gar
1. durch, durchgebacken, durchgebraten, fertig [gekocht/gebacken].
2. aufgebraucht, ausgegangen, nicht mehr verfügbar, zu Ende; *(geh.):* aufgezehrt; *(ugs.):* alle.

²gar
1. absolut, einfach, ganz und gar, rundherum, schlechthin, schlicht, überhaupt, vollständig; *(ugs.):* durch und durch, partout, rein, total; *(salopp):* ums Verrecken; *(emotional):* restlos.
2. ↑sehr.

Garantie
Bürge, Bürgschaft, Gewähr[leistung], Haftung, Sicherheit.

garantieren
a) gewähren, zubilligen, zusagen, zusichern; *(ugs.):* unterschreiben. **b)** Brief und Siegel geben, bürgen, die Garantie übernehmen, die Hand darauf geben, einstehen, eintreten, geloben, geradestehen, gewährleisten, haften, sichern, sich verbürgen, verteidigen; *(bildungsspr.):* protegieren; *(ugs.):* die/seine Hand ins Feuer legen, sich starkmachen; *(emotional):* tausend Eide schwören.

garantiert
aber gewiss, auf alle Fälle/jeden Fall, bestimmt, gewiss [doch], in jedem Fall, ja, mit Sicherheit, [na] klar, natürlich, ohne Frage/Zweifel, sehr wohl, selbstredend, selbstverständlich, sicher, unbedingt, zweifelsfrei; *(ugs.):* allemal, hundertpro, hundertprozentig, klarer Fall, [na] logisch; *(emotional):* zweifellos, zweifelsohne; *(verstärkend):* jawohl; *(bes. südd.):* freilich.

garen
dämpfen, dünsten, gar werden lassen, kochen, weich machen, ziehen lassen; *(nordd.):* stowen.

gären
1. arbeiten, aufgehen, aufkochen, auftreiben, brodeln, sich in Gärung befinden, in Gärung übergehen, moussieren, säuern, sauer werden, schäumen, sich zersetzen; *(ugs.):* blubbern.
2. brodeln, kochen, kriseln, rumoren, schwelen; *(ugs.):* brenzlig sein.

Garnitur
1. Gruppe, Reihe, Satz, Serie, Set.
2. Ausgestaltung, Ausschmückung, Ausstaffierung, Blende, Bordüre, Borte, Dekor, Dekoration, Garnierung, Verzierung, Zierband; *(geh.):* Auszierung, Festesglanz, Zierrat.

garstig
1. frech, unartig, unausstehlich, unfreundlich; *(emotional verstärkend):* bitterböse; *(fam.):* böse.
2. abscheulich, abstoßend, böse, hässlich, widerwärtig; *(abwertend):* widerlich.

gastfreundlich
gastfrei, gastlich, offen; *(veraltend):* wirtlich.

Gaststätte
Einkehrmöglichkeit, Gasthaus, Gasthof, Gastwirtschaft, Lokal, Restaurant, Schenke, Speisegaststätte, Speiselokal, Wirtshaus; *(österr.):* Beisl, Jausenstation; *(bes. österr.):* Restauration; *(geh.):* Etablissement; *(ugs.):* Kneipe, Pinte.

Gatte
Ehemann, Ehepartner, Mann; *(geh.):* Ehegatte, Gemahl; *(scherzh.):* Angetrauter; *(ugs. scherzh.):* bessere Hälfte.

Gatter
Gatterpforte, Gattertor, Gittertor, Lattentor.

Gattin
Ehefrau, Ehepartnerin, Frau; *(geh.):* Ehegattin, Gemahlin; *(scherzh.):* Angetraute; *(ugs. scherzh.):* bessere/schönere Hälfte.

Gattung
1. Art, Genre, Kategorie, Klasse, Sorte, Spezies, Typ; *(bildungsspr. veraltend):* Genus.
2. Gruppe, Schlag, Zweig.

Gaudi
Belustigung, Freude, Spaß, Unterhaltung, Vergnügen; *(geh.):* Ergötzen, Ergötzung; *(bildungsspr.):* Amüsement; *(ugs. emotional verstärkend):* Mordsgaudi, Mordsspaß, Riesenspaß; *(bildungsspr. veraltend):* Gaudium.

Gauner, Gaunerin
1. Bandit, Banditin, Betrüger, Betrügerin, Dieb, Diebin, Gewalttäter, Gewalttäterin, Krimineller, Kriminelle, Verbrecher, Verbrecherin; *(geh.):* Übeltäter, Übeltäterin; *(ugs.):* Unterweltler, Unterweltlerin; *(abwertend):* Gangster, Gangsterin, Halunke, Halunkin, Kanaille, Lump, Schuft, Schuftin, Schurke, Schurkin, Schwindler, Schwindlerin, Strolch.
2. *(ugs.):* Fuchs, Schlawiner, Schlawinerin, Schlitzohr; *(salopp):* Luder; *(scherzh.):* Halunke, Halunkin, Schlingel.

geachtet
Achtung/Ansehen genießend, anerkannt, angesehen, bekannt, einen guten Namen habend, einen guten Ruf genießend/habend, geehrt, geschätzt, hochgeschätzt, hoch im Kurs stehend, namhaft; *(geh.):* achtbar; *(bildungsspr.):* renommiert, respektabel; *(ugs.):* gut angeschrieben.

Gebäck
Backwaren, Backwerk, Knusperchen, Plätzchen; *(österr.):* Bäckerei; *(schweiz.):* Guetzli; *(bes. südd., österr., schweiz.):* Konfekt.

Gebärde
1. Bewegung, Geste.
2. Habitus, Haltung; *(bildungsspr.):* Attitüde.

gebärden, sich
sich aufführen, auftreten, sich benehmen, sich betragen, sich geben, handeln, sich verhalten, sich zeigen; *(ugs.):* sich anstellen.

gebären
ein Baby bekommen, ein Kind zur Welt bringen, entbinden, Mutter werden; *(dichter.):* eines Kindes genesen; *(ugs.):* ein Kind kriegen/in die Welt setzen; *(veraltend):* kreißen.

Gebaren
Art, Auftreten, Benehmen, Betragen, Gehaben, Habitus, Verhalten; *(geh.):* Aufführung.

geben ↗
1. a) aushändigen, hinreichen, in die Hand drücken, übergeben, überlassen, überreichen; *(geh.):* darbieten, darreichen, zukommen/zuteilwerden lassen; *(bildungsspr.):* präsentieren; *(ugs.):* langen, rüberwachsen lassen.
b) [be]schenken, gewähren, zum Geschenk machen, zustecken; *(schweiz.):* vergaben; *(geh.):* bedenken, beglücken, stiften, zukommen/zuteilwerden lassen; *(ugs.):* spendieren; *(geh. od. iron.):* angedeihen lassen.
2. auftreten, sich befinden, bestehen, da sein, existieren, sich finden, [vorhanden] sein, vorkommen; *(veraltend):* obwalten, vorwalten.

BSP Im Text treten Widersprüche auf. Wo befindet sich das Sekretariat? Darüber besteht kein Zweifel. Für dieses Referatsthema ließ sich niemand finden.

geben, sich
1. ↑gebärden, sich.
2. abklingen, aufhören, ein Ende haben/nehmen, enden, sich legen, nachlassen, schwächer werden, vergehen; *(geh.):* schwinden.

Gebet
Anrufung Gottes, Bitte, Bittgebet, Dankgebet, Danksagung, Fürbitte.

Gebiet
1. Areal, Bereich, Beritt, Bezirk, Distrikt, Fläche, Gegend, Gelände, Land[strich], Terrain, Territorium, Winkel, Zone; *(geh.):* Gefilde.
2. Arbeitsbereich, Arbeitsgebiet, Bereich, Branche, Disziplin, Domäne, Fach, Fachbereich, Fachgebiet, Fachrichtung, Feld, Metier, Ressort, Revier, Richtung, Sachbereich, Sachgebiet, Sektor, Sparte, Tätigkeitsbereich, Terrain, Wissensgebiet, Zweig; *(geh.):* Arbeitsfeld.

Gebilde
Ding, Form, Gegenstand, Gestalt, Objekt, Produkt; *(abwertend):* Machwerk.

gebildet
belesen, beschlagen, bewandert, gelehrt, ge-

scheit, hochgebildet, hochgelehrt, kenntnisreich, kultiviert, wissend; *(ugs.):* studiert.

GGS dümmlich, einfach, einfältig, unerfahren, unkundig.

gebirgig
alpin, bergig, bergreich.

Gebiss
1. Zähne.
2. dritte/falsche Zähne, Prothese, Zahnersatz, Zahnprothese.

geboren
gebürtig, her[gekommen], [her]stammend.

geboren werden
auf die Welt kommen, zur Welt kommen; *(geh.):* das Licht der Welt erblicken.

geborgen
behütet, beschützt, geschützt, gut aufgehoben, in Sicherheit, sicher; *(geh.):* beschirmt, wohlbehütet; *(ugs.):* wie in Abrahams Schoß.

Gebot
1. Imperativ, Moralgesetz, Sittengesetz; *(bildungsspr.):* Postulat.
2. Anordnung, Anweisung, Auftrag, Befehl, Bestimmung, Dekret, Erlass, Instruktion, Maßregel, Order, Verfügung, Verordnung, Vorschrift; *(geh.):* Geheiß; *(bildungsspr.):* Direktive.
3. Anforderung, Erfordernis, Notwendigkeit, Pflicht.
4. Angebot, Preisangebot.

geboten
am Platz, angebracht, angemessen, erforderlich, fällig, gebührend, geraten, nötig, notwendig, ratsam, schuldig, vonnöten; *(geh.):* angezeigt, geziemend; *(bildungsspr.):* opportun; *(veraltend):* gebührlich, rätlich, tunlich.

Gebrauch
1. Anwendung, Aufbietung, Aufwand, Aufwendung, Benutzung, Einsatz, Nutzung, Verwendung; *(bildungsspr.):* Applikation, Applizierung.
2. Brauch[tum], [feste] Gewohnheit, Sitte, Tradition, Überlieferung, Usus; *(geh.):* Gepflogenheit.

gebrauchen
1. anwenden, benutzen, brauchen, einsetzen, Gebrauch machen, handhaben, in Gebrauch nehmen, nutzen, verwenden, verwerten, zum Einsatz/zur Anwendung bringen; *(österr.):* in Verwendung nehmen; *(geh.):* sich bedienen.
2. Bedarf haben, benötigen, brauchen, haben müssen, nicht entbehren können, nötig haben; *(geh.):* bedürfen.

gebräuchlich
gangbar, gängig, gang und gäbe, geläufig, landläufig, üblich, usuell, [weit]verbreitet.

Gebrauch machen
ausnutzen, ausschöpfen, beanspruchen, benutzen, die Chance ergreifen, nutzen, profitieren, verwenden; *(geh.):* nutznießen.

BSP Wir haben bereits alle Möglichkeiten ausgeschöpft. Die Industrie profitiert derzeit vom billigen Öl.

Gebrauchsanweisung
Anweisung, [Bedienungs]anleitung, Beipackzettel, Handbuch; *(bes. EDV):* Manual.

gebraucht
abgenutzt, alt, antiquarisch, aus zweiter Hand, benutzt, nicht mehr neu, secondhand.

Gebrechen
Beschwerden, Leiden, Problem, Störung; *(meist geh.):* Übel; *(ugs.):* Wehwehchen; *(ugs. scherzh.):* Zipperlein; *(bildungsspr. veraltend):* Molesten.

gebrechlich
hinfällig, schwach, schwächlich; *(schweiz.):* krächelig; *(geh.):* siech; *(fam.):* klapprig.

gebrochen
a) gescheitert, getroffen, ruiniert, verloren, vernichtet; *(ugs.):* am Ende, auf den Hund gekommen, fertig, unten durch. **b)** angeschlagen, beschädigt, brüchig, gestört, lädiert; *(ugs.):* angeknackst, ramponiert. **c)** abgehackt, holprig.

Gebühr
Abgabe, Beitrag, Betrag, Preis, Steuer, Tarif, Taxe, Zahlung; *(bes. österr.):* Maut.

gebühren
verdienen, wert sein, zukommen, zustehen; *(veraltend):* geziemen.

gebührend
angebracht, angemessen, gebührenderweise, gehörig, gemäß, gemessen, schuldig, wie es sich gehört, zukommend, zustehend; *(geh.):* angezeigt, geboten, geziemend; *(veraltend):* gebührlich.

Geburt
1. a) Entbindung, Geburtsvorgang. **b)** Ankunft; *(verhüll.):* freudiges Ereignis.
2. Abkunft, Abstammung, Herkommen, Herkunft; *(geh.):* Geblüt; *(bildungsspr.):* Provenienz.

gebürtig
geboren, [her]stammend.

Gebüsch
Büsche, Buschwerk, Dickicht, Gesträuch, Gestrüpp, Strauchwerk.

Gedächtnis
1. Erinnerung, Erinnerungsfähigkeit, Erinne-

rungsvermögen, Gedächtniskraft, Gedächtnisleistung, Merkfähigkeit.
2. Andenken, Erinnerung, Gedenken; *(geh.):* Angedenken.

Gedanke
1. a) Überlegung. **b)** Bedenken, Nachdenken.
2. Anschauung, Ansicht, Auffassung, Einstellung, Meinung, Position, Sicht[weise], Standpunkt, Vorstellung.
3. Einfall, Idee, Plan, Vorschlag; *(geh.):* Eingebung; *(bildungsspr.):* Inspiration; *(ugs.):* Geistesblitz.

Gedanke

sich Gedanken machen
sich auseinandersetzen, sich befassen, sich beschäftigen, durchdenken, grübeln, mit sich kämpfen, nachdenken, nachsinnen, philosophieren, rätseln, sinnieren, überlegen, Überlegungen anstellen; *(schweiz.):* hirnen, werweißen; *(geh.):* mit sich zurate gehen, [nach]sinnen, wägen; *(bildungsspr.):* reflektieren, Reflexionen anstellen.

gedankenlos
1. arglos, automatisch, blind[lings], mechanisch, ohne Vernunft/Vorbedacht, unbedacht, unüberlegt; *(abwertend):* nach Schema F.
2. abwesend, gedankenfern, gedankenverloren, gedankenversunken, geistesabwesend, in den Wolken schwebend, weltentrückt, zerstreut; *(geh.):* entrückt, selbstvergessen, selbstversunken, weltvergessen, weltverloren; *(ugs.):* auf Wolke sieben, im Tran, weg[getreten].

gedeihen
1. [auf]blühen, sich entfalten, sich entwickeln, geraten, gut wachsen, zum Blühen gelangen; *(geh.):* erblühen.
2. blühen, einen Aufschwung/Aufstieg erleben, florieren, sich fortentwickeln, fortschreiten, Fortschritte machen, geraten, sich günstig/gut entwickeln, gut gehen, vorangehen, vorankommen, vorwärtskommen, sich weiterentwickeln, weitergehen, weiterkommen, weiterschreiten.

gedenken
1. sich besinnen, denken, sich entsinnen, sich erinnern, in Erinnerung bringen, sich ins Gedächtnis rufen, sich vergegenwärtigen, zurückblicken, zurückdenken; *(geh.):* eingedenk sein; *(bes. südd., österr., schweiz.):* zurücksehen.
2. beabsichtigen, die Absicht haben, entschlossen sein, gewillt sein, hinzielen, im Auge haben, im Sinn haben, sich in den Kopf setzen, intendieren, planen, vorhaben, sich vornehmen, wollen.

Gedenken
Andenken, Erinnerung, Gedächtnis; *(geh.):* Angedenken.

gediegen
a) haltbar, qualitätvoll, solide, sorgfältig gearbeitet, stabil, vom alten Schlag, von solider Qualität, wertbeständig; *(schweiz.):* währschaft.
b) fundiert, gründlich, gut, ordentlich, seriös, solide, verlässlich, zuverlässig; *(ugs.):* reell.

Gedränge
Andrang, Auflauf, Gemenge, Getriebe, Getümmel, Gewimmel, Gewoge, Gewühl, Menschenansammlung, Menschenauflauf, Menschengewimmel, Menschengewühl, Tumult; *(schweiz.):* Käsete.

Geduld
Ausdauer, Beharrlichkeit, Beharrungsvermögen, Beständigkeit, Durchhaltevermögen, Durchstehvermögen, Engelsgeduld, Hartnäckigkeit, Kondition, Nachsicht, Unbeirrbarkeit, Unermüdlichkeit; *(geh.):* Langmut; *(ugs.):* Lammsgeduld; *(ugs. scherzh.):* Sitzfleisch.

gedulden, sich
abwarten, Geduld haben, geduldig sein, sich in Geduld fassen, warten, zuwarten; *(geh.):* [aus]harren; *(ugs.):* abwarten und Tee trinken.

geduldig
ausdauernd, beharrlich, beständig, hartnäckig, mit Geduld, nachsichtig, ohne Unterbrechung/Unterlass, unablässig, unaufhörlich, unbeirrbar, unbeirrt, unentwegt, unermüdlich, unerschütterlich, ununterbrochen, unverdrossen, verbissen, voller Geduld, zäh; *(geh.):* langmütig.

GGS begierig, erwartungsvoll, fieberhaft, rastlos, sehnsuchtsvoll.

geehrt
1. angesehen, Ansehen genießend, einen guten Ruf genießend, geachtet, geschätzt, hochgeachtet, hochgeschätzt; *(bildungsspr.):* renommiert, respektabel.
2. geschätzt, lieb; *(geh.):* teuer, verehrt; *(veraltend):* wert.

geeignet
1. gegeben, gelegen, gut, ideal, passend, recht, richtig, wie geschaffen; *(südd.):* geschickt.
2. befähigt, begabt, berufen, fähig, qualifiziert, talentiert; *(bildungsspr.):* prädestiniert.
3. anwendbar, brauchbar, dienlich, einsetzbar, nutzbar, nützlich, praktikabel, praktisch, tauglich, verwendbar, zweckmäßig.

Gefahr
Bedrohung, drohendes Unheil, Gefährdung, Risiko, Unsicherheit; *(geh.):* Damoklesschwert; *(dichter.):* Fährde, Fährnis.

gefährden
aufs Spiel setzen, bedrohen, eine Gefahr bilden, gefährlich werden, in Gefahr bringen.

gefährdet
bedroht, in Gefahr [befindlich], schutzlos, ungeschützt, wehrlos.

gefährlich
bedrohlich, eine Gefahr bildend, ernst, Gefahr[en] enthaltend/mit sich bringend, gefahrvoll, gemeingefährlich, hochgefährlich, kritisch, risikoreich, riskant, unheilvoll, voller Gefahr, waghalsig; *(ugs.):* brenzlig, mulmig.

GGS gutartig, harmlos, sicher, unbedenklich.

Gefährt
Auto, Fahrzeug, Fuhrwerk, Kfz, Verkehrsmittel, Wagen; *(salopp):* Kiste, Nuckelpinne; *(Jargon):* Ofen; *(abwertend):* Karre; *(oft abwertend):* Vehikel; *(ugs. scherzh.):* Benzinkutsche, fahrbarer Untersatz.

Gefährte, Gefährtin
Begleiter, Begleiterin, Freund, Freundin, Getreuer, Getreue, Kamerad, Kameradin, Kompagnon, Vertrauter, Vertraute; *(ugs.):* Kumpan, Kumpanin; *(salopp):* Kumpel; *(ugs. scherzh.):* Kumpelin, Kumpeline, Sozius, Sozia; *(veraltend):* Genosse, Genossin; *(bildungsspr. veraltend):* Konfident, Konfidentin.

Gefälle
1. Abfall, Abschüssigkeit, Höhenunterschied, Neigung, Senkung.
2. Abstand, Kluft, Missverhältnis, Ungleichheit, Unterschied; *(bildungsspr.):* Diskrepanz.

gefallen
angenehm sein, ansprechen, behagen, Behagen bereiten, Beifall finden, bestechen, den Geschmack treffen, einnehmen, entzücken, es angetan haben, Gefallen erregen/finden, imponieren, liegen, mögen, schön finden, sympathisch sein, zusagen; *(geh.):* munden, Zuspruch finden; *(ugs.):* ankommen, jmds. Fall sein.

BSP Sie hat mit dem Geschenk genau den Geschmack ihrer Freundin getroffen. Das neue Youtube-Video fand seinen Gefallen. Der neue Treffpunkt hat bei den Jugendlichen großen Zuspruch gefunden.

Gefallen
Dienst, Dienstbarkeit, Entgegenkommen, Freundlichkeit, Gefälligkeit, Hilfeleistung, Liebe, Liebesdienst; *(geh.):* Freundesdienst.

gefällig
1. aufmerksam, entgegenkommend, hilfsbereit, zu Gefälligkeiten bereit, zuvorkommend; *(geh.):* eilfertig; *(bildungsspr.):* konziliant.
2. angenehm, erwünscht, gewünscht, recht, willkommen; *(geh.):* genehm.

Gefälligkeit
1. ↑Gefallen.
2. Freundlichkeit, Hilfsbereitschaft, Nettigkeit.

gefälscht
falsch, imitiert, künstlich, nachgeahmt, unecht; *(ugs.):* gefakt, nachgemacht.

gefangen
1. festgenommen, festgesetzt, gefasst, in Arrest/Gewahrsam/Haft genommen, inhaftiert, verhaftet; *(ugs.):* geschnappt.
2. begeistert, ergriffen, fasziniert, gefesselt, gepackt, in den Bann gezogen, mitgerissen; *(geh.):* gebannt.

gefangen nehmen
1. abführen, aufgreifen, dingfest machen, ergreifen, fangen, fassen, festnehmen, festsetzen, greifen, inhaftieren, verhaften; *(geh.):* einkerkern, habhaft werden; *(ugs.):* einsperren, hinter Gitter/Schloss und Riegel bringen, kassieren, kriegen, schnappen; *(salopp):* einbuchten, einbunkern; *(veraltend):* arretieren.
2. faszinieren, fesseln, hypnotisieren, in seinen Bann schlagen/ziehen, nicht mehr loslassen; *(geh.):* bannen.

Gefängnis
1. Haftanstalt, JVA, Strafanstalt; *(österr.):* Gefangenenhaus, Kotter; *(ugs.):* Kahn, Kittchen, Knast, Loch, Sing-Sing; *(Jargon):* Kiste.
2. Gefängnisstrafe, Haftstrafe.

Gefäß
Behälter, Behältnis.

gefasst
beherrscht, besonnen, diszipliniert, gelassen, gesetzt, gezügelt, mit Fassung, ruhig, würdevoll; *(bildungsspr.):* stoisch; *(salopp):* cool.

Gefecht
Kampf, militärische Auseinandersetzung, Plänkelei, Schlacht.

Gefieder
Federn; *(geh.):* Federkleid.

Gefolge
a) Begleitmannschaft, Begleitung, Eskorte, Geleit[schutz], Tross; *(bildungsspr.):* Entourage.
b) Trauergefolge, Trauergeleit.

Gefolgschaft
1. Ergebenheit, Gehorsam, Treue; *(bildungsspr.):* Loyalität.
2. Anhang, Anhängerschaft, Fangemeinde, Fanklub, Gefolgsleute, Gemeinde, Klientel.

gefragt
beliebt, en vogue, geschätzt, gesucht, im Schwange, populär, viel verlangt; *(geh.):* begehrt; *(ugs.):* angesagt, in.

gefrieren
1. einfrieren, erstarren, festfrieren, hart werden, vereisen, zu Eis werden.
2. einfrieren, einfrosten, schockfrosten, tiefgefrieren, tiefkühlen; *(Fachspr.):* frosten.

Gefüge
1. Anordnung, Einheit, Formation, Ganzes, Gebilde, Gesamtheit; *(bildungsspr.):* Komposition.
2. Architektur, Aufbau, Bau, Gebäude, Gebilde, Konstruktion, Organisation, Struktur, System.
3. *(bildungsspr.):* Grammatik, Komposition, Konstruktion, Textur.

Gefühl
1. Empfindung, Gefühlsregung, Gemütsbewegung, Seelenregung, [seelische] Regung; *(bildungsspr., Fachspr.):* Emotion.
2. a) Ahnung, Eindruck, Empfinden, Feeling, innere Stimme, Instinkt, [sechster] Sinn, Spürsinn, Vorahnung, Vorgefühl, Witterung; *(ugs.):* Bauch; *(ugs. scherzh.):* Animus; *(salopp):* Riecher. b) Feeling, Gespür, Nase; *(bes. schweiz.):* Flair; *(ugs.):* Antenne, Sensus, Spürnase.

gefühllos
1. abgestorben, betäubt, eingeschlafen, empfindungslos, ertaubt, taub; *(veraltend):* dumpf.
2. a) abgestumpft, brutal, eiskalt, erbarmungslos, gefühlskalt, gefühlsroh, gnadenlos, hart, herzlos, mitleidlos, ohne Erbarmen/Mitgefühl/Mitleid, unbarmherzig; *(abwertend):* grob, roh, rüde, skrupellos. b) abgeklärt, empfindungslos, gleichgültig, gleichmütig, hartgesotten, [innerlich] unbeteiligt, schnöde, unempfindlich, ungerührt, zynisch; *(bildungsspr.):* indifferent, stoisch; *(ugs.):* abgebrüht, kaltschnäuzig.

gegebenenfalls
eventuell, im gegebenen Fall, möglicherweise, unter Umständen, vielleicht, womöglich; *(österr.):* fallweise; *(österr., schweiz.):* allfällig.

Gegebenheiten
Bedingungen, Grundtatsachen, Realität, Sachlage, Sachverhalt, Tatsachen, Umstände, Verhältnisse, Wirklichkeit; *(bildungsspr.):* Fakten.

Gegend
Areal, Bereich, Bezirk, Breiten, Distrikt, Fläche, Gebiet, Gelände, Land, Landschaft, Landstrich, Raum, Region, Sektor, Teil, Terrain, Territorium, Umkreis, Winkel, Zone; *(geh.):* Gefilde.

Gegengewicht
1. Kontergewicht.
2. Ausgleich, Entschädigung.

Gegensatz
1. Andersartigkeit, Gegeneinander, Gegensätzlichkeit, Kluft, Kontrast, Unterschied, Unterschiedlichkeit, Verschiedenartigkeit, Verschiedenheit, Widerstreit; *(bildungsspr.):* Antagonismus, Divergenz, Heterogenität, Inhomogenität, Polarität; *(Jargon):* Schere.
2. Gegenbegriff, Gegenbehauptung, Gegensatzwort, Gegenstück, Gegenteil[wort], Gegenthese, Gegenwort; *(bildungsspr.):* Antithese; *(Sprachwiss.):* Antonym, Oppositionswort.
3. Widerspruch, Widersprüchlichkeit, Zwiespalt; *(bildungsspr.):* Diskrepanz; *(Jargon):* Schere.

Gegensätze
Differenzen, Dissonanzen, Meinungsverschiedenheiten, Reibungen, Reibungspunkte, Spannungen; *(geh.):* Friktionen; *(bildungsspr.):* Dissense, Divergenzen, Kontroversen.

gegensätzlich
entgegengesetzt, gegenteilig, unvereinbar, sich widersprechend, widersprüchlich, widerstreitend; *(bildungsspr.):* antagonistisch, antithetisch, diametral, diskrepant, dualistisch, konträr, oppositär, polar; *(bes. Philos.):* kontradiktorisch; *(Sprachwiss.):* adversativ.

gegenseitig
a) eine der/dem anderen, einer der/dem anderen, wechselseitig; *(bildungsspr.):* mutual, mutuell; *(veraltend):* wechselweise; *(bildungsspr., Fachspr.):* korrelativ; *(Fachspr.):* reziprok. b) beiderseitig, beide [Seiten] betreffend, beidseitig, zwei Seiten betreffend, zweiseitig.

Gegenstand
1. Artikel, Ding, Erzeugnis, Körper, Objekt, Produkt, Sache; *(ugs.):* Dings[bums], Dingsda, Teil.
2. a) Diskussionsgegenstand, Diskussionsthema, Gesprächsgegenstand, Gesprächsthema, Hauptfrage, Hauptgegenstand, Hauptthema, [Kern]thema, [Kern]thematik, Verhandlungsgegenstand, Verhandlungsthema; *(bildungsspr.):* Sujet. b) Objekt, Ziel.

gegenständlich
a) dinghaft, dinglich, konkret, körperhaft, materiell, plastisch, stofflich; *(bildungsspr.):* hypostatisch, real. b) *(bildungsspr.):* figurativ.

gegenstandslos
1. a) hinfällig, wertlos; *(emotional verstärkend):* null und nichtig. b) aus der Luft gegriffen/ge-

holt, grundlos, haltlos, unbegründet, ungerechtfertigt, unverdient.
2. abstrahierend, abstrakt, nicht gegenständlich.

Gegenteil
Gegensatz, Gegenstück.

gegenteilig
entgegengesetzt, gegensätzlich, umgekehrt; *(bildungsspr.):* antithetisch, diametral, konträr.

gegenüberstellen
1. konfrontieren.
2. in Parallele bringen/setzen/stellen, konfrontieren, nebeneinanderhalten, nebeneinanderstellen, parallelisieren; *(bildungsspr.):* kontrastieren.

Gegenwart
1. Augenblick, das [Hier und] Heute, das Jetzt, die gegenwärtige/heutige/jetzige Zeit, Jetztzeit, unsre Zeit.
2. *(Sprachwiss.):* Präsens.
3. Anwesenheit, Beisein, Beteiligung, Dabeisein, Dasein, Gegenwärtigkeit, Teilnahme; *(geh.):* Zugegensein; *(bildungsspr.):* Präsenz.

gegenwärtig
1. aktuell, derzeit, derzeitig, heute, im Augenblick/Moment, jetzig, jetzt, laufend, momentan, nun, zeitgenössisch, zur Stunde, zurzeit.
2. am Platze, anwesend, dabei, greifbar, zugegen, zur Stelle; *(bildungsspr.):* präsent.

Gegner, Gegnerin
Antagonist, Antagonistin, Antipode, Antipodin, Feind, Feindin, Gegenpartei, Gegenspieler, Gegenspielerin, Konkurrent, Konkurrentin, Rivale, Rivalin, Widersacher, Widersacherin; *(bildungsspr.):* Kontrahent, Kontrahentin.

gegnerisch
feindlich, feindschaftlich.

Gehabe
Auftreten, Benehmen, Betragen, Gebaren, Gehaben, Getue, Verhalten; *(bildungsspr.):* Preziosität; *(ugs.):* Mache; *(abwertend):* Anstellerei, Ziererei; *(oft abwertend):* Allüren, Geziere.

[1]Gehalt
Aussage, Bedeutung, Gedankenreichtum, Hintersinn, ideeller Wert, Inhalt, Sinn, Tenor, Tiefe, Tiefgründigkeit; *(bildungsspr.):* Substanz.

[2]Gehalt
Besoldung, Bezahlung, Bezüge, Einkommen, Einkünfte, Entlohnung, Fixum, Verdienst, Vergütung; *(österr.):* Bezug; *(schweiz.):* Entlöhnung.

gehaltvoll
ausdrucksstark, aussagekräftig, bedeutungsvoll, geistreich, inhaltsreich, inhaltsschwer, inhaltsvoll; *(bildungsspr.):* expressiv.

gehässig
bissig, bösartig, böse, boshaft, gemein, hässlich, missgünstig, niederträchtig, teuflisch, übel gesinnt, übelwollend; *(bildungsspr.):* diabolisch, maliziös, perfide; *(ugs.):* giftig; *(abwertend):* infam.

gehäuft
dauernd, häufig, immer wieder, laufend, ständig, vermehrt, wiederholt, wiederkehrend; *(geh.):* mannigfach, tausendfältig.

geheim
diskret, heimlich, hinter verschlossenen Türen, intim, nichts für fremde Ohren, unbemerkt, unentdeckt, unveröffentlicht, verborgen, verdeckt, verhüllt, vertraulich; *(bildungsspr.):* arkan, intra muros, klandestin.

geheim halten
für sich behalten, nicht sagen, nicht verraten, totschweigen, unterschlagen, verheimlichen, verschweigen, vertuschen; *(geh.):* nicht preisgeben, verhehlen.

geheimnisvoll
a) dunkel, esoterisch, magisch, mysteriös, mystisch, okkult, rätselhaft, unergründlich, unerklärbar, unerklärlich; *(geh.):* unerforschlich.
b) hintergründig, orakelhaft, unheimlich; *(geh.):* abgründig, geheimnisumwittert, geheimnisumwoben; *(bildungsspr.):* delphisch.

gehen ↗
1. flanieren, sich fortbewegen, laufen, marschieren, schleichen, schlendern, schlurfen, schwanken, spazieren, stampfen, stapfen, stelzen, stolzieren, tänzeln, tappen, taumeln, trotten, wandern, waten, watscheln; *(geh.):* schreiten, wandeln; *(ugs.):* bummeln, dackeln, eiern, latschen, pilgern, schlappen, staksen, stiefeln, stöckeln, tapsen, tippeln, torkeln, trödeln, wackeln, zockeln, zotteln, zuckeln; *(salopp):* hatschen; *(abwertend):* trampeln; *(nordd.):* staken.
2. a) abfahren, abgehen, ablegen, abreisen, aufbrechen, sich entfernen, sich in Bewegung setzen, losfahren, starten, weggehen; *(ugs.):* sich fortmachen. **b)** abdanken, sich abmelden, abtreten, aufhören, ausscheiden, austreten, demissionieren, kündigen, pensioniert werden, sein Amt niederlegen, seine Entlassung einreichen, seine Funktion/Stellung aufgeben, seinen Rücktritt erklären, zurücktreten; *(ugs.):* seinen Hut nehmen; *(südd., österr.):* ausstehen.
3. a) durchführbar sein, funktionieren, gelingen, infrage kommen, klappen, machbar/möglich/umsetzbar sein, sich machen lassen; *(salopp):* hinhauen. **b)** akzeptiert werden können, angehen, annehmbar sein, sich ertragen lassen, er-

träglich/vertretbar sein, zulässig sein; *(bildungsspr.):* akzeptabel sein, tolerabel sein, toleriert werden können.

BSP Ihr Vorschlag ist nicht akzeptabel. Diese Störungen können nicht mehr toleriert werden.

4. sich fühlen, zumute sein; *(geh.):* sich befinden; *(ugs.):* beieinander sein, drauf sein, zumut sein.

BSP Dabei war ihm nicht wohl zumute. Wie befindet sich der Patient?

5. bearbeiten, sich befassen, behandeln, betreffen, sich drehen/handeln um, eingehen, handeln von, thematisieren, verarbeiten, zum Gegenstand/Thema haben, zu tun haben mit, zuwenden.

BSP Diese Vorwürfe betreffen mich nicht. Die Talkshow drehte sich um die bevorstehenden Wahlen. Die Autorin des Artikels geht auf mehrere Probleme ein. Dieser Text hat die Ursachen des Dreißigjährigen Krieges zum Thema. Wir wandten/wendeten uns dann der Frage zu, ob ...

gehen

in sich gehen
sich auseinandersetzen, sich besinnen, sich konzentrieren, sich nach innen kehren, sich nach innen wenden, sich sammeln, seine Gedanken sammeln, sich versenken, sich vertiefen, zur [Selbst]besinnung kommen, zu sich kommen; *(Fachspr.):* meditieren.

vor sich gehen
ablaufen, sich abspielen, sich ereignen, geschehen, passieren, seinen Verlauf nehmen, stattfinden, vonstattengehen, vorfallen, vorgehen, zugehen; *(geh.):* sich begeben, sich zutragen; *(bildungsspr.):* sich realisieren; *(ugs.):* abgehen, los sein, über die Bühne gehen.

gehen lassen, sich
antriebslos/disziplinlos/energielos sein, sich aufgeben, keine Antriebskraft/Energie besitzen, mutlos/unbeherrscht sein, sich nicht beherrschen, sich nicht zusammennehmen/zusammenreißen; *(ugs.):* sich hängen lassen.

Gehilfe, Gehilfin
Assistent, Assistentin, Helfer, Helferin, Hilfskraft, Mitarbeiter, Mitarbeiterin, Mithelfer, Mithelferin, rechte Hand, Zuarbeiter, Zuarbeiterin; *(abwertend):* Handlanger, Handlangerin.

Gehirn
1. Hirn.
2. Begriffsvermögen, Denkvermögen, Verstand; *(ugs.):* Grips, Köpfchen; *(ugs. scherzh.):* die [kleinen] grauen Zellen.

gehorchen
sich beugen, Folge/Gehorsam leisten, folgen, sich fügen, gehorsam sein, hören auf, nach jmds. Pfeife tanzen, parieren, sich richten nach, sich unterordnen, sich unterwerfen; *(geh.):* willfahren; *(ugs.):* spuren.

gehören ↗
1. besitzen, der Eigentümer sein von, haben, innehaben, verfügen über; *(geh.):* gebieten über, sein Eigen nennen.
2. angegliedert/angehörig sein, angehören, [Bestand]teil sein, eingegliedert sein, gerechnet werden zu, zählen zu, zugeordnet werden; *(geh.):* zugehören.

gehören, sich
angebracht/angemessen sein, sich schicken; *(geh.):* anstehen, sich gebühren; *(veraltend):* sich geziemen.

gehörig
a) ansehnlich, beachtlich, beträchtlich, enorm, erheblich, gewaltig, groß, gründlich, immens, kräftig, mächtig, nicht gering/unbeträchtlich, stattlich, üppig; *(geh.):* erklecklich; *(ugs.):* anständig, deftig; *(ugs. emotional):* kolossal; *(südd., österr., schweiz.):* gescheit; *(veraltend):* rechtschaffen, weidlich, zünftig. **b)** ↑sehr.

gehorsam
anständig, artig, brav, ergeben, folgsam, fügsam, gesittet, lenkbar, lieb, manierlich, wohlerzogen; *(ugs.):* kirre, zahm; *(abwertend):* unterwürfig; *(veraltend):* gefügsam, sittsam.

Gehsteig
Bürgersteig, Fußgängerweg, Gehweg; *(südd., österr.):* Gangsteig.

geil
ausgezeichnet, begeisternd, fantastisch, großartig, hervorragend; *(ugs.):* [echt] spitze, einsame Spitze, famos, fetzig, klasse, mega, prima, riesig, scharf, stark, super, toll; *(salopp):* cool; *(emotional):* heiß; *(Jugendspr.):* fett.

Geisel
Entführter, Entführte, Gekidnappter, Gekidnappte.

[1]Geist
1. a) Denkfähigkeit, Denkvermögen, Intellekt, Klugheit, Vernunft, Verstand, Verstandeskraft; *(ugs.):* Grips, Grütze, Hirn, Köpfchen. **b)** Esprit, Genie, Scharfsinn; *(geh.):* Genius.
2. Bewusstsein, Denkart, Denkweise, Einstel-

lung, Gesinnung, Grundeinstellung, Grundhaltung, Haltung; *(geh.):* Sinn; *(salopp):* Denke.

²Geist

1. a) Genie, Kapazität; *(geh.):* Genius; *(bildungsspr.):* Koryphäe, Phänomen. **b)** Mensch; *(bildungsspr.):* Individuum.

2. Dämon, Erscheinung, Gespenst, Phantom, Spukgestalt; *(bildungsspr.):* Revenant.

geistesabwesend

abwesend, gedankenlos, gedankenverloren, [in Gedanken] versunken, träumerisch, traumverloren, traumversunken, unaufmerksam, unkonzentriert, versonnen, verträumt, zerfahren, zerstreut; *(geh.):* entrückt; *(ugs.):* im Tran, nicht [ganz] bei sich, weg, weggetreten.

GGS andächtig, ganz Ohr, mit wachen Sinnen, wachsam.

Geistesblitz

Einfall, Erleuchtung, Gedanke, Idee, Intuition; *(ugs.):* Dreh; *(ugs. scherzh.):* Gedankenblitz.

geistig

1. intellektuell, psychisch, verstandesmäßig; *(bildungsspr.):* spiritual, spirituell, zerebral; *(bes. Fachspr.):* mental.

2. abstrakt, angenommen, begrifflich, gedacht, gedanklich, ideell, im Geist, in der Vorstellung, theoretisch, unkörperlich, vorgestellt; *(geh.):* unwirklich; *(bildungsspr.):* fiktiv, imaginär, immateriell, irreal, platonisch.

geistlich

kirchlich, nicht weltlich, religiös, sakral, theologisch; *(bildungsspr.):* spiritual, spirituell.

geistlos

abgeschmackt, abgestanden, banal, billig, gedankenarm, gedankenleer, gehaltlos, geisttötend, inhaltsleer, inhaltslos, mechanisch, nichtssagend, niveaulos, oberflächlich, öde, ohne Gehalt/Tiefe/Tiefgang, stumpfsinnig; *(bildungsspr.):* insipide, stereotyp, substanzlos, trivial; *(ugs.):* abgedroschen, dumm; *(abwertend):* fade, flach, flachköpfig, hohl, hohlköpfig, leer, phrasenhaft, platt, seicht; *(bildungsspr. abwertend):* stupide.

geistreich

anregend, aufgeweckt, findig, gebildet, gedankenreich, gehaltvoll, geistvoll, gelehrig, gelehrt, genial, gescheit, geschliffen, gewitzt, hell, ideenreich, intelligent, klug, originell, scharfsinnig, schlau, witzig; *(bildungsspr.):* aphoristisch, ingeniös, kreativ; *(ugs.):* mit Köpfchen, nicht auf den Kopf gefallen, pfiffig.

geizen

geizig sein, haushalten, sein Geld zusammenhalten, sparen, sparsam sein; *(geh.):* kargen; *(ugs.):* auf den Pfennig sehen, die Hand auf der Tasche halten, jeden Pfennig [dreimal] umdrehen, knapsen; *(abwertend):* kleinlich sein.

geizig

sparsam; *(abwertend):* kleinlich, schäbig; *(nordd.):* kniepig; *(ostmd.):* zach.

gekonnt

fachgerecht, fachkundig, fachmännisch, fachmäßig, fehlerlos, geschickt, geübt, gut, kompetent, kundig, kunstgerecht, meisterhaft, professionell, raffiniert, richtig, sachkundig, sachverständig, vollendet, werkgerecht; *(bildungsspr.):* qualifiziert, routiniert, versiert, virtuos; *(veraltend):* meisterlich, zunftgerecht, zünftig.

gekränkt

beleidigt, brüskiert, getroffen, verletzt, verstimmt; *(bildungsspr.):* pikiert; *(ugs.):* auf den Schlips getreten, sauer, verschnupft, vor den Kopf gestoßen; *(salopp):* auf den Schwanz getreten.

gekünstelt

blumig, geblümt, gequält, gewollt, gewunden, gezwungen, künstlich, unecht, unnatürlich, zwanghaft; *(bildungsspr.):* affektiert, artifiziell; *(abwertend):* geschwollen, gespreizt, gestelzt, geziert, schwülstig; *(bildungsspr. abwertend):* konstruiert, manieriert.

Gelächter

1. Belustigung, Heiterkeit, Lacher; *(ugs.):* Gefeixe, Gekicher; *(salopp):* Gewieher; *(abwertend):* Gelache.

2. Gespött.

Gelände

a) Areal, Bereich, Bezirk, Boden, Distrikt, Ebene, Fläche, Gebiet, Gemarkung, Landschaft, Landstrich, Raum, Region, Sektor, Terrain, Territorium, Zone; *(geh.):* Feld, Flur, Gefilde. **b)** Anwesen, Baugrund, Bauland, Grundbesitz, Grundstück, Grund und Boden, Land[besitz], Stück Land; *(bes. österr.):* Grund.

gelassen

abgeklärt, ausgeglichen, bedacht, bedächtig, beherrscht, beschaulich, besinnlich, besonnen, geduldig, geruhsam, gesetzt, gleichmütig, in aller Ruhe, langsam, mit Bedacht, ruhig, umsichtig; *(geh.):* bedachtsam, langmütig, ruhevoll; *(bildungsspr.):* diszipliniert, stoisch; *(salopp):* cool; *(emotional):* seelenruhig.

GGS launenhaft, unberechenbar, unstet, wetterwendisch.

geläufig
1. alltäglich, bekannt, gängig, gebräuchlich, gewohnt, üblich, vertraut, wohlbekannt.
2. fließend, flüssig, ohne Stockungen/Unterbrechungen, perfekt, zügig.

Geld
Banknoten, Münzen, Scheine, Währung, Zahlungsmittel; *(ugs.):* Asche, Bares, Heu, Moneten, Penunze, Pinke[pinke]; *(salopp):* Flöhe, Kies, Knete, Kohle, Kröten, Lappen, Mäuse, Moos, Peseten, Piepen, Pulver, Schotter, Zaster.

gelegen
erwünscht, geeignet, gern gesehen, günstig, lieb, passend, recht, willkommen; *(geh.):* genehm; *(bildungsspr.):* opportun; *(veraltend):* passlich.

Gelegenheit
1. a) Anlass, Chance, [günstiger] Augenblick, [günstiger] Moment, [günstiger] Umstand, [günstiger] Zeitpunkt, Möglichkeit. **b)** Anlass, Ereignis, Lage, Situation.
2. Aktion, Angebot, Ausverkauf, Rabattaktion, reduzierte Ware, Schnäppchen, Sonderaktion, Sonderangebot, Sonderposten.

gelegentlich
ab und an, ab und zu, dann und wann, des Öfteren, hier und da, hin und wieder, manchmal, mitunter, öfter, stellenweise, streckenweise, vereinzelt, von Zeit zu Zeit, zeitweilig, zeitweise, zuzeiten; *(österr.):* fallweise; *(geh.):* bisweilen, zuweilen; *(Wissensch.):* okkasionell.

gelehrig
a) anstellig, aufgeweckt, aufnahmefähig, gelehrsam, hell, lernfähig, verständig; *(schweiz.):* anhkehrig; *(bildungsspr.):* dozil. **b)** begabt, fähig, gescheit, intelligent, talentiert.

gelehrt
a) belesen, beschlagen, bewandert, gebildet, gescheit, hochgebildet, hochgelehrt, kenntnisreich, klug, kultiviert, kundig, weise, wissend; *(bildungsspr.):* versiert; *(ugs.):* studiert. **b)** wissenschaftlich; *(abwertend):* akademisch.

Geleit
a) Begleitung, Gesellschaft. **b)** Begleiterinnen und Begleiter, Eskorte, Gefolge, Personenschutz, Tross.

geleiten
begleiten, bringen, fahren, führen, gehen mit, leiten, lotsen; *(geh.):* das Geleit geben.

gelenkig
beugbar, beweglich, biegbar, biegsam, dehnbar, elastisch, flexibel, gelenk, geschmeidig, gewandt, mobil, wendig; *(geh.):* schmiegsam.

gelernt
anerkannt, ausgebildet, diplomiert, eingearbeitet, geprüft, geschult, professionell, sachkundig, sachverständig, vom Fach, von Beruf; *(bildungsspr.):* qualifiziert, versiert, zertifiziert.

Geliebte
a) Freundin, Liebhaberin, Loverin, Verhältnis; *(scherzh.):* Gespielin; *(abwertend):* Liebchen, Mätresse. **b)** Freundin, Lebensgefährtin, Liebling, Partnerin; *(geh.):* Erwählte; *(ugs.):* Flamme, Kleine; *(salopp):* Puppe; *(scherzh.):* Auserwählte; *(ugs. scherzh.):* Eroberung; *(veraltend):* Bettgenossin, Herzallerliebste, Liebste, Mädchen, Schatz; *(Jargon):* Braut.

Geliebter
a) Freund, Liebhaber, Verhältnis; *(scherzh.):* Gespiele. **b)** Freund, Lebensgefährte, Liebling, Lover, Partner; *(geh.):* Erwählter, Verehrter; *(ugs.):* Kerl, Romeo, Typ; *(salopp):* Macker; *(scherzh.):* Auserwählter; *(veraltend):* Herzallerliebster, Schatz.

gelingen
1. ausfallen, geraten, werden.
2. funktionieren, glattgehen, glücken, glücklich vonstattengehen, gut ablaufen/ausgehen, gut gehen, nach Wunsch/wunschgemäß verlaufen; *(ugs.):* klappen, klargehen; *(salopp):* hinhauen.
3. Erfolg haben bei, erreichen, fertigbringen, schaffen; *(bildungsspr.):* reüssieren; *(ugs.):* hinbekommen, hinkriegen, zustande kriegen.

gellend
aus vollem Hals, beißend, durchdringend, grell, intensiv, laut[stark], markerschütternd, penetrant, scharf, schrill, stechend; *(geh.):* gell.

geloben
a) auf seinen Eid nehmen, beeiden, beteuern, Brief und Siegel geben, bürgen für, die/seine Hand ins Feuer legen, die Hand darauf geben, die Versicherung geben, [feierlich] versprechen/zusagen/zusichern, [hoch und heilig] versichern, schwören, sein Wort geben, sich verbürgen, sich verpflichten; *(emotional):* tausend Eide schwören. **b)** beschließen, einen Beschluss/Entschluss/Vorsatz fassen, sich entscheiden, sich entschließen, sich [fest] vornehmen.

gelöst
angeregt, aufgelockert, entspannt, erleichtert, leger, munter, natürlich, offen, salopp, unbefangen, unbeschwert, ungehemmt, ungekünstelt, ungezwungen, unverkrampft, vergnüglich, vergnügt, zwanglos; *(bildungsspr.):* informell, nonchalant; *(ugs.):* relaxed; *(salopp):* cool.

gelten ↗
1. a) Gültigkeit besitzen/haben, gültig sein, zählen. **b)** außer Zweifel stehen, festliegen, feststehen, gewiss sein, sicher sein, unabänderlich/un-

umstößlich sein, verbindlich sein; *(österr.):* fix sein; *(bildungsspr.):* definitiv sein.

BSP Fest steht, dass die Arbeit nächste Woche geschrieben wird. Meine Antwort ist definitiv.

2. a) Wert besitzen/haben, wert sein, zählen. **b)** Bedeutung haben, Gewicht haben, von Bedeutung/Belang/Wichtigkeit sein, wiegen, zählen.
3. angesehen/aufgefasst/betrachtet werden, einen Namen haben, eingeschätzt/eingestuft werden, gehalten werden für, gewertet werden.

BSP Diese Arbeit wird als/für wichtig angesehen. Das wird von den meisten für wahrscheinlich gehalten.

Geltung
1. Anwendbarkeit, Aussagekraft, Bedeutung, Gültigkeit, Verbindlichkeit; *(bildungsspr.):* Relevanz.
2. Achtung, Anerkennung, Ansehen, Autorität, Bedeutung, Einfluss, Gewicht, guter Ruf, Hochachtung, Hochschätzung, Respekt; *(geh.):* Wertschätzung; *(veraltend):* Ästimation, Schätzung.

gemächlich
a) bedächtig, beschaulich, betulich, betusam, gemessen, gemütlich, geruhsam, gesetzt, in aller Ruhe, mit Bedacht, müßig, ohne Eile/Hast, ruhig; *(geh.):* ruhevoll; *(emotional):* seelenruhig.
b) behäbig, langsam, schleppend, schwerfällig, schwunglos, träge, untätig; *(geh.):* saumselig; *(bildungsspr.):* lethargisch, phlegmatisch.

Gemälde
Bild, Bildnis, Darstellung.

gemäß
entsprechend, in Anlehnung an, in Entsprechung zu, laut, nach, nach Maßgabe, zufolge.

gemäßigt
a) kompromissbereit, maßvoll, nicht extrem, nicht radikal. **b)** bescheiden, dezent, gedämpft, gezügelt, in Grenzen, leicht, mäßig, maßvoll, mit Maßen, verhalten, vorsichtig, zahm, zögerlich, zurückhaltend.

gemein
a) bösartig, böse, boshaft, garstig, hässlich, lumpig, niederträchtig, schandbar, schändlich; *(geh.):* frevelhaft, perfide, ruchlos, schimpflich, schmählich, übel, verachtenswert, verwerflich; *(ugs.):* fies; *(emotional):* miserabel; *(abwertend):* gehässig, infam, schäbig, schuftig, schurkisch.
b) dreist, frech, schamlos, unerhört, unverfroren, unverschämt.

Gemeinde
1. Ansiedlung, Dorf, Gemeinwesen, Ort, Ortschaft, Stadt.
2. Kirchengemeinde, Kirchsprengel, Pfarrbezirk, Pfarrei, Seelsorgebezirk.

gemeingefährlich
beängstigend, bedenklich, bedrohlich, besorgniserregend, eine Gefahr [bildend], Gefahr[en] enthaltend/mit sich bringend, gefährlich, gefahrvoll, hochgefährlich, lebensgefährlich.

Gemeinheit
Bösartigkeit, Boshaftigkeit, Bosheit, Garstigkeit, Heimtücke, Hinterhältigkeit, Hinterlist, Niederträchtigkeit, Tücke, Verruchtheit, Verschlagenheit; *(geh.):* Niedertracht; *(bildungsspr.):* Intriganz, Perfidität; *(ugs.):* Giftigkeit; *(abwertend):* Gehässigkeit, Infamie, Teufelei.

gemeinnützig
dem Allgemeinwohl/Gemeinwohl dienend, ehrenamtlich, karitativ, mitmenschlich, sozial, uneigennützig; *(veraltend):* wohltätig.

Gemeinplatz
Allgemeinheit, Allgemeinplatz, Banalität, Binsenwahrheit, Binsenweisheit, Floskel, leere Worte, Plattheit, Selbstverständlichkeit; *(geh.):* Plattitüde; *(bildungsspr.):* Trivialität; *(abwertend):* Phrase; *(oft abwertend):* Schlagwort.

gemeinsam
1. a) allen/beiden eigen, gemeinschaftlich, kollektiv, von allen/beiden. **b)** sich deckend, gemein, gleich, übereinstimmend, sich überlappend.
2. einhellig, einmütig, einvernehmlich, gemeinschaftlich, geschlossen, im beiderseitigen/gegenseitigen Einvernehmen, mit einer Stimme, übereinstimmend.

Gemeinschaft
1. Einheit, Einigkeit, Einstimmigkeit, Eintracht, Einvernehmen, Gemeinsamkeit, Geschlossenheit, Miteinander, Partnerschaft, Teamgedanke, Verbundenheit, Wirgefühl, Zusammengehörigkeit, Zusammenhalt; *(geh.):* Einklang; *(bildungsspr.):* Konsens, Solidarität.
2. Clique, Community, Fraktion, Freundeskreis, Gemeinde, Gesamtheit, Gesellschaft, Gruppe, Klub, Kollektiv, Kreis, Runde; *(oft iron.):* Clan.
3. Block, Bund, Bündnis, Koalition, Liga, Pakt, Staatenbund, Staatenbündnis, Union, Verbindung, Vereinigung, Zusammenschluss.

gemeinschaftlich
alle, Arm in Arm, einvernehmlich, gemeinsam, geschlossen, Hand in Hand, im Chor, im Team, in Zusammenarbeit/Kooperation, kollegial, kollektiv, kooperativ, miteinander, Seite an Seite,

übereinstimmend, vereinigt, vereint, zusammen; *(bildungsspr.):* in corpore, solidarisch.

GGS autark, autonom, selbstständig, souverän.

gemessen

a) abgeklärt, ausgeglichen, bedacht, bedächtig, beherrscht, besonnen, gefasst, gelassen, gemächlich, geruhsam, gesetzt, in aller Ruhe, maßvoll, [seelen]ruhig, umsichtig, vernünftig, weise, würdevoll, zahm; *(geh.):* bedachtsam. **b)** eindrucksvoll, erhaben, feierlich, festlich.

Gemisch

Allerlei, Cocktail, Durcheinander, Gemengelage, Melange, Mischung, Mix, Mixtur, Potpourri; *(bildungsspr.):* Kaleidoskop, Komposition, Konglomerat; *(ugs.):* Kuddelmuddel; *(oft abwertend):* Sammelsurium.

Gemüt

1. Herz, Innenleben, Innenwelt, Inneres, Psyche, Seele; *(geh.):* Seelenleben.
2. Befindlichkeit, Eindruck, Empfinden, Empfindung, Erleben, Feeling, Gefühl, Gefühlseindruck, Gefühlsregung, Gemütslage, Gemütsregung, Gemütsverfassung, Gespür, Impression, [seelische] Regung, Sinn, Stimmung; *(bildungsspr.):* Sentiment; *(ugs.):* Sensus.

gemütlich

angenehm, anheimelnd, behaglich, bequem, harmonisch, häuslich, heimelig, hyggelig, idyllisch, lauschig, traulich, wohlig, wohltuend, wohnlich; *(bes. österr.):* kommod; *(bildungsspr.):* intim; *(ugs.):* knuffig; *(fam.):* kuschelig.

GGS kahl, trostlos, unwirtlich.

Gemütlichkeit

Behaglichkeit, Bequemlichkeit, Heimeligkeit, Hygge, Traulichkeit, Wohnlichkeit; *(bildungsspr.):* Intimität; *(oft leicht abwertend):* Komfortzone.

[1]genau

a) akkurat, bestimmt, deutlich, eindeutig, exakt, fein, haarklein, haarscharf, klar, konkret, speziell, treffend, treffsicher, unmissverständlich, unzweideutig; *(bildungsspr.):* prägnant, präzise; *(ugs.):* haargenau. **b)** akkurat, ausführlich, eingehend, erschöpfend, gewissenhaft, grundlegend, gründlich, intensiv, korrekt, mit Sorgfalt, ordentlich, sorgfältig, tief, voller Sorgfalt, zuverlässig; *(schweiz.):* spitz[ig]; *(geh.):* achtsam, sorgsam; *(bildungsspr.):* akribisch, detailliert, minutiös, penibel, profund; *(ugs.):* pingelig; *(abwertend):* pedantisch.

[2]genau

eben, gerade.

genauso

auch [so], desgleichen, ebenfalls, ebenso, geradeso, gleichermaßen, gleicherweise, gleichfalls, in gleichem Maße, in gleicher Weise, so auch; *(geh.):* nicht minder; *(ugs.):* dito.

genehmigen

akzeptieren, befürworten, beipflichten, beistimmen, bejahen, bewilligen, billigen, dafür sein, die Erlaubnis erteilen/geben, sich einverstanden erklären, einverstanden sein, einwilligen, erlauben, für angebracht/richtig halten, gestatten, gewähren, gutheißen, Ja sagen, richtig finden, sein Einverständnis/seine Einwilligung geben, zugeben, zugestehen, zulassen, zusagen, zustimmen; *(bildungsspr.):* konzedieren, legitimieren, sanktionieren, tolerieren; *(ugs.):* absegnen, seinen Segen geben, unterschreiben; *(salopp):* abnicken.

genehmigen, sich

sich die Freiheit nehmen, sich erlauben, sich gewähren, sich gönnen; *(geh.):* sich gestatten, sich vergönnen; *(ugs.):* sich herausnehmen, sich leisten.

Genehmigung

1. Akzeptanz, Anerkennung, Befugnis, Bejahung, Berechtigung, Bevollmächtigung, Bewilligung, Billigung, Einverständnis, Einwilligung, Erlaubnis, Ermächtigung, Gewährung, Lizenz, Recht, Vollmacht, Zubilligung, Zusage, Zustimmung; *(bildungsspr.):* Autorisation, Autorisierung, Legitimation, Plazet, Sanktion, Sanktionierung; *(ugs.):* Absegnung, Okay, Segen; *(Jargon):* Go; *(veraltend):* Konsens.
2. Attest, Ausweis, Beglaubigung, Bescheinigung, Bestätigung, Beweis, Bezeugung, Dokument, Erlaubnis, Nachweis, Papiere, Quittung, Schein, Testat, Vollmacht, Zeugnis.

geneigt

a) bereit, entschlossen, gesonnen, gewillt, willig; *(geh.):* erbötig, willens. **b)** freundlich, gutgesinnt, wohlgesinnt, wohlwollend; *(schweiz.):* wohlsinnig; *(geh.):* gewogen, hold, wohlmeinend.

generell

alle betreffend, alles in allem, allgemein, allseits, ausnahmslos, ausschließlich, bei allen, durchgängig, durchweg, einheitlich, [fast] immer, für alle geltend, für gewöhnlich, gemeingültig, gemeinhin, grundlegend, grundsätzlich, im Allgemeinen, im Großen und Ganzen, in der/in aller Regel, prinzipiell, sämtliche, unterschiedslos, von Grund auf/aus; *(schweiz.):* durchs Band [weg]; *(ugs.):* allesamt, durch die Bank.

genesen

sich erholen, gesund werden, [wieder] auf die

A B C D E F G gen H I J K L M N O P Q R S T U V W X Y Z

Beine kommen; *(geh.):* sich auf dem Weg der Besserung befinden, aufkommen, gesunden.

genial

a) bahnbrechend, befähigt, begabt, begnadet, berufen, einfallsreich, erfindungsreich, geistreich, geistvoll, genialisch, hell, hochbegabt, ideenreich, intelligent, originell, produktiv, schöpferisch, talentiert; *(bildungsspr.):* ingeniös, kongenial, kreativ, mit Esprit; *(ugs.):* mit Köpfchen, pfiffig; *(emotional):* gottbegnadet. **b)** ausgezeichnet, bestechend, blendend, brillant, erstklassig, grandios, großartig, hervorragend, meisterhaft, sehr gut, sehr schön, vortrefflich, vorzüglich; *(bildungsspr.):* exzellent, superb; *(ugs.):* fantastisch, klasse, mega, prima, super, toll; *(emotional):* wunderbar; *(salopp):* [affen]-geil, supertoll; *(oft scherzh.):* göttlich; *(bes. Jugendspr.):* [echt] krass, fett.

Genick

Hals, Nacken.

Genie

1. Anlage, Befähigung, Begabung, Berufung, Einfallsreichtum, Erfindergeist, Fantasie, Gabe, Geist, Geisteskraft, Genialität, Scharfsinn, Schöpfertum, Stärke, Talent; *(geh.):* Genius, Schöpfergeist; *(bildungsspr.):* Esprit, Ingenium, Kreativität, Originalität; *(ugs.):* Ader.
2. [großer/heller/schöpferischer] Geist, Kapazität, Meister [seines Fachs], Meisterin [ihres Fachs]; *(geh.):* Genius; *(bildungsspr.):* Ingenium, Koryphäe, Phänomen.

genieren, sich

gehemmt/genant sein, sich [in Grund und Boden] schämen, in Verlegenheit geraten, rot werden, schamrot werden, von Scham erfüllt sein, vor Scham erröten/vergehen; *(geh.):* erglühen, erröten; *(ugs.):* sich anstellen.

genießbar

a) bekömmlich, einwandfrei, essbar, trinkbar, ungiftig, verträglich. **b)** annehmbar, einigermaßen, erträglich, geeignet, leidlich, passabel, zufriedenstellend; *(ugs.):* manierlich.

genießen

1. sich gütlich tun, konsumieren, zu sich nehmen; *(schweiz.):* nehmen, zusprechen; *(geh.):* [ein]nehmen, sich laben, verspeisen; *(geh. od. Fachspr.):* verzehren; *(ugs.):* verdrücken, verputzen; *(ugs. scherzh.):* vertilgen.
2. ausnutzen, ausschöpfen; *(geh.):* auskosten, durchkosten.
3. bekommen, empfangen, erfahren, erhalten, haben, zuteilwerden; *(ugs.):* kriegen.

genießerisch

behaglich, genussfreudig, genüsslich, schlemmerhaft, schwelgerisch, sinnenhaft, sinnlich, voller Behagen/Genuss; *(geh.):* lustvoll, sinnenfreudig, sinnenfroh; *(bildungsspr.):* lukullisch; *(oft leicht abwertend):* kulinarisch.

Genosse, Genossin

1. Begleiter, Begleiterin, Freund, Freundin, Getreuer, Getreue, Kamerad, Kameradin, Kompagnon, Vertrauter, Vertraute; *(geh.):* Gefährte, Gefährtin; *(geh., oft scherzh.):* Intimus, Intima; *(ugs.):* Kumpan, Kumpanin; *(ugs. scherzh.):* Sozius, Sozia; *(veraltend):* Gespiele, Gespielin; *(bildungsspr. veraltend):* Konfident, Konfidentin.
2. Gesinnungsfreund, Gesinnungsfreundin, Parteifreund, Parteifreundin, Parteimitglied.

Genre

Art, Couleur, Gattung, Gruppe, Kategorie, Klasse, Schlag, Sorte, Spezies, Typ, Wesen, Zweig; *(bildungsspr. veraltend):* Genus.

genug

angemessen, ausreichend, befriedigend, genügend, gut, hinlänglich, hinreichend, zufriedenstellend; *(geh.):* zulänglich, zureichend; *(bildungsspr.):* adäquat; *(ugs.):* anständig, manierlich, ordentlich; *(oft abwertend):* zur Genüge.

genügen

1. auskommen, ausreichen, den Bedarf decken, genug sein/haben, hinreichen, reichen; *(österr.):* sich ausgehen; *(ugs.):* hinkommen, langen; *(oft abwertend):* zur Genüge haben.
2. abdecken, befriedigen, beherzigen, decken, einhalten, entsprechen, erfüllen, respektieren, zufriedenstellen; *(geh.):* einlösen, Genüge tun, nachkommen; *(bildungsspr.):* saturieren.

genügsam

anspruchslos, asketisch, bedürfnislos, bescheiden, dankbar, maßvoll, puritanisch, schlicht, spartanisch, uneitel, zurückhaltend; *(geh.):* entsagend; *(bildungsspr.):* unprätentiös.

Genuss

1. Verzehr; *(bildungsspr.):* Konsum.
2. Freude, Hochgenuss, Lust, Vergnügen; *(geh.):* Erquickung, Gaumenfreude, Gaumenkitzel, Labsal, Sinnenfreude, Wonne.

gepflegt

a) fein, ordentlich, sauber; *(ugs.):* proper; *(ugs. scherzh.):* wie geleckt; *(veraltend):* adrett, schmuck. **b)** fein, geschmackvoll, gewählt, kultiviert, verfeinert, vornehm; *(bildungsspr.):* distinguiert; *(bildungsspr. veraltend):* soigniert.

Gepflogenheit

Brauch, Einrichtung, Gewohnheit, Herkommen, Ritus, Sitte, Tradition, Usus.

[1]gerade

a) geradlinig, in einer Linie, nicht gekrümmt/

krumm, pfeilgerade, unverbogen; *(bildungsspr.):* linear; *(emotional):* schnurgerade. **b)** aufgerichtet, aufrecht, gestreckt, kerzengerade, lotrecht, senkrecht. **c)** horizontal, waagerecht.

²gerade
a) augenblicklich, derzeit[ig], eben, gegenwärtig, in diesem Augenblick/Moment, jetzt, kurz/unmittelbar vorher, momentan, soeben, vor einem Augenblick, zurzeit. **b)** ↑geradewegs (a). **c)** eben noch, knapp, mit großen Schwierigkeiten, mit Mühe und Not.

³gerade
1. eben, genau, unbedingt; *(landsch.):* akkurat.
2. ausgerechnet.

geradebiegen
aus der Welt schaffen, beilegen, bereinigen, in Ordnung/ins Lot/ins rechte Gleis bringen, ins Reine bringen, klären, klarstellen, regeln, schlichten, wiedergutmachen; *(ugs.):* einrenken, hinbiegen; *(salopp):* ausbügeln; *(bes. südd., österr., schweiz.):* richten.

geradeheraus ↑geradewegs (b).

geradestehen
aufkommen für, die Folgen/Konsequenzen tragen, die Verantwortung tragen/übernehmen, einstehen, verantworten, verantwortlich sein, zur Verantwortung gezogen werden; *(ugs.):* auf seine [eigene] Kappe nehmen, ausbaden, den Buckel/Kopf hinhalten, die Suppe auslöffeln.

geradewegs
a) direkt, ohne Umweg/Unterbrechung/Zwischenstation, stracks, unmittelbar; *(ugs.):* schnurstracks. **b)** frank und frei, freiheraus, freimütig, geradeaus, geradeheraus, offen, ohne Umschweife, ohne Zögern, rundheraus, unmittelbar, unumwunden, unverblümt, unverhohlen; *(ugs.):* direkt, freiweg, glattweg.

geradezu
ausgesprochen, beinahe, buchstäblich, fast, förmlich, im wahrsten Sinne [des Wortes], nahezu, regelrecht, richtig[gehend], schlechthin, schlechtweg, sogar; *(geh.):* nachgerade; *(ugs.):* direkt, praktisch; *(veraltend):* schlechterdings.

Gerät
1. Anlage, Apparat[ur], Automat, Einrichtung, Gerätschaft, Instrument, Maschine, Maschinerie, Vorrichtung.
2. Ausrüstung, Ausstattung, Equipment, Gerätschaft, Rüstzeug; *(Fachspr.):* Instrumentarium.

geraten
a) gelangen, hin[ein]geraten, [hinein]kommen. **b)** hineingeraten, hineingezogen werden, [hinein]kommen, schlittern, verwickelt werden; *(ugs.):* hineinschlittern, reinschlittern.

geräumig
ausgedehnt, ausladend, breit, großflächig, großräumig, viel Platz/Raum bietend, weit, weitläufig, weiträumig; *(oft emotional):* riesig.

Geräusch
Laut, Ton; *(ugs.):* Mucks[er], Pieps.

gerecht
1. dem geltenden Recht entsprechend/gemäß, fair, rechtdenkend, unparteiisch, unvoreingenommen, vorurteilsfrei, vorurteilslos; *(bildungsspr.):* objektiv.

GGS befangen, diskriminierend, subjektiv, unsachlich.

2. begründet, berechtigt, gerechtfertigt, mit Recht, richtig, verdient, zu Recht; *(bildungsspr.):* legitim.
3. angemessen, angepasst, entsprechend, geeignet, gemäß, genügend, passend; *(bildungsspr.):* adäquat.

Gerechtigkeit
1. Fairness, Objektivität, Unbestechlichkeit, Unparteilichkeit, Unvoreingenommenheit, Vorurteilslosigkeit; *(geh.):* Justitia.
2. Gerichtsbarkeit, Justiz, Rechtsprechung; *(bildungsspr.):* Jurisdiktion.

Gerede
1. Abrakadabra, Rederei; *(ugs.):* Blabla; *(abwertend):* Schwätzerei.
2. *(ugs.):* Gemunkel, Munkelei; *(oft abwertend):* Tuschelei; *(Jargon):* Gossip.

gereizt
affektgeladen, ärgerlich, aufgebracht, empört, entrüstet, erbost, grimmig, knurrig, missgelaunt, mürrisch, schlecht gelaunt, übellaunig, ungnädig, unleidlich, unwirsch, verärgert, verdrießlich, wütend, zornig; *(geh.):* erzürnt, missgestimmt, misslaunig, missmutig, ungehalten; *(ugs.):* fuchsig, fuchtig, gnatzig, grätig, sauer; *(nordd.):* fünsch; *(bes. nordd.):* kiebig.

¹Gericht
1. a) Gerichtshof; *(geh.):* Tribunal; *(ugs.):* Kadi. **b)** Richter[kollegium].
2. Rechtsprechung.

²Gericht
Essen, Mahlzeit, Speise; *(geh.):* Mahl.

gering
a) bescheiden, klein, minimal, nicht sehr groß, niedrig, spärlich, unbeträchtlich, wenig, winzig; *(abwertend):* lächerlich, läppisch. **b)** ↑geringfügig.

geringfügig
belanglos, gering, kaum sichtbar/spürbar, klein, minimal, nicht der Rede wert, nicht ins Gewicht

fallend, nicht nennenswert, unbedeutend, unbeträchtlich, unerheblich, unwesentlich, unwichtig, verschwindend, von geringem Ausmaß, wenig; *(geh.):* um ein Geringes; *(bildungsspr.):* marginal; *(veraltend):* lässlich.

geringschätzig
abfällig, abqualifizierend, abschätzig, absprechend, abwertend, erniedrigend, herabmindernd, herabsetzend, herabwürdigend, heruntersetzend, missbilligend, respektlos, verächtlich, wegwerfend; *(geh.):* despektierlich, verunglimpfend; *(bildungsspr.):* diffamierend, diskreditierend; *(bes. Sprachwiss.):* pejorativ.

gerissen
abgefeimt, bauernschlau, clever, findig, pfiffig, raffiniert, schlau, trickreich; *(österr.):* gefinkelt; *(ugs.):* ausgefuchst, gefuchst, gerieben, gewieft, mit allen Wassern gewaschen, schlitzohrig; *(abwertend):* durchtrieben, verschlagen.

gern
1. bereitwillig, freudig, liebend gern, mit Freude/Vergnügen, mit Handkuss, von Herzen gern; *(ugs.):* mit Kusshand.
2. a) anstandslos, ohne Weiteres, ohne Zögern, ohne zu überlegen/zögern, unbesehen, widerspruchslos; *(österr.):* ohneweiters. **b)** möglichst, nach Möglichkeit, wenn es geht/möglich ist.

Geruch
a) Aroma, Ausdunstung, Ausdünstung, Duft; *(schweiz.):* Geschmack; *(geh.):* Hauch, Ruch; *(veraltend):* Odeur. **b)** Geruchsempfindung, Geruchssinn, Geruchsvermögen, Nase, Spürsinn; *(schweiz.):* Geschmack; *(ugs.):* Spürnase.

Gerücht
Rede, Rederei; *(bildungsspr.):* Fama, Ondit; *(abwertend):* Klatschgeschichte.

gesamt
all, ganz, im Ganzen, in ihrer/seiner Gesamtheit, insgesamt, total, vollständig; *(bes. schweiz.):* gesamthaft; *(bildungsspr.):* in toto; *(emotional):* restlos; *(nachdrücklich):* gänzlich, sämtlich; *(bildungsspr. veraltend):* in summa.

Gesäß
Steiß; *(ugs.):* Hinterer, Hintern, Hinterpartie, Hinterseite, Hinterster, Hinterteil; *(salopp):* Kiste; *(fam.):* Po, Podex, Popo; *(scherzh.):* Kehrseite; *(ugs. scherzh.):* Hintergestell, Sitzfläche.

Geschäft
1. a) Handel, Transaktion; *(ugs.):* Deal. **b)** Ausbeute, Ertrag, Gewinn, Nettoertrag, Nettogewinn, Nutzen, Plus, Überschuss, Vorteil; *(abwertend):* Business; *(oft abwertend):* Profit.
2. a) Betrieb, Firma, gewerbliches/kaufmännisches Unternehmen, Handel, Handelsfirma, Handelsgeschäft, Handelsunternehmen; *(ugs.):* Laden; *(veraltend):* Handlung. **b)** Einzelhandelsgeschäft, Kaufhalle, Kaufhaus, Ladengeschäft, Shop, Warenhaus; *(ugs.):* Einkaufstempel.
3. Amt, Aufgabe, Pflicht; *(geh.):* Obliegenheit.

geschäftig
betriebsam, eifrig, emsig, lebendig, lebhaft, rastlos, rege; *(geh.):* regsam; *(bildungsspr.):* agil; *(ugs.):* busy, quirlig.

geschäftlich
a) amtlich, dienstlich, geschäftsmäßig, offiziell, von Amts wegen. **b)** dienstlich, formell, förmlich, geschäftsmäßig, offiziell, unpersönlich.

geschäftstüchtig
a) kaufmännisch geschickt. **b)** clever, findig, geschickt, pfiffig, schlau, smart, trickreich, wendig; *(ugs.):* gerissen, gewieft.

geschehen
a) ablaufen, abrollen, sich abspielen, auftreten, eintreffen, eintreten, sich entwickeln, sich ereignen, erfolgen, passieren, stattfinden, sich vollziehen, vonstattengehen, vorfallen, vorgehen, vor sich gehen, wahr werden, Wirklichkeit werden, zutage kommen/treten; *(geh.):* sich begeben, sich zutragen; *(ugs.):* abgehen, los sein.

BSP Wer weiß, was sich zwischen den beiden abgespielt hat. Dann begab sich etwas Erstaunliches.

b) am eigenen Leib erfahren/spüren/verspüren, ergehen, erleben, erleiden, passieren, zustoßen, zuteilwerden; *(geh.):* begegnen, erfahren, widerfahren; *(ugs.):* blühen.

Geschehen
1. Episode, Ereignis, Erlebnis, Vorfall, Vorgang, Vorkommnis, Zwischenfall; *(geh.):* Begebenheit, Geschehnis; *(ugs.):* Geschichte.
2. Abfolge, Ablauf, Entwicklung, Gang, Lauf, Prozess, Verlauf.

gescheit
a) hell, intelligent, klug, verständig; *(emotional verstärkend):* erzgescheit, grundgescheit. **b)** geschickt, gut, klug, sinnvoll, vernünftig. **c)** gut, recht, richtig; *(ugs.):* anständig, ordentlich.

Geschenk
Aufmerksamkeit; *(österr.):* Mitgebringe; *(geh.):* Gabe; *(bildungsspr.):* Basiliskenei, Dedikation, Präsent; *(fam.):* Mitbringsel.

Geschichte
1. a) Gestern, Vergangenheit; *(bildungsspr.):* Historie. **b)** Geschichtswissenschaft, Historik. **c)** Chronik, geschichtliche/historische Darstellung; *(bildungsspr.):* Annalen, Historiografie.
2. Erzählung, Legende; *(ugs.):* Story.

geschichtlich
a) historisch; *(Sprachwiss.):* diachron, diachronisch. **b)** dokumentiert, überliefert, verbürgt; *(bildungsspr.):* authentisch. **c)** historisch; *(emotional):* geschichtsträchtig.

¹Geschick
Bestimmung, Fügung, höhere Gewalt, Schicksal, Vorsehung; *(geh.):* Los, Schickung.

²Geschick
Anlage, Befähigung, Begabung, Beschlagenheit, Eignung, Fähigkeit, Fertigkeit, Geschicktheit, Gewandtheit, Talent, Veranlagung; *(geh.):* Vermögen; *(ugs.):* Ader, Zeug.

Geschicklichkeit
Akrobatik, Anstelligkeit, Artistik, Behändigkeit, [Finger]fertigkeit, Gekonntheit, Geschick, Geschicktheit, Gewandtheit, Handfertigkeit.

geschickt
a) akrobatisch, anstellig, artistisch, behände, fingerfertig, gekonnt, gewandt, kunstfertig, kunstreich; *(schweiz.):* ankehrig, handlich.

GGS grobschlächtig, schwerfällig, unbeholfen, ungelenk.

---
b) clever, diplomatisch, findig, gewandt, [taktisch] klug, wohldurchdacht, wohlüberlegt.

Geschirr
1. Essgeschirr, Porzellan, Service.
2. Pferdegeschirr, Riemenzeug.

Geschlecht
1. Geschlechtsteil.
2. a) Altersgruppe, Altersklasse, Altersstufe, Generation, Jahrgang. **b)** Familie, Familienclan, Haus, Stamm; *(bildungsspr.):* Dynastie; *(oft iron.):* Clan.
3. *(Sprachwiss.):* Genus, Sexus.

geschlechtlich
körperlich, sexual, sexuell, sinnlich; *(geh.):* fleischlich; *(verhüll.):* erotisch, intim.

Geschlechtsverkehr
Akt, Begattung, geschlechtliche Vereinigung, Geschlechtsakt, Koitus, Kopulation, Sex, Sexualverkehr; *(geh.):* Liebesakt; *(ugs.):* Sex; *(salopp):* Bums, Nummer; *(Jargon):* GV; *(verhüll.):* [Intim]verkehr, Schäferstündchen.

geschlossen
1. abgeschlossen, verriegelt, verschlossen, versperrt, zugeschlossen; *(südd., österr.):* zugesperrt; *(ugs.):* dicht, zu.
2. alle, ausnahmslos, einhellig, einig, einmütig, einstimmig, gemeinsam, gemeinschaftlich, komplett, mit einer Stimme, ohne Ausnahme, vollständig; *(bildungsspr.):* solidarisch, unanim, unisono; *(ugs.):* allesamt, durch die Bank.

Geschmack
1. Aroma, Eigengeschmack; *(dichter.):* Arom.
2. Geschmacksempfindung, Geschmackssinn; *(geh.):* Zunge; *(meist geh.):* Gaumen.
3. Ästhetik, Empfinden, Feingefühl, Organ, [sechster] Sinn, Stilempfinden, Stilgefühl.
4. Gefallen, Richtung; *(bes. südd., österr.):* Gusto; *(bildungsspr. veraltend):* Gout.

geschmacklos
1. fade.
2. kitschig, stillos, stilwidrig, unästhetisch, unschön; *(salopp):* allerletzte, hinterletzte; *(abwertend):* billig; *(Jargon):* trashig.
3. abgeschmackt, anstößig, ohne Feingefühl/Taktgefühl, taktlos, unpassend.

geschmackvoll
ansprechend, apart, ästhetisch, edel, elegant, fein, gepflegt, kunstvoll, mit Geschmack, schön, stilvoll, vornehm.

geschmeidig
1. beweglich, biegbar, biegsam, dehnbar, elastisch, flexibel, nachgiebig, schmiegsam, weich.
2. anmutig, federnd, gelenkig, gewandt, wendig; *(geh.):* schmiegsam.
3. anpassungsfähig, anschmiegsam, biegsam, einfügsam, elastisch, flexibel, nachgiebig, weich, wendig; *(geh.):* schmiegsam.

Geschöpf
1. [Lebe]wesen; *(bildungsspr.):* Kreatur.
2. Erscheinung, Existenz, Gestalt, [Mit]mensch, Person, Wesen; *(bildungsspr.):* Individuum; *(abwertend):* Subjekt.
3. Figur, [literarische] Gestalt, Rolle.

Geschoss
1. Granate, Kanonenkugel, Munition, Patrone; *(ugs.):* Kugel; *(Fachspr.):* Projektil.
2. Etage, Stock[werk].

Geschrei
a) Gekreische; *(ugs.):* Brüller; *(abwertend):* Gelärme. **b)** Gewimmer, Jammer, Wehgeschrei; *(geh.):* [Weh]klage; *(abwertend):* Gewinsel, Gezeter; *(südd., österr.):* Geraunze.

Geschwätz
a) Abrakadabra, Rederei, Schwadronade; *(ugs.):* Gerede, Hickhack, Larifari, Schmus, Sermon, Sums. **b)** Rederei; *(ugs.):* Gemunkel, Gerede, Munkelei; *(oft abwertend):* Tuschelei.

geschwätzig
aufdringlich, gesprächig, klatschsüchtig, kommunikationsfreudig, mitteilsam, redefreudig; *(abwertend):* schwatzhaft; *(oft abwertend):* redselig.

geschwind
auf dem schnellsten Weg, augenblicklich, blitz-

artig, eilends, eilig, flink, flugs, hastig, im Handumdrehen/Nu, in kürzester Zeit, rapide, rasch, schnell, schnellstens, sofort, zügig; *(ugs.):* auf die Schnelle, fix, in null Komma nichts, rasant; ruck, zuck; wie der Blitz/Teufel/Wind; *(oft emotional):* in Windeseile; *(ugs. emotional verstärkend):* blitzschnell; *(südd., österr.):* rapid.

Geschwindigkeit
Fahrt, Schnelle, Schnelligkeit, Tempo; *(ugs.):* Karacho, Rasanz, Zahn; *(Sport):* Speed.

geschwollen
angeschwollen, aufgebläht, aufgeblasen, aufgedunsen, aufgeschwemmt, aufgeschwollen, aufgetrieben, dick, krankhaft angeschwollen, schwulstig; *(abwertend):* schwammig.

Geschwulst
1. Auswuchs, Fehlbildung, Gewächs, Wucherung.
2. Anschwellung, Beule, Schwellung, Verdickung, Wulst; *(ugs.):* Horn.

Geschwür
Eiterbeule, Eitergeschwür, Furunkel, Schwellung; *(geh.):* Schwäre.

gesellig
1. aufgeschlossen, extrovertiert, gesprächig, kommunikativ, kontaktfreudig, nach außen gekehrt/gerichtet, offen, umgänglich, weltoffen; *(Soziol.):* soziabel.

GGS in sich gekehrt, introvertiert, undurchdringlich, verhalten, verschlossen.

2. amüsant, angenehm, fröhlich, heiter, kurzweilig, lustig, spaßig, unterhaltsam, vergnüglich, vergnügt, zwanglos; *(geh.):* ergötzlich.

Geselligkeit
1. gesellschaftlicher Umgang/Verkehr, Ungezwungenheit.
2. Feier, Fest, geselliges Beisammensein, Gesellschaft, Runde, Treffen, Veranstaltung, Vergnügung, Zusammenkunft; *(Jargon):* Event.

Gesellschaft
1. Allgemeinheit, Bevölkerung, die Leute/Menschen, Gesamtheit, Öffentlichkeit, Volk; *(oft abwertend):* Masse.
2. a) Begleitung, [gesellschaftlicher] Verkehr, Umgang; *(geh.):* Geleit. **b)** ↑Geselligkeit (2).
3. Betrieb, Firma, Unternehmen.

gesellschaftlich
1. politisch, sozial, wirtschaftlich.
2. bedeutend, bedeutsam, gewichtig, spektakulär, von [großer] Bedeutung, wichtig.

Gesetz
1. Bestimmung, Dekret, Diktat, Erlass, Gebot, Statut, Verordnung, Vorschrift; *(geh.):* Geheiß; *(bildungsspr.):* Direktive.
2. Gesetzmäßigkeit, Grundsatz, Naturgesetz, Prinzip, Regelmäßigkeit.
3. Leitfaden, Norm, Ordnung, Prinzip, Regel, Richtlinie, Standard; *(bildungsspr.):* Kanon.

gesetzlich
bewilligt, erlaubt, genehmigt, gestattet, legal, rechtens, rechtlich, rechtmäßig, zugelassen, zulässig; *(geh.):* statthaft; *(bildungsspr.):* legitim.

gesetzt
abgeklärt, ausgeglichen, bedächtig, besonnen, gefasst, gelassen, gemächlich, gemessen, geruhsam, gleichmütig, maßvoll, reif, ruhig, überlegt, umsichtig, vernünftig, weise, würdevoll; *(geh.):* bedachtsam, souverän.

gesetzwidrig
gegen das Gesetz/die Gesetze verstoßend, illegal, irregulär, ordnungswidrig, rechtswidrig, strafbar, tabu, unbefugt, unerlaubt, ungesetzlich, unrechtmäßig, untersagt, unzulässig, verboten, verfassungswidrig, widerrechtlich, wild; *(geh.):* unstatthaft; *(bildungsspr.):* illegitim.

Gesicht
1. [Gesichts]züge; *(geh.):* Angesicht, Antlitz; *(bildungsspr.):* Physiognomie; *(salopp):* Schnauze.
2. [Gesichts]ausdruck, Grimasse, Miene, Mimik, Zug; *(ugs.):* Fratze; *(salopp):* Visage.
3. Anblick, Aussehen, [äußere] Erscheinung, Äußeres, Charakter, Erscheinungsbild, Flair, Kolorit, Outfit; *(geh.):* Gepräge.

Gesicht

das Gesicht verlieren
sich blamieren, sich eine Blöße geben, sich bloßstellen, eine schlechte Figur abgeben/machen, sich kompromittieren, sich lächerlich machen, sich zum Gespött machen.

Gesichtspunkt
Betrachtungsweise, Blickpunkt, Blickwinkel, Faktor, Hinsicht, Moment, Sehweise, Seite, Sicht[weise], Standpunkt; *(geh.):* Warte; *(bildungsspr.):* Aspekt, Perspektive.

BSP Hier sind noch andere Faktoren zu nennen. Hier sehen/betrachen wir das Problem unter einem bestimmten Aspekt.

Gesinnung
Anschauung, Ansicht, Auffassung, Betrachtungsweise, Blickwinkel, Denkart, Einstellung, Geisteshaltung, [Grund]haltung, Ideologie, Lebensanschauung, Position, Sicht[weise], Sinnes-

art, Standpunkt, Überzeugung, Vorstellung, Weltbild; *(geh.):* Befinden, Warte; *(bildungsspr.):* Ethos, Mentalität; *(salopp):* Denke.

gesittet
anständig, artig, brav, diszipliniert, einwandfrei, folgsam, fügsam, gefügig, gehorsam, gepflegt, höflich, kultiviert, manierlich, vornehm, zivilisiert; *(geh.):* schicklich, wohlerzogen; *(bildungsspr.):* distinguiert; *(ugs.):* zahm; *(veraltend):* galant, gefügsam, sittsam.

gespannt
1. angespannt, aufmerksam, begierig, erwartungsvoll, fieberhaft, fiebrig, fragend, gefesselt, neugierig, ungeduldig.
2. angespannt, bedenklich, explosiv, gefährlich, gereizt, konfliktträchtig, kritisch, spannungsgeladen; *(bildungsspr.):* brisant; *(ugs.):* heiß.

Gespenst
Dämon, Erscheinung, Geist, Phantom, Spukgestalt; *(bildungsspr.):* Revenant.

gespenstisch
dämonisch, düster, furchteinflößend, furchterregend, geisterhaft, grausig, gruselig, schaudererregend, schauerlich, schaurig, spukhaft, unheimlich; *(geh.):* schaudervoll, schauervoll.

Gespinst
Flor, Geflecht, Gesponnenes, Gewebe, Kokon, Netz[werk], Stoff, Tuch; *(Fachspr.):* Gestrick.

Gespräch
1. Aussprache, Beratung, Besprechung, Dialog, Diskussion, Erörterung, Face-to-Face-Kommunikation, Geplauder, Kommunikation, Meinungsaustausch, Plauderei, Rede, Round Table, Rücksprache, Symposium, Unterhaltung, Unterredung, Wortwechsel; *(schweiz.):* Gerede; *(geh.):* Zwiesprache; *(bildungsspr.):* Diskurs, Konversation; *(ugs.):* Klatsch; *(fam.):* Schwatz; *(Jargon):* Talk; *(EDV):* Messaging.

BSP Die Chefin trat in einen Dialog mit ihren Mitarbeitern. Es entbrannte, gab eine endlose/erregte/kontroverse/öffentliche Diskusion [um ...]. Es entspann sich eine gepflegte Konversation.

2. [Telefon]anruf, Telefonat, Telefongespräch.

gesprächig
kommunikationsfreudig, mitteilsam, redefreudig, redelustig, redselig; *(abwertend):* geschwätzig, klatschhaft, klatschsüchtig, schwatzhaft.

Gespür
Ahnung, Empfinden, Feeling, Gefühl, innere Stimme, Instinkt, Nase, [sechster] Sinn, Spürsinn; *(bes. schweiz.):* Flair; *(ugs.):* Antenne, Spürnase; *(salopp):* Riecher.

Gestalt
1. Aussehen, Erscheinung, Erscheinungsbild, Figur, Form, Gesicht, Konstitution, Körper, Körperbau, Körperform, Statur, Wuchs; *(geh.):* Leib; *(Fachspr.):* Morphe, Physiognomie.
2. Figur, Geschöpf, Person, Rolle; *(bildungsspr.):* Protagonist, Protagonistin.
3. Ausformung, Design, Form, Format, Formgebung, Formung, Gebilde, Gestaltung, Machart, Schnitt, Struktur; *(veraltend):* Fasson; *(bes. Philos.):* Typus; *(Fachspr.):* Korpus.

gestalten
anlegen, anordnen, arrangieren, aufbauen, aufteilen, ausarbeiten, ausführen, ausprägen, bearbeiten, bilden, [sich] einrichten, entwickeln, fassen, formen, formieren, gliedern, in eine Form bringen, konstruieren, ordnen, organisieren, prägen, schaffen, verarbeiten, zusammenstellen; *(bildungsspr.):* komponieren, modulieren, systematisieren; *(ugs.):* aufziehen; *(Jargon):* stylen.

gestalten, sich
sich entwickeln, sich richten, werden.

Geständnis
Beichte, Bekenntnis, Eingeständnis; *(geh.):* Konfession; *(bildungsspr.):* Paterpeccavi.

Gestank
Ausdünstung, schlechte Luft, schlechter/übler Geruch, Stank, verbrauchte Luft.

gestatten
1. akzeptieren, berechtigen, bewilligen, billigen, die Erlaubnis geben/erteilen, sich einverstanden erklären, einverstanden sein, einwilligen, erlauben, gelten lassen, genehmigen, gutheißen, seine Zustimmung geben, zubilligen, zugeben, zugestehen, zulassen, zustimmen; *(bildungsspr.):* konzedieren, legitimieren; *(ugs.):* abnicken, absegnen, seinen Segen geben, unterschreiben.
2. die Gelegenheit bieten, die Möglichkeit geben, erlauben, ermöglichen, in die Lage versetzen, instand setzen, möglich machen, zulassen.

gestatten, sich
sich beehren, sich die Freiheit nehmen, sich erlauben, sich gönnen, sich zubilligen; *(ugs.):* sich leisten; *(ugs. scherzh.):* sich genehmigen.

Geste
Bewegung, Gebärde, Handbewegung, Handzeichen, Wink; *(bildungsspr.):* Attitüde.

gestehen
a) beichten, eine Beichte/ein Geständnis ablegen, eingestehen, einräumen, geständig sein, sein Gewissen erleichtern, zugeben; *(bildungs-*

spr.): konzedieren; *(ugs.):* auspacken, mit der Sprache herausrücken; *(salopp):* die Hosen herunterlassen. **b)** eröffnen, mitteilen, [offen] aussprechen, offenbaren; *(ugs.):* Farbe bekennen.

gestikulieren
(schweiz.): verwerfen; *(bildungsspr.):* agieren; *(ugs.):* [herum]fuchteln, mit den Händen reden.

gestorben
leblos, tot, umgekommen, ums Leben gekommen, verendet, verstorben; *(geh.):* entschlafen, nicht mehr [am Leben/unter uns] sein, selig, verschieden; *(ugs.):* draufgegangen, hinüber, krepiert; *(salopp):* hin; *(verhüll.):* erlöst, von uns gegangen; *(geh. verhüll.):* abberufen, dahingeschieden, davongegangen, hingeschieden; *(geh. veraltet):* verblichen.

gestresst
abgespannt, angegriffen, angeschlagen, mit den Nerven fertig, überanstrengt, überarbeitet, überbeansprucht, überbelastet, überfordert, überlastet; *(ugs.):* geschafft, groggy, k. o.

gesund
1. bei [guter] Gesundheit, erholt, fit, frisch, geheilt, gesund und munter, [gut] bei Kräften, heil, in guter [körperlicher] Verfassung, intakt, kerngesund, mobil, munter, rüstig, stabil, stark, unverletzt, unversehrt, widerstandsfähig; *(geh.):* wohlauf; *(meist geh.):* wohl; *(ugs.):* auf dem Posten, auf der Höhe, frisch und munter, in Ordnung; *(nordd., md.):* kregel.

GGS angeschlagen, kränklich, morbid, nur noch ein Schatten seiner selbst, schwach.

2. bekömmlich, der Gesundheit zuträglich, heilkräftig, kräftigend, nahrhaft, rein, sauber, verträglich; *(veraltend):* heilsam.
3. natürlich, normal, vernünftig.

gesunden
auf dem Weg der Besserung sein, sich erholen, geheilt werden, [wieder] gesund werden, [wieder] zu Kräften kommen; *(geh.):* sich auf dem Weg der Besserung befinden, aufkommen, erstehen, genesen; *(ugs.):* sich aufrappeln, wieder auf den Damm/die Beine kommen, [wieder] hochkommen, [wieder] werden; *(emotional):* die/seine Krankheit besiegen.

Gesundheit
Frische, Wohlbefinden, Wohlgefühl; *(geh.):* Wohlsein.

Getränk
Drink, Erfrischung, Flüssigkeit, Spirituose, Verschnitt; *(geh.):* Trank, Trunk; *(ugs.):* Schluck, Seelentröster, Trinkbares.

getreu
akkurat, exakt, genau, präzise; *(geh.):* getreulich; *(veraltend):* treulich.

getrost
1. hoffnungsvoll, optimistisch, unverzagt, vertrauensvoll, voller Hoffnung/Zuversicht, zuversichtlich; *(geh.):* frischen/frohen/guten Mutes, hoffnungsfreudig, hoffnungsfroh, mit frischem/frohem/gutem Mut.
2. bedenkenlos, ohne Bedenken, ohne Weiteres, ruhig, unbedenklich, unbesorgt.

Getue
a) Auftreten, Benehmen, Betragen, Gebaren, Gehaben, Verhalten; *(abwertend):* Gehabe.
b) Aufheben, Aufstand, Wirbel.

Getümmel
Betriebsamkeit, Gedränge, Gemenge, Getriebe, Gewimmel, Gewoge, Gewühl, lebhaftes Treiben, Menschengewimmel, reges Leben, Trubel; *(schweiz.):* Käsete; *(ugs.):* Rummel.

gewagt
a) gefährlich, halsbrecherisch, heikel, kritisch, kühn, risikoreich, riskant, verwegen, waghalsig; *(leicht abwertend):* tollkühn. **b)** auffallend, auffällig, extravagant, krass.

gewählt
ausgesucht, ausgewählt, elegant, exquisit, fein, gehoben, gepflegt, geschmackvoll, nicht alltäglich, stilvoll, vornehm; *(geh.):* [aus]erlesen, edel; *(bildungsspr.):* distinguiert.

Gewähr
Bürgschaft, Garantie, Gewährleistung, Haftung, Sicherheit; *(schweiz.):* Währschaft.

gewähren
a) bewilligen, einräumen, geben, genehmigen, gestatten, zubilligen, zugestehen; *(schweiz.):* zusprechen; *(geh.):* zukommen lassen, zuteilwerden lassen. **b)** bieten, geben, spenden; *(geh.):* zuteilwerden lassen.

gewähren lassen
die Freiheit geben, nicht hindern/stören, nicht zurückhalten, schalten und walten lassen, seinen Willen lassen.

gewährleisten
bürgen, Garantie bieten/leisten, garantieren, Gewähr bieten, sichern, sicherstellen, sich verbürgen; *(veraltend):* verbriefen.

Gewahrsam
1. Aufbewahrung, Aufsicht, Schutz, Verschluss, Verwahrung; *(geh.):* Obhut.
2. Arrest, Gefangenschaft, Haft.

Gewalt
1. Befehlsgewalt, Herrschaft, Macht.
2. a) Druck, Zwang; *(bildungsspr.):* Pression.

b) Gewaltsamkeit, körperliche/physische Kraft; *(bildungsspr.):* Brachialgewalt.
3. Heftigkeit, Kraft, Stärke, Wucht; *(bildungsspr.):* Vehemenz.

gewaltig
1. einflussreich, mächtig, maßgebend, tonangebend, wichtig, wirkungsreich; *(bildungsspr.):* potent; *(geh. veraltet):* großmächtig.
2. a) gigantisch, imposant, kolossal, mächtig, massig, überdimensional, übergroß, von beachtlichem/ungeheurem Ausmaß, wuchtig; *(geh.):* kolossalisch; *(bildungsspr.):* monumental, titanisch; *(oft emotional):* riesig. **b)** ↑sehr.

gewalttätig
brutal, handgreiflich, rabiat, tätlich.

Gewand
1. Kleid, Kleidungsstück; *(ugs.):* Kleidchen; *(scherzh.):* Robe.
2. Aufmachung, Ausstattung, Design, Gestaltung; *(abwertend):* Aufzug.

gewandt
a) alert, behände, beweglich, elastisch, flink, gelenkig, geschickt, geschmeidig, leichtfüßig, wendig, wieselflink; *(geh.):* regsam; *(bildungsspr.):* agil; *(ugs.):* fix. **b)** diplomatisch, erfahren, formgewandt, geschickt, geschliffen, geübt, sicher [im Auftreten], taktisch [klug], weltgewandt; *(geh.):* weltläufig; *(bildungsspr.):* routiniert; *(bildungsspr. veraltend):* versatil.

Gewandtheit
a) Behändigkeit, Beweglichkeit, Elastizität, Flinkheit, Gelenkigkeit, Geschicktheit, Geschmeidigkeit, Leichtfüßigkeit, Schnellfüßigkeit, Wendigkeit; *(schweiz.):* Souplesse; *(geh.):* Regsamkeit; *(bildungsspr.):* Agilität. **b)** Diplomatie, Geschicktheit, Geschliffenheit, Routine, sicheres Auftreten, Sicherheit, Weltgewandtheit, Wendigkeit; *(bildungsspr.):* Savoir-faire; *(bildungsspr. veraltend):* Versatilität.

Gewäsch
(ugs.): Blabla, leeres Gerede.

Gewebe
a) Flor, Gespinst, Stoff, Tuch; *(österr.):* Webe.
b) Geflecht, Gespinst, Netz[werk].

Gewerbe
1. Arbeit, Beruf, berufliche Tätigkeit, Beschäftigung, Geschäft, Metier; *(ugs.):* Job.
2. Handelsgewerbe, Handelsunternehmen, Handwerk, kleine/mittlere Betriebe, Kleingewerbe, Unternehmen.

Gewicht
1. Last.
2. Bedeutsamkeit, Bedeutung, Belang, Einfluss, Geltung, Gewichtigkeit, Rang, Stellenwert, Tragweite, Wert, Wichtigkeit; *(bildungsspr.):* Relevanz, Signifikanz.

BSP Das Ereignis erlangt/bekommt/hat [plötzlich] große Bedeutung. Thema war der [gewichtige, maßgebliche] Einfluss der französischen Literatur auf die deutsche. Das Thema besitzt Relevanz, gewinnt/verliert an Relevanz/ ist von [großer] Relevanz.

gewichtig
1. bleischwer, kaum zu heben/tragen, massig, nicht leicht, schwer [wie Blei], viel Gewicht habend, von großem Gewicht, wuchtig.
2. bedeutend, bedeutsam, bedeutungsvoll, belangvoll, schwerwiegend, von Belang, von [großer] Bedeutung, von großer Tragweite, wesentlich, wichtig, zentral; *(bildungsspr.):* relevant.

gewieft
bauernschlau, clever, findig, gewitzt, pfiffig, raffiniert, schlau, trickreich; *(österr.):* gefinkelt; *(ugs.):* ausgefuchst, ausgepicht, gefuchst, gerieben, gerissen, mit allen Wassern gewaschen; *(abwertend):* verschlagen; *(südd.):* knitz; *(veraltend):* vigilant.

gewillt
bereit, den festen Willen habend, entschlossen, geneigt, gesonnen, willig; *(geh.):* willens.

Gewinn
1. Ausbeute, Ertrag, Geschäft, materieller Nutzen, Plus, Überschuss; *(schweiz.):* Vorschlag; *(ugs.):* Reibach; *(oft abwertend):* Profit.
2. das große Los, Glückslos, Hauptgewinn, Haupttreffer, Treffer; *(schweiz.):* Gabe.
3. Bereicherung, praktischer Nutzen, Vorteil.

gewinnen
1. als Sieger[in] hervorgehen, einen Sieg erringen, Erste[r] sein, für sich entscheiden, schlagen, siegen, Sieger[in] sein, triumphieren, zu seinen Gunsten entscheiden; *(geh.):* den Sieg davontragen; *(ugs.):* das Rennen machen.

BSP Sie entschied zwei Wettbewerbe für sich.

2. a) als Preis erhalten/erlangen, erlosen. **b)** einen Gewinn bringen, ein Treffer sein.
3. bewegen, bringen, einnehmen, erwärmen, interessieren, überreden, überzeugen, werben; *(ugs.):* breitschlagen; *(salopp):* einwickeln, herumkriegen.

BSP Der neue Mitschüler nahm durch sein freundliches Wesen alle für sich ein. Sie versuchte, das Team für ihre Ideen zu erwärmen.

Gewinner, Gewinnerin
Bester, Beste, Bezwinger, Bezwingerin, Erster,

Erste, Sieger, Siegerin; *(bildungsspr.):* Triumphator; *(Sport):* Champion, Meister, Meisterin.

Gewirr
Chaos, Labyrinth, Tohuwabohu, Tumult, Unordnung, Verwirrung, Wirrwarr; *(geh.):* Wirrsal; *(bildungsspr.):* Desorganisation; *(ugs.):* Kuddelmuddel, Salat; *(abwertend):* Wust.

[1]gewiss
1. bestimmt, nicht näher bezeichnet.
2. bestimmt, gesichert, sicher, unbestreitbar, unstreitig, unstrittig, unumstritten, unwiderlegbar, verbürgt.

[2]gewiss
[aber] ja, bestimmt, in jedem Fall, mit Sicherheit, natürlich, ohne Frage, ohne Zweifel, sicher, sicherlich; *(emotional):* zweifellos, zweifelsohne; *(ugs. emotional verstärkend):* todsicher; *(veraltend):* gewisslich.

gewissenhaft
akkurat, eingehend, gründlich, ordentlich, sorgfältig; *(geh.):* achtsam, sorgsam; *(bildungsspr.):* akribisch, minutiös, penibel, präzise; *(ugs.):* pingelig; *(abwertend):* pedantisch; *(veraltend):* sorglich; *(bildungsspr. veraltend):* skrupulös.

gewissenlos
bedenkenlos, gemein, hemmungslos, herzlos, ohne Hemmungen, ohne Skrupel, schamlos, ungeniert, verantwortungslos; *(geh.):* ruchlos; *(abwertend):* rücksichtslos, skrupellos.

Gewissensbisse
Gewissensqual, moralische Bedenken, Reue, schlechtes Gewissen, Schuldbewusstsein, Schuldgefühl, Skrupel, Zerknirschtheit.

gewissermaßen
in gewissem Grade/Sinne, in gewisser Weise, mehr oder minder/weniger, quasi, so gut wie, sozusagen; *(geh.):* gleichsam, gleichwie.

Gewissheit
absolute Zuverlässigkeit, Bewusstsein, Klarheit, sichere Kenntnis, Überzeugung.

Gewitter
Blitz und Donner, Unwetter, Wetterleuchten; *(emotional):* Wetter.

gewöhnen
beibringen, bekannt machen mit, vertraut machen mit, zur Gewohnheit machen.

gewöhnen, sich
sich abfinden mit, sich anfreunden mit, sich anpassen, sich arrangieren, sich einfügen, sich einstellen auf, vertraut werden.

Gewohnheit
a) Brauch, Herkunft, Sitte, Tradition, Usus; *(geh.):* Gepflogenheit. **b)** Angewohnheit, Automatismus, Eigenart, Eigenheit, Eigentümlichkeit, Marotte; *(ugs.):* Tick; *(abwertend):* Unsitte.

gewöhnlich
1. alltäglich, durchschnittlich, normal, ordinär; *(bildungsspr.):* banal, profan, trivial.
2. gängig, gebräuchlich, geläufig, gewohnt, herkömmlich, landläufig, normal, regelmäßig, regulär, üblich.

gewohnt
alltäglich, bekannt, eingefahren, gängig, gebräuchlich, geläufig, hergebracht, herkömmlich, landläufig, normal, regelmäßig, regulär, üblich, vertraut, [weit]verbreitet.

gezwungenermaßen
der Not gehorchend, gegen den eigenen Willen, notgedrungen, unfreiwillig, wohl oder übel, zwangsläufig; *(bildungsspr.):* nolens volens.

Gier
Begierde, [Fress]lust, Unersättlichkeit, Verlangen; *(geh.):* Begehrlichkeit, Begier, Fleischeslust, Gelüst[e], Hunger, Wollust; *(abwertend):* Habsucht, Raffgier; *(oft abwertend):* Geilheit.

gieren
begehren, begierig/erpicht sein, fiebern nach, unbedingt haben wollen, versessen sein; *(geh.):* hungern nach, hungrig sein nach, lechzen, verlangen; *(dichter.):* dürsten; *(ugs.):* hinter etw. her sein wie der Teufel hinter der armen Seele.

gierig
begierig, brünstig, dürstend, fresssüchtig, gefräßig, maßlos, unersättlich; *(geh.):* begehrlich, hungrig, lüstern, wollüstig; *(fam.):* nimmersatt; *(abwertend):* habsüchtig, raffgierig, raffsüchtig.

gießen
1. mit Wasser versorgen, sprengen, Wasser geben, wässern.
2. [in Strömen] regnen; *(geh.):* der Himmel öffnet seine Schleusen; *(ugs.):* duschen, schütten; *(salopp):* pissen, schiffen; *(nordd.):* pladdern.

giftig
1. gifthaltig, schädlich.
2. bissig, bösartig, böse, boshaft, feindselig, hasserfüllt; *(abwertend):* gehässig.

gigantisch
a) gewaltig, imposant, kolossal, mächtig, massig, riesenhaft, sehr groß, überdimensional, übergroß, von beachtlichem/ungeheurem Ausmaß, wuchtig; *(geh.):* kolossalisch; *(bildungsspr.):* monumental, titanisch; *(oft emotional):* riesig. **b)** außerordentlich, enorm, erheblich, gewaltig, immens, ungeheuer, ungemein; *(bildungsspr.):* exorbitant; *(ugs.):* mörderisch.

Gipfel
1. Berggipfel, Bergspitze, Piz; *(dichter.):* Bergesgipfel; *(südd., österr., schweiz.):* Gupf.
2. Gipfelpunkt, Glanzpunkt, Höchstmaß, Höhe[punkt], Krönung, Kulmination, Kulminationspunkt, Optimum, Siedepunkt, Spitze; *(geh.):* Hochzeit; *(bildungsspr.):* Klimax, Maximum, Zenit; *(Literaturwiss.):* Katastase.

gipfeln
die Krönung finden, kulminieren, seinen Höhepunkt erreichen/finden.

glänzen
sich abheben, auffallen, sich auszeichnen, beeindrucken, bestechen, brillieren, Eindruck machen, herausragen, hervorragen, hervorstechen, sich hervortun, imponieren, prunken.

glänzend
ausgezeichnet, bestechend, bestens, blendend, brillant, erstklassig, fabelhaft, glanzvoll, grandios, hervorragend, imposant, meisterhaft, prächtig, umwerfend, vortrefflich, vorzüglich; *(bildungsspr.):* exzellent; *(ugs.):* fantastisch, großartig, klasse, lässig, mega, prima, super, toll; *(emotional):* wunderbar; *(ugs. emotional verstärkend):* supertoll; *(scherzh.):* primissima; *(oft scherzh.):* göttlich; *(veraltend):* trefflich.

glasig
1. ausdrucksleer, ausdruckslos, leblos, nichtssagend, ohne Ausdruck, starr, stier, tot, unbewegt; *(abwertend):* leer.
2. gläsern.

glatt
1. a) blank, eben[mäßig], flach, glänzend, gleichmäßig, plan, platt, poliert, spiegelblank, spiegelglatt, spiegelnd. **b)** aalglatt, rutschig, schlüpfrig, spiegelglatt; *(ugs.):* eisglatt, glitschig.
2. einfach, mühelos, problemlos, reibungslos, unkompliziert, unproblematisch; *(ugs.):* wie am Schnürchen.

glätten
eben machen, ebnen, glatt machen/reiben, glatt scheuern/schleifen, platt machen.

Glaube
1. Meinung, Überzeugung, Vertrauen, Zuversicht.
2. a) Frömmigkeit, Glaubensüberzeugung, Gläubigkeit, Gottergebenheit, Gottesfurcht, Gottesglaube, Religiosität; *(veraltend):* Frommheit. **b)** Bekenntnis, Konfession, Religion.

glauben ↗
1. a) annehmen, auf dem Standpunkt stehen, ausgehen von, denken, erwarten, finden, für wahrscheinlich halten, meinen, mutmaßen, nicht wissen, vermuten; *(geh.):* dafürhalten; *(ugs.):* schätzen, schwanen, spekulieren, tippen.

BSP Ich gehe davon aus, dass ich ihr vertrauen kann. Ich halte das nicht für wahrscheinlich.

b) *(geh.):* meinen, vermeinen, wähnen.
2. a) für bare Münze nehmen, für richtig/wahr halten; *(geh.):* Glauben schenken; *(ugs.):* abkaufen, abnehmen.

BSP Dieser Behauptung kann ich keinen Glauben schenken, da …

b) bauen, hoffen, rechnen, sich verlassen, vertrauen, zählen; *(geh.):* Vertrauen schenken.
3. fromm/gläubig sein, religiös sein.

glaubhaft
einleuchtend, plausibel, überzeugend.

gläubig
a) fromm, glaubensstark, gottesfürchtig, religiös; *(geh.):* glaubensvoll; *(abwertend):* kirchenfromm. **b)** ergeben, hingebungsvoll, treu, zuverlässig; *(geh.):* getreu, getreulich; *(bildungsspr.):* loyal.

glaubwürdig
1. seriös, solide, verlässlich, vertrauenerweckend, vertrauenswürdig, zuverlässig; *(geh.):* wahrhaftig; *(bildungsspr.):* reliabel.
2. beglaubigt, belegt, echt, gesichert, sicher, unanfechtbar, unleugbar, unwiderlegbar, unwiderleglich, verbürgt, verlässlich, zuverlässig; *(bildungsspr.):* authentisch, dokumentiert.

[1]gleich
1. sich deckend, deckungsgleich, derselbe/dieselbe/dasselbe, ebenso eins, genauso eins, identisch, übereinstimmend; *(bildungsspr.):* kongruent, kongruierend; *(ugs.):* auch so eins.
2. beständig, durchgängig, gleichbleibend, gleichmäßig, konstant, permanent, unverändert; *(geh.):* immerwährend, stet; *(bildungsspr.):* stereotyp.

[2]gleich
auf Anhieb, auf der Stelle, augenblicklich, binnen Kurzem, geradewegs, im Handumdrehen, im Nu, in Kürze, in Kurzem, in kurzer Zeit, in naher/nächster Zukunft, nächstens, prompt, sofort, sogleich, spornstreichs, stehenden Fußes, stracks, unmittelbar, unverzüglich; *(bildungsspr.):* hic et nunc; *(ugs.):* in null Komma nichts, postwendend, ratzfatz; ruck, zuck; schnurstracks; *(ugs. scherzh.):* stante pede.

gleichberechtigt
auf gleicher Stufe, gleich, gleichrangig, gleichstehend, gleichwertig, ranggleich, [rechtlich] gleichgestellt, vollwertig, von gleichem Rang.

Gleichberechtigung
Chancengerechtigkeit, Chancengleichheit, Emanzipation, Gleichheit, Gleichrangigkeit, Gleichstellung, Gleichwertigkeit, Vollwertigkeit; *(bildungsspr.):* Egalität.

gleichen
aussehen wie, die Waage halten, entsprechen, gleichkommen, heranreichen, nahekommen, sehr ähnlich sein, vergleichbar sein.

gleichermaßen
ebenso, genauso, geradeso, gleicherweise, in gleichem Maße, in gleicher Weise; *(geh.):* nicht minder; *(bildungsspr.):* ex aequo; *(geh. veraltet):* gleichergestalt.

gleichfalls
auch, desgleichen, ebenfalls, ebenso, genauso, geradeso, gleichermaßen, gleicherweise, so/und/wie auch; *(geh.):* nicht minder; *(ugs.):* dito.

gleichförmig
abwechslungslos, eindimensional, einförmig, einheitlich, eintönig, gleichbleibend, gleichmäßig, mechanisch, monoton, wie immer; *(bildungsspr.):* stereotyp, uniform.

Gleichgewicht
1. Ausgeglichenheit, Ausgewogenheit, Balance, Harmonie, Stabilität; *(bildungsspr.):* Äquilibrium.
2. Abgeklärtheit, Ausgeglichenheit, Balance, Gleichmaß, Harmonie; *(geh.):* Seelenstärke.

gleichgültig
1. achtlos, gefühllos, [innerlich] unbeteiligt, schulterzuckend, teilnahmslos, unbeeindruckt, unbewegt, ungerührt; *(bildungsspr.):* desinteressiert, indifferent, indolent; *(ugs.):* wurstig.
2. bedeutungslos, belanglos, einerlei, gleichviel, ohne Bedeutung/Belang, unbedeutend, unerheblich, uninteressant, unwesentlich, unwichtig; *(geh.):* nichtig; *(ugs.):* egal, eins, gehupft wie gesprungen, gleich, Jacke wie Hose, nicht warm und nicht kalt, piepegal, schnuppe; *(salopp):* schnurz[piepe], schnurzpiepegal.

gleichkommen
1. ähnlich sein, entsprechen, gleichen, vergleichbar sein; *(bildungsspr.):* korrespondieren.
2. ebenbürtig sein, erreichen, es aufnehmen können, gleichrangig sein, gleichwertig sein, herankommen, heranreichen.

gleichmachen
abstimmen, angleichen, anpassen, auf einen [gemeinsamen] Nenner bringen, die Unterschiede beseitigen, einander annähern, einebnen, in Übereinstimmung bringen, vereinheitlichen; *(geh.):* in Einklang bringen; *(bildungsspr.):* homogenisieren, nivellieren; *(bildungsspr., oft abwertend):* uniformieren.

gleichmäßig
ausgeglichen, beständig, einheitlich, gleichbleibend, gleichförmig, in einem Gleichmaß, kontinuierlich, ohne Veränderungen, regelmäßig, schwankungsfrei, stetig.

Gleichmut
Abgeklärtheit, Ausgeglichenheit, Gefasstheit, Gelassenheit, Gemütsruhe, Gleichgewicht, Ruhe, Seelenruhe, Unerschütterlichkeit; *(bildungsspr.):* Stoizismus, Tranquillität.

gleichmütig
abgeklärt, ausgeglichen, gefasst, gelassen, ruhig, seelenruhig, unerschütterlich, voller Gleichmut; *(bildungsspr.):* stoisch.

Gleichnis
Vergleich; *(bildungsspr.):* Analogie; *(bild. Kunst, Dichtkunst):* Allegorie.

gleichrangig
auf einer/auf der gleichen Stufe stehend, ebenbürtig, gleich, gleichberechtigt, gleichgestellt.

gleichsam
gewissermaßen, in gewissem Grade/Sinne, in gewisser Weise, mehr oder minder/weniger, quasi, sozusagen, wie; *(geh.):* gleichwie.

gleichstellen
als gleichwertig ansehen, auf eine [Rang]stufe stellen, die gleichen Rechte zugestehen, gleich behandeln, gleichsetzen, nicht unterscheiden.

Gleichstellung
Emanzipation, Gleichbehandlung, Gleichsetzung.

gleichviel
einerlei, gleichgültig [ob], ohne Rücksicht, unabhängig, wie auch immer, wie dem auch sei.

gleichwertig
auf einer/auf der gleichen Stufe stehend, ebenbürtig, entsprechend, gleichrangig, von gleichem Wert; *(bildungsspr.):* adäquat, äquivalent.

gleichzeitig
1. gemeinsam, gleichlaufend, im selben Augenblick/Moment, just in time, zeitgleich, zugleich, zur gleichen/selben Zeit, zusammen[treffend]; *(ugs.):* auf einmal; *(Fachspr.):* synchron; *(bildungsspr., Fachspr.):* simultan.
2. auch noch, ebenso, in einer Person, in gleicher Weise, zugleich.

gleichziehen
auf die gleiche Stufe/Höhe gelangen, die gleiche Leistung erzielen, gleichtun; *(Sport):* mitziehen.

gleiten
a) fliegen, schweben, segeln. **b)** abgleiten,

herabgleiten, heruntergleiten; *(geh.):* niedergleiten. **c)** rutschen.

Glied

1. männliches Geschlechtsorgan, Penis; *(bildungsspr.):* Phallus; *(ugs.):* Schniepel; *(salopp):* Johannes, Jonny, Lümmel, Schwanz; *(fam.):* Spatz, Zipfel; *(verhüll.):* Männlichkeit; *(ugs. scherzh.):* Schniedel[wutz]; *(ugs. verhüll.):* Ding.
2. a) Bestandteil, Einzelheit, Element, Komponente, Teil; *(bildungsspr.):* Detail. **b)** Angehörige, Angehöriger, Mitglied, Teil, Teilnehmer, Teilnehmerin.

gliedern

auffächern, aufgliedern, aufteilen, durchgliedern, einteilen, in Teile zerlegen, ordnen, teilen, untergliedern, unterteilen; *(bildungsspr., Fachspr.):* segmentieren.

Gliederung

a) Auffächerung, Aufgliederung, Aufteilung, Durchgliederung, Einteilung, Untergliederung, Unterteilung, Zerlegung; *(bildungsspr.):* Segmentierung. **b)** Anlage, Anordnung, Architektonik, Architektur, Aufbau, Bau, Einteilung, Gefüge, Ordnung, Organisation, Struktur; *(bildungsspr.):* Komposition, Konstruktion.

Gliedmaßen

Extremitäten, Glieder, Körperteile.

glimmen

schwach brennen/glühen, schwelen; *(südd., schweiz.):* motten.

glimpflich

1. einigermaßen, erträglich, gerade noch annehmbar, halbwegs, leidlich, ohne größeren Schaden, ohne schlimme Folgen, passabel.
2. behutsam, milde, nachsichtig, nicht hart, nicht streng, pfleglich, rücksichtsvoll, sachte, sanft, schonend, schonungsvoll, vorsichtig; *(bildungsspr.):* delikat; *(oft iron.):* gnädig.

global

1. erdumfassend, erdumspannend, international, weltumfassend, weltumspannend, weltweit; *(bildungsspr.):* mondial, universal.
2. a) absolut, allseitig, enzyklopädisch, erschöpfend, total, umfangreich, umfassend, universell, vielfältig, vielseitig. **b)** allgemein, nicht ins Detail gehend; *(bildungsspr.):* pauschal, undifferenziert, unspezifisch.

glotzen

starr blicken, starren, stieren; *(abwertend):* gaffen.

Glück

1. Glücksfall, Glückssache, Glücksstern, Glücksumstand, Gunst/günstige Fügung des Schicksals, günstiger Verlauf, Heil; *(geh.):* glücklicher/guter Stern, glückliches/günstiges Geschick; *(ugs.):* Dusel, Schwein; *(salopp):* Massel.
2. Glücksgöttin; *(geh.):* Fortuna.
3. Beglückung, Freude, Glückseligkeit, Hochgefühl, Segen; *(geh.):* Beseligung, Wonne.

Glück

zum Glück

↑glücklicherweise

glücken

Erfolg haben, funktionieren, gelingen, glattgehen, glücklich vonstattengehen, gut ablaufen, gut [aus]gehen; *(ugs.):* klargehen; *(salopp):* hinhauen.

glücklich

1. angenehm, erfolgreich, erfreulich, freudig, froh, günstig, gut, herrlich, vom Glück begünstigt, vorteilhaft; *(geh.):* beglückend, freudvoll, glückhaft.
2. ausgeglichen, ausgelassen, begeistert, beglückt, beschwingt, freudestrahlend, freudig, froh [gestimmt], fröhlich, glückselig, glückstrahlend, selig, sonnig, sorgenlos, überglücklich, unbekümmert, unbeschwert, ungetrübt, vergnüglich, vergnügt, [von Glück] erfüllt, zufrieden; *(geh.):* beseelt, beseligt, freudvoll, frohgemut, frohmütig, glückhaft, guter Dinge, hochgestimmt; *(bildungsspr.):* euphorisch; *(ugs.):* fidel, happy, im siebten Himmel.

glücklicherweise

angenehmerweise, erfreulicherweise, Gott/dem Himmel sei Dank, gottlob, zum Glück.

Glückwunsch

Beglückwünschung, Gratulation, Segenswünsche.

glühen

brennen, glimmen, [rot] leuchten, schwelen; *(südd., schweiz.):* motten.

glühend

begeistert, feurig, flammend, glutvoll, heftig, heiß[blütig], hingerissen, leidenschaftlich, mitgerissen, passioniert, schwärmerisch, stürmisch, temperamentvoll, überschwänglich, verzückt, wild; *(geh.):* entflammt; *(bildungsspr.):* enthusiastisch, euphorisch, frenetisch.

Glut

1. [Glut]hitze.
2. Begeisterung, Ekstase, Erregtheit, Erregung, Feuer, Fieber, Leidenschaftlichkeit, Lust, Passion, Rausch, Taumel, Temperament, Verzückung, Wallung; *(geh.):* Aufwallung, Inbrunst; *(bildungsspr.):* Drive, Elan, Enthusiasmus.

A B C D E F G glu H I J K L M N O P Q R S T U V W X Y Z

Gnade
1. a) Entgegenkommen, Freundlichkeit, Gunst, Güte, Jovialität, Wohlwollen; *(geh.):* Geneigtheit, Gewogenheit. **b)** Erbarmen, Güte, Milde, Mitgefühl, Nachsicht, Verzeihung; *(geh.):* Barmherzigkeit, Herzensgüte, Mildtätigkeit, Seelengüte, Vergebung.
2. Amnestie, Begnadigung, Straferlass, Straffreiheit; *(veraltend):* Pardon.

gnadenlos
abgestumpft, barbarisch, bestialisch, brutal, eiskalt, erbarmungslos, gefühllos, gleichgültig, grausam, hart, hartherzig, hemmungslos, herzlos, kompromisslos, mitleidlos, rigoros, schonungslos, streng, unbarmherzig, unerbittlich, ungerührt, unmenschlich, unnachgiebig, verroht; *(geh.):* seelenlos; *(bildungsspr.):* inhuman; *(ugs.):* abgebrüht, kaltschnäuzig; *(abwertend):* kaltblütig, roh, rücksichtslos, skrupellos.

gnädig
1. entgegenkommend, freundlich, gutgesinnt, gütig, jovial, kulant, liebenswürdig, nett, wohlgesinnt, wohlwollend; *(bildungsspr.):* konziliant.
2. behutsam, glimpflich, [grund]gütig, milde, mitfühlend, nachsichtig, rücksichtsvoll, sanft, schonend, schonungsvoll; *(geh.):* barmherzig, mildtätig; *(bildungsspr.):* human, indulgent.

gönnen
bewilligen, einräumen, gewähren, zubilligen, zugestehen; *(geh.):* vergönnen.

gönnen, sich
sich erlauben, sich gewähren; *(geh.):* sich gestatten, sich vergönnen; *(ugs.):* sich die Freiheit nehmen, sich herausnehmen, sich leisten; *(ugs. scherzh.):* sich genehmigen.

gönnerhaft
gnädig, herablassend, jovial, von oben herab.

Gott
1. Allwissender, der liebe Gott, Er, Gott der Herr, Gottvater, Herr, Schöpfer, Unsterblicher; *(geh.):* Allerbarmer, Allgütiger, Allmächtiger, Erbarmer, Gottheit; *(fam.):* Herrgott.
2. Göttergestalt, Gottheit, Götze, Unsterblicher.

Gottesdienst
Andacht, Kirche, Messe.

Gotteshaus
Dom, Heiligtum, Kapelle, Kathedrale, Kirche, Moschee, Münster, Synagoge, Tempel.

Göttin
Gottheit.

göttlich
ausgezeichnet, einzigartig, fantastisch, genial, grandios, großartig, herrlich, himmlisch, paradiesisch, perfekt, überwältigend, umwerfend, unbeschreiblich, unübertrefflich, vollendet, vollkommen, vortrefflich, vorzüglich; *(ugs.):* mega; *(emotional):* köstlich, unvergleichlich, wunderbar, wundervoll.

Gourmet
Feinschmecker, Feinschmeckerin, Genießer, Genießerin, Kenner, Kennerin, Schlemmer, Schlemmerin; *(ugs.):* Leckermaul, Leckermäulchen; *(bildungsspr.):* Falstaff; *(bildungsspr. scherzh.):* Lukullus.

Grab
a) *(geh.):* Gruft; *(veraltend):* Grube. **b)** Grabhügel, Grabplatz, Grabstätte, Grabstelle; *(geh.):* Begräbnisstätte, [letzte] Ruhestatt/Ruhestätte.

graben
[aus]baggern, ausgraben, ausheben, [aus]schachten, [aus]schaufeln; *(ugs.):* buddeln; *(nordd., md.):* schippen; *(Fachspr.):* exkavieren.

Graben
Furche, Grube, Kanal, Loch, Rinne, Vertiefung; *(ugs.):* Kuhle.

Grad
1. Ausbreitung, Ausdehnung, Ausmaß, Dimension, Erstreckung, Form, Größe, Intensität, Maß, Reichweite, Stärke, Stufe, Umfang.
2. Charge, Dienstgrad, [Dienst]rang.

grandios
ausgezeichnet, außerordentlich, beeindruckend, bestechend, blendend, brillant, eindrucksvoll, erstklassig, fabelhaft, genial, glänzend, großartig, herausragend, hervorragend, hinreißend, imposant, leuchtend, meisterhaft, mustergültig, phänomenal, prächtig, prachtvoll, sehr gut, trefflich, triumphal, überwältigend, vortrefflich, vorzüglich, wunderbar; *(bildungsspr.):* exzellent; *(ugs.):* fantastisch, heiß, klasse, klassisch, lässig, mega, pfundig, prima, reife Leistung, Sonderklasse, spitze, stark, super; *(ugs. emotional verstärkend):* wahnsinnig; *(oft emotional):* riesig; *(meist iron.):* glorios, glorreich; *(veraltend):* meisterlich; *(Jugendspr.):* [die/eine] Schau.

Gras
1. Alm, Rasen, Weide, Wiese.
2. Haschisch, Kif, Marihuana; *(ugs.):* Hasch; *(Jargon):* Dope, Pot, Shit.

grassieren
sich ausbreiten, sich durchsetzen, übergreifen, überhandnehmen, umgehen, um sich greifen, sich verbreiten; *(veraltend):* Platz greifen.

grässlich
1. beängstigend, entsetzenerregend, entsetzlich, erschreckend, furchtbar, furchterregend, gespenstisch, grauenerregend, gräulich, grausig,

katastrophal, schaudererregend, schauerlich, schaurig, schrecklich, verängstigend, verheerend; *(geh.):* schauervoll; *(emotional):* fürchterlich, grauenhaft, grauenvoll.
2. a) abscheulich, abstoßend, ekelerregend, ekelhaft, eklig, garstig, gräulich, hässlich, schlimm, übel, unausstehlich, unerträglich, verabscheuenswert, verabscheuungswürdig, verhasst, widerwärtig; *(ugs.):* fies; *(emotional):* scheußlich; *(ugs. scherzh.):* schauderös; *(abwertend):* widerlich, wüst. **b)** ↑sehr.

Grat
1. [Berg]rücken, [Gebirgs]kamm; *(schweiz.):* Krete.
2. First.
3. Kante, Rand.

gratis
[gebühren]frei, geschenkt, kostenlos, ohne Bezahlung/Entgelt, umsonst, unentgeltlich; *(salopp):* für umme.

Gratulation
1. Beglückwünschung.
2. Glückwunsch, Segenswünsche.

gratulieren
beglückwünschen, Glückwünsche aussprechen/überbringen, [viel] Glück wünschen.

grau
1. aschfahl, eisenfarben, ergraut, fahl, meliert, rauchfarben, schlammfarben, silbrig, weiß[haarig]; *(dichter.):* zementen.
2. bedeckt, bewölkt, trübe, [wolken]verhangen.
3. einförmig, eintönig, ereignislos, ermüdend, fade, freudlos, gleichförmig, langweilig, monoton, öde, reizlos, stumpfsinnig; *(bildungsspr.):* trist; *(bildungsspr. abwertend):* stupide.

Gräuel
1. Bestialität, Gewaltverbrechen, Grausamkeit, Massaker; *(emotional):* Blutbad, Gemetzel, Untat.
2. Abneigung, Abscheu, Antipathie, Ekel, Widerwille; *(geh.):* Degout; *(bildungsspr.):* Aversion.

grauen
Abend/Morgen werden, anbrechen, dämmern, dunkel/hell werden, Nacht/Tag werden; *(geh.):* tagen.

Grauen
1. Angst, Entsetzen, Furcht, Graus, Grausen, Grusel, Horror, Panik, Schock, Schreck, Schrecken; *(geh.):* Schauder, Schauer.
2. *(geh.):* Gräuel; *(bildungsspr.):* Apokalypse.

grauenhaft
abscheulich, [be]ängstigend, entsetzlich, erschreckend, furchtbar, furchterregend, gespenstisch, grauenerregend, grauenvoll, gräulich, grausam, grausenhaft, grausig, gruselig, haarsträubend, schauererregend, schauerlich, schaurig, schreckenerregend, schrecklich, unheimlich; *(geh.):* Furcht gebietend, schauervoll; *(emotional):* fürchterlich, grässlich, scheußlich.

grausam
a) barbarisch, brutal, entmenscht, erbarmungslos, gefühllos, gewalttätig, gnadenlos, grob, hart[herzig], schonungslos, teuflisch, unbarmherzig, unerbittlich, unmenschlich, verroht; *(bildungsspr.):* drakonisch; *(abwertend):* bestialisch, kaltblütig, roh, rücksichtslos, sadistisch, tyrannisch. **b)** entsetzlich, grimmig, hart, streng, unerträglich; *(ugs.):* abscheulich, bestialisch, furchtbar, gräulich, grausig, mörderisch, schlimm, schrecklich; *(emotional):* barbarisch, höllisch; *(ugs. emotional):* fürchterlich, scheußlich.

gravierend
drastisch, durchgreifend, einschneidend, empfindlich, erheblich, ins Gewicht fallend, massiv, nachhaltig, schwerwiegend, tiefgreifend.

Grazie
Anmut, Attraktivität, Charme, Lieblichkeit, [Lieb]reiz, Schönheit, Zauber.

grazil
anmutig, fein, gertenschlank, geschmeidig, schlank, schmächtig, zart[gliedrig], zierlich; *(geh.):* ätherisch, rank, zerbrechlich.

graziös
anmutig, anmutsvoll, bezaubernd, geschmeidig, lieblich, mit/voll Grazie, schön, zart.

greifbar
1. anwesend, auf Lager, bei der Hand, gegenwärtig, parat, verfügbar, vorhanden, zur Hand, zur Stelle; *(geh.):* zugegen; *(bildungsspr.):* präsent.
2. augenfällig, deutlich, eindeutig, erkennbar, fassbar, klar, konkret, nicht zu übersehen, offenbar, offenkundig, offensichtlich, wahrnehmbar, wirklich; *(geh.):* augenscheinlich; *(bildungsspr.):* evident, manifest, real; *(ugs.):* auf der Hand liegend.

greifen
1. anfassen, erfassen, ergreifen, fassen, [in die Hand] nehmen, zugreifen; *(ugs.):* grapschen.
2. aufgreifen, einfangen, ergreifen, erhaschen, ertappen, erwischen, fangen, fassen, festnehmen, gefangen nehmen, packen, verhaften; *(geh.):* habhaft werden; *(ugs.):* am Schlafittchen fassen/nehmen/packen, grapschen, kriegen, schnappen; *(salopp):* hoppnehmen, kaschen.

grell
1. a) blendend, hell. **b)** auffallend, auffällig, bon-

bonfarben, giftig, grellfarbig, hart, hervorstechend, ins Auge fallend/springend, kontrastreich, laut, schreiend, schrill; *(ugs.):* knallig.
2. dröhnend, durchdringend, durch Mark und Bein gehend, gellend, geräuschvoll, laut[stark], markdurchdringend, markerschütternd.

Gremium
Ausschuss, Beirat, Komitee, Kommission, Kreis, Kuratorium, Rat, Stab, Zirkel.

Grenze
1. a) Demarkationslinie; *(veraltend):* Scheide.
b) Trennungslinie; *(veraltend):* Grenzlinie.
2. Abgrenzung, Absperrung, Barriere, Begrenzung, Grenzziehung, Limit, Rand, Schlagbaum, Schranke, Umgrenzung; *(Jargon):* Schallmauer.

grenzen
1. angrenzen, anrainen, anschließen, anstoßen, benachbart sein, in Nachbarschaft liegen, nebenan liegen, stoßen.
2. ähneln, Ähnlichkeit haben, ähnlich sein, erinnern an, nahekommen, verwandt sein.

griesgrämig
ärgerlich, bärbeißig, gereizt, grämlich, grimmig, humorlos, knurrig, missmutig, mürrisch, schlecht gelaunt, übel gelaunt, übellaunig, unfreundlich, verärgert, verdrießlich, verdrossen; *(geh.):* missgelaunt, missgestimmt, misslaunig, unmutig; *(ugs.):* brummig, gnatzig, grätig, miesepetrig, quengelig, sauer, säuerlich, schlecht drauf; *(abwertend):* nörgelig.

griffbereit
bei der Hand, gerichtet, gerüstet, greifbar, in Bereitschaft, parat, verfügbar, zur Verfügung; *(bildungsspr.):* disponibel, zur Disposition.

Grille
[Heu]schrecke, Zikade; *(ugs.):* Grashüpfer.

Grimasse
Faxen; *(ugs.):* Fratze.

grimmig
ärgerlich, aufgebracht, erbittert, erbost, erregt, geharnischt, unwirsch, verärgert, verdrossen, wütend, wutschnaubend, zornig; *(geh.):* erzürnt, ingrimmig, ungehalten; *(ugs.):* auf hundertachtzig, böse, fuchsig, fuchtig, in Rage, sauer.

grinsen
[dümmlich] lächeln, sich lustig machen; *(geh.):* hohnlächeln, hohnlachen; *(ugs.):* sich eins lachen, feixen, smilen; *(nordd.):* grienen.

Grippe
Atemwegserkrankung, Erkältung; *(veraltend):* Influenza.

Grips
Auffassungsgabe, Auffassungskraft, Auffassungsvermögen, Aufnahmefähigkeit, Begriffsvermögen, Denkfähigkeit, Denkvermögen, Fassungsgabe, Gehirn, Intellekt, Klugheit, Verstand; *(ugs.):* Grütze, Hirn, Köpfchen; *(ugs. scherzh.):* die [kleinen] grauen Zellen.

grob
1. derb, fest, hart, robust, rustikal, stabil, stark, strapazierfähig, widerstandsfähig; *(österr.):* strapazfähig.
2. andeutungsweise, holzschnittartig, skizzenhaft, ungefähr, ungenau, unscharf, vage, verschwommen; *(geh.):* schemenhaft; *(bildungsspr.):* rudimentär, unpräzise; *(abwertend):* schwammig.
3. gravierend, schmerzlich; *(bildungsspr.):* substanziell.
4. abweisend, barsch, brüsk, derb, nicht salonfähig, ohne Feingefühl/Taktgefühl, rau, rüde, rüpelhaft, schroff, schwerfällig, taktlos, unfein, unfreundlich, ungesittet, unhöflich, unwirsch; *(schweiz.):* urchig; *(geh.):* harsch; *(abwertend):* grobschlächtig, ruppig, ungehobelt, ungeschliffen, unkultiviert, wüst; *(bildungsspr. abwertend):* vulgär.

Grobheit
Barschheit, Brutalität, Deftigkeit, Derbheit, Erbarmungslosigkeit, Gefühllosigkeit, Gefühlsrohheit, Schroffheit, Taktlosigkeit, Unbarmherzigkeit; *(bildungsspr.):* Krudität; *(abwertend):* Grobschlächtigkeit, Plumpheit, Rohheit, Ruppigkeit, Ungeschliffenheit; *(bes. nordd.):* Bräsigkeit.

grölen
brüllen, kreischen, lärmen, randalieren, schreien; *(abwertend):* johlen, plärren; *(oft abwertend):* ein Geschrei erheben.

Groll
Ärger, Bitterkeit, Empörung, Erbitterung, Feindschaft, Feindseligkeit, Missbilligung, Missfallen, Missmut, Missstimmung, Verärgerung, Verbitterung, Verdrossenheit, Verdruss, Wut, Zorn; *(geh.):* Animosität, Bitternis, Hader, Ungehaltenheit, Unmut, Unwille; *(ugs.):* Rage.

grollen
donnern, dröhnen, gewittern, krachen, poltern; *(ugs.):* rumoren, rumpeln; *(veraltend):* wettern.

groß ↗
1. a) ausgedehnt, ausladend, breit, enorm, geräumig, gewaltig, gigantisch, großflächig, großräumig, immens, kolossal, mächtig, massig, räumig, riesenhaft, stattlich, tief, umfangreich, umfassend, ungeheuer, ungemein, üppig, von

beachtlichem Ausmaß/Umfang, weit, weiträumig; *(bildungsspr.):* exorbitant, monumental, voluminös; *(emotional):* unermesslich; *(oft emotional):* monströs, riesig. **b)** hoch aufgeschossen, hochgewachsen, hünenhaft, lang, von hohem/kräftigem Wuchs; *(ugs.):* baumlang.
2. älter, ausgereift, ausgewachsen, den Kinderschuhen entwachsen, erwachsen, kein Kind mehr, mündig, reif; *(veraltend):* großjährig.
3. a) bedeutsam, bedeutungsvoll, belangvoll, bemerkenswert, epochemachend, folgenreich, gewichtig, maßgebend, maßgeblich, tiefgreifend, von Belang, von [großem] Gewicht, von [großer] Bedeutung, von großer Tragweite, von [großer] Wichtigkeit, wesentlich, wichtig, zentral; *(bildungsspr.):* epochal. **b)** anerkannt, angesehen, bedeutend, bekannt, berühmt, geachtet, gefeiert, legendär, namhaft, populär, prominent, von großem Ansehen, von Weltrang/Weltruf/Weltruhm, weltbekannt, weltberühmt; *(bildungsspr.):* renommiert.
4. großmütig, selbstlos, uneigennützig, von edler/vornehmer Gesinnung; *(geh.):* edel[mütig], großherzig, nobel; *(bildungsspr.):* altruistisch.

großartig
ausgezeichnet, bedeutend, beeindruckend, bewundernswert, brillant, erstklassig, fabelhaft, genial, grandios, hervorragend, imposant, kolossal, meisterhaft, monumental, phänomenal, sensationell, ungeheuer, unsagbar, verblüffend, vortrefflich, vorzüglich; *(österr., sonst bildungsspr.):* eminent, exzeptionell; *(ugs.):* anständig, [echt] spitze, [echt] super, [ganz] fantastisch, glänzend, groovy, groß, hammermäßig, mega, pfundig, schön, tadellos, überragend, unglaublich; *(ugs., bes. südd., österr., schweiz.):* sauber; *(salopp):* affengeil, irre, irrsinnig; *(oft emotional):* riesig, unvergleichlich, wunderbar, wundervoll; *(Jugendspr.):* fett; *(bes. Jugendspr.):* [echt] krass.

Größe
1. a) Abmessung, Ausbreitung, Ausdehnung, Ausmaß, Breite, Geräumigkeit, Höhe, Länge, Reichweite, Streckung, Tiefe, Umfang, Volumen, Weite; *(bildungsspr.):* Extension. **b)** Höhe, [Körper]länge, Körpermaß, Statur.
2. Bedeutsamkeit, Bedeutung, Belang, Geltung, Gewicht, Gewichtigkeit, Rang, Stellenwert, Tragweite, Wert, Wichtigkeit; *(bildungsspr.):* Relevanz, Signifikanz.
3. Autorität, bedeutende Persönlichkeit, Berühmtheit, Experte, Expertin, Kapazität, Könner, Könnerin, Profi, Spezialist, Spezialistin, [Super]star, Virtuose, Virtuosin; *(bildungsspr.):* Koryphäe, Phänomen; *(ugs.):* Ass, Kanone.

großherzig
aufgeschlossen, aufopferungsvoll, entgegenkommend, großmütig, großzügig, liberal, nachsichtig, selbstlos, tolerant, uneigennützig, verständnisvoll; *(schweiz.):* large; *(geh.):* edelherzig, edel[mütig], hochherzig, nobel; *(bildungsspr.):* altruistisch, generös; *(veraltend):* honorig.

Großmutter
1. *(fam.):* Großmama, Oma, Ömchen, Omi, Omili.
2. Alte, alte Dame/Frau, Greisin, Mütterchen, Rentnerin, Seniorin; *(verhüll.):* ältere Dame/Frau.

großspurig
aufschneiderisch, prahlerisch, prahlsüchtig, vollmundig; *(ugs.):* angeberisch, protzig; *(salopp):* großschnäuzig; *(abwertend):* arrogant, blasiert, großsprecherisch, großtuerisch, selbstgefällig, selbstherrlich.

größtenteils
allgemein, allseits, durchgängig, durchweg, gemeinhin, generell, im Allgemeinen, im Großen und Ganzen, in der/in aller Regel, in der Hauptsache, in der Mehrzahl [der Fälle], mehr oder minder, mehr oder weniger, meist, meistens, meistenteils, oft, vielfach, weithin; *(geh.):* mehrenteils.

großtun
sich dick machen, sich herausstreichen, sich in den Vordergrund drängen/schieben/spielen, sich in die Brust werfen, prahlen, prunken, sich rühmen, viel Aufhebens von sich machen; *(ugs.):* angeben, auf den Putz/die Pauke hauen, eine Schau machen, große Reden schwingen, protzen, [viel] Wind machen; *(salopp):* die Schnauze aufreißen, eine große Schnauze haben; *(abwertend):* sich aufblähen, sich brüsten, eingebildet sein, Schaum schlagen.

Großvater
1. *(fam.):* Großpapa, Opa, Opi, Opili.
2. Alter, alter Herr/Mann, Greis, Rentner, Senior, Väterchen; *(schweiz.):* Ätti; *(verhüll.):* älterer Herr/Mann.

großziehen
aufziehen, durchbringen, erhalten, ernähren, erziehen, heranziehen, hochbringen, unterhalten, versorgen; *(geh.):* nähren; *(ugs.):* durchfüttern, hochpäppeln; *(fam.):* aufpäppeln.

großzügig
1. ↑großherzig.
2. freigebig, freizügig, gebefreudig, in Geber-

laune/Spendierlaune, weitherzig; *(schweiz.):* large; *(bildungsspr.):* generös; *(ugs.):* nobel, spendabel, spendierfreudig; *(veraltend):* honorig; *(bildungsspr. veraltend):* splendid.

GGS geizig, kleinlich, ökonomisch, sparsam.

3. ausgedehnt, geräumig, groß, großräumig, weit, weitläufig, weiträumig.

grotesk

abenteuerlich, absonderlich, absurd, ausgefallen, bizarr, eigentümlich, eigenwillig, extravagant, komisch, merkwürdig, seltsam, sonderbar, ungewöhnlich, wunderlich; *(bildungsspr.):* exzentrisch, kurios, skurril; *(ugs.):* abgedreht; *(salopp):* irre; *(abwertend):* lächerlich.

Grube

1. Graben, Loch, Mulde, Vertiefung; *(ugs.):* Kuhle.

2. Bergwerk, Mine, Stollen, Zeche.

grübeln

[sich] bedenken, sich besinnen, denken, durchdenken, sich durch den Kopf gehen lassen, einem Gedanken nachhängen, sich Gedanken machen, nachdenken, nachgrübeln, philosophieren, rätseln, seinen Gedanken nachhängen, sinnen, sinnieren, überdenken, überlegen, sich versenken, sich vertiefen, von allen Seiten betrachten; *(schweiz.):* hintersinnen, werweißen; *(geh.):* mit sich Rat halten, mit sich zurate gehen, nachsinnen; *(bildungsspr.):* meditieren, reflektieren, Reflexionen anstellen; *(ugs.):* bebrüten, sich den Kopf zerbrechen, [herum]knobeln, herumrätseln.

Gruft

a) Gewölbe, Grabkammer, Grabstätte, Hypogäum, Krypta. **b)** Grab; *(veraltend):* Grube.

grün

1. ahnungslos, naiv, unerfahren, unreif; *(abwertend):* infantil.

2. biologisch-dynamisch, naturgemäß, naturverbunden, ökologisch, umweltbewusst; *(bildungsspr.):* alternativ.

Grund ≠

1. a) Boden, Erdboden, Erde, Erdoberfläche, Meeresboden, Untergrund. **b)** Anwesen, Baugrund, Bauland, Gelände, Grundbesitz, Grundstück, Grund und Boden, Land[besitz], Ländereien, Scholle, Stück Land, Terrain; *(schweiz.):* Heimwesen.

2. Fundament, Grundlage, Grundstock, Unterbau, Unterlage, Voraussetzung; *(bildungsspr.):* Basis.

3. Anlass, Ansporn, Anstoß, Antrieb, Auslöser, Beweggrund, Hintergrund, Impuls, Triebfeder, Ursache, Veranlassung; *(bildungsspr.):* Motiv.

Grund

im Grunde [genommen]

alles in allem, an und für sich, bei genauer Betrachtung, eigentlich, für gewöhnlich, genau genommen, grundsätzlich, im Allgemeinen, im Großen und Ganzen, im Prinzip, in der/in aller Regel.

gründen

1. aufbauen, auf die Beine stellen, begründen, bilden, einrichten, eröffnen, errichten, etablieren, hervorbringen, in die Wege leiten, ins Leben rufen, installieren, organisieren, schaffen, starten, stiften; *(bildungsspr.):* instituieren, konstituieren, kreieren; *(ugs.):* aufmachen, aufziehen, aus der Taufe heben.

2. stützen, zurückführen.

gründen, sich

1. sich bilden, entstehen, sich formieren, sich organisieren, sich zusammenfinden, sich zusammenschließen.

2. sich ableiten, beruhen, entspringen, fußen, herrühren, kommen, seinen Grund/seinen Ursprung haben, seine Ursache haben, stammen, sich stützen, sich verdanken, wurzeln, zurückgehen, zurückzuführen sein; *(schweiz.):* sich abstützen; *(bildungsspr.):* basieren, resultieren.

Grundlage

Ausgangspunkt, Fundament, Grund, Grundstock, Operationsbasis, Plattform, Sockel, Unterbau, Unterlage, Ursprung, Voraussetzung, Wurzel; *(bildungsspr.):* Basis, Fond; *(bildungsspr., Fachspr.):* Substrat.

grundlegend

a) ausschlaggebend, bedeutend, bestimmend, elementar, entscheidend, fundamental, generell, grundsätzlich, maßgebend, maßgeblich, prinzipiell, schwerwiegend, von entscheidender Bedeutung, von Grund auf, wesentlich, wichtig; *(bildungsspr.):* essenziell, konstitutiv, primär, substanziell. **b)** ganz und gar, radikal, rundherum, vollauf, vollends, völlig, vollkommen, vollständig, von Grund auf; *(ugs.):* durch und durch, gründlich, total; *(emotional):* restlos.

gründlich

a) ausführlich, bis ins Einzelne, breit, eindringlich, eingehend, erschöpfend, exakt, fundiert, [ganz] genau, gewissenhaft, gut, intensiv, ordentlich, solide, sorgfältig, tief[schürfend], umfassend; *(geh.):* sorgsam; *(bildungsspr.):* akribisch, detailliert, differenziert, in allen Details, ins Detail gehend, minutiös, penibel, präzise, profund; *(ugs.):* haargenau; *(südd., österr., schweiz.):* einlässlich; *(bildungsspr. veraltend):* skrupulös. **b)** ↑grundlegend (b). **c)** ↑sehr.

grundlos

1. abgründig, abgrundtief, bodenlos, ohne [festen] Boden/Grund.

2. aus der Luft gegriffen/geholt, blind, erfunden, gegenstandslos, haltlos, ohne Grund/Veranlassung, unbegründet, unberechtigt, ungerechtfertigt, unmotiviert.

Grundsatz

a) Devise, [feste] Regel, Leitfaden, Leitsatz, Maßstab, Motto, Prinzip, Richtlinie, Richtschnur, Überzeugung; *(bildungsspr.):* Kanon.
b) Doktrin, Grundannahme, Grundgedanke, Grundgesetz, Grundprinzip, Grundregel, Lehrsatz, Leitgedanke, Leitsatz, Norm, Standard; *(bildungsspr.):* Maxime, Theorem; *(oft abwertend):* Glaubenssatz.

grundsätzlich

1. allgemein, elementar, entscheidend, fundamental, grundlegend, maßgebend, maßgeblich, prinzipiell, von entscheidender/grundlegender Bedeutung, wesentlich, wichtig; *(bildungsspr.):* essenziell, konstitutiv, primär, substanziell.

2. a) ausnahmslos, ausschließlich, durchgängig, durchweg, ganz [und gar], generell, immer, konstant, ohne Ausnahme/Unterschied, prinzipiell, sämtlich, unterschiedslos; *(schweiz.):* durchs Band [weg]; *(ugs.):* allesamt. **b)** alles in allem, allgemein, an und für sich, eigentlich, für gewöhnlich, genau genommen, im Allgemeinen, im Großen und Ganzen, im Grunde [genommen], im Prinzip, in der/in aller Regel.

Grundstück

Anwesen, Baugrund, Bauland, Bauplatz, Grund und Boden, Land[besitz], Stück Land, Terrain; *(bes. österr.):* Grund; *(schweiz.):* Heimwesen.

Gründung

1. Begründung, Einrichtung, Errichtung, Etablierung, Formung, Grundlegung, Installierung, Schaffung, Stiftung; *(geh.):* Erschaffung; *(bildungsspr.):* Instituierung, Konstituierung.

2. Fundament, Fundamentierung, Unterbau; *(schweiz.):* Fundation, Fundierung.

grünen

aufgehen, ausschlagen, austreiben, grün werden, keimen, knospen, Knospen treiben, treiben, wachsen, wuchern; *(geh.):* sprießen.

Gruppe

1. Pulk, Runde, Schar, Schwarm, Traube; *(ugs.):* Haufen, Truppe; *(ugs. scherzh.):* Rasselbande; *(abwertend):* Bagage, Herde, Klüngel, Rotte.

2. a) Block, Fraktion, Gemeinde, Gemeinschaft, Kreis, Lager, Partei, Runde, Sektion. **b)** Bund, Bündnis, Clique, Gang, Gesellschaft, Gruppierung, Initiative, Klub, Liga, Ring, Union, Verbindung, Verbund, Verein, Vereinigung, Zirkel, Zusammenschluss; *(oft iron.):* Clan.

3. Band, Ensemble, Kapelle, Musikgruppe, Orchester, Partyband.

gruppieren

anordnen, arrangieren, aufbauen, aufstellen, einteilen, gliedern, ordnen, postieren, zusammenstellen.

gruppieren, sich

sich anordnen, sich aufstellen, sich formieren, sich platzieren, sich postieren.

gruselig

gespenstisch, schauerlich, schaurig, unheimlich; *(geh.):* schaudervoll, schauererregend.

gruseln, sich

Angst/Furcht haben, sich ängstigen, sich fürchten, sich grausen, schaudern, schauern; *(ugs.):* das große/kalte Grausen kriegen, eine Gänsehaut bekommen, sich graulen; *(ugs. emotional verstärkend):* einen Horror haben.

Gruß

Ehrenbezeigung.

grüßen

1. einen Gruß zurufen, Guten Tag / Hallo sagen.

2. Grüße ausrichten/bestellen, Grüße senden/übermitteln/weitergeben; *(geh.):* Grüße entbieten.

gucken

a) äugeln, äugen, blicken, sehen, spähen, starren, stieren; *(abwertend):* gaffen; *(nordd.):* kieken, kucken; *(bes. südd., österr., schweiz.):* schauen. **b)** dreinblicken, dreinschauen, dreinsehen; *(bes. südd., österr., schweiz.):* schauen.

gültig

bindend, geltend, gesetzlich anerkannt, in Geltung, maßgebend, maßgeblich, rechtlich anerkannt, rechtskräftig, verbindlich, verpflichtend.

Gültigkeit

a) bindende Kraft, Geltung, Gesetzeskraft, Rechtsgültigkeit, Verbindlichkeit. **b)** Geltung, Geltungsdauer, Laufzeit.

Gunst

a) Ansehen, Anteilnahme, Entgegenkommen, Freundlichkeit, Liebe, Wohlwollen; *(geh.):* Geneigtheit, Gewogenheit. **b)** Achtung, Anerkennung, Auszeichnung, Ehre; *(geh.):* Ehrerbietung.

günstig

a) aussichtsreich, Erfolg versprechend, förderlich, glücklich, gut, nützlich, positiv, verheißungsvoll, vielversprechend, voller Chancen/

Möglichkeiten, von Vorteil, vorteilhaft; *(geh.):* hilfreich. **b)** billig, erschwinglich, herabgesetzt, nicht teuer, preiswert, reduziert, unter Preis, zu einem guten Preis; *(veraltend):* wohlfeil.

Gusto
Lust, Neigung.

gut ↗
1. a) ausgezeichnet, einwandfrei, erstklassig, hervorragend, hochwertig, lobenswert, nicht schlecht, tadellos, vortrefflich, vorzüglich; *(ugs.):* nicht übel, prima. **b)** frisch, genießbar, haltbar, noch nicht verfallen. **c)** fähig, fit, fleißig, kompetent, tüchtig. **d)** effektiv, hilfreich, nützlich, wirksam, wirkungsvoll; *(bildungsspr., Fachspr.):* effizient. **e)** geeignet, günstig, passend, treffend, vorteilhaft, willkommen.
2. anständig, gutherzig, gütig, redlich, selbstlos, tugendhaft, uneigennützig, untadelig, wertvoll; *(geh.):* edel, nobel; *(veraltend):* rechtschaffen.
3. einfach, leicht, mühelos, ohne Probleme, ohne Weiteres, problemlos.

Gutachten
Begutachtung, Beurteilung, Bewertung, Einschätzung, Kritik, Referenzen, Stellungnahme, Urteil, Zeugnis.

gutartig
1. anständig, brav, folgsam, friedlich, harmlos, zahm.
2. behandelbar, harmlos, heilbar, nicht bedrohlich, nicht schlimm, unbedenklich, ungefährlich.

gut aussehend
attraktiv, hübsch, schön; *(ugs.):* gut gebaut, knackig, schnuckelig, sexy; *(emotional verstärkend):* bildhübsch, umwerfend, wunderschön.

Güte
1. Entgegenkommen, Freundlichkeit, Gutherzigkeit, Gutmütigkeit, Herzlichkeit, Liebenswürdigkeit, Milde, Nachsicht, Sanftmut, Selbstlosigkeit, Wärme, Warmherzigkeit, Wohlwollen; *(geh.):* Barmherzigkeit.
2. Beschaffenheit, Güteklasse, Qualität.

gut gehen
a) blühen, florieren, sich gut/prächtig entwickeln; *(ugs.):* laufen. **b)** funktionieren, gelingen, glattgehen, glücken, glücklich vonstattengehen, gut ablaufen/ausgehen, nach Wunsch/wunschgemäß verlaufen; *(ugs.):* happyenden, klappen, klargehen; *(salopp):* hinhauen.

BSP Der Plan ist geglückt. Die Referatsvergabe verlief nach Wunsch.

gutgläubig
ahnungslos, arglos, blauäugig, einfältig, leichtgläubig, naiv, nichts [Böses] ahnend, treuherzig, unbedarft, unwissend, vertrauensselig; *(geh.):* ohne Argwohn.

Guthaben
a) Ersparnis, Erspartes, [Geld]summe. **b)** Aktiva, Plus.

gutheißen
akzeptieren, anerkennen, befürworten, bejahen, billigen, für angebracht/gut halten, hinnehmen, Ja sagen zu, richtig finden.

gütig
entgegenkommend, freundlich, gutherzig, gutmütig, herzensgut, jovial, nachsichtig, nett, selbstlos, warmherzig, wohlwollend; *(geh.):* barmherzig, wohlmeinend; *(oft iron.):* gnädig.

gutmachen
abgelten, entschädigen, sich erkenntlich zeigen, revanchieren; *(geh.):* entgelten; *(ugs.):* wettmachen; *(veraltend):* heimzahlen.

Gutschein
Bon, Coupon, Scheck, Wertmarke.

guttun
angenehm sein, [gut] bekommen, gut sein für, helfen, wohltun, zuträglich sein.

gutwillig
1. bereit, gefügig, geneigt, willig; *(geh.):* willens.
2. freundlich gesinnt, gutgesinnt, wohlgesinnt, wohlwollend; *(geh.):* wohlmeinend.

H

Haar
a) Haare, Haarschopf, Kopfhaar; *(scherzh.):* Mähne. **b)** Behaarung, Fell, Haardecke, Pelz; *(geh.):* Haarkleid.

Haar

um ein Haar
annähernd, beinahe, es hätte nicht viel gefehlt, fast, nahezu, schier, um Haaresbreite; *(geh.):* um ein Kleines; *(ugs.):* bald, praktisch, so gut wie, ums Haar; *(südwestd., schweiz.):* bereits.

haarsträubend
entsetzenerregend, entsetzlich, furchtbar, grauenerregend, grauenhaft, grauenvoll, gräulich, grausig, schauerlich, schaurig, schrecklich; *(geh.):* schaudererregend.

Habe
Besitz[tum], Eigentum, Habseligkeiten, Haus

und Hof, irdische Güter, Schätze; *(geh.):* Eigen, Hab und Gut; *(ugs.):* Siebensachen.

haben ⚡

a) besitzen, gehören, in Besitz/in Händen haben, verfügen; *(geh.):* gebieten, innehaben, sein Eigen nennen.

BSP Meine Eltern besitzen noch viele CDs. Das Institut gebietet über große Mittel.

b) aufweisen, ausgestattet/versehen sein, sich auszeichnen, enthalten, gekennzeichnet sein, umfassen, verfügen, vorzuweisen haben, zeigen, zukommen; *(geh.):* gebieten.

BSP Die Kurzgeschichte weist Parallelen zu Kafka auf. Das Gedicht zeichnet sich durch einen besonderen Rhythmus aus. Das Werk umfasst sechs Bände. Unsere Klassenlehrerin verfügt über eine gute Menschenkenntnis. Sie zeigte [keine] Angst, Reue.

haben, sich

sich aufregen, viel Aufhebens machen; *(ugs.):* sich anstellen.

haben wollen

anstreben, begehren, ersehnen, erstreben, sich erträumen, trachten, verlangen, sich verzehren nach.

BSP Ich ersehne mir ein Wochenende mit drei freien Tagen. Der Protagonist trachtet nach Ehre und Ruhm.

Habgier

Gewinnsucht; *(geh.):* Tanz um das Goldene Kalb; *(abwertend):* Geldgier, Habsucht, Profitgier, Profitsucht, Raffgier, Raffsucht.

habgierig

auf Gewinn bedacht, gewinnsüchtig; *(abwertend):* geldgierig, habsüchtig, profitgierig, profitsüchtig, raffgierig, raffsüchtig, voller Geldgier, voller Raffgier/Raffsucht.

Habseligkeiten ↑Habe.

hadern

1. aneinandergeraten, Streit/Zank haben, streiten, sich zanken, zusammenstoßen.

2. sich betrogen fühlen, enttäuscht sein, unzufrieden/verbittert sein, vergrämt/verhärmt sein, sich verletzt fühlen; *(ugs.):* sich in seiner Haut [nicht] wohlfühlen.

Haft

Arrest, Gefangenschaft, Gefängnis, Gewahrsam.

¹haften

anhaften, ankleben, festkleben, festsitzen, halten, kleben; *(ugs.):* pappen.

²haften

a) aufkommen, die Haftung tragen, Ersatz leisten müssen. **b)** die Folgen/die Verantwortung tragen, einstehen müssen, garantieren, geradestehen, gewährleisten, verantworten müssen, verantwortlich sein, sich verbürgen.

hageln

1. graupeln.

2. einstürmen, herabhageln, hereinbrechen, herunterprasseln, niedergehen, niederhageln, niederprasseln, prasseln.

Haken

Aber, kritischer Punkt, Pferdefuß, Problem, Problematik, Schwierigkeit, strittiger Punkt; *(bildungsspr.):* Krux.

halb

1. die Hälfte umfassend, zur Hälfte.

2. a) bruchstückhaft, fragmentarisch, nicht richtig/vollständig, teilweise, unfertig, unvollkommen, unvollständig. **b)** abgeschwächt, eingeschränkt, gedämpft, gedrosselt, mit geringerer Stärke, reduziert, vermindert, verringert.

halbamtlich

inoffiziell, nicht ganz amtlich, nicht ganz sicher verbürgt, quasioffiziell; *(bildungsspr.):* offiziös.

halber

im Interesse, mit Rücksicht, um ... willen, wegen, zuliebe.

Halbmesser

halber Durchmesser.

Halbschwester

Stiefschwester.

halbwegs

einigermaßen, leidlich, schlecht und recht; *(ugs.):* mittel[gut], so lala, soso; *(ugs. scherzh.):* durchwachsen, mittelprächtig.

Hall

a) Geräusch, Klang, Laut, Ton; *(geh.):* Schall.
b) Echo, Halleffekt, Nachhall, Widerhall, Widerklang.

Halle

1. Gebäude, Hallenbau, Schuppen.

2. Eingangshalle, Empfangshalle, Entree, Foyer, Saal, Vorhalle; *(bildungsspr.):* Lobby, Vestibül.

hallen

a) dröhnen, klingen, schallen, tönen; *(ugs.):* wummern. **b)** echoen, gellen, nachhallen, nachklingen, nachtönen, widerhallen; *(veraltend):* widerschallen.

Halluzination

Bild der Fantasie, Einbildung, Fata Morgana, optische Täuschung, Sinnestäuschung, Trugbild, Vision, Wahnvorstellung, Wahrnehmungstäuschung; *(geh.):* Gaukelbild, Traumgesicht; *(bil-*

dungsspr.): Fiktion, Schimäre; *(abwertend):* Hirngespinst.

Hals
Gurgel, Kehle, Rachen[raum], Schlund.

halsbrecherisch
gefahrvoll, gewagt, hochgefährlich, kühn, lebensgefährlich, risikoreich, riskant, selbstmörderisch, verwegen, wagemutig, waghalsig; *(leicht abwertend):* abenteuerlich, tollkühn.

halsstarrig
eigensinnig, halsstarr, hartnäckig, starr, störrisch, trotzig, trotzköpfig, unbeugsam, unnachgiebig; *(bildungsspr.):* obstinat; *(ugs.):* dickköpfig, dickschädelig; *(abwertend):* borniert, rechthaberisch, starrköpfig, starrsinnig, verstockt.

Halt
1. Anlehnung, Festigkeit, Hilfe, rettender Anker, Rückhalt, Sicherheit, Stütze, Unterstützung; *(geh.):* Beistand.
2. Aufenthalt, Fahrtunterbrechung, Pause, Station, Stopp, Unterbrechung, Zwischenaufenthalt, Zwischenstation, Zwischenstopp; *(schweiz.):* Zwischenhalt.

halt ⚡
eben, einfach, nun einmal; *(ugs.):* nun mal.

haltbar
beständig, langlebig, robust, solide, stabil, strapazierfähig, unempfindlich, unverwüstlich, widerstandsfähig; *(bildungsspr.):* durabel; *(ugs.):* dankbar; *(scherzh.):* nicht totzukriegen.

halten
1. a) anpacken, erfassen, [er]greifen, festhalten, nehmen, nicht loslassen, packen. **b)** absichern, abstützen, sichern, stabilisieren, stärken, stützen.
2. aufrechterhalten, behalten, behaupten, bestehen lassen, bewahren, bringen, erhalten, haben, verteidigen; *(schweiz.):* gaumen; *(geh.):* innehaben, wahren; *(Sport):* retten.
3. a) sich behaupten, [bestehen] bleiben, durchhalten, vorhalten. **b)** ganz/heil bleiben.
4. haltmachen, stehen bleiben, stoppen.

halten, sich
1. sich behaupten, Bestand haben, [fort]bestehen, standhalten, überleben, überstehen, von Dauer sein, weiter bestehen; *(ugs.):* vorhalten.
2. akzeptieren, beachten, befolgen, beherzigen, berücksichtigen, einhalten, erfüllen, ernst nehmen, folgen, respektieren, sich richten nach; *(geh.):* einlösen, Genüge tun, nachkommen.

Haltestelle
Halt, Haltepunkt, Station, Stopp.

haltlos
1. charakterlich nicht gefestigt, charakterschwach, ohne moralischen Halt, schwach, schwankend, ungefestigt; *(geh.):* schwank.
2. aus der Luft gegriffen/geholt, grundlos, unbegründet, unberechtigt, ungerechtfertigt, unmotiviert.

haltmachen
abbremsen, abstoppen, anhalten, halten, stehen bleiben, stoppen, zum Stehen kommen.

Haltung
a) Auffassung, Gesinnung, [Grund]anschauung, [Grund]ansicht, [Grund]einstellung, [Grund]position, Meinung, Sicht[weise], Standpunkt, Überzeugung, Urteil, Vorstellung; *(geh.):* Befinden; *(bildungsspr.):* Attitüde, Orientierung; *(salopp):* Denke. **b)** Beherrschtheit, Beherrschung, Disziplin, Fassung, Gefasstheit, Selbstbeherrschung, Selbstdisziplin, Selbstkontrolle; *(bildungsspr.):* Contenance.

hamstern
anhäufen, aufhäufen, sich eindecken, einen Vorrat/Vorräte anlegen, häufen, horten, sich versorgen; *(ugs.):* bunkern, sich zulegen.

Hand
(ugs.): Patsche; *(salopp):* Pfote, Pranke, Pratze.

Handbewegung
Bewegung, Gebärde, Geste, Handgriff, Handzeichen, Wink; *(österr.):* Deuter.

Handel
1. Business, Einzelhandel, Geschäftsleben, Geschäftswelt.
2. a) Geschäftsverkehr, Handelsaustausch, Markt, Warenaustausch, Warenhandel, Warenumschlag. **b)** Geschäft, Handelsfirma, Handelsgeschäft, [Handels]unternehmen; *(ugs.):* Laden; *(veraltend):* Handlung.
3. Abkommen, Abmachung, Absprache, Geschäft, Pakt, Transaktion, Verabredung, Vereinbarung; *(bildungsspr.):* Arrangement; *(ugs.):* Deal; *(veraltend):* Abrede.

handeln
1. a) anbieten, auf den Markt bringen/werfen, in den Handel bringen, verkaufen; *(geh.):* feilbieten; *(ugs.):* verhökern. **b)** Geschäfte machen, Handel treiben, kaufen und verkaufen.
2. *(ugs.):* herunterhandeln; *(oft abwertend):* feilschen.
3. a) aktiv werden, sich einsetzen, einsteigen, sich engagieren, etwas tun, tätig werden, vorgehen; *(geh.):* sich rühren; *(ugs.):* sich dahinterklemmen. **b)** verfahren, sich verhalten; *(geh.):* zu Werke gehen; *(bildungsspr.):* agieren, operieren. **c)** sich aufführen, auftreten, sich benehmen, sich betragen, sich gebärden, sich geben, sich

präsentieren, sich verhalten, sich zeigen; *(ugs.):* sich anstellen.
4. abhandeln, ausführen, behandeln, beinhalten, betrachten, darstellen, zum Gegenstand/Thema haben; *(bildungsspr.):* thematisieren.

BSP Die Autorin handelt das Thema im ersten Kapitel ausführlich ab. Ich werde das Thema an zahlreichen Beispielen ausführen. Der Verfasser betrachtet die Entwicklung von der Romanik zur Gotik.

handeln, sich
anbelangen, angehen, ankommen auf, anlangen, berühren, betreffen, sich beziehen, Bezug haben, sich drehen um, gehen um, gelten, zu tun haben mit.

händeringend
ausdrücklich, beschwörend, dringend, [ein]dringlich, inständig, kniefällig, nachdrücklich, sehnlich, sehnlichst, unter Flehen, verzweifelt; *(geh.):* flehend, flehentlich, inbrünstig; *(bildungsspr.):* emphatisch.

handfest
deutlich, eindeutig, einwandfrei, entschieden, ersichtlich, glasklar, greifbar, handgreiflich, klar, konkret, nicht zu leugnen, sonnenklar, unmissverständlich, unzweideutig; *(bildungsspr.):* evident, flagrant; *(ugs.):* reell.

Handgemenge
Auseinandersetzung, Balgerei, Handgreiflichkeiten, Rauferei, Raufhandel, Tätlichkeiten, Tumult, Zusammenprall, Zusammenstoß; *(geh.):* Händel; *(ugs.):* Gerangel.

handgreiflich
1. augenfällig, ersichtlich, fassbar, fühlbar, greifbar, handfest, konkret, merklich, offenkundig, offensichtlich, sichtbar, sichtlich, spürbar, unübersehbar; *(bildungsspr.):* evident, flagrant, manifest.
2. gewalttätig, handgemein, rabiat, tätlich; *(bildungsspr.):* brachial.

handhaben
1. bedienen, benutzen, betätigen, einsetzen, führen, gebrauchen, hantieren, in Gang setzen, nutzen, steuern, verwenden; *(österr.):* in Verwendung nehmen.
2. ausführen, durchführen, machen, praktizieren, umgehen, verfahren, zustande bringen, zuwege bringen; *(ugs.):* deichseln, durchziehen, handeln, managen.

Handicap
Beeinträchtigung, Behinderung, Erschwernis, Hemmnis, Hemmschuh, Hindernis, Hürde, Nachteil, Schwierigkeit, Stolperstein.

handlich
bequem benutzbar/handhabbar, griffig, sich gut in der Hand halten lassend, praktisch; *(veraltend):* handgerecht.

Handlung
1. Akt, Aktion, Tat, Tun, Vorgang.

BSP Wir planen eine gemeinsame/gewaltfreie Aktion. Das halte ich für ein sinnvolles Tun.

2. Hergang, Inhalt, Stoff, Story; *(geh.):* Geschehen; *(Literaturwiss.):* Fabel, Plot.

BSP Wir beschreiben Inhalt und Form eines Gedichtes. Der Plot des Romans/Dramas ist sehr originell.

Handschrift
1. Schreibart, Schreibweise, Schrift; *(abwertend):* Pfote.
2. Manuskript.

Handy
Mobiltelefon, Smartphone; *(schweiz.):* Natel.

hanebüchen
empörend, haarsträubend, [himmel]schreiend, skandalös, unglaublich; *(ugs.):* bodenlos; *(emotional):* unverschämt; *(abwertend):* unerhört, ungeheuerlich.

Hang
1. Abhang, Berghang, Böschung; *(schweiz.):* Stutz; *(geh.):* Halde; *(südd., schweiz.):* Rain; *(südd., österr., schweiz.):* Lehne.
2. Neigung, Passion, Schwäche, Tendenz, Vorliebe; *(bes. schweiz.):* Gefälle; *(bildungsspr.):* Faible, Präferenz.

hängen
1. festhängen, nicht vorwärtskommen, nicht weiterkommen, stecken bleiben, stocken.
2. lieben, sich nicht trennen mögen, nicht verlieren wollen, nicht verzichten mögen.

hänseln
ärgern, auslachen, foppen, sich lustig machen, necken, spötteln, spotten, veralbern, verhöhnen, verspotten, witzeln; *(bildungsspr.):* sich mokieren; *(ugs.):* frotzeln, hochnehmen, uzen; *(bes. österr., schweiz.):* ausspotten; *(salopp):* verarschen.

hantieren
arbeiten, sich beschäftigen, sich betätigen, tätig sein, werken, wirken, wirtschaften, sich zu schaffen machen; *(ugs.):* herumhantieren, herumwirtschaften.

hapern
a) benötigen, fehlen, nicht ausreichen, nicht genug haben, nicht in genügendem Ausmaß vor-

handen sein, zu knapp sein; *(geh.):* ermangeln, gebrechen; *(ugs.):* klemmen. **b)** nicht klappen, schlecht bestellt sein um.

happig
überhöht, übermäßig hoch, überteuert, übertrieben, überzogen, unbezahlbar, unerschwinglich, zu hoch; *(bildungsspr.):* exorbitant; *(ugs.):* astronomisch, saftig; *(salopp):* gesalzen; *(emotional):* horrend; *(ugs. emotional):* unverschämt.

harmlos
1. gefahrlos, nicht mit Gefahr verbunden, nicht schädlich/schlimm, ungefährlich, unschädlich.
2. anspruchslos, einfach, leicht, nicht schwierig, ohne größeren Anspruch, unkompliziert; *(oft abwertend):* simpel.

Harmonie
1. a) Zusammenklang; *(geh.):* Wohlklang. **b)** Abgewogenheit, Ausgeglichenheit, Ausgewogenheit, Ebenmaß, Ebenmäßigkeit, Gleichmaß, Gleichmäßigkeit.
2. Einigkeit, Einmütigkeit, Einstimmigkeit, Eintracht, Einvernehmen, Einverständnis, Frieden, Gleichklang, Übereinstimmung; *(geh.):* Einklang; *(bildungsspr.):* Konsens.

harmonieren
a) zusammenklingen, zusammenstimmen.
b) aufeinander abgestimmt sein, ein Ganzes bilden, gut zusammenpassen, übereinstimmen, zueinanderpassen; *(ugs.):* sich nicht beißen, sich vertragen.

harmonisch
1. a) melodisch; *(geh.):* wohlklingend. **b)** abgestimmt, ausgewogen, gleichmäßig, gut zusammenpassend, im Gleichgewicht, im richtigen Verhältnis, stimmig.
2. einträchtig, friedlich, im guten Einvernehmen/in Übereinstimmung [stehend], in Eintracht, übereinstimmend; *(geh.):* im Einklang mit sich/mit anderen.

hart
1. a) bretthart, eisenhart, fest, glashart, kaum nachgebend, stahlhart; *(ugs.):* beinhart, knochenhart. **b)** beständig, sicher. **c)** abgehärtet, kräftig, unverwüstlich, widerstandsfähig, zäh; *(ugs.):* nicht umzubringen; *(salopp):* taff.
2. anstrengend, aufreibend, beschwerlich, dornenreich, mühevoll, mühsam, mühselig, sauer, schwer [erträglich], strapaziös; *(bes. südd. u. schweiz.):* streng.
3. brutal, eisern, erbarmungslos, gnadenlos, grausam, herb, herzlos, kalt, mitleidlos, nicht zu erweichen, ohne Erbarmen/Mitgefühl, rigoros, scharf, schonungslos, streng, unbarmherzig, unerbittlich, unnachgiebig; *(bildungsspr.):* drakonisch; *(abwertend):* rücksichtslos, skrupellos.

hartherzig
erbarmungslos, gefühllos, hart, herzlos, kalt, mitleidlos, nicht zu erweichen, ohne Erbarmen/Mitgefühl/Mitleid, streng, unbarmherzig, unerbittlich, unnachgiebig.

hartnäckig
a) ausdauernd, beharrlich, standhaft, unbeirrbar, unbeirrt, unentwegt, unermüdlich, unerschütterlich, unverdrossen, verbissen, zäh; *(geh.):* beharrsam; *(bildungsspr.):* insistent.
b) andauernd, anhaltend, sich in die Länge ziehend, lang[wierig].

Hass
Abneigung, Abscheu, Ekel, Feindlichkeit, Feindschaft, Feindseligkeit, Hassgefühl, Missgunst; *(geh.):* Animosität, Groll, Zerwürfnis, Zwietracht; *(bildungsspr.):* Antipathie, Aversion, Ranküne, Ressentiment.

hassen
abscheulich finden, anfeinden, feindselig gesinnt sein, Hass empfinden, nicht ausstehen können, unerträglich finden, verabscheuen, verachten, widerwärtig finden; *(geh.):* grollen, Zorn hegen, zürnen; *(Jugendspr.):* haten.

hässlich
1. abscheulich, abstoßend, ekelhaft, eklig, entsetzlich, entstellt, furchtbar, geschmacklos, schrecklich, stillos, unansehnlich, unästhetisch, unschön, unvorteilhaft, verunstaltet; *(ugs.):* ätzend, grässlich, gräulich, potthässlich; *(salopp):* zum Kotzen; *(emotional):* scheußlich; *(abwertend):* schäbig, widerlich.
2. garstig, misslich, schlecht, schlimm, unangenehm, unerfreulich, unfreundlich, ungut, unliebsam, unschön, widrig; *(schweiz.):* ungefreut; *(geh.):* übel, unerquicklich; *(bildungsspr.):* prekär; *(ugs.):* blöd, dumm; *(emotional):* fürchterlich.

Hast
Betriebsamkeit, Eile, Gehetze, Geschäftigkeit, Hastigkeit, Hektik, Hetze, Hetzerei, Hetzjagd, Rastlosigkeit, Ruhelosigkeit, Überstürzung, Wirbel; *(geh.):* Unrast; *(ugs.):* Eiltempo, Hochdruck, Rasanz.

hasten
brausen, dahinjagen, dahinstürmen, eilen, fegen, hetzen, jagen, preschen, rennen, sausen, schießen, stürmen, wieseln; *(geh.):* fliegen, stieben; *(ugs.):* düsen, flitzen, hinsausen, pesen, rasen, sprinten, spritzen, spurten, wetzen; *(salopp):* gasen; *(südd., schweiz.):* springen.

hastig
aufgeregt, betriebsam, eilig, fahrig, fieberhaft, fiebrig, gehetzt, geschäftig, hektisch, in Eile, rasch, rastlos, ruhelos, schnell, überstürzt, unruhig; *(geh.):* schleunig; *(ugs.):* fix, Hals über Kopf, im Nu; *(oft emotional):* in/mit Windeseile.

hätscheln
begünstigen, bevorrechtigen, bevorzugen, verwöhnen, vorziehen; *(bildungsspr.):* favorisieren.

Hauch
1. a) Atem[luft], Luft; *(bildungsspr.):* Spiritus; *(dichter.):* Odem. **b)** Brise, [leichter] Wind, Lüftchen, Luftstrom, Luftströmung, Luftzug.
c) Aroma, Geruch, [leichter] Duft; *(schweiz.):* Geschmack; *(veraltend):* Odeur.
2. Andeutung, Anklang, Ansatz, Anzeichen, Idee, [leise] Spur, Nuance, Schatten, Schimmer, Schuss, Stich; *(geh.):* Regung; *(ugs.):* Touch.

hauchdünn
fein[gliedrig], gebrechlich, grazil, zart, zierlich; *(geh.):* zerbrechlich.

hauchen
1. [an]atmen, anhauchen, behauchen, blasen; *(ugs.):* pusten.
2. flüstern, mit gedämpfter/leiser Stimme sprechen, wispern; *(geh.):* raunen; *(oft abwertend):* tuscheln.

hauen
einhauen, einschlagen, ohrfeigen, Prügel austeilen/verabreichen, prügeln, schlagen, traktieren, verprügeln; *(ugs.):* eindreschen, eins/eine verpassen, verdreschen, verhauen, verkloppen, versohlen, verwichsen; *(salopp):* dreschen, eine/ein paar scheuern, Saures geben, schwarten; *(salopp, oft scherzh.):* vermöbeln.

häufen
anhäufen, ansammeln, aufhäufen, sich eindecken, einen Vorrat/Vorräte anlegen, horten, sich versorgen, zusammentragen; *(schweiz.):* äufnen; *(bildungsspr.):* agglomerieren, aggregieren; *(bildungsspr., Fachspr.):* [ak]kumulieren; *(ugs.):* bunkern, hamstern, sich zulegen.

Haufen
1. Anhäufung, Ansammlung, Stapel, Stoß, Turm; *(südd., österr.):* Schober; *(südd., schweiz.):* Beige.
2. Berg, Flut, Fülle, große [An]zahl, Lawine, Menge, Reihe, Schar, Vielzahl; *(ugs.):* Batzen, Ladung, Masse, Schwung; *(emotional verstärkend):* Unmenge, Unzahl.

häufen, sich
anschwellen, ansteigen, anwachsen, sich ausweiten, sich erhöhen, gehäuft auftreten, sich mehren, mehr werden, steigen, überhandnehmen, sich vergrößern, sich vermehren, sich verschärfen, zahlreicher werden, zunehmen; *(geh.):* sich auswachsen; *(ugs.):* knüppeln.

haufenweise
in beträchtlicher Anzahl, in Hülle und Fülle, in Massen, massenweise, mehr als genug/genügend, reichlich, scharenweise, sehr viel; *(geh.):* mannigfach, zuhauf; *(ugs.):* doppelt und dreifach, en masse, fuderweise, in rauen Mengen, massig, reihenweise, schockweise, serienweise, wie Sand am Meer; *(emotional):* dutzendfach, sattsam; *(oft emotional):* massenhaft; *(ugs. scherzh.):* noch und nöcher; *(oft abwertend):* zur Genüge.

häufig
dauernd, des Öfteren, etliche Mal, fortgesetzt, gehäuft, immer wieder, in vielen Fällen, laufend, oft, öfter, oftmals, regelmäßig, ständig, vermehrt, viele Male, vielfach, [weit]verbreitet, wiederholt; *(ugs.):* alle naselang, am laufenden Band, mehrfach, x-mal.

Häufung
1. Anhäufung, Ansammlung, Aufhäufung, Hortung, Lagerung, Speicherung; *(schweiz.):* Äufnung; *(bildungsspr.):* Akkumulation.
2. Ballung, Fülle, häufiges Auftreten/Vorkommen, Wiederholung; *(Fachspr.):* Kumulation.

Haupt
1. Kopf; *(ugs.):* Ballon, Kürbis, Rübe, Schädel; *(salopp):* Erbse.
2. Boss, Bossin, Chef, Chefin, Führer, Führerin, Kopf, Leiter, Leiterin; *(geh.):* Oberhaupt; *(ugs.):* King; *(oft abwertend):* Anführer, Anführerin; *(Sport):* Kapitän, Kapitänin.

Hauptsache
Angelpunkt, Brennpunkt, das Wesentlich[st]e, das Wichtig[st]e, der springende Punkt, Dreh- und Angelpunkt, Hauptpunkt, Kardinalpunkt, Kern, Kernpunkt, Kernstück, Mittelpunkt, Schwerpunkt, Zentrum; *(österr.):* das Um und Auf; *(geh.):* Herzpunkt; *(bildungsspr.):* Quintessenz; *(ugs.):* das A und O, Knackpunkt, Witz.

hauptsächlich
besonders, bevorzugt, im Besonderen, im Wesentlichen, in der Hauptsache, in erster Linie, insbesondere, namentlich, speziell, überwiegend, vor allem, vor allen Dingen, vornehmlich, vorrangig, vorwiegend, vorzugsweise, zuerst, zumal, zuvorderst; *(schweiz.):* im Speziellen, vorab; *(veraltend):* zuvörderst.

Haus
1. a) Anwesen, Bau, Bauwerk, Gebäude; *(schweiz.):* Baute; *(ugs.):* Bude, Klotz. **b)** Bleibe, Heim, Unterkunft, Unterschlupf, Wohnung, Zu-

flucht, Zuhause; *(geh.):* Behausung; *(bildungsspr.):* Refugium; *(bildungsspr., oft scherzh.):* Domizil; *(ugs.):* die [eigenen] vier Wände; *(bes. südd., österr., schweiz.):* Daheim.
2. Familie, Hausbewohner, Hausgemeinschaft, Haushalt; *(geh.):* Hausstand.
3. Fürstenhaus, [Herrscher]familie, [Herrscher]geschlecht, Herrscherhaus, Stamm; *(bildungsspr.):* Dynastie; *(oft iron.):* Clan.

hausen
ansässig sein, sich aufhalten, bewohnen, leben, sitzen, wohnen; *(bildungsspr.):* residieren.

Hausflur
Flur, Gang, Korridor, Treppenflur; *(südd.):* Fletz; *(südd., österr., schweiz.):* Hausgang.

haushalten
sich einschränken, einteilen, geizen, rationieren, rechnen, sein Geld zusammenhalten, sparsam sein mit, umgehen mit, wirtschaften.

häuten
abschälen, die Haut abziehen/entfernen, enthäuten, schälen.

häuten, sich
a) abgehen, sich ablösen, sich schälen, sich schuppen. **b)** die Haut abstoßen/abwerfen.

heben
1. abheben, anheben, hochheben, hochziehen, lüften, lüpfen, nach oben bewegen; *(geh.):* emporheben; *(südd., österr., schweiz.):* lupfen.
2. ausgraben, bergen, heraufholen, zutage fördern.
3. anheben, ankurbeln, aufwerten, begünstigen, beleben, erhöhen, forcieren, fördern, steigern, verbessern, verstärken.

hechten
einen Satz machen, sich katapultieren, setzen über, springen, sich werfen.

Heer
a) Armee, Streitkräfte, Truppe[n]; *(veraltend):* Militär, Streitmacht, Wehr. **b)** Bodentruppe, Landstreitkräfte.

Heft
Broschur, Broschüre, Druckschrift, Prospekt.

heftig
1. erbittert, gehörig, hart, herb, immens, intensiv, kräftig, leidenschaftlich, massiv, scharf, schwer, stark, stürmisch, wild, wuchtig; *(geh.):* ungestüm; *(bildungsspr.):* frenetisch, vehement; *(emotional):* gewaltig; *(nordd.):* doll.
2. aggressiv, aufbrausend, auffahrend, aufschäumend, cholerisch, explosiv, hitzig, hitzköpfig, jähzornig, unbeherrscht, ungezügelt.

hegen
1. behüten, fürsorglich behandeln, hüten, kultivieren, sich kümmern um, pflegen, schonend/pfleglich behandeln, schützen, sorgen für, umsorgen, wachen über.
2. bewahren, empfinden, fühlen, in sich tragen, nähren, spüren, verspüren.

Heide, Heidin
Atheist, Atheistin, Gottesleugner, Gottesleugnerin, Gottloser, Gottlose, Ungläubiger, Ungläubige.

heikel
gefährlich, haarig, kitzlig, knifflig, kompliziert, kritisch, misslich, problematisch, schwierig, verfänglich, verwickelt; *(bildungsspr.):* delikat, diffizil, neuralgisch, prekär; *(ugs.):* brenzlig.

heil
a) ohne Unfall, unbeschadet, unverletzt, unversehrt, wohl[behalten]. **b)** gesund; *(geh.):* wohlauf; *(ugs.):* auf dem Damm. **c)** intakt, unbeschädigt, unversehrt, wohlbehalten; *(ugs.):* ganz.

Heil
a) Gedeihen, Glück, Segen, Wohl[befinden], Wohlergehen. **b)** Erlösung, Seligkeit.

Heiland
1. Christus, Gottessohn, Jesus[kind].
2. Befreier, Erlöser, Messias; *(geh.):* Erretter; *(bildungsspr.):* Salvator.

heilbar
behandelbar, gutartig, kurierbar, regenerierbar, wiederherstellbar; *(Fachspr.):* reversibel.

heilen
1. erfolgreich behandeln, gesund machen, kurieren, retten, wiederherstellen; *(ugs.):* durchbekommen, durchbringen, durchkriegen, helfen, hinkriegen, über den Berg bringen, wieder auf die Beine bringen; *(fam.):* aufpäppeln.
2. sich erholen, gesund werden, wieder auf die Beine kommen; *(geh.):* genesen, gesunden.

heilend
heilkräftig, heilsam.

heilig
1. a) geheiligt, gesegnet, geweiht, sakral. **b)** göttlich, himmlisch, selig.
2. tabu, unantastbar; *(bildungsspr.):* sakrosankt.

Heiligabend
Christnacht, Heiliger Abend, Weihnachtsabend.

heiligen
1. a) vervollkommnen, vollkommen machen.
b) weihen; *(geh.):* salben.
2. ehren, heilighalten.

Heiligenschein
Glorienschein; *(geh.):* Glorie; *(bildungsspr.):* Aureole, Gloriole.

Heiliger, Heilige
Legende, Mythos, [Schutz]patron, [Schutz]patronin.

heiligsprechen
kanonisieren.

Heiligtum
a) Allerheiligstes, Gotteshaus, Kirche, Tempel; *(geh.):* Weihestätte. **b)** Kleinod, Kostbarkeit; *(bildungsspr.):* Palladium; *(emotional):* Juwel.

heillos
1. hoffnungslos, katastrophal, schlimm, übel, unbeschreiblich, unerträglich, ungeheuer; *(ugs.):* entsetzlich, furchtbar, fürchterlich, schrecklich, unglaublich, unheimlich, wahnsinnig; *(emotional):* horrend, unvorstellbar.
2. abscheulich, gottlos, sündig; *(geh.):* sündhaft, verwerflich; *(geh. abwertend):* nichtswürdig.

Heilmittel
Arzneimittel, Hausmittel, Medikament, Medizin, Mittel; *(bildungsspr.):* Pharmazeutikum; *(veraltend):* Arznei; *(Fachspr.):* Präparat.

heilsam
1. dienlich, förderlich, fördernd, fruchtbar, fruchtbringend, gesund, hilfreich, nutzbringend, nützlich, unterstützend, zuträglich; *(geh.):* ersprießlich, gedeihlich.
2. gesundheitsfördernd, heilend, heilkräftig.

Heilstätte
Genesungsheim, Hospital, Krankenhaus, [Kur]klinik, Sanatorium; *(veraltend):* Heilanstalt.

Heilung
1. [Heil]behandlung, Wiederherstellung; *(ugs.):* Verarztung.
2. Besserung, Wiederherstellung; *(geh.):* Genesung, Genesungsprozess, Gesundung.

heim
heimwärts, in die Heimat, nach Hause, Richtung Heimat, zurück; *(veraltend):* gen Heimat.

Heim
1. Bleibe, Haus, Unterschlupf, Wohnung, Zuflucht, Zuhause; *(geh.):* Behausung; *(bildungsspr.):* Refugium; *(bildungsspr., oft scherzh.):* Domizil; *(ugs.):* die [eigenen] vier Wände; *(bes. südd., österr., schweiz.):* Daheim.
2. a) Alumnat, Anstalt, Asyl, Gästehaus, Hort, Hospiz, Internat, Klubhaus, Krippe, Sanatorium, Vereinshaus; *(veraltend):* Pensionat.
b) Herberge, Hospiz, Quartier, Unterkunft.

Heimat
a) Geburtsland, Geburtsort, Heimatland; *(scherzh.):* heimatliche Gefilde. **b)** Herkunftsland, Herkunftsort, Ursprungsgebiet, Ursprungsland.

heimatlich
a) aus der Heimat, heimisch, in der Heimat.
b) gewohnt, vertraut.

heimatlos
entwurzelt, heimatvertrieben, staatenlos, vertrieben.

Heimatort
Geburtsort, Geburtsstadt, Heimatgemeinde, Heimatstadt, Herkunftsort, Wohnort, Wohnsitz; *(geh.):* Geburtsstätte; *(Jargon):* Homebase.

heimbringen
mitgehen, mitkommen, [nach Hause] begleiten/bringen; *(geh.):* [nach Hause] geleiten.

heimfahren
sich heimbegeben, heimkehren, sich nach Hause begeben, nach Hause fahren, [nach Hause] zurückkehren, sich zurückbegeben.

heimgehen
den Heimweg/Nachhauseweg/Rückweg antreten, heimkehren, heimwärts gehen, sich nach Hause begeben, nach Hause gehen, zurückkehren; *(geh.):* sich heimbegeben.

heimgesucht
betroffen, geplagt, getroffen.

heimisch
a) altangesessen, [alt]ansässig, alteingesessen, aus der Heimat, beheimatet, einheimisch, [fest] verwachsen, [fest] verwurzelt, heimatlich, hiesig, in der Heimat, niedergelassen, von hier, zu Hause; *(geh., dichter.):* behaust; *(Fachspr.):* autochthon, entopisch, indigen. **b)** vertraut, wie zu Hause, [wohl]bekannt.

heimkehren
heimgehen, heimkommen, heimreisen, umkehren, wiederkommen, zurückgehen, zurückkommen; *(geh.):* nach Hause kehren, wiederkehren, zurückkehren.

Heimkehrer, Heimkehrerin
Rückkehrer, Rückkehrerin.

heimkommen
heimkehren, heimreisen, nach Hause kommen, wiederkommen, zurückkommen; *(geh.):* wiederkehren, zurückkehren.

Heimleiter, Heimleiterin
Hausvater, Hausmutter, Herbergsvater, Herbergsmutter.

heimlich
bei Nacht und Nebel, geheim, hinter jmds. Rücken, im Geheimen/Stillen/Verborgenen, insgeheim, stillschweigend, still [und leise], unbemerkt, unbeobachtet, unerkannt, ungesehen, unter der Hand, verborgen, verstohlen; *(bil-*

dungsspr.): diskret, klandestin; *(ugs.):* hintenherum, klammheimlich, schwarz.

GGS in/vor aller Öffentlichkeit, öffentlich, publik, vor aller Augen/Welt.

Heimlichkeit
1. Geheimhaltung, Geheimnisse; *(bildungsspr.):* Diskretion; *(abwertend):* Heimlichtuerei.
2. Dunkel, Unauffälligkeit, Verborgenheit.

heimsuchen
1. befallen, [hart] treffen, kommen über, überziehen; *(geh.):* schlagen.
2. eindringen, überfallen.

Heimsuchung
Martyrium, [Schicksals]schlag, Tragik, Unglück, Verhängnis; *(geh.):* Prüfung, Unheil.

Heimtücke
Arglistigkeit, Bösartigkeit, Gemeinheit, Hinterhältigkeit, Hinterlist, Niederträchtigkeit, Ruchlosigkeit, Tücke; *(geh.):* Arglist, Niedertracht, Perfidie; *(bildungsspr.):* Intriganz; *(abwertend):* Falschheit, Infamie, Verschlagenheit.

heimtückisch
arglistig, bösartig, gemein, hinterhältig, hinterlistig, tückisch; *(geh.):* niederträchtig, perfide; *(bildungsspr.):* intrigant; *(ugs.):* link; *(abwertend):* falsch, infam, meuchlerisch, verschlagen.

heimwärts
heim, in die Heimat, nach Hause, Richtung Heimat, zurück; *(veraltend):* gen Heimat.

Heimweh
Sehnsucht.

heimzahlen
abrechnen, die Quittung geben, sich rächen, sich revanchieren; *(geh.):* Rache üben; *(ugs.):* eintränken, es jmdm. besorgen, zurückzahlen; *(nachdrücklich):* Rache nehmen.

Heirat
a) Eheschließung, Hochzeit, Trauung, Verheiratung; *(geh.):* Vermählung. **b)** Ehe, eheliche Verbindung; *(geh.):* Bund fürs Leben.

heiraten
[sich] das Jawort geben, die Ehe [miteinander] schließen, eine Ehe eingehen, eine Familie gründen, einen Ehestand begründen, ein Paar werden, getraut werden, hochzeiten, Hochzeit feiern/halten, in den Ehestand treten, sich trauen lassen, sich verheiraten, zur Frau/zum Mann nehmen; *(geh.):* den Bund der Ehe eingehen, den Bund fürs Leben schließen, den Ehebund schließen, die Ringe tauschen/wechseln, sich ehelich verbinden, ehelich verbunden werden, in den [heiligen] Stand der Ehe treten, sich vermählen, vor den Traualtar treten; *(scherzh.):* im Hafen der Ehe landen, in den Hafen der Ehe einlaufen, sich trauen; *(geh. veraltet):* heimführen, zum [Trau]altar führen.

heiser
belegt, fast stimmlos/tonlos, krächzend, kratzig, rau, rauchig.

heiß
1. brühheiß, glühend, glühheiß, glutheiß, kochend [heiß], sehr warm, siedeheiß, siedend [heiß], von hoher Temperatur; *(ugs. emotional verstärkend):* knallheiß.
2. brennend, heftig, leidenschaftlich, stürmisch, voller Leidenschaft, wild; *(geh.):* glühend, ungestüm.
3. aufreizend, erregend; *(bildungsspr.):* lasziv.
4. bedenklich, bedrohlich, explosiv, gefährlich, gefahrvoll, haarig, heikel, kritisch; *(bildungsspr.):* brisant; *(ugs.):* brenzlig, mulmig.
5. aussichtsreich, aussichtsvoll, chancenreich, Erfolg versprechend, hoffnungsvoll, verheißungsvoll, vielversprechend; *(geh.):* vielverheißend; *(bes. österr.):* zielführend.

heißen
1. den Namen haben/tragen, genannt werden, sich nennen.
2. ausdrücken, aussagen, bedeuten, besagen, die Bedeutung haben, meinen, sagen, sein.

BSP Das Versmaß drückt etwas Besonderes aus. Der Text besagt, dass … Das soll wohl die folgende Bedeutung haben: …

heiter
aufgeräumt, ausgelassen, beschwingt, froh [gestimmt], fröhlich, gut aufgelegt/gelaunt, guter Laune, munter, sonnig, vergnüglich, vergnügt; *(geh.):* frohen Mutes, frohgemut, frohmütig, guter Dinge, hochgemut, wohlgemut; *(bildungsspr.):* seren; *(ugs.):* aufgekratzt, fidel, gut drauf; *(ugs. emotional):* quietschvergnügt.

Heiterkeit
a) Aufgeräumtheit, Ausgelassenheit, Beschwingtheit, Freudigkeit, Fröhlichkeit, Frohsinn, gute Laune, Munterkeit, Vergnügtheit; *(geh.):* Frohmut. **b)** aufgelockerte/fröhliche Stimmung, Gelächter.

heizen
a) die Heizung anstellen/in Betrieb nehmen; *(ugs.):* den Ofen/die Heizung anmachen. **b)** beheizen, durchheizen, durchwärmen, einheizen, erwärmen, warm machen.

Hektik
Eile, Gehetze, Geschäftigkeit, Getriebe, Hast, Hastigkeit, Hetze, Hetzerei, Hetzjagd, Rastlosigkeit, Ruhelosigkeit, Wirbel; *(geh.):* Unrast.

hektisch
aufgeregt, betriebsam, eilig, fieberhaft, fiebrig, gehetzt, geschäftig, hastig, rastlos, ruhelos, unruhig, wild; *(geh.):* unstet.

GGS bedachtsam, gelassen, gemütlich, ruhevoll.

heldenhaft
beherzt, couragiert, heldenmütig, kühn, mutig, tapfer, unerschrocken, unverzagt; *(geh.):* heldisch, mannhaft, reckenhaft; *(bildungsspr.):* heroisch; *(veraltend):* herzhaft, wacker.

helfen ↗
1. anpacken, assistieren, aushelfen, behilflich sein, beistehen, Hand anlegen, Hilfe leisten, mithelfen, sich nützlich machen, unter die Arme greifen, unterstützen, zu Diensten sein/stehen, zu Hilfe kommen, zur Hand gehen, zur Seite stehen; *(österr.):* servicieren; *(schweiz.):* zudienen; *(geh.):* beispringen.

BSP Meine beste Freundin hat mir immer in allen Schwierigkeiten beigestanden. Er unterstützt die Gruppe tatkräftig.

2. dienen, dienlich/förderlich sein, fruchten, gute Dienste tun/leisten, guttun, nützen, Nutzen bringen, nützlich sein, von Nutzen sein, zustattenkommen; *(geh.):* hilfreich sein.

hell
1. beleuchtet, erleuchtet, helllicht, taghell, von Licht erfüllt; *(geh.):* licht, lichtdurchflutet, lichterfüllt; *(bildungsspr.):* luminös.
2. glockenhell, glockenrein, hoch klingend, klar, nicht dumpf, rein, silberhell; *(dichter.):* silbern.

hemmen
1. abbremsen, abdrosseln, bremsen, drosseln, verlangsamen, verzögern; *(geh.):* dämmen.
2. aufhalten, beeinträchtigen, behindern, blockieren, einengen, ein Hemmnis sein, einschränken, entgegenwirken, erschweren, hindern, im Weg sein/stehen, lähmen, sabotieren, stören; *(bildungsspr.):* obstruieren; *(ugs.):* querschießen, Sand ins Getriebe streuen.

Hemmung
Bedenken, Gewissensbisse, Skrupel, Zweifel.

Hemmungen
Befangenheit, Gehemmtheit, Schüchternheit, Unsicherheit, Verklemmtheit, Verkrampfung.

hemmungslos
1. fessellos, leidenschaftlich, ohne Hemmungen, orgiastisch, unbeherrscht, ungehemmt, ungezügelt, unkontrolliert, wild, zügellos; *(bildungsspr.):* exzessiv, undiszipliniert.
2. bedenkenlos, gewissenlos, ohne Hemmungen, ohne Skrupel, schamlos, unbedenklich; *(abwertend):* rücksichtslos, skrupellos.

herablassend
hochmütig, überheblich, von oben herab; *(abwertend):* arrogant, blasiert, eingebildet, gönnerhaft, von sich eingenommen; *(geh. abwertend):* dünkelhaft, hoffärtig; *(bildungsspr. abwertend):* süffisant; *(oft iron.):* gnädig.

herabsetzen
1. abbauen, Abstriche machen, beschränken, drosseln, drücken, einschränken, ermäßigen, herabmindern, heruntergehen, heruntersetzen, kürzen, niedriger werden lassen, reduzieren, senken, vermindern, verringern; *(bildungsspr.):* dezimieren; *(ugs.):* herunterschrauben, runtersetzen; *(Jargon):* verschlanken.
2. ↑herabwürdigen.

herabwürdigen
abqualifizieren, abwerten, demütigen, die Ehre abschneiden, durch den Schmutz ziehen, entwerten, entwürdigen, erniedrigen, in den Schmutz treten/ziehen, in ein schlechtes Licht rücken/setzen/stellen, in Misskredit/Verruf bringen, kleinreden; *(geh.):* schmähen, verunglimpfen; *(bildungsspr.):* desavouieren, diffamieren, diskreditieren; *(ugs.):* heruntermachen, schlechtmachen; *(salopp):* enteiern, [he]runterputzen.

heranbilden
anleiten, anlernen, [aus]bilden, befähigen, coachen, entwickeln, erziehen, fortbilden, heranziehen, lehren, qualifizieren, schulen, weiterbilden; *(ugs.):* bimsen, trimmen.

herangehen
1. sich annähern, herankommen, herantreten, näher kommen/treten, sich nähern, zugehen, zukommen; *(geh.):* antreten, herannahen; *(ugs.):* angondeln, rangehen, rankommen.
2. anfangen, angehen, anpacken, beginnen, darangehen, gehen an, in Angriff nehmen, sich machen an, starten; *(geh.):* anheben, zur Tat schreiten, zu Werke gehen; *(ugs.):* sich d[a]ranmachen, sich d[a]ransetzen, drangehen, loslegen.

heranziehen
1. a) anrücken, anschieben, heranrücken, herbeiziehen. **b)** anmarschieren, herankommen, heranrücken, im Anmarsch sein, sich nähern; *(geh.):* [heran]nahen.
2. ↑heranbilden.
3. anführen, beanspruchen, beibringen, einschalten, hinzuziehen, in Anspruch nehmen, zurate ziehen, zuziehen; *(geh.):* bemühen; *(ugs.):*

einspannen, mit ins Boot holen/nehmen; *(bes. südd., österr., schweiz.)*: beiziehen.

heraufbeschwören

1. auslösen, erzeugen, herausfordern, herbeiführen, hervorrufen, riskieren, veranlassen, verursachen; *(geh.)*: anfachen, entfachen; *(bildungsspr.)*: provozieren; *(abwertend)*: anzetteln.
2. aufleben lassen, erinnern, in Erinnerung bringen, ins Bewusstsein bringen/rufen, ins Gedächtnis rufen, wachrufen, wecken, zurückrufen; *(geh.)*: aufrühren, gemahnen.

herausbekommen

1. an den Tag/ans Licht bringen, aufdecken, aufklären, auflösen, enträtseln, entschlüsseln, ermitteln, herausfinden, in Erfahrung bringen, klären, knacken, lösen, recherchieren, zutage bringen/fördern; *(geh.)*: auflichten, den Schleier lüften, enthüllen, entschleiern; *(bildungsspr.)*: eruieren; *(ugs.)*: dahinterkommen, herausbringen, herauskriegen, rausbekommen, rausbringen, rausfinden, spitzbekommen.

BSP Ich löse die Gleichung in mehreren Schritten auf. Die Wahrheit konnte noch nicht eruiert werden.

2. wiederbekommen, zurückbekommen, zurückerhalten; *(ugs.)*: [he]rauskriegen, wiederkriegen, zurückkriegen.

herausbringen

1. hinausbringen, hinausschaffen, nach draußen bringen/schaffen; *(ugs.)*: herausschaffen, rausbringen.
2. anbieten, auf den Markt bringen/werfen, herausgeben, in den Handel bringen, in Umlauf bringen/setzen, verkaufen; *(geh.)*: feilbieten.

herausfordern

1. reizen; *(bildungsspr.)*: provozieren.
2. abverlangen, beanspruchen, fordern.
3. auslösen, heraufbeschwören, herbeiführen, hervorrufen, veranlassen, verursachen; *(geh.)*: anfachen, entfachen; *(bildungsspr.)*: provozieren.

herausgeben

1. abgeben, abliefern, ausgeben, freigeben, [in die Hand] geben, liefern, übergeben, überlassen, überreichen, zukommen lassen; *(geh.)*: überantworten; *(ugs.)*: [he]rausrücken.
2. ↑herausbringen (2).

herausholen

1. a) herausziehen, hervorholen, hervorziehen. **b)** befreien, erlösen, freibekommen, freikämpfen, retten; *(geh.)*: [der Gefahr] entreißen, erretten; *(ugs.)*: freiboxen, herausboxen, heraushauen, herauspauken, raushauen, rausholen.
2. abgewinnen, abringen, ausschöpfen, entlocken, herausschöpfen; *(geh.)*: abnötigen; *(ugs.)*: herauskitzeln, rausholen.
3. erfahren, in Erfahrung bringen; *(ugs.)*: herausbekommen, herausbringen, herauskriegen, rausbekommen, rausbringen, rauskriegen.

herauskommen

1. heraustreten, hervorkommen, hinausgelangen, hinauskommen, hinaustreten, nach draußen gelangen/kommen; *(ugs.)*: rauskommen.
2. sich befreien, davonkommen, entgehen, entkommen, freikommen, hinauskommen; *(geh.)*: aussteigen, entrinnen, sich entziehen; *(ugs.)*: loskommen, rauskommen.
3. [auf den Markt/in den Handel] kommen, erscheinen; *(ugs.)*: rauskommen.
4. bekannt werden, durchdringen, durchsickern, sich herumsprechen, in die Öffentlichkeit dringen, verlauten; *(geh.)*: verlautbaren; *(bildungsspr.)*: publik werden; *(ugs.)*: rauskommen.

herauskommen

groß herauskommen
aufrücken, aufsteigen, den Aufstieg schaffen, eine höhere Position erreichen, eine höhere Stellung erreichen, emporsteigen, es zu etwas bringen, etwas werden, Karriere machen, vorankommen, vorwärtskommen; *(geh.)*: emporkommen; *(bildungsspr.)*: arrivieren; *(ugs.)*: die Treppe hinauffallen, die Treppe hochfallen; *(veraltend)*: avancieren.

herausnehmen, sich
sich anmaßen, die Dreistigkeit/Frechheit/Kühnheit besitzen, sich die Freiheit nehmen, sich erlauben, sich unterstehen, wagen; *(geh.)*: sich erdreisten, sich erfrechen, sich erkühnen, sich vermessen, sich versteigen; *(ugs.)*: sich leisten; *(veraltend)*: sich erkecken.

herausragen
sich abheben, auffallen, sich auszeichnen, Eindruck machen, glänzen, hervorragen, hervorstechen, in Erscheinung treten, ins Auge/in die Augen fallen, ins Auge/in die Augen springen; *(bildungsspr.)*: brillieren, exzellieren.

herausragend
aufsehenerregend, aus dem Rahmen fallend, ausgezeichnet, außergewöhnlich, außerordentlich, besonders, brillant, erstklassig, fulminant, grandios, großartig, hervorragend, phänomenal, sensationell, spektakulär, überragend, vortrefflich, vorzüglich; *(bildungsspr.)*: exzellent, exzeptionell; *(österr., sonst bildungsspr.)*: eminent; *(ugs.)*: einsame Spitze, famos, fantastisch,

klasse, lässig, mega, prima, Sonderklasse, spitze, spitzenmäßig, stark, super, toll, traumhaft; *(salopp):* [echt] cool, heiß; *(emotional):* unvergleichlich, wunderbar; *(emotional verstärkend):* sondergleichen; *(ugs. emotional verstärkend):* supertoll; *(veraltend):* meisterlich, trefflich; *(bildungsspr. veraltend):* extraordinär; *(Jugendspr.):* fett; *(bes. Jugendspr.):* [echt] krass.

herausschlagen
sich aneignen, erfechten, erjagen, erkämpfen, erringen, erzwingen, gewinnen, in Besitz bringen, schinden, schlagen, sich verschaffen; *(geh.):* erstreiten, ertrotzen; *(ugs.):* absahnen, an sich bringen, durchboxen, durchdrücken, einheimsen, einkassieren, einsacken, ergattern, heraushauen, herausholen, herausschinden, kassieren, raushauen, rausholen; *(salopp):* abgreifen, abstauben, abzocken.

herausstellen
akzentuieren, betonen, herausheben, hervorheben, in den Vordergrund rücken/schieben/stellen, in Szene setzen, loben, unterstreichen, zur Geltung bringen; *(bildungsspr.):* apostrophieren, exponieren, plakatieren, pointieren.

herausstellen, sich
an den Tag kommen, sich ausweisen, bekannt werden, sich bestätigen, sich bewahrheiten, deutlich werden, sich entpuppen, sich ergeben, erkennbar werden, sich erweisen, sich klären, klar werden, sich offenbaren, sich verraten, sich zeigen, zutage kommen/treten; *(geh.):* sich erzeigen; *(bildungsspr.):* evident werden.

herb
bitter, hart, schmerzlich, schwer [erträglich].

herbeiführen
anrichten, auslösen, bedingen, bewirken, erreichen, erwecken, erzeugen, heraufbeschwören, hervorbringen, hervorrufen, in Gang setzen, stiften, veranlassen, vermitteln, verursachen, wachrufen, wecken, zustande bringen; *(geh.):* entfachen; *(bildungsspr.):* evozieren, provozieren; *(ugs.):* ins Rollen bringen.

Herd
1. Backofen, Backröhre, Bratröhre, Feuer, Kochgelegenheit, Kochplatte, Ofen.
2. Ausgangspunkt, Ausgangsstelle, Quelle.

Herde
1. Rudel, Schar, Schwarm.
2. Haufen, Kolonne, Schar; *(abwertend):* Rotte; *(oft abwertend):* Horde, Masse.
3. [Kirchen]gemeinde.

hereinfallen
aufsitzen, betrogen/getäuscht werden, hintergangen/überlistet werden; *(ugs.):* baden gehen, [he]reinfliegen, [he]reingelegt werden, reinfallen, reinfliegen, übers Ohr gehauen werden; *(salopp):* aufs Kreuz gelegt werden, reinrasseln, über den Tisch gezogen werden.

hereinlegen
aufs Glatteis führen, betrügen, bluffen, hintergehen, hinters Licht führen, prellen, täuschen, trügen, überlisten, übertölpeln, übervorteilen; *(ugs.):* anleimen, austricksen, einseifen, einwickeln, leimen, linken, reinlegen, über den Tisch ziehen, übers Ohr hauen, verladen, verschaukeln; *(salopp):* anschmieren.

herfallen
1. anfallen, angehen, angreifen, anspringen, attackieren, bedrängen, bestürmen, sich stürzen auf, überfallen; *(ugs.):* sich hermachen.
2. [scharf] kritisieren, schlechtmachen; *(ugs.):* heruntermachen, herziehen, ins Gesicht springen; *(salopp):* herunterputzen.

Hergang
Abfolge, Ablauf, Chronologie, Entwicklung, [Fort]gang, Lauf, Nacheinander, Prozess, Reihenfolge, Verlauf, Vorgang.

hergeben
1. a) entbehren, herschenken, opfern, spenden, stiften, sich trennen, überlassen, verschenken, zur Verfügung stellen; *(ugs.):* herausrücken, lockermachen. **b)** aushändigen, herausgeben, übergeben, [über]reichen; *(ugs.):* herausrücken.
2. bieten, erbringen, ergiebig sein, liefern, lohnend sein; *(ugs.):* bringen.

hergebracht
alltäglich, alt, althergebracht, altüberliefert, anerkannt, bekannt, bewährt, eingeführt, erprobt, gängig, gebräuchlich, geläufig, gewöhnlich, gewohnt, herkömmlich, konservativ, probat, regulär, traditionell, überliefert, üblich, usuell, verbreitet; *(bildungsspr.):* tradiert.

hergelaufen
nichts geltend, unbekannt, von zweifelhafter Herkunft.

herkommen
1. daherkommen, sich einfinden, herankommen, herbeikommen; *(geh.):* sich herbemühen; *(ugs.):* anrücken, rankommen; *(südd., österr.):* hergehen.
2. abstammen, entspringen, sich ergeben, herrühren, herstammen, hervorgehen, ihren Ursprung haben, kommen von, seinen Ursprung haben, stammen, zurückgehen auf, zurückzuführen sein; *(geh.):* rühren von.

herkömmlich ↑hergebracht.

Herkunft
1. Abkunft, Abstammung, Geburt, Herkommen.
2. Entstehung, Quelle, Ursprung, Wurzel; *(bildungsspr.):* Provenienz.

herleiten
a) ableiten, entwickeln, folgern, schließen; *(bes. Philos.):* deduzieren, konkludieren. **b)** ableiten, zurückführen.

herleiten, sich
sich ableiten, abstammen, ausgehen von, begründet sein/liegen, entspringen, entstammen, sich ergeben, herrühren, stammen, zurückgehen auf; *(bildungsspr.):* resultieren.

hermachen
ansprechen, Aufmerksamkeit/Aufsehen erregen, beeindrucken, Eindruck machen, imponieren, von sich reden machen, wirken, Wirkung erzielen/haben, zur Geltung kommen.

Herr
1. a) Mann. **b)** Ehrenmann, Gentleman, Kavalier, Weltmann; *(bildungsspr.):* Grandseigneur.
2. Beherrscher, Besitzer, Eigentümer, Eigner, Fürst, Gebieter, Hausherr, Herrscher, Inhaber, Regent; *(geh.):* Haupt; *(oft abwertend):* Machthaber; *(bildungsspr. abwertend):* Potentat.
3. Allmächtiger, Er, Gott, Schöpfer; *(geh.):* Gottheit; *(fam.):* Herrgott.

herrenlos
a) eigenständig, frei, selbstständig. **b)** verlassen.

Herrin
Beherrscherin, Besitzerin, Eigentümerin, Eignerin, Fürstin, Gebieterin, Hausherrin, Herrscherin, Inhaberin, Regentin; *(geh.):* Haupt; *(oft abwertend):* Machthaberin; *(bildungsspr. abwertend):* Potentatin.

herrisch
autoritär, befehlerisch, bestimmend, dominant, dominierend, herrschsüchtig, rigoros, streng, unnachgiebig; *(geh.):* gebieterisch; *(bildungsspr.):* autokratisch, drakonisch; *(abwertend):* despotisch, tyrannisch; *(oft abwertend):* diktatorisch; *(veraltend):* gestreng.

herrlich
ausgezeichnet, grandios, großartig, hervorragend, himmlisch, hinreißend, paradiesisch, phänomenal, prächtig, sehr gut/schön, unübertrefflich, vorzüglich; *(geh.):* gottvoll; *(bildungsspr.):* exzellent, superb; *(dichter.):* elysisch; *(ugs.):* fantastisch, klasse, mega, prima, stark, super, toll, umwerfend; *(emotional):* köstlich; *(emotional verstärkend):* bildschön, wunderbar, wunderschön; *(oft scherzh.):* göttlich.

Herrschaft
Befehlsgewalt, Führung, Gewalt, Herrschaftsgewalt, Leitung, Lenkung, Macht, Regentschaft, Regierung, Regierungsgewalt, Regiment.

herrschen
1. an der Spitze stehen, beherrschen, das Regiment führen, das Steuer/die Zügel in der Hand haben, die Geschicke des Staates bestimmen, die Herrschaft/Gewalt/Macht ausüben, die politische Führung haben, führen, Herrscher[in] sein, leiten, lenken, regieren; *(geh.):* das Heft in der Hand haben, gebieten, vorstehen; *(ugs.):* am Ruder sein; *(scherzh.):* das Zepter führen/schwingen.
2. bestehen, verbreitet/vorhanden sein, vorherrschen; *(geh.):* walten; *(veraltend):* obwalten.

Herrscher, Herrscherin
Gewalthaber, Gewalthaberin, Herr, Herrin, Landesherr, Landesherrin, Monarch, Monarchin, Regent, Regentin, Staatsoberhaupt; *(geh.):* [Ober]haupt; *(oft abwertend):* Machthaber, Machthaberin; *(bildungsspr. abwertend):* Potentat, Potentatin; *(veraltend):* Gebieter, Gebieterin.

herrschsüchtig
autoritär, befehlend, herrisch, keinen Widerspruch duldend; *(geh.):* gebietend, gebieterisch; *(abwertend):* despotisch, diktatorisch, tyrannisch.

herstellen
1. anfertigen, aus dem Boden stampfen, entstehen lassen, erzeugen, gestalten, hervorbringen, schaffen; *(geh.):* erschaffen; *(bildungsspr.):* generieren, kreieren.
2. entstehen lassen, schaffen, zustande bringen, zustande kommen lassen; *(ugs.):* hinbekommen, hinkriegen.

Herstellung
Anfertigung, Fabrikation, Fertigung, Schaffung; *(österr.):* Erzeugung; *(geh.):* Erschaffung.

herumdrücken, sich
aus dem Weg gehen, ausweichen, sich entziehen, sich nicht stellen, scheuen, zu entgehen/zu umgehen suchen; *(ugs.):* sich drücken, einen [großen] Bogen machen, umkurven.

herumkommen
1. aus dem Weg gehen, sich entziehen, umgehen, vermeiden.
2. auf Reisen sein, etwas von der Welt sehen, umherreisen, umherziehen, viel reisen; *(geh.):* sich umtreiben; *(ugs.):* herumreisen, herumziehen.

herumschlagen, sich
sich abmühen, sich abplagen, sich abquälen,

sich auseinandersetzen mit, kämpfen, sich placken, sich plagen, ringen, sich schinden, seine ganze Kraft aufbieten; *(meist geh.):* sich mühen.

herumsprechen, sich
an die Öffentlichkeit dringen/kommen, bekannt werden, durchdringen, durchsickern, in Umlauf kommen/sein, kursieren, umlaufen, verbreitet werden, sich wie ein Lauffeuer verbreiten, zirkulieren; *(bildungsspr.):* publik werden; *(ugs.):* die Runde machen, herumgehen, herumkommen, unter die Leute kommen.

heruntergekommen
a) abgewirtschaftet, marode, ruiniert. **b)** abgerissen, verlumpt, verwahrlost, verwildert, zerlumpt; *(ugs.):* auf den Hund gekommen, vergammelt; *(abwertend):* verkommen, verlottert.

heruntermachen
a) abqualifizieren, herabsetzen, heruntersetzen, nichts Gutes lassen an; *(ugs.):* madigmachen, niedermachen, runtersetzen, schlechtmachen.
b) ausschelten, ausschimpfen, tadeln, zurechtweisen; *(ugs.):* abbürsten, abkanzeln, rüffeln, zur Minna machen; *(salopp):* herunterputzen.

hervorbringen
1. ausbilden, aus sich entwickeln lassen, austreiben.
2. anfertigen, aus dem Boden stampfen, erzeugen, gestalten, herstellen, schaffen; *(geh.):* erschaffen; *(bildungsspr.):* generieren, kreieren.
3. ausstoßen, herausbringen, von sich geben, vorbringen; *(ugs.):* herauskriegen, rausbringen, rauskriegen.

hervorgehen
1. entstammen, kommen, seinen Ursprung haben, stammen; *(geh.):* entspringen.
2. deutlich werden, sich entnehmen lassen, sich ergeben, erhellen, erkennbar werden, sich herausschälen, sich zeigen.

hervorheben
akzentuieren, ausdrücklich bemerken/erwähnen, betonen, Gewicht legen auf, herausheben, herausstellen, herausstreichen, in den Vordergrund rücken/schieben/stellen, Nachdruck legen auf, unterstreichen; *(bildungsspr.):* exponieren, pointieren.

BSP Die Autorin legt vor allem Gewicht auf den historischen Kontext. Ich möchte Folgendes in den Vordergrund rücken: ... Der Redner wusste zu pointieren.

---

hervorragend ↑herausragend.

hervorrufen
auslösen, bewirken, entfesseln, erregen, erwecken, erzeugen, herbeiführen, nach sich ziehen, veranlassen, verursachen, zur Folge haben; *(geh.):* entfachen; *(bildungsspr.):* effizieren, evozieren, provozieren; *(Fachspr.):* induzieren.

hervortun, sich
Aufsehen erregen/verursachen, auf sich aufmerksam machen, sich auszeichnen, die Aufmerksamkeit auf sich ziehen, Eindruck/Furore machen, sich einen Namen machen, hervortreten, Schlagzeilen machen, von sich reden machen; *(bildungsspr.):* sich exponieren.

Herz
1. Einfühlungsgabe, Einfühlungskraft, Einfühlungsvermögen, Empfindung, Gefühl, Innerstes, Mitgefühl, Seele; *(bildungsspr., Fachspr.):* Psyche.
2. ↑Herzstück.

herzhaft
1. fest, kräftig; *(ugs.):* ordentlich.
2. deftig, gehaltvoll, handfest, kalorienreich, kräftig, nahrhaft, pikant, würzig.

herzlich
1. a) freundlich, gutherzig, herzensgut, innig, lieb, liebenswert, liebevoll, nett, warm[herzig].
b) echt, ehrlich, ernst [gemeint], ernsthaft, von [ganzem] Herzen, von Herzen kommend; *(geh.):* aus tiefstem Herzen, lauter, wahr.
2. ↑sehr.

herzlos
abgestumpft, eiskalt, erbarmungslos, gefühlskalt, gefühlsroh, gnadenlos, grausam, hart[herzig], mitleidlos, ohne Erbarmen/Mitgefühl/Mitleid, unbarmherzig, unmenschlich, verroht; *(abwertend):* grob, roh, skrupellos.

Herzstück
das Wesentlich[st]e, das Wichtig[st]e, Hauptsache, Herz, Kern[stück], Kernteam, Wesen, Zentrum; *(bildungsspr.):* Quintessenz, Substanz; *(ugs.):* das A und [das] O.

herzzerreißend
aufwühlend, bewegend, erbärmlich, ergreifend, erschütternd, herzergreifend, herzerweichend, jämmerlich, jammervoll, kläglich, mitleiderregend, mitreißend, packend, rührend; *(geh.):* anrührend, herzbrechend, herzerschütternd.

Hetze
1. Eile, Gejagtheit, Getriebensein, Hast, Hektik, Hetzerei, Jagd, Rastlosigkeit, Zeitdruck, Zeitmangel; *(geh.):* Unrast.
2. Aufhetzung, Aufwiegelung, Propaganda; *(abwertend):* Agitation, Stimmungsmache.

hetzen
1. a) jagen, nachsetzen, nachstellen, treiben, verfolgen. **b)** antreiben, drängen, scheuchen; *(ugs.):* Dampf machen.

2. eilen, jagen, preschen, rennen, sausen; *(geh.):* hasten; *(ugs.):* pesen, rasen, spurten, wetzen; *(salopp):* gasen; *(südd., schweiz.):* springen.
3. Stimmung machen gegen; *(geh.):* Hass/Unfrieden/Zwietracht säen; *(ugs.):* herziehen über; *(abwertend):* lästern.

hetzen, sich
sich abhetzen, sich [be]eilen, sich keine Zeit lassen, schnell machen, sich überstürzen; *(ugs.):* sich abjagen, dalli/fix/rasch machen.

heucheln
simulieren, vorgaukeln, vorgeben, vormachen, vorschützen, vorspiegeln, vorspielen, vortäuschen; *(bildungsspr.):* fingieren; *(ugs.):* markieren.

heulen
1. jaulen.
2. weinen; *(nordd.):* plieren.

heute
1. am heutigen Tag, an diesem Tag.
2. derzeit[ig], dieser Tage, gegenwärtig, heutzutage, im Augenblick/Moment, in der gegenwärtigen Zeit, in diesen Tagen, in unsrer Zeit, jetzt, momentan, zum jetzigen Zeitpunkt; *(veraltend):* heutigentags.

heutig
1. ↑heute (1).
2. ↑heute (2).

Hieb
Schlag, Stoß; *(geh.):* Streich; *(ugs.):* Puff; *(salopp):* Hau.

hier
1. a) an Ort und Stelle, anwesend, da, gegenwärtig, greifbar, zugegen, zur Hand, zur Stelle; *(bildungsspr.):* präsent. **b)** an dieser Stelle, da, diesbezüglich, in diesem Fall, in diesem Punkt, in diesem Zusammenhang, in dieser Hinsicht.
2. da, in diesem Augenblick, zu diesem Zeitpunkt.

Hierarchie
Rangfolge, Rangordnung, Stufenleiter, Stufenordnung; *(veraltend):* Hühnerhofpsychologie.

hiesig
ansässig, beheimatet, eingesessen, [ein]heimisch, hier befindlich, niedergelassen, ortsansässig, von hier stammend.

Hilfe
1. a) Anstrengung[en], Assistenz, Beistand, Bemühungen, Beteiligung, Dazutun, Dienste, Einsatz, Hilfeleistung, Hilfestellung, Hinzutun, Mentoring, Mitarbeit, Mithilfe, Mitwirkung, Mühe[n], Stütze, Unterstützung, Zutun; *(geh.):* Bemühen; *(bes. EDV):* Support. **b)** Beihilfe, Förderung, Hilfsgelder, Spende, Unterstützung, Unterstützungsbeihilfe, Zuschuss, Zuwendung; *(bes. Politik):* Rettungspaket.
2. Assistent, Assistentin, Helfer, Helferin, Helferteam, Hilfskraft, Mithelfer, Mithelferin, Servicemitarbeiter, Servicemitarbeiterin, Zuarbeiter, Zuarbeiterin; *(geh.):* Gehilfe, Gehilfin.

hilflos
a) abhängig, auf Hilfe angewiesen, hilfsbedürftig, machtlos, ohnmächtig, unselbstständig.
b) unbeholfen, ungeschickt, verlegen; *(geh.):* ungelenk; *(abwertend):* linkisch. **c)** ratlos, unschlüssig, verwirrt.

hilfreich
1. dienstbeflissen, dienstwillig, entgegenkommend, gefällig, helfend, hilfsbereit, zuvorkommend; *(veraltend):* dienstbereit.
2. brauchbar, dienlich, förderlich, nützlich, tauglich, weiterhelfend, wertvoll; *(bildungsspr.):* konstruktiv.

hilfsbedürftig
arm, mittellos, schwach; *(geh.):* Not leidend.

hilfsbereit
dienstbeflissen, dienstwillig, entgegenkommend, gefällig, helfend, hilfreich, zuvorkommend; *(veraltend):* dienstbereit.

Himmel
1. Himmelsgewölbe; *(geh.):* Äther, Firmament; *(dichter.):* Himmelsdom, [Himmels]feste, Himmelszelt, Sternenzelt.
2. Jenseits, Reich Gottes.

Himmelskörper
Gestirn, kosmischer Körper, Sonne, Stern, Weltkörper.

himmlisch
1. göttlich, jenseitig, überirdisch, übersinnlich; *(bildungsspr.):* empyreisch.
2. ausgezeichnet, einzigartig, fantastisch, genial, großartig, herrlich, paradiesisch, perfekt, unbeschreiblich, unübertrefflich, unvergleichlich, vollendet, vollkommen, vortrefflich, vorzüglich, zauberhaft; *(dichter.):* elysisch; *(ugs.):* traumhaft; *(emotional):* köstlich, wunderbar, wundervoll; *(oft scherzh.):* göttlich.

hinauslaufen
1. herauslaufen, herausrennen, hinausrennen, ins Freie laufen/rennen, nach draußen laufen/rennen; *(ugs.):* herausschießen, hinausschießen, hinausspringen, rauslaufen.
2. münden, zur Folge haben; *(ugs.):* hinauskommen, rauslaufen.

hinausschieben
anstehen lassen, aufschieben, ausdehnen, hinausziehen, hinauszögern, hinziehen, in die Länge ziehen, stunden, verlängern, verlangsa-

men, verlegen, verschieben, verschleppen, vertagen, verzögern, vor sich herschieben, zögern, zurückstellen; *(bildungsspr.):* retardieren; *(ugs.):* auf die lange Bank schieben, auf Eis legen.

hinderlich
beeinträchtigend, behindernd, belastend, erschwerend, hemmend, hindernd, lästig, störend, unbequem, ungelegen, ungünstig, widrig, zeitraubend; *(bildungsspr.):* obstruktiv.

hinderlich sein
beeinträchtigen, behindern, ein Handicap sein, erschweren, hemmen, hindern, Schwierigkeiten bereiten/machen, stören; *(bildungsspr.):* obstruieren; *(ugs.):* dazwischenfunken, ein Klotz am Bein sein; *(abwertend):* torpedieren; *(veraltend):* genieren, knebeln.

hindern
a) abbringen, abhalten, abschrecken, aufhalten, blockieren, durchkreuzen, einschreiten, in den Arm fallen, lahmlegen, unmöglich machen, vereiteln, verhindern, zurückhalten; *(bes. schweiz.):* verunmöglichen; *(geh.):* Einhalt gebieten/tun, wehren. **b)** ↑hinderlich sein.

Hindernis
1. Beeinträchtigung, Behinderung, Erschwernis, Erschwerung, Handicap, Hemmnis, Hemmschuh, Hemmung, Hinderung, Hürde, Komplikation, Nachteil, Problem, Schaffenskrise, Schwierigkeit, Verwehrung, Widerstand.
2. Absperrung, Barriere, Barrikade, Blockade, Hürde, Schranke, Sperre, Versperrung.

hindeuten
1. deuten, [hin]weisen, zeigen.
2. aufmerksam machen, aufzeigen, verweisen.
3. ankündigen, anzeigen, bedeuten, dafürsprechen, deuten auf, schließen lassen, signalisieren; *(geh.):* künden.

hineinsteigern, sich
1. sich aufregen, den Bogen überspannen, übertreiben, überziehen; *(ugs.):* sich reinsteigern.
2. sich intensiv beschäftigen; *(ugs.):* sich reinsteigern.

hinfahren
1. a) fahren, sich hinbegeben, reisen.
b) [hin]bringen.
2. abfahren, abreisen, sich entfernen, fortfahren, wegfahren.

hinfallen
a) ausrutschen, fallen, [hin]stürzen, umfallen, zu Boden fallen, zusammenbrechen; *(österr.):* niederfallen; *(geh.):* ausgleiten, niederstürzen, zu Fall kommen; *(ugs.):* hinfliegen, hinknallen, sich hinlegen, hinplumpsen, hinpurzeln, hinsausen, hinschlagen, hinsegeln, sich hinsetzen, kegeln; *(salopp):* den Adler machen, hinhauen. **b)** auf die Knie fallen, sich zu Füßen werfen; *(geh.):* niederfallen.

hinfällig
gegenstandslos, grundlos, haltlos, unbegründet, ungültig, unhaltbar, unmotiviert; *(geh.):* jeder Grundlage entbehrend.

hinfällig werden
entfallen, sich erübrigen, fortfallen, gegenstandslos werden, hinfallen, ungültig werden.

Hingabe
a) Ergebenheit, Glaube, Gläubigkeit, Überzeugung. **b)** Anteilnahme, Aufopferung, Begeisterung, Eifer, Einsatz[bereitschaft], Feuereifer, Fleiß, Hingebung, [innere] Beteiligung, Leidenschaft, Opferbereitschaft, Passion; *(geh.):* Inbrunst; *(bildungsspr.):* Engagement, Enthusiasmus.

hingeben ↑hergeben (1 a).

hingeben, sich
aufgehen, sich [auf]opfern, sich einsetzen, sich ergeben, leben, schwelgen, sich überlassen, sich verlieren, sich verschreiben, sich versenken, versinken; *(geh.):* anhängen; *(ugs.):* sich hineinknien; *(oft abwertend):* sich hergeben, sich in die Arme werfen; *(geh. veraltet):* pflegen.

hingebungsvoll
aufopfernd, aufopferungsvoll, begeistert, eifrig, ergeben, leidenschaftlich, mit [voller] Hingabe/Hingebung, passioniert; *(geh.):* inbrünstig; *(bildungsspr.):* engagiert, enthusiastisch.

hingehen
aufsuchen, besuchen, einen Besuch machen; *(ugs.):* sich blicken/sehen lassen, vorbeigehen.

hinken
a) das/ein Bein nachziehen, humpeln, lahmen.
b) nicht [ganz] passen/zutreffen.

hinkriegen
1. auf die Beine stellen, bewältigen, erreichen, fertigbekommen, fertigbringen, meistern, schaffen, unter Dach und Fach bringen, zustande/zuwege bringen; *(ugs.):* auf die Reihe bringen/kriegen, deichseln, fertigkriegen, geregelt kriegen, hinbekommen, hinbringen, kriegen, managen, packen, schmeißen, über die Bühne bringen; *(salopp):* schaukeln.
2. a) in Ordnung bringen, instand setzen, reparieren; *(ugs.):* hinbügeln. **b)** gesund machen/pflegen, heilen, kurieren.

hinlänglich
angemessen, annehmbar, ausreichend, befriedigend, brauchbar, genug, genügend, hinreichend, leidlich, mittelmäßig, passabel, sattsam,

schlecht und recht, zufriedenstellend; *(geh.):* genugsam, zulänglich, zureichend; *(ugs.):* manierlich; *(oft abwertend):* zur Genüge.

hinlegen

a) ablegen, absetzen, abstellen, auflegen, ausbreiten, auslegen, bereitlegen, deponieren, hinstellen, hintun, platzieren, vorlegen, zurechtlegen; *(geh.):* niederlegen. **b)** aufbringen, aufwenden, ausgeben, [be]zahlen; *(ugs.):* bar auf den Tisch [des Hauses] legen, blechen, hinblättern, lockermachen, löhnen. **c)** lagern, schlafen legen, zur Ruhe legen; *(geh.):* betten.

hinlegen, sich

a) sich ausstrecken, sich hinstrecken, ins/zu Bett gehen, sich ins Bett legen, sich lagern, sich schlafen legen, sich strecken, sich zur Ruhe legen; *(schweiz.):* abliegen; *(geh.):* sich betten, sich niederlegen, sich niederstrecken; *(ugs.):* alle viere von sich strecken, sich [aufs Ohr] legen, sich langlegen; *(salopp):* sich hinhauen, sich ins Bett hauen. **b)** ↑hinfallen (a).

hinnehmen

sich abfinden, akzeptieren, [auf sich] nehmen, aushalten, ausstehen, sich bieten lassen, einstecken, [er]dulden, sich ergeben, erleiden, ertragen, fertigwerden mit, sich fügen, in Kauf nehmen, leiden, sich nicht wehren, respektieren, sich schicken in, stillhalten, über sich ergehen lassen, verkraften, verschmerzen, zulassen; *(bildungsspr.):* tolerieren; *(ugs.):* durchmachen, sich gefallen lassen, herunterschlucken.

hinreichend

angemessen, annehmbar, ausreichend, befriedigend, brauchbar, einigermaßen, erträglich, genug, genügend, hinlänglich, hinnehmbar, leidlich, mittelmäßig, passabel, sattsam, schlecht und recht, zufriedenstellend; *(ugs.):* manierlich; *(oft abwertend):* zur Genüge.

hinreißend

atemberaubend, begeisternd, bestechend, bezaubernd, entzückend, faszinierend, fesselnd, großartig, mitreißend, reizend, wundervoll, zauberhaft; *(geh.):* berückend, betörend; *(ugs.):* toll.

hinrichten

das Todesurteil vollstrecken, exekutieren, töten; *(bildungsspr.):* liquidieren.

hinschleppen, sich

auf sich warten lassen, sich hinausschieben, sich hinausziehen, sich hinauszögern, sich verschieben, sich verzögern.

hinsehen

zusehen; *(ugs.):* einen Blick riskieren, hingucken.

hinsetzen, sich

sich niederlassen, sich [nieder]setzen; *(schweiz.):* sitzen; *(geh.):* Platz nehmen; *(ugs.):* sich hinhocken; *(ugs. scherzh.):* sich auf seine vier Buchstaben setzen; *(südd.):* sich hocken.

Hinsicht

Betrachtungsweise, Blickpunkt, Blickrichtung, Blickwinkel, Gesichtspunkt, Moment, Sehweise, Seite, Sicht[weise], Standpunkt; *(geh.):* Warte; *(bildungsspr.):* Aspekt, Perspektive.

hinsichtlich

betreffend, im/in Hinblick auf, in Bezug auf, in Hinsicht auf, in puncto, über, was ... anbelangt/angeht/anlangt/betrifft, wegen.

hinstellen

1. ablegen, absetzen, abstellen, deponieren, hinsetzen, legen, niedersetzen, [nieder]stellen.
2. abstempeln, ausgeben, behaupten, beschreiben, bezeichnen, brandmarken, charakterisieren, darstellen, definieren, etikettieren, kennzeichnen, nennen, stempeln, titulieren; *(geh.):* heißen, schimpfen; *(bildungsspr., Soziol.):* stigmatisieren.

hinstellen, sich

1. sich aufbauen, sich aufstellen, Aufstellung nehmen, sich ordnen, sich platzieren, sich postieren, sich stellen; *(ugs.):* sich aufpflanzen.
2. sich aufschwingen, sich aufwerfen, sich ausgeben, sich beschreiben, sich bezeichnen, sich charakterisieren, sich darstellen, sich definieren, sich deklarieren, sich einstufen, sich erklären, sich etikettieren, sich kennzeichnen, sich nennen, sich titulieren; *(bildungsspr.):* sich apostrophieren.

hinstrecken

entgegenhalten, entgegenstrecken, hinhalten, [hin]reichen.

hinstrecken, sich

sich ausstrecken, sich hinlegen, sich strecken; *(geh.):* sich niederstrecken; *(ugs.):* alle viere von sich strecken, sich langlegen, sich langmachen.

hinten

auf der Kehrseite/Rückseite, dahinten, dahinter, im zurückliegenden Abschnitt/Teil, rücklings, rückseitig, rückwärtig; *(ugs.):* hintendran.

hintenherum

geheim, heimlich, hinter den Kulissen, hinter jmds. Rücken, im Geheimen/Verborgenen, insgeheim, unter der Hand, verborgen, versteckt, verstohlen; *(bildungsspr.):* diskret, klandestin; *(ugs.):* klammheimlich, schwarz.

hinter

anschließend, danach, dann, darauf, folgend,

hierauf, hiernach, hinterher, im Anschluss [daran], in der Folge, nach[folgend], nachher, später; *(veraltend):* alsdann.

Hinterbliebene
Angehörige, Erben; *(schweiz.):* Hinterlassene.

hintereinander
1. dichtauf, einer hinter dem andern, im Gänsemarsch, nacheinander.
2. aufeinanderfolgend, fortlaufend, in einem fort, in rascher Aufeinanderfolge, nacheinander, ununterbrochen, zusammenhängend.

hinterfragen
anzweifeln, aufarbeiten, auf den Grund gehen, beleuchten, durchleuchten, ergründen, erörtern, infrage stellen, nachfragen, prüfen.

hintergehen
betrügen, hinters Licht führen, täuschen; *(österr.):* betakeln; *(ugs.):* anleimen, hereinlegen, leimen, linken, reinlegen, übers Ohr hauen, verladen, verschaukeln; *(salopp):* anschmieren, aufs Kreuz legen.

Hintergrund
1. Fond, Tiefe.
2. Fundament, Grundlage, Ursache, Voraussetzung, Zusammenhang; *(geh.):* Folie; *(bildungsspr.):* Background, Basis.
3. Background, Herkunft.

Hinterhalt
Falle, Netz, Schlinge.

hinterhältig
arglistig, heimtückisch, hinterlistig, tückisch; *(bildungsspr.):* intrigant; *(abwertend):* falsch, verschlagen; *(geh. abwertend):* meuchlings.

hinterlassen
1. übergeben, vererben, vermachen; *(schweiz.):* vergaben; *(veraltend):* übermachen.
2. zurücklassen; *(ugs.):* dalassen.
3. entstehen lassen, erwecken, hervorrufen, verursachen, zurücklassen.

hinterlegen
abgeben, ablegen, aufbewahren lassen, deponieren, in Verwahrung geben, zurücklegen.

Hintern
Gesäß, Steiß; *(ugs.):* Hinterer, Hinterpartie, Hinterseite, Hinterster, Hinterteil, Hinterviertel; *(salopp):* Hinterkastell, Kiste; *(fam.):* Po, Podex, Popo; *(scherzh.):* Kehrseite; *(ugs. scherzh.):* Gegenteil, Hintergestell, Sitzfläche.

hinterrücks
aus dem Hinterhalt, rücklings, von hinten; *(abwertend):* meuchlerisch.

hinterziehen
betrügen, verschwinden lassen; *(ugs.):* in die eigene Tasche stecken.

hinwegsetzen, sich
sich nicht kümmern, unbeachtet/unberücksichtigt lassen, verstoßen, zuwiderhandeln; *(schweiz.):* sich futieren; *(geh.):* spotten; *(ugs.):* sich wegsetzen.

Hinweis
1. Angabe, Bescheid, Empfehlung, Fingerzeig, Information, Wink, Zeichen; *(ugs.):* Info, Tipp.
2. Andeutung, Anhalt, Anhaltspunkt, Anspielung, Anzeichen, Hinweiszeichen; *(bildungsspr.):* Indiz, Innuendo; *(Fachspr.):* Indikator.

hinweisen
1. anzeigen, aufmerksam machen, aufweisen, aufzeigen, betonen, bewusst/deutlich machen, hervorheben, hindeuten, stoßen, verweisen, vor Augen führen/halten.
2. andeuten, anzeigen, [hin]deuten, schließen lassen, signalisieren, verweisen; *(meist geh.):* weisen; *(bildungsspr.):* indizieren.

BSP Das lässt auf einen Zusammenhang [zu …] schließen. Diese Haltung signalisiert Kompromissbereitschaft. Der Erfolg indiziert die Richtigkeit seines Vorgehens.

hinziehen, sich
a) andauern, anhalten, sich ausdehnen, dauern, sich erstrecken, fortdauern, sich hinausziehen, sich hinschleppen, sich in die Länge ziehen, kein Ende nehmen, sich ziehen. **b)** sich ausbreiten, sich ausdehnen, sich entlangziehen, sich erstrecken, gehen bis, reichen, verlaufen; *(geh.):* sich spannen.

hinzufügen
1. beifügen; *(geh.):* beigeben.
2. anfügen, beifügen, ergänzen; *(bes. EDV):* adden.

hinzuziehen
einschalten, heranziehen, holen, rufen, zurate ziehen; *(geh.):* bemühen; *(bildungsspr.):* konsultieren; *(ugs.):* einspannen, mit ins Boot holen/nehmen; *(südd., österr., schweiz.):* beiziehen.

Hirn
1. a) Gehirn. **b)** *(nordd.):* Bregen.
2. Begriffsvermögen, Denkfähigkeit, Denkvermögen, Gehirn, Geist, Intellekt, Verstand, Verstandeskraft; *(ugs.):* Grips, Grütze, Köpfchen; *(ugs. scherzh.):* die [kleinen] grauen Zellen.

Hirngespinst
Einbildung, Fantasie[bild], Fantasiegebilde, Fantasievorstellung, Fata Morgana, Halluzination, Illusion, Kartenhaus, Kopfgeburt, Luftschloss, Phantom, Täuschung, Trugbild, Utopie, Vision; *(geh.):* Gaukelbild, Wahn; *(bildungsspr.):* Fiktion, Imagination, Schimäre.

A B C D E F G H hir I J K L M N O P Q R S T U V W X Y Z

hissen
aufhissen, aufziehen, flaggen, heißen, hochziehen, in die Höhe/nach oben ziehen.

historisch
a) geschichtlich; *(Sprachwiss.):* diachron, diachronisch. **b)** belegt, dokumentiert, gesichert, überliefert, verbürgt; *(bildungsspr.):* authentisch. **c)** bedeutungsvoll, geschichtlich, in die Geschichte eingegangen; *(emotional):* geschichtsträchtig. **d)** alt, altertümlich, antik, aus alter Zeit stammend, früher, klassisch, vergangen; *(geh.):* altehrwürdig.

Hit
Bestseller, Erfolgsschlager, Glanzstück, großer Erfolg/Wurf, Juwel, Kleinod, Kostbarkeit, Perle, Publikumserfolg, Schlager, Sensation, [Super]star, Triumph, Verkaufsschlager, Volltreffer; *(ugs.):* Clou, Hammer, Kassenschlager; *(ugs. emotional verstärkend):* Superhit, Superrenner; *(Jargon):* Burner, Highlight, Renner.

Hitze
Glut[hitze], hohe Temperaturen, Wärme; *(ugs.):* Bruthitze, Bullenhitze, Irrsinnshitze; *(ugs. emotional verstärkend):* Affenhitze, Bombenhitze, Höllenhitze, Mordshitze, Wahnsinnshitze.

Hobby
[Feierabend]beschäftigung, Freizeitbeschäftigung, Leidenschaft, Liebhaberei, Passion, Sport, Steckenpferd, Zeitvertreib.

[1]**hoch**
1. aufragend; *(geh.):* emporragend; *(emotional):* haushoch, turmhoch.
2. beachtlich, drastisch, gewaltig.
3. glockenhell, glockenrein, hell, hoch klingend, silberhell; *(dichter.):* silbern.
4. ↑sehr.

Hochachtung
Bewunderung, große Achtung, großer Respekt, Hochschätzung; *(geh.):* Wertachtung, Wertschätzung; *(bildungsspr.):* Reverenz; *(veraltend):* Ästimation, Schätzung.

hochachtungsvoll
herzlich, herzlichst, mit den besten Grüßen/ Wünschen, mit freundlichem Gruß, mit freundlichen Grüßen.

hocharbeiten, sich
sich aufschwingen, sich heraufarbeiten, sich hinaufarbeiten; *(geh.):* sich emporarbeiten; *(ugs.):* sich hinaufschaffen; *(veraltend):* avancieren.

Hochdruck
Betriebsamkeit, Geschäftigkeit, Hektik, Leben, [reges] Treiben, Trubel, Wirbel; *(ugs.):* [Hoch]betrieb, Remmidemmi, Rummel.

Hochgefühl
Ekstase, Gefühlsüberschwang, Glück, [Glück]seligkeit, Hochstimmung, Rausch, Taumel, Überschwang; *(geh.):* Wonne[gefühl]; *(bildungsspr.):* Enthusiasmus, Euphorie.

hochgehen
1. heraufsteigen, hinaufgehen, hochsteigen, in die Höhe/nach oben steigen, sich nach oben bewegen; *(geh.):* emporgehen, emporsteigen, sich heben, sich hinaufbegeben; *(ugs.):* raufgehen.
2. detonieren, sich entladen, explodieren, losgehen, platzen, zerbersten, zerplatzen; *(geh.):* bersten; *(ugs.):* in die Luft fliegen/gehen.
3. aufbrausen, auffahren, außer sich geraten, die Beherrschung/Fassung verlieren, explodieren, hochfahren; *(geh.):* schäumen; *(bildungsspr.):* sich echauffieren, sich exaltieren; *(ugs.):* an die Decke gehen, aus der Haut fahren, ausflippen, ausrasten, in die Luft gehen.
4. aufgedeckt/entdeckt werden; *(ugs.):* auffliegen; *(Schülerspr.):* aufkippen.

hochgradig
sehr.

hochkommen
a) heraufkommen, heraufsteigen, hinaufkommen, hinaufsteigen, nach oben kommen/steigen; *(ugs.):* raufkommen. **b)** auf die Beine kommen, aufkommen, sich aufraffen, aufstehen, sich erheben, sich hochkämpfen, sich hochraffen; *(geh.):* sich heben; *(ugs.):* sich aufrappeln.

Hochmut
Anmaßung, Einbildung, Herablassung, Hochmütigkeit, Stolz, Überheblichkeit; *(geh.):* Vermessenheit; *(bildungsspr.):* Affektiertheit, Hybris; *(abwertend):* Arroganz, Blasiertheit, Dünkel, Eitelkeit; *(geh. abwertend):* Dünkelhaftigkeit, Hoffart, Hoffärtigkeit; *(bildungsspr. abwertend):* Süffisanz; *(veraltend):* Übermut.

hochmütig
herablassend, hochfahrend, stolz, überheblich; *(geh.):* vermessen; *(bildungsspr.):* affektiert, hybrid; *(ugs.):* angeberisch; *(abwertend):* anmaßend, arrogant, blasiert, eingebildet, eitel, großtuerisch, selbstgefällig, snobistisch, versnobt, von sich eingenommen; *(geh. abwertend):* dünkelhaft; *(veraltend):* übermütig.

GGS bescheiden, demütig, gehemmt, zurückhaltend.

hochnäsig ↑hochmütig.

Hochschule
Akademie, College, Forschungsanstalt, Universität; *(ugs.):* Uni.

hochspielen
aufbauschen, dramatisieren, eine Haupt- und Staatsaktion machen, übersteigern, übertreiben, überziehen, viel Aufhebens machen; *(bildungsspr.):* skandalisieren; *(ugs.):* aufblasen.

höchst ↑sehr.

Hochstapler, Hochstaplerin
Betrüger, Betrügerin, Prahler, Prahlerin; *(ugs.):* Angeber, Angeberin, Prahlhans, Protz; *(abwertend):* Gauner, Gaunerin, Großtuer, Großtuerin, Schaumschläger, Schaumschlägerin.

höchstens
a) allenfalls, äußerstenfalls, bestenfalls, günstigstenfalls, höchstenfalls, im äußersten/besten/günstigsten Fall, im Höchstfall, nicht mehr als, wenn es hoch kommt; *(bildungsspr.):* im Maximum, maximal; *(ugs.):* längstens. **b)** abgesehen von, ausgenommen, bis auf, es sei denn.

Höchstmaß
Gipfel, Höchststand, Höchstwert, Höhepunkt, Optimum, Rekord; *(bildungsspr.):* Maximum; *(ugs. emotional verstärkend):* Topniveau.

hochwertig
ausgesucht, ausgewählt, ausgezeichnet, erstklassig, erstrangig, exquisit, fein, gediegen, herausragend, hervorragend, kostbar, prächtig, qualitätvoll, sortiert, superb, vornehm, vortrefflich, vorzüglich, wertvoll; *(geh.):* auserlesen, edel, erlesen; *(bildungsspr.):* exzellent.

Hochzeit
Eheschließung, Heirat, Trauung, Verheiratung; *(geh.):* Vermählung.

hocken, sich
sich hinhocken, sich hinsetzen, sich [nieder]kauern, sich [nieder]setzen; *(geh.):* sich niederlassen.

Hocker
Dreifuß, Puff, Schemel; *(schweiz.):* Stabelle; *(ugs.):* Dreibein.

Hof
1. Anwesen, bäuerlicher/landwirtschaftlicher Betrieb, Bauerngut, Bauernhof, Farm, Gehöft, Gutshof, [Land]gut, [Land]wirtschaft; *(schweiz.):* Heimwesen, Hofstatt; *(ugs.):* Klitsche; *(veraltend):* Besitz.
2. a) Residenz, [Wohn]sitz; *(österr.):* Ansitz.
b) Gefolge, Hofstaat; *(bildungsspr.):* Entourage.

hoffen
a) sich ausmalen, sich ausrechnen, der Hoffnung sein, die Hoffnung haben, entgegensehen, erhoffen, erträumen, erwarten, sich in der Hoffnung wiegen, rechnen auf/mit, sich sehnen, seine Hoffnung setzen, träumen, sich versprechen, [sich] wünschen; *(geh.):* die Erwartung/Hoffnung hegen, ersehnen, [sich] gewärtigen, harren; *(ugs.):* spekulieren auf.

BSP Ich sehne mich nach meinem Bett. Die Teilnehmenden hegen hoch gespannte Erwartungen.

b) Hoffnung haben, optimistisch sein, voll[er] Zuversicht sein, zuversichtlich sein.

Hoffnung
1. Aussicht, Chance, Erwartung, Glaube, Lichtblick, Optimismus, Silberstreifen am Horizont, Traum, Vertrauen, Wunsch, Zutrauen, Zuversicht, Zuversichtlichkeit; *(geh.):* Hoffnungsfunken, Hoffnungsschimmer, Hoffnungsstrahl, Zukunftsglaube; *(bildungsspr.):* Perspektive.

BSP Das entspricht ganz meiner Erwartung. Musik gehört zu den wenigen Lichtblicken in seinem Leben.

2. Hoffnungsträger, Hoffnungsträgerin.

hoffnungslos
1. a) entmutigt, gebrochen, gedrückt, mutlos, niedergedrückt, niedergeschlagen, ohne Hoffnung, pessimistisch, schwarzseherisch, verzweifelt; *(geh.):* kleinmütig, verzagt; *(bildungsspr.):* resigniert; *(ugs.):* geknickt. **b)** aussichtslos, ausweglos, chancenlos, deprimierend, düster, entmutigend, ohne Chancen, ohne Erfolgsaussicht, rettungslos, trostlos, unheilbar, unmöglich, unrealisierbar, unrettbar, verfahren, verzweifelt; *(bildungsspr.):* desperat.
2. ↑sehr.

hoffnungsvoll
a) ermutigend, guten Mutes, lebensbejahend, mit Zuversicht, optimistisch, positiv, rosig, tröstlich, unverzagt, voller Hoffnung, voller Optimismus, zukunftsgläubig, zuversichtlich; *(geh.):* hoffnungsfroh. **b)** aussichtsreich, Erfolg versprechend, günstig, verheißungsvoll, vielversprechend, vorteilhaft, zukunftsträchtig.

höflich
anständig, aufmerksam, entgegenkommend, fein, formell, formgewandt, förmlich, formvollendet, freundlich, gentlemanlike, geschliffen, kavaliersmäßig, kultiviert, liebenswürdig, manierlich, taktvoll, umgänglich, verbindlich, vornehm, zivilisiert, zuvorkommend; *(geh.):* wohlerzogen; *(bildungsspr.):* diskret, konziliant; *(abwertend):* glatt; *(veraltend):* galant.

Höhe
1. Abmessung, Ausdehnung, [Aus]maß, Größe, Weite.

2. Anhöhe, [Boden]erhebung, Erhöhung, Höcker, Hügel; *(südd., österr., schweiz.):* Bühel.

Höhepunkt

a) Clou, Gipfel[punkt], Glanznummer, Glanzpunkt, Hauptattraktion, Höchstmaß, Krönung, Kulminationspunkt, Maximum, Optimum, Sensation, Siedepunkt, Spitze, Zenit, Zugnummer; *(geh.):* Hochzeit, Sternstunde, Vollendung; *(bildungsspr.):* Finale, Klimax; *(ugs.):* Knüller; *(ugs. emotional verstärkend):* Topniveau; *(Jargon):* Highlight; *(Literaturwiss.):* Katastase. **b)** Orgasmus.

hohl

1. ausgehöhlt, entleert, inhaltsleer, inhaltslos, leer, ohne Inhalt.

2. abgeschmackt, billig, gehaltlos, geistlos, ideenlos, leer, nichtssagend, ohne Gehalt/Inhalt/Substanz, substanzlos; *(bildungsspr.):* trivial; *(abwertend):* banal, flach, phrasenhaft, platt.

Hohn

Boshaftigkeit, Gespött, Häme, Ironie, Spott, Spöttelei, Spötterei, Verhöhnung, Verspottung, Zynismus; *(bildungsspr.):* Sarkasmus.

höhnisch

bissig, boshaft, hämisch, ironisch, spöttisch, zynisch; *(geh.):* hohnvoll; *(bildungsspr.):* kaustisch, maliziös, mokant, sarkastisch.

holen ↗

1. anschleppen, beibringen, beschaffen, besorgen, heranholen, heranschaffen, herausholen, herausnehmen, herbeibringen, herbeiholen, herbeischaffen, herbringen, herholen, herschaffen, nehmen, wegholen.

2. bekommen, erhalten, erlangen, erwerben, gewinnen; *(ugs.):* einheimsen, kriegen.

BSP Im Internet kann man Informationen erhalten. Das Kleid habe ich im Ausverkauf erworben.

3. anstellen, berufen, einsetzen, einstellen, engagieren, rekrutieren.

holen, sich

sich beschaffen, sich besorgen, bitten, sich geben lassen, sich verschaffen; *(geh.):* erbitten.

Hölle

a) Reich des Teufels; *(bildungsspr.):* Inferno; *(dichter.):* Ort der ewigen Pein. **b)** Martyrium, Qual, Tortur; *(geh.):* Marter, Pein; *(ugs. emotional verstärkend):* Höllenpein, Höllenqual.

höllisch

1. abscheulich, entsetzlich, furchtbar, grauenhaft, grauenvoll, grausam, grausig, quälend, schauerlich, schaurig, scheußlich, schrecklich, teuflisch; *(bildungsspr.):* infernalisch, satanisch; *(emotional):* fürchterlich, grässlich.

2. ↑ sehr.

Holocaust

a) Judenverfolgung, Shoah. **b)** Ausrottung, Massenmord, Massenvernichtung; *(geh.):* Auslöschung.

holpern

rattern; *(ugs.):* rumpeln; *(nordd.):* stuckern.

hölzern

eckig, steif, unbeholfen, ungelenkig, ungeschickt, ungewandt; *(abwertend):* linkisch.

homogen

einheitlich, gleich, gleichartig, gleich beschaffen, gleichmäßig, konform, übereinstimmend; *(geh.):* in Einklang stehend.

GGS gemischt, heterogen, verschiedenartig, vielschichtig.

homosexuell

gleichgeschlechtlich, lesbisch, zum eigenen Geschlecht neigend; *(bildungsspr.):* homoerotisch, homophil, sapphisch; *(Jargon):* gay, homo; *(bildungsspr., Fachspr.):* unisexuell.

Homosexuelle

Lesbierin; *(bildungsspr.):* Homoerotikerin, Homophile.

Homosexueller

(bildungsspr.): Homoerot, Homoerotiker, Homophiler; *(Jargon):* Schwester.

Honorar

Bezahlung, Gage, Vergütung.

honorieren

1. bezahlen, ein Honorar zahlen, entlohnen, vergüten.

2. anerkennen, Anerkennung zollen, belohnen, danken, würdigen.

horchen

1. hören, lauschen, mit anhören, mithören; *(ugs.):* die Ohren spitzen/aufsperren.

2. sich anhören, hören, lauschen, zuhören.

Horde

Haufen, Heer, Menge, Schar, Schwarm; *(ugs.):* Korona, Rudel; *(abwertend):* Herde, Rotte.

hören ↗

1. anhören, hinhören, horchen, lauschen, zuhören.

2. annehmen, beachten, Beachtung schenken, befolgen, beherzigen, berücksichtigen, folgen, gehorchen, sich richten nach, sich zu Herzen nehmen; *(geh.):* willfahren.

3. erfahren, Kenntnis bekommen/erhalten, zu Ohren kommen; *(geh.):* vernehmen; *(ugs.):* aufschnappen, läuten hören, mitbekommen, Wind bekommen/kriegen.

hörig
abhängig, ausgeliefert, gebunden, gefügig, verfallen; *(veraltend):* untertan.

Horizont
1. Sichtgrenze.
2. Auffassungsgabe, Auffassungsvermögen, Bildungsgrad, Bildungsniveau, Bildungsstand, Blickfeld, Gesichtskreis, Kenntnis, Niveau, Wissen.

horrend
1. überhöht, übermäßig hoch, überteuert, übertrieben, überzogen, unbezahlbar, unerschwinglich; *(bildungsspr.):* exorbitant; *(ugs.):* astronomisch, gepfeffert, happig, saftig.
2. entsetzenerregend, entsetzlich, furchtbar, grauenerregend, grauenhaft, grauenvoll, haarsträubend, katastrophal, schlimm, schrecklich; *(geh.):* schaudererregend; *(salopp):* zum Kotzen; *(emotional):* fürchterlich, grässlich, scheußlich.

Horror
a) Abneigung, Abscheu, Grauen, Widerwille; *(geh.):* Schauder; *(bildungsspr.):* Aversion.
b) Gräuel, Schrecken.

horten
anhäufen, ansammeln, aufhäufen, aufspeichern, hamstern, sammeln, zusammentragen; *(schweiz.):* äufnen; *(bildungsspr.):* agglomerieren; *(ugs.):* bunkern; *(bildungsspr., Fachspr.):* aggregieren, [ak]kumulieren.

Hospital
Heilstätte, Klinik, Krankenhaus, Lazarett; *(schweiz.):* Krankenheim.

hübsch
a) allerliebst, ansprechend, apart, attraktiv, bezaubernd, entzückend, gefällig, gut aussehend, nett, reizend, reizvoll, zauberhaft; *(geh.):* zauberisch; *(ugs.):* goldig, zum Anbeißen, zum Fressen; *(emotional verstärkend):* bildschön, wunderhübsch. **b)** angenehm, ansprechend, ästhetisch, elegant, fein, geschmackvoll, mit Geschmack, stilvoll.

Hügel
Anhöhe, [Boden]erhebung, Erhöhung, Höcker, Höhe, kleiner Berg; *(ugs.):* Buckel; *(südd., österr., schweiz.):* Bühel.

hügelig
bergig, gebirgig, wellig; *(ugs.):* buckelig.

huldigen
ehren, feiern, rühmen, seine Verehrung zu erkennen geben, würdigen; *(geh.):* preisen.

Hülle
a) Einhüllung, Schutzhülle, Überzug, Umhüllung; *(veraltend):* Schoner. **b)** Etui, Futteral, Hülse, Umschlag, Verpackung.

hüllen
bedecken, einhüllen, einwickeln, mit einer Umhüllung versehen, umhüllen, vermummen, verpacken, wickeln, zudecken; *(ugs.):* [ein]packen; *(fam.):* einmummeln, vermummeln.

human
a) menschenwürdig, menschlich. **b)** entgegenkommend, gütig, menschenfreundlich, menschlich, milde, nachsichtig, nicht hart, nicht streng, ohne Härte, tolerant, wohlwollend; *(bildungsspr.):* philanthropisch.

humanitär
karitativ, sozial; *(geh.):* mildtätig; *(veraltend):* wohltätig.

Humanität
Menschenfreundlichkeit, Menschenliebe, Menschlichkeit; *(bildungsspr.):* humane Gesinnung, Humanitas, Philanthropie.

Humor
Ausgelassenheit, Freude, Freudigkeit, Fröhlichkeit, Heiterkeit, Vergnügtheit; *(geh.):* Frohmut.

humoristisch
amüsant, belustigend, burlesk, drollig, erheiternd, fröhlich, gesellig, heiter, humorvoll, komisch, kurzweilig, lustig, närrisch, possenhaft, scherzhaft, spaßig, spritzig, unterhaltend, unterhaltsam, vergnüglich, vergnügt, witzig, zum Lachen; *(ugs.):* ulkig; *(emotional):* köstlich.

humorlos
[bitter]ernst, engherzig, mürrisch, schlecht gelaunt, unlustig; *(ugs.):* brummig, miesepetrig, ohne Humor, schlecht drauf, verbissen; *(abwertend):* kleinlich, pedantisch.

humpeln
das/ein Bein nachziehen, hinken, lahmen.

Hund
a) Vierbeiner; *(abwertend):* Köter. **b)** Rüde.

hundertprozentig
absolut, ganz und gar, grenzenlos, ohne Vorbehalt, uneingeschränkt, unter allen Umständen, völlig, vollkommen, vollständig; *(ugs.):* hundertpro, partout.

Hüne, Hünin
Goliath, Riese, Riesin; *(geh.):* Gigant, Gigantin; *(bildungsspr.):* Titan; *(ugs. scherzh.):* Kleiderschrank, Koloss.

Hunger
1. Appetit, Bedürfnis, Esslust; *(geh.):* Gelüste, Verlangen; *(bes. südd., österr.):* Gusto.
2. Hungersnot, Nahrungsmittelmangel.

hungern
arm sein, Hunger haben, Hunger leiden, nichts

zu essen haben, Not leiden; *(geh.):* darben; *(ugs.):* am Hungertuch nagen; *(oft abwertend):* [dahin]vegetieren.

hungrig
1. ausgehungert, mit knurrendem Magen; *(geh.):* ungesättigt.
2. begierig, erpicht, gierig, interessiert, versessen; *(geh.):* begehrlich, durstig, lüstern, wollüstig.

hüpfen
springen; *(ugs.):* hopsen, Hopser machen, jumpen.

Hürde
a) Barriere, Barrikade, Blockade, Hindernis, Schranke, Sperre. **b)** Beeinträchtigung, Behinderung, Erschwernis, Erschwerung, Hemmnis, Hemmschuh, Widerstand.

Hure
Callgirl, Dirne, Prostituierte; *(verhüll.):* Hostess, käufliches Mädchen, Liebesdienerin, Modell.

hurtig
alert, behände, eilig, flink, flugs, rasch, schnell, wieselflink, zügig; *(ugs.):* dalli, fix, flott.

husten
a) bellen, hüsteln, sich räuspern. **b)** abhusten, absondern, aushusten, von sich geben.

Hut
Kappe, Kopfbedeckung, Mütze; *(ugs.):* Bibi, Bombe.

hüten
achten, achtgeben, aufpassen, ein Auge haben auf, sich kümmern, Schutz gewähren, sehen, wachen; *(geh.):* achthaben; *(südd.):* Obacht geben; *(südd., österr.):* schauen.

hüten, sich
achtgeben, aufmerksam sein, aufpassen, sich in Acht nehmen, sich vorsehen, vorsichtig sein, Vorsicht üben, Vorsicht walten lassen, wachsam sein; *(geh.):* achtsam sein, auf der Hut sein.

Hütte
Baracke, Behelfsbau, Behelfsunterkunft, [Bretter]bude, Kate.

hygienisch
einwandfrei, frisch, gepflegt, keimfrei, ordentlich, reinlich, sauber, steril; *(ugs.):* manierlich, proper.

Hymne
Lobgesang, Preislied; *(geh.):* Hymnus.

hypnotisieren
1. in Hypnose/Trance versetzen.
2. fesseln, gefangen nehmen, in seinen Bann schlagen/ziehen, nicht mehr loslassen, willenlos machen; *(geh.):* bannen.

Hypothek
Belastung, Last; *(geh.):* Bürde, Joch.

hysterisch
aufbrausend, explosiv, [leicht] erregbar, reizbar, übernervös, überreizt, unbeherrscht; *(bildungsspr.):* exzentrisch; *(ugs.):* abgedreht, durchgeknallt, überdreht.

I

ideal
1. beispielhaft, beispiellos, Bilderbuch-, das Beste, einwandfrei, golden, grandios, mustergültig, optimal, perfekt, traumhaft, unerreicht, unübertroffen, vollendet, vollkommen, vorbildlich, wie im Bilderbuch; *(ugs.):* [ganz] fantastisch, goldrichtig; *(emotional):* Traum-.
2. ↑ideell.

Ideal
Idealbeispiel, Idealbild, Idealtyp, Idealtypus, Inbegriff, Leitbild, Musterbeispiel, Musterbild, Urbild, vollkommene Verkörperung; *(geh.):* Inbild; *(bildungsspr.):* Modell.

idealisieren
beschönigen, glorifizieren, hochstilisieren, schönen, schönfärben, überhöhen, verherrlichen, verklären; *(bildungsspr.):* romantisieren; *(ugs.):* in den Himmel heben.

Idealismus
a) Ergebenheit, Glaube, Gläubigkeit, Überzeugung. **b)** Anteilnahme, Aufopferung, Begeisterung, Eifer, Hingabe, [innere] Beteiligung, Leidenschaft, Passion; *(geh.):* Inbrunst; *(bildungsspr.):* Engagement, Enthusiasmus.

Idee
1. Anschauung, Auffassung, Begriff, Bild, Gedanke, Vorstellung.
2. Ideal, Leitbild, Vorstellung; *(bildungsspr.):* Modell.
3. Einfall, Erkenntnis, Erleuchtung, Gedanke, Impuls, Vorschlag; *(geh.):* Eingebung; *(ugs.):* Geistesblitz; *(ugs. scherzh.):* Gedankenblitz.

BSP Plötzlich hatte sie einen glänzenden Einfall. ... einen Gedanken fassen/aufgreifen/festhalten. Das Gespräch hat meinem Projekt neue Impulse gegeben.

ideell
abstrakt, angenommen, gedacht, gedanklich, geistig, ideal, vorgestellt; *(bildungsspr.):* fiktiv, imaginär, immateriell, metaphysisch.

identifizieren
erkennen, feststellen; *(ugs.):* wiederkennen.
identifizieren, sich
sich einfühlen, sich gleichsetzen, sich hineindenken, sich hineinversetzen, sich hinter etw. stellen, sich in jmds. Lage/Situation versetzen, nachempfinden, nachvollziehen [können], Parallelen ziehen.
identisch
sich deckend, deckungsgleich, entsprechend, gleich[artig], gleichbedeutend, konform, übereinstimmend, wesensgleich; *(bildungsspr.):* analog, kongruent, konvergent, konvergierend.

GGS andersartig, divergent, grundverschieden, konträr.

Ideologie
Anschauung, Ansicht, Auffassung, Denkart, Denkweise, Einstellung, Geisteshaltung, Gesinnung, Grundeinstellung, [Grund]haltung, Lebensanschauung, Sinnesart, Überzeugung, Vorstellung, Weltanschauung, Weltbild; *(bildungsspr.):* Mentalität; *(veraltend):* Denkungsart, Denkungsweise.
idiotisch
absurd, irrwitzig, unsinnig, wahnwitzig; *(geh.):* aberwitzig; *(ugs.):* blödsinnig, hirnrissig, wahnsinnig; *(salopp):* behämmert, bekloppt, beknackt, bescheuert, krank, verrückt.
Idol
Abgott, Abgöttin, Held, Heldin, Ideal, Leitbild, Leitfigur, Star, Vorbild; *(bildungsspr.):* Heros, Heroin; *(geh. abwertend):* Götze, Götzenbild; *(emotional):* Schwarm.
idyllisch
beschaulich, friedlich, lauschig, malerisch, paradiesisch, romantisch, verträumt; *(geh.):* friedvoll; *(bildungsspr.):* arkadisch, bukolisch, pittoresk; *(dichter.):* elysisch.
ignorieren
ausklammern, auslassen, ausnehmen, außer Acht/Betracht lassen, beiseitelassen, fortlassen, hinweggehen, hinwegsehen, keine/keinerlei Beachtung schenken, keine/keinerlei Notiz nehmen, keines Blickes würdigen, missachten, nicht beachten, nicht zur Kenntnis nehmen, sich schenken/sparen, übergehen, überhören, übersehen, überspringen, unbeachtet/unberücksichtigt lassen, zurückstellen; *(geh.):* hintanstellen, hinwegblicken; *(bildungsspr.):* negieren; *(dichter.):* lachen; *(ugs.):* die kalte Schulter zeigen, links liegen lassen, weglassen, wie Luft behandeln; *(nordd.):* außen vor lassen.

Ikone
Galionsfigur, Idol, Kultfigur, Legende, Leitbild, Leitfigur, Star, Symbolfigur; *(bildungsspr.):* Mythos.
illegal
gesetzwidrig, rechtswidrig, unerlaubt, ungesetzlich, unrechtmäßig, untersagt, unzulässig, verboten, widerrechtlich; *(geh.):* unstatthaft; *(bildungsspr.):* illegitim; *(ugs.):* schwarz.
Illusion
Fantasievorstellung, Selbsttäuschung, Traum, Utopie, Vision, Vorstellung, Wunschdenken, Wunschtraum, Wunschvorstellung, Zukunftstraum; *(abwertend):* Hirngespinst.
illusorisch
a) falsch, irrig, trügerisch, unrealistisch, utopisch, verfehlt, verkehrt; *(bildungsspr.):* illusionär, illusionistisch, irreal. **b)** aussichtslos, chancenlos, ohne [jede] Chance.
illustrieren
1. bebildern.
2. anschaulich machen, ausführen, ausgestalten, ausmalen, ausschmücken, darlegen, darstellen, demonstrieren, deutlich machen, konkretisieren, veranschaulichen, verdeutlichen, vor Augen führen; *(geh.):* aufzeigen, verbildlichen.
Image
Ansehen, Bild, Leumund, Ruf; *(bildungsspr.):* Nimbus, Prestige, Profil, Renommee, Reputation.

BSP Die Rektorin genießt ein großes/hohes Ansehen [bei der Schülerschaft]. Viele Rockstars schaffen es nicht, ihr Prestige zu wahren. Sie hat den Ruf, eine Expertin zu sein.

imaginär
angenommen, ausgedacht, eingebildet, erdacht, erdichtet, [frei] erfunden, gedacht, im Geist, in der Vorstellung, in Gedanken, nicht wirklich, theoretisch, virtuell, vorgestellt; *(bildungsspr.):* fiktiv, imaginiert, irreal, nicht real.
Imbiss
1. Snack, Stärkung, Zwischenmahlzeit; *(österr.):* Jause; *(ugs.):* Happen; *(bes. südd.):* Vesper.
2. Bistro, Snackbar; *(ugs.):* Frittenbude.
im Endeffekt
endlich, letztendlich, letzten Endes, schließlich, zuletzt.
imitieren
gleichtun, kopieren, nachahmen, nachbilden, zum Vorbild nehmen; *(bildungsspr.):* plagiieren; *(ugs.):* den/die ... machen, nachmachen; *(abwertend):* nachäffen.

A B C D E F G H I imi J K L M N O P Q R S T U V W X Y Z

immatrikulieren, sich
sich anmelden, sich einschreiben, sich eintragen lassen, sich registrieren lassen; *(österr.):* inskribieren.

immens
außerordentlich, beträchtlich, enorm, erheblich, gehörig, gewaltig, gigantisch, hoch, riesenhaft, überdurchschnittlich, ungeheuer; *(geh.):* unermesslich; *(bildungsspr.):* exorbitant; *(ugs.):* astronomisch; *(emotional):* unendlich, unsagbar; *(ugs. emotional):* kolossal; *(ugs. emotional verstärkend):* mordsmäßig, riesengroß.

immer
a) andauernd, anhaltend, beständig, durchgehend, gleichbleibend, immerfort, immerwährend, jederzeit, konstant, permanent, ständig, stets, zu allen Zeiten, zu aller/jeder Zeit; *(geh.):* immerdar; *(bildungsspr., Fachspr.):* kontinuierlich; *(ugs.):* ewig, immerzu, rund um die Uhr; *(emotional):* dauernd, unablässig. **b)** aber und abermals, immer wieder, jedes Mal, jeweils, Mal für Mal; *(geh.):* wieder und wieder; *(ugs.):* regelmäßig; *(iron.):* in/mit schöner Regelmäßigkeit.

immerhin
auf jeden Fall, jedenfalls, wenigstens, zum Allermindesten, zumindest, zum Mindesten.

Immigrant, Immigrantin
Einwanderer, Einwanderin, Migrant, Migrantin, Zuwanderer, Zuwanderin.

Immigration
Einwanderung, Zuwanderung, Zuzug.

immigrieren
einwandern, zuwandern, zuziehen.

Immobilien
Grundbesitz, Grundeigentum, Grundstücke, Grund und Boden, Grundvermögen, Land; *(geh.):* Anwesen, Besitzungen; *(österr.):* Realitäten.

immun
1. abwehrfähig, geimpft, geschützt, immunisiert, nicht anfällig, resistent, schutzgeimpft, unempfänglich, unempfindlich, widerstandsfähig; *(geh.):* gefeit.
2. [rechtlich] unantastbar, unter Immunität stehend, vor Strafverfolgung geschützt.

immunisieren
abwehrfähig machen, impfen, resistent machen, schützen, schutzimpfen, unempfänglich/unempfindlich machen; *(geh.):* feien.

Immunität
1. Resistenz, Schutz, Unempfänglichkeit, Unempfindlichkeit, Widerstandsfähigkeit.
2. Schutz [vor Strafverfolgung], Unantastbarkeit.

Imperfekt
(Sprachwiss.): erste/unvollendete Vergangenheit, Präteritum.

implizit
indirekt, mit eingeschlossen, mit gemeint, mit inbegriffen, nicht ausdrücklich; *(geh.):* einbegriffen; *(bildungsspr., Fachspr.):* nicht explizit.

imponieren
Achtung/Anerkennung/Bewunderung hervorrufen, Beachtung finden, beeindrucken, bestechen, Eindruck machen/schinden, faszinieren, wirken auf, Wirkung haben auf.

imposant
ansehnlich, außergewöhnlich, beachtlich, bedeutend, bewundernswert, effektvoll, eindrucksvoll, enorm, gigantisch, glanzvoll, großartig, imponierend, kolossal, mächtig, markant, sagenhaft, stattlich, überwältigend; *(geh.):* hehr, staunenswert; *(bildungsspr.):* formidabel, respektabel; *(ugs.):* stark, stolz.

impotent
fortpflanzungsunfähig, zeugungsunfähig.

improvisieren
1. aus dem Boden stampfen, aus dem Stegreif tun, sich etwas einfallen lassen, Fantasie zeigen, unvorbereitet herstellen/machen; *(ugs.):* aus dem Hut machen, sich irgendwie behelfen.
2. aus dem Stegreif aufführen/vortragen, frei spielen/sprechen.

impulsiv
begeistert, dynamisch, energisch, fanatisch, feurig, flammend, glutvoll, heißblütig, lebendig, lebhaft, leidenschaftlich, ohne nachzudenken, passioniert, schwungvoll, spontan, stürmisch, tatkräftig, temperamentvoll, überschwänglich, unüberlegt, vital, wild; *(bildungsspr.):* elanvoll, enthusiasmiert, enthusiastisch, euphorisch, frenetisch.

GGS abwägend, besonnen, durchdacht, mit Umsicht.

imstande
befähigt, fähig, in der Lage, kompetent, kundig, sachkundig, sachverständig; *(bildungsspr.):* qualifiziert, routiniert; *(ugs.):* patent.

imstande sein
beherrschen, die Fähigkeit haben, die Möglichkeit haben, können; *(geh.):* vermögen; *(ugs.):* bringen.

[1]in
1. innen, innerhalb; *(schweiz.):* an; *(ugs.):* drin.
2. binnen, im Laufe von, im Verlauf von, in der Zeit von, während; *(schweiz.):* innert.

[2]in
beliebt, en vogue, gängig, gang und gäbe, gefragt, in Mode, modern, modisch, verbreitet; *(geh.):* begehrt; *(ugs.):* angesagt, trendy; *(Jargon):* hip.

Inbegriff
Idealbeispiel, Idealbild, Idealtyp, Idealtypus, Musterbeispiel, Musterbild, Urbild, vollkommene Verkörperung; *(geh.):* Inbild; *(bildungsspr.):* Inkarnation, Modell, Prototyp.

inbegriffen
einbezogen, eingeschlossen, einschließlich, inklusive, mit [enthalten], mitgerechnet, mitgezählt, samt; *(geh.):* einbegriffen; *(bildungsspr.):* immanent, implizite; *(veraltend):* nebst.

Inbrunst
Begeisterung, Feuer, Leidenschaftlichkeit; *(bildungsspr.):* Enthusiasmus.

inbrünstig
aus tiefster Seele, glühend, hingebungsvoll, leidenschaftlich, sehnlich.

indirekt
1. andeutungsweise, durch die Blume, nebelhaft, unbestimmt, undeutlich, ungenau, unklar, unscharf, vage, verblümt, verschleiert, verschwommen; *(bildungsspr.):* nebulös.
2. auf Umwegen, hintenherum, mittelbar.

indiskret
aufdringlich, lästig, neugierig, plumpvertraulich, taktlos; *(bildungsspr.):* indezent; *(abwertend):* penetrant.

indiskutabel
ausgeschlossen, ein Ding der Unmöglichkeit, [überhaupt] nicht infrage kommend, unmöglich; *(bildungsspr. abwertend):* undiskutabel.

Individualität
Art, Besonderheit, Charakter, Eigenart, Ich, Natur, Persönlichkeit, Temperament, Wesen, Wesensart; *(geh.):* Selbst, Wesenheit; *(bildungsspr.):* Eigenpersönlichkeit, Naturell, Personalität, Profil.

individuell
a) eigens, entsprechend, exklusiv, extra, gesondert, separat, speziell, spezifisch. **b)** eigen, persönlich, privat; *(bildungsspr.):* subjektiv.

Indiz
1. Beweisstück, Indizienbeweis.
2. Anhalt, Anhaltspunkt, Anzeichen, Hinweis, [Hinweis]zeichen; *(bildungsspr.):* Symptom; *(Fachspr.):* Indikator.

infantil
a) kindhaft, kindlich. **b)** kindsköpfig, närrisch, neckisch, unreif; *(abwertend):* albern, lächerlich, läppisch, töricht; *(bildungsspr. abwertend):* spätpubertär; *(oft abwertend):* grün.

Infektion
1. Ansteckung, Übertragung.
2. Entzündung.

infizieren
anstecken, übertragen, weitergeben.

infizieren, sich
sich anstecken, befallen werden, bekommen, davontragen, erkranken, sich zuziehen; *(ugs.):* sich einfangen, sich einhandeln, sich holen.

Information
1. Aufklärung, Benachrichtigung, Informationsprogramm, Informierung, Unterrichtung; *(bes. schweiz.):* Orientierung.
2. Angabe, Antwort, Auskunft, Bescheid, Hinweis, Mitteilung, Nachricht, Neuigkeit; *(geh.):* Botschaft; *(ugs.):* Info.

BSP Die Zeugen machten zuverlässige/falsche/sachdienliche/genaue Angaben. Wir erhalten/geben/erbitten eine genaue/nähere/detaillierte Auskunft.

3. Auskunft, Auskunftsstelle, Informationsstand; *(ugs.):* Infopunkt, Infostand, Touristinfo.

informativ
aufklärend, aufschlussreich, belehrend, bildend, erhellend, interessant, lehrreich, wichtig, wissenswert.

informieren
aufklären, Auskunft geben/erteilen, bekannt geben/machen, belehren, benachrichtigen, Bescheid geben/sagen, eine Mitteilung machen, einweihen, eröffnen, melden, mitteilen, sagen, unterrichten, verlautbaren [lassen], verlauten, wissen lassen; *(schweiz.):* avisieren; *(bes. schweiz.):* orientieren; *(geh.):* au fait setzen, kundgeben, kundtun, offenbaren, verkünden, verkündigen; *(bildungsspr.):* kommunizieren; *(nachdrücklich):* in Kenntnis setzen, ins Bild setzen; *(Jargon):* updaten.

informieren, sich
sich bekannt machen, eine Auskunft erbitten, sich einen Überblick verschaffen, sich erkundigen, Erkundigungen/Informationen einholen, sich Informationen verschaffen, sich ins Bild setzen, sich sachkundig machen, um Auskunft bitten; *(ugs.):* sich schlaumachen.

inhaftieren
ergreifen, fassen, festnehmen, gefangen nehmen, verhaften; *(ugs.):* einsperren; *(salopp):* einbuchten.

inhalieren
einatmen, einsaugen, einziehen; *(geh.):* atmen.

A B C D E F G H I inh J K L M N O P Q R S T U V W X Y Z

Inhalt
a) Gehalt, Handlung, Hergang, Stoff, Story; *(geh.):* Geschehen; *(Jargon):* Content; *(Literaturwiss.):* Fabel, Plot. **b)** Gehalt, Inneres, Kern, Sinn, Tenor; *(bildungsspr.):* Essenz, Substanz; *(Jargon):* Message.

Inhaltsangabe
Abstract, Zusammenfassung; *(bildungsspr.):* Konspekt, Resümee, Syllabus; *(Stilkunde):* Précis.

inhuman
barbarisch, gefühllos, herzlos, menschenfeindlich, menschenunwürdig, unmenschlich.

Initiative
1. a) Anregung, Anstoß, Antrieb, der erste Schritt, Impuls. **b)** Aktivität, Energie, Entschlossenheit, Entschlusskraft, Schwung, Tatkraft, Unternehmungsgeist.
2. Aktionsgruppe, Arbeitsgemeinschaft, Arbeitsgruppe, Arbeitskreis, Interessengemeinschaft.

Initiator, Initiatorin
Schöpferin, Anreger, Anregerin, Begründer, Begründerin, Gründer, Gründerin, Schöpfer, Urheber, Urheberin, Vater.

injizieren
eine Spritze geben, einimpfen, einspritzen, spritzen.

inklusive
einschließlich, mit/unter Einschluss, samt, [zusammen] mit; *(verstärkend):* mitsamt; *(veraltend):* nebst.

inkognito
ohne Angabe des Namens, ohne Namensnennung, unerkannt, unter anderem/falschem/fremdem Namen; *(bildungsspr.):* anonym.

inkompetent
a) außerstande, impotent, jmdm./einer Sache nicht gewachsen, nicht fähig, nicht imstande, nicht in der Lage, nicht kompetent, nicht sachverständig, unfähig; *(veraltend):* unvermögend.
b) nicht befugt/berechtigt/bevollmächtigt, nicht verantwortlich/zuständig, unbefugt, unzuständig; *(bildungsspr.):* nicht autorisiert.

inkonsequent
folgewidrig, nicht folgerichtig/konsequent/logisch, unlogisch, wechselhaft, widersprüchlich, widerspruchsvoll; *(bildungsspr.):* schizophren.

inkorrekt
a) falsch, fehlerhaft, nicht einwandfrei/richtig, ungenau, unrichtig, unzutreffend, verkehrt.
b) nicht angemessen/einwandfrei/korrekt, regelwidrig, unangemessen, ungehörig, unkorrekt, unpassend; *(geh.):* ungeziemend, unschicklich.

innehaben
1. ausüben, besitzen, einnehmen, versehen; *(geh.):* bekleiden.
2. besitzen, haben, in Besitz/in Händen haben, verfügen; *(geh.):* gebieten, sein Eigen nennen.

innehalten
anhalten, aufhören, aussetzen, eine Pause einlegen/machen, einstellen, pausieren, stehen bleiben, stocken, stoppen, unterbrechen, zögern; *(geh.):* einhalten, verhalten.

Innenstadt
City, Downtown, Stadtkern, Stadtmitte, Stadtzentrum, Zentrum; *(schweiz.):* Innerstadt.

Inneres
a) Gefühlsleben, Gefühlswelt, Innenleben, Innenwelt, Seele; *(geh.):* Seelenleben; *(meist geh.):* Herz; *(bildungsspr., Fachspr.):* Psyche. **b)** Kern, Tiefe, Wesen, Zentrum.

innerlich
1. an der/auf der Innenseite, im Inneren, innen, innere, inwendig.
2. besinnlich, gedankenvoll, nachdenklich, nach innen gewandt, nicht oberflächlich, tiefsinnig, verinnerlicht; *(geh.):* in sich gekehrt.

innig
1. herzlich, im Innersten empfunden, intensiv, tief gefühlt, von [ganzem] Herzen, warmherzig; *(geh.):* inniglich; *(geh. veraltet):* herzinnig[lich].
2. sehr eng, unauflöslich verbunden/verknüpft.

innovativ
a) neu[artig]. **b)** einfallsreich, fantasievoll, ideenreich, innovationsfreudig, originell, schöpferisch; *(bildungsspr.):* kreativ.

inoffiziell
1. nicht amtlich/bestätigt, unbestätigt, vertraulich; *(bildungsspr.):* inoffiziös.
2. intern, nicht feierlich/förmlich/öffentlich, nicht in offiziellem Rahmen.

in puncto
betreffend, hinsichtlich, im/in Hinblick auf, in Bezug auf, in Hinsicht auf, was … anbelangt/angeht/anlangt/betrifft.

Inschrift
Aufschrift, Beschriftung, Epigraf, Text.

Insel
Atoll, Schäre, Werder; *(dichter.):* Eiland.

Inserat
Annonce, Anzeige, Bekanntmachung, Mitteilung, Verkaufsangebot, Zeitungsanzeige.

inserieren
annoncieren, eine Annonce/eine Anzeige/ein Inserat aufgeben, eine Annonce/eine Anzeige/ein Inserat in die Zeitung setzen, werben.

insgesamt
alles in allem, alles zusammen, im Ganzen, pauschal, summa summarum, überhaupt, zusammen[genommen]; *(schweiz.):* gesamthaft, total; *(bildungsspr.):* in toto; *(veraltend):* im Gesamten.

insolvent
bankrott, ruiniert, zahlungsunfähig; *(ugs.):* fertig, pleite.

Inspektion
Begutachtung, Check-up, Kontrolle, Prüfung, Revision, Untersuchung.

Inspiration
Anwandlung, Einfall, Erleuchtung, Gedanke, Grille, Idee, Impuls, Intuition, [plötzliche] Erkenntnis; *(geh.):* Eingebung; *(ugs.):* Flause.

inspirieren
aktivieren, animieren, anregen, antreiben, motivieren, stimulieren; *(geh.):* beflügeln.

inspizieren
ansehen, begutachten, durchsehen, durchsuchen, mustern, überprüfen, untersuchen.

installieren
1. anbringen, einarbeiten, einbauen, einrichten, einsetzen, hineinbauen; *(EDV):* implementieren.
2. aufbauen, auf die Beine stellen, einrichten, eröffnen, errichten, etablieren, gründen, ins Leben rufen, organisieren, schaffen.

inständig
[ein]dringlich, innig, sehnlichst; *(geh.):* flehentlich, inbrünstig.

instand setzen
ausbessern, reparieren, revidieren, überholen, wiederherstellen; *(schweiz.):* instand stellen; *(bildungsspr.):* restaurieren; *(bes. südd., österr., schweiz.):* richten; *(ugs.):* flicken.

Instinkt
1. Antrieb, Drang, Impuls, innere Regung, Trieb[kraft].
2. Ahnung, Empfinden, Feeling, Gefühl, Inneres, innere Stimme, Intuition, Nase, Spürsinn; *(ugs.):* Spürnase.

Institut
Amt, Anstalt, Betrieb, Einrichtung, Heim, Institution, Kolleg, Organisation, Seminar; *(geh.):* Stätte.

instruieren
a) benachrichtigen, Bescheid geben/sagen, informieren, Nachricht geben, unterrichten, verständigen, wissen lassen; *(schweiz.):* avisieren; *(bes. schweiz.):* orientieren; *(nachdrücklich):* in Kenntnis setzen, ins Bild setzen. **b)** anleiten, einführen, einweisen, nahebringen, schulen, vermitteln, vertraut machen, vorbereiten, zeigen; *(geh.):* unterweisen.

Instrument
1. Anlage, Apparat, Apparatur, Automat, Einrichtung, Gerät[schaft], Maschine, Maschinerie, Vorrichtung.
2. Arbeitshilfe, Handwerkszeug, Hilfe, Hilfsmittel, Rüstzeug, Werkzeug.

inszenieren
1. abhalten, arrangieren, auf die Beine stellen, ausrichten, durchführen, einstudieren, ins Werk/in Szene setzen, organisieren, stattfinden lassen, unternehmen, veranstalten; *(bildungsspr.):* realisieren, zelebrieren; *(ugs.):* aufziehen, durchziehen, schmeißen, über die Bühne bringen.
2. anrichten, anstiften, arrangieren, bewirken, herbeiführen, hervorrufen, in die Wege leiten, in Gang bringen, veranlassen, verursachen; *(ugs.):* deichseln, einfädeln, ins Rollen bringen; *(abwertend):* anzetteln.

intakt
a) heil, unbeschädigt, unversehrt, wohlbehalten; *(ugs.):* ganz. **b)** funktionstüchtig, gebrauchsfähig, in Ordnung, instand; *(ugs.):* in Schuss.

integrieren
sammeln, verbinden, vereinen, vereinigen, verschmelzen, zusammenfassen, zusammenführen, zusammenschließen; *(bildungsspr.):* aggregieren.

Intellekt
Denkfähigkeit, Denkvermögen, Erkenntnisvermögen, Gedankenkraft, Geist, Geistesgaben, Geisteskraft, Geistesstärke, Intelligenz, Klugheit, Vernunft, Verstand; *(bildungsspr.):* Ratio; *(ugs.):* Grips, Grütze, Hirn, Köpfchen.

intellektuell
a) geistig, verstandesmäßig; *(bes. Fachspr.):* mental. **b)** belesen, gescheit, [hoch]gebildet, [hoch]gelehrt, klug, kultiviert; *(ugs.):* studiert.

Intellektueller, Intellektuelle
Akademiker, Akademikerin, Gebildeter, Gebildete, Gelehrter, Gelehrte, Wissenschaftler, Wissenschaftlerin; *(ugs.):* Studierter, Studierte; *(häufig abwertend):* Intelligenzler, Intelligenzlerin.

intelligent
aufgeweckt, begabt, clever, einfallsreich, fähig, findig, gebildet, geistreich, gelehrt, genial, gescheit, gewandt, gewitzt, hell, klug, scharfsinnig, schlau, sophisticated, talentiert, verständig; *(bildungsspr.):* ingeniös, kreativ; *(ugs.):* mit Köpfchen, nicht auf den Kopf gefallen, pfiffig; *(ugs. emotional verstärkend):* blitzgescheit.

Intelligenz
Auffassungsgabe, Begriffsvermögen, Clever-

ness, Denkfähigkeit, Denkvermögen, Erkenntnisvermögen, Geist, Gelehrtheit, gesunder Menschenverstand, Intellekt, Klugheit, Scharfsinn, Schläue, Vernunft, Verstand, Weisheit; *(bildungsspr.):* Esprit, Kreativität, Ratio, Sensus Communis; *(ugs.):* Grips, Hirn, Köpfchen; *(ugs. scherzh.):* die [kleinen] grauen Zellen.

Intensität
Ausmaß, Grad, Größe, Größenordnung, Heftigkeit, Maß, Reichweite, Stärke, Umfang, Wucht; *(bildungsspr.):* Vehemenz.

intensiv
angestrengt, ausführlich, bis ins Einzelne, eingehend, erschöpfend, [ganz] genau, gründlich, konzentriert, sorgfältig, umfassend; *(geh.):* sorgsam; *(bildungsspr.):* detailliert, minutiös, präzise.

Intention
Absicht, Bestreben, Gedanke, Plan, Vorhaben, Vorsatz, Wille, Ziel, Zielvorstellung, Zweck.

interessant ↗
1. abenteuerlich, abwechslungsreich, anregend, ansprechend, attraktiv, aufregend, bewegend, ereignisreich, erlebnisreich, erregend, faszinierend, fesselnd, mitreißend, packend, reizvoll, spannend, spannungsvoll, unterhaltsam; *(bildungsspr.):* beflügelnd, inspirierend.

BSP Der Roman ist spannend/fesselnd/bewegend [geschrieben].
GGS monoton, öde, reizlos, trist.

2. aufschlussreich, bedeutsam, informativ, lehrreich, wichtig, wissenswert; *(bildungsspr.):* relevant.
3. einträglich, Erfolg versprechend, erstrebenswert, lohnend, profitabel; *(geh.):* verlockend.

Interesse
1. Anteil[nahme], Aufmerksamkeit, Augenmerk, Beachtung, Beteiligung, Eifer, Interessiertheit, Konzentration, Neugier, Teilnahme, Wachsamkeit, Wissbegierde; *(geh.):* Achtsamkeit; *(bildungsspr.):* Engagement.
2. Bedarf, Bedürfnis, Kauflust, Nachfrage.
3. Absicht, Anliegen, Anstrengung, Belang, Bemühung, Bestrebung, Beweggrund, Bewegung, Intention, Plan, Vorsatz, Wille, Wunsch, Ziel, Zielvorstellung; *(bildungsspr.):* Aspiration.

interessieren
a) Aufmerksamkeit erregen/wecken, faszinieren, fesseln, in seinen Bann ziehen/schlagen, Interesse/Neugier erregen/wecken, reizen; *(schweiz.):* wundern.

BSP Sie war von der Sängerin fasziniert. Die Serie hat mich gefesselt.

b) bewegen, bringen, einnehmen, erwärmen, gewinnen, überreden, überzeugen, werben; *(ugs.):* breitschlagen; *(salopp):* einwickeln, herumkriegen.

BSP Ich kann mich für diesen Gedanken / diese Idee erwärmen. Wir konnten die anderen für unser Projekt gewinnen. Schließlich hat er uns doch noch herumgekriegt.

interessieren, sich
sich angesprochen fühlen, angetan sein, beachten, Beachtung schenken, sich begeistern, begeistert sein, ein Auge haben auf, eine Vorliebe haben, sich erwärmen, etwas übrighaben, Interesse haben, interessiert sein, lieben, mögen, schwärmen, sympathisieren; *(bildungsspr.):* sich enthusiasmieren; *(ugs.):* abfahren, sich scheren, stehen auf, toll finden.

interessiert
aufgeschlossen, aufgeweckt, aufmerksam, begierig, empfänglich, erpicht, erwartungsvoll, geneigt, gespannt, lernbegierig, neugierig, offen, wach, wissbegierig, zugänglich, zu haben.

Interjektion
Empfindungswort; *(Sprachwiss.):* Ausdruckswort, Ausrufewort.

intern
im engsten Kreis, in kleinem Kreis, nicht öffentlich, nicht offiziell, vertraulich; *(ugs.):* unter uns.

international
1. zwischenstaatlich.
2. erdumfassend, erdumspannend, global, weltumfassend, weltumspannend, weltweit; *(bildungsspr.):* mondial, universal.

Interpretation
Auffassung, Auslegung, Deutung, Erklärung, Erläuterung, Kommentar, Konkretisierung, Lesart, Sinndeutung, Textverständnis; *(geh.):* Verbildlichung; *(bildungsspr.):* Exemplifikation, Illustration; *(ugs.):* Klarlegung; *(bildungsspr., Fachspr.):* Exegese.

interpretieren
ansehen, auffassen, ausdeuten, auslegen, begreifen, betrachten, beurteilen, bewerten, deuten, einschätzen, empfinden, erklären, erläutern, verstehen, werten; *(geh.):* befinden, erachten; *(bildungsspr.):* exemplifizieren, explizieren; *(ugs.):* klarlegen, klarmachen.

BSP Ich begreife die Protagonistin als eine Frau voller Widersprüche. Das Geschehen ist so zu deuten, dass ... Ich werte diese Entwicklung als sehr kritisch.

Interpunktion
Zeichensetzung.

Interview
1. Dialog, Gespräch, Unterredung, Wortwechsel; *(geh.):* Zwiesprache; *(Jargon):* Talk.
2. demoskopische Untersuchung, Erhebung, Umfrage; *(Soziol.):* Befragung.

interviewen
1. ein Interview führen.
2. ausforschen, ausfragen, aushorchen, befragen, examinieren, fragen, Fragen stellen, investigieren; *(ugs.):* auf den Zahn fühlen, ausquetschen [wie eine Zitrone], bohren, löchern.

intim
1. eng, innig, nahe[stehend], persönlich, tief, vertraut.
2. erotisch, geschlechtlich, sexuell, zärtlich; *(geh.):* fleischlich.
3. geheim, nicht für fremde Ohren bestimmt, privat, tief [innerlich], verborgen.

intolerant
eigensinnig, starr, unduldsam, unerbittlich, unflexibel, unnachgiebig; *(abwertend):* halsstarrig.

Intoleranz
a) Eigensinn, Unduldsamkeit, Unerbittlichkeit, Unnachgiebigkeit; *(abwertend):* Borniertheit, Engstirnigkeit, Halsstarrigkeit, Verstocktheit; *(bildungsspr. abwertend):* Dogmatik. **b)** Unverträglichkeit.

Intrige
Gemeinheit, Heimtücke, Hinterhältigkeit, Hinterlist, Machenschaften, Niederträchtigkeit, Tücke; *(geh.):* Arglist, Machination, Niedertracht, Perfidie; *(bildungsspr.):* Intriganz.

intuitiv
gefühlsmäßig, instinktiv, unbewusst, unwillkürlich; *(ugs.):* aus dem Bauch.

Invasion
Einfall, Einmarsch, Offensive, Sturm[angriff], Überfall.

Inventar
a) Ausstattung, Bestand, Fundus, Hausrat, Mobiliar, Vermögenswerte, Vorhandenes, Wohneinrichtung; *(geh.):* Fonds, Schatz; *(bildungsspr.):* Ressource. **b)** Bestandsliste, Bestandsverzeichnis, Inventarverzeichnis.

Inventur
Bestandsaufnahme; *(Fachspr.):* Defektur.

investieren
a) einsetzen, [Kapital] anlegen, mobilisieren, verfügbar machen; *(ugs.):* hineinstecken, lockermachen, mobilmachen; *(abwertend):* pulvern.
b) aufbringen, aufwenden, verwenden; *(ugs.):* reinstecken.

inzwischen
bis dahin, gleichzeitig, hierbei, im Verlauf von, in der Zwischenzeit, mittlerweile, nebenbei, unterdessen, währenddessen, zwischendurch, zwischenher; *(geh.):* einstweilen.

irdisch
1. vergänglich, weltlich; *(geh.):* diesseitig; *(bildungsspr.):* profan.
2. *(bildungsspr., Fachspr.):* terrestrisch.

irgendjemand
ein Beliebiger, eine Beliebige, eine [beliebige] Person, gleichgültig wer, irgendeiner, irgendeine, jemand; *(ugs.):* egal wer, ein x-Beliebiger, eine x-Beliebige, [irgend]wer.

irgendwie
auf die eine oder andere Weise, auf irgendeine Art/Weise, gleichgültig wie, so oder so; *(bes. österr.):* wie [auch] immer; *(ugs.):* egal wie.

Ironie
Gespött, Hohn, Spott, Spöttelei, Spötterei, Verhöhnung, Verspottung, Zynismus; *(bildungsspr.):* Sarkasmus.

ironisch
beißend, bissig, höhnisch, mit feinem Spott, scharfzüngig, spitzzüngig, spöttisch, voller Ironie, zynisch; *(bildungsspr.):* mokant, sarkastisch.

irrational
a) affektiv, dem logischen Denken nicht zugänglich, emotional, emotionell, gefühlsbetont, gefühlvoll, mit dem Verstand nicht fassbar. **b)** unlogisch, vernunftwidrig.

irre
a) außergewöhnlich, besonders, bizarr, eigenwillig, einmalig, einzigartig, extravagant, grotesk, herausragend, markant, merkwürdig, originell, spektakulär; *(bildungsspr.):* exzeptionell, skurril, unkonventionell. **b)** ↑sehr.

irreführen
auf die falsche Fährte locken, aufs Glatteis führen, betrügen, hinters Licht führen, täuschen, trügen, zu einer falschen Annahme verleiten; *(geh.):* irreleiten; *(ugs.):* hereinlegen.

irremachen
beirren, desorientieren, durcheinanderbringen, irritieren, konfus machen, unsicher machen, verunsichern, verwirren.

irren
rastlos umherziehen, umherirren; *(ugs.):* herumirren.

irren, sich
1. auf dem Holzweg sein, im Irrtum sein, in die Irre gehen, sich täuschen, zu einer falschen Annahme kommen; *(geh.):* fehlgehen, sich im Irr-

tum befinden, irregehen; *(ugs.)*: schiefliegen, sich vertun.
2. a) durcheinanderbringen, sich täuschen, verwechseln. **b)** sich verkalkulieren, sich verrechnen; *(ugs.)*: sich vertun.

irrig
abwegig, auf einem Irrtum beruhend, falsch, irrtümlich, schief, unkorrekt, unrichtig, unwahr, unzutreffend, verfehlt, verkehrt; *(geh.)*: erratisch.

irritieren
1. ↑irremachen.
2. a) beeinträchtigen, [be]hindern, stören. **b)** ärgerlich machen, ärgern, verärgern, verstimmen.

irrsinnig
a) gewaltig, gigantisch, immens, ungeheuer, ungemein; *(ugs.)*: mächtig, unglaublich; *(emotional)*: unermesslich. **b)** ↑sehr.

Irrtum
Denkfehler, Fehler, Fehlgriff, Fehlurteil, Missgriff, Täuschung, Trugschluss, Verkennung; *(dichter.)*: Irrung.

irrtümlich
auf einem Irrtum beruhend, aus Versehen, fälschlich, fälschlicherweise, irrig, nicht gewollt, unabsichtlich, versehentlich.

Irrweg
Abweg, falsche Methode, falsches/verkehrtes Verfahren, Holzweg; *(geh.)*: Abirrung.

isolieren
1. abscheiden, abschneiden, absondern, ausschließen, in den Hintergrund drängen, trennen; *(geh.)*: sondern; *(veraltend)*: separieren.
2. abdichten.

isolieren, sich
sich abkapseln, sich einigeln, sich vergraben, sich verkriechen, sich [von der Außenwelt] abschließen; *(bes. österr.)*: sich einkasteln.

J

ja ↗
1. abgemacht, auf jeden Fall, bestimmt, einverstanden, gewiss [doch], [na] klar, natürlich, selbstverständlich, sicher; *(ugs.)*: gebongt, [geht] in Ordnung, okay; *(bes. südd.)*: freilich.
2. a) bekanntlich, doch, wie bekannt ist, wie man weiß. **b)** doch, tatsächlich, wirklich.
3. auf jeden Fall, ganz bestimmt, nur, um jeden Preis, unbedingt, unter allen Umständen; *(ugs.)*: bloß.
4. geradezu, man kann sogar sagen, mehr noch, sogar, um nicht zu sagen.
5. allerdings, in der Tat.

jagen
1. auf die Jagd gehen, die Jagd ausüben, Jagd machen, nachstellen; *(Jägerspr.)*: pirschen.
2. sich an jmds. Fersen hängen/heften, fahnden, hetzen, nachjagen, nachsetzen, suchen, verfolgen, zu fangen suchen; *(ugs.)*: hinterher sein.

jäh
1. abrupt, blitzartig, mit einem Mal, plötzlich, schlagartig, überraschend, überstürzt, unerwartet, unvermittelt, unversehens, unvorhergesehen, urplötzlich; *(geh.)*: jählings.
2. abschüssig, abstürzend, mit starkem Gefälle, schroff, stark abfallend, steil; *(schweiz.)*: gähstotzig; *(bes. schweiz.)*: ruppig.

jahrelang
lang[jährig], mehrjährig, seit Jahren, viele Jahre [anhaltend/dauernd].

Jahrgang
Alter, Altersgruppe, Altersklasse, Altersstufe, Geburtsjahrgang, Geschlecht, Schulklasse.

Jahrhundert
zehn Dekaden; *(bildungsspr.)*: Säkulum.

jährlich
alle Jahre wieder, alljährlich, in jedem Jahr, Jahr für Jahr, jedes Jahr, regelmäßig.

jähzornig
aufbrausend, cholerisch, explosiv, hitzig, hitzköpfig, hochfahrend, reizbar, unbeherrscht, ungezügelt.

Jammer
Elend, Kummer, Leid, Qual, Seelenschmerz, Unglück, Verzweiflung; *(geh.)*: Gram, Kümmernis, Pein, Trübsal; *(bildungsspr.)*: Misere.

jämmerlich
a) erbärmlich, ergreifend, herzergreifend, herzerweichend, herzzerreißend, kläglich, mitleiderregend, rührend; *(geh.)*: anrührend. **b)** anspruchslos, arm, ärmlich, armselig, bescheiden, dürftig, elend, jammervoll, karg, kärglich, kümmerlich, schlicht, spartanisch; *(abwertend)*: schäbig; *(oft abwertend)*: primitiv.

jammern
a) [be]klagen, sich die Haare raufen, trauern, weinen, wimmern; *(geh.)*: wehklagen; *(ugs.)*: Ach und Weh schreien; *(abwertend)*: plärren; *(oft abwertend)*: bejammern. **b)** genervt sein, schimpfen, stöhnen, unzufrieden sein; *(ugs.)*: bemäkeln, herumkritisieren, motzen.

japsen
ächzen, hecheln, keuchen, röcheln, schnauben, schnaufen; *(ugs.)*: [nach] Luft schnappen.

jedenfalls
auf jeden Fall, immerhin, in jedem Fall, wenigstens, zum Allermindesten, zumindest, zum Mindesten.

jeder, jede
alle [Leute], alle miteinander, allerseits, Alt und Jung, ein jeder, eine jede, Freund und Feind, Groß und Klein, jede[r] Einzelne, jedermann, Jung und Alt; *(ugs.):* alle Mann, allesamt, alle Welt, die ganze Gesellschaft; *(ugs. scherzh.):* Männlein und Weiblein; *(abwertend):* Krethi und Plethi; *(nachdrücklich):* sämtliche Leute.

jederzeit
aber gewiss, fraglos, immer, natürlich, ohnehin, zu jeder Zeit; *(ugs.):* allemal, [na] logisch; *(emotional):* zweifellos; *(bes. südd.):* freilich.

jemand
ein Beliebiger, eine, eine Beliebige, eine Person, einer, gleichgültig wer, irgendeiner, irgendeine, irgendjemand; *(ugs.):* [irgend]wer.

jetzt
1. augenblicklich, derzeit, gegenwärtig, gerade [eben], im Augenblick, im Moment, soeben, zur Stunde, zurzeit; *(ugs.):* grade [eben].
2. in der Zwischenzeit, inzwischen, mittlerweile; *(geh.):* nunmehr.
3. endlich, nun.

Job
Anstellung, Arbeit, Arbeitsplatz, Arbeitsstelle, Arbeitsverhältnis, Beruf, berufliche Tätigkeit, Beschäftigung, Engagement, Stelle, Stellung.

jonglieren
1. balancieren.
2. lavieren, taktieren.

Journal
1. Blatt, [Tages]zeitung; *(bildungsspr.):* Organ.
2. Heft, Illustrierte, Magazin, Zeitschrift.

Journalist, Journalistin
Berichterstatter, Berichterstatterin, Kommentator, Kommentatorin, Pressevertreter, Pressevertreterin, Redakteur, Redakteurin, Reporter, Reporterin.

Jubel
Beifall, Freudengeschrei, Freudenrufe, Gejubel, Triumph; *(bildungsspr.):* Applaus; *(ugs.):* Jauchzer; *(salopp):* Kreischalarm.

jubeln
sich freuen, jauchzen, triumphieren; *(geh.):* jubilieren; *(bildungsspr.):* applaudieren; *(ugs.):* juchzen; *(abwertend):* johlen.

Jubiläum
Gedenktag, Jahrestag; *(geh.):* Ehrentag; *(bildungsspr.):* Anniversar[ium].

jucken
1. kitzeln, kratzen, kribbeln; *(ugs.):* krabbeln.
2. kitzeln, locken, reizen; *(geh.):* verlocken.

Jude, Jüdin
Bar-Mizwa, Israelit, Israelitin, Sabre.

> **!** Gelegentlich wird die Bezeichnung *Jude, Jüdin* wegen der Erinnerung an den nationalsozialistischen Sprachgebrauch als diskriminierend empfunden. In diesen Fällen werden dann meist Formulierungen wie *jüdische Menschen, jüdische Mitbürgerinnen und Mitbürger* oder *Menschen jüdischen Glaubens* gewählt.

Jugend
1. Entwicklungsjahre, Jugendalter, Jugendzeit, Jungsein, Kindheit; *(dichter.):* Jugendblüte, Lenz des Lebens; *(Jargon):* Schutzalter.
2. die junge Generation, Jugendliche, junge Leute; *(Jargon):* Kids; *(veraltend):* Jungvolk.

jugendlich
1. adoleszent, halbwüchsig, heranwachsend, unmündig; *(bildungsspr.):* juvenil, puberal, pubertär.
2. a) blühend. **b)** *(ugs.):* knackig.

Jugendlicher, Jugendliche
a) Bursche, Halbwüchsiger, Halbwüchsige, junger Herr/Mann, junge Dame/Frau, Mädchen, Teenager; *(geh.):* Jüngling; *(ugs.):* [junger] Hüpfer, junger Kerl, Mädel; *(südd., österr.):* Madel; *(veraltend):* Backfisch. **b)** Heranwachsender, Heranwachsende.

jung
1. heranwachsend, jugendlich, kindlich, klein, unerfahren, unreif; *(emotional):* blutjung; *(oft abwertend):* grün [hinter den Ohren].
2. frisch, neu.

Junge
a) Bursche, Kerlchen, Kind, Kleiner; *(schweiz.):* Schnaufer; *(ugs.):* Bambino, Boy, Knirps; *(fam.):* Bengel, Wicht; *(ugs. scherzh.):* Dreikäsehoch; *(südd., österr., schweiz.):* Bub. **b)** Sohn; *(geh.):* Spross; *(scherzh.):* Stammhalter; *(oft scherzh.):* Junior; *(bildungsspr. scherzh.):* Filius.

Junggeselle, Junggesellin
Alleinstehender, Alleinstehende, Single; *(ugs. scherzh.):* Einspänner; *(abwertend):* [alte] Jungfer.

Junior, Juniorin
a) Sohn, Tochter; *(geh.):* Spross; *(scherzh.):* Stammhalter, Stammhalterin. **b)** Juniorchef, Juniorchefin.

Junkie
Drogenabhängiger, Drogenabhängige, Rausch-

giftsüchtiger, Rauschgiftsüchtige; *(ugs.):* Fixer, Fixerin; *(Jargon):* Schießer, Schießerin.

juristisch
de jure, formal[rechtlich], gesetzlich, gesetzmäßig, justiziell, nach dem Gesetz/Recht, rechtlich, rechtmäßig, rechtswissenschaftlich.

just
1. eben, gerade, in diesem Augenblick, in diesem Moment, jetzt, soeben; *(geh.):* zur Stunde.
2. ausgerechnet, genau, gerade.

Juwel
Glanzstück, Goldstück, Heiligtum, Kleinod, Kostbarkeit, Perle, Rarität, Schatz; *(ugs.):* Prachtexemplar.

Jux
Alberei, Neckerei, Schabernack, Schelmenstück, Scherz, Spaß, Streich, Ulk, Witz; *(ugs.):* Gaudi, Joke, Jokus; *(salopp):* Quatsch.

K

Kabine
1. *(Fachspr.):* Fahrgastraum.
2. a) Badekabine, Umkleidekabine. **b)** Telefonzelle; *(veraltend):* Sprechzelle.

Kabinett
1. a) Grafothek. **b)** Zimmer.
2. Ministerinnen und Minister, Regierung; *(ugs.):* Regierungsmannschaft.

Kadaver
Aas, Tierleiche.

Kader
1. Führungsmannschaft, Kerntruppe.
2. Funktionär, Funktionärin.

Kaff
Dorf, Ort[schaft].

Käfig
a) Gehege, [Hunde]zwinger. **b)** Bauer, Vogelbauer, Vogelkäfig, Voliere.

kahl
1. a) geschoren, glatzköpfig, haarlos, kahlköpfig, ohne Haare, ohne jeden Haarwuchs. **b)** entlaubt, ohne Blätter, ohne Laub, unbelaubt. **c)** abgeholzt, baumlos, versteppt.
2. kalt, nicht behaglich, nicht wohnlich, nüchtern, trostlos, ungemütlich.

Kaliber
1. Durchmesser, Grad, Größenordnung, Maß.
2. Art, Couleur, Format, Prägung, Schlag, Sorte, Typ; *(bildungsspr.):* Mentalität, Naturell.

Kalkulation
Kostenvoranschlag, Veranschlagung, Vorausberechnung; *(schweiz.):* Voranschlag.

kalkulieren
1. ausrechnen, bemessen, berechnen, Berechnungen anstellen, durchrechnen, einen Überschlag machen, ermitteln, errechnen, herausbekommen, rechnen, taxieren, überschlagen.
2. abschätzen, absehen, ausgehen von, sich denken, erkennen, kommen sehen, prophezeien, rechnen mit, vorausahnen, vorhersehen.

kalt
1. eisig [kalt], eiskalt, frisch, frostig, frostklirrend, gekühlt; *(ugs.):* hundekalt; *(salopp):* lausekalt; *(ugs. emotional verstärkend):* bitterkalt, mordskalt, saukalt; *(Fachspr.):* gefrostet.
2. a) klinisch, kühl, kurz angebunden, nüchtern, reserviert, sachlich, unnahbar, unzugänglich, verschlossen, zurückhaltend; *(bildungsspr.):* distanziert; *(bildungsspr. abwertend):* steril; *(ugs.):* zugeknöpft. **b)** abgestumpft, barsch, brüsk, eiskalt, frostig, gefühlskalt, gefühlsroh, hart, hartherzig, herzlos, mitleidlos, ohne Mitgefühl, ohne Mitleid, unbarmherzig; *(abwertend):* grob, kaltblütig, roh, skrupellos.

kaltblütig
a) bedacht, beherrscht, besonnen, diszipliniert, gefasst, gelassen, in aller Ruhe, nüchtern, ruhig, sachlich, überlegt, umsichtig, vernünftig, vorsichtig; *(geh.):* souverän. **b)** ↑kalt (2 b).

Kälte
1. Eiseskälte, Frost[wetter], [klirrende] Kälte, Minusgrade, Winterkälte, Winterwetter.
2. Taktlosigkeit, Unfreundlichkeit, Unhöflichkeit, Unverbindlichkeit.

kaltlassen
gleichgültig lassen, nicht beeindrucken, nichts ausmachen, ungerührt bleiben/sein.

kaltstellen
entmachten, stürzen; *(geh.):* entheben; *(ugs.):* absägen, abschießen, kippen, rauswerfen; *(salopp):* abservieren.

Kamerad, Kameradin
Begleiter, Begleiterin, Freund, Freundin, Genosse, Genossin, Geselle, Gesellin, Getreuer, Getreue, Kompagnon, Vertrauter, Vertraute; *(geh.):* Gefährte, Gefährtin; *(ugs.):* Kumpan, Kumpanin; *(ugs. scherzh.):* Sozius, Sozia.

kameradschaftlich
brüderlich, einig, einträchtig, freundschaftlich, harmonisch, kollegial, partnerschaftlich, schwesterlich; *(ugs.):* kumpelhaft.

kämmen
bürsten, durchkämmen, frisieren, glätten.

Kampagne
Aktion, Coup, Feldzug, Maßnahmen, Schritte; *(bildungsspr.):* Operation.

Kampf
1. Fehde, Feindseligkeit, Gefecht, Kampfhandlung, Krieg, Schlacht; *(veraltend):* Waffengang.
2. Auseinandersetzung, Handgemenge, Handgreiflichkeiten, Kollision, Konflikt, Streit, Zusammenstoß; *(bildungsspr.):* Kontroverse.
3. Aktivität, Anstrengung, Bemühung, Bestrebung, Eifer, Einsatz, Rastlosigkeit, Streben, Tatendrang; *(geh.):* Bemühen, Beschwernis; *(bildungsspr.):* Engagement.

kämpfen
1. [sich] bekriegen, sich einen Kampf liefern, Krieg führen; *(geh.):* befehden, befeinden, die Schwerter kreuzen; *(veraltend):* ins Feld ziehen.
2. aneinandergeraten, sich anlegen, sich balgen, [sich] prügeln, [sich] schlagen, Schläge versetzen, Streit haben, tätlich werden, [sich] verprügeln; *(bildungsspr.):* rivalisieren; *(ugs.):* sich hauen, sich kloppen, rangeln.
3. sich abmühen, sich anstrengen, sich bemühen, sich einsetzen, sich Mühe geben, nichts unversucht lassen, ringen, seine ganze Kraft aufbieten, unternehmen, sich widersetzen; *(geh.):* sich verwenden; *(ugs.):* sich dahinterklemmen, hinterher sein, strampeln.

Kämpfer, Kämpferin
1. Armeeangehöriger, Armeeangehörige, Gegner, Gegnerin, Ritter, Soldat, Soldatin; *(geh.):* Recke.
2. Eiferer, Eiferin, Fighter, Fighterin, [Mit]streiter, [Mit]streiterin, Streetfighter, Streetfighterin, Verfechter, Verfechterin, Vorkämpfer, Vorkämpferin; *(bildungsspr.):* Zelot, Zelotin.

kämpferisch
aggressiv, angriffslustig, engagiert, herausfordernd, kampfbereit, konfliktbereit, konfrontativ, militant, mutig, unverzagt, voll[er] Kampfgeist; *(bildungsspr.):* kombattant.

kampflos
1. friedlich, gewaltfrei, gewaltlos, mit politischen Mitteln, schiedlich; *(bildungsspr.):* irenisch.
2. einvernehmlich, gütlich, in gegenseitigem Einvernehmen/Einverständnis, konfliktfrei, konfliktlos, ohne Auseinandersetzung, ohne Gegenwehr, ohne Streit, ohne Widerstand, widerstandslos; *(bildungsspr.):* ohne Kontroverse.

kampieren
a) campen, ein [Zelt]lager aufschlagen, lagern, zelten; *(österr., schweiz.):* campieren. **b)** übernachten, untergebracht sein.

Kandidat, Kandidatin
1. Anwärter, Anwärterin, Aspirant, Aspirantin, Bewerber, Bewerberin, Interessent, Interessentin; *(bildungsspr.):* Prätendent, Prätendentin; *(veraltend):* Reflektant, Reflektantin.
2. Absolvent, Absolventin, Examenskandidat, Examenskandidatin, Prüfling; *(bildungsspr.):* Examinand, Examinandin.

kandidieren
sich aufstellen lassen, sich bemühen, sich bewerben, sich zur Verfügung stellen, sich zur Wahl stellen; *(bes. österr.):* aspirieren.

Kanon
Devise, Faustregel, Grundsatz, Leitfaden, Maßstab, Motto, Norm, Prinzip, Regel, Richtlinie, Richtschnur, Statut, Vorschrift.

Kanone
1. Fachmann, Fachfrau, Größe, Kapazität, Könner, Könnerin, Mann vom Fach, Frau vom Fach, Meister, Meisterin, Spezialist, Spezialistin; *(bildungsspr.):* Koryphäe; *(ugs.):* Ass.
2. Colt, Pistole, Revolver; *(ugs.):* Schießeisen; *(salopp):* Knarre, Wumme.

Kante
Ecke, Knick, Nahtstelle, Rand, Schnittlinie, Schnittpunkt, Winkel.

Kapazität
1. a) Ausmaß, Fassungsvermögen, Größenordnung, Intensität, Reichweite, Stärke, Umfang, Volumen. **b)** Auffassungsgabe, Aufnahmefähigkeit, Aufnahmevermögen.
2. Experte, Expertin, Fachgröße, Profi, Sachkundiger, Sachkundige; *(bildungsspr.):* Koryphäe.

Kapelle
Band, Ensemble, Gruppe, [kleines] Orchester, Musikgruppe, Partyband, Truppe.

kapieren
auffassen, begreifen, erfassen, erkennen, folgen können, mitbekommen, nachvollziehen, realisieren, verstehen; *(geh.):* fassen, innewerden; *(ugs.):* auf den [richtigen] Trichter kommen, blicken, intus kriegen, schalten; *(salopp):* checken, durchsteigen, packen, raffen, schnallen.

BSP Ich kann den Standpunkt des Autors gut nachvollziehen. Sie realisierten nicht, dass ihr Verhalten sehr ungerecht war.

Kapital
Barschaft, Ersparnisse, Finanzen, Geld, Geldbesitz, Gelder, Geldmittel, Guthaben, Mittel, Vermögen.

Kapitän, Kapitänin
1. Schiffsführer, Schiffsführerin.

2. *(Sport):* Mannschaftsführer, Mannschaftsführerin, Spielführer, Spielführerin.
3. Flugzeugführer, Flugzeugführerin, Pilot, Pilotin.

kapitulieren
1. sich [dem Feind] ergeben, den Kampf aufgeben, die Waffen niederlegen/strecken, keinen Widerstand [mehr] leisten, sich stellen.
2. aufgeben, sich beugen, einlenken, sich fügen, in die Knie gehen, nachgeben, resignieren; *(geh.):* die Segel streichen; *(ugs.):* das Handtuch werfen.

Kappe
Abdeckung, Verschluss.

kappen
1. abschneiden, durchschneiden, [durch]trennen, zerschneiden; *(salopp):* durchsäbeln.
2. abkappen, ausdünnen, auslichten, beschneiden, kürzen, lichten, stutzen, verschneiden; *(ugs.):* abschnippeln, abzwacken.

Kapsel
1. Behälter, Gehäuse, Hülse, Patrone.
2. Dragee, Pastille, Tablette; *(ugs.):* Pille.

kaputt
1. angeschlagen, beschädigt, brüchig, defekt, entzwei, fehlerhaft, lädiert, löchrig, nicht in Ordnung, schadhaft, zerbrochen, zerrissen; *(ugs.):* hin, ramponiert; *(salopp):* im Eimer.
2. gebrochen, gescheitert, gestorben, marode, verloren, vernichtet, zerrüttet; *(ugs.):* am Ende.
3. abgearbeitet, abgekämpft, ausgelaugt, entkräftet, erschöpft, matt, zerschlagen; *(ugs.):* alle, erledigt, erschlagen, [fix und] fertig, geschafft, groggy, hin, k. o., schlapp; *(salopp):* ausgepumpt, tot.

kaputtgehen
1. auseinanderbrechen, defekt werden, eingehen, entzweigehen, in die Brüche gehen, unbrauchbar/verdorben werden, zerplatzen, zerschellen, zerspringen, zerstört werden, zu Bruch gehen; *(geh.):* bersten; *(ugs. scherzh.):* den/seinen Geist aufgeben.

BSP Die Koalition brach auseinander. Seine Träume sind damit wohl zerplatzt.

2. ruiniert werden, zugrunde gehen; *(ugs.):* draufgehen.

kaputtmachen
an den Bettelstab bringen, ruinieren, zugrunde richten; *(ugs.):* den Rest geben, fertigmachen.

kaputt machen
beschädigen, demolieren, entzweischlagen, in Trümmer legen, lädieren, niederreißen, vernichten, verwüsten, zerfetzen, zerschmettern, zerstören, zunichtemachen; *(bildungsspr.):* destruieren; *(ugs.):* in Kleinholz verwandeln, kurz und klein schlagen, ramponieren; *(salopp):* auseinandernehmen, plattmachen.

karg
1. dünn, gering, jämmerlich, kläglich, knapp, mager, nicht reichlich/üppig, schmal, wenig; *(abwertend):* schäbig.
2. anspruchslos, bescheiden, einfach, nüchtern, puritanisch, schlicht, schmucklos, schnörkellos, sparsam, spartanisch, streng; *(bildungsspr.):* puristisch; *(oft abwertend):* simpel.
3. dürr, ertragsarm, trocken, unergiebig, unfruchtbar, wenig fruchtbar.

kariert
gekästelt, gewürfelt, mit Karos gemustert, schachbrettartig, würfelig.

karikieren
ins Lächerliche ziehen, ironisieren, lächerlich machen, verhöhnen, verspotten, verzerren, zur Karikatur machen; *(bildungsspr.):* persiflieren.

karitativ
mitmenschlich, sozial, von Nächstenliebe bestimmt; *(bildungsspr.):* human; *(geh.):* barmherzig, mildtätig; *(veraltend):* wohltätig.

Karneval
die närrische Zeit, Fastnacht, Fastnachtszeit, Karnevalszeit; *(ugs. scherzh.):* die fünfte Jahreszeit; *(südd., schweiz.):* Fasnacht.

Karriere
a) Aufstieg, Beförderung, Fortkommen, Vorwärtskommen; *(geh.):* Emporstieg. b) Entwicklung, Laufbahn, Werdegang.

Karte
1. Ansichtskarte, Postkarte.
2. Speisekarte.
3. a) Fahrausweis, Fahrkarte, Fahrschein, Ticket. b) Einlasskarte, Eintrittskarte, Ticket.
4. Blatt, Spielkarte.
5. Landkarte, Plan.

Karton
1. Pappdeckel, Pappe.
2. Box, Packung, [Papp]schachtel; *(schweiz.):* Drucke.

Kasse
1. Ladenkasse, Registrierkasse.
2. Finanzen, Geldbestand, Geldvorrat.
3. [Kassen]schalter, Zahlschalter.

Kassette
1. Behälter, Box, Kästchen, Kasten, Schachtel; *(bildungsspr.):* Schatulle.
2. Band, Magnetband, Tonband, Tonbandkassette; *(veraltend):* Tape.

kassieren
1. einfordern, einkassieren, einnehmen, eintreiben, einziehen, erheben; *(schweiz.):* beziehen; *(ugs.):* abkassieren; *(südd., österr.):* einheben.
2. bekommen, einstecken, erhalten, erleiden, hinnehmen müssen; *(ugs.):* sich einfangen, sich einhandeln, kriegen.
3. beschlagnahmen, einziehen, [sich] nehmen, vereinnahmen; *(schweiz.):* behändigen; *(ugs.):* einkassieren, einsacken; *(salopp):* abstauben.

Kasten
1. Behälter, Box, Kassette, Kästchen, Kiste, Schachtel, Transportbox; *(bildungsspr.):* Schatulle.
2. [Schub]fach, Schubkasten, Schublade.
3. Gebäude, Haus; *(ugs.):* Klotz.

Katalog
1. Aufstellung, Index, Kartei, Liste, Register, Tabelle, Übersicht, Verzeichnis, Zusammenstellung.
2. Anhäufung, Fülle, große [An]zahl, Masse, Menge, Reihe, Vielzahl; *(emotional verstärkend):* Unmenge, Unzahl.

katastrophal
desaströs, entsetzlich, fatal, grauenhaft, grausig, haarsträubend, schaurig, scheußlich, schlimm, schrecklich, tragisch, unerträglich, verheerend; *(emotional):* fürchterlich.

Katastrophe
Desaster, Niederlage, Ruin, Schlag, Tragödie, Unglück, Untergang; *(bildungsspr.):* Armageddon, Debakel, Inferno; *(salopp):* Pleite; *(ugs. emotional verstärkend):* Super-GAU.

Kategorie
Art, Gattung, Genre, Gruppe, Klasse, Schlag, Sorte, Spezies, Typ, Zweig; *(bildungsspr.):* Rubrik.

kategorisch
ausdrücklich, deutlich, entschieden, in aller Deutlichkeit, klar, nachdrücklich, unmissverständlich; *(bildungsspr.):* apodiktisch, dezidiert.

kategorisieren
aufgliedern, bestimmen, einordnen, einstufen, einteilen, klassifizieren, ordnen, sortieren, staffeln, strukturieren, untergliedern, unterteilen, zuordnen; *(geh.):* reihen; *(bildungsspr.):* systematisieren.

Kathedrale
Bischofskirche, Dom, Hauptkirche, Münster, Stiftskirche.

kauen
anknabbern, beißen, beknabbern, knabbern, [mit den Zähnen] mahlen/zermahlen, zerbeißen, zerkauen; *(geh.):* malmen; *(ugs.):* muffeln.

kauern, sich
sich bücken, den Kopf einziehen, sich ducken, sich hinkauern, in Deckung gehen, sich niederkauern, sich zusammenkauern.

Kauf
1. Abnahme, Ankauf, Anschaffung, Aufkauf, Besorgung, Bezug, Einkauf, Erstehung, Erwerb, Erwerbung.
2. Akquisition, Anschaffung; *(ugs. scherzh.):* Errungenschaft.
3. Bestechung; *(abwertend):* Korruption; *(salopp):* Vetternwirtschaft.

kaufen
1. akquirieren, ankaufen, anschaffen, aufkaufen, besorgen, sich eindecken, sich erlauben, erstehen, [käuflich] erwerben; *(ugs.):* sich leisten, mitnehmen, sich zulegen.
2. bestechen, erkaufen; *(ugs.):* spicken; *(salopp):* abschmieren; *(bildungsspr. abwertend):* korrumpieren.

Käufer, Käuferin
Abnehmer, Abnehmerin, Ankäufer, Ankäuferin, Bezieher, Bezieherin, Interessent, Interessentin, Konsument, Konsumentin, Kunde, Kundin, Kundschaft.

käuflich
1. erhältlich, lieferbar, verfügbar, verkäuflich, vorhanden, vorrätig, zu bekommen, zu kaufen; *(geh. abwertend):* feil.
2. bestechlich; *(abwertend):* korrupt.

kaum
1. fast gar nicht, in geringem Maße, knapp, mehr schlecht als recht, schlecht, wenig.
2. eben, gerade [erst], in dem Augenblick [als], soeben.

Kaution
Bürgschaft, Garantie, Pfand; *(österr.):* Versatzstück.

Kavalier
Ehrenmann, Gentleman, Held, Herr, Ritter ohne Furcht und Tadel; *(veraltend):* Ritter.

kegeln
1. *(Sport):* bowlen.
2. fallen, kippen, schlagen, stürzen; *(ugs.):* fliegen, plumpsen; *(salopp):* segeln; *(fam.):* purzeln.

Kehle
Gurgel, Hals, Luft- und Speiseröhre, Rachen[raum], Schlund.

Kehre
Biegung, Bogen, Haarnadelkurve, Kehrschleife, Krümmung, Kurve, Schleife, Serpentine, Spitzkehre, Wegbiegung, Wegkehre, Windung; *(schweiz.):* Rank; *(südd.):* Kehr.

[1]kehren
die andere Seite zeigen, drehen, umkrempeln, umstülpen, [um]wenden.

[2]kehren
reinigen, sauber machen, säubern; *(schweiz.):* wischen; *(bes. nordd.):* ausfegen, durchfegen; *(bes. südd.):* abkehren, auskehren.

Kehricht
Abfall, Müll, Schmutz; *(österr., schweiz.):* Mist; *(geh.):* Unrat.

Kehrseite
1. a) Abseite, Hinterseite, Rückfront, Rückseite. **b)** Gesäß, Kreuz, Rücken, Steiß; *(ugs.):* Hintern, Hinterteil; *(salopp):* Kiste; *(fam.):* Po, Popo.
2. dunkle Seite, Schattenseite; *(österr., schweiz.):* Schattseite; *(dichter.):* Nachtseite.

kehrtmachen
kehren, sich umdrehen, umkehren, sich umwenden, wenden; *(geh.):* den Rücken kehren/wenden; *(bildungsspr., Fachspr.):* invertieren.

keilen, sich
1. sich [durch]drängen, sich durchquetschen, sich durchzwängen, sich [hindurch]schieben, sich quetschen, sich zwängen; *(ugs.):* sich [durch]drängeln.
2. sich balgen, sich prügeln, [sich] raufen, sich schlagen; *(ugs.):* sich herumschlagen, sich kloppen, rangeln; *(salopp):* sich dreschen.

Keim
1. Ansatz, Auge, Knospe, Knospenansatz, Sämling, Schössling, Spross, Trieb.
2. Ansatzpunkt, Ausgangspunkt, Auslöser, Keimzelle, Quelle, Ursache, Wurzel.
3. [Krankheits]erreger, Krankheitskeim, Virus; *(ugs.):* Bazille.

keimen
1. aufgehen, aufkeimen, austreiben, treiben; *(geh.):* sprießen; *(veraltend):* hervorkeimen.
2. sich anbahnen, aufkeimen, sich bilden, entstehen, sich entwickeln; *(geh.):* aufglimmen, erwachen, sich regen.

keimfrei
entkeimt, steril.

keinesfalls
auf [gar] keinen Fall, in keiner Weise, keineswegs, nicht im Entferntesten/Geringsten, nicht um alles in der Welt, nie und nimmer, um keinen Preis, unter keinen Umständen, unter keiner Bedingung; *(ugs.):* gottbewahre.

keineswegs ↑keinesfalls.

Kellner, Kellnerin
Bedienung, Ober, Servicekraft.

kennen ↗
1. sich auskennen, Bescheid wissen, beschlagen sein, bewandert sein, Einblick haben, erfahren sein, im Bilde sein, informiert sein, Kenntnis haben, kundig sein, überblicken, umzugehen wissen, verstehen, vertraut sein, wissen.

BSP Unsere Mathelehrerin ist auch in Geschichte gut bewandert. Sie ist mit der Materie gut vertraut.

2. beherrschen, bewältigen, gelernt haben, im Griff haben, können, meistern, umgehen können mit, verstehen; *(geh.):* mächtig sein; *(ugs.):* draufhaben.
3. erkennen, identifizieren; *(ugs.):* wiederkennen.

kennenlernen
begegnen, bekannt gemacht werden, Bekanntschaft schließen, jmds. Bekanntschaft machen, vorgestellt werden.

Kenntnis
Einblick, Gelehrsamkeit, Überblick, Wissen.

Kennwort
1. Chiffre, Erkennungszeichen, Kennzeichen, Kennziffer; *(bildungsspr.):* Schibboleth.
2. Losungswort, Parole.

Kennzeichen
Besonderheit, Eigenschaft, Merkmal, Zeichen; *(bildungsspr.):* Attribut, Charakteristikum, Kriterium, Signum, Symptom.

kennzeichnen
1. bezeichnen, erkennbar/kenntlich machen, markieren, mit einem Kennzeichen versehen.
2. beschreiben, bezeichnen, charakterisieren, hinstellen.

BSP Das Zeitalter des Barocks ist durch einen großen Formenreichtum charakterisiert. Er stellt seinen Gegner als großen Dummkopf hin.

kennzeichnend
bezeichnend, charakteristisch, eigen, eigentümlich, spezifisch, typisch, wesenseigen; *(bildungsspr.):* signifikant, symptomatisch.

Kennzeichnung
1. a) Bezeichnung, Kenntlichmachung, Markierung. **b)** Beschreibung, Charakterisierung; *(bildungsspr., Fachspr.):* Typisierung.
2. Charakterisierung, Eigenschaft, Merkmal, Zeichen; *(bildungsspr.):* Kriterium.

kentern
sinken, umfallen, umkippen, umschlagen, untergehen; *(ugs.):* absacken; *(salopp):* absaufen.

Kerbe
1. Einkerbung, Einschnitt, Furche.
2. Gesäßspalte; *(ugs.):* Spalte; *(salopp):* Kimme.

Kerker
Gefängnis, Verlies; *(österr.):* Gefangenenhaus, Kotter; *(ugs.):* Knast, Loch.

Kerl
1. Bursche, Mann; *(ugs.):* Knochen; *(salopp):* Macker, Maxe; *(oft abwertend):* Geselle.
2. Mensch, Person, Typ.

Kern
1. Obstkern, Samenkern, Stein.
2. Angelpunkt, Brennpunkt, Hauptpunkt, Hauptsache, Herz, Kernpunkt, Mittelpunkt, Wesen, Zentrum; *(geh.):* Herzstück; *(bildungsspr.):* Substanz; *(ugs.):* Witz [bei der Sache].

Kernenergie
Atomenergie, Atomkraft, Kernkraft.

kernig
fest, kräftig, kraftvoll, markig, robust, stark, stramm, urwüchsig.

Kernkraft ↑Kernenergie.

Kernkraftwerk
AKW, Atomanlage, Atomkraftwerk, Atommeiler, Kernreaktor, KKW.

kess
frech, keck, lose, respektlos, vorlaut; *(salopp):* rotzig.

keusch
abstinent, asketisch, enthaltsam, zölibatär; *(geh.):* entsagend.

kicken
1. Fußball spielen; *(ugs.):* bolzen; *(ugs. scherzh.):* fußballern.
2. schießen, schmettern, stoßen; *(ugs.):* pfeffern.

kidnappen
entführen, Geiseln nehmen, Menschenraub begehen, verschleppen; *(ugs.):* wegschleppen.

kiffen
einen Joint rauchen, Haschisch/Marihuana rauchen, Rauschgift nehmen; *(ugs.):* sich antörnen, haschen.

Killer, Killerin
Mörder, Mörderin; *(abwertend):* Meuchelmörder, Meuchelmörderin.

Kind
1. Baby, Neugeborenes, Säugling; *(schweiz.):* Bébé; *(geh., oft scherzh.):* kleiner/neuer Erdenbürger, kleine/neue Erdenbürgerin; *(fam.):* Wurm; *(veraltend):* Wickelkind.
2. Nachkomme, Nachkommin, Sohn, Tochter; *(geh.):* Nachfahre, Nachfahrin, sein/ihr eigen[es] Fleisch und Blut, Spross; *(fam.):* Nachwuchs; *(ugs. scherzh.):* Sprössling.

kinderleicht
nicht schwierig, sehr einfach/leicht, simpel, völlig mühelos/problemlos.

Kinderspiel
Kleinigkeit, Lappalie, Spielerei; *(ugs.):* Kinkerlitzchen, Klacks.

Kindheit
Jugend, Kinderjahre, Kinderzeit, Kindesalter.

kindisch
kindsköpfig, unreif; *(ugs.):* dumm; *(abwertend):* albern, infantil, lächerlich, läppisch, töricht.

GGS abgeklärt, umsichtig, vernünftig, weise.

kindlich
kindhaft; *(Fachspr.):* infantil.

Kinkerlitzchen
Bagatellen, Belanglosigkeiten, Kleinigkeiten, Lappalien, Nebensächlichkeiten; *(geh.):* Nichtigkeiten; *(ugs.):* Pillepalle; *(abwertend):* Lächerlichkeiten.

Kiosk
Bude, Stand, Trinkhalle; *(österr.):* [Tabak]trafik.

kippen
1. in Schräglage geraten, sich neigen, umkippen.
2. austrinken; *(ugs.):* hinunterkippen, hinunterschütten, wegkippen, wegtrinken.

Kirche
1. Dom, Kapelle, Kathedrale, Moschee, Münster, Synagoge, Tempel.
2. Gottesdienst, Messe.
3. Glaubensgemeinschaft, Konfession.

kirre machen
aufregen, aufwühlen, beunruhigen, enervieren, entnerven, in Aufregung/Unruhe versetzen, nervös machen, verwirren, zu schaffen machen.

Kiste
Behälter, Kasten.

Kitsch
a) Geschmacklosigkeit; *(abwertend):* Schund.
b) Nippes, Nippsachen, Talmi; *(ugs.):* Klimbim, Krimskrams, Plunder; *(abwertend):* Flitter, Hokuspokus; *(veraltend):* Tand.

kitschig
a) abgeschmackt, billig, geschmacklos, stillos, stilwidrig; *(Jargon):* trashig. **b)** *(abwertend):* schmalzig; *(Jargon):* trashig.

kitten
a) aneinanderfügen, dichten, kleben, verbinden, zusammenfügen. **b)** instand setzen, reparieren; *(ugs.):* in Ordnung bringen.

Kitzel
1. Juckreiz, Reizempfindung.
2. Reiz, Verlockung; *(bildungsspr.):* Enthusiasmus, Euphorie; *(salopp):* Kick.

kitzeln
1. jucken, kratzen, prickeln; *(ugs.):* krabbeln.
2. jucken, reizen; *(geh.):* gelüsten, verlocken.

A B C D E F G H I J K kit L M N O P Q R S T U V W X Y Z

kitzlig
1. empfindlich.
2. haarig, heikel, knifflig, verwickelt; *(bildungsspr.):* delikat; *(ugs.):* brenzlig.

klaffen
gähnen, offen sein, offen stehen; *(ugs.):* auf sein, aufstehen.

kläffen
1. bellen; *(ugs.):* ankläffen, belfern.
2. [be]schimpfen; *(ugs.):* wettern; *(abwertend):* keifen, plärren.

Klage
Gewimmer, Jammer, Wehgeschrei; *(geh.):* Jeremiade, Wehklage; *(bildungsspr.):* Lamentation; *(ugs.):* Ach und Weh; *(abwertend):* Gewinsel, Gezeter; *(südd., österr.):* Geraunze.

klagen
1. a) beklagen, sich die Haare raufen, jammern, schluchzen, trauern, weinen, wimmern; *(geh.):* wehklagen; *(ugs.):* Ach und Weh schreien; *(abwertend):* plärren; *(oft abwertend):* bejammern. **b)** jammern, schimpfen, stöhnen, unzufrieden sein; *(ugs.):* bemäkeln, herumkritisieren, herummeckern, motzen; *(salopp):* herummotzen.
2. gerichtlich vorgehen.

kläglich
1. aufwühlend, ergreifend, erschütternd, herzergreifend, herzerweichend, herzzerreißend, mitleiderregend, rührend.
2. a) ärmlich, bescheiden, dürftig, erbärmlich, jämmerlich, mangelhaft, minderwertig; *(abwertend):* armselig, kümmerlich, lausig, schäbig; *(salopp):* beschissen; *(emotional):* miserabel. **b)** beschämend, blamabel, peinlich, peinsam; *(schweiz.):* bemühend; *(ugs.):* genierlich.

klaglos
beherrscht, diszipliniert, ohne zu klagen; *(bildungsspr.):* stoisch.

Klamauk
Aufregung, Krach, Lärm, Spannung, Trubel, Unruhe, Wirbel.

klamm
dumpf, feucht, feuchtkalt, feuchtkühl.

Klammer
Klemme, Schelle, Spange.

klammern
1. krallen.
2. heften, verbinden, zusammenfügen, zusammenheften.

klammern, sich
sich anhängen, sich anklammern, sich ankrallen, sich festhalten, sich festkrallen, sich krallen, umklammern.

Klamotten
Bekleidung, Kleider, Kleidung, Kleidungsstücke; *(ugs.):* Anziehsachen; *(fam.):* Sachen.

Klang
Hall, Laut, Ton; *(geh.):* Schall.

Klänge
Melodie, Musik, Töne, Tonfolge.

Klappe
1. Deckel, Verschluss.
2. Mund; *(ugs.):* Mundwerk; *(salopp):* Schnauze.

klappen
Erfolg haben, funktionieren, gelingen, glattgehen, glücken, glücklich vonstattengehen, gut ablaufen, gut [aus]gehen, sich machen lassen; *(ugs.):* klargehen, rundlaufen; *(salopp):* hinhauen.

BSP Dein Vortrag wird gelingen. Die Abschlussprüfung ist glücklich vonstattengegangen.

klappern
klimpern, klirren, rasseln; *(ugs.):* rappeln, scheppern.

klapprig
abgenutzt, alt, instabil.

klar
1. durchsichtig, gläsern, glasklar, kristallklar, transparent, ungetrübt.
2. gut zu hören, wohlklingend; *(geh.):* deutlich vernehmbar.
3. einsichtig, mit scharfem Verstand, nüchtern, sachlich, vernünftig.
4. eindeutig, einleuchtend, genau, greifbar, logisch, nachvollziehbar, schlüssig, übersichtlich, unzweideutig, verständlich, verstehbar.

klären
1. bereinigen, beseitigen, klarstellen, korrigieren, regeln, richtigstellen, Unklarheiten beseitigen; *(bes. schweiz.):* abklären; *(geh.):* begleichen; *(ugs.):* ausbügeln, einrenken, geradebiegen, in Ordnung bringen, zurechtrücken.
2. aufbereiten, filtern, reinigen, säubern; *(geh.):* läutern.

klären, sich
an den Tag kommen, sich bestätigen, deutlich werden, sich enthüllen, sich ergeben, erkennbar werden, sich erweisen, sich finden, sich herausstellen, klar werden, sich zeigen, zutage kommen/treten.

klargehen ↑klappen.

Klarheit
1. Deutlichkeit, Konkretheit, Schärfe; *(bildungsspr.):* Plastizität, Prägnanz.

2. Deutlichkeit, Direktheit, Eindeutigkeit, Unmissverständlichkeit, Unzweideutigkeit; *(bildungsspr.):* Präzision.
3. Aufhellung, Aufklärung, Aufschluss, Auskunft, Bescheid, Einblick, Gewissheit, Klärung.

klarkommen
auskommen, fertigwerden, in den Griff bekommen, zurechtkommen; *(ugs.):* auf die Reihe bringen/kriegen, zurande kommen.

klarlegen
auseinandersetzen, begreiflich/deutlich machen, erklären, erläutern, verdeutlichen, verständlich machen; *(bildungsspr.):* explizieren.

klarmachen
ausführen, darlegen, deutlich machen, erklären, erläutern, herauskristallisieren, veranschaulichen, verdeutlichen, verständlich machen, vor Augen führen/halten; *(bildungsspr.):* exemplifizieren, explizieren; *(ugs.):* rüberbringen.

klarmachen, sich
sich bewusst machen, erfassen, erkennen, realisieren, registrieren, sich vor Augen führen; *(geh.):* gewahr werden; *(ugs.):* auf den Trichter kommen, dämmern, ein Licht aufgehen.

BSP Der Protagonist hat die Bedeutung des Geschehens noch nicht erfasst. Man muss sich mal vor Augen führen, dass … Er wurde zu spät gewahr, dass man ihn betrogen hatte.

klarsehen
begreifen, durchschauen, erfassen, erkennen, sich klar werden, realisieren, registrieren, verstehen; *(geh.):* fassen, gewahr werden; *(ugs.):* kapieren; *(salopp):* checken, raffen, schnallen.

klarstellen
bereinigen, berichtigen, in Ordnung bringen, ins [rechte] Lot/ins Reine bringen, klären, richtigstellen; *(ugs.):* geradebiegen, zurechtrücken.

Klärung
Aufdeckung, Aufhellung, Aufklärung, Auflösung, Aufschluss, Ermittlung, Klarheit, Lösung; *(schweiz.):* Abklärung.

klasse
ausgezeichnet, bestens, brillant, erstklassig, fabelhaft, genial, hervorragend, sehr gut, unübertrefflich; *(ugs.):* einsame Spitze, fantastisch, großartig, mega, prima, stark, super, tadellos, toll, traumhaft; *(salopp):* cool; *(emotional):* wunderbar; *(ugs. emotional verstärkend):* wahnsinnig; *(Jugendspr.):* fett; *(bes. Jugendspr.):* [echt] krass.

Klasse
1. a) Jahresklasse, Jahrgang, Schulklasse. **b)** Klassenraum, Klassenzimmer, Schulzimmer; *(südd., österr.):* Klasszimmer.
2. Bevölkerungsgruppe, Gesellschaftsklasse, Gesellschaftsschicht, Gruppe, Kaste, [soziale] Schicht, Stand.
3. Geschlecht, Gruppe, Schlag, Sorte, Typ, Zweig.
4. Bedeutung, Beschaffenheit, Format, Geltung, Güte[klasse], Können, Niveau, Qualität.

klassifizieren
aufgliedern, aufschlüsseln, aufteilen, eingliedern, eingruppieren, einordnen, einteilen, gliedern, ordnen, untergliedern, unterteilen; *(bildungsspr.):* kategorisieren, rubrizieren; *(bildungsspr., Fachspr.):* segmentieren.

klassisch
1. alt, altertümlich, antik, griechisch-römisch.
2. ausgewogen, ebenmäßig, gleichmäßig, harmonisch, proportioniert, schön [geformt/gestaltet], symmetrisch, wohlgeformt, zeitlos.
3. althergebracht, herkömmlich, landläufig, oldschool, traditionell, überliefert, üblich; *(bildungsspr.):* tradiert.

Klatsch
Gerede, Rederei; *(abwertend):* Zuträgerei; *(Jargon):* Gossip.

klatschen
abfällig reden, sich aufhalten, schlechtmachen, schlecht reden über; *(ugs.):* herziehen, ratschen; *(abwertend):* gehässig reden, lästern.

Klaue
a) Kralle. **b)** Hand; *(ugs.):* Patsche; *(salopp):* Pfote, Pranke, Pratze.

klauen
abnehmen, an sich nehmen, einen Diebstahl begehen, [fort]nehmen, stehlen, wegnehmen; *(ugs.):* mitgehen lassen; *(salopp):* fingern; *(fam.):* mopsen, stibitzen.

Klause
a) Einsiedelei, Einsiedlerklause, Zelle. **b)** Klosterzelle, Mönchszelle.

Klausel
Bedingung, Bestimmung, Einschränkung, Vertragsbestimmung, Vertragsklausel, Vorbehalt.

Klausur
1. Abgeschlossenheit, Einsamkeit, Isolation, Weltabgekehrtheit, Weltabgeschiedenheit, Weltabgewandtheit, Zurückgezogenheit; *(geh.):* Abgeschiedenheit.
2. [Klassen]arbeit, Klausurarbeit, Prüfungsarbeit, Test; *(österr.):* Schularbeit.

kleben
1. anhaften, festkleben, festsitzen, halten; *(ugs.):* pappen.
2. aneinanderfügen, kitten, leimen, verbinden, zusammenfügen, zusammenkleben; *(ugs.):* pappen, zusammenkleistern.

klebrig
kleisterig, schmierig, verklebt; *(österr.):* patzig; *(ugs.):* pappig.

kleckern
verschütten; *(ugs.):* verkleckern.

Klecks
[Farb]fleck, Flecken, Schmutzfleck[en], Spritzer, Tintenfleck; *(ugs.):* Dreckfleck[en], Kleckser.

Kleid
1. *(schweiz.):* Rock; *(ugs.):* Kleidchen; *(scherzh.):* Robe.
2. a) Federn, Gefieder; *(geh.):* Federkleid. **b)** Behaarung, Fell, Haar[decke], Pelz; *(geh.):* Haarkleid.

kleiden
1. a) anziehen, bekleiden. **b)** passen, schmeicheln, sitzen, stehen.
2. ausdrücken, Ausdruck verleihen, fassen, formulieren, gestalten; *(geh.):* einkleiden.

Kleidung
Bekleidung, Garderobe, Outfit; *(ugs.):* Anziehsachen; *(salopp):* Klamotten; *(fam.):* Sachen; *(abwertend):* Aufzug; *(veraltend):* Zeug.

klein ≠
1. kleinformatig, mikroskopisch, minimal, nanoskalig, von geringer Größe, winzig; *(ugs.):* fipsig, klitzeklein, knirpsig; *(fam.):* kleinwinzig.
2. halbwüchsig, heranwachsend, jugendlich, jung, jünger; *(emotional):* blutjung.
3. geringfügig, kaum spürbar, kurz, minimal, nicht nennenswert, von geringem Ausmaß, winzig.

kleinbürgerlich ↑kleinkariert.

Kleingeld
Cent, Hartgeld, Münzen, Pfennige, Wechselgeld; *(schweiz.):* Herausgeld, Retourgeld; *(ugs. scherzh.):* Groschen.

Kleinigkeit
Bagatelle, Belanglosigkeit, Lappalie, Unwichtigkeit, Wenigkeit; *(geh.):* Nichtigkeit; *(bildungsspr.):* Petitesse; *(ugs.):* Kinkerlitzchen, Klacks, kleine Fische, Pillepalle, Winzigkeit; *(abwertend):* Lächerlichkeit; *(Jargon):* Peanuts.

kleinkariert
beschränkt, engherzig, kurzsichtig; *(geh.):* kleindenkend; *(bildungsspr.):* philiströs; *(abwertend):* borniert, engstirnig, kleinbürgerlich, kleingeistig, kleinlich, krähwinklig, spießbürgerlich, spießerhaft.

Kleinkram ↑Kleinigkeit.

kleinkriegen
1. aufbrauchen, durchbringen, verbrauchen, verprassen, verschleißen; *(geh.):* aufzehren; *(ugs.):* verpulvern; *(salopp):* verbraten.
2. die Widerstandskraft nehmen, entmutigen, erschöpfen, gefügig/mürbe/mutlos machen, niederschmettern; *(geh.):* in die Knie zwingen, niederdrücken; *(ugs.):* erledigen, fertigmachen, niedermachen, unterkriegen.

kleinlaut
beschämt, schuldbewusst, wie ein geprügelter Hund; *(geh.):* gesenkten Hauptes; *(salopp):* wie ein begossener Pudel.

kleinlich
beschränkt, engherzig; *(geh.):* penibel; *(ugs.):* pingelig; *(abwertend):* borniert, bürokratisch, engstirnig, pedantisch.

kleinmütig
ängstlich, entmutigt, kleinherzig, mutlos, pessimistisch, schwarzseherisch; *(geh.):* verzagt; *(bildungsspr. abwertend):* defätistisch; *(veraltend):* decouragiert.

Klemme
Ausweglosigkeit, Krise, Not[lage], Schwierigkeiten, Zwangslage; *(geh.):* Bedrängnis; *(bildungsspr.):* Misere; *(ugs.):* Bredouille, Patsche, Schlamassel, Zwickmühle.

klemmen
1. befestigen, festklemmen, festmachen; *(ugs.):* anmachen; *(salopp):* anknallen, hinmachen.
2. [ein]keilen, einklemmen, [ein]zwängen.
3. blockieren, festhängen, stecken bleiben.

klettern
a) aufsteigen, bouldern, hinaufklettern, hochsteigen, steigen; *(schweiz.):* krasmen; *(geh.):* emporklettern, erklimmen; *(ugs.):* hochkraxeln.
b) bergsteigen.

klicken
(EDV): anklicken, draufklicken, durch/mit/per [Maus]klick anwählen.

Klient, Klientin
Auftraggeber, Auftraggeberin, Kunde, Kundin.

Klima
1. Wetter, Witterung.
2. Atmosphäre, Stimmung; *(ugs.):* Stimmungsbarometer.

klimpern
1. klappern, klirren, rasseln; *(ugs.):* scheppern.
2. Musik machen, musizieren, spielen.

Klingel
(ugs.): Bimmel.

klingen
1. erdröhnen, erklingen, ertönen, hallen, schallen, schmettern, tönen; *(geh.):* erschallen.
2. sich äußern, den Anschein erwecken, den Eindruck hervorrufen/machen, herauszuhören/wahrnehmbar sein.

Klinik
Heilstätte, Hospital, Krankenhaus, Lazarett; *(schweiz.):* Krankenheim.

klinisch
kalt, kühl, nüchtern, sachlich; *(bildungsspr. abwertend):* steril.

Klippe
1. Felsklippe, Riff.
2. Barriere, Gefahr, Hemmnis, Hindernis, Hürde, Problem, Schwierigkeit, Widerstand.

klirren ↑klimpern (1).

Klischee
1. Imitation, Kopie, Nachahmung, Nachbildung; *(abwertend):* Abklatsch.
2. a) eingefahrene Vorstellung; *(geh.):* überkommene Vorstellung; *(Soziol.):* Rollenverhalten.
b) abgegriffene Redensart/Redewendung; *(abwertend):* Gemeinplatz.

Klo ↑Toilette (1).

klopfen
1. a) hämmern, schlagen, trommeln; *(meist geh.):* pochen; *(ugs.):* ballern, bumsen. **b)** anklopfen; *(meist geh.):* [an die Tür] pochen. **c)** abklopfen, ausklopfen.
2. pulsieren, schlagen; *(meist geh.):* pochen.

Klops
1. Fleischklops, Fleischkloß; *(österr.):* Fleischlaberl.
2. Kapitalfehler; *(ugs.):* dicker Hund.

Klotz
1. a) Block, Holzblock, Holzkloben, Holzklotz, Kloben. **b)** Bauklotz, Bauklötzchen.
2. Raubein; *(ugs.):* Kloben; *(abwertend):* Flegel, Rüpel.

klotzig
klobig, plump, unbeholfen, wuchtig.

Klub
Bund, Gesellschaft, Interessengemeinschaft, Liga, Organisation, Ring, Union, Verband, Verein, Zusammenschluss.

[1]Kluft
Tracht, Uniform; *(veraltend):* Montur.

[2]Kluft
1. Felsspalte, Riss, Spalt; *(bes. österr., schweiz.):* Schrund; *(geh.):* Schlund.
2. Gefälle, Gegensatz, Gegensätzlichkeit, Kontrast, Unterschied, Verschiedenheit; *(bildungsspr.):* Antagonismus, Differenz, Diskrepanz, Divergenz, Polarität; *(Jargon):* Schere.

klug
a) clever, gescheit, intelligent, mit scharfem Verstand, schlau, verständig, von rascher Auffassungsgabe; *(ugs.):* mit Köpfchen, nicht auf den Kopf gefallen. **b)** gebildet, gelehrt, hochgebildet, hochgelehrt, lebenserfahren, lebensklug, weise, wissend. **c)** clever, schlau, sinnvoll, [taktisch] geschickt, überlegt, vernünftig.

Klugheit
a) Cleverness, Gescheitheit, gesunder Menschenverstand, Intelligenz, scharfer Verstand, Schläue, Schlauheit, Weisheit; *(veraltend):* Witz.
b) Cleverness, Diplomatie, kluges Verhalten, Umsicht, Vernunft.

Klumpen
Brocken, Stück; *(ugs.):* Batzen; *(veraltend):* Kloß.

Knabe
Bursche, Kerlchen; *(schweiz.):* Schnaufer; *(ugs.):* Bambino, Boy, Knirps; *(fam.):* Bengel, Wicht; *(ugs. scherzh.):* Dreikäsehoch; *(bes. nordd.):* Junge; *(südd., österr., schweiz.):* Bub.

knacken
1. knirschen, krachen; *(ugs.):* knacksen.
2. aufbrechen, aufsprengen, einsprengen, gewaltsam öffnen, sprengen; *(geh.):* erbrechen; *(ugs.):* aufknacken.

knackig
knusprig; *(ugs.):* knackfrisch; *(bes. nordd.):* kross; *(südd.):* rösch.

Knacks
a) Riss, Ritz, Sprung. **b)** Beeinträchtigung, Bruch, Entzweiung, Riss, Schaden, Sprung.

Knall
Donnerschlag, Krach, Schlag; *(ugs.):* Bums.

knallen
1. donnern, krachen; *(geh.):* grollen; *(ugs.):* bumsen; *(südd., schweiz.):* kläpfen.
2. einen Schuss abgeben/abfeuern, schießen; *(ugs.):* ballern, herumschießen, losballern, losknallen, losschießen, pulvern, rumballern.
3. anprallen, anschlagen, anstoßen; *(ugs.):* bumsen, donnern, krachen; *(salopp):* anknallen.

knallig
auffallend, auffällig, giftig, grell[farbig], hart, hervorstechend, ins Auge fallend/springend, kontrastreich, laut, schreiend, schrill.

knapp
1. beinahe/fast nicht, gering [bemessen/vorkommend], karg, mager, mehr schlecht als recht, mit Müh und Not; *(geh.):* schmal; *(ugs.):* mit Ach und Krach; *(abwertend):* dürftig.

2. eben noch [erreicht], gerade ausreichend, hauchdünn; *(schweiz.):* spitz, spitzig.
3. etwas weniger, kaum, nicht ganz.
4. auf das Wesentliche beschränkt, gedrängt, gerafft, komprimiert, konzentriert, kurz [und bündig], straff, summarisch, zusammengefasst.

Knarre
Büchse, Flinte, Gewehr, Pistole, Revolver, Schusswaffe; *(schweiz.):* Schießwaffe; *(ugs.):* Ballermann, Schießeisen; *(ugs. scherzh.):* Knallbüchse.

knarren
ächzen, krachen.

Knast
Gefängnis, Haftanstalt, JVA, Strafanstalt; *(österr.):* Gefangenenhaus, Kotter; *(ugs.):* Kahn, Kittchen, Loch, Sing-Sing; *(Jargon):* Kiste.

Knatsch
Ärger, Auseinandersetzung, Reibereien, Streit, Zank; *(ugs.):* Krach, Putz; *(abwertend):* Gezanke.

Knäuel
1. Ballen, Bausch, Gewirr.
2. Chaos, Durcheinander, Gewirr, Wirrwarr; *(ugs.):* Kuddelmuddel; *(abwertend):* Wust.

knauserig
geizig, sparsam; *(abwertend):* kleinlich, schäbig; *(nordd.):* kniepig; *(ostmd.):* zach.

knausern
geizen, geizig sein, sein Geld zusammenhalten; *(geh.):* kargen; *(ugs.):* die Hand auf der Tasche halten, jeden Cent/Pfennig [drei Mal] umdrehen, knapsen; *(abwertend):* kleinlich sein.

knautschen
a) knittern, knüllen, verknittern, zerknittern, zerknüllen, zusammendrücken; *(ugs.):* verknautschen, zerdrücken, zerknautschen. **b)** Falten bilden/werfen, knittern, knüllen, sich zusammendrücken; *(ugs.):* verknautschen.

knebeln
anbinden, anketten, fesseln, Fesseln/Ketten anlegen, festbinden; *(geh.):* in Fesseln legen.

Knecht
1. Feldarbeiter, Landarbeiter.
2. Diener, Untergebener; *(abwertend):* Lakai, Trabant; *(oft abwertend):* Sklave.

kneifen
1. schmerzen, stechen; *(ugs.):* wehtun, zwacken; *(bes. südd., österr.):* zwicken.
2. aus dem Weg gehen, ausweichen, scheuen, vermeiden; *(geh.):* meiden; *(ugs.):* sich drücken.

Knick
1. Abbiegung, Abknickung, Biegung, Bogen, Einknickung, Kehre, Knie, Krümmung, Kurve, Schleife, Schwenk, Wendung, Windung.
2. Bruch, Einknickung, Falte, Kniff, Knitter; *(ugs.):* Eselsohr.

knicken
1. einen Knick machen, einknicken, falten, kniffen, umbiegen, umknicken; *(bildungsspr.):* pliieren.
2. einknicken, umknicken, sich [den Fuß] vertreten.

knickerig ↑knauserig.

knien
auf den Knien liegen, auf die Knie fallen, sich hinknien, niederknien.

Kniff
1. ↑Knick (2).
2. a) Kunstgriff, Trick; *(bildungsspr.):* Finesse; *(ugs.):* Dreh. **b)** Praktiken, Schliche, Täuschungsmanöver, Trick, Volte, Winkelzug; *(bildungsspr.):* Finte; *(abwertend):* Manöver.

knifflig
a) kompliziert, schwer [lösbar], schwierig. **b)** gefährlich, haarig, heikel, kritisch, problematisch, schwierig, verwickelt; *(bildungsspr.):* delikat, diffizil, neuralgisch; *(ugs.):* vertrackt.

knipsen
a) Aufnahmen machen, Bilder machen, fotografieren, Fotos machen, Fotos schießen. **b)** aufnehmen, fotografieren; *(geh.):* auf den Film bannen; *(ugs.):* ablichten.

Knirps
Bürschchen, Bursche, Kerlchen; *(ugs.):* Bambino, Knopf, Knopp, Lausbub, Stift; *(fam.):* Bengel, Purzel, Wicht; *(ugs. scherzh.):* Dreikäsehoch, Stöpsel; *(südd., österr., schweiz.):* Bübchen.

knittern
1. Falten/Knitter bilden, knüllen, sich zusammendrücken; *(ugs.):* knautschen, verknautschen.
2. knüllen, verknittern, zerknittern, zerknüllen, zusammendrücken; *(ugs.):* knautschen, verknautschen, zerdrücken, zerknautschen.

knobeln
brüten, sich Gedanken machen, grübeln, nachdenken, nachgrübeln, rätseln, sinnieren, überlegen, Überlegungen anstellen; *(schweiz.):* werweißen; *(geh.):* mit sich zurate gehen, [nach]sinnen; *(bildungsspr.):* reflektieren; *(ugs.):* bebrüten, sich den Kopf zerbrechen.

knorrig
1. klumpig, knollig.
2. abweisend, eigensinnig, schwer zugänglich, spröde, unzugänglich, verschlossen.

Know-how
Erfahrung, Kenntnis, Wissen.

knüllen
1. Falten/Knitter bilden, knittern, sich zusammendrücken; *(ugs.):* knautschen, verknautschen.
2. knittern, verknittern, zerknittern, zerknüllen, zusammendrücken; *(ugs.):* knautschen, verknautschen, zerdrücken, zerknautschen.

Knüller
Attraktion, großer Wurf, Publikumserfolg, Schlager, Sensation, Star, Verkaufsschlager, Volltreffer; *(ugs.):* Clou, Hammer, Hit, Treffer; *(Jargon):* Burner.

knüpfen
binden, knoten, schlingen, verknoten, verknüpfen, zusammenbinden, zusammenknoten; *(geh.):* winden.

knusprig
scharf gebacken/gebraten; *(ugs.):* knackfrisch, knackig; *(bes. nordd.):* kross.

k. o.
1. außer Gefecht, besiegt, bezwungen, kampfunfähig, knock-out.
2. ausgelaugt, verbraucht; *(geh.):* aufgezehrt; *(ugs.):* alle, am Ende, erledigt, erschlagen, [fix und] fertig, geschafft, groggy, kaputt; *(fam.):* schachmatt; *(emotional verstärkend):* todmüde.

Koalition
Allianz, Block, Bund, Bündnis, Gemeinschaft, Konföderation, Liaison, Liga, Pakt, Union, Verbindung, Vereinigung, Zusammenschluss.

Kobold
Butzemann, Gnom, Hausgeist, Troll, Wichtel[männchen], Zwerg.

kochen
1. auskochen, garen, gar werden lassen, weich machen.
2. das Essen [zu]bereiten/richten; *(ugs.):* das Essen machen; *(scherzh.):* köcheln.
3. aufkochen, aufwallen, Blasen werfen, brodeln, köcheln, simmern, sprudeln, wallen; *(ugs.):* blubbern.
4. sich ärgern, außer sich sein, entrüstet/erregt sein, geladen/in Aufruhr sein, wütend sein; *(geh.):* schäumen; *(ugs.):* fast platzen, kurz vorm Platzen sein; *(salopp):* stinksauer sein.

ködern
a) anlocken, fangen, [heran]locken, zu sich locken. **b)** anziehen, gewinnen [wollen], in seinen Bann ziehen, verführen, verleiten, zu gewinnen suchen; *(geh.):* verlocken; *(ugs.):* anreißen, zum Anbeißen bringen; *(Jargon):* kobern.

Kohl
(südd., österr.): Kraut.

Kohle
1. Brennmaterial, Brennstoff, Heizmaterial, Heizmittel, schwarzes Gold.
2. [Bar]geld; *(ugs.):* Asche, Bares, Heu, Moneten; *(salopp):* Flöhe, Kies, Knete, Kröten, Mäuse, Moos, Piepen, Schotter, Zaster.

Koitus ↑Geschlechtsverkehr.

kokettieren
1. den Hof machen, liebäugeln, schäkern; *(geh.):* Avancen machen; *(ugs.):* [schöne] Augen machen; *(veraltend):* tändeln.
2. sich gefallen in, sich in Szene setzen, zur Schau stellen.

kollegial
fair, freundschaftlich, hilfsbereit, kameradschaftlich, partnerschaftlich; *(bildungsspr.):* kooperativ, solidarisch.

Kollektion
Angebot, Auswahl, Sammlung, Sortiment, Zusammenstellung.

kollektiv
alle, gemeinsam, Hand in Hand, in Zusammenarbeit/Kooperation, kooperativ, miteinander, zusammen; *(bildungsspr.):* solidarisch.

GGS einzeln, gesondert, isoliert, separat.

Koller
Ausbruch, Explosion, Gefühlsausbruch, Wutanfall, Wutausbruch; *(ugs.):* Anfall, Rappel.

kollidieren
1. aufeinanderprallen, gegeneinanderprallen, karambolieren, zusammenprallen, zusammenstoßen; *(ugs.):* aufbrummen, zusammenknallen, zusammenkrachen, zusammenrumpeln.
2. gegeneinanderlaufen, sich nicht vereinbaren lassen, überschneiden, zusammenprallen; *(ugs.):* sich in die Quere kommen.

Kollision
1. Auffahrunfall, Aufprall, Clash, Crash, Zusammenprall, Zusammenstoß; *(ugs.):* Karambolage.
2. Differenzen, Dissonanz, Konflikt, Reibereien, Streit, Streitigkeit, Wortgefecht, Wortstreit, Zank, Zusammenprall; *(bildungsspr.):* Kontroverse; *(verhüll.):* Meinungsverschiedenheit.

Kolloquium
a) Aussprache, Besprechung, Debatte, Diskussion, Fachgespräch, wissenschaftliches Gespräch. **b)** Konferenz, Kongress, Sitzung, Symposium, Tagung, Treffen.

Kolonne
a) Einheit, Truppe, Verband. **b)** große Gruppe, Pulk, Reihe, Schar, Schlange, Treck, Trupp, Zug; *(ugs.):* Geschwader.

Kolorit
1. Farbe, Farbgebung, farbliche Gestaltung.
2. Atmosphäre, Ausstrahlung, Charakter, Färbung, Flair, Fluidum, Klima, Stimmung; *(geh.):* Gepräge.

Koloss
1. Riesengebilde, Ungetüm.
2. Goliath, Hüne, Riese; *(geh.):* Gigant; *(bildungsspr.):* Titan.

kolossal
gigantisch, imposant, mächtig, massig, riesenhaft, sehr groß, überdimensional, übergroß, wuchtig; *(bildungsspr.):* monumental.

Kolumne
1. Zeitungsspalte; *(bildungsspr.):* Rubrik.
2. Beitrag, Kommentar, Kritik, Meinungsbeitrag.

Kombination
1. a) Abfolge, Arrangement, Mischung, Synthese, Verbindung, Verknüpfung, Zusammenfügung, Zusammenspiel, Zusammenstellung. **b)** Ableitung, Gedankenspiel, [Schluss]folgerung; *(bildungsspr.):* Assoziation.
2. Code, Schlüssel, Ziffernfolge.

kombinieren
1. aneinanderfügen, koppeln, verbinden, verknüpfen, verschmelzen, zusammenstellen; *(geh.):* zusammenfügen.
2. ableiten, Kombinationen anstellen, schließen, schlussfolgern; *(ugs.):* zusammenreimen.

Komfort
Annehmlichkeit, Behaglichkeit, Bequemlichkeit; *(bildungsspr. veraltend):* Konvenienz.

komfortabel
alle Annehmlichkeiten bietend, angenehm, behaglich, bequem, luxuriös, mit allem Komfort; *(bes. österr.):* kommod; *(ugs.):* mit allen Schikanen.

komisch
1. belustigend, drollig, humoristisch, humorvoll, lustig, spaßhaft, spaßig, witzig; *(ugs.):* ulkig; *(verstärkend):* urkomisch; *(ugs. emotional):* zum Totlachen.
2. befremdend, bizarr, eigenartig, merkwürdig, seltsam, sonderbar, wunderlich; *(geh.):* befremdlich; *(bildungsspr.):* exzentrisch, kurios, skurril; *(ugs.):* originell, schrullig, ulkig, verrückt; *(abwertend):* verschroben; *(veraltend):* eigen.

Komitee ↑Kommission (1).

kommandieren
1. a) an der Spitze stehen, anführen, befehlen, führen. **b)** abordnen, beordern, delegieren, entsenden, senden, vorladen.
2. anordnen, anweisen, Anweisungen erteilen/geben, befehlen, Befehl erteilen/geben, bestimmen, verfügen, verordnen, vorschreiben; *(geh.):* gebieten, heißen; *(bildungsspr.):* diktieren.

Kommando
1. Anordnung, Anweisung, Befehl, Gebot, Instruktion, Order; *(geh.):* Geheiß; *(bildungsspr.):* Direktive; *(scherzh.):* Ukas.
2. Befehl, Befehlsbefugnis, Befehlsgewalt, Führerschaft, Führung, Herrschaft, Kommandogewalt, Leitung, Oberbefehl, Oberkommando.

kommen ↗
1. ankommen, anlangen, sich einfinden, sich einstellen, eintreffen, erscheinen, landen; *(österr.):* einlangen; *(ugs.):* anrücken, anzwitschern, eintrudeln; *(salopp):* antanzen, aufkreuzen.
2. a) dazukommen, erscheinen, hinzukommen, teilhaben, teilnehmen; *(ugs.):* auf der Bildfläche erscheinen. **b)** besuchen, sich blicken lassen, einen Besuch abstatten/machen, zu Besuch kommen; *(ugs.):* hereinschauen, hereinschneien, vorbeikommen, vorbeisehen.
3. abstammen, entspringen, sich ergeben, herrühren, herstammen, hervorgehen, ihren Ursprung haben, kommen von, seinen Ursprung haben, stammen, zurückgehen auf.

Kommentar
1. Beitrag, Kolumne, Kritik, Meinungsbeitrag, Statement, Stellungnahme.
2. Anmerkung, Ausführung[en], Bemerkung, Ergänzung, Erklärung, Erläuterung, Feststellung, Zusatz; *(bildungsspr.):* Votum.

kommentieren
1. einen Kommentar/eine Stellungnahme/ein Statement abgeben, reagieren, Stellung nehmen.
2. anmerken, antworten, bemerken, erklären, feststellen, sagen, vorbringen, zum Ausdruck bringen, zur Sprache bringen.

kommissarisch
bis auf Weiteres, fürs Erste, in Vertretung, vertretungsweise, vorerst, vorläufig, vorübergehend; *(geh.):* einstweilen; *(bildungsspr.):* interimistisch.

Kommission
1. Ausschuss, Beirat, Expertenausschuss, Expertengruppe, Expertenrunde, Expertenstab, Forum, Gremium, Komitee, Kreis, Rat, Runde, Sachverständigenrat.
2. Anforderung, Auftrag, Bestellung, Lieferauftrag.

Kommune
1. Dorf, Gemeinde, Gemeinwesen, Ort, Ortschaft.

2. Wohngemeinschaft, Wohngruppe; *(Jargon):* WG.

Kommunikation
Kontakt, Verständigung, zwischenmenschlicher Verkehr; *(EDV):* Dialog.

kommunizieren
a) Kontakt haben/halten/pflegen, sprechen, Umgang haben/pflegen, umgehen, sich unterhalten, verkehren, sich verständigen; *(bildungsspr.):* kontaktieren. **b)** bekannt geben/machen, berichten, mitteilen, sagen, überbringen, übermitteln, verlautbaren, weitergeben; *(geh.):* verkünden, verkündigen; *(bildungsspr.):* referieren.

Komödie
Burleske, Lustspiel, Posse; *(Literaturwiss.):* Farce, Schwank.

kompakt
a) dicht, fest [gefügt], massiv; *(schweiz.):* satt. **b)** drall, füllig, gedrungen, korpulent, massig, stämmig, stark, stramm, untersetzt, vierschrötig; *(schweiz.):* fest; *(ugs.):* bullig, mopsig.

kompetent
a) befähigt, beschlagen, bewandert, fachkundig, fähig, fit, [sach]kundig; *(bildungsspr.):* versiert; *(veraltend):* firm; *(bildungsspr. veraltend):* kapabel. **b)** befugt, in der Lage, zuständig; *(bildungsspr.):* autorisiert.

Kompetenz
a) Befähigung, Begabung, Beschlagenheit, Fähigkeit, Fertigkeit, Können, Qualifikation, Sachverstand, Sachverständnis, Talent; *(geh.):* Vermögen. **b)** [Entscheidungs]befugnis, Zuständigkeit, Zuständigkeitsbereich.

komplett
gesamt, geschlossen, im Ganzen, in ihrer/seiner Gesamtheit, total, vollständig; *(bes. schweiz.):* gesamthaft; *(nachdrücklich):* gänzlich.

Komplex
1. a) Bereich, Feld, Gebiet, Sektor. **b)** Block, Gebäudekomplex, Gebilde, Häuserblock.
2. Befangenheit, Gehemmtheit, Hemmungen, Schüchternheit, Unsicherheit, Verklemmtheit.

Komplikation
Beeinträchtigung, Behinderung, Erschwernis, Erschwerung, Handicap, Hemmnis, Hemmschuh, Hemmung, Hindernis, Hinderung, Hürde, Problem, Schwierigkeit, Verwicklung; *(dichter.):* Wirrung.

Kompliment
Höflichkeit, Liebenswürdigkeit, Schmeichelei, Schöntuerei; *(iron.):* schöne Worte.

Komplize, Komplizin
Kompagnon, Mithelfer, Mithelferin, Mittäter, Mittäterin.

kompliziert
haarig, heikel, kitzlig, knifflig, kritisch, mühsam, problematisch, schwer, schwierig, verwickelt; *(bildungsspr.):* delikat, diffizil, prekär; *(ugs.):* vertrackt, verzwickt.

Komplott
Anschlag, Attentat, Putsch[plan], Überfall, Verschwörung; *(bildungsspr.):* Konspiration.

Komposition
1. Musikstück, Musikwerk; *(geh.):* Tonschöpfung; *(veraltend):* Tonstück.
2. künstlerische Anordnung, kunstvolle Gestaltung/Zusammenstellung; *(bildungsspr.):* Arrangement.

komprimiert
auf das Wesentliche beschränkt, dicht, gedrängt, gerafft, gestrafft, knapp, konzentriert, kurz [und bündig], straff, summarisch, verdichtet, zusammengedrängt, zusammengefasst.

Kompromiss
Ausgleich, Einigung, Mittelweg, Zugeständnis.

Kondition
1. Bedingung, Lieferbedingung, Zahlungsbedingung.
2. Fitness, Fitnesszustand, körperliche Leistungsfähigkeit/Verfassung.

Konditorin.

Konferenz
Beratung, Kongress, Sitzung, Symposium, Tagung, Treffen, Unterredung, Versammlung, Zusammenkunft; *(bildungsspr.):* Meeting.

Konflikt
1. a) Auseinandersetzung, Spannung, Streit, Uneinigkeit, Verstimmung; *(geh.):* Hader, Zerwürfnis, Zwietracht, Zwist[igkeit]; *(bildungsspr.):* Kontroverse. **b)** Kampf, Krieg.
2. Dilemma, Kalamität, Notlage, Schwierigkeit, Unentschiedenheit, Widerstreit, Zerrissenheit, Zwiespalt; *(geh.):* Bedrängnis; *(ugs.):* Bredouille, Klemme, Zwickmühle.

konform
sich deckend, einheitlich, einhellig, entsprechend, übereinstimmend; *(bildungsspr.):* korrespondierend, uniform.

konfrontieren
gegenüberstellen, in Beziehung bringen, nebeneinanderhalten, nebeneinanderstellen, zum Vergleich heranziehen.

konfus
a) abgerissen, chaotisch, nicht klar, nicht verständlich, ohne Zusammenhang, ungeordnet, ungereimt, unklar, unübersichtlich, unverständlich, unzusammenhängend, verworren, wirr, zusammenhanglos; *(bildungsspr.):* diffus.

b) desorientiert, durcheinander, fahrig, irritiert, kopflos, verstört, verwirrt, zerfahren, zerstreut; *(ugs.):* durchgedreht.

Kongress
Kolloquium, Konferenz, Symposium, Tagung, Treffen, Versammlung, Zusammenkunft; *(bildungsspr.):* Meeting, Session.

kongruent
dasselbe, sich deckend, deckungsgleich, sich genau entsprechend, gleich[artig], identisch, übereinstimmend, zusammenfallend; *(bildungsspr.):* kongruierend, konvergent.

königlich
1. Achtung/Ehrfurcht gebietend, erhaben, gemessen, majestätisch, würdevoll, würdig; *(geh.):* hoheitsvoll; *(bildungsspr.):* gravitätisch.
2. aufwendig, fürstlich, pompös, reichlich, üppig; *(bildungsspr.):* opulent; *(ugs.):* nobel.

konkret
1. dinghaft, dinglich, existent, faktisch, gegenständlich, greifbar, leibhaftig, materiell, sinnlich [wahrnehmbar], stofflich, tatsächlich, vorhanden, wirklich; *(bildungsspr.):* real, realiter.
2. bestimmt, deutlich, eindeutig, exakt, genau, klar, unmissverständlich, unzweideutig; *(bildungsspr.):* prägnant, präzise.

Konkurrent, Konkurrentin
Antagonist, Antagonistin, Gegenpart, Gegenspieler, Gegenspielerin, Gegner, Gegnerin, Konkurrenz, Opponent, Opponentin, Rivale, Rivalin, Widersacher, Widersacherin; *(bildungsspr.):* Kontrahent, Kontrahentin.

Konkurrenz
1. Gegnerschaft, Nebenbuhlerschaft, Wettstreit; *(bildungsspr.):* Rivalität.
2. Begegnung, Wettbewerb, Wettspiel, Wettstreit; *(Sport):* Kampf, Treffen.
3. ↑Konkurrent, Konkurrentin.

konkurrieren
sich bewerben, in Konkurrenz/Wettbewerb stehen, Konkurrenz machen, wettstreiten; *(geh.):* sich messen; *(bildungsspr.):* rivalisieren; *(südd., österr., schweiz.):* konkurrenzieren.

können ✗
1. a) fähig/imstande/in der Lage sein; *(geh.):* vermögen.

BSP Ich bin im Moment nicht in der Lage, mir ein neues Handy zu kaufen.

b) denkbar/möglich sein, die Möglichkeit haben, im Bereich des Möglichen liegen; *(ugs.):* drin sein.

BSP Es ist gut / sehr wohl möglich, dass ...

2. a) beherrschen, im Griff haben, nicht schwerfallen, verstehen; *(geh.):* mächtig sein; *(ugs.):* draufhaben, sich leichttun.

BSP Sie beherrscht fünf Sprachen. Es war ihm nicht schwergefallen, sich zu konzentrieren.

b) befugt/berechtigt sein, das Recht haben, die Einwilligung/Erlaubnis haben, die Genehmigung/Möglichkeit haben, dürfen, erlaubt/genehmigt/gestattet sein.

BSP Er ist befugt, das Lehrerzimmer zu betreten. Das Zelten ist hier nicht erlaubt/gestattet/genehmigt.

Können
Fähigkeiten, Fertigkeiten, Könnerschaft, Leistungsfähigkeit, Meisterschaft, Rüstzeug, Talent; *(geh.):* Vermögen; *(bildungsspr.):* Potenz.

konsequent
1. folgerichtig, logisch, natürlich, schlüssig; *(bildungsspr.):* stringent; *(veraltend):* folgerecht.
2. beharrlich, eisern, [fest] entschlossen, geradlinig, standhaft, straight, unbeirrbar, zielstrebig.

Konsequenz
1. a) Folgerichtigkeit, Logik, Schlüssigkeit; *(bildungsspr.):* Stringenz. **b)** Beharrlichkeit, Geradlinigkeit, Hartnäckigkeit, Standhaftigkeit, Unbeirrbarkeit, Zielstrebigkeit.
2. Auswirkung, Ergebnis, Folge, Wirkung; *(bildungsspr.):* Resultat.

Konsequenzen

[aus etw.] die Konsequenzen ziehen
aufkommen für, die Folgen tragen, die Verantwortung tragen, die Verantwortung übernehmen, einstehen, geradestehen, haften, verantworten, verantwortlich sein.

konservativ
1. a) am Bestehenden/Hergebrachten festhaltend, rückschrittlich, rückständig, strukturkonservativ, unzeitgemäß, wertkonservativ; *(abwertend):* antiquiert. **b)** althergebracht, altherkömmlich, altüberkommen, altüberliefert, herkömmlich, traditionell, überliefert.
2. bürgerlich, etabliert, gutbürgerlich, reaktionär, rechts; *(bildungsspr.):* illiberal.

GGS aufgeklärt, freigeistig, liberal, repressionsfrei.

konstant
dauernd, ewig, fortdauernd, gleichbleibend, immerwährend, immerzu; jahraus, jahrein; permanent, stetig, stets, unverändert.

konstatieren
a) ausfindig machen, bemerken, entdecken, erkennen, feststellen, in Erfahrung bringen, merken, registrieren, wahrnehmen, zur Kenntnis nehmen; *(geh.):* gewahren, gewahr werden; *(bildungsspr.):* eruieren. **b)** anmerken, [ausdrücklich] erwähnen, äußern, aussprechen, behaupten, bemerken, betonen, darlegen, deutlich machen, erklären, festhalten, feststellen, vorbringen.

Konstellation
1. Gesamtlage, Gruppierung, Interessenlage, Lage, Situation, Stand, Umstände, Verhältnisse, Zusammensetzung, Zusammentreffen von Umständen; *(bildungsspr.):* Status.
2. Stellung [der Sterne].

konstituieren
aufbauen, begründen, bilden, das Fundament legen, errichten, etablieren, gründen, grundlegend sein, hervorbringen, ins Leben rufen, konstitutiv sein, schaffen, stiften; *(geh.):* erschaffen.

konstituieren, sich
sich bilden, sich formen, sich herausbilden, sich zusammenschließen, sich zusammensetzen.

konstruieren
a) aufbauen, darstellen, entwickeln, erarbeiten, erzeugen, gestalten, herstellen, hervorbringen, schaffen, umreißen; *(geh.):* erschaffen; *(bildungsspr.):* konzeptualisieren, kreieren, projektieren; *(Jargon):* stylen; *(Fachspr.):* dessinieren. **b)** sich ausdenken, ausklügeln, fantasieren, sich vorstellen, sich zurechtlegen; *(geh.):* aussinnen, erdichten, ersinnen; *(bildungsspr.):* imaginieren; *(ugs.):* ausklamüsern, austüfteln.

konstruktiv
aufbauend, brauchbar, förderlich, fruchtbar, nützlich, schöpferisch, wirksam.

konsultieren
1. befragen, einschalten, fragen, heranziehen, hinzuziehen, um Auskunft bitten, um Rat fragen, sich wenden an, zurate ziehen, zuziehen.
2. sich beraten, beratschlagen, sich bereden, sich besprechen, konferieren, verhandeln; *(geh.):* Rat halten, sich unterreden.

Konsument, Konsumentin
Abnehmer, Abnehmerin, Käufer, Käuferin, Kunde, Kundin, Kundschaft, Shopper, Shopperin, Verbraucher, Verbraucherin.

konsumieren
aufbrauchen, verbrauchen; *(geh.):* verspeisen; *(geh. od. Fachspr.):* verzehren; *(ugs.):* verkonsumieren, verputzen; *(fam.):* verschmausen.

Kontakt
1. Anschluss, Beziehung, Brückenschlag, Kommunikation, Umgang, Verbindung, Verhältnis, Verkehr; *(bildungsspr.):* Konnex.
2. Berührung, Berührungspunkt, Fühlung[nahme]; *(scherzh.):* Tuchfühlung.

kontern
a) abwehren, antworten, begegnen, reagieren, selbst angreifen, zurückgeben, zurückschlagen. **b)** dagegenhalten, einwenden, entgegenhalten, entgegnen, erwidern, zurückweisen, sich zur Wehr setzen; *(ugs.):* Kontra geben.

Kontinent
Erdteil.

kontinuierlich
andauernd, beständig, fortgesetzt, fortwährend, gleichbleibend; *(geh.):* stet.

Kontrahent, Kontrahentin
Antagonist, Antagonistin, Antipode, Antipodin, Feind, Feindin, Gegenpart, Gegenpartei, Gegenspieler, Gegenspielerin, Gegner, Gegnerin, Widersacher, Widersacherin.

Kontrakt
Abkommen, Abmachung, Abschluss, Absprache, Beschluss, Einigung, Einvernehmen, Pakt, Übereinkunft, Vereinbarung, Vertrag; *(bildungsspr.):* Arrangement; *(ugs.):* Deal.

Kontrast
Abweichung, Gegensatz, Gegensätzlichkeit, Kluft, Unterschied, Unterschiedlichkeit, Verschiedenartigkeit, Verschiedenheit, Widersprüchlichkeit; *(bildungsspr.):* Antagonismus, Differenz, Divergenz, Polarität.

kontrastieren
1. sich abheben, abstechen, abweichen, einen Gegensatz/Kontrast bilden, sich herausheben, herausstechen, variieren, verschieden sein; *(bildungsspr.):* differieren.
2. abgrenzen, gegenüberstellen, konfrontieren, zum Vergleich heranziehen.

Kontrolle
a) Aufsicht, Beaufsichtigung, Beobachtung, Observation, Überwachung, Zensur; *(geh.):* Obhut. **b)** Begutachtung, Check-up, Nachprüfung, Probe, Prüfung, Revision, Test, Überprüfung, Untersuchung, Wartung.

kontrollieren
1. durchsehen, durchsuchen, einer Kontrolle unterwerfen/unterziehen, einer Prüfung unterwerfen/unterziehen, gegenchecken, gegenlesen, gegenprüfen, gegenrechnen, inspizieren, mustern, nachprüfen, prüfen, testen, überprüfen, untersuchen; *(geh.):* in Augenschein nehmen; *(ugs.):* filzen, unter die Lupe nehmen.
2. beherrschen, den Ton angeben, die Herrschaft ausüben, die Oberhand haben, dominie-

ren, Einfluss haben; *(ugs.):* unter der Fuchtel haben.

Kontroverse
Auseinandersetzung, Debatte, Diskussion, Geplänkel, Meinungsstreit, Polemik, Streit[gespräch], Streitigkeit, Uneinigkeit, Unstimmigkeit, Wortgefecht, Wortstreit, Wortwechsel, Zank, Zusammenstoß; *(geh.):* Friktion, Zwist; *(bildungsspr.):* Disharmonie, Diskurs, Disput, Dissens, Divergenz, Querele; *(ugs.):* Zoff.

Kontur
Linie, Schattenriss, Silhouette, Umriss[linie].

konventionell
1. formell, förmlich, geschäftlich, gezwungen, rituell, steif, unecht, unnatürlich, unpersönlich; *(bildungsspr.):* zeremoniell; *(ugs.):* etepetete.
2. altüberkommen, eingefahren, eingeführt, etabliert, gängig, hergebracht, herkömmlich, klassisch, konservativ, traditionell, überliefert; *(geh.):* überkommen; *(bildungsspr.):* tradiert.

Konversation
Face-to-Face-Kommunikation, Gedankenaustausch, Geplauder, Meinungsaustausch, Plauderei, Unterhaltung; *(schweiz.):* Gerede; *(ugs.):* Klatsch; *(fam.):* Schwatz; *(Jargon):* Talk; *(nordd.):* [Klön]schnack.

Konzentration
1. Anhäufung, Ansammlung, Aufhäufung, Ballung, Bündelung, Verdichtung, Zusammenballung, Zusammenlegung; *(bildungsspr.):* Agglomeration, Aggregation, Akkumulation; *(Fachspr.):* Kumulation, Kumulierung.
2. Aufmerksamkeit, Sammlung, Versenkung; *(geh.):* Achtsamkeit, Versunkenheit.
3. Intensität, Stärke.

Konzentrationslager
1. KZ, [Massen]vernichtungslager, Todeslager.
2. Arbeitslager, Deportationslager, Gefangenenlager, Gulag, Zwangsarbeitslager.

konzentrieren, sich
1. achtgeben, aufpassen, sich ausrichten, sich befassen, sich beschäftigen, sich einlassen, sich einstellen, sich Gedanken machen, sich hinwenden, sich kümmern, seine Aufmerksamkeit richten auf, sich widmen, sich zuwenden.
2. in sich gehen, seine Gedanken sammeln, sich versenken, sich vertiefen, zur [Selbst]besinnung kommen, zu sich kommen.

Konzept
1. Entwurf, Exposé, Rohentwurf, Rohfassung, Rohschrift, Schema, Skizze; *(schweiz.):* Sudel.
2. Kurs, Plan, Programm, Vorgehensweise.

Konzession
Berechtigung, Bewilligung, Erlaubnis, Ermächtigung, Genehmigung, Lizenz, Recht, Vollmacht, Zustimmung.

konzipieren
1. ein Konzept machen, entwerfen, hinwerfen, ins Unreine schreiben, skizzieren; *(geh.):* aufs Papier werfen.
2. sich ausdenken, entwerfen, entwickeln, planen, sich überlegen; *(geh.):* ersinnen; *(bildungsspr.):* konzeptualisieren.

Kooperation
Gemeinschaftsarbeit, Gemeinschaftsproduktion, Koproduktion, Teamarbeit, Teamwork, Zusammenarbeit.

kooperieren
an einem/am gleichen/am selben Strang ziehen, gemeinsame Sache machen, Hand in Hand arbeiten, zusammenarbeiten; *(bildungsspr.):* kollaborieren.

koordinieren
abgleichen, abwickeln, arrangieren, aufeinander abstimmen, in Übereinstimmung bringen, richten, synchronisieren, timen, verbinden; *(geh.):* in Einklang bringen.

Kopf
1. *(geh.):* Haupt; *(ugs.):* Ballon, Keks, Kürbis, Rübe, Schädel; *(salopp):* Birne, Erbse.
2. a) Erscheinung, Figur, Geschöpf, Gestalt, Mensch, Person, Persönlichkeit; *(bildungsspr.):* Kreatur; *(ugs.):* Typ. **b)** Chef, Chefin, Führer, Führerin, Leiter, Leiterin, Meister, Meisterin, Vorsteher, Vorsteherin; *(geh.):* Haupt, Oberhaupt; *(ugs.):* Boss, Hauptmacher, Hauptmacherin, King; *(salopp):* Alter, Alte; *(oft abwertend):* Anführer, Anführerin.

kopflos
aufgelöst, chaotisch, desorientiert, durcheinander, fahrig, gedankenlos, konfus, planlos, unkonzentriert, unkoordiniert, zerfahren, zerstreut.

Kopie
1. Ablichtung, Abschrift, Ausdruck, Ausfertigung, Doppel, Dublette, Duplikat, Durchschlag, Fotokopie, Vervielfältigung, Wiedergabe.
2. Attrappe, Fälschung, Imitat, Imitation, Nachahmung, Nachbildung, Wiedergabe; *(bildungsspr.):* Falsifikat, Plagiat; *(ugs.):* Fake.

kopieren
1. abfilmen, ablichten, abpausen, abschreiben, eine Fotokopie/Kopie machen, fotokopieren, vervielfältigen.
2. imitieren, nachahmen, nachbilden, wiedergeben; *(bildungsspr.):* plagiieren; *(ugs.):* nachmachen; *(abwertend):* abklatschen, nachäffen; *(veraltend):* äffen.

koppeln
aneinanderfügen, ankoppeln, ankuppeln, docken, kombinieren, verkoppeln, verkuppeln, zusammensetzen; *(geh.):* zusammenfügen.

Körper
1. a) Figur, Form, Gestalt, Körperbau, Körperform; *(geh.):* Leib; *(bildungsspr.):* Physis; *(ugs. scherzh.):* Korpus. **b)** Rumpf; *(geh.):* Leib.
2. Ding, Gegenstand, Objekt, Sache; *(ugs.):* Teil.

korrekt
a) einwandfrei, fehlerfrei, fehlerlos, frei von Fehlern, in Ordnung, makellos, nicht zu beanstanden, ohne Fehler/Mängel, richtig; *(emotional):* tadellos. **b)** angebracht, angemessen, gebührend, passend, recht, untadelig, wie es sich gehört; *(geh.):* angezeigt, geboten, schicklich; *(bildungsspr.):* adäquat; *(ugs.):* ordentlich.

Korrektur
1. Berichtigung, Revision, Richtigstellung, Verbesserung.
2. Abänderung, Abwandlung, Änderung, Revision, Strategieschwenk, Strategiewechsel, Umänderung, Umformung, Veränderung; *(bildungsspr.):* Modifikation; *(bildungsspr., Fachspr.):* Modifizierung.

Korrespondenz
Briefverkehr, Briefwechsel, Schriftverkehr, Schriftwechsel; *(EDV):* Mailverkehr.

korrespondieren
1. sich [Briefe] schreiben, Briefe wechseln, brieflich verkehren, einen Briefwechsel führen, im Briefverkehr/Briefwechsel stehen, im Schriftverkehr/Schriftwechsel stehen; *(bildungsspr.):* in Korrespondenz stehen.
2. aufeinander abgestimmt sein, sich decken, eins sein, entsprechen, gleich/identisch sein, gleichen, gleichkommen, in Beziehung stehen, übereinstimmen, zusammenfallen, zusammenpassen; *(geh.):* im Einklang stehen.

korrigieren
a) bereinigen, berichtigen, beseitigen, revidieren, richtigstellen, überarbeiten, verbessern, vervollkommnen; *(schweiz.):* korrektionieren; *(abwertend):* schulmeistern; *(Fachspr.):* redigieren. **b)** [ab]ändern, abwandeln, revidieren, umändern, umformen, umwandeln, verändern, verwandeln; *(bildungsspr.):* modeln, modifizieren, modulieren; *(ugs.):* einrenken, geradebiegen, hinbiegen, in Ordnung bringen.

korrupt
bestechlich, käuflich.

Korruption
Bestechlichkeit, Käuflichkeit.

Kost
Ernährung, Essen, Lebensmittel, Nahrungsmittel.

kostbar
de luxe, edel, einmalig, exquisit, fein, nicht mit Gold zu bezahlen/aufzuwiegen, qualitätvoll, teuer, unbezahlbar, viel wert, von guter/hoher Qualität, wertvoll; *(geh.):* erlesen.

kosten
a) ausmachen, sich belaufen auf, betragen, sich beziffern, einen bestimmten Preis haben; *(österr.):* sich stellen auf; *(ugs.):* kommen. **b)** beanspruchen, erfordern, in Anspruch nehmen, notwendig machen, verlangen.

Kosten
Aufwand, Aufwendungen, Ausgaben, Auslagen, Geldausgaben, Spesen; *(ugs.):* Unkosten.

kostenlos
[gebühren]frei, geschenkt, gratis, ohne Bezahlung/Entgelt, umsonst, unentgeltlich, zum Nulltarif; *(ugs.):* so; *(salopp):* für umme.

köstlich
a) ausgezeichnet, besonders gut, exquisit, fein, herrlich, hervorragend, lecker, schmackhaft, vorzüglich; *(geh.):* deliziös, wohlschmeckend; *(bildungsspr.):* delikat, exzellent, superb. **b)** amüsant, komisch, lustig, unterhaltsam, vergnüglich; *(geh.):* ergötzlich; *(ugs.):* ulkig.

Kostprobe
Beispiel, Beweis, Dokumentation, Muster, Nachweis, Probe; *(bildungsspr. veraltend):* Exempel; *(veraltend):* Erweis.

kostspielig
aufwendig, im Preis sehr hoch, nicht billig, nicht zu bezahlen, teuer, überteuert, unbezahlbar, unerschwinglich; *(ugs.):* sündhaft teuer.

kostümieren, sich
ein Kostüm anziehen, sich unkenntlich machen, sich verkleiden, sich vermummen.

Kot
Ausscheidung, Darmausscheidung, Stuhl[gang]; *(geh.):* Hinterlassenschaft, Notdurft; *(bildungsspr.):* Exkrement; *(ugs.):* Haufen.

kotzen
ausbrechen, [sich] erbrechen, sich übergeben; *(geh.):* ausspeien, speien; *(ugs.):* ausspucken, brechen; *(salopp):* kübeln, reihern.

krabbeln
1. kriechen, robben.
2. jucken, kitzeln, kratzen, kribbeln, prickeln.

Krach
1. Gepolter, Lärm; *(ugs.):* Rabatz; *(salopp):* Radau; *(oft abwertend):* Getöse; *(ugs. emotional*

verstärkend): Heidenlärm, Höllenlärm, Mordskrach, Riesenkrach.
2. Auseinandersetzung, Streit, Streitigkeit, Zank; *(ugs.):* Knatsch, Knies, Putz, Zoff; *(abwertend):* Gezänk, Gezanke, Streiterei.

krachen
1. böllern, donnern, knacken, knallen, knarren, knattern, Krach/Lärm machen, lärmen, poltern; *(geh.):* grollen; *(ugs.):* bullern, rumoren.
2. anprallen, aufprallen, aufschlagen, auftreffen, prallen, schlagen; *(ugs.):* aufkrachen, knallen; *(salopp):* aufknallen.

Kraft
1. Arbeitskraft, Arbeitsvermögen, Energie, Fähigkeit, Körperkraft, Lebenskraft, Leistungsfähigkeit, Leistungskraft, Leistungsvermögen, Reserven, Spannkraft, Stärke, Tatkraft, Vitalität; *(geh.):* Vermögen; *(bildungsspr.):* Potenzial.
2. Arbeitskraft, Mitarbeiter, Mitarbeiterin.
3. Heftigkeit, Stärke, Wucht; *(geh.):* Gewalt; *(bildungsspr.):* Vehemenz; *(Jargon):* Power.

Kraft

aus eigener Kraft
allein, autonom, eigenständig, im Alleingang, ohne fremde Hilfe, ohne Unterstützung, selbstständig, von sich aus; *(ugs.):* in eigener Regie.

außer Kraft
gegenstandslos, hinfällig, ungültig, unwirksam, verfallen, wertlos.

in Kraft
bindend, geltend, gesetzlich anerkannt, rechtlich anerkannt, [rechts]gültig, rechtskräftig, verbindlich, verpflichtend, vollgültig.

Kraftfahrzeug
Auto[mobil], Fahrzeug, Kfz, Personenwagen, Wagen; *(ugs.):* Benzinkutsche; *(Jargon):* Ofen; *(ugs. scherzh.):* fahrbarer Untersatz; *(salopp):* heißer Ofen, Kiste, Nuckelpinne, Schlitten; *(abwertend):* Karre; *(oft abwertend):* Vehikel.

kräftig
1. a) athletisch, baumstark, fest, kernig, kraftstrotzend, kraftvoll, markig, muskulös, robust, sehnig, stabil, stämmig, stark; *(geh.):* rüstig; *(ugs.):* bärenstark; *(ugs. emotional verstärkend):* riesenstark. **b)** abgehärtet, gesund, gut entwickelt, nicht anfällig, unempfindlich, widerstandsfähig.
2. a) gehörig, groß, heftig, immens, stark; *(bildungsspr.):* vehement; *(ugs.):* fest, ordentlich, tüchtig; *(emotional):* gewaltig; *(oft emotional):* riesig; *(ugs. emotional verstärkend):* mordsmäßig; *(nordd.):* doll. **b)** grell, intensiv, lebhaft, leuchtend, saftig, satt, schreiend; *(ugs.):* knallig.

kraftlos
energielos, entkräftet, erschöpft, flügellahm, geschwächt, lasch, marklos, matt, ohne Kraft, schwach, schwächlich; *(geh.):* ermattet; *(ugs.):* schlaff, schlapp; *(salopp):* ausgelutscht.

kraftvoll
a) athletisch, baumstark, fest, kernig, kräftig, kraftstrotzend, markig, muskulös, robust, sehnig, stabil, stämmig, stark; *(geh.):* rüstig; *(ugs.):* bärenstark; *(ugs. emotional verstärkend):* riesenstark. **b)** druckvoll, mächtig, mit viel Kraft, mit vollem Druck, mit voller Wucht, wuchtig; *(Sport):* knallhart.

krallen
a) an sich nehmen, rauben, stehlen, wegnehmen; *(geh.):* entwenden; *(schweiz.):* feken; *(ugs.):* an sich bringen, zappzarapp machen; *(fam.):* stibitzen. **b)** aufgreifen, dingfest machen, ergreifen, fassen, greifen, packen; *(ugs.):* beim Wickel packen, erwischen, kriegen, schnappen.

Kram
Talmi; *(österr.):* Graffelwerk; *(ugs.):* Klimbim, Krimskrams; *(abwertend):* Gerümpel, Hokuspokus; *(veraltend):* Tand; *(Jargon):* Stuff.

kramen
a) durchsuchen, durchwühlen, fischen, graben, suchen; *(ugs.):* durchstöbern, herumkramen, herumstöbern, herumsuchen, herumwühlen.
b) herausholen, hervorholen, hervorsuchen; *(ugs.):* auskramen, [heraus]fischen, hervorkramen.

krampfhaft
1. krampfartig.
2. beharrlich, bis zum Äußersten/Letzten, gewaltsam, hartnäckig, mit allen Mitteln, mit aller Kraft, verbissen, verzweifelt, zäh.

krank
angegriffen, angeschlagen, arbeitsunfähig, bettlägerig, dienstunfähig, elend, erkrankt, fiebrig, geschwächt, kränkelnd, kränklich, leidend, mitgenommen, nicht gesund, pflegebedürftig, schwach auf den Beinen, sterbenskrank, todkrank, unpässlich, unwohl; *(geh.):* hinfällig, siech; *(bildungsspr.):* indisponiert.

kränken
beleidigen, brüskieren, demütigen, einen Stich versetzen, erniedrigen, herabsetzen, herabwürdigen, [im Innersten] treffen, schmerzen, verletzen, verwunden; *(geh.):* schmähen, verunglimpfen; *(bildungsspr.):* diffamieren, diskreditieren, diskriminieren; *(ugs.):* wehtun.

Krankenhaus
Heilstätte, Hospital, Klinik, Klinikum, Lazarett; *(schweiz.):* Krankenheim.

Krankenwagen
Klinomobil, Notarztwagen, Rettungswagen, Sanitätswagen, Unfall[transport]wagen; *(österr.):* Rettung; *(schweiz.):* Sanität; *(ugs.):* Krankenauto, Rettungsauto, Sanitätsauto.

krankhaft
abnorm, anomal, extrem, maßlos, übermäßig.

Krankheit
Beschwerden, Erkrankung, Leiden, Schmerz[en], Seuche, Störung, Übelbefinden, Unpässlichkeit, Unwohlsein, Verletzung; *(geh.):* Gebrechen, Siechtum; *(meist geh.):* Übel; *(bildungsspr.):* Indisposition; *(ugs.):* Wehwehchen; *(ugs. scherzh.):* Zipperlein.

kränklich
angegriffen, angekränkelt, angeschlagen, elend, empfänglich, empfindlich, gebrechlich, geschwächt, immunschwach, kraftlos, kränkelnd, [krankheits]anfällig, mitgenommen, nicht widerstandsfähig, schwach, schwächlich, zart.

krankmachen
der Arbeit fernbleiben; *(ugs.):* blaumachen, schwänzen, seine Grippe nehmen; *(ugs. scherzh.):* krankfeiern.

Kränkung
Beleidigung, Brüskierung, Demütigung, Entwürdigung, Erniedrigung, Herabsetzung, Herabwürdigung, Schmach, Verletzung; *(geh.):* Schmähung, Verunglimpfung; *(bildungsspr.):* Diffamierung, Diskreditierung, Diskriminierung.

krass
1. auffallend, auffällig, augenfällig, ausgeprägt, deutlich, drastisch, eklatant, extrem, markant, offenkundig, unübersehbar; *(bildungsspr.):* evident.
2. ausgezeichnet, fantastisch, genial, grandios, großartig, hervorragend, phänomenal, überwältigend; *(ugs.):* einsame Spitze, klasse, mega, prima, stark, super, toll; *(salopp):* [echt] cool; *(Jugendspr.):* fett.

Kratzer
1. [Haut]abschürfung, Kratzspur, Riss, Ritz, Schramme; *(ugs.):* Ritzer.
2. Schaber.

kraus
chaotisch, durcheinander, konfus, ohne Zusammenhang, ungeordnet, ungereimt, unklar, unübersichtlich, unverständlich, unzusammenhängend, verworren, wirr, zusammenhanglos; *(bildungsspr.):* diffus; *(ugs.):* drunter und drüber, wie Kraut und Rüben; *(emotional):* kunterbunt.

Krawall
1. Auflehnung, Aufruhr, Aufstand, Ausschreitung, Erhebung, Protest, Rebellion, Revolte, Tumult, Übergriff, Unruhen; *(schweiz.):* Unrast; *(bildungsspr.):* Insurrektion.
2. Gepolter, Lärm; *(ugs.):* Rabatz, Rambazamba, Randale; *(salopp):* Radau; *(oft abwertend):* Getöse.

kreativ
einfallsreich, erfinderisch, erfindungsreich, fantasiereich, fantasievoll, findig, geistreich, genial, gestalterisch, ideenreich, künstlerisch, originell, produktiv, schöpferisch; *(bildungsspr.):* ingeniös, konstruktiv; *(bes. Fachspr.):* innovativ.

Kreatur
Geschöpf, [Lebe]wesen.

Kredit
Anleihe, Darlehen, Hypothek.

kreieren
ausklügeln, designen, eine Erfindung machen, sich einfallen lassen, entdecken, entwerfen, entwickeln, erdenken, erfinden, ergrübeln, erklügeln, gestalten, gründen, hervorbringen, ins Leben rufen, konstruieren, konzipieren, schaffen, sich überlegen; *(bildungsspr.):* generieren; *(ugs.):* ausklamüsern, austüfteln; *(Jargon):* stylen.

Kreis
1. Hof, Kranz, Ring.
2. Arbeitsgruppe, Arbeitskreis, Ausschuss, Beirat, Expertengruppe, Forum, Gremium, Gruppierung, Komitee, Kommission, Rat, Stab, Team, Zirkel.
3. Bezirk, Distrikt, Verwaltungsbezirk.

kreischen
brüllen, lärmen, schreien; *(abwertend):* johlen, plärren.

kreisen
a) sich drehen, sich im Kreis bewegen, rollen, rotieren, umlaufen, wirbeln, zirkulieren; *(nordd.):* krüseln. **b)** anbelangen, behandeln, sich bewegen, sich beziehen, die Rede sein, sich drehen um, gehen um, handeln, zum Gegenstand/Thema haben, zu tun haben. **c)** herumgereicht werden, sich herumsprechen, in Umlauf sein, kursieren, umgehen, unter die Leute kommen, weitergegeben/weitervermittelt werden, [weiter]verbreitet werden, zirkulieren; *(ugs.):* die Runde machen, herumgehen.

Kreislauf
Abfolge, Ablauf, Aufeinanderfolge, Folge, Nach-

einander, Ordnung, Reihenfolge, Zirkulation, Zyklus; *(bildungsspr., Fachspr.):* Sequenz.

krepieren
eingehen, sterben, verenden.

Kreuz
1. Kruzifix; *(südd., österr.):* Herrgott.
2. Rücken; *(ugs.):* Buckel; *(salopp):* Ranzen.
3. Ballast, Belastung, Druck, Elend, Kummer, Last, Leid, Mühe, Problem, Qual, Schmerz, Sorge; *(geh.):* Beschwernis, Bürde, Geißel, Joch, Mühsal, Pein; *(bildungsspr.):* Krux.

kreuzen
1. übereinanderschlagen, verschränken.
2. durchgehen, durchlaufen, durchqueren, durchziehen, passieren; *(geh.):* durchkreuzen.
3. paaren, züchten.

kribbeln
jucken, kitzeln, kratzen, prickeln; *(ugs.):* krabbeln.

kriechen
1. krabbeln, robben.
2. sich einschmeicheln, hofieren, unterwürfig sein; *(abwertend):* buckeln, katzbuckeln.

Krieg
bewaffneter Konflikt, Fehde, Gefecht, Kampfhandlungen, kriegerische/militärische Auseinandersetzung, militärischer Konflikt, Schlacht.

kriegen ↗
1. a) abbekommen, bekommen, empfangen, erhalten, erlangen, erreichen, erringen, erteilt/gewährt werden, erwirken, gewinnen, sich verschaffen, zufallen, zufließen, zugestanden werden, zuteilwerden; *(geh.):* davontragen; *(ugs.):* abkriegen, einheimsen, ergattern, erwischen, kommen zu. **b)** sich anstecken, befallen werden, bekommen, davontragen, wegbekommen, sich zuziehen; *(ugs.):* sich einfangen, sich einhandeln, sich holen.
2. a) bewältigen, fertigbekommen, fertigbringen, meistern, schaffen; *(ugs.):* deichseln, fertigkriegen, geregelt kriegen, hinbekommen, hinbringen, hinkriegen, managen, packen, schmeißen, über die Bühne bringen; *(salopp):* schaukeln. **b)** dingfest machen, ergreifen, erhaschen, fangen, fassen, festnehmen, greifen, packen; *(geh.):* habhaft werden; *(ugs.):* am/beim Schlafittchen fassen/nehmen/packen, am/beim Wickel fassen/nehmen/packen, erwischen, kassieren, schnappen.

kriminell
a) skrupellos, straffällig, verbrecherisch; *(geh.):* frevelhaft, verwerflich; *(Fachspr.):* delinquent.
b) gegen das Gesetz verstoßend, gesetzwidrig, illegal, irregulär, missbräuchlich, ordnungswidrig, rechtswidrig, strafbar, unerlaubt, ungesetzlich, unrechtmäßig, unzulässig, verboten, verfassungswidrig, widerrechtlich; *(geh.):* unstatthaft; *(bildungsspr.):* illegitim.

Krise
Ausweglosigkeit, Dilemma, Kalamität, kritische Situation, Not[lage], Sackgasse, Schwierigkeiten, Tiefpunkt, Tiefstand, Zwangslage; *(geh.):* Bedrängnis; *(bildungsspr.):* Malaise, Misere; *(ugs.):* Bredouille, Klemme, Schlamassel.

Kriterium
Besonderheit, Eigenschaft, Kennzeichen, Merkmal, Zeichen; *(bildungsspr.):* Attribut, Charakteristikum, Signum, Symptom.

Kritik
1. Beanstandung, Bemängelung, Missbilligung, Tadel; *(österr.):* Beanständung; *(abwertend):* Beckmesserei, Nörgelei.
2. Begutachtung, Besprechung, Beurteilung, Einschätzung, [kritische] Würdigung, Rezension, Verriss.

Kritiker, Kritikerin
1. *(abwertend):* Beckmesser, Beckmesserin, Krittler, Krittlerin, Mäkler, Mäklerin, Nörgler, Nörglerin; *(bildungsspr. abwertend):* Kritikaster, Kritikasterin.
2. Begutachter, Begutachterin, Besprecher, Besprecherin, Rezensent, Rezensentin.

kritisch
1. a) beurteilend, prüfend, unterscheidend; *(bildungsspr.):* differenziert. **b)** abfällig, ablehnend, abschätzig, geringschätzig, herabsetzend, missbilligend, tadelnd, verächtlich, vernichtend; *(geh.):* despektierlich.
2. bedenklich, bedrohlich, besorgniserregend, ernst, gefährlich, gefahrvoll, heikel, problematisch, schwierig; *(bildungsspr.):* prekär; *(ugs.):* brenzlig, heiß, mulmig.

kritisieren
1. begutachten, besprechen, beurteilen, bewerten, eine Besprechung/Kritik/Rezension schreiben, [kritisch] würdigen, rezensieren, urteilen.
2. angreifen, attackieren, auszusetzen geben/haben, beanstanden, bemängeln, Kritik üben, missbilligen, monieren, rügen, tadeln; *(österr.):* beanständen; *(geh.):* schelten; *(ugs.):* anmeckern, bemäkeln, herumkritisieren; *(abwertend):* [be]kritteln, mäkeln, nörgeln.

BSP In den Kommentaren wird vor allem die unglaubwürdige Schlussszene des Films angegriffen. Diese Entscheidung kann ich nicht akzeptieren/hinnehmen.

kritzeln
schlecht/unleserlich schreiben; *(schweiz.):* kratzeln; *(ugs.):* krickeln.

krönen
1. die Krone aufsetzen; *(bildungsspr.):* inthronisieren.
2. bekrönen, beschließen, den abschließenden Höhepunkt bilden, vollenden.

Krümel
Krumen; *(ugs.):* Brösel.

krümeln
bröckeln, bröseln, zerbröseln, zerfallen, zerkrümeln.

krumm
1. gebogen, gekrümmt, nicht gerade, verbogen, verkrümmt, wie ein Fragezeichen; *(ugs. scherzh.):* wie ein Affe auf dem Schleifstein.
2. gesetzwidrig, illegal, rechtswidrig, unerlaubt, ungesetzlich, unrechtmäßig, widerrechtlich; *(bildungsspr.):* illegitim; *(ugs.):* schwarz.

krümmen
beugen, biegen, krumm machen.

krümmen, sich
sich beugen, sich biegen, eine krumme Haltung/Form annehmen, gebogen werden, sich winden.

krummnehmen
nachtragen, nicht vergessen/verzeihen können, verübeln; *(geh.):* übel nehmen, übel vermerken, verargen, verdenken; *(ugs.):* in den falschen Hals/in die falsche Kehle bekommen.

Krüppel

> **!** Als Bezeichnung für körperbehinderte Menschen gilt *Krüppel* als stark diskriminierend. Um sich von konventionellen Behinderteninitiativen abzusetzen, verwenden jedoch einige Gruppen dieses Wort als Eigenbezeichnung.

Kruste
Belag, Schicht, Überzug.

Krux
Aber, kritischer Punkt, Pferdefuß, Problem, Problematik, Schwierigkeit, strittiger Punkt; *(ugs.):* Haken.

Kugel
Geschoss, Gewehrkugel, Kanonenkugel, Munition, Patrone, Pistolenkugel; *(Fachspr.):* Projektil.

kugeln
rollen, trudeln; *(ugs.):* kullern.

kühl
1. abgekühlt, ausgekühlt, frisch, kalt.
2. a) abweisend, frostig, kalt, reserviert, unterkühlt, zurückhaltend; *(bildungsspr.):* distanziert. **b)** emotionslos, fischblütig, kalt, leidenschaftslos, nüchtern, sachlich, vernunftbestimmt; *(bildungsspr.):* rational.

kühlen
a) abkühlen, kühl machen. **b)** auf Eis legen, erkalten lassen, kalt stellen, kalt werden lassen.

kühn
a) beherzt, couragiert, furchtlos, mutig, schneidig, unerschrocken, verwegen, waghalsig; *(geh.):* mannhaft, reckenhaft; *(leicht abwertend):* tollkühn; *(veraltend):* herzhaft, wacker. **b)** eigenwillig, gewagt, risikobehaftet, risikoreich, riskant.

kulant
entgegenkommend, gefällig, großzügig, kompromissbereit, umgänglich, verbindlich, wohlwollend; *(bildungsspr.):* konziliant.

kultiviert
gebildet, gesittet, sophisticated, vornehm, zivilisiert; *(bildungsspr.):* distinguiert.

Kultur
1. Bildung, Zivilisation.
2. a) Kultiviertheit, Verbesserung, Veredelung, Verfeinerung, Verschönerung, Vervollkommnung. **b)** Kultiviertheit, Lebensart, Lebensstil.

Kummer
a) Bekümmerung, Elend, Leid, Qual[en], Schmerz; *(geh.):* Bekümmernis, Betrübnis, Gram, Harm, Herzeleid, Herzweh, Pein, Seelenschmerz, Weh. **b)** Schwierigkeit, Sorge; *(geh.):* Kümmernis.

kümmerlich
1. klein, schwach, schwächlich, verkümmert.
2. gering, karg, knapp, mangelhaft, spärlich, unbefriedigend, ungenügend, unzureichend; *(geh.):* schmal; *(abwertend):* dürftig.

kümmern
1. angehen, bekümmern, berühren, betreffen, jmds. Sache sein, sorgen, von Bedeutung/Belang sein, zu tun haben; *(geh.):* anfechten; *(bildungsspr.):* tangieren; *(ugs.):* scheren.
2. sich nicht weiterentwickeln, schlecht gedeihen, verkümmern.

kümmern, sich
a) sich annehmen, sich bekümmern, sich bemühen, betreuen, helfen, [nach dem Rechten] sehen, sorgen, umsorgen, versorgen; *(geh.):* umhegen; *(ugs. scherzh.):* unter seine Fittiche nehmen; *(südd., österr.):* schauen. **b)** Aufmerksamkeit/Anteilnahme/Beachtung schenken, sich befassen, sich interessiert zeigen.

Kumpel
1. Bergarbeiter, Bergmann.
2. [Arbeits]kamerad, [Arbeits]kameradin, Be-

gleiter, Begleiterin, Bekannter, Bekannte, Freund, Freundin, Gefährte, Gefährtin, Kompagnon, Vertrauter, Vertraute; *(ugs.):* Kumpan, Kumpanin; *(Jargon):* Homie; *(geh., oft scherzh.):* Intimus, Intima; *(ugs. scherzh.):* Kumpeline, Sozius, Sozia; *(veraltend):* Genosse, Genossin.

Kunde, Kundin
Abnehmer, Abnehmerin, Ankäufer, Ankäuferin, Auftraggeber, Auftraggeberin, Bezieher, Bezieherin, Käufer, Käuferin, Klient, Klientin, Kundschaft.

Kundendienst
a) Besucherservice, Kundenberatung, Kundentelefon, Service[angebot], Serviceleistung; *(österr.):* Servicierung. **b)** Servicebüro.

Kundgebung
Aufmarsch, Demonstration, Manifestation, Massenversammlung, Protestaktion; *(Jargon):* Demo.

kundig
auf der Höhe, belesen, beschlagen, bewandert, erfahren, fachmännisch, firm, fit, geschickt, geübt, gewandt, informiert, kenntnisreich, kompetent, professionell, qualifiziert, routiniert, sachkundig, sattelfest; *(bildungsspr.):* versiert.

kündigen
a) aufheben, aufkündigen, auflösen, beenden, beendigen, einen Schlussstrich ziehen, einstellen, enden lassen, für beendet erklären, lösen, Schluss machen, zurücktreten von; *(geh.):* aufkünden, aufsagen, ein Ende bereiten/machen/setzen. **b)** abbauen, absetzen, entfernen, entlassen, fortschicken, suspendieren, wegrationalisieren; *(geh.):* von einem Amt/Dienst/Posten entbinden; *(ugs.):* auf die Straße setzen/werfen, den Laufpass geben, feuern, schassen; *(salopp):* abservieren; *(verhüll.):* freisetzen, freistellen, sich trennen. **c)** abdanken, sich abmelden, abtreten, aufhören, ausscheiden, austreten, ein Amt niederlegen, gehen, seinen Rücktritt erklären, zurücktreten; *(ugs.):* aussteigen, den Kram hinschmeißen, seinen Hut nehmen, sich verabschieden; *(südd., österr.):* ausstehen.

Kündigung
1. a) Abbau, Entfernung, Entlassung, Suspendierung; *(geh.):* Aufsagung; *(ugs.):* Hinauswurf, Rausschmiss, Rauswurf; *(salopp):* Abservierung; *(verhüll.):* Freisetzung, Freistellung, Trennung; *(veraltend):* Ablohnung. **b)** Entlassung, Kündigungsbrief, Kündigungsschreiben; *(ugs.):* blauer Brief; *(Jargon):* Pink Slip.
2. Abdankung, Abgang, Abtritt, Amtsniederlegung, Amtsverzicht, Fortgang, Rücktritt, Weggang.

Kundschaft
1. a) Abnehmerkreis, Käuferschaft, Klientenkreis, Kundenkreis, Kundenstamm, Verbraucherkreis; *(schweiz.):* Klientele. **b)** Interessent, Interessentin, Käufer, Käuferin, Klient, Klientin, Kunde, Kundin.
2. Benachrichtigung, Bestellung, Botschaft, Mitteilung, Nachricht, Verkündigung.

künftig
in Zukunft, nachfolgend, von nun an, weiterhin, zukünftig; *(österr.):* in Hinkunft; *(geh.):* ferner[hin], fortab, fortan; *(veraltend):* fort[hin].

Kunst
1. Gesamtwerk, [künstlerisches] Schaffen, Kunstwerk, Werk; *(geh.):* Schöpfung; *(bildungsspr.):* Œuvre.
2. Fähigkeit, Geschick, Können, Könnerschaft, [Kunst]fertigkeit, Meisterschaft; *(geh.):* Vermögen.

Künstler, Künstlerin
1. Schöpferin, Kunstschaffender, Kunstschaffende, Schöpfer; *(geh.):* Erschaffer, Erschafferin.
2. Experte, Expertin, Fachmann, Fachfrau, Meister, Meisterin; *(ugs.):* Ass; *(emotional verstärkend):* Spitzenkönner, Spitzenkönnerin.

künstlerisch
gestaltend, gestalterisch, kompositorisch, produktiv, schöpferisch; *(bildungsspr.):* konstruktiv, kreativ.

künstlich
a) chemisch, falsch, gefälscht, imitiert, nachgeahmt, nachgebildet, nicht natürlich, unecht; *(bildungsspr.):* artifiziell, nicht authentisch; *(ugs.):* gefakt, nachgemacht. **b)** blumenreich, blumig, geblümt, gekünstelt, gequält, gewollt, gewunden, gezwungen, unecht, unnatürlich, zwanghaft; *(bildungsspr.):* affektiert, artifiziell, preziös, theatralisch; *(abwertend):* geschwollen, gespreizt, gestelzt, geziert, schwülstig; *(bildungsspr. abwertend):* konstruiert, manieriert.

Kunststück
a) akrobatische Darbietung, Dressur[nummer], [Zirkus]nummer. **b)** besondere Leistung, Glanzleistung, Glanztat, Kunst.

kunstvoll
a) gekonnt, kunstreich, meisterhaft, mit handwerklichem/künstlerischem Geschick, raffiniert. **b)** ausgeklügelt, clever, geschickt, raffiniert, trickreich, wohldurchdacht; *(ugs.):* ausgetüftelt, tricky.

kunterbunt
a) farbenfreudig, farbenfroh, farbenprächtig,

farbig, in Farbe, koloriert, mehrfarbig, poppig, scheckig, vielfarbig; *(ugs.)*: knallig; *(ugs. emotional verstärkend)*: knallbunt. **b)** abwechslungsreich, gemischt, reichhaltig, verschiedenartig, verschiedengestaltig, vielfältig, vielförmig, vielgestaltig, vielseitig; *(geh.)*: mannigfaltig; *(Fachspr.)*: polymorph.

Kuppe
[Berg]gipfel, [Berg]spitze; *(dichter.)*: Bergesgipfel; *(südd., österr., schweiz.)*: Gupf.

Kuppel
Gewölbe, Wölbung.

kurbeln
abrollen, drehen; *(ugs.)*: leiern.

kurieren
erfolgreich behandeln, gesund machen, heilen, retten, wiederherstellen; *(ugs.)*: durchbekommen, durchbringen, helfen, hinkriegen, hochbringen, über den Berg bringen, wieder auf die Beine bringen; *(fam.)*: aufpäppeln.

kurios
befremdend, bizarr, eigenartig, eigentümlich, kauzig, komisch, merkwürdig, seltsam, sonderbar, spleenig; *(geh.)*: befremdlich; *(bildungsspr.)*: exzentrisch, skurril; *(ugs.)*: abgedreht, schrullig, ulkig, verrückt; *(salopp)*: irre; *(nordd.)*: überspönig; *(veraltend)*: eigen.

Kurs
1. a) Fahrtrichtung, Flugrichtung, Richtung, Route, Weg. **b)** Linie, [Marsch]richtung, Vorgehensweise.
2. Bildungsmaßnahme, Fortbildung, Kursus, Lehrgang, Schulung, Seminar, Weiterbildung.

kursieren
in Umlauf sein, kreisen, umgehen, umlaufen, verbreitet werden, zirkulieren; *(ugs.)*: die Runde machen, herumgehen, sich herumsprechen, unter die Leute kommen.

Kurve
[Ab]biegung, Bogen, Kehre, Krümmung, Schleife, Serpentine, Wegbiegung, Wendung, Windung; *(schweiz.)*: Rank.

kurz ↗
1. a) klein. **b)** dicht, knapp, nahe.
2. flüchtig, für kurze Zeit, knapp, kurzfristig, kurzzeitig, von kurzer Dauer, vorübergehend, zeitweilig, zeitweise; *(bildungsspr.)*: temporär; *(ugs.)*: auf einen Sprung.
3. bündig, gedrängt, gerafft, in aller Kürze, knapp, komprimiert, mit wenigen Worten, verkürzt; *(bildungsspr.)*: lakonisch, lapidar, prägnant, summarisch.

kürzen
1. abbauen, Abstriche machen, begrenzen, beschneiden, beschränken, drosseln, drücken, einschränken, herabsetzen, reduzieren, schmälern, senken, verkleinern, vermindern, verringern; *(geh.)*: mindern; *(bildungsspr.)*: dezimieren; *(ugs.)*: downsizen, zusammenstreichen; *(bes. Fachspr.)*: limitieren.
2. auslassen, entfernen, fortlassen, herausstreichen, raffen, streichen, weglassen, wegstreichen; *(geh.)*: tilgen.

kurzerhand
bedenkenlos, durch einen Federstrich, einfach, kurz entschlossen, kurzweg; mir nichts, dir nichts; mit einem Federstrich, ohne Bedenken, ohne Umschweife, ohne Weiteres, ohne Zaudern, ohne zu zögern, rundheraus, schlicht; *(bildungsspr.)*: a limine, brevi manu; *(ugs.)*: glattweg, schlankweg.

kürzertreten
1. Anstrengungen vermeiden, auf seine Gesundheit achten, sich pflegen, sich schonen.
2. sich einschränken, haushalten, keine Ansprüche stellen, sparen, sich zufriedengeben, sich zurückhalten; *(geh.)*: sich bescheiden.

kurzfristig
a) abrupt, auf einmal, mit einem Mal, plötzlich, schlagartig, überraschend, unangekündigt, unerwartet, unvermittelt, unvermutet, unversehens, unvorhergesehen, von heute auf morgen, wie ein Blitz aus heiterem Himmel; *(ugs.)*: Knall auf Fall, von jetzt auf nachher.
b) bald, in kurzer Zeit, prompt, rasch, schnell, umgehend, unverzüglich; *(ugs.)*: auf die Schnelle; *(veraltend)*: alsbald. **c)** flüchtig, momentan, schnelllebig.

kürzlich
dieser Tage, jüngst, letztens, letzthin, neulich, unlängst, vor Kurzem, vor kurzer Zeit.

kurzsichtig
1. fehlsichtig, sehbehindert.
2. beschränkt, kurzatmig; *(ugs.)*: eng; *(abwertend)*: borniert, engstirnig.

GGS aufgeschlossen, mit Weitblick/Weitsicht, weitschauend, weltoffen.

---

kurzum
der langen Rede kurzer Sinn, kurz [und gut], um es kurz zu machen; *(scherzh.)*: kurz und klein.

kuschen
sich beugen, sich ergeben, sich fügen, kapitulieren; *(geh.)*: die Segel streichen, die Waffen strecken.

Kuss
Küsschen; *(ugs.)*: Schmatz; *(bes. südd.)*: Bussi.

küssen
abküssen, einen Kuss geben; *(ugs.):* abschmatzen, knutschen; *(ugs. scherzh.):* schnäbeln.

Küste
a) Küstenstreifen, Strand, Ufer; *(dichter.):* Gestade. **b)** Küstengebiet, Küstenland.

L

labberig
formlos, lasch, locker, schlaff; *(ugs.):* schlabberig, schwabbelig, wabbelig.

labern
sich auslassen, sich ergehen, schwadronieren, sich verbreiten; *(abwertend):* daherreden, [daher]schwatzen.

labil
anfällig, empfindlich, kränkelnd, krankheitsanfällig, kränklich, schwach, schwächlich, zart; *(schweiz.):* fehlbar.

lächeln
1. grinsen, schmunzeln; *(ugs.):* feixen, smilen; *(nordd.):* grienen.
2. belächeln, belachen, bespötteln, lachen, sich lustig machen; *(geh.):* sich belustigen; *(bildungsspr.):* sich mokieren; *(ugs.):* sich eins feixen/grinsen/lachen.

lachen
1. aus vollem Hals lachen, einen Lachanfall/Lachkrampf bekommen, ein Gelächter anstimmen, in Gelächter/Lachen ausbrechen, sich schieflachen, Tränen lachen; *(ugs.):* sich kaputtlachen, sich kranklachen, sich kringeln, sich kugeln vor Lachen, losprusten, wiehern; *(ugs. emotional):* sich krummlachen, sich totlachen; *(salopp):* sich einen Ast lachen.
2. ↑lächeln (2).

lächerlich
1. a) belustigend, drollig, erheiternd, komisch, lustig, spaßhaft, spaßig, zum Lachen; *(ugs.):* ulkig, zum Knallen/Piepen/Schreien; *(verstärkend):* urkomisch; *(ugs. emotional):* zum Totlachen. **b)** absurd, grotesk, närrisch, unsinnig; *(ugs.):* blödsinnig; *(salopp):* behämmert, bekloppt, beknackt, bescheuert, beschissen; *(abwertend):* albern, lachhaft, läppisch, töricht.
2. gering[fügig], klein, minimal, nicht der Rede wert, nicht nennenswert; *(abwertend):* armselig, dürftig, jämmerlich, kümmerlich, läppisch, lausig, schäbig; *(oft abwertend):* kläglich.

lackieren
beschmieren, bestreichen, einpinseln, Lack auftragen, lacken; *(ugs.):* bepinseln, pinseln; *(südd., österr.):* einlassen; *(nordd.):* beklieren.

laden
a) einladen, unterbringen, verladen, verstauen.
b) befrachten, beladen, bepacken, beschweren, vollladen, vollpacken; *(geh.):* aufbürden; *(salopp):* aufsacken.

Laden
a) [Einzelhandels]geschäft, Handel, Ladengeschäft, Shop; *(österr.):* Trafik; *(veraltend):* Handlung. **b)** Betrieb, Einrichtung, Lokalität, Örtlichkeit; *(geh.):* Etablissement; *(Jargon):* Location.

lädieren
ankratzen, anschlagen, beschädigen, in Mitleidenschaft ziehen, schadhaft machen, zurichten; *(ugs.):* ramponieren, verschandeln.

Ladung
Berg, Flut, Fülle, Lawine, Menge, Stapel, Stoß, Turm; *(geh.):* Kaskade, Meer; *(ugs.):* Batterie, Fuder, Haufen, Masse, Schwung; *(emotional verstärkend):* Unmenge; *(ugs. emotional verstärkend):* Unmasse.

Lage
1. Ort, Position, Standort, Stellung.
2. Gegebenheit, Gesamtlage, Interessenlage, Position, Sachlage, Situation, Stand [der Dinge]; *(bildungsspr.):* Konstellation, Status.
3. Belag, Film, Schicht, Überzug.
4. Runde; *(ugs.):* Lokalrunde.

Lage

in der Lage sein
beherrschen, die Möglichkeit haben, erreichen, fähig/imstande sein, können, vermögen.

Lager
1. Camp, Gefangenenlager, Heerlager, Internierungslager, Lagerstätte, Straflager.
2. Lagerplatz, Lagerstätte, Ruheplatz, Schlafplatz; *(geh.):* Lagerstatt, Nachtlager, Ruhestatt, Ruhestätte, Schlafstatt, Schlafstätte.
3. Arsenal, Lagerhalle, Lagerhaus, Lagerraum, Lagerstätte, Magazin, Vorratshaus, Vorratsraum, Warenlager.

lagern
1. a) campen, kampieren, sein Lager aufschlagen; *(österr., schweiz.):* campieren. **b)** [hin]legen, zur Ruhe legen; *(geh.):* betten, niederlegen.
2. ablagern, abstellen, aufbewahren, auf Lager legen/nehmen, deponieren, [ein]bunkern, einkellern, einlagern, einstellen, magazinieren, par-

ken, speichern, unterbringen, unterstellen, verwahren.

lahm

1. gehbehindert, gelähmt, unbeweglich.
2. a) bescheiden, halbherzig, lächerlich, lau, mager, mäßig, ungenügend, unzureichend; *(schweiz.):* halbbatzig; *(bildungsspr.):* insuffizient; *(abwertend):* armselig, dürftig, kümmerlich, läppisch, lausig. **b)** behäbig, lasch, müde, schwach, schwerfällig, träge; *(bildungsspr.):* lethargisch, phlegmatisch.

lähmen

blockieren, hemmen, hindern, im Weg sein/stehen, ins Stocken bringen, lahmlegen; *(bildungsspr.):* paralysieren.

lahmlegen

abstellen, aufhalten, außer Betrieb setzen, blockieren, lähmen, stilllegen, stoppen, stören, unmöglich machen, unterbinden, verhindern, zum Stehen/zum Stillstand bringen, zunichtemachen; *(bes. schweiz.):* verunmöglichen; *(geh.):* Einhalt gebieten/tun, zu Fall bringen; *(bildungsspr.):* obstruieren, paralysieren.

Lähmung

Blockierung, Stillstand, Unterbindung, Verhinderung; *(bildungsspr.):* Obstruktion, Paralyse, Stagnation.

Laie, Laiin

Amateur, Amateurin, Hobbykünstler, Hobbykünstlerin, Nichtfachmann, Nichtfachfrau, Nichtkundiger, Nichtkundige; *(bildungsspr.):* Dilettant, Dilettantin.

laienhaft

amateurhaft, dilettantisch, nicht fachgemäß, unfachmännisch, unprofessionell, unsachgemäß; *(oft abwertend):* handgestrickt.

lamentieren

ein Klagelied anstimmen/singen, jammern, klagen, schimpfen, stöhnen; *(geh.):* wehklagen; *(ugs.):* Ach und Weh schreien, herummeckern, motzen; *(salopp):* herummotzen; *(oft abwertend):* bejammern.

lammfromm

brav, duldsam, folgsam, fügsam, geduldig, gefügig, gehorsam, handzahm, lieb, milde, nachsichtig, sanft; *(ugs.):* kirre, zahm; *(veraltend):* gefügsam.

Lampenfieber

Angst, Aufregung, Beklemmung, Herzklopfen, innere Unruhe, Nervosität; *(ugs.):* Flattermann.

lancieren

aufbauen, bekannt machen, einführen, fördern, herausbringen, in Gebrauch nehmen, in Umlauf setzen, verbreiten; *(ugs.):* rausbringen; *(Jargon):* powern.

Land

1. Erde, Festland, Kontinent, Landmasse.
2. Baugrund, Bauland, Gelände, Grundbesitz, Grundstück, Grund und Boden, Landbesitz, Ländereien, Stück Land; *(bes. österr.):* Grund.
3. Bereich, Breiten, Fläche, Gebiet, Gegend, Gelände, Landschaft, Landstrich, Region, Terrain, Umkreis, Winkel, Zone; *(geh.):* Gefilde.
4. Nation, Reich, Staat, Staatsgebiet.

landen

1. ankommen, anlangen, aufkommen, aufsetzen, auftreffen, niedergehen.
2. eintreffen, erscheinen, kommen; *(österr.):* einlangen; *(ugs.):* eintrudeln.
3. erlangen, erreichen, erringen, erzielen; *(geh.):* davontragen, erstreiten, ertrotzen; *(ugs.):* einheimsen, ergattern, herausholen, herausschlagen.

landläufig

allgemein bekannt, eingebürgert, eingefahren, gängig, gang und gäbe, gebräuchlich, geläufig, herkömmlich, üblich, usuell, [weit]verbreitet.

ländlich

bäuerlich, dörflich, pastoral, rustikal; *(ugs.):* provinzlerisch.

Landschaft

Breiten, Gebiet, Gegend, Gelände, Land[strich], Natur, Region, Terrain, Zone; *(geh.):* Gefilde.

Landstreicher, Landstreicherin

Nichtsesshafter, Nichtsesshafte, Tramp; *(schweiz.):* Fecker, Feckerin, Übernächtler, Übernächtlerin; *(Jargon):* Berber, Berberin; *(oft abwertend):* Streuner, Streunerin; *(meist scherzh.):* Tippelbruder; *(veraltend):* Vagabund, Vagabundin.

Landstrich

Bereich, Bezirk, Distrikt, Ecke, Fläche, Gebiet, Gegend, Gelände, Land, Landesteil, Landschaft, Landschaftsgebiet, Raum, Region, Teil, Terrain, Territorium, Umkreis, Winkel, Zone; *(geh.):* Gefilde.

Landwirt, Landwirtin

Agronom, Agronomin, Bauer, Bäuerin, Bauersfrau, Farmer, Farmerin, Landfrau.

lang

1. a) ausgedehnt, groß, lang gestreckt/gezogen, länglich, nicht kurz, von beachtlicher Länge; *(ugs.):* ellenlang. **b)** ausführlich, eingehend, langatmig, langwierig, umfassend, weitschweifend, weitschweifig, wortreich; *(schweiz.):* einlässlich, langfädig; *(bildungsspr.):* in extenso, verbos.
2. anhaltend, dauerhaft, endlos, fortgesetzt,

fortwährend, jahrelang, lange, längerfristig, langfristig, langwierig, monatelang, nicht enden wollend, ohne Ende, seit Langem/Längerem, stundenlang, wochenlang; *(geh.)*: geraume Weile/Zeit, über Jahre/Jahrzehnte [hinweg]; *(ugs.)*: bis ultimo, eine [halbe] Ewigkeit, ewig; *(scherzh.)*: ewig und drei Tage.

lange

1. ↑lang (2).

2. beileibe, bei Weitem, durchaus, [ganz und] gar, längst, überhaupt.

Länge

1. a) Abmessung, Ausdehnung, Ausmaß, Breite, Erstreckung, Größe, Größenordnung, Höhe, Längsachse, Pferdelänge, Reichweite, Spanne, Strecke, Tiefe, Umfang, Vorsprung. **b)** Größe, hoher Wuchs, Körpergröße. **c)** Ausführlichkeit, Langatmigkeit, Umfang.

2. Andauer, Dauer, Erstreckung, Frist, Spanne, Weile, Zeit[abschnitt], Zeitdauer, Zeitraum, Zeitspanne.

langen

1. ausreichen, ausreichend vorhanden sein, genügen, reichen; *(österr.)*: sich ausgehen.

2. sich entlangziehen, sich erstrecken, gehen bis, sich hinziehen, reichen.

3. ergreifen, fassen, greifen, herausholen, herunterholen, holen, [in die Hand] nehmen, packen; *(ugs.)*: grapschen; *(veraltend)*: haschen.

Langeweile

Antriebslosigkeit, Einerlei, Einförmigkeit, Eintönigkeit, Gleichförmigkeit, innere Leere, Monotonie, Öde, Reizlosigkeit, Schwunglosigkeit, Stumpfsinn, Stumpfsinnigkeit, Trostlosigkeit, Überdruss, Unlust, Unlustgefühl, Unterforderung; *(geh.)*: Ödnis; *(bildungsspr.)*: Tristesse, Tristheit; *(abwertend)*: Fadheit.

langfristig

anhaltend, auf lange/längere Sicht, beständig, bleibend, dauerhaft, fortgesetzt, fortwährend, für lange/längere Zeit, jahrelang, längerfristig, langwierig, mehrjährig, mit langer Laufzeit, monatelang, nachhaltig, perspektivisch, stundenlang, über Jahre/Monate hinweg, vieljährig, vorausschauend, weitsichtig, wochenlang, zukunftsorientiert; *(geh.)*: geraume Weile/Zeit, über Jahre/Jahrzehnte hinweg.

langjährig

alt, anhaltend, ausdauernd, beständig, dauerhaft, fortgesetzt, fortlaufend, fortwährend, für lange/längere Zeit, jahrelang, kontinuierlich, längerfristig, langfristig, mehrjährig, stetig, treu, vieljährig; *(geh.)*: über Jahre/Jahrzehnte [hinweg].

langlebig

a) hartnäckig, unauflösbar, unauflöslich, unausrottbar, zäh. **b)** beständig, fest, haltbar, konserviert, krisenfest, krisensicher, robust, sicher, solide, stabil, strapazierfähig, unverwüstlich, unzerstörbar, wertbeständig, widerstandsfähig; *(österr.)*: strapazfähig; *(bildungsspr.)*: durabel, konsistent; *(ugs.)*: dankbar; *(scherzh.)*: nicht totzukriegen.

Langmut

Ausdauer, Beharrlichkeit, Beherrschung, Beständigkeit, Durchhaltevermögen, Durchstehvermögen, Engelsgeduld, Fassung, Friedfertigkeit, Geduld, Gefasstheit, Gelassenheit, Milde, Ruhe, Selbstbeherrschung, Selbstdisziplin, Zurückhaltung; *(bildungsspr.)*: Stoizismus, Toleranz; *(veraltend)*: Gleichmut.

[1]längs

am Rand, an/auf der Seite, entlang, neben.

[2]längs

der Länge/Längsachse nach, in Längsrichtung, nicht quer, von oben nach unten [gemessen]; *(Fachspr.)*: longitudinal.

langsam

1. bedächtig, gebremst, gedrosselt, gelassen, gemächlich, gemessen, gemessenen Schrittes, gemütlich, geruhsam, im Schritttempo, in aller Ruhe, in gemäßigtem/herabgesetztem Tempo, kriechend, mit geringer Geschwindigkeit, mit niedriger Geschwindigkeit, nicht rasch/schnell, ohne Eile/Hast, ruhig, stockend, verzögert, zäh, zögernd; *(ugs.)*: im Schneckentempo, sachte.

2. behäbig, nicht flink, schleppend, schwerfällig, schwunglos, träge, umständlich; *(geh.)*: saumselig; *(bildungsspr.)*: lethargisch, phlegmatisch; *(ugs.)*: langweilig; *(veraltend)*: betulich.

3. allmählich, etappenweise, graduell, im Lauf der Zeit, in Etappen, in kleinen Schritten, mit der Zeit, nach und nach, nicht auf einmal, peu à peu, schleichend, Schritt für Schritt, schrittweise, stückchenweise, Stück für Stück, stückweise, stufenweise; *(bildungsspr.)*: sukzessive; *(ugs.)*: sachte, scheibchenweise.

längst

1. bereits, [lange] schon, lange vorher, längstens, nicht erst seit gestern, schon [lange], seit geraumer Zeit, seit Langem/Längerem, seit langer/längerer Zeit; *(ugs.)*: seit Ewigkeiten.

2. beileibe, bei Weitem, durchaus, [ganz und] gar, lange, überhaupt.

längstens

a) allenfalls, äußerstenfalls, höchstenfalls, höchstens, im äußersten Fall, im Höchstfall, nicht länger als, nicht mehr als, wenn es hoch kommt; *(bildungsspr.):* im Maximum, maximal. **b)** ↑längst (1).

langweilen
einschläfern, ermüden, Überdruss bereiten, überdrüssig sein/werden; *(ugs.):* anöden, öden.

langweilen, sich
aus Langeweile einschlafen, Langeweile empfinden/haben, Überdruss empfinden, überdrüssig sein/werden, vor Langeweile einschlafen; *(ugs.):* angeödet sein, Däumchen drehen, die Zeit totschlagen, sich mopsen, nichts mit sich anfangen können.

langweilig
abwechslungslos, ausdruckslos, bieder, blass, blässlich, brav, einerlei, einfallslos, einförmig, einschläfernd, eintönig, ereignislos, ermüdend, fantasielos, farblos, geistlos, geisttötend, gleichförmig, grau, harmlos, hausbacken, monoton, nichtssagend, öde, ohne [jeden] Reiz, reizlos, schal, spannungslos, spaßfrei, stumpfsinnig, trocken, trostlos, uninteressant, unoriginell; *(bildungsspr.):* ennuyant, trist; *(ugs.):* zahm; *(emotional verstärkend):* sterbenslangweilig; *(abwertend):* fade; *(bildungsspr. abwertend):* stupide.

langwierig
anhaltend, dauerhaft, endlos, hartnäckig, jahrelang, lang, lange dauernd, längerfristig, langfristig, langjährig, mehrjährig, monatelang, nicht enden wollend, ohne Ende, schleichend, schleppend, stundenlang, wochenlang, zeitraubend; *(ugs.):* ewig.

Lappalie
Bagatelle, Belanglosigkeit, Geringfügigkeit, Kinderspiel, Kleinigkeit, Nebensächlichkeit, Spiel[erei]; *(geh.):* Nichtigkeit; *(bildungsspr.):* Quisquilien; *(ugs.):* Kinkerlitzchen, Klacks, Läpperei, Pappenstiel; *(abwertend):* Lächerlichkeit.

läppisch
klein, [lächerlich] gering, nicht der Rede wert, unbedeutend, wertlos; *(abwertend):* armselig, dürftig, jämmerlich, kümmerlich, lausig, schäbig.

Laptop
Computer, Mobilcomputer, Notebook, PC, Personal Computer, Rechner.

Lärm
Geräusch[pegel], Krach, Lautheit, Lautstärke, Schall, Unruhe; *(salopp):* Radau; *(ugs. emotional verstärkend):* Heidenlärm, Höllenlärm, Mordskrach, Riesenkrach; *(oft abwertend):* Getöse; *(Fachspr.):* Schallemission.

lärmen
donnern, dröhnen, knallen, knattern, Krach/Lärm machen, krachen, laut klingen/tönen, laut sein, poltern, schallen, schreien, tosen; *(geh.):* grollen; *(ugs.):* rumoren; *(oft abwertend):* ein Geschrei erheben.

lasch
energielos, inaktiv, nachlässig, nicht gewissenhaft/gründlich/sorgfältig, ohne Energie/Tatkraft, schwunglos, träge; *(bildungsspr.):* lethargisch, phlegmatisch; *(ugs.):* abgeschlafft, schlaff; *(oft abwertend):* lax.

lassen
1. anordnen, anregen, anweisen, Auftrag vergeben, beauftragen, befehlen, Befehl erteilen/geben, bewirken, heißen, herbeiführen, sagen, sorgen für, übertragen, veranlassen, verursachen, vorschreiben; *(geh.):* gebieten.
2. akzeptieren, bewilligen, billigen, die Erlaubnis erteilen/geben, die Möglichkeit geben, dulden, erlauben, ermöglichen, genehmigen, gestatten, gewähren, gönnen, möglich machen, nicht hindern, nicht verweigern, zugestehen, zulassen; *(geh.):* nicht versagen.
3. behalten, belassen, hängen/liegen/stehen lassen, zurücklassen.
4. ablassen von, absehen, aufhören, bleiben lassen, einstellen, sich ersparen, unterlassen; *(geh.):* Abstand nehmen, sich enthalten, entsagen, sich versagen.

lässig
a) aufgelockert, bequem, entkrampft, entspannt, formlos, lässig, leger, locker, natürlich, salopp, unbefangen, unförmlich, ungezwungen, unverkrampft, zwanglos; *(bildungsspr.):* informell; *(ugs.):* relaxed; *(salopp):* cool. **b)** ausgezeichnet, großartig, hervorragend; *(ugs.):* bärig, bombig, doll, famos, fantastisch, toll, traumhaft; *(salopp):* affengeil, brutal; *(ugs. emotional):* schick; *(ugs. emotional verstärkend):* wahnsinnig; *(oft emotional):* riesig; *(meist iron.):* glorios, glorreich.

Last
1. Ballast, Belastung, Druck, Gewicht, Masse, Schwere; *(geh.):* Bürde.
2. Abgabe, finanzielle Belastung, Steuer.

lasten
a) bedrücken, beklemmen, bekümmern, quälen, traurig machen, zu schaffen machen; *(geh.):* auf der Seele liegen, niederdrücken; *(ugs.):* [schwer] im Magen liegen. **b)** anhaften; *(geh.):* anhängen.

[1]**Laster** ↑Lastkraftwagen.

[2]**Laster**
Angewohnheit, Ausschweifung, Eigenheit, schlechte Gewohnheit, Schwäche, schwacher

Punkt, Sucht, Sünde, Untugend, Verirrung, wunder Punkt; *(abwertend):* Unsitte.

lasterhaft
ausschweifend, frivol, genusssüchtig, hemmungslos, schamlos, sittenlos, sündig, unanständig, unmoralisch, unzüchtig, verdorben, zügellos; *(geh.):* sündhaft, unschicklich, verwerflich, verworfen; *(abwertend):* liederlich; *(veraltend):* lose.

lästern
abfällig/schlecht reden, schlechtmachen; *(bildungsspr.):* sich mokieren; *(ugs.):* herziehen über, ratschen; *(abwertend):* gehässig reden, hetzen.

lästig
ärgerlich, aufdringlich, hinderlich, im Weg, leidig, misslich, nachteilig, störend, übergriffig, unangenehm, unerfreulich, unerwünscht, zudringlich; *(schweiz.):* bemühend, ungefreut; *(geh.):* unerquicklich; *(ugs.):* nervig; *(abwertend):* schmarotzerhaft; *(bildungsspr. abwertend):* parasitär.

Lastkraftwagen
Lastwagen, Lastzug, Lkw, Sattelzug; *(schweiz.):* Camion; *(ugs.):* Brummer, Laster; *(ugs. scherzh.):* Brummi.

latent
nicht offenkundig, nicht sichtbar, schlummernd, unbemerkt, unmerklich, unsichtbar, unter der Oberfläche, unterschwellig, verborgen, verdeckt, verhüllt, verkappt, verschleiert, versteckt.

Latte
Brett, Leiste, Planke.

lau
1. a) handwarm, lauwarm, leicht temperiert, mäßig warm. **b)** mild, nicht kalt, nicht rau; *(geh.):* lind.
2. gleichgültig, halbherzig, interesselos, lustlos, ohne Begeisterung/Interesse/Lust, teilnahmslos, unentschlossen, ungerührt, uninteressiert, unsicher; *(geh.):* mit halbem Herzen; *(bildungsspr.):* desinteressiert.

Laub
Belaubung, Blätter, Blattwerk; *(geh.):* Blätterdach, Blätterschmuck, Laubwerk.

lauern
a) auflauern, belauern, im Hinterhalt liegen/warten, nachspionieren; *(ugs.):* auf der Lauer liegen, sich auf die Lauer legen. **b)** abpassen, ausschauen, warten; *(geh.):* harren; *(nachdrücklich):* Ausschau halten.

Lauf
1. Rennen, Wettlauf, Wettrennen.
2. a) Ablauf, Bahn, Fluss, Hergang, Strom, Verlauf, Weg. **b)** Aufeinanderfolge, Entwicklung, Folge, Fortgang, Nacheinander, Prozess.

Laufbahn
a) Berufslaufbahn, Berufsweg, Entwicklungsgeschichte, Lebenslauf, Lebensweg, Werdegang; *(bildungsspr.):* Vita. **b)** Aufstieg, Karriere, Werdegang.

laufen ≠
1. a) eilen, fegen, hetzen, jagen, preschen, rennen, sausen, schießen, stürmen, wieseln; *(geh.):* fliegen, hasten, stieben; *(ugs.):* die Beine in die Hand/unter die Arme nehmen, düsen, flitzen, pesen, rasen, schwirren, sprinten, spritzen, spurten, wetzen; *(salopp):* gasen; *(südd., schweiz.):* springen. **b)** sich fortbewegen, gehen; *(geh.):* schreiten. **c)** marschieren, spazieren [gehen], wandern, zu Fuß gehen.
2. angeschaltet/angestellt/eingeschaltet sein, arbeiten, funktionieren, gehen, in Betrieb/Funktion/Gang sein; *(ugs.):* an sein, tun.
3. ablaufen, sich abspielen, sich ereignen, erfolgen, geschehen, passieren, seinen Verlauf nehmen, stattfinden, verlaufen, sich vollziehen, vonstattengehen, vor sich gehen; *(geh.):* sich begeben, sich zutragen; *(ugs.):* abgehen, los sein, über die Bühne gehen.

BSP Der Vorfall hat sich am Nachmittag ereignet. Die Aufführung findet im Burgtheater statt.

laufend
a) andauernd, anhaltend, beständig, bleibend, dauernd, fest, fortdauernd, fortgesetzt, fortlaufend, fortwährend, immer, immerzu, in einem fort, konstant, pausenlos, permanent, regelmäßig wiederkehrend, ständig, stetig, stets, unablässig, unausgesetzt, unentwegt; *(bildungsspr., Fachspr.):* kontinuierlich; *(ugs.):* in einer Tour; *(salopp):* am laufenden Meter. **b)** aktuell, derzeitig, gegenwärtig, gerade ablaufend/erscheinend.

laufend

auf dem Laufenden sein
beschlagen sein, sich [bestens] auskennen, bewandert sein, Einblick haben, gut Bescheid wissen, gut informiert sein, im Bilde sein, im Griff haben, Kenntnis haben, überblicken, umzugehen wissen, unterrichtet sein, vertraut sein, wissen, zu Hause sein; *(ugs.):* den Durchblick haben, durchblicken.

laufen lassen
auf freien Fuß setzen, die Freiheit schenken/[wieder]geben, entlassen, fortlassen, freigeben,

freilassen, freisetzen, losgeben, loslassen, [weg]gehen lassen; *(schweiz.):* springen lassen; *(ugs.):* herauslassen; *(südd., österr.):* auslassen.

Laune
a) Gemütslage, Gemütsverfassung, Gemütszustand, Stimmung. **b)** gereizte Stimmung, Gereiztheit, Launenhaftigkeit, schlechte Laune, Übellaunigkeit, Verstimmung; *(salopp):* Stinklaune. **c)** Anwandlung, Einfall, Gedanke, Grille, Idee, Kapriole, Spleenigkeit; *(geh.):* Caprice, Eingebung; *(bildungsspr.):* Inspiration; *(ugs.):* Flause, Geistesblitz; *(ugs. scherzh.):* Gedankenblitz.

launisch
grillenhaft, kapriziös, launenhaft, unausgeglichen, unberechenbar, unbeständig, voller Launen, wetterwendisch; *(geh.):* unstet; *(abwertend):* flatterhaft; *(geh. abwertend):* wankelmütig; *(ugs. abwertend):* zickig.

lauschen
a) horchen, hören, mit anhören, mithören; *(ugs.):* die Ohren spitzen, lange Ohren machen; *(ugs. scherzh.):* die Ohren aufsperren; *(salopp):* die Löffel spitzen. **b)** sich anhören, an jmds. Lippen hängen, hinhören, horchen, hören, zuhören; *(ugs.):* ganz Ohr sein.

lausig
a) katastrophal, schlecht, schlimm, unangenehm, widerwärtig; *(geh.):* übel; *(emotional):* miserabel. **b)** gering[fügig], minimal, nicht ins Gewicht fallend, nicht nennenswert, unbedeutend, unbeträchtlich, verschwindend; *(abwertend):* lächerlich, schäbig.

Laut
Geräusch, Klang, Ton; *(geh.):* Hall, Schall; *(ugs.):* Mucks, Muckser, Piep, Pieps.

[1]laut
a) aus vollem Hals, aus voller Kehle, dröhnend, in voller Lautstärke, lauthals, lautstark, markerschütternd, mit kräftigem Klang, polternd, schallend, überlaut, unüberhörbar, vernehmlich, weithin hörbar; *(geh.):* vernehmbar. **b)** geräuschvoll, lärmend, lärmerfüllt, mit viel Geräusch verbunden, unruhig, voller Lärm; *(schweiz.):* lärmig.

[2]laut
entsprechend, gemäß, in Entsprechung zu, nach [Maßgabe], zufolge.

lauten
a) den Namen haben, genannt werden, heißen, sich nennen. **b)** sich anhören, klingen, tönen; *(geh.):* sich ausnehmen.

läuten
a) klingeln; *(ugs.):* bimmeln. **b)** die Klingel betätigen, klingeln. **c)** gongen, klingeln, schellen.

lauter
ausschließlich, einzig [und allein], ganz viel[e], lediglich, nichts als, nur; *(geh.):* allein; *(ugs.):* bloß.

läutern
1. aufbereiten, klären, reinigen, säubern, von Verunreinigungen befreien; *(bildungsspr.):* purifizieren; *(bildungsspr. veraltend):* purgieren.
2. anders werden lassen, besser machen, bessern; *(geh.):* wandeln.

lautlos
auf Zehenspitzen, gedämpft, geräuschlos, kaum hörbar, leise, nicht laut, ohne Geräusch/Lärm, ruhig, still; *(geh.):* nicht/kaum vernehmbar; *(ugs.):* sang- und klanglos.

lautstark ↑[1]laut (a).

lauwarm
handwarm, lau, leicht temperiert, mäßig warm.

Lawine
1. Schneelawine.
2. Flut, Fülle, Masse, Vielzahl; *(geh.):* Kaskade, Meer; *(ugs.):* Haufen, Kanonade, Ladung, Schwung; *(emotional verstärkend):* Unmenge, Unzahl; *(ugs. emotional verstärkend):* Unmasse.

lax
leger, nachlässig, nicht gewissenhaft, nicht gründlich, nicht sorgfältig, oberflächlich, ungenau; *(veraltend):* lässig.

leben
1. a) am Leben sein, lebendig sein, nicht tot sein; *(verhüll.):* unter den Lebenden sein/weilen. **b)** auf der Welt sein, da sein, existieren, geben, [vorhanden] sein.
2. angesiedelt/ansässig sein, sich aufhalten, beheimatet sein, registriert sein, seinen Wohnsitz haben, sitzen, wohnen, zu Hause sein; *(geh., dichter.):* behaust sein; *(bildungsspr.):* residieren; *(ugs.):* sich häuslich niederlassen; *(bes. südd., österr., schweiz.):* daheim sein.
3. aufgehen, Erfüllung finden, sich hingeben, sich verschreiben, sich widmen.

Leben
1. Bestand, Bestehen, Existenz, Existieren; *(geh.):* Dasein.

BSP Die Gestrandeten fristen eine armselige Existenz. Charles Darwin sprach vom Kampf um das Dasein.

2. a) Biografie, Lebensdauer, Lebensgeschichte, Lebenslauf, Lebenstage, Lebensweg, Lebenszeit, Werdegang; *(geh.):* Lebensbahn; *(bildungsspr.):* Vita; *(dichter.):* Erdenleben, Lebensreise.

b) Lebensart, Lebensform, Lebensführung, Lebensgestaltung, Lebensstil, Lebenswandel, Lebensweise; *(geh.):* Daseinsform, Daseinsweise.
3. Aktivität, Betriebsamkeit, Geschäftigkeit, lebhaftes Treiben, reger Verkehr, Trubel, Wirbel; *(geh.):* Regsamkeit; *(ugs.):* Betrieb.

lebendig
1. a) am Leben, lebend, mit Leben erfüllt, nicht tot. **b)** anschaulich, bildlich, deutlich, eingängig, einprägsam, greifbar, klar, konkret, lebensnah, leicht verständlich, plastisch, sinnfällig, sprechend, veranschaulichend.
2. dynamisch, lebensvoll, lebhaft, munter, quecksilbrig, rege, schwungvoll, springlebendig, temperamentvoll, voller Bewegung/Dynamik/Schwung, voll Leben; *(ugs.):* quirlig; *(emotional):* quicklebendig.

Lebensgefährte, Lebensgefährtin
Frau, Freund, Freundin, Lebenskamerad, Lebenskameradin, Mann, Partner, Partnerin.

Lebensgeschichte
Biografie, Lebensbeschreibung, Lebensbild; *(Fachspr.):* Vita.

Lebenslauf
Biografie, Laufbahn, Leben, Lebensgeschichte, Werdegang; *(bildungsspr.):* Vita; *(dichter.):* Lebensreise.

Lebensmittel
Essbares, Esswaren, Nahrungsmittel; *(veraltend):* Viktualien.

lebensmüde
lebensüberdrüssig, ohne Freude am Leben, ohne Lebenswillen, selbstmordgefährdet; *(geh.):* daseinsmüde; *(bildungsspr.):* suizidal.

Lebensunterhalt
Alimentation, Auskommen, das tägliche Brot, Einkommen, Erhaltung, Ernährung, Existenz, Fortkommen, Haushaltungskosten, Unterhalt, Unterhaltsbeitrag, Unterhaltungskosten, Versorgung.

Lebewesen
Einzelwesen, Geschöpf, Wesen; *(bildungsspr.):* Kreatur.

lebhaft
a) aktiv, begeistert, beschwingt, dynamisch, energisch, feurig, flammend, flott, impulsiv, lebendig, leidenschaftlich, passioniert, schwungvoll, stürmisch, tatkräftig, temperamentvoll, überschwänglich, vital, voller Bewegung/Dynamik, voller Schwung, wild; *(schweiz.):* aufgestellt; *(bildungsspr.):* elanvoll, enthusiasmiert, enthusiastisch, euphorisch, frenetisch; *(ugs.):* fetzig, knackig, schmissig, zackig. **b)** deutlich, eindeutig, exakt, genau, glasklar, greifbar, klar, konkret, scharf, sichtbar, sprechend, unmissverständlich, unzweideutig, verständlich; *(bildungsspr.):* flagrant, manifest, prägnant, präzise.

leblos
ausgestorben, bewegungslos, ohne Bewegung/Leben, reglos, regungslos, starr, stier, unbelebt, unbeweglich, unbewegt, wie angewurzelt, [wie] tot, wie vom Donner gerührt; *(schweiz.):* verharzt, verhockt; *(geh.):* entseelt, in/wie aus Erz gegossen; *(geh. veraltet):* hingestreckt.

lecker
appetitlich, einladend, exquisit, fein, schmackhaft, vorzüglich, wohlschmeckend; *(geh.):* deliziös, mundend; *(bildungsspr.):* delikat; *(ugs.):* schnuckelig; *(emotional):* köstlich.

Leckerbissen
Delikatesse, Hochgenuss, Köstlichkeit, kulinarischer Genuss, Leckerei, Spezialität; *(österr.):* Gustostückerl; *(geh.):* Gaumenfreude, Gaumenkitzel, Gaumenreiz; *(bildungsspr.):* lukullischer Genuss; *(ugs.):* Schmackofatz; *(bes. südd., österr.):* Schleckerei; *(südd., schweiz.):* Schleck.

ledig
ehelos, nicht verheiratet, ohne Frau, ohne Mann, single, unverheiratet; *(geh.):* unvermählt; *(ugs.):* [noch] frei, [noch] zu haben; *(scherzh.):* gattenlos; *(ugs. scherzh.):* einspännig, unbemannt, unbeweibt.

lediglich
alleinig, ausschließlich, einzig [und allein], nichts [anderes] als, nur, uneingeschränkt, weiter nichts als; *(geh.):* allein; *(ugs.):* bloß.

leer
1. a) ausgegossen, ausgetrunken, entleert, inhaltsleer, inhaltslos, nichts enthaltend, ohne Inhalt. **b)** ausgestorben, einsam, menschenleer, nicht bevölkert, unbelebt, unbewohnt, verlassen, verwaist.
2. abgegriffen, einfallslos, geistlos, ideenlos, inhaltsleer, inhaltslos, nichtssagend, oberflächlich, ohne Gehalt/Inhalt, ohne Substanz/Tiefgang, schal; *(bildungsspr.):* banal, stereotyp, substanzlos, trivial; *(ugs.):* abgedroschen; *(abwertend):* flach, hohl, phrasenhaft, platt, seicht.

leer ausgehen
beiseitestehen, benachteiligt werden, das Nachsehen haben, nicht berücksichtigt werden, nichts [ab]bekommen, zurückstehen; *(ugs.):* in den Mond gucken, in die Röhre sehen/gucken, ins Hintertreffen geraten/kommen, nichts abkriegen, schlecht wegkommen.

Leere
1. a) luftleerer Raum, Nichts. **b)** Ausgestorbenheit, Einöde, Einsamkeit, Öde, Verlassenheit.

2. Einfallslosigkeit, Gehaltlosigkeit, Geistlosigkeit, Ideenlosigkeit, Inhaltslosigkeit, Oberflächlichkeit; *(geh.):* Plattitüde; *(bildungsspr.):* Substanzlosigkeit, Trivialität; *(ugs.):* Abgedroschenheit; *(abwertend):* Banalität, Fadheit, Gemeinplatz, Hohlheit, Plattheit, Seichtheit.

leeren
ausgießen, auskippen, ausleeren, ausschütten, entleeren, fortgießen, herausholen, herausschöpfen, weggießen, wegschütten.

legal
amtlich, bewilligt, de jure, dem Gesetz gemäß, erlaubt, genehmigt, gesetzlich, gesetzmäßig, gestattet, nach den Paragrafen, nach Recht und Gesetz, rechtens, rechtlich, rechtmäßig, von Rechts wegen, zugelassen, zulässig, zu Recht; *(geh.):* statthaft; *(bildungsspr.):* legitim.

legen
1. ablegen, absetzen, hinlegen, hinstellen; *(geh.):* niederlegen; *(ugs.):* hintun.
2. deponieren, platzieren, unterbringen.

legen, sich
abebben, abflachen, abflauen, abklingen, abnehmen, sich abschwächen, aufhören, nachlassen, sich reduzieren, schwächer werden, sich verringern, weniger werden, zum Erliegen/zum Stillstand kommen, zurückgehen; *(geh.):* erlahmen, im Rückgang/Schwinden begriffen sein, verebben.

legendär
1. legendarisch, legendenhaft, mythisch, sagenhaft; *(geh.):* legendenumwoben, sagenumwoben.
2. außergewöhnlich, beispiellos, erstaunlich, grandios, immens, ungeheuer, unglaublich, unwahrscheinlich, unwirklich; *(bildungsspr.):* exorbitant; *(ugs.):* wahnsinnig; *(emotional):* gigantisch, unvorstellbar.
3. bedeutend, bekannt, berühmt, gefeiert, in aller Munde, namhaft, weltbekannt, weltberühmt; *(bildungsspr.):* illuster, renommiert.

Legende
1. Heiligenerzählung, Heiligenleben.
2. a) Erzählung, Geschichte; *(ugs.):* Story. **b)** Ammenmärchen, Einbildung, Erfindung, erfundene Geschichte, Fabel, Fantasie, Lügengeschichte, Märchen; *(geh.):* Erdichtung, Lügengespinst; *(bildungsspr.):* Fiktion; *(ugs.):* Flunkerei; *(abwertend):* Hirngespinst.
3. Beschreibung, Erklärung, Erläuterung, Zeichenerklärung.

leger
1. aufgelockert, entkrampft, entspannt, familiär, gelassen, gelöst, lässig, natürlich, unbefangen, ungezwungen, unverkrampft, zwanglos; *(bildungsspr.):* informell; *(ugs.):* locker, relaxed; *(salopp):* cool.
2. bequem, salopp, unförmlich; *(bildungsspr.):* nonchalant; *(ugs.):* hemdsärmelig.
3. nachlässig, nicht gewissenhaft, nicht gründlich, nicht sorgfältig, oberflächlich, ungenau; *(oft abwertend):* lax; *(veraltend):* lässig.

legitim
1. a) ↑legal. **b)** aus gesetzlicher Ehe stammend.
2. allgemein anerkannt, begreiflich, begründet, berechtigt, geltend, gültig, hieb- und stichfest, korrekt, unanfechtbar, unwiderlegbar, verbürgt, vernünftig, verständlich, vertretbar; *(bildungsspr.):* substanziiert.

legitimieren
1. a) [als rechtmäßig] anerkennen, amtlich bestätigen, beglaubigen, für legitim erklären, gutheißen, zulassen; *(bildungsspr.):* konzedieren, legalisieren, sanktionieren; *(ugs.):* absegnen. **b)** ausstatten mit, befugen, berechtigen, bevollmächtigen, die Befugnis erteilen/geben, ermächtigen, Vollmacht erteilen; *(bildungsspr.):* autorisieren.
2. begründen, belegen, rechtfertigen; *(bildungsspr.):* fundieren, substanziieren; *(veraltend):* verbriefen.

legitimieren, sich
sich ausweisen, seine Identität nachweisen, seinen Ausweis/seine Papiere/seinen Pass [vor]zeigen.

lehnen
anlegen, anlehnen, anschmiegen, anstellen, legen, schmiegen, stellen, stützen.

Lehre
1. Ausbildung, Berufsausbildung, Lehrjahre, Lehrzeit; *(schweiz.):* Berufslehre.
2. Anschauung, Behauptung, Gedankengebäude, Glaubenssatz, Lehrmeinung, [Lehr]satz, Schulmeinung, Weltanschauung; *(bildungsspr.):* Doktrin, Theorem, These; *(bildungsspr., oft abwertend):* Dogma.
3. Belehrung, Denkzettel, Erfahrung, heilsame Erkenntnis; *(bildungsspr.):* Lektion; *(scherzh.):* bittere Arznei.
4. Unterricht; *(geh.):* Unterweisung.

lehren
1. dozieren, lesen, unterrichten, Unterricht erteilen/geben/halten, Vorlesungen halten, Wissen vermitteln.
2. anleiten, anlernen, ausbilden, befähigen, beibringen, einarbeiten, einweisen, instruieren, nahebringen, schulen, unterrichten, vermitteln, vertraut machen; *(geh.):* unterweisen.

Lehrer, Lehrerin
1. Anleiter, Anleiterin, Ausbilder, Ausbilderin, Dozent, Dozentin, Erzieher, Erzieherin, Mentor, Mentorin, Pädagoge, Pädagogin; *(österr., schweiz.):* Ausbildner, Ausbildnerin, Instruktor, Instruktorin.
2. Ideal, Leitbild, Muster[bild], Vorbild; *(geh.):* Lehrmeister, Lehrmeisterin.

Lehrgang
Bildungsmaßnahme, Fortbildung, Kurs[us], Schulung, Seminar, Weiterbildung, Weiterbildungskurs, Workshop.

Lehrling
Anlernling, Lehrjunge; *(ugs.):* Azubi, Stift; *(südd., österr., schweiz.):* Lehrbub.

lehrreich
aufschlussreich, bildend, informativ, instruktiv, interessant, wissenswert.

Leib
a) Körper; *(bildungsspr.):* Physis; *(ugs. scherzh.):* Korpus. **b)** Figur, Form, Gestalt, Konstitution, Körper[bau], Körperform.

leibhaftig
1. dinghaft, dinglich, greifbar, in natura, konkret, körperhaft, körperlich, leibhaft, leiblich, materiell, physisch, sinnlich [wahrnehmbar]; *(bildungsspr.):* in persona; *(ugs. scherzh.):* in voller Lebensgröße.
2. buchstäblich, regelrecht, richtig, tatsächlich, wahrhaftig, waschecht, wirklich; *(bildungsspr.):* real.

leiblich
1. körperlich, leibhaftig, physisch.
2. blutsverwandt, direkt verwandt, eigen, richtig, tatsächlich, unmittelbar verwandt, wirklich.

leicht ↗
1. a) dünn, federleicht, fein, gewichtslos, hauchzart, schwach, von geringem Gewicht, zart.
b) behutsam, beweglich, dezent, flüchtig, gedämpft, gelinde, gemäßigt, geschickt, leise, sachte, sanft, schwach, verhalten, vorsichtig, zart.
2. a) bequem, einfach, gut, harmlos, mit Leichtigkeit, ohne Anstrengung/Schwierigkeiten, unkompliziert; *(bes. österr.):* kommod; *(ugs.):* easy, mit links; *(fam.):* babyleicht, kinderleicht; *(oft abwertend):* simpel. **b)** mühelos, ohne Mühe/Probleme, ohne Weiteres, problemlos, spielend, unangestrengt, unproblematisch, unschwer.
3. entspannend, unterhaltend, unterhaltsam; *(bildungsspr.):* trivial; *(abwertend):* seicht.

leichtfallen
keine Mühe/Schwierigkeiten bereiten, keine Mühe machen, mit leichter Hand/mühelos schaffen; *(ugs.):* sich leichttun, wie am Schnürchen gehen/klappen.

leichtfertig
bedenkenlos, fahrlässig, gedankenlos, geradehin, leichthin, leichtsinnig, riskant, sorglos, unachtsam, unbedacht, unbesonnen, unüberlegt, unverantwortlich; *(bildungsspr.):* negligeant; *(veraltend):* mutwillig, unbedachtsam.

leichtgläubig
arglos, blauäugig, blind[gläubig], gutgläubig, naiv, treuherzig, unbedarft, vertrauensselig; *(geh.):* ohne Argwohn.

Leichtigkeit
1. Kinderspiel, Kleinigkeit, Lappalie, Spiel[erei]; *(ugs.):* Kinkerlitzchen, Klacks, Läpperei, Pappenstiel; *(abwertend):* Lächerlichkeit.
2. Einfachheit, Mühelosigkeit, Problemlosigkeit, Unkompliziertheit; *(bildungsspr.):* Simplizität.

leichtlebig
flott, lebenslustig, leichtblütig, leichtherzig, locker, sonnig, sorglos, unbekümmert, unbeschwert; *(ugs.):* flippig.

leichtnehmen
als Aprilscherz ansehen, auf die leichte Schulter nehmen, sich keine Gedanken/Sorgen machen, nicht für voll ansehen/nehmen; *(geh.):* spotten.

leichtsinnig
1. fahrlässig, gewagt, riskant, sorglos, unvorsichtig, voll[er] Leichtsinn; *(abwertend):* leichtfertig; *(veraltend):* mutwillig.
2. ↑leichtfertig.

Leid
1. Elend, Jammer, Kreuz, Kummer, Last, Leiden, Qual, Schmerz; *(geh.):* Drangsal, Gram, Harm, Herzeleid, Herzweh, Pein, Seelenschmerz, Weh; *(dichter.):* Erdenjammer, Erdenleid.
2. Böses, Gemeinheit, Schmerz, Unrecht.

leiden
a) sich quälen, Schmerzen erdulden/erleiden.
b) erkrankt sein; *(ugs.):* durchmachen, herumlaborieren, sich [herum]plagen, sich herumquälen, laborieren. **c)** am Boden sein, kränkeln; *(geh.):* daniederliegen, Schaden nehmen.

Leiden
1. Beschwerden, Erkrankung, Krankheit, Schmerzen, Störung; *(geh.):* Gebrechen; *(meist geh.):* Übel; *(ugs.):* Wehwehchen; *(ugs. scherzh.):* Zipperlein; *(bildungsspr. veraltend):* Molesten.
2. Bedrückung, Elend, Leid, Martyrium, Qual; *(geh.):* Bitternis, Drangsal.

Leidenschaft
1. Affekt, Begeisterung, Eifer, Ekstase, Feuer[eifer], Gefühlsüberschwang, Gefühlswallung, Hef-

tigkeit, Rausch, seelische Regung, Stimmung, Taumel, Verzücktheit, Verzückung, Wucht; *(geh.):* Fieber, Inbrunst, Verve; *(bildungsspr.):* Elan, Engagement, Vehemenz; *(ugs.):* Zug; *(Jargon):* Power; *(bildungsspr., Fachspr.):* Emotion.

2. Freude, Hingabe, Hingebung, Leidenschaftlichkeit, Lust, Neigung, Passion, Schwäche, Schwärmerei, Vorliebe; *(bildungsspr.):* Faible.

leidenschaftlich

1. emotionell, gefühlig, gefühlsbestimmt, gefühlsbetont, romantisch; *(oft abwertend):* sentimental; *(bildungsspr., Fachspr.):* emotional.

GGS emotionslos, nüchtern, rational, verstandesmäßig.

2. aus Passion, begeistert, eifrig, fleißig, hingebungsvoll, lebhaft, mit [voller] Hingabe, mit [voller] Hingebung, passioniert; *(geh.):* glühend; *(bildungsspr.):* engagiert.

leider ↗

bedauerlicherweise, fatalerweise, traurigerweise, unerfreulicherweise, unglücklicherweise, zu allem Unglück, zu jmds. Bedauern, zu jmds. Leidwesen; *(geh.):* unseligerweise; *(ugs.):* blöderweise, dummerweise, Gott sei's geklagt, leider Gottes.

leidig

ärgerlich, fatal, hässlich, lästig, misslich, unangenehm, unerfreulich, unliebsam, unschön; *(schweiz.):* bemühend, ungefreut; *(geh.):* unerquicklich.

leid sein

genug haben, müde sein, satthaben, satt sein; *(geh.):* überdrüssig sein; *(ugs.):* bis obenhin haben, dick haben/kriegen, die Nase [gestrichen] voll haben, langen, reichen, überhaben; *(salopp):* den Kanal/die Schnauze voll haben, dicke haben, stinken.

leidtun

1. bedauern, schade finden; *(geh.):* in der Seele wehtun, in die Seele schneiden, schmerzlich sein.

2. erbarmen, Mitleid erregen; *(geh.):* dauern, jammern.

leiern

1. drehen, kurbeln.

2. abhaspeln; *(ugs.):* abschnurren, herbeten, herleiern, [he]runterrasseln; *(salopp):* [he]runterbeten, herunterschnurren.

leihen

1. aushelfen, auslegen, ausleihen, borgen, geben, überlassen, verborgen, verleihen, zur Verfügung stellen; *(geh.):* beispringen; *(ugs.):* herleihen, verpumpen; *(salopp):* pumpen; *(veraltend):* darleihen.

2. ausleihen, borgen, entleihen; *(geh.):* erborgen; *(ugs.):* anpumpen.

3. anbieten, bereitstellen, bieten, gewähren, herausgeben, überlassen; *(geh.):* darbieten, darbringen, zuteilwerden lassen; *(bildungsspr.):* offerieren, präsentieren; *(geh. od. iron.):* angedeihen lassen.

leimen

1. kitten, kleben, verleimen, zusammenkleben, zusammenleimen; *(ugs.):* kleistern, zusammenkleistern.

2. aufs Glatteis führen, betrügen, ein falsches Spiel treiben, einseifen, einwickeln, ein X für ein U vormachen, hintergehen, hinters Licht führen, täuschen, überlisten, übertölpeln, übervorteilen; *(ugs.):* austricksen, hereinlegen, linken, reinlegen, über den Tisch ziehen, übers Ohr hauen, verschaukeln; *(salopp):* aufs Kreuz legen.

leise

1. dezent, flüsternd, gedämpft, geräuschlos, im Flüsterton, kaum vernehmlich, lautlos, ruhig, sanft, still, unhörbar, verhalten; *(geh.):* kaum vernehmbar.

2. a) auf leisen Sohlen, heimlich, sachte, unbemerkt, unmerkbar, unmerklich; *(ugs.):* stiekum. **b)** gering, klein, leicht, minimal.

leisten

a) ausrichten, bewältigen, erlangen, erreichen, erzielen, fertigbekommen, fertigbringen, meistern, schaffen, vollbringen, zustande/zuwege bringen; *(ugs.):* deichseln, fertigkriegen, managen. **b)** ableisten, absolvieren, abwickeln, ausführen, durchführen, erledigen, machen, tun, verrichten. **c)** [er]bringen, schaffen.

leisten, sich

a) sich anschaffen, sich erlauben, [sich] erschwingen, erstehen, sich gönnen, sich kaufen, [käuflich] erwerben, sich zugutetun; *(ugs.):* sich zulegen; *(ugs. scherzh.):* sich genehmigen. **b)** sich anmaßen, die Frechheit besitzen/haben, sich die Freiheit nehmen, sich erlauben, so dreist sein, sich unterstehen, wagen; *(ugs.):* sich herausnehmen.

Leistung

1. Ableistung, Absolvierung, Abwicklung, Ausführung, Durchführung, Erledigung, Verrichtung.

2. Arbeit, Erfolg, Ergebnis, Kunststück, Produkt, Tat, Verdienst, Werk; *(geh.):* Meritum, Schöpfung; *(bildungsspr.):* Parforceleistung.

3. Kraft, Leistungsfähigkeit, Leistungspotenzial, Leistungsvermögen, Stärke; *(Jargon):* Power.

Leitbild

Ideal[bild], Idealtyp[us], Idee, Idol, Inbegriff, Leitfigur, [Muster]beispiel, Muster[bild], Richtschnur, Vorbild, Wunschbild; *(geh.):* Inbild, Lehrmeister; *(bildungsspr.):* Modell.

leiten

1. an der Spitze stehen, anführen, beherrschen, den Ton angeben, den Vorsitz [inne]haben, der Kopf sein, die Führung/Leitung [inne]haben, die Zügel in der Hand haben/halten, dirigieren, führen, herrschen, lenken, moderieren, präsidieren, regieren, verwalten, vorsitzen; *(geh.):* gebieten, vorstehen; *(ugs.):* das Kommando haben, die erste Geige spielen, managen; *(abwertend):* unter seiner Fuchtel/Knute haben.

2. den Weg weisen/zeigen, dirigieren, einweisen, führen, lenken, manövrieren, schleusen, steuern.

Leiter, Leiterin

Chef, Chefin, Direktor, Direktorin, Dirigent, Dirigentin, Entscheidungsträger, Entscheidungsträgerin, Führer, Führerin, Führungskraft, Kopf, Macher, Macherin, Manager, Managerin, Präsident, Präsidentin, Prinzipal, Prinzipalin, Verantwortlicher, Verantwortliche, Vorgesetzter, Vorgesetzte, Vorsitzender, Vorsitzende; *(geh.):* Lenker, Lenkerin, [Ober]haupt; *(ugs.):* Boss, King, Kümmerer, Kümmerin; *(salopp):* Macker; *(abwertend):* Leithammel; *(oft abwertend):* Anführer, Anführerin; *(Sport):* Kapitän, Kapitänin.

Leitfaden

1. Abriss, Führer, Grundriss, Handweiser, Ratgeber, Übersicht, Zusammenfassung; *(bildungsspr.):* Kompendium, Vademecum; *(veraltend):* Brevier.

2. Idee, Leitbild, Richtschnur; *(bildungsspr.):* Kanon.

Leitgedanke

Grundgedanke, Grundidee, Grundmotiv, Leitidee, Leitmotiv, roter Faden.

Leitung

1. a) Anführung, Befehlsgewalt, Direktion, Direktorat, Führerschaft, Führung, Herrschaft, Kommando, Lenkung, Management, Oberaufsicht, Präsidium, Regiment, Verwaltung, Vorsitz; *(bildungsspr.):* Regie; *(ugs.):* Führungsjob. **b)** Direktion, Direktorium, Führerschaft, Führungsgremium, Führungsmannschaft, Führungsriege, Führungsspitze, Führungsstab, Führungsteam, Lenkungskreis, Management, Präsidium, Regierung, Spitze, Unternehmensspitze, Vorstand.

2. a) Pipeline, Rohr[leitung]. **b)** Draht, Kabel, Zuleitung.

Lektion

1. Lerneinheit, Übungseinheit, Unit, [Unterrichts]pensum; *(Sport):* Trainingseinheit; *(bes. EDV):* Tutorial.

2. a) Belehrung, Denkzettel, Erfahrung, Lehre. **b)** Maßregelung, Rüge, Tadel, Zurechtweisung; *(geh.):* Schelte.

Lektüre

Bücher, Lesestoff, Literatur, Texte.

lenken

an der Spitze stehen, anführen, beherrschen, den Ton angeben, den Vorsitz [inne]haben, der Kopf sein, die Führung/Leitung [inne]haben, die Zügel in der Hand haben/halten, dirigieren, führen, herrschen, leiten, moderieren, präsidieren, regieren, verwalten, vorsitzen; *(geh.):* gebieten, vorstehen; *(ugs.):* das Kommando haben, die erste Geige spielen, managen; *(abwertend):* unter seiner Fuchtel/Knute haben.

Lenker

Lenkrad, Lenkstange, Lenkung, Steuer[rad], Steuerung.

lernen ⚡

a) ablernen, sich aneignen, aufnehmen, sich bilden, durcharbeiten, durchdringen, sich einarbeiten, [sich] erarbeiten, erlernen, erwerben, studieren, sich üben; *(ugs.):* sich anlernen, pauken. **b)** auswendig lernen, behalten, sich einbläuen, sich einhämmern, sich einprägen, sich merken, wiederholen; *(bildungsspr.):* repetieren; *(ugs.):* [durch]pauken; *(abwertend):* einlernen; *(bildungsspr. veraltend):* memorieren. **c)** einstudieren, einüben, trainieren, üben, sich vorbereiten; *(bildungsspr.):* [sich] präparieren; *(ugs.):* bimsen, büffeln, [durch]exerzieren, durchkauen, durchpauken, ochsen, pauken; *(salopp):* einochsen; *(fam.):* sich auf den Hosenboden setzen; *(Schülerspr.):* ehrgeizen.

Lesbierin

Homosexuelle.

lesen

1. a) auslesen, durcharbeiten, durchgehen, durchlesen, durchsehen, Einblick nehmen, einsehen, entziffern, erfassen, schmökern, überfliegen. **b)** ablesen, aufsagen, deklamieren, rezitieren, verlesen, vorlesen, vorsprechen, vortragen, wiedergeben, zum Besten geben; *(geh.):* zu Gehör bringen. **c)** dozieren, lehren, Lesung/Vortrag halten, Vorlesungen halten, vortragen.

2. erkennen, wahrnehmen.

Leser, Leserin

Adressat, Adressatin, Rezipient, Rezipientin.

Lethargie
Bequemlichkeit, Geistesträgheit, Gleichgültigkeit, Interesselosigkeit, Passivität, Stumpfsinn, Teilnahmslosigkeit, Trägheit, Uninteressiertheit; *(bildungsspr.):* Apathie, Desinteresse, Indolenz, Phlegma; *(ugs.):* Wurstigkeit.

lethargisch
gleichgültig, interesselos, ohne [jedes] Interesse, passiv, stumpfsinnig, teilnahmslos, träge, uninteressiert; *(bildungsspr.):* apathisch, desinteressiert, indolent, phlegmatisch; *(ugs.):* wurstig; *(abwertend):* bequem.

Leuchte
fähiger Kopf, Genie, Größe, [großer/heller/schöpferischer] Geist, heller Kopf, Kapazität, kluger Kopf, Könner, Meister [seines Faches], Talent; *(bildungsspr.):* Koryphäe; *(ugs.):* Ass, Kanone.

leuchten
a) blinken, brennen, flackern, fluoreszieren, glühen, phosphoreszieren, scheinen, strahlen. **b)** blitzen, flimmern, funkeln, glänzen, glimmern, glitzern, schillern, schimmern, spiegeln; *(geh.):* flammen, flirren; *(dichter.):* gleißen.

Leuchter
Flambeau, Kandelaber, Kerzenhalter, Kerzenleuchter, Kerzenständer, Kronleuchter, Lüster; *(österr.):* Luster.

leugnen
a) ableugnen, abstreiten, als falsch/unrichtig/unwahr/unzutreffend bezeichnen, als falsch/unrichtig/unwahr/unzutreffend hinstellen, bestreiten, dementieren, sich der Realität verweigern, desavouieren, für falsch/unwahr/nicht richtig/nicht zutreffend erklären, verleugnen, verneinen, von sich weisen, zurückweisen; *(geh.):* sich verwahren; *(bildungsspr.):* negieren; *(veraltend):* abschwören. **b)** aberkennen, absprechen, nicht anerkennen, nicht gelten lassen, nicht wahrhaben/zugeben wollen, streitig machen.

Leute
Allgemeinheit, Bevölkerung, Bürgerinnen und Bürger, Gesellschaft, Menschen[masse], [Menschen]menge, Öffentlichkeit, Personen, Umwelt; *(ugs.):* Nation, Volk; *(oft abwertend):* die [breite] Masse.

Lexikon
Enzyklopädie, Nachschlagewerk.

Liaison
Allianz, Bund, Bündnis, Koalition, Kooperation, Partnerschaft, Verbindung, Vereinigung, Zusammenarbeit.

liberal
aufgeklärt, freidenkerisch, freigeistig, freiheitlich, tolerant, vorurteilsfrei, vorurteilslos, zwanglos; *(bildungsspr.):* repressionsfrei.

licht
1. a) beleuchtet, erleuchtet, hell[licht], sonnig, strahlend, taghell, von Licht erfüllt; *(geh.):* lichtdurchflutet, lichterfüllt, sonnendurchflutet; *(bildungsspr.):* luminös. **b)** freundlich, heiter.
2. dünn bewachsen, gelichtet, schütter, spärlich.

Licht
1. a) Helligkeit, [Licht]schein, Schimmer; *(geh.):* Helle. **b)** Sonne, Sonnenlicht, Tageslicht.
2. Beleuchtungskörper, Lampe, Leuchte, Lichtquelle.

Lichtbild
a) Passbild, Passfoto. **b)** Aufnahme, [Brust]bild, Foto[grafie], Porträt; *(geh.):* Bildnis.

lichten, sich
1. abnehmen, auf dem absteigenden Ast sein, im Rückgang/im Schwinden begriffen sein, weniger werden, zurückgehen; *(geh.):* ersterben, schwinden, verebben.
2. ans Licht kommen, sich aufklären, sich [auf]lösen, sich enträtseln, offenbar werden.

lieb
1. a) aufmerksam, entgegenkommend, freundlich, fürsorglich, gut[herzig], gütig, gutmütig, herzensgut, herzlich, innig, liebenswert, liebenswürdig, liebevoll, nett, warm[herzig], zärtlich, zuvorkommend. **b)** ansprechend, anziehend, charmant, charming, einnehmend, freundlich, gewinnend, liebenswert, liebenswürdig, nett, reizend, sympathisch; *(geh.):* herzgewinnend. **c)** anständig, artig, brav, folgsam, fügsam, gefügig, gehorsam, manierlich; *(geh.):* wohlerzogen.
2. angenehm, erwünscht, gelegen, gewünscht, günstig, passend, recht, willkommen; *(geh.):* genehm; *(bildungsspr.):* opportun; *(veraltend):* passlich.

liebäugeln
gern haben wollen, mit dem Gedanken spielen, sich mit dem Gedanken tragen.

Liebe
a) Gefühl, Herzenswärme, Hingabe, Innigkeit, Zuneigung. **b)** besonderes Interesse, Leidenschaft, Passion.

lieben
1. anbeten, gernhaben, hängen an, ins Herz geschlossen haben, lieb haben, mögen, sein Herz verloren haben, vergöttern, verliebt sein, vernarrt sein; *(geh.):* verehren, zärtliche Gefühle hegen, zugetan sein; *(ugs.):* anhimmeln.

2. eine Schwäche/Vorliebe haben, etwas übrighaben für, mögen, schwärmen; *(ugs.):* abfahren auf, Feuer und Flamme sein, stehen auf, toll finden, verrückt sein auf/nach.

lieben, sich
den Geschlechtsakt vollziehen, Geschlechtsverkehr ausüben/haben, koitieren, miteinander schlafen, Sex haben; *(geh.):* sich vereinigen; *(dichter.):* sich schenken; *(ugs.):* Liebe machen, miteinander ins Bett gehen/steigen, miteinander pennen; *(salopp):* bumsen, eine Nummer machen/schieben, es machen, vögeln; *(verhüll.):* die ehelichen Pflichten erfüllen, sich einander hingeben, intime Beziehungen haben, intim sein/werden, verkehren, Verkehr haben; *(geh. verhüll.):* eins werden; *(ugs. verhüll.):* es treiben.

liebenswert ↑lieb (1b).

liebenswürdig
angenehm, aufmerksam, entgegenkommend, freundlich, gefällig, gütig, lieb, liebenswert, nett, sympathisch, zuvorkommend; *(geh.):* herzgewinnend; *(veraltend):* galant.

liebevoll
a) fürsorglich, gefühlvoll, hingebungsvoll, innig, lieb, mit Hingabe, mütterlich, sanft, voller Hingabe, voller Liebe, von Liebe erfüllt, zärtlich [besorgt]. b) behutsam, mit großer Mühe/Sorgfalt, sorgfältig; *(geh.):* achtsam, sorgsam.

lieb haben ↑lieben (1).

Liebhaber
Freund, Geliebter, Lover, Verhältnis; *(ugs.):* Kerl, Romeo, Typ; *(scherzh.):* Gespiele.

Liebhaberin
Freundin, Geliebte, Loverin, Verhältnis; *(salopp):* Betthase; *(scherzh.):* Gespielin; *(abwertend):* Liebchen, Mätresse.

Liebling
begünstigte Person, Favorit, Schoßkind, Schützling; *(bildungsspr.):* Protegé; *(abwertend):* Günstling, Protektionskind.

lieblos
a) abweisend, barsch, eisig, gefühlskalt, gemütsarm, hartherzig, herzlos, kühl, ohne Liebe/Wärme, stiefmütterlich, unfreundlich; *(abwertend):* grob, rüde. b) achtlos, gleichgültig, nachlässig, nicht gewissenhaft, nicht gründlich, nicht sorgfältig; *(ugs.):* wurstig.

Lied
Arie, Chanson, Evergreen, Gassenhauer, Gesangsstück, Hymne, Melodie, Schlager, Song, Stück, Vokalstück, Weise; *(ugs.):* Hit, Ohrwurm; *(Jargon):* Track.

liederlich
nachlässig, nicht gewissenhaft, nicht gründlich, nicht sorgfältig, ungenau, ungepflegt, unsorgfältig; *(bildungsspr.):* inakkurat; *(oft abwertend):* lax.

liefern
1. anliefern, beliefern, bringen, [ins Haus] schaffen, mit Waren versorgen, schicken, senden, spedieren, tragen, übergeben, versenden, zukommen lassen, zuliefern; *(geh.):* überbringen; *(ugs.):* [he]rausrücken.
2. auswerfen, bilden, erzeugen, hervorbringen, produzieren; *(bildungsspr.):* generieren.
3. beschaffen, besorgen, bringen, geben, heranschaffen, [her]beibringen, sorgen für, verschaffen, vorlegen; *(ugs.):* auftreiben, organisieren.

Lieferung
1. Abgabe, Anlieferung, Ausgabe, Aushändigung, Auslieferung, Belieferung, Einhändigung, Herausgabe, Übergabe, Versand, Zulieferung, Zustellung; *(geh.):* Überbringung.
2. Fracht[gut], Ladung, Sendung, Transport, Versandgut.

liegen ⌿
1. sich befinden, sich erheben, sich erstrecken, gelegen sein, sich hinziehen, [positioniert] sein, vorhanden/zu finden sein.
2. begründet sein durch, kommen von, seine Ursache haben in, verschuldet/verursacht sein durch, zurückzuführen sein auf.
3. ansprechen, behagen, entsprechen, gefallen, passen, schmecken, zusagen; *(geh.):* [an]genehm sein; *(ugs.):* jmds. Fall sein, nach jmds. Nase sein.

liegen lassen
nicht mitnehmen, übrig lassen, vergessen, zurücklassen.

Lift
Aufzug, Fahrstuhl, Paternoster.

liften
Anti-Aging anwenden, straffen, verjüngen.

liieren, sich
1. sich binden, eine Beziehung eingehen, sich einlassen, ein Liebesverhältnis eingehen, heiraten, sich verpartnern; *(ugs.):* ein Verhältnis anfangen; *(bildungsspr. veraltend):* eine Liaison eingehen.
2. sich alliieren, sich anschließen, ein Bündnis eingehen, eine Koalition bilden, sich verbinden, zusammengehen, sich zusammenschließen, sich zusammentun; *(schweiz.):* sich zusammenspannen; *(bildungsspr.):* sich assoziieren, konföderieren; *(oft abwertend):* paktieren.

limitieren
begrenzen, beschränken, eindämmen, ein-

engen, eingrenzen, einschränken; *(bes. schweiz.):* plafonieren; *(ugs.):* deckeln.

lindern
abdämpfen, abfedern, abschwächen, bessern, dämpfen, die Spitze nehmen, erleichtern, erträglich[er] machen, helfen bei, herabmindern, mildern, reduzieren, verringern; *(geh.):* mäßigen.

Linie
1. Strich.
2. Kontur, Profil, Schattenriss, Silhouette, Umriss[linie].
3. Kette, Reihe, Zeile.

Linie

in erster Linie
hauptsächlich, im Besonderen, insbesondere, namentlich, speziell, überwiegend, vor allem, vor allen Dingen, vornehmlich, vorrangig, vorwiegend, vorzugsweise, zuerst, zuvorderst; *(schweiz.):* im Speziellen, vorab; *(veraltend):* vorzüglich, zuvörderst.

link
anrüchig, arglistig, gemein, hinterhältig, hinterlistig, nicht vertrauenswürdig, niederträchtig, unaufrichtig, verkehrt, zweifelhaft, zwielichtig; *(bildungsspr.):* perfide, suspekt; *(abwertend):* falsch, fragwürdig, infam.

linkisch
hilflos, hölzern, plump, schwerfällig, tollpatschig, unbeholfen, ungeschicklich, ungeschickt, ungewandt, wie ein Stock/Stück Holz; *(geh.):* ungelenk; *(ugs.):* tapsig, wie ein Elefant im Porzellanladen.

links
1. a) auf der linken Seite, linker Hand, linkerseits, linksseitig, zur Linken, zur linken Hand; *(ugs.):* wo der Daumen rechts ist. **b)** auf der Innenseite, auf der linken Seite, auf der Rückseite, auf der Unterseite, innen.
2. kommunistisch, linksgerichtet, sozialistisch.

GGS illiberal, konservativ, reaktionär, rechts, rechtsgerichtet.

liquide
1. flüssig, verfügbar, vorhanden, zur Verfügung stehend; *(bildungsspr.):* disponibel.
2. zahlungsfähig; *(ugs.):* bei Kasse.

liquidieren
1. anrechnen, berechnen, eine Rechnung ausstellen, in Rechnung stellen.
2. abschaffen, aufheben, aufräumen, aus dem Weg räumen, aus der Welt schaffen, auslöschen, ausmerzen, außer Kraft setzen, beenden, beilegen, beseitigen, entfernen, für nichtig/ungültig erklären, nicht länger bestehen lassen, Schluss machen, stilllegen, streichen; *(geh.):* tilgen; *(bildungsspr.):* eliminieren; *(salopp):* ausradieren; *(emotional verstärkend):* für null und nichtig erklären.

lispeln
1. [mit der Zunge] anstoßen.
2. flüstern, hauchen, wispern; *(oft abwertend):* tuscheln; *(iron.):* säuseln.

List
falsches Spiel, Intrige, Kniff, Schachzug, Schliche, Täuschung, Trick, Tücke, Winkelzug; *(abwertend):* Manöver.

Liste
Aufstellung, Index, Register, Tabelle, Verzeichnis, Zusammenstellung.

listig
abgefeimt, bauernschlau, clever, gewitzt, pfiffig, raffiniert, schlau, verschmitzt; *(österr.):* gefinkelt; *(geh.):* fintenreich, listenreich; *(ugs.):* ausgefuchst, ausgepicht, gefuchst, gerieben, gerissen, gewieft, mit allen Wassern gewaschen, schlitzohrig; *(abwertend):* durchtrieben, verschlagen; *(südd.):* knitz.

Literatur
1. a) Dichtung, Schriften, Schriftgut, Schrifttum. **b)** Fachliteratur, Fachschrifttum.
2. Belletristik, künstlerisches Schrifttum, Unterhaltungsliteratur.

live
a) direkt/original übertragen. **b)** in natura, in realer Anwesenheit, körperlich/konkret vorhanden, leibhaftig; *(bildungsspr.):* in persona; *(ugs.):* zum Anfassen.

Lizenz
Befugnis, Berechtigung, Erlaubnis, Ermächtigung, Genehmigung, Recht, Zulassung.

Lob
anerkennende Worte, Anerkennung, Belobigung, positive Beurteilung, Würdigung; *(geh.):* Lobeserhebungen, Preis; *(bildungsspr.):* Eloge; *(dichter.):* Lobpreisung; *(oft iron.):* Lobeshymne.

loben
anerkennen, sich anerkennend äußern, bekomplimentieren, belobigen, ein Lob aussprechen/erteilen, ein Loblied anstimmen/singen, empfehlen, in den höchsten Tönen reden, sich in Lobreden/Lobesworten ergehen, Lob spenden, mit Lob überhäufen/überschütten, positiv beurteilen, rühmen, voll Anerkennung sein, wür-

digen; *(geh.)*: Anerkennung/Lob zollen, des Lobes voll sein, mit Lob bedenken, preisen, Weihrauch streuen; *(dichter.)*: lobpreisen; *(ugs.)*: das Lob singen, in den Himmel heben, verhimmeln; *(abwertend)*: belobhudeln.

Loch
a) Leck, Lücke, offene/schadhafte Stelle, Öffnung, Riss, Schlitz, Spalte. **b)** Kerbe, Mulde, Vertiefung; *(ugs.)*: Kuhle.

locken
1. a) anlocken, heranlocken, heranrufen, herbeilocken, herlocken, ködern, rufen. **b)** fortlocken, herauslocken, hervorlocken, hineinlocken, weglocken.
2. anziehen, reizen; *(geh.)*: verlocken; *(ugs.)*: den Mund wässrig machen.

locker
a) gelockert, lose, nicht fest [sitzend], wackelig; *(schweiz.)*: lotterig. **b)** durchlässig, nicht dicht, nicht fest gefügt; *(österr.)*: flaumig; *(geh.)*: lose. **c)** aufgelockert, entspannt, formlos, gelöst, lässig, leger, natürlich, nicht fest, nicht starr, salopp, unangestrengt, unbefangen, ungehemmt, ungeniert, ungezwungen, unverkrampft, zwanglos; *(bildungsspr.)*: nonchalant; *(ugs.)*: easy, hemdsärmelig.

lockerlassen
ablassen, absehen, aufhören, fahren/fallen lassen, klein beigeben, nachgeben, verzichten; *(geh.)*: Abstand nehmen.

lockermachen
a) hergeben, stiften, zur Verfügung stellen; *(ugs.)*: herausrücken, spendieren. **b)** abringen, herausholen; *(ugs.)*: herausschlagen.

lockern
auflockern, locker machen.

lockern, sich
a) locker/lose werden, sich lösen. **b)** sich entkrampfen, sich entspannen, locker werden, sich lösen, nachlassen.

lodern
aufbrennen, auflodern, aufschlagen, aufsteigen, emporsteigen, hochschlagen, hochsteigen, in die Höhe schlagen; *(geh.)*: [auf]lohen, emporflammen, emporlodern; *(geh. veraltet)*: flammen.

logisch
denkrichtig, einleuchtend, folgerichtig, konsequent, natürlich, schlüssig, systematisch; *(bildungsspr.)*: stringent; *(veraltend)*: folgerecht.

logischerweise
also, aus diesem Grund, daher, darum, dementsprechend, demnach, demzufolge, deshalb, deswegen, folgerichtig, folglich, hiernach, infolgedessen, mithin, so[mit]; *(österr.)*: sohin; *(geh.)*: so, sonach; *(bildungsspr.)*: ergo; *(ugs.)*: [eben]drum.

Lohn
1. Arbeitslohn, Bezahlung, Bezüge, Einkommen, Einkünfte, Entlohnung, Gehalt, Verdienst, Vergütung; *(österr.)*: Bezug; *(schweiz.)*: Entlöhnung.
2. Abgeltung, Anerkennung, Ausgleich, Belohnung, Dank, Entschädigung, Gegenleistung.

lohnen, sich
abwerfen, sich bezahlt machen, [der Mühe] wert sein, einträglich sein, etwas einbringen/eintragen, Früchte tragen, Gewinn bringen, herausspringen, lohnend sein, Nutzen bringen, rentabel/rentierlich sein, sich rentieren, von Nutzen sein; *(geh.)*: sich verlohnen; *(bildungsspr.)*: lukrativ sein; *(ugs.)*: sich auszahlen, herauskommen, sich rechnen.

lokal
begrenzt, beschränkt, [ein]heimisch, hiesig, örtlich, räumlich, regional, von hier.

Lokal
Bar, Diner, Einkehrmöglichkeit, Gasthaus, Gasthof, Gaststätte, Gastwirtschaft, Restaurant, Wirtschaft, Wirtshaus; *(österr.)*: Beisel, Jausenstation; *(bes. österr.)*: Restauration; *(ugs.)*: Kneipe, Pinte.

lokalisieren
1. auffinden, aufstöbern, ausfindig machen, ausmachen, bestimmen, definieren, diagnostizieren, erfassen, erkennen, ermitteln, feststellen, identifizieren, klären, konkretisieren, orten, zuordnen; *(bildungsspr.)*: eruieren; *(ugs.)*: auftun; *(salopp)*: ausbaldowern; *(bildungsspr., Fachspr.)*: spezifizieren.
2. abgrenzen, abschließen, begrenzen, beschränken, drosseln, eindämmen, eingrenzen, einschließen, umgrenzen, umschließen; *(bildungsspr.)*: dezimieren; *(geh.)*: mäßigen, mindern.

Los
Bestimmung, Fügung, Schicksal, Vorsehung; *(geh.)*: Destination, Geschick, Schickung; *(bildungsspr.)*: Fatum.

löschen
1. ausdrücken, auslöschen, austreten, ersticken, zum Erlöschen bringen; *(ugs.)*: ausmachen, auspusten.
2. abschaffen, aufheben, aus der Welt schaffen, auslöschen, ausmerzen, ausstreichen, beenden, beheben, beiseiteschaffen, beseitigen, entfernen, streichen, über Bord werfen, zum Verschwinden bringen; *(geh.)*: tilgen; *(bildungsspr.)*:

eliminieren, liquidieren; *(ugs.):* rausmachen, wegmachen; *(salopp):* ausradieren.

lose

1. a) aufgegangen, gelöst, locker, losgelöst, nicht fest verbunden; *(schweiz.):* lotterig. **b)** locker, weit; *(geh.):* wallend; *(ugs.):* schlabberig.
2. einzeln, nicht abgepackt, offen, ohne Verpackung, unverpackt.

lösen

1. ablösen, abnehmen, abreißen, aufbinden, aufknoten, aufknüpfen, aufschlingen, aufschnüren, auftrennen, auseinanderbekommen, auseinanderbringen, auseinandertrennen, entfernen, entknoten, locker machen, lockern, losbinden, loslösen, lostrennen, öffnen; *(geh.):* auflösen, entwirren; *(ugs.):* abknibbeln, abmachen, aufbekommen, aufdröseln, aufkriegen, aufmachen, losmachen.
2. aufdecken, aufklären, auflösen, bewältigen, durchschauen, enträtseln, entschlüsseln, erkennen, erraten, herausfinden, klären, knacken, meistern, raten, verstehen; *(geh.):* enthüllen, entschleiern, entwirren; *(bildungsspr.):* eruieren; *(ugs.):* dahinterkommen, herausbekommen, [he]rauskriegen, rausfinden.

lösen, sich

1. abblättern, abbröckeln, abfallen, abgehen, sich ablösen, abplatzen, sich abschälen, [sich] abschuppen, absplittern, abspringen, bröckeln, locker/lose werden, sich lockern, sich loslösen; *(ugs.):* aus dem Leim gehen, losgehen.
2. sich abkehren, sich abwenden, sich auf eigene Füße stellen, autonom werden, sich befreien, brechen mit, sich emanzipieren, sich frei machen von, sich loslösen, sich lossagen, sich trennen, sich unabhängig machen, verlassen, weggehen, sich zurückziehen; *(geh.):* Abstand nehmen, den Rücken kehren/wenden, sich entledigen, sich fortbegeben, scheiden, sich wegbegeben; *(ugs.):* sich freischwimmen, loskommen, sich losmachen, sich verabschieden, wegkommen; *(emotional):* sich abnabeln.
3. sich aufklären, sich auflösen, sich ergeben, sich erledigen, sich finden, sich klären, klar werden, sich regeln; *(geh.):* sich entwirren.

losfahren

1. abfahren, abreisen, aufbrechen, fortfahren, sich in Bewegung setzen, starten, wegfahren, zu fahren beginnen; *(ugs.):* abbrausen, abdüsen, abrauschen, abschwirren, abziehen, sich auf die Socken machen, sich fortmachen; *(salopp):* abzischen, losschieben.
2. ärgerlich werden, aufbrausen, auffahren, sich aufregen, aus der Fassung geraten, außer sich geraten, böse werden, die Beherrschung/Fassung verlieren, sich erregen, hochfahren, in Harnisch/Wut/Zorn geraten, platzen, sich vergessen, wild/wütend/zornig werden; *(geh.):* schäumen; *(bildungsspr.):* sich echauffieren; *(ugs.):* an die Decke/in die Luft gehen, aus der Haut fahren, ausflippen, ausrasten, hochgehen, in Rage geraten, loslegen, Zustände bekommen/kriegen; *(südd., österr.):* aufdrehen.

losgehen

1. aufbrechen, sich auf den Weg machen, sich aufmachen, ausziehen, davongehen, sich entfernen, [fort]gehen, sich in Bewegung setzen, sich in Marsch setzen, losmarschieren, losziehen, weggehen; *(geh.):* sich fortbegeben, sich wegbegeben; *(ugs.):* abdüsen, abrauschen, abschwirren, abziehen, sich auf die Socken machen, sich fortmachen; *(salopp):* abzischen, losschieben.
2. anfallen, angreifen, anspringen, attackieren, bestürmen, herfallen, sich stürzen auf, überfallen, sich werfen auf; *(ugs.):* sich hermachen, zu Leibe rücken; *(Sport):* einen Angriff starten, einsteigen.
3. anfangen, anlaufen, ansetzen, ausbrechen, beginnen, einsetzen, sich einstellen, in Gang kommen, starten; *(geh.):* anbrechen, anheben, sich erheben, hereinbrechen, seinen Anfang nehmen; *(ugs.):* angehen, sich anlassen, in Schwung kommen, ins Rollen kommen, losbrechen, loslegen.

loslassen

auf freien Fuß setzen, die Freiheit schenken, entlassen, fahren lassen, fortlassen, freigeben, freilassen, herausgeben, hinauslassen, losgeben, nicht mehr festhalten, [weg]gehen lassen; *(schweiz.):* springen lassen; *(ugs.):* herauslassen, laufen lassen; *(südd., österr.):* auslassen.

loslegen

anfangen, anpacken, ans Werk gehen, beginnen, darangehen, den Anfang machen, den ersten Schritt tun, die Initiative ergreifen, eröffnen, in Angriff nehmen, in die Wege leiten, sich machen an, starten; *(ugs.):* sich daranmachen, sich daransetzen, sich hermachen, ins Rollen bringen, losgehen.

losreißen

abbrechen, ablösen, abreißen, abrupfen, abtrennen, herausreißen, herunterreißen, [los]lösen, [los]trennen, wegfetzen, wegreißen; *(ugs.):* abmachen; *(Fachspr.):* abszindieren.

lossagen, sich

abgehen, sich abkehren, ablassen, abrücken, abschwören, absehen, sich abwenden, aufgeben, brechen, den Kontakt abbrechen/beenden/einstellen, den Rücken kehren/wenden, die Brücken hinter sich abbrechen, einstellen, fallen lassen, sich fernhalten, hinter sich lassen, sich [los]lösen, mit jmdm./etw. nichts mehr zu tun haben wollen, sich trennen, sich zurückziehen; *(geh.):* Abstand nehmen, entsagen, sich entziehen; *(bildungsspr.):* sich distanzieren; *(ugs.):* sich abschminken, an den Nagel hängen, aufstecken, hinwerfen, sich verabschieden.

Losung

a) Devise, Grundprinzip, Grundsatz, Leitsatz, Leitspruch, Leitwort, Motto, Parole, Richtschnur, Schlagwort, Slogan, Wahlspruch; *(bildungsspr.):* Maxime. **b)** Erkennungszeichen, Kennwort, Parole.

Lösung

1. a) Abwicklung, Aufklärung, Auflösung, Bewältigung, Durchführung, Erfüllung, Erledigung, Klärung. **b)** Antwort, Aufklärung, Auflösung, Ausweg, Ergebnis, Erklärung, Patentrezept, Schlüssel, Trick; *(bildungsspr.):* Deus ex Machina; *(ugs.):* Dreh, Ei des Kolumbus, Masche.

2. Abkehr, Absage, Annullierung, Aufgabe, Aufhebung, Auflösung, Auseinandergehen, Außerkraftsetzung, Ausstieg, Beendigung, Beendung, Beseitigung, Bruch, Einstellung, Entzweiung, Kündigung, Loslösung, Lossagung, Rückzug, Spaltung, Streichung, Trennung; *(bildungsspr.):* Distanzierung, Eliminierung, innere Emigration; *(ugs.):* Absprung.

3. Essenz, Flüssigkeit, Tinktur; *(Fachspr.):* Destillat.

loswerden

1. abschütteln, sich befreien/frei machen von, sich lösen, sich trennen, überwinden; *(ugs.):* loskriegen, sich vom Hals schaffen; *(salopp):* abhängen.

2. absetzen, abstoßen, umsetzen, verkaufen, zu Geld machen; *(ugs.):* an den Mann bringen, an die Frau bringen, loskriegen, losschlagen, verhökern, verkloppen, verkümmeln, verramschen, verscherbeln, verscheuern, versilbern, verticken; *(abwertend):* verschachern.

losziehen

aufbrechen, sich auf den Weg machen, sich aufmachen, ausziehen, davongehen, davonziehen, [fort]gehen, sich in Bewegung/in Marsch setzen, losgehen, losmarschieren, verlassen, weggehen; *(ugs.):* abrauschen, abschwirren, sich auf die Socken machen, sich fortmachen.

lotsen

begleiten, den Weg zeigen, dirigieren, einweisen, führen, herausführen, hinführen, leiten, lenken, mitnehmen, schleusen, steuern, vorangehen; *(geh.):* das Geleit geben, geleiten; *(meist geh.):* den Weg/die Richtung weisen; *(ugs.):* ins Schlepptau nehmen.

Lotterie

Auslosung, Ausspielung, Glücksspiel, Glückstopf, Hasardspiel, Lotteriespiel, Tombola, Verlosung; *(österr.):* Glückshafen.

loyal

anständig, aufrecht, aufrichtig, ehrenhaft, ehrlich, fair, geradlinig, geradsinnig, glaubwürdig, grundanständig, grundehrlich, gut, hochanständig, integer, ordentlich, redlich, sauber, seriös, solide, treu, unbescholten, vertrauenswürdig, zuverlässig; *(schweiz.):* recht; *(geh.):* ehrbar, ehrenwert, getreu, getreulich, honett, lauter; *(ugs.):* fein; *(veraltend):* brav, honorig, rechtschaffen, wacker.

GGS abtrünnig, illoyal, verräterisch, wortbrüchig.

Lücke

a) Leck, Loch, offene Stelle, Öffnung, Ritz, Schlitz, Spalt, Zwischenraum; *(veraltend):* Bresche. **b)** Ausfall, Auslassung, Defizit, Mangel, Minus.

lückenlos

erschöpfend, gesamt, komplett, umfassend, vollkommen, vollständig; *(bildungsspr.):* exhaustiv, holotisch.

Luft

1. Atemluft; *(geh.):* Hauch; *(bildungsspr.):* Spiritus; *(dichter.):* Odem; *(salopp):* Puste.

2. [Erd]atmosphäre, Himmel, Himmelsraum, Lufthülle, Luftschicht; *(geh.):* Äther, Firmament; *(dichter.):* Himmelsdom, [Himmels]feste, Himmelszelt.

lüften

1. auslüften, belüften, die Fenster aufreißen/öffnen, durchlüften, Durchzug machen, entlüften, frische Luft hereinlassen/zuführen, stoßlüften, ventilieren.

2. abheben, [an]heben, hochheben, hochziehen, in die Höhe heben, lüpfen; *(geh.):* emporheben; *(südd., österr., schweiz.):* lupfen.

luftig

a) dünn, fein, fluffig, leicht, luftdurchlässig, sommerlich, zart; *(bes. österr.):* flatt[e]rig.
b) dem Wind ausgesetzt, frisch, kühl, windig, zugig.

Lüge

Ammenmärchen, Lügengeschichte, Lügenmärchen, Unwahrheit; *(geh.):* Lügengespinst; *(ugs.):* Flunkerei, Geflunkere.

lügen
die Unwahrheit sagen, Lügen auftischen, nicht bei der Wahrheit bleiben; *(ugs.):* einen Bären aufbinden, flunkern, schwindeln; *(fam.):* kohlen; *(veraltend):* falsches Zeugnis ablegen.

lukrativ
einbringlich, einträglich, gewinnbringend, günstig, gut/hoch dotiert, lohnend, profitabel, rentabel, rentierlich, vorteilhaft; *(ugs.):* fett; *(oft abwertend):* Profit bringend.

Lümmel
Bengel; *(geh.):* Frechling; *(ugs.):* [Galgen]strick; *(fam.):* Racker; *(scherzh.):* Halunke, Schlingel; *(abwertend):* Flegel.

Lust
Begeisterung, Freude, Genuss, Glücksgefühl, Hochgenuss, Seligkeit, Spaß, Vergnügen, Wohlgefühl; *(geh.):* Entzücken, Entzückung, Frohmut, Glückseligkeit, Labsal, Wonne; *(bildungsspr.):* Enthusiasmus.

lüstern
begierig, erpicht, gierig, versessen; *(geh.):* begehrlich, durstig; *(fam.):* nimmersatt.

lustig
1. a) froh, fröhlich, heiter, munter, vergnügt; *(geh.):* frohgemut, wohlgemut; *(ugs.):* fidel, juxig; *(ugs. emotional):* quietschfidel. **b)** amüsant, belustigend, drollig, erheiternd, humorig, humoristisch, humorvoll, komisch, scherzhaft, spaßhaft, spaßig, unterhaltend, unterhaltsam, vergnüglich, vergnügt, witzig, zum Kichern/Lachen; *(ugs.):* funny, ulkig, zum Knallen/Piepen/Schreien; *(verstärkend):* urkomisch; *(ugs. emotional):* zum Totlachen; *(veraltend):* schnurrig.
2. frischweg, geradewegs, locker, munter, unbekümmert, unbeschwert, ungeniert; *(ugs.):* fröhlich.

lustlos
energielos, flügellahm, interesselos, lasch, temperamentlos, träge, uninteressiert, unlustig; *(bildungsspr.):* desinteressiert.

lutschen
a) auflutschen, zergehen lassen. **b)** belutschen, saugen; *(ugs.):* nuckeln.

luxuriös
alle Annehmlichkeiten bietend, aufwendig, de luxe, glanzvoll, mondän, pompös, prächtig, prachtvoll, prunkvoll, üppig, verschwenderisch; *(bildungsspr.):* opulent; *(ugs.):* feudal, mit allen Schikanen, protzig.

Luxus
Komfort, Pomp, Pracht[entfaltung], Prunk, Reichtum, Überfluss, Überfülle, Überreichtum, Üppigkeit, verschwenderische Fülle; *(geh.):* Gepränge; *(bildungsspr.):* Opulenz.

lynchen
Lynchjustiz üben, Lynchmord begehen/verüben, ohne Gerichtsverhandlung/Urteilsspruch töten.

Lyrik
Dichtung, [lyrische] Dichtkunst; *(bildungsspr.):* Poesie.

M

Machart
Art, Ausführung, Form, Gestalt, Gestaltungsform, Herstellungsart, Schnitt[form], Verarbeitung, Zuschnitt; *(veraltend):* Fasson.

machbar
ausführbar, bewältigbar, durchführbar, möglich, praktikabel, realisierbar, zu machen; *(ugs.):* managebar.

machen ↗
1. a) anfertigen, erzeugen, fertigen, herstellen, schaffen, verfertigen; *(veraltend):* fabrizieren.
b) anrichten, bereiten, fertig machen, herrichten, vorbereiten, zubereiten.

BSP Der Koch bereitete ein köstliches Mahl. Wir richten das Zimmer für den Besuch her.

c) auslösen, bewirken, erwecken, erzeugen, heraufbeschwören, hervorrufen, nach sich ziehen, veranlassen, verursachen, zur Folge haben; *(geh.):* entfachen, zeitigen.

BSP Sein Eingreifen bewirkte, dass ... Das hatte Konsequenzen für die Protagonistin zur Folge.

d) ausführen, bewältigen, durchführen, erledigen, fertig werden, meistern, schaffen, tun, verrichten; *(schweiz.):* bodigen; *(ugs.):* auf die Reihe bringen/kriegen, deichseln, hinbekommen, hinkriegen, in den Griff kriegen, managen, packen, schmeißen; *(salopp):* schaukeln.
2. erlangen, erreichen, erwirtschaften, erzielen, verdienen.
3. ergeben, sein, zum Ergebnis haben.

machen, sich
sich bessern, besser werden, gedeihen, sich gut entwickeln, sich positiv entwickeln; *(ugs.):* sich herausmachen, sich mausern.

Machenschaften
Intrigen[spiel], Winkelzüge; *(geh.):* Machinationen; *(veraltend):* Kabale.

A B C D E F G H I J K L M mac N O P Q R S T U V W X Y Z

Macho
Sexist; *(ugs.)*: Chauvi; *(abwertend)*: Chauvinist, Pascha.

Macht
1. Ansehen, Autorität, Einfluss, Geltung, Gewicht, Machtstellung, Stärke; *(geh.)*: Vermögen; *(bildungsspr.)*: Prestige; *(bes. Politik)*: Machtposition.
2. Befehlsgewalt, Führung, Gewalt, Herrschaftsgewalt, Regierungsgewalt, Regiment, Staatsgewalt, Staatsmacht.

mächtig
1. allmächtig, einflussreich, gewaltig, maßgebend, tonangebend, wichtig, wirkungsreich; *(geh.)*: allgewaltig; *(bildungsspr.)*: [omni]potent; *(geh. veraltet)*: großmächtig.
2. a) außergewöhnlich [groß], außerordentlich, beträchtlich, enorm, erheblich, gehörig, gewaltig, immens, sehr groß/stark, ungeheuer, ungemein, unsagbar, unwahrscheinlich; *(ugs.)*: höllisch, irrsinnig, ordentlich, unglaublich, wahnsinnig; *(oft emotional)*: riesig; *(ugs. emotional)*: kolossal, sagenhaft; *(ugs. emotional verstärkend)*: mordsmäßig, riesengroß. b) ↑sehr.

machtlos
ausgeliefert, einflusslos, entmachtet, hilflos, ohne Einfluss/Macht, ohnmächtig, schutzlos, schwach, wehrlos.

Machtprobe
Kräftemessen, Kraftprobe; *(bes. österr.)*: Kräftevergleich; *(bildungsspr.)*: Showdown.

Macke
1. Absonderlichkeit, Eigenart, Marotte, Schrulle, Spleen, Verrücktheit, wunderliche Angewohnheit; *(ugs.)*: Mucke, Tick.
2. Beschädigung, Defekt, Fehler, Lädierung, Mangel, Schaden; *(geh.)*: Makel.

Mädchen
(ugs.): Mädel; *(ugs. scherzh.)*: Krabbe, Kröte; *(nordd.)*: Deern, Dirn.

madigmachen
a) abqualifizieren, herabsetzen, heruntersetzen, nichts Gutes lassen an; *(ugs.)*: heruntermachen, niedermachen, schlechtmachen. b) schwarzmalen, unken, verderben, vergällen, verleiden; *(ugs.)*: vergraulen, vermiesen.

Magazin
1. Aufbewahrungsort, Depot, Lager, Lagerhalle, Lagerhaus, Lagerraum, Lagerstätte, Speicher, Vorratshaus, Vorratsraum, Warenlager.
2. Heft, Illustrierte, Revue, Zeitschrift.

mager
a) ertragsarm, karg, nicht ertragreich, nicht fruchtbar, unergiebig, unfruchtbar. b) arm, ärmlich, bescheiden, dürftig, karg, kärglich, knapp, kümmerlich, nicht ausreichend, nicht üppig, spärlich; *(geh.)*: schmal.

Magie
1. Hexenkunst, Hexerei, Schwarze Kunst, Teufelskunst, Zauber, Zauberei, Zauberkunst; *(bildungsspr. veraltend)*: Nigromantie.
2. magische Wirkung, Zauber[kraft].

Magistrat
Administration, Senat, Stadtverwaltung, Verwaltung, Verwaltungsbehörde.

Magnet
Anziehungspunkt, Attraktion, Blickfang, Zugnummer, Zugpferd.

Mahl
1. Essen, Gericht, Imbiss, Mahlzeit, Snack, Speise.
2. Bankett, Festbankett, Galadiner; *(geh.)*: Festmahl, Souper; *(scherzh.)*: Festschmaus.

mahnen
1. anhalten, antreiben, auffordern, aufrufen, beschwören, drängen, ermahnen, treiben, zureden; *(geh.)*: ersuchen; *(bildungsspr.)*: appellieren.
2. anmahnen, erinnern, gemahnen, in Erinnerung bringen/rufen, ins Gedächtnis zurückrufen.

Mahnung
Appell, Aufforderung, Aufruf, Erinnerung, Ermahnung; *(geh.)*: Ersuchen; *(bildungsspr.)*: Memento.

Majestät
Erhabenheit, Vornehmheit, Würde; *(geh.)*: Hoheit; *(bildungsspr.)*: Dignität, Gravität, Noblesse.

majestätisch
Achtung/Ehrfurcht gebietend, aristokratisch, erhaben, gemessen, königlich, vornehm, würdevoll, würdig; *(geh.)*: adlig, hoheitsvoll, olympisch; *(bildungsspr.)*: gravitätisch.

Majorität
der überwiegende Teil, die meisten, Gros, Großteil, Masse, mehr als die Hälfte, Mehrheit, Mehrzahl, Überzahl; *(bildungsspr.)*: Pluralität.

makaber
entsetzenerregend, furchterregend, gespensterhaft, gespenstig, gespenstisch, grauenhaft, grauenvoll, gräulich, gruselig, nicht geheuer, schaudererregend, schauerlich, schauervoll, schaurig, spukhaft, unheimlich, zum Fürchten; *(geh.)*: schaudervoll.

Makel
1. dunkler Punkt, Schandmal, Unzierde; *(geh.)*: Schatten, übler Beigeschmack; *(bildungsspr.)*: Odium; *(emotional)*: Schandfleck.
2. Defekt, Fehler, Macke, Mangel, Schaden,

Schönheitsfehler, Verunstaltung, Verunzierung; *(geh.):* Tadel.

makellos
einwandfrei, fehlerfrei, fehlerlos, in Ordnung, nicht zu beanstanden, ohne Fehler/Makel/Mangel, perfekt, untadelig, vollkommen; *(geh.):* ohne Fehl [und Tadel]; *(bildungsspr.):* in optima forma; *(emotional):* tadellos.

mäkeln
beanstanden, bemängeln, etwas auszusetzen haben, Kritik üben, kritisieren, monieren; *(ugs.):* herumkritisieren, herummäkeln, herummeckern, herumnörgeln, kein gutes Haar lassen, mosern, motzen; *(salopp):* herummotzen; *(abwertend):* [be]kritteln, nörgeln.

Make-up
Kosmetika, Schminke, Schönheitsmittel.

Makler, Maklerin
Grundstücksmakler, Grundstücksmaklerin, Häusermakler, Häusermaklerin, Immobilienhändler, Immobilienhändlerin, Immobilienmakler, Immobilienmaklerin, Mittelsmann, Mittelsfrau, Mittelsperson, Vermittler, Vermittlerin; *(österr.):* Sensal; *(geh.):* Mittler, Mittlerin.

mal
1. malgenommen.
2. eines Tages, einmal, früher oder später, in absehbarer Zeit, irgendwann, über kurz oder lang.

Mal
1. Feuermal, Leberfleck, Muttermal; *(meist geh.):* Wundmal.
2. Denkmal, Ehrenmal, Gedenkstein, Mahnmal, Monument; *(bildungsspr.):* Memorial; *(geh.):* Erinnerungsmal.

malen
1. a) zeichnen; *(ugs.):* pinseln. **b)** abbilden, darstellen, porträtieren, skizzieren, wiedergeben, zeichnen; *(bildungsspr.):* reproduzieren.
2. anstreichen, bemalen, mit Farbe versehen, streichen, tünchen; *(ugs.):* anmalen, anpinseln.

malerisch
beschaulich, friedlich, idyllisch, lauschig, märchenhaft, paradiesisch, romantisch, verträumt; *(geh.):* friedvoll; *(bildungsspr.):* arkadisch, bukolisch, pittoresk; *(dichter.):* elysisch; *(ugs.):* traumhaft [schön]; *(emotional verstärkend):* wunderschön.

malnehmen
vervielfachen.

man
1. eine, eine Person, einer, [irgend]jemand; *(ugs.):* [irgend]wer.
2. Allgemeinheit, die Leute/Menschen, Gesellschaft, Öffentlichkeit.

Management
1. Aufsicht, Direktion, Führerschaft, Führung, Leitung, Lenkung, Oberaufsicht, Vorsitz; *(bildungsspr.):* Regie.
2. Chefetage, Direktion, Direktorium, Führerschaft, Führungsgremium, Führungsmannschaft, Führungsriege, Geschäftsleitung, Präsidium, Spitze, Stab, Vorstand.

managen
1. abwickeln, bewältigen, durchführen, fertigbekommen, fertigbringen, meistern, organisieren, schaffen, verwirklichen, zustande/zuwege bringen; *(ugs.):* auf die Reihe bringen/kriegen, deichseln, fertigkriegen, geregelt kriegen, handeln, hinbekommen, hinbringen, hinkriegen, packen, schmeißen, über die Bühne bringen; *(salopp):* schaukeln.
2. aufbauen, betreuen, den Weg/die Wege ebnen, fördern, in den Sattel heben/helfen, sponsern, unterstützen, vorwärtsbringen, weiterbringen; *(geh.):* sich verwenden; *(bildungsspr.):* favorisieren, protegieren; *(ugs.):* groß herausbringen, machen; *(ugs. scherzh.):* unter seine Fittiche nehmen; *(geh. abwertend):* den Steigbügel halten; *(Jargon):* powern.

Manager, Managerin
Entscheidungsträger, Entscheidungsträgerin, Macher, Macherin; *(geh.):* Lenker, Lenkerin.

manchmal
ab und an, ab und zu, dann und wann, das ein oder andere Mal, des Öfteren, gelegentlich, hier und da, hin und wieder, mitunter, öfter, sporadisch, stellenweise, streckenweise, vereinzelt, von Zeit zu Zeit, zeitweilig, zeitweise, zuzeiten; *(österr.):* fallweise; *(geh.):* bisweilen, zuweilen; *(Wissensch.):* okkasionell.

Mandant, Mandantin
Auftraggeber, Auftraggeberin, Klient, Klientin, Kunde, Kundin.

Mangel
1. Armut, Ausfall, Defizit, Knappheit, Minus, zu geringes Maß, Zuwenig.
2. Beschädigung, Defekt, Fehler, Lädierung, Lücke, Macke, Manko, Schaden, Schwäche; *(geh.):* Makel.

mangelhaft
fehlerhaft, gering, knapp, lückenhaft, mäßig, minderwertig, schlecht, spärlich, unbefriedigend, ungenügend, unzureichend; *(österr.):* unzukömmlich; *(schweiz.):* halbbatzig; *(geh.):* schmal, unzulänglich; *(bildungsspr.):* insuffizient; *(salopp):* beschissen; *(abwertend):* armselig, dürftig, erbärmlich, kümmerlich, lausig, schäbig; *(oft abwertend):* kläglich.

mangeln
a) fehlen, hapern, nicht ausreichend/genug haben, nicht in genügendem Ausmaß vorhanden sein, zu knapp sein; *(geh.):* ermangeln, gebrechen. **b)** abgehen, fehlen, nicht haben, vermissen lassen; *(geh.):* entbehren.

Manie
Besessenheit, Drang, Hang, Leidenschaft, Neigung, Passion, Sucht, Trieb, Zwang.

Manier
a) Art [und Weise], Form, Methode, Verfahrensweise, Verhalten, Verhaltensweise, Vorgehensweise, Weise. **b)** Charakter, [Eigen]art, Fasson, Stil, Wesen; *(geh.):* Duktus, Gepräge, Wesenheit.

Manieren
Anstand, Art, Auftreten, Benehmen, Betragen, Erziehung, Gebaren, Kinderstube, Schliff, Sitten, Umgangsformen, Verhalten; *(ugs.):* Benimm.

manierlich
annehmbar, befriedigend, hinreichend, passabel, zufriedenstellend; *(ugs.):* anständig, ordentlich.

Manifest
Ausrufung, Bekanntmachung, Bulletin, Deklaration, [Grundsatz]erklärung, Manifestation, Programm, Statement, Verkündung, Verlautbarung; *(schweiz.):* Vernehmlassung; *(geh.):* Kundgabe, Verkündigung; *(bildungsspr.):* Proklamation.

manifestieren, sich
sich abzeichnen, sich ausbilden, sich ausdrücken, sich ausprägen, deutlich/erkennbar werden, sich entfalten, sich herausbilden, in Erscheinung treten, offenbar/sichtbar werden, sich zeigen, zum Ausdruck/Vorschein kommen, zutage treten; *(bildungsspr.):* sich fokussieren.

Manipulation
Beeinflussung, Lenkung; *(bildungsspr.):* Suggestion; *(abwertend):* Agitation.

manipulieren
1. anpolitisieren, beeinflussen, bekehren, einer Gehirnwäsche unterziehen, Einfluss ausüben/nehmen, einreden, einwirken, lenken, steuern, überreden, zureden; *(bildungsspr.):* suggerieren; *(ugs.):* bearbeiten; *(salopp):* einwickeln; *(bildungsspr. abwertend):* korrumpieren.
2. entstellen, kleinrechnen, [ver]fälschen, verfremden, verkehren, verschleiern.
3. geschickt handhaben, kunstgerecht hantieren/umgehen.

Manko
1. Defizit, Fehler, Lücke, Mangel, Nachteil, Schwäche, Unzulänglichkeit; *(geh.):* Makel.
2. Ausfall, Defizit, Einbuße, Fehlbetrag, Minus[betrag], Verlust; *(bes. schweiz.):* Minderertrag; *(salopp):* Miese.

Mann
1. Bursche, Herr, männliche Person; *(ugs.):* Er, Kerl, Typ.
2. Ehemann, Ehepartner, Freund, Lebens[abschnitts]gefährte, Partner; *(geh.):* [Ehe]gatte, Gemahl; *(ugs.):* Vati; *(salopp):* Alter; *(scherzh.):* Angetrauter; *(ugs. scherzh.):* Begatterich, bessere Hälfte, Gatterich, Göttergatte.

männlich
1. maskulin, viril.
2. *(Sprachwiss.):* maskulin.

Mannschaft
a) Gruppe, Riege, Team; *(Sport):* Aufgebot, Auswahl, Elf, Staffel, Vertretung. **b)** Besatzung, Crew, Personal. **c)** Truppeneinheit. **d)** [Arbeits]gruppe, Arbeitsteam, Crew, Kollegium, Stab, Team, Truppe.

Manöver
1. Gefechtsübung, Truppenübung.
2. ↑Manipulation.

manövrieren
1. führen, leiten, lenken, schleusen, steuern; *(ugs.):* bugsieren; *(veraltend):* chauffieren.
2. jonglieren, lavieren, taktieren.

manuell
mit der Hand, per Hand, von Hand; *(südd., österr.):* händisch.

Manuskript
a) Aufzeichnung, Druckvorlage, Niederschrift, Skript; *(österr.):* Manus. **b)** Aufstellung, Ausarbeitung, Entwurf, Konzept, Plan, Skizze; *(geh.):* Elaborat.

Mappe
1. Hefter, Ordner.
2. Aktenmappe, [Akten]tasche, Kollegmappe, Schulmappe, [Schul]ranzen.

Märchen
1. Erzählung, Fabel, Geschichte.
2. Ammenmärchen, Einbildung, Erfindung, Fabel, Fantasie, Lügengeschichte, Münchhaus[en]iade, Seemannsgarn; *(geh.):* Erdichtung, Fiktion; *(ugs.):* Flunkerei, Räubergeschichte; *(abwertend):* Hirngespinst.

märchenhaft
a) einzigartig, hinreißend, idyllisch, malerisch, paradiesisch, romantisch, verträumt, zauberhaft; *(bildungsspr.):* pittoresk; *(dichter.):* elysisch; *(ugs.):* traumhaft [schön]; *(emotional):* wunderbar, wundervoll; *(emotional verstärkend):* wunderschön. **b)** außergewöhnlich, beachtenswert, beachtlich, beeindruckend, beträchtlich, ein-

drucksvoll, enorm, grandios, großartig, herausragend, imponierend, imposant, phänomenal, sagenhaft, spektakulär, überwältigend; *(ugs.):* mega, super, toll, unglaublich; *(salopp):* irre; *(oft emotional):* riesig, unvergleichlich. **c)** ↑sehr.

Marionette

1. Drahtpuppe, Gelenkpuppe, Gliederpuppe, Holzpuppe.

2. Schachfigur, Spielzeug, Werkzeug, willenloses Geschöpf; *(abwertend):* Lakai.

markant

1. auffallend, auffällig, augenfällig, ausgesprochen, beeindruckend, eklatant, extrem, ins Auge/in die Augen springend, krass, nicht zu übersehen, offenkundig, offensichtlich, unübersehbar; *(geh.):* augenscheinlich; *(bildungsspr.):* evident.

2. ausgeprägt, charakteristisch, deutlich, einprägsam, klar, scharf geschnitten.

markieren

1. abgrenzen, abstecken, ankreuzen, anstreichen, anzeigen, ausschildern, bezeichnen, erkennbar/kenntlich machen, kennzeichnen, mit einem Kennzeichen versehen; *(österr.):* märken; *(schweiz.):* signalisieren.

2. betonen, den Ton legen auf, hervorheben.

3. andeuten, bluffen, heucheln, irreführen, simulieren; so tun, als ob; täuschen, sich verstellen, vorgeben, vormachen, vorspielen, vortäuschen; *(geh.):* narren; *(ugs.):* faken, nur so tun, Theater spielen; *(salopp):* schnallen; *(abwertend):* schauspielern.

Markt

1. Markthalle, Marktplatz.

2. a) Warenverkauf, Warenverkehr. **b)** Absatzgebiet, Absatzmarkt, Wirtschaftslage.

marode

abgewirtschaftet, ruiniert; *(ugs.):* am Ende, auf den Hund gekommen, erledigt, fertig.

Marotte

Eigenart, Eigenheit, Eigentümlichkeit, fixe Idee, Grille, Laune, Schrulle, Spleen, Verrücktheit, wunderliche Angewohnheit; *(ugs.):* Flause, Mucke, Tick; *(salopp):* Macke.

Marsch

Streifzug, Tour, Wanderung; *(ugs.):* Trip.

marschieren

1. einen Marsch machen, eine Wanderung unternehmen, schreiten, wandern, ziehen.

2. im Gleichschritt/in Reih und Glied gehen.

martern

a) foltern, misshandeln, quälen, schinden.

b) böse mitspielen, das Leben schwer/zur Hölle machen, grausam sein, malträtieren, plagen, Qualen/Schmerzen bereiten, schinden, traktieren, übel mitspielen, zusetzen; *(geh.):* foltern, Pein bereiten, peinigen; *(ugs.):* piesacken, triezen, wehtun, zwiebeln; *(abwertend):* drangsalieren, terrorisieren.

Masche

Einfall, Kniff, Kunstgriff, List, Schachzug, Schliche, Trick; *(schweiz.):* Rank; *(bildungsspr.):* Finesse, Manipulation, Strategem; *(ugs.):* Dreh; *(veraltend):* Pfiff.

Maschine

Apparat[ur], Automat, Gerät, Maschinerie.

maschinell

a) automatisch, mechanisch, mit Maschinenkraft. **b)** maschinenmäßig, seriell, serienmäßig.

maskieren

1. a) das Gesicht verbergen/verdecken/verstecken, eine Maske anlegen. **b)** ein Kostüm anziehen, kostümieren, verkleiden, vermummen.

2. tarnen, verbergen, verdecken, verhüllen.

maskulin

1. männlich, nicht weiblich, viril.

2. *(Sprachwiss.):* männlich.

Maß

Abmessung, Ausbreitung, Ausdehnung, Ausmaß, Dimension, Dosis, Grad, Größe, Größenordnung, Menge, Quantum, Reichweite, Stärke; *(bildungsspr.):* Quantität.

Massaker

Abschlachtung, Blutbad, Ermordung, Massenmord; *(geh.):* Blutvergießen; *(emotional):* Gemetzel; *(abwertend):* Metzelei.

massakrieren

abschlachten, hinmetzeln, hinmorden, hinschlachten, morden, niedermetzeln; *(ugs.):* niedermachen.

Masse

1. Material, Materie, Stoff, Substanz.

2. Ansammlung, Fülle, große [An]zahl, Heer, Legion, Menge, Reihe, Vielzahl; *(geh.):* Flut, Meer, Myriade; *(ugs.):* Haufen; *(emotional verstärkend):* Unmenge, Unzahl; *(ugs. emotional verstärkend):* Unmasse.

massenhaft

ausgiebig, bergeweise, in beträchtlicher Anzahl, in großer Auswahl/Menge/Zahl, in Hülle und Fülle, in Massen, in reichem Maße, massenweise, mehr als genug/genügend, nicht zu knapp, noch und noch, reichlich, scharenweise, schockweise, sehr viel, üppig, viel; *(geh.):* ein gerüttelt Maß, mannigfach, zuhauf; *(ugs.):* doppelt und dreifach, dutzendweise, en masse, fuderweise, haufenweise, in rauen Mengen, massig, reihenweise, serienweise, wie Sand am Meer;

(emotional): dutzendfach, sattsam; *(ugs. scherzh.):* noch und nöcher; *(oft abwertend):* zur Genüge.

Massenmedien
Informationsvermittler, Kommunikationsmittel.

maßgeblich
ausschlaggebend, beherrschend, bestimmend, entscheidend, federführend, fundamental, gewichtig, grundlegend, ins Gewicht fallend, maßgebend, tonangebend, zentral; *(bildungsspr.):* gravierend, relevant, substanziell.

massig ↑massenhaft.

mäßig
1. dezent, gedämpft, gezügelt, in/mit Maßen, in bescheidenem Maße, in Grenzen, leicht, maßvoll, verhalten, zurückhaltend; *(geh.):* abgemessen, gemäßigt; *(bildungsspr.):* moderat.
2. bescheiden, gering, kärglich, knapp, lau, mager, schwach; *(geh.):* schmal; *(abwertend):* dürftig, lausig; *(oft abwertend):* kläglich.
3. durchschnittlich, einigermaßen, gemischt, leidlich, nicht besonders, schlecht und recht, wenig befriedigend; *(bildungsspr.):* medioker; *(ugs.):* lila, mittel[gut], nicht berauschend/berühmt, so lala, soso; *(salopp):* mau; *(ugs. scherzh.):* durchwachsen, mittelprächtig.

mäßigen
abdämpfen, abmildern, abschwächen, bremsen, dämpfen, die Spitze nehmen, drosseln, einen Dämpfer aufsetzen, einschränken, herabmindern, herabsetzen, lindern, mildern, reduzieren, schmälern, senken, verkleinern, verlangsamen, vermindern, verringern, zügeln, zurücknehmen; *(geh.):* mindern, temperieren; *(bildungsspr.):* restringieren; *(ugs.):* herunterschrauben, zurückschrauben.

mäßigen, sich
a) sich bändigen, sich beherrschen, sich bezähmen, sich im Zaum halten, sich in der Gewalt haben, sich zügeln, sich zurückhalten, sich zurücknehmen, sich zusammennehmen; *(geh.):* sich bemeistern, sich in Schranken halten; *(bildungsspr.):* sich disziplinieren; *(ugs.):* sich am Riemen reißen, sich bremsen, sich zusammenreißen. **b)** abbröckeln, abebben, sich abflachen, abflauen, abklingen, abnehmen, sich abschwächen, abschwellen, absinken, fallen, herabsinken, heruntersinken, im Rückgang begriffen sein, sich legen, sich mildern, nachlassen, sich reduzieren, schrumpfen, schwächer/weniger werden, sinken, sich verkleinern, sich vermindern, sich verringern, sich zurückbilden, zurückfallen, zurückgehen; *(geh.):* erlahmen, verebben; *(bildungsspr.):* downshiften; *(ugs.):* absacken, [he]runtergehen, schwächeln.

massiv
1. a) dicht, fest [gefügt], kompakt, robust, solide, stabil; *(schweiz.):* satt. **b)** gedrungen, korpulent, massig, stämmig, stramm, untersetzt, üppig, vierschrötig, wuchtig; *(schweiz.):* fest; *(ugs.):* bullig, kompakt; *(scherzh.):* gewichtig, voluminös.
2. eindringlich, energisch, entschieden, erbittert, gehörig, hart, heftig, herb, nachdrücklich, nachhaltig, rigoros, scharf, schwer[wiegend], stark, tiefgreifend.
3. deutlich, dramatisch, drastisch, einschneidend, empfindlich, erheblich, nachhaltig, rigoros, spürbar, stark; *(bildungsspr.):* gravierend; *(emotional):* gewaltig; *(nordd.):* doll.

maßlos
a) blind, grenzenlos, hemmungslos, mehr als genug, ohne jedes Maß, übermäßig, übertrieben, überzogen, unmäßig, wild; *(geh.):* über die/alle Maßen; *(bildungsspr.):* exzessiv; *(abwertend):* sinnlos; *(oft abwertend):* übergenug. **b)** ↑sehr.

Maßnahme
Aktion, Handlung, Mittel, Schritt, Tat, Winkelzug; *(abwertend):* Manöver.

maßregeln
eine Rüge/einen Verweis erteilen, rügen, tadeln, zurechtweisen; *(bildungsspr.):* disziplinieren; *(ugs.):* die Hammelbeine lang ziehen, die Leviten lesen, einen Rüffel geben/verpassen, eine Zigarre verpassen, eins auf den Deckel geben, in den Senkel stellen, Mores lehren, rüffeln, rundmachen, zusammenstauchen; *(salopp):* den Marsch blasen, einen Anschiss verpassen, [he]runterputzen.

Maßstab
Bewertungsmaßstab, Bezugswert, Devise, Faustregel, [feste] Regel, Gradmesser, Grundsatz, Leitfaden, Leitsatz, Motto, Norm, Prinzip, Referenzgröße, Referenzwert, Richtlinie, Richtschnur, Standard, Vergleichsmaßstab, Wertmesser; *(bildungsspr.):* Kanon; *(Fachspr.):* Berechnungsgrundlage.

maßvoll
bescheiden, besonnen, genügsam, in/mit Maßen, mäßig, zurückhaltend; *(geh.):* abgemessen, gemäßigt; *(bildungsspr.):* moderat.

masturbieren
onanieren, sich [selbst] befriedigen.

Match
Begegnung, Partie, Spiel, Wettspiel.

Material
1. [Roh]stoff, Substanz, Werkstoff.

2. Arbeitsgerät, Arbeitshilfe, Ausrüstung, Equipment, Gerät, Gerätschaft[en], Handwerkszeug, Hilfsmittel, Instrument, Inventar, Mittel, Rüstzeug, Werkzeug; *(Fachspr.):* Instrumentarium.
3. [Arbeits]unterlagen, Dokumente, Papiere.

Materie
1. Stoff, Substanz, Teilchen; *(Fachspr.):* Partikel.
2. Grundstoff, Lebenselement, Urstoff.
3. Gegenstand, Stoff, Thema, Thematik; *(bildungsspr.):* Sujet.

materiell
1. dinghaft, dinglich, gegenständlich, greifbar, konkret, körperhaft, körperlich, physisch, plastisch, sinnlich [wahrnehmbar], stofflich; *(bildungsspr.):* in natura, real, substanziell.
2. a) finanziell, geldlich, wirtschaftlich; *(bildungsspr.):* ökonomisch, pekuniär. **b)** *(bildungsspr.):* prosaisch; *(oft abwertend):* materialistisch.

Matsch
Morast, Schlamm; *(ugs.):* Dreck, Patsch; *(nordd.):* Mud; *(ostmd.):* Schmand.

matschig
1. morastig, schlammig, suppig; *(österr.):* gatschig; *(nordd.):* muddig, schlickerig.
2. ↑matt (1).

matt
1. abgearbeitet, abgekämpft, abgespannt, angegriffen, angeschlagen, ausgelaugt, elend, entkräftet, erschöpft, geschwächt, kraftlos, mürbe, schwach, schwächlich, zermürbt, zerschlagen; *(geh.):* aufgezehrt, ermattet; *(ugs.):* abgeschlafft, alle, am Ende, angeknackst, down, erledigt, erschlagen, erschossen, [fix und] fertig, fix und foxi, geschafft, groggy, hin, k.o., kaputt, knülle, matschig, mitgenommen, platt, schlaff, schlapp, [wie] gerädert; *(salopp):* ausgepumpt, matsch; *(fam.):* schachmatt; *(oft emotional):* malade.
2. a) blind, glanzlos, mattiert, ohne Glanz, stumpf, trübe; *(nordd.):* duff. **b)** abgetönt, blass, dezent, gedämpft, gedeckt, sanft, verblasst, verhalten, zart; *(veraltend):* flau.

Mattscheibe
a) [Fernseh]bildschirm; *(EDV):* Screen. **b)** Fernsehapparat, Fernsehgerät, TV; *(ugs.):* Fernseher, Glotzkasten, Glotzkiste; *(salopp):* Glotze; *(ugs. scherzh.):* Heimkino, Pantoffelkino.

Mätzchen
Albereien, Albernheiten, Faxen, Flausen, Kindereien, Nonsens, Unsinn; *(ugs.):* Fez; *(salopp):* Quatsch; *(veraltend):* Possen.

mau
1. elend, flau, matt, schlecht, unpässlich, unwohl; *(geh.):* übel; *(ugs.):* blümerant, mies, schlaff, schlapp.
2. mäßig, nicht besonders, nicht gut, schlecht, wenig befriedigend; *(ugs.):* nicht berauschend/berühmt; *(emotional):* miserabel.

Mauer
Mauerwerk, Steinwand, Wall, Wand.

maulen
brumme[l]n, murren; *(ugs.):* herummäkeln, herummeckern, herumnörgeln, mosern; *(salopp):* herummaulen; *(abwertend):* mäkeln, nörgeln.

mausern, sich
1. in der Mauser sein; *(geh.):* das Federkleid wechseln.
2. aufblühen, sich gut/positiv entwickeln, sich zu seinem Vorteil verändern; *(geh.):* erblühen; *(ugs.):* sich herausmachen, sich [raus]machen.

Maximum
Extrem, Gipfel, größtes Maß, höchster Grad, Höchstmaß, Höchststand, Höchstwert, Optimum; *(ugs.):* Spitze.

Mäzen, Mäzenin
Finanzier, Finanzierin, Förderer, Förderin, Geldgeber, Geldgeberin, Gönner, Gönnerin, Kapitalgeber, Kapitalgeberin, Mäzenatin, Wohltäter, Wohltäterin; *(ugs.):* Sponsor, Sponsorin.

mechanisch
1. automatisch, maschinell, mit Maschinenkraft.
2. a) aus Gewohnheit, automatisch, automatisiert, blind[lings], der Gewohnheit folgend, gedankenlos, gewohnheitsmäßig, instinktiv, unbeabsichtigt, unbewusst, unwillkürlich, von selbst; *(bildungsspr. abwertend):* notorisch.
b) einförmig, eintönig, gleichförmig, gleichmäßig, monoton, routinemäßig, stumpfsinnig; *(bildungsspr.):* stereotyp, uniform; *(abwertend):* nach Schema F; *(bildungsspr. abwertend):* stupide.

meckern
Anstoß nehmen, auszusetzen haben, beanstanden, sich beklagen/beschweren, Beschwerden vorbringen, Klage führen, klagen, Kritik üben, kritisieren, monieren, murren, reklamieren, tadeln; *(österr.):* beanständen; *(ugs.):* bekritteln, bemäkeln, herumkritisieren, herummäkeln, herummeckern, herumnörgeln, kein gutes Haar lassen, mosern, motzen, rummäkeln, rummotzen; *(salopp):* herummaulen, herummotzen; *(abwertend):* kritteln, mäkeln, nörgeln.

Medaille
Auszeichnung, Gedenkmedaille, [Gedenk]münze.

Medikament
Arzneimittel, Heilmittel, Medizin, Mittel; *(österr.):* Heilbehelf; *(bildungsspr.):* Pharmakon, Pharmazeutikum; *(ugs.):* Pille; *(fam.):* Mittelchen; *(veraltend):* Arznei, Droge; *(Fachspr.):* Präparat.

meditieren
in sich gehen, sich konzentrieren, sich nach innen kehren/wenden, sich sammeln, sich versenken, sich vertiefen.

Medizin
1. ärztliche Wissenschaft, Heilkunde, Heilkunst.
2. Arzneimittel, Heilmittel, Medikament, Mittel; *(österr.):* Heilbehelf; *(bildungsspr.):* Pharmakon, Pharmazeutikum; *(veraltend):* Arznei, Droge; *(Fachspr.):* Präparat.

Meer
1. [das große] Wasser, die See, Ozean; *(ugs. scherzh.):* der große Teich.
2. Fülle, große [An]zahl, Heer, Legion, Masse, Menge, Reihe, Vielzahl; *(schweiz.):* Harst; *(geh.):* Flut, Myriade; *(ugs.):* Fuder, Haufen, Schwung; *(emotional verstärkend):* Unmenge, Unzahl; *(ugs. emotional verstärkend):* Unmasse.

Meeting
Besprechung, Kolloquium, Konferenz, Kongress, Sitzung, Symposium, Tagung, Treffen, Versammlung, Zusammenkunft; *(bildungsspr.):* Session.

mehrdeutig
1. dehnbar, doppeldeutig, doppelsinnig, missverständlich, nicht eindeutig/klar, schillernd, unbestimmt, unklar, vage, verschwommen, vieldeutig, zweideutig; *(bildungsspr.):* amphibolisch, äquivok, nebulös; *(bes. Fachspr.):* ambigue.

GGS evident, exakt, schlüssig, stringent.

2. geheimnisvoll, hintergründig, rätselhaft; *(bildungsspr.):* sibyllinisch.

mehren
erhöhen, steigern, vergrößern, vermehren, vervielfachen; *(schweiz.):* äufnen.

mehren, sich
a) [an]steigen, [immer] zahlreicher werden, sich verdichten, sich vermehren, sich verstärken, zunehmen. **b)** sich fortpflanzen, Nachkommen hervorbringen, sich vermehren.

mehrere
diverse, eine Anzahl/Reihe, einige, ein paar, etliche, manche, verschiedene.

mehrfach
1. mehrmalig, vielfach; *(geh.):* tausendfältig.
2. einige Male, ein paarmal, häufig[er], mehr als einmal, mehrere Male, mehrmals, oft, öfter, oftmals, wiederholt; *(nachdrücklich):* des Öfteren.

Mehrheit
der größere/überwiegende Teil, die meisten, Gros, Großteil, Majorität, Masse, mehr als/über die Hälfte, Mehrzahl, Überzahl; *(bildungsspr.):* Pluralität.

mehrmals
einige/mehrere Male, ein paarmal, häufig[er], immer wieder, mehr als einmal, oft, öfter, oftmals, verschiedentlich, wiederholt; *(ugs.):* mehrfach; *(nachdrücklich):* des Öfteren; *(veraltend):* etliche Male.

Mehrzahl
1. *(Sprachwiss.):* Plural.
2. ↑Mehrheit.

meiden
aus dem Weg gehen, ausweichen, sich fernhalten, ignorieren, sich nicht stellen, scheuen, übergehen, umgehen, vermeiden; *(geh.):* sich entziehen, fernbleiben, fliehen; *(ugs.):* sich drücken, einen [großen] Bogen machen, sich herumdrücken, umkurven.

meinen
1. a) annehmen, denken, der Ansicht/Meinung sein, eine bestimmte Ansicht/Meinung haben, finden, für möglich/wahrscheinlich halten, glauben, mutmaßen, vermuten; *(geh.):* dafürhalten; *(ugs.):* schätzen, tippen.

BSP Niemand wird ernstlich annehmen, dass ... Ich bin der Ansicht, dass der Autor insofern unrecht hat, dass ... Ich habe dazu eine andere Ansicht. Die Verfasserin hält es für möglich/wahrscheinlich, dass ...

b) ausdrücken/sagen wollen, zum Ausdruck bringen wollen.

BSP Ich will damit sagen/ausdrücken, dass ... Die Autorin will hier ihre Kritik zum Ausdruck bringen.

2. abzielen, anspielen, ansprechen, hinzielen, im Auge/im Sinn haben, zielen; *(ugs.):* hinauswollen auf.

BSP Sie zielte mit ihren Worten auf die Missstände im Schulgebäude ab. Ich möchte damit eine andere Frage ansprechen.

meinetwegen
1. für mich, mir zuliebe, mit Rücksicht auf mich, um meinetwillen; *(ugs.):* wegen mir.
2. einverstanden, es soll mir recht sein, gut, ich habe nichts dagegen/keine Einwände, in Ordnung, ja, nun gut/schön, ruhig, wenn es denn

sein muss, wie du meinst/willst; *(ugs.):* in Gottes Namen, okay, von mir aus, wegen mir; *(veraltend):* meinethalben.
3. angenommen, beispielshalber, beispielsweise, etwa, zum Beispiel; *(bildungsspr.):* exempli causa; *(veraltend):* zum Exempel.

Meinung
Annahme, Anschauung, Ansicht, Auffassung, Betrachtungsweise, Einstellung, Erachten, Gedanken, Haltung, Position, Sicht[weise], Standpunkt, Überzeugung, Urteil; *(geh.):* Befinden, Dafürhalten, Warte.

BSP Die Dichterin vertritt eine herkömmliche / [weit]verbreitete / irrige / kontroverse Auffassung. Er änderte seine positive/negative/kritische Einstellung mit der Zeit. Meines Erachtens / meinem Erachten nach / nach meinem Erachten ... Sie überdachte ihre Position noch einmal. Sie nimmt in dieser Frage einen anderen Standpunkt ein.

Meinungsverschiedenheit
1. Auffassungsunterschied, Differenzen, Gegensätze, Meinungsunterschiede, Unstimmigkeiten; *(geh.):* Misshelligkeit; *(bildungsspr.):* Dissens, Divergenz, Kontroverse.
2. Auseinandersetzung, Reibereien, Streit, Streitigkeit, Wortgefecht, Wortwechsel, Zank; *(geh.):* Hader, Händel, Zwist; *(ugs.):* Knatsch, Knies, Krach, Putz, Zoff; *(abwertend):* Gezänk, Gezanke, Streiterei.

meistens ↗
fast immer, [für] gewöhnlich, gemeinhin, größtenteils, im Allgemeinen, im Großen und Ganzen, in den meisten Fällen, in der Mehrzahl der Fälle, in der Regel, meist[enteils], normalerweise, sehr häufig, überwiegend, üblicherweise, vorwiegend, weitgehend, zumeist; *(schweiz.):* mehrheitlich; *(geh.):* mehrenteils.

Meister, Meisterin
1. Autorität, Experte, Expertin, Fachgröße, Fachkraft, Fachmann, Fachfrau, Kapazität, Kenner, Kennerin, Könner, Könnerin, Mann vom Fach, Frau vom Fach, Profi, Sachkenner, Sachkennerin, Sachkundiger, Sachkundige, Sachverständiger, Sachverständige, Spezialist, Spezialistin; *(bildungsspr.):* Koryphäe; *(ugs.):* Ass, Kanone; *(Jargon):* Großmeister, Großmeisterin; *(emotional verstärkend):* Spitzenkönner, Spitzenkönnerin.
2. großer Künstler, große Künstlerin, Maestro, Maestra, Virtuose, Virtuosin.

meisterhaft
ausgezeichnet, bravourös, erstklassig, erstrangig, fehlerfrei, fehlerlos, grandios, hervorragend, makellos, mustergültig, musterhaft, perfekt, sehr gut, unübertrefflich, vollendet, vollkommen, vorbildlich, vortrefflich, vorzüglich; *(bildungsspr.):* exzellent, exzeptionell, virtuos; *(ugs.):* glänzend, großartig, picobello, super, tipptopp; *(emotional):* tadellos; *(veraltend):* meisterlich.

meistern
a) bewältigen, bezwingen, einer Sache Herr werden, fertigwerden mit, in den Griff bekommen, schaffen, zurechtkommen; *(schweiz.):* bodigen; *(ugs.):* auf die Reihe bringen/kriegen, deichseln, hinbekommen, hinkriegen, in den Griff kriegen, klarkommen, managen, packen, schmeißen, zurande kommen; *(salopp):* [hin]schaukeln.
b) bändigen, beherrschen, bezähmen, im Griff/in der Gewalt haben, im Zaum halten, unter Kontrolle bringen, zügeln, zurückhalten; *(geh.):* mäßigen, zähmen. **c)** beherrschen, gut können, im Griff haben, umgehen können, verstehen, zu handhaben verstehen; *(ugs.):* draufhaben.

Meisterschaft
1. Bravour, Brillanz, Könnerschaft, meisterhaftes Können, Vollendung, Vollkommenheit; *(bildungsspr.):* Perfektion, Virtuosität.
2. *(Sport):* Championat.

melancholisch
bedrückt, bekümmert, betrübt, depressiv, deprimiert, elegisch, freudlos, gedrückt, niedergedrückt, niedergeschlagen, schwermütig, traurig, trübselig, trübsinnig, wehmütig; *(geh.):* wehmutsvoll.

melden
1. bekannt geben/machen, berichten, informieren, Meldung/Mitteilung machen, mitteilen, unterrichten, verlautbaren [lassen], wissen lassen; *(bes. schweiz.):* orientieren; *(geh.):* künden, kundgeben, kundtun, verkünden, verkündigen; *(nachdrücklich):* in Kenntnis setzen.

BSP Er ließ verlautbaren, dass er ein Fest geben werde.

2. angeben, anzeigen, Meldung machen, mitteilen, [Straf]anzeige erstatten; *(schweiz.):* verzeigen; *(nachdrücklich):* zur Kenntnis bringen.

melden, sich
1. sich zur Verfügung stellen; *(geh.):* sein Interesse/seine Bereitwilligkeit bekunden.
2. Nachricht geben, von sich hören lassen.
3. sich bemerkbar machen, die Hand heben, um das Wort bitten.

Meldung
1. Bericht, Information, Nachricht, Report.
2. Ankündigung, Bekanntgabe, Bescheid, Botschaft, Mitteilung, Rapport, Verkündigung; *(EDV):* Alert.

Melodie
a) Klangfolge, Tonfolge. **b)** Vertonung, Weise. **c)** Gesangsstück, Lied, Musikstück.

melodisch
harmonisch [klingend], klangschön, klangvoll, melodiös, sonor, von einem angenehmen Klang; *(geh.):* wohlklingend, wohltönend.

Memoiren
Autobiografie, Lebenserinnerungen.

Menge
1. a) Dosis, Portion, Quantum, Ration; *(bildungsspr.):* Quantität. **b)** Fülle, große [An]zahl, Heer, Legion, Masse, Reihe, Vielzahl; *(schweiz.):* Harst; *(geh.):* Flut, Meer, Myriade; *(ugs.):* Fuder, Haufen, Schwung; *(emotional verstärkend):* Unmenge, Unzahl; *(ugs. emotional verstärkend):* Unmasse.
2. Auflauf, Gedränge, Gemenge, Getümmel, Gewimmel, Gewoge, Gewühl, Menschenansammlung, Menschengewimmel, Menschenmenge, Schar; *(ugs.):* Geschiebe; *(südd.):* Gewurl.

Mensch
a) Erdbewohner, Erdbewohnerin, Geschöpf, Kreatur, Krone der Schöpfung, [Lebe]wesen, Leute; *(geh.):* Ebenbild Gottes, Erdenbewohner, Erdenbewohnerin, Erdenbürger, Erdenbürgerin; *(dichter.):* Erdenkind, Erdensohn, Erdenwurm, Sterblicher, Sterbliche, Weltkind; *(ugs. scherzh.):* Zweibeiner. **b)** Charakter, Erscheinung, Geschöpf, Gestalt, Kopf, Person, Persönlichkeit, Typ; *(bildungsspr.):* Kreatur, Typus; *(ugs.):* Type; *(emotional):* Gemüt, Seele; *(scherzh.):* Jemand; *(abwertend):* Element, Existenz, Subjekt; *(oft abwertend):* Individuum.

BSP Sie ist ein schwieriger, übler Charakter. Er ist ein ängstliches, einfaches, romantisches Gemüt. Der Text stellt eine bedeutende/hervorragende Gestalt vor.

menschlich
1. a) anthropomorphisch. **b)** menschenwürdig; *(bildungsspr.):* human.
2. menschenfreundlich; freundlich, gütig, sozial; *(bildungsspr.):* philanthropisch.

Menstruation
[Monats]blutung, Periode, Regel[blutung]; *(ugs. verhüll.):* Tage.

Mentalität
Anschauungsweise, Auffassung, Auffassungsweise, Denkart, Denkweise, Einstellung, Geist, Geistesart, Geisteshaltung, Gesinnung, Haltung, Ideologie, Sinnesart, Überzeugung, Weltanschauung; *(veraltend):* Denkungsart, Denkungsweise.

Menü
1. Essen, Gedeck, Gericht, Mahlzeit, Speise; *(geh.):* Mahl, Speisenfolge.
2. *(EDV):* Menübalken, Menüleiste.

merken ⚡
bemerken, durchschauen, erkennen, hören, mitbekommen, registrieren, sehen, spüren, wahrnehmen, zur Kenntnis nehmen; *(geh.):* gewahren, gewahr werden; *(ugs.):* mitkriegen, spitzbekommen, spitzkriegen.

BSP Er hat so fest geschlafen, dass er [von dem Gewitter] überhaupt nichts wahrgenommen hat. Die Protagonistin wird ihren Irrtum / ihres Irrtums schnell gewahr.

merken, sich
sich einprägen, [im Gedächtnis] behalten, nicht vergessen.

merklich
bemerkbar, empfindlich, erkennbar, fühlbar, merkbar, sichtbar, sichtlich, spürbar, wahrnehmbar.

Merkmal
Anhaltspunkt, Anzeichen, Besonderheit, Bewandtnis, Eigenart, Eigenheit, Eigenschaft, Eigentümlichkeit, Erkennungszeichen, Kennmal, Kennzeichen, Mal, Merkzeichen, Spezifikum, Zeichen, Zug; *(bildungsspr.):* Attribut, Charakteristikum, Indiz, Kriterium, Signum; *(Sprachwiss.):* Marker.

merkwürdig
absonderlich, befremdend, bizarr, eigenartig, eigentümlich, erstaunlich, kauzig, komisch, seltsam, sonderbar, sonderlich, ungewöhnlich, verquer, [ver]wunderlich; *(geh.):* befremdlich, wundersam; *(bildungsspr.):* barock, kurios, skurril; *(ugs.):* gediegen, paradox, schrullig, ulkig, witzig; *(abwertend):* verschroben; *(veraltend):* eigen.

[1]Messe
Andacht, Gottesdienst.

[2]Messe
Exposition, Markt, [Verkaufs]ausstellung, [Verkaufs]schau.

messen
1. a) berechnen, ermitteln, feststellen. **b)** ausmessen, bestimmen, vermessen.
2. ausmachen, sich belaufen, betragen, sich beziffern, sich erstrecken, zählen.
3. beurteilen, bewerten, vergleichen.

messen, sich
fighten, kämpfen, konkurrieren, sich vergleichen, wetteifern, wettstreiten.

Metamorphose
Formveränderung, Gestaltwechsel, Umbildung, Umformung, Umgestaltung, Verwandlung.

Metapher
Bild, Übertragung; *(geh.):* Verbildlichung.

Methode
Arbeitsweise, Art, Behandlungsweise, Handhabung, Praktik, Praxis, Taktik, Technik, Verfahrensweise, Vorgehensweise, Weg.

methodisch
durchdacht, geplant, gezielt, nach Plan, plangemäß, planmäßig, planvoll, systematisch, taktisch, überlegt.

Metier
Arbeitsbereich, Arbeitsgebiet, Aufgabenbereich, Aufgabengebiet, Beruf, Betätigungsfeld, Fach[bereich], Fachgebiet, Gewerbe, Handwerk, Tätigkeit; *(geh.):* Arbeitsfeld; *(ugs.):* Job.

Metropole
Hauptstadt, Millionenstadt, Regierungssitz, Residenz[stadt], Weltstadt, Zentrum; *(bildungsspr. veraltend):* Metropolis.

Metzger, Metzgerin
Fleischer, Fleischerin; *(österr.):* Fleischhauer, Fleischhauerin; *(nordd.):* Schlachter, Schlachterin.

Meute
Flashmob, Gang, Gruppe, Haufen, Menschenmasse, [Menschen]menge, Pulk, Schar, Schwarm; *(ugs.):* Korona, Volk; *(abwertend):* Clique, Herde, Mob, Pöbel, Rotte; *(häufig abwertend):* Horde, Masse.

Meuterei
Auflehnung, Aufruhr, Aufstand, Erhebung, Krawall, Putsch, Rebellion, Revolte, Unruhen; *(schweiz.):* Unrast; *(bildungsspr.):* Insurrektion; *(ugs.):* Rabatz, Rambazamba, Randale.

meutern
sich empören, murren, opponieren, Protest erheben, protestieren, sich sperren, sich sträuben, Sturm laufen, widersprechen; *(ugs.):* auf die Barrikaden gehen/steigen, aufmuck[s]en, muck[s]en, sich querlegen, sich querstellen.

mickrig
ärmlich, armselig, belanglos, bescheiden, erbärmlich, gering[fügig], jämmerlich, karg, kärglich, klein, knapp, lächerlich, mager, mangelhaft, minimal, niedrig, schwach, schwächlich, spärlich, unbedeutend, unbefriedigend, ungenügend, unzureichend, verkümmert, wenig; *(ugs.):* fipsig; *(abwertend):* dürftig, kümmerlich, lausig, schäbig; *(oft abwertend):* kläglich.

Miene
Ausdruck, Gesicht, Gesichtsausdruck, [Gesichts]züge; *(ugs.):* Schnute; *(salopp):* Visage.

mies
a) erbärmlich, mangelhaft, minderwertig, niveaulos, schlecht, ungenügend, wertlos; *(ugs.):* schandbar, schändlich, unter aller Kanone/Kritik; *(emotional):* miserabel; *(abwertend):* kümmerlich, lausig, zweitklassig; *(oft abwertend):* kläglich. **b)** abscheulich, böse, gemein, hinterhältig, niederträchtig, schandbar, schändlich, schlecht, schlimm; *(ugs.):* fies; *(emotional):* miserabel; *(abwertend):* elend, erbärmlich, falsch.

miesmachen
abqualifizieren, herabsetzen, schlechtmachen, schwarzmalen, unken, verderben, vergällen, verleiden; *(ugs.):* herziehen, madigmachen, vergraulen, vermiesen, versalzen, versauern.

Miete
Pacht[zins]; *(südd., österr.):* Bestand; *(südd., österr., schweiz.):* Mietzins.

mieten
[sich] ausleihen, chartern, leasen, leihen, pachten.

mild
a) gemäßigt, lau, nicht hart/kalt, nicht rau/streng, warm; *(geh.):* lind. **b)** abgetönt, blass, dezent, gedämpft, gedeckt, matt, nicht grell, sanft, schwach, verhalten, zart, zurückhaltend.

milde
a) entgegenkommend, glimpflich, gütig, menschenfreundlich, menschlich, nicht hart/streng, ohne Härte, wohlwollend; *(bildungsspr.):* human; *(oft iron.):* gnädig. **b)** großzügig, gutmütig, nachsichtig, tolerant, verständnisvoll, weitherzig, wohlwollend; *(geh.):* barmherzig, wohlmeinend; *(bildungsspr.):* indulgent. **c)** freundlich, gefällig, gutherzig, gütig, herzensgut, herzlich, liebenswürdig, nett, sanftmütig, warmherzig.

mildern
1. abdämpfen, abmildern, abschwächen, die Schärfe nehmen, entschärfen, herabmindern.
2. abschwächen, ausgleichen, sich bessern, dämpfen, [ein]dämmen, reduzieren, verringern; *(geh.):* mäßigen, mindern.

Milieu
1. Ambiente, Atmosphäre, Einflussbereich, Klima, Lebensbereich, [Lebens]kreis, soziale Umgebung, soziale Verhältnisse, Sphäre, Szene, Umfeld, Umkreis, Umwelt; *(bildungsspr.):* Background.
2. Amüsierviertel, Rotlichtviertel.

militant
aggressiv, angriffslustig, draufgängerisch, gewalttätig, herausfordernd, hitzig, kampfbereit, kämpferisch, kampfesfreudig, kampfeslustig, rabiat, streitbar, streitsüchtig, voll[er] Kampfgeist; *(bildungsspr.):* kombattant, martialisch.

Militär
Armee, Heer, Soldaten, Streitkräfte, Truppe[n]; *(abwertend):* Soldateska; *(veraltend):* Streitmacht, Wehr.

mimen
1. auftreten als, darstellen, erscheinen als, geben, imitieren, nachahmen, spielen, verkörpern, wiedergeben; *(geh.):* darbieten; *(ugs.):* abgeben; *(salopp):* machen.
2. sich den Anschein/Anstrich geben, fingieren, heucheln, simulieren; so tun, als ob; spielen, vorgaukeln, vorgeben, vormachen, vorschützen, vorspielen, vortäuschen; *(ugs.):* markieren.

Mimik
Gebärdenspiel, Mienenspiel.

minder
geringer, in geringerem Grade, kaum, nicht so sehr, weniger.

Minderheit
der geringere/kleinere Teil, Minderzahl, Minorität, weniger als die Hälfte; *(Soziol.):* Randgruppe.

mindern
abschwächen, abträglich sein, beschneiden, beschränken, drosseln, einschränken, herabsetzen, heruntersetzen, reduzieren, schmälern, senken, verkleinern, verkürzen, vermindern, verringern; *(bildungsspr.):* dezimieren.

minderwertig
bescheiden, billig, fehlerhaft, geringwertig, mangelhaft, schlecht, schwach, spärlich, unbefriedigend, ungenügend, unzureichend, wertlos; *(geh.):* unzulänglich; *(bildungsspr.):* inferior; *(salopp):* beschissen; *(abwertend):* armselig, dürftig, erbärmlich, kümmerlich, lausig, schäbig, zweitklassig; *(oft abwertend):* kläglich.

mindestens
a) mehr als, Minimum, nicht weniger als, wenigstens; *(geh.):* geringstenfalls. b) allerdings, auf jeden Fall, immerhin, jedenfalls, wenigstens, zum Allermindesten, zumindest, zum Mindesten; *(geh.):* geringstenfalls.

Mindestmaß
das Geringste/Kleinste, das Mindeste/Wenigste, Mindestwert, Mindestzahl, Untergrenze; *(bildungsspr.):* Minimum.

Mine
1. Bergwerk, Grube, Stollen, Zeche.
2. Sprengkörper, Sprengladung.

Mineralwasser
Sauerbrunnen, Sauerwasser, Selters[wasser], Soda[wasser], Sprudel[wasser], Tafelwasser.

minimal
belanglos, gering[fügig], kaum sichtbar, kaum spürbar, nicht der Rede wert, nicht ins Gewicht fallend, nicht nennenswert, sehr klein, sehr wenig, unbedeutend, unbeträchtlich, unerheblich, unwesentlich, unwichtig, vernachlässigbar, verschwindend, von geringem Ausmaß; *(geh.):* um ein Geringes; *(abwertend):* lächerlich.

GGS exorbitant, größtmöglich, immens, signifikant.

Minimum
das Geringste/Kleinste, das Mindeste/Wenigste, Mindestmaß, Mindestwert, Mindestzahl, Minimalwert, Tiefstand, Untergrenze.

Minorität
der geringere/kleinere Teil, Minderheit, Minderzahl, weniger als die Hälfte; *(Soziol.):* Randgruppe.

minus
abgerechnet, abgezogen, nach Abzug, nicht eingerechnet, nicht inbegriffen, nicht mit einbegriffen/enthalten, ohne, unter Abzug, weniger; *(bildungsspr.):* exklusive.

Minus
1. Ausfall, Defizit, Differenzbetrag, Einbuße, Fehlbetrag, Verlust; *(bes. schweiz.):* Minderertrag; *(salopp):* Miese.
2. Fehler, Mangel, Manko, Nachteil, Schaden, Schwäche; *(geh.):* Makel.

Minute
a) sechzig Sekunden. b) Atemzug, Augenblick, Moment, Nu, Sekunde, Weilchen, Weile.

minutiös
akkurat, bis ins Einzelne/Kleinste, eingehend, exakt, haarklein, haarscharf, in allen Einzelheiten, peinlich genau, sehr genau; *(bildungsspr.):* bis ins kleinste Detail, detailliert, en détail, in allen Details, ins Detail gehend, präzise; *(ugs.):* aufs Haar, haargenau.

mischen
bunt zusammensetzen, durcheinanderbringen, durcheinanderwerfen, zusammenwürfeln.

Mischung
1. Allerlei, buntes Vielerlei, Cocktail, Durcheinander, Gemisch, Melange, Mix, Potpourri; *(bildungsspr.):* Kaleidoskop, Komposition, Konglomerat, Mixtum compositum, Mixtur, Zusam-

menstellung; *(oft abwertend):* Sammelsurium; *(emotional):* Kunterbunt.
2. Hybrid, Kreuzung, Mischform; *(ugs.):* Mittelding, Zwischending.

miserabel
a) desaströs, erbärmlich, katastrophal, sehr schlecht; *(ugs.):* mies, unter aller Kanone, unter aller Kritik; *(salopp):* beschissen; *(ugs. verhüll.):* bescheiden. **b)** bedauernswert, beklagenswert, bemitleidenswert, elend, erbarmenswert, herzzerreißend, jämmerlich, kläglich, kümmerlich, lamentabel, mitleiderregend, traurig; *(geh.):* bedauernswürdig, beklagenswürdig, erbarmungswürdig.

Misere ↑Missstand.

missachten
1. außer Acht/Betracht lassen, hinweggehen, hinwegsehen, sich hinwegsetzen, ignorieren, in den Wind schlagen, keine/keinerlei Beachtung schenken, keine/keinerlei Notiz nehmen, mit Nichtachtung/Verachtung strafen, nicht beachten, nicht befolgen, nicht ernst nehmen, nicht hören auf, sich schenken, sich sparen, übergehen, überhören, übersehen, unbeachtet/unberücksichtigt lassen; *(ugs.):* pfeifen auf.
2. gering achten, gering schätzen, respektlos begegnen, verachten, von oben herab ansehen/behandeln; *(geh.):* despektieren.

Missbildung
Abnormität, Fehlbildung, Misswuchs; *(oft abwertend):* Verunstaltung.

> **!** Die Verwendung der Bezeichnung *Missbildung* in Bezug auf Körperteile oder Organe ist abwertend. Deshalb ist es besser, die nicht übliche Gestalt eines Körperteils oder Organs als *Fehlbildung* zu bezeichnen.

missbilligen
ablehnen, Anstoß nehmen, beanstanden, bemängeln, etwas auszusetzen haben, Kritik üben, kritisieren, monieren, nicht akzeptieren, reklamieren, rügen, tadeln.

missbrauchen
1. in unerlaubter Weise benutzen/gebrauchen, Missbrauch treiben; *(ugs.):* Schindluder treiben.
2. sich vergehen, vergewaltigen, sich vergreifen; *(geh. verhüll.):* Gewalt antun.

Misserfolg
Bauchlandung, Blamage, Bruchlandung, Desaster, Enttäuschung, Fehlschlag, Fiasko, GAU, Katastrophe, Misslingen, Schiffbruch, Schlag [ins Wasser]; *(bildungsspr.):* Armageddon, Debakel, Kannä, Waterloo; *(ugs.):* Durchfall, Flop, kalte Dusche, Reinfall, Schlappe; *(ugs. emotional verstärkend):* Super-GAU, Topflop; *(salopp):* Beerdigung erster Klasse, Pleite.

missfallen
abstoßen, ein Dorn im Auge sein, einen schlechten Eindruck machen, kein Gefallen finden, Missfallen auslösen/hervorrufen, nicht behagen/gefallen, nicht passen/zusagen, stören, unangenehm berühren, widerstreben; *(geh.):* verdrießen; *(ugs.):* abtörnen, nicht erbaut sein, nicht schmecken; *(abwertend):* anwidern.

Missgeschick
ärgerlicher Vorfall, Fatalität, Panne, Pech, Peinlichkeit, Ungeschicklichkeit, Unglück; *(ugs.):* Malheur; *(ugs. scherzh.):* Künstlerpech.

missglücken ↑misslingen.

missgönnen
beneiden, eifersüchtig sein, missgünstig/neidisch sein, neiden, nicht gönnen, vor Neid vergehen; *(ugs.):* scheel ansehen, vor Neid platzen.

misshandeln
foltern, malträtieren, quälen, Schaden zufügen, schinden, schlecht behandeln, Schmerzen zufügen; *(geh.):* martern.

Mission
1. Amt, Aufgabe, Auftrag, Berufung, Bestimmung, Funktion, Pflicht, Sendung, Verpflichtung; *(geh.):* Obliegenheit.
2. Abordnung, Delegation, Deputation, Gesandtschaft, Vertretung.
3. Auslandsvertretung, Botschaft, diplomatische Vertretung.

misslich
ärgerlich, fatal, schlecht, schlimm, unangenehm, unerfreulich, ungemütlich, ungünstig, ungut, widrig; *(geh.):* übel, unerquicklich; *(bildungsspr.):* prekär; *(ugs.):* belämmert.

misslingen
fehlschlagen, keinen Erfolg haben, missglücken, missraten, nicht gelingen/glücken, ohne Erfolg bleiben, scheitern, Schiffbruch erleiden; *(schweiz.):* fehlen; *(ugs.):* danebengehen, danebengeraten, floppen, ins Auge gehen, schiefgehen; *(salopp):* in die Hose gehen; *(scherzh.):* verunglücken; *(ugs. scherzh.):* vorbeigelingen.

Misslingen ↑Misserfolg.

missmutig
grämlich, griesgrämig, knurrig, mürrisch, schlecht gelaunt, übellaunig, verdrießlich, verdrossen; *(geh.):* missgelaunt, missgestimmt, misslaunig, missvergnügt, übel gelaunt; *(ugs.):* brummig, gnatzig, miesepetrig, schlecht drauf.

[1]**missraten** ↑misslingen.

A B C D E F G H I J K L M mis N O P Q R S T U V W X Y Z

²missraten
schlecht erzogen, schwierig, ungeraten, ungesittet, ungezogen, unmanierlich, verzogen.

Missstand
Elend, Kalamität, katastrophale/unerträgliche Situation, Mängel, Not[lage], schlimmer Zustand; *(geh.):* Übel, Unwesen; *(bildungsspr.):* Malaise, Misere.

misstrauen
Bedenken haben, dem Frieden nicht trauen, infrage stellen, kein Vertrauen haben, misstrauisch sein, nicht glauben, nicht [über den Weg] trauen, skeptisch sein, zweifeln; *(geh.):* Argwohn hegen/schöpfen, argwöhnisch sein, beargwöhnen, das Vertrauen versagen, mit Misstrauen begegnen, Verdacht schöpfen.

Misstrauen
Bedenken, Skepsis, Unglaube, Verdacht, Zweifel; *(geh.):* Argwohn.

misstrauisch
bedenklich, kritisch, Misstrauen hegend, skeptisch, ungläubig, voller Bedenken/Misstrauen/Zweifel, zweifelnd, zweiflerisch; *(geh.):* argwöhnisch, voll Argwohn; *(abwertend):* kleingläubig.

missverständlich
doppeldeutig, doppelsinnig, mehrdeutig, nicht eindeutig, schillernd, unbestimmt, unklar, vage, verschwommen, vieldeutig, zweideutig; *(bildungsspr.):* amphibolisch, äquivok, nebulös.

Missverständnis
falsche Auslegung, Fehldeutung, Fehleinschätzung, Fehlinterpretation, Irrtum, Missdeutung.

missverstehen
falsch auslegen/beurteilen/deuten/interpretieren/verstehen, missdeuten, nicht richtig erfassen/erkennen/verstehen; *(ugs.):* in den falschen Hals/die falsche Kehle bekommen.

Mist
1. Dung, Dünger.
2. Nonsens, Unfug, Unsinn; *(ugs.):* Blech, Kokolores, Larifari; *(salopp):* Bockmist, Koks.

mit
1. einschließlich, mit/unter Einschluss, samt; *(verstärkend):* mitsamt; *(veraltend):* nebst.
2. anhand, durch, mithilfe von, unter Zuhilfenahme; *(geh.):* vermöge.

mitarbeiten
an die Hand gehen, assistieren, behilflich sein, sich beteiligen, dabei sein, mithalten, mitmachen, mitwirken, teilnehmen; *(ugs.):* mitmischen, mit von der Partie sein, mitziehen.

Mitarbeiter, Mitarbeiterin
Angestellter, Angestellte, Arbeitnehmer, Arbeitnehmerin, Beschäftigter, Beschäftigte, Betriebsangehöriger, Betriebsangehörige, Kollege, Kollegin.

mitbekommen
1. bekommen, erhalten; *(ugs.):* [mit]kriegen.
2. auffangen, erhaschen, hören, zu Ohren kommen; *(ugs.):* aufschnappen, mitkriegen.
3. aufnehmen, erfassen, verstehen.

miteinander
1. einer/eine/eines mit dem/der anderen, gegenseitig, untereinander.
2. Arm in Arm, gemeinsam, gemeinschaftlich, geschlossen, Hand in Hand, im Zusammenwirken, in Gemeinschaft, kollektiv, mit vereinten Kräften, Schulter an Schulter, Seite an Seite, vereinigt, vereint, zusammen.

mitfühlen
Anteil nehmen, mitempfinden, Mitgefühl zeigen, mitleiden, Mitleid haben, nachempfinden, Schmerz teilen, Teilnahme/Verständnis zeigen.

mitfühlend
Anteil nehmend, einfühlsam, empfindsam, feinfühlig, gefühlvoll, mitleidig, rücksichtsvoll, sensibel, taktvoll, teilnahmsvoll, verständnisvoll, voller Erbarmen/Mitgefühl/Mitleid, weichherzig, zartfühlend; *(geh.):* barmherzig.

Mitgefühl
Anteilnahme, Beileid, Einfühlungsgabe, Einfühlungskraft, Einfühlungsvermögen, Empfindsamkeit, Erbarmen, Herz, Mitempfinden, Mitleid, Takt[gefühl], Teilnahme, Verständnis, Weichherzigkeit, Zartgefühl.

mitgehen
1. sich anschließen, begleiten, Gesellschaft leisten, mitkommen, sich zugesellen; *(geh.):* sich beigesellen, das Geleit geben, geleiten.
2. aufmerksam verfolgen, begeistert/entflammt sein, enthusiastisch/hingerissen sein.

Mitglied
Angehörige, Angehöriger, Anhänger, Anhängerin, Beteiligter, Beteiligte, Genosse, Genossin, Kollege, Kollegin, Mitarbeiter, Mitarbeiterin, Mitwirkender, Mitwirkende, Teilnehmer, Teilnehmerin.

mithelfen
an die Hand gehen, assistieren, behilflich sein, beistehen, beitragen, sich einbringen, einen Beitrag leisten, sich einsetzen, helfen, Hilfe leisten, [mit] anpacken, mitmachen, unter die Arme greifen, unterstützen, zu Hilfe kommen, zur Hand gehen, zur Seite springen/stehen/treten; *(geh.):* beispringen; *(bildungsspr.):* sekundieren; *(ugs.):* zufassen.

mitkommen
1. als Begleitung kommen, sich anschließen, be-

gleiten, Gesellschaft leisten, mitfahren, mitgehen, sich zugesellen; *(geh.):* sich beigesellen, geleiten.
2. a) nicht zurückbleiben, Schritt halten. **b)** sich auf etw. einen Vers machen können, begreifen, den Anforderungen gewachsen sein, durchschauen, folgen können, nachvollziehen [können], verstehen; *(ugs.):* blicken, durchblicken, kapieren, wegkriegen; *(salopp):* durchsteigen, packen, raffen, schnallen.

Mitläufer, Mitläuferin
(bildungsspr.): Opportunist, Opportunistin; *(abwertend):* Erfüllungsgehilfe, Erfüllungsgehilfin, Jasager, Jasagerin.

Mitleid
Anteilnahme, Bedauern, Beileid, Erbarmen, Mitempfinden, Mitgefühl, Teilnahme, Verständnis; *(geh.):* Mitleiden.

mitleidig
Anteil nehmend, mitfühlend, voller Erbarmen/Mitgefühl/Mitleid, weichherzig.

mitmachen
1. sich anschließen, sich beteiligen, dabei sein, mitarbeiten, mithelfen, mitwirken, teilhaben, teilnehmen, unterstützen; *(bildungsspr.):* partizipieren; *(ugs.):* sich einklinken, einsteigen, sich hängen in, mitmischen, mitstricken, mit von der Partie sein, mitziehen.
2. ausgesetzt sein, durchleben, durchstehen, erdulden, erleben, erleiden, ertragen, hinnehmen; *(geh.):* dulden, erfahren; *(ugs.):* durchmachen.

Mitmensch
anderer, andere, Nebenmensch; *(geh.):* [Mit]bruder, [Mit]schwester, Nächster, Nächste.

mitnehmen
1. a) einpacken, einstecken, mit sich nehmen, nicht liegen lassen, nicht vergessen. **b)** abführen, festnehmen, in [polizeilichen] Gewahrsam bringen/nehmen, mit auf die Wache nehmen. **c)** aufsammeln, fortnehmen, holen, mit sich nehmen, stehlen, wegbringen, wegnehmen. **d)** erfassen, fortreißen, mit sich reißen.
2. aufregen, aufwühlen, aus dem Gleichgewicht bringen, berühren, erregen, erschüttern, in Aufruhr/Erregung/Unruhe versetzen, nahegehen, rühren, treffen, zu Herzen gehen; *(geh.):* anrühren, betreffen; *(bildungsspr.):* tangieren.

mitreden
a) sich am Gespräch beteiligen, mitdiskutieren, zum Gespräch beitragen, zur Diskussion beisteuern. **b)** mitbestimmen, mitentscheiden.

mitreißen
1. fortreißen, fortschwemmen, mit sich nehmen/reißen, wegreißen.
2. animieren, anstecken, begeistern, bewegen, entflammen, entzücken, faszinieren, gefangen nehmen, hinreißen, in Begeisterung versetzen, in seinen Bann ziehen/schlagen, motivieren, verführen; *(geh.):* bannen, berauschen, berücken, betören, verlocken; *(bildungsspr.):* enthusiasmieren; *(ugs.):* anheizen, anspitzen, in Schwung bringen; *(salopp):* einwickeln.

Mitschüler, Mitschülerin
Klassenkamerad, Klassenkameradin, Schulfreund, Schulfreundin.

mitspielen
1. sich beteiligen, beteiligt sein, dabei sein, mitmachen, mitwirken, teilnehmen; *(bildungsspr.):* partizipieren; *(ugs.):* mitmischen, mitstricken, mit von der Partie sein, mitziehen.
2. sich auswirken, Auswirkungen haben, einen Effekt/eine Wirkung haben, sich geltend machen, mitsprechen, prägen, wirksam sein.

mittags
am/über Mittag, gegen/um zwölf Uhr, jeden Mittag, [kurz] nach zwölf Uhr, zur Mittagszeit.

Mittagspause
Mittagsruhe, Siesta; *(ugs.):* Mittag.

Mitte
a) innerer/mittlerer Bezirk, Inneres, mittlerer Bereich/Teil, zentraler Punkt, Zentrum.
b) Herz, Kern[stück], Mittelpunkt; *(geh.):* Herzstück. **c)** Ausgleich, [goldener] Mittelweg, Kompromiss, Mittel[wert].

mitteilen
anvertrauen, ausrichten, äußern, bekannt geben/machen, benachrichtigen, berichten, Bescheid geben/sagen, briefen, durchgeben, erklären, eröffnen, erzählen, informieren, melden, sagen, übermitteln, unterrichten, wissen lassen; *(schweiz.):* avisieren; *(bes. schweiz.):* orientieren; *(geh.):* kundgeben, kundtun, verkünden, verkündigen; *(bildungsspr.):* kommunizieren; *(ugs.):* auf die Nase binden, beibringen.

Mitteilung
Anzeige, Bekanntgabe, Benachrichtigung, Bericht, Bescheid, Information, Kommuniqué, Meldung, Nachricht, Notiz; *(bes. schweiz.):* Orientierung; *(geh.):* Botschaft, Verkündigung.

Mittel
1. Gerät, Handhabe, Hilfsmittel, Hilfsquelle, Instrument, Lösungsweg, Maßnahme, Material, Methode, Rezept, Rüstzeug, Schritt, Weg, Werkzeug; *(bildungsspr.):* Vehikel.
2. Geld[er], Geldmittel, [Hilfs]fonds, Kapital; *(ugs.):* Finanzen; *(ugs. scherzh.):* Budget; *(salopp):* Kohle, Moos, Schotter, Zaster.
3. Durchschnittswert, mittlerer Wert.

mittellos
arm, bedürftig, finanzschwach, minderbegütert, unbemittelt, unvermögend, vermögenslos, wirtschaftlich schwach, zahlungsunfähig; *(ugs.):* abgebrannt, blank, knapp/schlecht bei Kasse; *(ugs. scherzh.):* bankrott, pleite.

mittelmäßig
durchschnittlich, einigermaßen, gemischt, leidlich, nicht besonders, schlecht und recht, wenig befriedigend; *(bildungsspr.):* medioker; *(ugs.):* lila, mittel[gut], nicht berauschend/berühmt, so lala, soso; *(salopp):* mau; *(ugs. scherzh.):* durchwachsen, mittelprächtig.

Mittelpunkt
1. Herz, innerer/mittlerer Bezirk, Inneres, Mitte, mittlerer Bereich/Teil, zentraler Punkt, Zentrum.
2. Blickpunkt, Brennpunkt, Dreh- und Angelpunkt, Kern[stück], Nabel, Sammelplatz, Sammelpunkt, Schwerpunkt, Seele [des Ganzen], Zentrale, Zentrum des Interesses; *(geh.):* Herzstück; *(bildungsspr.):* Fokus.

Mittelpunkt

in den Mittelpunkt rücken/schieben/stellen
betonen, herausstellen, hervorheben, in Szene setzen, unterstreichen, zur Geltung bringen; *(bildungsspr.):* plakatieren, pointieren.

M
mit

mittels
anhand, durch, mit, mithilfe von, unter Zuhilfenahme; *(geh.):* vermöge.

Mittelsperson
Kontaktperson, Mediator, Mediatorin, Mittelsmann, Mittelsfrau, Verbindungsmann, Verbindungsfrau, Vermittler, Vermittlerin; *(geh.):* Mittler, Mittlerin; *(bes. Politik):* Unterhändler, Unterhändlerin.

Mittelweg
Ausgleich, [goldene] Mitte, Kompromiss, Zugeständnis; *(bildungsspr.):* Justemilieu.

mittendrin
1. im Herzen, im Zentrum, in der Mitte, mitten[drein], zwischendrin; *(geh.):* inmitten.
2. bei dieser Sache/Angelegenheit, dabei, hierbei, zwischendurch.

mittlerweile
in der Zwischenzeit, inzwischen, solange, unterdes[sen], währenddessen; *(geh.):* derweil, einstweilen, nunmehr; *(veraltend):* dieweil.

mitunter
ab und an, ab und zu, dann und wann, das ein oder andere Mal, des Öfteren, gelegentlich, hier und da, hin und wieder, manchmal, öfter, sporadisch, stellenweise, streckenweise, vereinzelt, von Zeit zu Zeit, zeitweilig, zeitweise, zuzeiten; *(österr.):* fallweise; *(geh.):* bisweilen, zuweilen.

mitwirken
1. a) sich beteiligen, dabei sein, mitarbeiten, sich mitbeteiligen, mitmachen, [tätigen] Anteil nehmen, teilhaben, teilnehmen; *(ugs.):* mitmischen, mitstricken, mit von der Partie sein, mitziehen. b) [mit]spielen.
2. beteiligt sein, Einfluss ausüben/haben/nehmen, einwirken, [mit] eine Rolle spielen, [mit] im Spiel sein, mitsprechen, wirksam sein.

Möbel
Einrichtungsgegenstände, Einrichtungsstücke, Hausrat, Inventar, Möbelstücke, Mobiliar.

mobil
1. beweglich, tragbar, transportabel.
2. aktiv, fit, lebhaft, munter, vital.

mobilisieren
1. aufrüsten, bewaffnen, hochrüsten, mobilmachen, rüsten.
2. a) aktivieren, aktiv machen, animieren, anspornen, anstacheln, antreiben, aufmuntern, aufstacheln, stimulieren; *(geh.):* beflügeln; *(ugs.):* anheizen, auf Touren bringen, auf Trab bringen, Dampf machen, mobilmachen; *(südd., österr.):* aneifern. b) aktivieren, ankurbeln, anspannen, anstrengen, aufbieten, aufbringen, aufwenden, beleben, einsetzen, forcieren, Gebrauch machen, in Anspruch nehmen.

Mode
Fashion, Look, Moderichtung, [Mode]trend, Publikumsgeschmack, Zeitgeschmack.

Modell
1. *(bildungsspr.):* Original.
2. Ausführung, Bauart, Entwurf, Form, Muster, Version.
3. Einzelstück, Modeschöpfung, Unikat.
4. [Einzel]beispiel, Einzelfall, Fallbeispiel, Ideal[bild], Idealtyp[us], Inbegriff, Machart, Modellfall, Muster[beispiel], Musterbild, Paradebeispiel, Schulbeispiel, Standardbeispiel, Symbolbild, Symbolfoto, Vorbild; *(geh.):* Inbild; *(bildungsspr.):* Inkarnation, Paradigma, Prototyp.

modellieren
1. a) bearbeiten, formen, kneten. b) bilden, formen, gestalten.
2. bauen, erzeugen, fertigen, formen, gestalten, herstellen, hervorbringen, machen, schaffen, zusammenbasteln; *(geh.):* erschaffen.

Moderator, Moderatorin
Anchorman, Anchorwoman, Ansager, Ansagerin; *(veraltend):* Conférencier, Conférencieuse.

moderieren
ansagen, dirigieren, führen, leiten, lenken.

modern
1. en vogue, im Schwange, in Mode, modisch, up to date; *(ugs.):* angesagt, der letzte Schrei, fancy, in, trendig, trendy; *(Jargon):* hip; *(bildungsspr. veraltend):* fashionabel.

GGS altmodisch, aus der Mode [gekommen], out, unzeitgemäß.

2. a) aktuell, auf dem neuesten Stand, augenblicklich, derzeitig, [ganz] neu, gegenwärtig, heutig, jetzig, laufend, momentan, zeitgemäß; *(Jargon):* hip; *(oft abwertend):* neumodisch. **b)** avantgardistisch, fortschrittlich, mit der Zeit gehend, modisch, neuzeitlich, progressistisch, zukunftsgerichtet, zukunftsorientiert, zukunftsweisend; *(bildungsspr.):* progressiv; *(Jargon):* hip; *(bes. Fachspr.):* innovativ.
3. neu, zeitgenössisch; *(bildungsspr.):* kontemporär; *(oft abwertend):* neumodisch.

modernisieren
auf den aktuellen/neuesten Stand bringen, auffrischen, erneuern, in einen moderneren Zustand bringen, modern[er] gestalten, renovieren, überarbeiten, überholen; *(schweiz.):* nachführen; *(bildungsspr.):* à jour bringen, ajourieren, aktualisieren; *(Fachspr.):* sanieren; *(EDV):* updaten.

modifizieren
abändern, abwandeln, ändern, anders machen, revidieren, umändern, umbilden, umformen, umgestalten, ummodeln, umwandeln, variieren, verändern, verwandeln; *(bildungsspr.):* modeln, modulieren; *(ugs.):* umfrisieren.

modisch ↑modern (1).

mogeln
betrügen, irreführen, täuschen, unehrlich handeln; *(ugs.):* schummeln, schwindeln.

mögen ↗
a) angetan sein, sich begeistern, begeistert sein, eine Schwäche/eine Vorliebe haben, etwas übrighaben, gefallen, Gefallen haben, lieben, schwärmen; *(bildungsspr.):* ein Faible haben; *(ugs.):* abfahren, Feuer und Flamme sein, jmds. Fall sein, stehen auf, toll finden, verrückt sein auf/nach.

BSP Sie begeisterte sich für diese Ideen. Ich habe großen Gefallen an dieser Serie [gefunden].

b) etwas übrighaben für, gernhaben, ins Herz geschlossen haben, leiden können, sympathisch finden; *(geh.):* gewogen/hold sein, wohlgesinnt sein, zugetan sein. **c)** haben wollen, streben nach, wollen; *(geh.):* anstreben, erstreben.

BSP Die Hauptfigur der Geschichte strebt nach Macht und Reichtum. Damit erstrebte sie hohes Ansehen.

möglich
1. ausführbar, brauchbar, durchführbar, erreichbar, gangbar, machbar, praktikabel, realisierbar, umsetzbar, zu machen, zu verwirklichen; *(ugs.):* managebar, virtuell.
2. [er]denkbar, erdenklich, erwägenswert, etwaig, eventual, eventuell, in Betracht/infrage kommend, überlegenswert, vielleicht, vorstellbar; *(bildungsspr.):* diskutabel, potenziell, virtuell; *(bes. österr., schweiz.):* allfällig.

Möglichkeit
1. a) Alternative, Alternativlösung, Alternativmöglichkeit, Mittel [und Wege], Option, Rezept, Weg. **b)** Eventualität; *(bildungsspr.):* Potenzialität, Virtualität.
2. Aussicht, Chance, [günstige] Gelegenheit, Option, Weg; *(bildungsspr.):* Perspektive.

BSP Die Pläne haben gute/glänzende Aussichten. Die Ausführungen des Ministers eröffnen eine neue Perspektive.

möglichst
besser, eher, klugerweise, lieber, mehr, nach Möglichkeit, tunlichst, wenn es geht.

mollig
1. beleibt, dicklich, füllig, rund, rundlich, üppig; *(ugs.):* pummelig; *(verhüll.):* vollschlank.
2. anheimelnd, behaglich, gemütlich, heimelig, traulich, wohlig.

[1]Moment
Atemzug, Augenblick, Minute, Nu, Sekunde.

[2]Moment
Element, Faktor, Gesichtspunkt, Hinsicht, Umstand; *(bildungsspr.):* Aspekt.

momentan
a) aktuell, akut, augenblicklich, derzeit, derzeitig, gegenwärtig, gerade, im Augenblick/Moment, in diesem Augenblick/Moment, jetzig, jetzt, laufend, nun, soeben, zur Stunde, zurzeit. **b)** eine Zeit lang, flüchtig, für kurze Zeit, kurzfristig, kurzzeitig, vorübergehend, zeitweilig, zeitweise; *(bildungsspr.):* ephemer, temporär.

Monarch, Monarchin
Fürst, Fürstin, gekrönter Herrscher, gekrönte Herrscherin, Hoheit, Kaiser, Kaiserin, König, Königin, Landesherr, Landesherrin, Regent, Regentin; *(geh.):* gekröntes Haupt.

A B C D E F G H I J K L M mon N O P Q R S T U V W X Y Z

monatlich
in jedem Monat, jeden Monat [fällig].

Mond
(geh.): Erdtrabant.

Monolog
Selbstgespräch; *(Literaturwiss.):* Soliloquium.

Monopol
alleiniger Anspruch, alleiniges [Vor]recht, Alleinrecht.

monoton
abwechslungslos, einerlei, einförmig, einschläfernd, eintönig, ermüdend, geisttötend, gleichförmig, gleichmäßig [wiederkehrend], langweilig, ohne Abwechslung, stumpfsinnig; *(bildungsspr.):* ennuyant; *(abwertend):* fade; *(bildungsspr. abwertend):* stupide, uniform.

Monstrum
Koloss, Ungetüm.

Montage
Aufbau, Bau, Einrichtung, Errichtung, Installation, Installierung, Zusammenbau.

montieren
anschließen, aufbauen, aufstellen, betriebsbereit machen, einbauen, installieren, zusammenbauen, zusammensetzen.

Monument
Denkmal, Ehrenmal, Erinnerungsmal, Gedenkstein, [Mahn]mal; *(bildungsspr.):* Memorial.

monumental
enorm, gewaltig, gigantisch, imposant, kolossal, mächtig, massig, riesenhaft, sehr groß, überdimensional, übergroß, von beachtlichem/ungeheurem Ausmaß, wuchtig; *(geh.):* kolossalisch; *(bildungsspr.):* titanisch; *(oft emotional):* riesig; *(ugs. emotional verstärkend):* riesengroß.

Moor
Bruch, Morast, Ried, Sumpf[land]; *(bes. nordd.):* Fenn; *(südd.):* Filz, Mies.

mopsen
sich aneignen, einen Diebstahl begehen/verüben, stehlen, wegnehmen; *(geh.):* entwenden; *(ugs.):* an sich bringen, lange/krumme Finger machen, mitgehen lassen; *(salopp):* abstauben, kaschen, klauen, klemmen, krallen, um die Ecke bringen, sich unter den Nagel reißen.

Moral
1. a) ethische/moralische Gesinnung, Sitte, sittliche Ordnung, Sittlichkeit, Wertmaßstäbe, Wertvorstellungen. **b)** sittliche Einstellung/Haltung, sittliches Empfinden/Verhalten; *(geh.):* Gesittung; *(bildungsspr.):* Moralität.
2. Belehrung, Erfahrung, heilsame Erkenntnis, Lehre; *(bildungsspr.):* fabula docet, Lektion.

moralisch
ethisch, korrekt, sittlich, tugendhaft, untadelig; *(oft abwertend):* puritanisch; *(veraltend):* sittenstreng, tugendreich.

GGS anrüchig, verrufen, verwerflich.

Morast
a) ↑Moor. **b)** Schlamm, Schlick; *(schweiz.):* Pflotsch; *(ugs.):* Dreck, Matsch; *(nordd.):* Mud.

mörderisch
a) abscheulich, ekelhaft, entsetzlich, furchtbar, gräulich, grausam, schlimm, schrecklich, unangenehm; *(ugs.):* mörderlich; *(abwertend):* widerlich; *(emotional):* grässlich, scheußlich. **b)** ↑sehr.

Morgen
erste Tageshälfte, früher Vormittag, Morgenstunde, Tagesanbruch, Tagesbeginn; *(geh.):* der junge Tag, Frühe.

morgens
a) am Morgen/Vormittag, beim Morgengrauen/ersten Hahnenschrei, bei Tagesanbruch, früh[morgens], vormittags; *(geh.):* des Morgens, in der Frühe; *(dichter.):* vor Tau und Tag; *(südd., österr.):* in der Früh. **b)** allmorgendlich, immer am Morgen, immer vormittags, jeden Morgen.

morsch
baufällig, bröckelig, brüchig, leicht brechend/zerfallend, mürbe, vermorscht; *(nordd.):* rott.

mosern
beanstanden, bemängeln, etwas auszusetzen haben, Kritik üben, kritisieren, monieren; *(ugs.):* bemäkeln, herumkritisieren, herummäkeln, herummeckern, herumnörgeln, kein gutes Haar lassen, motzen; *(salopp):* herummaulen, herummotzen; *(abwertend):* [be]kritteln, mäkeln, nörgeln.

Motiv
1. Anlass, Auslöser, [Beweg]grund, Triebfeder, Ursache, Veranlassung; *(bildungsspr.):* Movens.
2. Leitgedanke, Leitmotiv, Thema.
3. Gegenstand, Thema; *(bildungsspr.):* Sujet.

motivieren
a) als Grund angeben, Argumente vorbringen, begründen, Gründe anführen/angeben/nennen, rechtfertigen; *(bildungsspr.):* legitimieren. **b)** animieren, anregen, anreizen, anspornen, anstacheln, ermuntern, ermutigen, Interesse/Lust wecken, stimulieren, veranlassen; *(geh.):* beflügeln; *(bildungsspr.):* innervieren, inspirieren, instigieren.

Motor
1. Triebwerk; *(ugs.):* Maschine.
2. Antrieb, treibende Kraft, Triebfeder.

Motto
Devise, Leitsatz, Leitspruch, Leitwort, Losung, Parole, Schlagwort, Slogan, Wahlspruch; *(bildungsspr.):* Maxime.

motzen ↑mosern.

mucken
sich aufbäumen, sich auflehnen, die Stirn bieten, sich empören, entgegentreten, entgegenwirken, Front machen, meutern, opponieren, protestieren, sich sträuben, Sturm laufen, sich wehren, sich widersetzen, Widerspruch erheben, sich zur Wehr setzen; *(geh.):* aufbegehren, sich bäumen, frondieren, trotzen; *(bildungsspr.):* rebellieren, revoltieren.

müde
a) ermüdet, ruhebedürftig, schlafbedürftig, schläfrig, übermüdet, übernächtigt, unausgeschlafen; *(ugs.):* bettreif, dösig, hundemüde; *(emotional verstärkend):* todmüde. **b)** abgekämpft, abgespannt, ausgelaugt, entkräftet, erschöpft, kraftlos, matt, ohne Kraft/Schwung, zerschlagen; *(geh.):* ermattet; *(ugs.):* abgeschlafft, erledigt, erschlagen, erschossen, [fix und] fertig, fix und foxi, geschafft, groggy, hin, k. o., kaputt, mitgenommen, platt, schlaff, schlapp, [wie] gerädert; *(salopp):* ausgepumpt.

muffig
dumpf[ig], leicht faul, modrig.

Mühe
a) Anstrengung, Arbeit, [Arbeits]aufwand, Bemühungen, Kraftaufwand; *(geh.):* Bemühen; *(veraltend):* Beschwer. **b)** Beschwerden, Beschwerlichkeiten, Kreuz, Last, Mühseligkeit, Not, Strapaze; *(geh.):* Beschwernis, Bürde, Mühsal; *(ugs.):* Plackerei, Rackerei.

Mühe

mit Müh und Not
beinahe nicht, kaum, mehr schlecht als recht, mit Hängen und Würgen, mit Mühe, mühsam, nur knapp, nur unter großen Schwierigkeiten; *(ugs.):* mit Ach und Krach.

sich Mühe geben
sich abmühen, sich anstrengen, sich bemühen, sich einsetzen, eintreten für, sich engagieren, nichts unversucht lassen, ringen, seine ganze Kraft aufbieten, streben; *(meist geh.):* sich mühen; *(ugs.):* sich dahinterklemmen, sich ins Zeug legen, sich starkmachen, strampeln.

mühelos
bequem, einfach, ein Kinderspiel, im Schlaf, leicht, mit dem kleinen Finger, mit einem [Hand]griff, mit Leichtigkeit, ohne Anstrengung/Mühe, ohne Probleme/Schwierigkeiten, problemlos, spielend, unkompliziert, unproblematisch, unschwer; *(bes. österr.):* kommod; *(ugs.):* aus dem Handgelenk [heraus], easy, eine Kleinigkeit, ein Klacks, freihändig, mit links.

mühen, sich
sich abmühen, sich abplagen, sich abquälen, alle Kräfte anspannen/mobilisieren, alles Menschenmögliche tun, sich anstrengen, Anstrengungen machen, arbeiten, sich bemühen, Himmel und Hölle/Erde in Bewegung setzen, sich ins Geschirr legen, sich Mühe geben, nichts unversucht lassen, sich placken, sich plagen, sich schinden, sein Bestes geben/tun, seine ganze Kraft aufbieten, sein Möglichstes tun; *(geh.):* Anstrengungen unternehmen; *(ugs.):* sich abschinden, sich abstrampeln, sich abzappeln, alle Hebel in Bewegung setzen, sich auf die Hinterbeine setzen/stellen, sich ins Zeug legen, rackern, strampeln; *(salopp):* sich abrackern.

mühsam
anstrengend, aufreibend, beschwerlich, dornenreich, hart, kräftezehrend, mit großer Anstrengung/Mühe verbunden, mühevoll, mühselig, sauer, schwer, steinig, strapaziös; *(geh.):* dornig; *(scherzh.):* schweißtreibend.

Mulde
Becken, Graben, Grube, Senke, Vertiefung.

Müll
Abfall; *(österr.):* Mist; *(schweiz.):* Kehricht; *(geh.):* Unrat.

Müllhalde
Deponie, Müllabladeplatz, Müllhaufen, Müllkippe, Schuttabladeplatz, Schutthalde, Schutthaufen, Schuttplatz.

mulmig
a) bedenklich, besorgniserregend, gefährlich, haarig, heikel, kitzlig, knifflig, kritisch, misslich, problematisch, schwierig, unbehaglich, verfänglich; *(bildungsspr.):* prekär; *(ugs.):* brenzlig. **b)** flau, schlecht, unbehaglich, unwohl; *(geh.):* übel; *(ugs.):* blümerant.

Mumm
a) Beherztheit, Energie, Entschlossenheit, Herz, Mut, Tatkraft; *(ugs.):* Courage, Schneid, Traute. **b)** Kraft, Stärke.

Mund
(ugs.): Schnabel; *(salopp):* Rand, Rüssel, Schlund, Schnauze; *(bildungsspr. scherzh.):* Gehege der Zähne; *(ugs. scherzh.):* Futterluke, Plappermäulchen; *(südd.):* Triel.

Mundart
Dialekt; *(Sprachwiss.):* Regiolekt, regionale Sprachvariante, Regionalsprache.

münden
a) einmünden, fließen, hineinfließen, zusammenfließen, zusammenlaufen, zusammenströmen. **b)** auslaufen, enden.

mündig
erwachsen; *(veraltend):* großjährig.

mündlich
gesprächsweise, gesprochen, im/per Gespräch, nicht schriftlich; *(bildungsspr.):* verbal; *(Fachspr.):* oral.

munkeln
flüstern, Gerüchte verbreiten; *(geh.):* raunen; *(oft abwertend):* tuscheln.

munter
aufgeweckt, frisch, fröhlich, heiter, quirlig.

Münze
Geldstück, Hartgeld, Kleingeld.

mürbe
1. auf der Zunge zergehend, butterweich, leicht zerfallend, locker, weich, zart.
2. bröckelig, brüchig, leicht brechend/zerfallend, morsch, vermorscht.
3. demoralisiert, entnervt, nachgiebig, ohne Widerstandskraft, schwach, weich.

murksen
nachlässig/schlecht/unsachgemäß arbeiten, schlechte Arbeit machen; *(ugs.):* herumpfuschen; *(salopp):* herummurksen; *(abwertend):* dilettantisch/stümperhaft arbeiten, stümpern.

murren
knurren; *(ugs.):* herumkritisieren, herummäkeln, herummeckern, herumnörgeln, mosern, motzen, mucken; *(salopp):* herummaulen, herummotzen; *(abwertend):* kritteln, mäkeln.

mürrisch
bärbeißig, grämlich, griesgrämig, knurrig, schlecht gelaunt, übellaunig, unfreundlich, unwirsch, verdrießlich, verdrossen; *(geh.):* missgestimmt, misslaunig, missmutig, übel gelaunt; *(ugs.):* brummig, gnatzig, miesepetrig.

Museum
Galerie, Gemäldegalerie, [Kunst]sammlung; *(bildungsspr.):* Pinakothek.

Musik
1. a) *(geh.):* Tonkunst; *(ugs.):* Mucke.
b) Klänge.
2. Kapelle, Musikkapelle, Orchester.

musisch
feinsinnig, künstlerisch begabt, kunstliebend, kunstverständig; *(geh.):* kunstsinnig.

musizieren
aufspielen, ein Instrument spielen, Musik machen/zu Gehör bringen, spielen; *(bildungsspr.):* konzertieren; *(ugs.):* klimpern.

muskulös
athletisch, kräftig, kraftstrotzend, sehnig, stark; *(bildungsspr.):* herkulisch.

Muße
Beschaulichkeit, Dolcefarniente, freie Zeit, Freizeit, Mußestunde, Nichtstun, Ruhe[pause].

müssen ⚡
a) für erforderlich/nötig halten, genötigt/gezwungen/verpflichtet sein, sich genötigt/gezwungen sehen, jmdm. bleibt nichts [anderes/weiter] übrig [als ...]; *(geh.):* auferlegt sein, gehalten sein, obliegen. **b)** die Pflicht/Verpflichtung haben, keine andere Wahl haben, keinen anderen Weg sehen, nicht anders können, nicht umhinkönnen, unter Druck stehen, sich verpflichtet fühlen, verpflichtet sein; *(geh.):* sich nicht enthalten können.

müßig
1. arbeitsscheu, faul, faulenzerisch, inaktiv, nichts tuend, träge, untätig; *(bildungsspr.):* phlegmatisch; *(abwertend):* bequem.
2. akademisch, nutzlos, sinnlos, überflüssig, umsonst, unnütz, vergeblich, zwecklos.

Muster
1. Archetyp, Entwurf, Modell, Plan, Prototyp, Schablone, Schema, Standard, Vorlage; *(bildungsspr.):* Paradigma.
2. Beispiel, Idealbild, Inbegriff, Leitbild, Symbolbild, Symbolfoto, Urbild, Verkörperung, Vorbild; *(bildungsspr.):* Inkarnation, Modell, Prototyp; *(bildungsspr. veraltend):* Exempel.
3. Ansichtssendung, Ausstellungsstück, Kostprobe, Probe[exemplar], Warenprobe.

mustern
1. a) ansehen, begutachten, besichtigen, betrachten; *(geh.):* in Augenschein nehmen; *(ugs.):* angucken, taxieren; *(bes. südd., österr., schweiz.):* anschauen. **b)** durchgehen, durchsehen, inspizieren, kontrollieren, [nach]prüfen, nachsehen, sichten, überprüfen.
2. [auf Wehrdiensttauglichkeit] untersuchen.

Mut
Beherztheit, Bravour, Draufgängertum, Entschlossenheit, Forschheit, Furchtlosigkeit, Heldentum, Kühnheit, Risikobereitschaft, Rückgrat, Tapferkeit, Unerschrockenheit, Verwegenheit, Wagemut, Waghalsigkeit, Zivilcourage; *(geh.):* Mannhaftigkeit; *(bildungsspr.):* Heroismus; *(ugs.):* Courage, Mumm, Schneid, Traute; *(leicht abwertend):* Tollkühnheit; *(veraltend):* Bravheit, Herzhaftigkeit.

mutig
beherzt, couragiert, draufgängerisch, entschlossen, forsch, furchtlos, gewagt, halsbrecherisch,

heldenhaft, kühn, risikobereit, riskant, schneidig, tapfer, unerschrocken, verwegen, wacker, wagemutig, waghalsig; *(geh.):* mannhaft; *(bildungsspr.):* heroisch; *(leicht abwertend):* tollkühn; *(veraltend):* brav, herzhaft.

mutlos

angsterfüllt, ängstlich, angstvoll, bange, bedrückt, beklommen, besorgt, decouragiert, demoralisiert, depressiv, deprimiert, eingeschüchtert, entmutigt, feige, flügellahm, furchtsam, gebrochen, gedrückt, gehemmt, hasenfüßig, lebensmüde, melancholisch, niedergedrückt, niedergeschlagen, niedergeschmettert, pessimistisch, scheu, schüchtern, schwermütig, trübsinnig, verängstigt, verschreckt, verschüchtert, zaghaft; *(geh.):* kleinmütig, verzagt, zag; *(bildungsspr.):* resigniert; *(ugs.):* down, geknickt; *(abwertend):* kleingläubig; *(bildungsspr. abwertend):* defätistisch; *(veraltend):* feigherzig.

mutmaßen

ahnen, annehmen, befürchten, denken, sich einbilden, erahnen, erwarten, fühlen, für möglich/wahrscheinlich halten, gefasst sein auf, glauben, meinen, rechnen mit, schließen, spekulieren, spüren, vermuten, wittern; *(geh.):* argwöhnen, wähnen; *(ugs.):* kalkulieren, schätzen, schwanen, tippen.

mutmaßlich

allem Anschein nach, aller Voraussicht nach, angenommen, anscheinend, mit ziemlicher Sicherheit, vermutlich, voraussichtlich, wahrscheinlich, wohl.

Mutter

Erziehungsberechtigte; *(salopp):* Alte; *(fam.):* Mama, Muttchen, Mutti.

mütterlich

aufopfernd, aufopferungsvoll, bemutternd, besorgt, fürsorglich, gütig, hingebungsvoll, liebevoll, selbstlos, uneigennützig; *(geh.):* zärtlich; *(veraltend):* betulich.

mutwillig

a) absichtlich, absichtsvoll, beabsichtigt, bewusst, gewollt, in böser Absicht, mit [voller] Absicht, vorsätzlich, wissentlich; *(geh.):* willentlich; *(ugs.):* extra.

GGS aus Versehen, irrtümlich, ohne es zu wollen, versehentlich.

b) aus Leichtsinn/Übermut, leichtfertig, leichtsinnig, übermütig.

mysteriös

dunkel, geheim[nisvoll], hintergründig, magisch, mystisch, nicht zu begreifen/fassen/verstehen, okkult, orakelhaft, rätselhaft, seltsam, unbegreiflich, unergründlich, unerklärbar, unerklärlich, unfassbar, unfasslich, unheimlich, unklar, unverständlich; *(geh.):* abgründig, geheimnisumwittert, geheimnisumwoben, unerfindlich, unerforschlich; *(bildungsspr.):* delphisch, enigmatisch, esoterisch, orphisch, sibyllenhaft, sibyllinisch; *(ugs.):* schleierhaft.

N

nachahmen

gleichtun, imitieren, kopieren, nachbilden, zum Vorbild nehmen; *(bildungsspr.):* plagiieren; *(ugs.):* nachmachen; *(abwertend):* nachäffen; *(bildungsspr. abwertend):* klischieren.

Nachahmung

Attrappe, Fälschung, Imitat, Imitation, Kopie, Nachbildung, Wiedergabe; *(bildungsspr.):* Falsifikat, Mimesis, Plagiat; *(ugs.):* Fake.

Nachbar, Nachbarin

Anwohner, Anwohnerin, Nachbarsmann, Nachbarsfrau, Nebenmann, Nebenfrau; *(bes. südd., österr.):* Anrainer, Anrainerin.

Nachbarschaft

a) Hörweite, Nähe, nähere Umgebung, Reichweite, Rufweite, Sichtweite, Umkreis. **b)** Mitwelt, Nachbarn, Umfeld, Umwelt.

nachbohren

sich erkundigen, nachfragen, nachhaken.

nachdenken

sich auseinandersetzen, [sich] bedenken, sich befassen, sich beschäftigen, sich besinnen, brüten, drehen und wenden, durchdenken, sich durch den Kopf gehen lassen, sich Gedanken machen, grübeln, in sich gehen, nachgrübeln, sinnieren, überdenken, überlegen; *(schweiz.):* hirnen; *(geh.):* [nach]sinnen, wägen; *(bildungsspr.):* reflektieren, Reflexionen anstellen; *(ugs.):* bebrüten, sich das Hirn zermartern, sich den Kopf zerbrechen, sich einen Kopf machen, sich herumschlagen, knobeln.

BSP Jetzt sollten wir Überlegungen über das Vortragsthema anstellen. Sie hat lange über dieses Problem reflektiert.

nachdenklich

a) gedankenverloren, gedankenversunken, grübelnd, in Gedanken [verloren/versunken/vertieft]. **b)** besinnlich, grüblerisch, philosophisch, tiefsinnig, versonnen; *(geh.):* innerlich, in sich gekehrt; *(bildungsspr.):* kontemplativ.

Nachdruck
Akzent, Ausdruckskraft, Bestimmtheit, Betonung, Eindringlichkeit, Energie, Entschiedenheit, Intensität, Nachdrücklichkeit; *(bildungsspr.):* Aplomb, Emphase, Vehemenz.

nachdrücklich
ausdrücklich, besonders, bestimmt, betont, dringend, eindringlich, energisch, entschieden, ernst[haft], ernstlich, intensiv, kategorisch, kräftig, mit Bestimmtheit/Entschiedenheit/Nachdruck, unmissverständlich; *(geh.):* angelegentlich; *(bildungsspr.):* à fonds, emphatisch, mit Emphase, vehement.

nacheifern
auf jmds. Spuren wandeln, sich ein Beispiel nehmen, imitieren, in jmds. Fußstapfen/Spuren treten, kopieren, nachahmen, nachtun; *(geh.):* nachstreben; *(ugs.):* nachmachen.

nacheinander
1. a) eine hinter/nach der anderen, einer hinter/nach dem anderen, eins hinter/nach dem anderen, hintereinander, nach und nach. **b)** der Reihe nach, eine nach der anderen, einer/eins nach dem anderen.
2. aufeinander[folgend], fortlaufend, hintereinander, in rascher Aufeinanderfolge; *(ugs.):* hintereinanderweg; *(bildungsspr., Fachspr.):* kontinuierlich; *(EDV):* sequenziell, seriell.

nachempfinden
sich eindenken, sich einfühlen, sich hineindenken, sich hineinversetzen, mitempfinden, mitfühlen, nachfühlen, nachvollziehen.

nacherzählen
wiedergeben, wiederholen; *(bildungsspr.):* referieren.

nachfolgen
1. aufrücken, aufsteigen, die Nachfolge antreten, folgen, nachrücken.
2. sich [an jmds. Fersen] heften/hängen, folgen, hinterhergehen, hinterherkommen, hinterherlaufen, nachgehen, nachkommen, nachlaufen.

nachforschen
auf den Grund gehen, ausforschen, durchforschen, erforschen, Ermittlungen anstellen, Nachforschungen anstellen, nachgehen, nachrecherchieren, prüfen, recherchieren, studieren, untersuchen; *(schweiz.):* forschen; *(geh.):* nachspüren; *(bildungsspr.):* inquirieren, investigieren, sondieren.

Nachfrage
1. Anfrage, Befragung, Bitte um Auskunft, Erkundigung, Frage.
2. Bedarf, Bedürfnis, Boom, Interesse, Kauffreude, Kaufinteresse, Kauflaune, Kauflust, Kaufneigung, Run; *(geh.):* Verlangen.

nachfragen
1. a) anfragen, befragen, eine Auskunft erbitten, eine Frage richten/stellen, sich erkundigen, fragen, um Auskunft bitten.

BSP Sie richtete ihre Frage direkt an die Vortragende. Sie erkundigte sich bei der Ärztin ihrer Freundin nach deren Befinden.

---

b) anfragen, angehen, ansprechen, bitten, fragen, herantreten, sich wenden an; *(geh.):* nachsuchen; *(ugs.):* anklopfen, antippen.
2. *(ugs.):* [herum]bohren, keine Ruhe geben, löchern, nachbohren, nachhaken, nachkarten.

nachgeben
1. a) sich beugen, einlenken, entgegenkommen, sich erweichen lassen, sich fügen, in die Knie gehen, kapitulieren, klein beigeben, kleinlaut werden, mit sich reden lassen, resignieren, schwach werden, seinen Widerstand aufgeben, zurückstecken; *(schweiz.):* zurückkrebsen; *(ugs.):* einen Rückzieher machen, weich werden; *(salopp):* den Schwanz einkneifen/einziehen. **b)** aufgehen, erliegen, sich hingeben, nachhängen, sich überlassen, sich verlieren, sich verschreiben, versinken; *(geh.):* sich anheimgeben.
2. abebben, sich abflachen, abflauen, abklingen, abnehmen, sich abschwächen, fallen, geringer/niedriger werden, nachlassen, schrumpfen, schwächer werden, sinken, sich vermindern, sich verringern, zurückgehen; *(geh.):* schwinden; *(ugs.):* absacken, [he]runtergehen.

nachgehen
1. ↑nachforschen.
2. ausführen, ausüben, sich befassen, sich beschäftigen, sich betätigen, betreiben, sich hingeben, praktizieren, tätig sein, sich überlassen, verrichten, sich verschreiben, versehen, sich widmen; *(geh.):* anhängen, frönen, schwelgen.

nachgiebig
butterweich, demoralisiert, entnervt, gefügig, kompromissbereit, mürbe, ohne Widerstandskraft, schwach, weich [wie Wachs]; *(bildungsspr.):* flexibel; *(ugs.):* weich wie Butter; *(bes. südd., österr.):* mürb; *(abwertend):* kompromisslerisch, rückgratlos, weichlich.

GGS dogmatisch, eisern, obstinat, stur, unbeirrbar.

---

nachhaltig
anhaltend, auf lange/längere Sicht, dauerhaft, eindringlich, einschneidend, entscheidend, ent-

schieden, fortgesetzt, fortwährend, fühlbar, für lange/längere Zeit, merklich, spürbar.

nachhelfen
behilflich sein, Hilfestellung geben, unterstützen; *(ugs.):* auf die Sprünge helfen.

nachher
anschließend, danach, dann, darauf[hin], hierauf, hiernach, hinterher, im Anschluss [daran], im Nachhinein, in der Folge, nachfolgend, später; *(bildungsspr.):* post festum; *(ugs.):* hintendran; *(veraltend):* alsdann, hinterdrein.

Nachhinein

im Nachhinein
aus heutiger Perspektive, nachträglich, rückblickend; *(bildungsspr.):* a posteriori, post festum, retrospektiv.

nachholen
aufarbeiten, aufholen, gutmachen, in Ordnung/ins Reine bringen, nacharbeiten; *(ugs.):* nachmachen, wettmachen.

Nachkomme, Nachkommin
Enkel, Enkelin, Erbberechtigter, Erbberechtigte, Erbe, Erbin, Kind, Sohn, Tochter; *(geh.):* Nachfahr[e], Nachfahrin, sein/ihr eigen[es] Fleisch und Blut, Spross; *(fam.):* Nachwuchs; *(ugs. scherzh.):* Ableger, Sprössling.

nachkommen
beachten, befolgen, befriedigen, beherzigen, berücksichtigen, einbeziehen, einhalten, entsprechen, erfüllen, sich halten an, handeln, hören, respektieren, sich richten nach; *(geh.):* genügen, Genüge tun, willfahren.

Nachlass
1. Erbe, Erbschaft, Erbteil, Hinterlassenschaft.
2. Ermäßigung, Preisnachlass, Rabatt.

nachlassen
abebben, abflauen, abklingen, abnehmen, sich abschwächen, an Intensität/Stärke verlieren, aufhören, sich beruhigen, sich legen, sich mildern, schwächer werden, weniger werden, zu Ende gehen, zurückgehen; *(geh.):* dahinschwinden, erlahmen, ersterben, im Schwinden begriffen sein, schwinden, verebben, versiegen.

nachlässig
1. a) beiläufig, fahrig, nebenher, obenhin, oberflächlich, sorglos, unordentlich. **b)** aufgelockert, formlos, lässig, leger, locker, unbefangen, unbekümmert, ungezwungen, unverkrampft, zwanglos; *(bildungsspr.):* nonchalant, unkonventionell; *(ugs.):* hemdsärmelig.
2. achtlos, gedankenlos, gleichgültig, teilnahmslos, unachtsam, unbedacht.

nachlaufen
1. sich [an jmds. Fersen] hängen/heften, folgen, hinterhergehen, hinterherkommen, hinterherlaufen, nachgehen, nachkommen, nachschleichen, verfolgen; *(ugs.):* nachrennen.
2. abhängig sein von, angewiesen sein auf, hörig sein; *(ugs.):* nachrennen.

nachlesen
Einblick nehmen, einsehen, nachschlagen, nachsehen, nochmals lesen, überprüfen; *(bildungsspr.):* verifizieren.

nachmachen
1. a) gleichtun, imitieren, kopieren, nachahmen, nachbilden, zum Vorbild nehmen; *(abwertend):* nachäffen. **b)** entlehnen, fälschen, übernehmen; *(bildungsspr.):* plagiieren; *(ugs.):* faken.
2. ↑nachholen.

Nachname
Familienname, Personenname, Zuname.

nachprüfen
begutachten, inspizieren, kontrollieren, nachrechnen, nachschauen, nachzählen, prüfen, revidieren, testen, überprüfen, sich vergewissern; *(bildungsspr.):* evaluieren.

Nachrede
1. Herabsetzung, Herabwürdigung, üble Nachrede, Verleumdung; *(geh.):* Schmähung, Verunglimpfung; *(bildungsspr.):* Diffamierung, Diskreditierung; *(emotional):* Ehrabschneiderei.
2. ↑Nachwort.

Nachricht
Benachrichtigung, Information, Meldung, Mitteilung, Notiz, Unterrichtung, Veröffentlichung; *(geh.):* Botschaft; *(ugs.):* Info; *(südd., österr., schweiz.):* Kundmachung.

BSP Während der Vorbereitung müssen wir Informationen sammeln/einholen/liefern/auswerten. Ihm kam die Aufgabe zu, die gute/frohe/schlimme/traurige Botschaft zu überbringen.

nachrücken
1. sich anschließen, Anschluss gewinnen, aufrücken, aufschließen, die Lücke schließen, durchgehen, sich hinzugesellen, vorrücken.
2. aufsteigen, einrücken, nachfolgen; *(bildungsspr.):* arrivieren; *(ugs.):* die Treppe hinauffallen/rauffallen/hochfallen; *(veraltend):* avancieren.

Nachruf
Denkschrift, Gedächtnisrede, Gedenkrede, Grabrede, Würdigung; *(bildungsspr.):* Nekrolog.

nachrüsten
1. aktualisieren, verbessern; *(EDV):* updaten.

2. aufrüsten, hochrüsten, mobilisieren, mobilmachen, rüsten.

nachsagen

1. nachsprechen, wiederholen.

2. andichten, anhängen, aufbürden, in die Schuhe schieben, in Misskredit/Verruf bringen, nachreden, unterschieben, unterstellen, verleumden, zuschreiben; *(geh.):* schmähen, verunglimpfen; *(salopp):* heruntermachen.

nachsehen

1. inspizieren, kontrollieren, mustern, [nach]prüfen, überprüfen; *(geh.):* in Augenschein nehmen; *(ugs.):* auf den Zahn fühlen, filzen, unter die Lupe nehmen; *(bes. südd., österr., schweiz.):* nachschauen.

2. durchgehen lassen, Gnade vor Recht ergehen lassen, [sich in] Nachsicht üben, nachsichtig sein, nicht übel nehmen, Verständnis haben, von Bestrafung absehen; *(ugs.):* ein Auge/beide Augen zudrücken.

3. ↑nachlesen.

Nachsicht

Geduld, Güte, Milde, Nachsichtigkeit, Warmherzigkeit, Wohlwollen; *(geh.):* Barmherzigkeit, Herzensgüte, Langmut, Mildtätigkeit, Seelengüte; *(bildungsspr.):* Humanität, Indulgenz.

nachsichtig

duldsam, geduldig, gütig, milde, mitfühlend, tolerant, verständnisvoll; *(bildungsspr.):* human, indulgent.

nachsinnen

durchdenken, sich durch den Kopf gehen lassen, sich Gedanken machen, grübeln, herumrätseln, nachdenken, nachgrübeln, philosophieren, rätseln, seinen Gedanken nachhängen, sinnen, sinnieren, Überlegungen anstellen, sich versenken, sich vertiefen, von allen Seiten betrachten; *(schweiz.):* hintersinnen, werweißen; *(geh.):* mit sich zurate gehen; *(bildungsspr.):* meditieren, reflektieren, Reflexionen anstellen.

Nachspiel

1. Epilog, Nachtrag, Schlussrede, Schlusswort.

2. Auswirkungen, böses Ende, Folgen, Nachwirkungen; *(geh.):* Nachwehen.

nachspionieren

ausforschen, ausfragen, aushorchen, ausspionieren, befragen, belauschen, beobachten, beschatten, bespitzeln, im Auge behalten, nicht aus den Augen lassen, observieren, stalken, überwachen, unter die Lupe nehmen, zu erfahren suchen; *(bildungsspr.):* investigieren, recherchieren; *(ugs.):* nachschnüffeln.

nachspüren

auf den Grund gehen, auf der Spur sein/bleiben, ausforschen, erforschen, ergründen, erkunden, nachforschen, nachgehen, prüfen, recherchieren, studieren, untersuchen; *(schweiz.):* forschen; *(bildungsspr.):* eruieren, sondieren.

nachstellen

1. neu einstellen, regulieren.

2. a) hetzen, jagen, nachsetzen, treiben, verfolgen. **b)** stalken; *(ugs.):* hinter jmdm. her sein, nachrennen, nachsteigen, scharf auf jmdn. sein.

Nächstenliebe

Christenpflicht, Menschenliebe, Mildtätigkeit, Wohltätigkeit; *(bildungsspr.):* Karitas.

nächstens

bald, binnen Kurzem, demnächst, dieser Tage, gleich, in absehbarer/nächster Zeit, in Kürze, in [naher] Zukunft, über kurz oder lang; *(geh.):* dereinst; *(veraltend):* alsbald.

Nacht

Dunkelheit, Düsterkeit, Finsterkeit, Finsternis, Schwärze; *(geh.):* Dunkel, Düsternis.

Nacht

über Nacht

plötzlich, schlagartig, überraschend, unerwartet, unvermittelt; *(geh.):* jäh, jählings; *(bildungsspr.):* ex abrupto; *(ugs.):* aus heiterem Himmel, Hals über Kopf, Knall auf Fall; mir nichts, dir nichts; mit einem Schlag; *(verstärkend):* urplötzlich.

Nachteil

Beeinträchtigung, Behinderung, Erschwernis, Handicap, Kehrseite, Mangel, Manko, Minus, Schaden, Schattenseite, Schwäche; *(geh.):* Makel.

nachteilig

abträglich, beeinträchtigend, erschwerend, fatal, hemmend, hinderlich, misslich, Nachteile bringend, negativ, schädlich, schlecht, schlimm, störend, ungünstig, ungut, unvorteilhaft.

Nachtrag

Anhang, Epilog, Ergänzung, Hinzufügung, Klammerzusatz, Zusatz; *(geh.):* Nachlese; *(ugs.):* Nachklapp; *(Literaturwiss.):* Paralipomenon.

nachtragen

1. anfügen, angliedern, anhängen, anreihen, anschließen, dazusetzen, ergänzen, hinzufügen, hinzusetzen, zufügen; *(geh.):* beigeben, hinzugeben; *(ugs.):* dazutun.

2. anlasten, nicht entschuldigen/vergessen/verzeihen können, übel nehmen, verübeln; *(geh.):* nicht vergeben können, übel nehmen/vermerken, verargen, verdenken.

nachträglich
danach, darauf[hin], hernach, hiernach, hintendrein, hinterher, im Anschluss [daran], im Nachhinein, später; *(bildungsspr.)*: post festum.

nachts
bei Dunkelheit, bei Nacht, des Nachts, im Dunkeln, in der Nacht, nächtlich, nachtsüber, während der Nacht, zur Nachtzeit; *(geh.)*: nächtens, nächtlicherweile, zu nächtlicher Stunde.

nachvollziehen
begreifen, sich einfühlen, sich einleben, ermessen, folgen können, sich hineindenken, sich hineinversetzen, nachempfinden, nacherleben, nachfühlen, Verständnis haben für, verstehen, sich vorstellen können; *(ugs.)*: kapieren.

Nachweis
Ausweis, Beglaubigung, Beleg, Bescheinigung, Bestätigung, Testat; *(geh.)*: Zeugnis.

nachweisen
aufzeigen, ausweisen, belegen, beweisen, den Beweis/Nachweis erbringen, den Beweis/Nachweis liefern, erweisen, zeigen; *(schweiz.)*: sich ausweisen; *(bildungsspr.)*: dokumentieren.

nachweislich
bekanntlich, erwiesenermaßen, in Wahrheit, nachweisbar, tatsächlich, wirklich; *(schweiz.)*: ausgewiesen.

Nachwirkung
Auswirkungen, böses Ende, Einfluss, Folgen, Konsequenzen, Nachspiel, Widerhall; *(geh.)*: Ausfluss, Nachwehen.

Nachwort
Anhang, Epilog, Nachtrag, Schlusswort.

Nachwuchs
Kind[er], Nachkomme[n], Sohn/Söhne, Tochter/Töchter; *(geh.)*: Nachfahre[n], sein/ihr eigen[es] Fleisch und Blut, Spross; *(oft scherzh.)*: Zuwachs; *(ugs. scherzh.)*: Sprössling[e].

nachziehen
1. anziehen, festschrauben, festziehen.
2. a) das Gleiche tun, es ebenso machen, folgen. **b)** aufarbeiten, aufholen, ausgleichen, das Gleichgewicht wiederherstellen, einholen, wettmachen.

nackt
1. entblößt, fasernackt, ohne Bekleidung, unbedeckt, unbekleidet; *(geh.)*: enthüllt, entkleidet; *(ugs.)*: pudelnackt, splitter[faser]nackt; *(scherzh.)*: hüllenlos, wie Gott es/ihn/sie geschaffen hat; *(ugs. scherzh.)*: barfuß bis zum Hals, entblättert, im Adamskostüm/Evaskostüm, textilfrei; *(bes. südd.)*: faselnackt.
2. a) haarlos, kahl. **b)** kahl, kalt, nicht wohnlich, nüchtern, trostlos, ungemütlich.
3. blank, bloß, nichts anderes als, rein, schlicht; *(geh.)*: bar; *(ugs.)*: pur.

nagen
angreifen, aufreiben, belasten, bohren, quälen, zehren, zusetzen; *(geh.)*: peinigen; *(ugs.)*: auffressen.

nahe
1. benachbart, dicht, in der Nähe, in nächster/unmittelbarer Nähe, leicht erreichbar, nahebei, nebenan, nicht weit, umliegend, unweit; *(ugs.)*: direkt vor der Tür, nur einen Katzensprung.
2. baldig, nicht mehr fern, unmittelbar.
3. eng, innig, intim, nahestehend, vertraut.

Nähe
1. geringe Entfernung, Hörweite, Nachbarschaft, nähere Umgebung, Reichweite, Rufweite, Sichtweite, Umkreis.
2. enge Beziehung, Intimität, Kontakt, Verbundenheit, Vertrautheit.

nahebringen
erwärmen für, gewinnen für, verlebendigen, vermitteln, verständlich machen, Verständnis erwecken für; *(ugs.)*: schmackhaft machen.

nahegehen
aufwühlen, berühren, bestürzen, bewegen, ergreifen, erschüttern, in die Knochen fahren, nicht gleichgültig lassen, nicht kaltlassen, schockieren, zu Herzen gehen, zusetzen; *(geh.)*: anrühren, betreffen; *(bildungsspr.)*: tangieren; *(ugs.)*: an die Nieren/unter die Haut gehen.

nahekommen
a) ähneln, Ähnlichkeit haben, ähnlich sein, anklingen an, beinahe aussehen wie, erinnern, gleichen; *(geh.)*: gemahnen; *(bildungsspr.)*: Reminiszenzen enthalten. **b)** sich [an]nähern, fast gleichkommen/vergleichbar sein, grenzen an, heranreichen an, in etwa entsprechen.

nahelegen
anhalten, anraten, ans Herz legen, den Rat[schlag] erteilen/geben, empfehlen, raten, vorschlagen, zuraten; *(geh.)*: anempfehlen.

naheliegend
begreiflich, einleuchtend, einsichtig, logisch zwingend, nachvollziehbar, plausibel, verständlich, zu erwarten; *(bildungsspr.)*: evident.

näher
ausführlich, eingehend, genauer, gründlich, in allen Einzelheiten, in aller Ausführlichkeit, intensiv, umfassend; *(bildungsspr.)*: detailliert.

nähern, sich
a) sich annähern, herankommen, herantreten, im Anzug sein, nahen, näher kommen/rücken, sich zubewegen, zugehen auf, zukommen auf; *(geh.):* herannahen. **b)** fast gleichkommen, fast vergleichbar sein, grenzen an, herankommen, heranreichen an, in etwa entsprechen.

nahestehen
ein enges Verhältnis haben, eng verbunden sein, sympathisieren, sich verbunden fühlen.

nahezu
annähernd, beinahe, fast, schier; *(ugs.):* bald, praktisch, so gut wie, ziemlich.

nähren
1. an die Brust nehmen, anlegen, beköstigen, die Brust geben, ernähren, füttern, säugen, stillen, tränken, verköstigen.
2. aufkommen/entstehen lassen, aufrechterhalten, bestärken, erhöhen, forcieren, fördern, [neue] Nahrung geben, steigern, stützen, vergrößern, vermehren, verstärken, wieder aufleben lassen.

nahrhaft
deftig, gehaltvoll, gesund, handfest, herzhaft, kalorienreich, kräftig, kräftigend, nährend, nährstoffreich; *(veraltend):* substanziell.

Nahrung
Ernährung, Essen [und Trinken], Kost, Mundvorrat, Nahrungsmittel, Proviant, Speise, Speisen und Getränke, Verpflegung; *(geh.):* Speis und Trank, Wegzehrung; *(salopp):* Futter.

Nahrungsmittel
Essbares, Esswaren, Futtermittel, Genussmittel, Lebensmittel, Nahrung, Naturalien.

naiv
a) ahnungslos, arglos, blauäugig, einfältig, gutgläubig, gutmütig, harmlos, infantil, kindlich, leichtgläubig, nichts ahnend, sorglos, treuherzig, unbefangen, unkritisch, unschuldig, vertrauensselig; *(oft abwertend):* grün, kritiklos.

GGS argwöhnisch, misstrauisch, scharfsinnig, skeptisch.

b) beschränkt, bieder, dumm, dümmlich, einfältig, töricht, unbedarft; *(ugs.):* blöd, dämlich, doof, dusselig; *(salopp):* strunzdumm.

Name
1. Benennung, Bezeichnung, Pseudonym; *(EDV):* Nutzername.
2. Ansehen, Bedeutung, Geltung, [guter] Ruf, Image, Leumund; *(bildungsspr.):* Nimbus, Prestige, Profil, Renommee, Reputation.

namentlich
besonders, bevorzugt, größtenteils, hauptsächlich, im Besonderen, in besonderer Weise, in den meisten Fällen, in der Hauptsache, in erster Linie, insbesondere, meist, meistens, überwiegend, vor allem, vor allen Dingen, vornehmlich, vorwiegend, vorzugsweise, zumal, zum größten Teil; *(schweiz.):* vorab.

namhaft
1. anerkannt, angesehen, bedeutend, bekannt, berühmt, etabliert, geachtet, geschätzt, groß, populär, prominent; *(bildungsspr.):* illuster, renommiert.
2. ansehnlich, beachtlich, bedeutend, bemerkenswert, beträchtlich, erheblich, gehörig, groß, nennenswert, stattlich; *(geh.):* erklecklich; *(ugs.):* anständig, ordentlich, schön.

nämlich
1. bekanntlich, denn, weil, wie bekannt ist, wie man weiß.
2. also, das bedeutet, das heißt, das ist/sind, genau[er] gesagt, sprich, und zwar; *(geh.):* als da sind; *(bildungsspr.):* scilicet.

Narr, Närrin
Bajazzo, Bobo, Clown, Clownin, Eulenspiegel, Faxenmacher, Faxenmacherin, Hanswurst, Harlekin, Hofnarr, Humorist, Humoristin, Komiker, Komikerin, Schelm, Schelmin, Spaßmacher, Spaßmacherin, Spaßvogel; *(ugs. scherzh.):* Kasper; *(veraltend):* Possenmacher, Possenmacherin, Possenreißer, Possenreißerin, Schalk; *(Literaturwiss.):* Gracioso.

närrisch
1. a) absonderlich, befremdend, bizarr, drollig, eigenartig, komisch, merkwürdig, seltsam, skurril, sonderbar, sonderlich, spleenig, überspannt, unvernünftig, verstiegen; *(geh.):* befremdlich; *(bildungsspr.):* exzentrisch, kurios; *(ugs.):* schrullenhaft, schrullig, überdreht, verrückt, wunderlich; *(salopp):* irre; *(abwertend):* verschroben; *(veraltend):* eigen. **b)** ↑sehr.
2. ausgelassen, burlesk, freakig, karnevalistisch, possenhaft; *(ugs.):* ausgeflippt, [ganz/rein] aus dem Häuschen, toll; *(abwertend):* albern.

naschen
1. schlecken, Süßigkeiten essen; *(ugs.):* leckern; *(nordd.):* schlickern.
2. kosten, probieren, versuchen.

Nase
a) Geruchsorgan, Riechorgan; *(ugs.):* Giebel, Knolle; *(salopp):* Kolben, Riecher, Rüssel; *(ugs. scherzh.):* Gesichtserker, Kartoffel, Zinken. **b)** Geruchsempfindung, Geruchssinn. **c)** Ah-

nung, Gespür, Instinkt, Spürsinn; *(bildungsspr.)*: Sensorium; *(ugs.)*: Antenne, Bauch, Sensus; *(salopp)*: Riecher.

nass

1. durchnässt, feucht, klamm, regenglatt, triefend; *(geh.)*: durchtränkt; *(ostmd.)*: plierig.

2. niederschlagsreich, regenreich, verregnet.

Nation

a) Gemeinwesen, Land, Staat, Staatswesen.

b) Volk, Völkerschaft.

national

a) [inner]staatlich. **b)** *(abwertend)*: chauvinistisch, nationalistisch; *(oft abwertend)*: patriotisch.

Nationalität

a) Staatsangehörigkeit, Staatszugehörigkeit.

b) Volkszugehörigkeit.

Nationalsozialismus

1. NS-Ideologie.

2. Drittes Reich, Hitlerzeit, NS-Herrschaft, NS-Regime.

Nationalsozialist, Nationalsozialistin

Parteigenosse, Parteigenossin; *(ugs.)*: Nazi; *(Jargon)*: Fascho; *(abwertend)*: Nazist, Nazistin; *(oft abwertend)*: Faschist, Faschistin.

Natur

1. Feld und Wald, Flora und Fauna, [natürliche] Umwelt, Naturreich, Tier- und Pflanzenwelt, [unberührte] Landschaft; *(geh.)*: Mutter Natur, Wald und Flur.

2. Art, Charakter, Eigenart, Eigentümlichkeit, Gemütsart, Persönlichkeit, Temperament, Typ, Veranlagung, Wesen, Wesensart; *(bildungsspr.)*: Disposition, Individualität, Naturell, Typus.

3. Beschaffenheit, Zustand.

Naturell

Art, Charakter, Eigenart, Eigentümlichkeit, Gemütsart, Natur, Persönlichkeit, Temperament, Typ, Veranlagung, Wesen, Wesensart; *(bildungsspr.)*: Disposition, Individualität, Typus.

[1]natürlich

1. a) echt, naturbelassen, nicht künstlich/imitiert/nachgemacht, ursprünglich, urwüchsig; *(bildungsspr.)*: organisch. **b)** biologisch, chemisch, naturgesetzlich, physikalisch.

2. naturgemäß, naturnah, ökologisch, umweltfreundlich, umweltverträglich.

3. folgerichtig, konsequent, logisch, normal, schlüssig, vernünftig, verständlich.

[2]natürlich

[aber] ja, auf alle Fälle, auf jeden Fall, bestimmt, doch, gewiss, natürlicherweise, selbstredend, selbstverständlich, sicher[lich]; *(ugs.)*: allemal, garantiert, klarer Fall, [na] logisch; *(emotional)*: zweifellos, zweifelsohne; *(bes. südd.)*: freilich.

Nebel

Dampf, Diesigkeit, Dunst, Hauch, Nebelbank, Nebeldecke, Nebelschwaden, Smog, Trübung; *(nordd.)*: Dust, Schwalk; *(Fachspr.)*: Aerosol.

nebelhaft

1. diesig, dunstig, neblig, nicht klar, trübe.

2. andeutungsweise, nicht fest/klar/scharf umrissen, unbestimmt, undeutlich, unklar, unscharf, vage, verschwommen; *(geh.)*: diffus, schattenhaft, schemenhaft; *(bildungsspr.)*: nebulös, unpräzise; *(abwertend)*: schwammig.

nebeneinander

1. beieinander, beisammen, eine bei der anderen, einer beim anderen, eins beim anderen, vereint, zusammen.

2. gemeinsam, gleichzeitig, im selben Augenblick/Moment, zugleich, zur gleichen/selben Zeit, zusammen[treffend]; *(ugs.)*: auf einmal; *(Fachspr.)*: synchron; *(bildungsspr., Fachspr.)*: simultan.

nebensächlich

belanglos, nicht der Rede wert, nicht erwähnenswert, nicht nennenswert, nicht wichtig, ohne Bedeutung/Belang, unbedeutend, unerheblich, unmaßgeblich, unwesentlich, unwichtig; *(geh.)*: nichtig; *(bildungsspr.)*: irrelevant, marginal, ohne Relevanz, trivial.

neblig

dampfig, diesig, dunstig, grau, in Dunst gehüllt, milchig, nicht klar, trübe, verhangen.

necken

foppen, hänseln, sich lustig machen, spotten, veralbern, verhöhnen, verspotten, verulken; *(österr.)*: häkeln; *(schweiz.)*: föppeln; *(bildungsspr.)*: sich mokieren; *(ugs.)*: anführen, anpflaumen, auf die Schippe nehmen, aufziehen, fuchsen, hochnehmen, uzen, veräppeln, verkohlen.

neckisch

1. flachsig, launig, scherzhaft, witzig.

2. albern, dümmlich, närrisch, unsinnig; *(abwertend)*: infantil, kindisch, lächerlich, lachhaft, läppisch, simpel, töricht.

negativ

1. ablehnend, verneinend, verweigernd.

2. **a)** abträglich, erfolglos, ergebnislos, erschwerend, fatal, hemmend, hinderlich, missglückt, misslich, Nachteile bringend, nachteilig, nicht von Vorteil, schädlich, schlecht, schlimm, störend, ungünstig, ungut, unvorteilhaft. **b)** bedauerlich, schlecht, schlimm, unangenehm, ungut, unliebsam, unschön, widrig.
3. im Minus[bereich], unter null.

Neger, Negerin

> ! Die Bezeichnungen *Neger, Negerin* sind stark diskriminierend und sollten vermieden werden. Alternative Bezeichnungen, die auch als Eigenbezeichnungen fungieren, sind *Schwarzer* bzw. *Schwarze, People of Color* (im Plural) und *Person of Color* (im Singular) sowie *Schwarzer Mensch* (mit großgeschriebenem Adjektiv). In Deutschland lebende Menschen mit dunkler Hautfarbe wählen häufig die Eigenbezeichnung *Afrodeutscher, Afrodeutsche,* die zunehmend in Gebrauch kommt.

negieren
a) ableugnen, abstreiten, als falsch/unwahr bezeichnen, als falsch/unwahr hinstellen, als unrichtig/unzutreffend bezeichnen, als unrichtig/unzutreffend hinstellen, bestreiten, dementieren, für falsch/unwahr erklären, für nicht richtig/nicht zutreffend erklären, leugnen, verneinen. **b)** abwehren, abweisen, von sich weisen, zurückweisen; *(geh.):* sich verwahren. **c)** ignorieren, missachten, nicht beachten, nicht wahrhaben wollen, nicht zur Kenntnis nehmen, unbeachtet/unberücksichtigt lassen; *(ugs.):* unter den Tisch fallen lassen, weglassen.

nehmen ⚡
1. [er]fassen, [er]greifen, packen, zu fassen bekommen/kriegen, zur Hand nehmen.
2. akzeptieren, annehmen, sich geben lassen, in Anspruch nehmen, zusagen.
3. sich aneignen, an sich nehmen/reißen, sich beschaffen, Besitz ergreifen, sich besorgen, sich einverleiben, erbeuten, greifen, [sich] holen, in Besitz bringen/nehmen, mitnehmen, sich vergreifen, sich zu eigen machen; *(geh.):* sich bemächtigen; *(ugs.):* absahnen, an sich bringen, einheimsen, einkassieren, einsacken, in die eigene Tasche stecken, kassieren, schnappen; *(salopp):* abstauben, kaschen; *(fam.):* mopsen.

BSP Du kannst dir das Buch nicht einfach aneignen. Sie bemächtigte sich auch noch seines Taschengeldes.

4. anwenden, benutzen, gebrauchen, nutzen, verwenden; *(geh.):* sich bedienen.

> **nehmen**
>
> **etw. auf sich nehmen**
> bewältigen, durchstehen, erdulden, sich ergeben in, sich fügen in, hinnehmen, sich schicken in, tragen, über sich ergehen lassen, verkraften, verschmerzen; *(geh.):* den [bitteren] Kelch bis zur Neige leeren [müssen]; *(ugs.):* durchmachen, einstecken, mitmachen, schlucken, verdauen.
>
> **etw. zu sich nehmen**
> eine Mahlzeit einnehmen, sich ernähren, essen, sich stärken; *(geh.):* dinieren, speisen, tafeln; *(fam.):* schnabulieren, spachteln; *(veraltend):* Mahlzeit halten.

Neid
Eifersucht, Missgunst, Übelwollen.

neidisch
eifersüchtig, missgünstig, neiderfüllt, neidvoll, voller Neid; *(schweiz.):* neidhaft; *(ugs.):* scheel, schiefmäulig; *(veraltend):* scheelsüchtig.

neigen
a) eine Disposition/eine Neigung haben, einen Hang/eine Tendenz haben, hinneigen, tendieren. **b)** sich ausrichten, sich hingezogen fühlen, sympathisieren, zuneigen.

Neigung
1. Abfall, Abschüssigkeit, Beugung, Gefälle, Krümmung, Schräge, Schräglage, Senkung.
2. Drang, Gabe, Hang, Interesse, Lust, Talent, Tendenz, Veranlagung, Vorliebe; *(österr.):* Animo; *(bildungsspr.):* Disposition, Faible, Inklination, Präferenz, Schwäche; *(bes. südd., österr.):* Gusto.
3. Sympathie, Zuneigung.

nein
aber nein, aber nicht doch, auf [gar] keinen Fall, ausgeschlossen, beileibe/bei Weitem/bestimmt nicht, Gott behüte/bewahre, in keiner Weise, keinesfalls, keineswegs, kein Gedanke, kommt nicht infrage, nicht im Entferntesten/Geringsten, nichts zu machen, niemals, nie [und nimmer]; *(ugs.):* [aber/ach] woher denn, gottbewahre, keine Spur, kommt nicht in die Tüte, nee, nicht die Spur, nö.

Nein
ablehnende Antwort, Ablehnung, Absage, abschlägige Antwort, Abweisung, negativer Bescheid; *(geh.):* Versagung; *(bildungsspr.):* Negation.

nennen ↗
1. a) benennen, einen Namen geben, mit einem Namen versehen, rufen; *(ugs. scherzh.):* benamsen; *(veraltend):* heißen. **b)** bezeichnen, charakterisieren, etikettieren; *(bildungsspr.):* apostrophieren, hinstellen, stempeln; *(geh.):* schimpfen; *(ugs.):* betiteln.

BSP Die Person wird hier als bürgerlich charakterisiert. Er stellt seinen Gegner als großen Dummkopf hin.

2. anführen, angeben, anschneiden, aufführen, auflisten, ausgeben, ausweisen, deklarieren, erwähnen, sagen, vorbringen; *(geh.):* ins Feld/ins Treffen führen; *(Fachspr.):* enumerieren.

BSP Nachfolgend werde ich weitere Beispiele aufführen. Hier müssen auch die anderen Figuren des Dramas erwähnt werden.

nennen, sich
a) den Namen haben/tragen, genannt werden, heißen. **b)** [sich] bezeichnen, [sich] hinstellen.

nennenswert
ansehnlich, beachtlich, beeindruckend, bemerkenswert, beträchtlich, erwähnenswert, wesentlich; *(emotional):* gewaltig.

nerven
a) bedrängen, behelligen, belästigen, lästig fallen/werden, stören, zur Last fallen, zusetzen; *(ugs.):* annerven, auf die Nerven fallen, auf die Nerven gehen, nicht in Ruhe lassen; *(salopp):* anmachen; *(nordd.):* belämmern; *(bildungsspr. veraltend):* molestieren. **b)** anstrengen, aufreiben, ermatten, ermüden, mitnehmen, strapazieren, zusetzen; *(ugs.):* bohren, Nerven kosten, piesacken, stressen.

nervös
angespannt, aufgewühlt, erhitzt, erregt, fahrig, fieberhaft, fiebrig, gereizt, hektisch, Herzklopfen habend, kopflos, Lampenfieber habend, nervenschwach, rastlos, reizbar, reizempfindlich, ruhelos, unruhig; *(geh.):* unstet; *(ugs.):* kribbelig, rappelig, zappelig.

Nervosität
[Ab]gehetztsein, Anspannung, Erregung, Lampenfieber, Reizbarkeit, Ruhelosigkeit, Unruhe.

nett
a) angenehm, charming, einnehmend, freundlich, gewinnend, lieb, liebenswert, liebenswürdig, sympathisch; *(österr.):* fesch; *(ugs.):* fein, in Ordnung. **b)** allerliebst, ansprechend, bezaubernd, entzückend, gefällig, hübsch, reizend, reizvoll, zauberhaft; *(ugs.):* goldig, zum Anbeißen, zum Fressen; *(emotional verstärkend):* bildschön, wunderhübsch. **c)** angenehm, behaglich, gemütlich, wohlig.

Netz
1. a) Flechtwerk, Geflecht, Maschenwerk; *(nordd.):* Flake. **b)** Internet.
2. Geflecht, Netzwerk, Verflechtung.

neu ↗
1. fabrikneu, neuwertig, noch nicht gebraucht/benutzt/verwendet, ungebraucht, ungetragen; *(geh.):* jungfräulich; *(ugs.):* frisch, frischgebacken, [funkel]nagelneu, nigelnagelneu; *(emotional verstärkend):* brandneu, nagelneu; *(bes. nordd.):* unbenutzt; *(bes. südd.):* unbenützt.
2. anders [als bisher/früher], andersartig, erstmalig, erst seit Kurzem, fremd, jung, neuartig, noch nicht da gewesen, noch nie gesehen/gehört, unbekannt, ungewohnt, verschieden[artig], vor kurzer Zeit entstanden/begründet.
3. eben erst vergangen, frisch, jünger, noch nicht lange zurückliegend.
4. abermalig, abermals, aufs Neue, ein weiteres Mal, erneut, noch einmal, nochmals, von Neuem, von vorn, wiederum.

neuerdings
1. im Unterschied zu früher, in letzter Zeit, neuestens, nun, seit Kurzem, seit kurzer Zeit, seit Neuestem.
2. ↑neu (4).

Neugier
Neugierde, Wissbegier[de], Wissensdrang, Wissensdurst; *(veraltend):* Vorwitz.

Neugier

Neugier/Interesse wecken
anregen, ansprechen, faszinieren, fesseln, in seinen Bann schlagen/ziehen, reizen.

neugierig
voller Neugier, von Neugier erfüllt, vorwitzig, wissbegierig, wissensdurstig; *(schweiz.):* gewundrig; *(bildungsspr.):* faustisch, inquisitiv.

Neuheit
Dernier Cri, Neuerscheinung, Novität; *(bildungsspr.):* Novum; *(ugs.):* der letzte Schrei; *(veraltend):* Nouveauté; *(Fachspr.):* Neuigkeit.

Neuigkeit
das Neueste, neue Nachricht, Neues; *(Jargon):* News.

neulich
dieser Tage, jüngst, kürzlich, letztens, letzthin, noch nicht lange her, unlängst, vor Kurzem, vor kurzer Zeit, vor nicht langer Zeit.

Neuling
Anfänger, Anfängerin, Debütant, Debütantin,

Greenhorn, Newcomer, Novize, Novizin, Unerfahrener, Unerfahrene; *(ugs.):* ein unbeschriebenes Blatt, heuriger Hase; *(scherzh.):* Frischling.

neutral

1. nicht festgelegt, parteilos, sachlich, unbefangen, unparteiisch, unvoreingenommen, vorurteilsfrei, vorurteilslos; *(bildungsspr.):* objektiv.
2. *(Sprachwiss.):* sächlich.

neutralisieren

aufheben, ausbalancieren, ausgleichen, ausschalten, ausschließen, das Gleichgewicht herstellen, ein Gegengewicht bilden, unterbinden, unwirksam machen; *(bildungsspr.):* nivellieren; *(bildungsspr., Fachspr.):* kompensieren.

nichtig

1. a) gering einzuschätzend, nichtssagend, ohne Gewicht, ohne Wert; *(bildungsspr.):* ohne Substanz, substanzlos, trivial. **b)** bedeutungslos, belanglos, nebensächlich, nicht der Rede wert, nicht erwähnenswert, ohne Belang, unbedeutend, unerheblich, unwesentlich, unwichtig; *(geh.):* wesenlos; *(bildungsspr.):* irrelevant.
2. außer Kraft, gegenstandslos, hinfällig, ungültig, unwirksam, verfallen, wertlos.

nichts

kein bisschen, keinen/nicht einen Deut, kein Fünkchen, nicht das Geringste/Mindeste; *(ugs.):* keine Spur, kein Stück, nicht die Bohne/Spur, nix; *(bes. Jugendspr.):* null.

nichtssagend

a) ausdrucksleer, ausdruckslos, blass, fade, farblos, langweilig, ohne Ausdruck. **b)** abgestanden, bedeutungslos, belanglos, gehaltlos, geistlos, inhaltslos, oberflächlich, ohne Gehalt/Inhalt, ohne Tiefgang, unbedeutend; *(bildungsspr.):* banal, ohne Substanz, substanzlos, trivial; *(abwertend):* hohl, leer, phrasenhaft, platt, seicht.

nicken

1. a) grüßen, zunicken. **b)** bejahen, zustimmen.
2. dämmern, schlafen; *(ugs.):* dösen, duseln.

nie ↗

a) zu keiner Zeit; *(ugs.):* mein Lebtag nicht; *(nachdrücklich):* niemals; *(veraltend):* nimmer. **b)** absolut nicht, durchaus nicht, ganz bestimmt nicht, ganz und gar nicht, kein einziges Mal, überhaupt nicht, um keinen Preis; *(ugs.):* kein Gedanke [daran], nicht um alles in der Welt; *(verstärkend):* beileibe nicht. **c)** auf keinen Fall, ausgeschlossen, daran ist nicht zu denken, undenkbar, unter keinen Umständen.

Niedergang

Abstieg, Fall, Untergang, Verfall, Zerfall, Zerrüttung, Zusammenbruch.

niedergeschlagen

bedrückt, bekümmert, betrübt, depressiv, depriMiert, entmutigt, gedrückt, mutlos, niedergedrückt, niedergeschmettert, ratlos, schwermütig, traurig, trübe, trübselig, trübsinnig, unglücklich, zum Heulen zumute; *(schweiz.):* mauserig; *(geh.):* verzagt, wehmutsvoll; *(bildungsspr.):* resigniert; *(ugs.):* depri, down, geknickt, wie ein Häufchen Elend/Unglück.

Niederlage

Desaster, Fehlschlag, Fiasko, GAU, Katastrophe, Misserfolg, Misslingen, Schiffbruch, Schlag ins Wasser, Schlappe; *(bildungsspr.):* Armageddon, Debakel, Kannä, Waterloo; *(ugs.):* Flop, kalte Dusche, Reinfall; *(salopp):* Einbruch, Pleite; *(ugs. emotional verstärkend):* Super-GAU, Topflop; *(Sport):* Abfuhr, Ausrutscher.

niederlassen, sich

1. sich hinsetzen, sich [nieder]setzen, seinen Sitz einnehmen; *(geh.):* Platz nehmen; *(ugs.):* sich hinhocken; *(südd.):* sich hocken; *(südd., österr., schweiz.):* niedersitzen.
2. ansässig werden, sich ansiedeln, sich etablieren, heimisch/sesshaft werden, siedeln; *(meist scherzh.):* die/seine Zelte aufschlagen.

Niederlassung

1. Ansiedlung, Kolonie, Ort.
2. Außenstelle, Filiale, Kommandite, Kontor, Nebenstelle, Standbein, Vertretung, Zweigbetrieb, Zweiggeschäft, Zweigniederlassung, Zweigstelle, Zweigverein, Zweigwerk; *(österr.):* Expositur; *(schweiz.):* Ablage; *(bildungsspr.):* Dependance.

niederlegen

1. abbrechen, abgehen von, sich abwenden, aufgeben, aufhören mit, beenden, beendigen, ein Ende machen/setzen, einstellen, nicht weiter ausüben, nicht weitermachen, nicht zu Ende führen, Schluss machen, verzichten; *(geh.):* Abstand nehmen, die Segel streichen; *(ugs.):* an den Nagel hängen, hinwerfen, stecken.
2. aufschreiben, aufsetzen, aufzeichnen, niederschreiben, notieren, protokollieren, [schriftlich] festhalten/formulieren; *(bildungsspr.):* fixieren.

Niederschlag

1. Nässe, Regen[schauer]; *(bes. Fachspr.):* Niederschlagswasser.
2. Ablagerung, [Boden]satz, Rückstand.

niederschlagen

1. einen Schlag/Schläge versetzen, [k. o.] schlagen, niederschmettern, verprügeln, zu Boden schlagen, zusammenschlagen; *(geh.):* niederstrecken, zu Boden strecken; *(ugs.):* eine/eins verpassen, eine/eins versetzen.

2. abwehren, beenden, im Keim ersticken, unterbinden, unterdrücken, vereiteln, verhindern, zum Scheitern bringen, zunichtemachen; *(geh.):* ein Ende bereiten/machen/setzen.
3. aufheben, aussetzen, einstellen, nicht fortfahren, nicht fortsetzen.

niederschlagen, sich
1. sich ablagern, sich absetzen, sich ansammeln, sich [fest]setzen.
2. sich auswirken, erkennbar/sichtbar werden, prägen, sich widerspiegeln; *(bildungsspr.):* sich manifestieren.

Niederschrift
Abfassung, Anfertigung, Aufzeichnung, Formulierung, Manuskript, Protokoll, Vermerk.

Niedertracht
Bösartigkeit, Boshaftigkeit, Bosheit, Garstigkeit, Gemeinheit, Heimtücke, Hinterhältigkeit, Niederträchtigkeit, Ruchlosigkeit, Tücke; *(geh.):* Verwerflichkeit; *(bildungsspr.):* Diabolie, Diabolik, Intriganz, Perfidie, Perfidität; *(abwertend):* Gehässigkeit, Infamie, Teufelei.

niederträchtig
bösartig, böse, boshaft, gemein, hässlich, heimtückisch, hinterhältig, hinterlistig, schändlich, schimpflich, schmählich, teuflisch; *(geh.):* frevelhaft, ruchlos, verachtenswert, verwerflich; *(bildungsspr.):* luziferisch, perfide, perniziös; *(ugs.):* fies, hintenrum, link; *(abwertend):* gehässig, infam, schäbig, schurkisch; *(geh. abwertend):* nichtswürdig, schnöde.

niedlich
allerliebst, anmutig, apart, bezaubernd, charmant, drollig, entzückend, herzig, hinreißend, hübsch, lieb, liebenswert, lieblich, nett, possierlich, reizend, reizvoll, rührend, zauberhaft; *(ugs.):* goldig, puppig, putzig, zum Anbeißen, zum Fressen; *(emotional):* süß.

niedrig
1. flach, klein, seicht, untief, von geringer Höhe.
2. einfach, nieder, [sozial] niedrig gestellt/stehend, von niederer Herkunft; *(geh.):* gering.
3. boshaft, gemein, nieder, schändlich; *(geh.):* frevelhaft, verachtenswert, verwerflich.

niemals
auf [gar] keinen Fall, ausgeschlossen, beileibe/bei Weitem/bestimmt nicht, Gott behüte/bewahre, keinen Augenblick, keinesfalls, nicht im Entferntesten, nicht im Geringsten, nie [und nimmer], um keinen Preis, unter keinen Umständen, zu keiner Zeit; *(ugs.):* mein Lebtag nicht, nie im Leben, zu keiner Sekunde.

niemand
keine, keine Einzige, keine einzige Person, kein Einziger, keine [Menschen]seele, keiner, kein Mensch; *(geh.):* keine Macht der Erde/Welt, nicht eine, nicht eine Einzige, nicht ein Einziger, nicht einer; *(ugs.):* kein Aas; *(salopp):* kein Schwein; *(veraltend):* keine lebendige Seele.

Niete
Versager, Versagerin; *(ugs.):* Flasche; *(salopp):* Loser, Loserin.

nirgends
an keinem Ort/Platz, an keiner Stelle, auf keinem Fleck der Erde, nirgendwo.

Niveau
1. Grad, Höhe, Rang, Stand, Stufe; *(bildungsspr.):* Level.
2. Anspruch, Charakter, Format, Horizont, Klasse, Qualität; *(bildungsspr.):* Level, Profil.

nobel
1. aufopferungsvoll, großmütig, selbstlos, uneigennützig, verständnisvoll, von edler/vornehmer Gesinnung, vornehm; *(schweiz.):* large; *(geh.):* edel[mütig], großherzig, hochherzig; *(bildungsspr.):* altruistisch, generös.
2. aufwendig, edel, elegant, exklusiv, exquisit, fein, festlich, feudal, fürstlich, geschmackvoll, glanzvoll, königlich, luxuriös, mondän, pompös, prächtig, prachtvoll, prunkvoll, stilvoll, üppig, verschwenderisch, vornehm; *(bildungsspr.):* exzellent, opulent, superb; *(ugs.):* piekfein.
3. freigebig, freizügig, gebefreudig, gern gebend/schenkend, großzügig, in Geberlaune, in Spendierlaune; *(ugs.):* spendabel.

nochmals
abermalig, abermals, aufs Neue, ein weiteres Mal, erneut, neuerlich, noch einmal, von Neuem, wiederholt, wieder[um], zum zweiten Mal; *(ugs.):* noch mal, zum x-ten Mal.

Nomen
Hauptwort; *(Sprachwiss.):* Namenwort, Substantiv, Substantivum.

Nominativ
erster Fall; *(Sprachwiss.):* Nennfall, Werfall.

nominieren
aufstellen, benennen, berufen, bestimmen, empfehlen, nennen, vorschlagen, vorsehen; *(schweiz.):* portieren; *(geh.):* ausersehen, auserwählen; *(bildungsspr.):* designieren.

nonstop
andauernd, anhaltend, beharrlich, beständig, fortgesetzt, fortwährend, immer[während], in einem fort, konstant, laufend, ohne Pause/Unterbrechung, pausenlos, permanent, ständig, stetig; tagaus, tagein; Tag und Nacht, unaufhörlich, unausgesetzt, unentwegt, ununterbrochen; *(geh.):* stet; *(bildungsspr., Fachspr.):* kontinuier-

lich; *(ugs.):* am laufenden Band, ewig, immerzu, in einem Stück, in einer Tour, ohne Punkt und Komma; *(emotional):* dauernd, ohne Unterlass, unablässig.

nörgeln
beanstanden, sich beklagen, bemängeln, sich beschweren, etwas auszusetzen haben, knurren, Kritik üben, kritisieren, monieren, murren; *(ugs.):* bemäkeln, herumkritisieren, herummäkeln, herummeckern, herumnörgeln, kein gutes Haar lassen, mosern, motzen, quengeln; *(salopp):* herummaulen, herummotzen; *(abwertend):* [be]kritteln, mäkeln.

Norm
1. Gesetz, [Grund]prinzip, Grundsatz, Leitfaden, Leitsatz, Maßstab, Ordnung, Regel, Richtlinie, Richtschnur, Standard; *(bildungsspr.):* Direktive, Kanon, Maxime.
2. Durchschnitt, mittleres Maß, Regel; *(ugs.):* Schnitt; *(oft abwertend):* Mittelmaß.
3. a) Arbeitsnorm, Leistungsnorm. **b)** Mindestleistung, Vorgabe.

normal ≁
[allgemein] gebräuchlich/üblich, alltäglich, an der Tagesordnung, bewährt, durchschnittlich, eingebürgert, eingefahren, eingeführt, gangbar, gängig, gang und gäbe, gewöhnlich, herkömmlich, landläufig, ordinär, regulär, traditionell, üblich, usuell, vertraut, [weit]verbreitet.

normalerweise
[für] gewöhnlich, im Allgemeinen, in der/in aller Regel, üblicherweise.

normalisieren, sich
sich beruhigen, sich einpendeln, sich entschärfen, sich entspannen, sich geben, sich legen, ruhig werden, sich stabilisieren.

normen ↑normieren.

normieren
bestimmen, eichen, festlegen, festsetzen, regeln, standardisieren, vereinheitlichen; *(bildungsspr.):* kanonisieren; *(bildungsspr., oft abwertend):* reglementieren; *(bildungsspr., Fachspr.):* typisieren; *(Fachspr.):* normen.

Not
1. Dilemma, Kalamität, missliche Lage/Situation, Misslichkeit, Notfall, Notlage, Notsituation, Notstand, schwierige Lage/Situation, Schwierigkeit, Zwangslage; *(bildungsspr.):* Malaise, Misere; *(ugs.):* Bredouille, Klemme, Patsche, Schlamassel, Tinte, Zwickmühle.
2. Ärmlichkeit, Armseligkeit, Armut, Bedürftigkeit, Elend, Entbehrung, Knappheit, Mangel, Mittellosigkeit, Unvermögendheit.
3. Ausweglosigkeit, Hilflosigkeit, Hoffnungslosigkeit, Ratlosigkeit, Sackgasse; *(geh.):* Bedrängnis.

notdürftig
behelfsmäßig, kaum ausreichend, kümmerlich, mangelhaft, provisorisch, schlecht und recht, spärlich, ungenügend, unzureichend, vorläufig; *(geh.):* unzulänglich; *(abwertend):* dürftig.

Note
1. Benotung, Bewertung, Prädikat, Zensur.
2. Anstrich, Charakter, Eigenart, Eigenheit, Eigenschaft, Eigentümlichkeit, Merkmal, Prägung, Wesensart, Wesenszug; *(geh.):* Gepräge; *(bildungsspr.):* Charakteristikum.

Notfall
Dilemma, Kalamität, missliche Lage/Situation, Misslichkeit, Not, Notlage, Notsituation, Notstand, schwierige Lage/Situation, Schwierigkeit, Zwangslage; *(bildungsspr.):* Malaise, Misere; *(ugs.):* Bredouille, Klemme, Patsche, Schlamassel, Schwulitäten, Tinte, Zwickmühle.

notfalls
falls erforderlich, falls nötig, im Notfall, nötigenfalls, wenn es keine andere Möglichkeit gibt, wenn es nicht anders geht, zur Not.

notgedrungen
gezwungenermaßen, in Ermangelung eines Besseren, notwendigerweise, schweren Herzens, unfreiwillig, unter Druck, wohl oder übel, zwangsläufig, zwangsweise; *(geh.):* der Not gehorchend; *(bildungsspr.):* nolens volens.

notieren
auflisten, aufschreiben, eine Notiz machen, eintragen, festhalten, vermerken, verzeichnen.

nötig
erforderlich, geboten, notwendig, unausweichlich, unentbehrlich, unerlässlich, unumgänglich, unvermeidlich, unverzichtbar, vonnöten, wesentlich, wichtig, zwingend; *(bildungsspr.):* desiderat, obligatorisch.

nötigen
bedrängen, drängen, zu etw. veranlassen, zusetzen; *(ugs.):* keine Ruhe geben.

Notiz
1. Anmerkung, Aufzeichnung, Bemerkung, Eintrag, Vermerk; *(bildungsspr.):* Note.
2. Information, Meldung, Nachricht, Presseinformation, Pressemeldung, Pressenotiz, Zeitungsmeldung, Zeitungsnotiz.

notorisch
aus Gewohnheit, gewohnheitsmäßig, regelmäßig, ständig.

notwendig
1. a) ↑nötig. **b)** auf alle Fälle, auf jeden Fall; koste es, was es wolle; mit [aller] Gewalt, um jeden

Preis, unbedingt, unter allen Umständen, wie auch immer; *(ugs.)*: partout.
2. automatisch, in der Natur einer Sache liegend, unwillkürlich, zwangsläufig.

Nuance
1. Abschattierung, Abschattung, Abstufung, Abtönung, feiner Übergang/Unterschied, Feinheit, Schattierung, Tönung.
2. Anflug, ein bisschen, ein wenig, Idee, Prise, Schatten, Schimmer, Schuss, Spur, Stich; *(geh.)*: Hauch; *(ugs.)*: Kleinigkeit, Tick, Touch, Winzigkeit; *(veraltend)*: Quäntchen.
3. Einzelheit, Feinheit; *(bildungsspr.)*: Detail, Finesse, Subtilität.

nüchtern
1. nicht betrunken.
2. ohne Essen, ohne Frühstück.
3. eiskalt, fantasielos, kalt, klar [blickend], leidenschaftslos, ohne Fantasie, ohne Gefühl, ohne Leidenschaft, poesielos, realistisch, sachlich, trocken, unpersönlich, unromantisch, verstandesmäßig; *(bildungsspr.)*: prosaisch, rational; *(emotional)*: strohtrocken; *(bildungsspr., Fachspr.)*: emotionslos, ohne Emotion.

Nummer
1. a) Chiffre, Zahl, Ziffer. **b)** Ausgabe, Folge.
2. Aufführung, Darbietung, Szene, Vorstellung.

nur
1. ausschließlich, einzig [und allein], lediglich, nicht mehr als, nichts [anderes] als, niemand als, weiter nichts als; *(geh.)*: allein; *(ugs.)*: bloß.
2. aber, allerdings, doch, jedoch, wohl aber.

nutzbar
brauchbar, verwendbar, verwertbar, zu gebrauchen, zu verwenden.

nutzen
a) ausbeuten, ausnutzen, benutzen, einsetzen, nutzbar machen, Nutzen ziehen, verwenden, verwerten, zum Einsatz bringen. **b)** anwenden, gebrauchen, Gebrauch machen, Nutzen ziehen, verwenden, wahrnehmen, sich zunutze machen.

BSP Heute wird ein vereinfachtes Verfahren / eine neue Technik angewandt/angewendet. Das alte Rad kann ich noch gut gebrauchen.

Nutzen
Ausbeute, Erlös, Ertrag, Frucht, Gewinn, Vorteil; *(oft abwertend)*: Profit.

nützlich
brauchbar, förderlich, fruchtbar, fruchtbringend, geeignet, Gold wert, gut, gute Dienste leistend, nutzbringend, nütze, Nutzen bringend, praktikabel, praktisch, segensreich, sinnvoll, tauglich, von Nutzen/Wert, vorteilhaft, wertvoll, wirksam, zu gebrauchen, zuträglich, zweckmäßig, zweckvoll; *(geh.)*: ersprießlich, gedeihlich, hilfreich; *(bildungsspr.)*: konstruktiv.

nutzlos
aussichtslos, erfolglos, ergebnislos, fruchtlos, keinen Erfolg/Gewinn/Nutzen bringend, keinen Sinn habend, keinen Vorteil bringend, ohne Erfolg/Nutzen, ohne positives Ergebnis, ohne Sinn und Zweck, sinnlos, überflüssig, umsonst, unfruchtbar, unnütz, vergebens, vergeblich, verlorene Liebesmüh, wertlos, wirkungslos, zu nichts nütze, zwecklos; *(geh.)*: unersprießlich; *(salopp)*: für die Katz.

O

obdachlos
ohne Bleibe/Unterkunft/Wohnung, wohnungslos; *(österr.)*: unterstandslos; *(ugs.)*: ohne ein Dach über dem Kopf.

Obduktion
Leichenöffnung, Leichenschau.

oben
a) an der Spitze, auf dem Gipfel, in der Höhe; *(geh., auch südd. u. österr.)*: droben. **b)** am oberen Ende, an der Oberseite.

oben

von oben bis unten
ganz [und gar], völlig, vollkommen, vollständig, vom Scheitel bis zur Sohle, von Kopf bis Fuß, zur Gänze; *(ugs.)*: durch und durch, hundertprozentig, rein, total, von A bis Z, von vorn bis hinten; *(emotional)*: restlos; *(nachdrücklich)*: gänzlich.

von oben herab
anmaßend, elitär, herablassend, hochmütig, von sich überzeugt; *(geh.)*: siegesgewiss, vermessen; *(bildungsspr.)*: hybrid, insolent; *(ugs.)*: angeberisch, protzig; *(abwertend)*: arrogant, blasiert, eingebildet, gönnerhaft, großspurig, großtuerisch, selbstgefällig, selbstherrlich, snobistisch, überheblich; *(geh. abwertend)*: dünkelhaft, hoffärtig.

oberflächlich
1. äußerlich.
2. a) fehlerhaft, flüchtig, mangelhaft, nachlässig, nicht gründlich; *(oft abwertend)*: lax; *(veraltend)*: lässig. **b)** gehaltlos, geistlos, inhaltsleer,

A B C D E F G H I J K L M N O obe P Q R S T U V W X Y Z

inhaltslos, nichtssagend, ohne Substanz/Tiefe/Tiefgang; *(bildungsspr.):* banal, substanzlos, trivial; *(abwertend):* flach, hohl, platt, seicht.

Oberhaupt
Chef, Chefin, Direktor, Direktorin, Kopf, Leiter, Leiterin, Vorsitzender, Vorsitzende, Vorsteher, Vorsteherin; *(bildungsspr.):* Spiritus Rector; *(ugs.):* Boss, King, Queen; *(oft abwertend):* Anführer, Anführerin; *(Sport):* Kapitän, Kapitänin.

Oberschicht
die oberen Zehntausend, die Reichen, [gute] Gesellschaft, High Society, Jetset, Upperclass; *(bildungsspr.):* Upper Ten.

Obhut
Aufsicht, Betreuung, Fürsorge, Fürsorglichkeit, Geborgenheit, Schutz, Sicherheit, Sorge.

Objekt
1. a) Artikel, Ding, Erzeugnis, Etwas, Gegenstand, Körper, Produkt, Sache; *(ugs.):* Teil.
b) Stoff, Thema, Thematik; *(bildungsspr.):* Sujet.
2. Grundstück, Haus.

objektiv
frei von Vorurteilen, nüchtern, parteilos, sachlich, unbeeinflusst, unparteiisch, unvoreingenommen, vorurteilsfrei, wertfrei, wertneutral.

GGS befangen, subjektiv, verzerrt.

O
obe

obligatorisch
angeordnet, bindend, endgültig, fest[stehend], nicht fakultativ, unabänderlich, unumstößlich, unwiderruflich, verbindlich, verpflichtend, vorgeschrieben; *(bildungsspr.):* definitiv.

observieren
ausspionieren, belauern, belauschen, beobachten, beschatten, bespitzeln, im Auge behalten, im Fadenkreuz haben, nachspionieren, nicht aus den Augen lassen, überwachen, verfolgen; *(geh.):* nachspüren; *(ugs.):* nachschnüffeln.

Obst
Früchte.

obszön
anrüchig, anstößig, anzüglich, doppeldeutig, frivol, nicht salonfähig, pikant, schamlos, unanständig, zweideutig; *(ugs.):* dreckig; *(abwertend):* schlüpfrig; *(geh. abwertend):* unflätig; *(bildungsspr. abwertend):* vulgär.

obwohl
auch wenn, obgleich; ungeachtet der Tatsache, dass ...; wenn auch, wenngleich, wennschon; *(geh.):* obschon, obzwar, wiewohl; *(ugs.):* trotzdem; *(veraltend):* ungeachtet.

öde
1. abgelegen, ausgestorben, einsam, entvölkert, menschenleer, unbelebt, verlassen, verwaist; *(geh.):* abgeschieden, abseitig; *(ugs.):* gottverlassen, weit[ab] vom Schuss; *(scherzh.):* am Ende der Welt; *(südd., österr.):* einschichtig.
2. brach[liegend], kahl, unbebaut, unbestellt, unfruchtbar, verwildert.
3. alltäglich, bieder, einfallslos, einförmig, eintönig, fantasielos, geistlos, inhaltslos, langweilig, monoton, ohne [jeden] Reiz, reizlos, trocken, trostlos; *(bildungsspr.):* ennuyant, substanzlos, trist, trivial; *(abwertend):* banal, fade.

oder
1. alias, auch/außerdem ... genannt, mit anderem Namen, sonst ... genannt.
2. andernfalls, besser gesagt, beziehungsweise, das heißt, entweder ... oder, genauer gesagt, im anderen Fall, mit anderen Worten, [oder] vielmehr, sonst; *(bildungsspr.):* respektive.

offen
1. a) geöffnet, offen stehend. **b)** aufgeschlossen, nicht verschlossen, unverschlossen; *(ugs.):* auf. **c)** nicht bedeckt, unbedeckt.
2. a) befahrbar, begehbar, freigegeben, frei [zugänglich]; *(ugs.):* auf. **b)** aufgeschlossen, aufnahmebereit, empfänglich, entspannt, gelöst, interessiert, kontaktfreudig, leicht zugänglich; *(bildungsspr.):* flexibel, tolerant.
3. a) ergebnisoffen, fraglich, nicht festgelegt, umstritten, unbestimmt, unbewältigt, unentschieden, ungeklärt, ungelöst, ungewiss, zweifelhaft. **b)** frei, unbesetzt; *(bildungsspr.):* vakant.
4. a) aufrichtig, ehrlich, frank und frei, freiheraus, freimütig, klar [und deutlich], offenherzig, ohne Umschweife, rückhaltlos, rundheraus, ungehemmt, ungeschminkt, unmissverständlich, unumwunden, unverblümt; *(ugs.):* geradeheraus. **b)** nicht geheim, öffentlich.

offenbar ↑offensichtlich (2).

offenbaren
anvertrauen, aussprechen, beichten, bekannt machen, bekennen, eingestehen, einräumen, eröffnen, gestehen, mitteilen, offenkundig machen, [offen] zeigen, präsentieren, zu erkennen geben, zugeben, zum Ausdruck bringen; *(geh.):* aufschließen, bekunden, enthüllen; *(bildungsspr.):* dokumentieren, manifestieren.

offenbaren, sich
[deutlich] erkennbar werden, sich enthüllen, sich [er]öffnen, offenbar/offenkundig werden, sichtbar werden, sich zeigen, sich zu erkennen geben; *(geh.):* sich auftun; *(bildungsspr.):* sich dokumentieren, sich manifestieren.

Offenheit
1. Aufrichtigkeit, Deutlichkeit, Ehrlichkeit, Freimut, Freimütigkeit, Geradheit, Geradlinigkeit, Offenherzigkeit; *(geh.):* Lauterkeit.
2. Aufgeschlossenheit, Aufnahmebereitschaft, Empfänglichkeit, Unvoreingenommenheit, Zugänglichkeit; *(bildungsspr.):* Xenophilie.

offenherzig
aufrichtig, ehrlich, frank und frei, freiheraus, freimütig, klar [und deutlich], offen, ohne Umschweife, rückhaltlos, rundheraus, ungehemmt, ungeschminkt, unmissverständlich, unumwunden, unverblümt; *(ugs.):* frei/frisch von der Leber weg, geradeheraus.

offenkundig ↑offensichtlich (1).

offenlassen
dahingestellt sein lassen, im Unklaren lassen, sich nicht festlegen, [sich] noch nicht entscheiden, sich offenhalten, unentschieden/ungeklärt lassen, sich vorbehalten; *(ugs.):* herumeiern.

offensichtlich
1. augenfällig, augenscheinlich, deutlich [erkennbar], eklatant, ersichtlich, greifbar, handfest, handgreiflich, ins Auge fallend/springend, [klar] ersichtlich, mit Händen zu greifen, nicht zu übersehen, offenbar, offenkundig, sichtbar, sichtlich, unübersehbar, unverkennbar; *(bildungsspr.):* evident, flagrant, manifest.
2. allem/dem Anschein nach, allem/dem Vernehmen nach, angeblich, möglicherweise, offenbar, vermutlich, wahrscheinlich, wie behauptet wird, wie es aussieht/scheint, wie man hört/sagt, wohl; *(geh.):* augenscheinlich, dem Augenschein nach, mutmaßlich.

Offensive
Angriff, Ansturm, Attacke, Sturm, Überfall, Übergriff, Vorstoß.

offenstehen
1. benutzbar sein, freigegeben/übergeben sein, zugänglich sein, zur Verfügung stehen.
2. frei/unbesetzt sein, [wieder] zu besetzen sein; *(bildungsspr.):* vakant sein.

offen stehen
geöffnet/offen sein, unverschlossen sein; *(ugs.):* auf sein, aufstehen.

öffentlich
1. in/vor aller Öffentlichkeit, nicht geheim, vor allen Leuten, vor aller Augen/Welt; *(bildungsspr.):* coram publico, publik.
2. für alle benutzbar/zugänglich.
3. a) allgemein. **b)** gemeindlich, kommunal, staatlich, städtisch.

Öffentlichkeit
Allgemeinheit, Bevölkerung, Bürgerinnen und Bürger, Gesamtheit, Gesellschaft, Leute, Menschen, Volk; *(oft abwertend):* die [breite] Masse.

offerieren
bereitstellen, bieten, präsentieren, reichen, zur Verfügung stellen; *(geh.):* aufwarten, darbieten, darreichen, kredenzen; *(veraltend):* traktieren.

offiziell
1. a) amtlich, amtshalber, behördlich[erseits], dienstlich, formell, geschäftlich, öffentlich, regulär, von Amts wegen.

GGS außerdienstlich, inoffiziell, privat, unter vier Augen.

b) [allgemein]gültig, beglaubigt, bestätigt, verbindlich, verbürgt.
2. dienstlich, formell, förmlich, unpersönlich.

öffnen
a) anbrechen, anstechen, aufbinden, aufbrechen, aufdrehen, aufdrücken, aufklappen, aufknacken, aufknöpfen, aufknoten, aufkratzen, aufkurbeln, aufmeißeln, aufnesteln, aufreißen, aufritzen, aufrollen, aufschieben, aufschlagen, aufschlitzen, aufschneiden, aufschrauben, aufschweißen, aufsprengen, aufstemmen, aufstoßen, auftreten, aufziehen, auspacken, auswickeln, einrennen; *(geh.):* aufwehen; *(ugs.):* aufbringen, aufmachen, aufsperren, aufstöpseln. **b)** aufreißen, aufriegeln, aufschieben, aufschließen, entriegeln; *(ugs.):* aufdrücken, aufmachen.

öffnen, sich
a) sich auseinanderfalten, sich entfalten; *(geh.):* sich aufblättern. **b)** aufgeschlossen/empfänglich sein, offen/zugänglich sein. **c)** sich anvertrauen, sich aussprechen, sich mitteilen, sein Herz ausschütten; *(geh.):* sich offenbaren.

oft
dauernd, des Öfteren, fortgesetzt, gehäuft, häufig, immer wieder, in vielen Fällen, laufend, mehrere Male, mehrmalig, mehrmals, nicht selten, öfter, oftmals, ständig, ungezählte/unzählige/viele Male, vielmals, wiederholt; *(geh.):* tausendfältig; *(ugs.):* alle naselang, am laufenden Band, hundertmal, mehrfach, regelmäßig, tausendmal, vielfach, x-mal, zigmal; *(emotional):* dutzendfach; *(veraltend):* etliche Male.

öfter
ab und zu, dann und wann, gelegentlich, mehrmals, mitunter, verschiedentlich, von Zeit zu Zeit, wiederholt; *(geh.):* bisweilen.

ohne
1. frei von; *(geh.):* bar.
2. abgerechnet, abgesehen von, ausgenommen, ausschließlich, außer, mit Ausnahme, nicht inbegriffen, nicht mitberücksichtigt/mitgerechnet/mitgezählt; *(geh.):* nicht einbegriffen.

ohnehin
auch ohne das, auch so, ohnedies, so oder so, sowieso, unabhängig davon.

Ohnmacht
1. Besinnungslosigkeit, Bewusstlosigkeit.
2. Einflusslosigkeit, Handlungsunfähigkeit, Machtlosigkeit, Schwäche, Unfähigkeit, Unmöglichkeit, Unvermögen.

ohnmächtig
1. besinnungslos, bewusstlos, ohne Besinnung/Bewusstsein; *(ugs.):* umgekippt, weggetreten.
2. einflusslos, handlungsunfähig, machtlos, schwach, unfähig; *(bildungsspr.):* paralysiert.

Ohr
[Ge]hörorgan; *(salopp):* Lauscher, Löffel.

ohrfeigen
eine Ohrfeige geben; *(ugs.):* eine langen/knallen, eine löffeln/wischen; *(salopp):* eine/ein paar scheuern/schmieren, eine kleben/pfeffern.

okay
1. abgemacht, einverstanden, o. k.; *(ugs.):* alles paletti, gebongt/gemacht, in Ordnung.
2. einwandfrei, gut, in Ordnung, korrekt, ordnungsgemäß, richtig, vorschriftsgemäß, vorschriftsmäßig, wie es sich gehört.

Okay
Anerkennung, Bejahung, Bewilligung, Billigung, Einverständnis, Einwilligung, Erlaubnis, Genehmigung, Zustimmung; *(bildungsspr.):* Plazet, Sanktion, Sanktionierung; *(ugs.):* Absegnung, Segen; *(veraltend):* Konsens.

okkupieren
besetzen, einmarschieren, einnehmen, erobern, in Besitz nehmen; *(geh.):* sich bemächtigen.

ökologisch
alternativ, grün, naturbewusst, umweltbewusst, umweltfreundlich, umweltschonend, umweltverträglich.

ökonomisch
haushälterisch, rationell, sparsam, wirtschaftlich; *(bildungsspr., Fachspr.):* effizient.

ölen
a) [ab]schmieren, fetten. **b)** eincremen, einfetten, einölen, einreiben, einschmieren.

Olympiade
die [Olympischen] Spiele; *(geh.):* Olympia.

Oma
1. Großmutter; *(fam.):* Großmama, Ömchen, Omi, Omili.
2. Alte, alte Dame/Frau, Greisin, Mütterchen, Rentnerin, Seniorin, Weiblein; *(ugs.):* Großmutter; *(verhüll.):* ältere Dame/Frau.

ominös
anrüchig, bedenklich, berüchtigt, finster, fragwürdig, undurchsichtig, verdächtig, zweifelhaft, zwielichtig; *(geh.):* dubios; *(bildungsspr.):* obskur, suspekt; *(abwertend):* dunkel.

online
im Internet, im Netz, im Web, im WWW; *(EDV):* webbasiert.

Onlinekriminalität
Cyberkriminalität, Internetkriminalität, Pharming, Phishing; *(ugs.):* Datenklau.

Opa
1. Großvater; *(fam.):* Großpapa, Opi, Opili.
2. Alter, alter Herr/Mann, Greis, Rentner, Senior, Väterchen; *(schweiz.):* Ätti; *(ugs.):* Großvater; *(verhüll.):* älterer Herr/Mann.

Operation
a) Militäraktion, Militäreinsatz, Offensive.
b) Aktion, Coup, Handlung, Schritt, Unterfangen, Unternehmen, Unternehmung, Vorhaben.

operieren
1. eine Operation durchführen/vornehmen; *(ugs.):* unters Messer nehmen.
2. handeln, tätig sein, verfahren, vorgehen, wirken; *(geh.):* zu Werke gehen; *(bildungsspr.):* agieren.

Opfer
1. a) Opferung. **b)** Opfergabe.
2. Einsatz, Hingabe, Preisgabe, Verzicht; *(geh.):* Aufopferung, Darangabe.
3. Geschädigter, Geschädigte, Leidtragender, Leidtragende, Toter, Tote; *(geh.):* Beute.

opfern
1. Opfer bringen; *(geh.):* Opfer darbringen.
2. hergeben, herschenken, hinopfern, zum Opfer bringen; *(geh.):* aufopfern, darangeben, dreingeben, [ein Opfer] darbringen, hingeben, preisgeben; *(dichter.):* dahingeben.

opfern, sich
a) *(geh.):* sich hingeben, sein Leben aufopfern/hingeben. **b)** sich aufopfern, auf sich nehmen, sich bereitfinden, die/seine Knochen hinhalten, sich einlassen; *(geh.):* sein Herzblut hingeben.

opportunistisch
angepasst, chamäleonartig, prinzipienlos, wetterwendisch; *(bildungsspr.):* konformistisch; *(abwertend):* gesinnungslos.

Opposition
1. Ablehnung, Absage, Einspruch, Gegensatz, Gegenteil, Nein, Weigerung, Widerspruch, Widerstand, Zurückweisung; *(bildungsspr.):* Divergenz, Negation.
2. Dissidenz, Fronde, Gegenseite, Gegenströmung, Widerstandsbewegung.

optimal
absolut, bestmöglich, größtmöglich, höchst, ideal, perfekt, unerreicht, unübertroffen, vollendet, vollkommen; *(bildungsspr.):* maximal.

Optimismus
Heiterkeit, Hoffnung, Keepsmiling, Lebensbejahung, Lebensmut, Zuversicht, Zuversichtlichkeit; *(geh.):* Zukunftsglaube.

optimistisch
hoffnungsvoll, lebensbejahend, lebensfroh, positiv, siegessicher, voller Lebensfreude, voller Zuversicht, zukunftsgläubig, zuversichtlich; *(geh.):* frohen/guten Mutes, guter Dinge, hoffnungsfreudig, hoffnungsfroh, siegesgewiss.

Option
1. Alternative, Möglichkeit, Wahl[möglichkeit], Weg.
2. Anrecht, Anspruch, Anwartschaft.

optisch
augenscheinlich; *(bildungsspr.):* visuell.

opulent
aufwendig, fürstlich, großzügig, königlich, pompös, reich, reichhaltig, reichlich, überkomplett, üppig, verschwenderisch; *(ugs.):* fett.

Orakel
Orakelspruch, Prophezeiung, Spruch, Voraussage, Vorhersage, Wahrsagung, Weissagung; *(geh.):* Prophetie; *(bildungsspr.):* Kosmogramm, sibyllinische Worte; *(Fachspr.):* Prognose.

Orden
1. Klostergemeinschaft, Mönchsorden, Nonnenorden, Ordensgemeinschaft, Schwesternorden.
2. Auszeichnung, Ehren[ab]zeichen, Ehrenkreuz, Medaille.

ordentlich
1. a) ansprechend, aufgeräumt, gefällig, geordnet, gepflegt, in Ordnung, sauber; *(schweiz.):* recht; *(ugs.):* appetitlich, manierlich, proper, tipptopp, wie aus dem Ei gepellt/geschält; *(veraltend):* adrett, schmuck. **b)** akkurat, gewissenhaft, gründlich, mit Sorgfalt, sorgfältig; *(geh.):* sorgsam; *(bildungsspr.):* akribisch, minutiös, penibel; *(ugs.):* pingelig; *(abwertend):* pedantisch.
2. anständig, aufrecht, aufrichtig, charakterfest, charakterstark, charaktervoll, ehrenhaft, geradlinig, geradsinnig, grundanständig, grundehrlich, gut, hochanständig, integer, korrekt, redlich, seriös, solide, unbescholten, untadelig; *(schweiz.):* recht, währschaft; *(geh.):* ehrbar, ehrenwert, getreu, getreulich, honett, lauter; *(ugs.):* fein; *(veraltend):* brav, ehrlich, honorig, rechtlich, rechtschaffen, wacker.
3. ordnungsgemäß, regelgemäß, regel[ge]recht, regulär; *(bildungsspr.):* rite.
4. angemessen, entsprechend, gebührend, richtig, wie es sich gehört, zünftig; *(geh.):* angezeigt, geboten, schicklich; *(bildungsspr.):* adäquat.

ordinär
1. a) anrüchig, anstößig, anzüglich, deftig, derb, frivol, gewagt, gewöhnlich, nicht salonfähig, pikant, rustikal, unanständig, unfein, ungehörig; *(bildungsspr.):* obszön; *(ugs.):* dreckig, gepfeffert; *(abwertend):* plump, primitiv, proletenhaft, schlüpfrig, schmierig, schmutzig, ungehobelt, zotig; *(geh. abwertend):* unflätig; *(bildungsspr. abwertend):* plebejisch, vulgär. **b)** dürftig, einfach, minderwertig; *(abwertend):* billig; *(oft abwertend):* simpel.
2. alltäglich, durchschnittlich, gewöhnlich, normal, üblich; *(bildungsspr.):* banal, profan, trivial.

ordnen
1. a) anordnen, arrangieren, [auf]reihen, sortieren. **b)** durchgliedern, einordnen, gliedern, strukturieren; *(bildungsspr.):* systematisieren. **c)** an seinen Platz räumen, aufräumen, wegräumen; *(ugs.):* in Ordnung bringen.
2. festlegen, regeln, regulieren.

ordnen, sich
antreten, sich aufreihen, sich aufstellen, Aufstellung nehmen, sich formieren, sich [hin]stellen; *(ugs.):* sich aufbauen, sich aufpflanzen.

Ordner
1. Aufpasser, Aufseher, Festordner; *(Jargon):* Securitymann, Securitymensch.
2. Aktenordner, Hefter, [Klemm]mappe.

Ordnerin
Aufpasserin, Aufseherin.

Ordnung
1. geordneter/geregelter/ordentlicher Zustand.
2. a) Anordnung, Aufbau, Aufreihung, Aufstellung, Ausführung, Platzierung, Postierung, Stationierung; *(bildungsspr.):* Arrangement. **b)** Einordnung, Einteilung, Gliederung, Sortierung, Strukturierung; *(bildungsspr.):* Systematisierung. **c)** Festlegung, Regelung, Regulierung.

3. Disziplin, Moral.
4. a) Gesellschaftsordnung, Gesellschaftssystem. **b)** Bestimmung, Gesetz, Norm, Regel, Verordnung, Vorschrift; *(bildungsspr.)*: Kanon.

Ordnung

in Ordnung bringen
abhelfen, aus der Welt schaffen, ausgleichen, aussöhnen, beheben, beilegen, bereinigen, berichtigen, beseitigen, einrenken, ins [rechte] Lot/ins Reine bringen, klären, klarstellen, korrigieren, regeln, richtigstellen, schlichten, wiedergutmachen, wiederherrichten; *(geh.)*: begleichen; *(ugs.)*: ausbügeln, die Karre/den Karren aus dem Dreck ziehen, einrenken, geradebiegen, hinbiegen, zurechtbiegen, zurechtrücken; *(bes. südd., österr., schweiz.)*: richten.

Ordnung schaffen
1. aufräumen, reinigen.
2. durchgreifen, einschreiten, klären, schlichten; *(bildungsspr.)*: intervenieren.

BSP Sie klärten die strittigen Fragen. Es gelang auch der Mediatorin nicht, den Streit zu schlichten.

Organ
1. Körperorgan.
2. Blatt, Blättchen, Fachblatt, Fachorgan, Presseorgan, Publikationsorgan, Zeitschrift, Zeitung; *(abwertend)*: Hetzblatt, Hetzorgan.
3. Einrichtung, Institution.

Organisation
1. Abhaltung, Aufbau, Ausführung, Ausrichtung, Durchführung, Veranstaltung, Vorbereitung; *(bildungsspr.)*: Arrangement.
2. Architektur, Aufbau, Bau, Gebilde, Gefüge, Struktur, System; *(bildungsspr.)*: Konstruktion.
3. a) Formation, Formierung, Vereinigung, Zusammenschluss. **b)** Bewegung, Bund, Bündnis, Front, Gemeinschaft, Gesellschaft, Gilde, Gruppe, Initiative, Interessengemeinschaft, Interessengruppe, Liga, Ring, Union, Verband, Verbindung, Zusammenschluss.

organisch
1. biologisch, natürlich.
2. körperlich, physisch.
3. gesetzmäßig, naturgemäß, natürlich; *(bildungsspr.)*: stringent.
4. gewachsen, natürlich.

organisieren
1. abhalten, arrangieren, aufbauen, auf die Beine stellen, ausführen, ausrichten, durchführen, halten, in die Wege leiten, unternehmen, veranstalten, verwirklichen, vorbereiten, zustande/zuwege bringen; *(geh.)*: ins Werk setzen; *(bildungsspr.)*: realisieren, zelebrieren; *(ugs.)*: aufziehen, deichseln, durchziehen, klarmachen, managen, schmeißen; *(salopp)*: schaukeln; *(bes. südd., österr., schweiz.)*: richten.
2. formieren, vereinigen; *(geh.)*: vereinen.
3. beschaffen, besorgen, heranschaffen, herbeischaffen, verschaffen; *(ugs.)*: auftreiben.

organisieren, sich
sich bilden, sich formieren, sich zusammenfinden, sich zusammenschließen, sich zusammentun; *(schweiz.)*: sich zusammenspannen.

orientieren, sich
1. finden, sich zurechtfinden.
2. auskundschaften, sich einen Überblick verschaffen, sich erkundigen, sich umsehen, sich unterrichten, zurate ziehen; *(bildungsspr.)*: konsultieren; *(ugs.)*: sich schlaumachen.

original
1. echt, rein, richtig, typisch, unverfälscht, ursprünglich, urwüchsig, wahr, waschecht; *(bildungsspr.)*: authentisch, genuin; *(ugs.)*: hundertprozentig, kein Fake.

GGS artifiziell, gefälscht, imitiert, künstlich, simuliert.

2. direkt, unmittelbar.

Original
1. Archetyp, Urfassung, Urschrift.
2. Grundlage, Muster, Vorlage; *(bildungsspr.)*: Modell.
3. Außenseiter, Außenseiterin, Einzelgänger, Einzelgängerin; *(bildungsspr.)*: Individualist, Individualistin, Nonkonformist, Nonkonformistin, Outsider, Outsiderin; *(oft abwertend)*: Eigenbrötler, Eigenbrötlerin.

originell
außergewöhnlich, beispiellos, einmalig, einzig[artig], erstklassig, ohne Beispiel, ohnegleichen; *(ugs.)*: einsame Spitze.

Ornament
Dekor, Dessin, [Gold]muster, Rankenmuster, Schmuck, Verzierung, Zierde; *(geh.)*: Zierrat.

Ort
1. Lokalität, Örtlichkeit, Platz, Punkt, Raum, Räumlichkeit, Stätte, Stelle; *(geh.)*: Statt.
2. Ansiedlung, Dorf, Flecken, Gemeinde, Niederlassung, Ortschaft, Siedlung, Stadt, Weiler.

orten
auffinden, aufspüren, ausfindig machen, ausmachen, bestimmen, entdecken, erforschen, erkunden, ermitteln, finden, in Erfahrung bringen; *(österr.)*: stellig machen; *(bildungsspr.)*: son-

dieren; *(ugs.)*: herauskriegen; *(salopp)*: ausbaldowern; *(bes. österr., schweiz.)*: eruieren.

örtlich
begrenzt, beschränkt, [ein]heimisch, hiesig, lokal, räumlich, regional.

out
altmodisch, aus der Mode [gekommen], gestrig, rückschrittlich, rückständig, überholt, unmodern, unzeitgemäß, veraltet; *(bildungsspr.)*: anachronistisch; *(ugs.)*: angestaubt, aus der Mottenkiste, hinter dem Mond, passé, von gestern, vorsintflutlich; *(abwertend)*: antiquiert.

oval
eiförmig, eirund, ellipsenförmig, elliptisch.

Ozean
[das große] Wasser, die See, [Welt]meer.

Ozonloch
Schwund der Ozonschicht; *(Fachspr.)*: katalytischer Ozonabbau.

P

paar ↗
1. diverse, eine Anzahl, eine Reihe, einige, etliche, manche, mehrere, verschiedene.
2. nicht viele, [nur] wenige.

paaren
verbinden, vereinigen, verknüpfen, zusammenfügen; *(bildungsspr.)*: aggregieren.

paaren, sich
1. sich begatten.
2. ein Bündnis eingehen, eine Koalition bilden, koalieren, sich verbinden, sich vereinigen.

Pacht
Miete, Nutzungsrechte.

pachten
in Pacht nehmen, leasen, mieten, übernehmen.

Pack
Ballen, Bündel, Päckchen, Paket, Stapel, Stoß.

packen
1. a) einpacken, zusammenpacken. **b)** einräumen, unterbringen.
2. a) anpacken, erfassen, ergreifen, fassen, festhalten, greifen, in die Hand nehmen; *(ugs.)*: schnappen. **b)** eine Gänsehaut bekommen, erschauern lassen, überkommen. **c)** begeistern, bezaubern, entzücken, faszinieren, fesseln, hinreißen, in Begeisterung versetzen; *(bildungsspr.)*: enthusiasmieren. **d)** bewältigen, Erfolg haben, erreichen, fertigbringen, schaffen; *(ugs.)*: auf die Reihe bringen/kriegen, hinbekommen, hinkriegen, managen, über die Bühne bringen.

packend
atemberaubend, aufregend, aufwühlend, begeisternd, berauschend, bewegend, dramatisch, ergreifend, erschütternd, faszinierend, fesselnd, großartig, herzergreifend, mitreißend, rührend, spannend; *(geh.)*: berückend, betörend.

Packung
Behälter, Box, Karton, Schachtel.

Pädagoge, Pädagogin
1. Erzieher, Erzieherin, Lehrer, Lehrerin.
2. Erziehungswissenschaftler, Erziehungswissenschaftlerin.

paddeln
Paddelboot fahren, rudern.

Pakt
1. Block, Bund, Bündnis, Konföderation, Liga, Staatenbund, Staatenbündnis.
2. Abkommen, Beschluss, Einigung, Geschäftsabschluss, Kontrakt, Übereinkunft, Vereinbarung, Vertrag; *(bildungsspr.)*: Arrangement.

paktieren
sich anschließen, ein Bündnis eingehen, eine Koalition bilden, koalieren, sich verbinden, zusammengehen, sich zusammenschließen, sich zusammentun; *(schweiz.)*: sich zusammenspannen; *(geh.)*: sich vereinen; *(bildungsspr.)*: sich assoziieren, konföderieren.

Palast
Herrschaftshaus, Palais, Prachtbau, Schloss.

Palette
Angebot, Auswahl, Bandbreite, Fülle, Kollektion, Sammlung, Sortiment, Spannweite, Vielfalt, Zusammenstellung.

pampig
ausfällig, beleidigend, dreist, frech, unverschämt; *(bildungsspr.)*: impertinent, insolent.

Panik
Angstzustand, Beklemmung, Furcht, Horror, Schock, Schreck; *(geh.)*: Herzensangst; *(ugs. emotional verstärkend)*: Höllenangst; *(salopp)*: Schiss.

panisch
a) angsterfüllt, angstverzerrt, kopflos; *(geh.)*: sterbensbang. **b)** heftig, leidenschaftlich, rasend, ungezügelt; *(bildungsspr.)*: vehement.

Panne
a) Defekt, Schaden, Störung. **b)** Fehler, Missgeschick, Pech, Peinlichkeit, Ungeschicklichkeit, Unglück; *(bildungsspr.)*: Fauxpas, Lapsus; *(ugs.)*: Ausrutscher, Malheur, Schnitzer.

Panorama
Ausblick, Aussicht, Fernblick, Fernsicht, Rundblick, Sicht.

panschen
verdünnen, verfälschen, verlängern, verschneiden, versetzen mit, zusammenschütten; *(ugs.):* vermanschen, verpanschen, zusammenbrauen.

Papa
Vater; *(salopp):* Alter; *(fam.):* Papi, Paps, Vati.

Papier
1. Akte, Aufzeichnung, Dokument, Manuskript, Niederschrift, Notiz, Schreiben, Schriftstück, Skript, Text, Unterlage, Urkunde.
2. Aktie, Share.

Papiere
Ausweis[papiere], Identitätsnachweis, Pass, Personalausweis, Reisepass; *(österr.):* Identitätsausweis; *(schweiz.):* Schriften.

Parade
Aufmarsch, Umzug; *(bildungsspr.):* Defilee.

Paradies
1. a) Garten Eden. **b)** Himmel.
2. Eldorado, Postkartenidyll, Schlaraffenland, Traumland; *(Literaturwiss.):* locus amoenus.

paradiesisch
1. *(dichter.):* elysisch, himmlisch.
2. entzückend, erfreulich, friedlich, herrlich, himmlisch, idyllisch, malerisch, rosig, schön, überwältigend, unübertrefflich, vollendet, willkommen, wohlig, wohltuend; *(geh.):* beglückend, erquicklich, freudenreich, friedvoll; *(ugs.):* traumhaft/zauberhaft [schön]; *(emotional verstärkend):* bildschön, wunderbar.

paradox
1. folgewidrig, unlogisch, widersinnig, widersprüchlich; *(bildungsspr.):* inkonsequent, paradoxal; *(bes. Philos.):* kontradiktorisch.
2. absonderlich, absurd, abwegig, befremdend, bizarr, komisch, merkwürdig, seltsam, sonderbar, unsinnig, verquer, [ver]wunderlich; *(geh.):* befremdlich; *(bildungsspr.):* kurios; *(ugs.):* blödsinnig, verrückt, witzig; *(abwertend):* lachhaft.

parallel
1. gleich gerichtet, gleichlaufend, in der gleichen Richtung, nebeneinander, parallel laufend; *(Fachspr.):* planparallel.
2. gleichzeitig, synchron, zeitgleich, zur selben Zeit; *(bildungsspr., Fachspr.):* simultan.

Parallele
Entsprechung, Gegenbild, Gegenstück, Parallelerscheinung, Spiegelbild; *(bildungsspr.):* analoger Fall, Äquivalent, Korrelat, Pendant.

Parasit
[Pflanzen]schädling, Schmarotzer.

parat
auf Lager, bei der Hand, gegenwärtig, greifbar, [griff]bereit, in Bereitschaft, verfügbar, vorbereitet, vorrätig, zur Hand, zur Stelle, zur Verfügung; *(bildungsspr.):* disponibel.

Park
[englischer] Garten, Grünanlage, grüne Lunge, Grünfläche, Parkanlage.

parken
abstellen, hinstellen, stellen, unterbringen; *(österr.):* garagieren; *(schweiz.):* parkieren.

Parlamentarier, Parlamentarierin
Abgeordneter, Abgeordnete, Delegierter, Delegierte, Deputierter, Deputierte, Parlamentsmitglied, [Volks]vertreter, [Volks]vertreterin; *(österr.):* Mandatar, Mandatarin.

Parodie
Nachahmung, Nachbildung, Nachdichtung.

parodieren
auf die Schippe nehmen, imitieren, sich lustig machen, nachahmen, nachbilden, nachdichten, verspotten; *(abwertend):* nachäffen.

Parole
Devise, Leitsatz, Leitspruch, Motto, Satz, Slogan, [Wahl]spruch; *(bildungsspr.):* Credo, Maxime; *(bes. Politik):* Doktrin.

parteiisch
befangen, einäugig, einseitig, nicht neutral, unsachlich, voreingenommen; *(bildungsspr.):* subjektiv; *(abwertend):* engstirnig, tendenziös.

Partie
1. Absatz, Abschnitt, Ausschnitt, Auszug, Bruchstück, Stück, Teil[stück].
2. Begegnung, Match, Spiel, Wettbewerb, Wettkampf, Wettspiel; *(bildungsspr.):* Meeting; *(Sport):* Gang, Kampf, Treffen.
3. [kleine] Rolle, Nebenrolle.

Partisan, Partisanin
Aufständischer, Aufständische, Freiheitskämpfer, Freiheitskämpferin, Guerillero, Guerillera, Rebell, Rebellin, Untergrundkämpfer, Untergrundkämpferin, Widerstandskämpfer, Widerstandskämpferin.

Partner, Partnerin
a) Bündnispartner, Bündnispartnerin. **b)** Ehefrau, Ehemann, Frau, Freund, Freundin, Lebensabschnittsbegleiter, Lebensabschnittsbegleiterin, Lebensabschnittsgefährte, Lebensabschnittsgefährtin, Lebenskamerad, Lebenskameradin, Lebenspartner, Lebenspartnerin, Mann; *(geh.):* Erwählter, Erwählte, Verehrter, Verehrte; *(ugs.):* Kerl, Typ.

Party
Einladung, Empfang, Feier, Fest, [festliche] Ver-

anstaltung, Fete, geselliges Beisammensein, Gesellschaft, Vergnügung; *(schweiz.):* [Fest]anlass; *(salopp):* Sause; *(Jargon):* Event.

Pass

1. Ausweis[karte], Ausweispapiere, E-Pass, Identitätsnachweis, Papiere, Personalausweis, Personaldokumente, Personalien, Reisepass; *(österr.):* Identitätsausweis; *(schweiz.):* Schriften.
2. Bergsattel, Gebirgspass.

passabel

annehmbar, brauchbar, tauglich, vertretbar.

Passage

1. Durchfahrt, Durchquerung, Fahrt, Überquerung, Übersetzen.
2. Ausfahrt, Ausgang, Durchfahrt, Durchgang, Durchlass, Durchschlupf, Einfahrt, Eingang, Laufgang, Verbindungsweg; *(nordd.):* Twete.
3. Absatz, Abschnitt, Artikel, Ausschnitt, Kapitel, Paragraf, Partie, Punkt, Stelle, Stück, Teil[stück], Textabschnitt, Textteil; *(bildungsspr.):* Passus, Rubrik.

Passagier, Passagierin

Fahrgast, Fluggast, Mitfahrer, Mitfahrerin, Reisender, Reisende.

Passant, Passantin

1. Fußgänger, Fußgängerin, Vorübergehender, Vorübergehende; *(österr.):* Fußgeher, Fußgeherin; *(ugs.):* Fußlatscher, Fußlatscherin.
2. Durchreisender, Durchreisende.

passen

1. sich eignen, sich einfügen, sich eingliedern, sich einordnen, sich einpassen, sich fügen, geeignet sein, harmonieren, sich zusammenfügen, zusammenpassen; *(bildungsspr.):* sich integrieren; *(ugs.):* hinhauen.

BSP Der Gutschein war als Geschenk geeignet. Sie hat sich schnell völlig in die Klasse integriert.

2. ansprechen, behagen, entsprechen, gefallen, liegen, zusagen; *(geh.):* [an]genehm sein; *(ugs.):* jmds. Fall sein, nach jmds. Nase sein.
3. aufgeben, kapitulieren, nicht weiterhelfen können, nicht weiterkönnen, nicht weiterwissen, überfragt sein; *(ugs.):* das Handtuch werfen.

passieren ⚡

1. durchfahren, durchgehen, durchqueren, durchziehen, überfahren, überqueren, überschreiten, vorübergehen, vorüberziehen.
2. a) ablaufen, abrollen, sich abspielen, dazwischenkommen, sich einstellen, eintreten, sich ereignen, erfolgen, sich ergeben, gemacht/getan/unternommen werden, geschehen, stattfinden, sich tun, verlaufen, sich vollziehen, vonstattengehen, vorfallen, vorgehen, vorkommen, vor sich gehen, zustande kommen; *(geh.):* sich begeben, sich fügen, sich zutragen.

BSP Die Wirkung des Medikaments trat nach wenigen Stunden ein. Dann begab sich aber eine neue Situation …

b) erleben, erleiden, zustoßen, zuteilwerden; *(geh.):* begegnen, erfahren, widerfahren.

Passion

1. a) Element, Hobby, Liebhaberei, Neigung, Steckenpferd, Vorliebe; *(bildungsspr.):* Faible. **b)** Anteilnahme, Aufopferung, Begeisterung, Eifer, Einsatz[bereitschaft], Feuereifer, Hingabe, Leidenschaft, Opferbereitschaft; *(geh.):* Inbrunst; *(bildungsspr.):* Engagement, Enthusiasmus.
2. Kreuzesweg, Leiden, Leidensgeschichte, Martyrium; *(geh.):* Dornenweg.

passioniert

aus Passion, begeistert, eifrig, fleißig, hingebungsvoll, lebhaft, leidenschaftlich; *(geh.):* glühend; *(bildungsspr.):* engagiert.

passiv

abwartend, energielos, hinnehmend, inaktiv, schwunglos, tatenlos, teilnahmslos, temperamentlos, träge, unbeteiligt, untätig, willenlos, zurückhaltend; *(bildungsspr.):* apathisch, indolent, lethargisch, phlegmatisch.

GGS agil, aktiv, regsam, tatkräftig.

patent

1. fähig, fit, geschickt, gewandt, kundig, praktisch veranlagt, tüchtig; *(bildungsspr.):* versiert.
2. anwendbar, brauchbar, dienlich, geeignet, nützlich, praktisch, tauglich, zweckmäßig.

Patient, Patientin

Bettlägriger, Bettlägrige, Kranker, Kranke, Leidender, Leidende.

patriotisch

national; *(abwertend):* chauvinistisch, nationalistisch.

Patriotismus

Heimatgefühl, Heimatliebe, Nationalgefühl, vaterländische Gesinnung.

pauken

lernen; *(ugs.):* bimsen, büffeln, exerzieren, ochsen; *(fam.):* sich auf den Hosenboden setzen.

pauschal

1. alles in allem, alles zusammen, im Ganzen, insgesamt, komplett, summa summarum, zusammen[genommen]; *(schweiz.):* gesamthaft, total; *(bildungsspr.):* in toto.
2. allgemein, en bloc, global, in Bausch und Bogen, nicht ins Detail gehend; *(bildungsspr.):* undifferenziert, unspezifisch.

Pause
a) Siesta, Trinkpause, Vesper[zeit]; *(österr.):* Jausenzeit. **b)** Aufenthalt, Fahrtunterbrechung, Halt, Rast, Ruhephase, Ruhezeit, Spielunterbrechung, Stopp, Unterbrechung; *(Sport):* Halbzeit.

pausenlos
andauernd, anhaltend, beharrlich, beständig, fortgesetzt, fortwährend, immer[während], in einem fort, konstant, laufend, nonstop, ohne Pause/Unterbrechung, permanent, ständig, stetig; tagaus, tagein; Tag und Nacht, unaufhörlich, unausgesetzt, unentwegt, ununterbrochen; *(geh.):* stet; *(bildungsspr., Fachspr.):* kontinuierlich; *(ugs.):* am laufenden Band, ewig, immerzu, in einem Stück, in einer Tour, ohne Punkt und Komma; *(emotional):* dauernd, unablässig.

pausieren
Atem holen, ausruhen, aussetzen, eine Pause einlegen/machen, sich [ein wenig] Ruhe gönnen, innehalten, rasten, unterbrechen, verschnaufen, [vorübergehend] aufhören/einstellen/stoppen/unterbrechen.

Pech
Missgeschick, Schicksalsschlag, Unglück, unglückliche Fügung, Unglücksfall.

Pedant, Pedantin
(abwertend): Bürokrat, Bürokratin, Federfuchser, Federfuchserin, Kleingeist, Paragrafenreiter, Paragrafenreiterin, Prinzipienreiter, Prinzipienreiterin, Schreiberseele.

pedantisch
engherzig; *(österr.):* pedant; *(ugs.):* pingelig, pinselig, verbissen; *(abwertend):* kleinlich; *(oft abwertend):* übergenau.

peilen
ansteuern, anvisieren, zielen.

Pein
Leid, Qual, Schmerz.

peinigen
a) foltern, misshandeln, quälen, Qualen/Schmerzen zufügen, schinden; *(geh.):* martern. **b)** plagen, quälen, zusetzen; *(ugs.):* die Hölle heißmachen, keine Ruhe geben, nicht in Ruhe lassen, piesacken, triezen; *(abwertend):* drangsalieren. **c)** bedrücken, beklemmen, bekümmern, belasten, beschweren, beunruhigen, lasten, plagen, quälen, zu schaffen machen; *(geh.):* auf der Seele liegen.

peinlich
1. beschämend, blamabel, fatal, in Verlegenheit bringend, peinsam, unangenehm; *(schweiz.):* bemühend; *(ugs.):* genierlich.
2. a) ängstlich, sehr genau/gewissenhaft/gründlich/sorgfältig; *(bildungsspr.):* akribisch, minutiös, penibel; *(ugs.):* pingelig; *(abwertend):* pedantisch. **b)** ↑ sehr.

peitschen
1. auspeitschen, durchpeitschen, karbatschen.
2. a) geschleudert werden, klatschen, prasseln, schlagen, trommeln; *(ugs.):* platschen; *(nordd.):* pladdern. **b)** donnern, knallen, krachen.

pellen
a) die Schale/Haut entfernen, enthäuten, schälen. **b)** [ab]schälen, abziehen. **c)** [heraus]lösen, [heraus]schälen.

pellen, sich
a) abgehen, sich [ab]lösen, sich schälen, sich schuppen. **b)** die Haut abstoßen, sich häuten.

Pelz
Behaarung, Fell, Haar[decke]; *(geh.):* Haarkleid.

pendeln
sich hin- und herbewegen, hin- und herschwingen, schlenkern; *(ugs.):* baumeln.

penetrant
a) beißend, durchdringend, hartnäckig, intensiv, scharf, stark, stechend, streng. **b)** aufdringlich, lästig, übergriffig; *(bildungsspr.):* indiskret.

penibel
akkurat, exakt, genau, gewissenhaft, gründlich, sorgfältig; *(österr.):* pedant; *(ugs.):* pingelig, pinselig; *(abwertend):* pedantisch.

Penis
Glied, männliches Geschlechtsorgan; *(bildungsspr.):* Phallus; *(verhüll.):* Männlichkeit.

pennen
1. schlafen; *(ugs.):* knacken, pofen, ratzen.
2. mit seinen Gedanken woanders sein, nicht aufpassen, nicht bei der Sache sein, träumen, unaufmerksam sein; *(ugs.):* schlafen.

Penner, Pennerin
1. Landstreicher, Landstreicherin, Nichtsesshafter, Nichtsesshafte, Obdachloser, Obdachlose, Stadtstreicher, Stadtstreicherin, Tramp; *(schweiz.):* Fecker, Feckerin, Übernächtler, Übernächtlerin; *(Jargon):* Berber, Berberin; *(oft abwertend):* Streuner, Streunerin; *(veraltend):* Vagabund, Vagabundin.
2. a) *(ugs.):* Schlafmütze; *(emotional):* Murmeltier. **b)** Träumer, Träumerin.

Pension
1. a) Ruhestand, Seniorenalter. **b)** Altersversorgung, Ruhegehalt, Ruhegeld.
2. Absteigequartier, Fremdenpension, Gästehaus, Gasthaus, Gasthof, Hostel, Hotel[pension], Unterkunft, Urlaubsdomizil.

pensionieren
emeritieren, entpflichten, in den Ruhestand

versetzen, in Pension schicken; *(geh.)*: seiner Amtspflicht entbinden; *(ugs.)*: auf Rente setzen.

Pensum

a) Arbeit, Arbeitspensum, Aufgabe. **b)** Schulpensum, Unterrichtspensum.

perfekt

1. einwandfrei, fehlerfrei, fehlerlos, frei von Mängeln, makellos, meisterhaft, mustergültig, ohne Fehler/Makel/Mangel, untadelig, vollendet, vollkommen, vorbildlich; *(geh.)*: ohne Fehl [und Tadel]; *(bildungsspr.)*: in optima forma; *(ugs.)*: tipptopp; *(emotional)*: tadellos.
2. abgemacht, abgeschlossen, besiegelt, endgültig, gültig, nicht mehr änderbar, vollzogen.

Perfektion

Bravour, Brillanz, meisterhaftes Können, Meisterschaft, Vollendetheit, Vollendung, Vollkommenheit; *(bildungsspr.)*: Virtuosität.

Periode

1. Abschnitt, Epoche, Spanne, Zeit, Zeitabschnitt, Zeitalter, Zeitraum, Zeitspanne; *(bildungsspr.)*: Ära, Phase.
2. [Monats]blutung, Regel[blutung]; *(ugs. verhüll.)*: Tage.

periodisch

in bestimmten/gleichen/gleichmäßigen/regelmäßigen Abständen, in bestimmter/gleichmäßiger/regelmäßiger Folge, regelmäßig [auftretend/wiederkehrend], zyklisch; *(bildungsspr.)*: in gleichmäßigen/regelmäßigen Intervallen.

Peripherie

Außenbezirk, Rand, Randbezirk, Randgebiet, Randzone, Stadtrand.

permanent

andauernd, anhaltend, beharrlich, beständig, bleibend, dauerhaft, dauernd, durchgehend, endlos, fest, fortdauernd, fortgesetzt, fortlaufend, fortwährend, für alle Zeit[en], gleichbleibend, immer, immerfort, immerwährend, immer wieder, immerzu, in einem fort, in Permanenz; jahraus, jahrein; jederzeit, jedes Mal, konstant, laufend, lebenslang, nach wie vor, ohne Ende/Pause/Unterbrechung, pausenlos, rastlos, Schlag auf Schlag, ständig, stetig, stets; tagaus, tagein; Tag und Nacht, unablässig, unaufhörlich, unausgesetzt, unentwegt, ununterbrochen, von Bestand/Dauer, zeitlebens; *(geh.)*: stet; *(bildungsspr., Fachspr.)*: kontinuierlich; *(ugs.)*: am laufenden Band, chronisch, ewig, in einer Tour, rund um die Uhr; *(salopp)*: am laufenden Meter; *(emotional)*: ohne Unterlass.

perplex

aus dem Gleichgewicht gebracht, aus dem Konzept gekommen, [bass] erstaunt, durcheinander, entgeistert, fassungslos, konfus, sprachlos, überrascht, verblüfft, verdutzt, verstört, verwirrt, verwundert, wie vom Donner gerührt; *(ugs.)*: platt, verdattert, von den Socken, wie vor den Kopf geschlagen; *(salopp)*: baff, geplättet.

Person

1. a) Geschöpf, Jemand, Kopf, Leute, Mensch; *(bildungsspr.)*: Individuum; *(ugs. scherzh.)*: Zweibeiner. **b)** Charakter, Persönlichkeit, Wesen.
2. Figur, Gestalt.

BSP Die Figuren dieses Romans sind frei erfunden. Eine zentrale/wichtige Gestalt des Stücks / des Gedichts / der Geschichte …

Personal

a) Angestelltenschaft, Arbeiterschaft, Belegschaft, Beschäftigte, Betriebsangehörige, Mitarbeiterschaft. **b)** Bedienstete, Dienerschaft, Dienstpersonal; *(veraltend)*: Dienstboten.

Personalien

Angaben zur Person, Personendaten, persönliche Angaben, persönliche Daten.

persönlich

1. eigenhändig, in [eigener] Person, selbst; *(bildungsspr.)*: in persona; *(ugs.)*: selber.
2. eigen, individuell, privat; *(bildungsspr.)*: privatim; *(verstärkend)*: ureigen.
3. anzüglich, ausfallend, ausfällig, beleidigend, kränkend, unsachlich, verletzend.

Persönlichkeit

1. Charakter, [Eigen]art, Eigentümlichkeit, Natur, Wesen, Wesensart; *(bildungsspr.)*: Naturell.
2. Erscheinung, Figur, Gestalt, Individualität, Mensch, Natur, Person; *(ugs.)*: Type.
3. Autorität, Berühmtheit, Prominenter, Prominente, VIP; *(ugs.)*: Ass.

Perspektive

1. Anschauung, Anschauungsweise, Betrachtungsweise, Betrachtungswinkel, Blickpunkt, Blickrichtung, Blickwinkel, Brille, Gesichtspunkt, Hinsicht, Sehweise, Sicht[weise], Standpunkt; *(bildungsspr.)*: Aspekt.
2. Aussicht, Chance, Erwartung, Gelegenheit, Hoffnung, Möglichkeit, Weg, Zukunftsaussichten, Zukunftserwartungen.

pervers

1. abartig, abnorm, abseitig, anders, anomal, anormal, krankhaft, unnatürlich, unnormal, verkehrt; *(bildungsspr.)*: pathologisch.
2. absurd, empörend, haarsträubend, schlimm, skandalös, unglaublich, widersinnig; *(ugs.)*: abartig, kriminell; *(abwertend)*: ungeheuerlich.

Pessimismus

Endzeitstimmung, Katerstimmung, Lebensverneinung, Mutlosigkeit, Skeptizismus, Weltuntergangsstimmung; *(bildungsspr.):* Nihilismus; *(ugs.):* Schwarzmalerei, Schwarzseherei, Unkerei; *(bildungsspr. abwertend):* Defätismus.

Pessimist, Pessimistin
Skeptiker, Skeptikerin; *(bildungsspr.):* Nihilist, Nihilistin; *(ugs.):* Schwarzmaler, Schwarzmalerin; *(bildungsspr. abwertend):* Defätist, Defätistin.

pessimistisch
hoffnungslos, lebensverneinend, mutlos, skeptisch; *(bildungsspr.):* nihilistisch; *(ugs.):* schwarzseherisch; *(bildungsspr. abwertend):* defätistisch.

petzen
[aus]plaudern, hinterbringen, reden, verraten, weitererzählen, zutragen; *(österr.):* [aus]plauschen; *(geh.):* preisgeben; *(ugs.):* auspacken.

Pfad
Bahn, Steig, Treidelpfad, Weg.

Pfahl
Mast, Palisade, Pfeiler, Pflock, Pfosten, Stange; *(österr.):* Steher; *(südd., schweiz.):* Stickel.

Pfand
1. Bürgschaft, Einsatz, Faustpfand, Gewähr, Kaution; *(österr.):* Versatzstück.
2. Einwegpfand, Flaschenpfand, Mehrwegpfand, Pfandgeld.
3. Ausdruck, Beweis, Zeichen; *(geh.):* Bekundung, Unterpfand; *(bildungsspr.):* Manifestation.

pfänden
beschlagnahmen, einziehen, requirieren.

pfeffern
katapultieren, schleudern, schmettern, werfen; *(ugs.):* donnern, feuern, knallen, schmeißen.

pfeifen
1. fiepen, piepen, piepsen, tirilieren, trillern, tschilpen, zirpen, zwitschern; *(bes. nordd.):* quinkelieren, quinquilieren, quirilieren.
2. blasen, brausen, fegen, stürmen, tosen, wehen, ziehen; *(ugs.):* pusten.

Pfeiler
Balken, Herme, Pfahl, Pfosten, Säule, Strebe.

Pferd
Falbe, Fohlen, Fuchs, Hengst, Kaltblut, Pony, Rappe, Schecke, Schimmel, Stute, Vollblut, Wallach, Warmblut; *(geh.):* Füllen; *(bildungsspr.):* Pegasus; *(abwertend):* Schindmähre.

pfiffig
aufgeweckt, bauernschlau, begabt, beweglich, clever, einfallsreich, findig, gescheit, geschickt, gewandt, gewitzt, hellwach, intelligent, klug, listig, munter, raffiniert, scharfsinnig, schlau, smart, talentiert, trickreich, verschmitzt, wach, wendig; *(ugs.):* ausgefuchst, ausgeschlafen, gerissen, gewieft, mit Köpfchen; *(abwertend):* durchtrieben, geschäftstüchtig, verschlagen; *(nordd.):* plietsch; *(südd.):* knitz.

pflanzen
anbauen, anpflanzen, bepflanzen, einpflanzen, einsetzen, setzen.

Pflege
a) Behandlung, Betreuung, Fürsorge, Hilfe, Versorgung; *(geh.):* Obhut. **b)** Erhaltung, Konservierung, Schutz, Unterhaltung; *(veraltend):* Wartung. **c)** [Aufrecht]erhaltung, Kultivierung.

pflegen
1. a) betreuen, sich kümmern, [um]sorgen; *(geh.):* umhegen; *(geh. od. iron.):* Fürsorge/Pflege angedeihen lassen; *(veraltend):* warten. **b)** erhalten, gut behandeln, gut umgehen, in Ordnung/instand halten, konservieren, pfleglich/schonend behandeln, unterhalten; *(geh.):* soignieren, sorgsam umgehen.
2. die Gewohnheit haben, gewöhnlich/im Allgemeinen/immer/meistens/üblicherweise tun, gewöhnlich geschehen, gewohnt/üblich sein.

pflegen, sich
auf sein Äußeres achten, sich schonen, viel für seine Gesundheit/sein Äußeres tun.

Pflicht
Aufgabe, Auftrag, Gebot, Muss, Notwendigkeit, Schuldigkeit, Verpflichtung, Zwang; *(geh.):* Obliegenheit; *(bildungsspr.):* Mission.

pflichtbewusst
gewissenhaft, pflichteifrig, verantwortungsbewusst, verantwortungsvoll, zuverlässig.

pflücken
abbrechen, abnehmen, abpflücken, abreißen, abrupfen, abzupfen, ausrupfen, ernten, herunterholen, lesen, rupfen; *(geh.):* brechen; *(südd., österr.):* abbrocken, abrebeln, brocken, klauben.

pflügen
ackern, durchpflügen, mit dem Pflug bearbeiten, umackern, umbrechen, umpflügen.

Pforte
Eingang, Tor, Tür.

Pfote
1. Pranke, Pratze, Tatze.
2. Hand; *(ugs.):* Patsche; *(salopp):* Pranke.

pfuschen
1. a) liederlich/schlecht arbeiten, schlechte Arbeit machen; *(abwertend):* stümpern.
b) schwarzarbeiten, Schwarzarbeit machen.
2. betrügen, täuschen; *(ugs.):* mogeln, Schmu machen, schummeln, schwindeln.

Phänomen
1. Besonderheit, Ereignis, Erscheinung, Merkwürdigkeit, Vorfall, Vorgang, Vorkommnis; *(geh.):* Begebenheit, Geschehen, Geschehnis; *(bildungsspr.):* Kuriosität, Kuriosum.
2. Autorität, Experte, Expertin, Geistesgröße, Genie, Größe, großer/heller/schöpferischer Geist, Kapazität, Kenner, Kennerin, Könner, Könnerin, Meister [seines Fachs], Meisterin [ihres Fachs]; *(geh.):* Genius; *(bildungsspr.):* Ingenium, Koryphäe; *(ugs.):* Ass, Kanone, Rakete.

Phantasie ↑Fantasie.

phantasieren ↑fantasieren.

phantasievoll ↑fantasievoll.

phantastisch ↑fantastisch.

Phase
Abschnitt, Entwicklungsabschnitt, Entwicklungsperiode, Entwicklungsphase, Entwicklungsstadium, Entwicklungsstufe, Etappe, Stadium, Stufe, Zeit[abschnitt], Zeitraum; *(bildungsspr.):* Ära, Periode.

philosophieren
sich Gedanken machen, grübeln, sich mit philosophischen Problemen auseinandersetzen/beschäftigen, nachdenken, nachgrübeln, philosophische Studien betreiben, sinnieren, von allen Seiten betrachten; *(geh.):* [nach]sinnen; *(bildungsspr.):* reflektieren, Reflexionen anstellen.

philosophisch
besinnlich, grüblerisch, nachdenklich, tiefsinnig, vergrübelt, versonnen, weise; *(geh.):* in sich gekehrt; *(bildungsspr.):* kontemplativ.

Phrase
1. Allgemeinplatz, Banalität, Binsenweisheit, Floskel, leeres Wort, Plattheit, Redensart; *(geh.):* Plattitüde; *(bildungsspr.):* Trivialität, Truismus; *(ugs.):* alter Hut, Gummibegriff, kalter Kaffee; *(abwertend):* Gemeinplatz, Wortgeklingel, Worthülse; *(oft abwertend):* Schlagwort.
2. *(Sprachwiss.):* Satzglied, Satzteil.

physisch
dinghaft, dinglich, gegenständlich, greifbar, konkret, körperhaft, körperlich, materiell, plastisch, sinnlich [wahrnehmbar], stofflich; *(bildungsspr.):* in natura, real, substanziell.

Pickel
a) Spitzhacke. **b)** Eispickel.

piepsen
flöten, pfeifen, piepen, tschilpen, zwitschern.

pikant
anrüchig, anstößig, anzüglich, deftig, derb, drastisch, frivol, gewagt, rustikal, unanständig, unfein, ungehörig; *(bildungsspr.):* obszön; *(ugs.):* dreckig, gepfeffert; *(abwertend):* schlüpfrig, schmierig, schmutzig, ungehobelt, zotig; *(bildungsspr. abwertend):* vulgär.

pilgern
1. eine Wallfahrt machen, wallfahren.
2. flanieren, schlendern, spazieren, wandern; *(geh.):* schreiten, wandeln; *(ugs.):* bummeln, stiefeln, stöckeln, zockeln, zotteln, zuckeln.

Pille
1. Arzneimittel, Dragee, Kapsel, Medikament, Pastille, Tablette; *(Fachspr.):* Präparat.
2. [Empfängnis]verhütungsmittel; *(ugs.):* Antibabypille.

Pilot, Pilotin
a) [Flug]kapitän, [Flug]kapitänin, Flugzeugführer, Flugzeugführerin. **b)** Rennfahrer, Rennfahrerin.

Pilz
1. *(südd., österr., schweiz.):* Schwamm; *(Fachspr.):* Fungus.
2. Hautpilz[erkrankung].

pingelig
(bildungsspr.): akribisch, penibel; *(ugs.):* pinselig, verbissen; *(abwertend):* kleinlich, pedantisch; *(oft abwertend):* übergenau, überkorrekt.

pinkeln ↑Pipi machen.

pinseln
a) malen, schreiben, zeichnen. **b)** anmalen, anstreichen, mit Farbe versehen, streichen.

Pionier, Pionierin
Neuerer, Neuerin, Schrittmacher, Schrittmacherin, Spitze, Vorkämpfer, Vorkämpferin, Vorreiter, Vorreiterin, Wegbereiter, Wegbereiterin.

Pipi machen
urinieren, zur Toilette gehen; *(salopp):* pinkeln, schiffen; *(fam.):* klein machen, pieseln; *(verhüll.):* sich erleichtern, Wasser lassen; *(ugs. verhüll.):* verschwinden; *(bes. Fachspr.):* harnen.

Piste
1. Abfahrt, Hang; *(ugs. scherzh.):* Idiotenhügel.
2. Rennbahn, Rennstrecke.

Pistole
Colt, Faust[feuer]waffe, Revolver, Schusswaffe; *(ugs.):* Ballermann, Schießeisen.

plädieren
sich aussprechen für, durchfechten, eine Lanze brechen, sich einsetzen, sich engagieren, sich erklären, halten zu, kämpfen, Partei ergreifen/nehmen, stehen zu, sich verbürgen, verfechten, verteidigen, vertreten; *(geh.):* dienen, sich verwenden; *(bildungsspr.):* protegieren; *(ugs.):* die Hand ins Feuer legen, sich starkmachen.

Plage
Katastrophe, Kreuz, Last, Mühsal, Not, Qual, Übel; *(geh.):* Bürde, Geißel, Joch.

plagen
a) beeinträchtigen, behelligen, behindern, belästigen, lästig werden, Mühe bereiten, stören. **b)** quälen, Qualen/Schmerzen bereiten, traktieren, zusetzen; *(geh.):* foltern, martern, Pein bereiten. **c)** bedrücken, betrüben, beunruhigen, Kopfzerbrechen bereiten/machen, Kummer bereiten/machen, zu schaffen machen.

plagen, sich
sich abplagen, sich abquälen, sich anstrengen, kämpfen, nichts unversucht lassen, sich placken, ringen, sich schinden; *(meist geh.):* sich mühen; *(ugs.):* sich abschinden, sich abstrampeln, ackern, sich ins Zeug legen, sich krumm machen, rackern, schuften, strampeln.

Plakat
Anschlag, Aushang, Bekanntmachung, Poster.

plakativ
ausdrücklich, bemüht, betont, demonstrativ, deutlich, gewollt, nachdrücklich, zur Schau getragen; *(bildungsspr.):* ostentativ, pointiert.

Plakette
Abzeichen, Anstecker, Anstecknadel, Button, Pin, Schildchen, Sticker.

Plan
1. Absicht, Bestreben, Gedanke, Intention, Vorhaben, Vorsatz, Wille, Wollen, Ziel, Zielsetzung, Zielvorstellung.

BSP Eine gute/edle/böse/eindeutige/unzweideutige Absicht verfolgen ... Das entspricht seinen Intentionen.

2. Aufstellung, Ausfertigung, Entwurf, Entwurfszeichnung, Exposé, Konzept, Manuskript, Skizze, Skript; *(geh.):* Elaborat.
3. Überblick, Übersicht.

planen
a) berechnen, einen Plan aufstellen, einkalkulieren, ein Konzept machen, einplanen, einschätzen, kalkulieren, vorausberechnen; *(ugs.):* aushecken, ausklamüsern, ausknobeln, austüfteln. **b)** beabsichtigen, die Absicht haben/hegen, entschlossen sein, gedenken, gewillt sein, hinauswollen, hinzielen, im Auge haben, im Sinn haben, sich in den Kopf setzen, ins Auge fassen, intendieren, sich mit dem Gedanken tragen, trachten, vorhaben, sich vornehmen.

planlos
auf gut Glück, chaotisch, durcheinander, führungslos, gedankenlos, konfus, konzeptlos, kopflos, ohne Methode, ohne Plan, ohne Sinn und Verstand, ohne System, ungeordnet, unkoordiniert, unsystematisch, unüberlegt, verworren, wirr, ziellos; *(ugs.):* verpeilt.

planmäßig
a) geplant, nach [Fahr]plan, ordnungsgemäß, plangemäß, programmgemäß, regulär, vorgesehen, wie abgesprochen/geplant, wie vereinbart/vorgesehen. **b)** durchdacht, [durch]geplant, gezielt, methodisch, mit Methode, mit System, mit Überlegung, nach Plan, planvoll, systematisch, taktisch, überlegt, zielbewusst.

[1]Plastik
1. Büste, Figur, Skulptur, Standbild, Statue.
2. Anschaulichkeit; *(bildungsspr.):* Plastizität.

[2]Plastik
Kunststoff, Synthetik.

plastisch
1. formbar, knetbar, modellierfähig.
2. a) dreidimensional, körperhaft, nicht flächenhaft [wirkend], räumlich. **b)** anschaulich, ausdrucksvoll, bildhaft, deutlich, einprägsam, farbig, fassbar, lebendig, sprechend.

plätschern
[dahin]fließen, gluckern, glucksen, gurgeln, rauschen; *(geh.):* murmeln; *(südd.):* schwadern.

platt
1. ausgestreckt, eben, flach, glatt, plan; *(ugs.):* wie ein Bügelbrett, wie eine Flunder.
2. abgegriffen, einfallslos, geistlos, ideenlos, inhaltsleer, inhaltslos, nichtssagend, niveaulos, oberflächlich, ohne Gehalt/Inhalt, ohne Substanz/Tiefgang; *(bildungsspr.):* banal, substanzlos, trivial; *(ugs.):* abgedroschen; *(abwertend):* flach, hohl, phrasenhaft, seicht.
3. erstaunt, sprachlos, überrascht, verblüfft, verdutzt, verwundert; *(ugs.):* baff, perplex.

Plattform
1. Aussichtsterrasse; *(österr.):* Plateau.
2. Bühne, Forum, Podium, Schauplatz.
3. Arbeitsgrundlage, Ausgangspunkt, Ebene, Fundament, Grundlage, Operationsbasis; *(österr.):* Plateau; *(bildungsspr.):* Basis, Fond.

Platz
1. a) Forum, Markt[platz], Piazza. **b)** Feld, Gelände, Spielfeld, Spielfläche, Sportplatz.
2. Lokalität, Ort, Örtlichkeit, Punkt, Stelle; *(geh.):* Statt, Stätte; *(ugs.):* Fleck.
3. Sitz[gelegenheit], Sitzplatz, Stuhl.
4. Aufnahmemöglichkeit, Unterbringungsmöglichkeit.
5. Auslauf, Bewegungsfreiheit, Raum, Spielraum, Weite; *(ugs.):* Luft.

platzen
fehlschlagen, missglücken, misslingen, nicht zu-

stande kommen, scheitern, schiefgehen, sich zerschlagen; *(ugs.):* auffliegen, hochgehen.

platzieren

1. aufbauen, aufreihen, aufstellen, einen Platz zuweisen, [hin]legen, postieren, setzen, stationieren, stellen; *(bildungsspr.):* positionieren.

2. anlegen, festlegen, investieren.

platzieren, sich

einen guten Platz/Rang belegen, einen guten Platz einnehmen/erreichen/erringen.

plaudern

1. reden, schwatzen, sprechen, sich unterhalten; *(bildungsspr.):* Konversation machen; *(ugs.):* labern; *(salopp):* quatschen; *(fam.):* einen Schwatz/ein Schwätzchen halten; *(nordd.):* klönen, schnacken; *(bes. südd.):* schwätzen; *(veraltend):* parlieren; *(EDV):* chatten.

2. ausplaudern, herumerzählen, nicht dichthalten, nicht hinter dem Berg halten, weitersagen; *(österr.):* [aus]plauschen; *(geh.):* preisgeben.

plausibel

begreiflich, einleuchtend, einsichtig, fasslich, glaubhaft, klar, logisch zwingend, nachvollziehbar, naheliegend, schlagend, schlüssig, sinnfällig, triftig, überzeugend, unwiderlegbar, verständlich; *(bildungsspr.):* evident, stringent.

pleite

in Konkurs, mittellos, zahlungsunfähig; *(ugs.):* abgebrannt, am Ende, bankrott, blank, fertig, finanziell ruiniert; *(salopp):* machulle.

Pleite

1. Konkurs, Ruin, Zahlungsunfähigkeit; *(salopp):* Bankrott.

2. Bauchlandung, Blamage, Bruchlandung, Desaster, Einbruch, Enttäuschung, Fehlschlag, Fiasko, Katastrophe, Misserfolg, Niederlage, Schiffbruch, Schlag [ins Wasser]; *(bildungsspr.):* Armageddon, Debakel, Kannä, Waterloo; *(ugs.):* Flop, kalte Dusche, Reinfall, Schlappe.

plötzlich ⁄⁄

abrupt, auf einmal, mit einem Mal, ohne jeden Übergang, ruckartig, schlagartig, übergangslos, über Nacht, überraschend, unerwartet, unverhofft, unvermittelt, unvermutet, unversehens, unvorhergesehen; *(schweiz.):* brüsk; *(geh.):* jäh, jählings; *(bildungsspr.):* ex abrupto; *(ugs.):* Hals über Kopf, Knall auf Fall, mit einem Schlag; *(verstärkend):* urplötzlich.

plump

derb, grobschlächtig, ungewandt; *(ugs.):* tapsig.

plus

sowie, und, zuzüglich.

Plus

1. Erlös, [Netto]ertrag, [Netto]gewinn, Reinerlös, Reinertrag, Reingewinn, Überschuss, Verdienst, Verkaufserlös; *(oft abwertend):* Profit.

2. Bonus, Pluspunkt, Vorteil, Vorzug.

Po ↑Popo.

pochen

1. pulsieren, schlagen; *(ugs.):* puckern.

2. sich ausbitten, beharren, bestehen auf, bleiben bei, dringen auf, festhalten an, fordern, nicht abgehen, verlangen; *(bildungsspr.):* insistieren, persistieren, reklamieren.

Podium

a) Bretterboden, Bühne, Plattform, Spielfläche.

b) Katheder, Podest; *(veraltend):* Estrade, Tritt.

Poesie

1. Dichtkunst, Dichtung, Lyrik.

2. Magie, magische Wirkung, poetische Stimmung, Verzauberung, Zauber.

Poet, Poetin

Dichter, Dichterin, Lyriker, Lyrikerin.

poetisch

1. dichterisch, lyrisch.

2. gefühlig, gefühlsbetont, gefühlsselig, lyrisch, stimmungsvoll; *(geh.):* beseelt, gefühlerfüllt, seelenvoll; *(abwertend):* schmalzig.

Pointe

Effekt, Höhepunkt, [Schluss]effekt, Schlusspunkt; *(ugs.):* Knalleffekt, Knaller.

Pokal

a) Cup, Ehrenpokal, Siegespokal, [Sieges]trophäe. **b)** Cup, Pokalwettbewerb.

Polemik

1. Anfeindung, Angriff, Attacke, Ausfall, Feindseligkeit, Kritik; *(ugs.):* Donnerwetter.

2. Auseinandersetzung, Streitigkeit, Wortgefecht, Wortstreit, Zank; *(geh.):* Zwist; *(bildungsspr.):* Kontroverse; *(ugs.):* Knatsch, Krach; *(verhüll.):* Meinungsverschiedenheit; *(abwertend):* Gezänk, Streiterei.

polemisch

aggressiv, angriffslustig, bissig, feindselig, rabiat, scharf, schonungslos, überspitzt, unsachlich; *(ugs.):* giftig; *(abwertend):* rücksichtslos.

polieren

abziehen, blank reiben/scheuern/schleifen, glätten, glatt reiben/scheuern/schleifen; *(österr.):* politieren; *(schweiz.):* glänzen.

Polizist, Polizistin

Kriminalbeamter, Kriminalbeamtin, Polizeibeamter, Polizeibeamtin; *(österr.):* Wachmann; *(ugs.):* Cop, Kriminale, Kriminaler, Schutzmann; *(salopp):* Polyp; *(oft scherzh.):* Ordnungshüter, Ordnungshüterin.

poltern

(geh.): grollen; *(ugs.):* bullern, rumoren.

pompös
aufwendig, exklusiv, fürstlich, glanzvoll, [hoch]herrschaftlich, hoheitsvoll, königlich, luxuriös, prächtig, prachtvoll, prunkvoll, stattlich, überladen, verschwenderisch; *(bildungsspr.):* opulent; *(ugs.):* feudal, protzig; *(abwertend):* bombastisch; *(oft abwertend):* pomphaft.

GGS karg, mäßig, puritanisch, schlicht, spartanisch.

popelig
1. ärmlich, bescheiden, beschränkt, einfach, gering, jämmerlich, karg, kärglich, knapp, mager, mäßig, minimal, schlicht, spärlich; *(abwertend):* armselig, dürftig, kümmerlich, lächerlich, läppisch, lausig, schäbig; *(oft abwertend):* kläglich.
2. alltäglich, durchschnittlich, einfach, gewöhnlich, normal, ordinär, unbedeutend; *(bildungsspr.):* banal, profan, trivial; *(abwertend):* lächerlich, läppisch; *(oft abwertend):* simpel.

Popo
Gesäß, Steiß; *(ugs.):* Hinterbacken, Hinterer, Hintern, Hinterpartie, Hinterseite, Hinterster, Hinterteil, Hinterviertel; *(fam.):* Po, Podex.

populär
1. anerkannt, angesehen, attraktiv, beliebt, en vogue, geachtet, gefragt, geliebt, gern gesehen, geschätzt, gesucht, umschwärmt, viel verlangt; *(geh.):* begehrt; *(ugs.):* angesagt, in.
2. allgemein verständlich, gemeinfasslich, gemeinverständlich, volksnah, volkstümlich.

Portal
1. Eingangsportal, Pforte, Tor.
2. *(EDV):* Internetportal, Portalwebsite.

Portemonnaie
Geldbeutel; *(geh.):* Geldbörse; *(ugs.):* Beutel.

Portion
Dosis, Kontingent, Quantum, Quote, Ration; *(bildungsspr.):* Quantität; *(Fachspr.):* Gabe.

Portmonee ↑Portemonnaie.

Pose
Haltung, Stellung; *(bildungsspr.):* Attitüde.

Position
1. a) Amt, Anstellung, Posten, Stelle, Stellung. **b)** Platz, Rang. **c)** Anschauung, Ansicht, Auffassung, Betrachtungsweise, Einstellung, Haltung, Meinung, Sicht[weise], Standpunkt.
2. Lage, Ort, Platz, Standort, Stellung.

positiv
1. a) anerkennend, beifällig, bejahend, zustimmend. **b)** hoffnungsvoll, lebensbejahend, lebensfroh, optimistisch, voller Lebensfreude/Zuversicht, zukunftsgläubig, zukunftsorientiert, zuversichtlich; *(schweiz.):* aufgestellt; *(geh.):* frohen/guten Mutes, hoffnungsfroh.
2. aussichtsreich, erfolgreich, Erfolg versprechend, erfreulich, glücklich, günstig, gut, verheißungsvoll, vielversprechend, voller Chancen/Möglichkeiten, von Vorteil, vorteilhaft.

Posten
1. Wachdienst, Wache, Wachposten.
2. a) Amt, Anstellung, Arbeit, Arbeitsplatz, Beschäftigung, Beschäftigungsverhältnis, Position, Stelle, Stellung; *(veraltend):* Unterkommen. **b)** Platz, Position, Rolle.

posthum
nach dem Tode [erfolgend]; *(bildungsspr.):* post mortem.

postulieren
Anspruch erheben, beanspruchen, beharren, bestehen, dringen, fordern, Forderungen stellen, für notwendig/unabdingbar erklären, geltend machen, pochen, verlangen; *(geh.):* heischen; *(bildungsspr.):* insistieren, reklamieren.

postum ↑posthum.

postwendend
auf der Stelle, augenblicklich, flugs, gleich, in kürzester Zeit, prompt, schleunigst, schnellstens, sehr bald, sofort, sogleich, so schnell wie möglich, stehenden Fußes, stracks, unverzüglich; *(bildungsspr.):* hic et nunc; *(ugs.):* im Nu, in null Komma nichts, Knall auf Fall, schnurstracks; *(veraltend):* alsbald, unverweilt.

potenziell
denkbar, der Anlage/Möglichkeit nach [vorhanden], etwaig, eventual, eventuell, im Bereich des Möglichen [liegend], in Betracht/infrage kommend, möglich, nicht ausgeschlossen/unmöglich, vielleicht [zukünftig], vorstellbar.

powern
a) große Leistung entfalten, sich ins Geschirr legen, seine ganze Kraft aufbieten, sich voll einsetzen, Wucht haben. **b)** durchsetzen, fördern, unterstützen; *(ugs.):* durchboxen, durchdrücken, durchpauken; *(Jargon):* pushen.

Pracht
Glanz, glanzvolle Ausstattung, Grandiosität, große Aufmachung, Herrlichkeit, Luxus, Pomp, Prunk, Reichtum; *(geh.):* [Schau]gepränge.

prächtig
aufwendig, fürstlich, glanzvoll, herrlich, herrschaftlich, luxuriös, pompös, prachtvoll, prunkend, prunkhaft, prunkvoll, reich; *(geh.):* prangend; *(ugs.):* protzig; *(oft abwertend):* pomphaft.

prägen
1. Münzen herstellen, pressen, stanzen.

2. beeinflussen, bestimmen, den Stempel aufdrücken, Einfluss ausüben, einwirken, Form/Gestalt geben, formen, gestalten; *(geh.):* ein besonderes Gepräge geben/verleihen.
3. erfinden, erstmals anwenden, formulieren, schaffen; *(ugs.):* in die Welt setzen.

pragmatisch
anwendungsbezogen, den Erfahrungen entsprechend, handlungsbezogen, ideologiefrei, lösungsorientiert, sachbezogen.

prägnant
aphoristisch, eindeutig, genau, griffig, schlagend, treffend; *(bildungsspr.):* präzise.

prahlen
angeben, sich in den Vordergrund drängen/rücken/schieben/spielen, sich in die Brust werfen, prunken, sich rühmen, viel Aufhebens von sich machen; *(bildungsspr.):* renommieren; *(ugs.):* auf den Putz/die Pauke hauen, den Mund aufreißen/voll nehmen, eine Schau machen, große Reden schwingen, sich großmachen, protzen; *(abwertend):* sich aufblähen, sich brüsten, Schaum schlagen.

Praktik
a) Arbeitsweise, Behandlungsweise, Methode, Taktik, Technik, Vorgehensweise. **b)** Kniff, Trick; *(ugs.):* Dreh; *(abwertend):* Manöver.

praktikabel
anwendbar, ausführbar, brauchbar, durchführbar, geeignet, nutzbar, praktisch, praxistauglich, realisierbar, tauglich, verwendbar, verwendungsfähig, verwertbar; *(ugs.):* patent.

Praktikum
(schweiz.): Stage.

[1]praktisch
1. a) anwendungsorientiert, auf die Praxis/Wirklichkeit bezogen, praxisbezogen. **b)** in der Realität/Tat/Wirklichkeit [auftretend], tatsächlich, wirklich; *(bildungsspr.):* real.
2. brauchbar, nutzbringend, nütze, Nutzen bringend, nützlich, praktikabel, sinnvoll, tauglich, verwendbar, verwertbar, von Nutzen/Wert, zweckmäßig, zweckvoll; *(südd.):* geschickt.

[2]praktisch
beinahe, fast, im Grunde, nahezu, so gut wie.

praktizieren
ausüben, exerzieren, handhaben, in der Praxis anwenden, in die Praxis umsetzen.

Praline
Konfekt; *(bes. österr., schweiz.):* Praliné.

prall
kugelig, rundlich, straff, voll.

Prämie
Bonus, Erfolgsprämie, Geldprämie, Gratifikation, Incentive, Sondervergütung, [Sonder]zulage, [Sonder]zuwendung.

prämieren
auszeichnen, belohnen, dekorieren, ehren, würdigen; *(schweiz.):* belöhnen.

prangen
blitzen, funkeln, glänzen, leuchten, strahlen.

Pranke
Pfote, Pratze, Tatze.

Präparat
Arzneimittel, Heilmittel, Medikament, Medizin, Mittel, Stoff, Substanz; *(österr.):* Heilbehelf; *(bildungsspr.):* Pharmakon, Pharmazeutikum; *(fam.):* Mittelchen; *(veraltend):* Arznei, Droge.

präparieren
1. ausstopfen, [ein]balsamieren, konservieren, mumifizieren, naturalisieren.
2. aufbereiten, [bereit] machen, herrichten, vorbereiten, zubereiten, zurechtmachen; *(geh.):* rüsten; *(bes. südd., österr., schweiz.):* richten.

präparieren, sich
sich antrainieren, sich einrichten, sich einstellen, einstudieren, sich eintrainieren, einüben, sich vorbereiten; *(geh.):* sich bereiten, sich rüsten, sich wappnen; *(Sport):* arbeiten.

Präsent
Aufmerksamkeit, Geschenk; *(österr.):* Mitgebringe; *(geh.):* Gabe; *(bildungsspr.):* Dedikation; *(fam.):* Mitbringsel; *(geh. veraltet):* Angebinde.

präsentieren
1. a) anbieten, auftischen, bereitstellen, bieten, hin[über]reichen, reichen, servieren, überreichen; *(geh.):* darbieten, darreichen, kredenzen; *(bildungsspr.):* offerieren; *(veraltend):* traktieren. **b)** aushändigen, hinlegen, übergeben, vorbringen, vorlegen; *(geh.):* unterbreiten.
2. bekannt machen, vorführen, vorstellen, zeigen; *(geh.):* darbieten; *(salopp):* hinlegen.

präsentieren, sich
sich aufführen, auftreten, sich benehmen, sich betragen, daherkommen, sich darstellen, ein Bild abgeben, einen Eindruck hinterlassen/machen, erscheinen, sich gebärden, sich geben, handeln, sich verhalten, sich zeigen; *(geh.):* sich darbieten; *(bildungsspr.):* sich gerieren.

Präservativ
Gummischutz, Kondom, Verhütungsmittel.

Präsident, Präsidentin
Direktor, Direktorin, Leiter, Leiterin, Obmann, Obfrau, Vorsitzender, Vorsitzende.

präsidieren
an der Spitze stehen, anführen, den Vorsitz [inne]haben, der Kopf sein, die Führung/Leitung

A B C D E F G H I J K L M N O P prä Q R S T U V W X Y Z

[inne]haben, führen, leiten, vorsitzen; *(geh.):* vorstehen; *(ugs.):* das Kommando haben.

Präsidium
a) Chefetage, Direktion, Direktorium, Führerschaft, Führungsgremium, Führungsmannschaft, Führungsriege, Führungsstab, Leitung, Spitze, Unternehmensspitze, Vorstand. b) Anführung, Befehlsgewalt, Direktion, Direktorat, Führerschaft, Führung, Kommando, Leitung, Regiment, Vorsitz.

prasseln
1. hämmern, klatschen, klopfen, schlagen, trommeln; *(ugs.):* ballern, donnern, knallen, patschen, platschen; *(nordd.):* pladdern.
2. knacken, knistern; *(ugs.):* knacksen.

präventiv
verhütend, vorbeugend; *(bildungsspr.):* prophylaktisch; *(ugs.):* auf Verdacht; *(Fachspr.):* präservativ; *(bes. Fachspr.):* prohibitiv.

Praxis
1. a) Leben, Realität, Wirklichkeit. b) Arbeitsweise, Methode, Praktik, Technik, Verfahrensweise; *(österr.):* Vorgangsweise; *(bildungsspr.):* Modalität, Modus [Procedendi].
2. Erfahrung, Know-how, Routine, Übung.
3. Arztpraxis; *(österr.):* Ordination.

präzise
akkurat, auf den Punkt genau, eindeutig, exakt, genau, haarscharf, klar, millimetergenau, peinlich, punktgenau, unmissverständlich, unzweideutig, zentimetergenau; *(österr.):* präzis; *(geh.):* getreulich; *(bildungsspr.):* akribisch, minutiös; *(ugs.):* haargenau, messerscharf; *(veraltend):* gemessen, treulich; *(Fachspr.):* eineindeutig.

präzisieren
deutlich machen, eindeutiger beschreiben, konkretisieren, näher bestimmen, verdeutlichen; *(bildungsspr.):* explizieren, illustrieren.

Präzision
Akkuratesse, Eindeutigkeit, Exaktheit, Genauigkeit, Klarheit, Unmissverständlichkeit, Unzweideutigkeit; *(bildungsspr.):* Akribie; *(Fachspr.):* Eineindeutigkeit.

predigen
anhalten, anmahnen, anraten, ans Herz legen, auffordern, aufrufen, beschwören, empfehlen, [er]mahnen, nahelegen, [zu]raten, zureden; *(geh.):* anempfehlen; *(bildungsspr.):* appellieren.

Preis
1. Abgabepreis, Kaufpreis, Verkaufspreis.
2. Auszeichnung, Belohnung, Pokal, Prämie, Trophäe; *(schweiz.):* Gabe.
3. anerkennende Worte, Anerkennung, Belobigung, Lob, positive Beurteilung, Würdigung; *(geh.):* Lobeserhebungen; *(bildungsspr.):* Eloge; *(dichter.):* Lobpreisung; *(oft iron.):* Lobeshymne.

preisgeben
1. abtreten, ausliefern, aussetzen, drangeben, fortgeben, hergeben, [hin]opfern, übergeben, überlassen; *(geh.):* aufopfern, darangeben, darbringen, dreingeben, hingeben; *(ugs.):* ans Messer liefern; *(dichter.):* dahingeben; *(abwertend):* zum Fraß hinwerfen/vorwerfen.
2. aufdecken, ausplaudern, bekannt machen, bloßlegen, das Geheimnis lüften, die Karten aufdecken, die Karten [offen] auf den Tisch legen, erzählen, gestehen, mitteilen, plaudern, sagen, verraten; *(österr.):* [aus]plauschen; *(geh.):* den Schleier lüften, enthüllen, entschleiern, kundtun, offenbaren; *(ugs.):* auf die Nase binden, auspacken, austrompeten, die Katze aus dem Sack lassen; *(ugs. scherzh.):* aus dem Nähkästchen plaudern; *(Jargon):* spoilern.

preisgünstig
bezahlbar, erschwinglich, günstig, nicht teuer, preiswert, unter Preis, zu einem guten Preis; *(ugs.):* fast/halb geschenkt, für ein Butterbrot, für einen Apfel und ein Ei, für einen Pappenstiel, geschenkt; *(veraltend):* wohlfeil.

preiswert ↑preisgünstig.

prekär
haarig, heikel, kitzlig, knifflig, kritisch, misslich, problematisch, schwierig, verwickelt; *(ugs.):* brenzlig, vertrackt.

prellen
betrügen, um etw. bringen; *(ugs.):* ausschmieren, scheren; *(salopp):* behacken, bescheißen.

pressen
1. ausdrücken, auspressen, ausquetschen.
2. [hinein]drücken, hineinpressen, [hinein]quetschen, [hinein]stopfen, [hinein]zwängen; *(ugs.):* reindrücken, reinstopfen.

Prestige
Ansehen, Geltung, Image, Leumund, Ruf; *(bildungsspr.):* Nimbus, Renommee, Reputation.

prickeln
a) jucken, kitzeln, kribbeln; *(ugs.):* krabbeln.
b) beißen; *(bes. südd.):* bitzeln.

prickelnd
aufregend, knisternd, prickelig, spannend, spritzig.

prima
ausgezeichnet, brillant, erstklassig, fabelhaft, genial, grandios, hervorragend, vorzüglich; *(bildungsspr.):* exzellent; *(ugs.):* bombig, famos, fantastisch, glänzend, großartig, klasse, mega,

spitze, super, toll; *(salopp):* [affen]geil, cool, irre; *(oft emotional):* riesig, wunderbar, wundervoll; *(Jugendspr.):* fett; *(bes. Jugendspr.):* krass.

primär
a) anfänglich, ursprünglich, zuerst vorhanden; *(bildungsspr.):* originär. **b)** an erster Stelle stehend, erstrangig, grundlegend, in erster Linie, vor allem, vordringlich, vorrangig, wesentlich, zentral, zuerst, zuvorderst.

primitiv
1. a) bescheiden, einfach, ohne Aufwand, schlicht; *(oft abwertend):* simpel. **b)** arm, ärmlich, armselig, behelfsmäßig, dürftig, karg, kärglich, kümmerlich, notdürftig, provisorisch, spartanisch, unzureichend; *(geh.):* unzulänglich; *(emotional):* miserabel.
2. gewöhnlich, niveaulos, unfein; *(abwertend):* proletenhaft; *(oft abwertend):* ordinär, ungebildet; *(bildungsspr. abwertend):* vulgär.

Prinzip
a) Grundsatz, Lebensprinzip, Lebensregel, Leitlinie, Leitsatz, Maßstab, Regel, Richtlinie, Richtschnur; *(bildungsspr.):* Maxime. **b)** Grundgesetz, Grundnorm, Grundregel, Grundsatz, Idee, Norm; *(bes. Politik):* Doktrin. **c)** Gesetzmäßigkeit, Methode, Schema, System, Verfahrensweise.

prinzipiell
a) ausnahmslos, aus Prinzip, durchgängig, durchweg, grundsätzlich, immer, ohne Ausnahme; *(schweiz.):* durchs Band [weg]; *(ugs.):* durch die Bank. **b)** allgemein, elementar, entscheidend, fundamental, grundlegend, grundsätzlich, maßgebend, maßgeblich, von entscheidender/grundlegender Bedeutung, wesentlich, wichtig; *(bildungsspr.):* essenziell, konstitutiv, primär, substanziell.

Priorität
Erstrangigkeit, größerer Stellenwert, höherer Rang, Vorrang; *(bildungsspr.):* Primat.

privat
1. familiär, intim, persönlich, ungezwungen, vertraut, zwanglos.
2. außerdienstlich, inoffiziell, persönlich, unter vier Augen, vertraulich; *(bildungsspr.):* privatim.
3. der Öffentlichkeit nicht zugänglich, nicht für alle/nicht für die Öffentlichkeit bestimmt.

Privileg
a) Sonderrecht, Sonderregelung. **b)** Erstrecht, Vergünstigung, Vorrecht, Vorzug.

privilegiert
bevorrechtet, bevorrechtigt, bevorzugt, in einer Sonderstellung, Vorrechte genießend; *(bildungsspr.):* mit Privilegien ausgestattet.

Probe
1. Experiment, Kontrolle, Prüfung, Test, Überprüfung, Versuch.
2. Kostprobe, Musterexemplar, Musterstück, Testexemplar, Versuchsstück, Warenprobe.

proben
durchproben, einstudieren, einüben, üben.

probeweise
als Versuch, auf/zur Probe, versuchsweise; *(bildungsspr.):* tentativ.

probieren ≁
1. die Probe machen, einen Versuch machen/starten, ein Experiment machen, versuchen.
2. ausprobieren, die Probe aufs Exempel machen, einem Test unterziehen, einer Prüfung unterwerfen/unterziehen, erproben, prüfen, testen, überprüfen; *(ugs.):* auf Herz und Nieren prüfen, unter die Lupe nehmen.

BSP Man kann das neue Handy selbst im Laden testen. Er überprüft das Tablet auf seine Funktionstüchtigkeit [hin].

3. ↑proben.

Problem
1. Angelegenheit, Aufgabe, Fall, Frage, Problematik, Punkt, Sache, Thema.
2. Ärger, Erschwernis, Erschwerung, Komplikation, Schwierigkeit, Unannehmlichkeit, Verwicklung; *(geh.):* Beschwernis; *(bildungsspr.):* Krux; *(südd., österr.):* Anstand.

problematisch
1. heikel, kompliziert, mit Schwierigkeiten verbunden, nicht einfach, nicht leicht, schwierig, voller Probleme; *(bildungsspr.):* diffizil, prekär.
2. fraglich, offen, ungewiss, zweifelhaft.

problemlos
leicht, mit Leichtigkeit, mühelos, ohne Mühe, ohne Probleme/Schwierigkeiten, ohne Weiteres, problemfrei, spielend, unkompliziert, unproblematisch; *(ugs.):* ein Klacks, kein Ding.

Produkt
a) Arbeit, Artikel, Erzeugnis, Fabrikat, Handelsgut, Werk; *(geh.):* Schöpfung; *(abwertend):* Machwerk; *(Fachspr.):* Ware. **b)** Ergebnis, Frucht, Gebilde; *(bildungsspr.):* Resultat.

Produktion
a) Anfertigung, Erzeugung, Fabrikation, Fertigung, Herstellung, Schaffung, Verfertigung.
b) Arbeiten, Artikel, Erzeugnisse, Fabrikate, Handelsgüter, Produkte, Schöpfungen, Werke; *(abwertend):* Machwerke; *(Fachspr.):* Waren.

produktiv
a) effektiv, einbringlich, einträglich, erfolgreich, ergiebig, ertragreich, fruchtbar, nutzbringend,

nützlich, viel hervorbringend, von Nutzen, wirksam; *(geh.)*: ersprießlich, gedeihlich; *(bildungsspr., Fachspr.)*: effizient, konstruktiv. **b)** einfallsreich, erfinderisch, erfindungsreich, fantasievoll, gestalterisch, ideenreich, schöpferisch; *(bildungsspr.)*: ingeniös, kreativ.

Produzent, Produzentin
Erzeuger, Erzeugerin, Fabrikant, Fabrikantin, Hersteller, Herstellerin.

produzieren
1. anfertigen, erzeugen, fertigen, herstellen, machen, verfertigen; *(veraltend)*: fabrizieren.
2. entstehen lassen, hervorbringen, machen, schaffen, verursachen.
3. präsentieren, vorführen, vorlegen, vorzeigen, zeigen; *(geh.)*: darbieten.

profan
alltäglich, gewöhnlich, normal, ordinär; *(bildungsspr.)*: banal, trivial.

professionell
1. als Beruf/Gewerbe, als Profi, berufsmäßig, gewerbsmäßig, professioniert.
2. fachgerecht, fachkundig, gekonnt, kompetent, sachgemäß, sachgerecht, sachkundig, sachverständig; *(bildungsspr.)*: qualifiziert.

Profil
1. Kontur, Profilansicht, Profilbild, Schattenriss, Seitenansicht, Silhouette, Umriss[linie].
2. Charakter, Format, Persönlichkeit, Rückgrat.
3. Längsschnitt, Querschnitt.

Profit
1. Ausbeute, Ertrag, Gewinn, Nutzen, Vorteil.
2. Einnahme, Erlös, [Kapital]ertrag, Nettoertrag, [Netto]gewinn, Plus, Reinerlös, Reinertrag, Reingewinn, Überschuss, Verdienst.

profitieren
ausbeuten, ausnutzen, ausschöpfen, benutzen, sich bereichern, die Gelegenheit wahrnehmen, Gebrauch machen von, sich Gewinn/Vorteile verschaffen, Nutznießer[in] sein, Profit erzielen, seinen Nutzen/Vorteil ziehen, sich zunutze machen; *(geh.)*: nutznießen; *(ugs.)*: absahnen, ausschlachten, einsacken, herausschlagen, in die eigene Tasche stecken/wirtschaften, kassieren, zuschlagen; *(oft abwertend)*: einstreichen.

profund
ausführlich, bis ins Einzelne, breit, eingehend, erschöpfend, fundiert, [ganz] genau, grundlegend, gründlich, solide, tief, umfassend; *(bildungsspr.)*: detailliert, differenziert, komplex, präzise; *(südd., österr., schweiz.)*: einlässlich.

Prognose
Voraussage, Vorhersage.

prognostizieren
absehen, ausgehen von, erwarten, kommen sehen, rechnen mit, vorausbestimmen, voraussagen, voraussehen, vorhersagen, vorhersehen.

Programm
1. a) Spielfolge, Spielplan, Veranstaltungsangebot; *(bildungsspr.)*: Repertoire. **b)** Abfolge, Ablauf, Aufeinanderfolge, Chronologie, Fortgang, Gang, Nacheinander, Prozess, Reihenfolge, Verlauf; *(geh.)*: Geschehen; *(bildungsspr.)*: Mechanismus; *(leicht abwertend)*: Trott.
2. Grundgedanke, Grundidee, Grundkonzeption, Grundsatz[erklärung], Konzeption, Leitgedanke, Leitidee, Manifest.

progressiv
1. avantgardistisch, emanzipiert, entwickelt, fortschrittlich, mit der Zeit gehend, modern, richtungsweisend, wegweisend, zeitgemäß, zukunftsgewandt, zukunftsorientiert, zukunftsweisend; *(bes. Fachspr.)*: innovativ.
2. sich entwickelnd, fortschreitend, sich steigernd.

Projekt
Aktion, Kampagne, Konzept, Maßnahme, Plan, Unternehmen, Unternehmung, Versuch, Vorhaben, Ziel[setzung]; *(bildungsspr.)*: Operation.

projizieren
1. abbilden, an die Wand werfen, wiedergeben.
2. übertragen, zuschreiben.

proklamieren
ausrufen, bekannt geben/machen, erklären; *(geh.)*: verkünden, verlautbaren [lassen].

prominent
anerkannt, angesehen, bedeutend, bekannt, berühmt, geachtet, herausragend, legendär, maßgebend, namhaft, weltbekannt, weltberühmt; *(bildungsspr.)*: illuster, renommiert.

promovieren
an seiner Dissertation arbeiten, den Doktorgrad/Doktortitel erwerben, eine Dissertation/Doktorarbeit schreiben; *(ugs.)*: seinen Doktor machen.

prompt
auf Anhieb, auf dem schnellsten Weg, auf der Stelle, augenblicklich, eilends, flugs, geradewegs; gesagt, getan; im Nu, postwendend, schleunigst, schnellstens, sofort, sofortig, unmittelbar, unverzüglich; *(geh.)*: schleunig.

Propaganda
1. Aufklärungskampagne; *(abwertend)*: Agitation, Demagogie, Hetze, Stimmungsmache.
2. Absatzförderung, Medienpräsenz, Öffentlichkeitsarbeit, Publicity, Reklame, Verkaufsförderung, Werbung; *(ugs.)*: Medienrummel.

propagieren
sich einsetzen, Propaganda machen, Reklame machen, werben, Werbung machen; *(abwertend):* auf Kundenfang gehen.

prophezeien
absehen, ankündigen, erwarten, hellsehen, in die Zukunft sehen, kommen sehen, vorausahnen, voraussagen, vorhersagen, vorhersehen, wahrsagen, weissagen; *(geh.):* verheißen; *(ugs.):* orakeln, unken; *(Fachspr.):* prognostizieren.

proportional
abgestimmt, ausgeglichen, ausgewogen, ebenmäßig, gleichgewichtig, gleichmäßig, harmonisch, im Gleichgewicht, im richtigen Verhältnis, proportioniert, regelmäßig, symmetrisch, verhältnisgleich; *(geh.):* wohlgestaltet, wohlproportioniert; *(bildungsspr.):* wohltemperiert.

Prospekt
Broschüre, Flugblatt, Flyer, Handzettel, Informationsblatt, Reklamezettel, Werbeblatt; *(österr.):* Flugzettel.

prostituieren, sich
als Prostituierte arbeiten, sich für Geld anbieten, Prostitution [be]treiben, sich verkaufen.

Protest
Aber, ablehnende Haltung, Ablehnung, Abwehr, Bedenken, Beschwerde, Boykottierung, Einspruch, Einwand, Gegenmeinung, Gegenstimme, Gegenwehr, Klage, Kritik, Nein, Vorbehalt, Vorhaltung, Weigerung, Widerrede, Widerspruch, Widerstand, Widerstreben, Zurückweisung, Zweifel; *(geh.):* Gegenrede, Vorstellung; *(bildungsspr.):* Renitenz, Resistenz, Veto.

protestieren
ablehnen, beanstanden, sich beklagen, sich beschweren, dagegenhalten, dagegensetzen, einen Einwand erheben/vorbringen, einwenden, einwerfen, entgegenhalten, entgegnen, erwidern, klagen, kontern, kritisieren, opponieren, Protest erheben/einlegen, von sich weisen, vorhalten, sich wehren, sich widersetzen, widersprechen, Widerspruch erheben, zurückweisen, sich zur Wehr setzen; *(geh.):* sich erwehren, trotzen, sich verwahren; *(bildungsspr.):* sich distanzieren, sein Veto einlegen; *(ugs.):* auf die Barrikaden gehen, Kontra geben, sich querstellen.

Prothese
1. Kunstglied, künstliches Glied.
2. Brücke, dritte/falsche Zähne, Zahnersatz.

Protokoll
1. Aktennotiz, Aufzeichnung, Manuskript, Mitschrift, Niederschrift, Notiz, Vermerk.
2. Anstandsregel, Etikette, gesellschaftliche Umgangsform, Kleiderordnung, Konvention, Sitte, Verhaltens[maß]regel, Verhaltensnorm.

protokollieren
aufschreiben, aufzeichnen, festhalten, mitschreiben, niederschreiben, notieren, Notizen machen, Protokoll führen; *(bildungsspr.):* fixieren.

protzen
angeben, sich in den Vordergrund drängen/rücken/schieben/spielen, sich in die Brust werfen, prahlen, prunken, sich rühmen, viel Aufhebens von sich machen; *(ugs.):* den Mund aufreißen/voll nehmen, große Reden schwingen, sich großmachen, [viel] Wind machen; *(abwertend):* sich aufblähen, sich brüsten, großtun.

protzig
aufwendig, de luxe, glanzvoll, luxuriös, mondän, pompös, prächtig, prachtvoll, prunkvoll, üppig, verschwenderisch.

Proviant
Beköstigung, Carepaket, Kost, Lunchpaket, Mundvorrat, Nahrung, Nahrungsmittel, Stärkung, Verköstigung, Verpflegung; *(geh.):* Speis und Trank, Wegzehrung; *(ugs.):* Futterpaket.

Provinz
1. Bezirk, Distrikt, Gebiet, Gegend, Gemeinde, Kreis, Landesteil, Region, Sektor, Territorium, Verwaltungsbezirk, Verwaltungsgebiet.
2. auf dem flachen Land, Hinterland.

provinziell
1. bäuerlich, dörflich, ländlich; *(ugs.):* verschnarcht; *(oft abwertend):* kleinstädtisch.
2. landschaftlich, mundartlich.

Provision
[Erfolgs]beteiligung, Gewinnanteil, Gewinnbeteiligung, Umsatzbeteiligung, Vergütung.

provisorisch
behelfsmäßig, behelfsweise, einstweilig, notdürftig, schlecht und recht, unzulänglich, vorläufig, vorübergehend; *(bildungsspr.):* interimistisch; *(bildungsspr., Fachspr.):* subsidiär.

provokant ↑provokativ.

Provokation
Anmaßung, Brüskierung, Dreistigkeit, Frechheit, Herausforderung, Kampfansage, Kriegserklärung, Reizung, Unverfrorenheit, Unverschämtheit; *(bildungsspr.):* Affront, Insolenz.

provokativ
aggressiv, angriffslustig, kampflustig; *(bildungsspr.):* provokant.

provozieren
a) herausfordern, reizen; *(geh.):* den Fehdehandschuh hinwerfen/vor die Füße werfen, den Fehdehandschuh ins Gesicht schleudern/werfen;

A B C D E F G H I J K L M N O P pro Q R S T U V W X Y Z

(ugs.): pöbeln. **b)** auslösen, heraufbeschwören, herausfordern, herbeiführen, hervorrufen, veranlassen, verursachen; *(ugs.)*: herauskitzeln.

Prozess

1. gerichtliche Auseinandersetzung, gerichtliches Verfahren, Gerichtsverfahren, Rechtsstreitigkeit, Verhandlung; *(geh.)*: Rechtshandel.
2. Abfolge, Ablauf, Chronologie, Entwicklung, [Fort]gang, Hergang, Lauf, Nacheinander, Reihenfolge, Verlauf, Vorgang, Workflow; *(geh.)*: Geschehen; *(bildungsspr.)*: Mechanismus.

prozessieren

Anklage erheben, anklagen, auf dem Rechtsweg entscheiden, auf die Anklagebank bringen, den Prozess machen, einen Prozess führen, einfordern, einklagen, einziehen, verklagen; *(schweiz.)*: beziehen; *(südd., österr.)*: einheben.

prüfen

1. abchecken, begutachten, durchsehen, durchsuchen, einer Kontrolle unterwerfen/unterziehen, einsehen, erproben, inspizieren, kontrollieren, nachrechnen, nachzählen, testen, überprüfen, überwachen, untersuchen, sich vergewissern; *(geh.)*: in Augenschein nehmen; *(ugs.)*: abklopfen, filzen.
2. auf den Grund gehen, beobachten, eindringen, erforschen, erkunden, mustern, nachforschen, nachgehen, recherchieren, studieren, testen, untersuchen; *(schweiz.)*: forschen; *(geh.)*: in Augenschein nehmen, nachspüren; *(bildungsspr.)*: analysieren, eruieren, reflektieren, sondieren; *(Fachspr.)*: explorieren.

BSP ... einer Frage / einem Problem / einem Gedanken nachgehen. Wir müssen dieses Problem kritisch reflektieren.

3. abfragen, abhören, einer Prüfung/einem Test unterziehen, examinieren, kontrollieren, testen; *(ugs.)*: auf den Zahn fühlen.

Prüfung

1. Abnahme, Begutachtung, Check-up, Durchsicht, Erprobung, Examen, Inspektion, Kontrolle, Nachprüfung, Probe, Revision, Test, Untersuchung, Wartung.
2. Austestung, Durchforschung, Ergründung, Erkundung, Forschung, Nachforschung, Recherche, Studium, Untersuchung; *(bildungsspr.)*: Analyse, Eruierung, Sondierung; *(bes. Fachspr.)*: Exploration.
3. Belastung, Martyrium, [Schicksals]schlag, Tragik, Unglück, Verhängnis; *(geh.)*: Unheil.

Prügel

Packung, Schläge; *(geh.)*: Züchtigung; *(ugs.)*: Abreibung, Bimse, Hiebe; *(nordd., md.)*: Kloppe.

Prunk

Aufwand, Extravaganz, Glanz, Komfort, Luxus, Pomp, Pracht[entfaltung], Reichtum, Überfluss, Überfülle, Überreichtum, Üppigkeit, verschwenderische Fülle; *(geh.)*: [Schau]gepränge; *(bildungsspr.)*: Opulenz; *(ugs.)*: Spektakel.

prunkvoll

aufwendig, de luxe, fürstlich, glanzvoll, herrlich, luxuriös, pompös, prächtig, prachtvoll, prunkhaft, reich, üppig, verschwenderisch; *(geh.)*: prangend; *(oft abwertend)*: pomphaft.

Pseudonym

Deckname, Künstlername, Tarnname.

Psyche

Brust, Gefühlsleben, Gefühlswelt, Gemüt, Innenleben, Innenwelt, Inneres, Seele; *(geh.)*: Seelenleben; *(meist geh.)*: Herz.

psychisch

auf die Psyche bezogen, das Gemüt/die Seele betreffend, emotional, geistig, innerlich, nervlich, seelisch; *(bes. Fachspr.)*: mental.

Pubertät

Entwicklungsalter, Entwicklungsjahre, Geschlechtsreife, Reifezeit.

Publicity

a) Bekanntheit, Berühmtheit; *(bildungsspr.)*: Prominenz. **b)** ↑Propaganda (2).

Publikum

a) Zuhörerinnen und Zuhörer, Zuhörerschaft, Zuschauerinnen und Zuschauer; *(bildungsspr.)*: Auditorium. **b)** Adressatenkreis, Adressatinnen und Adressaten, Besucherinnen und Besucher, [Ein]geladene, Gäste, Interessentinnen und Interessenten, Interessierte, Kundinnen und Kunden, Kundschaft, Teilnehmende, Teilnehmerinnen und Teilnehmer. **c)** Umstehende, Zaungäste; *(häufig abwertend)*: Schaulustige.

publizieren

drucken [lassen], edieren, herausbringen, verlegen, veröffentlichen; *(ugs.)*: [raus]bringen.

Publizist, Publizistin

Journalist, Journalistin, Korrespondent, Korrespondentin, Pressevertreter, Pressevertreterin, Reporter, Reporterin, Schriftsteller, Schriftstellerin; *(bes. schweiz.)*: Medienschaffender, Medienschaffende; *(ugs.)*: Pressemann, Pressefrau.

pudern

a) bestäuben, bestreuen, überstreuen; *(österr.)*: einstauben. **b)** mattieren, Puder auflegen.

Pulk

1. Formation, Geschwader, Gruppe, Haufen, Schar, Schwarm, Unit; *(bildungsspr.)*: Armada.
2. Haufen, [Menschen]menge; *(ugs.)*: Volk; *(abwertend)*: Clique, Herde, Mob, Pöbel, Rotte.

P
pro

pulsieren
a) hämmern, klopfen, schlagen, trommeln; *(meist geh.):* pochen; *(ugs.):* ballern, bumsen.
b) branden, brummen, fließen, strömen.

Pult
Arbeitspult, Katheder, Lesepult, Rednerpult.

Pulver
a) Puder, Staub; *(österr.):* Stupp; *(nordd.):* Dust.
b) Arzneimittel, Heilmittel, Medizin, Mittel; *(österr.):* Heilbehelf; *(fam.):* Mittelchen; *(veraltend):* Arznei, Droge; *(Fachspr.):* Präparat.

pummelig
dicklich, füllig, kompakt, korpulent, rundlich; *(schweiz.):* fest; *(geh.):* wohlbeleibt; *(ugs.):* mopsig; *(scherzh.):* kugelig, kugelrund.

Punkt
1. Fleck, Tupfen.
2. i-Punkt, Pünktchen, [Satz]schlusszeichen.
3. a) Ort, Platz, Standort, Stelle, Winkel. **b)** Stadium, Zeitpunkt.
4. a) Begebenheit, Brennpunkt, Ding, Fall, Frage, Problem, Sache, Sachverhalt, Thema, Themenbereich, Vorfall, Vorgang, Vorkommnis; *(ugs.):* Chose, Geschichte, Kiste. **b)** Absatz, Abschnitt, Artikel, Ausschnitt, Kapitel, Partie, Passage, Stelle, Teil[stück], Textabschnitt, Textpassage; *(bildungsspr.):* Passus, Rubrik.

Punkt

der springende Punkt
Dreh- und Angelpunkt, Gag, Kern[punkt], Krönung, Pointe, Wesen, Zentrum; *(österr.):* das Um und Auf; *(geh.):* Herzstück; *(bildungsspr.):* Essenz, Punctum saliens, Quintessenz, Substanz; *(ugs.):* Clou, das A und O, Knackpunkt, Knaller, Witz [bei der Sache].

toter Punkt
Halt, Lähmung, Pause, Stillstand, Stockung, Unterbrechung; *(bildungsspr.):* Stagnation.

etw. auf den Punkt bringen
dicht/gedrängt/knapp formulieren, konzentrieren, [ver]kürzen, zusammenfassen; *(bildungsspr.):* resümieren; *(ugs.):* auf die Reihe kriegen.

pünktlich
auf die Minute, auf die Sekunde genau, fahrplanmäßig, fristgemäß, fristgerecht, just in time, rechtzeitig, zur rechten Zeit, zur vereinbarten Zeit; *(österr., schweiz.):* zeitgerecht.

Puppe
Drahtpuppe, Gelenkpuppe, Gliederpuppe, Holzpuppe, Marionette.

pur
ohne Beimischungen, rein, ungetrübt, unverfälscht, unvermischt.

pusten
1. anhauchen, behauchen, blasen, durchblasen, fortblasen, prusten.
2. ächzen, hecheln, keuchen, Luft holen, röcheln, schnaufen; *(geh.):* Atem schöpfen, Luft schöpfen; *(ugs.):* japsen, [nach] Luft schnappen.

Putsch
Auflehnung, Erhebung, Revolte, Staatsstreich, Umsturz[versuch].

Putz
Mörtel, Verputz.

putzen
aufwischen, reinigen, sauber machen, säubern, scheuern, wischen; *(ugs.):* [ab]schrubben.

putzig
allerliebst, bezaubernd, charmant, drollig, entzückend, herzig, hinreißend, hübsch, lieb, liebenswert, lieblich, nett, niedlich, possierlich, reizend, reizvoll, rührend, zauberhaft; *(ugs.):* goldig, zum Fressen; *(emotional):* süß.

Putzmann, Putzfrau
Haushaltshilfe, Putzhilfe, Raumpfleger, Raumpflegerin; *(österr.):* Bediener, Bedienerin; *(schweiz.):* Spettfrau; *(südd., österr.):* Zugehfrau.

Q

quälen
1. a) foltern, [körperliche] Qual/Pein bereiten, malträtieren, misshandeln, schinden; *(geh.):* martern. **b)** das Leben schwer/zur Hölle machen, schikanieren, [seelische] Qual/Pein bereiten, treten, übel mitspielen; *(geh.):* martern; *(ugs.):* auf dem Kieker haben, herumhacken, piesacken, zwiebeln; *(abwertend):* drangsalieren, tyrannisieren; *(Jargon):* mobben.
2. bedrücken, bekümmern, belasten, besorgt machen/stimmen, beunruhigen, in Unruhe versetzen, keine Ruhe lassen, Kummer bereiten, lasten, mit Sorge erfüllen, nagen, Sorge bereiten/machen, unruhig machen/stimmen, zerarbeiten; *(geh.):* anfechten, drücken, peinigen.

quälen, sich
a) leiden, Schmerzen aushalten/erdulden/ertragen; *(ugs.):* [viel] durchmachen/mitmachen.
b) sich abarbeiten, sich abmühen, sich abplagen, sich [alles] abverlangen, alles Menschenmögli-

che tun/versuchen, kämpfen, sich nicht schonen, sich plagen, sich [restlos/völlig/total] verausgaben, ringen, sein Möglichstes tun, sich überanstrengen, sich übernehmen, sich zu viel zumuten; *(meist geh.):* sich mühen; *(ugs.):* sich abschuften, sich abstrampeln, ackern, sich placken, rackern, schuften, strampeln.

Qualifikation
1. Ausbildung, Fortbildung, Qualifizierung, Schulung, Training, Weiterbildung.
2. Befähigung, Eignung, Fähigkeiten, Fertigkeiten, Kenntnisse, Können, Sachverstand, Tauglichkeit, Voraussetzungen, Vorbildung.
3. Teilnahmeberechtigung; *(ugs.):* Quali.

qualifizieren
1. ausbilden, befähigen, fortbilden, in die Lage versetzen, schulen, trainieren, weiterbilden.
2. [be]nennen, bezeichnen, klassifizieren; *(bildungsspr.):* apostrophieren.

qualifiziert
a) anspruchsvoll, niveauvoll; *(geh.):* ambitioniert. **b)** befähigt, beschlagen, bewandert, erfahren, fachgerecht, fachkundig, fachmännisch, firm, gebildet, gekonnt, gelehrt, gescheit, geschickt, geübt, gewandt, gut ausgebildet, kenntnisreich, klug, kompetent, kundig, professionell, sachgemäß, sachgerecht, sachkundig, sachverständig, sattelfest, sicher, verständig; *(bildungsspr.):* routiniert, versiert; *(ugs.):* fit.

Qualität
1. Art [und Weise], Beschaffenheit, Zustand.
2. Charakterzug, Eigenart, Eigenschaft, Kennzeichen, Merkmal, Spezifikum, Wesenszug; *(bildungsspr.):* Attribut, Charakteristikum.
3. Güte, Klasse, Niveau, Wert.

Qualitäten
Stärken, Talente, Tugenden, Vorzüge.

Qualm
1. Rauch, Rauchschwade[n]; *(nordd.):* Schmok.
2. Dampf, Diesigkeit, Dunst, Nebel, Smog; *(nordd.):* Dust, Schwalk, Wrasen.

qualmen
dampfen, rauchen, schwelen.

qualvoll
schmerzhaft, schmerzvoll; *(geh.):* martervoll.

Quantität
a) Anzahl, Ausmaß, Fülle, Größe, Masse, Menge, [Viel]zahl. **b)** Dosis, Portion, Quantum.

quantitativ
der Anzahl/Größe/Menge nach, mengenmäßig, zahlenmäßig.

Quark ↑Quatsch (a).

Quartal
drei Monate, Trimester, Vierteljahr.

Quartier
1. Bleibe, Logis, Resort, Unterkommen, Unterkunft, Wohnung; *(österr.):* Unterstand; *(geh.):* Aufenthalt, Behausung, Wohnstätte; *(bildungsspr., oft scherzh.):* Domizil; *(ugs.):* Dach über dem Kopf, Unterbringung; *(emotional):* Nest.
2. Ortsteil, Stadtteil, [Stadt]viertel.

quasi
gewissermaßen, in gewissem Grade/Sinne, in gewisser Weise, mehr oder minder/weniger, so gut wie, sozusagen; *(geh.):* gleichsam, gleichwie.

quasseln ↑quatschen (2).

Quatsch
a) Dummheit, Flausen, Nonsens, Unfug, Unsinn; *(ugs.):* Kokolores, Larifari, Mätzchen, Wahnsinn; *(oft emotional):* Irrsinn; *(abwertend):* Albernheit. **b)** Alberei, Neckerei, Schabernack, Schelmenstück, Scherz, Spaß, Streich, Ulk, Witz; *(ugs.):* Flachs, Gaudi, Joke, Jokus, Jux.

quatschen
1. sich auslassen, äußern, erzählen, mitteilen, reden, sagen, sprechen, von sich geben, wiedergeben; *(häufig abwertend):* verbreiten.
2. schwadronieren, [viel] erzählen/reden/sprechen; *(ugs.):* gackeln, kakeln, plappern, schnattern, wie ein Buch/Wasserfall reden; *(abwertend):* labern; *(südd.):* schwadern.
3. [aus]plaudern, reden, verraten, weitererzählen, zutragen; *(österr.):* [aus]plauschen; *(geh.):* preisgeben; *(ugs.):* auspacken.
4. miteinander reden/sprechen, plaudern, sich unterhalten; *(fam.):* einen Schwatz halten; *(nordd.):* klönen, schnacken; *(bes. nordd.):* schwatzen; *(bes. südd.):* schwätzen.

Quelle
1. Brunnen; *(geh.):* Quell; *(dichter.):* Born.
2. [Grund]text, Original, Urfassung, Urtext.
3. Gewährsmann, Gewährsfrau, Informant, Informantin, Informationsquelle.

quellen
1. sich ergießen, fließen, herausdringen, herausfließen, herauskommen, heraustreten, laufen, plätschern, rinnen, sprudeln, strömen, triefen, tröpfeln, tropfen; *(geh.):* hervordringen.
2. anschwellen, sich aufblähen, aufgehen, aufquellen, auftreiben, sich ausdehnen.

quengeln
1. a) heulen, jammern, schluchzen, weinen, wimmern; *(schweiz.):* zwängeln; *(ugs.):* maunzen. **b)** bedrängen, behelligen, belästigen, lästig fallen/werden, zusetzen; *(ugs.):* auf die Nerven gehen/fallen, bohren, nerven.

2. knurren, murren, nörgeln; *(ugs.):* herumkritisieren, herummäkeln, herummeckern, herumnörgeln, kein gutes Haar lassen, mosern, motzen; *(abwertend):* [be]kritteln, mäkeln.

quer
diagonal, schief, schräg, übereck, verquer; *(nordd.):* dwars; *(Fachspr.):* transversal.

querlegen, sich
sich auflehnen, aufsässig sein, sich dagegenstellen, die Stirn bieten, entgegentreten, entgegenwirken, Front machen, meutern, nicht mitmachen, opponieren, Protest erheben, protestieren, sich sträuben, Sturm laufen, trotzen, sich wehren, sich widersetzen, Widerspruch erheben, sich zur Wehr setzen; *(ugs.):* auf die Barrikaden gehen/steigen, sich auf die Hinterbeine setzen/stellen, aufmucken, sich querstellen.

querschießen
ankämpfen, behindern, blockieren, dagegenarbeiten, durchkreuzen, entgegenarbeiten, entgegenwirken, erschweren, hemmen, hindern, sabotieren, Schwierigkeiten bereiten/machen, stören; *(ugs.):* dazwischenfunken, Sand ins Getriebe schmeißen/streuen/werfen.

Querschnitt
1. *(Fachspr.):* Durchschnitt.
2. Auswahl, Kollektion, Sammlung, Überblick, Zusammenstellung; *(bildungsspr.):* Selektion.

Querulant, Querulantin
Nörgler, Nörglerin; *(abwertend):* Beckmesser, Beckmesserin, Mäkler, Mäklerin; *(bildungsspr. abwertend):* Kritikaster, Kritikasterin.

quetschen
1. drängen, pressen, stopfen, zwängen.
2. einklemmen, einquetschen, einschnüren.

quicklebendig
aktiv, alert, aufgeweckt, beschwingt, dynamisch, frisch, impulsiv, lebhaft, munter, rege, schwungvoll, temperamentvoll, überschwänglich, vital, wild; *(bildungsspr.):* agil, elanvoll; *(ugs.):* aufgedreht, aufgekratzt, putzmunter, quirlig, zackig; *(nordd., md.):* kregel.

GGS energielos, entkräftet, ermattet, lasch, lethargisch.

quietschen
1. quieken, quieksen.
2. kreischen; *(ugs.):* feixen, schreien, wiehern.

quirlen
1. durchrühren, mixen, umrühren, vermischen, verrühren; *(österr.):* abtreiben, sprudeln.
2. kreiseln, rotieren, strudeln, wirbeln.

quirlig
a) bewegt, fahrig, fieberhaft, fiebrig, flackerig, flackernd, flatterig, hektisch, lebhaft, rastlos, ruhelos, ungeduldig, unruhig, zerfahren; *(geh.):* unstet; *(ugs.):* kribbelig, zappelig. **b)** betriebsam, geschäftig, rege, rührig; *(ugs.):* busy.

quitt
ausgeglichen, einig, eins, wett.

quittieren
1. abzeichnen, attestieren, bescheinigen, bestätigen, gegenzeichnen, unterschreiben, unterzeichnen; *(österr.):* saldieren; *(bildungsspr.):* paraphieren, signieren.
2. beantworten, erwidern, reagieren.
3. aufgeben, [auf]kündigen, niederlegen, verlassen, zur Verfügung stellen.

Quittung
1. Beleg, Bescheinigung, Bestätigung, Bon, Coupon, Empfangsbescheinigung, Empfangsbestätigung, Nachweis, Schein, Testat.
2. Auswirkung, Folge, Konsequenz, Strafe.

Quote
a) Anteil, Kontingent, Menge, Portion, Rate, Stück. **b)** Zuschauerquote.

R

Rabatt
Ermäßigung, Gutschrift, Preisnachlass, Vergütung; *(ugs.):* Prozente.

rabiat
a) brutal, gewalttätig, handgreiflich, tätlich; *(abwertend):* roh, rücksichtslos, rüde. **b)** aggressiv, angriffslustig, ärgerlich, aufgebracht, gereizt, grimmig, wild, wütend, zornig; *(ugs.):* böse, giftig, in Fahrt/Rage, sauer. **c)** drastisch, eisern, energisch, entschieden, ernst, hart, massiv, rigoros, scharf, schwer, streng, strikt, unbarmherzig, unerbittlich, unnachsichtig.

Rache
Abrechnung, Bestrafung, Gegenangriff, Gegenschlag, Gegenstoß, Heimzahlung, Revanche, Vergeltung; *(geh.):* Ahndung, Genugtuung.

rächen
auf Rache sinnen, bestrafen, erwidern, heimzahlen, seine Rachlust stillen, strafen, vergelten, Vergeltung üben, zur Rechenschaft ziehen; *(geh.):* ahnden, eine [alte] Rechnung begleichen, sich Genugtuung verschaffen, Rache üben; *(nachdrücklich):* Rache nehmen.

Rachen
Gurgel, Hals, Kehle, Rachenraum, Schlund.
rächen, sich
sich als Bumerang erweisen, böse Folgen haben, Konsequenzen haben, üble Folgen nach sich ziehen; *(ugs.):* schlimmer als vorher sein.
rackern
sich abplagen, sich abquälen, sich placken, ringen, sich schinden; *(meist geh.):* sich mühen; *(ugs.):* sich abschinden, sich abstrampeln, ackern, sich ins Zeug legen, schuften.
radikal
1. a) elementar, entscheidend, fundamental, generell, gründlich, grundsätzlich, vollständig; *(bildungsspr.):* essenziell, substanziell. **b)** hart, rabiat, rigoros, unnachgiebig; *(ugs.):* abgebrüht, kaltschnäuzig, ohne Rücksicht auf Verluste; *(abwertend):* kaltblütig, roh, rücksichtslos.
2. extrem, extremistisch; *(häufig abwertend):* radikalistisch.

GGS gemäßigt, kompromissbereit, moderat.

Radikalismus
1. Bedenkenlosigkeit, Gewissenlosigkeit, Hemmungslosigkeit, Schamlosigkeit; *(abwertend):* Rücksichtslosigkeit, Skrupellosigkeit.
2. Extremismus, Ideologie.
raffiniert
1. ausgeklügelt, durchdacht, folgerichtig, fundiert, hieb- und stichfest, klug, konsequent, rund, sinnvoll, taktisch; *(ugs.):* ausgetüftelt.
2. geschmackvoll, gewählt, veredelt, verfeinert.
Rage
Ärger, Empörung, Gereiztheit, Jähzorn, Verärgerung, Verdrossenheit, Verdruss, Verstimmung, Wut, Zorn; *(geh.):* Erzürnung, Furor, Groll, Ungehaltenheit, Unmut, Unwille.
ragen
aufragen, streben; *(geh.):* aufsteigen, aufstreben, emporragen, emporstreben, sich türmen.
Rahmen
1. Einfassung, Rand, Umfassung, Umrahmung.
2. Fahrgestell, Unterbau, Untergestell.
3. Ambiente, Atmosphäre, Lebensbereich, soziale Verhältnisse, Sphäre, Szene, Umfeld, Umgebung, Umwelt; *(bildungsspr.):* Background.
räkeln, sich ↑rekeln, sich.
ramponieren
beschädigen, demolieren, lädieren, ruinieren, schaden, Schaden anrichten, Schaden verursachen, schadhaft machen, schädigen, verunstalten, verwüsten, zerbrechen, zerkratzen, zerstören, zurichten; *(ugs.):* verschandeln.

Rand
Begrenzung, Einfassung, Grenze, Kante, Rahmen, Saum, Umrahmung, Umrandung.

Rand

am Rande
beiläufig, en passant, flüchtig, leichthin, nebenbei, nebenher, übrigens; *(bildungsspr.):* inzidenter, parenthetisch, peripher.

Randale
Aufruhr, Ausschreitungen, Gewalttätigkeiten, Krawall, Protest, Tumult, Übergriff, Unruhen.
randalieren
brüllen, gewalttätig werden, Krawall schlagen, lärmen, Lärm machen, schreien.
Rang
1. Amt, Beruf, Charge, Dienst, Posten, Stelle, Stellung, Stufe.
2. Bedeutsamkeit, Bedeutung, Belang, Gewicht, Gewichtigkeit, Qualität, Stellenwert, Tragweite, Wert, Wichtigkeit; *(bildungsspr.):* Relevanz, Signifikanz.
3. Platz, Platzierung, Position, Standing; *(bes. Politik):* Zustimmungsrate.
Rangordnung
Hierarchie, Klassifikation, Rangfolge, Stufenleiter, Stufenordnung, Wertskala.
ranken, sich
[sich] hochranken, sich schlängeln, umranken, sich winden; *(geh.):* [sich] emporranken.
Ranzen
1. [Schul]mappe, Schulranzen, Schultasche.
2. Bündel, Rucksack, Tornister.
ranzig
nicht mehr gut, schlecht, ungenießbar, verdorben; *(ugs.):* gammelig, hinüber, vergammelt.
rar
einzigartig, exquisit, hochwertig, kostbar, selten, ungewöhnlich; *(bildungsspr.):* singulär.
Rarität
Ausnahme, ein weißer Rabe, Kostbarkeit, Liebhaberstück, Sammlerstück, Schatz, Seltenheit.
rasant
pfeilschnell, rapide, stürmisch.
rasch
auf der Stelle, bald, in kurzer Zeit, ohne Umweg, schnell, sofort, temporeich, unverzüglich, zügig; *(schweiz.):* speditiv; *(ugs.):* flink, flott, rasant, schnurstracks; zack, zack; zackig.
rasen
1. eilen, hetzen, jagen, preschen, rennen, sausen, schießen, stürmen; *(geh.):* fliegen, hasten,

stieben; *(ugs.):* düsen, flitzen, pesen, sprinten, spritzen, spurten; *(südd., schweiz.):* springen.
2. aufbrausen, sich aufregen, außer sich geraten, die Beherrschung verlieren, die Fassung verlieren, explodieren, in Wut geraten, in Zorn geraten, platzen, toben, sich vergessen, wild werden, wüten; *(geh.):* sich erzürnen, schäumen; *(bildungsspr.):* sich echauffieren; *(ugs.):* an die Decke/in die Luft gehen, ausflippen, ausrasten, kochen; *(südd., österr.):* aufdrehen.

Rasen
Gras[fläche], Grasplatz, Grünstreifen, Naturrasen, Wiese; *(geh.):* Grasteppich, Rasenteppich.

rasend
1. schnell, temporeich; *(ugs.):* flink, flott, rasant, zackig.
2. a) aufbrausend, erheblich, heftig, leidenschaftlich, stark, stürmisch, tobend, unbeschreiblich, unendlich, unermesslich; *(bildungsspr.):* frenetisch, vehement. **b)** ↑sehr.

Rasse

> **!** Der Begriff *Rasse* gilt aufgrund der willkürlichen Auswahl von Eigenschaften heute als überholt. In Bezug auf Zuchttiere ist das Wort korrekt. In Bezug auf Menschen werden stattdessen die Wörter *Volksgruppe* und *Ethnie* gebraucht.

rasseln
klappern, klimpern, klirren; *(ugs.):* rappeln.

rassistisch
ausländerfeindlich, fremdenfeindlich; *(bildungsspr.):* xenophob.

Rast
Atemholen, Aufenthalt, Einkehr, Erholungspause, Halt, Pause, Stopp, Unterbrechung, Verschnaufpause; *(österr.):* Schnaufpause.

rasten
Atem holen, [sich] ausruhen, eine Pause einlegen/machen, einkehren, sich [ein wenig] Ruhe gönnen, [sich] entspannen, innehalten, pausieren, Rast machen, ruhen, stoppen, unterbrechen, verschnaufen; *(geh.):* Atem schöpfen.

rastlos
anhaltend, beharrlich, beständig, dauerhaft, durchgehend, fortdauernd, fortlaufend, fortwährend, konstant, laufend, pausenlos, permanent, ständig, stetig, unablässig, unentwegt, unermüdlich, ununterbrochen; *(geh.):* stet; *(bildungsspr., Fachspr.):* kontinuierlich.

Rat
1. ↑Ratschlag.
2. Ausweg, Lösung, Weg.
3. Ausschuss, Beirat, Expertengruppe, Gremium, Jury, Komitee, Kommission, Kreis, Kuratorium, Stab, Zirkel.

Rate
1. Abschlag, Abschlagszahlung, Abzahlung, Ratenbetrag, Ratenzahlung, Teilzahlung.
2. Anteil, [An]zahl, Quote.

raten
anhalten, anraten, ans Herz legen, befürworten, beraten, den Rat[schlag] erteilen/geben, einschärfen, empfehlen, ermuntern, nahelegen, vorschlagen, zureden; *(geh.):* anempfehlen.

Ratgeber
Einführung, Fibel, Führer, Grundriss, Guide, Handbuch, Handreichung, Leitfaden; *(bildungsspr.):* Kompendium, Vademecum.

Ration
Anteil, Dosis, Kontingent, Menge, Portion, Quote, Stück, Teil; *(schweiz.):* Treffnis.

rational
a) besonnen, klar [blickend], nüchtern, objektiv, pragmatisch, realistisch, sachlich, trocken, überlegt, unpersönlich, vernünftig, verstandesmäßig; *(bildungsspr.):* prosaisch. **b)** mit [dem] Verstand, sinnvoll, vernunftgemäß, vernünftig.

rationieren
abmessen, begrenzen, bemessen, berechnen, bewirtschaften, dosieren, einschränken, einteilen, zuteilen; *(geh.):* zumessen.

ratlos
durcheinander, hilflos, sich keinen Rat wissend, konfus, mit seiner Weisheit am Ende, ohnmächtig, unentschlossen, unschlüssig, verlegen, verwirrt, verzweifelt; *(schweiz.):* am Berg; *(geh.):* verzagt; *(bildungsspr.):* resigniert.

ratsam
am Platz, angebracht, empfehlenswert, geraten, nützlich, passend, richtig, sinnvoll, vernünftig, von Nutzen, vorteilhaft, zweckmäßig; *(geh.):* angezeigt, geboten; *(bildungsspr.):* opportun; *(südd.):* geschickt; *(veraltend):* rätlich, tunlich.

Ratschlag
Anregung, Empfehlung, Fingerzeig, Hilfestellung, Hinweis, Rat, Vorschlag; *(ugs.):* Tipp.

Rätsel
1. Denkspiel, Denk[sport]aufgabe, Preisaufgabe, Quiz, Ratespiel, Scharade.
2. Dunkel, Geheimnis, Merkwürdigkeit, Mysterium, Rätselhaftigkeit, Wunder; *(bildungsspr.):* Enigma.

rätselhaft
doppeldeutig, doppelsinnig, dunkel, geheimnisvoll, mehrdeutig, mysteriös, mystisch, unbegreiflich, undurchsichtig, unergründlich, unerklärbar, unklar, unverständlich, vage, ver-

A B C D E F G H I J K L M N O P Q R rät S T U V W X Y Z

schwommen, vieldeutig, zweideutig; *(geh.)*: geheimnisumwittert, geheimnisumwoben; *(bildungsspr.)*: delphisch, enigmatisch, kryptisch, nebulös, orphisch; *(ugs.)*: schleierhaft.

rätseln
brüten, sich Gedanken machen, grübeln, nachdenken, sinnieren, überlegen, Überlegungen anstellen; *(schweiz.)*: werweißen; *(geh.)*: mit sich zurate gehen, [nach]sinnen; *(bildungsspr.)*: meditieren, reflektieren, Reflexionen anstellen; *(ugs.)*: sich das Hirn zermartern, sich den Kopf zerbrechen, herumrätseln, knobeln.

rattern
dröhnen, holpern, knattern, krachen.

rau
1. borstig, kraus, rissig, ruppig, spröde, stoppelig, struppig, uneben, zerklüftet.
2. beißend, eisig, frisch, kalt, scharf, streng, stürmisch, windig.
3. belegt, brüchig, fast stimmlos/tonlos, heiser, krächzend, kratzig, rauchig, spröde.

Raub
Diebstahl, Entwendung, Erbeutung, Plünderung, Raubzug; *(bildungsspr.)*: Plagiat.

rauben
an sich nehmen, entführen, entreißen, kidnappen, stehlen, verschleppen, wegnehmen; *(geh.)*: entwenden; *(ugs.)*: an sich bringen, klauen.

Räuber, Räuberin
Bandit, Banditin, Dieb, Diebin, Einbrecher, Einbrecherin, Eindringling, Krimineller, Kriminelle, Plünderer, Plünderin, Straßenräuber, Straßenräuberin, Verbrecher, Verbrecherin; *(oft scherzh.)*: Langfinger; *(abwertend)*: Gangster, Schurke, Schurkin, Wegelagerer, Wegelagerin.

Rauch
Dampf, Dunst, Qualm, Smog; *(nordd.)*: Schmok.

rauchen
1. dampfen, qualmen, schwelen.
2. paffen, schmauchen; *(nordd.)*: schmöken.

Raum
1. Räumlichkeit, Saal, Wohnraum, Zimmer.
2. Abstand, Entfernung, Spanne, Strecke, Zwischenraum; *(bildungsspr.)*: Distanz.
3. Areal, Bereich, Bezirk, Distrikt, Fläche, Gebiet, Gegend, Gelände, Land[strich], Region, Sektor, Terrain, Territorium, Umgebung, Winkel, Zone; *(geh.)*: Gefilde.

räumen
1. abräumen, ausräumen, beseitigen, entfernen, [fort]schaffen, wegnehmen, wegräumen.
2. a) evakuieren, frei machen, leeren; *(ugs.)*: leer machen. b) aufgeben, verlassen, weggehen.

räumlich
1. lokal, örtlich, regional.
2. dreidimensional, körperhaft, plastisch.

Rausch
1. Alkoholisierung, Betrunkenheit, Trunkenheit; *(bildungsspr.)*: Delirium; *(ugs.)*: Schwips.
2. Ekstase, Hochgefühl, Hochstimmung, Rauschzustand, Taumel, Verzückung; *(geh.)*: Entrückung, Entzückung; *(bildungsspr.)*: Euphorie.

rauschen
blasen, brausen, fegen, pfeifen, sausen, stürmen, toben, tosen, wehen.

räuspern, sich
hüsteln, husten.

Razzia
Durchsuchung, Fahndungsaktion, [Haus]suchung, Polizeikontrolle; *(bes. österr., schweiz.)*: Hausdurchsuchung; *(südd.)*: Heimsuchung.

reagieren
ansprechen, antworten, erwidern, kontern, Reaktion/Wirkung zeigen, sich verhalten; *(geh.)*: begegnen; *(ugs.)*: anspringen.

Reaktion
Antwort, Echo, Entgegnung, Erwiderung, Handlungsweise, Reflex, Resonanz, Respons, Verhaltensweise, Wirkung.

reaktionär
den Fortschritt blockierend/verhindernd, fortschrittsfeindlich, konservativ, rechts, rückschrittlich, rückständig, rückwärtsgerichtet, rückwärtsgewandt, unzeitgemäß; *(abwertend)*: antiquiert, tiefschwarz; *(bildungsspr.)*: illiberal.

real
1. dinglich, echt, existent, gegenständlich, greifbar, konkret, körperhaft, materiell, physisch, stofflich; *(bildungsspr.)*: substanziell.
2. nüchtern, realistisch, realitätsbezogen, reell, sachlich, wirklichkeitsgetreu.

realisieren
1. ausführen, durchführen, [in die Tat] umsetzen, verwirklichen, zustande/zuwege bringen.
2. begreifen, durchschauen, einsehen, erfassen, erkennen, verstehen; *(geh.)*: gewahren, gewahr werden, innewerden; *(ugs.)*: blicken, durchblicken, durchgucken, kapieren; *(salopp)*: checken, durchsteigen, packen, raffen, schnallen.

realistisch
a) lebensecht, naturgetreu, wirklichkeitsgetreu, wirklichkeitsnah. b) fantasielos, illusionslos, leidenschaftslos, nüchtern, objektiv, sachlich, trocken; *(bildungsspr.)*: rational.

Realität
1. Ernstfall, Leben, Praxis, Wirklichkeit.

2. gegebene Umstände, reale Bedingungen, reale Verhältnisse, Sachlage, Sachverhalt, Tatsache, [tatsächliche] Gegebenheit, Wirklichkeit; *(bildungsspr.):* Fakten, Faktizitäten.

Rebell, Rebellin
Aufrührer, Aufrührerin, Aufständischer, Aufständische, Revolutionär, Revolutionärin, Verschwörer, Verschwörerin, Widerständler, Widerständlerin; *(geh.):* Empörer, Empörerin; *(abwertend):* Revoluzzer, Revoluzzerin.

rebellieren
sich aufbäumen, sich auflehnen, sich empören, sich entgegenstellen, Front machen, meutern, protestieren, Sturm laufen, sich widersetzen, sich zur Wehr setzen; *(geh.):* aufbegehren; *(bildungsspr.):* revoltieren; *(ugs.):* auf die Barrikaden steigen, aufmucken, sich querstellen.

Rebellion
Auflehnung, Aufruhr, Empörung, Erhebung, Krawall, Meuterei, Revolte, Revolution, Unruhen, Volksaufstand, Volkserhebung; *(schweiz.):* Unrast; *(bildungsspr.):* Insurrektion.

rebellisch
a) aufrührerisch, aufständisch, aufwieglerisch, empörerisch, meuternd, revolutionär; *(schweiz.):* auflüpfisch; *(bildungsspr.):* rebellierend, revoltierend, subversiv, umstürzlerisch.
b) sich auflehnend, aufrührerisch, aufsässig, trotzig, widersetzlich; *(schweiz.):* auflüpfisch; *(geh.):* aufbegehrend; *(bildungsspr.):* renitent.

Rechenschaft

jmdn. zur Rechenschaft ziehen
bestrafen, maßregeln, zur Verantwortung ziehen; *(schweiz.):* behaften; *(geh.):* ahnden, Rache üben, Vergeltung üben; *(ugs.):* eine Strafe aufbrummen.

Recherche
Erforschung, Erhebung, Ermittlung, Feststellung, Nachforschung, Umfrage, Untersuchung.

recherchieren
a) Auskunft einholen, einer Sache auf den Grund gehen/nachgehen, erforschen, Ermittlungen/Nachforschungen/Recherchen anstellen; *(schweiz.):* forschen; *(geh.):* nachspüren.
b) aufdecken, ausfindig machen, auskundschaften, enthüllen, erforschen, ermitteln, herausbekommen, herausfinden, zutage bringen; *(bildungsspr.):* eruieren; *(ugs.):* [he]rausbringen, [he]rauskriegen, rausbekommen, rausfinden.

rechnen
1. ausrechnen, berechnen, einen Überschlag machen, [eine Rechenaufgabe] lösen, eine Rechnung ausführen, ein Ergebnis/einen Wert ermitteln, errechnen, überschlagen, zusammenrechnen, zusammenzählen.
2. sich einschränken, einteilen, haushalten, jeden Pfennig/Cent [zweimal] umdrehen, maßhalten, sein Geld zusammenhalten, sparsam umgehen mit, [sparsam] wirtschaften.
3. berücksichtigen, dazurechnen, einkalkulieren, heranziehen, ins Kalkül ziehen, miteinbeziehen, miteinrechnen, [mit]zählen.
4. a) bauen auf, hoffen, sich verlassen, vertrauen auf, zählen; *(ugs.):* spekulieren auf. **b)** absehen, annehmen, ausgehen von, einkalkulieren, sich einstellen auf, erwarten, für möglich/wahrscheinlich halten, sich gefasst machen auf, gefasst sein auf, kommen sehen, vermuten.

rechnen, sich
sich bezahlt machen, etwas einbringen/eintragen, Früchte tragen, Gewinn bringen, sich lohnen, lohnend sein, rentabel/rentierlich sein, sich rentieren; *(geh.):* sich verlohnen; *(bildungsspr.):* lukrativ sein; *(ugs.):* sich auszahlen.

Rechnung
1. Bemessung, Berechnung, Überschlag.
2. a) [Kassen]bon, Kassenzettel, [Kauf]beleg, Quittung. **b)** Forderung, Liquidation, Zeche.
3. Berechnung, Kalkulation, Planung, Überlegung, Voraussicht; *(bildungsspr.):* Kalkül.

recht
1. angebracht, anständig, geeignet, gut, in Ordnung, nützlich, passend, richtig, sinnvoll.
2. a) echt, glaubwürdig, wirklich; *(bildungsspr.):* authentisch. **b)** ausreichend, befriedigend, halbwegs, hinlänglich, hinreichend, ziemlich.

Recht
1. Gesetz, Rechtsordnung, Rechtsprechung.
2. Anrecht, Anspruch, Befugnis, Berechtigung, Erlaubnis, Ermächtigung, Freiheit, Lizenz, Rechtsanspruch, Vollmacht; *(bildungsspr.):* Autorisation, Autorisierung, Legitimation.

rechtfertigen
als berechtigt hinstellen, begründen, entschuldigen, in Schutz nehmen, nachvollziehbar/verständlich zu machen suchen, verteidigen.

rechtfertigen, sich
sich erklären, Gründe anführen, Rechenschaft ablegen, Rede und Antwort stehen, sich reinwaschen, sich verantworten, sich verteidigen.

recht geben
sich anschließen, beipflichten, beistimmen, einiggehen, Ja sagen, konform gehen, zustimmen; *(bildungsspr.):* sekundieren.

rechthaberisch
eigensinnig, hartnäckig, starr, störrisch, streit-

A B C D E F G H I J K L M N O P Q R rec S T U V W X Y Z

süchtig, unbelehrbar, uneinsichtig, unnachgiebig, zänkisch; *(bildungsspr.):* obstinat; *(ugs.):* dickköpfig; *(abwertend):* besserwisserisch, borniert, halsstarrig, schulmeisterlich, starrköpfig.

rechtlich
de jure, dem Gesetz/Recht nach, der formellen Rechtslage zufolge, durch das Gesetz, formaljuristisch, formalrechtlich, gesetzlich, juristisch, legal, nach dem Gesetz, nicht gesetzwidrig, rechtmäßig, von Rechts wegen.

rechtlos
entrechtet, geächtet, ohne Rechte, schutzlos, unfrei; *(bildungsspr.):* exlex.

rechtmäßig
a) begründet, ordnungsgemäß, rechtens, vorschriftsmäßig, zugelassen, zulässig; *(geh.):* statthaft; *(bildungsspr.):* legitim. **b)** ↑rechtlich.

rechts
reaktionär, rechtsgerichtet, [ultra]konservativ; *(bildungsspr.):* illiberal.

rechtzeitig
beizeiten, fristgemäß, fristgerecht, just in time, ohne Verspätung, pünktlich, termingemäß, zur rechten Zeit; *(österr., schweiz.):* zeitgerecht.

recyceln
wiederaufbereiten, wiederverwerten.

Rede
1. Ansprache, Beitrag, Darlegung, Darstellung, Erläuterung, Erörterung, Predigt, Speech, Statement, Vortrag; *(bildungsspr.):* Referat.
2. Aussage, Äußerung, Gespräch, Kommunikation, Meinungsaustausch, Unterhaltung, Unterredung, Worte, Wortwechsel; *(schweiz.):* Gerede; *(geh.):* Zwiesprache; *(bildungsspr.):* Diskurs, Konversation, Small Talk; *(Jargon):* Talk.

R
rec

reden ⁄
1. sich äußern, sprechen, Zeichen geben.

BSP Zu dieser Frage möchte ich mich äußern.

2. sich auslassen, ausplaudern, erzählen, formulieren, in Worte fassen/kleiden, kein Blatt vor den Mund nehmen, mitteilen, seine Meinung sagen, vorbringen, zum Ausdruck bringen; *(österr.):* ausplauschen; *(bildungsspr.):* artikulieren, verbalisieren; *(ugs.):* auspacken, den Mund aufmachen/auftun, die Katze aus dem Sack lassen, seinem Herzen Luft machen.
3. sich austauschen, diskutieren, eine Unterhaltung/ein Gespräch führen, plaudern, schwatzen, sich unterhalten; *(bildungsspr.):* kommunizieren, Konversation machen; *(nordd.):* klönen, schnacken; *(bes. südd.):* schwätzen.

Redensart
a) ↑Redewendung. **b)** Allgemeinheiten, Allgemeinplatz, Binsenweisheit, Floskel, leere Worte, Parole, Plattheit; *(geh.):* Plattitüde; *(bildungsspr.):* Truismus; *(abwertend):* Gemeinplatz, [hohle] Phrase, Wortgeklingel.

Redewendung
Formel, Idiom, Redensart, Sprichwort, Wendung; *(Sprachwiss.):* [feste] Fügung, Idiotismus, Phraseologismus.

redlich
anständig, aufrecht, aufrichtig, ehrenhaft, ehrlich, fair, grundanständig, hochanständig, integer, ordentlich, unbescholten, verlässlich; *(schweiz.):* recht; *(geh.):* achtbar, edel, ehrbar, ehrenwert, honett, lauter; *(bildungsspr.):* loyal; *(ugs.):* fein; *(veraltend):* bieder, rechtschaffen, wacker.

Redner, Rednerin
Referent, Referentin, Rhetoriker, Rhetorikerin, Vortragender, Vortragende.

redselig
gesprächig, kommunikationsfreudig, mitteilsam, redefreudig, redelustig; *(abwertend):* geschwätzig, schwatzhaft.

GGS einsilbig, in sich gekehrt, schweigsam, stumm, wortkarg.

redundant
mehrfach vorhanden, überflüssig, überreichlich, überzählig; *(ugs.):* doppelt und dreifach.

reduzieren
1. abbauen, abschwächen, begrenzen, beschneiden, beschränken, drosseln, drücken, einschränken, ermäßigen, erniedrigen, herabmindern, herabsetzen, heruntersetzen, kürzen, schmälern, senken, streichen, verkleinern, verkürzen, vermindern, verringern; *(geh.):* mindern; *(bildungsspr.):* dezimieren.
2. vereinfachen, zurückführen; *(bildungsspr.):* abstrahieren, simplifizieren.

reell
1. anständig, aufrecht, aufrichtig, ehrlich, grundehrlich, redlich, solide, vertrauenswürdig; *(geh.):* lauter; *(emotional verstärkend):* kreuzehrlich; *(veraltend):* rechtschaffen.
2. echt, greifbar, konkret, real, realistisch, tatsächlich, wirklich.

Referat
1. a) Beitrag, Darlegung, Darstellung, Erläuterung, Erörterung, Rede, Speech, Vortrag. **b)** Abhandlung, Bericht, Besprechung, Erörterung, Rapport, Report; *(Fachspr.):* Exposé.
2. Abteilung, Bereich, Ressort, Sektion.

Referent, Referentin
1. Berichterstatter, Berichterstatterin, Redner,

Rednerin, Sprecher, Sprecherin, Vortragender, Vortragende.
2. Dienststellenleiter, Dienststellenleiterin, Referatsleiter, Referatsleiterin, Ressortchef, Ressortchefin, Ressortleiter, Ressortleiterin.

Referenzen
Auskunft, Beurteilung, Bewertung, Einschätzung, Empfehlung, Empfehlungsschreiben, Gutachten, Zeugnis.

referieren
a) einen Vortrag halten, ein Referat halten, reden, sprechen, vortragen. **b)** ausführen, berichten, Bericht erstatten, darlegen, darstellen, erörtern, erzählen, informieren, schildern, zusammenfassen; *(geh.):* dartun; *(bildungsspr.):* kommunizieren; *(veraltend):* rapportieren.

reflektieren
1. brechen, [wider]spiegeln, zurückstrahlen.
2. a) sich Gedanken machen, nachdenken, nachsinnen, philosophieren, sinnieren, überlegen, Überlegungen anstellen; *(schweiz.):* werweißen; *(geh.):* mit sich zurate gehen, [nach]sinnen; *(bildungsspr.):* meditieren, Reflexionen anstellen; *(ugs.):* sich den Kopf zerbrechen, herumrätseln. **b)** bedenken, durchdenken, sich durch den Kopf gehen lassen, sich klarmachen, überdenken, von allen Seiten betrachten.

Reflex
1. Abglanz, Lichtreflex, Spiegelbild, Spiegelung.
2. Antwort, Reaktion; *(Fachspr.):* Reizantwort.

Reflexion
1. Spiegelung.
2. Bedenken, Betrachtung, Erwägung, Nachdenken, Überlegung, Versenkung; *(geh.):* Nachsinnen, Sinnen; *(bildungsspr.):* Kontemplation.

Reform
Erneuerung, Neuerung, Neugestaltung, Neuordnung, Neuregelung, Umbildung, Umgestaltung, Umwandlung, Veränderung; *(bildungsspr.):* Innovation, Reorganisation.

reformieren
[ab]ändern, abwandeln, erneuern, modernisieren, neuern, neu gestalten, neu ordnen, überarbeiten, umändern, umbilden, umformen, umgestalten, umstellen, umwandeln, verändern; *(bildungsspr.):* modifizieren, reorganisieren, restrukturieren, sanieren; *(ugs.):* umkrempeln; *(bildungsspr., Fachspr.):* transformieren.

rege
betriebsam, geschäftig, lebhaft; *(ugs.):* quirlig.

Regel
1. a) Bestimmung, Devise, Faustregel, Festlegung, Gesetz, Grundsatz, Konvention, Leitfaden, Leitlinie, Leitsatz, Maßstab, Norm, Ordnung, Prinzip, Regelung, Regelwerk, Richtlinie, Richtschnur, Standard, Statut, Übereinkunft, Vorschrift; *(bildungsspr.):* Direktive, Kanon, Maxime, Reglement. **b)** Brauch, [feste] Gewohnheit, Gesetzmäßigkeit, Normalfall, Regelmäßigkeit, Sitte, Tradition, Usus; *(geh.):* Gepflogenheit; *(Sprachwiss.):* Regularität.
2. [Monats]blutung, Periode, Regelblutung; *(ugs. verhüll.):* Tage.

regellos
chaotisch, durcheinander, konfus, planlos, unaufgeräumt, ungeregelt, unüberschaubar, unübersichtlich, unzusammenhängend, verworren, wirr, wüst, zusammenhanglos; *(bildungsspr.):* desorganisiert, diffus; *(ugs.):* drunter und drüber; *(emotional):* kunterbunt.

regelmäßig
a) ausgeglichen, ausgewogen, ebenmäßig, gleichmäßig, harmonisch, im Gleichgewicht/Gleichmaß, proportioniert, symmetrisch, verhältnisgleich, wohlgeformt; *(geh.):* wohlgestaltet, wohlproportioniert; *(bildungsspr.):* proportional, wohltemperiert. **b)** gewohnheitsmäßig, gewöhnlich, immer wieder, in bestimmten/festen/gleichen/gleichmäßigen Abständen, in bestimmter/gleichmäßiger Folge, ständig, stets, wiederholt, wiederkehrend, zyklisch; *(bildungsspr.):* in gleichmäßigen Intervallen, periodisch; *(bildungsspr. abwertend):* notorisch.

regeln
1. a) abstecken, abstimmen, bestimmen, dekretieren, dirigieren, festlegen, festsetzen, ordnen, organisieren, standardisieren; *(bildungsspr.):* diktieren, fixieren, kanonisieren, normieren, statuieren; *(bildungsspr., Fachspr.):* determinieren; *(bildungsspr., oft abwertend):* reglementieren. **b)** abhelfen, aus der Welt schaffen, ausgleichen, beilegen, bereinigen, einen Ausgleich bewirken/herbeiführen/schaffen, entschärfen, glätten, ins [rechte] Lot bringen, ins Reine bringen, klären, schlichten, vermitteln, versöhnen; *(ugs.):* einrenken, hinbiegen, in Ordnung bringen, zurechtbiegen, zurechtrücken; *(bes. südd., österr., schweiz.):* richten.
2. einrichten, einstellen, regulieren, steuern.

regelrecht
1. einwandfrei, in Ordnung, korrekt, legitim, ordentlich, ordnungsgemäß, regelgemäß, regelkonform, regulär, vorschriftsmäßig.
2. ausgesprochen, buchstäblich, direkt, echt, förmlich, geradezu, im wahrsten Sinne [des Wortes], praktisch, rein, richtig[gehend], wahrhaft, waschecht; *(ugs.):* leibhaftig.

Regen
1. Niederschlag, Nieselregen, Platzregen, Regenfälle, Regenguss, Schauer[regen], Sturzregen; *(österr.):* Schnürlregen; *(dichter.):* Nass; *(bes. Fachspr.):* Niederschlagswasser.
2. Flut, Fülle; *(geh.):* Kaskade.

regen, sich
1. aktiv werden, sich betätigen, sich bewegen, fleißig sein, tätig sein; *(geh.):* sich rühren.
2. sich anbahnen, aufkeimen, aufkommen, sich ausbilden, sich bilden, entstehen, sich entwickeln, sich erheben, erwachsen, sich formen, sich heranbilden, heraufkommen, lebendig werden; *(geh.):* aufsteigen, erwachen.

Regent, Regentin
gekröntes Haupt, Herr, Herrin, Herrscher, Herrscherin, Landesherr, Landesherrin, Monarch, Monarchin, Staatsoberhaupt; *(geh.):* [Ober]haupt; *(oft abwertend):* Machthaber, Machthaberin.

regieren
amtieren, an der Spitze stehen, das Steuer in der Hand haben, die Befehlsgewalt haben, die Geschicke des Staates bestimmen, die Herrschaft/Gewalt/Macht ausüben, die Herrschaftsgewalt innehaben, die politische Führung haben, die Regierungsgewalt innehaben, führen, herrschen, leiten, lenken; *(geh.):* das Heft in der Hand haben, gebieten, vorstehen.

Region
1. Bezirk, Distrikt, Gebiet, Gegend, Klimazone, Territorium, Umkreis, Zone; *(geh.):* Gefilde.
2. Bereich, Bezirk, Domäne, Horizont, Lebensbereich, Sektor, Sphäre.

Register
Aufstellung, Glossar, Index, Kartei, Katalog, Liste, Sachverzeichnis, Tabelle, Übersicht, [Wörter]verzeichnis, Zusammenstellung.

registrieren
1. aufnehmen, aufzeichnen, buchen, dokumentieren, eintragen, erfassen, notieren, [schriftlich] festhalten, verdaten, verzeichnen.
2. bemerken, entdecken, erfassen, feststellen, merken, wahrnehmen, zur Kenntnis nehmen; *(österr.):* ausnehmen; *(geh.):* gewahren, gewahr werden; *(bildungsspr.):* konstatieren.

reglementieren
anordnen, anweisen, befehlen, dekretieren, eine Auflage erteilen, festsetzen, regeln, verfügen, verhängen, verordnen, vorschreiben; *(bildungsspr.):* diktieren, fixieren, statuieren.

reglos
bewegungslos, erstarrt, leblos, regungslos, ruhig, starr, still, unbeweglich, unbewegt, wie angewurzelt, wie gelähmt, wie versteinert; *(bildungsspr.):* wie paralysiert.

regnen
in Strömen regnen, niedergehen, niederregnen, nieseln, prasseln; *(geh.):* der Himmel öffnet seine Schleusen; *(ugs.):* Bindfäden regnen, [in Strömen] gießen, schütten, spritzen, tröpfeln; *(nordd.):* drippeln, pladdern.

regulär
a) amtlich, formell, nach Plan, ordnungsgemäß, planmäßig, programmgemäß, regelgemäß, regelkonform, richtig, vorschriftsmäßig, [wie] geplant, [wie] vorgesehen; *(bildungsspr.):* regelgeleitet, rite; *(ugs.):* ordnungsmäßig. **b)** allgemein, gängig, generell, gewohnt, herkömmlich, normal, überall herrschend, üblich, verbreitet.

regulieren
1. einrichten, einstellen, regeln, steuern.
2. aus der Welt schaffen, gestalten, in Ordnung bringen, ins Reine bringen, klären, ordnen, regeln; *(ugs.):* einrenken, geradebiegen.

Regung
1. Anwandlung, Bewegtheit, Bewegung, Empfindung, Ergriffenheit, Erregung, Erschütterung, Gefühlsäußerung, Gemütsbewegung.
2. Absicht, Anliegen, Bestrebung, Interesse, Plan, Vorsatz, Wille, Wunsch, Ziel.

rehabilitieren
1. jmds. Ansehen/den guten Ruf wiederherstellen, korrigieren, revidieren, richtigstellen.
2. wieder eingliedern; *(bildungsspr.):* [re]integrieren.

reibungslos
einfach, glatt, mühelos, ohne Hindernisse/Komplikationen, ohne Probleme/Schwierigkeiten, problemlos, unkompliziert, wunschgemäß.

reich
1. a) begütert, bemittelt, finanzkräftig, finanzstark, gut situiert, vermögend, wohlhabend; *(österr.):* situiert; *(schweiz.):* hablich; *(bildungsspr.):* potent; *(ugs.):* betucht, zahlungskräftig. **b)** einkommensstark, gut verdienend.
2. a) aufwendig, fürstlich, glanzvoll, herrlich, herrschaftlich, luxuriös, pompös, prächtig, prachtvoll, prunkvoll; *(geh.):* prangend; *(ugs.):* protzig. **b)** ↑reichlich (a).

Reich
1. Land, Staat.
2. Befehlsgewalt, Domäne, Herrschaftsbereich, Sektor; *(bildungsspr.):* Imperium.

reichen
1. auskommen, ausreichen, genügen, genug sein; *(ugs.):* hinkommen, langen.

2. sich entlangziehen, sich erstrecken, gehen bis, verlaufen; *(geh.)*: sich breiten, sich spannen.

reichhaltig

a) breit gefächert, bunt, farbig, üppig, verschwenderisch, vielseitig; *(geh.)*: mannigfaltig. **b)** gehaltvoll, kalorienreich, kräftig, kräftigend, nährend, nahrhaft, nährstoffreich, sättigend.

reichlich

a) ausgiebig, in Hülle und Fülle, in reichem Maße, in Strömen, mehr als genug/genügend, nicht wenig, nicht zu knapp, reich, überreichlich, umfangreich, umfassend, üppig, vielfältig; *(bildungsspr.)*: abundant, opulent. **b)** ↑sehr.

Reichtum

1. Besitz, Besitztümer, Gelder, Güter, Kapital, Mittel, Schätze, Vermögen, Vermögenswerte.

2. Buntheit, Fülle, Üppigkeit, Vielfalt; *(bildungsspr.)*: Spektrum.

reif

1. abgelagert, ausgebildet, ausgereift, entfaltet, erntereif, pflückreif, voll entwickelt.

2. a) abgeklärt, ausgeglichen, erwachsen, gelassen, innerlich gefestigt, mündig, ruhig, selbstständig, überlegt, umsichtig, vernünftig, weise; *(geh.)*: souverän; *(bildungsspr.)*: stoisch. **b)** abgerundet, ausgearbeitet, ausgefeilt, ausgewogen, durchdacht, [wohl]überlegt.

Reife

1. Ausgereiftheit, Reifheit.

2. a) Abgeklärtheit, Ausgeglichenheit, Erwachsensein, Gelassenheit, Mündigkeit, Selbstständigkeit; *(geh.)*: Souveränität. **b)** Ausgewogenheit, Blüte[zeit], Harmonie, Vollkommenheit.

reifen

1. ausreifen, gedeihen, heranreifen, [völlig] reif werden, wachsen; *(österr.)*: zeitigen.

2. a) besser werden, ein anderer Mensch werden, erwachsen werden, reif werden, sich verändern; *(geh.)*: erblühen, erwachen, sich wandeln; *(ugs.)*: sich [heraus]machen, sich mausern. **b)** entstehen, sich entwickeln, sich herauskristallisieren; *(geh.)*: erwachen, sich regen.

Reifeprüfung

Abitur, Gymnasialabschluss; *(österr., schweiz.)*: Matura; *(schweiz.)*: Maturität, Maturitätsprüfung; *(Schülerspr.)*: Abi.

reiflich

ausführlich, eingehend, erschöpfend, gewissenhaft, gründlich, in allen Einzelheiten, in aller Ausführlichkeit, intensiv, sorgfältig; *(bildungsspr.)*: bis ins kleinste Detail, detailliert, differenziert, en détail, minutiös.

Reihe

1. a) Kette, Linie, Zeile. **b)** Aufstellung, große Gruppe, Pulk, Schar, Schlange, Trupp.

2. Folge, Gruppe, Serie.

3. ↑Reihenfolge.

Reihe

der Reihe nach

anschließend, aufeinanderfolgend, durchgehend, einer nach dem anderen, eine nach der anderen, eins nach dem anderen, hintereinander, nacheinander, ohne Unterbrechung; *(bildungsspr., Fachspr.)*: chronologisch, kontinuierlich.

Reihenfolge

Abfolge, Ablauf, Aufeinanderfolge, Chronologie, Entwicklung, [Fort]gang, Hergang, Lauf, Nacheinander, Programm, Prozess, Reihe, Reihung, Turnus, Verlauf, Vorgang; *(geh.)*: Geschehen; *(bildungsspr., Fachspr.)*: Sequenz.

reihenweise

in großer Zahl, in Hülle und Fülle, in Massen, in reichem Maße, massenweise, mehr als genug/genügend, nicht zu knapp, reichlich, scharenweise; *(geh.)*: mannigfach; *(ugs.)*: doppelt und dreifach, en masse, haufenweise, in rauen Mengen, massig; *(emotional)*: dutzendfach, sattsam.

[1]rein

1. echt, gediegen, massiv, pur, ungetrübt, unverfälscht, unvermischt; *(geh.)*: lauter.

2. blank, bloß, nichts anderes als, schlicht; *(geh.)*: bar; *(ugs.)*: pur.

3. adrett, fleckenlos, gepflegt, makellos sauber, ordentlich, schmutzfrei; *(ugs.)*: appetitlich, proper, tipptopp, wie aus dem Ei gepellt/geschält.

[2]rein

a) ausschließlich, nur, weiter nichts als, zuerst, zuvorderst; *(geh.)*: allein; *(ugs.)*: bloß; *(veraltend)*: zuvörderst. **b)** absolut, ganz und gar, generell, geradezu, gründlich, grundsätzlich, kurzerhand, schlechthin, schlicht, überhaupt, völlig, vollständig; *(veraltend)*: schlechterdings.

Reinfall

Bruchlandung, Desaster, Enttäuschung, Fehlschlag, Fiasko, Katastrophe, Misserfolg, unangenehme Überraschung, Unglück; *(österr.)*: Aufsitzer; *(bildungsspr.)*: Armageddon, Debakel, Kannä, Waterloo; *(ugs.)*: Flop, Schlappe; *(ugs. emotional verstärkend)*: Super-GAU.

Reinheit

1. Echtheit, Massivität; *(geh.)*: Lauterkeit.

2. Fleckenlosigkeit, Frische, Hygiene, Ordnung, Reinlichkeit, Sauberkeit; *(dichter.)*: Reine.

reinigen
den Schmutz entfernen, einer Reinigung unterziehen, putzen, sauber machen, säubern.

reinlegen
aufs Glatteis führen, betrügen, bluffen, ein X für ein U vormachen, hintergehen, hinters Licht führen, irreführen, prellen, täuschen, trügen, überlisten, übertölpeln, übervorteilen; *(österr.):* betakeln; *(geh.):* äffen, irreleiten, narren; *(ugs.):* an der Nase herumführen, austricksen, hereinlegen, leimen, linken, über den Tisch ziehen.

reinlich
a) auf Reinlichkeit/Sauberkeit bedacht, ordentlich, sauber. **b)** ansprechend, frisch, gepflegt, hygienisch, keimfrei, sauber, steril; *(ugs.):* appetitlich, manierlich, proper, tipptopp.

Reise
Ausflug, Exkursion, Expedition, Fahrt, Roadtrip, Tour; *(geh.):* Odyssee; *(ugs.):* Trip.

reisen
a) auf Reisen gehen, befahren, bereisen, besuchen, durchreisen, eine Reise machen, fahren, gondeln, verreisen. **b)** abfahren, abreisen, aufbrechen, die/eine Reise antreten, losfahren, verreisen, wegfahren; *(ugs.):* abdüsen, abrauschen.

Reisender, Reisende
Passagier, Passagierin, Tourist, Touristin.

reißen
1. abreißen, aufbrechen, aufgehen, aufplatzen, aufreißen, auseinandergehen, auseinanderplatzen, durchreißen, entzweigehen, platzen, zerreißen; *(geh.):* aufbersten, bersten, zerspringen.
2. auseinandertrennen, durchreißen, entzweireißen, zerfetzen, zerreißen.
3. ablösen, abreißen, abrupfen, abtrennen, ausraufen, ausreißen, ausrupfen, auszupfen, entfernen, herausreißen, herausrupfen, herausziehen, lösen, loslösen, lostrennen, raufen, zupfen.
4. zerren, ziehen, zupfen.

reißen, sich
1. sich befreien, sich frei machen, sich [los]lösen, sich losreißen.
2. sich bemühen, Himmel und Hölle in Bewegung setzen; *(ugs.):* alle Hebel in Bewegung setzen, hinter etw. her sein, hinterherlaufen, nachlaufen, nachrennen; *(geh. abwertend):* buhlen.

reißend
1. brausend, rasend, tobend, turbulent, wild; *(geh.):* ungestüm; *(ugs.):* rasant.
2. begeistert, lebhaft, schwungvoll, stürmisch; *(bildungsspr.):* exzessiv, vehement.

reißerisch
aufdringlich, extrem, giftig, grell, krass, schreiend, schrill; *(bildungsspr.):* exklamatorisch; *(ugs.):* knallig; *(abwertend):* marktschreierisch.

Reißzwecke
Heftzwecke, Reiß[brett]stift, Reißnagel.

reiten
galoppieren, im Sattel sitzen, traben.

Reiz
1. Reizung; *(bildungsspr.):* Irritation.
2. a) Anreiz, Antrieb, Anziehung, Anziehungskraft, Attraktivität, Verführung, Versuchung; *(geh.):* Verlockung; *(bildungsspr.):* Attraktion, Stimulanz, Stimulus. **b)** Ausstrahlung, Charisma, Charme, Magie, Zauber; *(geh.):* Liebreiz.

reizbar
aufbrausend, auffahrend, cholerisch, erregbar, hitzig, hitzköpfig, jähzornig; *(ugs.):* grätig.

reizen
1. aufbringen, aufregen, aufreizen, in Erregung versetzen, in Harnisch bringen, rasend machen; *(geh.):* ergrimmen, erzürnen; *(bildungsspr.):* echauffieren, provozieren; *(ugs.):* hochbringen, in Rage versetzen.
2. angreifen, beeinträchtigen, erschöpfen, schädigen, schwächen, strapazieren, traktieren, zusetzen; *(ugs.):* schaffen, schlauchen.
3. animieren, ansprechen, anziehen, Interesse/Neugier erregen/wecken, interessieren, kitzeln, locken, Lust machen; *(schweiz.):* wundern; *(geh.):* gelüsten, verlocken; *(ugs.):* jucken.

reizend
allerliebst, bezaubernd, charmant, entzückend.

rekapitulieren
erinnern, in Erinnerung bringen, ins Bewusstsein bringen/rufen, sich ins Gedächtnis rufen, sich vergegenwärtigen, wachrufen, wecken, wiederholen, zurückrufen, zusammenfassen.

rekeln, sich
sich ausstrecken, sich dehnen, sich recken, sich strecken; *(ugs.):* sich aalen.

reklamieren
1. beanstanden, sich beklagen, bemängeln, Beschwerde einlegen/führen, sich beschweren, Einspruch erheben, etwas auszusetzen haben, monieren; *(österr.):* beanständen.
2. abfordern, abverlangen, Anspruch erheben, sich ausbedingen, sich ausbitten, beanspruchen, bestehen auf, dringen auf, einfordern, fordern, verlangen, sich vorbehalten; *(österr.):* austragen; *(geh.):* pochen auf; *(bildungsspr.):* insistieren, persistieren, postulieren.

rekonstruieren
1. nachbilden, nachgestalten, wieder errichten, wiederherrichten, wiederherstellen.
2. aufleben lassen, darstellen, mit Leben erfül-

len, [neu/wieder] beleben, wiedergeben, zum Leben erwecken, zur Darstellung bringen.

Rekord

1. Höchstleistung; *(Sport):* Bestmarke.
2. Gipfelleistung, Glanzleistung, Höchstmaß, Höchstwert, Maximalleistung, Maximalwert, Rekordmarke; *(bildungsspr.):* Superlativ.

rekrutieren

beschaffen, besorgen, herbeibringen, herbeischaffen, herbringen, herholen, herschaffen, holen, verschaffen; *(ugs.):* organisieren.

Relation

Beziehung, Bezug, Verbindung, Verhältnis, Verknüpfung, Zusammenhang; *(bildungsspr.):* Konnex; *(Fachspr.):* Nexus.

relativ

1. a) bedingt, begrenzt, beschränkt, eingeschränkt. **b)** gemessen an anderen, im Vergleich zu anderen, vergleichsweise, verhältnismäßig.
2. abhängig, bedingt, gebunden.

relevant

ausschlaggebend, bedeutsam, entscheidend, interessant, maßgebend, maßgeblich, von Belang, wesentlich, wichtig; *(bildungsspr.):* essenziell, signifikant, von Relevanz.

Religion

1. Bekenntnis, Glaube, Glaubenslehre, Konfession, Religionslehre.
2. Religionslehre, Religionsstunde, Religionsunterricht; *(Schülerspr.):* Reli.

religiös

1. geistlich, kirchlich, nicht weltlich, sakral, theologisch; *(bildungsspr.):* spiritual, spirituell.
2. fromm, glaubensstark, gläubig, gottesfürchtig, rechtgläubig; *(geh.):* glaubensvoll.

GGS atheistisch, gottesleugnerisch, ungläubig.

Relikt

Dinosaurier, Fossil, [Über]rest; *(bildungsspr.):* Rudiment; *(ugs.):* Überbleibsel.

Reminiszenz

1. Blick in die Vergangenheit, Erinnerung, Rückblick; *(bildungsspr.):* Retrospektive.
2. Affinität, Ähnlichkeit, Anklang, Parallelität, Zug; *(bildungsspr.):* Analogie.

Rendite

Gewinn, Kapitalertrag; *(Fachspr.):* Profit.

rennen

eilen, fegen, hetzen, jagen, preschen, sausen, schießen, schnell laufen, stürmen, wieseln; *(geh.):* fliegen, hasten, stieben; *(ugs.):* düsen, flitzen, pesen, rasen, sprinten, spritzen, spurten, wetzen; *(südd., schweiz.):* springen.

Rennen

Wettfahrt, Wettlauf, Wettrennen.

Renner

Bestseller, Blockbuster, großer Erfolg, Kassenerfolg, Publikumserfolg, Verkaufsschlager, Volltreffer; *(ugs.):* Hit, Kassenschlager, Knüller.

renommiert

anerkannt, angesehen, berühmt, einen guten Namen/Ruf habend, geachtet, geschätzt, hohes Ansehen genießend, namhaft.

renovieren

ausbessern, erneuern, grundüberholen, instand setzen, sanieren, überholen, wiederherstellen; *(schweiz.):* instand stellen, revidieren; *(bes. österr.):* revitalisieren; *(bildungsspr.):* restaurieren.

rentabel

einbringlich, einträglich, ertragreich, gewinnbringend, lohnend, ökonomisch, profitabel, sich rentierend, rentierlich, wirtschaftlich; *(bildungsspr.):* lukrativ; *(ugs.):* sich auszahlend, fett; *(oft abwertend):* Profit bringend.

Rente

Altersversorgung, Pension, Ruhegehalt.

rentieren, sich

abwerfen, sich bezahlt machen, einbringen, einträglich sein, Gewinn bringen, herausspringen, sich lohnen, lohnend sein, Nutzen bringen, rentabel/rentierlich sein; *(geh.):* sich verlohnen; *(bildungsspr.):* lukrativ sein; *(ugs.):* sich auszahlen, sich rechnen, rumkommen.

Rentner, Rentnerin

Pensionär, Pensionärin, Rentenempfänger, Rentenempfängerin, Ruheständler, Ruheständlerin; *(schweiz.):* Pensionierter, Pensionierte; *(südd., österr.):* Pensionist, Pensionistin.

reparieren

ausbessern, einen Schaden beheben/beseitigen, eine Reparatur ausführen, in Ordnung bringen, instand setzen, wiederherrichten, wiederherstellen; *(schweiz.):* instand stellen; *(südd., österr., schweiz.):* richten.

Repertoire

Bestand, Programm, Spielplan, Vorrat.

Reportage

Aufzeichnung, Bericht[erstattung], Lagebericht, Report, Tatsachenbericht.

repräsentativ

1. charakteristisch, kennzeichnend, stellvertretend, typisch; *(bildungsspr.):* signifikant.
2. ausschlaggebend, entscheidend, maßgebend, wesentlich; *(bildungsspr.):* relevant.
3. ansehnlich, beeindruckend, eindrucksvoll, imponierend, imposant, stattlich, wirkungsvoll; *(bildungsspr.):* repräsentabel.

repräsentieren
1. an jmds. Stelle treten, auftreten, erscheinen, Repräsentant[in] sein, stellvertretend anwesend/tätig sein, vertreten, Vertreter[in] sein.
2. stehen für; *(bildungsspr.):* repräsentativ sein.
3. glänzen, in der Öffentlichkeit auftreten.
4. darstellen, einen Wert haben, vorstellen.

repressiv
autoritär, einengend, knebelnd, unterdrückend, Zwang ausübend; *(bildungsspr.):* Repressionen ausübend.

Reproduktion
1. Abdruck, Ablichtung, Druck, Kopie, Vervielfältigung; *(Fachspr.):* Faksimile.
2. Imitat[ion], Nachbildung, Wiedergabe; *(bildungsspr. abwertend):* Klischee.
3. Fortpflanzung.

reproduzieren
1. abbilden, nachahmen, nacharbeiten, nachbilden, nachgestalten, nachschaffen.
2. kopieren, nachdrucken, vervielfältigen.

Requisit
Bestandteil, Element, Gegenstand, Komponente, Utensil, Zubehör[teil].

reservieren
a) belegen, besetzen, buchen, frei halten, offenhalten, offenlassen, sichern, vorbestellen, vormerken; *(ugs.):* blocken. b) aufbewahren, aufheben, bereitlegen, zurücklegen, zurückstellen.

reserviert
abweisend, kühl, schweigsam, unnahbar, unzugänglich, verhalten, verschlossen, wortkarg, zurückhaltend; *(bildungsspr.):* distanziert.

resignieren
sich abfinden, abgeschlossen haben, aufgeben, sich beugen, den Dingen ihren Lauf lassen, den Mut verlieren, entmutigt sein, sich [in sein Schicksal] fügen, kapitulieren, klein beigeben, sich schicken, seine Hoffnung begraben, verzichten, zurückstecken; *(geh.):* den Nacken beugen, die Segel streichen, die Waffen strecken, verzagen; *(ugs.):* das Handtuch schmeißen/werfen, den Kram hinschmeißen, passen.

resistent
robust, stabil, unempfindlich, unverwüstlich, widerstandsfähig, zäh; *(geh.):* gefeit, gestählt.

Resonanz
1. Echo, Mitschwingen, Mittönen, Nachhall, Nachklang, Widerhall.
2. Akzeptanz, Anerkennung, Anklang, Beifall, Echo, Gefallen, Zustimmung; *(geh.):* Zuspruch.

Respekt
1. Achtung, Anerkennung, Bewunderung, Hochachtung; *(geh.):* Ehrerbietung, Pietät, Wertschätzung; *(bildungsspr.):* Reverenz.
2. Ehrfurcht, Scheu; *(ugs. emotional verstärkend):* Heidenrespekt.

respektieren
1. achten, Achtung entgegenbringen, anerkennen, Ehre erweisen, ehren, hoch achten/schätzen, honorieren, in Ehren halten, Respekt entgegenbringen/erweisen, schätzen.
2. akzeptieren, anerkennen, zugestehen, zulassen; *(geh.):* wahren; *(bildungsspr.):* tolerieren.

respektlos
abfällig, abschätzig, frech, geringschätzig, keck, kess, respektwidrig; *(geh.):* despektierlich.

respektvoll
achtungsvoll, ehrfürchtig, voll[er] Achtung/Ehrfurcht/Respekt; *(geh.):* ehrerbietig, ehrfurchtsvoll, pietätvoll, voller Ehrerbietung.

Ressort
Arbeitsgebiet, [Aufgaben]bereich, Branche, Disziplin, Domäne, Fach, Fachbereich, Fachgebiet, Feld, Gebiet, Metier, Sachgebiet, Sektion, Sektor, Sparte, Spezialgebiet, Tätigkeitsbereich, Zuständigkeitsbereich; *(geh.):* Arbeitsfeld.

Rest
a) Ausschuss, Bodensatz, Restbestände, Rückstände, Übriggebliebenes; *(geh.):* Neige; *(ugs.):* Überbleibsel; *(Fachspr.):* Abfallstoff. b) Bruchstück, einzelnes Stück, Fragment, Überrest, Wrack; *(bildungsspr.):* Rudiment, Torso.

Restaurant
Diner, Einkehrmöglichkeit, Gastwirtschaft, [Speise]gaststätte, [Speise]lokal; *(geh.):* Etablissement.

restaurieren
aufarbeiten, auffrischen, ausbessern, grunderneuern, grundüberholen, instand setzen, reparieren, revidieren, sanieren, überholen, [wieder]herrichten, wiederherstellen; *(ugs.):* flicken.

restlich
letzt-, noch vorhanden, überschüssig, überzählig, übrig [geblieben/gelassen], verbleibend, verblieben, zurückbleibend.

restlos
alle[samt], ausnahmslos, ganz und gar, komplett, ohne Ausnahme, ohne Vorbehalt, so oder so, uneingeschränkt, völlig, vollkommen, vollständig; *(ugs.):* hundertpro[zentig], partout, total; *(nachdrücklich):* gänzlich.

Resultat
a) Ausbeute, Ausgang, Befund, Endergebnis, Endstand, Ergebnis; *(Wissensch.):* Studiendaten. b) Auswirkung, Bilanz, Effekt, Fazit, Folge,

Konsequenz, Produkt, Schlussfolgerung; *(bildungsspr.):* Quintessenz, Resümee.

Resümee

a) Abstract, Inhaltsangabe, Zusammenfassung; *(bildungsspr.):* Konspekt, Syllabus; *(Stilkunde):* Précis. **b)** ↑Resultat (b).

retten

befreien, bergen, erlösen, erste Hilfe leisten, erstversorgen, helfen, herausholen, in Sicherheit bringen, Rettung bringen; *(geh.):* der Gefahr entreißen, erretten.

retten, sich

am Leben bleiben, davonkommen, entkommen, sich in Sicherheit bringen, überstehen, verschont bleiben, sich [wieder] erholen; *(österr.):* übertauchen; *(geh.):* entrinnen.

Retter, Retterin

Befreier, Befreierin, Beistand, Beschützer, Beschützerin, Erlöser, Erlöserin, guter/rettender Engel, Helfer/Helferin [in der Not].

Reue

Gewissensbisse, Gewissensnot, Gewissenspein, Gewissensqual, Reumütigkeit, schlechtes Gewissen, Schuldbewusstsein, Schuldgefühl, tiefes Bedauern, Umkehr, Zerknirschtheit.

reumütig

beschämt, kleinlaut, schuldbewusst, voller Reue, voller Schuldgefühle, von Reue erfüllt; *(geh.):* gesenkten Hauptes, reuevoll, reuig.

Revanche

1. Gegenangriff, Heimzahlung, Rache, Strafe, Strafmaßnahme, Vergeltung; *(geh.):* Ahndung.
2. Abgeltung, Gegendienst, Gegenleistung, Gegenwert; *(bildungsspr.):* Äquivalent.
3. *(Sport):* Gegenspiel, Rückspiel.

revanchieren, sich

1. heimzahlen, sich rächen, vergelten, zur Rechenschaft ziehen, zur Verantwortung ziehen.
2. danken, sich erkenntlich zeigen, erwidern, honorieren; *(schweiz.):* verdanken.
3. aufholen, gutmachen; *(ugs.):* wettmachen.

revidieren

korrigieren, überarbeiten, umgestalten, verändern, verbessern; *(schweiz.):* korrektionieren.

Revolte

Auflehnung, Aufstand, Meuterei, Putsch, Rebellion, Staatsstreich, Umsturz[versuch].

Revolution

1. Aufstand, Umsturz, Unruhen, Volksaufstand, Volkserhebung.
2. Neugestaltung, Neuordnung, tief greifende Wandlung, Umwälzung, Wende, Wendung; *(bildungsspr.):* Innovation, Reorganisation.

revolutionär

1. aufrührerisch, aufständisch, rebellisch; *(geh.):* aufbegehrend; *(bildungsspr.):* rebellierend, revoltierend, subversiv, umstürzlerisch.
2. avantgardistisch, bahnbrechend, fortschrittlich, richtungsweisend, wegweisend, zukunftsorientiert; *(bildungsspr.):* epochal, progressiv.

Revolutionär, Revolutionärin

Neuerer, Neuerin, Spitze, Vorkämpfer, Vorkämpferin, Wegbereiter, Wegbereiterin; *(bildungsspr.):* Pionier, Pionierin, Protagonist, Protagonistin; *(ugs.):* Vorreiter, Vorreiterin.

Revue

1. Bühnenstück, Schau, Show, Varieté.
2. Heft, Illustrierte, Magazin, Zeitschrift.

rezensieren

begutachten, besprechen, eine Besprechung/Kritik/Rezension schreiben, [kritisch] würdigen, kritisieren, verreißen.

Rezension

Besprechung, Beurteilung, Buchbesprechung, Einschätzung, Kritik, [kritische] Würdigung, Urteil, Verriss.

Rezept

1. [Arznei]verordnung, Medikamentenverschreibung.
2. Anleitung, Anweisung, Vorschrift.
3. Handhabe, Hilfsmittel, Instrument, Lösungsweg, Maßnahme, Methode, Mittel, Weg, Werkzeug; *(Fachspr.):* Instrumentarium.

Rezeption

1. Aufnahme, Übernahme.
2. Anmeldung, Aufnahme, Empfang, Empfangsraum, Foyer; *(schweiz.):* Réception.

rezitieren

aufsagen, deklamieren, [vor]lesen, vorsprechen, vortragen, wiedergeben; *(geh.):* darbieten, zu Gehör bringen; *(bildungsspr.):* skandieren.

rhythmisch

gleichförmig, gleichmäßig, harmonisch, im Takt, kontinuierlich, regelmäßig.

Rhythmus

Gleichmaß, Gleichmäßigkeit, Gliederung, Regelmäßigkeit; *(Jargon):* Beat, Groove.

richten

1. in eine bestimmte Richtung bringen, lenken.
2. a) ausbessern, einen Schaden beheben/beseitigen, eine Reparatur ausführen, in Ordnung bringen, instand setzen, reparieren, wiederherstellen; *(schweiz.):* instand stellen. **b)** anrichten, bereiten, bereit machen, herrichten, vorbereiten, zubereiten, zurechtmachen.

3. begutachten, beurteilen, bewerten, ein Urteil abgeben, urteilen.

richten, sich
a) sich anpassen, beachten, befolgen, sich einstellen, gehorchen, sich halten; *(geh.):* nachkommen. **b)** abhängen, abhängig sein, bedingt sein, beruhen, bestimmt sein, gebunden sein.

richtig
1. a) nicht verkehrt, wahr, zutreffend.

GGS aus der Luft gegriffen/geholt, ausgedacht, erlogen, unwahrhaftig.

b) einwandfrei, fehlerfrei, fehlerlos, frei von Fehlern, in Ordnung, korrekt, nicht zu beanstanden, ohne Fehler, vorschriftsmäßig; *(geh.):* ohne Fehl [und Tadel]; *(bildungsspr.):* regelgeleitet; *(emotional):* tadellos.
2. a) angemessen, geeignet, günstig, ideal, passend, wie geschaffen; *(südd.):* geschickt. **b)** anständig, ordentlich, wie es sich gehört.
3. a) echt, tatsächlich, wahr, wirklich. **b)** ↑sehr.

richtigstellen
berichtigen, geraderücken, klären, klarstellen, korrigieren; *(schweiz.):* korrektionieren.

Richtlinie
Gesetz, Grundsatz, Leitfaden, Leitlinie, Leitsatz, Maßregel, Maßstab, Norm, Prinzip, Regel, Richtschnur, Standard, Vorschrift; *(bildungsspr.):* Direktive, Maxime; *(Fachspr.):* Vorgabe.

Richtung
1. Fahrtrichtung, Kurs, Route, Verlauf, Weg.
2. Entwicklung, [Entwicklungs]tendenz, Schule, Strömung, Trend.

riechen
1. einen Geruch wahrnehmen, schnüffeln, schnuppern.
2. duften, einen Geruch ausströmen/verbreiten; *(abwertend):* stinken.

Riege
Gruppe, Mannschaft, Team, Turnmannschaft, Turnriege; *(Sport):* Staffel.

Riegel
Schieber, Sperre, Verschluss.

Riese, Riesin
a) *(geh.):* Gigant, Gigantin. **b)** Goliath, großer Mensch, Hüne.

rieseln
a) [dahin]fließen, laufen, plätschern, rinnen, sickern, tropfen. **b)** herunterfallen, nach unten fallen/gleiten/sinken, nieseln; *(geh.):* herabfallen, herabrieseln, herniederfallen.

riesig
1. a) ↑groß (1 b). **b)** erheblich, ungeheuer, ungemein; *(bildungsspr.):* exorbitant; *(ugs.):* gehar- nischt, mörderisch, unglaublich, unheimlich, unwahrscheinlich; *(emotional):* unermesslich.

GGS gering, minimal, unbeträchtlich, unwesentlich, vernachlässigbar.

2. a) ausgezeichnet, fabelhaft, genial, grandios, hervorragend; *(ugs.):* bombig, famos, fantastisch, großartig, irrsinnig, klasse, mega, pfundig, prima, spitze, stark, super, toll; *(salopp):* [affen]geil, cool, eine Wucht, irre; *(emotional):* wunderbar; *(oft emotional):* unvergleichlich, wundervoll. **b)** ↑sehr.

Ring
1. Fingerring, Reifen; *(geh.):* [Finger]reif.
2. Boxring, Kampfplatz.
3. Bund, Gesellschaft, Gruppe, Interessengemeinschaft, Klub, Kreis, Organisation, Union, Verband, Verein, Zirkel, Zusammenschluss; *(bes. Politik):* Assoziation.

ringen
a) sich anstrengen, sich bemühen, sich einsetzen, kämpfen, nichts unversucht lassen, seine ganze Kraft aufbieten, streben; *(meist geh.):* sich mühen. **b)** sich auseinandersetzen, durchdenken, sich Gedanken machen, mit sich kämpfen, nachdenken, überdenken.

Rinne
1. Furche, Graben, Grube, Vertiefung.
2. Abfluss, Ablaufrinne, Abzugsrinne, Dachrinne, Regenrinne, Traufe.

rinnen
1. a) fließen, laufen, plätschern, rieseln, sickern, tropfen. **b)** hingehen, hinschwinden, ins Land gehen/ziehen, vergehen, vorübergehen; *(geh.):* dahinschwinden, hingleiten, schwinden, verfließen, verrinnen, verstreichen.
2. herauslaufen lassen, lecken, undicht sein.

Risiko
gefährliches Vorhaben, gewagtes Unterfangen, riskantes Unternehmen, Wagnis; *(geh.):* Wagestück; *(bildungsspr.):* Vabanquespiel.

riskant
gefährlich, gefahrvoll, gewagt, kritisch, kühn, risikobehaftet, risikoreich, selbstmörderisch, verwegen, waghalsig.

riskieren
1. alles auf eine Karte setzen, den Mut haben, ein Risiko eingehen, sich [ge]trauen, wagen.
2. aufs Spiel setzen, einer Gefahr aussetzen, einsetzen, gefährden, in Gefahr bringen.

Riss
1. Einriss, Fuge, Loch, Schlitz, Spalt, Sprung.

2. Bruch, Entfremdung, Entzweiung, Kluft, Spaltung, Sprung; *(bildungsspr.):* Diskrepanz.

ritterlich

1. anständig, ehrenhaft, fair, korrekt, redlich, sportlich, vornehm; *(geh.):* edel.
2. aufmerksam, gentlemanlike, hilfsbereit, höflich, wie ein Kavalier, zuvorkommend; *(bildungsspr.):* chevaleresk; *(veraltend):* galant.

ritzen

eingravieren, einkerben, einschneiden, gravieren, kerben, kratzen, schneiden.

Rivale, Rivalin

Antagonist, Antagonistin, Gegenpart, Gegenspieler, Gegenspielerin, Konkurrent, Konkurrentin, Konkurrenz, Mitbewerber, Mitbewerberin, Opponent, Opponentin; *(bildungsspr.):* Kontrahent, Kontrahentin.

Robe

Amtskleidung, Amtstracht, Habit, Talar.

robust

beständig, dauerhaft, haltbar, langlebig, strapazierfähig, unverwüstlich, widerstandsfähig; *(österr.):* strapazfähig; *(bildungsspr.):* durabel.

roden

abholzen, ausholzen, entwalden, erschließen, kahl schlagen, kultivieren, urbar machen.

roh

1. naturbelassen, nicht zubereitet, [noch] nicht gar, ungebraten, ungekocht.
2. a) im Naturzustand/Rohzustand, naturell, natürlich, unbearbeitet, ungereinigt, unverarbeitet. **b)** andeutungsweise, grob, in groben/großen Zügen, unfertig, unsorgfältig, unvollendet; *(bildungsspr.):* rudimentär, unpräzise.

Rohheit

Barbarei, Brutalität, Derbheit, Gefühllosigkeit, Grausamkeit, Grobheit, Kälte, Taktlosigkeit, Unbarmherzigkeit, Unempfindlichkeit, Unfreundlichkeit, Ungerührtheit, Unhöflichkeit; *(bildungsspr.):* Krudität; *(ugs.):* Abgebrühtheit, Kaltschnäuzigkeit; *(abwertend):* Grobschlächtigkeit, Ruppigkeit, Ungeschliffenheit.

Röhre

1. Kanal, Leitung, Rohr[leitung].
2. Behälter, Gefäß, Röhrchen.
3. Backofen, Backröhre, Bratröhre.
4. Bildschirm, Fernsehapparat, Fernsehgerät, Television, TV; *(ugs.):* Fernseher, Mattscheibe.

Rohstoff

Ausgangsmaterial, Grundstoff, Material, Naturstoff, Rohmaterial, Stoff, Substanz, Werkstoff; *(bildungsspr.):* [natürliche] Ressourcen.

Rolle

1. a) Spule, Walze, Wickel. **b)** Kugel, Rad, Röllchen, Scheibe.
2. Überschlag; *(Sport):* Salto.
3. a) [Bühnen]gestalt, Figur, Partie, Person.

BSP Die Figuren dieses Romans sind frei erfunden. Die im Film dargestellten Personen entstammen alle dem gleichen Milieu.

b) Amt, Aufgabe, Auftrag, Bestimmung, Funktion, Pflicht, Position, Rang, Stelle, Stellung, Verhaltensmuster, Verhaltensweise, Verpflichtung; *(bildungsspr.):* Destination, Mission.

BSP Sie übernahm die Funktion der Schulsprecherin. ... eine hohe Stellung bekleiden/innehaben.

romantisch

a) empfindsam, gefühlsbetont, gefühlsselig, leidenschaftlich, lyrisch, schwärmerisch, stimmungsvoll; *(geh.):* beseelt, gefühlerfüllt; *(bildungsspr.):* enthusiastisch, poetisch; *(oft abwertend):* rührselig, sentimental. **b)** abenteuerlich, fantastisch, idealistisch, realitätsfremd, unrealistisch, utopisch, weltfremd, wirklichkeitsfern; *(bildungsspr.):* romantisierend, visionär. **c)** beschaulich, friedlich, lauschig, malerisch, märchenhaft, paradiesisch, verträumt; *(geh.):* friedvoll; *(bildungsspr.):* arkadisch, bukolisch, idyllisch, pittoresk, zauberhaft; *(dichter.):* elysisch.

rosa

blassrot, pink, rosafarben, rosé, rosig.

rosig

angenehm, aussichtsreich, begrüßenswert, erfreulich, ermutigend, freudig, günstig, herrlich, hoffnungsvoll, paradiesisch, positiv, ungetrübt, vorteilhaft, willkommen, wünschenswert; *(geh.):* erquicklich, freudenreich.

Ross

Brauner, Falbe, Fuchs, Pferd, Rappe, Schecke, Schimmel, Stute, Vollblut, Wallach, Warmblut.

rosten

einrosten, Patina/Rost ansetzen, verrosten; *(Fachspr.):* korrodieren.

rösten

[auf dem Grill] braten, bräteln, [braun] brennen, grillen, toasten; *(schweiz.):* grillieren; *(südd.):* brägeln, bregeln; *(ugs.):* brutzeln.

rotieren

1. sich drehen, sich im Kreis bewegen, kreiseln,

kreisen, rollen, sich um die eigene Achse drehen, umlaufen, wirbeln, zirkulieren.
2. Hektik verbreiten, hektisch sein, kopflos werden, überdreht sein, unter Stress stehen.
3. sich ablösen [lassen], sich abwechseln [lassen], die Position[en] wechseln, die Station tauschen/wechseln, ein Amt abgeben.

rotsehen
außer sich geraten, die Beherrschung/Fassung verlieren, sich empören, sich entrüsten, sich ereifern, sich erregen, in Harnisch/Wut/Zorn geraten, rasen, toben, wütend/zornig werden; *(geh.):* sich erzürnen, schäumen; *(bildungsspr.):* sich echauffieren, sich exaltieren; *(ugs.):* aus der Haut fahren, ausflippen, ausrasten, in Rage geraten, kochen; *(salopp):* die Krise kriegen.

Route
Fahrtrichtung, Flugrichtung, Kurs, Reiseweg, Richtung, Schifffahrtsweg, Strecke, Weg.

Routine
a) Erfahrung, Fertigkeit, Gewandtheit, Knowhow, Praxis, Technik, Übung, Vertrautheit.
b) Automatismus, [blinde] Gewohnheit.

routiniert
beschlagen, bewährt, bewandert, erfahren, erprobt, fachkundig, fachmännisch, gekonnt, geschickt, gewandt, kompetent, kundig, professionell, sachkundig, sachverständig, sicher; *(bildungsspr.):* qualifiziert, versiert; *(ugs.):* fit.

Rübe
1. Futterrübe; *(österr., schweiz.):* Runkel.
2. Kopf; *(ugs.):* Ballon, Keks, Kürbis, Schädel.

Rubrik
a) Abschnitt, Kolumne, Spalte, Titel, Überschrift. **b)** Abteilung, Genre, Gruppe, Kategorie.

Ruck
Anstoß, heftiger Schlag/Stoß; *(ugs.):* Schubs.

ruckartig
a) abrupt, auf einmal, plötzlich, schlagartig, schroff, übergangslos, überraschend, unerwartet, unversehens; *(geh.):* jäh, jählings; *(bildungsspr.):* ex abrupto; *(verstärkend):* urplötzlich. **b)** abgehackt, abrupt, nicht fließend, nicht flüssig, stockend, stoßweise, ungleichmäßig.

Rückblick
Erinnerung, Rückschau; *(bildungsspr.):* Reminiszenz, Retrospektive.

rücken
an einen anderen Platz bewegen, umstellen, verrücken.

Rücken
Kreuz; *(ugs.):* Buckel; *(salopp):* Ranzen.

> **Rücken**
>
> **jmdm. den Rücken stärken**
> aufbauen, aufmuntern, bestärken, die Stange halten, ermutigen, Mut zusprechen, Rückhalt geben, stabilisieren, unterstützen, zur Seite stehen; *(geh.):* Beistand gewähren, Beistand leisten; *(ugs.):* die Hand ins Feuer legen, sich starkmachen für; *(nachdrücklich):* wieder aufrichten.

rückerstatten
abbezahlen, abgelten, abzahlen, ersetzen, wettmachen, wiedergeben, zurückbezahlen, zurückerstatten, zurückgeben; *(geh.):* abtragen, begleichen, entgelten; *(ugs.):* abstottern.

Rückfall
1. erneute Erkrankung, erneutes Auftreten/Vorkommen, Wiederkehr.
2. Rollback, Rückschlag, Rückschritt.

Rückgang
Abfall, Abnahme, Einbuße, Kürzung, Nachlassen, Reduzierung, Schwund, Senkung, Verminderung, Verringerung; *(geh.):* Minderung; *(bildungsspr.):* Regression; *(Fachspr.):* Dekreszenz.

rückgängig machen
annullieren, aufheben, auflösen, außer Kraft setzen, für aufgehoben/nichtig/ungültig erklären, rückabwickeln, umstürzen, umwerfen, widerrufen, zurücknehmen, zurückziehen.

Rückgrat
1. Wirbelsäule.
2. a) Charakter, Haltung, Standhaftigkeit, Zivilcourage. **b)** Eckstein, Pfeiler, Säule, Stütze.

rückhaltlos
bedingungslos, ohne Bedingung/Einschränkung, ohne Vorbedingung/Vorbehalt, ohne Wenn und Aber, vorbehaltlos.

rückläufig
abflauend, sich abschwächend, nachlassend, rückgängig, schwindend, zurückgehend.

Rückschlag
1. Rückfall, Rückschritt, Schritt zurück, Verschlechterung; *(bildungsspr.):* Rollback.
2. Rückprall, Rückstoß.

rückschrittlich
den Fortschritt blockierend/verhindernd, fortschrittsfeindlich, konservativ, reaktionär, rück-

ständig, rückwärtsgerichtet, rückwärtsgewandt, unzeitgemäß; *(geh.):* restaurativ; *(ugs.):* von gestern; *(abwertend):* antiquiert.

GGS avantgardistisch, innovativ, progressiv, zukunftsweisend.

Rückseite
Abseite, Hinterseite, Kehrseite, Rückfront, rückwärtige Seite.

Rücksicht
a) Achtung, Behutsamkeit, Fingerspitzengefühl, Respekt, Rücksichtnahme, Schonung, Takt[gefühl], Verständnis, Zartgefühl; *(geh.):* Pietät. **b)** Anerkennung, Beachtung, Berücksichtigung, Einbeziehung.

rücksichtslos
a) egoistisch, eigennützig, gewissenlos, [nur] auf sich/den eigenen Vorteil bedacht, selbstsüchtig; *(bildungsspr.):* egozentrisch. **b)** brutal, erbarmungslos, gefühllos, gnadenlos, grausam, hart, herzlos, rabiat, radikal, rigoros, schonungslos, skrupellos, unbarmherzig, unerbittlich; *(geh.):* ruchlos; *(bildungsspr.):* krude; *(ugs.):* kaltschnäuzig; *(abwertend):* kaltblütig, rüde.

rücksichtsvoll
einfühlsam, fürsorglich, schonend, schonungsvoll, taktvoll, vorsichtig, zartfühlend.

Rückstand
1. Bodensatz, Rest.
2. Verspätung, Verzug.

rückständig
1. unterentwickelt.
2. altmodisch, gestrig, rückschrittlich, rückwärtsgerichtet, rückwärtsgewandt, überholt, unzeitgemäß; *(ugs.):* vorgestrig, vorsintflutlich; *(abwertend):* antiquiert, reaktionär, zopfig.

Rücktritt
Abdankung, Amtsabtretung, Amtsaufgabe, Amtsniederlegung, Amtsverzicht, Ausscheiden, Austritt, Demission, Kündigung.

rückwärts
hintenüber, in umgekehrter Richtung, mit dem Rücken/der Rückseite voran, nach hinten, rückläufig, zurück.

Rückzieher
Abkehr, Absage, Abwendung, Sinnesänderung, Sinneswandel, Widerruf, Zurücknahme; *(bildungsspr.):* Distanzierung.

Rückzug
Abzug, Rückmarsch, Truppenabzug.

rüde
barsch, rabiat, rau, roh, unwirsch.

rudern
1. Ruderboot fahren.
2. hin- und herbewegen, hin- und herschwingen, pendeln, schlenkern, schwenken.

rudimentär
andeutungsweise, ansatzweise, bruchstückhaft, bruchstückweise, fragmentarisch, grob, in Ansätzen, in groben/großen Zügen, unvollkommen, unvollständig, verkümmert; *(bildungsspr.):* defektiv, inkomplett, torsohaft.

Ruf
1. Anruf, Schrei, Zuruf.
2. Appell, Aufforderung, Aufruf, Ermahnung, Forderung, Mahnung; *(geh.):* Mahnruf, Verlangen; *(bildungsspr.):* Postulat.
3. Ansehen, Beurteilung, Bewertung, Einschätzung, Image, Leumund, Name, Urteil; *(geh.):* Geruch; *(bildungsspr.):* Renommee, Reputation.

rufen
1. ausrufen, [heraus]schreien.
2. [an]fordern; *(geh.):* heischen, verlangen; *(bildungsspr.):* insistieren, postulieren.
3. alarmieren, heranrufen, herbeirufen, her[bei]zitieren, herbeordern, herrufen.

Rüffel
Maßregelung, Rüge, Tadel, Verweis, Vorhaltung, Zurechtweisung; *(geh.):* Schelte; *(ugs.):* Abreibung, Anpfiff, Anraunzer, Standpauke, Strafpredigt; *(salopp):* Anschiss, Ranzer.

Rufmord
Rufschädigung, üble Nachrede, Verleumdung; *(geh.):* Verunglimpfung; *(bildungsspr.):* Diffamierung, Diskreditierung.

Rufname
Name, Vorname.

rügen
1. ausschimpfen, beschimpfen, einen Verweis geben, eine Rüge aussprechen, hart/scharf ins Gericht gehen, schimpfen, tadeln, zurechtweisen; *(geh.):* schelten; *(ugs.):* aufs Dach steigen, deckeln, den Kopf waschen, die Leviten lesen, die Ohren lang ziehen, etwas flüstern, in den Senkel stellen, rüffeln, zusammenstauchen.
2. auszusetzen haben, beanstanden, bemängeln, monieren, nicht akzeptieren, nicht hinnehmen, reklamieren; *(österr.):* beanständen.

Ruhe
1. a) Frieden, Geräuschlosigkeit, Lautlosigkeit, Stille. **b)** Bewegungslosigkeit, Erstarrung, Lähmung, Regungslosigkeit, Stillstand.
2. Abgeklärtheit, Beherrschtheit, Besonnenheit, Gefasstheit, Gelassenheit, Gemütsruhe, Seelen-

frieden, Unerschütterlichkeit, Zurückhaltung; *(bildungsspr.):* Tranquillität.

Ruhe

in aller Ruhe
abgeklärt, bedacht, beherrscht, besonnen, gelassen, geruhsam, mit Umsicht, ohne Eile, ohne Hast, [seelen]ruhig; *(bildungsspr.):* stoisch; *(salopp):* cool.

in Ruhe
allein, ohne Ablenkung, ohne Unterbrechung, unbeschränkt, uneingeschränkt, ungestört.

ruhelos
a) fiebrig, getrieben, nervös, nicht zur Ruhe kommend; *(geh.):* friedlos; *(ugs.):* kribbelig.
b) abgehetzt, betriebsam, emsig, gehetzt, rastlos, unruhig; *(geh.):* unstet; *(ugs.):* [immer] auf dem Sprung, zappelig.

ruhen
1. Atem holen, [sich] ausruhen, aussetzen, ausspannen, sich [ein wenig] Ruhe gönnen, sich entspannen, sich erholen, faulenzen, pausieren, rasten, verschnaufen; *(geh.):* Atem schöpfen; *(ugs.):* sich aalen, abschalten, relaxen; *(nordd.):* verpusten; *(südd., österr.):* [sich] ausrasten.
2. aussetzen, erlöschen, ins Stocken geraten, nicht weiterkommen, stillstehen, stocken, stoppen, ungenutzt bleiben, zum Stehen/Stillstand kommen; *(geh.):* daniederliegen; *(bildungsspr.):* stagnieren; *(ugs.):* streiken.

Ruheständler, Ruheständlerin
Pensionär, Pensionärin, Rentenempfänger, Rentenempfängerin, Rentner, Rentnerin, Senior, Seniorin; *(schweiz.):* Pensionierter, Pensionierte; *(südd., österr.):* Pensionist, Pensionistin.

Ruhestätte
1. Lager[platz], Lagerstätte, Ruheplatz, Schlafplatz; *(geh.):* Lagerstatt, Ruhestatt, Schlafstatt.
2. Grabplatz, Grabstätte, Grabstelle; *(geh.):* Begräbnisstätte, [letzte] Ruhestatt.

ruhig
1. bewegungslos, erstarrt, leblos, reg[ungs]los, starr, statuenhaft, unbeweglich, unbewegt, wie angewurzelt/gelähmt, wie tot/versteinert; *(bildungsspr.):* wie paralysiert.
2. a) geräuscharm, geräuschlos, lautlos, leise, still. **b)** kaum hörbar, lautlos, leise, still, unhörbar, verhalten; *(geh.):* kaum vernehmbar.
3. a) beschaulich, gemächlich, geruhsam, idyllisch, still; *(geh.):* friedlich. **b)** bedächtig, gedrosselt, gemächlich, gemessen, gemütlich, in aller Ruhe, ohne Eile/Hast.
4. abgeklärt, ausgeglichen, bedacht, bedächtig, beherrscht, besonnen, gefasst, gelassen, gemessen, gesetzt, in sich ruhend, seelenruhig; *(geh.):* ruhevoll, souverän; *(bildungsspr.):* stoisch.

ruhig bleiben
sich beherrschen, sich bezähmen, die Nerven behalten, sich im Zaum halten, sich in der Gewalt haben, kaltes Blut bewahren, nicht die Nerven verlieren, Ruhe bewahren, sich unter Kontrolle halten, sich zügeln, sich zurückhalten, sich zusammennehmen; *(geh.):* sich bemeistern, sich in Schranken halten; *(ugs.):* sich am Riemen reißen, sich zusammenreißen.

Ruhm
Ansehen, Berühmtheit, Weltgeltung, Weltruf, Weltruhm; *(geh.):* Glorie; *(bildungsspr.):* Nimbus; *(meist iron.):* Gloria.

rühmen
anpreisen, belobigen, glorifizieren, loben, verherrlichen, verklären, würdigen; *(geh.):* des Lobes voll sein, [hoch]preisen, Weihrauch streuen; *(ugs.):* in den Himmel heben; *(dichter.):* lobpreisen; *(abwertend):* belobhudeln.

rühmen, sich
sich herausstreichen, sich in die Brust werfen, prahlen, prunken, sich schmeicheln, viel Aufhebens machen; *(bildungsspr.):* renommieren; *(ugs.):* angeben, protzen, [viel] Wind machen; *(abwertend):* sich aufblähen, sich brüsten; *(geh. abwertend):* bramarbasieren.

rühmlich
anerkennenswert, Lob/Anerkennung verdienend, lobenswert, rühmenswert; *(geh.):* preiswürdig, ruhmwürdig; *(bildungsspr.):* laudabel.

ruhmreich
glänzend, glanzvoll, grandios, ruhmvoll, triumphal; *(meist iron.):* glorios, glorreich.

rühren
aufwühlen, berühren, bewegen, ergreifen, erschüttern, mitnehmen, nahegehen, nicht gleichgültig lassen, treffen, zusetzen; *(geh.):* anrühren, betreffen; *(bildungsspr.):* tangieren.

rühren, sich
1. sich bewegen, sich regen.
2. aktiv werden, sich betätigen, sich einsetzen, einsteigen, sich engagieren, etwas tun, handeln, sich regen, tätig werden; *(bildungsspr.):* agieren.

rührend
aufwühlend, berührend, bewegend, ergreifend, erschütternd, herzbewegend, herzergreifend, herzerweichend, herzzerreißend, zu Herzen gehend; *(geh.):* anrührend, herzerschütternd.

rührselig
a) empfindsam, fein besaitet, feinnervig, gefühlsbetont, gefühlsselig, [hoch]sensibel, senti-

mental; *(geh.)*: seelenvoll; *(bildungsspr.)*: sensitiv. **b)** empfindsam, gefühlig, gemütvoll, kitschig, lyrisch, schmelzend; *(geh.)*: seelenvoll; *(abwertend)*: schmalzig, schwülstig; *(oft abwertend)*: sentimental.

Rührung
Bewegtheit, Bewegung, Ergriffenheit, Erschütterung.

Ruin
1. Ende, GAU, Unglück, Untergang, Verhängnis, Zusammenbruch; *(geh.)*: Abgrund, Verderben; *(bildungsspr.)*: Armageddon, Waterloo.
2. Bankrott, Konkurs, Zahlungsunfähigkeit.

Ruine
Rest, Trümmer, Überrest, Wrack; *(bildungsspr.)*: Rudiment, Torso; *(ugs.)*: Überbleibsel.

ruinieren
a) aufreiben, aufzehren, auslaugen, die Luft abschnüren, hinmachen, vernichten, zermürben, zerstören, zugrunde richten; *(ugs.)*: auf den Hund bringen, auffressen, das Rückgrat brechen, den Rest geben, fertigmachen. **b)** beschädigen, demolieren, lädieren, verunstalten; *(geh.)*: zuschanden machen; *(bildungsspr.)*: destruieren; *(ugs.)*: ramponieren, verschandeln.

ruiniert
abgewirtschaftet, am Boden, marode, zerrüttet; *(ugs.)*: am Ende, auf den Hund gekommen, erledigt, hin[über], kaputt, pleite, unten durch.

rülpsen
aufstoßen; *(fam.)*: [ein] Bäuerchen machen.

Rummel
Aufheben, Betriebsamkeit, Hype, Trubel, Wirbel; *(bildungsspr.)*: Chichi; *(ugs.)*: Rambazamba, Spektakel; *(salopp)*: Geschiss, Radau.

rumoren
1. ↑rumpeln.
2. brodeln, ernst sein, gären, kochen, kriseln, schwelen, unruhig sein, sich zusammenbrauen, sich zuspitzen; *(ugs.)*: brenzlig sein.

rumpeln
poltern; *(geh.)*: grollen; *(ugs.)*: bullern, rumoren.

Run
Andrang, [An]sturm, Zulauf, Zustrom.

[1]rund
1. kreisförmig, kreisrund, kugelförmig, kugelig, ringförmig.
2. abgerundet, aufgerundet.
3. ausgearbeitet, ausgefeilt, ausgegoren, ausgeklügelt, ausgereift, ausgewogen, clever, fertig, folgerichtig, fundiert, gelungen, perfekt, sinnvoll, vollkommen; *(geh.)*: wohlerwogen; *(bildungsspr.)*: substanziiert; *(ugs.)*: ausgetüftelt.

[2]rund
circa, etwa, gegen, geschätzt, in etwa, nahe, um, ungefähr, wohl; *(österr.)*: beiläufig; *(bildungsspr.)*: approximativ, präterpropter; *(ugs.)*: schätzungsweise, über den Daumen gepeilt.

Runde
1. a) Feier, Fest, geselliges Beisammensein, Gesellschaft, Treffen. **b)** Ausschuss, Beirat, Forum, Gremium, Gruppe, Komitee, Kreis, Zirkel.
2. Fahrt, Rundgang, Spaziergang, Streifzug, Tour; *(schweiz.)*: Kehr.
3. Abschnitt, Durchgang, Partie; *(Sport)*: [Durch]lauf, Spielabschnitt.

runden
1. abkanten, abrunden, abschrägen, arrondieren, rund machen.
2. abrunden, aufrunden.

rundheraus
direkt, entschieden, in/mit aller Deutlichkeit, offen, ohne Umschweife/Zögern/Zweifel, unmissverständlich, unverblümt, unverhohlen.

rundherum
a) allseitig, an allen Seiten, im Umkreis, rings, ringsherum, ringsum[her], rundum, um ... herum; *(meist geh.)*: umher. **b)** in die Runde.
c) durchweg, ganz und gar, in jeder Beziehung/Hinsicht, in vollem Maße/Umfang, lückenlos, rundum, total, uneingeschränkt, völlig; *(bildungsspr.)*: in extenso, in toto; *(ugs.)*: von A bis Z; *(südd., österr., schweiz.)*: durchwegs.

Rundschreiben
Bekanntmachung, Rundbrief, Verfügung, Verlautbarung; *(schweiz.)*: Kreisschreiben.

rundum ↑rundherum.

Rundung
Ausbuchtung, Bauch, Bogen, Wölbung.

rundweg
deutlich, eindeutig, entschieden, in aller Deutlichkeit, kategorisch, klar, ohne Diskussion, ohne zu überlegen, unmissverständlich, unumwunden, zweifelsfrei; *(bildungsspr.)*: expressis verbis, prononciert; *(ugs.)*: geradeheraus, klipp und klar; *(bildungsspr., Fachspr.)*: explizit.

rupfen
a) ausreißen, [aus]ziehen, auszupfen, entfernen, herausziehen, jäten, raufen; *(ugs.)*: ausmachen, rausreißen. **b)** ernten, pflücken.

ruppig
hart, roh, unfair, unsanft; *(bildungsspr.)*: brachial, krude, violent; *(ugs.)*: abgebrüht, kaltschnäuzig; *(abwertend)*: grob, rüde, skrupellos.

rüsten
1. aufrüsten, bewaffnen, hochrüsten, mobilisieren, mobilmachen.

A B C D E F G H I J K L M N O P Q R rüs S T U V W X Y Z

2. bereiten, bereitstellen, fertig machen, herrichten, vorbereiten, zubereiten; *(ugs.):* zurechtmachen; *(bes. südd., österr., schweiz.):* richten.

rüsten, sich
sich bereit machen, einplanen, sich einrichten auf, sich einstellen, sich vorbereiten; *(geh.):* sich wappnen; *(bildungsspr.):* sich präparieren.

rustikal
1. bäuerlich, dörflich, ländlich.
2. deftig, gediegen, handfest, herzhaft, kräftig; *(schweiz.):* währschaft.

Rüstung
1. Harnisch, Kettenhemd, Panzer.
2. Aufrüstung, Bewaffnung, Bewehrung, Hochrüstung, Mobilisierung.

Rüstzeug
a) Ausrüstung, Equipment, Gerätschaft[en], Handhabe, Handwerkszeug, Hilfsmittel, Instrumente, Material, Werkzeuge; *(Fachspr.):* Instrumentarium. b) Fähigkeiten, Fertigkeiten, Können, Talent, Tüchtigkeit, Wissen; *(geh.):* Vermögen; *(bildungsspr.):* Potenz.

Rute
a) Zweig. b) Gerte, Peitsche.

rutschen
1. a) schlittern. b) ausrutschen; *(geh.):* abgleiten, entgleiten; *(ugs.):* glitschen. c) Platz machen, zur Seite rücken; *(ugs.):* ein Stück rücken.
2. abrutschen, herunterrutschen, nicht fest sitzen.

rutschig
glatt, schlüpfrig; *(ugs.):* glitschig.

rütteln
1. schütteln; *(ugs.):* rammeln, rappeln, wackeln.
2. durchgerüttelt werden, erschüttert werden, rattern, stoßen; *(ugs.):* rumpeln.

S

sabotieren
aufhalten, behindern, bekämpfen, blockieren, dagegenarbeiten, durchkreuzen, entgegenarbeiten, entgegenwirken, hemmen, Sabotage betreiben, stören, vereiteln, zum Scheitern bringen, zunichtemachen; *(geh.):* zu Fall bringen.

sachdienlich
brauchbar, dienlich, förderlich, geeignet, gut, Nutzen bringend, nützlich, sinnvoll, verwendbar, von Nutzen, von Wert, vorteilhaft, wertvoll, zuträglich, zweckmäßig; *(geh.):* ersprießlich, hilfreich; *(bildungsspr.):* konstruktiv.

Sache ⚡
1. Artikel, Ding, Erzeugnis, Etwas, Gegenstand, Objekt, Produkt; *(ugs.):* Dingsda, Teil.
2. Affäre, Angelegenheit, Ding, Fall, Frage, Problem, Problematik, Punkt, Sachverhalt, Thema, Themenbereich, Umstand, Vorfall, Vorgang, Vorkommnis, Zwischenfall; *(geh.):* Begebenheit, Geschehen, Geschehnis; *(ugs.):* Chose.

Sachen
Bekleidung, Garderobe, Kleider, Kleidung, Outfit; *(salopp):* Klamotten; *(abwertend):* Aufzug.

Sachgebiet
Arbeitsbereich, Bereich, Branche, Disziplin, Domäne, Fachbereich, Fachrichtung, Feld, Metier, Ressort, Revier, Sachbereich, Sektor, Sparte, Tätigkeitsbereich, Tätigkeitsfeld, Terrain, Wissensgebiet, Zweig; *(geh.):* Arbeitsfeld.

Sachkenntnis
Erfahrung, Expertenwissen, Fachkompetenz, Fachwissen, Know-how, Sachverstand, Wissen.

sachkundig
auf der Höhe, belesen, beschlagen, erfahren, fachgerecht, fachkundig, firm, gebildet, gekonnt, geschickt, gewandt, informiert, kenntnisreich, kompetent, kundig, professionell, qualifiziert, sachgemäß, sachverständig, sattelfest, sicher; *(bildungsspr.):* routiniert, versiert.

Sachlage
Bedingungen, Gegebenheiten, Lage, Realität, Sachverhalt, Situation, Tatbestand, Tatsachen, Umstände, Verhältnisse, Wirklichkeit; *(bildungsspr.):* Fakten, Konstellation, Status.

sachlich
1. frei von Vorurteilen, neutral, nüchtern, parteilos, unbeeinflusst, unparteiisch, unvoreingenommen, vorurteilsfrei, vorurteilslos, wertfrei, wertneutral; *(bildungsspr.):* objektiv.

GGS einseitig, gefärbt, parteiisch, voller Vorurteile.

2. fantasielos, kalt, klar, kühl, leidenschaftslos, nüchtern, poesielos, pragmatisch, realistisch, trocken, unpersönlich, verstandesmäßig; *(bildungsspr.):* prosaisch, rational; *(bildungsspr., Fachspr.):* emotionslos, ohne Emotion.

sachte
1. a) behutsam, gefühlvoll, mit Gefühl, rücksichtsvoll, schonend, schonungsvoll, sorgfältig, umsichtig, vorsichtig, zart; *(geh.):* achtsam, bedachtsam, sorgsam. b) kaum merklich/spürbar, leicht, sanft, schwach, unmerklich.
2. allmählich, gemächlich, langsam, nach und nach, peu à peu, schrittweise, stufenweise; *(bildungsspr.):* sukzessive; *(ugs.):* scheibchenweise.

Sachverhalt
Angelegenheit, Fall, Frage, Gegebenheit, Problem, Problematik, Sache, Situation, Stand [der Dinge], Umstände, Vorfall, Zwischenfall; *(geh.):* Begebenheit, Geschehen, Geschehnis.

sachverständig
belesen, beschlagen, bewandert, erfahren, fachgerecht, fachkundig, firm, gebildet, geschickt, geübt, gewandt, informiert, kompetent, kunstgerecht, professionell, qualifiziert, sachgerecht, sachkundig, sattelfest, sicher; *(bildungsspr.):* routiniert, versiert; *(ugs.):* fit.

Sachverständiger, Sachverständige
Autorität, Experte, Expertin, Fachgröße, Fachmann, Fachfrau, Kapazität, Kenner, Kennerin, Mann vom Fach, Frau vom Fach, Meister, Meisterin, Profi, Sachkundiger, Sachkundige, Spezialist, Spezialistin; *(bildungsspr.):* Koryphäe.

Safe
a) Geldschrank, Kassenschrank, Panzerschrank, Stahlfach, Stahlkammer, Tresor. **b)** Bankfach, Schließfach.

saftig
1. fleischig, frisch, jung, voller Saft.
2. gehörig, gewaltig, heftig, kräftig, [sehr] stark; *(bildungsspr.):* exorbitant; *(ugs.):* fest, ordentlich, tüchtig; *(nordd.):* doll.

Sage
1. Erzählung, Geschichte, Legende.
2. Gerücht, Rederei; *(abwertend):* Klatsch[geschichte].

sagen ↗
1. a) artikulieren, [aus]sprechen. **b)** benennen, bezeichnen; *(bildungsspr.):* apostrophieren.
2. a) anvertrauen, ausrichten, äußern, bekannt geben/machen, deutlich machen, erklären, erzählen, informieren, mitteilen, wissen lassen, zu verstehen geben; *(geh.):* kundtun, verkünden; *(bildungsspr.):* kommunizieren; *(ugs.):* beibringen; *(nachdrücklich):* in Kenntnis setzen. **b)** anordnen, anweisen, beauftragen, befehlen, erlassen, verordnen, vorschreiben.
3. a) ausdrücken, Ausdruck verleihen, bedeuten, besagen, zum Ausdruck bringen.

BSP Die Idee wird hier klar/verständlich/präzise ausgedrückt. Dieser Abschnitt besagt, dass …

---

b) bemerken, erwähnen, feststellen, formulieren, mitteilen, von sich geben.

BSP Ich stelle daher fest, dass … Der Autor formuliert seine These …

---

c) behaupten, beteuern, eine Behauptung aufstellen, versichern; *(bildungsspr.):* postulieren.
4. aussagen, bedeuten, besagen, den Sinn haben, die Bedeutung haben, heißen, meinen, zum Inhalt haben.

BSP Der Roman, das Bild sagt über seine Zeit nichts aus. Das Wort Monarch bedeutet eigentlich »alleiniger Herrscher«. Der Text besagt, dass …

---

sagenhaft
1. legendär, legendenhaft, mythisch; *(geh.):* sagenumwoben.
2. a) beispiellos, enorm, grandios, großartig, imposant, überwältigend, unsagbar, unvorstellbar; *(österr., sonst bildungsspr.):* eminent; *(ugs.):* mega, super, toll, unglaublich. **b)** ↑sehr.

Saison
a) Hauptreisezeit, Sommersaison, Wintersaison. **b)** Spielzeit.

salonfähig
1. angemessen, gebührend, gesellschaftsfähig, gesittet, hoffähig, korrekt, manierlich, passend, ratsam, recht, richtig, schicklich.
2. annehmbar, passabel, tauglich, tragbar; *(bildungsspr.):* akzeptabel, respektabel.

salopp
1. bequem, Freizeit-, leger, sportlich.
2. familiär, formlos, locker, offen, ungeniert, ungezwungen, unkonventionell, unverkrampft, zwanglos; *(bildungsspr.):* informell, nonchalant.

Samen
1. a) [Obst]kern, Saatkorn, Samenkern, [Samen]korn. **b)** Einsaat, Saat[gut], Sämereien.
2. Geschlechtszelle, Keimzelle, Samenzelle.

sammeln
1. anhäufen, ansammeln, aufheben, bündeln, horten, zusammenraffen, zusammentragen; *(schweiz.):* äufnen; *(bildungsspr., Fachspr.):* agglomerieren, aggregieren, [ak]kumulieren.
2. einigen, einladen, verbinden, vereinen, vereinigen, versammeln, zusammenführen, zusammenschließen; *(geh.):* einen; *(bildungsspr.):* integrieren, unieren; *(schweiz.):* besammeln.

sammeln, sich
1. a) sich formieren, sich versammeln, zusammenkommen, sich zusammenscharen, zusammenströmen. **b)** sich ansammeln, sich anstauen, zusammenfließen, zusammenströmen; *(bildungsspr.):* sich agglomerieren; *(bildungsspr., Fachspr.):* sich [ak]kumulieren.
2. sich besinnen, in sich gehen, sich konzentrieren, sich nach innen kehren/wenden, sich ver-

A B C D E F G H I J K L M N O P Q R S sam T U V W X Y Z

senken, sich vertiefen, zur [Selbst]besinnung kommen; *(Fachspr.):* meditieren.

Sammelsurium
Allerlei, buntes Durcheinander, Cocktail, Gemenge, Melange, Mischung, Mix, Potpourri, Wirrwarr; *(bildungsspr.):* Diversa, Kaleidoskop, Konglomerat, Mixtur; *(ugs.):* Kuddelmuddel.

Sammlung
1. Hilfsaktion, Sammelaktion, Spendenaktion.
2. Anhäufung, Ansammlung, Auswahl, Kollektion, Sortiment, Zusammenstellung.
3. Archiv, Ausstellung, Galerie, Kunstsammlung, Museum; *(bildungsspr.):* Pinakothek.

samtig
a) kuschelweich, samten, weich, wie Samt, zart.
b) dunkel klingend/tönend, mit samtenem Timbre.

sämtlich
allesamt, ausnahmslos, ausschließlich, durchgängig, durchweg, generell, gesamt, grundsätzlich, in ihrer/seiner Gesamtheit, konstant, prinzipiell, unterschiedslos; *(schweiz.):* durchs Band [weg]; *(bes. schweiz.):* gesamthaft; *(geh.):* in seiner/ihrer Gänze; *(bildungsspr.):* in corpore, in toto; *(nachdrücklich):* gänzlich; *(emotional):* restlos; *(bildungsspr. veraltend):* in summa.

sämtliche
alle [Leute], alle miteinander, alles, die Gesamtheit, [ein] jeder, jeder Einzelne, jedermann.

Sanatorium
Erholungsstätte, Kurheim, Kurklinik, Rehabilitationsklinik, Reha[bilitations]zentrum.

Sand

wie Sand am Meer
in Hülle und Fülle, in Massen, in reichem Maße, massenweise, mehr als genug, mehr als genügend, nicht zu knapp, noch und noch, reichlich, [sehr] häufig, [sehr] oft, viele Male; *(ugs.):* en masse, haufenweise, in rauen Mengen, massig, tausendfach; *(emotional):* doppelt und dreifach, dutzendfach; *(oft emotional):* massenhaft; *(oft abwertend):* zur Genüge.

sanft
1. freundlich, friedfertig, friedlich, geduldig, gefühlvoll, gütig, gutmütig, lieb, liebevoll, milde, nicht hart/streng, rücksichtsvoll, ruhig, sanftmütig, still, zartfühlend, zärtlich [besorgt], zurückhaltend; *(dichter.):* zephirisch.
2. behutsam, glimpflich, harmlos, nicht grob, ohne Gewalt/Wucht, pfleglich, sachte, schonend, schonungsvoll, sorgfältig, vorsichtig, weich, zart; *(geh.):* achtsam, bedachtsam, sorgsam; *(bildungsspr.):* delikat; *(oft iron.):* gnädig.
3. abgetönt, blass, gedämpft, gedeckt, matt, mild, nicht grell, schwach.
4. dezent, kaum merklich/spürbar, leicht, leise, [nur] andeutungsweise/angedeutet, unaufdringlich, unmerklich, verhalten, zurückhaltend.

Sanftmut
Freundlichkeit, Friedfertigkeit, Friedlichkeit, Güte, Herzensgüte, Milde, Rücksicht, Sanftheit, Sanftmütigkeit, Weichheit, Zartheit.

sanftmütig
duldsam, friedfertig, friedlich, geduldig, gutherzig, gütig, gutmütig, milde, ruhig, tolerant, zartfühlend, zurückhaltend; *(geh.):* langmütig.

Sanitäter, Sanitäterin
Notfallsanitäter, Notfallsanitäterin, Rettungsassistent, Rettungsassistentin, Rettungshelfer, Rettungshelferin, Rettungssanitäter, Rettungssanitäterin; *(schweiz.):* Samariter, Samariterin.

Sanktion
1. Akzeptanz, Anerkennung, Annahme, Befürwortung, Beipflichtung, Bejahung, Bestätigung, Billigung, Einverständnis, Einwilligung, Erlaubnis, Genehmigung, Zustimmung; *(bildungsspr.):* Autorisierung, Sanktionierung.
2. Abstrafung, Bestrafung, Druck[mittel], Gegenmaßnahme, Maßregelung, Strafaktion, Strafe, Strafmaßnahme, Vergeltungsmaßnahme, Zwangsmaßnahme; *(geh.):* Ahndung; *(bildungsspr.):* Repressalie, Sanktionierung.

sanktionieren
1. akzeptieren, annehmen, beipflichten, bejahen, bekräftigen, bestätigen, bewilligen, billigen, dulden, sich einverstanden erklären, einverstanden sein, einwilligen, gelten lassen, genehmigen, gewähren, grünes Licht geben, gutheißen, sein Amen geben, seine Zustimmung geben, zulassen, zustimmen; *(bildungsspr.):* legitimieren, permittieren, tolerieren; *(ugs.):* absegnen, seinen Segen geben, unterschreiben.
2. abstrafen, bestrafen, eine Strafe auferlegen, maßregeln, rächen, strafen, sühnen, unter Strafe stellen, vergelten, Vergeltung üben; *(geh.):* ahnden, Rache üben; *(bildungsspr.):* mit Sanktionen belegen; *(ugs.):* eine Strafe aufbrummen; *(nachdrücklich):* Rache nehmen.

Sarkasmus
Gespött, Häme, Ironie, Spöttelei, Verhöhnung, Verspottung, Zynismus; *(veraltend):* Malice.

sarkastisch
beißend, boshaft, gemein, höhnisch, ironisch,

spöttisch, verletzend, zynisch; *(bildungsspr.)*: maliziös, medisant; *(abwertend)*: gehässig.

Satellit

1. Gestirn, Mond.
2. Flugkörper, Kommunikationssatellit, künstlicher Raumkörper, Nachrichtensatellit.

Satire

Karikatur, Spottgedicht, Spottlied; *(bildungsspr.)*: Parodie, Persiflage; *(Literaturwiss.)*: Sottie, Travestie.

satt

1. *(geh.)*: gesättigt; *(ugs.)*: pappsatt, satt gefressen, vollgestopft; *(fam.)*: nudelsatt.
2. ausreichend, in Hülle und Fülle, in reichem Maße, mehr als genug/genügend, nicht zu knapp, [über]reichlich, viel; *(geh.)*: ein gerüttelt Maß; *(ugs.)*: en masse, in rauen Mengen; *(emotional)*: sattsam; *(oft abwertend)*: zur Genüge.

sattelfest ↑sachverständig.

sättigen

anreichern; *(Fachspr.)*: den Sättigungsgrad erhöhen, der Sättigung/dem Sättigungspunkt annähern.

Satz

1. Aussage, Äußerung, Behauptung, Umschreibung; *(Sprachwiss.)*: Hauptsatz, Nebensatz, Satzgefüge.
2. a) Devise, Leitsatz, Leitspruch, Motto, Parole, Slogan, [Wahl]spruch; *(bildungsspr.)*: Credo, Maxime, These; *(oft abwertend)*: Glaubenssatz; *(bes. Politik)*: Doktrin. b) Äußerung, Ausspruch, Bonmot, [geflügeltes] Wort, Lebensweisheit, Sprichwort, Spruch, Zitat; *(bildungsspr.)*: Aperçu, Aphorismus, Apophthegma, Diktum, Sentenz; *(nordd.)*: Schnack.
3. [Riesen]schritt, Sprung.

Satzung

Bestimmungen, Ordnung, Regeln, Regelwerk, Statuten, Verfassung, Vorschriften; *(bildungsspr.)*: Reglement.

Satzzeichen

[Interpunktions]zeichen.

sauber

1. a) blank, fleckenlos, frisch, gereinigt, hygienisch [einwandfrei], keimfrei, ohne Schmutz/Verunreinigungen, rein[lich], rückstandsfrei, steril; *(ugs.)*: pieksauber; *(Fachspr.)*: schadstofffrei. b) aufgeräumt, geordnet, gepflegt, makellos, ordentlich, säuberlich; *(ugs.)*: manierlich, picobello; *(veraltend)*: adrett, schmuck.
2. ausgezeichnet, einwandfrei, gewissenhaft, großartig, gründlich, lupenrein, sehr gut, sehr schön, unbedenklich, vortrefflich, vorzüglich; *(bildungsspr.)*: exzellent, superb; *(ugs.)*: astrein.

säuberlich

akkurat, gewissenhaft, gründlich, ordentlich, [peinlich] genau, sorgfältig; *(geh.)*: achtsam, minutiös, sorgsam; *(bildungsspr.)*: akribisch, penibel; *(ugs.)*: pingelig; *(abwertend)*: pedantisch.

sauber machen

abputzen, abscheuern, abwaschen, abwischen, aufwischen, ausspülen, reinigen, säubern, scheuern, spülen, von Staub/Schmutz befreien, waschen; *(schweiz.)*: wischen; *(ugs.)*: [ab]schrubben, klar Schiff machen; *(bes. südd.)*: abkehren, [aus]kehren; *(bes. nordd.)*: abfegen, ausfegen.

sauer

1. nicht mehr gut, ranzig, schlecht, verdorben.
2. anstrengend, beschwerlich, hart, kräftezehrend, mühevoll, mühsam, mühselig, schwer; *(bes. südd. u. schweiz.)*: streng.
3. a) grämlich, griesgrämig, mürrisch, säuerlich, verdrießlich, verdrossen; *(geh.)*: missvergnügt; *(ugs.)*: miesepetrig. b) aufgebracht, empört, entrüstet, erbost, fuchtig, verärgert, wütend, zornig; *(geh.)*: erzürnt; *(bildungsspr.)*: indigniert; *(ugs.)*: böse, fuchsig, gnatzig, grätig; *(schweiz.)*: hässig; *(nordd.)*: fünsch.

sauer sein

sich ärgern, sich entrüsten, schmollen; *(geh.)*: gram sein, grollen, hadern, Zorn hegen, zürnen; *(ugs.)*: kurz vorm Platzen sein, wurmen.

saufen

hinunterstürzen; *(ugs.)*: hinuntergießen, hinunterkippen, hinunterspülen, kippen.

saugen

lutschen, ziehen; *(ugs.)*: nuckeln.

säugen

anlegen, die Brust geben, nähren, stillen.

Säugling

Baby, Neugeborenes; *(schweiz.)*: Bébé; *(ugs.)*: Brustkind; *(geh., oft scherzh.)*: kleiner/neuer Erdenbürger, kleine/neue Erdenbürgerin.

Säule

a) Pfeiler. b) Eckpfeiler, Eckstein, Fundament, Pfeiler, Rückgrat, Stütze; *(bildungsspr.)*: Basis.

säuseln

a) flüstern, leise sprechen, wispern; *(geh.)*: raunen; *(oft abwertend)*: tuscheln. b) flöten, schmeicheln, schöntun.

sausen

1. brausen, rauschen, toben, tosen, zischen.
2. eilen, fegen, hetzen, jagen, preschen, rennen, schießen, stürmen, wieseln; *(geh.)*: fliegen, hasten, stieben; *(ugs.)*: düsen, flitzen, pesen, rasen, spurten, wetzen; *(südd., schweiz.)*: springen.

Schabernack

Scherz, Spaß, Ulk; *(ugs.)*: Jokus, Jux.

schäbig
1. a) abgegriffen, abgenutzt, abgeschabt, abgetragen, abgewetzt, alt, ärmlich, benutzt, lumpig, unansehnlich, verschlissen, zerfetzt, zerfleddert, zerlumpt, zerrissen; *(ugs.):* abgerissen, ausgedient, mitgenommen; *(abwertend):* heruntergekommen, verlottert. **b)** ärmlich, armselig, dürftig, elend, erbärmlich, gering, jämmerlich, jammervoll, karg, kärglich, kümmerlich; *(emotional):* miserabel; *(ugs. abwertend):* lausig, lumpig, popelig.
2. gemein, niederträchtig, schändlich, verachtenswert, verächtlich; *(geh.):* perfide, ruchlos, schimpflich, schmählich, übel, unredlich; *(ugs.):* fies; *(abwertend):* lumpig, schuftig, schurkisch; *(geh. abwertend):* nichtswürdig; *(ugs. abwertend):* hundsgemein, mies, schofel; *(geh. veraltend):* verrucht.
3. geizig, sparsam; *(österr. ugs.):* notig; *(abwertend):* kleinlich; *(schweiz. abwertend):* rappenspalterisch; *(ugs. abwertend):* filzig, knauserig, knickerig, schofel; *(nordd.):* kniepig.

Schablone
1. Form, Muster, Schnitt[muster], Vorlage.
2. eingefahrene Vorstellung, Schema; *(geh.):* überkommene Vorstellung; *(bildungsspr. abwertend):* Klischee.

Schachtel
Box, Karton, Kassette, Päckchen, Packung.

schaden
angreifen, anhaben, beeinträchtigen, beschädigen, eine Beeinträchtigung/einen Nachteil/einen Verlust darstellen, einen Bärendienst erweisen, Gift sein, in Mitleidenschaft ziehen, nachteilig/schädlich sein, ruinieren, schädigen, sich ungünstig auswirken; *(geh.):* Unheil anrichten/stiften, zum Schaden gereichen.

Schaden
1. Beeinträchtigung, Benachteiligung, Nachteil, Störung, Ungunst, Verlust; *(geh.):* Abtrag.
2. Beschädigung, Defekt, Fehler, Lädierung, Macke, Mangel, Schadhaftigkeit, Zerstörung; *(österr.):* Gebrechen; *(geh.):* Makel.
3. Ausfall, Defizit, Einbuße, Minus, Verlust.

schadenfroh
boshaft, hämisch, höhnisch, schadenfreudig, voll Schadenfreude; *(bildungsspr.):* maliziös.

schadhaft
angeschlagen, beschädigt, defekt, fehlerhaft, lädiert; *(ugs.):* kapores, kaputt, ramponiert.

schädigen ↑schaden.

schädlich
abträglich, gefährlich, gesundheitsschädigend, hemmend, Nachteile bringend, nachteilig, negativ, ruinös, schlecht, schlimm, ungesund, ungünstig, verderblich; *(geh.):* unzuträglich.

Schädling
Ungeziefer; *(Fachspr.):* Schadorganismus.

schaffen
1. bilden, entstehen lassen, formen, gestalten, hervorbringen, machen; *(geh.):* erschaffen; *(bildungsspr.):* kreieren.
2. entstehen/zustande kommen lassen, herstellen, zustande bringen.
3. a) bewältigen, fertigwerden, meistern, zum Abschluss bringen, zustande/zuwege bringen; *(schweiz.):* bodigen; *(geh.):* vollbringen; *(ugs.):* hinkriegen, managen, packen, schmeißen.

BSP Sie hat die schwere Aufgabe / den Lernstoff spielend bewältigt. Sie hat damit ein gutes Werk vollbracht.

b) anstrengen, auslaugen, beanspruchen, ermüden, erschöpfen, mitnehmen, schwächen, strapazieren, viel abverlangen, zusetzen; *(geh.):* aufzehren, auszehren, ermatten; *(ugs.):* auffressen, fertigmachen, schlauchen, stressen.
4. befördern, liefern, tragen, transportieren, verfrachten.
5. arbeiten, Arbeit leisten/verrichten, hantieren, tätig sein, werken, wirken; *(ugs.):* roboten.

Schaffung
Aufbau, Begründung, Bildung, Einrichtung, Errichtung, Etablierung, Gründung, Herstellung; *(bildungsspr.):* Konstituierung.

schäkern
a) neckische Späße machen, Scherze machen, spaßen; *(geh.):* scherzen. **b)** flirten, liebäugeln; *(geh.):* Avancen machen; *(ugs.):* [schöne] Augen machen; *(veraltend):* tändeln.

schal
abgeschmackt, einfallsarm, einfallslos, einförmig, eintönig, ermüdend, geisttötend, gleichförmig, langweilig, monoton, öde, reizlos, stumpfsinnig, trocken, trostlos, uninteressant; *(bildungsspr.):* trist; *(abwertend):* fade; *(bildungsspr. abwertend):* stupide, uniform.

Schale
1. Haut, Hülle, Hülse, Schote, Umhüllung.
2. Schüssel, Teller, Terrine.

schälen
a) abschälen, die Haut/Schale abziehen, [ent]häuten, schaben. **b)** herauslösen.

Schall
Geräusch, Klang, Laut, Ton; *(geh.):* Hall.

schallen
dröhnen, erdröhnen, erklingen, erschallen, ertö-

nen, gellen, hallen, klingen, schmettern, schrillen, tönen; *(geh.)*: schwingen.

schalten

1. drehen, stellen; *(ugs.)*: knipsen.
2. den/einen [anderen] Gang einlegen.
3. auffassen, begreifen, durchschauen, erfassen, erkennen, fassen, folgen können, realisieren, verstehen; *(ugs.)*: blicken, durchblicken, durchgucken, kapieren; *(salopp)*: checken, raffen.

BSP Sie kann auch schwierige Zusammenhänge schnell auffassen. Es fiel ihnen schwer, das Problem [ganz] zu fassen.

Schalter

1. Drücker, Hebel, Knopf, Taste, Taster.
2. Abfertigung, Anmeldung, Annahme, Ausgabe, Auskunft, Empfang, Kasse, Rezeption; *(österr.)*: Kassa.

schämen, sich

1. bereuen, beschämt sein, im Erdboden versinken wollen, nicht ins Gesicht blicken/sehen können, verschämt sein; *(geh.)*: erröten.
2. sich genieren, schüchtern sein.

schamlos

a) anrüchig, anstoßerregend, anstößig, doppeldeutig, frivol, lasterhaft, pornografisch, sittenlos, unanständig, unsittlich, unzüchtig, zotig, zweideutig; *(geh.)*: verdorben; *(bildungsspr.)*: obszön; *(oft scherzh.)*: verrucht; *(abwertend)*: liederlich, schlüpfrig, schmutzig; *(bildungsspr. abwertend)*: vulgär. b) dreist, frech, hemmungslos, ungehörig, ungeniert, unverfroren, unverschämt; *(geh.)*: unschicklich; *(bildungsspr.)*: impertinent; *(abwertend)*: plump, schmutzig.

Schande

a) Beschämung, Blamage, Bloßstellung, Demütigung, Entehrung, Erniedrigung, Herabsetzung, Herabwürdigung, Kompromittierung, Kränkung; *(geh.)*: Makel, Schimpf, Schmählichkeit, Unehre; *(bildungsspr.)*: Desavouierung.
b) Ärgernis, Eklat, Skandal, Zumutung.

schänden

a) [sexuell] missbrauchen, sich vergehen, vergewaltigen, sich vergreifen. b) beflecken, beschädigen, beschmutzen, entehren, entheiligen, entweihen, entwürdigen, schädigen.

schändlich

abscheuerregend, abscheulich, abstoßend, bösartig, böse, empörend, entwürdigend, garstig, gemein, hässlich, hinterhältig, lumpig, niederträchtig, schlimm, verabscheuenswert, verabscheuungswürdig, verachtenswert, verächtlich, verachtungswürdig; *(geh.)*: ruchlos, schmählich, skandalös, verwerflich, widerwärtig; *(bildungsspr.)*: perfide, perniziös; *(emotional)*: miserabel, scheußlich; *(abwertend)*: elend, erbärmlich, infam, jämmerlich, schäbig, schmutzig, schurkisch, unerhört, widerlich; *(geh. abwertend)*: nichtswürdig, schnöde.

Schar

Ansammlung, Clique, Gang, Gemeinschaft, Gesellschaft, Gruppe, Gruppierung, Haufen, Heer, Kohorte, Kollektiv, Kreis, Legion, Menschenmasse, [Menschen]menge, Pulk, Reihe, Rudel, Runde, Schwarm, Truppe, Versammlung, Vielzahl, Zug; *(schweiz.)*: Harst; *(abwertend)*: Bagage, Klüngel, Rotte.

scharen, sich

sich sammeln, sich vereinigen, sich versammeln, sich zusammenfinden, zusammenkommen, zusammenströmen, zusammentreffen.

scharf

1. a) gut geschärft/geschliffen/gewetzt, gut schneidend. b) scharfkantig, spitz.
2. a) kräftig, pikant, salzig, streng, würzig; *(schweiz.)*: räß. b) beißend, brennend, durchdringend, intensiv, penetrant, streng [riechend].
3. angestrengt, aufmerksam, konzentriert; *(bildungsspr.)*: argusäugig, mit Argusaugen.
4. deutlich, genau, klar.
5. angriffslustig, beleidigend, bissig, boshaft, gallig, polemisch, verletzend, zynisch; *(abwertend)*: gehässig, schnippisch.
6. gnadenlos, hart, kompromisslos, rigoros, schonungslos, streng, strikt, unerbittlich, unnachgiebig, unnachsichtig; *(bildungsspr.)*: drakonisch; *(abwertend)*: rücksichtslos.
7. abrupt, plötzlich, schlagfertig, unerwartet, unvorhergesehen; *(geh.)*: jäh.
8. beeindruckend, begeisternd, bewundernswert, bewundernswürdig, eindrucksvoll, fantastisch, großartig, hervorragend, imponierend, imposant; *(bes. schweiz.)*: eindrücklich; *(ugs.)*: klasse, mega, prima, riesig, super, toll.

schärfen

1. abziehen, scharf machen, schleifen, wetzen.
2. verbessern, verfeinern, vervollkommnen; *(geh.)*: veredeln; *(bildungsspr.)*: sublimieren.

scharfmachen

1. anstacheln, anstiften, antreiben, aufbringen, aufhetzen, aufpeitschen, aufstacheln, aufwiegeln, aufwühlen, bringen zu, fanatisieren, reizen, treiben zu; *(österr.)*: hussen; *(ugs.)*: anheizen; *(abwertend)*: agitieren, aufputschen.
2. anregen, aphrodisieren, aufreizen, erotisieren, erregen, in Erregung versetzen, Lust machen, reizen, stimulieren; *(ugs.)*: antörnen, bezirzen; *(salopp)*: anmachen, heißmachen.

Scharfsinn
Esprit, Geisteskraft, Geistesschärfe, Gescheitheit, Intellekt, Intelligenz, Klugheit, Scharfblick, Scharfsinnigkeit, Schläue, Verstand, Verstandeskraft; *(bildungsspr.):* Ingeniosität.

scharfsinnig
aufgeweckt, geistreich, geistvoll, gescheit, hellsichtig, [hell]wach, intelligent, klug, scharfsichtig, schlau; *(bildungsspr.):* ingeniös.

GGS beschränkt, einfältig, naiv, ohne Argwohn, töricht.

Scharlatan, Scharlatanin
Betrüger, Betrügerin, Bluffer, Blufferin, Hochstapler, Hochstaplerin, Preller, Prellerin; *(abwertend):* Bauernfänger, Bauernfängerin, Gauner, Gaunerin, Schwindler, Schwindlerin.

scharren
kratzen, schaben, scheuern, schürfen.

Scharte
a) Einkerbung, Einschnitt, Kerbe, Ritz, Schnitt, Spalt. b) Kratzer, Riss, Schnitt, Schramme.

Schatten
1. Dämmerung, Dunkel, Dunkelheit, Halbdunkel, Zwielicht.
2. Kontur, Schemen, Silhouette, Umriss.
3. dunkler Punkt, Makel, Schandmal, Unzierde; *(geh.):* übler Beigeschmack; *(bildungsspr.):* Odium; *(emotional):* Schandfleck.

Schatten

seine Schatten vorauswerfen
sich abzeichnen, sich anbahnen, anklingen, sich ankündigen, drohen, sich zeigen, sich zusammenbrauen; *(geh.):* aufglimmen, aufsteigen, erwachen.

über seinen Schatten springen
sich durchringen, es über sich bringen, seinem Herzen einen Stoß geben, übers Herz bringen, sich überwinden, sich zwingen; *(geh.):* sich ermannen; *(ugs.):* sich aufrappeln, sich [innerlich] einen Ruck geben.

Schattenseite
1. *(österr., schweiz.):* Schattseite; *(geh.):* Dunkel.
2. Fehler, Kehrseite, Mangel, Manko, Minus, Nachteil, negativer Aspekt, Schaden, Schwäche; *(geh.):* Makel; *(bildungsspr.):* Negativum; *(dichter.):* Nachtseite; *(ugs.):* Haken.

schattig
beschattet, dämmrig, halbdunkel, schattenreich, schummrig; *(geh.):* umschattet.

Schatz
1. Reichtümer, Vermögen, Werte.
2. Glanzstück, Kostbarkeit, Prunkstück, Schaustück, Schmuckstück, Wertgegenstand, Wertsache, Wertstück; *(geh.):* Kleinod; *(emotional):* Juwel; *(bildungsspr.):* Preziosen.

schätzen
1. ansetzen, überschlagen, veranschlagen.
2. annehmen, sich ausrechnen [können], denken, erwarten, meinen, mutmaßen, rechnen mit, vermuten; *(ugs.):* spekulieren, tippen.

BSP Niemand wird ernstlich annehmen, dass … Ich rechne mit einer guten Note.

3. achten, Achtung entgegenbringen/erweisen, anerkennen, aufblicken, bewundern, den Hut ziehen, eine hohe Meinung haben, hoch achten, Respekt entgegenbringen/erweisen/zollen, respektieren, viel geben auf, viel halten von; *(geh.):* verehren; *(veraltend):* wertschätzen.

Schau
1. Ausstellung, Exposition, Messe, Veranstaltung.
2. Aktion, Aufführung, Darbietung, Ereignis, Nummer, Performance, Show, Spektakel, Spiel, Vorführung, Vorstellung; *(Jargon):* Event.
3. Anschauungsweise, Betrachtungsweise, Blickwinkel, Gesichtspunkt, Sicht, Standpunkt; *(bildungsspr.):* Aspekt, Perspektive.

Schauder
1. Eiseskälte, Frösteln, Frostgefühl, Kälte[gefühl], Kälteschauer; *(geh.):* Schauer.
2. Angst, Entsetzen, Furcht, Grauen, Graus, Grausen, Grusel, Horror; *(geh.):* Schauer.

schauderhaft
abscheuerregend, abscheulich, ekelerregend, ekelhaft, eklig, entsetzlich, furchtbar, grauenerregend, grauenhaft, grauenvoll, gräulich, schauerlich, schrecklich, widerwärtig, zuwider; *(geh.):* degoutant, schaudererregend; *(ugs.):* ätzend, fies; *(emotional):* fürchterlich, grässlich.

schaudern
1. [durch]frösteln, kalt sein, [leicht] frieren, schauern; *(geh.):* erschauern; *(ugs.):* eine Gänsehaut bekommen/kriegen.
2. [sich] grausen, [sich] gruseln, kalt den Rücken herunterlaufen, schauern, unheimlich zumute sein; *(geh.):* erschaudern, erschauern.

schauen
1. blicken, sehen; *(ugs.):* gucken; *(nordd.):* kieken, kucken.
2. sich bemühen, sich Mühe geben, [zu]sehen; *(geh.):* sich angelegen sein lassen, sich befleißigen; *(ugs.):* machen.

Schauer
1. Niederschlag, Platzregen, Regenguss,

Schauerregen, Sturzregen; *(schweiz.)*: Gutsch; *(ugs.)*: Guss; *(ugs. scherzh.)*: Dusche, Nassauer.
2. ↑Schauder (1, 2).

schauerlich
1. ↑schauderhaft.
2. a) abscheulich, katastrophal, schlimm; *(geh.)*: übel; *(dichter.)*: stygisch; *(ugs.)*: entsetzlich, grässlich, grauenvoll, grausig, schrecklich, unter aller Kritik, verheerend; *(emotional)*: miserabel; *(ugs. emotional)*: fürchterlich, scheußlich; *(ugs. verhüll.)*: bescheiden. **b)** ↑sehr.

schauern ↑schaudern.

schaukeln
1. auf- und abschwingen, wippen; *(schweiz.)*: [gi]gampfen.
2. a) hängen, sich hin- und herbewegen, hin- und herschwingen, hin- und herwiegen, pendeln, schlenkern, schlottern, schwanken, schwingen; *(schweiz.)*: [gi]gampfen; *(ugs.)*: baumeln. **b)** [hin- und her]schwanken, taumeln.

schaulustig
neugierig; *(geh.)*: schaubegierig; *(abwertend)*: sensationsgeil, sensationslüstern.

Schaum
1. Gischt, Schaumkrone.
2. Geifer, Speichel; *(ugs.)*: Spucke.

schäumen
1. brodeln, moussieren, perlen, sprudeln.
2. auffahren, sich aufregen, aus der Fassung geraten, außer sich geraten, die Beherrschung/Fassung verlieren, sich empören, sich entrüsten, sich erbosen, hochfahren, in Harnisch/Wut/Zorn geraten, sich nicht mehr kennen, schnauben, wüten; *(geh.)*: ergrimmen, sich erzürnen, vor Empörung/Wut/Zorn schnauben; *(bildungsspr.)*: sich echauffieren, sich exaltieren; *(ugs.)*: aus der Haut fahren, ausrasten, in Fahrt/in Rage geraten, kochen; *(salopp)*: geladen sein; *(südd., österr.)*: aufdrehen.

Schaumwein
1. Mousseux, Perlwein, Prosecco.
2. Champagner, Sekt; *(ugs.)*: Schampus.

Schauplatz
Lokalität, Ort, Örtlichkeit, Raum, Räumlichkeit; *(geh.)*: Stätte; *(bildungsspr.)*: Szenarium.

schaurig ↑schauerlich.

Schauspiel
1. a) Bühnendichtung, Bühnenstück, Bühnenwerk, Drama, dramatisches Werk, Spiel, Stück, Theaterstück. **b)** Sprechbühne, Sprechtheater. **c)** Schauspielhaus, Theater; *(geh.)*: Spielstätte.
2. Aktion, Anblick, Ansicht, Bild, Blick, Darbietung, Eindruck, Spektakel, Szene, Vorfall, Vorgang, Vorstellung; *(geh.)*: Begebenheit, Geschehen, Geschehnis; *(Jargon)*: Event.

Schauspieler, Schauspielerin
Bühnenkünstler, Bühnenkünstlerin, Darsteller, Darstellerin, Komödiant, Komödiantin; *(geh.)*: Akteur, Aktrice; *(veraltend)*: Mime, Mimin.

Scheck
1. Bankscheck, Eurocheque; *(schweiz.)*: Check.
2. Bon, Coupon, Gutschein, Wertmarke.

scheffeln
anhäufen, ansammeln, aufhäufen, horten, sammeln, zusammentragen; *(schweiz.)*: äufnen; *(geh.)*: erraffen; *(bildungsspr.)*: agglomerieren; *(bildungsspr., Fachspr.)*: aggregieren, [ak]kumulieren; *(ugs.)*: absahnen, einkassieren, ergattern, hamstern, kassieren; *(abwertend)*: raffen.

Scheibe
1. a) Platte, Rad, Rädchen. **b)** CD, [Compact] Disc, [Schall]platte, Titel; *(ugs.)*: Vinyl.
2. Schnitte, Stück; *(bes. österr.)*: Spalte.
3. Fenster[scheibe], Glasfenster, Glasscheibe.

Scheide
1. Vagina; *(salopp)*: Muschel, Muschi.
2. Etui, Futteral, Hülle.

scheiden
a) abgrenzen, absondern, abteilen, abtrennen, trennen; *(geh.)*: sondern; *(veraltend)*: separieren. **b)** auseinanderhalten, einen Unterschied machen, gegeneinander abgrenzen, unterscheiden; *(bildungsspr.)*: differenzieren. **c)** ablösen, abtrennen, entfernen, herauslösen, isolieren, loslösen, lostrennen, trennen; *(geh.)*: sondern.

scheiden, sich
1. abgehen, sich abspalten, abzweigen, auseinandergehen, auseinanderlaufen, auseinanderstreben, sich gabeln, sich [in zwei Arme] teilen, sich spalten, sich trennen, sich verzweigen.
2. sich auflösen, sich aufsplittern, sich [los]lösen, sich spalten, sich teilen, sich trennen.

scheiden lassen, sich
die Ehe/eheliche Gemeinschaft auflösen [lassen], die Scheidung erlangen, sich trennen, wieder getrennte Wege gehen.

Schein
1. Helligkeit, Licht[schein], [Licht]strahl; *(geh.)*: Helle, Lichtflut, Lichtfülle; *(dichter.)*: Flimmer.
2. Augenwischerei, Betrug, Bluff, Farce, Firnis, Irreführung, Täuschung, Vortäuschung; *(geh.)*: Gaukelei, Trug; *(abwertend)*: Spiegelfechterei, Tünche; *(oft abwertend)*: Fassade; *(geh. abwertend)*: Blendwerk, Gaukelspiel.
3. Ausweis, Beleg, Bescheinigung, Beweis, Do-

kument, Legitimation, Nachweis, Quittung, Urkunde, Zeugnis; *(veraltend):* Zertifikat.
4. Banknote, Geldschein, Papiergeld.

scheinbar
angeblich, nicht in Wirklichkeit, vermeintlich, virtuell, vorgeblich, vorgetäuscht.

scheinen
1. a) blinken, brennen, glühen, leuchten, strahlen. **b)** anleuchten, anstrahlen, aufhellen, ausleuchten, beleuchten, bescheinen, bestrahlen, erhellen, erleuchten; *(bildungsspr.):* illuminieren.
2. anmuten, aussehen, daherkommen, sich darstellen, den Anschein erwecken/haben, erscheinen, sich erweisen, sich geben, sich präsentieren, vorkommen, wirken, sich zeigen; *(geh.):* sich ausnehmen, sich darbieten.

BSP Das erweckt den Anschein, als ob er Bescheid wüsste. Diese Annahme wird sich als falsch erweisen. Der Protagonist wirkt fröhlich/müde/traurig/überrascht / wie gelähmt.

scheinheilig
heuchlerisch, pharisäerhaft, unaufrichtig, unehrlich, verstellt; *(abwertend):* falsch, scheinfromm; *(bildungsspr. abwertend):* bigott.

scheiße
erbärmlich, minderwertig, schlecht, ungenügend, wertlos; *(ugs.):* ätzend, dumm, furchtbar, grauenhaft, mies, schrecklich, verheerend; *(salopp):* beknackt, beschissen; *(emotional):* miserabel; *(ugs. emotional):* fürchterlich, scheußlich; *(ugs. verhüll.):* bescheiden.

Scheiße
1. Absonderung, [Darm]ausscheidung, Stuhl[gang]; *(ugs.):* Haufen.
2. Dummheit, Flausen, Nonsens, Unfug, Unsinn; *(ugs.):* Kokolores, Larifari, Mätzchen, Schlamassel, Wahnsinn; *(salopp):* Bockmist.

scheißen
1. sich entleeren, seine Notdurft verrichten, Stuhlgang haben.
2. gering schätzen, verzichten, von sich weisen; *(schweiz.):* foutieren; *(ugs.):* pfeifen auf.

scheitern
a) Bankrott machen, eine Abfuhr erhalten, keinen Erfolg haben, sich nicht durchsetzen können, Schiffbruch erleiden, sein Ziel nicht erreichen, stolpern, straucheln, versagen, zu Fall kommen; *(geh.):* keinen Zuspruch finden, stranden; *(ugs.):* auf der Strecke bleiben; *(salopp):* auf die Schnauze fallen, baden gehen. **b)** danebengeraten, eine Schlappe erleiden, fehlschlagen, missglücken, misslingen, missraten; *(schweiz.):* fehlen; *(ugs.):* auflaufen, danebengehen, floppen; *(salopp):* in die Hose gehen.

schellen
1. klingeln; *(ugs.):* bimmeln.
2. die Klingel betätigen, klingeln.
3. gongen, klingeln.

schelten ↑schimpfen.

Schema
1. Grundmuster, Grundprinzip, Grundriss, Konzept, Muster, Prinzip, Raster, System; *(bildungsspr.):* Modell; *(ugs.):* Schublade; *(bildungsspr. abwertend):* Klischee.
2. Form, Muster, Schablone, Vorlage.

schematisch
automatisch, gedankenlos, mechanisch, routinemäßig, unbewusst, unwillkürlich; *(bildungsspr.):* stereotyp; *(abwertend):* nach Schema F; *(bildungsspr. abwertend):* klischeehaft.

Schemel
Dreifuß, Hocker, Puff; *(schweiz.):* Stabelle.

schemenhaft
andeutungsweise, flüchtig, grob, konturlos, nebelhaft, nicht fest/klar/scharf umrissen, unbestimmt, undeutlich, ungefähr, ungeordnet, unklar, unscharf, vage, verschwommen; *(geh.):* schattenhaft; *(bildungsspr.):* diffus, nebulös, unpräzise; *(abwertend):* schwammig.

schenken, sich
absehen von, ausklammern, aussparen, ausweichen, beiseiteschieben, sich ersparen, nicht [mit]machen, nicht teilnehmen, sich sparen, übergehen, überspringen, umgehen, unterlassen, vermeiden, verzichten, zu entgehen/zu umgehen suchen; *(geh.):* Abstand nehmen, [ent]fliehen, sich entziehen, meiden, nicht nachkommen; *(ugs.):* sich verkneifen, weglassen.

Scherz
Alberei, Clownerie, Eulenspiegelei, Faxen, Ironie, Neckerei, Nonsens, Posse, Schabernack, Schelmenstück, Spaß, Ulk, Unfug, Witz; *(österr.):* Hetz; *(geh.):* Gaukelei; *(ugs.):* Flachs, Joke, Jokus, Jux, Uz; *(oft abwertend):* Fopperei.

scherzen
1. sich amüsieren, blödeln, herumalbern, sich lustig machen, necken, Possen reißen, schäkern, Spaß/Späße/Witze machen, spaßen, spotten, ulken, witzeln; *(ugs.):* flachsen, frotzeln, kaspern; *(bildungsspr.):* sich mokieren.
2. im Scherz äußern/sagen, ironisch meinen, nicht [ganz] ernst meinen.

scherzhaft
humorvoll, ironisch, launig, närrisch, neckisch, possenhaft; *(ugs.):* flachsig, juxig.

scheu
a) ängstlich, bange, beklommen, ehrfürchtig, eingeschüchtert, gehemmt, genant, misstrauisch, schamhaft, schüchtern, verängstigt, verlegen, verschämt, verschreckt, verschüchtert, zurückhaltend; *(geh.):* ehrfurchtsvoll, verzagt, zag; *(bildungsspr.):* distanziert, timide; *(ugs.):* genierlich, verdruckst, verhuscht.

GGS leger, nonchalant, ungeniert, zwanglos.

b) nicht [hand]zahm, nicht zutraulich.

Scheu
Ängstlichkeit, Befangenheit, Gehemmtheit, Hemmungen, Menschenscheu, Misstrauen, Scham[gefühl], scheues Wesen, Schüchternheit, Unsicherheit, Verlegenheit, Zaghaftigkeit.

scheuchen
1. abhalten, abwehren, davonjagen, fernhalten, forttreiben, hetzen, in die Flucht schlagen, jagen, treiben, verjagen, vertreiben, wegscheuchen, wegtreiben; *(schweiz.):* heimzünden.
2. anpeitschen, antreiben, drängeln, drängen, herumkommandieren, schikanieren, stacheln; *(ugs.):* auf Touren/Trab bringen, triezen.

scheuen
1. aus dem Weg gehen, ausweichen, sich ersparen wollen, sich fernhalten, sich nicht stellen, übergehen, umgehen, vermeiden; *(geh.):* sich entziehen, fernbleiben, fliehen, meiden.
2. a) Angst bekommen, aufzucken, einen Schreck bekommen, erschrecken, in Panik geraten; *(ugs.):* die Panik kriegen, zusammenfahren. **b)** ausbrechen, davonlaufen, die Flucht ergreifen, durchgehen, entfliehen, entlaufen, entweichen, fliehen, flüchten, fortlaufen, weglaufen, wegrennen; *(ugs. scherzh.):* ausbüxen.

scheuen, sich
Hemmungen haben, zurückschaudern, zurückscheuen, zurückschrecken.

scheuern
1. abbürsten, abkratzen, abputzen, abreiben, abschleifen, abziehen, auskratzen, frottieren, reiben, reinigen, säubern, wischen; *(österr.):* ausreiben; *(ugs.):* [ab]schrubben, wienern.
2. abschürfen, aufreiben, aufschürfen, schrammen, schürfen, verletzen, wund reiben.

Scheune
Heuboden, Schober, Schuppen, Speicher, Tenne, Wirtschaftsgebäude; *(schweiz.):* Heubühne; *(südd., österr., schweiz.):* [Heu]stadel.

Scheusal
Bestie, Monster, Monstrum, Ungeheuer.

scheußlich
1. ekelerregend, ekelhaft, eklig, furchtbar, garstig, geschmacklos, grauenerregend, grausig, haarsträubend, hässlich, schauerlich, schaurig, stillos, übel, unästhetisch, unerträglich, unvorteilhaft, verunstaltet, widerwärtig; *(geh.):* degoutant, infernalisch; *(emotional):* fürchterlich, horrend; *(abwertend):* schäbig, widerlich.
2. katastrophal, trostlos, unangenehm; *(geh.):* unerquicklich; *(bildungsspr.):* desolat, trist.

Schicht
1. a) Ebene, Lage; *(österr.):* Schichte. **b)** Auflage, Belag, Beschichtung, Beschlag, Decke, Film, Glasur, Haut, Kruste, Lasur, Rinde, Schale.
2. [Bevölkerungs]gruppe, Gesellschaftsschicht, Kaste, Stand; *(Soziol.):* Klasse.
3. Arbeitszeit, Dienstzeit; *(österr.):* Turnus.

schick
a) apart, elegant, geschmackvoll, modisch, stilvoll; *(ugs.):* angesagt, fancy, in, trendy; *(veraltend):* adrett, schmuck; *(Jargon):* hip. **b)** gut angezogen/zurechtgemacht, herausgeputzt, mondän, smart.

schicken
1. abschicken, absenden, aufgeben, befördern, einwerfen, fortschicken, liefern, mitschicken, senden, spedieren, transportieren, übermitteln, übersenden, versenden, zukommen lassen, zuleiten, zuschicken; *(bildungsspr.):* expedieren.
2. abordnen, ausschicken, delegieren, [hin]beordern, kommandieren, überweisen, verweisen; *(geh.):* bescheiden, entsenden.

schicken, sich
1. sich abfinden, akzeptieren, auf sich nehmen, ausstehen, sich beugen, sich dreinschicken, erdulden, sich ergeben, ertragen, sich fügen, hinnehmen, kapitulieren, mit Fassung tragen, resignieren, tragen, sich zufriedengeben; *(geh.):* dulden, sich finden; *(ugs.):* schlucken.
2. angebracht/angemessen sein, sich gehören; *(geh.):* anstehen, sich gebühren; *(ugs.):* sich passen; *(veraltend):* sich geziemen.

Schicksal
Bestimmung, Fügung, höhere Gewalt, Los, Schicksalsfügung, Vorsehung; *(geh.):* Destination, Geschick; *(bildungsspr.):* Fatum, Tyche.

schieben
abrücken, abschieben, anschieben, bewegen, drängen, drücken, fortschieben, pressen, quetschen, rollen, rücken, verschieben, vor sich herwälzen, wälzen, wegschieben, ziehen, zur Seite bewegen; *(schweiz.):* stoßen.

Schieber, Schieberin
Betrüger, Betrügerin, Hehler, Hehlerin, Preller, Prellerin, Schwarzhändler, Schwarzhändlerin.

A B C D E F G H I J K L M N O P Q R S sch T U V W X Y Z

Schiebung
1. Schwarz[markt]geschäft.
2. Begünstigung, Betrug, Bevorzugung; *(bildungsspr.):* Nepotismus; *(abwertend):* Klüngelei, Korruption, Vetternwirtschaft.

Schiedsrichter, Schiedsrichterin
Schlichter, Schlichterin.

schief
1. a) gekippt, geschrägt, in Schieflage, in Schräglage, krumm, nicht lotrecht, nicht senkrecht, quer, schräg [laufend], verquer; *(oft abwertend):* windschief; *(nordd.):* dwars. **b)** abfallend, abschüssig, absteigend, abstürzend, aufsteigend, geneigt, schräg, schroff, steil; *(schweiz.):* gähstotzig; *(Fachspr.):* hängig.
2. abwegig, auf einem Irrtum beruhend, entstellt, falsch, irrig, irrtümlich, unkorrekt, unwahr, unzutreffend, verfälscht, verkehrt.

schiefgehen
fehlschlagen, missglücken, misslingen, missraten, scheitern; *(ugs.):* ins Auge gehen, platzen, schieflaufen; *(scherzh.):* verunglücken.

schieflaufen ↑schiefgehen.

schiefliegen
auf dem Holzweg sein, auf der falschen Fährte sein, im Irrtum sein, in die Irre gehen, [sich] irren, sich täuschen, von einer falschen Annahme ausgehen; *(geh.):* fehlgehen, sich im Irrtum befinden, irregehen; *(bildungsspr.):* von falschen Prämissen ausgehen; *(ugs.):* sich vertun.

schielen
a) beobachten, spähen, sich umblicken, um sich blicken, sich [verstohlen] umsehen, zusehen; *(ugs.):* zugucken; *(ugs. scherzh.):* kiebitzen. **b)** abzielen, anlegen, anstreben, anvisieren, anzielen, aus sein auf, begierig sein, brennen, erpicht sein auf, es abgesehen haben auf, gerichtet sein auf, haben wollen, interessiert sein, versessen sein, wollen, zielen; *(geh.):* erstreben, gieren, sinnen, trachten, zu erlangen/zu erreichen suchen; *(ugs.):* heiß/scharf/wild sein.

schier
annähernd, beinahe, es hätte nicht viel gefehlt, fast, geradezu, nahezu, um Haaresbreite; *(geh.):* um ein Kleines; *(ugs.):* praktisch, so gut wie.

schießen
a) abdrücken, abziehen, einen Schuss abgeben/abfeuern, Feuer geben, losdrücken; *(ugs.):* ballern, knallen, pulvern. **b)** erschießen, niederschießen, töten, treffen; *(geh.):* niederstrecken; *(ugs.):* totschießen, über den Haufen knallen/schießen; *(salopp):* umnieten, wegpusten.

Schiff
Boot, Dampfer, Dampfschiff, Frachter, Frachtschiff, Wasserfahrzeug.

Schiffbruch
Bruchlandung, Desaster, Fehlschlag, Fiasko, GAU, Katastrophe, Misserfolg, Niederlage; *(bildungsspr.):* Armageddon, Debakel, Kannä, Waterloo; *(ugs.):* Flop, kalte Dusche, Reinfall.

Schikane
Bösartigkeit, Boshaftigkeit, Bosheit, Böswilligkeit, Gemeinheit, Niederträchtigkeit, Quälerei, Ruchlosigkeit; *(geh.):* Niedertracht.

schikanieren
das Leben zur Hölle machen, mit Schikanen ärgern/quälen; *(ugs.):* piesacken, striegeln, triezen, zwiebeln; *(Jargon):* mobben; *(abwertend):* drangsalieren, tyrannisieren.

schildern
ausführen, ausmalen, berichten, beschreiben, charakterisieren, darlegen, darstellen, erklären, erläutern, erzählen, nachzeichnen, wiedergeben; *(bildungsspr.):* illustrieren.

schillern
changieren, glänzen, irisieren, leuchten.

schillernd
1. changeant, changierend, funkelnd, glänzend, irisierend, leuchtend, schillerig.
2. mehrdeutig, unbestimmt, undurchsichtig, unklar, verschwommen, wandelbar, wechselhaft, zwielichtig; *(bildungsspr.):* nebulös; *(bildungsspr., Fachspr.):* ambivalent.

schimmelig
kahmig, verfault, verschimmelt, voll Schimmel.

schimmeln
faulen, sich mit Schimmel bedecken, Schimmel ansetzen, verderben, vermodern, verschimmeln.

Schimmer
Andeutung, Anflug, Ansatz, Anzeichen, Idee, Nuance, Schuss, Spur, Stich; *(geh.):* Hauch, Regung; *(ugs.):* Touch.

schimpfen
1. anherrschen, ausschelten, maßregeln, rügen, tadeln, zurechtweisen; *(ugs.):* anbrüllen, anpfeifen, den Kopf waschen, einen Rüffel geben, fertigmachen, in den Senkel stellen, rundmachen, zur Minna/Schnecke machen, zusammenstauchen; *(salopp):* einen Anschiss verpassen; *(abwertend):* anschreien.
2. bezeichnen, nennen; *(geh.):* schelten; *(bildungsspr.):* apostrophieren.

schinden
1. drillen, grausam behandeln, malträtieren,

misshandeln, quälen, schikanieren; *(geh.):* foltern, martern; *(ugs.):* piesacken, striegeln, triezen, zwiebeln; *(abwertend):* drangsalieren.
2. erreichen, erzielen, gewinnen, sich verschaffen; *(ugs.):* herausschlagen, rausholen.

Schinken
1. [Hinter]keule.
2. dickes Buch; *(ugs.):* Schmöker, Wälzer.

Schiss
Angst, Furcht, Panik; *(salopp):* Bammel.

BSP Panische/große/schreckliche/bodenlose Angst ergriff/schüttelte/befiel/quälte ihn.

schlabberig
locker fallend, schmiegsam, weich.

schlabbern
1. auflecken, aufschlecken, schlürfen.
2. beschmutzen, umschütten, vergießen, verschütten; *(ugs.):* [ver]kleckern.

Schlacht
Gefecht, Kampf; *(veraltend):* Waffengang.

schlachten
abschlachten, abstechen, töten.

Schlaf
Dämmerschlaf, Dämmerzustand, Nachtruhe; *(geh.):* Schlummer; *(fam.):* Nickerchen.

schlafen
1. ein Schläfchen machen, im Schlaf liegen; *(geh.):* in Morpheus' Armen liegen, ruhen, schlummern; *(ugs.):* duseln, knacken, koksen, pennen, pofen, ratzen; *(scherzh.):* den Schlaf des Gerechten schlafen.
2. die Nacht verbringen, logieren, nächtigen, übernachten, übernächtigen, untergebracht sein; *(geh.):* Quartier nehmen; *(ugs.):* kampieren.
3. [ganz] in Gedanken sein, mit seinen Gedanken woanders sein, nicht aufpassen, nicht bei der Sache sein, seine Gedanken woanders haben, träumen, unaufmerksam sein; *(ugs.):* pennen.

schlafen gehen
sich hinlegen, ins/zu Bett gehen, sich ins Bett legen, sich schlafen legen; *(geh.):* sich niederlegen, sich zur Ruhe begeben/legen; *(ugs.):* sich aufs Ohr legen; *(fam.):* ins Nest gehen; *(salopp):* sich in die Falle/Klappe hauen.

schläfrig
a) ermüdet, müde, ruhebedürftig, schlafbedürftig, übermüdet, übernächtigt, unausgeschlafen; *(ugs.):* bettreif, dösig, hundemüde; *(emotional verstärkend):* todmüde. **b)** abgekämpft, abgespannt, entkräftet, erschöpft, kraftlos, matt, müde, ohne Kraft/Schwung, schlaff, schlapp; *(geh.):* ermattet; *(ugs.):* erledigt, erschlagen, gerädert, groggy, hin, k.o., kaputt.

schlaftrunken
benommen, nicht ganz wach, schläfrig, verschlafen; *(ugs.):* dösig, duselig, im Tran.

Schlag
1. a) Hieb, Stoß, Treffer; *(geh.):* Streich; *(ugs.):* Klaps, Puff. **b)** Donnerschlag, Knall, Krach.
2. Schicksalsschlag, Schock, Tragödie, Unglück, unglückseliges Ereignis, Unglücksfall.

Schlag

mit einem Schlag
↑schlagartig

vom alten Schlag
gediegen, haltbar, langlebig, qualitätvoll, sorgfältig gearbeitet, unverwüstlich, wertbeständig, *(schweiz.):* währschaft.

Schlaganfall
[Ge]hirnschlag; *(ugs.):* Schlag.

schlagartig
abrupt, auf einmal, in einem Augenblick, innerhalb kürzester Zeit, mit einem Mal, übergangslos, unvermittelt, unversehens; *(schweiz.):* brüsk; *(geh.):* jäh; *(bildungsspr.):* ex abrupto; *(ugs.):* aus heiterem Himmel, Knall auf Fall.

schlagen ↗
1. einen/eins/ein paar überziehen, einen Schlag versetzen, Prügel austeilen/verabreichen, prügeln, verprügeln; *(ugs.):* durchbläuen, eindreschen, eins/eine verpassen, es jmdm. geben, hauen, verbimsen, verdreschen, verkloppen, versohlen, vertrimmen, verwalken.
2. fällen, umhauen, umlegen, umschlagen, zum Fallen bringen; *(österr.):* schlägern.
3. [auf]klatschen, [auf]prallen, [auf]treffen, trommeln; *(salopp):* aufknallen, aufkrachen.
4. hämmern, klopfen, pulsieren; *(meist geh.):* pochen; *(ugs.):* ballern, bumsen.
5. besiegen, bezwingen, den Sieg davontragen/erlangen/erringen, sich durchsetzen, gewinnen, niederringen, siegen, triumphieren, überrollen, überstimmen, übertreffen, überwältigen, unterwerfen; *(schweiz.):* bodigen; *(geh.):* auf/in die Knie zwingen, aus dem Felde schlagen, niederzwingen, obsiegen; *(bildungsspr.):* ein Waterloo bereiten; *(Sport):* auf die Plätze verweisen, deklassieren, distanzieren.

schlagen, sich
sich balgen, sich prügeln, [sich] raufen; *(ugs.):* sich herumbalgen, sich herumschlagen, sich katzbalgen, sich keilen, sich kloppen, rangeln.

A B C D E F G H I J K L M N O P Q R S sch T U V W X Y Z

Schlager
Attraktion, Bestseller, Blockbuster, Erfolgsschlager, [großer] Wurf, Publikumserfolg, Star, Verkaufsschlager, Zugnummer, Zugstück; *(ugs.):* Hit, Kassenschlager, Knaller, Renner.

Schläger, Schlägerin
(ugs.): Klopper, Klopperin, Rambo; *(abwertend):* Raufbold, Raufboldin, Rowdy; *(ugs. abwertend):* Brutalo.

schlagfertig
flinkzüngig, geistesgegenwärtig, geistreich, mundfertig, sprachgewandt, spritzig, witzig, wortgewandt; *(schweiz.):* träf; *(bildungsspr.):* eloquent; *(ugs.):* nicht auf den Mund gefallen.

schlagkräftig
1. einsatzbereit, gut ausgebildet/ausgerüstet/trainiert, kampffähig, stark.
2. bestechend, einleuchtend, einsichtig, klar, plausibel, schlüssig; *(bildungsspr.):* stringent.

Schlagwort
a) Devise, Leitsatz, Leitspruch, Losung, Motto, Parole, Slogan, Wahlspruch; *(bildungsspr.):* Maxime. **b)** Binsenweisheit, Floskel, Gemeinplatz, Redensart; *(geh.):* Plattitüde; *(bildungsspr.):* Truismus; *(abwertend):* Phrase.

Schlagzeile
Balkenüberschrift, Headline, Titel, Überschrift.

Schlamassel
Ausweglosigkeit, Bredouille, Dilemma, Kalamität, Krise, Misslichkeit, Not[lage], Problemsituation, Sackgasse, Verlegenheit, Zwangslage; *(geh.):* Bedrängnis; *(bildungsspr.):* Malaise, Misere; *(ugs.):* Patsche, Pechsträhne, Zwickmühle.

Schlamm
Brei, Matsch, Morast, Patsch, Schlick, Sumpf.

schlampig
flüchtig, liederlich, nachlässig, oberflächlich, ohne Sorgfalt, unordentlich; *(nordd.):* flusig.

Schlange
1. Kriechtier, Reptil.
2. a) Reihe, Warteschlange. **b)** Fahrzeugschlange, Kolonne, Stau[ung], [still]stehender/stockender Verkehr, Verkehrsstockung.

schlängeln, sich
1. in Kurven/Schlangenlinien verlaufen, sich winden.
2. [durch]schlüpfen, gleiten, kriechen, sich lavieren, sich wie eine Schlange bewegen.

schlank
dünn, hochgewachsen, schmal, sportlich; *(geh.):* rank; *(Fachspr.):* schlankwüchsig.

schlankweg
frank und frei, freiheraus, freimütig, geradeaus, geradeheraus, geradewegs, offen, ohne Umschweife/Zögern, rundheraus, unmittelbar, unumwunden, unverblümt, unverhohlen.

schlapp
1. abgespannt, ausgelaugt, energielos, entkräftet, erschöpft, geschafft, kraftlos, matt, müde, schwach, schwächlich; *(geh.):* ermattet.
2. locker, lose, nicht gespannt/straff, schlaff.

Schlappe
Bauchlandung, Debakel, Fiasko, Misserfolg, Niederlage; *(ugs.):* Flopp.

schlappmachen
aufgeben, aufhören, erlahmen, ermüden, erschlaffen, kraftlos werden, matt/müde/schlapp werden, nachlassen, nicht durchhalten, resignieren, versagen; *(geh.):* ermatten.

schlau
abgefeimt, aufgeweckt, clever, einfallsreich, findig, gescheit, geschickt, gewitzt, intelligent, klug, listig, pfiffig, raffiniert, scharfsinnig, smart; *(österr.):* gefinkelt; *(geh.):* fintenreich; *(ugs.):* [aus]gefuchst, gerissen, gewieft, schlitzohrig, tricky; *(abwertend):* durchtrieben, geschäftstüchtig, verschlagen; *(südd.):* knitz.

Schlauberger, Schlaubergerin
Denksportler, Denksportlerin; *(ugs.):* Cleverle, Schlaufuchs, Schlaufüchsin, Schlaukopf, Schlaumeier, Schlitzohr.

schlauchen
a) bedrängen, herannehmen, plagen, zusetzen; *(geh.):* peinigen; *(ugs.):* rannehmen, triezen; *(abwertend):* drangsalieren; *(südd., österr.):* beuteln. **b)** angreifen, anstrengen, aufreiben, auslaugen, beanspruchen, belasten, erschöpfen, fordern, in Anspruch nehmen, mitnehmen, strapazieren, viel abverlangen, zusetzen; *(geh.):* auszehren; *(ugs.):* erledigen, schaffen.

schlecht ≠
1. fehlerhaft, geringwertig, minderwertig, mit Mängeln behaftet, von geringer Qualität.
2. mangelhaft, nicht ausreichend, niveaulos, notdürftig, schwach, ungenügend, unzureichend; *(geh.):* unzulänglich; *(bildungsspr.):* inferior; *(salopp):* beschissen, grottig; *(verhüll.):* suboptimal; *(abwertend):* armselig, dilettantisch, kümmerlich, schäbig; *(emotional):* miserabel.
3. desaströs, dramatisch, drastisch, fatal, folgenschwer, katastrophal, misslich, nachteilig, negativ, ruinös, schädlich, schlimm, tragisch, unangenehm, ungünstig; *(geh.):* Unheil bringend, unzuträglich, Verderben bringend; *(bildungsspr.):* gravierend, perniziös, prekär.
4. bösartig, böse, garstig, gemein, niederträchtig, schändlich; *(geh.):* frevelhaft, verwerflich.
5. eher nicht, kaum, nicht wirklich, schwerlich.

schlecht behandeln
ärgern, foltern, malträtieren, plagen, quälen, schikanieren, schinden; *(geh.):* martern.

BSP Er wurde nicht nur mit Worten malträtiert. Sie wollten sich nicht länger von ihm schikanieren lassen.

schlechthin
1. als solcher/solche/solches, an sich; *(bildungsspr.):* par excellence.
2. a) ganz einfach, geradezu, schlechtweg, schlicht[weg]; *(ugs. scherzh.):* schlicht und ergreifend. **b)** absolut, ganz und gar, komplett; *(ugs.):* durch und durch, partout, total.

Schlechtigkeit
Bösartigkeit, Charakterschwäche, Gemeinheit, Hinterhältigkeit, Lasterhaftigkeit, Ruchlosigkeit, Verdorbenheit; *(geh.):* Arglist, Niedertracht, Verwerflichkeit; *(bildungsspr.):* Intriganz; *(abwertend):* Gehässigkeit, Infamie.

schlechtmachen
abwerten, durch den Schmutz ziehen, erniedrigen, herabsetzen, herabwürdigen, in den Schmutz treten/ziehen, in ein schlechtes Licht rücken/setzen/stellen, verleumden.

schlecken
1. lecken, lutschen; *(ugs.):* schlabbern.
2. naschen; *(ugs.):* leckern; *(nordd.):* schlickern.

schleichen
1. auf Zehenspitzen gehen, sich behutsam/leise/vorsichtig bewegen, behutsam/leise/vorsichtig fahren, behutsam/leise/vorsichtig gehen, gleiten, huschen, tappen, wischen; *(ugs.):* trödeln, wackeln, zockeln, zotteln, zuckeln.
2. ↑schleppen, sich (a).

schleierhaft
dunkel, ein Rätsel, geheimnisvoll, mysteriös, rätselhaft, seltsam, unbegreiflich, undurchdringlich, undurchsichtig, unergründlich, unerklärlich, unklar, unverständlich, vage, verschwommen; *(geh.):* unerfindlich, unerforschlich; *(bildungsspr.):* enigmatisch, nebulös.

Schleife
1. Fliege, Krawatte, Plastron; *(österr., schweiz.):* Masche; *(ugs.):* Schlips.
2. Biegung, Bogen, Kehre, Knick, Knie, Krümmung, Kurve, Serpentine, Wegbiegung, Wegkehre, Windung; *(schweiz.):* Rank; *(südd.):* Kehr.
3. *(EDV):* Loop.

[1]schleifen
a) abziehen, schärfen, scharf machen, wetzen.
b) abhobeln, abreiben, abschleifen, abschmirgeln, behobeln, einen Schliff geben/verleihen, feilen, glätten, polieren, scheuern, schmirgeln.

[2]schleifen
1. a) bewegen, schleppen, zerren, ziehen.
b) [fort]bringen, [fort]schaffen, tragen, transportieren, wegbringen, wegschaffen.
2. a) berühren, [sich] reiben, scheuern. **b)** gehen, schlurfen; *(ugs.):* dackeln, latschen, schlappen, zockeln, zotteln, zuckeln.

Schleim
Absonderung, Ausscheidung; *(nordd.):* Kodder; *(Fachspr.):* Abscheidung.

schleimig
1. breiig, dick, dickflüssig, feucht, gallertartig, gelatineartig, gelatinös, glitschig, klebrig, quallig, sämig, schlüpfrig, schmierig, schwerflüssig, zähflüssig; *(ugs.):* schwabbelig, wabbelig.
2. allzu glatt, anbiedernd, heuchlerisch, schlangenhaft, schmeichlerisch; *(abwertend):* aalglatt, falsch, glattzüngig, klebrig, kriecherisch, liebedienerisch, schmierig, unterwürfig; *(bildungsspr. abwertend):* servil, sklavisch, subaltern.

schlendern
flanieren, gemächlich/lässig gehen, [im Schlenderschritt] gehen, schlenzen, spazieren [gehen], [umher]streifen; *(geh.):* sich ergehen, promenieren; *(ugs.):* bummeln, einen Bummel machen, herumstreifen, pilgern, trödeln, zockeln.

schlenkern
a) hin- und herbewegen, hin- und herschwingen, schaukeln, schwenken, schwingen; *(ugs.):* baumeln [lassen], rudern. **b)** hängen, sich hin- und herbewegen, pendeln, schlottern.

schleppen
1. bewegen, hinter sich herziehen, ins Schlepptau nehmen, zerren, ziehen; *(nordd.):* tauen.
2. a) mitnehmen; *(ugs.):* [mit]schleifen, mitschleppen. **b)** [ein]schleusen.
3. [fort]bringen, [fort]schaffen, tragen, transportieren, wegbringen, wegschaffen.

schleppen, sich
a) sich dahinbewegen, [dahin]kriechen, [dahin]schleichen, sich [da]hinschleppen, schleichen, trotten; *(ugs.):* dackeln, wackeln.
b) [an]dauern, anhalten, sich ausdehnen, sich erstrecken, gehen, sich hinziehen, sich in die Länge ziehen, kein Ende nehmen, sich ziehen; *(geh.):* fortwähren, währen; *(ugs.):* vorhalten.

schlicht
1. anspruchslos, ärmlich, asketisch, bescheiden, beschränkt, dürftig, einfach, elementar, elend, frugal, funktional, gering, karg, klein, knapp, kümmerlich, kunstlos, nüchtern, primitiv, puritanisch, rein, schmucklos, schnörkellos, spärlich, spartanisch, unaufdringlich, unauffällig,

ungekünstelt, unkompliziert; *(bildungsspr.):* unprätentiös; *(oft abwertend):* simpel.
2. einfältig, unbedarft; *(abwertend):* beschränkt, engstirnig; *(oft abwertend):* naiv, ungebildet.
3. blank, bloß, nichts anderes als, nur, rein, weiter nichts als; *(geh.):* bar; *(ugs.):* pur.

schlichten
ausbalancieren, aus der Welt schaffen, ausgleichen, aussöhnen, beheben, beilegen, bereinigen, dazwischenfahren, dazwischentreten, entschärfen, Frieden stiften, glätten, in Ordnung bringen, klären, regeln, verhandeln, vermitteln, versöhnen; *(bildungsspr.):* intervenieren; *(ugs.):* ausbügeln, einrenken, geradebiegen, zurechtrücken; *(bes. südd., österr., schweiz.):* richten; *(Fachspr.):* Mediation betreiben.

schließen
1. a) abriegeln, abschließen, den Riegel vorlegen/vorschieben, stopfen, vernageln, vernähen, verriegeln, verschlagen, verschließen, zubinden, zuklappen, zukleben, zumauern, zuriegeln, zuschließen, zuschnüren, zuschrauben; *(südd., österr.):* zusperren. b) befestigen, einhaken, einschnappen lassen, [im Schloss] herumdrehen, ins Schloss fallen lassen, ins Schloss werfen, umlegen, vorlegen, vorschieben, zudrehen, zudrücken, zufallen lassen, zukneifen, zuschlagen, zuschmettern, zuschnappen lassen, zustoßen, zuwerfen, zuziehen. c) abriegeln, abschnüren, blockieren, den Zugang verhindern, sperren, undurchlässig/unpassierbar/unzugänglich machen, verbauen, versperren.
2. a) die Geschäftszeit/Öffnungszeit beenden, Feierabend machen, für den Besucherverkehr/Kundenverkehr sperren, Schluss machen; *(ugs.):* dichtmachen. b) den Betrieb einstellen, die Tore schließen; *(ugs.):* eingehen, zumachen.
3. abbrechen, abschließen, aufheben, beenden, beendigen, beschließen, einen Schlussstrich ziehen, enden [lassen], für beendet erklären, zu Ende bringen/führen; *(geh.):* ein Ende bereiten/machen/setzen; *(nachdrücklich):* zum Abschluss bringen; *(Sport):* abläuten, abpfeifen.
4. a) ableiten, den Schluss/die Schlussfolgerung ziehen, entwickeln, folgern, herleiten, schlussfolgern, zu dem Schluss kommen; *(bes. Philos.):* deduzieren, konkludieren; *(Sprachwiss.):* derivieren. b) Rückschlüsse machen, verallgemeinern, zurückführen; *(bildungsspr.):* abstrahieren, generalisieren, pauschalisieren; *(bes. Philos.):* induzieren.

schließen, sich
1. zuheilen, zuklappen, sich zusammenfalten, sich zusammenlegen, zuschwingen, zuwachsen; *(ugs.):* zugehen.
2. einschnappen, ins Schloss fallen, zufallen, zugleiten, zuschlagen, zuschnappen; *(ugs.):* zufliegen, zuknallen.

schließlich
am Ende/Schluss, endlich, glücklich, im Endeffekt, letztendlich, letzten Endes, letztlich, nach längerer Zeit, zu guter Letzt, zuletzt, zum Schluss; *(bes. schweiz.):* schlussendlich.

Schliff
1. Edelsteinschliff, Feinschliff, Schnitt.
2. Form, Geschliffenheit, Gestalt, Kontur, Machart, Zuschnitt.
3. Abrundung, Ergänzung, Perfektion, Perfektionierung, Vervollkommnung, Vollkommenheit; *(Fachspr.):* Finish.

schlimm
1. abträglich, böse, desaströs, dramatisch, drastisch, einschneidend, ernst[haft], ernst zu nehmend, erschwerend, fatal, folgenschwer, gefährlich, katastrophal, katastrophisch, massiv, misslich, nachhaltig, nachteilig, negativ, nicht von Vorteil, schädlich, schwer[wiegend], tiefgreifend, tragisch, unglückselig, unvorteilhaft, verderblich, verhängnisvoll, verheerend; *(geh.):* Unheil bringend, unheilvoll, unzuträglich; *(bildungsspr.):* gravierend, perniziös, prekär.
2. bösartig, ekelhaft, ethisch bedenklich/fragwürdig/nicht vertretbar, gemein, niederträchtig, schandbar, schändlich, skrupellos, unethisch, unmenschlich, unmoralisch, verabscheuenswert, widerwärtig; *(geh.):* bestialisch, degoutant, frevelhaft, kriminell, ruchlos, schmählich, verwerflich; *(bildungsspr.):* diabolisch, perfide; *(emotional):* barbarisch, höllisch, irrsinnig, jämmerlich; *(abwertend):* elend, hundsgemein, infam, schäbig, schmutzig, wüst.

schlimmstenfalls
im äußersten/schlimmsten Fall, im Notfall, im ungünstigsten Fall, nötigenfalls, wenn es keine andere Möglichkeit gibt, wenn es nicht anders geht, wenn es sein muss, zur Not.

Schlinge
1. Binde, Knoten, Masche, Öse, Schlaufe, Schleife, Verschlingung; *(nordd., md.):* Schluppe; *(südd., österr.):* Haftel.
2. Dohne, Falle, Fanggerät.

schlingen
1. a) binden, flechten, herumschlingen, knoten, knüpfen, legen, schnüren, wickeln; *(geh.):* winden. b) umarmen, umfassen, umgreifen, umschließen, umschlingen; *(geh.):* umfangen.

2. umbinden, verbinden, verflechten, verknoten, verknüpfen, verwickeln, zusammenbinden, zusammenschnüren; *(geh.)*: ineinanderwinden, umeinanderwinden.

schlingen, sich
sich herumschlingen, sich legen, sich ranken, sich ringeln, umfassen, umgreifen, umschließen, umschlingen, sich wickeln; *(geh.)*: umfangen, sich winden.

schlingern
ausbrechen, aus der Spur geraten, rutschen, schleudern; *(ugs.)*: schwimmen.

schlittern
1. rutschen.
2. ausrutschen, ins Rutschen geraten/kommen; *(geh.)*: ausgleiten; *(ugs.)*: glitschen.
3. gelangen, hin[ein]geraten, hineingezogen werden, [hinein]kommen, verwickelt werden.

Schlitz
Einriss, Einschnitt, Einwurf, Fuge, Klaff, Loch, Öffnung, Riss, Ritz, Ritze, Spalt, Spalte, Sprung, Zwischenraum; *(ugs.)*: Knacks.

Schloss
1. Fahrradschloss, Federschloss, Kombinationsschloss, Riegel[schloss], Türschloss, Vorhängeschloss, Zahlenschloss.
2. Burg, Feudalsitz, Herrschaftshaus, Kastell, Palais, Palast, Prachtbau, Residenz.

schlottern
flattern, klappern, vibrieren, zittern; *(geh.)*: beben, fliegen; *(ugs.)*: bibbern.

Schlucht
Abgrund, Klamm, Klause, Krater, Talenge, Tiefe; *(österr., schweiz.)*: Schrund; *(schweiz.)*: Klus; *(südd., österr., schweiz.)*: Tobel.

schluchzen
aufschluchzen, jammern, weinen, wimmern.

schlucken
1. einnehmen, hinunterschlucken, hinunterwürgen, trinken, verschlucken, [zu sich] nehmen; *(ugs.)*: einschmeißen, einwerfen.
2. sich abfinden, akzeptieren, ausgesetzt sein, aushalten, ausstehen, sich bieten lassen, einstecken, erdulden, ertragen, hinnehmen, in Kauf nehmen, über sich ergehen lassen, verkraften; *(ugs.)*: sich gefallen lassen, herunterschlucken, Ja und Amen sagen, mitmachen.

schludrig
flüchtig, liederlich, nachlässig, nicht gewissenhaft/gründlich/sorgfältig, oberflächlich, ungenau, unordentlich, unsorgfältig; *(nordd.)*: flusig.

Schlummer
Dämmerschlaf, Dämmerzustand, Halbschlaf, kleiner/leichter Schlaf, Schläfchen.

schlummern
dämmern, ein Schläfchen machen, im Halbschlaf liegen; *(geh.)*: im Schlummer liegen, ruhen; *(ugs.)*: dösen, duseln; *(fam.)*: nicken.

Schlund
1. Gurgel, Hals, Kehle, Rachen.
2. Öffnung, Spalte, Tiefe.

schlüpfen
1. sich durchschlängeln, durchschlüpfen, gleiten, hineinschlüpfen, kriechen, sich schlängeln.
2. auskriechen, ausschlüpfen.

schlüpfrig
1. [aal]glatt, rutschig, spiegelglatt; *(ugs.)*: eisglatt, glitschig; *(nordd.)*: glibberig.
2. anstößig, anzüglich, doppeldeutig, frivol, pikant, unanständig, zweideutig; *(bildungsspr.)*: lasziv, obszön; *(abwertend)*: schmutzig.

schlürfen
1. einsaugen, einschlürfen, essen, trinken, zu sich nehmen; *(ugs.)*: schlabbern.
2. schleichen, sich schleifen, sich schleppen, schlurfen; *(ugs.)*: schlappen.

Schluss
1. Abschluss, Ausgang, Beendigung, Ende, letztes Stadium, Schlusspunkt; *(geh.)*: Ausklang, Neige; *(bildungsspr.)*: Finale, Showdown.

BSP Der Ausgang des Verses, der Zeile ... Spannungen traten erst am Ausgang / gegen Ausgang dieser Epoche auf. Die Geschichte nahm ein plötzliches/bitteres/böses/glückliches/schlimmes/tragisches/trauriges/blutiges/versöhnliches Ende.

2. Ableitung, Fazit, Gedankenschluss, Rückschluss, [Schluss]folgerung; *(bildungsspr.)*: Resümee; *(bes. Philos.)*: Konklusion.

Schluss

zum Schluss
am Ende, endlich, glücklich, nach längerer Zeit, schließlich, zu guter Letzt, zuletzt; *(bes. schweiz.)*: schlussendlich.

Schluss machen
aufhören, auflösen, beenden, beendigen, einen Schlussstrich ziehen, für beendet erklären, nicht fortführen, nicht weiterführen; *(geh.)*: aufkündigen, ein Ende bereiten/machen/setzen; *(ugs.)*: aussteigen, das Handtuch werfen, den Kram hinschmeißen, die Flinte ins Korn werfen; *(EDV)*: sich ausloggen, herunterfahren; *(Sport)*: abläuten, abpfeifen.

Schlüssel
Antwort, das Ei des Kolumbus, Erklärung, Lösung, Mittel, Patentlösung, Rezept.

Schlüsselfigur
Hauptfigur, Hauptperson, Mittelpunkt, Schlüsselperson, wichtige Person; *(bildungsspr.):* Protagonist, Protagonistin.

schlussfolgern
ableiten, den Schluss ziehen, die [Schluss]folgerung ziehen, entwickeln, folgern, herleiten, schließen, zu dem Schluss kommen; *(bes. Philos.):* deduzieren, konkludieren.

schlüssig
bündig, folgerichtig, konsequent, logisch, stichhaltig, triftig, überzeugend, zwingend; *(bildungsspr.):* stringent; *(veraltend):* folgerecht.

GGS aberwitzig, abwegig, paradox, sinnwidrig, widersinnig.

Schlusspunkt
Abschluss, Beendigung, Ende, Endpunkt, Schluss; *(geh.):* Ausklang; *(bildungsspr.):* Finale.

Schmach
Beschämung, Blamage, Demütigung, Entehrung, Erniedrigung, Herabsetzung, Herabwürdigung, Kompromittierung, Kränkung, Schande; *(geh.):* Makel, Schimpf, Schmählichkeit, Unehre; *(bildungsspr.):* Desavouierung.

schmachten
1. Entbehrung/Hunger leiden, hungern, Mangel/Not leiden, nichts zu brechen und zu beißen haben, nichts zu essen haben, sein Dasein/Leben fristen; *(geh.):* darben, dursten; *(dichter.):* dürsten; *(ugs.):* am Hungertuch nagen.
2. fiebern, sich sehnen, vor Sehnsucht vergehen; *(geh.):* begehren, ersehnen, gieren, lechzen, verlangen, sich verzehren; *(dichter.):* dürsten.

schmächtig
grazil, schmal, zart[gliedrig], zierlich; *(geh.):* zerbrechlich; *(bes. nordd.):* spillerig.

schmackhaft
aromatisch, fein, gut [gewürzt/zubereitet], lecker, pikant, würzig; *(schweiz.):* schmackbar; *(geh.):* deliziös, wohlschmeckend; *(bildungsspr.):* delikat; *(emotional):* köstlich.

schmähen
beleidigen, beschimpfen, herabsetzen, herabwürdigen, in den Schmutz ziehen, mit Schmutz bewerfen, schlechtmachen, verächtlich machen; *(geh.):* Schimpf zufügen, verunglimpfen; *(Jargon):* dissen; *(abwertend):* begeifern.

schmählich
entehrend, entwürdigend, schändlich, verabscheuenswert, verachtenswürdig, verächtlich; *(geh.):* schimpflich, verwerflich.

schmal
1. a) abgemagert, abgezehrt, dünn, dürr, engbrüstig, schmächtig, zierlich; *(bes. nordd.):* spack. **b)** beengt, begrenzt, eingeengt, eng.
2. bescheiden, gering, karg, kärglich, klein, knapp, mager, spärlich, unzureichend, wenig.

schmälern
Abstriche machen, begrenzen, beschneiden, beschränken, drosseln, drücken, einschränken, herabmindern, heruntersetzen, kürzen, reduzieren, senken, verkleinern, vermindern, verringern; *(geh.):* mindern; *(ugs.):* herunterschrauben, runtersetzen; *(verhüll.):* verschlanken.

schmarotzen
auf Kosten anderer leben, sich durchbetteln, sich durchessen; *(ugs.):* sich durchfressen, sich durchfuttern, schnorren.

Schmarotzer, Schmarotzerin
1. Schädling.
2. Nutznießer, Nutznießerin, Parasit; *(ugs.):* Abstauber, Abstauberin, Schnorrer, Schnorrerin.

schmecken
1. kosten, probieren, prüfen, versuchen; *(bes. schweiz.):* degustieren; *(Fachspr.):* verkosten.
2. a) nach jmds. Geschmack sein, zusagen; *(geh.):* eine Gaumenfreude sein, munden; *(meist geh.):* dem Gaumen schmeicheln, den Gaumen kitzeln, etwas für den verwöhnten Gaumen sein. **b)** angenehm sein, Anklang/Beifall finden, ansprechen, behagen, Behagen bereiten, den Geschmack treffen, entzücken, es angetan haben, gefallen, Gefallen finden, Geschmack abgewinnen, mögen, passen, recht sein, schön finden, sympathisch sein, zusagen; *(geh.):* genehm sein, Zuspruch finden; *(ugs.):* ankommen, jmds. Fall sein, nach jmds. Nase sein.

schmeichelhaft
ehrend, ehrenvoll.

schmeicheln
1. sich anbiedern, bauchpinseln, bekomplimentieren, sich einschmeicheln, hofieren, jmds. Vorzüge hervorheben, Komplimente machen, nach dem Mund reden, schöntun, um den Bart gehen/streichen, umwerben; *(bildungsspr.):* antichambrieren; *(ugs.):* Honig um den Bart schmieren, sich lieb Kind machen; *(abwertend):* kriechen, lobhudeln.
2. kleiden, passen, sitzen, stehen.

schmeißen
1. a) ↑schmettern (1 a). **b)** abbrechen, aufgeben,

S sch

aufhören, einstellen; *(ugs.):* an den Nagel hängen, aussteigen, das Handtuch werfen.
2. auf die Beine stellen, bewältigen, erreichen, fertigbringen, fertigwerden, meistern, schaffen, unter Dach und Fach bringen, zustande/zuwege bringen; *(ugs.):* auf die Reihe bringen/kriegen, deichseln, managen, packen, über die Bühne bringen; *(salopp):* schaukeln.

schmelzen
1. sich auflösen, auftauen, flüssig werden, [fort]tauen, wegtauen, zerfließen, zergehen, zerlaufen; *(geh.):* zerrinnen.
2. sich auflösen lassen, auslassen, flüssig machen, zergehen lassen, zum Tauen/Schmelzen bringen; *(bes. Fachspr.):* verflüssigen.
3. abnehmen, sich abschwächen, sich auflösen, sich reduzieren, schrumpfen, schwächer werden, sich verkleinern, sich verringern, zurückgehen; *(geh.):* [dahin]schwinden, verblassen, verebben; *(bildungsspr.):* sich dezimieren.

Schmerz
1. Beschwerden, Erkrankung, Krankheit, Leiden, Problem, Verletzung; *(meist geh.):* Übel.
2. Bedrückung, Bekümmertheit, Elend, Jammer, Kreuz, Kummer, Last, Leid[en], Mühe, Not, Plage, Qual, Sorge; *(geh.):* Beschwernis, Bürde, Drangsal, Geißel, Gram, Herzweh, Joch, Mühsal, Pein, Seelenschmerz, Weh; *(bildungsspr.):* Krux; *(dichter.):* Erdenjammer, Erdenleid.

schmerzen
1. beißen, bohren, brennen, malträtieren, nagen, plagen, quälen, Qualen/Schmerzen bereiten, stechen, traktieren, ziehen, ziepen, zusetzen; *(geh.):* foltern, martern, Pein bereiten, peinigen; *(ugs.):* nicht in Ruhe lassen, piesacken, zwiebeln; *(abwertend):* drangsalieren.
2. bedrücken, belasten, beschweren, betrüben, deprimieren, Kummer bereiten/machen, leidtun, Mitleid erregen, Sorge bereiten/machen, treffen, wehtun, zu Herzen gehen, zu schaffen machen; *(geh.):* dauern, in der Seele wehtun.

schmerzhaft
beißend, bohrend, brennend, quälend, qualvoll, schmerzlich, schmerzvoll, stechend; *(geh.):* martervoll, zehrend; *(bildungsspr.):* dolorös.

schmerzlich
bitter, empfindlich, fühlbar, gravierend, hart, herb, hoch, merklich, nachhaltig, nagend, quälend, qualvoll, schlimm, schmerzhaft, schrecklich, schwer[wiegend], spürbar, tiefgreifend, traurig; *(geh.):* gramvoll, leidvoll, peinigend.

schmettern
1. a) katapultieren, schleudern, werfen; *(ugs.):* ballern, donnern, feuern, knallen, pfeffern, schmeißen. **b)** aufklatschen, aufprallen, aufschlagen, auftreffen, prallen, schlagen.
2. dröhnen, hallen, klingen, schallen, tönen.

schmiegen
[sich] anschmiegen, [sich] drücken; *(fam.):* sich ankuscheln, sich einkuscheln, kuscheln.

schmiegsam
anpassungsfähig, anschmiegsam, biegsam, einfügsam, elastisch, flexibel, geschmeidig, weich.

schmieren
1. [ein]cremen, [ein]fetten, [ein]ölen, mit Fett einreiben; *(geh.):* balsamieren, salben.
2. kritzeln, schlecht/unleserlich schreiben; *(schweiz.):* kratzeln; *(ugs.):* krickeln.
3. bestechen, erkaufen, korrumpieren; *(ugs.):* die Hände versilbern, kaufen, spicken.

schmierig
1. fettig, klebrig, kleisterig, ölig, schleimig, speckig, verklebt; *(österr.):* patzig; *(ugs.):* pappig.
2. schmutzig, ungewaschen, unsauber, verschmiert, verschmutzt, voller Schmutz; *(geh.):* verunreinigt; *(ugs.):* dreckig, siffig.
3. anrüchig, anstößig, anzüglich, deftig, derb, drastisch, frivol, gewagt, rustikal, unanständig, unfein, ungehörig, zweideutig; *(ugs.):* gepfeffert; *(abwertend):* ordinär, schlüpfrig, zotig.

Schmiss
1. Mal, Narbe; *(meist geh.):* Wundmal.
2. Dynamik, Energie, Kraft, Pep, Schwung, Temperament; *(geh.):* Verve; *(bildungsspr.):* Drive, Elan; *(Jargon):* Power.

schmökern
[durch]blättern, durchgehen, herumblättern, lesen, studieren; *(ugs.):* querlesen, wälzen.

schmollen
beleidigt/gekränkt sein, einen Schmollmund machen/ziehen, ein [schiefes] Gesicht machen, maulen, murren, verletzt/verstimmt sein; *(bildungsspr.):* pikiert sein; *(ugs.):* beleidigt tun, die beleidigte/gekränkte Leberwurst spielen, im Schmollwinkel sitzen, sauer sein; *(salopp):* herummaulen; *(nordd., md.):* eine Flappe ziehen.

schmoren
1. [an]braten, dünsten, garen, gar werden lassen; *(ugs.):* brutzeln; *(nordd.):* stowen.
2. brennen, glühen, schmelzen.

Schmu
Augenwischerei, Bauernfängerei, Betrug, Bluff, Fälschung, Gaunerei, Hintergehung, Irreführung, Lüge, Prellerei, Scharlatanerie, Schwindel, Täuschung; *(ugs.):* Fake, Mogelei, Schummelei.

Schmuck
1. Ausstattung, Dekor, Dekoration, Schnörkel, Verschnörkelung, Zierde; *(geh.):* Zierrat.
2. Juwel, Kleinod, Schmuckstück; *(geh.):* Geschmeide; *(bildungsspr.):* Preziosen.

schmücken
ausgestalten, ausstaffieren, behängen, dekorieren, drapieren, garnieren, hübsch anrichten, verschönern, verzieren; *(geh.):* [aus]zieren; *(veraltend):* putzen; *(Jargon):* stylen.

schmucklos
asketisch, bescheiden, einfach, eingeschränkt, funktional, karg, nüchtern, puritanisch, schlicht, schmal, schnörkellos, sparsam, spartanisch, unauffällig, ungekünstelt, zurückhaltend; *(bildungsspr.):* puristisch, unprätentiös.

schmuddelig ↑schmutzig (1 a).

schmuggeln
schleusen, Schwarzhandel betreiben, Schwarzmarktgeschäfte/unsaubere Geschäfte machen.

schmunzeln
grinsen, lächeln; *(ugs.):* feixen; *(nordd.):* grienen.

schmusen
ans Herz drücken, kraulen, streicheln, umarmen, zärteln, zärtlich sein; *(ugs.):* abdrücken.

Schmutz
Müll, Unordnung, Verunreinigung; *(österr., schweiz.):* Mist; *(geh.):* Unrat; *(ugs.):* Dreck.

schmutzig
1. a) angeschmutzt, angestaubt, beschmutzt, fettig, fleckig, klebrig, mit Schmutz behaftet, ölig, schmierig, speckig, trübe, unansehnlich, ungewaschen, unrein, unsauber, verschmutzt, voller Schmutz; *(geh.):* verunreinigt; *(ugs.):* dreckig, keimig, mit Dreck und Speck. **b)** ungepflegt, unhygienisch, unreinlich, unsauber, verschmiert; *(ugs.):* dreckig; *(abwertend):* schmierig.
2. anrüchig, anstößig, anzüglich, doppeldeutig, frivol, nicht salonfähig, pornografisch, schamlos, unanständig, zweideutig; *(bildungsspr.):* obszön; *(ugs.):* dreckig; *(abwertend):* schlüpfrig, schmierig, zotig; *(geh. abwertend):* unflätig; *(bildungsspr. abwertend):* vulgär.

Schnabel
1. Mund; *(ugs. scherzh.):* Futterluke, Plappermäulchen; *(südd.):* Triel; *(nordd., md.):* Flappe.
2. Ausgießer; *(ugs.):* Schnauze.

schnabulieren
essen, genießen, sich gütlich tun, knabbern, konsumieren, sich laben, löffeln, picknicken, prassen, schlemmen, schwelgen, sich stärken, zugreifen, zu sich nehmen; *(ugs.):* futtern, verdrücken, verputzen, sich vollstopfen, zulangen.

schnallen
1. a) anbinden, anbringen, angurten, anseilen, befestigen, festbinden, festgurten, festmachen, festschnallen, gurten. **b)** abmachen, abnehmen, aufgurten, losbinden, [los]lösen, losmachen.
2. begreifen, sich bewusst werden, durchschauen, erfassen, erkennen, klar werden, realisieren, verstehen; *(ugs.):* blicken, durchblicken, kapieren; *(salopp):* checken, packen, raffen.

BSP Was eigentlich geschehen war, hatte er noch nicht ganz begriffen. Die Bedeutung dieser Entscheidung wurde ihr erst später bewusst.

schnappen
1. [zu]beißen.
2. a) sich aneignen, sich beschaffen, Besitz ergreifen, sich besorgen, sich einverleiben, erbeuten, [sich] holen, in Besitz nehmen/bringen, sich vergreifen, sich zu eigen machen; *(ugs.):* absahnen, an sich bringen, einheimsen, einkassieren, kassieren; *(salopp):* abstauben, kaschen; *(fam.):* mopsen. **b)** aufgreifen, einfangen, ergreifen, erhaschen, erwischen, fassen, festnehmen, gefangen nehmen, packen, verhaften, zu fassen bekommen; *(ugs.):* beim Schlafittchen fassen/nehmen/packen, grapschen, kriegen.

schnattern
1. gackern; *(nordd.):* kakeln.
2. *(ugs.):* plappern, wie ein Buch/Wasserfall reden.

schnauben
1. blasen, fauchen, prusten; *(südd., österr.):* pfauchen.
2. sich aufregen, aus der Fassung geraten, außer sich geraten/sein, sich entrüsten, entrüstet/erregt sein, in Harnisch/Wut/Zorn geraten, wild werden; *(geh.):* schäumen; *(bildungsspr.):* sich echauffieren, sich exaltieren; *(ugs.):* kochen.

schnaufen
a) Atem/Luft holen, atmen; *(geh.):* Atem/Luft schöpfen. **b)** hecheln, keuchen, nach Atem/Luft ringen; *(ugs.):* japsen, [nach] Luft schnappen.

Schnauze
1. a) ↑Schnabel (1). **b)** Mund; *(ugs.):* Mundwerk; *(salopp):* Lippe. **c)** Gesicht, [Gesichts]züge.
2. ↑Schnabel (2).

schnauzen
bellen, brüllen, schimpfen; *(ugs.):* belfern, blaffen, donnern, wettern; *(abwertend):* keifen.

Schnee
Schneedecke, Schneefall, Schneeflocken, Weiß.

schneiden
1. abrasieren, abscheren, abschneiden, be-

schneiden, kappen, kürzen, lichten, scheren, stutzen, verkürzen; *(ugs.):* abschnippeln.
2. eine Schnittwunde beibringen, lädieren, verletzen, zurichten.
3. abkürzen, abschneiden, eine Abkürzung nehmen/gehen/fahren, verkürzen.
4. hinweggehen, ignorieren, keine/keinerlei Beachtung schenken, missachten, mit Nichtachtung/Verachtung strafen, übergehen; *(geh.):* hinwegblicken; *(ugs.):* die kalte Schulter zeigen, links liegen lassen, wie Luft behandeln.

schneidern
anfertigen, nähen.

schneidig
1. beherzt, couragiert, dynamisch, energisch, forsch, furchtlos, halsbrecherisch, kühn, mutig, resolut, risikobereit, risikofreudig, unerschrocken, verwegen, wagemutig, waghalsig, zupackend; *(bildungsspr.):* heroisch, phaethontisch; *(ugs.):* zackig; *(leicht abwertend):* tollkühn.
2. athletisch, drahtig, gut gebaut, sehnig, smart, sportiv, sportlich, trainiert; *(geh.):* gestählt; *(ugs.):* kernig, knackig; *(Sport):* austrainiert.

schnell ↗
1. flugs, rapide, rasch, rasend, Schlag auf Schlag, stürmisch, temporeich; *(geh.):* schleunig; *(ugs.):* flink, flott, mit einem Affenzahn/Affentempo, mit Karacho, ratzfatz; ruck, zuck; wie der Blitz/Teufel/Wind, wie ein geölter Blitz, wie im Flug; *(oft emotional):* in Windeseile.
2. flink, im Handumdrehen, prompt, rapide, rasch, sofort, sofortig, sogleich, unverzüglich, zügig; *(ugs.):* a tempo, fix, flottweg, in null Komma nichts; *(südd., österr.):* rapid.
3. kurz, ohne Umstände; *(ugs.):* auf die Schnelle.

schnellen
1. aufschießen, aufschnellen, aufspringen, herauskommen, hervorschnellen, hochfahren, hochschnellen, schießen, springen; *(geh.):* emporfahren, fliegen, hervorbrechen, stieben.
2. katapultieren, schießen, schleudern, schmettern, stoßen, werfen; *(ugs.):* ballern, donnern, feuern, knallen, krachen, pfeffern, schmeißen.

schnellstens
auf dem schnellsten Weg, auf der Stelle, augenblicklich, im Handumdrehen, in kürzester Zeit, ohne Aufschub/Verzögerung/Verzug, prompt, raschestens, schleunigst, sofort, sogleich, spornstreichs, stehenden Fußes, stracks, unmittelbar, unverzüglich; *(österr.):* raschest; *(bildungsspr.):* hic et nunc; *(ugs.):* im Nu, postwendend; ruck, zuck; schnurstracks; *(ugs. scherzh.):* stante pede; *(veraltend):* alsbald, ungesäumt.

Schnickschnack
1. Beiwerk, Staffage, Zugabe, Zutat; *(geh.):* Zierrat; *(bildungsspr.):* Chichi; *(ugs.):* Kinkerlitzchen, Klimbim; *(oft abwertend):* Spielerei.
2. dummes Gerede/Zeug, Rederei, Schwadronade; *(ugs.):* Gerede, Kokolores, Schmus, Sums; *(abwertend):* Gefabel, Phrasen[drescherei].

schnippeln
1. schneiden; *(ugs.):* schnipseln.
2. abschneiden, [heraus]schneiden, wegschneiden; *(ugs.):* abschnippeln, schnipseln.
3. durchschneiden, hacken, [klein] schneiden, schnitzeln, zerhacken, zerkleinern, zerschneiden, zerstückeln; *(ugs.):* schnipseln.

schnippisch
bissig, gallig, scharfzüngig, spitz.

Schnipsel
Fetzen, Schnitzel, Streifen, Stück, Stückchen.

Schnitt
1. a) Einschnitt, Furche, Loch, offene Stelle, Öffnung. **b)** Anschnitt, Schnittfläche.
2. Durchschnitt, Durchschnittswert, Mittel[wert], mittlerer Wert, mittleres Maß, Norm, Regel; *(oft abwertend):* Mittelmaß.

Schnitte
1. Scheibe, Stück; *(bes. österr.):* Spalte.
2. Brotscheibe, Brotschnitte, Butterbrot, Scheibe, Stück; *(ostmd.):* [Butter]bemme.

Schnittpunkt
Knoten[punkt], Verkehrsknotenpunkt, Verknüpfungspunkt.

Schnitzer
Fehler, Inkorrektheit, Irrtum, Missgeschick, Panne, Ungeschicklichkeit, Unrichtigkeit, Versehen; *(bildungsspr.):* Fauxpas, Lapsus; *(ugs.):* Ausrutscher, Malheur, Patzer.

schnöde
abscheulich, ehrlos, gemein, niederträchtig, schandbar, schändlich, scheußlich, unwürdig, verabscheuenswert, verachtenswert, verdammenswert, verwerflich; *(geh.):* frevelhaft, ruchlos, schimpflich, schmählich, übel; *(bildungsspr.):* perfide; *(abwertend):* elend, erbärmlich, infam, schäbig; *(geh. abwertend):* nichtswürdig.

schnorren
[an]betteln, erbetteln; *(ugs.):* anschnorren, schinden; *(abwertend):* schmarotzen.

schnüffeln
1. erschnüffeln, erschnuppern, riechen, schnuppern, [einen Geruch] wahrnehmen, Witterung [auf]nehmen.
2. durchforschen, durchsehen, durchsuchen, durchwühlen, inspizieren, kontrollieren, nach-

spionieren, untersuchen; *(abwertend):* [herum]spionieren; *(bes. nordd.):* schnökern.

Schnulze
Evergreen, Schlager; *(ugs.):* Ohrwurm.

Schnupfen
Atemwegserkrankung, Erkältung; *(ugs.):* Dalles.

schnuppern ↑schnüffeln 1.

Schnur
1. Band, [Bind]faden, Kordel, Leine, Strick; *(südd., österr.):* Spagat.
2. Draht[leitung], Kabel, Leitung; *(ugs.):* Verbindungsschnur, Zuleitung.

schnüren
1. a) binden, knoten, zubinden. **b)** einschnüren, festbinden, festschnüren, verschnüren, zusammenbinden, zuschnüren. **c)** anbinden, anbringen, anknoten, anknüpfen, befestigen, binden, festbinden, festmachen, knoten.
2. einengen, einkneifen, einquetschen, einschnüren, einzwängen, kneifen, lacieren; *(ugs.):* zwacken; *(südd., österr., schweiz.):* zwicken.
3. abschnüren, stringieren, zusammenpressen, zusammenschnüren, zusammenziehen.

schnurstracks
a) auf dem kürzesten/schnellsten Weg, direkt, durchgehend, geradewegs, ohne Umweg/Unterbrechung/Zwischenstation, unmittelbar. **b)** auf der Stelle, augenblicklich, direkt, flugs, ohne Umschweife, schnellstens, sofort, sogleich, stracks, unmittelbar, unverzüglich.

Schock
Bestürzung, Entsetzen, Erschrockenheit, Erschütterung, Fassungslosigkeit, Perplexität, Schrecken; *(bildungsspr.):* Konsternation.

schocken ↑schockieren.

schockieren
Anstoß erregen, aus dem Gleichgewicht bringen, aus der Fassung bringen, einen Schreck einjagen, erschüttern, in Panik versetzen; *(geh.):* mit Schrecken erfüllen, schrecken; *(bildungsspr.):* konsternieren, provozieren.

schockierend
anstoßerregend, anstößig, anzüglich, doppeldeutig, frivol, gewagt, nicht salonfähig, pikant, shocking, unanständig, zweideutig; *(schweiz.):* stoßend; *(bildungsspr.):* lasziv, obszön.

schon
1. bereits, lange, längst, nicht erst seit gestern, seit geraumer Zeit, seit Langem/Längerem.
2. a) ohnedies, ohne Frage, ohnehin, sowieso; *(ugs.):* allemal, [na] logisch. **b)** allein, lediglich, nichts [anderes] als, nur, weiter nichts als.

schön ≠
1. a) anziehend, attraktiv, bewundernswert, bezaubernd, charmant, erotisch, fesselnd, gut aussehend/gewachsen, hübsch; *(geh.):* berückend, betörend, junonisch; *(ugs.):* gut gebaut, sexy, toll; *(emotional verstärkend):* bildhübsch, bildschön, wunderschön; *(bildungsspr. veraltend):* adonisch. **b)** angenehm, ansprechend, behaglich, erfreulich, gemütlich, nett, positiv, reizvoll, wohlig, wohltuend; *(geh.):* erquicklich. **c)** ansprechend, apart, ästhetisch, elegant, gefällig, geschmackvoll, stilvoll; *(geh.):* auserlesen. **d)** heiter, klar, lau, mild, sonnig, strahlend, warm, wolkenlos; *(geh.):* lind. **e)** idyllisch, malerisch, märchenhaft, paradiesisch, romantisch; *(geh.):* friedvoll; *(bildungsspr.):* arkadisch, bukolisch, pittoresk; *(dichter.):* elysisch.
2. anerkennenswert, ausgezeichnet, begrüßenswert, bestens, erfreulich, fabelhaft, genial, grandios, herrlich, lobenswert, löblich, positiv, vortrefflich, vorzüglich; *(bildungsspr.):* superb; *(emotional):* wunderbar; *(oft scherzh.):* göttlich.

schonen
behutsam behandeln, fürsorglich behandeln, hegen, hüten, nicht strapazieren, pflegen, rücksichtsvoll sein, schützen.

schonen, sich
Anstrengungen vermeiden, auf seine Gesundheit achten, kürzertreten, sich pflegen.

schonend
behutsam, fürsorglich, liebevoll, mild, pfleglich, rücksichtsvoll, sachte, sanft, schonungsvoll, sorgfältig, umsichtig, vorsichtig, zart; *(geh.):* achtsam, sorgsam.

Schönheit
a) Anmut, Attraktivität, Ausstrahlung, Charisma; *(geh.):* Bann, Liebreiz. **b)** Chic, Eleganz, Stil, Vornehmheit; *(bildungsspr.):* Noblesse.

Schonung
1. Achtung, Behutsamkeit, Fingerspitzengefühl, Nachsicht, Respekt, Rücksicht, Rücksichtnahme, Sanftmut, Sorgfalt, Verständnis, Zartgefühl; *(bildungsspr.):* Indulgenz.
2. Baumschule, Hegewald, Waldgebiet.

schonungslos
brutal, erbarmungslos, feindselig, gnadenlos, grausam, hart, herzlos, mitleidlos, skrupellos, streng, strikt, unbarmherzig, unerbittlich, ungerührt, unnachsichtig; *(geh.):* ruchlos; *(ugs.):* kaltschnäuzig; *(abwertend):* rücksichtslos.

schöpferisch
begabt, einfallsreich, erfinderisch, fantasievoll, geistreich, ideenreich, originell, spielerisch, talentiert; *(bildungsspr.):* ingeniös, kongenial, kreativ; *(bes. Fachspr.):* innovativ.

S
sch

Schöpfung
1. Arbeit, Erzeugnis, Fabrikat, Kunststück, Produkt, Werk; *(bildungsspr.):* Œuvre, Kreation.
2. Erarbeitung, Erfindung, Konstruktion, Planung, Schaffung; *(geh.):* Erschaffung; *(bildungsspr.):* Kreierung.

Schote
Hülle, Hülse, Kapsel, Schale.

Schotter
Kies, Kiesel[steine], Splitt, Steinchen.

schräg
1. abschüssig, diagonal, geneigt, krumm, nicht senkrecht, quer [verlaufend], schief.
2. ↑schrill (2).

Schramme
[Haut]abschürfung, Kratzer, Verschrammung.

schrammen
aufscheuern, aufschrammen, aufschürfen, [sich] verletzen; *(ugs.):* abschrammen.

Schranke
1. Abgrenzung, Absperrung, Barrikade, Schlagbaum, Sperre; *(österr.):* Schranken; *(bes. schweiz.):* Barriere.
2. Begrenzung, Beschränkung, Eingrenzung, Grenze, Sperre; *(bildungsspr.):* Restriktion.
3. Gegensatz, Kluft, Kontrast, Unterschied, Verschiedenheit; *(bildungsspr.):* Differenz, Diskrepanz, Divergenz.

Schreck
Bestürzung, Entsetzen, Erschrockenheit, Erschütterung, Fassungslosigkeit, Perplexität, Schock; *(bildungsspr.):* Konsternation.

schrecken
a) Angst einflößen/einjagen, ängstigen, in [Angst und] Schrecken versetzen. **b)** aufschrecken, beunruhigen; *(ugs.):* aufscheuchen. **c)** zurückfahren, zurückschrecken.

Schrecken
1. a) Angst, Entsetzen, Grauen, Graus[en], Horror, Panik, Qual; *(geh.):* Schauder. **b)** ↑Schreck.
2. Drama, Elend, Katastrophe, Tragödie, Unglück, Verhängnis; *(geh.):* Unheil, Verderben; *(bildungsspr.):* Armageddon, Inferno.

schreckhaft
angsterfüllt, ängstlich, angstvoll, bange, bänglich, beklommen, besorgt, furchtsam, scheu, schüchtern, überängstlich, verängstigt, verschreckt, voll Furcht, zähneklappernd; *(geh.):* verzagt, zag; *(bildungsspr.):* timide.

GGS bravourös, forsch, tapfer, unverzagt.

---

schrecklich
1. desaströs, entsetzlich, furchtbar, grauenerregend, grauenhaft, grauenvoll, grausig, haarsträubend, katastrophal, scheußlich, schlimm, tragisch, verhängnisvoll, verheerend; *(geh.):* übel, unheilvoll; *(bildungsspr.):* desolat; *(emotional):* fürchterlich, grässlich, miserabel.
2. abscheulich, abstoßend, ekelhaft, eklig, entsetzlich, furchtbar, geschmacklos, hässlich, unansehnlich, unästhetisch, unschön; *(geh.):* medusisch; *(ugs.):* ätzend, grässlich; *(emotional):* scheußlich; *(abwertend):* schäbig, widerlich.
3. enorm, furchtbar, gewaltig, gigantisch, groß, immens, stark, ungeheuer; *(geh.):* unsäglich; *(bildungsspr.):* exorbitant; *(ugs.):* entsetzlich, mächtig, schlimm, verdammt; *(emotional):* horrend, unsagbar; *(oft emotional):* riesig; *(ugs. emotional):* fürchterlich, kolossal, sagenhaft.

Schrei
Aufschrei, Hilferuf, Jammerlaut, Ruf.

schreiben ✍
1. a) abfassen, anfertigen, aufschreiben, aufsetzen, formulieren, in Worte fassen/kleiden, niederschreiben, verfassen, zum Ausdruck bringen, zu Papier bringen; *(geh.):* niederlegen; *(bildungsspr.):* verbalisieren.

BSP Der Text ist schlecht/gut/kompliziert formuliert. Es ist nicht leicht, diese Gedanken in Worte zu fassen. Ich möchte zu Beginn meine Ablehnung zum Ausdruck bringen. Der Autor hat in diesem Gedicht seine Gefühle verbalisiert.

---

b) komponieren.
2. Bücher schreiben, dichten, Gedichte schreiben, reimen, verfassen, Verse machen/schmieden.

Schreiben ↑Schriftstück.

schreiben, sich
sich Briefe schreiben, Briefe wechseln, brieflich verkehren, einen Briefwechsel führen, im Briefverkehr/Briefwechsel stehen; *(bildungsspr.):* in Korrespondenz stehen, korrespondieren.

Schreibkraft
Büroangestellter, Büroangestellte, Bürokraft, Sekretär, Sekretärin.

schreien
1. blöken, brüllen, einen Schrei ausstoßen, herausschreien, krähen, kreischen, rufen.
2. Anspruch erheben, sich ausbitten, fordern, verlangen; *(geh.):* begehren, heischen.

schreiend
1. auffällig, giftig, grell, ins Auge fallend/stechend, kontrastreich, schrill; *(ugs.):* knallig.

2. empörend, haarsträubend, himmelschreiend, schlimm, schockierend, skandalös, unerhört; *(abwertend):* ungeheuerlich.

schreiten
flanieren, sich fortbewegen, stolzieren; *(geh.):* dahinschreiten, sich fortbegeben, gemessenen Schrittes gehen, wandeln.

Schrift
1. Handschrift, Schreibart, Schreibweise, Schriftzüge; *(abwertend):* Pfote.
2. Abhandlung, Arbeit, Beitrag, Darstellung, Publikation, Studie, Text, Veröffentlichung, Werk; *(geh.):* Elaborat; *(veraltend):* Traktat.

schriftlich
brieflich, handschriftlich, in geschriebener Form, niedergelegt, niedergeschrieben, schwarz auf weiß.

Schriftsteller, Schriftstellerin
Autor, Autorin, Dichter, Dichterin, Dramatiker, Dramatikerin, Epiker, Epikerin, Erzähler, Erzählerin, Literat, Literatin, Lyriker, Lyrikerin; *(bildungsspr.):* Prosaist, Prosaistin.

Schriftstück
Akte, Aufzeichnung, Brief, Dokument, Manuskript, Mitteilung, Nachricht, Niederschrift, Notiz, Paper, Papier, Schreiben, Skript, Text, Urkunde, Zuschrift; *(geh.):* Botschaft.

schrill
1. durchdringend, gellend, grell, markerschütternd.
2. ausgefallen, extravagant; *(bildungsspr.):* exaltiert, exzentrisch, skurril; *(ugs.):* abgedreht, durchgeknallt, überdreht, überkandidelt.

Schritt
1. Gang[art], Tritt, Trott.
2. Aktion, Handlung, Maßnahme, Tat, Tun, Unterfangen, Vorgang.

schrittweise
allmählich, graduell, in Etappen, in kleinen Schritten, langsam, nach und nach, peu à peu, schleichend, Schritt für Schritt, stufenweise; *(bildungsspr.):* sukzessive; *(ugs.):* sachte.

schroff
1. abschüssig, mit starkem Gefälle, stark abfallend/ansteigend, steil; *(schweiz.):* gähstotzig; *(bes. schweiz.):* ruppig; *(geh.):* jäh.
2. abweisend, barsch, brüsk, eckig, grobklotzig, kurz angebunden, kurz und knapp, rau, unfreundlich, unhöflich; *(geh.):* harsch; *(abwertend):* grob, rüde, ruppig.
3. abrupt, auf einmal, mit einem Mal, ohne jeden Übergang, plötzlich, ruckartig, schlagartig, übergangslos, überraschend, unerwartet, unverhofft, unvermittelt, unvermutet, unversehens, unvorhergesehen; *(schweiz.):* brüsk; *(geh.):* jäh[lings]; *(bildungsspr.):* ex abrupto.

schröpfen
1. Blut abnehmen/absaugen.
2. Geld abnehmen; *(ugs.):* ausziehen, flöhen, lausen, rupfen; *(salopp):* abkochen, abzocken; *(ugs. scherzh.):* erleichtern, zur Ader lassen.

Schrulle
Absonderlichkeit, Eigenart, Eigenheit, Eigentümlichkeit, Grille, Laune, Marotte, wunderliche Angewohnheit; *(ugs.):* Mucke, Tick.

schrumpelig
durchfurcht, faltenreich, faltig, furchig, runzlig, verknittert, verrunzelt, von Falten durchzogen, welk, zerknittert; *(ugs.):* hutzelig, verhutzelt.

schrumpfen
1. eindorren, eingehen, einlaufen, eintrocknen, enger/kleiner werden, sich verkleinern, verkümmern, verschrumpfen, sich zusammenziehen; *(ugs.):* zusammenschnurren.
2. abflauen, abnehmen, absinken, geringer werden, sich reduzieren, sinken, sich vermindern, sich verringern, sich zurückbilden, zurückgehen, zusammenschrumpfen; *(geh.):* [dahin]-schwinden; *(bildungsspr.):* sich dezimieren.

Schrunde
[Haut]abschürfung, Kratzer, Riss, Schramme, Verschrammung; *(ugs.):* Wischer.

Schubs
Schub, Stoß; *(ugs.):* Knuff, Puff, Rempler, Stups.

schubsen
anstoßen, einen Stoß geben, stoßen; *(ugs.):* einen Schubs/Stups geben, rempeln, stupsen.

schüchtern
a) befangen, eingeschüchtert, gehemmt, nicht zutraulich, schamhaft, scheu, unsicher, verschämt, verschüchtert, voller Scheu, zurückhaltend; *(bildungsspr.):* timid; *(ugs.):* genierlich, verdruckst, verhuscht; *(nordd.):* zach.

GGS draufgängerisch, forsch, selbstsicher, ungehemmt, zwanglos.

b) behutsam, sachte, vorsichtig, zaghaft, zart.

Schuft, Schuftin
Betrüger, Betrügerin, Übeltäter, Übeltäterin, Verbrecher, Verbrecherin; *(ugs.):* Himmelhund; *(abwertend):* Gauner, Gaunerin, Halunke, Halunkin, Kanaille, Kojote, Lump, Schofel, Schurke, Schurkin, Unhold, Unholdin.

schuften
sich abarbeiten, sich abplagen, sich abquälen, hart/schwer arbeiten, sich plagen; *(ugs.):* sich abschinden, sich abstrampeln, sich abzappeln, ackern, sich placken, rackern, wuchten.

S
sch

Schularbeit
1. Aufgabe, Hausarbeit, Hausaufgabe, Schulaufgabe.
2. Arbeit, Klassenarbeit, Klausur[arbeit], Test.

Schuld
1. Haftung, Verantwortung.
2. Fehler, Unrecht, Verfehlung, Verschulden, Verstoß; *(geh.):* Fehltritt.

Schuld

die Schuld in die Schuhe schieben / zuschieben
belasten, bezichtigen, unterstellen, vorwerfen, zur Last legen; *(geh.):* zeihen; *(bildungsspr. abwertend):* denunzieren.

schuldbewusst
beschämt, kleinlaut, seiner Schuld bewusst, zerknirscht; *(geh.):* reuevoll, reuig, schuldvoll.

schulden
a) Rückstände/Schulden haben, schuldengeplagt sein, schuldig/verschuldet sein, zahlen müssen, zu zahlen haben. **b)** schuldig sein, verdanken, verpflichtet sein, zu danken haben.

Schulden
Lasten, Rückstände, Verpflichtungen.

schuldig
1. schuld, schuldtragend, verantwortlich; *(geh.):* in Schuld verstrickt, schuldbeladen.
2. a) zu geben verpflichtet. **b)** angebracht, angemessen, entsprechend, gebührend, zustehend; *(geh.):* angezeigt, geboten, geziemend.

Schule
1. Ausbildungsstätte, Schulgebäude.
2. Schulstunde, Unterricht.
3. Ausbildung, Lehre, Schulung; *(geh.):* Unterweisung.

Schüler, Schülerin
1. Pennäler, Pennälerin, Schulkind; *(ugs.):* Schuljunge, Schulmädchen; *(veraltend):* Eleve, Elevin, Zögling.
2. Anhänger, Anhängerin, Fan, Gefolgsmann, Verehrer, Verehrerin; *(geh.):* Jünger, Jüngerin; *(bildungsspr. scherzh.):* Adept, Adeptin.

Schulfach
Fach, Lehrfach, Unterrichtsfach; *(österr.):* Schulgegenstand, Unterrichtsgegenstand.

Schulung
1. a) Ausbildung, Belehrung, Einführung, Einweisung, Erziehung, Lehre, Schule, Training, Unterricht, Vorbereitung; *(geh.):* Unterweisung. **b)** Ausbildung, Fortbildung, Vervollkommnung, Weiterbildung; *(bildungsspr.):* Perfektionierung.
2. Bildungsmaßnahme, Fortbildungskurs, Kurs[us], Lehrgang, Schulungskurs, Schulungslehrgang, Seminar, Weiterbildungskurs.

schummeln
betrügen, irreführen, täuschen, unehrlich handeln; *(ugs.):* mogeln, schwindeln.

Schund
1. Geschmacklosigkeit, Kitsch, Schundliteratur, Trash.
2. Schrott; *(ugs.):* Krimskrams.

schüren
1. a) rühren, stochern. **b)** anfeuern, anheizen, anschüren, einheizen, feuern, zum Brennen/Lodern bringen; *(geh.):* entfachen, entzünden.
2. anstacheln, aufbringen, aufheizen, aufhetzen, aufpeitschen, aufrühren, entfesseln, entflammen, eskalieren, heraufbeschwören, lostreten, radikalisieren, säen, stimulieren, verschärfen, wachrufen, wecken, zum Ausbruch bringen; *(bildungsspr.):* evozieren, provozieren.

schürfen
1. kratzen, scharren, scheuern, schrammen.
2. abtragen, [aus]baggern, ausheben, auswerfen, graben, schaben, scharren, schaufeln, wühlen; *(ugs.):* buddeln; *(nordd., md.):* schippen.
3. ausbeuten, gewinnen, suchen.

Schurke, Schurkin ↑Schuft, Schuftin.

schusselig
abwesend, fahrig, flatterig, gedankenlos, geistesabwesend, konfus, kopflos, nachlässig, planlos, unausgeglichen, ungeordnet, unkonzentriert, vergesslich, verwirrt, wirr, zerstreut.

Schutt
1. Abfall, Bauschutt, Geröll[schutt], Gesteinsbrocken, Gesteinsmasse, Schotter, Trümmer.
2. Deponie, Müllabladeplatz, Müllhalde, Müllhaufen, Müllkippe, Schuttabladeplatz, Schutthalde, Schutthaufen, Schuttplatz.

schütteln
1. durchschütteln, erschüttern, hin und her bewegen, rütteln, schwenken; *(ugs.):* rappeln, wackeln; *(südd., österr.):* beuteln.
2. abschütteln, abwerfen, [her]ausschütteln, herunterwerfen, hinunterwerfen.
3. sich hin und her bewegen, holpern, schaukeln, schlenkern, schlingern, schlottern, schüttern, schwanken; *(nordd.):* stuckern.

schütteln, sich
a) sich ausschütteln, zucken. **b)** Abscheu/Ekel empfinden, sich ekeln, schaudern [machen], widerstehen, zuwider sein.

schütten
1. eingießen, fließen lassen, füllen, gießen, kippen, laufen/rinnen lassen; *(geh.):* schenken.
2. [in Strömen] regnen; *(geh.):* der Himmel öff-

net seine Schleusen; *(ugs.):* duschen, gießen; *(salopp):* pissen, schiffen; *(nordd.):* pladdern.

Schutz

1. Abschirmung, Behütetheit, Behütung, Beistand, Betreuung, Bewachung, Bewahrung, Erhaltung, Fürsorge, Fürsprache, Geborgenheit, Gewahrsam, Hilfe, Immunität, Konservierung, Pflege, Protektion, Sicherheit, Sorge, Unterstützung, Verteidigung, Wahrung; *(geh.):* [Ob]hut.
2. Abdeckung, Abschirmung, Bedeckung, Bezug, Blende, Dach, Decke, deckende Schicht, Hülle, Mantel, Schutzschicht, Schutzvorrichtung, Überdach, Überdecke, Überzug.

schützen

1. abdecken, abhalten, abschirmen, absichern, abwehren, abwenden, aufpassen, behüten, beistehen, bergen, beschützen, bewachen, bewahren, dämmen, decken, Deckung bieten, erhalten, fernhalten, helfen, hüten, immunisieren, in Schutz nehmen, in seine Obhut nehmen, in Sicherheit bringen, nicht herankommen lassen, pflegen, pfleglich/schonend behandeln, resistent machen, retten, schonen, Schutz gewähren, seine [schützende] Hand über jmdn. halten, sichern, sorgen für, unter Schutz stellen, unterstützen, verschonen, verteidigen, wachen über, wahren, widerstandsfähig machen; *(schweiz.):* gaumen; *(geh.):* beschirmen, der Gefahr entreißen, erretten, schirmen; *(bildungsspr.):* protegieren; *(geh. veraltet):* verwahren.
2. Brief und Siegel geben, eintragen, garantieren, gewährleisten, patentieren, registrieren, sicherstellen, unter gesetzlichen Schutz stellen, verbürgen; *(bildungsspr.):* konsolidieren.
3. nicht zum Abschuss freigeben, unter Naturschutz stellen, zum Naturschutzgebiet erklären.

schützen, sich

a) sich abschirmen, sich absichern, abwehren, abwenden, sich aufheben, aufpassen, sich bewahren, sich den Rücken freihalten, [sich] fernhalten, sich hüten, sich in Acht nehmen, in Deckung gehen, nicht herankommen lassen, sich retten, sich rückversichern, sich schonen, Schutz [auf]suchen, Sicherheitsmaßnahmen/Sicherheitsvorkehrungen treffen, sich verteidigen, vorbauen, vorbeugen, sich vorsehen, Vorsorge treffen; *(geh.):* sich feien. **b)** ein Kondom/Präservativ benutzen, Safer Sex praktizieren.

schutzlos

ausgeliefert, bedroht, gefährdet, hilflos, machtlos, ohne Schutz, ohnmächtig, preisgegeben, rechtlos, schwach, verloren, wehrlos.

schwabbelig

dickflüssig, gallertartig, gallertig, gelatineartig, gelatinös, quallig, sämig, schleimig, zähflüssig.

schwach

1. a) abgezehrt, altersschwach, anfällig, angegriffen, angeschlagen, ausgezehrt, elend, empfindlich, entkräftet, erschöpft, flügellahm, gebrechlich, geschwächt, kraftlos, krank, kränkelnd, kränklich, lass, marklos, mitgenommen, müde, nicht widerstandsfähig, nur noch der/ein Schatten seiner selbst, ohne Kraft, von Krankheit gekennzeichnet; *(schweiz.):* krächelig; *(geh.):* aufgezehrt, ermattet, hinfällig, siech; *(bildungsspr.):* morbid, neuralgisch; *(ugs.):* alle, down, k. o., kaputt, lahm, matschig, platt, schlapp, wackelig, [wie] gerädert; *(oft emotional):* malade; *(geh. abwertend):* dünnblütig, wie das Leiden Christi. **b)** butterweich, charakterschwach, demoralisiert, entschlusslos, entschlussunfähig, gefügig, haltlos, mürbe, nachgiebig, ohne moralischen Halt, schwankend, unbeständig, unentschlossen, ungefestigt, verführbar, weichlich, willenlos, willensschwach; *(geh.):* schwank, unstet; *(bes. südd., österr.):* mürb; *(abwertend):* flatterhaft, kompromisslerisch, rückgratlos; *(geh. abwertend):* wankelmütig. **c)** ausgeliefert, einflusslos, entmachtet, hilflos, machtlos, ohne Einfluss/Macht, ohnmächtig, schutzlos, unterlegen, wehrlos.
2. gering, kaum, minimal, spärlich, wenig.
3. bescheiden, billig, dürftig, enttäuschend, erbärmlich, fehlerhaft, geringwertig, kümmerlich, mangelhaft, minderwertig, niveaulos, unbefriedigend, ungenügend, von geringer Qualität, wertlos; *(österr.):* unzukömmlich; *(schweiz.):* halbbatzig; *(geh.):* unzulänglich; *(bildungsspr.):* inferior, insuffizient, substanzlos; *(abwertend):* armselig, schäbig, zweitklassig.
4. blass, dezent, dumpf, entfernt, fahl, flüchtig, gedämpft, gedeckt, leicht, leise, matt, mild, sachte, sanft, unmerklich, vage, verblasst, verhalten, zurückhaltend.

Schwäche

1. Abgespanntheit, Anfälligkeit, Disposition, Energielosigkeit, Entkräftung, Ermüdung, Erschöpfung, Gebrechlichkeit, Kraftlosigkeit, Laschheit, Mattheit, Müdigkeit, Schwächlichkeit, Übermüdung, Zerschlagenheit; *(geh.):* Ermattung; *(bildungsspr.):* Morbidität.
2. a) Angewohnheit, Ecken und Kanten, Eigenart, Eigenheit, Eigentümlichkeit, Laster, Marotte, schlechte Gewohnheit, Schrulle, Spleen, Untugend, Unvollkommenheit, Unzulänglichkeit, wunder Punkt; *(abwertend):* Unsitte.
b) Charakterschwäche, Entschlusslosigkeit,

Entschlussunfähigkeit, Haltlosigkeit, Nachgiebigkeit, Unbeständigkeit, Unentschlossenheit, Verführbarkeit, Willenlosigkeit.
3. a) Drang, Interesse, Lust, Neigung, Passion, Sucht, Tendenz, Veranlagung, Vorliebe; *(österr.):* Animo; *(bes. schweiz.):* Gefälle; *(bildungsspr.):* Disposition, Faible, Inklination, Präferenz; *(bes. südd., österr.):* Gusto. **b)** Leidenschaft, Liebe, Sympathie, Vernarrtheit, Zuneigung.
4. Defekt, Defizit, Fehler, Kehrseite, Mangel, Manko, Minus, Nachteil, negativer Aspekt, Schattenseite; *(geh.):* Makel; *(bildungsspr.):* Negativum; *(dichter.):* Nachtseite; *(ugs.):* Haken.

schwächen
1. angreifen, anstrengen, aufreiben, auslaugen, ausmergeln, beeinträchtigen, belasten, entkräften, ermüden, erschöpfen, mitnehmen, reduzieren, schädigen, strapazieren, traktieren, zehren, zermürben, zerrütten, zusetzen; *(geh.):* abmüden, aufzehren, auszehren, ermatten; *(ugs.):* fertigmachen, schaffen, schlauchen.
2. abbauen, abträglich sein, aufweichen, aushöhlen, begrenzen, beschneiden, bremsen, dämpfen, drosseln, drücken, durchlöchern, einschränken, erniedrigen, erschüttern, herabmindern, herabsetzen, heruntersetzen, kürzen, reduzieren, schmälern, senken, stören, untergraben, unterminieren, unwirksam/wirkungslos machen, verkleinern, verkürzen, verlangsamen, zerstören; *(geh.):* ins Wanken bringen, mindern; *(bildungsspr.):* dezimieren, restringieren; *(ugs.):* runtersetzen, zurückschrauben.

Schwächling
(ugs.): Weichei; *(abwertend):* Weichling.

schwadronieren
sich ausbreiten, sich auslassen, einherreden, sich ergehen, erzählen, monologisieren, reden, sprechen; *(ugs.):* große Reden schwingen, labern, Phrasen dreschen, rumeiern; *(abwertend):* daherreden, [daher]schwatzen.

schwafeln ↑schwadronieren.

schwammig
allgemein, beliebig, dehnbar, dumpf, dunkel, grob, interpretationsfähig, konturlos, nebelhaft, nichtssagend, unbestimmt, undeutlich, undurchsichtig, ungefähr, ungenau, ungeordnet, unklar, unscharf, unverbindlich, vage, verschwommen; *(geh.):* schattenhaft, schemenhaft; *(bildungsspr.):* diffus, nebulös, unpräzise.

schwanen
ahnen, annehmen, auf sich zukommen sehen, befürchten, eine Ahnung haben, erahnen, erwarten, fühlen, fürchten, gefasst sein auf, glauben, kommen sehen, mutmaßen, rechnen mit, spüren, vermuten, vor[aus]ahnen, vorhersehen, wittern; *(geh.):* argwöhnen, wähnen.

schwanken
1. sich hin- und herbewegen, hin- und herschwingen, sich hin- und herwiegen, holpern, pendeln, schaukeln, schlenkern, schlingern, schlottern, schütteln, schüttern, schwingen; *(schweiz.):* [gi]gampfen; *(nordd.):* stuckern.
2. sich ändern, im Fluss sein, Schwankungen unterworfen sein/unterliegen, umschlagen, sich verändern, sich wandeln, wechseln; *(bildungsspr.):* fluktuieren, oszillieren; *(bildungsspr., Fachspr.):* flottieren.
3. abwägen, abwarten, Ausflüchte machen, sich bedenken, Bedenken haben/tragen, sich besinnen, mit sich kämpfen, sich nicht entschließen können, sich nicht festlegen, überlegen, warten, sich winden, zaudern, zögern.

schwankend
a) instabil, labil, unberechenbar, unbeständig, veränderlich; *(geh.):* unstet, wandelbar. **b)** charakterschwach, entschlusslos, entschlussunfähig, haltlos, [innerlich] hin- und hergerissen, mit sich [selbst] uneins, sprunghaft, unentschieden, unschlüssig, unzuverlässig, zerrissen, zögerlich; *(geh.):* schwank, unstet; *(abwertend):* flatterhaft; *(geh. abwertend):* wankelmütig.

Schwanz
1. Sterz; *(geh.):* Schweif.
2. Kette, Reihe, Schlange, Serie.
3. Abschluss, Ende, Hinterteil, Schluss, Zipfel.

schwänzen
abwesend sein, ausbleiben, der Arbeit fernbleiben, der Schule/dem Unterricht fernbleiben, fehlen, nicht erscheinen, nicht hingehen, nicht kommen, nicht teilnehmen; *(ugs.):* blaumachen, wegbleiben; *(ugs. scherzh.):* krankfeiern; *(iron.):* durch Abwesenheit glänzen.

schwappen
überfließen, überlaufen, überströmen, überwallen; *(südd.):* schwadern, schwatteln.

Schwarm
1. Gruppe, Herde, Pulk, Rudel, Runde, Schar, Traube; *(ugs.):* Haufen; *(ugs. scherzh.):* Rasselbande; *(abwertend):* Bagage, Klüngel, Rotte.
2. Abgott, Abgöttin, Held, Ideal, Idol, Publikumsliebling, Star; *(bildungsspr.):* Fetisch, Heros; *(geh. abwertend):* Götze, Götzenbild; *(ugs. emotional):* der Traum meiner schlaflosen Nächte, Traummann, Traumfrau; *(iron.):* Halbgott, Halbgöttin.

schwärmen
1. sich ausbreiten, ausfliegen, ausschwärmen.
2. anbeten, aufblicken, aufsehen, sich begeis-

tern, begeistert sein, bewundern, eingenommen sein, glorifizieren, hingerissen sein, idealisieren, lieben, rühmen, träumen, verehren, vergöttern, verherrlichen; *(geh.):* aufschauen, zu Füßen liegen; *(bildungsspr.):* adorieren, romantisieren; *(ugs.):* anhimmeln, hin und weg sein.

schwarz

1. dämmrig, dunkel, düster, finster, nachtfarben, rußfarben, schattig, schwärzlich, trübe; *(geh.):* nachtschwarz; *(dichter.):* dämmergrau, nächtig; *(ugs.):* schummrig, zappenduster; *(ugs. emotional verstärkend):* stockfinster.

2. afrikanisch, afroamerikanisch, dunkelhäutig, farbig.

3. schmutzig, unsauber, verschmiert.

4. gesetzwidrig, illegal, ohne Erlaubnis/Genehmigung, rechtswidrig, unerlaubt, unrechtmäßig, unzulässig, verboten, widerrechtlich.

Schwarzer, Schwarze

Afroamerikaner, Afroamerikanerin, Afrodeutscher, Afrodeutsche, Farbiger, Farbige, Schwarzafrikaner, Schwarzafrikanerin.

Schwatz

Geplauder, Plauderei, Unterhaltung; *(ugs.):* Klatsch; *(Jargon):* Talk; *(nordd.):* [Klön]schnack.

schwatzen

1. eine Unterhaltung/ein Gespräch führen, sich etwas erzählen, miteinander reden/sprechen, plaudern, sich unterhalten; *(bildungsspr.):* Konversation machen; *(salopp):* quatschen; *(nordd.):* klönen, schnacken; *(bes. südd.):* schwätzen.

2. [aus]plaudern, hinterbringen, reden, verraten, weitererzählen, zutragen; *(österr.):* [aus]plauschen; *(geh.):* preisgeben.

schwätzen ↑schwatzen.

schweben

1. flattern, fliegen, gleiten, schwirren, segeln.

2. hängen, pendeln, schaukeln, schlenkern, schwingen; *(ugs.):* baumeln.

3. fraglich/offen sein, in der Schwebe/im Gange sein, noch nicht entschieden/unentschieden sein, ungeklärt/ungelöst/ungewiss sein.

Schweif ↑Schwanz (1).

schweigen

sich ausschweigen, diskret/verschwiegen sein, für sich behalten, geheim halten, kein/nicht ein Sterbenswörtchen sagen/verraten, keinen Ton reden/verlauten lassen/von sich geben, kein Wort verlieren, sich nicht äußern, nicht Stellung nehmen, nichts verraten, ruhig/stumm/still sein, seine Zunge hüten/im Zaum halten, Stillschweigen bewahren, totschweigen, unterschlagen, verheimlichen, verschweigen; *(geh.):* nicht preisgeben, verhehlen; *(ugs.):* den Mund/Schnabel halten, dichthalten, keinen Mucks sagen, keinen Pieps mehr sagen, Sendepause haben, verschwiegen [wie ein Grab] sein.

Schweigen

1. Frieden, Geräuschlosigkeit, Grabesstille, Lautlosigkeit, Ruhe, [Toten]stille.

2. Diskretion, Geheimhaltung, Stillschweigen, Verschwiegenheit, Vertraulichkeit.

schweigsam

einsilbig, kurz angebunden, mürrisch, nicht gesprächig, reserviert, still, stumm, verschlossen, wortkarg, zurückhaltend; *(bildungsspr.):* distanziert; *(salopp):* maulfaul.

Schweinerei

a) Schmutz, Unordnung; *(österr., schweiz.):* Mist; *(ugs.):* Dreck; *(abwertend):* Lotterwirtschaft. **b)** Bösartigkeit, Bosheit, Gemeinheit, Heimtücke, Hinterhältigkeit, Hinterlist, Niederträchtigkeit, Ruchlosigkeit, Tücke, Verschlagenheit; *(abwertend):* Gehässigkeit, Infamie, Schäbigkeit; *(emotional):* Unverschämtheit.

schweinisch

a) klebrig, liederlich, schmierig, schmutzig, speckig, ungewaschen, unsauber, verschmutzt, voller Schmutz; *(ugs.):* dreckig. **b)** anrüchig, anstößig, anzüglich, derb, doppeldeutig, frivol, nicht salonfähig, obszön, pikant, pornografisch, ruchlos, schamlos, schmutzig, unanständig, verdorben, zweideutig; *(scherzh.):* nicht stubenrein; *(abwertend):* liederlich, schlüpfrig, zotig; *(bildungsspr. abwertend):* vulgär.

schwelen

1. brennen, flackern, glimmen, glühen, lodern; *(südd., schweiz.):* motten.

2. brodeln, gären, kochen, kriseln, rumoren, sich zusammenbrauen, sich zuspitzen.

schwelgen

1. genießen, in Saus und Braus leben, konsumieren, schlemmen; *(schweiz.):* sich laben, nehmen, zusprechen; *(geh.):* [ein]nehmen, verspeisen; *(geh. od. Fachspr.):* verzehren.

2. aufgehen in, sich berauschen, sich ergeben, sich ganz widmen, sich hingeben, sich überlassen, sich verschreiben; *(geh.):* frönen.

schwellen

1. aufbauschen, aufblähen, aufgehen, aufquellen, auftreiben, ausdehnen, sich ausweiten, blähen, sich entzünden, quellen, rund werden, sich verdicken, sich vergrößern, sich wölben.

2. ansteigen, sich erhöhen, größer/stärker werden, sich steigern, sich vermehren, sich verschärfen, sich verstärken, wachsen, zunehmen.

Schwellung
1. Anschwellung, Beule; *(ugs.):* Horn.
2. Ausbuchtung, Rundung, Wölbung.

schwemmen
ablagern, absetzen, an Land/ans Ufer spülen, anspülen, antreiben, befördern, spülen, tragen.

schwenken
1. [hin- und her]bewegen, hin- und herschwingen, pendeln, schaukeln, schlenkern, schwingen, wedeln; *(ugs.):* rudern.
2. abbiegen, abdrehen, abzweigen, den Kurs/die Richtung ändern, den Weg verlassen, eine andere Richtung einschlagen, einlenken, in eine andere Richtung gehen, umlenken.

schwer ↗
1. bleiern, bleischwer, derb, drückend, gewichtig, groß, kaum zu bewegen/heben/tragen, klobig, massig, schwerfällig, stark, von großem Gewicht, wuchtig; *(abwertend):* klotzig.
2. a) anstrengend, aufreibend, beschwerlich, dornenreich, hart, mühevoll, mühsam, mühselig, sauer, strapaziös; *(bes. südd. u. schweiz.):* streng. **b)** ernst, gefährlich, haarig, heikel, knifflig, kompliziert, kritisch, misslich, problematisch, schwer zugänglich, schwierig, verantwortungsvoll, verflochten, verworren; *(bildungsspr.):* brisant, delikat, diffizil, komplex, prekär, subtil; *(ugs.):* brenzlig, vertrackt. **c)** anspruchsvoll, hochgeistig, niveauvoll, qualitätvoll; *(geh.):* ambitioniert; *(bildungsspr.):* prätentiös.
3. beträchtlich, drastisch, einschneidend, erheblich, ernst[haft], folgenreich, groß, hart, heftig, herb, immens, intensiv, leidenschaftlich, massiv, schwerwiegend, stark, stürmisch, tiefgreifend, wild; *(geh.):* ungestüm; *(bildungsspr.):* gravierend; *(emotional):* gewaltig; *(nordd.):* doll.

schwerfallen
[große] Mühe bereiten/machen, sich schwertun, Schwierigkeiten bereiten/haben.

schwerfällig
behäbig, energielos, gemächlich, kraftlos, langsam, lasch, matt, müde, plump, schleppend, schwunglos, träge, umständlich, unbeholfen, ungeschickt; *(geh., dichter.):* erdenschwer; *(bildungsspr.):* lethargisch, phlegmatisch, stoisch.

schwerlich
kaum, schlecht, vermutlich/wahrscheinlich nicht, wohl/eher nicht.

Schwermut
Bedrücktheit, Betrübtheit, Depression, Depressivität, Freudlosigkeit, Melancholie, Mutlosigkeit, Niedergeschlagenheit, Traurigkeit, Trübsinn, Verzweiflung; *(geh.):* Elegie, Verzagtheit, Wehmut; *(bildungsspr.):* Tristesse, Weltschmerz; *(bildungsspr. abwertend):* Defätismus.

schwermütig
bedrückt, bekümmert, betrübt, depressiv, deprimiert, freudlos, gebrochen, gedrückt, melancholisch, mutlos, niedergeschlagen, traurig, trübe, trübselig, trübsinnig, unglücklich, verzweifelt, wehmütig; *(geh.):* elegisch, verzagt; *(bildungsspr.):* trist; *(ugs.):* down, geknickt; *(bildungsspr. abwertend):* defätistisch.

GGS frohen Mutes, heiter, lebenslustig, unbekümmert.

Schwerpunkt
1. Akzent, das Entscheidende, das Wesentliche, das Wichtige, Hauptgewicht, Hauptsache, Kern; *(bildungsspr.):* Fokus, Priorität.
2. Angelpunkt, Herz, Mittelpunkt, Zentrum; *(geh.):* Herzstück, Nabel der Welt.

schwertun, sich
[große] Mühe haben, schwerfallen, Schwierigkeiten bereiten/haben.

schwerwiegend
ausschlaggebend, beachtlich, bedeutungsvoll, beträchtlich, durchgreifend, einschneidend, entscheidend, erheblich, ernst, ernsthaft, ernst zu nehmend, folgenschwer, fundamental, gewichtig, maßgeblich, massiv, nachhaltig, tiefgreifend, triftig, von [besonderer/großer] Bedeutung, von [großem] Belang/Gewicht, weitreichend, wichtig, zentral, zwingend; *(schweiz.):* schwergründig; *(geh.):* entscheidungsschwer; *(bildungsspr.):* essenziell, gravierend.

Schwester
1. Gesinnungsgenossin, Glaubensgenossin.
2. Nonne, Ordensfrau, Ordensschwester; *(geh.):* Gottesbraut; *(dichter.):* Himmelsbraut.
3. Krankenpflegerin, Krankenschwester.

schwierig ↗
1. a) angespannt, anstrengend, aufreibend, beschwerlich, hart, misslich, mühevoll, mühsam, strapaziös, unangenehm, unerfreulich, voller Schwierigkeiten; *(geh.):* dornig, steinig; *(ugs.):* stressig. **b)** ernst, gefährlich, haarig, heikel, knifflig, kompliziert, problematisch, verfänglich, verworren; *(bildungsspr.):* brisant, delikat, diffizil, prekär, subtil; *(ugs.):* brenzlig, vertrackt.
2. eigen, schwer zu behandeln, schwer zufriedenzustellen, wählerisch.

Schwierigkeit
Behinderung, Dilemma, Erschwernis, Handicap, Hindernis, Hürde, Kalamität, Klippe, Komplikation, Krise, Not, Pferdefuß, Problematik, Widerstand, Zwangslage; *(bildungsspr.):* Diffizi-

lität, Krux, Malaise, Misere; *(ugs.):* Haken, Klemme, Schlamassel, Zwickmühle.

Schwierigkeiten
Ärger, Bedrängnis, Kalamitäten, Nöte, Probleme, Sorgen, Streit, Streitereien, Streitigkeiten, Unannehmlichkeiten, Verdruss, Verlegenheit; *(österr., schweiz.):* Unzukömmlichkeiten; *(ugs.):* Bredouille, Patsche, Scherereien.

schwimmen
1. a) kraulen, tauchen. **b)** baden, planschen.
2. driften, treiben.

Schwindel
1. Schwindligkeit, Taumel.
2. Augenwischerei, Betrug, Betrügerei, Bluff, Fälschung, Hintergehung, Irreführung, Lüge, Prellerei, Scharlatanerie, Täuschung, Trick; *(ugs.):* Betrugsmasche, Fake, Geflunkere, Mogelei, Schummelei, Verschaukelung; *(salopp):* Beschiss; *(abwertend):* Schwindelei.

schwindeln
1. schwanken, schwindlig sein, taumeln.
2. a) sich ausdenken, erfinden, fabulieren, fantasieren; *(ugs.):* einen Bären aufbinden. **b)** *(ugs.):* flunkern, mogeln, schummeln, vormachen; *(fam.):* kohlen.

schwinden
a) abebben, abflauen, abklingen, abnehmen, ausgehen, auslaufen, sich legen, nachlassen, sich reduzieren, schrumpfen, sinken, sich verlieren, sich vermindern, sich verringern, weniger werden, zu Ende gehen, zurückgehen; *(geh.):* im Rückgang/Schwinden begriffen sein, verblassen, versiegen, zur Neige gehen. **b)** hingehen, vergehen, verrauchen, vorbeigehen, vorübergehen; *(geh.):* dahingehen, hingleiten, verfließen, verklingen, verrinnen, verstreichen, weichen, zerrinnen; *(dichter.):* entrinnen.

S
sch

schwindlig
1. benebelt, benommen, taumelig.
2. schwindelerregend, schwindelnd.

schwingen, sich
1. aufsitzen, aufsteigen, emporsteigen, sich erheben, fliegen, hochsteigen, steigen.
2. sich ausbreiten, sich ausdehnen, sich entlangziehen, sich erstrecken, sich hinziehen, reichen, verlaufen; *(geh.):* sich spannen.

schwirren
a) flattern, fliegen, kreiseln, schwärmen, wirbeln. **b)** eilen, fegen, hetzen, jagen, laufen, preschen, rennen, sausen, schießen, stürmen, wieseln; *(geh.):* stieben; *(ugs.):* düsen, flitzen, pesen, rasen, sprinten, spritzen, spurten, wetzen.

schwitzen
ausdünsten, ausschwitzen, durchschwitzen, erhitzt sein, Schweiß absondern, schweißgebadet sein; *(ugs.):* sich einen abschwitzen.

schwören
1. auf seinen Eid nehmen, beeiden, einen Eid ablegen/leisten, einen Schwur ablegen/leisten, geloben, sein Wort geben, sich verbürgen, sich verpflichten; *(geh.):* beeidigen.
2. beteuern, Brief und Siegel geben, die Hand darauf geben, [hoch und heilig] versichern, seine Hand ins Feuer legen; *(ugs.):* Stein und Bein schwören.
3. beschließen, einen Beschluss fassen, einen Entschluss fassen, einen Vorsatz fassen, sich entscheiden, sich entschließen, sich [fest] vornehmen, sich in den Kopf setzen, vorhaben.

schwul
gleichgeschlechtlich, homosexuell, zum eigenen Geschlecht neigend; *(bildungsspr.):* homoerotisch, homophil; *(Jargon):* gay, homo.

> **!** Die Ausdrücke *schwul, Schwuler* waren lange lediglich abwertende Bezeichnungen für männliche Homosexuelle. Inzwischen werden sie aber von Homosexuellen häufig als Eigenbezeichnungen verwendet, haben dadurch ihren abwertenden Charakter in vielen Kontexten verloren und setzen sich immer stärker auch im öffentlichen Sprachgebrauch durch. Der abwertende Gebrauch von *schwul* in Bezug auf Gegenstände oder Sachverhalte (etwa im Sinne von »seltsam« o. Ä.) ist diskriminierend und sollte generell vermieden werden.

schwül
brütend heiß, drückend, feuchtwarm, gewitterschwer, gewitterschwül, gewittrig, tropisch.

Schwuler
Homosexueller; *(bildungsspr.):* Homoerot[iker], Homophiler.

Schwung
Aktivität, Begeisterung, Dynamik, Eifer, Energie, Feuer, Initiative, Kraft, Lebhaftigkeit, Pep, Schaffenskraft, Tatkraft, Temperament, Vitalität; *(geh.):* Tatendurst, Verve; *(bildungsspr.):* Drive, Elan, Engagement; *(Jargon):* Power.

schwungvoll
1. agil, aktiv, begeistert, beschwingt, dynamisch, energiegeladen, energisch, impulsiv, lebendig, stürmisch, tatkräftig, temperamentvoll, überschwänglich, vital, voll Leben, wild; *(bildungsspr.):* elanvoll, enthusiastisch, euphorisch, frenetisch; *(emotional):* quicklebendig.
2. flott, rasant, schick, schnittig, sportlich; *(ugs.):* fetzig, knackig, schmissig, zackig.
3. elegant geschwungen, in elegantem Bogen.

Schwur
a) Beteuerung, Ehrenwort, Versicherung, Versprechen, Wort, Zusicherung; *(geh.):* Gelöbnis. b) Eid.

[1]See
[das große] Wasser, Ozean, [Welt]meer; *(ugs. scherzh.):* der große Teich.

[2]See
Binnengewässer, Teich, Tümpel; *(bes. südd. u. schweiz.):* Weiher.

Seele
1. Empfindungsleben, Gefühlsleben, Gemüt, Herz, Innenwelt, Inneres, Psyche; *(geh.):* Brust, Seelenleben.
2. Kern[stück], Mitte, Mittelpunkt, Nabel, Seele des Ganzen; *(geh.):* Herzstück; *(bildungsspr.):* Fokus.

seelisch
auf die Psyche bezogen, emotional, gefühlsmäßig, geistig, innerlich, nervlich; *(bildungsspr.):* psychisch; *(bes. Fachspr.):* mental.

segeln
1. mit einem Segelboot/Segelschiff fahren; *(nordd.):* seilen.
2. flattern, fliegen, gleiten, schweben, schwirren.

Segen
1. Billigung, Einverständnis, Einwilligung, Erlaubnis, Genehmigung, Zustimmung; *(bildungsspr.):* Plazet, Sanktion.
2. a) Gottessegen, Gunst, Hilfe, Schutz.
b) das große Los, Erfolg, Glück, Glücksgriff, Glückstreffer, Glücksumstand, günstige Umstände, Heil; *(geh.):* Beglückung, glücklicher Stern.

Segment
Abschnitt, Ausschnitt, Teil, Teilbereich, Teilgebiet, Teilstück.

segnen
1. den Segen erteilen/geben/spenden/sprechen.
2. ausstatten, beschenken, gewähren, versehen; *(geh.):* bedenken, begaben, beglücken, begnaden, zuteilwerden lassen.

sehen ↗
1. blicken, den Blick richten/gerichtet halten; *(ugs.):* gucken; *(nordd.):* kieken, kucken; *(südd., österr., schweiz.):* schauen.

BSP Alle hielten ihre Blicke auf den Seiltänzer gerichtet. »Ich kann nicht mehr so gut kieken«, sagte die ältere Frau.

2. a) ausmachen, bemerken, entdecken, erkennen, registrieren, sichten, wahrnehmen; *(geh.):* ansichtig werden, erblicken, erspähen, gewahr werden.

BSP Der Protagonist bemerkt seinen Fehler zu spät. Ihr neuer Post wurde von allen registriert. Die Hauptfigur nimmt ihre Umwelt vor Wut kaum wahr. Er erschrak, als er seines Vaters ansichtig wurde. Ich konnte ihn nirgends erblicken.

b) sich erinnern [können], vor sich haben, sich vorstellen [können].
3. anblicken, ansehen, beäugen, betrachten, einen Blick werfen; *(schweiz.):* visionieren; *(ugs.):* angucken, [be]gucken, sich reinziehen; *(salopp):* anglotzen, beglotzen; *(ugs. scherzh.):* beäugeln; *(südd., österr.):* schauen; *(nordd.):* ankieken, bekieken, [be]kucken.
4. a) bemerken, entdecken, erkennen, feststellen, finden, merken, registrieren, wahrnehmen, zur Kenntnis nehmen; *(geh.):* gewahren; *(bildungsspr.):* konstatieren.

BSP Die Mitteilung der Klassenlehrerin haben die Eltern zur Kenntnis genommen. Ich muss leider konstatieren, dass ich die Klassensprecherwahl verloren habe.

b) betrachten, beurteilen, bewerten, einschätzen, finden, halten, werten; *(geh.):* befinden, erachten; *(bildungsspr.):* taxieren. c) begreifen, durchschauen, erfassen, erkennen, verstehen; *(ugs.):* blicken, durchblicken, kapieren.
5. achten, achtgeben, aufpassen, Aufsicht führen, beaufsichtigen, ein Auge haben auf, hüten, [über]wachen; *(schweiz.):* gaumen; *(geh.):* achthaben; *(südd., österr.):* schauen.

sehnen, sich
fiebern, herbeisehnen, Sehnsucht haben, von Sehnsucht erfüllt sein, wünschen; *(geh.):* begehren, ersehnen, gieren, hungern, lechzen, schmachten, sich verzehren; *(dichter.):* dürsten.

sehnig
athletisch, drahtig, durchtrainiert, kräftig, kraftvoll, muskulös, schlank, sportlich.

Sehnsucht
Bedürfnis, Begierde, Gier, Lust, Wunsch; *(schweiz.):* Sehnlichkeit; *(geh.):* Begehren, Gelüste, Hunger, Verlangen; *(dichter.):* Durst.

sehr ↗
auffallend, aufs Äußerste, ausgemacht, ausgesprochen, ausgesucht, außergewöhnlich, außerordentlich, äußerst, beachtlich, bedeutend, bemerkenswert, besonders, bitter, bitterlich, brennend, denkbar, empfindlich, erstaunlich, extrem, ganz, gehörig, grenzenlos, hell, hellauf,

herzlich, hoch, höchst, hoffnungslos, in hohem Maße, leidenschaftlich, maßlos, peinlich, tief, übermäßig, unanständig, unaussprechlich, unbändig, unbeschreiblich, unerträglich, ungemein, ungewöhnlich, unmäßig, unsagbar, unübersehbar, unvergleichlich; *(geh.):* abgründig, auserlesen, ausnehmend, namenlos, überaus, über die/alle Maßen, unermesslich, unsäglich, zuinnerst; *(bildungsspr.):* eminent, infernalisch; *(ugs.):* abscheulich, bestialisch, böse, bullig, dick, ekelhaft, eklig, elend, enorm, entsetzlich, fabelhaft, furchtbar, fürchterlich, gemein, gewaltig, grässlich, grauenhaft, grauenvoll, gräulich, grausam, grausig, gründlich, himmlisch, höllisch, hübsch, knallig, königlich, mächtig, mörderisch, nett, niederträchtig, ordentlich, rasend, reichlich, rettungslos, riesig, schandbar, schändlich, schlimm, schrecklich, sündhaft, teuflisch, toll, total, tüchtig, unglaublich, unheimlich, unsinnig, unsterblich, unwahrscheinlich, verdammt, verflixt, verrückt, voll, wahnsinnig, wunderbar, wundervoll; *(salopp):* brutal, gottserbärmlich, hundserbärmlich, hundsmäßig, irre, irrsinnig, tierisch, verflucht; *(emotional):* abgöttisch, barbarisch, erbärmlich, haushoch, jämmerlich, märchenhaft, unendlich, unvorstellbar, verzweifelt, zutiefst; *(ugs. emotional):* kolossal, sagenhaft, scheußlich, unverschämt, verteufelt; *(ugs. emotional verstärkend):* mordsmäßig, unmenschlich; *(scherzh.):* kannibalisch; *(abwertend):* lächerlich, widerlich; *(nordd.):* bannig; *(südd., österr., schweiz.):* gar; *(veraltend):* höchlich, rechtschaffen, weidlich.

seicht

1. flach, mit geringer Tiefe, nicht tief, niedrig.

2. abgeschmackt, alltäglich, anspruchslos, gehaltlos, geistlos, inhaltslos, leer, nichtssagend, niveaulos, oberflächlich, ohne Tiefgang, schal, vordergründig; *(bildungsspr.):* ohne Substanz, substanzlos, trivial; *(abwertend):* flach, hohl, plan; *(bildungsspr. abwertend):* banal.

Seil

Leine, Schnur, Strang, Strick, Tau, Trosse.

sein ↗

1. a) besitzen, der Eigentümer sein, gehören, haben, jmds. Besitz/Eigentum darstellen, verfügen; *(geh.):* gebieten, innehaben, sein Eigen nennen. **b)** sich fühlen, gehen, zumute sein; *(geh.):* sich befinden. **c)** auftreten, den Platz einnehmen, die Aufgabe haben, die Rolle spielen, fungieren, in Erscheinung treten, tätig sein, verkörpern, wirken; *(bildungsspr.):* agieren, figurieren; *(ugs.):* abgeben.

BSP Der Protagonist spielt eine wichtige Rolle in diesem Skandal. Sie fungiert als Vertreterin der Schule. Jetzt sind ihre wahren Absichten in Erscheinung getreten. Die Beteiligten agieren behutsam.

d) ausmachen, sich belaufen, ergeben; *(bildungsspr.):* zum Resultat haben; *(ugs.):* machen.

2. a) ansässig sein, sich aufhalten, sich befinden, leben, liegen, sitzen, verbringen, wohnen, zubringen; *(geh.):* [ver]weilen.

BSP Die Klasse befindet sich auf Skifreizeit. Sie verbringen den Urlaub an der See.

b) entstammen, herkommen, sich herleiten, herstammen, kommen, seine Ursache/seinen Ursprung/seine Wurzel haben, stammen, sich zurückführen lassen, zurückgehen, zurückzuführen sein; *(geh.):* entspringen.

BSP Dieses Wort leitet sich vom Lateinischen her. Die Verordnung geht noch auf Napoleon zurück.

3. auf der Welt sein, bestehen, da sein, existieren, geben, herrschen, vorhanden sein, vorkommen, Wirklichkeit sein, wirklich sein; *(geh.):* walten; *(bildungsspr.):* real sein; *(veraltend):* obwalten, vorwalten.

BSP Es bestehen verschiedene Möglichkeiten der Interpretation. Das Wort kommt im Text insgesamt fünfmal vor.

seinerzeit

anno dazumal, damals, ehemals, einmal, früher, in früheren Zeiten, in jenen Tagen, in jener Zeit, vormals, zu jener Zeit; *(geh.):* ehedem, einst; *(dichter.):* vor langen Zeiten, vorzeiten; *(veraltend):* derzeit, vordem.

seit

seitdem, von da an, von dem Augenblick/Zeitpunkt an.

seitdem

seit damals, seit dem Zeitpunkt, seit dieser Zeit, seither, von da an, von dem Augenblick/Zeitpunkt an.

Seite

1. Flanke, Flügel, Seitenfläche.

2. Blatt, Bogen, Buchseite, Heftseite.

3. a) Betrachtungsweise, Blickpunkt, Blickwinkel, Faktor, Gesichtspunkt, Sicht[weise], Standpunkt; *(bildungsspr.):* Aspekt, Perspektive.

b) Charakterzug, Eigenart, Eigenschaft, Merkmal, Verhaltensweise, [Wesens]zug.

Seite

Seite an Seite
Arm in Arm, einmütig, einträchtig, einvernehmlich, gemeinsam, gemeinschaftlich, geschlossen, Hand in Hand, im Chor, im Team, miteinander, Schulter an Schulter; *(bildungsspr.):* in corpore, solidarisch, tutti quanti, unisono; *(ugs.):* allesamt.

jmdm. zur Seite stehen
behilflich sein, helfen, unter die Arme greifen, unterstützen, weiterhelfen, zu Diensten sein, zu Diensten stehen, zu Hilfe kommen, zur Hand gehen, sich zur Verfügung stellen; *(schweiz.):* zudienen; *(geh.):* beispringen, Beistand leisten.

seitens
auf der Seite, aufseiten, von der Seite, vonseiten.

Seitensprung
Abenteuer, Liebesabenteuer, Untreue; *(bildungsspr.):* Eskapade; *(veraltend):* Affäre.

Sektion
1. Abteilung, Bereich, Fachrichtung, Gruppe, Ressort, Sektor, Teilbereich, Unterabteilung.
2. Leichenöffnung, Leichenschau.

Sektor
1. Arbeitsbereich, Arbeitsgebiet, Bereich, Branche, Disziplin, Domäne, Fach, Fachbereich, Fachgebiet, Feld, Gebiet, Metier, Ressort, Revier, Sachbereich, Sachgebiet, Sparte, Tätigkeitsbereich, Tätigkeitsfeld, Terrain, Wissensgebiet, Zweig; *(geh.):* Arbeitsfeld.
2. Bereich, Bezirk, Distrikt, Gebiet, Gürtel, Landstrich, Region, Teil, Territorium, Zone.

sekundär
an zweiter Stelle [stehend], nachrangig, nebensächlich, nicht erwähnenswert/nennenswert, unbedeutend, unerheblich, untergeordnet, unwesentlich, weniger wichtig, zweitrangig; *(bildungsspr.):* inferior, irrelevant, ohne Relevanz.

[1]selbst
a) in [eigener] Person, persönlich; *(bildungsspr.):* in persona; *(ugs.):* selber. **b)** allein, aus eigener Kraft, eigenhändig, eigenständig, im Alleingang, ohne fremde Hilfe, ohne Unterstützung, selbstständig, von sich aus.

[2]selbst
auch, schon, sogar.

Selbstbefriedigung
Masturbation, Onanie; *(bildungsspr.):* Ipsation.

Selbstbeherrschung
Beherrschtheit, Disziplin, Fassung, Gefasstheit, Gelassenheit, Gleichgewicht, Gleichmut, Haltung, Kontrolle, Mäßigung, Selbstdisziplin, Selbstkontrolle, Zügelung; *(geh.):* Langmut; *(bildungsspr.):* Contenance, Stoizismus.

selbstbewusst
anmaßend, arrogant, erfolgssicher, erfolgsverwöhnt, mit stolzgeschwellter Brust, obenauf, selbstsicher, selbstverliebt, sicher, siegessicher, stolz, überheblich, von sich selbst überzeugt; *(geh.):* [hoch]erhobenen Hauptes, selbstgewiss, siegesgewiss, souverän; *(geh. abwertend):* dünkelhaft; *(abwertend):* eingebildet, selbstgefällig.

selbstgefällig ↑selbstgerecht.

selbstgerecht
anmaßend, arrogant, eigensinnig, eitel, hochmütig, starr, störrisch, überheblich, übertrieben selbstbewusst/selbstsicher, unbelehrbar, unbescheiden, uneinsichtig, von sich selbst überzeugt; *(geh.):* selbstgewiss, vermessen; *(bildungsspr.):* apodiktisch, hybrid, insolent; *(abwertend):* besserwisserisch, blasiert, eingebildet, engstirnig, rechthaberisch, selbstgefällig.

selbstlos
aufopferungsvoll, aus reiner Menschenliebe, entbehrungsreich, entgegenkommend, entsagungsvoll, groß, großmütig, [grund]gütig, gutherzig, gutmütig, herzensgut, hilfsbereit, karitativ, neidlos, opferbereit, sozial, uneigennützig; *(geh.):* barmherzig, edel[mütig], großherzig, mildtätig, nobel; *(bildungsspr.):* altruistisch.

Selbstmord
Selbstvernichtung; *(geh.):* Selbstentleibung; *(bildungsspr.):* Suizid; *(verhüll.):* Freitod.

selbstsicher
anmaßend, erfolgssicher, erfolgsverwöhnt, [form]gewandt, obenauf, selbstbewusst, selbstverliebt, siegessicher, stolz, überheblich, überlegen, von sich selbst überzeugt; *(geh.):* [hoch]erhobenen Hauptes, mit erhobenem Haupt, selbstgewiss, siegesgewiss, souverän; *(abwertend):* arrogant, eingebildet, selbstgefällig.

selbstständig
1. allein, auf eigene Faust/Verantwortung, aus eigener Kraft, eigenhändig, eigenmächtig, eigenverantwortlich, im Alleingang, in eigener Verantwortung, in Eigeninitiative/Eigenverantwortlichkeit, ohne fremde Hilfe, ohne Unterstützung, selbst[verantwortlich].
2. eigenständig, emanzipiert, erwachsen, frei, mündig, reif, selbstbestimmt, unabhängig, ungebunden; *(schweiz.):* eigenlebig.

3. autark, autonom, eigenstaatlich, selbstverwaltet, souverän, weisungsfrei.
4. freiberuflich [tätig], sein eigener Herr; *(schweiz.):* freierwerbend.

selbstsüchtig
egoistisch, egoman, eigennützig, ichbezogen, narzisstisch, selbstbesessen, selbstbezogen, selbstverliebt; *(geh.):* ichsüchtig; *(bildungsspr.):* egozentrisch; *(abwertend):* rücksichtslos.

selbstvergessen
abwesend, gedankenfern, gedankenlos, gedankenverloren, gedankenversunken, geistesabwesend, traumverloren, traumversunken, verträumt; *(geh.):* entrückt, selbstversunken, weltentrückt, weltvergessen, weltverloren; *(ugs.):* auf Wolke sieben, im Tran, weg[getreten].

[1]selbstverständlich
alltäglich, bedenkenlos, einleuchtend, folgerichtig, fraglos, gängig, gang und gäbe, gewöhnlich, konsequent, natürlich, normal, üblich, unbekümmert, ungeniert, ungezwungen, unhinterfragt, unzweifelhaft; *(ugs.):* logisch.

[2]selbstverständlich
aber gewiss, allerdings, auf jeden Fall, bedenkenlos, bedingungslos, durchaus, durch und durch, fraglos, jederzeit, natürlich, ohne Frage, ohne Weiteres, selbstredend, sicher[lich], sowieso, unbedingt, uneingeschränkt, unzweifelhaft, versteht sich [von selbst], zweifelsfrei; *(ugs.):* allemal, garantiert, klarer Fall; *(emotional):* zweifellos, zweifelsohne; *(verstärkend):* jawohl; *(bes. südd.):* freilich.

Selbstvertrauen
innere Kraft, Moral, Mut, Selbstbewusstsein, Selbstsicherheit, Sicherheit; *(geh.):* Selbstgewissheit; *(abwertend):* Dünkel.

S
sel

selig
1. a) erlöst, im Himmel/Paradies. **b)** gestorben, tot; *(geh.):* entschlafen, nicht mehr [am Leben/unter uns], verschieden, verstorben; *(verhüll.):* heimgefahren, von uns gegangen; *(geh. verhüll.):* abberufen, dahingeschieden, heimgegangen. **c)** beatifiziert, seliggesprochen.
2. begeistert, beglückt, entzückt, erfreut, freudestrahlend, freudig, froh [gestimmt], fröhlich, glücklich, glückselig, glückstrahlend, heiter, sonnig, überglücklich, voll Freude, [von Glück] erfüllt; *(geh.):* beseelt, beseligt, freudvoll, frohgemut, frohmütig, hochgestimmt, trunken; *(bildungsspr.):* enthusiasmiert, euphorisch.

selten
1. ab und an, ab und zu, ausnahmsweise, dann und wann, das ein oder andere Mal, ein paarmal, ein paar Male, fast nie, gelegentlich, hier und da, hin und wieder, im Einzelfall, kaum [einmal], mitunter, nicht häufig, nicht oft, nicht viele Male, so gut wie nie, sporadisch, von Zeit zu Zeit, wenig, wenige Male; *(österr.):* fallweise.
2. ausgefallen, außergewöhnlich, außerordentlich, besonders, einmalig, einzigartig, exquisit, hochwertig, knapp, kostbar, nicht die Regel, rar, schlecht belegt, sonderbar, ungewöhnlich, unüblich, vereinzelt; *(bildungsspr.):* exzeptionell, singulär; *(bildungsspr. veraltend):* extraordinär; *(emotional):* dünn gesät, unvergleichlich.

seltsam
abenteuerlich, absonderlich, auffallend, ausgefallen, außergewöhnlich, beachtlich, bizarr, eigenartig, eigenwillig, einzigartig, erstaunlich, exotisch, extravagant, fantastisch, grotesk, komisch, merkwürdig, närrisch, originell, schrill, sonderbar, speziell, überspannt, ungewöhnlich, ungewohnt, unüblich, [ver]wunderlich; *(geh.):* befremdlich, wundersam; *(bildungsspr.):* kurios, skurril, unkonventionell; *(ugs.):* abgedreht, paradox, schleierhaft, schrullig, verrückt; *(abwertend):* verschroben; *(oft abwertend):* eigenbrötlerisch; *(salopp):* irre; *(veraltend):* eigen; *(bildungsspr. veraltend):* extraordinär.

Seminar
1. a) Kolloquium, Kurs[us], Lehrveranstaltung, [Seminar]übung, Übungskurs. **b)** Bildungsmaßnahme, Fortbildung, Fortbildungskurs, Lehrgang, Schulungskurs, Schulungslehrgang, Weiterbildung, Weiterbildungskurs, Workshop.
2. Ausbildungsstätte, Forschungsinstitut, [Universitäts]institut.

senden
1. abschicken, absenden, auf den Weg schicken, aufgeben, befördern, einschicken, einwerfen, faxen, fortschicken, liefern, mitschicken, schicken, simsen, spedieren, übermitteln, übersenden, verschicken, wegschicken, zukommen lassen, zuleiten, zuschicken; *(bildungsspr.):* expedieren; *(EDV):* e-mailen, mailen.
2. abordnen, ausschicken, delegieren, [hin]beordern, kommandieren, überweisen, verweisen; *(geh.):* bescheiden, entsenden.

Sendung
1. Beförderung, Belieferung, Expedierung, Lieferung, Postzustellung, Transport, Versand, Zulieferung, Zustellung; *(geh.):* Überbringung.
2. a) Ausgabe, Beitrag, Fernsehsendung, Film, Folge, Radiosendung, Rundfunksendung, Serie, Show. **b)** Funkspruch, Meldung, Mitteilung, Nachricht; *(geh.):* Botschaft.

senil
1. altersschwach, gebrechlich, greisenhaft, hinfällig, vergreist, zittrig; *(fam.):* klapprig.
2. Alters-, altersbedingt.

Senior, Seniorin
1. alter Herr/Mann, alte Dame/Frau, Greis, Greisin, Pensionär, Pensionärin, Rentenempfänger, Rentenempfängerin, Rentner, Rentnerin, Ruheständler, Ruheständlerin; *(schweiz.):* Pensionierter, Pensionierte; *(südd., österr.):* Pensionist, Pensionistin; *(verhüll.):* älterer Herr/Mann, ältere Dame/Frau.
2. Ältester, Älteste, Altmeister, Altmeisterin, Grande Dame, Grand Old Man, Grand Old Lady; *(bildungsspr.):* Nestor, Nestorin.

Seniorenheim
Alten[wohn]heim, Altersheim, Seniorenresidenz; *(schweiz.):* Altersasyl.

senken
1. abwärtsbewegen, beugen, krümmen, neigen, sinken lassen, tauchen.
2. abbauen, abschwächen, begrenzen, beschränken, bremsen, dämpfen, drosseln, drücken, einschränken, entwerten, ermäßigen, erniedrigen, herabsetzen, heruntersetzen, kürzen, reduzieren, schmälern, schwächen, verbilligen, verkleinern, verkürzen, verlangsamen, vermindern, verringern; *(geh.):* mindern; *(bildungsspr.):* dezimieren, restringieren.

senkrecht
lotrecht, vertikal.

Sensation
1. a) Attraktion, Clou, Gipfel[punkt], Glanznummer, Glanzpunkt, Hauptattraktion, Krönung; *(ugs.):* Knüller; *(Jargon):* Highlight. **b)** Aufsehen, Furore, Skandal, Stadtgespräch.
2. [Reiz]empfindung.

sensationell
auffallend, aufmerksamkeiterregend, aufsehenerregend, außerordentlich, beeindruckend, eindrucksvoll, eklatant, epochemachend, erstaunlich, großartig, imposant, sagenhaft, skandalös, spektakulär; *(bildungsspr.):* exzeptionell; *(ugs.):* irrsinnig, klasse, super, toll.

sensibel
1. einfühlsam, empfindsam, feinfühlig, feinsinnig, rücksichtsvoll, taktvoll, unaufdringlich, verhalten, zartbesaitet, zartfühlend, zurückhaltend; *(bildungsspr.):* diskret, sensitiv, subtil.
2. schmerzempfindlich.
3. heikel, kitzlig, knifflig; *(bildungsspr.):* delikat, diffizil, prekär.

sentimental
gefühlsbetont, gefühlsselig, gefühlvoll; *(geh.):* beseelt, gefühlerfüllt, seelenvoll; *(bildungsspr.):* trivial; *(oft abwertend):* rührselig, tränenselig.

separat
extra, für sich, gesondert, geteilt, getrennt, isoliert, nicht berücksichtigt, nicht eingeschlossen, nicht inbegriffen, unverbunden.

Sequenz
Abfolge, Ablauf, Aufeinanderfolge, Chronologie, Folge, Kreislauf, Nacheinander, Ordnung, Prozess, Reihenfolge, Turnus, Verlauf, Vorgang, Zyklus; *(geh.):* Geschehen.

Serie
[Aufeinander]folge, Garnitur, Gruppe, Jahrgang, Kette, Reihe, Satz, Set, Versuchsreihe.

seriös
1. a) anständig, einwandfrei, fair, gediegen, gentlemanlike, gesittet, kavaliersmäßig, manierlich, ordentlich, solide, tadellos, tugendhaft, untadelig. **b)** feierlich, festlich, gemessen, hochoffiziell, majestätisch, würdig; *(geh.):* andachtsvoll, hoheitsvoll, weihevoll; *(bildungsspr.):* gravitätisch, solenn, zeremoniös.
2. beglaubigt, echt, fundiert, gesichert, glaubwürdig, hieb- und stichfest, unstrittig, verlässlich, vertrauenswürdig; *(geh.):* wahrhaftig; *(bildungsspr.):* authentisch, reliabel.
3. aufrichtig, echt, ehrlich, ernst gemeint, ernsthaft; *(geh.):* aus tiefstem Herzen, lauter, wahr.

Service
a) Bedienung, Betreuung, Bewirtung, Verpflegung; *(österr.):* Servicierung. **b)** Kundenberatung, Kundendienst, Kundentelefon, Serviceangebot, Servicebüro, Serviceleistung.

servieren
anbieten, auftischen, reichen, vorsetzen; *(österr.):* servicieren; *(geh.):* aufwarten, darreichen, kredenzen; *(bildungsspr.):* präsentieren.

Serviererin
Bedienung, Kellnerin; *(schweiz.):* Saaltochter, Serviertochter; *(veraltend):* Serviermädchen.

Sessel
Armsessel, Hochlehner, Ohrensessel, Polstersessel, Sitzplatz; *(österr.):* Fauteuil.

sesshaft
[alt]ansässig, alteingesessen, beheimatet, bodenständig, einheimisch, [fest] verwachsen, [fest] verwurzelt, heimatverbunden, heimatverwurzelt, heimisch, niedergelassen, ortsansässig, wohnhaft, zu Hause; *(geh., dichter.):* behaust; *(Fachspr.):* autochthon, indigen.

Set
1. Garnitur, Gruppe, Reihe, Serie.
2. Bühnenausstattung, Bühnenbild, [Bühnen]dekoration, Dekor, [Film]kulisse.

setzen
1. aufstellen, einen Platz zuweisen, [hin]legen, platzieren, postieren; *(ugs.):* hintun.
2. eine Wette abschließen, wetten; *(ugs.):* tippen.

setzen, sich
1. sich hinsetzen, sich niederlassen, seinen Sitz einnehmen; *(ugs.):* sich hinhocken, sich [hin]pflanzen; *(geh.):* Platz nehmen; *(österr.):* sich niedersetzen; *(südd.):* sich hocken.
2. sich ablagern, sich absetzen, sich ansammeln, sich einlagern, sich niederschlagen.

Seuche
ansteckende Krankheit, Epidemie, Infektionskrankheit, Massenerkrankung, Pandemie.

seufzen
ächzen, aufseufzen, einen Seufzer ausstoßen, jammern, stöhnen.

Sex
1. Akt, geschlechtliche Vereinigung, Geschlechtsakt, Geschlechtsverkehr, Koitus, Kopulation, Sexualverkehr; *(geh.):* Liebesakt; *(bildungsspr.):* Kohabitation; *(verhüll.):* [Intim]verkehr, Schäferstündchen.
2. *(Sprachwiss.):* Genus, Geschlecht, Sexus.

Sexualität ↑Sex.

sexuell
geschlechtlich, körperlich, sexual, sinnlich; *(geh.):* fleischlich; *(verhüll.):* erotisch, intim.

sexy
attraktiv, aufregend, aufreizend, erotisch, erotisierend, fesselnd, hübsch, mit Sex-Appeal, reizend, sinnlich, verführerisch; *(geh.):* berückend, faunisch; *(bildungsspr.):* lasziv, voluptuös.

Show
Aufführung, Bühnenstück, Darbietung, Revue, Varieté, Vorstellung; *(Jargon):* Event.

sich
einander, eine die andere, einer den anderen, sich gegenseitig, untereinander.

[1]sicher ↗
1. a) bedenkenlos, gefahrlos, harmlos, ohne Gefahr, risikofrei, risikolos, unbedenklich, ungefährlich, unschädlich. **b)** behütet, beschützt, geborgen, gerettet, geschützt, gut aufgehoben; *(geh.):* beschirmt, wohlbehütet.
2. amtlich, beglaubigt, dokumentiert, echt, erwiesen, fundiert, gesichert, glaubhaft, glaubwürdig, hieb- und stichfest, offiziell, seriös, solide, stichhaltig, unstrittig, unumstritten, unwiderlegbar, unzweifelhaft, verlässlich, wahr, zuverlässig, zweifelsfrei, zwingend; *(geh.):* wahrhaftig; *(bildungsspr.):* authentisch, reliabel.
3. befähigt, beschlagen, bewährt, erfahren, erprobt, fähig, fehlerfrei, fit, geschickt, geübt, gewandt, gut, kompetent, kundig, professionell, sattelfest, zuverlässig; *(bildungsspr.):* qualifiziert, routiniert, versiert; *(veraltend):* firm.
4. selbstbewusst, selbstsicher; *(geh.):* selbstgewiss.

[2]sicher
a) ↑sicherlich. **b)** auf jeden Fall, außer Zweifel, bestimmt, fraglos, gewiss, hundertprozentig, mit Sicherheit, ohne Frage/Zweifel, unbestreitbar, unbestritten, unbezweifelbar, unstreitig, unzweifelhaft, zweifelsfrei; *(bes. südd.):* freilich; *(emotional):* zweifellos, zweifelsohne.

Sicherheit
1. Abschirmung, Behütetheit, Geborgenheit, Schutz; *(geh.):* Obhut; *(bildungsspr.):* Sekurität.
2. Bestimmtheit, Gewissenhaftigkeit, Gewissheit, Glaubwürdigkeit, Klarheit, Stichhaltigkeit, Unwiderlegbarkeit, Unwiderleglichkeit, Verlässlichkeit, Wahrheit, Zuverlässigkeit.
3. Geschick, Geschicktheit, Geschliffenheit, Gewandtheit, Routine, Selbstbewusstsein, Selbstvertrauen, sicheres Auftreten, Stolz, Weltgewandtheit, Wendigkeit; *(geh.):* Weltläufigkeit.

sicherlich
aller Voraussicht/Wahrscheinlichkeit nach, bestimmt, [ganz] gewiss, höchstwahrscheinlich, mit größter Wahrscheinlichkeit, natürlich, ohne Frage/Zweifel, sicher, vermutlich, voraussichtlich, wahrscheinlich, wohl.

sichern
1. a) abschirmen, aufpassen, behüten, beschützen, bewachen, bewahren, in Schutz nehmen, schützen, Schutz gewähren, seine [schützende] Hand über jmdn. halten, Sicherheitsvorkehrungen treffen, verteidigen; *(geh.):* beschirmen; *(bildungsspr.):* protegieren. **b)** ↑sicherstellen (2).
2. ↑sicherstellen (1).

sicher sein
außer Zweifel stehen, festliegen, feststehen, gelten, keinem Zweifel unterliegen; *(österr.):* fix sein; *(bildungsspr.):* definitiv sein.

BSP Es steht außer Zweifel, dass …

sicherstellen
1. an sich nehmen, beschlagnahmen, einziehen, in Gewahrsam bringen/nehmen, in Verwahrung bringen/nehmen, pfänden, sichern.
2. Brief und Siegel geben, bürgen, die Garantie übernehmen, die Hand darauf geben, einstehen, eintreten, garantieren, geradestehen, gewährleisten, haften, sichern, sich verbürgen, versichern; *(bildungsspr.):* protegieren.

Sicherung
a) Absicherung, Erhaltung, Festigung, Fundierung, Pflege, Schutz, Stabilisierung, Wahrung; *(bildungsspr.):* Substanziierung, Zementierung; *(bildungsspr., Fachspr.):* Konsolidierung.
b) Bürgschaft, Faustpfand, Kaution, Pfand, Sicherheitsleistung; *(österr.):* Versatzstück.

Sicht
1. Ausblick, Aussicht, Fernblick, Fernsicht, Panorama[blick], Rundblick, Weitblick.
2. Anschauung, Anschauungsweise, Betrachtungsweise, Blickwinkel, Gesichtspunkt, Meinung, Sehweise, Standpunkt; *(bildungsspr.):* Aspekt, Perspektive.

sichtbar
auffallend, augenfällig, augenscheinlich, ausgeprägt, eklatant, erkennbar, ersichtlich, greifbar, handfest, [klar] ersichtlich, markant, merkbar, mit Händen zu greifen, nicht zu übersehen, offenkundig, offensichtlich, spürbar, unverhohlen, unverkennbar; *(bildungsspr.):* evident, flagrant, manifest; *(ugs.):* auf der Hand liegend; *(bildungsspr. veraltend):* notorisch, ostensiv.

sichten
1. ausmachen, bemerken, entdecken, erkennen, registrieren, wahrnehmen; *(geh.):* ansichtig werden, erblicken, erspähen, gewahren.
2. durchgehen, durchsehen, inspizieren, kontrollieren, mustern, ordnen, prüfen, sortieren; *(geh.):* in Augenschein nehmen; *(ugs.):* auf den Zahn fühlen, filzen, unter die Lupe nehmen.

sichtlich
deutlich, erkennbar, [klar] ersichtlich, merklich, nicht zu übersehen, offenkundig, offensichtlich, sichtbar, spürbar, unübersehbar, unverhohlen, unverkennbar.

sieben
auskämmen, auslesen, ausmustern, aussortieren, aussuchen, auswählen, eine Auswahl/Wahl treffen, herausfiltern, herausgreifen, heraussuchen, [ver]lesen, wählen; *(geh.):* die Spreu vom Weizen trennen; *(bildungsspr.):* selektieren.

siedeln
ansässig werden, sich ansiedeln, eine Siedlung gründen, sich etablieren, heimisch werden, sich niederlassen, sesshaft werden.

sieden
Blasen werfen, brodeln, köcheln, kochen, simmern, sprudeln, wallen; *(ugs.):* blubbern.

Siedlung
Ansiedlung, Dorf, Gehöft, Gemeinde, Kolonie, Niederlassung, Ort[schaft], Stadtteil, Weiler.

Sieg
Anerkennung, Durchbruch, Erfolg, Errungenschaft, Gewinn, [großer] Wurf, Triumph; *(bildungsspr.):* Fortune.

siegen
als Sieger/-in hervorgehen, bezwingen, die Oberhand bekommen/erhalten/gewinnen, sich durchsetzen, Erste[r] sein, für sich entscheiden, gewinnen, schlagen, triumphieren, überlegen sein, zu seinen Gunsten entscheiden; *(geh.):* den Sieg davontragen.

Sieger, Siegerin
Bester, Beste, Erster, Erste, [Haupt]gewinner, [Haupt]gewinnerin, Matador, Matadorin, Preisträger, Preisträgerin, Rekordhalter, Rekordhalterin, Spitzenreiter, Spitzenreiterin, Superstar, Winner, Winnerin; *(ugs.):* Ass, Kanone; *(Sport):* Champion, Crack, Meister, Meisterin.

Signal
1. Anhalt, Anhaltspunkt, Anzeichen, Erkennungszeichen, Fingerzeig, Hinweis[zeichen], Kennzeichen, Merkmal, Symbol, Zeichen; *(bildungsspr.):* Indiz; *(Fachspr.):* Indikator.
2. Verkehrsschild, Verkehrszeichen.

signalisieren
1. andeuten, anklingen/durchblicken lassen, anzeigen, durch die Blume sagen, erkennen lassen, hindeuten, hinweisen, zu verstehen geben; *(österr., schweiz.):* antönen; *(geh.):* bedeuten.
2. ausschildern, kennzeichnen, markieren.

Signatur
Autogramm, Namenszeichen, Namenszug, Unterschrift; *(bildungsspr.):* Paraphe, Signum.

signieren
abzeichnen, gegenzeichnen, quittieren, seinen Namen/seine Unterschrift/sein Zeichen setzen, unterschreiben, unterzeichnen; *(österr.):* saldieren; *(bildungsspr.):* paraphieren.

signifikant
a) bedeutend, bemerkenswert, beträchtlich, deutlich, erheblich, erkennbar, gehörig, sichtbar, wesentlich, wichtig; *(bildungsspr.):* essenziell, relevant, substanziell. **b)** bezeichnend, charakteristisch, eigen[tümlich], kennzeichnend, spezifisch, typisch, unverkennbar, unverwechselbar; *(bildungsspr.):* symptomatisch.

Silhouette
Kontur, Linie, Profil, Schatten[bild], Schattenriss, Schemen, Skyline, Umriss[linie].

simpel
1. anspruchslos, einfach, harmlos, leicht, primitiv, unkompliziert; *(ugs.):* easy.
2. alltäglich, anspruchslos, bescheiden, gewöhnlich, karg, kärglich, kümmerlich, kunstlos, normal, nüchtern, ordinär, primitiv, schlicht,

schmucklos; *(bildungsspr.):* banal, profan, trivial; *(abwertend):* dürftig, läppisch.

simulieren

[er]heucheln, lügen; so tun, als ob; spielen, vorgaukeln, vorgeben, vormachen, vorspiegeln, vorspielen, vortäuschen; *(geh.):* gaukeln; *(bildungsspr.):* fingieren; *(ugs.):* faken, markieren.

simultan

gemeinsam, gleichlaufend, gleichzeitig, im selben Augenblick/Moment, just in time, zeitgleich, zugleich, zur gleichen/selben Zeit, zusammen[treffend]; *(Fachspr.):* synchron.

singen

1. a) ansingen, belcantieren, besingen, brummen, sich einsingen, jodeln, krähen, mitsingen, psalmodieren, schmettern, summen, trällern, vorsingen. b) pfeifen, piepen, piepsen, tirilieren, trillern, tschilpen, zwitschern; *(bes. nordd.):* quinkelieren, quirilieren.

2. ausplaudern, hinterbringen, nicht dichthalten, plaudern, verraten; *(österr.):* [aus]plauschen; *(geh.):* preisgeben; *(ugs.):* auspacken.

Single

Alleinstehender, Alleinstehende, Junggeselle, Junggesellin, Lediger, Ledige, Unverheirateter, Unverheiratete; *(ugs. scherzh.):* Einspänner.

singulär

1. alleinig, ausschließlich, einzeln, exklusiv, extra, selten, speziell, sporadisch, vereinzelt.

2. außergewöhnlich, beispiellos, einmalig, einzig[artig], ohne Beispiel, ohnegleichen; *(bildungsspr.):* exzeptionell; *(emotional):* unvergleichlich; *(emotional verstärkend):* sondergleichen; *(bildungsspr. veraltend):* extraordinär.

sinken

1. absinken, hinuntersinken, kentern, niedersinken, sacken, umfallen, umkippen, umschlagen, untergehen, untersinken, versinken; *(geh.):* herabsinken, hinabsinken; *(ugs.):* absacken.

2. abgleiten, abklingen, abnehmen, sich abschwächen, abschwellen, abwärtsgehen, fallen, nachlassen, sich vermindern, sich verringern, sich zurückbilden, zurückfallen, zurückgehen.

Sinn

1. Instinkt, Wahrnehmungsfähigkeit, Wahrnehmungsvermögen; *(geh.):* Empfindungsvermögen.

2. Affinität, Empfinden, [Fein]gefühl, Geschmack, Verständnis; *(bildungsspr.):* Sentiment; *(ugs.):* Antenne, Riecher, Sensus.

3. Bedeutung, Inhalt, [Sinn]gehalt, Tenor.

4. Nutzen, Wert, Ziel, Zweck.

Sinnbild

Bild[symbol], Bildzeichen, Emblem, Symbol, Zeichen; *(bildungsspr.):* Inkarnation, Personifikation, Personifizierung, Signum; *(bild. Kunst, Dichtkunst):* Allegorie; *(Stilkunde):* Metapher.

sinnen

1. [sich] bedenken, denken, durchdenken, sich Gedanken machen, grübeln, nachdenken, nachgrübeln, seinen Gedanken nachhängen, sinnieren, überdenken, überlegen, Überlegungen anstellen, sich versenken, sich vertiefen; *(schweiz.):* hirnen; *(geh.):* nachsinnen; *(bildungsspr.):* reflektieren, Reflexionen anstellen.

2. abzielen, anlegen, ansteuern, anvisieren, anzielen, ausgehen von, aus sein auf, beabsichtigen, bezwecken, es abgesehen haben, gerichtet sein, hinsteuern, hinzielen, streben, vorhaben, wollen, zielen, zum Ziel haben; *(geh.):* anstreben, erstreben, trachten, zu erlangen/zu erreichen suchen; *(bildungsspr.):* intendieren.

sinngemäß

dem Sinn nach, frei, nicht wortwörtlich, sinnentsprechend; *(bildungsspr.):* analog.

sinnieren ↑sinnen (1).

sinnlich

a) mit den Sinnen, sensuell, sinnenhaft. b) fühlbar, hörbar, riechbar, sichtbar, tastbar, wahrnehmbar.

sinnlos ⚡

1. aussichtslos, erfolglos, ergebnislos, fruchtlos, nutzlos, ohne Erfolg/Nutzen, ohne Sinn und Zweck, sinnentleert, überflüssig, umsonst, unfruchtbar, unnütz, vergebens, vergeblich, verlorene Liebesmüh, wertlos, wirkungslos, zu nichts nütze, zwecklos; *(geh.):* unersprießlich.

2. blind, grenzenlos, heftig, hemmungslos, maßlos, ohne jedes Maß, stark, übermäßig, übertrieben, überzogen, unmäßig, wild; *(geh.):* über alle Maßen, über die Maßen; *(bildungsspr.):* exzesshaft, exzessiv; *(emotional):* gewaltig.

Sinnspruch

Ausspruch, Denkspruch, [geflügeltes] Wort, Lebensweisheit, Merkspruch, Zitat; *(bildungsspr.):* Aperçu, Aphorismus, Apophthegma, Diktum, Sentenz; *(Literaturwiss.):* Gnome.

sinnverwandt

bedeutungsähnlich, bedeutungsgleich, bedeutungsverwandt, gleichbedeutend, sinnähnlich, sinngleich; *(Sprachwiss.):* homosem, synonym.

sinnvoll

1. ausgefeilt, ausgeklügelt, ausgereift, clever, fundiert, klug, sinnreich, vernünftig, [wohl]bedacht, [wohl]überlegt, zweckmäßig; *(geh.):* wohlerwogen; *(bildungsspr.):* substanziiert.

2. ausfüllend, befriedigend, erfüllend, erfüllt; *(geh.):* sinnhaft, sinnhaltig.

Sippe
a) Clan, Stamm, Stammesverband. **b)** Angehörige, Anhang, Familie, Familienangehörige, Familienkreis, Familienmitglieder, Geschlecht, Haus, Stamm, Verwandtschaft; *(bildungsspr.):* Dynastie; *(Soziol.):* Familienverband, Großfamilie.

Sitte
1. Brauch, Brauchtum, Einrichtung, [feste] Gewohnheit, Gebräuche, Ritual, Ritus, Tradition, Überlieferung, Usus; *(geh.):* Gepflogenheit.
2. Anstand, Moral, Sittlichkeit, Werte; *(geh.):* Schicklichkeit; *(veraltend):* Dehors.
3. Sittendezernat.

Sitten
Benehmen, Betragen, Erziehung, Gebaren, Kinderstube, Manieren, Umgangsformen; *(geh.):* Gebarung; *(ugs.):* Benimm.

sittlich
anständig, moralisch, tugendhaft, unbescholten, untadelig; *(oft abwertend):* puritanisch.

sittsam
anständig, artig, bescheiden, brav, gesittet, manierlich, sittlich, tugendhaft, zurückhaltend; *(geh.):* schicklich, wohlerzogen.

Situation
Gegebenheit, [Gesamt]lage, Position, Sachlage, Stand [der Dinge], Umstände, Verhältnisse; *(bildungsspr.):* Konstellation, Status.

Sitz
1. Platz, Sitzgelegenheit, Sitzplatz, Stuhl.
2. Abgeordnetenmandat, Abgeordnetensitz, Parlamentssitz.
3. Amtssitz, Regierungssitz, Residenz, Verwaltungssitz.

sitzen ⌿
1. kauern, thronen; *(südd., schweiz.):* hocken.
2. a) angesiedelt/ansässig sein, sich befinden, beheimatet sein; *(bildungsspr.):* residieren. **b)** absitzen, im Gefängnis sein, in Haft/inhaftiert sein, sich in Haft befinden; *(ugs.):* abbrummen, brummen, hinter Gittern/Schloss und Riegel sitzen, Tüten drehen/kleben; *(ugs. scherzh.):* gesiebte Luft atmen, hinter schwedischen Gardinen sitzen.
3. jmds. Größe sein, passen.

sitzen bleiben
das Klassenziel nicht erreichen, nicht versetzt werden; *(südd.):* hocken bleiben.

sitzen lassen
alleinlassen, im Stich lassen, Schluss machen, seinem Schicksal überlassen, verlassen, versetzen; *(ugs.):* den Laufpass geben, hängen lassen.

Sitzung
Beratung, Besprechung, Konferenz, Treffen, Unterredung, Verhandlung, Versammlung, Zusammenkunft; *(bildungsspr.):* Meeting.

Skandal
Affäre, Ärgernis, Aufregung, Aufsehen, Blamage, Eklat, Furore, Knall, Schande, Sensation, Stadtgespräch, Überraschung, Verwunderung, Wirbel; *(geh.):* Schimpf, Schmählichkeit; *(bildungsspr.):* Desavouierung, Skandalon.

skandalös
aufsehenerregend, ein Skandal, eklatant, empörend, haarsträubend, [himmel]schreiend, schlagzeilenträchtig, sensationell, skandalträchtig, spektakulär, unfassbar, unfasslich, unglaublich; *(abwertend):* hanebüchen, mit viel Geräusch, unerhört, ungeheuerlich.

Skelett
1. Gerippe, Knochengerüst; *(geh.):* Gebeine.
2. Baugerüst, [Eisen]gerüst.

Skepsis
Bedenken, Einwand, Misstrauen, Reserve, Skrupel, Vorbehalt, Zurückhaltung, Zweifel; *(geh.):* Argwohn.

skeptisch
kritisch, Misstrauen hegend, misstrauisch, ungläubig, unsicher, voller Bedenken/Misstrauen/Zweifel, zurückhaltend, zweifelnd, zweiflerisch; *(geh.):* argwöhnisch, voll Argwohn.

Skizze
1. [Umriss]zeichnung.
2. Entwurf, Exposé, Konzept, Muster, Plan, Rohentwurf, Skizzierung, Studie, Überblick, Übersicht; *(schweiz.):* Sudel; *(bildungsspr.):* Konzeption, Konzeptualisierung.

skizzieren
1. wiedergeben, zeichnen.
2. a) andeuten, anklingen lassen, anreißen, berühren, einflechten, einfließen lassen, erwähnen, streifen, umreißen; *(bildungsspr.):* konturieren; *(ugs.):* antippen. **b)** ausklügeln, ein Konzept machen, entwerfen, entwickeln, ins Unreine schreiben, konzipieren, planen; *(bildungsspr.):* konzeptualisieren, projektieren.

Skrupel
Einwand, Gewissensbisse, Gewissenslast, Gewissensqual, moralische Bedenken, schlechtes Gewissen, Skepsis, Vorbehalt, Zweifel.

skrupellos
bedenkenlos, bösartig, böse, brutal, erbarmungslos, gefühllos, gemein, gewissenlos, gnadenlos, grausam, hemmungslos, herzlos, mitleidlos, niederträchtig, schamlos, unbarmherzig, unmenschlich, verbrecherisch; *(geh.):*

frevelhaft, perfide, ruchlos, schändlich, übel, verachtenswert, verwerflich; *(abwertend):* infam, rücksichtslos, schuftig, schurkisch.

Skulptur
Büste, Figur, Plastik, Standbild, Statue; *(geh.):* Bildwerk.

skurril
absonderlich, ausgefallen, bizarr, eigenartig, extravagant, kapriziös, kauzig, merkwürdig, originell, seltsam, sonderbar, spektakulär, spleenig, überspannt; *(geh.):* befremdlich; *(bildungsspr.):* exzentrisch, exzeptionell, kurios, unkonventionell; *(ugs.):* überdreht, verrückt, wunderlich.

Slang
Argot, [Fach]jargon; *(Sprachwiss.):* Gruppensprache, Soziolekt, Umgangssprache.

smart
1. alert, ausgefuchst, clever, einfallsreich, findig, gewandt, gewitzt, klug, listig, pfiffig, raffiniert, schlau, [taktisch] geschickt, trickreich, wendig; *(österr.):* gefinkelt; *(geh.):* fintenreich; *(abwertend):* durchtrieben, geschäftstüchtig.
2. apart, chic, elegant, exquisit, fein, gepflegt, geschmackvoll, gesittet, kultiviert, mondän, stilvoll, vornehm, zivilisiert; *(bildungsspr.):* exklusiv; *(bildungsspr. veraltend):* soigniert.

Smog
Dampf, Diesigkeit, Dunst[glocke], Qualm, [Rauch]schwaden; *(nordd.):* Schmok, Schwalk.

sobald
[gleich] wenn; in dem Augenblick/Moment, da; sofort, wenn; sowie.

Sockel
Fundament, Fuß, Unterbau; *(schweiz.):* Fundation; *(bildungsspr.):* Postament.

soeben
a) augenblicklich, derzeit[ig], eben, gegenwärtig, gerade, in diesem Augenblick/Moment, jetzt, momentan, zur Stunde, zurzeit. **b)** gerade [eben], kurz/unmittelbar vorher, vor einem Augenblick.

sofort
auf Anhieb, auf dem schnellsten Weg, auf der Stelle, augenblicklich, eilends, flugs, geradewegs; gesagt, getan; im Nu, postwendend, prompt, schleunigst, schnellstens, sofortig, sogleich, unmittelbar, unverzüglich; *(geh.):* schleunig; *(veraltend):* alsbald, augenblicks.

Sog
a) Drift, Mahlstrom, Strudel, Wirbel. **b)** Luftstrom, Windlast.

sogar
1. auch, bereits, obendrein, selbst, überdies.
2. geradezu, ja, man kann sogar sagen, mehr noch, um nicht zu sagen.

Sohn
Erbe, Kind, Nachkomme; *(geh.):* Nachfahre, sein/ihr eigen[es] Fleisch und Blut, Spross; *(oft scherzh.):* Junior; *(bildungsspr. scherzh.):* Filius.

solange
in der Zwischenzeit, inzwischen, mittlerweile, unterdessen, währenddessen, zwischendurch; *(geh.):* derweil, einstweilen; *(bildungsspr.):* ad interim; *(ugs.):* zwischendrin, zwischenrein.

Soldat, Soldatin
Armeeangehöriger, Armeeangehörige, Kämpfer, Kämpferin, Legionär, Legionärin, Wehrdienstleistender, Wehrdienstleistende; *(schweiz.):* Wehrmann; *(geh.):* Feldgrauer; *(ugs.):* Blauhelm.

solidarisch
einmütig, einträchtig, gemeinsam, gemeinschaftlich, geschlossen, Hand in Hand, im Team, kameradschaftlich, kollegial, konform, kooperativ, miteinander, partnerschaftlich, Schulter an Schulter, übereinstimmend, verbunden, verbündet, vereinigt, zusammenhaltend, zusammenstehend; *(geh.):* geeint, im Einklang, vereint; *(bildungsspr.):* unanim.

solidarisieren, sich
den Rücken stärken/steifen, die Stange halten, sich einsetzen, einstehen, eintreten für, halten zu, sich organisieren, Partei ergreifen/nehmen, stehen zu, Stellung beziehen/nehmen, unterstützen, sich zusammenschließen, sich zusammentun; *(geh.):* dienen, sich verwenden.

solide
1. fest, gediegen, haltbar, langlebig, massiv, qualitätvoll, robust, sorgfältig gearbeitet, stabil, stark, strapazierfähig, unempfindlich, unverwüstlich, vom alten Schlag, wertbeständig; *(schweiz.):* währschaft; *(bildungsspr.):* durabel.
2. eindringlich, eingehend, gewissenhaft, gründlich, gut fundiert, in allen Einzelheiten, in aller Ausführlichkeit, sorgfältig, tief[schürfend], umfassend; *(geh.):* sorgsam; *(bildungsspr.):* akribisch, differenziert, präzise, profund; *(südd., österr., schweiz.):* einlässlich.
3. anständig, aufrecht, aufrichtig, ehrenhaft, grundanständig, grundsolide, gut, hochanständig, nett, ordentlich, redlich, seriös; *(schweiz.):* recht; *(geh.):* ehrbar, ehrenwert, honett, lauter; *(veraltend):* brav, ehrlich, rechtschaffen.

Soll
1. Aufwendungen, Ausgaben.
2. Sollseite.
3. [Leistungs]norm, Maßstab, Plansoll, Planziel, Richtschnur.

sollen
a) beauftragt sein, den Auftrag/die Pflicht haben, müssen, verpflichtet sein; *(geh.):* auferlegt sein, gehalten sein, obliegen. **b)** mögen, wollen, zugestanden bekommen. **c)** gewährt werden, vergönnt sein; *(geh.):* jmdm. beschieden sein.

solo
1. allein, als Solist, als Solistin.
2. alleinstehend, ehelos, ledig, nicht gebunden, ohne feste Bindung, ohne Frau/Partnerin, ohne Mann/Partner, single, unverheiratet.

somit
aufgrund dessen, aus diesem Grund, dadurch, damit, danach, dementsprechend, demgemäß, demnach, demzufolge, deshalb, deswegen, ebendarum, ebendeswegen, entsprechend, folglich, infolgedessen, insoweit, mithin, so; *(österr.):* sohin; *(bildungsspr.):* ergo.

Sommer
die warme/heiße Jahreszeit.

sommerlich
a) glühend, [glut]heiß, heiter, [hoch]sommerlich, schön, sonnig, tropisch, warm, wie im Sommer, wolkenlos. **b)** dünn, fein, leicht, luftdurchlässig, luftig, sachte, sanft, zart.

sonderbar
abseitig, absonderlich, ausgefallen, außergewöhnlich, besonders, bizarr, eigenartig, eigentümlich, erstaunlich, exotisch, extravagant, kauzig, merkwürdig, originell, seltsam, spleenig, [ver]wunderlich; *(geh.):* befremdlich, wundersam; *(bildungsspr.):* barock, kurios, skurril, unkonventionell; *(ugs.):* schrullig, verrückt; *(abwertend):* verschroben; *(oft abwertend):* eigenbrötlerisch; *(salopp):* irre; *(veraltend):* eigen; *(bildungsspr. veraltend):* extraordinär, spinös.

Sonderfall
Abweichung, Ausnahme[erscheinung], Besonderheit, Einzelerscheinung, Einzelfall, Extremfall, Unikum; *(österr.):* Ausnahmsfall.

sonderlich
1. a) außergewöhnlich, beachtenswert, bemerkenswert, besonders, erwähnenswert, groß, großartig, intensiv, nennenswert, speziell, stark, wesentlich; *(bildungsspr.):* signifikant. **b)** ↑sehr.
2. ↑sonderbar.

sondern
aber, dagegen, doch, hingegen, im Gegenteil, jedoch, nur, vielmehr; *(geh.):* dahingegen.

sondieren
abchecken, auskundschaften, ausspähen, begutachten, beobachten, Beobachtungen machen, betrachten, erforschen, ergründen, erkunden, ermitteln, in Erfahrung bringen, inspizieren, prüfen, recherchieren, testen, überprüfen, untersuchen, sich vergewissern, vorfühlen; *(österr.):* stellig machen; *(bes. österr., schweiz.):* eruieren; *(geh.):* in Augenschein nehmen, nachspüren; *(ugs.):* abklopfen, auf den Zahn fühlen.

sonnen, sich
genießen, sich suhlen; *(geh.):* auskosten, sich erbauen, sich ergötzen, schwelgen, sich weiden.

sonnenklar
1. ↑sonnig (1).
2. augenfällig, augenscheinlich, eindeutig, entschieden, erwiesen, greifbar, handfest, klar, offen, offenkundig, offensichtlich, ohne Zweifel, unbestreitbar, unbezweifelbar, unmissverständlich, unstreitig, unverkennbar, unzweideutig, zweifellos, zweifelsohne; *(bildungsspr.):* evident, flagrant, luzid, manifest.

sonnig
1. aufgeheitert, freundlich, heiter, klar, nicht trübe, schön, wolkenlos.
2. einnehmend, freundlich, fröhlich, glücklich, gut aufgelegt/gelaunt, heiter, herzlich, munter, sympathisch, unbeschwert, vergnügt, warm, warmherzig; *(geh.):* frohgemut, frohmütig.

sonst ≁
1. [für] gewöhnlich, im Allgemeinen, in der/in aller Regel, in vergleichbaren Fällen, meist[ens], normalerweise, üblicherweise; *(ugs.):* normal.
2. abgesehen davon, außerdem, daneben, dann, darüber hinaus, dazu, des Weiteren, ferner[hin], hinzu, im Übrigen, obendrein, überdies, weiter[hin], zusätzlich; *(geh.):* zudem.
3. alternativ, andernfalls, im anderen Fall; *(österr., schweiz.):* ansonst; *(ugs.):* anders.

sonstig
a) andere, anderweitig, nächste, übrig, vorübergehende, weitere, zusätzlich. **b)** abweichend, anders[artig], andersgeartet, davon verschieden, dazu unterschiedlich.

Sorge
1. Angst[gefühl], Bangigkeit, Befürchtung, Besorgnis, Beunruhigung, Furcht, Unruhe; *(geh.):* Argwohn, Bangnis, Bekümmernis.
2. Bemutterung, Betreuung, Fürsorge, Fürsorglichkeit, Hilfe, Pflege, Schutz, Versorgung; *(geh.):* Obhut; *(veraltend):* Wartung.

sorgen
a) sich annehmen, bemuttern, besorgt sein, betreuen, sich engagieren, sich kümmern, [nach dem Rechten] sehen, pflegen, schützen, umsorgen, versorgen, sich widmen; *(schweiz.):* schauen; *(geh.):* Pflege angedeihen lassen, umhegen. **b)** auslösen, bewirken, entfesseln, entstehen lassen, erregen, erwecken, erzeugen, he-

raufbeschwören, herbeiführen, hervorrufen, mit sich bringen, nach sich ziehen, säen, schaffen, verursachen, wachrufen, zur Folge haben; *(geh.)*: anfachen, entfachen, entflammen; *(bildungsspr.)*: effizieren, evozieren, provozieren.

sorgen, sich
Angst haben, sich ängstigen, bedrückt/bekümmert/besorgt sein, sich beunruhigen, [sich] fürchten, sich Gedanken/Sorgen machen, in Angst/Sorge/Unruhe sein, schwernehmen, unruhig sein, zittern; *(geh.)*: bangen, sich grämen.

Sorgfalt
a) Akkuratesse, Detailtreue, Exaktheit, Genauigkeit, Gewissenhaftigkeit, Gründlichkeit, Korrektheit, Sorgfältigkeit, Verlässlichkeit, Zuverlässigkeit; *(geh.)*: Sorgsamkeit; *(bildungsspr.)*: Akribie, Detailliertheit, Penibilität, Profundität; *(ugs.)*: Pingeligkeit; *(abwertend)*: Pedanterie.
b) Achtung, Behutsamkeit, Besonnenheit, Fingerspitzengefühl, Geduld, Respekt, Rücksicht[nahme], Umsicht, Vorsicht, Zartgefühl; *(geh.)*: Achtsamkeit, Bedacht[samkeit]; *(bildungsspr.)*: Sensibilität; *(südd.)*: Obacht.

sorgfältig
a) akkurat, ausführlich, bis ins Einzelne, eingehend, exakt, fundiert, [ganz] genau, gewissenhaft, gründlich, gut, intensiv, korrekt, liebevoll, mit Liebe/Mühe/Sorgfalt, solide, verlässlich, zuverlässig; *(geh.)*: sorgsam; *(bildungsspr.)*: akribisch, bis ins kleinste Detail, detailliert, differenziert, in allen Details, minutiös, penibel, präzise, profund; *(abwertend)*: pedantisch. **b)** aufmerksam, bedächtig, behutsam, besonnen, geduldig, mit Bedacht, pfleglich, respektvoll, rücksichtsvoll, sachte, sanft, schonend, schonungsvoll, sensibel, überlegt, umsichtig, vorsichtig, zart; *(geh.)*: achtsam, bedachtsam.

sorglos
a) achtlos, fahrlässig, gedankenlos, gewagt, gleichgültig, leichtfertig, leichtsinnig, nachlässig, oberflächlich, unaufmerksam, unbedacht, unbesonnen, unüberlegt, unverantwortlich, verantwortungslos; *(schweiz.)*: large; *(bildungsspr.)*: negligeant; *(veraltend)*: mutwillig. **b)** bedenkenlos, sorgenfrei, unbekümmert.

Sorte
Art [von], Couleur, Format, Genre, Gruppe, Kategorie, Klasse, Prägung, Schlag, Typ, Zweig; *(geh.)*: Gepräge; *(bildungsspr.)*: Rubrik.

sortieren
anordnen, aufgliedern, eingliedern, eingruppieren, einordnen, einreihen, einstufen, einteilen, gliedern, klassifizieren, strukturieren, untergliedern, zuordnen; *(bildungsspr.)*: kategorisieren, rubrizieren, systematisieren; *(bildungsspr., Fachspr.)*: segmentieren, typisieren.

sortiert
ausgesucht, ausgewählt, exquisit, fein, hochwertig, superb, vorzüglich, wertvoll; *(geh.)*: auserlesen, edel, erlesen; *(bildungsspr.)*: exzellent.

Sortiment
Angebot, Auswahl, Güterangebot, Kollektion, Produktlinie, Querschnitt, Sortierung, Warenangebot, Warenauswahl, Zusammenstellung.

soso
annehmbar, durchschnittlich, einigermaßen, gemischt, halbwegs, leidlich, nicht besonders, passabel, schlecht und recht, wenig befriedigend; *(bildungsspr.)*: akzeptabel, mediocker; *(ugs. scherzh.)*: durchwachsen, mittelprächtig.

Soße
a) *(schweiz.)*: Sauce; *(österr.)*: Saft; *(bes. nordd.)*: Stippe. **b)** Schlamm, Schmutz[wasser].

Souvenir
Andenken, Erinnerung, Erinnerungsstück, Reiseandenken; *(fam.)*: Mitbringsel.

souverän
1. autonom, eigenstaatlich, eigenständig, eigenverantwortlich, emanzipiert, frei, selbstbestimmt, selbstständig, unabhängig.
2. abgeklärt, ausgeglichen, beherrscht, besonnen, die Ruhe selbst, erhaben, gelassen, gemessen, gesetzt, gewandt, nicht aus der Ruhe zu bringen, ruhig, seelenruhig, selbstbewusst, selbstsicher, über den Dingen stehend, überlegen, umsichtig, vernünftig, würdevoll; *(geh.)*: bedachtsam, selbstgewiss; *(salopp)*: cool.

sowie
1. daneben, darüber hinaus, dazu, des Weiteren, ferner, obendrein, plus, überdies, und [auch/außerdem], weiter[hin], wie auch, zusätzlich; *(österr.)*: weiters; *(schweiz.)*: im Weiteren, nebstdem; *(geh.)*: zudem.
2. [gleich] wenn; in dem Augenblick/Moment, da; sobald; sofort, wenn.

sowieso ↗
a) auch ohne das, auch so, ohnedies, ohnehin, so oder so, unabhängig davon. **b)** auf alle Fälle, auf jeden Fall, ganz sicher, in jedem Falle, ohne jeden Zweifel, unvermeidlicherweise.

sozial
a) gesellschaftlich. **b)** gemeinnützig, hilfsbereit, karitativ, Nächstenliebe übend, selbstlos, uneigennützig; *(geh.)*: barmherzig, mildtätig; *(veraltend)*: wohltätig.

sozialistisch
kommunistisch, links[gerichtet].

sozusagen
gewissermaßen, in gewissem Grade/Sinne, in gewisser Weise, mehr oder minder/weniger, quasi, so gut wie, ungefähr, wie man es ausdrücken könnte; *(geh.):* gleichsam.

spähen
a) äugen, blicken, sehen; *(schweiz.):* sperbern; *(ugs.):* gucken, linsen, luchsen, peilen, schielen; *(nordd.):* kieken; *(bes. südd., österr., schweiz.):* schauen. **b)** ausschauen, aussehen, ausspähen; *(schweiz.):* sperbern; *(geh.):* ausblicken; *(ugs.):* ausgucken, sich den Hals verrenken; *(nachdrücklich):* Ausschau halten.

Spalt
Einschnitt, Fuge, Öffnung, Riss, Ritz, Schlitz, Spalte, Zwischenraum.

Spalte
1. a) Einriss, Riss, Sprung; *(ugs.):* Knacks.
b) ↑Spalt.
2. Druckspalte; *(bildungsspr.):* Rubrik.

spalten
aufspalten, durchhacken, durchhauen, durchspalten, entzweihacken, entzweihauen, hacken, teilen, zerhacken, zerhauen, zerlegen, zerspalten, zerteilen; *(schweiz.):* scheiten.

spalten, sich
a) auseinandergehen, auseinanderlaufen, auseinanderstreben, sich gabeln, sich scheiden, sich teilen, sich verzweigen. **b)** sich aufspalten, auseinandergehen, die Einheit aufgeben/verlieren, sich teilen, sich trennen.

Spanne
1. Dauer, Weile, Zeit, Zeitabschnitt, Zeitraum, Zeitspanne; *(bildungsspr.):* Periode, Phase.
2. Abstand, Preisunterschied, Unterschied; *(bildungsspr.):* Differenz.

spannen, sich
1. fest/straff/stramm werden, sich straffen.
2. sich ausbreiten, sich erstrecken, sich hinziehen, sich strecken, verlaufen, sich wölben.

spannend
atemberaubend, aufregend, dramatisch, erregend, faszinierend, fesselnd, interessant, mitreißend, packend, Spannung erregend, spannungsgeladen, spannungsreich, spannungsvoll.

Spannung
a) Erwartung, Gespanntheit, Hochspannung, Neugier. **b)** Aufregung, Dramatik; *(ugs.):* Nervenkitzel. **c)** Aufregung, Erregtheit, Erregung, Nervosität, Ruhelosigkeit, Unruhe.

Spannungen
Differenzen, Feindseligkeit, gereizte Stimmung, Missstimmung, Uneinigkeit, Unfriede, Unstimmigkeit, Verstimmtheit, Verstimmung; *(bildungsspr.):* Disharmonie, Malaise.

sparen
1. Geld auf die Seite legen/beiseitelegen/zurücklegen, Rücklagen bilden, sein Geld zusammenhalten.
2. einsparen, nicht aufwenden/ausgeben, nicht gebrauchen/verwenden.
3. bewahren, ersparen, fernhalten, schenken, verschonen.

spärlich
a) dünn, gelichtet, gering, licht, nicht dicht, nur in sehr geringem Maße [vorhanden], schütter, sparsam, wenig. **b)** bescheiden, karg, kärglich, kaum ausreichend, knapp, kümmerlich, mager, sparsam; *(geh.):* schmal; *(abwertend):* dürftig.

sparsam
1. geizig, haushälterisch, ökonomisch, rationell, vorsichtig, wirtschaftlich; *(schweiz.):* hauslich; *(bes. nordd.):* nährig.
2. a) asketisch, einfach, karg, nüchtern, schlicht, schmucklos, schnörkellos, spartanisch, zurückhaltend; *(oft abwertend):* simpel. **b)** ↑spärlich (a).

spartanisch
anspruchslos, bescheiden, einfach, frugal, karg, primitiv, puritanisch, schlicht, schmucklos, spärlich, sparsam; *(oft abwertend):* simpel.

Sparte
Abteilung, Bereich, Branche, Fach[bereich], Fachgebiet, Fachrichtung, Feld, Gebiet, Geschäftsfeld, Ressort, Sachbereich, Sachgebiet, Sektor, Teilbereich, Teilgebiet, Unterabteilung.

Spaß
1. Alberei, Neckerei, Schabernack, Scherz, Ulk; *(österr.):* Hetz; *(geh.):* Gaukelei, Narretei; *(ugs.):* Fez, Flachs, Jokus, Jux, Uz[erei]; *(oft abwertend):* Fopperei; *(veraltend):* Harlekinade.
2. Freude, Fun, Vergnügen; *(schweiz.):* Plausch; *(geh.):* Entzücken, Ergötzen, Ergötzlichkeit, Wonne; *(ugs.):* Gaudi, Hauptspaß; *(ugs. emotional verstärkend):* Heidenspaß, Mordsspaß.

spaßen
im Scherz äußern/sagen, nicht [ganz] ernst meinen, scherzen, zum Spaß sagen.

spaßig
1. amüsant, belustigend, drollig, komisch, lustig, Vergnügen bereitend, witzig, zum Lachen reizend; *(geh.):* ergötzlich; *(ugs.):* funny, juxig, ulkig; *(verstärkend):* urkomisch; *(ugs. emotional):* zum Totlachen; *(veraltend):* schnurrig.
2. humorvoll, witzig.

spät
1. sich dem Ende zuneigend, in der Nacht,

nachts, spätabends, weit fortgeschritten, zur Nachtzeit, zu vorgerückter Stunde.
2. fünf vor zwölf, im letzten Augenblick, in letzter Minute, überfällig, verspätet.

spazieren
1. flanieren, herumlaufen, laufen, schlendern, umhergehen, umherlaufen, umherschlendern, umherspazieren; *(ugs.):* bummeln, herumgehen, herumschlendern, herumspazieren.
2. ↑spazieren gehen.

spazieren gehen
an die [frische] Luft gehen, sich die Füße vertreten, einen [Spazier]gang machen, frische Luft schnappen; *(geh.):* sich ergehen, promenieren; *(ugs.):* bummeln, ein paar Schritte gehen.

Spaziergang
[Aus]gang, Wanderung; *(ugs.):* Bummel; *(veraltend):* Promenade.

Speichel
Geifer, Schaum; *(ugs.):* Sabber, Spucke.

Speicher
1. Depot, Lager[halle], Lagerhaus, Lagerstätte, Magazin, Scheune, Schober, Schuppen, Vorratshaus; *(bes. Fachspr.):* Silo.
2. *(schweiz.):* Estrich.
3. *(EDV):* Arbeitsspeicher, Festplatte, RAM, SD-Karte, USB-Stick.

speichern
aufbewahren, bunkern, deponieren, einlagern, einspeichern, endlagern, lagern, magazinieren, unterbringen, verwahren; *(EDV):* eingeben.

Speise
Essen, Gericht, Mahlzeit, Menü; *(geh.):* Mahl.

speisen
eine Mahlzeit einnehmen/zu sich nehmen, essen, schlemmen, schwelgen, sich stärken; *(geh.):* dinieren, tafeln; *(fam.):* schnabulieren, spachteln; *(scherzh., sonst veraltend):* schmausen; *(veraltend):* Mahlzeit halten; *(Fachspr.):* Nahrung aufnehmen/zuführen.

[1]Spektakel
Aufruhr, Gepolter, Krach, Lärm, Trubel, Wirbel; *(ugs.):* Halligalli, Krawall, Rabatz, Rambazamba; *(salopp):* Radau; *(oft abwertend):* Getöse.

[2]Spektakel
Aktion, Aufführung, Ereignis, Happening, [künstlerische] Veranstaltung, Performance, Schau[spiel], Schaustellung, Show, Spiel, Vorführung, Vorstellung; *(Jargon):* Event.

spektakulär
auffallend, aufmerksamkeiterregend, aufsehenerregend, außergewöhnlich, außerordentlich, beachtlich, beeindruckend, beispiellos, eindrucksvoll, grandios, herausragend, imposant, phänomenal, sagenhaft, sensationell, überwältigend; *(emotional):* unvergleichlich.

spekulieren
1. bauen auf, erhoffen, erwarten, hoffen/setzen auf, sich Hoffnungen machen, rechnen auf/mit, sich verlassen, vertrauen auf, zählen.
2. annehmen, für möglich/wahrscheinlich halten, glauben, meinen, mutmaßen, [nach]denken, rechnen mit, sinnieren, Überlegungen/Vermutungen anstellen, vermuten; *(geh.):* argwöhnen; *(ugs.):* kalkulieren, schätzen, tippen.

spendabel
freigebig, freizügig, gebefreudig, gern gebend/schenkend, großzügig, in Geberlaune, in Spendierlaune; *(schweiz.):* large; *(bildungsspr.):* generös; *(ugs.):* nobel, spendierfreudig.

Spende
Beitrag, Förderung, Hilfsgelder, [milde] Gabe, Unterstützung, Zuschuss; *(geh.):* Scherflein; *(bildungsspr.):* Obolus; *(abwertend):* Almosen.

spenden
a) beisteuern, beschenken, finanzieren, fördern, geben, opfern, schenken, spendieren, sponsern, stiften, übereignen, zukommen lassen, zuwenden; *(geh.):* bedenken mit, ein Scherflein beisteuern/beitragen; *(bildungsspr.):* seinen Obolus entrichten; *(ugs.):* lockermachen, zuschießen.
b) ausgeben, aushändigen, austeilen, geben, vergeben, verteilen, zuteilen.

spendieren
bezahlen, einladen, freihalten, schenken, spenden, stiften, zur Verfügung stellen; *(ugs.):* [einen] ausgeben, lockermachen, schmeißen.

Sperre
1. Abriegelung, Absperrung, Absperrvorrichtung, Barriere, Barrikade, Blockade, Hindernis, Riegel, Schranke.
2. Begrenzung, Beschränkung, Einschränkung, Schranke, Verbot; *(bildungsspr.):* Restriktion.

sperren
1. abriegeln, absperren, blockieren, den Zugang verhindern, unpassierbar/unzugänglich machen, versperren; *(ugs.):* verrammeln.
2. abstellen, blockieren, einstellen, lahmlegen, nicht gewähren, stoppen, unterbinden, unterbrechen, untersagen, verbieten, vereiteln, verhindern, verwehren, verweigern, vorenthalten.

sperren, sich
sich [entgegen]stemmen, entgegentreten, nicht an sich heranlassen, opponieren, sich sträuben, sich verschließen, sich wehren, sich widersetzen; *(ugs.):* dichtmachen, zumachen.

S
spa

sperrig
ausladend, klobig, massig, schwer, unhandlich, wuchtig; *(abwertend):* klotzig.

Spezialist, Spezialistin
Autorität, Experte, Expertin, Fachgröße, Fachmann, Fachfrau, Kapazität, Kenner, Kennerin, Mann vom Fach, Frau vom Fach, Meister, Meisterin, Profi, Sachkundiger, Sachkundige, Sachverständiger, Sachverständige; *(bildungsspr.):* Koryphäe.

Spezialität
1. besondere/charakteristische Eigenschaft, besonderes/charakteristisches Merkmal, Besonderheit, Eigenart, Eigenheit, Eigentümlichkeit, Kennzeichen; *(bildungsspr.):* Charakteristikum, Spezifikum.
2. Domäne, Element, Fach[gebiet], Hobby, Leidenschaft, Metier, Passion, Revier, Spezialgebiet, Steckenpferd, Terrain.
3. Delikatesse, Leckerbissen.

[1]speziell
aus dem Rahmen fallend, ausgefallen, außergewöhnlich, besonders, eigen[willig], extravagant, originell, spezifisch, ungewöhnlich; *(bildungsspr.):* skurril, unkonventionell, unnachahmlich; *(emotional):* unvergleichlich.

[2]speziell
ausdrücklich, ausschließlich, besonders, eigens, einzig [und allein], extra, gerade, nur, vor allem; *(geh.):* allein; *(ugs.):* bloß.

Spezies
Gruppe, Schlag, Sorte, Typ, Zweig.

spezifisch
bezeichnend, charakteristisch, eigen[tümlich], hochspezifisch, kennzeichnend, typisch, unverkennbar, unverwechselbar; *(bildungsspr.):* signifikant, symptomatisch.

Sphäre
[Einfluss]bereich, Kreis, Lebensbereich, Milieu, Rahmen, soziale Verhältnisse, Umfeld, Umgebung, Umwelt, Welt; *(geh.):* Dunstkreis; *(bildungsspr.):* Background.

spicken
1. ausrüsten, ausstaffieren, ausstatten, bestücken, schmücken, staffieren, versehen.
2. täuschen; *(ugs.):* abfeilen; *(Schülerspr.):* abgucken, abhauen, abschmieren.

Spiel
1. a) Gesellschaftsspiel. **b)** Glücksspiel, Hasardspiel. **c)** Begegnung, Match, Partie, Wettbewerb, Wettkampf; *(Sport):* Kampf, Treffen.
2. Partie, Spielabschnitt; *(Sport):* Runde.
3. Aktion, Aufführung, Auftreten, Darstellung, Gestaltung, Performance, Show, Verkörperung, Vorführung, Vorstellung, Wiedergabe; *(geh.):* Darbietung; *(bildungsspr.):* Interpretation.
4. Bühnendichtung, Bühnenstück, Bühnenwerk, Drama, dramatisches Werk, Schauspiel, Stück, Theaterstück.

spielen
1. a) ein Spiel machen, in ein Spiel vertieft sein, sich mit Spielen beschäftigen. **b)** fingern, hantieren, nesteln, sich zu schaffen machen; *(ugs.):* [herum]bosseln, [herum]fummeln.
2. a) anstimmen, erklingen/ertönen lassen, schmettern, wiedergeben, zu Gehör bringen.
b) aufspielen, Musik machen, musizieren.
3. auftreten als, darstellen, erscheinen als, geben, imitieren, mimen, verkörpern, vorführen, wiedergeben; *(geh.):* darbieten; *(bildungsspr.):* agieren, figurieren; *(ugs.):* abgeben, schauspielern; *(salopp):* machen.

BSP Sie tritt als Vermittlerin zwischen den beiden auf. Unser Schulleiter verkörperte noch den alten Geist.

4. heucheln, simulieren; so tun, als ob; vorgaukeln, vorgeben, vormachen, vorschützen, vorspielen, vortäuschen; *(geh.):* gaukeln; *(bildungsspr.):* fingieren; *(ugs.):* markieren, nur so tun, Theater spielen; *(abwertend):* schauspielern.
5. stattfinden, vorfallen.

BSP Die Völkerwanderung fand in großen Teilen Mitteleuropas statt. Die Ereignisse sind genau dort vorgefallen.

spielend
bequem, einfach, ein Kinderspiel, im Schlaf, leicht, mit dem kleinen Finger, mit einem [Hand]griff, mit Leichtigkeit, mühelos, ohne Anstrengung/Mühe, problemlos, unkompliziert, unproblematisch, unschwer; *(bes. österr.):* kommod; *(ugs.):* aus dem Handgelenk [heraus], easy, ein Klacks, kein Ding, mit links.

Spieler, Spielerin
a) Sportler, Sportlerin; *(Sport):* Crack, Wettkämpfer, Wettkämpferin. **b)** Glücksspieler, Glücksspielerin, Spielsüchtiger, Spielsüchtige; *(ugs.):* Zocker, Zockerin.

Spielraum
1. Auslauf, Flucht, Platz, Raum, Spiel, Weite.
2. Bewegungsfreiheit, Bewegungsraum, Ellbogenfreiheit, Entscheidungsspielraum, Ermessensspielraum, Freiheit, Handlungsspielraum, Verhandlungsspielraum; *(ugs.):* Luft.

Spießbürger, Spießbürgerin
Biedermann; *(abwertend):* Kleinbürger, Klein-

bürgerin; *(bildungsspr. abwertend):* Philister, Philisterin.

spießbürgerlich
(bildungsspr.): philiströs; *(abwertend):* [klein]bürgerlich, krähwinklig, spießerhaft; *(bildungsspr. abwertend):* philisterhaft; *(häufig abwertend):* verbürgerlicht.

spießen
aufnehmen, aufspießen, [auf]stecken.

Spießer, Spießerin ↑Spießbürger, Spießbürgerin.

spießig ↑spießbürgerlich.

spinnen
sich aus den Fingern saugen, sich ausdenken, erfinden, erlügen, fabeln, fabulieren, fantasieren, gaukeln, heucheln, simulieren, spielen, sich verstellen, vorgaukeln, vorgeben, vormachen, vorspielen, vortäuschen; *(geh.):* aussinnen, erdichten, ersinnen; *(bildungsspr.):* fingieren; *(ugs.):* faken; *(abwertend):* spintisieren.

Spion
1. a) Geheimagent, Spionageagent.
b) [Aus]kundschafter, Beobachter, Späher; *(österr.):* Schnoferl; *(abwertend):* Aufpasser, Spitzel, Zuträger.
2. a) Guckloch, Türspion. **b)** Fensterspiegel.

spionieren
a) geheimdienstlich tätig sein, Spionage treiben.
b) abhorchen, abhören, ausforschen, auskundschaften, ausspähen, ausspionieren, belauschen, bespitzeln, eine Lauschaktion/einen Lauschangriff unternehmen, erhorchen, erkunden, erlauschen, [heimlich] mithören, [heimlich] überwachen, nachforschen, nachspionieren; *(ugs.):* herumsuchen, nachschnüffeln; *(abwertend):* durchschnüffeln, herumspionieren, lauschen; *(bes. nordd.):* schnökern.

Spionin
a) [Geheim]agentin, Spionageagentin.
b) [Aus]kundschafterin, Beobachterin, Späherin; *(abwertend):* Aufpasserin, Spitzel, Zuträgerin.

Spital
Hospital, Klinik, Krankenhaus; *(schweiz.):* Krankenheim.

spitz
1. eckig, kantig, scharf, scharfkantig.
2. durchdringend, gellend, grell, markerschütternd, schrill.
3. anspielend, anzüglich, beißend, bissig, scharfzüngig, spitzzüngig, stichelnd; *(emotional):* ätzend; *(abwertend):* schnippisch.

Spitzbube, Spitzbübin
Schelm; *(geh.):* Frechling; *(ugs.):* Gauner, Gaunerin, Lausbub, Schlawiner, Schlawinerin, Schlitzohr; *(fam.):* Bengel, Racker; *(scherzh.):* Halunke, Halunkin, Schlingel; *(nordd.):* Kötel.

spitzbübisch
neckisch, schelmisch, verschmitzt; *(geh.):* schalkhaft; *(ugs.):* schlitzohrig.

spitze
ausgezeichnet, bestechend, brillant, fabelhaft, fulminant, genial, grandios, hervorragend, phänomenal, sensationell, überragend, vortrefflich, vorzüglich; *(bildungsspr.):* exzellent, exzeptionell, formidabel, superb; *(ugs.):* astrein, doll, famos, fantastisch, großartig, lässig, mega, prima, spitzenmäßig, super, traumhaft; *(salopp):* [affen]geil, cool, eine Wucht, heiß, irre; *(emotional):* unvergleichlich, wunderbar; *(emotional verstärkend):* sondergleichen; *(scherzh.):* primissima; *(oft scherzh.):* göttlich; *(veraltend):* meisterlich, trefflich; *(bildungsspr. veraltend):* extraordinär; *(bes. Jugendspr.):* [echt] krass.

Spitze
1. a) Dorn, Stachel. **b)** Ecke, Kante, Knick. **c)** vorderes/vorderstes Stück, Vorderteil, Zipfel.
2. Anfang, Anfangsteil, Beginn, erster/vorderer/vorderster Teil, Vorderteil.
3. Führerschaft, Führung, Führungsposition, Herrschaft, Kommando, Leitung, Lenkung, Spitzenposition, Spitzenstellung; *(bildungsspr.):* Regie; *(bes. Politik):* Machtposition.
4. Bestleistung, Gipfel[punkt], Höchstleistung, Höchststand, Höchstwert, Höhe[punkt], Krönung, Kulminationspunkt, Optimum, Rekord; *(geh.):* Hochzeit, Sternstunde, Vollendung; *(bildungsspr.):* Klimax, Maximum, Zenit; *(ugs. emotional verstärkend):* Topniveau.

Spitzel
Agent, Agentin, [geheimer] Informant, [geheime] Informantin, Spion, Spionin, Spürhund, V-Mann, V-Frau; *(österr.):* Konfident, Konfidentin, Schnoferl; *(abwertend):* Denunziant, Denunziantin, Zuträger, Zuträgerin; *(Jargon):* Viper, Zinker, Zinkerin.

spitzen
anspitzen, spitz/spitzer machen, zuspitzen.

spitzfindig
(geh.): penibel; *(bildungsspr.):* dialektisch, kasuistisch; *(ugs.):* pingelig; *(abwertend):* haarspalterisch, kleinlich, pedantisch, scholastisch, wortklauberisch; *(bildungsspr. abwertend):* rabulistisch, sophistisch.

Spitzname
Beiname, Ekelname, Neckname, Scherzname, Spottname, Ulkname; *(ugs.):* Uzname; *(nordd.):* Ökelname; *(Sprachwiss.):* Übername.

Splitter
a) Bruchstück, Fragment, Scherbe, Schleiße, Span, Stück, Teil[stück]. **b)** Fremdkörper.

sponsern
beisteuern, die Kosten tragen, die Kosten übernehmen, die Schirmherrschaft übernehmen, einen Beitrag leisten, einen Zuschuss gewähren/zahlen, finanziell unter die Arme greifen, finanzieren, fördern, helfen, unterstützen; *(geh.):* Förderung angedeihen lassen; *(ugs.):* Gelder lockermachen, Summen lockermachen, zuschießen.

Sponsor, Sponsorin
[Be]förderer, [Be]förderin, Finanzier, Freund, Freundin, [Geld]geber, [Geld]geberin, Gönner, Gönnerin, Patron, Patronin, Schirmfrau, Schirmherr, Schirmherrin, Spender, Spenderin, Stifter, Stifterin, Wohltäter, Wohltäterin; *(bildungsspr.):* Mäzen, Mäzenatin, Mäzenin, Protektor, Protektorin.

spontan
a) aus dem Augenblick heraus, direkt, impulsiv, im Überschwang, ohne nachzudenken, ohne zu zögern, ungeplant, ungesteuert, unüberlegt; *(bildungsspr.):* ad hoc; *(ugs.):* aus der Hüfte geschossen. **b)** anlasslos, aus eigenem Antrieb, aus freien Stücken, automatisch, freiwillig, selbstgesteuert, selbstständig, selbsttätig, von selbst, von sich aus, wie durch ein Wunder; *(bildungsspr.):* sua sponte; *(ugs.):* von allein, von selber.

sporadisch
a) hier und da, stellenweise, streckenweise, [unregelmäßig] verteilt, vereinzelt, versprengt, verstreut; *(bildungsspr.):* singulär. **b)** ab und an, ab und zu, dann und wann, das ein oder andere Mal, gelegentlich, hin und wieder, kaum [einmal], manchmal, mitunter, nicht häufig, nicht oft, selten, so gut wie nie, unregelmäßig, von Zeit zu Zeit, zeitweilig, zeitweise, zuzeiten; *(österr.):* fallweise; *(geh.):* bisweilen, zuweilen; *(ugs.):* praktisch nie; *(ugs. scherzh.):* alle Jubeljahre [einmal]; *(Wissensch.):* okkasionell.

Sport
1. Bewegung, Fitnesstraining, Körperertüchtigung, Körperkultur, Leibesübungen, Training, Turnen.
2. Beschäftigung, Betätigung, Hobby, Leidenschaft, Liebhaberei, Passion, Steckenpferd.

Sportler, Sportlerin
Spieler, Spielerin; *(Sport):* Athlet, Athletin, Crack, Sportsmann, Sportsfrau, [Wett]kämpfer, [Wett]kämpferin.

sportlich
a) athletisch, drahtig, fit, flechsig, gut gebaut, kräftig, muskulös, schlank, sehnig, smart, sportiv, stark, stramm, trainiert; *(geh.):* gestählt; *(ugs.):* flott, kernig, knackig, knusprig; *(Sport):* austrainiert, durchtrainiert. **b)** bequem, Freizeit-, leger, nicht elegant, salopp.

Spott
Boshaftigkeit, Gemeinheit, Gespött, Gewitzel, Häme, Hohn[gelächter], Hohngeschrei, Ironie, Neckerei, Schadenfreude, Spöttelei, Spötterei, Stichelei, Verhöhnung, Verspottung, Witz, Zynismus; *(bildungsspr.):* Sarkasmus.

spotten
1. ärgern, auslachen, belachen, bewitzeln, foppen, hänseln, höhnen, sich lustig machen über, necken, scherzen, seinen Scherz/Spott treiben mit, spötteln, sticheln, veralbern, verhöhnen, verlachen, verspotten, verulken, witzeln, zum Besten haben/halten; *(österr.):* tratzen; *(schweiz.):* schnödeln, schnöden; *(bes. österr., schweiz.):* ausspotten; *(geh.):* der Lächerlichkeit/dem Spott preisgeben; *(bildungsspr.):* sich mokieren; *(ugs.):* auf den Arm nehmen, auf die Schippe laden/nehmen, aufziehen, frotzeln, hochnehmen, jmdm. eine lange Nase drehen/machen, verhohnepipeln, verjuxen, veruzen; *(salopp):* verarschen.
2. als Aprilscherz ansehen, auf die leichte Schulter nehmen, sich hinwegsetzen, sich keine Gedanken/Sorgen machen, leichtnehmen, nicht beachten, nicht ernst nehmen, nicht für voll ansehen/nehmen, sich nicht kümmern, unbeachtet/unberücksichtigt lassen, verstoßen, zuwiderhandeln; *(schweiz.):* sich futieren.

spöttisch
beißend, bissig, boshaft, gallig, hämisch, höhnisch, ironisch, schadenfroh, scharf[züngig], spitz[züngig], verletzend, zynisch; *(bildungsspr.):* juvenalisch, kaustisch, maliziös, medisant, mokant, sardonisch, sarkastisch; *(ugs.):* fies, giftig; *(abwertend):* gehässig; *(bildungsspr. abwertend):* süffisant.

Sprache
1. Sprachvermögen; *(Sprachwiss.):* Langage, Sprachfähigkeit, [Sprach]kompetenz.
2. a) Akzent, Artikulation, Artikulierung, Aussprache, Färbung, Klang[farbe], Sprachfärbung, Sprechweise, Stimme, Timbre, Ton[fall]; *(Sprachwiss.):* Lautbildung, Lautung, Sprachmelodie, Stimmführung; *(bes. Sprachwiss.):* Intonation. **b)** Ausdruck, Ausdrucksweise, [Rede]stil, Redeweise, Schreibart, Schreibstil,

Schreibweise, Stil; *(bildungsspr.):* Diktion; *(ugs.):* Schreibe, Spreche.

Sprache

etw. zur Sprache bringen
anbringen, andiskutieren, anmerken, anreißen, anschneiden, ansprechen, ausdrücken, berühren, diskutieren, einbringen, erklären, erörtern, erwähnen, herantragen, kommentieren, vorbringen, vortragen, zum Ausdruck bringen; *(ugs.):* aufs Tapet bringen, nachkarten.

sprachlos
a) aus dem Konzept gekommen, entgeistert, erstaunt, fassungslos, schockiert, überrascht, verblüfft, verdutzt, verwundert, wie gelähmt, wie vom Donner gerührt; *(bildungsspr.):* konsterniert; *(ugs.):* perplex, platt, von den Socken, wie vor den Kopf geschlagen; *(salopp):* baff, geplättet. **b)** ohne Worte, schweigend, still, stumm, wortlos.

sprechen ≠
1. a) sich ausdrücken, sich äußern, Laute hervorbringen, reden, Zeichen geben; *(geh.):* seine Stimme erheben; *(ugs.):* den Mund aufmachen/auftun; *(bildungsspr.):* sich artikulieren. **b)** aussprechen, eine Stimme haben/wählen, klingen, mit den Lippen formen; *(bildungsspr.):* artikulieren; *(Sprachwiss.):* lauten; *(bes. Sprachwiss.):* intonieren.
2. a) abhandeln, ausdrücken, Ausdruck verleihen, ausführen, äußern, behandeln, berichten, erörtern, erzählen, formulieren, in Worte fassen/kleiden, [mündlich] mitteilen, [seine Meinung] sagen, von sich geben, vorbringen, wiedergeben, zum Ausdruck/zur Sprache bringen; *(bildungsspr.):* verbalisieren; *(ugs.):* plappern, schnattern; *(abwertend):* labern; *(häufig abwertend):* sich verbreiten.

BSP Mit seinen Worten hatte er der Meinung aller Ausdruck verliehen. Der Autor führt aus, dass ... Der Redner äußert sich zu der Thematik ... Wir werden das Problem wissenschaftlich erörtern. Die Frage ... muss anders formuliert werden. Die Autorin bringt ihre Meinung in dem Beitrag sehr deutlich zum Ausdruck.

b) aufsagen, deklamieren, rezitieren, [vor]lesen, vorsprechen, vortragen, wiedergeben, zum Besten geben; *(geh.):* darbieten, zu Gehör bringen; *(bildungsspr.):* skandieren.
3. sich auslassen, beurteilen, bewerten, einen Kommentar/eine Stellungnahme/ein Statement abgeben, eine Wertung vornehmen, Stellung nehmen, urteilen, werten; *(ugs.):* kommentieren.

BSP Sie ließen sich wohlwollend/lobend/weitläufig über die Veranstaltung aus.

4. das Wort ergreifen/haben, eine Rede/einen Vortrag halten, vortragen; *(bildungsspr.):* referieren.

Sprecher, Sprecherin
1. Bevollmächtigter, Bevollmächtigte, Interessenvertreter, Interessenvertreterin, Redner, Rednerin, Referent, Referentin, Repräsentant, Repräsentantin, Vertreter, Vertreterin, Vortragender, Vortragende, Wortführer, Wortführerin.
2. Ansager, Ansagerin, Kommentator, Kommentatorin, Moderator, Moderatorin, Nachrichtensprecher, Nachrichtensprecherin, Rundfunksprecher, Rundfunksprecherin.

spreizen, sich
a) ablehnen, abweisen, ausschlagen, sich sträuben, verweigern, zurückweisen; *(geh.):* versagen, verschmähen; *(ugs.):* sich betun, sich querlegen, sich querstellen; *(salopp):* zicken; *(abwertend):* sich zieren. **b)** sich herausstreichen, sich in den Vordergrund drängen/rücken/schieben/spielen, sich in Szene setzen, sich plustern, viel Aufhebens von sich machen; *(geh.):* sich blähen; *(ugs.):* angeben, sich aufpumpen, die große/eine Schau abziehen, [viel] Qualm/Wind machen; *(abwertend):* sich aufblähen, sich brüsten, [sich] großtun.

sprengen
1. a) abbrechen, abreißen, einreißen, niederreißen, schleifen, zersprengen, zerstören, zertrümmern, zugrunde richten, zum Einsturz bringen; *(österr.):* demolieren; *(geh.):* zum Bersten bringen; *(bildungsspr.):* destruieren; *(ugs.):* in die Luft jagen. **b)** aufbrechen, aufhauen, aufschlagen, aufsprengen, einbrechen, eindrücken, gewaltsam/mit Gewalt öffnen; *(geh.):* erbrechen; *(ugs.):* aufknacken; *(salopp):* knacken. **c)** auflösen, auseinanderreißen, ruinieren, vernichten, zerschlagen. **d)** größer sein, überborden, über etw. hinausgehen, überragen, überschreiten, übersteigen, übertreffen, weiter gehen.
2. abspritzen, anfeuchten, anspritzen, befeuchten, begießen, beregnen, berieseln, besprayen, besprengen, bespritzen, besprühen, beträufeln, bewässern, duschen, einspritzen, feucht/nass machen, gießen, mit Wasser versorgen, übersprühen, Wasser geben, wässern; *(geh.):* [be]nässen, [be]netzen; *(dichter.):* feuchten.

Sprengstoff
a) Dynamit, Explosivstoff, Ladung, Sprengmittel, Zündstoff. **b)** brennende Aktualität, Konfliktstoff; *(bildungsspr.):* Brisanz.

Sprichwort
Ausspruch, Formel, [geflügeltes] Wort, Idiom, Lebensweisheit, Redensart, Satz, Sinnspruch, Weisheit, Wendung; *(bildungsspr.):* Sentenz; *(nordd.):* Schnack; *(Sprachwiss.):* [feste] Fügung, Idiotismus, Phraseologismus.

sprichwörtlich
a) fest [gefügt], floskelhaft, formelhaft. **b)** [allgemein] bekannt, charakteristisch, gängig, geläufig, häufig beschworen/zitiert, kennzeichnend, typisch, viel beschworen/zitiert; *(bildungsspr.):* stereotyp; *(bildungsspr. abwertend):* klischeehaft.

sprießen
aufgehen, aufkeimen, auskeimen, ausschlagen, austreiben, sich entwickeln, hervorkommen, keimen, knospen, schießen, treiben, zu wachsen beginnen; *(geh.):* aufsprießen, emporwachsen, grünen; *(dichter.):* entkeimen.

springen
1. a) sich abschnellen, aufspringen, hochspringen, hüpfen; *(geh.):* emporspringen; *(ugs.):* hopsen, Hopser/Sprünge machen. **b)** einen Satz machen, hechten, hinüberspringen, sich katapultieren, setzen über, sich werfen; *(ugs.):* jumpen.
2. aufsteigen, sich ergießen, fließen, herausfließen, herausquellen, herausschießen, herausspritzen, heraussprudeln, herausströmen, hervorquellen, hervorsprudeln, hervorströmen, schäumen, schießen, spritzen, sprudeln, strömen; *(geh.):* emporquellen, fluten.
3. entzweigehen, in die Brüche/in Scherben gehen, in Stücke springen, platzen, reißen, zerbersten, zerbrechen, zerknallen, zerkrachen, zerplatzen, zerreißen, zersplittern, zerspringen; *(geh.):* bersten; *(ugs.):* in Stücke gehen, kaputtgehen, krachen.

sprinten
eilen, fegen, hetzen, jagen, laufen, preschen, rennen, sausen, schießen, stürmen, wieseln; *(geh.):* fliegen, hasten, stieben; *(ugs.):* düsen, fetzen, flitzen, hinsausen, pesen, rasen, spritzen, spurten, wetzen; *(salopp):* gasen; *(südd., schweiz.):* springen.

Sprit
Benzin, Diesel[kraftstoff], Treibstoff; *(schweiz.):* Triebstoff; *(salopp):* Saft, Stoff.

spritzen
1. planschen, plätschern, umherspritzen; *(ugs.):* panschen, patschen.
2. ausgießen, sprayen, träufeln, [ver]sprengen, [ver]spritzen, [ver]sprühen, verteilen, zerstäuben.
3. [heraus]fließen, herauskommen, herausquellen, herausspritzen, heraussprudeln, herausströmen, herausstürzen, [hervor]quellen, [hervor]schießen, schnellen, sprudeln, strömen, stürzen; *(geh.):* emporquellen, fluten, hervorbrechen; *(ugs.):* vorschießen.

spritzig
a) abwechslungsreich, amüsant, aufgeweckt, belustigend, einfallsreich, erfrischend, ergötzend, erheiternd, flüssig, geistreich, heiter, humoristisch, ideenreich, interessant, kurzweilig, lebhaft, lustig, mitreißend, rege, schlagfertig, schwungvoll, spaßig, sprühend, temperamentvoll, unterhaltend, unterhaltsam, vergnüglich, vergnügt, witzig, zerstreuend; *(geh.):* ergötzlich; *(ugs.):* fetzig, flott, rasant. **b)** agil, behände, beweglich, flink, geschickt, gewandt, leichtfüßig, wendig, wieselflink; *(ugs.):* fix. **c)** gut motorisiert, leistungsfähig, leistungsstark, schnell, sportlich, stark.

spröde
1. a) bröckelig, brüchig, hart, mürbe, splitterig, unelastisch, zerbrechlich. **b)** aufgesprungen, ausgetrocknet, rau, rissig, strohig, trocken, zerschrunden; *(nordd.):* borkig; *(emotional):* strohtrocken.
2. langweilig, öde, ohne [jeden] Reiz, reizlos, schwierig, unattraktiv, undankbar, uninteressant.

Spross
1. Ableger, Ansatz, Keim, Schössling, Trieb.
2. Erbe, Kind, Nachkomme, Sohn; *(geh.):* Nachfahre, sein/ihr eigen[es] Fleisch und Blut; *(fam.):* Nachwuchs; *(scherzh.):* Stammhalter; *(oft scherzh.):* Junior; *(bildungsspr. scherzh.):* Filius; *(ugs. scherzh.):* Ableger, Sprössling; *(bes. nordd.):* Junge.

Spruch
1. Ausspruch, geflügeltes Wort, Lebensweisheit, Satz, Sinnspruch, Sprichwort, Weisheit, Zitat; *(bildungsspr.):* Aphorismus, Apophthegma, Diktum, Sentenz.
2. Floskel, leeres Wort, Plattheit, Redensart; *(geh.):* Plattitüde; *(abwertend):* Phrase, Wortgeklingel.
3. Rechtsspruch, Urteil; *(veraltend):* Richt[er]spruch.

sprudeln
sich ergießen, [heraus]fließen, herausquellen, [heraus]schießen, [heraus]spritzen, heraussprudeln, [heraus]strömen, hervorquellen, her-

vorsprudeln, hervorströmen, schäumen; *(geh.):* springen.

sprühen

1. besprayen, bespritzen, besprühen, sprayen, sprengen, spritzen, übersprühen; *(schweiz.):* versprayen.

2. auswerfen, herausschleudern, versprengen, versprühen.

Sprung

1. Hüpfer, Satz; *(ugs.):* Hops[er]; *(bes. südd., österr.):* Hupfer.

2. ganz nah, in nächster Nähe, in Reichweite, leicht erreichbar, nicht weit; *(ugs.):* Katzensprung, um die Ecke.

3. Einriss, Riss, Ritz; *(ugs.):* Knacks.

sprunghaft

1. flatterig, launenhaft, nicht beständig, schwankend, unberechenbar, unbeständig, wetterwendisch; *(geh.):* unstet, wandelbar; *(abwertend):* flatterhaft, luftig; *(geh. abwertend):* wankelmütig.

2. a) abrupt, auf einmal, mit einem Mal, plötzlich, ruckartig, schlagartig, übergangslos, überraschend, unerwartet, unvermittelt, unvermutet, unversehens, unvorhergesehen; *(geh.):* jäh[lings]; *(bildungsspr.):* ex abrupto; *(ugs.):* aus heiterem Himmel, Hals über Kopf, Knall auf Fall; mir nichts, dir nichts; mit einem Schlag; *(verstärkend):* urplötzlich. **b)** rapide, rasant, rasch, schnell; *(ugs.):* in null Komma nichts; ruck, zuck; *(ugs. emotional verstärkend):* blitzschnell.

spucken

1. ausspucken; *(geh.):* [aus]speien; *(ugs.):* sabbern; *(südd., österr.):* speiben.

2. [sich] erbrechen, sich übergeben; *(geh.):* [aus]speien; *(ugs.):* ausspucken, brechen, kotzen, wieder von sich geben.

spuken

als Gespenst erscheinen/umherirren, gespenstern, nicht [ganz] geheuer sein, nicht mit rechten Dingen zugehen, sein Unwesen treiben, umgehen, umhergeistern; *(ugs.):* herumgeistern, herumspuken.

spülen

1. a) ausspülen, fortspülen, waschen, wegspülen, wegwaschen. **b)** abwaschen, reinigen, säubern; *(ugs.):* den Abwasch machen.

2. anschlämmen, anschwemmen, anspülen, antreiben, befördern, schwemmen, tragen, treiben.

Spur

1. Abdruck, Fährte, Fußabdruck, Fußspur, Fußstapfen, Fußtapfen, Stapfen, Tapfen.

2. Anhaltspunkt, Anzeichen, Beweis, Merkmal, Überrest, Zeichen; *(bildungsspr.):* Indiz.

3. Bahn, Fahrbahn, Fahrspur, Fahrstreifen.

spuren

sich beugen, folgen, sich fügen, gehorchen, Gehorsam leisten, gehorsam sein, jmds. Anordnungen entsprechen/nachkommen, nach jmds. Pfeife tanzen, parieren, sich unterordnen, sich unterwerfen; *(geh.):* willfahren; *(ugs.):* hören.

spüren

1. bemerken, empfinden, fühlen, merken, verspüren, wahrnehmen.

2. bemerken, ein Gespür haben, erkennen, fühlen, merken, registrieren, wahrnehmen; *(geh.):* erfühlen, erspüren, gewahren.

spurlos

ohne Auswirkungen, ohne Spuren, unmerklich.

spurten

1. das Tempo steigern, die Geschwindigkeit steigern, forcieren; *(Sport):* einen Spurt einlegen, sprinten.

2. ↑sprinten.

sputen, sich

sich abhetzen, sich [be]eilen, sich keine Zeit lassen, schnell machen; *(ugs.):* sich abjagen, fix machen, sich ranhalten.

Staat

a) Macht, Staatswesen; *(geh.):* Staatsschiff.
b) Land, Reich, Staatsgebiet. **c)** Obrigkeit, Regierung, Staatsgewalt, Staatsmacht.

staatlich

a) national. **b)** öffentlich.

Staatsanwalt, Staatsanwältin

öffentlicher Ankläger, öffentliche Anklägerin.

Staatsstreich

Putsch, Umsturz; *(veraltend):* Coup d'État.

Stab

1. Stange, Stock.

2. a) Führungsgremium, Führungsgruppe, Führungsspitze, Führungsstab, Lenkungskreis, Spitze. **b)** Arbeitsgruppe, Arbeitskreis, Expertengruppe, Expertenstab, Fachgruppe, Mitarbeiterstab, Team.

stabil

1. derb, fest, haltbar, massiv, robust, solide, strapazierfähig, unverwüstlich, verschleißfest, widerstandsfähig; *(österr.):* strapazfähig; *(bildungsspr.):* durabel; *(ugs.):* dankbar.

2. beständig, dauerhaft, fest, gleichbleibend, hart, konstant, unveränderlich; *(veraltend):* fix.

3. eisern, gesund, kräftig, stark, unempfindlich, widerstandsfähig, zäh.

stabilisieren

fester/härter machen, festigen, kräftigen, robuster machen, sichern, stärken, stützen, widerstandsfähiger machen; *(geh.):* stählen; *(bildungsspr.):* fundieren, konsolidieren, zementieren.

Stachel

1. Dorn, Spitze.
2. Anreiz, Ansporn, Antrieb, treibende Kraft, Triebfeder; *(bildungsspr.):* Agens, Stimulus.

stachelig

borstig, dornig, kratzend, kratzig, stechend, stoppelig, struppig, voller Stacheln.

Stadium

[Entwicklungs]abschnitt, Entwicklungsphase, Entwicklungsstadium, Entwicklungsstand, Entwicklungsstufe, Entwicklungszustand, Etappe, Punkt, Station, Stufe; *(bildungsspr.):* Periode, Phase.

Stadt

1. Großstadt, Hauptstadt, Kleinstadt, Kreisstadt, Provinzstadt, Weltstadt; *(bildungsspr.):* Metropole.
2. Stadtverwaltung, Verwaltungsbehörde.

staffeln

1. aufeinandersetzen, formieren.
2. abstufen, auffächern, aufgliedern, einstufen, fächern, gliedern, graduell unterscheiden, klassifizieren, nach Stufen einordnen/einteilen, stufen, unterteilen; *(bildungsspr.):* differenzieren.

Stagnation

Halt, Lähmung, Pause, Stillstand, Stockung, toter Punkt, Unterbrechung.

stagnieren

anhalten, ins Stocken geraten, nicht vorangehen/weitergehen/weiterkommen, sich nicht weiterentwickeln, ruhen, stecken/stehen bleiben, stillstehen, stocken; *(geh.):* erlahmen; *(ugs.):* auf der Stelle treten, nicht vorwärtsgehen.

Stamm

1. Baumstamm.
2. a) Stammesverband, Völkerschaft, Volksgruppe, Volksstamm. b) Clan, Dynastie, Familie, Geschlecht, Haus.
3. fester Bestand, Kader, Kern[gruppe].

stammeln

abgehackt/stotternd sprechen, stottern.

stammen

a) entstammen, geboren sein, her sein, herstammen, kommen, sein, seinen Ursprung/seine Wurzel haben. b) datieren, entstehen, sein, überliefert sein, sich zurückführen lassen, zurückgehen. c) abstammen, entstammen, sich herleiten, seine Herkunft/seinen Ursprung haben; *(geh.):* entspringen, hervorgehen; *(dichter.):* entknospen.

Stand

1. Bude, Kiosk, Marktbude, Marktstand, Verkaufsstand.
2. a) Entwicklungsstadium, Entwicklungsstand, Entwicklungsstufe, Entwicklungszustand, Lage, Sachlage, Situation, Stadium, State of the Art, Stufe, Zustand; *(bildungsspr.):* Status. b) Beschaffenheit, Verfassung, Zustand.
3. [Bevölkerungs]gruppe, Gesellschaftsklasse, Gesellschaftsschicht, Kaste, Schicht; *(Soziol.):* Klasse.

Standard

1. Bewertungsmaßstab, [feste] Regel, Grundsatz, Maßstab, Norm, Prinzip, Richtlinie, Richtschnur, Wertmesser.
2. Grad, Höhe, Niveau, Qualitätsniveau, Rang, Stand, Stufe; *(bildungsspr.):* Level.

Ständer

1. Gestell, Stativ, Untersatz.
2. Balken, Pfeiler, Strebe.

standhaft

ausdauernd, beharrlich, durchhaltend, eisenfest, eisern, fest [bleibend], hart[näckig], konsequent, nicht nachgebend, tapfer, unbeirrbar, unbeirrt, unentwegt, unerschütterlich, unnachgiebig, verbissen, willensstark, zäh; *(geh.):* beharrsam; *(bildungsspr.):* insistent.

standhalten

1. aushalten, bestehen [können], durchstehen, gewachsen sein, nicht brechen; *(geh.):* trotzen.
2. sich behaupten, das Feld behaupten, durchhalten, sich halten, nicht ausweichen, nicht nachgeben, sich nicht vertreiben lassen, nicht von der Stelle weichen, nicht wanken, nicht weichen, widerstehen.

ständig

1. andauernd, beständig, dauernd, fortdauernd, fortgesetzt, fortlaufend, fortwährend, immer[fort], immerwährend, immer wieder, in einem fort, laufend, ohne Ende/Unterbrechung, pausenlos, permanent, regelmäßig, sehr häufig, stetig, stets, unablässig, unaufhörlich, unausgesetzt, unentwegt, ununterbrochen; *(geh.):* stet; *(bildungsspr., Fachspr.):* kontinuierlich; *(ugs.):* am laufenden Band, ewig, immerzu, in einer Tour; *(emotional):* ohne Unterlass.
2. beständig, dauerhaft, dauernd, fest, fix, geregelt, gleichbleibend, konstant, sich nicht ändernd, permanent, regelmäßig, unveränderlich, unverändert, von Bestand/Dauer.

Standort

a) Lage, Lokation, Ort, Platz, Position, Punkt, Sitz, Stand[punkt], Stelle, Stellung. b) Anschauung, Ansicht, Auffassung, Einstellung, Haltung, Meinung, Position, Standpunkt, Überzeugung.

Standpunkt

1. Betrachtungsweise, Blickpunkt, Blickrichtung, Blickwinkel, Brille, Gesichtspunkt, Gesichtswinkel, Hinsicht, Sehweise, Sicht[weise]; *(geh.):* Warte; *(bildungsspr.):* Aspekt, Perspektive.

2. Anschauung, Ansicht, Auffassung, Denkart, Denkweise, Einstellung, Geisteshaltung, Gesinnung, Grundposition, Haltung, Meinung, Position, Sinnesart, Überzeugung; *(bildungsspr.):* Orientierung.

Stange

Latte, Stab, Stock.

Stapel

Anhäufung, Berg, Haufen, Stoß, Turm; *(südd., schweiz.):* Beige.

stapeln

aufeinanderlegen/-setzen/-stellen, aufhäufe[l]n, aufschichten, aufstapeln, auftürmen, häufeln, setzen, türmen, übereinanderlegen/-setzen/-stellen, zu einem Stapel schichten; *(schweiz.):* aufbeigen; *(südd., schweiz.):* beigen.

stapfen

mit schweren Schritten gehen, stampfen; *(ugs.):* stiefeln.

Star

Berühmtheit, Diva, Fernsehstar, Filmgröße, Filmstar, Quotenkönig, Stern, TV-Star; *(emotional verstärkend):* Topstar; *(veraltend):* Filmdiva.

stark

1. a) baumstark, kernig, kräftig, kraftstrotzend, kraftvoll, markig, viel Kraft besitzend; *(ugs.):* bärenstark; *(ugs. emotional verstärkend):* riesenstark. **b)** belastbar, belastungsfähig, hart, leistungsfähig, nicht anfällig, robust, unempfindlich, widerstandsfähig, zäh.

2. eine große Anzahl aufweisend, groß, zahlreich.

3. eine hohe Konzentration aufweisend, gehaltreich, gehaltvoll, intensiv, kräftig, schwer.

4. hohe Leistung bringend, leistungsfähig, leistungsstark, wirksam.

5. ausgezeichnet, brillant, erstklassig, fabelhaft, genial, grandios, hervorragend, sehr gut, vortrefflich, vorzüglich; *(bildungsspr.):* exzellent, superb; *(ugs.):* bombig, famos, fantastisch, glänzend, großartig, klasse, mega, pfundig, prima, spitze, super, toll; *(salopp):* eine Wucht; *(emotional):* wunderbar; *(ugs. emotional verstärkend):* supertoll.

Stärke

1. a) Bärenkraft, Körperkraft, Kraft; *(ugs. emotional verstärkend):* Riesenkraft. **b)** Einfluss, Macht. **c)** Funktionsfähigkeit, Leistungsfähigkeit.

2. Dicke, Festigkeit.

3. Anzahl, Größe, Zahl.

4. Ausmaß, Grad, Größe, Härte, Heftigkeit, Intensität, Maß, Wucht; *(bildungsspr.):* Vehemenz.

BSP Das Feuer hatte erschreckende Ausmaße angenommen. Die Intensität der Strahlung war gering. Er stritt die Tat mit Vehemenz ab.

stärken

1. aufrichten, ertüchtigen, Kraft geben, kräftigen, stabilisieren, stark/widerstandsfähig machen; *(geh.):* stählen.

2. die Wirksamkeit verbessern, festigen, sichern, stützen, untermauern, unterstützen, wirkungsvoller machen; *(bildungsspr.):* konsolidieren, zementieren.

3. steif machen.

stärken, sich

sich erfrischen, sich kräftigen; *(geh.):* sich erquicken, sich laben.

Stärkung

1. a) Besserung, Erholung, Heilung, Kräftigung, Wiederherstellung; *(geh.):* Aufkommen, Genesung, Gesundung; *(bildungsspr.):* Regeneration. **b)** Erfrischung, Essen, Imbiss, kleine Mahlzeit, Kost, Proviant, Schnellimbiss, Snack, Trinken, Verköstigung, Verpflegung, Zwischenmahlzeit; *(geh.):* Speis und Trank, Wegzehrung; *(österr.):* Jause; *(ugs.):* Happen; *(ugs. scherzh.):* Ohnmachtshappen; *(bes. südd.):* Vesper.

2. Aktivierung, Anhebung, Ankurbelung, Anwachsen, Aufwertung, Belebung, Bestärkung, Erhöhung, Forcierung, Förderung, Hebung, Machtzuwachs, Steigerung, Stimulation, Stimulierung, Verbesserung, Verstärkung, Zuwachs; *(geh.):* Beflügelung; *(ugs.):* Anheizung; *(bildungsspr.):* Maximierung, Potenzierung.

starr

1. angespannt, brettsteif, eisern, erstarrt, fest, [frost]klamm, gliederlahm, hart [wie Stahl], kompakt, rostig, spröde, stabil, stählern, steif, steinern, stramm, unbeweglich, unelastisch, unflexibel, verhärtet, verkrampft, versteift, wie versteinert; *(geh.):* ungelenk; *(ugs.):* bocksteif, eingerostet, lahm.

2. a) bewegungslos, erlahmt, leblos, reglos, regungslos, ruhig, statuenhaft, still, unbewegt, wie angewurzelt, wie ein Stück Holz, wie gelähmt/paralysiert, wie tot/versteinert, wie vom

Donner gerührt; *(geh.):* wie aus Erz gegossen. **b)** ausdrucksleer, ausdruckslos, glasig, nichtssagend, ohne Ausdruck, stier, tot; *(geh.):* entseelt; *(abwertend):* leer.

starren
anstarren, besehen, betrachten, den Blick heften, den Blick nicht abwenden können, fixieren, mit Blicken verschlingen, mustern, stieren, unverwandt anblicken/ansehen; *(salopp):* anglotzen, [be]glotzen; *(abwertend):* angaffen, anstieren, begaffen, gaffen, Maulaffen feilhalten; *(nordd.):* glupschen.

starrköpfig
eigensinnig, halsstarr, hartgesotten, hartnäckig, starr, störrisch, trotzig, trotzköpfig, unbeugsam, uneinsichtig, unnachgiebig; *(bildungsspr.):* apodiktisch, obstinat, rigide; *(ugs.):* dickköpfig, dickschädelig, hartschädelig; *(abwertend):* borniert, halsstarrig, rechthaberisch, starrsinnig, verstockt; *(veraltend):* stierköpfig.

Start
1. a) Ausgangspunkt, Startlinie, Startplatz, Startposition; *(Sport):* Ablauf. **b)** Beteiligung, Einsatz, Mitwirkung, Teilnahme.
2. Aktivierung, Einschalten; *(EDV):* Abfrage, Aufruf.
3. Abfahrt, Abmarsch, Abreise, Aufbruch, Fahrtbeginn.
4. Anbruch, Anfangsstadium, Anfangsteil, Ansatz[punkt], Antritt, Auftakt, Ausgang, Ausgangspunkt, Beginn, Eingang, Einsetzen, Einstieg, Eintritt, Eröffnung, erster Schritt/Teil, erstes Stadium, Ouvertüre, Ursprung; *(geh.):* Anbeginn, Aufklang; *(bes. südd., österr.):* Einstand; *(Jargon):* Kick-off-Meeting; *(Sport):* Aufgalopp.

startbereit
abfahrbereit, abmarschbereit, [alarm]bereit, betriebsbereit, betriebsfähig, [betriebs]fertig, einsatzbereit, einsatzfähig, gerichtet, parat, reisefertig, so weit, startfertig, startklar, vorbereitet; *(geh.):* gerüstet; *(bildungsspr.):* disponibel; *(ugs. scherzh.):* gestiefelt und gespornt.

starten
1. loslaufen, lospreschen, losrennen; *(Sport):* abkommen, ablaufen.
2. abfahren, abfliegen, abgehen, ablegen, abreisen, abstoßen, anfahren, anrollen, anziehen, aufbrechen, auslaufen, den/die Anker lichten, die Reise antreten, [fort]fahren, sich in Bewegung setzen, in See stechen, losfahren, losgehen, loskommen, losmarschieren, losziehen, wegfahren, wegfliegen, weggehen; *(ugs.):* abbrausen, abdüsen, abrauschen, abschwirren, abziehen, sich auf die Socken machen, sich fortmachen; *(salopp):* abzischen, losschieben.
3. aktivieren, andrehen, ankurbeln, anlassen, anschalten, anstellen, anwerfen, auslösen, einschalten, in Betrieb/in Bewegung/in Gang setzen, in Betrieb nehmen; *(ugs.):* anknipsen, anmachen; *(salopp):* anschmeißen; *(südd., österr.):* aufdrehen; *(EDV):* abrufen, anwählen, aufrufen, booten, hochfahren.
4. anfangen, angehen, anpacken, ansetzen, ans Werk gehen, aufnehmen, beginnen, darangehen, den Anfang machen, den ersten Schritt tun, die Initiative ergreifen, einweihen, eröffnen, gründen, herangehen, in Angriff nehmen, in die Wege leiten, ins Leben rufen, sich machen an; *(ugs.):* aufmachen, aufziehen, aus der Taufe heben, sich d[a]ranmachen, sich d[a]ransetzen, sich darübermachen, ins Rollen bringen, loslegen.

BSP Wir haben das Projekt endlich in Angriff genommen. Es wird Zeit, dass ich mich an mein Referat mache.

Station
1. Bahnhof, Bahnstation, Halt, Haltepunkt, Haltestelle.
2. Aufenthalt, [Fahrt]unterbrechung, Pause, Rast, Stopp, Zwischenaufenthalt, Zwischenstation, Zwischenstopp; *(schweiz.):* Zwischenhalt.
3. Abteilung, Behandlungsstation, Untersuchungsstation.

stationär
1. a) ortsgebunden, standortgebunden. **b)** beständig, fest, fix, gleichbleibend, konstant, permanent, unverändert.
2. im Krankenhaus, in der Klinik.

Stätte
Lokalität, Ort, Örtlichkeit, Platz, Punkt, Raum, Räumlichkeit, Schauplatz, Stelle, Wirkungsort; *(geh.):* Wirkungsstätte; *(bildungsspr.):* Szenarium.

stattfinden
abgehalten werden, ablaufen, abrollen, sich abspielen, auftreten, sich einstellen, eintreffen, eintreten, sich entwickeln, sich ereignen, erfolgen, sich erfüllen, geschehen, kommen, laufen, passieren, sein, seinen Verlauf nehmen, spielen, sich tun, sich vollziehen, vonstattengehen, vorfallen, vorgehen, vor sich gehen, wahr werden, Wirklichkeit werden, zugehen, zustande kommen, zutage kommen/treten; *(geh.):* sich begeben, sich zutragen; *(bildungsspr.):* sich realisieren; *(ugs.):* abgehen, los sein, über die Bühne gehen.

stattgeben
bestätigen, bewilligen, billigen, die Bewilligung geben, die Erlaubnis erteilen/geben, einräumen, sich einverstanden erklären, einverstanden sein, einwilligen, erlauben, genehmigen, gestatten, gewähren, grünes Licht geben, sein Einverständnis/seine Einwilligung geben, zubilligen, zugestehen, zulassen, zusagen, zustimmen; *(schweiz.):* zusprechen; *(geh.):* erhören; *(bildungsspr.):* konzedieren, legitimieren, permittieren, sanktionieren; *(ugs.):* absegnen; *(salopp):* abnicken.

stattlich
1. groß, hoch aufgeschossen, hochgewachsen, hünenhaft, lang, von hohem Wuchs; *(ugs.):* baumlang; *(oft emotional):* riesig.
2. a) ausgedehnt, ausladend, beeindruckend, breit, eindrucksvoll, enorm, geräumig, gewaltig, gigantisch, großflächig, großräumig, herrschaftlich, immens, imposant, kolossal, mächtig, pompös, umfangreich, umfassend, ungeheuer, üppig, von beachtlichem Ausmaß/Umfang, weitläufig, weiträumig; *(bildungsspr.):* monumental, repräsentabel, repräsentativ, voluminös; *(emotional):* unermesslich; *(oft emotional):* monströs, riesig. b) ansehnlich, beachtlich, bedeutend, bemerkenswert, beträchtlich, erheblich, erstaunlich, gehörig, immerhin, namhaft, nennenswert, nicht weniger als, spürbar; *(geh.):* erklecklich, unermesslich; *(bildungsspr.):* exorbitant, gravierend, respektabel; *(ugs.):* anständig, astronomisch, gepfeffert, hübsch, nett, ordentlich, satt, schön; *(salopp):* gesalzen; *(ugs. emotional):* kolossal, sagenhaft.

Statue
Figur, Plastik, Skulptur, Standbild, Statuette; *(geh.):* Bildwerk.

Statur
äußere Erscheinung, Äußeres, Bau, Erscheinungsbild, Figur, Form, Gestalt, Körperbau, Körperbeschaffenheit, Körperform, [Körper]größe, Leibesbeschaffenheit, Wuchs; *(Fachspr.):* Physiognomie.

Status
1. [Entwicklungs]stadium, [Entwicklungs]stand, [Entwicklungs]stufe, Entwicklungszustand, Gegebenheit, [Gesamt]lage, Sachlage, Sachverhalt, Situation, Umstände, Verhältnisse; *(bildungsspr.):* Konstellation.
2. Ansehen, Autorität, Geltung, [guter] Name/Ruf, Image, Leumund, Position, Rang, Rolle, Stand, Stellung; *(bildungsspr.):* Nimbus, Prestige, Renommee, Reputation, Sozialprestige.

Stau
a) Ansammlung, Stauung, Stockung. b) Autoschlange, [Fahrzeug]schlange, [still]stehender/stockender Verkehr, Stop-and-go-Verkehr, Verkehrsbehinderung, Verkehrsstau, Verkehrsstockung, Verkehrsstörung, zäh fließender Verkehr; *(ugs.):* Blechlawine; *(emotional):* Verkehrschaos.

Staub
Schmutz; *(ugs.):* Dreck; *(veraltend):* Straßenkot.

staubig
angestaubt, schmutzig, staubbedeckt, verstaubt, voller Staub.

staunen
a) erstaunt ansehen/betrachten, mit Staunen/Verwunderung ansehen, mit Staunen/Verwunderung betrachten, überrascht/verwundert ansehen, überrascht/verwundert betrachten; *(abwertend):* angaffen, [be]gaffen. b) aus dem Staunen nicht mehr herauskommen, [bass] erstaunt sein, entgeistert/fassungslos sein, in Erstaunen geraten, sprachlos/überrascht sein, verblüfft/verdutzt/verwundert sein, sich [ver]wundern; *(ugs.):* aus allen Wolken fallen, aus den Latschen/Pantinen kippen, Bauklötze[r] staunen, den [eigenen] Augen nicht trauen, dumm/blöd aus der Wäsche gucken, [dumm] gucken, [große] Augen machen, mit den Ohren schlackern, Mund und Augen/Nase aufreißen/aufsperren, perplex sein, platt/von den Socken sein; *(salopp):* baff/geplättet sein.

stechen
1. beißen, brennen, jucken, kratzen, nagen, plagen, prickeln, quälen, schmerzen, schneiden, stacheln, ziehen, ziepen; *(geh.):* peinigen; *(ugs.):* piesacken, piksen, triezen, wehtun, zwiebeln; *(bes. südd.):* bitzeln; *(abwertend):* drangsalieren.
2. anstechen, aufspießen, bohren, einen Stich beibringen/zufügen, eine Stichverletzung/Stichwunde beibringen, einstechen, gabeln, hauen, hineinbohren, hineinstechen, schlagen, stochern, stoßen, verletzen, zustechen, zustoßen.

stecken
1. durchstecken, einführen, einsetzen, einstecken, einstöpseln, einwerfen, [hinein]drücken, [hinein]legen, [hinein]packen, [hinein]schieben, hineinstecken, [hinein]stellen, [hinein]stopfen, [hinein]stoßen, [hinein]werfen, vergraben, verpacken, versenken, wegstecken; *(ugs.):* hineintun, reinlegen, reinpacken, reinpfriemeln, reinstecken, reinstellen, reinstopfen, reintun; *(Fachspr.):* intromittieren.

2. anheften, anstecken, aufpflanzen, aufspießen, aufstecken, aufstellen, befestigen, einpassen, festheften, [fest]machen, feststecken, spießen.

stecken bleiben

blockieren, eingeklemmt sein, [sich] festfahren, [fest]hängen, [sich] festlaufen, festliegen, festsitzen, ins Stocken geraten, klemmen, nicht vorwärtskommen, nicht weiterkommen, stecken, stocken; *(bildungsspr.):* stagnieren.

Steg

1. Brücke, Überführung, Übergang, Überweg, Viadukt; *(schweiz.):* Passerelle.
2. Anlegebrücke, Anlegesteg, Anlegestelle, Bootssteg, Landungsbrücke, Landungsplatz, Landungssteg, Schiffsanleger.

stehen

a) auf den Beinen/Füßen sein, aufgerichtet/aufrecht sein, sich aufrecht/gerade halten, sich in aufrechter Haltung befinden, in aufrechter Stellung sein, lehnen, senkrecht sein. b) an seinem Platz/Posten sein, sich aufhalten, sich befinden, dastehen, sich erheben, gelegen sein, liegen, [positioniert] sein, seinen Platz haben, vorhanden/zu finden sein; *(geh.):* weilen; *(ugs.):* herumstehen.

BSP Das Fahrrad befand sich im Keller. Der Schlüssel war nirgends zu finden.

c) gesagt werden, geschrieben stehen, zu lesen sein.

BSP Gestern war in der Zeitung zu lesen, dass es einen Bürgerentscheid geben wird.

stehen bleiben

1. anstehen, bleiben, eine Pause einlegen/machen, innehalten, rasten, ruhen, stehen, stillstehen, stoppen, warten; *(geh.):* einhalten, verharren, verschnaufen, verweilen.
2. ablaufen, ausgehen, aussetzen, erlöschen, [sich] festfahren, festhängen, festliegen, festsitzen, hängen, ins Stocken geraten, liegen bleiben, nicht [mehr] funktionieren/gehen/laufen, nicht vorwärtskommen, nicht weiterkommen, pausieren, stecken [bleiben], stillliegen, stocken, ungenutzt bleiben, versagen, zum Stehen/Stillstand kommen; *(geh.):* daniederliegen; *(bildungsspr.):* stagnieren; *(ugs.):* absaufen, absterben, streiken, versacken; *(salopp):* ersaufen.

stehen lassen

1. [liegen] lassen, vergessen, zurücklassen.
2. alleinlassen, im Stich lassen, seinem Schicksal überlassen, verlassen; *(ugs.):* hängen/sitzen lassen, im Regen [stehen] lassen.

stehlen

abnehmen, sich aneignen, an sich nehmen, ausnehmen, ausplündern, ausrauben, beiseiteschaffen, bestehlen, einen Diebstahl begehen/verüben, [fort]nehmen, plündern, rauben, verschwinden lassen, wegnehmen; *(schweiz.):* feken; *(geh.):* berauben, entwenden; *(ugs.):* an sich bringen, auf die Seite bringen/schaffen, grapschen, krumme Finger machen, lange Finger machen, mitgehen lassen, organisieren, zappzarapp machen; *(salopp):* abstauben, beklauen, filzen, fingern, kaschen, klauen, klemmen, krallen, um die Ecke bringen, sich unter den Nagel reißen; *(fam.):* mopsen, stibitzen; *(scherzh.):* entführen; *(ugs. scherzh.):* erleichtern; *(verhüll.):* sich an fremdem Eigentum vergreifen, mitnehmen; *(ugs. verhüll.):* besorgen, einen Griff in die Kasse tun, in die Kasse greifen.

steif

1. starr, unbeweglich, unelastisch, unflexibel, verhärtet, verspannt, versteift; *(ugs.):* bocksteif, eingerostet, lahm.
2. eckig, hölzern, stakig, ungelenkig, verkrampft, verspannt, versteift, wie ein Stock, wie ein Stück Holz; *(geh.):* ungelenk; *(ugs.):* bocksteif, staksig, steif wie ein Besenstiel/Bock/Stock; *(ugs. scherzh.):* wie ein Storch im Salat; *(ugs. emotional verstärkend):* stocksteif.
3. formell, förmlich, papieren, spröde, steril, unnatürlich, verkrampft, versteift; *(bildungsspr.):* zeremoniös; *(ugs. emotional verstärkend):* stocksteif; *(abwertend):* steifleinen.

steigen

1. aufsteigen, aufwärtssteigen, emporsteigen, heraufsteigen, hinaufsteigen, hochsteigen; *(geh.):* emporgehen, sich heben.
2. anwachsen, größer/mehr werden, sich steigern, sich summieren, sich vergrößern, sich vermehren, sich vervielfachen, wachsen, zunehmen; *(geh.):* sich mehren.

steigern

1. a) aktivieren, anheben, ankurbeln, ausbauen, ausdehnen, ausweiten, beleben, erhöhen, erweitern, eskalieren, forcieren, heben, hinaufschrauben, in Gang bringen/setzen, schüren, stimulieren, vergrößern, vermehren, verstärken; *(geh.):* hinaufsteigern, mehren; *(bildungsspr.):* augmentieren, potenzieren; *(ugs.):* anleiern, auf Trab bringen, Dampf machen, in Schwung/ins Rollen bringen. b) intensivieren, verschärfen; *(ugs.):* anheizen.
2. *(Sprachwiss.):* komparieren, Steigerungsformen/Vergleichsformen bilden.

steigern, sich
1. a) anschwellen, ansteigen, anwachsen, sich ausweiten, sich entwickeln, sich erhöhen, eskalieren, klettern, steigen, sich vergrößern, sich vermehren, sich verschärfen, sich verstärken, wachsen, zunehmen; *(bildungsspr.):* sich potenzieren; *(ugs.):* sich aufschaukeln, zulegen. **b)** aufwärtsgehen, bergauf gehen, sich bessern, besser werden, sich verbessern; *(ugs.):* zulegen.
2. sich hineinsteigern; *(ugs.):* sich reinsteigern.

steil
abschüssig, absteigend, abstürzend, aufsteigend, fast senkrecht, geneigt, jäh, mit starkem Gefälle, schief, schräg, schroff, stark abfallend/ansteigend; *(schweiz.):* gähstotzig; *(bes. schweiz.):* ruppig.

Stein
Fels, Felsblock, Felsen, Gestein, Gesteinsblock.

steinig
1. felsig, steinreich, voller Steine.
2. anstrengend, beschwerlich, dornenreich, dornenvoll, hart, mühevoll, mühselig, sauer, schwer, schwierig, strapaziös; *(geh.):* dornig; *(bes. südd. u. schweiz.):* streng; *(salopp):* heavy.

Stelle
1. Ort, Örtlichkeit, Platz, Punkt, Standort, Winkel; *(geh.):* Statt, Stätte; *(ugs.):* Fleck.
2. Absatz, Abschnitt, Ausschnitt, Passage, Teil, Textstelle; *(bildungsspr.):* Passus.
3. Platz, Position, Rang[stufe].
4. Anstellung, Arbeit, Arbeitsplatz, Arbeitsstelle, Beschäftigung[sverhältnis], Position, Posten, Stellung; *(ugs.):* Job; *(veraltend):* Unterkommen.

stellen
1. absetzen, abstellen, niedersetzen, niederstellen, zu Boden setzen.
2. aufstellen, einstellen, hinstellen, platzieren, postieren, setzen; *(ugs.):* [hin]tun.
3. bereitstellen, bieten, geben, spenden, überlassen, zur Verfügung stellen; *(ugs.):* spendieren.
4. aufgreifen, dingfest machen, ergreifen, fassen, festnehmen, gefangen nehmen, greifen, in Arrest/Gewahrsam/Haft nehmen, in seine Gewalt bekommen, verhaften; *(geh.):* habhaft werden; *(ugs.):* erwischen, kriegen, schnappen; *(salopp):* hoppnehmen, kaschen; *(Jargon):* hochnehmen.

stellen, sich
1. sich aufstellen, Aufstellung nehmen, sich hinstellen, sich platzieren, sich postieren; *(ugs.):* sich aufbauen, sich aufpflanzen, sich hinbauen.
2. heucheln, simulieren; so tun, als ob; sich verstellen, vorgaukeln, vorgeben, vormachen, vorschützen, vorspiegeln, vorspielen, vortäuschen; *(bildungsspr.):* fingieren; *(ugs.):* markieren.
3. sich ausliefern, sich ergeben, sich melden.
4. eine Einstellung/eine Meinung haben, einen Standpunkt vertreten, meinen, Position beziehen, stehen, sich verhalten.

stellenweise
an einigen Orten, an manchen Stellen, gebietsweise, hier und da, streckenweise, vereinzelt, verstreut; *(geh.):* mancherorts.

Stellung
1. Lage, Ort, Platz, Position, Stand[ort].
2. Amt, Anstellung, Arbeit, Arbeitsplatz, Beschäftigung, Position, Posten, Stelle; *(ugs.):* Job; *(veraltend):* Unterkommen.
3. Platz, Position, Rang[stufe].

Stellungnahme
Äußerung, Beurteilung, Bewertung, Einschätzung, Kommentar, Meinung, Position, Statement, Urteil, Votum; *(schweiz.):* Vernehmlassung.

Stellung nehmen
bewerten, ein Urteil abgeben/fällen, evaluieren, kommentieren, positionieren, reagieren, richten, werten.

BSP Man muss diese Äußerungen richtig bewerten. Er wollte kein Urteil abgeben. Sie pflegte alles und jedes auf ihre Art zu kommentieren.

Stellvertreter, Stellvertreterin
Ersatz, Ersatzmann, Ersatzfrau, Vertreter, Vertreterin, Vertretung, zweiter Mann; *(ugs.):* Nachrücker, Nachrückerin, Vize; *(bildungsspr. veraltend):* Substitut, Substitutin.

stemmen
1. heben, hochheben, hochstemmen, in die Höhe drücken; *(geh.):* emporheben; *(ugs.):* wuchten.
2. anstemmen, drücken, stoßen.

stemmen, sich
sich aufbäumen, sich auflehnen, sich empören, sich entgegenstemmen, entgegentreten, Front machen, opponieren, sich wehren, sich widersetzen, Widerspruch erheben, sich zur Wehr setzen; *(geh.):* aufbegehren, sich bäumen, frondieren, trotzen, wider/gegen den Stachel löcken; *(bildungsspr.):* rebellieren, revoltieren; *(ugs.):* auf die Barrikaden gehen/steigen, sich auf die Hinterbeine setzen/stellen, aufmucken, sich querlegen, sich querstellen.

Stempel
1. Siegel; *(österr.):* Stampiglie.

2. Siegel[abdruck].
3. Prägung, Zeichen; *(bildungsspr.):* Signum.

stempeln
1. abstempeln, mit einem Stempel/Siegel versehen, siegeln.
2. abstempeln, brandmarken, einordnen, einstufen, erklären, etikettieren, hinstellen, kennzeichnen; *(bildungsspr., Soziol.):* stigmatisieren.

sterben
aufhören zu leben, aus unsrer/eurer Mitte gerissen werden, sein Leben beschließen, sein Leben verlieren, umkommen; *(geh.):* [da]hinsterben, den Weg allen Fleisches gehen, entschlafen, hingehen, ins Grab sinken, seinen letzten Seufzer tun, verscheiden, versterben, vom Tode ereilt werden, von der Erde scheiden, vor Gottes Richterstuhl treten; *(ugs.):* abtreten, wegsterben; *(salopp):* abfahren, abschnappen, abtanzen, den Löffel abgeben/wegwerfen/wegschmeißen, [einen] Abgang machen, einen Flachmann bauen, hopsgehen, ins Gras beißen, über die Wupper gehen; *(verhüll.):* die Augen für immer schließen, die Augen zumachen, [friedlich] einschlafen, einschlummern, für immer von jmdm. gehen, seine letzte Reise antreten, über den Jordan gehen; *(geh. verhüll.):* abberufen werden, abscheiden, aus der Welt gehen/scheiden, dahingehen, dahinscheiden, davongehen, den/seinen Geist aushauchen, die ewige Ruhe finden, entschlummern, heimgehen, hinscheiden, hinübergehen, hinüberschlafen, hinüberschlummern, in den ewigen Frieden/in das Reich des Todes/in die Ewigkeit/ins ewige Leben eingehen, sein Dasein vollenden, sein Leben/die Seele aushauchen, sein Leben vollenden, vom Schauplatz/von der Bühne des Lebens abtreten, zu Staub werden; *(ugs. verhüll.):* bei Petrus anklopfen, sich davonmachen, den letzten Schnaufer tun; *(veraltend):* fortsterben; *(geh. veraltet):* dahinfahren, verbleichen.

sterblich
begrenzt, irdisch, vergänglich; *(dichter.):* erdgeboren; *(Fachspr.):* endlich.

stereotyp
automatisch, eingefahren, feststehend, formelhaft, gleichartig, gleichförmig, immer wieder gleich, in der gleichen Form [auftretend], in derselben Weise wiederkehrend, monoton, stets auf dieselbe Art, sich wiederholend; *(bildungsspr.):* stereotypisch; *(abwertend):* nach Schema F, phrasenhaft; *(bildungsspr. abwertend):* klischeehaft.

steril
1. keimfrei, sterilisiert.
2. fortpflanzungsunfähig, impotent, zeugungsunfähig.
3. einfallslos, fantasielos, geistig unfruchtbar, ideenlos, impotent, nicht kreativ, nicht schöpferisch, unschöpferisch.

sterilisieren
1. abkochen, auskochen, desinfizieren, entkeimen, keimfrei/steril machen, pasteurisieren.
2. entmannen, verschneiden, zeugungsunfähig machen; *(geh.):* der Zeugungsfähigkeit berauben; *(veraltend):* die Manneskraft nehmen.

Stern
a) Asteroid, Gestirn. **b)** Berühmtheit, Diva, Fernsehstar, Filmgröße, Filmstar, Sternchen; *(emotional verstärkend):* Topstar; *(veraltend):* Filmdiva. **c)** Glück[sstern], günstige Fügung des Schicksals; *(geh.):* Fortuna, freundliches/glückliches Geschick.

stetig
andauernd, beständig, dauernd, fortdauernd, fortgesetzt, fortwährend, immer[fort], immerwährend, in einem fort, konstant, laufend, pausenlos, permanent, ständig, stets, unablässig, unaufhörlich, unentwegt, ununterbrochen; *(geh.):* stet; *(bildungsspr., Fachspr.):* kontinuierlich; *(ugs.):* am laufenden Band, ewig, immerzu, in einer Tour; *(emotional):* ohne Unterlass.

stets
[an]dauernd, fortdauernd, fortgesetzt, fortlaufend, fortwährend, immer[fort], jederzeit, permanent, prinzipiell, ständig, unablässig, unaufhörlich, unausgesetzt, unentwegt, ununterbrochen, wie eh und je, zeitlebens, zu jeder Zeit; *(ugs.):* ewig, immerzu, in einer Tour.

¹Steuer
a) Lenker, Lenkrad, Lenkstange, Lenkung, Steuerrad. **b)** Ruder.

²Steuer
1. Abgabe, Abzüge.
2. Finanzamt, Finanzbehörde, Steuerbehörde; *(veraltend):* Steueramt.

steuern
1. fahren, führen, lenken, regieren; *(veraltend):* chauffieren.
2. ansteuern, eine Richtung einschlagen, hinsteuern, Kurs/Richtung nehmen, lossteuern, zufahren, zuhalten, zusteuern.
3. a) bedienen, betätigen, handhaben.
b) beeinflussen, dirigieren, leiten, lenken, regulieren.

Steuerung
a) Bedienung, Betätigung, Handhabung. **b)** Beeinflussung, Führung, Leitung, Lenkung, Regulierung.

Steward, Stewardess
Flugbegleiter, Flugbegleiterin; *(schweiz.):* Flight-Attendant.

stibitzen
stehlen, wegnehmen; *(geh.):* entwenden; *(ugs.):* an sich bringen, lange/krumme Finger machen, mitgehen lassen; *(salopp):* abstauben, klauen, klemmen, krallen, um die Ecke bringen, sich unter den Nagel reißen; *(fam.):* mopsen.

Stich
1. Stoß.
2. Verletzung, Verwundung, Wunde.

sticheln
boshafte Anspielungen machen, Giftpfeile abschießen, spitze Bemerkungen machen, Spitzen austeilen, spötteln.

stichhaltig
begründet, bestechend, bündig, einleuchtend, glaubwürdig, hieb- und stichfest, logisch, plausibel, schlagend, schlüssig, triftig, überzeugend, unangreifbar, unwiderlegbar, zwingend; *(österr.):* stichhältig; *(bildungsspr.):* stringent; *(Wissensch.):* evidenzbasiert.

Stichprobe
Kontrolle, Nachprüfung, Probe, [Stichproben]prüfung, Test, Überprüfung, Untersuchung.

Stichtag
Deadline, Frist, Termin, Zeitpunkt.

Stichwort
1. *(Fachspr.):* Lemma.
2. Einsatzzeichen.
3. Gedächtnishilfe, Gedächtnisstütze, Stichpunkt.

stickig
drückend, dumpf, rauchig, schlecht, ungelüftet, verbraucht, verräuchert, zum Schneiden; *(abwertend):* verpestet; *(ostmd.):* dämsig.

stiefeln
mit schweren Schritten gehen, stampfen, stapfen, trotten.

stiefmütterlich
a) abweisend, barsch, eisig, frostig, gefühllos, herzlos, kühl, lieblos, ohne Liebe/Wärme, unfreundlich, unliebenswürdig; *(abwertend):* grob, rüde. **b)** achtlos, gleichgültig, lieblos, nachlässig, nicht gewissenhaft/gründlich/sorgfältig, schlecht.

Stiege
Treppe.

Stiel
1. Griff, Schaft, Stange.
2. Halm, Stängel.

stieren
anstarren, den Blick heften, den Blick nicht abwenden, starr anblicken/ansehen, starren, unverwandt anblicken/ansehen; *(salopp):* anglotzen; *(abwertend):* angaffen, anstieren.

Stift
1. Holzstift, Metallstift, Nagel.
2. Bleistift, Buntstift, Farbstift, Griffel, Schreibstift, Zeichenstift.

stiften
1. aufbauen, begründen, bilden, das Fundament legen, einrichten, errichten, etablieren, gründen, ins Leben rufen, schaffen; *(bildungsspr.):* instituieren, konstituieren; *(ugs.):* aufziehen, aus der Taufe heben.
2. als Spende geben, beschenken, einen Beitrag leisten, schenken, spenden, überlassen, zukommen lassen, zuwenden; *(geh.):* bedenken mit, ein Scherflein beisteuern/beitragen, zuteilwerden lassen; *(bildungsspr.):* seinen Obolus entrichten.

Stifter, Stifterin
1. Schöpferin, Begründer, Begründerin, Gründer, Gründerin, [Gründer]vater, Schöpfer, Urheber, Urheberin; *(bildungsspr.):* Initiator, Initiatorin.
2. Geber, Geberin, Gönner, Gönnerin, Spender, Spenderin; *(bildungsspr.):* Mäzen, Mäzenatin, Mäzenin; *(ugs.):* Sponsor, Sponsorin.

Stil
1. Ausdrucksweise, Redestil, Redeweise, Schreibart, Schreibstil, Schreibweise, Sprache, Sprechweise; *(bildungsspr.):* Diktion.
2. Baustil, Kunstrichtung, Manier.
3. Art [und Weise], Methode, Verfahrensweise, Verhaltensweise, [Vorgehens]weise.

still
1. geräuschlos, lautlos, ruhig; *(geh.):* kirchenstill; *(emotional verstärkend):* todstill, totenstill; *(ugs. emotional verstärkend):* mucksmäuschenstill.
2. a) geräuscharm, geräuschlos, ruhig, verschwiegen. **b)** kaum hörbar, lautlos, leise, ruhig, unhörbar; *(geh.):* kaum vernehmbar.
3. bewegungslos, erstarrt, leblos, reg[ungs]los, ruhig, starr, statuenhaft, unbeweglich, unbewegt, wie angewurzelt/gelähmt, wie tot/versteinert; *(bildungsspr.):* wie paralysiert.
4. a) friedlich, geruhsam, ohne Störungen/Zwischenfälle, ruhig; *(geh.):* friedvoll. **b)** beschaulich, frei von Hektik, gemächlich, geruhsam, idyllisch, ruhig; *(geh.):* friedlich.

GGS betriebsam, chaotisch, geschäftig.

5. einsilbig, nicht sehr gesprächig, reserviert, schweigsam, stumm, wortkarg, zurückhaltend; *(geh.):* in sich gekehrt; *(ugs.):* mundfaul, zugeknöpft; *(salopp):* maulfaul.

Stille
Geräuschlosigkeit, Grabesstille, Lautlosigkeit, Ruhe, [Still]schweigen, Totenstille; *(geh.):* Kirchenstille.

stillen
1. an die Brust legen, anlegen, die Brust geben, nähren, säugen.
2. abdecken, befriedigen, decken, zufriedenstellen, zum Aufhören bringen; *(geh.):* sättigen; *(bildungsspr.):* saturieren.
3. abschwächen, begrenzen, beschränken, bremsen, dämpfen, eindämmen, mildern, unterdrücken, unter Kontrolle bringen, vermindern, verringern, zum Stillstand bringen; *(geh.):* dämmen, Einhalt gebieten/tun, mindern.

stillhalten
sich abfinden, akzeptieren, sich bieten lassen, dulden, sich fügen, hinnehmen, in Kauf nehmen, nicht reagieren, sich nicht wehren, sich schicken, stillbleiben, zulassen; *(bildungsspr.):* tolerieren; *(ugs.):* sich gefallen lassen, Ja und Amen sagen, nicht aufmucken, schlucken.

still halten
sich nicht bewegen/rühren, regungslos bleiben/sein, still bleiben.

stilllegen
abschalten, aufgeben, auflösen, außer Betrieb setzen, den Betrieb einstellen, schließen, stoppen; *(südd., österr.):* auflassen.

stillschweigend
a) ohne darüber zu reden, ohne etwas zu sagen, ohne Worte, schweigend, still, unausgesprochen, wortlos. **b)** geheim, heimlich, im Geheimen/Stillen/Verborgenen, ohne förmliche/offizielle Abmachung, ohne jedes Aufheben, still, unauffällig, unbemerkt, unbeobachtet, verborgen; *(ugs.):* sang- und klanglos.

Stillstand
Halt, Lähmung, Pause, Stau[ung], Stockung, Stopp, toter Punkt, Unterbrechung; *(bildungsspr.):* Stagnation.

stillstehen
aufhören, ausfallen, aussetzen, nicht mehr in Bewegung/Betrieb/Funktion sein, nicht mehr laufen, stehen [bleiben], stocken, unterbrochen sein, versagen, zum Stillstand gekommen sein; *(bildungsspr.):* stagnieren.

stilvoll
ansprechend, apart, ästhetisch, elegant, exquisit, fein, formvollendet, gepflegt, geschmackvoll, kunstvoll, mit Geschmack, schick, schön, stilgemäß, stilgerecht, vornehm; *(geh.):* [aus]erlesen, edel.

stimmberechtigt
abstimmungsberechtigt, stimmfähig, wahlberechtigt.

Stimme
1. a) *(ugs.):* Organ. **b)** Klangfarbe, Sprachfärbung, Sprechweise, Ton[fall]; *(Sprachwiss.):* Sprachmelodie. **c)** Singstimme.
2. Auffassung, Meinung, Urteil; *(bildungsspr.):* Votum.

stimmen ⚡
1. a) sich bestätigen, sich bewahrheiten, dem Sachverhalt/der Wahrheit entsprechen, den Tatsachen entsprechen, der Fall sein, korrekt/richtig sein, wahr/zutreffend sein, zutreffen.

BSP Die Ausführungen des Autors entsprechen den Tatsachen. Diese Aussage trifft zu.

b) ausreichen, in Ordnung sein; *(ugs.):* hinkommen, klappen, okay/o. k. sein.
2. harmonieren, passen; *(ugs.):* sich vertragen.
3. sich entscheiden, nehmen, optieren, seine Stimme abgeben, seine Wahl treffen, wählen; *(bildungsspr.):* votieren.

stimmig
ausgewogen, ein ausgewogenes Ganzes bildend, geglückt, gelungen, gleichmäßig, gut zusammenpassend, harmonisch, im Gleichgewicht, im richtigen Verhältnis, passend, rund.

Stimmung
1. Gemütslage, [Gemüts]verfassung, Gemütszustand, Laune; *(geh.):* Gestimmtheit.
2. Atmosphäre, Ausstrahlung, Faszination, Flair, Fluidum, Klima, Kolorit, Wirkung, Zauber; *(geh.):* Aura, Hauch; *(bildungsspr.):* Air, Emanation.

BSP Es herrschte eine frostige/angenehme/entspannte/lockere/aufgeheizte Atmosphäre. Das geistige/politische/wirtschaftliche Klima hat sich geändert/verschlechtert/gebessert.

stimmungsvoll
erhaben, feierlich, festlich, gefühlsbetont, gefühlsselig, gemütvoll, lyrisch, romantisch, würdevoll; *(geh.):* andachtsvoll, beseelt, gefühlerfüllt, seelenvoll; *(bildungsspr.):* poetisch; *(abwertend):* salbungsvoll, schmalzig; *(oft abwertend):* rührselig, sentimental, tränenselig; *(leicht abwertend):* gefühlvoll.

stinken
einen üblen Geruch ausströmen/verbreiten, scheußlich/schlecht riechen, übel/unangenehm riechen; *(iron.):* duften.

A B C D E F G H I J K L M N O P Q R S sti T U V W X Y Z

Stipendium
Studienbeihilfe, Studienförderung; *(ugs.):* BAföG.

stöbern
absuchen, durchforsten, durchmustern, durchsuchen, durchwühlen, kramen; *(ugs.):* durchkramen, durchstöbern, herumsuchen, [herum]wühlen.

¹Stock
1. Knüppel, Knüttel, Pfahl, Pflock, Stab, Stange.
2. Bestand, Grundstock, Inventar, Lager, Rücklage, Substanz, Vorrat; *(geh.):* Fonds, Schatz; *(bildungsspr.):* Ressource.

²Stock
Etage, [Ober]geschoss, Oberstock, Stockwerk.

³Stock
Bestand, Grundstock, Inventar, Vorrat, Warenbestand, Warenlager.

stocken
1. anhalten, aufhören, ausfallen, ausgehen, aussetzen, erlöschen, ins Stocken geraten, nicht vorangehen/weitergehen/weiterkommen, sich nicht weiterentwickeln, ruhen, stecken/stehen bleiben, stillstehen, versagen, zum Stehen/Stillstand gekommen sein; *(geh.):* erlahmen; *(bildungsspr.):* stagnieren; *(ugs.):* absaufen, auf der Stelle treten, nicht vorwärtsgehen, streiken, versacken.
2. anhalten, Atem holen, aufhören, aussetzen, eine Pause einlegen/machen, einstellen, innehalten, pausieren, stehen bleiben, stoppen, unterbrechen, zögern; *(geh.):* einhalten, verhalten; *(ugs.):* drucksen, hängen [bleiben].
3. flockig werden, gerinnen, klumpen, Klumpen bilden, klumpig werden.

Stockwerk ↑²Stock.

Stoff
1. Flor, Gespinst, Gewebe, Tuch; *(österr.):* Webe.
2. Ausgangsmaterial, Grundstoff, Material, Rohstoff, Substanz.
3. Betäubungsmittel, Droge, Rauschgift, Rauschmittel, Suchtmittel; *(Jargon):* Dope, Hard Drug, Hard Stuff, Soft Drug.
4. Gegenstand, Thema, Thematik, Themenstellung; *(bildungsspr.):* Sujet.

stöhnen
a) ächzen, aufseufzen, einen Seufzer ausstoßen, jammern, seufzen. b) jammern, klagen, schimpfen; *(geh.):* wehklagen; *(ugs.):* motzen.

stolpern
1. hängen bleiben, straucheln, taumeln.
2. keinen Erfolg haben, scheitern, sein Ziel nicht erreichen, straucheln, versagen, zu Fall kommen; *(geh.):* stranden; *(salopp):* auf die Schnauze fallen, baden gehen, einbrechen.

stolz
1. a) erfolgsverwöhnt, majestätisch, mit geschwellter Brust, selbstbewusst, selbstsicher, selbstverliebt, sicher [im Auftreten], überheblich, überlegen, von sich selbst überzeugt; *(geh.):* [hoch]erhobenen Hauptes, mit erhobenem Haupt, siegesgewiss, souverän. b) herablassend, hochfahrend, hochmütig, überheblich; *(geh.):* vermessen; *(bildungsspr.):* affektiert, hybrid; *(ugs.):* angeberisch; *(abwertend):* anmaßend, arrogant, blasiert, eingebildet, eitel, großspurig, großtuerisch, selbstgefällig, snobistisch, versnobt, von sich eingenommen; *(geh. abwertend):* dünkelhaft, hoffärtig; *(bildungsspr. abwertend):* süffisant.
2. ansehnlich, beachtlich, eindrucksvoll, enorm, gigantisch, großartig, imponierend, imposant, kolossal, mächtig, markant, sagenhaft, stattlich, überwältigend; *(bildungsspr.):* respektabel.

Stolz
a) Ehre, Ehrgefühl, Selbstachtung, Selbstbewusstsein, Selbstsicherheit, Selbstvertrauen, Sicherheit, Wertgefühl, Würde. b) Anmaßung, Einbildung, Selbstverliebtheit, Überheblichkeit; *(geh.):* Selbstgewissheit, Siegesgewissheit, Vermessenheit; *(abwertend):* Arroganz, Blasiertheit, Dünkel, Eingebildetheit, Eitelkeit, Selbstgefälligkeit, Selbstherrlichkeit.

stopfen
1. ausbessern, flicken, zusammennähen, zustopfen; *(ugs.):* ausflicken.
2. [hinein]drücken, [hinein]pressen, [hinein]quetschen, [hinein]stecken, hineinstopfen, [hinein]zwängen; *(ugs.):* reindrücken, reinstopfen, reinzwängen.

stoppen
1. abblocken, abfangen, abwehren, abwenden, auffangen, aufhalten, blockieren, bremsen, eindämmen, einstellen, hemmen, lahmlegen, unterbinden, vereiteln, verhindern, zum Scheitern/Stehen/Stillstand bringen, zunichtemachen; *(schweiz.):* versäumen; *(geh.):* Einhalt gebieten/tun, zu Fall bringen.
2. [ab]bremsen, abstoppen, anhalten, halten, haltmachen, stehen bleiben, stocken, zum Stehen kommen.
3. abstoppen, [mit der Stoppuhr] messen, timen.

Stöpsel
Korken, Pfropfen, Spund, Verschluss, Zapf[en]; *(österr.):* Stoppel; *(nordd.):* Proppen.

stören ⚡
1. behelligen, belästigen, lästig werden, zur Last fallen; *(geh.):* anliegen; *(ugs.):* auf die Nerven fallen/gehen, nerven; *(nordd.):* belämmern.
2. antasten, beeinträchtigen, behindern, belasten, beschweren, blenden, erschweren, hemmen, hindern, in Mitleidenschaft ziehen, negative Wirkung ausüben, überlasten.
3. abstoßen, ein Dorn im Auge sein, einen schlechten Eindruck machen, kein Gefallen finden, missfallen, Missfallen auslösen/hervorrufen, nicht behagen, nicht gefallen, nicht passen, nicht zusagen, unangenehm berühren, widerstreben; *(geh.):* verdrießen; *(ugs.):* abtörnen, gegen den Strich gehen, nicht erbaut sein, nicht schmecken; *(abwertend):* anwidern.

störend
abträglich, beeinträchtigend, behindernd, belastend, erschwerend, hemmend, hinderlich, hindernd, im Weg, lästig, nachteilig, negativ, unbequem, unerwünscht, ungelegen, ungünstig, widrig, zeitraubend; *(schweiz.):* bemühend, ungefreut; *(bildungsspr.):* obstruktiv; *(ugs.):* nervig.

störrisch
eigensinnig, halsstarr, hartgesotten, hartnäckig, starr, trotzig, trotzköpfig, unbeugsam, uneinsichtig, unnachgiebig; *(bildungsspr.):* apodiktisch, obstinat, rigide; *(ugs.):* dickköpfig, dickschädelig, hartschädelig; *(abwertend):* borniert, halsstarrig, rechthaberisch, starrköpfig, starrsinnig, verstockt; *(veraltend):* stierköpfig.

Störung
1. Beeinträchtigung, Behelligung, Behinderung, Belästigung, Unterbrechung.
2. Defekt, Panne, Problem, Schaden, Schädigung.

Story
1. Geschichte, Handlung, Hergang, Inhalt, Stoff; *(geh.):* Geschehen; *(Literaturwiss.):* Plot.
2. a) Anekdote, Erzählung, Geschichte, Legende, Schwank. **b)** Ausführung[en], Bericht, Information, Meldung, Mitteilung, Report, Reportage, Schilderung; *(ugs.):* Info.

Stoß
1. Anprall, Aufprall, Ruck; *(ugs.):* Anrempler, Knuff, Schubs, Stups, Stupser.
2. Beben, Erdbeben, Erdstoß, Erschütterung, Vibration, Zittern, Zucken.
3. Anhäufung, Berg, Stapel, Turm; *(ugs.):* Haufen, Schwung; *(südd., schweiz.):* Beige.

stoßen
a) prallen, schlagen, schmettern; *(ugs.):* bumsen. **b)** einhauen, einschlagen, hineinschlagen, hineintreiben. **c)** abdrücken, abstoßen, fortstoßen, wegdrücken, wegstoßen; *(südd., österr., schweiz.):* schupfen.

stoßen, sich
1. anschlagen, anstoßen, sich prellen, sich verletzen.
2. Anstoß nehmen, auszusetzen haben, beanstanden, bemängeln, Kritik üben, kritisieren, missbilligen, monieren, nicht akzeptieren, nicht durchgehen lassen, nicht gelten lassen, nicht gutheißen, nicht hinnehmen, reklamieren, rügen, sich stören, tadeln, verurteilen, zurückweisen; *(ugs.):* bemäkeln, herummeckern, motzen; *(abwertend):* bekritteln.

stottern
abgehackt/stockend sprechen, radebrechen, stammeln; *(ugs.):* sich verhaspeln.

Strafanstalt
Gefängnis, Haftanstalt, JVA; *(österr.):* Gefangenenhaus, Kotter; *(ugs.):* Kahn, Kittchen, Knast, Loch, Sing-Sing; *(Jargon):* Kiste.

Strafe
a) Abstrafung, Bestrafung, Maßregelung, Strafaktion, Strafmaßnahme, Vergeltung; *(geh.):* Ahndung, Sühne; *(bildungsspr.):* Repressalie, Sanktion. **b)** Gefängnis[strafe], Haft; *(ugs.):* Knast. **c)** Geldbuße, Geldstrafe. **d)** Strafausmaß, Strafmaß.

strafen
abstrafen, bestrafen, einen Denkzettel erteilen/geben/verpassen, eine Strafe auferlegen, maßregeln, mit jmdm. ins Gericht gehen, vergelten, zur Rechenschaft ziehen, zur Verantwortung ziehen; *(geh.):* ahnden, züchtigen; *(bildungsspr.):* mit Sanktionen belegen, pönalisieren, sanktionieren; *(ugs.):* eine Strafe aufbrummen.

straff
auf das Wesentliche beschränkt, gedrängt, gerafft, gestrafft, komprimiert, konzentriert, kurz [und bündig], summarisch, verdichtet, zusammengedrängt, zusammengefasst; *(bildungsspr.):* in nuce.

straffen
1. anspannen, anziehen, dehnen, spannen, straff ziehen, strammen.
2. effizienter gestalten/machen, rationalisieren, umorganisieren, umstrukturieren, vereinfachen, vereinheitlichen.

sträflich
achtlos, fahrlässig, gedankenlos, gefährlich, gewagt, leichtfertig, nicht zu verantworten, pflichtvergessen, sorglos, unentschuldbar, unverzeihlich, verantwortungslos; *(veraltend):* mutwillig.

strahlen
1. Helligkeit verbreiten, leuchten, scheinen.
2. aussenden, ausstrahlen, verbreiten, verströmen.

strahlend
a) beleuchtet, erhellt, erleuchtet, hell[licht], im Sonnenschein, sonnig, von Licht erfüllt; *(geh.):* licht[durchflutet], lichterfüllt, sonnenbeschienen, sonnendurchflutet. b) aufgeheitert, freundlich, heiter, klar, schön, wolkenlos.

stramm
1. ↑straff.
2. drall, massig, üppig; *(ugs.):* bullig.

strampeln
zappeln; *(ugs.):* [he]rumhampeln.

Strand
Küste, Küstenstreifen, Ufer; *(dichter.):* Gestade.

stranden
1. auffahren, auf Grund geraten/laufen, auflaufen, sich festfahren.
2. keinen Erfolg haben, nicht von Erfolg begleitet/gekrönt sein, scheitern, Schiffbruch erleiden, sein Ziel nicht erreichen, stolpern, straucheln, versagen, zu Fall kommen; *(salopp):* baden gehen.

Strang
Kordel, Leine, Schnur, Seil, Strick, Tau, Trosse.

Strapaze
Anstrengung, Mühe, Qual, Quälerei, Stress, Tortur; *(geh.):* Beschwernis, Fron, Mühsal; *(ugs.):* Plackerei; *(abwertend):* Schinderei.

strapazieren
1. abnutzen, beanspruchen, in Anspruch nehmen, nicht schonen.
2. anstrengen, aufreiben, auslaugen, ermüden, erschöpfen, mitnehmen, traktieren, zermürben, zusetzen; *(geh.):* abmüden, aufzehren, auszehren; *(ugs.):* abschlaffen, auf die Knochen gehen, schlaff/schlapp machen, schlauchen.

strapazieren, sich
sich abmühen, sich anstrengen, sich ins Geschirr legen, kämpfen; *(österr.):* antauchen; *(geh.):* Anstrengungen unternehmen, sich befleißigen; *(meist geh.):* sich mühen; *(ugs.):* sich abstrampeln, sich abzappeln, sich auf die Hinterbeine setzen/stellen, sich dahinterklemmen, sich ins Zeug legen, rackern; *(salopp):* sich die Ohren brechen.

strapazierfähig
haltbar, langlebig, robust, solide, unempfindlich, unverwüstlich; *(österr.):* strapazfähig; *(ugs.):* dankbar, nicht kleinzukriegen/umzubringen; *(scherzh.):* nicht totzukriegen.

strapaziös
anstrengend, aufreibend, beschwerlich, hart, mühevoll, mühsam, nicht einfach, nicht leicht, schwer, unangenehm, unerfreulich, voller Schwierigkeiten; *(geh.):* dornig, steinig; *(ugs.):* stressig; *(salopp):* heavy.

Straße
1. Allee, Boulevard, Gasse, Landstraße, Schnellstraße, Weg; *(veraltend):* Chaussee.
2. Damm, Fahrbahn, Trasse.
3. Meerenge, Meeresstraße, Sund.

Straßenbahn
(österr.): Tramway; *(südd.):* Trambahn.

Strategie
Berechnung, Diplomatie, Kalkül, Methode, Politik, Praktik, Taktik, Verfahrensweise, Vorgehen, Vorgehensweise; *(bildungsspr.):* Raffinesse; *(abwertend):* taktisches Manöver.

strategisch
ausgeklügelt, berechnend, clever, diplomatisch, gescheit, geschickt, intelligent, klug, listig, methodisch, pfiffig, planvoll, politisch, raffiniert, schlau, smart, taktisch, weitsichtig; *(ugs.):* gewieft.

sträuben, sich
sich aufbäumen, sich auflehnen, die Stirn bieten, entgegentreten, meutern, Sturm laufen, sich wehren, sich widersetzen, Widerspruch erheben, sich zur Wehr setzen; *(geh.):* aufbegehren, sich bäumen, frondieren, Schach bieten, trotzen, wider/gegen den Stachel löcken; *(bildungsspr.):* rebellieren, revoltieren; *(ugs.):* auf die Barrikaden gehen/steigen, aufmucken, Paroli bieten, sich querlegen, sich querstellen.

straucheln
1. hängen bleiben, stolpern, taumeln.
2. a) keinen Erfolg haben, scheitern, Schiffbruch erleiden, sein Ziel nicht erreichen, versagen, zu Fall kommen; *(geh.):* keinen Zuspruch finden, stranden; *(ugs.):* auf den Bauch fallen, auf der Strecke bleiben; *(salopp):* auf die Schnauze fallen, baden gehen, einbrechen. b) abgleiten, absinken, auf Abwege geraten, auf die schiefe Bahn geraten, verwahrlosen; *(ugs.):* auf den Hund kommen, [he]runterkommen, unter die Räder geraten/kommen.

streben
abzielen, ansteuern, anstreben, ausgehen von, aus sein auf, beabsichtigen, bezwecken, den Zweck haben/verfolgen, es abgesehen haben auf, gerichtet sein auf, hinsteuern, hinzielen, wollen, zielen, zum Ziel haben; *(geh.):* erstreben, sinnen, trachten, zu erlangen/zu erreichen su-

chen; *(bildungsspr.):* intendieren; *(ugs.):* hinauswollen auf.

strebsam
beflissen, eifrig, emsig, fleißig, geschäftig, rührig, schaffensfreudig, tätig; *(geh.):* ambitioniert, dienstfertig, eilfertig, nimmermüde, regsam; *(bildungsspr.):* enthusiastisch; *(oft abwertend):* übermotiviert; *(veraltend):* arbeitsam.

Strecke
a) Abschnitt, Bereich, Geländeteil, Raum, Region, Sektor, Stück, Teil[bereich], Teilgebiet, Teilstück, Weg, Zone. **b)** Linie, Schienenweg, Verbindung, Verkehrslinie. **c)** Absatz, Abschnitt, Ausschnitt, Kapitel, Paragraf, Passage, Stelle, Stück, Teil[bereich], Teilstück; *(bildungsspr.):* Passus.

strecken
1. ausbreiten, ausgestreckt halten, ausweiten, breiter/größer machen, dehnen, gerade/lang machen, in die Länge/Breite ziehen, länger/weiter machen, lang ziehen, recken.
2. ergiebiger machen, mischen, mixen, panschen, spritzen, verdünnen, verlängern, vermehren, versetzen mit, verwässern; *(ugs.):* vermanschen, verpanschen, zusammenbrauen.

strecken, sich
sich ausdehnen, sich ausstrecken, sich ausweiten, sich dehnen, größer/länger/breiter werden, sich recken; *(ugs.):* sich rekeln.

Streich
Alberei, Clownerie, Eulenspiegelei, Faxen, Neckerei, Nonsens, Posse, Schabernack, Schelmenstück, Scherz, Spaß, Ulk, Unfug, Unsinn, Witz; *(österr.):* Hetz; *(geh.):* Gaukelei; *(ugs.):* Fez, Flachs, Gaudi, Joke, Jokus, Jux, Uz; *(salopp):* Quatsch, Scheiß; *(oft abwertend):* Fopperei; *(veraltend):* Hanswursterei, Hanswurstiade, Harlekinade, Schelmenstreich, Schelmerei.

streicheln
anfassen, anrühren, kraulen, liebkosen, sanft massieren, tätscheln, zärtlich sein; *(dichter.):* kosen; *(geh.):* herzen; *(ugs.):* schmusen; *(oft abwertend):* hätscheln.

streichen
1. [entlang]fahren, hinfahren, reiben, streicheln, streifen, wischen.
2. auftragen, betupfen, lackieren, schmieren; *(ugs.):* [be]pinseln.
3. abbrechen, absagen, absetzen, aufgeben, aufheben, ausfallen lassen, canceln, fallen lassen, nicht stattfinden [lassen], rückgängig machen; *(ugs.):* abblasen, sich verabschieden.
4. ↑streifen (2).

streifen
1. anfassen, anrühren, antippen, antupfen, berühren; *(geh.):* rühren.
2. herumlaufen, herumstreichen, umhergehen, umherlaufen, umherschlendern, umherspazieren, umherstreichen, umherziehen; *(geh.):* durchstreichen; *(ugs.):* herumgehen, herumschlendern, herumspazieren, herumziehen, sich rumtreiben; *(abwertend):* herumstreunen, sich umhertreiben; *(oft abwertend):* streunen; *(nordd.):* schwalken.

Streifen
a) Bahn, Band, Linie, Striemen; *(geh.):* Streif.
b) Abschnitt, Stück, Teil[stück].

Streik
Arbeitseinstellung, Arbeitskampf, Arbeitsniederlegung, Ausstand, Lohnkampf.

streiken
1. bestreiken, die Arbeit niederlegen, einen Streik durchführen, sich im Ausstand/Streik befinden, im Ausstand/Streik stehen, in den Ausstand treten, in [den] Streik treten.
2. a) abbrechen, aufhören, kapitulieren, nicht weitermachen, niederlegen, resignieren; *(ugs.):* aussteigen, das Handtuch werfen, den Kram hinschmeißen, die Flinte ins Korn werfen.
b) ausfallen, ausgehen, aussetzen, erlöschen, ins Stocken geraten, nicht mehr funktionieren, stecken/stehen bleiben, stillstehen, stocken, stoppen, versagen, zum Stehen/Stillstand kommen; *(ugs.):* Mucken haben.

Streit
Auseinandersetzung, Clinch, Differenz, Entzweiung, Fehde, Kollision, Krieg, Missverständnis, Reibereien, Reibung, Streitigkeit, Szene, Unstimmigkeit, Wortgefecht, Wortstreit, Wortwechsel, Zank, Zusammenprall, Zusammenstoß; *(geh.):* Gehader, Hader, Händel, Zerwürfnis, Zwietracht, Zwist, Zwistigkeit; *(bildungsspr.):* Disput, Kontroverse, Querele; *(ugs.):* Donnerwetter, Knatsch, Knies, Krach, Putz, Zoff; *(abwertend):* Gestreite, Gezänk, Gezanke, Streiterei; *(ugs. emotional verstärkend):* Heidenkrach; *(verhüll.):* Meinungsverschiedenheit.

streiten
ankämpfen, bekämpfen, sich einsetzen, eintreten, sich engagieren, kämpfen, sich Mühe geben, nichts unversucht lassen, Partei ergreifen, protestieren, ringen, seine ganze Kraft aufbieten, vorgehen gegen, sich wehren, sich widersetzen, sich zur Wehr setzen; *(geh.):* Schach bieten, trotzen, sich verwenden.

streiten, sich
aneinandergeraten, sich anfeinden, sich anle-

gen, sich auseinandersetzen, sich bekriegen, sich beschimpfen, debattieren, sich entzweien, im Streit liegen, in Streit geraten, kollidieren, plänkeln, polemisieren, Streit bekommen, Streit haben, sich überwerfen, uneins sein, unsachlich werden, unterschiedlicher Meinung sein, sich verfeinden, verschiedener Meinung sein, vom Leder ziehen, sich zanken, sich zerstreiten, zusammenstoßen; *(österr.):* beflegeln; *(geh.):* anbinden, sich befehden, hadern, nicht übereinkommen, rechten; *(bildungsspr.):* differieren, disputieren; *(ugs.):* sich fetzen, giften, sich herumstreiten, sich in den Haaren liegen, sich in die Haare kriegen, sich in die Wolle kriegen, sich krachen, Krach haben, Krach kriegen, schweres Geschütz auffahren, sich verkrachen, sich verzanken, wettern, sich zoffen; *(salopp):* zusammenknallen; *(verhüll.):* Meinungsverschiedenheiten haben; *(veraltend):* sich holzen.

Streitgespräch

Auseinandersetzung, Debatte, Diskussion, Erörterung, Kontroverse, Meinungsstreit, Polemik, Wortgefecht, Wortstreit, Wortwechsel; *(bildungsspr.):* Diskurs, Disput; *(ugs.):* Redeschlacht; *(verhüll.):* Meinungsverschiedenheit.

streitsüchtig

aggressiv, angriffslustig, bissig, herausfordernd, hitzig, kampfbereit, kämpferisch, kampfesfreudig, kampflustig, kriegslüstern, militant, polemisch, ständig auf Streit aus, streitlustig, zänkisch, zanksüchtig; *(schweiz.):* angriffig; *(geh.):* streitbar; *(bildungsspr.):* kombattant, martialisch, provokant, provokativ, provokatorisch; *(ugs.):* giftig; *(oft abwertend):* eifernd.

streng

1. autoritär, barsch, bestimmt, disziplinarisch, eisern, energisch, entschieden, entschlossen, ernst, fest, gnadenlos, hart[herzig], herb, herrisch, kategorisch, massiv, mit Bestimmtheit/Entschlossenheit, resolut, rigoros, scharf, schonungslos, schroff, soldatisch, straff, stramm, strikt, unbarmherzig, unbeugsam, unerbittlich, ungerührt, unmissverständlich, unnachgiebig, unnachsichtig; *(geh.):* gebieterisch; *(bildungsspr.):* apodiktisch, drakonisch, patriarchalisch; *(abwertend):* rücksichtslos; *(veraltend):* gestreng.

2. akkurat, [auf den Punkt] genau, exakt, gestochen, korrekt, strikt, unbedingt; *(bildungsspr.):* akribisch, minutiös, präzise.

streng genommen

an und für sich, bei genauer Betrachtung, eigentlich, genau genommen, gewissermaßen, im Grunde [genommen], letztlich, schließlich.

Stress

1. Anspannung, Anstrengung, Beanspruchung, Belastung, Konzentration, Mühe, Strapaze; *(geh.):* Beschwernis, Mühsal; *(ugs.):* Plackerei; *(abwertend):* Schinderei.

2. Ärger, Schwierigkeiten; *(ugs.):* Brass, Knatsch, Krach, Schererei, Schlamassel, Trouble.

stressig

anstrengend, aufreibend, auslaugend, beschwerlich, dornenreich, dornenvoll, ermattend, ermüdend, hart, kräftezehrend, mühevoll, mühsam, mühselig, sauer, schwer, strapaziös, zermürbend; *(ugs.):* kaputtmachend, schlauchend; *(bes. südd. u. schweiz.):* streng; *(scherzh.):* schweißtreibend.

streuen

1. ausbreiten, austeilen, fallen lassen, säen, stäuben, verbreiten, verteilen, werfen.

2. sich abheben, abstechen, sich unterscheiden, variieren, verschieden sein; *(bildungsspr.):* differieren, divergieren.

3. sich ausbreiten, um sich greifen.

streunen

herumlaufen, [herum]streichen, strolchen, umhergehen, umherlaufen, umherstreichen, umherziehen, vagabundieren; *(ugs.):* sich herumdrücken, herumgehen, herumschlendern, herumstreifen, herumziehen, sich rumtreiben, stromern; *(abwertend):* herumstreunen, herumvagabundieren; *(nordd.):* schwalken.

Strich

1. Linie; *(geh.):* Federzug.

2. Auslassung, Entfernung, Fortlassung, Kürzung, Löschung, Weglassung; *(geh.):* Tilgung; *(bildungsspr.):* Eliminierung.

3. Bereich, Gebiet, Gegend, Gelände, Land, Landesteil, Landschaft, Raum, Region, Sektor, Teil, Terrain, Territorium, Winkel, Zone.

Strick

Leine, Schnur, Seil, Tau, Trosse; *(Fachspr.):* Reepschnur.

strikt

akkurat, [auf den Punkt] genau, eisern, exakt, fest, gestochen, kompromisslos, konsequent, korrekt, rigoros, streng, unbedingt; *(bildungsspr.):* akribisch, minutiös, präzise; *(geh.):* ehern, stählern.

strittig

fraglich, fragwürdig, klärungsbedürftig, kontrovers, offen, problematisch, streitig, umstritten, unentschieden, ungeklärt, ungelöst, ungewiss, zweifelhaft; *(bildungsspr.):* disputabel.

Strolch

Wildfang; *(ugs.):* Engel mit einem B davor, Feger,

[kleiner] Rabauke, Knirps; *(fam.):* Bengel, Fratz, [Galgen]strick, Racker; *(scherzh.):* Schlingel; *(abwertend):* Lümmel.

Strom

1. a) fließendes Gewässer, Fließgewässer, Fluss, Wasserlauf, Wasserstraße. **b)** große Zahl, Lawine, Legion, Masse, Menge, Schar, Vielzahl; *(geh.):* Flut, Kaskade; *(ugs.):* Schwung; *(emotional verstärkend):* Unmenge, Unzahl; *(ugs. emotional verstärkend):* Unmasse.

2. ↑Strömung (1).

3. elektrische Energie, Elektrizität, Elektroenergie; *(ugs.):* Elektrisch; *(salopp):* Saft.

strömen

a) dahinfließen, dahinströmen, fließen, hinfließen, hinlaufen. **b)** ausfließen, sich ergießen, herausfließen, herauslaufen, herausquellen, herausschießen, heraussprudeln, herausströmen, laufen, quellen, schießen, sprudeln; *(geh.):* fluten.

Strömung

1. Drift, Geström, Sog, Strom, Zug.

2. Bewegung, Entwicklung, Mode, Richtung, Schule, Tendenz, Trend, Welle.

Strudel

Sog, [Wasser]wirbel; *(nordd.):* Neer.

Struktur

Anatomie, Anlage, Anordnung, Architektonik, Architektur, Aufbau, Bau, Gefüge, Gliederung, Ordnung, Organisation; *(bildungsspr.):* Komposition, Konstruktion.

Strunk

Baumstrunk, Baumstumpf, Stamm, Stumpf; *(nordd.):* Stubben.

Stube

Innenraum, Klause, Raum, Räumlichkeit, Wohnraum, Zimmer; *(österr.):* Kabinett; *(geh.):* Gelass, Gemach; *(ugs.):* Bude; *(ugs. scherzh.):* Kemenate.

Stück

1. a) Brocken, Bruchstück, Fetzen, Schnipsel, Schnitzel, Streifen, Teil[stück]; *(ugs.):* Fitzelchen, Schnippel. **b)** Absatz, Abschnitt, Etappe, Teil, Teilstrecke, Teilstück.

2. Einzelexemplar, Einzelstück, Exemplar.

3. a) Bühnenstück, Bühnenwerk, Drama, Schauspiel, Spiel, Theaterstück. **b)** Musikstück, Musikwerk.

stückweise

brockenweise, häppchenweise, in einzelnen Brocken/Etappen/Stücken, nach und nach, stückchenweise, Stück für Stück.

Student, Studentin

Hochschüler, Hochschülerin, Kommilitone, Kommilitonin, Studierender, Studierende; *(österr.):* Hörer, Hörerin; *(Jargon):* Studi; *(ugs. scherzh.):* Studiosus.

Studie

1. Entwurf, Modell, Muster, Skizze; *(schweiz.):* Sudel.

2. Abhandlung, Arbeit, Betrachtung, Untersuchung; *(bildungsspr.):* Analyse; *(bildungsspr. veraltend):* Traktat.

studieren

1. auf die/zur Universität gehen, die Universität/eine Hochschule besuchen, immatrikuliert sein, Student/Studierender sein, Vorlesungen hören; *(Jargon):* auf der Uni sein.

2. a) auf den Grund gehen, beobachten, sich eingehend befassen/beschäftigen, erforschen, ergründen, nachgehen, recherchieren, untersuchen; *(geh.):* nachforschen, nachspüren; *(Fachspr.):* explorieren. **b)** durcharbeiten, durchchecken, durchgehen, durchlesen, durchsehen, Einblick/Einsicht nehmen, einsehen, [gründlich] lesen, inspizieren, prüfen; *(ugs.):* wälzen. **c)** sich aneignen, auswendig lernen, einstudieren, einüben, erarbeiten, lernen; *(bildungsspr. veraltend):* memorieren.

studiert

akademisch, belesen, gebildet, gelehrt, gescheit, hochgebildet, hochgelehrt, kenntnisreich, klug, wissend, wissenschaftlich ausgebildet.

Studio

1. Atelier, Künstleratelier, Künstlerwerkstatt, Werkstatt; *(geh.):* Werkstätte.

2. Aufnahmeraum, Fernsehstudio, Filmatelier, Filmstudio, Rundfunkstudio, Senderaum.

3. Apartment, Appartement[wohnung], Einzimmerwohnung, Kleinwohnung; *(österr.):* Garçonnière; *(veraltend):* Flat.

Studium

1. Ausbildung.

2. a) Bearbeitung, Erforschung, Nachforschung. **b)** Prüfung.

Stufe

a) Ebene, Entwicklungsphase, Entwicklungsstadium, Entwicklungsstand, Entwicklungsstufe, Entwicklungszustand, Niveau, Rang[stufe], Stadium, Stand; *(bildungsspr.):* Level, Phase. **b)** Ausmaß, Dimension, Form, Grad, Maß.

stufenweise

allmählich, graduell, gradweise, in aufeinanderfolgenden Stufen, in Etappen, langsam, nach und nach, peu à peu, Schritt für Schritt, schrittweise, Stück für Stück, stückweise; *(bildungsspr.):* stadial, sukzessive.

Stuhl
1. Hocker, Schemel, Sitzgelegenheit, Sitzmöbel; *(österr.):* Sessel.
2. ↑Stuhlgang.

Stuhlgang
1. Darmentleerung, Stuhl.
2. Ausscheidung, Darmausscheidung, Stuhl; *(geh.):* Kot, Notdurft; *(bildungsspr.):* Exkrement; *(ugs.):* Haufen.

stumm
a) nicht gesprächig, schweigend, schweigsam, still, wortkarg; *(ugs.):* mundfaul, zugeknöpft; *(salopp):* maulfaul. **b)** ohne Worte, wortlos.

Stummel
a) Rest, übrig gebliebenes kurzes Stück. **b)** Zigarettenstummel; *(ugs.):* Kippe.

Stümper, Stümperin
Laie, Laiin, Nichtfachmann, Nichtfachfrau; *(ugs.):* Patzer, Patzerin; *(abwertend):* Dilettant, Dilettantin, Nichtskönner, Nichtskönnerin, Nichtswisser, Nichtswisserin; *(leicht abwertend):* Amateur, Amateurin; *(bildungsspr. abwertend):* Ignorant, Ignorantin.

Stümperei
schlechte Arbeit, Stückwerk; *(abwertend):* Flickwerk, stümperhafte Arbeit.

stumpf
1. nicht scharf, ungeschärft, ungeschliffen.
2. abgeflacht, abgestumpft, ohne Spitze.
3. abgetönt, blass, fahl, glanzlos, matt, verblasst.
4. ↑stumpfsinnig (1).

stumpfsinnig
1. abgestumpft, dumpf, gleichgültig, [innerlich] unbeteiligt, interesselos, leblos, stumpf, teilnahmslos, träge, uninteressiert; *(bildungsspr.):* apathisch, desinteressiert, indifferent, lethargisch, phlegmatisch.
2. abwechslungslos, einförmig, einschläfernd, eintönig, geisttötend, gleichförmig, langweilig, mechanisch, monoton, öde, ohne Abwechslung; *(bildungsspr.):* ennuyant; *(abwertend):* fade; *(bildungsspr. abwertend):* stupide; *(emotional verstärkend):* sterbenslangweilig.

stunden
aufschieben, Aufschub geben/gewähren, ausdehnen, hinausschieben, hinausziehen, in die Länge ziehen, verschieben, Zeit lassen; *(österr.):* erstrecken.

stundenlang
a) einige/mehrere Stunden dauernd, einige/mehrere Stunden lang. **b)** endlos, nicht enden wollend, ohne Ende, sehr/übermäßig lang; *(ugs.):* eine [halbe] Ewigkeit, ewig.

Stunk
Ärger, Auseinandersetzung, Differenzen, Reibereien, Streit, Streitigkeit, Wortgefecht, Wortwechsel, Zank, Zusammenstoß; *(geh.):* Hader, Händel, Ungemach, Zwist; *(bildungsspr.):* Kontroverse; *(ugs.):* Donnerwetter, Knatsch, Krach, Trouble, Verdruss, Zoff; *(verhüll.):* Meinungsverschiedenheiten; *(abwertend):* Gezänk, Gezanke, Streiterei.

stupide
abwechslungslos, einerlei, einförmig, eintönig, geisttötend, gleichförmig, langweilig, mechanisch, monoton, öde, ohne Abwechslung, stumpfsinnig; *(österr., schweiz.):* stupid; *(bildungsspr.):* ennuyant, stereotyp, uniform; *(abwertend):* fade, nach Schema F.

Stups
Schub, Stoß; *(ugs.):* Knuff, Puff, Rempler, Schubs; *(nordd.):* Schupp.

stupsen
[an]stoßen, einen Stoß geben; *(ugs.):* [an]schubsen, einen Schubs/Stups geben, knuffen, puffen, rempeln; *(südd.):* schupsen; *(südd., österr., schweiz.):* schupfen.

stur
a) beratungsresistent, eigensinnig, eigenwillig, einsichtslos, flexibel wie ein Amboss, starr, störrisch, trotzig, unbelehrbar, unbeugsam, uneinsichtig, unnachgiebig; *(ugs.):* dickköpfig; *(abwertend):* borniert, halsstarrig, starrköpfig, starrsinnig, verstockt. **b)** beharrlich, eisern, entschlossen, geradlinig, hartnäckig, konsequent, standhaft, straight, unbeirrbar, unbeirrt, unerbittlich, unerschütterlich, verbissen, zäh, zielstrebig; *(geh.):* beharrsam; *(bildungsspr.):* apodiktisch, obstinat, rigide; *(bildungsspr. abwertend):* dogmatisch.

Sturm
1. Blizzard, Hurrikan, Orkan, starker Wind, Taifun, Tornado, Unwetter, Wirbelsturm, Zyklon; *(dichter.):* Sturmgebraus, Sturmwind, Windsbraut.
2. Andrang, Ansturm, Run, Zulauf, Zustrom.

stürmen
1. blasen, brausen, dröhnen, fegen, pfeifen, rauschen, sausen, streichen, toben, tosen, wehen, winden; *(ugs.):* pusten.
2. eilen, hetzen, jagen, preschen, rennen, sausen, schießen, stürzen, wieseln; *(geh.):* fliegen, hasten, stieben; *(ugs.):* düsen, flitzen, pesen, rasen, sprinten, spritzen, spurten, wetzen; *(salopp):* gasen; *(südd., schweiz.):* springen.
3. angreifen, anstürmen, attackieren, eine Of-

fensive einleiten/starten, überfallen; *(ugs.):* sich hermachen.

stürmisch

1. böig, brausend, rasend, sehr unruhig, tobend, turbulent, [vom Sturm] bewegt, windig.

2. a) begeistert, fanatisch, feurig, glutvoll, heftig, heiß, intensiv, leidenschaftlich, rassig, temperamentvoll, überschwänglich, ungestüm, ungezügelt, wild; *(geh.):* glühend. **b)** aufbrausend, auffahrend, heftig, impulsiv, scharf, unbändig, unbeherrscht, ungezügelt; *(geh.):* mit Verve; *(bildungsspr.):* frenetisch, vehement.

Sturz

1. Absturz, Ausgleiten, Fall; *(ugs.):* Ausrutscher.

2. Abberufung, Absetzung, Amtsenthebung, Dienstentlassung, Entfernung, Entlassung, Entmachtung, Suspendierung, Zwangsbeurlaubung; *(ugs.):* Hinauswurf, Kaltstellung, Rausschmiss, Rauswurf; *(salopp):* Abservierung.

stürzen

1. [hin]fallen, hinstürzen; *(geh.):* ausgleiten, zu Fall kommen; *(ugs.):* [hin]fliegen, hinknallen, hinsausen, hinschlagen, hinsegeln.

2. ↑stürmen (2).

3. absetzen, ausschalten, entfernen, entlassen, entmachten, verdrängen; *(geh.):* entheben, entthronen, seiner Macht berauben; *(ugs.):* ausbooten, davonjagen, feuern, in die Wüste schicken; *(salopp):* abservieren.

stürzen, sich

1. anfallen, angehen, attackieren, bestürmen, herfallen über, losgehen auf, sich werfen; *(ugs.):* sich hermachen über.

2. aufgehen in, sich einsetzen, Erfüllung finden, sich hingeben, leben für, verfallen sein, sich verlieren in, sich verschreiben, versinken in, sich widmen; *(geh.):* anhängen, sich anheimgeben, frönen, schwelgen; *(geh. od. iron.):* huldigen.

Stuss

Nonsens, Unfug, Unsinn; *(ugs.):* Kokolores, Larifari; *(salopp):* Bockmist.

Stütze

1. Grundpfeiler, Rückgrat, Säule, Ständer, Strebe, Stützpfeiler, Stützwerk, Tragbalken, Träger.

2. Armstütze, Halter, Lehne, Rückenstütze.

3. Förderung, Halt, Hilfe, Rückhalt, Sicherheit, Unterstützung, Zuwendung; *(geh.):* Beistand.

stützen

1. a) beistehen, den Arm reichen, helfen, Hilfe anbieten, unter die Arme greifen, unterstützen, zur Seite stehen; *(geh.):* beispringen. **b)** abstützen, festigen, Halt bieten/geben, stabilisieren, stärken, unterbauen, verstreben.

2. absichern, belegen, bestärken, beweisen, erhärten, fundieren, kräftigen, untermauern; *(bildungsspr.):* konsolidieren, zementieren; *(schweiz.):* abstützen.

[1]stutzen

aufhorchen, aufmerken, aufmerksam werden, die Ohren spitzen, hellhörig werden, innehalten, stocken, stutzig werden; *(geh.):* einhalten, verharren.

[2]stutzen

a) abschneiden, anschneiden, ausdünnen, auslichten, beschneiden, kappen, kuppen, kürzen, kürzer machen, lichten, scheren, schneiden, verkürzen, zurechtstutzen; *(ugs.):* abschnippeln, abzwacken. **b)** abrasieren, abschneiden, [kurz/kürzer] schneiden, rasieren; *(Fachspr.):* kupieren.

stützen, sich

1. sich abstützen, sich anklammern, sich anlehnen, sich aufstützen, sich festhalten, sich festklammern, Halt suchen.

2. beruhen, fußen, sich gründen, seine Ursache/seinen Grund/seinen Ursprung haben, stammen, sich verdanken, wurzeln, zugrunde liegen; *(schweiz.):* sich abstützen; *(bildungsspr.):* basieren, rekurrieren.

Stützpunkt

Ausgangspunkt, Standort.

subaltern

1. abhängig, nachrangig, unfrei, unselbstständig, untergeben, untergeordnet, unterstellt; *(bildungsspr.):* inferior, sekundär; *(veraltend):* untertan.

2. diensteifrig; *(abwertend):* untertänig, unterwürfig; *(bildungsspr. abwertend):* devot, servil, sklavisch.

Subjekt

1. das denkende/erkennende Ich, Gestalt, Jemand, Kopf, Mensch, Person, Persönlichkeit, Wesen; *(bildungsspr.):* Individuum.

2. *(Sprachwiss.):* Satzgegenstand.

subjektiv

a) eigen, individuell, persönlich, privat. **b)** befangen, einseitig, nicht neutral, parteiisch, parteilich, unsachlich, verzerrt, voreingenommen; *(bildungsspr.):* nicht objektiv; *(abwertend):* engstirnig, tendenziös.

subtil

a) abgestuft, ausgeklügelt, behutsam, differenziert, einfühlsam, fein, feinfühlend, feinsinnig, mit Feingefühl/Zartgefühl, nuanciert, verfeinert, zartbesaitet, zartfühlend; *(geh.):* bedachtsam, sorgsam; *(bildungsspr.):* detailliert, diskret, sensitiv; *(veraltend):* zartsinnig. **b)** heikel, knifflig, kompliziert, mit Schwierigkeiten verbunden, mühsam, problematisch, schwierig, verwickelt; *(bildungsspr.):* brisant, diffizil, prekär; *(ugs.):* vertrackt, verzwickt.

subtrahieren
abrechnen, abziehen, kürzen, streichen, vermindern, wegnehmen.

Subvention
Beihilfe, Förderung, Hilfe, Hilfsgelder, Spende, Unterstützung, Zuschuss, Zuwendung; *(schweiz.):* Beitrag.

suchen
1. sich an jmds. Fersen heften, auf der Suche sein, auf die Suche gehen, durchkämmen, durchwühlen, ermitteln, fahnden, forschen, hinter jmdm./etw. her sein, nachjagen, nachsetzen, sich umsehen, verfolgen, zu fangen suchen; *(geh.):* nachspüren; *(ugs.):* hinterher sein, sich umtun; *(nachdrücklich):* Ausschau halten; *(südd., österr., schweiz.):* schauen.

BSP Die Polizei hat das Waldstück mehrmals durchkämmt. Ich will dem tieferen Sinn des Gedichts nachspüren.

2. sich bemühen, bemüht sein, sich interessieren, trachten, versuchen, zu bekommen suchen.

Sucht
1. Abhängigkeit, Hörigkeit, Laster, Schwäche, schwacher/wunder Punkt, Süchtigkeit, Unfreiheit.
2. Besessenheit, Drang, Durst, Hang, Hunger, Leidenschaft, Neigung, Passion, Trieb, Verlangen, Zwang; *(geh.):* Fieber; *(bildungsspr.):* Manie.

süchtig
1. abhängig, angewiesen auf, verfallen.
2. begierig, erpicht, gierig, maßlos, unersättlich, versessen; *(geh.):* begehrlich, durstig, hungrig, lüstern, wollüstig; *(ugs.):* heiß, scharf, wild; *(oft abwertend):* geil.

süffeln
a) genüsslich trinken. **b)** *(ugs.):* einen heben, [sich] einen hinter die Binde gießen/kippen, einen trinken, kübeln; *(ugs. scherzh.):* bechern; *(salopp):* [einen] saufen, einen zur Brust nehmen, einen zwitschern.

suggerieren
aufschwatzen, beeinflussen, einreden, einwirken auf, entstehen lassen, glauben machen; *(geh.):* eingeben; *(bildungsspr.):* manipulieren; *(ugs.):* aufbinden, bearbeiten, einen Floh ins Ohr setzen, einfiltrieren, in den Ohren liegen, weismachen; *(oft abwertend):* einblasen, einflüstern.

sühnen
a) [ab]büßen; *(veraltend):* Buße tun. **b)** bezahlen, Strafe ableisten/auf sich nehmen; *(geh.):* entgelten.

sukzessive
allmählich, im Lauf der Zeit, in Etappen, in kleinen Schritten, langsam, mit der Zeit, nach und nach, peu à peu, schleichend, Schritt für Schritt, schrittweise, Stück für Stück, stufenweise; *(ugs.):* sachte, scheibchenweise; *(nordd.):* bei Kleinem.

Summe
a) Endsumme, Ergebnis, Fazit; *(schweiz.):* Total; *(bildungsspr.):* Resultat, Resümee. **b)** [Geld]betrag, Geldsumme.

summen
brummen, dröhnen, surren.

summieren
a) addieren, die Summe bilden/errechnen, zusammenrechnen, zusammenzählen, zusammenziehen. **b)** kombinieren, vereinigen, zusammenfassen.

summieren, sich
sich anhäufen, sich ansammeln, ansteigen, anwachsen, auflaufen, sich ausdehnen, sich ausweiten, sich steigern, sich vergrößern, wachsen, zunehmen, zusammenkommen; *(bildungsspr.):* sich agglomerieren; *(bildungsspr., Fachspr.):* sich [ak]kumulieren; *(ugs.):* sich zusammenläppern.

Sumpf
Bruch, Moor, Morast, Ried, Sumpfland; *(bes. nordd.):* Fenn; *(südd.):* Filz, Mies; *(südd., österr., schweiz.):* Moos.

Sünde
Sakrileg, Übertretung, Unrecht, Verfehlung, Vergehen, Verstoß, Zuwiderhandlung; *(geh.):* Fehltritt, Frevel, Übeltat; *(emotional):* Schandtat, Untat.

sündhaft
a) frevlerisch, gotteslästerlich, gottlos, lästernd, sakrilegisch, sündig, verwerflich; *(geh.):* ruchlos, schändlich; *(bildungsspr.):* blasphemisch; *(veraltend):* freventlich. **b)** lasterhaft, sündig, unethisch, unmoralisch, verdorben; *(geh.):* unschicklich, verwerflich; *(abwertend):* liederlich, verkommen; *(veraltend):* lose.

sündig ↑sündhaft (a, b).

sündigen
a) eine Sünde/Verfehlung begehen, entheiligen, entweihen, gegen ein Gebot verstoßen, übertreten, verstoßen; *(geh.):* fehlen, sich versündigen;

(veraltend): sich verfehlen. **b)** das Gesetz brechen/verletzen, etwas Böses tun, sich etwas zuschulden kommen lassen, schuldig werden; *(geh.):* einen Fehltritt begehen/tun, etwas Unrechtes tun, freveln, Schuld auf sich laden, sich vergehen.

super

ausgezeichnet, brillant, einmalig, erstklassig, fabelhaft, genial, grandios, hervorragend, vortrefflich, vorzüglich; *(bildungsspr.):* exzellent, superb; *(ugs.):* [echt/ganz] prima, [echt] bombig; [echt] klasse, große Klasse; [echt] spitze, einsame Spitze, [ganz] famos, [ganz] fantastisch, [ganz] toll, glänzend, großartig, klassisch, mega, pfundig, tadellos; *(salopp):* [affen]geil, [echt] cool, eine Wucht, rattenscharf; *(emotional):* wunderbar; *(ugs. emotional verstärkend):* supertoll; *(oft scherzh.):* göttlich; *(Jugendspr.):* [echt] krass, fett.

Suppe

Bouillon, Brühe, Brühsuppe.

surren

brummen, dröhnen, schnarren, summen.

suspendieren

abberufen, ablösen, absetzen, beurlauben, entlassen, entmachten, kündigen, verabschieden; *(schweiz.):* [in seinem Dienst] einstellen; *(geh.):* seines Amtes/Dienstes/Postens entheben, seines Amtes entkleiden, von einem Amt/Dienst/Posten entbinden; *(bildungsspr.):* dispensieren; *(ugs.):* absägen, abschießen, an die [frische] Luft befördern/setzen, auf die Straße setzen/werfen, davonjagen, den Laufpass geben, den Stuhl vor die Tür setzen, feuern, in die Wüste schicken, kaltstellen, schassen, über die Klinge springen lassen, vor die Tür setzen; *(salopp):* abservieren; *(verhüll.):* freisetzen, freistellen, sich trennen.

süß

allerliebst, entzückend, herzig, hinreißend, lieblich, niedlich, possierlich, reizend, zauberhaft; *(geh.):* berückend, betörend; *(ugs.):* goldig, putzig, schnuckelig, zum Anbeißen/Anknabbern; *(fam.):* wonnig.

süßlich

künstlich, überladen, unecht, unnatürlich; *(bildungsspr.):* affektiert, artifiziell, preziös; *(abwertend):* gekünstelt, gespreizt, gestelzt, geziert, schwülstig; *(bildungsspr. abwertend):* manieriert.

Symbol

1. Bild[symbol], Bildzeichen, Emblem, Erkennungszeichen, Kennzeichen, Merkmal, Sinnbild, Wahrzeichen, Zeichen; *(bildungsspr.):* Attribut, Charakteristikum, Inkarnation, Signum; *(bild. Kunst, Dichtkunst):* Allegorie.
2. Formelzeichen.

symbolisch

als Sinnbild, gleichnishaft, signitiv, [sinn]bildlich, übertragen, zeichenhaft; *(bildungsspr.):* parabolisch; *(geh.):* sinnbildhaft; *(bild. Kunst, Dichtkunst):* allegorisch; *(Sprachwiss.):* figurativ, figürlich; *(Stilkunde):* metaphorisch.

Symmetrie

Deckungsgleichheit, Ebenmaß, Ebenmäßigkeit, Entsprechung, Gleichartigkeit, Gleichmaß, [spiegelbildliche] Gleichheit, Übereinstimmung; *(bildungsspr.):* Analogie, Egalität, Égalité, Konformität, Kongruenz, Parität.

symmetrisch

deckungsgleich, ebenmäßig, entsprechend, gleichartig, gleich beschaffen, gleichmäßig, spiegelbildlich, übereinstimmend; *(bildungsspr.):* analog, egal, konform, kongruent, paritätisch.

Sympathie

Gefallen, Gefühl, Hang, Interesse, Neigung, Schwäche, Vorliebe, Wohlwollen, Zuneigung; *(bildungsspr.):* Disposition, Faible, Inklination, Präferenz.

sympathisch

angenehm, ansprechend, anziehend, bestrickend, bezaubernd, charmant, einnehmend, entzückend, freundlich, gefällig, gewinnend, herzlich, liebenswert, liebenswürdig, nett, reizend; *(geh.):* herzgewinnend, lieblich; *(ugs.):* proper; *(veraltend):* adrett, schmuck.

Symptom

Anhaltspunkt, Anzeichen, Erkennungszeichen, Hinweis, Kennzeichen, Mal, Merkmal, Merkzeichen, Spezifikum, Zeichen; *(bildungsspr.):* Attribut, Charakteristikum, Indiz, Kriterium, Signum; *(Fachspr.):* Indikator.

synchron

gemeinsam, gleichlaufend, gleichzeitig, im selben Augenblick/Moment, just in time, parallel, zeitgleich, zugleich, zur gleichen/selben Zeit, zusammen[treffend]; *(ugs.):* auf einmal; *(bildungsspr., Fachspr.):* simultan.

synchronisieren

aufeinander abstimmen, harmonisieren, in Übereinstimmung bringen, timen; *(geh.):* in Einklang bringen; *(ugs.):* unter einen Hut bringen; *(bildungsspr.):* koordinieren.

Syndrom

Krankheit, Krankheitsbild.

System

1. a) Aufbau, Gliederung, Gliederungsprinzip,

A B C D E F G H I J K L M N O P Q R S sys T U V W X Y Z

Ordnung, Ordnungsprinzip, Organisation, Schema, Struktur, Zusammenhang; *(bildungsspr.):* Systematik. **b)** Methode, Praktik, Praxis, Strategie, Taktik, Technik, Verfahren, Verfahrensweise, Vorgehen, Vorgehensweise.
2. Gesellschaftsform, Gesellschaftsordnung, Herrschaftsform, Regierung, Regierungsform, Staatsform.

systematisch
durchdacht, folgerichtig, geplant, gezielt, konsequent, logisch, methodisch, mit Methode/System/Überlegung, nach Plan, plangemäß, planmäßig, planvoll, schlüssig, taktisch, überlegt, zielbewusst.

Szene
1. a) Vorfall, Vorgang. **b)** Auftritt, Streit, Streitigkeit, Wortgefecht, Wortstreit, Zank, Zusammenprall, Zusammenstoß; *(geh.):* Zwist; *(ugs.):* Donnerwetter, Knatsch, Krach, Putz, Zoff; *(abwertend):* Gezänk, Gezanke, Streiterei; *(verhüll.):* Meinungsverschiedenheit.
2. Kreis, Milieu; *(Jargon):* Scene.

T

Tabelle
1. Katalog, Liste, Statistik, Tabellarium, Tafel, Übersicht, Verzeichnis; *(österr.):* Tableau; *(Wissensch.):* Konkordanz.
2. *(Sport):* [Gesamt]klassement, Rangliste.

tabu
unantastbar, unerlaubt, untersagt, unverletzlich, verboten; *(geh.):* unstatthaft, verpönt.

Tabu
1. Unantastbarkeit, Unverletzlichkeit.
2. ungeschriebenes Gebot/Gesetz/Verbot; *(ugs.):* rotes Tuch; *(Jargon):* No-Go.

tabuisieren
für tabu erklären, mit einem Tabu belegen, tabuieren, totschweigen, zum Tabu machen.

Tadel
1. Beanstandung, Bemängelung, Ermahnung, Kritik, Maßregelung, Missbilligung, Rüge, Verweis, Vorhaltung, Vorwurf, Zurechtweisung; *(geh.):* Schelte; *(bildungsspr.):* Lektion, Monitum; *(ugs.):* Anpfiff, Anranzer, Anschnauzer, Rüffel; *(salopp):* Anschiss.
2. Defekt, Fehler, Macke, Makel, Mangel, Schaden, Schönheitsfehler, Verunstaltung, Verunzierung.

tadellos
1. akkurat, anständig, einwandfrei, fehlerfrei, fehlerlos, fleckenlos, gepflegt, geschliffen, gewählt, gut, in Ordnung, korrekt, kultiviert, makellos, mustergültig, nicht zu beanstanden, ohne Fehler/Mängel, ordentlich, perfekt, richtig, unbedenklich, untadelig, vollendet, vollkommen, vorbildlich; *(bildungsspr.):* in optima forma; *(ugs.):* picobello, proper, tipptopp, wie angegossen.
2. ↑super.

tadeln
anfahren, angreifen, anherrschen, attackieren, ausschimpfen, auszusetzen haben, beanstanden, sich beklagen, bemängeln, beschimpfen, sich beschweren, die/seine Meinung sagen, einen Tadel/Verweis erteilen, einwenden, ermahnen, kritisieren, maßregeln, missbilligen, monieren, rügen, schimpfen, verwarnen, vorhalten, Vorhaltungen machen, vorwerfen, Vorwürfe machen, zurechtweisen, zur Ordnung rufen; *(schweiz.):* die Kappe waschen; *(geh.):* schelten, verweisen; *(bildungsspr.):* eine Lektion erteilen; *(ugs.):* anmeckern, anpfeifen, anranzen, auf die Finger klopfen, aufs Dach steigen, bemäkeln, Bescheid sagen/stoßen, den Kopf waschen, die Leviten lesen, ein Ding verpassen, einen Rüffel verpassen, ein Licht aufstecken, eins/etwas aufs Dach geben, eins auf den Deckel geben, fertigmachen, sich greifen, herumhacken, in den Senkel stellen, sich kaufen, motzen, rüffeln, stauchen, sich vorknöpfen/vornehmen, zur Minna/Schnecke machen, zusammenstauchen; *(salopp):* anhauchen, anhusten, den Marsch blasen, die/seine Meinung geigen, heimgeigen, heimleuchten, heruntermachen, herunterputzen, plattmachen, runtermachen, runterputzen; *(abwertend):* beckmessern, [be]kritteln, mäkeln, nörgeln; *(ugs. abwertend):* anschnauzen, meckern.

Tag
24 Stunden, Datum, Kalendertag.

tagen
1. sich austauschen, sich beraten, beratschlagen, sich bereden, sich besprechen, eine Konferenz/Sitzung/Tagung abhalten, konferieren, sich zusammensetzen, zusammentreten; *(geh.):* Rat halten, sich unterreden.
2. dämmern, dämmrig/hell werden, Morgen/Tag werden.

täglich
alltäglich, jeden Tag; tagaus, tagein; Tag für Tag.

Tagung
Besprechung, Kolloquium, Konferenz, Kon-

S
sys

gress, Sitzung, Symposium, Treffen, Versammlung, Zusammenkunft; *(bildungsspr.):* Meeting, Session.

Takt

1. Rhythmus.
2. Metrum, Versmaß.
3. Gleichklang, Gleichmaß.
4. Diskretion, Feingefühl, Fingerspitzengefühl, Rücksichtnahme, Taktgefühl; *(geh.):* Pietät; *(bildungsspr.):* Sensibilität.

Taktik

Berechnung, Diplomatie, Kalkül, Methode, Plan, Politik, Praktik, Strategie, Technik, Verfahren, Vorgehen, Weg; *(bildungsspr.):* Raffinesse.

taktisch

ausgeklügelt, berechnend, clever, diplomatisch, gescheit, geschickt, intelligent, klug, listig, methodisch, pfiffig, planvoll, politisch, raffiniert, schlau, smart, strategisch, weitsichtig; *(ugs.):* gewieft.

taktlos

anstößig, deplatziert, fehl am Platz, geschmacklos, peinlich, unangebracht, unangemessen, ungehörig, unhöflich, unpassend, verletzend; *(geh.):* ungebührlich, unschicklich; *(bildungsspr.):* indezent, indiskret, unsensibel; *(emotional):* unverschämt; *(abwertend):* plump, ungeschliffen.

taktvoll

dezent, feinfühlig, rücksichtsvoll, sensibel, unaufdringlich, verhalten, verschwiegen, zartfühlend, zurückhaltend; *(geh.):* pietätvoll; *(bildungsspr.):* delikat, diskret.

Talent

a) Anlage, Befähigung, Begabung, Berufung, Fähigkeit[en], Gabe[n], Genialität, Genie, Intelligenz, Veranlagung; *(geh.):* Genius; *(bildungsspr.):* Ingenium, Potenzial; *(ugs.):* Ader, Zeug. **b)** Berufener, Berufene, fähiger Kopf, Genie, Talentierter, Talentierte, Wunderkind; *(geh.):* Genius; *(bildungsspr.):* Ingenium, Phänomen.

talentiert

befähigt, begabt, begnadet, berufen, fähig, genial, hochbegabt, intelligent, talentvoll, veranlagt.

Talisman

Amulett, Glücksbringer, Maskottchen.

Tanz

Ball, Tanzabend, Tanzfest, Tanzveranstaltung, Tanzvergnügen; *(ugs.):* Schwof, Tanzerei.

tanzen

schieben, steppen, twisten; *(ugs.):* abrocken, schwofen; *(ugs. scherzh.):* das Tanzbein schwingen, eine kesse Sohle aufs Parkett legen, jmdn. betanzen; *(Jargon):* pogen.

Tänzer, Tänzerin

Ballerina, Ballerino, Balletttänzer, Balletttänzerin, Revuetänzer, Revuetänzerin.

tapfer

a) beherzt, couragiert, draufgängerisch, entschlossen, forsch, furchtlos, heldenhaft, kühn, mutig, resolut, schneidig, unerschrocken, unverzagt, verwegen, wagemutig, zupackend; *(bildungsspr.):* heroisch; *(veraltend):* herzhaft, wacker. **b)** beherrscht, diszipliniert, klaglos, ohne zu klagen; *(bildungsspr.):* stoisch; *(salopp):* cool.

tarnen

kaschieren, maskieren, übertünchen, unkenntlich machen, verbergen, verdecken, verhüllen, vermummen, vernebeln, verschleiern, vertuschen, verwischen; *(geh.):* bemänteln; *(ugs.):* frisieren.

Tasche

Beutel, Einkaufstasche, Handtasche, Mappe, Shopper.

Tastatur

(EDV): Keyboard.

tasten

1. anrühren, antasten, antippen, befühlen, berühren, betasten; *(geh.):* rühren; *(ugs.):* antatschen, befingern, betatschen.
2. erfassen; *(EDV):* abtasten, eingeben.

Tat

a) Aktion, Handlung, Maßnahme, Operation, Schritt, Tun, Unterfangen, Vorgang, Vorgehen; *(abwertend):* Machenschaft. **b)** Delikt, strafbare Handlung, Straftat, Unrecht, Verbrechen, Verfehlung, Vergehen; *(geh.):* Freveltat, Übeltat; *(emotional):* Schandtat, Untat.

Tatendrang

Aktivität, Betätigungsdrang, Betriebsamkeit, Bewegungsdrang, Ehrgeiz, Eifer, Einsatz, Emsigkeit, Energie, Geschäftigkeit, Rastlosigkeit, Unermüdlichkeit, Unternehmungsgeist, Unternehmungslust; *(schweiz.):* Bemühtheit; *(geh.):* Regsamkeit, Trachten; *(bildungsspr.):* Elan, Engagement.

tatenlos

abwartend, behäbig, energielos, hinnehmend, inaktiv, schwunglos, teilnahmslos, träge, unbeteiligt, untätig, willenlos, zurückhaltend; *(bildungsspr.):* apathisch, indolent, lethargisch, phlegmatisch.

Täter, Täterin

Straffälliger, Straffällige, Straftäter, Straftäterin,

Verbrecher, Verbrecherin; *(bildungsspr.):* Delinquent, Delinquentin.

tätig

1. arbeitend, berufstätig, beschäftigt, erwerbstätig, werktätig.
2. eifrig, fleißig, geschäftig, rührig, schaffensfreudig; *(geh.):* dienstfertig, eilfertig, nimmermüde, regsam; *(bildungsspr.):* enthusiastisch; *(ugs.):* busy.
3. ↑tatkräftig.

Tätigkeit

1. a) Hantierung, Tun, Verrichtung, Wirkung. **b)** Arbeit, Beruf, berufliche Tätigkeit, Beschäftigung, Betätigung, Job, Metier, Posten, Stelle, Stellung.
2. Arbeitsablauf, Betrieb, Funktionsablauf.

Tatkraft

Bemühung, Dynamik, Einsatzbereitschaft, Energie, Kraft, Leidenschaftlichkeit, Rastlosigkeit, Streben, Tatendrang, Temperament, Unermüdlichkeit, Vitalität; *(geh.):* Glut, Verve; *(bildungsspr.):* Drive, Elan, Enthusiasmus; *(ugs.):* Schmiss, Zug; *(Jargon):* Power.

tatkräftig

beherzt, energisch, entschieden, entschlossen, forsch, leidenschaftlich, resolut, schneidig, tätig, unbeirrt, willensstark, zielbewusst, zielsicher, zielstrebig, zupackend; *(schweiz.):* zugriffig; *(südd.):* raß; *(veraltend):* herzhaft.

tätlich

brutal, gewalttätig, handgreiflich, rabiat; *(bildungsspr.):* brachial.

Tatsache

Fakt, Faktum, gegebener Umstand, Gegebenheit, Realität, Sachverhalt, Tatbestand, Tatsächlichkeit, Wirklichkeit; *(bildungsspr.):* Faktizität.

[1]tatsächlich

buchstäblich, echt, faktisch, fassbar, fasslich, greifbar, richtig, wahr, waschecht, wirklich; *(geh.):* augenscheinlich; *(bildungsspr.):* evident, manifest, real; *(ugs.):* auf der Hand liegend.

[2]tatsächlich

in der Tat, unbestreitbar, wahrhaftig, weiß Gott, wirklich; *(bildungsspr.):* de facto, definitiv, in effectu, in facto, in praxi, realiter.

Tatze

Pfote, Pranke, Pratze.

Tau

Leine, Schnur, Seil, Strang, Strick, Trosse; *(Fachspr.):* Reepschnur.

taub

1. gehörlos; *(ugs. emotional verstärkend):* stocktaub.
2. abgestorben, blutleer, eingeschlafen, empfindungslos, gefühllos.

tauchen

a) eintauchen, hinuntertauchen, untertauchen, unter Wasser gehen. **b)** einen Tauchgang unternehmen, schnorcheln.

tauen

1. schmelzen, wegtauen, zerfließen; *(südd., österr., schweiz.):* apern.
2. auftauen, zum Tauen/Schmelzen bringen; *(bes. Fachspr.):* verflüssigen.

taugen

brauchbar/dienlich sein, sich eignen, geeignet sein, in Betracht/infrage kommen, nütze/nützlich sein, seinen Dienst/seine Dienste tun, seinen Zweck erfüllen, sich verwenden lassen, wert sein; *(ugs.):* das Zeug haben.

tauglich

a) anwendbar, befähigt, brauchbar, dienlich, einsetzbar, geeignet, nutzbar, nütze, nützlich, praktikabel, verwendbar, verwendungsfähig, verwertbar, von Nutzen, von Wert, wie geschaffen, zu gebrauchen, zweckdienlich; *(bildungsspr.):* prädestiniert, qualifiziert. **b)** wehrdiensttauglich, wehrfähig; *(veraltend):* waffenfähig.

Taumel

a) Benommenheit, Schwindel[gefühl], Schwindligkeit, Umnebelung. **b)** Affekt, Begeisterung, Ekstase, Feuer, Fieber, Hochgefühl, Hochstimmung, [innere] Erregung, Leidenschaft[lichkeit], Lust, Passion, Rausch[zustand], Überschwang, Verzücktheit, Verzückung, Wallung; *(geh.):* Aufwallung, Entrückung, Entzückung, Glut, Inbrunst; *(bildungsspr.):* Enthusiasmus, Euphorie, Exaltiertheit.

Tausch

Austausch, Tauschgeschäft, Umtausch, Wechsel.

tauschen

a) austauschen, einen Handel/Tausch machen, einhandeln, eintauschen, Tauschgeschäfte machen, umtauschen. **b)** sich ablösen, sich abwechseln, an die Stelle treten von, einen Austausch/Wechsel vornehmen, jmds. Platz/Stelle einnehmen, [miteinander] wechseln; *(bildungsspr.):* alternieren; *(bildungsspr., Fachspr.):* substituieren.

BSP Sie lösten sich beim Sponsorenlauf in der Führung ab. Sie ist bei dem Projekt an die Stelle ihrer Freundin getreten. Hier kann man das Substantiv gut durch ein Pronomen substituieren.

T
tät

täuschen

a) auf die falsche Fährte locken, aufs Glatteis führen, betrügen, bluffen, ein X für ein U vormachen, hinters Licht führen, irreführen, nasführen, trügen, vom rechten Weg abbringen, zu einer falschen Annahme verleiten; *(geh.):* irreleiten; *(ugs.):* an der Nase herumführen, hereinlegen, leimen, linken, mauscheln, mogeln, reinlegen, schwindeln, übers Ohr hauen. b) blenden, simulieren, vorgeben, vormachen, vorschützen, vorspiegeln, vorspielen, vortäuschen; *(geh.):* narren.

täuschen, sich

auf dem Holzweg sein, auf der falschen Fährte sein, im Irrtum sein, in die Irre gehen, sich irren, sich verkalkulieren, sich verrechnen, sich verschätzen, zu einer falschen Annahme kommen; *(geh.):* fehlgehen, sich im Irrtum befinden, irregehen; *(ugs.):* auf dem falschen Dampfer sein, danebenhauen, danebenschießen, sich geschnitten haben, schiefgewickelt sein, schiefliegen, sich vertun.

Täuschung

1. Augenwischerei, Betrug, Bluff, Farce, Gaunerei, Irreführung, List, Lüge, Schein, Täuschungsmanöver, Trick, Vorspiegelung, Winkelzug; *(geh.):* Düpierung, Gaukelei, Trug; *(bildungsspr.):* Finte; *(ugs.):* Betrugsmasche, Dreh, Kniff, Masche, Schmu; *(abwertend):* Spiegelfechterei, Tünche; *(geh. abwertend):* Blendwerk, Gaukelspiel; *(bildungsspr. abwertend):* Attrappe; *(bildungsspr. veraltend):* Delusion.
2. Einbildung, Fantasie[bild], Fantasiegebilde, Fantasievorstellung, Fata Morgana, Halluzination, Illusion, Luftschloss, Phantom, Realitätsverlust, Trugbild, Utopie, Vision; *(geh.):* Gaukelbild, Wahn; *(bildungsspr.):* Fiktion, Imagination, Phantasmagorie, Schimäre; *(dichter.):* Sinnentrug; *(abwertend):* Hirngespinst.
3. [Denk]fehler, Fehleinschätzung, Fehlgriff, Fehlurteil, Irrtum, Missgriff, Trugschluss, Verirrung, Verkennung, Versehen; *(bildungsspr.):* Lapsus; *(dichter.):* Irrung; *(ugs. scherzh.):* Fettnäpfchen.

taxieren

begutachten, inspizieren, mustern; *(geh.):* in Augenschein nehmen; *(ugs.):* unter die Lupe nehmen.

Team

1. Arbeitsgruppe, Arbeitskollektiv, Arbeitskreis, Ausschuss, [Fach]gruppe, Forum, Gremium, Kreis, Zirkel.
2. a) Gruppe, Mannschaft, Riege; *(Sport):* Aufgebot, Auswahl, Elf, Staffel, Vertretung. b) Besatzung, Crew, Personal.

Teamwork

Gemeinschaftsarbeit, Gemeinschaftsproduktion, Kooperation, Koproduktion, Teamarbeit, Zusammenarbeit; *(bildungsspr.):* Kollaboration.

Technik

1. Erfahrung, Fertigkeit, Geübtheit, Gewandtheit, Know-how, Praxis, Routine, Übung, Vertrautheit.
2. Arbeitsweise, Art, Berechnung, Diplomatie, Handhabung, Kalkül, Methode, Plan, Politik, Praktik, Praxis, Strategie, System, Verfahren, Vorgehen, Vorgehensweise, Weg; *(bildungsspr.):* Raffinesse.
3. Ausrüstung, Handwerkszeug, Material, Outfit, Rüstzeug, Staffierung, Werkzeug.
4. Hightech, Technologie.

Teenager

Halbwüchsiger, Halbwüchsige, Heranwachsender, Heranwachsende, Jugendlicher, Jugendliche, Kid, Teen; *(Jargon):* Teenie; *(veraltend):* Backfisch.

Teich

Binnengewässer, [kleiner] See, Pfuhl, Tümpel; *(bes. südd. u. schweiz.):* Weiher; *(Fachspr.):* Hälter.

Teil

1. Absatz, Abschnitt, Ausschnitt, Baustein, Bereich, Einzelheit, Element, Etappe, Glied, Komponente, Stück, Teilstück.
2. Anteil, Bestandteil, Kontingent, Menge, Portion, Quantum, Quote, Ration; *(schweiz.):* Treffnis; *(bildungsspr.):* Detail; *(bildungsspr., Fachspr.):* Segment.
3. Bruchstück, Fragment, Rest; *(bildungsspr.):* Torso.

Teil

ein großer Teil

etliche, das Gros, der Großteil, nicht nur Einzelne, viele.

zum Teil

↑teilweise

teilen

1. aufspalten, aufteilen, durchhacken, durchhauen, durchspalten, entzweihacken, entzweihauen, zerhacken, zerhauen, zerlegen, zerstückeln, zerteilen; *(bildungsspr.):* fraktionieren; *(bildungsspr., Fachspr.):* segmentieren; *(EDV):* partitionieren.
2. a) abtrennen, aufgliedern, aufteilen, dritteln, parzellieren, untergliedern, unterteilen, vierteln; *(geh.):* sondern; *(veraltend):* separieren.
b) abgeben, abtreten, geben, überlassen.

teilen, sich
1. den gleichen Anteil/Teil haben; *(bildungsspr.):* zu gleichen Teilen teilhaben/partizipieren.
2. abgehen, abzweigen, auseinandergehen, auseinanderlaufen, auseinanderstreben, sich gabeln, sich scheiden, sich spalten, sich trennen, sich verzweigen; *(bildungsspr.):* divergieren.

teilhaben ↑teilnehmen (1).

Teilhaber, Teilhaberin
Mitinhaber, Mitinhaberin, Partner, Partnerin; *(schweiz.):* Kommanditär, Kommanditärin.

Teilnahme
1. Aktivität, Beteiligung, Eifer, Einsatz, Energie, Mitarbeit, Mithilfe, Mitwirkung, Partizipation, Unterstützung; *(bes. Politik):* Öffentlichkeitsbeteiligung.
2. a) Anteil, Aufmerksamkeit, Augenmerk, Beachtung, Interesse, Interessiertheit, Konzentration, Neugier, Teilhabe, Wachsamkeit, Wissbegierde; *(geh.):* Achtsamkeit; *(bildungsspr.):* Engagement. b) Anteilnahme, Bedauern, Beileid, Einfühlungsgabe, Einfühlungskraft, Einfühlungsvermögen, Empfindsamkeit, Erbarmen, Herz[lichkeit], Mitempfinden, Mitgefühl, Mitleid, Takt[gefühl], Verständnis, Zartgefühl; *(geh.):* Mitleiden.

teilnahmslos
abgestumpft, gleichgültig, interesselos, ohne Interesse/Teilnahme, passiv, stumpf[sinnig], unbeteiligt, unbewegt, unempfindlich, ungerührt, uninteressiert; *(bildungsspr.):* apathisch, desinteressiert, indifferent, indolent, lethargisch, phlegmatisch; *(ugs.):* wurstig.

teilnehmen
1. Anteil haben, sich beteiligen, beteiligt sein, dabei sein, dazugehören, mitarbeiten, mitmachen, mitspielen, mitwirken, teilhaben, zur Stelle sein; *(geh.):* beiwohnen, zugegen sein; *(bildungsspr.):* partizipieren; *(ugs.):* mitmischen, mit von der Partie sein.
2. Anteilnahme zeigen, Anteil nehmen, bedauern, mitempfinden, mitfühlen, Schmerz teilen, Teilnahme/Verständnis zeigen.

Teilnehmer, Teilnehmerin
Anwesender, Anwesende, Besucher, Besucherin, Beteiligter, Beteiligte, Mitspieler, Mitspielerin, Mitwirkender, Mitwirkende, Zuhörer, Zuhörerin, Zuschauer, Zuschauerin.

teils ↑teilweise.

Teilstück
Absatz, Abschnitt, Ausschnitt, Bereich, Partie, Passage, Punkt, Teil, Teilbereich; *(bildungsspr.):* Passus; *(bildungsspr., Fachspr.):* Segment.

Teilung
a) Aufspaltung, Aufteilung, Loslösung, Spaltung, Trennung, Zerlegung, Zerstückelung, Zerteilung; *(bildungsspr.):* Fraktionierung; *(bildungsspr., Fachspr.):* Segmentierung. b) Division.

teilweise
in einigen Fällen, in mancher Hinsicht, nicht ganz, nicht uneingeschränkt, teils, zum Teil; *(bildungsspr.):* partiell.

Telefon
Bildtelefon, Festnetztelefon, Funktelefon, Handy, Mobiltelefon, Schnurlostelefon; *(ugs.):* Apparat, Strippe; *(ugs. scherzh.):* Sprechknochen; *(veraltend):* Fernsprechapparat.

Telepathie
Fernfühlen, Gedankenlesen, Gedankenübertragung.

Temperament
1. Art, Charakter, Eigenart, Eigentümlichkeit, Gemütsart, Natur, Persönlichkeit, Typ, Veranlagung, Wesen, Wesensart; *(bildungsspr.):* Disposition, Individualität, Naturell, Typus.
2. Aktivität, Dynamik, Eifer, Energie, Feuer, Initiative, Kraft, Lebendigkeit, Lebhaftigkeit, Leidenschaftlichkeit, Pep, Schaffenskraft, Spannkraft, Tatendrang, Tatkraft, Vitalität; *(geh.):* Tatendurst, Verve; *(bildungsspr.):* Drive, Elan, Engagement, Vehemenz; *(ugs.):* Schmiss; *(Jargon):* Power.

temperamentvoll
agil, aktiv, begeistert, beschwingt, dynamisch, energiegeladen, energisch, feurig, flammend, heftig, heiß, hitzig, impulsiv, lebendig, lebhaft, leidenschaftlich, rassig, spritzig, stürmisch, tatkräftig, überschwänglich, vital, voller Schwung, voll Leben, wild; *(geh.):* entflammt, glühend, nimmermüde, regsam; *(bildungsspr.):* elanvoll, enthusiasmiert, enthusiastisch, euphorisch, frenetisch; *(ugs.):* flott, quirlig; *(emotional):* quicklebendig.

Tempo
a) Fahrt, Geschwindigkeit, Schnelle, Schnelligkeit; *(bildungsspr.):* Rapidität; *(ugs.):* Karacho, Rasanz, Zahn; *(Sport):* Speed. b) Beschleunigung, Eile, Hast, Hektik, Hetze, Hetzerei; *(ugs.):* Affentempo, Eiltempo, Hochdruck; *(ugs. emotional verstärkend):* Höllentempo.

temporär
begrenzt, eine Zeit lang, episodenhaft, flüchtig, für kurze Zeit, kurz[lebig], momentan, schnelllebig, vergänglich, vorübergehend, zeitweilig; *(bildungsspr.):* ephemer; *(Fachspr.):* endlich.

Tendenz
1. Bewegung, Entwicklung, Entwicklungslinie, Mode, Richtung, Strömung, Trend, Welle.
2. Anlage, Hang, Natur, Neigung, Passion, Schwäche, Veranlagung, Vorliebe; *(bes. schweiz.):* Gefälle; *(bildungsspr.):* Disposition, Faible, Naturell, Präferenz.

tendieren
abzielen, ansteuern, anvisieren, anzielen, aus sein auf, beabsichtigen, bezwecken, den Zweck haben/verfolgen, einen Hang/eine Tendenz haben, erpicht sein, es abgesehen haben, gerichtet sein, hinsteuern, hinzielen, neigen, streben, vorhaben, wollen, zielen, zu erlangen/zu erreichen suchen, zum Ziel haben; *(geh.):* anstreben, erstreben, sinnen, trachten; *(bildungsspr.):* intendieren; *(ugs.):* hinauswollen auf.

Termin
a) Fälligkeitstag, Jour fixe, Stichtag, Zeitpunkt.
b) Besprechung, Sitzung, Treffen, Verabredung, Zusammenkunft; *(bildungsspr.):* Meeting; *(ugs.):* Date, Treff.

Terrain
a) Areal, Bereich, Bezirk, Boden, Distrikt, Ebene, Fläche, Gebiet, Gegend, Gelände, Gemarkung, Landschaft, Landstrich, Raum, Region, Sektor, Territorium, Umkreis, Winkel, Zone; *(schweiz.):* Gemarchung; *(geh.):* Feld, Flur, Gefilde. **b)** Anwesen, Baugrund, Bauland, Grundbesitz, Grundstück, Grund und Boden, Land[besitz], Stück Land; *(bes. österr.):* Grund.

Territorium
1. ↑Terrain (a).
2. Herrschaftsbereich, Herrschaftsgebiet, Hoheitsbereich, Hoheitsgebiet, Staatsgebiet.

Terror
1. Druck, Nötigung, Zwang; *(bildungsspr.):* Diktat, Pression.
2. Angst, Entsetzen, Furcht, Schrecken; *(ugs. emotional verstärkend):* Horror.

terrorisieren
1. Angst einjagen, Angst [und Schrecken] verbreiten, bedrohen, einschüchtern, erschrecken, in Angst/Furcht/Schrecken versetzen, knebeln, unterdrücken, verängstigen, verschüchtern, zermürben, zusetzen; *(geh.):* schrecken; *(abwertend):* tyrannisieren; *(geh. abwertend):* knechten.
2. bedrängen, behelligen, belästigen, bestürmen, einstürmen, im Nacken sitzen, in die Enge treiben, nötigen, traktieren, unter Druck setzen, zusetzen; *(geh.):* dringen, peinigen; *(ugs.):* auf den Leib rücken, bohren, das Haus einrennen, die Bude einlaufen, die Hölle heißmachen, die Pistole auf die Brust setzen, die Tür einlaufen, drängeln, durch die Mangel drehen, einheizen, in die Mangel/Zange nehmen, keine Ruhe geben, löchern, nicht in Ruhe lassen, zu Leibe rücken; *(salopp):* auf die Pelle rücken; *(abwertend):* drangsalieren.

Terrorismus
1. Extremismus, Radikalismus.
2. Despotie, Despotismus, Gewaltherrschaft, Schreckensherrschaft.

Terrorist, Terroristin
Anarchist, Anarchistin, Aufrührer, Aufrührerin, Extremist, Extremistin, Radikaler, Radikale, Revolutionär, Revolutionärin, Umstürzler, Umstürzlerin, Untergrundkämpfer, Untergrundkämpferin; *(ugs.):* Revoluzzer, Revoluzzerin; *(oft scherzh.):* Radikalinski; *(veraltend):* Guerilla, Guerillero.

terroristisch
anarchistisch, extremistisch, gesetzlos, radikal, revolutionär, staatsfeindlich; *(bildungsspr.):* subversiv; *(oft abwertend):* umstürzlerisch.

Test
a) Durchsicht, Faktencheck, Kontrolle, Prüfung, Revision, Überprüfung, Untersuchung. **b)** Erprobung, Experiment, Pilotphase, Pilotprojekt, Pilotstudie, Probe, Versuch.

Testament
Letzter Wille, Vermächtnis.

testen
abchecken, ausprobieren, die Probe [aufs Exempel] machen, durchgehen, durchsehen, einem Test unterziehen, einer Kontrolle/Prüfung unterziehen, erproben, inspizieren, kontrollieren, kosten, nachprüfen, nachsehen, probieren, prüfen, revidieren, überprüfen, untersuchen, sich vergewissern, versuchen, visitieren; *(ugs.):* auf den Zahn fühlen, auf Herz und Nieren prüfen, unter die Lupe nehmen; *(bes. südd., österr., schweiz.):* nachschauen.

BSP Ich werde diese Thesen Punkt für Punkt durchgehen. Bevor er fortging, vergewisserte er sich, dass/ob die Fenster geschlossen waren.

---

teuer
1. aufwendig, hochpreisig, kostbar, kostspielig, nicht billig, nicht zu bezahlen, unbezahlbar, unerschwinglich, viel wert, wertvoll; *(ugs. emotional):* schweineteuer.
2. ans Herz gewachsen, hochgeachtet, hochgeschätzt, lieb, unentbehrlich, unersetzlich, verehrt; *(emotional):* kostbar; *(ugs. scherzh.):* unbezahlbar; *(veraltend):* wert.

A B C D E F G H I J K L M N O P Q R S T teu U V W X Y Z

Teufel

a) Antichrist, Beelzebub, der böse Geist, der Widersacher Gottes, Höllenfürst, Luzifer, Urian; *(geh.):* der Geist der Finsternis; *(bildungsspr.):* Diabolus; *(dichter.):* der Böse, der Fürst der Finsternis/Hölle; *(verhüll.):* der Gehörnte, Erbfeind, Leibhaftiger. **b)** Alb, böse Macht, böser Geist, Dämon.

teuflisch

1. bösartig, böse, boshaft, dämonisch, grausam, höllisch; *(geh.):* ruchlos; *(bildungsspr.):* diabolisch, infernalisch, luziferisch, mephistophelisch, perfide, satanisch; *(abwertend):* infam.

2. außerordentlich, enorm, gewaltig, gigantisch, immens, kräftig, [sehr] groß, stark, ungeheuer; *(ugs.):* höllisch, mächtig; *(oft emotional):* riesig; *(ugs. emotional):* kolossal.

Text

1. a) Aufdruck, Ausdruck, Ausformulierung, Diktat, Druck-Erzeugnis, Formulierung, Gedrucktes, Geschriebenes, Handschrift, Inschrift, Manuskript, Schrift[stück], Übersetzung, Untertitel, Wortlaut; *(geh.):* Wort. **b)** Auszug; *(bildungsspr.):* Exzerpt.

2. Bildunterschrift.

Textilien

1. Faserstoffe.

2. Bekleidung, Gewebe, Kleidung, Stoff, Synthetics, Textil[waren], Trikotagen, Tuch, Wäsche, Webwaren, Wirkwaren; *(salopp):* Klamotten; *(veraltend):* Zeug; *(Fachspr.):* Weißwaren.

Theater

1. Bühne, Festspielhaus, Kammerspiele, Oper, Opernhaus, Schauspielhaus; *(geh.):* die Bretter, die die Welt bedeuten.

2. Aufheben, Aufregung, Aufstand, Komödie, Umstände, Verwirrspiel, Verwirrung, Wirbel; *(ugs.):* Geschrei, Rummel; *(abwertend):* Gehabe.

Theaterstück

Bühnendichtung, Bühnenstück, Bühnenwerk, Drama, Kammerspiel, Schauspiel, Spiel, Stück.

theatralisch

aufgesetzt, gekünstelt, geziert, gezwungen, unecht, unnatürlich; *(bildungsspr.):* affektiert; *(abwertend):* geschwollen, gespreizt, hochtrabend, salbungsvoll, schwülstig; *(oft abwertend):* pathetisch; *(bildungsspr. abwertend):* manieriert; *(bildungsspr., oft scherzh.):* melodramatisch.

Theke

a) Ausschank, Bar, Büfett, Schanktisch; *(bes. nordd.):* Tresen; *(südd.):* Zapf. **b)** Bedienungstheke, Ladentisch, Schalter, Verkaufstisch.

Thema ↗

1. Angelegenheit, Aufgabe, Aufgabenstellung, Betreff, Frage[stellung], Gegenstand, Objekt, Problem, Problematik, Problemstellung, Punkt, Sache, Stoff, Thematik, Themenstellung; *(bildungsspr.):* Materie, Sujet.

2. Melodie, Weise.

theoretisch

1. abstrakt, begrifflich, gedanklich, in der Theorie, spekulativ, vorgestellt, wissenschaftlich.

GGS real, tatsächlich, wahrhaftig, wirklich.

---

2. lebensfern, lebensfremd, praxisfern, praxisfremd; *(abwertend):* akademisch.

Theorie

1. Anschauung, Denkansatz, Gedankengebäude, Ideologie, Lehre, Lehrmeinung, Philosophie, Weltanschauung, Wissenschaft; *(bildungsspr.):* Doktrin; *(bildungsspr., oft abwertend):* Dogma.

2. Annahme, Behauptung, Kopfgeburt, Spekulation, Vermutung, Vorstellung; *(geh.):* Mutmaßung; *(bildungsspr.):* Hypothese.

These

Ansicht, Auffassung, Behauptung, Glaubenssatz, [Lehr]satz, Meinung; *(bildungsspr.):* Theorem.

Tick

1. Absonderlichkeit, Angewohnheit, Eigenart, Eigenheit, Eigentümlichkeit, fixe Idee, Idée fixe, Marotte, Schrulle, Spleen; *(ugs.):* Mucke; *(salopp):* Macke.

2. Muskelzuckung, nervöse Zuckung.

3. Anflug, ein bisschen, ein wenig, Idee, Nuance, Prise, Schimmer, Schuss, Spur, Stich; *(ugs.):* Kleinigkeit, Touch, Winzigkeit; *(veraltend):* Quäntchen.

tief

1. a) bodenlos, klaftertief; *(emotional):* abgrundtief. **b)** am Boden, ganz unten, in der Tiefe, niedrig; *(geh.):* auf dem Grund; *(ugs.):* im Keller.

2. ↑tiefsinnig.

3. a) dunkel, kräftig, satt, voll. **b)** volltönend, volltönig.

Tief

1. Schlechtwetter.

2. Bedrücktheit, Bedrückung, Bekümmertheit, Depression, Gedrücktheit, Melancholie, Mutlosigkeit, Niedergeschlagenheit, Schwermut, Schwermütigkeit, [seelischer] Tiefpunkt, Trübsinn, Verzagtheit; *(geh.):* Betrübnis, Trübsal; *(ugs.):* Durchhänger.

tiefgreifend

beträchtlich, deutlich spürbar, dramatisch, drastisch, durchgreifend, durchschlagend, einschneidend, empfindlich, entscheidend, erheblich, ernst [zu nehmend], folgenschwer, gehörig, hart, intensiv, massiv, merklich, nachdrücklich, nachhaltig, rigoros, schwer ins Gewicht fallend, schwerwiegend, spürbar, stark, weitreichend, wirksam; *(bildungsspr.)*: drakonisch, gravierend.

tiefgründig ↑tiefsinnig.

Tiefpunkt
Ebbe, Krise, Talsohle, Tief, Tiefstand; *(ugs.)*: Nullpunkt.

tiefsinnig
gedankenreich, gehaltvoll, mit Tiefgang/Tiefsinn, nachdenklich, nicht oberflächlich, philosophisch, sinnreich, tief, tief blickend, tiefgründig, tief reichend/schürfend, überlegt.

Tiefstand
Ebbe, Talsohle, Tief, Tiefpunkt; *(ugs.)*: Nullpunkt.

Tier
a) Bestie; *(ugs.)*: Vieh. b) Gewaltmensch; *(abwertend)*: Barbar, Barbarin, Bestie, Scheusal, Unmensch; *(emotional)*: Bluthund.

tierisch
1. a) animalisch, dumpf, hemmungslos, triebhaft. b) barbarisch, brutal, entmenscht, grausam, unmenschlich; *(abwertend)*: bestialisch, roh, viehisch.
2. a) enorm, gewaltig, immens, sehr groß/stark, ungeheuer, ungemein, unwahrscheinlich; *(ugs.)*: höllisch, irrsinnig, mächtig, unglaublich, wahnsinnig; *(oft emotional)*: riesig; *(ugs. emotional)*: kolossal, sagenhaft; *(ugs. emotional verstärkend)*: mordsmäßig, riesengroß. b) ↑sehr.

tilgen
1. aus der Welt schaffen, ausixen, auslöschen, ausmerzen, ausrotten, ausstreichen, austilgen, beseitigen, entfernen, [heraus]streichen, löschen, zum Verschwinden bringen; *(bildungsspr.)*: elidieren, eliminieren; *(ugs.)*: wegmachen.
2. abbezahlen, abgelten, abzahlen, zurückzahlen; *(geh.)*: abtragen, begleichen; *(ugs.)*: abstottern, glattmachen.

Timing
Bestimmung des geeigneten Zeitpunkts, Wahl des richtigen Zeitpunkts, Zeiteinteilung, zeitliche Abfolge, zeitliche Abstimmung/Koordinierung, zeitliches Aufeinanderabstimmen, Zeitplanung.

Tipp
1. Anregung, Empfehlung, Fingerzeig, Hilfestellung, Hinweis, Rat[schlag], Vorschlag, Wink.
2. Trinkgeld; *(schweiz.)*: Service.

tippen
1. annehmen, ausgehen von, befürchten, denken, erwarten, für möglich/wahrscheinlich halten, glauben, meinen, mutmaßen, rechnen mit, spekulieren, vermuten; *(ugs.)*: kalkulieren, schätzen.
2. einen Tipp abgeben, eine Wette abschließen, wetten.

tipptopp
ausgezeichnet, bestens, einwandfrei, erstklassig, erstrangig, exzellent, hervorragend, meisterhaft, mustergültig, perfekt, sehr gut, vorbildlich, vortrefflich; *(ugs.)*: astrein, picobello, super; *(emotional)*: tadellos.

Titel
1. Betitelung, Schlagzeile, Titelzeile, Überschrift.
2. Betitelung, Dienstbezeichnung, Prädikat, Rangbezeichnung.

Toast
1. geröstetes Weißbrot, Röstbrot.
2. Trinkspruch.

toben
1. außer sich geraten/sein, berserkern, die Kontrolle/die Nerven verlieren, die [Selbst]beherrschung/die Fassung verlieren, kopflos werden, nicht mehr Herr seiner Sinne sein, rasen, sich vergessen, wild werden, wüten; *(geh.)*: schäumen; *(ugs.)*: an die Decke gehen, aus der Haut fahren, ausflippen, ausrasten, austicken, den wilden Mann spielen, durchdrehen, hochgehen, in die Luft gehen.
2. sich ausleben, sich austoben, [herum]tollen, sich tummeln, übermütig sein, umherlaufen, umherspringen, sich verausgaben; *(ugs.)*: herumspringen, herumtoben, umhertoben.
3. brausen, fegen, stürmen, tosen, wüten.

Tochter
Kind, Nachkommin; *(geh.)*: Nachfahrin, sein/ihr eigen[es] Fleisch und Blut; *(fam.)*: Nachwuchs; *(oft scherzh.)*: Juniorin.

Tod
Lebensende, Todesfall; *(schweiz.)*: Hinscheid, Hinschied, Sterbet; *(geh.)*: Abberufung, Ableben, Abschied, Hingang, Verscheiden; *(geh. verhüll.)*: Abscheiden, der ewige Schlaf, Ende, Heimgang, Hinscheiden; *(salopp)*: Abschnappen, Abtanzen.

tödlich
1. lebensgefährlich, todbringend, unheilbar, verderblich.
2. ↑sehr.

Toilette
1. Latrine, Pissoir, sanitäre Anlagen, WC; *(ugs.)*: 00, Klo, Lokus, Null-Null, Orkus; *(salopp)*: Pinkelbude; *(fam.)*: Häuschen, Klöchen; *(verhüll.)*:

Gelegenheit, Lokalität; *(ugs. verhüll.):* To, Tö; *(ugs. scherzh.):* Topf; *(veraltend):* Klosett.
2. Abendgarderobe, Festkleidung, festliche Kleidung, Festrobe, Gala.

tolerant
aufgeklärt, aufgeschlossen, duldsam, entgegenkommend, freidenkerisch, freigeistig, freiheitlich, freizügig, großmütig, liberal, offen, verständnisvoll, vorurteilsfrei, vorurteilslos; *(bildungsspr.):* human, indulgent, konnivent.

Toleranz
Aufgeklärtheit, Aufgeschlossenheit, Duldsamkeit, Entgegenkommen, Freizügigkeit, Großmut, Großmütigkeit, Liberalität, Menschlichkeit, Nachsicht, Offenheit, Verständnis, Vorurteilsfreiheit, Vorurteilslosigkeit; *(bildungsspr.):* Humanität, Indulgenz, Konnivenz.

tolerieren
akzeptieren, annehmen, billigen, dulden, durchgehen lassen, einräumen, sich einverstanden erklären, einverstanden sein, einwilligen, gelten/geschehen lassen, gestatten, gewähren lassen, hinnehmen, nichts dagegen haben, respektieren, zubilligen, zugestehen, zulassen; *(bildungsspr.):* konzedieren; *(ugs.):* absegnen.

toll
a) abenteuerlich, außergewöhnlich, extrem, ungewöhnlich, unglaublich; *(ugs.):* verrückt; *(salopp):* irre; *(emotional):* unvergleichlich; *(emotional verstärkend):* sondergleichen.
b) aufsehenerregend, aus dem Rahmen fallend, ausgezeichnet, außergewöhnlich, außerordentlich, brillant, enorm, ersten Ranges, erstklassig, fulminant, glänzend, grandios, großartig, hervorragend, phänomenal, prächtig, sensationell, spektakulär, überragend, vortrefflich, vorzüglich; *(ugs.):* bombig, doll, [echt] spitze, einsame Spitze, famos, fantastisch, klasse, mega, prima, stark, super, traumhaft.

tollen
sich ausleben, sich austoben, toben, sich tummeln, übermütig sein, umherlaufen, umherspringen, sich verausgaben; *(ugs.):* herumspringen, herumtoben, umhertoben.

tollpatschig
derb, grobschlächtig, hilflos, hölzern, klobig, plump, schwerfällig, unbeholfen, ungeschicklich, ungeschickt, ungewandt, wie ein Stock/Stück Holz; *(geh.):* ungefüge, ungelenk; *(ugs.):* dämlich, doof, tapsig, wie ein Elefant im Porzellanladen; *(südd., österr.):* deppert; *(abwertend):* bäurisch, linkisch, tölpelhaft, ungraziös.

Tölpel
Tollpatsch; *(ugs.):* Elefant im Porzellanladen.

[1]Ton
Lehm, Tonerde.

[2]Ton
1. Klang, Laut; *(geh.):* Schall.
2. Ausdruck, Ausdrucksweise, Redestil, Redeweise, Schreibart, Schreibstil, Schreibweise, Sprache, Sprechweise, Stil, Tonfall, Umgangston; *(bildungsspr.):* Diktion.

tonangebend
ausschlaggebend, avantgardistisch, beherrschend, bestimmend, dominierend, eigentlich, einflussreich, entscheidend, [feder]führend, maßgebend, maßgeblich, meinungsbildend, richtungsweisend, vorherrschend, wegweisend, wesentlich, wichtig, zentral; *(bildungsspr.):* prädominant, prädominierend, relevant.

tönen
dröhnen, gellen, hallen, klingen, schallen, schrillen; *(geh.):* erschallen.

Tonfall
Akzent, Aussprache, Betonung, Klang[farbe], Sprachfärbung, Stimme; *(Sprachwiss.):* Lautung, Qualität, Satzmelodie, Sprachmelodie; *(bes. Sprachwiss.):* Intonation.

top
a) ausgezeichnet, bestens, brillant, erstklassig, fabelhaft, genial, grandios, hervorragend, meisterhaft, phänomenal, sehr gut, überragend, unübertrefflich, unübertroffen, vortrefflich, vorzüglich; *(schweiz.):* maximal; *(bildungsspr.):* exzellent, superb, virtuos; *(ugs.):* astrein, [echt/ganz] prima, [echt] bombig; [echt] klasse, große Klasse; [echt] spitze, [echt] super, einsame Spitze, [ganz] famos, [ganz] fantastisch, [ganz] toll, glänzend, großartig, picobello, spitzenmäßig, super, tipptopp; *(salopp):* eine Wucht. b) angesagt, en vogue, hochmodern, hochmodisch, up to date; *(ugs.):* in, trendig, trendy; *(Jargon):* hip; *(emotional verstärkend):* brandaktuell, topaktuell.

Topf
Kasserolle, Kessel; *(österr.):* Häfen; *(südd., österr., schweiz.):* Hafen; *(ugs.):* Pott.

Torheit
Dummheit, Fehler, Fehlgriff, Gedankenlosigkeit, Irrtum, Leichtsinn, Narrheit, Unsinn, Unüberlegtheit, Unvernunft; *(geh.):* Narretei; *(oft emotional):* Irrsinn.

töricht
a) abträglich, fatal, misslich, ungeschickt, ungünstig, unklug, unvernünftig; *(ugs.):* blöd[sinnig], doof, dumm. b) beschränkt, dumm, dümmlich, einfältig, naiv, unbedarft; *(ugs.):* blöd, dämlich, doof, dusselig.

torkeln
sich hin- und herbewegen, hin- und herschwingen, sich hin- und herwiegen, schaukeln, schlenkern, schlingern, schwanken, taumeln, wanken.

Tornister
a) Bündel, Ranzen, Rucksack. **b)** Ranzen, Schulmappe, Schulranzen, Schultasche; *(schweiz.):* Schulsack.

torpedieren
1. befeuern, [be]schießen, unter Feuer nehmen, versenken.
2. abblocken, abhalten, abwehren, abwenden, aufhalten, behindern, bekämpfen, blockieren, durchkreuzen, hemmen, im Keim ersticken, lahmlegen, unterbinden, vereiteln, verhindern, verhüten, zum Scheitern/Stehen/Stillstand bringen, zunichtemachen; *(geh.):* zu Fall bringen; *(ugs.):* dazwischenfunken, [einen] Knüppel zwischen die Beine werfen, einen Strich durch die Rechnung machen, ein Klotz am Bein sein, in die Quere kommen, querschießen.

Tortur
1. Folter, Folterung, Misshandlung, Schikane; *(geh.):* Marter, Marterung, Peinigung; *(abwertend):* Drangsalierung.
2. Anstrengung, Mühe, Qual, Strapaze, Stress; *(geh.):* Beschwernis, Fron, Mühsal; *(ugs.):* Plackerei; *(ugs. emotional):* Quälerei; *(abwertend):* Schinderei.

tosen
brausen, dröhnen, rasen, rauschen, sausen, stürmen.

tot
1. a) gestorben, nicht mehr da, umgekommen, ums Leben gekommen, verendet, verstorben; *(geh.):* abgeschieden, entseelt, nicht mehr [am Leben/unter uns] sein, selig, verschieden; *(geh. verhüll.):* heimgegangen, hingeschieden; *(ugs.):* draufgegangen, krepiert; *(salopp):* hin, hinüber; *(geh. veraltet):* hingestreckt, verblichen. **b)** anorganisch, unbelebt.
2. a) ausdruckslos, glanzlos, starr, stier, stumpf, unlebendig; *(abwertend):* leer. **b)** ausgestorben, bewegungslos, einsam, entvölkert, geisterhaft, leblos, leer, menschenleer, öde, unbelebt, unbewohnt, vereinsamt, verlassen, verödet, verwaist.

total
a) absolut, auf Gedeih und Verderb, ausnahmslos, ausschließlich, bis auf den Grund, bis aufs Letzte, durchgängig, durchweg, ganz [und gar], grundlegend, in jeder Beziehung/Hinsicht, in vollem Maße/Umfang, lückenlos, rundherum, über und über, unbedingt, uneingeschränkt, vollauf, vollends, völlig, vollkommen, vollständig, vom Scheitel bis zur Sohle, von Grund auf, von Kopf bis Fuß, von oben bis unten; *(schweiz.):* durchs Band weg, vollumfänglich; *(bes. schweiz.):* gesamthaft; *(bildungsspr.):* in extenso, in toto; *(ugs.):* bis zum/über den Hals, durch die Bank, durch und durch, hundertpro[zentig], mit Haut und Haar[en], von A bis Z; *(emotional):* restlos; *(nachdrücklich):* gänzlich; *(südd., österr., schweiz.):* durchwegs. **b)** ↑ sehr.

totalitär
absolut, antidemokratisch, autoritär, diktatorial, unumschränkt, willkürlich; *(bildungsspr.):* autokratisch, cäsarisch, repressiv, total.

töten
abschießen, abschlachten, abstechen, aus dem Weg räumen, ausrotten, beiseiteschaffen, das Todesurteil vollstrecken, den Schädel einschlagen, einen Mord begehen/verüben, einschläfern, erdrosseln, erhängen, ermorden, erschießen, erschlagen, erstechen, ersticken, ertränken, erwürgen, exekutieren, hängen, hinmetzeln, hinmorden, hinrichten, hinschlachten, lynchen, massakrieren, niedermetzeln, niederschießen, niederstechen, pfählen, reißen, schießen, schlachten, speeren, steinigen, totbeißen, totfahren, totprügeln, totschlagen, totspritzen, tottreten, umbringen, ums Leben bringen, vergasen, vergiften, vernichten; *(geh.):* auslöschen, dahinraffen, den Lebensfaden abschneiden, erdolchen, erlegen, hinwegraffen, niederstrecken, richten, tilgen, vom Leben zum Tode befördern/bringen; *(bildungsspr.):* eliminieren, liquidieren; *(ugs.):* erledigen, fertigmachen; *(salopp):* abknallen, abknipsen, abmurksen, alle machen, aufbaumeln, ausradieren, ins Jenseits befördern, kaltmachen, killen, kurzen Prozess machen, niederknallen, stumm machen, umlegen, umnieten, wegknallen, wegpusten, wegputzen; *(verhüll.):* beseitigen; *(emotional):* morden.

töten, sich
sich das Leben nehmen, den Tod suchen, freiwillig aus dem Leben scheiden, sein Leben wegwerfen, Selbstmord begehen/verüben, sterben wollen, sich umbringen; *(geh.):* sich entleiben, Hand an sich legen, sich selbst richten; *(bildungsspr.):* Suizid begehen; *(verhüll.):* den Freitod wählen, seinem Leben ein Ende machen/setzen; *(ugs.):* Schluss machen; *(ugs. verhüll.):* sich etwas antun; *(Jargon):* sich den goldenen Schuss setzen, sich totspritzen.

Toter, Tote
1. Leiche, Seliger, Selige, Verewigter, Verewigte, Verstorbener, Verstorbene; *(geh.):* Abgeschiede-

ner, Abgeschiedene, abgeschiedene Seele, Dahingegangener, Dahingegangene, Leichnam, Verblichener, Verblichene; *(verhüll.):* Entschlafener, Entschlafene; *(geh. verhüll.):* Dahingeschiedener, Dahingeschiedene, die sterbliche Hülle, die sterblichen Überreste, Heimgegangener, Heimgegangene, Hingeschiedener, Hingeschiedene.
2. [Todes]opfer, Unfallopfer.

totlachen, sich
einen Lachanfall/Lachkrampf bekommen, in Gelächter/Lachen ausbrechen, sich schieflachen, sehr lachen [müssen], Tränen lachen; *(ugs.):* sich ausschütten vor Lachen, sich kaputtlachen, sich kranklachen, platzen vor Lachen, sich scheckiglachen, sich [vor Lachen] biegen/kringeln/kugeln, wiehern; *(ugs. emotional):* sich krummlachen; *(salopp):* sich einen Ast lachen.

Tour
1. Abstecher, Ausfahrt, Ausflug, Ausflugsfahrt, Fahrt [ins Blaue/Grüne], Roadtrip, Spazierfahrt, Streifzug, Vergnügungsfahrt, Wanderung; *(ugs.):* Rutsch [ins Grüne], Spritztour, Trip; *(veraltend):* [Land]partie.
2. Abschnitt, Runde, Strecke, Wegstrecke.
3. Umdrehung, Umlauf.

Tourist, Touristin
Besucher, Besucherin, Fremder, Fremde, Gast, Passagier, Passagierin, Reisender, Reisende; *(scherzh.):* Touri.

traben
1. im Sattel sitzen, im Trab laufen/reiten, reiten, zu Pferde sitzen.
2. gehen, marschieren, wandern; *(ugs.):* dackeln, eiern, latschen, pilgern, schlappen, stiefeln, wackeln, zockeln, zotteln, zuckeln.

trachten
abzielen auf, sich anstrengen, sich bemühen, bemüht sein, bestrebt sein, streben, vorhaben, wollen; *(geh.):* eifern, sinnen, zu erreichen suchen.

Tradition
Brauch, Brauchtum, [feste] Gewohnheit, Herkommen, Konvention, Ritus, Sitte, Überlieferung, Usus; *(geh.):* Gepflogenheit.

traditionell
alltäglich, alt, althergebracht, altherkömmlich, altüberkommen, altüberliefert, anerkannt, bekannt, bewährt, eingebürgert, eingefahren, eingeführt, erprobt, gängig, gang und gäbe, gebräuchlich, geläufig, gewöhnlich, gewohnt, hergebracht, herkömmlich, klassisch, konservativ, landläufig, normal, probat, regulär, überliefert, üblich, usuell, verbreitet; *(geh.):* überkommen; *(bildungsspr.):* tradiert.

tragbar
1. beweglich, mobil, transportabel.
2. annehmbar, ausreichend, befriedigend, brauchbar, durchschnittlich, einigermaßen, hinlänglich, hinreichend, passabel, vertretbar, zufriedenstellend; *(bildungsspr.):* akzeptabel, tolerabel, tolerierbar; *(ugs.):* erträglich, mittel[gut], nicht berauschend, nicht berühmt, so lala, soso; *(ugs. scherzh.):* durchwachsen, mittelprächtig.

träge
behäbig, energielos, gemächlich, kraftlos, langsam, lasch, lustlos, matt, müde, ohne Schwung, plump, schleppend, schwunglos, temperamentlos, umständlich, unbeholfen, ungeschickt; *(geh., dichter.):* erdenschwer; *(bildungsspr.):* apathisch, lethargisch, phlegmatisch, stoisch; *(ugs.):* tapsig; *(emotional):* faul.

tragen
1. auf den Arm nehmen, auf die Schultern nehmen, fortbewegen, halten, schultern, stützen, wegtragen; *(ugs.):* huckepack nehmen/tragen; *(veraltend):* achseln.
2. nicht fallen lassen, nicht untergehen lassen.
3. auf sich nehmen, aushalten, bewältigen, ertragen; *(ugs.):* schlucken, vertragen.
4. angezogen haben, anziehen, aufgesetzt haben, aufsetzen, bekleidet sein, sich kleiden.

tragen, sich
1. sich amortisieren, sich lohnen, sich rentieren.
2. sich auseinandersetzen, sich befassen, sich beschäftigen, sich Gedanken machen, sich kümmern, nachdenken, seine Aufmerksamkeit richten auf, überlegen, sich widmen, sich zuwenden; *(ugs.):* sich hineinknien, kauen an, schwanger gehen, zugange sein.

Tragik
Heimsuchung, Leid, [Schicksals]schlag, Unglück, Verhängnis; *(geh.):* Prüfung, Unheil, Verderben.

tragisch
desaströs, entsetzlich, erbarmungslos, erschreckend, erschütternd, fatal, hoffnungslos, katastrophal, qualvoll, schicksalhaft, schlimm, traurig, trostlos, verhängnisvoll, verheerend; *(schweiz.):* ungefreut; *(geh.):* leidvoll, übel, unentrinnbar, ungnädig, unselig, Verderben bringend; *(bildungsspr.):* desolat, trist; *(emotional):* fürchterlich.

Tragödie
1. Drama, Trauerspiel.
2. GAU, Katastrophe, Schicksalsschlag, Schock,

Unglück, unglückseliges Ereignis, Unglücksfall; *(geh.):* Unheil.

trainieren
a) abrichten, dressieren, drillen, eintrainieren, schulen; *(ugs.):* bimsen, trimmen. **b)** beraten, betreuen, coachen. **c)** durchtrainieren, sich fit halten, ins Fitnessstudio gehen, Sport treiben. **d)** einstudieren, [ein]üben, sich vorbereiten.

Training
1. Bewegung, Fitnesstraining, Körperertüchtigung, Körperkultur, Leibesübungen, Sport, Turnen, Work-out.
2. Bildung, Fortbildung, Qualifizierung, Schulung, Umschulung, Unterricht, Weiterbildung.

Trakt
1. Flügel, Gebäudeteil, Seitentrakt.
2. Strang, Strecke.

trampeln
aufstampfen, heftig [auf]treten, stampfen.

tranig
behäbig, bequem, inaktiv, müßig, schwerfällig, schwunglos, träge; *(bildungsspr.):* lethargisch, phlegmatisch; *(emotional):* faul.

tränken
1. trinken lassen, zu trinken geben.
2. befeuchten, durchfeuchten; *(geh.):* benässen, benetzen, durchtränken, netzen.

transparent
a) durchsichtig, gläsern, glasklar, kristallklar, limpid, ungetrübt; *(bildungsspr., Fachspr.):* transluzent, transluzid. **b)** begreiflich, durchschaubar, durchsichtig, einleuchtend, einsichtig, erfassbar, fasslich, nachvollziehbar, plausibel, verständlich.

Transport
Beförderung, Überführung, Versand, Verschickung.

transportieren
a) befördern, bringen, fahren, schaffen, spedieren, tragen, überführen, verfrachten; *(bildungsspr.):* expedieren; *(ugs.):* karren, kutschieren.
b) übertragen, vermitteln, weitergeben, weiterleiten; *(bildungsspr.):* kommunizieren.

Trara
Aufheben, Aufregung, Aufsehen, Ballyhoo, Eklat, Furore, Hektik, Lärm, Sensation, Skandal, Überraschung, Verwunderung, Wirbel; *(ugs.):* Rabatz, Rambazamba, Rummel; *(salopp):* Radau.

Tratsch
Gerede, Rederei; *(ugs.):* Buschfunk, Flurfunk, Gemunkel, Klatsch, Munkelei; *(abwertend):* Dienstbotenklatsch, Zuträgerei.

tratschen
abfällig/schlecht reden; *(ugs.):* ratschen; *(bildungsspr.):* sich mokieren; *(abwertend):* gehässig reden, hetzen, lästern.

trauen
1. arglos sein, nichts Böses vermuten, sich verlassen auf, vertrauen, Vertrauen entgegenbringen/haben; *(geh.):* Glauben schenken.
2. die Trauung vollziehen, ehelich verbinden, verheiraten; *(geh.):* vermählen.

trauen, sich
den Mut haben, die Stirn haben, sich erlauben, sich getrauen, riskieren, sich unterstehen, wagen; *(geh.):* sich erdreisten, sich erkühnen, sich unterfangen, sich vermessen; *(ugs.):* die Courage haben, sich herausnehmen; *(geh. abwertend):* sich nicht entblöden.

BSP Sie riskierte eine kritische Bemerkung. Wie kann der Autor sich unterfangen, dies zu behaupten?

trauen lassen, sich
[sich] das Jawort geben, die Ehe [miteinander] schließen, eine Ehe eingehen, getraut werden, heiraten, Hochzeit feiern/halten, in den Ehestand treten, sich verheiraten; *(geh.):* den Bund der Ehe eingehen, den Bund fürs Leben schließen, den Ehebund schließen, die Ringe tauschen/wechseln, sich ehelich verbinden, ehelich verbunden werden, sich vermählen, vor den Traualtar treten; *(scherzh.):* in den Hafen der Ehe einlaufen, sich trauen; *(geh. veraltet):* heimführen, zum [Trau]altar führen.

Trauer
Elend, Jammer, Kreuz, Kummer, Leid, Leidensweg, Qual, Schmerz, Seelenschmerz, Unglück; *(geh.):* Betrübnis, Gram, Kümmernis, Pein, Trübsal.

trauern
betrauern, betrübt sein, beweinen, jammern, klagen, Schmerz empfinden, untröstlich sein; *(geh.):* Leid tragen, wehklagen; *(oft abwertend):* bejammern, lamentieren.

Traum
Fantasievorstellung, Illusion, Selbsttäuschung, Utopie, Vision, Vorstellung, Wunschdenken, Wunschtraum, Wunschvorstellung, Zukunftstraum; *(geh.):* Wahn; *(abwertend):* Hirngespinst.

Trauma
Erschütterung, Last, Schock; *(geh.):* Bürde, Joch; *(ugs.):* seelischer Knacks.

träumen
1. einen Traum haben.
2. a) abwesend sein, [ganz] in Gedanken sein,

mit seinen Gedanken woanders sein, nicht aufpassen, nicht bei der Sache sein, schlafen, seine Gedanken woanders haben, unaufmerksam sein; *(ugs.):* pennen. **b)** sich der Hoffnung hingeben, der Hoffnung sein, die Hoffnung haben, erhoffen, erträumen, herbeisehnen, herbeiwünschen, hoffen, sich in der Hoffnung wiegen, sich sehnen, sich versprechen, [sich] wünschen; *(geh.):* die Erwartung/Hoffnung hegen, ersehnen; *(ugs.):* spekulieren auf.

traumhaft
a) geheimnisvoll, rätselhaft, übernatürlich, unwirklich; *(bildungsspr.):* fantastisch, imaginär, surreal. **b)** idyllisch, malerisch, märchenhaft, paradiesisch; *(bildungsspr.):* pittoresk; *(dichter.):* elysisch; *(ugs.):* fantastisch, toll; *(oft scherzh.):* göttlich; *(emotional):* unvergleichlich, wunderbar; *(emotional verstärkend):* wunderschön.

traurig
1. bedrückt, bekümmert, betrübt, depressiv, deprimiert, freudlos, gebrochen, gedrückt, melancholisch, mutlos, niedergedrückt, niedergeschlagen, trübsinnig, unglücklich, untröstlich, verzweifelt, wehmütig, zum Heulen zumute; *(geh.):* elegisch, trauervoll, verzagt, wehmutsvoll; *(bildungsspr.):* resigniert; *(ugs.):* bedröppelt, down, geknickt, wie ein Häufchen Elend/Unglück.
2. a) beklagenswert, bitter, hart, herb, quälend, qualvoll, schlimm, schmerzhaft, schmerzlich, schrecklich, schwer[wiegend], spürbar, tiefgreifend; *(geh.):* leidvoll, peinigend. **b)** erbärmlich, gering, jämmerlich, karg, knapp, kümmerlich; *(abwertend):* dürftig.

Traurigkeit
Bedrücktheit, Bekümmertheit, Betrübtheit, Depression, Depressivität, Freudlosigkeit, Gedrücktheit, Melancholie, Mutlosigkeit, Niedergeschlagenheit, Schwermut, Schwermütigkeit, Trauer, Trübsinn, Verzweiflung; *(geh.):* Elegie, Verzagtheit, Wehmut; *(bildungsspr.):* Tristesse, Weltschmerz.

Trauung
Eheschließung, Heirat, Hochzeit, Trauzeremonie, Verheiratung; *(geh.):* Vermählung.

Treff
a) ↑Treffen (1). **b)** ↑Treffpunkt.

treffen
1. begegnen, über den Weg laufen, zusammentreffen; *(ugs.):* in die Arme laufen.
2. aufkommen, aufprallen, aufschlagen, aufsetzen, aufstoßen, auftreffen, prallen/schlagen auf; *(salopp):* aufknallen, aufkrachen.
3. aufwühlen, aus der Fassung bringen, berühren, bestürzen, bewegen, bis ins Mark treffen, ergreifen, erschüttern, im Innersten bewegen, mitnehmen, nahegehen, nicht gleichgültig lassen, rühren, schockieren, verletzen, zu Herzen gehen, zu schaffen machen, zusetzen; *(geh.):* anrühren, betreffen; *(bildungsspr.):* tangieren; *(ugs.):* an die Nieren/unter die Haut gehen, schocken, umwerfen; *(salopp):* umhauen.

Treffen
1. Begegnung, Beisammensein, Besprechung, Get-together, Kaffeerunde, Runde, Sitzung, Termin, Verabredung, Zusammenkunft, Zusammensein; *(bildungsspr.):* Meeting; *(ugs.):* Date, Treff; *(Jargon):* Event.
2. Begegnung, Konkurrenz, Match, Partie, Spiel, Wettbewerb, Wettkampf; *(Sport):* Kampf.

treffend
akkurat, angemessen, deutlich, eindeutig, exakt, fein, genau, griffig, haarscharf, klar, konkret, passend, präzise, richtig, treffsicher, unmissverständlich, unzweideutig; *(schweiz.):* träf; *(bildungsspr.):* adäquat, prägnant; *(ugs.):* haargenau, knackig.

Treffer
das große Los, der erste Preis, Gewinn, Glückslos, [großer] Wurf, Hauptgewinn, Hauptpreis, Haupttreffer; *(schweiz.):* Gabe.

Treffpunkt
Meetingpoint, Sammelplatz, Sammelpunkt, Sammelstelle, Versammlungsort; *(geh.):* Sammelstätte; *(ugs.):* Treff.

treiben
1. davonjagen, fortjagen, fortscheuchen, forttreiben, hetzen, jagen, scheuchen, verfolgen, verjagen, wegjagen, wegscheuchen, wegtreiben.
2. anpeitschen, anstacheln, antreiben, bringen, drängen, nötigen, scheuchen, stacheln, veranlassen, zusetzen; *(ugs.):* auf Touren/Trab bringen, Dampf machen, drängeln, triezen.
3. a) driften, schwimmen. **b)** [an]schwemmen, [an]spülen.
4. arbeiten, ausführen, ausüben, betreiben, nachgehen, praktizieren, tätig sein, verrichten, vollführen.

Trend
Bewegung, Entwicklung, [Entwicklungs]tendenz, Mode, Richtung, Strömung, Welle; *(ugs.):* Kult.

trennen
1. abschneiden, aufspalten, durchschneiden, durchtrennen, schneiden, zerlegen, zerschneiden, zerteilen.
2. abgliedern, abkapseln, abschließen, abschneiden, abschotten, absondern, abteilen, ab-

trennen, entfernen, isolieren; *(geh.):* sondern, vereinzeln; *(bildungsspr.):* segregieren; *(veraltend):* separieren.
3. auseinanderhalten, einen Unterschied machen, gegeneinander abgrenzen, nicht gleichsetzen, nicht verwechseln, sondern, unterscheiden, voneinander abheben; *(bildungsspr.):* differenzieren; *(Fachspr.):* diskriminieren.
4. kappen, unterbrechen.

trennen, sich
a) auseinandergehen, das Feld räumen, davongehen, davonziehen, sich entfernen, fortgehen, fortziehen, gehen, sich losreißen, verlassen, sich voneinander fortbewegen, weggehen, wegziehen; *(geh.):* sich davonstehlen, den Rücken kehren/wenden, entschwinden, sich fortbegeben, seines Weges/seiner Wege gehen, sich wegbegeben; *(veraltend):* von dannen gehen/ziehen; *(bildungsspr. veraltend):* sich absentieren. **b)** auseinandergehen, die Ehe/eheliche Gemeinschaft auflösen, sich scheiden lassen, Schluss machen, wieder getrennte Wege gehen. **c)** abrücken, abschwören, sich abwenden, aufgeben, ausmustern, aussortieren, den Rücken kehren, fahren/fallen lassen, hergeben, hinter sich lassen, sich lossagen, verwerfen, verzichten; *(geh.):* absagen, sich einer Sache begeben/entäußern, entsagen; *(bildungsspr.):* sich distanzieren; *(ugs.):* [auf]stecken, streichen, sich verabschieden von.

Trennung
1. Absonderung, Abteilung, Abtrennung, Aufteilung, Parzellierung, Teilung, Unterteilung.
2. Abschied, Fortgang, Weggang; *(geh.):* Lebewohl, Scheiden.

BSP Der Abschied war bewegend/kurz/förmlich/feierlich/fröhlich/schwer/tränenreich/eilig.

3. Abkehr, Absage, Abwendung, Aufgabe, Auflösung, Bruch, Entzweiung, Lossagung, Lösung, Rückzug, Scheidung, Zerwürfnis; *(bildungsspr.):* Distanzierung, innere Emigration.
4. Abgliederung, Abkapselung, Abschottung, Absonderung, Abtrennung, Getrennthaltung, Isolation, Isolierung; *(geh.):* Sonderung, Vereinzelung; *(veraltend):* Separation.

Treppe
Aufgang, Stufen; *(südd., österr.):* Stiege.

Tresen
Ladentisch, Schalter, Theke, Verkaufstisch.

Tresor
Bankfach, Geldschrank, Kassenschrank, Panzerschrank, Safe, Schließfach, Stahlkammer.

treten
1. betreten, eintreten, herantreten, [hinein]gehen, sich hinstellen, sich postieren, sich stellen; *(ugs.):* sich aufbauen.
2. [auf]stampfen, auftreten, trampeln.

treu
1. a) anhänglich, beständig, ergeben, hingebungsvoll, zuverlässig; *(geh.):* getreu, getreulich; *(bildungsspr.):* loyal. **b)** alt, anhaltend, beständig, dauerhaft, fortgesetzt, jahrelang, langjährig, mehrjährig, stetig, unerschütterlich; *(geh.):* über Jahre/Jahrzehnte [hinweg].
2. arglos, gutgläubig, gutmütig, kindlich, leichtgläubig, naiv, treuherzig, unschuldig, vertrauensselig.

Treue
a) anhängliche Haltung, Anhänglichkeit, Ergebenheit, Hingabe; *(bildungsspr.):* Loyalität.
b) Beständigkeit, Zuverlässigkeit.

Trick
Bluff, Einfall, geschicktes Vorgehen, Kniff, Kunstgriff, List, Schachzug, Schliche, Täuschung, Winkelzug; *(bildungsspr.):* Finesse, Manipulation, Strategem; *(ugs.):* Dreh, Masche; *(abwertend):* Manöver; *(veraltend):* Pfiff.

trickreich
alert, aufgeweckt, begabt, clever, einfallsreich, findig, gescheit, geschickt, gewandt, gewitzt, intelligent, klug, listig, pfiffig, raffiniert, scharfsinnig, schlau, smart, verschmitzt, wach, wendig; *(österr.):* gefinkelt; *(geh.):* fintenreich; *(ugs.):* auf Draht/Zack, ausgefuchst, ausgepicht, gefuchst, gerieben, gerissen, gewieft, mit allen Wassern gewaschen, nicht auf den Kopf gefallen, schlitzohrig, tricky; *(abwertend):* durchtrieben, geschäftstüchtig, verschlagen; *(südd.):* knitz.

Trieb
1. Bedürfnis, Begierde, Drang, Hang, Hunger, innere Regung, Instinkt, Leidenschaft, Lust, Neigung, Passion, Sehnsucht, Sucht, Zwang; *(geh.):* Begehren, Fieber, Verlangen; *(bildungsspr.):* Manie.
2. Ableger, Ansatz, Keim, Schössling, Spross.

triefen
fließen, herausdringen, herausfließen, herauskommen, heraustreten, laufen, plätschern, quellen, rieseln, rinnen, sprudeln, strömen, tröpfeln, tropfen; *(geh.):* hervordringen.

triftig
begründet, bestechend, bündig, einleuchtend, glaubwürdig, hieb- und stichfest, logisch, plausibel, schlagend, schlüssig, stichhaltig, überzeugend, unangreifbar, unwiderlegbar, zwingend; *(österr.):* stichhältig; *(bildungsspr.):* stringent.

trimmen
drillen, eintrainieren, exerzieren, schulen, trainieren; *(ugs.):* bimsen.

trinken
[aus]schlürfen, austrinken, den Durst löschen/stillen, hinunterstürzen; *(ugs.):* hinuntergießen, hinunterkippen, hinunterschütten, hinunterspülen, kippen, wegkippen, wegtrinken; *(salopp):* saufen.

Trinker, Trinkerin
Alkoholiker, Alkoholikerin, Alkoholsüchtiger, Alkoholsüchtige, Gewohnheitstrinker, Gewohnheitstrinkerin, Trunksüchtiger, Trunksüchtige; *(geh.):* Bacchant; *(Jargon):* Alki; *(ugs. scherzh.):* Schluckspecht; *(abwertend):* Trunkenbold.

Trip
1. Abstecher, Ausflug, Fahrt [ins Blaue/Grüne], Spazierfahrt, Streifzug, Tour, Vergnügungsfahrt; *(ugs.):* Rutsch [ins Grüne], Spritztour.
2. Rausch[zustand]; *(Jargon):* Reise.

trist
abwechslungslos, bedrückend, deprimierend, dunkel, einförmig, eintönig, ereignislos, freudlos, gleichförmig, grau, langweilig, monoton, öde, reizlos, traurig, trostlos, trübe, uninteressant; *(abwertend):* fade; *(bildungsspr. abwertend):* stupide, uniform.

Tritt
1. Gang[art], Schritt, Trott.
2. Stoß; *(ugs.):* Anrempler, Knuff, Schubs, Stups, Stupser.
3. Treppe, Treppenstufe.

Triumph
a) Aufstieg, Durchbruch, Erfolg, Errungenschaft, Gewinn, [großer] Wurf, Sieg, Siegeszug; *(bildungsspr.):* Fortune. b) Begeisterung, Freude, Genugtuung, Glück, Hochgefühl, Hochstimmung, Jubel; *(bildungsspr.):* Enthusiasmus, Euphorie; *(salopp):* Kick.

triumphieren
a) sich freuen, jauchzen, jubeln; *(geh.):* frohlocken, jubilieren. b) als Sieger[in] hervorgehen, besiegen, bezwingen, einen Sieg erringen, Erste[r] sein, für sich entscheiden, gewinnen, schlagen, siegen, Sieger[in] sein, überlegen sein, überwältigen, zu seinen Gunsten entscheiden; *(geh.):* den Sieg davontragen; *(ugs.):* das Rennen machen.

trivial
a) abgegriffen, abgeschmackt, abgestanden, einfallslos, gedanklich/künstlerisch unbedeutend, geistlos, ideenlos, inhaltsleer, inhaltslos, leer, nichtssagend, ohne Gehalt/Inhalt; *(ugs.):* abgedroschen; *(abwertend):* flach, hohl, phrasenhaft, platt, seicht; *(bildungsspr. abwertend):* banal. b) alltäglich, durchschnittlich, gewöhnlich, normal, üblich; *(bildungsspr.):* banal, profan.

GGS außergewöhnlich, epochal, herausragend, speziell.

trocken
1. a) frei von Feuchtigkeit/Nässe, nicht feucht/nass, niederschlagsarm, regenarm, wasserarm; *(ugs.):* knochentrocken. b) ausgedorrt, ausgedörrt, ausgetrocknet, dürr, eingetrocknet, verdorrt, vertrocknet, verwelkt, welk. c) abstinent, enthaltsam.
2. brut, dry, herb, sauer, säuerlich, sec.
3. a) fantasielos, langweilig, nicht anregend/unterhaltsam, nüchtern, ohne Ausschmückung/Fantasie, poesielos, sachlich; *(bildungsspr.):* prosaisch; *(ugs.):* ohne Pfiff; *(salopp):* furztrocken; *(emotional):* strohtrocken; *(abwertend):* akademisch, fade; *(bildungsspr., Fachspr.):* emotionslos. b) direkt, nüchtern, ohne Umschweife, schlicht.

trockenlegen
1. austrocknen, entsumpfen, entwässern.
2. die Windeln wechseln, wickeln.

trocknen
austrocknen, dörren, durchtrocknen, eintrocknen, seine Feuchtigkeit/Nässe verlieren, trocken werden, vertrocknen; *(geh.):* dorren.

trödeln
a) langsam arbeiten/sein, nicht zügig vorankommen, sich Zeit lassen, Zeit verschwenden; *(ugs.):* herumtrödeln. b) schlendern, wandern; *(ugs.):* bummeln, zotteln.

trommeln
1. die Trommel rühren/schlagen.
2. a) hämmern, klopfen, schlagen; *(meist geh.):* pochen; *(ugs.):* ballern, bumsen, donnern.
b) hämmern, klatschen, klopfen, prasseln; *(ugs.):* donnern, patschen, platschen; *(nordd.):* pladdern. c) hämmern, klopfen, pulsieren, schlagen; *(ugs.):* pochen, puckern.

trompeten
1. Trompete blasen, tuten.
2. brüllen, lautstark äußern/verkünden, schmettern, schreien; *(ugs.):* austrompeten.

tröpfeln
1. ↑tropfen (1).
2. ↑tropfen (2).
3. leicht regnen, nieseln, sprühen; *(nordd.):* drippeln.

tropfen
1. fließen, herabfließen, herabtropfen, herun-

terfallen, herunterfließen, herunterlaufen, heruntertropfen, in Tropfen fallen, laufen, perlen, rieseln, rinnen, triefen, tröpfeln; *(geh.):* herabfallen, herabrieseln, herabrinnen, niederfallen.
2. einträufeln, fließen lassen, träufeln, tröpfeln [lassen].

Trost
Aufheiterung, Aufmunterung, Aufrichtung, Beruhigung, Ermunterung, Zusprache; *(geh.):* Herzenstrost, Zuspruch.

trösten
a) aufheitern, aufmuntern, aufrichten, aufrüsten, beruhigen, beschwichtigen, ermutigen, Mut zusprechen, Trost spenden/zusprechen, wieder hoffen lassen; *(geh.):* Mut schöpfen lassen.
b) den Schmerz lindern/stillen, einen Trost bedeuten, ein Trost sein.

trösten, sich
sich abfinden, hinnehmen, überwinden, vergessen, verschmerzen.

tröstlich
beruhigend, ermutigend, Trost bringend, tröstend, trostreich.

trostlos
a) bedauernswert, bedauernswürdig, bejammernswert, beklagenswert, bemitleidenswert, betrüblich, deprimierend, elend, entmutigend, erbärmlich, hoffnungslos, jämmerlich, jammervoll, kläglich, mitleiderregend, qualvoll, schlecht, traurig, unerfreulich, unglücklich; *(geh.):* erbarmungswürdig, leidvoll; *(bildungsspr.):* desolat. **b)** freudlos, grau, hässlich, langweilig, monoton, öde, ohne jeden Reiz, reizlos, uninteressant; *(bildungsspr.):* trist.

Trottel, Trottelin
Blödling; *(ugs.):* Dödel, Dummbart[el], Dussel, Heini, Weihnachtsmann; *(salopp):* Knallkopf, Knallkopp, Schote; *(fam.):* Dummerjan, Dummrian; *(abwertend):* Dummkopf, Tölpel, Tropf.

trotten
langsam/schwerfällig gehen, watscheln; *(ugs.):* dackeln, trotteln, zockeln, zotteln, zuckeln; *(salopp):* latschen.

Trottoir
Bürgersteig, Fuß[gänger]weg, Gehsteig, Gehweg; *(südd., österr.):* Gangsteig.

trotz
entgegen, obgleich, obwohl, ohne Rücksicht, unbeschadet, wenn auch, wenngleich; *(geh.):* obschon, ungeachtet.

Trotz
Bockigkeit, Eigensinn, Eigenwille, Eigenwilligkeit, Störrischkeit, Widerborstigkeit, Widersetzlichkeit, Widerspenstigkeit; *(bildungsspr.):* Renitenz; *(ugs.):* Bockbeinigkeit, Dickköpfigkeit; *(abwertend):* Halsstarrigkeit, Starrsinn.

trotzen
sich aufbäumen, sich auflehnen, die Stirn bieten, entgegentreten, entgegenwirken, Front machen, opponieren, Sturm laufen, sich wehren, sich widersetzen, Widerspruch erheben, sich zur Wehr setzen; *(geh.):* aufbegehren, sich bäumen, frondieren; *(bildungsspr.):* rebellieren, revoltieren; *(ugs.):* auf die Barrikaden gehen/steigen, aufmucken, meutern.

trotzig
aufsässig, bockig, dickschädelig, eigensinnig, eigenwillig, störrisch, trotzköpfig, verbockt, widerborstig, widersetzlich, widerspenstig; *(bildungsspr.):* renitent; *(ugs.):* bockbeinig, dickköpfig; *(abwertend):* halsstarrig, starrköpfig, starrsinnig, verstockt.

trübe
1. getrübt, undurchsichtig, verschmutzt.
2. ↑trübsinnig.

Trubel
Betriebsamkeit, geschäftiges/lustiges Treiben, Geschäftigkeit, Getriebe, Getümmel, Gewimmel, Gewühl, Leben, Wirbel; *(ugs.):* Betrieb, Hochbetrieb, Remmidemmi, Rummel.

trüben
1. trübe/schmutzig machen, verschmutzen, verunreinigen.
2. abschwächen, beeinträchtigen, dämpfen, reduzieren, schmälern, stören, überschatten, verdunkeln; *(geh.):* mindern.

trüben, sich
1. sich bewölken, sich beziehen, dunkel/düster/finster werden, sich eintrüben, regnerisch/trübe werden, sich umwölken, sich verdunkeln, sich verdüstern, sich verfinstern, wolkig werden; *(ugs.):* sich zuziehen.
2. beeinträchtigt/gestört werden, schlechter werden, sich verschlechtern.

trübselig
1. deprimierend, niederdrückend, trostlos; *(bildungsspr.):* trist.
2. ↑trübsinnig.

trübsinnig
bedrückt, bekümmert, betrübt, depressiv, deprimiert, freudlos, gedrückt, melancholisch, niedergedrückt, niedergeschlagen, niedergeschmettert, traurig, trübe [gestimmt], trübselig, wehmütig; *(schweiz.):* mauserig; *(geh.):* elegisch, wehmutsvoll; *(ugs.):* down, geknickt.

trudeln
1. fallen, kreiseln, kugeln, rollen, rotieren, wirbeln; *(ugs.):* kullern; *(nordd.):* krüseln.

2. fahren, reisen, schlendern, tuckern; *(ugs.):* bummeln, gondeln, kurven, schippern, zockeln, zotteln, zuckeln.

trügen

auf die falsche Fährte locken, irreführen, täuschen, vom rechten Weg abbringen, zu einer falschen Annahme verleiten; *(geh.):* irreleiten, narren.

trügerisch

a) auf einem Irrtum beruhend, falsch, illusorisch, irrig, unrealistisch, utopisch, verfehlt. **b)** betrügerisch, irreführend, täuschend, unecht, unwirklich; *(bildungsspr.):* schimärisch; *(veraltend):* delusorisch.

Trugschluss

Denkfehler, Fehleinschätzung, Fehlschluss, Fehlurteil, Irrtum, Täuschung; *(dichter.):* Irrung.

Trümmer

Brocken, Bruchstücke, einzelne Stücke, [Einzel]teile, Fragmente, Ruinen, Schutt, Überreste, Wrack; *(ugs.):* Überbleibsel.

trunken

begeistert, besessen, ekstatisch, entzückt, fanatisch, feurig, glühend, glutvoll, hingerissen, leidenschaftlich, mitgerissen, schwärmerisch, verzückt; *(geh.):* berauscht, entflammt, hochgestimmt; *(bildungsspr.):* enthusiasmiert, enthusiastisch.

Trupp

Gruppe, Pulk, Reihe, Schar, Schwarm, Zug; *(ugs.):* Haufen.

Truppe

1. Bataillon, Formation.

2. Ensemble, Künstlergruppe, Mannschaft, Team, Theatergruppe.

tschüs

addio, auf Wiedersehen, leb wohl/lebt wohl/leben Sie wohl; *(ugs.):* auf bald, bis bald, bye-bye, cheerio, ciao, machs gut; *(südd., österr.):* behüt dich/euch/Sie Gott.

Tuch

Gewebe, Stoff, Textil.

tüchtig

1. a) beflissen, betriebsam, eifrig, emsig, fest zupackend, fleißig, geschäftig, rührig, schaffensfreudig, unermüdlich; *(ugs.):* fest zufassend; *(veraltend):* arbeitsam. **b)** begabt, fähig, fit, geschickt, gut, kompetent, [sach]kundig, zuverlässig; *(schweiz.):* währschaft; *(bildungsspr.):* qualifiziert, routiniert, versiert; *(ugs.):* patent.

2. a) ansehnlich, beachtenswert, beachtlich, beträchtlich, erheblich, gehörig, gründlich, kräftig, nicht unbeträchtlich, stattlich; *(bildungsspr.):* respektabel; *(ugs.):* anständig, fest, ordentlich, ziemlich; *(südd., österr., schweiz.):* gescheit; *(oft iron.):* löblich; *(veraltend):* rechtschaffen, respektierlich, zünftig. **b)** ↑sehr.

tückisch

arglistig, boshaft, gehässig, gemein, heimtückisch, hinterhältig, hinterlistig, niederträchtig; *(bildungsspr.):* intrigant, perfide; *(ugs.):* link; *(abwertend):* falsch, infam, verschlagen.

tüfteln

a) basteln; *(ugs.):* bosseln, herumprobieren, pusseln; *(salopp):* rummachen; *(nordd.):* klütern. **b)** forschen, grübeln, klügeln, nachdenken, rätseln, sinnieren, überlegen; *(schweiz.):* hirnen; *(geh.):* sinnen; *(ugs.):* brüten, sich das Hirn zermartern, sich den Kopf zerbrechen, sich einen Kopf machen, knobeln; *(salopp):* kurven.

Tugend

1. Anständigkeit, Integrität, Makellosigkeit, Moral, moralische Reinheit, Redlichkeit, Unbescholtenheit, Unverdorbenheit; *(veraltend):* Sittsamkeit.

2. Eigenschaft, Qualität, Stärke.

tummeln, sich

1. sich ausleben, sich austoben, [herum]tollen, übermütig sein, umherlaufen, umherspringen, sich verausgaben; *(ugs.):* herumspringen, herumtoben, umhertoben.

2. sich abhetzen, sich beeilen, hetzen, keine Zeit verlieren, schnell machen, sich überstürzen; *(ugs.):* sich abjagen, dalli/fix machen, sich ranhalten, voranmachen; *(ugs. emotional):* sich tothetzen.

Tümpel

kleiner See, Pfuhl, Teich; *(bes. südd. u. schweiz.):* Weiher.

Tumult

Chaos, Durcheinander, Gedränge, Gemenge, Getümmel, Gewirr, Gewühl, Menschenansammlung, Menschenauflauf, Menschengewimmel, Menschengewühl, Unruhen, Wirrwarr; *(schweiz.):* Käsete; *(südd.):* Gewurl.

Tumulte

Aufruhr, Ausschreitung, Erhebung, Krawall, Übergriff, Unruhen.

tun ✓

1. a) sich befassen, sich beschäftigen, beschäftigt sein, sich betätigen, machen, treiben, unternehmen, sich widmen; *(ugs.):* anstellen, zugange sein. **b)** ausführen, durchführen, erfüllen, erledigen, verrichten; *(geh.):* nachkommen. **c)** [in die Tat] umsetzen, verwirklichen, vollbringen, wahr machen, zustande/zuwege bringen; *(geh.):* ins Werk setzen, wirken; *(bildungsspr.):* realisieren. **d)** aktiv werden, bewirken, sich einsetzen, han-

deln, tätig werden, unternehmen, zur Tat schreiten; *(geh.):* sich rühren; *(bildungsspr.):* agieren, initiativ werden, operieren; *(ugs.):* sich dahinterklemmen.
2. legen, packen, schieben, setzen, stecken, stellen.
3. heucheln, simulieren, sich [ver]stellen, vorgaukeln, vorgeben, vormachen, vorschützen, vorspiegeln, vorspielen, vortäuschen; *(bildungsspr.):* fingieren; *(ugs.):* markieren.

tun

so tun, als ob
↑tun (3)

Tun
Aktion, Bemühen, Beschäftigung, Handeln, Tat, Treiben, Unterfangen, Vorgehen[sweise]; *(geh.):* Beginnen; *(abwertend):* Machenschaft.

tunlichst
1. besser, bitte, freundlicherweise, freundlichst, gefälligerweise, gütigst, liebenswürdigerweise, lieber, möglichst, nach Möglichkeit, wenn es geht, wenn [es] möglich [ist].
2. auf alle Fälle, auf jeden Fall; koste es, was es wolle; mit [aller] Gewalt, um jeden Preis, unbedingt, unter allen Umständen.

Tür
Ausgang, Ausstieg, Einlass, Einstieg, [Haus]eingang, Öffnung, Pforte, Portal, Tor, Zugang; *(veraltend):* [Wagen]schlag.

turbulent
aufgeregt, bewegt, bunt, chaotisch, ereignisreich, hektisch, hitzig, lebhaft, schillernd, schwungvoll, stürmisch, tumultartig, ungeordnet, unruhig; *(geh.):* ungestüm; *(bildungsspr.):* tumultuarisch, tumultuös; *(ugs.):* rasant, wild.

[1]türmen
aufeinanderlegen/-setzen/-stellen, aufhäufe[l]n, aufschichten, aufstapeln, auftürmen, häufeln, stapeln, übereinanderlegen/-setzen/-stellen, zu einem Stapel schichten; *(südd., schweiz.):* [auf]beigen.

[2]türmen
ausbrechen, das Weite suchen, davonlaufen, davonrennen, die Flucht ergreifen, entfliehen, entlaufen, entspringen, entweichen, fliehen, fortlaufen, sein Heil in der Flucht suchen, weglaufen, wegrennen; *(ugs.):* sich abseilen, sich absetzen, sich aus dem Staub machen, auskneifen, ausreißen, sich davonmachen, sich dünnmachen, durchbrennen, Reißaus nehmen, stiften gehen, sich verdrücken, verduften, sich verdünnisieren, sich verkrümeln, sich wegmachen; *(salopp):* abhauen, die Flatter/Fliege machen, die Kurve kratzen; *(ugs. scherzh.):* ausbüxen.

turnen
1. Gymnastik machen/treiben, sich sportlich betätigen, Sport machen/treiben; *(veraltend):* Leibesübungen machen.
2. a) hüpfen, klettern, krabbeln. **b)** *(ugs.):* herumturnen, umherturnen.

Turnier
Endausscheidung, Konkurrenz, Wettbewerb, Wettspiele; *(Sport):* Endrunde, Meisterschaft, Play-off.

Turnus
1. Kreislauf, regelmäßige Abfolge/Aufeinanderfolge/Reihenfolge, regelmäßiger Wechsel, Rhythmus, Umlauf, Zyklus; *(schweiz.):* Kehrordnung; *(geh.):* periodische Wiederkehr.
2. Durchgang, Partie; *(Sport):* [Durch]lauf, Runde.

turteln
flirten, kokettieren, liebäugeln, schäkern, zärteln, Zärtlichkeiten austauschen; *(ugs.):* [schöne] Augen machen; *(ugs. scherzh.):* balzen, verliebte Nasenlöcher machen; *(veraltend):* tändeln.

tuscheln
flüstern, hauchen, leise sprechen, murmeln, zischeln; *(geh.):* raunen; *(iron.):* säuseln.

tuten
a) blasen, schmettern, trompeten. **b)** hupen.

Typ
1. a) Art, Gattung, Genre, Kategorie, Klasse, Sorte, Spezies. **b)** Besonderheit, Charakter, Couleur, Eigenart, Eigenschaft, Eigentümlichkeit, Gemütsart, Manier, Natur, Note, Persönlichkeit, Spezifikum, Temperament, Veranlagung, Wesen, Wesensart; *(geh.):* Gepräge, Wesenheit; *(bildungsspr.):* Individualität, Mentalität, Naturell, Typus.
2. Bursche; *(ugs.):* Kerl.
3. Grundform, Urbild, Urform; *(bes. Philos.):* Typus.

Type
1. Druckletter, Drucktype.
2. Ausführungsart, Ausführungsweise, Bauart, Machart, Modell, Typ, Version.

typisch
a) ausgesprochen, echt, klassisch, richtig, wahr.
b) bezeichnend, charakteristisch, eigen, eigentümlich, kennzeichnend, spezifisch, unverkennbar, unverwechselbar; *(bildungsspr.):* repräsentativ, signifikant, symptomatisch.

Tyrann, Tyrannin
Despot, Despotin, Gewaltherrscher, Gewalt-

herrscherin, Unterdrücker, Unterdrückerin, unumschränkter Herrscher, unumschränkte Herrscherin; *(abwertend):* Diktator, Diktatorin.

tyrannisch
autoritär, befehlerisch, bestimmend, dominant, dominierend, herrisch, herrschsüchtig, imperatorisch, willkürlich; *(geh.):* gebieterisch; *(bildungsspr.):* autokratisch; *(abwertend):* despotisch; *(oft abwertend):* diktatorisch, patriarchalisch.

tyrannisieren
beherrschen, das Leben zur Hölle machen, knebeln, niederhalten, quälen, schikanieren, schinden, unterdrücken, unterjochen, verfolgen, zusetzen; *(ugs.):* die Hölle heißmachen, piesacken, striegeln; *(Jargon):* mobben; *(abwertend):* drangsalieren, ducken, peinigen, terrorisieren; *(geh. abwertend):* knechten.

U

übel
1. abscheulich, entsetzlich, grauenhaft, grauenvoll, katastrophal, scheußlich, schlecht, schlimm, schrecklich, unangenehm, unansehnlich, unerträglich, unschön, widerwärtig; *(geh.):* degoutant; *(bildungsspr.):* desolat; *(ugs.):* ätzend, fies, grässlich; *(salopp):* zum Kotzen; *(scherzh.):* fürchterbar; *(emotional):* fürchterlich, miserabel; *(abwertend):* schäbig, widerlich.
2. elend, flau, schlecht, speiübel, unwohl; *(ugs.):* blümerant, mies; *(geh. abwertend):* wie das Leiden Christi; *(ugs. emotional verstärkend):* kotzübel.

Übel
1. Elend, Handicap, Kalamität, Katastrophe, Kreuz, Last, Leid, Missstand, Mühsal, Not, Not[lage], Plage, Problem, Qual, Unglück, Verhängnis; *(geh.):* Bürde, Geißel, Joch, Makel, Malaise, Misere, Unheil, Unsegen, Verderben; *(veraltend):* Übelstand.
2. Beschwerden, Erkrankung, Krankheit, Leiden, Schmerz[en], Seuche, Störung, Übelbefinden, Unpässlichkeit, Unwohlsein, Verletzung; *(geh.):* Gebrechen, Siechtum; *(bildungsspr.):* Indisposition; *(ugs.):* Wehwehchen; *(ugs. scherzh.):* Zipperlein.

Übelkeit
Brechreiz[gefühl], Missbefinden, Seekrankheit, Übelbefinden, Übelsein, Unpässlichkeit.

übel nehmen
ankreiden, anlasten, nachtragen, nicht vergessen/verzeihen können, verübeln, zum Vorwurf machen; *(geh.):* übel vermerken, verargen, verdenken; *(ugs.):* in den falschen Hals bekommen, krummnehmen.

üben
sich aneignen, sich antrainieren, auswendig lernen, sich beibringen, sich einprägen, einstudieren, sich eintrainieren, sich erarbeiten, [er]lernen, proben, probieren, wiederholen; *(bildungsspr.):* präparieren, repetieren; *(bildungsspr. veraltend):* memorieren; *(ugs.):* bimsen, büffeln, exerzieren, ochsen, pauken, trainieren; *(fam.):* sich auf den Hosenboden setzen; *(abwertend):* einlernen.

überall
allerseits, allseits, an/auf allen Seiten, auf der ganzen Welt, bei allen, im ganzen Land, in allen Ecken, in aller Welt, nach allen Seiten, ringsherum, ringsumher, rundherum, rundum[her], so weit das Auge reicht, vielerorten, vielerorts, von allen [Seiten], weit und breit, wo man hinsieht; *(bes. schweiz.):* vielenorts; *(geh.):* allüberall; landauf, landab; meistenorts; *(ugs.):* an allen Ecken [und Enden]; *(ugs. emotional verstärkend):* an jeder Straßenecke; *(bildungsspr., Fachspr.):* ubiquitär.

überanstrengen
das Letzte herausholen, erdrücken, quälen, überbelasten, überfordern, überlasten, zu viel verlangen/zumuten.

überantworten
abgeben, abliefern, ausgeben, aushändigen, ausliefern, [heraus]geben, in die Hände legen, in die Hand geben, in jmds. Obhut/Verantwortung geben, übergeben, überlassen, überreichen, übertragen, unter jmds. Schutz stellen, zukommen lassen; *(geh.):* anbefehlen, anheimgeben, sich entäußern, überbringen.

überarbeiten
[ab]ändern, abwandeln, anders machen, ausfeilen, bearbeiten, den letzten Schliff geben, durcharbeiten, feilen, korrigieren, letzte Hand legen an, reformieren, revidieren, umändern, umarbeiten, umformen, umformulieren, umgestalten, ummodeln, umschreiben, umstellen, verändern, verbessern, vervollkommnen, vervollständigen; *(schweiz.):* korrektionieren; *(bildungsspr.):* modifizieren; *(bildungsspr., Fachspr.):* redigieren, transformieren.

überarbeiten, sich
das Letzte aus sich herausholen, sich quälen, sich überanstrengen, sich überfordern, sich

überlasten, sich übernehmen, sich übertun, zu viel arbeiten, sich zu viel zumuten.

überaus ↑sehr.

überbewerten
eine zu hohe Meinung haben, falsch einschätzen, idealisieren, überbetonen, überschätzen, zu hoch bewerten/einschätzen; *(ugs.)*: in den Himmel heben.

überbieten
1. höhergehen, mehr bieten.
2. den Rang ablaufen, hinter sich lassen, in den Hintergrund drängen/spielen, in den Schatten stellen, mattsetzen, schlagen, triumphieren, überflügeln, überholen, überlegen sein, überragen, überrunden, übertreffen, übertrumpfen; *(ugs.)*: ausstechen, einstecken, in die Tasche stecken; *(salopp)*: abhängen.

Überbleibsel
Bruchstück, Fragment, Relikt, [Über]rest; *(bildungsspr.)*: Rudiment.

Überblick
Abriss, Abstract, Aufriss, Kurzfassung, Leitfaden, Querschnitt, Übersicht, Zusammenfassung, Zusammenschau; *(bildungsspr.)*: Exzerpt, Kompendium, Resümee, Synopse, Überschau.

überblicken
1. einen Überblick haben, übersehen.
2. abschätzen, absehen, sich ausrechnen, begreifen, den Überblick haben, durchschauen, einschätzen, erfassen, erkennen, ermessen, erwarten, im Bild sein, realisieren, sehen, überschauen, übersehen; wissen, wie der Hase läuft.

überbringen
abliefern, aushändigen, ausrichten, bestellen, mitteilen, schicken, senden, übergeben, übermitteln, überreichen, weitergeben, weiterleiten, zuleiten, zuschicken, zusenden; *(geh.)*: entbieten, kundtun, überantworten, verkünden, verkündigen, zukommen lassen.

überbrücken
1. ausfüllen, hinüberhelfen, hinweghelfen, hinwegkommen, überwinden.
2. eine Brücke bauen/schlagen, einen Übergang schaffen.

überdauern
sich behaupten, bleiben, durchhalten, erhalten bleiben, fortbestehen, fortdauern, fortleben, gewachsen sein, sich halten, standhalten, überleben, überstehen, überwintern, von Dauer sein, weiter bestehen, weiterleben, weiterwirken, widerstehen; *(geh.)*: fortwirken; *(ugs.)*: vorhalten.

überdenken
abwägen, bedenken, durchdenken, sich durch den Kopf gehen lassen, erwägen, in Betracht/in Erwägung ziehen, mit dem Gedanken spielen, mit sich zurate gehen, nachdenken, prüfen, überlegen, überschlafen; *(geh.)*: wägen; *(bildungsspr.)*: ventilieren; *(ugs.)*: beschlafen; *(salopp)*: beschnarchen.

überdies
auch, außerdem, daneben, darüber hinaus, dazu, des Weiteren, ferner, fernerhin, hinzu, im Übrigen, obendrein, sonst, über das alles hinaus, weiter[hin], zusätzlich; *(geh.)*: zudem; *(ugs.)*: ansonsten.

überdimensional
enorm, gewaltig, gigantisch, immens, imposant, kolossal, mächtig, massig, riesenhaft, übergroß, von beachtlichem/ungeheurem Ausmaß, wuchtig; *(geh.)*: kolossalisch, unermesslich; *(bildungsspr.)*: exorbitant, monumental, titanisch; *(ugs.)*: astronomisch; *(oft emotional)*: riesig; *(ugs. emotional verstärkend)*: mordsmäßig, riesengroß.

überdreht
angeregt, aufgedreht, aufgezogen, übermütig; *(ugs.)*: aufgekratzt, durchgedreht.

Überdruss
Abneigung, Ekel, Übersättigung, Unlust, Widerstreben, Widerwille; *(schweiz.)*: Cafard; *(bildungsspr.)*: Ennui.

überdrüssig sein
Abscheu/Ekel/Widerwillen empfinden, genug haben, müde sein, satthaben, Überdruss bereiten/empfinden, über sein; *(geh.)*: satt sein.

übereignen
abtreten, hergeben, hinterlassen, schenken, übergeben, überlassen, übertragen, vererben, vermachen, verschenken; *(österr.)*: beteilen; *(schweiz.)*: vergaben; *(veraltend)*: übermachen.

übereilen
überhasten, überstürzen, unbedacht/unüberlegt handeln, vorschnell entscheiden/handeln; *(ugs.)*: mit der heißen Nadel stricken, übers Knie brechen.

übereinkommen
abmachen, absprechen, auf einen [gemeinsamen] Nenner bringen/kommen, aushandeln, ausmachen, eine Abmachung/Absprache treffen, einen [gemeinsamen] Nenner finden, eine Übereinkunft/Vereinbarung treffen, sich einigen, einig werden, ein Übereinkommen treffen, erhandeln, festlegen, festmachen, handelseinig/handelseins werden, übereintreffen, verabreden, vereinbaren, sich verständigen, zu einer Einigung/Übereinstimmung kommen; *(schweiz.)*: rätig werden, verkommen; *(bildungsspr.)*: eine gemeinsame Basis finden/schaffen, Konsens

schaffen, zu einem Konsens kommen; *(ugs.)*: einen Deal einfädeln, quitt werden, zurande kommen; *(veraltend)*: abreden.

Übereinkommen

Abkommen, Abmachung, Absprache, Einigung, Kompromiss, Konvention, Übereinkunft, Verabredung, Vereinbarung, Verständigung, Vertrag, Zugeständnis; *(bildungsspr.)*: Arrangement; *(ugs.)*: Deal; *(veraltend)*: Abrede.

übereinstimmen

1. akzeptieren, annehmen, sich anschließen, beipflichten, beistimmen, billigen, dafür sein, dahinterstehen, der gleichen Meinung sein, sich einig sein, sich einverstanden erklären, einverstanden sein, einwilligen, konform gehen, recht geben, unterstützen, zustimmen; *(bildungsspr.)*: sekundieren; *(veraltend)*: einstimmen.
2. ähneln, ähnlich sein, aufeinander abgestimmt sein, sich decken, eins sein, ein und dasselbe sein, entsprechen, erinnern, gemahnen, gleich/identisch sein, gleichen, gleichkommen, harmonieren, in Beziehung stehen, keinen Unterschied machen, konform gehen, nahekommen, zusammenfallen, zusammenpassen, zusammenstimmen; *(geh.)*: im Einklang sein/stehen; *(bildungsspr.)*: kongruieren, konvergieren, korrespondieren.

Übereinstimmung

1. Einheit, Einhelligkeit, Einigkeit, Einmütigkeit, Einstimmigkeit, Eintracht, Einvernehmen, Einverständnis, Geistesverwandtschaft, Gleichgesinntheit, Gleichklang, Harmonie; *(geh.)*: Einklang, Einssein; *(bildungsspr.)*: Konsens, Solidarität.
2. Affinität, Ähnlichkeit, Anklang, Berührungspunkt, Deckungsgleichheit, Entsprechung, Gemeinsamkeit, Gleichartigkeit, Gleichheit, Identität, Parallele, Überschneidung, Wesensgleichheit, [Wesens]verwandtschaft; *(bildungsspr.)*: Analogie, Egalität, Égalité, Konformität, Kongruenz, Konvergenz.

überempfindlich

dünnhäutig, empfindsam, [hoch]empfindlich, hochsensibel, leicht verletzbar/verwundbar, sensibel, weich, zartbesaitet; *(bildungsspr.)*: sensitiv; *(abwertend)*: mimosenhaft, verzärtelt, wehleidig, zimperlich; *(südd., österr., schweiz.)*: heikel.

überfahren

1. anfahren, überrollen, umfahren; *(ugs.)*: über den Haufen fahren, überrennen.
2. darüber hinwegfahren, durchqueren, durchziehen, passieren, überqueren, vorbeifahren.
3. irreführen, täuschen, überlisten, überreden, übervorteilen, umstimmen; *(ugs.)*: bearbeiten, bequatschen, beschwatzen, breitschlagen, herumbekommen, über den Tisch ziehen, um den Finger wickeln; *(salopp)*: einwickeln, herumkriegen.

Überfall

Angriff, Anschlag, Ansturm, Attacke, Attentat, Einfall, Eingriff, Einmarsch, Gewaltstreich, Invasion, Offensive, Sturm[angriff], Übergriff, Überrumpelung, Vorstoß.

überfallen

1. anfallen, angehen, angreifen, anstürmen, attackieren, bestürmen, eindringen, eine Offensive einleiten/starten, einfallen, einmarschieren, herfallen, sich stürzen, sich werfen; *(bildungsspr.)*: invadieren; *(ugs.)*: sich hermachen.
2. befallen, Besitz ergreifen, einstürzen, erfassen, erfüllen, ergreifen, heimsuchen, hereinbrechen, packen, überkommen, übermannen, überwältigen; *(geh.)*: ankommen, anwandeln, sich bemächtigen, sich bemeistern, beschleichen, fassen.

überfliegen

1. durchqueren, durchziehen, hinwegfliegen, passieren, überqueren.
2. [durch]blättern, durchfliegen, durchsehen, Einblick/Einsicht nehmen, erfassen, flüchtig lesen, herumblättern, sichten; *(bildungsspr.)*: kursorisch lesen; *(ugs.)*: querlesen, wälzen.

überfließen

1. auslaufen, überborden, über die Ufer treten, überfluten, überlaufen, überquellen, überschäumen, überschwappen, übersprudeln, überströmen, überwallen; *(geh.)*: übergehen; *(südd.)*: schwadern, schwatteln.
2. einfließen, sich [ver]mischen.

überflügeln

den Rang ablaufen, hinter sich lassen, in den Hintergrund drängen/spielen, in den Schatten stellen, mattsetzen, schlagen, triumphieren, überholen, überlegen sein, überragen, überrunden, übertreffen, übertrumpfen; *(ugs.)*: ausstechen, in die Tasche stecken; *(salopp)*: abhängen.

Überfluss

Anhäufung, Ansammlung, Berg, Breite, Flut, Fülle, große Zahl, Lawine, Masse, Menge, Reihe, Schatz, Überangebot, Überfülle, Überhang, Übermaß, Überreichtum, Variationsbreite, verschwenderische Fülle, Verschwendung, Vielfalt, Vielzahl, Zuviel; *(geh.)*: Kaskade, Mannigfaltigkeit, Meer; *(bildungsspr.)*: Redundanz; *(ugs.)*: Haufen, Kanonade, Ladung, Schwung; *(emotional verstärkend)*: Unmenge, Unzahl; *(ugs. emo-*

tional verstärkend): Unmasse; *(abwertend):* Wust.

Überfluss

im Überfluss

ausgiebig, in großer Menge, in großer Zahl, in Hülle und Fülle, in reichem Maße, massenweise, mehr als genug, mehr als genügend, nicht zu knapp, reichlich, überreichlich, üppig; *(geh.):* ein gerüttelt Maß; *(ugs.):* in rauen Mengen, massig, wie Sand am Meer; *(emotional):* sattsam; *(oft emotional):* massenhaft.

überflüssig

abkömmlich, entbehrlich, müßig, nicht notwendig, nutzlos, ohne Sinn und Zweck, sinnlos, überreichlich, überschüssig, überzählig, übrig, unnötig, unnütz, vergeblich, verzichtbar, zu nichts nütze, zu viel, zwecklos; *(bildungsspr.):* redundant; *(ugs.):* doppelt gemoppelt, witzlos.

überfluten

1. ausufern, sich ergießen, hinwegfließen, überborden, über die Ufer treten, überlaufen, überquellen, überschwemmen, überspülen, überströmen, übertreten, unter Wasser setzen; *(geh.):* überfließen.

2. aufpacken, bedecken, behängen, beladen, belegen, bepacken, überfüllen, überhäufen, überschütten, überschwemmen, vollladen, vollpacken, zudecken; *(geh.):* reich bedenken, zuteilwerden lassen; *(ugs.):* bombardieren, eindecken, zumüllen; *(abwertend):* zupflastern.

überfordern

das Letzte herausholen, erdrücken, quälen, überanstrengen, überbelasten, überlasten, zu viel verlangen/zumuten.

überfordern, sich

sich abquälen, sich [alles] abverlangen, das Letzte aus sich herausholen, sich quälen, ringen, sich schinden, sich strapazieren, sich überanstrengen, sich übernehmen, sich zu viel zumuten.

[1]überführen

1. befördern, bringen, fahren, führen, schaffen, spedieren, tragen, transportieren, verfrachten; *(bildungsspr.):* expedieren; *(ugs.):* karren, kutschieren.

2. umformen, umgestalten, umwandeln; *(bildungsspr., Fachspr.):* transformieren.

[2]überführen

beweisen, erfassen, ermitteln, ertappen, erwischen, nachweisen, stellen; *(geh.):* habhaft werden; *(ugs.):* kriegen, schnappen; *(salopp):* hoppnehmen.

Überführung

1. Abfuhr, Abgabe, Abgang, Absendung, Abtransport, Beförderung, Expedierung, Lieferung, Transfer, Transport, Verladung, Versand, Verschickung, Versendung.

2. Erfassung, Nachweis, Schuldbeweis.

3. Brücke, Steg, Übergang, Überweg, Viadukt; *(schweiz.):* Passerelle.

überfüllt

sehr voll, überbelegt, übervoll; *(ugs.):* gerammelt voll, gerappelt voll, rammelvoll, rappelvoll; *(salopp):* bumsvoll.

Übergabe

1. Abgabe, Ablieferung, Abtretung, Ausgabe, Aushändigung, Auslieferung, Besitzerwechsel, Einhändigung, Herausgabe, Übereignung, Übergang, Überlassung, Überreichung, Übertragung, Zustellung; *(geh.):* Überantwortung, Überbringung; *(veraltend):* Handwechsel.

2. Aufgabe, Kapitulation, Resignation; *(geh.):* Preisgabe.

Übergang

1. a) Durchquerung, Passage, Überquerung, Überschreitung. **b)** [Fußgänger]überweg, Zebrastreifen; *(österr.):* Schutzweg; *(schweiz.):* Fußgängerschutzweg, Fußgängerstreifen. **c)** ↑Überführung (3).

2. Abstufung, Abtönung, Nuance, Schattierung, Stufe; *(Fachspr.):* Gradation.

3. a) Entwicklungsstadium, Übergangsstadium, Übergangszeit, Zeitraum, Zeitspanne, Zwischenzeit. **b)** Behelfsmaßnahme, [Not]behelf, Notlösung, Überbrückung, Übergangslösung, Verlegenheitslösung, Zwischenlösung; *(bildungsspr.):* Interim, Interimslösung, Provisorium; *(bes. Fachspr.):* Brückentechnologie.

übergeben

1. a) abgeben, abliefern, ausgeben, aushändigen, ausliefern, bringen, einhändigen, freigeben, herausgeben, hinreichen, in die Hand drücken/geben, liefern, mitbringen, übermitteln, überreichen; *(geh.):* darbieten, darreichen, sich entäußern, überbringen, zukommen/zuteilwerden lassen; *(bildungsspr.):* präsentieren; *(ugs.):* [he]rausrücken, langen. **b)** abtreten, drangeben, fortgeben, hergeben, herschenken, [hin]opfern, übereignen, überlassen, übertragen, [ver]schenken, weggeben; *(österr.):* beteilen; *(schweiz.):* vergaben; *(geh.):* aufopfern, darangeben, darbringen, dreingeben, hingeben, preisgeben; *(dichter.):* dahingeben; *(ugs.):* vermachen, wegschenken.

2. anvertrauen, aufgeben, betrauen, delegieren, einliefern, einreichen, in die Hände legen, in

A B C D E F G H I J K L M N O P Q R S T U übe V W X Y Z

jmds. Obhut/Verantwortung geben, vorlegen, weitergeben, weiterleiten, weiterreichen, zuführen, zuleiten, zuteilen, zuweisen; *(geh.):* anbefehlen, anheimgeben, empfehlen, überantworten; *(geh. veraltet):* befehlen.

übergeben, sich
sich erbrechen; *(geh.):* [aus]speien; *(ugs.):* [aus]spucken, brechen, kotzen, wieder von sich geben; *(salopp):* kübeln, reihern; *(scherzh.):* [dem] Neptun opfern; *(ugs. scherzh.):* die Fische füttern; *(südd., österr.):* speiben.

[1]übergehen
1. den Besitzer wechseln.
2. fortschreiten, hinführen, kommen zu, überleiten, [über]springen, [über]wechseln, sich zuwenden.
3. abwandern, desertieren, überlaufen, wechseln.

[2]übergehen
1. absehen, abtun, ausklammern, auslassen, ausnehmen, ausschließen, außer Acht lassen, außer Betracht lassen, aussparen, beiseitelassen, beiseiteschieben, fortlassen, hinweggehen, hinwegsehen, sich hinwegsetzen, ignorieren, keine/keinerlei Beachtung schenken, keine/keinerlei Notiz nehmen, meiden, missachten, nicht beachten, nicht berücksichtigen, nicht erwähnen, nicht mitzählen, sich schenken, sich sparen, überblättern, überhören, übersehen, überspringen, unbeachtet/unberücksichtigt lassen, vergessen, vernachlässigen, wegfallen lassen, zurücksetzen, zurückstellen; *(geh.):* hinwegblicken; *(bildungsspr.):* abstrahieren, hintansetzen, hintanstellen, präterieren; *(ugs.):* unter den Tisch fallen lassen, wegatmen, weglächeln, weglassen; *(nordd.):* außen vor lassen.
2. a) die Anerkennung verweigern, geringschätzig behandeln, mit Nichtachtung/Verachtung strafen, schneiden; *(ugs.):* die kalte Schulter zeigen, links liegen lassen, wie Luft behandeln.
b) übervorteilen, ungerecht behandeln, zurücksetzen; *(bildungsspr.):* diskriminieren.

übergeordnet
an erster Stelle, bedeutend, bedeutsam, belangvoll, brennend, drängend, dringend, erstrangig, gewichtig, grundlegend, hauptsächlich, hochrangig, von Belang, von [großem] Gewicht, von großer Tragweite, von [großer] Wichtigkeit, vordringlich, vornehmlich, vorrangig, wesentlich, wichtig, zentral; *(geh.):* vornehm; *(bildungsspr.):* essenziell, primär, relevant, signifikant, substanziell.

übergreifen
1. an Boden gewinnen, sich ausbreiten, sich ausdehnen, sich ausweiten, sich Bahn brechen, beeinflussen, sich breitmachen, sich durchsetzen, einreißen, erfassen, sich erweitern, eskalieren, sich fortpflanzen, grassieren, mitreißen, Raum gewinnen, überhandnehmen, überströmen, umgehen, um sich greifen, sich verbreiten, wuchern, zunehmen; *(geh.):* sich auswachsen; *(bildungsspr.):* expandieren; *(veraltend):* Platz greifen.
2. dazwischenfahren, dazwischenreden, Einfluss nehmen, eingreifen, sich einmengen, sich einmischen, sich einschalten, einschreiten, einwirken; *(bildungsspr.):* intervenieren; *(ugs.):* dazwischenfunken, dreinfahren, dreinreden, hineinfunken, seine Nase in etw. [hinein]stecken; *(abwertend):* hineinreden.

Übergriff
1. Beeinflussung, Beschneidung, Eingriff, Einmischung, Einwirkung; *(bildungsspr.):* Intervention.
2. Angriff, Anschlag, Ansturm, Attacke, Attentat, Ausschreitung, Einfall, Einmarsch, Gewaltstreich, Gewalttätigkeit, Invasion, Offensive, Sturm, Überfall, Unruhen, Vorstoß.

überhaben
1. genug haben, müde sein, satthaben, über sein; *(geh.):* satt sein, überdrüssig sein; *(ugs.):* bis obenhin haben, bis zum Hals stehen, dick haben, die Nase [gestrichen] voll haben, langen, leid sein, reichen, zum Hals heraushängen; *(salopp):* die Schnauze voll haben, stinken.
2. aufheben, noch haben, übrig sein/haben.

überhandnehmen
an Boden gewinnen, sich ausbreiten, außer Kontrolle geraten, ausufern, sich ausweiten, sich Bahn brechen, beeinflussen, sich breitmachen, sich durchsetzen, einreißen, erfassen, sich erweitern, eskalieren, sich fortpflanzen, grassieren, sich häufen, mitreißen, Raum gewinnen, umgehen, um sich greifen, sich verbreiten, wuchern, zunehmen; *(geh.):* sich auswachsen; *(bildungsspr.):* expandieren; *(veraltend):* Platz greifen.

überhäufen
aufpacken, bedecken, behängen, beladen, belegen, bepacken, überfluten, überfüllen, überschütten, überschwemmen, vollladen, vollpacken, zudecken; *(geh.):* reich bedenken, zuteilwerden lassen; *(ugs.):* bombardieren, eindecken, zumüllen; *(abwertend):* zupflastern.

überhaupt
1. alles in allem, allgemein, generell, im Allgemeinen, insgesamt [betrachtet/gesehen], pauschal, summa summarum.

2. absolut, einfach, ganz [und gar], gar, generell, geradezu, gründlich, grundsätzlich, kurzerhand, lange, längst, rundherum, schlechthin, schlicht, völlig, vollständig; *(ugs.):* durch und durch, partout, rein, total; *(emotional):* restlos; *(nachdrücklich):* gänzlich; *(veraltend):* schlechterdings.
3. a) abgesehen davon, außerdem, daneben, darüber hinaus, dazu, des Weiteren, ferner[hin], im Übrigen, obendrein, überdies, übrigens; *(geh.):* zudem; *(ugs.):* ansonsten. **b)** besonders, erst recht, gerade, insbesondere, namentlich, vor allem, zumal.

überheblich
anmaßend, elitär, herablassend, herausfordernd, hochfahrend, hochmütig, selbstbewusst, selbstsicher, selbstverliebt, siegessicher, stolz, unbescheiden, von oben herab, von sich überzeugt; *(geh.):* siegesgewiss, vermessen; *(bildungsspr.):* hybrid, insolent; *(ugs.):* angeberisch, protzig; *(oft iron.):* gnädig; *(abwertend):* arrogant, blasiert, eingebildet, eitel, gönnerhaft, großspurig, großtuerisch, selbstgefällig, selbstherrlich, snobistisch, voller Dünkel, von sich eingenommen; *(geh. abwertend):* dünkelhaft, hoffärtig; *(bildungsspr. abwertend):* süffisant.

GGS bescheiden, maßvoll, unprätentiös, verschüchtert.

Überheblichkeit
Anmaßung, Einbildung, Eingebildetheit, Geltungsbedürfnis, Herablassung, Hochmut, Hochmütigkeit, Selbstverliebtheit, Stolz, Unbescheidenheit, Unverschämtheit; *(geh.):* Selbstgewissheit, Siegesgewissheit, Vermessenheit; *(bildungsspr.):* Hybris, Insolenz, Prätention; *(ugs.):* Angeberei, Protzigkeit; *(abwertend):* Arroganz, Blasiertheit, Dünkel, Eitelkeit, Großspurigkeit, Großtuerei, Selbstgefälligkeit, Selbstherrlichkeit, Snobismus; *(geh. abwertend):* Dünkelhaftigkeit, Hoffart, Hoffärtigkeit; *(bildungsspr. abwertend):* Süffisanz; *(veraltend):* Überhebung, Übermut.

überholen
1. a) abschütteln, einen Vorsprung gewinnen/herausholen/herausfahren, hinter sich lassen, vorbeifahren, vorbeilaufen, zurücklassen; *(schweiz.):* vorfahren; *(Sport):* davonziehen, überrunden. **b)** ↑überflügeln.
2. auffrischen, ausbessern, [grund]erneuern, grundüberholen, instand setzen, modernisieren, neu herrichten, renovieren, sanieren, wiederherstellen; *(schweiz.):* instand stellen, revidieren; *(bes. österr.):* revitalisieren; *(bildungsspr.):* restaurieren; *(bes. südd., österr., schweiz.):* richten; *(ugs.):* aufmöbeln, aufpeppen, flicken.

überholt
altmodisch, altväterisch, archaisch, aus der Mode [gekommen], gestrig, oldschool, prämodern, rückschrittlich, rückständig, rückwärtsgerichtet, rückwärtsgewandt, überlebt, unmodern, unzeitgemäß, veraltet, verzopft; *(geh.):* abgelebt; *(bildungsspr.):* anachronistisch; *(ugs.):* angestaubt, aus der Mottenkiste, aus Omas Klamottenkiste, hinter dem Mond, out, passé, von [vor]gestern, vorsintflutlich; *(abwertend):* altbacken, antiquiert, mittelalterlich, reaktionär, zopfig; *(oft abwertend):* verstaubt; *(veraltend):* altfränkisch.

GGS auf der Höhe der Zeit, begehrt, en vogue, in Mode.

überhören
a) entgehen, nicht bemerken, nicht hören.
b) hinweggehen, hinwegsehen, ignorieren, keine/keinerlei Beachtung schenken, keine/keinerlei Notiz nehmen, missachten, nicht beachten, übergehen, unbeachtet lassen, unberücksichtigt lassen; *(geh.):* hinwegblicken; *(bildungsspr.):* negieren; *(dichter.):* lachen; *(ugs.):* unter den Tisch fallen lassen, weglassen; *(nordd.):* außen vor lassen.

überkommen
anfallen, befallen, durchdringen, durchrieseln, durchströmen, erfassen, erfüllen, ergreifen, kommen, packen, überfallen, überlaufen, übermannen, überwältigen; *(geh.):* anfassen, anfliegen, ankommen, anspringen, anwandeln, sich bemächtigen, beschleichen, beseelen, durchfluten, durchwogen, fassen.

überlassen
1. abgeben, abliefern, anvertrauen, aushändigen, bringen, geben, hinbringen, in die Hände legen, in jmds. Obhut/Verantwortung geben, liefern, überbringen, übergeben, überreichen; *(geh.):* anbefehlen, anheimgeben, empfehlen, überantworten.
2. die Entscheidung/Wahl lassen, entscheiden lassen, freie Hand lassen, freistellen, in jmds. Ermessen stellen; *(geh.):* anheimstellen.
3. ausliefern, aussetzen, lassen, übergeben; *(geh.):* preisgeben, überantworten.

überlassen, sich
aufgehen, sich ergeben, erliegen, sich hingeben, nachhängen, sich verlieren, sich verschreiben, versinken, sich widmen; *(geh.):* sich anheimgeben, frönen, schwelgen; *(geh. veraltet):* pflegen.

überlastet
überanstrengt, überarbeitet, überbeansprucht, überbelastet, überfordert.

überlaufen
1. sich ergießen, [hinaus]schwappen, überschäumen, übersprudeln, überströmen, überwallen; *(geh.):* überfließen, übergehen; *(ugs.):* überschwappen; *(südd.):* schwadern, schwatteln.
2. abwandern, desertieren, gehen, übergehen, überwechseln, verlassen, wechseln.

Überläufer, Überläuferin
Deserteur, Deserteurin.

überleben
1. am Leben bleiben, [lebend] überstehen.
2. sich behaupten, bleiben, sich erhalten, fortbestehen, fortdauern, fortleben, sich halten, überdauern, überstehen, von Dauer sein, weiter bestehen, weiterleben, weiterwirken; *(geh.):* fortwirken; *(ugs.):* vorhalten.

[1]überlegen
abwägen, [sich] bedenken, brüten, drehen und wenden, durchdenken, sich durch den Kopf gehen lassen, sich Gedanken machen, grübeln, mit sich Rat halten/zurate gehen, nachdenken, überdenken, Überlegungen anstellen, von allen Seiten betrachten; *(geh.):* nachsinnen, wägen; *(bildungsspr.):* meditieren, reflektieren; *(ugs.):* bebrüten, sich das Hirn zermartern, sich den Kopf zerbrechen, sich einen Kopf machen, knobeln; *(veraltend):* volvieren.

BSP Wir haben die Gründe sorgfältig gegeneinander abgewogen/abgewägt. Darüber habe ich mir noch keine Gedanken gemacht. Lass uns das Referatsthema noch einmal überdenken.

---

[2]überlegen
a) beherrschend, bestimmend, dominant, dominierend, führend, maßgebend, tonangebend, übermächtig; *(bildungsspr.):* präpotent, superior; *(bildungsspr. veraltend):* prävalent. b) abgeklärt, gelassen, [selbst]sicher; *(geh.):* gleichmütig, souverän; *(salopp):* cool; *(häufig abwertend):* selbstzufrieden.

überlegt
abgerundet, abgewogen, abwägend, bedacht, durchdacht, fundiert, umsichtig, vernünftig; *(geh.):* bedachtsam, mit Bedacht, wohl abgewogen, wohlbedacht, wohlerwogen; *(bildungsspr.):* substanziiert.

Überlegung
a) Abwägung, Bedenken, Besinnung, Betrachtung, Erwägung; *(geh.):* Deliberation; *(bildungsspr.):* Kontemplation, Meditation, Reflexion; *(bildungsspr. veraltend):* Räsonnement. b) Betrachtung, Gedanke, Gedankenfolge, Gedankengang; *(bildungsspr.):* Kalkül, Reflexion.

überleiten
hinbringen, hinführen, hinleiten, kommen zu, übergehen, [über]wechseln, sich zuwenden.

überliefern
1. übermitteln, weitergeben; *(bildungsspr.):* tradieren.
2. ausliefern, aussetzen, übergeben, überlassen; *(geh.):* hingeben, preisgeben, überantworten; *(dichter.):* dahingeben.

Überlieferung
1. a) Übermittlung, Weitergabe; *(bildungsspr.):* Tradition. b) Erbe, Hinterlassenschaft, Vermächtnis; *(bildungsspr.):* Mythos.
2. Brauch[tum], Konvention, Sitte, Tradition.

überlisten
ausmanövrieren, übertölpeln, übervorteilen; *(geh.):* düpieren; *(ugs.):* ausbremsen, austricksen, bemeiern.

Übermacht
Dominanz, Übergewicht, Überlegenheit; *(bildungsspr.):* Superiorität.

übermächtig
erdrückend, überlegen, überwältigend, zu groß/stark; *(geh.):* urgewaltig; *(bildungsspr.):* präpotent.

übermannen ↑überkommen.

übermäßig
a) abnorm, anomal, extrem, grenzenlos, inflationär, maßlos, mehr als genug, übertrieben, überzogen, unmäßig; *(geh.):* über die/alle Maßen; *(bildungsspr.):* exorbitant, exzessiv, hypertroph; *(emotional):* horrend; *(oft abwertend):* übergenug. b) ↑sehr.

übermenschlich
gigantisch, kolossal, riesenhaft, überwältigend; *(geh.):* kolossalisch; *(bildungsspr.):* monumental, prometheisch, titanenhaft, titanisch; *(oft emotional):* riesig.

übermitteln
ausrichten, bestellen, bringen, mitteilen, schicken, senden, weitergeben, weiterleiten, zuleiten, zuschicken, zusenden; *(geh.):* entbieten, kundtun, überbringen, verkünden, verkündigen, zukommen lassen; *(bildungsspr.):* kommunizieren.

übermüdet
erschöpft, übernächtigt, zerschlagen; *(ugs.):* alle, am Ende, erledigt, erschlagen, erschossen, [fix und] fertig, fix und foxi, halb tot, hundemüde, k. o., kaputt; *(emotional verstärkend):* todmüde.

Übermut
Ausgelassenheit, Fröhlichkeit, Frohsinn, Leichtfertigkeit, Lustigkeit; *(ugs.):* Aufgedrehtheit, Aufgekratztheit.

übermütig
aufgezogen, ausgelassen, fröhlich, lustig; *(bildungsspr.):* euphorisch; *(ugs.):* aufgedreht, aufgekratzt, aus [lauter] Jux und Tollerei, außer Rand und Band, [mops]fidel; *(ugs. emotional):* quietschfidel.

übernachten
die Nacht verbringen, schlafen, übernächtigen.

übernatürlich
hyperphysisch, metaphysisch, übersinnlich; *(veraltend):* übermenschlich.

übernehmen
a) abnehmen, annehmen, bekommen, empfangen, entgegennehmen, erhalten, in Empfang nehmen; *(österr.):* ausfassen; *(geh.):* nehmen; *(ugs.):* kassieren. **b)** abnehmen, annehmen, aufbringen, aufkommen, auf sich nehmen, bestreiten, tragen, wahrnehmen.

übernehmen, sich
sich überanstrengen, sich überfordern, sich übertun, sich zu viel zumuten.

überprüfen
a) durchgehen, durchsehen, durchsuchen, einer Kontrolle unterwerfen/unterziehen, einer Prüfung unterwerfen/unterziehen, inspizieren, kontrollieren, nachprüfen, nachschauen, nachzählen, prüfen, überwachen, untersuchen; *(geh.):* in Augenschein nehmen; *(ugs.):* auf den Zahn fühlen, unter die Lupe nehmen; *(Fachspr.):* screenen. **b)** bedenken, drehen und wenden, durchdenken, sich durch den Kopf gehen lassen, erwägen, in Betracht ziehen, mit sich Rat halten, mit sich zurate gehen, nachdenken, überdenken, von allen Seiten betrachten; *(geh.):* wägen; *(bildungsspr.):* meditieren, reflektieren; *(ugs.):* sich das Hirn zermartern, sich den Kopf zerbrechen, sich einen Kopf machen.

überragen
1. den Rahmen sprengen, größer sein, herausragen, herausstehen, hervorstechen, hervorstehen, höher sein, überborden, über etw. hinausgehen/hinausragen, überschreiten, übersteigen, übertreffen, weiter gehen.
2. den Rang ablaufen, in den Hintergrund drängen/spielen, in den Schatten stellen, mattsetzen, schlagen, triumphieren, überflügeln, überlegen sein, überrunden, übertreffen, übertrumpfen, [weit] hinter sich lassen; *(ugs.):* ausstechen, einstecken, in die Tasche stecken; *(salopp):* abhängen.

überragend
aufsehenerregend, aus dem Rahmen fallend, ausgezeichnet, außergewöhnlich, außerordentlich, brillant, enorm, ersten Ranges, erstklassig, fulminant, glänzend, grandios, großartig, herausragend, hervorragend, phänomenal, sensationell, spektakulär, vortrefflich, vorzüglich; *(bildungsspr.):* exzellent, exzeptionell, formidabel, superb; *(österr., sonst bildungsspr.):* eminent; *(ugs.):* bombig, doll, fantastisch, mega, Sonderklasse, spitzenmäßig, stark, super, toll, traumhaft; *(emotional):* unvergleichlich, wunderbar; *(emotional verstärkend):* sondergleichen; *(ugs. emotional verstärkend):* supertoll; *(veraltend):* meisterlich, trefflich; *(bildungsspr. veraltend):* extraordinär.

überraschen
1. eine Überraschung bereiten, erstaunen, in Erstaunen versetzen, sprachlos machen, verblüffen, verwundern; *(bildungsspr.):* frappieren; *(ugs.):* jmdm. die Schuhe ausziehen; *(salopp):* umhauen.
2. ertappen, erwischen, überführen; *(ugs.):* schnappen.
3. überrumpeln, [unangemeldet] auftauchen, [unerwartet] erscheinen/kommen/treffen; *(ugs.):* hereinplatzen, hereinschneien, ins Haus schneien/geschneit kommen; *(scherzh.):* überfallen.

überraschend
auf einmal, mit einem Mal, plötzlich, schlagartig, über Nacht, unangekündigt, unerwartet, unverhofft, unvermittelt, unvermutet, unversehens, unvorhergesehen, zufällig; *(schweiz.):* brüsk; *(geh.):* jäh[lings]; *(bildungsspr.):* ex abrupto; *(ugs.):* aus heiterem Himmel, Hals über Kopf, Knall auf Fall; mir nichts, dir nichts; mit einem Schlag, von jetzt auf nachher; *(verstärkend):* urplötzlich.

überrascht
aus dem Gleichgewicht gebracht, aus dem Konzept gekommen, [bass] erstaunt, durcheinander, entgeistert, fassungslos, konfus, sprachlos, verblüfft, verdutzt, verstört, verwirrt, verwundert, wie vom Donner gerührt; *(ugs.):* perplex, platt, verdattert, von den Socken, wie vor den Kopf geschlagen; *(salopp):* baff, geplättet.

überreden
anstiften, bearbeiten, bekehren, bewegen, bringen, einnehmen/erwärmen für, erweichen, gewinnen, überzeugen, umstimmen, zu bewegen suchen; *(ugs.):* bequatschen, beschwatzen, breitschlagen, [he]rumbekommen; *(salopp):* einwi-

ckeln, [he]rumkriegen, weichkochen; *(bes. südd.)*: beschwätzen.

BSP Der Star konnte für zwei Konzerte gewonnen werden. Meine Freundin ließ sich auch durch mich nicht umstimmen.

überreichen
aushändigen, austeilen, hinreichen, in die Hand geben, übergeben, übermitteln, übertragen, verleihen; *(geh.)*: darbieten, [dar]reichen, kredenzen, überantworten, überbringen, zukommen lassen, zuteilwerden lassen; *(bildungsspr.)*: offerieren, präsentieren; *(ugs.)*: herausrücken.

überrumpeln ↑überraschen (3).

überrunden
1. abschütteln, einen Vorsprung gewinnen/herausfahren/herausholen, hinter sich lassen, überholen, zurücklassen; *(Sport)*: davonziehen.
2. den Rang ablaufen, in den Hintergrund drängen/spielen, in den Schatten stellen, schlagen, triumphieren, überflügeln, überlegen sein, überragen, übertreffen, übertrumpfen, [weit] hinter sich lassen; *(ugs.)*: ausstechen, einstecken, in die Tasche stecken; *(salopp)*: abhängen.

überschätzen
eine zu hohe Meinung haben, falsch einschätzen, idealisieren, überbetonen, über[be]werten, zu hoch bewerten/einschätzen; *(ugs.)*: in den Himmel heben.

überschaubar
absehbar, berechenbar, erfassbar, erkennbar, ermessbar, kalkulierbar, übersehbar, übersichtlich, verstehbar, vorausberechenbar, voraussagbar, voraussehbar, zugänglich.

GGS diffus, konfus, labyrinthisch, wüst.

überschauen
begreifen, durchschauen, einschätzen, erfassen, erkennen, ermessen, klarsehen, nachvollziehen, realisieren, registrieren, sehen, überblicken, übersehen, verstehen.

überschlagen
1. ausklammern, auslassen, ausnehmen, ausschließen, außer Acht lassen, aussparen, beiseitelassen, sich schenken, sich sparen, übergehen, überspringen, unbeachtet lassen, vernachlässigen, verzichten, wegfallen lassen, weglassen; *(ugs.)*: unter den Tisch fallen lassen.
2. ↑²überspringen.

überschlagen, sich
1. kippen, umschlagen.
2. ↑überstürzen, sich.

überschneiden, sich
aufeinandertreffen, gegeneinanderlaufen, kollidieren, sich kreuzen, sich nicht vereinbaren lassen, sich überdecken, sich überkreuzen, sich überlagern, sich überschneiden, zur gleichen Zeit stattfinden; *(bildungsspr.)*: interferieren; *(ugs.)*: sich in die Quere kommen.

überschreiben
1. betiteln, mit einer Überschrift versehen.
2. abtreten, hergeben, [her]schenken, übereignen, überlassen, übertragen, verschenken; *(österr.)*: beteilen; *(schweiz.)*: vergaben.

überschreiten
1. sich hinwegsetzen, missachten, nicht beachten, nicht befolgen, übertreten, verstoßen, zuwiderhandeln; *(ugs.)*: sich nicht scheren, pfeifen auf.
2. den Rahmen sprengen, größer sein, überborden, über etw. hinausführen/hinausgehen, überragen, übersteigen, übertreffen, weiter gehen; *(bildungsspr.)*: transzendieren; *(ugs.)*: [weit] über das Ziel [hinaus]schießen.

Überschrift
Balkenüberschrift, Betitelung, Schlagzeile, Titel[zeile].

Überschuss
1. Ausbeute, Ertrag, Geschäft, Gewinn, Plus, Reinerlös, Reinertrag, Reingewinn; *(schweiz.)*: Vorschlag; *(oft abwertend)*: Profit.
2. Mehr, Plus, Überfluss, Überfülle, Überhang, Übermaß, Überreichtum, Zuviel; *(geh.)*: Unmaß; *(bildungsspr.)*: Hypertrophie, Redundanz; *(emotional verstärkend)*: Unmenge, Unzahl; *(ugs. emotional verstärkend)*: Unmasse.

überschüssig
noch vorhanden, restlich, überflüssig, überreichlich, überzählig, übrig [geblieben/gelassen], unerwünscht, unnötig, unnütz, verbleibend, verblieben, zurückbleibend, zu viel.

überschütten
überfluten, überhäufen, überschwemmen; *(geh.)*: reich bedenken, zuteilwerden lassen; *(ugs.)*: bombardieren, eindecken, zumüllen; *(abwertend)*: zupflastern.

überschwänglich
ausgelassen, begeistert, feurig, flammend, glutvoll, heftig, lebhaft, leidenschaftlich, schwärmerisch, stürmisch, temperamentvoll, übersteigert, übertrieben; *(geh.)*: glühend, hochgestimmt; *(bildungsspr.)*: enthusiasmiert, enthusiastisch, euphorisch, exaltiert, frenetisch.

überschwemmen
1. überfluten, überspülen, überströmen, übertreten, unter Wasser setzen; *(geh.)*: überfließen.
2. ↑überschütten.

Überschwemmung
Hochwasser[katastrophe], Sintflut, Überflutung.

übersehen
1. begreifen, durchschauen, einschätzen, erfassen, erkennen, ermessen, klarsehen, nachvollziehen, realisieren, registrieren, sehen, überblicken, überschauen, verstehen.
2. a) auslassen, entgehen, hinweglesen. **b)** hinwegsehen, ignorieren, keine/keinerlei Beachtung schenken, keine/keinerlei Notiz nehmen, nicht beachten, nicht zur Kenntnis nehmen, schneiden, übergehen, unbeachtet lassen; *(geh.):* hinwegblicken; *(ugs.):* links liegen lassen, wie Luft behandeln.

übersenden
abschicken, auf den Weg schicken, aufgeben, befördern, einschicken, einwerfen, fortschicken, senden, spedieren, transportieren, übermitteln, verschicken, versenden, wegschicken, zukommen lassen, zuleiten, zuschicken, zusenden; *(bildungsspr.):* expedieren; *(ugs.):* losschicken; *(bildungsspr., Fachspr.):* transmittieren.

übersetzen
ans andere Ufer fahren, hinüberfahren, überqueren.

Übersetzer, Übersetzerin
(geh.): Sprachmittler, Sprachmittlerin.

Übersicht
1. Aufschluss, Bewusstsein, Einblick, Eindruck, Einsicht, Gewissheit, Kenntnis, Klarblick, Klarsicht, Überblick, Vorstellung, Wissen.
2. Abriss, Abstract, Aufstellung, Bericht, Darlegung, Darstellung, Kurzfassung, Überblick, Zusammenfassung, Zusammenstellung; *(bildungsspr.):* Exzerpt, Resümee.

übersichtlich
absehbar, berechenbar, erfassbar, erkennbar, ermessbar, kalkulierbar, überschaubar, übersehbar, verstehbar, vorausberechenbar, voraussagbar, voraussehbar, zugänglich.

übersiedeln
abwandern, außer Landes gehen, aussiedeln, auswandern, ausziehen, das Land/seine Heimat verlassen, einen Ortswechsel vollziehen, emigrieren, fortgehen, fortziehen, hinziehen, umsiedeln, umziehen, sich verändern, sich verlagern, verziehen, weggehen; *(schweiz.):* dislozieren, zügeln; *(meist scherzh.):* seine Zelte abbrechen.

übersinnlich
dämonisch, geheim[nisvoll], geistig, jenseitig, magisch, metaphysisch, mysteriös, mystisch, okkult, überempirisch, überirdisch, übernatürlich, unergründlich; *(bildungsspr.):* immateriell.

überspannt
a) extrem, grenzenlos, hemmungslos, maßlos, mehr als genug, ohne jedes Maß, überhöht, übermäßig, überspitzt, übersteigert, übertrieben, überzogen, unangemessen, unmäßig, wild, zu weit gehend; *(bildungsspr.):* exorbitant, exzessiv; *(ugs.):* unsinnig; *(abwertend):* sinnlos; *(emotional):* horrend. **b)** aufgelöst, aufgeregt, aufgewühlt, außer sich, bewegt, durcheinander, erhitzt, fieberhaft, konfus, nervös, ruhelos, unruhig; *(bildungsspr.):* echauffiert.

überspielen
1. ablenken, hinweggehen, kaschieren, maskieren, tarnen, übertünchen, verbergen, verdecken, verschleiern, vertuschen; *(ugs.):* weggehen über.
2. aufnehmen, aufzeichnen, brennen, eingeben, festhalten, herunterladen, kopieren, leiten, spielen auf, transportieren, übertragen, vervielfältigen, weiterführen, weiterleiten; *(EDV):* abspeichern, downloaden, einfüttern, einlernen, einspeichern, einspeisen, transferieren.

überspitzt
extrem, gezielt, polemisch, scharf, schonungslos, überdeutlich, überspannt, übersteigert, übertrieben, überzogen, zugespitzt, zu weit gehend; *(bildungsspr.):* pointiert.

[1]überspringen
anstecken, sich ausbreiten, sich ausdehnen, beeinflussen, mitreißen, überfließen, übergehen, sich übertragen, sich verbreiten.

[2]überspringen
absehen von, ausklammern, auslassen, ausnehmen, ausschließen, außer Acht/außer Betracht lassen, aussparen, beiseitelassen, fortlassen, hinweggehen, nicht berücksichtigen, sich schenken, sich sparen, übergehen, überschlagen, unbeachtet lassen, unterschlagen, vernachlässigen, verzichten, wegfallen lassen; *(geh.):* hintansetzen, hintanstellen; *(ugs.):* herauslassen, unter den Tisch fallen lassen, weglassen; *(nordd.):* außen vor lassen.

überstehen
a) aushalten, ausstehen, durchhalten, sich durchkämpfen, durchstehen, erdulden, erleben, erleiden, ertragen, hinwegkommen, über sich ergehen lassen; *(ugs.):* sich durchbeißen, durchmachen, hinter sich bringen, mitmachen, über die Runden bringen. **b)** sich behaupten, davonkommen, sich halten, sich retten, standhalten, überleben; *(ugs.):* durchkommen, wegkommen.

übersteigen
den Rahmen sprengen, größer sein, sprengen,

überborden, über etw. hinausführen/hinausgehen, überragen, überschreiten, übertreffen, weiter gehen.

übersteigert ↑übertrieben.

überstimmen

1. besiegen, sich durchsetzen, gewinnen, schlagen, siegen, triumphieren, übertreffen, [zahlenmäßig] überlegen sein; *(geh.):* obsiegen, überwinden; *(ugs.):* ausstechen, in die Tasche stecken; *(salopp):* abhängen.

2. ablehnen, abwehren, abweisen, ausschlagen, dagegen stimmen, nicht akzeptieren/durchgehen lassen, nicht genehmigen/gutheißen, niederstimmen, verwerfen, zurückweisen.

überstreifen

anziehen, überhängen, überwerfen, überziehen, umhängen, umtun; *(geh.):* antun; *(ugs.):* sich schmeißen, sich werfen.

überströmen

1. auslaufen, sich ergießen, [hinaus]schwappen, überborden, über die Ufer treten, überfluten, überlaufen, überquellen, überschäumen, übersprudeln, überwallen; *(geh.):* überfließen, übergehen; *(ugs.):* überschwappen; *(südd.):* schwadern, schwatteln.

2. an Boden gewinnen, sich ausbreiten, sich ausweiten, beeinflussen, sich fortpflanzen, mitreißen, überspringen, sich übertragen, sich verbreiten.

überstürzen

übereilen, überhasten, unbedacht/unüberlegt handeln, vorschnell entscheiden; *(ugs.):* mit der heißen Nadel stricken, übers Knie brechen.

überstürzen, sich

a) sich abhetzen, sich [be]eilen, [sich] hetzen, sich keine Zeit lassen, [zu] schnell machen; *(ugs.):* sich abjagen; *(ugs. emotional):* sich tothetzen. **b)** ablaufen, sich abrollen, sich abspielen, aufeinanderfolgen, sich jagen, Schlag auf Schlag kommen, sich überschlagen.

übertragen

1. a) ausstrahlen, senden, spielen, verbreiten, wiedergeben; *(ugs.):* bringen. **b)** ↑überspielen (2).

2. dolmetschen, übersetzen.

3. abpausen, abschreiben, abzeichnen, eine Abschrift machen, eine Kopie machen, kopieren, pausen, vervielfältigen, wiedergeben.

4. anwenden, schließen, vergleichen, zuschreiben; *(bildungsspr.):* extrapolieren, projizieren.

5. a) transportieren, vermitteln, weitergeben, [weiter]leiten; *(bildungsspr.):* kommunizieren; *(ugs.):* rüberbringen. **b)** abgeben, abladen, anvertrauen, aufbürden, auferlegen, beauftragen, berufen, betrauen, delegieren, ermächtigen, heißen, in jmds. Obhut/Verantwortung geben, lassen, übergeben, verpflichten, zuschieben; *(schweiz.):* überbinden; *(geh.):* anbefehlen, empfehlen, überantworten; *(salopp):* aufs Auge drücken.

6. anstecken, verseuchen, weitergeben.

übertreffen

a) den Rang ablaufen, hinter sich lassen, in den Hintergrund drängen/spielen, in den Schatten stellen, mattsetzen, schlagen, triumphieren, überbieten, überflügeln, überholen, überlegen sein, überragen, überrunden, übertrumpfen; *(ugs.):* ausstechen, einstecken, in die Tasche stecken, toppen; *(salopp):* abhängen. **b)** ↑übersteigen.

übertreiben

aufbauschen, ausschmücken, dramatisieren, eine Haupt- und Staatsaktion machen, hochspielen, Seemannsgarn spinnen, überspitzen, übersteigern, überziehen, viel Aufhebens machen; *(bildungsspr.):* theatralisieren; *(ugs.):* aufblasen, aus einer Mücke einen Elefanten machen, eine Schau machen, viel Sums/Wesens/Wind machen; *(abwertend):* große Reden schwingen, große Töne schwingen/spucken, tönen.

Übertreibung

1. Jägerlatein, Overstatement, Seemannsgarn, Übersteigerung, übertriebene Darstellung/Schilderung, Übertriebenheit, Zuspitzung.

2. Ausschweifung, Hemmungslosigkeit, Maßlosigkeit, Unersättlichkeit, Unmäßigkeit, Zügellosigkeit; *(geh.):* Ausschreitung, Unmaß; *(bildungsspr.):* Exzess.

[1]übertreten

1. ausufern, sich ergießen, hinwegfließen, überborden, über die Ufer treten, überfluten, überlaufen, überquellen, überschwemmen, überspülen, überströmen, unter Wasser setzen; *(geh.):* überfließen.

2. eindringen, eintreten, erreichen, gelangen, übergehen, überwechseln.

3. sich bekehren, den Glauben/die Konfession wechseln, einen anderen Glauben annehmen.

[2]übertreten

brechen, etwas Böses tun, sich etwas zuschulden kommen lassen, sich hinwegsetzen, missachten, nicht beachten, nicht befolgen, schuldig werden, sündigen, überschreiten, verletzen, verstoßen; *(geh.):* einen Fehltritt begehen, einen Fehltritt tun, etwas Unrechtes tun, fehlen, freveln, Schuld auf sich laden, sich vergehen; *(ugs.):* sich nicht scheren, pfeifen auf.

übertrieben
allzu, aus dem Rahmen fallend, ausschweifend, äußerst, extrem, grenzenlos, hemmungslos, hyper-, immens, maßlos, mehr als genug, ohne [jedes] Maß, über Gebühr, überhöht, übermäßig, überspannt, überspitzt, übersteigert, überzogen, ultra-, unersättlich, unmäßig, unverhältnismäßig, verstiegen, wild, zügellos, zu [sehr], zu viel; *(schweiz.):* übersetzt; *(geh.):* über die/alle Maßen; *(bildungsspr.):* exzessiv; *(ugs.):* astronomisch, gepfeffert, happig, überkandidelt; *(abwertend):* sinnlos; *(oft abwertend):* übergenug; *(emotional):* horrend.

übertrumpfen
1. besiegen, gewinnen, schlagen, trumpfen, Trumpf spielen.
2. ↑übertreffen (a).

überwachen
1. abhorchen, abhören, ausforschen, auskundschaften, ausspionieren, belauern, belauschen, beobachten, beschatten, beschirmen, bespitzeln, [heimlich] mithören, hinterherspionieren, im Auge behalten, im Fadenkreuz haben, nachspionieren, nicht aus den Augen lassen, observieren, unter die Lupe nehmen, untersuchen, verfolgen; *(geh.):* nachspüren; *(bildungsspr.):* investigieren; *(ugs.):* ausspähen, nachschnüffeln.
2. aufpassen, Aufsicht führen, beaufsichtigen, betreuen, bewachen, die Aufsicht haben, ein Auge haben auf, einer Kontrolle unterwerfen/unterziehen, hüten, im Auge behalten, inspizieren, Kontrollen ausüben, kontrollieren, sich kümmern, mustern, nachprüfen, nachschauen, sehen, [über]prüfen, untersuchen, wachen; *(geh.):* achthaben; *(ugs.):* gucken; *(südd., österr.):* schauen.

überwältigen
auseinandernehmen, besiegen, bezwingen, den Sieg davontragen/erlangen/erringen, sich durchsetzen, eine Niederlage beibringen/bereiten/zufügen, entwaffnen, gewinnen, niederkämpfen, niederringen, schlagen, triumphieren, überrennen, überrollen, überwinden, unterwerfen, wehrlos machen; *(schweiz.):* bodigen; *(geh.):* auf/in die Knie zwingen, niederwerfen, niederzwingen, obsiegen; *(bildungsspr.):* ein Waterloo bereiten; *(ugs.):* einpacken, erledigen, fertigmachen; *(salopp):* in die Pfanne hauen.

überwältigt
beeindruckt, begeistert, berührt, bewegt, bezaubert, erregt, erstaunt, hingerissen, in Begeisterung/Staunen/Verwunderung versetzt, mit Begeisterung/Bewunderung/Staunen erfüllt, sprachlos; *(bildungsspr.):* enthusiasmiert; *(ugs.):* erschlagen; *(salopp):* umgehauen.

überweisen
anweisen, eine Zahlung leisten, einzahlen, gutschreiben, schicken, senden, übermitteln, vergüten, zahlen, zukommen lassen; *(schweiz.):* einbezahlen.

überwiegen
sich behaupten, beherrschen, besiegen, bestimmen, das Übergewicht behaupten/gewinnen/haben, den Ausschlag geben, den Ton angeben, die Mehrheit ausmachen/bilden, die Oberhand bekommen/erhalten/gewinnen, dominieren, sich durchsetzen, Einfluss haben, herausragen, hervortreten, im Vordergrund stehen, ins Gewicht fallen, mengenmäßig/quantitativ überlegen sein, prägen, regieren, stärker sein, tonangebend sein, vergessen lassen/machen, vorherrschen, zählen, zahlenmäßig überlegen sein; *(bildungsspr.):* prädominieren; *(veraltend):* vorwalten; *(bildungsspr. veraltend):* prävalieren.

überwinden
1. ↑überwältigen.
2. a) bestehen, bewältigen, sich durcharbeiten, sich durchkämpfen, durchkommen, durchstehen, fertigwerden mit, meistern, schaffen, überstehen. **b)** sich abgewöhnen, abkommen, ablassen, ablegen, abschütteln, absehen, abstreifen, aufbrechen, aufgeben, aufhören, sich befreien, durchbrechen, einstellen, sich emanzipieren, entwöhnen, sich frei machen, hinter sich lassen, loswerden, sich trennen, verzichten; *(geh.):* Abstand nehmen, aufsagen, sich entledigen, entsagen; *(ugs.):* loskommen, loskriegen, wegkommen.
3. sich abfinden, sich aussöhnen, hinwegkommen, seinen Frieden machen, tragen, sich trösten, verarbeiten, verkraften, verschmerzen; *(geh.):* verwinden; *(ugs.):* schlucken, verdauen.

überwinden, sich
sich aufraffen, sich aufschwingen, sich durchkämpfen, sich durchringen, es über sich bringen, seinem Herzen einen Stoß geben, über seinen Schatten springen, übers Herz bringen, sich zwingen; *(geh.):* sich ermannen; *(ugs.):* sich aufrappeln, aus dem Knick/Quark/Schuh kommen, sich berappeln, sich [innerlich] einen Ruck geben; *(oft iron.):* sich herbeilassen.

Überzahl
der überwiegende Teil, die meisten, Gros, Großteil, Majorität, mehr als die Hälfte, Mehrheit, Mehrzahl; *(schweiz.):* Hauptharst; *(bildungsspr.):* Pluralität; *(oft abwertend):* Masse.

überzählig
abkömmlich, entbehrlich, restlich, überflüssig, überreichlich, überschüssig, übrig [geblieben], verzichtbar, zu viel; *(bildungsspr.):* redundant; *(ugs.):* doppelt gemoppelt, doppelt und dreifach.

überzeugen
1. auf seine Seite bringen/ziehen, beeindrucken, beeinflussen, bekehren, belehren, bewegen, bringen zu, einnehmen, einreden, erwärmen, erweichen, für sich gewinnen, gewinnen, interessieren, mitreißen, überreden, umstimmen, weichmachen, Wirkung ausüben/erzielen; *(ugs.):* beschwatzen, breitschlagen, [he]rumbekommen; *(salopp):* einwickeln, herumkriegen, weichkochen; *(bes. südd.):* beschwätzen.
2. einleuchten, plausibel/schlüssig/triftig erscheinen.
3. ausreichen, befriedigen, entsprechen, erfüllen, genügen, recht machen, reichen, zufriedenstellen; *(geh.):* den Anforderungen Genüge tun/nachkommen.

überzeugen, sich
sich absichern, sich Gewissheit verschaffen, kein Risiko eingehen, kontrollieren, [nach]prüfen, nachsehen, sich [rück]versichern, sichergehen, überprüfen, sich vergewissern; *(geh.):* in Augenschein nehmen; *(ugs.):* auf Nummer sicher gehen.

überzeugend
begreiflich, einleuchtend, einsichtig, fasslich, folgerichtig, glaubhaft, hinreichend, klar, logisch [zwingend], nachvollziehbar, plausibel, schlagend, schlüssig, sinnfällig, stichhaltig, triftig, unanfechtbar, unwiderlegbar, zwingend; *(österr.):* stichhältig; *(bildungsspr.):* evident, stringent.

Überzeugung
a) Anschauung, Ansicht, Auffassung, Betrachtungsweise, Bewusstsein, Denkart, Einsicht, Einstellung, Empfinden, Erachten, Erkenntnis, Gedanken, Gefühl, Geisteshaltung, Gesinnung, Gewissheit, Glaube, Glaubensbekenntnis, [Grund]haltung, Ideologie, Lebensanschauung, Meinung, Position, Sicherheit, Sicht[weise], Standort, Standpunkt, Urteil, Vorstellung, Weltanschauung, Weltbild; *(geh.):* Befinden, Dafürhalten, Warte. **b)** [fester] Grundsatz, Leitsatz, Richtlinie; *(bildungsspr.):* Credo, Maxime; *(oft abwertend):* Glaubenssatz; *(bildungsspr., oft abwertend):* Dogma. **c)** Begeisterung, Gläubigkeit, Hingabe, Idealismus; *(geh.):* Inbrunst; *(bildungsspr.):* Enthusiasmus.

[1]überziehen
1. anprobieren, anziehen, [hinein]schlüpfen, probieren, über/um die Schultern hängen, überhängen, überlegen, überstreifen, überstülpen, überwerfen, umhängen, umlegen, umtun; *(geh.):* anlegen, antun; *(ugs.):* sich schmeißen.
2. beibringen, versetzen, zufügen.

[2]überziehen
a) ↑übertreiben. **b)** ↑übertreiben.

Überzug
1. Auflage, Belag, Beschichtung, Beschlag, Film, Glasur, Guss, Lage, Lasur, Schicht, Schmelz; *(Fachspr.):* Engobe.
2. Bezug, Hülle, Hülse, Schutzhülle; *(schweiz.):* Anzug; *(veraltend):* Schoner.

üblich
alltäglich, bekannt, bewährt, eingebürgert, gängig, gang und gäbe, gebräuchlich, geläufig, gewohnt, herkömmlich, landläufig, normal, regulär, traditionell, usuell, vertraut, [weit]verbreitet, wohlbekannt; *(oft abwertend):* eingefahren, ordinär.

GGS ausgefallen, bizarr, exotisch, sonderbar.

übrig
1. noch vorhanden, überschüssig, überzählig, verbleibend, verblieben, zurückbleibend, zu viel; *(ugs.):* über.
2. entbehrlich, nutzlos, überflüssig, überzählig, unnötig, unnütz, unwichtig.

übrig behalten
als Rest lassen, aufheben, erübrigen, nicht aufbrauchen, übrig lassen, zurücklassen, zu viel haben.

übrig bleiben
1. als Rest bleiben, liegen bleiben, überschüssig/überzählig sein, zurückbleiben, zu viel sein.
2. abfallen, abwerfen, einbringen, eintragen, erbringen, herausspringen; *(ugs.):* herauskommen.

übrigens
beiläufig bemerkt/gesagt, eigentlich, im Übrigen, nebenbei bemerkt/gesagt; *(bildungsspr.):* apropos, notabene, parenthetisch.

Übung
1. Erfahrung, Fähigkeit[en], Fertigkeit, Geübtheit, Gewandtheit, Praxis, Routine.

BSP Die Artisten verfügen über reiche/langjährige Erfahrungen. Sie bewiesen ihre künstlerischen/technischen Fertigkeiten. Das lernt man erst durch die Praxis.

2. Aufgabe.
3. Kontrolle, Manöver, Probe, Prüfung, Schulung, Test, Training, Überprüfung, Wiederholung.

Ufer
Küste, Küstenstreifen, Strand; *(dichter.):* Gestade, Meeresstrand.

uferlos
ausgedehnt, endlos, grenzenlos, maßlos, ohne Ende/Grenzen, unabsehbar, unendlich, unermesslich, unüberschaubar, unübersehbar, weit.

ulkig
amüsant, drollig, komisch, lustig, spaßhaft, spaßig, witzig; *(ugs.):* juxig, zum Knallen/Piepen/Schreien; *(verstärkend):* urkomisch; *(ugs. emotional):* zum Totlachen.

ultimativ
1. ausdrücklich, deutlich, dringend, dringlich, eindringlich, eingehend, energisch, entschieden, ernst[haft], ernstlich, in aller Deutlichkeit, inständig, intensiv, mit aller Deutlichkeit, mit Nachdruck, nachdrücklich, unmissverständlich; *(bildungsspr.):* dezidiert, emphatisch, explizite; *(bildungsspr., Fachspr.):* explizit.
2. beste, bestimmend, maßgebend, maßgeblich, mustergültig, perfekt, richtungsweisend, tadellos, tonangebend, überlegen, unerreicht, unübertroffen, wegweisend; *(bildungsspr.):* par excellence; *(ugs.):* tipptopp.

umändern
[ab]ändern, abwandeln, anders machen, neu gestalten, überarbeiten, überführen, umarbeiten, umbilden, umformen, umfunktionieren, umgestalten, ummodeln, umstellen, verändern, verwandeln; *(bildungsspr.):* modeln, modifizieren, modulieren; *(ugs.):* umfrisieren, umkrempeln; *(bildungsspr., Fachspr.):* transformieren.

umarmen
ans Herz / an sich drücken, in den Arm nehmen, umschließen.

umbiegen
1. abknicken, einen Knick machen, falten, knicken, kniffen, umknicken.
2. abbiegen, abdrehen, abschwenken, abzweigen, den Kurs wechseln, die Richtung ändern, einbiegen, einlenken, einschwenken.

umbringen
abschießen, aus dem Weg räumen, ausrotten, beiseiteschaffen, das Todesurteil vollstrecken, den Schädel einschlagen, einen Mord begehen/verüben, einschläfern, erdrosseln, erhängen, ermorden, erschießen, erschlagen, erstechen, ersticken, ertränken, erwürgen, exekutieren, hängen, hinmetzeln, hinmorden, hinrichten, hinschlachten, lynchen, töten, totschlagen, totspritzen, tottreten, ums Leben bringen, vergasen, vergiften, vernichten; *(geh.):* auslöschen, den Lebensfaden abschneiden, erdolchen, erlegen, niederstrecken, richten, tilgen, vom Leben zum Tode befördern/bringen; *(bildungsspr.):* eliminieren, liquidieren; *(ugs.):* erledigen, fertigmachen, kleinkriegen, niedermachen, totmachen, totschießen, totstechen, über den Haufen knallen/schießen, um die Ecke bringen, wegmachen, wegschießen, zusammenschießen; *(salopp):* abknallen, abknipsen, abmurksen, alle machen, aufbaumeln, ausradieren, ins Jenseits befördern, kaltmachen, killen, kurzen Prozess machen, niederknallen, stumm machen, umlegen, umnieten, wegknallen, wegpusten, wegputzen; *(verhüll.):* beseitigen; *(emotional):* morden.

umbringen, sich
sich das Leben nehmen, den Tod suchen, Selbstmord begehen.

Umbruch
1. Änderung, [Er]neuerung, Neugestaltung, Neuordnung, Neuschöpfung, Reform, Umbildung, Umgestaltung, Umschwung, Umwandlung, Veränderung, Wandel, Wende; *(bildungsspr.):* Innovation, Reorganisation.
2. Layout, Seitenansicht, Seitengestaltung.

umdenken
anders herangehen, die Dinge neu begreifen, die Perspektive wechseln, sich in einen Lernprozess begeben, seine Ansichten ändern, seine Auffassungen revidieren, seine Denkweise verändern, sich umgewöhnen, umlernen, sich umstellen.

umdrehen
a) andersherum drehen, auf die andere Seite drehen, herumdrehen, [um]wenden; *(ugs.):* rumdrehen. b) umkehren, umklappen, umkrempeln, umlegen, umschlagen, umstülpen, umwenden.

umdrehen, sich
sich herumdrehen, sich umkehren, sich [um]wenden; *(geh.):* den Rücken kehren/wenden; *(ugs.):* kehrtmachen, sich rumdrehen.

[1]umfahren
anfahren, überfahren, überrollen; *(ugs.):* über den Haufen fahren, überrennen, ummähen, zu Schrott fahren.

[2]umfahren
außen herum fahren, ausweichen, herumfahren; *(ugs.):* umkurven.

umfallen
1. a) das Gleichgewicht/den Halt verlieren, herabfallen, hinfallen, stürzen, umkippen, umstürzen; *(geh.):* niederstürzen, zu Fall kommen; *(ugs.):* fliegen, hindonnern, hinfliegen, hinknallen, hinplumpsen, hinpurzeln, hinsausen, hinschlagen, hinsegeln, plumpsen; *(fam.):* purzeln.

b) einen Kollaps/Schwächeanfall/Zusammenbruch erleiden, in Ohnmacht fallen/sinken, ohnmächtig werden, zusammenbrechen, zusammenklappen; *(ugs.):* umkippen.
2. sich anders besinnen, seine Gesinnung wechseln, seine Meinung ändern, seinen Standpunkt aufgeben; *(abwertend):* umschwenken.

Umfang
Abmessung, Ausbreitung, Ausdehnung, Ausmaß, Breite, Format, Größe, Höhe, Länge, Streckung, Tiefe, Volumen, Weite; *(bildungsspr.):* Extension, Extensität, Extensivierung.

umfassen
1. begrenzen, einfassen, eingrenzen, einsäumen, rahmen, säumen, umbauen, umgeben, umgrenzen, umrahmen, umranden, umschließen.
2. beinhalten, bergen, bestehen, einschließen, enthalten, haben, in sich tragen, umgreifen, umschließen, zum Inhalt haben, sich zusammensetzen; *(geh.):* einbegreifen, innewohnen.

umfassend
ausführlich, breit [gefächert], eingehend, erschöpfend, reich, reichhaltig, umfangreich, üppig, vielfältig, vielseitig.

Umfrage
Befragung, Demoskopie, demoskopische Untersuchung, Enquete, Erhebung, Ermittlung, Meinungsforschung, Nachforschung, Recherche, Rundfrage, Überprüfung, Untersuchung; *(bildungsspr.):* Sondierung; *(Soziol.):* Interview.

umfunktionieren
a) ändern, eine andere Funktion geben, umändern, umbauen, umformen, umgestalten, ummodeln, ummünzen, umwandeln. b) entfremden, falsch verwenden, missbrauchen, zweckentfremden.

Umgang
a) Bekanntschaft, Berührungspunkt, Beziehung, Connection, Gesellschaft, Kontakt, Verbindung, Verhältnis, Verkehr. b) Behandlung, Handhabung, Verfahren; *(ugs.):* Abfertigung.

umgeben
a) einfassen, einrahmen, einsäumen, einschließen, umfassen, umgrenzen, umrahmen, umranden, umschließen, umzäumen. b) einkesseln, umkreisen, umringen, umstellen, umzingeln; *(ugs.):* herumstehen um. c) herum sein um, liegen über, umhüllen; *(geh.):* umfangen.

Umgebung
a) Einzugsgebiet, Gegend, Hinterland, Nachbarschaft, Nähe, Umfeld, Umkreis, Umland. b) Ambiente, Atmosphäre, Einflussbereich, Lebensbereich, [Lebens]kreis, Milieu, Sphäre, Szene, Umwelt; *(schweiz.):* Ambiance.

[1]umgehen
1. sich herumsprechen, in Umlauf sein, kursieren, umlaufen, verbreitet werden, sich wie ein Lauffeuer verbreiten, zirkulieren; *(ugs.):* die Runde machen, herumgehen, unter die Leute kommen.
2. a) behandeln, handhaben, verfahren; *(geh.):* begegnen; *(ugs.):* anpacken, umspringen. b) fertigwerden mit, in den Griff bekommen, zurechtkommen; *(ugs.):* in den Griff kriegen, klarkommen, zurande kommen.

[2]umgehen
aus dem Weg gehen, ausweichen, fernhalten, vermeiden; *(geh.):* sich entziehen, meiden; *(ugs.):* sich drücken vor, einen [großen] Bogen machen, umkurven.

umgehend
auf dem schnellsten Weg, auf der Stelle, augenblicklich, eilends, flugs, geradewegs, im Nu, postwendend, prompt, schleunigst, schnellstens, sofort, sofortig, sogleich, unmittelbar, unverzüglich; *(geh.):* schleunig; *(veraltend):* alsbald.

umgekehrt
a) andersherum, entgegengesetzt, gegenteilig, im Gegenteil; *(bildungsspr.):* konträr; *(ugs.):* andersrum. b) seitenverkehrt, spiegelbildlich, spiegelverkehrt, umgedreht, verkehrt [herum].

umhauen
1. a) abholzen, absägen, fällen, schlagen, umlegen, umschlagen, zum Fallen bringen; *(österr.):* schlägern; *(ugs.):* ummachen. b) knock-out/k. o. schlagen, niederschlagen, niederschmettern; *(salopp):* flachlegen, umnieten.
2. a) kraftlos/matt machen, zusetzen; *(ugs.):* fertigmachen, kaputtmachen, schaffen, schlaff/schlapp machen. b) aus dem Gleichgewicht bringen, aus der Fassung bringen, erschüttern, erstaunen, sprachlos machen, überraschen, verblüffen, verdutzen, verwundern; *(bildungsspr.):* frappieren; *(ugs.):* fertigmachen, flashen, jmdm. die Schuhe ausziehen, schocken, umwerfen.

umhören, sich
anfragen, Erkundigungen/Informationen einholen, sich informieren, nachfragen; *(ugs.):* herumfragen, sich schlaumachen, sich umtun.

Umkehr
a) Aufgabe, Räumung, Rückkehr. b) Änderung, Besserung, Neubeginn, Strategieschwenk, Strategiewechsel, Wandel, Wandlung, Wende.

umkehren
1. den Rückweg antreten, umdrehen, wenden,

zurückfahren, zurückgehen; *(ugs.)*: kehrtmachen.
2. umdrehen, umklappen, umkrempeln, umlegen, umschlagen, umstülpen, umwenden.

umkippen
1. a) kentern, umfallen, umschlagen, umstürzen, zu Boden stürzen; *(geh.)*: niederstürzen, zu Fall kommen. b) einen Kollaps/Schwächeanfall/Zusammenbruch erleiden, in Ohnmacht fallen/sinken, ohnmächtig werden, umfallen, zusammenbrechen, zusammenklappen; *(ugs.)*: umklappen.
2. umreißen, umstoßen, umstürzen, umwerfen; *(österr.)*: niederstoßen; *(geh.)*: zu Fall bringen; *(ugs.)*: umschmeißen, umschubsen.

umkleiden, sich ↑umziehen, sich.

umknicken
1. einen Knick machen, in Falten legen, kniffen, umbiegen, umschlagen; *(bildungsspr.)*: pliieren.
2. den Fuß vertreten, einknicken, sich vertreten.

umkommen
1. fallen, sein Leben verlieren, sterben, tödlich verunglücken, ums Leben kommen, zugrunde gehen, zu Tode kommen; *(geh.)*: den Tod finden; *(ugs.)*: draufgehen; *(salopp)*: hopsgehen.
2. schlecht werden, verderben.

umkrempeln
1. aufkrempeln, aufrollen, aufschlagen, hochkrempeln, hochschlagen, hochstülpen, umschlagen.
2. umgestalten, verändern.

umlegen
1. über/um die Schultern hängen, überhängen, überlegen, überwerfen, umhängen, umtun; *(geh.)*: anlegen; *(ugs.)*: umgeben.
2. ermorden, erschießen, töten, umbringen; *(bildungsspr.)*: eliminieren, liquidieren; *(ugs.)*: über den Haufen knallen/schießen; *(salopp)*: abknipsen, alle machen, aus dem Weg räumen, kaltmachen, killen, niederknallen, umnieten, wegpusten; *(verhüll.)*: beseitigen.

umliegend
angrenzend, anliegend, benachbart, im Umkreis/in der näheren Umgebung liegend, nächstgelegen.

[1]umreißen
umkippen, umstoßen, umstürzen, umwerfen, zu Boden reißen; *(österr.)*: niederstoßen; *(geh.)*: zu Fall bringen; *(ugs.)*: umschmeißen, umschubsen.

[2]umreißen
einen Überblick geben, in groben/großen Zügen wiedergeben, in Umrissen beschreiben, knapp beschreiben/darstellen/nachzeichnen, skizzieren; *(bildungsspr.)*: konturieren.

BSP Ich zeichne zunächst knapp den Inhalt des Buches nach. Sie skizzierte das Thema des Vortrags.

Umriss
Kontur, Linie, Schattenriss, Schemen, Silhouette.

umsatteln
sich beruflich neu orientieren/umorientieren/verändern, den Beruf wechseln, einen anderen Beruf ergreifen/erlernen, umschulen; *(ugs.)*: umsteigen.

Umsatz
Absatz, Bruttoeinnahmen, Geschäft, Verkauf, Verkaufserlös.

Umschlag
1. Briefhülle, Briefumschlag, Hülle, Kuvert; *(veraltend)*: Briefkuvert.
2. Packung, Umhüllung, Wickel.

umschlagen
1. a) aufkrempeln, aufrollen, aufschlagen, aufstreifen, krempeln, schlagen, streifen, umkrempeln. b) umblättern, umdrehen, umwenden.
2. sich ändern, anders werden, sich umkehren, umspringen, sich umstellen, sich verändern, sich verkehren, sich verwandeln, wechseln; *(geh.)*: einen Wandel erfahren, im Wandel begriffen sein, sich wandeln.

umschließen
1. abgrenzen, abschließen, begrenzen, die Grenze bilden, eingrenzen, einschließen, fassen, umfassen, umgeben, umgrenzen, umrahmen.
2. a) drücken, schlingen, umarmen, umfassen, umschlingen; *(geh.)*: umfangen. b) sich herumschlingen, sich klammern, sich krallen, sich legen, sich schlingen, umfassen, umgreifen, umschlingen, umspannen, sich wickeln.

umschreiben
1. angeben, beschreiben, bestimmen, darlegen, darstellen, festlegen, festsetzen, skizzieren, umreißen, vorgeben; *(bildungsspr.)*: statuieren.
2. anders/mit anderen Worten ausdrücken, nicht wortwörtlich ausdrücken, nur indirekt/sinngemäß ausdrücken, umbilden, umformen, umsetzen; *(Sprachwiss.)*: paraphrasieren.

umschwärmen
1. umflattern, umfliegen, umsegeln.
2. anbeten, [an]schwärmen, verehren, vergöttern; *(geh.)*: zu Füßen liegen; *(bildungsspr.)*: adorieren; *(ugs.)*: anhimmeln.

Umschwung
Änderung, Strategieschwenk, Strategiewechsel,

A B C D E F G H I J K L M N O P Q R S T U ums V W X Y Z

Umkehr, Umstellung, Veränderung, Wandel, Wechsel, Wende, Wendung.

umsehen, sich

1. a) nach allen Seiten sehen, umherblicken; *(geh.):* den Blick schweifen lassen; *(ugs.):* herumgucken, sich umgucken; *(nachdrücklich):* Ausschau halten; *(ugs. scherzh.):* spazieren gucken; *(bes. südd., österr., schweiz.):* sich umschauen. **b)** sich einen Überblick verschaffen, sich orientieren; *(ugs.):* sich schlaumachen, sich umgucken, sich umtun.

2. den Kopf wenden, sich herumwenden, sich umdrehen, sich umwenden; *(ugs.):* sich [he]rumdrehen, sich umgucken.

Umsicht

Behutsamkeit, Besonnenheit, Fingerspitzengefühl, Klugheit, Sorgfalt, Umsichtigkeit, Vorsicht, Vorsichtigkeit, Weitblick, Weitsicht; *(geh.):* Achtsamkeit, Bedacht[samkeit].

umsichtig

bedacht, bedächtig, besonnen, klug, mit Bedacht/Besonnenheit/Umsicht, sorgfältig, voller Sorgfalt, vorsichtig, weitblickend, weitsichtig, wohlüberlegt; *(geh.):* bedachtsam, sorgsam, weitschauend.

umsonst

1. [gebühren]frei, geschenkt, gratis, kostenlos, um/für [einen] Gotteslohn, unentgeltlich, vergütungsfrei, zum Nulltarif; *(ugs.):* gratis und franko, so; *(salopp):* für umme.

2. a) fruchtlos, für nichts und wieder nichts, vergebens, vergeblich, verlorene/vergebliche Liebesmüh, zwecklos; *(salopp):* für den Ofen, für die Katz, für die Tonne. **b)** aus der Luft gegriffen/geholt, grundlos, haltlos, unbegründet, ungerechtfertigt, unmotiviert.

umsorgen

sich annehmen, bemuttern, betreuen, sich kümmern, pflegen, [ver]sorgen; *(schweiz.):* schauen; *(geh.):* umhegen; *(ugs. scherzh.):* unter seine Fittiche nehmen; *(nordd.):* betütern; *(veraltend):* warten.

Umstand

Begleitumstand, Element, Faktor, Gesichtspunkt, Moment, Tatsache; *(bildungsspr.):* Aspekt.

Umstände

Aufheben; *(ugs.):* Fisimatenten, Klimbim, Kokolores, Sperenzchen, Zicken; *(salopp):* Faxen, Geschiss.

umständlich

1. des Langen [und Breiten], kompliziert, lang und breit, problematisch, unpraktisch, verwickelt; *(ugs.):* vertrackt, verzwickt.

2. behäbig, pusselig, schwerfällig, unbeholfen, ungeschickt, ungewandt, unpraktisch; *(abwertend):* linkisch, tölpelhaft.

[1]umstellen

1. rücken, schieben, umsetzen, verrücken, verschieben, versetzen.

2. umbauen; *(ugs.):* umkrempeln; *(bes. Fachspr.):* umrüsten.

[1]umstellen, sich

sich anpassen, sich einstellen; *(geh.):* sich rüsten, sich wappnen; *(ugs.):* umschalten.

[2]umstellen ↑umschließen.

umstimmen

bekehren, erweichen, überreden, überzeugen; *(ugs.):* bequatschen, beschwatzen, breitschlagen, herumbekommen; *(salopp):* [he]rumkriegen; *(bes. südd.):* beschwätzen.

umstritten

anfechtbar, angreifbar, beanstandbar, bestreitbar, problematisch, streitig, strittig; *(bildungsspr.):* disputabel, kontrovers.

Umsturz

Putsch, Rebellion, Revolte, Revolution, Staatsstreich, Volksaufstand, Volkserhebung; *(veraltend):* Coup d'État.

umtauschen

eintauschen, einwechseln, [um]wechseln; *(ugs.):* umrubeln.

umtun

anlegen, anziehen, binden, legen, schlingen, umbinden, umlegen, umschlagen, wickeln; *(geh.):* antun, hüllen, winden; *(ugs.):* herumlegen, umgeben.

umtun, sich

a) ↑umsehen, sich (1 b). **b)** auf der Suche sein, sich bemühen, hinter jmdm./etw. her sein, nichts unversucht lassen, suchen, Umschau halten, sich umsehen; *(ugs.):* sich ins Zeug legen, sich umgucken; *(nachdrücklich):* Ausschau halten; *(südd., österr., schweiz.):* schauen; *(bes. südd., österr., schweiz.):* sich umschauen.

umwandeln

ändern, überführen, übertragen, umändern, umbauen, umbilden, umformen, umfunktionieren, umgestalten, ummodeln, umsetzen, verwandeln; *(bildungsspr.):* modeln, modifizieren, modulieren; *(ugs.):* umkrempeln; *(bildungsspr., Fachspr.):* transformieren; *(Fachspr.):* dissipieren.

Umwelt

a) Feld und Wald, Flora und Fauna, Natur, Tier- und Pflanzenwelt; *(geh.):* Mutter Natur, Wald und Flur. **b)** Außenwelt, Kreis, Leute, Mitwelt, Umgebung.

umweltfreundlich
biologisch, emissionsarm, grün, naturbelassen, naturbewusst, naturgemäß, natürlich, naturnah, naturrein, ökologisch, rückstandsfrei, sauber, umweltschonend, umweltverträglich, unbehandelt, ungespritzt, unschädlich; *(bildungsspr.):* alternativ; *(Fachspr.):* schadstoffarm, schadstoffreduziert.

GGS schädlich, schadstoffreich, toxisch.

Umweltverschmutzung
Luftverschmutzung, Luftverunreinigung, Umweltbelastung, Umweltzerstörung.

umwerfend
atemberaubend, bestechend, blendend, brillant, erstklassig, fabelhaft, fulminant, genial, grandios, hinreißend, phänomenal, überwältigend, unbeschreiblich, unübertrefflich, vortrefflich, vorzüglich; *(bildungsspr.):* exzellent, superb; *(ugs.):* [echt] bombig, famos, fantastisch, glänzend, großartig, mega, super, toll; *(salopp):* affengeil; *(emotional):* wunderbar, wundervoll; *(ugs. emotional):* sagenhaft; *(emotional verstärkend):* bildschön, wunderschön; *(ugs. emotional verstärkend):* supertoll; *(oft scherzh.):* göttlich.

umziehen
anderswohin ziehen, ausziehen, den Wohnsitz verlegen, die Wohnung räumen/verlassen, einen Wohnungswechsel vornehmen, fortziehen, übersiedeln, überwechseln, umsiedeln, sich verändern, verziehen, wechseln, weggehen, wegziehen; *(meist scherzh.):* seine Zelte abbrechen.

umziehen, sich
andere Kleider anziehen, die Kleidung wechseln, sich umkleiden.

umzingeln
einkreisen, einschließen, umgeben, umringen, umschließen, umstellen; *(bildungsspr. veraltend):* zernieren.

Umzug
1. Auszug, Domizilwechsel, Umsiedlung, Wohnortverlegung, Wohnungswechsel.
2. Aufmarsch, Aufzug, Fackelzug, Fest[um]zug, Korso, Zug.

unabhängig
1. autonom, eigenstaatlich, eigenständig, eigenverantwortlich, emanzipiert, frei, selbstbestimmt, selbstständig, selbstverantwortlich, souverän, ungebunden, weisungsfrei, weisungsunabhängig; *(bildungsspr.):* autark.
2. allein, getrennt/losgelöst von, ohne fremde Hilfe, ohne Unterstützung, unbeeinflusst, von sich aus; *(ugs.):* in eigener Regie.

unabsichtlich
absichtslos, aus Versehen, irrtümlich, nicht beabsichtigt, ohne Absicht, ohne es zu wollen, unbeabsichtigt, unbewusst, ungeplant, ungewollt, versehentlich.

unachtsam
achtlos, fahrlässig, gedankenlos, gleichgültig, leichthin, leichtsinnig, nachlässig, sorglos, unaufmerksam, unbedacht, unbesonnen, unüberlegt, unvorsichtig; *(abwertend):* leichtfertig.

unangebracht
deplatziert, fehl am Platz, nicht angebracht, nicht angemessen, peinlich, taktlos, unangemessen, unerwünscht, ungehörig, unpassend, unwillkommen, verfehlt; *(geh.):* ungebührlich, ungeziemend, unschicklich; *(bildungsspr.):* inadäquat; *(ugs.):* keine Art; *(abwertend):* unqualifiziert.

unangemessen ↑unangebracht.

unangenehm
a) arg, ärgerlich, bedauerlich, fatal, lästig, leidig, misslich, negativ, peinlich, schlecht, schlimm, schrecklich, unerfreulich, ungünstig, ungut, unliebsam, unschön, widerwärtig; *(schweiz.):* bemühend, ungefreut; *(geh.):* unerquicklich; *(bildungsspr.):* prekär; *(ugs.):* blöd, dumm; *(emotional):* fürchterlich. **b)** kalt, kühl, unbehaglich, unfreundlich, ungemütlich, unwirtlich.

Unannehmlichkeit
Ärger, Ärgernis, Komplikation, Schwierigkeit, Unbequemlichkeit, Ungelegenheit, Verdruss, Verlegenheit, Widrigkeit; *(österr., schweiz.):* Unzukömmlichkeiten; *(geh.):* Missvergnügen, Unbilden, Ungemach; *(ugs.):* Knatsch, Schererei, Schlamassel, Stress, Trouble.

Unart
1. Eigenart, Eigenheit, Eigentümlichkeit, Marotte, schlechte Angewohnheit, Schrulle; *(geh.):* Gepflogenheit; *(ugs.):* Tick; *(abwertend):* Unsitte.
2. Aufsässigkeit, Frechheit, Trotz, Ungezogenheit, Widerborstigkeit, Widersetzlichkeit, Widerspenstigkeit; *(geh.):* Ungebärdigkeit; *(bildungsspr.):* Renitenz, Resistenz; *(ugs.):* Dickköpfigkeit, Kratzbürstigkeit.

unauffällig
a) blass, dezent, einfach, farblos, gedämpft, gedeckt, langweilig, leise, matt, mild, nicht aufdringlich, nicht auffällig, schlicht, schmucklos, schwach, unaufdringlich, unscheinbar, unspektakulär, verhalten, zart, zurückhaltend. **b)** auf leisen Sohlen, geräuschlos, heimlich, im Verborgenen, ohne Aufheben/Aufsehen, unbeachtet, unbemerkt, unbeobachtet, verborgen, ver-

schwiegen, versteckt, verstohlen; *(bildungsspr.):* diskret; *(ugs.):* sang- und klanglos, still und leise.

unauffindbar
nicht mehr vorhanden, verloren, vermisst, verschollen, verschwunden, wie vom Erdboden verschluckt/verschwunden; *(ugs.):* hin, weg.

unaufgefordert
aus eigenem Antrieb, aus freien Stücken, automatisch, eigenmächtig, freiwillig, selbstgesteuert, selbsttätig, spontan, ungebeten, ungefragt, ungeladen, von selbst, von sich aus; *(geh.):* ungeheißen; *(bildungsspr.):* sua sponte; *(ugs.):* von allein, von selber.

unaufhaltsam
a) mit Sicherheit eintretend, nicht zu umgehen, nicht zu verhindern, nicht zu vermeiden, schicksalhaft, sicher, unabänderlich, unabwendbar, unaufhaltbar, unausbleiblich, unausweichlich, unumgänglich, unvermeidbar, unvermeidlich, unweigerlich, zwangsläufig; *(geh.):* unentrinnbar. **b)** ↑unaufhörlich.

unaufhörlich
andauernd, anhaltend, beständig, dauerhaft, endlos, [fort]dauernd, fortgesetzt, fortwährend, immerzu, konstant, laufend, ohne Ende/Pause/Unterbrechung, pausenlos, permanent, ständig, stetig, stets, unablässig, unaufhaltsam, unausgesetzt, unentwegt, ununterbrochen; *(bildungsspr., Fachspr.):* kontinuierlich; *(ugs.):* am laufenden Band, chronisch, ewig, in einer Tour; *(emotional):* ohne Unterlass.

unaufmerksam
1. abwesend, achtlos, benommen, gedankenlos, gedankenverloren, geistesabwesend, in Gedanken [verloren/versunken/vertieft], nicht bei der Sache, unkonzentriert, versonnen, verträumt, zerfahren, zerstreut; *(geh.):* entrückt, selbstvergessen; *(ugs.):* dösig, nicht [ganz] bei sich, weg[getreten]; *(ugs. scherzh.):* nicht ganz anwesend.
2. kein Benehmen habend, nicht zuvorkommend, unerzogen, ungalant, ungeschliffen, unhöflich, unliebenswürdig, unritterlich; *(ugs.):* keinen Benimm habend.

unaufrichtig
heuchlerisch, hinterhältig, unehrlich, verstellt; *(geh.):* arglistig, pharisäisch, unwahrhaftig; *(bildungsspr.):* intrigant; *(ugs.):* hintenrum, link; *(abwertend):* doppelzüngig, falsch, lügnerisch, scheinheilig, verlogen.

unausgeglichen
grillenhaft, kapriziös, launenhaft, mit sich selbst uneins, schwankend, unberechenbar, unbeständig, voller Launen, wetterwendisch; *(geh.):* unstet; *(abwertend):* flatterhaft, launisch; *(geh. abwertend):* wankelmütig.

unaussprechlich
1. a) unantastbar, unberührbar, unerlaubt, untersagt, unverletzlich, verboten; *(geh.):* heilig, unstatthaft, verpönt; *(bildungsspr.):* sakrosankt. **b)** kaum zu glauben, unbeschreiblich, unfassbar, unfasslich, unglaublich; *(geh.):* namenlos, unsäglich; *(bildungsspr.):* mirabile dictu; *(emotional):* unsagbar, unvorstellbar.
2. ↑sehr.

unausweichlich ↑unaufhaltsam (a).

unbändig
a) enthemmt, heftig, heißblütig, hemmungslos, hitzig, leidenschaftlich, maßlos, orgiastisch, stürmisch, temperamentvoll, turbulent, überschwänglich, unbeherrscht, unersättlich, ungezügelt, unmäßig, wild, zügellos; *(geh.):* glühend, ungestüm; *(bildungsspr.):* elanvoll, enthusiastisch, euphorisch, frenetisch, vehement.
b) ↑sehr.

unbarmherzig
abgestumpft, brutal, eisern, [eis]kalt, erbarmungslos, gefühllos, gleichgültig, gnadenlos, grausam, hart[herzig], herzlos, kompromisslos, mitleidlos, nicht zu erweichen, ohne Erbarmen/Mitgefühl, ohne Mitleid/Rücksichtnahme, rigoros, schonungslos, skrupellos, unerbittlich, ungerührt, unmenschlich; *(geh.):* seelenlos; *(ugs.):* ohne Rücksicht auf Verluste; *(abwertend):* kaltblütig, roh, rücksichtslos.

GGS human, karitativ, milde, nachsichtig, wohltätig.

unbedacht
bedenkenlos, blind, fahrlässig, gedankenlos, geradehin, leichtherzig, leichthin, leichtsinnig, riskant, sorglos, unachtsam, unbesonnen, unüberlegt, unverantwortlich, unvorsichtig; *(abwertend):* leichtfertig; *(veraltend):* mutwillig, unbedachtsam.

unbedarft
ahnungslos, arglos, blauäugig, einfältig, gutgläubig, gutmütig, leichtgläubig, naiv, nicht raffiniert/schlau, nichts [Böses] ahnend, treuherzig, vertrauensselig; *(geh.):* ohne Argwohn.

unbedenklich
1. bedenkenlos, getrost, ohne Bedenken, ohne Weiteres, ruhig, unbesorgt.
2. einwandfrei, harmlos, in Ordnung, nicht gefährlich, nicht zu beanstanden, risikofrei, risikolos, sicher, ungefährlich, unschädlich.

unbedeutend
1. bedeutungslos, belanglos, einflusslos, neben-

sächlich, nicht der Rede wert, nicht erwähnenswert, nicht nennenswert, nicht wichtig, ohne Bedeutung/Belang, unerheblich, uninteressant, unmaßgeblich, untergeordnet, unwesentlich, unwichtig; *(geh.):* nichtig; *(bildungsspr.):* irrelevant, marginal, ohne Relevanz, peripher, trivial. **2.** gering[fügig], kaum sichtbar/spürbar, minimal, nicht ins Gewicht fallend, [sehr] klein, [sehr] wenig, unbeträchtlich, unerheblich, unwesentlich, vernachlässigbar, verschwindend, von geringem Ausmaß; *(abwertend):* lächerlich.

unbedingt
auf alle Fälle, auf jeden Fall, bestimmt, gewiss, in jedem Fall, ja, [na] klar, natürlich, ohne Frage/Zweifel, sehr wohl, selbstredend, selbstverständlich, sicher, unter allen Umständen, unweigerlich, zweifelsfrei, zweifelsohne; *(ugs.):* allemal, garantiert, klarer Fall, [na] logisch; *(bes. südd.):* freilich.

unbefriedigend
erbärmlich, fehlerhaft, gering, knapp, lückenhaft, mangelhaft, mäßig, minderwertig, schlecht, schwach, spärlich, ungenügend, unzureichend; *(österr.):* unzukömmlich; *(schweiz.):* halbbatzig; *(geh.):* schmal, unzulänglich; *(bildungsspr.):* insuffizient; *(salopp):* beschissen; *(abwertend):* armselig, dürftig, kümmerlich, lausig, schäbig; *(oft abwertend):* kläglich.

unbegabt
nicht befähigt, schwach, talentfrei, talentlos, unfähig, ungeeignet, ungeschickt, untauglich; *(oft abwertend):* untalentiert; *(Fachspr.):* minderbegabt.

unbegreiflich
dunkel, ein Rätsel, geheimnisvoll, mysteriös, nebelhaft, nicht zu begreifen/fassen/verstehen, rätselhaft, seltsam, undurchdringlich, undurchsichtig, unergründlich, unerklärlich, unfassbar, unfasslich, unglaublich, unklar, unverständlich, vage, verschwommen; *(geh.):* unerfindlich, unerforschlich; *(bildungsspr.):* enigmatisch, nebulös; *(ugs.):* schleierhaft.

unbegrenzt
beliebig, endlos, grenzenlos, ohne Ende, unbeschränkt, unbestimmt, uneingeschränkt, unendlich, unerschöpflich; *(geh.):* unermesslich.

unbegründet
aus der Luft gegriffen/geholt, blind, erfunden, gegenstandslos, grundlos, haltlos, ohne Grund/Veranlassung, unberechtigt, ungerechtfertigt, unhaltbar, unmotiviert; *(geh.):* jeder Grundlage entbehrend.

Unbehagen
Beklemmung, Beklommenheit, [innere] Spannung, Missbehagen, Missfallen, Missstimmung, Unruhe, Unzufriedenheit, Widerwille; *(geh.):* Unwille.

unbehaglich
a) kalt, kühl, unfreundlich, ungemütlich, unwirtlich. **b)** flau, schlecht, unheimlich, unwohl; *(geh.):* übel; *(ugs.):* blümerant, mulmig.

unbeherrscht
aggressiv, aufbrausend, auffahrend, cholerisch, explosiv, heftig, hemmungslos, hitzig, hitzköpfig, hysterisch, jähzornig, [leicht] erregbar, tobsüchtig, ungezügelt, unkontrolliert, unmäßig, wild, wütend; *(geh.):* ungestüm; *(ugs.):* hochgehend; *(emotional verstärkend):* fuchsteufelswild; *(veraltend):* brauseköpfig.

unbekannt
a) andersartig, anders[geartet], exotisch, fremd[artig], neu, nicht alltäglich, nicht bekannt, nicht gängig, nicht gebräuchlich, nicht herkömmlich, nicht vertraut, unerforscht, ungeläufig, ungewohnt, unüblich. **b)** namenlos, nicht namentlich genannt, ungenannt; *(bildungsspr.):* anonym[isch], inkognito; *(abwertend):* dahergelaufen.

unbekümmert
freudig, fröhlich, gelöst, gut aufgelegt/gelaunt, guter Dinge/Laune, heiter, lässig, munter, sorgenfrei, sorglos, unbeschwert, unbesorgt, ungezwungen, vergnügt; *(geh.):* aller Sorgen ledig, frohen Mutes, frohgemut, wohlgemut; *(bildungsspr.):* nonchalant; *(ugs.):* fidel, gut drauf.

unbelehrbar
einsichtslos, fanatisch, hartgesotten, nicht einsichtig, unbekehrbar, uneinsichtig, unverbesserlich, unvernünftig, unzugänglich, verblendet; *(abwertend):* borniert, halsstarrig, rechthaberisch, starrköpfig, starrsinnig, verstockt.

unbeliebt
[heftig] kritisiert, im Kreuzfeuer der Kritik, missliebig, nicht gefragt, nicht gern gesehen, unangenehm, unerwünscht, unlieb[sam], unpopulär, unwillkommen, verhasst; *(geh.):* oft/viel gescholten; *(ugs.):* out, unten durch.

unbemerkt
auf leisen Sohlen, geheim, geräuschlos, heimlich, im Verborgenen, ohne Aufheben/Aufsehen, stillschweigend, unauffällig, unbeachtet, verborgen, verschwiegen, versteckt, verstohlen; *(bildungsspr.):* diskret; *(ugs.):* heimlich, still und leise; klammheimlich, sang- und klanglos.

unbequem
1. unbehaglich, ungemütlich, ungünstig.
2. hinderlich, lästig, störend, unangenehm, un-

erfreulich, ungelegen, unliebsam, unschön; *(geh.):* unerquicklich; *(bildungsspr.):* prekär.

unberechenbar

1. instabil, unabsehbar, unbeständig, unkalkulierbar, unvorhersehbar, unwägbar, wechselhaft.
2. launenhaft, schwankend, sprunghaft, Stimmungen unterworfen, unbeständig, unzuverlässig, voller Launen, wetterwendisch; *(geh.):* unstet; *(bildungsspr.):* inkonsequent; *(abwertend):* flatterhaft, launisch; *(geh. abwertend):* wankelmütig.

unberechtigt

a) unbefugt; *(bildungsspr.):* nicht autorisiert.
b) aus der Luft gegriffen/geholt, blind, erfunden, gegenstandslos, grundlos, haltlos, ohne Grund/Veranlassung, unbegründet, ungerechtfertigt, unhaltbar, unmotiviert; *(geh.):* jeder Grundlage entbehrend.

unberührt

a) fabrikneu, neu[wertig], noch nicht benutzt, noch nicht gebraucht, noch nicht verwendet, ungebraucht, ungenutzt, unverbraucht; *(geh.):* jungfräulich; *(ugs.):* frisch, [funkel]nagelneu, nigelnagelneu; *(emotional verstärkend):* brandneu; *(bes. nordd.):* unbenutzt; *(bes. südd.):* unbenützt. **b)** einsam, menschenleer, naturbelassen, unbewohnt, unerforscht, unverfälscht, ursprünglich, urwüchsig, wild; *(geh.):* abgeschieden; *(ugs.):* gottverlassen.

unbeschränkt

a) absolut, bedingungslos, grenzenlos, ohne Einschränkung, rückhaltlos, schrankenlos, unbegrenzt, uneingeschränkt, vorbehaltlos.
b) [bis] in alle Ewigkeit, dauernd, endlos, fortlaufend, fortwährend, ohne Ende, permanent, unaufhörlich, unbestimmt, unendlich. **c)** frei, offen, ungehindert, unverwehrt; *(geh.):* ungeschmälert.

unbeschreiblich

a) unaussprechlich, unfassbar, unfasslich, unglaublich; *(geh.):* namenlos, unsäglich, unvorstellbar; *(emotional):* unsagbar. **b)** außergewöhnlich, außerordentlich, einmalig, einzig[artig], enorm, gigantisch, ohne Beispiel, ohnegleichen, phänomenal, unermesslich, ungeheuer, ungewöhnlich, unnachahmlich; *(bildungsspr.):* exzeptionell, singulär; *(ugs.):* rasend, wahnsinnig; *(emotional):* unvergleichlich; *(emotional verstärkend):* sondergleichen; *(bildungsspr. veraltend):* extraordinär. **c)** bodenlos, grotesk, heillos, hoffnungslos, katastrophal; *(ugs.):* entsetzlich, unheimlich; *(abwertend):* ungeheuerlich.

unbeschwert

a) aufgelockert, entspannt, flott, frei, lässig, leger, leicht[herzig], lustig, natürlich, offen, sorgenfrei, sorglos, spielerisch, unbefangen, unbekümmert, ungehemmt, ungekünstelt, ungeniert, ungezwungen, unverkrampft, vergnüglich, verspielt, zwanglos; *(bildungsspr.):* informell, nonchalant; *(ugs.):* locker [vom Hocker], relaxed; *(salopp):* cool. **b)** aufgeräumt, erleichtert, flott, freudig, fröhlich, gelöst, glücklich, gut aufgelegt/gelaunt, guter Dinge/Laune, heiter, lustig, munter, sonnig, sorgenfrei, vergnügt; *(geh.):* frohen Mutes, frohgemut, wohlgemut; *(bildungsspr.):* seren; *(ugs.):* fidel, gut drauf.

unbesorgt

bedenkenlos, frei von [allen] Sorgen, getrost, leichten Herzens, ohne Bedenken, ohne Weiteres, ruhig, sorgenfrei, sorg[en]los, unbedenklich, unbekümmert, unbelastet, unbeschwert; *(geh.):* aller Sorgen ledig.

unbeständig

a) launenhaft, schwankend, sprunghaft, Stimmungen unterworfen, treulos, unberechenbar, ungefestigt, untreu, unzuverlässig, wetterwendisch; *(geh.):* schwank, unstet, wandelbar; *(bildungsspr.):* inkonsequent; *(abwertend):* flatterhaft, launisch; *(geh. abwertend):* wankelmütig.
b) instabil, labil, Schwankungen ausgesetzt/unterworfen, veränderlich, wechselhaft; *(ugs.):* wackelig; *(Fachspr.):* emergent.

unbestechlich

anständig, aufrecht, charakterfest, charakterstark, charaktervoll, ehrenhaft, ehrenwert, ehrlich, gerecht, integer, korrekt, nicht korrumpierbar, redlich, sauber, seriös, solide, streng, unbeirrbar, unbescholten, unbeugsam, unerschütterlich, untadelig, vertrauenswürdig; *(schweiz.):* senkrecht; *(geh.):* edel, ehrbar; *(bildungsspr.):* loyal; *(veraltend):* rechtschaffen.

unbestimmt

a) allgemein [gehalten], andeutungsweise, dehnbar, dumpf, dunkel, fließend, flüchtig, mehrdeutig, nebelhaft, nicht fest/klar/scharf umrissen, schillernd, unbestimmbar, undefinierbar, undefiniert, undeutlich, ungefähr, ungenau, unklar, unscharf, vage, verallgemeinernd, verschwommen, vieldeutig; *(geh.):* schattenhaft, schemenhaft; *(bildungsspr.):* amphibolisch, äquivok, diffus, generalisierend, nebulös, unpräzise; *(ugs.):* Gummi-; *(abwertend):* schwammig; *(bes. Fachspr.):* ambigue.
b) fraglich, offen, unbekannt, unentschieden, ungeklärt, ungewiss, unsicher, zweifelhaft.
c) beliebig, irgendeine, irgendwelche, unbegrenzt, unbeschränkt, uneingeschränkt.
d) *(bes. Sprachwiss.):* indefinit.

unbeweglich
1. a) bewegungslos, erstarrt, leblos, reglos, ruhig, statuenhaft, still, unbewegt, wie angewurzelt/gelähmt, wie tot/versteinert; *(schweiz.):* bockstill; *(geh.):* in/wie aus Erz gegossen; *(bildungsspr.):* wie paralysiert. **b)** fest[stehend], hart, nicht beweglich/verschiebbar, starr, steif, unflexibel, versteift; *(bildungsspr.):* immobil; *(Fachspr.):* unverschieblich.
2. ausdruckslos, maskenhaft, [scheinbar] unbeteiligt/ungerührt; *(bildungsspr.):* stoisch.

unbewohnt
ausgestorben, einsam, entvölkert, leer [stehend], [menschen]leer, menschenlos, öde, tot, unbelebt, verlassen, verödet, verwaist.

unbewusst
a) im Unterbewusstsein, unterschwellig, verdeckt; *(bildungsspr.):* latent. **b)** automatisch, bewusstlos, blind[lings], gedankenlos, gefühlsmäßig, gewohnheitsmäßig, instinktiv, intuitiv, mechanisch, von selbst; *(ugs.):* aus dem Bauch.
c) absichtslos, aus Versehen, irrtümlich, ohne Absicht, ohne es zu wollen, unabsichtlich, unbeabsichtigt, ungeplant, ungewollt, unwillkürlich, versehentlich.

unbezahlbar
1. aufwendig, im Preis sehr hoch, kostspielig, nicht billig, nicht zu bezahlen, teuer, überteuert, unerschwinglich; *(ugs.):* sündhaft teuer.
2. exquisit, geschätzt, hochwertig, kostbar, nicht mit Gold zu bezahlen/aufzuwiegen, unersetzlich, viel wert, wertvoll; *(emotional):* unschätzbar.

und ↗
1. sowie, wie [auch].
2. a) außerdem, daneben, darüber hinaus, dazu, des Weiteren, ferner, gleichzeitig, obendrein, überdies, zugleich, zusätzlich; *(schweiz.):* im Weiteren, nebstdem; *(geh.):* zudem. **b)** auch wenn, selbst wenn, [und] wenn auch, wenngleich, wennschon; *(geh.):* obschon, obzwar, wiewohl. **c)** aber; ja, aber; na und.

undefinierbar
a) ↑unbestimmt (a). **b)** fragwürdig, nicht vertrauenerweckend.

undeutlich
andeutungsweise, dehnbar, dumpf, dunkel, entfernt, fahl, fein, fließend, flüchtig, gedämpft, gemischt, indirekt, kaum merklich/spürbar, konturlos, leicht, leise, matt, nebelhaft, nicht fest/klar/scharf umrissen, schwach, unartikuliert, unbestimmbar, unbestimmt, undefinierbar, undefiniert, undurchsichtig, ungenau, unklar, unmerklich, unscharf, vage, verschleiert, verschwommen, verwaschen; *(geh.):* schattenhaft, schemenhaft, verblasst; *(bildungsspr.):* diffus, inartikuliert, nebulös, unpräzise; *(abwertend):* schwammig.

undicht
durchlässig, durchlöchert, leck, löchrig, offen, porös, schadhaft; *(ugs.):* durchlöchert/löchrig wie ein Schweizer Käse; *(Fachspr.):* permeabel.

undurchdringlich
1. dicht, fest [abschließend], geschlossen, hermetisch, opak, undurchdringbar, undurchlässig, undurchsichtig, unpassierbar, unüberwindbar, unüberwindlich, unwegsam, unzugänglich, verstopft; *(ugs.):* dick, zu.
2. ausdruckslos, geheimnisvoll, maskenhaft, undurchschaubar, verschlossen.

unecht
1. falsch, gefälscht, imitiert, kopiert, künstlich, nachgeahmt, nachgebildet, talmin, unnatürlich; *(bildungsspr.):* apokryph, artifiziell, fingiert, manipuliert, nicht authentisch, simuliert; *(ugs.):* gefakt, nachgemacht.
2. ↑unehrlich (a).

unehrlich
a) aufgesetzt, erzwungen, geheuchelt, gespielt, heuchlerisch, hinterhältig, pharisäerhaft, scheinbar, täuschend, trügerisch, unaufrichtig, unecht, verstellt, vorgegaukelt, vorgeschützt, vorgespiegelt, vorgetäuscht; *(geh.):* arglistig, pharisäisch, unlauter, unwahrhaftig; *(bildungsspr.):* intrigant; *(ugs.):* hintenrum, link; *(abwertend):* doppelzüngig, falsch, scheinfromm, scheinheilig, verlogen; *(oft abwertend):* pathetisch; *(bildungsspr. abwertend):* bigott, konstruiert. **b)** betrügerisch, bösartig, gesetzwidrig, illegal, irregulär, kriminell, rechtswidrig, unerlaubt, ungesetzlich, unrechtmäßig, untersagt, unzulässig, verboten, verbrecherisch, widerrechtlich; *(bildungsspr.):* illegitim; *(abwertend):* schuftig, schurkisch, skrupellos.

uneigennützig
aufopfernd, aufopferungsvoll, aus reiner Menschenliebe, fremdnützig, gemeinnützig, groß[herzig], großmütig, [grund]gütig, gutherzig, gutmütig, herzensgut, hilfsbereit, karitativ, neidlos, opferbereit, selbstlos, sozial; *(geh.):* barmherzig, edel[mütig], großherzig, hochherzig, mildtätig, nobel; *(bildungsspr.):* altruistisch, generös; *(veraltend):* wohltätig.

uneingeschränkt
absolut, bedingungslos, grenzenlos, ohne Einschränkung, rückhaltlos, schrankenlos, tabulos, unbegrenzt, unbeschränkt, vorbehaltlos.

uneinig
entzweit, gespalten, nicht einträchtig, nicht übereinstimmend, uneins, verschiedener Ansicht/Meinung, zerfallen, zerstritten.

uneins ↑uneinig.

unempfindlich
1. immunisiert, nicht anfällig, nicht empfänglich, nicht empfindlich, unempfänglich, widerstandsfähig; *(geh.):* gefeit.
2. fest, haltbar, kräftig, nicht empfindlich, robust, stabil, strapazierfähig, unverwüstlich, verschleißfest, widerstandsfähig; *(österr.):* strapazfähig; *(ugs.):* dankbar, nicht kleinzukriegen.

unendlich
1. ausgedehnt, endlos, ewig, grenzenlos, nicht enden wollend, ohne Ende, ohne Grenze, unabsehbar [groß], unbegrenzt, unbeschränkt, unerschöpflich, unübersehbar, weit; *(geh.):* unermesslich; *(bildungsspr.):* äonenweit.
2. a) außerordentlich, enorm, immens, überaus groß, ungeheuer, ungewöhnlich stark; *(ugs.):* unglaublich; *(ugs. emotional):* kolossal. **b)** ↑sehr.

unentbehrlich
auf keinen Fall zu entbehren, unbedingt erforderlich/nötig/notwendig, unerlässlich, unersetzbar, unersetzlich, unverzichtbar; *(bildungsspr. veraltend):* obligat.

unentgeltlich
[gebühren]frei, geschenkt, gratis, kostenlos, ohne Bezahlung/Entgelt, um/für [einen] Gotteslohn, umsonst, vergütungsfrei, zum Nulltarif; *(ugs.):* gratis und franko, so; *(salopp):* für umme.

unentschieden
1. a) fraglich, in der Schwebe, nicht geklärt, nicht sicher, noch nicht entschieden, offen, unbestimmt, ungeklärt, ungelöst, ungewiss, unsicher, zweifelhaft. **b)** im Gleichstand, patt; *(Sport):* punktgleich.
2. ↑unentschlossen.

unentschlossen
entschlusslos, nicht entschlussfreudig, unentschieden, unschlüssig, unsicher, zaghaft, zaudernd, zögernd, zuwartend; *(geh.):* schwank; *(bildungsspr.):* indeterminiert.

unentwegt ↑unermüdlich.

unerbittlich
brutal, eisern, energisch, entschieden, entschlossen, erbarmungslos, gnadenlos, grausam, hart[herzig], mit Bestimmtheit/Entschlossenheit, mitleidlos, ohne Erbarmen/Mitleid/Rücksicht[nahme], rigoros, schonungslos, streng, strikt, unbarmherzig, unnachgiebig; *(bildungsspr.):* drakonisch; *(abwertend):* rücksichtslos; *(ugs. emotional verstärkend):* knallhart.

unerfahren
[noch] nicht erfahren, ohne Erfahrung/Wissen, unbewandert, unkundig, unwissend; *(oft abwertend):* grün, naiv.

unerfindlich ↑unergründlich.

unerfreulich
ärgerlich, hässlich, misslich, negativ, nicht erfreulich, schlecht, schlimm, unangenehm, ungemütlich, ungünstig, ungut, unliebsam, unschön; *(schweiz.):* bemühend, ungefreut; *(geh.):* unerquicklich; *(salopp):* beknackt, bescheuert, beschissen, ungeil; *(ugs. verhüll.):* bescheiden.

unergründlich
dunkel, ein Rätsel, mysteriös, mystisch, nicht zu begreifen/erklären, nicht zu fassen/verstehen, rätselhaft, rätselvoll, unbegreiflich, undurchschaubar, undurchsichtig, unergründbar, unerklärbar, unerklärlich, unfassbar, unfasslich, unklar, unverständlich; *(geh.):* unerfindlich, unerforschlich; *(ugs.):* schleierhaft.

unerheblich
bedeutungslos, belanglos, gering[fügig], kaum sichtbar/spürbar, klein, minimal, nicht der Rede wert, nicht erheblich, nicht ins Gewicht fallend, nicht nennenswert, unbedeutend, unbeträchtlich, unwesentlich, unwichtig, verschwindend, von geringem Ausmaß, wenig; *(bildungsspr.):* marginal; *(abwertend):* lächerlich; *(veraltend):* lässlich.

unerhört
1. außerordentlich, enorm, gewaltig, gigantisch, immens, ungeheuer, ungemein; *(bildungsspr.):* exorbitant; *(ugs.):* geharnischt, irrsinnig, mächtig, unglaublich, unheimlich; *(oft emotional):* riesig; *(ugs. emotional):* kolossal; *(ugs. emotional verstärkend):* mordsmäßig, riesengroß.
2. eine Frechheit, ein Skandal, empörend, haarsträubend, himmelschreiend, schändlich, schockierend, schreiend, shocking, skandalös, unerträglich, unfassbar, unfasslich, unglaublich, zum Himmel schreiend; *(ugs.):* allerhand, bodenlos, das Letzte, der Gipfel, die Höhe, ein dicker Hund, ein starkes Stück, um die Wände/an den Wänden hochzugehen; *(salopp):* zum Himmel stinkend; *(emotional):* eine Unverschämtheit, unverschämt; *(ugs. emotional verstärkend):* eine Affenschande; *(abwertend):* hanebüchen, ungeheuerlich.

unerklärlich ↑unergründlich.

unerlässlich
unbedingt erforderlich/nötig/notwendig, un-

entbehrlich, unverzichtbar; *(bildungsspr. veraltend):* de rigueur, indispensabel, obligat.

unerlaubt
gegen das Gesetz, gegen die Vorschrift, gesetzwidrig, illegal, irregulär, nicht erlaubt, ohne Erlaubnis/Genehmigung, rechtswidrig, unbefugt, ungesetzlich, unrechtmäßig, untersagt, unzulässig, verboten, widerrechtlich; *(geh.):* unstatthaft; *(bildungsspr.):* illegitim; *(ugs.):* schwarz.

unermesslich
1. endlos, ewig, grenzenlos, nicht enden wollend, ohne Ende/Grenze, unabsehbar [groß], unbegrenzt, unbeschränkt, unendlich, unübersehbar, weit.
2. a) ↑unerhört (1). **b)** ↑sehr.

unermüdlich
ausdauernd, beharrlich, durchhaltend, hartnäckig, unablässig, unaufhörlich, unbeirrbar, unbeirrt, unentwegt, unerschütterlich, ununterbrochen, unverdrossen, verbissen, zäh; *(geh.):* beharrsam, nimmermüde.

unerreichbar
ausgeschlossen, aussichtslos, hoffnungslos, nicht erreichbar, unerfüllbar, unmöglich, utopisch.

unerreicht
beispielhaft, ideal, makellos, meisterhaft, ohne Beispiel, perfekt, unbesiegt, ungeschlagen, unübertroffen, vollendet, vollkommen; *(emotional):* unvergleichlich.

unersättlich
außerordentlich groß, gierig, maßlos, sich nicht befriedigen/stillen/zufriedenstellen lassend, ohne jedes Maß, unmäßig, unstillbar; *(bildungsspr.):* exzessiv.

unerschöpflich
1. in Hülle und Fülle, in Massen, überreichlich, unbegrenzt, unversieglich; *(ugs.):* en masse, in rauen Mengen, wie Sand am Meer; *(emotional):* sattsam; *(oft emotional):* massenhaft; *(oft abwertend):* mehr als genug.
2. endlos, grenzenlos, ohne Ende/Grenze, überaus groß, unbegrenzt; *(emotional):* unendlich.

unerschrocken
beherzt, couragiert, entschlossen, forsch, furchtlos, kühn, mutig, tapfer, verwegen, vor nichts zurückschreckend, wagemutig, waghalsig; *(geh.):* mannhaft, reckenhaft; *(leicht abwertend):* tollkühn; *(veraltend):* brav, herzhaft.

unerträglich
a) kaum zu ertragen, nicht auszuhalten, unausstehlich, unhaltbar, unleidlich, untragbar, widerwärtig, zum Verzweifeln; *(ugs.):* bestialisch, furchtbar; *(salopp):* zum Kotzen. **b)** ↑sehr.

unerwartet
nicht erwartet, plötzlich, überraschend, unverhofft, unvermutet, unversehens, unvorhergesehen; *(ugs.):* aus heiterem Himmel; *(verstärkend):* urplötzlich.

unerwidert
1. außer Acht gelassen, ignoriert, nicht beantwortet, ohne Antwort/Erwiderung/Stellungnahme, unbeachtet, unbeantwortet.
2. einseitig, ohne Erwiderung/Reaktion, unerfüllt; *(veraltend):* nicht erhört.

unerwünscht
nicht erwünscht, nicht gern gesehen, nicht willkommen, störend, unangenehm, ungebeten, ungeladen, ungelegen, ungewollt, unwillkommen.

unfähig
impotent, inkompetent, nicht fähig, nicht kompetent, unbegabt, ungeeignet, unqualifiziert.

unfair
regelwidrig, unfein, ungerecht, unkameradschaftlich, unkollegial, unsportlich; *(geh.):* ehrvergessen, frevelhaft, ruchlos, übel, unanständig, unehrenhaft, unlauter, unredlich, verwerflich; *(ugs.):* fies; *(abwertend):* infam, schäbig, schuftig; *(geh. abwertend):* nichtswürdig.

GGS anständig, kameradschaftlich, kollegial, ritterlich, solidarisch.

Unfall
a) Kollision, Unglück, Unglücksfall, Zusammenprall, Zusammenstoß; *(ugs.):* Karambolage.
b) Fehler, Missgeschick, Panne, Vorkommnis, Zwischenfall; *(ugs.):* Malheur.

unfassbar
a) kaum zu glauben, nicht nachvollziehbar, unaussprechlich, unbegreiflich, unbeschreiblich, unerklärbar, unerklärlich, unfasslich, unglaublich; *(geh.):* namenlos, unsäglich, unvorstellbar; *(bildungsspr.):* mirabile dictu; *(emotional):* unsagbar. **b)** aufsehenerregend, beispiellos, ein Skandal, eklatant, empörend, haarsträubend, [himmel]schreiend, schockierend, skandalös, spektakulär, unglaublich, unmöglich; *(ugs.):* allerhand, bodenlos, das Letzte, der Gipfel; *(abwertend):* unerhört, ungeheuerlich.

unfehlbar
absolut, gewiss, perfekt, sicher, untrüglich, verlässlich, vollkommen, zuverlässig.

unflätig
a) ↑unfreundlich (1). **b)** anrüchig, anstößig, anzüglich, doppeldeutig, frivol, gewagt, nicht salonfähig, pikant, unanständig, zweideutig;

(geh.): verdorben; *(bildungsspr.):* lasziv, obszön; *(salopp):* versaut; *(abwertend):* schlüpfrig, schmierig, schmutzig, zotig; *(bildungsspr. abwertend):* vulgär.

unförmig
deformiert, formlos, gestaltlos, missgestalt[et], plump, strukturlos, ungeformt, ungegliedert, ungestaltet, unstrukturiert, verformt; *(geh.):* ungefüge, ungestalt; *(bildungsspr.):* amorph; *(ugs.):* ausgeleiert; *(abwertend):* klobig, klotzig, ungeschlacht.

unfreiwillig
1. gegen den eigenen Willen, gezwungenermaßen, nicht aus freien Stücken, nicht freiwillig, notgedrungen, notwendigerweise, schweren Herzens, unter Druck, wohl oder übel, zwangsläufig, zwangsweise; *(geh.):* der Not gehorchend; *(bildungsspr.):* nolens volens.
2. aus Versehen, nicht gewollt, nicht vorsätzlich, unabsichtlich, unbeabsichtigt, ungeplant, ungewollt, versehentlich.

unfreundlich
1. abweisend, bärbeißig, barsch, brummig, brüsk, derb, eisig, eiskalt, feindselig, frech, frostig, garstig, gereizt, griesgrämig, herb, kalt, kühl, kurz angebunden, lieblos, mürrisch, rau, reserviert, roh, schroff, spröde, übel gelaunt, übellaunig, unangenehm, unausstehlich, ungefällig, ungehalten, ungnädig, unhöflich, unleidlich, unliebenswürdig, unnahbar, unterkühlt, unwirsch, unzugänglich, verdrießlich; *(geh.):* harsch, missgelaunt, misslaunig, missvergnügt, unmutig; *(ugs.):* gnatzig, grätig, miesepetrig, ungemütlich; *(abwertend):* grob, rücksichtslos, rüde, ruppig, ungehobelt, ungeschliffen, wüst; *(geh. abwertend):* unflätig; *(emotional):* unverschämt; *(bildungsspr. veraltend):* ungalant.

GGS aufmerksam, charmant, gesittet, herzensgut, umgänglich, zuvorkommend.

2. bedeckt, bewölkt, bezogen, diesig, düster, feucht, finster, getrübt, grau [in grau], kalt, klamm, neblig, regnerisch, trübe, unbehaglich, verhangen, wolkig; *(schweiz.):* mauserig.

Unfriede
Differenzen, Feindseligkeit, gereizte Stimmung, Missstimmung, Spannungen, Streit, Streitigkeiten, Uneinigkeit, Unstimmigkeit, Verstimmtheit, Verstimmung; *(geh.):* Animosität, Fehde, Groll, Hader, Händel, Zerwürfnis, Zwietracht, Zwist, Zwistigkeiten; *(bildungsspr.):* Antipathie, Disharmonie, Malaise; *(ugs.):* dicke Luft, Krach, Zoff; *(verhüll.):* Meinungsverschiedenheiten.

unfruchtbar
1. dürr, ertragsarm, karg, öde, trocken, unergiebig, verödet, wenig fruchtbar, wüstenhaft.
2. fortpflanzungsunfähig, impotent, zeugungsunfähig.
3. aussichtslos, erfolglos, ergebnislos, fruchtlos, nutzlos, ohne Erfolg/Nutzen, ohne positives Ergebnis, ohne Sinn und Zweck, sinnlos, überflüssig, umsonst, unbefriedigend, unnütz, vergebens, vergeblich, verlorene Liebesmüh, wirkungslos, zu nichts nütze, zwecklos; *(geh.):* müßig, unersprießlich; *(salopp):* für die Katz; *(bildungsspr., Fachspr.):* ineffizient.

Unfug
Dummheit, Flausen, Nonsens, Unding, Unsinn; *(geh.):* Torheit; *(ugs.):* Kokolores, Larifari, Mätzchen, Schmu; *(salopp):* Bockmist, Koks; *(abwertend):* Albernheit.

ungeachtet
abgesehen von, bei allem .../aller ..., [ent]gegen, im Gegensatz/Widerspruch zu, obgleich, obwohl, ohne Rücksicht auf, unbeschadet, zuwider; *(geh.):* obschon, wider.

ungeahnt
erstaunlich, neu, nicht voraussehbar, ohne Vorwarnung, sensationell, überraschend, unerwartet, unverhofft, unvermutet, unvorhergesehen, unvorhersehbar, verblüffend; *(geh.):* wider Erwarten; *(bildungsspr.):* frappant, frappierend.

ungebärdig ↑ungehorsam.

ungebeten
nicht gern gesehen, ohne Vorwarnung, überraschend, unerwartet, unerwünscht, ungefragt, ungeladen, ungelegen, unverhofft, unvorhergesehen, unwillkommen.

ungebildet
ahnungslos, einfach, einfältig, ohne [viel] Bildung, schlicht, unbedarft, unwissend; *(salopp):* unbeleckt; *(bildungsspr. abwertend):* bildungsresistent; *(abwertend):* proletenhaft; *(oft abwertend):* naiv, primitiv, simpel; *(veraltend):* ordinär.

ungebräuchlich
aus dem Rahmen fallend, ausgefallen, außergewöhnlich, außerordentlich, gegen die Norm/Konvention/Regel, irregulär, nicht alltäglich, nicht gängig, nicht gebräuchlich, nicht herkömmlich, nicht vertraut, originell, rar, schlecht belegt, selten, unbekannt, ungeläufig, ungewöhnlich, ungewohnt, unkonventionell, unüblich; *(bildungsspr.):* exzeptionell; *(bildungsspr. veraltend):* extraordinär; *(emotional):* dünn gesät.

ungebrochen
anhaltend, beharrlich, beständig, fortdauernd,

fortgesetzt, fortwährend, gleichbleibend, hartnäckig, permanent, ständig, stetig, unbeirrbar, unbeugsam, ununterbrochen, unverändert, unverdrossen, unzerstört, zäh; *(geh.)*: stet; *(bildungsspr.)*: insistent, obstinat, renitent; *(bildungsspr., Fachspr.)*: kontinuierlich; *(ugs.)*: chronisch.

ungebunden

1. autonom, eigenständig, eigenverantwortlich, emanzipiert, frei, ohne Pflichten/Verpflichtungen, sein eigener Herr, selbstbestimmt, selbstständig, selbstverantwortlich, souverän, unabhängig, weisungsfrei.

2. allein[stehend], als Single, ehelos, ledig, nicht gebunden, ohne feste Bindung, ohne Frau/Partnerin, ohne Mann/Partner, unverheiratet; *(geh.)*: unvermählt; *(ugs.)*: [noch/wieder] frei, [noch/wieder] zu haben; *(ugs. scherzh.)*: einspännig, unbemannt, unbeweibt.

Ungeduld

Anspannung, Aufbruchsstimmung, Aufregung, Drang, Eile, Erregtheit, Erregung, Erwartung, Gereiztheit, Gespanntheit, Getriebenheit, Hast, Hochspannung, innerer Aufruhr, Nervosität, Neugier, Rastlosigkeit, Ruhelosigkeit, Sehnsucht, Spannung, Spannungszustand, Tatendrang, Unruhe, Vorfreude, Wissbegier[de]; *(geh.)*: Fieber, Tatendurst, Unrast; *(ugs.)*: Kribbeligkeit, Zappeligkeit; *(abwertend)*: Drängelei.

ungeduldig

angespannt, aufgeregt, begierig, erregt, erwartungsvoll, fahrig, fieberhaft, fiebrig, fragend, gespannt, getrieben, hektisch, nervös, neugierig, rastlos, ruhelos, sehnsüchtig, unruhig; *(geh.)*: sehnsuchtsvoll; *(ugs.)*: gespannt wie ein Flitzbogen, kribbelig, mit Sehnsucht, zappelig.

ungeeignet

a) deplatziert, falsch, fehl am Platz, nichts wert, nicht weiterführend, nutzlos, sinnlos, unangebracht, unangemessen, unbrauchbar, unergiebig, unfunktional, ungeschickt, ungünstig, unnütz, unpassend, unpraktisch, unsinnig, untauglich, unzweckmäßig, verfehlt, wertlos, zu nichts nütze, zwecklos; *(bildungsspr.)*: inadäquat; *(ugs.)*: zu nichts zu gebrauchen; *(südd., österr.)*: zu nichts nutz; *(abwertend)*: unqualifiziert. **b)** außerstande, nicht befähigt, unbegabt, unfähig; *(emotional)*: unwürdig; *(veraltend)*: unvermögend.

[1]ungefähr ≁

annähernd, annäherungsweise, beinahe, bis, bis zu, ca., circa, etwa, gegen, grob gerechnet, [grob] geschätzt, in etwa, rund, schätzungsweise, überschlägig, um [... herum], vielleicht, wohl; *(bildungsspr.)*: approximativ, präterpropter; *(ugs.)*: an [die], einigermaßen, Pi mal Daumen, so, über den Daumen gepeilt, ziemlich.

[2]ungefähr

allgemein, andeutungsweise, angedeutet, entfernt, geschätzt, grob, holzschnittartig, nicht ins Detail gehend, roh, Roh-, skizzenhaft, unbestimmt, unklar, unsauber, unscharf, vage, verschwommen; *(geh.)*: schemenhaft; *(bildungsspr.)*: pauschal, rudimentär, undifferenziert, unpräzise, unspezifisch; *(abwertend)*: schwammig.

ungefährlich

gefahrlos, gutartig, harmlos, nicht bedrohlich, nicht mit Gefahr verbunden, nicht schädlich, nicht schlimm, nichts Ernstes, risikofrei, risikolos, sicher, unbedenklich, unproblematisch, unschädlich, unverfänglich.

ungehemmt

1. grenzenlos, hemmungslos, maßlos, schrankenlos, unbegrenzt, unbehelligt, unbeschränkt, uneingeschränkt, ungehindert, ungezügelt, unkontrolliert, unverwehrt, wild, zügellos; *(bildungsspr.)*: exzessiv.

2. frei[mütig], frischweg, lässig, leger, munter [drauflos], natürlich, offen, ohne Bedenken/Hemmungen, ohne falsche Scham, salopp, unbefangen, unbekümmert, unbeschwert, ungekünstelt, ungeniert, ungezwungen, unverkrampft, zwanglos; *(bildungsspr.)*: nonchalant; *(ugs.)*: easy, locker; *(salopp)*: cool.

ungeheuer

a) auffallend, auffällig, außergewöhnlich [groß], außerordentlich, beachtenswert, beachtlich, bedeutend, bedeutsam, beeindruckend, bemerkenswert, beträchtlich, bewundernswert, enorm, erheblich, erstaunlich, fabelhaft, gehörig, gewaltig, gewichtig, gigantisch, grandios, groß[artig], hervorstechend, immens, imposant, mächtig, monumental, nennenswert, nicht unbeträchtlich, phänomenal, sensationell, spektakulär, stark, stattlich, überwältigend, umfangreich, unbeschreiblich, unendlich, ungeheuerlich, ungemein, ungewöhnlich, unsagbar, unwahrscheinlich, üppig, verblüffend, wesentlich; *(geh.)*: unermesslich; *(bildungsspr.)*: epochal, exorbitant, signifikant; *(österr., sonst bildungsspr.)*: eminent, exzeptionell; *(ugs.)*: fantastisch, höllisch, irrsinnig, kapital, klasse, ordentlich, schön, super, toll, unglaublich; *(salopp)*: irre, tierisch; *(oft emotional)*: riesig, unvergleichlich; *(ugs. emotional)*: kolossal, sagenhaft; *(bildungsspr. veraltend)*: extraordinär. **b)** ↑ sehr.

Ungeheuer

Bestie, Drache, Monster, Monstrum, Untier.

ungeheuerlich
1. eine Frechheit, ein Skandal, empörend, haarsträubend, himmelschreiend, schändlich, schockierend, schreiend, shocking, skandalös, unerträglich, unfassbar, unfasslich, unglaublich, zum Himmel schreiend; *(ugs.):* allerhand, bodenlos, das Letzte, der Gipfel, die Höhe, ein dicker Hund, ein starkes Stück, hammerhart, kriminell; *(salopp):* zum Himmel stinkend; *(emotional):* eine Unverschämtheit, unverschämt; *(ugs. emotional verstärkend):* eine Affenschande; *(abwertend):* hanebüchen, unerhört.
2. a) ↑ungeheuer (a). **b)** ↑sehr.

ungehobelt
dreist, frech, ohne Benehmen/Manieren, unfreundlich, ungehörig, ungezogen, unhöflich, unmanierlich; *(schweiz.):* urchig; *(ugs.):* wie die Axt im Walde; *(abwertend):* flegelhaft, flegelig, lümmelhaft, rowdyhaft, rüde, wüst; *(geh. abwertend):* unflätig.

ungehorsam
aufsässig, bockig, eigensinnig, eigenwillig, frech, garstig, nicht brav, nicht fügsam, rebellisch, schlecht erzogen, schwierig, störrisch, trotzig, trotzköpfig, unangepasst, unartig, unfolgsam, ungezähmt, ungezogen, unwillig, unzähmbar, verbockt, widerborstig, widersetzlich, widerspenstig; *(schweiz.):* auflüpfisch; *(geh.):* aufbegehrend, ungebärdig, widerstrebend; *(bildungsspr.):* renitent; *(ugs.):* bockbeinig, dickköpfig, kratzbürstig; *(fam.):* böse.

GGS gesittet, lenkbar, manierlich, wohlerzogen.

ungeklärt
1. fraglich, klärungsbedürftig, nicht geklärt, offen, problematisch, strittig, umstritten, unbewältigt, ungelöst, ungewiss, unklar, unverarbeitet, unverdaut, zweifelhaft; *(bildungsspr.):* disputabel.
2. dreckig, nicht geklärt, schmutzig, trüb[e], unrein, verschmutzt; *(geh.):* verunreinigt; *(abwertend):* schmierig.

ungelegen
im falschen/unpassenden Augenblick, lästig, nicht zur rechten Zeit, störend, unbequem, ungünstig, unpassend, unzeitig, widrig; *(geh.):* zur Unzeit.

ungelogen
bei Gott, beileibe, bestimmt, durchaus, ehrlich, gewiss, in der Tat, ohne Übertreibung, tatsächlich, wahrhaftig, weiß Gott, wirklich; *(ugs.):* echt [wahr].

ungemein
a) ansehnlich, auffallend, auffällig, außergewöhnlich [groß], außerordentlich, beachtenswert, beachtlich, bedeutend, bedeutsam, beeindruckend, bemerkenswert, beträchtlich, bewundernswert, enorm, erheblich, erstaunlich, fabelhaft, gehörig, gewaltig, gewichtig, grandios, großartig, hervorstechend, immens, imposant, kolossal, mächtig, monumental, nennenswert, nicht unbeträchtlich, phänomenal, [sehr] groß, sensationell, spektakulär, stattlich, überwältigend, ungeheuer, ungewöhnlich, unsagbar, unwahrscheinlich, üppig, verblüffend, wesentlich; *(österr., sonst bildungsspr.):* eminent, exzeptionell; *(bildungsspr.):* epochal, exzellent, signifikant; *(ugs.):* anständig, irrsinnig, kapital, ordentlich, schön, toll, unglaublich; *(oft emotional):* riesig, unvergleichlich; *(ugs. emotional):* sagenhaft; *(bildungsspr. veraltend):* extraordinär.
b) ↑sehr.

ungemütlich
1. herb, kahl, kalt, nackt, nicht behaglich, nicht wohnlich, nüchtern, streng, trostlos, unwirtlich.
2. ärgerlich, fatal, misslich, schlecht, schlimm, unangenehm, unerfreulich, ungünstig, ungut, widrig; *(geh.):* übel, unerquicklich; *(bildungsspr.):* prekär; *(ugs.):* belämmert; *(salopp):* beschissen.

ungenannt
namenlos, nicht namentlich genannt, unbekannt, unerkannt, ungezeichnet; *(bildungsspr.):* anonym, anonymisch, inkognito.

ungenau
a) allgemein, beliebig, grob, interpretationsfähig, konturlos, nicht eindeutig, nicht fest umrissen, nicht genau, unbestimmt, undeutlich, ungefähr, unklar, unscharf, unverbindlich, vage, verschwommen; *(geh.):* schemenhaft; *(bildungsspr.):* diffus, nebulös, unpräzise; *(abwertend):* schwammig. **b)** flüchtig, liederlich, nachlässig, nicht genau, nicht gewissenhaft, nicht gründlich, nicht sorgfältig; *(bildungsspr.):* inakkurat; *(oft abwertend):* lax.

ungeniert
a) aufgelockert, familiär, frei, gelöst, leger, locker, salopp, ungekünstelt, ungezwungen, unverkrampft, zwanglos; *(bildungsspr.):* informell. **b)** bedenkenlos, dreist, gewissenlos, hemmungslos, ohne Bedenken/Hemmungen/Skrupel, schonungslos, ungehemmt, unverfroren, unverschämt, verantwortungslos; *(geh.):* ruchlos; *(abwertend):* rücksichtslos, skrupellos.

ungenießbar
1. angebrannt, faul, in Fäulnis/Gärung übergegangen, nicht mehr gut, ranzig, schlecht, ver-

brannt, verdorben, verrottet, versalzen; *(ugs.):* gammelig, hinüber, vergammelt.
2. in schlechter Stimmung, mürrisch, schlecht/übel gelaunt, unleidlich; *(geh.):* missgelaunt, missgestimmt, misslaunig; *(ugs.):* gnatzig, knatschig, miesepetrig, quengelig, schlecht drauf.

ungenügend
desolat, dürftig, katastrophal, mangelhaft, schwach, sehr schlecht; *(geh.):* unzulänglich; *(bildungsspr.):* insuffizient; *(abwertend):* armselig, kümmerlich, lausig, stümperhaft; *(oft abwertend):* kläglich; *(bildungsspr. abwertend):* dilettantisch; *(salopp):* beschissen; *(emotional):* miserabel.

ungerecht
befangen, einseitig, nicht fair, nicht gerecht, nicht in Ordnung, parteiisch, undankbar, unfair, unsachlich; *(bildungsspr.):* diskriminierend.

ungereimt
1. reimlos.
2. mysteriös, nebelhaft, nicht zu begreifen/fassen/verstehen, rätselhaft, schwierig, seltsam, unbegreiflich, undurchdringlich, unergründlich, unerklärlich, unklar, verworren, wirr; *(bildungsspr.):* enigmatisch, komplex, nebulös; *(ugs.):* schleierhaft.

ungern
abgeneigt, freudlos, lustlos, mit Überwindung, mit Widerwillen, ohne Freude, unwillig, widerstrebend, widerwillig; *(geh.):* mit halbem Herzen; *(scherzh.):* mit Todesverachtung.

ungeschickt
1. a) eckig, hölzern, plump, schwerfällig, stakig, steif, tollpatschig, unbeholfen, ungewandt; *(geh.):* ungelenk; *(ugs.):* staksig, wie ein Elefant im Porzellanladen; *(abwertend):* bäurisch, linkisch, tölpelhaft, ungraziös. **b)** ohne Feingefühl/Taktgefühl, peinlich, unangebracht, unangemessen, undiplomatisch.
2. a) ↑unhandlich. **b)** ↑ungelegen.

ungeschminkt
1. natürlich, nicht geschminkt, ohne Make-up.
2. aufrichtig, ehrlich, frank und frei, freiheraus, freimütig, klar [und deutlich], nüchtern, offen[herzig], ohne Beschönigung, ohne Umschweife, rückhaltlos, rundheraus, ungehemmt, unumwunden, unverblümt; *(ugs.):* frei/frisch von der Leber weg, geradeheraus.

ungesetzlich
betrügerisch, gegen das Gesetz/die Gesetze verstoßend, gesetzwidrig, illegal, irregulär, kriminell, ordnungswidrig, rechtswidrig, strafbar, tabu, unbefugt, unerlaubt, unrechtmäßig, untersagt, unzulässig, verboten, verbrecherisch, verfassungswidrig, widerrechtlich; *(geh.):* unstatthaft; *(bildungsspr.):* illegitim; *(abwertend):* schuftig, schurkisch, skrupellos.

ungestüm
enthemmt, heftig, heißblütig, hemmungslos, hitzig, leidenschaftlich, maßlos, orgiastisch, temperamentvoll, turbulent, überschwänglich, unbändig, unbeherrscht, unersättlich, ungezügelt, unmäßig, wild, zügellos; *(geh.):* glühend; *(bildungsspr.):* elanvoll, enthusiastisch, euphorisch, frenetisch, vehement; *(abwertend):* rücksichtslos.

ungesund
1. krank, kränklich, schwach, schwächlich, unpässlich, unwohl.
2. [der Gesundheit] abträglich, gefährlich, gesundheitsschädigend, gesundheitsschädlich, nachteilig, negativ, zu Schädigungen führend; *(geh.):* unzuträglich, Verderben bringend.
3. extrem, krankhaft, maßlos, nicht normal, übermäßig, unnatürlich; *(bildungsspr.):* pathologisch.

ungewiss
1. fraglich, nicht feststehend, offen, problematisch, strittig, umstritten, unbestimmt, unbewältigt, unentschieden, ungeklärt, ungelöst, unklar, unsicher, zweifelhaft.
2. nicht fest/klar/scharf umrissen, unbestimmbar, undefinierbar, undurchsichtig, ungenau, vage; *(bildungsspr.):* diffus, nebulös, unpräzise.

ungewöhnlich
1. anders, auffallend, aufsehenerregend, aus dem Rahmen fallend, außergewöhnlich, außerordentlich, beeindruckend, bemerkenswert, bizarr, eindrucksvoll, exotisch, fantastisch, herausragend, hervorragend, hervorstechend, imponierend, imposant, markant, nicht alltäglich, spektakulär; *(bildungsspr.):* unkonventionell.
2. ansehnlich, beträchtlich, enorm, erheblich, gehörig, gewaltig, grandios, großartig, immens, imposant, kolossal, mächtig, monumental, stattlich, überwältigend, ungeheuer, ungemein, unsagbar, unwahrscheinlich, üppig, verblüffend, wesentlich; *(österr., sonst bildungsspr.):* eminent, exzeptionell; *(bildungsspr.):* epochal, exzellent, signifikant; *(ugs.):* anständig, irrsinnig, kapital, ordentlich, schön, toll, unglaublich; *(oft emotional):* riesig, unvergleichlich; *(ugs. emotional):* sagenhaft; *(bildungsspr. veraltend):* extraordinär.

ungewohnt
andersartig, anders[geartet], ausgefallen, exotisch, fremd, neu, nicht gewohnt, unbekannt, ungeläufig, ungewöhnlich, unüblich.

ungezählt
[ganze] Scharen, Legionen, sehr viele, zahlreich; *(geh.):* Myriaden; *(ugs.):* [ganze] Heerscharen, Hunderte; *(emotional):* Dutzende, unzählbar, unzählig, zahllos; *(ugs. emotional):* Tausende.

ungezogen
frech, garstig, unartig, ungeraten; *(fam.):* böse; *(abwertend):* flegelhaft, flegelig, lümmelhaft, rüpelhaft, rüpelig.

ungezwungen
aufgelockert, frei, gelöst, lässig, leger, locker, natürlich, salopp, unbefangen, unbekümmert, unbeschwert, ungehemmt, ungeniert, unverkrampft, zwanglos; *(bildungsspr.):* informell, nonchalant; *(ugs.):* hemdsärmelig, locker vom Hocker.

ungläubig
1. kritisch, misstrauisch, skeptisch, zweifelnd, zweiflerisch; *(geh.):* argwöhnisch.
2. areligiös, atheistisch, freidenkerisch, freigeistig, glaubenslos, gottesleugnerisch, gottlos, unfromm; *(bildungsspr.):* irreligiös, pagan.

unglaublich
1. a) fraglich, kaum zu glauben, romanhaft, unfassbar, unfasslich, unglaubhaft, unglaubwürdig, unwahrscheinlich; *(bildungsspr.):* fantastisch, mirabile dictu; *(emotional):* unvorstellbar; *(oft emotional):* irrsinnig. **b)** ärgerlich, eine Frechheit, ein Skandal, empörend, haarsträubend, himmelschreiend, schändlich, schockierend, schreiend, shocking, skandalös, unerträglich, unfassbar, unfasslich, zum Himmel schreiend; *(ugs.):* allerhand, bodenlos, das Letzte, der Gipfel/die Höhe, ein dicker Hund, ein starkes Stück, um die Wände/an den Wänden hochzugehen; *(salopp):* zum Himmel stinkend; *(emotional):* eine Unverschämtheit, unverschämt; *(ugs. emotional verstärkend):* eine Affenschande; *(abwertend):* hanebüchen, unerhört, ungeheuerlich.
2. a) außerordentlich, enorm, gehörig, gewaltig, gigantisch, immens, unbeschreiblich, ungeheuer[lich]; *(österr., sonst bildungsspr.):* eminent; *(geh.):* unsäglich; *(bildungsspr.):* exorbitant, exzeptionell; *(ugs.):* fantastisch, höllisch, unheimlich, unwahrscheinlich, wahnsinnig; *(salopp):* irre, irrsinnig; *(emotional):* horrend, unsagbar; *(oft emotional):* riesig; *(ugs. emotional):* kolossal, sagenhaft; *(ugs. emotional verstärkend):* mordsmäßig. **b)** ↑sehr.

Unglück
1. Desaster, Drama, Fiasko, GAU, Katastrophe, Schlag, Tragödie, Unfall, Unglücksfall, Verhängnis; *(geh.):* Unheil; *(bildungsspr.):* Armageddon, Debakel, Inferno, Kannä, Waterloo.
2. a) Elend, Jammer, Leid; *(geh.):* Drangsal, Gram, Kümmernis, Pein, Trübsal, Verderben. **b)** Katastrophe, Missgeschick, Pech, [Schicksals]schlag, Tragödie; *(ugs.):* Malheur.

unglücklich
1. bedrückt, bekümmert, betrübt, deprimiert, gedrückt, niedergedrückt, niedergeschlagen, schwermütig, traurig, trübsinnig; *(geh.):* verzagt, wehmutsvoll; *(ugs.):* bedröppelt, down, geknickt.
2. fatal, folgenschwer, misslich, unerfreulich, unglückselig, ungünstig, ungut, verderblich, verhängnisvoll, widrig; *(geh.):* übel, unheilvoll; *(bildungsspr.):* prekär.
3. unbeholfen, ungeschickt, ungewandt; *(geh.):* ungelenk.

unglücklicherweise
fatalerweise, unglückseligerweise, zu allem Unglück; *(geh.):* unseligerweise.

unglückselig
1. arm, bedauerlich, bedauernswert, beklagenswert, bemitleidenswert, mitleiderregend, unglücklich; *(geh.):* bedauernswürdig, erbarmungswürdig.
2. desaströs, einschneidend, ernst, fatal, folgenschwer, verderblich, verhängnisvoll; *(geh.):* unheilvoll.

ungnädig
erbarmungslos, fatal, gnadenlos, mitleidlos, schlimm, tragisch, traurig, trostlos, unbarmherzig, verhängnisvoll, verheerend.

ungültig
außer Kraft, unwirksam, verfallen, wertlos; *(emotional verstärkend):* null und nichtig.

ungünstig
misslich, Nachteile bringend, nachteilig, negativ, schädlich, schlecht, schlimm, unangenehm, unerfreulich, ungut, unliebsam, unschön, unvorteilhaft, unwillkommen, widrig; *(geh.):* übel, unerquicklich; *(ugs.):* blöd, doof, dumm; *(salopp):* beknackt, bescheuert, beschissen.

ungut
a) schlecht, seltsam, unbehaglich, unheimlich, unwohl; *(ugs.):* mulmig. **b)** ↑ungünstig. **c)** lästig, leidig, schlecht, unangenehm, unerfreulich, unliebsam, unschön; *(geh.):* übel, unerquicklich; *(bildungsspr.):* prekär.

unhaltbar
a) aus der Luft gegriffen/geholt, haltlos, unberechtigt, ungerechtfertigt; *(geh.):* jeder Grundlage entbehrend. **b)** kaum zu ertragen, nicht

auszuhalten/zuzumuten, unerträglich, unleidlich, unter aller Würde, untragbar, unzumutbar.

unhandlich

ausladend, klobig, massig, sperrig, unpraktisch, unzweckmäßig; *(abwertend):* klotzig.

Unheil

Elend, Gefahr, Grauen, Heimsuchung, Leid, Übel, Unglück, Verhängnis; *(geh.):* Prüfung, Schrecken, Unsegen, Verderben; *(bildungsspr.):* Apokalypse.

unheilbar

aussichtslos, ausweglos, chancenlos, hoffnungslos, ohne Chancen, ohne Erfolgsaussicht, rettungslos, todbringend, tödlich, unrettbar.

unheimlich

1. bedrohlich, beklemmend, dämonisch, düster, finster, furchteinflößend, furchterregend, geheimnisvoll, geisterhaft, gespenstisch, grausig, gruselig, mysteriös, nicht [ganz] geheuer, schauerlich, schaurig; *(geh.):* abgründig, geheimnisumwittert, geheimnisumwoben, schaudervoll, schauervoll, unheildrohend, unheilvoll; *(bildungsspr.):* kafkaesk, makaber, sinister; *(dichter.):* stygisch.

2. a) außerordentlich, enorm, gehörig, gewaltig, gigantisch, immens, unbeschreiblich, ungeheuer[lich]; *(österr., sonst bildungsspr.):* eminent; *(geh.):* unsäglich; *(bildungsspr.):* exorbitant, exzeptionell; *(ugs.):* höllisch, unglaublich, unwahrscheinlich, wahnsinnig; *(salopp):* irre, irrsinnig; *(emotional):* horrend, unsagbar; *(oft emotional):* riesig; *(ugs. emotional):* kolossal, sagenhaft; *(ugs. emotional verstärkend):* mordsmäßig. b) ↑sehr.

unhöflich

abweisend, barsch, brüsk, uncharmant, unfreundlich, ungehörig, ungesittet, unliebenswürdig, unritterlich, unwirsch; *(ugs.):* raubauzig; *(abwertend):* grob, harsch, rüde, ruppig, ungehobelt, ungeschlacht, ungeschliffen, unkultiviert, unzivilisiert; *(geh. abwertend):* unflätig; *(bildungsspr. veraltend):* ungalant.

Unhold, Unholdin

1. Bestie, Monster, Ungeheuer, Untier.

2. Teufel, Teufelin, Übeltäter, Übeltäterin, Ungeheuer; *(ugs.):* Himmelhund; *(abwertend):* Erzgauner, Erzgaunerin, Erzhalunke, Halunke, Halunkin, Kanaille, Kojote, Lump, mieser Typ, Scheusal, Schofel, Schuft, Schuftin, Schurke, Schurkin, Strolch, Unmensch; *(veraltend):* Bösewicht.

Unikum

a) Freak, Kauz, Sonderling; *(bildungsspr.):* Individualist, Individualistin, Nonkonformist, Nonkonformistin; *(ugs.):* Original, seltener Vogel, Type; *(salopp):* Tulpe; *(scherzh.):* Krauter; *(oft abwertend):* Eigenbrötler, Eigenbrötlerin. b) Ausnahme[erscheinung], Ausnahmefall, Besonderheit, Einzelerscheinung, Einzelfall, Extremfall, Sonderfall; *(österr.):* Ausnahmsfall; *(bildungsspr.):* singuläre Erscheinung.

Union

Block, Bund, Bündnis, Gemeinschaft, Interessengemeinschaft, Koalition, Konföderation, Liga, Pakt, Staatenbund, Staatenbündnis, Verband, Verbindung, Vereinigung, Zusammenschluss; *(bes. Politik):* Assoziation.

Universität

Akademie, Fachhochschule, Hochschule, Kolleg; *(ugs.):* Uni; *(scherzh.):* Unität; *(bildungsspr., oft scherzh.):* Alma Mater.

Universum

All, kosmischer Raum, Makrokosmos, Raum, Welt[all], Weltraum; *(bildungsspr.):* Kosmos; *(dichter.):* Weltenraum.

Unkenntnis

Ahnungslosigkeit, Nichtwissen, Unwissen, Unwissenheit; *(bildungsspr. abwertend):* Ignorantentum, Ignoranz.

unklar

1. allgemein [gehalten], butterweich, mehrdeutig, missverständlich, nicht eindeutig, nicht exakt, nicht fest/klar/scharf umrissen, unbestimmt, undefinierbar, undeutlich, ungenau, unrein, unsauber; *(bildungsspr.):* inartikuliert, inexakt, undifferenziert, unpräzise, unspezifisch; *(abwertend):* schwammig.

2. fraglich, klärungsbedürftig, nicht geklärt, offen, problematisch, strittig, umstritten, unbekannt, unbewältigt, unentschieden, ungeklärt, ungelöst, ungewiss, unsicher, unverarbeitet, unverdaut, zweifelhaft; *(bildungsspr.):* disputabel.

unklug

deplatziert, fatal, gedankenlos, misslich, nachteilig, ohne Feingefühl/Taktgefühl, psychologisch/taktisch nicht geschickt, taktlos, unbedacht, undiplomatisch, ungeschickt, ungünstig, unpassend, unüberlegt, unvernünftig, unvorsichtig; *(ugs.):* blöd[sinnig], doof, dumm; *(abwertend):* töricht; *(ugs. emotional verstärkend):* saublöd; *(südd., österr.):* deppert.

unkompliziert

a) bequem, einfach, glatt, harmlos, leicht, mit Leichtigkeit, mühelos, ohne Anstrengung/Mühe, ohne Hindernisse/Komplikationen, ohne Probleme/Schwierigkeiten, ohne Weiteres, problemlos, reibungslos, unproblematisch; *(bes. österr.):* kommod; *(ugs.):* easy, eine Kleinigkeit, ein Klacks, wie am Schnürchen, wie ge-

A B C D E F G H I J K L M N O P Q R S T U unk V W X Y Z

schmiert; *(fam.):* babyleicht, kinderleicht. **b)** anspruchslos, deutlich, durchschaubar, eingängig, geläufig, [glas]klar, gut/leicht verständlich, primitiv, schlicht, simpel, überschaubar, übersichtlich. **c)** entgegenkommend, freundlich, friedfertig, friedlich, gefällig, gemütlich, gutmütig, kulant, liebenswürdig, pflegeleicht, umgänglich, versöhnlich, verträglich, zahm; *(geh.):* wohlmeinend; *(bildungsspr.):* konziliant; *(Soziol.):* soziabel.

unkontrolliert
a) außer Kontrolle geraten, entfesselt, frei, grenzenlos, in Ruhe, offen, ohne Aufsicht/Einschränkung/Kontrolle, schrankenlos, unbeaufsichtigt, unbehelligt, unbehindert, unbeobachtet, unbeschränkt, unbesehen, unbewacht, uneingeschränkt, ungehemmt, ungehindert, ungesichert, wild. **b)** ausschweifend, disziplinlos, hemmungslos, maßlos, unbeherrscht, undiszipliniert, ungezügelt, unmäßig, zügellos; *(geh.):* ungestüm; *(bildungsspr.):* exzesshaft, exzessiv; *(ugs.):* außer Rand und Band; *(veraltend):* lose.

Unkosten
Aufwand, Aufwendungen, Ausgaben, Auslagen, Geldausgaben, Investitionen, Kosten, Spesen.

unlängst
dieser Tage, jüngst, kürzlich, letztens, letzthin, neulich, vor Kurzem, vor kurzer Zeit, vor nicht [allzu] langer Zeit.

unlauter
anrüchig, betrügerisch, fragwürdig, gesetzwidrig, illegal, irregulär, kriminell, missbräuchlich, rechtswidrig, regelwidrig, unerlaubt, unfair, ungesetzlich, unrechtmäßig, unsauber, unsportlich, untersagt, unzulässig, verboten, verbrecherisch, widerrechtlich, zweifelhaft, zwielichtig; *(geh.):* dubios, unehrenhaft; *(bildungsspr.):* illegitim; *(abwertend):* schmutzig.

unleidlich
kaum zu ertragen, nicht auszuhalten, unerträglich, unhaltbar, untragbar, unzumutbar, widerwärtig, zum Verzweifeln.

Unlust
Abneigung, Abscheu, Antriebslosigkeit, Ärger, Ekel, Energielosigkeit, Faulheit, Horror, innere Leere, Interesselosigkeit, Langeweile, lustlose Stimmung, Lustlosigkeit, Missmut, Trägheit, Überdruss, Unlustempfinden, Unlustgefühl, Unzufriedenheit, Verdrossenheit, Widerwille; *(schweiz.):* Cafard; *(geh.):* Degout; *(bildungsspr.):* Aversion, Desinteresse, Ennui; *(ugs.):* Frust; *(bes. Jugendspr.):* null Bock.

unmäßig
1. extrem, grenzenlos, hemmungslos, maßlos, mehr als genug, ohne jedes Maß, über Gebühr, übermäßig, übersteigert, übertrieben, überzogen, unersättlich, ungezügelt, wild, zügellos; *(geh.):* über die/alle Maßen; *(bildungsspr.):* exzessiv; *(abwertend):* sinnlos; *(oft abwertend):* übergenug.
2. außerordentlich groß, heftig, leidenschaftlich, orgiastisch, stürmisch, unbändig, unstillbar; *(geh.):* glühend, ungestüm; *(bildungsspr.):* vehement; *(ugs. emotional verstärkend):* heidenmäßig.

Unmensch
Gewaltmensch, Monstrum, Teufel, Tier, Ungeheuer; *(abwertend):* Barbar, Barbarin, Bestie, Hexe, Scheusal, Schurke, Unhold, Unholdin, Widerling; *(emotional):* Bluthund.

unmenschlich
1. a) barbarisch, brutal, entmenschlicht, entmenscht, erbarmungslos, gnadenlos, grausam, herzlos, mitleidlos, skrupellos, unbarmherzig, unsozial, verroht; *(geh.):* seelenlos; *(ugs.):* abgebrüht, kaltschnäuzig; *(abwertend):* bestialisch, kaltblütig, kannibalisch, roh, viehisch; *(oft abwertend):* tierisch. **b)** menschenfeindlich, menschenverachtend, ungerecht, Unrechts-, widermenschlich; *(abwertend):* unterdrückerisch. **c)** hart, menschenunwürdig, mörderisch; *(bildungsspr.):* inhuman.
2. kaum zu ertragen, nicht auszuhalten, schlimm, unerträglich; *(ugs.):* furchtbar, wahnsinnig; *(abwertend):* elend, hundsgemein, widerlich, wüst; *(emotional):* höllisch, irrsinnig, jämmerlich, scheußlich.

unmerklich
a) dezent, flüchtig, gelinde, heimlich, im Geheimen/Stillen/Verborgenen, insgeheim, kaum merklich/spürbar/vernehmlich, leicht, leise, nicht offenkundig, sachte, sanft, schwach, stillschweigend, still [und leise], unauffällig, unbemerkt, undeutlich, unhörbar, unsichtbar, unter der Hand, unter der Oberfläche, unterschwellig, verborgen, verdeckt, verhalten, verhüllt, verkappt, verschleiert, versteckt; *(bildungsspr.):* diskret, latent; *(ugs.):* stiekum. **b)** allmählich, in kleinen Schritten, langsam, mit der Zeit, nach und nach, peu à peu, schrittweise, stufenweise; *(bildungsspr.):* sukzessive; *(ugs.):* groschenweise, scheibchenweise.

unmissverständlich
a) anschaulich, deutlich, eindeutig, ersichtlich, exakt, fassbar, fasslich, genau, glasklar, greifbar, griffig, [gut] erkennbar, handfest, klar, offensichtlich, scharf, sichtbar, sichtlich, sprechend, treffend, unzweideutig, verständlich; *(bildungs-*

spr.): evident, luzid, prägnant, präzise; *(ugs.):* sonnenklar; *(bildungsspr., Fachspr.):* explizit. **b)** ausdrücklich, bestimmt, betont, brutal, direkt, drastisch, eindringlich, entschieden, ernstlich, in aller Deutlichkeit, kategorisch, mit Nachdruck, nachdrücklich, offen, ohne Umschweife, rigoros, rundheraus, schonungslos, strikt, unumwunden, unverblümt, unverhohlen; *(bildungsspr.):* definitiv, dezidiert, emphatisch, expressis verbis, prononciert, überdeutlich, vehement; *(ugs.):* geradeheraus, glatt, glattweg, klipp und klar, schlankweg; *(ugs. emotional verstärkend):* knallhart; *(emotional):* rundweg.

unmittelbar

a) aus erster Quelle, direkt, hautnah, ohne Mittelsperson, persönlich; *(veraltend):* immediat. **b)** dicht, direkt, eng, gleich, haarscharf, knapp, nächste, nahe, scharf. **c)** auf Anhieb, auf dem schnellsten Weg, auf der Stelle, augenblicklich, eilends, flugs, im Nu, postwendend, prompt, schleunigst, schnellstens, sofort[ig], sogleich, unverzüglich; *(geh.):* schleunig; *(ugs. scherzh.):* stante pede; *(veraltend):* alsbald.

unmodern

altmodisch, altväterisch, archaisch, aus der Mode [gekommen], gestrig, nicht mehr gebräuchlich/gefragt/üblich, oldschool, prämodern, rückschrittlich, rückständig, überholt, überlebt, unzeitgemäß, veraltet; *(geh.):* abgelebt; *(bildungsspr.):* anachronistisch, obsolet; *(ugs.):* angestaubt, aus der Mottenkiste, out, passé, von [vor]gestern, vorsintflutlich; *(abwertend):* altbacken, antiquiert, mittelalterlich, reaktionär, verzopft, zopfig; *(oft abwertend):* verstaubt; *(veraltend):* altfränkisch.

[1]unmöglich

1. a) aussichtslos, ausweglos, chancenlos, hoffnungslos, illusorisch, ohne Chancen, ohne Erfolgsaussicht, undurchführbar, unerfüllbar, unerreichbar, unrealistisch, utopisch; *(bildungsspr.):* impraktikabel, unrealisierbar; *(ugs.):* nicht zu machen. **b)** ausgeschlossen, ein Ding der Unmöglichkeit, [überhaupt] nicht infrage kommend, undenkbar, unvorstellbar; *(bildungsspr.):* die Quadratur des Kreises/Zirkels; *(bildungsspr. abwertend):* indiskutabel, undiskutabel.
2. ärgerlich, deplatziert, eine Frechheit, ein Skandal, empörend, fehl am Platz, geschmacklos, haarsträubend, schamlos, schändlich, schockierend, shocking, skandalös, taktlos, unangebracht, unangemessen, unannehmbar, unerträglich, unfassbar, unfasslich, ungehörig, unglaublich, unpassend, untragbar, verfehlt; *(geh.):* unsäglich; *(bildungsspr.):* inakzeptabel; *(ugs.):* allerhand, das Letzte, keine Art, nicht die Möglichkeit; *(salopp):* beknackt, bescheuert; *(emotional):* eine Unverschämtheit, unverschämt; *(abwertend):* unerhört, ungeheuerlich.

[2]unmöglich

auf [gar] keinen Fall, ausgeschlossen, daran ist nicht zu denken, das kommt nicht infrage, [doch] nicht, Gott behüte/bewahre, keinesfalls, nie [und nimmer], um keinen Preis, undenkbar, unter keinen Umständen, unter keiner Bedingung; *(ugs.):* kein Gedanke [daran], nicht um alles in der Welt; *(nachdrücklich):* niemals; *(veraltend):* nimmer.

unmoralisch

amoralisch, anrüchig, böse, ethisch bedenklich/fragwürdig/nicht vertretbar, gewissenlos, hemmungslos, ohne Hemmungen/Skrupel, schamlos, schlecht, sittenlos, tadelnswert, unanständig, unethisch, unsittlich, verantwortungslos; *(geh.):* kriminell, ruchlos, sündhaft, unrecht, verwerflich; *(abwertend):* gesinnungslos, korrupt, liederlich, rücksichtslos, schmutzig, skrupellos.

unmotiviert

1. a) aus der Luft gegriffen/geholt, blind, erfunden, gegenstandslos, grundlos, haltlos, ohne Grund/Veranlassung, unbegründet, unberechtigt, ungerechtfertigt, unhaltbar; *(geh.):* jeder Grundlage entbehrend, ohne Not. **b)** arbeitsscheu, demotiviert, energielos, interesselos, lasch, lustlos, schwunglos, träge, uninteressiert, unlustig, widerwillig; *(bildungsspr.):* desinteressiert; *(emotional):* faul.
2. nicht durchsichtig, nicht selbsterklärend, undurchschaubar.

Unmut

Ärger, Empörung, Gereiztheit, Missfallen, Missmut, Missstimmung, schlechte Laune, Unzufriedenheit, Verärgerung, Verdrossenheit, Verdruss, Verstimmung, Wut, Zorn; *(geh.):* Groll, Missvergnügen, Ungehaltenheit, Unwille; *(ugs.):* Rage.

unnachgiebig

beharrlich, beständig, eigensinnig, eisern, entschieden, entschlossen, [felsen]fest, gleichbleibend, hart[näckig], kompromisslos, konsequent, rigoros, standhaft, stark, starr, störrisch, streng, strikt, unbeirrbar, unbeirrt, unbestechlich, unbeugsam, unbeweglich, unduldsam, unerbittlich, unerschütterlich, unflexibel, ungebrochen, unumstößlich, unverdrossen, verbissen, widerspenstig, willensstark, zäh [festhaltend]; *(geh.):* ehern, stählern, unwandelbar, wie ein Fels; *(bildungsspr.):* apodiktisch, insistent, obstinat, renitent; *(ugs.):* dickköpfig; *(abwer-*

A B C D E F G H I J K L M N O P Q R S T U unn V W X Y Z

tend): halsstarrig, rechthaberisch, selbstgerecht, starrköpfig, starrsinnig, verstockt; *(bildungsspr. abwertend):* dogmatisch.

unnachsichtig
drastisch, eisern, energisch, entschieden, erbarmungslos, gnadenlos, hart, intolerant, kompromisslos, ohne Erbarmen/Mitgefühl/Mitleid/Rücksichtnahme, rabiat, rigoros, scharf, schonungslos, streng, strikt, unbarmherzig, unerbittlich, unnachgiebig; *(bildungsspr.):* drakonisch; *(ugs.):* ohne Rücksicht auf Verluste; *(abwertend):* rücksichtslos; *(veraltend):* gestreng.

unnahbar
ablehnend, abweisend, eckig, eisig, eiskalt, feindselig, frostig, herb, kalt, kühl, kurz angebunden, reserviert, spröde, unterkühlt, unverbindlich, unwirsch, unzugänglich, verschlossen, wortkarg, zurückhaltend; *(bildungsspr.):* distanziert; *(ugs.):* zugeknöpft.

unnatürlich
1. falsch, imitiert, künstlich, menschengemacht, nachgeahmt, nachgebildet, naturidentisch, unecht; *(geh.):* durch/von Menschenhand [gemacht]; *(bildungsspr.):* artifiziell, fingiert, manipuliert, nicht authentisch, simuliert; *(ugs.):* gefakt, nachgemacht.
2. gehemmt, gemacht, gequält, gesucht, gewollt, gewunden, gezwungen, künstlich, steif, unfrei, verklemmt, verkrampft, zwanghaft; *(bildungsspr.):* affektiert, forciert; *(abwertend):* gespreizt, gestelzt, geziert; *(oft abwertend):* gekünstelt; *(geh. abwertend):* stelzfüßig; *(bildungsspr. abwertend):* konstruiert, manieriert.

unnötig
a) abkömmlich, entbehrlich, nicht notwendig, verzichtbar. **b)** der Mühe nicht wert, für nichts und wieder nichts, nicht lohnend, nutzlos, ohne Sinn und Zweck, sinnlos, überflüssig, übrig, umsonst, unnütz, unsinnig, vergebens, vergeblich, verlorene Liebesmüh, zu nichts nütze, zu viel, zwecklos; *(geh.):* müßig; *(bildungsspr.):* redundant; *(ugs.):* doppelt gemoppelt, witzlos; *(salopp):* für die Katz; *(iron.):* des Guten zu viel.

unnütz
a) aussichtslos, erfolglos, ergebnislos, fehl am Platz, fruchtlos, ineffektiv, nicht weiterführend, nutzlos, ohne Erfolg/Nutzen, ohne positives Ergebnis, ohne Wirkungskraft, unbefriedigend, unbrauchbar, unergiebig, unfruchtbar, unfunktional, ungeeignet, unpraktisch, unrationell, untauglich, unwirksam, unzweckmäßig, wertlos, wirkungslos; *(geh.):* unersprießlich, unwert; *(bildungsspr.):* inadäquat; *(ugs.):* zu nichts zu gebrauchen. **b)** ↑unnötig (b).

Unordnung
Anarchie, Auflösung, Aufregung, Gesetzlosigkeit, Herrschaftslosigkeit, Konfusion, Planlosigkeit, Regellosigkeit, Tohuwabohu, Tumult, Verwirrung; *(geh.):* Wirrnis, Wirrsal; *(bildungsspr.):* Desorganisation, Hexensabbat.

unparteiisch
frei von Vorurteilen, gerecht, neutral, nüchtern, sachlich, unabhängig, unbeeinflusst, unbefangen, unvoreingenommen, vorurteilsfrei, vorurteilslos, wertfrei, wertneutral; *(bildungsspr.):* objektiv.

unpassend
a) falsch, hinderlich, im falschen/unpassenden Augenblick, lästig, misslich, nicht zur rechten Zeit, störend, unbequem, ungelegen, ungünstig, unpraktisch, unzeitig, widrig; *(geh.):* unrecht, zur Unzeit; *(ugs.):* dumm. **b)** anstößig, ärgerlich, deplatziert, fehl am Platz, geschmacklos, inkorrekt, ohne Feingefühl/Taktgefühl, peinlich, taktlos, unangebracht, unangemessen, undiplomatisch, unerwünscht, ungehörig, unklug, verfehlt; *(geh.):* unerquicklich, ungebührlich, ungeziemend, unschicklich, unziemlich; *(bildungsspr.):* inadäquat, unsensibel.

unpersönlich
a) fantasielos, funktional, kahl, kalt, nackt, neutral, nüchtern, poesielos, sachlich, steril, trocken, unpoetisch, unromantisch; *(bildungsspr.):* anonym, prosaisch; *(emotional):* strohtrocken. **b)** amtlich, eiskalt, formell, förmlich, gefühllos, geschäftsmäßig, gleichgültig, herzlos, höflich, in aller Form, innerlich unbeteiligt, kühl, leidenschaftslos, offiziell, ohne Gefühl/Leidenschaft, steif, teilnahmslos, ungerührt, verstandesmäßig; *(bildungsspr.):* detachiert; *(bildungsspr., Fachspr.):* emotionslos, ohne Emotion; *(ugs.):* kaltschnäuzig.

unpopulär
a) [heftig] kritisiert, im Kreuzfeuer der Kritik, missliebig, nicht gefragt, nicht gern gesehen, unangenehm, unbeliebt, unerwünscht, unlieb[sam], unwillkommen, verhasst; *(geh.):* oft/viel gescholten; *(ugs.):* out. **b)** ein Geheimtipp, namenlos, ohne Ansehen/Namen/Ruhm, unbekannt, unentdeckt; *(abwertend):* dahergelaufen.

unpraktisch
1. nicht alltagstauglich, nutzlos, unbrauchbar, unfunktional, ungeeignet, unhandlich, untauglich, unzweckmäßig; *(Soziol.):* dysfunktional.
2. hilflos, tollpatschig, umständlich, unbeholfen, ungeschickt, ungewandt; *(abwertend):* linkisch, tölpelhaft.

unpräzise
a) allgemein [gehalten], ausweichend, beliebig, butterweich, dehnbar, grob, interpretationsfähig, konturlos, nebelhaft, nicht auf den Punkt gebracht, nicht eindeutig, nicht fest/klar/scharf umrissen, nicht genau, roh, schlecht abgegrenzt/eingegrenzt, unbestimmt, undefinierbar, undeutlich, ungefähr, ungenau, unklar, unsauber, unscharf, unverbindlich, vage, verschwommen, wachsweich; *(österr.):* unpräzis; *(geh.):* schemenhaft; *(bildungsspr.):* diffus, inexakt, nebulös, pauschal, undifferenziert, unspezifisch; *(ugs.):* Pi mal Daumen; *(abwertend):* schwammig. **b)** flüchtig, lieblos, liederlich, nachlässig, nicht genau/gewissenhaft, nicht gründlich/sorgfältig, unordentlich, unsauber, unsorgfältig; *(bildungsspr.):* inakkurat; *(oft abwertend):* lax.

unproblematisch
a) bequem, einfach, glatt, gut, harmlos, keine große Sache, leicht, mit Leichtigkeit, mühelos, ohne Anstrengung/Mühe, ohne Probleme/Schwierigkeiten, problemlos, reibungslos, spielend, unkompliziert, unschwer; *(bes. österr.):* kommod; *(ugs.):* easy, ein Klacks, kein Hexenwerk, mit links; *(fam.):* babyleicht, kinderleicht; *(oft abwertend):* simpel; *(ugs. scherzh.):* narrensicher. **b)** gefahrlos, nicht bedrohlich/schädlich/schlimm, nichts Ernstes, risikofrei, risikolos, sicher, sorgenfrei, unbedenklich, unschädlich, unverfänglich. **c)** anerkannt, eindeutig, einwandfrei, klar, konsensfähig, lupenrein, sauber, unangreifbar, unbestreitbar, unumstritten, unzweifelhaft; *(ugs.):* astrein, hasenrein, koscher.

unproduktiv
aussichtslos, der Mühe nicht wert, erfolglos, ergebnislos, ertragsarm, fruchtlos, für nichts und wieder nichts, ineffektiv, nicht lohnend, nicht weiterführend, nutzlos, ohne Erfolg/Nutzen, ohne positives Ergebnis, ohne Sinn und Zweck, sinnlos, überflüssig, umsonst, unbefriedigend, unergiebig, unfruchtbar, unnütz, unrationell, unwirksam, vergebens, vergeblich, verlorene Liebesmüh, wirkungslos, zu nichts nütze, zwecklos; *(geh.):* müßig, unersprießlich; *(salopp):* für die Katz; *(bildungsspr., Fachspr.):* ineffizient.

unpünktlich
a) unzuverlässig; *(geh.):* säumig, saumselig. **b)** im/in Verzug, im Rückstand, mit Verspätung, nicht rechtzeitig, nicht zur vereinbarten Zeit, über die Zeit, verspätet, zu spät; *(ugs.):* spät dran.

unqualifiziert
1. ohne Ausbildung, ungelernt; *(bildungsspr.):* nicht diplomiert.
2. deplatziert, dumm, dümmlich, einfältig, fehl am Platz, nicht angemessen, niveaulos, unangebracht, unpassend, unsachlich, verfehlt; *(geh.):* ungebührlich, unschicklich; *(bildungsspr.):* inadäquat; *(abwertend):* beschränkt, töricht; *(bildungsspr. abwertend):* stupide; *(ugs. emotional verstärkend):* saublöd.

Unrat
Abfall, Müll, Schmutz, Schrott; *(österr.):* Mist; *(schweiz.):* Kehricht; *(ugs.):* Dreck.

unrealistisch
abenteuerlich, abwegig, auf tönernen Füßen, falsch, hochfliegend, idealisierend, idealistisch, illusorisch, irrig, lebensfern, lebensfremd, romantisch, schwärmerisch, träumerisch, trügerisch, übertrieben optimistisch, unvorsichtig, utopisch, verfehlt, verkehrt, verstiegen, weltfremd, wirklichkeitsfern, wirklichkeitsfremd, zu hoch gegriffen; zu schön, um wahr zu sein; *(geh.):* himmelstürmend; *(bildungsspr.):* fantastisch, illusionär, illusionistisch, irreal, visionär.

Unrecht
a) Gesetzlosigkeit, Gesetzwidrigkeit, Rechtswidrigkeit, Schlechtigkeit, Schuld[haftigkeit], Ungerechtigkeit, Unrechtmäßigkeit, Willkür. **b)** Delikt, Gemeinheit, Rechtsbruch, Sakrileg, strafbare Handlung, Straftat, Sünde, Tat, Verbrechen, Verfassungsbruch, Verfehlung, Vergehen, Verstoß, Zuwiderhandlung; *(geh.):* Fehltritt, Frevel[tat], Übeltat; *(abwertend):* Schurkerei; *(emotional):* Schandtat, Untat. **c)** Benachteiligung, Böses, Demütigung, Leid, Schmerz, schreiende Ungerechtigkeit, ungerechte Behandlung, Ungleichbehandlung, Ungleichverteilung; *(geh.):* Unbill; *(bildungsspr.):* Diskrimination, Diskriminierung; *(veraltend):* Tort.

unrechtmäßig
gesetzwidrig, illegal, irregulär, kriminell, missbräuchlich, ohne gesetzliche Grundlage, ohne Rechtsanspruch, ordnungswidrig, rechtswidrig, strafbar, tabu, unbefugt, unberechtigt, unehrlich, unerlaubt, ungesetzlich, ungültig, untersagt, unzulässig, verboten, verfassungswidrig, widerrechtlich, zu Unrecht; *(geh.):* unredlich, unstatthaft; *(bildungsspr.):* illegitim.

unredlich
betrügerisch, geheuchelt, heuchlerisch, unaufrichtig, unecht, unehrlich; *(geh.):* arglistig, unwahrhaftig; *(bildungsspr.):* hypokritisch; *(abwertend):* falsch, verlogen.

unregelmäßig
a) asymmetrisch, irregulär, nicht ebenförmig, regellos, schief, ungeordnet, ungleich[förmig], ungleichmäßig, unterschiedlich, verschieden breit/groß/lang. b) ab und an, ab und zu, dann und wann, das ein oder andere Mal, gelegentlich, hin und wieder, manchmal, mitunter, sporadisch, von Zeit zu Zeit, zeitweilig, zeitweise, zuzeiten; *(österr.):* fallweise; *(geh.):* bisweilen, zuweilen; *(ugs. scherzh.):* alle Jubeljahre.

unreif
1. a) grün, hart, nicht erntereif, sauer. b) unterentwickelt.
2. jugendlich, jung, kindsköpfig, unerfahren, unfertig, unmündig, unselbstständig; *(ugs.):* noch feucht/nass/nicht trocken hinter den Ohren.

unromantisch
[eis]kalt, fantasielos, klar [blickend], kühl, leidenschaftslos, nüchtern, ohne Fantasie/Gefühl/Leidenschaft, poesielos, realistisch, sachlich, trocken, unpersönlich, unpoetisch, verstandesmäßig; *(bildungsspr.):* prosaisch, rational; *(emotional):* strohtrocken; *(bildungsspr., Fachspr.):* emotionslos, ohne Emotion.

Unruhe
1. Geräusch[pegel], Krach, Lärm, Lautstärke, Störung; *(ugs.):* Krawall; *(salopp):* Radau; *(ugs. emotional verstärkend):* Heidenlärm, Höllenlärm, Mordskrach, Riesenkrach; *(oft abwertend):* Getöse.
2. a) Anspannung, Aufgeregtheit, Aufregung, Betriebsamkeit, [Bewegungs]drang, Eile, Erregtheit, Erregung, Gespanntheit, Getriebenheit, Hast, Hektik, Herzklopfen, Hetze, Hochspannung, innerer Aufruhr, Nervosität, Rastlosigkeit, Ruhelosigkeit, Spannung, Spannungszustand, Tatendrang, Überreizung, Überspanntheit, Ungeduld; *(geh.):* Fieber, Unrast; *(ugs.):* Flattermann, Kribbeligkeit, Zappeligkeit. b) Angst[gefühl], Bangigkeit, Beklemmung, Beklommenheit, Besorgnis, Furcht, Sorge, Unbehagen; *(geh.):* Argwohn, Bangnis, Herzensangst; *(salopp):* Bammel, Schiss.

Unruhen
Aufruhr, Aufstand, Auseinandersetzungen, Ausschreitungen, bürgerkriegsähnliche Zustände, Chaos, Erhebung, Gewalttätigkeiten, Krawall, Meuterei, Protest, Putsch[versuch], Rebellion, Revolte, Revolution, Tumult, Übergriffe, Zwischenfälle; *(schweiz.):* Unrast; *(bildungsspr.):* Insurrektion; *(ugs.):* Randale; *(abwertend):* Umtriebe.

unruhig
1. a) bewegt, fahrig, flatterig, hektisch, lebhaft, nervös, quecksilbrig, rastlos, ruhelos, zerfahren; *(geh.):* regsam, unstet; *(bildungsspr.):* agil; *(ugs.):* immer auf dem Sprung, kribbelig, quirlig, rappelig, zappelig. b) aufregend, chaotisch, durcheinander, instabil, schwankend, sprunghaft, unbeständig, unregelmäßig, unterbrochen, veränderlich, voller Überraschungen, wechselhaft; *(geh.):* wandelbar.
2. angespannt, aufgewühlt, erhitzt, erregt, fieberhaft, fiebrig, gereizt, gespannt, getrieben, Herzklopfen habend, nervös, reizbar, ungeduldig; *(ugs.):* gespannt wie ein Flitzbogen.

unrühmlich
blamabel, fatal, peinlich, schandbar, schändlich, verachtenswert; *(geh.):* schimpflich, schmählich; *(ugs.):* genierlich; *(abwertend):* erbärmlich; *(oft abwertend):* kläglich.

unsachgemäß
falsch, missbräuchlich, zweckentfremdend.

unsachlich
a) ausfallend, persönlich, polemisch, unangebracht, unpassend; *(bildungsspr.):* inadäquat; *(bildungsspr., Fachspr.):* zu emotional; *(abwertend):* unqualifiziert. b) befangen, einseitig, gefärbt, nicht neutral, parteiisch, parteilich, ungerecht; *(bildungsspr.):* nicht objektiv, subjektiv; *(abwertend):* tendenziös.

unsagbar
a) außerordentlich, unaussprechlich, unbeschreiblich, unfassbar, unfasslich, unglaublich; *(geh.):* namenlos, unsäglich; *(emotional):* unvorstellbar. b) ↑sehr.

unschädlich
einwandfrei, gefahrlos, harmlos, in Ordnung, nicht gefährlich, nicht schlimm, nicht zu beanstanden, risikofrei, risikolos, sauber, sicher, umweltfreundlich, umweltverträglich, unbedenklich, ungefährlich, ungiftig, unproblematisch, verträglich; *(Fachspr.):* atoxisch.

unscharf
a) fließend, konturlos, nebelhaft, undeutlich, unkenntlich, unklar, vage, verschwommen, verwaschen, verwischt, weich; *(geh.):* schemenhaft; *(bildungsspr.):* diffus; *(ugs.):* pixelig, verwackelt. b) ↑unpräzise (a).

unscheinbar
bescheiden, blass, blässlich, dezent, einfach, farblos, langweilig, leicht zu übersehen, leise, matt, mild, nicht aufdringlich, nicht auffällig, reizlos, schlicht, schmucklos, schwach, unaufdringlich, unauffällig, unspektakulär, verhalten, zart, zurückhaltend; *(bildungsspr.):* unpräten-

tiös; *(ugs.)*: ein Mauerblümchen; *(abwertend)*: fade.

unschlagbar

1. unbesiegbar, unbesieglich, unbezwingbar, unbezwinglich, uneinnehmbar, unüberwindbar, unüberwindlich.

2. ausgezeichnet, außergewöhnlich, beispiellos, einmalig, einzig[artig], erstklassig, exquisit, meisterhaft, musterhaft, ohne Beispiel, ohnegleichen, phänomenal, überragend, umwerfend, unerreicht, unübertrefflich, vollendet, vollkommen, vortrefflich, vorzüglich; *(bildungsspr.)*: exklusiv, exzellent, superb; *(ugs.)*: [aller]erste Sahne, einsame Spitze; *(ugs. emotional verstärkend)*: top; *(emotional)*: unvergleichlich.

unschlüssig

abwartend, entschlusslos, entschlussunfähig, [innerlich] hin- und hergerissen, mit sich [selbst] uneins, nicht entschlussfreudig, ratlos, schwankend, unentschieden, unentschlossen, unsicher, zaghaft, zaudernd, zerrissen, zögernd, zuwartend; *(geh.)*: schwank, zögerlich; *(bildungsspr.)*: indeterminiert.

unschön

a) bösartig, böse, boshaft, ekelhaft, garstig, gemein, schändlich, schlecht, schlimm, unfair, unfreundlich; *(geh.)*: niederträchtig, übel, verabscheuungswürdig, verwerflich; *(bildungsspr.)*: perfide; *(ugs.)*: eklig, fies; *(ugs. emotional)*: fürchterlich; *(abwertend)*: infam. **b)** ärgerlich, bedauerlich, leidig, misslich, negativ, nicht von Vorteil, unangenehm, unerfreulich, ungemütlich, ungünstig, ungut, unliebsam, widrig; *(schweiz.)*: ungefreut; *(geh.)*: unerquicklich; *(bildungsspr.)*: prekär; *(ugs.)*: blöd, dumm; *(salopp)*: beknackt, bescheuert, beschissen; *(ugs. verhüll.)*: bescheiden.

Unschuld

1. fehlende [Mit]verantwortung, Schuldfreiheit, Schuldlosigkeit.

2. a) Anständigkeit, Integrität, Makellosigkeit, Reinheit, Unbescholtenheit, Untadeligkeit, Unverdorbenheit; *(geh.)*: Lauterkeit; *(veraltend)*: Rechtschaffenheit. **b)** Ahnungslosigkeit, Arglosigkeit, Blauäugigkeit, Einfältigkeit, Gutgläubigkeit, Harmlosigkeit, Naivität, Treuherzigkeit, Unbedarftheit, Unwissenheit; *(geh.)*: Einfalt.

3. Unberührtheit; *(geh.)*: Jungfräulichkeit; *(veraltend)*: Sittsamkeit; *(bildungsspr., Fachspr.)*: Virginität.

unschuldig

1. frei von Schuld, ohne eigenes Verschulden/Zutun, reinen Gewissens/Herzens, schuldfrei, schuldlos, unbeteiligt, unverschuldet.

2. arglos, einfältig, gutgläubig, herzensgut, in paradiesischer Unschuld, kindlich, naiv, treuherzig, unverdorben.

3. ahnungslos, gedankenlos, harmlos, nichts [Böses] ahnend, ohne böse Hintergedanken, sorglos, unbefangen, unschuldsvoll; *(geh.)*: ohne Argwohn.

4. keusch, rein, sexuell unerfahren, sittsam, unberührt; *(geh.)*: jungfräulich, unbefleckt.

unschwer

auf den ersten Blick, bequem, einfach, gut, leicht, mit einem Blick, mit Leichtigkeit, mühelos, ohne Anstrengung/Aufwand/Mühe, ohne Probleme/Schwierigkeiten, problemlos, spielend; *(ugs.)*: aus dem Handgelenk [heraus], kein Ding, mit links.

unselbstständig

a) abhängig, allein nicht lebensfähig, anlehnungsbedürftig, auf Hilfe angewiesen, hilflos, hilfsbedürftig, machtlos, nicht autonom, ohnmächtig, uneigenständig, unfrei, unmündig, unreif, unsicher; *(bildungsspr.)*: nicht autark; *(bildungsspr. abwertend)*: subaltern. **b)** [ein]gebunden, Teil-. **c)** angestellt, im Angestelltenverhältnis [stehend]; *(veraltend)*: in Lohn und Brot stehend.

unselig

a) bedauerlich, bejammernswert, beklagenswert, desaströs, dunkel, düster, entsetzlich, erschreckend, erschütternd, fatal, katastrophal, schlimm, schrecklich, tragisch, traurig, trostlos; *(geh.)*: leidvoll, übel; *(emotional)*: fürchterlich, grässlich. **b)** fatal, folgenschwer, nachteilig, negativ, schicksalhaft, schlecht, unglücklich, unglückselig, verderblich, verhängnisvoll, verheerend; *(geh.)*: Unheil bringend, unheilvoll, unzuträglich, Verderben bringend; *(bildungsspr.)*: gravierend, perniziös, prekär.

unsensibel

instinktlos, ohne Feingefühl, respektlos, taktlos, unangemessen, unhöflich, unpassend, unverfroren, verletzend, vorlaut; *(geh.)*: ungebührlich, ungeziemend, unschicklich; *(bildungsspr.)*: impertinent, indezent, indiskret, insolent; *(ugs.)*: keine Art; *(emotional)*: unverschämt; *(abwertend)*: plump, ungehobelt, ungeschliffen.

unsicher

1. gefährlich, gefahrvoll, gewagt, risikobehaftet, risikoreich, riskant, waghalsig.

2. entschlusslos, entschlussunfähig, haltlos, [innerlich] hin- und hergerissen, instabil, schwach, schwankend, unentschieden, unschlüssig, un-

zuverlässig, zögerlich; *(geh.):* schwank, unstet; *(abwertend):* flatterhaft; *(geh. abwertend):* wankelmütig.
3. a) inkompetent, nicht gut, nicht souverän, unfähig. **b)** ängstlich, bange, befangen, beklommen, eingeschüchtert, gehemmt, genant, menschenscheu, misstrauisch, nicht selbstsicher, scheu, schüchtern, verängstigt, verlegen, verschämt, verschüchtert, verunsichert, verwirrt, zaghaft, zurückhaltend; *(geh.):* respektvoll, verzagt; *(ugs.):* genierlich, verdruckst, verhuscht; *(nordd.):* zach.
4. fraglich, nicht feststehend, offen, problematisch, strittig, umstritten, unbestimmt, unbewältigt, unentschieden, ungeklärt, ungelöst, ungewiss, unklar, zweifelhaft.

Unsicherheit
1. Befangenheit, Gehemmtheit, Hemmungen, Scheu[heit], Schüchternheit, Verklemmtheit, Verkrampfung, Verlegenheit, Verschüchterung, Verwirrung.
2. Gefahr, Risiko, Schwierigkeit, Unberechenbarkeit, Unsicherheitsfaktor, Unwägbarkeit; *(bildungsspr.):* Imponderabilität; *(dichter.):* Fährde, Fährnis.

unsichtbar
nicht offenkundig, nicht sichtbar, schlummernd, unbemerkt, unmerklich, unter der Oberfläche, unterschwellig, verborgen, verdeckt, verhüllt, verkappt, verschleiert, versteckt; *(bildungsspr.):* latent; *(bes. Fachspr.):* blind.

Unsinn
Irrwitz, Sinnlosigkeit, Unsinnigkeit, Wahnwitz, Wahnwitzigkeit, Widersinnigkeit; *(geh.):* Aberwitz, Sinnentleertheit; *(ugs.):* Witzlosigkeit.

unsinnig
1. absurd, abwegig, irrwitzig, ohne gesunden Menschenverstand, ohne Sinn und Verstand, sinnlos, unvernünftig, wahnwitzig, widersinnig; *(geh.):* aberwitzig; *(ugs.):* blödsinnig, verrückt, wahnsinnig; *(salopp):* krank; *(oft emotional):* irrsinnig; *(abwertend):* lachhaft, töricht.
2. gehörig, groß, heftig, intensiv; *(emotional):* gewaltig; *(nordd.):* doll.

unsolidarisch
abtrünnig, treulos, unzuverlässig, wortbrüchig; *(geh.):* un[ge]treu; *(bildungsspr.):* illoyal; *(abwertend):* verlogen.

unsportlich
1. lahm, starr, steif, unbeweglich, unelastisch, unflexibel, ungelenkig, verkrampft, verspannt, versteift, wie ein Stock, wie ein Stück Holz; *(ugs.):* eingerostet, schlaff, schlapp.
2. einseitig, parteiisch, regelwidrig, unfair, ungerecht; *(geh.):* ehrvergessen, unehrenhaft, unlauter, unredlich.

unsterblich
außergewöhnlich, bedeutungsvoll, [bis] in alle Ewigkeit, denkwürdig, ewig, für immer, groß, immerwährend, langlebig, unendlich, unvergesslich, verewigt, von Bestand/Dauer; *(geh.):* im Buch der Geschichte eingetragen, unverbrüchlich.

unstet
a) bewegt, fahrig, flatterig, hektisch, lebhaft, rastlos, ruhelos, ungeduldig, unruhig, zerfahren; *(ugs.):* kribbelig, quirlig, zappelig. **b)** instabil, schwankend, sprunghaft, unberechenbar, unbeständig, undurchsichtig, unklar, unzuverlässig, veränderlich; *(geh.):* wandelbar.

unstillbar
außerordentlich groß, extrem, gierig, grenzenlos, inflationär, maßlos, sich nicht befriedigen/stillen/zufriedenstellen lassend, ohne jedes Maß, übersteigert, unersättlich, unmäßig; *(bildungsspr.):* exorbitant, exzessiv.

unstimmig
entgegengesetzt, gegensätzlich, gegenteilig, unvereinbar, sich widersprechend, widersprüchlich, widerstreitend; *(bildungsspr.):* antagonistisch, antithetisch, diametral, diskrepant, dissonant, konträr, oppositär, polar.

Unstimmigkeit
Abweichung, Differenz, Gegensatz, Unterschied, Unterschiedlichkeit, Verschiedenartigkeit, Verschiedenheit; *(österr., schweiz.):* Unzukömmlichkeit; *(bildungsspr.):* Diskrepanz, Divergenz.

Unstimmigkeiten
Differenzen, Feindseligkeit, gereizte Stimmung, Missstimmung, Spannungen, Streit, Streitigkeiten, Uneinigkeit, Unfriede, Verstimmtheit, Verstimmung, Wortwechsel; *(geh.):* Animositäten, Zwietracht, Zwist, Zwistigkeiten; *(bildungsspr.):* Disharmonie, Malaise; *(ugs.):* Knatsch, Knies, Krach, Zoff; *(abwertend):* Gezänk, Gezanke, Streiterei; *(verhüll.):* Meinungsverschiedenheiten.

unstrittig
akzeptiert, [allgemein] anerkannt, bekanntermaßen, belegt, erprobt, erwiesen, fraglos, fundiert, geltend, gesichert, gültig, nach herrschender Meinung, respektiert, sicher, unangefochten, unbestreitbar, unbestritten, unstreitig, unumstritten, unwiderlegt, unzweifelhaft, verbürgt; *(bildungsspr.):* verifiziert; *(ugs.):* auf der Hand liegend, wasserdicht; *(emotional):* zweifelsohne.

U
uns

Unsumme
große [An]zahl, Masse, Menge; *(geh.):* Meer, Myriade; *(ugs.):* Haufen; *(emotional verstärkend):* Unmenge; *(ugs. emotional verstärkend):* Unmasse.

unsymmetrisch
asymmetrisch, ungleichmäßig, verzerrt, verzogen.

unsympathisch
abstoßend, ein Dorn im Auge, kaum zu ertragen, unausstehlich, unerträglich, widerwärtig; *(ugs.):* blöd, grässlich; *(salopp):* zum Kotzen; *(abwertend):* widerlich.

Untat
Bestialität, Gewaltverbrechen, Gräueltat, Grausamkeit, Massaker, Verbrechen; *(geh.):* Bluttat, Freveltat, Übeltat; *(emotional):* Blutbad, Gemetzel, Schandtat.

untätig
faul, faulenzerisch, inaktiv, nichts tuend, passiv, tatenlos, träge, unbeteiligt; *(geh.):* müßig, müßiggängerisch; *(bildungsspr.):* lethargisch, phlegmatisch; *(abwertend):* arbeitsscheu, bequem.

untauglich
a) fehl am Platz, nicht tauglich, nicht weiterführend, unbrauchbar, unfunktional, unpassend, unpraktisch, unzweckmäßig, verfehlt, wertlos, zwecklos; *(geh.):* unwert; *(bildungsspr.):* inadäquat; *(ugs.):* zu nichts zu gebrauchen; *(abwertend):* unqualifiziert; *(südd., österr.):* zu nichts nutz. **b)** wehrdienstuntauglich.

unten
1. a) in der Tiefe; *(ugs.):* drunten. **b)** am unteren Ende, an der Unterseite. **c)** auf dem Boden; *(geh.):* auf dem Grund.
2. später folgend, weiter hinten.

Unterbau
1. Basisstein, Fundament, Fuß, Grundmauer, Grundstein, Sockel; *(schweiz.):* Fundation; *(bildungsspr.):* Postament.
2. Ausgangspunkt, Fundament, Grund[lage], Grundstock, Operationsbasis, Plattform, Sockel, Unterlage, Ursprung, Voraussetzung, Wurzel; *(bildungsspr.):* Basis, Fond, Prämisse, Substrat.

unterbewerten
bagatellisieren, benachteiligen, eine zu schlechte Meinung haben, falsch einschätzen, nicht genügend beachten, unterschätzen, verharmlosen, verniedlichen, zu gering bewerten/einschätzen, zurücksetzen; *(geh.):* hintanstellen, hinwegblicken; *(ugs.):* herunterspielen; *(nordd.):* außen vor lassen.

unterbewusst
im Unterbewusstsein, unbewusst, unterschwellig, verdeckt; *(bildungsspr.):* latent.

unterbieten
1. billiger anbieten, billiger sein; *(ugs.):* im Preis toppen.
2. drücken, herabsetzen, reduzieren, senken, vermindern, verringern; *(ugs.):* heruntergehen, herunterschrauben, zurückschrauben; *(Sport):* verbessern.

unterbinden
abstellen, abwehren, blockieren, durchkreuzen, einstellen, hemmen, im Keim ersticken, lahmlegen, nicht gewähren, stoppen, unterbrechen, untersagen, unwirksam machen, verbieten, vereiteln, verhindern, verwehren, verweigern, vorenthalten; *(geh.):* Einhalt gebieten/tun, zu Fall bringen; *(ugs.):* abbiegen, umbiegen; *(abwertend):* torpedieren.

unterbleiben
abgesagt/abgesetzt werden, ausfallen, sich erübrigen, fortfallen, gecancelt/gegenstandslos/hinfällig werden, nicht durchgeführt werden, nicht eintreten, nicht geschehen, nicht stattfinden, wegfallen; *(schweiz.):* dahinfallen; *(ugs.):* abgeblasen/gekippt werden, ins Wasser fallen, unter den Tisch fallen; *(salopp):* flachfallen.

unterbrechen
1. das Wort abschneiden, dazwischenfahren, dazwischenfragen, dazwischenreden, dazwischenrufen, hineinreden, ins Wort fallen, nicht ausreden/aussprechen lassen, stören; *(ugs.):* dazwischenfunken, dreinfahren, einhaken, über den Mund fahren.
2. vorübergehend aufheben/beenden/beschließen; *(ugs.):* den Stecker ziehen; *(geh.):* ein vorläufiges Ende bereiten/machen/setzen.

Unterbrechung
a) Aufenthalt, Fahrtunterbrechung, Halt, Pause, Rast, Ruhepause, Station, Stopp, Trinkpause; *(schweiz.):* Unterbruch. **b)** Einflussnahme, Einmischung, Klärung, Schlichtung, Vermittlung; *(schweiz.):* Unterbruch; *(bildungsspr.):* Intervention. **c)** Bruch, Einschnitt, Störung, Zäsur.

unterbreiten
informieren, mitteilen, unterrichten, zur Entscheidung vorlegen, zutragen; *(geh.):* enthüllen; *(bildungsspr.):* präsentieren; *(nachdrücklich):* in Kenntnis setzen, ins Bild setzen.

unterbringen
1. abstellen, aufbewahren, auf Lager legen/nehmen, deponieren, [ein]bunkern, einkellern, einlagern, einordnen, einstellen, einzwängen, [end]lagern, magazinieren, parken, platzieren,

A B C D E F G H I J K L M N O P Q R S T U unt V W X Y Z

speichern, unterstellen, verstauen, verteilen; *(schweiz.):* versorgen.
2. a) Aufnahme gewähren, aufnehmen, beherbergen, belegen, einquartieren, empfangen, Gastfreundschaft gewähren, Quartier geben, übernachten lassen, Unterkunft anbieten/verschaffen, versorgen, zusammenlegen; *(geh.):* behausen; *(veraltend):* logieren. **b)** [einen Arbeitsplatz] vermitteln; *(ugs.):* einen Job besorgen.

unterbuttern ↑unterdrücken (3).

unterdessen
dabei, dazwischen, in der Zwischenzeit, inzwischen, mittlerweile, solange, unterdes, währenddessen, zwischenzeitlich; *(geh.):* derweil, einstweilen; *(bildungsspr.):* ad interim; *(veraltend):* dieweil, indem.

unterdrücken
1. anstauen, aufstauen, beherrschen, hindern, nicht aufkommen lassen, zurückhalten.
2. nicht bekannt werden lassen, totschweigen, verheimlichen, verschweigen, verschwinden lassen, vertuschen.
3. behindern, einschränken, niederhalten, quälen, schikanieren, übel mitspielen; *(ugs.):* fertigmachen, herumhacken, kleinhalten, kleinmachen, piesacken, unterbügeln, unterbuttern; *(abwertend):* drangsalieren, tyrannisieren.

unterernährt
ausgehungert, dürr, fehlernährt, hager, hohlwangig, Hunger leidend, mager, spindeldürr, verfallen; *(geh.):* ausgezehrt, herabgekommen; *(ugs.):* spitz, vom Fleisch gefallen, wie ein wandelndes Gerippe; *(fam.):* klapprig; *(ugs. emotional):* klapperdürr; *(ugs. scherzh.):* bloß/nur noch Haut und Knochen.

Unterfangen
Experiment, Risiko, Unternehmen, Versuch, Vorhaben, Wagnis; *(bes. schweiz.):* Übung; *(geh.):* Wagestück; *(bildungsspr.):* Vabanquespiel.

untergeben ↑untergeordnet (2).

Untergang
a) Abstieg, Fall, Verfall, Zerfall, Zusammenbruch; *(geh.):* Niedergang; *(bildungsspr.):* Apokalypse. **b)** Ende, Katastrophe, Ruin, Sturz, Unglück, Verhängnis; *(geh.):* Abgrund, Verderben.

untergehen
1. absinken, niedersinken, versinken; *(ugs.):* absacken, versacken, wegsacken; *(salopp):* absaufen.
2. absterben, sich auflösen, auseinanderbrechen, auseinanderfallen, aussterben, dem Untergang entgegengehen, in Auflösung begriffen sein, niedergehen, verfallen, vernichtet/zerstört werden, zerfallen, zu Ende gehen, zu existieren aufhören, zugrunde gehen; *(geh.):* dahinsinken, seinen Niedergang erleben.

untergeordnet
1. bedeutungslos, belanglos, nebensächlich, nicht der Rede wert, nicht erwähnenswert/nennenswert/wichtig, ohne Bedeutung/Belang, unerheblich, uninteressant, unmaßgeblich, unwesentlich, unwichtig; *(geh.):* nichtig; *(bildungsspr.):* irrelevant, ohne Relevanz, peripher, trivial.
2. nachgeordnet, nachrangig, subaltern, tiefergestellt, untergeben, unterstellt, zweitrangig; *(bildungsspr.):* inferior, sekundär.
3. *(Sprachwiss.):* subordinativ, syntaktisch abhängig.

untergliedern
auffächern, aufgliedern, aufschlüsseln, aufteilen, eingliedern, eingruppieren, einordnen, einteilen, fächern, gliedern, gruppieren, klassifizieren, ordnen, sortieren, staffeln, strukturieren, Unterpunkte anlegen, unterteilen, zuordnen; *(geh.):* reihen; *(bildungsspr.):* differenzieren, kategorisieren, rubrizieren, systematisieren; *(bildungsspr., Fachspr.):* segmentieren, typisieren.

untergraben
beeinträchtigen, beschädigen, erschüttern, ruinieren, schmälern, schwächen, trüben, verletzen, zunichtemachen; *(geh.):* zu Fall bringen; *(bildungsspr.):* demoralisieren.

Untergrund
1. a) [Erd]boden, Erde, Erdoberfläche, Grund. **b)** Basis, Fundament, Grundlage, Nährboden, Sockel, Unterbau, Unterlage.
2. Illegalität; *(bildungsspr.):* Anonymität, Underground.

Unterhalt
Alimentation, Auskommen, das tägliche Brot, Einkommen, Erhaltung, Ernährung, Existenz, Fortkommen, Haushaltungskosten, Unterhaltsbeitrag, Unterhaltungskosten, Versorgung.

unterhalten
1. betreiben, bewirtschaften, die Leitung innehaben, führen, leiten, lenken, steuern, vorstehen.
2. aufrechterhalten, bewahren, erhalten, gut/pfleglich/schonend umgehen, gut behandeln, in Ordnung/instand halten, konservieren, pflegen; *(geh.):* soignieren, sorgsam umgehen.
3. amüsieren, aufheitern, begeistern, belustigen, bespaßen, entzücken, erfreuen, erheitern, Freude bereiten/machen/spenden, Heiterkeit

erregen, heiter stimmen, Spaß machen, überraschen, Vergnügen bereiten, zerstreuen, zum Lachen bringen; *(geh.):* beglücken, beseligen, erbauen, ergötzen; *(bildungsspr.):* delektieren.

unterhalten, sich

1. sich austauschen, diskutieren, eine Unterhaltung/ein Gespräch führen, sich etwas erzählen, Gedanken austauschen, miteinander reden/sprechen, plaudern; *(bildungsspr.):* kommunizieren, Konversation machen; *(ugs.):* labern; *(salopp):* quatschen; *(fam.):* einen Schwatz halten; *(nordd.):* klönen, schnacken; *(bes. nordd.):* schwatzen; *(bes. südd.):* schwätzen; *(bildungsspr. veraltend):* parlieren.

BSP Sie haben sich über ihre Erfahrungen ausgetauscht. Sie führte mit der Vertrauenslehrerin ein längeres Gespräch. Sie kommunizieren über Sprachnachrichten miteinander.

2. sich amüsieren, sich die Zeit vertreiben, sich erfreuen, Freude haben, [seinen] Spaß haben, sich vergnügen, sich zerstreuen; *(geh.):* sich ergötzen, guter Dinge sein, jubilieren, sich weiden; *(veraltend):* sich belustigen.

unterhaltsam

abwechslungsreich, amüsant, erfrischend, ergötzend, erheiternd, fesselnd, interessant, kurzweilig, lebendig, lebhaft, mitreißend, nicht eintönig/langweilig, reich an Abwechslung, sprühend, unterhaltend, vielfältig, vielgestaltig, vielseitig, zerstreuend; *(geh.):* ergötzlich.

Unterhaltung

1. Betreibung, Erhaltung, Konservierung, Pflege; *(veraltend):* Wartung.

2. Aussprache, Dialog, Erörterung, Gedankenaustausch, Gespräch, Meinungsaustausch, Plauderei, Unterredung, Wortwechsel; *(schweiz.):* Gerede; *(geh.):* Zwiesprache; *(bildungsspr.):* Diskurs, Konversation, Meeting; *(ugs.):* Klatsch; *(fam.):* Schwatz; *(nordd.):* [Klön]schnack; *(südd., österr.):* Ansprache; *(Jargon):* Talk.

3. Ablenkung, Abwechslung, Aufmunterung, Erheiterung, Veränderung, Vergnügen, Zeitvertreib, Zerstreuung; *(geh.):* Ergötzen, Ergötzung; *(salopp):* Kinderbelustigung; *(veraltend):* Kurzweil.

Unterhändler, Unterhändlerin

Abgesandter, Abgesandte, Beauftragter, Beauftragte, Bevollmächtigter, Bevollmächtigte, Bote, Botin, Delegat, Delegatin, Delegierter, Delegierte, Emissär, Emissärin, Kommissar, Kommissarin, Kurier, Kurierin, Mittelsmann, Mittelsfrau, Mittelsperson, Parlamentär, Parlamentärin, Vertreter, Vertreterin; *(südd., österr., schweiz.):* Kommissär, Kommissärin.

unterkommen

1. a) Aufnahme finden, beherbergt werden, Unterkunft/Unterschlupf finden; *(ugs.):* unterkriechen, unterschlüpfen. **b)** angestellt werden, Arbeit finden, eine Anstellung finden, eingestellt werden; *(ugs.):* ankommen.

2. begegnen, geschehen, passieren, vorkommen, zustoßen; *(geh.):* betreffen, widerfahren; *(ugs.):* unterlaufen.

unterkriegen

sich nicht unterkriegen lassen

dabei bleiben, hart bleiben, sich nicht abbringen lassen, nicht abgehen von, nicht ablassen von, nicht aufgeben, sich nicht entmutigen lassen, standhaft bleiben, unbeirrt fortfahren, unbeirrt fortführen; *(geh.):* ausharren; *(bildungsspr.):* insistieren, persistieren; *(ugs.):* die Ohren steifhalten, dranbleiben, durchziehen, sich nicht beschwatzen lassen, sich nicht breitschlagen lassen, sich nicht kleinkriegen lassen.

Unterkunft

Beherbergung, Bleibe, Hostel, Logis, Quartier, Schlafstelle, Unterkommen, Unterschlupf, Urlaubsdomizil, Wohnung, Zuflucht; *(österr.):* Unterstand; *(geh.):* Behausung, Wohnstätte; *(bildungsspr.):* Refugium; *(bildungsspr., oft scherzh.):* Domizil; *(ugs.):* Dach über dem Kopf, Unterbringung; *(abwertend):* Spelunke; *(geh. veraltet):* Wohnstatt.

Unterlagen

Akte, Aktenstück, Archivale, Dokument, Dossier, Niederschrift, Schreiben, Schriftstück, Skript, Urkunde, Vorgang; *(österr.):* Akt; *(bildungsspr.):* Faszikel, Konvolut; *(EDV):* Datei.

unterlassen

ablassen/absehen von, ausklammern, auslassen, aussparen, sich ersparen, lassen, nicht machen/tun, sich schenken, unberücksichtigt lassen, verzichten, weglassen; *(geh.):* Abstand nehmen, sich enthalten, entsagen, sich entziehen, sich versagen; *(ugs.):* bleiben/sein lassen, einen [großen] Bogen machen, unter den Tisch fallen lassen, sich verkneifen.

unterlaufen

1. passieren, unbemerkt geschehen, versehentlich auftreten/vorkommen; *(geh.):* widerfahren; *(ugs.):* einen Bock schießen.

2. ↑unterkommen (2).

3. aushöhlen, bremsen, dämpfen, herabsetzen,

A B C D E F G H I J K L M N O P Q R S T U unt V W X Y Z

heruntersetzen, schwächen, untergraben, unterhöhlen, unterminieren, unwirksam/wirkungslos machen; *(geh.):* ins Wanken bringen, mindern; *(abwertend):* torpedieren.

unterlegen

a) nicht ebenbürtig, nicht gleichrangig, nicht gleichwertig, schwächer. **b)** am Boden, am Ende, ausgeliefert, besiegt, bezwungen, ohne Einfluss/Macht, [schach]matt, überwältigt, unterworfen, vernichtet, wehrlos; *(geh.):* überwunden; *(ugs.):* erledigt.

unterlegen sein

es nicht mit jmdm. aufnehmen können, gegen jmdn. ein Waisenkind sein, hinter jmdm. zurückstehen, jmdm. nicht das Wasser reichen können, nicht gleichkommen, nicht mithalten können; *(ugs.):* den Kürzeren ziehen/gezogen haben; *(veraltend):* nachstehen.

Unterleib

Bauch; *(geh.):* Leib.

unterliegen

1. ausgestochen/besiegt/bezwungen werden, eine Niederlage erleiden, geschlagen werden, übermannt/überrannt/überrollt werden, überwältigt/überwunden/unterworfen werden, verlieren; *(bildungsspr.):* ein Waterloo erleben; *(ugs.):* eine Schlappe einstecken müssen, erledigt werden, fertiggemacht werden, weggeputzt werden; *(Sport):* auf die Plätze verwiesen werden, deklassiert/distanziert werden.

2. bestimmt werden von, unterworfen sein.

untermauern

bekräftigen, bestärken, erhärten, festigen, fundieren, kräftigen, stabilisieren, stärken, stützen, unterstützen, vertiefen; *(geh.):* erstarken, stählen; *(bildungsspr.):* konsolidieren, zementieren; *(veraltend):* verbriefen.

unternehmen

1. abhalten, arrangieren, auf die Beine stellen, ausrichten, durchführen, in die Tat umsetzen, organisieren, stattfinden lassen, veranstalten, verwirklichen, zustande/zuwege bringen; *(geh.):* ins Werk setzen; *(bildungsspr.):* realisieren, zelebrieren; *(ugs.):* aufziehen, deichseln, durchziehen, schmeißen, über die Bühne bringen.

2. andere Saiten aufziehen, Einfluss nehmen, sich einsetzen, handelnd eingreifen, Maßnahmen ergreifen, vorgehen gegen; *(bildungsspr.):* intervenieren; *(ugs.):* dahinter/hinterher sein, sich dahinterklemmen, sich ins Zeug legen, kurzen Prozess machen, sich starkmachen.

Unternehmen

1. Aktion, Coup, Handlung, Kampagne, Schritt, Tat, Unterfangen, Vorhaben; *(bildungsspr.):* Operation.

2. Betrieb, Firma, Geschäft, Konzern, Unternehmung, Werk.

Unternehmer, Unternehmerin

Arbeitgeber, Arbeitgeberin, Erzeuger, Erzeugerin, Fabrikant, Fabrikantin, Fabrikbesitzer, Fabrikbesitzerin, Geschäftsmann, Geschäftsfrau, Hersteller, Herstellerin, Industrieller, Industrielle, Produzent, Produzentin; *(österr.):* Wirtschaftstreibender, Wirtschaftstreibende; *(Jargon):* Entrepreneur, Entrepreneurin.

unternehmungslustig

abenteuerlustig, aktiv, dynamisch, energiegeladen, kraftvoll, schwungvoll, tatkräftig, temperamentvoll, vital, voller Energie/Tatendrang/Unternehmungslust; *(geh.):* nimmermüde, regsam, tatendurstig; *(bildungsspr.):* agil; *(ugs.):* umtriebig.

unterordnen

1. ausklammern, außer Acht/Betracht lassen, beiseitelassen, übergehen, vernachlässigen, zurücksetzen, zurückstellen; *(geh.):* hintansetzen, hintanstellen; *(nordd.):* außen vor lassen.

2. a) unterstellen, zuordnen, zuteilen, zuweisen. **b)** eingliedern, einreihen, zurechnen; *(bildungsspr.):* subsumieren.

unterordnen, sich

sich anpassen, sich beugen, [den Widerstand] aufgeben, sich dreinschicken, sich ergeben, sich fügen, gehorchen, kapitulieren, klein beigeben, nachgeben, parieren, resignieren, sich richten nach, sich schicken, sich unterwerfen; *(schweiz.):* sich unterziehen; *(geh.):* den Nacken beugen, die Segel streichen, die Waffen strecken; *(bildungsspr.):* einen Kotau machen; *(ugs.):* kuschen, spuren; *(salopp):* den Schwanz einziehen.

Unterricht

Ausbildung, Kurs, Kursus, Lehre, Lektion, Schule, Schulstunde, Schulung, Training, Übung, Unterweisung.

unterrichten

1. anleiten, beibringen, dozieren, einarbeiten, lehren, lesen, Unterricht erteilen/geben/halten, Vorlesungen halten, Wissen vermitteln; *(ugs.):* eintrichtern.

2. aufklären, benachrichtigen, einweisen, erklären, erläutern, informieren, instruieren, zutragen; *(bes. schweiz.):* orientieren; *(bildungsspr.):* kommunizieren; *(nachdrücklich):* in Kenntnis setzen, ins Bild setzen.

unterrichten, sich

auskundschaften, sich einen Überblick verschaffen, sich erkundigen, sich Informationen/Kenntnisse verschaffen, sich kundig machen, sich orientieren, sich umsehen, zurate ziehen; *(bildungsspr.):* konsultieren; *(ugs.):* sich schlaumachen.

untersagen
abstellen, abwehren, blockieren, durchkreuzen, einstellen, hemmen, im Keim ersticken, lahmlegen, nicht gewähren, stoppen, unterbinden, unterbrechen, unwirksam machen, verbieten, vereiteln, verhindern, verwehren, verweigern, vorenthalten; *(geh.):* Einhalt gebieten/tun, zu Fall bringen; *(ugs.):* abbiegen, umbiegen; *(abwertend):* torpedieren.

unterschätzen
bagatellisieren, benachteiligen, eine zu schlechte Meinung haben, falsch einschätzen, nicht genügend beachten, unterbewerten, verharmlosen, verniedlichen, zu gering bewerten/einschätzen, zurücksetzen; *(geh.):* hintanstellen, hinwegblicken; *(ugs.):* herunterspielen; *(nordd.):* außen vor lassen.

unterscheiden
a) abgrenzen, auseinanderhalten, einen Unterschied machen, gegeneinander abgrenzen, nicht gleichsetzen, nicht verwechseln, sondern, sortieren, teilen, trennen, voneinander abheben; *(geh.):* vereinzeln; *(meist geh.):* scheiden; *(bildungsspr.):* differenzieren, segregieren; *(ugs.):* auseinanderkennen; *(veraltend):* separieren; *(Fachspr.):* diskriminieren. **b)** abstufen, aufgliedern, einstufen, klassifizieren, staffeln, unterteilen; *(bildungsspr.):* differenzieren.

unterscheiden, sich
sich abheben, abstechen, abweichen, auseinandergehen, einen Gegensatz/Kontrast bilden, erkennbar sein, sich herausheben, herausstechen, hervortreten, nicht übereinstimmen, unterschiedlich sein, variieren, verschieden sein, sich widersprechen; *(bildungsspr.):* differieren, divergieren, kontrastieren.

Unterschied
1. a) Abweichung, Andersartigkeit, Gegensatz, Kluft, Kontrast, Missverhältnis, Trennung, Ungleichheit, Unstimmigkeit, Unterschiedlichkeit, Verschiedenartigkeit, Verschiedenheit, Widersprüchlichkeit, Zwiespalt; *(bildungsspr.):* Antagonismus, Differenz, Diskrepanz, Disproportionalität, Divergenz, Heterogenität, Inkonsequenz; *(Jargon):* Schere. **b)** Abstufung, feiner Unterschied, Feinheit, Nuance, Nuancierung, Schattierung.
2. Abgrenzung, Trennung, Unterscheidung; *(geh.):* Sonderung; *(bildungsspr.):* Differenzierung.

Unterschied

einen Unterschied machen
abgrenzen, voneinander abheben, auseinanderhalten, sondern, trennen; *(bildungsspr.):* differenzieren.

keinen Unterschied machen
eins sein, im/in Einklang stehen, sich entsprechen, sich gleichen, harmonieren, übereinstimmen; *(bildungsspr.):* kongruieren, korrespondieren.

im Unterschied dazu
andererseits, dagegen, dahingegen, demgegenüber, hingegen, [je]doch, wiederum.

unterschiedlich
abweichend, andere, andersartig, auseinandergehend, entgegengesetzt, ungleich, verschieden[artig], wahlweise; *(geh.):* mannigfaltig; *(bildungsspr.):* antagonistisch, diametral, different, disparat, divergent, divergierend, heterogen, inhomogen, konträr.

unterschlagen
1. hinterziehen, stehlen, verschwinden lassen; *(ugs.):* auf die Seite bringen/schaffen, in die eigene Tasche stecken; *(salopp):* sich unter den Nagel reißen; *(scherzh.):* entführen.
2. für sich behalten, geheim halten, nicht sagen/verraten, totschweigen, verheimlichen, verschweigen, vertuschen; *(geh.):* nicht preisgeben, verhehlen.

Unterschlupf
Schlupfloch, Schutzort, Versteck, Zufluchtsort; *(geh.):* Freistatt, Freistätte, Zufluchtsstätte; *(bildungsspr.):* Refugium; *(emotional):* Nest; *(oft abwertend):* Schlupfwinkel.

unterschreiben
a) abzeichnen, attestieren, bescheinigen, bestätigen, gegenzeichnen, seinen Namen/seine Unterschrift/sein Zeichen setzen, unterzeichnen; *(österr.):* saldieren; *(bildungsspr.):* paraphieren, signieren; *(ugs. scherzh.):* seinen Friedrich Wilhelm unter etw. setzen. **b)** akzeptieren, anerkennen, annehmen, bejahen, billigen, dafür sein, dahinterstehen, sich einverstanden erklären, einverstanden sein, einwilligen, gutheißen, Ja sagen, konform gehen, mitmachen, zulassen, zustimmen; *(bildungsspr.):* konzedieren, legitimieren, sanktionieren, tolerieren; *(ugs.):* absegnen.

A B C D E F G H I J K L M N O P Q R S T U unt V W X Y Z

Unterschrift
Autogramm, Namenszeichen, Namenszug; *(bildungsspr.):* Paraphe, Signatur, Signum; *(ugs.):* Friedrich Wilhelm.

unterschwellig
nicht offenkundig, nicht sichtbar, schlummernd, unbemerkt, unmerklich, unsichtbar, unter der Oberfläche, verborgen, verdeckt, verhüllt, verkappt, verschleiert, versteckt; *(bildungsspr.):* latent.

untersetzt
dicklich, füllig, korpulent, stämmig.

Unterstand
Schutzdach, Wetterdach.

unterstehen
a) abhängen von, abhängig sein, angewiesen sein, unterstellt sein; *(österr.):* anstehen; *(bildungsspr. veraltend):* ressortieren; *(veraltend):* untertan sein. **b)** bestimmt werden, unterworfen sein.

unterstehen, sich
sich anmaßen, die Dreistigkeit/Frechheit/Kühnheit besitzen, die Stirn haben, geltend machen, sich [ge]trauen, sich vorwagen, wagen; *(geh.):* sich erdreisten, sich erkühnen, sich unterfangen, sich vermessen; *(geh. abwertend):* sich nicht entblöden; *(ugs.):* die Courage haben, sich herausnehmen; *(veraltend):* sich erkecken.

[1]unterstellen
1. abstellen, aufbewahren, auf Lager legen/nehmen, deponieren, einlagern, einstellen, lagern, parken, platzieren.
2. schützen, sichern.

[1]unterstellen, sich
sich flüchten, Schutz suchen.

[2]unterstellen
1. unterordnen, zuordnen, zuteilen, zuweisen.
2. beschuldigen, bezichtigen, die Schuld geben, in die Schuhe schieben, unterschieben, verantwortlich machen, vorhalten, vorwerfen, zur Last legen; *(geh.):* zeihen; *(bildungsspr. abwertend):* denunzieren.

unterstreichen
akzentuieren, auf den Punkt/Begriff bringen, [ausdrücklich] erwähnen, behaupten, [besonders] kennzeichnen, betonen, deutlich machen, Gewicht/Nachdruck legen auf, herausheben, herausstellen, hervorheben, in den Mittelpunkt rücken, markieren, Nachdruck legen auf, überspitzen, vor Augen führen/halten, vorbringen, zur Geltung bringen, zuspitzen; *(geh.):* hervorkehren; *(bildungsspr.):* apostrophieren, exponieren, plakatieren, pointieren; *(ugs.):* raushängen, rauskehren.

unterstützen
1. a) aushelfen, entlasten, helfen, übernehmen, sich widmen, zur Verfügung stehen; *(geh.):* Beistand gewähren/leisten. **b)** aufmuntern, befördern, begünstigen, bekräftigen, bestärken, den Rücken stärken/steifen, die Stange halten, sich einsetzen, einstehen, eintreten für, ermuntern, ermutigen, festigen, fördern, heben, Mut machen, stabilisieren, stärken, sich vor jmdn./etw. stellen; *(bildungsspr.):* protegieren.
2. befürworten, begrüßen, billigen, dafür sein, sich einsetzen, Fürsprache einlegen, Stellung nehmen für; *(bildungsspr.):* plädieren; *(Jargon):* featuren, liken, supporten.

Unterstützer, Unterstützerin
Helfer, Helferin, Stütze.

Unterstützung
1. Begünstigung, Beistand, Dazutun, Dienste, Einsatz, Erleichterung, Förderung, Hebung, Hilfe[leistung], Hilfestellung, Hinzutun, Mentoring, Mitarbeit, Mithilfe, Mitwirkung, Mühe[n], Stütze, Zutun; *(ugs.):* Schützenhilfe; *(bes. EDV):* Support.
2. Beihilfe, Hilfsgelder, [milde] Gabe, Spende, Zuschuss; *(schweiz.):* Zustupf; *(geh.):* Scherflein; *(bildungsspr.):* Obolus; *(ugs.):* Liquiditätsspritze; *(abwertend):* Almosen.

untersuchen
1. a) beleuchten, beobachten, betrachten, durchforsten, durchleuchten, durchsehen, inspizieren, kontrollieren, [nach]prüfen, revidieren, überprüfen; *(ugs.):* auf den Zahn fühlen, auf Herz und Nieren prüfen, unter die Lupe nehmen; *(Fachspr.):* screenen.

BSP Wir betrachten die Entwicklung von der Romanik zur Gotik. Vergesst nicht, den Aufsatz noch einmal auf Fehler hin durchzusehen.

b) analysieren, Proben nehmen.
2. ermitteln, nachforschen, Nachforschungen anstellen, recherchieren, Untersuchungen anstellen.

Untersuchung
1. Aufarbeitung, Begutachtung, Bespiegelung, Betrachtung, Check-up, Experiment, Inspektion, Kontrolle, Nachprüfung, Spurensuche, Test, Versuch, Wartung; *(schweiz.):* Untersuch.
2. Durchsuchung, Ermittlung, Razzia.
3. Abhandlung, Arbeit, Erörterung, Niederschrift, Publikation, Schrift, Studie, Text, Titel, Veröffentlichung, Werk; *(bildungsspr.):* Diskurs.

Untertan, Untertanin
1. Staatsbürger, Staatsbürgerin.

2. *(abwertend):* Duckmäuser, Duckmäuserin, Kriecher, Kriecherin, Lakai, Lakaiin, Schleimer, Schleimerin, Speichellecker, Speichelleckerin, Steigbügelhalter, Steigbügelhalterin.

untertauchen
entkommen, fliehen, flüchten, verschwinden, weglaufen; *(geh.):* den Rücken kehren/wenden, sich entziehen, sich fortbegeben; *(ugs.):* sich abseilen, sich absetzen, sich aus dem Staub machen, auskneifen, durchbrennen, entwischen, sich verdrücken, verduften, sich verdünnisieren, sich verkrümeln, sich verziehen, von der Bildfläche verschwinden; *(salopp):* abhauen, die/eine Fliege machen, türmen, sich verpissen, sich verschiffen, sich vom Acker machen.

unterteilen
auffächern, aufgliedern, aufschlüsseln, aufspalten, einteilen, gliedern, klassifizieren, ordnen, spalten, teilen, untergliedern; *(bildungsspr., Fachspr.):* segmentieren.

untertreiben
abschwächen, bagatellisieren, bescheiden sein, sein Licht unter den Scheffel stellen, tiefstapeln; *(ugs.):* herunterspielen, runterspielen.

Untertreibung
1. Abschwächung, [falsche] Bescheidenheit, Herabspielen, Tiefstapelei, Understatement, Unterbewertung, [vornehme] Zurückhaltung, Zurücknahme.
2. Abwiegelung, Beschwichtigung.

unterwandern
durchsetzen, eindringen, einfallen, einrücken, sich einschleichen, sich einschmuggeln, infiltrieren, untergraben, zersetzen.

unterwegs
auf der Reise, auf Reisen, aushäusig, außer Haus, auswärts, fort, nicht da/hier, nicht zugegen/zu Hause, verreist; *(geh.):* anderwärts, entschwunden; *(ugs.):* anderswo, auf [der] Achse, sonst wo, über alle Berge, weg; *(bes. südd., österr., schweiz.):* nicht daheim.

unterweisen
anleiten, anlernen, ausbilden, bekannt machen, einarbeiten, einführen, einweihen, einweisen, erziehen, gewöhnen, heranführen, instruieren, lehren, leiten, lenken, näherbringen, schulen, unterrichten, vermitteln, vertraut machen.

unterwerfen
besiegen, bezwingen, den Sieg davontragen/erlangen/erringen, sich durchsetzen, eine Niederlage beibringen/bereiten/zufügen, entwaffnen, gewinnen, gleichschalten, niederkämpfen, niederringen, schlagen, triumphieren, überrennen, überrollen, überwältigen, überwinden, unter seine Herrschaft bringen, vergewaltigen, wehrlos machen; *(schweiz.):* bodigen; *(geh.):* auf/in die Knie zwingen, niederwerfen, niederzwingen, obsiegen, sich untertan machen; *(bildungsspr.):* ein Waterloo bereiten; *(ugs.):* einpacken, erledigen, fertigmachen.

unterwerfen, sich
1. aufgeben, die Waffen niederlegen/strecken, sich ergeben, kapitulieren, keinen Widerstand [mehr] leisten.
2. akzeptieren, sich anpassen, sich beugen, sich ducken, sich eingewöhnen, sich ergeben, sich fügen, gehorchen, geschehen lassen, gestatten, gutheißen, mit dem Strom schwimmen, parieren, sich richten nach, sich unterordnen, zurückstecken; *(geh.):* den Nacken beugen, die Segel streichen; *(bildungsspr.):* sanktionieren, tolerieren; *(ugs.):* sich gefallen lassen, kuschen, spuren, unterschreiben; *(salopp):* den Schwanz einziehen.

unterwürfig
ehrfürchtig, kniefällig, untertänig; *(bildungsspr.):* devot.

GGS gebieterisch, herrisch, stolz, [hoch]erhobenen Hauptes.

---

unterzeichnen
abzeichnen, bestätigen, gegenzeichnen, mit seinem Namenszeichen versehen, quittieren, seinen Namen/seine Unterschrift/sein Zeichen setzen, seine Unterschrift geben, unterschreiben; *(österr.):* saldieren; *(bildungsspr.):* mit der Paraphe versehen, paraphieren, signieren; *(ugs. scherzh.):* sein Autogramm geben, seinen Friedrich Wilhelm unter etw. setzen.

unterziehen, sich
absolvieren, auf sich nehmen, durchstehen, erdulden, über sich ergehen lassen; *(ugs.):* durchmachen, mitmachen.

Untiefe
1. Barre, Sandbank, seichte Stelle.
2. Abgrund, große Tiefe, Undurchschaubarkeit.

untragbar
1. unannehmbar, unhaltbar, unvertretbar; *(bildungsspr.):* inakzeptabel.
2. kaum zu ertragen, nicht auszuhalten/zuzumuten, nicht hinnehmbar, unerträglich, unhaltbar, unmöglich, unter aller Würde, unzumutbar; *(bildungsspr.):* intolerabel, nicht akzeptabel.

untrennbar
eng zusammengehörig, fest [verbunden], nicht zerlegbar.

untreu
abtrünnig, treulos, unzuverlässig, verräterisch,

wortbrüchig; *(geh.)*: ungetreu; *(bildungsspr.)*: illoyal.

Untreue

a) Abtrünnigkeit, Treulosigkeit, Unzuverlässigkeit, Verrat, Wortbrüchigkeit; *(bildungsspr.)*: Illoyalität. **b)** Ehebruch, Seitensprung, Treulosigkeit.

unüberlegt

bedenkenlos, gedankenlos, kopflos, leichtherzig, leichtsinnig, ohne Sinn und Verstand, panikartig, sorglos, übereilt, überhastet, überstürzt, unbedacht, unbesonnen, unvorsichtig, voreilig, vorschnell; *(geh.)*: eilfertig; *(abwertend)*: leichtfertig.

unübersehbar

1. augenfällig, eklatant, ins Auge fallend/springend, klar erkennbar/ersichtlich, nicht zu übersehen, offenkundig, offensichtlich, unverkennbar; *(geh.)*: augenscheinlich; *(bildungsspr.)*: evident, flagrant, manifest.

2. a) ausgedehnt, endlos, grenzenlos, maßlos, ohne Ende/Grenzen, unabsehbar, unendlich, unermesslich, unüberschaubar, weit; *(emotional)*: uferlos. **b)** ↑sehr.

unübertrefflich

ausgezeichnet, außergewöhnlich, beispiellos, einmalig, einzig[artig], erstklassig, exquisit, hervorragend, meisterhaft, musterhaft, ohne Beispiel, ohnegleichen, phänomenal, überragend, umwerfend, unerreicht, unschlagbar, vollendet, vollkommen, vortrefflich, vorzüglich; *(bildungsspr.)*: exklusiv, exzellent, superb; *(ugs.)*: [aller]erste Sahne, einsame Spitze; *(ugs. emotional verstärkend)*: top; *(emotional)*: unvergleichlich.

unüblich

ausgefallen, außergewöhnlich, exotisch, gegen die Norm/Konvention/Regel, nicht gängig, nicht [ganz] alltäglich, nicht gebräuchlich, nicht herkömmlich, nicht vertraut, ungeläufig, ungewöhnlich, ungewohnt, unkonventionell.

unumgänglich

a) nicht zu umgehen/verhindern/vermeiden, unabänderlich, unabwendbar, unaufhaltsam, unausbleiblich, unausweichlich, unvermeidbar, unvermeidlich, unweigerlich, zwangsläufig; *(geh.)*: unentrinnbar. **b)** dringend erforderlich/geboten/nötig, notwendig, unabdingbar, unabkömmlich, unausweichlich, unentbehrlich, unerlässlich, unvermeidlich, unverzichtbar, vonnöten; *(bildungsspr. veraltend)*: obligat.

ununterbrochen

andauernd, anhaltend, beständig, dauernd, durchgehend, endlos, fortdauernd, fortgesetzt, fortlaufend, fortwährend, immerfort, immerwährend, immerzu, in einem fort, in Permanenz, laufend, ohne Ende/Pause/Unterbrechung, pausenlos, permanent, ständig, stetig; tagaus, tagein; Tag und Nacht, unablässig, unaufhörlich, unausgesetzt, unentwegt; *(bildungsspr., Fachspr.)*: kontinuierlich; *(ugs.)*: am laufenden Band, ewig, in einer Tour, rund um die Uhr; *(emotional)*: ohne Unterlass.

unveränderlich

beständig, bleibend, dauerhaft, fest[stehend], fix, gleichbleibend, invariabel, konstant, starr, von Dauer.

unverantwortlich

fahrlässig, gedankenlos, leichtfertig, leichthin, leichtsinnig, riskant, unbedacht, unbesonnen, unüberlegt, unverantwortbar, verantwortungslos.

unverbesserlich

eingefleischt, einsichtslos, hoffnungslos, kritikunfähig, nicht [mehr] zu ändern, unbelehrbar, uneinsichtig, unzugänglich; *(abwertend)*: starrköpfig, starrsinnig, verstockt.

unverbindlich

1. a) nicht bindend/fest, ohne Gewähr/Verbindlichkeit/Verpflichtung, zu nichts verpflichtend. **b)** beliebig, vage; *(oft leicht abwertend)*: allgemein.

2. barsch, brüsk, eckig, kühl, kurz angebunden, nicht sehr entgegenkommend, reserviert, spröde, unfreundlich; *(bildungsspr.)*: distanziert; *(ugs.)*: zugeknöpft.

unverdaulich

a) schwer. **b)** nicht annehmbar/tragbar; *(bildungsspr.)*: inakzeptabel, nicht akzeptabel; *(ugs.)*: schwer zu schlucken.

unverdient

a) glücklich, in den Schoß gefallen, nicht verdient, ohne eigenes Verdienst. **b)** aus der Luft gegriffen/geholt, gegenstandslos, grundlos, haltlos, unbegründet, ungerechtfertigt.

unvereinbar

einander ausschließend, entgegengesetzt, gegensätzlich, gegenteilig, nicht in Einklang zu bringen, nicht kompatibel/zueinander passend, unverträglich, sich widersprechend, widersprüchlich, widerstreitend; *(bes. Fachspr.)*: inkompatibel.

unverfälscht

echt, natürlich, ohne Beimischungen, original, pur, rein, ungeschönt, ungetrübt, unvermischt, ursprünglich, urwüchsig, wahr; *(schweiz.)*: urchig; *(bildungsspr.)*: authentisch, genuin.

unverfänglich

gefahrlos, harmlos, nicht bedrohlich, risikofrei,

risikolos, unbedenklich, ungefährlich, unproblematisch.

unvergänglich
beständig, dauerhaft, ewig, immerwährend, unsterblich, zeitlos; *(veraltend):* unverweslich.

unvergesslich
anhaltend, bedeutend, bleibend, denkwürdig, einmalig, unsterblich, unvergessen; *(geh.):* unauslöschlich; *(bildungsspr.):* memorabel.

unvergleichlich
1. ↑unübertrefflich.
2. nicht zu vergleichen, unvergleichbar; *(bildungsspr.):* inkommensurabel, inkomparabel, präzedenzlos.

unverhältnismäßig
allzu, extrem, hyper-, über Gebühr, überhöht, übermäßig, übersteigert, übertrieben, überzogen, unmäßig, verstiegen; *(schweiz.):* übersetzt; *(geh.):* über alle Maßen, über die Maßen; *(ugs.):* happig, unsinnig; *(abwertend):* sinnlos; *(emotional):* horrend.

unverheiratet
alleinstehend, ehelos, ledig, nicht verheiratet, ohne Frau, ohne Mann, single; *(geh.):* unvermählt; *(ugs.):* [noch] frei, [noch] zu haben; *(scherzh.):* gattenlos; *(ugs. scherzh.):* einspännig, unbemannt, unbeweibt.

unverhofft
nicht erwartet, plötzlich, überraschend, unerwartet, ungeahnt, unvermittelt, unvermutet, unversehens, unvorhergesehen; *(ugs.):* aus heiterem Himmel; *(verstärkend):* urplötzlich.

unverkennbar
augenfällig, bezeichnend, charakteristisch, deutlich, eindeutig, offenkundig, offensichtlich, spezifisch, typisch, unverwechselbar; *(bildungsspr.):* evident.

unvermeidlich
a) mit Sicherheit, nicht zu umgehen/verhindern/vermeiden, schicksalhaft, unabänderlich, unabwendbar, unausbleiblich, unausweichlich, unumgänglich, unvermeidbar, zwangsläufig; *(geh.):* unentrinnbar. **b)** erforderlich, fällig, geboten, nötig, notwendig, unerlässlich, unumgänglich, vonnöten.

unvermittelt
abrupt, auf einmal, mit einem Mal, ohne jeden Übergang, plötzlich, ruckartig, schlagartig, übergangslos, über Nacht, überraschend, unerwartet, unverhofft, unvermutet, unversehens, unvorhergesehen; *(schweiz.):* brüsk; *(geh.):* jäh, jählings; *(bildungsspr.):* ex abrupto; *(ugs.):* aus heiterem Himmel, Hals über Kopf, Knall auf Fall; mir nichts, dir nichts; mit einem Schlag; *(verstärkend):* urplötzlich.

unvermutet
gegen alle Vermutung[en], ohne Vorwarnung, überraschend, unerwartet, ungeahnt, unverhofft, unversehens, unvorhergesehen; *(geh.):* wider Erwarten; *(ugs.):* aus heiterem Himmel.

Unvernunft
Dummheit, Fehler, Irrtum, Irrwitz, Leichtsinn, Narrheit, Unsinn, Unüberlegtheit, Unvernünftigkeit, Wahnwitz, Wahnwitzigkeit; *(geh.):* Narretei, Torheit; *(ugs.):* Wahnsinn; *(oft emotional):* Irrsinn.

unvernünftig
irrwitzig, närrisch, ohne Sinn und Verstand, uneinsichtig, unklug, unsinnig, unüberlegt, wahnwitzig, widersinnig; *(geh.):* aberwitzig; *(ugs.):* nicht mehr zu retten, wahnsinnig; *(abwertend):* töricht.

unverschämt
1. anmaßend, ausfallend, ausfällig, beleidigend, dreist, frech, gemein, respektlos, schamlos, ungehörig, ungezogen, unverfroren; *(geh.):* ungebührlich, verwerflich; *(bildungsspr.):* impertinent, insolent; *(ugs.):* fies; *(abwertend):* infam, unerhört; *(veraltend):* ungebührend.
2. außerordentlich [groß], enorm, gewaltig, gigantisch, immens, unbeschreiblich, ungeheuer[lich]; *(österr., sonst bildungsspr.):* eminent; *(geh.):* unsäglich; *(bildungsspr.):* exorbitant; *(ugs.):* unglaublich, unheimlich, unwahrscheinlich, wahnsinnig; *(salopp):* irre, irrsinnig; *(emotional):* horrend, unsagbar; *(oft emotional):* riesig; *(ugs. emotional):* kolossal, sagenhaft; *(ugs. emotional verstärkend):* mordsmäßig, riesengroß.

Unverschämtheit
Ärgernis, Dreistigkeit, Frechheit, Gemeinheit, Respektlosigkeit, Schamlosigkeit, Skandal, Ungehörigkeit, Ungezogenheit, Unverfrorenheit, Zumutung; *(geh.):* Ungebühr, Ungebührlichkeit; *(bildungsspr.):* Impertinenz, Insolenz; *(ugs.):* dicker Hund, Hammer; *(abwertend):* Infamie.

unversehens
auf einmal, mit einem Mal, plötzlich, schlagartig, übergangslos, überraschend, unerwartet, unverhofft, unvermittelt, unvermutet, unvorhergesehen; *(schweiz.):* brüsk, handkehrum, im Kehrum; *(geh.):* jäh, jählings; *(bildungsspr.):* ex abrupto; *(ugs.):* aus heiterem Himmel, Knall auf Fall; mir nichts, dir nichts; mit einem Schlag, von jetzt auf nachher; *(verstärkend):* urplötzlich.

unversehrt
a) gesund, heil, ohne Schaden, unbeschadet, un-

verletzt, wohl[behalten]. **b)** intakt, unbeschadet, unbeschädigt, wohlbehalten; *(ugs.):* ganz; *(bes. nordd.):* heil.

unversöhnlich

1. feindlich, feindschaftlich, feindselig, unversöhnbar, verfeindet, zerstritten; *(geh.):* animos.

2. unüberbrückbar, unvereinbar, unverträglich, wie Feuer und Wasser; *(bildungsspr.):* intransigent.

unverständlich

a) unartikuliert, undeutlich, unklar, verschwommen; *(bildungsspr.):* inartikuliert, nebulös. **b)** abstrus, dunkel, ein Rätsel, geheimnisvoll, kauderwelsch, okkult, rätselhaft, unbegreiflich, undurchschaubar, unergründlich, unklar; *(geh.):* unerfindlich, unerforschlich; *(bildungsspr.):* delphisch, kabbalistisch, kryptisch; *(ugs.):* mystisch.

Unverständnis

fehlendes Verständnis, Kopfschütteln, Verständnislosigkeit.

unverträglich

1. angriffslustig, streitlustig, streitsüchtig, zänkisch, zanksüchtig; *(schweiz.):* angriffig; *(geh.):* streitbar; *(ugs. scherzh.):* stachelig.

2. ↑unversöhnlich (2).

unverwechselbar

ausgefallen, außergewöhnlich, bezeichnend, charakteristisch, eigen, eigentümlich, einmalig, einzigartig, kennzeichnend, ohnegleichen, spezifisch, typisch, unnachahmlich, unverkennbar; *(bildungsspr.):* signifikant, symptomatisch.

unverwüstlich

beständig, haltbar, langlebig, robust, solide, stabil, strapazierfähig, unempfindlich, unzerstörbar, verschleißfest, widerstandsfähig, zäh; *(österr.):* strapazfähig; *(bildungsspr.):* durabel; *(ugs.):* dankbar, nicht kleinzukriegen/umzubringen; *(scherzh.):* nicht totzukriegen.

unverzeihlich

nicht entschuldbar/verzeihlich, sträflich, unentschuldbar, unverzeihbar; *(scherzh.):* sündhaft.

unverzüglich

auf dem schnellsten Weg, auf der Stelle, augenblicklich, direkt, eilends, flugs, geradewegs, im Nu, ohne Aufschub, prompt, schleunigst, schnellstens, sofort[ig], sogleich, unmittelbar; *(geh.):* schleunig; *(ugs.):* postwendend; *(ugs. scherzh.):* stante pede; *(veraltend):* alsbald, ungesäumt, unverweilt.

unvollkommen

1. fehlerhaft, mangelhaft, mäßig, unzureichend; *(geh.):* unzulänglich; *(bildungsspr.):* insuffizient; *(ugs.):* unausgereift; *(abwertend):* unausgegoren.

2. ↑unvollständig.

unvollständig

bruchstückhaft, bruchstückweise, fragmentarisch, halb, lückenhaft, teilweise, unfertig, unvollendet, unvollkommen; *(bildungsspr.):* defektiv, inkomplett, rudimentär, torsohaft.

unvorbereitet

aus dem Stegreif, improvisiert, nicht vorbereitet, ohne Vorbereitung; *(bildungsspr.):* a prima vista; *(ugs.):* aus dem Hut, aus der Lamäng.

unvoreingenommen

neutral, unbeeinflusst, unbefangen, unparteiisch, vorurteilsfrei, vorurteilslos; *(bildungsspr.):* objektiv.

unvorhergesehen

ohne Vorwarnung, überraschend, unerwartet, ungeahnt, unverhofft, unvermutet, unversehens; *(ugs.):* aus heiterem Himmel.

unvorsichtig

fahrlässig, leichtsinnig, sorglos, unachtsam, unaufmerksam; *(bildungsspr.):* negligeant; *(abwertend):* leichtfertig; *(veraltend):* mutwillig.

unvorstellbar

nicht auszudenken, unausdenkbar, unbeschreiblich, unerklärbar, unerklärlich, unfassbar, unfasslich, unglaublich.

unvorteilhaft

1. hässlich, nachteilig, schlecht, schlimm, unansehnlich, unästhetisch, ungünstig, unschön; *(ugs.):* ätzend.

2. nachteilig, negativ, schlecht, schlimm, ungünstig, ungut.

unwahr

erfunden, erlogen, falsch, frei erfunden, jeder Grundlage entbehrend, unkorrekt, unrichtig, unzutreffend; *(salopp):* erstunken und erlogen; *(abwertend):* lügenhaft, lügnerisch, schwindelhaft; *(emotional):* meilenweit von der Wahrheit entfernt.

Unwahrheit

1. Unehrlichkeit, Unrichtigkeit, Verlogenheit; *(geh.):* Unwahrhaftigkeit; *(abwertend):* Lügenhaftigkeit.

2. Erfindung, Lüge, Lügengebäude, Lügengeschichte, Lügenmärchen, Unaufrichtigkeit, Unrichtigkeit; *(geh.):* Erdichtung, Lügengespinst; *(ugs.):* Flunkerei; *(abwertend):* Schwindelei.

unwahrscheinlich

1. [äußerst] fraglich, [äußerst] ungewiss, [äußerst] unklar, [äußerst] unsicher, [äußerst] zweifelhaft, kaum denkbar/möglich/vorstellbar, nicht anzunehmen.

2. a) außerordentlich, enorm, gehörig, unbeschreiblich, ungeheuer[lich]; *(österr., sonst bildungsspr.):* eminent; *(geh.):* unsäglich; *(ugs.):* unglaublich, unheimlich, wahnsinnig; *(salopp):* irre, irrsinnig; *(emotional):* unsagbar; *(oft emotional):* riesig; *(ugs. emotional):* kolossal, sagenhaft; *(ugs. emotional verstärkend):* mordsmäßig.
b) ↑sehr.

unweigerlich
mit Sicherheit eintretend, nicht zu umgehen, nicht zu verhindern/vermeiden, unabänderlich, unabwendbar, unaufhaltsam, unausbleiblich, unausweichlich, unumgänglich, unvermeidbar, unvermeidlich, zwangsläufig; *(geh.):* unentrinnbar; *(ugs.):* garantiert.

unweit
dicht, in der Nähe, nahe[bei], nebenan, nebenbei, nicht weit entfernt, umliegend, unfern; *(ugs.):* direkt vor der Tür, nur einen Katzensprung, um die Ecke.

Unwesen
a) Auswüchse, Elend, Kalamität, Missstand, schlimmer Zustand; *(geh.):* Übel; *(bildungsspr.):* Malaise, Misere; *(veraltend):* Übelstand.
b) Dummheiten, Streich, Unfug, Unsinn; *(geh.):* Narretei, Torheit; *(salopp):* Quatsch.

unwesentlich
1. ↑unwichtig.
2. gering[fügig], kaum sichtbar/spürbar, minimal, unbeträchtlich, unerheblich, vernachlässigbar, wenig; *(geh.):* um ein Geringes; *(abwertend):* lächerlich; *(veraltend):* lässlich.

Unwetter
Blitz und Donner, Gewitter, Sturm [und Regen], Wolkenbruch; *(geh.):* Aufruhr der Elemente; *(emotional):* Wetter.

unwichtig
bedeutungslos, belanglos, nebensächlich, nicht der Rede wert, nicht erwähnenswert/nennenswert/wichtig, nicht ins Gewicht fallend, nicht notwendig, nichtssagend, ohne Bedeutung/Belang, unbedeutend, unerheblich, unmaßgeblich, unwesentlich, vernachlässigbar, verzichtbar, wertlos, zweitrangig; *(geh.):* nichtig, wesenlos; *(bildungsspr.):* inessenziell, irrelevant, marginal, ohne Relevanz, sekundär.

unwiderlegbar
hieb- und stichfest, nicht zu leugnen, schlagend, stichhaltig, unanfechtbar, unangreifbar, unbezweifelbar, unleugbar, unumstößlich, unwiderleglich, unzweifelhaft, zweifelsfrei, zwingend; *(österr.):* stichhältig; *(ugs.):* auf der Hand liegend, wasserdicht.

unwiderruflich
bindend, ein für alle Mal, endgültig, unabänderlich, unumstößlich, unveränderlich, verbindlich; *(österr.):* fix; *(geh.):* unverrückbar, unwiederbringlich; *(bildungsspr.):* definitiv; *(Fachspr.):* irreversibel.

unwiderstehlich
anziehend, attraktiv, bezaubernd, entzückend, fesselnd, hinreißend, reizend, reizvoll, verführerisch, zauberhaft; *(geh.):* berückend, betörend, sirenenhaft; *(ugs.):* umwerfend; *(oft scherzh.):* göttlich.

unwillig
abgeneigt, lustlos, mit Überwindung/Widerwillen, ungern, widerstrebend, widerwillig; *(geh.):* mit halbem Herzen; *(bildungsspr.):* renitent.

unwillkommen
lästig, leidig, missliebig, nicht gern gesehen, unerwünscht, ungebeten, ungelegen, ungewollt, unlieb[sam].

unwillkürlich
automatisch, blind[lings], instinktiv, mechanisch, ohne Überlegung, unbeabsichtigt, unbewusst, von selbst.

unwirklich
gespenstisch, märchenhaft, traumhaft, unreal, unrealistisch; *(bildungsspr.):* fantastisch, imaginär, irreal, surreal.

unwirksam
fruchtlos, ineffektiv, nutzlos, uneffektiv, unergiebig, unnütz, untauglich, wirkungslos; *(bildungsspr., Fachspr.):* ineffizient.

unwissend
ahnungslos, nichts ahnend, ohne die geringste Ahnung, unbewandert, uninformiert, unkundig, unwissentlich; *(ugs.):* keinen [blassen] Dunst/Schimmer habend, nicht den geringsten/leisesten Schimmer habend; *(salopp):* unbeleckt; *(oft abwertend):* ungebildet; *(bildungsspr. abwertend):* ignorant.

Unwissenheit
a) Ahnungslosigkeit, Nichtwissen, Uninformiertheit, Unkenntnis, Unwissen; *(bildungsspr. abwertend):* Ignorantentum, Ignoranz. **b)** Barbarei, Kulturlosigkeit, Unbildung, Ungebildetheit; *(abwertend):* Unkultiviertheit, Unzivilisiertheit.

unwissentlich
ahnungslos, aus Versehen, ohne es zu wissen, unbeabsichtigt, unbewusst, unwissend, versehentlich.

unwohl
elend, erschöpft, flau, geschwächt, krank, kränklich, matt, mitgenommen, schlecht, schwach, schwächlich, unpässlich, zerschlagen;

(geh.): ermattet, hinfällig, übel; *(ugs.):* blümerant, groggy, k. o., kaputt, mies, platt, schlecht drauf, wie ein Häufchen/Haufen Elend; *(emotional):* miserabel; *(oft emotional):* malade.

Unwohlsein
Beschwerden, Störung, Unpässlichkeit; *(geh.):* Gebrechen, Siechtum, Übelbefinden; *(bildungsspr.):* Indisposition; *(ugs.):* Wehwehchen; *(ugs. scherzh.):* Zipperlein.

unzählig
unendlich, ungezählt, unübersehbar; *(emotional):* unzählbar.

unzeitgemäß
altmodisch, altväterisch, archaisch, gestrig, rückschrittlich, rückständig, überholt, unmodern, veraltet; *(geh.):* abgelebt; *(bildungsspr.):* anachronistisch, obsolet; *(ugs.):* angestaubt, aus der Mottenkiste, out, passé, vorsintflutlich; *(abwertend):* altbacken, antiquiert, mittelalterlich, verzopft, zopfig; *(oft abwertend):* verstaubt; *(veraltend):* altfränkisch.

unzertrennlich
alt, ein Herz und eine Seele, eng [befreundet/verbunden], gut, innig, langjährig, vertraut; *(ugs.):* dick, wie die Kletten.

unzufrieden
entmutigt, enttäuscht, ernüchtert, niedergeschlagen, niedergeschmettert, resigniert, schlecht/übel gelaunt, unleidlich, unlustig, verdrießlich, verdrossen; *(geh.):* missgelaunt, missgestimmt, misslaunig, missvergnügt, unmutig; *(ugs.):* brummig, down, gefrustet, miesepetrig, schlecht drauf.

Unzufriedenheit
Bitterkeit, Entmutigung, Enttäuschung, Ernüchterung, Missmut, Unlust, Verärgerung, Verbitterung, Verdrossenheit; *(geh.):* Hader; *(bildungsspr.):* Desillusion, Desillusionierung; *(ugs.):* Dämpfer, Frust, kalte Dusche, Katzenjammer, Schlag ins Kontor.

unzugänglich
ablehnend, abweisend, kühl, reserviert, schroff, spröde, unfreundlich, unnahbar, unwirsch, verschlossen, zurückhaltend; *(bildungsspr.):* distanziert; *(ugs.):* zugeknöpft.

unzulänglich ↑unzureichend.

unzulässig
gegen das Gesetz/die Gesetze verstoßend, gesetzwidrig, illegal, irregulär, kriminell, missbräuchlich, ordnungswidrig, rechtswidrig, strafbar, tabu, unbefugt, unerlaubt, ungesetzlich, unrechtmäßig, untersagt, verboten, widerrechtlich; *(geh.):* unstatthaft; *(bildungsspr.):* illegitim.

unzureichend
bescheiden, desolat, dürftig, gering, katastrophal, mangelhaft, schwach, sehr schlecht, ungenügend, unprofessionell; *(geh.):* unzulänglich; *(bildungsspr.):* dilettantisch, insuffizient; *(abwertend):* armselig, kümmerlich, lausig, schäbig, stümperhaft; *(oft abwertend):* kläglich; *(salopp):* beschissen; *(emotional):* miserabel.

unzuverlässig
entschlusslos, entschlussunfähig, haltlos, [innerlich] hin- und hergerissen, instabil, schwach, schwankend, treulos, unentschieden, unschlüssig, unsicher, zögerlich; *(geh.):* schwank, unstet; *(abwertend):* flatterhaft; *(geh. abwertend):* wankelmütig.

üppig
aufwendig, breit gefächert, bunt, farbig, feudal, fürstlich, großzügig, königlich, luxuriös, mondän, pompös, prächtig, prachtvoll, prunkvoll, reichhaltig, umfassend, verschwenderisch, vielseitig; *(geh.):* mannigfaltig; *(bildungsspr.):* opulent.

up to date
angesagt, auf dem neuesten Stand, auf der Höhe der Zeit, en vogue, in Mode, modern, modisch, zeitgemäß, zeitnah; *(ugs.):* in, trendig, trendy; *(Jargon):* hip; *(emotional verstärkend):* brandheiß, topaktuell.

Uraufführung
Erstaufführung, Premiere.

urban
1. gewandt, sicher [im Auftreten], weltgewandt, weltmännisch; *(geh.):* weltläufig.
2. [groß]städtisch, weltstädtisch.

Urheber, Urheberin
a) Anreger, Anregerin, Begründer, Begründerin, Gründer, Gründerin, Mutter, Vater; *(schweiz.):* Initiant, Initiantin; *(bildungsspr.):* Initiator, Initiatorin, Spiritus Rector. **b)** Schöpferin, Autor, Autorin, Künstler, Künstlerin, Kunstschaffender, Kunstschaffende, Schöpfer; *(geh.):* Erschaffer, Erschafferin.

urig ↑ursprünglich (2).

Urin
(geh.): Notdurft; *(salopp):* Schiffe; *(Jargon):* Natursekt; *(verhüll.):* Wasser.

Urkunde
Beglaubigung, Bescheinigung, Bestätigung, Beurkundung, Diplom, Dokument, Schriftstück, Unterlagen, Zertifikat, Zeugnis.

Urlaub
arbeitsfreie Zeit, Ferien[zeit], freie Tage, Freizeit, Reisezeit, Urlaubszeit; *(österr.):* Ferialzeit.

Urlauber, Urlauberin
Besucher, Besucherin, Fremder, Fremde, Gast, Reisender, Reisende, Tourist, Touristin, Traveller; *(veraltend):* Sommerfrischler, Sommerfrischlerin.

Ursache
Anlass, Auslöser, [Beweg]grund, Hintergrund, Impuls, Keim, Motivation, Ursprung, Veranlassung; *(bildungsspr.):* Agens, Movens, Stimulanz, Stimulus; *(südd., österr.):* Aneiferung.

Ursprung
Anfang, Ausgangspunkt, Beginn, Herd, Quelle, Wiege, Wurzel.

ursprünglich
1. am Anfang, anfänglich, anfangs, eingangs, erst, in der ersten Zeit, zu Anfang/Beginn, zuerst, zunächst; *(schweiz.):* vorerst; *(bildungsspr.):* initial, originär, primär; *(emotional verstärkend):* zuallererst; *(veraltend):* im Anfang.
2. echt, einfach, naturbelassen, naturhaft, natürlich, nicht imitiert/künstlich/nachgemacht, original, rein, richtig, typisch, unverfälscht, urig, urtümlich, urwüchsig, wahr, waschecht; *(schweiz.):* urchig; *(geh.):* erdhaft, erdverbunden; *(bildungsspr.):* authentisch, genuin; *(ugs.):* hundertprozentig.

Urteil
1. richterlicher Beschluss/Entscheid, Schuldspruch, Urteilsspruch; *(veraltend):* Richt[er]spruch.
2. Ansicht, Auffassung, Begutachtung, Beurteilung, Meinung, Position, Standpunkt, Überzeugung, Votum, Zeugnis; *(geh.):* Befinden, Dafürhalten, Warte; *(bildungsspr.):* These.

urteilen
abschätzen, sich äußern, begutachten, beurteilen, bewerten, einschätzen, eintaxieren, ein Urteil abgeben/fällen, jurieren, kritisieren, messen, seine Meinung äußern, werten; *(geh.):* befinden, erachten, richten, zu Gericht sitzen; *(bildungsspr.):* evaluieren, taxieren.

Usus
Brauch, Gewohnheit, Herkommen, Konvention, Ritus, Sitte, Tradition, Überlieferung; *(geh.):* Gepflogenheit.

Utensilien
Dinge, Extras, [Gebrauchs]gegenstände, Zubehör; *(bildungsspr.):* Requisiten; *(ugs.):* das [ganze] Drum und Dran.

Utopie
Fantasie[gebilde], Fantasiereich, Gedankenreise, Illusion, Irrealität, Kopfgeburt, Luftschloss, Phantom, Traumbild, Traumgebilde, Trugbild, Unwirklichkeit, Vision, Vorstellung, Wahn, Wunschtraum, Zukunftstraum; *(bildungsspr.):* Fiktion, Imagination, Schimäre; *(abwertend):* Hirngespinst.

utopisch
idealisierend, realitätsfremd, trügerisch, unerfüllbar, unrealistisch, verfehlt, wirklichkeitsfern; zu schön, um wahr zu sein; *(geh.):* unwirklich; *(bildungsspr.):* fantastisch, illusionär, illusionistisch, illusorisch, irreal, visionär.

V

vagabundieren
streichen, streifen, strolchen, umherziehen; *(ugs.):* herumziehen, stromern; *(salopp):* herumtigern; *(oft abwertend):* streunen; *(nordd.):* schwalken; *(veraltend):* vagieren.

vage
allgemein, andeutungsweise, dunkel, missverständlich, nebelhaft, unbestimmt, undefinierbar, undeutlich, ungefähr, ungenau, ungewiss, unklar, unpräzise, unscharf, unsicher, verschwommen; *(geh.):* schattenhaft, schemenhaft; *(bildungsspr.):* diffus, nebulös; *(abwertend):* schwammig.

GGS akribisch, eindeutig, exakt, penibel.

Vagina
Scheide; *(salopp):* Muschel, Muschi.

vakant
frei, offen, unbesetzt, verfügbar, zur Verfügung stehend; *(bildungsspr.):* disponibel.

variabel
änderbar, schwankend, unbeständig, variierbar, veränderbar, veränderlich, wechselhaft; *(geh.):* wandelbar; *(bildungsspr.):* flexibel, modifizierbar.

Variable
unbekannte/variable Größe, Unbekannte.

Variante
1. Abwandlung, Nebenform, Spielart, Variation; *(bildungsspr.):* Modifikation.
2. Fassung, Lesart, Version.

Variation
1. Abänderung, Abwandlung, Änderung, Überarbeitung, Umänderung, Umarbeitung, Umbildung, Umformung, Umgestaltung, Veränderung; *(bildungsspr.):* Modifikation; *(bildungsspr., Fachspr.):* Modifizierung, Modulation.
2. ↑Variante (1).

variieren
a) sich abheben, abweichen, sich unterscheiden, unterschiedlich/verschieden sein; *(bildungsspr.):* differieren, divergieren. **b)** abändern, abwandeln, ändern, anders machen, überarbeiten, umändern, umarbeiten, umbilden, umformen, umgestalten, verändern; *(bildungsspr.):* modulieren; *(bildungsspr., Fachspr.):* modifizieren.

Vater
a) männlicher Elternteil; *(salopp):* Alter; *(fam.):* Daddy, Papa, Papi, Paps; *(oft scherzh.):* Senior; *(ugs. scherzh.):* Alter Herr. **b)** Begründer, Gründer, Motor, Schöpfer, treibende Kraft, Urheber; *(geh.):* Erschaffer; *(bildungsspr.):* Initiant, Initiator.

Vaterland
Geburtsland, Heimat[land].

vegetarisch
fleischlos, pflanzlich; *(ugs.):* veggie.

vegetieren
ärmlich/kärglich/kümmerlich leben, sein Leben fristen; *(geh.):* sein Dasein fristen.

vehement
aufbrausend, cholerisch, energisch, erbittert, gehörig, hart, heftig, herb, hitzig, immens, intensiv, kräftig, leidenschaftlich, massiv, scharf, schwer, stark, stürmisch, wild, wuchtig; *(geh.):* ungestüm; *(bildungsspr.):* frenetisch, violent; *(emotional):* gewaltig; *(nordd.):* doll.

Vehikel
1. Auto, Fahrzeug, Fortbewegungsmittel, [Personen]wagen, Pkw, Transportmittel, Verkehrsmittel; *(ugs.):* Klapperkasten, Klapperkiste; *(ugs. scherzh.):* fahrbarer Untersatz; *(salopp):* Kiste, Nuckelpinne; *(abwertend):* Karre.
2. Handhabe, Hilfsmittel, Instrument, Maßnahme, Material, Medium, Methode, Mittel, Rezept, Schritt, Weg; *(Fachspr.):* Instrumentarium.

Vene
[Blut]ader, Blutbahn.

verabreden
abmachen, abschließen, absprechen, sich arrangieren, aushandeln, ausmachen, eine Abmachung/Vereinbarung treffen, eine Einigung erzielen, sich einigen, sich einig werden, übereinkommen, vereinbaren, sich verständigen; *(ugs.):* abkarten; *(veraltend):* abreden.

verabreden, sich
einen Termin/Treffpunkt festlegen, ein [Zusammen]treffen vereinbaren.

Verabredung
1. Abmachung, Absprache, Einigung, Übereinkommen, Übereinkunft, Vereinbarung, Verständigung; *(bildungsspr.):* Arrangement; *(veraltend):* Abrede.
2. Treffen, Zusammenkunft, Zusammentreffen; *(ugs.):* Date; *(veraltend):* Stelldichein.

verabscheuen
Abscheu/Ekel empfinden, abscheulich finden, hassen, nicht ausstehen können, unausstehlich/unerträglich finden, verabscheuenswert/verabscheuungswürdig finden, Widerwillen empfinden, zuwider sein; *(bildungsspr.):* abhorreszieren, abhorrieren, detestieren; *(ugs.):* gefressen haben, nicht riechen können; *(abwertend):* widerlich finden.

verabschieden
1. [feierlich] entlassen; *(ugs.):* abfeiern.
2. annehmen, beschließen, billigen, in Kraft setzen; *(ugs.):* durchwinken.

verabschieden, sich
Abschied nehmen, Auf Wiedersehen sagen; *(geh.):* sich empfehlen, Lebewohl sagen; *(ugs.):* Tschüs sagen.

verachten
die Nase rümpfen, gering achten/schätzen, hinunterblicken, hinuntersehen, missachten, nichts halten von, respektlos begegnen, von oben herab ansehen/behandeln; *(geh.):* despektieren, herabblicken, herabsehen, hinabblicken, hinunterschauen, verschmähen.

verächtlich
1. abfällig, abschätzig, abwertend, herablassend, herabsetzend, mit Verachtung, naserümpfend, verachtungsvoll, wegwerfend; *(geh.):* despektierlich, geringschätzig.
2. abscheulich, schandbar, schändlich, verabscheuungswürdig, verachtenswert, verachtenswürdig, verachtungswürdig; *(geh.):* schmählich, verwerflich; *(abwertend):* jämmerlich, schäbig; *(geh. abwertend):* schnöde.

veralbern
einen Streich spielen, foppen, nasführen, necken, zum Besten haben/halten, zum Narren haben/halten; *(schweiz.):* föppeln; *(ugs.):* anführen, anpflaumen, aufziehen, durch den Kakao ziehen, hochnehmen, veräppeln, verklapsen, veruzen; *(salopp):* einen/ein Bonbon ans Hemd kleben, verarschen, verscheißern; *(veraltend):* am Narrenseil führen.

verallgemeinern
absolut setzen, verabsolutieren; *(bildungsspr.):* abstrahieren, generalisieren, pauschalisieren.

veralten
aus der Mode kommen, außer Gebrauch kommen, sich überleben, unmodern/unüblich wer-

den, verstauben; *(bildungsspr.):* obsoleszieren; *(abwertend):* antiquieren.

veraltet

altertümlich, altmodisch, altväterisch, archaisch, aus der Mode [gekommen], außer Gebrauch [gekommen], gestrig, konservativ, nicht mehr aktuell/gebräuchlich/üblich, oldschool, prämodern, rückschrittlich, rückständig, überaltert, überholt, überlebt, unmodern, unzeitgemäß, verzopft, vorbei; *(geh.):* abgelebt; *(bildungsspr.):* anachronistisch, inaktuell, obsolet; *(ugs.):* angestaubt, aus der Mottenkiste, hinter dem Mond, out, passé, von gestern, vorsintflutlich; *(abwertend):* altbacken, antiquiert, reaktionär, zopfig; *(oft abwertend):* verstaubt; *(veraltend):* altfränkisch.

veränderlich

a) instabil, schwankend, unbeständig, wechselhaft, wechselvoll; *(geh.):* unstet, wandelbar; *(bildungsspr.):* variant; *(Fachspr.):* emergent, kommutabel. **b)** abänderbar, abänderlich, variabel, veränderbar.

verändern

[ab]ändern, abwandeln, anders machen, aus den Angeln heben, formen, gewinnen, kaschieren, korrigieren, reformieren, revidieren, revolutionieren, überarbeiten, umändern, umarbeiten, umbilden, umformen, umfunktionieren, umgestalten, ummodeln, ummünzen, umschreiben, umsetzen, umstellen, umstürzen, umwälzen, umwandeln, variieren, verwandeln; *(geh.):* überformen; *(bildungsspr.):* metamorphosieren, modifizieren; *(ugs.):* umkrempeln; *(Fachspr.):* denaturieren; *(bildungsspr., Fachspr.):* transformieren; *(EDV):* editieren.

BSP Ich durfte das Thema des Referats etwas abwandeln. Die Autorin korrigiert überholte Ansichten. Sie hat ihre Meinung über ihn doch noch revidiert.

verändern, sich

1. sich ändern, anders werden, sich entwickeln, im Fluss sein, umschlagen, umspringen, sich umstellen, sich verwandeln, sich verziehen, wechseln; *(geh.):* einen Wandel erfahren, sich im Wandel befinden, im Wandel begriffen sein, sich wandeln; *(bildungsspr.):* fluktuieren.

BSP Meine Freundin hat sich tatsächlich zu einer Influencerin entwickelt. Die Dinge/Verhandlungen sind [noch] im Fluss.

2. die Stellung wechseln, etwas anderes/Neues machen, kündigen; *(ugs.):* umsatteln.

Veränderung

1. [Ab]änderung, Abwandlung, Korrektur, Revision, Strategieschwenk, Strategiewechsel, Überarbeitung, Umänderung, Umarbeitung, Umbildung, Umformung, Umgestaltung, Umwandlung, Variation, Verbesserung; *(bildungsspr.):* Modifikation; *(bildungsspr., Fachspr.):* Modifizierung, Modulation.

2. Abkehr, Abwendung, Neuerung, Neugestaltung, Neuregelung, Umbruch, Umkehr, Umschwung, Umstellung, Wandel, Wechsel, Wende, Wendung.

verängstigen

Angst einflößen/einjagen, ängstigen, Angst [und Bange] machen, in Angst [und Schrecken] versetzen; *(geh.):* schrecken.

BSP Die Vorstellung des dunklen Waldes ängstigte ihn sehr.

verankern

1. befestigen, festmachen.

2. festlegen, festschreiben.

veranlagt

angelegt, beschaffen, geartet, gebaut; *(bildungsspr.):* disponiert.

veranlassen

1. anordnen, anweisen, beauftragen, befassen, befehlen, bestimmen, erlassen, festlegen, sagen, verfügen, verkünden, verordnen, vorschreiben; *(geh.):* auferlegen, gebieten, heißen; *(bildungsspr.):* diktieren; *(abwertend):* administrieren.

2. auslösen, bewirken, entstehen lassen, erwecken, erzeugen, heraufbeschwören, herbeiführen, hervorbringen, hervorrufen, mit sich bringen, nach sich ziehen, zur Folge haben; *(geh.):* anfachen, aufrühren, entfachen, entflammen; *(bildungsspr.):* effizieren, evozieren, provozieren.

Veranlassung

1. Anordnung, Anweisung, Aufgabe, Auftrag, Befehl, Instruktion, Verfügung, Verordnung.

2. Anlass, Ansporn, Anstoß, Antrieb, Auslöser, Beweggrund, Grund, Impuls, Motivation, Reiz, treibende Kraft, Triebfeder, Ursache; *(bildungsspr.):* Agens, Movens, Stimulanz, Stimulus.

veranschaulichen

[an einem Beispiel] verdeutlichen, [anschaulich] darstellen, [anschaulich] erläutern, [anschaulich] erzählen, anschaulich machen, [anschaulich] schildern, auseinandersetzen, ausführen, ausgestalten, ausschmücken, ausspinnen, begreiflich machen, demonstrieren, deutlich machen, skizzieren, verständlich machen; *(geh.):*

entfalten, verbildlichen; *(bildungsspr.):* exemplifizieren, explizieren; *(ugs.):* klarlegen, klarmachen.

BSP Er versuchte seinen Standpunkt an einem Beispiel zu verdeutlichen. Er führt seine Argumente gut nachvollziehbar aus. Die Autorin entfaltet ihre Gedanken sehr anschaulich.

veranstalten
abhalten, abwickeln, arrangieren, ausführen, ausrichten, bewerkstelligen, durchführen, einrichten, geben, gestalten, halten, in die Wege leiten, in Szene setzen, organisieren, stattfinden lassen, verwirklichen, vonstattengehen lassen; *(geh.):* ins Werk setzen; *(ugs.):* aufziehen, deichseln, durchziehen, managen, schmeißen; *(salopp):* abziehen, schaukeln.

verantworten
aufkommen für, bürgen, die Folgen/Konsequenzen tragen, die Verantwortung tragen/übernehmen, einstehen, eintreten, garantieren, geradestehen, verantwortlich sein, sich verbürgen, vertreten, zur Verantwortung gezogen werden; *(ugs.):* auf seine [eigene] Kappe nehmen, ausbaden, den Buckel/Kopf hinhalten, die Hand ins Feuer legen, die Suppe auslöffeln.

verantworten, sich
sich erklären, Gründe anführen, Rechenschaft ablegen, sich rechtfertigen, Rede und Antwort stehen, sich verteidigen.

verantwortlich
1. a) befugt, berechtigt, bevollmächtigt, zuständig; *(bildungsspr.):* autorisiert. **b)** schuld, schuldig, schuldtragend; *(geh.):* in Schuld verstrickt, schuldbeladen.
2. ↑verantwortungsvoll (1).

Verantwortung
1. Garantie, Gewährleistung, Haftbarkeit, Haftung, Schuld, Verantwortlichkeit, Verpflichtung.
2. Gewissenhaftigkeit, Moral, Pflichtgefühl.

verantwortungsbewusst
gewissenhaft, pflichtbewusst, pflichteifrig, verantwortungsvoll, vertrauenswürdig, zuverlässig.

verantwortungslos
achtlos, gedankenlos, gewissenlos, gleichgültig, leichtfertig, pflichtvergessen, sorglos, unachtsam, unbedacht, unverantwortlich; *(abwertend):* gesinnungslos, rücksichtslos, skrupellos.

verantwortungsvoll
1. ernst, herausfordernd, schwierig, verantwortlich; *(bildungsspr.):* brisant, diffizil, komplex.
2. ↑verantwortungsbewusst.

verarbeiten
1. a) brauchen, einarbeiten, einbeziehen, einfügen, einmengen, einsetzen, gebrauchen, Gebrauch machen, [hinein]mischen, unterbringen, verwenden, verwerten, zitieren; *(bildungsspr.):* integrieren. **b)** aufbrauchen, erschöpfen, verbraten; *(geh.):* aufzehren.
2. aufarbeiten, sich auseinandersetzen, sich befassen, sich beschäftigen, bewältigen, fertigwerden mit, überwinden, verkraften.

verärgern
Ärger bereiten, ärgern, aufbringen, in Rage/Wut versetzen, kränken, plagen, quälen, Verdruss bereiten/erregen, verstimmen, wütend machen; *(geh.):* Unmut erregen, verdrießen; *(ugs.):* auf die Palme bringen, [bis] zur Weißglut bringen/reizen/treiben, hochbringen, in Fahrt bringen.

verärgert
ärgerlich, aufgebracht, empört, entrüstet, erbost, gereizt, grimmig, missmutig, schlecht gelaunt, übellaunig, verdrießlich, verdrossen, wütend, zornig; *(geh.):* erzürnt, missgelaunt, missgestimmt, ungehalten; *(bildungsspr.):* indigniert; *(ugs.):* böse, fuchtig, gnatzig, grätig, sauer, verschnupft; *(salopp):* angefressen.

verarzten
a) erste Hilfe leisten; *(ugs.):* herumdoktern; *(abwertend):* quacksalbern. **b)** bandagieren, binden, eine Bandage anlegen/machen, eine Binde anlegen, einen Verband anlegen/machen, [um]wickeln, verbinden; *(österr.):* [ein]faschen.

verausgaben, sich
a) sich abplagen, sich abquälen, sich aufreiben, hart/schwer arbeiten, sich plagen, sich quälen; *(geh.):* sich aufzehren; *(ugs.):* sich abschinden, sich abstrampeln, ackern, sich placken, sich schinden, schuften; *(salopp):* sich abrackern.
b) sich austoben; *(ugs.):* sich austollen, herumtoben, umhertoben; *(salopp):* abtanzen; *(Jargon):* sich schaffen.

Verb
Tunwort, Tuwort; *(Sprachwiss.):* Tätigkeitswort, Zeitwort.

verbal
mithilfe der Sprache, mit Worten, mündlich; *(veraltend):* wörtlich.

Verband
1. Bandage, Binde, Wickel.
2. Dachverband, Genossenschaft, Gesellschaft, Interessengemeinschaft, Klub, Kooperative, Liga, Organisation, Ring, Union, Verein, Zusammenschluss.
3. Division, Formation.

verbannen
ausweisen, deportieren, [des Landes] verweisen, in die Verbannung schicken, verschleppen, verstoßen, zwangsverschicken; *(bildungsspr.):* exilieren; *(salopp):* aus dem Weg räumen.

verbarrikadieren
barrikadieren, blockieren, unpassierbar machen, verbauen, versperren, zustellen; *(ugs.):* verrammeln.

verbauen
1. verunstalten, verunzieren; *(ugs.):* verschandeln.
2. nicht gewähren, vereiteln, verhindern, verwehren, verweigern, vorenthalten.
3. *(ugs.):* in den Sand setzen, verhauen, verpatzen; *(salopp):* Mist bauen, vermasseln.

verbeißen, sich
1. sich festbeißen, hartnäckig festhalten, [krampfhaft] festgelegt sein auf, nicht abgehen/ablassen/aufgeben, nicht mehr loskommen von, sich verbiestern, sich verrennen, sich versteifen; *(ugs.):* sich verbohren.
2. beherrschen, nicht aufkommen lassen, unterdrücken, zurückhalten; *(ugs.):* sich verkneifen.

verbergen
1. bergen, nicht sehen lassen, nicht zeigen, verborgen halten, verdecken, verhüllen, verstecken.
2. geheim halten, nicht bekannt werden lassen, totschweigen, verheimlichen, verschweigen, vertuschen; *(geh.):* verhehlen.

verbessern
1. anfüllen, auffüllen, bereichern, besser machen; *(ugs.):* pimpen; *(Fachspr.):* vergüten.

BSP ... sein Wissen / seine Kenntnisse bereichern.

2. erhöhen, hochstilisieren, ins Erhabene steigern, kultivieren, veredeln, verfeinern, verschönern, vervollkommnen; *(bildungsspr.):* spiritualisieren, sublimieren.

BSP Der Autor wurde zur Lichtgestalt hochstilisiert. Die Methoden sind verfeinert worden.

3. abändern, bereinigen, eines Besseren belehren, korrigieren, revidieren, richtigstellen, umändern; *(schweiz.):* korrektionieren.

verbessern, sich
1. aufwärtsgehen, bergauf gehen, sich bessern, besser werden, sich steigern; *(geh.):* gesunden; *(ugs.):* zulegen.
2. aufsteigen, befördert werden, Karriere machen, vorwärtskommen; *(bildungsspr.):* arrivieren; *(ugs.):* die Treppe hinauffallen/rauffallen/hochfallen, groß herauskommen, hochkommen; *(veraltend):* avancieren.

Verbesserung
1. Änderung, Erneuerung, Förderung, Fortentwicklung, Umgestaltung, Veredelung, Verfeinerung, Verschönerung, Vervollkommnung; *(bildungsspr. veraltend):* Reformation; *(EDV):* Update.
2. Berichtigung, Korrektur, Richtigstellung, Überarbeitung, Umgestaltung, Vervollkommnung; *(bildungsspr.):* Modifikation; *(EDV):* Upgrade.
3. Aufschwung, Besserung, Erholung, Fortschritt, Heilung, Heilungsprozess, Kräftigung, Stärkung, Wiederherstellung; *(geh.):* Gesundung; *(bildungsspr.):* Regeneration.

verbeugen, sich
den Hut ziehen, eine Verbeugung machen, grüßen, sich verneigen; *(geh.):* das Haupt neigen; *(fam.):* einen Diener machen; *(scherzh.):* einen Kratzfuß machen.

Verbeugung
Ehrenbezeigung; *(geh.):* Verneigung; *(bildungsspr.):* Kotau, Reverenz; *(ugs. scherzh.):* Beugemann, Bückling; *(fam.):* Diener.

verbieten
abstellen, auf den Index setzen, nicht gewähren, unterbinden, untersagen, verwehren, verweigern, zurechtweisen, zur Ordnung rufen, zurückweisen; *(geh.):* Einhalt gebieten/tun, verweisen, zu Fall bringen; *(ugs.):* abbiegen, umbiegen; *(abwertend):* torpedieren.

verbieten, sich
1. abgehen, ablassen, absehen, außer Betracht lassen, [fahren/fallen] lassen, sich nicht erlauben/zugestehen, verwerfen, verzichten; *(geh.):* Abstand nehmen, sich versagen.
2. ausgeschlossen sein, ausscheiden, außer Betracht bleiben, nicht infrage kommen, nicht möglich sein, nicht zur Diskussion stehen; *(ugs.):* außen vor bleiben.

verbinden
1. bandagieren, binden, eine Bandage anlegen/machen, eine Binde anlegen, einen Verband anlegen/machen, [um]wickeln; *(österr.):* [ein]faschen; *(ugs.):* verarzten.
2. aneinanderfügen, [an]hängen, anschließen, ineinanderfügen, verkabeln, [ver]koppeln, [ver]mischen, vernetzen, verschmelzen, [ver]schweißen, verzahnen, zusammenbauen, zusammenheften, zusammenschließen, zusammenschweißen, zusammensetzen, zusammenstückeln; *(geh.):* zusammenfügen; *(bes. EDV):* verlinken.

3. einbetten, einbeziehen, eingliedern, in Beziehung setzen, in Kontakt/Verbindung bringen, in Übereinstimmung bringen, kombinieren, paaren, synchronisieren, vereinbaren, verquicken, verschränken, zusammenbringen, zusammenfassen, zusammenführen, zusammenstellen, zusammenwerfen; *(geh.):* in Einklang bringen; *(bildungsspr.):* koordinieren; *(ugs.):* unter einen Hut bringen.

BSP Hier müssen zwei Entwürfe zu einem Gesamtkonzept kombiniert werden. Du solltest Worte und Taten besser miteinander in Einklang bringen.

verbinden, sich

1. sich aneinanderfügen, eine Verbindung eingehen, [ein Ganzes] bilden, sich formen, sich kombinieren, sich vereinigen; *(geh.):* sich vereinen, sich zusammenfügen; *(dichter.):* sich gatten.

2. ein Bündnis eingehen, sich formieren, koalieren, sich organisieren, sich verbrüdern, sich verbünden, sich verschwören, sich zusammenschließen, sich zusammentun; *(schweiz.):* sich zusammenspannen; *(bildungsspr.):* sich assoziieren, konföderieren, sich solidarisieren; *(oft abwertend):* paktieren.

verbindlich

1. bereitwillig, einnehmend, entgegenkommend, freundlich, gefällig, hilfsbereit, höflich, kulant, leutselig, liebenswürdig, umgänglich, verständnisvoll, wohlwollend, zuvorkommend; *(bildungsspr.):* konziliant.

2. abgemacht, amtlich, ausgemacht, beschlossen, besiegelt, bindend, endgültig, fest[stehend], garantiert, geltend, gültig, offiziell, unabänderlich, unumstößlich, unwiderruflich, verbürgt, verpflichtend, vorgeschrieben, zugesagt, zugesichert; *(österr.):* fix; *(geh.):* unverbrüchlich, unverrückbar, unwandelbar; *(bildungsspr.):* definitiv, normativ, obligatorisch; *(veraltend):* verbrieft; *(Fachspr.):* irreversibel.

Verbindung

1. a) Anbindung, Aneinanderreihung, Anschluss, Brückenschlag, Kombination, Paarung, Synthese, Vereinigung, Verkettung, Verknüpfung, Vermischung, Vernetzung, Verquickung, Zuordnung, Zusammenfügung, Zusammenführung, Zusammenschluss, Zusammenstellung. **b)** Einheit, Gefüge, Gemisch, Kette, Mischung; *(bildungsspr.):* Komposition, Konglomerat, Konnex; *(Fachspr.):* Nexus. **c)** Beziehung, Bezug, Kausalität, Kontakt, Kontext, Verhältnis, Zusammenfall, Zusammengehörigkeit, Zusammenhalt, Zusammenhang, Zusammenspiel; *(bildungsspr., Fachspr.):* Relation; *(Sprachwiss.):* Konnexion.

BSP Zwei neue Thesen werden zueinander in Beziehung gesetzt/gestellt. Dieser Film vermeidet jeden Bezug / war ohne jeden Bezug zur Gegenwart. Die Relation zwischen Inhalt und Form ... Zwischen diesen Ereignissen besteht ein Zusammenhang.

2. Berührungspunkt, Bindeglied, Brücke, gemeinsamer Nenner, Gemeinsamkeit, Verbindungsglied, Verbindungspunkt, Verbindungsstelle, Verbindungsstück; *(bildungsspr.):* Tertium Comparationis.

3. a) Block, Bund, Bündnis, Föderation, Gemeinschaft, Gruppe, Koalition, Konföderation, Liga, Organisation, Pakt, Partnerschaft, Ring, Union, Verband, Vereinigung. **b)** Bund fürs Leben, Ehe[bündnis], Ehegemeinschaft, Lebensgemeinschaft, Lebenspartnerschaft, Liebesverhältnis, [registrierte] Partnerschaft; *(geh.):* Ehebund; *(dichter.):* Eheband; *(ugs.):* Beziehungskiste; *(bildungsspr. veraltend):* Liaison.

verbissen

a) ausdauernd, beharrlich, bis zum Äußersten/Letzten, eisern, gewaltsam, hartnäckig, krampfhaft, mit allen Mitteln, mit aller Kraft, trotzig, unbeirrbar, unbeugsam, unermüdlich, unnachgiebig, verzweifelt, zäh, zielstrebig; *(bildungsspr.):* insistent, obstinat, persistent, rigide. **b)** angestrengt, gehemmt, steif, verklemmt; *(abwertend):* verkniffen.

verbittert

desillusioniert, enttäuscht, ernüchtert, unzufrieden, verärgert, verdrossen, vergrämt, verhärmt, verletzt, voll Bitterkeit, zynisch.

verblassen

1. a) an Farbe verlieren, [aus]bleichen, auslaufen, blass/bleich werden, die Farbe verlieren, sich entfärben, erblassen, erbleichen, heller werden, verbleichen, sich verfärben, verschießen; *(südd., österr.):* ausschießen. **b)** abnehmen, erlöschen, unsichtbar werden, verbleichen, verlöschen.

2. abebben, abflauen, abklingen, abreißen, nachlassen, sich reduzieren, schwächer werden, verbleichen, sich verlieren; *(geh.):* dahinschmelzen, [dahin]schwinden, verebben, versiegen.

verbleiben

abmachen, [sich] absprechen, aushandeln, ausmachen, eine Abmachung/Absprache treffen, eine Übereinkunft/Vereinbarung treffen, sich einigen, einig werden, ein Übereinkommen treffen, festlegen, festmachen, verabreden, vereinbaren, sich verständigen; *(schweiz.):* verkommen; *(geh.):* übereinkommen.

verblendet

blind[gläubig], blindwütig, einseitig, fanatisch, unbekehrbar, unbelehrbar, uneinsichtig, unverbesserlich, verrannt, verstiegen, voreingenommen; *(abwertend):* verstockt; *(oft abwertend):* eifernd.

verblüffen

aus der Fassung bringen, eine Überraschung bereiten, erstaunen, in Erstaunen versetzen, sprachlos machen, überraschen, verdutzen, verwundern; *(bildungsspr.):* frappieren; *(ugs.):* fertigmachen, jmdm. die Schuhe ausziehen, umwerfen; *(salopp):* hinhauen, umhauen.

verblüffend

beeindruckend, bemerkenswert, erstaunlich, gegen alle Erwartung[en], imposant, nicht voraussehbar, ohne Vorwarnung, sensationell, überraschend, überwältigend, unerwartet, ungeahnt, unverhofft, unvermutet, unvorhergesehen, unvorhersehbar, verwunderlich; *(geh.):* wider Erwarten; *(ugs.):* unglaublich.

verbohrt

fanatisch, festgefahren, hartnäckig, störrisch, trotzig, unbekehrbar, unbelehrbar, uneinsichtig, unnachgiebig, unverbesserlich, unvernünftig, unzugänglich, verblendet; *(abwertend):* borniert, halsstarrig, rechthaberisch, starrköpfig, starrsinnig, verstockt; *(bildungsspr. abwertend):* dogmatisch, doktrinär, obstinat, orthodox, rigide.

verborgen

abgelegen, abgeschnitten, abseits, einsam, entlegen, isoliert, seitab, weltentlegen, zurückgezogen; *(geh.):* abgeschieden, abseitig, fernab; *(ugs.):* gottverlassen, weit[ab] vom Schuss; *(scherzh.):* am Ende der Welt, wo sich Fuchs und Hase Gute Nacht sagen; *(ugs. scherzh.):* jwd.

Verbot

1. Anordnung, Bann, Befehl, Bestimmung, Dekret, Erlass, Gesetz, Hinderung, Machtspruch, Machtwort, Nein, Norm, Regel, Untersagung, Verfügung, Verordnung, Vorschrift; *(bildungsspr.):* Direktive, Veto.

2. Abschaffung, Begrenzung, Beschränkung, Einschränkung, Prohibition, Schranke, Sperre, Stopp, Zensur; *(bildungsspr.):* Restriktion.

verboten

a) gegen das Gesetz/die Gesetze [verstoßend], gesetzwidrig, illegal, irregulär, kriminell, nicht erlaubt, ordnungswidrig, rechtswidrig, strafbar, unehrlich, unerlaubt, ungesetzlich, unlauter, untersagt, unzulässig, verbrecherisch, verfassungswidrig; *(geh.):* unstatthaft; *(bildungsspr.):* illegitim; *(ugs.):* krumm. **b)** sündig, tabu, unkoscher; *(geh.):* sündhaft.

verbrämen

bagatellisieren, beschönigen, idealisieren, maskieren, schönen, schönfärben, schönreden, übertünchen, verbergen, verharmlosen, verhüllen, verschleiern; *(geh.):* bemänteln; *(bildungsspr.):* euphemistisch ausdrücken; *(ugs.):* frisieren, herunterspielen.

Verbrauch

a) Aufwand, Einsatz, Konsumierung, Verschleiß, Verzehr; *(bildungsspr.):* Konsum. **b)** Bedarf, Menge, Stückzahl.

verbrauchen

a) [auf]brauchen, aufwenden, benutzen, einsetzen, konsumieren, nehmen, verwenden, verwerten, verzehren; *(ugs.):* hineinstecken. **b)** aufbrauchen, ausgeben, durchbringen, erschöpfen, verbraten, vergeuden, verprassen, verschleißen, verschwenden, vertun, verwirtschaften; *(geh.):* aufzehren; *(ugs.):* auf den Kopf hauen, kleinkriegen, kleinmachen, verjubeln, verpulvern, zum Fenster hinauswerfen; *(salopp):* um die Ecke bringen. **c)** beanspruchen, benötigen, brauchen, fressen, nötig haben, verbrennen, verlangen, verschlingen; *(geh.):* bedürfen; *(ugs.):* schlucken.

Verbraucher, Verbraucherin

Abnehmer, Abnehmerin, Käufer, Käuferin, Kunde, Kundin.

verbraucht

a) aufgebraucht, ausgegangen, nicht mehr verfügbar, zu Ende; *(ugs.):* alle. **b)** abgearbeitet, abgekämpft, abgespannt, aufgerieben, ausgebrannt, ausgelaugt, entkräftet, erschöpft, müde, mürbe, überanstrengt, überarbeitet, zermürbt; *(geh.):* aufgezehrt; *(ugs.):* abgeschlafft, kaputt; *(salopp):* ausgepumpt.

Verbrechen

a) Delikt, Gewalttat, Gräueltat, Rechtsbruch, [schwere] Straftat, strafbare Handlung, Tat, Unrecht; *(geh.):* Bluttat, Freveltat, Übeltat. **b)** Sakrileg, Sünde, Verfehlung, Vergehen; *(geh.):* Fehltritt, üble/verwerfliche Tat; *(abwertend):* Schurkerei; *(emotional):* Schandtat, Untat.

Verbrecher, Verbrecherin

Bandit, Banditin, Gesetzesbrecher, Gesetzesbrecherin, Krimineller, Kriminelle, Rechtsbrecher, Rechtsbrecherin, Straffälliger, Straffällige, [Straf]täter, [Straf]täterin; *(bildungsspr.):* Delinquent, Delinquentin; *(abwertend):* Gauner, Gaunerin, Halunke, Halunkin, Schuft, Schuftin, Schurke, Schurkin, Strolch, Unhold, Unholdin.

A B C D E F G H I J K L M N O P Q R S T U V ver W X Y Z

verbreiten
1. aufbringen, ausplaudern, bekannt geben/machen, [herum]erzählen, in Umlauf bringen/setzen, mitteilen, öffentlich behaupten, publizieren, säen, senden, übertragen, verkünden, vermitteln, veröffentlichen, weitererzählen, weitergeben, weiterleiten, weitersagen, wiedergeben; *(geh.):* kundtun, offenbaren; *(bildungsspr.):* kommunizieren, publik machen; *(ugs.):* austrompeten, in die Welt setzen, rumerzählen, streuen, unter die Leute bringen.
2. abgeben, ausbreiten, ausdunsten, ausdünsten, ausströmen, verströmen; *(geh.):* atmen, ergießen, um sich breiten.
3. auslösen, einwirken, erregen, erwecken, erzeugen, hervorrufen, schaffen, schüren, sorgen für; *(geh.):* anfachen, entfachen, entflammen; *(bildungsspr.):* effizieren, evozieren, inspirieren, provozieren.

verbreiten, sich
1. an die Öffentlichkeit dringen/kommen, bekannt werden, durchdringen, durchsickern, sich herumsprechen, in Umlauf kommen/sein, kursieren, Schlagzeilen machen, umgehen, umlaufen, zirkulieren; *(bildungsspr.):* publik werden; *(ugs.):* die Runde machen, herumgehen, unter die Leute kommen.
2. an Boden gewinnen, anstecken, sich ausbreiten, sich ausdehnen, ausstrahlen, ausströmen, sich ausweiten, sich Bahn brechen, sich breitmachen, einreißen, sich erweitern, sich etablieren, sich fortpflanzen, grassieren, Raum gewinnen, übergreifen, überhandnehmen, überspringen, sich übertragen, um sich greifen, verströmen, vordringen, wuchern; *(geh.):* sich auswachsen, überströmen; *(bildungsspr.):* expandieren.

verbreitern
anbauen, anschütten, aufschütten, aufstocken, ausbauen, ausdehnen, ausgestalten, ausweiten, bereichern, ergänzen, erweitern, vergrößern, verstärken; *(bildungsspr.):* amplifizieren, extensivieren; *(Fachspr.):* dilatieren.

verbrennen
1. a) [ab]brennen, den Flammen zum Opfer fallen, herunterbrennen, in [Rauch und] Flammen aufgehen, niederbrennen, verqualmen, verschwelen, wegbrennen; *(geh.):* in Schutt und Asche sinken, verlodern, vom Feuer verzehrt werden. **b)** anbrennen, schwarz/unbrauchbar/ungenießbar werden, verkohlen.
2. ausdorren, [aus]dörren, austrocknen, dürr/trocken werden, eindorren, eintrocknen, verdorren, vertrocknen; *(geh.):* dorren.

verbrennen, sich
sich Brandwunden/Verbrennungen zuziehen, sich brennen, sich [ver]brühen.

verbringen
a) sich aufhalten, sich befinden, bleiben, leben, nächtigen, sein, sitzen, übernachten, überwintern, verbleiben, verleben, wohnen, zubringen; *(geh.):* [ver]weilen. **b)** aufwenden, benötigen, brauchen, daransetzen, hinbringen, investieren, verwenden; *(ugs.):* dransetzen, hineinstecken, reinstecken.

verbrüdern, sich
1. sich anfreunden, sich befreunden, Brüderschaft/Freundschaft schließen, Brüderschaft trinken, Freunde/gut Freund werden; *(bildungsspr.):* fraternisieren.
2. ↑verbünden, sich.

verbuchen
aufzeichnen, buchen, dokumentieren, einschreiben, eintragen, erfassen, festhalten, kodifizieren, notieren, registrieren, verzeichnen; *(bildungsspr.):* fixieren.

verbummeln
vergessen, verlegen, verlieren, versäumen; *(ugs.):* verkramen, versaubeuteln, verschusseln, verschwitzen, versieben.

verbünden, sich
sich alliieren, ein Bündnis eingehen, sich organisieren, sich verbinden, sich verbrüdern, zusammengehen, sich zusammenschließen, sich zusammentun; *(schweiz.):* sich zusammenspannen; *(bildungsspr.):* sich assoziieren, konföderieren, sich soziieren; *(oft abwertend):* paktieren.

Verdacht
Ahnung, Misstrauen, [schlimme] Vermutung, Zweifel; *(geh.):* Argwohn, Mutmaßung.

verdächtig
a) finster, nicht [ganz] geheuer, undurchsichtig, unheimlich, verdachterregend, zweifelhaft, zwielichtig; *(geh.):* dubios; *(bildungsspr.):* obskur, sinister, suspekt; *(abwertend):* dunkel, fragwürdig, unseriös. **b)** bedenklich, fragwürdig, nicht einwandfrei/in Ordnung, rätselhaft; *(geh.):* dubios; *(bildungsspr.):* obskur, ominös, suspekt; *(ugs.):* nicht [ganz] astrein/hasenrein.

verdächtigen
im/in Verdacht haben, mutmaßen; *(geh.):* Argwohn hegen, argwöhnisch sein, beargwöhnen, Verdacht hegen.

verdammen
aburteilen, ächten, verurteilen; *(geh.):* den Stab brechen über, verfemen, verwerfen.

verdammt
1. ärgerlich, furchtbar, lästig, leidig, schlimm,

unangenehm, widerwärtig; *(ugs.)*: blöd; *(abwertend)*: elend, widerlich; *(emotional)*: fürchterlich, verwünscht; *(ugs. emotional)*: verteufelt.
2. a) enorm, gewaltig, gigantisch, groß, immens, stark, unbeschreiblich, ungeheuer[lich]; *(österr., sonst bildungsspr.)*: eminent; *(geh.)*: unsäglich; *(bildungsspr.)*: exorbitant; *(ugs.)*: elend, entsetzlich, furchtbar, irrsinnig, mächtig, schrecklich, unglaublich, unheimlich, unwahrscheinlich, verflixt, wahnsinnig; *(salopp)*: irre, tierisch, verflucht; *(emotional)*: horrend, unsagbar; *(oft emotional)*: riesig; *(ugs. emotional)*: fürchterlich, kolossal, sagenhaft, scheußlich, verteufelt; *(ugs. emotional verstärkend)*: mordsmäßig. **b)** ↑sehr.

verdanken
[Dank] schulden, zuzuschreiben haben; *(geh.)*: danken, [zu Dank] verpflichtet sein.

verdattert
aus dem Gleichgewicht/der Fassung gebracht, außer Fassung, [bass] erstaunt, bestürzt, durcheinander, entgeistert, fassungslos, irritiert, überrascht, verblüfft, verdutzt, verwirrt; *(bildungsspr.)*: konsterniert; *(ugs.)*: durch den Wind, erschrocken, perplex, platt, von den Socken, wie begossen, wie erschlagen, wie vor den Kopf geschlagen/gestoßen; *(salopp)*: baff, geplättet, platt wie ein Pfannkuchen.

verdauen
1. verarbeiten.
2. bewältigen, fertigwerden, in den Griff bekommen, überwinden, verkraften, zurechtkommen; *(geh.)*: verwinden.

verdecken
abdecken, bedecken, decken, überdecken, verbergen, verhängen, verhüllen, verstecken, zudecken.

verderben
1. faulen, modern, ranzig/schlecht/ungenießbar werden, umkommen, verfaulen, verrotten; *(ugs.)*: gammelig werden, gammeln, vergammeln; *(nordd.)*: rotten.
2. [be]schädigen, ruinieren, zerstören; *(geh.)*: zuschanden machen; *(ugs.)*: kaputt machen.
3. einen schlechten Einfluss haben, herunterziehen, ins Verderben reißen/stürzen, zugrunde richten; *(geh.)*: herabziehen; *(bildungsspr.)*: depravieren, pervertieren; *(salopp)*: versauen; *(bildungsspr. abwertend)*: korrumpieren.

Verderben
Elend, Ende, GAU, Katastrophe, Leid, Ruin, Übel, Unglück, Untergang, Verhängnis; *(geh.)*: Unheil, Unsegen; *(bildungsspr.)*: Apokalypse, Armageddon; *(ugs. emotional verstärkend)*: Super-GAU.

verdeutlichen
deutlich/sichtbar machen, erläutern, erörtern, konkretisieren, veranschaulichen; *(bildungsspr.)*: explizieren, illustrieren, präzisieren; *(ugs.)*: klarlegen, klarmachen, rüberbringen; *(salopp)*: verkasematuckeln.

BSP Die Überlegungen werden an Beispielen konkretisiert. ... eine These durch Zitate illustrieren.

verdichten, sich
ansteigen, sich intensivieren, Nahrung bekommen/finden, sich verschärfen, sich verstärken, wachsen, zunehmen.

verdienen
1. a) [bezahlt] bekommen, einnehmen, erhalten, erlangen, erreichen, erringen, erwirtschaften, kassieren; *(ugs.)*: kriegen. **b)** Gewinn erzielen; *(ugs.)*: abkassieren, absahnen, Kasse machen, [leichtes/das große] Geld machen; *(salopp)*: abzocken.
2. wert sein, zukommen, zustehen; *(geh.)*: gebühren; *(veraltend)*: geziemen.

1Verdienst
Auskommen, Besoldung, Bezahlung, Bezüge, Einkommen, Einkünfte, Einnahmen, Entgelt, Entlohnung, Gehalt, Lohn, Vergütung; *(österr.)*: Bezug; *(schweiz.)*: Entlöhnung; *(ugs.)*: Zahlung.

2Verdienst
Erfolg, Großtat, Leistung, Werk; *(geh.)*: Meriten, Ruhmestitel.

verdienstvoll
Achtung/Anerkennung verdienend, anerkennenswert, hoch anzurechnen, lobenswert, rühmenswert, rühmlich; *(oft iron.)*: löblich; *(veraltend)*: honorig, verdienstlich.

verdonnern
a) aburteilen, verurteilen; *(geh.)*: mit einer Strafe belegen; *(ugs.)*: verknacken; *(salopp)*: verknassen, verknasten. **b)** auflasten, auflegen, aufpacken, aufzwingen; *(schweiz.)*: überbinden, überbürden; *(geh.)*: aufbürden, auferlegen; *(ugs.)*: aufbrummen, aufbuckeln, aufdrücken, aufhalsen, aufladen; *(salopp)*: aufsacken, aufs Auge drücken.

verdoppeln
1. doppeln, dualisieren, verzweifachen; *(bildungsspr.)*: duplieren, duplizieren; *(Sprachwiss.)*: geminieren.
2. ankurbeln, ausbauen, ausdehnen, ausweiten, erhöhen, erweitern, eskalieren, forcieren, hinaufschrauben, intensivieren, steigern, vergrößern, vermehren, verschärfen, verstärken, ver-

vielfachen; *(geh.):* beflügeln, hinaufsteigern, mehren, vervielfältigen; *(bildungsspr.):* augmentieren, multiplizieren, potenzieren; *(ugs.):* anheizen, Dampf machen, in Schwung/ins Rollen bringen.

verdoppeln, sich

1. sich doppeln, doppelt so groß/stark werden, sich dualisieren, sich verzweifachen; *(bildungsspr.):* sich duplieren, sich duplizieren.

2. anschwellen, ansteigen, sich ausdehnen, sich ausweiten, doppelt so groß/stark werden, sich erhöhen, sich erweitern, eskalieren, größer/stärker werden, sich intensivieren, steigen, sich steigern, sich vergrößern, sich vermehren, sich verschärfen, sich verstärken, sich vervielfachen, wachsen, zunehmen; *(geh.):* sich hinaufsteigern, sich mehren, sich vervielfältigen; *(bildungsspr.):* sich multiplizieren, sich potenzieren; *(ugs.):* zulegen.

verdorben

faul, nicht mehr gut, ranzig, sauer, schlecht, unbrauchbar, ungenießbar, verfault, vermodert, verrottet, verwest; *(ugs.):* hin[über], vergammelt; *(salopp):* matsch; *(nordd.):* rott.

verdrängen

1. abdrängen, aus dem Sattel heben/werfen, beiseitedrängen, beiseiteschieben, beiseitestoßen, den Rang ablaufen, entmachten, entthronen, fortdrängen, in den Hintergrund drängen, ins Abseits drängen, wegdrängen, zur Seite drängen/schieben; *(ugs.):* abschieben, aufs Abstellgleis schieben, ausbooten.

2. beiseiteschieben, entfernen, niederhalten, unterbinden, unterdrücken, zurückhalten.

verdreckt

beschmutzt, schmutzig, speckig, ungewaschen, unrein, unsauber, verschmiert, voller Schmutz; *(geh.):* verunreinigt; *(ugs.):* dreckig, mit Dreck und Speck; *(salopp):* versaut, versifft; *(abwertend):* schmierig.

verdrehen

1. ausdrehen, ausrenken, verrenken; *(ugs.):* aushängen, ausheben.

2. das Wort im Munde [her]umdrehen, entstellen, kleinrechnen, umkehren, verballhornen, verfälschen, verfremden, verkehren, verzerren; *(bildungsspr.):* pervertieren; *(bildungsspr. abwertend):* klittern.

verdrießlich

a) griesgrämig, misslaunig, mürrisch. **b)** ärgerlich, lästig, leidig, misslich, unangenehm, unerfreulich, unliebsam; *(schweiz.):* ungefreut; *(geh.):* unerquicklich; *(bildungsspr.):* ennuyant; *(ugs.):* blöd, dumm, nervig.

verdrücken

aufessen, konsumieren, verschlingen; *(geh.):* verspeisen, verzehren, zu sich nehmen; *(ugs.):* futtern, mampfen, verkonsumieren, verputzen, verspachteln, wegessen, wegfuttern, wegputzen; *(fam.):* spachteln; *(scherzh.):* sich einverleiben; *(ugs. scherzh.):* auffuttern, vertilgen.

verdrücken, sich

das Weite suchen, sich davonschleichen, sich fortschleichen, verschwinden, sich wegstehlen.

verdunkeln

1. abblenden, abdecken, abdichten, abdunkeln, abschirmen, bedecken, trüben, verdecken, verdüstern, verfinstern, verhüllen.

2. abschwächen, beeinträchtigen, dämpfen, in Mitleidenschaft ziehen, reduzieren, schaden, schmälern, stören, trüben, überlagern, überschatten; *(geh.):* mindern, verdüstern.

3. decken, verbergen, verschleiern, vertuschen.

verdunkeln, sich

sich bedecken, sich bewölken, sich beziehen, dunkel/düster/finster werden, sich [ein]trüben, regnerisch/trübe werden, sich umwölken, sich verdüstern, sich verfinstern; *(schweiz.):* eindämmern, eindunkeln; *(geh.):* dunkeln; *(dichter.):* düstern; *(ugs.):* sich zuziehen.

verdünnen

dünnflüssig/ergiebiger machen, mischen, mixen, panschen, spritzen, strecken, verlängern, vermehren, versetzen mit, verwässern; *(ugs.):* vermanschen, verpanschen, zusammenbrauen.

verdunsten

a) eintrocknen, verdampfen, verfliegen, wegtrocknen; *(südd., österr.):* ausrauchen; *(Fachspr.):* evaporieren. **b)** eindampfen, eindicken, verdünsten, verkochen.

verdursten

austrocknen, [vor Durst] sterben/vergehen, zugrunde gehen; *(ugs.):* eingehen.

verdutzt

[bass] erstaunt, befremdet, entgeistert, erstaunt, fassungslos, irritiert, schockiert, sprachlos, überrascht, verblüfft, verwirrt, verwundert; *(bildungsspr.):* konsterniert; *(ugs.):* perplex, platt, verdattert, von den Socken, wie vor den Kopf geschlagen/gestoßen; *(salopp):* baff, geplättet, platt wie ein Pfannkuchen.

veredeln

1. bilden, erhöhen, kultivieren, verbessern, verfeinern, vergeistigen, vervollkommnen, zivilisieren; *(bildungsspr.):* perfektionieren, sublimieren.

2. anreichern, aufbessern, aufstocken, aufwerten, bereichern, verschönern, versehen;

(ugs.): aufmöbeln, aufpolieren; *(Fachspr.):* vergüten.
3. pfropfen.

verehren
a) [an]beten, Ehre erweisen, ehren, glauben; *(geh.):* anhängen; *(veraltend):* fürchten. **b)** achten, anschmachten, anschwärmen, aufblicken, aufschauen, aufsehen, bewundern, lieben, Respekt entgegenbringen/erweisen/zollen, respektieren, schätzen, [um]schwärmen, vergöttern; *(geh.):* Bewunderung zollen, zu Füßen liegen; *(bildungsspr.):* adorieren; *(ugs.):* anhimmeln, große Stücke halten auf; *(veraltend):* ästimieren, wertschätzen.

vereidigen
einen Eid abnehmen, einschwören, unter Eid nehmen, verpflichten; *(österr.):* angeloben.

Verein
a) Bund, Gemeinschaft, Gesellschaft, Gruppe, Gruppierung, Interessengemeinschaft, Klub, Kreis, Organisation, Ring, Stiftung, Verband, Verbindung, Vereinigung, Zirkel, Zusammenschluss; *(bes. Politik):* Assoziation. **b)** Gruppe, Runde, Schar; *(ugs.):* Haufen, Korona, Laden, Truppe; *(ugs. scherzh.):* Rasselbande; *(abwertend):* Bagage, Herde, Klüngel.

vereinbaren
abmachen, [sich] absprechen, aushandeln, ausmachen, eine Abmachung/Absprache treffen, einen Vertrag [ab]schließen, eine Übereinkunft/Vereinbarung treffen, sich einigen, einig werden, ein Übereinkommen treffen, festlegen, festmachen, festsetzen, verabreden, verbleiben, sich verständigen; *(schweiz.):* verkommen; *(geh.):* übereinkommen; *(veraltend):* abreden.

Vereinbarung
Abkommen, Abmachung, Abschluss, Absprache, Beschluss, Einigung, Gentleman's Agreement, Handel, Kompromiss, Kontrakt, Pakt, Übereinkommen, Übereinkunft, Verabredung, Verständigung, Vertrag; *(bildungsspr.):* Arrangement; *(ugs.):* Deal; *(veraltend):* Abrede.

vereinfachen
a) entflechten, rationalisieren, reduzieren, straffen, zurückführen; *(geh.):* entwirren; *(salopp):* abspecken; *(Fachspr.):* minimalisieren. **b)** bequemer/einfacher machen, erleichtern, erträglicher/leichter machen, helfen, hilfreich/nützlich/praktisch sein. **c)** herunterbrechen, schablonisieren, schematisieren, vergröbern, versimpeln, verständlicher darstellen/machen, zugänglich machen; *(bildungsspr.):* abstrahieren, popularisieren, simplifizieren; *(bildungsspr. abwertend):* vulgarisieren.

vereinheitlichen
abstimmen, angleichen, anpassen, auf einen [gemeinsamen] Nenner bringen, eichen, einebnen, einheitlich festlegen, gleichmachen, harmonisieren, standardisieren; *(bildungsspr.):* assimilieren, nivellieren, normieren; *(bildungsspr., oft abwertend):* uniformieren; *(bildungsspr., Fachspr.):* typisieren; *(Fachspr.):* normen; *(bes. Fachspr.):* unifizieren.

vereinigen
bündeln, einbetten, eingliedern, einigen, einverleiben, fusionieren, in Übereinstimmung bringen, kombinieren, mischen, paaren, sammeln, summieren, synchronisieren, verbinden, vereinbaren, verknüpfen, verquicken, verschmelzen, zusammenbringen, zusammenfassen, zusammenführen, zusammenschließen, zusammenschweißen, zusammensetzen; *(geh.):* [ver]einen, zusammenfügen; *(bildungsspr.):* aggregieren, integrieren, unieren; *(bes. Fachspr.):* unifizieren.

vereinigen, sich
sich aneinanderfügen, aufgehen in, eine Verbindung eingehen, ein Ganzes bilden, eins werden, fusionieren, sich kombinieren, sich mischen, sich paaren, sich verbinden, sich verbünden, verschmelzen, zusammenfallen, sich zusammenfinden, zusammengehen, sich zusammenscharen, sich zusammenschließen, zusammenschmelzen, zusammenströmen, zusammentreffen, sich zusammentun, zusammenwachsen; *(geh.):* sich vereinen, sich zusammenfügen; *(schweiz.):* sich zusammenspannen; *(bildungsspr.):* konföderieren.

Vereinigung
1. Anbindung, Anschluss, Eingliederung, Einigung, Fusion, Gruppierung, Paarung, Partnerschaft, Verbindung, Verkettung, Verknüpfung, Vermischung, Vernetzung, Verquickung, Verschmelzung, Zusammenarbeit, Zusammenfügung, Zusammenführung, Zusammenlegung, Zusammenschluss, Zusammenstellung; *(bildungsspr.):* Integration, Kombination, Kooperation, Synthese; *(bildungsspr. veraltend):* Liaison.
2. a) ↑Verein (a). **b)** Achse, Block, Bündnis, [Bürger]initiative, Koalition, Konföderation, Liga, Pakt, Partei, Union.

vereinnahmen
a) bekommen, einnehmen, erhalten, erzielen, gewinnen; *(schweiz.):* beziehen; *(ugs.):* absahnen, an sich bringen, einheimsen, [ein]kassieren, einsacken, kriegen; *(salopp):* abstauben, sich unter den Nagel reißen; *(abwertend):* [an sich] raffen, zusammenraffen; *(veraltend):* erlösen. **b)** absorbieren, sich aneignen, aufsaugen,

sich bedienen, für eigene Zwecke verwenden, für sich beanspruchen, in Anspruch/Beschlag nehmen, missbrauchen, Missbrauch treiben, mit Beschlag belegen, verwenden, sich zu eigen machen; *(geh.):* absorbieren; *(scherzh.):* beschlagnahmen. **c)** auf seine Seite bringen/ziehen, bestechen, für sich gewinnen, überreden; *(ugs.):* kaufen; *(bildungsspr. abwertend):* korrumpieren.

vereinzelt

a) auseinanderliegend, auseinanderstehend, einige wenige, einsam, einzeln, einzig, gebietsweise, hier und da, sporadisch, stellenweise, streckenweise, [unregelmäßig] verteilt, versprengt, verstreut, wenig, zerstreut; *(bildungsspr.):* singulär; *(ugs.):* auseinander. **b)** ab und an, ab und zu, dann und wann, das ein oder andere Mal, gelegentlich, hin und wieder, kaum [einmal], manchmal, mitunter, nicht häufig, nicht oft, selten, so gut wie nie, unregelmäßig, von Zeit zu Zeit, zeitweilig, zeitweise, zuzeiten; *(österr.):* fallweise; *(geh.):* bisweilen, zuweilen; *(ugs.):* praktisch nie; *(ugs. scherzh.):* alle Jubeljahre [einmal]; *(Wissensch.):* okkasionell.

vereiteln

abblocken, abfangen, abhalten, abschneiden, abwehren, abwenden, aufhalten, behindern, blockieren, durchkreuzen, entgegenwirken, fernhalten, im Keim ersticken, in den Arm fallen, lahmlegen, niederschlagen, sabotieren, sperren, stoppen, umstoßen, unterbinden, verbauen, verderben, verhindern, zum Scheitern bringen, zunichtemachen; *(schweiz.):* versäumen; *(geh.):* Einhalt gebieten/tun, niederwerfen, zu Fall bringen; *(ugs.):* abbiegen, einen Strich durch die Rechnung machen, in die Parade fahren, in die Quere kommen, umbiegen, umschmeißen; *(abwertend):* torpedieren.

vererben

a) hinterlassen, vermachen; *(schweiz.):* vergaben; *(veraltend):* übermachen. **b)** [ab]geben, abtreten, übereignen, übergeben, überlassen, zur Verfügung stellen; *(schweiz.):* vergaben.

verewigen, sich

sich einschreiben, seinen Namen eingravieren/einkerben/einritzen, Spuren hinterlassen.

Verfahren

1. Arbeitsweise, Art [und Weise], Behandlung, Handhabung, Manier, Methode, Praktik, Praxis, Strategie, System, Taktik, Technik, Umgang, Verfahrensweise, Verhalten, Verhaltensweise, Vorgehensweise, Weg, Weise; *(österr.):* Vorgangsweise; *(bildungsspr.):* Modus [Procedendi].

2. Akt, Gerichtsverfahren, Prozess, Verhandlung; *(geh.):* Rechtshandel.

[1]verfahren

anfassen, behandeln, einen Weg einschlagen, handeln, handhaben, in Angriff nehmen, praktizieren, tätig sein/werden, umgehen, sich verhalten, vorgehen, wirken; *(geh.):* begegnen, schalten, zu Werke gehen; *(bildungsspr.):* agieren, operieren; *(ugs.):* anpacken, handeln, managen; *(abwertend):* umspringen.

[1]verfahren, sich

abdriften, abkommen, abtreiben, abweichen, den Kurs verlassen, den Weg/die Richtung verlieren, die falsche Richtung einschlagen, sich entfernen, irrefahren, sich verirren; *(geh.):* abgleiten, abirren, abschweifen; *(ugs.):* sich verfranzen.

[2]verfahren

aussichtslos, ausweglos, chancenlos, festgefahren, hoffnungslos, in eine Sackgasse geraten, ohne Aussicht auf Erfolg, ohne Ausweg, ohne [jede] Chance, trostlos, unheilbar, unlösbar, unrettbar, verzweifelt; *(bildungsspr.):* desperat.

Verfall

1. a) Baufälligkeit, Verwahrlosung, Verwitterung, Zerfall, Zusammenbruch. **b)** Abstieg, Auflösung, Fall, Untergang, Zerrüttung; *(geh.):* Niedergang; *(bildungsspr.):* Dekadenz; *(Soziol.):* Involution.

2. Fristablauf, Ungültigkeit, Verjährung.

[1]verfallen

1. a) auseinanderbrechen, auseinanderfallen, baufällig werden, bröckeln, einbrechen, einstürzen, verwahrlosen, verwittern, zerbrechen, zerbröckeln, zerfallen, zusammenbrechen, zusammenfallen, zusammenstürzen; *(geh.):* herabkommen; *(ugs.):* herunterkommen, kaputtgehen. **b)** abbauen, verkümmern; *(geh.):* vom Alter/von der Krankheit/vom Tode gezeichnet sein.

2. ablaufen, auslaufen, außer Kraft treten, enden, erlöschen, gegenstandslos/hinfällig werden, ungültig werden.

3. a) eingenommen/hingerissen sein, lieben, schwärmen, sich verlieben, sich verzaubern lassen; *(ugs.):* abfahren, hin und weg sein. **b)** erliegen, nachgeben, süchtig werden, sich überlassen, zum Opfer fallen; *(geh.):* anheimfallen.

[2]verfallen

1. a) baufällig, bröckelig, brüchig, lädiert, morsch, schadhaft, wackelig, zerfallen; *(geh.):* herabgekommen; *(ugs.):* kaputt; *(oft abwertend):* heruntergekommen; *(veraltend):* ruinös. **b)** angekränkelt, entkräftet, geschwächt, nur noch

ein Schatten seiner selbst, schwach; *(geh.):* abgelebt, ausgezehrt, vom Alter/von der Krankheit/vom Tode gezeichnet; *(bildungsspr.):* morbid; *(fam.):* klapprig. **c)** verdorben; *(geh.):* dem Untergang geweiht, im Niedergang begriffen; *(bildungsspr.):* dekadent.
2. außer Kraft, gegenstandslos, hinfällig, ungültig, unwirksam, wertlos.
3. bezaubert, [bis über beide Ohren] verliebt, hingerissen, vernarrt; *(ugs.):* hin und weg, verschossen, verzaubert; *(salopp):* verknallt; *(dichter.):* von Amors Pfeil getroffen.

verfallen lassen
sich entgehen lassen, nicht in Anspruch nehmen, nicht nutzen, sich schenken, ungenutzt lassen, verzichten.

verfälschen
1. entstellen, falsch/unrichtig darstellen, verbiegen, verkehren, verzerren; *(bildungsspr.):* manipulieren, pervertieren; *(abwertend):* biegen; *(bildungsspr. abwertend):* klittern.
2. panschen, verdünnen, verlängern, [ver]mischen, verschneiden, versetzen mit, zusammenschütten; *(ugs.):* vermanschen, verpanschen.

verfänglich
gefährlich, haarig, heikel, kitzlig, knifflig, kompliziert, kritisch, misslich, problematisch, schwierig, verräterisch, verwickelt; *(bildungsspr.):* delikat, diffizil, neuralgisch, prekär; *(ugs.):* brenzlig, mulmig, vertrackt, verzwickt; *(veraltend):* intrikat.

verfärben, sich
a) anlaufen, bunt/farbig werden, eine andere Farbe annehmen/bekommen, sich färben. **b)** an Farbe verlieren, [aus]bleichen, auslaufen, blass/bleich werden, sich entfärben, erblassen, erbleichen, fahl/heller werden, verblassen, verbleichen, verschießen; *(südd., österr.):* ausschießen.

verfassen
abfassen, anfertigen, aufschreiben, aufsetzen, aufzeichnen, ausarbeiten, dichten, entwerfen, erarbeiten, festhalten, formulieren, in Worte fassen/kleiden, [nieder]schreiben, schaffen, texten, zu Papier bringen; *(geh.):* aufs Papier werfen, erschaffen, niederlegen; *(bildungsspr.):* kreieren, verbalisieren.

BSP Wir haben ein gutes Referat erarbeitet. Du solltest deinen Text prägnanter formulieren. Ich muss noch den Text für mein Plakat kreieren.

Verfasser, Verfasserin
Schöpferin, Autor, Autorin, Dichter, Dichterin, Erzähler, Erzählerin, Journalist, Journalistin, Literat, Literatin, Schöpfer, Schriftsteller, Schriftstellerin; *(bildungsspr.):* Ghostwriter, Ghostwriterin; *(abwertend):* Schreiberling; *(oft abwertend):* Schreiber, Schreiberin; *(bildungsspr. abwertend):* Skribent.

Verfassung
1. a) Grundgesetz. **b)** Bestimmungen, [Grund]ordnung, Normen, Regeln, Regelwerk, Statuten, Vorschriften; *(bildungsspr.):* Reglement.
2. a) Befinden, Ergehen, Fitness, Fitnesszustand, Gesundheitszustand, Kondition, [Zu]stand. **b)** Gleichgewicht, Laune, Stimmung; *(geh.):* Gestimmtheit; *(ugs.):* Seelenhaushalt.

verfechten
anhängen, sich aussprechen, befürworten, sich bekennen, dafür sein, eine Lanze brechen, sich einsetzen, einstehen, eintreten, empfehlen, sich engagieren, sich ereifern, sich erklären, gutheißen, kämpfen, Partei ergreifen, Stellung beziehen, unterstützen, verteidigen, vertreten; *(bildungsspr.):* plädieren; *(ugs.):* sich starkmachen.

Verfechter, Verfechterin
Anhänger, Anhängerin, Anwalt, Anwältin, Fan, Fürsprecher, Fürsprecherin, Kämpfer, Kämpferin, [Mit]streiter, [Mit]streiterin, Sympathisant, Sympathisantin, Unterstützer, Unterstützerin, Verteidiger, Verteidigerin, Vertreter, Vertreterin, Vorkämpfer, Vorkämpferin; *(geh.):* Jünger, Jüngerin, Sachwalter, Sachwalterin; *(bildungsspr.):* Apologet, Apologetin, Zelot, Zelotin; *(oft abwertend):* Parteigänger, Parteigängerin.

verfehlen
a) entgehen, nicht antreffen, nicht erreichen, verpassen, versäumen. **b)** danebengehen, danebenschießen, nicht einschlagen/treffen, vorbeigehen, vorbeischießen; *(geh.):* fehlgehen; *(ugs.):* auf dem Holzweg sein, danebenhauen, danebenliegen, schiefliegen. **c)** erfolglos bleiben, keinen Erfolg haben, missglücken, misslingen, missraten, nicht von Erfolg begleitet/gekrönt sein, scheitern, Schiffbruch erleiden, versagen; *(salopp):* auf die Schnauze fallen.

verfehlt
a) falsch, fehlgeleitet, irrig, irrtümlich, unkorrekt, unrealistisch, unrichtig, unwahr, unzutreffend, utopisch, verkehrt; *(ugs.):* schief. **b)** deplatziert, fehl am Platz, nutzlos, sinnlos, unangebracht, unangemessen, unbrauchbar, unergiebig, unfunktional, ungeeignet, ungeschickt, ungünstig, unnütz, unpassend, unpraktisch, unsinnig, untauglich, unwirksam, unzweckmäßig, wertlos, zu nichts nütze, zwecklos; *(geh.):* ungebührlich, ungeziemend, unschicklich; *(bildungsspr.):* inadäquat; *(ugs.):* zu nichts zu ge-

brauchen; *(südd., österr.):* zu nichts nutz; *(abwertend):* unqualifiziert. **c)** erfolglos, ergebnislos, fruchtlos, gescheitert, im Sand verlaufen, missglückt, misslungen, negativ, nutzlos, ohne Erfolg, resultatlos, umsonst, vergebens, vergeblich; *(ugs.):* verkorkst.

Verfehlung

a) Delikt, Rechtsbruch, Sakrileg, Schuld, strafbare Handlung, [Straf]tat, Sünde, Unrecht, Verbrechen, Vergehen, Verstoß, Zuwiderhandlung; *(geh.):* Fehltritt, Frevel[tat], Übeltat; *(abwertend):* Schurkerei; *(emotional):* Schandtat, Untat. **b)** [Kunst]fehler, Missgeschick, Panne, Ungeschicklichkeit, Versehen; *(geh.):* Fehltritt; *(bildungsspr.):* Fauxpas, Lapsus; *(ugs.):* Ausrutscher, Patzer, Schnitzer.

verfeinden, sich

sich entzweien, sich feind werden, miteinander brechen, sich überwerfen, sich zerstreiten, sich zerwerfen; *(ugs.):* sich verkrachen, sich verzanken.

verfilmen

abfilmen, auf die Leinwand bringen/übertragen, einen Film drehen/machen, filmisch darstellen/gestalten/umsetzen, für die Leinwand bearbeiten/adaptieren; *(Jargon):* auf Zelluloid bannen.

verflachen

a) begradigen, eben machen, einebnen, flach/gerade machen, glätten, glatt machen, nivellieren, planieren. **b)** banalisieren, vergröbern, verwässern; *(bildungsspr.):* simplifizieren, trivialisieren.

verfliegen

a) aufhören, sich legen, vergehen, verschwinden, sich verziehen, weggehen; *(geh.):* schwinden. **b)** dahineilen, dahinfliegen, hingehen, ins Land gehen/ziehen, vorübergehen; *(geh.):* dahingehen, entschwinden, verfließen, verstreichen; *(ugs.):* vorbeigehen.

verflixt

1. ärgerlich, lästig, leidig, misslich, negativ, peinlich, schlecht, schlimm, unangenehm, unerfreulich, ungünstig, ungut, unliebsam, unschön; *(ugs.):* blöd, dumm; *(salopp):* beknackt, bescheuert, beschissen.

2. ↑verflucht (1).

3. a) ↑verflucht. **b)** ↑sehr.

verfluchen

verdammen, verwünschen; *(geh.):* fluchen; *(abwertend):* verteufeln; *(veraltend):* vermaledeien.

verflucht

1. ärgerlich, furchtbar, lästig, leidig, schlimm, unangenehm, widerwärtig; *(geh.):* fluchbeladen; *(ugs.):* blöd; *(abwertend):* elend, widerlich; *(emotional):* fürchterlich, verwünscht; *(ugs. emotional):* verteufelt.

2. ↑sehr.

verflüchtigen, sich

a) verdampfen, verdunsten, verfliegen. **b)** sich auflösen, unauffindbar sein, vergehen, verrauchen, verschwinden, weggehen.

verfolgen

1. a) sich an die Fersen hängen/heften, auf den Fersen sein/bleiben/sitzen, auf den Hacken sein/bleiben/sitzen, beschatten, bespitzeln, sich hängen an, hetzen, hinterhergehen, hinterherlaufen, jagen, nacheilen, nachgehen, nachjagen, nachlaufen, nachsetzen, überwachen; *(geh.):* nachsprengen, nachstellen; *(ugs.):* hinterher sein; *(bes. EDV):* tracken. **b)** behelligen, bestürmen, drängen, einstürmen, im Nacken sitzen, in die Enge treiben, lästig fallen, nötigen, quälen, unter Druck setzen, zur Last fallen, zusetzen; *(geh.):* dringen, peinigen; *(ugs.):* auf dem Kieker haben, auf den Leib rücken, beknien, bohren, das Haus einrennen, die Bude einlaufen, die Hölle heißmachen, die Tür einlaufen, drängeln, durch die Mangel drehen, einheizen, in die Mangel/Zange nehmen, keine Ruhe geben, löchern, nerven, nicht in Frieden/Ruhe lassen, piesacken, zu Leibe rücken; *(salopp):* auf die Pelle rücken; *(abwertend):* drangsalieren. **c)** folgen, nachgehen, nachprüfen, überprüfen.

2. absehen auf, abzielen, anstreben, aus sein auf, erpicht sein, es abgesehen haben auf, es anlegen auf, hinsteuern, hinzielen, streben, versessen sein, zielen, zu erlangen/erreichen/verwirklichen suchen, zum Ziel haben; *(geh.):* eifern, erstreben, sinnen, trachten; *(ugs.):* hinauswollen auf.

verfrüht

eilig, früh[zeitig], hastig, übereilt, überhastet, überstürzt, voreilig, vorschnell, vorzeitig, zu früh, zu schnell.

verfügbar

a) auf Lager, bei der Hand, bereit, da, einsatzbereit, erhältlich, erreichbar, existent, frei, greifbar, griffbereit, in Bereitschaft, käuflich, lieferbar, offen, parat, vorhanden, vorrätig, zu bekommen, zuhanden, zu kaufen, zur Hand, zur Verfügung; *(bildungsspr.):* disponibel, vakant, zur Disposition. **b)** anwesend, gegenwärtig, unbeschäftigt, zu Diensten, zu erreichen, zugegen, zur Stelle; *(bildungsspr.):* präsent.

verfügen

1. anordnen, anweisen, befehlen, beschließen, bestimmen, dekretieren, entscheiden, erklären,

V
ver

erlassen, festlegen, [fest]setzen, kommandieren, veranlassen, verhängen, verordnen, vorschreiben, vorsehen; *(geh.):* auferlegen, gebieten, heißen; *(bildungsspr.):* diktieren, fixieren, präskribieren, statuieren; *(abwertend):* administrieren; *(bildungsspr., oft abwertend):* reglementieren.
2. a) die Entscheidungsgewalt/Verfügungsgewalt haben, in Händen halten, nach Belieben verfahren; *(geh.):* schalten und walten; *(bildungsspr.):* disponieren. **b)** aufweisen, sich auszeichnen, besitzen, [in Besitz/in Händen] haben, vorzuweisen/zur Verfügung haben; *(geh.):* sein Eigen nennen.

Verfügung

zur Verfügung stehen
benutzbar sein, freigegeben sein, sich in jmds. Händen befinden, vorliegen, zugänglich sein, zu Gebote stehen; *(geh.):* Beistand leisten, Beistand gewähren.

etw. zur Verfügung stellen
an die Hand geben, aushändigen, ausleihen, bereitstellen, freigeben, überlassen, zugänglich machen; *(ugs.):* herausrücken, lockermachen, spendieren; *(EDV):* mounten.

verführen
animieren, anregen, anreizen, anstacheln, anstiften, bestechen, gewinnen, hinreißen, irreführen, motivieren, nötigen, reizen, überreden, verleiten; *(geh.):* betören, verlocken; *(bildungsspr.):* instigieren, manipulieren; *(bildungsspr. abwertend):* korrumpieren; *(ugs.):* anspitzen, beschwatzen, bezirzen, ködern, zum Anbeißen bringen; *(salopp):* einwickeln.

Verführer
Belami, Casanova, Charmeur, Don Juan, Frauenheld, Herzensbrecher, Womanizer; *(bildungsspr.):* Homme à Femmes; *(salopp):* Aufreißer; *(ugs. scherzh.):* Schwerenöter; *(oft abwertend):* Weiberheld.

Verführerin
Charmeurin, Herzensbrecherin, Vamp; *(bildungsspr.):* Femme fatale.

verführerisch
ansprechend, anziehend, attraktiv, begehrenswert, einladend, hinreißend, interessant, lockend, reizvoll, unwiderstehlich, verheißungsvoll, vielversprechend; *(geh.):* berückend, betörend, sirenenhaft, verlockend; *(bildungsspr.):* manipulativ, suggestiv.

vergällen
die Freude nehmen, verbittern, verderben, vergraulen, verleiden; *(ugs.):* madigmachen, vermiesen, versalzen, versauern.

vergammelt
faul, faulig, nicht mehr gut, ranzig, sauer, schlecht, ungenießbar, verdorben, verfault, vermodert, verrottet, verwest; *(ugs.):* gammelig, hin[über]; *(salopp):* matsch; *(nordd.):* rott.

vergangen
a) abgelaufen, beendet, dahin, erloschen, fertig, gestorben, lange her, verblüht, Vergangenheit, vorbei, vorüber, zu Ende; *(geh.):* verflossen, verstrichen; *(ugs.):* aus, durch, Ende, ex, gegessen, passé, rum; *(salopp):* futsch; *(ugs. scherzh.):* seligen Angedenkens; *(veraltend):* verwichen.
b) jüngste, letzte, vorige. **c)** alt, antik, damalig, ehemalig, einstig, einstmalig, Ex-, fern, früher, historisch, vormalig, zurückliegend; *(bes. österr.):* gewesen; *(ugs.):* verflossen; *(oft scherzh.):* aus/in grauer Vorzeit; *(verstärkend):* uralt.

vergänglich
begrenzt, episodenhaft, flüchtig, irdisch, kurz[lebig], momentan, nicht von Dauer, ohne Bestand, schnelllebig, sterblich, vom Verfall/Vergehen/Tod bedroht, vorübergehend, zeitlich gebunden, zeitweilig; *(bildungsspr.):* ephemer, temporär; *(Fachspr.):* endlich.

vergeben
1. entschuldigen, freisprechen, lossprechen, nachsehen, nicht nachtragen, rechtfertigen, verzeihen; *(geh.):* ledig sprechen; *(veraltend):* Pardon geben/gewähren.
2. a) abgeben, ausgeben, aushändigen, austeilen, bereitstellen, geben, spenden, verteilen, zur Verfügung stellen, zuteilen, zuweisen; *(bildungsspr.):* distribuieren. **b)** belegen, besetzen, reservieren.

vergebens ↑vergeblich.

vergeblich
erfolglos, ergebnislos, fruchtlos, für nichts und wieder nichts, im Sand verlaufen, ineffektiv, nutzlos, ohne Erfolg, ohne positives Ergebnis, sinnlos, umsonst, unergiebig, unfruchtbar, unproduktiv, unwirksam, verfehlt, vergebens, verlorene Liebesmüh, wirkungslos, zwecklos; *(geh.):* müßig, unersprießlich; *(ugs.):* witzlos; *(salopp):* für die Katz.

vergegenwärtigen, sich
sich ausmalen, bedenken, sich besinnen, sich bewusst machen, denken, sich entsinnen, [sich] erinnern, festhalten, sich in Erinnerung bringen, sich ins Bewusstsein bringen/rufen, sich ins Gedächtnis rufen, sich klarmachen, sich vor Augen führen/halten, vor sich sehen, sich vorstellen, wachrufen, zurückblicken, sich zurück-

rufen; *(geh.):* aufrühren, eingedenk sein, gedenken, gewahren, gewahr werden; *(bildungsspr.):* imaginieren, konstatieren, reflektieren, rekapitulieren; *(bes. südd., österr., schweiz.):* zurücksehen.

vergehen
abebben, abflauen, abklingen, absterben, aufhören, ausheilen, ausklingen, auslaufen, sich beruhigen, einschlafen, erlöschen, sich geben, sich legen, sich verlieren, verloren gehen, versanden, verschwinden, zum Erliegen/Stillstand kommen; *(geh.):* ebben, erlahmen, ersterben, im Schwinden begriffen sein, schwinden, verdämmern, verebben, vernarben, verrauchen, versiegen; *(ugs.):* einschlummern, flöten gehen, sich in Wohlgefallen auflösen, weggehen.

Vergehen
Delikt, Gemeinheit, Rechtsbruch, Sakrileg, strafbare Handlung, Straftat, Sünde, Tat, Unrecht, Verbrechen, Verfehlung, Verstoß, Zuwiderhandlung; *(geh.):* Fehltritt, Frevel[tat], Übeltat; *(abwertend):* Schurkerei; *(emotional):* Schandtat, Untat.

vergehen, sich
a) brechen, sich hinwegsetzen, missachten, sündigen, überschreiten, übertreten, untergraben, unterhöhlen, verstoßen, zuwiderhandeln; *(schweiz.):* ritzen; *(geh.):* fehlen, freveln, rühren, sich versündigen. **b)** beschädigen, in Mitleidenschaft ziehen, missbrauchen, schaden, Schaden anrichten/verursachen/zufügen, schädigen, sich vergreifen. **c)** sexuell missbrauchen, vergewaltigen; *(geh. verhüll.):* Gewalt antun.

vergelten
a) abrechnen, abstrafen, bestrafen, die Quittung geben, einen Denkzettel erteilen/geben/verpassen, heimzahlen, [sich] rächen, sich revanchieren, strafen, Vergeltung üben, zur Rechenschaft/Verantwortung ziehen; *(geh.):* ahnden, eine [alte] Rechnung begleichen, Rache üben, sühnen, züchtigen; *(bildungsspr.):* sanktionieren; *(ugs.):* zurückzahlen; *(nachdrücklich):* Rache nehmen. **b)** danken, sich erkenntlich zeigen, honorieren, lohnen; *(ugs.):* wettmachen; *(schweiz.):* belöhnen; *(südd., österr.):* bedanken.

Vergeltung
Abrechnung, Abstrafung, Bestrafung, Gegenangriff, Heimzahlung, Quittung, Rache, Revanche, Strafaktion, Strafe, Strafmaßnahme, Vergeltungsmaßnahme; *(geh.):* Ahndung, Genugtuung; *(bildungsspr.):* Repressalie, Sanktion; *(ugs.):* Retourkutsche.

vergessen
1. aus dem Gedächtnis löschen/streichen/verlieren, aus der Übung kommen, entfallen, nicht daraufkommen, nicht [im Kopf] behalten, nicht [mehr] einfallen, nicht mehr wissen, sich nicht merken, verlernen; *(dichter.):* Lethe trinken; *(salopp):* verpeilen.

BSP Der Vorname der Autorin ist mir entfallen. Sie konnte die Jahreszahlen einfach nicht [im Kopf] behalten.

2. sich abfinden, sich trösten, überwinden.

vergessen, sich
aufbrausen, sich aufregen, außer sich geraten, die Beherrschung/die Fassung/die Kontrolle verlieren, die Nerven/die Selbstbeherrschung verlieren, explodieren, in Wut/Zorn geraten, nicht mehr Herr seiner Sinne sein, platzen, rasen, toben, wild/wütend werden, wüten; *(geh.):* sich erzürnen, schäumen; *(bildungsspr.):* sich echauffieren; *(ugs.):* an die Decke gehen, aus der Haut fahren, ausflippen, ausrasten, durchdrehen, hochgehen, in die Luft gehen, kochen; *(salopp):* überschnappen; *(südd., österr.):* aufdrehen.

vergesslich
abwesend, gedächtnisschwach, gedankenlos, geistesabwesend, konfus, kopflos, nachlässig, nicht bei der Sache, unaufmerksam, unkonzentriert, unzuverlässig, verwirrt, wirr, zerfahren, zerstreut.

vergeuden
1. durchbringen, verprassen, verschwenden, vertun, verwirtschaften; *(österr.):* verjankern; *(geh.):* aufzehren; *(ugs.):* auf den Kopf hauen, kleinmachen, sein Geld auf die Straße werfen/zum Fenster hinauswerfen/zum Schornstein hinausjagen, verjubeln, verläppern, verplempern, verpulvern; *(salopp):* um die Ecke bringen, verbraten; *(abwertend):* verschleudern.
2. *(ugs.):* die Zeit totschlagen.

vergewaltigen
1. [sexuell] missbrauchen, sich vergehen, sich vergreifen; *(geh. verhüll.):* Gewalt antun.
2. niederkämpfen, niederringen, unter seine Herrschaft bringen, unterwerfen; *(geh.):* niederwerfen, niederzwingen, sich untertan machen.

vergewissern, sich
abchecken, ausprobieren, die Probe [aufs Exempel] machen, durchgehen, durchsehen, einem Test unterziehen, einer Kontrolle/Prüfung unterziehen, sich Gewissheit verschaffen, nachprüfen, nachrechnen, nachsehen, nachzählen, revidieren, sichergehen, überprüfen, sich überzeugen, untersuchen; *(ugs.):* auf Nummer sicher

gehen, unter die Lupe nehmen; *(bes. südd., österr., schweiz.)*: nachschauen.

vergießen
a) danebengießen, danebenschütten, nicht treffen. **b)** verschütten; *(ugs.)*: [ver]kleckern.

vergiften
1. giftig machen, mit Gift versetzen.
2. a) durch Gift töten, einen Giftmord begehen, Gift geben. **b)** ungenießbar machen, verderben; *(abwertend)*: verpesten.

Vergleich
1. Entsprechung, Parallele; *(bildungsspr.)*: Äquivalent, Korrelat.
2. Bild, bildlicher Ausdruck, Gleichnis; *(Stilkunde)*: Metapher.
3. Ausgleich, Beilegung, Bereinigung, Einigung, Schlichtung, Versöhnung, Verständigung; *(bildungsspr.)*: Mediation; *(ugs.)*: Deal.

vergleichbar
ähnlich, entsprechend, gleichartig, identisch, ohne Unterschied, übereinstimmend; *(bildungsspr.)*: analog, uniform.

vergleichen
a) abwägen, gegenüberstellen, messen, nebeneinanderhalten, prüfen, von allen Seiten betrachten, zum Vergleich heranziehen; *(geh.)*: wägen.

BSP Wenn man die beiden Dichter gegenüberstellt, dann ... Ich möchte zum Vergleich das vorher besprochene Buch heranziehen.

b) in Beziehung bringen/setzen, in Parallele bringen/setzen/stellen; *(bildungsspr.)*: parallelisieren.

BSP Wir haben im Unterricht diese beiden Werke zueinander in Beziehung gesetzt. Heine parallelisierte G. F. Fichte treffend mit Napoleon.

vergleichen, sich
fighten, kämpfen, konkurrieren, wetteifern, wettstreiten; *(geh.)*: sich messen.

vergleichsweise
gemessen an, im Vergleich zu, verglichen mit, verhältnismäßig, ziemlich; *(bildungsspr.)*: relativ.

Vergnügen
1. Behagen, Freude, [Glück]seligkeit, Lust, Wohlbehagen, Wohlgefallen; *(geh.)*: Beglückung, Entzücken, Ergötzen, Frohmut, Glückseligkeit, Wonne[gefühl].
2. Belustigung, Fun, Genuss, Spaß, Vergnügung, Zeitvertreib; *(bildungsspr.)*: Amüsement; *(ugs.)*: Gaudi.

vergnügen, sich
sich amüsieren, sich [er]freuen, feiern, Freude empfinden/haben, genießen, Spaß haben/machen, Vergnügen bereiten, vergnügt sein, sich zerstreuen; *(geh.)*: sich ergötzen, frohlocken, guter Dinge sein, jubilieren, schwelgen, sich weiden; *(bildungsspr.)*: sich delektieren; *(scherzh.)*: sich verlustieren; *(veraltend)*: sich belustigen.

vergnügt
ausgelassen, beschwingt, froh [gestimmt], fröhlich, gut aufgelegt, gut gelaunt, heiter, lustig, munter, übermütig, vergnüglich; *(geh.)*: frohgemut, guter Dinge, wohlgemut; *(bildungsspr.)*: euphorisch; *(ugs.)*: aufgekratzt, bumsfidel, gut drauf.

vergolden
1. mit [Blatt]gold überziehen.
2. angenehm machen, verbessern, verschönern, vervollkommnen; *(geh.)*: veredeln.

vergraben
eingraben, verbergen, verscharren, verstecken.

vergraben, sich
1. sich verbergen, sich verkriechen, sich verstecken.
2. sich abkapseln, sich abschotten, sich einigeln, sich fernhalten, für sich bleiben, in Klausur gehen, sich [in sein Schneckenhaus] zurückziehen, sich isolieren, sich versenken, sich [von der Außenwelt] abschließen; *(geh.)*: sich entziehen; *(ugs.)*: wegtauchen; *(veraltend)*: sich separieren.

vergraulen
1. in die Flucht schlagen, verjagen, verscheuchen, vertreiben.
2. schlechtmachen, schwarzmalen, unken, verderben, vergällen, verleiden; *(ugs.)*: herziehen, madigmachen, miesmachen, vermiesen.

vergrößern
aufstocken, ausbreiten, ausdehnen, ausweiten, erhöhen, erweitern, größer machen, heraufsetzen, hinzufügen, steigern, strecken, verbessern, verbreitern, verlängern, vermehren, verstärken, vervielfachen; *(geh.)*: mehren; *(bildungsspr.)*: amplifizieren, extensivieren; *(Fachspr.)*: dilatieren.

vergrößern, sich
anschwellen, ansteigen, sich ausbreiten, sich ausdehnen, sich erhöhen, sich erweitern, größer werden, mehr werden, stärker werden, steigen, sich steigern, sich vermehren, sich verschärfen, sich verstärken, sich vervielfachen, wachsen, zahlreicher werden, zunehmen; *(bildungsspr.)*: sich potenzieren; *(ugs.)*: zulegen.

vergucken, sich
1. sich verlieben; *(österr.)*: sich verschauen.

2. im Irrtum sein, sich irren, sich täuschen, sich versehen; *(ugs.)*: danebenliegen, schiefliegen, sich vertun.

vergüten

1. a) abgelten, entschädigen, ersetzen, erstatten, rückvergüten, wettmachen, wiedergutmachen, zurückzahlen; *(geh.)*: begleichen; *(bildungsspr., Fachspr.)*: kompensieren. b) bezahlen, entlohnen, honorieren; *(ugs.)*: klarmachen, spendieren, zahlen.

2. verbessern, verfeinern; *(Fachspr.)*: veredeln.

verhaften

abführen, aufgreifen, dingfest machen, ergreifen, fangen, fassen, festnehmen, festsetzen, gefangen nehmen, greifen, in Arrest/Gewahrsam/Haft nehmen, inhaftieren; *(geh.)*: habhaft werden; *(ugs.)*: einsperren, hinter Gitter/Schloss und Riegel bringen, kriegen, schnappen; *(salopp)*: einbuchten, einbunkern, einlochen, kaschen; *(Jargon)*: hochnehmen; *(ugs. scherzh.)*: hinter schwedische Gardinen bringen; *(veraltend)*: arretieren.

Verhaftung

Ergreifung, Festnahme, Gefangennahme; *(veraltend)*: Arretierung.

verhalten

1. a) kaum merklich, unterdrückt, zurückgehalten. b) bescheiden, diskret, feinfühlig, rücksichtsvoll, taktvoll, verschlossen, vorsichtig, zurückhaltend.

2. abgetönt, dezent, gedämpft, gedeckt, leise, matt, mild, nicht aufdringlich, [nur] andeutungsweise/angedeutet, schwach, unaufdringlich, unauffällig, zart.

Verhalten

Art [und Weise], Auftreten, Benehmen, Betragen, Gebaren, Gehaben, Handeln, Manier, Methode, Umgangsformen, Verfahrensweise, Verhaltensweise, [Vorgehens]weise; *(bildungsspr.)*: Allüre; *(ugs.)*: Benimm.

verhalten, sich

sich aufführen, auftreten, sich benehmen, sich betragen, sich gebärden, sich geben, handeln, sich präsentieren, sich zeigen; *(geh.)*: sich darbieten; *(bildungsspr.)*: agieren, sich gerieren, operieren; *(ugs.)*: sich anstellen.

BSP Die Figur agiert hier vor allem opportunistisch. Er tritt auf Instagram sehr merkwürdig auf. Der Tänzer bot sich dem Publikum in einem aufwendigen Kostüm dar.

Verhältnis

1. Beziehung, Bezug, Verbindung, Verknüpfung, Zusammenhang; *(bildungsspr.)*: Konnex; *(Fachspr.)*: Nexus; *(bildungsspr., Fachspr.)*: Relation.

2. Kontakt, [persönliche] Beziehung, Umgang, Verbindung.

verhältnismäßig

1. ↑vergleichsweise.

2. am Platz, angebracht, angemessen, entsprechend, gebührend, geeignet, gehörig, gemäß, gemessen, passend, recht, richtig bemessen, schuldig, wie es sich gehört, zukommend, zustehend; *(geh.)*: angezeigt, geboten, schicklich; *(bildungsspr.)*: adäquat; *(ugs.)*: ordentlich; *(veraltend)*: gebührlich.

verhandeln

a) abhandeln, ausdiskutieren, sich auseinandersetzen, behandeln, beraten, bereden, besprechen, [durch]diskutieren, durchsprechen, erörtern, tagen, sich unterhalten, zur Sprache bringen; *(geh.)*: Rat halten, sich unterreden; *(bildungsspr.)*: debattieren, disputieren, konferieren; *(ugs.)*: beschwatzen, durchkauen. b) Gericht halten; *(geh.)*: richten, zu Gericht sitzen.

Verhandlung

a) Beratung, Besprechung, Konferenz, Sitzung, Treffen, Unterredung, Versammlung, Zusammenkunft; *(bildungsspr.)*: Meeting. b) Fall, Prozess, Rechtsangelegenheit, Rechtsfrage, [Rechts]sache, Streitfall.

verhängen

1. bedecken, überdecken, verdecken, verhüllen, zuhängen.

2. anordnen, ansetzen, anweisen, aufstellen, beschließen, bestimmen, dekretieren, entscheiden, erklären, erlassen, festlegen, festsetzen, regeln, setzen, verfügen, verkünden, verordnen, vorgeben, vorschreiben, vorsehen; *(bildungsspr.)*: diktieren, fixieren, statuieren; *(bildungsspr., Fachspr.)*: determinieren.

Verhängnis

Drama, Fluch, Heimsuchung, Katastrophe, Schicksal, Tragödie, Übel, Unglück; *(geh.)*: Unheil, Unsegen, Verderben; *(bildungsspr.)*: Apokalypse.

verhängnisvoll

bedrohlich, desaströs, fatal, folgenschwer, gefährlich, katastrophal, ruinös, schlimm, schrecklich, tragisch, unglückselig, unheimlich, verderblich; *(geh.)*: übel, Unheil bringend, unheilschwanger, unheilvoll, Verderben bringend, verheerend; *(bildungsspr.)*: apokalyptisch, perniziös, sinister.

verharmlosen

als Bagatelle behandeln/hinstellen, als geringfügig/unbedeutend hinstellen, bagatellisieren, beschönigen, schönreden, unterschätzen, verniedlichen; *(bildungsspr.):* euphemistisch ausdrücken; *(ugs.):* herunterspielen, runterspielen; *(oft abwertend):* abwiegeln.

verharren

1. aushalten, bleiben, innehalten, sich nicht von der Stelle rühren, stocken, stutzen, stutzig werden; *(geh.):* ausharren, einhalten, verbleiben, verweilen.

2. beibehalten, bestehen, dabei bleiben, festbleiben, festhalten, nicht ablassen/nachgeben, pochen, standhaft bleiben, standhalten, sich versteifen; *(geh.):* beharren, beharrlich bleiben; *(bildungsspr.):* insistieren, persistieren; *(ugs.):* nicht lockerlassen; *(veraltend):* trotzen; *(bildungsspr. veraltend):* perseverieren.

verhärten

härten, hart machen.

verhärten, sich

a) erstarren, fest werden, hart/starr/steif werden, sich verkrampfen, sich versteifen. b) sich abweisend zeigen, unzugänglich werden, verbittern, verbittert werden, sich verschließen.

verhaspeln, sich

abgehackt/stockend sprechen, stammeln, stottern, sich versprechen; *(ugs.):* sich verheddern.

verhasst

missliebig, nicht gern gesehen, unbeliebt, unerwünscht, unlieb[sam], unpopulär, unwillkommen; *(geh.):* oft/viel gescholten; *(ugs.):* unten durch.

verhauen

(ugs.): in den Sand setzen, verbauen, verpatzen; *(salopp):* Mist bauen, vermasseln.

verheddern, sich

a) sich festhaken, hängen bleiben, straucheln, sich verfangen, sich verhake[l]n, sich verwickeln. b) ↑verhaspeln, sich.

verheimlichen

für sich behalten, geheim halten, nicht bekannt werden lassen, nicht sagen/verraten, Stillschweigen bewahren, totschweigen, unterschlagen, verschweigen, verschwinden lassen, vertuschen; *(geh.):* nicht preisgeben, verhehlen.

verheiraten

die Trauung vollziehen, ehelich verbinden, trauen; *(geh.):* vermählen; *(veraltend):* antrauen.

verheiraten, sich

die Ehe [miteinander] schließen, eine Ehe eingehen, [sich] eine Frau/einen Mann nehmen, getraut werden, heiraten, hochzeiten, Hochzeit feiern/halten, in den Ehestand treten, sich trauen lassen, sich verpartnern; *(geh.):* den Bund der Ehe eingehen, den Bund fürs Leben schließen, den Ehebund schließen, den Lebensweg gemeinsam gehen, die Hand [zum Bund] fürs Leben reichen, die Ringe tauschen/wechseln, ehelich verbunden werden, in den [heiligen] Stand der Ehe treten, sich vermählen, vor den Traualtar treten; *(scherzh.):* im Hafen der Ehe landen, in den Hafen der Ehe einlaufen, sich trauen; *(geh. veraltet):* heimführen, zum [Trau]altar führen.

verheißungsvoll

attraktiv, aussichtsreich, Erfolg versprechend, erstrebenswert, hoffnungsvoll, interessant, lohnend, reizvoll, vielversprechend, zugkräftig, zukunftsträchtig; *(geh.):* verlockend.

verheizen

1. heizen, verbrauchen.

2. auslaugen, ausmergeln, die Schlinge um den Hals legen, entkräften, erschöpfen, kraftlos/schwach machen, ruinieren, schwächen, zermürben, zerrütten; *(geh.):* aufzehren, auszehren; *(ugs.):* ans Messer liefern, auf den Hund bringen, fertigmachen, kaputtmachen; *(salopp):* in die Pfanne hauen; *(Jargon):* mobben.

verhelfen

beschaffen, besorgen, vermitteln, verschaffen, zukommen lassen, zuschieben; *(geh.):* zuteilwerden lassen; *(ugs.):* anschleppen, auftreiben, organisieren, zusammenkratzen, zuschanzen, zuschustern.

verherrlichen

anbeten, aufsehen, bewundern, glorifizieren, schwärmen, überhöhen, überschwänglich loben, verehren, vergöttern, verklären, würdigen; *(geh.):* des Lobes voll sein, [hoch]preisen; *(bildungsspr.):* adorieren, idealisieren, romantisieren; *(ugs.):* das Lob singen, in den Himmel heben, über den grünen Klee loben; *(dichter.):* lobpreisen; *(abwertend):* belobhudeln.

verhindern

abblocken, abwehren, abwenden, ausschalten, behindern, blockieren, durchkreuzen, unterbinden, vereiteln, verhüten, zum Scheitern bringen, zunichtemachen; *(schweiz.):* verunmöglichen; *(geh.):* zu Fall bringen; *(bildungsspr.):* sein Veto einlegen; *(ugs.):* abbiegen, ausbremsen; *(salopp):* abhängen, aus dem Weg räumen; *(abwertend):* torpedieren.

Verhör

Befragung, Kreuzverhör, Vernehmung; *(österr., schweiz.):* Einvernahme; *(meist iron.):* Inquisition.

verhören

vernehmen; *(österr., schweiz.):* einvernehmen; *(salopp):* in die Mangel nehmen.

verhören, sich
falsch hören, falsch verstehen, missverstehen, nicht richtig hören/verstehen.

verhüllen
einhüllen, nicht sehen lassen, überdecken, umhüllen, umwölken, unsichtbar machen, verbergen, verborgen halten, verdecken, vermummen, verpacken, verschleiern; *(fam.):* einmummeln.

verhungern
an Unterernährung sterben, den Hungertod erleiden/sterben, vom Hungertod bedroht sein; *(geh.):* Hungers sterben.

verhüten
1. ↑verhindern.
2. die Pille nehmen, empfängnisverhütende Mittel benutzen, Familienplanung betreiben, Kondome benutzen; *(Jargon):* es »mit« machen.

Verhütung
1. Abwehr, Abwendung, Blockierung, Durchkreuzung, Unterbindung, Vereitlung, Verhinderung; *(abwertend):* Torpedierung.
2. Empfängnisverhütung, Familienplanung, Geburtenkontrolle, Geburtenregelung, Schwangerschaftsverhütung.

verifizieren
beglaubigen, bejahen, bekräftigen, bescheinigen, bestätigen, bezeugen, erhärten, für richtig/zutreffend erklären, überprüfen; *(bildungsspr.):* authentifizieren.

verirren, sich
den falschen Weg einschlagen, den Weg verfehlen, die Orientierung/Richtung verlieren, in die Irre gehen, in eine falsche Richtung gehen, sich nicht mehr zurechtfinden, sich verlaufen, vom Weg abkommen; *(geh.):* fehlgehen, irregehen, vom Weg abirren; *(ugs.):* sich verfranzen.

verjagen
abweisen, davonjagen, fortjagen, fortscheuchen, forttreiben, hinausjagen, hinausscheuchen, hinaustreiben, in die Flucht schlagen, verscheuchen, vertreiben, von sich weisen, wegjagen, wegscheuchen, wegtreiben; *(ugs.):* [lange] Beine machen, vergraulen.

verjüngen, sich
dünner/enger werden, eng auslaufen/zulaufen, kleiner/schmaler werden, sich reduzieren, spitz auslaufen/zulaufen, sich verdünnen, sich verengen, sich verkleinern, sich verschmälern, sich zusammenziehen, sich zuspitzen.

verkalkulieren, sich
falsch kalkulieren/rechnen, im Irrtum sein, sich irren, sich täuschen, sich verrechnen, sich verschätzen; *(ugs.):* auf dem Holzweg sein, danebenhauen, danebenliegen, schiefliegen, sich vertun.

Verkauf
Geschäft, Handel, Umsatz, Vertrieb.

verkaufen
abgeben, abtreten, exportieren, handeln mit, überlassen, vermarkten, vertreiben, zu Geld machen, zum Kauf anbieten; *(österr.):* abverkaufen; *(ugs.):* an den Mann bringen, an die Frau bringen, loskriegen, losschlagen, loswerden, verhökern, verkloppen, verramschen, verscherbeln, verscheuern, verschieben, versilbern; *(abwertend):* verschachern.

verkäuflich
1. [allgemein] gebräuchlich/üblich, bewährt, eingeführt, gängig, gang und gäbe, herkömmlich, vertraut, [weit]verbreitet.
2. erhältlich, käuflich, lieferbar, vorhanden, vorrätig, zum Verkauf bestimmt, zu verkaufen.

Verkehr
Beförderung, Transport, Verkehrswesen.

verkehren
1. eine Strecke befahren, eingesetzt sein, fahren.
2. a) Kontakt haben/halten/pflegen, sich treffen, Umgang haben/pflegen, umgehen, zusammenkommen; *(salopp):* rummachen. b) den Geschlechtsakt vollziehen, Geschlechtsverkehr ausüben/haben, koitieren, lieben, Sex haben; *(dichter.):* sich schenken; *(verhüll.):* die ehelichen Pflichten erfüllen, intime Beziehungen haben, intim sein/werden, mit jmdm. schlafen, Verkehr haben.

verkehrsarm
ausgestorben, ruhig, still, unbelebt, verkehrsberuhigt, wenig befahren.

verkehrsreich
belebt, betriebsam, lebhaft, viel befahren; *(bes. schweiz.):* verkehrsintensiv.

verkehrt
1. a) ausgedacht, erfunden, erlogen, falsch, fehlgeleitet, irrig, irrtümlich, unrichtig, unwahr, unzutreffend, verfehlt; *(ugs.):* schief; *(salopp):* erstunken und erlogen. b) falsch, fehlerhaft, inkorrekt, nicht richtig, regelwidrig, unkorrekt, unrichtig.
2. seitenverkehrt, spiegelbildlich, spiegelverkehrt, umgedreht, umgekehrt, verdreht.

verkennen
falsch auslegen/beurteilen/deuten, falsch interpretieren/verstehen, missdeuten, missverstehen, nicht richtig einschätzen/erfassen/erkennen/verstehen, unterschätzen.

verklagen
Anklage erheben, auf die Anklagebank bringen, den Rechtsweg gehen/einschlagen/beschreiten, einen Prozess anstrengen/anhängig machen/einleiten; *(ugs.):* vor den Kadi bringen.

verkleiden
ausfüttern, auskleiden, auslegen, ausschlagen, bedecken, beziehen, paneelieren, täfeln, überziehen, verblenden, verhüllen, verschalen, vertäfeln.

verkleiden, sich
ein Kostüm anziehen, sich kostümieren, sich tarnen, sich unkenntlich machen, sich vermummen.

Verkleidung
1. Kostümierung, Maskerade, Maskierung, Vermummung.
2. Bespannung, Verblendung, Vertäfelung.

verkleinern
1. beschneiden, drücken, erniedrigen, herabmindern, herabsetzen, heruntersetzen, kürzen, minimieren, schmälern, senken, vermindern, verringern, verzwergen; *(geh.):* mindern; *(bildungsspr.):* dezimieren; *(ugs.):* downsizen.
2. als Bagatelle behandeln, als geringfügig/unbedeutend hinstellen, bagatellisieren, verharmlosen, verniedlichen; *(ugs.):* herunterspielen.

verkleinern, sich
abnehmen, geringer/kleiner werden, im Rückgang begriffen sein, sich reduzieren, schrumpfen, schwächer werden, sich vermindern, sich verringern, sich zurückbilden, zurückgehen; *(geh.):* dahinschwinden; *(bildungsspr.):* sich dezimieren.

verklemmt
ängstlich, befangen, blockiert, gehemmt, gezwungen, nicht frei/locker, nicht natürlich, scheu, schüchtern, steif, unfrei, unnatürlich, unsicher, verkrampft, verlegen; *(ugs.):* genierlich.

verklingen
abflauen, abklingen, absterben, allmählich zu Ende gehen, aufhören, aushallen, ausklingen, austönen, kaum noch zu hören sein, leiser/schwächer/still werden, nachlassen, verhallen, verstummen; *(geh.):* ersterben, verebben.

verknallen, sich
sich bis über beide Ohren/heftig verlieben, Feuer fangen, sich vernarren; *(österr.):* sich verschauen; *(geh.):* sein Herz verlieren; *(ugs.):* sich verschießen; *(salopp):* sich vergaffen.

verknallt
[bis über beide Ohren] verliebt, vernarrt; *(ugs.):* verschossen; *(dichter.):* von Amors Pfeil getroffen.

verkneifen, sich
1. beherrschen, unterdrücken, unterlassen, sich verbieten, zurückhalten.
2. [bleiben] lassen, sich nicht gönnen, nicht machen/tun, verzichten; *(geh.):* entsagen, sich versagen; *(ugs.):* sein lassen.

verknöchert
geistig unflexibel/unbeweglich/starr, störrisch; *(abwertend):* halsstarrig, starrköpfig, starrsinnig, verstockt; *(bildungsspr. abwertend):* dogmatisch.

verknüpfen
1. aneinanderbinden, aneinanderfügen, aneinanderhängen, aneinanderschnüren, aneinandersetzen, kombinieren, verbinden, vereinigen, verflechten, verketten, verknoten, verkoppeln, verkuppeln, verquicken, verschlingen, verwickeln, verzahnen, zusammenbinden, zusammenfügen, zusammenschnüren, zusammensetzen.
2. in Kontakt/Verbindung bringen, paaren, synchronisieren, vereinbaren, vernetzen, verquicken, verschränken, zusammenbringen, zusammenfassen, zusammenführen, zusammenstellen, zusammenwerfen; *(geh.):* in Einklang bringen; *(bildungsspr.):* koordinieren; *(ugs.):* unter einen Hut bringen.

[1]verkohlen
anbrennen, schwarz/unbrauchbar/ungenießbar werden, verbrennen.

[2]verkohlen
beschwindeln, foppen, hinters Licht führen, nasführen, täuschen, veralbern, vormachen, zum Besten/zum Narren halten; *(geh.):* äffen, irreleiten, narren; *(ugs.):* an der Nase herumführen, anflunkern, anführen, ankohlen, anschwindeln, auf den Arm nehmen, einen Bären aufbinden, Quatsch erzählen, reinlegen, veräppeln, verschaukeln; *(salopp):* anschmieren, verarschen, vergackeiern.

verkommen
1. abrutschen, absinken, abwirtschaften, auf die schiefe Bahn/Ebene geraten, herunterkommen, verderben, verfallen, verlumpen, verwahrlosen; *(geh.):* abgleiten, verwildern; *(ugs.):* auf den Hund kommen, runterkommen, unter die Räder geraten/kommen, vergammeln, versacken; *(abwertend):* verlottern, verludern.
2. faulen, faul werden, in Fäulnis/Gärung/Verwesung übergehen, schlecht/ungenießbar werden, verderben, verfaulen, verrotten; *(ugs.):* gammelig werden, vergammeln.

verkörpern
1. auftreten/erscheinen als, darstellen, gestal-

ten, mimen, vorstellen, wiedergeben; *(geh.):* darbieten.
2. der Inbegriff/die Verkörperung sein; *(bildungsspr.):* die Inkarnation sein, personifizieren.

verkrachen, sich
auseinandergehen, sich entzweien, miteinander brechen, sich trennen, sich überwerfen, uneins sein, sich verfeinden, sich zerstreiten, sich zerwerfen; *(ugs.):* sich verzanken.

verkraften
sich abfinden, aushalten, bewältigen, durchstehen, ertragen, fertigwerden mit, hinwegkommen, überwinden, verarbeiten, verschmerzen; *(geh.):* verwinden; *(ugs.):* schlucken, verdauen, vertragen, wegstecken.

verkrampft
1. verhärtet, verspannt.
2. angestrengt, ängstlich, befangen, blockiert, gehemmt, gezwungen, nicht frei/locker, nicht natürlich, schüchtern, steif, unfrei, unnatürlich, unsicher, verklemmt, verlegen; *(salopp):* uncool.

verkriechen, sich
a) sich verbergen, sich vergraben, sich verschanzen, sich verstecken, sich zurückziehen. **b)** sich abkapseln, sich einigeln, sich fernhalten, sich [in sein Schneckenhaus] zurückziehen, sich isolieren, sich [von der Außenwelt] abschließen; *(geh.):* sich entziehen; *(ugs.):* wegtauchen.

verkrümeln, sich
das Weite suchen, sich davonschleichen, sich entfernen, fliehen, flüchten, sich fortschleichen, sich fortstehlen, verschwinden, weglaufen, sich wegschleichen, sich wegstehlen; *(ugs.):* sich abseilen, sich absetzen, sich aus dem Staub machen, auskneifen, sich davonmachen, die Platte putzen, sich dünnmachen, sich fortmachen, Leine ziehen, sich [seitwärts] in die Büsche schlagen, stiften gehen, sich verdrücken, verduften, sich verdünnisieren, sich verziehen, von der Bildfläche verschwinden, sich wegmachen; *(ugs. scherzh.):* sich verflüchtigen; *(salopp):* abhauen, die/eine Fliege machen, die Flatter/Mücke machen, die Kurve kratzen, sich verpissen, sich verschiffen, sich vom Acker machen.

verkühlen, sich
eine Erkältung bekommen, sich eine Erkältung zuziehen, sich einen Schnupfen/Husten zuziehen, sich erkälten, Schnupfen/Husten bekommen.

verkümmern
1. eingehen, sich nicht weiterentwickeln, schlecht gedeihen, vertrocknen, verwelken; *(ugs.):* kaputtgehen.
2. sich nicht entfalten können, schrumpfen, schwinden, verloren gehen; *(ugs.):* flöten gehen.

verkünden
1. an die Öffentlichkeit bringen, bekannt geben/machen, mitteilen, publizieren, verlautbaren, verlauten, veröffentlichen; *(geh.):* kundgeben, kundtun, verkündigen; *(bildungsspr.):* publik machen.
2. ankündigen, prophezeien, voraussagen; *(geh.):* verheißen.

verkündigen
1. feierlich kundtun, predigen; *(bildungsspr.):* proklamieren.
2. ↑verkünden (1).

verkuppeln
1. aneinanderfügen/-hängen/-setzen, kombinieren, koppeln, verbinden, verketten, verknüpfen, verkoppeln, verzahnen, zusammensetzen; *(geh.):* zusammenfügen.
2. zusammenbringen; *(ugs. scherzh.):* unter die Haube bringen; *(veraltend):* kuppeln.

verkürzen
a) kürzen, kürzer machen, reduzieren, verkleinern, vermindern, verringern. **b)** abbrechen, abkürzen, kürzen.

verkürzt
auf das Wesentliche beschränkt, bündig, gedrängt, gekürzt, gerafft, gestrafft, in aller Kürze, knapp, komprimiert, kurz [und bündig], mit kurzen/wenigen Worten, verdichtet; *(bildungsspr.):* in nuce.

verlachen
auslachen, verhöhnen, verspotten; *(geh.):* höhnen, hohnlachen; *(ugs.):* aufziehen, eine lange Nase drehen/machen.

verladen
[ein]laden, stecken, verfrachten, verstauen.

verlangen
1. Anspruch erheben, sich ausbitten, beharren, bestehen, drängen, dringen, eine Forderung erheben/stellen, einfordern, einmahnen, fordern, pochen, wollen; *(schweiz.):* einverlangen; *(geh.):* heischen, sich kaprizieren; *(bildungsspr.):* insistieren, persistieren, postulieren.
2. beanspruchen, benötigen, brauchen, erfordern, in Anspruch nehmen, kosten, nötig haben; *(geh.):* bedürfen, erheischen.

Verlangen
Ansinnen, Ansuchen, Appell, Aufforderung, Bitte, Forderung, Wunsch; *(geh.):* Ersuchen, Nachsuchen; *(bildungsspr.):* Postulat.

verlängern
1. ausdehnen, ausweiten, länger machen, strecken, vergrößern; *(veraltend):* längen.

2. ausdehnen, hinausziehen, in die Länge ziehen, überziehen; *(österr.):* erstrecken, prolongieren; *(ugs.):* dranhängen.
3. spritzen, strecken, verdünnen, verwässern; *(veraltend):* längen.

verlangsamen
abbremsen, abmildern, abschwächen, bremsen, drosseln, drücken, einen Gang zurückschalten, entschleunigen, herabmindern, herabsetzen, reduzieren, senken, vermindern, verringern, verzögern, zurücknehmen; *(geh.):* dämmen, mäßigen, mindern; *(bildungsspr.):* retardieren; *(ugs.):* herunterschrauben, runtersetzen, zurückschrauben.

verlangsamen, sich
abebben, sich abflachen, abflauen, abnehmen, sich abschwächen, absinken, an Geschwindigkeit/Tempo verlieren, sich beruhigen, langsamer werden, nachlassen, sich reduzieren, schlechter werden, sinken, sich verringern, sich verschlechtern, weniger werden, zurückgehen; *(geh.):* erlahmen, im Rückgang begriffen sein.

[1]verlassen
sich abkehren, sich abwenden, alleinlassen, aufgeben, brechen mit, einen Schlussstrich ziehen, im Stich lassen, sich [los]lösen, sich losreißen, sich lossagen, Schluss machen, sich trennen, weggehen; *(ugs.):* hängen lassen, im Regen [stehen] lassen, loskommen, sich losmachen.

[1]verlassen, sich
bauen, hoffen, rechnen, setzen, sich stützen, trauen, vertrauen, Vertrauen entgegenbringen/haben, zählen; *(geh.):* Glauben/Vertrauen schenken.

[2]verlassen
ausgestorben, einsam, entvölkert, [menschen]leer, menschenlos, öde, unbelebt, unbewohnt, verödet, verwaist; *(ugs.):* gottverlassen; *(scherzh.):* wo sich Fuchs und Hase Gute Nacht sagen.

Verlassenheit
Alleinsein, Einsamkeit, Leere, Öde, Vereinsamung, Verlorenheit.

verlässlich
glaubwürdig, seriös, sicher, verbürgt, vertrauenswürdig, zuverlässig; *(bildungsspr.):* authentisch, reliabel, valid.

Verlauf
1. Fahrtrichtung, Kurs, Richtung, Route, Weg.
2. Abfolge, Ablauf, Aufeinanderfolge, Chronologie, Entwicklung, Entwicklungsverlauf, Folge, [Fort]gang, Hergang, Lauf, Nacheinander, Programm, Prozess, Reihenfolge, Vorgang.

verlaufen
1. sich entlangziehen, sich erstrecken, [hin]führen, sich hinziehen, laufen, reichen, zuführen; *(geh.):* sich spannen.
2. ablaufen, abrollen, sich abspielen, sich abwickeln, sich entwickeln, sich ereignen, erfolgen, geschehen, laufen, passieren, seinen Verlauf nehmen, stattfinden, sich tun, sich vollziehen, vonstattengehen, vorfallen, vorgehen, vor sich gehen; *(geh.):* sich begeben, sich zutragen; *(ugs.):* abgehen, los sein, über die Bühne gehen.

verlaufen, sich
1. abdriften, abkommen, den falschen Weg einschlagen, den Weg verfehlen, die Orientierung/Richtung verlieren, in die Irre gehen, in eine falsche Richtung gehen, sich verirren, vom Weg abkommen; *(geh.):* abirren, fehlgehen, irregehen, vom Weg abirren; *(ugs.):* sich verfranzen; *(veraltend):* abgeraten.
2. sich auflösen, auseinandergehen, verschwinden, sich verteilen, sich zerstreuen; *(bildungsspr.):* sich dissoziieren; *(ugs.):* sich in Wohlgefallen auflösen.

verlautbaren
ankündigen, ansagen, bekannt geben/machen, Bericht erstatten/geben, informieren, melden, mitteilen, publizieren, verlauten [lassen], veröffentlichen, vortragen; *(geh.):* kundgeben, kundtun, verkünden, verkündigen; *(bildungsspr.):* kommunizieren, publik machen.

Verlautbarung
Ankündigung, Bekanntgabe, Bekanntmachung, Veröffentlichung; *(geh.):* Kundgabe, Verkündigung, Verkündung; *(bildungsspr.):* Proklamation, Proklamierung; *(südd., österr., schweiz.):* Kundmachung; *(veraltend):* Kundgebung.

verleben
1. durchleben, erleben, genießen, verbringen, zubringen; *(geh.):* erfahren.
2. durchbringen, verbrauchen, verprassen, vertun; *(geh.):* aufzehren; *(ugs.):* auf den Kopf hauen, kleinmachen, verjubeln, verläppern, verpulvern; *(salopp):* um die Ecke bringen, verbraten; *(abwertend):* verschleudern; *(veraltend):* verzehren.

[1]verlegen
1. ↑verlieren (1).
2. auf einen anderen Zeitpunkt legen, aufschieben, umdisponieren, umlegen, umverlegen, verschieben, vertagen.
3. abdrucken, drucken, edieren, herausbringen, herausgeben, in den Buchhandel bringen, publizieren, veröffentlichen; *(ugs.):* [raus]bringen; *(veraltend):* in Verlag nehmen.

[2]verlegen
bedrückt, befangen, beschämt, betreten, hilflos, kleinlaut, ohnmächtig, peinlich berührt, scheu, schüchtern, unsicher, verschämt, verschüchtert, verunsichert, verwirrt; *(salopp):* bedeppert.

Verlegenheit
1. Befangenheit, Betretenheit, Hilflosigkeit, Scheu, Schüchternheit, Unsicherheit, Verschämtheit, Verschüchterung, Verwirrung.
2. Dilemma, Kalamität, Not[lage], Problemsituation, Schwierigkeiten, Unannehmlichkeit, Widrigkeit, Zwangslage; *(geh.):* Bedrängnis; *(bildungsspr.):* Malaise, Misere; *(ugs.):* Bredouille, Klemme, Patsche, Schlamassel, Schwulitäten.

verleihen
1. ausleihen, borgen, geben, leihen, überlassen, verborgen, zur Verfügung stellen; *(ugs.):* herleihen, verpumpen; *(salopp):* pumpen.
2. aushändigen, auszeichnen, dekorieren, ehren, prämieren, übergeben, überreichen, würdigen; *(geh.):* [dar]reichen, kredenzen, zuteilwerden lassen.
3. bescheren, geben, schenken; *(geh.):* einhauchen, zuteilwerden lassen; *(geh. od. iron.):* angedeihen lassen.

verleiten
animieren, anstacheln, anstiften, hinreißen, nötigen, überreden, verführen; *(geh.):* verlocken; *(ugs.):* anspitzen, ködern; *(bildungsspr. abwertend):* korrumpieren.

verlernen
aus der Übung kommen, vergessen.

[1]verlesen
[ab]lesen, vorlesen, vortragen, wiedergeben; *(geh.):* zu Gehör bringen.

[2]verlesen
auslesen, ausmustern, ausscheiden, aussondern, aussortieren, heraussuchen, lesen; *(ugs.):* [he]rausfischen.

verletzen
1. lädieren, verwunden, zurichten; *(geh.):* versehren; *(ugs.):* wehtun.
2. beschädigen, brechen, sich hinwegsetzen, missachten, überschreiten, übertreten, untergraben, unterhöhlen, verstoßen, zuwiderhandeln; *(schweiz.):* ritzen; *(geh.):* fehlen, freveln, rühren, sich vergehen.

verletzen, sich
anschlagen, anstoßen, sich brechen, sich eine Verletzung/Wunde zuziehen, zu Schaden kommen; *(ugs.):* sich wehtun.

verletzend
ausfallend, beleidigend, ehrenrührig, kränkend, schnöde; *(geh.):* verunglimpfend; *(abwertend):* gehässig.

verletzlich
dünnhäutig, [hoch]empfindlich, [hoch]sensibel, [leicht] verletzbar/verwundbar, überempfindlich, weich, zart[besaitet]; *(bildungsspr.):* sensitiv; *(abwertend):* mimosenhaft, verweichlicht, verzärtelt; *(südd., österr., schweiz.):* heikel.

verletzt
1. lädiert, wund, zerschunden; *(geh.):* versehrt; *(fam.):* schlimm.
2. beleidigt, enttäuscht, gekränkt, getroffen, verstimmt; *(bildungsspr.):* pikiert; *(ugs.):* auf den Schlips getreten, sauer, verschnupft.

Verletzung
1. Fleischwunde, Kratzer, Schramme, Verwundung, Wunde; *(geh.):* Blessur; *(meist geh.):* Übel; *(ugs.):* Wehwehchen, Wischer.
2. Beleidigung, Insultation, Kränkung; *(österr.):* Insultierung; *(geh.):* Schmähung, Verunglimpfung; *(bildungsspr.):* Affront, Insult.

verleugnen
ableugnen, abstreiten, leugnen, verneinen, zurückweisen; *(geh.):* untreu werden, sich verwahren; *(bildungsspr.):* desavouieren, negieren; *(ugs.):* wegleugnen; *(veraltend):* abschwören.

verleumden
andichten, anhängen, die Ehre abschneiden, in die Schuhe schieben, mit Schmutz bewerfen, unterschieben, unterstellen, verlästern; *(geh.):* schmähen, verunglimpfen; *(bildungsspr.):* diffamieren, diskreditieren; *(ugs.):* anflicken; *(veraltend):* infamieren.

Verleumdung
Diffamie, Lüge, Lügengeschichte, Lügenmärchen, Rufmord, Rufschädigung, Unwahrheit; *(geh.):* Ehrverletzung, Verunglimpfung; *(bildungsspr.):* Diffamation; *(emotional):* Ehrabschneiderei.

verlieben, sich
Feuer fangen, sich vernarren; *(österr.):* sich verschauen; *(geh.):* in Liebe entbrennen/erglühen, sein Herz verlieren; *(ugs.):* sich vergucken, sich verschießen; *(salopp):* sich vergaffen, sich verknallen; *(ugs. scherzh.):* Frühlingsgefühle haben.

verliebt
liebestoll, vernarrt; *(geh.):* entflammt, in Liebe entbrannt/erglüht, zugetan; *(ugs.):* verrückt nach, verschossen; *(salopp):* verknallt; *(dichter.):* von Amors Pfeil getroffen.

verlieren
1. verlegen; *(österr.):* verjankern, verschustern; *(ugs.):* verkramen, verschusseln, versieben.
2. ausgestochen/besiegt/bezwungen werden,

eine Niederlage erleiden, ein Fiasko/einen Misserfolg erleiden, geschlagen werden, scheitern, Schiffbruch erleiden, überwältigt/überwunden werden, unterliegen; *(ugs.):* eine Schlappe einstecken müssen/erleiden, erledigt werden, fertiggemacht werden, weggeputzt werden; *(Sport):* auf die Plätze verwiesen werden, deklassiert/distanziert werden.

verlieren, sich
abklingen, abnehmen, auslaufen, sich legen, verschwinden, zu Ende gehen; *(geh.):* dahinschmelzen, dahinschwinden, im Schwinden begriffen sein, schwinden, verebben, versiegen, zur Neige gehen.

verloben, sich
die Ehe/die Heirat versprechen.

Verlobter, Verlobte
Bräutigam, Braut; *(bildungsspr.):* Eheaspirant, Eheaspirantin; *(ugs.):* Zukünftiger, Zukünftige; *(scherzh.):* Auserkorener, Auserkorene, Auserwählter, Auserwählte, Ehekandidat, Ehekandidatin, Heiratskandidat, Heiratskandidatin.

verlockend
ansprechend, attraktiv, begehrenswert, einladend, reizvoll, unwiderstehlich, verführerisch, verheißungsvoll, vielversprechend; *(geh.):* sirenenhaft.

verlogen
a) boshaft, hinterhältig, hinterlistig, niederträchtig, voller Lügen; *(bildungsspr.):* intrigant, maliziös, perfide; *(ugs.):* hintenrum, link; *(abwertend):* doppelzüngig, falsch, infam, lügnerisch, scheinheilig, verschlagen. **b)** betrügerisch, geheuchelt, heuchlerisch, simuliert, unaufrichtig, unecht, unehrlich, vorgegaukelt, vorgetäuscht; *(geh.):* arglistig, unlauter, unredlich, unwahrhaftig; *(bildungsspr.):* fingiert, hypokritisch.

verloren
1. nicht mehr vorhanden, unauffindbar, vermisst, verschollen, verschwunden, wie vom Erdboden verschluckt; *(ugs.):* weg; *(salopp):* futsch.
2. ausgeliefert, erledigt, gebrochen, gescheitert, hilflos, nicht mehr zu retten, ohne Schutz, ohnmächtig, preisgegeben, ruiniert, schutzlos, unrettbar, vernichtet, zerrüttet; *(ugs.):* am Ende, auf den Hund gekommen, ein toter Mann, fertig; *(salopp):* geliefert; *(oft abwertend):* heruntergekommen.

verloren gehen
abhandenkommen, fortkommen, hinschwinden, vergehen, verkümmern, verschwinden, wegfallen, zunichtewerden; *(schweiz.):* bachab gehen; *(geh.):* [dahin]schwinden, entgleiten; *(ugs.):* auf der Strecke bleiben, Beine bekommen, flöten gehen, in die Binsen gehen, verschüttgehen, wegkommen; *(nordd.):* über den Deister gehen.

verlosen
auslosen, das Los entscheiden lassen, durch Los bestimmen/ermitteln, losen.

Verlust
1. Abgabe, Abgang, Wegfall.
2. Aderlass, Ausfall, Beeinträchtigung, Einbuße, Mangel, Nachteil, Schaden, Schädigung, Verringerung.
3. Defizit, Fehlbetrag, Minus[betrag]; *(bes. schweiz.):* Minderertrag; *(salopp):* Miese.

vermachen
abtreten, hergeben, hinterlassen, schenken, übereignen, übergeben, überlassen, übertragen, vererben, verschenken; *(österr.):* beteilen; *(veraltend):* übermachen.

Vermächtnis
Erbe, Erbschaft, Erbteil, Hinterlassenschaft, Nachlass; *(schweiz.):* Vergabung.

vermasseln
(ugs.): in den Sand setzen, verbauen, verhauen, verpatzen; *(salopp):* Mist bauen.

vermehren
anreichern, aufstocken, ausbreiten, ausdehnen, ausweiten, bereichern, erhöhen, erweitern, heraufsetzen, hinzufügen, steigern, strecken, verbessern, vergrößern, vervielfachen; *(schweiz.):* äufnen; *(geh.):* hinaufsteigern, mehren; *(bildungsspr.):* amplifizieren, extensivieren.

vermehren, sich
1. anschwellen, ansteigen, anwachsen, sich ausbreiten, sich ausdehnen, sich ausweiten, sich erhöhen, sich erweitern, größer werden, sich häufen, mehr/stärker werden, steigen, sich steigern, sich vergrößern, sich verschärfen, sich verstärken, sich vervielfachen, wachsen, zahlreicher werden, zunehmen; *(bildungsspr.):* sich potenzieren; *(ugs.):* zulegen.
2. sich fortpflanzen, Nachkommen hervorbringen.

vermeiden
aus dem Weg gehen, Ausflüchte machen, ausweichen, entgehen, sich fernhalten, hinhalten, sich nicht festlegen, offenlassen, scheuen, umgehen, sich winden, zögern, zurückweichen; *(geh.):* sich entziehen, fliehen, meiden; *(ugs.):* einen [großen] Bogen machen, sich [herum]drücken, umkurven.

vermeintlich
angeblich, scheinbar, vorgeblich.

Vermerk
Aktennotiz, Anmerkung, Aufzeichnung, Bemerkung, Ergänzung, Erklärung, Erläuterung, Fußnote, Kommentar, Niederschrift, Notiz, Protokoll, Zusatz; *(veraltend):* Notat.

vermerken
aufschreiben, sich eine Notiz machen, eintragen, festhalten, notieren.

vermessen
abmessen, ausmessen, bemessen, berechnen, bestimmen.

vermieten
in Miete/Pacht geben, verchartern, verpachten, weitervermieten, zur Miete/Pacht geben; *(schweiz.):* ausmieten; *(veraltend):* lozieren.

Vermieter, Vermieterin
Hauseigentümer, Hauseigentümerin, Hauswirt, Hauswirtin; *(österr.):* Unterstandsgeber, Unterstandsgeberin; *(südd., österr.):* Hausherr, Hausherrin/Hausfrau.

vermindern
Abstriche machen, begrenzen, beschneiden, beschränken, drosseln, eindämmen, eingrenzen, einschränken, herabsetzen, kürzen, limitieren, reduzieren, schmälern, streichen, verkleinern, verkürzen, verringern; *(geh.):* mindern; *(bildungsspr.):* dezimieren, restringieren; *(ugs.):* herunterdrücken, runtersetzen.

vermindern, sich
abbröckeln, abebben, abflauen, abklingen, abnehmen, sich abschwächen, absinken, auf dem absteigenden Ast sein, im Rückgang begriffen sein, nachlassen, sich reduzieren, schrumpfen, schwächer werden, sinken, sich verringern, sich zurückbilden, zurückgehen; *(geh.):* erlahmen, sich mäßigen, verebben; *(ugs.):* schwächeln.

Verminderung
Abbau, Abnahme, Beschneidung, Drosselung, Herabsetzung, Kürzung, Minderung, Reduzierung, Rückgang, Schwund, Senkung, Verringerung; *(bildungsspr.):* Reduktion.

vermischen
anrühren, [durch]mischen, mixen, rühren, vermengen, verquirlen, verrühren, zusammenschütten; *(ugs.):* vermanschen, verpanschen, zusammenbrauen.

vermissen
1. nachtrauern, nachweinen, sich sehnen, Sehnsucht haben; *(oft abwertend):* nachjammern.
2. fehlen, nicht haben; *(geh.):* entbehren, ermangeln.

vermisst
nicht mehr vorhanden, unauffindbar, verloren [gegangen], verschollen, verschwunden, wie vom Erdboden verschluckt; *(ugs.):* weg; *(salopp):* futsch.

vermitteln
1. bereinigen, eine Einigung erzielen, einen Ausgleich bewirken/herbeiführen/schaffen, entschärfen, in Ordnung bringen, klären, schlichten, versöhnen; *(bildungsspr.):* intervenieren; *(ugs.):* einrenken, geradebiegen.
2. transportieren, übertragen, weitergeben, zeigen, zum Ausdruck bringen; *(bildungsspr.):* kommunizieren; *(ugs.):* beibringen, rüberbringen.

Vermittler, Vermittlerin
Bindeglied, Gewährsmann, Gewährsfrau, Gewährsperson, Kontakt[mann], Kontaktfrau, Kontaktperson, Mediator, Mediatorin, Mittelsmann, Mittelsfrau, V-Mann, V-Frau, Verbindungsglied; *(geh.):* Mittler, Mittlerin; *(bes. Politik):* Unterhändler, Unterhändlerin.

vermodern
[durch]faulen, faul werden, in Fäulnis/Moder/Verwesung übergehen, modern, verrotten, verwesen; *(ugs.):* vergammeln.

vermögen
ausrichten, bewältigen, bewirken, durchführen, erlangen, erreichen, erringen, erwirken, erzielen, fertigbekommen, fertigbringen, in die Tat umsetzen, in die Wege leiten, können, leisten, meistern, schaffen, verwirklichen, wahr machen; *(geh.):* ertrotzen, ins Werk setzen, vollbringen; *(bildungsspr.):* realisieren.

Vermögen
1. Anlage, Befähigung, Begabung, Eignung, Fähigkeit, Fertigkeit, [Geistes]gabe, Kompetenz, Können, Kraft, Kunst, Macht, Möglichkeiten, Neigung, Veranlagung, Voraussetzung; *(bildungsspr.):* Ingenium; *(ugs.):* Zeug.
2. Besitz, Besitztümer, Eigentum, Gelder, Güter, Kapital, Mittel, Reichtümer, Schätze, Vermögenswerte; *(geh.):* Eigen, Geld und Gut, Habe, Hab und Gut.

vermögend
begütert, bemittelt, finanzstark, gut situiert, reich, wohlhabend; *(österr.):* situiert; *(schweiz.):* hablich; *(bildungsspr.):* potent; *(ugs.):* betucht, schwerreich, zahlungskräftig.

vermuten
ahnen, annehmen, auf sich zukommen sehen, befürchten, eine Ahnung haben, einen Verdacht haben, erahnen, erwarten, fürchten, für [sehr] wahrscheinlich halten, gefasst sein auf, kommen sehen, mutmaßen, rechnen mit, spüren, vor[aus]ahnen, vorhersehen, wittern; *(geh.):* arg-

wöhnen, wähnen; *(ugs.):* [den Braten] riechen, kalkulieren, Lunte riechen, schätzen, schwanen, spekulieren, tippen, sich zusammenreimen; *(salopp):* einen Riecher für etw. haben, etw. im Urin spüren.

BSP Niemand wird ernstlich annehmen, dass … Die Ermittlerinnen mutmaßten, dass die Täter bereits im Ausland waren.

vermutlich
allem Anschein nach, aller Voraussicht nach, angenommen, anscheinend, höchstwahrscheinlich, mit ziemlicher Sicherheit, voraussichtlich, wahrscheinlich, wie zu vermuten ist, wohl; *(geh.):* augenscheinlich, dem Augenschein nach, mutmaßlich.

Vermutung
Ahnung, Annahme, Ansicht, Auffassung, Behauptung, Meinung, Spekulation, Unterstellung, Verdacht, Voraussetzung, Vorstellung; *(geh.):* Mutmaßung; *(bildungsspr.):* These.

vernachlässigen
1. benachteiligen, Hilfe verweigern, im Stich lassen, sich nicht kümmern, übergehen, verfallen lassen.
2. ausklammern, auslassen, ausnehmen, ausschließen, außer Acht lassen, aussparen, beiseitelassen, nicht berücksichtigen, nicht in Betracht ziehen, sich schenken, sich sparen, überspringen, unbeachtet lassen, unterordnen, wegfallen lassen, weglassen; *(geh.):* hintansetzen, hintanstellen; *(ugs.):* unter den Tisch fallen lassen; *(nordd.):* außen vor lassen.

vernarben
[aus]heilen, verheilen, zuheilen, zusammenheilen.

vernarren, sich
a) süchtig werden, sich verschreiben; *(geh.):* anheimfallen. b) eingenommen/hingerissen sein, schwärmen, verfallen, sich verlieben, sich verzaubern lassen; *(ugs.):* abfahren, hin und weg sein, sich vergucken.

vernaschen
konsumieren; *(ugs.):* verdrücken, verputzen, verspachteln; *(salopp):* verkasematuckeln; *(ugs. scherzh.):* auffuttern, vertilgen.

vernehmen
1. a) akustisch aufnehmen/wahrnehmen, hören. b) erfahren, ermitteln, herausfinden, in Erfahrung bringen, Kenntnis bekommen/erhalten, merken, wahrnehmen, zu Ohren kommen.
2. verhören; *(österr., schweiz.):* einvernehmen; *(salopp):* in die Mangel nehmen.

Vernehmung
Befragung, [Kreuz]verhör; *(österr., schweiz.):* Einvernahme; *(meist iron.):* Inquisition.

verneigen, sich
den Hut ziehen, eine Verbeugung machen, grüßen, sich verbeugen; *(geh.):* das Haupt neigen; *(fam.):* einen Diener machen; *(scherzh.):* einen Kratzfuß machen.

verneinen
ableugnen, abstreiten, bestreiten, dementieren, für unwahr/unzutreffend erklären, leugnen, nicht wahrhaben wollen, streitig machen, von sich weisen, widersprechen, zurückweisen; *(bes. Sprachwiss.):* negieren.

vernichten
aus der Welt schaffen, ausmerzen, beseitigen, dem Erdboden gleichmachen, entfernen, in Trümmer legen, ruinieren, töten, vertilgen, zerstören, zugrunde richten, zum Verschwinden bringen; *(geh.):* auslöschen, tilgen, zuschanden machen; *(bildungsspr.):* destruieren, eliminieren; *(ugs.):* erledigen, fertigmachen, kaputtmachen, kleinkriegen, kurz und klein schlagen, niedermachen, wegmachen; *(salopp):* auseinandernehmen, ausradieren, hinmachen, plattmachen, wegradieren.

vernichtend
abfällig, ablehnend, abschätzig, geringschätzig, herabsetzend, missbilligend, negativ, tadelnd, verächtlich, zersetzend, zerstörend; *(geh.):* despektierlich; *(bildungsspr.):* destruktiv; *(veraltend):* missfällig.

Vernichtungslager
Konzentrationslager, KZ, Massenvernichtungslager, Todeslager.

verniedlichen
als Bagatelle behandeln/hinstellen, als geringfügig/unbedeutend hinstellen, bagatellisieren, beschönigen, unterschätzen, verharmlosen; *(bildungsspr.):* euphemistisch ausdrücken; *(ugs.):* herunterspielen, runterspielen; *(oft abwertend):* abwiegeln.

Vernunft
Denkfähigkeit, Erkenntnisvermögen, Geist, Geistesgaben, Geisteskraft, Geistesstärke, Intellekt, Intelligenz, Klugheit, Überlegtheit, Umsicht, Verstand; *(bildungsspr.):* Ratio; *(ugs.):* Grips, Köpfchen.

vernünftig
1. a) besonnen, klar [blickend], nüchtern, objektiv, pragmatisch, realistisch, sachlich, trocken, überlegt, unpersönlich, vernunftbegabt, verstandesmäßig; *(bildungsspr.):* prosaisch. b) ausgefeilt, ausgeklügelt, ausgereift, clever, einleuch-

tend, fundiert, klug, sinnreich, [wohl]bedacht, [wohl]überlegt, zweckmäßig; *(geh.):* wohlerwogen; *(bildungsspr.):* räsonabel, substanziiert; *(ugs.):* ausgetüftelt, gescheit, Sinn machend; *(meist iron.):* sinnig.
2. angebracht, empfehlenswert, geraten, nützlich, ordentlich, passend, ratsam, richtig, sinnvoll; *(geh.):* angezeigt, geboten; *(bildungsspr.):* opportun; *(südd.):* geschickt; *(veraltend):* rätlich, tunlich.

vernunftwidrig
absurd, folgewidrig, nicht folgerichtig, unschlüssig, widersinnig, widersprüchlich, widerspruchsvoll; *(geh.):* sinnwidrig; *(bildungsspr.):* irrational, paradox; *(bes. Philos.):* kontradiktorisch.

veröffentlichen
a) bekannt geben, dokumentieren, informieren, vorlegen, vorweisen, zugänglich machen; *(bildungsspr.):* kommunizieren; *(ugs.):* auspacken; *(EDV):* posten. b) [ab]drucken, edieren, erscheinen lassen, herausbringen, herausgeben, in den Buchhandel bringen, publizieren, verlegen; *(ugs.):* [raus]bringen.

Veröffentlichung
1. [Ab]druck, Herausgabe, Publikation, Publizierung.
2. Abhandlung, Artikel, Aufsatz, Ausführung, Bearbeitung, Beitrag, Buch, Schrift, Text, Titel, Werk; *(geh.):* Elaborat.

verordnen
1. aufschreiben, eine ärztliche Anordnung treffen, ein Rezept ausstellen, verschreiben.
2. anordnen, anweisen, aufgeben, auflegen, beauftragen, befehlen, bestimmen, dekretieren, einen Auftrag geben, festsetzen, veranlassen, verfügen, verhängen, verpflichten; *(geh.):* auferlegen, heißen; *(bildungsspr.):* diktieren, fixieren, statuieren.

Verordnung
1. ärztliche Anordnung, Rezept.
2. Anordnung, Anweisung, Befehl, Bestimmung, Erlass, Gebot, Instruktion, Maßregel, Order, Verfügung, Vorschrift, Wille; *(bes. schweiz.):* Dekret; *(geh.):* Geheiß; *(bildungsspr.):* Direktive; *(scherzh.):* Ukas; *(oft leicht abwertend):* Paragrafenwerk.

verpachten
in Miete/Pacht geben, überlassen, verchartern, vermieten, weitervermieten, zur Miete/Pacht geben.

verpacken
einhüllen, einpacken, einwickeln, gut zudecken, umhüllen, vermummen; *(fam.):* einmummeln, vermummeln.

verpassen
a) entgehen, nicht antreffen/erreichen, verfehlen, versäumen. b) auslassen, sich entgehen lassen, nicht nutzen, ungenutzt lassen, versäumen; *(ugs.):* durch die Lappen gehen, nicht [mehr] kriegen, verschlafen, verschwitzen; *(salopp):* verpennen.

verpatzen
falsch machen, verderben, verfälschen, verunstalten; *(schweiz.):* verfuhrwerken; *(ugs.):* in den Sand setzen, verbocken, vergeigen, verhauen, verkorksen, vermurksen, verpfuschen, versieben; *(salopp):* Mist bauen, vermasseln, versaubeuteln, versauen.

verpesten
Gestank verbreiten, unerträglich machen, verderben, vergiften, verräuchern; *(ugs.):* verstänkern.

verpetzen ↑verpfeifen.

verpfänden
als Pfand geben, beleihen lassen, ins Leihhaus bringen, versetzen.

verpfeifen
angeben, anzeigen, melden, verraten, zutragen; *(geh.):* preisgeben; *(ugs.):* hochgehen lassen; *(salopp):* singen; *(bildungsspr. abwertend):* denunzieren.

verpflanzen
1. auspflanzen, umpflanzen, umsetzen; *(ugs.):* überpflanzen.
2. einsetzen, übertragen.

Verpflegung
1. Bedienung, Service, Versorgung.
2. Beköstigung, Carepaket, Kost, Lunchpaket, Nahrung, Nahrungsmittel, Proviant, Stärkung, Verköstigung; *(geh.):* Speis und Trank, Wegzehrung; *(ugs.):* Futterpaket.

verpflichten
1. als Aufgabe stellen, anordnen, anweisen, bestimmen, schwören lassen, unter Eid nehmen, veranlassen, vereidigen, verfügen, verordnen; *(österr.):* angeloben; *(geh.):* auferlegen, heißen.
2. anstellen, Arbeit geben, beschäftigen, einschalten, einsetzen, einstellen, engagieren, ernennen, unter Vertrag nehmen, vertraglich binden; *(ugs.):* anheuern.
3. binden, eine Bindung/Verpflichtung eingehen, erforderlich machen, festlegen, sich verpflichtet fühlen.

verpflichten, sich
1. annehmen, bestätigen, einwilligen, fest versprechen/zusagen, geloben, sein Wort geben,

verbindlich zusagen, sich verbürgen; *(ugs.):* sich festnageln; *(emotional):* tausend Eide schwören; *(Jargon):* sich committen.
2. sich vertraglich binden.

Verpflichtung
1. Commitment, Garantie, Gewährleistung, Haftbarkeit, Haftung, Schuld, Verantwortlichkeit, Verantwortung.
2. Anstellung, Arbeit, Arbeitsplatz, Arbeitsstelle, Arbeitsverhältnis, Beschäftigung, Broterwerb, Engagement, Posten, Stelle, Stellung; *(ugs.):* Job.
3. Aufgabe, Dienst, Funktion, Gebot, Geschäft, Muss, Notwendigkeit, Pflicht, Tätigkeit, Zwang; *(geh.):* Obliegenheit.

verplempern
1. durchbringen, vergeuden, verprassen, verschwenden, vertun, verwirtschaften; *(geh.):* aufzehren; *(ugs.):* auf den Kopf hauen, verjubeln, verläppern, verpulvern; *(salopp):* um die Ecke bringen, verbraten; *(abwertend):* verschleudern.
2. vergießen, verschütten; *(ugs.):* [ver]kleckern.

verpönt
geächtet, nicht erlaubt, nicht geduldet, unzulässig, verboten; *(geh.):* unstatthaft; *(ugs.):* tabu.

verprügeln
mit Schlägen traktieren, Prügel austeilen/verabreichen, prügeln, Schläge versetzen, [zusammen]schlagen; *(ugs.):* den Frack vollhauen, die Seele aus dem Leib prügeln, durchbläuen, durchgerben, durchhauen, durchprügeln, durchwichsen, grün und blau/grün und gelb schlagen, hauen, verbimsen, verbläuen, verdreschen, verhauen, verkloppen, verplätten, verrollen, versohlen, vertrimmen, verwalken, verwamsen, verwichsen, zu Hackfleisch machen; *(österr. ugs.):* trischacken; *(salopp):* das Fell/Leder gerben, dreschen, durchwalken, durchwamsen, Saures geben, schwarten; *(salopp scherzh.):* frikassieren; *(salopp, oft scherzh.):* vermöbeln; *(nordd.):* verbüxen.

verpuppen, sich
sich einpuppen, sich einspinnen.

verputzen
aufessen; *(ugs.):* auffuttern, verdrücken, verspachteln; *(fam.):* schnabulieren; *(scherzh.):* vertilgen.

Verrat
1. Indiskretion; *(geh.):* Enthüllung, Preisgabe.
2. Abtrünnigkeit, Treulosigkeit, Untreue, Vertrauensbruch, Wortbruch, Wortbrüchigkeit; *(bildungsspr.):* Illoyalität, Perfidie.

verraten
1. a) bekannt geben, herumerzählen, weitererzählen, weitergeben, weitersagen; *(österr.):* ausplauschen; *(geh.):* preisgeben; *(ugs.):* austrompeten; *(Jargon):* spoilern; *(salopp):* ausquatschen; *(abwertend):* ausschwatzen. **b)** aufklären über, erklären, mitteilen, sagen.
2. abtrünnig/untreu werden, aufgeben, die Treue brechen, in den Rücken fallen, Verrat begehen/üben; *(geh.):* preisgeben.
3. ausdrücken, beweisen, demonstrieren, deutlich werden lassen, erkennen/merken lassen, widerspiegeln, zeigen, zeugen von, zum Ausdruck bringen; *(geh.):* dartun.

Verräter, Verräterin
Denunziant, Denunziantin, Judas, Spitzel, Zuträger, Zuträgerin; *(Schülerspr.):* Petze.

verrechnen
anrechnen, aufrechnen, berücksichtigen, einbeziehen, einkalkulieren, gutschreiben, in Zahlung nehmen, mitrechnen, mitzählen.

verrechnen, sich
a) einen Fehler machen, falsch rechnen. **b)** danebenliegen, falsch einschätzen, im Irrtum sein, sich irren, sich täuschen, sich verkalkulieren, sich verschätzen; *(geh.):* fehlgehen, sich im Irrtum befinden, irregehen; *(ugs.):* auf dem Holzweg sein, danebenhauen, danebenschätzen, schiefliegen, sich vertun.

verreisen
auf Reisen gehen, eine Reise unternehmen, fortfahren, in Urlaub fahren, wegfahren.

verreißen
eine vernichtende Besprechung/Kritik/Rezension schreiben, harte Kritik üben, sehr schlecht besprechen, vernichtend kritisieren/rezensieren, zerfetzen; *(ugs.):* unter Beschuss nehmen, verhackstücken; *(salopp):* auseinandernehmen.

verrennen, sich
a) auf dem Holzweg sein, den falschen Weg einschlagen, in die Irre gehen, in eine Sackgasse geraten, sich versteigen; *(geh.):* fehlgehen, irregehen. **b)** sich festbeißen, hartnäckig festhalten, [krampfhaft] festgelegt sein, nicht abgehen/ablassen/aufgeben, nicht mehr loskommen, sich verbeißen, sich verbiestern, sich versteifen; *(ugs.):* sich verbohren.

verriegeln
abriegeln, abschließen, den Riegel vorlegen/vorschieben, zuriegeln, zuschließen; *(südd., österr.):* zusperren.

verringern
drosseln, drücken, einschränken, erniedrigen,

A B C D E F G H I J K L M N O P Q R S T U V ver W X Y Z

herabmindern, herabsetzen, heruntersetzen, kürzen, reduzieren, schmälern, senken, verkleinern, verkürzen, vermindern; *(geh.):* mindern; *(bildungsspr.):* dezimieren; *(ugs.):* [he]runterdrücken, herunterschrauben, runtersetzen, zurückschrauben.

verringern, sich
abebben, abnehmen, sich abschwächen, absinken, geringer/kleiner werden, nachlassen, sich reduzieren, schrumpfen, schwächer werden, sinken, sich verkleinern, sich vermindern, sich verringern, sich zurückbilden, zurückgehen; *(geh.):* erlahmen, sich mäßigen, verebben; *(bildungsspr.):* sich dezimieren; *(ugs.):* runtergehen, schwächeln.

verrinnen
dahineilen, hingehen, hinschwinden, ins Land gehen/ziehen, vergehen, vorbeigehen, vorübergehen; *(geh.):* dahingehen, dahinschwinden, [ent]schwinden, hingleiten, verfließen, verstreichen.

verrohen
brutal/roh/unmenschlich werden, entmenschen, entmenschlichen.

verrosten
einrosten, sich mit Rost überziehen, Rost ansetzen, rosten, rostig werden; *(Fachspr.):* korrodieren.

verrostet
[ein]gerostet, rostig, voller Rost[flecken]; *(Fachspr.):* korrodiert.

verrotten
[durch]faulen, faul werden, in Fäulnis/Moder/Verwesung übergehen, modern, schlecht/ungenießbar werden, verderben, vermodern, verwesen; *(ugs.):* vergammeln; *(nordd.):* rotten.

verrucht
gemein, gewissenlos, niederträchtig; *(geh.):* frevelhaft, perfide, ruchlos, schändlich, übel, verachtenswert, verwerflich; *(ugs.):* fies; *(abwertend):* infam, rücksichtslos, schuftig, schurkisch, skrupellos; *(geh. abwertend):* nichtswürdig.

verrückt
a) absonderlich, bizarr, eigenartig, grotesk, komisch, merkwürdig, närrisch, seltsam, sonderbar, sonderlich, überspannt; *(ugs.):* schrullenhaft, schrullig, überdreht, wunderlich; *(salopp):* irre; *(abwertend):* verschroben. **b)** auffällig, aus dem Rahmen fallend, ausgefallen, extravagant, originell, spleenig, ungewöhnlich, vom Üblichen abweichend; *(bildungsspr.):* exzentrisch, unkonventionell; *(ugs.):* flippig, überkandidelt; *(bes. Jugendspr.):* crazy. **c)** absurd, dumm, unsinnig, unvernünftig, widersinnig; *(ugs.):* blödsinnig, paradox. **d)** ↑sehr.

> **!** Das Adjektiv *verrückt* sollte im öffentlichen Sprachgebrauch nicht mehr auf Menschen bezogen werden, die geistig oder psychisch krank sind. Hier müssen die entsprechenden neutralen oder fachsprachlichen Bezeichnungen Verwendung finden, so etwa *psychisch behindert, psychisch krank* oder *psychotisch.*

verrufen
anrüchig, bedenklich, berüchtigt, dubios, dunkel, fragwürdig, in üblem Geruch stehend, undurchsichtig, verdächtig, verschrien, von zweifelhaftem Ruf, zweifelhaft, zwielichtig; *(geh.):* übel beleumdet; *(bildungsspr.):* obskur, ominös, suspekt; *(ugs.):* nicht ganz astrein/hasenrein/sauber.

Vers
[Gedicht]zeile, Strophenzeile.

versacken
hängen bleiben; *(ugs.):* versumpfen; *(salopp):* sumpfen.

versagen
1. a) ein Versager/eine Versagerin sein, enttäuschen, keinen Erfolg haben, sich nicht bewähren, nicht bewältigen/meistern/schaffen, scheitern, sein Ziel nicht erreichen, unfähig sein; *(ugs.):* auf der Strecke bleiben; *(salopp):* einbrechen. **b)** ausfallen, aussetzen, nicht mehr funktionieren/gehen; *(ugs.):* streiken; *(südd., österr.):* auslassen.
2. ablehnen, abschlagen, abweisen, ausschlagen, nicht gewähren, verweigern, vorenthalten, zurückweisen.

versagen, sich
a) abgehen, ablassen, absehen von, außer Betracht lassen, fahren/fallen lassen, lassen, sich nicht gönnen/zugestehen, sich verbieten, verwerfen, verzichten; *(geh.):* Abstand nehmen, entsagen; *(ugs.):* sich verkneifen. **b)** sich nicht bereit finden, sich nicht hingeben, sich nicht verführen lassen, sich nicht zur Verfügung stellen, sich verweigern.

Versager, Versagerin
Unfähiger, Unfähige, Verlierer, Verliererin; *(ugs.):* Flasche, Niete; *(salopp):* Blindgänger, Blindgängerin, Loser, Loserin.

versammeln
einberufen, sammeln, zusammenführen, zusammenrufen; *(schweiz.):* besammeln; *(ugs.):* zusammentrommeln.

versammeln, sich
sich [an]sammeln, sich treffen, sich zusammen-

finden, zusammenkommen, zusammenströmen, zusammentreffen; *(schweiz.):* sich besammeln; *(geh.):* sich scharen; *(bildungsspr.):* kongregieren; *(veraltend):* sich ein Stelldichein geben.

Versammlung
a) Ansammlung, Auflauf, Einberufung, Treffen, Zusammenkunft, Zusammentreffen; *(schweiz.):* Besammlung. b) Kundgebung, Treffen, Zusammenkunft; *(bildungsspr.):* Meeting. c) Ansammlung, Gemeinde, Gemeinschaft, Gesellschaft, Gruppe, Gruppierung, Haufen, Heer, Kolonne, Kreis, Menschenmasse, [Menschen]menge, Pulk, Rudel, Runde, Schar, Schwarm.

Versand
1. Sendung, Verschickung, Versendung.
2. Speditionsabteilung, Versandabteilung; *(österr.):* Expedit.

versauen
a) verderben, zerstören; *(ugs.):* vergeigen, verkorksen, vermiesen, vermurksen, verpatzen, verpfuschen, versalzen, versieben; *(salopp):* vermasseln. b) herunterziehen, ins Verderben reißen/stürzen, verderben, zugrunde richten; *(geh.):* herabziehen; *(bildungsspr.):* depravieren, pervertieren; *(bildungsspr. abwertend):* korrumpieren.

versauern
geistig verkümmern, verdummen, verenden, versumpfen, zugrunde gehen; *(ugs.):* eingehen, kaputtgehen, verdusseln, vertrotteln, vor die Hunde gehen; *(salopp):* krepieren; *(ugs. emotional):* verblöden.

versäumen
a) auslassen, sich entgehen lassen, ungenutzt lassen, verfehlen, verpassen; *(ugs.):* verschlafen, verschwitzen; *(salopp):* verpennen. b) vergessen, verschwitzen; *(ugs.):* schwänzen. c) unterlassen; *(geh.):* sich entziehen, verfehlen; *(ugs.):* bleiben/sein lassen.

Versäumnis
Unterlassung; *(geh.):* Säumnis; *(ugs.):* Unterlassungssünde.

verschachern
abstoßen, verkaufen, verschleudern, zu Geld machen; *(ugs.):* an den Mann bringen, an die Frau bringen, loskriegen, losschlagen, loswerden, verhökern, verkloppen, verkümmeln, verramschen, verscherbeln, verscheuern, versilbern, verticken.

verschaffen
beibringen, beschaffen, besorgen, erbringen, heranschaffen, herbeibringen, herbeiholen, herbeischaffen, herschaffen, rekrutieren, sichern, verhelfen, vermitteln, versorgen, zukommen lassen, zusammenbringen; *(schweiz.):* zuhalten; *(geh.):* zuteilwerden lassen; *(ugs.):* anschleppen, auftreiben, ergattern, organisieren; *(salopp):* aufreißen.

verschanzen, sich
sich abschotten, sich einigeln, sich isolieren, sich verbarrikadieren, sich verbergen, sich vergraben, sich verkriechen, sich verstecken; *(geh.):* sich entziehen; *(ugs.):* wegtauchen.

verschärfen
ausdehnen, ausweiten, erhöhen, erweitern, eskalieren, steigern, vergrößern, vermehren, verstärken; *(ugs.):* anheizen.

verschärfen, sich
sich ausdehnen, sich auswachsen, sich ausweiten, eskalieren, sich steigern, sich verstärken, zunehmen, sich zuspitzen.

verschätzen, sich
falsch schätzen, sich irren, sich täuschen; *(ugs.):* danebenhauen, danebenliegen, danebenschätzen, schiefliegen, sich vertun.

verschaukeln
aufs Glatteis führen, betrügen, hintergehen, hinters Licht führen, irreführen, nasführen, prellen, täuschen; *(österr.):* betakeln; *(geh.):* irreleiten, narren; *(ugs.):* [an]leimen, hereinlegen, linken, reinlegen, über den Löffel balbieren/barbieren, übers Ohr hauen, verladen; *(salopp):* anschmieren, aufs Kreuz legen, verarschen.

verschenken
hergeben, herschenken, schenken, spenden, stiften, sich trennen von, überlassen, weggeben, zum Geschenk machen; *(geh.):* bedenken mit, hingeben, preisgeben; *(ugs.):* herausrücken, wegschenken.

verscherbeln
sehr billig/unter Wert verkaufen, verkloppen, verramschen, verscheuern; *(abwertend):* verschachern.

verscheuchen
davonjagen, fortjagen, fortscheuchen, forttreiben, hinausjagen, hinausscheuchen, hinaustreiben, in die Flucht schlagen, jagen, scheuchen, treiben, verjagen, vertreiben, wegjagen, wegscheuchen, wegtreiben; *(ugs.):* [lange] Beine machen, vergraulen.

verschicken
abschicken, absenden, auf den Weg schicken, ausschicken, [fort]schicken, senden, spedieren, versenden; *(ugs.):* losschicken.

verschieben
1. beiseiteschieben, fortschieben, rücken, umsetzen, umstellen, verrücken, versetzen, wälzen,

wegschieben, zur Seite bewegen; *(EDV):* swappen.
2. auf einen späteren Zeitpunkt legen, aufschieben, hinausschieben, umverlegen, verlegen, vertagen.

verschieben, sich
sich hinausschieben, sich hinausziehen, sich hinauszögern, sich verzögern.

verschieden
abweichend, andersartig, anders[geartet], ungleich, unterschiedlich, verschiedenartig, verschiedengestaltig; *(geh.):* anderlei, heterogen; *(bildungsspr.):* different, disparat, divergent, divergierend, inhomogen; *(Fachspr.):* polymorph.

verschiedenartig
gemischt, uneinheitlich, ungleich, ungleichartig, unterschiedlich, verschieden, verschiedenerlei, verschiedengestaltig, vielfältig, vielförmig, vielgestaltig; *(geh.):* heterogen, mannigfaltig; *(veraltend):* allerart; *(Fachspr.):* polymorph.

verschiedene
allerlei, die einen und die anderen, diese und jene, eine Reihe, einige, ein paar, manche, mehrere; *(bildungsspr.):* diverse; *(veraltend):* etliche.

verschimmeln
sich mit Schimmel bedecken, Schimmel ansetzen, schimmelig werden.

[1]verschlafen
verpassen, versäumen, verschwitzen; *(salopp):* verpennen.

[2]verschlafen
benommen, schläfrig; *(geh.):* schlaftrunken; *(ugs.):* dösig, verschnarcht.

verschlampen
verlegen, verlieren; *(ugs.):* verkramen, versaubeuteln, verschusseln, versieben.

verschlechtern
abträglich sein, beeinträchtigen, schaden, schädigen, schlechter/schlimmer machen, trüben, verschlimmern.

verschlechtern, sich
abrutschen, absinken, abwärtsgehen, bergab gehen, herabsinken, heruntersinken, schlechter/schlimmer werden, sinken, sich trüben, sich verschlimmern; *(geh.):* abgleiten; *(ugs.):* absacken, in den Keller fallen/gehen/sacken/sinken.

verschleiern
1. einhüllen, verhüllen, vermummen, verpacken; *(fam.):* einmummeln, vermummeln.
2. beschönigen, kaschieren, maskieren, schönen, tarnen, übertünchen, verbergen, verborgen halten, verbrämen, verdecken, vernebeln, verstecken, vertuschen, verwischen; *(schweiz.):* verwedeln; *(geh.):* bemänteln.

Verschleiß
1. a) Abnutzung, Abrieb. **b)** Aufwand, Bedarf, Einsatz, Konsumierung, Verbrauch; *(bildungsspr.):* Konsum.
2. Geschäft, Handel, Umsatz, Verkauf, Vertrieb.

verschleißen
1. abbrauchen, abnutzen, aufbrauchen, verbrauchen, zerschleißen; *(ugs.):* abreißen, kleinkriegen.
2. sich abnutzen, zerschleißen.

verschleppen
1. deportieren, entführen, fortbringen, [gewaltsam] fortschaffen, hijacken, kidnappen, Menschenraub begehen, rauben; *(bildungsspr.):* exilieren; *(ugs.):* wegschleppen.
2. nicht ausheilen, nicht behandeln/heilen/kurieren, unbehandelt lassen; *(ugs.):* nicht auskurieren.

verschleudern
aufbrauchen, durchbringen, vergeuden, verprassen, verschwenden, vertun, verwirtschaften; *(geh.):* aufzehren; *(ugs.):* auf den Kopf hauen, kleinmachen, sein Geld auf die Straße werfen/zum Fenster hinauswerfen/zum Schornstein hinausjagen, verjubeln, verläppern, verplempern, verpulvern, verputzen; *(salopp):* verbraten.

verschließen
a) abriegeln, abschließen, blockieren, den Riegel vorlegen/vorschieben, schließen, stopfen, unzugänglich machen, verriegeln, verschlagen, zuhalten, zuriegeln, zuschließen; *(bildungsspr.):* hermetisieren; *(ugs.):* zumachen; *(südd., österr.):* zusperren. **b)** einschließen, wegschließen.

verschließen, sich
a) sich abkapseln, sich einigeln, sich [in sein Schneckenhaus] zurückziehen, sich isolieren, unzugänglich sein/werden, sich vergraben, sich verkriechen, verschlossen sein, sich verstecken; *(geh.):* sich nicht preisgeben; *(bes. österr.):* sich einkasteln. **b)** abweisen, sich abweisend/nicht zugänglich zeigen, sich entgegenstemmen, ignorieren, nicht an sich heranlassen, sich sperren, sich sträuben, sich wehren, sich widersetzen; *(ugs.):* dichtmachen, zumachen.

verschlimmern
ausweiten, belasten, erhöhen, erschweren, erschwerend hinzukommen, eskalieren, schaden, schädigen, schlechter/schlimmer machen, vergrößern, verschärfen, verschlechtern, verschlimmbessern, zuspitzen.

verschlimmern, sich
anschwellen, ansteigen, anwachsen, sich ausweiten, bergab gehen, sich erhöhen, eskalieren,

V ver

größer/heftiger werden, kritisch werden, schärfer/stärker werden, schlechter/schlimmer werden, sich steigern, sich vergrößern, sich vermehren, sich verschärfen, sich verschlechtern, sich verstärken, zunehmen, sich zuspitzen; *(geh.):* sich auswachsen.

verschlingen
a) beanspruchen, benötigen, brauchen, in Anspruch nehmen, verbrauchen; *(geh.):* bedürfen; *(ugs.):* schlucken. b) [durch]lesen, schmökern.

verschlissen
abgegriffen, abgenutzt, abgeschabt, abgetragen, abgewetzt, alt, aufgetragen, ausgefranst, durchgescheuert, lädiert, lumpig, unansehnlich, verbraucht, zerfetzt, zerfleddert, zerlumpt, zerrissen; *(ugs.):* abgerissen, ausgedient, ausgeleiert, blank, durch, hin, mitgenommen, ramponiert, runter; *(salopp):* abgelatscht, durchgelatscht; *(abwertend):* schäbig, verlottert.

verschlossen
1. [ab]geschlossen, hermetisch, unzugänglich, verriegelt, versperrt, verstopft, zugeschlossen; *(ugs.):* dicht, zu; *(südd., österr.):* zugesperrt.
2. ablehnend, abweisend, einsilbig, knorrig, kühl, kurz angebunden, reserviert, schweigsam, spröde, undurchdringlich, undurchschaubar, unnahbar, verhalten, wortkarg, zurückhaltend; *(geh.):* in sich gekehrt; *(bildungsspr.):* distanziert; *(ugs.):* zugeknöpft; *(salopp):* maulfaul.

verschlucken
[hinunter]schlucken, hinunterwürgen, verschlingen; *(ugs.):* [he]runterschlucken, herunterwürgen, runterschlucken.

verschlüsseln
a) chiffrieren, codieren, in Geheimschrift abfassen, unkenntlich machen; *(Fachspr.):* encodieren; *(EDV):* kryptografieren. b) symbolisch darstellen, verfremden, verklausulieren, zwischen den Zeilen andeuten/verstecken.

Verschlusssache
Geheimakte, Geheimdokument, Geheimsache, [Staats]geheimnis.

verschmähen
ablehnen, abwehren, abweisen, abwinken, ausschlagen, die Nase rümpfen, gering schätzen, liegen lassen, nicht würdigen, verachten, [sich] verweigern, verzichten, sich zu gut sein, zurückgehen lassen, zurückweisen; *(veraltend):* verpönen.

verschmelzen
1. bündeln, einbetten, eingliedern, einverleiben, fusionieren, kombinieren, mischen, paaren, sammeln, schweißen, summieren, verbinden, vereinbaren, vereinigen, verknüpfen, verquicken, zusammenbringen, zusammenfassen, zusammenführen, zusammenlegen, zusammenschließen, zusammenschweißen, zusammensetzen; *(geh.):* [ver]einen, zusammenfügen; *(bildungsspr.):* aggregieren, integrieren, unieren; *(bes. Fachspr.):* unifizieren.
2. aufgehen in, eine Verbindung eingehen, ein Ganzes bilden, eins werden, sich mischen, sich paaren, sich verbinden, sich verbünden, sich vereinigen, sich zusammenfinden, zusammengehen, sich zusammenschließen, zusammenschmelzen, zusammenströmen, sich zusammentun, zusammenwachsen; *(geh.):* sich vereinen, sich zusammenfügen.

verschmerzen
sich abfinden, sich aussöhnen, bewältigen, erdulden, sich ergeben, ertragen, fertigwerden mit, hinwegkommen, sich schicken, seinen Frieden machen, tragen, sich trösten, überwinden, verarbeiten, verkraften; *(geh.):* dulden, verwinden; *(ugs.):* schlucken, verdauen.

verschmieren
1. bekritzeln, sprayen, sprühen, verkritzeln, vollkritzeln; *(schweiz.):* kratzeln; *(ugs.):* krickeln.
2. sich auflösen, übergehen, verschwimmen, [sich] verwischen, zerfließen.

verschmitzt
listig, neckisch, pfiffig, schelmisch, spitzbübisch; *(geh.):* schalkhaft; *(ugs.):* schlitzohrig.

verschmutzen
beflecken, bekleckern, beschmieren, beschmutzen, schmutzig machen, vermüllen, verschmieren, vollschmieren; *(geh.):* verunreinigen; *(ugs.):* dreckig machen, eindreckern, versaubeuteln; *(salopp):* einsauen, versauen, versiffen; *(Fachspr.):* mit Schadstoffen belasten.

verschmutzt
angeschmutzt, angestaubt, beschmutzt, fettig, fleckig, klebrig, mit Schmutz behaftet, nicht sauber, ölig, schmierig, schmutzig, speckig, staubig, trübe, unansehnlich, ungewaschen, unhygienisch, unrein, unsauber, verschmiert, voller Schmutz; *(geh.):* verunreinigt; *(ugs.):* dreckig, mit Dreck und Speck; *(salopp):* versaut; *(Fachspr.):* mit Schadstoffen belastet.

verschneit
beschneit, eingeschneit, schneebedeckt, schneebeladen, schneeig, voller Schnee, von [den] Schneemassen begraben, zugeschneit; *(dichter.):* schneegekrönt.

verschnupft
1. a) erkältet, krank. b) nasal, näselnd.
2. beleidigt, empört, entrüstet, gekränkt, gereizt, ungnädig, verärgert, verdrossen, verletzt,

verstimmt; *(geh.):* erzürnt, missgelaunt, missgestimmt, misslaunig, missvergnügt, ungehalten, unmutig; *(bildungsspr.):* indigniert, pikiert; *(ugs.):* auf den Schlips getreten, fuchtig, sauer.

verschollen
abwesend, für tot erklärt, nicht mehr vorhanden, unauffindbar, verloren, vermisst, verschwunden, wie vom Erdboden verschluckt; *(geh.):* mit unbekanntem Verbleib; *(ugs.):* hin, weg; *(salopp):* futsch.

verschonen
a) aussparen, begnadigen, Gnade gewähren, keinen Schaden zufügen, nichts [Böses] tun, unversehrt lassen; *(südd., österr.):* auslassen.
b) ersparen, fernhalten, nicht behelligen, nicht belästigen, schenken, sparen; *(ugs.):* in Ruhe lassen, vom Hals halten; *(salopp):* vom Leib halten.

verschönern
a) ausgestalten, ausschmücken, ausstaffieren, behängen, dekorieren, drapieren, garnieren, hübsch anrichten, schmücken, verschönen, verzieren; *(geh.):* [aus]zieren; *(ugs.):* aufmöbeln, aufpolieren; *(veraltend):* putzen; *(Jargon):* stylen.
b) angenehm machen, aufbessern, aufwerten, bereichern, verbessern, versüßen, vervollkommnen; *(geh.):* veredeln, vergolden; *(bildungsspr.):* perfektionieren.

verschossen
[bis über beide Ohren] verliebt, liebestoll, verfallen, vernarrt; *(geh.):* entflammt, in Liebe entbrannt/erglüht; *(salopp):* verknallt; *(dichter.):* von Amors Pfeil getroffen.

verschrecken
abschrecken, Angst einflößen/einjagen, ängstigen, Angst [und Bange] machen, aus der Fassung bringen, einen Schreck einjagen, einschüchtern, erschrecken, erschüttern, fassungslos machen, Furcht einflößen/einjagen, in Angst und Schrecken versetzen, in Panik versetzen, schockieren, Schrecken erregen/hervorrufen, verängstigen, verschüchtern, verstören; *(geh.):* mit Schrecken erfüllen, schrecken; *(bildungsspr.):* konsternieren; *(ugs.):* aufscheuchen, schocken; *(veraltend):* beängstigen.

verschreckt
ängstlich, bange, bänglich, befangen, beklommen, betreten, eingeschüchtert, furchtsam, gehemmt, genant, schamhaft, scheu, schreckhaft, schüchtern, unsicher, verängstigt, verklemmt, verlegen, verschüchtert, verstört, zaghaft, zurückhaltend; *(geh.):* verzagt, zag; *(bildungsspr.):* timide; *(ugs.):* genierlich, verhuscht; *(nordd.):* zach.

V
ver

verschreiben
1. aufschreiben, ein Rezept ausstellen, verordnen.
2. abtreten, hergeben, [her]schenken, hinterlassen, überlassen, überschreiben, vererben, vermachen, verschenken, versprechen, zusichern; *(österr.):* beteilen; *(schweiz.):* vergaben; *(veraltend):* übermachen.

verschreiben, sich
1. einen [Schreib]fehler machen; *(ugs.):* patzen; *(salopp):* Mist bauen.
2. aufgehen in, sich ergeben, sich hingeben, sich in den Dienst stellen, mit Eifer vertreten, sich mit Leidenschaft widmen, mit Überzeugung anhängen, sich stürzen, verfallen [sein]; *(geh.):* anhängen, anheimfallen, sich anheimgeben, frönen, schwelgen, sich weihen; *(ugs.):* sich hineinknien; *(oft abwertend):* sich hergeben, sich in die Arme werfen.

verschrien
anrüchig, bedenklich, berüchtigt, fragwürdig, gefürchtet, nicht anerkannt, übel beleumdet, undurchsichtig, verdächtig, verrufen, von zweifelhaftem Ruf, zweifelhaft, zwielichtig; *(geh.):* dubios; *(bildungsspr.):* obskur, ominös, suspekt; *(ugs.):* nicht ganz astrein/hasenrein/sauber; *(abwertend):* unseriös; *(bildungsspr. abwertend):* notorisch; *(oft iron.):* berühmt-berüchtigt.

verschrotten
ausmustern, aussortieren, beseitigen, entfernen, verwerten, wegtun, wegwerfen, zum Schrott/Sperrmüll geben, zu Schrott verarbeiten; *(ugs.):* ausmisten, ausrangieren, fortschmeißen, wegschmeißen, zum alten Eisen werfen.

verschrumpelt
durchfurcht, faltenreich, faltig, furchig, runzlig, verknittert, verrunzelt, von Falten durchzogen, welk, zerknittert; *(ugs.):* hutzelig, schrumpelig, verhutzelt.

verschulden
anrichten, anstiften, auf dem Gewissen haben, auslösen, bedingen, bewirken, die Schuld tragen, heraufbeschwören, herbeiführen, hervorbringen, hervorrufen, Schuld haben, schuldig sein, sorgen für, veranlassen, verantwortlich sein, verursachen; *(geh.):* Schuld auf sich laden; *(bildungsspr.):* provozieren; *(ugs.):* anstellen, ausfressen, einbrocken; *(ugs. scherzh.):* verbrechen.

Verschulden
Schuld, Verantwortung.

verschulden, sich
eine Anleihe aufnehmen/machen, sich Geld [aus]leihen, in die roten Zahlen geraten/kom-

men/rutschen, in Schulden geraten, sich in Schulden stürzen, Schulden aufnehmen/machen, [sein Konto] überziehen; *(salopp):* in die Miesen kommen.

verschütten
ausgießen, auskippen, ausschütten, herausschütten, übergießen, umschütten, vergießen, verstreuen, vertropfen; *(ugs.):* kleckern, überschütten, umgießen, verkleckern.

verschweigen
Diskretion [be]wahren, sich eher/lieber die Zunge abbeißen, für sich behalten, geheim halten, hinter dem Berg halten, sich in Schweigen hüllen, in sich/in seinem Herzen verschließen, kein/nicht ein Sterbenswörtchen sagen/verraten, keinen Ton reden/verlauten lassen/von sich geben, keine Silbe sagen, kein Wort verlieren, [sich] nicht äußern, nicht reden, nicht sagen, nicht verraten, seine Zunge hüten/im Zaum halten, [still]schweigen, Stillschweigen bewahren, totschweigen, unterdrücken, unterschlagen, verbergen, verheimlichen, vertuschen, vorenthalten; *(geh.):* nicht preisgeben, verhehlen; *(ugs.):* den Mund/Schnabel halten, den Schnabel nicht aufmachen/auftun, dichthalten, keinen Mucks sagen, sich nicht in die Karten gucken/schauen/sehen lassen, Sendepause haben, verschwiegen [wie ein Grab] sein; *(salopp):* die Klappe/Schnauze halten.

verschwenden
aufbrauchen, durchbringen, verbrauchen, vergeuden, verprassen, vertun, verwirtschaften; *(österr.):* verjankern, verschustern; *(geh.):* aufzehren; *(ugs.):* aasen, auf den Kopf hauen, auf die Straße werfen, kleinmachen, verjubeln, verläppern, verplempern, verpulvern, verputzen, zum Fenster hinauswerfen, zum Schornstein hinausjagen; *(salopp):* Perlen vor die Säue werfen, um die Ecke bringen, verbraten; *(abwertend):* verschleudern; *(veraltend):* verzehren.

verschwenderisch
1. [all]zu freigebig/großzügig, nicht sparsam, unökonomisch, unwirtschaftlich, vergeuderisch.
2. aufwendig, ausladend, barock, breit gefächert, bunt, de luxe, farbig, fürstlich, glanzvoll, herrlich, herrschaftlich, luxuriös, pompös, prächtig, prachtvoll, prunkend, prunkhaft, prunkvoll, reich[haltig], überladen, üppig, vielseitig; *(geh.):* mannigfaltig, prangend; *(bildungsspr.):* opulent; *(ugs.):* feudal, mit allen Schikanen, protzig; *(abwertend):* bombastisch; *(oft abwertend):* pomphaft; *(bildungsspr. veraltend):* splendid.

verschwiegen
a) nicht geschwätzig, schweigsam, taktvoll, verhalten, vertrauenswürdig, zuverlässig; *(bildungsspr.):* diskret; *(ugs.):* verschwiegen wie ein Grab.

GGS aufdringlich, indezent, indiskret, mitteilsam.

b) auf leisen Sohlen, geheim, heimlich, im Verborgenen, nichts für fremde Ohren, still, traulich, unbeachtet, unbemerkt, unter einem Schweigegebot, unter Schweigepflicht, verborgen, versteckt, vertraulich; *(bildungsspr.):* arkan, intra muros, klandestin; *(ugs.):* heimlich, still und leise; *(bildungsspr. veraltend):* konfidenziell, privatissime. **c)** abgelegen, abgeschnitten, abseits, einsam, entlegen, isoliert, seitab, weltentlegen, zurückgezogen; *(geh.):* abgeschieden, abseitig, fernab; *(ugs.):* gottverlassen, weit[ab] vom Schuss; *(scherzh.):* am Ende der Welt, wo sich Fuchs und Hase Gute Nacht sagen; *(ugs. scherzh.):* jwd.

Verschwiegenheit
Diskretion, Geheimhaltung, Heimlichkeit, [Still]schweigen, Vertraulichkeit.

verschwimmen
schwimmen, undeutlich/unklar/unscharf werden, verfließen, sich verwischen.

verschwinden
a) davonlaufen, sich entfernen, fortgehen, fortlaufen, sich fortstehlen, weggehen, weglaufen; *(ugs.):* abdampfen, abrauschen, abschwirren, sich absetzen, abziehen, sich aus dem Staub machen, sich davonmachen, die Platte putzen, sich dünnmachen, einen Abgang machen, sich fortmachen, sich fortpacken, sich fortscheren, Leine ziehen, losziehen, sich packen, sich verdrücken, verduften, sich verdünnisieren, sich verkrümeln, sich verziehen, sich wegmachen, sich wegpacken, sich wegscheren; *(ugs. scherzh.):* ausbüxen; *(salopp):* abschieben, abzischen, abzwitschern, den Adler machen, die Biege/Flatter/Fliege machen, die Kurve kratzen, losschieben, sich verpissen, sich vom Acker machen, zum Henker gehen/sich zum Henker scheren; *(bildungsspr. veraltend):* sich absentieren. **b)** abhandenkommen, nicht mehr vorhanden sein, verloren gehen; *(ugs.):* Beine bekommen/gekriegt haben, flöten gehen, verschüttgehen; *(scherzh.):* sich selbstständig machen.

verschwitzen
nicht denken, vergessen, versäumen; *(ugs.):* verdusseln, verschlafen, verschusseln.

A B C D E F G H I J K L M N O P Q R S T U V ver W X Y Z

verschwommen
dunkel, fließend, konturlos, nebelhaft, nicht eindeutig/genau/klar, nicht fest/klar/scharf umrissen, schillernd, unbestimmt, undeutlich, ungenau, unklar, unscharf, vage, verwaschen; *(geh.):* schattenhaft, schemenhaft; *(bildungsspr.):* diffus, nebulös, unpräzise; *(abwertend):* schwammig; *(EDV):* pixelig.

verschwören, sich
1. eine Verschwörung beginnen, ein Komplott schmieden, gemeinsame Sache machen, sich heimlich verbinden/verbünden, konspirieren; *(ugs.):* unter einer Decke stecken.
2. sich einsetzen, sich ergeben, sich hingeben, sich in den Dienst stellen, sich verschreiben, sich widmen; *(geh.):* sich anheimgeben, frönen, sich weihen.

verschwörerisch
geheim, konspirativ.

Verschwörung
Intrige, Komplott; *(bildungsspr.):* Konspiration; *(veraltend):* Geheimbündelei.

verschwunden
abhandengekommen, fort, nicht auffindbar, unauffindbar, verschollen, wie vom Erdboden verschluckt, wie vom Winde verweht; *(ugs.):* hin, verschüttgegangen, weg; *(salopp):* futsch.

versehen
1. ausrüsten, ausstaffieren, ausstatten, geben, mitgeben, versorgen; *(geh.):* begaben, zukommen lassen.
2. ausführen, ausüben, erfüllen, erledigen, nachgehen, verrichten; *(geh.):* nachkommen.

Versehen
Fehler, Irrtum; *(bildungsspr.):* Lapsus; *(dichter.):* Irrung; *(ugs.):* Patzer, Schnitzer.

Versehen

aus Versehen
irrtümlich, nicht willentlich, unbeabsichtigt, unbewusst, ungewollt, versehentlich.

V
ver

versehen, sich
a) sich irren, sich täuschen; *(ugs.):* sich vergucken. **b)** einen Fehler machen; *(ugs.):* sich verbiestern, sich vergaloppieren, sich verhauen, sich vertun.

versehentlich
absichtslos, aus Versehen [geschehen/zustande gekommen], irrtümlich, nicht absichtlich/beabsichtigt/vorsätzlich, ohne Absicht, ohne es zu wollen, unabsichtlich, unbeabsichtigt, ungeplant, ungewollt; *(geh.):* nicht willentlich.

versenden
abschicken, absenden, fortschicken, schicken, spedieren, übersenden, verschicken, wegschicken, zuschicken, zusenden; *(geh.):* senden; *(ugs.):* rausschicken.

versenken
untergehen lassen, zum Sinken bringen; *(geh.):* den Fluten übergeben, in den Grund bohren.

versenken, sich
sich intensiv befassen/beschäftigen, sich konzentrieren, sich vergraben, sich vertiefen.

Versenkung
Beschaulichkeit, Betrachtung, Konzentration, Vertiefung; *(geh.):* Versunkenheit; *(bildungsspr.):* Meditation.

versessen
faltig, knittrig, verknittert, zerknittert; *(ugs.):* knautschig, zerknautscht.

versessen sein
aus sein, begierig/erpicht/gierig sein, fiebern, sehr gern haben, spitz sein, unbedingt haben wollen; *(geh.):* gieren, hungern, hungrig sein, lechzen; *(dichter.):* dürsten; *(ugs.):* sich die Finger/alle zehn Finger lecken, hinter etw. her sein wie der Teufel hinter der armen Seele, sich reißen, scharf/verrückt/wild sein; *(oft abwertend):* geil sein.

versetzen
1. a) an eine andere Stelle bringen/setzen/stellen, umsetzen, umstellen, verlegen, verpflanzen, verrücken, verschieben; *(bildungsspr.):* transponieren. **b)** an eine andere Dienststelle beordern, einen anderen Posten geben.
2. eine Verabredung nicht einhalten, im Stich lassen, vergeblich warten lassen; *(ugs.):* hängen/sitzen lassen.

versetzen, sich
sich eindenken, sich einfühlen, sich hineindenken, sich hineinversetzen, nachempfinden, nachfühlen, nachvollziehen.

versetzt werden
aufrücken, das Klassenziel erreichen, in die nächste Klasse kommen, vorrücken, weiterkommen; *(österr.):* aufsteigen; *(ugs.):* nicht sitzen bleiben.

verseuchen
durchseuchen, verderben, vergiften; *(abwertend):* verpesten; *(Fachspr.):* kontaminieren.

versichern
1. als gewiss/sicher hinstellen, beteuern, Brief und Siegel geben, die/seine Hand ins Feuer legen, die Hand darauf geben, die Versicherung geben; *(geh.):* affirmieren; *(ugs.):* Stein und Bein schwören; *(emotional):* tausend Eide schwören.

2. ein Versprechen geben, garantieren, Gewissheit geben, schwören, sein [Ehren]wort geben, versprechen, zusagen, zusichern; *(geh.)*: geloben.
3. Versicherungsschutz geben; *(Fachspr.)*: assekurieren.

versichern, sich
1. sich Gewissheit verschaffen, [nach]prüfen, sichergehen, überprüfen, sich überzeugen, sich vergewissern.
2. eine Versicherung abschließen/eingehen, in eine Versicherung eintreten.

Versicherung
1. Beteuerung, Ehrenwort, Garantie, Schwur, Versprechen, Wort, Zusage, Zusicherung; *(geh.)*: Gelöbnis.
2. *(Fachspr.)*: Assekuranz.

versieben
a) verderben, zunichtemachen; *(ugs.)*: vergeigen, verkorksen, vermurksen, verpatzen, verpfuschen, versauen. **b)** nicht nutzen; *(Sport)*: vergeben.

versiegeln
mit einem Siegel verschließen, plombieren, siegeln, zusiegeln.

versiegen
a) austrocknen, eintrocknen, vertrocknen, zu fließen aufhören. **b)** aufhören, enden, nachlassen, schwächer werden, zu Ende gehen; *(geh.)*: dahinschwinden, schwinden, verebben.

versinken
a) absinken, [nieder]sinken, untergehen; *(ugs.)*: absacken, versacken, wegsacken; *(salopp)*: absaufen. **b)** einsinken.

Version
1. a) Ausgabe, Bearbeitung, Fassung, Form.
b) Übersetzung; *(bildungsspr., Fachspr.)*: Translation.
2. Auffassung, Auslegung, Darstellung, Deutung, Erklärung, Lesart; *(bildungsspr.)*: Interpretation.
3. Ausführung, Modell; *(bildungsspr.)*: Variante.

versnobt
anmaßend, überheblich, von sich überzeugt; *(abwertend)*: arrogant, blasiert, eingebildet, snobistisch; *(geh. abwertend)*: dünkelhaft, hoffärtig.

versöhnen
a) aussöhnen, einigen, Frieden stiften. **b)** begütigen, beruhigen, besänftigen, beschwichtigen, zur Ruhe bringen.

versöhnen, sich
sich aussöhnen, den Streit beenden/beilegen/begraben, die Feindschaft/Feindseligkeiten beenden/beilegen, sich die Hand reichen, sich einigen, Frieden schließen, sich wieder vertragen; *(scherzh.)*: das Kriegsbeil begraben; *(ugs. scherzh.)*: die Friedenspfeife rauchen.

versöhnlich
a) entgegenkommend, friedlich, friedliebend, nachgiebig, nachsichtig, schiedlich, versöhnungsbereit, verträglich; *(bildungsspr.)*: konziliant. **b)** beruhigend, ermutigend, Trost bringend, tröstend, tröstlich, trostreich.

Versöhnung
Aussöhnung, Beilegung, Einigung, Schlichtung, Verständigung.

versorgen
1. a) ausrüsten, ausstaffieren, ausstatten, beschaffen, besorgen, geben, verschaffen, versehen; *(geh.)*: begaben, zukommen lassen.
b) durchbringen, erhalten, ernähren, für den [Lebens]unterhalt sorgen, unterhalten; *(geh.)*: nähren; *(ugs.)*: durchfüttern.
2. sich annehmen, sich [be]kümmern, betreuen, [nach dem Rechten] sehen, sorgen; *(ugs. scherzh.)*: unter seine Fittiche nehmen; *(südd., österr.)*: schauen.

verspannt
steif, verkrampft, versteift.

verspäten, sich
aufgehalten werden, später als geplant kommen, unpünktlich sein, sich verzögern, zu spät kommen.

Verspätung
Aufhaltung, Rückstand, Unpünktlichkeit, Verzögerung, Verzug.

versperren
a) abriegeln, abschnüren, absperren, blockieren, den Weg abschneiden, den Zugang verhindern, sperren, unpassierbar/unzugänglich machen, verbarrikadieren, verbauen, verstellen, zustellen; *(ugs.)*: verrammeln. **b)** sich entgegenstellen, entgegentreten, im Weg sein/stehen, sich in den Weg stellen, in den Weg treten.

verspielen
sich bringen um, einbüßen, kommen um, verlieren; *(schweiz.)*: verunschicken; *(ugs.)*: loswerden, versaubeuteln, versieben.

verspielt
1. spielfreudig, zum Spielen aufgelegt.
2. a) aufgelockert, entspannt, flott, frei, heiter, lässig, leger, leicht[herzig], lustig, offen, sorglos, unbefangen, unbekümmert, unbeschwert, ungezwungen, unverkrampft, vergnüglich, zwanglos; *(bildungsspr.)*: nonchalant; *(ugs.)*: locker [vom Hocker]. **b)** barock, fantasiereich, fantasievoll, formenreich, reich geschmückt, Rokoko-,

schnörkelig, überladen, verschnörkelt, verziert; *(bildungsspr.):* kreativ.

verspotten

auslachen, hänseln, karikieren, sich lustig machen, necken, parodieren, seinen Spott treiben, spötteln, sticheln, verhöhnen, verlachen, witzeln; *(österr.):* tratzen; *(schweiz.):* schnöde[l]n; *(bes. österr., schweiz.):* ausspotten; *(geh.):* der Lächerlichkeit/dem Spott preisgeben, höhnen, hohnlachen; *(bildungsspr.):* sich mokieren; *(ugs.):* anpflaumen, aufziehen, eine lange Nase drehen/machen, frotzeln, hochnehmen, uzen, verhohnepipeln; *(salopp):* verarschen.

versprechen

1. a) ankündigen, auf seinen Eid nehmen, beeiden, beteuern, sich binden, Brief und Siegel geben, bürgen, die Hand darauf geben, die Versicherung geben, eine Verpflichtung eingehen, sich festlegen, garantieren, in Aussicht stellen, schwören, seine Hand ins Feuer legen, sein Wort geben, verbindlich erklären, sich verbürgen, sich verpflichten, versichern, zusagen, zusichern; *(geh.):* [an]geloben, sein Wort/seine Ehre für etw. verpfänden, zuschwören; *(ugs.):* sich festnageln; *(emotional):* tausend Eide schwören; *(Jargon):* sich committen.

BSP Sie gaben der Bevölkerung die Versicherung, dass nichts geschehen werde. Er hatte ihr wiederholt versichert, dass alles in Ordnung sei.

b) anbieten, ansetzen, ausschreiben, aussetzen, bieten, in Aussicht stellen, verschreiben.

2. Anlass zur Hoffnung geben, erwarten/hoffen lassen, schließen/vermuten lassen.

Versprechen

Beteuerung, Ehrenwort, Eid, [feierliche] Erklärung, Schwur, Versicherung, Wort, Zusage; *(geh.):* Gelöbnis.

versprechen, sich

ausgehen von, sich ausmalen, sich ausrechnen, sich der Hoffnung hingeben, der Hoffnung sein, die Hoffnung haben, entgegensehen, erhoffen, [sich] erträumen, erwarten, herbeisehnen, herbeiwünschen, hoffen, sich Hoffnungen machen, rechnen auf/mit, sich sehnen, seine Hoffnung setzen, träumen, zuversichtlich sein; *(geh.):* die Erwartung/Hoffnung hegen, ersehnen, [sich] gewärtigen, sich in der Hoffnung wiegen; *(ugs.):* spekulieren auf.

Versprecher

Fehler; *(bildungsspr.):* Lapsus Linguae.

versprühen

ausgießen, sprayen, sprenkeln, [ver]sprengen, [ver]spritzen, verteilen, zerstäuben.

verspüren

1. bemerken, empfinden, ertasten, fühlen, merken, spüren, tasten, wahrnehmen; *(geh.):* gewahren, gewahr werden.

2. erleiden, haben, in sich nähren/tragen; *(geh.):* hegen.

verstaatlichen

enteignen, entprivatisieren, in gesellschaftlichen/staatlichen Besitz überführen, in Staatseigentum überführen, kollektivieren, nationalisieren.

Verstand

Auffassungsgabe, Begriffsvermögen, Denkfähigkeit, Denkvermögen, Erkenntnisvermögen, Geist, Geistesgaben, Geisteskraft, Geistesstärke, Gescheitheit, Intellekt, Intelligenz, Klugheit, Scharfsinn, Urteilsfähigkeit, Urteilskraft, Vernunft, Verstandeskraft; *(bildungsspr.):* Esprit, Ratio; *(ugs.):* Durchblick, Gehirn, Grips, Grütze, Hirn, Köpfchen; *(ugs. scherzh.):* die [kleinen] grauen Zellen; *(veraltend):* Witz.

verständig

a) aufgeweckt, begabt, clever, findig, gelehrig, gewitzt, [grund]gescheit, hell, intelligent, klug, mit scharfem Verstand, nicht dumm, scharfsinnig, schlau, von leichter/rascher Auffassungsgabe; *(ugs.):* gewichst, mit Köpfchen, nicht auf den Kopf gefallen, pfiffig; *(ugs. emotional verstärkend):* blitzgescheit. **b)** aufgeschlossen, einsichtig, empfänglich, vernünftig, verständnisvoll.

verständigen

benachrichtigen, Bescheid geben/sagen, informieren, instruieren, mitteilen, Nachricht geben, unterrichten, wissen lassen; *(schweiz.):* avisieren; *(bes. schweiz.):* orientieren; *(geh.):* kundtun; *(nachdrücklich):* in Kenntnis setzen, ins Bild setzen.

verständigen, sich

1. [Informationen] austauschen, [sich] mitteilen, reden, sprechen, sich verständlich machen; *(bildungsspr.):* sich artikulieren, kommunizieren.

2. abmachen, [sich] absprechen, sich abstimmen, sich arrangieren, auf einen [gemeinsamen] Nenner bringen/kommen, aushandeln, ausmachen, eine Abmachung/Absprache treffen, einen [gemeinsamen] Nenner finden, eine Übereinkunft/Vereinbarung treffen, sich einigen, einig werden, ein Übereinkommen treffen, erhandeln, festlegen, festmachen, handelseinig/handelseins werden, übereintreffen, verabreden, verbleiben, vereinbaren, zu einer Einigung/Lösung/Übereinstimmung kommen; *(schweiz.):*

rätig werden, verkommen; *(geh.)*: übereinkommen; *(bildungsspr.)*: eine gemeinsame Basis finden/schaffen, Konsens schaffen, zu einem Konsens kommen; *(ugs.)*: einen Deal einfädeln, quitt werden, zurande kommen, sich zusammenraufen; *(veraltend)*: abreden.

Verständigung
1. Aufschluss, Auskunft, Benachrichtigung, Bescheid, Darlegung, Einblick, Erklärung, Information, Klarheit, Klärung, Meldung, Mitteilung, Unterrichtung; *(bes. schweiz.)*: Orientierung.
2. Gespräch, [Informations]austausch, Kommunikation, Wechselrede; *(bildungsspr.)*: Dialog.
3. Abkommen, Abmachung, Ausgleich, Aussöhnung, Einigung, Kompromiss, Übereinkommen, Übereinkunft, Verabredung, Vereinbarung, Versöhnung, Vertrag; *(bildungsspr.)*: Arrangement; *(ugs.)*: Deal.

verständlich
1. artikuliert, deutlich, klar, vernehmlich.
2. anschaulich, begreiflich, durchschaubar, durchsichtig, eindeutig, einfach, eingängig, einleuchtend, einsichtig, ersichtlich, fassbar, fasslich, glasklar, greifbar, griffig, [gut] erkennbar, handfest, leicht, nachvollziehbar, offensichtlich, plausibel, prägnant, scharf, schlicht, sichtbar, sichtlich, simpel, sprechend, transparent, treffend, unkompliziert, unmissverständlich, unzweideutig; *(bildungsspr.)*: evident, luzid; *(ugs.)*: sonnenklar; *(bildungsspr., Fachspr.)*: explizit.
3. begreiflich, begründet, berechtigt, entschuldbar, erklärlich, naheliegend, natürlich, normal, schlüssig, vernünftig, vertretbar, verzeihlich; *(bildungsspr.)*: legitim, substanziiert.

GGS gegenstandslos, haltlos, jeder Grundlage entbehrend, unmotiviert.

verständlicherweise
aus erklärlichen Gründen, begreiflicherweise, dementsprechend, demgemäß, erklärlicherweise, erwartungsgemäß, naturgemäß, natürlicherweise, nicht ohne Grund, selbstverständlich, zu Recht.

verständlich machen
anschaulich machen, auseinanderlegen, auseinandersetzen, begreiflich machen, darlegen, darstellen, demonstrieren, deutlich machen, entfalten, entwickeln, erklären, erläutern, nahebringen, schildern, um Verständnis werben, veranschaulichen, verdeutlichen, vereinfachen, verlebendigen, vermitteln, Verständnis erwecken für, zugänglich machen; *(bildungsspr.)*: explizieren; *(ugs.)*: klarlegen, klarmachen, verdeutschen.

Verständnis
1. a) Aneignung, Durchdringung, Einblick, Einsicht, Erfassung, Erkenntnis, Überblick; *(ugs.)*: Durchblick. b) Auffassung, Deutung, Lesart; *(bildungsspr.)*: Interpretation.
2. Anteilnahme, Einfühlungsgabe, Einfühlungskraft, Einfühlungsvermögen, Empfinden, Empfindung, Feeling, Feingefühl, Fingerspitzengefühl, Gespür, Instinkt, Intuition, Mitgefühl, Mitleid, Sinn, Takt[gefühl], Teilnahme, Zartgefühl; *(bes. schweiz.)*: Flair; *(bildungsspr.)*: Sensibilität, Sensorium; *(ugs.)*: Antenne; *(salopp)*: Riecher.

verständnislos
1. [bass] erstaunt, befremdet, entgeistert, fassungslos, hilflos, irritiert, kopfschüttelnd, schockiert, sprachlos, überrascht, verblüfft, verdutzt, verwirrt, verwundert; *(bildungsspr.)*: konsterniert; *(ugs.)*: perplex, platt, verdattert, von den Socken, wie vor den Kopf geschlagen/gestoßen; *(salopp)*: baff, geplättet, platt wie ein Pfannkuchen.
2. ablehnend, abweisend, gnadenlos, hart, kompromisslos, mitleidlos, streng, strikt, uneinsichtig, unerbittlich, unnachgiebig.

verständnisvoll
a) aufgeklärt, aufgeschlossen, einfühlsam, einsichtig, empfindsam, mitfühlend, mitleidig, offen, sensibel, teilnehmend, vernünftig, verständig, zartfühlend. b) duldsam, entgegenkommend, freundlich, geduldig, geneigt, großmütig, gütig, kulant, milde, nachsichtig, rücksichtsvoll, schonend, schonungsvoll, taktvoll, tolerant, verbindlich, versöhnlich, voller Geduld, wohlwollend, zuvorkommend; *(bildungsspr.)*: indulgent, konnivent, konziliant.

verstärken
1. anbauen, aufrüsten, ausbauen, [be]festigen, fester/kräftiger machen, stabiler/stärker machen, stabilisieren, stützen, verbreitern, verdicken, vergrößern, versteifen, verstreben.
2. anheben, aufstocken, ausdehnen, ausweiten, erhöhen, erweitern, heben, heraufsetzen, hinaufschrauben, hinaufsetzen, hinauftreiben, hinzufügen, hinzutun, hochschrauben, vermehren, vervielfachen; *(geh.)*: mehren, vervielfältigen; *(bildungsspr.)*: augmentieren, multiplizieren, potenzieren.
3. aktivieren, ankurbeln, beleben, bestärken, bestätigen, erhärten, eskalieren, festigen, forcieren, fördern, intensivieren, steigern, stimulieren, untermauern, verschärfen, vertiefen; *(geh.)*: beflügeln, hinaufsteigern.

verstärken, sich
1. anschwellen, ansteigen, anwachsen, sich ausdehnen, sich ausweiten, sich erhöhen, sich häufen, klettern, mehr werden, steigen, sich steigern, sich summieren, sich vergrößern, sich vermehren, sich vervielfachen, wachsen, zahlreicher werden, zunehmen; *(geh.):* sich mehren; *(bildungsspr.):* expandieren, sich multiplizieren, sich potenzieren; *(ugs.):* sich aufschaukeln, zulegen.
2. a) sich beleben, sich bestärken, sich bestätigen, sich entwickeln, eskalieren, sich festigen, sich heben, sich intensivieren, sich verbessern, sich verdichten, sich vertiefen. **b)** sich aufbauschen, sich auswachsen, sich erhärten, eskalieren, sich verschärfen, sich verschlechtern, sich verschlimmern, sich zuspitzen.

Verstärkung
1. Anbau, Aufrüstung, Ausbau, Befestigung, Stabilisation, Stabilisierung, Verbreiterung, Vergrößerung, Verstrebung.
2. Hilfskräfte, Unterstützung, Zulauf, Zuwachs.

verstauben
ungenutzt bleiben, verkommen; *(ugs.):* herumliegen, herumstehen, vergammeln.

verstaubt
altertümlich, altmodisch, altväterisch, archaisch, aus der Mode [gekommen], gestrig, konservativ, nicht mehr aktuell/gebräuchlich/üblich, rückschrittlich, rückständig, überaltert, überholt, überlebt, unmodern, unzeitgemäß, veraltet, verzopft, vorbei; *(geh.):* abgelebt; *(bildungsspr.):* anachronistisch, inaktuell, obsolet; *(ugs.):* angestaubt, aus der Mottenkiste, hinter dem Mond, out, passé, von gestern, vorsintflutlich; *(abwertend):* altbacken, antiquiert, mittelalterlich, reaktionär, zopfig; *(veraltend):* altfränkisch.

verstauchen
verdrehen, verrenken; *(ugs.):* verknacksen.

verstauen
abstellen, aufbewahren, auf Lager legen/nehmen, deponieren, [ein]bunkern, einkellern, einlagern, einordnen, einstellen, [hin]einzwängen, laden, lagern, magazinieren, platzieren, stapeln, unterbringen, unterstellen, verfrachten, verladen, verteilen, zwängen; *(schweiz.):* versorgen.

Versteck
a) geheimer Ort, Schlupfloch, Unterschlupf, Zufluchtsort; *(geh.):* Verbleib, Zufluchtsstätte; *(bildungsspr.):* Refugium; *(emotional):* Nest; *(oft abwertend):* Schlupfwinkel. **b)** Aufbewahrungsort, Depot, Geheimfach, Lager, Magazin.

verstecken
a) bergen, nicht sehen lassen, nicht zeigen, tarnen, verbergen, verborgen halten, verdecken, vergraben, verhüllen. **b)** aufnehmen, Unterschlupf gewähren. **c)** sich eher/lieber die Zunge abbeißen, für sich behalten, hinter dem Berg halten, hinunterschlucken, in sich/in seinem Herzen verschließen, kaschieren, maskieren, nicht äußern, nicht verraten, überspielen, unterdrücken, verhalten, verschleiern, verschlucken, verschweigen; *(geh.):* nicht preisgeben; *(ugs.):* [he]runterschlucken, sich verkneifen.

verstecken, sich
sich abschotten, sich einigeln, sich isolieren, sich verbergen, sich vergraben, sich verkriechen, sich verschanzen; *(geh.):* sich entziehen; *(ugs.):* unterkriechen, unterschlüpfen, wegtauchen.

versteckt
1. auf leisen Sohlen, geheim, heimlich, hinter den Kulissen, im Verborgenen, kaum merklich, nicht offenkundig, ohne Aufheben/Aufsehen, schleichend, schlummernd, unauffällig, unbeachtet, unbemerkt, unbeobachtet, unentdeckt, unmerklich, unsichtbar, unter der Oberfläche, unterschwellig, verborgen, verdeckt, verhüllt, verkappt, verschleiert, verstohlen; *(bildungsspr.):* diskret, latent; *(ugs.):* heimlich, still und leise; hintenherum, klammheimlich, sang- und klanglos; *(Jargon):* undercover.
2. andeutungsweise, durch die Blume [gesagt], indirekt, mit gemeint, mittelbar, vage, verblümt; *(bildungsspr.):* implizit.

verstehen ↯
1. hören, mitbekommen; *(ugs.):* mitkriegen.
2. sich auf etw. einen Reim/Vers machen können, auffassen, begreifen, bemerken, sich bewusst werden, dahinterkommen, durchschauen, einsehen, erfassen, erkennen, ermessen, feststellen, folgen können, klarsehen, klug werden, merken, nachvollziehen, realisieren, registrieren, richtig einschätzen, schlau werden, sehen, überblicken, überschauen, übersehen; *(geh.):* erfühlen, erspüren, fassen, gewahren, gewahr werden, innewerden, schauen; *(dichter.):* erschauen; *(ugs.):* auf den [richtigen] Trichter kommen, blicken, durchblicken, intus kriegen, kapieren, mitkommen, schalten, wegkriegen; *(salopp):* checken, durchsteigen, packen, raffen, schnallen, ticken; *(bes. Jugendspr.):* peilen.

BSP Die Bedeutung dieser Entscheidung wurde ihr erst später bewusst. Ich kann die Argumentation der Autorin nicht nachvollziehen.

3. a) sich einfühlen, sich hineindenken, sich hineinversetzen, mitempfinden, mitfühlen, mitleiden, nachempfinden, nachfühlen, nachvollziehen, Verständnis haben, sich vorstellen können. **b)** achten, akzeptieren, anerkennen, billigen, einverstanden sein, entschuldigen, für angebracht/richtig halten, gutheißen, hinnehmen, nachsehen, nicht falsch finden, rechtfertigen, respektieren, Verständnis zeigen, verzeihen; *(geh.):* vergeben.

verstehen, sich

1. sich begreifen, ein Selbstverständnis/Bild von sich haben, sich empfinden, sich fühlen, sich sehen.

2. aufeinander eingespielt sein, ein gutes Verhältnis haben, ein Herz und eine Seele sein, einträchtig/harmonisch/in Frieden leben, gut miteinander auskommen, gut miteinander zurechtkommen, gut stehen, harmonieren, in gutem Einvernehmen stehen, seelenverwandt sein, sich vertragen; *(ugs.):* klarkommen.

3. sich auskennen, beherrschen, beschlagen/bewandert/erfahren sein, beurteilen können, Einblick haben, ein Gespür haben, gut Bescheid wissen, kennen, Kenntnis haben, können, meistern, [sach]kundig sein, sattelfest/unterrichtet sein, vertraut sein, wissen, zu Hause sein; *(geh.):* mächtig sein; *(ugs.):* den Durchblick haben, draufhaben; *(veraltend):* firm sein.

versteifen, sich

beharren, bestehen, dabei bleiben, dringen, sich festbeißen, [hartnäckig] festhalten, [krampfhaft] festgelegt sein auf, sich nicht abbringen lassen, nicht abgehen/ablassen/aufgeben, nicht mehr loskommen, pochen, sich verbeißen, sich verbiestern, sich verrennen; *(bildungsspr.):* insistieren, sich kaprizieren, persistieren; *(ugs.):* nicht lockerlassen, sich verbohren.

versteigen, sich

1. in eine falsche Richtung gehen, sich verirren, sich verlaufen, vom Weg abkommen; *(geh.):* fehlgehen, irregehen, vom Weg abirren.

2. sich anmaßen, die Dreistigkeit/Frechheit/Kühnheit besitzen, die Stirn haben, sich erlauben, geltend machen, in Anspruch nehmen, sich nicht scheuen, nicht zurückschrecken, sich unterstehen, wagen; *(geh.):* sich erdreisten, sich erfrechen, sich erkühnen, sich vermessen; *(geh. abwertend):* sich nicht entblöden; *(ugs.):* sich herausnehmen, sich leisten; *(veraltend):* sich erkecken.

versteigern

anbieten, auktionieren, ausbieten, ausschreiben, zur Versteigerung freigeben; *(geh.):* feilbieten; *(ugs.):* unter den Hammer bringen, verhökern; *(veraltend):* lizitieren.

Versteigerung

1. Ausschreibung; *(österr.):* Feilbietung; *(Fachspr.):* Lizitation.

2. Auktion; *(schweiz.):* Steigerung.

versteinert

1. fossil, zu Stein geworden; *(bildungsspr.):* petrifiziert.

2. angewurzelt, bewegungslos, brettsteif, erstarrt, fest, gelähmt, hart, reglos, starr, steif, steinern, still, unbeweglich, unbewegt, verhärtet, verkrampft, versteift, wie tot, zur Salzsäule erstarrt; *(geh.):* wie aus Erz gegossen; *(bildungsspr.):* paralysiert.

3. abweisend, ausdruckslos, eingefroren, eisig, frostig, tot; *(geh.):* entseelt; *(abwertend):* leer.

Versteinerung

1. Fossilisation.

2. Fossil.

verstellen

1. anders einstellen, umschalten, [ver]drehen.

2. absperren, blockieren, den Weg abschneiden, den Zugang verhindern, sperren, unpassierbar/unzugänglich machen, verbarrikadieren, verbauen, versperren, zustellen; *(ugs.):* verrammeln.

verstellen, sich

sich ausgeben, heucheln, simulieren; so tun, als ob; sich stellen, vorgaukeln, vorgeben, vormachen, vorschützen, vorspiegeln, vorspielen, vortäuschen; *(bildungsspr.):* fingieren; *(ugs.):* faken, markieren, Theater spielen; *(abwertend):* schauspielern.

Verstimmung

a) Ärger, Empörung, Gereiztheit, Missfallen, Missmut, Missstimmung, schlechte Laune, Unzufriedenheit, Verärgerung, Verdrossenheit, Verdruss, Verstimmtheit, Wut, Zorn; *(geh.):* Groll, Missvergnügen, Ungehaltenheit, Unmut, Unwille; *(bildungsspr.):* Irritation; *(ugs.):* Rage.

b) Differenzen, Spannungen, Streit, Streitigkeiten, Uneinigkeit, Unfriede, Unstimmigkeiten; *(geh.):* Animositäten, Zwietracht, Zwist, Zwistigkeiten; *(bildungsspr.):* Disharmonie; *(ugs.):* Knatsch, Knies, Krach, Zoff; *(abwertend):* Gezänk, Streiterei; *(verhüll.):* Meinungsverschiedenheiten.

verstohlen

geheim, heimlich, im Geheimen, im Stillen, im Verborgenen, insgeheim, unauffällig, unbemerkt, verborgen, versteckt; *(bildungsspr.):* diskret; *(ugs.):* heimlich, still und leise; klammheimlich.

verstopfen
a) ausfüllen, dichten, verschließen, zustopfen. b) undurchlässig/unpassierbar machen, verschlämmen, verschließen.

verstorben
gestorben, tot; *(geh.):* abgeschieden, entschlafen, nicht mehr [am Leben/unter uns], selig, verschieden; *(ugs.):* hinüber; *(salopp):* hin; *(verhüll.):* heimgefahren, von uns gegangen; *(geh. verhüll.):* abberufen, dahingeschieden, davongegangen, heimgegangen, hingeschieden; *(geh. veraltet):* verblichen.

Verstorbener, Verstorbene
Seliger, Selige, Toter, Tote, Verewigter, Verewigte; *(geh.):* Abgeschiedener, Abgeschiedene, abgeschiedene Seele, Dahingegangener, Dahingegangene, Leichnam, Verblichener, Verblichene; *(verhüll.):* Entschlafener, Entschlafene; *(geh. verhüll.):* Dahingeschiedener, Dahingeschiedene, die sterbliche Hülle, die sterblichen Überreste, Heimgegangener, Heimgegangene, Hingeschiedener, Hingeschiedene.

verstört
angsterfüllt, beklommen, bestürzt, durcheinander, eingeschüchtert, entgeistert, entsetzt, erschrocken, fassungslos, konsterniert, verängstigt, verschreckt, verschüchtert, verwirrt.

Verstoß
Delikt, Rechtsbruch, strafbare/ungesetzliche Handlung, Straftat, Unrecht, Verbrechen, Verfehlung, Vergehen, Zuwiderhandlung; *(geh.):* Fehltritt, Frevel; *(emotional):* Untat.

verstoßen
1. sich hinwegsetzen, missachten, nicht beachten/befolgen, überschreiten, übertreten, zuwiderhandeln.
2. ausschließen, ausstoßen, fortschicken, verbannen, wegschicken; *(bildungsspr.):* proskribieren.

verstreichen
1. a) aufbringen, auftragen, verteilen. b) ausfüllen, ausschmieren, ausstreichen, füllen, verschmieren, zuschmieren, zustreichen.
2. dahineilen, hingehen, hinschwinden, ins Land gehen/ziehen, vergehen, verrauchen, vorbeigehen, vorübergehen; *(geh.):* dahingehen, dahinschwinden, entschwinden, hingleiten, schwinden, verfließen, verrinnen.

verstreuen
1. [aus]streuen, verteilen.
2. ausbreiten.

verstricken, sich
tiefer hineingeraten, sich verfangen, sich verhaken, sich verwickeln; *(ugs.):* sich verhaspeln, sich verheddern.

verstümmeln
a) entstalten, entstellen, schlimm/übel zurichten. b) entstellend verkürzen, verfälschen, verzerren; *(bildungsspr.):* pervertieren; *(bildungsspr. abwertend):* klittern.

verstummen
a) nicht mehr reden/sprechen, nichts mehr sagen, schweigen. b) aufhören, still werden, verhallen, verklingen; *(geh.):* ersterben.

Versuch
1. Anstrengung, Bemühung, Bestrebung, Unternehmung, Vorhaben; *(geh.):* Bemühen.
2. Experiment, Test, Untersuchung.

versuchen ✓
1. a) anstreben, beabsichtigen, gerichtet sein auf, wagen; *(veraltend):* zu erlangen/zu erreichen suchen.

BSP Sie beabsichtigte, beim nächsten Turnier in der höheren Liga zu starten. Ihre Taten waren auf ein bestimmtes Ziel gerichtet.

b) abchecken, auf die Probe stellen, ausprobieren, die Probe [aufs Exempel] machen, einen Versuch machen/starten, ein Experiment machen, prüfen, testen, überprüfen.
2. eine Kostprobe nehmen, kosten, probieren; *(bes. österr.):* verkosten; *(bes. schweiz.):* degustieren.
3. auf die Probe stellen, herausfordern.

versuchsweise
als Versuch, auf/zur Probe, probeweise; *(bildungsspr.):* tentativ.

Versuchung
Anziehung, Reiz, Verführung; *(geh.):* Anfechtung, Sirenengesang, Verlockung.

versunken
konzentriert, vertieft.

vertagen
auf einen späteren Zeitpunkt legen, aufschieben, hinausschieben, verlegen, verschieben.

vertauschen
a) durcheinanderbringen, sich irren, sich täuschen, vermengen, verwechseln. b) austauschen, auswechseln, einen Austausch/Wechsel vornehmen, ersetzen, wechseln; *(bildungsspr., Fachspr.):* substituieren.

verteidigen
1. beschützen, bewachen, schützen, Schutz gewähren, sichern.
2. a) sich auf die Seite stellen von, befürworten, eine Lanze brechen, sich einsetzen, eintreten für, sich engagieren, Partei ergreifen, rechtferti-

V
ver

gen, unterstützen, sich vor jmdn./etw. stellen; *(veraltend):* in die Bresche springen/treten. **b)** als berechtigt hinstellen, begründen, entschuldigen, in Schutz nehmen, nachvollziehbar/verständlich zu machen suchen, rechtfertigen.

verteidigen, sich
a) sich entgegenstellen, kämpfen, sich seiner Haut wehren, sich wehren, Widerstand bieten/leisten, sich zur Wehr setzen. **b)** sich erklären, Rechenschaft ablegen, sich rechtfertigen, sich verantworten.

Verteidiger, Verteidigerin
1. Fürsprecher, Fürsprecherin, Verfechter, Verfechterin, Vertreter, Vertreterin; *(bildungsspr.):* Advokat, Advokatin.
2. Anwalt, Anwältin, Jurist, Juristin, Rechtsanwalt, Rechtsanwältin, Rechtsbeistand.

Verteidigung
1. a) Abwehr, Defensive, Gegenwehr, Widerstand. **b)** Bewahrung, Erhaltung, Schutz, Wahrung.
2. Begründung, Ehrenrettung, Entlastung, Entschuldigung, Rechtfertigung; *(bildungsspr.):* Apologie.

verteilen
1. abgeben, ausgeben, aushändigen, austeilen, geben, vergeben; *(bildungsspr.):* distribuieren.
2. ausbreiten, verbreiten, verstreuen.

verteilen, sich
sich ausbreiten, auseinandergehen, auseinanderlaufen, ausschwärmen, sich verlaufen, sich zerstreuen.

verteufeln
a) abqualifizieren, abwerten, durch den Schmutz ziehen, herabsetzen, heruntersetzen, in den Schmutz treten/ziehen, in ein schlechtes Licht rücken/setzen/stellen, in Misskredit/Verruf bringen, in üblen Ruf bringen, schlechtmachen; *(geh.):* schmähen, verunglimpfen; *(bildungsspr.):* diskreditieren; *(ugs.):* durch den Dreck ziehen, in den Dreck treten/ziehen, niedermachen, runtersetzen; *(salopp):* heruntermachen; *(bildungsspr. abwertend):* denunzieren, diffamieren. **b)** verdammen, verfluchen, verwünschen; *(geh.):* fluchen; *(veraltend):* vermaledeien.

vertiefen
a) ausbauen, bestärken, bestätigen, erhärten, festigen, fundieren, stützen, untermauern; *(bildungsspr.):* konsolidieren, zementieren. **b)** aktivieren, fördern, intensivieren, steigern, vergrößern, verschärfen, verstärken.

vertiefen, sich
sich auseinandersetzen, sich [eingehend/näher] befassen, sich [intensiv] beschäftigen, sich konzentrieren, sich widmen, zuwenden; *(ugs.):* sich hineinknien.

vertikal
lotrecht, senkrecht.

vertilgen
aufessen, verschlingen; *(geh.):* verspeisen, verzehren, zu sich nehmen; *(ugs.):* futtern, mampfen, verdrücken, verkonsumieren, verputzen, verspachteln, wegfuttern, wegputzen; *(salopp):* verkasematuckeln; *(fam.):* spachteln; *(scherzh.):* sich einverleiben; *(ugs. scherzh.):* auffuttern.

vertonen
arrangieren, eine Musik unterlegen, in Musik setzen, instrumentieren, in Töne setzen.

vertrackt
anspruchsvoll, haarig, heikel, kitzlig, knifflig, kompliziert, problematisch, schwierig, undurchschaubar, verfänglich, verwickelt, verworren; *(bildungsspr.):* delikat, diffizil; *(ugs.):* verzwickt.

Vertrag
Abkommen, Abmachung, Abschluss, Absprache, Beschluss, Einigung, Einvernehmen, Kontrakt, Pakt, Übereinkommen, Übereinkunft, Vereinbarung; *(bildungsspr.):* Arrangement; *(ugs.):* Deal.

vertragen
a) aushalten, ausstehen, erdulden, ertragen, fertigwerden mit, hinnehmen, umgehen können mit, verkraften, verschmerzen; *(geh.):* verwinden. **b)** bekommen, guttun, zuträglich sein.

vertragen, sich
ein gutes Verhältnis haben, einträchtig/harmonisch/in Frieden leben, gut miteinander auskommen, gut miteinander zurechtkommen, gut stehen, harmonieren, in gutem Einvernehmen stehen, nicht streiten, sich verstehen; *(ugs.):* gut klarkommen.

vertraglich
durch Vertrag [festgelegt/geregelt], kontraktlich.

verträglich
1. friedfertig, friedliebend, friedsam, friedselig, nett, umgänglich, unkompliziert, verbindlich; *(bildungsspr.):* konziliant.
2. aufeinander abgestimmt, harmonisierend, kombinierbar, kompatibel, konform, übereinstimmend, vereinbar, [zueinander] passend, zusammenpassend; *(geh.):* im Einklang.

vertrauen
bauen auf, hoffen auf, rechnen mit, [seine Hoff-

nung] setzen auf, trauen, sich verlassen, Vertrauen entgegenbringen/haben, zählen auf; *(geh.):* Glauben/Vertrauen schenken.

Vertrauen
Glaube, Grundvertrauen, Optimismus, Zutrauen, Zuversicht[lichkeit].

Vertrauensbruch
Indiskretion, Verrat.

vertrauensselig
arglos, blauäugig, einfältig, gutgläubig, leichtgläubig, naiv, treuherzig, unbedarft; *(geh.):* ohne Argwohn.

vertrauensvoll
getrost, hoffnungsvoll, optimistisch, unverzagt, voller Hoffnung/Zuversicht, zuversichtlich; *(geh.):* frischen/frohen Mutes, hoffnungsfreudig, hoffnungsfroh, mit frischem/frohem Mut.

vertrauenswürdig
glaubwürdig, integer, seriös, solide, überzeugend, verlässlich, Vertrauen einflößend, vertrauenerweckend; *(geh.):* wahrhaftig; *(bildungsspr.):* reliabel; *(veraltend):* honorig.

vertraulich
1. geheim, intim, nichts für fremde Ohren, privat, unter vier Augen; *(bildungsspr.):* arkan, diskret, entre nous, intern, intra muros, privatim; *(ugs.):* unter uns; *(bildungsspr. veraltend):* konfidenziell, privatissime.
2. familiär, freundschaftlich, innig, intim, kameradschaftlich, partnerschaftlich, persönlich, privat, vertraut; *(bildungsspr.):* amikal.

Vertraulichkeit
Diskretion, Geheimhaltung, Heimlichkeit, [Still]schweigen, Verschwiegenheit; *(bildungsspr.):* Intimität; *(bildungsspr. veraltend):* Konfidenz.

Vertraulichkeiten
Annäherungsversuche, Aufdringlichkeit, Belästigung, Zudringlichkeit; *(bildungsspr.):* Familiarität; *(salopp):* Anmache; *(abwertend):* Penetranz.

verträumt
1. gedankenfern, gedankenverloren, gedankenversunken, geistesabwesend, in den Wolken schwebend, [in Gedanken] versunken, träumerisch, traumverloren, traumversunken, versonnen, weltabgewandt, weltfern; *(geh.):* entrückt, selbstvergessen, selbstversunken, weltentrückt, weltvergessen, weltverloren; *(ugs.):* auf Wolke sieben, nicht [ganz] bei sich; *(ugs. scherzh.):* nicht ganz anwesend.
2. beschaulich, friedlich, geruhsam, idyllisch, lauschig, malerisch; *(geh.):* friedvoll; *(bildungsspr.):* arkadisch, bukolisch, pittoresk.

vertraut
a) befreundet, eng, freundschaftlich, herzlich, innig, intim, kameradschaftlich, nahe[stehend], persönlich, privat, traulich, vertraulich; *(ugs.):* dick. **b)** alt[gewohnt], altvertraut, bekannt, geläufig, gewohnt, heimisch; *(geh.):* wohlbekannt, wohlvertraut.

Vertrauter, Vertraute
enger Freund, enge Freundin, Getreuer, Getreue; *(geh.):* Gefährte, Gefährtin; *(geh., oft scherzh.):* Intimus, Intima; *(veraltend):* Gespiele, Gespielin; *(bildungsspr. veraltend):* Konfident, Konfidentin.

Vertrautheit
[enge] Beziehung, Verbundenheit, Vertraulichkeit; *(bildungsspr.):* Familiarität, Intimität.

vertreiben
1. davonjagen, fortjagen, fortscheuchen, forttreiben, graulen, hinaustreiben, [ver]jagen, [ver]scheuchen, wegjagen, wegscheuchen, wegtreiben; *(geh.):* austreiben; *(ugs.):* ekeln, fortgraulen, hinausekeln, hinausgraulen, [lange] Beine machen, rausekeln, vergraulen, wegekeln, weggraulen.
2. aussiedeln, ausweisen, deportieren.
3. auf den Markt bringen/werfen, handeln, verkaufen; *(geh.):* feilbieten; *(ugs.):* verhökern, verkloppen, verticken.

vertretbar
akzeptierbar, annehmbar, begreiflich, berechtigt, tragbar, verantwortbar; *(bildungsspr.):* akzeptabel, legitim, tolerierbar.

vertreten
1. a) sprechen für, stehen für. **b)** auftreten, erscheinen, Repräsentant[in] sein; *(bildungsspr.):* repräsentieren.
2. sich aussprechen, befürworten, sich bekennen, eine Lanze brechen, sich einsetzen, einstehen, eintreten, sich engagieren, sich erklären, halten zu, Partei ergreifen, stehen zu, Stellung beziehen/nehmen, unterstützen, verfechten, verteidigen; *(geh.):* sich verwenden; *(bildungsspr.):* plädieren; *(ugs.):* sich starkmachen.

vertreten sein
an Ort und Stelle sein, anwesend/dabei sein, da/hier/dort sein, gegenwärtig sein, teilhaben, teilnehmen, vorhanden sein, zur Stelle sein; *(ugs.):* beiwohnen, mitmischen, mit von der Partie sein, zugegen sein; *(bildungsspr.):* partizipieren, präsent sein.

Vertreter, Vertreterin
1. a) ↑Vertretung (2). **b)** Gebietsrepräsentant, Gebietsrepräsentantin, Handelsreisender, Handelsreisende, Handelsvertreter, Handelsvertre-

terin, Reisender, Reisende, Reisevertreter, Reisevertreterin, Repräsentant, Repräsentantin, Verkaufsagent, Verkaufsagentin.
2. Anhänger, Anhängerin, Anwalt, Anwältin, Befürworter, Befürworterin, Fan, Fürsprecher, Fürsprecherin, Mentor, Mentorin, Sympathisant, Sympathisantin, Verfechter, Verfechterin, Verteidiger, Verteidigerin; *(geh.):* Jünger, Jüngerin, Sachwalter, Sachwalterin; *(bildungsspr.):* Apologet, Apologetin; *(Jargon):* Sympi; *(oft abwertend):* Parteigänger, Parteigängerin.

Vertretung
1. a) Stellvertretung. **b)** Interessenvertretung; *(bildungsspr.):* Repräsentanz, Repräsentation.
2. Ersatz, Ersatzmann, Ersatzfrau, Stellvertreter, Stellvertreterin, Vertreter, Vertreterin; *(bildungsspr. veraltend):* Substitut, Substitutin.
3. Abordnung, Delegation, Deputation, Gesandtschaft; *(bildungsspr.):* Legation, Mission.

vertretungsweise
als Ersatz, ersatzweise, in Vertretung, kommissarisch, stellvertretend.

Vertrieb
Auslieferung, Handel, Verkauf.

Vertriebener, Vertriebene
Ausgewiesener, Ausgewiesene, Flüchtling, Heimatvertriebener, Heimatvertriebene.

vertrocknen
ausdorren, ausdörren, austrocknen, dörren, eindorren, eintrocknen, trocken werden, verbrennen, verdorren; *(geh.):* dorren, versiegen.

vertrocknet
ausgedorrt, ausgedörrt, ausgetrocknet, dürr, eingetrocknet, trocken, verdorrt.

vertrödeln
vergeuden, vertun; *(schweiz.):* vertrölen; *(ugs.):* vergammeln, verläppern, verplempern; *(ugs., meist abwertend):* verbummeln.

vertrösten
hinhalten; *(ugs.):* abfertigen, abspeisen, Katz und Maus spielen, zappeln lassen.

vertun
vergeuden, verschwenden, verwirtschaften; *(schweiz.):* vertrölen; *(ugs.):* vergammeln, verläppern, verplempern, verputzen; *(abwertend):* verschleudern.

vertun, sich
einen Fehler machen, sich irren, sich verkalkulieren, sich verrechnen, sich versehen; *(geh.):* fehlgehen, irregehen; *(ugs.):* danebenhauen, danebenliegen, sich vergaloppieren, sich verhauen.

vertuschen
kaschieren, tarnen, übertünchen, unkenntlich machen, unterschlagen, verbergen, verschleiern, verstecken, verwischen; *(schweiz.):* verwedeln; *(geh.):* bemänteln; *(ugs.):* unter den Teppich kehren.

verübeln
ankreiden, anlasten, nachtragen, nicht vergessen/verzeihen können, übel nehmen, zur Last legen; *(geh.):* übel vermerken, verargen, verdenken; *(ugs.):* krummnehmen.

verüben
ausführen, begehen, durchführen, machen, tun, verrichten, vollführen, vollziehen, vornehmen; *(geh.):* ins Werk setzen.

verunglimpfen
beleidigen, beschimpfen, demütigen, die Ehre abschneiden, durch den Schmutz ziehen, erniedrigen, herabsetzen, herabwürdigen, in den Schmutz ziehen, in Misskredit/Verruf bringen, kränken, mit Schmutz bewerfen, verletzen, verleumden; *(österr.):* insultieren; *(geh.):* schmähen; *(bildungsspr.):* diffamieren, diskreditieren; *(ugs.):* anflicken, durch den Dreck ziehen, in den Dreck treten/ziehen, niedermachen, schlechtmachen; *(salopp):* abschmieren, [he]runtermachen, [he]runterputzen; *(Jargon):* dissen; *(abwertend):* begeifern; *(ugs. abwertend):* miesmachen; *(südd., österr. ugs.):* ausrichten; *(bildungsspr. veraltet):* medisieren.

verunglücken
1. einen Unfall haben/erleiden, zu Tode kommen.
2. danebengeraten, fehlschlagen, missglücken, misslingen, missraten, scheitern; *(schweiz.):* fehlen; *(ugs.):* danebengehen, danebengelingen, ins Auge gehen, schiefgehen; *(salopp):* in die Hose gehen; *(ugs. scherzh.):* vorbeigelingen.

verunreinigen
(Fachspr.): kontaminieren, mit Schadstoffen belasten.

verunsichern
aus dem Konzept/aus der Fassung bringen, aus dem Sattel werfen, beirren, durcheinanderbringen, in Verwirrung bringen, in Zweifel stürzen, irremachen, irritieren, konfus/unsicher machen, verstören, verwirren, zweifeln lassen; *(ugs.):* kopfscheu machen.

verunstalten
defigurieren, deformieren, entstalten, entstellen, verunzieren; *(ugs.):* verschandeln.

veruntreuen
hinterziehen, in die eigene Tasche stecken, verschwinden lassen; *(ugs.):* auf die Seite bringen/schaffen; *(salopp):* sich unter den Nagel reißen.

verursachen
auslösen, bewirken, erzeugen, heraufbeschwö-

ren, herbeiführen, hervorbringen, hervorrufen, nach sich ziehen, sorgen für; *(bildungsspr.):* effizieren, provozieren.

verurteilen

1. aburteilen, das Urteil fällen/sprechen, schuldig sprechen; *(ugs.):* verdonnern, verknacken; *(salopp):* verknasten.

2. ablehnen, aburteilen, ächten, missbilligen, verdammen; *(geh.):* den Stab brechen über.

vervielfachen, sich

eskalieren, größer werden, stärker werden, sich verdoppeln, sich vervielfältigen; *(bildungsspr.):* sich multiplizieren, sich potenzieren.

vervielfältigen

1. ablichten, [Foto]kopien machen, [foto]kopieren, hektografieren.

2. anheben, erhöhen, erweitern, forcieren, heben, steigern, verdoppeln, vermehren, verstärken, vervielfachen; *(geh.):* mehren; *(bildungsspr.):* multiplizieren, potenzieren.

vervollkommnen

perfekt/vollkommen machen, vollenden, zur Vollendung bringen; *(bildungsspr.):* optimalisieren, optimieren, perfektionieren.

vervollständigen

abrunden, auffüllen, ergänzen, vollständig machen; *(bildungsspr.):* komplementieren, komplettieren.

verwachsen

a) [aus]heilen, verheilen, zuheilen, zusammenheilen. b) aneinanderwachsen, zusammenwachsen.

verwahren

aufbewahren, aufheben, deponieren, einlagern, hinterlegen, in Gewahrsam/Verwahrung nehmen, lagern, speichern, zurücklegen; *(schweiz.):* versorgen; *(geh.):* bewahren; *(ugs.):* bunkern.

verwahrlosen

1. auseinanderbrechen, auseinanderfallen, baufällig werden, verfallen, verkommen, verwittern, zerbröckeln, zerfallen, zusammenfallen; *(ugs.):* [he]runterkommen, kaputtgehen.

2. verfallen; *(geh.):* verwildern; *(ugs.):* auf den Hund kommen, [he]runterkommen, vergammeln, versacken; *(abwertend):* verkommen, verlottern, verludern.

Verwahrung

1. Aufbewahrung, Hinterlegung; *(schweiz.):* Versorgung; *(geh.):* Bewahrung.

2. Arrest, Aufsicht, Gewahrsam, Haft, Verschluss; *(geh.):* Obhut.

3. Aber, Beanstandung, Bedenken, Beschwerde, Einwand, Einwendung, Protest, Reklamation, Widerspruch; *(bildungsspr.):* Veto.

verwalten

a) sich annehmen, betreuen, erledigen, sich kümmern, versorgen; *(ugs. scherzh.):* unter seine Fittiche nehmen. b) administrieren, führen, kontrollieren, leiten, lenken, vorsitzen. c) ausüben, einnehmen, erledigen, innehaben, verrichten, versehen; *(geh.):* bekleiden.

Verwaltung

1. Administration, Aufsicht, Betreuung, Kontrolle, Oberaufsicht; *(bildungsspr.):* Regie.

2. Administration, [Verwaltungs]behörde.

3. [Beamten]apparat, Bürokratie, Organisation, System, Verwaltungsapparat, Verwaltungsorgan.

verwandeln

ändern, überführen, übertragen, umändern, umbauen, umbilden, umformen, umfunktionieren, umgestalten, ummodeln, umsetzen, umwandeln, verändern; *(bildungsspr.):* modeln, modifizieren, modulieren; *(ugs.):* umkrempeln; *(bildungsspr., Fachspr.):* transformieren; *(Fachspr.):* dissipieren.

verwandeln, sich

sich ändern, anders werden, sich entwickeln, übergehen, sich umstellen, sich verändern, wechseln, werden zu; *(geh.):* einen Wandel erfahren, sich im Wandel befinden, im Wandel begriffen sein, mutieren, sich wandeln; *(bildungsspr.):* fluktuieren.

verwandt

sich ähnelnd, ähnlich, gleich[artig], sich gleichend, übereinstimmend, von gleicher Art; *(geh.):* einander ähnelnd; *(bildungsspr.):* affin.

Verwandter, Verwandte

[Familien]angehöriger, [Familien]angehörige, Familienmitglied; *(geh.):* Anverwandter, Anverwandte.

Verwandtschaft

Affinität, Ähnlichkeit, Anklang, Entsprechung, Gleichartigkeit, Gleichheit, Übereinstimmung, Verbindung; *(bildungsspr.):* Analogie.

verwarnen

einen Tadel/Verweis erteilen, ermahnen, maßregeln, rügen, schimpfen, tadeln, zurechtweisen, zur Ordnung rufen; *(geh.):* schelten, verweisen; *(ugs.):* auf die Finger klopfen, rüffeln.

Verwarnung

Ermahnung, Mahnung, Maßregelung, Ordnungsruf, Rüge, Tadel, Verweis, Warnung, Zurechtweisung; *(geh.):* Schelte; *(ugs.):* Anpfiff, Rüffel; *(salopp):* Anschiss.

verwaschen

a) ausgebleicht, blass, bleich, fahl, hell, matt, verblasst, verblichen, verschossen; *(geh.):* ausgeblasst. **b)** dunkel, fließend, konturlos, nebelhaft, nicht eindeutig/genau/klar, nicht fest/klar/scharf umrissen, schillernd, unbestimmt, undeutlich, ungenau, unklar, unscharf, vage, verschwommen; *(geh.):* schattenhaft, schemenhaft; *(bildungsspr.):* diffus, nebulös, unpräzise; *(abwertend):* schwammig.

verwechseln
durcheinanderbringen, durcheinanderwerfen, sich irren, sich täuschen, vermengen, vertauschen; *(ugs.):* auf dem falschen Dampfer sein, sich vertun; *(salopp):* verpeilen.

verwegen
abenteuerlich, beherzt, furchtlos, gewagt, leichtfertig, riskant, wagemutig.

verweigern
ablehnen, abschlagen, abwehren, abweisen, blockieren, nicht erlauben/gestatten/gewähren, unterbinden, untersagen, verbieten, verhindern, verwehren, vorenthalten, zurückweisen; *(geh.):* nicht zuteilwerden lassen, versagen.

verweigern, sich
sich abweisend/unzugänglich zeigen, sich entgegenstemmen, nicht an sich heranlassen, sich sperren, sich sträuben, sich wehren, sich widersetzen; *(ugs.):* dichtmachen, zumachen.

Verweigerung
Abfuhr, ablehnende/abschlägige Antwort, Ablehnung, Absage, Blockierung, Boykottierung, Nein, Weigerung; *(geh.):* Versagung.

verweilen
sich aufhalten, sich befinden, [da]bleiben, leben, sein, wohnen; *(geh.):* ausharren, verbleiben, verharren, weilen.

Verweis
Belehrung, Ermahnung, Mahnung, Maßregelung, Ordnungsruf, Rüge, Tadel, Verwarnung, Zurechtweisung; *(geh.):* Schelte; *(bildungsspr.):* Lektion; *(ugs.):* Abkanzelung, Anpfiff, Rüffel, Standpauke, Strafpredigt; *(salopp):* Anschiss.

verweisen
1. einen Tadel/Verweis erteilen, ermahnen, maßregeln, rügen, schimpfen, tadeln, verwarnen, zurechtweisen, zur Ordnung rufen; *(geh.):* schelten; *(ugs.):* auf die Finger klopfen, rüffeln.
2. anzeigen, aufmerksam machen, aufzeigen, bewusst/deutlich machen, hindeuten, hinweisen, stoßen, vor Augen führen/halten; *(ugs.):* draufstoßen, mit der Nase auf etw. stoßen.

verwelken
absterben, [aus]dörren, austrocknen, eingehen, schlaff werden, verdorren, verkümmern, vertrocknen, welken, welk werden; *(geh.):* abblühen, dorren; *(ugs.):* kaputtgehen.

verweltlichen
in weltlichen Besitz überführen, säkularisieren, verstaatlichen; *(bildungsspr.):* profanieren.

Verweltlichung
Säkularisation, Säkularisierung, Verstaatlichung; *(bildungsspr.):* Profanierung.

verwenden
a) anwenden, benutzen, brauchen, sich dienstbar/zunutze machen, einsetzen, gebrauchen, Gebrauch machen, in/im Gebrauch haben, in Benutzung sein, in Beschlag nehmen, nehmen, nutzen, verwerten; *(geh.):* sich bedienen.

BSP Wir haben uns für den Versuch die Naturkräfte dienstbar gemacht. Wir müssen leistungsfähigere Computer einsetzen.

b) aufbieten, aufbringen, aufwenden, benötigen, daransetzen, einsetzen, investieren, mobilisieren, verbrauchen, verfügbar machen, zur Verfügung stellen; *(ugs.):* hineinstecken, lockermachen, mobilmachen.

Verwendung
Anwendung, Aufbietung, Aufwendung, Benutzung, Einsatz, Gebrauch, Nutzung, Verwertung; *(bildungsspr.):* Applikation, Applizierung.

verwerfen
abgehen, abkommen, ablassen, abrücken, abschwören, absehen, aufgeben, aufhören, sich aus dem Kopf schlagen, begraben, [fahren/fallen] lassen, sich trennen, sich verbieten, verzichten; *(geh.):* Abstand nehmen, entsagen, sich versagen; *(ugs.):* sich abschminken, [auf]stecken, in den Mond/Schornstein/Wind schreiben, streichen, sich verabschieden, vergessen; *(salopp):* hinschmeißen.

verwerflich
abscheulich, abstoßend, anrüchig, böse, ethisch bedenklich/fragwürdig/nicht vertretbar, gemein, gewissenlos, schamlos, schändlich, schlecht, schlimm, sittenlos, tadelnswert, unethisch, unmoralisch, unsittlich, verabscheuenswert, verabscheuungswürdig, verachtenswert, verachtenswürdig, verantwortungslos; *(geh.):* kriminell, ruchlos, schmählich, skandalös, unrecht; *(bildungsspr.):* perfide; *(abwertend):* gesinnungslos, rücksichtslos, schäbig, schmutzig, skrupellos.

verwertbar
anwendbar, brauchbar, dienlich, einsetzbar, geeignet, nutzbar, nützlich, praktikabel, praktisch, tauglich, verwendbar, von Nutzen, von Wert, zu gebrauchen, zu verwenden, zweckdienlich.

verwerten
anwenden, ausschöpfen, benutzen, brauchen,

einsetzen, gebrauchen, missbrauchen, seinen Nutzen/Vorteil ziehen, verarbeiten, verwenden, sich zunutze machen; *(geh.):* sich bedienen; *(ugs.):* ausschlachten.

verwetten
sich bringen um, durchbringen, verlieren, verprassen, verspielen; *(ugs.):* verzocken.

verwickeln
hineinziehen; *(geh.):* verstricken; *(ugs.):* reinziehen.

verwickeln, sich
sich festhaken, hängen bleiben, tiefer hineingeraten, sich verfangen, sich verhaken; *(geh.):* sich verstricken; *(ugs.):* sich verhaspeln, sich verheddern.

verwickelt
haarig, heikel, kitzlig, knifflig, kompliziert, misslich, problematisch, schwierig, undurchschaubar, verworren; *(bildungsspr.):* delikat, diffizil, prekär; *(ugs.):* vertrackt, verzwickt; *(veraltend):* intrikat.

verwirklichen
1. a) ausführen, durchführen, [in die Tat] umsetzen, wahr machen, zustande/zuwege bringen; *(bildungsspr.):* realisieren. **b)** sich bestätigen, sich bewahrheiten, eintreten, sich erfüllen, geschehen, in Erfüllung gehen, passieren, wahr werden, Wirklichkeit werden; *(bildungsspr.):* sich realisieren.
2. aufblühen, sich ausleben, sich entfalten, sich herausbilden, sich [voll] entwickeln, wachsen, zum Vorschein/zur Geltung kommen; *(geh.):* reifen.

Verwirklichung
Ausführung, Durchführung, Erfüllung, Organisation, Umsetzung; *(geh.):* Vollbringung; *(bildungsspr.):* Realisation, Realisierung.

verwirren
1. ineinanderschlingen, ineinander verschlingen, verflechten, verwickeln; *(ugs.):* verheddern.
2. aus dem Konzept/aus der Fassung bringen, beirren, durcheinanderbringen, in Verwirrung bringen, irremachen, irritieren, konfus/unsicher machen, verstören, verunsichern; *(schweiz.):* vergelstern; *(ugs.):* kopfscheu machen.

verwirrt
a) abwesend, desorientiert, fahrig, fassungslos, gedankenlos, geistesabwesend, handlungsunfähig, konfus, kopflos, unkonzentriert, vergesslich, wirr, zerfahren, zerstreut. **b)** aufgelöst, aus dem Gleichgewicht/der Fassung gebracht, außer sich, [bass] erstaunt, befremdet, entgeistert, fassungslos, irritiert, sprachlos, überrascht, verblüfft, verdutzt, verstört, verwundert; *(bildungsspr.):* konsterniert; *(ugs.):* durch den Wind, perplex, platt, verdattert, wie vor den Kopf geschlagen/gestoßen; *(salopp):* baff, geplättet.

Verwirrung
a) Aufregung, Chaos, Gewirr, Konfusion, Planlosigkeit, Tohuwabohu, Tumult, Unordnung, Unruhe, Wirbel, Wirrwarr; *(geh.):* Umnachtung, Wirrnis, Wirrsal; *(ugs.):* Kuddelmuddel. **b)** Bestürzung, Fassungslosigkeit, Kopflosigkeit, Ratlosigkeit, Sprachlosigkeit, Verblüffung, Verstörtheit, Verwirrtheit; *(bildungsspr.):* Konsternation.

verwischen
1. verschmieren.
2. kaschieren, tarnen, übertünchen, unkenntlich machen, unterschlagen, verbergen, verschleiern, verstecken, vertuschen; *(schweiz.):* verwedeln; *(geh.):* bemänteln; *(ugs.):* unter den Teppich kehren.

verwischen, sich
sich auflösen, schwimmen, undeutlich/unklar/unscharf werden, verfließen, verschwimmen, zerfließen.

verwittern
[ab]bröckeln, auseinanderbrechen, auseinanderfallen, baufällig werden, verfallen, verkommen, verwahrlosen, zerbrechen, zerbröckeln, zerfallen; *(ugs.):* kaputtgehen.

verwöhnen
sich annehmen, auf Händen tragen, bemuttern, betreuen, [hegen und] pflegen, jeden Wunsch erfüllen/gewähren/von den Augen ablesen, sich kümmern, [um]sorgen; *(schweiz.):* schauen; *(geh.):* umhegen; *(ugs. scherzh.):* unter seine Fittiche nehmen; *(nordd.):* betütern; *(veraltend):* warten.

verwöhnt
anspruchsvoll, empfindlich, kompliziert, kritisch, nicht leicht zufriedenzustellen, qualitätsbewusst, unbescheiden, wählerisch; *(bildungsspr.):* delikat; *(abwertend):* mäklig.

GGS bedürfnislos, genügsam, kulant, maßvoll.

verworren
abstrus, chaotisch, durcheinander, kompliziert, konfus, mysteriös, planlos, rätselhaft, schwer [verdaulich], schwierig, unbegreiflich, undurchdringlich, undurchschaubar, unentwirrbar, unergründlich, unerklärlich, ungeordnet, ungereimt, unklar, unüberschaubar, unübersichtlich, unverständlich, verwickelt, wild, wirr, wüst; *(geh.):* unerfindlich, unerforschlich; *(bildungsspr.):* komplex, nebulös; *(ugs.):* verschwurbelt, vertrackt; *(abwertend):* kraus.

verwundbar
1. [hoch]empfindlich, [leicht] verletzbar, verletzlich.
2. dünnhäutig, [hoch]sensibel, leicht/schnell gekränkt, überempfindlich, weich, zart[besaitet]; *(bildungsspr.):* sensitiv; *(abwertend):* mimosenhaft, verweichlicht, verzärtelt; *(südd., österr., schweiz.):* heikel.

verwunden
1. eine Wunde beibringen/zufügen, lädieren, verletzen, zurichten; *(geh.):* versehren.
2. beleidigen, brüskieren, demütigen, einen Stich versetzen, erniedrigen, herabsetzen, herabwürdigen, [im Innersten] treffen, kränken, schmerzen, verletzen; *(ugs.):* auf den Schlips treten, ins Herz treffen, vor den Kopf stoßen, wehtun; *(salopp):* auf den Schwanz treten.

verwunderlich
absonderlich, außergewöhnlich, befremdend, bemerkenswert, eigenartig, erstaunlich, komisch, merkwürdig, seltsam, überraschend, unerklärlich, verblüffend; *(geh.):* befremdlich, wundersam; *(bildungsspr.):* frappant, frappierend, kurios; *(ugs.):* irrsinnig, unglaublich, witzig; *(ugs. emotional):* sagenhaft.

verwundern, sich
aus dem Staunen nicht mehr herauskommen, [bass] erstaunt sein, entgeistert sein, erstaunen, sich Fragen stellen, in Erstaunen geraten, ins Grübeln kommen/geraten, keine Worte finden, sprachlos/überrascht sein, staunen, stutzen, stutzig werden, verblüfft/verdutzt/verwundert sein, sich wundern, zweifeln; *(ugs.):* aus allen Wolken fallen, aus den Latschen/Pantinen kippen, den [eigenen] Augen nicht trauen, dumm aus der Wäsche gucken, [große] Augen machen, mit den Ohren schlackern, Mund und Augen aufsperren, perplex sein, platt/von den Socken sein; *(salopp):* baff/geplättet sein.

verwundert
[bass] erstaunt, befremdet, entgeistert, fassungslos, hilflos, irritiert, kopfschüttelnd, schockiert, sprachlos, überrascht, verblüfft, verdutzt, verständnislos, verwirrt; *(bildungsspr.):* konsterniert; *(ugs.):* perplex, platt, verdattert, von den Socken, wie vor den Kopf geschlagen/gestoßen; *(salopp):* baff, geplättet, platt wie ein Pfannkuchen.

Verwundung
[Kriegs]verletzung, Wunde; *(geh.):* Blessur.

verwünschen
a) mit einem Fluch belegen, verdammen, verfluchen; *(geh.):* fluchen; *(abwertend):* verteufeln; *(veraltend):* vermaledeien. b) beklagen, bereuen, schimpfen; *(geh.):* hadern, schelten.

verwüsten
beschädigen, dem Erdboden gleichmachen, demolieren, in Schutt und Asche legen, in Trümmer legen, niederreißen, niederwalzen, ruinieren, schaden, Schaden anrichten/verursachen, schädigen, unbewohnbar/unbrauchbar machen, verheeren, zerstören, zertrümmern, zurichten; *(geh.):* zuschanden machen; *(ugs.):* kaputt machen, kurz und klein schlagen, ramponieren, verschandeln, zu Kleinholz machen/verarbeiten; *(salopp):* auseinandernehmen, ausradieren, hinmachen, plattmachen; *(Fachspr.):* devastieren.

verzagt
ängstlich, bange, bänglich, demoralisiert, deprimiert, entmutigt, furchtsam, hoffnungslos, kleinherzig, kopfhängerisch, mutlos, niedergeschlagen, pessimistisch, schwarzseherisch, unsicher, verängstigt, verschreckt, verschüchtert; *(geh.):* kleinmütig, zag; *(bildungsspr.):* resigniert; *(bildungsspr. abwertend):* defätistisch; *(nordd.):* zach; *(veraltend):* decouragiert.

verzaubern
1. behexen, beschwören, bezaubern, in seinen Bann ziehen, verhexen, verwandeln; *(geh.):* bannen, berücken, betören; *(ugs.):* bezirzen.
2. anziehen, begeistern, bestechen, bestricken, blenden, entzücken, faszinieren, fesseln, gefangen nehmen, hinreißen, reizen, verführen, verliebt machen; *(geh.):* berauschen, entflammen, trunken machen, verlocken; *(bildungsspr.):* enthusiasmieren; *(ugs.):* den Kopf verdrehen; *(salopp):* anmachen, einwickeln.

verzehren
1. [auf]essen, genießen, sich gütlich tun, konsumieren, zu sich nehmen; *(geh.):* [ein]nehmen, sich laben, verspeisen; *(ugs.):* verdrücken, verkonsumieren, verputzen, verspachteln; *(scherzh.):* sich einverleiben; *(ugs. scherzh.):* vertilgen; *(fam.):* verschmausen.
2. an den Nerven zerren, angreifen, anstrengen, aufbrauchen, aufreiben, auslaugen, beanspruchen, entkräften, erschöpfen, Kraft kosten, kraftlos/schwach machen, mitnehmen, ruinieren, schwächen, strapazieren, viel abverlangen, zehren, zermürben, zusetzen; *(geh.):* auspumpen, auszehren, ermatten; *(ugs.):* auf die Knochen gehen, auffressen, erledigen, fertigmachen, kaputtmachen, schaffen, schlauchen, stressen.

verzehren, sich
1. brennen, fiebern, herbeisehnen, herbeiwünschen, Lust haben/verspüren, sich sehnen,

[sehnlichst] wünschen, vor Sehnsucht vergehen, wollen, wünschen; *(geh.):* begehren, dursten, ein Gelüste haben/spüren, ersehnen, gelüsten, gieren, hungern, lechzen, schmachten, sinnen, trachten, verlangen; *(dichter.):* dürsten; *(ugs.):* scharf sein; *(oft abwertend):* geil sein.
2. sich aufreiben, sich sorgen, sich verausgaben, sich verbrauchen, sich zerquälen; *(geh.):* sich aufzehren.

verzeichnen
a) aufführen, auflisten, aufschreiben, aufzeichnen, buchen, dokumentieren, einschreiben, eintragen, erfassen, festhalten, führen, notieren, registrieren; *(geh.):* niederlegen; *(bildungsspr.):* fixieren; *(EDV):* [ab]speichern, eingeben. **b)** aufweisen, erlangen, erleben, erreichen, erwirtschaften, erzielen, machen, vorzuweisen haben, zeigen; *(ugs.):* einfahren.

Verzeichnis
a) Aufstellung, Index, Katalog, Liste, Register, Tabellarium, Tabelle, Tafel, Übersicht, Zusammenstellung; *(österr.):* Tableau; *(Wissensch.):* Konkordanz. **b)** *(EDV):* Ordner.

verzeihen
durchgehen lassen, entschuldigen, freisprechen, lossprechen, nachsehen, nicht nachtragen, nicht übel nehmen/verübeln, rechtfertigen, Verständnis zeigen; *(geh.):* ledig sprechen von, vergeben; *(ugs.):* ein Auge/beide Augen zudrücken, nicht krummnehmen; *(veraltend):* Pardon geben/gewähren.

verzeihlich
entschuldbar, verständlich.

Verzeihung
Abbitte, Begnadigung, Entschuldigung, Gnade, Lossprechung, Nachsicht, Rücksicht, Verständnis; *(geh.):* Vergebung; *(veraltend):* Pardon.

verzerrt
befangen, einäugig, einseitig, erlogen, falsch, gefärbt, gelogen, irreführend, nicht neutral, parteiisch, parteilich, unaufrichtig, unglaubhaft, unrichtig, unsachlich, unwahr, voreingenommen; *(geh.):* unwahrhaftig; *(bildungsspr.):* nicht objektiv, subjektiv; *(abwertend):* lügnerisch, tendenziös, verlogen.

verzetteln, sich
den Überblick/die Übersicht verlieren, sich mit Nebensächlichkeiten aufhalten, sich verlieren; *(ugs.):* hängen bleiben, sich verplempern.

verzichten
a) Ade sagen, aufgeben, nicht in Anspruch nehmen, Verzicht leisten/üben; *(geh.):* Abstand nehmen, sich enthalten, entsagen, preisgeben, zu Grabe tragen; *(ugs.):* sich abschminken, abschreiben, stecken, streichen, sich verabschieden von, sich verkneifen. **b)** ausklammern, auslassen, ausnehmen, aussparen, [beiseite]lassen, sich ersparen, sich schenken, übergehen, überschlagen, überspringen, unberücksichtigt lassen, vernachlässigen, wegfallen lassen; *(ugs.):* bleiben/sein lassen, einen [großen] Bogen machen, herauslassen, unter den Tisch fallen lassen, weglassen.

verziehen
überbehüten, verweichlichen, verwöhnen; *(ugs.):* verbilden, verkorksen, verpäppeln; *(abwertend):* verzärteln; *(oft abwertend):* [ver]hätscheln.

verziehen, sich
a) abziehen, aufhören, entweichen, fortziehen, hinausziehen, sich legen, nachlassen, verfliegen, sich verflüchtigen, vergehen, verschwinden, weiterziehen; *(geh.):* schwinden; *(ugs.):* weggehen. **b)** das Weite suchen, davongehen, sich entfernen, [fort]gehen, sich fortstehlen, verschwinden, weggehen, sich zurückziehen; *(ugs.):* sich abseilen, sich absetzen, sich aus dem Staub machen, ausreißen, sich davonmachen, die Platte putzen, sich fortmachen, Leine ziehen, sich scheren, sich trollen, sich verdrücken, verduften, sich verdünnisieren, sich verkrümeln, sich wegmachen, sich wegpacken, sich wegscheren; *(salopp):* abhauen, abschieben, absocken, abtrudeln, die Biege/Flatter/Fliege machen, die Kurve kratzen, sich verpissen, sich vom Acker machen.

verzieren
ausgestalten, ausschmücken, ausstaffieren, behängen, dekorieren, drapieren, garnieren, hübsch anrichten, schmücken, verschönen, verschönern; *(geh.):* [aus]zieren; *(ugs.):* aufmöbeln, aufpolieren; *(veraltend):* putzen; *(Jargon):* stylen.

Verzierung
Ausschmückung, Besatz, Dekor, Dekoration, Dessin, Garnierung, Garnitur, Muster, Rankenmuster, Schmuck, Schnörkel, Zierde; *(geh.):* Zierrat.

verzögern
anstehen lassen, aufschieben, ausdehnen, hinausschieben, hin[aus]ziehen, hinauszögern, in die Länge ziehen, verlängern, verschieben, verschleppen, vertagen, vor sich herschieben, zurückstellen; *(bildungsspr.):* retardieren; *(ugs.):* auf die lange Bank schieben, auf Eis legen.

verzögern, sich
auf sich warten lassen, dauern, sich hinausschieben, sich hin[aus]ziehen, sich hinaus-

zögern, später/verspätet/zu spät eintreten, sich verschieben, sich verspäten, Verspätung haben.

Verzögerung

1. Aufhaltung, Aufschub, Behinderung, Blockierung, Fristung, Fristverlängerung, Hemmung, Rückstand, Stundung, Unpünktlichkeit, Verlängerung, Verschiebung, Verschleppung, Verspätung, Vertagung, Verzug; *(schweiz.)*: Unterbruch; *(geh.)*: Aufenthalt; *(bildungsspr.)*: Retardation; *(Fachspr.)*: Moratorium.
2. Entschleunigung, Verlangsamung.

verzweifeln

alle Hoffnung fahren lassen, aufgeben, den Glauben/die Hoffnung/den Mut verlieren, sich die Haare raufen, die Hände ringen, hoffnungslos sein, keinen Ausweg sehen, keinen Rat wissen, mit seinem Latein/seiner Weisheit am Ende sein, mutlos sein, nicht [mehr] ein noch aus wissen, nicht mehr weiterwissen, sich nicht zu helfen wissen, ratlos sein, schwarzsehen, unglücklich/untröstlich/verzweifelt sein, verloren geben; *(geh.)*: verzagen; *(bildungsspr.)*: resignieren; *(ugs.)*: alles hinwerfen, es stecken, Trübsal blasen.

verzweifelt

a) aussichtslos, ausweglos, chancenlos, hoffnungslos, ohne Ausweg, ohne [jede] Chance, trostlos, unheilbar, unlösbar, unrettbar, verfahren; *(bildungsspr.)*: desperat. **b)** depressiv, deprimiert, entmutigt, hilflos, hoffnungslos, mit seinem Latein/seiner Weisheit am Ende, mutlos, niedergeschlagen, ohnmächtig, ratlos, traurig, trübsinnig, unglücklich, untröstlich, zum Heulen zumute; *(schweiz.)*: am Berg; *(geh.)*: kleinmütig, verzagt; *(bildungsspr.)*: resigniert; *(ugs.)*: geknickt; *(ugs. emotional verstärkend)*: kreuzunglücklich; *(salopp)*: aufgeschmissen; *(bildungsspr. abwertend)*: defätistisch.

GGS beherzt, frei von [allen] Sorgen, guter Dinge, lebensbejahend, optimistisch.

Verzweiflung

Depression, Depressivität, Gedrücktheit, Gefühl der Aussichtslosigkeit/Ausweglosigkeit, Hilflosigkeit, Hoffnungslosigkeit, Mutlosigkeit, Niedergeschlagenheit, Not, Ratlosigkeit, Resignation, Schwermut, Schwermütigkeit, Seelenschmerz, Trauer, Traurigkeit, Trübsinn; *(geh.)*: Bedrängnis, Gram, Trübsal, Verzagtheit; *(bildungsspr. abwertend)*: Defätismus.

verzweigen, sich

abgehen, sich abspalten, abzweigen, sich aufgliedern, auseinandergehen, auseinanderlaufen, auseinanderstreben, sich gabeln, sich gliedern, sich scheiden, sich spalten, sich trennen, sich [unter]teilen, sich verästeln; *(bildungsspr.)*: divergieren.

verzwickt

anspruchsvoll, haarig, heikel, kitzlig, knifflig, kompliziert, kritisch, misslich, problematisch, schwer, schwierig, undurchschaubar, verfänglich, verwickelt, verworren; *(bildungsspr.)*: delikat, diffizil, prekär; *(ugs.)*: brenzlig, mulmig, vertrackt, verzwackt.

Veteran

1. Altgedienter, Kriegsteilnehmer, Soldat.
2. alte Garde, Dienstältester, erfahrener/langjähriger Mitarbeiter, Getreuer, Gründervater, langjähriges Mitglied, Mann der ersten Stunde, Senior; *(scherzh.)*: Oldtimer.
3. altes Auto/Modell, Oldtimer.

Veteranin

1. Altgediente, Kriegsteilnehmerin, Soldatin.
2. Dienstälteste, erfahrene/langjährige Mitarbeiterin, Frau der ersten Stunde, Getreue, Gründermutter, langjähriges Mitglied, Seniorin.

Veto

Ablehnung, Einspruch, Einwand, Gegenstimme, Machtwort, Nein, Protest, Reklamation, Verbot, Verwahrung, Widerrede, Widerspruch, Widerstand, Zurückweisung; *(bildungsspr.)*: Intervention.

Vetternwirtschaft

Begünstigung, Bevorzugung; *(bildungsspr.)*: Nepotismus; *(ugs.)*: Schiebung; *(abwertend)*: Cousinenwirtschaft, Günstlingswirtschaft, Klüngelei.

vibrieren

[er]beben, erschüttern, erzittern, flattern, rütteln, schlottern, [sich] schütteln, schwingen, zittern; *(geh.)*: erbeben.

viel ↗

1. a) allerlei, dies[es] und jenes, dies und das, eine Menge/Vielzahl, einige, einiges, mancherlei, [so] manches, verschieden[erlei], Verschiedenes, vielerlei, vieles; *(geh.)*: ein gerüttelt Maß; *(bildungsspr.)*: Diverses, eine Pluralität; *(ugs.)*: allerhand, alles Mögliche, mehrerlei, ziemlich; *(veraltend)*: etliche, etliches. **b)** gar nicht wenig, in beträchtlicher Anzahl, in großer Auswahl/Menge/Zahl, in [Hülle und] Fülle, in Massen, in reichem Maße, massenweise, maßlos, mehr als genug/genügend, nicht zu knapp, noch und noch, reichlich; *(geh.)*: in erklecklicher Anzahl/Menge, zuhauf; *(ugs.)*: bis zum Abwinken, doppelt und dreifach, en masse, haufenweise, in rauen Mengen, massig, reihenweise, serienweise, wie Sand am Meer; *(emotional)*: dutzend-

fach, sattsam; *(oft emotional):* massenhaft; *(ugs. scherzh.):* noch und nöcher; *(oft abwertend):* übergenug, zur Genüge.
2. bedeutend, bei Weitem, beträchtlich, deutlich, durchaus, ein gutes Stück, enorm, erheblich, gehörig, gewaltig, immens, mächtig, sichtbar, sichtlich, um ein Beträchtliches, um einiges, um einiges/vieles, weit[aus], wesentlich, ziemlich; *(bildungsspr.):* signifikant; *(ugs.):* anständig, ordentlich; *(ugs. emotional):* kolossal.

vieldeutig
a) dehnbar, doppeldeutig, doppelsinnig, interpretationsfähig, mehrdeutig, missverständlich, nicht eindeutig/klar, rätselhaft, schillernd, unbestimmt, unklar, vage, verschwommen, zweideutig; *(bildungsspr.):* amphibolisch, äquivok, hermetisch, kontextabhängig, nebulös; *(bes. Fachspr.):* ambigue; *(Sprachwiss.):* homonym, polysem. **b)** anspielend, anzüglich, beredt, beziehungsvoll, demonstrativ, vielsagend; *(bildungsspr.):* ostentativ.

viele
das Gros, ein beträchtlicher/großer Prozentsatz, ein großer Teil der Bevölkerung, ein großer Teil [der Bürgerinnen und Bürger], ein Großteil, nicht nur Einzelne; *(oft abwertend):* die [breite] Masse.

vielerlei
a) allerlei, eine Menge, einige, mancherlei, mehrere, verschieden, verschiedenerlei, viele verschiedene; *(bildungsspr.):* diverse; *(ugs.):* allerhand, mehrerlei; *(veraltend):* allerart, etliche.
b) dies[es] und jenes, dies und das, eine Menge, viele verschiedene Dinge; *(ugs.):* alles Mögliche.

vielfach
1. mehrfach, mehrmalig, mehrmals, nicht nur einmal, oft, wiederholt; *(geh.):* tausendfältig; *(ugs.):* zigfach.
2. ↑vielfältig.

Vielfalt
breite Skala, Buntheit, Fülle, große Auswahl, großes Angebot, Klaviatur, Palette, Reichhaltigkeit, Reichtum, Universum, Variationsbreite, Verschiedenartigkeit, Vielfältigkeit, Vielgestaltigkeit; *(geh.):* Mannigfaltigkeit, Rausch; *(bildungsspr.):* Diversifikation, Diversität, Spektrum.

vielfältig
abwechslungsreich, allerlei, allseitig, bunt, reich, verschieden[artig], verschiedenerlei, vielerlei, vielfach, vielgestaltig, vielschichtig, vielseitig, von vielerlei Art; *(geh.):* mannigfach, mannigfaltig; *(bildungsspr.):* diverse; *(bildungsspr., Fachspr.):* multipel.

vielleicht ⚡
1. allenfalls, es besteht die Möglichkeit, es ist denkbar/möglich, es ist nicht auszuschließen, es kann sein, es liegt im Bereich des Möglichen, eventuell, gegebenenfalls, möglicherweise, unter Umständen, womöglich; *(nordd.):* am Ende.
2. circa, etwa, gegen, in etwa, rund, sagen wir [einmal], schätzungsweise, um ... herum, ungefähr, wohl; *(österr.):* beiläufig; *(bildungsspr.):* approximativ, präterpropter; *(ugs.):* an [die], Pi mal Daumen, so, über den Daumen gepeilt.

vielmals
1. bestens, ganz besonders [herzlich], sehr.
2. des Öfteren, häufig, immer wieder, mehrere Male, mehrmalig, mehrmals, nicht selten, oft, öfter, oftmals, ungezählte/unzählige/viele Male, wiederholt, zu vielen Malen; *(ugs.):* alle naselang, hundertmal, mehrfach, regelmäßig, tausendmal, vielfach, x-mal, zigmal; *(emotional):* dutzendfach, dutzendmal; *(veraltend):* etliche Male.

vielsagend
ausdrucksvoll, bedeutsam, bedeutungsvoll, inhaltsreich, vieldeutig, wissend.

vielseitig
1. a) an vielen Dingen interessiert, auf vielen Gebieten begabt/beschlagen/bewandert, für vieles aufgeschlossen, viele Dinge beherrschend. **b)** abwechslungsreich, allseitig, bunt, universell, verschieden[artig], viele Gebiete betreffend/umfassend, vielfältig; *(geh.):* mannigfach, mannigfaltig; *(bildungsspr.):* universal.
2. mehrfach, vielfach, von vielen [Personen].

vielsprachig
mehrsprachig; *(bildungsspr.):* multilingual, polyglott.

GGS einsprachig, monoglott, monolingual.

vielversprechend
aussichtsreich, aussichtsvoll, chancenreich, Erfolg versprechend, hoffnungsvoll, verheißungsvoll, zu Hoffnungen Anlass gebend; *(geh.):* vielverheißend; *(ugs.):* heiß; *(bes. österr.):* zielführend.

Vielzahl
Fülle, große [An]zahl, Legion, Masse, Menge, Reihe; *(schweiz.):* Harst; *(geh.):* Flut, Meer, Myriade; *(ugs.):* Haufen, Schwung; *(emotional verstärkend):* Unmenge, Unzahl; *(ugs. emotional verstärkend):* Unmasse.

Viereck
Quadrat, Rechteck.

viereckig
quadratisch, rechteckig.

Viertel
Gegend, Ortsteil, Stadtbezirk, Stadtteil.
vierteljährlich
alle drei Monate, alle Vierteljahre, quartalsweise.
violett
fliederblau, fliederfarben, fliederfarbig, lila, lilafarben, lilafarbig, veilchenblau, veilchenfarben, veilchenfarbig.
virtuos
ausgezeichnet, bravourös, brillant, erstklassig, erstrangig, grandios, hervorragend, meisterhaft, perfekt, phänomenal, unübertrefflich, vollendet, vollkommen, vortrefflich, vorzüglich; *(bildungsspr.):* exzellent, exzeptionell; *(ugs.):* glänzend, großartig; *(veraltend):* meisterlich.
virulent
aktiv, ansteckend, giftig, übertragbar.
Virus
1. Erreger, Krankheitserreger, Krankheitskeim; *(ugs.):* Bazille.
2. *(EDV):* Computervirus, Schadprogramm.
Vision
a) Augentäuschung, Bild der Fantasie, Einbildung, Erscheinung, Fata Morgana, Gesicht, Halluzination, optische Täuschung, Phantom, Sinnestäuschung, Trugbild, Trugwahrnehmung, Wahrnehmungstäuschung; *(bildungsspr.):* Phantasmagorie. b) Gedankenreise, Utopie, Vorstellung, Zukunftsbild, Zukunftstraum, Zukunftsvision.
visionär
prophetisch, seherisch, vorausschauend, voraussehend, weitblickend.
Visite
1. Arztvisite, Krankenhausvisite, Krankenvisite.
2. Besuch, Höflichkeitsbesuch; *(geh.):* Aufwartung; *(ugs.):* Stippvisite.
vital
1. aktiv, betriebsam, dynamisch, energiegeladen, lebendig, lebenskräftig, lebhaft, rege, rührig, tatkräftig, temperamentvoll, vollblütig, voller Lebenskraft; *(geh.):* nimmermüde, regsam; *(bildungsspr.):* agil, elanvoll; *(ugs.):* aufgedreht, putzmunter, quirlig; *(emotional):* quicklebendig; *(nordd., md.):* kregel.
2. ausschlaggebend, bestimmend, elementar, entscheidend, fundamental, grundlegend, lebenswichtig, sehr wichtig, von entscheidender Bedeutung/Wichtigkeit, wesentlich; *(bildungsspr.):* essenziell, substanziell.
Vitalität
Aktivität, Dynamik, Energie, Lebendigkeit, Lebensenergie, Lebensfreude, Lebenskraft, Lebhaftigkeit, Rührigkeit, Spannkraft, Tatkraft, Vollblütigkeit; *(geh.):* Regsamkeit; *(bildungsspr.):* Agilität, Elan; *(Jargon):* Power.
Vitrine
Auslage, Schaukasten, Schauvitrine.
vogelfrei
ausgeschlossen, ausgestoßen, entrechtet, gebannt, rechtlos, verstoßen; *(geh.):* verfemt; *(bildungsspr.):* exlex.
Vokabel
Ausdruck, Begriff, Benennung, Bezeichnung, Terminus, Wort.
Vokabular
1. Sprachschatz, Wortgut, Wortschatz; *(Sprachwiss.):* Lexik, Wortbestand.
2. Wörterverzeichnis, Wortindex.
Volk
1. Völkerschaft, [Volks]stamm.
2. Bevölkerung, Bürgerschaft, Einwohnerschaft, Gesamtbevölkerung, Staatsvolk; *(ugs.):* Nation; *(veraltend):* Population.
3. Allgemeinheit, breites Publikum, Leute, Menschen[menge], Öffentlichkeit, Volksmasse; *(oft abwertend):* die breite Masse.
Völkermord
Holocaust, Massenmord, Massenvernichtung, Shoah; *(bildungsspr.):* Genozid; *(verhüll.):* ethnische Säuberung.
Volksabstimmung
Volksbefragung; *(schweiz.):* Urnengang; *(bes. schweiz.):* Referendum.
Volksbefragung
Demoskopie, Enquete, Erhebung, Meinungsumfrage, Rundfrage, Umfrage, Untersuchung.
Volksentscheid ↑Volksabstimmung.
Volksfest
Jahrmarkt, Kirchweih[fest]; *(südd., österr.):* Kirchtag.
volkstümlich
1. folkloristisch, populär, volkskundlich.
2. allgemein verständlich, gemeinfasslich, gemeinverständlich, populär, volksnah.
Volksvertretung
Bundestag, Hohes Haus, Parlament; *(österr., schweiz.):* Nationalrat.
voll ≠
1. a) angefüllt, aufgefüllt, ausgefüllt, gefüllt, randvoll; *(ugs.):* gestopft voll. b) belegt, besetzt, vergeben; *(österr.):* komplett; *(ugs.):* proppenvoll; *(salopp):* bumsvoll.
2. dicklich, drall, füllig, mollig, rundlich, üppig; *(schweiz.):* fest; *(ugs.):* gut im Futter, kompakt,

pummelig; *(verhüll.)*: vollschlank; *(ugs. scherzh.)*: gut gepolstert.
3. a) ↑vollständig (a). **b)** ↑völlig. **c)** ↑sehr.

vollauf
absolut, ausnahmslos, ganz [und gar], rundherum, vollends, völlig, vollkommen, vollständig; *(schweiz.)*: durchs Band weg, vollumfänglich; *(ugs.)*: dicke, durch die Bank, durch und durch, hundertpro[zentig], total; *(emotional)*: restlos, zweifellos; *(nachdrücklich)*: gänzlich.

vollblütig
aktiv, dynamisch, energiegeladen, lebendig, lebhaft, rege, rührig, tatkräftig, temperamentvoll, vital, voller Leben/Tatendrang; *(geh.)*: nimmermüde, regsam; *(bildungsspr.)*: agil, elanvoll; *(ugs.)*: aufgedreht, putzmunter, quirlig; *(emotional)*: quicklebendig; *(nordd., md.)*: kregel.

vollbringen
abwickeln, ausführen, bewältigen, durchführen, erledigen, erreichen, fertigwerden, leisten, lösen, meistern, schaffen, unter Dach und Fach bringen, verrichten, verwirklichen, vollführen, zustande/zuwege bringen; *(schweiz.)*: bodigen; *(geh.)*: ins Werk setzen, wirken; *(bildungsspr.)*: realisieren; *(ugs.)*: auf die Reihe bringen/kriegen, deichseln, fädeln, hinbekommen, hinkriegen, in den Griff kriegen, managen, packen, schmeißen; *(salopp)*: fingern, schaukeln.

vollenden
abschließen, beenden, beendigen, beschließen, den letzten Schliff geben, erledigen, fertig machen, fertigstellen, letzte Hand anlegen, zu Ende bringen/führen, zum Abschluss bringen, zum Ende kommen; *(geh.)*: ein Ende bereiten/machen/setzen; *(ugs.)*: durchziehen, fertigkriegen, über die Bühne bringen.

vollendet ↑vollkommen (1).

vollends
ganz und gar, völlig, vollkommen, vollständig; *(ugs.)*: durch und durch, gründlich, total; *(emotional)*: restlos.

Vollendung
1. Abschluss, Ausführung, Beendigung, Beendung, Durchführung, Erledigung, Fertigstellung.
2. Erfüllung, Gipfel[punkt], Krone, Krönung.
3. ↑Vollkommenheit.

völlig
absolut, äußerst, ganz [und gar], größte, höchste, in jeder Beziehung/Hinsicht, in vollem Maße/Umfang, rundherum, unbedingt, uneingeschränkt, vollauf, vollkommen, vollständig, zur Gänze; *(schweiz.)*: durchs Band weg, vollumfänglich; *(ugs.)*: durch die Bank, durch und durch, hundertpro[zentig], rein, total, von A bis Z; *(emotional)*: restlos; *(nachdrücklich)*: gänzlich.

volljährig
erwachsen, mündig; *(veraltend)*: großjährig.

vollkommen
1. beispielhaft, Bilderbuch-, bravourös, einwandfrei, ideal, makellos, meisterhaft, mustergültig, musterhaft, optimal, perfekt, unübertrefflich, unübertroffen, vollendet, vorbildhaft, vorbildlich, wie im Bilderbuch; *(geh.)*: ohne Fehl [und Tadel]; *(bildungsspr.)*: in optima forma, par excellence; *(emotional)*: tadellos, Traum-; *(veraltend)*: meisterlich.
2. ↑völlig.

Vollkommenheit
Bravour, Makellosigkeit, Meistergültigkeit, meisterhaftes Können, Meisterhaftigkeit, Meisterschaft, Perfektion, Unübertrefflichkeit, Vollendetheit, Vollendung, Vorbildlichkeit.

Vollmacht
1. [Amts]befugnis, Bevollmächtigung, Blankovollmacht, Entscheidungsbefugnis, Ermächtigung, Genehmigung, Prokuration, Recht, Weisungsbefugnis; *(bildungsspr.)*: Autorisation, Carte blanche.
2. Kreditiv, Legitimation.

vollständig
a) erschöpfend, ganz, gesamt, komplett, lückenlos, voll; *(österr.)*: taxativ; *(schweiz.)*: vollumfänglich; *(bildungsspr.)*: exhaustiv, holotisch, in extenso, in toto. **b)** ↑völlig.

vollstrecken
ausführen, durchführen, erledigen, [in die Tat] umsetzen, verrichten, verwirklichen, vollführen; *(geh.)*: ins Werk setzen, vollbringen.

Vollstreckung
Ausführung, Durchführung, Erledigung, Umsetzung, Verrichtung, Verwirklichung, Vollführung; *(geh.)*: Vollbringung; *(bildungsspr.)*: Exekution.

Volltreffer
a) [Erfolgs]schlager, großer Wurf, Sensation; *(ugs.)*: Clou, Hammer, Hit, Knaller, Knüller, Treffer; *(Jargon)*: Highlight, Renner; *(ugs. emotional verstärkend)*: Superhit, Superrenner. **b)** das große Los, der erste Preis, Hauptgewinn, Hauptpreis, [Haupt]treffer; *(schweiz.)*: Gabe.

vollwertig
a) angemessen, ebenbürtig, entsprechend, gleich, gleichrangig, gleichwertig, passend, vollgültig; *(bildungsspr.)*: adäquat. **b)** biologisch, naturbelassen, naturrein, ohne Zusätze, unbehandelt.

vollzählig
ausnahmslos, einheitlich, geschlossen, in voller [An]zahl, sämtlich, vollständig; *(bildungsspr.):* in pleno, in toto; *(ugs.):* komplett; *(nachdrücklich):* gänzlich; *(bildungsspr. veraltend):* in summa.

vollziehen
abwickeln, ausführen, bewältigen, durchführen, erfüllen, erledigen, [in die Tat] umsetzen, verrichten, verwirklichen, vollführen; *(geh.):* ins Werk setzen, vollbringen; *(bildungsspr.):* exekutieren, realisieren; *(ugs.):* auf die Reihe bringen/kriegen, deichseln, durchziehen, managen, schmeißen, über die Bühne bringen; *(salopp):* schaukeln.

vollziehen, sich
ablaufen, abrollen, sich abspielen, sich abwickeln, sich entwickeln, sich ereignen, erfolgen, geschehen, laufen, passieren, seinen Verlauf nehmen, stattfinden, verlaufen, sich vollstrecken, vonstattengehen, vorgehen, vor sich gehen; *(geh.):* sich begeben, sich zutragen; *(ugs.):* abgehen, los sein, schnurren, über die Bühne gehen.

Vollzug
1. Abwicklung, Ausführung, Bewältigung, Durchführung, Erfüllung, Erledigung, Verrichtung, Verwirklichung; *(bildungsspr.):* Exekution, Realisierung.
2. Haftanstalt, JVA, Strafanstalt, Vollzugsanstalt; *(österr.):* Gefangenenhaus, Kotter; *(ugs.):* Kahn, Kittchen, Knast, Loch, Sing-Sing; *(Jargon):* Kiste.

Volumen
1. Fassungsvermögen, Kubikinhalt; *(österr., schweiz.):* Kubatur.
2. Ausmaß, Kapazität, Maß, Menge, Umfang; *(geh.):* Fülle.

voluminös
1. ausladend, breit, dick, gewaltig, gigantisch, groß, mächtig, massig, stattlich, umfangreich, üppig, von beachtlichem Ausmaß/Umfang, weit; *(bildungsspr.):* monumental, opulent; *(oft emotional):* monströs.
2. dickleibig, korpulent, rund, starkleibig, unförmig; *(schweiz.):* fest; *(geh.):* fettleibig, wohlbeleibt.

voneinander
a) einer vom anderen, eine von der anderen, eins vom anderen, gegenseitig, wechselseitig. b) auseinander, entfernt, extra, gesondert, getrennt, separat, weg.

vonnöten
erforderlich, geboten, nötig, notwendig, unabdingbar, unerlässlich, unumgänglich, unvermeidlich, zwingend; *(bildungsspr. veraltend):* obligat.

vonstattengehen ↑vollziehen, sich.

vorab
davor, erst, im Voraus, vor, vorher, zuerst, zunächst einmal, zuvor; *(bes. österr.):* im Vorhinein; *(schweiz.):* vorgängig; *(geh.):* vordem.

vor allem
besonders, hauptsächlich, in erster Linie, insbesondere, vor allen Dingen, vornehmlich, vorrangig, zumal.

voran
an der Spitze, vorn, vornan, vornean, vorneweg, vorweg.

vorangehen
1. an der Spitze gehen, [an]führen, voraneilen; *(geh.):* voranschreiten; *(ugs.):* vorgehen.
2. sich fortentwickeln, fortschreiten, Fortschritte machen, funktionieren, gedeihen, vorankommen, vorwärtskommen, sich weiterentwickeln, weiterkommen, weiterschreiten; *(geh.):* vor[an]schreiten; *(ugs.):* flutschen, funken, klappen, laufen, schnurren, vorwärtsgehen, wie am Schnürchen/wie geschmiert gehen; *(nordd.):* fluschen.
3. vorausgehen, vorhergehen; *(geh.):* voraufgehen.

vorantreiben
befördern, beschleunigen, einen Ruck geben, energisch betreiben, forcieren, fördern, vorwärtstreiben, weitertreiben; *(bildungsspr.):* akzelerieren, dynamisieren; *(ugs.):* Beine machen, Dampf machen.

vorarbeiten, sich
sich durcharbeiten, sich durchdrängen, sich durchkämpfen, sich einen Weg bahnen, sich hindurcharbeiten, sich vorkämpfen; *(ugs.):* sich durchbeißen, sich durchboxen.

vorausgehend
vorangegangen, vorherig, vorstehend.

voraussagbar
abschätzbar, absehbar, berechenbar, einschätzbar, erkennbar, erwartbar, erwartungsgemäß, kalkulierbar, taxierbar, vorausberechenbar, voraussehbar, vorauszusehen, vorhersagbar, vorhersehbar, vorherzusehen, zu erwarten; *(bildungsspr.):* prädiktabel.

Voraussage
Ankündigung, Berechnung, Erwartung, Kalkulation, Orakel, Prophezeiung, Spekulation, Tipp, Vorausberechnung, Vorhersage, Wahrsagung, Weissagung; *(geh.):* Prophetie, Verheißung, Ver-

kündung; *(bildungsspr.):* Kalkül; *(Fachspr.):* Prognose.

voraussagen
abschätzen, absehen, ahnen, ankündigen, ausgehen von, [sich] ausrechnen, sich denken, einschätzen, erkennen, ermessen, erwarten, hellsehen, kalkulieren, kommen sehen, orakeln, prophezeien, rechnen mit, spekulieren, unken, vermuten, vorausahnen, vorausbestimmen, voraussehen, vorhersagen, vorhersehen, weissagen; *(geh.):* verheißen, verkünden; *(ugs.):* sich an den [fünf, zehn] Fingern abzählen; tippen, [sich] zusammenreimen; *(Fachspr.):* prognostizieren.

vorausschicken
einführend bemerken/erläutern/erklären, voranstellen, vorsetzen, vorwegnehmen; *(bildungsspr.):* präponieren.

voraussehen ↑voraussagen.

voraussetzen
a) [als gegeben] annehmen, ausgehen von, denken, erwarten, glauben, meinen, rechnen, unterstellen, vermuten, zugrunde legen; *(bildungsspr.):* [prä]supponieren. **b)** beanspruchen, bedingen, benötigen, brauchen, erforderlich sein, erfordern, erzwingen, gehören, in Anspruch nehmen, kosten, nötig haben, notwendig machen, verlangen; *(geh.):* bedürfen, gebieten.

Voraussetzung
a) Annahme, Ausgangspunkt, Bedingungen, Erwartung, Fundament, Grundlage, Hintergrund, Kondition, Spekulation, Unterstellung, Vermutung, Vorstellung; *(geh.):* Mutmaßung; *(bildungsspr.):* Basis, Prämisse, Supposition, These; *(Wissensch.):* Arbeitshypothese.

BSP Die Anschuldigungen entbehren jeder Grundlage. Die Prämissen der Planung sind folgende: ...

b) ↑Vorbedingung.

voraussichtlich
allem Anschein nach, aller Voraussicht/Wahrscheinlichkeit nach, anscheinend, bestimmt, geschätzt, gewiss, höchstwahrscheinlich, mit ziemlicher Sicherheit, nach menschlichem Ermessen, schätzungsweise, sicher[lich], vermutlich, wahrscheinlich, wohl; *(geh.):* mutmaßlich.

Vorbedingung
Bedingung, Erfordernis, Gebot, Grundlage, Klausel, Kondition, Muss, Notwendigkeit, Voraussetzung, Vorbehalt; *(bildungsspr.):* Basis, Kriterium, Prämisse.

BSP Bedingung dafür ist ... Die Kriterien für die Auswahl waren streng.

Vorbehalt
a) Auflage, Bedingung, Einschränkung, Klausel, Kondition, Voraussetzung; *(bildungsspr.):* Prämisse. **b)** Aber, Abstriche, Bedenken, Einspruch, Einwand, Gegenmeinung, Kritik, Protest, Skepsis, Skrupel, Zweifel; *(ugs.):* Magenschmerzen.

vorbehalten, sich
sich ausbedingen, sich ausbitten, in Erwägung ziehen, sich offenhalten, sich offenlassen; *(veraltend):* sich bedingen.

vorbehaltlos
absolut, bedenkenlos, bedingungslos, grenzenlos, guten/ruhigen Gewissens, ohne Weiteres, ohne Wenn und Aber, rückhaltlos, schrankenlos, unbedingt, unbegrenzt, unbeschränkt, uneingeschränkt, vertrauensvoll.

vorbei
1. [da]neben, über ... hinweg, vorüber.
2. abgelaufen, beendet, dahin, [der] Vergangenheit [angehörig], erloschen, fertig, gestorben, [her]um, lange her, verblüht, vergangen, zu Ende; *(geh.):* verflossen, verstrichen; *(ugs.):* aus, durch, Ende, ex, gegessen, passé, rum; *(salopp):* futsch; *(ugs. scherzh.):* seligen Angedenkens.

vorbeigehen
1. a) entlanggehen, passieren, vorbeikommen, vorübergehen, vorüberkommen; *(ugs.):* entlanglaufen. **b)** danebengehen, hinausschießen, missglücken, nicht einschlagen/treffen, verfehlen; *(geh.):* fehlgehen; *(ugs. scherzh.):* vorbeigelingen. **c)** entlangführen, sich entlangziehen, sich hinziehen, verlaufen, vorbeiführen, vorüberführen.
2. aufsuchen, besuchen, einen [kurzen] Besuch abstatten/machen, hereinsehen, sich hinbegeben, kommen, vorbeischauen, vorbeisehen; *(ugs.):* hereinschauen, hineinschauen, laufen, reinschauen, reinsehen, vorbeifahren, vorbeikommen; *(scherzh.):* überfallen.
3. dahineilen, dahinfliegen, enden, hingehen, ins Land gehen/ziehen, vergehen, verrauchen, vorübergehen, zu Ende gehen; *(geh.):* dahingehen, dahinschwinden, rinnen, verfliegen, verfließen, verrinnen, verstreichen; *(dichter.):* entrinnen; *(ugs.):* herumgehen.

vorbeikommen
1. durchfahren, durchkommen, durchqueren, durchreisen, entlanggehen, passieren, vorbeigehen, vorübergehen, vorüberkommen.
2. sich durcharbeiten, sich durchdrängen, sich durchquetschen, überwinden; *(ugs.):* vorbeikönnen.
3. ↑vorbeigehen (2).

V
vor

vorbeischießen
danebengehen, danebenschießen, nicht einschlagen/treffen, verfehlen, vorbeigehen; *(geh.):* fehlgehen; *(ugs.):* danebenhauen; *(Sport):* vergeben.

Vorbemerkung
einführende/einleitende Worte, Einführung, Einleitung, Geleit[wort], Prolog, Vorrede, Vorspann, Vorwort.

vorbereiten
a) abrichten, anleiten, anlernen, ausbilden, befähigen, dressieren, einführen, einstudieren, eintrainieren, einweisen, fortbilden, in die Lage versetzen, informieren, instruieren, qualifizieren, schulen, trainieren, unterrichten, vertraut machen; *(geh.):* unterweisen; *(bildungsspr.):* präparieren; *(ugs.):* bimsen, trimmen; *(nachdrücklich):* ins Bild setzen. **b)** anrichten, [auf]bereiten, bereit machen, bereitstellen, einstellen, fertig machen, herrichten, machen, zubereiten, zurechtmachen; *(bes. südd., österr., schweiz.):* richten. **c)** anbahnen, anknüpfen, anspinnen, arrangieren, einleiten, in die Wege leiten, in Gang bringen, organisieren, planen; *(bildungsspr.):* initiieren; *(ugs.):* aushecken, austüfteln, einfädeln; *(abwertend):* anzetteln.

vorbereiten, sich
a) sich aneignen, sich antrainieren, sich einarbeiten, sich einstellen, sich einstimmen, einstudieren, sich ins Bild setzen, lernen, proben, studieren, trainieren, [sich] üben; *(geh.):* sich bereiten, sich rüsten, sich wappnen; *(bildungsspr.):* sich präparieren; *(ugs.):* sich daranmachen, sich daransetzen, pauken; *(fam.):* sich auf den Hosenboden setzen; *(Sport):* arbeiten. **b)** sich abzeichnen, sich anbahnen, sich andeuten, sich ankündigen, aufkeimen, aufkommen, aufziehen, sich [aus]bilden, entstehen, sich entwickeln, sich erheben, erwachsen, sich formen, sich heranbilden, sich regen, seine Schatten vorauswerfen, sich zusammenbrauen; *(geh.):* aufglimmen, aufsteigen, erwachen.

vorbereitet
a) abfahrbereit, abmarschbereit, [alarm]bereit, betriebsbereit, betriebsfähig, [betriebs]fertig, einsatzbereit, einsatzfähig, gerichtet, griffbereit, in Bereitschaft, parat, reisefertig, so weit, startbereit, startfertig, startklar, zur Hand, zur Stelle, zur Verfügung; *(geh.):* gerüstet; *(bildungsspr.):* disponibel; *(ugs. scherzh.):* gestiefelt und gespornt. **b)** eingestellt auf, erprobt, gefasst, geübt, gewärtig, im Bilde.

Vorbereitung
Aufbau, Organisation; *(Sport):* Warm-up.

vorbestellen
bestellen, buchen, reservieren [lassen], sich sichern, vormerken lassen.

vorbestimmt
a) gottgegeben, naturgegeben, naturgesetzlich, schicksalhaft, unausweichlich, vom Schicksal bestimmt, vorherbestimmt; *(geh.):* unentrinnbar; *(bildungsspr.):* prädeterminiert. **b)** auserwählt, befähigt, begabt, berufen, geeignet, geschaffen, talentiert, tauglich; *(bildungsspr.):* prädestiniert.

vorbeugen
sich absichern, bedacht sein, bedenken, denken an, frühzeitig/im Voraus planen, sich kümmern, Sicherheitsmaßnahmen/Sicherheitsvorkehrungen treffen, [sich] sichern, sicherstellen, sorgen für, vorausschauen, vorbauen, Vorkehrungen treffen, vorsorgen, Vorsorge treffen, zuvorkommen; *(schweiz.):* vorkehren; *(geh.):* Sorge tragen.

vorbeugend
im Vorfeld, sicherheitshalber, verhütend, vorsorglich; *(bildungsspr.):* präventiv, prophylaktisch; *(ugs.):* auf Verdacht; *(Fachspr.):* präservativ; *(bes. Fachspr.):* prohibitiv.

Vorbild
a) Archetyp, Beispiel, Modell, Muster, Original, Schablone, Urbild, Urgestalt, Urtyp, Vorlage; *(bildungsspr.):* Paradigma, Prototyp; *(bildungsspr. veraltend):* Exempel. **b)** Abgott, Abgöttin, Held, Heldin, Ideal[bild], Idealtyp[us], Idee, Idol, Inbegriff, Lehrer, Lehrerin, Leitbild, Leitfigur, Mentor, Mentorin, Musterbeispiel, Richtschnur, Verkörperung, Wunschbild, Ziehvater; *(geh.):* Inbild, Lehrmeister, Lehrmeisterin; *(bildungsspr.):* Heros, Heroin, Inkarnation, Personifikation.

vorbildlich
a) beispielgebend, beispielhaft, Bilderbuch-, einwandfrei, hervorragend, ideal, korrekt, makellos, meisterhaft, mustergültig, musterhaft, nachahmenswert, nachahmungswürdig, nacheifernswert, optimal, perfekt, richtig, untadelig, vollendet, vollkommen, vorbildhaft, vortrefflich, wie im Bilderbuch; *(geh.):* ohne Fehl [und Tadel]; *(bildungsspr.):* exemplarisch, in optima forma, par excellence; *(ugs.):* ein Traum von, picobello, tipptopp; *(emotional):* tadellos, Traum-; *(veraltend):* meisterlich; *(bildungsspr. veraltend):* comme il faut. **b)** anständig, artig, brav, gehorsam, gesittet, lieb, moralisch, ordentlich, redlich, sittlich, tüchtig, tugendhaft; *(veraltend):* rechtschaffen.

Vorbote
Anhaltspunkt, Ankündigung, Anzeichen, Bote,

Prophet, Signal, Vorbedeutung, Vorläufer, Vorzeichen, Warnsignal, [Warn]zeichen; *(bildungsspr.):* Auspizium, Omen.

vorbringen

a) anbringen, anführen, anmelden, aufführen, aufzählen, äußern, aussprechen, bekunden, berichten, darlegen, darstellen, einbringen, einreichen, erklären, erwähnen, geltend machen, herantragen, mitteilen, nennen, präsentieren, verlautbaren, verlauten [lassen], vorlegen, vorsetzen, vortragen, wissen lassen, zur Sprache bringen; *(geh.):* ins Feld/Treffen führen, kundtun, unterbreiten, verkünden; *(bildungsspr.):* artikulieren, dokumentieren, verbalisieren; *(ugs.):* [aufs Tapet] bringen; *(salopp):* auffahren.

BSP Er wollte offenbar noch etwas mitteilen. In unserem Referat werden wir viele Fakten präsentieren.

b) ausstoßen, herausbringen, hervorbringen, von sich geben; *(ugs.):* herauskriegen, produzieren, rausbringen, rauskriegen.

vordem

bis dahin, damals, davor, ehemals, einmal, früher, in früheren Zeiten, seinerzeit, sonst [immer], vorher, zuerst, zunächst, zuvor; *(geh.):* ehedem, einst; *(dichter.):* vorzeiten.

Vordergrund

im Vordergrund stehen

sich behaupten, das Übergewicht haben, den Ausschlag geben, den Ton angeben, die Mehrheit ausmachen, die Mehrheit bilden, die Oberhand gewinnen, Einfluss haben, ins Gewicht fallen, tonangebend sein; *(bildungsspr.):* prädominieren.

vordergründig

dünn, durchschaubar, durchsichtig, faul, gehaltlos, gewöhnlich, inhaltsleer, nichtssagend, nicht wesentlich, oberflächlich, ohne Tiefgang, unbedeutend, unglaubhaft, unglaubwürdig, vorgeschoben; *(bildungsspr.):* substanzlos, trivial; *(abwertend):* abgeschmackt, billig, dürftig, fadenscheinig, flach, hohl, kläglich, leer, platt, plump, seicht; *(bildungsspr. abwertend):* banal.

Vorderseite

Fassade, Front[seite], Schauseite, Stirnseite.

vordrängeln, sich

sich durchzwängen, sich einen Weg bahnen.

vordrängen, sich

Aufmerksamkeit erregen, sich in den Mittelpunkt schieben, sich in den Vordergrund drängen/schieben, sich in Szene setzen, prahlen, viel Aufhebens von sich machen; *(ugs.):* die große/eine Schau abziehen, sich produzieren.

vordringen

a) sich bohren, sich durcharbeiten, durchbrechen, [durch]dringen, sich einen Weg bahnen, [hin]eindringen, [hinein]gelangen, vorstoßen, sich Zutritt verschaffen; *(bildungsspr.):* penetrieren. b) an die Öffentlichkeit dringen/kommen, bekannt werden, durchdringen, durchsickern, sich herumsprechen, in Umlauf kommen/sein, kursieren, Schlagzeilen machen, umgehen, umlaufen, zirkulieren; *(bildungsspr.):* publik werden.

vordringlich

akut, an erster Stelle, bedeutend, bedeutsam, brennend, drängend, dringend, dringlich, eilig, erstrangig, gewichtig, in erster Linie, übergeordnet, unaufschiebbar, unerlässlich, unumgänglich, vornehmlich, vorrangig, wesentlich, wichtig, zentral; *(geh.):* vornehm; *(bildungsspr.):* primär, relevant.

Vordruck

Antrag, [Form]blatt, Formular, [Frage]bogen, Papier, Zettel; *(österr.):* Drucksorte.

voreilig

eilig, früh[zeitig], übereilt, überhastet, überstürzt, unbedacht, unbesonnen, unüberlegt, verfrüht, vorschnell, zu früh/schnell; *(geh.):* eilfertig; *(ugs.):* übers Knie gebrochen.

GGS abgewogen, ausgeklügelt, ausgereift, mit Umsicht, wohlbedacht.

voreingenommen

befangen, einäugig, einseitig, gefärbt, nicht neutral, parteiisch, parteilich, unsachlich, verblendet, verrannt, verzerrt, voller Vorurteile; *(bildungsspr.):* nicht objektiv, subjektiv; *(abwertend):* engstirnig, tendenziös.

vorenthalten

a) aberkennen, absprechen, abstreiten, entziehen, nicht geben/gewähren, sperren, verwehren, verweigern, zurückweisen; *(geh.):* nicht zuteilwerden lassen, versagen. b) für sich behalten, sich in Schweigen hüllen, totschweigen, unterdrücken, unterschlagen, verbergen, verheimlichen, verschweigen; *(geh.):* verhehlen.

vorerst

a) behelfsmäßig, behelfsweise, bis auf Weiteres, fürs Erste, kommissarisch, provisorisch, vorläufig, vorübergehend, zeitweilig, zunächst [einmal]; *(geh.):* einstweilen; *(bildungsspr.):* ad interim, interimistisch; *(ugs.):* erst mal, zunächst mal. b) als Erstes, am Anfang, anfänglich, anfangs, eingangs, erst, ursprünglich, zuerst, zunächst; *(bildungsspr.):* initial.

Vorfahre, Vorfahrin
Stammvater, Stammmutter, [Ur]ahn, [Ur]ahne; *(geh.):* die Altvordern.

Vorfall
Affäre, Angelegenheit, Anlass, Episode, Ereignis, Erlebnis, Erscheinung, Fall, Sachverhalt, Sensation, Szene, Veranstaltung, Vorgang, Vorkommnis, Zwischenfall; *(geh.):* Begebenheit, Geschehen, Geschehnis, Schauspiel; *(bildungsspr.):* Phänomen; *(ugs.):* Chose, Geschichte.

vorfallen
ablaufen, sich abspielen, auftreten, dazwischenkommen, eintreten, sich ereignen, erfolgen, geschehen, laufen, sein, stattfinden, sich tun, verlaufen, sich vollziehen, vonstattengehen, vorgehen, vor sich gehen, zugehen, zustoßen; *(geh.):* sich begeben, sich zutragen.

BSP In den großen Konzernen spielt sich vieles hinter den Kulissen ab. In der Schule hat sich heute nichts Besonderes ereignet.

vorfinden
antreffen, entdecken, finden, sehen, stoßen auf.

Vorfreude
gespannte Erwartung, Gespanntheit, Neugierde, Spannung, Ungeduld.

vorfühlen
sich umhören, sich umsehen, vorsichtig erforschen/erkunden/in Erfahrung bringen, sich vortasten; *(bildungsspr.):* das Terrain sondieren; *(ugs.):* [seine/die] Fühler ausstrecken.

vorführen
a) demonstrieren, Einblick geben, zeigen. **b)** bekannt machen, präsentieren, sehen lassen, vorstellen, [vor]zeigen. **c)** aufführen, zum Besten geben; *(geh.):* darbieten; *(ugs.):* vormachen.

Vorführung
1. Demonstration, Schauwerkstatt; *(bildungsspr.):* Präsentation.
2. Aufführung, Darbietung, Nummer, Schaustellung, Vorstellung.

Vorgang
Ablauf, Entwicklung, Gang, Hergang, Lauf, Prozess, Verlauf; *(geh.):* Geschehen, Geschehnis.

vorgaukeln
den Anschein geben, einen falschen Eindruck erwecken, goldene Berge versprechen, kleinrechnen, vorgeben, vorspiegeln, vorspielen.

vorgeben
1. simulieren; so tun, als ob; vorgaukeln, vorschützen, vorspiegeln, vortäuschen; *(ugs.):* faken, markieren; *(EDV):* virtualisieren.
2. ansetzen, bestimmen, festlegen, verbindlich machen, vorschreiben.

vorgefasst
auf Vorurteilen beruhend, feststehend.

Vorgefühl
Ahnung, Gefühl, Gespür, innere Stimme, Intuition, sechster Sinn, Vorahnung; *(geh.):* Eingebung; *(ugs. scherzh.):* Animus; *(salopp):* Riecher.

vorgehen
1. vorausgehen.
2. a) angehen, durchgreifen, einschreiten, Maßnahmen ergreifen, unternehmen. **b)** anfassen, behandeln, einen Weg einschlagen, handeln, tätig sein/werden, umgehen, verfahren, sich verhalten; *(geh.):* schalten, zu Werke gehen; *(bildungsspr.):* agieren, operieren; *(ugs.):* anpacken.
3. ablaufen, sich abspielen, sich ereignen, erfolgen, geschehen, stattfinden, sich tun, sich vollziehen, vonstattengehen, vorfallen, vor sich gehen; *(geh.):* sich begeben, sich zutragen.
4. als dringender/wichtiger betrachtet werden, dringender/wichtiger sein, mehr bedeuten, Vorrang haben; *(bildungsspr.):* Priorität haben.

Vorgesetzter, Vorgesetzte
Abteilungsleiter, Abteilungsleiterin, Chef, Chefin, Direktor, Direktorin.

vorgreifen
a) zuvorkommen. **b)** vorweggreifen, vorwegnehmen; *(bildungsspr.):* antizipieren.

vorhaben
beabsichtigen, denken, die Absicht haben, entschlossen sein, gedenken, im Auge haben, im Sinn haben, intendieren, sich mit dem Gedanken tragen, planen, wollen.

BSP Ich beabsichtige am Wochenende eine Fahrradtour zu machen. Diesen Effekt hatte ich [damit] gar nicht intendiert.

Vorhaben
Absicht, Bestreben, Gedanke, Intention, Plan, Projekt, Vorsatz, Wille, Ziel[setzung].

vorhalten
Vorhaltungen/Vorwürfe machen, vorwerfen; *(geh.):* verweisen; *(ugs.):* unter die Nase reiben.

Vorhaltung
Anklage, Anschuldigung, Beschuldigung, Klage, Vorwurf; *(geh.):* Vorstellung.

vorhanden
bestehend, da, existent, existierend, gegeben, lieferbar, parat, verfügbar, vorrätig, zur Verfügung stehend; *(bildungsspr.):* disponibel.

Vorhang
Gardine, Portiere, Store.

vorher
davor, erst, im Vorfeld, vorauf, voraus, zuerst, zuvor; *(schweiz.):* vorgängig; *(geh.):* vordem.

Vorherrschaft
Dominanz, Führerschaft, Führung, Hegemonie, Übergewicht, Überlegenheit, Übermacht, Vormacht[stellung]; *(bildungsspr.):* Prädomination, Präponderanz, Primat.

vorherrschen
beherrschen, bestimmen, das Übergewicht haben, dominieren, im Vordergrund stehen, prägen, regieren, überwiegen, vorwiegen; *(bildungsspr.):* prädominieren.

Vorhersage
Prophezeiung, Voraussage, Weissagung; *(geh.):* Prophetie, Verkündung; *(Fachspr.):* Prognose.

vorhersagen
ankündigen, prophezeien, voraussagen, weissagen; *(geh.):* verkünden; *(ugs.):* orakeln; *(Fachspr.):* prognostizieren.

vorhersehbar
absehbar, voraussehbar, vorauszusehen.

vorhersehen
absehen, im Voraus erkennen, kommen sehen, voraussehen.

vorhin
[gerade] eben, kürzlich, vor Kurzem, vor wenigen Augenblicken/Minuten/Stunden.

Vorkämpfer, Vorkämpferin
Avantgardist, Avantgardistin, Wegbereiter, Wegbereiterin; *(geh.):* Bannerträger, Bannerträgerin; *(bildungsspr.):* Pionier, Pionierin, Protagonist, Protagonistin; *(ugs.):* Vorreiter, Vorreiterin.

vorknöpfen, sich
die Meinung sagen, eine Lektion/Rüge erteilen, Fraktur reden, maßregeln, rügen, zurechtweisen; *(ugs.):* auf die Finger klopfen, aufs Dach steigen, Bescheid sagen, den Kopf waschen, die Leviten lesen, einen Rüffel/eine Zigarre geben.

vorkommen
1. sich einstellen, eintreten, sich ereignen, erfolgen, sich ergeben, geschehen, passieren, vorfallen; *(geh.):* sich begeben, sich zutragen; *(südd., österr., schweiz.):* aufscheinen.
2. auftauchen, auftreten, erscheinen, in Erscheinung treten, vorhanden/zu finden sein.
3. anmuten, aussehen, sich darstellen, den Eindruck erwecken/machen, [er]scheinen, sich präsentieren, wirken; *(geh.):* sich darbieten.

Vorkommnis
Affäre, Episode, Ereignis, Fall, Sache, Vorfall, Vorgang, Zwischenfall; *(geh.):* Begebenheit, Geschehen, Geschehnis; *(bildungsspr.):* Kasus.

vorladen
beordern, bestellen, kommen lassen, zitieren; *(geh.):* bescheiden; *(bildungsspr.):* vozieren.

Vorladung
Beorderung, Zitierung.

Vorlage
1. Antrag, Entwurf, Vorschlag.
2. Grundlage, Modell, Muster, Prototyp, Schablone; *(EDV):* Dokumentvorlage, Template.

Vorläufer, Vorläuferin
Vorbote, Vorbotin, Wegbereiter, Wegbereiterin; *(bildungsspr.):* Archeget, Pionier, Pionierin; *(ugs.):* Vorreiter, Vorreiterin.

vorläufig
bis auf Weiteres, fürs Erste, nicht endgültig, provisorisch, vorerst, vorübergehend, zeitweilig, zunächst [einmal]; *(geh.):* einstweilen; *(bildungsspr.):* ad interim, interimistisch.

vorlaut
altklug, dreist, frech, keck, kess, naseweis, vorwitzig.

vorlesen
aufsagen, [laut] lesen, rezitieren, verlesen, vortragen; *(geh.):* zu Gehör bringen.

Vorliebe
Hang, Interesse, Neigung, Schwäche; *(österr.):* Animo; *(geh.):* Herzensneigung; *(bildungsspr.):* Faible, Inklination, Präferenz.

vorliebnehmen
sich begnügen, sich zufriedengeben, zufrieden sein; *(geh.):* sich bescheiden.

vorliegen
a) sich in jmds. Händen befinden, vorgelegt/vorhanden sein, zur Verfügung stehen. b) bestehen, da sein, existieren, geben, vorhanden sein.

vormachen
1. a) anleiten, anweisen, erklären, instruieren, unterrichten, vertraut machen, zeigen; *(geh.):* unterweisen. b) demonstrieren, deutlich machen, veranschaulichen, verdeutlichen, vor Augen führen, vorführen; *(bildungsspr.):* illustrieren.
2. blenden, heucheln, vorspielen.

Vormachtstellung
Dominanz, führende Rolle, Führerschaft, Hegemonie, Überlegenheit, Übermacht, Vorherrschaft, Vorrangstellung; *(geh.):* Souveränität; *(bildungsspr.):* [Prä]domination, Präpotenz, Primat, Superiorität.

vormals
anno dazumal, damals, derzeit, ehemals, einmal, früher, in früheren Zeiten, in jenen Tagen, in jener Zeit, seinerzeit, zu jener Zeit; *(geh.):* ehedem, einst; *(dichter.):* vor langen Zeiten.

vormerken
belegen, besetzen, buchen, frei halten, offenhalten, offenlassen, reservieren, vorbestellen.

vormittags
a) am Vormittag, im Verlauf des Vormittags, morgens, vormittägig, während des Vormittags; *(geh.):* in der Frühe; *(südd., österr.):* in der Früh.
b) immer am Vormittag, jeden Vormittag.

vorn
a) auf der vorderen Seite, auf der Vorderseite, im vorderen Teil, im Vordergrund; *(ugs.):* vorne.
b) an der Spitze, voraus, vor den anderen, vorneweg; *(ugs.):* vorne, vornedran.

Vorname
Name, Rufname.

vornehm
1. a) adlig, aristokratisch, [hoch]herrschaftlich, hochnobel, hoffähig, hoheitsvoll, nobel; *(geh.):* erhaben, erlaucht; *(bildungsspr.):* distinguiert. **b)** aufmerksam, charmant, gefällig, gentlemanlike, gewandt, höflich, kavaliersmäßig, kultiviert, ladylike, manierlich, ritterlich, zuvorkommend; *(bildungsspr.):* chevaleresk.
2. ausgesucht, ausgewählt, ausgezeichnet, elegant, erstklassig, exklusiv, exquisit, fein, feudal, geschmackvoll, herausragend, hervorragend, hochwertig, kostbar, von bester/erster/höchster Qualität, vortrefflich, vorzüglich, wertvoll; *(geh.):* edel, erlesen; *(bildungsspr.):* exzellent.

vornehmen, sich
a) beabsichtigen, den Entschluss fassen, die Absicht haben/hegen, entschlossen sein, gedenken, gewillt sein, im Auge haben, im Sinn haben, sich in den Kopf setzen, ins Auge fassen, intendieren, sich mit dem Gedanken tragen, planen, vorhaben, zum Ziel setzen. **b)** anherrschen, ausschimpfen, die Meinung sagen, maßregeln, rügen, tadeln, zurechtweisen; *(ugs.):* anbrüllen, andonnern, anpfeifen, den Kopf waschen, die Leviten lesen; *(abwertend):* anschreien.

Vorrang
Erstrangigkeit, größere Bedeutung, größerer Stellenwert, höhere Dringlichkeit, höherer Rang, höhere Wichtigkeit; *(bildungsspr.):* Prädominanz, Präzedenz, Primat, Priorität.

Vorrat
Bestand, Ersparnis[se], Fettpolster, Fonds, Fundus, Grundstock, Inventar, Lager, Reserve, Rücklage, Substanz; *(bildungsspr.):* Ressource.

vorrätig
erhältlich, käuflich, lieferbar, verfügbar, vorhanden; *(bildungsspr.):* disponibel.

Vorrecht
Erstrecht, Sonderrecht, Vergünstigung, Vorzug, Vorzugsrecht; *(bildungsspr.):* Privileg.

vorrücken
a) aufrücken, das Klassenziel erreichen, in die nächste Klasse kommen, vorankommen, weiterkommen; *(Sport):* aufsteigen. **b)** anfallen, angreifen, eine Offensive einleiten/starten, entgegentreten, vorpreschen, zum Angriff/zur Offensive übergehen; *(geh.):* zu Felde ziehen.

vorsagen
einflüstern, soufflieren, vorsprechen, zuflüstern; *(bes. südd., österr.):* einsagen.

Vorsatz
Absicht, Bestreben, Entscheid, Entschluss, Gedanke, Intention, Plan, Vorhaben, Wille, Wollen, Ziel, Zielsetzung, Zielvorstellung.

vorsätzlich
absichtlich, absichtsvoll, beabsichtigt, bewusst, bezweckt, geplant, gewollt, intendiert, mit Absicht/Bedacht/Vorsatz, mutwillig, wissentlich, wohlweislich; *(geh.):* willentlich.

Vorschau
[Programm]überblick, [Programm]übersicht, Vorankündigung, Vorausblick, Vorblick.

Vorschein

zum Vorschein kommen
sich abzeichnen, sich anbahnen, ans Licht kommen, aufkeimen, auflodern, auftauchen, sich entfalten, sich entspinnen, sich herauskristallisieren, hervortreten, im Anzug sein, in Erscheinung treten, offenbar werden, sichtbar werden, sich zeigen, sich zusammenbrauen, zutage kommen, zutage treten; *(geh.):* erwachen, sich regen.

vorschieben
als Vorwand nehmen, anführen, Ausflüchte machen, Ausreden vorbringen, sich berufen, sich beziehen, geltend machen, sich herauslügen, sich herausreden, heucheln, simulieren, sich verschanzen, vorgaukeln, vorgeben, vorschützen; *(bildungsspr.):* fingieren.

vorschießen
auslegen, einen Vorschuss gewähren, vorauszahlen, vorlegen, vorstrecken.

Vorschlag
Angebot, Anregung, Empfehlung, Fingerzeig, Hilfestellung, Hinweis, Rat[schlag], Tipp, Wink.

vorschlagen
a) anbieten, ans Herz legen, ein Angebot/einen Vorschlag machen, ein Angebot/einen Vor-

schlag unterbreiten, empfehlen, herantragen, nahelegen, vorbringen, zur Diskussion stellen.

BSP An die Regierung wurden verschiedene Wünsche herangetragen. Ich stelle diese These zur Diskussion.

b) aufstellen, benennen, berufen, bestimmen, empfehlen, nennen, nominieren, vorsehen; *(schweiz.):* portieren; *(geh.):* ausersehen, auserwählen; *(bildungsspr.):* designieren.

vorschnell
eilig, früh[zeitig], übereilt, überhastet, überstürzt, unbedacht, unüberlegt, verfrüht, voreilig, zu früh/schnell; *(geh.):* eilfertig.

vorschreiben
anordnen, anweisen, auferlegen, befehlen, bestimmen, dekretieren, erlassen, festlegen, festsetzen, regeln, verfügen, verhängen, verordnen, vorgeben; *(bildungsspr.):* diktieren, fixieren, statuieren; *(abwertend):* administrieren; *(bildungsspr., oft abwertend):* reglementieren; *(bildungsspr., Fachspr.):* determinieren.

Vorschrift
Anordnung, Anweisung, Befehl, Bestimmung, Dekret, Diktat, Erlass, Gebot, Gesetz, Instruktion, Maßregel, Mussbestimmung, Order, Regel[werk], Satzung, Statut, Verfügung, Verordnung, Wille; *(geh.):* Geheiß; *(bildungsspr.):* Direktive, Reglement.

Vorschuss
Abschlagszahlung, Vorauszahlung.

vorschützen ↑vorschieben.

vorsehen
1. ↑vornehmen, sich (a).
2. ansetzen, auf das Programm setzen, ausschreiben, bekannt geben, bestimmen, festlegen, festsetzen, planen, vorschlagen.

vorsehen, sich
achtgeben, aufpassen, die Augen offen haben/halten, sich hüten, sich in Acht nehmen, vorsichtig sein, Vorsicht üben, Vorsicht walten lassen, wachsam sein; *(geh.):* achtsam sein, auf der Hut sein; *(südd.):* Obacht geben.

Vorsicht
Achtung, Behutsamkeit, Besonnenheit, Fingerspitzengefühl, Geduld, Respekt, Rücksicht[nahme], Sorgfalt, Überlegtheit, Umsicht, Vernunft, Vorsichtigkeit, Zartgefühl; *(geh.):* Achtsamkeit, Bedacht[samkeit]; *(bildungsspr.):* Sensibilität; *(südd.):* Obacht.

vorsichtig
a) behutsam, besonnen, fürsorglich, liebevoll, mild, mit Vorsicht, pfleglich, rücksichtsvoll, sachte, sanft, schonend, schonungsvoll, sorgfältig, umsichtig, zart; *(geh.):* achtsam, bedachtsam, sorgsam; *(bildungsspr.):* delikat.
b) ängstlich, kritisch, misstrauisch, skeptisch, unsicher, wachsam, zurückhaltend; *(geh.):* argwöhnisch.

vorsichtshalber
für alle Fälle, sicherheitshalber, um sicher zu sein, vorsorglich, zur Vorsicht/Sicherheit; *(bildungsspr.):* prophylaktisch; *(ugs.):* auf Verdacht.

Vorsitz
Aufsicht, Direktion, Direktorat, Führerschaft, Führung, Kommando, Leitung, Lenkung, Management, Regiment; *(bildungsspr.):* Regie.

Vorsitzender, Vorsitzende
Chef, Chefin, Direktor, Direktorin, Kopf, Leiter, Leiterin, Oberhaupt, Präsident, Präsidentin, Vorstand, Vorständin; *(bildungsspr.):* Spiritus Rector; *(oft abwertend):* Anführer, Anführerin.

vorsorgen
sich absichern, bedacht sein, bedenken, denken an, frühzeitig/im Voraus planen, sich kümmern, [sich] sichern, sicherstellen, sorgen für, vorausschauen, vorbauen, vorbeugen, Vorkehrungen/Vorsorge treffen, zusehen; *(schweiz.):* vorkehren; *(geh.):* Sorge tragen.

vorsorglich
1. ↑vorsichtshalber.
2. bedacht, besonnen, mit Bedacht/Besonnenheit, mit Umsicht/Vorsicht, nachhaltig, überlegt, umsichtig, verantwortungsbewusst, vorausschauend, weitsichtig.

vorspiegeln
heucheln, schauspielern, simulieren; so tun, als ob; vorgaukeln, vorgeben, vormachen, vorschützen, vortäuschen; *(bildungsspr.):* fingieren; *(ugs.):* faken, markieren, nur so tun.

vorspielen
aufführen, auftreten, darbieten, geben, interpretieren, spielen, vorführen, vortragen.

vorsprechen
1. diktieren, vorsagen, zuflüstern.
2. aufsagen, deklamieren, rezitieren, vortragen, wiedergeben, zum Besten geben; *(geh.):* darbieten; *(bildungsspr.):* skandieren.

Vorstand
Chefetage, Direktion, Direktorium, Führungsebene, Führungsspitze, Führungsstab, Leitung, Management, Präsidium, Spitze; *(schweiz.):* Vorort.

vorstellbar
ausdenkbar, [er]denkbar, erdenklich, erreichbar, imaginabel, in Betracht/infrage kommend, vielleicht; *(bildungsspr.):* potenziell.

vorstellen
1. bekannt machen, eine Bekanntschaft vermitteln, einführen, zusammenbringen.
2. abbilden, darstellen, sein, wiedergeben.
vorstellen, sich
1. a) sich bekannt machen, sich einführen, sich in Szene setzen. **b)** sich bewerben, vorsprechen, zum Bewerbungsgespräch gehen.
2. sich ausdenken, sich ausmalen, sich einbilden, sich ein Bild machen, erfinden, fantasieren, planen; *(geh.):* aussinnen, erdichten, ersinnen; *(bildungsspr.):* imaginieren.
Vorstellung
1. Bekanntmachung, Einführung.
2. Ahnung, Annahme, Einbildung, Eindruck, Meinung, Spekulation, Vermutung; *(geh.):* Mutmaßung; *(bildungsspr.):* These.
3. Aufführung, Darbietung, Nummer, Schau[stellung], Show, Spiel, Vorführung.
Vorstoß
Angriff, Anschlag, Ansturm, Attacke, Einfall, Eingriff, Einmarsch, Invasion, Offensive, Überfall, Übergriff, Überrumpelung.
vortäuschen
heucheln, schauspielern, simulieren, vorgaukeln, vorgeben, vormachen, vorschützen, vorspiegeln; *(bildungsspr.):* fingieren; *(ugs.):* faken.
Vorteil
a) Bonus, Oberhand, Plus[punkt], Trumpf, Vorsprung, Vorzug. **b)** Gewinn, Nutzen.
vorteilhaft
aussichtsreich, erfolgreich, Erfolg versprechend, erfreulich, glücklich, günstig, gut, positiv, verheißungsvoll, vielversprechend, voller Chancen/Möglichkeiten, von Vorteil, wünschenswert; *(bildungsspr.):* adäquat, opportun.
Vortrag
1. Ansprache, [Diskussions]beitrag, Rede; *(geh.):* Elaborat; *(bildungsspr.):* Analyse, Diatribe, Referat.
2. Darbietung, Darstellung, Deklamation, Lesung, Rezitation, Wiedergabe; *(bildungsspr.):* Präsentation.
vortragen
1. aufsagen, deklamieren, rezitieren, wiedergeben, zum Besten geben; *(geh.):* darbieten, zu Gehör bringen; *(bildungsspr.):* skandieren.
2. darlegen, darstellen, erklären, erzählen, mitteilen, referieren, schildern, vorbringen, zur Sprache bringen; *(geh.):* entfalten.
vorübergehend
begrenzt, behelfsmäßig, behelfsweise, bis auf Weiteres, episodenhaft, fürs Erste, kurzzeitig, momentan, nicht von Dauer, provisorisch, vorerst, vorläufig, zeitlich gebunden, zeitweilig; *(bildungsspr.):* ad interim, Interims-, temporär.
Vorurteil
Abneigung, Feindschaft, Feindseligkeit, Voreingenommenheit, Widerwille; *(österr.):* Punzierung; *(geh.):* Animosität, Degout, Unmut; *(bildungsspr.):* Antipathie, Aversion, Ressentiment.
Vorwand
Alibi, Ausflüchte, Deckmantel, [fadenscheinige] Begründung, [faule] Ausrede, Notlüge, Rechtfertigung, Scheingrund, Unwahrheit.
vorwerfen
ankreiden, anlasten, auszusetzen haben, beanstanden, sich beklagen, beschuldigen, bezichtigen, die Schuld geben, einen Tadel/Verweis erteilen, kritisieren, missbilligen, monieren, rügen, tadeln, Vorwürfe machen, zurechtweisen, zur Last legen; *(schweiz.):* die Kappe waschen; *(geh.):* schelten, verweisen; *(abwertend):* beckmessern, [be]kritteln, mäkeln, nörgeln.
vorwiegend
besonders, bevorzugt, hauptsächlich, im Besonderen, in der Hauptsache, in erster Linie, insbesondere, namentlich, speziell, überwiegend, vor allem, vor allen Dingen, vornehmlich, vorrangig, vorzugsweise, zuerst, zumal, zuvorderst; *(schweiz.):* im Speziellen, vorab.
vorwitzig
1. neugierig, wissbegierig, wissensdurstig; *(bildungsspr.):* faustisch, inquisitiv.
2. altklug, dreist, frech, kess, naseweis, vorlaut.
Vorwort
einführende/einleitende/vorangestellte Worte, Einführung, Einleitung, Geleit[wort], Prolog.
Vorwurf
Anklage, Anschuldigung, Beschuldigung, Bezichtigung, Klage, Kritik, Maßregelung, Missbilligung, Rüge, Tadel, Unterschiebung, Unterstellung, Vorhaltung, Zurechtweisung; *(geh.):* Schelte, Verweis; *(bildungsspr.):* Monitum.
Vorzeichen
Anhaltspunkt, Ankündigung, Bote, Prophet, Signal, Vorbedeutung, Vorbote, Vorläufer, Warnsignal; *(bildungsspr.):* Auspizium, Omen.
vorzeigen
a) prüfen lassen, verweisen, zeigen. **b)** präsentieren, sehen lassen, vorführen; *(bildungsspr.):* renommieren; *(geh.):* darbieten.
vorzeitig
früher als erwartet, frühzeitig, verfrüht, voreilig, vorschnell, zu früh, zu schnell.
vorziehen
a) begünstigen, besser behandeln, bevorrechti-

gen, bevorzugen, den Vorrang/Vorzug geben, lieber mögen; *(bildungsspr.):* favorisieren. **b)** aussuchen, auswählen, eine [Aus]wahl/Entscheidung treffen, sich entscheiden, optieren, wählen; *(bildungsspr.):* votieren.

Vorzug
a) Erstrangigkeit, höhere Wichtigkeit, Vorrang; *(bildungsspr.):* Prädominanz, Präzedenz, Primat, Priorität. **b)** Sonderstellung, Vergünstigung, Vorrecht; *(bildungsspr.):* Präferenz, Privileg. **c)** Plus[punkt], Qualität, Stärke, Vorteil.

Votum
1. Stimme.
2. Abstimmung, Stimmabgabe, Wahl.
3. Ansicht, Auffassung, Kommentar, Meinung, Position, Standpunkt, Stellungnahme, Überzeugung, Urteil.

vulgär
anrüchig, anstößig, anzüglich, derb, gewöhnlich, nicht salonfähig, pornografisch, rustikal, schamlos, unanständig, unfein, ungehörig, verdorben; *(schweiz.):* urchig; *(bildungsspr.):* krude, obszön; *(abwertend):* schlüpfrig, schmierig, schmutzig, ungehobelt, zotig.

W

waagerecht
horizontal.

wach
1. ausgeschlafen, hellwach, munter, nicht schlafend; *(ugs.):* auf, senkrecht im Bett.
2. aufgeweckt, clever, findig, geistig sehr rege, geweckt, gewitzt, pfiffig, schlau; *(ugs.):* gewieft.

Wache
1. Bewachung, Bodyguards, [Leib]garde, Leibwache, Wachdienst, Wachmannschaft, Wachpersonal, Wachposten; *(geh.):* Wacht.
2. [Polizei]dienststelle, Polizeistation, Polizeiwache, Revier; *(österr.):* [Polizei]kommissariat.

wachen
achtgeben, aufpassen, beobachten, im Auge behalten, nicht aus den Augen lassen, Posten stehen; *(geh.):* achthaben; *(südd.):* Obacht geben.

wachrufen
aufleben/entstehen lassen, auslösen, erregen, hervorrufen, in Gang setzen, ins Bewusstsein bringen/rufen, verursachen, wecken; *(geh.):* aufrühren, entfesseln, gemahnen; *(bildungsspr.):* effizieren, provozieren; *(ugs.):* ins Rollen bringen; *(Fachspr.):* induzieren.

wachsam
angespannt, aufmerksam, bei der Sache, ganz Ohr, konzentriert, mit Vorsicht, mit wachen Sinnen, voller Konzentration; *(geh.):* achtsam.

GGS entrückt, gedankenverloren, geistesabwesend, unbesonnen, verträumt.

wachsen
a) anschwellen, ansteigen, sich ausbreiten, sich ausdehnen, dicker/größer werden, sich erhöhen, höher/länger werden, steigen, sich vermehren, sich verschärfen, sich verstärken, sich vervielfachen, zunehmen; *(bildungsspr.):* expandieren. **b)** anwachsen, [auf]blühen, sich entfalten, sich entwickeln, gedeihen, geraten, gut wachsen; *(geh.):* erblühen; *(ugs.):* angehen. **c)** boomen, einen Aufschwung/Aufstieg erleben, florieren, sich fortentwickeln, Fortschritte machen, gut gehen, sich steigern, sich vergrößern; *(geh.):* voranschreiten.

Wachstum
1. Entfaltung, Entwicklung; *(geh.):* Blüte.
2. Anstieg, Ausbau, Ausbreitung, Ausdehnung, Erhöhung, Erweiterung, Hebung, Steigerung, Vergrößerung, Vermehrung, Vervielfachung, Zunahme, Zuwachs; *(bildungsspr.):* Expansion, Potenzierung, Progression.

Wächter, Wächterin
Aufseher, Aufseherin, Pförtner, Pförtnerin, Wachdienst, Wache, Wachhabende[r], Wachposten; *(geh.):* Hüter, Hüterin; *(bildungsspr.):* Argus.

wackelig
1. gelockert, locker, lose, nicht fest [gefügt/sitzend], nicht stabil; *(schweiz.):* lotterig.
2. anfällig, bedroht, fragil, gefährdet, instabil, labil, Schwankungen ausgesetzt/unterworfen, störanfällig, unbeständig, veränderlich, wechselhaft; *(bildungsspr.):* neuralgisch.

wackeln
1. locker/lose sein, nicht fest sein.
2. hin- und herbewegen, hin- und herschwingen, pendeln, schaukeln, schlenkern.
3. schlingern, schwanken, taumeln, wanken, watscheln, zittern; *(ugs.):* eiern, zuckeln.

wacker ↑wagemutig.

Waffenlager
Arsenal, Magazin, Waffenarsenal.

wagemutig
beherzt, couragiert, furchtlos, gewagt, halsbrecherisch, heldenhaft, kühn, mutig, risikobereit, selbstmörderisch, tapfer, unerschrocken, verwegen, vor nichts zurückschreckend, waghalsig;

(schweiz.): angriffig; *(bildungsspr.):* heroisch; *(leicht abwertend):* tollkühn.

wagen

a) alles auf eine Karte setzen, den Mut haben, ein Risiko eingehen, sich [ge]trauen, riskieren; *(bildungsspr.):* va banque spielen; *(ugs.):* die Courage haben. **b)** sich anmaßen, sich erlauben, sich unterstehen; *(geh.):* sich erdreisten, sich erkühnen, sich unterfangen, sich vermessen; *(ugs.):* sich herausnehmen; *(geh. abwertend):* sich nicht entblöden.

Wagen

1. a) Fuhrwerk, Gespann; *(oft abwertend):* Vehikel; *(bes. südd., österr., schweiz.):* Karren. **b)** Handwagen, Leiterwagen; *(nordd.):* Bollerwagen.

2. Auto[mobil], Fahrzeug.

waghalsig

a) ↑wagemutig. **b)** bedrohlich, eine Gefahr bildend, ernst, Gefahr[en] enthaltend/mit sich bringend, [gemein]gefährlich, halsbrecherisch, heikel, kritisch, risikobehaftet, risikoreich, riskant, unheilvoll; *(ugs.):* brenzlig, mulmig.

Wagnis

Experiment, gewagtes Unterfangen/Unternehmen, Hasardspiel, Risiko, Vorhaben; *(bes. schweiz.):* Übung; *(geh.):* Wagestück.

Wahl

1. Alternative, Auswahl[möglichkeit], Entscheid[ung], Entweder-oder, Option, Wahlmöglichkeit; *(bildungsspr.):* Votum.

2. Abstimmung, Stimmabgabe, Urnengang.

Wahl

erste Wahl

ausgesucht, ausgewählt, ausgezeichnet, de luxe, erstklassig, exquisit, fein, hervorragend, hochwertig, kostbar, qualitätvoll, sehr gut, überragend, unübertrefflich, von besonderer Güte, von bester Qualität, vortrefflich, vorzüglich; *(geh.):* [aus]erlesen, edel; *(bildungsspr.):* delikat, exklusiv, exzellent, superb; *(ugs.):* [aller]erste Sahne; *(veraltend):* trefflich.

wählen

1. aussuchen, eine Entscheidung/Wahl treffen, sich entscheiden, sich entschließen, vorziehen, zu einer Entscheidung gelangen/kommen; *(geh.):* auserkiesen, auserwählen.

2. abstimmen, eine Abstimmung vornehmen, sich entscheiden, seine Stimme abgeben, stimmen, voten; *(bildungsspr.):* optieren, votieren.

wählerisch

anspruchsvoll, kritisch, nicht leicht zufriedenzustellen, qualitätsbewusst, unbescheiden, verwöhnt; *(abwertend):* mäklig.

wahllos

beliebig, nach Belieben/Gutdünken, ohne besondere Kriterien, ohne [festen] Plan; *(bildungsspr.):* ad libitum, arbiträr.

wahlweise

abwechselnd, dem eigenen Ermessen überlassen, freigestellt, nach eigenem Wunsch, nach eigener Wahl; *(bildungsspr.):* alternativ, alternierend, fakultativ; *(Fachspr.):* optional.

Wahn

1. Einbildung, Fantasie[bild], Fantasievorstellung, Illusion, irrige Annahme, Luftschloss, Phantom, Realitätsverlust, Täuschung, Trugbild, Utopie, Vision; *(geh.):* Gaukelbild; *(bildungsspr.):* Fiktion, Imagination, Phantasmagorie, Schimäre; *(abwertend):* Hirngespinst.

2. Halluzination, psychische Störung, Sinnestäuschung, Wahnvorstellung.

Wahnsinn

1. ↑Wahn (2).

2. Dummheit, Fehler, Irrtum, Irrwitz, Leichtsinn, Narrheit, Unsinn, Unüberlegtheit, Unvernunft, Wahnwitz, Wahnwitzigkeit; *(geh.):* Narretei, Torheit; *(oft emotional):* Irrsinn.

wahnsinnig

a) enorm, erheblich, gewaltig, heftig, intensiv, mächtig, massiv, schwer, stark, unbändig, unbeschreiblich, unendlich; *(geh.):* über alle Maßen, unermesslich. **b)** ↑sehr.

wahr ≠

1. belegt, bewiesen, den Tatsachen entsprechend, der Wahrheit/Wirklichkeit entsprechend, erwiesen, fundiert, hundertprozentig, in der Tat, nicht erdichtet/erfunden, sicher, tatsächlich, ungelogen, wirklich [geschehen]; *(geh.):* wahrhaftig; *(bildungsspr.):* authentisch.

2. ausgesprochen, buchstäblich, direkt, echt, förmlich, geradezu, im wahrsten Sinne [des Wortes], praktisch, rein, richtig[gehend], wahrhaft[ig], waschecht; *(ugs.):* regelrecht.

wahren

a) aufrechterhalten, [bei]behalten, bestehen lassen, bewahren, [er]halten, festhalten, konservieren, nicht verändern; *(geh.):* nähren; *(schweiz.):* gaumen; *(Sport):* retten. **b)** [be]schützen, bewachen, nicht antasten lassen, sichern.

währen

anhalten, Bestand/Dauer haben, dauern, durchgehen, erhalten bleiben, fortbestehen, fortdauern, fortgehen, sich fortsetzen, sich hin[aus]ziehen, sich [in die Länge] ziehen, von Bestand/Dauer sein; *(geh.):* fortwähren.

Wahrheit
a) Richtigkeit, Zutreffen. b) der wahre Sachverhalt/Tatbestand, die tatsächlichen Gegebenheiten, Realität, Tatsachen, Wirklichkeit.

wahrlich
bei Gott, beileibe, bestimmt, durchaus, gewiss, in der Tat, tatsächlich, wahrhaftig, wirklich.

wahrnehmen
1. bemerken, erkennen, feststellen, mitbekommen, Notiz nehmen, registrieren, spüren, zur Kenntnis nehmen; *(österr.):* ausnehmen; *(geh.):* erspüren, gewahren, gewahr werden.
2. beim Schopf ergreifen/fassen/packen, Gebrauch machen, nutzen, sich zunutze machen.

wahrsagen
aus der Hand lesen, die Karten legen, die Zukunft deuten, hellsehen, in den Sternen lesen, in die Zukunft sehen, prophezeien, voraussagen, vorhersagen, vorhersehen, weissagen; *(Fachspr.):* prognostizieren.

wahrscheinlich
aller Voraussicht/Wahrscheinlichkeit nach, bestimmt, gewiss, höchstwahrscheinlich, mit [ziemlicher] Sicherheit, nach menschlicher Voraussicht, sicher, sicherlich, vermutlich, voraussichtlich, wohl; *(geh.):* mutmaßlich.

Wald
Forst, Gehölz, Schonung, Waldung; *(dichter.):* Hain, Tann.

Wall
a) Aufschüttung, Damm, Deich, Eindämmung, [Hafen]mole, Schutzwall. b) Mauer, Wand.

wallen
aufkochen, aufwallen, Blasen werfen, brodeln, sprudeln; *(ugs.):* blubbern.

walten
a) an der Spitze stehen, die Befehlsgewalt haben, die Geschicke des Staates bestimmen, die Herrschaft/Gewalt/Macht ausüben, die Herrschaftsgewalt/Regierungsgewalt innehaben, führen, herrschen, Herrscher[in] sein, leiten, lenken, regieren, zu bestimmen haben; *(geh.):* das Heft in der Hand haben, gebieten, vorstehen. b) bestehen, existieren, geben, gegeben/vorhanden sein, herrschen.

wälzen
durchsehen, nachsehen, studieren, zurate ziehen; *(bildungsspr.):* konsultieren.

wälzen, sich
a) rollen, sich schieben. b) hin und her drehen, sich hin und her werfen, sich suhlen.

Wandel
Änderung, Erneuerung, Neuerung, Umbruch, Umgestaltung, Umkehr, Umschwung, Veränderung, Wandlung, Wechsel, Wende.

wandelbar
instabil, schwankend, sprunghaft, unberechenbar, unbeständig, wechselhaft, wechselvoll, wetterwendisch; *(geh.):* schwank, unstet, veränderlich; *(bildungsspr.):* variant; *(abwertend):* flatterhaft, launisch; *(geh. abwertend):* wankelmütig.

wandeln
1. [ab]ändern, umändern, umbilden, umformen, variieren, verwandeln; *(bildungsspr.):* modifizieren; *(ugs.):* umkrempeln; *(bildungsspr., Fachspr.):* transformieren.
2. flanieren, stolzieren; *(geh.):* [dahin]schreiten, sich fortbegeben, gemessenen Schrittes gehen.

wandeln, sich
sich ändern, anders werden, im Fluss sein, sich verändern; *(geh.):* sich im Wandel befinden.

wandern
a) eine Wanderung machen, marschieren, spazieren gehen. b) streifen, ziehen; *(geh.):* sich ergehen; *(ugs.):* herumstreifen, stromern.

Wanderung
Ausflug, Bergtour, [Fuß]marsch, Spaziergang, Streifzug, Tour; *(österr.):* Fitmarsch.

Wandlung ↑Wandel.

wanken
sich hin- und herbewegen, schaukeln, schlingern, schwanken, taumeln; *(ugs.):* torkeln.

wappnen, sich
einplanen, sich einrichten, sich einstellen, sich einstimmen, sich vorbereiten; *(geh.):* sich rüsten; *(bildungsspr.):* sich präparieren.

Ware
Arbeit, Artikel, Erzeugnis, Fabrikat, Gut, Handelsartikel, Handelsgut, Industrieerzeugnis, Modell, Produkt, Produktion; *(abwertend):* Machwerk.

warm
a) lau[warm], mild, nicht kalt, schwül, sommerlich; *(geh.):* lind. b) behaglich, geheizt, mollig.

Wärme
1. Glut[hitze], Hitze, hohe Temperaturen, Schwüle; *(ugs.):* Bruthitze; *(ugs. emotional verstärkend):* Affenhitze, Wahnsinnshitze.
2. Gefühlswärme, Warmherzigkeit.

wärmen
a) anwärmen, aufwärmen, erhitzen, heiß/warm machen. b) mollig sein, warm halten.

warnen
a) alarmieren, aufhorchen lassen, aufrütteln, aufschrecken, vorwarnen, wachrütteln.

BSP Diese Entwicklung sollte uns alarmieren.

b) abbringen, abhalten, abraten, ausreden, zurückhalten; *(geh.):* widerraten; *(veraltend):* abmahnen, abreden.

BSP Er hat seinem Freund vom Kauf dieses teuren Handys abgeraten.

Warnung

1. Alarmierung, Vorwarnung; *(bildungsspr.):* Kassandraruf.

2. a) Erinnerung, Gefahrenhinweis, Schockbild. **b)** Denkzettel, Drohung, Erinnerung, Mahnung; *(bildungsspr.):* Lektion, Menetekel.

warten

1. a) abpassen, abwarten, ausschauen, erwarten, sich gedulden, sich in Geduld fassen, zuwarten; *(geh.):* harren, verharren; *(ugs.):* abwarten und Tee trinken, lauern. **b)** bleiben, sich nicht von der Stelle rühren; *(geh.):* ausharren, verbleiben, verharren, verweilen. **c)** aufschieben, hinauszögern, verzögern, vor sich herschieben, zaudern, zögern, zurückstellen.

2. in Ordnung/instand halten, pflegen, versorgen.

Wärter, Wärterin

Aufseher, Aufseherin, Aufsicht, Aufsichtführender, Aufsichtführende, Aufsichtsperson, Wache, Wachhabender, Wachhabende, Wachposten, Wächter, Wächterin; *(geh.):* Hüter, Hüterin; *(bildungsspr.):* Argus; *(scherzh.):* Zerberus; *(abwertend):* Aufpasser, Aufpasserin.

warum

aus welchem Grund, weshalb, weswegen, wieso, wozu; *(ugs.):* was.

waschecht

a) ausgesprochen, buchstäblich, echt, richtig, tatsächlich, typisch, unverkennbar, wahrhaftig, wirklich; *(ugs.):* hundertprozentig. **b)** echt, original, rein, richtig, ursprünglich, wirklich; *(bildungsspr.):* authentisch, genuin.

waschen

1. den Schmutz entfernen, einer Reinigung unterziehen, in die [Wasch]maschine stecken, reinigen; *(ugs.):* die Wäsche machen, durchwaschen.

2. abputzen, abseifen, abwaschen, sauber machen, säubern.

3. ausschwemmen, ausspülen, wegspülen.

4. *(Jargon):* eine Geldwäsche vornehmen, einer Geldwäsche unterziehen.

Wasser

1. Flüssigkeit, Trinkwasser; *(geh.):* das nasse Element; *(dichter.):* Nass.

2. Gewässer.

wässern

begießen, besprengen, bespritzen, besprühen, bewässern, gießen, mit Wasser versorgen, nass machen, Wasser geben.

wässrig

dünn[flüssig], schwach, verdünnt, verwässert.

WC

Latrine, Pissoir, Toilette; *(ugs.):* 00, Klo, Lokus, Orkus; *(verhüll.):* Gelegenheit, Lokalität.

Wechsel

1. a) Abänderung, Alternation, Änderung, Erneuerung, Übergang, Umbruch, Umschwung, Umstellung, Veränderung, Wandel, Wende, Wendung; *(bildungsspr.):* Modulation; *(bildungsspr., Fachspr.):* Transformation, Transformierung. **b)** Austausch, Auswechslung, Ersetzung; *(bildungsspr.):* Substitution.

2. Geldumtausch, Geldwechsel, Rückgabe, Tausch[geschäft], Umtausch.

wechselhaft

instabil, schwankend, sprunghaft, unbeständig, veränderlich, wetterwendisch; *(geh.):* schwank, unstet; *(geh. abwertend):* wankelmütig.

wechseln

1. austauschen, auswechseln, erneuern, ersetzen, [ver]tauschen; *(bildungsspr., Fachspr.):* substituieren; *(Sport):* durchwechseln.

2. einwechseln, [um]tauschen, umwechseln.

3. sich ablösen, sich abwechseln, sich ändern, anders werden, aufeinanderfolgen, pendeln, schwanken, umschlagen, umspringen, sich umstellen, sich verändern; *(geh.):* sich wandeln; *(bildungsspr.):* alternieren, fluktuieren, oszillieren; *(bildungsspr., Fachspr.):* flottieren.

wechselseitig

eine der anderen, einer dem anderen, eins dem anderen, gegenseitig; *(bildungsspr.):* mutual, mutuell; *(veraltend):* wechselweise; *(bildungsspr., Fachspr.):* korrelativ; *(Fachspr.):* reziprok.

wecken

1. aufrütteln, aufwecken, aus dem Bett holen, aus dem Schlaf reißen/rütteln, wach küssen, wach machen, wach rütteln; *(geh.):* erwecken.

2. aktivieren, animieren, anregen, aufleben lassen, auslösen, entfesseln, erregen, erwecken, heraufbeschwören, herbeiführen, hervorbringen, schüren, stimulieren, verursachen, wach küssen, wachrufen; *(geh.):* anfachen, aufrühren, entfachen, entflammen; *(bildungsspr.):* effizieren, evozieren, generieren, provozieren.

weg

a) dahin, fort, verschwunden; *(geh.):* anderwärts, entschwunden; *(ugs.):* anderswo, sonst wo, über alle Berge. **b)** ab, entfernt, fern.

A B C D E F G H I J K L M N O P Q R S T U V W weg X Y Z

Weg

1. Bahn, Pfad, Schneise.
2. a) [Fahrt]richtung, Kurs, Route, Strecke, Verlauf. **b)** Linie, Teilstrecke, Verbindung; *(bildungsspr.):* Distanz.
3. Art [und Weise], Instrument, Maßnahme, Methode, Mittel, Möglichkeit, Rezept, Strategie, Taktik, Verfahrensweise, [Vorgehens]weise; *(österr.):* Vorgangsweise; *(bildungsspr.):* Instrumentarium, Modus [Procedendi].

Weg

aus dem Weg gehen
aus der Bahn gehen, ausweichen, beiseitegehen, sich fernhalten, herumgehen, Platz machen, umgehen, umfahren, vermeiden, zur Seite gehen, zur Seite treten, zurückweichen; *(bildungsspr.):* auf Distanz gehen, sich distanzieren; *(ugs.):* einen [großen] Bogen machen, sich [herum]drücken, sich vom Hals halten, wegbleiben.

sich auf den Weg machen
aufbrechen, sich aufmachen, davongehen, davonziehen, sich entfernen, fortgehen, sich in Bewegung setzen, losgehen, losziehen, weggehen; *(geh.):* sich fortbegeben, sich wegbegeben; *(ugs.):* sich auf die Socken machen, sich fortmachen; *(salopp):* abzischen, losschieben; *(geh. veraltet):* von dannen gehen.

wegen
a) angesichts, aufgrund, infolge; *(geh.):* eingedenk. **b)** betreffend, hinsichtlich, im/in Hinblick auf, in Bezug auf, in Hinsicht auf, in puncto, was ... anbelangt/angeht/anlangt/betrifft. **c)** um ... willen, zuliebe; *(geh.):* halber.

wegfallen
abhandenkommen, ausfallen, sich erübrigen, fortfallen, fortkommen, hinfällig werden, unterbleiben; *(schweiz.):* dahinfallen; *(ugs.):* auf der Strecke bleiben, flöten gehen, heidi gehen.

weggeben
abgeben, abschaffen, abtreten, aus der Hand geben, fortgeben, fortschaffen, hergeben, herschenken, sich trennen von, übereignen, überlassen, übertragen, [ver]schenken, verzichten; *(geh.):* aufopfern, darangeben, darbringen, dreingeben, sich entäußern, hingeben, preisgeben; *(dichter.):* dahingeben; *(ugs.):* vermachen.

weggehen
1. abtreten, aus den Augen gehen, ausscheiden, das Feld räumen, davonziehen, sich entfernen, fortgehen, fortlaufen, fortziehen, hinausgehen, räumen, sich trennen, sich verabschieden, verlassen, wegziehen, weichen, sich zurückziehen; *(geh.):* davonschreiten, den Rücken kehren/wenden, sich empfehlen, entschwinden, sich fortbegeben, sich hinwegbegeben, seines Weges/seiner Wege gehen; *(bildungsspr., oft scherzh.):* retirieren; *(ugs.):* abrauschen, sich absetzen, sich auf die Socken machen, ausreißen, die Platte putzen, sich fortmachen, Leine ziehen, sich [seitwärts] in die Büsche schlagen, sich verdrücken, sich verdünnisieren, [von der Bildfläche] verschwinden, sich wegscheren; *(ugs. scherzh.):* ausbüxen; *(salopp):* abhauen, abschieben, abzischen, abzwitschern, die Kurve kratzen, sich vom Acker machen; *(veraltend):* von dannen gehen/ziehen.

BSP Er entfernte sich langsam vom Tatort. Majestätisch schritt sie durch die Halle davon. Sie entschwand heimlich durch die Hintertür.

2. ausgehen, essen/tanzen gehen, unter Leute gehen; *(ugs.):* auf die Piste gehen, bummeln, einen trinken gehen, etwas unternehmen; *(ugs. scherzh.):* die Gegend unsicher machen.
3. abheilen, abklingen, sich abschwächen, aufhören, ausheilen, erlöschen, heilen, sich legen, nachlassen, vergehen, sich verlieren, verschwinden, vorübergehen, zu Ende gehen, zurückgehen; *(geh.):* [dahin]schwinden, verebben, sich vermindern, sich verringern, versiegen, weichen, zur Neige gehen; *(ugs. scherzh.):* verfliegen, sich verflüchtigen.

wegkommen
abhandenkommen, gestohlen werden, verloren gehen, verschwinden; *(ugs.):* verschüttgehen; *(scherzh.):* sich selbstständig machen.

weglassen
1. fortlassen, gehen lassen, loslassen.
2. absehen von, ausklammern, auslassen, ausschließen, außer Acht lassen, ignorieren, kürzen, nicht anwenden/berücksichtigen/erwähnen, nicht in Betracht ziehen, sich schenken, sich sparen, streichen, übergehen, überspringen, vernachlässigen, verzichten, wegfallen lassen; *(ugs.):* herauslassen, unter den Tisch fallen lassen.
3. ablassen, absetzen, [sich] fernhalten, [unter]lassen; *(geh.):* sich enthalten, meiden.

wegnehmen
1. abbauen, abnehmen, abzweigen, beiseitelegen, beiseiteräumen, beiseiteschaffen, beseitigen, entfernen, entnehmen, forträumen, fortschaffen, herausholen, herausnehmen, herausziehen, kürzen, streichen, wegstreichen; *(ugs.):* grapschen, herausangeln, wegräumen.

2. aberkennen, absprechen, beschlagnahmen, einziehen, pfänden, requirieren, sichern.

wegschicken

1. a) abweisen, eine Abfuhr erteilen, einen Korb geben, fortjagen, fortschicken, hinausjagen, hinauswerfen, nicht vorlassen, nicht zu sich lassen, zurückweisen; *(ugs.):* abblitzen lassen, davonjagen, den Laufpass geben, die kalte Schulter zeigen, in die Wüste schicken, rausschmeißen. **b)** entlassen, kündigen, suspendieren, wegrationalisieren; *(ugs.):* auf die Straße setzen/werfen, feuern, schassen; *(salopp):* abservieren; *(verhüll.):* freisetzen, freistellen, sich trennen.
2. abschicken, absenden, aufgeben, einwerfen, [ver]schicken, versenden, zur Post bringen; *(bildungsspr.):* expedieren; *(ugs.):* losschicken.

wegstecken

1. einstecken, verbergen, vergraben, versenken, verstecken; *(ugs.):* hineintun, reinstecken.
2. sich abfinden, akzeptieren, aushalten, ausstehen, erdulden, ertragen, hinnehmen, in Kauf nehmen, über sich ergehen lassen, verkraften, verschmerzen; *(ugs.):* herunterschlucken, schlucken, vertragen, weglächeln.

wegweisend

bahnbrechend, bestimmend, einschneidend, entscheidend, epochemachend, [feder]führend, maßgebend, maßgeblich, revolutionär, richtunggebend, richtungsweisend, schicksalhaft, zielsetzend, zukunftsweisend; *(bildungsspr.):* epochal, programmatisch.

wegziehen

1. abschleppen, abstreifen, beiseiteziehen, entziehen, fortziehen, schleppen.
2. anderswohin ziehen, ausziehen, den Wohnsitz verlegen/wechseln, die Wohnung räumen/verlassen, übersiedeln, umsiedeln, umziehen, sich verändern, verziehen, weggehen.

wehen

auffrischen, blasen, brausen, dröhnen, fegen, pfeifen, rauschen, säuseln, sausen, streichen, stürmen, toben, tosen, winden; *(geh.):* fächeln; *(ugs.):* pusten.

wehleidig

[hoch]empfindlich, überempfindlich, voller Selbstmitleid, weichlich, weinerlich, zartbesaitet; *(abwertend):* mimosenhaft, verzärtelt.

Wehmut

[Abschieds]schmerz, Melancholie, Schwermut, Sehnsucht, Trauer, Traurigkeit; *(geh.):* Elegie, Sehnen; *(bildungsspr.):* Nostalgie, Weltschmerz.

wehmütig

melancholisch, schwermütig, sehnsüchtig, traurig; *(geh.):* elegisch, sehnsuchtsvoll, weh, wehmutsvoll; *(bildungsspr.):* nostalgisch.

wehren

abwehren, angehen gegen, aufhalten, bekämpfen, blockieren, dagegenwirken, einschreiten, entgegenarbeiten, entgegentreten, gegensteuern, hemmen, hindern, stoppen, vereiteln, verhindern, vorgehen gegen, sich wehren; *(geh.):* Einhalt gebieten/tun, sich erwehren.

wehren, sich

a) [an]kämpfen, sich verteidigen, Widerstand entgegensetzen/leisten, zurückschlagen, sich zur Wehr setzen. **b)** sich auflehnen, bekämpfen, die Stirn bieten, sich entgegenstellen, entgegentreten, kontern, nicht auf sich sitzen lassen, opponieren, protestieren, vorgehen gegen, sich widersetzen, Widerspruch erheben; *(geh.):* aufbegehren, sich bäumen, sich erwehren, Schach bieten, trotzen, wehren; *(bildungsspr.):* rebellieren, revoltieren; *(ugs.):* meutern, Paroli bieten.

wehrlos

ausgeliefert, entmachtet, entwaffnet, hilflos, machtlos, ohne Schutz/Waffen, ohnmächtig, preisgegeben, rechtlos, schutzlos, schwach, überwältigt, unbewaffnet, ungeschützt, unterlegen, verloren, verteidigungsunfähig.

wehtun

1. beißen, bohren, brennen, drücken, nagen, plagen, quälen, Qualen/Schmerzen bereiten, schmerzen, stechen, ziehen, ziepen; *(geh.):* foltern, Pein bereiten, peinigen; *(ugs.):* zwacken; *(ugs. veraltend):* kneifen.
2. a) foltern, lädieren, malträtieren, misshandeln, schinden, verletzen, verwunden, zurichten, zusetzen; *(geh.):* martern, versehren; *(ugs.):* piesacken. **b)** einen Stich versetzen, [im Innersten] treffen, kränken, traktieren; *(ugs.):* ins Herz treffen, triezen, vor den Kopf stoßen, zwiebeln; *(salopp):* auf den Schwanz treten; *(abwertend):* drangsalieren, terrorisieren. **c)** bedrücken, belasten, beschweren, betrüben, deprimieren, erbarmen, leidtun, zu schaffen machen; *(geh.):* dauern, in die Seele schneiden, schmerzlich sein.

weiblich

1. feminin, frauenhaft, fraulich.
2. *(Sprachwiss.):* feminin.

weich

1. a) biegbar, biegsam, breiig, butterweich, elastisch, flexibel, formbar, geschmeidig, nachgiebig, schmiegsam, streichfähig, wachsweich; *(ugs.):* matschig. **b)** daunenweich, duftig, fein, flauschig, fließend, hauchzart, kuschelweich,

locker fallend, mollig, samtig, samtweich, seidig, wollig, zart; *(österr.):* flaumig.
2. a) anpassungsfähig, charakterschwach, gefügig, kompromissbereit, lenkbar, nachgiebig, schwach, schwankend, ungefestigt, verführbar, willenlos, willensschwach, willig; *(abwertend):* kompromisslerisch, rückgratlos, weichlich.
b) ↑weichherzig.

weichen
1. sich abkehren, abrücken, sich absondern, sich abwenden, aus dem Blick verlieren, auseinanderstreben, außer Reichweite geraten, beiseitetreten, davongehen, sich distanzieren, sich entfernen, fortgehen, verlassen, sich wegbewegen, weggehen, wegsteuern, zurücktreten, sich zurückziehen; *(geh.):* entschwinden, sich fortbegeben, scheiden, schwinden, seines Weges/seiner Wege gehen, sich wegbegeben.
2. abebben, abfallen, abflauen, abklingen, abnehmen, sich geben, sich legen, nachlassen, sich reduzieren, schrumpfen, sinken, verebben, verfliegen, sich verflüchtigen, vergehen, sich verlieren, sich vermindern, sich verringern, verschwinden, vorbeigehen, vorübergehen, zurückgehen; *(geh.):* verblassen, versiegen.

weichherzig
feinfühlig, freundlich, friedfertig, friedlich, gefühlvoll, großzügig, gut[herzig], gütig, gutmütig, herzlich, [hoch]sensibel, lieb, milde, mitfühlend, mitleidig, teilnahmsvoll, tolerant, warm[herzig], zartfühlend; *(geh.):* barmherzig; *(bildungsspr.):* sensitiv; *(Jargon):* soft.

weichlich
a) dünnhäutig, [hoch]empfindlich, überempfindlich, verletzlich, zartbesaitet; *(abwertend):* mimosenhaft, verzärtelt, wehleidig, weich, zimperlich. **b)** flau, kraftlos, matt, schwach, schwächlich; *(ugs.):* schlapp. **c)** ↑weich (2 a).

weich werden
sich beugen, einlenken, entgegenkommen, sich erweichen lassen, sich fügen, in die Knie gehen, kapitulieren, mit sich reden lassen, nachgeben, resignieren, schwach werden, seinen Widerstand aufgeben, zurückstecken.

Weide
Alm, Gras[fläche], Koppel[weide], Viehkoppel, Weidegrund, Weideland, Wiese; *(nordd.):* Heck.

weiden
1. fressen, grasen.
2. auf die/zur Weide treiben, hüten; *(österr.):* almen, halten.

weiden, sich
sich [er]freuen, Freude empfinden/haben, genießen, sich vergnügen, Vergnügen empfinden; *(geh.):* auskosten, sich ergötzen, frohlocken, schwelgen; *(bildungsspr.):* sich delektieren; *(veraltend):* sich belustigen.

weigern, sich
ablehnen, abschlagen, abweisen, ausschlagen, verweigern, zurückweisen.

Weigerung
ablehnende Antwort, Ablehnung, Absage, Abweisung, Korb, negativer Bescheid, Nein, Verweigerung, Widerstand, Zurückweisung; *(geh.):* Versagung; *(bildungsspr.):* Renitenz.

weihen
1. *(geh.):* heiligen, salben; *(bildungsspr.):* sakralisieren.
2. a) hingeben, in den Dienst stellen. **b)** bestimmen, widmen; *(geh.):* zueignen; *(bildungsspr.):* dedizieren.
3. ausliefern, aussetzen, übergeben, überlassen; *(geh.):* preisgeben; *(dichter.):* dahingeben.

Weiher
kleiner See, Teich, Tümpel.

Weihnachten
Christnacht, der Heilige Christ, Heiligabend, Heilige Nacht, Heiliger Abend, Weihnachtsabend, Weihnachtsfest; *(geh.):* Weihnacht.

Weihnachtsbaum
Tannenbaum; *(geh.):* Lichterbaum.

weil
a) aufgrund, dank, durch, infolge, veranlasst durch, wegen. **b)** da, zumal; *(veraltend):* dieweil.

Weile
Augenblick, [kürzere] Zeitspanne, Minute, Moment, Nu, Sekunde, Weilchen.

weilen
sich aufhalten, sich befinden, sein.

weinen
sich die Augen ausweinen, feuchte Augen bekommen, sich in Tränen auflösen, in Tränen schwimmen/zerfließen, Tränen vergießen.

weinerlich
dem Weinen nahe, kläglich; *(ugs.):* quengelig.

weise
abgeklärt, gereift, klug, lebenserfahren, lebensklug, philosophisch, reif, Weisheit besitzend, wissend; *(bildungsspr.):* solonisch.

Weise
1. Art, Form, Manier, Methode.
2. Melodie.

weisen
1. deuten, hindeuten, hinweisen, zeigen.
2. ausweisen, fortschicken, hinausweisen, schicken, verweisen, wegschicken.

Weisheit
1. Abgeklärtheit, Klugheit, Lebenserfahrung, Lebensklugheit, Lebensweisheit, Reife.
2. Ausspruch, Erkenntnis, Lebensweisheit, Lehre, Sprichwort, weiser Rat; *(bildungsspr.):* Aphorismus, Apophthegma.

weismachen
einreden, erzählen, glauben machen; *(bildungsspr.):* [ein]suggerieren; *(ugs.):* aufbinden, vorerzählen; *(oft abwertend):* einflüstern.

weiß
a) blütenweiß, weißlich. **b)** blass, bleich, blutleer, fahl, grau, kalkig, [kreide]weiß; *(ugs.):* käseweiß; *(emotional verstärkend):* kreidebleich.

weissagen
hellsehen, prophezeien, voraussagen, vorhersagen, wahrsagen; *(geh.):* augurieren, verkünden.

Weisung
Anordnung, Anweisung, Auftrag, Befehl, Bestimmung, Dekret, Instruktion, Maßregel, Order, Verfügung, Verordnung, Vorschrift; *(geh.):* Geheiß; *(bildungsspr.):* Direktive.

weit
1. breit, nicht anliegend/eng, nicht fest sitzend.
2. ausgedehnt, entfernt, fern, groß, lang.
3. ausladend, endlos, weitläufig, weiträumig.
4. ↑weitaus.

weit

das Weite suchen
sich entfernen, fortlaufen, verschwinden; *(ugs.):* sich aus dem Staub machen, sich davonmachen, die Platte putzen, Leine ziehen, Reißaus nehmen, sich [seitwärts] in die Büsche schlagen, sich trollen, sich verdrücken, sich verdünnisieren, sich verziehen, von der Bildfläche verschwinden; *(salopp):* die Biege/Flatter/Fliege machen, die Kurve kratzen, sich vom Acker machen; *(geh. veraltet):* von dannen gehen.

bei Weitem
bedeutend, beträchtlich, deutlich, ein gutes Stück, enorm, erheblich, gewaltig, mit [großem] Abstand, sichtbar, sichtlich, um ein Beträchtliches, um einiges/vieles, ungleich, unvergleichlich, [sehr] viel, weit[aus].

weitaus
bedeutend, bei Weitem, beträchtlich, deutlich, erheblich, mit [großem] Abstand, [sehr] viel, um ein Beträchtliches, ungleich, weit.

Weitblick
Scharfblick, Vorausschau, Weitsicht.

Weite
1. Endlosigkeit, Unendlichkeit, weite Fläche, [weiter] Raum, Weitläufigkeit, Weiträumigkeit.
2. Abstand, Entfernung, Ferne; *(bildungsspr.):* Distanz.
3. Ausdehnung, Ausmaß, Breite, Durchmesser, Größe, Umfang.

weiten
[aus]dehnen, ausweiten, erweitern, weiter machen, weitern.

weiten, sich
sich [aus]dehnen, sich ausweiten, sich erweitern, weiter werden.

weiter
1. avanti, los, voran, vorwärts; *(ugs.):* marsch.
2. ↑weiterhin (2).
3. ↑weiterhin (3).

Weiterbildung
Fortbildung, Qualifizierung.

weitergehen
1. sich aufmachen, weiterlaufen, weiterziehen, sich wieder auf den Weg machen, sich wieder in Bewegung setzen; *(geh.):* sich fortbegeben.
2. sich fortentwickeln, Fortschritte machen, sich fortsetzen, gedeihen, vom Fleck kommen, vorangehen, vorankommen, vorrücken, vorwärtskommen, sich weiterentwickeln, weiterschreiten; *(geh.):* fortschreiten, voranschreiten.

BSP Der Protagonist hat sich bis dahin schon fortentwickelt. Er hat sich [musikalisch/sprachlich/künstlerisch] weiterentwickelt.

weiterhin
1. auch jetzt noch, augenblicklich, bisher, bis heute/jetzt, bis jetzt noch, derzeit, immer noch, momentan, nach wie vor, zurzeit.
2. anschließend, [auch] in Zukunft, [auch] künftig, [auch] zukünftig, nach wie vor, wie bisher; *(österr.):* in Hinkunft; *(geh.):* [der]einst, ferner[hin], fortab, fortan; *(veraltend):* forthin.
3. abgesehen davon, außerdem [noch], daneben, dann, darüber hinaus, des Weiteren, im Übrigen, obendrein, sonst, überdies, zusätzlich; *(österr.):* weiters; *(schweiz.):* im Weiteren, nebstdem; *(geh.):* zudem; *(ugs.):* ansonsten.

weitermachen
dabeibleiben, fortfahren, fortführen, fortsetzen, fortspinnen, nicht aufhören/nachlassen, wei-

terführen, weiterspinnen, weitertreiben, weiterverfolgen, wieder aufnehmen/beginnen.

BSP Ich werde vielleicht mal das Geschäft meiner Mutter fortführen. Sie möchte ihre politischen Aktivitäten auch nach der Schule weiterverfolgen.

weitgehend
beträchtlich, erheblich, fast vollständig, nahezu völlig, überwiegend, umfangreich, umfassend.

weitherzig
freigebig, freizügig, gebefreudig, gern gebend/schenkend, großzügig, in Geberlaune/Spendierlaune; *(schweiz.):* large; *(bildungsspr.):* altruistisch, generös; *(ugs.):* nobel, spendabel.

weitläufig
1. ausgedehnt, ausladend, breit, endlos, geräumig, groß[flächig], [groß]räumig, viel Platz/Raum bietend, weiträumig.
2. ↑weitschweifig.
3. dritten/vierten/fünften Grades, entfernt; *(ugs.):* über/um ein paar Ecken verwandt.

weitreichend
beachtlich, bedeutend, bedeutsam, bedeutungsvoll, beträchtlich, durchgreifend, einschneidend, ernst[haft], ernstlich, ernst zu nehmend, folgenreich, folgenschwer, fundamental, gewichtig, nachhaltig, schwer[wiegend], tiefgreifend, wichtig; *(schweiz.):* schwergründig; *(bildungsspr.):* essenziell, gravierend.

weitschweifig
ausführlich, bis ins Einzelne, breit, eingehend, erschöpfend, in aller Ausführlichkeit, langatmig, lang und breit, umständlich, weitläufig, wortreich; *(schweiz.):* einlässlich, langfädig; *(bildungsspr.):* detailliert, en détail, in allen Details, ins Detail gehend, minutiös.

weitsichtig
bedacht, besonnen, klug, mit Weitblick/Weitsicht, vorausschauend, voraussehend, wohlüberlegt, zukunftsorientiert; *(geh.):* bedachtsam, weitschauend; *(bildungsspr.):* prospektiv.

welk
abgestorben, tot, trocken, verblüht, verdorrt, vertrocknet, verwelkt; *(geh.):* abgeblüht.

welken
absterben, [aus]dörren, austrocknen, eingehen, verdorren, verkümmern, vertrocknen, verwelken; *(geh.):* abblühen, dorren.

Welle
1. *(geh.):* Woge.
2. a) Berg, Masse, Menge, Schub, Schwall, Stoß; *(geh.):* Flut, Meer; *(ugs.):* Haufen, Ladung, Schwung. b) Bewegung, Entwicklung, Mode, Richtung, Strömung, Trend; *(ugs.):* Kult.

wellen, sich
sich krümmen, sich verziehen, sich werfen.

wellig
gewellt, holprig, hügelig, in Wellen verlaufend, nicht glatt, uneben, wellenartig, wellenförmig.

Welt
1. Diesseits, Erde; *(geh.):* Weltgebäude; *(dichter.):* Erdkreis, Mutter Erde.
2. Menschen, Menschheit.
3. Dasein, Existenz, Leben.
4. [Einfluss]bereich, Kreis, Lebensbereich, Milieu, Rahmen, soziale Verhältnisse, Sphäre, Umfeld, Umgebung, Umwelt; *(geh.):* Dunstkreis; *(bildungsspr.):* Background.

Weltall
All, kosmischer Raum, Makrokosmos, Raum, Universum, Welt, Weltraum; *(geh.):* Weltgebäude; *(bildungsspr.):* Kosmos.

Weltanschauung
Anschauungsweise, Denkart, Denkweise, Einstellung, Gedankengang, Gedankenrichtung, Geisteshaltung, Gesinnung, Ideologie, Lebensauffassung, Meinung, Philosophie, Sinnesart, Weltauffassung, Weltbild, Weltschau, Weltsicht; *(bildungsspr.):* Mentalität.

weltfremd
abgehoben, ahnungslos, blauäugig, einfältig, gutgläubig, lebensfern, lebensfremd, leichtgläubig, naiv, nichts [Böses] ahnend, realitätsfern, treuherzig, unbedarft, unrealistisch, vertrauensselig, verträumt, weltabgewandt, wirklichkeitsfremd; *(geh.):* weltentrückt.

weltlich
1. genussfreudig, irdisch, sinnlich; *(geh.):* diesseitig, lustvoll, sinnenfroh.
2. irdisch, nicht geistlich, nicht sakral; *(geh.):* diesseitig, säkular; *(bildungsspr.):* profan.

Weltraum ↑Weltall.

Wende
1. Abkehr, Änderung, Neugestaltung, Neuordnung, Reform, Revolution, Umbildung, Umbruch, Umgestaltung, Umschwung, Umwälzung, Umwandlung, Veränderung, Wandel, Wendung; *(bildungsspr.):* Innovation, Reorganisation.
2. Einschnitt, Meilenstein.

wenden
1. a) auf die andere Seite drehen, herumdrehen; *(ugs.):* auf links drehen, rumdrehen. b) wälzen.
2. drehen, in die entgegengesetzte Richtung fahren, umdrehen, umkehren, zurückfahren, zurückgehen; *(schweiz.):* kehren.

wenden, sich

1. sich ändern, sich drehen, umschlagen, umspringen, sich umstellen, wechseln; *(geh.):* einen Wandel erfahren, im Wandel begriffen sein.
2. ansprechen, befragen, eine Auskunft erbitten, eine Frage richten/stellen, sich erkundigen, fragen, herantreten, nachfragen, um Auskunft bitten; *(geh.):* bemühen, nachsuchen.

BSP Ich richte meine Frage an die ganze Klasse. Mit diesem Vorschlag ist er tatsächlich an unsere Schulleiterin herangetreten.

wendig

a) anpassungsfähig, behände, beweglich, gelenkig, leichtfüßig, schnellfüßig, sportlich; *(schweiz.):* handlich. **b)** alert, betriebsam, energiegeladen, flink, geschäftig, geschickt, geschmeidig, gewandt, rührig, vital; *(geh.):* regsam; *(bildungsspr.):* agil, flexibel; *(ugs.):* mobil.

Wendung

1. Abbiegung, Abknickung, Biegung, Bogen, Drehung, Einknickung, Kehre, Knick, Knie, Krümmung, Kurve, Schleife, Schwenk, Schwenkung, Serpentine, Wende.
2. Wende.
3. Formel, Idiom, Redensart, Redewendung, Sprichwort; *(Sprachwiss.):* [feste] Fügung, Idiotismus, Phraseologismus.

wenig

1. a) armselig, bescheiden, gering, jämmerlich, kaum etwas, klein, knapp, kümmerlich, mager, minimal, nicht sehr groß, nicht viel, niedrig, spärlich, unbeträchtlich, winzig; *(abwertend):* dürftig, lächerlich, läppisch; *(oft abwertend):* kläglich. **b)** ein bisschen, eine Idee, eine Kleinigkeit, eine Spur, eine Winzigkeit, ein klein wenig, etwas, geringfügig, minimal.
2. fast gar nicht, in geringem Maße, kaum, knapp, mehr schlecht als recht, schlecht, selten.

wenig

ein wenig

ein bisschen, eine Idee, eine Kleinigkeit, ein klein wenig, eine Spur, eine Winzigkeit, etwas, geringfügig, minimal, nicht viel; *(ugs.):* ein Tick.

wenigstens

a) allerdings, auf jeden Fall, immerhin, jedenfalls, mindestens, zum Allermindesten, zumindest, zum Mindesten; *(geh.):* geringstenfalls.
b) mindestens, Minimum, nicht weniger als.

wenn

1. angenommen, dass; falls; für den Fall, dass; gesetzt den Fall, dass; im Fall, dass; [in]sofern; unter der Bedingung/Voraussetzung, dass; vorausgesetzt, dass; *(veraltend):* wofern.
2. a) als, nachdem, sobald, [so]wie, während, zu der Zeit; *(veraltend):* kaum dass. **b)** immer wenn, jedes Mal wenn, sooft, soviel, wann [immer], wie oft auch immer.
3. ↑wenngleich.

wenngleich

auch wenn, obgleich, obwohl, selbst wenn; unbeschadet/ungeachtet der Tatsache, dass ...; und, wenn [auch], wennschon; *(geh.):* obschon, obzwar, wiewohl; *(ugs.):* trotzdem.

werben

1. annoncieren, anpreisen, inserieren, Propaganda machen, Reklame/Werbung machen; *(Jargon):* featuren.
2. den Hof machen, einen [Heirats]antrag machen, flirten; *(ugs.):* nachlaufen.

Werbung

1. Absatzförderung, Hype, Medienpräsenz, Öffentlichkeitsarbeit, PR, Publicity, Public Relations, Reklame, Verkaufsförderung, Werbefeldzug, [Werbe]kampagne, Werbemaßnahme; *(bes. Fachspr.):* Advertising.
2. a) Annonce, Inserat, [Werbe]anzeige.
b) Imagefilm, Reklamefilm, Werbefilm, Werbepause, Werbesendung, [Werbe]spot.

Werdegang

1. Entwicklung, Entwicklungsgang, Entwicklungsprozess, Entwicklungsverlauf, Zustandekommen; *(bildungsspr.):* Evolution.
2. [Berufs]ausbildung, Biografie, Karriere, Laufbahn, Leben, Lebenslauf, Lebensweg, Lehre, Vergangenheit, Vorgeschichte, Vorleben; *(geh.):* Lebensbahn; *(bildungsspr.):* Vita.

werden

1. eine [Berufs]ausbildung machen, einen Beruf ergreifen/erlernen, in die Lehre gehen, lernen, machen, studieren; *(ugs.):* studieren auf.
2. a) sich anbahnen, anfangen, aufkeimen, aufkommen, sich ausbilden, ausbrechen, sich ausprägen, beginnen, sich bilden, sich entfalten, sich entspinnen, entstehen, sich entwickeln, erkennbar werden, erwachsen, sich formen, sich gestalten, sich heranbilden, sich herausbilden, sich herauskristallisieren, hervorgehen, hervorkommen, kommen, zum Vorschein kommen; *(geh.):* erblühen, erwachen, sich regen. **b)** flott/gut/leicht von der Hand gehen, gedeihen, gelingen, geraten, glattgehen, glücken, glücklich/gut vonstattengehen, gut ausfallen, sich gut entwickeln, gut gehen, nach Wunsch gehen; *(ugs.):* klappen.

A B C D E F G H I J K L M N O P Q R S T U V W wer X Y Z

werfen
abwerfen, anwerfen, ausstoßen, auswerfen, fallen lassen, herunterwerfen, hinwerfen, katapultieren, schießen, schlagen, schleudern, schmettern, schnellen, stoßen, streuen; *(ugs.):* ballern, donnern, feuern, klatschen, knallen, krachen.

werfen, sich
1. a) sich fallen lassen, springen, [sich] stürzen; *(ugs.):* sich schmeißen. **b)** anfallen, angreifen, anstürmen, attackieren, bestürmen, herfallen über, losgehen auf, überfallen.
2. arbeiten, sich krümmen, uneben werden, sich verwerfen, sich verziehen, sich wellen.

Werk
1. Aktion, Arbeit, Beschäftigung, Betätigung, Erzeugung, Handlung, Hantierung, Herstellung, Schaffen, Tätigkeit, Treiben, Tun, Verrichtung, Wirken; *(abwertend):* Machenschaft.
2. a) Erfolg, Ergebnis, Erzeugnis, Fabrikat, Meisterwerk, Produkt; *(geh.):* Schöpfung; *(abwertend):* Machwerk; *(Fachspr.):* Ware. **b)** Beitrag, Buch, Denkmal, Dichtung, Kunstwerk, Opus, Publikation, Realisat, Schrift, Stück, Text, Titel, Veröffentlichung; *(geh.):* Elaborat; *(bildungsspr.):* Kreation, Monument. **c)** Gesamtwerk, Kunst, [künstlerisches] Schaffen, Lebensarbeit, Überlieferung; *(bildungsspr.):* Œuvre.
3. Anlage, Einrichtung, Fabrik[anlage], Filiale, Firma, [Industrie]betrieb, Niederlassung, Produktionsstätte, Teilbetrieb, Unternehmen.

werken
arbeiten, Arbeit leisten/verrichten, hantieren, tätig sein, wirken; *(ugs.):* roboten.

Werkstatt
Arbeitsraum, Atelier, Studio, Wirtschaftsgebäude; *(geh.):* Arbeitsstätte, Werkstätte.

Werktag
Alltag, Arbeitstag, Wochentag.

werktags
alltags, unter der Woche, wochentags.

Werkzeug
a) Arbeitshilfe, Gerät, Hilfe, Hilfsmittel, Instrument. **b)** Arbeitsgerät, Ausrüstung, Ausstattung, Equipment, Gerätschaft[en], Handwerkszeug, Material, Rüstzeug, Technik; *(ugs.):* Siebensachen; *(Fachspr.):* Instrumentarium.
c) Handhabe, Hilfsquelle, Instrument, Mittel [und Wege], Rezept, Waffe, Weg; *(EDV):* Tool.
d) Marionette, Schachfigur, Spielzeug, willenloses Geschöpf; *(abwertend):* Lakai.

wert
a) ans Herz gewachsen, geehrt, geliebt, hochgeachtet, hochgeschätzt, lieb, unentbehrlich, unersetzlich; *(geh.):* teuer; *(emotional):* kostbar.
b) sehr geehrt; *(geh.):* [hoch]verehrt.

Wert
1. a) Güte, Kostbarkeit, Qualität, Realwert, Sachwert, Wertigkeit. **b)** Gegenwert, Geldwert, Marktwert, Preis; *(bildungsspr.):* Äquivalent.
2. Besitz, Gut, Schatz, Vermögen, Wertgegenstand, Wertsache, Wert[stück]; *(geh.):* Kleinod; *(bildungsspr.):* Preziosen.
3. a) Bedeutsamkeit, Bedeutung, Belang, Brauchbarkeit, Einfluss, Geltung, Gewicht[igkeit], Nutzen, Nützlichkeit, Rang, Sinn, Stellenwert, Tragweite, Wichtigkeit, Würde, Würdigkeit, Zweck; *(bildungsspr.):* Relevanz, Signifikanz, Substanz. **b)** Grundsatz, Ideal, [Lebens]prinzip, Leitbild, Maßstab, Wertmaßstab.

werten
abschätzen, achten, anerkennen, ansehen, beachten, begreifen, begutachten, berücksichtigen, betrachten, beurteilen, bewerten, deuten, einen Kommentar/eine Stellungnahme/ein Statement abgeben, eine Wertung vornehmen, empfinden, halten für, heraushören, herauslesen, jurieren, kritisieren, messen, nehmen, schätzen, sehen, sprechen, Stellung nehmen, urteilen, veranschlagen, verstehen, zählen [lassen], zensieren; *(geh.):* anschlagen, befinden, erachten, erblicken, richten; *(bildungsspr.):* evaluieren, interpretieren, taxieren.

BSP Musst du zu allem deinen Kommentar abgeben? Sie nahm klar Stellung dazu.

wertlos
bedeutungslos, belanglos, fruchtlos, ineffektiv, nebensächlich, nicht der Rede wert, nicht erwähnenswert/nennenswert/wichtig, nichtssagend, nutzlos, ohne Bedeutung/Belang/Wert, sinnlos, unbefriedigend, unbrauchbar, unergiebig, unerheblich, unfunktional, unpraktisch, unsinnig, untauglich, unwesentlich, unzweckmäßig, verfehlt, verzichtbar, wirkungslos, zu nichts nütze, zwecklos, zweitrangig; *(geh.):* nichtig, unersprießlich, unwert, wesenlos; *(bildungsspr.):* inadäquat, inessenziell, irrelevant, marginal, ohne Relevanz, sekundär, substanzlos; *(ugs.):* blödsinnig, witzlos, zu nichts zu gebrauchen; *(abwertend):* hohl, leer; *(südd., österr.):* zu nichts nutz.

Wertung
1. Begutachtung, Benotung, Beurteilung, Einschätzung, Gewichtung, Jurierung, Kritik, Notengebung, Punktwertung, Würdigung, Zählung, Zensur; *(geh.):* Befinden; *(bildungsspr.):* Evaluation, Evaluierung, Taxierung.

2. Gesamtwertung, Gutachten, Ranking, [Wert]urteil, Zeugnis.

wertvoll

a) bedeutend, de luxe, edel, exquisit, geliebt, geschätzt, gut, hochwertig, kostbar, lieb, teuer, unbezahlbar, unentbehrlich, unersetzlich, viel wert, vornehm, vortrefflich, vorzüglich; *(geh.):* [aus]erlesen; *(bildungsspr.):* exklusiv, exzellent, superb; *(emotional):* unschätzbar. **b)** brauchbar, dienlich, förderlich, fruchtbar, Gold wert, gut, heilsam, nicht zu unterschätzen, nutzbringend, nütze, Nutzen bringend, nützlich, segensreich, segensvoll, sinnvoll, zweckmäßig, zweckvoll; *(geh.):* ersprießlich, gedeihlich, hilfreich, Segen bringend, Segen spendend; *(bildungsspr.):* konstruktiv.

Wesen

1. das Wesentliche, das Wichtigste, Gehalt, Grundgedanke, Hauptsache, Herz, Idee, Inneres, Kardinalpunkt, Kern[punkt], Kernstück, Nerv, Prinzip, Schwerpunkt, Wesentliches, Zentrum; *(geh.):* Herzstück; *(bildungsspr.):* [Quint]essenz, Substanz; *(ugs.):* das A und [das] O, der Witz [an der Sache]; *(verstärkend):* das Ureigen[st]e.

2. Charakter, Eigenart, Persönlichkeit, Typ, Wesensart; *(bildungsspr.):* Mentalität, Naturell.

3. Erscheinung, Exemplar, Figur, Geschöpf, Gestalt, Jemand, Kopf, Lebewesen, Mensch, Person; *(bildungsspr.):* Individuum, Kreatur.

wesentlich

1. ausschlaggebend, bedeutend, bedeutsam, belangreich, bestimmend, charakteristisch, entscheidend, erforderlich, erheblich, fundamental, gewichtig, groß, grundlegend, grundsätzlich, hauptsächlich, maßgeblich, nennenswert, nötig, prinzipiell, schwerwiegend, spezifisch, tief [greifend], unverkennbar, unverzichtbar, vital, vordringlich, vornehmlich, vorrangig, weitreichend, wichtig, wirklich, zentral, zwingend; *(schweiz.):* schwergründig; *(geh.):* kernhaft, vornehm, wesenhaft; *(bildungsspr.):* essenziell, existenziell, gravierend, kardinal, konstitutiv, obligatorisch, primär, relevant, repräsentativ, substanziell.

2. bei Weitem, besonders, beträchtlich, deutlich, durchaus, ein gutes Stück, enorm, fühlbar, sehr, sichtbar, sichtlich, sonderlich, um ein Beträchtliches, um einiges/vieles, ungleich, viel, weit[aus]; *(bildungsspr.):* signifikant.

weshalb

aus welchem Grund, warum, weswegen, wieso, wozu; *(ugs.):* was.

Wettbewerb

1. Begegnung, Contest, Cup, Fight, Match, Olympiade, Partie, Preisausschreiben, Spiel, Test, Turnier; *(österr.):* Bewerb; *(Sport):* Prüfung, Qualifikation, Rallye, Wettkampf.

2. Gegnerschaft, Jagd, Konkurrenz[druck], Konkurrenzkampf, Konkurrenzverhältnis, Nebenbuhlerschaft, Schlacht, Wetteifer, Wettkampf, Wettstreit; *(bildungsspr.):* Rivalität.

wetteifern

fighten, in Konkurrenz/Wettbewerb stehen, in Konkurrenz/Wettbewerb treten, kämpfen, Konkurrenz machen, konkurrieren, [sich] schlagen, sich vergleichen, wettstreiten; *(geh.):* sich messen; *(bildungsspr.):* rivalisieren; *(ugs.):* rangeln; *(geh. abwertend):* buhlen; *(südd., österr., schweiz.):* konkurrenzieren.

wetten

a) einen Tipp abgeben, eine Wette abschließen/eingehen, setzen; *(ugs.):* tippen. **b)** aufs Spiel setzen, einsetzen, riskieren, verwetten. **c)** jede Wette eingehen, seine Hand ins Feuer legen, überzeugt sein, sich verbürgen.

Wetter

1. Witterung.

2. Blitz und Donner, Gewitter, Sturm [und Regen], Unwetter, Wolkenbruch; *(geh.):* Aufruhr der Elemente.

wettern

1. [blitzen und] donnern, gewittern, krachen, poltern, wetterleuchten; *(geh.):* grollen.

2. [ver]fluchen, verwünschen, vom Leder ziehen; *(geh.):* schmähen; *(bildungsspr.):* sich echauffieren; *(ugs.):* blaffen, [drauflos]schimpfen, giften, sein Gift verspritzen; *(abwertend):* keifen; *(geh. abwertend):* geifern.

Wettkampf ↑Wettbewerb.

wettmachen

1. a) aufheben, aufholen, aufwiegen, ausbalancieren, ausgleichen, einbringen, einen Ausgleich bewirken/herbeiführen/schaffen, eine Scharte auswetzen, ein Gegengewicht bilden, einholen, nachholen; *(bildungsspr.):* neutralisieren; *(bildungsspr., Fachspr.):* kompensieren. **b)** abfinden, abgelten, entschädigen, ersetzen, erstatten, [rück]vergüten.

2. danken, sich erkenntlich zeigen, honorieren, lohnen, sich revanchieren, vergelten; *(schweiz.):* belöhnen; *(südd., österr.):* bedanken.

wetzen

abziehen, schärfen, scharf machen, schleifen.

wichtig ↗

a) bedeutend, bedeutsam, bedeutungsvoll, belangreich, belangvoll, gewichtig, maßgeblich, von Belang/Gewicht, von [großer] Bedeutung, von großer Tragweite/Wichtigkeit, wesentlich, zentral; *(bildungsspr.):* essenziell, relevant, signifikant. **b)** beherrschend, bestimmend, einflussreich, gewaltig, mächtig, maßgebend, tonangebend, wirkungsreich; *(bildungsspr.):* potent; *(geh. veraltet):* großmächtig. **c)** elementar, fundamental, grundlegend, grundsätzlich, prinzipiell, vital, wesentlich; *(bildungsspr.):* konstitutiv, substanziell. **d)** aktuell, akut, brennend, drängend, dringend, vordringlich; *(bildungsspr.):* brisant, prioritär; *(ugs.):* heiß.

Wickel
1. Packung, Umschlag.
2. Rolle, Spule.

wickeln
1. a) aufrollen, aufspulen, aufwickeln, aufwinden, zusammenrollen. **b)** binden, herumbinden, herumlegen, herumschlingen, herumwickeln, schlingen, umbinden; *(geh.):* winden.
2. einpacken, einrollen, einschlagen, einwickeln, schlagen, verpacken.

wider
gegen, im Gegensatz/Widerspruch zu, kontra, zuwider.

widerfahren
erfahren/erlebt werden, geschehen, passieren, zustoßen; *(geh.):* begegnen, betreffen, hereinbrechen, zuteilwerden.

Widerhall
Echo, Hall, Widerklang.

widerlegen
das Gegenteil beweisen/nachweisen, entkräften, gegenstandslos/hinfällig machen, hohnsprechen; *(bildungsspr.):* falsifizieren.

widerlich
1. abscheuerregend, abscheulich, ekelerregend, ekelhaft, unangenehm, unappetitlich, widerwärtig; *(geh.):* übel; *(emotional):* scheußlich.
2. abstoßend, unausstehlich, unerträglich, unsympathisch, verabscheuenswert; *(geh.):* degoutant, übel, verabscheuungswürdig.

widerrechtlich
gegen das Gesetz/die Gesetze verstoßend, gesetzwidrig, illegal, irregulär, ordnungswidrig, rechtswidrig, tabu, unbefugt, unerlaubt, unrechtmäßig, untersagt, unzulässig, verboten; *(geh.):* unstatthaft; *(bildungsspr.):* illegitim.

Widerrede
1. ↑Widerspruch (1).
2. Antwort, Entgegnung, Erwiderung, Reaktion; *(geh.):* Gegenrede.

Widerruf
Dementi, Widerrufung, Zurücknahme; *(bildungsspr.):* Revokation.

widerrufen
abrücken, dementieren, für unrichtig/nicht mehr geltend erklären, zurücknehmen, zurückziehen; *(bildungsspr.):* revozieren.

Widersacher, Widersacherin
Feind, Feindin, Gegenspieler, Gegenspielerin, Gegner, Gegnerin; *(bildungsspr.):* Antagonist, Antagonistin, Kontrahent, Kontrahentin.

widersetzen, sich
sich aufbäumen, sich auflehnen, sich empören, sich entgegenstemmen, entgegentreten, meutern, opponieren, sich wehren, Widerspruch erheben, Widerstand entgegensetzen/leisten, sich zur Wehr setzen; *(geh.):* aufbegehren, sich bäumen, frondieren, trotzen, widerstreben; *(bildungsspr.):* rebellieren, revoltieren.

widersetzlich ↑widerspenstig.

widersinnig
absurd, abwegig, der reine/reinste/blanke Hohn, der Vernunft zuwiderlaufend, irrwitzig, ohne Sinn und Verstand, sinnwidrig, unlogisch, unsinnig, unvernünftig, vernunftwidrig, wahnwitzig; *(geh.):* aberwitzig; *(bildungsspr.):* paradox; *(ugs.):* blödsinnig, verrückt; *(oft emotional):* irrsinnig; *(abwertend):* töricht.

widerspenstig
aufsässig, bockig, eigensinnig, störrisch, trotz[köpf]ig, ungehorsam, unwillig, verbockt, widerborstig, widersetzlich; *(geh.):* ungebärdig; *(bildungsspr.):* renitent; *(ugs.):* bockbeinig, dickköpfig; *(abwertend):* halsstarrig, starrköpfig.

widersprechen
1. a) für falsch/unrichtig/unwahr/unzutreffend erklären, nicht gelten lassen, widerreden, zurückweisen; *(geh.):* sich verwahren; *(ugs.):* Kontra geben. **b)** Einspruch erheben, opponieren, Protest einlegen, protestieren, widersagen; *(bildungsspr.):* ein Veto einlegen.
2. sich ausschließen, hohnsprechen, im Widerspruch stehen, nicht übereinstimmen, unvereinbar sein, widerstreiten.

widersprechen, sich
sich in Widersprüche verwickeln, unlogisch/unstimmig sein; *(bildungsspr.):* inkonsequent argumentieren.

Widerspruch
1. Aber, Einspruch, Einwand, Gegenprotest, Gegenrede, Protest, Widerrede, Widerwort.
2. Gegensatz, Gegensätzlichkeit, Unvereinbarkeit, Widersprüchlichkeit; *(bildungsspr.):* Diskrepanz, Inkonsequenz.

widersprüchlich
sich ausschließend/widersprechend, entgegengesetzt, gegensätzlich, unstimmig, unvereinbar, widerspruchsvoll, widerstreitend; *(bildungsspr.):* antagonistisch, antithetisch, diametral, diskrepant, dualistisch, inkonsequent, konträr, paradox.

widerspruchslos
anstandslos, ohne Weiteres, ohne Widerspruch; *(österr.):* ohneweiters.

Widerstand
1. Auflehnung, Gegenwehr; *(bildungsspr.):* Opposition, Resistenz.
2. Gegendruck, Gegenkraft.

Widerstand leisten
sich auflehnen, protestieren, sich sträuben, sich zur Wehr setzen; *(geh.):* aufbegehren, trotzen; *(bildungsspr.):* rebellieren, revoltieren.

BSP Niemand wagte dagegen aufzubegehren. Der Autor beschreibt, wie sie gegen die schlechte Behandlung revoltierten.

widerstandsfähig
abgehärtet, beständig, fest, hart, kräftig, nicht anfällig, robust, stabil, stark, unempfindlich, unverwüstlich, zäh; *(geh.):* gefeit, gestählt.

widerstandslos
kampflos, ohne Gegenwehr/Widerstand, ohne sich zu wehren.

widerstehen
1. aushalten, nicht nachgeben, standhaft bleiben, standhalten.
2. ↑widersetzen, sich.
3. ↑widerstreben (a).

widerstreben
a) Abneigung/Abscheu/Ekel/Widerwillen hervorrufen, abstoßen, anekeln, widerstehen, zurückstoßen, zuwider sein; *(geh.):* degoutieren.
b) ↑widersetzen, sich.

Widerstreit
Gegensatz, Konflikt, Spannung, Zwiespalt; *(bildungsspr.):* Antagonismus; *(ugs.):* Zwickmühle.

widerwärtig ↑widerlich.

Widerwille
Abneigung, Abscheu, Ekel, Horror, Unlust; *(geh.):* Degout; *(bildungsspr.):* Aversion.

widerwillig
a) freudlos, lustlos, mit Unlust/Widerwillen, ohne Freude, ungern, unwillig, widerstrebend, zähneknirschend.
b) angeekelt, angewidert, voller Abscheu/Ekel.

GGS anstandslos, kurzerhand, von Herzen gern, widerspruchslos.

widmen
1. *(geh.):* weihen, zueignen; *(bildungsspr.):* dedizieren.
2. einsetzen, gebrauchen, hingeben, in den Dienst stellen, verwenden; *(geh.):* weihen.

widmen, sich
sich befassen, sich beschäftigen, beschäftigt sein, sich ergeben, sich hingeben, nachgehen, sich verschreiben, sich zuwenden; *(geh.):* frönen.

widrig
misslich, nachteilig, negativ, schlecht, unangenehm, unerfreulich, unglücklich, ungut, unschön, unvorteilhaft; *(geh.):* übel, unerquicklich.

wie
auf welche Weise, in welchem Sinn, in welcher Form, wodurch, womit.

wieder ≠
abermalig, abermals, aufs Neue, ein weiteres/zweites Mal, erneut, neuerlich, noch einmal, nochmalig, nochmals, von Neuem, wiederholt, wiederum, zum zweiten Mal; *(ugs.):* noch mal.

Wiedergabe
1. Bericht, Darstellung, Dokumentation, Schilderung, Verlautbarung, Veröffentlichung.
2. Abdruck, Ablichtung, Druck, Kopie, Vervielfältigung; *(Fachspr.):* Faksimile.
3. Aufführung, Vorführung; *(bildungsspr.):* Interpretation.

wiedergeben
1. rückerstatten, zurückgeben, zurückreichen, zurückzahlen.
2. a) berichten, beschreiben, darlegen, darstellen, erzählen, sagen, schildern, schreiben. **b)** anführen, wörtlich wiedergeben, zitieren.

BSP Man kann hier mehrere Textstellen anführen. Ich möchte eine weitere Stelle aus dem Dialog zitieren.

wiedergutmachen
abfinden, ausgleichen, bereinigen, büßen, eine Scharte auswetzen, entschädigen, ins Reine bringen, klären, klarstellen, korrigieren; *(ugs.):* ausbügeln, einrenken, geradebiegen, wettmachen.

wiederherstellen
1. nachbilden, nachformen, nachgestalten, wieder aufbauen, wieder errichten.
2. erfolgreich behandeln, gesund machen, heilen, kurieren, retten; *(ugs.):* hinkriegen, hochbringen, über den Berg bringen.
3. ausbessern, einen Schaden beheben/beseitigen, eine Reparatur ausführen, in Ordnung bringen, instand setzen, reparieren, restaurieren,

wiederherrichten; *(südd., österr., schweiz.):* richten.

wiederholen

1. nochmals ausführen/durchführen; *(ugs.):* noch mal von vorn anfangen.
2. nachbeten, nacherzählen, nachreden, nachsagen, nachsprechen.
3. sich einprägen, einstudieren, nochmals durchgehen; *(bildungsspr.):* präparieren, rekapitulieren, repetieren; *(ugs.):* bimsen, büffeln.

wiederholen, sich

1. noch einmal sagen.
2. a) nochmals geschehen/passieren/stattfinden. b) [immer] wiederkommen; *(geh.):* [immer] wiederkehren.

wiederholt

dauernd, fortgesetzt, gehäuft, häufig, immer wieder, in bestimmten Abständen, in bestimmter Folge, in vielen Fällen, laufend, mehr als einmal, mehrmalig, mehrmals, oft, öfter, oftmals, regelmäßig, ständig, vermehrt, verschiedentlich, viele Male, vielfach; *(geh.):* mannigfach; *(ugs.):* alle naselang, am laufenden Band.

wiederkehren

1. ↑wiederkommen (1).
2. ↑wiederholen, sich (2 b).

wiederkommen

1. heimkehren, nach Hause kommen, zurückkommen; *(geh.):* wiederkehren, zurückkehren.
2. ↑wiederholen, sich (2 b).

wiedersehen

begegnen, über den Weg laufen, [zusammen]treffen; *(ugs.):* in die Arme laufen.

wiedersehen, sich

sich begegnen, sich treffen, sich verabreden.

[1]wiegen

1. Bedeutung haben, gelten, Gewicht haben, von Bedeutung/Belang/Wichtigkeit sein.
2. abmessen, abwiegen, bemessen, das Gewicht feststellen.

[2]wiegen

schaukeln, schunkeln, schwingen.

Wiese

Alm, Gras, Grünstreifen, Rasen, Weide.

wieso

aus welchem Grund, inwiefern, warum, weshalb, weswegen, wozu; *(ugs.):* was.

wild

1. nicht domestiziert, nicht kultiviert, ungebändigt, wild lebend, wild wachsend.
2. kulturlos; *(abwertend):* barbarisch, unkultiviert, unzivilisiert, wüst.
3. echt, einfach, naturbelassen, natürlich, nicht imitiert/künstlich/nachgemacht, typisch, unverfälscht, urig, urtümlich, urwüchsig, wahr, waschecht; *(schweiz.):* urchig; *(geh.):* erdhaft, erdverbunden; *(bildungsspr.):* authentisch, genuin.
4. außer Kontrolle geraten, entfesselt, frei, grenzenlos, nicht reglementiert, ohne Einschränkung/Kontrolle, schrankenlos, unbeaufsichtigt, unbehindert, unbeschränkt, uneingeschränkt, ungehemmt, ungehindert.
5. aggressiv, angriffslustig, ärgerlich, aufgebracht, außer sich, empört, entrüstet, erbost, gereizt, grimmig, rabiat, streitsüchtig, verärgert, voller Ärger/Wut/Zorn, wütend, wutentbrannt, wutschäumend, wutschnaubend, zornig; *(ugs.):* böse, fuchsig, fuchtig, geladen, giftig.

Wilderer, Wilderin

Jagdfrevler, Jagdfrevlerin, Wilddieb, Wilddiebin, Wildfrevler, Wildfrevlerin.

wildern

ohne Berechtigung jagen, unerlaubt schießen, wilddieben; *(ugs.):* schwarzgehen.

Wildnis

a) Busch, Dickicht, Dschungel, Urwald. b) Einöde, einsame Gegend, Öde, Ödland, Wüste; *(österr.):* Einöd; *(geh.):* Ödnis, Wüstenei.

Wille

Absicht, Anliegen, Bestreben, Gedanke, Intention, Plan, Vorsatz, Wollen, Wunsch, Ziel[setzung], Zielvorstellung, Zweck; *(geh.):* Trachten.

willenlos

anpassungsfähig, charakterschwach, gefügig, kompromissbereit, lenkbar, nachgiebig, ohne Widerstandskraft, schwach, schwankend, ungefestigt, verführbar, willensschwach; *(bildungsspr.):* flexibel; *(abwertend):* kompromisslerisch, rückgratlos, weichlich.

willens ↑willig.

willensschwach ↑willenlos.

willensstark

beharrlich, durchhaltend, energisch, entschieden, entschlossen, hartnäckig, konsequent, standhaft, tatkräftig, unbeirrt, unentwegt, zielbewusst, zielsicher, zielstrebig, zupackend; *(geh.):* beharrsam; *(bildungsspr.):* insistent.

willig

bereit, entschlossen, gefügig, geneigt, gesonnen, gewillt; *(geh.):* erbötig, willens.

willkommen

angenehm, begrüßenswert, erfreulich, erwünscht, gelegen, gern gesehen, günstig, passend, vorteilhaft, wünschenswert.

willkürlich

1. beliebig, nach Belieben/Gutdünken, unsyste-

matisch, wahllos, zufällig; *(bildungsspr.):* ad libitum, arbiträr.
2. absichtlich, auf eigene Faust/Verantwortung, aus eigener Kraft, bewusst, eigenmächtig, eigenständig, gewollt, intentional, nach eigenem Ermessen, selbstständig, vorsätzlich.

wimmeln
dicht bedeckt sein, gespickt sein, reichlich versehen sein, übersät sein, voll sein von.

Wind
Bö, Brise, Lüftchen, Lufthauch, Luftstrom, Luftströmung, [Luft]zug, Zugluft; *(geh.):* Hauch; *(dichter.):* Lüftlein.

winden, sich
1. sich herumschlingen, sich hochranken, sich ringeln, sich schlängeln, sich schlingen, umfassen, umgreifen, umranken, umschließen, umschlingen, sich wickeln; *(geh.):* emporranken.
2. sich beugen, sich biegen, eine krumme Haltung/Form annehmen, sich krümmen.
3. [durch]schlüpfen, gleiten, sich lavieren, sich schieben, sich schlängeln.

windig
auffrischend, böig, brausend, luftig, rasend, stürmisch, turbulent, unruhig, zugig.

windstill
geschützt, ruhig, windgeschützt.

Wink
1. Bewegung, Gebärde, Geste, Handgriff, Handzeichen; *(österr.):* Deuter.
2. Andeutung, Anspielung, Fingerzeig, Hinweis, Zeichen; *(bildungsspr.):* Innuendo.

Winkel
a) Ecke, Kante, Knick, Kreuzung, Rand, Schnittpunkt. **b)** Ecke, Nische. **c)** Bereich, Breiten, Gebiet, Gegend, Landschaft, Landstrich, Raum, Region, Teil, Zone; *(geh.):* Gefilde.

winken
1. a) heranrufen, herbeirufen, herbeizitieren, herbeordern, herrufen, holen, kommen lassen, rufen. **b)** sich bemerkbar machen, die Hand heben, ein Zeichen geben.
2. bevorstehen, erwarten, in Aussicht gestellt sein, zugesichert sein; *(ugs.):* ins Haus stehen.

winseln
1. heulen, jaulen; *(ostmd.):* gauksen.
2. anflehen, beschwören, betteln, demütig/eindringlich bitten, erbetteln, flehen, inständig/kniefällig bitten.

Winter
die kalte Jahreszeit.

winterlich
a) arktisch, eisig [kalt], eiskalt, fröstelig, frostig, frostklirrend, harsch, kalt; *(emotional verstärkend):* bitterkalt, lausekalt, lausig kalt.
b) schneebedeckt, verschneit, voller Schnee, zugeschneit; *(dichter.):* schneegekrönt.

winzig
mikroskopisch, minimal, sehr klein[formatig], verschwindend gering, von sehr geringer Größe, zwergenhaft; *(ugs.):* fipsig, klitzeklein.

Wipfel
[Baum]krone, Spitze; *(geh.):* Laubkrone.

wippen
auf und ab bewegen, federn, pendeln, schwingen, wanken, [sich] wiegen; *(geh.):* wogen; *(ugs.):* baumeln, kippeln, wackeln.

Wirbel
1. Drift, Mahlstrom, Sog, Strudel; *(nordd.):* Neer.
2. a) Betrieb[samkeit], Gedränge, Geschäftigkeit, Getümmel, Hektik, Leben, Treiben, Trubel, Unruhe; *(geh.):* Unrast; *(ugs.):* Rummel. **b)** Aufregung, Aufsehen, [Hoch]spannung, Unruhe.

wirbeln
1. sich drehen, sich im Kreis bewegen, kreise[l]n, quirlen, rotieren, strudeln.
2. fegen, wehen; *(geh.):* fliegen, stieben.
3. die Trommel rühren/schlagen, einen Wirbel ertönen lassen, trommeln.

wirken
1. amtieren, arbeiten, handeln, tätig sein, tun, verfahren; *(bildungsspr.):* agieren, operieren.
2. anschlagen, ansprechen, einschlagen, Erfolg haben, erfolgreich/wirksam sein, fruchten, helfen, Wirkung erzielen/haben/zeigen.
3. anmuten, aussehen, den Anschein erwecken/haben, den Eindruck erwecken/machen, [er]scheinen, vorkommen; *(geh.):* sich ausnehmen; *(südd., österr.):* ausschauen.

BSP Sie scheint zunächst unbedarft, aber dann erfährt man mehr über sie. Diese These kommt mir eigenartig/logisch/wichtig vor.

¹wirklich
1. auf Tatsachen beruhend, belegt, bewiesen, echt, erwiesen, faktisch, fundiert, in der Tat, in Wirklichkeit, tatsächlich, wahr; *(geh.):* wahrhaftig; *(bildungsspr.):* authentisch, in facto.
2. dinglich, echt, existent, gegenständlich, greifbar, konkret, materiell, physisch, real, spürbar, stofflich; *(bildungsspr.):* substanziell.

²wirklich
bei Gott, beileibe, bestimmt, durchaus, gewiss, in der Tat, tatsächlich, wahrhaftig, weiß Gott.

Wirklichkeit
Fakt, Gegebenheit, Praxis, Realität, Sachlage, Sachverhalt, Tatsache, Tatsächlichkeit, Wahrheit; *(bildungsspr.):* Faktizität, Faktum.

A B C D E F G H I J K L M N O P Q R S T U V W wir X Y Z

wirksam
aufbauend, dienlich, effektiv, förderlich, fruchtbar, günstig, gut, nützlich, produktiv, sinnvoll, von Nutzen/Vorteil, vorteilhaft, wirkmächtig, wirkungsvoll, zuträglich, zweckmäßig; *(schweiz.)*: zugriffig; *(geh.)*: ersprießlich, gedeihlich, hilfreich; *(bildungsspr.)*: konstruktiv.

Wirkung
Auswirkung, Effekt, Ergebnis, Fazit, Folge, Konsequenz; *(bildungsspr.)*: Resultat.

wirkungslos
aussichtslos, erfolglos, ergebnislos, fruchtlos, für nichts und wieder nichts, ineffektiv, nicht lohnend/weiterführend, nutzlos, ohne Erfolg/Nutzen, ohne positives Ergebnis, unergiebig, unfruchtbar, unnütz, unproduktiv, unwirksam, vergebens, vergeblich, verlorene Liebesmüh, zu nichts nütze, zwecklos; *(geh.)*: müßig, unersprießlich; *(salopp)*: für die Katz; *(bildungsspr., Fachspr.)*: ineffizient.

wirkungsreich ↑wirkungsvoll.

wirkungsvoll
a) anschaulich, auffällig, ausdrücklich, ausdrucksstark, betont, demonstrativ, deutlich, einprägsam, wirkungsreich, zur Schau getragen; *(bildungsspr.)*: emphatisch, expressiv, ostentativ, pointiert, prononciert, provokant, provozierend. **b)** ansehnlich, beeindruckend, dekorativ, effektvoll, eindrucksvoll, glanzvoll, imponierend, imposant, kunstvoll, schmückend; *(bildungsspr.)*: formidabel.

wirr
a) abstrus, chaotisch, kompliziert, mysteriös, planlos, rätselhaft, schwer [verdaulich], schwierig, seltsam, unbegreiflich, undurchdringlich, undurchschaubar, unentwirrbar, unergründlich, unerklärlich, ungeordnet, ungereimt, unklar, unüberschaubar, unübersichtlich, unverständlich, verwickelt, verworren; *(geh.)*: unerfindlich, unerforschlich; *(bildungsspr.)*: komplex, nebulös; *(ugs.)*: vertrackt; *(abwertend)*: kraus. **b)** desorientiert, durcheinander, fahrig, irritiert, konfus, kopflos, kopfscheu, verstört, verwirrt, zerfahren, zerstreut.

Wirrwarr
Chaos, Durcheinander, Gewirr, Planlosigkeit, Tohuwabohu, Tumult, Unordnung, Verwirrung; *(geh.)*: Wirrnis, Wirrsal; *(bildungsspr.)*: Desorganisation, Hexensabbat; *(ugs.)*: Kuddelmuddel, Salat; *(nordd.)*: Schurrmurr.

Wirt, Wirtin
1. Gastronom, Gastronomin, Gastwirt, Gastwirtin, Kneipenwirt, Kneipenwirtin.
2. Hausbesitzer, Hausbesitzerin, Hauseigentümer, Hauseigentümerin, Vermieter, Vermieterin; *(südd., österr.)*: Hausherr, Hausherrin.

Wirtschaft
1. Betriebe, Geschäftsbereich, Gewerbe, Handel, Industrie, New Economy, Ökonomie, Old Economy, Unternehmen, Unternehmerschaft.
2. Ausschank, Bar, Gasthaus, Gasthof, Gaststätte, Lokal, Restaurant, Schankbetrieb, Schankraum, Schankstube, Schenke, Schenkstube, Wirtshaus; *(österr.)*: Beisel, Schank.

wirtschaften
1. bemessen, berechnen, budgetieren, disponieren, dosieren, einplanen, einteilen, haushalten, maßhalten, planen, rationieren, sparen.
2. Hausarbeit verrichten, im Haus arbeiten, sich im Haushalt betätigen, im Haus hantieren, im Haus tätig sein, werken.

wirtschaftlich
1. finanziell, geldlich, materiell; *(bildungsspr.)*: ökonomisch, pekuniär.
2. a) haushälterisch, ökonomisch, rationell, sparsam, vorsichtig; *(schweiz.)*: hauslich; *(bes. nordd.)*: nährig; *(bildungsspr., Fachspr.)*: effizient. **b)** einbringlich, einträglich, ertragreich, gewinnbringend, kommerziell, lohnend, profitabel, rentabel, rentierlich; *(bildungsspr.)*: lukrativ; *(ugs.)*: sich auszahlend, fett.

wischen
1. entlangfahren, entlangstreichen, fahren, hinfahren, hinstreichen, streichen.
2. a) abwischen, fortwischen, wegputzen, wegwischen. **b)** aufwischen, moppen, reinigen, säubern, scheuern; *(nordd.)*: feudeln.

wispern
flüstern, hauchen, murmeln, zischeln; *(geh.)*: raunen; *(oft abwertend)*: tuscheln.

wissbegierig
bildungsbeflissen, bildungseifrig, bildungshungrig, neugierig, voller Wissbegier/Wissbegierde, wissensdurstig, wissenshungrig; *(bildungsspr.)*: faustisch, inquisitiv.

wissen ≁
sich auskennen, beherrschen, Bescheid wissen, beschlagen sein, Einblick haben, im Bilde sein, kennen, Kenntnis haben, können, [sich] verstehen [auf], vertraut sein mit, zu Hause sein; *(geh.)*: vermögen; *(ugs.)*: den Durchblick haben, draufhaben, sich leichttun.

BSP Sie beherrscht die Regeln des Spiels. Er versteht sich aufs Kochen.

Wissen
a) Allgemeinwissen, Bildung, geistiges Kapital, Kenntnisse, Know-how, Sachkenntnis, Sachverstand, Wissensschatz.

BSP In der AG wollen wir Kenntnisse sammeln/gewinnen/vermitteln. Sie handelten mit/ohne Sachverstand.

b) Bewusstsein, Einsicht, Erkenntnis, Gewissheit, Kennerschaft, Kenntnis.

Wissenschaft
Forschung, Lehre, Theorie.

Wissenschaftler, Wissenschaftlerin
Akademiker, Akademikerin, Forscher, Forscherin, Gelehrter, Gelehrte; *(österr., schweiz.):* Wissenschafter, Wissenschafterin; *(häufig abwertend):* Intelligenzler, Intelligenzlerin.

wissenschaftlich
abstrakt, gelehrt, theoretisch; *(abwertend):* akademisch.

wissenswert
aufschlussreich, belehrend, bildend, informativ, interessant, lehrreich, nützlich, wichtig.

wissentlich
absichtlich, absichtsvoll, bewusst, in/mit [vollem] Bewusstsein, mit Wissen, vorsätzlich.

wittern
1. erschnüffeln, erschnuppern, riechen, schnüffeln, schnuppern, wahrnehmen.
2. ahnen, erahnen, fühlen, mutmaßen, spüren, vermuten, vorausahnen; *(geh.):* argwöhnen, erfühlen, erspüren, wähnen; *(ugs.):* [den Braten] riechen, Lunte riechen, schwanen.

Witterung
1. Wetter, Wetterlage.
2. Ahnung, Empfinden, Gespür, Instinkt.

Witz
1. a) Kalauer, Scherz, Spaß, Ulk; *(bildungsspr.):* Aperçu; *(ugs.):* Flachs, Joke, Jokus, Jux, Uz; *(abwertend):* Zote. **b)** der springende Punkt, Dreh- und Angelpunkt, Gag, Kern[punkt], Krönung, Pointe; *(ugs.):* Clou, Knackpunkt, Knaller.
2. Geist, Geistesschärfe, Scharfsinn, Schlagfertigkeit, Witzigkeit; *(bildungsspr.):* Esprit.

witzeln
scherzen, spötteln, spotten; *(ugs.):* frotzeln.

witzig
1. amüsant, belustigend, erheiternd, geistreich, gewitzt, humoristisch, humorvoll, komisch, launig, lustig, spaßhaft, spaßig, vergnüglich, zum Kichern/Lachen; *(geh.):* ergötzlich; *(bildungsspr.):* aristophanisch; *(ugs. emotional):* urkomisch, zum Totlachen.
2. einfallsreich, fantasiereich, fantasievoll, originell; *(ugs.):* pfiffig.

witzlos
1. einfallslos, fantasielos, geistlos, langweilig.
2. aussichtslos, erfolglos, ergebnislos, fruchtlos, nutzlos, sinnlos, überflüssig, umsonst, unfruchtbar, unnütz, unsinnig, vergebens, vergeblich, verlorene Liebesmüh, wertlos, wirkungslos, zwecklos; *(geh.):* unersprießlich.

Wochentag
Alltag, Arbeitstag, Werktag.

wofür
wozu, zu welchem Ziel/Zweck; *(ugs.):* für was; *(veraltend):* zu welchem Ende.

wogen
aufwogen, branden, sich ergießen, hochschlagen; *(geh.):* [auf]branden, wallen.

woher
a) aus welchem Ort/welcher Richtung, von welchem Ort/welcher Stelle/welcher Richtung.
b) aus welcher Quelle, von wem, wovon.

wohin
an welchen Ort/Platz, an wen, in welche Richtung.

Wohl
Gedeihen, Glück, Heil, Segen, Wohlbefinden, Wohlbehagen, Wohlergehen; *(geh.):* Wohlsein.

[1]wohl
1. a) bei [guter] Gesundheit, fit, frisch, gesund, gut, munter, stark; *(geh.):* wohlauf; *(ugs.):* auf dem Damm, auf der Höhe, frisch und munter, in Ordnung; *(nordd., md.):* kregel. **b)** angenehm, behaglich, heimelig, traulich, wohlig.
2. durchaus, fraglos, in der Tat, ohne Frage, unzweifelhaft; *(emotional):* zweifellos; *(bes. südd.):* freilich.
3. circa, etwa, gegen, geschätzt, grob gerechnet, in etwa, rund, überschlägig, um, um ... herum, ungefähr, vielleicht; *(österr.):* beiläufig; *(bildungsspr.):* approximativ, präterpropter.

[2]wohl
allem Anschein nach, aller Voraussicht nach, angenommen, anscheinend, höchstwahrscheinlich, vermutlich, voraussichtlich, wahrscheinlich, wie zu vermuten ist; *(geh.):* augenscheinlich, dem Augenschein nach, mutmaßlich; *(ugs.):* schätzungsweise.

Wohlgefallen
Befriedigung, Behagen, Beifälligkeit, Freude, Gefallen, Glückseligkeit, Seligkeit, Vergnügen, Vergnügtheit, Wohlbehagen, Zufriedenheit; *(geh.):* Entzücken, Ergötzen, Wonne[gefühl].

wohlgesinnt
entgegenkommend, freundlich gesinnt, geneigt,

günstig [gesinnt], gutgesinnt, gutwillig, wohlwollend; *(schweiz.):* wohlsinnig; *(geh.):* gewogen, hold, wohlmeinend, zugetan.

wohlhabend
begütert, bemittelt, gut situiert, reich, vermögend; *(österr.):* situiert; *(schweiz.):* hablich; *(bildungsspr.):* potent; *(ugs.):* [gut] betucht.

wohlig
angenehm, anheimelnd, behaglich, heimelig, lauschig, traulich, wohltuend; *(bes. österr.):* kommod; *(ugs.):* knuffig; *(fam.):* kuschelig.

Wohlstandsgesellschaft
(abwertend): Überflussgesellschaft, Wegwerfgesellschaft; *(oft abwertend):* Konsumgesellschaft.

Wohltat
1. Auffrischung, Erfrischung, [Hoch]genuss, Segen; *(geh.):* Balsam, Erquickung, Labsal.
2. Aufheiterung, Aufmunterung, Aufrichtung, Beruhigung, Erbauung, Erleichterung, Ermunterung, Linderung, Trost, Tröstung, Zusprache; *(geh.):* Herzenstrost, Zuspruch.

wohltätig
herzensgut, hilfsbereit, karitativ, mitmenschlich, selbstlos, sozial, uneigennützig, von Nächstenliebe bestimmt; *(geh.):* barmherzig, edel[mütig], großmütig, [grund]gütig, mildtätig, nobel; *(bildungsspr.):* human.

wohltuend
angenehm, aufmunternd, behaglich, belebend, erfrischend, gut, herzerfrischend, herzerquickend, lindernd, willkommen, wohlig; *(schweiz.):* gefreut; *(geh.):* beflügelnd, erquickend, erquicklich, labend; *(bildungsspr.):* vitalisierend.

Wohlwollen
Entgegenkommen, Freundlichkeit, Gunst, Güte, Hilfe, Sympathie, Unterstützung, Verständnis, Zuneigung, Zuwendung; *(geh.):* Geneigtheit, Gewogenheit; *(bildungsspr.):* Beau Geste.

wohlwollend
entgegenkommend, freundlich, geneigt, großmütig, großzügig, gutgesinnt, gütig, herzlich, hilfreich, hilfsbereit, liebenswürdig, verständnisvoll, warmherzig, wohlgesinnt, zuvorkommend; *(geh.):* gewogen, hold, wohlmeinend; *(oft iron.):* gnädig.

wohnen
ansässig/beheimatet sein, bewohnen, sich einmieten, sich einquartieren, leben, sich niederlassen, ortsansässig/registriert sein, seine Wohnung/seinen Wohnsitz haben, zu Hause sein; *(bildungsspr.):* residieren; *(bes. südd., österr., schweiz.):* daheim sein.

wohnhaft
angesessen, ansässig, beheimatet, heimisch, niedergelassen, ortsansässig, seinen Wohnsitz habend, sesshaft, zu Hause.

wohnlich
anheimelnd, behaglich, gemütlich, heimelig, lauschig, traulich, wohlig; *(bildungsspr.):* intim; *(fam.):* kuschelig; *(verstärkend):* urgemütlich.

Wohnort ↑Wohnsitz.

Wohnsitz
Aufenthaltsort, Habitat, Heim, Heimstatt, Heimstätte, Standort, Wohnort, Wohnung, Zuhause; *(geh.):* Aufenthalt, Behausung, Wohnstätte; *(bildungsspr., oft scherzh.):* Domizil; *(bes. südd., österr., schweiz.):* Daheim.

wölben, sich
anschwellen, sich aufblähen, sich ausbeulen, sich bauchen, sich bauschen, sich blähen, sich runden, rund werden, schoppen.

Wolkenbruch
Gewitterregen, Platzregen, Regenguss, Regenschauer, Schauer[regen], Sturzregen, Unwetter; *(schweiz.):* Gutsch; *(ugs.):* Guss.

wolkig
bedeckt, bewölkt, bezogen, diesig, dunkel, dunstig, grau [in grau], trübe, verhangen, wolkenbedeckt, wolkenverhangen.

wollen ↗
1. beabsichtigen, bezwecken, die Absicht/den Wunsch haben, entschlossen sein, gedenken, gewillt sein, hinauswollen, im Auge haben, im Schilde führen, im Sinn haben, sich in den Kopf setzen, ins Auge fassen, intendieren, sich mit dem Gedanken tragen, planen, trachten, vorhaben, sich vornehmen; *(geh.):* sinnen.

BSP Was bezweckst du mit dieser Frage? Sie wollte auf einen Kompromiss hinaus. Diesen Effekt hatte ich [damit] gar nicht intendiert.

2. a) abzielen auf, anstreben, anvisieren, aus sein auf, sich bemühen um, erpicht sein, es abgesehen haben auf, gerne haben, haben wollen, hinsteuern, hinzielen, mögen, streben nach, versessen sein, sich verzehren, wünschen, zu erlangen/erreichen/verwirklichen suchen, zum Ziel haben; *(geh.):* begehren, erstreben, gelüsten, trachten; *(dichter.):* dürsten; *(ugs.):* scharf sein auf; *(oft abwertend):* geil sein auf.

BSP Seine Worte zielten darauf ab, ihr Mitgefühl zu erregen. Die Machthaber strebten eine neue soziale Ordnung an. Sie hat zum Ziel, in die Forschung zu gehen.

b) abverlangen, Anspruch erheben, beanspruchen, benötigen, bestehen auf, brauchen, [er]fordern, in Anspruch nehmen, kosten, nötig haben, verlangen; *(geh.):* bedürfen, erheischen, pochen auf; *(bildungsspr.):* postulieren.

womit
auf welche Weise, in welchem Sinn, in welcher Form, mit welcher Sache, wie, wodurch.

womöglich
allenfalls, eventuell, gegebenenfalls, im gegebenen Fall, möglicherweise, unter Umständen, vielleicht; *(nordd.):* am Ende.

Wonne
Begeisterung, Behagen, Freude, Glück, Heiterkeit, Hochgefühl, Seligkeit, Vergnügen, Vergnügtheit, Wohlbehagen, Wohlgefallen; *(geh.):* Beglückung, Entzücken, Ergötzen, Frohmut, Glückseligkeit, Wonnegefühl.

Wort ≁
1. Ausdruck, Begriff, Benennung, Bezeichnung, Formel, Name, Terminus, Vokabel; *(bildungsspr.):* Expression; *(Sprachwiss.):* Term.

BSP Die Rednerin verwendete falsche/treffender/gewählte/fachsprachliche/umgangssprachliche Ausdrücke. Diese Bezeichnung [für ...] ist charakteristisch/aussagekräftig/ungenau/unscharf.

2. Äußerung, Ausspruch, Bonmot, geflügeltes Wort, Lebensweisheit, Satz, Spruch, Wendung, Zitat; *(bildungsspr.):* Aperçu, Aphorismus, Apophthegma, Diktum, Sentenz.

BSP Sie ließ die Äußerung beiläufig fallen. Dieser Ausspruch von Goethe wird häufig zitiert. In dem Absatz steht ein viel zitiertes / scharfsinniges Diktum.

3. Beteuerung, Ehrenwort, Eid, [feierliche] Erklärung, Garantie, Schwur, Versicherung, Versprechen, Zusage, Zusicherung; *(geh.):* Gelöbnis.

wortbrüchig
abtrünnig, treulos, unzuverlässig, verräterisch; *(geh.):* un[ge]treu; *(bildungsspr.):* illoyal, perfide; *(abwertend):* unsolidarisch, verlogen.

Wortführer, Wortführerin
Anführer, Anführerin, Chef, Chefin, Interessenvertreter, Interessenvertreterin, Kopf, Leiter, Leiterin, Sprecher, Sprecherin, Vertreter, Vertreterin.

wortgetreu ↑wörtlich (1).

wortgewandt
beredsam, redebegabt, redefreudig, redegewandt, schlagfertig, sprachgewaltig, sprachgewandt, zungenfertig; *(geh.):* sprachmächtig, wortgewaltig, wortmächtig; *(bildungsspr.):* eloquent; *(bes. Politik):* sprechfähig.

wortkarg
einsilbig, kurz angebunden, nicht gesprächig, reserviert, schweigsam, verschlossen, zurückhaltend; *(geh.):* wortarm; *(bildungsspr.):* distanziert; *(salopp):* maulfaul.

wörtlich
1. buchstabengetreu, buchstäblich, im Wortlaut, Wort für Wort, wortgetreu, wortgleich, wortwörtlich; *(österr.):* wortident; *(bildungsspr.):* verbaliter, verbotenus.
2. im wahrsten Sinne des Wortes, in des Wortes wahrster Bedeutung, richtig[gehend], wortwörtlich; *(verstärkend):* geradezu.

wortlos
grußlos, ohne Wort, schweigend, still, stumm.

wortreich
ausführlich, bis ins Einzelne, breit, eingehend, erschöpfend, in aller Ausführlichkeit, in epischer Breite, langatmig, lang und breit, umständlich, weitläufig, weitschweifend, weitschweifig; *(schweiz.):* einlässlich, langfädig; *(bildungsspr.):* detailliert, en détail, in allen Details, in extenso, minutiös, verbos.

Wortschatz
Sprachschatz, Vokabelschatz, Wortgut; *(bildungsspr.):* Vokabular; *(Sprachwiss.):* Lexik, Wortbestand.

Wortwechsel
a) Auseinandersetzung, Geplänkel, Streit[gespräch], Szene, Unstimmigkeit, Wortgefecht, Wortstreit, Zank; *(geh.):* Händel; *(bildungsspr.):* Dissens, Kontroverse; *(ugs.):* Donnerwetter, Krach; *(abwertend):* Gezänk, Gezanke, Streiterei; *(verhüll.):* Meinungsverschiedenheit.
b) Aussprache, Beratung, Besprechung, Debatte, Dialog, Diskussion, Erörterung, Gedankenaustausch, Gespräch, Informationsaustausch, Meinungsaustausch, Round Table, Symposium, Unterredung; *(geh.):* Zwiesprache; *(bildungsspr.):* Diskurs, Konversation, Small Talk.

wortwörtlich ↑wörtlich.

wozu
1. wofür, zu welchem Ziel/Zweck; *(ugs.):* für/zu was; *(veraltend):* zu welchem Ende.
2. aus welchem Grund, warum, weshalb, weswegen, wieso; *(ugs.):* was.

Wrack
Fragmente, Rest, Ruine, Schrott, Trümmer, Überreste; *(bildungsspr.):* Rudiment, Torso.

A B C D E F G H I J K L M N O P Q R S T U V W wra X Y Z

wuchern
sich ausbreiten, ausschlagen, austreiben, blühen, sich fortpflanzen, grünen, keimen, treiben, sich verbreiten, sich vergrößern, sich vermehren, wachsen; *(geh.):* sprießen.

Wuchs
äußere Erscheinung, Bau, Erscheinungsbild, Figur, Form, Gestalt, [Körper]größe, Statur; *(Fachspr.):* Physiognomie.

Wucht
Druck, Energie, Härte, Heftigkeit, Intensität, Kraft, Schärfe, Schwung, Stärke; *(geh.):* Gewalt, Ungestüm; *(bildungsspr.):* Vehemenz, Violenz.

wuchten
[an]heben, hochheben, hochstemmen, in die Höhe drücken, lüpfen, schieben, schleppen, schleudern, stemmen, stoßen, werfen; *(geh.):* emporheben; *(südd., österr., schweiz.):* lupfen.

wuchtig
gehörig, hart, heftig, herb, intensiv, kräftig, kraftvoll, leidenschaftlich, massiv, mit voller Wucht, scharf, schwer, stark, stürmisch, wild; *(geh.):* ungestüm; *(bildungsspr.):* vehement.

wühlen
a) aufwerfen, [aus]graben, scharren, schaufeln, schürfen, umgraben, umwenden; *(ugs.):* buddeln; *(nordd., md.):* schippen. **b)** absuchen, durchforsten, durchkämmen, durchmustern, durchsuchen, durchwühlen, filzen, fischen, kramen, suchen; *(ugs.):* durchkramen, stöbern.

wund
aufgerieben, aufgescheuert, aufgeschrammt, aufgeschürft, entzündet, gerötet, lädiert, schmerzend, verletzt, zerschunden; *(geh.):* versehrt; *(ugs.):* aufgelegen, böse, weh.

Wunde
Kratzer, Schnitt, Schramme, Stich, Verletzung, Verwundung; *(geh.):* Blessur.

Wunder
Ausnahmeerscheinung, Geheimnis, Hexenwerk, Hexerei, Magie, Rätsel, übernatürliche Erscheinung, wunderbare Begebenheit, Wundererscheinung, Zauberei, Zeichen; *(geh.):* Mirakel; *(bildungsspr.):* Mysterium, Phänomen.

wunderbar
1. fabelhaft, geheimnisvoll, märchenhaft, phänomenal, rätselhaft, traumhaft, übernatürlich, unergründlich, unerklärlich, unwirklich, Zauber-; *(bildungsspr.):* fantastisch, surreal.
2. a) ↑wundervoll (a). **b)** ↑sehr.

wundern
erstaunen, in Staunen/Verwunderung versetzen, irritieren, seltsam anmuten, sprachlos machen, überraschen, verblüffen, verdutzen, verwirren, verwundern; *(geh.):* wundernehmen; *(salopp):* plätten, umhauen.

wundern, sich
aus dem Staunen nicht mehr herauskommen, [bass] erstaunt sein, entgeistert/fassungslos sein, in Erstaunen geraten, sprachlos/überrascht sein, staunen, verblüfft/verdutzt/verwundert sein; *(ugs.):* aus allen Wolken fallen, aus den Latschen/Pantinen kippen, Bauklötze[r] staunen, den [eigenen] Augen nicht trauen, dumm aus der Wäsche gucken, perplex sein; *(salopp):* baff/geplättet sein.

BSP Sie war völlig entgeistert, als sie das hörte. Daraufhin ist er doch in Erstaunen geraten. Ich staune [darüber], wie schnell du das geschafft hast.

wunderschön
1. anziehend, attraktiv, bewundernswert, bezaubernd, charmant, erotisch, gut aussehend/gewachsen, hübsch; *(geh.):* berückend, betörend; *(ugs.):* gut gebaut, sexy, toll; *(emotional verstärkend):* bildhübsch, bildschön.
2. hinreißend, malerisch, märchenhaft, paradiesisch, romantisch; *(geh.):* friedvoll; *(bildungsspr.):* arkadisch, bukolisch, idyllisch, pittoresk; *(dichter.):* elysisch; *(ugs.):* traumhaft.
3. ↑wundervoll (a).

wundervoll
ausgezeichnet, bezaubernd, brillant, eindrucksvoll, entzückend, fabelhaft, fulminant, genial, grandios, groß, herrlich, hervorragend, hinreißend, märchenhaft, paradiesisch, phänomenal, sensationell, spektakulär, überragend, überwältigend, unvergesslich, vollendet, vorzüglich; *(bildungsspr.):* exzellent, exzeptionell, formidabel, superb; *(ugs.):* astrein, bombig, doll, fantastisch, großartig, himmlisch, irrsinnig, mega, riesig, scharf, spitze, spitzenmäßig, stark, super, toll, traumhaft, umwerfend; *(emotional):* köstlich, unvergleichlich, wunderbar; *(ugs. emotional):* sagenhaft; *(oft scherzh.):* göttlich.

Wunsch
1. a) Appetit, Bedürfnis, Begierde, Drang, Gier, Herzensangelegenheit, Herzenswunsch, Hoffnung, Ideal, Interesse, Lust, Sehnsucht, Streben, Traum, Vorsatz, Wille, Wunschtraum, Ziel[vorstellung]; *(geh.):* Begehr[en], Gelüste, Herzensanliegen, Herzensbedürfnis, Hunger, Regung, Sehnen, Sinnen und Trachten, Verlangen; *(dichter.):* Durst. **b)** Anliegen, Ansinnen, Ansuchen,

Appell, Aufforderung, Bitte, Forderung, Gesuch; *(geh.):* Ersuchen, Nachsuchen.

BSP Ich habe ein persönliches/dringendes Anliegen an Sie. Seinem Ansuchen wurde stattgegeben. Sie äußerte eine höfliche/dringende Bitte.

2. Beglückwünschung, Glückwunsch, Gratulation, gute Worte, Segensspruch.

wünschen

1. anstreben, anvisieren, brennen, den Wunsch haben, [sich] erhoffen, erpicht sein, erstreben, sich erträumen, fiebern, herbeisehnen, Sehnsucht haben, träumen, versessen sein, wollen, sich zum Ziel setzen; *(geh.):* begehren, den Wunsch hegen, ersehnen, gelüsten, gieren, hungern, lechzen, schmachten, sinnen, trachten, verlangen, Verlangen haben, sich verzehren; *(dichter.):* dürsten.

2. Anspruch erheben, sich ausbedingen, sich ausbitten, beanspruchen, befehlen, bestehen auf, bitten, dringen auf, [ein]fordern, einklagen, geltend machen, verlangen; *(geh.):* erbitten, ersuchen, gebieten; *(bildungsspr.):* insistieren, postulieren, reklamieren.

wünschenswert

angebracht, angenehm, begehrenswert, begrüßenswert, beliebt, erfreulich, erstrebenswert, erwünscht, gefragt, geschätzt, gesucht, gewünscht, günstig, positiv, recht, richtig, vorteilhaft, willkommen; *(schweiz.):* gefreut, wünschbar; *(geh.):* genehm; *(bildungsspr.):* desiderabel, opportun; *(südd.):* geschickt.

wunschgemäß

mit Erfolg, ohne Hindernisse/Komplikationen, ohne Probleme/Schwierigkeiten, passend, problemlos, recht, reibungslos; so, wie es sein soll; wie erwartet/geplant, zufriedenstellend.

Wunschtraum

Fantasie[gebilde], Fantasievorstellung, Herzenswunsch, Hoffnung, Ideal, Illusion, Kartenhaus, Luftschloss, Phantom, Sehnsucht, Seifenblase; *(bildungsspr.):* Fiktion, Imagination, Schimäre; *(abwertend):* Hirngespinst.

Würde

1. a) Grundrecht, Menschenrecht, Menschenwürde, Wert, Würdigkeit. **b)** Autorität, Ehre, Ehrgefühl, Fassung, Gefasstheit, Grandezza, Haltung, Selbstachtung, Selbstvertrauen, Stolz, Vornehmheit, Wertgefühl; *(geh.):* Hoheit, Majestät; *(bildungsspr.):* Dignität, Gravität.

BSP Die Klasse nahm die Niederlage mit Haltung auf/hin. Trotz der Beleidigungen behielt die Hauptfigur die/ihre Fassung.

c) Andacht, Erhabenheit, Ernst[haftigkeit], Feierlichkeit, Festlichkeit, Getragenheit, Pathetik; *(geh.):* Weihe; *(bildungsspr., oft abwertend):* Pathos.

2. Amt, Betitelung, Charge, Dienst[bezeichnung], Prädikat, Stelle, Stellung, Titel.

würdelos

beschämend, blamabel, charakterlos, ehrlos, gemein, niederträchtig, ohne Ehrgefühl, peinlich, peinsam, schändlich, verabscheuenswert, verachtenswert, verächtlich; *(geh.):* ehrvergessen, schimpflich, schmählich, unehrenhaft, verabscheuungswürdig; *(abwertend):* armselig, infam, lumpig, schäbig, schuftig; *(geh. abwertend):* nichtswürdig; *(emotional):* unwürdig.

würdevoll

abgeklärt, andächtig, angemessen, Ehrfurcht gebietend, ehrwürdig, erhaben, feierlich, gefasst, gehoben, gemessen, gesetzt, herrschaftlich, hoheitlich, königlich, majestätisch, selbstbewusst, selbstsicher, seriös, überlegen, vornehm, würdig; *(geh.):* hehr, hoheitsvoll, olympisch, souverän, weihevoll; *(bildungsspr.):* gravitätisch, solenn, zeremoniell; *(abwertend):* salbungsvoll; *(oft abwertend):* pastoral, pathetisch.

würdig

1. ↑würdevoll.

2. a) entsprechend, gebührend[ermaßen], gebührenderweise, geeignet, gehörig, gemäß, gemessen, passend, recht, verhältnismäßig, wie es sich gehört, zukommend, zustehend; *(geh.):* angezeigt, geboten, schicklich; *(bildungsspr.):* adäquat. **b)** ebenbürtig, gewachsen, wert; *(bildungsspr.):* kongenial.

würdigen

a) achten, anerkennen, auszeichnen, belobigen, danken, Ehre erweisen, ehren, einen Preis verleihen, ein Loblied anstimmen/singen, feiern, honorieren, in den höchsten Tönen reden, loben, Lob spenden, mit Lob überhäufen/überschütten, prämieren, respektieren, rühmen, voll Anerkennung sein; *(schweiz.):* belöhnen; *(geh.):* Anerkennung/Lob zollen, des Lobes voll sein, Respekt/Tribut zollen; *(dichter.):* lobpreisen; *(ugs.):* über den grünen Klee loben; *(abwertend):* belobhudeln. **b)** anführen, behandeln, besprechen, betonen, erörtern, erwähnen, herausheben, herausstellen, herausstreichen, hervorheben.

Würdigung

1. Achtung, Anerkennung, Auszeichnung, Beifall, Belohnung, Bewunderung, Ehre, Ehrener-

weisung, Ehrung, Hervorhebung, Hochachtung, Honorierung, Lob, positive Beurteilung, Preis, Respekt, Tribut; *(schweiz.):* Belöhnung; *(geh.):* Ehrerbietung, Wertschätzung.
2. anerkennende Worte, Belobigung, Laudatio, Lobrede; *(geh.):* Preis, Preisung; *(bildungsspr.):* Eloge; *(dichter.):* Lobpreisung; *(oft iron.):* Lobeshymne.

Wurf
1. Schlag, Schuss.
2. Bravourstück, Errungenschaft, Geniestreich, Glanzstück, Glücksfall, Kunststück, Kunstwerk, Leistung, Meisterleistung, Meisterstück, Meisterwerk, Opus, Tat, Verdienst.

würfeln
1. knobeln, paschen, Würfel spielen.
2. hacken, in Würfel schneiden, zerkleinern, zerteilen.

würgen
1. die Kehle zudrücken/zuschnüren, ersticken, strangulieren; *(veraltend):* drosseln.
2. Brechreiz haben, schlecht sein/werden; *(geh.):* übel sein/werden.

wurmen
ärgern, aufregen, bedrücken, bekümmern, erbosen, plagen, quälen, verärgern, Verdruss bereiten/erregen, verstimmen, zu schaffen machen; *(geh.):* erzürnen, peinigen, Unmut erregen, verdrießen; *(ugs.):* fuchsen.

Würze
a) Aroma, Extrakt, Gewürz, Würzmittel, Würzstoff. **b)** Geist, Schwung, Spannung, Witz; *(bildungsspr.):* Esprit; *(ugs.):* Pfeffer.

wüst
1. abstrus, bunt, chaotisch, durcheinander, konfus, planlos, undurchdringlich, undurchschaubar, unentwirrbar, unerklärlich, ungeordnet, ungereimt, unordentlich, unüberschaubar, unübersichtlich, unverständlich, verwickelt, verworren, wild [zusammengewürfelt], wirr; *(ugs.):* vertrackt; *(emotional):* kunterbunt.
2. ausschweifend, hemmungslos, lasterhaft, maßlos, ohne jedes Maß, orgiastisch, sittenlos, übertrieben, unbeherrscht, ungezügelt, unmäßig, unsolide, unzüchtig, zügellos; *(bildungsspr.):* dekadent, exzessiv, undiszipliniert.

Wust
Anhäufung, Berg, Chaos, Dickicht, Durcheinander, Gewirr, Knäuel, Schlachtfeld, Unordnung, Wirrwarr; *(ugs.):* Kladderadatsch, Kuddelmuddel; *(abwertend):* Lotterwirtschaft.

Wüste
a) Wüstenlandschaft. **b)** Einöde, Einsamkeit, Öde, Wildnis; *(österr.):* Einöd; *(südd., österr.):* Einschicht; *(geh.):* Ödnis, Wüstenei.

Wut
Ärger, Aufgebrachtheit, Empörung, Entrüstung, Erbitterung, Erregung, Gereiztheit, Jähzorn, Missmut, Raserei, Tobsucht, Verärgerung, Verdrossenheit, Verdruss, Verstimmung, Zorn; *(geh.):* Animosität, Bitternis, Furor, Groll, Hader, Säuernis, Ungehaltenheit, Unmut, Unwille.

BSP Sie verbarg/unterdrückte ihren berechtigten/aufgesparten Ärger. Die Unterdrückten hegten einen bitteren/tiefen/dumpfen/heimlichen Groll auf/gegen ihren Herrscher.

Wutausbruch
Explosion, Gefühlsausbruch, Tobsuchtsanfall, Wutanfall, Zornesausbruch; *(geh.):* Aufwallung; *(ugs.):* Anfall, Koller, Rappel, Wallungen.

wüten
brausen, herrschen, [hinweg]fegen, schaden, schädigen, sein Unwesen treiben, sein Zerstörungswerk fortsetzen, stürmen, tosen, verheeren, verwüsten, zerstören.

wütend
aggressiv, aufgebracht, cholerisch, empört, erbost, erregt, geharnischt, gereizt, grimmig, hitzig, rasend, tobsüchtig, unbeherrscht, verärgert, verdrossen, wild, wutschäumend, wutschnaubend, zornig; *(geh.):* erzürnt, ungehalten; *(bildungsspr.):* indigniert; *(ugs.):* auf hundertachtzig, fuchtig, gnatzig, grätig, in Fahrt/Rage, sauer, verschnupft; *(emotional verstärkend):* fuchsteufelswild; *(nordd.):* fünsch; *(schweiz.):* hässig; *(veraltend):* fuchswild.

wütend machen
Ärger bereiten/erregen, ärgern, aufbringen, aufregen, brüskieren, empören, entrüsten, erbosen, in Harnisch/Wallung/Wut bringen, in Rage/Wut versetzen, kränken, plagen, provozieren, quälen, reizen, verärgern, Verdruss bereiten/erregen, verstimmen; *(geh.):* erzürnen, Unmut erregen, verdrießen; *(ugs.):* [bis] zur Weißglut bringen/reizen/treiben.

wütend sein
sich ärgern, sich aufregen, außer sich sein, die Beherrschung/Fassung verlieren, platzen, rasen, toben, sich vergessen; *(geh.):* schäumen; *(bildungsspr.):* sich echauffieren; *(ugs.):* ausflippen, ausrasten, durchdrehen, hochgehen.

wütend werden
sich ärgern, aufbrausen, sich aufregen, aufschäumen, außer sich geraten, die Beherrschung/Fassung verlieren, sich erregen, explo-

dieren, hochfahren, in Harnisch/Wut/Zorn geraten, nicht mehr Herr seiner Sinne sein, platzen, rasen, toben, sich vergessen, wild/zornig werden; *(geh.):* ergrimmen, sich erzürnen; *(bildungsspr.):* sich echauffieren; *(ugs.):* an die Decke/in die Luft gehen, durchdrehen, in Rage geraten, kochen, Zustände bekommen/kriegen; *(südd., österr.):* aufdrehen.

X

x-beliebig
ein beliebiger, ein beliebiges, eine beliebige, gleichgültig welcher/welche/welches, irgendein, irgendeiner, irgendeine, irgendwelch, jeder, jedes; *(ugs.):* egal welcher/welche/welches.

x-fach
hundertfach, mehrmalig, tausendfach, vielfach, zahlreich; *(geh.):* tausendfältig; *(ugs.):* mehrfach; *(emotional):* dutzendfach, unzählig.

x-mal
des Öfteren, häufig, immer wieder, mehrere Male, mehrmalig, mehrmals, nicht selten, oft, öfter, oftmals, ungezählte/unzählige/viele Male, vielmals, wiederholt; *(ugs.):* alle naselang, mehrfach, tausendmal, zigmal; *(emotional):* dutzendfach, dutzendmal; *(veraltend):* etliche Male.

Z

Zacke
Spitze, Zahn, Zinke.

zackig
1. gezackt, gezähnt, spitz, zackenförmig.
2. dynamisch, energisch, forsch, resolut, schneidig, stramm; *(ugs.):* knackig, schmissig.

zaghaft
ängstlich, beklommen, scheu, schüchtern, unentschlossen, unsicher, verschämt, vorsichtig, zögerlich, zögernd, zurückhaltend; *(geh.):* zag.

zäh
1. a) lederartig, ledrig, sehnig; *(südd.):* zach.
b) langsam, mühsam, schleppend, schwerfällig, träge, zähflüssig, zögernd.
2. ausdauernd, beharrlich, beständig, hartnäckig, standhaft, unablässig, unbeirrbar, unentwegt, unerschütterlich, ununterbrochen, unverdrossen, verbissen; *(geh.):* beharrsam.

Zähigkeit
a) Beständigkeit, Festigkeit, Härte, Robustheit, Stabilität, Unempfindlichkeit, Unverwüstlichkeit, Widerstandsfähigkeit, Widerstandskraft, Zähheit; *(ugs.):* Pferdenatur.
b) Ausdauer, Beharrlichkeit, Beständigkeit, Durchhaltevermögen, Hartnäckigkeit, Standhaftigkeit, Unbeirrbarkeit, Unermüdlichkeit, Unerschütterlichkeit, Verbissenheit, Zähe; *(geh.):* Beharrsamkeit.

Zahl
1. Chiffre, Nummer, Zahlzeichen, Ziffer.
2. Anzahl, Menge, Quantum, Summe; *(schweiz.):* Harst, Quantität; *(ugs.):* Haufen.

zahlen
1. abführen, ausgeben, bezahlen, geben; *(schweiz.):* ausrichten; *(ugs.):* abdrücken, blechen, hinblättern, hinlegen, löhnen.
2. a) *(geh.):* begleichen. **b)** auszahlen, besolden, entlohnen, löhnen; *(schweiz.):* salarieren.

zählen
1. abzählen, die Anzahl feststellen, durchzählen, zusammenzählen.
2. angegeben werden, ausmachen, sich belaufen, betragen, sich beziffern, das Alter/den Umfang/die Größe haben, liegen; *(ugs.):* machen.
3. a) gelten, gewertet werden, gültig sein. **b)** anerkannt werden, ankommen, Bedeutung haben, gelten, ins Gewicht fallen, schwer wiegen.
4. bauen, hoffen, setzen, sich verlassen, vertrauen, Vertrauen entgegenbringen/haben.

zahlenmäßig
der Anzahl/Größe/Menge nach, mengenmäßig, quantitativ.

zahlreich
1. eine große Anzahl, eine Masse/Menge/Vielzahl, in Hülle und Fülle, Legionen, mehr als genug, scharenweise, sehr viele, ungezählt; *(geh.):* Myriaden; *(emotional):* Dutzende, unzählbar, unzählig, zahllos; *(oft emotional):* massenhaft; *(emotional verstärkend):* eine Unzahl.

GGS ein paar, eine Handvoll, kaum, vereinzelt, wenig.

2. groß, umfangreich, vielköpfig.

Zahlung
1. *(geh.):* Begleichung.
2. Bezahlung, gezahlter Geldbetrag, Vergütung.

zahlungsfähig
(ugs.): bei Kasse, flüssig.

A B C D E F G H I J K L M N O P Q R S T U V W X Y Z zah

Zahlungsmittel
Geld, Geldmittel, Mittel.

zahlungsunfähig
bankrott, ruiniert; *(schweiz.):* konkursit; *(ugs.):* abgebrannt, blank, fertig, pleite.

zahm
1. a) an den Menschen gewöhnt, handzahm, ohne Scheu, zutraulich. **b)** domestiziert, gebändigt, gezähmt, nicht gefährlich/wild.
2. artig, brav, folgsam, fügsam, gefügig, lammfromm, lieb, manierlich.

zähmen
beherrschen, bezähmen, domestizieren, Zügel anlegen, zügeln, zurückhalten; *(geh.):* mäßigen; *(ugs.):* in den Griff kriegen.

Zahn
1. Spitze, Zacke, Zinke.
2. hohe Geschwindigkeit, hohes Tempo, Schnelligkeit; *(ugs.):* Affentempo, Karacho.

zähneknirschend
mit Widerwillen, seinen Ärger/Widerwillen/Zorn unterdrückend, ungern, unwillig, widerstrebend, widerwillig.

zanken, sich
aneinandergeraten, im Streit liegen, in Streit geraten, sich streiten, Streit haben/bekommen, Zank haben, zusammenstoßen; *(ugs.):* sich fetzen, sich herumstreiten, sich in die Haare/Wolle kriegen, Krach haben/kriegen, sich zoffen; *(verhüll.):* Meinungsverschiedenheiten haben.

zart
1. a) duftig, empfindlich, fragil, grazil, hauchzart, schmächtig, verletzlich, wie aus Porzellan, zartgliedrig, zierlich; *(geh.):* ätherisch, zerbrechlich. **b)** anfällig, kraftlos, krankheitsanfällig, nicht widerstandsfähig, schwach, schwächlich. **c)** empfindlich, sensibel, zartbesaitet.
2. a) ↑zärtlich. **b)** behutsam, einfühlsam, rücksichtsvoll, sachte, sanft, schonend, vorsichtig, zartfühlend. **c)** dezent, nur angedeutet/andeutungsweise, taktvoll, zurückhaltend.

zärtlich
a) lieb, liebend, liebevoll, sanft, voll Liebe; *(veraltend):* zart. **b)** besorgt, fürsorglich, hingebungsvoll, liebevoll; *(veraltend):* sorglich.

Zärtlichkeit
Fürsorglichkeit, Hingabe.

Zauber
1. magische Wirkung, Zauberkraft.
2. Anziehungskraft, Ausstrahlung, Charisma, Charme, Faszination, Reiz, Strahlung, Wirkung; *(geh.):* Aura, Strahlkraft.

Zauberei
1. Hexenkunst, Hexerei, Magie, Schwarze Kunst, Teufelskunst, Zauberkunst.
2. Zauberkunststück, Zaubertrick.

zauberhaft
bezaubernd, entzückend, hinreißend, märchenhaft; *(geh.):* zauberisch; *(ugs.):* fantastisch, toll, traumhaft; *(emotional):* wunderbar, wundervoll; *(emotional verstärkend):* wunderschön.

zaudern
abwarten, Bedenken haben, unentschieden/unentschlossen/unschlüssig sein, warten, zögern; *(geh.):* zagen; *(ugs.):* fackeln.

Zeche
Bergwerk, Mine.

zehren
1. sich ernähren, leben.
2. angreifen, entkräften, erschöpfen, kraftlos/matt machen, mitnehmen, schwächen, strapazieren, verbrauchen, zusetzen; *(geh.):* auszehren, ermatten, verzehren; *(ugs.):* auffressen, erledigen, fertigmachen, schlauchen.

Zeichen
1. a) Bewegung, Gebärde, Geste, Handbewegung, Wink; *(österr.):* Deuter. **b)** Charakterisierung, Eigenschaft, Erkennungszeichen, Hinweis, Markierung, Merkmal, Spiegelbild, Spiegelung; *(bildungsspr.):* Charakteristikum, Kriterium, Signal, Signum, Symptom. **c)** Bild[symbol], Emblem, Kennzeichen, Merkmal, Sinnbild, Symbol; *(bildungsspr.):* Attribut; *(bild. Kunst, Dichtkunst):* Allegorie.
2. Ankündigung, Anzeichen, Bote, Prophet, Signal, Vorbote, Vorläufer, Vorzeichen; *(geh.):* Fanal; *(bildungsspr.):* Auspizium, Omen.
3. Chiffre, Code, Geheimzeichen, Schlüssel.

zeichnen
1. abbilden, darstellen, malen, porträtieren, skizzieren, wiedergeben; *(bildungsspr.):* reproduzieren.
2. *(bildungsspr., Soziol.):* auszeichnen, brandmarken, erkennbar/kenntlich machen, etikettieren, kennzeichnen, markieren, mit einem Kennzeichen versehen, stigmatisieren.
3. abzeichnen, als gesehen kennzeichnen, mit seinem Namenszeichen versehen, seinen Namen/seine Unterschrift/sein Zeichen setzen, seine Unterschrift geben, unterschreiben, unterzeichnen; *(schweiz.):* visieren; *(bildungsspr.):* paraphieren, signieren.

Zeichnung
Abbildung, Bild, Darstellung, Grafik, Skizze; *(bildungsspr.):* Illustration.

zeigen ↗
1. ankündigen, anzeigen, deuten auf, hindeuten, hinweisen, signalisieren; *(schweiz.):* weisen; *(geh.):* künden; *(bildungsspr.):* indizieren.

BSP Diese Fakten deuten auf folgende Lösung hin. Alle Anzeichen weisen auf folgenden Schluss hin. Das Wahlergebnis signalisiert eine Trendwende.

2. anleiten, anweisen, beibringen, demonstrieren, erklären, instruieren, unterrichten, vertraut machen, vormachen; *(geh.):* unterweisen.
3. bekannt machen, Einblick gewähren, herzeigen, präsentieren, sehen lassen, vorführen, vorstellen, vorweisen, vorzeigen.
4. an den Tag legen, aufzeigen, ausdrücken, bekunden, belegen, beweisen, bezeugen, darlegen, demonstrieren, den Beweis/Nachweis erbringen, deutlich machen, nachweisen, veranschaulichen, verdeutlichen, verraten, vor Augen führen, zum Ausdruck bringen; *(geh.):* dartun, Zeugnis ablegen; *(bildungsspr.):* dokumentieren, illustrieren, manifestieren.

BSP Die Autorin kann ihre Argumente mit Textstellen belegen. Im Folgenden werde ich den Gebrauch eines Wortes durch Beispiele veranschaulichen ... Diese These lässt sich gut anhand eines Beispiels verdeutlichen.

zeigen, sich
1. sich aufführen, auftreten, sich benehmen, sich betragen, daherkommen, sich darstellen, ein Bild abgeben, einen Eindruck machen, erscheinen, sich gebärden, sich geben, sich präsentieren, sich verhalten; *(geh.):* sich darbieten; *(bildungsspr.):* sich gerieren.
2. sich abzeichnen, sich anbahnen, sich andeuten, anfangen, sich ankündigen, aufkommen, auftauchen, sich äußern, entstehen, sich entwickeln, erkennbar werden, sich herausbilden, sich herauskristallisieren, im Anzug sein.
3. ans Licht kommen, bekannt/deutlich/erkennbar werden, sich bestätigen, sich erweisen, sich herausstellen, offenbar/offenkundig werden, sich offenbaren, sichtbar werden, zum Vorschein kommen, zutage kommen/treten; *(schweiz.):* sich weisen; *(geh.):* sich auftun.

Zeit
1. ↑Zeitpunkt (b).
2. a) Abschnitt, Epoche, Stadium, Zeitabschnitt, Zeitalter, Zeitraum, Zeitspanne, Zeitstrecke; *(bildungsspr.):* Äon, Ära, Periode, Phase, Säkulum. **b)** Etappe, Spieldauer.
3. *(Sprachwiss.):* Tempus, Zeitform.

Zeit

von Zeit zu Zeit
ab und an, ab und zu, dann und wann, des Öfteren, episodisch, gelegentlich, hin und wieder, kurzfristig, kurzzeitig, manchmal, mitunter, sporadisch, streckenweise, übergangsweise, vorübergehend, zeitweise; *(österr.):* fallweise; *(schweiz.):* etwa; *(geh.):* bisweilen, zuweilen; *(bildungsspr.):* periodisch, temporär.

die Zeit totschlagen
sich dem Nichtstun hingeben, die Hände in den Schoß legen, faulenzen, nichts tun; *(geh.):* müßiggehen, müßig sein; *(ugs.):* auf der faulen Haut liegen, Daumen/Däumchen drehen, dem lieben Gott den Tag stehlen, sich einen faulen Tag machen, keinen Strich tun/machen, sich verplempern.

zeitgemäß
aktuell, angesagt, auf dem neuesten Stand, auf der Höhe der Zeit, en vogue, gegenwartsnah, modern, up to date, zeitnah; *(Jargon):* hip.
Zeitgenosse, Zeitgenossin
anderer, andere, Mitmensch, Nebenmensch; *(geh.):* Nächster, Nächste.
zeitgenössisch
aktuell, augenblicklich, derzeit, derzeitig, [ganz] neu, gegenwärtig, heutig, laufend, lebend, modern, momentan; *(österr., schweiz.):* rezent; *(Jargon):* hip; *(oft abwertend):* neumodisch.
zeitig
bald[ig], beizeiten, früh[zeitig], [recht]zeitig.
zeitigen
auslösen, bewirken, entstehen lassen, erzeugen, hervorbringen, hervorrufen, nach sich ziehen, schaffen, stiften, verursachen, zur Folge haben, zustande bringen; *(bildungsspr.):* effizieren, evozieren, generieren, provozieren.
zeitlebens
andauernd, anhaltend, [bis] in alle Ewigkeit, durchgehend, ewig, fortdauernd, fortlaufend, fortwährend, für alle Zeit[en], immerfort, immerwährend, immerzu, in einem fort; jahrein, jahraus; jederzeit, lebenslang, pausenlos, permanent, ständig, stetig; tagaus, tagein; unablässig, unaufhörlich, unauflöslich, unausgesetzt, unentwegt, unermüdlich, ununterbrochen, unvergänglich, zu jeder Zeit; *(österr.):* durchge-

hends; *(bildungsspr., Fachspr.):* invariant, kontinuierlich; *(emotional):* ohne Unterlass.

zeitnah

1. aktuell, auf dem neuesten Stand, auf der Höhe der Zeit, gegenwartsnah, up to date, zeitgemäß.

2. im Handumdrehen, prompt, rapide, rasch, schnell, sofort, sofortig, unverzüglich, zügig; *(ugs.):* fix; *(südd., österr.):* rapid.

Zeitpunkt

a) Augenblick, Minute, Moment, Sekunde; *(bildungsspr.):* Momentum. b) Datum, Fälligkeitstag, Fälligkeitstermin, Frist, Tag, Termin, Zeit.

zeitraubend

endlos, lang, lange dauernd, langwierig, nicht enden wollend, ohne Ende, schleichend, schleppend, viel Zeit in Anspruch nehmend, zäh, zeitaufwendig, zeitfressend, zeitintensiv.

Zeitschrift

1. Heft, Illustrierte, Magazin, Revue.

2. Fachblatt, Jahresschrift, Monatsschrift, Publikationsorgan, Vierteljahresschrift; *(bildungsspr.):* Organ; *(Fachspr.):* Periodikum.

Zeitung

1. Blatt, Tabloid; *(bildungsspr.):* Organ.

2. Presse, Pressewesen, Zeitungswesen.

Zeitvertreib

Ablenkung, Abwechslung, Belustigung, Fun, Spaß, Unterhaltung, Vergnügen, Zerstreuung.

zeitweilig

ab und an, ab und zu, des Öfteren, eine Zeit lang, episodisch, für kurze Zeit, gelegentlich, hin und wieder, kurzfristig, kurzzeitig, manchmal, mitunter, sporadisch, streckenweise, übergangsweise, von Zeit zu Zeit, vorübergehend, zeitweise; *(österr.):* fallweise; *(geh.):* bisweilen, zuweilen; *(bildungsspr.):* periodisch, temporär.

zelebrieren

1. feierlich/festlich begehen, feiern.

2. abhalten, arrangieren, auf die Beine stellen, ausrichten, durchführen, einstudieren, ins Werk/in Szene setzen, inszenieren, stattfinden lassen, veranstalten; *(bildungsspr.):* realisieren.

Zelle

a) Klause, Raum, Zimmer; *(österr.):* Kabinett; *(ugs.):* Bude; *(ugs. scherzh.):* Kemenate; *(abwertend):* Höhle. b) Gefängnis, Verlies.

zelten

auf dem Campingplatz übernachten, campen, ein Lager aufschlagen, ein Zelt aufschlagen, im Zelt übernachten, kampieren, lagern; *(österr., schweiz.):* campieren; *(ugs.):* Camping machen.

Zenit

Gipfel[punkt], Glanzpunkt, Höhepunkt, Krönung, Kulminationspunkt, Maximum, Optimum, Spitze; *(geh.):* Hochzeit, Sternstunde, Vollendung; *(bildungsspr.):* Finale, Klimax.

zensieren

1. benoten, beurteilen, bewerten, eine Note/Zensur geben, Noten/Zensuren geben; *(schweiz.):* zensurieren.

2. begutachten, durchsehen, einer Kontrolle unterwerfen/unterziehen, eine Zensur ausüben, Kontrollen ausüben, kontrollieren, mustern, prüfen, überprüfen, überwachen; *(österr., schweiz.):* zensurieren; *(geh.):* in Augenschein nehmen.

Zensur

1. Benotung, Bewertung, Prädikat, [Zeugnis]note.

2. Aufsicht, Beaufsichtigung, Kontrolle, Observation, Prüfung, Überwachung.

zentral

a) im Herzen, im Zentrum, in der Mitte, in zentraler Lage, mitten[drin]; *(geh.):* inmitten. b) beachtlich, bedeutend, bedeutsam, gewichtig, groß, von [großem] Gewicht, von [großer] Bedeutung, von großer Tragweite, von [großer] Wichtigkeit, wesentlich, wichtig; *(bildungsspr.):* essenziell, relevant, signifikant, substanziell.

Zentrum

1. a) Herz, innerer Bezirk, Inneres, Mitte, Mittelpunkt, mittlerer Bereich, mittlerer Teil, zentraler Punkt. b) Blickpunkt, Mittelpunkt; *(geh.):* Herzstück; *(bildungsspr.):* Fokus.

2. City, Downtown, Geschäftsviertel, Innenstadt, Stadt, Stadtkern, Stadtmitte.

zerbrechen

1. entzweigehen, in die Brüche/in Scherben gehen, in Stücke springen, platzen, reißen, zerbersten, zerbröckeln, zerfallen, zergehen, sich zersetzen, zersplittern, zerspringen, sich zerteilen; *(ugs.):* in Stücke gehen, kaputtgehen.

2. aufreißen, auseinanderbrechen, durchbrechen, durchtrennen, entzweibrechen, entzweireißen, teilen, zerknacken, zerschlagen, zerschmettern, zerstören, zertrümmern.

zerbrechlich

1. brechbar, dünn, empfindlich, fein, hauchdünn, hauchzart, spröde, zart.

2. fein[gliedrig], fragil, gebrechlich, grazil, schmächtig, zart[gliedrig], zierlich.

Zeremonie

feierliche Handlung, Feierlichkeit, [festlicher] Akt, Ritual, Ritus; *(bildungsspr.):* Zeremoniell.

zeremoniell

feierlich, formell, förmlich, gemessen, hochoffiziell, höflich, in aller Form, konventionell, steif, würdevoll; *(geh.):* andachtsvoll, hoheitsvoll, weihevoll; *(bildungsspr.):* gravitätisch, solenn, zeremoniös; *(oft abwertend):* pathetisch.

zerfallen

1. sich auflösen, auseinanderbrechen, auseinanderfallen, baufällig werden, bröckeln, einbrechen, einstürzen, entzweigehen, in die Brüche gehen, verfallen, verrotten, verwahrlosen, verwittern, zerbrechen, zerbröckeln, sich zersetzen, zerspringen, zusammenbrechen, zusammenfallen, zusammenstürzen; *(geh.):* zerrinnen.
2. sich aufbauen, [auf]gegliedert sein, sich aufgliedern, bestehen, sich gliedern, umfassen, sich unterteilen, sich zusammensetzen.

zerfetzen

1. auseinanderreißen, entzweireißen, in Fetzen reißen, zerreißen, zerrupfen.
2. harte Kritik üben, sehr schlecht besprechen, vernichtend kritisieren/rezensieren, verreißen, zerpflücken, zerrupfen, zerzupfen; *(ugs.):* unter Beschuss nehmen.

zerfleddert

abgegriffen, abgenutzt, lädiert, zerfetzt, zerfranst, zerlesen, zerrissen; *(ugs.):* ramponiert.

zerfließen

a) sich auflösen, flüssig werden, schmelzen, verfließen, verlaufen, zergehen, zerlaufen; *(geh.):* zerrinnen. **b)** sich ausbreiten, auseinanderfließen, verlaufen.

zerfressen

1. durchfressen, durchlöchern.
2. angreifen, auflösen, beschädigen, fressen, zersetzen, zerstören; *(Fachspr.):* korrodieren.

zerkleinern

klein hacken/hauen/mahlen, pulverisieren, schnitzeln, zermahlen, zerstampfen, zerstoßen, zerstückeln.

zerknirscht

beschämt, betreten, kleinlaut, schuldbewusst; *(geh.):* gesenkten Hauptes, reuevoll, schuldvoll.

zerlegen

zerteilen; *(österr.):* aushacken.

Zerrbild

Entstellung, Verfälschung, Verzerrung, Zerrspiegel; *(abwertend):* Karikatur.

zerreißen

abreißen, aufreißen, auseinanderbrechen, auseinandergehen, auseinanderreißen, entzweigehen, zerbrechen, zerplatzen; *(geh.):* bersten; *(ugs.):* kaputtgehen, kaputtreißen, platzen.

zerren

1. bewegen, schleifen, schleppen, ziehen.
2. sich eine Zerrung zuziehen, überdehnen.

zerrinnen

hingehen, sich verflüchtigen, vergehen, verschwinden, zerbrechen, zerfallen; *(geh.):* dahingehen, dahinschwinden, dahinsinken, entschwinden, ersterben, schwinden, verfließen.

zerrüttet

am Boden, gescheitert, marode, ruiniert; *(ugs.):* am Ende, erledigt, hin[über], kaputt.

zerschlagen

1. demolieren, entzweischlagen, in Trümmer legen, zerschmettern, zerstören, zertrümmern; *(ugs.):* in Kleinholz verwandeln, kaputt hauen, kaputt schlagen, kurz und klein schlagen.
2. durchkreuzen, niederschlagen, umstoßen, vereiteln, zerstören, zum Scheitern bringen, zunichtemachen; *(geh.):* Einhalt gebieten/tun, zu Fall bringen; *(ugs.):* einen Strich durch die Rechnung machen, umschmeißen, umwerfen.

zerschlagen, sich

nicht zustande kommen, scheitern; *(ugs.):* ins Wasser fallen, platzen.

zersetzen

1. angreifen, auflösen, beschädigen, fressen, zerfressen, zerstören; *(Fachspr.):* korrodieren.
2. aufweichen, aushöhlen, erschüttern, infiltrieren, schwächen, untergraben, unterminieren, unterwandern, zerstören.

zerspringen

entzweispringen, in Stücke springen, platzen, zerbersten, zerklirren, zerknallen, zerplatzen, zersplittern, zu Bruch gehen; *(geh.):* bersten.

zerstören

1. auslöschen, ausmerzen, beseitigen, dem Erdboden gleichmachen, demolieren, in Schutt und Asche/Trümmer legen, vernichten, vertilgen, zermalmen, zertrümmern, zugrunde richten; *(geh.):* tilgen; *(bildungsspr.):* destruieren, eliminieren, liquidieren; *(salopp):* auseinandernehmen, ausradieren, plattmachen.
2. abtöten, ruinieren, unterdrücken, untergraben, unterhöhlen, unterminieren, verderben, vereiteln, zerrütten, zerschlagen, zu Fall bringen, zugrunde richten, zunichtemachen; *(geh.):* auslöschen, ertöten, zuschanden machen.

zerstreiten, sich

sich entzweien, im Bösen auseinandergehen, miteinander brechen, sich überwerfen, sich verfeinden; *(ugs.):* sich verkrachen, sich verzanken.

zerstreuen

1. ausbreiten, verbreiten, verstreuen, verteilen.
2. auflösen, auseinanderjagen, auseinanderscheuchen, auseinandertreiben, in die Flucht

schlagen/treiben, verscheuchen, vertreiben, zersprengen; *(ugs.):* [lange] Beine machen.
3. aus dem Weg räumen, auslöschen, ausmerzen, ausräumen, beseitigen.

zerstreuen, sich
1. sich auflösen, auseinandergehen, auseinanderlaufen, sich verlaufen, verschwinden; *(bildungsspr.):* sich dissoziieren; *(ugs.):* sich in Wohlgefallen auflösen.
2. sich ablenken, sich amüsieren, sich aufheitern, sich die Zeit vertreiben, sich erheitern, sich unterhalten, sich vergnügen; *(geh.):* sich ergötzen; *(bildungsspr.):* sich delektieren.

zerstreut
abwesend, desorientiert, durcheinander, fahrig, gedankenfern, gedankenlos, gedankenverloren, gedankenversunken, geistesabwesend, in Gedanken [verloren/versunken/vertieft], konfus, kopflos, nicht bei der Sache, unaufmerksam, unkonzentriert, zerfahren; *(geh.):* entrückt, selbstvergessen; *(bildungsspr.):* desorganisiert.

Zerstreuung
1. Aufhebung, Auflösung, Beendigung, Zersprengung.
2. Ablenkung, Fun, Spaß, Unterhaltung, Vergnügen, Zeitvertreib; *(geh.):* Ergötzung; *(bildungsspr.):* Amüsement; *(ugs. emotional verstärkend):* Heidenspaß, Riesenspaß.

zerstritten
entzweit, feindlich, unversöhnbar, unversöhnlich, verfeindet, zerfallen; *(ugs.):* verkracht.

zerteilen
[auf]spalten, [auf]teilen, trennen, zergliedern, zerlegen, zertrennen; *(bildungsspr.):* fragmentieren, fraktionieren; *(bildungsspr., Fachspr.):* segmentieren; *(EDV):* partitionieren.

Zertifikat
1. Attest, Beglaubigung, Beleg, Bescheinigung, Bestätigung, Beurkundung, Nachweis, Schein, Testat, Urkunde.
2. Abschluss[zeugnis], Diplom, Zeugnis.

zertrümmern
demolieren, einschlagen, entzweischlagen, in Trümmer legen, zerschlagen, zerschmettern, zerstören, zusammenschlagen; *(ugs.):* kurz und klein schlagen, ramponieren.

Zerwürfnis
Abkehr, Abwendung, Auflösung, Bruch, Entzweiung, Lossagung, Spaltung, Trennung, Verfeindung; *(bildungsspr.):* Distanzierung.

Zettel
Blatt, Blättchen, Fetzen, Stück Papier.

Zeug
1. ↑Zeugs.
2. Anlage, Befähigung, Begabung, Eignung, Fähigkeit, Fertigkeit, Gabe, Geschick, Gewandtheit, Kompetenz, Können, Qualifikation, Talent, Veranlagung, Voraussetzung; *(geh.):* Vermögen; *(bildungsspr.):* Potenzial.

Zeug

sich ins Zeug legen
sich abkämpfen, sich abmühen, alle Kräfte anspannen, sich anstrengen, sich beeifern, sich bemühen, sich einsetzen, sich ins Geschirr legen, kämpfen für, sich Mühe geben, nichts unversucht lassen, seine ganze Kraft aufbieten; *(österr.):* antauchen; *(schweiz.):* sich wehren; *(geh.):* sich angelegen sein lassen, Anstrengungen unternehmen, sich befleißigen; *(meist geh.):* sich mühen; *(ugs.):* sich abstrampeln, sich abzappeln, sich auf die Hinterbeine setzen/stellen, sich dahinterklemmen, sich dahinterknien, rackern, strampeln.

Zeuge, Zeugin
Anwesender, Anwesende, Augenzeuge, Augenzeugin, Beobachter, Beobachterin, Betrachter, Betrachterin, Zuschauer, Zuschauerin.

zeugen
1. als Zeuge/Zeugin aussagen, beglaubigen, bestätigen, versichern, Zeugnis ablegen.
2. ausdrücken, beweisen, demonstrieren, deutlich werden lassen, erkennen/merken lassen, verraten, widerspiegeln, zeigen, zum Ausdruck bringen; *(geh.):* dartun.

Zeugnis
1. Bescheinigung, Diplom, Schein, Urkunde, Zertifikat.
2. Begutachtung, Beurteilung, Bewertung, Einschätzung, Gutachten, Stellungnahme, Urteil.
3. Angabe, Ausführungen, Aussage, Darlegung, Darstellung, Schilderung.
4. Ausdruck, Ausweis, Beispiel, Beleg, Beweis, Dokumentation, Manifestation, Nachweis, Symbol, Zeichen.

Zeugs
a) Nonsens, Unfug, Unsinn; *(abwertend):* Gefabel, Phrasen[drescherei]. **b)** *(ugs.):* Klimbim, Krimskrams; *(abwertend):* Flitter, Gerümpel.

zickig
aufsässig, bockig, eigensinnig, grillenhaft, kapriziös, launenhaft, störrisch, überspannt, voller Launen, widerborstig, widersetzlich; *(bildungsspr.):* renitent; *(ugs.):* bockbeinig, dickköpfig, kratzbürstig; *(abwertend):* launisch.

Ziegel
a) Backstein, Klinker, Ziegelstein. **b)** Dachpfanne, Dachziegel, Tonziegel.

ziehen
1. bewegen, hinter sich herziehen, ins Schlepptau nehmen, schleifen, schleppen, zerren.
2. entfernen, [heraus]holen, herausnehmen.
3. a) reißen, zerren, ziepen, zupfen. **b)** schmerzen, wehtun, ziepen.

ziehen, sich
a) sich ausweiten, breiter/länger/weiter werden, sich dehnen, sich strecken. **b)** [an]dauern, sich hinschleppen, sich hinziehen, sich in die Länge ziehen, langweilig werden, sich verzögern.

Ziel
1. Bestimmungsort, Endstation, Reiseziel.
2. Absicht, Bestreben, Gedanke, Intention, Interesse, Plan, Sinn, Vorhaben, Vorsatz, Wille, Wunsch, Zielsetzung, Zielvorstellung, Zweck.

zielen
1. anlegen, anpeilen, anvisieren, aufs Korn nehmen, die Waffe richten auf, halten auf, visieren.
2. a) abzielen auf, anspielen auf, sich beziehen auf, gelten, gemünzt sein gegen, sich richten gegen. **b)** abzielen, abzwecken, anstreben, beabsichtigen, bezwecken, den Zweck haben/verfolgen, hinzielen, zum Ziel haben; *(geh.):* zu erreichen suchen; *(bildungsspr.):* intendieren.

zielstrebig
beharrlich, bestimmt, energisch, entschieden, entschlossen, konsequent, mit Bestimmtheit/Entschlossenheit, resolut, unbeirrt, verbissen, willensstark, zielbewusst, zielsicher; *(geh.):* beharrsam; *(bildungsspr.):* insistent.

GGS antriebslos, disziplinlos, ungefestigt, unkoordiniert, zaghaft.

[1]ziemlich
ansehnlich, beachtenswert, beachtlich, beträchtlich, erheblich, nennenswert, nicht gering/unbeträchtlich, stattlich; *(bildungsspr.):* respektabel; *(geh.):* erklecklich.

[2]ziemlich
1. recht, relativ, sehr, vergleichsweise, verhältnismäßig; *(ugs.):* einigermaßen, ganz schön.
2. annähernd, beinahe, etwa, fast, halbwegs, in etwa, nahezu, quasi, ungefähr; *(ugs.):* praktisch.

Zierde
Ausschmückung, Besatz, Dekor, Dekoration, Dessin, Garnierung, Garnitur, Schmuck, schmückendes Beiwerk; *(geh.):* Zierrat.

zieren
dekorieren, schmücken, verschönen, verschönern, verzieren; *(veraltend):* putzen.

zieren, sich
gehemmt/genant/schüchtern/zimperlich sein, sich genieren, sich spreizen, sich sträuben.

zierlich
duftig, fein[gliedrig], grazil, hauchzart, schlank, schmächtig, schmal, wie aus Porzellan; *(geh.):* zart, zerbrechlich.

Ziffer
Chiffre, Nummer, Zahl[zeichen].

Zigeuner, Zigeunerin

> **!** Die Bezeichnung *Zigeuner, Zigeunerin* wird vom Zentralrat Deutscher Sinti und Roma als diskriminierend abgelehnt. Die gesamte Volksgruppe wird demnach als *Sinti und Roma* bezeichnet; die Bezeichnungen im Singular lauten *Sinto* bzw. *Sintiza* (für im deutschsprachigen Raum lebende) und *Rom* bzw. *Romni* (für im europäischen Raum lebende Angehörige der Volksgruppe).

Zimmer
Klause, Raum, Räumlichkeit; *(österr.):* Kabinett; *(geh.):* Gelass, Gemach; *(ugs.):* Bude.

zimmern
a) [an]fertigen, bauen, herstellen. **b)** schreinern, tischlern.

zimperlich
dünnhäutig, leicht verletzbar/verwundbar, überempfindlich, weichlich, zartbesaitet; *(bildungsspr.):* sensitiv; *(abwertend):* mimosenhaft, verweichlicht, verzärtelt, wehleidig.

Zipfel
a) Ausläufer, äußerster Teil, äußerstes Stück, Ende, Spitze, Vorsprung, Zunge. **b)** Ecke, Stück, Stückchen; *(ugs.):* Fitzelchen.

zirka ↑circa.

Zirkel
1. a) Ausschuss, Beirat, Forum, Gremium, Komitee, Kommission, Kreis, Rat, Stab, Team.
b) Bekanntenkreis, Clique, Freundeskreis, Gruppe, Klub, Kreis, Runde, Schar.
2. Circulus vitiosus, Kreisschluss, Zirkelschluss.

zirkulieren
a) sich im Kreis bewegen, kreisen. **b)** in Umlauf sein, kursieren, umgehen, umlaufen, sich verbreiten; *(ugs.):* die Runde machen, herumgehen.

Zirkus
a) Aufheben, Aufstand, Wirbel. **b)** Ärger, Schwierigkeiten; *(ugs.):* Fisimatenten, Mätzchen, Sperenzchen, Zicken; *(salopp):* Faxen.

zirpen
fiepen, pfeifen, piepen, piepsen, schlagen, singen, tirilieren, trällern, trillern, tschilpen; *(bes. nordd.):* quinkelieren, quirilieren.

zischen
1. sich erregt/gereizt äußern, fauchen, in gereiztem Ton/scharf sagen, schimpfen, zischeln.
2. brausen, eilen, fegen, hetzen, jagen, laufen, preschen, rennen, sausen, schießen, stürmen; *(geh.):* fliegen, hasten, stieben; *(ugs.):* düsen, flitzen, pesen, rasen, sprinten, spritzen.

Zitat
a) Anführung, Anspielung, Auszug, Beleg, Textstelle, Verweis, Wiedergabe; *(Sprachwiss.):* direkte Rede, Oratio recta. b) Äußerung, Ausspruch, Bonmot, [geflügeltes] Wort, Satz, [Sinn]spruch, Wendung; *(bildungsspr.):* Aperçu, Aphorismus, Diktum, Sentenz.

zitieren
1. anführen, sich berufen, heranziehen, übernehmen, verweisen, verwenden, [wörtlich] wiedergeben.
2. befehlen, bestellen, [ein]berufen, herbeizitieren, [her]beordern, herbestellen, hinzurufen, kommen lassen, rufen, schicken nach, vorladen; *(geh.):* bescheiden; *(bildungsspr.):* vozieren; *(abwertend):* hinzitieren.

zittern
a) erzittern, flattern, flimmern, [mit den Zähnen] klappern, rütteln, schlottern, [sich] schütteln, schüttern, schwingen, vibrieren, wackeln; *(geh.):* [er]beben, erschaudern, erschauern, fliegen, flirren; *(ugs.):* bibbern. b) brechen, brüchig sein, zittrig klingen.

Zivilcourage
Beherztheit, Charakter, Entschlossenheit, Furchtlosigkeit, Haltung, Mut, Rückgrat, Standhaftigkeit, Unerschrockenheit; *(geh.):* Mannhaftigkeit; *(bildungsspr.):* Heroismus; *(ugs.):* Courage, Mumm, Schneid, Traute.

zögerlich
a) abwartend, ängstlich, entschlusslos, entschlussunfähig, [innerlich] hin- und hergerissen, mit sich [selbst] uneins, nicht entschlussfreudig, ratlos, schwankend, unentschieden, unentschlossen, unschlüssig, unsicher, vorsichtig, zaghaft, zaudernd, zögernd; *(geh.):* schwank; *(bildungsspr.):* indeterminiert. b) allmählich, auf Sparflamme, gemächlich, langsam, mit Überwindung/Widerwillen, peu à peu, stockend, widerstrebend, widerwillig, zäh, zurückhaltend; *(geh.):* mit halbem Herzen.

zögern
a) abwarten, anhalten, aufschieben, aussetzen, hinausschieben, hinauszögern, hinhalten, innehalten, stehen bleiben, stocken, stoppen, unterbrechen, verschleppen, verzögern, vor sich herschieben, warten, zaudern, sich Zeit lassen, Zeit vergeuden, zurückstellen; *(geh.):* einhalten, säumen, verhalten, verharren, zagen; *(bildungsspr.):* retardieren. b) Bedenken/Skrupel haben, [sich] scheuen, zurückscheuen, zurückschrecken; *(geh.):* Bedenken tragen. c) abwägen, Ausflüchte machen, sich bedenken, sich besinnen, keine Entscheidung treffen, mit sich kämpfen, sich nicht entschließen können, sich nicht festlegen, schwanken, unentschieden/unentschlossen/unschlüssig sein; *(geh.):* sich entziehen, fliehen, meiden.

Zone
Abschnitt, Areal, Ausschnitt, Bereich, Bezirk, Boden, Breiten, Distrikt, Fläche, Gebiet, Gegend, Gelände, Landschaft, Landstrich, Platz, Punkt, Raum, Region, Sektor, Sphäre, Strecke, Teil, Terrain, Territorium, Umkreis, Winkel; *(schweiz.):* Gemarchung; *(geh.):* Feld, Flur, Gefilde; *(ugs.):* Fleck.

Zorn
Ärger, Aufgebrachtheit, Empörung, Entrüstung, Erbitterung, Erregung, Gereiztheit, Jähzorn, Missmut, Raserei, Tobsucht, Verärgerung, Verdrossenheit, Verdruss, Verstimmung, Wut; *(geh.):* Animosität, Bitternis, Furor, Groll, Hader, Ungehaltenheit, Unmut, Unwille.

zornig
aggressiv, ärgerlich, aufgebracht, cholerisch, empört, entrüstet, erbittert, erbost, erregt, geharnischt, gereizt, grimmig, heftig, hitzig, rabiat, rasend, tobsüchtig, unbeherrscht, verärgert, verdrossen, wild, wütend, wutschäumend, wutschnaubend; *(geh.):* erzürnt, ungehalten; *(bildungsspr.):* indigniert.

Zubehör
a) Ausrüstung, Ausstattung, Dinge, Einrichtung, Equipment, [Gebrauchs]gegenstände, Material, Rüstzeug, Utensilien; *(bildungsspr.):* Requisiten. b) Accessoires, Anhängsel, Beigabe, Beiwerk, Extras, Zugabe; *(bildungsspr.):* Chichi; *(ugs.):* Klimbim. c) Baustein, Bauteil, Bestandteil, Element, Komponente, Teil, Zutat.

zubereiten
anrichten, [auf]bereiten, bereit machen, bereitstellen, [fertig] machen, herrichten, vorbereiten, zurechtmachen; *(bildungsspr.):* präparieren; *(bes. südd., österr., schweiz.):* richten.

zubilligen
akzeptieren, anerkennen, anrechnen, berücksichtigen, bewilligen, einräumen, erlauben, garantieren, genehmigen, gestatten, gewähren, gönnen, nicht absprechen, zuerkennen, zugestehen, zulassen, zusagen; *(schweiz.):* zusprechen; *(geh.):* vergönnen, zugutehalten, zukom-

men lassen, zuteilwerden lassen; *(bildungsspr.):* konzedieren, legitimieren, tolerieren.

zubinden
binden, verschließen, verschnüren, zuknoten.

zubringen
1. sich aufhalten, sich befinden, bleiben, durchleben, erleben, sein, verbleiben, verbringen, verleben; *(geh.):* erfahren, [ver]weilen.
2. abriegeln, abschließen, blockieren, den Riegel vorlegen/vorschieben, schließen, verriegeln, verschließen, zuschließen; *(bildungsspr.):* hermetisieren; *(südd., österr.):* zusperren.

Zucht
1. a) Aufzucht, Haltung, Pflege, Züchtung.
b) Anpflanzung, Kultur.
2. a) Drill, Erziehung, Formung, Knute, Peitsche; *(bildungsspr.):* Disziplinierung; *(ugs.):* Fuchtel; *(abwertend):* Dressur. **b)** Benehmen, Betragen, Disziplin, Gehorsam[keit], Kinderstube, Manieren, Moral, Ordnung, Schliff, Sitten, Umgangsformen; *(ugs.):* Benimm.

züchten
a) heranzüchten, ziehen. **b)** anbauen, anpflanzen, anzüchten, heranziehen, kultivieren.

zucken
a) beben, erzittern, hüpfen, krampfen, rucken, sich schütteln, wackeln, zappeln, Zuckungen haben, zusammenfahren; *(geh.):* erbeben, erschaudern, erschauern; *(dichter.):* aufbeben.
b) aufflackern, aufflimmern, aufleuchten, aufzucken, tanzen, züngeln; *(geh.):* flirren.

zudecken
a) abdecken, bedecken, einhüllen, einwickeln, überdecken, überziehen, umhüllen, verdecken, verhängen, verhüllen, vermummen, verpacken; *(ugs.):* einpacken; *(fam.):* einmoppeln, einmummeln, vermummeln. **b)** dem Blick/den Blicken entziehen, kaschieren, tarnen, übertünchen, verbergen, verborgen halten, vernebeln, verschleiern, verstecken, vertuschen, verwischen; *(schweiz.):* verwedeln; *(geh.):* bemänteln.

zudem
auch, außerdem, daneben, dann, darüber hinaus, dazu [... noch], des Weiteren, ferner[hin], hinzu, im Übrigen, obendrein, sonst, überdies, weiter[hin], zusätzlich; *(österr.):* weiters; *(schweiz.):* im Weiteren, nebstdem.

zudrehen
1. a) schließen; *(ugs.):* zumachen. **b)** abdrehen, abschalten, abstellen, ausdrehen, ausschalten, löschen; *(ugs.):* ausmachen, ausstellen.
2. hinwenden, zukehren, zuwenden.

zudringlich
aufdringlich, belästigend, lästig, übergriffig; *(bildungsspr.):* distanzlos; *(abwertend):* klebrig.

zueignen
als Geschenk überreichen, bescheren, geben, übergeben, [ver]schenken, zustecken; *(österr.):* beteilen; *(schweiz.):* vergaben; *(geh.):* bedenken mit, beglücken, darreichen, zukommen/zuteilwerden lassen; *(ugs.):* spendieren.

zuerkennen
a) anerkennen, bewilligen, geben, verleihen, verschaffen, zubilligen, zugestehen, zuschlagen, zusprechen; *(geh.):* gewähren, zuteilwerden lassen. **b)** attestieren, beilegen, beimessen, zumessen, zuschreiben, zusprechen.

zuerst ↗
1. a) als Erstes/Nächstes, am Anfang, an erster/vorderster Stelle, davor, erst [einmal], erstens, gleich, im Voraus, im Vorfeld, sofort, vorab, vorauf, vorher [noch], vorneweg, vorweg, zunächst [einmal], zuvor; *(schweiz.):* vorerst, vorgängig; *(bes. österr.):* im Vorhinein; *(geh.):* vordem; *(emotional verstärkend):* zuallererst. **b)** besonders, bevorzugt, hauptsächlich, im Besonderen, in erster Linie, insbesondere, namentlich, speziell, vor allem, vor allen Dingen, vordringlich, vornehmlich, vorrangig, vorzugsweise, zumal, zuvorderst; *(schweiz.):* im Speziellen.
2. am Anfang, anfänglich, anfangs, eingangs, in der ersten Zeit, ursprünglich, zu Anfang/Beginn; *(bildungsspr.):* initial, primär.

Zufall
Gelegenheit, Glücksfall, Glückssache, Glücksumstand, Gunst/günstige Fügung des Schicksals, günstige Umstände, Zufälligkeit; *(geh.):* glücklicher/guter Stern, glückliches/günstiges Geschick; *(bildungsspr., Fachspr.):* Serendipität.

zufallen
1. einschnappen, ins Schloss fallen, sich schließen, zuklappen, zuschlagen, zuschnappen.
2. [ab]bekommen, abfallen, erben, sich ergeben, erhalten, erteilt/gewährt werden, herausspringen, in den Schoß fallen, vom Himmel fallen, zufliegen, zufließen, zuströmen, zuwachsen; *(geh.):* davontragen, zuteilwerden; *(ugs.):* abhaben, [ab]kriegen, einheimsen, ergattern.

zufällig
a) absichtslos, aus Versehen, ohne Absicht, ohne es zu wollen, unabsichtlich, unbeabsichtigt, ungeplant, ungesteuert, ungewollt, versehentlich.
b) beliebig, blind, nach Belieben/Gutdünken, nach dem Zufallsprinzip, unsystematisch, wahllos, willkürlich; *(bildungsspr.):* arbiträr.

Zuflucht
Asyl, Schlupfloch, Schutzort, Schutzzone, Un-

terschlupf; *(bildungsspr.):* Refugium; *(geh.):* Freistatt; *(oft abwertend):* Schlupfwinkel.

zuflüstern
hinhauchen, murmeln, soufflieren, vorsagen, wispern; *(geh.):* zuraunen.

zufolge
entsprechend, gemäß, in Entsprechung zu, laut, nach [Maßgabe], so wie ... ist.

zufrieden
ausgefüllt, ausgeglichen, befriedigt, erfüllt, froh, glücklich, gut versorgt, satt, wunschlos.

GGS enttäuscht, frustriert, missgestimmt, resigniert.

zufriedengeben, sich
sich begnügen, sich beschränken, sich einschränken, haushalten, keine Ansprüche stellen, kürzertreten, sparen, vorliebnehmen, sich zurückhalten; *(geh.):* sich bescheiden.

Zufriedenheit
Ausgeglichenheit, Behagen, Eintracht, Erfüllung, Freude, Genugtuung, Harmonie, Seligkeit, Wohlbefinden, Wohlgefühl; *(geh.):* Beseligung, Wohlbehagen, Wonne.

zufriedenstellen
a) befriedigen, erfüllen, genügen, stillen; *(bildungsspr.):* saturieren. b) ausfüllen, auslasten, gefallen, liegen, mögen, zusagen. c) keinen Wunsch/keine Wünsche offenlassen, überzeugen.

zufügen
1. antun, [zuleide] tun.
2. beimengen, beimischen, dazugeben, einrühren, hineingeben, hineinmengen, hineinmischen, hinzufügen, hinzutun, unterrühren; *(geh.):* beigeben, hinzugeben; *(ugs.):* hineintun.

Zug
1. Bahn, Eisenbahn.
2. Gruppe, Heer, Kollektiv, Kolonne, Legion, Menge, Pulk, Rudel, Schar, Schwarm, Treck, Trupp, Truppe; *(schweiz.):* Harst; *(ugs.):* Geschwader, Korona; *(abwertend):* Herde, Rotte.
3. Durchzug, [leichter] Wind, Luftstrom, Luftströmung, Luftzug, Zugluft, Zugwind.
4. Charakter, charakteristische Art, Eigenart, Eigenheit, Eigenschaft, Eigentümlichkeit, Kennzeichen, Merkmal, Note, Spezifikum, Wesen, Zeichen; *(bildungsspr.):* Charakteristikum.

Zugabe
1. a) Beigabe, Draufgabe, Ergänzung, Goodie, Hinzufügung, Zutat. b) Einlage, Einschub, Zwischenakt, Zwischenspiel.
2. Beigabe, Beimischung, Hinzufügung, Verabreichung, Zuführung, Zusatz.

Zugang
1. Auffahrt, Einfahrt, Eingang, Eingangspforte, Eingangsportal, Eingangstor, Eingangstür, Einlass, Öffnung, Pforte, Portal, Tor, Tür, Zufahrt.
2. Beziehung, Connection, Draht, Verbindung.
3. *(EDV):* Account, Nutzerkonto.

zugänglich
1. a) aufgeschlossen, geöffnet, nicht geschlossen, offen [stehend], unverschlossen; *(ugs.):* auf[gemacht]. b) bereit, da, einsatzbereit, erhältlich, erreichbar, frei, greifbar, verfügbar, zu bekommen, zuhanden, zur Verfügung; *(bildungsspr.):* disponibel, zur Disposition.
2. ansprechbar, aufgeschlossen, aufgeweckt, aufnahmebereit, aufnahmefähig, empfänglich, geneigt, gestimmt, interessiert, kontaktfreudig.

zugeben
beichten, bekennen, eine Beichte/ein Geständnis ablegen, eingestehen, einräumen, geständig sein, gestehen, sein Gewissen erleichtern; *(bildungsspr.):* konzedieren; *(ugs.):* auspacken.

zugegen
am Platz, anwesend, da, gegenwärtig, greifbar, zu Hause, zur Stelle; *(bildungsspr.):* präsent.

zugehen
1. übermittelt/überreicht werden, zugeschickt/zugestellt bekommen.
2. ablaufen, sich abspielen, sich abwickeln, sich entwickeln, sich ereignen, geschehen, passieren, stattfinden, verlaufen, vonstattengehen, vorgehen, vor sich gehen; *(geh.):* sich begeben, sich zutragen; *(ugs.):* abgehen, los sein.

zugehörig
angeschlossen, betreffend, dazugehörend, einschlägig, entsprechend, integriert.

zügellos
ausschweifend, enthemmt, fessellos, hemmungslos, leidenschaftlich, maßlos, ohne Hemmungen, ohne [jedes] Maß, orgiastisch, schamlos, überspannt, unbeherrscht, unersättlich, ungehemmt, ungeniert, ungezügelt, unkontrolliert, wild; *(bildungsspr.):* exzessiv, undiszipliniert; *(abwertend):* rücksichtslos, skrupellos.

zügeln
begrenzen, beherrschen, bremsen, drosseln, einengen, einschränken, kontrollieren, stoppen, verlangsamen, verzögern, zurückhalten; *(geh.):* dämmen, Einhalt gebieten.

zügeln, sich
sich bändigen, sich beherrschen, sich bezähmen, sich im/in Zaum halten, sich in der Gewalt haben, sich mäßigen, sich zurückhalten, sich

zurücknehmen, sich zusammennehmen; *(geh.):* sich bemeistern, sich in Schranken halten; *(bildungsspr.):* sich disziplinieren; *(ugs.):* sich am Riemen reißen, sich bremsen.

Zugeständnis
Einräumung, Entgegenkommen, Gefallen, Gefälligkeit, Kompromiss, Konzession.

zugestehen
a) akzeptieren, bewilligen, billigen, die Erlaubnis geben/erteilen, sich einverstanden erklären, einverstanden sein, einwilligen, erlauben, genehmigen, gestatten, gewähren [lassen], seine Zustimmung geben, zubilligen, zuerkennen; *(schweiz.):* zusprechen; *(bildungsspr.):* konzedieren, legitimieren, permittieren, sanktionieren, tolerieren; *(geh.):* zugutehalten, zuteilwerden lassen; *(ugs.):* absegnen, unterschreiben. **b)** anerkennen, eingestehen, einräumen, entgegenkommen, Konzessionen/Zugeständnisse machen; *(bildungsspr.):* konzedieren.

zugig
frisch, kalt, kühl, luftig, stürmisch, windig.

zügig
flink, im Handumdrehen, prompt, rasch, schnell, sofort, sofortig, sogleich, unverzüglich; *(schweiz.):* speditiv; *(südd., österr.):* rapid.

zugkräftig
ansprechend, attraktiv, einladend, Erfolg versprechend, hoffnungsvoll, interessant, schlagkräftig, verführerisch, verheißungsvoll, vielversprechend, wirkungsvoll, zukunftsträchtig; *(schweiz.):* zügig; *(geh.):* verlockend.

zugleich
a) gemeinsam, gleichlaufend, gleichzeitig, im selben Augenblick/Moment, just in time, zeitgleich, zur gleichen/selben Zeit, zusammen[treffend]; *(ugs.):* auf einmal; *(Fachspr.):* synchron; *(bildungsspr., Fachspr.):* simultan.
b) auch, desgleichen, ebenfalls, ebenso, gleichermaßen, gleicherweise, gleichfalls, in gleicher Weise, so auch; *(geh.):* nicht minder.

zugreifen
ausnutzen, ausschöpfen, sich bedienen, die Chance ergreifen, die Gelegenheit wahrnehmen, Gebrauch machen, Gewinn schlagen/ziehen, profitieren, seinen Nutzen/Vorteil ziehen, sich zunutze machen.

zugrunde gehen
dem Untergang entgegengehen, in Auflösung begriffen sein, in die Brüche gehen, nicht mehr funktionieren/gehen, niedergehen, scheitern, untergehen, vergehen, versagen, sich zerschlagen, zu Ende gehen, zum Erliegen/zu Fall kommen, zunichte sein, zunichtewerden, zusammenbrechen; *(geh.):* ersterben, seinen Niedergang erleben; *(ugs.):* den Bach runtergehen.

zugrunde legen
als Basis nehmen, als Grundlage wählen, aufbauen, fußen lassen, voraussetzen.

zugrunde liegen
bedingt sein, beruhen, entspringen, entstammen, herkommen, sich herleiten, herrühren, herstammen, kommen von, seinen Ausgang nehmen, seine Ursache/seinen Ursprung/seine Wurzel haben, stammen, wurzeln, sich zurückführen lassen, zurückzuführen sein; *(geh.):* rühren; *(bildungsspr.):* basieren, resultieren.

zugrunde richten
aufreiben, aufzehren, auslaugen, die Luft abschnüren, hinmachen, ruinieren, vernichten, zermürben, zerrütten, zerstören; *(ugs.):* das Rückgrat brechen, den Rest geben, die Luft abdrehen/abdrücken, fertigmachen.

Zuhause
Bleibe, Haus, Heim, Unterschlupf, Wohnung, Zuflucht; *(geh.):* Behausung; *(bildungsspr.):* Refugium; *(bildungsspr., oft scherzh.):* Domizil; *(ugs.):* die [eigenen] vier Wände.

zuhören
sich anhören, an jmds. Lippen hängen, folgen, Gehör schenken, hinhören, horchen, lauschen; *(geh.):* sein Ohr leihen, vernehmen; *(ugs.):* die Ohren aufmachen/aufsperren/auftun.

Zuhörer, Zuhörerin
Hörer, Hörerin, Lauscher, Lauscherin.

zujubeln
Beifall klatschen/spenden, beklatschen, entgegenjubeln, jubelnd begrüßen/feiern, zujauchzen; *(österr.):* akklamieren; *(geh.):* entgegenjauchzen, mit Beifall bedenken; *(bildungsspr.):* applaudieren, Ovationen bereiten.

zukommen
1. entgegenkommen, herankommen, herantreten, näher kommen/rücken, sich nähern, sich zubewegen, zugehen.
2. bekommen, erhalten, erteilt/gewährt werden; *(geh.):* zuteilwerden; *(ugs.):* kriegen.

[1]zukünftig
[darauf] folgend, in spe, kommend, künftig, nachfolgend, nächste, später, weiter.

[2]zukünftig
in Zukunft, künftig, nachfolgend, von nun an, weiterhin; *(österr.):* in Hinkunft; *(geh.):* [der]einst, ferner[hin], fortab, fortan.

zulangen
a) sich reichlich bedienen, reichlich nehmen; *(geh.):* sich keine Zurückhaltung auferlegen,

reichlich zusprechen; *(ugs.)*: ordentlich zugreifen, zuschlagen. **b)** anfassen, zupacken.

zulänglich
annehmbar, ausreichend, befriedigend, genug, genügend, hinlänglich, hinreichend, passabel, zufriedenstellend; *(geh.)*: genugsam.

zulassen
1. akzeptieren, annehmen, billigen, dulden, durchgehen lassen, einwilligen, erlauben, gelten/geschehen lassen, genehmigen, gestatten, hinnehmen, nichts dagegen haben, respektieren, zugestehen; *(bildungsspr.)*: tolerieren.
2. die amtliche Erlaubnis erteilen, Zugang gewähren.

zulässig
angängig, bewilligt, erlaubt, genehmigt, gestattet, zugelassen, zugestanden; *(geh.)*: statthaft.

Zulassung
1. Duldung, Erlaubnis, Genehmigung, Gestattung; *(bildungsspr.)*: Tolerierung.
2. Kfz-Schein, Kraftfahrzeugpapiere, Zulassungsschein; *(ugs.)*: Wagenpapiere.

Zulauf
1. Andrang, Ansturm, Zuspruch, Zustrom.
2. Zufluss, Zustrom.

zulegen, sich
a) anschaffen, erstehen, kaufen, [käuflich] erwerben. **b)** sich aneignen, annehmen, sich zu eigen machen.

zuleide tun
antun, einen Schaden/ein Leid zufügen, kränken, schaden, schädigen, verletzen.

zuletzt
1. als Letzter/Letzte/Letztes, am Ende, an letzter Stelle, nach allem Übrigen, zum Schluss; *(emotional verstärkend)*: zuallerletzt.
2. endlich, glücklich, im Endeffekt, letztendlich, letzten Endes, letztlich, nach längerem Warten, nach längerer Zeit, schließlich, zu guter Letzt; *(bes. schweiz.)*: schlussendlich.

zumachen
1. schließen, verriegeln, verschließen, zuklappen, zuriegeln, zuschließen; *(südd., österr.)*: zusperren.
2. die Geschäftszeit/Öffnungszeit beenden, Feierabend machen, für den Besucherverkehr/Kundenverkehr sperren, schließen, Schluss machen; *(ugs.)*: dichtmachen, Schicht machen.

zumal
besonders, hauptsächlich, im Besonderen, in besonderer Weise, in der Hauptsache, in erster Linie, insbesondere, namentlich, speziell, überwiegend, vor allem, vor allen Dingen, vornehmlich, vorwiegend, vorzugsweise.

zum Beispiel ↑Beispiel.

zumindest
als Wenigstes, auf jeden Fall, immerhin, in jedem Fall, jedenfalls, mindestens, wenigstens, zum [Aller]mindesten; *(geh.)*: geringstenfalls.

zumuten
abfordern, abverlangen, ein Ansinnen richten/stellen, fordern, verlangen; *(geh.)*: aufbürden.

Zumutung
Ansinnen, Frechheit, Rücksichtslosigkeit, Unverschämtheit; *(bes. schweiz.)*: Anmutung.

zunächst
a) am Anfang, anfänglich, anfangs, eingangs, erst, in der ersten Zeit, zu Anfang/Beginn, zuerst; *(schweiz.)*: vorerst; *(veraltend)*: im Anfang. **b)** bis auf Weiteres, erst einmal, fürs Erste, im Augenblick, vorerst, vorläufig; *(geh.)*: einstweilen; *(bildungsspr.)*: ad interim; *(ugs.)*: erst mal.

Zunahme
Anstieg, Ausweitung, Erhöhung, Erweiterung, Steigerung, Vergrößerung, Verstärkung; *(bildungsspr.)*: Expansion, Progression.

Zuname
Familienname, Nachname, Personenname.

zünden
anregen, begeistern, Begeisterung hervorrufen/wecken, fesseln, hinreißen, in Begeisterung versetzen, mit Begeisterung erfüllen, mitreißen; *(bildungsspr.)*: enthusiasmieren, inspirieren.

zunehmen
anschwellen, ansteigen, anwachsen, sich ausdehnen, sich ausweiten, sich erhöhen, größer/stärker werden, steigen, sich steigern, sich vergrößern, sich vermehren, sich verstärken, sich vervielfachen, sich vervielfältigen, wachsen; *(geh.)*: fortwuchern; *(bildungsspr.)*: expandieren, sich potenzieren; *(ugs.)*: zulegen.

Zuneigung
Gefühl, Gunst, Liebe, Neigung, Sympathie, Wohlwollen; *(geh.)*: Geneigtheit, Gewogenheit.

zünftig
a) gehörig, kräftig, richtig, wie es sich gehört; *(ugs.)*: anständig, ordentlich, tüchtig. **b)** bodenständig, ungekünstelt, unverfälscht, urig, ursprünglich, urtümlich, urwüchsig.

zunichtemachen
durchkreuzen, ruinieren, scheitern lassen, verderben, vereiteln, verhindern, vernichten, zerschlagen, zerstören, zu Fall/zum Scheitern bringen; *(geh.)*: zuschanden machen; *(bildungsspr.)*: annihilieren, destruieren; *(ugs.)*: kaputtmachen,

über den Haufen schmeißen/werfen; *(salopp):* vermasseln, versauen; *(abwertend):* torpedieren.

zunutze machen, sich
ausnutzen, die Chance ergreifen, die Gelegenheit wahrnehmen, Gebrauch machen, Gewinn ziehen, nutzen, Nutzen/einen Vorteil ziehen, profitieren; *(geh.):* sich bedienen.

zupfen
ausreißen, ausrupfen, auszupfen, herausreißen, herausziehen, raufen, rupfen.

zurande kommen
bewältigen, fertigwerden, in den Griff bekommen, meistern, zurechtkommen, zuwege kommen; *(ugs.):* auf die Reihe bringen/kriegen, geregelt kriegen, hinbekommen, hinkriegen.

zurechtfinden, sich
sich durchfinden, durchkommen, sich orientieren, zurechtkommen; *(ugs.):* wissen, wo der Hammer hängt; wissen/sehen, wo es langgeht.

zurechtkommen
beikommen, durchkommen, fertigwerden, in den Griff bekommen, zu Potte/zuwege kommen, sich zurechtfinden; *(ugs.):* hinkriegen, in den Griff kriegen, klarkommen.

zurechtweisen
die Meinung sagen, maßregeln, rügen, tadeln, zur Ordnung rufen; *(schweiz.):* die Kappe waschen; *(geh.):* verweisen; *(bildungsspr.):* eine Lektion erteilen; *(ugs.):* auf den Fuß/die Füße treten, aufs Dach steigen, deckeln, die Leviten lesen, ein Licht aufstecken, eins auf den Deckel/aufs Dach geben, in den Senkel stellen, Mores lehren; *(salopp):* die Meinung geigen, herunterputzen.

Zurechtweisung
Belehrung, Maßregelung, Rüge, Tadel, Verweis; *(bildungsspr.):* Lektion; *(ugs.):* Abreibung, Anpfiff, Kopfwäsche, Rüffel.

zureden
anraten, bekräftigen, bestärken, ermuntern, ermutigen, [zu]raten; *(geh.):* anempfehlen.

zur Folge haben ↑Folge.

zurichten
a) lädieren, verletzen; *(geh.):* versehren. **b)** abnutzen, ankratzen, anschlagen, beschädigen, in Mitleidenschaft ziehen, schädigen, strapazieren, verbrauchen, verschleißen.

zurück
1. heim, heimwärts, nach Hause.
2. in umgekehrter Richtung, rückwärts.
3. weiter hinten; *(ugs.):* hintendran.

zurückbilden, sich
[ein]schrumpfen, verfallen, sich verkleinern, verkümmern, weniger werden, zurückgehen.

zurückbleiben
1. bleiben, nicht mitkommen; *(geh.):* verbleiben.
2. abfallen, hintanbleiben, nicht Schritt halten, zurückfallen.

zurückblicken
1. den Kopf wenden, sich herumwenden, sich umblicken, sich umdrehen, sich umsehen, sich umwenden, zurücksehen; *(bes. südd., österr., schweiz.):* sich umschauen.
2. sich ins Gedächtnis rufen, sich vergegenwärtigen, sich vor Augen führen, zurückdenken, zurücksehen; *(bildungsspr.):* rekapitulieren.

zurückfahren
1. sich auf den Rückweg machen, den Rückweg antreten, heimfahren, heimwärts fahren, nach Hause fahren, sich zurückbegeben, zurückkehren; *(geh.):* sich heimbegeben.
2. zurückbefördern, zurücktransportieren.
3. zurückschrecken, zurückweichen, zurückzucken; *(dichter.):* schrecken.

zurückfallen
1. ↑zurückbleiben (2).
2. zurückgehen; *(geh.):* wieder anheimfallen.

zurückführen
ableiten, herleiten; *(bes. Philos.):* deduzieren; *(Sprachwiss.):* derivieren.

zurückgehen
1. a) sich auf den Rückweg machen, den Rückweg antreten, heimkehren, heimwärts/nach Hause gehen, sich nach Hause begeben, umkehren, sich zurückbegeben, zurücklaufen; *(geh.):* zurückkehren. **b)** einen Schritt zurück machen/tun, sich entfernen, nach hinten gehen/treten, sich wegbewegen, zurücktreten, zurückweichen, sich zurückziehen.
2. abebben, sich abflachen, abflauen, abgleiten, abklingen, abnehmen, sich abschwächen, abschwellen, absinken, fallen, im Rückgang begriffen sein, nachlassen, sich reduzieren, sinken, sich vermindern, sich verringern, weniger werden, zurückfallen; *(geh.):* dahinschwinden, erlahmen, schwinden, verblassen, verebben; *(bildungsspr.):* sich dezimieren.
3. abstammen, entstammen, sich herleiten, [her]stammen, seinen Ursprung haben, zurückdatieren; *(bildungsspr.):* rekurrieren.

zurückgezogen
abgeschnitten, eingezogen, einsam, einsiedlerisch, eremitenhaft, eremitisch, isoliert, weltabgekehrt, weltabgeschieden, weltabgewandt.

zurückhalten
1. aufsparen, behalten, belassen, bewahren, [fest]halten, zurücklegen; *(geh.):* verhalten.

2. abbringen, abhalten, aufhalten, hindern; *(geh.):* Einhalt gebieten.
3. behalten, beherrschen, im Griff/in der Gewalt haben, niederhalten, unterdrücken, unter Kontrolle haben, zügeln; *(geh.):* verhalten.

zurückhalten, sich
a) an sich halten, sich bändigen, sich beherrschen, sich bezähmen, sich im Zaum/unter Kontrolle halten, sich zügeln, sich zurücknehmen, sich zusammennehmen; *(geh.):* sich bemeistern, sich in Schranken halten; *(ugs.):* sich zusammenreißen. **b)** sich beschränken, das Feld überlassen, den Vortritt lassen, sich im Hintergrund halten, [sich in] Bescheidenheit üben, Zurückhaltung üben, zurückstecken, zurückstehen, zurücktreten; *(geh.):* sich bescheiden.

zurückhaltend
a) bescheiden, dezent, scheu, schüchtern, unaufdringlich, verhalten, zart, zurückgenommen; *(bildungsspr.):* delikat, diskret, unprätentiös.
b) frostig, kühl, reserviert, unnahbar, unzugänglich, verschlossen; *(bildungsspr.):* distanziert; *(ugs.):* zugeknöpft.

GGS extrovertiert, gesprächig, interessiert, kontaktfreudig.

zurückkehren ↑zurückkommen.

zurückkommen
1. a) heimkommen, nach Hause kommen, sich wieder einstellen, wiederkommen; *(geh.):* heimkehren, wiederkehren, zurückgelangen, zurückkehren. **b)** wieder aufkommen/auftauchen, wieder auftreten/einsetzen, sich wieder einstellen, wiederkommen, wieder zum Vorschein kommen, wieder zutage kommen/treten; *(geh.):* wiederkehren, zurückkehren.
2. aufgreifen, aufrühren, wieder aufnehmen/aufrollen; *(geh.):* zurückkehren; *(bildungsspr.):* rekurrieren.

zurücklassen
a) belassen, lassen; *(ugs.):* dalassen. **b)** hervorrufen, hinterlassen, verursachen.

zurücklegen
1. ansparen, auf die Seite legen, beiseitelegen, ersparen, sparen; *(schweiz.):* erhausen; *(ugs.):* auf die hohe Kante/auf Eis legen, bunkern.
2. bewältigen, durchlaufen, hinter sich bringen/lassen; *(geh.):* durchmessen.

zurückliegen
1. in der Vergangenheit geschehen sein, lange her sein, vergangen/vorbei sein.
2. hinten liegen, im Rückstand liegen.

zurücknehmen
1. [ein]tauschen, umtauschen.
2. abrücken, berichtigen, dementieren, korrigieren, revidieren, richtigstellen, widerrufen, zurückziehen; *(bildungsspr.):* revozieren.

zurückrufen
1. abberufen, abrufen, zurückbeordern, zurückberufen, zurückholen, zurückziehen.
2. aktivieren, aufbessern, auffrischen, aufleben lassen, in Erinnerung bringen, ins Bewusstsein bringen, verbessern, wachrufen, wecken; *(geh.):* aufrühren; *(bildungsspr.):* rekapitulieren.
3. gegenrufen, zurücktelefonieren.

zurückschlagen
sich auswirken, Auswirkungen haben, einen Effekt/eine Wirkung haben, Folgen haben/nach sich ziehen, Konsequenzen haben, Licht werfen, schlagen, zurückfallen, zusetzen.

zurückschrecken
Bedenken/Skrupel haben, [sich] scheuen, zögern, zurückschaudern, zurückscheuen.

zurückstecken
einlenken, entgegenkommen, nachgeben, resignieren, seinen Widerstand aufgeben, sich überreden lassen; *(schweiz.):* sich unterziehen; *(geh.):* den Nacken beugen, die Segel streichen, die Waffen strecken; *(ugs.):* weich werden.

zurückstehen
den Vortritt lassen, sich im Hintergrund halten, verzichten, Zurückhaltung üben, zurückstecken, zurücktreten; *(geh.):* sich bescheiden.

zurückstellen
anstehen lassen, aufschieben, hinausziehen, hinauszögern, verschleppen, vertagen, verzögern.

zurücktreten
1. ↑zurückweichen (1 a).
2. abdanken, abgeben, abtreten, aufgeben, aufhören, ausscheiden, austreten, demissionieren, kündigen, [sein Amt] niederlegen/zur Verfügung stellen, seine Entlassung einreichen, seinen Rücktritt erklären; *(ugs.):* an den Nagel hängen, seinen Hut nehmen, sich verabschieden; *(salopp):* hinschmeißen; *(südd., österr.):* ausstehen.
3. abbestellen, annullieren, aufheben, auflösen, [sich] austragen, rückgängig machen.

zurückversetzen, sich
sich erinnern, gegenwärtig sein, sich ins Gedächtnis zurückrufen, Rückblick/Rückschau halten, sich vergegenwärtigen, zurückdenken, sich zurückerinnern, zurücksehen; *(geh.):* eingedenk sein, gedenken, gegenwärtig haben; *(bildungsspr.):* präsent haben.

zurückweichen
1. a) sich distanzieren, einen Schritt zurück machen/tun, sich entfernen, nach hinten gehen/

treten, sich wegbewegen, wegrücken, wegtreten, zurücktreten, sich zurückziehen. **b)** einlenken, entgegenkommen, sich erweichen lassen, sich fügen, kapitulieren, klein beigeben, nachgeben, resignieren, schwach werden, seinen Widerstand aufgeben, zurückstecken; *(schweiz.):* zurückkrebsen.
2. aus dem Weg gehen, sich fernhalten, sich nicht einlassen, scheuen, umgehen, vermeiden; *(geh.):* sich entziehen, fliehen, meiden; *(ugs.):* einen [großen] Bogen machen.

zurückweisen
1. ablehnen, abschlagen, ausschlagen, sich dagegen aussprechen, dagegen stimmen, Einspruch erheben, missbilligen, nicht akzeptieren/durchgehen lassen, nicht genehmigen/gewähren, nicht stattgeben, opponieren, Protest einlegen, protestieren, widersagen, sich widersetzen, zurückgehen lassen; *(geh.):* versagen, verschmähen; *(veraltend):* verpönen.
2. abstreiten, bestreiten, dementieren, für unwahr/unzutreffend erklären, [ver]leugnen, verneinen, von sich weisen; *(geh.):* sich verwahren; *(bildungsspr.):* sich distanzieren, negieren.

Zurückweisung
Abfuhr, Ablehnung, Absage, Abweisung, Beanstandung, Korb, Missbilligung, negativer Bescheid, Nein, Protest, Reklamation, Verwahrung, Verweigerung, Weigerung, Widerstreben; *(geh.):* Versagung; *(bildungsspr.):* Opposition, Renitenz, Resistenz, Veto; *(Jargon):* Dislike.

zurückwerfen
1. reflektieren, [wider]spiegeln, zurückstrahlen; *(geh.):* widerstrahlen.
2. aufhalten, bremsen, hemmen, in Rückstand bringen, lahmlegen, sich nachteilig auswirken, vereiteln, verhindern, zum Scheitern/Stehen/Stillstand bringen, zunichtemachen; *(schweiz.):* versäumen; *(geh.):* zu Fall bringen.

zurückzahlen
abbezahlen, abgelten, abzahlen, ersetzen, [rück]erstatten, wettmachen, wiedergeben, zurückerstatten, zurückgeben; *(geh.):* abtragen, begleichen, entgelten; *(ugs.):* abstottern.

zurückziehen
1. ab[be]rufen, absetzen, abziehen, entlassen, entmachten, heimholen, suspendieren, zurückbeordern, zurück[be]rufen.
2. dementieren, für unrichtig/nicht mehr geltend erklären, korrigieren, revidieren, rückgängig machen, umstoßen, widerrufen, zurücknehmen; *(bildungsspr.):* revozieren.
3. eine Rückrufaktion starten, einziehen.

zurückziehen, sich
a) sich abkapseln, die Einsamkeit suchen, sich einigeln, sich [in sein Schneckenhaus] zurückziehen, sich isolieren, sich vergraben, sich verkriechen, sich [von der Außenwelt] abschließen; *(geh.):* sich entziehen; *(ugs.):* wegtauchen. **b)** abschwören, sich abwenden, aufgeben, einen Schlussstrich ziehen; *(geh.):* Abstand nehmen.

zurzeit
augenblicklich, bisher, derzeit, gegenwärtig, gerade [eben], heute, im Augenblick/Moment, jetzt, momentan, noch, soeben, weiterhin, zur Stunde; *(schweiz.):* bis anhin.

Zusage
a) Anerkennung, Annahme, Bejahung, Bestätigung, Bewilligung, Billigung, Einverständnis, Einwilligung, Freibrief, Genehmigung, Gewährung, Ja[wort], Zubilligung, Zustimmung; *(bildungsspr.):* Autorisation, Autorisierung, Plazet, Sanktion, Sanktionierung; *(ugs.):* Ja, Okay, Segen. **b)** Beteuerung, Ehrenwort, Eid, [feierliche] Erklärung, Schwur, Versicherung, Versprechen, Wort, Zusicherung; *(geh.):* Gelöbnis.

zusagen
1. a) akzeptieren, annehmen, bestätigen, einschlagen, sich einverstanden erklären, einverstanden sein, einwilligen, grünes Licht geben; *(schweiz.):* zusprechen; *(geh.):* erhören; *(bildungsspr.):* konzedieren, legitimieren, permittieren, sanktionieren; *(ugs.):* absegnen; *(salopp):* abnicken. **b)** beeiden, bürgen, ein Versprechen geben, schwören, sein Wort geben, versichern, versprechen; *(geh.):* [an]geloben; *(emotional):* tausend Eide schwören.
2. ansprechen, Beifall finden, gefallen, gelegen kommen, liegen, passen, recht/sympathisch/willkommen sein; *(geh.):* [an]genehm sein, belieben, munden, Zuspruch finden; *(ugs.):* jmds. Fall sein, nach jmds. Nase sein.

zusammen
1. a) beieinander, beisammen, vereinigt, vereint. **b)** gleichlaufend, gleichzeitig, im selben Augenblick/Moment, zeitgleich, zugleich, zur gleichen/selben Zeit, zusammentreffend; *(ugs.):* auf einmal; *(Fachspr.):* synchron; *(bildungsspr., Fachspr.):* simultan.
2. alles in allem, alles zusammengenommen, als Ganzes, im Ganzen, in ihrer/seiner Gesamtheit, [ins]gesamt, komplett, pauschal, summa summarum; *(schweiz.):* gesamthaft, total; *(bildungsspr.):* in toto; *(bildungsspr. veraltend):* in summa.

Zusammenarbeit
Gemeinschaftsarbeit, Gemeinschaftsproduktion, Kooperation, Koproduktion, Partner-

schaft, Teamarbeit, Teamwork; *(bildungsspr.):* Kollaboration; *(bildungsspr. veraltend):* Liaison.

zusammenarbeiten
an einem/am gleichen/am selben Strang ziehen, gemeinsame Sache machen, Hand in Hand arbeiten, kooperieren; *(geh.):* zusammenwirken; *(bildungsspr.):* kollaborieren.

zusammenballen, sich
sich anhäufen, sich ansammeln, sich anstauen, anwachsen, auflaufen, sich summieren, zusammenkommen; *(ugs.):* sich zusammenläppern.

zusammenbrauen
anrühren, herstellen, mischen, mixen, rühren, vermengen, verquirlen, verrühren, verschneiden, versetzen mit, zubereiten, zusammenschütten; *(bildungsspr.):* kreieren.

zusammenbrauen, sich
anrollen, drohen, sich entwickeln, [her]aufkommen, heraufziehen, im Anzug/Verzug sein, in der Luft liegen, nahen, sich nähern, zukommen auf; *(geh.):* sich zusammenballen.

zusammenbrechen
1. einstürzen, in Trümmer gehen, zusammenfallen; *(geh.):* niederbrechen; *(ugs.):* einkrachen.
2. a) bewusstlos werden, das Bewusstsein/die Besinnung verlieren, einen Kollaps/Schwächeanfall/Zusammenbruch erleiden, in Ohnmacht fallen, ohnmächtig werden, zusammenklappen. **b)** hinfallen, [hin]stürzen, in sich zusammenfallen/zusammensinken, niedersinken, umfallen; *(österr.):* niederfallen; *(geh.):* niederstürzen, zu Fall kommen. **c)** die Fassung/die Nerven verlieren, einen Nervenzusammenbruch/einen Schock erleiden, mit den Nerven fertig/herunter/am Ende sein.

zusammenbringen
1. a) beschaffen, besorgen, heranschaffen; *(ugs.):* auftreiben, organisieren, zusammenkratzen. **b)** behalten haben, sich entsinnen, noch kennen/wissen, rekonstruieren; *(geh.):* gegenwärtig haben; *(bildungsspr.):* präsent haben, rekapitulieren. **c)** aneinanderfügen, in Übereinstimmung bringen, kombinieren, verbinden; *(geh.):* in Einklang bringen, [ver]einen, zusammenfügen; *(bildungsspr.):* integrieren, koordinieren; *(ugs.):* unter einen Hut bringen.
2. ↑zusammenführen (1).

Zusammenbruch
1. a) Kreislaufzusammenbruch, [Ohnmachts]anfall, [Organ]versagen, Schwächeanfall. **b)** Kontrollverlust, Nervenzusammenbruch, Schock.
2. Absturz, Auflösung, Ausfall, Fall, Katastrophe, Ruin, Scheitern, Untergang, Verfall, Vernichtung, Versagen, Zerfall, Zerrüttung, Zerschlagung, Zerstörung; *(geh.):* Niedergang; *(bildungsspr.):* Apokalypse, Debakel.

zusammendrängen
1. einpferchen, hineinzwängen, zusammenpferchen, zusammenquetschen.
2. ↑zusammenfassen (2 a).

zusammenfahren
auffahren, aufzucken, erbeben, erschrecken, erzittern, scheuen, zusammenschrecken, zusammenzucken; *(geh.):* [er]beben, erschaudern, erschauern; *(ugs.):* einen Schreck kriegen.

zusammenfallen
1. a) ↑zusammenbrechen (1). **b)** einknicken, [in sich] zusammensinken; *(ugs.):* zusammensacken.
2. abbauen, abmagern, abnehmen, [an] Gewicht verlieren; *(geh.):* vom Alter/von der Krankheit/vom Tode gezeichnet sein.
3. gleichzeitig auftreten/geschehen/stattfinden, sich verbinden, sich vereinigen, zugleich/zur selben Zeit/zusammen stattfinden; *(geh.):* einhergehen, sich vereinen.

zusammenfassen
1. eingliedern, einigen, fusionieren, kombinieren, mischen, paaren, sammeln, summieren, verbinden, vereinigen, verknüpfen, verschmelzen, zusammenführen, zusammenschließen, zusammenstellen; *(geh.):* in Einklang/Übereinstimmung bringen, koordinieren, [ver]einen, zusammenfügen; *(bildungsspr.):* aggregieren, integrieren, unieren; *(bes. Fachspr.):* synchronisieren, unifizieren.
2. a) auf den Punkt bringen, dicht/gedrängt/knapp formulieren, konzentrieren, [ver]kürzen, zusammendrängen, zusammenziehen.

BSP Im Abstract müssen wir die Ziele des Projekts knapp formulieren. Die Rede ist im Buch verkürzt abgedruckt.

---

b) [abschließend] darlegen, wiedergeben; *(bildungsspr.):* referieren, rekapitulieren, resümieren; *(Sprachwiss.):* paraphrasieren.

BSP Abschließend möchte ich meine Gründe nochmals darlegen. Zum Schluss resümieren die Autoren, dass …

Zusammenfassung
1. Konzentration, [Ver]kürzung.
2. Abstract, Aufriss, Extrakt, Inhaltsangabe, Kurzfassung, Querschnitt, Überblick, Übersicht, Zusammenschau; *(geh.):* Überschau; *(bildungs-*

spr.): Konspekt, Rekapitulation, Resümee, Syllabus; *(Stilkunde):* Précis.

zusammenführen

1. an einen Tisch bringen, bekannt machen, eine Bekanntschaft/einen Kontakt vermitteln, einführen, verkuppeln, vorstellen, zusammenbringen; *(bildungsspr.):* introduzieren.

2. ↑zusammenfassen (1).

zusammengehören

a) eine Gemeinschaft/eine Gruppe/ein Paar bilden, [eng] verbunden sein, zueinander gehören. **b)** eine Einheit bilden, etwas gemein haben, harmonieren, zueinanderpassen, zusammenpassen. **c)** ↑zusammenhängen.

Zusammenhalt

1. Festigkeit, Stabilität, Verbindung; *(bildungsspr.):* Kohäsion.

2. Bindung, Einheit, Einigkeit, Einmütigkeit, Eintracht, Fraktionsdisziplin, Freundschaft, geistiges Band, Gemeinschaftsgefühl, Geschlossenheit, Gleichgesinntheit, Kameradschaft, Miteinander, Partnerschaft, Teamgedanke, Verbundenheit, Wirgefühl, Zusammengehörigkeit; *(geh.):* Band, Einklang; *(bildungsspr.):* Konsens, Solidarität.

zusammenhalten

1. [aneinander]haften, aneinanderkleben, fest gefügt sein, halten, nicht auseinanderbrechen, nicht auseinandergehen, verbunden bleiben/sein, zusammenbleiben, zusammenhängen.

2. einander beistehen/helfen, solidarisch sein, verbunden sein, zueinanderhalten, zusammenstehen; *(emotional):* unzertrennlich sein.

3. Bindeglied sein, eine Verbindung darstellen/herstellen, einigen, einig machen, klammern, überbrücken, verbinden, vereinigen, vermitteln; *(geh.):* [ver]einen.

Zusammenhang

a) Beziehung, Bezug, Kausalität, Verbindung, Verhältnis, Verknüpfung; *(bildungsspr.):* Konnex; *(bildungsspr., Fachspr.):* Relation; *(Fachspr.):* Nexus; *(Sprachwiss.):* Konnexion. **b)** der rote Faden, Folge[richtigkeit], Gliederungsprinzip, Konzept, Logik, Sinnzusammenhang, Struktur, System; *(bildungsspr.):* Kohärenz, Kohäsion, Konsistenz.

zusammenhängen

1. ↑zusammenhalten (1).

2. a) sich ableiten, sich ergeben, erhellen, folgen, sich herleiten; *(geh.):* hervorgehen; *(bildungsspr.):* kausal verknüpft sein, resultieren. **b)** an[be]langen, angehen, berühren, betreffen, sich beziehen, Bezug haben, sich erstrecken, gelten, jmds. Sache sein, von Bedeutung/Belang sein; *(bildungsspr.):* tangieren.

zusammenhängend

a) aufeinander bezogen, ineinandergreifend, verbunden, verflochten, verknüpft, verwickelt, zusammengesetzt; *(bildungsspr.):* komplex. **b)** geschlossen, integral, lückenlos, ununterbrochen, vollständig. **c)** anschließend, aufeinanderfolgend, chronologisch, der Reihe nach, durchgehend, eins nach dem anderen, fortlaufend, hintereinander, nacheinander, ohne Unterbrechung; *(ugs.):* hintereinanderweg; *(bildungsspr., Fachspr.):* kontinuierlich.

zusammenhanglos

a) beziehungslos, chaotisch, durcheinander, konfus, ohne inneren Bezug/Zusammenhalt, planlos, regellos, ungeordnet, unschlüssig, unzusammenhängend, verworren, wirr, wüst; *(bildungsspr.):* desorganisiert, diffus, inkohärent; *(abwertend):* kraus. **b)** abgebrochen, abgehackt, abgerissen, abrupt, stammelnd, stockend, stoßweise, stotternd.

zusammenklappen

1. einklappen, falten, schließen, zuklappen, zusammenfalten, zu[sammen]schlagen.

2. ↑zusammenbrechen (2 a).

zusammenkommen

1. sich [an]sammeln, tagen, sich treffen, sich versammeln, sich zusammenfinden, sich zusammensetzen, zusammenströmen, zusammentreffen; *(schweiz.):* sich besammeln; *(geh.):* sich scharen; *(bildungsspr.):* kongregieren.

2. sich anhäufen, sich ansammeln, sich aufhäufen, auflaufen, sich stauen, sich summieren; *(bildungsspr., Fachspr.):* sich [ak]kumulieren.

Zusammenkunft

Begegnung, Beratung, Besprechung, [geselliges] Beisammensein, Gespräch, Kaffeerunde, Kolloquium, Konferenz, Kongress, Sitzung, Symposium, Tagung, Termin, Treffen, Unterredung, Verabredung, Verhandlung, Versammlung; *(bildungsspr.):* Meeting, Session; *(ugs.):* Treff.

zusammenlaufen

1. sich ansammeln, herbeieilen, herbeiströmen, sich versammeln, zusammenkommen.

2. aufeinander zulaufen, sich treffen, sich [über]schneiden, sich vereinigen.

zusammenleben

einen Haushalt führen, gemeinsam/in Gemeinschaft leben, unter einem Dach leben.

zusammenlegen

1. fusionieren, miteinander verbinden, vereinigen, verschmelzen, zu einem Ganzen/einer Einheit werden lassen, zusammenbringen, zusam-

A B C D E F G H I J K L M N O P Q R S T U V W X Y Z zus

menfassen, zusammenführen, zusammenschließen; *(geh.):* vereinen.
2. sich beteiligen, gemeinsam aufbringen.

zusammennehmen, sich
an sich halten, sich beherrschen, sich bezähmen, die Nerven behalten, einen klaren/kühlen Kopf behalten, sich im Zaum halten, sich meistern, nicht die Nerven verlieren, Ruhe/kaltes Blut bewahren, sich zügeln, sich zurückhalten; *(geh.):* sich bemeistern, sich in Schranken halten; *(ugs.):* sich am Riemen reißen.

zusammenpassen
aufeinander abgestimmt sein, miteinander harmonieren, zueinanderpassen, zusammenstimmen; *(ugs.):* sich nicht beißen, sich vertragen.

zusammenraffen
anhäufen, ansammeln, an sich bringen, horten, in seinen Besitz bringen, zusammentragen.

zusammenreimen
ableiten, kombinieren, schließen, schlussfolgern.

zusammenreimen, sich
deuten, sich erklären, seine Begründung finden.

zusammenreißen, sich ↑zusammennehmen, sich.

zusammenschlagen
1. aneinanderschlagen, gegeneinanderschlagen, zusammenknallen.
2. niederhauen, niederschlagen, niederschmettern, zu Boden schlagen; *(geh.):* niederstrecken, zu Boden strecken; *(ugs.):* fertigmachen, zu Kleinholz machen.

zusammenschließen, sich
sich alliieren, ein Bündnis/eine Koalition eingehen, sich formieren, fusionieren, koalieren, sich organisieren, sich verbinden, sich verbünden, sich vereinigen, sich zusammenfinden, zusammengehen, sich zusammentun; *(schweiz.):* sich zusammenspannen; *(geh.):* sich vereinen; *(bildungsspr.):* sich assoziieren, konföderieren.

Zusammenschluss
Allianz, Bund, Bündnis, Föderation, Fusion, Koalition, Pakt, Union, Verbindung; *(bildungsspr.):* Konföderation; *(Jargon):* Pool.

zusammensetzen
miteinander verbinden, zusammenbauen, zusammenpassen, zusammenstückeln; *(geh.):* aneinanderfügen, zusammenfügen; *(bildungsspr.):* defragmentieren.

zusammensetzen, sich
1. sich aufbauen, bestehen, einschließen, enthalten, gebildet/gemacht sein, haben, hergestellt sein, sich rekrutieren, umfassen.
2. sich an einen Tisch setzen, sich treffen, sich zusammenfinden, zusammenkommen.

Zusammenstellung
1. Aufbau, Aufstellung, Bildung, Formierung, Gestaltung, Gliederung, Gruppierung, Ordnung, Strukturierung, Systematisierung; *(bildungsspr.):* Arrangement, Kategorisierung, Komposition; *(EDV):* Konfiguration.
2. Exposé, Übersicht.

zusammenstimmen
1. ↑zusammenpassen.
2. sich decken, sich entsprechen, gleich/identisch sein, übereinstimmen; *(geh.):* im Einklang stehen; *(bildungsspr.):* kongruent sein, kongruieren, konvergieren, korrespondieren.

Zusammenstoß
1. Aufprall, Clash, Crash, Kollision, Zusammenprall; *(ugs.):* Karambolage.
2. Auseinandersetzung, Clash, Kollision, Reibereien, Streit, Wortgefecht, Wortstreit, Wortwechsel, Zank, Zusammenprall; *(geh.):* Zwist; *(bildungsspr.):* Querele; *(ugs.):* Donnerwetter, Zoff; *(abwertend):* Gezänk, Gezanke, Streiterei.

zusammenstoßen
1. aufeinanderstoßen, gegeneinanderstoßen, karambolieren, kollidieren, zusammenfahren, zusammenprallen; *(ugs.):* aufbrummen.
2. angrenzen, sich berühren, zusammentreffen.

zusammenstürzen
einbrechen, einfallen, einstürzen, in Trümmer gehen, zusammenbrechen, zusammenfallen, zusammensinken; *(geh.):* niederbrechen.

zusammentreffen
a) begegnen, treffen, über den Weg laufen.
b) gleichzeitig gegeben sein/geschehen/stattfinden, zusammenkommen.

Zusammentreffen
Begegnung, Meeting, Treffen, Versammlung, Zusammenkunft; *(ugs.):* Treff.

zusammentreten
sich versammeln, sich zusammenfinden, zusammenkommen; *(bildungsspr.):* sich konstituieren.

zusammenzählen
addieren, die Summe bilden/errechnen, eines zum anderen zählen, summieren, zusammenrechnen, zusammenziehen; *(ugs.):* aufaddieren.

zusammenzucken
aufzucken, erbeben, erzittern, zusammenfahren, zusammenschrecken; *(geh.):* erschaudern.

Zusatz
1. Beigabe, Beimischung, Hinzufügung.
2. Anhang, Anmerkung, Ergänzung, Erklärung, Hinzufügung, Klammerzusatz, Nachtrag; *(bil-*

dungsspr.): Annex; *(ugs.):* Nachklapp; *(Fachspr.):* Appendix; *(Literaturwiss.):* Paralipomenon.

zusätzlich
auch noch, außerdem, besondere, daneben, dazu, des Weiteren, ergänzend, extra, hinzukommend, obendrein, überdies; *(österr.):* außertourlich, weiters; *(schweiz.):* im Weiteren, nebstdem; *(geh.):* zudem; *(bildungsspr.):* additional.

zuschauen ↑zusehen.

Zuschauer, Zuschauerin
Augenzeuge, Augenzeugin, Beobachter, Beobachterin, Publikum.

zuschicken
schicken, übersenden, zuleiten, zusenden; *(geh.):* senden, zukommen lassen.

zuschießen
beischießen, beisteuern, beitragen, sich beteiligen, dazugeben, einen Beitrag leisten, finanziell unterstützen; *(ugs.):* drauflegen, zubuttern.

Zuschlag
a) Aufgeld, Aufpreis, Aufschlag, Erhöhung, Mehrbetrag, Mehrpreis, Preisaufschlag, Preiszuschlag; *(südd., österr., schweiz.):* Aufzahlung.
b) [Gehalts]zulage, Plus[betrag].

zuschlagen
1. a) schließen, zuklappen, zuschmettern, zuwerfen; *(ugs.):* zuknallen. **b)** ins Schloss fallen, sich schließen, zufallen, zuschnappen.
2. a) sich bedienen, essen, sich gütlich tun, [sich] nehmen, zugreifen; *(geh.):* gut/reichlich zusprechen; *(fam.):* spachteln. **b)** sich bereichern, Gewinn schlagen/ziehen, profitieren, wuchern; *(abwertend):* raffen.

zuschließen
abriegeln, [ab]schließen, den Riegel vorlegen/vorschieben, verriegeln, verschließen, zuriegeln; *(südd., österr.):* zusperren.

zuschnappen
1. einklinken, einschnappen, einspringen, ins Schloss fallen, sich schließen, zufallen, zugleiten, zuklappen, zuschlagen; *(ugs.):* zuknallen.
2. [zu]beißen; *(nordd.):* happen.

zuschnüren
a) binden, verschließen, verschnüren, zuknoten, zu[sammen]binden. **b)** abschnüren, bedrücken, beengen, beklemmen, einengen, einschnüren, einzwängen, würgen, zudrücken.

Zuschrift
Einsendung, offener Brief, Post, Schreiben, Schriftstück, Stellungnahme, Zusendung.

Zuschuss
Beihilfe, finanzielle Hilfe, Förderung, [milde] Gabe, Spende, Unterstützung, Zuwendung; *(schweiz.):* Beitrag, Zustupf; *(geh.):* Scherflein; *(bildungsspr.):* Obolus; *(abwertend):* Almosen.

zusehen
sich anstrengen, bedacht sein, bedenken, sich bemühen, managen, sich Mühe geben, nichts unversucht lassen, sich [selbst] kümmern, sicherstellen, sorgen für, veranlassen, vorbauen, vorbeugen, Vorkehrungen/Vorsorge treffen, vorsorgen; *(schweiz.):* vorkehren; *(geh.):* sich angelegen sein lassen, Anstrengungen unternehmen, sich befleißigen, Sorge tragen; *(ugs.):* sich dahinterklemmen, organisieren.

zusehends
bemerkbar, deutlich, erkennbar, fühlbar, merkbar, merklich, rapide, rasant, rasch, sichtbar, sichtlich, spürbar, wahrnehmbar; *(ugs.):* flott.

zusichern
beeiden, beteuern, sich binden, Brief und Siegel geben, bürgen, die Hand darauf geben, die Versicherung geben, eine Verpflichtung eingehen, ein Versprechen geben, sich festlegen, garantieren, gewährleisten, schwören, seine Hand ins Feuer legen, sein Wort geben, [sich] verbürgen, sich verpflichten, versprechen, zusagen; *(geh.):* [an]geloben, zuschwören; *(emotional):* tausend Eide schwören; *(Jargon):* sich committen.

Zusicherung
Beteuerung, Ehrenwort, Eid, [feierliche] Erklärung, Garantie, Schwur, Versicherung, Versprechen, Wort, Zusage; *(geh.):* Gelöbnis.

zuspielen
1. abgeben, überlassen, weitergeben, weiterspielen, zuschießen, zuschlagen, zuwerfen; *(Sport):* abwerfen, anspielen.
2. beschaffen, besorgen, in die Hand drücken, in die Hände spielen, vermitteln, verschaffen, zuschieben, zustecken.

zuspitzen, sich
1. eng auslaufen/zulaufen, spitz auslaufen/zulaufen, spitzer werden, sich verengen, sich verjüngen, sich verkleinern, sich verschmälern.
2. sich ausdehnen, sich auswachsen, sich ausweiten, ernster/größer/heftiger werden, eskalieren, gären, sich intensivieren, kriseln, kritisch werden, rumoren, schwelen, sich steigern, sich vermehren, sich verschärfen, sich verschlechtern, sich verschlimmern, sich verstärken, zunehmen, sich zusammenbrauen; *(ugs.):* sich aufschaukeln, brenzlig sein.

zusprechen
1. aufmuntern, aufrichten, beeinflussen, bewegen, drängen, eindringen, einreden, einwirken, ermuntern, ermutigen, trösten, [zu]raten, zureden, zusetzen; *(bildungsspr.):* manipulieren.

2. anerkennen, bewilligen, einräumen, verleihen, verschaffen, zubilligen, zugestehen, zusagen; *(geh.):* gewähren, zuteilwerden lassen.

Zuspruch

1. Aufheiterung, Aufmunterung, Aufrichtung, Beruhigung, Ermunterung, Ermutigung, Trost.
2. ↑Zustrom (2).
3. Akzeptanz, Anklang, Beifall, Bejahung, Billigung, Echo, Erfolg, Gefallen, Gegenliebe, Resonanz, Widerhall, Zustimmung.

Zustand

a) Befund, Beschaffenheit, Erhaltungszustand, [Erscheinungs]form, Gestalt, Istzustand, Natur, Qualität, Stadium, Stufe; *(bes. Fachspr.):* Konsistenz. **b)** Gleichgewicht, Laune, seelische Verfassung, Stimmung; *(geh.):* Gestimmtheit. **c)** Gegebenheiten, [Sach]lage, Situation, Umstände, Verhältnisse; *(bildungsspr.):* Status.

zustande bringen

abwickeln, arrangieren, bewältigen, durchführen, Erfolg haben, erreichen, erringen, erwirken, erzielen, herbeiführen, [in die Tat] umsetzen, inszenieren, leisten, meistern, möglich machen, organisieren, schaffen, unter Dach und Fach bringen, verwirklichen, zuwege bringen; *(schweiz.):* bodigen; *(geh.):* ins Werk setzen, vermögen, vollbringen; *(bildungsspr.):* realisieren; *(ugs.):* auf die Reihe bringen/kriegen, deichseln, durchziehen, in den Griff kriegen, managen, packen.

zustande kommen

ablaufen, sich abspielen, sich einstellen, eintreten, sich entwickeln, sich ereignen, erfolgen, sich erfüllen, funktionieren, gelingen, glattgehen, glücken, in die Tat umgesetzt werden, in Erfüllung gehen, stattfinden, sich tun, sich vollziehen, vonstattengehen, vorfallen, vorgehen, vor sich gehen, wahr werden, zutage kommen/treten; *(geh.):* sich begeben, sich zutragen; *(bildungsspr.):* sich realisieren; *(ugs.):* abgehen, klappen, klargehen, über die Bühne gehen.

zuständig

a) befugt, berechtigt, bestellt, bevollmächtigt, federführend, in der Lage, verantwortlich, verpflichtet; *(bildungsspr.):* autorisiert. **b)** ausschlaggebend, einschlägig, entscheidend, maßgeblich; *(bildungsspr.):* kompetitiv.

Zuständigkeit

a) [Entscheidungs]befugnis, Entscheidungsgewalt, Federführung, Verantwortlichkeit, Verantwortung, Verpflichtung. **b)** Amtsbereich, Arbeitsgebiet, [Aufgaben]bereich, Disziplin, Domäne, Fach, [Fach]bereich, Fachgebiet, Feld, Gebiet, Geschäftsbereich, Hoheitsbereich, Ressort, Sachbereich, Sachgebiet, Sektor, Sparte, Spezialgebiet, Tätigkeitsbereich, Tätigkeitsfeld, Zuständigkeitsbereich; *(geh.):* Arbeitsfeld.

zustecken

a) ↑zuspielen (2). **b)** beschenken, bescheren, geben, in die Hand drücken, schenken, spenden, stiften, zum Geschenk machen; *(österr.):* beteilen; *(schweiz.):* vergaben; *(geh.):* bedenken mit, beglücken; *(geh. od. iron.):* angedeihen lassen.

zustehen

1. berechtigt sein, das Recht/ein Anrecht/einen Anspruch haben, verdienen; *(geh.):* gebühren.
2. sich gehören, zukommen; *(veraltend):* geziemen.

zustellen

1. absperren, blockieren, den Weg abschneiden, unpassierbar/unzugänglich machen, verbarrikadieren, verbauen, versperren, verstellen.
2. **a)** ↑zuschicken. **b)** abgeben, abliefern, anliefern, ausfahren, aushändigen, austragen, befördern, [be]liefern, bringen, einwerfen, transportieren, übermitteln, überreichen, verteilen; *(schweiz.):* vertragen; *(geh.):* überbringen.

Zusteller, Zustellerin

Briefträger, Briefträgerin; *(schweiz.):* Pöstler, Pöstlerin, Postverträger, Postverträgerin.

zusteuern

beischießen, beisteuern, beitragen, sich beteiligen, dazugeben, einen Beitrag leisten, finanziell unterstützen, fördern, spenden, stiften.

zustimmen

a) sich anschließen, beipflichten, beistimmen, der gleichen Meinung sein, einiggehen, sich einig sein, konform gehen, Partei ergreifen, unterstützen; *(bildungsspr.):* sekundieren. **b)** akzeptieren, anerkennen, annehmen, befürworten, begrüßen, bejahen, bekräftigen, bestätigen, billigen, dafür sein, dahinterstehen, darauf eingehen, einverstanden sein, einwilligen, erlauben, für richtig halten, gelten lassen, genehmigen, geneigt sein, gestatten, gewähren, grünes Licht geben, gutheißen, mit Ja stimmen, sein Einverständnis/seine Einwilligung geben, seine Zustimmung geben; *(bildungsspr.):* sanktionieren; *(ugs.):* absegnen, seinen Segen geben, unterschreiben.

BSP Laut dieser Rede befürwortet er die Politik der Regierung. Sie willigte [darin] ein, dass er auch kommen durfte.

Zustimmung

a) Beipflichtung, Beistimmung, Bejahung, Bestätigung, Bewilligung, Billigung, Einverständnis, Einwilligung, Erlaubnis, Genehmigung, Ja, Jastimme, Jawort, Zusage; *(bildungsspr.):* Plazet, Sanktion, Sanktionierung; *(ugs.):* Absegnung, Okay, Segen. **b)** ↑Zuspruch (3).

zustoßen
eintreten, sich ereignen, erfolgen, erleben, erleiden, geschehen, passieren, vorfallen; *(geh.):* sich begeben, begegnen, erfahren, hereinbrechen, widerfahren, zuteilwerden, sich zutragen.

Zustrom
1. Zufluss, Zufuhr, Zulauf, Zunahme, Zuwachs. **2.** Andrang, Ansturm, Besuch[erzahlen], Frequenz, Publikumsverkehr, Run, Sturm, Teilnahme, Zulauf; *(geh.):* Zuspruch.

Zutat
Baustein, Bestandteil, Detail, Einzelheit, Element, Glied, Ingredienz, Komponente, Teil.

zuteilen
a) abgeben, anvertrauen, anweisen, aufgeben, betrauen, delegieren, in die Hände legen, in jmds. Obhut/Verantwortung geben, übergeben, übertragen, unterstellen, vergeben, zuordnen, zuschieben, zuweisen; *(geh.):* anbefehlen, empfehlen, überantworten. **b)** aufteilen, ausgeben, aushändigen, austeilen, bereitstellen, einteilen, spenden, verteilen, zur Verfügung stellen; *(geh.):* zumessen; *(bildungsspr.):* distribuieren.

zutragen
ausplaudern, berichten, erzählen, hinterbringen, informieren, melden, mitteilen, sagen, unterbreiten, unterrichten, verraten, weitererzählen; *(österr.):* [aus]plauschen; *(geh.):* enthüllen, preisgeben; *(nachdrücklich):* ins Bild setzen; *(bildungsspr. abwertend):* denunzieren.

zutragen, sich
ablaufen, sich abspielen, sich einstellen, eintreffen, sich ereignen, erfolgen, sich ergeben, geschehen, stattfinden, verlaufen, sich vollziehen, vonstattengehen, vorfallen, vorkommen, vor sich gehen, zugehen, zustande kommen, zustoßen; *(geh.):* sich begeben, sich fügen, widerfahren; *(ugs.):* abgehen, los sein.

zuträglich ↑zweckmäßig.

zutrauen
a) bauen auf, bewerten, einschätzen, eintaxieren, erwarten, für fähig halten, glauben, hoffen auf, rechnen mit, [seine Hoffnung] setzen auf, trauen, sich verlassen, vertrauen, Vertrauen entgegenbringen/haben, zählen auf; *(geh.):* befinden, erachten, Glauben/Vertrauen schenken; *(bildungsspr.):* taxieren. **b)** im/in Verdacht haben, mutmaßen, unterstellen, verdächtigen; *(geh.):* [be]argwöhnen, Verdacht hegen.

Zutrauen
Erwartung, Glaube, Hoffnung, Optimismus, Vertrauen, Zuversicht[lichkeit].

zutraulich
a) an den Menschen gewöhnt, [hand]zahm, ohne Scheu. **b)** anhänglich, anschmiegsam, liebebedürftig, vertrauensvoll, zärtlich.

zutreffen
a) sich als richtig erweisen, sich als zutreffend herausstellen, sich bestätigen, sich bewahrheiten, dem Sachverhalt entsprechen, den Tatsachen/der Wahrheit entsprechen, der Fall sein, sich erhärten, korrekt/richtig sein, stimmen, wahr/zutreffend sein. **b)** anwendbar/einschlägig sein, [genau] beschreiben, greifen, passen.

zutreffend
a) den Tatsachen entsprechend, der Wahrheit/Wirklichkeit entsprechend, korrekt, nicht verkehrt, richtig, sicher, wahr. **b)** angemessen, betreffend, dazugehörend, dazugehörig, diesbezüglich, einschlägig, entsprechend, geeignet, passend, zugehörig; *(schweiz.):* diesfällig.

Zutritt
a) Eingang, Einlass, Einstieg, Eintritt, Entree, Zugang. **b)** Berechtigung, Besuchsrecht, Erlaubnis, Genehmigung.

Zutun
Anstrengung[en], Bemühungen, Beteiligung, Dienste, Einsatz, Engagement, Hilfe[leistung], Hinzutun, Mitarbeit, Mithilfe, Mitwirkung, Mühe[n], Unterstützung; *(geh.):* Bemühen.

zuverlässig
a) [alt]bewährt, alterprobt, anerkannt, erprobt, probat, sicher, verlässlich. **b)** aufrichtig, ehrlich, fair, geradlinig, glaubwürdig, grundehrlich, integer, redlich, seriös, solide, unbescholten, untadelig, unverhohlen, vertrauenerweckend, vertrauenswürdig; *(schweiz.):* senkrecht; *(geh.):* ehrbar, lauter, wahrhaftig; *(bildungsspr.):* loyal; *(emotional verstärkend):* kreuzehrlich; *(veraltend):* rechtschaffen, wacker.

GGS hinterlistig, illoyal, verräterisch, wortbrüchig.

---

c) akkurat, genau, gewissenhaft, gründlich, korrekt, ordentlich, sorgfältig, tief, voller Sorgfalt; *(geh.):* achtsam, sorgsam.

Zuverlässigkeit
Anstand, Aufrichtigkeit, Beständigkeit, Ehrlichkeit, Fairness, Geradlinigkeit, Integrität, Lauterkeit, Redlichkeit, Unbescholtenheit, Unbestechlichkeit, Vertrauenswürdigkeit, Wahrhaftigkeit; *(bildungsspr.):* Loyalität.

Zuversicht
Glaube, Heiterkeit, Hoffnung, Lebensbejahung, Lebensmut, Optimismus, Vertrauen, Zutrauen, Zuversichtlichkeit; *(geh.):* Zukunftsglaube.

zuversichtlich
hoffnungsvoll, lebensbejahend, mit Zuversicht, optimistisch, positiv, siegessicher, unverzagt, vertrauensvoll, voller Hoffnung/Optimismus/Zuversicht; *(geh.):* frischen/frohen/guten Mutes, hoffnungsfroh, siegesgewiss.

GGS decouragiert, demoralisiert, lebensverneinend, mutlos, schwarzseherisch.

zuvorkommen
a) schneller sein, vor[weg]greifen, vorwegnehmen; *(bildungsspr.):* antizipieren. **b)** sich absichern, frühzeitig/im Voraus planen, Sicherheitsvorkehrungen treffen, vorausschauen, vorbauen, Vorkehrungen treffen, vorsorgen; *(schweiz.):* vorkehren; *(geh.):* Sorge tragen.

zuvorkommend
angenehm, aufmerksam, entgegenkommend, freundlich, gefällig, gütig, hilfsbereit, höflich, liebenswürdig, nett, sympathisch, verbindlich.

Zuwachs
1. Anstieg, Ausbau, Entfaltung, Erhöhung, Steigerung, Vergrößerung, Vermehrung, Wachstum, Weiterentwicklung, Zunahme; *(bildungsspr.):* Expansion, Progress, Progression.
2. Kind, Nachkomme, Nachwuchs; *(oft scherzh.):* Kindersegen.

zuweilen
ab und zu, dann und wann, des Öfteren, gelegentlich, hier und da, hin und wieder, manchmal, mitunter, öfter, sporadisch, stellenweise, vereinzelt, von Zeit zu Zeit, zeitweilig, zeitweise; *(österr.):* fallweise; *(geh.):* bisweilen.

zuweisen
1. anweisen, übertragen, zuschieben, zuteilen; *(geh.):* anbefehlen, überantworten.
2. disponieren, dosieren, einteilen, rationieren, zuteilen.

zuwenden
1. sich hindrehen, sich hinwenden.
2. sich [eingehend/näher] befassen, sich [intensiv] beschäftigen, sich konzentrieren, sich vertiefen, sich widmen; *(ugs.):* sich hineinknien.

Zuwendung
1. [Bei]hilfe, Förderung, Hilfsgelder, Spende, Unterstützung, Zuschuss; *(schweiz.):* Beitrag; *(geh.):* Scherflein; *(bildungsspr.):* Obolus.
2. Entgegenkommen, Freundlichkeit, Gunst, Güte, Sympathie, Unterstützung, Verständnis, Wohlwollen, Zuneigung; *(geh.):* Gewogenheit.

zuwerfen
ins Schloss werfen, zuschlagen, zuschmettern.

zuwiderhandeln
abweichen, sich hinwegsetzen, missachten, sündigen, überschreiten, unterlaufen, sich vergehen, verletzen, verstoßen; *(schweiz.):* ritzen; *(geh.):* fehlen, freveln, sich versündigen.

zuwider sein
Abneigung/Abscheu hervorrufen, abscheulich finden, abstoßen, [an]ekeln, ein Gräuel sein, unausstehlich/unerträglich finden, verabscheuen, widerstreben; *(geh.):* degoutieren; *(abwertend):* anwidern, widerlich finden.

zuzahlen
beisteuern, dazugeben, dazulegen; *(geh.):* beigeben, hinzugeben; *(ugs.):* dazutun, zuschießen.

zuziehen
1. festziehen, zusammenschnüren, zusammenziehen.
2. ansässig werden, sich ansiedeln, einreisen, einwandern, immigrieren, zuwandern.

zuzüglich
hinzukommend, plus, sowie, und.

Zwang
a) Druck, Gewalt, Muss, Nötigung, Terror, Unterdrückung; *(geh.):* Joch; *(bildungsspr.):* Diktat, Fesseln, Pression; *(Fachspr.):* Suppression. **b)** Bedingung, Erfordernis, Gebot, Notwendigkeit, Pflicht, Verpflichtung, Voraussetzung; *(geh.):* Obliegenheit. **c)** Besessenheit, Drang, fixe Idee, Hang, innere Regung, Leidenschaft, Neigung, Passion, Sucht, Trieb; *(geh.):* Begehren, Fieber, Verlangen; *(bildungsspr.):* Manie.

zwanglos
entspannt, familiär, formlos, frei, lässig, leger, locker, natürlich, salopp, unbefangen, unbeschwert, ungehemmt, ungeniert, ungezwungen; *(bildungsspr.):* informell, nonchalant; *(ugs.):* hemdsärmelig, relaxed.

Zwangslage
Dilemma, Kalamität, Misslichkeit, Not[lage], Sackgasse, Schwierigkeiten, Verlegenheit; *(geh.):* Bedrängnis, Herzensnot, Seelennot; *(bildungsspr.):* Malaise, Misere; *(ugs.):* Bredouille, Klemme, Patsche, Schlamassel, Zwickmühle.

zwangsläufig
automatisch, in der Natur der Sache liegend, notgedrungen, unabänderlich, unaufhaltsam, unausbleiblich, unausweichlich, unumgänglich, unvermeidlich, unweigerlich, unwillkürlich; *(bildungsspr.):* nolens volens.

zwar
freilich, gewiss, sicher, zugegebenermaßen.

Zweck
1. Absicht, Anliegen, Bestreben, Gedanke, Intention, Plan, Vorhaben, Vorsatz, Wille, Wollen, Ziel[setzung], Zielvorstellung; *(geh.)*: Trachten.
2. Bedeutung, Inhalt, Sinn[gehalt].

zweckdienlich ↑zweckmäßig.

zwecklos
aussichtslos, der Mühe nicht wert, fruchtlos, müßig, nutzlos, sinnlos, überflüssig, umsonst, unbrauchbar, unergiebig, unfruchtbar, ungeeignet, unnötig, unnütz, unsinnig, untauglich, unzweckmäßig, verfehlt, vergebens, vergeblich, verlorene Liebesmüh, wertlos, wirkungslos; *(geh.)*: unersprießlich; *(ugs.)*: witzlos.

zweckmäßig
am Platz, angebracht, angemessen, brauchbar, dienlich, effektiv, förderlich, fruchtbar, funktional, geeignet, lohnend, nutzbringend, Nutzen bringend, nützlich, passend, praktikabel, praktisch, ratsam, segensreich, sinnvoll, tauglich, vernünftig, verwendbar, vorteilhaft, wertvoll, wirksam, wirkungsvoll, zweckvoll; *(geh.)*: angezeigt, ersprießlich, geboten, gedeihlich, hilfreich; *(bildungsspr.)*: adäquat, konstruktiv, opportun; *(ugs.)*: patent; *(südd.)*: geschickt; *(veraltend)*: rätlich; *(bildungsspr., Fachspr.)*: effizient.

zwecks
für, im Interesse, mit Rücksicht, um ... willen, um ... zu, wegen, zum Zweck; *(geh.)*: halber.

zweideutig
1. dehnbar, doppeldeutig, doppelsinnig, interpretationsfähig, mehrdeutig, missverständlich, rätselhaft, unbestimmt, unklar, vage, vieldeutig; *(bildungsspr.)*: amphibolisch, äquivok, hermetisch, janusköpfig, kontextabhängig, nebulös; *(bes. Fachspr.)*: ambigue; *(Sprachwiss.)*: homonym, polysem.
2. anstößig, anzüglich, derb, doppeldeutig, frivol, gewagt, nicht salonfähig, pikant; *(schweiz.)*: stoßend; *(bildungsspr.)*: krude, obszön; *(ugs.)*: dreckig, gepfeffert; *(geh. abwertend)*: unflätig; *(bildungsspr. abwertend)*: vulgär.

Zweifel
a) Hin-und-her-Schwanken, innerer Widerstreit, Skepsis, Skrupel, Unentschiedenheit, Ungewissheit, Unklarheit, Unschlüssigkeit, Unsicherheit, Vagheit, Verlegenheit, Zaudern, Zerrissenheit, Zögern, Zwiespalt; *(ugs.)*: Fragezeichen. b) Aber, Abstriche, Bedenken, Einspruch, Einwand, Gegenmeinung, Kritik, Protest, Reserve, Vorbehalt; *(ugs.)*: Magenschmerzen.

BSP Die Rednerin äußerte schwerwiegende/ernste/moralische Bedenken an / in Bezug auf ... Der Beleg entkräftigt den entscheidenden/[un]begründeten/kritischen Einwand. Die anstehende Entscheidung bereitete ihr Magenschmerzen.

c) Befürchtung, Misstrauen, [schlimme] Vermutung, Unglaube, Verdacht; *(geh.)*: Argwohn.

zweifelhaft
dahingestellt, fraglich, fragwürdig, heikel, in der Schwebe, klärungsbedürftig, kritisch, nicht entschieden, offen, problematisch, schwierig, streitig, strittig, umstritten, unbekannt, unbestimmt, unbewiesen, ungeklärt, ungelöst, ungewiss, unsicher, zweischneidig; *(bildungsspr.)*: diffizil, disputabel, prekär.

zweifellos
auf jeden Fall, außer Zweifel, bestimmt, fraglos, gewiss, hundertprozentig, mit Sicherheit, sicher, unbestreitbar, unbestritten, unbezweifelbar, unstreitig, unzweifelhaft, zweifelsfrei; *(bes. südd.)*: freilich; *(emotional)*: zweifelsohne.

zweifeln
anzweifeln, bezweifeln, infrage stellen, in Zweifel ziehen, mit einem [dicken/großen] Fragezeichen versehen, nicht glauben können, schwanken, skeptisch sein, unsicher sein, Zweifel äußern, zwiespältig sein; *(geh.)*: wanken.

zweifelsfrei
a) allgemein anerkannt, amtlich, beglaubigt, belegt, bewiesen, dokumentiert, erwiesen, faktisch, fundiert, gesichert, glaubwürdig, offiziell, sicher, unanfechtbar, unbestreitbar, unbestritten, untermauert, unumstößlich, unwiderlegbar, verbürgt, verlässlich, wahr, zuverlässig; *(bildungsspr.)*: authentisch, substanziiert, zertifiziert; *(ugs.)*: wasserdicht.
b) ↑zweifellos.

zweifelsohne ↑zweifellos.

Zweig
1. Arm, Ast[werk], Rute.
2. Abteilung, Bereich, Branche, Fach[bereich], Fachgebiet, Fachrichtung, Feld, Gebiet, Genre, Geschäftsfeld, Ressort, Sachbereich, Sachgebiet, Sektor, Sparte, Teilbereich, Teilgebiet.

Zweigstelle
Agentur, Außenstelle, Filiale, Geschäftsstelle, Kontor, Nebenstelle, Niederlassung, Vertretung, Zweigbetrieb, Zweiggeschäft, Zweigniederlassung, Zweigverein; *(österr.)*: Expositur; *(schweiz.)*: Ablage; *(bildungsspr.)*: Dependance.

zweischneidig
bedenklich, fragwürdig, gefährlich, gewagt, haarig, heikel, kitzlig, kritisch, problematisch, risikoreich, riskant, unsicher, zweifelhaft; *(bildungsspr.):* diffizil, prekär; *(ugs.):* brenzlig.

Zwickmühle
Dilemma, Kalamität, Misslichkeit, Not[lage], Problemsituation, Schwierigkeiten, Verlegenheit, Zwangslage; *(geh.):* Bedrängnis; *(bildungsspr.):* Malaise, Misere; *(ugs.):* Bredouille.

Zwiegespräch
Aussprache, Gedankenaustausch, Gespräch, Meinungsaustausch, Unterhaltung, Unterredung; *(bildungsspr.):* Dialog, Konversation.

Zwielicht
Dämmerlicht, Dämmerung, Halbdunkel; *(geh.):* Abendlicht, Dämmerschein, Morgenlicht; *(dichter.):* Dämmer[grau], die blaue Stunde.

zwielichtig
anrüchig, berüchtigt, finster, fragwürdig, verdächtig, verrufen, verschrien, von zweifelhaftem Ruf, zweifelhaft; *(geh.):* dubios; *(bildungsspr.):* obskur, ominös, sinister, suspekt; *(abwertend):* dunkel, unseriös.

Zwiespalt
Gegensatz, Kluft, Konflikt, Spannung, Widersprüchlichkeit, Widerstreit, Zerrissenheit, Zweifel; *(geh.):* Bedrängnis; *(bildungsspr.):* Antagonismus, Diskrepanz, Divergenz.

Zwietracht
Auseinandersetzung, Differenzen, Feindschaft, Feindseligkeit, Spannungen, Streit, Streitigkeiten, Unfriede, Unstimmigkeiten, Verstimmung, Zank; *(geh.):* Hader, Händel, Zerwürfnis, Zwist, Zwistigkeiten; *(bildungsspr.):* Querelen; *(ugs.):* Krach, Zoff; *(abwertend):* Gezänk, Streiterei.

zwingen
[be]drängen, bedrohen, Daumenschrauben anlegen/ansetzen/anziehen, Druck ausüben, erpressen, gefügig machen, Gewalt antun, keine andere Wahl lassen, nötigen, terrorisieren, unter Druck setzen, verdammen, zu etw. veranlassen, zusetzen, Zwang ausüben; *(geh.):* gebieten; *(ugs.):* das Messer an die Kehle setzen, nicht in Ruhe lassen; *(abwertend):* tyrannisieren.

zwingen, sich
sich aufraffen, sich aufschwingen, sich durchkämpfen, sich durchringen, es über sich bringen, seinem Herzen einen Stoß geben, über seinen Schatten springen, sich überwinden; *(ugs.):* sich aufrappeln; *(oft iron.):* sich herbeilassen.

zwingend
a) erforderlich, geboten, nötig, notwendig, unabdingbar, unausweichlich, unentbehrlich, unerlässlich, unumgänglich, unvermeidlich, unverzichtbar, vonnöten; *(bildungsspr.):* obligatorisch. **b)** begründet, bündig, einleuchtend, glaubwürdig, hieb- und stichfest, logisch, plausibel, schlagend, schlüssig, stichhaltig, triftig, überzeugend, unangreifbar, unwiderlegbar; *(österr.):* stichhältig; *(bildungsspr.):* stringent.

zwinkern
blinkern, blinzeln; *(nordd.):* plinkern.

Zwischenfall
Affäre, Episode, Ereignis, Fall, Intermezzo, Sache, Vorfall, Vorgang, Vorkommnis; *(geh.):* Begebenheit, Geschehen, Geschehnis.

Zwischenraum
1. Entfernung, Lücke, Raum, [räumlicher] Abstand, Spalt, Strecke; *(bildungsspr.):* Distanz.
2. [Zeit]abstand, Zeitraum, [Zeit]spanne; *(bildungsspr.):* Periode, Phase, Zeitintervall.

Zwischenspiel
1. Intermezzo.
2. Begebenheit, Episode, Ereignis, Erlebnis, Intermezzo, Vorfall, Vorgang, Vorkommnis, Zwischenfall; *(geh.):* Geschehen, Geschehnis.

Zwischenzeit
Übergangsstadium, Übergangszeit, Zeitraum, Zeitspanne.

zwitschern
fiepen, pfeifen, piepen, piepsen, singen, tirilieren, trällern, trillern, tschilpen, zirpen.

zwitterhaft
doppelgeschlechtig; *(bildungsspr.):* hybrid.

Zyklus
1. Abfolge, Ablauf, Aufeinanderfolge, Chronologie, Folge, Kreislauf, Nacheinander, Ordnung, Reihe, Reihenfolge, Reihung, Turnus, Verlauf; *(bildungsspr., Fachspr.):* Sequenz.
2. [Monats]blutung, Periode, Regel[blutung]; *(ugs. verhüll.):* Tage.

zynisch
bissig, bitter, boshaft, hämisch, höhnisch, ironisch, menschenverachtend, scharf, scharfzüngig, schneidend, spitz[züngig], spöttisch, verletzend; *(bildungsspr.):* maliziös, sarkastisch.

Zynismus
Boshaftigkeit, Gespött, Häme, Hohn, Ironie, Spöttelei, Spötterei, Spott[lust], Stichelei, Verspottung; *(bildungsspr.):* Sarkasmus.

Verknüpfungen mit Konjunktionen und Adverbien

Konjunktionen und Adverbien helfen nicht nur dabei, einen Text stilistisch abwechslungsreich zu gestalten, sondern auch, die Gliederungsabsicht sowie die Aussagen präzise darzustellen und miteinander zu verknüpfen.

Funktion	Konjunktionen
Wahl (alternativ)	oder, entweder … oder, anstatt
Anreihung (kopulativ)	und, sowie, sowohl … als auch, weder ... noch, nicht nur … sondern auch
Gegensatz (adversativ)	sondern, doch, jedoch, während, wohingegen
Vergleich (komparativ)	als ob, wie wenn
Grund (kausal)	weil, da, denn
Zweck (final)	damit, um … zu, dass
Bedingung (konditional)	wenn, falls, sofern, sobald, bevor … nicht
Folge (konsekutiv)	sodass, dermaßen, dass
Gegenerwartung (konzessiv)	obwohl, obgleich, aber, wo doch
Zeit (temporal)	und dann, danach, als, ehe, bevor, während, sobald